Deutsch als Fremd- und Zweitsprache

HSK 35.1

Handbücher zur Sprach- und Kommunikations- wissenschaft

Handbooks of Linguistics
and Communication Science

Manuels de linguistique et
des sciences de communication

Mitbegründet von Gerold Ungeheuer (†)
Mitherausgegeben 1985–2001 von Hugo Steger

Herausgegeben von / Edited by / Edités par
Herbert Ernst Wiegand

Band 35.1

De Gruyter Mouton

Deutsch als Fremd- und Zweitsprache

Ein internationales Handbuch

Herausgegeben von

Hans-Jürgen Krumm, Christian Fandrych,
Britta Hufeisen, Claudia Riemer

1. Halbband

De Gruyter Mouton

ISBN 978-3-11-020507-7
e-ISBN 978-3-11-024024-5
ISSN 1861-5090

Library of Congress Cataloging-in-Publication Data

Deutsch als Fremd- und Zweitsprache: ein internationales Handbuch /
edited by Hans-Jürgen Krumm … [et al.].
   p. cm. − (Handbooks of linguistics and communication science ;
35.1/35.2)
  Includes bibliographical references and index.
  ISBN 978-3-11-020507-7 (hardcover : alk. paper)
  ISBN 978-3-11-020508-4 (hardcover : alk. paper)
  1. German language − Study and teaching − Foreign speakers.
I. Krumm, Hans-Jürgen.
  PF3066.D462 2010
  438.2'4−dc22

                                      2010038971

Bibliografische Information der Deutschen Nationalbibliothek

Die Deutsche Nationalbibliothek verzeichnet diese Publikation in der Deutschen Nationalbibliografie;
detaillierte bibliografische Daten sind im Internet über http://dnb.d-nb.de abrufbar.

© 2010 Walter de Gruyter GmbH & Co. KG, Berlin/New York

Einbandgestaltung: Martin Zech, Bremen
Satz: META Systems GmbH, Wustermark
Druck: Hubert & Co. GmbH & Co. KG, Göttingen
∞ Gedruckt auf säurefreiem Papier

Printed in Germany

www.degruyter.com

Vorwort

2001 erschien die erste, von Gerhard Helbig, Lutz Götze, Gert Henrici und Hans-Jürgen Krumm herausgegebene Auflage des Handbuchs Deutsch als Fremdsprache. Dass nun bereits eine überarbeitete Ausgabe erforderlich wird, zeigt zweierlei: erstens, dass sich das Handbuch als Grundlagenwerk in der Wissenschaft, der Ausbildung und dem Praxisfeld bewährt hat; und zweitens, dass sich das Fachgebiet dynamisch weiterentwickelt, so dass nicht einfach eine aktualisierte Neuauflage in Frage kam.

1. Profile der Neubearbeitung

Es sind vor allem zwei Entwicklungen, die die Herausgeber bewogen haben, eine sehr starke Bearbeitung vorzunehmen: Zum einen sollen die Veränderungen, die sich im Zuge der weiter fortschreitenden Globalisierung und der Mehrsprachigkeitsdebatte in Wissenschaft und Unterricht abzeichnen, ihren Niederschlag finden. Die Sprachenlandschaft ist in Bewegung geraten und hat auch für die Wissenschaft neue Konstellationen und Fragestellungen mit sich gebracht, von der Entwicklung der elektronischen Medien und des Internets über neuartige kulturwissenschaftliche Fragestellungen bis hin zu neuen Entwicklungen und Konstellationen in einzelnen Ländern und Regionen. Diese Veränderungen und die sich ergebenden neuen Fragestellungen sind selbstverständlich in die Neubearbeitung aufgenommen worden.

Zum andern ist in den deutschsprachigen Ländern die Frage der Sprachkenntnisse für Migrantinnen und Migranten ins Zentrum der Öffentlichkeit wie auch des Faches gerückt: Die Förderung der Deutschkenntnisse von Zuwanderern und ihrer Kinder bis hin zur Verpflichtung für die Erwachsenen, an Deutschkursen teilzunehmen und Sprachprüfungen abzulegen, hat für die Forschung im Bereich der Zwei- und Mehrsprachigkeit ebenso wie für die Unterrichtspraxis eine Fülle neuer Entwicklungen in Gang gesetzt. Solche Entwicklungen interessieren auch über den deutschen Sprachraum hinaus, geht es doch dabei um grundlegende Fragen nach dem Zusammenhang von Sprache und Identität, dem Zusammenspiel von informellem und gesteuertem Spracherwerb, nach Sprachwechsel und Zwei- und Mehrsprachigkeit. Es ist deshalb durchaus programmatisch zu verstehen, dass das Handbuch jetzt den erweiterten Titel „Deutsch als Fremd- und Zweitsprache" trägt. Die Disziplin begreift ihren Gegenstand zunehmend als umfassendes Forschungs- und Arbeitsfeld, das sowohl Formen des Deutschunterrichts und des Spracherwerbs in nichtdeutschsprachiger Umgebung als auch die Förderung in der Zweitsprache Deutsch, die direkt in die Lebenswelt der Betroffenen eingreift, umfasst.

Wenn im Vorwort der ersten Auflage formuliert wurde, die fachliche und institutionelle Strukturierung des Faches sei noch keineswegs als abgeschlossen zu betrachten, so kann jetzt darauf verwiesen werden, dass es sich um ein konsolidiertes Fachgebiet handelt: Es existieren erfolgreiche akkreditierte Bachelor- und Master-Studiengänge, die Zahl der Projekte und Publikationen zeugt von einem kreativen Fach, das an seiner sowohl praxis- wie auch forschungsorientierten Ausrichtung festhält und diese weiterentwickelt. Das Handbuch Deutsch als Fremdsprache hat in diesem Strukturierungsprozess eine wichtige Rolle gespielt, so dass bei der Neubearbeitung einige Entwicklungen, die in den Jahren 2000/2001 noch als aktuell galten, nunmehr bereits zur Geschichte des Faches gerechnet werden können, wie das die neue Gliederung der Kapitel I und II signalisiert. Für das Arbeitsfeld des Deutschen als Zweitsprache aber hat eine solche Konsolidierung gerade erst begonnen (vgl. Artikel 1 und 6 bis 8). Die systematische Berücksichtigung der gemeinsamen wie der spezifischen Aspekte von Deutsch als Fremd- und Zweitsprache in der vorliegenden Neubearbeitung soll auch diesen Strukturierungsprozess konstruktiv begleiten.

Mit den hier nur skizzierten Entwicklungen haben sprachenpolitische Fragestellungen in Forschung und Lehre an Bedeutung gewonnen, so dass die Darstellung der sprachenpolitischen Dimensionen des Faches nunmehr in dem erweiterten und vorgezogenen Kapitel III erfolgt. Wenn Menschen nur eine Fremdsprache lernen dürften, so würden die meisten zur Zeit wohl Englisch wählen – für das Deutsche als Fremdsprache ist daher entscheidend, dass mehr als eine Fremdsprache im Bildungswesen angeboten wird. Das sprachenpolitische Konzept der Europäischen Union, nach dem alle Menschen zusätzlich zur Muttersprache mindestens zwei Fremdsprachen lernen und beherrschen sollen, bedeutet daher gerade für die deutsche Sprache eine Chance, im schulischen Sprachenangebot der europäischen Länder weiter präsent zu sein. Diese Entwicklung ebenso wie die Tatsache, dass der Deutschunterricht für Menschen mit Migrationshintergrund sich an Lernende richtet, die bereits mehrsprachig sind, hat das Thema Mehrsprachigkeit zu einem zentralen Thema der Forschung ebenso wie der Didaktik und Methodik im Fach Deutsch als Fremd- und Zweitsprache werden lassen.

Die Entwicklungen des Fachgebietes sind aber nicht nur hinsichtlich der Diskussion um Sprachenwahl und Mehrsprachigkeit stärker in einen interdisziplinären Diskurs über Ziele und Inhalte eingetreten: Globalisierung und Migration, die Weiterentwicklung der elektronischen Medien haben dazu geführt, dass Fragen von Sprache und Identität, von Sprache und Macht, die Entstehung neuer Kommunikationsgemeinschaften und das Verhältnis von Standard und (teils neuen) Varietäten zu aktuellen Arbeitsfeldern geworden sind. Diese Fragen haben Auswirkungen auf verschiedene Teildisziplinen des Faches, sie werden aber in jüngerer Zeit auch vielfach mit kulturwissenschaftlichen Fragestellungen verbunden. Die Bemühungen um eine wissenschaftliche Fundierung der Landeskunde, die Einbettung von Textverstehen in interkulturelle und transnationale Prozesse haben die Diskussion um eine kulturwissenschaftliche Sichtweise auch im Bereich des Deutschen als Fremd- und Zweitsprache verstärkt.

Die Neugliederung des vorliegenden Handbuchs, insbesondere die neuen Kapitel XI und XVI, sollen diesen Entwicklungen Rechnung tragen.

Was hier zunächst für die Entwicklungen des Fachgebiets in den deutschsprachigen Ländern gesagt wurde, gilt gleichermaßen für die Entwicklung in den nichtdeutschsprachigen Ländern. Der Fall des Eisernen Vorhangs hat für die Wissenschaftler wie für die Lernenden in den Ländern Mittel-, Ost- und Südosteuropas, in denen die deutsche Sprache seit je eine besondere Rolle spielte, verstärkt den Gebrauchswert der Sprache ins Zentrum gerückt, aber auch die Frage nach dem sprachlichen Mehrwert, den die Beschäftigung mit der deutschen Sprache dem Englischlernen hinzufügt. So hat sich hier eine komplexe, je nach regionalen Bedingungen sehr unterschiedliche Wissenschaftslandschaft herausgebildet, der die Neubearbeitung durch eine Erweiterung der Kapitel VII (Kontrastivität und Sprachvergleich) und XIX (Darstellung der Entwicklung in den einzelnen Ländern) Rechnung zu tragen versucht.

Selbstverständlich gilt es, neben den neuen Akzenten und Entwicklungsschwerpunkten auch die Kontinuitäten deutlich zu machen: Das Handbuch Deutsch als Fremd- und Zweitsprache bleibt, wie schon in der ersten Auflage hervorgehoben wurde, ein der Praxis des Lehrens und Lernens der deutschen Sprache verpflichtetes Handbuch, in dem die empirische Forschung, die Interdisziplinarität der wissenschaftlichen Arbeit wie auch die Praxisrelevanz der Ergebnisse besonderes Gewicht haben.

2. Aufgaben des Handbuchs

Das Fach Deutsch als Fremd- und Zweitsprache ist im deutschen Sprachraum zu einem stark nachgefragten Fach geworden, nicht zuletzt, weil immer mehr angehende Lehrkräfte entdecken, dass Globalisierung und Migration zu einem verstärkten Bedarf an Qualifikationen im Bereich der Mehrsprachigkeit und Sprachvermittlung, der Textkompetenz wie auch der interkulturellen Kompetenz führen. Zugleich teilt das Fach das Schicksal aller Wissenschaften, nämlich eine zunehmende Spezialisierung, so dass der interdisziplinäre Blick gelegentlich verloren zu gehen scheint.

Das vorliegende Handbuch sieht seine Aufgabe daher darin,

— die fachlichen Entwicklungen und institutionellen Gliederungen des Faches transparent zu machen,
— die interdisziplinäre Dimension des Theorie- und Praxisfeldes aufzuzeigen und Bezüge zu den Nachbardisziplinen zu verdeutlichen,
— den Studierenden eine Orientierung in einem komplexen Wissenschaftsbereich an die Hand zu geben,
— durch Markierung der Erkenntnisstände wie auch der offenen Fragen seinerseits einen Beitrag zur Weiterentwicklung des Faches zu leisten.

Dabei gilt es, die Beiträge des Faches Deutsch als Fremd- und Zweitsprache zu den Herausforderungen der gegenwärtigen Gesellschaft deutlich zu machen. Exemplarisch seien hier genannt:

1) Die Rolle der deutschen Sprache in einer mehrsprachigen Welt
2) Die Rolle der deutschen Sprache bei der Entwicklung einer europäischen Wissensgesellschaft
3) Die Rolle der deutschen Sprache im Kontext von Migration und Integration.

Das Handbuch versucht, wie es schon in der 1. Auflage programmatisch formuliert wurde, für die gegenwärtige Umbruch- und Aufbruchsituation den vorhandenen Erkenntnis- und Forschungsstand ebenso wie unterrichtspraktische und sprachenpolitische Modelle und Erfahrungen bereitzustellen.

3. Gliederung des Handbuchs

Das zweibändige Handbuch besteht aus 19 nach systematischen Gesichtspunkten gegliederten Kapiteln:

A. Deutsch als Fremd- und Zweitsprache als spezifisches Lehr- und Forschungsgebiet

Konzeption, Entwicklungslinien des Faches, Sprachenpolitik: Kap. I−III mit 16 Artikeln.

In Kapitel I und II werden die Konzepte und historischen Entwicklungen des Faches innerhalb und außerhalb des deutschen Sprachraums dargestellt, wobei die Gemeinsamkeiten und Unterschiede der Entwicklung in den deutschsprachigen Ländern besonders berücksichtigt werden. Kapitel III analysiert die institutionelle Struktur und die sprachenpolitischen Grundlagen von Sprachvermittlung und Sprachförderung, da die Entwicklung des Deutschen als Zweit- und Fremdsprache sowohl durch gesetzliche Regelungen als auch durch sprachenpolitische Rahmenbedingungen stark geprägt ist.

B. Die linguistische Dimension des Faches Deutsch als Fremd- und Zweitsprache

Linguistische Gegenstände in ihrer Bedeutung für das Fach Deutsch als Fremd- und Zweitsprache, Variation und Sprachkontakt, Fach- und Wissenschaftssprachen, Kontrastivität und Sprachvergleich bezogen auf Einzelsprachen: Kapitel IV−VII mit 66 Artikeln.

C. Spracherwerb und Sprachvermittlung

Modelle und Theorien des Spracherwerbs und Sprachenlernens, spezifische Variablen und Faktoren, Zielsetzungen und Methoden des Sprachenlehrens, spezifische Bedingungen und Zielsetzungen des Deutsch als Zweitsprache-Unterrichts, Einzelaspekte des Lehrens, Medien und Lehr-/Lernmaterialien, Leistungsmessung und Leistungskontrolle, Lehrerinnen und Lehrer: Kap. VIII−XV mit 71 Artikeln.

D. Die kulturwissenschaftliche Dimension des Faches Deutsch als Fremd- und Zweitsprache

Kulturwissenschaftliche Aspekte und Konzepte, Landeskunde, die Rolle der Literatur: Kap. XVI−XVIII mit 25 Artikeln

Die Teile B bis D repräsentieren den Kernbereich des Faches, wobei die Gegenstände und Inhalte (Kapitel IV−VII und XVI−XVIII) stärker die *deklarative*, und die Lern- und Lehraspekte (Kap. VIII−XV) stärker die *prozedurale* Seite des Faches thematisieren. Soweit sich das aus der Fachgeschichte oder dem derzeitigen Erkenntnisstand ergibt, werden Fragen des Deutschen als Fremdsprache und solche des Deutschen als Zweitsprache jeweils gemeinsam in den einzelnen Kapiteln und Artikeln behandelt, es erschien jedoch erforderlich, spezifische Aspekte herauszugreifen und mit einer besonderen Fokussierung auf Deutsch als Zweitsprache darzustellen (Kapitel XI).

E. Areale

Deutsch an Schule und Hochschule in nichtdeutschsprachigen Ländern: Bestandsaufnahme und Tendenzen: Kap. XIX mit 55 Artikeln.

Dort, wo es sich um spezifische areale Aspekte bzw. einzelsprachliche Konstellationen handelt (Kapitel VII und Kapitel XIX), wurde versucht, über die erste Auflage hinausgehend weitere Sprachen und Länder aufzunehmen: Kriterium war allerdings stets, dass es eine entsprechende Grundlage in der Forschung und/oder Lehre und Institutionalisierung des Faches gibt. Dass sich die Zahl der Länder und Sprachen vergrößert hat, ist natürlich politischen Entwicklungen wie z. B. der EU-Erweiterung zu danken, die gerade für die deutsche Sprache Impulse ausgelöst haben, ist aber zugleich auch Zeugnis einer lebendigen, sich weiterentwickelnden Wissenschaftslandschaft.

In den einzelnen Artikeln zu den 19 Kapiteln werden nach Möglichkeit folgende Gesichtspunkte berücksichtigt: theoretische, empirische und praxisrelevante Erkenntnisse und Bezüge unter Berücksichtigung der Forschungsergebnisse der jeweils relevanten Referenzwissenschaften. Die grundsätzlich nach systematischen Aspekten erfolgende Darstellung berücksichtigt historische Entwicklungen und, differenziert nach Deutsch als Fremd- bzw. Deutsch als Zweitsprache, spezifische Lehr- und Lernprozesse sowie kontrastive Gesichtspunkte. Im Anschluss an jeden Artikel wird die relevante Literatur in Auswahl aufgeführt.

Wegen des beträchtlichen Umfangs erscheint auch die Neubearbeitung in zwei Bänden. Sie werden mit einem Namens- und Begriffsregister abgeschlossen.

4. Danksagungen

Die Herausgeber der Neubearbeitung fühlen sich dem Herausgeberteam der 1. Auflage zu besonderem Dank verpflichtet, konnten sie doch für die Neubearbeitung auf eine bewährte Grundstruktur zurückgreifen und viele für die 1. Auflage entwickelte Ansätze übernehmen. Insbesondere an unseren 2008 verstorbenen Kollegen Gerhard Helbig, der die Initiative für die 1. Auflage ergriffen hatte, sei an dieser Stelle mit Dankbarkeit für seine Vorarbeiten und Beiträge gedacht, ebenso sei den Mitherausgebern der 1. Auflage Lutz Götze und Gert Henrici ausdrücklich gedankt − im Sinne eines Generationenwechsels, bei dem auch die Kontinuität des Faches bewahrt bleiben soll, gibt es wie im Herausgeberteam so auch bei den Autorinnen und Autoren eine Vernetzung zwischen den Beiträgern der 1. Auflage und dem vorliegenden Werk.

Ein erster Dank gilt allen Autorinnen und Autoren der vorliegenden Ausgabe, die sich trotz vieler anderer Verpflichtungen auf die vorgegebenen Termine und Umfangsbegrenzungen kooperativ eingelassen und eine relativ rasche Neubearbeitung ermöglicht haben.

Das Handbuch wurde an den vier Arbeitsorten der Herausgeber betreut. Den Mitarbeiterinnen und Mitarbeitern der Herausgeber gebührt dabei ein besonderer Dank, bei Christian Fandrych in Leipzig: Stefan Rahn, Cordula Meißner, Daisy Lange und Karen Gräfe, bei Britta Hufeisen in Darmstadt: Dorothee Meersmann-Kraus, bei Hans-Jürgen Krumm in Wien: Imke Mohr (bis 2009) und Andrea Koban (2009/2010) und bei Claudia

Riemer in Bielefeld: Christine Kreft. In Wien lag auch die Koordination der Arbeit und die abschließende Redaktion.

Dank gilt auch Eva-Maria Jenkins-Krumm, die die Register besorgte.

Schließlich haben die Herausgeber dem Reihenherausgeber Herbert Ernst Wiegand zu danken, der die Neubearbeitung konstruktiv begleitet hat. Ein ganz besonderer Dank gilt den Mitarbeiterinnen des Verlages, allen voran Barbara Karlson, für die sorgfältige Betreuung des Projekts, sowie Angelika Hermann für die Betreuung von Satz und Korrekturarbeit.

Die Herausgeber hoffen, dass das Handbuch Deutsch als Fremd- und Zweitsprache auch in der neuen Gestalt zur weiteren Entwicklung des Faches wie auch der Praxis durch konzeptionelle und Forschungsimpulse beiträgt.

Bielefeld, Darmstadt, Leipzig und Wien
im Herbst 2010

Die Herausgeber und Herausgeberinnen

Inhalt

1. Halbband

IV.   Linguistische Gegenstände in ihrer Bedeutung für das Deutsche als Fremd- und Zweitsprache

V.   Variation und Sprachkontakt

VI. Fach- und Wissenschaftssprachen

VII. Kontrastivität und Sprachvergleich

VIII. Spracherwerb und Sprachenlernen: Modelle und theoretische Ansätze

IX. Sprachenlernen: spezifische Variablen und Faktoren

X. Sprachen lehren: Zielsetzungen und Methoden

2. Halbband

XI. Spezifische Bedingungen und Zielsetzungen des Deutsch als Zweitsprache-Unterrichts

XII. Sprachen lehren: Einzelaspekte

XVII. Landeskunde

XVIII. Die Rolle der Literatur im Fach Deutsch als Fremd- und Zweitsprache

XIX. Deutsch an Schulen und Hochschulen in nichtdeutsch-sprachigen Ländern: Bestandsaufnahme und Tendenzen

Indices

I. Deutsch als Fremd- und Zweitsprache als spezifisches Lehr- und Forschungsgebiet

1. Perspektiven und Schwerpunkte des Faches Deutsch als Fremd- und Zweitsprache

1. Neuere Entwicklungen und Herausforderungen
2. Forschungsfelder und Forschungsschwerpunkte
3. Forschungsansätze und Forschungsentwicklung
4. Ausbildungsziele, Ausbildungsschwerpunkte und Berufsfelder
5. Sprachenpolitik als neues Handlungsfeld des Faches
6. Perspektiven
7. Literatur in Auswahl

1. Neuere Entwicklungen und Herausforderungen

In der 1. Auflage dieses Handbuchs 2001 haben Helbig, Götze, Henrici und Krumm die von Henrici und anderen angeregte Strukturierung des Faches nach vier Arbeitsfeldern aufgegriffen (vgl. den Wiederabdruck des damaligen Einleitungsartikels als Art. 2 in dieser Auflage). In der Zwischenzeit hat das Fachgebiet Deutsch als Fremd- und Zweitsprache sich dynamisch weiterentwickelt und seine Konturen teils geschärft, teils aber auch grundlegend geändert. Das heißt nicht, dass die 2001 skizzierten Arbeitsfelder an Bedeutung verloren hätten, allerdings sind neue hinzugekommen, und die grundlegenden Orientierungen haben sich mit veränderten Rahmenbedingungen verschoben. Auch wird die Strukturdebatte mittlerweile nicht mehr in dieser Form geführt – sie ist zu einem guten Teil überwunden, zum einen durch die Konsolidierung des Faches, welches keiner Legitimationsdebatten mehr bedarf, zum andern auch durch die weitere Ausdifferenzierung und eine stärkere Suche nach Schnittmengen, Schnittstellen und Übergängen zwischen den Arbeits- und Forschungsbereichen.

1.1. Veränderte Rahmenbedingungen

Schon immer ist DaF/DaZ als ein „Kind der Praxis" bezeichnet worden, als ein Fachgebiet, in dem Antworten auf Fragen gesucht werden, die durch neue gesellschaftspolitische Entwicklungen aufgeworfen werden. Für das erste Jahrzehnt des zweiten Jahrtausends sind die folgenden Entwicklungen von zentraler Bedeutung für das Fach:

– das öffentliche Aufgreifen der Fragen des Spracherwerbs im Zusammenhang mit Migration in der Ausländergesetzgebung und im Staatsbürgerschaftsrecht: Ging es 1970 bis etwa 2000 noch darum, die Situation von Arbeitsmigranten und ihren Familien aufzuzeigen, genauer zu analysieren und öffentliche Aufmerksamkeit und Förderangebote für sie einzufordern, so geht es heute darum, für die Ausgestaltung von Förderangeboten eine Berücksichtigung fachlicher und sprachenpolitischer Erkenntnisse und Konzepte durchzusetzen und die empirischen Grundlagen für Förderprogramme zu verbreitern. Deutsch als Zweitsprache, früher ein in der Wissenschaft eher geduldetes, stärker im pädagogischen Bereich als an Universitäten und in der Germanistik angesiedeltes Nebengebiet, hat sich inzwischen zu einem gewichtigen Teilgebiet des Faches mit teilweise eigenen Strukturen und Institutionalisierungen entwickelt, was auch zu einer Debatte über die politische Verwertung wissenschaftlicher Expertise geführt hat (vgl. Art. 6 und 10);

– die Folgen der deutschen Vereinigung: Mit der deutschen Vereinigung und dem Fall des Eisernen Vorhangs 1989/1990 stieg die Nachfrage nach Deutsch weltweit; der deutsche Sprachraum wurde politisch, wirtschaftlich und kulturell wieder interessant, insbesondere in Mittel- und Osteuropa, wo die deutsche Sprache zunächst als Brücke zum Westen gesehen wurde. Um 2000 allerdings setzte ein Nachfragerückgang ein; Englisch hatte sich auch in Mittel- und Osteuropa als erste Fremdsprache weitgehend durchgesetzt (vgl. Art. 9). Mit diesen Einbrüchen gewann das Thema Sprachenpolitik in der deutschen Politik, im Goethe-Institut, beim DAAD, aber auch als Thema des Fachdiskurses an Bedeutung;

– neue sprachenpolitische Initiativen in Europa: Mit dem Fall des Eisernen Vorhangs rückten die mittel-, ost- und südosteuropäischen Länder ins Zentrum des Interesses. Es galt, sie (demokratie)politisch, wirtschaftlich und auch bildungspolitisch zu modernisieren, d. h. sie den in Westeuropa bestehenden Systemen anzunähern. Die Intensivierung von Fremdsprachenunterricht spielte hierbei eine besondere Rolle. Die Kontakte und Projekte in den MOE-Ländern (Mittel- und Osteuropa) führten dazu, dass das Fach DaF/DaZ auch im deutschen Sprachraum erstmals in intensiver Form mit schulbezogenen Fragen der Curriculumentwicklung, Lehrmaterialentwicklung und Fremdsprachenlehrerausbildung befasst wurde, was seine sehr stark am „Ausländerstudium" und den an Erwachsenen orientierten Ausrichtungen deutlich veränderte. In diesem Zusammenhang wurde Deutsch als Fremdsprache auch für Österreich bedeutsam, konnte man in Mitteleuropa doch an alte Beziehungen anknüpfen und wollte auf die Nachfrage nach Unterstützung des Deutschunterrichts aus MOE auch reagieren. Hinzu kam, dass Österreich sich nach seinem EU-Beitritt 1995 teils neben der Bundesrepublik Deutschland als eigenständiges deutschsprachiges Land profilieren (1996 Gesetz zur Einrichtung des Österreich Instituts), teils aber auch mit Deutschland zusammen agieren wollte, z. B. durch gemeinsame Sprachprüfungen (vgl. Art. 7 und 14);

– die Bestrebungen zur Internationalisierung der Hochschulen: Seit Mitte der 1990er Jahre haben die deutschsprachigen Länder sich verstärkt am Wettbewerb um internationale Studierende beteiligt. Dies hat zu einer deutlichen Steigerung von Aufenthalten nichtdeutscher Muttersprachler an deutschen Hochschulen geführt und auch Diskussionen um die sprachliche Seite der Hochschulinternationalisierung ausgelöst. In deutschsprachigen Studienangeboten ist nicht immer sichergestellt, dass die internationalen Studierenden ausreichend vorbereitet sind, um (in teilweise nur einsemestrigen Aufenthalten) erfolgreich an einem Studium in den deutschsprachigen Ländern teilzunehmen. Die an vielen Orten neu eingerichteten dominant englischsprachigen Studiengänge haben bisher kaum überzeugende Konzepte entwickeln können, wie internationale Studierende in derartigen Studiensituationen erfolgreich auch solide Deutschkenntnisse erwerben können, ganz abgesehen davon, dass ihre Sprachhandlungskompetenz auf Englisch oft genug ebenfalls nicht genügt, um gewinnbringend zu studieren. Eine angemessene Förderung der Deutschkenntnisse als integrierter Studienanteil erscheint aber gerade auch aus der Perspektive einer nachhaltigen Sprachenpolitik unabdingbar, und gleichzeitig wird diese von internationalen Studierenden häufig gewünscht (vgl. Fandrych und Sedlaczek erscheint).

Natürlich haben auch Diskussionen in anderen gesellschaftlichen und pädagogischen Kontexten die neuere Fachentwicklung mitgeprägt, insbesondere:

- die oft als Kulturkonflikt gedeuteten Auseinandersetzungen zwischen dem Westen und den asiatischen Ländern einschließlich der neuen Rolle der Religionen in den politischen und ideologischen Kontroversen: Die Erforschung von Ursachen und Folgen kultureller Prägungen und der Strukturen interkultureller Kommunikation ist damit sowohl für Deutsch als Fremd- als auch für Deutsch als Zweitsprache zu einem zentralen Arbeitsfeld in Forschung und Lehre geworden (vgl. Art. 125);
- die öffentlich diskutierte Frage nach den Leistungen von Bildungsangeboten: Für das Bildungswesen insgesamt ist ein Paradigmenwechsel von einem *Input*-orientierten („was wird gelehrt") zu einem *Outcome*-orientierten Bildungssystem („was wurde – nachweislich – gelernt" / „was *können* die Lernenden") zu verzeichnen, der sich auf allen Ebenen auch auf das Fach Deutsch als Fremd- und Zweitsprache ausgewirkt hat, angefangen von Sprachstandsdiagnosen bei Migrantenkindern schon im Vorschulalter (vgl. Art. 146) über die Entwicklung von Bildungsstandards für den schulischen Deutschunterricht (vgl. Art. 142) bis hin zur Notwendigkeit, die neuen Bachelor- und Masterstudiengänge für Deutsch als Fremd- und Zweitsprache bezüglich der zu erwerbenden Kompetenzen zu beschreiben und zu akkreditieren, was auch die Frage nach einem Kerncurriculum für das Fach erneut ins Spiel gebracht hat;
- die Auswirkungen des Gemeinsamen europäischen Referenzrahmens für Sprachen (Europarat 2001): Der Referenzrahmen hat sich weltweit, auch über Europa hinaus, als einflussreiches Instrument erwiesen, das sowohl die Entwicklung von Curricula und Lehrmaterial als auch die von Prüfungen kanalisiert; eine besondere Rolle spielt dabei die Umsetzung für die deutsche Sprache in „Profile Deutsch" (vgl. Glaboniat u. a. 2005), die sich stark normierend auf Lehrmaterialien auswirkt. Gerade aus dem Fach Deutsch als Fremd- und Zweitsprache heraus wurde dies auch immer wieder in Frage gestellt, da der Referenzrahmen die sprachlich kulturelle Heterogenität innerhalb Deutschlands bzw. Österreichs und die Verschiedenheit der Lernsituationen außerhalb des deutschen Sprachraums nur unzureichend berücksichtige und bei „Profile Deutsch" die empirische Basis ebenso wie die theoretische Begründung nicht ausreichend sei und nicht operationaliserbare Lernzielbereiche etwa im Zusammenhang von Interkulturalität damit aus dem Blick gerieten (vgl. Bausch et al. 2005).

1.2. Zur Begrifflichkeit

Auf Grund der veränderten Rahmenbedingungen sind auch traditionelle Begrifflichkeiten und Unterscheidungen im Fach in Frage zu stellen. Das gilt insbesondere für die Unterscheidung von Auslands- und Inlandsgermanistik sowie von Deutsch als Fremd- und Zweitsprache. Beide beruhen auf den unterschiedlichen Akteuren und Zielgruppen: Im Fall der Auslandsgermanistik handelt es sich um nichtmuttersprachliche Wissenschaftler, die deshalb Fragen der Kontrastivität, des „Deutsch von Außen" (Stickel 2003) zum Forschungsgegenstand machen, bzw. um nichtmuttersprachliche Studierende in einem Kontext, in dem Fragen des Spracherwerbs und der Sprachbeherrschung sowie die Ausbildung von Lehrkräften und Übersetzern/Dolmetschern zentral sind, Bereiche also, die für die Inlandsgermanistik und das Fach Deutsch als Fremdsprache im Inland keine gravierende Rolle spielten (vgl. Grucza 1998). Inzwischen aber verlaufen diese Trennlinien nicht mehr so scharf: Auch das Fach im Inland hat sich nichtdeutschsprachigen Studierenden geöffnet; „Bildungsinländer", d. h. Studierende mit Migrationshintergrund, für die Deutsch Zweitsprache ist, bringen sprach- und kulturkontrastive Fragestellungen auch im deutschen Sprachraum in das Fach DaF/DaZ ein. Das gilt auch umgekehrt: Konnte Deutsch als Fremdsprache im nichtdeutschsprachigen Raum in der Vergangenheit im Gegensatz zu Deutsch als Zweitsprache von sprachlich und kulturell homogenen Lerngruppen ausgehen, so ist es auch hier inzwischen schwierig, scharfe Grenzen zu ziehen. Mehrsprachige und sprachlich heterogene Lerngruppen finden sich außerhalb des deutschen Sprachraums ebenso wie im deutschsprachigen Raum. Globalisierung, die elektronischen Medien und die Mobilität der Menschen lassen viele der klassischen Unterscheidungen ihre Eindeutigkeit verlieren. Manche Fachvertreter nutzen daher den Begriff „Transnationale Germanistik", um zu signalisieren, dass das Fach sich nicht an nationalen Grenzen orientiert, sondern die Fremdperspektive auf Sprache als grundlegendes Merkmal des Faches in allen Arbeits- und Sprachgebrauchskontexten anzusehen ist. Auch das Konzept der „Interkulturellen Germanistik" nimmt dieses Fachverständnis unter besonderer Betonung der Verschiedenheit kultureller Perspektiven für sich in Anspruch (vgl. Art. 157). Eine wirklich eindeutige Abgrenzung und Konzeptualisierung dieser Ausprägungen des Faches liegt nach unserer Überzeugung bisher aber nicht vor.

Die Unterscheidung zwischen Deutsch als Fremd- und Deutsch als Zweitsprache ist in unseren Augen trotz aller Unschärfen in der Grenzziehung sinnvoll, gerade auch, weil Deutsch als Zweitsprache in den letzten Jahren eine vergleichsweise starke Ausprägung und Neugewichtung gewonnen hat. Im Gegensatz zu Deutsch als Fremdsprache befassen sich Lehre und Forschung im Fachgebiet Deutsch als Zweitsprache mit Sprachlehr- und Sprachlernprozessen, die in ganz besonderer Weise von gesellschaftspolitischen Entwicklungen nicht nur abhängig, sondern nachhaltig definiert sind (vgl. Art. 10): Die Gesetzgebung und staatliche Regulierungen reichen bis in die Integrationskurse und Sprachprüfungen hinein. Der im Bereich des Deutschen als Fremdsprache unhinterfragten Existenz einer (in der Regel ausgebildeten) Erstsprache steht im Bereich Deutsch als Zweitsprache eine nach wie vor strittige Einstellung gegenüber den Erst- bzw. Familiensprachen der Migrantinnen und Migranten gegenüber (vgl. Gogolin und Neumann 2009); und auch die Dimension der Mehrsprachigkeit der Lernenden als Ausgangspunkt für das Lehren des Deutschen ist eine ganz andere, 15 und mehr verschiedene Muttersprachen in einer einzigen Lerngruppe sind keine Ausnahmeerscheinung. Fokussiert man also den Begriff des Deutschen als Zweitsprache auf die spezifischen Lernbedingungen und Lernkontexte von Migrantinnen und Migranten, so lassen sie sich von bilingualen Konzepten sowohl der sprachlichen Minderheiten als auch von besonderen Lernangeboten etwa im Rahmen von Europaschulen deutlich abgrenzen.

Trotz dieser notwendigen Unterscheidung gehen wir davon aus, dass es sich bei Deutsch als Fremdsprache und Deutsch als Zweitsprache um ein Fach handelt: Die Fremdperspektive sowie die Tatsache, dass es immer um das Wechselspiel zwischen der deutschen Sprache und anderen sprachlich-kulturellen Prägungen und Grundlagen geht, halten die beide Arbeitsbereiche ebenso zusammen wie die personellen, institutionellen und in den Studiengängen verankerten fachlichen Gemeinsamkeiten.

2. Forschungsfelder und Forschungsschwerpunkte

Wenngleich das Fach DaF/DaZ eine eigenständige Perspektive und spezifische Ausformungen entwickelt hat, so weisen die verschiedenen Forschungsschwerpunkte und Forschungsfelder mehr oder weniger deutliche Affinitäten zu anderen, teils traditionelleren, teils neueren Forschungsrichtungen auf, etwa zu den Literatur-, Kultur- und Sprachwissenschaften, zur Fachdidaktik und -methodik, zur Psycholinguistik und Pädagogik. Die Forschungsperspektive des Faches DaF/DaZ ist wesentlich durch die auf das Deutsche bezogene (Fremd-)Perspektive bestimmt und durch seine Genese und Verpflichtung zur Verzahnung mit der Anwendung, der Praxis konturiert. Die Punkte der folgenden wissenschaftstheoretisch nicht systematischen Auflistung sind nicht als getrennt zu sehen, sondern erfahren in vielerlei Hinsicht Überlappungen: So geschieht beispielsweise fachdidaktische oder methodische Forschung stets anhand eines Gegenstandes, der Sprache in ihren verschiedenen Erscheinungsformen und in ihrer Einbettung in verschiedene Bedingungsgefüge. Hier können dann etwa Fragen wie die Behandlung von Literatur im Unterricht, die Reichweite des Einsatzes neuer Medien, oder aber auch die Überlegung, welche Auswirkungen die Rechtschreibreform auf das Lernen des Deutschen als Fremdsprache hat, von Interesse sein. Die folgenden Abschnitte umreißen daher wichtige Wissenschaftsgebiete, die für das Fach DaF/DaZ von besonderem Interesse sind und zentrale Forschungs- und Praxisfelder darstellen.

2.1. Die kulturwissenschaftliche Fachdebatte

Die kulturwissenschaftliche Wende in den Geisteswissenschaften seit ca. 1990 hat auch für das Fach Deutsch als Fremd- und Zweitsprache zu neuen Ansätzen geführt, die ins Zentrum rücken, dass für Deutschlernende mit dem Erlernen der Sprache zugleich die Entwicklung kultureller Deutungsmuster verbunden ist. So wird die empirische Untersuchung kultureller Lernprozesse zu einer zentralen Forschungsaufgabe (vgl. Art. 154). Im Unterschied zur Zuweisung der Vermittlung von „interkultureller Kompetenz" an einzelne Segmente des Sprachenlernens (z. B. die „interkulturelle Landeskunde") geht ein kulturwissenschaftliches Verständnis davon aus, dass Sprachenlernen immer zugleich ein Prozess des Fremdverstehens ist, der Entwicklung einer komplexen Fähigkeit, die eines kulturellen Wissens ebenso bedarf wie der für Fremdverstehen erforderlichen Ausbildung von Fähigkeiten der Bedeutungsaushandlung, der Empathie und der Ambiguitätstoleranz. Ein solches Verständnis impliziert auch für die Forschung stärker interdisziplinäre, theoriegeleitete, an der Konstruktion und Rekonstruktion von Deutungsmustern orientierte forschungsmethodische Vorgehensweisen (vgl. z. B. Altmayer 2004).

2.2. *German Studies*

In vielen Regionen außerhalb der deutschsprachigen Länder stehen Forschungsbereiche und Lehrgebiete im Mittelpunkt, die in einem eher traditionellen Sinne nicht zur Germanistik oder auch zum Fach Deutsch als Fremdsprache gerechnet werden. Dies hat teils schon eine längere Tradition (etwa in der britischen Germanistik, wo kultur- und gesellschaftsbezogene Fragestellungen schon lange Gegenstand der Forschung und Lehre waren), teils haben sich derartige, häufig interdisziplinäre Ausrichtungen auch erst in jüngerer Zeit entwickelt. Die Gründe für jüngere Orientierungen hin zu einer breiteren Ausrichtung sind sicherlich vielfältig: Teilweise entstammen sie der Einsicht, dass eine Vertrautheit und akademische Beschäftigung mit den gegenwärtigen kulturellen und gesellschaftlichen Verhältnissen und Entwicklungslinien der deutschsprachigen Länder die Studierenden für den Arbeitsmarkt besser vorbereitet. Sicherlich spielt auch die gewachsene interdisziplinäre Ausrichtung vieler Wissenschaftlerinnen und Wissenschaftler, die ja auch in den deutschsprachigen Ländern zu beobachten ist und für das Fach DaF/DaZ eine konstitutive Rolle spielt, eine wichtige Rolle, so dass Nachbardisziplinen wie etwa Komparatistik, Filmstudien, Kulturwissenschaften oder neuere Geschichte nun deutlich stärker als früher als integrale Teile des Faches gesehen werden. Ein wesentlicher Faktor ist allerdings in vielen Regionen gerade in Westeuropa und den USA auch in der sinkenden Nachfrage nach Deutsch und dem Legitimationsdruck des Faches zu sehen. Deshalb haben Deutschabteilungen an vielen Standorten in Westeuropa und auch in Nordamerika ihre Forschungs- und Lehrgebiete um gesellschaftspolitische, kulturgeschichtliche und kulturwissenschaftliche, philosophisch-politische oder auch wirtschaftswissenschaftliche Inhalte erweitert. Teils erfolgt dies in Kooperation mit anderen Abteilungen oder Instituten, teils sind eigene Stellen für diese Arbeitsbereiche geschaffen worden. Diese Ausweitung kann, muss aber nicht mit einer Verdrängung eher traditioneller Lehr- und Forschungsgebiete einhergehen. An einer Reihe von Standorten partizipieren Deutschabteilungen auch an übergreifenden Europastudien-Programmen bzw. sind Lehrgebiete Deutsch Teil solcher Programme. Europastudien haben eine vergleichende Dimension und können eine stärker politikwissenschaftliche, wirtschaftswissenschaftliche oder auch kulturwissenschaftliche Ausrichtung aufweisen. Zentrales Identitätsmerkmal solcher Institute und Lehreinheiten sowie der Studiengänge ist die Sprachkompetenz, die teils auch eine fachsprachliche Ausrichtung beinhaltet und sie von rein politikwissenschaftlich, historisch oder kulturwissenschaftlich ausgerichteten Studiengängen unterscheidet (vgl. Art. 3).

2.3. Sprachwissenschaftliche Zugänge im Fach DaF/DaZ

Die praxisbezogene Perspektive des Faches DaF/DaZ hat schnell sprachwissenschaftlichen Ansätzen zu Prominenz verholfen, die dazu geeignet schienen, die Besonderheiten der deutschen Grammatik in den Blick zu nehmen (vgl. die traditionsreichen valenzgrammatischen Forschungen und sprachdidaktischen Materialien, die seit den 1960er Jahren etwa im Kontext des Instituts für Deutsche Sprache und des Herder-Instituts entwickelt wurden). Aus didaktischer Perspektive rückten neben der Lexikologie, der Phraseologie und der Phonetik bald auch textlinguistische und pragmatische Fragestellungen und Beschreibungsansätze in den Mittelpunkt des Forschungsinteresses, nicht zuletzt unter dem Eindruck der kommunikativen Wende und interkultureller und kulturwissenschaftlicher Ansätze. Das ist nur konsequent aus einer Lernerperspektive, der es nicht in erster Linie um die Aneignung rein systematischer morphosyntaktischer Regelkenntnisse und eines fremdsprachlichen Lexikons gehen kann, sondern für die der Lerngegenstand Sprache in seiner Gesamtheit von Relevanz ist. Die traditionelle Grenze zwischen einer am „Sprachsystem" und einer an der „Sprachverwendung" orientierten Sprachwissenschaft ist so gerade aus der Sicht der Fremdsprachendidaktik in den Hintergrund gerückt (vgl. die wesentlich auch in DaF/DaZ-Kontexten entwickelten linguistischen Ansätze in Weinrich 2003; Ehlich 2007; vgl. Art. 17 und 25–28). Dies bedeutet auch, dass die verschiedenen Formen und Faktoren der sprachlichen Variation (etwa fachbezogene, regionale, nationale, gruppenspezifische und situationsbezogene Variation) für das Fach DaF/DaZ von großem Interesse sind. Gerade im Kontext der Individualisierung und Informalisierung der Gesellschaft einerseits, globalisierender Einflüsse und neuer Kommunikationsformen andererseits ist in den letzten Jahren die Frage der verschiedenen Gruppenstile und neuen Varietäten in den Blick gerückt und hat auch im Fach DaF/DaZ die Frage nach der zu vermittelnden Norm bzw. den für DaF und DaZ-Lernende relevanten sprachlichen Varietäten und Kompetenzen neu in den Blick gerückt. Ein zentraler Untersuchungsgegenstand ist dabei die bildungssprachliche Kompetenz in Schule und Hochschule (vgl. Kap. V und VI). In den letzten Jahren sind gerade auch durch die korpuslinguistischen Möglichkeiten neue, für das Fach relevante Forschungsdimensionen in den Blick gerückt: Neben der Überprüfung lexikographischer und grammatikographischer Beschreibungen auf der Basis von Korpora eröffnet auch die Erstellung von Lernerkorpora und die darauf basierende Lernersprachanalyse neue Perspektiven (vgl. Art. 31). Daneben schaffen Korpora auch vollkommen neue Möglichkeiten für gebrauchsorientierte Untersuchungen. Für das Fach DaF/DaZ sind insbesondere linguistische Ansätze und Theorien interessant, die versuchen, Sprache umfassend in den Blick zu nehmen, die funktional orientiert sind, die den Spracherwerb in den Blick nehmen und somit Regeln und Regelhaftigkeiten aus der Lernerperspektive beschreiben. Das in den letzten Jahren verstärkt gewachsene Interesse an der Rolle *formelhafter Sequenzen* (Kollokationen, kommunikative Routinen, idiomatische Prägungen) hat, zusammen mit der in der Spracherwerbsforschung neu bewerteten Rolle von *Chunks* beim Sprachenlernen, dazu geführt, dass das Verhältnis von Grammatik, Lexikon und kommunikativem Kontext insgesamt neu bewertet wird.

2.4. Sprachenlehr- und -lernforschung und Methodik/Didaktik

Das Konzept der kommunikativen Kompetenz bzw. der Sprachhandlungskompetenz scheint eine geeignete Bezugsgröße zu sein, auf deren Basis verschiedene Forschungsfelder bearbeitet werden. Was heißt es, Deutsch zu *können*? Welcher Fertigkeiten bedarf es, um auf Deutsch handeln zu können? Welche Domänen müssen bedient werden, damit gesellschafts- und bildungspolitische Teilhabe in deutschsprachigen Umgebungen ermöglicht wird? Diese Fragen fächern sich in verschiedensten sprachlichen Bereichen aus.

Globalisierung, lebenslanges Lernen und Lernen an verschiedenen Orten haben das Lernen mit neuen Medien und seine Reichweite noch stärker in den Mittelpunkt der Aufmerksamkeit gerückt. Es wird untersucht, wie integriertes Lernen funktioniert (vgl. Art. 136–139), welche individuellen, institutionellen und technischen Bedingungen für erfolgreiches Selbstlernen bereit gestellt werden. Lassen sich alle Fertigkeiten gleichermaßen entwickeln, wann bedarf es des persönlichen Kontaktes mit anderen Lernenden oder mit Lehrenden? In den letzten Jahren lassen vermehrt entstandene *Online-Writing-Labs* darauf schließen, dass hier ein besonderes Potential für das *Blended Learning* gegeben ist. Für deutschsprachige Universitäten sind hier ebenfalls starke Forschungsaktivitäten zu verzeichnen, und es bleibt abzuwarten, welche Ergebnisse auch für die Frage nach einer ausreichenden Textkompetenz fruchtbar gemacht werden können (vgl. Abschnitt 2.5 und Art. 124).

Die fremdsprachendidaktische und -methodische Forschung, die je nach Ausrichtung auch der Sprachlehr- und Sprachlernforschung zuzurechnen ist, beschäftigt sich insbesondere mit den Gelingensbedingungen für Unterrichts-, Lehr- und Lernverfahren. Hier geht es um Fragen danach, welche Voraussetzungen von Seiten der Lehrperson, der Institution, der Lernenden und des Unterrichtsablaufes erfüllt sein müssen, damit das Lernen von Deutsch erfolgreich stattfinden kann. Wir wissen, dass bestimmte Unterrichtsverfahren bestimmte Aspekte des Lernprozesses beeinflussen und fördern oder auch behindern können. Dabei spielen institutionelle und kulturelle Rahmenbedingungen eine kaum zu unterschätzende Rolle (Fragen sind u. a.: Was sind die institutionellen Rahmenbedingungen? In welcher Kultur findet der Unterricht statt? Welche Lerntraditionen herrschen hier vor?). Der Export von Methoden, Konzepten oder Verfahren aus deutschsprachigen Ländern ist deshalb nicht ohne weiteres möglich und verbietet sich unter bestimmten Bedingungen. Regionalisierte Lehrwerke beispielsweise sind eine Antwort auf diese Tatsache (vgl. Art. 105 und 137). In diesem Zusammenhang spielen die Handlungsforschung und die Evaluation von Unterrichtsangeboten eine besondere Rolle.

Eine spezifische didaktische Fragestellung, die sich mit der zunehmenden sprachlichen und kulturellen Heterogenität der Lernenden stellt, hat sich unter dem Begriff der *Mehrsprachigkeitsdidaktik* im Fach etabliert: Wie kann Unterricht gestaltet werden, in dem das Erlernen der deutschen Sprache gefördert und zugleich die Herkunftssprachen der Lernenden anerkannt und genutzt werden? Die Mehrsprachigkeitsdidaktik geht von der Erkenntnis aus, dass mehrsprachige Lernende in der Regel sprachaufmerksamer sind, Sprachen auch ohne Eingriffe der Lehrperson vergleichen, und versucht hier methodisch anzusetzen (vgl. Art. 122).

Als ein weiteres, in jüngster Zeit zunehmend wichtiges Arbeitsgebiet, hat sich der Bereich des *Testens und Prüfens* entwickelt. Mit der zunehmenden Bedeutung von standardisierten Prüfungen für den Hochschulzugang, für den Arbeitsmarkt und − im Zusammenhang mit aufenthaltsrechtlichen Regelungen − für Migrantinnen und Migranten wurde es auch erforderlich, Prüfungsforschung und Prüfungsentwicklung auf eine breitere Basis zu stellen. Nach wie vor ist das Goethe-Institut diejenige Einrichtung mit der größten Erfahrung, die die entscheidenden Prüfungen für Deutsch als Fremdsprache sowie für die Sprachprüfungen im Zusammenhang mit der Zuwanderung entwickelt, wobei das „Zertifikat Deutsch" in Kooperation mit Österreich und der Schweiz erarbeitet und angeboten wird, um der Plurizentrik der deutschen Sprache Rechnung zu tragen (vgl. Art. 35−37). Für den Hochschulbereich ist 2001 das *TestDaF-Institut* hinzugekommen, das ebenso wie das *Österreichische Sprachdiplom Deutsch* neben der Testentwicklung auch eine entsprechende Test-Forschung zu seinen Aufgaben zählt (vgl. Art. 144). An den Hochschulen selbst sind Fragen des Testens und Prüfens dagegen − von wenigen Ausnahmen abgesehen − nicht als gewichtige Forschungsgebiete etabliert. Anders verhält es sich im Bereich der Sprachförderung für Kinder mit Migrationshintergrund: Hier stellen Fragen der Sprachdiagnostik teilweise einen wichtigen Forschungsschwerpunkt dar (vgl. Art. 145−146).

2.5. Spracherwerbsforschung

Für DaF und DaZ sind zwei Hauptrichtungen seit den Jahren um die Jahrtausendwende bestimmend geworden, die sich aus gesellschaftlichen Entwicklungen und bildungspolitischen Entscheidungen ergeben haben:

2.5.1. DaZ: Deutscherwerb in Migrationskontexten

Von besonderem Interesse sind Fragen danach, wie Deutsch als Zweitsprache innerhalb deutschsprachiger Umgebungen erworben wird. Welche Bedingungen müssen in schulischer und häuslicher Umgebung gegeben sein, damit Kindern und Jugendlichen der Erwerb des Deutschen als Zweitsprache gelingt? Welche Erfolge zeigen gezielte Fördermaßnahmen wie die großen Projekte, die auf Leseförderung abstellen, in der Annahme, dass alle anderen Fertigkeiten auf soliderer Basis stehen, wenn eine ausreichende Lesekompetenz vorausgesetzt werden kann? Erkenntnisse, die darauf schließen lassen, dass das kulturelle Erbe wesentlich länger nachwirkt und sich positiv oder auch negativ auf den Bildungserfolg und den Deutscherwerb auswirken kann, als bisher angenommen wurde (vgl. Brizić 2009), müssen weiter geführt werden. Eine weitere Frage, die sich aus diesen Erkenntnissen ergibt, ist, wie die Textkompetenz von DaZ-Sprechenden so ausgebildet werden kann, dass sie für das schulische und berufliche Weiterkommen nützlich ist und für die gesellschaftspolitische Teilhabe gebraucht und angewendet werden kann (vgl. Art. 124).

In diesem Zusammenhang stehen auch Forschungsfragen, die sich aus der Tatsache ergeben, dass mit dem Erwerb des Deutschen als Zweitsprache zugleich für manche Erwachsene mit Migrationshintergrund auch erst die Alphabetisierung erfolgt (vgl. Art. 123). Wird Deutsch dann anders gelernt, als wenn bereits eine Literalisierung in einer Sprache erfolgt ist? Wie stellt sich die Situation dar, wenn die Herkunftssprache gar nicht schriftlich kodiert ist? Welches Niveau in der L1-Sprachhandlungskompetenz ist erforderlich, um einen gedeihlichen DaZ-Erwerb zu ermöglichen? Welcher L1- oder Herkunftssprachenförderung bedarf es, damit der DaZ-Erwerb überhaupt gelingen kann?

2.5.2. DaF: Deutsch in Mehrsprachigkeitskontexten

Nur noch etwa 30 % der Deutschlernenden lernen Deutsch als erste Fremdsprache. Deutsch wird immer häufiger als zweite (oder weitere) Fremdsprache gelernt. Dieser Lernprozess zeichnet sich durch einige Spezifika aus, die ihn vom Prozess des Lernens einer ersten Fremdsprache unterscheiden. Die seit den 1990er Jahren entstandene Tertiärsprachen- und Mehrsprachigkeitsforschung hat hier erste Grundlagen geliefert, die es auszubauen gilt. Aufgrund der zahlreichen Ausgangsbedingungen, der vielen verschiedenen Formen der gesellschaftlichen und vor allem der fast unüberschaubaren Formen der individuellen Mehrsprachigkeit ist hier weiterhin noch Aufbauarbeit zu leisten, um die bestimmenden Komponenten des Deutschlernens in Mehrsprachigkeitskontexten zu identifizieren, zu beschreiben und für weitere Forschungsfragen fruchtbar zu machen (vgl. Art. 83 und 91).

2.6. Sprachenpolitik, Schul- und Bildungspolitik

Dieser Forschungsbereich ist besonders für Deutsch hochrelevant, entscheidet er in Bezug auf DaZ doch stark über den Bildungserfolg von schulpflichtigen Kindern und Jugendlichen mit Migrationshintergrund und auch den Integrationserfolg erwachsener Migranten in Bezug auf gesellschaftspolitische Teilhabe. Ein weiterer großer Bereich, der hier zu nennen ist, ist die Frage nach der institutionellen Verankerung von Herkunftssprachenunterricht: Wir müssen noch genauer darüber Bescheid wissen, ob und wie viel Erstsprache/Herkunftssprache hilfreich ist, den Aufbau einer hinreichenden Sprachhandlungskompetenz in der deutschen Sprache positiv zu befördern. Wie kann eine L2 gelernt werden, wenn die Sprachhandlungskompetenz in der L1 nicht ausreicht, um als Bezugsfolie zu fungieren? Aus eindeutigeren Antworten auf diese Fragen ergeben sich Empfehlungen, wie viel die deutschsprachigen Länder in die Ausbildung der Herkunftssprachenkompetenz zu investieren haben oder investieren sollten, wenn sie tatsächlich Interesse am Bildungserfolg ihrer MigrantInnen haben (vgl. auch Art. 10).

In Bezug auf DaF gehört eine geschickte und erfolgreiche Sprachenpolitik zu den Bedingungen, die das Lehren und Lernen von Deutsch überhaupt sichern und fördern. In einer Welt, in der Englisch mehr und mehr die Stellung der weltumspannenden Kommunikationssprache übernimmt und also in der Regel als erste Fremdsprache gelernt wird, muss politisch immer weiter daran gearbeitet und geforscht werden, dass zweite Fremdsprachen erhalten oder − wo sie bereits abgeschafft oder in den Wahlbereich verschoben worden sind − wieder eingeführt werden. Diese zweiten Fremdsprachen, zu denen Deutsch seit längerem zählt, gilt es in ihren Lehr und Lernbedingungen so zu positionieren, dass es den Verantwortlichen in Bildungspolitik und -planung ermöglicht wird, ihnen Raum zu schaffen (vgl. Art. 9 und 11). Im Rahmen dieser Voraussetzungen hat die Erforschung von Gesamtsprachencurricula begonnen, die untersucht, welche Grenzen und Möglichkeiten Konzepte wie beispielsweise Früher Fremdsprachenbeginn, Mehrsprachigkeitsdidaktik oder integriertes Sachfachsprachenlernen bieten. In Zeiten des Rufs nach unmittelbarer ökonomischer Verwertbarkeit gelernten Wissens sind Verweise auf kulturelle Relevanz, historische Notwendigkeiten oder erfolgreiche Traditionen des Lernens von Sprachen immer noch richtig, aber vermutlich weniger erfolgreich als Verweise auf wirtschaftliche Verwertbarkeit von Fremdsprachenkenntnissen. Gesamtsprachencurricula suchen daher nach Wegen, einerseits zweiten und weiteren Fremdsprachen überhaupt Räume in Lehrplänen zu sichern, andererseits Anforderungen nach effizienterem und effektiverem Sprachenlernen gerecht zu werden (vgl. Hufeisen und Lutjeharms 2005). Problem bei der Erforschung der Wirksamkeit von Gesamtsprachencurricula ist die in der Regel fehlende Möglichkeit der empirischen Überprüfbarkeit. Die Schulen, die ihre Arbeit auf Gesamtsprachencurricula basieren, gehören allerdings eher zu den erfolgreichen, was Hinweise auf die prinzipielle Machbarkeit gibt. Hiervon könnten sowohl DaZ als auch DaF profitieren.

Ein weiteres wichtiges sprachenpolitisches Thema der letzten Jahre ist die Stellung des Deutschen als Wissenschaftssprache. Auch hier ist durch die zunehmende Dominanz des Englischen als Publikationssprache in vielen technischen und naturwissenschaftlichen Disziplinen, zunehmend aber auch in den Gesellschafts- und Geisteswissenschaften, die Frage entstanden, welche Rolle traditionsreichen Wissenschaftssprachen wie dem Deutschen in der Zukunft zukommen kann oder soll, und welche Schritte zu unternehmen sind, um die Rolle des Deutschen als Sprache insbesondere in der wissenschaftlichen Lehre und Ausbildung, aber auch der wissenschaftlichen Publikationstätigkeit zu fördern (vgl. Kap. VI, insbesondere Art. 51, auch die gemeinsame Erklärung von AvH, DAAD, Goethe-Institut und HRK zu *Deutsch als Wissenschaftssprache* 2009). In diesem Zusammenhang ist in den letzten Jahren auch die Frage der Sprachförderung internationaler Studierender in den Mittelpunkt der Fachdiskussion und auch der Forschung gerückt (vgl. auch das Programm *PROFIS* des DAAD). Forschungsergebnisse zu Sprachkompetenz und Sprachverwendungserfahrungen internationaler Studierender in dominant englischsprachigen Studiengängen zeigen, dass die Entwicklung und Implementierung geeigneter Sprachfördermaßnahmen ein dringendes Desiderat darstellt (vgl. Fandrych und Sedlaczek erscheint). Insgesamt ist die (auch kontrastive) Erforschung der Wissenschaftssprache Deutsch ein zentrales Forschungsfeld für die Sprachwissenschaft, die Entwicklung und Beforschung von Sprachlehr- und -lernangeboten eine wichtige Aufgabe für das Fach (vgl. Art. 51).

3. Forschungsansätze und Forschungsentwicklung

Wie die skizzierten Forschungsfelder beispielhaft verdeutlichen, umfasst die Erforschung des Lehrens und Lernens, der gesellschaftlichen Rahmenbedingungen sowie der Lerngegenstände von Deutsch als Fremd- und Zweitsprache ein breites Spektrum von Fragestellungen, die auf einem Kontinuum von praxisorientierter und grundlagenorientierter Forschung unterschiedlich zu positionieren sind. Forschung im Fach DaF/DaZ hat − auch als Folge der Fachgeschichte (vgl. Art. 4) − tendenziell stärker als andere Disziplinen den Anspruch, zumindest mittelbar für die Praxis relevant zu sein und von ihr Fragen und Probleme als Ausgangspunkte von Forschung zu übernehmen und Ergebnisse dieser Forschung dann wieder an sie zurückzuspiegeln, um auch auf eine Weiterentwicklung der Praxis einzuwirken. Dieser grundsätzliche Anspruch schließt Grundlagenforschung nicht aus − ganz im Gegenteil ist die Forschungsentwicklung auf forschungsmethodisch exakt kontrollierte (womöglich auch unter Laborbedingungen durchgeführte) und erste Hypothesen zu Forschungsfeldern generierende und testende Forschung sowie auch auf konzeptionelle Forschung angewiesen; von ihr unmittelbar Folgen für eine zu verändernde Unterrichtspraxis abzuleiten, wäre jedoch wenig zielführend und auch nicht von Erfolg gekrönt.

Empirische, am Methodenrepertoire v. a. der Sozialwissenschaften und Psycholinguistik orientierte Forschung hat sich im Fach DaF/DaZ parallel zur Verbreitung einer empirisch ausgerichteten Sprachlehr-/-lernforschung in den Fremdsprachendidaktiken sowie der Erforschung des zentralen Lerngegenstandes *Sprache* entwickelt. Sowohl qualitative als auch quantitative Forschungsansätze, zunehmend auch in Kombination, kommen zur Anwendung (vgl. Art. 85). Sprachbezogene Forschung untersucht die Erscheinungsformen, Strukturiertheit und Regelhaftigkeit sprachlicher Erscheinungen sowie ihre gesellschaftliche, institutionelle, individuelle und kognitive Relevanz, Einbettung und Nutzung, und zwar aus vergleichender bzw. lernerbezogener Perspektive. Auch hier stehen Ansätze im Mittelpunkt, die geeignet zu sein scheinen, Sprachlern- und -lehrprozesse zu fördern bzw. Spracherwerbsprozesse und Sprachniveaustufen angemessen zu beschreiben. Empirische (qualitative, aber auch quantitative) Forschungsansätze gewinnen auch in der sprachenbezogenen Forschung immer mehr an Gewicht. Noch nicht ausreichend entwickelt ist im Fach DaF/DaZ − auch als Folge unzureichender Methodenausbildung in den DaF-/DaZ-Studiengängen − die Handlungsforschung, die von Lehrkräften selbst initiiert und durchgeführt wird (vgl. Art. 153), die über regelmäßige kritische Unterrichtsreflexion hinausgehend mit Hilfe datengeleiteter Erkenntnisgewinnung Einsichten für eine zu optimierende Unterrichtspraxis entwickelt und diese Erkenntnisse unmittelbar in der Praxis erprobt. Eine solche Handlungsforschung wäre insbesondere für den Bereich der Wirkungsforschung anzustreben. Wirkungsforschung als Forschung, die die Wirksamkeit von Lehrerhandlungen, Unterrichtsprozessen, Medien etc. überprüft, ist etwas, das die gesellschaftliche Öffentlichkeit (Lehrende, Lernende, Vertreter der Politik) leicht einfordert, aber nicht leicht mit belastbaren Ergebnissen herstellbar ist, was u. a. im Wissen um die Multidimensionalität von Lehr- und Lernprozessen begründet ist. Ein weiteres Desiderat ist die Beschreibung bildungssprachlicher Kompetenzen auf verschiedenen Ebenen (im Vorschul-, Primarschul- und Sekundarschulbereich ebenso wie im akademischen Kontext).

Die Entwicklung der Forschung war und ist vorrangig Aufgabe der akademischen FachvertreterInnen und wurde entsprechend der nahezu durchgehend eingeschränkten personellen und finanziellen Ressourcen v. a. im Rahmen von Einzel- und Qualifikationsforschungen verwirklicht. Angesichts der aktuellen Entwicklungen z. B. an den deutschen Universitäten im Rahmen von Exzellenzinitiativen kommt gerade empirischer Forschung im Rahmen größerer und interdisziplinärer Forschungsverbünde eine wachsende Bedeutung zu, auf die das akademische Fach DaF/DaZ auch angesichts seiner im Vergleich zu anderen akademischen Fächern kurzen Geschichte nicht optimal vorbereitet ist (vgl. Riemer 2007). Das Volumen drittmittelgestützter Forschung im engeren Sinne ist vergleichsweise bescheiden und spiegelt sich in den bislang wenig erfolgreichen Versuchen, bei wichtigen Drittmittelgebern (z. B. der Deutschen Forschungsgemeinschaft, DFG) entsprechende Fachgutachterpositionen so zu besetzen, dass Projektanträge mit Forschungsgegenständen außerhalb der stärker sprach- oder literaturwissenschaftlich orientierten Bereiche auf gute Chancen hoffen dürfen. Praxisnähere und auch anwendungsorientierte Fragestellungen haben größte Mühen, überhaupt als förderwürdig angesehen zu werden oder bleiben auf kleinere Initiativen beschränkt, von denen keine größere Breitenwirkung ausgehen kann; manche stiftungsfinanzierte Drittmittelinstitutionen unterstützen und finanzieren grundsätzlich keine Forschungsinitiativen, die so praxis- oder anwendungsorientiert sind, dass ihre Ergebnisse in die Lehr- und Lernwirklichkeit hinein wirken könnten. Im Bereich der Drittmittelforschung sind andere Disziplinen, v. a. Psychologie, Sozialwissenschaft und Erziehungswissenschaft deutlich besser aufgestellt – und im Rahmen der derzeit mit Verve an den deutschen Universitäten in Ausbau begriffenen empirischen Bildungsforschung dabei, auch die von der Fremdsprachendidaktik und Fremdsprachenforschung verfolgten Forschungsfelder und -gegenstände aufzugreifen und zu besetzen. Hier gilt es, Anschluss zu bewahren und die DaF-/DaZ-Forschung als relevanten Teilbereich interdisziplinärer Forschung einzubringen. Die Frage ist, ob dies geschieht, indem DaF/DaZ andere, erfolgreichere Forschungstraditionen und -methoden aufgreift oder je eigene Formate zu entwickeln versucht. Das Fach muss deshalb seine Arbeit gerade im Rahmen der Förderung des akademischen Nachwuchses intensivieren, z. B. im Rahmen standortübergreifender Methodenausbildung und Vernetzung von forschungsorientierten Master- und Promotionsprogrammen.

4. Ausbildungsziele, Ausbildungsschwerpunkte und Berufsfelder

Eine der Kernaufgaben des Faches ist die je spezifische Ausbildung von Lehrkräften für Deutsch als Fremd- und Zweitsprache. Hier sind vielfältige Unterschiede, aber auch Gemeinsamkeiten zwischen dem deutschsprachigen und dem nicht-deutschsprachigen

Raum zu berücksichtigen. Im nichtdeutschsprachigen Raum ist die Deutschlehrerausbildung im Rahmen eines Germanistikstudiums und oft auch eines begleitenden Studiums der Erziehungswissenschaften verankert, wobei Praxiserfahrungen der Studierenden unterschiedlich eingebunden werden. In Deutschland und Österreich werden DaF-/DaZ-Lehrkräfte vorrangig für die Erwachsenenbildung im Rahmen von Bachelor- und Masterstudiengängen ausgebildet. Hinzu kommen neuerdings Anstrengungen, DaZ im Rahmen der Lehramtstudiengänge als obligatorisches Studienelement zu verankern (vgl. Art. 149 und 150).

4.1. Die Rolle der studienbegleitenden Sprachpraxis

Die studienbegleitende Sprachpraxis ist vermutlich das relevanteste Unterscheidungsmerkmal zwischen der Ausbildung innerhalb und der außerhalb deutschsprachiger Länder. Während in der Regel in der DaF-Ausbildung in Deutschland und Österreich kein nennenswerter Anteil für das Lernen und Erwerben der Fremdsprache Deutsch vorgesehen ist (allenfalls wird erwartet oder vorgeschlagen, im Rahmen des Studiums eine Fremdsprache oder eine typische Migrationssprache zu lernen, um die Erfahrung des erneuten Sprachenlernens zu machen und um eine der Migrationssprachen kennengelernt zu haben), ist der Erwerb bzw. die weitere Verbesserung von Deutschkenntnissen in nichtdeutschsprachigen Ländern häufig Teil des Studienplans und des Curriculums. Dort, wo Deutsch in der Schule nicht gelernt wird, muss es im Studium von Grund auf gelernt werden. Während zu Beginn des Studiums häufig die Sprachlernzeiten einen großen Anteil des Stundenplans einnehmen, nehmen sie im Laufe des Studiums zugunsten fachwissenschaftlicher Inhalte sukzessive ab.

4.2. Ausbildungsschwerpunkte

Die Deutschlehrerausbildung befindet sich (nicht nur) in Europa seit der Jahrtausendwende in einem intensiven Umstrukturierungsprozess, der zum Zeitpunkt der Drucklegung dieses Handbuchs noch nicht abgeschlossen ist. Es zeichnet sich ab, dass der Kern dieses Reformprozesses die Modularisierung von Studienangeboten ist, die eine Kompetenzorientierung impliziert und von Studiengängen eine umfangreiche Reflexion von (gewichteten) Studieninhalten und akademischen Lehr-/Lernformen mit Blick auf anvisierte Berufsfelder verlangt. Hierbei wurden − was z. B. für deutsche Magisterstudiengänge bislang unüblich war − verbindliche Kanons von Lehrveranstaltungen und Modulen eingeführt, die die Kompetenzentwicklung der Studierenden in den relevanten Studienfeldern (Linguistik, Angewandte Linguistik, Spracherwerbsforschung, Methodik/Didaktik, Kultur- und Literaturstudien/Landeskunde und Praktikum mit je nach Studienstandort unterschiedlichen Gewichtungen) garantieren sollen. Hinweise auf Verschulungstendenzen sowie die von Bologna-Kritikern bemängelte Tendenz zu akademischer *Ausbildung* zu Lasten von *Bildung* sind auch angesichts mancher Überbürdungen und Prüfungshäufungen nicht durchgängig von der Hand zu weisen (vgl. Bausch et al. 2005).

In Deutschland wurde die noch für die 1990er Jahre festzustellende Aufsplitterung der Studienangebote DaF/DaZ in grundständige Studiengänge, Ergänzungs-, Schwerpunkt- und Zusatzstudiengänge in eine ebenfalls nicht leicht überschaubare Angebotsstruktur von Bachelor- und v. a. Masterstudiengängen überführt, wobei die meisten Masterstudiengänge konsekutiv sind und in der Regel an ein Bachelorstudium der Germanistik anschließen. Weiterbildende Masterstudiengänge für DaF/DaZ sind nur vereinzelt entwickelt worden, stellen aber angesichts der vielfältigen Bedarfe in der Lehrerfort- und -weiterbildung (vgl. Art. 150, 151) ein Desiderat dar. Die fachinterne Debatte um ein verbindliches Kerncurriculum ist noch nicht ausreichend geführt worden (vgl. aber diesbezügliche Überlegungen in Art. 149), so dass nicht von einem gemeinsamen Profil der DaF-/DaZ-Studiengänge gesprochen werden kann.

Auf der anderen Seite sind im Rahmen der aktuellen Studiengangsentwicklung an den deutschen Universitäten auch ganz neue Bedingungen geschaffen worden, die spezifische regionale Ausrichtungen von Studiengängen (z. B. binationale Masterstudiengänge „Deutsch als Fremdsprache" an der Universität Leipzig mit Spanien, Mexiko, Ägypten und Brasilien) und fachliche Schwerpunktsetzungen (z. B. der Masterstudiengang „Sprachtechnologie und Fremdsprachendidaktik" unter Beteiligung von DaF an der Universität Gießen) sowie Kooperationen mit angrenzenden Fächern (z. B. der Masterstudiengang „Deutsch als Fremdsprache und Germanistik" an der Universität Bielefeld oder der Masterstudiengang „Germanistik mit Schwerpunkt DaF" an der Technischen Universität Darmstadt) möglich machten, die früher im Rahmen der Diplom- und Magisterstudiengänge so nicht realisierbar gewesen wären.

In den nichtdeutschsprachigen Ländern stellt sich die Situation extrem unterschiedlich dar: Auf der einen Seite geht der Deutschunterricht an Schulen in vielen Ländern (z. B. Westeuropas) zurück, was auch die universitären Lehrerausbildungen in Frage stellt und zur Öffnung der Germanistik hin zu anderen Fächerkombinationen und Berufsbildern führt (vgl. Abschnitt 2.2). Hier stellt sich für das Fach die Frage, wie sich die Ausbildung polyvalent gestalten lässt, so dass keine absehbar arbeitslosen Lehrkräfte ausgebildet werden, gleichzeitig aber der erreichte Stand der Professionalisierung einer berufsbezogenen Lehrerbildung nicht verlorengeht. Auf der anderen Seite stehen Länder wie China und Indien, in denen die Nachfrage nach Deutschunterricht groß ist, ohne dass überhaupt Möglichkeiten einer Deutschlehrerausbildung bestehen. Um den Mangel zu beheben, werden hier neben Hochschulkooperationen und speziellen Programmen des Goethe-Instituts auch gänzlich neue Wege beschritten, so z. B. in Indien ein gemeinsames Ausbildungsprogramm für angehende Lehrkräfte für Deutsch, Französisch, Italienisch, Portugiesisch und Spanisch an der Delhi Universität oder ein im Aufbau befindliches Fernstudium der Indira Ghandi National Open University (vgl. Art. 197).

4.3. Berufsfelder

Neben die klassischen Berufsfelder für Studierende des Faches Deutsch als Fremdsprache − in den deutschsprachigen Ländern der Wissenschaftsbereich, die Erwachsenenbildung und die Lehrmaterialentwicklung − sind mit der Internationalisierung in verstärktem Maße die Bereiche des Testens und Prüfens sowie des internationalen Austausch- und Kulturmanagements getreten. Gravierender hat sich die Entwicklung im Bereich von Sprache und Migration verändert: Zwar wird Deutsch als Zweitsprache an Schulen in Deutschland und Österreich weiterhin kein eigenes Unterrichtsfach sein, schon um die Segregation deutschsprachiger und nichtdeutschsprachiger Kinder nicht zu fördern, wohl aber haben Aufgaben der Sprachförderung und Sprachdiagnose, des bilingualen (Sachfach-)Unterrichts und des Umgangs mit sprachlich-kultureller Vielfalt in einem solchen Umfang zugenommen, dass Qualifikationen im Bereich des Deutschen als Zweitsprache den Zugang zum Lehrerberuf auch in der Schule erleichtern. Für Lehrende in Integrationskursen oder DaZ-Intensivklassen an Schulen sind Qualifikationen im Bereich DaZ unumgänglich (vgl. Art. 149 und 151), so dass sich hier im Unterrichtsbereich wie auch darüber hinaus in der Sprachlernberatung, in den Abteilungen von Städten und Ländern für Diversitätsmanagement zusätzliche Arbeitsmöglichkeiten eröffnen könnten − das allerdings nur, wenn auch die Studiengänge sich diesen neuen Berufsfeldern öffnen, u. a. durch Praktika.

In nichtdeutschsprachigen Ländern sind vielfach die Zeiten vorbei, in denen Absolventen eines Deutschlehrerstudiums besser bezahlte Tätigkeiten außerhalb der Schule annahmen. Ob die Entprofessionalisierung bisheriger lehrerausbildender Studiengänge zugunsten der Vermittlung allgemeinerer Schlüsselqualifikationen Berufschancen erhöht, scheint fraglich. Mobilität und Internationalisierung eröffnen dagegen neue Berufsfelder z. B. in der Vorbereitung auf Austauschaufenthalte nicht nur im Bereich der Hochschulen; und auf Grund der geographischen Lage der deutschsprachigen Länder sowie der Stärke ihrer Wirtschaft bleibt Deutsch zumindest in der Erwachsenenbildung weltweit eine nachgefragte Sprache. Öffnungen der Studienangebote und eine entsprechende Akzentverlagerung, was die Forschung betrifft, um Fragen der Austauschforschung und Interkulturalität, der Rolle von Sprache in unterschiedlichen gesellschaftlichen und beruflichen Kontexten einschließlich der digitalen Medien und der individuellen wie gesellschaftlichen Mehrsprachigkeit zu bearbeiten, sind allerdings generell erforderlich, um den Studierenden des Faches DaF/DaZ berufliche Perspektiven zu ermöglichen.

5. Sprachenpolitik als neues Handlungsfeld des Faches

Die eingangs skizzierten geopolitischen und gesellschaftspolitischen Veränderungen haben Sprache zu einem öffentlichen und politischen Thema gemacht. Das Fach Deutsch als Fremd- und Zweitsprache war plötzlich gefordert: Politikberatung und die Beteiligung des Faches an der Lösung gesellschaftspolitischer Fragestellungen (insbesondere im Zusammenhang mit der Zuwanderung), aber auch das Ringen um die Rolle der deutschen Sprache auf dem europäischen und weltweiten Sprachenmarkt haben einerseits dazu beigetragen, dass sich dem Fach hier ein neues Forschungsfeld eröffnet hat (vgl. Abschnitt 2), andererseits das Fach aber auch stärker in das politische Geschehen in den deutschsprachigen Ländern wie auch auf europäischer Ebene involviert.

Sprachenpolitik ist ein relativ junger Begriff in der europäischen Bildungspolitik. Insbesondere im Deutschen, wo sprachlich nicht zwischen den Begriffen *politics*, also dem auf das politische System und die Frage der Macht orientierten Verständnis, und *policy*, der Frage nach den Inhalten, Konzepten und Strategien, unterschieden wird, schien Sprachenpolitik im Bereich von Bildung und Wissenschaft nichts zu suchen zu haben. Tatsächlich jedoch ist Sprachenpolitik ein fester Bestandteil des öffentlichen Lebens, der Innen- und Außenpolitik ebenso wie des Bildungs- und Erziehungswesens − nicht zuletzt, weil Mehrsprachigkeit die Entwicklung der Menschheit und das Entstehen von Staaten von Anfang an begleitet hat. Die Herausbildung einsprachiger Nationalstaaten ist eine sehr späte Erfindung des 18. Jahrhunderts, die einherging mit Ab- und Ausgrenzungen, der Unterdrückung und Vertreibung von sprachlichen und anderen, z. B. religiösen Minderheiten. Ohne eine bedachte und systematische Sprachenpolitik, so die heutige Position (vgl. Art. 9−12), treffen Individuen wie auch Bildungssysteme bestenfalls kurzfristig nützliche Entscheidungen, verspielt eine Gesellschaft die eventuell vorhandene sprachliche Vielfalt und den demokratischen und sozialen Zusammenhalt. Wenn das Fach DaF/DaZ sich heute mit sprachenpolitischen Fragen auseinandersetzt, so geschieht dies aus der Überzeugung, Sprachen nicht nur als dem Spiel von Nachfrage und Angebot auf dem freien Markt ausgeliefert zu betrachten, sondern mit gezielter Sprachenpolitik einzugreifen. Gerade für die deutsche Sprache ist dies nach unserer Überzeugung aus zwei Gründen erforderlich: Zum einen ist der Blick auf Deutschland und Österreich und auf die deutsche Sprache nach wie vor durch den Nationalsozialismus belastet (vgl. Art. 5), so dass Sprachunterricht eine wichtige Funktion erfüllt, indem er die Entwicklungen im deutschen Sprachraum aus heutiger Perspektive differenziert zugänglich macht, zum andern kann der Erhalt und die Weiterentwicklung der deutschen Sprache nur im Rahmen einer auf Mehrsprachigkeit zielenden Sprachenpolitik gelingen: Von den ca. 18 Millionen Deutschlernenden weltweit lernen nur etwa 30 % Deutsch als erste Fremdsprache, 50 % Deutsch als zweite und ca. 30 % Deutsch als dritte oder weitere Fremdsprache (vgl. Art. 9). Wenn alle Menschen zusätzlich zur Muttersprache nur noch eine Sprache lernen würden, wäre das unter den gegenwärtigen Bedingungen nicht die deutsche Sprache − Mehrsprachigkeit ist also eine essenzielle Voraussetzung für ihre Existenz. Nur wenn Deutsch als eine Fremdsprache angeboten und gelernt wird, wird in sie investiert, entwickelt sich Expertise z. B. in Form von Wörterbüchern und Übersetzungskompetenzen; nur dann werden Lehrer und Lehrerinnen ausgebildet, Lehrmaterialien erarbeitet und entwickeln sich unser Wissen über unsere Sprache im Kontrast zu anderen Sprachen (vgl. Kapitel VII) und die Sprachdidaktik weiter.

Das aus dem Fach DaF/DaZ heraus immer wieder geforderte Engagement der Politik zugunsten einer Sprachförderung für Migranten ist durch die Sprachgesetzgebung für Migranten und Migrantinnen ebenso wie durch Förderprogramme in Kindergarten und Schule Wirklichkeit geworden (vgl. Art. 6−8 und Kap. XI). Das hat für das Fach vielfältige Aufgaben in der Aus- und Fortbildung eröffnet und zu neuen Forschungsfeldern geführt: Curriculum- und Lehrmaterialentwicklung, die Erstellung spezifischer Prüfungen sowie die Evaluation von Fördermaßnahmen und insbesondere die Sprachdiagnostik sind hier gefordert (vgl. Kap. XI sowie Art. 145 und 146). Allerdings ist festzustellen, dass die Politik sich kaum an den Erkenntnissen orientiert, die die Forschung bereitstellt: Das gilt in erster Linie für die mangelnde Anerkennung und Förderung der Herkunfts- und Familiensprachen der Migranten, so dass Sprachtests und Diagnoseverfahren sich ausschließlich auf die Beherrschung des Deutschen konzentrieren und damit die Mehrsprachigkeit der Migranten ausblenden; das gilt erst recht für die Koppelung von aufenthaltsrechtlichen Maßnahmen wie Aufenthaltsbewilligung und Staatsangehörigkeit an das Bestehen von Sprachprüfungen und wird vollends problematisch, wenn auch der Familiennachzug an das Bestehen einer Sprachprüfung gekoppelt wird. Hier stellen sich auch für das Dach DaF/DaZ wissenschaftsethische Fragen: Dient die deutsche Sprache hier noch als Medium der (interkulturellen) Verständigung oder wird sie zur Ausgrenzung missbraucht (vgl. Plutzar und Kerschhofer-Puhalo 2009)?

6. Perspektiven

Die eingangs skizzierten gesellschaftspolitischen Veränderungen haben im Fach DaF/ DaZ Spuren hinterlassen; die Entwicklung ist aber keineswegs abgeschlossen. Im Wissenschaftskontext steht das Fach vor neuen Herausforderungen, die durch die Stichwörter Englisch als internationale Lingua Franca der Wissenschaften, Internationalisierung der Hochschulen, Mobilität von Studierenden mit häufig zu geringen Sprachenkenntnissen für ein erfolgreiches Studium im Ausland umrissen werden können. In vielen Ländern stellt sich die Frage, welche Veränderungen nötig sind, um der Germanistik in allen ihren Ausprägungen eine Weiterexistenz zu sichern. Die verstärkte Beschäftigung mit Deutsch als Wissenschaftssprache in der Forschung wie auch in sprachpraktischen Angeboten, Orientierung auf Berufsfelder, die das Fach auch für Studierende attraktiv machen (Fachsprachen, Übersetzen/Dolmetschen, interkulturelle Mittlertätigkeiten), werden an vielen Standorten als mögliche Perspektiven gesehen, um diesen Gefahren zu begegnen.

Während sich im deutschsprachigen Raum das Fach in Forschung und Lehre zunehmend dem schulischen Bereich zuwenden muss, geht die Entwicklung in nichtdeutschsprachigen Ländern teilweise in die entgegengesetzte Richtung: Rückgang des Deutschunterrichts in der Schule, Zunahme der Nachfrage durch erwachsene Lernende. Das erfordert auch hier Umorientierungen sowohl in der Forschung als auch in der Ausbildung. Die Politik ebenso wie das Fach reagieren darauf mit neuen Strukturen und Angeboten: Zu nennen sind neue Formen der Zusammenarbeit wie z. B. binationale Studienangebote, das sog. PASCH-Programm der deutschen Bundesregierung, mit dem ein internationales Netzwerk von Schulen mit einem qualitativ hochwertigen Deutschunterricht entsteht (vgl. Art. 12), sowie Universitäts-Export-Projekte. Zu fragen ist, wie das Fach DaF/DaZ mit diesen Entwicklungen umgeht: Werden entsprechende Entwicklungen dokumentiert und evaluiert? Kann das Fach die für solche Entwicklungen notwendigen Erkenntnisse (z. B. im Bereich Deutsch als Wissenschaftssprache) liefern? Passen die derzeit bestehenden, zwischen 1990 und 2000 entwickelten Studienpläne und -angebote noch auf die mit diesen Entwicklungen verbundenen Anforderungen von Absolventinnen und Absolventen des Faches?

Ein weiterer großer gesellschaftspolitischer Bereich mit Konsequenzen für das Fach DaF/DaZ ist der der allgemeinen Migration: Berufstätige ziehen im Laufe einer Karriere mehrfach über Grenzen um, und es besteht für sie der Bedarf, mehrere Male wenigstens in kleinerem Umfang die jeweilige Umgebungssprache zu lernen. Es wird zu untersuchen sein, wie diese Aufenthalte vorbereitet werden, wie diese Spracherwerbsverläufe aussehen, welche Rolle Deutsch als Fremd- oder Zweitsprache spielt, wenn diese Berufstätigen einige Jahre in deutschsprachigen Ländern arbeiten. Wie sind Schulkarrieren zu begleiten, die von verschiedenen Länderwechseln geprägt sind? Fragen der mehrsprachigen (Lern-)Biographien sowie der mehrfachen Kulturwechsel werden sich auch im Forschungsprogramm des Faches niederschlagen müssen.

Dort, wo curricular das Lernen von zweiten Fremdsprachen vorgesehen ist und in diesem Rahmen auch Deutsch gelernt werden kann, muss weiter darüber nachgedacht werden, wie sich dieses Lernen gestaltet und wie es optimiert werden kann. Bildungspolitisch ist weltweit aktiv darauf hinzuwirken, dass die nationalen Sprachenpolitiken das Erlernen von anderen Sprachen als Englisch weiterhin möglich machen und attraktiv gestalten.

7. Literatur in Auswahl

Altmayer, Claus
    2004   *Kultur als Hypertext. Zur Theorie und Praxis der Kulturwissenschaft im Fach Deutsch als Fremdsprache.* München: iudicium.

Bausch, Karl-Richard, Eva Burwitz-Melzer, Frank G. Königs und Hans-Jürgen Krumm (Hg.)
  2005   *Bildungsstandards für den Fremdsprachenunterricht auf dem Prüfstand.* Tübingen: Narr.
Brizić, Katharina
  2009   Familiensprache als Kapital. In: Verena Plutzar und Nadja Kerschhofer-Puhalo (Hg.),
          Nachhaltige Sprachförderung. Zur veränderten Aufgabe des Bildungswesens in einer Zuwan-
          derergesellschaft. Bestandsaufnahmen und Perspektiven, 136−151. Innsbruck: Studienver-
          lag.
Deutsch als Wissenschaftssprache − Gemeinsame Erklärung der Präsidenten von AvH, DAAD, Goe-
the-Institut und HRK Online:
          http://www.daad.de/portrait/presse/pressemitteilungen/2009/10005.de.html (30. 12. 2009)
Ehlich, Konrad
  2007   *Sprache und sprachliches Handeln. Band 1: Pragmatik und Sprachtheorie.* Berlin: de Gruy-
          ter.
Europarat (Hg.)
  2001   *Gemeinsamer europäischer Referenzrahmen für Sprachen: lernen, lehren, beurteilen.* Berlin:
          Langenscheidt.
Fandrych, Christian und Betina Sedlaczek
  im Druck   Sprachkompetenz und Sprachverwendung in internationalen Studiengängen: Eine
          Pilotstudie. In: DAAD (Hg.), *Mehrsprachigkeit in den Wissenschaften. Symposium im*
          Rahmen der Abschlussveranstaltung des Goethe-Instituts zur Reihe „Sprachen ohne Gren-
          zen". Bonn: DAAD.
Glaboniat, Manuela, Martin Müller, Paul Rusch, Werner Schmitz und Lukas Wertenschlag
  2005   *Profile deutsch. Gemeinsamer europäischer Referenzrahmen. Lernzielbestimmungen, Kann-*
          beschreibungen, Kommunikative Mittel, Niveau A1-A2, B1-B2, C1-C2. Berlin: Langen-
          scheidt.
Goethe-Institut
  2009   *Sprachen ohne Grenzen* München: Goethe-Institut.
Gogolin, Ingrid und Ursula Neumann (Hg.)
  2009   *Streitfall Zweisprachigkeit − The Bilingualism Controversy.* Wiesbaden: Verlag für Sozial-
          wissenschaften.
Grucza, Franciszek (Hg.)
  1998   *Deutsch und Auslandsgermanistik in Mitteleuropa. Geschichte − Stand − Ausblicke.* War-
          szawa: Graf-Punkt.
Hufeisen, Britta und Madeline Lutjeharms (Hg.)
  2005   *Gesamtsprachencurriculum, Integrierte Sprachdidaktik, Common Curriculum.* Tübingen:
          Narr.
Plutzar, Verena und Nadja Kerschhofer-Puhalo (Hg.)
  2009   *Nachhaltige Sprachförderung. Zur veränderten Aufgabe des Bildungswesens in einer Zuwan-*
          derungsgesellschaft. Bestandsaufnahmen und Perspektiven. Innsbruck: Studienverlag.
PROFIS, Programm zur Förderung der Internationalisierung an den deutschen Hochschulen.
          DAAD (http://www.daad.de/hochschulen/betreuung/profis/) 25. 4. 2010.
Riemer, Claudia
  2007   DaF/DaZ und empirische Forschung: wechselnde Herausforderungen. *Info DaF* 34:
          445−459.
Stickel, Gerhard
  2003   *Deutsch von außen. Institut für Deutsche Sprache Jahrbuch 2002.* Berlin: De Gruyter.
Weinrich, Harald (unter Mitarbeit von Maria Thurmair, Eva Breindl und Eva-Maria Willkop)
  2003   *Textgrammatik der deutschen Sprache.* Hildesheim: Olms

Christian Fandrych, Leipzig (Deutschland)
Britta Hufeisen, Darmstadt (Deutschland)
Hans-Jürgen Krumm, Wien (Österreich)
Claudia Riemer, Bielefeld (Deutschland)

II. Entwicklungslinien des Faches

2. Die Strukturdebatte als Teil der Fachgeschichte

In der ersten Auflage dieses Handbuches haben die damaligen Herausgeber Gerhard Helbig, Lutz Götze, Gert Henrici und Hans-Jürgen Krumm die Struktur des Faches Deutsch als Fremdsprache in einem einleitenden Beitrag (Helbig, Götze, Henrici und Krumm 2001) zusammenfassend charakterisiert. Dieser Artikel wird im folgenden unverändert abgedruckt, weil die in diesem Beitrag geführte Strukturdebatte ein wichtiges Dokument der Fachgeschichte darstellt. (Zur aktuellen Sicht vgl. Lutz Götze „Die ‚Strukturdebatte' im Fach Deutsch als Fremdsprache. Ein Rück- und Ausblick" [erscheint]; vgl. auch Art. 1 dieser Ausgabe).

1. Einleitende Bemerkungen

Der Unterricht des Deutschen als Fremdsprache kann auf eine lange Tradition zurückblicken. Bereits aus dem 15. Jh. datiert das erste Lehrwerk für Deutsch als Fremdsprache, d. h. die Fachtradition hat eine ältere Praxis als die dokumentierte Praxis der Germanistik (vgl. Karnein 1976). Als wissenschaftliches Fach dagegen ist Deutsch als Fremdsprache in unterschiedlichen Ausprägungen, unter verschiedenen Bezeichnungen (Deutsch als Fremdsprache, Deutsch als Zweitsprache, Interkulturelle Germanistik, Ausländer- oder Migrationspädagogik, Interkulturelle Kommunikation) und in verschiedenen fachlichen Kontexten (in der germanistischen und allgemeinen Sprachwissenschaft, innerhalb der Literaturwissenschaft, im Rahmen von Sprachlehrforschung, Fremdsprachendidaktik und in der Erziehungswissenschaft) erst Ende der 70er und zu Beginn der 80er Jahre im deutschen Sprachraum etabliert worden, oft abhängig von den Zufällen gerade verfügbarer Professuren, örtlicher Interessen einzelner Fakultäten, im Besonderen aber in Abhängigkeit von praktischen Erfordernissen, z. B. der Ausbildung von Lehrkräften für Migrantenkinder oder der Vorbereitung von Lehrern und Lektoren für die Sprachvermittlung in nichtdeutschsprachigen Ländern (vgl. hierzu auch Artikel 4; 9). Für die nichtdeutschsprachigen Länder ist eine Datierung schwieriger, da Übergänge von einer an die Binnengermanistik angelehnten zu einer eigenständigen, das Deutsche als eine fremde Sprache und Kultur thematisierenden Auslandsgermanistik fließend sind (vgl. König 1995; Grucza 1998 sowie für einzelne Länder die Artikel 141 ff. [In dieser Neubearbeitung finden sich die länderbezogenen Artikel in Kapitel XIX.]). Die Entwicklung ist auch im deutschen Sprachraum bis heute nicht abgeschlossen. Erste Bestandsaufnahmen und Bilanzierungen (vgl. insbesondere die Dokumentation der Konstituierungsdebatte in Henrici und Koreik 1994) haben vielmehr die Frage nach der Eigenständigkeit des Faches Deutsch als Fremdsprache gegenüber der Germanistik erneut zum Thema gemacht, wobei die Positionen von der Auffassung, Deutsch als Fremdsprache sei Bestandteil der (vor allem linguistischen) Germanistik (so etwa Glück 1997), bis zu Vorstellungen von einer völlig eigenständigen Disziplin reichen (vgl. die Beiträge in der Zeitschrift Deutsch als Fremdsprache 1996−1998 sowie in Helbig 1997).

2. Entwicklung des Faches im deutschen Sprachraum

Bis Anfang der 70er Jahre gab es in Deutschland keine ernsthafte Debatte über ein akademisches Fach Deutsch als Fremdsprache. Im Bildungsbericht des Deutschen Bildungsrates von 1970 sucht man es vergeblich. Bis dahin existierte Deutsch als Fremdsprache in Form von Sprachkursen in unterschiedlichen institutionellen Kontexten, sowohl in der Bundesrepublik Deutschland als auch in der DDR. In der Mehrzahl wurde der Sprachunterricht für Ausländer von philologisch ausgebildeten Sprachlehrern (vor allem Germanisten, aber auch Absolventen anderer Philologien) erteilt, innerhalb von Sommer-Ferienkursen, als studienvorbereitende und -begleitende Sprachkurse, als berufsqualifizierende und Sprachkurse für Touristenzwecke (vgl. Art. 4). Tragende Institutionen für dieses Angebot von Sprachkursen waren z. B. die Akademischen Auslandsämter der Universitäten, der Deutsche Akademische Austauschdienst, das Goethe- und das Herder-Institut sowie private Sprachschulen. Die Situation im deutschen Sprachraum glich damit der in der Auslandsgermanistik, wobei der Sprachunterricht dort als Teil des Germanistikstudiums oft institutionell, curricular und personell besser abgesichert war (vgl. König 1995). Eine gezielte berufsqualifizierende akademische und praxisbezogene Ausbildung analog der Lehrerausbildung mit dem Referendariat im staatlichen Schulwesen entwickelte sich sehr langsam. Verdienste haben sich in dieser Hinsicht das Goethe- und das Herder-Institut erworben (vgl. Art. 6). Das Goethe-Institut richtete 1962 in seiner Zentralverwaltung in München eine „Arbeitsstelle für wissenschaftliche Didaktik" ein, um dem dringenden Bedarf an Forschung und Lehrmaterialentwicklung abzuhelfen, 1971 folgte die Einrichtung einer „Zentralen Ausbildungsunterrichtsstätte", die erste systematische Aus- und Fortbildungsmöglichkeiten für Deutsch als Fremdsprache, beschränkt auf angehende Mitarbeiter des Goethe-Instituts, anbot und damit den Grundstein für eine Professionalisierung im Unterrichtsbereich legte (vgl. Goethe-Institut 1982). Die Entwicklung gegen Ende der sechziger Jahre wurde durch zwei Impulse beeinflusst: die Bundesrepublik und die DDR begannen, sich als Studienstandorte für ausländische Studierende zu profilieren: 1956 wurde das Institut für Ausländerstudium an der Leipziger Universität (seit 1961 Herder-Institut) gegründet, 1970 ein spezifischer germanistischer Studiengang für ausländische Studierende an der Universität Heidelberg eingerichtet (vgl. Eggers und Palzer 1975; Wierlacher 1975); der zweite Impuls wurde durch die zunehmende Zahl ausländischer Migranten und deren Kinder gegeben, so dass sich die Notwendigkeit einer entsprechenden Ausbildung für Lehrkräfte im Schulwesen wie auch in der Erwachsenenbildung ergab: 1974 wurde der „Sprachverband Deutsch für ausländische Arbeitnehmer e. V." gegründet, um Initiativen in diesem Bereich zu bündeln (vgl. Göbel 1975). Als Motor der Entwicklung im Wissenschaftsbereich etablierte sich

1971 der „Arbeitskreis Deutsch als Fremdsprache" (AKDaF) als Interessenvertretung der Lehrgebiete, die an den Hochschulen der Bundesrepublik Kurse für ausländische Studierende anboten; seit 1973 arbeitet der Arbeitskreis (jetzt: „Fachverband Deutsch als Fremdsprache" FaDaF) eng mit dem Deutschen Akademischen Austauschdienst zusammen. Entscheidend stabilisiert wurde das sich entwickelnde Fachgebiet durch die Einrichtung fachspezifischer Publikationsorgane: *Zielsprache Deutsch* (1970 als Neugründung der 1932–1968 existierenden Zeitschrift *Deutschunterricht für Ausländer*), *Informationen Deutsch als Fremdsprache (Info DaF)* seit 1974 in zunächst lockerer Reihenfolge, *Materialien DaF* zuerst 1975, *Jahrbuch Deutsch als Fremdsprache* seit 1975. Bereits 1964 hatte das Herder-Institut in Leipzig die Zeitschrift *Deutsch als Fremdsprache* ins Leben gerufen. Als Anfang einer Fachdebatte kann die Diskussion um den Heidelberger Studiengang gesehen werden, die Fragen nach einem separierten oder gemeinsamen Studium deutschsprachiger und nichtdeutschsprachiger Studierender aufwarf (vgl. Wierlacher 1975; Dietrich 1975; Delmas und Stenzig 1977). Entscheidenden Anteil an der Etablierung eines Netzwerkes von Fachleuten und an der Entwicklung einer systematischen Forschungsdiskussion hatten auch die Fortbildungskurse, die seit 1974 gemeinsam von Hochschulen, dem Goethe-Institut und dem DAAD angeboten wurden und einen Dialog zwischen In- und Ausland etablierten. Die Deutsche Forschungsgemeinschaft schuf 1983 mit dem Schwerpunktprogramm „Sprachlehrforschung" eine erste Möglichkeit systematisch geförderter Forschung für Deutsch als Fremdsprache: Von den 20 geförderten Projekten gehörten sechs in den Bereich des Deutschen als Fremd-/Zweitsprache (vgl. Koordinierungsgremium 1983). Über den „Arbeitskreis der Sprachenzentren" (AKS), gegründet 1970/71 als Forum für die Erarbeitung wissenschaftlicher Grundlagen der Fremdsprachenvermittlung, sowie die „Gesellschaft für Angewandte Linguistik" (GAL) wurden Fragen des Deutschen als Fremdsprache Bestandteil der deutschsprachigen und internationalen Fachdiskussion zum Lehren und Lernen fremder Sprachen.

Für den spezifischen Bereich des Deutschen als Zweitsprache (vgl. auch Art. 4) (in dieser 2. Auflage Artikel 6.) etablierte der Sprachverband 1975/76 die Zeitschrift *Deutsch lernen*; weitere Zeitschriften wie *Ausländerkinder. Forum für Schule & Sozialpädagogik* (1980, seit 1988 unter dem Titel *Interkulturell*) und *Ausländerkinder in Schule und Kindergarten* (seit 1980) widmeten sich speziell der Situation der Migrantenkinder). Impulse für die Erforschung des Erwerbs der Zweitsprache Deutsch und die Entwicklung von Angeboten der Lehreraus- und Lehrerfortbildung gingen von der zu Beginn der 70er Jahre an der Pädagogischen Hochschule Rheinland, Abteilung Neuss, entstandenen „Forschungsstelle ALFA" aus und wurden durch ein Programm zur Förderung der „Gastarbeiterforschung" der Stiftung Volkswagenwerk 1974–1981 weiter ausgebaut (vgl. Korte und Schmidt 1983). Professuren und Ausbildungsmöglichkeiten (Zusatzstudiengänge für Lehrer von Kindern nichtdeutscher Muttersprache, vgl. Reich 1988) wurden insbesondere in den Erziehungswissenschaften eingerichtet. Mit der Schaffung von eigenständigen Magister- und Promotionsstudiengängen für Deutsch als Fremd- und Zweitsprache, in Sprachenzentren (so in Bochum und Hamburg), in eigenen Instituten für Deutsch als Fremdsprache (München) oder innerhalb der Germanistik (etwa in Augsburg) seit Mitte der siebziger Jahre (zu den ersten Lehrstühlen gehörten die in Leipzig 1969 mit Gerhard Helbig, München 1978 mit Harald Weinrich, Bielefeld 1978 mit Gert Henrici und Rolf Ehnert und Hamburg 1975 mit Hans-Jürgen Krumm; vgl. Henrici und Koreik 1994) wurde eine erste Konsolidierung des Faches Deutsch als Fremdsprache an den Hochschulen in der Bundesrepublik erreicht.

In der DDR war es trotz früher Initiativen wie der Einrichtung des ersten Lehrstuhls für Deutsch als Fremdsprache 1969 in Leipzig und seiner Besetzung mit Gerhard Helbig sowie der Gründung der Zeitschrift *Deutsch als Fremdsprache* im Jahr 1964 bis zum Schluss nicht gelungen, ein eigenes spezifisches Ausbildungsfach für Deutsch als Fremdsprache in den Hochschulen zu verankern. Eine spezielle Weiterbildung von DaF-Lehrkräften blieb dem Herder-Institut vorbehalten, was den Bedarf jedoch keineswegs decken konnte. Rückblickend kann Blei (1991: 32) feststellen, dass „in der Endkonsequenz das verheißungsvolle ‚Startkapital‘, das die DDR auf dem Gebiet des DaF in den 50er/60er Jahren einzubringen hatte, nicht ‚verzinst‘ wurde". Seit der sogenannten „Wende" gibt es auch in Ostdeutschland eine Reihe von Vollzeit- und Ergänzungsstudiengängen: Jena, Leipzig, Berlin (Humboldt), Rostock, Chemnitz/Zwickau. (Für die aktuelle Entwicklung vgl. Art. 4 und 6.)

In der Schweiz und in Österreich vollzog sich eine vergleichbare Entwicklung erst sehr spät. In der Schweiz war es das Institut für Deutsche Sprache an der Universität Fribourg, das im Zusammenhang mit den Sprachprojekten des Europarats in den 70er Jahren aktiv wurde. Hier gibt es auch ein Ergänzungsfach Deutsch als Fremdsprache für Deutschsprachige (vgl. Art. 8) (für die aktuelle Entwicklung vgl. Art. 9). In Österreich entwickelte sich Deutsch als Fremdsprache außerhalb des Hochschulbereichs (vgl. Art. 7) (in dieser Auflage Art. 7). Erst 1990/91 wurden in Graz ein Hochschullehrgang, 1993 in Wien und 1995 in Graz jeweils eine Professur für Deutsch als Fremdsprache besetzt.

Wenn man sich die Stadien der Genese einer wissenschaftlichen Disziplin vor Augen hält, wie sie die Wissenschaftssoziologie zur Beschreibung verwendet − Initialphase, Etablierungsphase und Konsolidierungsphase (z. B. bei Laitko 1982: 16 f.), so lassen sich diese Phasen unschwer auf die Entwicklung des Faches Deutsch als Fremdsprache (in der Bundesrepublik) übertragen. Die Initialphase ist gekennzeichnet durch „das Heranreifen des Widerspruchs im Disziplinsystem unter der mehr oder minder direkten Einwirkung praktischer Erfordernisse" (Laitko 1982), eine Beschreibung, die die Anfangsphase des Faches kennzeichnet, in der immer deutlicher Erfordernisse der Praxis einen Kontrast zu einer mit diesen Problemen nicht befassten Germanistik bildeten, gleichzeitig jedoch ein Ausbildungsbedarf offensichtlich wurde. Die Etablierungsphase „bildet den Kernprozess der Disziplingenese; mit der Ausprägung eines gegenstandsspezifischen Systems der Erkenntnisproduktion entsteht ein adäquater konzeptualer Rahmen (im Idealfall durch eine einheitliche Theorie repräsentiert [...]" (Laitko 1982). Zu dem Idealfall einer einheitlichen Theorie hat es das Fach Deutsch als Fremdsprache bisher nicht gebracht − es ist auch sehr fragwürdig, ob eine solche Theorie dem Fach Nutzen gebracht hätte und je bringen könnte. Es entstand aber eine dem Gegenstand Unterricht Deutsch als Fremdsprache angemessene Produktion von Erkenntnissen, die auf der Grundlage von Forschung über eine Handlungsempfehlungsliteratur hinausging, wie es Krumm (1978) und Weinrich (1979) für verschiedene Teilbereiche des Faches gefordert hatten. Die Konsolidierungsphase, geprägt durch die „volle institutionelle Sicherstellung mit dem bekannten Repertoire von Institutionen" (Laitko 1982: 17), ist für das Fach Deutsch als Fremdsprache offensichtlich durch die zahlreichen Studiengänge und Professuren, durch das relativ breite Spektrum an eigenen Fachzeitschriften − zusätzlich zu den bereits erwähnten: *Ausländerkinder in Schule und Kindergarten, Interkulturell* (früher: *Ausländerkinder Forum für Schule und Sozialpädagogik), Deutsch lernen, Zielsprache Deutsch, Fremdsprache Deutsch* und Reihen wie z. B. *Werkstattreihe DaF, Perspektiven DaF* −, durch regelmäßig stattfindende Jahrestagungen, Kongresse und spezielle Fachtagungen, durch Verbände und Gesellschaften, wie auch durch eine stetig wachsende Zahl an Einführungen in das Fach (wie Ehnert 1982/89; Ickler 1984; Henrici 1986/1988; Heyd 1990; Henrici und Riemer 1994; Rösler 1994; Huneke und Steinig 1997; Storch 1999).

3. Ausprägungen des Faches seit den 1990er Jahren

Stellt man die Frage nach der wissenschaftlichen Dignität des Faches Deutsch als Fremdsprache / Deutsch als Zweitsprache oder mit Glück (1991) die Frage, ob das Fach den Status einer Disziplin habe, und misst dies − wie er − mit den Parametern „eigene Erkenntnisinteressen", „eigene Gegenstände", „eigene Untersuchungsmethoden", muss die Antwort nicht so negativ ausfallen wie bei ihm. Es gibt durchaus eigene Erkenntnisinteressen und Gegenstände des Faches. Auch in anderen Disziplinen wie z. B. der germanistischen Linguistik und Literaturwissenschaft werden Untersuchungsmethoden verwendet, die nicht originär disziplinspezifische sind (vgl. dazu auch Götze und Suchsland 1996; Henrici 1996 sowie die Beiträge in Helbig 1997). Die Differenzmerkmale z. B. zur Germanistik sind evident: Fremdsprachigkeit, Fremdsprachenwissenschaftlichkeit, Theorie-Praxis-Bezug, die Relation Studium−Beruf, Interdisziplinarität, Internationalität (vgl. Henrici 1989, 1995). Glück (1991) hat dem Fach dadurch Kontur geben wollen, dass er die vielfältigen Arbeitsfelder im Hinblick auf zwei Ausrichtungen bündeln wollte: eine A-Linie, d. h. eine auf die Fragestellungen und Erfordernisse des nichtdeutschsprachigen Auslands hin gerichtete Lehre und Forschung (Deutsch als Fremdsprache im engeren Sinne), und eine M-Linie, die auf die Situation der Migration bezogene Ausrichtung (Deutsch als Zweitsprache). Auch wenn diese Unterscheidung für die Wahrnehmung unterschiedlicher Sprachlern- und Sprachverwendungssituationen wichtig ist, so bildet sie dennoch kein Strukturprinzip für die wissenschaftliche Arbeit und die Ausbildungsaufgaben des Faches. Bei ausländischen Studierenden im deutschsprachigen Raum vermischen sich die beiden Stränge besonders augenfällig − aber auch generell gilt: Thema des Faches Deutsch als Fremd- und Zweitsprache ist die Rolle der deutschen Sprache als zweiter und fremder Sprache in einer Welt, die zunehmend durch Mehrsprachigkeit, durch Migration und Mobilität gekennzeichnet ist, so dass die Sprachvermittlung im Ausland nicht losgelöst von der Mehrsprachigkeit im Inland gesehen werden kann (vgl. Krumm 1994a).

Weinrich hat 1979 die folgenden Inhaltsbereiche als Kern des Faches Deutsch als Fremdsprache beschrieben:

1. Kontrastive Linguistik
2. Sprachnormenforschung
3. Sprachlehrforschung
4. Fachsprachenforschung
5. Gastarbeiter-Linguistik
6. Deutsche Literatur als fremde Literatur
7. Deutsche Landeskunde

Damit sind die Areale, in denen sich das Fach in den 70er und 80er Jahren entfaltet hat, insgesamt umrissen, wobei der sprachdidaktische Akzent über die von Weinrich skizzierte Rolle hinaus an Bedeutung gewonnen hat. Betrachtet man die Ausprägungen des

Faches in den 90er Jahren, so lassen sich vier Schwerpunkte ausmachen (vgl. Henrici und Koreik 1994: 16 ff.), die die von Weinrich genannten Bereiche bündeln und akzentuieren und sich in den entsprechenden Studiengängen wie vielfach auch in den Forschungsaktivitäten der jeweiligen Institute und Lehrstühle niederschlagen:

1. eine linguistische Ausrichtung
2. eine lehr-/lernwissenschaftliche (didaktisch/methodische) Ausrichtung
3. eine landeskundlich-kulturwissenschaftliche Ausrichtung und
4. eine literaturwissenschaftliche Ausrichtung.

3.1. Die *linguistische Ausrichtung* (vgl. genauer Art. 2 [in dieser 2. Auflage Kapitel IV]) ist vielfältig ausgeprägt. Entsprechend den historischen Entwicklungsphasen der Sprachwissenschaft reicht sie von klassischen Orientierungen, bei denen die Grammatik und das Lexikon als Komponenten des Sprachsystems im Mittelpunkt stehen, bis hin zu eher pragmatischen und diskursorientierten Konzepten (vgl. die Artikel 11−21 [in dieser 2. Auflage Kap. IV und V]). Sie umfasst Teildisziplinen wie die Sozio- und Psycholinguistik, die zu weiteren Differenzierungen bzw. eigenständigen Disziplinen wie der Zweitsprachenerwerbsforschung, Applied Linguistics, dem L2-Classroom Research geführt haben, welche z. T. den Anspruch erheben, in besonderem Maße grundlegend für die Erforschung der Fremdsprachenvermittlung zu sein. Diese Ausrichtung geht davon aus, dass die Linguistik mit ihren Subdisziplinen ein zentrales Kenntnissystem für Deutsch als Fremdsprache darstellt und dass ohne Beschreibung und Kenntnis der entsprechenden sprachlichen Sachverhalte kein erfolgreicher Sprachunterricht an Nicht-Muttersprachler möglich ist. Die linguistische Untersuchung des Deutschen als Fremdsprache hat zahlreiche Einsichten zu unserer heutigen Kenntnis des deutschen Sprachsystems beigesteuert (vgl. Glück 1991: 23−33). Insbesondere kontrastive Gesichtspunkte spielen bei einer linguistischen Analyse des Deutschen als Fremdsprache eine wesentliche Rolle (vgl. die Artikel 26−48 [in dieser 2. Auflage vgl. Kap. VII]). Dennoch kann die linguistische Ausrichtung des Faches nicht auf den kontrastiven Aspekt reduziert werden, einmal, weil erfolgversprechende kontrastive Arbeiten immer die solide Einzelbeschreibung der zu vergleichenden Sprachen voraussetzen, zum andern, weil nicht alle Lernprobleme und Fehler aus dem Kontrast zur Muttersprache erklärt werden können (vgl. Art. 64−68 [in dieser 2. Auflage Kap. VIII]).

3.2. Die *lehr-/lernwissenschaftliche* bzw. *didaktisch-methodische Ausrichtung* (vgl. genauer Art. 3 [in dieser 2. Auflage Kap. VIII−X]), in deren Zentrum die Theorie und Praxis des Lehrens und Lernens von Deutsch als Fremd- und Zweitsprache steht, hat sich in den letzten Jahren als Fremdsprachendidaktik bzw. als Sprachlehr-/-lernwissenschaft fest etabliert: dies u. a., indem sie sich zunehmend von einer „Vorschlagsdidaktik" hin zu einer wissenschaftlichen Disziplin entwickelt hat, die das Lehren und Lernen theoretisch und empirisch erforscht, praktisch erprobt und evaluiert. Ergebnisse aus den relevanten Referenzwissenschaften werden nicht auf die einzelnen Bereiche des Fremdsprachenunterrichts appliziert, sondern hinsichtlich der fremdsprachenspezifischen Erkenntnisinteressen funktionalisiert (vgl. Bausch und Krumm 1995). Charakteristisch für die lehr-/lernwissenschaftliche Orientierung der 80er und 90er Jahre ist die Verlagerung des Interesses vom Lehren (Suche nach der „besten" Methode und dem „guten Fremdsprachenlehrer") auf das Lernen. Damit haben sich zwei Ausprägungen lehr-/-lernwissenschaftli-

cher Fragestellungen entwickelt: Die Zweitsprachenerwerbsforschung sieht den unterrichtlichen Spracherwerb vorrangig als Spezialfall für menschlichen Spracherwerb
überhaupt, der am besten in „natürlichen" Erwerbssituationen zu untersuchen sei, um
die so erarbeiteten Gesetzmäßigkeiten auf den unterrichtlichen Spracherwerb zu übertragen. Die Sprachlehr- und Sprachlernforschung dagegen geht von der Eigengesetzlichkeit
unterrichtlicher Sprachlernsituationen aus, die in einem interdisziplinären Zugriff unter
Berücksichtigung der Spezifika des unterrichtlich gesteuerten Lernens zu untersuchen
seien. Inzwischen ist jedoch deutlich geworden, dass beides keine einander ausschließen-
den, sondern ergänzenden Ansätze darstellen (vgl. Wilms 1984; Götze 1995). Mit dem
lehr-/-lernwissenschaftlichen Ansatz sind in den 90er Jahren die besonderen Vermitt-
lungskontexte des Deutschen als Fremdsprache, z. B. Deutsch als zweite oder weitere
Fremdsprache etwa nach Englisch (vgl. Art. 63 [in dieser 2. Auflage Art. 93]) zum Forschungsgegenstand geworden.

3.3. Die in nahezu allen Studiengängen variantenreich repräsentierte *landeskundlich-kulturwissenschaftliche Ausrichtung* (vgl. genauer Art. 3 [in dieser 2. Auflage Kap. XVI und
XVII.]) ist hinsichtlich ihrer wissenschaftsmethodologischen Fundierung und ihres wis-
senschaftssystematischen Ortes weiterhin sehr umstritten, wie es auch die Kontroversen
um Begriffe wie ‚Deutschlandstudien' (vgl. Koreik 1995), Landeskunde und interkulturelle Landeskunde (vgl. Reinbothe 1997) zeigen. Auch die auf Unterricht ausgerichteten
und teilweise in Lehrmaterialien manifestierten Konzepte reichen von der klassischen
Institutionenkunde über kontextorientierte Ansätze bis zu einer kontrastiv-interkulturel-
len Landeskunde (vgl. Art. 94 [vgl. in dieser Auflage die Art. in Kap. XVII]). Mit Beginn
der 90er Jahre hat, ausgelöst durch die ABCD-Thesen zur Landeskunde (1990), ein verstärktes Interesse eingesetzt, in Forschung und Lehre den gesamten deutschen Sprachraum, insbesondere Österreich und die deutschsprachige Schweiz, einzubeziehen. Mit der
zunehmenden Bedeutung von Wirtschaftsdeutsch stellen sich der Landeskunde neue,
über den klassischen Bereich hinausgehende Aufgaben (vgl. Art. 128 [vgl. in dieser Auflage die Art. in Kap. XVII]).

3.4. Das Spektrum der *literaturwissenschaftlichen Ausrichtung* ist breit gefächert. Es umfasst zum einen programmatische Entwürfe fremdkulturell-hermeneutischer Ausprägung,
die sich unter der Bezeichnung *Interkulturelle Germanistik* etabliert haben (vgl. u. a. Wierlacher 1980; 1987; Krusche 1985; Krusche und Wierlacher 1990; Thum und Fink 1993).
Ziel einer solchen Interkulturellen Germanistik ist die adressatenspezifische Auseinandersetzung mit Literatur aus der Fremd- und Eigenperspektive (vgl. in der 2. Auflage
Art. 158). Das Zusammenbringen beider Rezeptionsweisen soll zu Kulturmündigkeit führen und gegenseitiges Verstehen ermöglichen. Die Interkulturelle Germanistik im deutschen Sprachraum sieht sich in dieser Perspektive als Partner der auslandsgermanisti-
schen Literaturwissenschaft. Gerade aus der Perspektive des Auslandes wird ihr jedoch
auch Eklektizismus und Ethnozentrismus vorgeworfen: „Das Postulat einer interkulturellen Kommunikation verschleiert die Herrschaftsmechanismen, unter denen die zwischenstaatlichen Interaktionen erfolgen und die auf diese Weise perpetuiert werden"
(Ndong 1993: 19). Bei Zimmermann (1989), Hess (1992) u. a. wird die Legitimität des
Anspruches, vom deutschen Sprachraum aus die Fremdperspektive mitzudenken, in
Frage gestellt. Mit der *Gesellschaft für Interkulturelle Germanistik* (GIG, gegründet 1987)
und den aus deren Tagungen hervorgegangenen Sammelbänden sowie mit der Einrich-

tung von Lehrstühlen und Instituten spielt die Interkulturelle Germanistik eine gewichtige Rolle im Zusammenhang mit Deutsch als Fremdsprache, auch wenn sie mit den drei anderen hier genannten Ausrichtungen (vgl. Absätze 3.1. bis 3.3.) nur vereinzelte Verbindungen aufweist und eine fachlich wie personell weitgehend unabhängige Entwicklung durchläuft (vgl. Wierlacher 1987). Neben diesem programmatischen Ansatz stehen zum anderen weniger globale, an den Erfordernissen des konkreten Unterrichts ausgerichtete literaturdidaktische Ansätze, die im engeren Sinne in die Praxis der Vermittlung des Deutschen als Fremdsprache hineinreichen. Sie rezipieren sowohl literaturwissenschaftliche als auch textlinguistische und sprachdidaktische Ansätze und fördern einen kreativen Umgang mit Sprache sowie die Ausnutzung von Phantasiepotentialen (vgl. z. B. Kast 1985; Mummert 1989; Ehlers 1992). Dabei geht es nicht nur darum, literarische Texte als gewichtige Elemente des Sprachunterrichts zu nutzen (vgl. hierzu Art. 134; 136 [in dieser 2. Auflage Kap. XVIII]), sondern auch darum, freies und kreatives Schreiben anzuregen und die Fähigkeit zur Verwendung der Fremdsprache in ihren sinnlich-ästhetischen Dimensionen zu vermitteln (vgl. Art. 95 [vgl. in der 2. Auflage Art. 176−178]). Nachdem in der ersten Phase des kommunikativen Unterrichts die Orientierung an den Alltagsfunktionen der Sprache, also ihre kommunikative Verwertbarkeit, in den Vordergrund gerückt war, hat sich seit Beginn der 90er Jahre die Erkenntnis durchgesetzt, dass literarische Texte in besonderem Maße sprachliche wie kulturelle Eigenarten verdeutlichen können und zur Motivierung der Lernenden beitragen (vgl. auch Art. 84 [vgl. in der 2. Aufl. die Artikel in Kap. XVIII]).

3.5. In einer empirischen Studie (Henrici und Koreik 1994: 22 ff.), die u. a. zum Ziel hatte, Studienbewerbern und Studierenden eine Orientierung für die Studienortwahl zu geben, wurde die Repräsentanz des Faches an den deutschen Hochschulen in Vollzeit- und Ergänzungsstudiengängen nach den vier genannten Ausrichtungen hinsichtlich dominanter Lehrstuhlbesetzungen sowie der Studien- und Prüfungsordnungen untersucht. Dabei wurde deutlich: An allen Studienorten sind alle Ausrichtungen mehr oder weniger stark vertreten. Dabei überwiegen die etwa gleich stark vertretenen linguistischen und lehr-/lernwissenschaftlichen Ausrichtungen gegenüber den literaturwissenschaftlichen und landeskundlich-kulturwissenschaftlichen (Verhältnis 3:1), wobei es örtliche Dominanzen gibt (vgl. Henrici und Koreik 1994; ergänzend Krumm 1994b). Auffällig ist die große Heterogenität der Studiengänge hinsichtlich der Dauer, der Organisationsformen und der Strukturierung der Studieninhalte sowie die Anbindung an unterschiedliche Fachbereiche, Fächer, Institute, was teilweise durch die (sinnvolle) interdisziplinäre Orientierung der Studiengänge bedingt ist. Ein ähnliches Bild zeichnen auch die vorliegenden Einführungen in das Fach Deutsch als Fremdsprache: Hier dominieren die lehr-/lernwissenschaftlichen Aspekte vor den linguistischen (das gilt etwa für Bielefeld), während die landeskundliche und die literaturwissenschaftliche Ausrichtung nicht immer gewichtig vertreten sind (eine Ausnahme bildet z. B. Bayreuth).

4. Tendenzen und Perspektiven

4.1. Sprachenpolitik: Mit der Öffnung des Eisernen Vorhangs, dem Beitritt Österreichs zur Europäischen Union und der vorgesehenen Osterweiterung der EU stellen sich dem Fach Deutsch als Fremdsprache neue sprachenpolitische Aufgaben (vgl. im einzelnen

Art. 137 und 140 [in dieser 2. Auflage Kapitel III]): Mit dem Wegfall der Pflichtfremd-sprache Russisch ist Deutsch in den mittel- und osteuropäischen Ländern neben Englisch zu einer wichtigen Verkehrs- und Wirtschaftssprache geworden: Die Entwicklung von Curricula für alle Schulstufen (vgl. Art. 81 [in dieser 2. Auflage Art. 120]), die Aus- und Fortbildung von Deutschlehrern (1990 fehlten allein in Ungarn 15.000 Deutsch- und Englischlehrer; vgl. Kast und Krumm 1994; vgl. auch Art. 113 [in dieser 2. Auflage vgl. Kapitel XV]) sowie die Entwicklung von Lehrmaterial (vgl. Art. 104 [in dieser 2. Auflage Art. 137]) stellen in dieser Größenordnung neue Herausforderungen für das Fach dar. Bedingt durch die unmittelbare Nachbarschaft hat vor allem Österreich seine Aktivitäten im Bereich des Deutschen als Fremdsprache verstärkt (vgl. Art. 7 [in dieser 2. Auflage Art. 7]), auch hat sich eine verstärkte Zusammenarbeit Deutschlands, Österreichs und der Schweiz im Bereich der Sprachförderung in Mittel- und Osteuropa entwickelt (vgl. Wiener Erklärung 1997; Krumm 1999). Zugleich hat die starke Konzentration auf Mit-tel- und Osteuropa in anderen Kontinenten zu einer Schwächung des sprachenpolitischen Engagements insbesondere der Bundesrepublik Deutschland geführt (so wurden in den Jahren 1996/97 und 1999 Goethe-Institute u. a. in Lateinamerika, Afrika und Westeu-ropa geschlossen, teilweise allerdings zugunsten der Neueröffnung von Instituten in Mit-tel- und Osteuropa) (zur aktuellen Situation vgl. in dieser Ausgabe Art. 11). Beeinflusst durch die weiter ausgebaute Stellung des Englischen als Wissenschafts- und Wirtschafts-sprache, aber auch in Folge ausländerfeindlicher Ausschreitungen, hat die Zahl der aus-ländischen Studierenden in Deutschland abgenommen; der Deutsche Akademische Aus-tauschdienst hat daher 1997 eine Initiative zur Verbesserung des Studienstandortes Deutschland ins Leben gerufen, die u. a. die Entwicklung einer bereits im Ausland abzu-legenden sprachlichen Eingangsprüfung für das Hochschulstudium in Deutschland ein-schließt. Die Mitwirkung an der Entwicklung eines Gesamtkonzeptes für die Förderung der deutschen Sprache als Fremd- und Zweitsprache einschließlich einer fachlichen und sprachenpolitischen Kooperation der deutschsprachigen Länder bleibt eine wichtige Auf-gabe des Faches.

4.2. Fach- und berufspolitische Aktivitäten: Es ist evident, dass sich mit der erhöhten Nachfrage nach Deutsch in Deutschland, im erweiterten Europa und in der Welt, die sich wesentlich aus der zunehmenden Internationalisierung der Weltwirtschaft und ra-pide steigenden Wanderbewegungen erklärt (Ammon 1991), auch ein erhöhter Bedarf an spezifisch ausgebildeten Lehrkräften ergibt. Insbesondere in Mittel- und Osteuropa sind daher neue Ausbildungsmöglichkeiten geschaffen worden, die auf die Dauer den ‚Import‘ von Lehrkräften aus Deutschland und Österreich reduzieren. Während für nichtdeutsch-sprachige Studierende, die im deutschen Sprachraum eine Qualifikation in Deutsch als Fremdsprache erwerben, Berufsmöglichkeiten bei Rückkehr in das Herkunftsland viel-fach günstig sind — zuverlässige länderspezifische Recherchen liegen allerdings nicht vor —, stellt sich die Berufssituation für die deutschsprachigen Studierenden als schwierig dar. Da die Studiengänge für Deutsch als Fremd- und Zweitsprache in der Regel als Magisterstudiengänge angelegt sind, bleibt den Absolventen der Zugang zu einer Lehrtä-tigkeit in öffentlichen Schulen meist verwehrt. Selbst für die Auslandsschulen, in denen Fachkräfte für Deutsch als Fremdsprache erforderlich sind, hat sich keine befriedigende Regelung finden lassen; Ähnliches gilt für die Studienkollegs und Vorstudienlehrgänge, die in der Regel eine Lehrerausbildung voraussetzen. Der Arbeitsmarkt in der Erwachse-nenbildung ist durch ein hohes Maß an Teilzeitarbeit und Honorarkräften bestimmt (vgl.

Christ 1990), und der Bedarf an ausgebildeten Experten für Deutsch als Fremdsprache
beim Goethe-Institut, in Lehrbuchverlagen und im Hochschulbereich ist relativ gering
(vgl. Krumm 1997). Absolventen von Zusatzstudiengängen, einem Hochschullehrgang
o. ä. haben es leichter, wenn sie damit ein Lehramtsstudium erweitern. Die Trennung
zwischen Magister- und Lehramtsstudien in Deutschland und Österreich zu überwinden
bleibt für Deutsch als Fremdsprache eine Zukunftsaufgabe. Dadurch, dass Magisterstudiengänge in Deutschland in der Regel ein oder zwei Nebenfächer verlangen, ergibt sich
für Studierende des Deutschen als Fremdsprache die Möglichkeit individueller Profilie-
rungen: die Wahl von Nebenfächern kann bereits zu einer Mehrfachqualifikation führen
und damit auch das Spektrum möglicher beruflicher Tätigkeitsfelder erweitern (vgl. zu
dieser Problematik u. a. Ehnert 1988: 443; Koreik 1995: 17). Aber auch innerhalb des
Deutsch-als-Fremdsprache-Studiums zeichnen sich nach einem eher verbindlichen
Grundstudium Schwerpunktbildungen für das Hauptstudium ab, wie sie in auslandsger-
manistischen Studien z. T. bereits realisiert sind, z. B. im Bereich der Übersetzungstheorie
und -praxis oder der Fachsprachenforschung und -vermittlung. Insgesamt stellt sich für
die Studiengänge im Bereich Deutsch als Fremd- und Zweitsprache die Frage, ob in
Zukunft eher Studiengangskonzepte zu befürworten sind, die spezifische Berufsfelder
und Adressatengruppen ins Auge fassen, oder solche, die eher allgemeine Konzepte favo-
risieren, die die Studierenden in die Lage versetzen, in möglichst vielen Tätigkeitsfeldern
einsetzbar zu sein (Polyvalenz). In diesem Zusammenhang ist auch die Frage zu sehen,
in welchem Verhältnis sich die akademische Ausbildung mit einer praktischen Berufsein-
führung verknüpfen lässt.

4.3. Praxisorientierung: Stärker als andere Fremdsprachenphilologien hat sich das Fach
Deutsch als Fremdsprache im deutschen Sprachraum Praxisfeldern geöffnet und diese in
das Studium integriert. In fast allen Magisterstudiengängen, vielfach aber auch in den
Zusatzstudien für Deutsch als Fremdsprache, sind Praxisphasen/Praktika von unter-
schiedlicher Dauer und Intensität in der Regel verpflichtender Bestandteil der Studien-
ordnungen (vgl. dazu die Dokumentation von Henrici und Koreik 1994; Krumm 1994b).
Der intensive Austausch zwischen theoretischer Reflexion seiner Gegenstände und den
Möglichkeiten einer konkreten Anwendung bildet von Anfang an ein besonderes Kennzeichen des Faches (zur Darstellung der Formen und Funktionen von Praktika vgl.
Fandrych 1993; Apeltauer 1994). Praktika haben in dreifacher Hinsicht einen bedeuten-
den Stellenwert im Fach Deutsch als Fremdsprache: Sie sind lebensweltliche Konkretisie-
rungen von Wissensbeständen und wirken insofern auch persönlichkeitsbildend und -sta-
bilisierend, als sie vergleichende Einsichten und Reflexionen in und über eigene und
fremde sprachliche und gesellschaftlich-kulturelle Situationen gewähren. Sie sind für die
Studierenden eine zentrale Gelenkstelle, an der deutlich wird, welches Wissen, welche
Einstellungen und welche Handlungskompetenzen erforderlich sind, um sich in den vielfältigen zukünftigen DaF-spezifischen Berufssituationen (Inland, Ausland, unterschiedliche Institutionen, Lernergruppen, Lernniveaus u. a.) zurecht zu finden − insofern dienen
sie gleichzeitig der Berufsorientierung wie auch als Impuls für die theoriegeleiteten Studi-
enphasen, an die aus der praktischen Erfahrung heraus Fragen zu stellen sind. Schließlich
sind Praktika auch Ausdruck der Weltoffenheit und Internationalität des Faches, die
ausländerfeindlichen Tendenzen entgegenwirken können. Das setzt allerdings voraus,
dass Praktika systematisch in das Studium integriert sind. Unverzichtbar ist auch eine
empirisch ausgerichtete Praktikumsforschung, die über die systematische Untersuchung

der verschiedenen Praktikumskonstellationen und die in ihnen vorzufindenden Bedingungen begründbare Weiterentwicklungen ermöglicht. An dieser Forschung fehlt es zur Zeit noch. Sie könnte mit der noch am Anfang stehenden sogenannten Austauschforschung eine Gemeinschaft bilden (Fandrych 1993: 290).

4.4. Forschungsaufgaben und -perspektiven: Trotz einer schwierigen Ausgangslage (Etablierung des Faches während der einsetzenden Sparprogramme, hohe Studentenzahlen) kann das Fach Deutsch als Fremdsprache ein breites Spektrum an forschungsmethodischen Arbeiten und empirischen Untersuchungen vorweisen: Mittlerweile liegen nicht nur anwendungsbezogene, sondern zunehmend auch grundlagenorientierte Forschungsarbeiten vor, die auf einer intensiven theoriegeleiteten empirischen Forschung beruhen. Glück (1991) und Rösler (1994) haben diese Forschung unterschiedlich typisierend beschrieben und mit einer Vielzahl von ausgewählten Beispielen dokumentiert. Aus der Entstehungsgeschichte wie aus dem Selbstverständnis des Faches Deutsch als Fremdsprache als einem Theorie und Praxis verbindenden Fach ist erklärlich, dass ein großer Teil der relativ geringen Forschungskapazitäten auf sogenannte anwendungs-/praxisbezogene Forschungen ausgerichtet ist. Zu ihnen zählen u. a. grundlegende, die Praxis unterstützende und steuernde Grammatikarbeiten (vgl. Art. 107), didaktische Arbeiten zur Theorie und Praxis der Fremdsprachenvermittlung (vgl. Art. 79; 80), die Lehrwerkkritik (vgl. Art. 103), Untersuchungen zu den theoretischen Grundlagen und der kommunikativen Praxis interkultureller Kommunikation (vgl. Art. 97; 122), die intensive Beschäftigung mit Fachsprachenpraxis, -didaktik und -theorie (vgl. Art. 53; 58) und nicht zuletzt die Konzipierung, Entwicklung und Evaluation von Selbststudienmaterialien und Lehrbüchern (vgl. Art. 103; 104), die berechtigterweise von den Lehrenden für die Praxis des Unterrichtens eingefordert werden. In diesen Zusammenhang gehört die kritische Analyse sogenannter alternativer Vermittlungsverfahren (etwa Tandem, Suggestopädie, Dramapädagogik u. ä.; vgl. Art. 84) (vgl. zu den hier genannten Themenbereichen in der vorliegenden 2. Auflage insbesondere Kapitel X). Im Rahmen von Schulversuchen, angesichts curricularer Entwicklungen wie dem Frühbeginn des Deutschunterrichts in vielen Ländern, angesichts der Tendenz, die Fremdsprache auch als Arbeitssprache in anderen Unterrichtsfächern einzusetzen und schließlich durch die Einbeziehung der Sprachen von Minderheiten und Migranten, die zu neuen Modellen der Mehrsprachigkeit führt, gewinnen auch die Begleitforschung und die Wirkungsforschung (Evaluationen) an Bedeutung (vgl. Koschat und Wagner 1994; Landesinstitut 1995). Wie die Dokumentation zu Deutsch als Fremd- und Zweitsprache von Glück (1991) aber ebenfalls belegt, sind zunehmend auch Arbeiten vorgelegt worden, die dem Forschungstyp „grundlagenorientiert" zuzurechnen sind. Es handelt sich im Wesentlichen um solche Arbeiten, die die Untersuchung der Mechanismen von natürlichen und gesteuerten Fremdsprachenerwerbsprozessen betreffen (vgl. Art. 64–78 [in dieser 2. Auflage Kapitel VIII und IX]), deren Ergebnisse Begründungen und Absicherungen für den Kernbereich des Faches, „das Lehren und Lernen des Deutschen als Fremdsprache in Theorie und Praxis" bereitstellen können.

4.5. Kooperation und Arbeitsteilung: Trotz mancher kritischer Einwände und Hinweise auf unterschiedliche „Linien" (Glück 1991) sollte an der These von der Einheit des Faches und ihrer Begründung festgehalten werden (Henrici 1989 These 1; Götze und Suchsland 1996 These 2; Henrici 1996). Das Argument gilt weiterhin, dass Einheit und Vielfalt keinen Widerspruch bedeuten (Götze 1997: 89). Auch in anderen Disziplinen finden wir diese Vielfalt in der Einheit. Keiner käme auf die Idee, aufgrund der Vielfalt von Fachdifferenzierungen nicht mehr von *der* Romanistik, *der* Anglistik oder *der* Slavistik zu sprechen.

Wie in anderen Disziplinen hat sich auch im Fach Deutsch als Fremdsprache die Vielfalt aus praktisch-gesellschaftlichen und innerdisziplinären Gründen auf verschiedenen Ebenen entwickelt. Dieser Differenzierungsprozess ist auf der Ebene von Erkenntnisinteressen, Untersuchungsgegenständen, Untersuchungsmethoden, Datenerhebungsverfahren, hinsichtlich derAusdifferenzierung des Faches in Teilbereiche sowie in unterschiedliche Institutionalisierungs- und Organisationsformen zu beobachten.

Die europäischen Forschungs- und Mobilitätsprogramme erlauben seit den 80er Jahren in verstärktem Maße internationale Kooperationen, die wechselseitige Anerkennung von Studienleistungen und eine länderübergreifende Zusammenarbeit.

5. Schluss

Eine Reihe von Problemen ist auch weiterhin gründlich zu diskutieren, von deren Lösung die zukünftige Entwicklung des Faches u. a. auch abhängen wird (vgl. Henrici 1995). Beschreibt man die Entwicklung des Faches bzw. der Disziplin nach einzelnen Phasen (Initial-, Etablierungs-, Konsolidierungsphase, vgl. Laitko 1982), lässt sich als gewisser Konsens unter den meisten Fachvertreterinnen und -vertretern ausmachen, dass sich das Fach inzwischen in der Konsolidierungsphase befindet, zumal seine Etablierung an den deutschen Hochschulen als weitgehend abgesichert angesehen werden kann (vgl. u. a. Götze und Suchsland 1996). Diese optimistische Einschätzung wird nur dann weiterhin gültig bleiben, wenn sich das Fach nicht auf den in seiner etwa fünfundzwanzigjährigen Geschichte zweifellos erworbenen Meriten ausruht, sondern die kontroverse Debatte um mögliche Fachstrukturen und deren praktische Umsetzung engagiert weiterführt. Dass das Hochschulfach Deutsch als Fremdsprache nicht nur für Studierende ein attraktives sowie in Anbetracht der politischen, gesellschaftlichen und wirtschaftlichen Entwicklungen in Europa und in der Welt ein notwendiges Fach ist, begründet u. a. die ständige quantitative Zunahme von Vollzeit- und Zusatzstudiengängen in den letzten Jahren. Die starke Nachfrage nach einem Studium Deutsch als Fremdsprache hat bereits zur Einführung eines Numerus Clausus (NC) an einzelnen Studienorten geführt (Bielefeld, Hamburg, München). In den nur grob wiedergegebenen Ergebnissen der Recherche von Henrici und Koreik (1994) scheint die These von der gesicherten Etablierung und Konsolidierung des Faches ihre Bestätigung zu finden.

6. Literatur in Auswahl

ABCD-Thesen zur Rolle der Landeskunde im Deutschunterricht
   1990   *Fremdsprache Deutsch* 3: 60−61.
Ammon, Ulrich
   1991   *Die internationale Stellung der deutschen Sprache*. Berlin: De Gruyter.

Apeltauer, Ernst (Hg.)
1994   *Aus Erfahrung lernen. Exkursionen und Auslandspraktika im Bereich Deutsch als Zweit-und Fremdsprache.* Baltmannsweiler: Schneider Hohengehren.

Bausch, Karl-Richard und Hans-Jürgen Krumm
1995   Sprachlehrforschung. In: Karl-Richard Bausch, Herbert Christ und Hans-Jürgen Krumm (Hg.), *Handbuch Fremdsprachenunterricht* 7–13. 3. erw. Aufl. Tübingen: Francke.

Blei, Dagmar
1991   Deutsch als Fremdsprache in der DDR: Forderungen der 90er Jahre an eine ‚Entwicklungsdisziplin‘. In: Albert Raasch, Dieter Herold und Cläre Kiupel (Hg.), *Fremdsprachendidaktik in der (ehemaligen) DDR: die Öffnung,* 27–36. (Saarbrücker Schriften zur Angewandten Linguistik und Sprachlehrforschung). Saarbrücken: Universität des Saarlandes.

Christ, Herbert
1990   *Der Fremdsprachenlehrer in der Weiterbildung.* (Giessener Beiträge zur Fremdsprachendidaktik). Tübingen: Narr.

Delmas, Hartmut und Bernd Stenzig
1977   Wie ist ein Germanistikstudium für Ausländer in der Bundesrepublik zu strukturieren? *Jahrbuch Deutsch als Fremdsprache* 3: 1–24.

Dietrich, Rainer
1975   Ein Studienplan und einige Fragen. *Jahrbuch Deutsch als Fremdsprache* 1: 142–148.

Eggers, Dietrich und Alois Palzer
1975   Von ‚Deutsch für Ausländer‘ zu ‚Deutsch als Fremdsprache‘. Daten zur Geschichte eines Faches. *Jahrbuch Deutsch als Fremdsprache* 1: 103–118.

Ehnert, Rolf (Hg.)
1982   *Einführung in das Studium des Faches Deutsch als Fremdsprache.* 2. überarb. Aufl. 1989. Frankfurt a. M.: Lang.

Ehnert, Rolf
1988   Deutsch als Fremdsprache – Gestalt des Faches und seine möglichen Beziehungen zur ‚Auslandsgermanistik‘. In: *DAAD Dokumentationen und Materialien* 12: 437–453.

Ehlers, Swantje
1992   *Lesen als Verstehen.* (Fernstudieneinheit 2). Berlin: Langenscheidt.

Fandrych, Christian
1993   Grenzüberschreitungen auf Probe: Das Auslandspraktikum im Studium Deutsch als Fremdsprache. *Jahrbuch Deutsch als Fremdsprache* 19: 287–327.

Glück, Helmut
1991   Deutsch als Fremdsprache und Deutsch als Zweitsprache: eine Bestandsaufnahme. *Zeitschrift für Fremdsprachenforschung* 2(1): 12–63.

Glück, Helmut
1997   Das Deutsche als Fremdsprache, die Politik und die Turbodidaktik: Konturen eines alten Problems. In: Gerhard Helbig (Hg.), *Studien zu Deutsch als Fremdsprache IV: Positionen – Konzepte – Zielvorstellungen,* 55–70. (Germanistische Linguistik 137–138).

Göbel, Richard
1975   Die Gründung des „Sprachverbands Deutsch für ausländische Arbeitnehmer e. V.“. *Jahrbuch Deutsch als Fremdsprache* 1: 162–163.

Goethe-Institut München (Hg.)
1982   *Dozentenausbildung. Ziele, Inhalte, Verfahren, Ausbildungsordnung, Rahmenbedingungen, Programme, Materialien.* München: Goethe-Institut.

Götze, Lutz
1995   Lernt oder erwirbt man eine Fremdsprache? In: Heidrun Popp (Hg.), *Deutsch als Fremdsprache. An den Quellen eines Faches,* 649–658. München: iudicium.

Götze, Lutz
1997   Die Einheit in der Vielfalt Konzeptionelle Überlegungen zum Deutschen als Fremdsprache. In: Gerhard Helbig (Hg.), *Studien zu Deutsch als Fremdsprache IV: Positionen – Konzepte – Zielvorstellungen,* 71–82. (Germanistische Linguistik 137–138).

Götze, Lutz und Peter Suchsland
  1996   Deutsch als Fremdsprache. Thesen zur Struktur des Faches. *Deutsch als Fremdsprache*
         33(2): 67−72.
Grucza, Franciszek (Hg.)
  1998   *Deutsch und Auslandsgermanistik in Mitteleuropa. Geschichte − Stand − Ausblicke.* War-
         szawa: Graf-Punkt.
Helbig, Gerhard (Hg.)
  1997   *Studien zu Deutsch als Fremdsprache IV: Positionen − Konzepte − Zielvorstellungen.*
         (= Germanistische Linguistik 137−138).
Henrici, Gert
  1986   *Studienbuch: Grundlagen für den Unterricht im Fach Deutsch als Fremd- und Zweitsprache
         (und anderer Fremdsprachen).* (Studienbücher zur Sprach- und Literaturdidaktik 4).
         2. Aufl. 1988. Paderborn: Schöningh.
Henrici, Gert
  1989   Deutsch als Fremdsprache. Quo vadis? Konstituierungsprobleme eines jungen akademi-
         schen Faches. In: *Neuere Entwicklungen im Fach Deutsch als Fremdsprache*, 31−49. (Wis-
         senschaftliche Beiträge der Friedrich-Schiller-Universität Jena). Jena: FriedrichSchiller-
         Universität.
Henrici, Gert
  1995   Welche Zukunft für das Hochschulfach als Fremdsprache? Fachpolitische und fachliche
         Anmerkungen zu einigen Problemfeldern. In: Heidrun Popp (Hg.), *Deutsch als Fremd-
         sprache. An den Quellen eines Faches*, 757−774. München: iudicium.
Henrici, Gert
  1996   Deutsch als Fremdsprache ist *doch* ein fremdsprachenwissenschaftliches Fach. *Deutsch
         als Fremdsprache* 33(3): 131−135.
Henrici, Gert und Uwe Koreik (Hg.)
  1994   *Deutsch als Fremdsprache. Wo warst Du, wo bist Du, wohin gehst Du?* Baltmannsweiler:
         Schneider Hohengehren.
Henrici, Gert und Claudia Riemer (Hg.)
  1994   *Einführung in die Didaktik des Unterrichts Deutsch als Fremdsprache mit Videobeispielen.*
         2 Bände. Baltmannsweiler: Schneider Hohengehren.
Hess, Hans-Werner
  1992   *Die Kunst des Drachentötens. Zur Situation von Deutsch als Fremdsprache in der Volksre-
         publik China.* München: iudicium.
Heyd, Gertraude
  1990   *Deutsch lehren. Grundwissen für den Unterricht in Deutsch als Fremdsprache.* Frankfurt a.
         M.: Diesterweg.
Huneke, Hans-Werner und Wolfgang Steinig
  1977   *Deutsch als Fremdsprache. Eine Einführung.* Berlin: Erich Schmidt Verlag.
Ickler, Theodor
  1984   *Deutsch als Fremdsprache. Eine Einführung in das Studium.* (Germanistische Arbeitshefte
         29). Tübingen: Niemeyer.
Karnein, Alfred
  1976   Deutsch als Fremdsprache im 15. Jahrhundert: Das Sprachbuch Meister Jörgs. *Jahrbuch
         Deutsch als Fremdsprache* 2: 1−13.
Kast, Bernd
  1985   *Jugendliteratur im kommunikativen Deutschunterricht.* Berlin: Langenscheidt.
Kast, Bernd und Hans-Jürgen Krumm (Hg.)
  1994   *Neue Wege in der Deutschlehrerausbildung.* (= Fremdsprache Deutsch Sondernummer
         1994).
König, Christoph (Hg.)
  1995   *Germanistik in Mittel- und Osteuropa 1945−1992.* Berlin: De Gruyter.

Koordinierungsgremium im DFG-Schwerpunkt „Sprachlehrforschung" (Hg.)

1983   *Sprachlehr- und Sprachlernforschung: Begründung einer Disziplin.* (Tübinger Beiträge zur Linguistik 221). Tübingen: Narr.

Koreik, Uwe

1995   *Deutschlandstudien und deutsche Geschichte: die deutsche Geschichte im Rahmen des Landeskundeunterrichts für Deutsch als Fremdsprache.* Baltmannsweiler: Schneider Hohengehren.

Korte, Hermann und Alfred Schmidt

1983   *Migration und ihre sozialen Folgen. Förderung der Gastarbeiterforschung durch die Stiftung Volkswagenwerk 1974–1981.* Göttingen: Vandenhoeck und Ruprecht.

Koschat, Franz und Gottfried Wagner

1994   *Bilinguale Schulen. Lernen in zwei Sprachen.* Wien: Bundesministerium für Unterricht und Kunst.

Krumm, Hans-Jürgen

1978   Sprachvermittlung und Sprachlehrforschung Deutsch als Fremdsprache. Einführung in die Problematik des thematischen Teils. *Jahrbuch Deutsch als Fremdsprache* 4: 87–101.

Krumm, Hans-Jürgen

1994a   Mehrsprachigkeit und interkulturelles Lernen. Orientierungen im Fach Deutsch als Fremdsprache. *Jahrbuch Deutsch als Fremdsprache* 20: 13–36.

Krumm, Hans-Jürgen (Hg.)

1994b   *Deutsch als Fremd- und Zweitsprache. Eine Übersicht über Studiengänge an deutschsprachigen Hochschulen.* Wien: Universität Wien.

Krumm, Hans-Jürgen

1997   Berufsfelder für Studierende des Deutschen als Fremd- und Zweitsprache aus österreichischer Sicht. *Zugänge. ÖDaF-Mitteilungen, Sonderheft:* 16–23.

Krumm, Hans-Jürgen (Hg.)

1999   *Sprachen-Brücken über Grenzen. Deutsch als Fremdsprache in Mittel- und Osteuropa.* Wien: Eviva.

Krusche, Dietrich

1985   *Literatur und Fremde.* München: iudicium.

Krusche, Dieter und Alois Wierlacher (Hg.)

1990   *Hermeneutik der Fremde.* München: iudicium.

Laitko, Hubert

1982   Disziplingenese als Objekt vergleichender Untersuchung. In: *Probleme der Disziplingenese in der Wissenschaftsgeschichte und Wissenschaftsgeschichtsschreibung,* 7–18. (Rostocker Wissenschaftshistorische Manuskripte 8). Rostock.

Landesinstitut für Schule und Weiterbildung (Hg.)

1995   *Lernen für Europa. Abschlußbericht eines Modellversuchs.* Soest: Landesinstitut NRW.

Mummert, Ingrid

1989   *Nachwuchspoeten. Jugendliche schreiben literarische Texte im Fremdsprachenunterricht Deutsch.* München: Klett.

Ndong, Norbert

1993   *Entwicklung, Interkulturalität und Literatur. Überlegungen zu einer afrikanischen Germanistik als interkultureller Literaturwissenschaft.* München: iudicium.

Reich, Hans H.

1988   Ausländerpädagogik in der regulären Lehrerausbildung. In: Hans-Jürgen Krumm (Hg.), *Lehrerausbildung Deutsch als Zweitsprache, Ausländerpädagogik, Deutsch als Fremdsprache,* 21–30. (ZFI Arbeitsberichte 5). Hamburg: Universität.

Reinbothe, Roswitha

1997   Landeskunde in der Deutschlehrerausbildung. *Info DaF* 24(4): 499–513.

Rösler, Dietmar

1994   *Deutsch als Fremdsprache.* Stuttgart: Metzler.

Storch, Günther
    1999   *Deutsch als Fremdsprache. Eine Didaktik*. München: Fink.
Thum, Bernd und Gonthier-Louis Fink (Hg.)
    1993   *Praxis interkultureller Germanistik*. München: iudicium.
Weinrich, Harald
    1979   Deutsch als Fremdsprache − Konturen eines neuen Faches. *Jahrbuch Deutsch als Fremd-
            sprache* 5: 1−13.
Wiener Erklärung zur Sprachförderung und Zusammenarbeit in Mittel- und Osteuropa
    1997   *Fremdsprache Deutsch − Sondernummer II: Trends 2000*: 36−37.
Wierlacher, Alois
    1975   Überlegungen zur Begründung eines Ausbildungsfaches „Deutsch als Fremdsprache".
            Jahrbuch Deutsch als Fremdsprache 1: 119−136.
Wierlacher, Alois (Hg.)
    1980   *Fremdsprache Deutsch*. 2 Bde. München: Fink.
Wierlacher, Alois (Hg.)
    1987   *Perspektiven und Verfahren interkultureller Germanistik*. München: iudicium.
Wilms, Heinz
    1984   Deutsch als Zweitsprache − Grenzen des Sprachunterrichts. *Deutsch lernen* 9(4): 10−25.
Zimmermann, Peter
    1989   *Interkulturelle Germanistik: Dialog der Kulturen auf Deutsch?* Frankfurt a. M.: Lang.

Lutz Götze, Saarbrücken (Deutschland)
Gerhard Helbig (†), Leipzig (Deutschland)
Gert Henrici, Bielefeld (Deutschland)
Hans-Jürgen Krumm, Wien (Österreich)

3. Die Situation von Deutsch außerhalb des deutschsprachigen Raumes

1. Einleitung
2. Germanistik und Deutsch / *German Studies* an Universitäten
3. Lehramtsausbildung für Deutsch
4. Deutsch an Schulen
5. Außerschulische und außeruniversitäre Institutionen
6. Zum Abschluss
7. Literatur in Auswahl

1. Einleitung

Es gibt Konjunkturen, die die Stellung des Deutschen positiv oder negativ beeinflussen. Momentan scheint das Deutsche in vielen Regionen wieder unter Druck zu geraten − in vielen Ländern sinken Nachfrage bzw. Angebot gerade im schulischen Bereich. Dies scheint einerseits damit zu tun zu haben, dass die Stellung des Englischen als erster Fremdsprache weltweit sehr dominant geworden ist und Deutsch immer seltener als erste

Fremdsprache gelernt oder auch nur angeboten wird (vgl. Ammon 1998; Stark 2002). Andererseits entwickelt sich in vielen Ländern ein Trend, nach dem in den schulischen Curricula nur noch eine Fremdsprache verpflichtend vorgesehen ist, was sich angesichts der Dominanz des Englischen dann zu Lasten anderer Sprachen auswirkt. Dies zu kons-tatieren bedeutet nicht, in Resignation zu verfallen; vielmehr sollte diese Situation dazu Anlass geben, auf allen Ebenen − der bildungspolitischen, der linguistischen, der curricu-laren, der didaktischen, der unterrichtsmethodischen − nach Wegen zu suchen, um die Relevanz von Fremdsprachen herauszustellen, um Allianzen in Form von Gesamtspra-chencurricula mit Vertretern anderer Sprachen und der Sachfächer zu schmieden und die Stellung der Fremdsprachen in den Curricula zu stärken. Betrachtet man die Artikel zur Situation des Deutschen an Schulen und Hochschulen in den verschiedenen Ländern (Kap. XIX), dann wird deutlich, dass sprachenpolitische Konstellationen und Entschei-dungen häufig eine zentrale Rolle spielen, wenn es um den Status des Deutschen als Fremdsprache geht. Die Vorstellung, Nachfrage und Angebot seien gleichsam natur-wüchsig und Sprachpolitik sowie Institutionen *reagierten* darauf, ist jedenfalls deutlich verfehlt (vgl. auch die Beiträge in Ehlich und Krumm 2004). Gegenwärtig ist Deutsch vor allem in Süd-, West- und Nordeuropa unter Druck geraten, weil Fremdsprachen außer dem Englischen insgesamt nicht mehr fester Bestandteil schulischer Curricula sind, aber auch, weil die bestehende Nachfrage aufgrund einer zu geringen Zahl gut qualifizier-ter Lehrender und des schlechten (finanziellen) Status des Lehrberufs nicht entsprechend befriedigt werden kann, so etwa in vielen Ländern Lateinamerikas oder der arabischen Welt. In anderen Regionen ist die Nachfrage und auch die Institutionalisierung immer noch vergleichsweise hoch (etwa in Mittel- und Osteuropa) oder uneinheitlich: Im asiati-schen Raum etwa hat sich die Situation des Faches in Vietnam deutlich verbessert, in Indonesien hält es sich auf vergleichsweise hohem Niveau. In anderen Ländern, wie etwa Japan, wo das universitäre Niveau im Bereich Germanistik/DaF generell hoch anzusie-deln ist, ist das Fach in den letzten Jahren unter Druck geraten (vgl. Art. 9). Im franko-phonen Afrika scheint die Stellung der deutschen Sprache vielerorts aufgrund der spezifi-schen sprachenpolitischen Konstellationen noch vergleichsweise stark zu sein, teils hat sie sogar in den letzten Jahren an Boden gewonnen (etwa in der Elfenbeinküste/Côte d'Ivoire).

Ziel dieses Beitrags kann es nicht sein, einen lückenlosen Überblick über die Situation des Deutschen in aller Welt zu geben (dies geschieht im Detail in den Länderartikeln bzw. auch in Art. 9), sondern es geht darum, Entwicklungstendenzen bzw. -linien aufzuzeigen, welche zwangsläufig teilweise auch widersprüchlich sind, weil es eine komplexe Vielfalt der Entwicklungen und der dafür verantwortlichen Faktoren in den verschiedenen Län-dern und Regionen, also keine unidirektionale Entwicklung, gibt. So sehen wir in dem einem Land, dass Deutsch vermehrt gelehrt und gelernt wird, weil es über eine stark instrumentelle Motivation für den Berufszweig Tourismus notwendig ist, weil Interesse an einer Vertiefung des wirtschaftlich-technischen Austausches besteht oder weil Deutsch als Bildungssprache gilt; in dem anderen Land jedoch wird es immer seltener gelernt, weil andere zweite oder weitere Fremdsprachen attraktiver wirken oder vermeintlich ein-facher sind, oder weil es keine Lehrkräfte gibt. In wiederum anderen Ländern existiert Nachfrage von verschiedenen Seiten (die Wirtschaft etwa benötigt Nachwuchskräfte mit guten Deutschkenntnissen), aus bildungspolitischen oder auch ökonomisch-gesellschaft-lichen Gründen (niedrige Lehrergehälter, niedriger Lehrerstatus) kann diese Nachfrage aber nicht durch institutionalisierte Lernangebote befriedigt werden. Gerade der letzte

Grund setzt oft eine ungünstige Kreisbewegung in Gang: Fehlende Lehrkräfte für
Deutsch bedeuten, dass in Deutsch kein Angebot gemacht werden kann, und weil es kein
Angebot gibt, benötigt die betreffende Institution auch keine Lehrkräfte für Deutsch.
Die mögliche Nachfrage seitens Eltern oder Lernenden kann dann mit Hinweis auf feh-
lende Lehrkräfte nicht befriedigt werden.

Wir beziehen uns für diesen Beitrag zum einen auf die in Kap. XIX publizierten Länderartikel, daneben auf verschiedenste jüngere Beiträge zum Thema (vgl. den Themenschwerpunkt „Inlandsgermanistik vs. Auslandsgermanistik" in der Zeitschrift *Deutsch
als Fremdsprache*, die Beiträge in Stickel 2003, für den europäischen Kontext auch Neuland et al. 2005 und Casper-Hehne et al. 2006), sowie auf unsere Erfahrungen in der
konkreten Zusammenarbeit mit Vertretern und Vertreterinnen der Germanistik bzw. des
Deutschen als Fremdsprache in verschiedenen Regionen der Welt (für ausführlichere,
den damaligen Stand wiedergebende Überblicke vgl. auch Altmayer 2001 und Rall 2001).

2. Germanistik und Deutsch / *German Studies* an Universitäten

Die Germanistik im nichtdeutschsprachigen Raum unterliegt in mancherlei Hinsicht besonderen Bedingungen im Vergleich zur Germanistik bzw. dem Fach Deutsch als Fremd-
und Zweitsprache im deutschsprachigen Raum. Hierzu zählt zum einen die Tatsache,
dass die (Verbesserung der) Sprachkompetenz im Deutschen selbst häufig zentraler Bestandteil solcher Studiengänge ist (vgl. Klapper 2006; Fandrych 2007), zum anderen,
dass die Existenz einer Disziplin Germanistik / *German Studies* keineswegs selbstverständlich ist, wie dies in den deutschsprachigen Ländern der Fall ist. Daneben spielen
auch unterschiedliche Praxisorientierungen im nichtdeutschsprachigen Ausland eine
wichtige Rolle (etwa Orientierung auf den schulisch verankerten Lehrerberuf, auf bestimmte wirtschaftliche Zusammenhänge, auf die Übersetzerausbildung). Aus pragmatischen und institutionellen Gründen − nicht zuletzt oft auch unter dem Eindruck
schwindender Studierendenzahlen − hat sich in vielen Kontexten ein wesentlich breiteres
Konzept von *German Studies* herausgebildet, als dies mit dem traditionellen Begriff *Germanistik* vereinbar wäre (vgl. z. B. Probst und Schmitz 2002). Aus den je unterschiedlichen Konstellationen, Herausforderungen und Praxisanforderungen ergeben sich zudem spezifische Zuschnitte von Studiengängen und auch von Forschungsinteressen bzw.
-bedürfnissen (vgl. Stanescu 2003; Grucza 2006). Eine für die Germanistik im nichtdeutschsprachigen Raum systematisch bestehende Differenz zum Fach DaF/DaZ bzw.
der Germanistik im deutschsprachigen Raum besteht darin, dass sie es immer mit einem
spezifischen Kontrast, einer spezifischen fremdsprachlichen und historisch-kulturellen
Perspektive auf das Deutsche zu tun hat.

Gleichwohl ist die Situation im nichtdeutschsprachigen Raum an den Hochschulen
durchaus uneinheitlich. Während insbesondere in Europa (aber auch an vielen anderen
Standorten) an vielen Instituten weiter zu einem gewichtigen Anteil zu germanistischen
Themen in einem engeren Sinne gearbeitet wird (mit der Literaturwissenschaft und -ge-
schichte im Zentrum, heute häufig erweitert durch kulturwissenschaftliche, teils auch
kulturpolitische Fragestellungen, daneben mit sprachgeschichtlichen oder auch sprachwissenschaftlichen Anteilen), hat sich daneben vielerorts eine Neuorientierung bezüglich
der disziplinären Schwerpunkte, der disziplinären Breite und der Praxisorientierung erge-

ben. Diese Neuorientierung hat sich häufig, aber keinesfalls ausschließlich, in Regionen entwickelt, in denen die universitäre Beschäftigung mit den deutschsprachigen Ländern erst jüngeren Datums ist (vgl. etwa Sasalatti 2003). Vielfach bestehen aber auch verschiedenste Ansätze nebeneinander im selben Land (vgl. etwa zu Großbritannien Rösler 2001 und Art. 196). Diese Vielfalt der Zugänge und auch der Voraussetzungen wird durch eine stark dichotomische begriffliche Trennung in *Inlands-* und *Auslandsgermanistik* überdeckt; zugleich geraten auch Ausdifferenzierungen in der Germanistik bzw. dem Fach DaF/DaZ im deutschsprachigen Kontext aus dem Blick (vgl. Fandrych 2006; Krumm 2003; Redder 2003).

Unter dem Eindruck verschiedener Faktoren diversifiziert sich die universitäre Beschäftigung mit den deutschsprachigen Ländern zunehmend. Nicht selten kann sie nur unter einem größeren Dach (z. B. einem Fremdsprachendepartment, in dem verschiedene Sprachen beheimatet sind) fortgeführt werden, da aufgrund sinkender Studierendenzahlen oder institutioneller Prioritäten eigenständige Deutschabteilungen nicht (mehr) überlebensfähig wären. So existieren an vielen Standorten deutsche Schwerpunktsetzungen bzw. Spezialisierungen in Studiengängen wie *Europastudien* (*European Studies*), *Kulturstudien*, *Komparatistik*, *Film*, *Interkulturelle Kommunikation*, *Angewandte Linguistik* oder *Übersetzungswissenschaften*. Dabei ist als Kernmerkmal die Sprachkompetenz, weniger die disziplinäre Ausrichtung, zu betrachten: Wo für die Beschäftigung mit dem deutschsprachigen Raum eine entsprechende (wissenschaftssprachliche) Kompetenz im Deutschen integraler Bestandteil ist, kann noch von einem (im weitesten Sinne) germanistischen Ausbildungsprogramm gesprochen werden. Wo die (wissenschaftsbezogene) Sprachausbildung keine (oder keine zentrale) Rolle mehr spielt, kann die Beschäftigung mit den deutschsprachigen Ländern ebenso gut anderen Fächern wie der Politik, Geschichts-, Wirtschafts- oder Kulturwissenschaft überlassen werden.

Vor diesem Hintergrund müssten aus fach- und sprachenpolitischer Perspektive, zur Sicherung des Nachwuchses im akademischen und schulischen Bereich und aus Gründen der Nachhaltigkeit die Förderung und Erhaltung von Studiengängen und Programmen von höchster Bedeutung sein, die die Sprachkompetenz in Verbindung mit der jeweiligen fachlichen Ausrichtung zum Wesensmerkmal der Ausbildung machen. Der Verzicht auf die Sprachkompetenz als zentrales Lernziel, oft gespeist aus dem Interesse, mehr Studierende zur Beschäftigung mit den deutschsprachigen Ländern zu bewegen, ist letztlich kontraproduktiv, wenn ein nachhaltiges Interesse und eine nachhaltige Verbindung mit dem Diskurs der deutschsprachigen Ländern geschaffen werden sollen. Letztlich ist eine gute bildungssprachliche Kompetenz im Deutschen als Qualitätsmerkmal auch für die berufliche Perspektive von Absolventinnen und Absolventen in vielen Kontexten von hoher Relevanz.

An vielen Standorten hat im universitären Bereich eine Neuorientierung der Germanistik bzw. der Deutschstudien eingesetzt, die insgesamt zu einer Differenzierung des Bildes von auf den deutschen Sprachraum bezogenen Studiengängen geführt hat. Dabei ist grundsätzlich wichtig, dass die Pluralität der Bedingungen und Interessenslagen anerkannt und ernst genommen wird und die verschiedenen Ansätze nicht gegeneinander ausgespielt werden. Vielerorts sind traditionelle germanistische Forschungslinien im nichtdeutschsprachigen Raum in hervorragender Weise verfolgt und weiterentwickelt worden; gleichzeitig hat sich − daneben oder auch als Transformation − eine Vielzahl von stärker praxisorientierten Ausprägungen des Faches etabliert. Zu nennen sind hier u. a. Wirtschaftswissenschaften, Tourismus, Jura und Übersetzerausbildung. Wichtig ist

es, hier einen neuen disziplinären Zusammenhalt zu schaffen, der die (fach-/disziplin-
orientierte) Sprachkompetenz ernst nimmt und mit dem Fach in eine sinnvolle Verbindung bringt.

Nicht zuletzt im Zeichen der gestuften Studiengänge haben sich in den letzten Jahren
die Austauschbeziehungen deutscher und ausländischer Universitäten zunehmend – in
verschiedenen Konstellationen – konkretisiert, unter anderem mithilfe von Förderpro-
grammen wie den *Germanistischen Institutspartnerschaften* des DAAD, der Etablierung
bi- und trinationaler Studiengänge, häufig mit Förderung des DAAD, dem Studieren-
den- und Lehrendenaustausch über europäische Programme wie ERASMUS und TEM-
PUS, aber auch über Universitätspartnerschaften und Forschungsförderprogramme.
Eine neue Entwicklung stellen die von bundesdeutscher Seite intensiv geförderten *Univer-
sitätsausgründungen* dar, wie etwa die *German Jordanian University* oder die *Deutsch-
Türkische Universität* (DTU), die zwar meist auch wichtige Sprachpraxis-Angebote für
Deutsch machen, deren Lehrsprache aber meist das Englische ist und die oft (noch)
kein Konzept für eine progressive Integration von fachlichen und sprachlichen Inhalten
entwickelt haben. Auch hier gilt es, stärker als bisher die Verantwortlichen dieser Studiengänge (die häufig aus eher ingenieur- oder naturwissenschaftlichen Fachbereichen
kommen) von der Relevanz einer engen Verbindung von Sprach- und Fachinhalten zu
überzeugen.

Die deutschsprachigen Länder fördern – oft im Rahmen von Kulturabkommen und
prinzipiell im Sinne eines Austauschs – über verschiedene Programme (etwa die Lekto-
ren- und Sprachassistentenprogramme des DAAD bzw. der Österreich-Kooperation) die
Entsendung von Lektorinnen und Lektoren, vornehmlich mit germanistischer bzw. DaF-
bezogener Ausrichtung, aber auch im Bereich anderer nachgefragter Wissenschaftsdisziplinen mit Bezug auf die deutschsprachigen Länder, etwa Wirtschaftswissenschaften,
Jura oder Politikwissenschaften / *European Studies* (vgl. auch die Art. 13, 14 und 15).

3. Lehramtsausbildung für Deutsch

In vielen Fällen studieren angehende Lehrerinnen und Lehrer zuerst Germanistik in einem eigenen Studiengang und schließen diesen mit dem Bachelor (oder einem vergleichbaren) Abschluss ab. Darauf aufgesetzt wird dann oft ein eigener Lehramtsstudiengang,
der beispielsweise mit einem *Master of Education* abgeschlossen wird. Häufig liegt diese
zweite Phase in der Hand verschiedener nicht-germanistischer Institute oder Einrichtungen, z. B. Erziehungswissenschaften, Pädagogik oder Sprachenzentren. Hin und wieder
schließt ein solcher Studiengang auch an eine bereits erfolgte Berufpraxis an oder verläuft parallel.

Ein anderes Konzept sind einzügige, eigenständige Lehramtsausbildungsstudien-
gänge, die von Beginn an auch fachdidaktische Fragen mit einbeziehen. In beiden Varianten tritt zu den linguistischen, literaturwissenschaftlichen, landeskundlichen und möglicherweise didaktischen Elementen oft auch die Deutscherwerbsphase hinzu, d. h. noch
während des Studiums lernen die angehenden Lehrkräfte selbst Deutsch. D. h. die Lehramtsausbildung ist von großer Heterogenität geprägt. In Europa hat auch der Bologna-
Prozess noch nicht zu einer Harmonisierung geführt.

In vielen Ländern bedeutet Lehramtsausbildung eine Ein-Fach-Lehramtsausbildung,
wie z. B. meistens in Polen oder Frankreich. Dies heißt, dass zukünftig ausschließlich

Deutsch unterrichtet wird, was die Implementierung von Konzepten wie dem bilingualen Sachfachlehren und -lernen deutlich erschwert, aber auch die Beschäftigungschancen reduziert. In manchen Ländern, die eine Zwei-Fächer-Lehramtsausbildung vorsehen, können aber nur Sprachen oder nur Naturwissenschaften miteinander kombiniert werden, wie z. B. meistens in Finnland oder Norwegen, so dass auch hier bilinguales Sachfachlehren nur schwer umzusetzen ist, etwa unter der Bedingung, dass entweder fachfremd oder im Team unterrichtet wird.

In etlichen Ländern gibt es praktisch keine Möglichkeit, ein Lehramtsstudium für das Fach Deutsch aufzunehmen, wie z. B. in Malaysia oder in Indien. Hier steht der Deutschunterricht auf tönernen Füßen; Initiativen des Goethe-Instituts, wenigstens Grundlagen im Lehren und Lernen des Deutschen zu vermitteln, sind außerordentlich hilfreich. In vielen Ländern herrscht ein eklatanter Lehrermangel, der u. a. mit den erwähnten mangelnden Ausbildungsmöglichkeiten zusammenhängt. Vor allem aber klagen die Autorinnen und Autoren der Länderartikel (Kap. XIX) über das geringe Prestige des Lehrberufes allgemein, den niedrigen sozialen Status von (Deutsch-) Lehrenden und die oft wenig aussichtsreichen Einkommensmöglichkeiten, so dass der Beruf für junge Leute nicht interessant ist. In anderen Ländern wie z. B. Finnland dagegen genießt der Lehrberuf eine außerordentlich hohe gesellschaftliche Anerkennung, und nur die besten Studierenden werden zu diesem Studium zugelassen.

Die Anforderungen an die berufliche Qualifikation sind in vielen Ländern nicht hoch bzw. in professioneller Hinsicht nicht angemessen: Wer Deutsch als Erstsprache spricht bzw. auch nur einigermaßen passable Sprachkenntnisse auf Deutsch aufweisen kann, wird als Lehrkraft für Deutsch eingestellt, ist dann oft genug auf sich allein gestellt und mit einer eigentlich doch unbekannten Materie konfrontiert. Deutsch zu *können* heißt eben noch lange nicht, es lehren und erklären zu können (vgl. Art. 148−150). Dieses Phänomen betrifft übrigens weltweit viele Länder und ist kein Phänomen bestimmter Weltregionen.

Es gibt verschiedene vielversprechende Initiativen, diesen Mangel an berufsbezogener Qualifikation auszugleichen, z. B. durch das Goethe-Institut: die Implementierung des *Grünen Diploms*, die (Neu)Einrichtung von Lehrerausbildungen, etwa auch im Rahmen von binationalen Studiengängen (vgl. die Situation in Ägypten oder Mexiko), die Fortbildungsangebote des DAAD und des Goethe-Instituts; und verschiedene PASCH-Instrumente (vgl. das Sonderheft PASCH von *Fremdsprache Deutsch* 2009).

4. Deutsch an Schulen

In den meisten Ländern sind für die Schulen Rückgänge der Lernerzahlen von Deutsch zu konstatieren. Deutsch wird seltener gewählt, dies auch und besonders dramatisch in Nachbarländern wie Frankreich, Niederlande und Dänemark und keineswegs nur in Ländern, die fern vom deutschen Sprachgebiet liegen. Das hat u. a. mit der Dominanz des Englischen zu tun, das inzwischen praktisch überall die erste und obligatorische Fremdsprache ist wie z. B. in Norwegen, wo Englisch in den Curricula zur Zweitsprache (und nicht mehr Fremdsprache) erklärt wird und andere Fremdsprachen, so Deutsch, nicht mehr unbedingt gelernt werden müssen, wenn Englisch auf der Oberstufe als Vertiefungsfach weiter gelernt wird (vgl. Utdanningsdirektoratet 2006). Das gilt auch dort, wo

Deutsch traditionell ehemals erste Fremdsprache war wie beispielsweise in Polen oder Ungarn. Dieser Trend hängt auch mit der Reduktion von Fremdsprachen im Curriculum allgemein und der Reduktion von Stundenumfängen in einzelnen Sprachen zusammen. Es werden in vielen Ländern insgesamt weniger Fremdsprachen mit geringeren Stundenumfängen angeboten, und es werden auch weniger Folgefremdsprachen insgesamt angeboten. Dies lässt sich − neben den bereits angedeuteten (bildungs)politischen Erwägungen − auch mit Aspekten wie veränderter Motivation und Zielsetzung beim Sprachenlernen erklären: Rückgang des *Bildungssprachenlernens*; wo Fremdsprachen nachgefragt werden, geschieht das oft aus touristischen Gründen oder *lifestyle*-Interesse (hiervon scheint derzeit besonders das Spanische zu profitieren).

Deutsch gilt als schwierig. Ihm haftet der Nimbus des *modernen Latein* an, es wird häufig als *Elitefach* bzw. als besonders herausforderndes Fach angesehen und hat dadurch in manchen Ländern eine Art Nischenfunktion z. B. als Sprachenangebot an Eliteschulen. Allerdings gibt es durchaus Regionen, die andere Entwicklungen verzeichnen (z. B. Mexiko, Chile, einige arabische Länder und Indien), die auch durch intensive Handelsbeziehungen oder Initiativen wie PASCH (s. o.) in Gang gesetzt wurden.

Mehrere Entwicklungen sind an dieser Stelle zu nennen, die die Attraktivität des Deutschen möglicherweise steigern könnten: So gibt es in vielen Ländern Ansätze zu *Frühem Fremdsprachenlernen*. Es bleibt abzuwarten, wie erfolgreich diese sind, weil auch hier die Problematik fehlender angemessen ausgebildeter Lehrkräfte besteht und fehlende Curricula, nicht lerngruppenspezifische Lehrmaterialien und ein oft minimaler Stundenumfang einen möglichen Erfolg erschweren. In einigen Ländern kann mit *bilingualem Sachfachlernen*, dem deutschsprachigen Fachunterricht (DFU), *Content and Language(s) Integrated Learning in German* (CLILiG) das komplette Verschwinden von Deutsch bislang noch verhindert werden (z. B. Norwegen oder auch Finnland, vgl. Art. 116). Ein Problem ist aber auch hier oft genug der Mangel an Mehr-Fächer-Lehrenden, so dass DaF-Lehrkräfte kein Sachfach unterrichten können bzw. Fachlehrkräfte oft genug nicht über genügend Sprachenkenntnisse und fachdidaktische Expertise verfügen. CLILiG gilt aber als ein sehr interessantes Modell zur Überwindung der Probleme des traditionellen Fremdsprachenunterrichts, weil es vermutlich auch nachhaltiger als reiner Fremdsprachenunterricht ist. Dies gilt es stärker zu erforschen.

Gesondert genannt werden sollen an dieser Stelle die schulischen und universitären Ausbildungsgänge, die Berufssprachen in den Fremdsprachenunterricht mit einbeziehen: Deutsch für Tourismus oder Wirtschaftsdeutsch.

Der dritte vielversprechende Ansatz besteht in der Entwicklung und Anwendung von Konzepten der Mehrsprachigkeitsdidaktik, der Tertiärsprachendidaktik und Überlegungen zur rezeptiven Mehrsprachigkeit (vgl. Art. 91). Hier wird stärker darauf fokussiert, was die Lernenden bereits an Fremdsprachen(lern)erfahrungen gemacht haben und wie diese Erfahrungen für das Lernen des Deutschen als zweiter oder weiterer Fremdsprache in Form beispielsweise der zielgerichteten Anwendung von Strategien und dem Wissen über den eigenen Lern(er)typ nutzbar zu machen sind. Die damit oft verbundene Annahme, Deutsch so als *einfacher* oder *einfacher zu lernen* darstellen zu können, um es attraktiver für potenzielle Interessierte zu machen, ist sicher nicht zielführend, weil sich die Sprache ja nicht ändert, wenn sie die zweite Fremdsprache ist, lediglich der Zugang zum Deutschen verändert sich. Ein letzter − stärker curricular orientierter − Zugriff auf Fremdsprachenlernen geschieht durch Überlegungen zu Gesamtsprachencurricula, mit deren Hilfe das Sprachenlernen an sich effektiviert werden soll, um es in den Curriucula zu sichern und um die Zusammenarbeit zwischen Fremdsprachenlehrenden zu intensivieren (vgl. Hufeisen und Lutjeharms 2005; Bausch et al. 2008).

Politische Maßnahmen sind ebenfalls ein Mittel, um Deutsch in bestimmten Regionen überhaupt an Schulen anbieten zu können: Die Zentralstelle für das Auslandsschulwesen (ZfA) betreibt Deutsche Schulen und fördert Schulen mit Deutsch als Schwerpunktsprache.

Die PASCH-Netzwerke im Schulbereich, die vom Goethe-Institut, der ZfA, dem DAAD, dem Pädagogischen Austauschdienst und dem Auswärtigen Amt gefördert werden, zielen auf die Qualitätsentwicklung, die Schwerpunktsetzung und die Steigerung der Attraktivität des Deutschangebotes im Schulbereich (vgl. Art. 12). Im Randbereich sind noch *Heritage-Schulen* in Gebieten deutschsprachiger Minderheiten (z. B. Südbrasilien, Nordmexiko, Kanada, Ungarn, Russland) zu nennen.

5. Außerschulische und außeruniversitäre Institutionen

Mit dem Rückgang des schulischen Angebots von Deutsch in vielen Ländern hat sich die Nachfrage im außerschulischen Bereich vielerorts deutlich verstärkt. Dieser Nachfrage wird an einer Vielzahl von Einrichtungen mit entsprechenden Angeboten begegnet, u. a. an Goethe-Instituten, Österreich Instituten (v. a. in Südosteuropa), verschiedensten Einrichtungen der Erwachsenenbildung (von Sprachkursen an *community colleges,* universitären Sprachenzentren über kommerzielle Sprachenschulen bis hin zu häufig gemeinnützigen bzw. von ehrenamtlicher Initiative getragenen *Saturday Schools* / Begegnungszentren wie etwa dem Deutsch-Russischen Haus in Moskau). Nicht zu vernachlässigen ist das mittlerweile verfügbare *Online*-Angebot an Deutschkursen (vgl. etwa die kostenlosen Angebote der *Deutschen Welle*) und die vielfach angebotenen Sprachpartnerschaften bzw. *Tandem*-Angebote. Das außerschulische Angebot ist insgesamt unübersichtlich, aber generell scheint die Nachfrage hier zu steigen, teilweise eben offenbar kompensatorisch zu den sich verringernden Angeboten im schulischen Bereich bzw. dem Rückgang der Studierendenzahlen.

6. Zum Abschluss

Auch wenn es so aussieht, als gebe es derzeit wenige Regionen auf der Welt, in denen Deutsch stabile oder gar steigende LernerInnenzahlen aufweisen kann, so ist das Bild doch vielfältig. In vielen Ländern mit traditionell starker germanistischer Prägung (gerade im west-, nord- und südeuropäischen Raum) ist das Fach im Umbruch und teilweise − auch aufgrund von sprachenpolitischen Entscheidungen − stark unter Druck geraten, allerdings teils auf sehr hohem Niveau in der Forschung. In anderen Regionen gibt es substantielle Bemühungen, das Angebot im schulischen und universitären Bereich beizubehalten oder doch zu konsolidieren (gerade in Mittel- und Osteuropa). Andernorts gibt es teils verstärkte Nachfrage, die institutionell allerdings nicht ausreichend abgesichert ist und für die nicht genügend qualifizierte Lehrkräfte zur Verfügung stehen, teils ist Deutsch auch nur sehr marginal vertreten. Deutlich wird, dass in vielen Regionen neben eher traditionellen Angeboten auch eine Öffnung für neue Zugänge und Vermittlungsansätze notwendig ist, wenn Deutsch nicht nur noch von einer kleinen eliteorientierten Minderheit gelernt oder studiert werden soll. In der fachlichen Entwicklung zeichnet sich derzeit insgesamt eine Abnahme der starken Konzentration auf linguistische oder literaturwissenschaftliche Fragen im engeren Sinne ab, zugunsten eines verstärkten Ausbaus der Angewandten Linguistik sowie einer Zunahme der kulturwissenschaftlichen und historisch-gesellschaftlichen Orientierung. Auch setzt sich vielerorts eine stärkere Orientierung an möglichen Berufsfeldern durch. Es bleibt abzuwarten, ob − gerade im Fach Deutsch als Fremdsprache − forschungsmethodisch empirische bzw. datengeleitete Studien weiter zunehmen, was für die wissenschaftstheoretische Ausrichtung des Faches und seine Anerkennung wichtig wäre (vgl. Art. 2).

Die Träger des Deutschangebots arbeiten vielerorts extrem engagiert und unter schwierigen Bedingungen, und die Bestrebungen müssen darauf abzielen, ihre Arbeits- und Fortbildungsmöglichkeiten in den nächsten Jahren deutlich zu verbessern. Dazu werden, so steht zu hoffen, auch die Initiativen beitragen, die in den letzten Jahren zur Förderung des Deutschen entwickelt wurden (vgl. auch Art. 9 und 11). Sie sollen es Menschen erleichtern, sich für Deutsch zu entscheiden − immer vorausgesetzt, ihre Schulen oder Universitäten machen entsprechende Angebote. Nicht zuletzt die verstärkte konkrete Kooperation zwischen Institutionen im nichtdeutschsprachigen und deutschsprachigen Raum macht hier Mut. Es bleibt abzuwarten, inwiefern derartige Angebote nachgefragt werden, inwiefern die Kooperationsprogramme über sich hinausweisen und wie die genannten Initiativen und Anstrengungen gegebenenfalls dazu führen können, das Angebot für Deutsch bzw. Germanistik an Schulen und Hochschulen zu konsolidieren und weiterzuentwickeln.

7. Literatur in Auswahl

Altmayer, Claus
    2001   Entwicklungen des Faches Deutsch als Fremdsprache in nichtdeutschsprachigen Ländern I: Europäische Perspektive. In: Gerhard Helbig, Lutz Götze, Gert Henrici und Hans-Jürgen Krumm (Hg.), *Deutsch als Fremdsprache. Ein internationales Handbuch*, 124−140. Bd. 1. Berlin: de Gruyter.
Ammon, Ulrich
    1998   *Ist Deutsch noch internationale Wissenschaftssprache? Englisch auch für die Lehre an den deutschsprachigen Hochschulen.* Berlin: de Gruyter.
Bausch, Karl-Richard, Eva Burwitz-Melzer, Frank G. Königs und Hans-Jürgen Krumm (Hg.)
    2008   *Fremdsprachenlernen erforschen: sprachspezifisch oder sprachenübergreifend?* Tübingen: Narr.
Casper-Hehne, Hiltraud, Uwe Koreik und Annegret Middeke (Hg.)
    2006   *Die Neustrukturierung von Studiengängen im Fach Deutsch als Fremdsprache: Probleme und Perspektiven.* Göttingen: Göttinger Universitätsverlag.
Ehlich, Konrad und Hans-Jürgen Krumm (Hg.)
    2004   Sprachenpolitik. Thematischer Teil, *Jahrbuch Deutsch als Fremdsprache* 30.
Fandrych, Christian
    2006   Germanistik − pluralistisch, kontrastiv, interdisziplinär. *Deutsch als Fremdsprache* 2: 71−78.
Fandrych, Christian
    2007   Aufgeklärte Zweisprachigkeit als Ziel und Methode der Germanistik nicht-deutschsprachiger Länder. In: Sabine Schmölzer-Eibinger und Georg Weidacher (Hg.), *Textkompetenz*, 275−298. Tübingen: Narr.

Grucza, Franciszek
    2006   Zur Notwendigkeit der Unterscheidung zwischen Inlandsgermanistik und Auslandsgermanistik. *Deutsch als Fremdsprache* 4(43): 195−207.

Hufeisen, Britta und Madeline Lutjeharms (Hg.)
    2005   *Gesamtsprachencurriculum − Integrierte Sprachendidaktik − Common Curriculum. Theoretische Überlegungen und Beispiele der Umsetzung.* Tübingen: Narr.

Klapper, John
    2006   *Understanding and Developing Good Practice. Language Teaching in Higher Education.* London: CILT Publications

Krumm, Hans-Jürgen
    2003   Deutsch von außen − in der Inlandsgermanistik. In: Gerhard Stickel (Hg.), *Deutsch von außen*, 259−273. Berlin/New York: de Gruyter.

Neuland, Eva, Konrad Ehlich und Werner Roggausch (Hg.)
    2005   *Perspektiven der Germanistik in Europa. Tagungsbeiträge*, München: iudicium.

PASCH
    2009   Sonderheft *Fremdsprache Deutsch*.

Probst, Lothar und Walter Schmitz (Hg.)
    2002   *German Studies − zwischen Kultur- und Sozialwissenschaften.* Dresden: Thelem.

Rall, Dieter
    2001   Entwicklungen des Faches Deutsch als Fremdsprache in nichtdeutschsprachigen Ländern II: Außereuropäische Perspektive. In: Gerhard Helbig, Lutz Götze, Gert Henrici und Hans-Jürgen Krumm (Hg.), *Deutsch als Fremdsprache. Ein internationales Handbuch*, 140−151. Bd. 1. Berlin: de Gruyter.

Redder, Angelika
    2003   Transnationale Germanistik. In: Gerhard Stickel (Hg.), *Deutsch von außen*, 274−291. Berlin: de Gruyter.

Rösler, Dietmar
    2001   Deutschunterricht und Germanistikstudium in Großbritannien. In: Gerhard Helbig, Lutz Götze, Gert Henrici und Hans-Jürgen Krumm (Hg.), *Deutsch als Fremdsprache. Ein internationales Handbuch*, 1464−1472. Bd. 2. Berlin: de Gruyter.

Stanescu, Speranta
    2003   Rumänische Germanistik: der Blick aufs Deutsche von innen und außen. In: Gerhard Stickel (Hg.), *Deutsch von außen*, 171−190. Berlin: de Gruyter.

Sasalatti, Shrishail
    2003   Deutsch als akademischer Lehr- und Forschungsgegenstand in Indien: eine linguistische und fremdsprachendidaktische Perspektive. In: Gerhard Stickel (Hg.), *Deutsch von außen*, 156−189. Berlin: de Gruyter

Stark, Franz
    2002   *Deutsch in Europa. Geschichte seiner Stellung und Ausstrahlung.* Sankt Augustin: Asgad.

Stickel, Gerhard (Hg.)
    2003   *Deutsch von außen.* Berlin: de Gruyter

Utdanningsdirektoratet
    2006   *Læreplanverket for kunskapsfløftet. Midlertidig utgave Juni 2006.* Oslo: Utdanningsdirektoratet.

Christian Fandrych, Leipzig (Deutschland)
Britta Hufeisen, Darmstadt (Deutschland)

4. Entwicklungen von Deutsch als Fremdsprache in Deutschland nach 1945

1. Vorbemerkungen

Zwar wurde in den letzten Jahren damit begonnen, eine Fachgeschichte des Deutschen als Fremdsprache für den Zeitraum vor 1945 zu erarbeiten (vgl. Art. 5), für die Zeit nach 1945 steht diese Arbeit, von ersten Ansätzen abgesehen, noch aus (vgl. Blei und Götze 2001). Zwei Gründe können dafür verantwortlich gemacht werden: Zum einen ist das Fach aus den praktischen Notwendigkeiten der Sprachvermittlung erwachsen und hat sich streng genommen erst seit etwa 1960 bzw. in der Bundesrepublik erst seit ca. 1970 langsam zu einem akademischen Fach entwickelt, das kaum über angemessene Kapazitäten für die Erarbeitung einer Fachgeschichte verfügte; zum andern hat die deutsche Teilung dazu geführt, dass es keinen Ort gibt, an dem Dokumente zur Fachgeschichte in beiden deutschen Teilen zusammengeführt und archiviert wurden, so dass auch die Datenlage schwierig ist.

Der vorliegende Beitrag kann daher nur erste Konturen einer solchen Fachgeschichte entwickeln. Konkretes lässt sich am ehesten zur Geschichte der Institutionen sagen, die in der Nachkriegszeit gegründet bzw. wieder gegründet wurden (vgl. auch Art. 13–15). Eine besondere Rolle spielt in dieser jüngeren Fachgeschichte der Internationale Deutschlehrerverband (IDV), der auch während der deutschen Teilung einen gewissen Zusammenhalt des Faches herstellte bzw. sicherte, u. a. durch die regelmäßigen internationalen Deutschlehrertagungen und durch Veranstaltungen sowohl in der DDR als auch in der BRD. Eine Darstellung seiner Verbandsgeschichte ist zur Zeit in Vorbereitung (Sorger 2010), die hier gewonnenen Erkenntnisse konnten mitgenutzt werden (vgl. Abschnitt 4 und Art. 16).

Gerade weil die Entwicklung des Faches eng mit der Errichtung von auch heute noch wichtigen Institutionen verbunden ist, ist eine Überlappung mit Artikeln, die einzelne Fachsegmente beleuchten, unvermeidlich. Das gilt zum einen für die Unterscheidung von Deutsch als Fremd- und Zweitsprache, da viele Institutionen in beiden Bereichen aktiv sind (vgl. Art. 6), das gilt aber auch für die Betrachtung der sprachenpolitischen Situation, die gleichfalls nur im Kontext der Fachgeschichte verstanden werden kann (vgl. Art. 9–13).

2. Die Entwicklung in der Bundesrepublik Deutschland bis 1989

Nach der bedingungslosen Kapitulation der deutschen Wehrmacht am 8. Mai 1945 begann der eigentliche Wiederaufbau in den westlichen Besatzungszonen mit der Gründung der Bundesrepublik 1949. Die Besatzungsmächte legten ab diesem Moment großen Wert auf die Eingliederung der Bundesrepublik in die westliche Staatengemeinschaft und forderten und förderten daher den internationalen Austausch, auch als Teil des sog. *Re-education*-Programms, mit dem insbesondere zukünftige deutsche Führungskräfte mit westlichen Demokratievorstellungen vertraut gemacht werden sollten. So wurde in den USA bereits 1946, also vor Gründung der Bundesrepublik, beschlossen, Deutschland in das *Fulbright*-Programm einzubeziehen, welches Gewinne aus dem Verkauf amerikanischer Kriegsgüter für den akademischen Austausch nutzen sollte. Die Besatzungsmächte brauchten für solche Programme Partner auf deutscher Seite, eines der Motive für die frühe Neugründung des erst im Mai 1945 aufgelösten Deutschen Akademischen Austauschdienstes (DAAD) (vgl. Alter 2000). Für die Bundesrepublik war dagegen im Zusammenhang mit dem politischen und wirtschaftlichen Wiederaufbau wichtig, mit den Mitteln der Außenpolitik, insbesondere einer neuen Außenkulturpolitik, nach Außen deutlich zu machen, dass der Nationalsozialismus in Deutschland überwunden und ein demokratisches Deutschland im Aufbau sei, welches friedlich mit seinen europäischen Nachbarn zusammenleben wolle (vgl. auch Art. 9 und 13). Hinzu kam dann sehr rasch eine gewisse Konkurrenz zu den Aktivitäten der DDR, d. h. auch Kultur- und Sprachenpolitik wurden − zumindest bis zur Aufgabe des Alleinvertretungsanspruchs der Bundesrepublik 1972 − durchaus auch als Instrumente im Wettstreit der ideologischen Systeme von West und Ost gesehen, wobei zu betonen ist, dass die meisten Mitarbeiter der Mittlerorganisationen sich von Versuchen, sie im Kalten Krieg zu instrumentalisieren, abgegrenzt und insbesondere im Ausland die Barrieren des Kalten Krieges umgangen haben. Sprachförderung erschien als ein wichtiges Instrument, um Menschen in anderen Ländern einen vertieften Zugang zu Kultur und Selbstverständnis der neuen Republik zu verschaffen und zugleich auch die politischen, wissenschaftlichen und wirtschaftlichen Interessen der Bundesrepublik zu fördern. In dem die politische Sicht auf die Sprachförderung zusammenfassenden „Sprachenbericht" der Bundesregierung von 1985 werden Sprachförderung und Sprachpolitik entsprechend als Teil der Außenpolitik bezeichnet, die „die Ziele der Außenpolitik unterstützen" sollen (Auswärtiges Amt 1985: 15).

Aus den genannten Gründen wurden Institutionen gegründet bzw. wieder gegründet, die im Auftrag des Auswärtigen Amtes (AA) den Austausch von Wissenschaftlern und Lehrkräften, vor allem aber auch die Förderung des Erlernens der deutschen Sprache als Bestandteil der Außenpolitik zur Aufgabe hatten. Die in diesem Zusammenhang neu gegründeten Mittlerorganisationen DAAD und Goethe-Institut wurden − auf Grund der Erfahrungen im Nationalsozialismus − als Vereine konstituiert, die zwar aus öffentlichen Mitteln finanziert werden, aber von einer direkten politischen Einflussnahme unabhängig arbeiten können, ein Modell, welches inzwischen weltweit als vorbildlich gilt. 1950 wurde der DAAD in Bonn als Einrichtung der deutschen Hochschulen gegründet, 1951 fand die Gründungsversammlung des Goethe-Instituts („Goethe-Institut e.V. zur Fortbildung ausländischer Deutschlehrer") statt, das dann förmlich 1952 als „Goethe-Institut e.V. zur Förderung der deutschen Sprache im Ausland" in das Münchener Vereinsregister eingetragen wurde. Das erste Auslandsinstitut („Dozentur" genannt) wurde 1953 in Athen eröffnet (vgl. Michels 2001: 13). Das Goethe-Institut knüpfte mit dem Namen, anfangs auch personell und fachlich, an das 1932 in München gegründete und erst Ende 1949 aufgelöste „Goethe-Institut der Deutschen Akademie zur Fortbildung ausländischer Deutschlehrer" an (vgl. Kathe 2005: 65−141); es bedurfte daher einer Phase der Neuorientierung, die sich 1959 in einer Vereinbarung mit dem AA über die

Eingliederung deutscher Kulturinstitute und der Namenserweiterung „Goethe-Institut zur Pflege deutscher Sprache und Kultur im Ausland" ausdrückte. 1976 unterzeichneten das AA und das GI einen Vertrag, in dem der Status des GI als unabhängige Mittlerorganisation endgültig fixiert wird.

Bis Anfang der 1970er Jahre kann von einem Fachgebiet Deutsch als Fremdsprache in der Bundesrepublik keine Rede sein. Systematische Bemühungen um den Lehrbereich, aus dem auch Ansätze für wissenschaftliche Arbeiten, für Lehreraus- und Lehrerfortbildung sowie für Lehrmaterialentwicklung hervorgingen, gingen nahezu ausschließlich vom Goethe-Institut und dem DAAD aus (vgl. auch Art. 2).

Insbesondere das Goethe-Institut hatte zunächst die Entwicklung von Lehrmaterial als Instrument zur Sprachförderung intensiviert. Nachdem das Institut in der Anfangsphase mit aus der Akademie, also der nationalsozialistischen Zeit übernommenem Lehrmaterial gearbeitet hatte, folgten mit der Entwicklung des „Schulz-Griesbach" (Dora Schulz und Heinz Griesbach, *Deutsche Sprachlehre für Ausländer* 1955 im Hueber Verlag), später mit „BNS" (Korbinian Braun, Lorenz Nieder und Friedrich Schmöe, *Deutsch als Fremdsprache* 1967 im Klett Verlag) Lehrwerke, die von Mitarbeitern des Goethe-Instituts entwickelt und von diesem weltweit in Kursen eingesetzt wurden. 1955 richtete das Goethe-Institut in München ein „Deutschlehrerseminar" ein, welches Lehrkräften für die eigenen Institute eine einführende Schulung anbot; 1965 ging daraus eine „Arbeitsstelle für wissenschaftliche Didaktik" (AWD) hervor, die sich insbesondere in der Entwicklung von Lehrmaterial engagierte. 1971 folgte die Gründung einer „Zentralen Ausbildungs- und Unterrichtsstätte" (ZAUS), mit der das Goethe-Institut seine eigene Dozentenausbildung professionalisierte und dem immer wieder drohenden Mangel an geeigneten Lehrkräften abzuhelfen suchte, da die von den Universitäten kommenden Germanisten in der Regel keinerlei Vorbereitung auf Tätigkeiten im Deutsch als Fremdsprache-Unterricht bzw. in der immer wichtiger werdenden Bildungskooperation (damals „Pädagogische Verbindungsarbeit") mitbrachten. AWD und ZAUS wurden aber auch zur Anlaufstelle ausländischer Hochschulen und deutscher Interessenten, denen an der Professionalisierung ihrer Tätigkeit im Bereich des Deutschen als Fremdsprache gelegen war (vgl. Partheymüller und Rodi 1994). Sie prägten international den Ruf des Goethe-Instituts als eines Kompetenzzentrums für den fremdsprachlichen Deutschunterricht. Mitarbeiter von AWD und ZAUS präsentierten die Ergebnisse ihrer Arbeit auf den Tagungen der beiden damaligen deutschen Fachverbände für Fragen des Sprachunterrichts, der Gesellschaft für Angewandte Linguistik (GAL) und dem Fachverband Moderne Fremdsprachen (FMF). Hier trafen Sie mit Vertretern der gleichfalls jungen Wissenschaftsgebiete Fremdsprachendidaktik und Sprachlehr- und Sprachlernforschung zusammen, woraus sich eine eigene Fachszene mit besonderem Interesse an Fragen des Deutschen als Fremdsprache entwickelte. Im Rahmen des FMF-Kongresses 1978 wurde eine „Fachgruppe Deutsch als Fremdsprache" angeregt, die zunächst unter dem Vorsitz von Hans Eberhard Piepho, dann 1982–1994 unter dem von Hans-Jürgen Krumm zur Etablierung des Faches Deutsch als Fremdsprache beitrug und dabei die enge Zusammenarbeit mit dem Goethe-Institut im Sinne eines Wissenschaft-Praxis-Dialogs weiterführte. Dies galt insbesondere für die Beziehungen der Bundesrepublik zum Internationalen Deutschlehrerverband (IDV), in dem über die Fachgruppe auch Mitarbeiter des Goethe-Instituts mitwirken konnten (vgl. Abschnitt 4 und Sorger 2010). Die Fachgruppe wird heute als „Sektion Deutsch" in dem aus dem FMF hervorgegangenen Gesamtverband Moderne Fremdsprachen (GMF) weitergeführt.

Für den DAAD war und ist wichtig, dass die deutschen Hochschulen nichtdeutschsprachige Studierende durch studienvorbereitende und studienbegleitende Angebote zu einem erfolgreichen Studium befähigen – deshalb hat der DAAD engen Kontakt mit den Akademischen Auslandsämtern und den sog. Lehrgebieten Deutsch als Fremdsprache gehalten, die ein entsprechendes Kursprogramm anbieten. Der DAAD stand 1971 auch Pate bei der Gründung des „Arbeitskreises Deutsch als Fremdsprache", aus dem 1973 der bis heute eng mit dem DAAD zusammenarbeitende „Fachverband Deutsch als Fremdsprache" (FaDaF) hervorging. Ein zweiter Schwerpunkt des DAAD war von Anfang an die Förderung der deutschen Sprache und der Germanistik an ausländischen Hochschulen. Zugleich begannen in den 1960er Jahren die deutschen Hochschulen, sich auch als Standorte für ausländische Studierende zu entwickeln. Die zu entsendenden Lektoren mussten ausgewählt und vorbereitet, die Hochschulen mit muttersprachlichen Germanisten als Gastprofessoren versorgt und umgekehrt für ausländische Studierende und Wissenschaftler in Deutschland Sommerkurse und Gastinstitute gefunden werden. Insofern trug die Arbeit des DAAD mit Ausweitung seines Programms in den 1970er Jahren auch dazu bei, die Inlandsgermanistik mit Fragestellungen des Deutschen als Fremdsprache in Berührung zu bringen, wobei der Arbeitskreis Deutsch als Fremdsprache entscheidende Arbeit vor Ort und bei der Bewusstmachung der implizierten Fachfragen leistete. 1970 wurde an der Universität Heidelberg der erste germanistische Studiengang speziell für nichtdeutschsprachige Studierende eingerichtet (vgl. Wierlacher 1975). Sichtbarster Ausdruck des (langsamen) Öffnungsprozesses der deutschen Germanistik für Fragen des Deutschen als Fremdsprache war die Gründung des „Jahrbuchs Deutsch als Fremdsprache" 1975 (vgl. im Einzelnen Art. 2).

Damit war zugleich der Boden für die Etablierung von Deutsch als Fremdsprache als einem wissenschaftlichen Arbeitsgebiet bereitet: Neben die Publikationsorgane (1970 „Zielsprache Deutsch", 1974 „Info DaF", 1975 das Jahrbuch DaF) traten Forschungsprogramme – so förderte das Schwerpunktprogramm der Deutschen Forschungsgemeinschaft zur Sprachlehr- und Sprachlernforschung seit 1973 systematisch Projekte im Bereich des Deutschen als Fremd- und Zweitsprache – und die Einrichtung entsprechender Professuren in Bielefeld (1978 Gert Henrici), Hamburg (1975 Hans-Jürgen Krumm) und München (1978 Harald Weinrich). Gegenüber der bis dahin vielfach üblichen Bezeichnung „Deutsch für Ausländer" sollte der Terminus „Deutsch als Fremdsprache" signalisieren, dass es nicht um Sprachunterricht allein, sondern um eine spezifische Qualität der deutschen Sprache, nämlich die, für Lernende fremd zu sein, ginge. Auch wenn die weitere Entwicklung des Fachgebietes durch unterschiedliche Schwerpunktsetzungen und institutionelle Zuordnungen charakterisiert ist (vgl. im Einzelnen Art. 2), bleiben doch der durchgängige Praxisbezug und der Dialog mit den sprachenpolitisch engagierten Mittlerorganisationen ein gemeinsames Charakteristikum der weiteren Fachentwicklung.

Eine gewisse Sonderstellung in der Fachentwicklung nahm und nimmt die Zentralstelle für das Auslandsschulwesen (ZfA) ein, die 1968 im Bundesverwaltungsamt eingerichtet wurde und nicht als selbständiger Verein, sondern als Abteilung einer Bundesbehörde geführt wird. Sie übernahm die Verantwortung für die deutschen Auslandsschulen, deren Entstehung bis in das Deutsche Reich zurückreicht. Zunächst für muttersprachlich deutschsprachige Kinder u. a. von deutschsprachigen Minderheiten gedacht, öffneten sich die Auslandsschulen auf Grund zurückgehender Schülerzahlen auch für nichtmuttersprachliche Lernende und entwickelten sich vielfach zu bilingualen Begegnungsschulen weiter. Damit wurde Deutsch als Fremdsprache, insbesondere der fremdsprachliche

Sachunterricht, ein wichtiges Thema für die Auslandsschulen und die ZfA. Mitarbeiter der ZfA haben das Konzept des Deutschsprachigen Fachunterrichts (DUFU) entwickelt (vgl. Art. 117); die ZfA entsendet Lehrkräfte an 123 Auslandsschulen und ca. 500 Partnerschulen sowie Fachberater und betreut das Deutsche Sprachdiplom der Kultusministerkonferenz.

Früh wirkten auch Fragen des Deutschen als Zweitsprache in diese Fachentwicklung hinein, z. B. durch die Gründung des „Sprachverbandes Deutsch für ausländische Arbeiter e.V." 1974, in dem auch das Goethe-Institut Mitglied war, durch Zeitschriften (1975 Gründung der Sprachverbands-Zeitschrift „Deutsch lernen") u. ä., allerdings gelang die Institutionalisierung entsprechender Fragen auf der Ebene der Wissenschaften bundesweit erst im Laufe der 1980er Jahre (vgl. Art. 6).

3. Die Entwicklung in der Deutschen Demokratischen Republik bis 1989

Obwohl es aus der Zwischenkriegszeit zahlreiche erfolgreiche Beispiele für den praktischen DaF-Unterricht, für ein „Ausländerstudium" (am „Deutschen Institut für Ausländer an der Berliner Universität" − DIA), aber auch für die Lehrerausbildung (Diplom am DIA) gab, knüpfte die DDR nicht an diese Vorgaben an, sondern suchte − wie in der gesamten Bildung − nach neuen Wegen. Diese hatten das klar deklarierte Ziel, die Entwicklung der „sozialistischen Gesellschaft" im Sinne der marxistisch-leninistischen Ideologie zu fördern. Ein Teil dieses Konzeptes war es auch, Jugendlichen und Abiturienten aus sozialistischen Entwicklungsländern eine Ausbildung oder ein Hochschulstudium in der DDR zu ermöglichen, das in einer Vorlaufphase den Erwerb der deutschen Sprache einschloss. Der fremdsprachige Deutschunterricht in der DDR setzte 1951 ein, als elf Nigerianer zu einem Studium eingeladen worden waren und nun darauf vorbereitet werden mussten. Dafür wurde an der Arbeiter-und-Bauern-Fakultät (ABF) der Karl-Marx-Universität in Leipzig eine Abteilung Ausländerstudium gegründet. Im Jahr 1954 kam eine Arbeitsgruppe für den studienbegleitenden Deutschunterricht hinzu. 1956 entstand daraus ein Institut für Ausländerstudium an der Leipziger Universität, das noch den Charakter einer Vorstudienanstalt (vergleichbar mit einem heutigen Studienkolleg) hatte. Geboten wurde eine sprachpraktische Ausbildung, die aus einem allgemeinsprachlichen und einem nachfolgenden fachsprachlichen Teil bestand. Im Jahr 1961 wurde dem Institut der Name „Herder-Institut − Vorstudienanstalt für ausländische Studenten in der DDR und Stätte zur Förderung deutscher Sprachkenntnisse im Ausland" verliehen.

Ende der 1980er Jahre stieg die Zahl der ausländischen Studierenden auf jährlich ca. 1.200 an. Für die Jahre 1951−1989 wurde die Gesamtzahl der ausländischen Studienbewerber auf weit über 20.000 geschätzt. Sie wurden in der Regel von ihren Ländern auf der Grundlage bilateraler staatlicher Kulturabkommen delegiert.

Das Herder-Institut (HI) erfüllte mit seinem Gegenstand Deutsch als Fremdsprache und seinem Bildungs- und Erziehungsauftrag von Anfang an eine kulturpolitische und sprachenpolitische Funktion als Teil der auswärtigen Sprach-, Kultur- und Bildungspolitik der DDR. Zielländer der Sprachverbreitungspolitik waren neben den jungen sozialistischen Staaten und Ländern der Dritten Welt („junge Nationalstaaten") auch bestimmte westliche Länder. Die nationale Darstellung kultureller Werte war in den damaligen

Wettstreit der Gesellschaftssysteme (speziell zwischen den zwei deutschen Staaten) eingebunden. Die ausländischen Studierenden sollten nach ihrer Ausbildung als fachliche und
ideologische Multiplikatoren des in der DDR erlebten Gesellschaftssystems in ihren Hei-
matländern wirken. In den Folgejahren wurde das Ausländerstudium auch zum wesentlichen Instrument im Kampf der DDR gegen den Alleinvertretungsanspruch der BRD
und um ihre weltweite diplomatische Anerkennung. In diesem Kontext ist auch das frühe
und starke Engagement der DDR im IDV zu verstehen.

Unter diesen Aspekten erhielt das HI eine Leitfunktion für Deutsch als Fremdsprache
in der DDR, die zuerst aus der fachlichen und ideologischen Anleitung der Hoch- und
Fachschulen bei der Betreuung ausländischer Studienbewerber bestand. Dies wurde zuerst vor allem auf dem Gebiet der Lehre (Programme, Materialien, Methoden) realisiert.
Die Unterrichtsmethodik orientierte sich zunächst an Zielen, Inhalten und Verfahren des
Muttersprachenunterrichts Deutsch, transferierte aber zugleich auch Erfahrungen des
noch jungen Fremdsprachenunterrichts an Schulen und Hochschulen der DDR (v. a. im
Fach Russisch) und somit auch Grundlagen der Fachdidaktik/Methodik aus der Sowjetunion. Ein Spezifikum der DDR war, dass bis zu ihrem Ende kein Studiengang Deutsch
als Fremdsprache an Universitäten eingerichtet wurde.

Seit 1964 gab das HI die Fachzeitschrift „Deutsch als Fremdsprache" heraus. Der
Name der Zeitschrift wurde durch deren weltweite Verbreitung auch zu einer vorrangig
gebrauchten Bezeichnung für das neue akademische Fach. Im Jahr 1967 wurde am HI
eine Forschungsabteilung gegründet und 1969 der erste Lehrstuhl für Deutsch als Fremdsprache im deutschsprachigen Raum geschaffen, auf den Gerhard Helbig berufen wurde.
Dadurch entwickelte sich das HI zu einem Lehr- und Forschungszentrum, das wesentlich
zur Entstehung und Anerkennung eines eigenständigen Faches Deutsch als Fremdsprache als einer universitären Disziplin beitrug.

Durch die Forschungsabteilung sollte Deutsch als Fremdsprache als ein Wissen-
schaftsfach aufgebaut werden, das eine theoriegeleitete und -begleitete, wissenschaftlich
fundierte Sprachausbildung anstrebt. Das Fach wurde sich seines komplexen und integrativen Charakters bewusst, wobei es aber immer wieder Auseinandersetzungen um den
Status der Forschungsabteilung innerhalb des Instituts gab − ob sie v. a. Zuarbeit für
die Lehrabteilung durch die Entwicklung von Unterrichtsmaterialien oder v. a. an der
Praxis orientierte Grundlagenforschung leisten sollte. Im Mittelpunkt standen auch Diskussionen um die in Leipzig als zentrales Teilgebiet angesehene Grammatik und ihre
Relevanz für das Sprachenlernen und den Sprachunterricht sowie um die vorrangig zu
bearbeitenden Gegenstandsbereiche der Grammatik und die dafür zugrundezulegenden
theoretischen Konzepte.

Neben seiner Tätigkeit im Inneren entsandte das HI DaF-Lehrerinnen und -Lehrer,
darunter viele eigene Mitarbeiterinnen und Mitarbeiter, in Länder v. a. Europas, Afrikas
und Asiens auf Lektorenstellen an Hochschulen, an Kultur- und Informationszentren
(mit bis zu 11 Deutschlektoraten), bereitete sie fachlich vor und betreute sie während
ihres Auslandsaufenthaltes. Ab 1964 fungierte das Institut im Auftrag des Ministeriums
für Hoch- und Fachschulwesen (MHF) − und in geringem Maße auch in Abstimmung
mit dem Ministerium für Volksbildung (MfV) − als Leitstelle für die Koordinierung und
die Betreuung der Deutschlektoren im Ausland.

Neben dem Herder-Institut und zugleich unter seiner Anleitung erweiterte sich das
Lehr- und Forschungsfeld: So wurde ab den 1960er Jahren − zuerst an der Leipziger
Universität − ein Studiengang Germanistik für ausländische Studierende als fünfjähriges

Vollstudium eingerichtet, der später auch an den Universitäten Berlin, Jena, Rostock und Greifswald angeboten wurde und für den man noch 1987 einen modernisierten Studienplan festlegte. Der studienbegleitende Deutschunterricht (mit 180−240 Stunden und dem möglichen Abschluss durch das Hochschulzertifikat − vergleichbar der Oberstufenprüfung des Goethe-Instituts) führte an den betreffenden Hoch- und Fachschulen zur Bildung von selbständigen Abteilungen „Deutschunterricht für Ausländer". In dieselbe Richtung wirkte das seit den 1970er Jahren praktizierte einsemestrige Teilstudium ausländischer Germanistikstudenten an DDR-Hochschulen, das Bestandteil der jeweiligen Studienpläne der ausländischen Hochschulen war und sowohl separate Lehrveranstaltungen als auch gemeinsame mit deutschen Studierenden enthielt. Einen besonderen Aufschwung erhielt diese Entwicklung, als Mitte der 1980er Jahre angestrebt wurde, allen Germanistikstudenten osteuropäischer Länder ein mindestens einsemestriges Teilstudium in der DDR zu ermöglichen, und zu diesem Zweck jeweils zwischen einem Institut in der DDR und einem Institut im Ausland bilaterale Kooperationen hergestellt wurden.

Eine letzte hier zu nennende Anforderung war der Bedarf an Kursen für die berufliche Fortbildung von ausländischen Germanisten, Deutschlehrern und Studierenden, dem ab 1959 durch Internationale Hochschulferienkurse bzw. an den pädagogischen Hochschulen speziell durch Internationale Deutschlehrerkurse entsprochen wurde. In den 1980er Jahren wurden das Programm ausgeweitet, neue Stellen geschaffen und zum Teil eigene Forschungsschwerpunkte entwickelt. In diesem Zusammenhang sind auch das Institut für Deutsche Fachsprachen an der TU Dresden und das Institut für Weiterbildung ausländischer Deutschlehrer (IWD, Brandenburg) an der PH Potsdam zu nennen.

Auch der studienvorbereitende Unterricht − anfangs Domäne des Herder-Instituts − weitete sich bis Ende der 1980er Jahre auf 12 Universitäten, Hochschulen, aber auch Fachschulen aus. Ab den 1980er Jahren wurde der Unterricht in eine Grundstufen- und eine Oberstufenausbildung strukturiert und endete mit dem Sprachkundigenabschluss IIa (gleichbedeutend mit der Zulassung zum Studium). Ab den 1970er Jahren wurde Deutsch als Fremdsprache zusätzlich bei der Ausbildung von in der DDR zeitweilig arbeitenden fremdsprachigen Arbeitern praktiziert. Für neue Lehrkräfte an diesen Institutionen organisierte das HI ein postgraduales Zusatzstudium „Deutsch für Ausländer".

Für diese Unterrichtsangebote wurden am Herder-Institut zahlreiche Lehrwerke geschaffen, die auch an den anderen Institutionen eingesetzt wurden − so zuerst 1958 „Deutsch − ein Lehrbuch für Ausländer. Teil I". Die der Zeitschrift „Deutsch als Fremdsprache" beigegebene Beilage „Sprachpraxis" enthielt neue Text- und Aufgabenangebote. Aus der Grundlagenforschung der Forschungsabteilung entstanden maßstabsetzende Publikationen zur Valenztheorie und Valenzlexikographie sowie zur Grammatikographie, so das Wörterbuch zur Valenz deutscher Verben von Helbig und Schenkel (1969) und insbesondere die „Deutsche Grammatik" von Helbig und Buscha (1972) (vgl. auch Art. 29). Zu den grundlegenden Publikationen gehörte auch die „Didaktik des Fremdsprachenunterrichts − Deutsch als Fremdsprache" (1981) von Desselmann und Hellmich, das einzige Didaktik-Lehrbuch zu Deutsch als Fremdsprache aus der DDR.

Seit den 1960er Jahren zeigte die DDR ein verstärktes Engagement in den internationalen Deutschlehrer- und Germanistik- bzw. Fremdsprachenlehrerverbänden. Dafür wurde eine „Sektion Deutsch als Fremdsprache" beim „Komitee für den Sprachunterricht der DDR" gegründet, die als Vermittler und Koordinator zwischen den betreffenden DDR-Ministerien und den Verbänden im Ausland fungierte. Besonders intensiv war die Zusammenarbeit mit dem IDV. Durch Angebote im Bereich der Lehrerfortbildung

(Lehrbuchautoren, Fachsprache, Landeskunde u. a.) wurde versucht, über den IDV auch Teilnehmer aus den westlichen Ländern einzubinden oder gar spezielle Seminare nur für Lehrende aus einzelnen westlichen Ländern anzubieten. Diese Aktivitäten wurden als „politische Auslandsarbeit" eingestuft und im ZK der SED genehmigt.

Internationale wissenschaftliche und wissenschaftsorganisatorische Kooperation leisteten DaF-Vertreter auch in den sechs bilateralen Germanistenkommissionen der DDR (mit Polen, der Tschechoslowakei, Ungarn, Rumänien, Bulgarien und der Sowjetunion).

Die zunehmende Selbstständigkeit des Hochschulfaches Deutsch als Fremdsprache und seine vermehrten internationalen Kontakte führten in den 1980er Jahren einerseits zu staatlichen Maßnahmen, durch die das Fach strukturell-institutionell aus der Anbindung an die Germanistik herausgelöst wurde, andererseits seit 1986 − aufgrund der gewachsenen Vielfalt von DaF an Universitäten, Hochschulen und Fachschulen mit je eigenen Lehrspezifika und Forschungsschwerpunkten − zu Überlegungen des MHF, das Aufgabenspektrum des HI wieder auf die Studienvorbereitung zu begrenzen und es nicht zu einem Leitinstitut/Zentrum für Deutsch als Fremdsprache der DDR auszubauen. 1988 wurde dem HI die Funktion als wissenschaftliche Leiteinrichtung durch das MHF entzogen.

4. Die Bedeutung des Internationalen Deutschlehrerverbandes (IDV) für die deutsch-deutsche Zusammenarbeit

Seit dem Entstehen der beiden deutschen Staaten setzten diese im Rahmen ihrer Auslandskulturpolitik auch auf die Auslandssprachpolitik als Mittel, um sich weltweit zu präsentieren und zu positionieren. Bis zum Grundlagenvertrag 1972, mit dem die Bundesrepublik endgültig ihren Alleinvertretungsanspruch aufgab, und dem eine Welle der Anerkennung der DDR als souveräner Staat folgte, war ein gemeinsames Auftreten von Vertretern aus den beiden deutschen Staaten bei internationalen Fachveranstaltungen unmöglich. Danach teilte man sich − wie überhaupt im Kalten Krieg − die regionalen Einflussbereiche auf. Man konkurrenzierte sich und beobachtete die sich langsam entwickelnde Fachwelt im jeweils anderen deutschen Staat kritisch. Kooperationen von Institutionen und von Fachleuten waren im offiziellen Rahmen aber auch weiterhin untersagt, so durfte z. B. kein DDR-Vertreter an Veranstaltungen des Goethe-Instituts teilnehmen.

Eine der wenigen Möglichkeiten zur Begegnung und zum fachlichen Austausch stellte deshalb der Internationale Deutschlehrerverband (IDV) dar, in dem keine Institutionen oder Länder vertreten sind, sondern die fachlichen Interessensvertretungen aus den einzelnen Ländern: Fachverbände, in denen sich Expertinnen und Experten zusammenschließen.

Gegründet wurde der IDV 1968 als Tochterverband der „Fédération Internationale des Professeurs de Langues Vivantes" (FIPLV − Internationale Vereinigung der Lehrenden von lebenden Sprachen), einem seit 1931 bestehenden multilingualen Dachverband, in dem der IDV als erster selbständiger monolingualer Verband entstand (vgl. Art. 16). Seit 1957 versuchten einzelne Fachleute, Deutsch innerhalb der FIPLV stärker zu positionieren, denn Deutsch spielte für die FIPLV keine besonders große Rolle, trotz der Tatsache, dass es in Europa eine der stärksten Gruppen an muttersprachlichen Sprechern stellt und noch in der Nachkriegszeit eine der wichtigsten Wissenschafts- und Verkehrssprachen in weiten Regionen war. Während aber z. B. Englisch oder Französisch in den muttersprachlichen Ländern eine starke institutionelle und sprachenpolitische Unterstützung erfuhren, verhinderte die weltpolitische Lage eine Zusammenarbeit der deutschsprachigen Länder und damit auch eine koordinierte Unterstützung der Spracharbeit im Ausland.

Um so beachtenswerter ist die Tatsache, dass sich bei der Gründung des IDV (auf einer FIPLV-Konferenz in Zagreb) unter den 16 anwesenden Gründungsvertretern alle 4 deutschsprachigen Länder (Bundesrepublik, DDR, Österreich und die Schweiz) befanden und ab diesem Zeitpunkt den IDV auch aktiv unterstützten. Seitens der BRD und DDR erfolgte dies neben der finanziellen und organisatorischen Verantwortung für internationale Fachveranstaltungen auch durch eine jährliche Subvention für den IDV (im Falle der DDR eine der wenigen internationalen Organisationen, die durch Devisen unterstützt wurde, was die Bedeutung des IDV für die DDR belegt) und durch die Entsendung von Experten in den IDV-Vorstand. Diese waren zwar de facto VertreterInnen des Herder- bzw. des Goethe-Institutes, im IDV aber traten sie beide offiziell als Vertreter der nationalen Mitgliedsverbände (des FMF in der BRD und des „Komitees für den Sprachunterricht − Sektion Deutsch als Fremdsprache" in der DDR) auf, weshalb eine − zwar politisch belastete, trotzdem aber inhaltlich fruchtbringende − Kooperation möglich wurde.

Zu den wichtigsten Aktivitäten des IDV zählt die Veranstaltung von Konferenzen, Symposien und Fachtagungen, allen voran den Internationalen Deutschlehrertagungen (IDT). Die erste IDT wurde noch vor der Gründung des IDV von der FIPLV in Kooperation mit dem Goethe-Institut 1967 in München ausgerichtet, sie hatte 850 TeilnehmerInnen aus 45 Ländern − allerdings mit nur einem inoffiziellen Teilnehmer aus der DDR als persönlichem Gast des späteren IDV-Präsidenten Egon Bork. Zeitgleich mit der Planung der 1. IDT nahm man bereits Kontakte zur DDR auf, konkret zum Herder-Institut in Leipzig, mit dem Ziel, die 2. IDT in der DDR stattfinden zu lassen. 1969 wurde dieses Vorhaben mit der 2. IDT in Leipzig auch realisiert, es nahmen 800 Personen aus 35 Ländern teil, davon 6 Mitglieder des westdeutschen Verbandes.

Die Ziele und Richtlinien für die IDTs in der DDR und für die Beteiligung des (extra zu diesem Zweck gegründeten) DDR-Verbandes an der IDV-Arbeit wurden in der DDR immer wieder auch in Sitzungen des Zentralkomitees der SED besprochen und festgelegt − dies darf wohl als Indiz gewertet werden, welche Bedeutung die DDR dieser Form der Auslandssprachpolitik beimaß (vgl. Sorger 2010). Aber auch die Vertreter des Goethe-Instituts stimmten sich immer wieder mit dem Auswärtigen Amt ab (vgl. Kathe 2005).

Bis 1989 gab es rund 25 Veranstaltungen des IDV in der BRD und in der DDR, an denen Fachleute aus allen Teilen der Welt teilnahmen. Das inhaltliche Spektrum reichte von Fragen der Lehrbuchgestaltung über Landeskunde und die Vermittlung von Fachsprache bis zur Literaturdidaktik. Finanziell und organisatorisch wurden diese Veranstaltungen von den Einrichtungen dieser Länder getragen, der offizielle Veranstalter war aber der IDV, da er die neutrale Plattform zur Begegnung und Überbrückung der politischen Gegensätze bot.

Eines der wichtigsten „Produkte" dieser Kooperation stellen die ABCD-Thesen zur Landeskunde (1990) dar, die in einer Arbeitsgruppe des IDV entwickelt wurden, wo Fachleute aus den deutschsprachigen Ländern quasi auf neutralem Boden ein gemeinsames Konzept erarbeiten konnten. Die ersten Treffen fanden 1988, also vor dem Fall des Eisernen Vorhangs, statt, die Thesen entstanden daher noch unter Einbeziehung der

DDR, und bis heute ist der IDV ein starker Vertreter des daraus entstandenen DACH-Prinzips (vgl. Art. 13 und 16). Nach 1989 änderten sich dann mit den politischen Umwälzungen auch die Aufgaben und das Profil des IDV − durch die deutsche Vereinigung bestand Bedarf, Deutschland nun einen anderen Partner zur Seite zu stellen, weshalb es gelang, Österreich und die Schweiz auch im IDV stärker zu positionieren (seit 1991 ist Österreich mit einer Expertin vertreten, die Schweiz seit 1995), womit der IDV bis heute eine der wenigen Einrichtungen ist, die eine gemeinsame Sprachenpolitik für alle deutschsprachigen Länder betreibt.

Die zweite wichtige Veränderung im IDV seit der deutschen Wiedervereinigung ist seine stärkere Schwerpunktsetzung auf die außereuropäischen Länder. Obwohl bereits seit 1971 mit den USA, Japan und Südkorea die ersten außereuropäischen Länder dem IDV beitraten und an allen IDTs der frühen Jahre auch immer bis zu einem Drittel der vertretenen Länder nicht in Europa lagen, spielten die außereuropäischen Länder bis zum Ende des Kalten Krieges kaum eine Rolle im IDV. Ab 1993 kam es zu einer Beitrittswelle von Ländern aller anderen Kontinente, so dass heute zwei Drittel der Mitgliedsländer nicht aus Europa kommen und seit 2009 die Mehrheit im Vorstand des IDV stellen. Auch bei den Veranstaltungen hat die Lösung der deutsch-deutschen Problematik zu ganz anderen Formen geführt, der heutige Schwerpunkt liegt bei regionalen Tagungen und Projekten, womit das Fach eine echte internationale Dimension erhalten hat.

5. Die Folgen der deutschen Vereinigung für die Fachentwicklung

Die Fachentwicklung nach der deutschen Vereinigung spiegelt sich im Wesentlichen in den aktuellen Darstellungen der Artikel 1−3 sowie in der Darstellung von Blei und Götze (2001). Deshalb seien an dieser Stelle lediglich einige markante Entwicklungspunkte herausgehoben.

Im Laufe des Prozesses der deutschen Vereinigung stellte sich rasch heraus, dass sich Vorstellungen von Fachkollegen in der DDR, mit eigenen Verbänden und Institutionen die positiven Entwicklungen und Erfahrungen aus der Zeit der DDR weiterführen zu können, nicht verwirklichen ließen. So legt der 1989 als Nachfolgeorganisation für die Sektion DaF gegründete „Verband Deutsch als Fremdsprache e.V." 1990 zwar eine beeindruckende Bestandsaufnahme der Aktivitäten vor, löste sich aber 1991 bereits wieder auf. Die noch zu DDR-Zeiten nach Leipzig vergebene 10. IDT wurde 1993 unter Federführung der Fachgruppe DaF im FMF und des Goethe-Instituts durchgeführt. Auch eine angedachte Fusion des Herder-Instituts mit dem Goethe-Institut kam nicht zu Stande, zu groß waren auf westdeutscher Seite die Vorbehalte gegenüber Personen, die in der DDR öffentliche Funktionen inne gehabt hatten (vgl. Kahle 2005). So lässt sich die Fachentwicklung in der ehemaligen DDR sehr stark als ein Abwickeln zahlreicher Einrichtungen und Schwerpunkte und zugleich als ein inhaltlicher wie auch personeller Neubeginn charakterisieren, der vielfach mit Personen aus dem Westen realisiert wurde, die zu einer Annäherung an die Strukturen und Schwerpunkte des Faches in Westdeutschland beitrugen: „Mangelnde Zivilcourage, Angst vor Sanktionen oder bereits der Verlust des Arbeitsplatzes ließen die DDR-DaF-Berufssozietät mehr oder weniger verstummen. Und für die Fachexperten aus dem Westen Deutschlands war es überhaupt schwierig, die komplizierten Wechselbeziehungen zwischen einer Einzelwissenschaft (wie dem DaF) und dem Wissenschaftsbetrieb (der Fachklientel) insgesamt im Kontinuum der gesell-schaftlichen Prozesse der DDR zu durchschauen ..." (Blei 2003: 10).

Gleichzeitig führten der Fall des Eisernen Vorhangs und die Vereinigung aber zu deut-lichen Akzentverschiebungen im Fach: In Mittel- und Osteuropa, wo der Deutschunter-richt vielfach eher traditionellen Methoden folgte, waren Partner aus dem Westen plötz-lich gefragt, die dortige Germanistik und den Deutschunterricht zu ,modernisieren', bei der Entwicklung neuer Curricula mitzuwirken und Lehrbuchautorinnen und -autoren mit kommunikativen Ansätzen vertraut zu machen. Das Goethe-Institut übernahm in den meisten Ländern die Kulturinstitute der DDR, Lektorate wurden eingerichtet, zahl-reiche Hochschulkooperationen begründet. Damit wurde auch die westdeutsche Fach-szene erstmals intensiv mit schulbezogenen Curriculumsfragen, mit Fragen der Lehr-materialentwicklung und Problemen der Deutschlehrerausbildung konfrontiert (vgl. Art. 149), Fragen, die bis dahin vorwiegend vom Goethe-Institut bearbeitet wurden und jetzt einen Platz in den Studienangeboten und Forschungsschwerpunkten der Hochschu-len fanden.

Mit dem Fortschreiten der Globalisierung, der Erweiterung der Europäischen Union und dem Vordringend des Englischen wurden auch für das Fach Deutsch als Fremdspra-che Fragen der Sprachenpolitik und der Mehrsprachigkeit bedeutsam (vgl. Art. 10, 12 und 13). Auch Österreich und die Schweiz begannen, Fragen des Deutschen als Fremd-sprache und zunehmend auch Deutsch als Zweitsprache mehr Aufmerksamkeit zu schen-ken (vgl. Art. 7 und 8).

Die wohl bedeutendste Erweiterung des Faches erfolgte durch die Aufnahme von Fragestellungen und Ausbildungsangeboten für Deutsch als Zweitsprache. War dies bis ca. 1995 weitgehend als Aufgabe der Erziehungswissenschaft betrachtet worden, so wurde zunehmend deutlich, dass es hinsichtlich des Umgangs der Gesellschaft mit Mi-grantinnen und Migranten und der Sprachförderung für Kinder mit Migrationshinter-grund einen erheblichen Forschungs-, Beratungs- sowie Ausbildungs- und Fortbildungs-bedarf gab und gibt, der durch die bislang bestehenden Zusatzstudien nicht gedeckt wer-den konnte. Hinzu kam, dass auch auf politischer Ebene nicht länger negiert wurde, dass Deutschland ein Zuwanderungsland sei, so dass nunmehr dauerhafte Einrichtungen zur institutionellen und fachlichen Bearbeitung entsprechender Fragen einschließlich der Einrichtung entsprechender Professuren geschaffen wurden (vgl. Art. 6 und 10).

6. Literatur in Auswahl

Alter, Peter (Hg.)
    2000   *Spuren in der Zeit* (= Spuren in die Zukunft Bd. 1.) 4. Aufl. Bonn: DAAD.
Auswärtiges Amt (Hg.)
    1985   *Die Stellung der deutschen Sprache in der Welt. Bericht der Bundesregierung.* Bonn: Aus-
                wärtiges Amt.
Blei, Dagmar
    2003   *Zur Fachgeschichte Deutsch als Fremdsprache.* Frankfurt a. M.: Lang.
Blei, Dagmar und Lutz Götze
    2001   Entwicklung des Faches Deutsch als Fremdsprache in Deutschland. In: Gerhard Helbig,
                Lutz Götze, Gert Henrici und Hans-Jürgen Krumm (Hg.), *Deutsch als Fremdsprache. Ein
                internationales Handbuch*, 83−97. Bd. 1. Berlin: de Gruyter.

Kathe, Steffen R.
  2005   *Kulturpolitik um jeden Preis. Die Geschichte des Goethe-Instituts von 1951 bis 1990.* München: Meidenbauer.
Michels, Eckard
  2001   Keine Stunde Null: Vorgeschichte und Anfänge des Goethe-Instituts. In: Goethe Institut Inter Nationes (Hg.), *Murna, Manila, Minsk. 50 Jahre Goethe-Institut*, 13−23. München: Beck.
Partheymüller, Doris und Margarete Rodi
  1994   *Dokumentation zur Entwicklung der Methodik und Didaktik am Goethe-Institut.* München: Goethe-Institut.
Praxenthaler, Martin
  2002   *Die Sprachverbreitungspolitik der DDR: Die deutsche Sprache als Mittel sozialistischer auswärtiger Kulturpolitik.* (Duisburger Arbeiten zur Sprach- und Kulturwissenschaft 47). Frankfurt a. M.
Sorger, Brigitte
  2010   Der Internationale Deutschlehrerverband im Spannungsfeld von sprachenpolitischen Konzepten und fachlicher Interessensvertretung. Dissertation, Universität Wien.

Hans-Jürgen Krumm, Wien (Österreich)
Bernd Skibitzki, Leipzig (Deutschland)
Brigitte Sorger, Brno (Tschechische Republik)

5. Entwicklungen von Deutsch als Fremdsprache vor 1945

1. Forschungsstand
2. Erste Belege für den Unterricht des Deutschen als Fremdsprache
3. Die Institutionalisierung des Deutschunterrichts im 18. Jahrhundert am Beispiel der Habsburgermonarchie
4. Die externe Verbreitung der deutschen Sprache zwischen 1878 und 1945
5. Die Anfänge des akademischen Faches Deutsch als Fremdsprache
6. Ausblick
7. Literatur in Auswahl

1. Forschungsstand

Die Geschichte des Deutschen als Fremd- und Zweitsprache ist so alt wie die Geschichte der deutschen Sprache selbst. Dennoch wurde ihre Erforschung lange vernachlässigt. Erst Glück etablierte mit der *Arbeitsstelle für die Geschichte des Deutschen als Fremdsprache* (AGDAF) in Bamberg diesen Fachaspekt als eigenständiges Forschungsfeld. Die Arbeitsstelle sammelt einschlägige Quellentexte und ist Träger von Forschungsprojekten. Dazu gehört auch die Herausgabe sprachgeschichtlich und sprachsoziologisch ausgerichteter Publikationsreihen, so *Die Geschichte des Deutschen als Fremdsprache* (GDF), in der u. a. die teilkommentierte Bibliographie *Deutsche Sprachbücher in Böhmen und Mähren vom 15. Jahrhundert bis 1918* erschien, die die deutsch-tschechische Vokabulartradition und die Tradition der Sprach- und Schulbücher für den Deutschunterricht in den böhmischen Ländern erstmals umfassend und systematisch darstellt (Glück et al. 2002). Diese Reihe wird nun mit der Reihe *Fremdsprachen in Geschichte und Gegenwart* (FGG) thematisch weitergeführt. Der Schwerpunkt liegt auf Deutsch als Fremdsprache, dessen Geschichte aber auch mit dem Erlernen anderer Fremdsprachen im europäischen Raum in Beziehung gesetzt wird. Im Umfeld der Arbeitsstelle entstanden in den vergangenen Jahren weitere einschlägige Arbeiten, so *Deutsch als Fremdsprache in Europa vom Mittelalter bis zur Barockzeit* (Glück 2002), die erste sprachwissenschaftliche Überblicksdarstellung zum Thema.

Neben den durch die Arbeitsstelle initiierten Forschungsprojekten gibt es bisher nur vereinzelt selbständige, historisch ausgerichtete Untersuchungen (meist Dissertationen), von denen einige an dieser Stelle exemplarisch vorgestellt werden: Häusler (1998) wählte für ihre Studie über kroatische DaF-Lehrbücher fünf Lehrwerke aus, die zwischen 1761 und 1910 entstanden sind und die fachdidaktische Entwicklung des Deutschunterrichts in Kroatien in diesem Zeitraum veranschaulichen. Die Untersuchung von Eder (2006) fokussiert auf spezifische Entwicklungen im Rahmen der mehrsprachigen Donaumonarchie. Im Mittelpunkt steht hierbei die Rolle der deutschen Sprache im Unterricht der untersuchten Regionen Böhmen, Mähren, Galizien und Bukowina sowie im Hinblick auf sprachliche Minderheiten ohne Bindung an eine bestimmte Region (Jiddisch, Gebärdensprache). Mit der Institutionalisierung des Deutschunterrichts in Großbritannien seit dem 19. Jahrhundert befasst sich Ortmanns (1993). Wegner (1999) analysiert das Deutschlernen in Frankreich und England, sie liefert nicht nur ein genaues Bild der curricularen Entwicklungen und der Lehrmaterialvielfalt, sondern zeigt zugleich die Abhängigkeit des Deutschlernens von den jeweiligen nationalen Interessen und Entwicklungen. Scholten (2000) untersucht die auswärtige Kulturpolitik im Wilhelminischen Reich und in der Weimarer Republik sowie die darauf aufbauende Sprachverbreitungspolitik im nationalsozialistischen Deutschland (vgl. Abschnitt 4).

2. Erste Belege für den Unterricht des Deutschen als Fremdsprache

Zu den ersten Belegen für das Erlernen der Deutschen Sprache als Fremdsprache zählen die *Kasseler Glossen* und die *Altdeutschen Gespräche*. Beide Texte sind in Althochdeutsch verfasste Konversationsbüchlein mit vulgärlateinischer/romanischer Entsprechung für westfränkische Reisende. Sie sind auf deren Kommunikationsbedürfnisse zugeschnitten und in den Inhalten äußerst lebensnah. Die *Kasseler Glossen* (auch: *Kasseler Gespräche*) wurden bereits zu Beginn des 9. Jahrhunderts verfasst und gehören damit zu den ältesten schriftlichen Zeugnissen in deutscher Sprache. Die *Altdeutschen Gespräche* (auch *Pariser Gespräche*) beinhalten deutschsprachige Gasthausdialoge. Sie entstanden gegen Ende des 9. Jahrhunderts (vgl. Glück 2000: 127−128). Schubert vermutet, dass bereits diese beiden Bücher mit sprachdidaktischer Absicht erstellt wurden, da sie „offensichtlich mit System verschiedene Flexionen einführen" (Schubert 1996: 56).

Ab dem 14. Jahrhundert begannen die Volkssprachen das Lateinische als alleinige Schrift- und überregionale Verkehrssprache Europas zu verdrängen. Damit wurde es vermehrt notwendig, diese Sprachen als Fremdsprachen zu lehren und zu lernen. Adelige waren im mehrsprachigen Europa eine der Hauptzielgruppen für den Fremdsprachenunterricht. So entstanden etwa für das Haus Habsburg einige Glossare, die als Sprachlehrbücher dienten (vgl. Pausch 2004: 74−82). Aber auch andere Bevölkerungsgruppen, etwa Kaufleute und Beamte, waren durch internationale Handelskontakte auf die Kenntnis von Volkssprachen − und damit auch von Deutsch − angewiesen.

In Venedig ist bereits ab dem frühen 14. Jahrhundert Deutsch als Fremdsprache-Unterricht nachweisbar (vgl. Glück 2002: 245−263). Um 1200 wurde hier das *Deutsche Haus* (*fondaco dei tedeschi*) als Herberge und Warenlager eingerichtet, in dem deutsche Kaufleute wohnten und ihre Waren aufbewahrten. Innerhalb des *fondaco* galt Deutsch als Umgangssprache. In diesem Kontext entstand eine Gruppe von oberdeutschen Sprachbüchern für Italiener. Eines davon ist zugleich das älteste erhaltene Zeugnis eines systematischen DaF-Unterrichts. Der Verfasser dieses Sprachlehrwerks aus dem Jahr 1424 ist nicht bekannt, in den Dialogen wird aber ein gewisser Georg von Nürnberg erwähnt. Das von Pausch 1972 edierte ältere Manuskript des in zwei Handschriften überlieferten Sprachwerks *Liber in volgaro* des Georg von Nürnberg enthält neben dem vollständigen Originaltext und ausführlichen Kommentaren auch Wort- und Sacherklärungen, ein Schlagwortverzeichnis zum Sprachbuch und einen Bildteil. Die beiden von gleicher Hand geschriebenen Dokumente sind in den Sprachvarietäten Venezianisch und Bairisch-Ostschwäbisch verfasst. Georg von Nürnberg betrieb zu Beginn des 15. Jahrhunderts eine private Sprachschule in Venedig. Er ist der erste DaF-Lehrer, dessen Name bekannt ist. Das von ihm verwendete Sprachbuch war als Lehrerhandreichung für den Unterricht mit Lernenden aus dem Textilhandelsgewerbe konzipiert und ist damit zugleich das „älteste bekannte Exemplar eines Lehrbuchs für Deutsch als Wirtschaftssprache" (Pleines 2006: 12).

1477 erschien ebenfalls in Venedig das erste gedruckte DaF-Lehrwerk − das *Introito e porta* des schwäbischen Druckers Adam von Rottweil. Es orientiert sich deutlich an Georgs *liber in volgaro*, ist aber eine stark gekürzt Version, die auch als Selbstlernmaterial verwendet werden konnte. Hierauf weisen beispielsweise Anmerkungen zur Aussprache einzelner Buchstaben hin, die zugleich frühe Zeugnisse einer schriftbasierten Phonetik darstellen (vgl. Glück 2002: 429; Rossebastiano 2002: 17). Der kommerzielle Erfolg dieses Lehrwerks, das aufgrund seines geringen Umfangs vermutlich auch als Reiselektüre Verwendung fand, war beachtlich. Es wurde bis ins 17. Jahrhundert mehr als 80 mal in verschiedenen Sprachkombinationen neu aufgelegt und übte somit einen großen Einfluss auf die spätere Lehrbuchproduktion aus (vgl. Glück 2000: 132−133; 2002: 419−431).

Parallel dazu wurden in den 1520er Jahren auch die ersten deutsch-tschechischen und deutsch-polnischen Sprachbücher gedruckt, die jedoch nicht auf diese italienische Vorlage zurückgehen und eigenständige Traditionsstränge entwickelten (vgl. Glück et al. 2002; Glück und Schröder 2007).

3. Die Institutionalisierung des Deutschunterrichts im 18. Jahrhundert am Beispiel der Habsburgermonarchie

Im 18. Jahrhundert stieg die Nachfrage nach Deutsch in Europa nochmals stark an und es entwickelten sich in verschiedenen Ländern bzw. Sprachräumen spezifische Traditionen des Lehrens und Lehrens, die auch in entsprechenden Lehrmaterialien ihren Ausdruck finden. Gleichzeitig wuchs das politische Interesse an (sprachlicher) Bildung (vgl. Art. 9).

In der Habsburgermonarchie machte es die Koexistenz unterschiedlicher Kulturen und Sprachen innerhalb eines Staatsterritoriums notwendig Deutsch zu lernen. Besonders seit den 1870er Jahren wurden einschneidende Bildungsreformen initiiert. So entwarf der von der Kaiserin Maria Theresia nach Wien berufene Augustinerabt Johann Felbiger 1774 die *Allgemeine Schulordnung für die deutschen Normal-, Haupt- und Trivialschulen in sämmtlichen kaiserl. königl. Erbländern*, welche als Schulkodex die gemeinsamen Lehrpläne der Habsburgermonarchie bestimmte (vgl. Eder 2006: 44–48). 1775 erschien Felbigers *Methodenbuch*, das auch ein Kapitel enthielt, *Wie der Jugend an Orten, wo man nicht deutsch spricht, die deutsche Sprache beyzubringen ist*. Felbiger gibt den Lehrern konkrete methodische Anweisungen für den schulischen DaF-Unterricht. Als Vorbild dienten ihm die damals beim Erlernen klassischer Sprachen üblichen Methoden. Um das kognitive Erfassen sprachlicher Strukturen vorzubereiten und zu unterstützen, weist Felbiger im *Methodenbuch* auch auf die Notwendigkeit kontrastiver Erklärungen hin. Bemerkenswert ist, dass grammatikalische Normen nicht durch den Lehrer vorgegeben, sondern von den Kindern selbst ‚entdeckt' werden sollten. Zudem erkannte Felbiger die zentrale Bedeutung der L1-Förderung als Basis für den Erwerb weiterer Sprachen und er forderte, dass man Kinder mit den wichtigsten Regeln ihrer Erstsprache vertraut machen sollte, bevor sie die deutsche Sprache erlernten.

Seit der Niederlage Österreichs gegen Preußen und dem Verlust großer Teile Schlesiens im siebenjährigen Krieg forcierte die österreichische Regierung auch in nichtdeutschsprachigen Regionen die Etablierung des Deutschen als Unterrichtssprache: Die Kenntnis der deutschen Sprache wurde eine Grundvoraussetzung für die Aufnahme in ein Gymnasium der Donaumonarchie und Deutsch fungierte hier als Unterrichtssprache (vgl. Eder 2006: 107–111).

Den Universitäten kam in der zweiten Hälfte des 18. Jahrhunderts die Aufgabe zu, die für den Verwaltungsapparat der Monarchie benötigten Beamten auszubilden. In diesem Zusammenhang gründete Maria Theresia bereits 1753 an der Wiener Universität einen Lehrstuhl für *Deutsche Sprache und Beredtsamkeit*. 1784 wurde schließlich der deutsche Lehrvortrag an Stelle des lateinischen an fast allen Universitäten der Habsburgermonarchie eingeführt (vgl. Eder 2006: 158–161). Somit konnte sich unter der Herrschaft Maria Theresias und Josephs II. eine Unterrichtssprachenpolitik durchsetzen, die zum Teil eindeutig auf Assimilation abzielte. Als Sprache der weiterführenden Schulen war Deutsch zugleich die Sprache des sozialen Aufstiegs.

4. Die externe Verbreitung der deutschen Sprache zwischen 1878 und 1945

Bereits im 19. Jahrhundert gab es vereinzelt deutsche Auslandsschulen, die zunächst durch private Schulvereine finanziert, nach der Einrichtung eines eigenen Reichsschulfonds zur Förderung deutscher Auslandsschulen beim Auswärtigen Amt im Jahr 1878 aber auch staatlich gefördert wurden. Dies ermöglichte die Neugründung zahlreicher Schulen (vgl. Ammon 1991: 444–447). 1906 eröffnete das Deutsche Reich ein eigenes

Schulreferat für die Auslandsschulen, das durch die Planung und Betreuung von so genannten *Propagandaschulen* die externe Sprachverbreitungspolitik (vgl. Ammon 1991: 524−528) deutlich ausweitete. Besonders in China und der Türkei kam diese intensive Schulpolitik zum Tragen (vgl. Ammon 1991: 529−530; Düwell 1976: 60−67). Die Prestige fördernde Funktion des Sprachunterrichts wird auch in der *Geheimen Denkschrift des Auswärtigen Amtes über das deutsche Auslandsschulwesen* vom April 1914 deutlich (vgl. Düwell 1976: 268−272). Aufgrund der starken Position Deutschlands in Industrie und Wissenschaft war Deutsch zu Beginn des 20. Jahrhunderts eine wichtige Fremdsprache und so wurde die deutsche Sprachverbreitungspolitik zunächst durchwegs positiv aufgenommen

Die Niederlage Deutschlands und Österreich-Ungarns im ersten Weltkrieg und die dadurch bedingte Reduzierung des deutschen Amtssprachengebietes in Osteuropa führten zunächst weltweit zu einem deutlichen Rückgang des Deutschen als Fremdsprache (vgl. Ammon 1993: 13; Art. 9). Gleichzeitig bekamen die Auslandsschulen außerhalb der deutschsprachigen Länder eine besondere politische Bedeutung: Der neu gegründete Schultyp der deutschen *Minderheitenschule* sollte die auf Grund der Versailler Verträge nun in anderen Staaten lebenden deutschsprachigen Bevölkerungsteile weiterhin eng an die deutschen Länder binden (vgl. Düwell 1976: 126−127; Günther 1988: 13). In der Weimarer Republik wurde zudem die Politik zur Förderung von Deutsch als Fremdsprache weiter intensiviert. 1919 schuf das deutsche Auswärtigen Amt eine eigene Kulturabteilung. Außerdem wurden mehrere Mittlerorganisationen gegründet, die durch öffentliche Mittel finanziert wurden und in enger Verbindung mit der Kulturabteilung des Auswärtigen Amtes standen (vgl. Art. 12 und 13). Der von diesen Institutionen angebotene Deutschunterricht schuf die sprachlichen Voraussetzungen für das auch nach dem 1. Weltkrieg beliebte Studium in einem deutschsprachigen Staat (vgl. Düwell 1976: 171; Günther 1988: 16). Gleichzeitig entwickelte sich in mehreren deutschen Städten (z. B. in Berlin, Heidelberg, München und Leipzig) ein reiches Angebot an Ferienkursen, die Studierenden auf unterschiedlichen Niveaustufen Deutsch vermittelten. Auch unter nationalsozialistischer Herrschaft wurden diese universitären Sommerkurse und die *Deutsche Akademie zur wissenschaftlichen Erforschung und Pflege des Deutschtums* weiter ausgebaut (vgl. Bauer 2002: 66−80).

In der Zeit des Nationalsozialismus verloren die Mittlerorganisationen ihre Autonomie, der *Kulturpolitischen Abteilung* kam die Aufgabe zu, alle im Ausland tätigen Institutionen politisch zu kontrollieren, ihre Initiativen zur Verbreitung der deutschen Sprache und Kultur zu koordinieren und auch selbst Sprachkurse anzubieten (vgl. Scholten 2000: 67−77). Viele Kulturverträge mit Nachbarstaaten schrieben die deutsche Sprache als erste Schulfremdsprache fest. Zur Verbesserung der Stellung der deutschen Sprache an den Hochschulen legten diese Kulturverträge die Ausweitung entsprechender Lektoratstätigkeit sowie der universitären Austauschprogramme fest (vgl. Scholten 2000: 340). Die Auswahl der deutschen Lehrkräfte und Lektoren erfolgte nicht nur nach fachlichen, sondern mehr noch nach rassischen und ideologischen Maßstäben (vgl. Scholten 2000: 410−411). Auch die Lektoren der Deutschen Akademie waren 1939 vielfach Mitglieder der NSDAP (vgl. Scholten 2000: 96). Entsprechend wurde auch die externe Verbreitung der deutschen Sprache in den Dienst der NS-Propaganda gestellt, was in einigen Ländern zu einem deutlichen Rückgang des DaF-Unterrichts führte. In den meisten europäischen Ländern wurde jedoch durch die gezielte Sprachverbreitungspolitik der Nationalsozialisten die Stellung der deutschen Sprache als Schulfremdsprache zunächst gestärkt.

Nach ihrer Machtübernahme führten die Nationalsozialisten in den von ihnen annektierten Gebieten meist die deutsche Sprache als (alleinige) Amtssprache ein (vgl. Scholten
2000: 340−346). Gleichzeitig schränkten sie jedoch ab dem 2. Weltkrieg den Deutschunterricht nach rassischen Gesichtspunkten ein, um der deutschen Sprache den Status einer
‚Herrenrassen-Sprache‘ (Ammon 1991: 534) zu geben. Nur ein Teil der Bevölkerung in
den annektierten Gebieten wurde als „eindeutschungsfähig" betrachtet. Im Hinblick auf
die restliche Bevölkerung dieser Länder betrieben die Nationalsozialisten eine bewusste
„Anti-Sprachverbreitungspolitik" (Scholten 2000: 415).

5. Die Anfänge des akademischen Fachs *Deutsch als Fremdsprache*

Die Universität Berlin war bis 1908 die einzige Institution Preußens, die Deutschkurse
für internationale Studierende anbot. Seit dem Wintersemester 1898/99 fanden hier
*Übungen im Verständnis sowie im schriftlichen und mündlichen Gebrauch der deutschen
Sprache* statt, wobei der Sprachunterricht auch mit der Vermittlung landeskundlichen
Wissens verbunden war. Wilhelm Paszkowski, verwendete in diesem Zusammenhang
erstmals den Begriff *Landeskunde* (vgl. Günther 1988: 76−77). Ab 1922 stellte Karl
Remme den akademischen DaF-Unterricht in Berlin auf eine neue Grundlage, indem
er − unterstützt durch die Universitätsbehörden und das preußische Ministerium für
Wissenschaft, Kunst und Volksbildung − hier das *Deutsche Institut für Ausländer* mitbegründete (vgl. Günther 1988: 56−57). Es diente in erster Linie der sprachlichen Vorbereitung internationaler Studierender auf ein Hochschulstudium. Ausgehend von der praktischen Vermittlung der deutschen Sprache widmete sich das Institut aber auch der theoretischen Auseinandersetzung mit dem Unterricht des Deutschen als Fremdsprache. Es
war zugleich die einzige Institution, an der internationale Studierende eine fundierte
Deutschlehrerausbildung mit abschließendem Diplom absolvieren und seit 1922 mit einem *Pädagogische Diplom* abschließen konnten, das internationale Anerkennung genoss
(vgl. Günther 1988: 65 und 87). Die DaF-Ausbildung am Deutschen Institut war vielfältig und berücksichtigte die Komponenten Linguistik, Literaturwissenschaft, Landeskunde und Methodik des Deutschen als Fremdsprache (Günther 1988: 66). Die Studierenden kamen großteils aus den Ländern Ost- und Südosteuropas.

6. Ausblick

Die vorliegenden Untersuchungen zu der bis ins Mittelalter zurückreichenden Geschichte
des Lehrens und Lernens von Deutsch als Fremd- und Zweitsprache zeigen, dass die
Auseinandersetzung mit der Geschichte des Faches eine wichtige Basis für die differenzierte Beschäftigung mit gegenwärtigen sprachenpolitischen und sprachdidaktischen Entwicklungen darstellt. Kommentierte Bibliographien, wie sie in den Publikationsreihen
GDF und FGG veröffentlicht werden, sind eine wichtige Grundlage für weitere Forschungen. Häusler hat für Kroatien bereits entsprechende Analysen vorgelegt. Ihre Arbeit baut auf einem 1996 initiierten Forschungsprojekt der Universitäten Wien und Zagreb auf (vgl. Häusler 1998: 5). Auch in vielen anderen Fällen hat sich die wissenschaftli-

che Zusammenarbeit über die (Landes- und Fach-)Grenzen hinweg als zielführend erwiesen (vgl. etwa Glück et al. 2002). Aufgrund der mehrdimensionalen Vernetzungen bei der historischen Untersuchung pädagogischer Themenbereiche ist sie vielfach unumgänglich.

7. Literatur in Auswahl

Ammon, Ulrich
　1991　*Die internationale Stellung der deutschen Sprache.* Berlin: de Gruyter.
Bauer, Ulrich
　2002　*Sommerschulen für interkulturelle Deutschstudien. Geschichte – Konzeptualisierung – Modellbildung. Ein Beitrag zur angewandten Lehrforschung interkultureller Germanistik.* München: iudicium.
Düwell, Kurt
　1976　*Deutschlands auswärtige Kulturpolitik 1918–1932. Grundlinien und Dokumente.* Köln/Wien: Böhlau.
Eder, Ulrike
　2006　*„Auf die mehrere Ausbreitung der teutschen Sprache soll fürgedacht werden". Deutsch als Fremd- und Zweitsprache im Unterrichtssystem der Donaumonarchie zur Regierungszeit Maria Theresias und Josephs II.* Innsbruck: Studienverlag.
Felbiger, Johann Ignaz von
　1775　*Methodenbuch fuer Lehrer der deutschen Schulen in den kaiserlich=koeniglichen Erblanden.* Wien: Dt. Schulanstalt.
Glück, Helmut
　2000　Die Anfänge des DaF-Unterrichts: Deutsch als Fremdsprache im Mittelalter und in der frühen Neuzeit. *Materialien Deutsch als Fremdsprache* 53: 125–140.
Glück, Helmut
　2002　*Deutsch als Fremdsprache in Europa vom Mittelalter bis zur Barockzeit.* Berlin/New York: de Gruyter.
Glück, Helmut, Holger Klatte, Vladimír Spáčil und Libuše Spáčilová
　2002　*Deutsche Sprachbücher in Böhmen und Mähren vom 15. Jahrhundert bis 1918. Eine teilkommentierte Bibliographie.* Berlin/New York: de Gruyter.
Glück, Helmut und Konrad Schröder
　2007　*Deutschlernen in den polnischen Ländern vom 15. Jahrhundert bis 1918. Eine teilkommentierte Bibliographie.* Bearbeitet von Yvonne Pörzgen und Marcelina Tkocz. Wiesbaden: Harrassowitz.
Günther, Roswitha
　1988　*Das Deutsche Institut für Ausländer an der Universität Berlin in der Zeit von 1922 bis 1945. Ein Beitrag zur Erforschung des Lehrgebiets Deutsch als Fremdsprache.* (Beiträge zur Geschichte der Humboldt-Universität zu Berlin 19). Berlin: Forschungsstelle Universitätsgeschichte der Humboldt-Universität.
Häusler, Maja
　1998　*Zur Geschichte des Deutschunterrichts in Kroatien seit dem 18. Jahrhundert.* Frankfurt a. M.: Lang.
Ortmanns, Karl Peter
　1993　*Deutsch in Großbritannien. Die Entwicklung von Deutsch als Fremdsprache von den Anfängen bis 1985.* Stuttgart: Franz Steiner.

Pausch, Oskar
  1972   *Das älteste italienisch-deutsche Sprachbuch. Eine Überlieferung aus dem Jahre 1424 nach Georg von Nürnberg*. (Österreichische Akademie der Wissenschaften, Philosophisch-historische Klasse, Denkschriften 111; Veröffentlichungen der Historischen Kommission 1) Köln/Wien: Böhlau.
Pausch, Oskar
  2004   *Imperator − Kaiser − Cyesars. Die dreisprachigen Vokabulare für Ladislaus Postumus und Maximilian I.* Wien: Verlag der Österreichischen Akademie der Wissenschaften.
Pleines, Jochen
  2006   Elemente des kommunikativen Fremdsprachenunterrichts in den Dialogen des Georg von Nürnberg. In: Helmut Glück und Bettina Morcinek (Hg.), *Ein Franke in Venedig. Das Sprachlehrbuch des Georg von Nürnberg (1424) und seine Folgen*, 9−19. Wiesbaden: Harrassowitz.
Rossebastiano, Alda
  2002   Deutsch-italienische Vokabulare des 15. Jahrhunderts: Inhalte, Strukturen, Zielgruppen. In: Helmut Glück (Hg.), *Die Volkssprachen als Lerngegenstand im Mittelalter und in der frühen Neuzeit*, 1−19. Berlin: de Gruyter.
Schmöe, Friederike
  2006   Lernziel Frühneuhochdeutsch. Die Grammatikvermittlung bei Georg von Nürnberg. In: Helmut Glück und Bettina Morcinek (Hg.), *Ein Franke in Venedig. Das Sprachlehrbuch des Georg von Nürnberg (1424) und seine Folgen*, 21−32. Wiesbaden: Harrassowitz.
Scholten, Dirk
  2000   *Sprachverbreitungspolitik des nationalsozialistischen Deutschlands*. Frankfurt a. M.: Lang.
Schröder, Konrad
  2006   Didaktische Ansätze im Sprachbuch des Georg von Nürnberg. In: Helmut Glück und Bettina Morcinek (Hg.), *Ein Franke in Venedig. Das Sprachlehrbuch des Georg von Nürnberg (1424) und seine Folgen*, 51−63. Wiesbaden: Harrassowitz.
Schubert, Martin J.
  1996   1200 Jahre Deutsch als Fremdsprache. Dumme Witze im Fremdsprachenunterricht seit den Kasseler Glossen. *Poetica. Zeitschrift für Sprach- und Literaturwissenschaft* 28: 48−65.
Wegner, Anke
  1999   *100 Jahre Deutsch als Fremdsprache in Frankreich und England. Eine vergleichende Studie von Methoden, Inhalten und Zielen.* München: iudicium.

Ulrike Eder, Wien (Österreich)

6. Entwicklungen von Deutsch als Zweitsprache in Deutschland

1. Projekte des Anfangs
2. Fachliche Entwicklungen
3. Diskussionen um das Verständnis des Deutschen als Zweitsprache
4. Gegenwärtige Strukturen des Aufgabengebiets
5. Literatur in Auswahl

1. Projekte des Anfangs

Die akademische Beschäftigung mit Deutsch als Zweitsprache in der Bundesrepublik Deutschland datiert vom Anfang der 1970er Jahre. Die Arbeitsmigration der 50er/60er Jahre hatte einen Bedarf an Deutschlernmöglichkeiten für „ausländische Arbeitnehmer" entstehen lassen; Einrichtungen der Erwachsenenbildung boten zunächst aus eigener Initiative, später mit staatlicher Unterstützung, entsprechende Deutschkurse an. Der gegen Ende der 60er Jahre zunehmende Familiennachzug hatte Kinder und Jugendliche nicht-deutscher Muttersprache in großer Zahl an die deutschen Schulen gebracht; die Kultusministerien der Länder hatten organisatorische Vorkehrungen für Vorbereitungsklassen und Muttersprachlichen Unterricht getroffen. In beiden Praxisfeldern wurde auf Verfügbares zurückgegriffen: Die Didaktik des schulischen Fremdsprachenlernens, die Materialien des Deutschunterrichts an deutschen Auslandsschulen, die Muttersprachdidaktik der Primarstufe oder auch die Methoden integrierender Sozialpädagogik. Erst nach 1970 begannen sich die Praxisfelder in spezifischer Weise zu strukturieren: 1974 wurde der „Sprachverband − Deutsch für ausländische Arbeitnehmer e.V." gegründet, in dem sich eine Reihe von Institutionen, die bereits in der Deutschvermittlung tätig waren, mit dem Bundesministerium für Arbeit und Sozialordnung, welches die Finanzierung der Spracharbeit übernahm, zusammenschloss. Mit dieser Entscheidung waren die finanzielle Verantwortung des Bundes und die grundsätzliche Bindung der Deutschvermittlung an den Faktor Arbeit festgeschrieben, zugleich wurde eine Agentur mit eigener fachlicher Zuständigkeit geschaffen, welche außer der Sprachkursorganisation auch Aufgaben der Curriculumentwicklung umfasste. In besonderer Weise wurden seit 1976 „Maßnahmen zur sozialen und beruflichen Ausbildung ausländischer Jugendlicher" (MSBE) gefördert, die Werkunterricht, handlungsorientierten Deutschunterricht und sozialpädagogische Betreuung miteinander verbanden. 1971 und 1976 fasste die Kultusministerkonferenz mehrere Beschlüsse (Sekretariat der KMK 1971; 1976/79), durch die sich die Länder verpflichteten, Deutschförderung für die Kinder ausländischer Arbeitnehmer an den allgemeinbildenden Schulen zu gewährleisten.

Seit Mitte der 1970er Jahre nahmen sich auch Wissenschaftler der neuen Aufgaben an. In Berlin lief ab 1974 das DFG-Projekt „Deutsch für ausländische Arbeiter", das mit den Methoden der Handlungsforschung ein Kursmodell für die Erwachsenenbildung erarbeitete (Barkowski, Harnisch und Kumm 1980). Für den berufsbildenden Bereich wurde am Institut für Film und Bild in Wissenschaft und Unterricht (FWU) das Lehrwerk „Deutsch für Jugendliche anderer Muttersprache" entwickelt, das 1975 herauskam.

Am Goethe-Institut arbeitete seit 1974 im Auftrag des Sprachverbands die Projektgruppe DfaA (Deutsch für ausländische Arbeitnehmer), die sich vor allem der Qualifizierung von Lehrkräften für die Erwachsenenkurse widmete.

An der Pädagogischen Hochschule Rheinland arbeitete ab 1973 das von der Bund-Länder-Kommission geförderte Projekt „Ausbildung von Lehrern für Ausländerkinder" (ALFA), das sich seine Ausbildungsinhalte zum größten Teil noch selbst erarbeiten musste (Reich 1976). An der Gesamthochschule Essen lief ab 1974 das DFG-Projekt „Das bilinguale Sprachverhalten türkischer Schüler", das einen kontrastiven Ansatz vertrat und die Spezifik der Deutschvermittlung an Migrantenschüler türkischer Erstsprache herausarbeitete (Meyer-Ingwersen, Neumann und Kummer 1977). Es entstanden erste zweitsprachdidaktische Schulmaterialien und mit „Deutsch in Deutschland" ein erstes zielgruppenspezifisches Lehrwerk. Ab 1975 erschien beim FWU das großangelegte Werk „Sprich mit uns!" für Grund- und Hauptschulen, das allerdings eher fremdsprachdidaktisch und kulturneutral angelegt war.

2. Fachliche Entwicklungen

Die *Curriculumentwicklung* für die DfaA-Kurse wurde vom Sprachverband im Sinne einer Differenzierung nach Kursarten (Allgemeine Sprachkurse, Grund- und Aufbaukurse, Intensivkurse, Alphabetisierungskurse, berufsbezogene Kurse) vorangetrieben, flankiert durch Lehrwerkempfehlungen, die Produktion didaktischer Materialien und Unterrichtsanregungen (vgl. Szablewski-Çavuş 2001).

Aufgrund politisch-rechtlicher Vorgaben wurde die Curriculumentwicklung für das Deutschlernen der Migranten aus Osteuropa, der Aussiedler, eigens betrieben und mit sehr viel reichhaltigeren Ressourcen ausgestattet. Federführend war hier das Goethe-Institut, das ein Curriculum vorlegte, in dem Deutschlernen und soziale Integration miteinander verbunden wurden (Hubatsch und Köchling 1990); ergänzt wurde dieses Programm durch das vom Bundesinstitut für Berufsbildung durchgeführte Projekt „Weiterbildung von Aussiedlern unter besonderer Berücksichtigung fachübergreifender Kompetenzen", das eine engere Verbindung des Deutschlernens mit Berufsorientierung und Berufsqualifizierung anstrebte (Kühn 1995). Für Aussiedler mit akademischer Bildung wurden auch Aufbaukurse bis hin zu Einführungen in bestimmte wissenschaftliche Fachsprachen entwickelt.

Weiterführend zu den MBSE-Kursen des Sprachverbands startete das Bundesbildungsministerium 1980 ein Programm „Förderung der Ausbildung von ausländischen Jugendlichen in anerkannten Ausbildungsberufen". In enger Zusammenarbeit mit den ausbildenden Betrieben wurden die Deutschförderung mit direktem Bezug auf die Lernorte Betrieb und Berufsschule in einer Serie von Modellversuchen erkundet (vgl. Sprachliches Lernen im Fachunterricht 1989; Beer-Kern 1992). Das Programm ging jedoch Ende der 1980er Jahre in einem umfassenderen Benachteiligtenprogramm auf, bei dem die spezifische Deutschförderung von Migrantenjugendlichen keine Rolle mehr spielte. Das Thema des Deutschlernens für den Beruf „überwinterte" in den berufsorientierten Deutschkursen des Sprachverbands und der Aussiedlerintegration, die seit 1984 durch die Zeitschrift „Bildungsarbeit in der Zweitsprache Deutsch" ausgestaltet und begleitet wurden (vgl. auch Art. 126).

Für die allgemeinbildenden Schulen legten die westlichen Bundesländer, zuerst Bayern 1978, Lehrpläne für Deutsch als Zweitsprache vor, denen nach der Wende die östlichen Bundesländer folgten. Die Lehrpläne sind teils eher nach fremdsprachdidaktischen, teils nach zweitsprachdidaktischen Vorstellungen konzipiert; der sächsische Lehrplan bezieht explizit Deutsch als Sprache anderer Unterrichtsfächer mit ein. Es gab erste Versuche einer spezifischen Sprachdiagnostik, denen aber kein dauerhafter Erfolg beschieden war (Sprachstandsdiagnose 1988). Für Schüler und Schülerinnen aus Aussiedlerfamilien wurden eigene Möglichkeiten des Deutschlernens geschaffen, ja eine eigene Fachbezeichnung („Deutsch als Zielsprache") erfunden; doch hat dieser politisch gewollte Sonderweg keine neue Deutsch-für-Aussiedlerkinder-Didaktik begründet (vgl. Lewandowski 1991; Glumpler und Sandfuchs 1992).

Die *Konzeption, Analyse und Beurteilung von Lehrwerken* ist für ein stark praxisbezogenes Gebiet eine konstitutive Aufgabe. Die in der Anfangsphase entwickelten Ideen einer zielgruppenspezifischen Didaktik setzten sich in den 80er Jahren in der Lehrwerkproduktion für Erwachsene („Das Deutschbuch", „Deutsch hier") und Jugendliche („Deutsch konkret") fort. Mit der Video-Serie „Korkmazlar" wurden Familien angesprochen, und dabei der Versuch unternommen, Lernen in und an der Sprachwirklichkeit mit kursförmigem Lernen zu verbinden. Die verstärkte Zuwanderung von Aussiedlern brachte noch einmal einen Aufschwung zielgruppenspezifischer Lehrwerkkonzeptionen mit sich („Deutsch für Aussiedler", „Deutsch – unsere Sprache", „Mit uns leben", „Neuer Start"; letzteres deutsch-polnisch und deutsch-russisch angelegt). Aus Gründen der Wirtschaftlichkeit trat danach ein rascher Rückgang ein und seit den 90er Jahren dominierten Allzweck-Lehrwerke für Deutsch als Fremdsprache auch in den Kursen für Zuwanderer und ihre Familienangehörigen.

Mit „Deutsch für ausländische Arbeiter" (Barkowski u. a. 1980/[3]1986) entstand eine Tradition der Lehrwerkbegutachtung für Deutsch als Zweitsprache, die sich im Rahmen der Sprachverbandsarbeit kontinuierlich fortsetzte (Kuhs 2001).

> Auch in der Konzeption von Lehr-Lern-Materialien für den Zweitsprachunterricht an allgemeinbildenden Schulen fanden die spezifischen Ansätze eine begrenzte Weiterentwicklung. Im Übrigen jedoch entfaltete sich eine Produktion von Zusatz- und Begleitmaterialien, die eklektisch und deutsch-monokulturell angelegt und primär auf Sprachanfänger ausgerichtet waren. Die für den Erwerb des Deutschen als Bildungssprache erforderlichen Ziele (vgl. Art. 124) kamen darin kaum in den Blick, eine empirische Lehrwerkforschung fehlte gänzlich.
>
> (Vgl. insgesamt Kuhs 2008.)

Die *Qualifizierung der Lehrkräfte* für die Erwachsenenkurse blieb in den Händen des Goethe-Instituts, doch erhielt die Abteilung DfaA so geringe Ressourcen, dass an eine anspruchsvolle Qualifizierung der Kursleitenden nicht zu denken war (vgl. Duxa 2001). Hinsichtlich der allgemeinbildenden Schulen sind seit Beginn der 80er Jahre etwas festere Strukturen entstanden. Die 1977 in Kraft getretene Richtlinie der Europäischen Gemeinschaften zum „Unterricht der Kinder von Wanderarbeitnehmern" veranlasste in den meisten Ländern der Bundesrepublik Maßnahmen zur Lehrerbildung. In einigen Bundesländern war dies mit der Einrichtung von Studienangeboten und Professuren für Deutsch als Zweitsprache verbunden (vgl. Art. 151). Bei den Studienangeboten handelte es sich um Erweiterungsstudien oder optionale Schwerpunkte unterschiedlichen Umfangs und mit unterschiedlichen pädagogischen und sprachdidaktischen Anteilen. Entsprechend schwach blieb die Stellung des Deutschen als Zweitsprache an den lehrerbildenden Hochschulen (vgl. Krüger-Potratz 2008: 299–303). In den 1990er Jahren sind auch Prozesse des Rückbaus eingetreten.

Dennoch bildete sich ein *Zusammenhang fachlicher Kommunikation* heraus. Mit der Zeitschrift „Deutsch lernen" existierte auch so etwas wie ein eigenes Publikationsorgan.

Ein asymmetrisches Verhältnis entwickelte sich in der *Forschung*. Für die Psycholinguistik der 70er Jahre war der Zweitspracherwerb von Erwachsenen ein neues und spannendes Thema (Heidelberger Forschungsprojekt 1975; Clahsen, Meisel und Pienemann 1983). Es wurde zunächst ohne unmittelbaren Bezug zur Unterrichtspraxis verfolgt, was zu Kontroversen zwischen Linguisten und Didaktikern Anlass gab (vgl. Barkowski 2003: 525). In der Folgezeit wurde auch der Zweitspracherwerb von Kindern und Jugendlichen zum Gegenstand solcher Forschungen (vgl. z. B. Kuhberg 1987; Antos 1988; Preibusch 1992). Diese Forschungen wurden auch von der Didaktik allmählich rezipiert. Eine bedingte Eigenständigkeit erlangte die didaktische Forschung zu Deutsch als Zweitsprache im Verlauf der 90er Jahre (vgl. Dittmar und Rost-Roth 1995; Kuhs 2000).

3. Diskussionen um das Verständnis des Deutschen als Zweitsprache

Die Frage nach der Spezifik des Deutschen als Zweitsprache hat die Fachentwicklung begleitet (vgl. Wilms 1984; Rösler 1995; Reich 1997; Barkowski 2003). Die meisten Antworten werden über eine Kontrastierung mit dem Deutschen als Fremdsprache gesucht; schon Reich (1976: 152 f.) konfrontiert den Deutschunterricht für Migrantenschüler mit dem schulischen Fremdsprachenunterricht einerseits und dem Unterricht des Deutschen als Muttersprache andererseits (vgl. auch Ahrenholz 2008: 12). Die dabei eingesetzten Variablen beziehen sich auf die Lernorte (Inland vs. Ausland), die Lernmodi (gesteuert vs. ungesteuert) und die psychosoziale Charakteristik der Lernsituation (distanziert, instrumentell vs. „existentiell notwendig und damit Einfluss auf die Identitätsproblematik nehmend", Rösler 1995: 151). Gemeinsam ist den Situationen des Deutschen als Zweitsprache, dass es sich um Spracherwerbs- und Sprachlehrprozesse des Deutschen im Kontext lebensweltlicher Zweisprachigkeit handelt. Auf dieser Abstraktionsebene könnten Theorien und Methodologien formuliert werden, die geeignet wären, eine wissenschaftliche Disziplin zu begründen. Eine solche Theorie müsste allgemein genug sein, um die Vielzahl von Situationen zwischen den Polen „typisch fremdsprachlichen" und „typisch zweitsprachlichen" Erwerbs und Gebrauchs zu umfassen, und sie müsste präzise genug sein, um diese Situationen auch in ihrer Unterschiedlichkeit beschreiben und erklären zu können. Sie müsste drittens geeignete Verfahren vorschlagen, um empirische Analysen und normative didaktische Aussagen miteinander zu verbinden.

In der Debatte um das interdisziplinäre Gefüge, in dem sich die Aufgaben des Deutschen als Zweitsprache zu situieren haben, zeigt sich eine Konkurrenz zwischen einer stärker disziplinären und einer stärker praxisbezogenen Orientierung. Die disziplinäre Orientierung bezieht sich namentlich auf die Zweitspracherwerbsforschung, Für die didaktische Orientierung fehlt bisher eine klare Bezugnahme zu einem bestimmten Forschungszusammenhang. Gearbeitet wird eher mit didaktischen ad-hoc-Folgerungen aus analytischen Befunden und mit Anleihen bei der Fremdsprachendidaktik einschließlich der Didaktik des Deutschen als Fremdsprache, und Anleihen bei der (muttersprachlichen) Deutschdidaktik.

Eine dritte, vom Aufgabengebiet geforderte Orientierung sollte hinzukommen: In den Biographien vieler Sprecher und Sprecherinnen des Deutschen als Zweitsprache spielt das Verhältnis zur Erstsprache oder zu den Erstsprachen eine beunruhigende, weil nicht mehr selbstverständlich und problemlos vorgegebene Rolle. Erst die Zwei- oder Mehrsprachigkeit der Individuen, um die es geht, ist das Ganze des wissenschaftlichen Gegenstandes von Deutsch als Zweitsprache. Eine isolierte Betrachtung der Zweitsprache verkürzt diesen Gegenstand zu stark (vgl. Baur 2001: 622−625). Darum kommt der Orientierung an der Bilingualismus- und Mehrsprachigkeitsforschung konstitutive Bedeutung zu.

4. Gegenwärtige Strukturen des Aufgabengebiets

Seit ca. 2000 vollziehen sich einschneidende Veränderungen. Mit dem Jahrgang 2000 wird die Zeitschrift „Bildungsarbeit in der Zweitsprache Deutsch" eingestellt; aus der Zeitschrift „Deutsch lernen" wird im Jahr darauf „Deutsch als Zweitsprache", ein überwiegend praxisbezogenes Publikationsorgan. Mit Blick auf das im Entwurf vorliegende Zuwanderungsgesetz wird 2003 der Sprachverband aufgelöst; seine Aufgaben werden dem Bundesamt für die Anerkennung ausländischer Flüchtlinge übertragen, sie gehen dadurch in die Zuständigkeit des Innenministeriums über. Mit der endgültigen Fassung des Zuwanderungsgesetzes (2004) erhält das Amt weitergehende Befugnisse im Bereich der Integrationspolitik und wird in „Bundesamt für Migration und Flüchtlinge" (BAMF) umbenannt. Im Bereich der Allgemeinbildung sorgen die internationalen Schulleistungsvergleiche PISA und IGLU auch und gerade bei der Migrantenbildung für Wirbel. Die Bundesländer starten Bildungsoffensiven im Elementarbereich, die Bund-Länder-Kommission betreibt 2004 bis 2009 das Modellversuchsprogramm „Förderung von Kindern und Jugendlichen mit Migrationshintergrund" (FörMig).

Deutsch als Zweitsprache ist gegenwärtig gekennzeichnet durch eine ausgeprägte Dualität von zentraler, staatlich gesteuerter Forschungs- und Entwicklungsarbeit einerseits, universitärer Lehre vor allem im Rahmen der Lehrerbildung und dezentraler universitärer Forschung andererseits. Es gibt Verbindungen zwischen den Arbeitsfeldern, die jedoch nicht stark ausgeprägt sind.

Das BAMF fungiert als „zentrale staatliche Stelle für Fragen der Migrations- und Integrationsforschung" (BAMF Homepage). Es unterhält eine personalstarke wissenschaftliche Abteilung, betreibt ein eigenes Doktorandenprogramm, fördert Forschungsprojekte und publiziert Forschungsergebnisse, es erarbeitet Bestandsaufnahmen und gibt die Zeitschrift „Deutsch als Zweitsprache" heraus. Seine Hauptaufgabe im Bereich des Deutschen als Zweitsprache ist die *Gestaltung der Integrationskurse*, die zunächst nur für Neuzuwanderer konzipiert waren, faktisch aber die volle Nachfolge der Sprachverbandskurse angetreten haben. Das Amt wählt die Trägerorganisationen für die Kurse aus, macht Vorgaben zu den Angebotsformen (Umfang, Dauer, Zielgruppen) und zum Einsatz von Lehrwerken. Es setzt Maßstäbe für die Qualifikation der Lehrkräfte und akkreditiert Institutionen, die entsprechende Qualifizierungsmaßnahmen anbieten. Zur Weiterentwicklung der Integrationskurse hat das Amt eine Evaluation durchführen lassen

(2006), zur Sicherung der Nachhaltigkeit wurde 2008 eine Längsschnittstudie „Integrationsverlauf von Integrationskursteilnehmern" begonnen, mit der auch die weitere Integration nach Kursabschluss im Vergleich mit einer Kontrollgruppe von Nicht-Teilnehmern erfasst werden soll (vgl. BAMF Homepage). Das Amt trifft auch Rahmenentscheidungen zur Curriculumentwicklung; diese selbst erfolgt jedoch direkt im Auftrag des Innenministeriums. Als Auftragnehmer hat das Goethe-Institut (2007) ein umfängliches Rahmencurriculum für die Integrationskurse vorgelegt sowie einen Einstufungstest („Deutsch für Zugewanderte", 2004) und einen Abschlusstest („Deutsch-Test für Zuwanderer" 2008) entwickelt (vgl. Art. 121). Die Konzeptionen der Lehrwerke für die Integrationskurse lassen zumindest teilweise wieder zielgruppenspezifische Ansätze erkennen („Schritte", „Pluspunkt Deutsch").

Als neue Aufgabe könnte sich die *Sprachförderung von Migrantenkindern im Elementarbereich* konstituieren. Die von den Bundesländern seit 2003 herausgegebenen Bildungspläne vertreten durchweg einen situativ-kommunikativen Ansatz der Sprachförderung, ohne spezifischere sprachdidaktische Empfehlungen zu formulieren. Das neue Interesse hat aber bereits zahlreiche Entwicklungsarbeiten (vgl. Jampert et al. 2007), Materialproduktionen und Fortbildungsaktivitäten (vgl. Reich 2008) in Gang gesetzt.

Die *Curriculumentwicklung für die allgemeinbildenden Schulen* arbeitet auf Veränderungen hin, deren breitere Implementation allerdings noch bevorsteht. Die Bemühungen konzentrieren sich auf die Weiterentwicklung der Sprachdiagnostik (vgl. Lengyel et al. 2009; vgl. Art. 146), die Konzeption einer durchgängigen Sprachförderung (FörMig 2010) und die didaktische Gestaltung der fortgeschritteneren Stufen des Deutscherwerbs im Sinne einer bewussten, auch zweitsprachdidaktischen Arbeit an der Aneignung des Deutschen als Medium des fachlichen Lernens (vgl. Art. 120). In der Konzeption didaktischer Materialien gewinnt der Gedanke flexibel einsetzbarer Elemente anstelle fester Lehrwerkskonstruktionen an Boden (vgl. Rösch 2005).

An den Hochschulen hat die Umstellung der Ausbildungsgänge auf Bachelor/Master-Strukturen tief in die fachliche Arbeit eingegriffen. Zur Zeit der Abfassung dieses Artikels ist die Umorganisation nicht abgeschlossen, doch zeichnen sich die Tendenzen hinreichend deutlich ab:

Aufs Ganze gesehen haben sich die kleingeschnittenen Studienangebote nicht behaupten können. Dort, wo gut ausgebaute Magisterstudiengänge für Deutsch als Fremdsprache etabliert waren, sind konsekutive Bachelor/Master-Studiengänge entstanden, die Deutsch als Zweitsprache inkorporieren. Für Deutsch als Zweitsprache birgt dies die Chance, mehr als bisher zur Entwicklung der übergreifenden Disziplin beitragen zu können. Sie wird sich freilich nicht automatisch verwirklichen, die Nachwuchslage und die Stellenpolitik der Hochschulen werden dabei von entscheidender Bedeutung sein.

Für die lehramtsbezogenen Studiengänge haben einige Bundesländer ein obligatorisches Minimum im Rahmen des erziehungswissenschaftlichen Teilstudiums (für alle Lehrämter) festgeschrieben, so Nordrhein-Westfalen und Berlin; in Sachsen hat Deutsch als Zweitsprache einen obligatorischen Anteil am Studium des Faches Deutsch, ähnlich im Lehramt Grundschule in Bremen. In Bayern kann Deutsch als Zweitsprache zusätzlich zum regulären Lehramtsstudium studiert werden. Andere Bundesländer begnügen sich noch mit einzelnen Lehrveranstaltungen oder optionalen Schwerpunkten.

Für die universitäre *Forschung* zu Deutsch als Zweitsprache ist nach wie vor eine individualistische Organisation der Arbeit charakteristisch. Doch hat das spürbar gewachsene bildungspolitische Interesse zu einer Verbesserung der Arbeitsbedingungen geführt, die die Einwerbung von Projektmitteln und den Aufbau von Kooperationen leichter macht. Bei den empirischen Arbeiten stehen Analysen von Zweitspracherwerbsverläufen (vgl. Landua, Maier-Lohmann und Reich 2009) und im Zusammenhang damit sprachdiagnostische Entwicklungen (vgl. Lengyel et al. 2009) im Vordergrund; hinzu kommen biographische Untersuchungen (Meng 2001) und soziokommunikative Analysen (Keim 2007). Zwar können meist nur kleine Stichproben bearbeitet werden, doch stützen sich jetzt die didaktischen Aussagen nicht mehr bloß auf allgemeine Maximen oder Berichte über zufriedenstellende Praxis, sondern auch auf empirische Befunde (vgl. Grießhaber 2007). Großangelegte empirische Forschung über die Wirksamkeit sprachdidaktischen Handelns ist im Rahmen der gegebenen Ressourcen des Faches allerdings nach wie vor nicht zu leisten. Hier bleibt man auf bildungswissenschaftliche Untersuchungen angewiesen, insbesondere die zu erwartenden Erkenntnisse aus der Evaluation von FörMig (vgl. Schwippert und Klinger 2008), die IGLU- und PISA-Untersuchungen zum Leseverstehen deutscher Texte (zusammenfassend Haug 2008) und die Untersuchung der Kompetenzen im Fach Deutsch im 9. Schuljahr (DESI-Konsortium 2008).

Es ist mehr Zusammenhang in die *fachliche Kommunikation* gekommen. Davon zeugen mehrere Sammelbände, die auf Tagungen zurückgehen (Ahrenholz 2006, 2007; Ahrenholz und Apeltauer 2006), ein kontinuierliches Sektionsangebot auf dem Symposium Deutschdidaktik, eine Einführung für Lehramtsstudierende (Kniffka und Siebert-Ott 2007) und ein umfängliches Handbuch (Ahrenholz und Oomen-Welke 2008), das den Stand des Faches bezogen auf das Praxisfeld Schule repräsentiert.

5. Literatur in Auswahl

Ahrenholz, Bernt (Hg.)
  2006   *Kinder mit Migrationshintergrund. Spracherwerb und Fördermöglichkeiten.* Freiburg im Breisgau: Fillibach.
Ahrenholz, Bernt (Hg.)
  2007   *Deutsch als Zweitsprache. Voraussetzungen und Konzepte für die Förderung von Kindern und Jugendlichen mit Migrationshintergrund.* Freiburg im Breisgau: Fillibach.
Ahrenholz, Bernt
  2008   Erstsprache − Zweitsprache − Fremdsprache. In: Bernt Ahrenholz und Ingelore Oomen-Welke (Hg.), *Deutsch als Zweitsprache*, 3−16. Baltmannsweiler: Schneider.
Ahrenholz, Bernt und Ernst Apeltauer (Hg.)
  2006   *Zweitspracherwerb und curriculare Dimensionen. Empirische Untersuchungen zum Spracherwerb in Kindergarten und Grundschule.* Tübingen: Stauffenburg.
Ahrenholz, Bernt und Ingelore Oomen-Welke (Hg.)
  2008   *Deutsch als Zweitsprache.* Baltmannsweiler: Schneider.
Antos, Gerd (Hg.)
  1988   „*Ich kann ja Deutsch!" Studien zum ,fortgeschrittenen' Zweitspracherwerb von Kindern ausländischer Arbeiter.* Tübingen: Niemeyer.
Barkowski, Hans
  2003   30 Jahre Deutsch als Zweitsprache − Rückblick und Ausblick. *Info DaF* 30(6): 521−540.
Barkowski, Hans u. a.
  1986   *Deutsch für ausländische Arbeiter. Gutachten zu ausgewählten Lehrwerken.* 3. erw. Aufl. Königstein/Ts.: Scriptor.
Barkowski, Hans, Ulrike Harnisch und Sigrid Kumm
  1980   *Handbuch für den Deutschunterricht mit Arbeitern.* Königstein/Ts.: Scriptor.

Baur, Rupprecht S.
    2001   Deutsch als Fremdsprache − Deutsch als Zweitsprache. In: Gerhard Helbig, Lutz Götze,
            Gert Henrici und Hans-Jürgen Krumm (Hg.), *Deutsch als Fremdsprache. Ein internationa-*
            les Handbuch, 617−628. (Handbücher zur Sprach- und Kommunikationswissenschaft
            19.1−2). Berlin/New York: de Gruyter.
Beer-Kern, Dagmar
    1992   *Lern- und Integrationsprozeß ausländischer Jugendlicher in der Berufsausbildung.* (Berichte
            zur beruflichen Bildung 141). Berlin: Bundesinstitut für Berufsbildung.
Bredel, Ursula, Hartmut Günther, Peter Klotz, Jakob Ossner und Gesa Siebert-Ott (Hg.)
    2003   *Didaktik der deutschen Sprache.* 2 Bände. Paderborn: Schöningh.
Clahsen, Harald, Jürgen M. Meisel und Manfred Pienemann
    1983   *Deutsch als Zweitsprache: der Spracherwerb ausländischer Arbeiter.* Tübingen: Narr.
DESI-Konsortium (Hg.)
    2008   *Unterricht und Kompetenzerwerb in Deutsch und Englisch. Ergebnisse der DESI-Studie.*
            Weinheim und Basel: Beltz.
Dittmar, Norbert und Martina Rost-Roth (Hg.)
    1995   Deutsch als Zweit- und Fremdsprache. Methoden und Perspektiven einer akademischen
            Disziplin. Frankfurt a. M.: Lang.
Duxa, Susanne
    2001   *Fortbildungsveranstaltungen für DaZ-Kursleiter in der Weiterbildung und ihre Wirkungen*
            auf das professionelle Selbst der Lernenden. (Materialien Deutsch als Fremdsprache 57).
            Regensburg: Fachverband Deutsch als Fremdsprache.
FörMig
    2010   *Förderung von Kindern und Jugendlichen mit Migrationshintergrund FörMig − Bilanz*
            und Perspektiven eines Modellprogramms. Abschlussbericht (2009). Hamburg: Universität,
            Institut für international und interkulturell vergleichende Erziehungswissenschaft.
Glumpler, Edith, Uwe Sandfuchs u. a.
    1992   *Mit Aussiedlerkindern lernen.* Braunschweig: Westermann.
Goethe-Institut (Hg.)
    2007   *Rahmencurriculum für Integrationskurse Deutsch als Zweitsprache.* München: Goethe-In-
            stitut.
Grießhaber, Wilhelm
    2007   Zweitspracherwerbsprozesse als Grundlage der Zweitsprachförderung. In: Bernt Ahren-
            holz (Hg.), *Deutsch als Zweitsprache. Voraussetzungen und Konzepte für die Förderung*
            von Kindern und Jugendlichen mit Migrationshintergrund, 31−48. Freiburg im Breisgau:
            Fillibach.
Haug, Sonja
    2008   *Sprachliche Integration von Migranten in Deutschland.* Nürnberg: BAMF.
Heidelberger Forschungsprojekt Pidgin-Deutsch
    1975   *Sprache und Kommunikation ausländischer Arbeiter. Analysen, Berichte, Materialien.*
            Kronberg/Ts.: Scriptor.
Hubatsch, Irmtraud und Margareta Köchling
    1990   Projekt Sprachförderung für Aussiedler. Entwicklung von neuen Curricula für 6-mona-
            tige Vollzeitsprachkurse. *Deutsch lernen* 4: 325−337.
Jampert, Karin, Petra Best, Angela Guadatiello, Doris Holler und Anne Zehnbauer
    2007   *Schlüsselkompetenz Sprache. Sprachliche Bildung und Förderung im Kindergarten. Kon-*
            zepte − Projekte − Maßnahmen. 2. Aufl. Weimar und Berlin: das netz.
Keim, Inken
    2007   Die „türkischen Powergirls". Lebenswelt und kommunikativer Stil einer Migrantinnen-
            gruppe in Mannheim. Tübingen: Gunter Narr.
Kniffka, Gabriele und Gesa Siebert-Ott
    2007   *Deutsch als Zweitsprache. Lehren und Lernen.* Paderborn: Schöningh.

Krüger-Potratz, Marianne
  2008   Deutsch als Zweitsprache in der Lehrerbildung. In: Bernt Ahrenholz, Bernt und Ingelore
          Oomen-Welke (Hg.), *Deutsch als Zweitsprache*, 298–311. Baltmannsweiler: Schneider.
Kühn, Günter
  1995   Weiterbildung von Aussiedlern unter besonderer Berücksichtigung fachübergreifender
          Kompetenzen – Abschlußbericht. *Deutsch lernen* 1: 82–88.
Kuhberg, Heinz
  1987   *Der Erwerb der Temporalität des Deutschen durch zwei elfjährige Kinder mit Ausgangsspra-
          che Türkisch und Polnisch. Eine longitudinale Untersuchung.* Frankfurt a. M.: Lang.
Kuhs, Katharina
  2001   Lehrwerkanalyse und Lehrwerkforschung in „Deutsch lernen" 1975–2000. *Deutsch als
          Zweitsprache* Extraheft 2001: 34–39.
Kuhs, Katharina
  2008   Lehrwerke und Unterrichtsmaterialien für die schulische Vermittlung und Förderung von
          Deutsch als Zweitsprache. In: Bernt Ahrenholz und Ingelore Oomen-Welke (Hg.),
          Deutsch als Zweitsprache, 315–323. Baltmannsweiler: Schneider.
Landua, Sabine, Christa Maier-Lohmann und Hans H. Reich
  2009   Deutsch als Zweitsprache. In: Konrad Ehlich (Hg.), *Altersspezifische Sprachaneignung –
          Referenzrahmen und Forschungsgrundlagen. Darstellungen und Empfehlungen des Projekts
          PROSA zur fachlichen Grundlegung sprachdiagnostischer Verfahren.* Bonn/Berlin: BMBF.
Lengyel, Dorit, Hans H. Reich, Hans-Joachim Roth und Marion Döll (Hg.)
  2009   *Von der Sprachdiagnose zur Sprachförderung.* Münster: Waxmann.
Lewandowski, Theodor
  1991   *Deutsch als Zweit- und Zielsprache. Handbuch zur Sprachförderung.* Trier: Wissenschaftli-
          cher Verlag.
Meng, Katharina
  2001   *Russlanddeutsche Sprachbiografien. Untersuchungen zur sprachlichen Situation von Aus-
          siedlerfamilien.* Tübingen: Narr.
Menk, Katrin
  1989   Sprachliches Lernen im Fachunterricht *Deutschlernen* 2(3): 153.
Meyer-Ingwersen, Johannes, Rosemarie Neumann und Matthias Kummer
  1977   *Zur Sprachentwicklung türkischer Schüler in der Bundesrepublik.* 2 Bde. Kronberg/Ts.:
          Scriptor.
Preibusch, Wolfgang
  1992   *Die deutsch-türkischen Sprachenbalancen bei türkischen Grundschülern. Eine clusteranalyti-
          sche Untersuchung.* Frankfurt a. M.: Lang 1992.
Reich, Hans H.
  1976   Zum Unterricht in Deutsch als Fremdsprache. In: Manfred Hohmann (Hg.), *Unterricht
          mit ausländischen Kindern*, 149–184. Düsseldorf: Schwann.
Reich, Hans H.
  1997   Die Wissenschaft vom Deutschen als Zweitsprache. In: Gerhard Helbig (Hg.), *Studien
          zu Deutsch als Fremdsprache IV. Positionen – Konzepte – Zielvorstellungen*, 229–241.
          (Germanistische Linguistik 137–138).
Reich, Hans H., unter Mitarbeit von Gerlinde Knisel-Scheuring
  2008   *Sprachförderung im Kindergarten. Grundlagen, Konzepte und Materialien.* Berlin: das netz.
Rösch, Heidi
  (2005) Integrativer Sprachunterricht. In: *Deutsch als Zweitsprache. Sprachförderung in der Se-
          kundarstufe 1. Grundlagen. Übungsideen. Kopiervorlagen*, 54–90. Braunschweig: Schroe-
          del.
Rösler, Dietmar
  1995   Deutsch als Fremd- und Zweitsprache: Gemeinsamkeiten und Unterschiede. In: Norbert
          Dittmar und Martina Rost-Roth (Hg.), *Deutsch als Zweit- und Fremdsprache. Methoden
          und Perspektiven einer akademischen Disziplin*, 149–160. Frankfurt a. M.: Lang.

Schwippert, Knut und Thorsten Klinger
    2008   Das Evaluationskonzept von FÖRMIG: Anlage und Durchführung – eine Zwischenbi-
            lanz. In: Thorsten Klinger, Knut Schwippert und Brigitte Leiblein (Hg.), *Evaluation im*
            Modellprogramm FörMig. Planung und Realisierung eines Evaluationskonzepts, 11–28.
            Münster: Waxmann.
Sekretariat der Kultusministerkonferenz (Hg.)
    1971   *Unterricht für Kinder ausländischer Arbeitnehmer.* Beschluss der Kultusministerkonferenz
            vom 3. Dezember 1971.
Sekretariat der Kultusministerkonferenz (Hg.)
    1976   *Unterricht für Kinder ausländischer Arbeitnehmer.* Beschluss der Kultusministerkonferenz
            vom 8. 4. 1976; Neufassung mit Datum vom 26. 10. 1979.
Sprachstandsdiagnose – Deutsch als Zweitsprache 1988 (= *Deutsch lernen*) 13(3–4): Doppelheft.
Szablewski-Çavuş, Petra
    2001   Skizze einer Profilierung: Der Unterricht Deutsch für ausländische Arbeitnehmer.
            Deutsch als Zweitsprache, Extraheft: 23–33.
Wilms, Heinz
    1984   Deutsch als Zweitsprache – Grenzen des Sprachunterrichts. (= *Deutsch lernen*) 4: 10–25.

Hans H. Reich, Landau (Deutschland)

7. Entwicklungen von Deutsch als Fremd- und Zweitsprache in Österreich

1. Einleitung

Deutsch als Fremd- und Zweitsprache (DaF/DaZ) hat als akademisches Fach in Österreich keine lange Tradition. Wegen des Bedarfs an DaF/DaZ-Unterricht gab es allerdings
lange vor der Etablierung als universitäre Disziplin „bereits eine größere Zahl von Aktivitäten und Institutionen" (Muhr 2001: 97), die im Folgenden ebenfalls berücksichtigt werden.
    Die Bereiche „Fremdsprache" und „Zweitsprache" haben spätestens seit den 1980er
Jahren eine unterschiedliche Entwicklung genommen (Muhr 2001: 98), die unter anderem
mit den institutionellen Bedingungen zusammenhängt: DaZ ist durch eine Dominanz des
schulischen Sektors geprägt, während DaF vor allem an postsekundären und außerschulischen Bildungseinrichtungen angeboten wird. Die akademische Sichtbarkeit von DaZ
wurde durch die Einrichtung einer Professur am Institut für Germanistik der Universität
Wien im Jahr 2007 deutlich erhöht, dennoch versteht es sich nicht als eigenes Fach und
wird deshalb im Folgenden gemeinsam mit DaF betrachtet.

2. Phasen der Entwicklung

Die von Muhr (2001: 98) vorgenommene Periodisierung der Fachgeschichte soll hier übernommen werden: Die erste Phase umfasst die Situation des Deutschunterrichts für Sprecherinnen anderer Sprachen vor 1945; die zweite Phase umfasst die Zeit von 1945–1980, in der im Bereich der Universitäten durch den „Österreichischen Auslandsstudentendienst" (ÖAD, heute: Österreichischer Austauschdienst GmbH) erste systematische Angebote im Bereich DaF/DaZ entwickelt wurden; der dritte, von Muhr (2001: 98) als „Gründerphase von Deutsch als Fremdsprache und Deutsch als Zweitsprache in Österreich" bezeichnete Abschnitt umfasst die Jahre 1980–1990; in der vierten Phase seit 1990 hat sich das Fach schließlich endgültig universitär etabliert. Erst während dieser jüngsten Phase können wir von einer akademischen Disziplin DaF/DaZ in Österreich sprechen.

2.1. Deutschunterricht für Sprecher und Sprecherinnen anderer Sprachen vor 1945

In der österreichischen Reichshälfte der Habsburgermonarchie erfuhr in der Regierungszeit Maria Theresias und Josephs II. zunächst durch die Bildungsreformen der 1770er Jahre, zu der u. a. die Einführung der Schulpflicht gehörte, die Vermittlung der deutschen Sprache an Sprecher anderer Sprachen erstmals wesentliche Impulse von staatlicher Seite (vgl. Art. 5, Eder 2006: 40 ff.). Denn obwohl im Elementarschulwesen durchaus in der jeweiligen Landessprache unterrichtet wurde, so fand Deutsch als Sprache „des sozialen Aufstiegs und der weiterführenden Schulen" (Goebl 1999: 43) doch angemessene Berücksichtigung. So enthielt das offizielle „Methodenbuch" auch „Anweisungen zum fremdsprachlichen Deutschunterricht" und die Lehrkräfte mussten sowohl die Landessprache als auch Deutsch beherrschen (Eder 2006: 48 ff.). Das ermöglichte die so genannte „utraquistische Schule", die u. a. auch im zweisprachigen Gebiet Kärntens Anwendung fand (Busch 1996: 25 ff.) und nach heutigen Begriffen als Übergangsmodell beschrieben werden kann, bei dem die zu Beginn als Unterrichtssprache dominant eingesetzte Erstsprache allmählich durch die Zweitsprache Deutsch ersetzt wurde. Allerdings lässt sich für diese Zeit nicht wirklich von DaF/DaZ sprechen, da die Koexistenz der Sprachen und die Mehrsprachigkeit der Menschen ein zu komplexes Bild abgaben, um in diesen Begriffen beschrieben zu werden (Eder 2006: 24 ff.). Ein Indiz dafür mag die Tatsache sein, dass der erste Inhaber der 1753 eingerichteten „Professur für deutsche Sprache und Beredsamkeit" an der Universität Wien der Slowene Johann Sigismund Valentin Popovič (Popowitsch) war. Die universitäre Auseinandersetzung mit der deutschen Sprache in Österreich ging damit der Etablierung einer „Germanistik" im eigentlichen Sinne, die erst im Verlauf des 19. Jahrhunderts erfolgte (Wiesinger 2001: 13), um viele Jahre voraus (Eder 2006: 70 f.).

Viele Entwicklungen aus der Habsburgerzeit reichten noch in die Zwischenkriegszeit hinein, so behielten die österreichischen Universitäten eine starke Anziehungskraft für Studierende aus den ehemaligen Kronländern, woraus sich etwa die von Muhr genannte Zahl von 35% ausländischer Studierenden, davon 19% mit anderer Muttersprache als Deutsch, an österreichischen Universitäten für das Studienjahr 1923/24 erklärt (Muhr 2001: 98). Es muss also weiterhin Deutschunterricht für Sprecherinnen anderer Sprachen gegeben haben, so an den 1922 gegründeten „Wiener Internationalen Hochschulkursen", die neben wissenschaftlichen Vorträgen von Beginn an auch „Deutsche Sprachkurse für Ausländer" anboten (Gabriel 1972). Weitere fachliche Aktivitäten im Bereich DaF/DaZ gingen daraus aber offensichtlich nicht hervor.

2.2. Erste Strukturen für Deutsch als Fremd- und Zweitsprache 1945–1980

In diese Phase fällt die durch steigende Zahlen internationaler Studierender und dem damit einher gehenden Bedarf bedingte Errichtung einer institutionellen Struktur zur Studienvorbereitung internationaler Studierender an den Universitäten und Hochschulen (vgl. auch Art. 14). 1961 wurde der Österreichische Auslandsstudentendienst (ÖAD) „von der Österreichischen Rektorenkonferenz mit dem Zweck gegründet, ausländische Studierende bei ihrem Aufenthalt in Österreich zu unterstützen" (ÖAD 2007). Der ÖAD richtete dann an den verschiedenen Hochschulstandorten die so genannten „Vorstudien-lehrgänge" ein (ÖAD 2008), schulisch organisierte Lehrgänge zur Studienvorbereitung, die in etwa den Studienkollegs in Deutschland entsprechen (Muhr 2001: 99). „Angeboten werden Deutsch-Intensivkurse (…); außerdem Vorbereitungskurse für die Ergänzungs-prüfungen in den verschiedenen Fächern wie z. B.: Mathematik, Physik, Chemie, Biologie, Geschichte, Geografie" (ÖAD 2006). Allerdings waren die dort unterrichtenden Lehrkräfte mangels einer einschlägigen Ausbildung nicht auf ihre Aufgabe vorbereitet. Einige dieser „Pionierinnen" bildeten sich jedoch in eigener Initiative fort und stellten in späteren Phasen eine treibende Kraft bei der Gründung einer Vertretung von DaF-/DaZ-Lehrenden und bei der universitären Verankerung von Deutsch als Fremd- und Zweitsprache dar. Obwohl 1971 die Internationale Deutschlehrertagung (IDT) in Salzburg stattgefunden hatte, zeigte die universitäre Germanistik zu dieser Zeit an DaF/DaZ kein Interesse.

In den 1970er Jahren begann sich auch durch Anwerbeinitiativen der österreichischen Wirtschaft in der Türkei (seit 1964) und Jugoslawien (seit 1966) (Gächter et al 2004: 35) die Arbeitsmigration nach Österreich zu intensivieren: der Ausländeranteil bei der Volkszählung 1971 betrug ca. 2,8 % (1,8 % Berufstätige), 1981 schon ca. 3,9 % (2,1 % Berufstätige) (Gächter u. a. 2004: 36, 38). Durch den zunehmenden Mit- und Nachzug von Familienangehörigen war das österreichische Schulwesen verstärkt mit Schülerinnen und Schülern konfrontiert, die ohne oder mit nur geringen Deutschkenntnissen an die Schulen kamen. Das Schulsystem reagierte darauf mit verschiedenen Schulversuchen, die auf Zeit parallel zum Regelunterricht eingerichtet werden konnten. Eines der ersten Modelle waren die bereits 1973 eingerichteten „internationalen" bzw. „bunten" Klassen in Salzburg, in denen DaZ-Lernende zusammengefasst wurden (Muhr 1989: 83). Die ersten Lehrkräfte in diesen Klassen waren zweisprachige Angehörige der slowenischen Volks-gruppe aus Kärnten, die mangels anderer Expertinnen für Zweitsprachunterricht damals wohl für am geeignetsten gehalten wurden. Obwohl sich das Modell frühzeitig als nicht sehr effizient erwies, wurde es z. T. bis Ende der 1980er-Jahre weiterverfolgt. In anderen damals vorrangig betroffenen Regionen (neben den Städten Linz und Wien v. a. das Bundesland Vorarlberg) wurde vor allem Förder- bzw. Zusatzunterricht für Lernende mit Deutsch als Zweitsprache eingerichtet, ein in Österreich auch in anderen Gegenstän-den zuvor schon übliches System (Lau 1989: 9 ff.).

2.3. Die „Gründungsphase" des Faches in Österreich 1980–1990

In den 1980er Jahren kam es zunehmend zu fachlichen Aktivitäten im Bereich DaF/DaZ an den Universitäten. Drei Gründe waren dafür ausschlaggebend:

- die steigende Zahl von Auslandslektorinnen und -lektoren — Mitte der 1980er Jahre gab es bereits etwa 70 Stellen (Muhr 2001: 100);
- der weiter steigende Anteil von Lernenden mit Deutsch als Zweitsprache — die Volkszählung von 1991 weist bereits einen Ausländeranteil von 6,6 % auf, davon war aber nur etwas mehr als die Hälfte berufstätig (der Anteil beträgt 3,8 %) (Gächter u. a. 2004: 41);
- und die Einrichtung von universitären Deutschkursen für internationale Studierende und Touristen in einer Reihe von Universitätsstädten.

So entwickelten sich die ersten Lehrangebote im Bereich der Germanistikinstitute, die vielfach als einzelne Lehrveranstaltungen im Rahmen des Germanistikstudiums angeboten wurden, sich aber teilweise institutionalisierten, etwa in Innsbruck in Form eines „Studienschwerpunkts" im Umfang von zwölf Semesterstunden. Von 1985–1987 erarbeitete die Gesamtstudienkommission Germanistik ein viersemestriges Aufbaustudium „Deutsch als Fremdsprache", das aber nicht zu Stande kam. In Graz wurde daraufhin ein zunächst inoffizieller Studiengang gegründet, der 1990 zum „Hochschullehrgang Deutsch als Fremdsprache" wurde, der ersten formellen DaF/DaZ-Ausbildung auf Universitätsebene in Österreich.

Parallel wurden an den Pädagogischen Akademien, den Ausbildungsstätten für die Lehrenden an Pflichtschulen, seit 1981 das Wahlfach „Interkulturelles Lernen" und seit 1987 der Lehrgang „Ausländerpädagogik" als Freifach angeboten, der allerdings nur zwei Semesterwochenstunden Deutsch als Zweitsprache enthielt (Muhr 1989; Muhr 2001). Auch im Bereich der Lehrerfortbildung wurden vermehrt Angebote im Bereich Interkulturelles Lernen und DaZ entwickelt .

Angesichts der steigenden Zahlen von Lernenden mit Deutsch als Zweitsprache in der Schule — von 1980 bis1989 kam es zu einer Verdoppelung des Anteils ausländischer Schülerinnen von 2,1 % auf 4, 2 % (Biffl und Bock-Schappelwein 2003: 123) — wurden neue Betreuungsmodelle eingeführt: zu nennen ist vor allem das seit 1981 praktizierte „Begleitlehrersystem", das unterrichtsbegleitend oder -parallel zusätzliche Deutschstunden bereitstellte und an einigen Standorten zu integrativer Betreuung in Form von *team-teaching* ausgebaut wurde.

Auch in der Erwachsenenbildung, so an den Volkshochschulen (VHS), wurde neben der Ausweitung des Kursangebots auf den steigenden Bedarf an Aus- und Fortbildung für Kursleitende reagiert, etwa durch die Einrichtung von Lehrgängen der Wiener VHS und des Verbands österreichischer VHS.

Verstärkte Aktivitäten zeigten sich auch auf anderen Gebieten, so erschienen in den 1980er-Jahren bereits zahlreiche wissenschaftliche Publikationen im Bereich DaF/DaZ und auch eine ganze Reihe von Unterrichtsmaterialien mit Österreichbezug (Saxer 1989). 1984 kam es dann zur Gründung des Vereins „Österreichischer Lehrerverband: Deutsch als Fremdsprache" (ÖDaF), der rasch eine Vielzahl von Aktivitäten entwickelte und bereits 1989 die IX. IDT in Wien ausrichtete (vgl. Art. 14), ein Ereignis, das für DaF/DaZ in Österreich wichtige Impulse setzte und als krönender Abschluss der Gründungsphase angesehen werden kann.

2.4. Endgültige Etablierung des Faches in Österreich seit 1990

Von entscheidender Bedeutung für die Entwicklung von DaF/DaZ in Österreich waren in diesem Jahrzehnt

- der politische Wandel in Osteuropa, auf den die österreichische Wissenschaftspolitik neben anderen Maßnahmen mit einer Verstärkung des Lektoratsprogramms reagierte
- zur Spitzenzeit (1995) gab es 170 österreichische Lektorate mit einem Schwerpunkt in Mittel und Osteuropa (Muhr 2001: 106);
- die insgesamt fortschreitende Internationalisierung − markanter Einschnitt war hier Österreichs EU-Beitritt 1995;
- und schließlich der weitere Anstieg der ausländischen Wohnbevölkerung in Österreich auf etwa 9,3 %, vor allem aber die damit einhergehende rasante Zunahme von Schülern und Schülerinnen mit Deutsch als Zweitsprache − der Ausländeranteil stieg von 4,2 % im Jahr 1989 auf 9 % im Jahr 2000 an (Biffl und Bock-Schappelwein 2003: 123), was dazu führte, dass sich auch die bisher weniger betroffenen Schultypen (v. a. allgemein- und berufsbildende höhere Schulen) mit der Integration von DaZ in den Schulalltag auseinandersetzen mussten.

Eine Folge dieser Entwicklungen war auf universitärer Ebene die Besetzung zweier Lehrstühle für „Deutsch als Fremdsprache", 1993 an der Universität Wien (Hans-Jürgen Krumm) und 1995 an der Universität Graz (Paul Portmann), mit der das langjährige Bemühen um eine universitäre Etablierung von DaF/DaZ einen vorläufigen Abschluss fand. Begleitend kam es zur Gründung einer Reihe von Vermittlungsinstitutionen und damit zu einer gewissen Professionalisierung der Auslandskulturarbeit bzw. der DaF-Vermittlung im Ausland (vgl. Art. 14):

- „KulturKontakt" (gegründet 1989, seit 1990 im Kulturaustausch mit Osteuropa tätig) setzte Initiativen in der Lehrerfortbildung und Bildungszusammenarbeit mit den MOE-Ländern, gerade auch im DaF-Bereich;
- „Österreich-Kooperation" (ÖK, gegründet 1993) betreute zunächst die Auslandslektorate, später auch Fremdsprachenaustauschassistenzen und DaF-Praktika;
- „Österreichisches Sprachdiplom Deutsch" (ÖSD, seit 1994) in Zusammenarbeit mit dem Wiener Lehrstuhl entwickelt und auch durch die Förderung des DACHL-Ansatzes an den Lehrstühlen inzwischen zu einer trinationalen Prüfungskooperation ausgebaut;
- „Europäisches Fremdsprachenzentrum" (EFSZ) des Europarats (mit intensiver Förderung von österreichischer Seite 1994 in Graz eingerichtet), das sich zwar dem Fremdsprachenunterricht allgemein widmet, aber immer wieder auch DaF/DaZ-relevante Projekte durchführt;
- „Österreich Institut GmbH" (ÖI, gegründet 1997).

Auch der Bereich DaZ erlebte einen Innovationsschub: „Im Jahr 1992 wurden die schulischen Regelungen für Migrantenkinder auf eine neue Basis gestellt, die im Wesentlichen bis heute gilt. Sie beinhalten die drei Grundpfeiler Zweitsprachenunterricht, muttersprachlicher Unterricht und interkulturelles Lernen" (de Cillia 2003: 136). Ein wichtiger Baustein war die Einführung des Lehrplan-Zusatzes „Deutsch für Schüler mit nichtdeutscher Muttersprache", der zunächst aber nur in den Pflichtschulen galt. Zudem wurden die Schulversuche zum DaZ-Förderunterricht in unterrichtsparalleler, integrativer oder zusätzlicher Form, ins Regelschulwesen übernommen und zusätzliche Lehrstunden dafür zur Verfügung gestellt. Allerdings wurde dieser Unterricht vielfach von dafür nicht ausgebildeten Lehrkräften unterrichtet: Bis 1999 gab es an den Pädagogischen Akademien (PA) das Zusatzangebot „Ausländerpädagogik", das dann je nach PA durch verschiedene „Akademielehrgänge", die entweder studienbegleitend oder nach Abschluss des Regelstudiums besucht werden konnten, abgelöst wurde. Im Regelstudium war DaF/DaZ nur an einer einzigen PA − allerdings nur in der Hauptschullehrerausbildung für das Fach Deutsch − verpflichtend, acht PA-Studienpläne wiesen immerhin ein Angebot im Bereich „Interkulturelles Lernen" auf, wenn auch zumeist nicht in der Didaktik. „Sechs PA (…) haben in ihren Studienplänen für die Grundausbildung angehender PflichtschullehrerInnen (…) *keine Angebote* in Deutsch als Zweitsprache oder Interkulturellem Lernen ausgewiesen" (Boeckmann et al. 2003: 53 f.).

An den Universitäten war DaF/DaZ ebenfalls kein Pflichtfach, auch nicht in der Deutschlehrerinnenausbildung. Allerdings boten alle Germanistikinstitute Wahl- bzw. Wahlpflichtlehrveranstaltungen im Bereich DaF/DaZ an. Am umfassendsten war das Angebot an der Universität Wien (1994/5: 20, 1999/2000: 30 Semesterstunden). Dort wurde eine institutsinterne „Bestätigung DaF/DaZ" ausgestellt, die sich als Alternative zum bestehenden Grazer Lehrgang etablierte.

Obwohl die DaF/DaZ-Studienangebote an den Germanistikinstituten verortet sind, sind sie nicht linguistisch, eher didaktisch orientiert. Ein weiterer Schwerpunkt ist die Sprachenpolitik, wie auch die besondere Hervorhebung von Mehrsprachigkeit und interkulturellem Lernen (Krumm 1994). Besondere Aufmerksamkeit hat die DaF/DaZ-Forschung in Österreich auch den Aspekten „Textkompetenz" (Portmann-Tselikas und Schmölzer-Eibinger 2002) sowie „Kulturgeprägtes Lehr-/Lernverhalten" (Boeckmann 2006) gewidmet. Wichtigstes Publikationsorgan des universitären Fachs sind das seit 1997 erscheinende Jahrbuch und die Buchreihe „Theorie und Praxis. Österreichische Beiträge zu Deutsch als Fremdsprache". Damit entstand neben den 1985 vom ÖDaF ins Leben gerufenen „ÖDaF-Mitteilungen" ein zweites DaF/DaZ-spezifisches Publikationsorgan.

In den Jahren seit 2000 wurde das Arbeitsfeld DaF/DaZ u. a. von verschiedenen Reformen im tertiären Bildungsbereich beeinflusst. Zunächst traten 2002 neue Studienpläne für das Diplomstudium Germanistik und das Lehramtsstudium Deutsch an den Universitäten in Kraft. Im Zuge der seit 2002 umgesetzten Autonomisierung und Ausgliederung der Universitäten entwickelten sich die Studienangebote an den verschiedenen Standorten auseinander. Zumindest in Wien und in Klagenfurt machten die neuen Studienpläne DaF/DaZ, wenn auch in bescheidenem Umfang, zum Pflichtfach und eröffneten für das Diplomstudium durch die Einführung der „Freien Wahlfächer" die Möglichkeit einer DaF/DaZ-Schwerpunktbildung. In Wien führte das zu einer Institutionalisierung der bisherigen „Bestätigung" zum „Freie-Wahlfach-Modul Deutsch als Fremd- und Zweitsprache" (für Hörer aller Studienrichtungen), das erstmals auch einen Eintrag ins Diplomzeugnis ermöglichte. Kaum hatten sich diese Neuerungen durchgesetzt, wurden die Universitäten angehalten, auf B.A./M.A.-Studien umzustellen. Es ist anzunehmen, dass bei dieser Umstellung, die bis zum Studienjahr 2008/9 durchgeführt wurde, die DaF/DaZ Studienmöglichkeiten österreichweit zumindest erhalten worden sind. Im Wiener Germanistik-B.A. wurde der DaF/DaZ-Pflichtanteil leicht erhöht und ein eigenes M.A.-Studium „Deutsch als Fremd- und Zweitsprache" etabliert, ein zweites M.A.-Angebot in Graz ist in Vorbereitung (2009). Die Umstellung der Lehramtsstudien steht noch aus: es gibt Bemühungen, hier eine Zweitsprachkomponente für alle Lehramtsfächer einzuführen, jedoch ist nicht abzusehen, ob dies Erfolg haben wird. In diesem Kontext ist auch die Einrichtung einer zweiten Professur mit DaZ-Schwerpunkt in Wien 2007 zu erwähnen.

Auch die Ausbildung für Lehrende an Pflichtschulen und die Fortbildung für alle Schultypen wurde reformiert, indem diese an den 2006 neu gegründeten Pädagogischen Hochschulen (PH) zusammengefasst wurden. In den neuen Curricula der PH ist mit wenigen Ausnahmen Deutsch als Zweitsprache und Interkulturelles Lernen, wenn auch nur in geringem Umfang, für die meisten Lehramtsausbildungen als Pflichtfach verankert (Boeckmann 2009).

An den Schulen selbst wurde der DaZ-Lehrplan unter der neuen Bezeichnung „Besondere didaktische Grundsätze, wenn Deutsch Zweitsprache ist" auf die allgemein bildenden höheren Schulen (Gymnasien) ausgedehnt, ohne jedoch die Fördermöglichkeiten dort entsprechend auszubauen. Nach einer zwischenzeitlichen Einschränkung der Lehrstundenzuteilung für den DaZ-Förderunterricht (de Cillia 2003: 137) wurde dieser in letzter Zeit wieder ausgebaut und u. a. auch erstmals Fördermöglichkeiten an berufsbildenden Schulen eingeführt. Eine weitere Neuerung ist die Sprachstandsfeststellung (vgl. Art. 146), die seit 2005 bei der (um ein Jahr vorverlegten) Schuleinschreibung der Vorschulkinder erheben soll, ob diese die nötige Sprachkompetenz in der Unterrichtssprache aufweisen und wenn nicht, ggf. Förderungen in Kindergarten oder Vorschule anbietet. Angesichts der geringen Verlässlichkeit solcher Testverfahren haben sich viele sprachdidaktische Expertinnen gegen diese Maßnahme ausgesprochen.

Vor allem für DaZ in der Erwachsenenbildung von Bedeutung ist die 2002 verabschiedete „Integrationsvereinbarung", die einen verpflichtenden Sprachkurs für Zuwanderer/innen mit harten Sanktionen bis zur Ausweisung bei Nichterfüllung vorsieht. Ursprünglich waren 100 Stunden bis zum Niveau A 1 nach dem GER vorgesehen, was ab 2006 auf A 2 und 300 Stunden ausgeweitet wurde. Das undifferenzierte Kursangebot und die mangelnde Qualitätskontrolle sind die Hauptgründe für anhaltende fachliche Kritik auch an dieser Maßnahme der Politik.

Unzweifelhaft hat das Fach DaF/DaZ in Österreich v. a. in den letzten beiden Jahrzehnten eine beschleunigte Entwicklung in Richtung einer Professionalisierung genommen und ist zu einem unverzichtbaren, produktiven Teil der Germanistik in Österreich geworden: die letzte DaF/DaZ-Bibliografie listet ca. 400 Titel mit Österreichbezug auf (Haider und Mohr 2005). Die Vitalität dieses Arbeits- und Forschungsgebiets wird wohl in Zukunft durch die neuen Studiengänge noch zunehmen.

3. Literatur in Auswahl

Biffl, Gudrun und Julia Bock-Schappelwein
    2003   Soziale Mobilität durch Bildung? − Das Bildungsverhalten von MigrantInnen. In: Faßmann, Heinz und Irene Stacher (Hg.), *Österreichischer Migrations- und Integrationsbericht. Demographische Entwicklungen − sozioökonomische Strukturen − rechtliche Rahmenbedingungen*, 120−130. Klagenfurt/Celovec: Drava.
Boeckmann, Klaus-Börge, Ulrike Eder, Elisabeth Furch und Verena Plutzar
    2003   Sprich Deutsch und du gehörst zu uns! Deutsch als Zweitsprache bei der Integration von MigrantInnen und in der LehrerInnenaus- und fortbildung. In: Brigitta Busch und Rudolf de Cillia (Hg.), *Sprachenpolitik in Österreich. Eine Bestandsaufnahme*, 43−62. Frankfurt (Main): Peter Lang.

Boeckmann, Klaus-Börge
2009   Ausbildungsangebote und Qualifikationsmaßnahmen für Unterrichtende in Österreich: Die Ausbildungssituation von Lehrenden an Schulen. In: Nadja Kerschhofer-Puhalo und Verena Plutzar (Hg.), *Nachhaltige Sprachförderung*, 64−74. Innsbruck/Wien: Studien-Verlag.

Busch, Brigitte
1996   *Lepena. Ein Dorf macht Schule.* (Dissertationen und Abhandlungen 40.) Klagenfurt/Celovec: Drava.

Eder, Ulrike
2006   *„Auf die mehrere Ausbreitung der teutschen Sprache soll fürgedacht werden". Deutsch als Fremd- und Zweitsprache im Unterrichtssystem der Donaumonarchie zur Regierungszeit Maria Theresias und Josephs II.* (Theorie und Praxis − Österreichische Beiträge zu Deutsch als Fremdsprache, Serie B, 9.) Innsbruck/Wien: Studien Verlag.

Gabriel, Leo (Hg.)
1972   *Wiener Internationale Hochschulkurse 1922−1972.* Wien: Universität Wien.

Gächter, August und Recherche-Gruppe
2004   Von Inlandarbeiterschutzgesetz bis Eurodac-Abkommen. eine Chronologie der Gesetze, Ereignisse und Statistiken bezüglich der Migration nach Österreich 1925−2004. In: Hakan Gürses, Cornelia Kogoj und Sylvia Mattl (Hg.), *Gastarbajteri. 40 Jahre Arbeitsmigration*, 31−45. Wien: Mandelbaum.

Goebl, Hans
1999   Die Sprachensituation in der Donaumonarchie. In: Ohnheiser, Ingeborg, Manfred Kienpointner und Helmut Kalb (Hg.), *Sprachen in Europa. Sprachsituation und Sprachpolitik in europäischen Ländern*, 33−49. (Innsbrucker Beiträge zur Kulturwissenschaft.) Innsbruck: Institut für Sprachwissenschaft.

Haider, Barbara und Imke Mohr
2005   Bibliographie österreichischer Publikationen zu Deutsch als Fremdsprache / Deutsch als Zweitsprache, interkulturellem Lernen und zu sprachenpolitischen Fragen. *ÖDaF-Mitteilungen* 21: 74−109. (Sondernummer „Perspektiven" zur XIII. Internationalen Tagung der Deutschlehrerinnen und Deutschlehrer Graz 2005.)

Krumm, Hans-Jürgen
1994   Mehrsprachigkeit und interkulturelles Lernen. Orientierungen im Fach Deutsch als Fremdsprache. *Jahrbuch DaF* 20: 13−36.

Lau, Gerd
1989   Wie Migrantenkinder Deutsch lernen. *ÖDaF-Mitteilungen* 5: 6−18. (Sonderheft zur IX. Internationalen Deutschlehrertagung 1989.)

Muhr, Rudolf
1989   Wege, Ziele und Möglichkeiten einer Lehrer-Aus- und Fortbildung Deutsch als Fremdsprache / Deutsch als Zweitsprache in Österreich. *ÖDaF-Mitteilungen* 5: 32−45. (Sonderheft zur IX. Internationalen Deutschlehrertagung 1989.)

Muhr, Rudolf
2001   Entwicklungen des Faches Deutsch als Fremdsprache und des Deutsch als Fremd- und Zweitsprache-Unterrichts in Österreich (Artikel 8). In: Gerhard Helbig, Lutz Götze, Gert Henrici und Hans-Jürgen Krumm (Hg.), *Deutsch als Fremdsprache. Ein internationales Handbuch*, 97−108. Bd. 19.1. (Handbücher zur Sprach- und Kommunikationswissenschaft 19, 1. Halbband.) Berlin/New York: Walter de Gruyter.

ÖAD, Österreichischer Austauschdienst
2006   Vorstudienlehrgänge. Universitätslehrgänge zur Vorbereitung auf Ergänzungsprüfungen. Zugriff 15. 01. 2009, unter http://www.oead.ac.at/_oesterreich/moeglichkeiten/vorstudien/vorstudien_start.html

ÖAD, Österreichischer Austauschdienst
2007   Über den ÖAD. Zugriff 15. 01. 2009, unter http://www.oead.at/_oead_about/index.html

ÖAD, Österreichischer Austauschdienst
    2008   Geschichte des ÖAD. Zugriff 15. 01. 2009, unter http://www.oead.at/_oead_about/
            geschichte.html
Portmann-Tselikas, Paul R. und Schmölzer-Eibinger, Sabine
    2002   *Textkompetenz – neue Perspektiven für das Lernen und Lehren.* (Theorie und Praxis –
            österreichische Beiträge zu Deutsch als Fremdsprache, Serie B, 7.) Innsbruck/Wien: Stu-
            dien-Verlag.
Saxer, Robert
    1989   Österreichische DaF/Daz-Publikationen (Bibliographie). *ÖDaF-Mitteilungen 5*, Sonder-
            heft zur IX. Internationalen Deutschlehrertagung 1989: 77–91.

Klaus-Börge Boeckmann, Wien (Österreich)

8. Entwicklungen von Deutsch als Fremd- und Zweitsprache in der Schweiz

1. Zur Sprachensituation der Schweiz
2. Deutsch als Zielsprache
3. Deutsch als Zweitsprache
4. Lehrerausbildung
5. Lehrmittel in der Schweiz
6. Zukunftsperspektiven
7. Literatur in Auswahl

Die (auch deutschsprachige) Schweiz wird in einem etwas unpräzisen Sprachgebrauch
zur Gruppe der deutschsprachigen Länder gezählt. Sie nimmt aber darin eine Sonderstellung ein a) durch ihre Viersprachigkeit und b) durch den Stellenwert des Dialekts.
Deutsch als eine der vier Landessprachen ist als Fremdsprache in den verschiedenen
Schultypen und -stufen unterschiedlich repräsentiert.

Die eingeführte Unterscheidung von Deutsch als Fremdsprache (DaF) und Deutsch
als Zweitsprache (DaZ) ist in einem mehrsprachigen Land mit Deutsch als einer der
Landessprachen eher problematisch, da es hier häufig zu Kontaktsituationen kommt, in
denen die gelernte Fremdsprache sehr wohl kommunikativ relevant ist. Deutsch wird als
Fremdsprache – wie Französisch und Italienisch – an Schweizerinnen und Schweizer
vermittelt, die sich nicht im eigentlichen Sinne fremd sind. Deshalb spricht man in der
Schweiz häufig von erster, zweiter etc. Landessprache, wobei unter erster Landessprache
die jeweilige Erstsprache verstanden wird.

Wir bleiben dennoch bei der Unterscheidung: Deutsch als Fremdsprache meint die
an nicht-deutschsprachige Schweizer/-innen vermittelte Sprache Deutsch, während
Deutsch als Zweitsprache sich auf die Vermittlung an ausländische Personen bezieht.
„Deutsch als Zielsprache" wird im Folgenden als Oberbegriff für beide Formen verwendet.

1. Zur Sprachensituation der Schweiz

Die Schweiz ist als einziges der deutschsprachigen Länder offiziell mehrsprachig und hat vier unterschiedliche Landessprachen: Deutsch, Französisch, Italienisch, Rätoromanisch. Wegen der Arbeitsmigration gibt es eine große Zahl weiterer Nicht-Landessprachen.

Die vier Sprachgruppen der Schweiz leben in relativ homogenen Sprachgebieten (vgl. Bickel und Schläpfer 2000), die durch teilweise geografisch bedingte Sprachgrenzen voneinander getrennt sind. Wir unterscheiden die Deutschschweiz (vgl. Löffler 1997), die französischsprachige West- oder Welschschweiz (auch Romandie), die italienischsprachige Südschweiz (Kanton Tessin & drei italienischsprachige Täler im Kanton Graubünden) und Romanischbünden (die Gebiete des Kantons Graubünden, in denen Rätoromanisch gesprochen wird).

Die Sprachgrenze Deutsch/Französisch bzw. Deutsch/Italienisch liegt seit langem fest, diejenige zwischen Deutsch und Rätoromanisch hat sich aber stark zu Gunsten des Deutschen verschoben. (Niederhauser 1997: 1837) Die Volkszählung von 2000 hat die Stabilität der Sprachgebiete Deutsch, Italienisch, Französisch auch für die jüngste Vergangenheit bestätigt. (vgl. www.bfs.admin.ch; 25. 11. 2008)

In Artikel 116 der Bundesverfassung wird die Viersprachigkeit der Schweiz festgehalten. Grundziel einer schweizerischen Sprachenpolitik ist die Erhaltung der viersprachigen Schweiz. Sprachpolitik wird in der Schweiz wegen der Mehrsprachigkeit primär als innerpolitische Angelegenheit betrachtet, anders als z. B. in Österreich und der Bundesrepublik, deren Sprachpolitik auch auf die Förderung und Verbreitung der deutschen Sprache im Ausland abzielt.

Zum 1. 1. 2010 trat ein neues Sprachengesetz in Kraft, das die Verwendung der Landessprachen regelt und besondere Schutzbestimmungen für Italienisch und Rätoromanisch aufweist.

Zu weiteren Informationen sowohl zur Sprachensituation als auch zur Situierung von DaF/DaZ in der Schweiz vgl. Art. 15 und Art. 36.

In der stark föderalistischen Schweiz liegt die Kulturhoheit bei den einzelnen Kantonen, das heißt, diese tragen die Verantwortung für den Unterricht während der obligatorischen Schulzeit. Es gibt kein zentrales Kultusministerium, sondern nur einen Zusammenschluss der kantonalen Erziehungsdirektoren zur Schweizerischen Konferenz der kantonalen Erziehungsdirektoren (EDK). Nach dem „Konkordat über die Schulkoordination" zur Förderung einer effektiven Koordination des Schulwesens von 1970 läuft seit 2004 ein weiteres Projekt zur Harmonisierung der obligatorischen Schule (HarmoS), welches u. a. zu gemeinsamen Bildungsstandards, auch im Bereich der Sprachen, führen soll.

Aufgrund der Initiative des Kantons Zürich, der aus dem Konkordat von 1970 ausbrach und Englisch anstelle einer zweiten Landessprache einführte, ist Bewegung in die Diskussion um die Schulsprachen in der Schweiz gekommen. Dies zeigt sich auch an der Veränderung der Terminologie: In neueren Publikationen wird durchgängig wieder von Fremdsprachen gesprochen, bei denen manchmal auf die Stellung einer Fremdsprache als Nationalsprache hingewiesen wird.

Die Schweiz kennt eine sechsjährige Primarstufe, an die sich eine dreijährige Sekundarstufe I anschließt. Mit diesen insgesamt neun Jahren ist die obligatorische Schulzeit abgedeckt. Die Sekundarstufe II wird derzeit auf drei Jahre reduziert und schließt mit der Matura ab.

2. Deutsch als Zielsprache

Deutsch als Zielsprache richtet sich in der Schweiz an drei unterschiedliche Zielgruppen:

(1) Eine der drei anderssprachigen Gruppen der Schweizer Bevölkerung (Deutsch als L2 oder L3). Diese Zielgruppe ist spezifisch für die Schweiz.
(2) Ausländische Lernende, die sich zum Deutschlernen in der Deutschschweiz aufhalten.
(3) Ausländische Bewohner und Bewohnerinnen der Schweiz (Deutsch als Zweitsprache).

2.1. Schulsystem

Auch in der Schweiz wird seit einigen Jahren mit mehrsprachigem Unterricht experimentiert. So gibt es Initiativen, bei denen schon im Kindergarten mit „Sachunterricht" in der anderen Sprache begonnen wird (z. B. in den mehrsprachigen Kantonen Freiburg, Wallis, Bern und Graubünden, aber auch an verschiedenen privaten Kindergärten in Zürich und Basel). Die Kindergarten-Aktivitäten geschehen hierbei in der anderen Sprache, Deutsch ist also Immersionssprache. (vgl. EDK 1993; Brohy 1996/98)

Beim DaF-Unterricht in den Primarschulen der nicht-deutschsprachigen Schweiz handelt es sich um eine spielerische Sensibilisierung für die andere Landessprache ohne Notendruck. Eine Reihe von Projekten im Primarbereich beginnen mit DaF in der ersten Klasse bzw. schließen an den Immersionsbeginn im Kindergarten (z. B. im Wallis) an (zu Immersionsversuchen in der Schweiz: Brohy 2004).

Eine positive Sonderrolle spielt hier der Kanton Graubünden, der in den Gebieten Romanischbündens schon seit Jahrzehnten Immersionsunterricht praktiziert, ohne diesen jedoch so zu nennen. (Carigiet 1998: 47)

In den Schulen der Sekundarstufe I wird Deutsch auf der Primarschule aufbauend weitergeführt. Die eher spielerische Sensibilisierung der Primarschule wird abgelöst durch kommunikativ-kognitive Ansätze und einen stärkeren Druck durch Noten.

Zur Sekundarstufe II gehören in der Schweiz:

a) die gymnasialen Maturitätsschulen
b) Berufsschulen, die zur so genannten Berufsmaturität führen.

Für die Westschweiz ist das „Harmonisierungs-Konkordat" (seit 2009) von Bedeutung, indem Deutsch hier einen neuen Status erhält und dem frühen Englischunterricht vorausgeht. (Zum Deutschunterricht in der Westschweiz im 20. Jahrhundert vgl. von Flüe-Fleck 1994: 101–120; zum Tessin: Flügel 1992)

Wie in anderen Ländern existiert in der Schweiz eine ganze Reihe von Privatschulen. Was den Fremdsprachenunterricht in der Schweiz betrifft, haben sie in den vergangenen Jahren oft eine Pionierrolle übernommen.

2.2. Universitäten und Hochschulen

Die Germanistik an den Westschweizer Universitäten (Lausanne, Genf, Neuenburg) ist nach klassischem Muster ausgerichtet. Studienbegleitende DaF-Angebote sind eher Stützkurse.

Die zweisprachige Universität Freiburg/CH verfügt seit 1996 über eine DaF-Professur. DaF an der Universität Freiburg steht dabei auch in Zusammenhang mit der Zweisprachigkeit dieser Universität und der damit verbundenen Notwendigkeit, studienbegleitende und studienspezifische Sprachlehrveranstaltungen für die Studiensprache Deutsch (und auch Französisch) anzubieten. Der seit 1982/83 bestehende Ausbildungsgang für die Unterrichtenden DaF an Westschweizer Schulen der Sekundarstufe I ist inzwischen in einen entsprechenden Bachelor umgewandelt worden.

Eine Besonderheit der Universität Freiburg sind zweisprachige Abschlüsse. An der Rechtswissenschaftlichen und an der Wirtschafts- und Sozialwissenschaftlichen Fakultät und in Bereichen der Philosophischen Fakultät kann das Studium mit einem zweisprachigen Diplom (Deutsch-Französisch) abgeschlossen werden. Es gibt dafür spezielle Reglemente, nach denen mindestens 40 % des Studiums und der Examina in der jeweils anderen Studiensprache absolviert werden müssen. (Zum Zweisprachigkeitskonzept der Universität Langner 1997)

Auch die Pädagogische Hochschule des Kantons Freiburg hat ein Zweisprachigkeitskonzept. Alle Studierenden müssen 15 % des Unterrichts in der sogenannten Partnersprache absolvieren. Ebenfalls gibt es ein zweisprachiges Unterrichtsdiplom, für welches 50 % aller Veranstaltungen in der zweiten Sprache besucht werden müssen.

Als voruniversitäre Einrichtung gibt es in Freiburg noch die Vorbereitungskurse auf das Hochschulstudium in der Schweiz. Diese Einrichtung bereitet ausländische Studienbewerber/-innen mit einem Hochschulreifezeugnis ihres Landes auf ein Studium an einer Schweizer Hochschule vor. Eines von fünf Fächern ist obligatorisch Deutsch (oder Französisch) als Fremdsprache.

Seit dem Jahr 2007 gibt es die Zürcher Hochschule für Angewandte Wissenschaften (zhaw), eine Fachhochschule, die aus dem Zusammenschluss verschiedener Hochschulen entstand. Am Departement für Angewandte Linguistik gibt es ein Certificate of Advanced Studies (CAS) als Lehrer/-in für Deutsch als Fremd- und Zweitsprache. Dieses CAS kann mit zwei weiteren und der Abfassung einer schriftlichen Arbeit zu einem Master (60 ECTS) ausgebaut werden. Hiermit besteht erstmalig eine hochwertige, praxisorientierte Ausbildung als Alternative zu den bisherigen universitären Ausbildungen.

3. Deutsch als Zweitsprache

Die Schweiz hat einen relativ hohen Prozentsatz ausländischer Wohnbevölkerung (2007: 21,1 %). Man unterscheidet zwischen ausländischen Arbeitnehmern und Arbeitnehmerinnen und Flüchtlingen/AsylbewerberInnen. Die Gruppe der Flüchtlinge und Asylbewerber, aber teilweise auch die ausländischen Arbeitnehmer/-innen, sprechen oft nicht die im jeweiligen Landesteil gesprochene Landessprache. So stellt sich die Frage nach der sprachlichen Integration und einem Angebot an Sprachkursen.

Wichtigste Lernziele von Sprachkursen für Flüchtlinge und Asylbewerber/-innen sind das Sprechen und das Hörverstehen. In der Deutschschweiz zeigt sich deutlich das Problem der medialen Diglossie. Eigenentwicklungen von Lernmaterialien versuchen diese Situation zu berücksichtigen. (z. B.: Neugebauer und Nodari 2005)

Die Probleme der sprachlichen Integration der Kinder im Zusammenspiel von Familiensprache und jeweiliger Landessprache wurde gerade in einem nationalen Forschungsprojekt untersucht. (Moser et al. 2008)

Die komplexe Sprachsituation der Deutschschweiz ist nicht einfach in Lehrwerke zu integrieren, da die gesprochenen Dialekte Regionalvarianten sind, die nur in begrenzter Verbreitung gesprochen werden. Es gibt verschiedene Möglichkeiten damit umzugehen, so z. B. das Schweizerhochdeutsche als Zielsprache vorzusehen mit explizitem Einbezug von Dialektverstehen, das Hörverstehenstraining mit Einbezug der rezeptiven Kompetenz für Dialektverstehen (siehe EDK 1987) oder das Konzept ‚Dialektlernen für erste Kontaktsituationen‘, wobei die jeweilige Regionalvariante gelernt würde.

An öffentlichen Schulen gibt es einerseits Stützkurse zur sprachlichen und kulturellen Integration von Kindern ausländischer Arbeitnehmer und Flüchtlingen. Für fremdsprachige Kinder mit einer im Heimatland abgeschlossenen obligatorischen Schulzeit gibt es andererseits auch sprachliche Integrationskurse, die diesen Kindern die Suche nach einer Lehrstelle erleichtern sollen.

An den Berufsschulen gibt es vereinzelt Kurse für DaZ, aber bis heute kein eigentliches Konzept, obwohl der Anteil der nicht-deutschsprachigen Berufsschüler stark ansteigt.

4. Lehrerausbildung

Die Ausführungen von Müller (1990/94) und seine Einschätzungen widerspiegeln die Situation bis vor wenigen Jahren.

Die Ausbildung der Lehrer und Lehrerinnen für Kindergarten und Primarstufe geschieht neu an den Schweizer Pädagogischen Hochschulen. Dadurch wird für die Ausbildung zu Unterrichtenden für Kindergarten und Primarstufe ein Maturaabschluss vorausgesetzt.

Die Ausbildung für zukünftige Deutschlehrer und -lehrerinnen beider Sekundarstufen geschieht sowohl für L1 als auch für L2 innerhalb der Germanistik an den Universitäten. An vielen Universitäten wird bei der Ausbildung nicht zwischen diesen beiden Schulstufen unterschieden. An der Universität Freiburg gibt es verschiedene Bachelorangebote im Bereich DaF für Deutsch- und Anderssprachige, die anschließend auf der Sekundarstufe I an einer Schule mit französischer Unterrichtssprache unterrichten wollen.

Für die Sekundarstufe II gibt es hingegen keine spezifische Ausbildung für Deutsch als Fremdsprache. An der Universität Freiburg kann aber seit 1997 Deutsch als Fremdsprache als Nebenfach innerhalb der Germanischen Philologie gewählt werden.

Neben der öffentlichen Lehrerausbildung gibt es in der Schweiz eine Vielzahl von privaten Schulen und halbprivaten Einrichtungen für die Ausbildung von Unterrichtenden, auch für den Bereich DaF/DaZ. Müller (1990/94) kommt zu der Einschätzung, dass von diesen Institutionen häufig „die Anforderungen für ein künftiges FU-Lehrerprofil (FU = Fremdsprachenunterricht, ML) um einiges ernster genommen werden als von staatlichen Ausbildungsstellen" (S. 243). So wurde hauptsächlich von Unterrichtenden an solchen privaten Institutionen 1997/98 ein „Anforderungsprofil DaF/DaZ-Lehrer/in" erarbeitet. (Informationen zu Einrichtungen für DaF/DaZ in: Zugänge zur Schweiz, 2005)

5. Lehrmittel in der Schweiz

Seit 1998 wird an den öffentlichen Schulen der Schweiz ausschliesslich mit internationalen Lehrmaterialien gearbeitet.

Die spezifische Situation in der Deutschschweiz mit ihren schon mehrfach erwähnten Eigenheiten hat zu einer ganzen Reihe von Lehrmaterialien für die Zielgruppe Ausländer/ Flüchtlinge/Asylbewerber geführt. Inzwischen gibt es Infrastrukturen, mit denen professionell Lehrwerke für diesen Bereich entwickelt werden.

Speziell für die Kinder und Jugendlichen dieser Zielgruppen in öffentlichen Schulen sind im Auftrag von größeren Deutschschweizer Kantonen offizielle Lehrbücher entstanden, die auf die Deutschschweizer Wirklichkeit abzielen, zumindest was die landeskundlichen und kulturellen Informationen betrifft. So z. B. „Pipapo" (Neugebauer und Nodari 2002−2004), die zudem aktuelle zweitsprachendidaktische Ansätze integrieren.

Diese Materialien und Lehrwerke leisten einen wichtigen Beitrag zur sprachlichen und kulturellen Integration der sogenannten „zweiten Ausländergeneration".

Da in der Deutschschweiz der Dialekt die Funktion der Umgangssprache erfüllt, gibt es schon seit langer Zeit Lehrmaterialien zum Dialektlernen (siehe schon Baur 1941/ 1971). Unterscheiden muss man zwischen Lehrmaterialien, die die produktive Verwendung der Mundart zum Ziel haben (Zwicky 1987; Feuz 1998) und solchen, welche nur auf das Hörverstehen abzielen (Müller/Wertenschlag 1985).

Lehrwerke mit dem Lernziel Dialektsprechen vermitteln zumeist einen der großräumigeren Dialekte, wie z. B. das Berndeutsche und ein Lehrwerk zum Dialekthörverstehen baut auf Kenntnissen in einer deutschen Standardsprache auf. Das Problem der verschiedenen Dialekte, welches sich bei einem solchen Material stellt, wird durch die Berücksichtigung verschiedener großräumiger Dialekte gelöst, die auf den Audiomaterialien und im Lehrbuch vermittelt werden. Der Erfolg von Müller und Wertenschlag (1985) hat zu einem neuen Projekt geführt: „chunsch druus? Schweizerdeutsch verstehen − die Deutschschweiz verstehen".

Seit 1995 zeichnet sich eine gewisse Trendwende bei den kommerziellen, überregionalen Lehrwerken ab. Schweizer Autoren arbeiten mit deutschen und österreichischen Kollegen und Kolleginnen zusammen. So wird eine der ABCD-Thesen von 1990 realisiert. Hör- und Lesetexte aus den verschiedenen deutschsprachigen Regionen mit Unterschieden in der Lautung, Wortschatz, der die Unterschiede der Varianten einer plurizentrischen Sprache ins Bewusstsein bringt und neueste Ansätze der Fremdsprachendidaktik und der interkulturellen Kommunikation prägen diese Lehrwerke des 3. Jahrtausends. (Beispiele für diesen Ansatz sind: Müller et al. 2007; Jenkins et al. 2002/06)

6. Zukunftsperspektiven

Die Schweiz hat sich in der Vergangenheit, trotz der Schwierigkeit finanzielle Unterstützung zu bekommen, stark in die Fremdsprachendidaktik eingemischt: Die ABCD-Thesen von 1990 und die daran anschliessenden DACHL-Seminare sind dafür ebenso ein Beispiel wie die Revision des Zertifikats Deutsch / Zertifikat Deutsch für die Jugend. Die Validierung der Deskriptoren, die in den Gemeinsamen europäischen Referenzrahmen und in das Europäische Sprachenportfolio eingegangen sind, war ein Forschungsprojekt des Schweizerischen Nationalfonds (Schneider und North 2000). Die Schweizer Version des Sprachenportfolios war die erste, die akkreditiert wurde und hat massgeblich die Entwicklung aller europäischen Sprachenportfolios mitgeprägt.

In einem mehrsprachigen Land mit vier mehrsprachigen Kantonen wird sich in den nächsten Jahren hoffentlich der Immersionsunterricht weiterentwickeln. Nach den Erfahrungen einerseits im Ausland (Kanada, Luxemburg etc.), andererseits aber auch und im Inland mit verschiedenen Projekten, ist in verschiedenen Kantonen auch die öffentliche Schule in Bewegung geraten. So gibt es in verschiedenen Kantonen Projekte im Bereich Kindergarten, Primarschule und Sekundarstufe I und II bis hin zu zweisprachigen Maturitäten. Die Zukunft sollte aber eine breite Palette solcher Schulen auch in anderen Kantonen bringen. Die Überlegungen für den zukünftigen Deutschunterricht in der Westschweiz schließen solche Ideen für Immersionsunterricht bzw. -phasen neben traditionellem Fremdsprachunterricht ein. Im Tessin kann auf der Gymnasialstufe seit zwei Jahren eine zweisprachige Matura Deutsch/Italienisch absolviert werden (Scuola cantonale superiore di commercio in Bellinzona).

Die 1996 geschaffene Professur Deutsch als Fremdsprache wurde zusammen mit einer Professur Französisch als Fremdsprache inzwischen in den Studienbereich Mehrsprachigkeitsforschung und Fremdsprachendidaktik der Universität Freiburg integriert. Im Bereich der Lehrerausbildung, der Entwicklung von Prüfungen und der Forschung ist in den vergangenen Jahren viel in Bewegung gekommen und wir erwarten nach der Wiederbesetzung der Professur weitere Impulse. Forschungsschwerpunkte sind derzeit Evaluation von Fremdsprachkompetenzen, Autonomieförderung im Fremdsprachenerwerb, DaF im Rahmen einer Mehrsprachigkeitsdidaktik.

Ein neuer Masterstudiengang „Fremdsprachendidaktik"in Zusammenarbeit mit der Universität Bern und den Pädagogischen Hochschulen Bern und Freiburg soll ab 2010 angeboten werden.

Die Kooperation von Fachleuten der Schweiz mit solchen aus Deutschland und Österreich in der Lehrerweiterbildung sollte sowohl innerhalb der Schweiz als auch im Ausland weiter verstärkt werden. Dazu hat der Internationale Deutschlehrerverband (IDV) 2007 eine DACHL-Konzeptgruppe eingesetzt.

7. Literatur in Auswahl

Allemann-Ghionda, Cristina
    1988   *Ausländische Kinder, Jugendliche und Erwachsene im schweizerischen Bildungswesen.* Bern: Schweizerischer Wissenschaftsrat.
Ammon, Ulrich, Norbert Dittmar und Klaus J. Mattheier (Hg.)
    1988   *Soziolinguistik. Ein internationales Handbuch zur Wissenschaft von Sprache und Gesellschaft.* (Handbücher zur Sprach- und Kommunikationswissenschaft 3.1–2), Berlin/New York: de Gruyter.
Babylonia. Zeitschrift für Sprachunterricht und Sprachenlernen. Comano: Fondazione Lingue e culture.
Baur, Anton
    1941   *Praktische Sprachlehre des Schweizerdeutschen.* 2. Aufl. Niederhasli: Rigi Verlag.
Baur, Arthur
    1971   *Grüezi mitenand. Praktische Sprachlehre des Schweizerdeutschen.* 4. Aufl. Winterthur: Germsberg.
Bickel, Hans und Robert Schläpfer (Hg.)
    2000   *Die viersprachige Schweiz.* (Sprachlandschaft 25). Aarau: Sauerländer.
Brohy, Claudine
    2004   L'enseignement plurilingue en Suisse: de la gestion de l'innovation au quotidien. *Revue suisse des sciences de l'éducation* 3: 465–476.

Bundesverfassung der Schweizerischen Eidgenossenschaft vom 29. Mai 1874 (Stand am 8. September 1998). http://www.admin.ch/ch/d/sr/101/index.html (13. 10. 2009)

Carigiet, Werner
  1998   Die romanische Volksschule. *Babylonia 3*: 47−48.

Eidgenössische Konferenz der Erziehungsdirektoren (EDK)
  1975   *Empfehlungen und Beschlüsse der Schweizerischen Konferenz der kantonalen Erziehungsdirektoren betreffend Einführung, Reform und Koordination des Unterrichts in der zweiten Landessprache für alle Schüler während der obligatorischen Schulzeit.* Bern: EDK.

EDK
  1987   *Herausforderung Schweiz − Materialien zur Förderung des Unterrichts in den Landessprachen.* (Studien und Berichte 2) Bern: EDK.

EDK
  1993   *Themenheft: Mehrsprachige Schulen / Ecoles plurilingues.* (Bulletin Langue 2). Bern: EDK.

EDK
  1998   *Welche Sprachen sollen die Schülerinnen und Schüler der Schweiz während der obligatorischen Schulzeit lernen? Sprachenkonzept Schweiz.* Bern. http://www.romsem.unibas.ch/sprachenkonzept/Konzept.html (13. 10. 2009)

EDK
  1999   *Europäisches Sprachenportfolio (Schweizer Version).* Bern: EDK. http://www.unifr.ch/ids/Portfolio/ (13. 10. 2009)

Ehnert, Rolf und Hartmut Schröder (Hg.)
  1994   *Das Fach Deutsch als Fremdsprache in den deutschsprachigen Ländern.* (Werkstattreihe Deutsch als Fremdsprache 26). Bern: Lang.

Elmiger, Daniel und Simone Forster
  2005   *La Suisse face à ses langues. Histoire et politique du plurilinguisme − Situation actuelle de l'enseignement des langues.* Neuchatel: IRDP.

Feuz, Barbara
  1998   *Bärnisch. Ein kurzer Berndeutsch-Lehrgang.* Muri b. Bern: Cosmos.

Flügel, Christoph
  1992   Fremdsprachenunterricht im Kanton Tessin (Schweiz) − ein Fallbeispiel. In: *Lernen für Europa,* 51−56. Bonn: Köllen.

Franceschini, Rita
  1996   Mehrsprachigkeit in Gesellschaft und Schule: einige Ergebnisse der Volkszählung 1990. *Babylonia 3*: 58−68.

Haas, Walter
  2000   Die deutschsprachige Schweiz. In: *Die viersprachige Schweiz* 57−138. (Sprachlandschaft 25). 2. neu bearbeitete Aufl. Aarau: Sauerländer.

Haas, Walter
  1988   Schweiz. In: Ulrich Ammon u. a. (Hg.), *Soziolinguistik,* 1365−1383.

Institut de recherche et de documentation pédagogique (IRDP)
  1998   *Le point sur la recherche. Enseignement bilingue.* Bulletin d'information janvier 1998 Neuchâtel: IRDP.

Goebl, Hans, Peter H. Nelde, Starý Zdenek und Wolfgang Wölck (Hg.)
       Kontaktlinguistik. Ein internationales Handbuch zeitgenössischer Forschung. (Handbücher zur Sprach- und Kommunikationswissenschaft 12). Berlin/New York: de Gruyter.

Harmonisierungs-Konkordat:
       http://www.edk.ch/dyn/11659.php.

Langner, Michael
  1997   Zweisprachiges Studieren an der Universität Freiburg. *Babylonia 4*: 18−23.

Löffler, Heinrich
  1997   Deutsche Schweiz. In: Hans Goebl *u. a.* (Hg.), *Kontaktlinguistik,* 1854−1862.

Merkt, Gérard
  1990/1994   Eine Sprachpolitik ohne hegemonische Ansprüche. Situation des Faches DaF in der
              Schweiz. In: Rolf Ehnert und Hartmut Schroeder (Hg.), *Das Fach Deutsch als Fremd-
              sprache in den deutschsprachigen Ländern* 41−51. 2. Aufl., Bern: Lang.
Merkt, Gérard (Hg.)
  1993   *Immersion. Une autre forme d'enseignement/apprentissage des langues vivantes. Actes de la
          Journée d'information du 2 octobre 1992 à Neuchâtel.* (Recherches 93.101). Neuchâtel:
          IRDP.
Moser, Henri
  1993   Bilinguisme et immersion. L'école bilingue de Genève. In: Gérard Merkt (Hg.), 23−25.
Müller, Martin
  1990/1994   Deutsch als Fremdsprachenlehrerausbildung in der Schweiz. Bestandsaufnahme und
              Perspektiven. In: Eknert, Rolf und Hartmut Schröder (Hg.), *Das Fach Deutsch als
              Fremdsprache in den deutschsprachigen Ländern*, 237−253. Bern: Lang.
Müller, Martin, Lukas Wertenschlag
  1985   *Los emol. Schweizerdeutsch verstehen.* München: Langenscheidt.
Müller, Martin, Lukas Wertenschlag
  2009   *chunsch druus? Schweizerdeutsch verstehen − die Deutschschweiz verstehen.* Bern: Schul-
          verlag blmv.
Müller, Martin, Paul Rusch, Theo Scherling und Lukas Wertenschlag
  2006   *Optimal! Lehrwerk für Deutsch als Fremdsprache.* Berlin: Langenscheidt.
Niederhauser, Jürg
  1997   Schweiz. In: *Kontaktlinguistik*, 1836−1854.
Nodari, Claudio
  1995   *Perspektiven einer neuen Lehrwerkkultur.* (Sprachlandschaft 16). Aarau: Sauerländer.
Neugebauer, Claudia, Claudio Nodari
  2004   *Pipapo.* Bern: Schulverlag blmv.
Rundbrief. Arbeitskreis DaF in der Schweiz, 1986. Bern: Lang.
Schläpfer, Robert und Hans Bickel (Hg.)
  2000   *Die viersprachige Schweiz.* (Reihe Sprachlandschaft 25). 2. neu bearbeitete Aufl. Aarau:
          Sauerländer.
Schneider, Günther und Brian North
  2000   *Fremdsprachen lernen − was heisst das? Skalen zur Beschreibung, Beurteilung und Selbst-
          einschätzung der fremdsprachlichen Kommunikationsfähigkeit.* Chur/Zürich: Rüegger.
Sturm, Dietrich (Hg.)
  1987   *Deutsch als Fremdsprache weltweit. Situationen und Tendenzen.* Ismaning: Hueber.
von Flüe-Fleck, Hanspeter
  1994   *Deutschunterricht in der Westschweiz. Geschichte − Lehrwerke − Perspektiven.* (Sprach-
          landschaft 15). Aarau: Sauerländer.
Zellweger, Rudolf
  1987   Deutsch als Fremdsprache in der Schweiz. In: Dietrich Sturm (Hg.), *Deutsch als Fremd-
          sprache weltweit. Situationen und Tendenzen*, 197−205. Ismaning: Hueber.
Zugänge zur Schweiz
  2005   http://www.akdaf.ch/pdf/zugaenge_2005.pdf (13. 10. 2009).
Zwicky, Martin
  1987   *Stimmt! so isch es. A la découverte de la Suisse alemanique. Das isch di modärni Tütsch-
          schwiiz!* Fribourg: ALC.
Volkszählung 2000: http://raonline.ch/pages/edu/ur/chstat07a.html (13. 10. 2009)

Michael Langner, Fribourg/Freiburg (Schweiz)

III. Sprachenpolitik

9. Die Verbreitung des Deutschen in der Welt

1. Hauptphasen der Entwicklung

Die Verbreitung von Deutsch als Fremdsprache (DaF) außerhalb des deutschen Sprachgebiets erfordert auch einen Blick auf die Verbreitung als Muttersprache und Zweitsprache, wie folgende, in groben historischen Schritten geordnete Beispiele zeigen:

(1) Durch die mittelalterliche Ostkolonisation vom 8. bis 14. Jh. wurde das geschlossene deutsche Sprachgebiet nach Osten über Elbe und Saale und nach Norden über die Donau hinaus ausgedehnt bis nach Ostpreußen, Schlesien und in das Gebiet der heutigen Slowakei hinein. Die autochthone slawische Bevölkerung wurde großenteils sprachlich assimiliert. Von der verbleibenden, überwiegend weiter östlich siedelnden slawischsprachigen Bevölkerung wurde und wird Deutsch häufig als Fremdsprache gelernt.
(2) Die seit dem 12. Jh. einsetzende Emigration (muttersprachlich) deutschsprachiger Bevölkerungsteile nach Osteuropa führte zur Bildung zahlreicher Sprachinseln. Auch sie motivierten ihre Umgebung teilweise dazu, Deutsch zu lernen.
(3) Die Emigration deutschsprachiger Gruppen in überseeische Gebiete begann im 16. und verstärkte sich seit dem 17. Jh., zunächst vor allem nach Nordamerika, später auch nach Süd- und Mittelamerika sowie Australien und Süd-/Südwestafrika und führte zur Bildung deutschsprachiger Minderheiten (Born und Dickgießer 1989). Ein Großteil davon wurde später sprachlich assimiliert. Ihre Nachfahren lernen jedoch oft bis heute häufiger Deutsch als andere Bevölkerungsteile der betreffenden Länder.
(4) Die vor allem im 19. Jh. entstandenen deutschen Auslandsschulen wurden zunächst für Muttersprachler errichtet. Sie entwickelten sich aber im Lauf der Zeit auch zu Verbreitungszentren von DaF.
(5) Die Zahl der aus geschäftlichen Gründen vorübergehend im Ausland weilenden Muttersprachler von Deutsch („Kontraktdeutsche") nimmt weiter zu. Wo sie sich konzentrieren, entstehen oft deutschsprachige Firmenschulen oder kulturelle Zentren. Sie motivieren nicht selten auch Teile der einheimischen Bevölkerung zum Deutschlernen.

Somit trägt die Ausbreitung von Deutsch als Muttersprache vielfach auch zur Verbreitung von DaF bei. Jedoch kann hier nicht detailliert darauf eingegangen werden, wie und in welchem Umfang dies jeweils geschehen ist.

Die Forschung zur Ausbreitung von Deutsch (Hochdeutsch) als Fremdsprache ist weit verstreut publiziert und von unterschiedlicher Qualität (vgl. Art. 6). Es fehlen vor allem umfassende Untersuchungen für einzelne Länder. Vorliegende Untersuchungen setzen unterschiedliche, weitgehend intuitiv gewählte Schwerpunkte und reichen verschieden weit zurück (z. B. Lévy 1950/52 für Frankreich; Ortmanns 1993 für Großbritannien; Ammon 1994a; Ammon und Chong 2003; Ammon, Reinbothe und Zhu 2007; Glück 2002: 233−411). Daher bleibt auch die folgende Phaseneinteilung durch die zukünftige Forschung korrekturbedürftig.

(i) Die Zeit bis zum ausgehenden 18. Jh.

Die Abgrenzung zur neueren Zeit hin ist gerechtfertigt auf Grund von zwei bedeutsamen Ereignissen: (i) die drei polnischen Teilungen 1772, 1793 und 1795, durch welche die Herrschaftsgebiete Preußens und Österreichs (Habsburger Lande) nach Osten ausgeweitet wurden; (ii) die dekretierte Institutionalisierung von Deutsch als Amtssprache sämtlicher Habsburger Lande durch Kaiser Joseph II. zwischen 1780 und 1790, die nachwirkte, obwohl er sie auf seinem Sterbebett widerrief (Stark 2002: 92). Durch beide Ereignisse wurde das Amtssprachgebiet von Deutsch weit über sein Muttersprachgebiet hinaus ausgedehnt (auf slawisch- und ungarischsprachige Regionen). Dadurch waren viele Nicht-Deutschsprachige gezwungen, Deutsch zu lernen, teils als Fremd- und teils als Zweitsprache. Vordergründig wurde so zwar die deutsche Sprache in Osteuropa gestärkt; jedoch wurden die Maßnahmen von der nicht-deutschsprachigen Bevölkerung oft als gewaltsam empfunden, was der Stellung von Deutsch auf längere Sicht abträglich war (Grucza 1995: 718 f.). − Deutsch wurde zunächst überwiegend ungesteuert erlernt, vor allem in den osteuropäischen Randgebieten, wo es gegenüber den Nachbarsprachen das höhere Prestige hatte. Seit dem 17. Jh. entwickelte sich dann punktuell auch gesteuerter DaF-Unterricht, vor allem im Privatunterricht: an Ritterakademien verschiedener Länder des europäischen Kontinents und vereinzelt auch an Schulen und Hochschulen. Die Motive für das Erlernen waren vielfältig: religiöse Interessen, z. B. an den Schriften Luthers, wirtschaftliche sowie Bildungsbedürfnisse verschiedener Art. Speziell in Russland diente Deutsch den ansässigen Ausländern auch als Lingua franca (Glück 2002: 283).

(ii) Das 19. Jh. bis zur Gründung des Wilhelminischen Reichs

In den öffentlichen Bildungsstätten hat sich der DaF-Unterricht nur zögerlich entwickelt, am ehesten in der seit Mitte des Jhs. nach dem Vorbild Preußens in Europa sich ausbreitenden Realbildung. Einer ihrer Bestandteile waren lebende statt der bisherigen klassischen Fremdsprachen. Darunter war auch Deutsch, wenngleich es lange Zeit an Bedeutsamkeit weit hinter Französisch zurückblieb. Wichtig ist jedoch einerseits, dass vielerorts die Grundsteine für die stürmische Entwicklung nach 1870 gelegt wurden. Andererseits ist speziell für Osteuropa bedeutsam, dass die Widerstände gegen Deutsch als vorherrschende Amtssprache der Habsburger Lande heftiger wurden. Sie führten schließlich zum Erfolg, indem Ungarn − nach der Schwächung Österreichs durch die Niederlage gegen Preußen 1866/67 − innerhalb der Habsburger Lande Autonomie und die Möglichkeit zur (Re-)Magyarisierung erlangte.

(iii) Das Wilhelminische Reich

Diese Bezeichnung soll, ohne Österreich und die deutschsprachige Schweiz auszublenden, hervorheben, dass die Dynamik der Entwicklung maßgeblich vom neu gegründeten

Deutschland bestimmt wurde. Die Zeitspanne 1871−1914 umfasst die dynamischste Ausbreitung von DaF in der bisherigen Geschichte. Deutsch wird in allen wirtschaftlich und technologisch fortgeschrittenen Ländern reguläres Lehrfach an Schulen oder Hochschulen. Es wurde Weltwissenschaftssprache ähnlichen Rangs wie Englisch und Französisch. Die Grundlage dieser Entwicklung bildeten der wirtschaftliche und technologische Aufschwung der deutschsprachigen Länder, besonders Deutschlands (einschließlich militärischer Stärke), der Aufbau wissenschaftlicher Institutionen und wissenschaftliche Spitzenleistungen. Auch die deutsche Kolonialpolitik trug zur Verbreitung der deutschen Sprache bei. Statt der ausführlichen Darstellung der Entwicklung muss hier der Hinweis auf einzelne Indizien genügen: In den USA und in Frankreich wurde Deutsch die meist gelernte Fremdsprache; Japan orientierte die Modernisierung von Staat und Gesellschaft maßgeblich am Wilhelminischen Reich, nahm den Deutschunterricht auf (Naka 1994) und übertrug die Strukturen auf das von ihm kontrollierte Korea (Ammon und Chong 2003); Wissenschaftler aus vielen Ländern lernten Deutsch, besuchten deutschsprachige Universitäten und publizierten auf Deutsch (Ammon 1998: 1−15). Die Politik der Verbreitung der deutschen Sprache, die das Wilhelminische Reich, wenn auch erst in Ansätzen, entwickelte (Reinbothe 1992), war Teil der imperialen Bestrebungen, die es später zu Fall bringen.

(iv) Vom Ende des Ersten Weltkriegs bis zum Ende der NS-Zeit

Der Erste Weltkrieg und die Niederlage Deutschlands und Österreich-Ungarns hatten nachhaltig ungünstige Folgen für die Stellung der deutschen Sprache in der Welt. Das Amtssprachgebiet von Deutsch in Osteuropa wurde stark reduziert, und zwar um die einst preußischen Gebiete des wieder erstandenen Polen und die nicht-muttersprachlich deutschen Gebiete Cisleithaniens (österreichische Hälfte der Donaumonarchie) außerhalb des neu geformten Österreichs. Der Verlust aller Kolonien schränkte das Amtssprachgebiet von Deutsch auf Europa ein und stellte seine Weltgeltung in Frage. Die ehemals deutschen Kolonien wurden jedoch nicht unabhängig, sondern von anderen Kolonialstaaten übernommen und vergrößerten die Amtssprachgebiete von Englisch und Französisch. Auch als Weltwissenschaftssprache ist Deutsch bedroht: Wissenschaftler der Siegermächte verhängten einen Boykott gegen Deutsch als internationale Wissenschaftssprache, den sie mit der Unterstützung der deutschen Kriegsführung durch die deutschen Wissenschaftler begründeten und der sich − auch aufgrund späterer deutscher Versöhnungsunwilligkeit − bis in die Nazizeit hinzog (Reinbothe 2006). Hinzu kam die Schwächung Deutschlands und Österreichs als Wissenschaftsstandorte durch die wirtschaftlichen Kriegsfolgen. Infolge dieser Entwicklungen wurde in einer Reihe von Ländern Deutsch als Schul- oder Hochschulfach zurückgestuft; insbesondere fiel es in Frankreich hinter Englisch sowie in den USA hinter Französisch und später auch Spanisch zurück. Als Kompensation für die machtpolitische Schwächung Deutschlands, aber auch zwecks potentieller Instrumentalisierung für deren Wiedergewinnung, entwickelte die Weimarer Republik einen differenzierten Apparat zur Verbreitung der deutschen Sprache und zur Stärkung ihrer Stellung in der Welt. Dabei entstand unter anderem das Goethe-Institut, das 1932, anlässlich des 100. Todestages des Dichters, aus der „Praktischen Abteilung" der 1925 geschaffenen Deutschen Akademie hervorging. − Die NS-Zeit war bezüglich der Lernerzahlen von DaF von gegenläufigen Entwicklungen gekennzeichnet. Zuwächsen in einzelnen Ländern, z. B. Frankreich, standen Einbußen in anderen gegenüber, z. B. USA. Hinzu kamen in manchen Ländern einschränkende Maßnahmen gegen deutsche

Schulen, als Reaktion auf deren Instrumentalisierung für die NS-Propaganda, z. B. im Baltikum, oder aus eigenem Sprachnationalismus z. B. in Brasilien (Thierfelder 1938: 129−136; Oberacker 1979: 233−237). Die Institutionen zur Sprachförderung, denen in der Weimarer Republik zum Schutz gegen einseitige politische Vereinnahmung der Status privater Vereine verliehen worden war, wurden politisch gleichgeschaltet. Während der Kriegszeit wurde in den besetzten Gebieten eine rabiate rassenpolitische Sprachenpolitik betrieben, die den „rassisch wertvollen" oder für „germanisierbar" gehaltenen Bevölkerungsgruppen die deutsche Sprache aufzwang, während Angehörigen „minderwertiger Rassen" nur die für den Empfang von Befehlen notwendigen Grundkenntnisse zugestanden wurden (Scholten 2000; vgl. Art. 5). Die Kriegs- und Rassenpolitik der Nationalsozialisten, einschließlich der Rückführung deutscher Minderheiten aus Osteuropa als Komponente von Hitlers Politik „Heim-ins-Reich", zerstörte den größten Teil der deutschsprachigen Bevölkerung Osteuropas. Sie führte zur Auflösung der „Autonomen Sozialistischen Sowjetrepublik der Wolgadeutschen" (1924−1941) und der meisten Sprachinseln sowie zum Verlust der deutschen Gebiete jenseits von Oder und Neiße. Außerdem vernichtete sie die der deutschen Sprache verbundenen und sie maßgeblich bereichernden jiddischsprachigen Juden. Durch den wirtschaftlichen, wissenschaftlichen und moralischen Ruin der deutschsprachigen Länder (mit Ausnahme der deutschsprachigen Schweiz und Liechtensteins) verlor das Deutschlernen wesentliche Teile seiner Motivationsbasis. Außerdem ist dadurch jegliche Politik zur Förderung von DaF bis heute belastet.

(v) Die Zeit nach dem Zweiten Weltkrieg

Trotz alledem weitete sich DaF in der Nachkriegszeit auf mehr Regionen und Länder aus als je zuvor, nicht zuletzt in die durch Entkolonialisierung neu entstandenen Staaten. Dies war einerseits bedingt durch den Wiederaufbau der deutschsprachigen Länder und andererseits durch die weltweite Mobilität und Kommunikation, die allgemein zu mehr Fremdsprachenlernen motivierte, aber auch die Gewichte zwischen den Sprachen verschob. Die dadurch veränderte Konstellation der internationalen Sprachen ist bei Prognosen der zukünftigen Entwicklung oder Förderversuchen von DaF zu berücksichtigen.

2. Die Entwicklung in einzelnen Gesellschaftsbereichen (Handlungsfeldern)

In Bezug auf DaF ist es zweckmäßig, Gebrauch (Verwendung) von Sprachen in den Gesellschaftsbereichen, um die es in den folgenden Abschnitten geht, von Lehre und Lernen (Unterricht) zu unterscheiden.

2.1. Wissenschaft

Wenn Deutsch in irgendeinem Gesellschaftsbereich je Weltsprache war, dann in der Wissenschaft (Ammon 1998). Darauf bezieht sich auch meist seine Zuordnung zu den internationalen oder gar Weltsprachen (z. B. Braga 1979: 39 f.; Ostrower 1965: 148). Für die Bedeutsamkeit von Deutsch als Wissenschaftssprache auch außerhalb des deutschen

Sprachgebiets gibt es zahlreiche Belege. So mussten in den 30er Jahren US-Chemiker generell Lesefähigkeit in Deutsch nachweisen. In Skandinavien, den Niederlanden und osteuropäischen Ländern war für zahlreiche Wissenschaftler Deutsch Publikationssprache. In Portugal waren Deutschkenntnisse für Juristen obligatorisch, ebenso in Japan, wo dies auch für die Medizin galt und Ärzte sogar die Krankenkarteien in deutscher Sprache führten (vgl. Ammon 1994b). All diese Aussagen müssen freilich in der Vergangenheitsform gemacht werden, denn gerade in dem Bereich, in dem die deutsche Sprache einst die höchste internationale Stellung erreichte, ist sie am tiefsten abgestürzt. Während sie zu Beginn des 20. Jhs. an der Gesamtheit der wissenschaftlichen Publikationen in der Welt ungefähr gleichen Anteil hatte wie Englisch und Französisch, zeitweilig vielleicht sogar beide Sprachen übertraf, ist sie seitdem weit hinter Englisch zurückgefallen. Einen ähnlichen Abstieg nahm Französisch. Heutzutage liegt der nachgewiesene Anteil von Deutsch an den weltweiten naturwissenschaftlichen Publikationen bei unter 1 % und von Englisch bei über 90 % (Abb. 9.1).

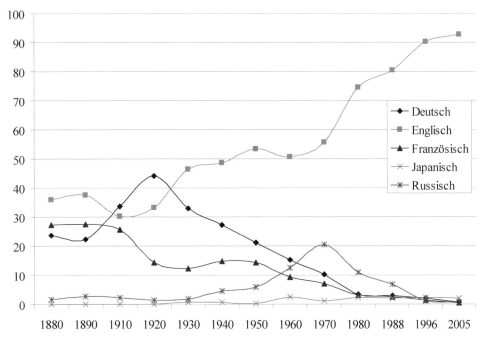

Abb. 9.1: Sprachenanteile an den Naturwissenschaften 1880–2005
Quellen: Tsunoda 1983; Ammon 1998; Ammon, Topal und Gawrisch 2006 (unveröff.)

Die Zahlen in Abb. 9.1 sind vermutlich anfangs des 20. Jhs. durch die Quellenlage zugunsten von Deutsch verzerrt, ohne dass der hohe Anteil von Deutsch in Frage stünde, und übertreiben für die neueste Zeit den Anteil von Englisch, weil die Datenbanken, auf die sie sich stützen, inzwischen hauptsächlich in englischsprachigen oder angelsächsisch geprägten Ländern (wie den Niederlanden) entstehen; jedoch hält sich die Verzerrung in Grenzen, weil die Hersteller selbst an einer ausgewogenen Repräsentativität interessiert sind, um das Ansehen ihrer Produkte nicht zu gefährden. Als Fremdsprache wird Deutsch in naturwissenschaftlichen Publikationen fast gar nicht mehr verwendet. Statt-

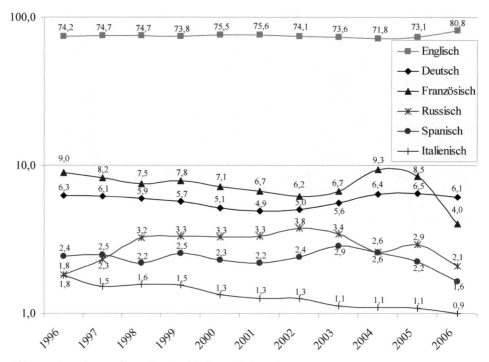

Abb. 9.2: Sprachenanteile an den Sozialwissenschaften 1996–2006
Anteile anderer Sprachen durchgehend < 1 %; Rangordnung nach 2005; Quelle: *International Bibliography of the Social Sciences (IBSS)*

dessen haben sich neuerdings die deutschsprachigen Wissenschaftler gerade in den Naturwissenschaften weitgehend dem Englischen als Publikationssprache verschrieben und ihm so zusätzlichen Auftrieb verschafft. Beschleunigt wurde der Trend zu Englisch in neuerer Zeit durch die Abschaffung der Fremdsprachenanforderungen an vielen US-Hochschulen seit den 1960er Jahren. Aufgrund der ökonomischen Überlegenheit wurden die USA Weltzentrum der Wissenschaften, vor allem der Naturwissenschaften. Wer die wissenschaftlich oft verlockenden Beziehungen dorthin pflegen will, muss sich, da die dortigen Wissenschaftler immer weniger über Fremdsprachenkenntnisse verfügen, des Englischen bedienen.

Die Tendenz zu Englisch ist in den Sozialwissenschaften (Abb. 9.2) und erst recht den Geisteswissenschaften weniger ausgeprägt. Dies liegt teils an den Themen, die häufiger auf Probleme der eigenen Gesellschaft oder Sprachgemeinschaft bezogen und weniger universal sind. Teils ist es bedingt durch die Struktur der Wissenschaftssprachen, die mehr der Gemeinsprache verhaftet und weniger eindeutig in eine Fremdsprache übersetzbar sind. Auch die angewandten Wissenschaften sind weniger anglifiziert als die theoretischen, z. B. die klinische im Vergleich zur Humanmedizin oder die Forst- und Agrarwissenschaft im Vergleich zur Biologie, weil die Kommunikation mit den Anwendern bei einer Fremdsprache erschwert wäre (Skudlik 1990: 251, 269, 270; Ammon 1991: 226–235; 1998: 137–179). Der Vergleich von Abb. 9.2 mit Abb. 9.1 zeigt den höheren Anteil von Deutsch bei den Sozialwissenschaften.

Tab. 9.1: Sprachenanteile an für US-Hochschulbibliotheken empfohlenen Nachschlagewerken

Religion			Englisch	Deutsch	Franzö-sisch	Spanisch	Italie-nisch	Russisch	Andere
	General Works		90% (81)	4% (4)	2% (2)	–	–	1% (1)	2% (2)
	The Bible		93% (106)	2% (2)	2% (2)	–	–	–	4% (4)
	Christianity (einschl. Lutheran)		86% (214)	4% (11)	4% (11)	–	2% (4)	–	4% (9)
	Lutheran		100% (6)	–	–	–	–	–	–
Languages Linguistics Philology	Slavic Languages		43% (6)	21% (3)	–	–	–	21% (3)	14% (2)
	Indo-Iranian and other Indo-European Lang.		71% (5)	29% (2)	–	–	–	–	–
Music			83% (330)	8% (31)	5% (18)	2% (7)	1% (4)	1% (2)	2% (6)
General History	Archeo-logy	General Works	74% (23)	19% (6)	3% (1)	–	–	3% (1)	–
	And	Classical Studies	83% (25)	10% (3)	3% (1)	3% (1)	–	–	–
	Ancient History	Ancient Egypt	83% (5)	17% (1)	–	–	–	–	–

Quelle: Balay, Robert/ Carrington Vee F. (Anoc.)/ Martin, Murray S. (Assist.) (1996) *Guide to Reference Books.* 11th ed. Chicago/London: American Library Association

Ob und inwieweit es speziell in den Geisteswissenschaften Nischenfächer gibt, in denen Deutsch noch eine wichtige internationale Rolle spielt, ist mangels systematischer Forschung eine weitgehend offene Frage und ein Forschungsdesiderat (Ammon 1998: 170–179). Ein Indiz sind hohe deutschsprachige Anteile am Export von Fachliteratur, die folgende Rangordnung nahe legen (1 = höchster Anteil):

1. Deutsche Sprache und Literatur
2. Archäologie, Religionsgeschichte, Theologie, Philosophie, Klassische Altertumswissenschaft, Musikwissenschaft, Kunstgeschichte
3. Orientalistik, Slawistik, Judaistik, Ägyptologie, Indogermanistik
   (Mitteilung Exportverlag Harrassowitz für 2008; vgl. auch Ammon 1998: 175–177).

Ein anderer Anhaltspunkt sind hohe Anteile an deutschsprachigen Nachschlagewerken in US-Hochschulbibliotheken (Tab. 9.1. Vgl. Ammon 1998: 174 f.).

Mit dem Niedergang von Deutsch als internationale Wissenschaftssprache hat auch DaF an Attraktivität verloren. Allerdings gilt für viele wissenschaftliche Disziplinen: Wer ernsthaft an der Wissenschaftsgeschichte interessiert ist, braucht Deutschkenntnisse; andernfalls sind paradigmenbildende klassische Texte nicht im Original zugänglich. Vielleicht ist es darauf zurückzuführen, dass Deutsch noch immer dem wissenschaftlichen Nachwuchs zum Lernen empfohlen wird. So empfahlen in den 1990er Jahren nichtdeutschsprachige Wissenschaftler folgende Fremdsprachenkenntnisse: Englisch 83%, Deutsch 44%, Französisch 23%. Dies sind Mittelwerte einer Befragung von Chemikern,

Wirtschaftswissenschaftlern und Historikern (je gleiche Anteile) in Frankreich, Niederlande, Polen, Ungarn, Russland, USA und Japan (Ammon 1998: 103). − Eine für die
Zukunft von Deutsch als internationale Wissenschaftssprache bedeutsame Entwicklung
ist die Einführung sog. internationaler Studiengänge mit Englisch als zusätzlicher, oft
vorherrschender Sprache der Lehre in Deutschland (wie in anderen Ländern, auch in
Frankreich). Wenn durch sie allmählich der Eindruck entstünde, man könne in den
deutschsprachigen Ländern zukünftig ohne Deutschkenntnisse studieren, so wäre der
Schaden für DaF unabsehbar. Allerdings scheinen die Verantwortlichen in Deutschland
neuerdings das Problem zu erkennen und ihm Rechnung zu tragen, indem sie darauf
dringen, dass Deutschkenntnisse und deutschsprachige Lehre Studienbestandteile auch
der englischsprachigen Studiengänge bleiben. Jedoch ist eine solche Regelung bei den
aufkommenden Privathochschulen schwer durchzusetzen.

2.2. Wirtschaft

Auch in der deutschen Wirtschaft spielt die englische Sprache heute eine wichtige Rolle
und ist bei allen multinationalen Konzernen Unternehmenssprache, mindestens zusätzlich zu Deutsch und für die internationale Kommunikation vorrangig (vgl. Vollstedt
2002). Dies gilt entsprechend auch für Firmen mit Stammhäusern in anderen Sprachgebieten. Allerdings zeigen sich neuerdings Ansätze bei multinationalen Konzernen mit
deutschem Stammhaus, auch die deutsche Sprache zu pflegen, wenn dies den Geschäften
nicht abträglich ist − zumindest gibt es entsprechende Bekundungen. Vor allem werden
Deutschkenntnisse im Ausland nicht selten als Zusatzqualifikation honoriert, z. B. durch
bevorzugte Anstellung, oder es wird Deutsch unterrichtet oder kostenloses Lernen ermöglicht, wenn auch nicht im die Förderung von DaF optimalen Umfang. Als Sprache
internationaler Kontakte und Verhandlungen herrscht dennoch unumschränkt Englisch
vor. Die deutsche Wirtschaft macht sich schon seit längerem Gedanken zur Sprachwahl.
Dabei wird recht klar gesehen, dass diese je nach Funktion zu differenzieren ist. So ist
die Auffassung verbreitet, dass beim Verkauf von Waren die sprachliche Anpassung an
die Käufer vorteilhaft ist, aber beim Einkauf weniger Rücksicht bei der Sprachwahl
genommen werden muss. Die Handelskammer Hamburg gibt deutschen Unternehmen
für ihre Auslandskontakte Empfehlungen zur Sprachwahl an die Hand. Karte 10.1, die
aufgrund der für jedes Land spezifizierten Angaben der Handelskammer (2005−06) erstellt wurde, zeigt, wo − bei gehöriger Behutsamkeit − Deutsch als „Korrespondenzsprache" verwendbar ist, allerdings fast überall nur als Ko-Korrespondenzsprache neben
anderen Sprachen. Wie man sieht, sind dies ziemlich genau die Länder mit einer starken
Tradition von DaF (vgl. Abschnitt 3 und Karte 10.2). Der Vergleich mit einer früheren
Auflage von Handelskammer Hamburg (1997) verrät einen leichten Schwund der auf
Deutsch zugänglichen Länder: Island, Israel und Türkei sind inzwischen entfallen. Dabei
muss man allerdings berücksichtigen, dass die Angaben generell schärfere Unterschiede
suggerieren als wirklich vorliegen, denn einerseits kann man Deutsch auch in den angegebenen Ländern nicht uneingeschränkt anwenden und andererseits ist die Verwendung je
nach Umständen auch in anderen Ländern möglich (vgl. dazu auch Vandermeeren 1998).
   Die meisten auf Deutsch zugänglichen Länder liegen in Europa einschließlich Russ-
lands. Darüber hinaus sind es Einzelfälle, entweder mit deutschsprachigen Minderheiten
(Chile, Namibia) oder mit intensivem DaF-Unterricht (bei der Mongolei eingeführt

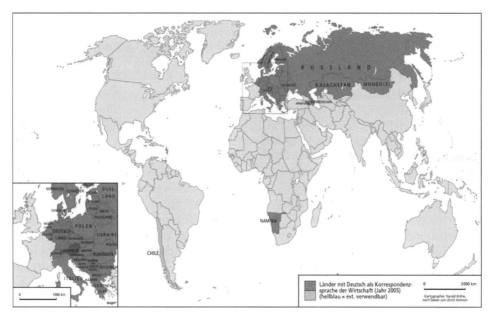

Karte 9.1: Deutsch als Korrespondenzsprache der Wirtschaft

durch die DDR). Jedoch dient Deutsch auch bei Wirtschaftskontakten selten als Lingua franca, nicht einmal in Europa; die Verwendung beschränkt sich weitgehend auf bilaterale Kontakte. Darauf zielen auch vielerorts die Kurse in Wirtschaftsdeutsch ab.

2.3. Politik

Als Sprache der Diplomatie hat in Europa Französisch das Lateinische seit dem 17. Jh. abgelöst und ist im 18. Jh. dominant geworden. Erst Bismarck war bemüht, Deutsch aufzuwerten. Zu Beginn seiner Laufbahn war Französisch in der Diplomatie noch so beherrschend, dass die deutschsprachigen Staaten sogar die Berichte der eigenen ausländischen Missionen an ihre Regierungen darin verfassen ließen. Auch Bismarck musste als preußischer Gesandter aus St. Petersburg auf Französisch nach Berlin berichten, führte jedoch 1862 als Ministerpräsident Deutsch als Berichtssprache ein. Nach der Reichsgründung versuchte er, Deutsch als einzige Berichtssprache zwischen der deutschen Regierung und den in Berlin ansässigen diplomatischen Vertretungen durchzusetzen, was ihm jedoch nicht gelang. Auf deutschsprachige Korrespondenz antworteten die dortigen diplomatischen Vertretungen in ihrer eigenen Sprache, so dass die deutsche Regierung zu Französisch als Korrespondenzsprache zurückkehrte. Nur mit Frankreich korrespondierte sie weiter auf Deutsch (Rudolf 1972: 27 f.), wohl um Asymmetrie in der Sprachwahl und kommunikative Unterlegenheit zu vermeiden. Man wird ein verhältnismäßig klares Bewusstsein von den kommunikativen Nachteilen asymmetrischer Sprachwahl bei der damaligen deutschen Regierung annehmen dürfen, die im Weiteren versuchte, der deutschen Sprache in der Diplomatie Geltung zu verschaffen. Dies lässt sich daran ablesen, dass in internationalen Verträgen, soweit das Deutsche Reich beteiligt war, Deutsch mehr und mehr ins Spiel kam, teilweise unter Ausschluss von Französisch, vor allem in Verträgen mit Großbritannien, das die Vorherrschaft des Französischen ebenfalls anfocht. Vereinzelt fungierte Deutsch sogar als einzige Vertragssprache (z. B. in den Kriegsbündnissen mit der Türkei und Bulgarien). Mit der Niederlage im Ersten Weltkrieg und der Zurückstutzung des Einflussbereichs Deutschlands war diesen Bemühungen dann weitgehend der Boden entzogen, und sie führten auch im Weiteren nicht zu einem nachhaltigen Erfolg. Nicht Deutsch, sondern Englisch trat neben Französisch als wichtige internationale Sprache der Diplomatie und ist heute weltweit dominant (ausführlich in Ammon 1991: 283−300). − Das Entstehen internationaler Organisationen im 20. Jh. hatte tief greifende Auswirkungen auf die Sprachwahl in der Diplomatie. Dort erhielten bestimmte Sprachen einen amtlichen Status, der − anders als in sonstigen zwischenstaatlichen Kontakten − ihre bevorzugte Stellung dauerhaft festschrieb. Die in internationalen Organisationen erreichte amtliche Stellung einer Sprache verstärkt auch ihre sonstige Stellung in der internationalen Diplomatie. Ein Indiz dafür ist z. B., dass auch die BRD für ihren auswärtigen Dienst Kenntnisse in den Amtssprachen der Vereinten Nationen erwartet, bzw. genauer: Kenntnisse in Englisch und Französisch oder an Stelle von Französisch in einer der übrigen 4 Amtssprachen. Ähnliche Sprachanforderungen stellen auch andere Staaten an die Mitglieder ihrer diplomatischen Korps.

In den beiden bislang wichtigsten internationalen Organisationen hat Deutsch keinen amtlichen Status erreicht. Dies war sicher teilweise dadurch bedingt, dass sie jeweils unter Umständen gegründet wurden, die für die deutschsprachigen Staaten höchst ungünstig waren: der Völkerbund nach dem Ersten Weltkrieg und die Vereinten Nationen nach dem Zweiten Weltkrieg. In den Vereinten Nationen waren zunächst Englisch, Französisch, Spanisch, Russisch und Chinesisch Amtssprachen; Arabisch kam 1973 hinzu. Anfänglich wurde unterschieden zwischen Arbeitssprachen, die für alle Tätigkeiten verwendet wurden, und bloßen Amtssprachen, deren Verwendung eingeschränkt war, vor allem im mündlichen Gebrauch und beim Dolmetschen. Die Unterscheidung wurde jedoch mit der Zeit verwässert, so dass besonders in der Generalversammlung und im Sicherheitsrat alle 6 Sprachen verwendet werden und von jeder in jede gedolmetscht wird. Deutsch hat seit 1974, ein Jahr nach Aufnahme von BRD und DDR, immerhin den Status einer Dokumentensprache, so dass die wichtigsten offiziellen Schriftstücke der Generalversammlung sowie die Resolutionen des Sicherheitsrates und des Wirtschafts- und Sozialrates ins Deutsche übersetzt werden, allerdings auf Kosten der deutschsprachigen Mitgliedstaaten (Paqué 1987). Es wäre eine interessante historische Forschungsaufgabe, aufzuarbeiten, ob die damalige deutsche Regierung nicht eine Gelegenheit von weitreichenden Folgen für die internationale Stellung der deutschen Sprache und indirekt auch die Verbreitung von DaF versäumte, indem sie offenbar keinerlei Versuch unternahm, für Deutsch den Status einer regulären Amtssprache der Vereinten Nationen zu erzielen. Es gibt nämlich Indizien dafür, dass in den Vereinten Nationen ein entsprechender Antrag der beiden deutschen Staaten erwartet wurde und ihm − angesichts der unmittelbar vorausgegangenen Aufnahme von Arabisch − durchaus Erfolgsaussichten eingeräumt wurden (vgl. Tabory 1980: 43).

Der Status einer Sprache als Amtssprache einer internationalen Organisation wird einerseits legitimiert durch ihre sonstige Stellung als Sprache der Diplomatie und andererseits durch ihre Stellung in den Mitgliedsstaaten. Für die Vereinten Nationen ist die weltweite numerische Stärke der Sprachen (weltweite Anzahl der Mutter- und vielleicht

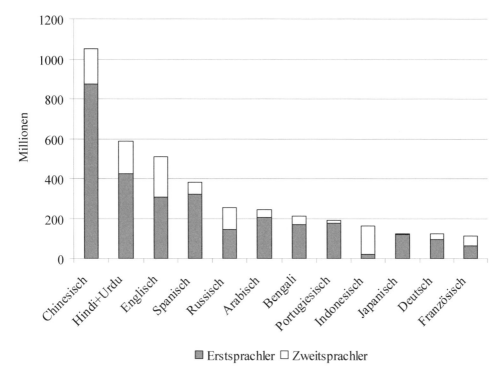

Abb. 9.3: Sprecherzahlen der größeren Sprachen weltweit (Quelle: Ethnologue 2005)

Tab. 9.2: Die 6 häufigsten Amtssprachen der Welt nach Anzahl der Staaten:

	Banks 2007	Fischer Weltalmanach 2007
1. Englisch	53	50
2. Französisch	26	29
3. Arabisch	23	22
4. Spanisch	21	21
5. Portugiesisch	8	8
6. Deutsch	6	7

Quellen: Banks 2007 (wo für Luxemburg Deutsch und Französisch fälschlicherweise fehlen) und Fischer Weltalmanach 2007 (Rangordnung nach Fischer Weltalmanach 2007)

auch Zweitsprachler) und die Gesamtzahl der Staaten, in denen sie nationale Amtssprache sind, besonders relevant. Die ökonomische Stärke der jeweiligen Sprachgemeinschaften (Mutter- und Zweitsprachler) und der Beitrag zum Budget spielen dagegen keine, zumindest keine explizite Rolle — wobei gerade hier die Stärke des Deutschen läge, denn die deutsche Sprachgemeinschaft rangiert ökonomisch weltweit an dritter Stelle aller Sprachgemeinschaften (nach Größe des Bruttoinlandsprodukts) und Deutschland zahlt seit je den drittgrößten Beitrag zum Haushalt der Vereinten Nationen. Abb. 9.3 und Tab. 9.2 liefern einen Überblick über die weltweit stärksten Sprachen nach Sprecherzahl und Zahl der Länder mit amtlichem Status. Man sieht, dass die Hälfte der sechs Amtssprachen der Vereinten Nationen Deutsch nach beiden Kriterien übertrifft (Arabisch,

Englisch, Spanisch), die andere Hälfte jedoch nur nach einem Kriterium: der numeri-
schen Stärke (Chinesisch, Russisch) oder der Stärke als nationale Amtssprache (Französisch). Für Deutsch, wie auch Japanisch, wäre von daher also eine amtliche Stellung
nicht abwegig, abgesehen vom beachtlichen Beitrag ihrer Staaten zu den Finanzen der
Organisation (höher als der Beitrag der Staaten aller anderen Sprachen außer Englisch).
Die bedeutsame Stellung von Englisch und Französisch in den Vereinten Nationen und
der sonstigen internationalen Diplomatie trägt sicher bis zu einem gewissen Grad dazu
bei, dass beide Sprachen im Europarat und in den Institutionen der Europäischen Union
eine prominente Rolle spielen (vgl. Art. 11). Im Europarat (mit 46 Mitgliedstaaten im
Jahr 2008) sind nur Englisch und Französisch „Amtssprache". Ein Antrag für Deutsch
erreichte 1994 nicht die notwendige Stimmenmehrheit; ein weiterer Versuch um 2002
wurde wegen vermuteter Aussichtslosigkeit nicht zur Abstimmung gebracht. Deutsch ist
im Europarat nur „Arbeitssprache", wie außerdem Italienisch und Russisch, was hier −
im Gegensatz zur üblichen Terminologie − den untergeordneten Status bedeutet. Damit
ist Deutsch auch keine Arbeitssprache in Institutionen wie dem Europäischen Gerichtshof für Menschenrechte, dem Europäischen Jugendzentrum oder dem Europäischen
Fremdsprachenzentrum (trotz dessen Standort im deutschen Sprachgebiet, in Graz) sowie keine Unterrichtssprache in den Europakollegs (in Brügge und Natolin/Warschau),
wo vor allem Europaexperten ausgebildet werden. Es liegt auf der Hand, dass die Zu-
rücksetzung von Deutsch in diesen Institutionen sich auch ungünstig auswirkt auf seine
Stellung in den Institutionen der Europäischen Union sowie auf DaF generell.

Bei der EU ist Deutsch eine von 23 Amtssprachen, die vor allem der Kommunikation
zwischen den Institutionen und den Mitgliedstaaten dienen. Außerdem aber gehört
Deutsch zum engeren Kreis der institutionellen Arbeitssprachen, allerdings seit je hinter
dem Englischen und Französischen (Schloßmacher 1996). Deutsch ist dem Englischen
im Status vor allem in der Europäischen Zentralbank nachgeordnet, wo Englisch einzige
Amts- und Arbeitssprache ist (trotz Standort Frankfurt a. M.), und dem Französischen
vor allem am Europäischen Gerichtshof (Luxemburg), mit Französisch als einziger interner Beratungssprache der Richter. Deutsch wird darüber hinaus auch in solchen Institutionen weit weniger gebraucht als Englisch und Französisch, in denen es rechtlich denselben Status hat, wie z. B. als Arbeitssprache der Kommission, wo es − vor allem in den
mündlichen Beratungen − eine ganz untergeordnete Rolle spielt. Dies ist hauptsächlich
darauf zurück zu führen, dass viel weniger EU-Beamte Deutschkenntnisse haben als
Englisch- und Französischkenntnisse (in der Kommission ca. 17 % gegenüber 90−100 %),
wobei diese Diskrepanz durch die Sprachanforderungen bei Neueinstellungen fortlaufend neu reproduziert wird. Offenkundig müssten bei drei Arbeitssprachen der Kommission und Kenntnissen der Beamten von mindestens zwei EU-Amtssprachen mindestens
zwei Drittel der Kommissionsbeamten Deutsch können. Es ist erstaunlich, dass die deutsche Regierung bei ihrer regelmäßigen Forderung nach einer Funktionsaufbesserung von
Deutsch Schwachstellen wie die Sprachanforderungen bei Neuanstellungen oder die geeignete sprachliche Fortbildung der Beamten nicht spezifiziert. Die starke Stellung des
Französischen wurde außer durch seine traditionelle Stellung in der Diplomatie und die
Belastung Deutschlands durch die NS-Vergangenheit gefördert durch die Standorte der
EU-Institutionen, anfangs ausschließlich und auch heute noch überwiegend auf französi-
schem Amtssprachgebiet (Brüssel, Luxemburg, Straßburg). Dabei hätte Deutsch im
Grunde besonderes Gewicht, weil es zum einen innerhalb der Europäischen Union die
Sprache mit den meisten Muttersprachlern ist (Tab. 9.3 − Englisch hat allerdings die

Tab. 9.3: Sprecherzahlen in Prozent der EU-Bevölkerung und Zahl der Staaten mit nationaler Amtssprache der größten EU-Amtssprachen:

	Muttersprachler	Fremdsprachler	Sprecherzahl insgesamt	Mitgliedstaaten mit nationaler (regionaler) Amtssprache
Englisch	13	38	51	2 (0)
Deutsch	18	14	32	3 (2)
Französisch	12	14	26	3 (1)
Italienisch	13	3	16	1 (0)
Spanisch	9	6	15	1 (0)

Quellen: Spezial-Eurobarometer 243 (2006); Fischer Weltalmanach 2007

meisten Fremdsprachler), zum andern nach der Zahl der Mitgliedstaaten mit staatlicher Amtssprache von keiner anderen Sprache übertroffen wird und drittens auch noch die wirtschaftlich stärkste Sprachgemeinschaft hinter sich hat, die auch seit je am meisten zum EU-Budget beisteuert.

2.4. Tourismus

Im Gegensatz zum Rückgang in verschiedenen Gesellschaftsbereichen hat sich Deutsch durch den Tourismus in neuerer Zeit ausgebreitet. Allerdings kann die Entwicklung in diesem Bereich nur weitgehend im Sinne eines Forschungsdesiderats thematisiert werden. Außer den Mittelmeerländern sind die Vereinigten Staaten, südostasiatische Länder und einzelne Regionen Afrikas wichtige Zielorte des Tourismus aus den deutschsprachigen Ländern. Die Zielorte stellen sich teilweise sprachlich auf ihre Gäste ein, indem das Personal in den Dienstleistungsbereichen Deutschkenntnisse erwirbt und Beschriftungen in deutscher Sprache erstellt werden (Prospekte, Beschreibung von Sehenswürdigkeiten, Wegweiser, Speisekarten usw.). Die Ausbreitung dieser sprachlichen Vorkehrungen oder der Umfang und die Form der Verwendung des Deutschen im Tourismus sind bislang nur punktuell bekannt. Danach wird Deutsch überwiegend asymmetrisch nur gegenüber deutschsprachigen Touristen verwendet, kaum jedoch als Lingua franca. Dagegen fungiert Englisch fast überall als Lingua franca und wird auch von Deutschsprachigen oft bereitwillig akzeptiert, vor allem bei unzureichenden Deutschkenntnissen der Einheimischen. Auch der hohe Anteil von Individualtourismus bei deutschen Reisenden motiviert die Gastgeber nicht sonderlich zu sprachlichem Entgegenkommen. Außerdem beklagen sich im Tourismus beschäftigte Personen, die eigens wegen ihrer Deutschkenntnisse angestellt wurden, nicht selten über die Neigung zum Englischgebrauch bei deutschen Touristen und sehen darin ein Beispiel mangelnder Sprachloyalität. Allerdings sind die Deutschkenntnisse der im Tourismus tätigen Personen oft nur rudimentär, in selteneren Fällen aber auch ausgezeichnet. In manchen Regionen, z. B. in der Türkei, spielen Remigranten aus deutschsprachigen Ländern eine nicht unwesentliche Rolle in der Tourismusindustrie. Ein Sonderfall des Tourismus aus den deutschsprachigen Ländern sind die Zweitwohnungen und Alterswohnsitze wohlhabender Bevölkerungsteile, wobei diese sich allerdings meist sprachlich weitgehend an ihre Zielorte anpassen, was ihnen ihr oft hoher Bildungsstand ermöglicht. Inwieweit sie gleichwohl zur Verbreitung der deutschen Sprache beitragen, ist nicht näher bekannt. Umgekehrt haben die deutschsprachigen Länder auch beträchtliche Bedeutung als Zielorte des Tourismus. Manche fremdsprachliche Touristen bereiten sich auf ihre Reisen sprachlich vor. In welchem Umfang dies geschieht und welche Wirkung auf die Verbreitung des Deutschen in der Welt davon ausgeht, ist derzeit ebenfalls noch Forschungsdesiderat (vgl. den etwas älteren Überblick bei Ammon 1991: 331−360).

3. Lehre

Deutsch wird weltweit als Fremdsprache gelehrt und gelernt, allerdings mit großen Unterschieden bezüglich Intensität (Überblick auf Karte 9.2), Bildungsstufen, Motiven, Zielsetzungen und Unterrichtsmethoden.

Anhaltspunkte für die weltweite quantitative Entwicklung des DaF-Lernens in den letzten Jahrzehnten liefern Erhebungen in Zusammenarbeit des Auswärtigen Amtes, des Goethe-Instituts, des Deutschen Akademischen Austauschdienstes (DAAD) und der Zentralstelle für das Auslandsschulwesen, die in den einzelnen Staaten von den deutschen Botschaften koordiniert wurden. Danach wurde DaF an Schulen 1982/83 in 88 und 2005 in 114 nichtdeutschsprachigen Staaten gelernt. Die vermehrte Zahl von Staaten darf jedoch nur mit Einschränkung als substantieller Zuwachs gewertet werden, da in dieser Zeit durch Teilung viele neue Staaten entstanden sind. So haben sich allein die Sowjetunion und Jugoslawien in 15 bzw. 5 (heute schon 6) Staaten aufgelöst, in denen ausnahmslos DaF gelernt wird, teilweise in nicht unbedeutendem Umfang (Armenien, Aser-

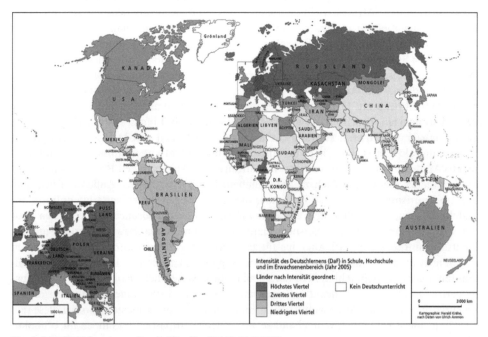

Karte 9.2: DaF-Lernen weltweit (Quelle: StADaF [2006])

baidschan, Estland, Georgien, Kasachstan, Kirgisistan, Lettland, Litauen, Moldawien, Russland, Tatschikistan, Turkmenistan, Ukraine, Usbekistan und Weißrussland bzw. Bosnien, (Kosovo), Kroatien, Mazedonien, Serbien und Slowenien). Die Gebietserweiterung war daher für DaF allenfalls geringfügig. Die Gesamtzahl der Lerner an Schulen wurde 1979 auf 16,4 Mio., 1982/83 auf 15,1 Mio., 1990−94 auf 15,2 Mio., 2000 auf 20,2 Mio. und schließlich 2005 auf 15,4 Mio. geschätzt, wobei die Gesamtlernerzahl von 20,2 Mio. im Jahr 2000 auf 16,7 Mio. im Jahr 2005 zurückging (vgl. Ammon 1991: 436; StADaF 2006: 5). An Hochschulen wurde und wird in ähnlich vielen Staaten DaF gelernt wie an Schulen, sei es im Rahmen der Germanistik oder als Begleitstudium anderer Fächer (zusammen im Jahr 2005 in 97 Ländern). Weitere Institutionen des Lernens sind die deutschen Auslandsschulen (117 in 63 Staaten im Jahr 2007), deutsche Firmen im Ausland, private Sprachschulen sowie Radio- und Fernsehen. Verstärkend wirken auch die im Herbst 2009 schon über 1.000 „Partnerschulen". Hinzu kommt Selbstunterricht, dessen Umfang beträchtlich sein dürfte, aber sich kaum schätzen lässt, was einer der Gründe ist, dass keine zuverlässigen Gesamtzahlen genannt werden können. Deutsch rangiert überall in der Welt hinter Englisch als Fremdsprache, außerdem aber auch in Westeuropa, Nordamerika und im größten Teil Afrikas hinter Französisch, in Nordamerika, Brasilien und Teilen Westeuropas (vor allem Frankreich und Großbritannien) hinter Spanisch sowie in Teilen Ostasiens und in Australien hinter Chinesisch und Japanisch. Damit sind nur grobe Tendenzen angesprochen. Gleichwohl erwecken die reinen Lernerzahlen den Eindruck ziemlicher Stabilität. Die genauere Betrachtung enthüllt jedoch auch abträgliche Entwicklungen. Einen Hinweis auf sie liefert schon die gut begründete Annahme, dass das Fremdsprachenlernen in der Welt insgesamt in der oben genannten Zeitspanne gewachsen ist, das Deutschlernen dagegen nicht. Dabei bleibt unklar, inwieweit die beträchtliche Zahlenverkleinerung von 2000 nach 2005 durch übertriebene Angaben für Russland für das Jahr 2000 bedingt ist (Begleitschreiben zu StADaF 2006) oder tatsächliche Verluste spiegelt. Letzteres erscheint nahe liegend als Folge der Globalisierung und des Aufstiegs von Englisch und von Sprachen gewichtiger Schwellenländer oder auch von Enttäuschungen über die wirtschaftliche Entwicklung Deutschlands nach der Vereinigung. Das Gesamtbild des Schwundes und Zuwachses ist allerdings komplex. So weisen viele afrikanische Staaten deutliche Zuwächse auf, ebenso Balkanländer, und auch Staaten, in denen der Schwund bis vor kurzem dramatisch war, zeigen neuerdings wieder wachsende oder zumindest stabile Zahlen, z. B. Frankreich und Großbritannien bzw. Kanada und USA. Auch in Ländern, deren Gewicht in der Welt in den letzten Jahren erheblich gewachsen ist wie China und Indien, erweist sich die Nachfrage nach Deutschkenntnissen als stabil oder sogar ansteigend. Dennoch sind markante Einbußen nicht zu übersehen. So hat Deutsch fast überall gegenüber Englisch an Rang verloren, in Ostasien, Australien und teilweise Nordamerika gegenüber Japanisch und Chinesisch und in Westeuropa gegenüber Spanisch. In Ostmittel- und Osteuropa ist es zwar fast durchgehend zweithäufigst gelernte Fremdsprache geblieben, abgesehen von einzelnen Staaten wie Rumänien, fällt aber vielerorts weiter hinter Englisch zurück. Dies gilt vor allem, bedingt durch die fast monopolhafte Stellung von Englisch als internationale Wissenschaftssprache (vgl. Abschnitt 2.1), für die höheren Schulstufen und die Hochschulen. Außerdem greifen auf allen Bildungsstufen strukturelle Verschlechterungen um sich. Sie zeigen sich in der Einschränkung von Deutsch als erster Fremdsprache an Schulen, und sei es nur aufgrund der ganz überwiegenden Wahl von Englisch seitens der Schüler (sofern Deutsch als erste Fremdsprache überhaupt noch wählbar ist), aber auch in der Re-

duktion der Stundenzahlen für Deutsch vor allem als zweite Fremdsprache. An den
Hochschulen drückt innerhalb der EU vielfach der Bologna-Prozess, vor allem die damit
verbundene Einführung von Bachelor- und Masterstudiengängen, auf die Stundenzahlen.
Aufgrund der verkürzten Lernzeit wird dann oft kein für die praktische Anwendung der
Deutschkenntnisse notwendiges Kompetenzniveau mehr erreicht, was deren Nutzen in
Frage stellt. So kommt DaF vielerorts von beiden Seiten in Bedrängnis: auf der beruflichen Ebene dadurch, dass Deutschkenntnisse in Wissenschaft, Wirtschaft und Politik
weniger nachgefragt werden (Abschnitte 2.1−2.3), und auf der Seite der Lehre dadurch,
dass die vermittelten Kenntnisse für die praktische Anwendung unzureichend bleiben.
Offenkundig müssen beide Ebenen berücksichtigt werden, wenn eine DaF-fördernde Politik nachhaltig wirken soll.

4. Verbreitungs- und Förderpolitik

Die Politik zur Stärkung der Stellung der deutschen Sprache in der Welt hat seit je mehr
auf die Lehre als auf die berufliche Verwendung und Nutzung oder die gesellschaftliche
Funktion der Sprache abgezielt und tut es bis heute. In Deutschland wurde eine konsequente Politik zur Verbreitung der deutschen Sprache außerhalb des deutschen Sprachgebiets im Wilhelminischen Reich entwickelt. In der Weimarer Republik wurde sie noch
intensiviert und nahm in der Zeit des Nationalsozialismus rabiate Formen an (Scholten
2000). Nach dem Zweiten Weltkrieg wurden Ansätze aus der Weimarer Republik in der
BRD fortgeführt, und auch die DDR (Praxenthaler 2002) und Österreich haben eine
je spezifische auswärtige Politik zur Förderung der deutschen Sprache ausgebildet. Die
Integration der DDR- in die BDR-Tradition nach der Vereinigung und die Kooperation
zwischen Deutschland und Österreich waren und sind allerdings keine Musterbeispiele
gelungener auswärtiger Sprachförderung. Deutschland nutzt für seine Sprachförderungs-
politik hauptsächlich verschiedene juristisch private Organisationen (sog. Mittlerorganisationen, vgl. Art. 12), deren Tätigkeit jedoch das Auswärtige Amt koordiniert und zu
wesentlichen Teilen finanziert (vgl. Art. 13). Eine zentrale Aufgabe ist die Sprachförderung bei den deutschen Auslandsschulen, mit denen sie im Grunde begonnen hat, nämlich durch die Einrichtung des Reichschulfonds 1878. Die Deutschen Auslandsschulen
werden von der Zentralstelle für das Auslandsschulwesen in Köln betreut (117 Deutsche
Auslandsschulen in 63 Ländern im Jahr 2007). Beim Goethe-Institut, mit Hauptsitz in
München, gehört die Sprachförderung am deutlichsten zu den zentralen Aufgaben und
ist sogar im Namenszusatz („zur Pflege der deutschen Sprache im Ausland") ausgewiesen
(147 Institute in 83 Ländern im Jahr 2008). Ein gewisses Pendant dazu bildete in der
DDR das Herder-Institut in Leipzig; im Gegensatz zum vielfältiger ausgerichteten Goe-
the-Institut widmete es sich jedoch vor allem der Vorbereitung von Ausländern auf den
Aufenthalt in der DDR, insbesondere auf ein Hochschulstudium. Neben den Mittler-
Organisationen sind noch zahlreiche private Stiftungen an der externen Sprachförderung
beteiligt, wenn auch meist eher im Sinne der willkommenen Nebenwirkung denn als
Hauptaufgabe. Einen − wenn auch nicht vollständigen − Überblick über die vielfältigen
Bemühungen liefert ein von der Ständigen Arbeitsgruppe StADaF herausgegebener Band
(StADaF 1996, siehe auch Art. 13). Nach der Neuvereinigung Deutschlands und der
Auflösung der Sowjetunion wurde die Förderung der deutschen Sprache in Osteuropa

intensiviert. Um die Wende zum 21. Jh. und danach gab es erneut Verschiebungen in vor allem asiatische Schwellenländer wie China und Indien. Sie nötigten, bei gleichzeitig verordneten Sparmaßnahmen, zur Schließung anderer, meist traditionsreicher Goethe-Institute, was teilweise das Ansehen der deutschen Sprach- und Kulturförderung beschädigte. Die Regierung der Großen Koalition (seit November 2005) hat jedoch die Anstrengungen wieder verstärkt und die Mittel erhöht. Unter anderem hat sie in Ausweitung des Gedankens der deutschen Schulen im Ausland das Programm „Schulen: Partner der Zukunft" (PASCH) in die Wege geleitet, über das weltweit 1.000 Schulen für Partnerschaften mit deutschen Schulen gewonnen werden sollen (was schon 2009 erreicht wurde), die verstärkten Deutschunterricht anbieten, wobei die Kosten von den Zielstaaten und Deutschland gemeinsam getragen werden.

Was die externe Förderung der deutschen Sprache betrifft, so mangelt es noch an einer kohärenten Gesamtkonzeption, die außer Lehre und Unterricht auch die Förderung der Verwendung von Deutsch in den verschiedenen Gesellschaftsbereichen (Wirtschaft, Wissenschaft, Politik, Tourismus, Sport u. a.) spezifiziert einschließlich einer nach Personen und Situationstypen differenzierten Anleitung zur im Sinne der Sprachförderung wirksamen Sprachwahl bei internationalen Kontakten. Die Schließung dieser Lücken ist erschwert einerseits durch die einseitige Fixierung der Mittlerorganisationen auf die Lehre und andererseits durch die schwache Personalausstattung der für die Sprachförderung und Sprachenpolitik zuständigen Stellen im Auswärtigen Amt sowie die auferlegte Personalfluktuation, die den Beamten die gründliche Einarbeitung in die Thematik erschwert. Ein Abriss der gesamten, wenngleich nicht mehr neuesten Geschichte der Förderungspolitik des Deutschen findet sich in Ammon 1991 (524−566).

5. Literatur in Auswahl

Ammon, Ulrich
   1991   *Die internationale Stellung der deutschen Sprache.* Berlin/ New York: de Gruyter.
Ammon, Ulrich (Hg.)
   1994a   *Language Spread Policy. Vol. 2: Languages of Former Colonies and Colonial Powers.* Berlin/New York (Special Issue, International Journal of the Sociology of Language 107).
Ammon, Ulrich (Hg.)
   1994b   *Die deutsche Sprache in Japan: Verwendung und Studium.* München: iudicium.
Ammon, Ulrich
   1998   *Ist Deutsch noch internationale Wissenschaftssprache? Englisch auch für die Lehre an den deutschsprachigen Hochschulen.* Berlin/New York: de Gruyter.
Ammon, Ulrich und Si-Ho Chong (Hg.)
   2003   *Die deutsche Sprache in Korea. Geschichte und Gegenwart.* München: iudicium.
Ammon, Ulrich, Roswitha Reinbothe und Jianhua Zhu (Hg.)
   2007   *Die deutsche Sprache in China. Geschichte, Gegenwart, Zukunftsperspektiven.* München: iudicium.
Born, Joachim und Sylvia Dickgießer
   1989   *Deutschsprachige Minderheiten. Ein Überblick über den Stand der Forschung für 27 Länder.* Mannheim: Institut für Deutsche Sprache.
Braga, Giorgio
   1979   International Languages: Concept and Problems. *International Journal of the Sociology of Language* 22: 27−49.

Glück, Helmut
  2002   *Deutsch als Fremdsprache in Europa vom Mittelalter bis zur Barockzeit.* Berlin/New York: de Gruyter.
Grucza, Franciszek
  1995   Zur Geschichte und Bedeutung der deutschen Sprache in Mitteleuropa. In: Heidrun Popp (Hg.), *Deutsch als Fremdsprache. Festschrift für Gerhard Helbig zum 65. Geburtstag,* 717–727. München: iudicium.
Handelskammer Hamburg (Hg.)
  1997/2005–2006   *Konsulats- und Mustervorschriften.* 29. bzw. 36. Aufl. Hamburg.
Lévy, Paul
  1950/1952   *La langue allemande en France. Pénétration et diffusion des origines à nos jours.* 2 Bde. Paris.
Naka, Naoichi
  1994   Die Anfänge der Germanistik in Japan. In: Ulrich Ammon (Hg.), *Die deutsche Sprache in Japan,* 237–248. München: iudicium.
Oberacker, Karl H.
  1979   Die Deutschen in Brasilien. In: Hartmut Fröschle (Hg.), *Die Deutschen in Lateinamerika,* 169–300. Tübingen/Basel: Erdmann.
Ortmanns, Karl P.
  1993   *Deutsch in Großbritannien. Die Entwicklung von Deutsch als Fremdsprache von den Anfängen bis 1985.* Stuttgart: Steiner.
Ostrower, Alexander
  1965   *Language, Law and Diplomacy.* 2 Bde. Philadelphia: University of Pennsylvenia Press.
Paqué, Ruprecht
  1987   Deutsche Sprachentscheidungen im politischen Umfeld der Vereinten Nationen. *Muttersprache* 97: 42–51.
Praxenthaler, Martin
  2002   *Die Sprachenverbreitungspolitik der DDR. Die deutsche Sprache als Mittel sozialistischer auswärtiger Kulturpolitik.* Frankfurt a. M.: Lang.
Reinbothe, Roswitha
  1992   *Kulturexport und Wirtschaftsmacht. Deutsche Schulen in China vor dem Ersten Weltkrieg.* Frankfurt a. M.: Verlag für interkult. Kommunikation.
Reinbothe, Roswitha
  2006   *Deutsch als internationale Wissenschaftssprache und der Boykott nach dem Ersten Weltkrieg.* Frankfurt a. M.: Lang.
Rudolf, Walter
  1972   *Die Sprache in der Diplomatie und internationalen Verträgen.* Frankfurt a. M.: Athenäum.
Schloßmacher, Michael
  1996   *Die Amtssprachen in den Organen der Europäischen Gemeinschaft.* Frankfurt a. M.: Lang.
Scholten, Dirk
  2000   *Sprachverbreitungspolitik des nationalsozialistischen Deutschlands.* Frankfurt a. M.: Lang.
Skudlik, Sabine
  1990   *Sprachen in den Wissenschaften. Deutsch und Englisch in der internationalen Kommunikation.* Tübingen: Narr.
Ständige Arbeitsgruppe Deutsch als Fremdsprache (StADaF) (Hg.)
  1996   *Maßnahmen zur Förderung der deutschen Sprache in Mittelost-Europa und in der GUS. Übersicht 1994.* München: Goethe Institut.
Ständige Arbeitsgruppe Deutsch als Fremdsprache (StADaF) (Hg.)
  2006   *Deutsch als Fremdsprache weltweit. Datenerhebung 2005.* München: Goethe Institut.
Stark, Franz
  2002   *Deutsch in Europa. Geschichte seiner Stellung und Ausstrahlung.* Sankt Augustin: Asgad.

Tabory, Mala
    1980   *Multilingualism in the International Law and Institutions.* Alphen aan den Rijn (Nieder-
            lande)/Rockville ML (USA): Sijthoff & Noordhoff.
Thierfelder, Franz
    1938   *Deutsch als Weltsprache: Die Grundlagen der deutschen Sprachgeltung in Europa.* Berlin:
            Kurzeja.
Vandermeeren, Sonja
    1998   *Fremdsprachen in europäischen Unternehmen. Untersuchungen zu Bestand und Bedarf für
            Sprachenpolitik und Sprachunterricht.* Waldsteinberg: Popp.
Vollstedt, Marina
    2002   *Sprachenplanung in der internen Kommunikation internationaler Unternehmen.* Hildes-
            heim: Olms.

Ulrich Ammon, Duisburg (Deutschland)

10. Zuwanderung und Sprachenpolitik der deutschsprachigen Länder

1. Zuwanderung in die deutschsprachigen Länder seit 1945
2. Gesetzliche Rahmenbedingungen der Zuwanderung
3. Der Zusammenhang von Sprache und Integration
4. Die Rolle des Gemeinsamen Referenzrahmens für Sprachen
5. Die Rolle von Sprachprüfungen
6. Ausblick
7. Literatur in Auswahl

Der Begriff Zuwanderung meint jegliche Form der Wanderbewegung in ein Land, u. a. auch die Flucht, die einen längerfristigen Aufenthalt impliziert, während der Begriff der Einwanderung mit dem Erwerb eines Bürgerstatus verbunden ist. Solange Zugewanderte nicht eingebürgert sind, gelten sie rechtlich gesehen als „Ausländer" oder „Fremde". In Ländern, in denen der Zugang zur Staatsbürgerschaft erschwert ist, können somit in Ausländerstatistiken auch Personen erfasst sein, die bereits seit vielen Jahren oder Jahrzehnten im Land leben oder sogar bereits im Land geboren wurden. Während die Begriffe Zuwanderer oder Einwanderer aus der Perspektive einer Mehrheitsgesellschaft heraus bezeichnen, stellt der Begriff Migrant bzw. Migrantin weder eine Beziehung zur Herkunftsgesellschaft noch zur sog. „Aufnahmegesellschaft" her, sondern rekurriert vielmehr auf eine eigene Gruppe, die durch Mobilität gekennzeichnet ist (Volf und Bauböck 2003). Im Zusammenhang mit gesetzlichen Regelungen ist der Begriff „Drittstaatsangehörige" zentral, worunter man Zuwanderer und Zuwanderinnen aus Ländern versteht, die nicht Teil der Europäischen Union sind. Die in der EU geltenden Freizügigkeitsreglungen, die allen Unionsbürgerinnen und -bürgern grenzüberschreitende Aufenthalts- und Arbeitsmobilität zusichern, gelten nicht für Drittstaatsangehörige. Sie sind daher die zentrale Zielgruppe von ausländerrechtlichen Regelungen, die über Einreise, Aufenthalt,

Niederlassung und Einbürgerung entscheiden. Die Tatsache, dass die Landessprache eine zentrale Rolle in den ausländerrechtlichen Regeln europäischer Länder bekommen hat, ist der Ausgangspunkt des vorliegenden Artikels.

1. Zuwanderung in die deutschsprachigen Länder seit 1945

Während die Zuwanderung in die deutschsprachigen Länder Deutschland, Österreich und Schweiz über Jahrhunderte hinweg durchaus unterschiedlich verlaufen ist, zeigen sich seit dem Ende des Zweiten Weltkriegs ähnliche Entwicklungen (vgl. auch Art. 6−8). Der wirtschaftliche Aufschwung nach dem Ende des Zweiten Weltkrieges, der in der Schweiz früher als in Deutschland und Österreich einsetzte, brachte einen Arbeitskräfte-mangel mit sich, der durch Anwerbung ausländischer Arbeitskräfte als „Gastarbeiter" ausgeglichen wurde. Deutschland schloss zwischen 1955 und 1968 Anwerbervereinbarun-gen mit Italien, Spanien, Griechenland, Türkei, Marokko, Portugal, Tunesien und Jugos-lawien (Bundesministerium des Innern 2008: 14−15) und Österreich zwischen 1962 und 1966 mit Türkei und Jugoslawien (Gächter et al. 2004: 34−35). In die Schweiz kamen bereits unmittelbar nach dem Zweiten Weltkrieg „Gastarbeiter", u. a. auch aus Deutsch-land und Österreich, aber vor allem aus Norditalien (Schweizerisches Sozialarchiv, o. J.). Im Rahmen dieser staatlich gesteuerten Arbeitsmigration war keine dauerhafte Nieder-lassung der Zugewanderten, sondern deren Rückkehr nach wenigen Jahren vorgesehen (Han 2000: 66−68). Unternehmen wie Arbeiter und Arbeiterinnen waren jedoch an ei-nem längerfristigen Aufenthalt interessiert, was bereits vor der Energiekrise 1973 zu ei-nem Rückgang der Anwerbungen führte. Anwerbestopp und Einschränkung der Wieder-einreise 1973 bewirkte, dass Zuwanderer sich entschlossen nicht mehr auszureisen und ihre Familien nachzuholen.

Aufgrund der geopolitischen Veränderungen und der Globalisierungsprozesse verän-dert sich in den 1980er und 1990er Jahren die Struktur der Zuwanderung. Nicht mehr Arbeitsmigration, sondern Fluchtbewegungen und zunehmend die Familienzusammen-führung sind Gründe und Motive der Migration geworden. Hinzukommt die steigende Wanderbewegung innerhalb der erweiterten Europäischen Union. In Österreich beispiels-weise macht sie bereits annähernd die Hälfte der Zuwanderung aus (ÖIF 2009: 25). Diese Formen der Migrationsbewegungen stellen die Nationalstaaten vor neue Herausforde-rungen, da sie sich (vorerst) einer nationalstaatlichen Steuerung von Zuwanderung ent-ziehen: Die EU-Binnenmigration ist aufgrund von Freizügigkeitsregelungen nicht einzu-schränken; das Recht aus Asyl ist in der Genfer Flüchtlingskonvention festgeschrieben und muss dieser entsprechend gewährt werden, und schließlich gilt ein in den Verfassun-gen vieler Länder Europas verankertes Menschenrecht auf Familienleben, das dazu führt, dass die Familienzusammenführung zwar über Quoten reguliert, jedoch nicht grundsätz-lich unterbunden werden kann. Diese Wanderbewegungen sind die Ursache dafür, dass trotz des Anwerbestopps die Zahl der Zuwanderer in den letzten Jahrzehnten weiterhin kontinuierlich gestiegen ist.

Die Zuwanderung in die deutschsprachigen Länder liegt im oberen Drittel verglichen mit dem EU-Durchschnitt. Die Zuwanderung in die Schweiz ist die höchste der drei Länder und liegt im europäischen Vergleich an zweiter Stelle. Deutschland hat die nied-rigste Zuwanderung der drei Länder. Zwischen 2000 und 2006 sind in die Schweiz rund

16 Personen je 1.000 Einwohnern zugewandert, nach Österreich rund 13 und nach Deutschland 10 (ÖIF 2009: 25).

Die Ausländeranteile sind in Deutschland mit 8,9% 2005 (BMI 2008: 43) und Österreich mit 10,3% im Jahr 2008 im EU-Schnitt relativ hoch (ÖIF 2009: 8). Auch hier führt die Schweiz die Statistik an. Sie gehört mit einem Ausländeranteil von 21,7% Ende 2008 zu den Ländern mit den höchsten Ausländeranteilen in Europa (Statistik Schweiz o. J.). Diese hohen Ausländeranteile sind vor allem der Zuwanderung aus der EU wie auch den restriktiven Einbürgerungspolitiken der Länder geschuldet – so sind mehr als die Hälfte der Ausländer in Österreich bereits im Land (ÖIF 2009: 8) und nahezu ein Viertel der ausländischen Bevölkerung in der Schweiz geboren (BFM 2007a: 7).

Der wachsenden Zuwanderung begegnen die Staaten Europas seit Beginn des Jahrtausends mit zunehmend restriktiveren Gesetzen und erschwerten Einreise- und Aufenthaltsbedingungen. Neben Einreise- und Aufenthaltsbestimmungen sind Beschäftigungsgesetze und -verordnungen, Arbeitslosen- und Sozialversicherungsgesetze wie auch Regelungen der Familienzusammenführung betroffen, außerdem das Einbürgerungsrecht sowie das Asylrecht. Seit Ende der 1990er Jahre wird die Gesetzgebung Deutschlands und Österreichs durch die Harmonisierungsprozesse innerhalb der Europäischen Union bestimmt, die auch die Bereiche Einwanderung und Asyl betreffen. 1999 wurde vom Europäischen Rat im finnischen Tampere eine gemeinsame europäische Asyl- und Migrationpolitik beschlossen, zu deren Zielen die Steuerung von Zuwanderung, die Stärkung und Kontrolle der Außengrenzen und der einheitliche Umgang mit Drittstaatsangehörigen, wozu auch deren „Integration" zählt, gehören (Europäischer Rat 1999). Die Schweiz hat sich den Grundlinien dieser Politik angeschlossen.

Das Thema Integration gewann in den deutschsprachigen Ländern erst kurz vor der Jahrtausendwende an politischer Bedeutung. 2003 wurde „Integration" in Österreich fremdengesetzlich verankert (Fremdengesetz 2003, heute Niederlassungs- und Aufenthaltsgesetz 2005), in Deutschland 2005 (Aufenthaltsgesetz 2004) und in der Schweiz 2008 (Ausländergesetz 2008), wobei unter „Integration" vor allem der Erwerb der Landessprache durch Migrantinnen und Migranten verstanden wird. Bei der Gestaltung der Integrationsprogramme für Drittstaatsangehörige kommt Deutschprüfungen eine besondere Rolle zu. Sie fungieren als „Nachweise erbrachter Integrationsleistungen" und ermöglichen damit eine Selektion der Zuwanderer, vor allem jener, die durch Familienzusammenführung ins Land kommen wollen oder bereits gekommen sind, die in anderer Form nicht möglich ist. Analphabeten sowie prüfungsungewohnte Menschen, die aus Drittstaaten stammen, verlieren im Rahmen der aktuellen Ausländergesetzgebungen zunehmend die Chance auf einen regulären Aufenthalt (vgl. Art. 123).

2. Gesetzliche Rahmenbedingungen der Zuwanderung

2.1. Deutschland

Deutschland hat bereits vor in Krafttreten des Zuwanderungsgesetzes 2005 Deutschförderprogramme für verschiedene Zuwanderergruppen angeboten, die je nach Aufenthaltstitel unterschiedlichen Förderstrukturen unterworfen waren. Die Kurse für ausländische Arbeitnehmer wurden vom 1974 gegründeten Sprachverband Deutsch für ausländische

Arbeitnehmer e.V. koordiniert und fachlich durch Curriculumsentwicklung und Lehrer-fortbildung begleitet wurden (vgl. Art. 6 und Art. 121). Das Zuwanderungsgesetz brachte eine Vereinheitlichung und Ausweitung des Förderprogramms unter der Verantwortung des neu geschaffenen und dem Ministerium für Inneres zugeordneten Bundesamts für Migration und Flüchtlinge (BAMF), das bis 2005 als Bundesamt für die Anerkennung ausländischer Flüchtlinge (BAFl) ausschließlich für das Entscheiden über Asylanträge zuständig war. Für die Umsetzung der Kurse ist dem BAMF eine jeweils auf drei Jahre berufene Bewertungskommission an die Seite gestellt. Die Schaffung eines eigenen Bun-desamts für Migrationsfragen und die gesetzliche Verankerung eines Integrationspro-gramms markieren in Deutschland eine Wende in der Zuwanderungspolitik und das Ein-geständnis, ein Einwanderungsland zu sein (Bommes 2006: 60).

Die Durchführung von Integrationskursen mit dem Ziel des Deutscherwerbs sowie die Verpflichtung einzelner Gruppen zur Teilnahme sind im Aufenthaltsgesetz gesetzlich verankert (AufenthG 2008). In der Integrationskursverordung (IntV 2007) sind die Ziele, Struktur, Inhalte und Dauer der Kurse, die Abschlussprüfung, die Zulassungsvorausset-zungen als Kursträger sowie der Mindestqualifikationen für Kursleiter und Kursleiterin-nen detailliert beschrieben (vgl. Art. 121). Der Integrationskurs gilt dann als erfolgreich bestanden, wenn eine Sprachprüfung auf dem Niveau B1 des GER sowie der Orientie-rungskurstest positiv absolviert wurden (§ 17 IntV). Seit Juli 2009 wird ein skalierter Sprachtest „Deutsch-Test für Zuwanderer" auf den Stufen A2-B1 des GER eingesetzt (vgl. Art. 145). Für den Orientierungskurs sind seit 2008 ein einheitliches Curriculum (BAMF 2008a) und ein Multiple-Choice-Test verbindlich.

Mehr als die Hälfte aller Kusteilnehmer und Kursleiterinnen der ersten beiden Jahre waren Altzuwanderer, die nicht zu einer Teilnahme verpflichtet waren, womit die These widerlegt wurde, dass Migranten nicht bereit seien, die deutsche Sprache zu erlernen (Hentges 2008: 34−35). Weniger als die Hälfte erreichten jedoch das Kursziel des Prü-fungserfolgs auf B1 Niveau (Rambøll 2006: 55), was zu einigen Veränderungen der Vor-gaben führte, so können u. a. bis zu 1.200 Stunden absolviert werden. Die höheren Er-folgsquoten 2008 ist vor allem auf die Ausweitung der Teilnahmeverpflichtungen auch für Sozialhilfe- und Arbeitslosengeldempfängern, EU-Bürger und Deutsche sowie wiede-rum auf die hohe Teilnahmequote von Altzuwanderern (49,1 %) (BAMF 2008: 12) zu-rückzuführen. Zu beobachten ist außerdem, dass die allgemeinen Integrationskurse rück-läufig sind und das Angebot an Spezialkursen steigt.

Deutschland verlangt derzeit als einziges der drei Länder seit 2007 im Rahmen des sog. „Ehegattennachzugs" (§ 30 AufenthG) einen Nachweis von Deutschkenntnissen vor der Einreise. Allerdings stößt die Prüfung zunehmend auf Kritik, da sie die Betroffenen vor oft unerfüllbare Anforderungen stellt: Analphabeten haben keine Chance die Prüfung zu bestehen; die Kurse und Prüfungen sind mit hohen Kosten verbunden, die durch die Notwendigkeit eines oft monatelangen Aufenthalts an den Standorten und Prüfungswie-derholungen noch zusätzlich steigen.

Auch für die Einbürgerung sind Kenntnisse der deutschen Sprache nachzuweisen. Erfolgt dies durch einen erfolgreichen Abschluss eines Integrationskurses innerhalb der ersten zwei Jahre, verkürzt sich die vorausgesetzte Aufenthaltsdauer von acht auf sieben Jahre. Werden Sprachkenntnisse über dem B1 Niveau nachgewiesen, dann gilt das als „besondere Integrationsleistung" und die Einbürgerung kann bereits nach sechs Jahren erfolgen. Seit dem 1. September 2008 muss außerdem ein Einbürgerungstest bestanden werden, der ähnlich dem Orientierungskurstest aus Multiple-Choice-Fragen besteht. Seit

2000 können in Deutschland geborene Kinder von Ausländern bereits mit der Geburt auch die deutsche Staatsangehörigkeit zuerkannt bekommen (*ius soli*), sofern sich zumindest ein Elternteil seit acht Jahren rechtmäßig im Bundesgebiet aufhält. Sie müssen sich aber mit dem 18. Lebensjahr für eine Staatsbürgerschaft entscheiden.

Im Rahmen eines bundesweiten Integrationsprogramms sollen unter der Federführung des BAMF ergänzend zum Integrationskurs begleitende sozialpädagogische und migrationsspezifische Beratungsangebote in Kooperation mit den Ländern, Kommunen und Interessensvertretern und der seit 1978 existierenden Beauftragen der Bundesregierung für Migration, Flüchtlinge und Integration entwickelt werden (§ 45 AufenthG).

2.2. Österreich

In Österreich gab es bis 2003 keine bundesweiten Deutschförderprogramme für erwachsene Migranten und Migrantinnen. Lediglich die Stadt Wien hat 1998 begonnen, Deutschkurse auf allen Niveaus mit 90% der Kostenübernahme zu fördern. Die Teilnahme an diesen Kursen war freiwillig und die große Nachfrage zeigte auch in Österreich deutlich, dass Migranten nicht zur Teilnahme an Deutschkursen verpflichtet werden müssen, sofern die Angebote attraktiv gestaltet werden.

2003 trat die sog. „Integrationsvereinbarung" im Rahmen des Niederlassungs- und Aufenthaltsgesetzes in Kraft (NAG § 14−16) in Kraft. Sie betrifft Drittstaatsangehörige, die einen Aufenthalt in Österreich anstreben. Die Bezeichnung „Integrationsvereinbarung" ist im doppelten Sinne irreführend, da es sich lediglich um eine Verpflichtung zum Deutschkursbesuch zum Ablegen einer Deutschprüfung und auch nicht um eine „Vereinbarung" im eigentlichen Sinne handelt, da Form und Inhalt von Seiten der österreichischen Regierung vorgeschrieben wurden (Pöschl 2003).

Mit der Umsetzung der „Integrationsvereinbarung" wurde der dem Innenministerium zugeordnete „Fonds zur Integration von Flüchtlingen" (FIF), der bis dahin Asylberechtigte betreute, beauftragt und in den „Österreichischen Integrationsfonds" (ÖIF) umbenannt. Dem ÖIF ist für die Umsetzung der „Integrationsvereinbarung" kein Fachbeirat zur Seite gestellt, wie auch keine Bewertungskommission die Umsetzung des Integrationsprogramms begleitet. Der ÖIF hat den „ÖIF-Test" erstellt, der als Nachweis für die Erfüllung der Integrationsvereinbarung gilt (vgl. Art. 145).

Laut Gesetz ist das Ziel der „Integrationsvereinbarung" „[...] der Erwerb von Kenntnissen der deutschen Sprache, insbesondere der Fähigkeit des Lesens und Schreibens, zur Erlangung der Befähigung zur Teilnahme am gesellschaftlichen, wirtschaftlichen und kulturellen Leben in Österreich." (NAG §14 Abs.1). Die „Integrationsvereinbarung" gilt als erfüllt, wenn ein anerkannter Nachweis von Deutschkenntnissen auf A2-Niveau erbracht wird. Die „Integrationsvereinbarung" ist innerhalb von fünf Jahren zu erfüllen. Unter Bedachtnahme der Lebensumstände kann ein Aufschub von zwei Jahren gewährt werden (§ 14 Abs. 8). Bei Nicht-Erfüllung wird der Aufenthaltstitel nicht verlängert und es droht die Ausweisung. Der Umfang und die Ziele der Kurse sind in der Integrationsvereinbarungsverordnung (Int-V) in einem dreiseitigen „Rahmencurriculum" geregelt. Der Bund beteiligt sich nur in den ersten beiden Jahren nach der Verpflichtung an den Kosten.

Obwohl bisher keine Evaluierung vorliegt, wurde seit Einführung der Integrationsvereinbarung eine Reihe von Veränderungen vorgenommen und sind weitere geplant. So wurden mit der Novellierung des Fremdengesetzes 2005 die Stunden von 100 auf 300

Stunden erweitert und entsprechend das Kursziel von A1 auf A2 Niveau des GER erhöht und die Prüfung als Erfüllungsvoraussetzung gesetzlich verankert. Beschlossen ist eine weitere Ausweitung auf 600 Stunden und eine entsprechende Erhöhung des Kursziels auf B1. Es existieren keine offiziellen Bilanzen und Statistiken über die Erfüllungsquoten und Teilnahmen an den Kursen. Aus schriftlichen und parlamentarischen Anfragebeantwortungen geht jedoch hervor, dass innerhalb der letzen drei Jahre lediglich rund 11% das gesetzliche Kursziel erreicht haben (Plutzar 2010). Im Jahr 2009 kam es zu zwei Ausweisungen aufgrund von Nichterfüllung.

Seit 1998 werden für die Verleihung der Staatsbürgerschaft Deutschkenntnisse verlangt, wobei es ausreichte, „den Lebensumständen entsprechende" Kenntnisse zu haben. Seit 2006 liegt die Beurteilung der Sprachkenntnisse nicht mehr im Ermessen der Behörde, sondern der Nachweis wird durch die Erfüllung der „Integrationsvereinbarung" erbracht. Das gilt auch für Einbürgerungswerber, die bereits vor Einführung dieses Gesetzes niedergelassen waren. Wer Deutsch als Muttersprache spricht, kann seine Deutschkenntnisse der Behörde in einem einfachen Gespräch nachweisen. Außerdem sind Staatsbürgerschaftskenntnisse in Form einer Multiple-Choice-Prüfung nachzuweisen. Drittstaatsangehörige können in der Regel nach 10 Jahren um die Staatsbürgerschaft ansuchen. In Österreich gilt das Abstammungsprinzip (*ius sanguini*), daher können Kinder von Zugewanderten nur auf dem Weg der Verleihung österreichische Staatsbürger werden.

Seit 2008 wird unter Federführung des Innenministeriums an einem „Nationalen Integrationsplan Integration" (BMI 2009) gearbeitet, der unter Mitwirkung anderer Ministerien, Länder, Städte, Gemeinden, Sozialpartner sowie von Nichtregierungsorganisationen umgesetzt werden soll. Trotz der Kritik von Seiten der Länder, Gemeinden und Nichtregierungsorganisationen aufgrund der mangelnden Bereitschaft der Bundesregierung in Integration zu investieren, dem einseitigen Integrationsverständnis und dem defizitorientierten Blick auf Migrantinnen und Migranten, wird der Plan im Jahr 2010 umgesetzt.

Die „Integrationsvereinbarung" stößt in Österreich nicht nur auf Kritik von Migrantenorganisationen und Nicht-Regierungs-Organisationen, sondern vor allem auch von Wissenschaftlern. In erster Linie wird der Zwangscharakter der Maßnahme als kontraproduktiv beurteilt (Krumm 2002). Das Gesetz unterstellt in dieser Form, dass man Migranten zum Erwerb des Deutschen zwingen müsse und reagiert dabei vordergründig auf die Beobachtung, dass viele Zuwanderer trotz jahrelangen Aufenthalts in Österreich nur über geringe Deutschkenntnisse verfügen. Es wird dabei übersehen, dass es bisher kaum ausreichende Deutschlernmöglichkeiten gab bzw. dass Anreize, Deutsch zu lernen, fehlen. Auf deutliche Kritik stößt auch der ÖIF-Test, da er ohne fachliche Expertise erstellt wurde und auch den ethischen Anforderungen von Sprachprüfungen im Kontext von Zuwanderungsgesetzen nicht entspricht (Krumm und Plutzar 2008: 8−11).

2.3. Schweiz

Aufgrund der föderalen Struktur der Schweiz gab und gibt es keine bundsweit einheitlichen Förderprogramme für das Erlernen der Landessprache, sondern Angebote werden kantonal unterschiedlich gestaltet. Vor allem die Städte in der deutschsprachigen Schweiz schufen und schaffen Deutschlernmöglichkeiten aus öffentlichen Mitteln, wie z. B. die seit 1993 bestehende Sprachoffensive mit der Zielgruppe Frauen der Stadt Zürich.

2008 wurde die Integrationspolitik auf kantonaler und eidgenössischer Ebene neu geordnet, die Förderung der jeweiligen territorialen Landessprache nimmt dabei einen zentralen Stellenwert ein. Auf der Grundlage des 2006 vom Volk akzeptierten und 2008 in Kraft getretenen Ausländergesetzes und einer Integrationsverordnung hat das Bundesministerium für Migration (BFM) ein Schwerpunktprogramm zur Integrationsförderung 2008–2011 erlassen. Es gibt den inhaltlichen Rahmen der vom Bund mitfinanzierten Maßnahmen vor und räumt dem Bereich „Sprache und Bildung" besondere Priorität ein (BFM 2007a).

Das BFM entstand 2005 aus der Zusammenlegung des Bundesamtes für Flüchtlinge (BFF) und des Bundesamtes für Zuwanderung, Integration und Auswanderung (IMES) und ist dem Eidgenössischen Justiz- und Polizeidepartement unterstellt. Seine Aufgabe ist es, alle ausländer- und asylrechtlichen Belange in der Schweiz zu regeln. Ihm ist beratend und steuernd die Eidgenössische Kommission für Migrationfragen (EKM) zu Seite gestellt, die sich aus der ehemaligen Eidgenössischen Ausländerkommission (EKA) und der Eidgenössischen Kommission für Flüchtlingsfragen (EKF) zusammensetzt und vom Bundesrat bestellt wird. Sie veröffentlicht Stellungnahmen, Empfehlungen und Grundlagenarbeiten.

Mit dem 2008 in Kraft getretenen Bundesgesetz über die Ausländerinnen und Ausländer (AuG) und der revidierten Integrationsverordnung (VIntA) hat sich auch in der Schweiz ein Integrationsverständnis durchgesetzt, das auf den Grundsatz des „Forderns und Förderns" beruht. Der Erwerb der Landessprache kann direkte aufenthaltsrechtliche Konsequenzen haben: Der erfolgreiche Erwerb kann mit einer vorzeitigen Erteilung einer Niederlassungsbewilligung belohnt werden (Art. 34 Abs. 4 AuG), während die Erteilung einer Aufenthalts- oder Kurzaufenthaltsbewilligung mit der Verpflichtung zu einem Besuch von Sprach- oder Integrationskursen einhergeht (Art. 54 AuG und Art. 5 VIntA). Diese Verpflichtung zum Kursbesuch liegt im Ermessen der kantonalen Migrationsbehörde (Ausländeramt) und kann in einer „Integrationsvereinbarung" festgehalten werden, die – anders als in Österreich – nicht flächendeckend einzusetzen ist, sondern für drei Zielgruppen empfohlen wird: Personen aus Drittstaaten im Familiennachzug, bereits Zugewanderte, die Sozialhilfen bekommen kommen und Personen, die Lehr- oder Betreuungstätigkeit (BFM 2007b: 2–3) ausüben.

Anders als in Österreich und Deutschland wird in der Schweiz kein bestimmtes Sprachniveau vorgeschrieben. Eine Ausnahme bilden Personen, die eine Lehr- und Betreuungstätigkeit ausüben und Kenntnisse auf B1 Niveau des GER nachweisen sollen. Der Nachweis der Erfüllung der „Integrationsvereinbarung" kann entweder durch ein Zertifikat oder ein Attest eines Sprachkursanbieters erbracht werden oder durch die Bestätigung einer „engagierten" Teilnahme an einem Kurs durch die Kursleitung (Leitfaden o. J.: 3). Auch für die Gestaltung der Integrationskurse wird kein einheitliches Lernziel vorgegeben. Die Kosten sind grundsätzlich von den Zuwanderern selbst zu bezahlen, wobei die konkrete Ausgestaltung Sache der Kantone ist.

Auch für die Einbürgerung ist der Nachweis von Landessprachkenntnissen notwendig und wiederum gibt es für die Form keine bundesweit einheitliche Regelung. Die Einbürgerung ist in der Schweiz Sache der Gemeinden und die Voraussetzungen sind unterschiedlich und komplex. Einbürgerungsbewerber müssen im allgemeinen fünf Jahre in der Gemeinde wohnhaft gewesen sein und darüber hinaus eine Einbürgerungsbewilligung des zuständigen Bundesamts besitzen, die wiederum voraussetzt, dass man sich insgesamt zwölf Jahre in der Schweiz aufgehalten hat, drei davon in den letzten fünf Jahren vor der Einreichung, wobei die Zeit zwischen dem vollendeten 10. und 20. Lebensjahr doppelt gerechnet wird (Art 12 und 15 BüG). Die Entscheidung über die Einbürgerung wird auf Gemeindeebene getroffen. Auch wie der Nachweis der Landessprachkenntnisse erbracht wird, regelt jede Gemeinde für sich, und es gibt Gemeinden, die einen obligatorischen schriftlichen Sprachtests verlangen (Clalüna 2008: 1−2). Entgegen solcher Praxis hat die EKA 2006 Empfehlungen zu Sprachprüfungen im Rahmen von Einbürgerungen formuliert (EKA 2006), in denen sie sich dezidiert gegen die Verwendung von schriftlichen Tests ausspricht, vor allem solcher, die im Multiple-Choice-Verfahren Grammatik und Wortschatz prüfen. Damit könnten nicht die vor Ort integrationsrelevanten umgangssprachlichen Fertigkeiten gezeigt werden und außerdem würden bestimmte Gruppen benachteiligt. Die EKA empfiehlt stattdessen einen professionellen und transparenten Umgang in der Beurteilung mittels klarer Anforderungen, einer verständlichen Informationspolitik und der Sicherung von Qualitätsstandards und verweist gleichzeitig auf die Grenzen von Sprachprüfungen, da sie „einseitig einen umfassenden sozialen Prozess" beurteilen und dabei die gesellschaftlichen Voraussetzungen für den Erwerb der Sprache durch Begegnungsmöglichkeiten oder adäquate Bildungsangebote unberücksichtigt bleiben (EKA 2006: 3).

Seit 2006 ist unter Federführung des BFM in Zusammenarbeit mit Stellen der Bundesverwaltung, den Kantonen und Gemeinden sowie privaten Institutionen und mit fachlicher Unterstützung vom Institut für Mehrsprachigkeit der Universität Fribourg ein bundesweites „Rahmenkonzept Sprachförderung" in Arbeit, das gemeinsame und einheitliche Standards der Sprachförderung für die unterschiedlichen Zusammenhänge wie Aufenthalt, Einbürgerung und Arbeitssuche entwickelt (BFM 2009).

Auch in der Schweiz stößt die zunehmende Gleichsetzung von Kenntnissen der Landessprache und Integration auf Kritik (Clalüna 2008). Außerdem wird bemängelt, dass die zentrale Rolle, die der Erwerb der Landessprache durch die neue Gesetzeslage hat, nicht mit den vorhandenen Ressourcen und dem Erkenntnisstand korrespondiert, da Aus- und Weiterbildungsmöglichkeiten für Unterrichtende erwachsener Migranten in Deutsch als Zweitsprache weitgehend fehlen. Auch werden die speziellen Diglossiebedingungen der Schweiz in den Konzepten noch zu wenig beachtet (vgl. Art. 36) und Studien zum Spracherwerb Erwachsener und zu Grundlagen des Deutschunterrichts unter Diglossiebedingungen fehlen (Sauter 2007: 53). Kaum thematisiert und keineswegs geklärt ist auch die Frage, ob und in welchem Maß Sprachkenntnisse von Migranten in einer anderen schweizerischen Landessprache als der ihres Wohnsitzes berücksichtigt werden sollten.

3. Der Zusammenhang von Sprache und Integration

Die Verpflichtung von Zuwanderern, die Landessprache in Kursen zu erlernen, wie auch der Einsatz von verpflichtenden Sprachprüfungen ist in den meisten europäischen Ländern wesentlicher Bestandteil der Zuwanderungspolitik. Eine vergleichende Studie der Association of Language Testers Europe (ALTE) zu den Integrations- und Einbürgerungspolitiken in 19 europäischen Ländern stellte fest, dass nur acht Länder keine sprachlichen Bedingungen an die Erteilung von Aufenthaltstiteln knüpfen, in sieben Ländern Migrantinnen und Migranten einen Vertrag eingehen oder verpflichtend Programme zum Erwerb der Landessprache zu besuchen haben und in elf Ländern ein Test in der Landessprache absolviert werden muss, um die Staatsbürgerschaft zu erlangen (Van Avermaet 2009: 22−26). Solche Verpflichtungen werden durch die Annahme legitimiert, dass dieser Spracherwerb eine Aufwärtsmobilität sichert (Bauböck 2004: 7−9) und Migranten und Migrantinnen den Zugang zum Bildungssystem und Arbeitsmarkt eröffnet (Esser 2006: 83−92). Die Annahme, dass fehlende Kenntnisse der Landessprache Grund für die Marginalisierung am Arbeitsmarkt und in den Bildungssystemen sind, unterstellt, dass Bildungs- und Arbeitsmarkterfolg vor allem etwas mit individuellen Kompetenzen zu tun haben. Andere Faktoren wie z. B. die soziale Herkunft (OECD 2005), rechtliche Rahmenbedingungen (Volf und Bauböck 2003), systemimmanente strukturelle Diskriminierung (Gomolla und Radtke 2007), der ungleiche gesellschaftliche Wert von Sprachen (Hamel 2007) oder die sprachenpolitischen Rahmenbedingungen in den Herkunftsländern (Brizić 2007) werden mit dieser Perspektive ausgeblendet. Die Überbetonung der Rolle der Landessprache lässt übersehen, dass Integration ein komplexer und vor allem gesamtgesellschaftlicher Prozess ist, in dem gesellschaftspolitische Fragen entscheidend sind. In Ländern mit kolonialer Vergangenheit stellt die Beherrschung der Landessprache durch Migranten und Migrantinnen keine Lösung der Integrationsprobleme dar bzw. trägt nicht zur Verhinderung von sozialen Spannungen bei (Van Avermaet 2009: 35).

Ob verpflichtende Sprachkurse tatsächlich eine positive Wirkung auf die Integrationserfolg von Zuwanderinnen und Zuwanderern haben, ist weitgehend unbekannt. Bisher liegen kaum Untersuchungen vor, die den Zusammenhang von Sprachkursbesuch und gesellschaftlicher Integration nachweisen können. Das BAMF erhebt seit 2007 im Rahmen eines „Integrationspanel" entsprechende Daten, wobei die Aussagekraft solcher Auftragsforschung wie auch von Evaluationen, die von öffentlichen Stellen in Auftrag gegebenen wurden, in Frage gestellt werden können (Bommes 2006: 77−78). Eine positive Wirkung von Sprachkursen kann unter den gegebenen spracherwerbstheoretischen Grundlagen der Kurse und deren didaktischen Grundlagen angezweifelt werden, da literale Aspekte nicht ausreichend Berücksichtigung finden (Maas und Mehlem 2003: 225).

Jeglicher Grundlage entbehrt jedenfalls der in Integrationsprogrammen definierte Zusammenhang zwischen einem bestimmten Kursumfang und dem zu erreichenden Niveau (Schönwälder, Söhn und Michalowski 2005: 59). Zweitspracherwerbsprozesse in der Migration verlaufen unter anderen Bedingungen als das Fremdsprachenlernen in Bildungszusammenhängen bzw. für touristische Zwecke (vgl. Barkowski 2003). Deshalb kann das Bestehen oder Nichtbestehen einer Prüfung auf einem bestimmten Niveau noch keinen verlässlichen Nachweis über die vorhandenen funktionalen Sprachkenntnisse einer Person geben (vgl. Krumm und Plutzar 2008: 8−10, Krumm 2008: 48, EKA 2008: 3). Die Tatsache, dass sich in den europäischen Ländern sowohl die erforderlichen Sprachniveaus wie auch die Stundenanzahlen, in denen diese Niveaus erreicht werden sollen, deutlich voneinander unterscheiden, ist ein Zeichen dafür, dass es bei dem durch die Gesetze hergestellten Zusammenhang von Kenntnissen der Landessprache und Integration um eine politische Konstruktion handelt (Shohamy und McNamara 2008: 92, Van Avermaet 2009: 32).

4. Die Rolle des Gemeinsamen Europäischen Referenzrahmens für Sprachen

Als Instrument, das ursprünglich dazu dienen sollte, mehrsprachige Kompetenzprofile adäquat zu erfassen, indem er die Beschreibung ungleichmäßiger und veränderlicher Kompetenzen erlaubt, wird der GER in den gesetzlichen Bestimmungen entgegen seinem Ziel auf einheitliche Niveaubeschreibungen reduziert, die für alle Fertigkeiten gelten. Damit werden sie für mehrsprachige Menschen unpassend, denn in Bezug auf mehrsprachige Kompetenz heißt es im GER:

> Die mehrsprachige und die plurikulturelle Kompetenz ist im Allgemeinen auf eine oder mehrere Arten ungleichmäßig: [...] das Kompetenzprofil in einer Sprache unterscheidet sich von dem in anderen (z. B. sehr gute mündliche Kompetenz in zwei Sprachen, aber gute schriftliche Kompetenz in nur einer von beiden); [...] eine mehrsprachige und plurikulturelle Kompetenz (besitzt) ein kurzlebiges Profil und eine veränderliche Konfiguration   (Europarat 2001: 132−133).

Dem wird lediglich die Gesetzgebung in der Schweiz gerecht, die kein einheitliches Niveau (außer für die Gruppe der Lehr- und Betreuungspersonen) verlangt. In Vorarbeiten zum „Rahmenkonzept für Sprachförderung" (BFM 2009) wird dezidiert von dem missbräuchlichen Gebrauch des GER durch dessen Reduktion auf einheitliche Sprachniveaus Abstand genommen (Schneider et al. 2006). In Deutschland oder Österreich ist hingegen ein einheitliches Niveau in allen Fertigkeitsbereichen zu erreichen − eine Anforderung, die nicht nur der Mehrsprachigkeit von Migranten widerspricht, sondern vor allem für Menschen mit schwach ausgebildeter oder nicht vorhandener Lese- und Schreibfähigkeit unerfüllbar ist. Nicht lesen und schreiben zu können oder wenig Schulbildung zu haben, hat demnach bei der deutschen und österreichischen Gesetzeslage massive existentielle Auswirkungen: Entweder wird die Einreise verwehrt, das Aufenthaltsrecht geht verloren, oder aber die Staatsbürgerschaft mit all den damit verbundenen Rechten wie z. B. Reisefreiheit ist unzugänglich.

Obwohl der GER in allen Integrationsprogrammen der europäischen Länder zur Niveaubeschreibung der nachzuweisenden Kenntnisse der Landessprache verwendet wird (vgl. Van Avermaet 2009), fehlen bis jetzt Übersetzungen in wichtige nichteuropäische Migrantensprachen wie das Türkische, das Kurdische oder das Persische. Darin spiegelt sich eine Haltung der Europäischen Union den Sprachen der Migrantinnen und Migranten gegenüber wider, die auch als „Mehrsprachigkeitsparadox" bezeichnet wird (Hornberger 2009): Während sich die einzelnen Staaten im europäischen Kontext zur Mehrsprachigkeit und mehrsprachigen Identität der europäischen Bürger bekennen, dominiert im nationalen Kontext die Forderung nach einer gemeinsamen nationalen Sprache und nach kultureller Anpassung (Van Avermaet 2009: 20; Krumm 2008: 9 und 2009: 6−8). Die Sprachenpolitik der Europäischen Union ist in Hinblick auf die Frage, welche Sprachen als wertvoll und lernwürdig betrachtet werden, durchaus selektiv und vor allem an der historisch gewachsenen Mehrsprachigkeit interessiert. So verfolgt die europäische Charta der Regional- oder Minderheitensprachen zwar das Ziel, „geschichtlich gewachsene Regional- oder Minderheitensprachen als gemeinsames europäisches Erbe zu schützen und den kulturellen Reichtum Europas zu fördern" (Bundesministerium für Unterricht und Kunst et al. 2008: 25), die Sprachen der Migranten sind jedoch, wie auch Dialekte, dezidiert ausgenommen: „[…] it does not include either dialects of the official language(s) of the State or the languages of migrants […]" (Council of Europe 1992, Part 1 Article 1).

5. Die Rolle von Sprachprüfungen

Der Einsatz von Sprachprüfungen in aufenthaltsrechtlichen Regelungen ist ebenfalls sehr umstritten. Die Annahme, dass Sprachprüfungen einen positiven Effekt auf die Sprachkenntnisse von Migrantinnen und Migranten haben, ist eine weit verbreitete Annahme und wird von Studien unterstützt, die eine Korrelation zwischen dem Vorhandensein von Sprachkenntnissen und dem Einsatz von Sprachprüfungen nachweisen (DeVoretz, Hinte und Werner 2003). Dem gegenüber betonen Sprachdidaktiker, dass sich der Prüfungsdruck negativ auf die Sprachlernmotivation auswirken kann (Krumm 2002; Boeckmann 2007). Kritiker der Tests führen außerdem ins Feld, dass Prüfungen einen „backwash"-Effekt haben und die Inhalte der Kurse beeinflussen. Nicht das, was die Teilnehmer brauchen, wird unterrichtet und gelernt, sondern das, was am Ende der Kurse geprüft wird (Krumm 2006).

Der Tatsache, dass die Lerngruppen in Deutschkursen in der Regel von einem Höchstmaß an Heterogenität in Bezug auf Alter, Sprachenbiografie, Bildungshintergrund, Aufenthaltsdauer, Zukunftsperspektiven, Deutschkompetenzen, Möglichkeiten, die Sprache außerhalb des Kurses zu gebrauchen oder sie selbst zu lernen gekennzeichnet sind, kann kaum Rechnung getragen werden, wenn am Ende des Kurses eine einheitliche Prüfung steht. Außerdem sind die gängigen Sprachprüfungen wenig geeignet, den oben erwähnten ungleichmäßigen Sprachprofilen von mehrsprachigen Menschen gerecht zu werden. Die Sprachkompetenzen von Migranten und Migrantinnen können aufgrund ihrer komplexen Sprachbiografien und Sprachverwendungszusammenhänge je nach Kontext und Lebenssituation beträchtlich variieren (Krumm und Plutzar 2008: 6−8). Es bedürfte differenzierter und mehrsprachiger Erhebungsverfahren, um aussagekräftige Ergebnisse in Bezug auf Deutschkompetenzen von Migranten zu gewinnen.

Auch die Überprüfung von staatsbürgerlichem Wissen im Rahmen von Orientierungskursprüfungen (wie in Deutschland) oder Staatsbürgerschaftsprüfungen (wie in Deutschland und Österreich) ist in ihrer Zielsetzung fragwürdig. Das Bestehen der Prüfung bedeutet weder, dass die Inhalte auch behalten werden (Hentges 2008: 32−71) noch dass die Geprüften zu diesen Inhalten stehen. Es ist eine naive Annahme zu glauben, dass die in einer Prüfung vermittelten Normen und Werte auch geteilt werden (Van Avermaet 2009: 34). Außerdem stellen die Prüfungsverfahren höhere sprachliche Anforderungen als durch die Gesetze gefordert.

Da die von den Regierungen eingesetzten Prüfungen den Lernbedürfnissen und Ausgangsvoraussetzungen der Migranten nicht entsprechen, stellt die kritische Testtheorie (Shohamy 2001; McNamara und Roever 2006) den Einsatz von Tests ethisch in Frage, indem sie auf die politische und soziale Dimension des Testens verweist. Sie zeigt auf, dass Prüfungen nur jene Menschen bestehen können, die eine bestimmte Form des Sprachgebrauchs sowie den Modus des Geprüftwerdens beherrschen. Da vom Prüfungserfolg die potentielle Zugehörigkeit zu einer Gruppe abhängt − nämlich jener, der Einreise, Aufenthalt oder Staatsbürgerschaft gewährt wird − ist die Wirkweise von Prüfungen die Selektion und nicht, wie die Gesetze vorgeben, die Förderung (McNamara 2005; Shohamy 2009: 49–52).

Die existentielle Dimension des Einsatzes von Sprachprüfungen im Kontext von Zuwanderungspolitiken hat ALTE (Association Language Testers Europe) dazu veranlasst, ein an politische Entscheidungsträger gerichtetes Grundsatzpapier zu verfassen, das dabei unterstützen soll, bei der Testerstellung verantwortlich vorzugehen. Sie sollten sich jedenfalls fragen, ob es tatsächlich notwendig ist, einen Test durchzuführen, oder ob es nicht andere, geeignetere Methoden der Erhebung von Sprachkompetenzen gibt. Weiters sollen die Auswirkungen, welche die Testergebnisse auf die Getesteten haben können, mitbedacht werden (ALTE Authority Group 2008). Diese Grundsätze werden bisher nur wenig, in Österreich gar nicht beachtet.

Die Tatsache, dass Deutschkenntnisse zum zentralen Faktor der Integrationspolitik werden konnten, verdanken sie ihrem Potential, den komplexen Prozess der Integration organisatorisch ausgestaltbar und in Form von Sprachprüfungen messbar zu machen (Bommes 2006: 71). Im integrationspolitischen Kontext übernehmen Sprachprüfungen aber nicht nur diese symbolische Funktion, sondern sie haben auch selektiven Charakter. In aufenthaltsrechtlichen Bestimmungen, wie dem deutschen Zuwanderungsgesetz, das im vollen Titel „Gesetz zur Steuerung und Begrenzung der Zuwanderung und zur Regelung des Aufenthalts und der Integration von Unionsbürgern und Ausländern" heißt, übernehmen sie die Funktion der Steuerung einer zunehmend schwerer regulierbaren Zuwanderung.

6. Ausblick

Die gegenwärtigen Integrationspolitiken der deutschsprachigen Länder, die dem Deutschen eine zentrale Rolle einräumen, stehen aktuellen wissenschaftlichen Diskursen um Mehrsprachigkeit und Hybridität diametral entgegen (Hogan-Brun et al. 2009: 6 und Hinnenkamp 2008). Es ist noch offen, ob es ein Umdenken geben wird und die Erkenntnisse aus der Spracherwerbsforschung unter Mehrsprachigkeitsbedingungen und auch sprachenpolitische Konzepte, die individuelle Mehrsprachigkeit und gesellschaftliche Vielsprachigkeit auch unter Migrationsbedingungen zu fördern versuchen, in die integrationspolitischen Programme Eingang finden werden. Das wäre jedenfalls Voraussetzung, um den allgegenwärtigen und auch in allen politischen Programmen verwendeten Terminus „Sprachförderung" gerecht zu werden.

7. Literatur in Auswahl

ALTE Authority Group
    2008   *Language tests for social cohesion and citizenship — an outline for policymakers*. Broschüre.
            http://www.coe.int/t/dg4/linguistic/Source/ALTE_migrants08_final_EN.doc (Zugriff 21. 12. 09).
BAMF
    2008a   *Curriculum für einen bundesweiten Orientierungskurs*. Broschüre. Herausgegeben vom Bundesamt für Migration und Flüchtlinge. Abteilung 3/Integration. Nürnberg.

BAMF
    2008b   *Integrationskurse. Eine Erfolgsgeschichte und ein Modell für Europa. Bilanz 2008.* Herausgegeben vom Bundesamt für Migration und Flüchtlinge. Abteilung 3/Integration. Nürnberg.

Barkowski, Hans
    2003   Zweitspracheunterricht. In: Karl-Richard Bausch, Herbert Christ und Hans-Jürgen Krumm (Hg.), *Handbuch Fremdsprachenunterricht* 157−163. 4. Aufl. Tübingen und Basel: A. Francke.

Bauböck, Rainer
    2004   *Public Culture in Societies of Immigration.* Willy Brandt Series of Working Papers in International Migration and Ethnic Relations 1/01. Malmö: IMER.

BFM
    2007a   *Bericht Integrationsmassnahmen. Bericht über den Handlungsbedarf und die Massnahmenvorschläge der zuständigen Bundesstellen im Bereich der Integration von Ausländerinnen und Ausländern per 30. Juni 2007.* Schweizerische Eidgenossenschaft. Eidgenössisches Justiz- und Polizeidepartement EJPD. Bundesamt für Migration BFM. Direktionsbereich Bürgerrecht, Integration & Bundesbeiträge. Bern-Wabern, 30. Juni 2007.

BFM
    2007b   *Empfehlungen zur Anwendung von Integrationsvereinbarungen vom Dezember 2007.* Schweizerische Eidgenossenschaft. Eidgenössisches Justiz- und Polizeidepartement EJPD. Bundesamt für Migration BFM. Direktionsbereich Bürgerrecht, Integration & Bundesbeiträge. Sektion Integration.

BFM
    2009   *Information des Bundesamts für Migration zu aktuellen Entwicklungen im Bereich der Sprachförderung und der Sprachkompetenznachweise der Migrantinnen und Migranten (Bundesratsauftrag „Rahmenkonzept Sprachförderung").* Eidgenössisches Justiz- und Polizeidepartement EJPD. Bundesamt für Migration BFM. Direktionsbereich Bürgerrecht, Integration & Bundesbeiträge. Sektion Integration. 15. Juni 2009.

BMI
    2008   *Integration und Migration. Aufenthaltsrecht, Migrations- und Integrationspolitik in Deutschland.* Broschüre. Bundesministerium des Innern. Paderborn: Bonifatius.

Boeckmann, Klaus-Börge
    2007   Motivation, Integration und Deutsch als Zweitsprache. *ÖdaF-Mitteilungen* Heft 1: 31−48.

Bommes, Michael
    2006   Integration durch Sprache als politisches Konzept. In: Ulrike Davy und Albrecht Weber (Hg.), *Paradigmenwechsel in Einwanderungsfragen? Überlegungen zum neuen Zuwanderungsgesetz,* 59−87. Baden-Baden: Nomos Verlagsgesellschaft.

Brizić, Katharina
    2007   *Das geheime Leben der Sprachen. Gesprochene und verschwiegene Sprachen und ihr Einfluss auf den Spracherwerb in der Migration.* Münster: Waxmann.

Buhlmann, Rosemarie, Karin Ende, Susan Kaufmann, Angela Kilimann und Helen Schmitz
    2007   *Rahmencurriculum für Integrationskurse Deutsch als Zweitsprache.* München: Goethe-Institut.

Bundesministerium für Unterricht, Kunst und Kultur & Bundesministerium für Wissenschaft und Forschung
    2008   *Language Education Policy Profile (LEPP) Länderbericht Österreich. Sprach- und Sprachunterrichtspolitik in Österreich: Ist-Stand und Schwerpunkte.* Bundesministerium für Unterricht, Kunst und Kultur, Bundesministerium für Wissenschaft und Forschung und Österreichisches Sprachen-Kompetenz-Zentrum. http://www.coe.int/t/dg4/linguistic/ Source/ Austria_CountryReport_final_DE.pdf (Zugriff 21. 12. 09).

Clalüna, Monika
2008   Das Fach „Deutsch als Zweitsprache" zwischen politischen Forderungen und fachlichen
        Positionen. Referat anlässlich der Fachveranstaltung „Wie viel Sprache braucht die Inte-
        gration?" der Informationsstelle für Ausländerinnen- und Ausländerfragen isa. Bern,
        22. 5. 08. http://www.isabern.ch/upload/pdf/Referat_Claluena.pdf (Zugriff 21. 12. 09).
Council of Europe
1992   *European Charter for Regional or Minority Languages.* (European Treaty Series 148).
        Strasbourg: Council of Europe.
DeVoretz, Don J., Holger Hinte und Christiane Werner
2003   *How Much Language is Enough? Some Immigrant Language Lessons from Canada and
        Germany.* (Discussionpaper 555). Forschungsinstitut zur Zukunft der Arbeit.
EKA
2006   *Einbürgerung und Sprachnachweis. Empfehlungen der EKA an die Gemeinden, die Kantone
        und den Bund.* Eidgenössische Ausländerkommission. Bern-Wabern.
Esser, Hartmut
2006   *Sprache und Integration.* (AKI-Forschungsbilanz 4). Arbeitsstelle Interkulturelle Kon-
        flikte und gesellschaftliche Integration. Wissenschaftszentrum Berlin für Sozialforschung.
        Januar 2006.
Europarat
2001   *Gemeinsamer europäischer Referenzrahmen für Sprachen: lernen, lehren, beurteilen.* Berlin
        und München: Langenscheidt.
Europäischer Rat
1999   Tampere Europäischer Rat 15. und 16. Oktober 1999. Schlussfolgerungen des Vorsitzes.
        http://www.europarl.europa.eu/summits/tam_de.htm (Zugriff 21. 12. 09)
Gächter, August und Recherche-Gruppe
2004   Von Inlandarbeiterschutzgesetz bis Eurodac-Abkommen. Eine Chronologie der Gesetze,
        Ereignisse und Statistiken bezüglich der Migration nach Österreich 1925−2004. In: Gür-
        ses, Hakan, Cornelia Kogoj und Sylvia Mattl (Hg.), *Gastarbajteri. 40 Jahre Arbeitsmigra-
        tion,* 31−45. Wien: Mandelbaum.
Gomolla, Mechtild und Fank-Olaf Radtke
2007   *Institutionelle Diskriminierung. Die Herstellung ethnischer Differenz in der Schule.* Wiesba-
        den: Verlag für Sozialwissenschaften.
Han, Petrus
2000   *Soziologie der Migration.* Stuttgart: Lucius & Lucius.
Hamel, Rainer Enrique
2007   Sprachimperien, Sprachimperialismus und die Zukunft der Sprachenvielfalt. In: *Jahrbuch
        Deutsch als Fremdsprache 33:* 141−172.
Hentges, Gudrun
2008   Integrations- und Orientierungskurse. Konzepte − Kontroversen − Erfahrungen. In:
        Gudrun Hentges, Volker Hinnenkamp und Almut Zwengel (Hg.), *Migrations- und Integ-
        rationsforschung in der Diskussion. Biografie, Sprache und Bildung als zentrale Bezugs-
        punkte,* 23−76. Wiesbaden: Verlag für Sozialwissenschaften.
Hinnenkamp, Volker
2008   Sprachliche Hybridität, polykulturelle Selbstverständnisse und „Parallelgesellschaft". In:
        Gudrun Hentges, Volker Hinnenkamp und Almut Zwengel (Hg.), *Migrations- und Integ-
        rationsforschung in der Diskussion. Biografie, Sprache und Bildung als zentrale Bezugs-
        punkte,* 229−254. Wiesbaden: Verlag für Sozialwissenschaften.
Hogan-Brun, Gabrielle, Clare Mar-Molinero und Patrick Stevenson
2009   Testing regimes. Introducing cross-national perspectives on language, migration and citi-
        zenship. In: Hogan-Brun, Gabrielle, Clare Mar-Molinero und Patrick Stevenson (Hg.):

Discourse on Language and Integration. Critical perspectives on language testing regimes in Europe, 1−13. Amsterdam/Philadelphia: John Benjamins Publishing Company.

Hornberger, Nancy
  2002   Multilingual Language Policies and The Continua of Biliteracy: An Ecological Approach. *Language Policy* 1: 27−51.

Krumm, Hans-Jürgen
  2002   One sprachen konten wir uns nicht ferstandigen. Ferstendigung ist wichtig. Entwicklungen und Tendenzen in der Sprachlehrforschung im Bereich der Migration und Integration. *Deutsch als Zweitsprache* 2/2001: 32 − 40.

Krumm, Hans-Jürgen
  2006   Sprachtests für Deutsch als Zweitsprache − von der Integration zur Selektion. *ÖdaF-Mitteilungen* 1: 44−59.

Krumm, Hans-Jürgen
  2008   Die Förderung der Muttersprachen von MigrantInnen als Bestandteil einer glaubwürdigen Mehrsprachigkeitspolitik in Österreich. *ÖDaF-Mitteilungen* 2: 7−15.

Krumm, Hans-Jürgen
  2009   Sprachenpolitik und Mehrsprachigkeit: Von der Mehrsprachigkeitsrhethorik zur (nicht mehr ganz so traurigen?) Realität. *ÖDaF-Mitteilungen*. Sonderheft zur IDT: 6−15.

Krumm, Hans-Jürgen und Verena Plutzar
  2008   *Tailoring language provision and requirements to the needs and capacities of adult migrants*. Europarat 2008. Thematic Studies 5. http://www.coe.int/t/dg4/linguistic/migrantssemin08_listdocs_EN.asp? (Zugriff 21. 12. 09).

Leitfaden
  o. J.   Leitfaden für die Anwendung der Integrationsvereinbarung, Bundesamt für Migration. http://www.bfm.admin.ch/etc/medialib/data/migration/rechtsgrundlagen/weisungen_und_kreisschreiben/weisungen_integration.Par.0013.File.tmp/Anhang4-d.pdf (Zugriff 21. 12. 09).

McNamara, Tim
  2005   21st Century Shibboleth: Language Tests, Identity and Intergroup Conflict. In: *Language Policy* 4(4): 351−370.

McNamara, Tim und Carsten Roever
  2006   *Language Testing. The Social Dimension*. Oxford: Blackwell.

Mass, Utz und Ulrich Mehlem
  2003   Qualitätsanforderungen für die Sprachförderung im Rahmen der Integration von Zuwanderern. (IMIS-Beiträge 21). Institut für Migrationsforschung und Interkulturelle Studien. Universität Osnabrück.

OECD
  2005   *School factors related to quality and equity*. Results from PISA 2000. Organisation for Economic Co-operation and Development.

ÖIF
  2009   *Zahlen. Daten. Fakten 2009*. Österreichischer Integrationsfonds in Zusammenarbeit mit Statistik Austria und BM.I.

Plutzar, Verena
  2008   Sprachliche Bildung erwachsener MigrantInnen als Aufgabe der Erwachsenenbildung, in: *MAGAZIN erwachsenenbildung.at. Das Fachmedium für Forschung, Praxis und Diskurs*. Ausgabe 5 2008. Wien. http://www.erwachsenenbildung.at/magazin/08-5/meb08-5.pdf (Zugriff 21. 12. 09).

Plutzar, Verena
  2010   Sprache als „Schlüssel" zur Integration? Eine kritische Annäherung an die österreichische Sprachenpolitik im Kontext von Migration. In: Herbert Langthaler (Hg.), *Integration in Österreich. Sozialwissenschaftliche Befunde*, 121−140. Innsbruck, Wien: Studien Verlag.

Pöschl, Magdalena
  2003   Die Integrationsvereinbarung nach dem österreichischen Fremdengesetz. Lässt sich Inte-
          gration erzwingen? In: Sahlfeld, Konrad (Hg.), *Integration und Recht,* 197−241. Mün-
          chen: Beck.
Rambøll-Management
  2006   *Evaluation der Integrationskurse nach dem Zuwanderungsgesetz. Abschlussbericht und Gut-
          achten über Verbesserungspotenziale bei der Umsetzung der Integrationskurse.* Berlin: Bun-
          desministerium des Inneren.
Sauter, Peter
  2007   Podiumsgespräch: Von der Ein- über die Mehr- zur Vielsprachigkeit − eine Schweizer
          Perspektive!? In: Monika Clalüna und Thomas Studer (Hg.), *Deutsch im Gespräch. Spre-
          chen im DaF-/DaZ-Unterricht. Sprechen über DaF/DaZ in der Schweiz,* 47−62. (Akten
          der Gesamtschweizerischen Tagung für Deutschlehrerinnen und Deutschlehrer 22. und
          23. September 2006 − Universität Bern). Stallikon: Käser.
Schneider, Günther, Stefanie Neuner-Anfindsen, Peter Sauter, Thomas Studer, Lukas Wertenschlag
und Corinne Widmer
  2006   *Rahmenkonzept für den Nachweis der sprachlichen Kommunikationsfähigkeit im Hinblick
          auf die Einbürgerung.* Kurzbericht erstellt im Auftrag der Eidgenössischen Ausländer-
          kommission EKA. Lern- und Forschungszentrum Fremdsprachen. Universität Freiburg.
          Februar 2006.
          http://www.ekm.admin.ch/fr/documentation/doku/kurzbericht_rahmenkonzept.pdf (Zu-
          griff 21. 12. 09).
Schönwälder, Karen, Janina Söhn und Ines Michalowski (unter Mitwirkung von Katarina Löbel)
  2005   *Sprach- und Integrationskurse für MigrantInnen. Erkenntnisse über ihre Wirkungen aus den
          Niederlanden, Schweden und Deutschland.* (AKI-Forschungsbilanz 3.) Arbeitsstelle Inter-
          kulturelle Konflikte und gesellschaftliche Integration. Wissenschaftszentrum Berlin für
          Sozialforschung. Dezember 2005.
Schweizerisches Sozialarchiv
  o. J.   Kleine Geschichte der Einwanderung in die Schweiz im 20. Jahrhundert. Webseite. http://
          www.sozialarchiv.ch/Webthema/2003/Geschichte.html (Zugriff 21. 12. 09).
Shohamy, Elena
  2001   *The Power of Tests: A Critical Perspective on the Uses of Language Tests.* London: Pear-
          son.
Shohamy, Elena und Tim McNamara
  2008   Viewpoint. Language tests and human rights. *International Journal of Applied Linguistics*
          18(1): 89−95.
Shohamy, Elena
  2009   Language tests for immigrants: Why language? Why tests? Why citizenship? In: Hogan-
          Brun, Gabrielle, Clare Mar-Molinero und Patrick Stevenson (Hg.), *Discourse on Lan-
          guage and Integration. Critical perspectives on language testing regimes in Europe,* 45−60.
          Amsterdam/Philadelphia: John Benjamins.
Statistik Schweiz
  o. J.   Migration und Integration − Indikatoren, Webseite der Bundesverwaltung der Schweize-
          rischen Edgenossenschaft. Webseite. http://www.bfs.admin.ch/bfs/portal/de/index/themen/
          01/07/blank/key/01/01.html (Zugriff 21. 12. 09).
Van Avermaet, Piet
  2009   Fortress Europe? Language policy regimes for immigration and citizenship. In: Hogan-
          Brun, Gabrielle, Clare Mar-Molinero und Patrick Stevenson (Hg.), *Discourse on Lan-
          guage and Integration. Critical perspectives on language testing regimes in Europe,* 15−44.
          Amsterdam/Philadelphia: John Benjamins.
Volf, Patrick und Rainer Bauböck
  2003   *Wege zur Integration. Was man gegen Diskriminierung und Fremdenfeindlichkeit tun kann.*
          Klagenfurt/Celovec: Drava.

Gesetzliche Grundlagen

Deutschland

Aufenthaltsgesetz in der Fassung der Bekanntmachung vom 25. Februar 2008 (BGBl. I S. 162), das durch Artikel 4 Absatz 5 des Gesetzes vom 30. Juli 2009 (BGBl. I S. 2437) geändert worden ist.

Integrationskursverordnung vom 13. Dezember 2004 (BGBl. I S. 3370), die durch die Verordnung vom 5. Dezember 2007 (BGBl. I S. 2787) geändert worden ist.

Staatsangehörigkeitsgesetz in der im Bundesgesetzblatt Teil III, Gliederungsnummer 102−1, veröffentlichten bereinigten Fassung, das zuletzt durch Artikel 1 des Gesetzes vom 5. Februar 2009 (BGBl. I S. 158) geändert worden ist.

Österreich

Bundesgesetz über die Niederlassung und den Aufenthalt in Österreich (Niederlassungs- und Aufenthaltsgesetz − NAG), Ausgegeben am 16. August 2005 Bundesgesetzblatt für die Republik Österreich, BGBl. I Nr. 100/2005, geändert durch BGBl. I Nr. 157/2005, BGBl. I Nr. 31/2006 und BGBl. I Nr. 99/2006.

Bundesgesetz über die österreichische Staatsbürgerschaft (Staatsbürgerschaftsgesetz 1985 − StbG), BGBl. Nr. 311/1985 (WV) idF BGBl. I Nr. 37/2006

Fremdenrechtsänderungsgesetz

2009 Regierungsvorlage betreffend Bundesgesetz, mit dem das Asylgesetz 2005, das Fremdenpolizeigesetz 2005, das Gebührengesetz 1957, das Grundversorgungsgesetz − Bund 2005, das Niederlassungs- und Aufenthaltsgesetz, das Staatsbürgerschaftsgesetz 1985 und das Tilgungsgesetz 1972 geändert werden (Fremdenrechtsänderungsgesetz 2009 − FrÄG 2009)

Verordnung der Bundesministerin für Inneres über die Integrationsvereinbarung (Integrationsvereinbarungs-Verordnung − IV−V), Dezember 2005

Schweiz

Bundesgesetz über die Ausländerinnen und Ausländer (AuG) vom 16. Dezember 2005 (Stand 1. Januar 2009)

Verordnung über die Integration von Ausländerinnen und Ausländern (VIntA) vom 24. Oktober 2007 (Stand am 1. Januar 2008)

Bundesgesetz über Erwerb und Verlust des Schweizer Bürgerrechts, Bürgerrechtsgesetz (BüG) vom 29. September 1952 (Stand am 1. Januar 2009)

Verena Plutzar, Wien (Österreich)

11. Die deutsche Sprache in der Sprachenpolitik europäischer Institutionen

1. Grundlinien europäischer Sprachenpolitik

1.1. Europäische Institutionen und ihre sprachenpolitischen Rahmenbedingungen

Im Folgenden werden als „Europäische Institutionen" insbesondere die Europäische Union und ihre Vorgängerorganisationen und der Europarat verstanden. Die Europäische Union umfasst verschiedene Subinstitutionen wie z. B. den Europäischen Gerichtshof (EuGH) oder die Europäische Zentralbank (EZB); dem Europarat ist der Europäische Gerichtshof für Menschenrechte „zugeordnet". EU und Europarat sind für die Sprachenpolitik und den Stellenwert der deutschen Sprache darin von besonderer Bedeutung. In beiden Institutionen gibt es erklärte sprachenpolitische Ziele und eine − in wichtigen Punkten davon abweichende − Praxis, die insbesondere die deutsche Sprache zentral betrifft.

Mit dem Ausdruck „Sprachenpolitik" können sowohl eine explizite politische Programmatik bzw. politische Praxis gemeint sein wie implizite, auf Sprachen bezogene Regelungen, insbesondere im Verfahrenszusammenhang.

Die deutsche Sprache nimmt in den genannten europäischen Institutionen eine vergleichsweise untergeordnete Stellung ein. Dies ist die Folge eines ganzen Bündels von Gründen, von denen die meisten mit der Geschichte der deutschsprachigen Länder in der ersten Hälfte des 20. Jhs. und der Politik der BRD im Inneren wie nach außen seit 1949 zu tun haben (vgl. auch Art. 9).

Die Prozesse der europäischen Einigung in der Zeit nach 1945 betreffen zentral Deutschland. Sie betreffen zugleich Europa als den Kontinent, in dem seit dem 19. Jh. mit der Umsetzung des „Projekts Nation" eine spezifische sprachenpolitische Konstellation entwickelt und ausgearbeitet wurde. Die Einigungsprozesse wirken sich auf diese Konzeption aus, sind sprachlich von ihr zugleich weiterhin bestimmt. Die Problematik findet ihren Ausdruck in der Konkurrenz zweier divergierender Sprachkonzeptionen und sprachenpolitischer Optionen − der eines *lingua franca*-Konzeptes und der eines umfassenden Multilingualismus −, über deren Stellenwert und Implikationen in den öffentlichen und insbesondere politischen Diskussionen wenig Klarheit besteht.

1.2. Die europäische und die deutsche Sprachensituation und Europas jüngere Geschichte

Die europäische Geschichte des 20. Jhs. ist in ihrem Verlauf von völlig übersteigerten deutschen Ambitionen und den zweimaligen Niederlagen des Deutschen Reiches und seiner Verbündeten geprägt. Um den Stellenwert der deutschen Sprache in der Sprachenpolitik europäischer Institutionen zu verstehen, ist es unabdingbar, auf diese Hintergründe einzugehen. Die Entwicklungen, die für das faschistisch beherrschte und organisierte Deutsche Reich zum vollständigen Zusammenbruch 1945 führten, beinhalteten u. a. auch sprachlich-expansionistische Ziele der Nationalsozialisten. Das Scheitern dieser Politik und die Folgen der von Deutschland und in deutschem Namen begangenen Verbrechen prägten das politische Handeln innerhalb der nachfolgenden politischen Strukturen ab 1945 bzw. 1949. Auf sprachlichem Gebiet wirken sich solche Konsequenzen wesentlich stärker als in anderen gesellschaftlichen und politischen Bereichen aus, und zwar bis heute, wenn auch inzwischen vor allem unterschwellig – damit aber nicht weniger folgenreich. Zugleich wiederholte sich nach 1945 die (inzwischen exemplarisch für den wissenschaftssprachlichen Bereich detailliert rekonstruierte, Reinbothe 2006) internationale Sprachenpolitik aus der Zeit nach dem Ersten Weltkrieg (vgl. Völkerbund, UNO).

Es ist nach 1945 das Zusammenspiel einer unzureichenden Aufarbeitung der Ursachen und Folgen einer gescheiterten deutschen Politik im Inneren und der komplementären Reaktionen der anderen europäischen und Welt-Mächte, als dessen Folge die deutsche Sprache in eine kontinuierlich problematische Situation kam.

1.3. Sprachfunktionen und Sprachwahrnehmungen

Zunehmend sind die meisten europäischen Länder in übernationale bzw. internationale politische Organisationen einbezogen, für die die Sprachenfrage von nicht unerheblicher Bedeutung ist. Diese wird im Allgemeinen als eine vorwiegend dienend-funktionale gesehen. Damit erfolgt eine erhebliche Wahrnehmungsreduktion in Bezug auf Sprache. Dies gilt insbesondere für das Konstrukt einer *lingua franca*, das argumentativ und faktisch in diesen Prozessen eine große Rolle spielt. Unter „lingua franca" wird dabei – abweichend von der präzisen Bestimmung als sprachliche Mischvarietät für stark reduzierte wirtschaftliche Kommunikationsbedürfnisse in Handelsräumen unterschiedlicher Sprachlichkeit – im Allgemeinen die Nutzung *einer* Nationalsprache, gegenwärtig fast durchgehend des Englischen, für Zwecke transnationaler Kommunikation verstanden. Dies macht auf eine nicht nur begriffliche, sondern sachliche Grundproblematik des heutigen öffentlichen und politischen Sprachgebrauchs von *lingua franca* aufmerksam. Das Konzept der *lingua franca* in seiner heutigen Nutzung restringiert Sprache auf nur einen Teilbereich ihrer mehrdimensionalen Strukturen. Von den teleologischen (auf äußere kommunikative Zwecke bezogenen), den gnoseologischen (das Wissen, seine Weitergabe und Neugewinnung betreffenden) und den kommunitären (in denen sich Gruppenkonstituierung, -kontinuierung und Mitgliedschaftszu- bzw. -abweisung ereignet) Strukturen (vgl. Ehlich 2007) werden nur einige eingegrenzte teleologische Funktionen berücksichtigt. Dies wirkt sich sowohl in der wissenschaftlichen wie in der allgemein-öffentlichen

Sprachbewusstheit insgesamt äußerst problematisch aus. Die von neoliberalen Positionen ausgehenden und bis vor kurzem in der „westlichen" Welt weitgehend politisch verallgemeinerten Erwartungen einer naturwüchsigen Selbstregulierung gesellschaftlicher Prozesse nach Maßgabe der Metapher „Markt" forciert sprachenideologisch diese Reduktion.

2. Deutsch in den EU-Institutionen

Anders als die selbstverständliche Verfügbarkeit des Deutschen den Deutschsprachigen suggeriert, ist die faktische Position der deutschen Sprache in den zentralen europäischen Institutionen eher als problematisch, wenn nicht als prekär anzusehen. Eine solche Einschätzung mag in Bezug auf die Europäische Union erstaunen, ist doch die formalrechtliche Anerkennung des Deutschen in der EU − entsprechend der Anerkennung der 22 anderen in der EU vertretenen Nationalsprachen − und ihre Umsetzung in deren Übersetzerdiensten gegeben. Dies aber ist nur ein Aspekt eines insgesamt ebenso komplexen wie schwierigen Gesamtgebildes, das in mehreren Weisen durch einander widerstreitende rechtliche und politische Bestimmungen und Praxen gekennzeichnet ist (vgl. u. a. Bruha, Seeler 1998; Lohse u. a. 2004; Wu 2005).

2.1. EWG-Verordnung Nr. 1

Die sprachliche Situation in der heutigen EU geht rechtlich auf die entsprechenden Regelungen der Europäischen Wirtschaftsgemeinschaft (EWG) zurück, deren erste Verordnung vom 6.10.1958 (s. Amtsblatt Nr. 017, S. 0385f) bestimmte: „Die Amtssprachen und die Arbeitssprachen der Organe der Gemeinschaft sind Deutsch, Französisch, Italienisch und Niederländisch" (Art. 1). Diese Regelung geschah auf der Basis „der Erwägung, daß jede der vier Sprachen, in denen der Vertrag [sc. der EWG-Vertrag] abgefaßt ist, in einem oder in mehreren Mitgliedsstaaten der Gemeinschaft Amtssprache ist". Diese allgemeine Bestimmung bezieht sich auf „Verordnungen und andere Schriftstücke von allgemeiner Geltung" (Art. 3) und das „Amtsblatt der Gemeinschaft" (Art. 4). Für „Schriftstücke, die ein Mitgliedsstaat ... an Organe der Gemeinschaft richtet", gilt eine Wahlmöglichkeit des Absenders (Art. 2), für Schriftstücke aus der Gemeinschaft an einen Mitgliedsstaat gilt, dass sie „in der Sprache dieses Staates abzufassen sind" (Art. 3). Durch diese Regelung, die nicht umsonst die *erste* Verordnung der EWG überhaupt ist, schien die offensichtlich heikle Sprachenfrage zunächst einmal neutralisiert zu sein. Die Transformationen der EWG in die Europäische Gemeinschaft und dann die Europäische Union schrieben die grundsätzliche Regelung fort. Die Erweiterungen in den Jahren 1973, 1981, 1986, 1995 und 2004 sowie gewisse Anpassungen (Irisch 2005 und 2007) expandierten die Zahl von vier solchen „Amtssprachen und Arbeitssprachen" auf nunmehr insgesamt 23. Ein extensives Übersetzungswesen gewährleistet die Umsetzung dieser Bestimmungen (vgl. Generaldirektion Übersetzung der Europäischen Kommission). Die häufigen Klagen über die Aufwendungen, die die Europäische Union dafür erbringen muss, erweisen sich angesichts des Gesamtumfangs des Haushaltes der EU als gegenstandslos.

2.2. Sprachenregelung der EU-Organe

Gegenüber den pauschalen Bestimmungen in der Verordnung Nr. 1 wurde die Problematik der Sprachenfrage in zwei andere Artikel gleichsam ausgelagert. Diese Artikel bestimmen für die „Organe der Gemeinschaft", „wie diese Regelung der Sprachenfrage im einzelnen anzuwenden ist", und übergeben die Regelung in den Handlungsbereich der einzelnen Organe, in deren „Geschäftsordnungen" eine Festlegung vorgesehen werden kann (Art. 5); für „das Verfahren des Gerichtshofes" wird entsprechend die Regelung „dessen Verfahrensordnung" überantwortet (Art. 7). Hier ergab sich bereits mit der Verordnung Nr. 1 die Möglichkeit, eine Schere zu eröffnen, die die faktische Praxis der verschiedenen Organe der Wirtschaftsgemeinschaft bzw. Union in erheblichem Maß bestimmte und bestimmt: Gegenüber der allgemeinen Rechtssituation wurde das Tor zu einer durch Geschäfts- bzw. Verfahrensordnungen vorgenommenen Restriktion geöffnet, eine Grundkonfiguration, die sich zuungunsten der meisten EU-Sprachen auswirkte und weiterhin auswirkt. Hauptsächliche Nutznießer dieser Situation sind das Französische und das Englische, wobei sich die Gewichte in der Praxis „Brüssels" mehr und mehr zugunsten des Englischen verschieben (vgl. allgemein Knapp 1997).

2.3. Der Sprachen-bias der EU und die Ambivalenz ihrer Sprachenpolitik

Bereits in der Zellform der EWG und der EU, der Montanunion, war mit der Entscheidung für die Diplomatensprache Französisch ein entscheidendes Präjudiz für die Folgezeit konstituiert und die Sprache der größten Sprechergruppe, die deutsche, ebenso wie die italienische marginalisiert.

Die Überwindung des ja mehr als ein Jahrhundert virulenten und in den beiden Weltkriegen aufbrechenden Widerspruchsverhältnisses zwischen Deutschland und Frankreich erwies sich als eine der Hauptaufgaben für eine allmähliche west- und mitteleuropäische Vereinigung. Angesichts der eindeutigen Beantwortung der Kriegsschuldfrage und angesichts der faktischen und moralischen Selbstdiskreditierung des deutschen Gemeinwesens durch die Machtübergabe an eine verbrecherische Partei war das Deutsche rundum diskreditiert – und dies in Regionen, in denen es sich zuvor einer hohen Wertschätzung erfreut hatte, wie insbesondere in Skandinavien und zum Teil auch in den Niederlanden. Die deutsche Politik ihrerseits sah offenbar die Sprachenfrage als eine Frage geringer bzw. gar keiner Bedeutung an.

Im Prozess der Erweiterung zur EWG und EU kamen mit den skandinavischen Ländern und Großbritannien Länder hinzu, die die englische Sprache favorisierten. Diese trat neben das Französische, und sie verdrängte dieses zunehmend aus seiner angestammten Rolle.

In dem Maß, in dem die europäische Einigung sich über rein wirtschaftlich zentrierte Bereiche hinaus erstreckte, wurde die Sprachenfrage von größerer Relevanz. Es kam zur Entwicklung eines differenzierten Sprachenkonzeptes, in dem die sprachliche Stellung der Nationalsprachen der Mitgliedsstaaten formell anerkannt wurde. Tatsächlich entwickelte sich hingegen eine eigenartige Ambivalenz, die in der Folgezeit stärker werden sollte: Die faktische Nutzung des Französischen und zunehmend des Englischen besonders auf den Arbeitsebenen bestimmt die administrativ-bürokratischen Prozesse. Mit einer gewissen Verzögerung erfolgt dann die Übersetzung der Beschlüsse in die offiziell als Amts- und Arbeitssprachen bezeichneten Staatssprachen der beteiligten Länder. Hierbei spielt nicht zuletzt der Zeitfaktor überall dort eine Rolle, wo es z. B. um Ausschreibungstexte und ähnliche fristgebundene sprachliche Produkte geht.

In den letzten zwei Jahrzehnten wurde die Brisanz der Sprachlichkeit innerhalb der immer größer werdenden Gemeinschaft zunehmend thematisiert, und zwar vor allem in der Gestalt von entsprechenden *Proklamationen*. Hierzu gehört besonders die in Barcelona geprägte Formel von der Muttersprache und zwei Fremdsprachen, die alle EU-BürgerInnen sich aneignen sollen. Die Einrichtung eines eigenen Kommissariats für Fragen der Mehrsprachigkeit im Jahr 2007 brachte das Thema auf eine − freilich alles andere als unumstrittene − „Augenhöhe" mit anderen Themen der EU-Politik. Eine Reihe unterschiedlicher Ministerkonferenzen und Kommissionspapiere konkretisiert die Fragestellung, so die Ministerkonferenz vom 15. 2. 2008 oder das Kommissionspapier vom 18. 9. 2008 („Mehrsprachigkeit: Trumpfkarte Europas, aber auch gemeinsame Verpflichtung"). Dieses Papier lässt exemplarisch die grundlegende Problematik erkennen, wenn es heißt: „In der Sprachenpolitik liegt die Entscheidungsbefugnis in erster Linie bei den Mitgliedsstaaten" (Kommission 2008: 4). So muss sich die europäische Politik weithin auf konjunktivische Forderungen beschränken, die die entsprechenden Texte durchziehen. Es wird mehrfach auf das Erfordernis „größerer Anstrengungen" (ebd. S. 5) verwiesen, doch diese Anstrengungen selbst beschränken sich faktisch auf insgesamt eher periphere Initiativen und kostengünstige programmatische Erklärungen. In diesem Bereich dürften Initiativen wie die der „persönlichen Adoptivsprache" oder die des Europäischen Tags der Sprachen (26. September) anzusiedeln sein. Auch der „Europass-Sprachenpass" bzw. der „Europass-Lebenslauf" (europass.cedefop.europa.eu) verbleiben im Appell an individuelles Handeln.

Der Rückzug der EU auf das in der Gemeinschaftspolitik häufig bemühte Prinzip der „Subsidiarität" ermöglicht angesichts der Zuständigkeit der einzelnen Länder auch weiterhin eine vollständige finanzielle Unterausstattung der Sprachenpolitik im Vergleich zu anderen Haushaltsposten der Union. Inwieweit die an verschiedenen Stellen angedachten bzw. geforderten Umsetzungsmaßnahmen tatsächlich greifen, wird die nähere Zukunft erweisen müssen. Dem Versuch, „Mehrsprachigkeit als Querschnittsthema" innerhalb der EU-Politik zu etablieren, wird dafür ohne Zweifel eine große Bedeutung zukommen. Solange freilich die Sprachenfrage nicht auch als genuine Gemeinschaftsaufgabe ausgewiesen und etatisiert ist, stehen die sprachenpolitischen Bemühungen der EU auf schwachen Füßen.

2.4. Der Status des Deutschen unter den EU-Sprachen

Das Deutsche befindet sich in der EU in einer sehr spezifischen Lage, und zwar schon aufgrund seiner Sprecherzahlen. Es ist die in der Union am häufigsten gesprochene Muttersprache. Auch nach den jüngsten Erweiterungen wird das Deutsche von 18 % der EU-Bevölkerung als Muttersprache gesprochen (Eurostat 2005), zwischenzeitlich lag der Prozentsatz noch höher. Zum Vergleich: Das Französische kommt auf 14 %, das Italienische und das Englische auf je 13 %. Mit erheblichem Abstand folgen das Spanische und Polnische (je 9 %) sowie das Niederländische mit 5 %. Alle anderen Sprachen liegen bei

3 % oder darunter. Erst bei Einbeziehung der Anzahl der Sprecher einer (nach Selbsteinschätzung) gesprochenen Fremdsprache erreicht das Englische eine Majorität von 51 %
der EU-Bevölkerung. Das Deutsche kommt nach dieser Zählung auf 32 %, das Französische auf 28 %; alle anderen Sprachen erreichen 16 % der Bevölkerung oder weniger. Über
den Umfang, in dem diese Fremdsprachenkenntnisse *tatsächlich* bestehen, gibt es bisher
keine verlässlichen Untersuchungen (vgl. Ikonomu 2008).

Einzelne Institutionen der EU verstärken die Tendenz zum Englischen. In der Europäischen Zentralbank etwa wird nur das Englische genutzt.

Lediglich im unmittelbaren Arbeitsbereich wird der Stellenwert des Deutschen in jüngster
Zeit stärker wahrgenommen, so wenn in der Europäischen Kommission das Deutsche
als interne Arbeitssprache neben dem Englischen und Französischen gebraucht werden
kann oder wenn für die Übersetzungs- und Dolmetschpraxis im Europäischen Parlament
das Deutsche neben dem Englischen und Französischen als sogenannte „Relais“-Sprache
fungiert, in die aus einer der weniger häufig gesprochenen Amts- und Arbeitssprachen
übersetzt werden kann, um von dieser Übersetzung aus in andere weniger häufig ge-
brauchte Amts- und Arbeitssprachen weiter zu übersetzen (vgl. Europäische Kommission
2008: 20; weiterführend s. Luttermann 2008).

Bis in die 1990er Jahre hinein verfolgte die Bundesrepublik in Bezug auf die sprachlichen
Interessen eine im Wesentlichen selbstrestriktive Haltung in Fortsetzung der nach 1949
eingeschlagenen Politik der Zurückhaltung in all jenen Belangen, die nicht unmittelbar
die zentralen wirtschaftlichen Interessen berühren. Diese Zurückhaltung wird zum Teil
auf Seiten der anderen Mitglieder der Union mit Verwunderung zur Kenntnis genommen. Die Stellung des Deutschen innerhalb der Europäischen Union, ihrer Gremien und
ihrer Bürokratien erstaunt so nicht. Sie unterscheidet sich von den rechtlichen Voraussetzungen her nicht von der aller anderen Mitglieder. Nationenegalitäre Grundzüge stützen
ein solches Sprachenregime. Dabei werden sowohl im teleologischen wie im kommunitären Bereich wesentliche Faktoren systematisch vergessen oder verdrängt. Erst in jüngster
Zeit zeichnet sich allmählich eine Veränderung einiger Grundparameter der bundesdeutschen Sprachenpolitik im Bezug auf die Europäische Union ab; besonders in der Zeit
der großen Koalition (2005−2009) unter dem Außenminister F.-W. Steinmeier erfolgte
eine Neubestimmung wichtiger Parameter der sprachenbezogenen Außenpolitik. Wieweit
sich diese veränderte politische Lage mit der Nachfolgeregierung fortsetzt, muss die Zukunft erweisen. In Österreich steht eine solche Neuorientierung bislang aus (vgl. Art. 9).

3.   Der Europarat

3.1. Gründungssprachen des Europarates

Die zweite große europäische Institution, früher entstanden als die EU-Vorgängerin Europäische Wirtschaftsgemeinschaft, ist der Europarat. Er ist eine 1949 gegründete Organisation mit den zehn Gründungsmitgliedern Belgien, Dänemark, Frankreich, Irland,
Italien, Luxemburg, den Niederlanden, Norwegen, Schweden und Großbritannien und
hat sich in der Folgezeit auf 47 Mitglieder erweitert. Die Sprachen des Europarats sind

Französisch und Englisch. Diese Festlegung war soweit konsolidiert, dass sie durch den Beitritt der Bundesrepublik Deutschland, der bereits 1951 erfolgte, nicht weiter beeinflusst wurde. Die Sprachenregelung gilt bis heute. Als „Arbeitssprachen" werden außer den beiden Amtssprachen noch Deutsch, Italienisch und Russisch genannt. Es ist schwer zu eruieren, was dies im Einzelnen und konkret bedeutet.

3.2. Sprachinitiativen des Europarats

Gerade der Europarat nimmt sich mit großen Projekten der Entwicklung von Mehrsprachigkeit in Europa an. Die jüngsten derartigen Projekte waren das Europäische Jahr der Sprachen 2001 und die Entwicklung des *Gemeinsamen europäischen Referenzrahmens für Sprachen* (Europarat 2001). Ein wichtiges Instrumentarium, das freilich wie der Sprachenpass der EU auf bloß individueller Basis verbleibt, ist das Sprachenportfolio-Konzept, das vom Europarat vorangetrieben wird.

Der ohne Zweifel erfolgreichste sprachenpolitische Schritt des Europarates war die Entwicklung und Durchsetzung der „European Charter for Regional or Minority Languages" (European Treaty Series No. 148 des Council of Europe v. 5. 11. 1992). Diese in die EU ausstrahlende Charta wurde von einer Reihe (2008: 23) Staaten des Europarats ratifiziert und damit zu rechtlicher Verbindlichkeit geführt. Die deutsche Sprache betrifft diese Charta freilich nur in Bezug auf diejenigen europäischen Länder, in denen Deutsch Minderheitssprache ist.

Mit dem Europäischen Fremdsprachenzentrum mit Sitz in Graz hat der Europarat 1995 eine spezifische Institution geschaffen, durch die die Fremdsprachenvermittlung gefördert und der Gedanke der Mehrsprachigkeit weiterentwickelt werden soll. 1999 ist − deutlich verspätet − auch die Bundesrepublik, vertreten durch das Goethe-Institut und die Kultusministerkonferenz, dem Zentrum beigetreten. Das hat dazu geführt, dass in den Projekten des Fremdsprachenzentrums inzwischen auch die deutsche Sprache stärker zur Geltung kommt; es dominiert aber nach wie vor das Sprachenregime des Europarats mit Englisch und Französisch als den Kernsprachen − eine dieser beiden Sprachen muss in jedes Projekt des Fremdsprachenzentrums einbezogen werden (http://www.ecml.at/).

4. Dilemmata sprachenpolitischer Zuständigkeiten in Deutschland

Soweit von einer deutschen Sprachenpolitik überhaupt geredet werden kann (vgl. Clyne 2007), ist sie durch eine geradezu dramatische Zerrissenheit zwischen föderalen und Bundesaufgaben gekennzeichnet. Bekanntlich ist der föderale Charakter der BRD auf keinem anderen Gebiet so ausgeprägt wie auf dem der Kultur, so dass zum Teil sogar von einem Kulturföderalismus gesprochen wird. Die föderale Strukturen übergreifenden Politikbereiche dürfen sich daher lediglich in der Außenpolitik zeigen, die durch die finanzielle, aber nicht inhaltliche Übertragung entsprechender Aufgaben an die „Mittlerorganisationen" tätig ist. (Die Strukturen der DDR unterschieden sich davon aufgrund der dortigen Zentralisierung deutlich, vgl. Praxenthaler 2002.)

Die deutsche Sprache darf ohne Zweifel der „Kultur" zugerechnet werden. Eine politische Repräsentanz innerhalb des föderativen Systems hat sie nicht. In dem Maß nun, wie durch die europäische Einigung europabezogene Außenpolitik der beteiligten Staaten zu einer europäischen Innenpolitik wird, geraten Politikfelder wie die Sprache zunehmend in ein politisches Niemandsland. Sofern sprachenpolitische Entwicklungen einer tatsächlichen Politik bedürfen, sich also nicht naturwüchsig vollziehen, ergibt sich so eine sprachenpolitisch kalamitäre Situation. Zaghafte Bemühungen, sich auf die tatsächliche Problematik einzulassen, werden von der Fraktion der Verfechter einer *lingua franca* Englisch als der vorgeblich ökonomisch wie politisch allein sinnvollen Option in Kombination mit solchen naturwüchsigen Entwicklungen konterkariert. Je stärker der faktische Usus des Englischen in immer mehr der zentralen gesellschaftlich relevanten Domänen innerhalb der europäischen Institutionen ist, um so mehr geraten die nominell erklärten Ziele einer europäischen Mehrsprachigkeit ins Hintertreffen.

5. Europäische Mehrsprachigkeit als Bilingualismus von Nationalsprache plus Englisch?

Die Ziele einer europäischen Mehrsprachigkeit sind in offiziellen Dokumenten der EU vielfältig formuliert. Ihre politische Implementierung beschränkt sich hingegen auf mehr oder minder symbolische Akte. Ein konsistentes Sprachenregime zeichnet sich nicht ab. Die Kommission für Mehrsprachigkeit erscheint in der europapolitischen Diskussion als einer der Hauptkandidaten für die Eliminierung überflüssiger EU-Strukturen im Rahmen der Straffung der Kommissionsarbeit. Der propagierten Mehrsprachigkeit steht ein die ganze Entwicklung der europäischen Institutionen begleitender dramatischer Rückgang der Fremdsprachenkenntnisse und -vermittlung in den meisten Ländern Europas gegenüber — bis auf die Propagierung des Englischen als Fremdsprache für alle nicht englischsprachigen Mitgliedsstaaten der Union. Dies bedeutet eine drastische Domänenerosion für die Anwendbarkeit und Weiterentwicklung der Nationalsprachen der Union. Dadurch, dass die deutsche Sprache einen sprecherzahlenmäßig so großen Anteil an dieser Union hat, stellt sich für diese Sprechergruppe die damit einhergehende Problematik in besonderer Schärfe — ohne dass diese freilich bisher gesellschaftlich und politisch die Aufmerksamkeit fände, die ihr zukommt.

6. Literatur in Auswahl

Ammon, Ulrich
   2007   Die Wichtigkeit und Schwierigkeit von Deutsch als Arbeitssprache in den EU-Institutionen. *Muttersprache* 2: 98−109.
Bruha, Thomas und Hans J. Seeler (Hg.)
   1998   *Die Europäische Union und ihre Sprachen.* Baden-Baden: Nomos.
Clyne, Michael
   2007   *Braucht Deutschland eine bewusste, kohäsive Sprachenpolitik − Deutsch, Englisch als Lingua franca und Mehrsprachigkeit?* Bonn: Alexander von Humboldt Stiftung, Diskussionspapier 11.
Ehlich, Konrad
   2007   Medium Sprache. In: ders., *Sprache und sprachliches Handeln*, Band 1. 151−165. Berlin/
           New York: de Gruyter

Ehlich, Konrad und Venanz Schubert (Hg.)
  2002   *Sprachen und Sprachenpolitik in Europa.* Tübingen: Stauffenburg.
Europäische Charta der Regional- oder Minderheitensprachen
  1998   In: *Bundesgesetzblatt* Jg. 1998, Teil II, Nr. 25, ausgegeben am 16. Juli 1998: 1314−1337.
Europäische Kommission, Generaldirektion Kommunikation
  2008   *Viele Sprachen für ein Europa. Sprachen in der europäischen Union.* Luxemburg: Amt für
          amtliche Veröffentlichungen der Europäischen Gemeinschaften.
Europäische Union
  2006   Eurobarometer spezial 243: *Die Europäer und ihre Sprachen.* ec.europa.eu/public_opinion/
          archive/ebs/ebs_243_en.pdf (21. 11. 2009).
Europarat
  2001   *Gemeinsamer europäischer Referenzrahmen für Sprachen: lehren, lernen, beurteilen.* Berlin:
          Langenscheidt.
EWG-Rat
  1958   Verordnung Nr. 1 zur Regelung der Sprachenfrage für die Europäische Wirtschaftsge-
          meinschaft. Amtsblatt Nr. 017 v. 6. 10. 1958: 0385−0386; abgedruckt im Artikel „Amts-
          sprachen der Europäischen Union" de.wikipedia.org/wiki/Amtssprachen_der_
          Europäischen_Union (21. 11. 2009).
Generaldirektion Übersetzung der Europäischen Kommission:
          http://ec.europa.eu/dgs/translation/index_de.htm (8. 12. 2009)
Holtz, Uwe
  2000   *50 Jahre Europarat.* Baden-Baden: Nomos.
Ikonomu, Demeter Michael
  2008   *Mehrsprachigkeit und ihre Rahmenbedingungen. Fremdsprachenkompetenz in den EU-Län-
          dern.* Bern: Peter Lang
Knapp, Karlfried
  1997   Das Englische als Fachsprache in internationalen Institutionen des 20. Jahrhunderts. In:
          Hoffmann, Lothar, Hartwig Kalverkämper und Herbert Ernst Wiegand (Hg.), *Fachspra-
          chen. Ein internationales Handbuch.* Bd. 1. (Handbücher zur Sprach- und Kommunikati-
          onswissenschaft 14.1−2). 840−849. Berlin: de Gruyter.
Kürten, Markus A.
  2004   *Die Bedeutung der deutschen Sprache im Recht der Europäischen Union.* Berlin: Dun-
          cker & Humblot.
Lohse, W. Christian, Rainer Arnhold und Albrecht Greule (Hg.)
  2004   *Die deutsche Sprache in der Europäischen Union. Rolle und Chancen aus rechts- und sprach-
          wissenschaftlicher Sicht.* Baden-Baden: Nomos.
Luttermann, Karin
  2008   Europäisches Referenzsprachenmodell. Mehrsprachige Kommunikation in Gemein-
          schaftsorganen. In: Konrad Ehlich und Angelika Redder (Hg.), *Mehrsprachigkeit für
          Europa? Sprachen- und bildungspolitische Perspektiven,* 93−113. Osnabrücker Beiträge zur
          Sprachtheorie [OBST] 74.
Praxenthaler, Martin
  2002   *Die Sprachenverbreitungspolitik der DDR.* Frankfurt a. M.: Lang.
Reinbothe, Roswitha
  2006   *Deutsch als internationale Wissenschaftssprache und der Boykott nach dem Ersten Welt-
          krieg.* Frankfurt a. M.: Lang.
Wu, Huiping
  2005   *Das Sprachenregime der Institutionen der Europäischen Union zwischen Grundsatz und Effi-
          zienz. Eine neue Sichtweise in der institutionellen Sprachenfrage Europas.* Frankfurt
          a. M.: Lang.

Konrad Ehlich, Berlin (Deutschland)

12. Sprachenpolitische Konzepte und Institutionen zur Förderung der deutschen Sprache in nichtdeutschsprachigen Ländern

1. Die Herausbildung einer Sprachenpolitik der Bundesrepublik Deutschland
2. Die Sprachenpolitik Österreichs
3. Schluss
4. Literatur in Auswahl

Eine Trennung zwischen der Situation des Faches Deutsch als Fremd- und Zweitsprache im Inland und der Sprachenpolitik und Sprachförderung im nichtdeutschsprachigen Ausland, wie sie mit Art. 12 und Art. 13 vorgenommen wird, ist nur begrenzt möglich. Diejenigen Institutionen, die von Deutschland und Österreich aus entsprechende Aktivitäten für das Ausland entwickeln, sind immer auch im Inland vernetzt und nutzen die im Inland vorhandene Expertise; ihre Auslandsaktivitäten wirken umgekehrt auf die Entwicklungen in Deutschland bzw. Österreich zurück. Insofern sind Überlappungen in der Darstellung der Inlands- und der Auslandssituation unvermeidlich (vgl. Art. 13). Liechtenstein beteiligt sich zwar immer wieder an überregionalen Aktivitäten wie z. B. den Internationalen Deutschlehrertagungen, verfügt aber nicht über eine eigenständige Institutionalisierung im Bereich von Sprachenpolitik und internationaler Sprachförderung.

Auch sprachenpolitische Aktivitäten auf überregionaler Ebene (z. B. im Rahmen des Europarats und der Europäischen Union) tragen durch die Förderung der Mehrsprachigkeit auch zur Förderung der deutschen Sprache bei (vgl. Art. 9 und 10); schließlich existieren zahlreiche bilaterale Vereinigungen und Abkommen, z. B. Kulturabkommen, die zwischen Deutschland oder Österreich und einem nichtdeutschsprachigen Land zur Förderung der deutschen Sprache getroffen wurden − zu diesen sei auf die Länderberichte in Kap. XIX verwiesen. Auch entwickeln sich − z. B. im Rahmen internationaler Verbände wie des Internationalen Deutschlehrerverbandes oder der Internationalen Vereinigung für Germanistik − internationale bzw. regionale Netzwerke und Initiativen, bei denen die Bindung an Deutschland bzw. Österreich weniger stark ausgeprägt ist (vgl. Art. 16).

Zu unterscheiden ist zwischen Institutionen, zu deren Hauptaufgabe die Sprachförderung gehört wie z. B. Goethe-Institut und Österreich Institut − von diesen ist im vorliegenden Beitrag die Rede −, und solchen, in denen die Sprachförderung sich aus anderen Aufgaben als zusätzliche Aktivität ergibt oder ergänzend mitbetrieben wird, wie das z. B. bei den Kulturabteilungen der jeweiligen Botschaften, bei Stiftungen o. ä. Einrichtungen der Fall ist.

1. Die Herausbildung einer Sprachenpolitik der Bundesrepublik Deutschland

Die enormen Aufgaben der jungen Bundesrepublik Deutschland nach 1945, denen sie sich besonders in der Außenpolitik stellen musste, um anderen Ländern zu zeigen, dass Wirtschafts-, Kultur- und Außenpolitik der NS-Zeit vorbei seien und ein vertrauenswürdiges, demokratisches Deutschland entstehen solle, das mit anderen Ländern in Frieden und im kreativen Austausch existieren will, haben dazu geführt, dass gerade im Kultur- und Bildungsbereich eine Vielzahl von Institutionen von der Bundesregierung beauftragt wurden, dieses Ziel zu erreichen. Die auswärtige Kultur – und Sprachenpolitik ist in Deutschland vorrangig Aufgabe des Auswärtigen Amtes (AA). Das AA – besonders die Referate 605 (Auslandsschulen und internationale Zusammenarbeit) und 606 (Grundsatzfragen der Förderung von Deutsch als Fremdsprache) – betreibt dies nicht direkt, sondern nutzt die sog. Mittlerorganisationen, die dafür entsprechende öffentliche Mittel erhalten, aber, aus den Erfahrungen des Nationalsozialismus heraus von unmittelbarer politischer Einflussnahme unabhängig sein sollten und deshalb, wie z. B. das Goethe-Institut und der Deutsche Akademische Austauschdienst, als gemeinnützige Vereine gegründet wurden, anders als die für den Schulbereich zuständigen Einrichtungen, die direkt in die staatliche Bildungsverwaltung eingegliedert sind wie z. B. die Zentralstelle für das Auslandsschulwesen (vgl. auch Art. 4 und 13). Vordringliche Aufgabe dieser Institutionen war es, Kooperationen mit Institutionen im Ausland aufzubauen und damit Beziehungen herzustellen, die unabhängig von der jeweiligen Regierung Vertrauen schaffen. Durch die spezielle historische Situation ist so ein Modell der Auswärtigen Kultur- und Bildungspolitik (AKBP) geschaffen worden, das Vorbild für viele Konzepte anderer Nationen wurde.

Zu den zahlreichen Institutionen, die dazu einen Beitrag leisten, gehören außer den im Folgenden vorgestellten Mittlerorganisationen zahlreiche weitere, die hier nur kurz genannt werden können: die Alexander von Humboldt Stiftung, die die internationale Wissenschaftskooperation im Bereich der sog. Spitzenforschung insbesondere durch Stipendien- und Kooperationsprogramme fördert; durch ein Netzwerk von über 23.000 ehemaligen Stipendiaten und Preisträgern in ca. 130 Ländern trägt die Stiftung damit auch zur Verstärkung des Deutschlandbezugs in der internationalen Wissenschaft bei. Die Deutsche Welle (DW), ein aus Steuermitteln finanzierter Auslandssender, die Gesellschaft für Technische Zusammenarbeit (GTZ), die die nachhaltige Entwicklung in sog. Entwicklungs- und Transformationsländern unterstützt, sowie das Institut für Auslandsbeziehungen (ifa), das internationalen Kultur- und Kunstaustausch betreibt, sind Beispiele für die über den Bereich der deutschen Sprache hinausgehendes, diese aber immer mit förderndes Engagement Deutschlands in der AKBP.

Wie die Darstellung zeigt, verfügt Deutschland über ein jahrzehntelang gewachsenes und prominent deklariertes Interesse des Staates und seiner jeweiligen Regierungen an der Förderung der deutschen Sprache außerhalb Deutschlands.

1.1. Die Rolle des Goethe-Instituts in der Auswärtigen Kultur- und Bildungspolitik

Die Ziele des Goethe-Instituts (GI) im Rahmen der Auswärtigen Kultur- und Bildungspolitik (AKBP) Deutschlands sind die Förderung der deutschen Sprache im Ausland, die Pflege der internationalen kulturellen Zusammenarbeit und die Vermittlung eines umfassenden Deutschlandbildes durch Informationen über das kulturelle, gesellschaftliche und politische Leben. Im Jahr 2008 gibt es 147 Institute in 83 Ländern, hinzu kommen Goethe-Zentren, Kulturgesellschaften, Lesesälen und Sprachlernzentren. Die

Finanzierung des GI, das die Rechtsform eines eingetragenen Vereins hat, erfolgt durch Zuwendungen des Auswärtigen Amts und des Bundespresseamts, erhebliche Eigeneinnahmen, private Kulturträger, die Bundesländer, die Kommunen und private Förderer.

Das GI wurde 1951 ursprünglich gegründet, um ausländische Deutschlehrer in Deutschland fortzubilden. Mit der Institutseröffnung in Athen 1953 begann seine internationale Erweiterung. An den ausländischen Instituten wurden Deutschunterricht, Lehrerfortbildung und Kulturprogramme angeboten. Durch die Angliederung aller bisher im Ausland tätigen deutschen Kulturinstitutionen an das GI wurde es 1959–1960 zu einem globalen Institutsnetz ausgebaut. 1976 unterzeichneten das Auswärtige Amt und das GI einen Vertrag, in dem der Status des GI als unabhängige Kulturinstitution geregelt wird. Nach dem Fall der Mauer weiteten sich seine Aktivitäten in den 1990er Jahren stark nach Osteuropa aus, es kam zu zahlreichen Neugründungen.

Die Schwerpunkte der Sprachförderung lassen sich in zwei Bereiche gliedern, das Angebot von Sprachkursen und Prüfungen für Deutsch als Fremdsprache für Erwachsene und Jugendliche sowie Programme der Bildungskooperation Deutsch (ehemals Pädagogische Verbindungsarbeit), deren Ziel es ist, Deutsch als Fremdsprache an Schulen der jeweiligen Gastländer zu verankern bzw. zu fördern, den Deutschunterricht in den Ländern zu unterstützen und die Lehrkräfte weiter zu qualifizieren. Die Palette der Einrichtungen und Programme reicht von Sprachkursbetrieben, Sprachkurskooperationspartnern, Prüfungszentren und Lizenznehmern bis hin zu dem jeweiligen Bedarf angepassten Fortbildungsangeboten und einem Stipendienprogramm, das ca. 2500 Deutschlehrer jährlich erreicht. Ergänzt werden diese Angebote durch landeskundliche Ausstellungen, Konzerttourneen und Aktionen der Sprachwerbung, die in erster Linie Schüler ansprechen und sie motivieren sollen, die deutsche Sprache an ihren Schulen zu wählen. Bei allen Programmen ist das Internet als virtuelles Klassenzimmer oder Seminarraum, aber auch als Medium zum fremdsprachlichen Austausch, stets einbezogen. Nach dem Mauerfall, der deutschen Vereinigung und der sog. Ostöffnung sowie dem beschleunigten Prozess der Europäisierung gab es für die AKBP zwei neue Herausforderungen: einerseits sich in Europa und in der Welt zu positionieren und andererseits an der Entwicklung von Netzwerken mitzuwirken. Das GI hat seine Förderung der deutschen Sprache daher bewusst in das Konzept der europäischen Mehrsprachigkeit eingebettet und hierzu Projekte wie „Die Macht der Sprache" (2006–2007; vgl. Limbach und v.Rruckteschell 2008) und „Sprachen ohne Grenzen" (2008–2009) durchgeführt, die das weltweite Institutsnetzwerk und Partnerinstitutionen in Deutschland zur Förderung der Mehrsprachigkeit zusammenbringen. Ferner hat das GI EUNIC (*European Union of National Institutes of Culture*), ein Netzwerk von nationalen Kulturinstituten aus 25 EU-Ländern, mitbegründet, das den Gedanken des interkulturellen Dialogs und der Mehrsprachigkeit durch sprachen- und grenzüberschreitende Projekte fördert.

1.2. Die Rolle des Deutschen Akademischen Austauschdienstes in der Auswärtigen Kultur- und Bildungspolitik

Der Deutsche Akademische Austauschdienst (DAAD) konzentriert sich auf den Hochschulbereich und fördert mit über 250 Programmen den internationalen Austausch von Studierenden und Wissenschaftlern, auslandsbezogene Aktivitäten deutscher Hochschulen ebenso wie deutschlandbezogene Aktivitäten von Hochschulen in aller Welt.

Der DAAD wurde 1951 (wieder) gegründet, nicht zuletzt aus dem Interesse Großbritanniens und der USA heraus, Studierende aus Deutschland zu Studienaufenthalten einzuladen, um für den Wiederaufbau Deutschlands demokratische Führungskräfte heranzubilden und Deutschland in den internationalen Wissenschaftsaustausch einzubinden.

Der DAAD hat die Rechtsform eines von den deutschen Hochschulen und den Studierendenschaften getragenen Vereins; er verfügt über 14 Außenstellen und 49 Informationszentren und fördert 472 Lektorate in 102 Ländern. Finanziert wird der DAAD durch Mittel des Auswärtigen Amtes und anderer Ministerien, der Europäischen Union u. a., auch durch Mittel aus den Partnerländern.

Die DAAD-Programme lassen sich fünf strategischen Zielen zuordnen:

1. Förderung ausländischer Nachwuchseliten durch einen Studien- oder Forschungsaufenthalt in Deutschland und Erhalt der so entstandenen Bindungen an Deutschland;
2. Auslandsstipendien für den deutschen Forschungs- und Führungsnachwuchs, um diesen „an den besten Plätzen der Welt im Geiste von Toleranz und Weltoffenheit (zu) qualifizieren" (DAAD: „Wir über uns");
3. Förderung der Internationalität und Attraktivität der deutschen Hochschulen z. B. durch Programme für integrierte Studiengänge zwischen deutschen und ausländischen Hochschulen, mit denen ein Doppelabschluss in Deutschland und dem Partnerland erreicht werden kann; der DAAD ist auch die nationale Agentur für die EU-Austauschprogramme, die sich auf den Hochschulbereich beziehen (Socrates, Erasmus, Tempus u. a.);
4. Stärkung der Germanistik und der deutschen Sprache, Literatur und Landeskunde an ausländischen Universitäten, insbesondere durch die Entsendung von Lektoren, aber auch durch Unterstützung beim Aufbau von Zentren für Deutschland- und Europastudien;
5. die Unterstützung von Entwicklungsländern des Südens und Reformstaaten im Osten beim Aufbau leistungsfähiger Hochschulsysteme durch Stipendien, Beratung u. a. m.

Das Lektorenprogramm ist für die Auslandsgermanistik eines der wichtigsten Instrumente einer direkten Sprachförderung wobei diese nicht nur als qualifizierte Muttersprachler Sprach- und Landeskunde anbieten, sondern durch Stipendienberatung, bei Hochschulpartnerschaften u. ä. als Brücke zur deutschen Hochschullandschaft dienen; die Lektorate werden durch Sprachassistenten und Auslandspraktikanten im Fach Deutsch als Fremdsprache ergänzt. Hinzu kommt ein spezielles Programm für „Ortslektoren", d. h. deutsche Lehrkräfte, die ohne eine entsendende Institution in nichtdeutschsprachigen Ländern arbeiten – zur Zeit sind ca. 750 Ortslektoren in 35 Ländern registriert (Mai 2009), für die der DAAD Fortbildung anbietet.

1.3. Die Zentralstelle für das Auslandsschulwesen

Die Zentralstelle für das Auslandsschulwesen (ZfA) ist eine Abteilung des Bundesverwaltungsamtes, die in enger Abstimmung mit dem Auswärtigen Amt und den Bundesländern weltweit 135 Deutsche Schulen im Ausland fördert, an denen global anerkannte Abschlüsse nach internationalen Standards wie z. B. das Abitur, das bilinguale Abitur*plus* und das International Baccalaureate erreicht werden. Viele dieser Schulen praktizieren Formen des Deutschsprachigen Fachunterrichts (DUFU), an dessen Entwicklung die

ZfA entscheidend Anteil hat (vgl. Art. 116). Darüber hinaus fördert die ZfA 825 Sprachdiplomschulen. Die ZfA untersteht der Fachaufsicht des Schulreferats im Auswärtigen Amt und arbeitet eng mit den Schul- und Kultusverwaltungen der Bundesländer zusammen. Mit ihrer Arbeit verwirklicht sie in 95 Ländern die Ziele der AKBP, zu denen die Begegnung mit Kultur und Gesellschaft des Gastlands, die schulische Versorgung deutscher Kinder im Ausland sowie die Förderung der deutschen Sprache gehören. Die ZfA vermittelt rund 2.000 deutsche Lehrkräfte ins Ausland und betreut diese in pädagogischen und personellen Fragen. Im Rahmen der Partnerschulinitiative (s. u.) fördern zusätzliche Schulkoordinatoren und Fachberater eine qualitätsorientierte Schulentwicklung und unterstützen die Gründung neuer Privatschulen mit deutschem Profil.

Die ZfA arbeitet eng mit zwei Lehrerverbänden zusammen, die die Interessen der Auslandslehrer wahrnehmen, bzw. fachliche Inputs zur Gestaltung ihrer Arbeit geben, dem Verband Deutscher Lehrer im Ausland (VDLiA) und der Arbeitsgruppe Auslandslehrer (AGAL) der Gewerkschaft Erziehung und Wissenschaft (GEW).

1.4. Die Rolle der Ständigen Konferenz der Kultusminister der Länder und ihrer Ausschüsse in der Auswärtigen Kultur- und Bildungspolitik

Da die „Kulturhoheit" in Deutschland bei den Bundesländern liegt, ist die Ständige Konferenz der Kultusminister der Länder ein wichtiger Partner der AKBP: Der Bund-Länder-Ausschuss für schulische Arbeit im Ausland (BLASCHA) trifft alle Grundsatzentscheidungen zur schulischen Arbeit im Ausland; der Zentrale Ausschuss für das Deutsche Sprachdiplom der KMK verantwortet die inhaltliche und die administrative Gestaltung des Sprachdiploms. Der Pädagogische Austauschdienst betreut im Auftrag der KMK den internationalen Austausch im Schulbereich; Lehrende und Lernende mit hervorragenden Deutschkenntnissen können diese mit Hilfe von Stipendien des PAD verbessern. Der PAD ist auch die Nationale Agentur für das Sokrates-Programm und für Comenius-Projekte im Schulbereich.

1.5. Übergreifende Projekte

Zu den die einzelnen Institutionen übergreifenden Projekten gehört die Ständige Arbeitsgruppe Deutsch als Fremdsprache (StADaF); ihm gehören je ein Vertreter des Auswärtigen Amtes, des Deutschen Akademischen Austauschdienstes, des Goethe-Instituts sowie der Zentralstelle für das Auslandsschulwesen an. Auf Arbeitsebene werden Fragen der Förderung der deutschen Sprache weltweit und der Abstimmung unter den Mittlerorganisationen erörtert. Sie gibt gemeinsam erarbeitete Empfehlungen an die betroffenen Institutionen weiter. Im Ausland gibt es darüber hinaus in jedem Land eine sog. „lokale StADaF", die mit den Mittlern vor Ort Fragen der Förderung der deutschen Sprache bespricht und koordiniert.

Auf Initiative des Außenministeriums wurde 2008 das Projekt „Schulen, Partner der Zukunft" (PASCH) gestartet, dessen Ziel es ist, weltweit ein Netzwerk von mehr als 1000 Schulen aufzubauen, in denen der Deutschunterricht besonders unterstützt wird, um junge Menschen für den Deutschunterricht zu gewinnen und das Interesse an Deutschland zu stärken. Das vom AA koordinierte Projekt wird gemeinsam von GI, ZfA, PAD und DAAD realisiert.

2. Die Sprachenpolitik Österreichs

In Österreich gibt es keine dem Goethe-Institut vergleichbare Institution, die sich − von der Politik beauftragt − mit der Ausarbeitung von sprachpolitischen Konzepten für die Förderung des Deutschunterrichts im nichtdeutschsprachigen Ausland befasst. Dies kann wohl auch so verstanden werden, dass die österreichische Haltung zur Staatssprache Deutsch nach 1945 äußerst ambivalent war (De Cillia und Wodak 2006: 29), obwohl diese − im Unterschied zu Deutschland − in der Verfassung verankert ist. Die Politik war bestrebt, ein „staatsnationales Selbstverständnis zu fördern, für das die Frage der Staatssprache unbedeutend sein sollte". (De Cillia und Wodak 2006: 32) Erst als in den 1980er Jahren verstärkt Fragen der österreichischen Identität die öffentliche Diskussion zu bestimmen begannen, rückte der Faktor Sprache als identitätsbestimmendes Merkmal in den Blickpunkt der öffentlichen Aufmerksamkeit. Anlässlich des Beitritts Österreichs zur Europäischen Union 1995 wurde mit dem Protokoll Nr 10 in gewisser Weise ein Meilenstein in Bezug auf die Wahrnehmung des österreichischen Deutsch als eigenständig gegenüber dem Deutsch in Deutschland von Seiten der Politik gesetzt (vgl. auch Art. 35). Das 2001 von Seiten der Kulturpolitischen Sektion im Außenministerium formulierte „Kulturkonzept Neu" nimmt jedoch darauf nicht Bezug. Man versteht „... Europa als gemeinsames kulturelles Projekt" und „... dies als wesentliches Prinzip der österreichischen Auslandskulturpolitik". Abgeleitet aus dem Verständnis, dass „ ... Österreich ... keine klassische ethnische Nation, keine Nation, die sich nur über die Sprache begründet, sondern eine historisch gewachsene Kulturnation" sei, sind Kultur und Wissenschaft die prägenden Begriffe der konzeptuellen Neuorientierung; die eigene Sprache als Medium für den „bürgergesellschaftlichen Diskurs über europäische Werte", den man initiieren will, findet jedoch keine Erwähnung (Kulturkonzept Neu). Die institutionelle Trennung von Kultur- und Sprachaktivitäten im Ausland lässt sich nicht zuletzt aus diesem Selbstverständnis der österreichischen Außenkulturpolitik Neu erklären (http://www.bmeia. gu.at/aussenministerium/aussenpolitik/auslandskultur/auslandskulturkonzept.html).

Hat also „Sprachenpolitik (...) in Österreich (...) kein eindeutiges Zentrum" (Krumm und Portmann-Tselikas 1999: 15), so gibt es dennoch eine ganze Reihe von Initiativen, die sich staatlich beauftragt und (teil)finanziert der Aufgabe der Förderung der deutschen Sprache im Ausland angenommen haben. Die politischen Entwicklungen von 1989 mit der Öffnung der Ostgrenzen und der damit einhergehenden Nachfrage von außen hatten zur Folge, dass die österreichischen Aktivitäten in den 1990er Jahren erheblich verstärkt wurden. Dieser Zusammenhang findet sich im bevorzugten Wirkungsbereich der österreichischen Aktivitäten für Deutsch als Fremdsprache im Ausland wieder: die geografisch eindeutigen Schwerpunktsetzungen gelten den Nachbarstaaten und dem Donauraum, wie dies in einer Diskussionsgrundlage des Unterrichtsministeriums anlässlich einer Kulturenquete bereits 1968 (!) formuliert wurde (Kampits 1990: 65−83). Die Forderung von Kampits nach einer starken Präsenz in Westeuropa musste den jüngeren politischen Entwicklungen weichen, zumindest was die Initiativen im Bereich der Vertretung der deutschen Sprache im Ausland, von denen hier die Rede ist, betrifft.

2.1. Das Österreich Institut

Eine direkte Förderung der deutschen Sprache im Ausland wurde erst 1996 mit dem Österreich Institut Gesetz geschaffen. Mit diesem Gesetz wurde der Bundesminister für auswärtige Angelegenheiten im Namen der Bundesregierung ermächtigt, eine Gesellschaft zu gründen, deren Aufgabe es ist, kulturelle Auslandsbeziehungen insbesondere über das Medium der deutschen Sprache zu pflegen. Österreich Institute (ÖI) sind beauftragt, Deutschkurse im Ausland auf internationalem Niveau durchzuführen, den Deutschunterricht zu unterstützen und zu fördern und mit nationalen und internationalen Organisationen zusammenzuarbeiten. Auch wenn das ÖI-Gesetz in erster Linie wohl aus pragmatischen Gründen auf den Weg gebracht wurde, hätte es das Potenzial, eine Änderung der Außenkulturstrategie herbeizuführen. Die Voraussetzung dafür wäre jedoch eine Neufassung des Konzeptes der ‚Außenkulturpolitik Neu‘ aus 2001. Die Anzahl der Institute – 1997 wurden die Sprachkurszweige von fünf österreichischen Kulturinstituten in die neu geschaffene Organisation eingegliedert – wurde auf Initiative der ÖI-Zentrale in Wien in den vergangenen Jahren auf 9 Institute nahezu verdoppelt. Der Fokus der Neugründungen liegt auf Mittel-, Ost- und Südosteuropa, bewegt sich also entlang der Schwerpunktregionen nahezu aller österreichischen Kultur- und Bildungsaktivitäten im Ausland. Das Institut in Rom sollte dem ÖI – abgesehen von pragmatischen Gründen der Errichtung – eine Tür in den europäischen Westen öffnen und innerinstitutionell die Basis schaffen, den Austausch der west-östlichen Bildungskonzepte und Bildungstraditionen für ein zusammenwachsendes Europa zu befördern.

Obwohl das ÖI-Gesetz eine Bündelung der Initiativen im Bereich der Vertretung der deutschen Sprache im Ausland unter einem Dach vorsieht, wie dies verschiedentlich gefordert wurde (Kampits 1990), sind keinerlei Anzeichen für eine Realisierung dieser Integration von Seiten der Politik erkennbar. Unabhängig davon arbeiten die Österreich Institute seit ihrer Gründung an der Umsetzung ihrer Mission, in ihren Deutschkursen Österreich als deutschsprachiges Land und Teil der europäischen Union mit seiner eigenständigen Kultur, Wirtschaft und Gesellschaft in differenzierten Bezügen sichtbar, erlebbar und verstehbar zu machen. Das ÖI agiert dabei in einem klar beschriebenen Umfeld, staatlicherseits weitgehend unbeeinflusst, begrenzt lediglich durch die Dosierung der finanziellen Mittel seitens des Eigentümers.

2.2. Die Österreich-Kooperation

Mit dem Umbruch von 1989/90 sollte, so die Absicht des damaligen Wissenschaftsministers Erhard Busek, der Kulturraum Mitteleuropas, den Jahrhunderte gemeinsamer Geschichte verbanden, wieder zusammenwachsen. Dazu wurde 1993 der Verein Österreich-Kooperation (ÖK) geschaffen und mit Aufgaben und Budgetmitteln von Seiten des Wissenschaftsministeriums, des Unterrichtsministeriums sowie des Außenministeriums ausgestattet. Die zentrale Aufgabe der ÖK ist seither die Entsendung von LektorInnen und DaF-PraktikantInnen. Der Schwerpunkt liegt auf der internationalen Vernetzung der Universitäten und der Unterstützung des universitären Deutschunterrichts im Ausland. Es geht darum, die österreichische Kultur sowie das aktuelle Wissenschaftsgeschehen in Österreich an ausländischen Universitäten zu vermitteln und österreichischen Akademikerinnen und Akademikern Gelegenheit zu geben, durch eine Tätigkeit an ausländischen Universitäten internationale Erfahrungen zu sammeln. Damit will man erreichen, dass „... implizit und explizit österreichisches Welt- und Kulturverständnis an ausländische Studierende vermittelt und ein wesentlicher Beitrag zur Förderung der deutschen Sprache in ihrer österreichischen Varietät geleistet" wird. Man will so „...Voraussetzungen für gute gesellschaftliche und wirtschaftliche Beziehungen Österreichs zu vielen Staaten ..." schaffen und damit zu „... Frieden, Wohlstand und Lebensqualität hierzulande und weltweit ..." beitragen (http://www.oek.at/neu/aktuell/oek_broschuere_21−36.pdf; 30. 10. 2009). Die ÖK ist mit ihrem Programm weltweit präsent, wiewohl etwa 50 Prozent der derzeit 135 LektorInnen in Mittel-, Ost- und Südosteuropa tätig sind.

Die ÖK wurde Ende 2009 in den Österreichischen Austauschdienst (ÖAD) integriert. Schulbezogene Aufgaben wie das Programm für Fremdsprachenassistenten werden damit in den Verein KulturKontakt verlagert.

2.3. Das Referat Kultur und Sprache

Ein wichtiger Akteur im Bereich der Förderung des Deutschunterrichts im Ausland ist seit 1993 das Referat „Kultur und Sprache", das im Unterrichtsministerium angesiedelt ist. Hier haben unmittelbar nach der Ostöffnung einzelne Akteure erkannt, dass der Deutschunterricht von Materialien lebt und die Reihe „Materialien zur österreichischen Landeskunde" ins Leben gerufen und kontinuierlich weiterentwickelt. Bis heute gehören diese Zusatzmaterialien für den Deutschunterricht im Ausland zur Standardausrüstung für Deutschlehrende mit Interesse an Österreich. Präsent ist das ministerielle Referat weiters mit Österreich-Tagen weltweit, mit ReferentInnen auf internationalen Fachtagungen sowie mit etwa einem Dutzend Angeboten an geförderten Lehrerweiterbildungsseminaren für Deutschlehrende aus aller Welt, die jährlich angeboten werden und auf großes Interesse stoßen. Ein Zentrum für Österreich Studien wurde 1990 in Skövde (Schweden) mit dem Ziel errichtet, „Forschung über und Entwicklung von Beziehungen zwischen Österreich, den nordischen und den baltischen Ländern auf den Gebieten Bildung, Kultur und Wissenschaft" zu befördern. Die Fortbildung von Deutschlehrenden wird als eine der Hauptaufgaben des Zentrums genannt.

2.4. Das Österreichische Sprachdiplom Deutsch

Auf Initiative des Österreichischen Lehrerverbandes für Deutsch als Fremdsprache (vgl. Art. 14) wurde 1994 mit Unterstützung der drei Ministerien Unterricht, Wissenschaft und auswärtige Angelegenheiten an der Universität Wien das Österreichische Sprachdiplom Deutsch (ÖSD) entwickelt. Es ist institutionell in der Österreich Kooperation angesiedelt. Seit deren Auflösung Ende 2009 wird es als Verein weitergeführt.

Das ÖSD ist mit seinem Konzept der Plurizentrik der deutschen Sprache auch Initiator trinationaler Prüfungssysteme im deutschsprachigen Raum. Mit seinen 117 Prüfungszentren außerhalb Österreichs (Stand 2009) − von Ägypten über China und Mexiko bis nach Kasachstan, Weißrussland und Portugal − ist das ÖSD weltweit präsent und damit wohl das einflussreichste und wirksamste Instrument zur Verbreitung der österreichischen Varietät der deutschen Sprache. Die Entstehungsgeschichte, ursprünglich eine Einzelpersoninitiative aus dem Unterrichtsministerium, zeigt, dass von einer bewussten Strategie autorisierter staatlicher Stellen zur Gründung eines Zertifizierungssystems für die deutsche Sprache österreichischer Prägung nicht die Rede sein kann. Das ÖSD ist, gemeinsam mit dem Goethe-Institut, der telc und der Schweizer Erziehungsdirektorenkonferenz, Träger des Zertifikats Deutsch (vgl. Art. 144).

2.5. KulturKontakt Austria

Geht die ÖK auf eine Initiative des Wissenschaftsministeriums zurück, so hat das Unterrichtsministerium den operativen Teil der Bildungszusammenarbeit mit den Staaten Mittel- und Südosteuropas an den 1989 neugegründeten Verein KulturKontakt Austria (KK) ausgelagert und mit der Teilaufgabe versehen, den Deutschunterricht zu fördern. Dazu wurden Beauftragte für Bildungskooperation entsandt, die u. a. Lehrerfortbildungsprogramme im Bereich Deutsch als Fremdsprache vor Ort durchführten, Schul- und Qualitätsentwicklungsprogramme initiierten und begleiteten. Auch mit dem operativen Teil der Entsendung österreichischer LehrerInnen an Schulen der Nachbarstaaten Tschechien, Ungarn und der Slowakei war KK befasst. Mittlerweile hat sich der Schwerpunkt von Kulturkontakt jedoch auf die Kulturvermittlung verlagert. Der Kreis der Geldgeber wurde erweitert. Im Bildungsbereich ist man in den letzten Jahren vorwiegend mit der Planung und Organisation von bildungspolitischen Strukturmaßnahmen befasst. So unterstützt KK mit seinen 11 k-education Projektbüros grundlegende Reformprozesse im Bildungsbereich in Süd- und Südosteuropa und initiiert gezielten Know-How Transfer. Die derzeit laufenden Projekte des Programmbereichs Projektinitiative (PIKK) setzen Schwerpunkte v. a. in den Bereichen Berufsbildung (Wirtschaft, Tourismus, Landwirtschaft), Schulentwicklung und Regionalentwicklung.

2.6. Österreich-Bibliotheken

In Zeiten des Kalten Krieges waren die Österreich-Bibliotheken ein Instrument engagierter konservativer Strategen, deren Ziel es war, Kulturkontakte mit dem Osten aufzubauen und zu pflegen. Die erste Bibliothek wurde 1986 in Krakau errichtet. Seit 1989 werden die Bibliotheken verstärkt ausgebaut, so dass Österreich derzeit in mehr als 50 Universitätsstädten mit dieser Einrichtung vertreten ist. Ihr Programm ist es, Literatur, Wissenschaft und Informationen aus Österreich zugänglich zu machen. Betreut werden die sie von einem Referat des Außenministeriums (Bundesministerium für Europäische und Internationale Angelegenheiten). Die Betreuung umfasst die Ausstattung jeder einzelnen Bibliothek mit einem jährlichen Bücherbudget sowie mit international besuchten Seminaren zur Weiterbildung der Bibliotheksleitenden. Eine Vernetzung findet derzeit auch über ein digitalisiertes Bibliotheksleitsystem statt.

2.7. Österreichische Auslandsschulen

Das Instrument Österreichische Schule im Ausland ist bereits seit mehr als 100 Jahren wirksam. Beginnend mit dem St. Georgs Kolleg in Istanbul, dessen Gründung noch in die Zeit der Habsburger Monarchie zurückreicht, über die österreichischen Schule in

Guatemala (1958) wurden nach 1989 weitere derartige Initiativen gesetzt. Mit zwei Schulen in Budapest, einer Grundschule und einem Gymnasium, einem Gymnasium in Prag und einer höheren technischen Schule in Skodra (2007) wird versucht, je nach Bedarf und besonderen Bedingungen Schulen zu etablieren, die jedenfalls ein Sprachenschwerpunkt auszeichnet. Das Bundesministerium für Unterricht subventioniert diese Schulen mit der Entsendung österreichischer Lehrpersonen, wodurch gewährleistet wird, dass − neben anderen Sprachen − Deutsch als Arbeitssprache angeboten und meist auch eine österreichische Matura erworben werden kann. Die unterschiedlichen Träger der Auslandsschulen und ihre unterschiedlichen Organisationsformen lassen nicht auf ein strategisches Konzept von österreichischer Seite schließen, wiewohl die Absicht, die Bildungschancen junger Menschen zu erhöhen, einen Beitrag zur internationalen Vernetzung zu leisten, oder die jungen Menschen auf ein vereintes Europa vorzubereiten, nicht zu leugnen ist.

In Übereinkunft mit den jeweiligen Schulverantwortlichen wurden nach 1989 österreichische Lehrpersonen auch an Schulen in Tschechien, Ungarn und in die Slowakei mit dem Ziel entsandt, die deutsche Sprache − auch über den Fachunterricht − zu fördern. Diese Maßnahme wird zunehmend zurückgenommen, da man davon ausgeht, dass die jeweiligen Schulen ohne externe Unterstützung Fremdsprachen − und daher auch Deutsch − als Arbeitssprache einsetzen. Darüber hinaus sind derzeit etwa eineinhalb Dutzend österreichische Lehrpersonen an deutschen Schulen im Ausland tätig. Dieser Maßnahme liegt die Idee zu Grunde, dass österreichische Kinder die Möglichkeit haben sollen, von österreichischen Lehrpersonen unterrichtet zu werden.

3. Schluss

Das Interesse an der Förderung der eigenen Sprache im Ausland ist in Deutschland und Österreich in unterschiedlicher Intensität vorhanden. Dies hat im Wesentlichen historische Gründe, die sich in der Schwerpunktsetzung der jeweiligen Außenkulturpolitiken seit 1945 markant zeigen (vgl. auch Art. 4 und 7). Aber auch wenn die Sprachenpolitiken Österreichs und Deutschlands unterschiedliche Ansätze und Ausprägungen haben, so ist ihnen doch gemein, die deutsche Sprache zu fördern bzw. über die Sprache ihre Beziehungen mit anderen Ländern zu intensivieren. Dort, wo es Schnittstellen gibt, existieren fruchtbare Kooperationen zwischen den beiden Ländern und der Schweiz. Allen voran sei der Prüfungsbereich genannt (vgl. Art. 144).

Ein wichtiger gemeinsamer Aktionsbereich ist die DACHL Initiative. Sie hat sich 1998 auf Basis der „Wiener Erklärung" (1999) konstituiert und wurde 2007 mit neuer Energie versorgt. In dieser Initiative finden sich Vertreter Deutschlands, der Schweiz, Liechtensteins und Österreichs gemeinsam mit dem IDV zusammen, um das DACHL − Prinzip (vgl. Art. 167), also die Verankerung der Vielfalt des deutschsprachigen Raumes im Rahmen des Unterrichts der deutschen Sprache, der Vermittlung von Landeskunde, der Produktion von Lehrmaterialien und der Aus- und Fortbildung von Unterrichtenden international voranzutreiben.

4. Literatur in Auswahl

De Cillia, Rudolf und Ruth Wodak
   2006   *Ist Österreich ein „deutsches" Land? Sprachenpolitik und Identität in der Zweiten Republik.*
       Innsbruck: Studienverlag.

Kampits, Peter
 1990   *Die Auslandskulturpolitik Österreichs: Konzepte, Strukturen, Perspektiven.* Wien: Brau-
        müller.
Krumm, Hans-Jürgen und Paul Portmann-Tselikas
 1999   Vorwort. In: Hans-Jürgen Krumm und Paul Portmann-Tselikas (Hg.), *Theorie und Pra-
        xis. Österreichische Beiträge zu Deutsch als Fremdsprache. Sprachenpolitik in Österreich,*
        11−15. Bd. 3. Innsbruck/Wien: Studienverlag.
Limbach, Jutta und Katharina von Ruckteschell (Hg.)
 2008   *Die Macht der Sprache.* Berlin/München: Langenscheidt/Goethe-Institut.
Wiener Erklärung zur Sprachförderung und Zusammenarbeit in Mittel- und Osteuropa
 1999   In: Hans-Jürgen Krumm (Hg.), *Sprachen − Brücken über Grenzen,* 22−23. Wien: eviva.

Internetadressen (alle Adressen am 15. 12. 2009 aktiv)

Auswärtiges Amt (AA):
        http://www.auswaertiges-amt.de
Bundesministerium für europäische und internationale Angelegenheiten (BMEIA):
        http://www.bmeia.gv.at
Deutscher Akademischer Austauschdienst (DAAD):
        http://www.daad.de
European Union of National Institutes of Culture (EUNIC):
        http://www.eunic-europe.eu/
Goethe-Institut (GI):
        http://www.goethe.de
KulturKontakt Austria (KK):
        http://www.kulturkontakt.or.at/
Österreich-Bibliotheken:
        http://www.oesterreich-bibliotheken.at/
Österreich Institut (ÖI):
        http://www.oesterreichinstitut.at/
Österreich Kooperation (ÖK):
        http://www.oek.at/
Österreichisches Sprachdiplom Deutsch:
        http://www.osd.at/
Pädagogischer Austauschdienst (PAD):
        http://www.kmk-pad.org/
PASCH (Schulen: Partner der Zukunft):
        http://www.pasch-net.de/
Referat Kultur und Sprache
        http://www.kulturundsprache.at/
Ständige Konferenz der Kultusminister der Länder (KMK):
        http://www.kmk.org/
Zentralstelle für das Auslandsschulwesen:
        http://www.auslandsschulwesen.de/

Brigitte Ortner, Wien (Österreich)
Katharina von Ruckteschell-Katte, Johannesburg (Südafrika)

13. Institutionen und Verbände für Deutsch als Fremd- und Zweitsprache in Deutschland

1. Einführung und Überblick

Christ (2003) charakterisiert das Feld der Sprachenpolitik durch ihre Akteure und Aktionsfelder: Institutionen und Verbände sind auf der politischen, der wirtschaftlichen und der Ebene von Bildung und Wissenschaft anzusiedeln, decken also den Bereich ab, in dem im Mit- und Gegeneinander dieser Akteure Sprachenpolitik entsteht. Eine rein nationale Betrachtungsweise dieser Akteure kann einer Darstellung sprachenpolitischer Zusammenhänge nur noch begrenzt gerecht werden, sind doch die meisten nationalen Institutionen und Verbände in internationale Kontexte und Netzwerke eingebunden. Dennoch nehmen viele internationale Entwicklungen ihren Ausgang im Kontext der jeweiligen Nationalsprache (vgl. Art. 11), wie umgekehrt sich nationale Entwicklungen auch aus widersprüchlichen Einflüssen zu internationalen Tendenzen herausbilden.

Auch auf der nationalen Ebene bilden die Institutionen und Verbände, die im Bereich DaF und DaZ die Sprachenpolitik, die Forschung und Lehre, die Verwaltung und Praxis wie auch die Beziehungen ins Ausland formen, ein enges Geflecht mit wechselseitigen Abhängigkeiten. Sie lassen sich nach unterschiedlichen Kriterien ordnen. Ein Ordnungskriterium betrifft die Frage, ob es sich um Institutionen oder Verbände handelt, die ausschließlich die Fachgebiete DaF und/oder DaZ vertreten wie z. B. die DaF/DaZ-Abteilungen an Hochschulen, das Goethe-Institut (GI), der Fachverband Deutsch als Fremdsprache (FaDaF) oder ein Zusammenschluss der Trägerverbände für Integrationskurse wie Pro Integration. Für zahlreiche andere, vor allem staatliche Stellen ist die Vermittlung, Sicherung und Überprüfung von Deutschkenntnissen zwar ein wesentliches Instrument ihrer Arbeit, aber nicht ihr primärer Daseinszweck. So fördert der Deutsche Akademische Austauschdienst (DAAD) die Mobilität und den Studienerfolg ausländischer Studierender und Wissenschaftler in Deutschland u. a. mit Deutschkursstipendien, beschäftigt sich die Zentralstelle für das Auslandsschulwesen (ZfA) nicht zuletzt intensiv mit Schulung und Beratung der Lehrkräfte an Deutschen Auslandsschulen, verbreitet die Deutsche Welle (DW) ganz gezielt Deutschlernprogramme oder ist das Bundesamt für Migration und Flüchtlinge (BAMF) in Nürnberg Vergabe- und Aufsichtsbehörde für die sogenannten Integrationskurse − alle diese Institutionen aber haben vielfach darüber hinausgehende oder auch ganz andere Aufgaben. Ähnliches gilt für sprachenübergreifende Verbände wie z. B. die Gesellschaft für Angewandte Linguistik (GAL) und den Gesamtverband Moderne Fremdsprachen (GMF), die im Bereich DaF/DaZ eigene Untergruppierungen haben oder aber zumindest Schwerpunkte auf Tagungen bilden. Schließlich gibt es staatliche Institutionen wie die Kultusministerkonferenz (KMK) oder die Hochschulrektorenkonferenz (HRK), die punktuell DaF/DaZ-relevante Entscheidungen treffen, etwa wenn sie länderübergreifende Fragen der erforderlichen Sprachkompetenz beim Schul- und Hochschulzugang für Migranten und ausländische Studierende regeln.

Diese beispielhaft genannten, bundesweit operierenden Institutionen werden auf der regionalen und lokalen Ebene durch zahlreiche staatliche Stellen gespiegelt. Kultus- und Sozialministerien der Länder bestimmen darüber, welche DaZ-Gesichtspunkte in die Curricula und Ausbildung von Erzieherinnen und Lehrern einfließen oder stellen Mittel für zusätzliche Deutschkurse vom Kindergarten bis zur Sekundar- und Berufsschule bereit, Integrationsbeauftragte in den Kommunen und Sachbearbeiter in den Außenstellen der Agentur für Arbeit entscheiden ebenfalls über sprachbezogene Fördermaßnahmen für Bürger bzw. Arbeitssuchende mit Migrationshintergrund. Auch Fachverbände wie z. B. der FaDaF oder der GMF verfügen über regionale Gliederungen bzw. führen regionale bzw. lokale Veranstaltungen durch. Zudem vergeben zahlreiche Stiftungen erhebliche Finanzmittel, von denen hier nur solche mit traditionell starken DaF/DaZ-Schwerpunkten wie die Robert-Bosch-Stiftung, die Otto-Benecke-Stiftung oder die Körber-Stiftung genannt seien.

Nicht vergessen werden dürfen in diesem ersten typologischen Überblick auch die Lehrbuchverlage, von denen die vier großen Anbieter Cornelsen, Hueber, Klett und Langenscheidt DaF/DaZ-Lehrmaterialien als Teil ihres Fremdsprachenprogrammes führen, die aber durch diese Lehrmaterialien und die Zusammenarbeit mit den Mittlerorganisationen, etwa durch das Sponsoring von Tagungen oder die Herausgabe von Fachzeitschriften, wesentlichen Einfluss auf die DaF/DaZ-Entwicklung in Deutschland und − dank ihrer internationalen Präsenz − weltweit nehmen. Daneben stehen auf DaF/DaZ spezialisierte Kleinverlage für Lehrmaterialien oder wissenschaftliche Verlage wie etwa iudicium sowie eine vielschichtige interaktive DaF/DaZ-Internetlandschaft, in der die Portale der bereits genannten übergreifenden Institutionen ebenso wie unabhängige Webseiten mit ihren kostenlosen Materialien, Foren und Stellenbörsen eine Rolle spielen. Von den zahlreichen DaF/DaZ-Tagungen seien nur die zwei größten, seit Jahrzehnten institutionalisierte Veranstaltungen genannt, die wichtige Kristallisationspunkte für den Austausch im Fach DaF/DaZ darstellen: Die „Jahrestagung Deutsch als Fremdsprache" des Fachverbandes Deutsch als Fremdsprache (FaDaF e.V.) mit rund 400 Teilnehmern und die alle vier Jahre meist in den deutschsprachigen Ländern stattfindende Internationale Deutschlehrertagung (IDT) des Internationalen Deutschlehrerverbandes (IDV) mit über 2000 Teilnehmern.

Betrachtet man schließlich die Anwendungsfelder, so geraten auf der Ausbildungsebene die Universitäten und Pädagogischen Hochschulen (PHs)sowie einschlägige Studiengänge und Weiterbildungsinstitute in den Blick, die vor allem Lehrkräfte, aber auch für andere Berufsbilder DaF- und DaZ-Inhalte vermitteln (vgl. auch Art. 148−151). Im Bereich der konkreten Sprachvermittlung dagegen stehen die Kursdurchführenden im Mittelpunkt. Studienkollegs, Akademische Auslandsämter, Sprachenzentren oder DaF-Lehrgebiete kümmern sich im Hochschulkontext um die Deutschkompetenz ausländischer Studienbewerber und Studierender; Kindergärten, Grund-, Sekundar- und Berufs-

schulen bieten DaZ-Förderunterricht an; Personalabteilungen von Firmen schulen ihre
ausländischen Mitarbeiter in allgemeinen Integrationskursen bis hin zu hochspeziali-
sierten Deutschtrainings für Fach- und Führungskräfte. Die vielen Sprachkursträger im
Inland, die in privatrechtlichen Organisationsformen wie eingetragener Verein (e.V.),
GmbH, Gesellschaft bürgerlichen Rechts (GbR) oder inhabergeführt aufgestellt sind −
lediglich die Volkshochschulen sind in den meisten Kommunen noch Teil der öffentlich-
rechtlichen, hier städtischen Verwaltung − bieten je nach Ausrichtung Deutschunterricht
in Form von Integrationskursen, Studienvorbereitung oder als berufliche Aus- und Weiterbildung an. Auch wenn keine genauen Zahlen vorliegen, geht vermutlich das Gros
des in Deutschland erteilten DaF-/DaZ-Unterrichts auf das Konto der letztgenannten
Deutschkursanbieter. Obwohl viele von ihnen als Einzelunternehmungen auftreten, sind
sie wie die Schulen des Internationalen Bundes (IB) oder die Carl-Duisberg-Centren
(CDC) zu einem Großteil gleichzeitig Teil überregionaler Organisationen bzw. Firmen,
oder sie finden Austausch- und Koordinierungsforen in Zusammenschlüssen wie dem
Deutschen Volkshochschulverband (DVV), dem Erfahrungsaustauschring (ERFA) Wirt-
schaft−Sprache sowie kirchlichen und gewerkschaftlichen Wohlfahrtsverbänden, die
hinter vielen, dann fast immer gemeinnützigen Deutschkursträgern stehen und über Or-
ganisationseinheiten und Fachkräfte für den DaF-/DaZ-Unterricht verfügen.

Es kann in dem vorliegenden Artikel nicht darum gehen, alle Institutionen, die direkt
oder indirekt mit DaF und DaZ beschäftigt sind, aufzulisten und im Einzelnen darzustellen (vgl. Ortmann 2001), es sollen aber die wichtigsten genannt werden, so dass ein Bild
der Bedeutung und des Zusammenspiels der verschiedenen Institutionen entstehen kann;
dabei ist die Überlappung mit den in Art. 12 dargestellten Institutionen, die die deutsche
Sprache in nichtdeutschsprachigen Ländern fördern, unvermeidlich: Zur deutschen
„Auswärtigen Kultur- und Bildungspolitik" (AKBP), so die offizielle Bezeichnung, gehört es nicht zuletzt, Deutschlandinteressierte, Studienbewerber, Forscher sowie Fach-
und Führungskräfte (vorübergehend) nach Deutschland zu holen, sie in Deutschland
auszubilden und während ihres Aufenthaltes so zu begleiten, dass der Aufenthalt möglichst erfolgreich verläuft und eine dauerhafte Deutschlandbindung aufgebaut wird, wobei der Vermittlung von Deutschkenntnissen eine zentrale Rolle zukommt. Eine klare
Trennung zwischen DaF-Institutionen im Inland und Mittlerorganisationen der Auswärtigen Kultur- und Bildungspolitik lässt sich daher nicht aufrechterhalten.

2. Institutionen für Deutsch als Fremdsprache im Rahmen der Auswärtigen Kultur- und Bildungspolitik und deren Rolle in Deutschland

In dem Zeitraum bis ca. 1970 waren es vor allem die Einrichtungen, die im Rahmen
der Auswärtigen Kultur- und Bildungspolitik (AKBP) die deutsche Sprache im Ausland
förderten, die auch innerhalb der damaligen Bundesrepublik bzw. DDR Wirkung entfalteten (vgl. Art. 4). Inzwischen haben sich in Deutschland eigenständige Institutionen und
Verbände entwickelt, aber auch die im Wesentlichen für das Ausland tätigen Mittlerorganisationen spielen in Deutschland eine wichtige Rolle − um diese geht es im vorliegenden
Beitrag (zur Auslandtätigkeit dieser Institutionen vgl. Art. 12). Entsprechend dem
Grundgesetz der Bundesrepublik Deutschland ist die AKBP vorrangig Aufgabe des Aus-

wärtigen Amtes (AA), die es vor allem durch Finanzierung und Kooperation mit den sog. Mittlerorganisationen erfüllt, ohne dabei − von wenigen Ausnahmen abgesehen − direkt in innerdeutsche Entwicklungen einzugreifen. Besonders die Referate 605 (Deutsche Auslandsschulen, Jugend und Sport) und 606 (Grundsatzfragen der Förderung von Deutsch als Fremdsprache) − beziehen den Deutschen Akademischen Austauschdienst (DAAD), das Goethe-Institut (GI) und die Zentralstelle für das Auslandsschulwesen (ZfA) als Abteilung einer nachgeordneten Bundesbehörde in ihre Arbeit mit ein. Das *Mannheimer Gutachten zu ausgewählten Lehrwerken für Deutsch als Fremdsprache* (Engel u. a. 1977/1979; vgl. Art. 137) bildet eine prominente Ausnahme − es wurde 1974 direkt vom AA an eine Gruppe von Wissenschaftlern vergeben und hat die Lehrwerkdiskussion im Fach nachhaltig geprägt.

Der Deutsche Akademische Austauschdienst (DAAD) wird als Verein von den deutschen Hochschulen und den Vertretungen der Studierenden getragen. Er fördert die internationale Arbeit der deutschen Hochschulen und leistet insofern durch Hochschulpartnerschaften, internationale Tagungen, Praktika u. a. einen wichtigen Beitrag auch für die Entwicklung des Faches DaF in Deutschland. Auch vergibt der DAAD neben zahlreichen Deutschkursstipendien für unterschiedliche Zielgruppen erhebliche Mittel zur Förderung des Studienerfolges ausländischer Studierender in Deutschland und ist über das TestDaF-Institut (vgl. Art. 144) und die TestDaF-Prüfungszentren, über die Akademischen Auslandsämter bzw. Abteilungen für Internationale Beziehungen auch in Deutschland eng mit den Hochschulen vernetzt.

Das Goethe-Institut (GI) ist ebenfalls weltweit tätig (vgl. Art. 12), spielt aber auch in Deutschland eine bedeutende Rolle: An eigenen Inlandsinstituten (13 Standorte) erteilt es Sprachunterricht, die Zentralverwaltung des Goethe-Instituts verfügt über Fachabteilungen, die eng mit politischen, wissenschaftlichen, wirschaftlichen u. a. Partnern in Deutschland zusammenarbeiten. Das gilt besonders für die „Abteilung Sprache" des GI, die sich auch in Deutschland an der Entwicklung von Prüfungen (vgl. Art. 144 und 145) beteiligt und im Auftrag des Bundesamtes für Migration und Flüchtlinge (BAMF) an der Curriculumentwicklung und Lehrerfortbildung für die sog. Integrationskurse mitwirkt (vgl. Art. 121; vgl. Abschnitt 4), aber auch eigene Projekte durchführt, die die weltweiten Erfahrungen in die fachliche und sprachenpolitische Diskussion in Deutschland einbringen, so z. B. „Die Macht der Sprache" (vgl. Limbach und v. Ruckteschell 2008) und „Sprachen ohne Grenzen" (http://www.goethe.de/ges/spa/prj/sog/deindex.htm 30. 12. 2009).

Die Zentralstelle für das Auslandsschulwesen (ZfA) ist eine Abteilung des Bundesverwaltungsamtes, einer nachgeordneten Bundesbehörde, die in enger Abstimmung mit dem Auswärtigen Amt und den Bundesländern weltweit 135 Deutsche Schulen im Ausland fördert (vgl. Art. 12). Viele der an den Auslandsschulen entwickelten Ansätze wirken in die deutsche Fachdiskussion zurück; so hat die ZfA z. B. im Ausland früh Modelle des *Deutschsprachigen Fachunterrichts* (*DFU*) erarbeitet, die die Konzepte des sprach- und fachintegrierten Unterrichts in Deutschland stimuliert haben (vgl. Art. 116).

AA, GI, DAAD und ZfA kooperieren eng in dem Ständigen Ausschuss für Deutsch als Fremdsprache (StADaF, jetzt „Netzwerk Deutsch"), der in regelmäßigen Abständen in der Bundesrepublik Deutschland tagt. Auf Arbeitsebene werden Fragen der Förderung der deutschen Sprache weltweit und der Abstimmung unter den Mittlerorganisationen erörtert. Der StADaF gibt gemeinsam erarbeitete Empfehlungen an die betroffenen Institutionen weiter.

3. Die Bedeutung der Hochschulen für das Fach Deutsch als Fremd- und Zweitsprache in Deutschland

Die Hochschulen spielen in dreierlei Hinsicht eine Rolle:

1. Die Universitäten betreiben Forschung im Bereich von DaF, DaZ und interkultureller Germanistik, wobei die örtlichen Gegebenheiten zu Schwerpunktbildungen sowie teilweise auch zu überregionalen Netzwerken geführt haben (zu DaZ vgl. auch Abschnitt 4).
2. Sie bilden inländische wie ausländische DaF/DaZ-Spezialisten insbesondere für eine Unterrichtstätigkeit aus (vgl. Art. 149–151; für einen aktuellen Überblick siehe http://www.fadaf.de/de/daf_angebote/studieng_nge/ (30. 12. 2009). Für Fragen des DaZ im Rahmen der Lehrerausbildung sind neben germanistischen Instituten vielfach auch pädagogische Fakultäten oder Zentren für interkulturelle Kommunikation in die Fachentwicklung einbezogen; Spezialisierungen wie z. B. für Lehrkräfte an bilingualen Schulen bzw. für den sprach- und fachintegrierten Unterricht gewinnen an Bedeutung.
3. Schließlich organisieren fast alle Hochschulen, d. h. auch die Fachhochschulen, studienvorbereitenden und -begleitenden Unterricht. Diese Aufgabe wird intern den Akademischen Auslandsämtern, mittlerweile oft „International Offices" genannt, oder soweit vorhanden den DaF- bzw. Germanistikabteilungen und zentralen Sprachenzentren übertragen. Im Zuge der sprachlichen Vorbereitung ausländischer Studienbewerber werden dabei an der Mehrzahl der Hochschulen auch die einschlägigen Sprachprüfungen DSH (= Deutsche Sprachprüfung für den Hochschulzugang), die nur von deutschen Hochschulen abgenommen werden kann, oder der TestDaF durchgeführt. Die Fachaufsicht über die dezentral von jeder Hochschule erstellte DSH führt im Auftrag der Hochschulrektorenkonferenz (HRK) der Fachverband Deutsch als Fremdsprache (FaDaF e.V.).

Im Zusammenhang mit der Studienvorbereitung sind schließlich auch die Studienkollegs zu nennen, die ausländische Studienbewerber, deren Qualifikationen fachlich nicht als äquivalent zu einer deutschen Hochschulzugangsberechtigung gesehen werden, entsprechend nachqualifizieren und ihnen dabei auch die notwendigen Sprachkenntnisse vermitteln, die es meist in der sogenannten „Feststellungsprüfung" (FSP) nachzuweisen gilt, bevor ein Studium aufgenommen werden kann. Die Staatlichen Studienkollegs, die institutionell eine Zwischenstellung zwischen der Schulverwaltung und den Hochschulen einnehmen und je nach Bundesland und Ort unterschiedlich angebunden sind, werden allerdings vielfach geschlossen bzw. stehen vor der Neudefinition ihrer Aufgaben im Rahmen einer breiter gefassten Propädeutik für ausländische Studienbewerber.

4. Institutionen, die sich speziell mit Fragen des Deutschen als Zweitsprache beschäftigen

Der Bereich DaZ hat in der Bundesrepublik institutionell wie finanziell eine deutliche Aufwertung erfahren, nachdem die Zuwanderungspolitik und die Sprachförderung als ein wesentlicher Faktor der Integration seit Ende der 1990er Jahre zu einer politischen

Priorität wurden. Dies führte in der Folge zur Bestellung zahlreicher „Integrationsbeauftragter" bzw. zur Einrichtung entsprechender Behörden und gipfelte 2007 in der Erstellung eines „Nationalen Integrationsplans". Mit dem 2002 erstmals verabschiedeten, nach Änderungen aber erst zum 1. 1. 2005 endgültig in Kraft getretenen Zuwanderungsgesetz zog der Staat unmittelbar Steuerungskompetenzen in der Deutschkursförderung an sich und löste den bisher mit dieser Aufgabe betrauten Sprachverband e.V. auf (vgl. Art. 6). Was früher im Sozialrecht (§ 419 ff. SGB III) geregelt war, wurde als Teil des Aufenthaltsrechts (§§ 43 ff. AufenthG) dem Bundesamt für Migration und Flüchtlinge (BAMF) übertragen. Der Erwerb ausreichender Sprachkenntnisse für die Zuzugsberechtigung über den dauerhaften Aufenthalt bis hin zur Annahme der deutschen Staatsbürgerschaft erhielt verpflichtenden Charakter (vgl. Art. 10). Seit 2003 verteilt das BAMF bundesweit mit Abstand die meisten Mittel für den Deutschunterricht, der den größten Teil der sog. Integrationskurse ausmacht, und definiert mit seinen daran geknüpften administrativen und inhaltlichen Vorgaben (etwa bei der Lehrerqualifikation oder Anerkennung von Kursträgern) Rahmenbedingungen, die vom DaZ- auch auf den DaF-Bereich insgesamt ausstrahlen und sich generell in einer Nivellierung nach unten bei den gezahlten Lehrergehältern bzw. -honoraren und gleichzeitig gewachsenem administrativen Aufwand ausgewirkt haben. Rund 1.800 Sprachkursträger sind derzeit vom BAMF zugelassen. In diesem Spannungsfeld vertreten die Initiative „Pro Integration" die Interessen der Integrationskursträger gegenüber dem Bundesamt, während die „Aktion Butterbrot" sich für die Verbesserung der Situation der betroffenen Deutschlehrer engagiert.

In begrenztem Maße werden aber weiterhin Deutschkurse über die Jobcenter (auch ARGE genannt) gefördert, um die Beschäftigungsfähigkeit von Migranten zu erhöhen. Diesem Ziel hat sich auch eine Vielzahl von Initiativen und Institutionen verschrieben, bei denen staatliche Stellen wie Ministerien, Regional- und Kommunalverwaltungen oder Wirtschaftskammern eng mit den großen Wohlfahrtsverbänden und anderen Non-Profit-Initiativen zusammenarbeiten und die Sprachförderung immer in ein ganzes Paket von qualifizierenden und sozial integrativen Maßnahmen eingebunden ist. So hat das Bundesministerium für Arbeit und Soziales etwa das Informations- und Beratungsnetzwerk „Integration durch Qualifizierung" gegründet, wobei berufsbezogenes Deutsch eines von sechs Handlungsfeldern ist. Hervorzuheben ist in diesem Zusammenhang auch der Europäische Sozialfonds, der erhebliche Mittel für berufsqualifizierende Maßnahmen bereitstellt.

Integrationsbemühungen durch die Vermittlung von Deutschkenntnissen beziehen sich allerdings keineswegs nur auf Erwachsene, sondern setzen schon im Kindesalter an, insbesondere im Kindergarten und in der Grundschule. Aufgrund der Bildungshoheit der Länder liegen die Zuständigkeiten hierfür staatlicherseits bei den einzelnen Bildungsministerien, Schulverwaltungen und Kommunen, die meist spezialisierte Stellen bis hin zu Integrationsbeauftragten und -ministerien eingerichtet haben. Die staatliche Seite wird wiederum ergänzt durch die Arbeit einer Vielzahl von Sozial- und Berufsverbänden wie auch von privaten Initiativen. DaZ-relevante Maßnahmen betreffen hier einerseits Förderkurse für Migrantenkinder ab dem Kindergarten und andererseits entsprechende Qualifizierungsmaßnahmen für Erzieherinnen und Lehrkräfte im Rahmen einer allgemeinen interkulturellen Sensibilisierung und Weiterbildung. Von der Nachqualifizierung hat sich dabei die Debatte mittlerweile hin zur Erstausbildung verlagert, d. h. es geht inzwischen verstärkt um DaZ-spezifische Inhalte in den Curricula der an der Lehrerausbildung beteiligten Hochschulen, ursprünglich reine DaF-Studiengänge haben sich zu kombinierten DaF/DaZ-Angeboten gewandelt.

Darüber hinaus hat auch die Forschung sich intensiver dem Bereich DaZ zugewandt − besonders hervorzuheben ist hier das von der Bund-Länder-Kommission finanzierte, an der Universität Hamburg angesiedelte Projekt „Förderung von Kindern und
Jugendlichen mit Migrationshintergrund" (FörMig), das mit Gutachten, Konferenzen
und Publikationen, Modellschulen eine stärkere Vernetzung zwischen Theorie, Praxis
und Politik bewirkt und eine Vielfalt von Impulsen für Fach und Praxisfeld gesetzt hat.

Das institutionelle Zusammenwachsen von DaF und DaZ zeigt sich auch, wenn das
eigentlich der AKBP verpflichtete Goethe-Institut (GI) nicht nur den „Deutsch-Test für
Zuwanderer" (DTZ) zusammen mit der telc GmbH (hinter der der Deutsche Volkshochschulverband steht), sondern auch das „Rahmencurriculum Integrationskurse" im Auftrag des Innenministeriums entwickelt und zudem stark in der Nachqualifizierung von
Integrationskurslehrkräften ohne Hochschulbildung involviert ist, zu diesem Zweck sogar extra einige Integrationskurse durchführt, die auf der Basis der geringen staatlichen
Erstattungen für das GI nicht rentabel sind. Vollends sinnfällig wird der Zusammenhang
zwischen Integrationspolitik und auswärtigem Kulturaustausch, wenn die 2007 neu eingeführte gesetzliche Verpflichtung, dass nachziehende Ehepartner Grundkenntnisse des
Deutschen nachweisen müssen, dem GI in Ländern wie der Türkei, Russland, Kosovo,
Thailand, Marokko, Indien oder Bosnien eine große Nachfrage nach entsprechenden
Vorbereitungskursen beschert (vgl. http://www.goethe.de/lhr/prj/daz/deindex.htm, 30. 12.
2009).

5. Fachverbände und Fachzeitschriften

Für die Entwicklung sprachenpolitischer Grundsätze, den fachlichen Austausch zwischen
Theorie und Praxis und die Interessenvertretung spielen auch im Fach Deutsch als
Fremd- und Zweitsprache die Fachverbände eine große Rolle, insbesondere

1. der als Zusammenschluss der DaF-Lehr- und Forschungsgebiete sowie der DaF-
   Hochschuldozenten gegründete „Fachverband Deutsch als Fremdsprache" (FaDaF
   e.V.), dessen Arbeit schwerpunktmäßig im Hochschulbereich angesiedelt ist, weshalb
   der Verband eng mit dem DAAD zusammenarbeitet;
2. die „Sektion Deutsch", die auf nationaler Ebene im Rahmen des multilingualen „Ge-
   samtverbandes Moderne Fremdsprachen" (GMF) aktiv ist. Für die Sektion stehen
   sprachenpolitische Fragen im Bereich von Schule und Erwachsenenbildung im Vordergrund; sie arbeitet eng mit dem Goethe-Institut zusammen.

International arbeiten beide Verbände im Internationalen Deutschlehrerverband (IDV)
mit und tragen auch gemeinsam die vom IDV in Deutschland veranstalteten Internationalen Deutschlehrertagungen.

Eine zweite Gruppe von Verbänden stellen die multilingualen Fachverbände dar, die
Fragen des Deutschen als Fremdsprache mitbehandeln: Hier sind mit Relevanz für das
Fach DaF/DaZ die „Deutsche Gesellschaft für Fremdsprachenforschung" (DGFF) als
durchgängig auf die Erforschung und die Förderung von (vorwiegend schulischem)
Fremdsprachenunterricht hin orientierte Vereinigung und die „Gesellschaft für Ange-
wandte Linguistik"(GAL) zu nennen, deren Sektionen und Tagungen über Fragen von
Spracherwerb und Sprachunterricht hinaus ein breites Spektrum an Themen wie z. B.

Übersetzen und Dolmetschen, Fachsprache und Terminologie, Sprache in Medien, Justiz und Wirtschaft u. a. m. bearbeiten.

Die Verbandslandschaft wird ergänzt durch kleinere, themen- und projektbezogene Arbeits- und Initiativgruppen, unter denen der Verein „Fachdidaktik im Gespräch − Netzwerk Sprachen e. V." hervorgehoben werden soll, da er sich sprachenpolitisch und sprachdidaktisch speziell mit Fragen des Spracherwerbs von Migranten befasst.

Auch die Fachzeitschriften gehören zu den Diskussionsforen für den Dialog zwischen Theorie und Praxis. Für Deutsch als Fremdsprache ist deren Zahl erstaunlich groß, was auch damit zusammenhängen mag, dass diese Zeitschriften sich nicht nur an ein deutsches Publikum wenden, sondern vielfach auch für Deutschlehrende (z. B. „Fremdsprache Deutsch") oder Wissenschaftler (z. B. „Deutsch als Fremdsprache" und „Jahrbuch Deutsch als Fremdsprache") in nicht deutschsprachigen Ländern publizieren, wobei die Themen und Autoren überwiegend aus dem deutschen Sprachraum kommen. „Info DaF", herausgegeben von FaDaF und DAAD, konzentriert sich stark, aber keinesfalls ausschließlich, auf den Hochschulbereich und zählt in besonderem Maße auch deutsche Auslandslektoren zu den Autoren. Das Zeitschriftenangebot im Bereich Deutsch als Zweitsprache ist weniger umfangreich. Für den schulischen Bereich ist die von der „Forschungsstelle Migration und Integration" herausgegebene Zeitschrift „Interkulturell und Global" zu nennen, die neben sehr praxisbezogenen immer auch Themenhefte zu grundsätzlichen Fragen der interkulturellen Bildung herausgibt, ferner „Deutsch als Zweitsprache", seit Auflösung des Sprachverbandes (vgl. Art. 6) vom Bundesamt für Migration und Flüchtlinge (BAMF) herausgegeben, die ein eher breiten Spektrum von Artikeln zu DaZ enthält.

Auch unter den Zeitschriften gibt es sprachenübergreifende, die immer wieder auch Untersuchungen und Erfahrungsberichte zu DaF/DaZ publizieren, zu nennen sind hier insbesondere die von der DGFF herausgegebene „Zeitschrift für Fremdsprachenforschung" sowie die in Deutschland und in Kanada *online* erscheinende „Zeitschrift für interkulturellen Fremdsprachenunterricht" (ZIF).

6. Fazit

Mit der EU-Erweiterung und den europäischen Programmen zur Förderung der Mehrsprachigkeit, aber auch mit der zunehmenden politischen Bedeutung der (sprachlichen) Integration von Migranten haben DaF/DaZ-Institutionen in Deutschland seit der Jahrtausendwende einen unverkennbaren Aufschwung genommen, der sich auch in den Forschungsprogrammen und Studienangeboten der Hochschulen spiegelt. Das gilt insbesondere für die Entwicklung und Institutionalisierung von DaZ, das in vielen Bereichen mit den etablierteren DaF-Institutionen zusammenwächst.

Auch wenn Konzentrations- und Zentralisierungstendenzen offensichtlich sind, bleibt für deutsche Institutionen im Bereich DaF/DaZ international gesehen ihr föderaler und vielfältiger Charakter auffällig, wobei sich der Staat in der Außenpolitik bewusst privatrechtlicher Mittlerorganisationen bedient und ihnen dadurch gleichzeitig quasi-offiziellen Charakter verleiht, während die Situation im Inland durch die Kooperation zahlreicher Akteure aus dem gemeinnützigen Bereich mit öffentlichen Stellen geprägt ist. Aus fachlicher Sicht ergibt sich dabei durchaus eine Spannung zwischen politisch gesteuerter gegenüber fachlich und didaktisch verantworteter Fachentwicklung, wie sie z. B. die Diskussion um die Rolle der Erstsprache im Rahmen der Sprachförderung von Migranten verdeutlicht (vgl. Gogolin und Neumann 2009).

7. Literatur in Auswahl

Christ, Herbert
    2003   Sprachenpolitik. In: Karl-Richard Bausch, Herbert Christ und Hans-Jürgen Krumm
            (Hg.), *Handbuch Fremdsprachenunterricht*, 102–110. 4. Aufl. Tübingen: Francke/UTB.
Nationaler Integrationsplan:
            http://www.bundesregierung.de/Content/DE/Publikation/IB/Anlagen/nationaler-
            integrationsplan,property=publicationFile.pdf (30. 12. 2009)
Gogolin, Ingrid und Ursula Neumann (Hg.)
    2009   *Streitfall Zweisprachigkeit − The Bilingualism Controversy.* Wiesbaden: Verlag für Sozial-
            wissenschaften.
Limbach, Jutta und Katharina von Ruckteschell (Hg.)
    2008   *Die Macht der Sprache.* Berlin/München: Langenscheidt/Goethe-Institut.
Ortmann, Wolf Dieter
    2001   Institutionen für Deutsch als Fremd- und als Zweitsprache in Deutschland. In: Gerhard
            Helbig, Lutz Götze, Gert Henrici und Hans-Jürgen Krumm (Hg.), *Deutsch als Fremdspra-
            che. Ein Internationales Handbuch*, Band 2, 1381–1410. (Handbücher zur Sprach- und
            Kommunikationswissenschaft 19.1−2) Berlin: de Gruyter.

Internetadressen (alle Adressen am 30. 12. 2009 aktiv)

Aktion Butterbrot:
            http://www.aktionbutterbrot.de
Bundesamt für Migration und Flüchtlinge (BAMF):
            http://www.bamf.de
Deutscher Akademischer Austausch Dienst (DAAD):
            http://www.daad.de
Fachdidaktik im Gespräch − Netzwerk Sprachen e.V.:
            http://www.daz-didaktik.de/
Fachverband für Deutsch als Fremdsprache (FaDaF):
            http://www.fadaf.de
Förderung von Kindern und Jugendlichen mit Migrationshintergrund (FörMig):
            http://www.blk-foermig.uni-hamburg.de/
Goethe-Institut (GI):
            http://www.goethe.de
Gesamtverband Moderne Sprachen (GMF):
            http://gmf.cc/wp/
Initiative Pro Integration:
            http://www.prointegration.org
Integration durch Qualifizierung
            http://www.intqua.de
Sektion Deutsch im GMF:
            http://gmf.cc/wp/
Zentralstelle für das Auslandsschulwesen (ZfA):
            http://www.auslandsschulwesen.de/

Zeitschriften

Deutsch als Fremdsprache (Herder-Institut/Langenscheidt):
        http://www.uni-leipzig.de/daf/
Deutsch als Zweitsprache (BAMF/Schneider):
        http://www.bamf.de
Fremdsprache Deutsch (Goethe-Institut /Hueber):
        http://www.hueber.de/fremdsprache-deutsch
Info DaF (DAAD, FaDaF/iudicium)
        http://www.fadaf.de/de/publikationen/info_daf/
Interkulturell und Global:
        http://home.ph-freiburg.de/fomi/fomi.htm
Jahrbuch DaF (iudicium):
        http://www.iudicium.de/katalog/0342−6300.htm
Zeitschrift für interkulturellen Fremdsprachenunterricht (ZIF)
        http://zif.spz.tu-darmstadt.de/

Matthias Jung, Düsseldorf (Deutschland)
Hans-Jürgen Krumm, Wien (Österreich)
Rainer E. Wicke, Köln (Deutschland)

14. Institutionen und Verbände für Deutsch als Fremd- und Zweitsprache in Österreich

1. Einleitung
2. Zielgruppe Lehrende
3. Zielgruppe Lernende
4. Ausblick
5. Literatur in Auswahl

1. Einleitung

Das Fach Deutsch als Fremd- und Zweitsprache hat in Österreich keine lange institutionelle Tradition (vgl. Art. 7). Die ersten Einrichtungen, die sich professionell, wenn auch in erster Linie mit praktischer Orientierung, mit DaF/DaZ befassten, waren die Vorstudienlehrgänge und − mit Projekten zur Plurizentrik und Landeskunde − die Germanistik.

1984 wurde der Österreichische Verband für Deutsch als Fremdsprache/Zweitsprache (ÖDaF) gegründet, womit das Fach erstmals ein Sprachrohr bekam und ein Netzwerk aufbauen konnte. Der ÖDaF richtete 1989 (Wien) und 2005 (Graz) die Internationalen Deutschlehrertagungen aus, die Österreich international positionierten und auch im Land wichtige Impulse setzten.

Entscheidend für die Entwicklung und institutionelle Verankerung des Faches waren die gesellschaftspolitischen Umwälzungen in Mittel-, Ost- und Südosteuropa, da sich dadurch die Nachfrage nach Deutsch enorm verstärkte und Österreich (auch durch den Wegfall der DDR) als Partner gefragt war. Deshalb entstanden in den frühen 1990er Jahren einzelne Institutionen, häufig Vereine, als Ausgliederungen einzelner Ministeriumsabteilungen, die sich vorrangig auf die Tätigkeit in Mittel- und Südosteuropa konzentrieren, so die Österreich-Kooperation und KulturKontakt, österreichspezifische Materialien und Kursangebote entwickeln oder im Rahmen der internationalen Standardisierungsprozesse die österreichische Position und Präsenz sichern wie z. B. das Österreichische Sprachdiplom Deutsch (vgl. Art. 12 und 144). Wichtige Impulse verdanken sich der Kooperation mit Institutionen in Deutschland und der Schweiz und der schrittweisen Entwicklung des DACH-Konzepts (vgl. Art. 12 und Art. 167). In diesem Zusammenhang entstand auch das Bedürfnis nach einer guten Ausbildung von Fachkräften, für die es bis dahin kaum eine institutionelle Basis gab. So schuf man mit einem Lehrstuhl für Deutsch als Fremdsprache an der Universität Wien 1993 eine Institution, die nicht nur für eine qualifizierte Ausbildung von Fachkräften sorgt, sondern auch die wissenschaftliche Absicherung des Faches garantiert und zur sprachenpolitischen Positionierung wesentlich beiträgt; der zweite Lehrstuhl wurde 1995 an der Universität Graz eingerichtet. Im Laufe der 1990er Jahre konnte Deutsch als Fremdsprache in Österreich institutionell weiter ausgebaut und abgesichert werden: Universitäten und Pädagogische Hochschulen richteten entsprechende Arbeitsbereiche ein, 1996 wurde das Österreich Institut-Gesetz verabschiedet.

Parallel, und auch beeinflusst von den genannten Institutionen, entwickelte sich die Auseinandersetzung mit Deutsch als Zweitsprache, wobei die europäische Migrationsdebatte, insbesondere die Fremdengesetzgebung mit einer gesetzlichen Vorschreibung von Deutschkursen für Migranten (Integrationsvereinbarung) Druck erzeugte, endlich auch institutionell zu reagieren. So hat das Unterrichtsministerium 2008 eine eigene Abteilung „Migration, interkulturelle Bildung und Sprachenpolitik" eingerichtet, die Stadt Wien die Magistratsabteilung 17, die sich mit Integrationsfragen und dabei auch mit dem Sprachlernen befasst, 2010 wurde an der Universität Wien eine Professur für Deutsch als Zweitsprache besetzt. Für das Innenministerium werden die entsprechenden Aufgaben vom Österreichischen Integrationsfonds wahrgenommen (vgl. Art. 10 und 7).

Vom neuen Kurs- und damit auch Qualifikationsbedarf besonders betroffen ist die Erwachsenenbildung insgesamt, ganz besonders gilt das für die Betreuungseinrichtungen für Flüchtlinge und Zuwanderer.

Im schulischen Bereich existiert seit 1993 ein Lehrplanzusatz Deutsch als Zweitsprache für die Pflichtschulen und die Unterstufe der höheren Schulen, ab dem Schuljahr 2000/01 wurden auch für die höheren Schulstufen entsprechende Lehrplanverordnungen eingeführt. Obwohl die Ausbildungseinrichtungen für LehrerInnen in Form von Seminaren und Lehrgängen ihr Angebot erweitert haben, kann der gestiegene Bedarf an Aus- und Fortbildung bei weitem noch nicht gedeckt werden.

Fachvereine vertreten die Interessen des Faches bzw. seiner Zielgruppen, bieten Netzwerke und Publikationsmöglichkeiten, veranstalten Konferenzen und sorgen damit ebenfalls für die inhaltliche und sprachenpolitische Weiterentwicklung des Faches.

2. Zielgruppe Lehrende

2.1. Ausbildung und Fortbildung

Ein eigener „Lehrberuf Deutsch als Zweitsprache an Schulen" existiert nicht, eine universitäre Grundausbildung wird gegenwärtig nur an der Universität Wien als Masterstudium angeboten. Künftige Lehrende des Faches Deutsch müssen an den Pädagogischen Hochschulen (PH) und den Universitäten im Rahmen ihrer Ausbildung aber verpflichtende Module zu DaZ besuchen Die PHs sind auf Grund der Curriculaverordnung (2006) zudem verpflichtet, auf „Anforderungen wie DaZ" (neben Förderdidaktik, Medienpädagogik, Gender Mainstraeming, u. a.) „Bedacht zu nehmen".

Die Mehrheit der aktiven Lehrenden wurde bisher in ihrer Ausbildung jedoch nicht auf die Arbeit in mehrsprachigen und kulturell heterogenen Klassen vorbereitet, weshalb aktuell verstärkt Fortbildungen und Erweiterungsstudien gefordert und entwickelt werden.

Ähnliches gilt für die Erwachsenenbildung, in der noch immer zahlreiche Personen ohne einschlägige Ausbildung tätig sind. Mit dem steigenden Qualitätsbewusstsein der Anbieter und der größeren Zahl gut ausgebildeter Personen steigt deshalb auch der Bedarf an Nachqualifizierungsangeboten und Lehrgängen.

Universität Wien, Institut für Germanistik / Deutsch als Fremdsprache
Seit dem WS 2008/09 wird ein Masterstudiengang für Deutsch als Fremd- und Zweitsprache angeboten. Zu den Forschungs- und Projektschwerpunkten gehören die Funktion und Vermittlung der deutschen Sprache im nichtdeutschsprachigen Ausland inklusive Sprachenpolitik, (D-A-CH)-Landeskunde und Methodik sowie das Lehren und Lernen im Kontext der Migration. Der Lehrstuhl wird aber auch in zahlreiche Projekte und Aktivitäten anderer Institutionen einbezogen, so z. B. in die Aus- und Fortbildung der Lektoren- und Fremdsprachenassistenten ebenso wie in Projekte zur Sprachenpolitik und Cuirriculumentwicklung.

Universität Graz, „Universitätslehrgang DaF" (ULDaF)
Das Institut für Germanistik beheimatet die zweite ordentliche Professur für Deutsch als Fremdsprache in Österreich und bietet eine zweisemestrige Zusatzausbildung (didaktische Kenntnisse und Fähigkeiten zur Vermittlung von DaF) für künftige LehrerInnen und LektorInnen an (Universitätslehrgang). Ab 2009/10 wurde der Lehrgang auf ein Masterstudium ausgeweitet.

Lehrgänge
Wiener Volkshochschulen (VHS): Lehrgang für SprachkursleiterInnen
Die VHS bietet KursleiterInnen, die bisher keine oder wenig Unterrichtserfahrung besitzen, einen Lehrgang an, der in sieben Modulen Fertigkeiten und Wissen für einen guten Fremdsprachenunterricht vermittelt.

2.2. Materialien, Konzepte, Standards

Österreichisches Sprachdiplom Deutsch (ÖSD)
Das ÖSD ist ein staatlich anerkanntes Prüfungssystem für Deutsch als Fremd- und Zweitsprache, das sich an den Niveaubeschreibungen des „Gemeinsamen Europäischen

Referenzrahmens für Sprachen" (GER) orientiert und von einer plurizentrischen Sprach-
auffassung ausgeht. Aktuell legen jährlich rund 40.000 jugendliche und erwachsene
Deutschlernende im In- und Ausland die Prüfung ab. Das ÖSD ist der österreichische
Träger des gemeinsam mit Deutschland und der Schweiz entwickelten und angebotenen
„Zertifikat Deutsch".

Bundesministerium für Unterricht, Kunst und Kultur − Referat „Kultur und Sprache"
     Seit 1990 veranstaltet das Referat landeskundliche Fortbildungsseminare für Germa-
nistInnen und DeutschlehrerInnen aus aller Welt, entsendet ReferentInnen zu großen
internationalen Fachtagungen und lässt didaktisierte Materialien zur österreichischen
Landeskunde und Literatur herstellen. Die Abteilung ist Gründungsmitglied der D-A-
CH-(L)-Arbeitsgruppe des Internationalen Deutschlehrerverbandes (IDV).

Österreich Institut
     Die 1997 gegründete gemeinnützige Gesellschaft mbH ist Eigentum der Republik und
bietet an seinen Standorten insbesondere in Mittel- und Osteuropa Deutschkurse an. Es
gibt das Lehrmaterial den "Österreich Spiegel" heraus, bestehend aus Artikeln aus der
österreichischen Presse sowie Hörbeiträgen aus dem österreichischen Rundfunk und einer didaktische Beilage. Im Internet werden multimediale Unterrichtspakete für den
Landeskundeunterricht angeboten („Österreich Portal").

2.3. Verbände, Vereine und Interessensvertretungen

Die meisten hier erwähnten Einrichtungen engagieren sich auch in bildungspolitischen
Belangen, treten für qualifizierte Ausbildungen, wissenschaftlich fundierte Konzepte, vergleichbare Standards, aber auch für akzeptable Arbeitsbedingungen der Kursleitenden
und sinnvolle Realisierung der gesetzlichen Vorgaben und Kursziele für die Lernenden
ein. Eine besondere Rolle kommt in diesem Zusammenhang aber jenen freiwilligen und
ehrenamtlichen Vereinigungen zu, in denen sich gleich gesinnte Fachleute zu Netzwerken,
zum Austausch und zur gegenseitigen Unterstützung zusammentun.

Österreichischer Verband für Deutsch als Fremdsprache/Zweitsprache (ÖDaF)
     Der Verband beschäftigt sich nicht nur mit Sprache und Sprachvermittlung, sondern
auch mit bildungspolitischen Fragen und Anliegen des interkulturellen Lernens, der Landeskunde (DACH-Prinzip) und der Integration. Zwei Mal jährlich erscheinen die
„ÖDaF-Mitteilungen"; Jahrestagungen, Workshops, Stammtische, Stellungnahmen und
verschiedene Serviceleistungen gehören zum Tätigkeitsprofil im Inland. Als Mitglied im
Internationalen Deutschlehrerverband (IDV) ist der ÖDaF auf internationaler Ebene
Ansprechpartner für Partnervereine und Institutionen, und hat neben internationalen
Workshops bisher zwei Internationale Deutschlehrertagungen (IDT 1989 und 2005) ver-
anstaltet. Zum IDV-Vorstand wird eine österreichische Expertin entsandt.

Wissenschaftliche Gesellschaft zur Förderung des Deutschen als Fremdsprache in Österreich (WGDaF)
     Mit dem Ziel, wissenschaftliche und didaktische Vorhaben im Fachgebiet „DaF" im
Inland und im Kontakt mit dem Ausland zu fördern und Studiengänge und Forschungs-

arbeiten in Österreich zu koordinieren, wurde der Verein 1996 als Kooperationsprojekt der Lehrstühle Graz und Wien gegründet. Neben der Organisation von Tagungen und Vortragsreihen stehen v. a. Publikationen im Mittelpunkt der Aktivitäten. Die Buchreihe „Theorie und Praxis. Österreichische Beiträge zu Deutsch als Fremdsprache" ist ein ausgezeichneter Spiegel der wissenschaftlichen Entwicklung in Österreich.

Verband für Angewandte Linguistik (verbal)

Das Hauptziel ist die Förderung der Angewandten Linguistik in Österreich durch Vernetzung, Konferenzen (z. B. Workshops bei der Österreichischen Linguistik-Tagung – ÖLT), Herausgabe des verbal-newsletters, Publikationsmöglichkeiten in der Reihe „Sprache im Kontext", Projekte, Stellungnahmen und sprachenpolitisches Engagement, wie eine im Jahr der Sprachen 2001 durchgeführte Enquete zur Sprachenpolitik in Österreich oder zum Integrationsvertrag und zur nachhaltigen Sprachförderung.

Netzwerk SprachenRechte

VertreterInnen verschiedener Fachdisziplinen und Institutionen haben sich im Netzwerk SprachenRechte zusammengeschlossen, um sprachenrechtliche und sprachenpolitische Fragen zu diskutieren, öffentlich Stellung zu beziehen (z. B. zu Integrationsvereinbarung, Staatsbürgerschaftstests etc.), Tagungen und Workshops zu organisieren, interdisziplinäre Projekte zu verwirklichen und sich mit gleich gesinnten Vereinen und Institutionen im deutschsprachigen Raum zu vernetzen.

3. Zielgruppe Lernende

Österreich ist ein Einwanderungsland, 13 % der Gesamtbevölkerung und etwa 1/3 der WienerInnen sind nicht in Österreich geboren, an den Pflichtschulen sprechen beinahe 20 % (in Wien 50 %) der Schüler eine andere Erstsprache als Deutsch. Zuwanderer, die nicht aus dem EWR-Raum stammen, aber in Österreich längerfristig ihren Aufenthalt nehmen wollen, müssen seit 2003 die Integrationsvereinbarung erfüllen. Diese setzt u. a. auch den Nachweis von Deutschkenntnissen für die Erteilung bzw. Verlängerung des Aufenthaltes voraus. Bei aller Kritik, die diese Forderung unter Fachleuten auslöste, hat sie auf institutioneller Ebene zumindest in den Bundesländern, wo es bis dahin kaum Sprachkurs-Angebote gab, zu einer Ausweitung derselben geführt.

3.1. Schulischer Bereich

Während die Anstellung der LehrerInnen in Österreich beim jeweiligen Landesschulrat erfolgt, die Ausbildung je nach Schultyp an den Universitäten oder PHs, sind Schulgesetze für ganz Österreich gültig. So traten nach jahrelangen Schulversuchen und Projekten mehrere gesetzliche Bestimmungen in Kraft:

– Lehrplanverordnungen für DaZ (z. B. Sekundarstufe I seit 2000/01 oder für die AHS-Oberstufe der Lehrplan für die unverbindliche Übung „DaZ" seit 2006/07)
– Fachlehrpläne für den Freigegenstand bzw. die unverbindliche Übung „Muttersprachlicher Unterricht"

– Verankerung des Unterrichtsprinzips „Interkulturelles Lernen" (seit Anfang der 1990er Jahre).

BMUKK – Abteilung „Migration, interkulturelle Bildung und Sprachenpolitik"
Die Aufgabe der Abteilung ist es, Lehrende und Schulleitungen in allen Fragen, welche die Arbeit in mehrsprachigen und kulturell heterogenen Klassen betreffen, zu beraten und zu unterstützen. Gesetze, Empfehlungen und Statistiken werden ebenso publiziert wie begleitende Lehrmaterialien erstellt oder Studien beauftragt.

3.2. Erwachsene MigrantInnen und Flüchtlinge

Mit der Einführung der Integrationsvereinbarung und der Bindung des Erwerbs der Staatsbürgerschaft an den Nachweis von Deutsch- und Landeskundekenntnissen wurde das Kursangebot quantitativ erweitert, und verschiedene Einrichtungen begannen zumindest für einige Zielgruppen maßgeschneiderte Kurse anzubieten, etwa für Personen mit wenig Bildungserfahrung, für Jugendliche oder an Orten und zu Zeiten, wo z. B. Frauen die Teilnahme organisatorisch ermöglicht wird („Mama lernt Deutsch"). Ein weiterer Schwerpunkt sind Alphabetisierungskurse.

Österreichischer Integrationsfonds (ÖIF)
Als nachgeordnete Einrichtung des Innenministeriums ist der ÖIF nicht nur in der Flüchtlingsbetreuung und in Integrationsprojekten tätig, sondern wurde 2002 im Zuge der Einführung der Integrationsvereinbarung auch mit der Durchführung der Kurse und Prüfungen beauftragt. Seither übernimmt er zunehmend auch Aufgaben der Materialentwicklung und Fortbildung, ohne aber in den Fachdiskurs eingebunden zu sein.

MA 17 für Integrations- und Diversitätsangelegenheiten
Die Magistratsabteilung 17 baut auf Vorarbeiten des Wiener Integrationsfonds (WIF) auf, der seit Anfang der 1990-er Jahre Deutschkurse für verschiedene Zielgruppen koordinierte, Rahmencurricula erstellte und den MigrantInnenorganisationen in Wien eine Plattform gab. Seit 2004 wurden diese Agenden von der MA 17 übernommen, um Zuwanderern eine mehrsprachige allgemeine Beratung anzubieten und sprachliche Maßnahmen sowie Integrationsprojekte zu unterstützen. Dies kann durch Finanzzuschüsse für die Betroffenen (Bildungspass) oder für die Kursanbieter erfolgen, aber auch durch die Festlegung von Qualitätskriterien für die Kursanbieter.

Kursanbieter
Institutionen der allgemeinen Erwachsenenbildung (z. B. Volkshochschulen) bieten ebenso spezifische Sprachkurse an, wie soziale Einrichtungen (Integrative Sozialprojekte, peregrina, Caritas etc.), oder Flüchtlingsbetreuungsstellen (Integrationshaus, Diakonie Flüchtlingsdienst, u. a.), aber auch seitens des Arbeitsmarktservice (AMS) werden arbeitsuchende MigrantInnen in Deutschkurse als Weiterbildungsmaßnahme geschickt.

3.3. Sprachkurse für internationale Studierende an österreichischen Universitäten

In Zusammenarbeit mit dem Österreichischen Akademischen Austauschdienst (ÖAD) werden am Vorstudienlehrgang der Wiener (VWU) und Grazer (VGU) Universitäten und im Hochschullehrgang für AusländerInnen an der Montanuniversität Leoben jährlich bis zu 1300 außerordentliche Studierende aus etwa 80 Ländern in Intensivkursen auf die (Sprach-) Ergänzungsprüfungen vorbereitet, die Voraussetzung für die Aufnahme eines ordentlichen Studiums in Österreich sind. Der Universitätslehrgang DaF/Z in Klagenfurt bietet internationalen Studierenden ebenfalls Sprachkurse zur Vorbereitung auf Sprachprüfungen auf verschiedenen Niveaustufen.

3.4. Sprachschulen

In zahlreichen privaten oder universitären Sprachschulen werden Kurse für InteressentInnen aus dem Ausland aber auch für MigratInnen angeboten. Die Vereinigung Campus Austria ist ein Zusammenschluss von zahlreichen Sprachschulen mit Mitgliedern in ganz Österreich, die hohe Qualitätsstandards mit fachlich qualifizierten KursleiterInnen und international anerkannten Kurs- und Prüfungsnormen gewährleisten will.

4. Ausblick

Deutsch als Fremd- und Zweitsprache haben seit 1990 in Österreich nicht nur eine steigende Nachfrage erlebt, sondern es wurden auch forschende, lehrende, entsendende und verwaltende Einrichtungen geschaffen, die zu einer Professionalisierung geführt haben. In Zusammenarbeit mit dem Europarat wurde 2005 bis 2008 ein „Language Education Policy Profile" für Österreich erarbeitet, das die Grundlage für ein Gesamtkonzept sprachlicher Bildung darstellen soll (Bundesminsterium für Unterricht und kulturelle Angelegenheiten 2008). Trotz dieser erfreulichen Entwicklungen wäre ein weiterer Ausbau, eine bessere Vernetzung und Zusammenarbeit und v. a. eine engere Einbeziehung von Fachleuten in Aktivitäten der öffentlichen Stellen erforderlich, um den gesellschaftlichen Veränderungen wirklich gerecht werden zu können.

5. Literatur in Auswahl

(alle Internetadressen waren am 15. 12. 2009 aktiv)

BMUKK − Abteilung „Migration, interkulturelle Bildung und Sprachenpolitik":
      www.bmukk.gv.at/schulen/unterricht/info_ref_migration_schule.xml
BMUKK − Referat „Kultur und Sprache":
      www.kulturundsprache.at
Campus Austria:
      www.campus-austria.at
Language Education Policy Profile: Länderbericht Österreich:
      http://www.coe.int/t/dg4/linguistic/Source/Austria_CountryReport_final_DE.pdf
MA 17 für Integrations- und Diversitätsangelegenheiten:
      www.wien.gv.at/integration/index.html, www.startwien.at
Netzwerk SprachenRechte:
      www.sprachenrechte.at
Österreich Institut:
      www.oei.org

Österreichischer Integrationsfonds:
     www.integrationsfonds.at
Österreichisches Sprachdiplom Deutsch:
     www.osd.at
Österreichischer Verband für Deutsch als Zweit- und Fremdsprache:
     www.oedaf.at
Universität Graz, „Universitätslehrgang DaF" (ULDaF):
     www.uldaf.at
Universität Klagenfurt, „Universitätslehrgang DaF/Z":
     http://dia.uni-klu.ac.at
Universität Wien, Institut für Germanistik / Deutsch als Fremdsprache:
     http://germanistik.univie.ac.at/institut/institutsprofil/kernbereich-deutsch-als-
     fremdsprache
Verband für Angewandte Linguistik:
     www.verbal.at
Verband Wiener Volkshochschulen:
     http://fachgruppen.vwv.at/sprue/sprachenlehrganglevel1/
Vorstudienlehrgang der Wiener Universitäten:
     www.vwu.at
Vorstudienlehrgang der Grazer Universitäten:
     www.vgu.at
Wissenschaftliche Gesellschaft zur Förderung des Deutschen als Fremdsprache in Österreich:
     www-gewi.kfunigraz.ac.at/uldaf/wgdaf/index.htm

Brigitte Sorger, Brno (Tschechische Republik)

15. Institutionen und Verbände für Deutsch als Fremd- und Zweitsprache in der Schweiz

1. Einleitung
2. DaF und DaZ in der Schweiz
3. Institutionen, die (auch) im Ausland tätig sind
4. Institutionen in Bildung und Forschung
5. Verbände
6. Diverse Institutionen
7. Sprachenpolitischer Ausblick
8. Literatur in Auswahl

1. Einleitung

Die Schweiz wird häufig gemeinsam mit Deutschland und Österreich zu den „deutschsprachigen Ländern" gerechnet. Dies ist allerdings aus Schweizer Sicht nur zum Teil richtig, obwohl die deutschsprachige Schweiz den grössten Teil des Territoriums umfasst.

Die Schweiz selbst sieht sich als mehrsprachiges Land mit den vier offiziellen Landessprachen Deutsch, Französisch, Italienisch und Rätoromanisch, die auch in der Verfassung aufgezählt sind (vgl. auch Art. 8). Die sprachliche Identifikation auch der einzelnen Schweizer und Schweizerinnen geschieht darum kaum mit einer einzelnen der vier Landessprachen, vielmehr mit ihrer Gesamtheit. Es gilt eine Art „kollektive Mehrsprachigkeit", auch wenn die einzelnen Schweizerinnen und Schweizer keineswegs alle mehrsprachig sind. Aus diesem Selbstverständnis heraus betreibt die Schweiz im Gegensatz zu Deutschland und Österreich keine Aussenpolitik oder Imagepflege über die Propagierung der Landessprachen und unterhält auch keine Institutionen im Ausland, die das Erlernen oder die Kenntnis der Kultur in der einen oder anderen Sprache fördern. Es gibt daher von der Schweiz aus keine Entsendungsprogramme für Lektoren und Lektorinnen oder einen allgemeinen Austausch von Studierenden im Sprachbereich. Die Aktivitäten im Bereich DaF im Ausland sind institutionell wenig verankert und stark vom Engagement einzelner Akteure abhängig.

In der Schweiz ist das Erziehungs- und Bildungswesen sehr stark föderal organisiert, es gibt darum kein zentrales eidgenössisches Bildungs- oder Erziehungsministerium. Insbesondere der Bereich der Erwachsenenbildung liegt in der Zuständigkeit der Kantone. Die Schweizerische Konferenz der kantonalen Erziehungsdirektoren (EDK) übernimmt im Schulbereich eine koordinierende Rolle zwischen den Kantonen. Im Bereich der Integrations- und Sprachkurse ist die Eidgenössische Kommission für Migrationsfragen (EKM) dafür zuständig, sie kann aber nur beratend tätig sein.

2. DaF und DaZ in der Schweiz

Für das Fach DaF/DaZ ergibt sich aus der territorialen Mehrsprachigkeit in der Schweiz, dass schon immer DaF unterrichtet wird. In den nicht-deutschsprachigen Kantonen (in der Romandie und im Tessin, auch in Teilen des Kantons Graubünden, in denen Rätoromanisch die Lokalsprache ist) ist Deutsch immer noch die erste Fremdsprache in den öffentlichen Schulen. Die institutionelle Verankerung ist daher für DaF in den Institutionen der Bildung und Forschung immer noch sehr viel stärker als die für DaZ. So ist beispielsweise der einzige universitäre Studiengang in der Schweiz ein DaF-Studiengang an der Universität Freiburg/Fribourg.

In der deutschsprachigen Schweiz besteht eine DaZ-Situation, die durch die „mediale Diglossie" zusätzlich kompliziert wird (vgl. Art. 36). D. h. in der deutschsprachigen Schweiz wird im mündlichen Umgang in praktisch allen Situationen Dialekt (Schwyzerdütsch) gesprochen, während der Schweizer Standard die „schriftliche Sprache" ist. Für den Bereich DaZ sind in erster Linie die Kantone zuständig, die institutionelle Verankerung ist sehr unterschiedlich und häufig sind auch private Träger für das Angebot in Aus- und Weiterbildung der Lehrkräfte und die Kursangebote zuständig. Einen ausgesprochenen DaZ-Studiengang gibt es an Schweizer Universitäten nicht. Aus- und Weiterbildung für Lehrkräfte wird von einigen privaten Institutionen und dem Verband Arbeitskreis Deutsch als Fremdsprache (AkDaF) mit etwas unterschiedlichen Programmen angeboten, da es kein spezielles und staatlich anerkanntes Curriculum und keinen entsprechend anerkannten Abschluss gibt. In den letzten Jahren nehmen sich allerdings zunehmend die Pädagogischen Hochschulen in der Deutschschweiz der DaZ-Didaktik in den Schulen an; sie bieten innerhalb der Aus- und Weiterbildung der Lehrer und Lehrerinnen im Primar- und Sekundar-I-Bereich auch DaZ-Themen an. An der Zürcher Hochschule für Angewandte Wissenschaften (ZHAW) wird ein Nachdiplom DaF/DaZ angeboten. Die pädagogischen Hochschulen betreiben auch in einem gewissen Umfang Forschung im Bereich DaZ an den Schulen. Dagegen gibt es praktisch keine Forschung, die sich mit dem Spracherwerb DaZ von Erwachsenen in der Diglossie-Situation der Schweiz befasst.

Je nach Kanton variiert das Angebot an Sprach- und Integrationskursen für Fremd-sprachige bzw. Français Langue Etrangère (FLE) / Italiano come Lingua Straniera (ILS) sehr stark, es gibt eine Vielzahl von (meist privaten) Anbietern. Allgemein kann man sagen, dass in den städtischen Kantonen das Angebot breiter und differenzierter ist, während in den Landkantonen oft nur sehr wenige Möglichkeiten bestehen.

Da die schweizerische DaF-/DaZ-Szene sehr unübersichtlich und wenig vernetzt ist, übernehmen häufig die Verbände Aufgaben, die in anderen Ländern durch die Ministe-rien oder staatlichen Institutionen garantiert werden.

3. Institutionen, die (auch) im Ausland tätig sind

Präsenz Schweiz (PRS) − Présence Suisse − Presenza Svizzera − Preschientscha Svizra:
    Präsenz Schweiz hat zum Ziel, weltweit Kenntnisse über die Schweiz zu vermitteln, Verständnis und Sympathien für die Schweiz zu schaffen und ihre Vielfalt und Attraktivi-tät zu zeigen. Sie gibt landeskundliche Informationen („Schweiz in Sicht") in mehreren Sprachen heraus und fördert Tagungen und Seminare im Bereich Landeskunde (vgl. www.presence.ch).

Pro Helvetia. Schweizer Kulturstiftung:
    Pro Helvetia unterstützt das kulturelle Schaffen im Inland und ist bestrebt, für die Kulturschaffenden bestmögliche Bedingungen für die Entstehung und Verbreitung ihrer Werke zu schaffen. Dazu gehören auch Auslandsauftritte von Schweizer Künstlern und Künstlerinnen, z. B. Lesungen im Rahmen von Kongressen und Tagungen (vgl. www.pro-helvetia.ch).

Schweizer Schulen im Ausland:
    Schweizer Schulen im Ausland setzen sich das Ziel, die Beziehungen der jungen Aus-landschweizerinnen und Auslandschweizer zur Heimat zu verstärken und ihnen den An-schluss an die Schulen und die Berufsausbildung in der Schweiz zu erleichtern. In 17 Schweizer Schulen im Ausland lernen rund 6700 Kinder nach schweizerischen Grundsät-zen. Die Schweiz beteiligt sich an weiteren Standorten an Internationalen Schulen und entsendet Lehrkräfte (vgl. www.aso.ch).

Stiftung „ch-Austausch":
    Die Aktivitäten der Stiftung „ch-Austausch" umfassen sowohl den Austausch zwi-schen den verschiedenen Sprachregionen der Schweiz als auch jenen mit dem Ausland. Es gibt Austauschprogramme sowohl für Schüler und Schülerinnen wie auch für Lehr-personen (vgl. www.echanges.ch).

4. Institutionen in Bildung und Forschung

Universität Freiburg, Mehrsprachigkeitsforschung und Fremdsprachendidaktik, Bereich DaF:
Als einzige Universität in der Schweiz bietet die Universität Freiburg einen Bachelor- und Masterstudiengang DaF an, ausserdem weiterbildende Fernstudienkurse in Zusammenarbeit mit der Universität Kassel (D). In Forschung und Lehre hat der Bereich DaF folgende Arbeitsschwerpunkte: Mehrsprachigkeit, zweisprachiger Unterricht und Immersion sowie autonomes Sprachenlernen. (vgl. www.unifr.ch/pluriling/de/daf)

Institut Romand de Recherche et de Documentation Pédagogiques (IRDP):
Das IRDP ist ein gemeinsames Hochschulinstitut der Westschweizer Kantone und des Kantons Tessin. Es koordiniert und leitet die Bildungsforschung in der Westschweiz (www.irdp.ch).

Schweizerische Zentralstelle für die Weiterbildung der Mittelschullehrpersonen (WBZ):
Die WBZ ist eine gesamtschweizerisch tätige Institution und bietet Weiterbildung für Mittelschullehrpersonen allgemein an, also auch im Bereich DaF. Auf Mandatsbasis führt die WBZ auch regionale, nationale und internationale Tagungen und Projekte durch (www.wbz-cps.ch).

Zürcher Hochschule für Angewandte Wissenschaften (ZHAW), Zentrum Deutsch als Fremdsprache:
Nachdiplomstudium DaF/DaZ (www.zhaw.ch/de/linguistik/daf.html).

Zürcher Hochschulinstitut für Schulpädagogik und Fachdidaktik (ZHSF):
Ausbildungslehrgänge für den Unterricht Deutsch als Zweitsprache (ADEFA) und den zweisprachigen Unterricht (www.zhsf-edu.ch/content-n193-sD.html).

Arbeitskreis Deutsch als Fremdsprache (AkDaF):
Ausbildungsgang für Unterrichtende im Integrationsumfeld (www.akdaf.ch/idicontoto).

Ausbildungen zum Sprachlehrer/ zur Sprachlehrerin allgemein:
Schule für Angewandte Linguistik (SAL), Zürich (www.sal.ch) und die Klubschulen Migros an verschiedenen Standorten (www.klubschule.ch).

Institutionen, die Sprachkurse DaF/DaZ anbieten:
Die grössten Sprachkursanbieter in der Schweiz sind die Klubschulen Migros mit 50 Schulungszentren in der ganzen Schweiz sowie die Volkshochschulen. Die Klubschulen sind ebenso wie die Volkshochschulen Mitglied der „International Certificate Conference" (ICC) und nehmen die entsprechenden Prüfungen ab.
DaZ-Kurse und „Integrationskurse" in der deutschen Schweiz werden je nach Kanton meist von Migrantenorganisationen (z. B. Stiftung ECAP, www.ecap.ch) und/oder von den Hilfswerken durchgeführt, da diese auch für die Betreuung von Ausländerinnen zuständig sind (z. B. Caritas Schweiz, www.caritas.ch; Heilsarmee Schweiz, www.heilsarmee.ch).

Sprachkurse für das Studium in der Schweiz können meist an den Sprachenzentren der verschiedenen Universitäten oder bei „Vorbereitungskurse für das Hochschulstudium in der Schweiz" (VKHS) in Freiburg/Fribourg belegt werden (www.vkhs.ch).

5. Verbände

Arbeitskreis Deutsch als Fremdsprache / Deutsch als Zweitsprache in der Schweiz (AkDaF):

Der AkDaF fördert die Kontakte zwischen Personen und Institutionen im Bereich DaF/DaZ in der Schweiz und international sowie die fachliche Information und die Weiterbildung der KursleiterInnen. Er führt einen eigenen Lehrgang für Unterrichtende in DaZ-Kursen und ein eigenes Weiterbildungsprogramm, ausserdem eine Ausleihbibliothek. Der „Rundbrief" erscheint zweimal jährlich. Er gibt ebenfalls die „Zugänge zur Schweiz" heraus. Jedes Jahr führt der AkDaF eine gesamtschweizerische Tagung durch, teilweise in Zusammenarbeit mit dem Verein der Lehrenden für Deutsch als Fremdsprache an Hochschulen in der Schweiz, Ledafids. Der AkDaF ist Mitglied des Internationalen Deutschlehrerverbandes (IDV) und anderer Fachorganisationen und engagiert sich im Ausland auch im Rahmen der D-A-CH-Aktivitäten des IDV (vgl. Art. 12 und 16). Er stellt abwechselnd mit Ledafids den Experten bzw. die Expertin der Schweiz im IDV (www.akdaf.ch).

Verein der Lehrenden für Deutsch als Fremdsprache an Hochschulen in der Schweiz (Ledafids):

Der Ledafids ist das akademische Forum für Deutsch als Fremdsprache, das den interuniversitären Kontakt zwischen den Mitgliedern des akademischen Mittelbaus in der Schweiz garantiert. Der Ledafids versteht sich als ein Forum für den fachbezogenen Austausch von Erfahrungen und wissenschaftlichen Arbeiten sowie für die fachbezogene Weiterbildung und organisiert jedes Jahr eine Tagung für die Mitglieder. Er ist Mitglied im Internationalen Deutschlehrerverband (IDV) und anderen Fachorganisationen und engagiert sich im Ausland im Rahmen der D-A-CH-Aktivitäten des IDV. Er stellt abwechselnd mit „AkDaF" den Experten bzw. die Expertin der Schweiz im IDV (www.ledafids.ch).

Verband Schweizer Gymnasiallehrer (VSG)
Verein Schweizerischer Deutschlehrerinnen und Deutschlehrer (VSDL):

Der VSG beschäftigt sich mit der Ausbildung der Mittelschullehrerinnen und -lehrer und fördert die fachliche und pädagogische Fortbildung seiner Mitglieder. Innerhalb des VSG ist der Fachverband für Lehrer und Lehrerinnen für Deutsch an der Mittelstufe (VSDL) tätig. Der VSG gibt eine Zeitschrift „Gymnasium Helveticum" heraus (www.vsg-ssps.ch; www.vsdl.ch).

Société des Professeurs d'Allemand en Suisse Romande et Italienne (SPASRI):

Verband der Deutschlehrer in der Romandie und im Tessin (www.spasri.ch)

6. Diverse Institutionen

Schweizerische Konferenz der kantonalen Erziehungsdirektoren (EDK):

Die EDK ist der Zusammenschluss der 26 kantonalen Regierungsmitglieder, die für Erziehung, Bildung, Kultur und Sport zuständig sind. Das Fürstentum Liechtenstein wirkt als ständiger Gast mit. Die Zusammenarbeit der EDK basiert auf interkantonalen Vereinbarungen (Konkordaten). Die EDK handelt subsidiär und erfüllt Aufgaben, die nicht von den Regionen oder Kantonen wahrgenommen werden können, vor allem im Bereich Konzeption und Koordination. Zusammen mit dem Bund vertritt sie das schweizerische Bildungswesen auch nach außen (www.edk.ch).

Eidgenössische Kommission für Migration (EKM):

Die EKM ist eine ausserparlamentarische Kommission. Sie berät den Bundesrat und die Verwaltung in Migrationsfragen und veröffentlicht Berichte, Stellungnahmen und Empfehlungen. Die EKM befasst sich mit sozialen, wirtschaftlichen, kulturellen, politischen, demografischen und rechtlichen Fragen, die sich aus dem Aufenthalt von Ausländerinnen und Ausländern in der Schweiz ergeben. Dazu gehören auch Asylsuchende, anerkannte Flüchtlinge und vorläufig aufgenommene Personen. Die Kommission erarbeitet und veröffentlicht aus eigener Initiative Stellungnahmen mit empfehlendem Charakter (www.ekm.admin.ch).

Beauftragte für Interkulturelle Erziehung:

In allen Kantonen gibt es Beauftrage für Interkulturelle Erziehung, die in den öffentlichen Schulen Projekte und Aktivitäten betreuen (www.edk.ch/dyn/15007.php).

Stiftung Babylonia:

Die Stiftung fördert die Bewahrung und Verbreitung der Sprachen und ihrer Kulturen in der Schweiz und setzt sich insbesondere für das Erlernen der Sprachen ein. Sie gibt eine Zeitschrift für den Unterricht („Babylonia") mit Artikeln in fünf Sprachen heraus (www.babylonia-ti.ch).

7. Sprachenpolitischer Ausblick

Verschiedene Deutschschweizer Kantone haben in den letzten Jahren den „sprachpolitischen Konsens" gebrochen. Als erste Fremdsprache wird dort in den Schulen nicht mehr eine andere Landessprache unterrichtet, sondern Englisch. In manchen französischsprachigen Kantonen wird deshalb ebenfalls diskutiert, ob der schulische Fremdsprachenunterricht mit Englisch statt mit Deutsch beginnen soll. DaF in der Schweiz würde damit stark an Bedeutung verlieren.

Auf der anderen Seite gewinnt DaZ im Zuge verstärkter Integrationsmassnahmen an Umfang und politischer Wichtigkeit und man kann davon ausgehen, dass in den Kantonen und Gemeinden das Angebot an Sprachkursen zunehmen wird. Bleibt zu hoffen, dass auch die Ausbildung und Forschung sowie die institutionelle Verankerung und die Zusammenarbeit zwischen den einzelnen Trägern und Institutionen intensiviert wird.

8. Literatur in Auswahl

Flüe-Fleck von, Hanspeter (Hg.)
    2001   *Deutsch.ch: Deutsche Sprache und Kultur in der Schweiz-Allemand.ch: Langue et culture allemandes en Suisse-Tedesco.ch: lingua e cultura tedesche in Svizzera − Tudestg.ch: linguatg et cultura tudestg en Svizra*. (Babylonia 2). Comano: Fondazione Lingue e Culture.
Studer, Thomas und Günther Schneider (Hg.)
    2004   *Deutsch als Fremdsprache und Deutsch als Zweitsprache in der Schweiz*. Bulletin VALS/ ASLA (Bulletin suisse de linguistique appliquée 79). Neuchatel: Institute de linguistique-Universität/Université de Neuchatel.
Zugänge zur Schweiz. Materialien, Adressen und Links für Deutsch als Fremdsprache / Deutsch als Zweitsprache. Neuausgabe 2009. Abrufbar unter www.akdaf.ch. (13. 11. 2009).

Monika Clalüna, Luzern (Schweiz)

16. Die internationale Institutionalisierung von Deutsch als Fremd- und Zweitsprache

1. Einleitung
2. Der Internationale Deutschlehrerverband (IDV)
3. Die Internationale Vereinigung für Germanistik (IVG)
4. Die Fédération Internationale des Professeurs de Langues Vivantes (FIPLV)
5. Die Association Internationale Linguistique Appliquée (AILA)
6. Trinationale Netzwerke Deutschlands, Österreichs und der Schweiz
7. Weitere Vereinigungen und Initiativen, in denen DaF und DaZ eine Rolle spielen
8. Bildungs- und kulturpolitische Institutionen der deutschsprachigen Länder
9. Literatur in Auswahl

1. Einleitung

Internationale Vernetzungen und Initiativen im Fach Deutsch als Fremd- und Zweitsprache können auf drei Ebenen erfolgen: der (zwischen)staatlichen im Rahmen einzelner Abkommen oder überregionaler Organisationen (wie der UNESCO, dem Europarat, der EU-Kommission − vgl. Art. 11), durch Institutionen aus den deutschsprachigen Ländern, die international agieren und im Auftrag ihrer Regierungen bildungs- und kulturpolitische Aufgaben erfüllen (wie der DAAD und das Österreich-Institut; vgl. Abschnitt 6 und Art. 5−8), sowie durch Fachverbände, oft als Vereine organisiert, die als internationale Interessensvertretung von Fachleuten bezeichnet werden können.

Diese Fachverbände geben Maßstäbe für neue Methoden und Ansätze vor, stellen aber auch eine sprachenpolitische Vertretung dar, die die Positionierung des Faches und die internationale Stellung der Sprache beeinflussen. Sie bilden Netzwerke, vertreten die Anliegen ihres Faches auf Konferenzen, in den Medien und bei politischen Entscheidungsträgern. Dabei ist zwischen Verbänden zu unterscheiden, die sich ausschließlich auf die deutsche Sprache (der IDV) bzw. germanische Sprachen einschließlich Deutsch beziehen (die IVG), und den internationalen Verbänden, die alle (Fremd)Sprachen vertreten (AILA), manchmal aber auch sprachenspezifische Abteilungen aufweisen (FIPLV).

Auf nationaler Ebene gibt es Fremdsprachenlehrerverbände seit Ende des 19. Jahrhunderts (Neuphilologenverbände). Der erste Dachverband, der auf internationaler Ebene diese Vereine vernetzte, war die multilinguale FIPLV (gegründet 1931), aus der 1968 der IDV als erster monolingualer Dachverband hervorging. Erst danach folgten die Vertretungen der anderen Sprachen.

Verbände arbeiten sprachenpolitisch und fachlich-inhaltlich, ihre wichtigsten Aktivitäten sind neben dem Verfassen von Stellungnahmen, Resolutionen und Grundsatzpapieren die Ausrichtung von internationalen oder auch regionalen und nationalen, sprachenspezifischen oder sprachenübergreifenden Konferenzen (inklusive Publikation); häufig geben sie auch regelmäßig erscheinende Zeitschriften heraus.

Eine internationale Zusammenarbeit im Bereich Deutsch als Zweitsprache beschränkt sich weitgehend auf Deutschland, Österreich und die Schweiz, also die deutschsprachigen Länder, in denen eine entsprechende Fach- und Praxisszene entstanden ist (vgl. Art. 10).

2. Der Internationale Deutschlehrerverband (IDV)

Das wichtigste und größte internationale Netzwerk für Deutsch als Fremdsprache stellt der Internationale Deutschlehrerverband mit 101 Mitgliedsverbänden aus 85 Ländern dar (Stand 2009). Damit ist der IDV auf allen Kontinenten und in beinahe allen Ländern, die nennenswerte Zahlen von Deutschlernenden aufweisen, vertreten.

Der IDV ist ein Dachverband, dem nationale Deutschlehrer- und Germanistenverbände ebenso beitreten können wie die Deutschsektionen von multilingualen Vereinigungen. Da es in manchen Ländern mehrere nationale Vereine gibt, die häufig unterschiedliche Berufsgruppen innerhalb des Faches vertreten, weist der IDV in einigen Ländern mehrere Mitglieder aus.

Gegründet wurde der IDV 1968 als erster monolingualer Dachverband, um das Fach Deutsch als Fremdsprache zu fördern und die Lehrenden in nichtdeutschsprachigen Ländern zu unterstützen. Der Verein hat sich im Laufe seiner Geschichte mit sprachenpolitischen und sprachendidaktischen Fragen befasst und in einigen Bereichen die Entwicklung des Faches mit beeinflusst.

Die besondere Situation des IDV besteht darin, eine Sprache zu vertreten, die in mehreren Ländern Europas Amts- und Muttersprache ist, was zu Interessensgegensätzen, aber auch zu Synergien führte. In den ersten zwanzig Jahren seiner Geschichte war der IDV deshalb vom Gegensatz der beiden deutschen Staaten geprägt, wobei die politische Voraussetzung, dass die DDR bei der Gründung des IDV 1968 noch um ihre völkerrechtliche Anerkennung kämpfte und später das Verhältnis BRD-DDR eine besondere Ausformung des Kalten Krieges darstellte, die Verbandsgeschichte grundlegend beeinflusste.

Konzipiert ist der IDV als Verein; alle vier Jahre wird im Rahmen der Vertreterversammlung ein fünfköpfiger Vorstand gewählt (für die Periode 2009−2013 aus Italien, Japan, Polen, Kanada und Brasilien).

Laut Satzung will der IDV die Kontakte und die Zusammenarbeit zwischen seinen Mitgliedsverbänden fördern, Lehrende im Fach Deutsch in ihrer beruflichen Tätigkeit und fachlichen Aus- und Fortbildung unterstützen sowie das Fach Deutsch als Fremdsprache weiterentwickeln und die weltweite Stellung der deutschen Sprache angemessen fördern.

Der Dachverband arbeitet eng mit den deutschsprachigen Ländern zusammen, vertritt aber seine eigenen Konzepte. Im IDV-Vorstand sind neben den fünf gewählten Personen auch je eine delegierte Person aus Deutschland, Österreich und der Schweiz (als Experten ohne Stimmrecht) vertreten, die Veranstaltungen in den deutschsprachigen Ländern und die Kooperation mit einschlägigen Mittlerorganisationen sichern.

Der IDV agiert weltweit und unterstützt alle Mitgliedsverbände gleichermaßen, unabhängig von der Zahl der Deutschlernenden im Land. In der Generalversammlung sind deshalb alle Länder mit zwei Stimmen gleich stark repräsentiert. Alle vier Jahre sichert der Vorstand je einer Verbandsvertretung auch finanziell die Teilnahme an der Delegiertenversammlung (im Rahmen der jeweiligen Internationalen Deutschlehrer- und -lehrerinnentagung), um eine gleichwertige Präsenz aller nationalen Verbände zu garantieren. Das gesamte Engagement in den nationalen Verbänden und im IDV erfolgt ehrenamtlich.

Seine Vereinsziele erreicht der IDV vorrangig durch die regelmäßige Herausgabe einer elektronischen Verbandszeitschrift (*IDV-Magazin*) und durch die Ausrichtung verschiedener Veranstaltungen, allen voran der IDT (Internationale Deutschlehrertagung), die bisher vierzehn Mal stattfand, zuletzt 2009 in Jena mit fast 3000 Teilnehmern und Teilnehmerinnen aus 115 Ländern.

Neben den IDTs gibt es noch viele andere internationale Veranstaltungen, die der IDV im Laufe seiner Geschichte initiiert oder selbst veranstaltet hat: die Internationale Deutscholympiade (IDO), Lehrbuchautorensymposien, Fachsprachensymposien, DACH-Landeskunde-Seminare, Regionaltagungen, Delegiertenseminare, Fachsymposien und zahlreiche internationale Projekte.

In solchen Projekten fördert der IDV gemäß seinen Statuten die regionale Zusammenarbeit von Verbänden aus mehreren Ländern, indem diese z. B. gemeinsam Tagungen organisieren oder Verbandszeitschriften für eine ganze Region herausgeben. Außerdem werden Grundprinzipien des Fremdsprachenunterrichts, wie sie der IDV vertritt, immer wieder in Projekten konkretisiert, aber auch in Resolutionen und Briefen an wichtige Stellen eingefordert. Aus einem solchen IDV-Projekt sind die ABCD-Thesen zur Landeskunde entstanden, die bis heute international prägend für den Landeskundeunterricht sind − das DACH-Prinzip und die Plurizentrik, die alle deutschsprachigen Länder gleichberechtigt neben einander stellen, gehören zu den Grundprinzipien der Arbeit des IDV (vgl. Art. 167).

Der IDV engagiert sich für einen Fremdsprachenunterricht im Zeichen der Friedens- und Toleranzerziehung und im Kontext der Mehrsprachigkeit. Neuere Projekte finden deshalb auch in Zusammenarbeit mit den Verbänden anderer Sprachen oder dem Europäischen Fremdsprachenzentrum in Graz statt (vgl. auch Art. 11).

3. Die Internationale Vereinigung für Germanistik (IVG)

Die IVG wurde 1951 auf dem Kongress der Féderation Internationale des Langues et Littératures Modernes (vgl. Abschnitt 4) in Florenz (Italien) gegründet und hat den Zweck, die internationale Zusammenarbeit auf dem Gebiet der Germanistik zu fördern.

Unter Germanistik subsumiert man die wissenschaftliche Beschäftigung mit allen germanischen Sprachen, beginnend beim Deutschen, über die skandinavischen Sprachen bis zum Niederländischen, einschließlich Friesisch und Afrikaans.

Als ihre Hauptaufgaben sieht die IVG neben der Förderung der germanistischen Lehre an den Universitäten und der Unterstützung wissenschaftlicher Unternehmungen v. a. die Ausrichtung eines Internationalen Germanistenkongresses, der alle fünf Jahre am Wirkungsort des jeweiligen Präsidenten stattfindet. Bisher wurden elf Kongresse ausgerichtet, sowohl in europäischen Ländern (Italien 1955, Dänemark 1960, Niederlande 1965, England 1975, Schweiz 1980, Deutschland 1985, Österreich 2000, Frankreich 2005, Polen 2010) als auch in außereuropäischen (USA 1970, Japan 1990, Kanada 1995).

Die Internationalen Germanistikkongresse bieten neben Plenarvorträgen eine spartenspezifische Diskussion in etwa 40 Sektionen an, unter denen sich seit 1990 auch immer mehrere mit Fragen der Methodik des fremdsprachlichen Deutschunterrichts befassen.

Mitglied in der IVG können nur Einzelpersonen werden, diese sollen sich laut Satzung „auf Gebieten der Germanistik durch wissenschaftliche Arbeiten ausgewiesen" haben. Bei ihrer Gründung hatte die IVG 192 Mitglieder aus 23 Staaten, im Jahr 2000 waren es bereits 1700 aus 61 Ländern.

Als Organe kennt man die Vollversammlung, an der alle Mitglieder teilnehmen können und die alle fünf Jahre im Rahmen der Kongresse stattfindet, weiters einen gewählten internationalen Ausschuss, der aus 20 Personen besteht und alle Fachgebiete abdecken soll, sowie das dreiköpfige Präsidium, das unterschiedlicher Nationalität sein soll und nur einmal gewählt werden kann.

Die Vollversammlung verhandelt die Satzung, genehmigt die Finanzen und wählt das Präsidium und den Internationalen Ausschuss. Dieser berät den Präsidenten und bildet Arbeitskommissionen zur Behandlung laufender und künftiger Aufgaben. Die wichtigste Kommission ist diejenige zur Vorbereitung der Wahlen und des nächsten Kongresses.

4. Die Fédération Internationale des Professeurs de Langues Vivantes (FIPLV)

Die FIPLV ist ein multilingualer Fremdsprachenlehrerverband, der einerseits die Dachverbände der unilingualen Vertretungen – AEPE (Spanisch), FIPF (Französisch), IATEFL and TESOL (Englisch), IATH (Ungarisch), IDV (Deutsch), ILEI (Esperanto), SIPLE (Portugiesisch), MAPRYAL (Russisch) – und andererseits nationale multilinguale Verbände als Mitglieder hat.

Gegründet wurde die FIPLV 1931 in Paris, und vertrat 2009 (bedingt durch die unilingualen Verbände mit ihren Mitgliedern) rund 100 Mitgliedsländer. Neben der Vollmitgliedschaft für Sprachlehrverbände kennt die FIPLV auch die Möglichkeit der assoziierten Mitgliedschaft, über die auch Institute und Organisationen vertreten sein können.

1952 begann die Zusammenarbeit der FIPLV mit der UNESCO, aus der mehrere Publikationen, Dokumente und Projekte entstanden. Die FIPLV gilt als anerkannte Nichtregierungsorganisation (NGO) und besitzt UNESCO-Status B, einen Status, der auch finanzielle Zuschüsse für Projekte einschließt.

Die FIPLV nennt als eines ihrer obersten Ziele die Zusammenarbeit und den Austausch der Sprachlehrverbände, um auf diesem Wege die Professionalität zu fördern und sprachenpolitisch aktiv zu sein.

Die wichtigste eigene Aktivität der FIPLV ist neben der Herausgabe von Publikationen und einer Verbandszeitschrift, der *FIPLV NEWS*, alle drei Jahre die Durchführung eines Weltkongresses, auf dem auch immer die Generalversammlung der FIPLV (*World Assembly*) stattfindet. Dort wird der Vorstand der FIPLV (*World Council*) gewählt, der einmal jährlich zusammentritt. Die wichtigste Arbeits- und Publikationssprache der FIPLV ist Englisch, alle Mitglieder können ihre Anliegen aber in ihrer jeweiligen Sprache darstellen. Deutsch ist also in Sitzungen, Projekten und auf Konferenzen zugelassen.

In den letzten Jahren forciert die FIPLV die Regionalisierung und hat eigene Koordinationsgruppen für diese Regionen eingerichtet, die ebenfalls Veranstaltungen im Namen der FIPLV durchführen.

5. Die Association Internationale Linguistique Appliquée (AILA)

Die AILA ist eine angewandt-linguistisch orientierte internationale Vereinigung, in der es nicht in erster Linie um sprachenspezifische Belange geht, sondern um sprachenübergreifende Fragen in allen linguistischen Bereichen wie z. B. Textlinguistik, Sprach(en)erwerb und Sprachenlernen. Dabei sind datengeleitete Forschungsarbeiten selbstverständlich immer sprachenspezifisch, aber zugleich weisen sie über die untersuchte(n) Sprache(n) hinaus.

Die AILA − mit 8.000 Individualmitgliedern (Stand 2009) − organisiert alle fünf Jahre Weltkongresse, in Deutschland fand der letzte 2008 in Essen statt, organisiert von der Gesellschaft für Angewandte Linguistik (GAL), die den deutschen Zweig der AILA darstellt. Weltkongresse in Österreich, organisiert vom österreichischen Verband für Angewandte Linguistik (verbal) oder in der Schweiz, organisiert von der Vereinigung für Angewandte Linguistik in der Schweiz (VALS/ASLA), stehen noch aus. Viele Länder sind mit einem nationalen Zweig in der AILA repräsentiert und organisieren ihrerseits Tagungen und Regionalkonferenzen, die in erster Linie thematisch strukturiert sind. Fragen zu Deutsch und Deutsch als Fremdsprache können also in verschiedensten Sektionen auftauchen. Die AILA hat beratenden Status als Nichtregierungsorganisation bei der UNESCO und vertritt hier angewandt linguistische Belange.

6. Trinationale Netzwerke Deutschlands, Österreichs und der Schweiz

Für die Zusammenarbeit von Deutschland, Österreich und der Schweiz, oftmals unter Beteiligung Lichtensteins und tw. auch Südtirols, haben sich im Rahmen und außerhalb des IDV unterschiedliche Plattformen entwickelt. Im Rahmen des IDV ist hier in erster Linie die DACHL-Arbeitsgruppe zu nennen, die die sprachenpolitische Entwicklung verfolgt und u. a. Aktivitäten im Rahmen der IDV-Tagungen koordiniert. Das *Zertifikat Deutsch* wird gemeinsam vom Goethe-Institut, der Telc, dem Österreichischen Sprachdiplom Deutsch und der Universität Fribourg (Schweiz) herausgegeben (vgl. Art. 12 u. 144).

Fragen des Deutschen als Zweitsprache sind naturgemäß für den deutschsprachigen Raum wichtig. Die nationalen Fachgruppen, die sich der Fragen des Zusammenhangs von Sprache und Migration angenommen haben, *Fachdidaktik im Gespräch, Netzwerk Sprachen e. V.* (D), *Netzwerk Sprachenrechte* (A), der *Arbeitskreis DaF/DaZ in der Schweiz* und Initiativen aus Südtirol, haben sich insbesondere zur Diskussion sprachenpolitischer und curricularer Fragen im Zusammenhang mit den entsprechenden gesetzlichen Vorgaben (vgl. Art. 10), im *Transnationalen ExpertInnenforum ‚Sprache und Migration‘* zusammengeschlossen.

7. Weitere Vereinigungen und Initiativen, in denen Deutsch als Fremd- und Zweitsprache eine Rolle spielen

Es gibt weitere Vereinigungen, in denen Deutsch als Fremd- oder Zweitsprache eine Rolle spielen kann, in denen die Sprachenspezifik aber nicht im Vordergrund steht. Beispielhaft sollen hier die *Internationale Vereinigung für Mehrsprachigkeit* (IAM) und die *Gesellschaft für Sprache und Sprachen* (GeSuS) genannt werden, die sich aber ebenfalls nicht als Organ für eine bestimmte Sprache sehen, sondern sprachenübergreifende Fragen allenfalls sprachenspezifisch bzw. im Verbund mit anderen Sprachen erforschen und diskutieren. Gleiches gilt auch für Fragen des Testens und Prüfens, für die ein internationales Netzwerk unter Einschluss von Deutsch (vertreten durch das *Goethe-Institut* und *TestDaF*) im Rahmen der *Association of Language Testers in Europe* (ALTE) besteht, sowie den pan-europäischen Verband von Sprachkursanbietern zur Sicherung der Qualität von Sprachkursen, die *European Association for Quality Language Services* (EAQUALS).

Das im Rahmen eines Teilabkommens des Europarats in Graz errichtete *Europäische Fremdsprachenzentrum* trägt durch seine Workshops, zu denen alle Mitgliedsländer Teilnehmer entsenden können, insbesondere in Mitteleuropa zur Vernetzung von sprachenpolitischen und sprachdidaktischen Initiativen bei, wobei neben den beiden Europaratssprachen Englisch und Französisch auch Deutsch als Ko-Projektsprache zugelassen ist.

8. Bildungs- und kulturpolitische Institutionen der deutschsprachigen Länder

Die offizielle Politik in Deutschland und Österreich delegiert die auswärtige Vermittlung von Kultur und Sprache an verschiedene Mittlerorganisationen, die zwar zum größeren Teil mit staatlichen Mitteln finanziert werden, inhaltlich aber weitestgehend selbständig arbeiten können (vgl. Art. 12−15).

Anders als die wissenschafts- und vermittlungsorientierten Vereinigungen, die meist auf Initiative von Individuen aus dem Wissenschaftsbetrieb gegründet und organisiert werden, sind Institutionen wie der Deutsche Akademische Austauschdienst, das Goethe Institut oder die Zentralstelle für das Auslandsschulwesen in Deutschland, das Österreich-Institut oder die Österreich Kooperation in Österreich bildungs- und kulturpolitische Instrumente, mit denen die Präsenz der Länder und die Präsenz des Deutschen im nichtdeutschsprachigen Ausland gesichert werden sollen.

In der Schweiz gibt es keine Konzepte der Außenpolitik, die die Imagepflege über die Sprache(n) betreiben würde, folgerichtig unterhält die Schweiz auch keine Institutionen im Ausland, die das Erlernen ihrer Landessprachen fördern.

9. Literatur in Auswahl

Cunningham, Denis, Reinhold Freudenstein und Cecilia Ode (Hg.)
   2006   *Languages teaching: a worldwide perspective. Celebrating 75 years of FIPLV.* Editura
           Fundatiei Academice.
Freudenstein Reinhold (Hg.)
   2009   *History of the Fédération Internationale des Professeurs de Langues Vivantes.* Tübingen:
           Narr.
Sorger, Brigitte
   2010   Der Internationale Deutschlehrerverband im Spannungsfeld von sprachenpolitischen
           Konzepten und fachlicher Interessensvertretung. Die Verbandsgeschichte als Beitrag zur
           Fachgeschichte von Deutsch als Fremdsprache und Zweitsprache. Dissertation, Universi-
           tät Wien.

Internetadressen (letzter Abruf für alle: 31. 12. 2009)

Arbeitskreis DaF/DaZ in der Schweiz:
           http://www.akdaf.ch/
Association Linguistique Appliquée:
           http://www.aila.info/
Association of Language Testers in Europe:
           http://www.alte.org/
Europäisches Fremdsprachenzentrum:
           http://www.ecml.at/
Europäische Kommission − Mehrsprachigkeit:
           http://ec.europa.eu/education/languages/language-learning/index_de.htm
European Association for Quality Language Services:
           http://www.eaquals.org/
Fachdidaktik im Gespräch:
           http://www.daz-didaktik.de/
Fédération Internationale des Professeurs de Langues Vivantes:
           http://www.fiplv.org
Gesellschaft für Angewandte Linguistik:
           http://www.gal-ev.de/
Gesellschaft für Sprache und Sprachen:
           http://gesus-info.de/
International Association of Multilingualism:
           http://www.iamultilingualism.org
Internationaler Deutschlehrerverband:
           www.idvnetz.org
Internationale Vereinigung für Germanistik:
           http://www.ivg.uw.edu.pl/index.htm
Netzwerk Sprachenrechte:
           http://www.sprachenrechte.at/
Österreichischer Verband für Angewandte Linguistik:
           http://www.verbal.at
Verband für Angewandte Linguistik in der Schweiz:
           http://www.vals-asla.ch/

Britta Hufeisen, Darmstadt (Deutschland)
Brigitte Sorger, Brno (Tschechische Republik)

IV. Linguistische Gegenstände in ihrer Bedeutung für das Deutsche als Fremd- und Zweitsprache

17. Grundlagen der Linguistik im Fach Deutsch als Fremd- und Zweitsprache

1. Linguistik als Teilbereich des Faches Deutsch als Fremd- und Zweitsprache

Die Rolle der Linguistik als Teilgebiet des Faches Deutsch als Fremd- und Zweitsprache ist in der Vergangenheit durchaus kontrovers diskutiert worden (vgl. zur Debatte der 1990er Jahre Art. 2 sowie Götze und Helbig 2001). Unstrittig ist, dass es eine eigenständige Perspektive im Fach Deutsch als Fremd- und Zweitsprache auf den Gegenstand Sprache gibt, die sich in wichtigen Teilen von den Perspektiven etwa der (muttersprachlichen) germanistischen Linguistik oder auch der allgemeinen und vergleichenden Sprachwissenschaft unterscheidet: Die deutsche Sprache wird aus der Perspektive von Lernerinnen und Lernern betrachtet und entsprechend untersucht und beschrieben, die Deutsch als weitere Sprache auf der Folie mindestens einer anderen Muttersprache erwerben (was manchmal auch als *Außen*- oder *Fremdperspektive* bezeichnet wird, vgl. etwa Götze und Helbig 2001: 17–18; Weinrich 1979: 2–3). Die Lernerperspektive bedeutet, dass eine Beschreibung des Gegenstandsbereichs Sprache häufig expliziter sein muss als etwa eine muttersprachlich orientierte Beschreibung, dass kontrastive Aspekte latent oder explizit mit in die Beschreibung einbezogen werden müssen (vgl. Helbig 1992), dass Fragen der Vermittlung und des Erlernens des Deutschen schon beim Forschungsdesign mitberücksichtigt werden müssen und teilweise auch forschungsleitend sind, und nicht zuletzt, dass der Gegenstand *Sprache* umfassend gedacht und in seinen unterschiedlichen Erscheinungsformen untersucht werden muss. Natürlich teilt die Linguistik im Fach Deutsch als Fremd- und Zweitsprache trotzdem prinzipiell den Gegenstandsbereich mit der germanistischen Linguistik, und natürlich sind viele Forschungsfragen, Methoden und Ergebnisse der germanistischen Linguistik für die Linguistik im Fach Deutsch als Fremd- und Zweitsprache von großer Relevanz. Eine klare Grenzziehung ist auch häufig nicht möglich oder sinnvoll: So entstand etwa die *Textgrammatik der deutschen Sprache* von Harald Weinrich und Mitarbeiterinnen (letzte Auflage 2007) im Kontext der DaF-Forschung und berücksichtigt prinzipiell auch die nicht-muttersprachliche Lernerperspektive (etwa durch die Explizitheit der Darstellung und den Versuch, grammatische Phänomene möglichst anschaulich und in textuellen Zusammenhängen darzustellen), sie ist aber – ähnlich wie dies auch für die *Deutsche Grammatik. Ein Handbuch für den Ausländerunterricht* gilt (Helbig und Buscha, letzte Auflage 2001) – durchaus in verschiedenen Kontexten einsetzbar und wird weit über das Fach Deutsch als Fremdsprache hinaus rezipiert.

Gemeinsame Interessen gibt es im Bereich des Sprachvergleichs auch zwischen der Linguistik im Fach Deutsch als Fremd- und Zweitsprache und einer typologisch orientierten Sprachwissenschaft oder etwa den Übersetzungswissenschaften, sofern hier das Deutsche mit betrachtet wird (vgl. Art. 52 sowie als Beispiel die Thesen von Hawkins 1986, der das Deutsche im Vergleich zum Englischen als grammatisch komplexer, dabei aber semantisch transparenter zu beschreiben versucht, und die kritische Überprüfung dieser Thesen anhand eines Korpus etwa bei Fischer 2007).

Wenn die Linguistik als Teil des Faches Deutsch als Fremd- und Zweitsprache beschreiben muss, *was* vermittelt bzw. erworben wird (Götze und Helbig 2001: 27), dann rücken neben den traditionellen (und nach wie vor zentralen) Feldern der Sprachbeschreibung (Morphosyntax, vgl. Art. 20, 21, 22; Lexikon, vgl. Art. 23 und 24, Phonetik/Phonologie, vgl. Art. 18, Orthographie, vgl. Art. 19) auch Fragen nach der Handlungsqualität der Sprache, der Musterhaftigkeit in Text und Diskurs, der sozialen, regionalen/nationalen und situativen Variation mit in den Blick (vgl. Art. 25–28 sowie Kap. V). Dies ist zum einen deswegen wichtig, als die Ausweitung vergleichender Untersuchungen auf den Text- und Diskursbereich und verschiedene Sprachverwendungsbereiche in den letzten Jahrzehnten deutlich gemacht haben, dass hier gewichtige Unterschiede zwischen verschiedenen Sprachgemeinschaften bestehen, die von hoher Relevanz für die Lernenden sind. Zum anderen hat sich gezeigt, dass die Funktion vieler sprachlicher Mittel auch im Sprachvergleich erst durch die Einbeziehung der Text- und Diskursebene und der Handlungsqualität von Sprache deutlich wird (vgl. etwa Art. 61 zum Japanischen oder Art. 78 zu Thai). Nicht zuletzt ist auch die Untersuchung interkultureller Kommunikation erst auf der Basis einer umfassenderen Perspektive auf den Gegenstandsbereich Sprache möglich (vgl. Art. 33). Dabei wird die Grenze zwischen dem „Sprachsystem" als Kernbereich der Linguistik und der Kommunikation bzw. der Sprachverwendung als Anwendungsbereich häufig nicht mehr so strikt gesehen, wie er etwa noch bei Götze und Helbig (2001) skizziert wird (vgl. hierzu auch Gansel und Jürgens 2002: 118–124), teils wird auch versucht, das „Sprachsystem" mit den Kategorien und Annahmen einer umfassenden Theorie des sprachlichen Handelns neu zu verstehen und zu beschreiben (vgl. Art. 25 sowie ausführlich Ehlich 2007)

Die Beschreibung des Gegenstands Sprache in einem weiten Sinne ist für das Fach Deutsch als Fremd- und Zweitsprache von zentraler Bedeutung, und zwar unabhängig davon, wie man die Rolle expliziter Grammatikvermittlung oder Kognitivierung von grammatischen Regeln im Fremdsprachenunterricht beurteilt (vgl. dazu Art. 29 und 112). Linguistische Grundlagen benötigen alle Akteure im Fach Deutsch als Fremd- und Zweitsprache, die mit der Formulierung von Lernzielen, der Auswahl von Lernstoff, der Auswahl bzw. Entwicklung von Curricula und Lernmaterialien, der Lernberatung und dem Unterrichtsprozess selbst zu tun haben, die die Qualität von Lerneräußerungen einschätzen und Leistungen messen wollen – unabhängig davon, ob sie dieses linguistische Wissen selbst im Unterricht oder in den Lernmaterialien thematisieren, daraus etwa auch Regeln für die Hand der Lernenden ableiten oder aber mit ihrem linguistischen Wissen sozusagen im Hintergrund bleiben. Man kann argumentieren, dass gerade kommunikative und konstruktivistisch-individualisierende Ansätze im Fremdsprachenunterricht fundierte, DaF-bezogene Kenntnisse im Bereich der Linguistik bei den Akteurinnen und Akteuren noch wichtiger haben werden lassen, da die Vorgaben und Handreichungen einer festen grammatischen Progression in Lehrwerken vielfach fehlen und etwa Lehrende nun stärker auf sich selbst gestellt sind, wenn sie sprachbezogen kompetent handeln wollen (Thurmair 2001; Breindl 2003). Dies gilt es bei der Lehrerausbildung und bei der Konzipierung von Studiengängen zu berücksichtigen.

Wie dies oben bereits angeklungen ist, spielt der Sprachvergleich eine wichtige Rolle für das Fach Deutsch als Fremd- und Zweitsprache. Dies ist schon dadurch begründet, dass die Fremdperspektive konstitutiv für das Fach ist (Weinrich 1979: 2–3) und somit auch die Beschreibung der deutschen Sprache auf der Folie anderer Sprachen und Typen von Sprachen erfolgen muss. Dadurch treten zum einen Spezifika des Deutschen besonders deutlich zutage, im Bereich der Morphosyntax und Lexikologie etwa die Verb- bzw. Satzklammer sowie der Ausbau von „zweiteiligen Verben" (Weinrich 2007), die Wortstellungsregeln des Deutschen im Allgemeinen, der spezifische Ausbau und die funktionale Nutzung der Nominalphrase und der nominalen Wortbildung im Deutschen (Eichinger 1991, 2008), die komplexen Verwendungsregeln des deutschen Adjektivs in attributiver, prädikativer und adverbialer Funktion, das System der deutschen Modalverben (Götze und Helbig 2001), die Modalpartikeln (Thurmair 1989, 2010), aber auch phraseologische und idiomatische Phänomene (Korhonen und Wotjak 2001; Helbig 2006) und Routineformeln und Routineformulierungen etwa im Wissenschaftsdeutschen (Graefen 2004; Fandrych 2007). Im Bereich der Phonetik und Phonologie stand der Nutzen der kontrastiven Analyse nie in Frage; ähnlich wie das für andere Bereiche der linguistischen Analyse gilt, sind aber auch hier diskursiv-sprechwissenschaftliche und rhetorische Aspekte immer mehr in den Blick gerückt (vgl. die verschiedenen Beiträge zu Prosodie, Rhythmus und Gesprächskompetenz in Hirschfeld und Reinke 2007). Insgesamt ist festzustellen, dass der Text- und Diskursbereich in den letzten Jahren immer stärker auch aus vergleichender Perspektive zum Untersuchungsgegenstand geworden ist, wobei wichtige Impulse aus Kontexten der Sprachvermittlung gegeben wurden (etwa dem Bereich des Deutschen als Wissenschaftssprache, vgl. Art. 51).

Natürlich wird die Rolle des Sprachvergleichs als Teil des Faches Deutsch als Fremd- und Zweitsprache auch heute nicht immer einheitlich bewertet. Unstrittig ist aber, dass die Muttersprache(n) − und alle weiteren erworbenen Sprachen auch − eine wichtige Rolle beim Erwerb der Fremdsprache Deutsch spielen, auch wenn sie nicht monokausal für die Erklärung lernersprachlicher Phänomene herangezogen werden können: So zeigen etwa empirische Untersuchungen in rein kommunikativen Lernumgebungen, in denen auf Bewusstmachung von zielsprachigen Besonderheiten ganz verzichtet und allein auf den natürlichen Erwerb vertraut wurde, dass bestimmte zielsprachige Strukturen nicht oder nicht angemessen erworben wurden (Ellis 2007: 20). Dabei wurde auch die Rolle der Muttersprache(n) und der Bewusstheit bzw. der Sprachaufmerksamkeit wieder neu bewertet: Wenn auch bestimmte basale Erwerbssequenzen etwa beim Erwerb des Deutschen universal zu sein scheinen (Pienemann 1998; Grießhaber 2006), so beeinflusst die Muttersprache den Erwerb der Fremdsprache doch in sehr signifikanter Weise (Ellis 2007: 24; Art. 52), daneben aber auch wohl weitere gelernte Fremdsprachen, was die Perspektive hin zu einer Mehrsprachigkeitsdidaktik öffnet (vgl. Art. 91). So spielt die vergleichende Perspektive sowohl bei der Beschreibung des Deutschen in allen seinen

Facetten, als auch bei der Analyse von Lernprozessen und daraus folgenden Konsequenzen für die Vermittlung des Deutschen eine zentrale Rolle.

Daneben haben viele wichtige Fragestellungen und Forschungsfelder des Faches eine substantiell linguistische Dimension. Die Untersuchung von Prozessen des Spracherwerbs und möglicher Erwerbsreihenfolgen etwa orientiert sich an bestimmten linguistischen Modellierungen, vgl. z. B. die aktuelle Diskussion zwischen Vertretern des *Wörter-und-Regeln*-Ansatzes, die von einer strikten Modularität der menschlichen Sprachverarbeitungskompetenz ausgehen (etwa Pinker 1999) auf der einen Seite, Verfechtern eines stärker holistisch-kognitiven *Konstruktionsgrammatik*-Ansatzes auf der anderen Seite, die Spracherwerb als kontextuell gesteuerten Erwerb von unterschiedlich komplexen und abstrakten sprachlichen Mustern beschreiben (Tomasello 2006; Haberzettl 2006).

Solche Annahmen spielen für viele andere Bereiche des Faches eine wichtige Rolle. So versuchen auch Sprachniveau-Beschreibungen auf der Basis bestimmter linguistischer Vorannahmen die Beherrschung von sprachlichen Strukturen und Mitteln mit verschiedenen Skalierungen zu verbinden (etwa die Skalierungen im *Gemeinsamen Europäischen Referenzrahmen*). Die linguistischen Vorannahmen selbst werden aber keinesfalls immer genügend reflektiert (vgl. unten, Abschnitt 2). Auch Sprachstandsdiagnosen (Art. 146) und Sprachtests basieren explizit oder implizit auf bestimmten, nicht immer ausreichend reflektierten linguistischen Modellierungen und Vorannahmen.

Sowohl aus der DaF- wie auch aus der DaZ-Perspektive hat in den letzten Jahren die Frage nach der Rolle und Relevanz von sprachlicher Variation und auch nach der Rolle von Sprache in Bildungskontexten immer mehr an Relevanz gewonnen (vgl. unten, Abschnitt 2). Auch hier wird deutlich, von welch großer Bedeutung die sprachwissenschaftliche Dimension des Faches Deutsch als Fremd- und Zweitsprache ist.

Wie dieser Abriss deutlich macht, hat die linguistische Forschung und Praxis im Fach Deutsch als Fremd- und Zweitsprache zwar durchaus eigenständige Perspektiven und Fragestellungen, sie verbindet sich aber auch bzw. überschneidet sich in ihren Fragestellungen mit Nachbardisziplinen bzw. verwandten Fächern. Neben der germanistischen Linguistik, mit der sie in engem Austausch steht, gehören dazu die Psycholinguistik, die Spracherwerbs- und Mehrsprachigkeitsforschung, die Vergleichende Sprachwissenschaft, die Lernersprachenforschung, die Sprachlehrforschung, die Didaktik/Methodik, die Testforschung sowie die Kulturstudien- und Landeskundeforschung (mit der es gerade im Bereich der Erforschung von Text und Diskurs enge Berührungsflächen gibt, vgl. Altmayer 2007).

2. Aktuelle Forschungsfelder und Diskussionen

Im Folgenden soll eine Auswahl aktueller Forschungsfelder und Diskussionen kurz skizziert werden, die für das Fach Deutsch als Fremd- und Zweitsprache derzeit von besonderer Relevanz sind.

Zunächst wird auch im Fach DaF/DaZ die Frage nach dem Verhältnis zwischen lexikalischem und grammatischem Lernen bzw. Erwerb neu gestellt. Lange Jahre hatte die Vorstellung vorgeherrscht, Sprachwissen sei strikt modular angelegt in der Form, dass die Generierung von Äußerungen im wesentlichen *kompositionell* erfolge, d. h. lexikalische Einheiten würden mithilfe von Regeln jedes Mal aufs Neue zu Sätzen bzw. Äußerungen kombiniert (*Wörter-und-Regeln*-Ansatz, siehe oben). Schon lange weiß man aber, dass Vieles, was syntaktisch in einer Sprache *möglich* ist, nicht *idiomatisch* klingt. Eine der frustrierendsten Erfahrungen für Fremdsprachenlernende ist es, wenn man „alles richtig gemacht" hat, aber dann erfahren muss, dass man das trotzdem „so nicht sagt". In den letzten Jahren und Jahrzehnten nun haben in verschiedenen Disziplinen und Forschungszusammenhängen Ansätze an Boden gewonnen, die die Vorstellung von der strikten Kompositionalität unseres sprachlichen Wissens und Könnens mehr oder weniger stark in Frage gestellt haben: Untersuchungen zum L1- und L2-Erwerb haben festgestellt, dass das lexikalische Lernen offenbar eine viel größere Rolle spielt als noch vor einiger Zeit angenommen, und dass eine wichtige Lernstrategie darin besteht, vorgefertigte Versatzstücke (*Chunks*) und Musterhaftes zunächst als Ganzes zu erwerben (vgl. zum Deutschen v. a. Handwerker 2008; Handwerker und Madlener 2009; Art. 24). Offenbar rekurriert flüssiger und akkurater Sprachgebrauch in viel höherem Maße als bisher angenommen auf der Speicherung und dem situationsgerechten Abrufen von solchen vorgefertigten Einheiten, die in sich mehr oder weniger flexibel sein können (Wray 2002). Gerade kontrastive Untersuchungen (etwa auch zur Wissenschaftssprache, vgl. z. B. Graefen 2004; Fandrych 2007) machen dies deutlich. Die Frage, ob nicht unser sprachliches Wissen insgesamt oder doch in wichtigen Teilen in Form von mehr oder weniger abstrakten *Konstruktionen* vorliegt, die nicht kompositionell sind und als Ganzes abgerufen werden können, wird derzeit in der Sprachtheorie ebenso wie in verschiedenen angewandten Disziplinen erörtert, u. a. auch in der Spracherwerbsforschung (vgl. die Beiträge in Fischer und Stefanowitsch 2006). Dies ist von großer Relevanz für die Diskussion um Spracherwerb und Sprachdidaktik. Nicht zuletzt die *Korpuslinguistik* hat es in völlig neuer Weise ermöglicht, die Rolle von *Häufigkeit*, auch von häufig miteinander vorkommenden Ausdrücken (*Kollokationen*), empirisch zu untersuchen (vgl. Art. 31, in Bezug auf den Wortschatz Art. 23 sowie Tschirner 2005 und 2008). Sie ermöglicht es, grammatische, lexikalische, aber auch textuelle und pragmatische Phänomene auf einer breiten empirischen Basis zu untersuchen und damit die vielfach auf Intuition oder einer Handvoll Beispielen basierenden grammatischen und lexikographischen Beschreibungen zu überprüfen. Neben der Häufigkeit spielen auch Faktoren wie Salienz, Komplexität und Kontext für den *Input* und die Verarbeitung bestimmter Formmerkmale, Strukturen und Lexeme eine wichtige Rolle beim Spracherwerb (Fandrych und Tschirner 2007). Neben (möglichst ausgewogenen) Korpora „natürlicher" Sprache (die nach Möglichkeit auch die Bildung von zielgruppenadäquaten Subkorpora erlauben) sind *Lernerkorpora* für die empirische Erforschung der Lernersprache von großer Relevanz (Lüdeling et al. 2008; Art. 31).

Korpora sind auch für die empirische Untersuchung von *Texten* und *Diskursen* von großer Relevanz. Die bisher hierzu vorliegenden Arbeiten basieren häufig auf kleineren Korpora. Verallgemeinerungen etwa über Textsorteneigenschaften, -funktionen und -klassifikationen sind so nur tentativ möglich (vgl. auch Art. 26 und 28). Auf empirischer Basis durchgeführte Textsortenanalysen ermöglichen aber eine näher an der Sprachrealität orientierte funktionale Bestimmung sprachlicher Mittel, die gerade auch im Sprachvergleich und für die Sprachdidaktik von großer Relevanz ist (vgl. Willkop 2003; Thurmair 2003, die Beiträge in Thurmair und Willkop 2003 sowie Fandrych und Thurmair i. Vorb.). Bisher bestehende Korpora sind nicht gezielt nach Textsorten durchsuchbar, meist bezüglich der aufgenommenen Textsorten nicht breit und ausgewogen genug und so nur sehr bedingt als empirische Grundlage geeignet. Noch schlechter sieht es im Bereich der Diskurslinguistik aus − obwohl gerade hier in den letzten Jahren und Jahrzehnten wichtige neue Ergebnisse und Ansätze sowohl im Bereich der Pragmatik als auch im Bereich der Sprechwissenschaft und Rhetorik entstanden sind, häufig auch mit Blickrichtung auf die Sprachdidaktik und den Sprach- und Kulturvergleich (vgl. etwa Hirschfeld und Reinke 2007; Trautmann 2004; Art. 18, 25, 26 und 33). Die Erarbeitung von ausgewogenen, größeren Korpora, die aus der sprachdidaktischen Perspektive durchsuchbar und analysierbar sind, stellt gerade angesichts des gewachsenen Interesses an text- und diskurslinguistischen Fragestellungen in der Sprachdidaktik ein großes Desiderat dar (vgl. z. B. Adamzik und Krause 2005; Spiegel und Voigt 2006). Dies betrifft auch die Erforschung und Didaktisierung der Wissenschafts- und Studiensprache Deutsch (vgl. Kap. VI, besonders Art. 51).

Weiterhin von zentralem Interesse sind für die Linguistik des Faches Deutsch als Fremd- und Zweitsprache *sprachvergleichende Forschungsarbeiten*. Die Vielfalt der hier auch in jüngerer Zeit unternommenen Anstrengungen sowie die unterschiedlichen Gegenstände, theoretischen Grundlagen und methodischen Vorgehensweisen dokumentiert eindrucksvoll Kapitel VII. Wichtige kontrastive grammatische Monographien, die besonders auch für das Studium und als Grundlage für die Lehrerausbildung dienen, sind etwa Durrell 2002b zum englisch-deutschen Sprachvergleich, Castell 2002 zum spanisch-deutschen Sprachvergleich und Engel 1999 zum polnisch-deutschen Sprachvergleich (vgl. auch die kritische Bestandsaufnahme in Cirko 2008). Auf innovative Weise verbinden die Beiträge in Nied Curcio 2008 eine Einführung in die sprachvergleichende Betrachtung bestimmter grammatischer Phänomene des Italienischen und Deutschen mit sprachpraktischen und sprachanalytischen Aufgaben und entwickeln so eine genuine DaF-Perspektive. Dies macht allgemeiner deutlich, dass sprachvergleichende Arbeiten vielfach unter der Perspektive einer (fremdsprachendidaktischen oder übersetzungswissenschaftlichen) Anwendung entstehen. Auch phonetische (Hall 2003), phraseologische (vgl. etwa Ito 2005 zum japanisch-deutschen Sprachvergleich oder auch das von Piirainen 2006 beschriebene europäische Projekt „Weit verbreitete Idiome in Europa und darüber hinaus") und pragmatische Fragestellungen (vgl. etwa Kameyama 2004 zu japanisch-deutschen Unterschieden beim verständnissichernden Handeln, Bouchara 2002 zu Unterschieden im Bereich der Höflichkeit in der Interaktion im arabisch-deutschen Vergleich) stehen vielfach im Mittelpunkt der Forschung innerhalb und außerhalb des deutschen Sprachraums — nicht selten handelt es sich auch um gemeinsame oder gemeinsam betreute Projekte. Einen wichtigen neueren Forschungszweig der vergleichenden Sprachwissenschaft stellt die vergleichende Wissenschaftssprachforschung dar (vgl. programmatisch Ehlich 2006 sowie etwa die Monographien von Kaiser 2002 und Thielmann 2009).

Im Zusammenhang der stärker empirischen Untersuchung realen Sprachgebrauchs ist in den vergangenen Jahren auch die Frage nach den *sprachlichen Varietäten* und der *Variation* und ihrer Relevanz für den Deutschunterricht stärker in den Blick gerückt. Besonders sichtbar war im Kontext des Deutschen als Fremdsprache v. a. die Diskussion um die nationalen Standardvarietäten (Ammon et al. 2004; Hägi 2007; Art. 18, 34 — 37). Dieser Fokus ist zum einen sicherlich sprachenpolitisch begründet, zum anderen trägt er generell dem veränderten Spannungsfeld zwischen Standard(nähe), Regionalsprachen und Dialekten Rechnung, das durch zwei gleichzeitige Entwicklungen gekennzeichnet zu sein scheint: Abbau kleinräumiger dialektaler Variation und zunehmende Standardnähe einerseits, Informalisierung und größere Stilvariation innerhalb standardnaher Varianten (einschließlich Regionalsprachen) andererseits (vgl. Art. 39 — 42; Eichinger und Kallmeyer 2005; Fandrych und Salverda 2007). So rücken alltagssprachliche, regionalsprachliche und auch nationalsprachliche Phänomene insgesamt stärker in den Blick auch der Sprachdidaktik oder sollten es zumindest tun (Baßler und Spiekermann 2001, 2002; Durrell 2002a).

Auf das Deutsche bezogene soziolinguistische und sprachlich-kulturelle bzw. sprachenpolitische Fragen sind in den letzten Jahren vermehrt auch in der Germanistik im nicht-deutschsprachigen Raum untersucht worden. So wurden Fragen der sprachlichen Identität, des Verhältnisses zwischen Sprache, Nation und Staat (Durrell 2007) sowie des symbolischen Potentials von Sprache und sprachlicher Variation im Kontext der deutschen Teilung und Vereinigung (Stevenson 2002) und bei deutschen Sprachminderheiten in Mittel- und Osteuropa (Carl und Stevenson 2007; Eichinger et. al 2008) Gegenstand eingehender Untersuchungen. Hier berühren sich − nicht zufällig − teilweise die Forschungsinteressen der Sprachwissenschaft und der Kulturwissenschaften (vgl. zu den Entwicklungen im Bereich der *German Studies* Art. 3).

Erst am Anfang steht die sprachwissenschaftliche Untersuchung der Anforderungen an eine *schulsprachliche Kompetenz*, auch *Textkompetenz* (Schmölzer-Eibinger und Portmann-Tselikas 2002) oder *Bildungssprache* (Gogolin 2009) genannt. Die bisher vorliegenden Forschungsergebnisse deuten darauf hin, dass schulisches Scheitern gerade im Bereich des Deutschen als Zweitsprache häufig in engem Zusammenhang mit Defiziten im Bereich schulbezogener Sprachkompetenz steht. Der Erwerb sach- und problembezogener Diskurs- und Textarten, schulischer Aufgaben- und Arbeitsformate und der für sie typischen sprachlichen und diskursiven Formen bedürfen gesonderter Aufmerksamkeit und Förderung − sie können auch dann nicht vorausgesetzt werden, wenn die allgemeinsprachlich-informelle Sprachkompetenz vergleichsweise gut ausgebildet ist (Schmölzer-Eibinger 2008; Art. 124). Vielfach wird daraus die Forderung abgeleitet, dass sprachliche Förderung nicht *neben*, sondern *als Teil* von Sach- und Fachunterricht erfolgen sollte. Damit ergeben sich auch neue Anforderungen an die sprachwissenschaftliche Forschung im Fach DaZ, denn die hier relevanten sprachlich-fachlichen und kommunikativen Anforderungen müssen erst noch auf empirischer Grundlage beschrieben werden. Ähnlich gilt auch für den Studienerfolg nicht-deutscher Muttersprachlerinnen und Muttersprachler, dass die sprachlichen und kommunikativen Spezifika der deutschen Wissenschaftskommunikation nicht losgelöst von der Auseinandersetzung mit wissenschaftlichen Inhalten erworben werden können (Fandrych 2007). Die hohen Studienabbrecherquoten gerade internationaler Studierender machen deutlich, wie wichtig hier auch die weitere linguistische Forschung aus einer DaF-Perspektive ist.

Ein damit zusammenhängender wichtiger, teils sehr kontrovers diskutierter Bereich ist die Frage nach der *Skalierung* und *Modellierung* von Sprachkompetenzen. Dabei werden die linguistischen Vorannahmen, die solchen Niveaubeschreibungen zugrunde liegen, häufig nicht oder nicht ausreichend problematisiert oder diskutiert (vgl. kritisch zur Modellierung von „sprachlicher Kompetenz" im *Gemeinsamen europäischen Referenzrahmen* Fandrych 2008, vgl. auch die Beiträge in Bausch et al. 2003 sowie in Fandrych und Thonhauser 2008). Auch *Sprachstandsdiagnosen* (Art. 146) und *Sprachtests* basieren explizit oder implizit auf bestimmten linguistischen Modellierungen und Vorannahmen. Diese werden in jüngerer Zeit eingehender diskutiert und problematisiert, vgl. etwa die bei Ehlich et al. (2005) vorgenommene ausführliche kritische Diskussion auch der linguistischen Grundlagen bestehender Sprachstandsfeststellungen im Bereich Deutsch als Zweitsprache sowie die dort vorgenommene umfassende Modellierung der Sprachkompetenzen. Die Relevanz sprachwissenschaftlicher Vorannahmen macht auch Grießhaber

(2006) deutlich, der versucht, auf der Grundlage der Wortstellungs-Erwerbsreihenfolgen aus verschiedenen empirischen Untersuchungen Profilbögen für die Sprachstandsdiagnose im DaZ-Bereich zu entwickeln. In diesem Zusammenhang ist auch die weitere empirische Erforschung des Spracherwerbs im DaZ- und DaF-Bereich und die Diskussion möglicher sprachdidaktischer Konsequenzen von hoher Relevanz (vgl. für Deutsch als Zweitsprache etwa Haberzettl 2005; Wegener 2008; für den schulischen DaF-Unterricht Diehl et al. 2000, kritisch dazu Kwakernaak 2003 und Graefen 2003). Nicht zuletzt haben Fragen der Niveaubeschreibung und gewisser Erwerbsreihenfolgen, zusammen mit kontrastiven (und natürlich lernerbezogenen und lernzielorientierten) Überlegungen dann auch Konsequenzen für die Erarbeitung von *Curricula*, die unter anderem sprachliche Kompetenzen in den verschiedenen Fertigkeiten und in verschiedenen Sprachverwendungsdomänen explizit beschreiben müssen. Lernzielbeschreibungen, Curricula, Progressionen ergeben sich nicht umstandslos aus Forschungsergebnissen zu Erwerbssequenzen, die unter je spezifischen Bedingungen und bezogen auf die *produktive Kompetenz* erarbeitet wurden (Art. 112).

Dieser Abriss kann und will nicht vollständig sein, insbesondere kann er nicht die Vielfalt der linguistischen Fragestellungen und Untersuchungsgegenstände des Faches weltweit widerspiegeln. Deutlich dürfte aber doch geworden sein, wie breit die Forschungsinteressen sind und wie vielfältig die Verknüpfungen mit verschiedenen Bereichen des Faches sich gestalten, von Fragen der Sprachbeschreibung über Fragen des Spracherwerbs, der Sprachvermittlung und der Einschätzung von Sprachkompetenzen bis hin zu soziokulturellen und sprachsoziologischen Entwicklungen im deutschsprachigen Raum. Mehr oder weniger explizit ist all diesen Ansätzen und Forschungsgebieten eine vergleichende Dimension und eine Lernerperspektive inhärent.

3. Linguistik im Fach Deutsch als Fremd- und Zweitsprache in Ausbildung und Praxis

Aus den bisher angestellten Überlegungen dürfte hervorgehen, dass linguistische Fragen im Fach Deutsch als Fremd- und Zweitsprache eine zentrale Rolle spielen, ob sie nun selbst im Mittelpunkt des Forschungsinteresses stehen oder eine eher instrumentale Rolle einnehmen. Im Folgenden soll kurz skizziert werden, welche Relevanz die Linguistik in Ausbildungszusammenhängen und in der Praxis des Faches Deutsch als Fremd- und Zweitsprache besitzt.

Wie aus den oben geschilderten Darlegungen hervorgeht, sind zentrale Bereiche des Faches in enger Weise mit linguistischen Modellierungen von Sprache verbunden. Dies bezieht sich auf die Beschreibung von Sprachkompetenzen, Sprachniveaus und sprachlichen Lernzielen; auf Prüfungen und Einstufungen, auf die Entwicklung von Curricula und die Materialentwicklung, letztlich auch auf das Gesamtverständnis von *Sprache*, sprachlichem Handeln und Zugängen zu sprachlich vermittelten Inhalten und Symbolen. Hierfür sind problemorientierte, auch die theoretische Dimension mit einbeziehende linguistische Kenntnisse vonnöten. Fundierte linguistische Kenntnisse haben aber auch eine zentrale Rolle im konkreten *unterrichtlichen Geschehen*: Will man als Lehrender nicht hilflos den vom Lehrwerk oder den Lehr-/Lernmaterialien vorgegebenen Progressionen und sprachlichen Phänomenen ausgeliefert sein, oder hat man es mit Lernertypen zu tun, die sprachliche Phänomene der Zielsprache auch *verstehen* wollen, sich mit deklarativem Wissen *sicherer fühlen* oder auch nur *weitere gute Beispiele* vom Lehrer einfordern, oder soll man gar selbstständig Materialien aussuchen und didaktisch aufbereiten, dann sind vergleichsweise breite und fundierte Kenntnisse in der Morphosyntax, Phonetik/Phonologie, Lexikologie, Text- und Diskurslinguistik und auch der Variationslinguistik unerlässlich. Sie sind auch unabdingbar für alle Versuche, den Erwerb zu fördern, indem man Lernende auf bestimmte sprachliche Besonderheiten hin sensibilisiert oder versucht, Phänomene, die als schwierig, aber *lernbar* eingestuft werden, durch Bewusstmachung schneller oder nachhaltiger erwerbbar zu machen (Art. 112), oder die Unterschiede zwischen der eigenen und der zielsprachlichen Kompetenz wahrnehmbar und benennbar zu machen (*noticing the gap*, vgl. Ellis 2007). Nicht zuletzt ist grammatisches Wissen für die angemessene Bewertung und auch Korrektur von Fehlern bzw. die Unterstützung von Revisionsprozessen für Lehrende von großer Wichtigkeit. Je nach Alter, Vorwissen und Sprachniveau der Lernenden und den jeweiligen Lernzielen kann grammatischem Wissen darüber hinaus eine zentrale Rolle beim *Sprachenlernen* zukommen insofern, als es Sicherheit schaffen kann für Lernende, die sich selbständig vergewissern wollen, ob sie Strukturen und Wörter angemessen verwenden, ob die von ihnen vermuteten Regelhaftigkeiten systematischer Natur sind oder Einzelphänomene, oder die Dinge eigenständig wiederholen, vertiefen, erweitern wollen (Fandrych 2000). Nicht zuletzt müssen DaF- und DaZ-Lehrende auch in der Lage sein, Fragen bezüglich der sprachlichen Norm und Variation fundiert beantworten zu können und gegebenenfalls auch kodifizierte Normen relativieren und bezüglich der „tatsächlichen Sprachrealität" (Thurmair 2001: 53) überprüfen zu können. Gerade hier herrscht in den letzten Jahren auch unter den Lehrenden vergleichsweise große Unsicherheit (Langer 2007). Nicht zuletzt für eine qualifizierte Sprachlernberatung sind fundierte linguistische Kenntnisse der Zielsprache von großer Relevanz.

Insofern sind linguistische Fragestellungen für die Ausbildung und Fortbildung von Deutschlehrerinnen und Deutschlehrern von zentraler Bedeutung. Trotzdem ist es keinesfalls selbstverständlich, dass diese Fragestellungen auch in entsprechende Studiengänge und Aus- bzw. Weiterbildungen aufgenommen werden. Vielfach werden linguistische Inhalte an die germanistische Linguistik delegiert, wo die DaF- bzw. DaZ-Perspektive überhaupt nicht oder nur am Rande berücksichtigt wird, oder aber die linguistischen Aspekte einer Fremdsprachendidaktik werden zugunsten allgemeiner pädagogisch-didaktischer Prinzipien mehr oder weniger vernachlässigt (Thurmair 2001: 50). Dies lässt sich für Lehramtsstudiengänge in vielen Ländern feststellen, es trifft aber auch auf Studiengänge an deutschen Hochschulen zu, vielleicht in besonderem Maße im Bereich des Deutschen als Zweitsprache, wo (interkulturell-)pädagogische Inhalte häufig im Vordergrund stehen und so die spezifisch *linguistischen* Probleme (im Bereich der *Textkompetenz* bzw. der *Bildungssprache*, die fach- bzw. sachbezogen ist) vernachlässigt werden. Gleichzeitig stellt sich für die Linguistik im Fach Deutsch als Fremd- und Zweitsprache verschärft die Herausforderung, in Kooperation mit den anderen Teildisziplinen ihren spezifischen Beitrag stärker zu akzentuieren und sicherzustellen, dass der zentrale Gegenstand des Faches, die Sprache in ihrer schillernden Vielfalt und Komplexität, nicht ausgeblendet wird. Tendenzen dazu sind leider vielerorts vorhanden; nicht zuletzt unter dem Druck der Integration von Sprachlehrerausbildungen unter dem Dach der Pädagogik bzw. Didaktik in manchen Ländern geht häufig die auf das Fach bezogene linguistische Ausbildung verloren, was einen eklatanten Rückschritt darstellt (und etwa in der Perpetuierung von längst überwunden geglaubten Darstellungen sprachlicher Strukturen des Deutschen in Lehrwerken seinen Ausdruck findet).

4. Ausblick

Die Entwicklungen der letzten Jahre deuten darauf hin, dass die Linguistik im Fach Deutsch als Fremd- und Zweitsprache in vielerlei Hinsicht noch stärker empirisch arbeiten wird, und zwar in allen Teilbereichen. Dafür sorgen allein schon die enorm gewachsenen Möglichkeiten, Korpora für verschiedenste Zwecke zu erarbeiten und zu nutzen, sowohl für die quantitative als auch für die qualitative Arbeit. So werden sicher grammatische, lexikologische, phonetische, text- und diskursbezogene, fachsprachlich orientierte und vergleichende Darstellungen des Deutschen für die Sprachvermittlung stärker an empirischen Daten überprüft werden, was zur Revision bzw. Differenzierung und Neuakzentuierung von Beschreibungen führen dürfte. Es ist zu hoffen, dass vom korpuslinguistischen Schub auch die qualitative, auf die Handlungseinbettung und Handlungszwecke orientierte Forschung zu Text und Diskurs profitieren wird, denn Ziel der Sprachvermittlung ist eine möglichst enge Verknüpfung von sprachlicher Form und sprachlicher und pragmatischer Bedeutung. Eine Herausforderung für die Linguistik im Fach Deutsch als Fremd- und Zweitsprache ist es, Korpora so anzulegen, dass sie nicht nur nach Wortarten und syntaktischen Strukturen, sondern auch nach sprachlichen Handlungen und textueller bzw. diskursiver Musterhaftigkeit untersucht werden können, dass sie nach Möglichkeit auch für bestimmte sprachliche Lernziele und Niveaustufen annotiert und nutzbar gemacht werden (vgl. Adamzik 2005 zu den eher bescheidenen Versuchen hierfür bei *Profile Deutsch*). Es fehlen insbesondere öffentlich zugängliche Korpora, die differenzierter nach Text- und Diskursarten aufgebaut sind, die ausgewogen und möglichst multimedial angelegt und abrufbar sind. Sie könnten die Basis auch für größere sprachvergleichende Untersuchungen bilden, gleichzeitig wäre so ein realistischerer Eindruck vom Varietätenspektrum des Deutschen abrufbar, als dies derzeit der Fall ist. Gerade im nichtdeutschsprachigen Raum (aber nicht nur dort!) sind oft bei Lehrenden die Vorstellungen von dem, was dem gesprochenen Standard (bzw. vom „Alltagsdeutschen", vgl. Art. 40) zugerechnet werden kann und was nicht, was regionalsprachlich akzeptable Varianten sind und wie sich auch Schriftlichkeit unter den Bedingungen der elektronischen Medien und der dadurch entstehenden neuen Kommunikationsformen verändert, nicht sehr realitätsnah. Verbunden mit der Erarbeitung der Korpora gilt es, aus didaktischer Perspektive besonders relevante, kulturell, sozial oder gesellschaftlich besonders interessante Text- und Diskursarten sprachwissenschaftlich umfassend zu untersuchen und so die derzeit immer noch vorherrschende Neigung, Texte als Steinbrüche für grammatische oder lexikalische Strukturen zu nutzen oder aber die spezifische Sprachlichkeit ganz auszublenden, zu überwinden. Auch sprachvergleichende Studien müssen in Zukunft noch stärker anhand von Sprachverwendung, nicht nur mit Bezug auf das vom System her Mögliche, die Unterschiede und Gemeinsamkeiten zwischen verschiedenen Ausgangssprachen und dem Deutschen in den Blick nehmen. Eine funktionale Herangehensweise, welche die textuelle und diskursive Ebene mit einbezieht, kann hier helfen, viele bekannte Phänomene neu einzuschätzen bzw. auch in ihrer Funktion besser zu verstehen.

Ein besonderes Desiderat besteht in der oben bereits geschilderten umfangreicheren Untersuchung von *bildungssprachlichen* Kontexten. Hiermit sind nicht in erster Linie die in der Fachsprachenforschung lange im Vordergrund stehenden Fachtermini und Fachdefinitionen gemeint, sondern die *alltägliche Schul-, Fach-* und *Wissenschaftssprache*, die lexikalische, grammatische, häufig aber auch idiomatisch-musterhafte Ressourcen der Allgemeinsprache für die sprachliche Bearbeitung ihrer spezifischen Zwecke und Problemstellungen nutzt (vgl. das Konzept der „alltäglichen Wissenschaftssprache" bei Ehlich 1995). Sowohl im Schul- wie im Hochschulbereich sind es diese spezifischen sprachlichen Ressourcen und ihre Einbindung in fach- und bildungsbezogene Kommunikationszusammenhänge, die eine überaus hohe Hürde für viele Nicht-Muttersprachler des Deutschen darstellen. Hier muss die Sprachwissenschaft im Fach Deutsch als Fremd- und Zweitsprache auf empirischer Basis konkrete (fachliche) Textformen, Diskursarten, Interaktionsmuster beschreiben und auf dieser Basis eine Hilfestellung bei der Erarbeitung von möglichst integrierten sprachlich-fachlichen Curricula leisten. Die linguistische Seite dieser Herausforderung wird noch vielfach unterschätzt – auch im Fach Deutsch als Zweitsprache. Bezogen auf Ausbildungszusammenhänge bedeutet dies, dass es von großer Bedeutung für den Fachdiskurs generell ist, gründlich zu reflektieren und genauer zu definieren, welche expliziten sprachbezogenen Kenntnisse angehende Lehrerinnen und Lehrer sowohl für Deutsch als Fremdsprache als auch für Deutsch als Zweitsprache mitbringen müssen – und welche expliziten sprachbezogenen Kenntnisse auch andere Fachlehrerinnen und -lehrer in ihrer Ausbildung erwerben müssen, die etwa in den bilingualen Sach-/Fachunterricht eingebunden werden sollen (vgl. für DaF-Kontexte auch den Beitrag von Breindl 2003). Im Kontext der Internationalisierung des Hochschulraums bedeutet dies auch, dass auch für stark international (und ganz oder teilweise englischsprachige) Studiengänge Modelle der integrierten Sprach- und Fachförderung entwickelt werden müssen, die es diesen Studierenden erlauben, langfristig am Fachdiskurs auch auf Deutsch zu partizipieren und so nachhaltig mit den deutschsprachigen Ländern in Verbindung zu bleiben.

Weitere wichtige Forschungs- und Ausbildungsfelder, in denen die Linguistik im Fach Deutsch als Fremd- und Zweitsprache vor wichtigen Aufgaben steht, finden sich in den oben bereits kurz angesprochenen Feldern der Skalierung und Modellierung von Sprachniveaus und -kompetenzen, bei der Entwicklung von Instrumenten zur Sprachstandsdiagnose und der darauf aufbauenden Entwicklung von sprachbezogenen Fördermaßnahmen. Insbesondere gilt es, stärker als dies bisher der Fall war, auch die *rezeptive* Grammatikkompetenz stärker analytisch zu fassen und für Grammatikvermittlungsprozesse mit zu berücksichtigen. Nicht zuletzt ergibt sich ein spannendes interdisziplinäres Feld auch an der Schnittstelle zwischen text- und diskursorientierter Sprachwissenschaft und kulturwissenschaftlichen Ansätzen, die (auch) die sprachlichen Manifestationen von kulturellen Deutungen und Argumentationstraditionen in den Blick nimmt.

5. Literatur in Auswahl

Adamzik, Kirsten und Wolf-Dieter Krause (Hg.)
  2005   *Text-Arbeiten. Textsorten im fremd- und muttersprachlichen Unterricht an Schule und Hochschule.* Tübingen: Narr.

Adamzik, Kirsten
  2005   Textsorten im Fremdsprachenunterricht − Theorie und Praxis. In: Kirsten Adamzik und
          Wolf-Dieter Krause (Hg.), 205−237.
Altmayer, Claus
  2007   Kulturwissenschaftliche Diskursanalyse im Kontext des Faches Deutsch als Fremdspra-
          che − Ziele und Verfahren. In: Angelika Redder (Hg.), *Diskurse und Texte. Festschrift
          für Konrad Ehlich zum 65. Geburtstag*, 575−584. Tübingen: Stauffenburg.
Ammon, Ulrich u. a. (Hg.)
  2004   *Varietätenwörterbuch des Deutschen. Die Standardsprache in Österreich, der Schweiz und
          Deutschland sowie in Liechtenstein, Luxemburg, Ostbelgien und Südtirol.* Berlin/New York:
          de Gruyter.
Baßler, Harald und Helmut Spiekermann
  2001   Regionale Varietäten des Deutschen im Unterricht „Deutsch als Fremdsprache" (I). *Deutsch
          als Fremdsprache* 38(4): 205−213.
Baßler, Harald und Helmut Spiekermann
  2002   Regionale Varietäten des Deutschen im Unterricht „Deutsch als Fremdsprache" (II). *Deutsch
          als Fremdsprache* 39(1): 31−35.
Bausch, Karl-Richard, Herbert Christ, Frank G. Königs und Hans-Jürgen Krumm (Hg.)
  2003   *Der Gemeinsame europäische Referenzrahmen für Sprachen in der Diskussion.* Tübingen:
          Narr.
Bouchara, Abdelaziz
  2002   *Höflichkeitsformen in der Interaktion zwischen Deutschen und Arabern.* Tübingen: Nie-
          meyer.
Breindl, Eva
  2003   Alle reden von der Lernergrammatik: und was ist mit den Lehrern? In: Armin Wolff und
          Ursula Renate Riedner (Hg.), *Grammatikvermittlung − Literaturreflexion − Wissen-
          schaftspropädeutik − Qualifizierung für eine transnationale Kommunikation*, 202−223.
          (Materialien Deutsch als Fremdsprache 70). Regensburg: FaDaF.
Carl, Jenny und Patrick Stevenson
  2007   Being a German-speaker in Central Europe: Language Policies and the Negotiation of
          Identities. In: Christian Fandrych und Reinier Salverda (Hg.), 91−112.
Castell, Andreu
  2002   *Gramática de la lengua alemana.* Madrid: Editorial Idiomas.
Cirko, Lesław (Hg.)
  2008   *Zwischen Lob und Kritik: sechs Jahre Erfahrung mit der Deutsch-polnischen Grammatik
          (dpg).* Wrocław: Oficyna Wydawn ATUT.
Diehl, Erika, Helen Christen, Sandra Leuenberger, Isabelle Pelvat und Thérèse Studer
  2000   *Grammatikunterricht: Alles für der Katz? Untersuchungen zum Zweitsprachenerwerb Deutsch.*
          Tübingen: Niemeyer.
Durrell, Martin
  2002a   Register, Variation und Fremdsprachenvermittlung. Zum Problem des Deutschunter-
          richts in Großbritannien. In: Gerhard Stickel (Hg.), *Deutsch von außen*, 239−258. Berlin:
          de Gruyter.
Durrell, Martin
  2002b   *Hammer's German Grammar and Usage.* 4. Aufl. London: Arnold.
Durrell, Martin
  2007   Language, Nation and Identity in the German-speaking Countries. In: Christian Fand-
          rych und Reinier Salverda (Hg.), 37−58.
Ehlich, Konrad
  1995   Die Lehre der deutschen Wissenschaftssprache: sprachliche Strukturen, didaktische Desi-
          derate. In: Heinz L. Kretzenbacher und Harald Weinrich (Hg.), *Linguistik der Wissen-
          schaftssprache*, 325−351. Berlin: de Gruyter.

Ehlich, Konrad in Zusammenarbeit mit Ursula Bredel, Brigitta Garme, Anna Komor, Hans-Jürgen Krumm, Tim McNamara, Hans H. Reich, Guido Schnieders, Jan D. ten Thije, Huub van den Bergh
  2005   *Anforderungen an Verfahren der regelmäßigen Sprachstandsfeststellung als Grundlage für die frühe und individuelle Förderung von Kindern mit und ohne Migrationshintergrund.* Berlin: Bundesministerium für Bildung und Forschung.
Ehlich, Konrad
  2006   Mehrsprachigkeit in der Wissenschaftskommunikation − Illusion oder Notwendigkeit? In: Konrad Ehlich und Dorothee Heller (Hg.), *Die Wissenschaft und ihre Sprachen*, 17−38. Bern: Lang.
Ehlich, Konrad
  2007   *Sprache und sprachliches Handeln. Band 1: Pragmatik und Sprachtheorie.* Berlin: de Gruyter.
Eichinger, Ludwig M.
  1991   Woran man sich halten kann: Grammatik und Gedächtnis. *Jahrbuch Deutsch als Fremdsprache* 17: 203−220.
Eichinger, Ludwig M. und Werner Kallmeyer (Hg.)
  2005   *Standardvariation. Wie viel Variation verträgt die deutsche Sprache?* Berlin: de Gruyter.
Eichinger, Ludwig M., Albrecht Plewnia und Claudia M. Riehl (Hg.)
  2008   *Handbuch der deutschen Sprachminderheiten in Mittel- und Osteuropa.* Tübingen: Narr.
Ellis, Nick
  2007   The weak interface, consciousness, and form-focused instruction: mind the doors. In: Sandra Fotos und Nassaj Hossein (Hg.), *Form-Focused Instruction and Teacher Education*, 17−34. Oxford: Oxford University Press.
Engel, Ulrich unter Mitarbeit von Danuta Rytel-Kuc, Lesław Cirko, Antoni Debski et al.
  1999   *Deutsch-polnische kontrastive Grammatik.* 2 Bde. Heidelberg: Groos.
Fandrych, Christian
  2000   *Ist der Kommunikative Ansatz im Fremdsprachenunterricht an seine Grenzen gekommen? German Studies at Aston University, Newsletter,* Aston University.
Fandrych, Christian
  2007   Bildhaftigkeit und Formelhaftigkeit in der allgemeinen Wissenschaftssprache als Herausforderung für Deutsch als Fremdsprache. In: Konrad Ehlich und Eva Heller (Hg.), *Die Wissenschaft und ihre Sprachen,* 39−62. Frankfurt a. M.: Lang.
Fandrych, Christian
  2008   Sprachliche Kompetenz im „Referenzrahmen". In: Christian Fandrych und Ingo Thonhauser (Hg.), 13−33.
Fandrych, Christian und Reinier Salverda (Hg.)
  2007   *Standard, Variation und Sprachwandel in germanischen Sprachen.* Tübingen: Narr.
Fandrych, Christian und Ingo Thonhauser (Hg.)
  2008   *Fertigkeiten − integriert oder separiert? Zur Neubewertung der Fertigkeiten und Kompetenzen im Fremdsprachenunterricht.* Wien: Praesens.
Fandrych, Christian und Maria Thurmair
  i. Vorb. *Textsorten: Linguistische und sprachdidaktische Untersuchungen.* Tübingen: Stauffenburg.
Fischer, Klaus
  2007   Komplexität und semantische Transparenz im Deutschen und Englischen. *Sprachwissenschaft* 32(4): 355−405.
Fischer, Kerstin und Anatol Stefanowitsch (Hg.)
  2006   *Konstruktionsgrammatik. Von der Anwendung zur Theorie.* Tübingen: Stauffenburg.
Gansel, Christina und Frank Jürgens
  2002   *Textlinguistik und Textgrammatik.* Wiesbaden: Westdeutscher Verlag.
Gogolin, Ingrid
  2009   „Bildungssprache" − The importance of teaching language in every school subject. In: Tanja Tajmel und Klaus Starl (Hg.), *Science Education Unlimited. Approaches to Equal Opportunities in Learning Science*, 91−102. Münster: Waxmann.

Götze, Lutz und Gerhard Helbig
  2001   Linguistischer Ansatz. In: Gerhard Helbig, Lutz Götze, Gert Henrici und Hans-Jürgen
          Krumm (Hg.), Bd. 1, 12−30.
Graefen, Gabriele
  2003   Zur Debatte um den Grammatikunterricht. In: Armin Wolff und Ursula Renate Riedner
          (Hg.), *Grammatikvermittlung − Literaturreflexion − Wissenschaftspropädeutik − Qualifi-
          zierung für eine transnationale Kommunikation*, 181−201. (Materialien Deutsch als
          Fremdsprache 70). Regensburg: FaDaF.
Graefen, Gabriele
  2004   Aufbau idiomatischer Kenntnisse in der Wissenschaftssprache. In: Armin Wolff, Chris-
          toph Chlosta und Torsten Ostermann (Hg.), *Integration durch Sprache*, 293−309. (Mate-
          rialien Deutsch als Fremdsprache 70). Regensburg: FaDaF.
Grießhaber, Wilhelm
  2006   *Sprachstandsdiagnose im kindlichen Zweitspracherwerb: Funktional-pragmatische Fundie-
          rung der Profilanalyse*. Arbeiten zur Mehrsprachigkeit, Universität Hamburg 1, SFB 538.
Haberzettl, Stefanie
  2005   *Der Erwerb der Verbstellungsregeln in der Zweitsprache Deutsch durch Kinder mit russi-
          scher und türkischer Muttersprache*. Tübingen: Niemeyer.
Haberzettl, Stefanie
  2006   Konstruktionsgrammatik im Zweitspracherwerb. In: Kerstin Fischer und Anatol Stefano-
          witsch (Hg.), 55−77.
Hägi, Sara (Hg.)
  2007   Plurizentrik im Deutschunterricht. *Fremdsprache Deutsch* 37. München/Ismaning: Hue-
          ber.
Hall, Christopher
  2003   *Modern German Pronunciation: An Introduction for Speakers of English*. Manchester:
          Manchester University Press.
Handwerker, Brigitte
  2008   Lernbasis Lexikon. − Das Verb und die Lizenz zu konstruieren. In: Christian Fandrych
          und Ingo Thonhauser (Hg.), 35−54.
Handwerker, Brigitte und Karin Madlener
  2009   *Chunks für Deutsch als Fremdsprache. Theoretischer Hintergrund und Prototyp einer multi-
          medialen Lernumgebung*. Baltmannsweiler: Schneider.
Hawkins, John A.
  1986   *A comparative typology of English and German. Unifying the contrasts*. London: Croom
          Helm.
Helbig, Gerhard
  1997   Wieviel Grammatik braucht der Mensch? *Deutsch als Fremdsprache* 29(3), 150−155.
Helbig, Gerhard
  2006   Funktionsverbgefüge − Kollokationen − Phraseologismen. Anmerkungen zu ihrer Ab-
          grenzung − im Lichte der gegenwärtigen Forschung. In: Ulrich Breuer (Hg.), *Wörter −
          Verbindungen. Festschrift für Jarmo Korhonen zum 60. Geburtstag*, 165−174. Frankfurt
          a. M.: Lang.
Helbig, Gerhard und Joachim Buscha
  2001   *Deutsche Grammatik. Ein Handbuch für den Ausländerunterricht*. München: Langen-
          scheidt.
Helbig, Gerhard, Lutz Götze, Gert Henrici und Hans-Jürgen Krumm (Hg.)
  2001   *Deutsch als Fremdsprache. Ein internationales Handbuch*. (Handbücher zur Sprach- und
          Kommunikationswissenschaft, 19.1−2) Berlin/New York: de Gruyter.
Hirschfeld, Ursula und Kerstin Reinke (Hg.)
  2007   Phonetik in Deutsch als Fremdsprache: Theorie und Praxis. *Zeitschrift für Interkulturellen
          Fremdsprachenunterricht* 12(2). http://zif.spz.tu-darmstadt.de (21. 5. 2010).

Ito, Makoto
  2005   *Deutsche und japanische Phraseologismen im Vergleich.* Tübingen: Groos.
Kaiser, Dorothee
  2002   *Wege zum wissenschaftlichen Schreiben: eine kontrastive Untersuchung zu studentischen Texten aus Venezuela und Deutschland.* Tübingen: Stauffenburg.
Kameyama, Shinichi
  2004   *Verständnissicherndes Handeln. Zur reparativen Bearbeitung von Rezeptionsdefiziten in deutschen und japanischen Diskursen.* Münster: Waxmann.
Korhonen, Jarmo und Barbara Wotjak
  2001   Kontrastivität in der Phraseologie. In: Gerhard Helbig, Lutz Götze, Gert Henrici und Hans-Jürgen Krumm (Hg.), Bd. 1, 224−235.
Kwakernaak, Erik
  2002   Nicht alles für die Katz. Kasusmarkierung und Erwerbssequenzen im DaF-Unterricht. *Deutsch als Fremdsprache* 3: 156−166.
Langer, Nils
  2007   Finding Standard German − Notes on Linguistic Codification. In: Christian Fandrych und Reinier Salverda (Hg.), 217−240.
Lüdeling, Anke, Seanna Doolittle, Hagen Hirschmann, Karin Schmidt und Maik Walter
  2008   Das Lernerkorpus Falko. *Deutsch als Fremdsprache* 45: 67−73.
Nied Curcio, Martina (Hg.)
  2008   *Ausgewählte Phänomene zur kontrastiven Linguistik Italienisch-Deutsch. Ein Studien- und Übungsbuch für italienische DaF-Studierende.* Mailand: Franco Angeli.
Pienemann, Manfred
  1998   *Language Processing and Second Language Development: Processability Theory.* Amsterdam: Benjamins.
Piirainen, Elisabeth
  2006   Phraseologie in arealen Bezügen: ein Problemaufriss. *Linguistik Online* 27(2) (21. 5. 2010).
Pinker, Steven
  1999   *Words and Rules: The Ingredients of Language.* London: Weidenfeld & Nicholson.
Scherner, Maximilian und Arne Ziegler (Hg.)
  2006   *Angewandte Textlinguistik: Perspektiven für den Deutsch- und Fremdsprachenunterricht.* Tübingen: Narr.
Schmölzer-Eibinger, Sabine
  2008   *Lernen in der Zweitsprache. Grundlagen und Verfahren der Förderung von Textkompetenz in mehrsprachigen Klassen.* Tübingen: Narr.
Schmölzer-Eibinger, Sabine und Paul R. Portmann-Tselikas (Hg.)
  2002   *Textkompetenz. Neue Perspektiven für das Lernen und Lehren.* Innsbruck: Studien Verlag.
Schmölzer-Eibinger, Sabine und Georg Weidacher (Hg.)
  2007   *Textkompetenz. Eine Schlüsselkompetenz und ihre Vermittlung.* Tübingen: Narr.
Stevenson, Patrick
  2002   *Language and German disunity. A sociolinguistic history of East and West in Germany, 1945−2000.* Oxford: Oxford University Press.
Thielmann, Winfried
  2009   *Deutsche und englische Wissenschaftssprache im Vergleich. Hinführen − Verknüpfen − Benennen.* Heidelberg: Synchron.
Thurmair, Maria
  1989   *Modalpartikeln und ihre Kombinationen.* Tübingen: Niemeyer.
Thurmair, Maria
  2001   Die Rolle der Linguistik im Studium Deutsch als Fremdsprache. *German as a Foreign Language* 2: 41−59. http://www.gfl-journal.de (21. 5. 2010).

Thurmair, Maria
    2003   Referenzketten im Text: Pronominalisierungen, Nicht-Pronominalisierungen und Reno-
minalisierungen. In: Maria Thurmair und Eva-Maria Willkop (Hg.), 197−219.

Thurmair, Maria
    2010   Alternative Überlegungen zur Didaktik von Modalpartikeln. *Deutsch als Fremdsprache*
1: 3−9.

Thurmair Maria und Eva-Maria Willkop (Hg.)
    2003   *Am Anfang war der Text. 10 Jahre „Textgrammatik der deutschen Sprache".* München: iu-
dicium.

Tomasello, Michael
    2005   Konstruktionsgrammatik und früher Erstspracherwerb. In: Kerstin Fischer und Anatol
Stefanowitsch (Hg.), 19−37.

Trautmann, Caroline
    2004   *Argumentieren. Funktional-pragmatische Analysen praktischer und wissenschaftlicher Dis-
kurse.* Frankfurt a. M.: Lang

Tschirner, Erwin
    2005   Korpora, Häufigkeitslisten, Wortschatzerwerb. In: Antje Heine, Mathilde Hennig und
Erwin Tschirner (Hg.), *Deutsch als Fremdsprache − Konturen und Perspektiven eines
Fachs*, 133−149. München: iudicium.

Tschirner, Erwin
    2008   Das professionelle Wortschatzminimum im Deutschen als Fremdsprache. *Deutsch als
Fremdsprache* 45: 195−208.

Wegener, Heide
    2008   Der Erwerb eines komplexen morphologischen Systems in DaZ − der Plural deutscher
Substantive. In: Patrick Grommes und Maik Walter (Hg), *Fortgeschrittene Lernervarietäten*, 93−118. Tübingen: Niemeyer.

Weinrich, Harald
    1979   Deutsch als Fremdsprache. Konturen eines neuen Fachs. *Jahrbuch Deutsch als Fremdspra-
che* 5: 1−13.

Weinrich, Harald unter Mitarbeit von Maria Thurmair, Eva Breindl und Eva-Maria Willkop
    2007   *Textgrammatik der deutschen Sprache.* 4. revidierte Aufl. Heidelberg: Olms.

Willkop, Eva-Maria
    2003   Anwendungsorientierte Textlinguistik. Am Beispiel von Textsorten, Isotopien, Tempora
und Referenzformen. *German as a Foreign Language* 3: 83−110. http://www.gfl-journal.
de (21. 5. 2010).

Wray, Alison
    2002   *Formulaic Language and the Lexicon.* Cambridge: Cambridge University Press.

Christian Fandrych, Leipzig (Deutschland)

18. Phonetik / Phonologie

1. Terminologie
2. Standardaussprache, Aussprachevarietäten und -varianten
3. Segmentale Phonologie und Phonetik des Deutschen
4. Prosodie
5. Literatur in Auswahl

Die Auffassungen zur Phonologie und Phonetik des Deutschen sind unterschiedlich, teilweise widersprüchlich. Die Darstellung in diesem Artikel folgt ebenso wie die Verwendung von Termini und Transkriptionszeichen einer sprechwissenschaftlichen Sichtweise, die phonetische, kommunikative und unterrichtsmethodische Aspekte einbezieht (Krech et al. 2009, Hirschfeld und Stock 2004, Meinhold und Stock 1982, vgl. auch die Stichwortartikel von Hirschfeld in Barkowski und Krumm 2009).

1. Terminologie

Phonetik: Die Phonetik beschäftigt sich mit der Hervorbringung (artikulatorische, physiologische Phonetik), mit der Wahrnehmung (auditive, perzeptive Phonetik) und mit der Schallsignalstruktur (akustische Phonetik) von Lauten und prosodisch überformten Lautfolgen. Im Gegensatz zur Phonologie, die die Funktion von segmentalen und suprasegmentalen Merkmalen und Einheiten zum Gegenstand hat, untersucht die Phonetik deren Form unter Berücksichtigung der physikalischen, physiologischen und psychischen Prozesse ihrer Entstehung und Wahrnehmung. Für den Bereich DaF/DaZ ist vor allem die mit geisteswissenschaftlichen Methoden arbeitende deskriptive Phonetik interessant, die sich mit der Entstehung und der Analyse phonetischer Erscheinungen befasst. Die experimentelle bzw. akustische Phonetik, die sich naturwissenschaftlicher Methoden bedient und gesprochene Sprache mit verschiedenen Messverfahren analysiert, spielt vor allem in empirischen Untersuchungen eine Rolle. Einheiten der Phonetik sind Laute (Phone), Allophone und deren Verbindungen. Ein Laut (Vokal oder Konsonant) ist die kleinste artikulatorisch, auditiv und akustisch analysierbare Einheit einer gesprochenen Äußerung, die Realisierung eines Phonems; z. B. ist ein Zungenspitzen-R, gesprochen in dem Wort *Rose*, eine konkrete Realisierung des Phonems /ʀ/ in einem konkreten segmentalen und suprasegmentalen Kontext. Allophone sind Phonemvarianten im Sinne von Lautklassen, sie sind nicht bedeutungsunterscheidend; es gibt freie, fakultative (z. B. Zungenspitzen-, Reibe- und Zäpfchen-R) und kombinatorische, von der Lautumgebung abhängige Varianten (z. B. vokalische und konsonantische R-Varianten). Darüber hinaus befasst sich die Phonetik mit lautübergreifenden, suprasegmentalen Merkmalen: Melodie, Lautheit, Dauer, Sprechgeschwindigkeit und Sprechspannung bzw., deren akustischen Korrelaten (wie Grundfrequenz und Intensität).

   Die Phonetik ist eine eigenständige Disziplin mit zahlreichen, interdisziplinär angelegten Anwendungsbereichen zwischen Linguistik, Biologie, Akustik, Sprachtechnologie, Neurowissenschaften und Medizin. Mit den phonetischen Aspekten mündlicher Kommunikation, auch interkulturell und im Rahmen des DaF-Unterrichts, befasst sich die sprechwissenschaftliche Phonetik. Der Begriff Phonetik steht in diesem Kontext für Aussprache bzw. Aussprachetraining und umfasst die phonologischen und phonetischen Grundlagen sowie die Perzeption und Produktion gesprochener Sprache.

Phonologie: Die Phonologie (auch Phonemik, Phonematik, Phonemtheorie, funktionale Phonetik) beschäftigt sich als linguistische Teildisziplin mit der Funktion von segmentalen und suprasegmentalen Merkmalen und Einheiten im Sprachsystem, mit der Feststellung des Phoneminventars und der Festlegung des Phonemsystems einer Sprache sowie deren Beschreibung. Grundlage phonologischer Beschreibung und Klassifizierung ist die Feststellung minimaler distinktiver (bedeutungsunterscheidender) Oppositionen auf der Grundlage phonetischer Merkmale. Einheiten der Phonologie sind im segmentalen Bereich Phoneme, d. h. Vokale und Konsonanten, als kleinste bedeutungsunterscheidende Einheiten des Sprachsystems. Darüber hinaus befasst sich die Phonologie mit der Funktion phonemübergreifender, suprasegmentaler Merkmale wie Melodie, Lautstärke, Dauer, Sprechgeschwindigkeit und Sprechspannung sowie deren Kombination und Funktion bei Akzentuierung, Rhythmisierung und Gliederung.

Transkription: Für die Darstellung phonologischer und phonetischer Einheiten wird eine Umschrift, die Transkription, benötigt. Verwendet werden die Zeichen des Internationalen Phonetischen Alphabets (IPA). Die Aussprache kann normphonetisch abstrakt (wie in Lehr- oder Wörterbüchern) oder realitätsnah (bei auditiven Analysen) transkribiert werden.

Die Verwendung der Transkription im DaF-Unterricht ist umstritten, dabei ist ihr Nutzen offensichtlich: Die komplizierten Phonem-Graphem-Beziehungen werden eindeutig wiedergegeben, und Lernende werden in die Lage versetzt, sich Transkriptionsangaben in Wörterbüchern selbstständig zu erschließen.

2. Standardaussprache, Aussprachevarietäten und -varianten

Die Standardaussprache wird in Aussprachewörterbüchern kodifiziert, sie ist die normgerechte phonetische − segmentale und suprasegmentale − Realisierung von Sprache. Die Aussprache einer Standardvarietät ist Gegenstand der (Norm-)Phonetik. Die phonologische Grundlage der Standardaussprache ist das System der Standardsprache, es bestimmt u. a.

− die Phoneme (Vokale und Konsonanten) und ihre Einordnung in das Phonemsystem,
− Regeln für den Silben- und Wortaufbau,
− Regeln und Muster für die Akzentuierung, Gliederung und Melodisierung.

Der früher für Standardaussprache verwendete Begriff Hochlautung ist ungünstig, weil „hoch" eine sprachliche bzw. soziale Bewertung ausdrücken könnte und „Lautung" den suprasegmentalen Bereich ausschließt. Die nationalen Varietäten des Deutschen − die bundesdeutsche (oder deutschländische), österreichische und deutschschweizerische − weisen jeweils eigene Standardaussprachen mit Substandards bzw. speziellen Registern auf. Als Standardaussprache gilt diejenige als nichtregional bewertete Aussprache, die Berufssprecher in den Medien sowie Schauspieler auf der Bühne benutzen, die von gebildeten Sprechern erwartet und die im DaF-Unterricht als Muster für den sprachproduktiven Bereich verwendet werden. Aktuelle Kodifikationen der Standardaussprache sind für Deutschland das Duden-Aussprachewörterbuch (Mangold 2005) und das Deutsche Aussprachewörterbuch (Krech et al. 2009), die Sender der ARD verfügen zudem über eine interne Aussprachedatenbank mit transkribierten und abhörbaren Einträgen. Für das österreichische Deutsch liegt seit 2007 ein Aussprachewörterbuch vor (Muhr 2007), für das Schweizerdeutsche ist der Aussprachestandard noch nicht kodifiziert.

Die Standardaussprache umfasst phonostilistische (charakterisiert durch text- bzw. situationsbedingte Modifikationen der Artikulationspräzision), emotionale und andere Varianten, die ebenfalls, rezeptiv und produktiv, in der Fremd- bzw. Zweitsprache Deutsch erlernt werden müssen. Die Aussprache einer konkreten Äußerung trägt zudem individuelle Merkmale eines Sprechers und damit auch sozio- und regiolektale Merkmale (wobei dialektale und umgangssprachliche Formen nicht in den Bereich der Standardaussprache gehören).

Die Aussprache wird im Sprachlernprozess meist unbewusst erworben, sie wird in der Regel auch unbewusst gebraucht, sie kann aber von geschulten Sprechern oder durch Unterricht gezielt verändert und eingesetzt werden. Im DaF-Unterricht wird sie mit Hilfe einer Lehrperson erlernt, Aussprachekorrekturen (bei Deutschlernenden, aber auch bei Dialektsprechern und Menschen mit Sprechstörungen) sind oft langwierig, weil Hörgewohnheiten verändert, unbewusst ablaufende Sprechbewegungen bewusstgemacht und neue Sprechbewegungen automatisiert werden müssen.

3. Segmentale Phonologie und Phonetik des Deutschen

3.1. Vokale

Das Deutsche verfügt über ein differenziertes Vokalsystem mit 16 Vokalphonemen, die bei wechselseitigem Austausch neue Bedeutungen ergeben. Distinktive (= bedeutungsunterscheidende) Merkmale, durch deren spezifische Bündelung die Vokale voneinander abgegrenzt werden können, sind:

1. die Quantität: kurz − lang,
2. die Qualität: ungespannt (offen) − gespannt (geschlossen),
3. der Grad der Zungenhebung: hoch − mittelhoch − flach,
4. die Richtung der Zungenhebung: vorn − zentral − hinten,
5. die Lippenrundung: gerundet − ungerundet.

Zur Tabelle 18.1 muss Folgendes erklärt werden:

1. Bei den zentralen Vokalen steht „ungerundet", bei den hinteren „gerundet" in Klammern, weil diese Merkmale zwar vorhanden und zu bilden, aber nicht distinktiv sind. Nur die vorderen Vokale unterscheiden sich phonologisch durch das Merkmal „gerundet".
2. (ɐ) steht in Klammern, weil es sich hier nicht um ein Vokalphonem handelt, sondern um ein Allophon des Konsonanten /ʁ/, und zwar um das sog. vokalisierte R. Aus

Tab. 18.1: Vokale des Deutschen mit ihren distinktiven Merkmalen (nach Hirschfeld und Stock 2004: 36)

Quantität + Spannung	Artikulationsstelle (Richtung der Zungenhebung)				Hebungsgrad
	vorn		zentral	hinten	
kurz + ungespannt	ɪ (Mitte)	ʏ (Füller)		ʊ (Rum)	hoch
lang + gespannt	iː (Miete)	yː (Fühler)		uː (Ruhm)	
kurz + ungespannt	ɛ (Bett)	œ (Hölle)		ɔ (Ofen)	
lang + gespannt	eː (Beet, sehen)	ø: (Höhle)		oː (offen)	
lang + ungespannt	ɛː (säen)				
					mittel-hoch
reduziert			ə (ehe)		
			(ɐ) (er, eher)		
kurz			a (Stadt)		flach
lang			aː (Staat)		
Lippenrundung	ungerundet	gerundet	(ungerundet)	(gerundet)	

lernmethodischen Gründen soll hier die strenge phonologische Sicht aufgehoben und dieses Allophon in der Vokalübersicht dargestellt werden.

3. Die reduzierten Vokale treten nur in unbetonter Position auf.

Charakteristisch für die deutschen Vokale ist das Merkmalspaar „kurz" und „lang". Diese Quantitätsdistinktion ist mit einer Qualitäts-, d. h. einer Klangunterscheidung verbunden. Anders als die langen werden die kurzen Vokale mit weniger Spannung, größerer Mundöffnung und geringerer Zungenhebung gebildet. Sie haben folglich das Merkmal „ungespannt" und die entsprechenden langen Vokale das Merkmal „gespannt". Deutlich wird dies an den unterschiedlichen Transkriptionszeichen für Lang- und Kurzvokale. Für die A-Vokale trifft dies nicht zu; hier wird nur ein kurzes von einem langen A unterschieden, was wiederum an den Transkriptionszeichen deutlich wird: /a/ und /aː/. Die Quantität ändert sich mit der Betonung. Akzentuierte Vokale sind länger als nichtakzentuierte. In *damit* wird z. B. ein langes A gesprochen, wenn die erste Silbe akzentuiert ist. Wechselt der Akzent dagegen auf die zweite Silbe, so wird das A verkürzt. Der Grad der Kürzung kann der Quantität eines Kurzvokals nahekommen, dennoch handelt es sich nicht um einen Kurzvokal, der nicht dehnbar ist und einen festen Anschluss an den folgenden Konsonanten hat. Langvokale sind dagegen dehnbar und kürzbar, und sie werden an folgende Konsonanten lose angeschlossen. Beides trifft im obigen Beispiel für das A auch dann zu, wenn der Akzent in *damit* auf der zweiten Silbe liegt.

Eine Besonderheit des deutschen Vokalismus besteht schließlich darin, dass neben dem langen gespannten /eː/ und dem kurzen ungespannten /ɛ/ auch ein langes ungespanntes /ɛː/ auftritt. Eingedeutschte fremde Wörter können außerdem kurze gespannte sowie nasalierte Vokale aufweisen, die nicht zum ursprünglichen deutschen Vokalsystem gehören.

Neben den einfachen Vokalen hat das Deutsche auch Diphthonge, d. h. einsilbige Vokalverbindungen, z. B. in *Leiter, Laut, Leute;* in wenigen Ausrufen wie *pfui, hui* tritt außerdem ein vierter Diphthong auf. Bei ihrer Bildung geht die Artikulationseinstellung des ersten Vokals stufenlos in die des zweiten über. Dabei nimmt die Intensität ab (fallende Diphthonge).

3.2. Konsonanten

Das Deutsche hat 21 Konsonantenphoneme, distinktive Merkmale sind:

1. die Artikulationsstelle: labial − ... − laryngal
2. die Artikulationsart: plosiv, frikativ, nasal, liquid
3. die Spannung (Fortis-Lenis-Korrelation)

Tab. 18.2: Konsonanten des Deutschen mit ihren distinktiven Merkmalen (nach Hirschfeld und Stock 2004: 37)

Artikulationsart	Artikulationsstelle					
	labial	alveolar	präpalatal	palatal	velar	laryngal
plosiv						
fortis	p (Oper)	t (Liter)			k (Ecke)	
lenis	b (Ober)	d (Lieder)			g (Egge)	
frikativ						
fortis	f (Feld)	s (reißen)	ʃ (Tasche)	ç (Bücher	x (Buch)	
lenis	v (Welt)	z (reisen)	ʒ (Rage)	j (Jahr)	ʁ (Rose)	h (Herz)
nasal	m (Mann)	n (Name)			ŋ (Ring)	
liquid		l (Lied)				

Zu Tabelle 18.2 muss Folgendes erklärt werden:

1. Die Plosive und Frikative zeichnen sich durch die Distinktion *fortis* (stark gespannt) − *lenis* (schwach gespannt) aus. Die Stimmhaftigkeit ist positionsabhängig, so dass Lenis-Konsonanten sowohl stimmhaft als auch stimmlos sein können.
2. Der Konsonant /ʁ/ steht in der Übersicht für ein Reibe-R, die häufigste konsonantische Variante, die anderen (Zungenspitzen- oder Zäpfchen-R) sind im Bereich der Standardaussprache ebenfalls zulässig. Für den Ausspracheunterricht ist vor allem wichtig, konsonantische und vokalische R-Varianten voneinander zu unterscheiden: R wird vokalisiert:
    a) in der unbetonten Verbindung er-, ver-, zer-, -er: *erzählen, versuchen, zerstören, besser*;
    b) nach langen Vokalen: *Uhr, Meer, ihr.*
   R wird frikativ − d. h. als Reibe-, Zäpfchen- oder Zungenspitzen-R − gesprochen:
    a) am Anfang eines Wortes oder einer Silbe: *Reise, Büro*;
    b) nach Konsonanten: *grau*;
    c) nach allen kurzen Vokalen und langen a-Lauten: *Herr, Mark, Jahr.*
   Da die Realisation des konsonantischen R im Silben- und Wortauslaut − vgl. unter c) − schwankt (je nach Artikulationspräzision), kann man im Unterricht vereinfacht die Positionen vor Vokal (konsonantisch) und nach Vokal (vokalisiert) unterscheiden.
3. Aus unterrichtsmethodischen Zwecken werden in der Übersicht /ç/ und /x/ als zwei zu unterscheidende Konsonantenphoneme angegeben, obwohl sie eigentlich stellungs-bedingte Allophone eines Phonems sind und gleich geschrieben werden.
4. Wie die Diphthonge werden auch die Affrikaten als Verbindungen zweier Phoneme aufgefasst und tauchen deshalb in der Übersicht nicht auf.

5. Vokale und Diphthonge werden wort- und silbeninitial zudem oft mit einem an den Stimmlippen gebildeten Plosiv (Zeichen: [ʔ]) eingesetzt. Dieser Glottisplosiv (oder Glottisschlag) signalisiert Silben- bzw. Wortgrenzen (*Berliner Leben* − *Berlin erleben*) und kann auch zur Wortunterscheidung (*alle* − *Halle*) beitragen. Im Gegensatz zu den anderen Plosiven ist er aber kein Konsonantenphonem und nicht in der Übersicht enthalten; er wird auch in der Schrift nicht durch einen speziellen Buchstaben wiedergegeben.

3.3. Phonem-Graphem-Beziehungen

Durch die späte Vereinheitlichung der Orthografie, und die verschiedenen wirksam werdenden Prinzipien (wie das etymologische, das phonologische, das historische, das semantische Prinzip) sind die Phonem-Graphem-Beziehungen im Deutschen sehr komplex (vgl. Tab. 18.3), sie lassen sich nicht durch einfache Regeln beschreiben. Es entsprechen z. B.

− einem Zeichen − verschiedene Phoneme <i> *wir* [i:] / *ich* [ɪ] / *Familie* [i]
− ein Zeichen − mehreren Phonemen <z, x> − [ts, ks] *Zeit, Text*
− mehrere Zeichen − verschiedenen Phonemen <ch> − [ç, x, k] *nicht, noch, Chor*
− mehrere Zeichen − mehreren Phonemen <chs> − [ks] *sechs*
− mehrere Zeichen − einem Phonem <sch> − [ʃ] *Schuh*
− verschiedene Zeichen − einem Phonem <i, ie, ieh> − [i:] *wir, sie, sieh.*

Im Unterricht Deutsch als Fremdsprache lassen sich zumindest einige Regeln zur Schreibung vermitteln, die etwas über den Charakter der Vokale und Konsonanten aussagen:

1. Doppelt geschriebenen Konsonanten gehen kurze Vokale voraus. Oft ist der Vokal auch kurz, wenn ihm zwei oder mehr Konsonanten innerhalb der Silbe folgen (*Herbst*), nicht aber in *lebst*, weil es sich hier um eine potentiell offene Silbe handelt (*le-ben*).
2. Lange Vokale erkennt man an der Doppelschreibung des Vokalbuchstabens (<aa, ee, oo, ie>) und am nachfolgenden <h>, in der neuen Rechtschreibung auch am nachfolgenden <ß>.
3. <ch> steht für [x] nach <a, o, u, au>, für [ç] nach den anderen Vokalbuchstaben und nach <l, n, r>.

3.4. Phonotaktische Besonderheiten

Für die Kombinationsmöglichkeiten von Vokalen und Konsonanten gelten die Regeln der Phonotaktik, die deren Distribution, d. h. ihr Vorkommen in bestimmten Lautumgebungen, und damit die Silbenstrukturen festlegen. So können z. B. der Ang-Laut oder der Ach-Laut im Deutschen nicht am Wortanfang vorkommen, die Lenis-Plosive und -Frikative werden im Silben- und Wortauslaut durch Fortiskonsonanten ersetzt (Auslautverhärtung), die Konsonanten [t] und [p] lassen sich innerhalb einer Silbe nicht in dieser Reihenfolge verbinden, die Vokale [a] und [œ] können keinen Diphthong bilden usw. Solche Distributionsregeln betreffen nicht nur Phoneme, sondern auch deren Varianten,

Tab. 18.3: Phonem-Graphem-Beziehungen in deutschen Wörtern (Auswahl)

Phoneme	Grapheme	Beispiele
aː	a, aa, ah	*da, Staat, Bahn*
a	a	*Stadt*
eː	e, ee, eh	*Beet, Tee, sehen*
ɛ	e, ä	*Bett, Kälte*
ɛː	ä, äh	*säen, zählen*
iː	i, ie, ih, ieh	*Miete, sie, ihr, sieh*
ɪ	i	*Mitte*
oː	o, oo, oh	*Ofen, Boot, wohnen*
ɔ	o	*offen*
uː	u, uh	*gut, Ruhm*
ʊ	u	*Rum*
øː	ö, öh, oe	*lösen, Höhle, Goethe*
œ	ö	*Hölle*
yː	ü, üh	*üben, Fühler*
ʏ	ü	*Füller*
ə	e	*Ehe*
ɐ	r, er	*er, eher*
p	p, pp	*Oper, doppelt*
b	b, bb	*Ober, Ebbe*
t	t, tt, dt, th, tth	*Tür, bitte, Stadt, Thomas, Matthias*
d	d, dd	*Lieder, Pudding*
k	k, ck, c, ch	*kalt, Ecke, Coburg, Chemnitz*
g	g, gg	*liegen, Egge*
f	f, ff, v	*Feld, offen, Vater*
v	w, v	*Welt, Vase*
s	s, ß, ss	*es, reißen, Tasse*
z	s	*Reisen*
ʃ	sch, s	*Tasche, sparen*
ʒ	g, j	*Rage, Journal*
ç	ch	*Bücher*
j	j	*Jahr*
x	ch	*Buch*
ʁ	r, rr, rh	*Rose, Herr, Rhein*
h	h	*Herz*
l	l, ll	*Lied, Ball*
m	m, mm	*Mann, kommen*
n	n, nn	*Name, Mann*
ŋ	ng, n	*Ring, Bank*

so bilden im Deutschen das konsonantische (Reibe-)R und das vokalisierte R kombinatorische oder komplementäre Varianten, die in verschiedenen Lautumgebungen vorkommen.

Beim Erlernen des Deutschen können die phonotaktischen Regeln einerseits helfen, der Ausgangssprache fremde Kombinationsmöglichkeiten bewusstzumachen, andererseits die Erklärung dafür liefern, warum ein in beiden Sprachen vorhandener Vokal oder Konsonant in bestimmten Lautumgebungen Probleme bereitet.

3.5. Koartikulation und Assimilation

Beim zusammenhängenden Sprechen werden Laute nicht einzeln oder nacheinander realisiert, die Artikulationsbewegungen gehen über die Lautebene hinaus. Dieser Vorgang wird Koartikulation genannt. Darüber hinaus kommt es unter dem Einfluss der Sprechsituation (Phonostilistik) und der prosodischen Bedingungen (Sprechtempo, Akzentuierung usw.) zu deutlich wahrnehmbaren Veränderungen in der Bildung aufeinander folgender Laute und Lautverbindungen, zu Assimilationen und Reduktionen. Assimilationen sind Angleichungen in bestimmten Lautbildungsmerkmalen, im Deutschen vor allem in Artikulationsstelle, -art und Stimmbeteiligung. Reduktionen sind suprasegmental bedingte Erscheinungen, die bis zur Elision führen können (z. B. bei Schwa-Elision in der Endung -en, Ausfall von Auslautkonsonanten, z. B. in *ist, nicht, mal*). Je ungespannter die Sprechweise, je höher das Sprechtempo, je unwichtiger und somit je weniger akzentuiert das Wort bzw. die Silbe sind, desto mehr nehmen Assimilationen und Reduktionen in Stärke und Umfang zu.

Koartikulation, Assimilationen und Reduktionen sind sprachabhängig, hier sind stärkere Interferenzen zu erwarten. Mit zunehmendem Sprachstand (zunehmender Sprechflüssigkeit) sollten diese Prozesse beherrscht werden, weil es sonst zu einer unnatürlichen, rhythmisch gestörten Sprechweise kommt.

4. Prosodie

4.1. Funktionen und Merkmale

Die Prosodie (auch Prosodik, Intonation im weiteren Sinne) kann sowohl der Phonologie als auch der Phonetik zugeordnet werden. Aus phonologischer Sicht ist ihre bedeutungsunterscheidende Funktion relevant, sie erfolgt auf verschiedenen Ebenen, so im Bereich der Akzentuierung (*umfahren* vs. *umfahren*, *heute so, morgen* so vs. *heute so, morgen so*), der Gliederung (*er, nicht sie* vs. *er nicht, sie*) und der Melodisierung (*Kommen Sie?* vs. *Kommen Sie!*). Neben der Bedeutungsunterscheidung sind folgende Funktionen der Prosodie zu nennen: die (nicht kontrastive) Hervorhebung, die Strukturierung und die expressive bzw. affektive Funktion.

Aus phonetischer Sicht sind Auftreten, Kombination und Variation der prosodischen Merkmale interessant: Sprechmelodie, Lautstärke, Dauer, Sprechtempo (Sprechgeschwindigkeit), Sprechspannung sowie, quasi als Nichtvorhandensein dieser Merkmale, die Pausen. Als aus allen Mitteln – je nach Sprechintention und -situation – spezifisch kombinierte, komplexe suprasegmentale Gestaltungsmerkmale gesprochener Äußerungen sind Akzentuierung und Rhythmisierung anzusehen. Ob der Stimmklang zu den prosodischen Merkmalen zählt, ist umstritten.

4.2. Akzentuierung/Rhythmisierung

a) Akzentuierung

Schwierigkeiten bereitet Deutschlernenden vor allem die Wortakzentuierung. Das betrifft zum einen die Mittel der Hervorhebung, zum anderen die Regeln. Hinsichtlich der

Regeln sind einfache Wörter und Namen deutscher und fremder Herkunft und zusammengesetzte Wörter (Komposita) zu unterscheiden.

- In deutschen nicht zusammengesetzten Wörtern ist der Akzent vor allem von der Morphemgliederung des Wortes abhängig, meist wird der Wortstamm oder dessen erste Silbe akzentuiert; Präfixe, Suffixe und Verbalpartikeln, die auf vielfache Weise den Wortstämmen angehängt werden können, sind, von Ausnahmen (*un-, miss-, -ei, -ieren*) abgesehen, akzentlos.
- Bei fremden nicht zusammengesetzten Wörtern sind ältere Entlehnungen (vor allem aus dem Griechischen und dem Lateinischen) von jüngeren Entlehnungen zu unterscheiden. Jüngere Entlehnungen behalten den Akzent der Herkunftssprache, ältere Entlehnungen werden tendenziell auf der letzten langen Silbe akzentuiert.
- Komposita bestehen aus zwei oder mehreren selbstständigen Wörtern, die ursprünglichen Wortakzente werden zu Haupt- und Nebenakzenten. In Determinativkomposita trägt die (meist) vor dem Grundwort stehende nähere Bestimmung den Hauptakzent, das Grundwort kann einen Nebenakzent erhalten. In Kopulativkomposita, die vorwiegend aus zwei oder drei gleichwertigen Gliedern bestehen, wird das jeweils letzte Glied mit Hauptakzent hervorgehoben; vorausgehende Glieder können jeweils einen Nebenakzent erhalten. Hier zeigt sich eine Tendenz zur Akzentverschiebung auf das erste Glied, z. B. *taubstumm*.

Wortakzente sind potentielle Wortgruppen- und Äußerungsakzente, wobei in der Regel das sinnwichtigste Wort den Hauptakzent trägt und alle anderen Wörter einen (in der Ausprägung abgestuften) Nebenakzent bekommen.

b) Rhythmisierung
Das Deutsche wird als Sprache mit einem „akzentzählenden" Rhythmus beschrieben. Dieser Höreindruck entsteht durch zwei gegenläufige Tendenzen: Akzentuierte Silben zeichnen sich durch eine Spannungszentralisation aus, sie werden präzise artikuliert und durch Lautheit, Tonhöhenverlauf und zeitliche Dehnung herausgehoben; akzentlose Silben unterliegen dagegen einer Abschwächung; sie werden eher flüchtig und mit gerafftem Tempo artikuliert, und es gibt eine deutliche Tendenz zur Reduzierung von Lautmerkmalen und Lauten. Rhythmisierungen entstehen auf Wortgruppenebene, solche Akzent- bzw. rhythmischen Gruppen, beim Sprechen als inhaltlich zusammengehörig charakterisiert, werden mittels Pausen aus der Äußerung herausgegliedert.

4.3. Gliederung

Mögliche Stellen für eine Pause oder andere Gliederungssignale sind die Grenzen der rhythmischen Gruppen oder der Akzentgruppen, aus denen sich rhythmische Gruppen zusammensetzen. Sie ergeben sich aus dem Anschluss akzentloser Wörter an Wörter mit einem Wortgruppenakzent. Freie oder feste Wortgruppen treten beim Sprechen als Satzglieder (Subjekte, Objekte usw.) oder Gliedsätze oder als Teile dieser Einheiten in Erscheinung. Ihre rhythmisch-melodische Realisierung ist dabei abhängig von der Verteilung der Pausen.

4.4. Melodisierung

Der Melodieverlauf zeigt einerseits universelle Merkmale, wie z. B. die Deklination (d. h. eine über die Äußerung hinweg kontinuierlich absinkende Melodie). Die Melodisierung dient andererseits sprachabhängig der Hervorhebung (Akzent) in Wort, Wortgruppe und Äußerung, der Rhythmisierung und als Grenzsignal bei der Bildung von Teiläußerungen und dem Abschluss von Äußerungen. Typisch für das Deutsche sind ein relativ kleines Melodieintervall und ein relativ starker Abfall der Melodie am Äußerungsende. Vor einer Gliederungspause bzw. am Ende einer Äußerung übernimmt die Melodie eine für das Verstehen wichtige syntaktische Funktion. Sie zeigt an, ob eine Äußerung abgeschlossen ist oder nicht und, wenn sie abgeschlossen ist, ob sie als Aussage bzw. Aufforderung oder als Frage zu verstehen ist. Hier werden drei Verlaufsformen unterschieden:

1. die steigende Melodie (interrogativ),
2. die fallende Melodie (terminal),
3. die weiterweisende Melodie (progredient).

Die Verlaufsformen sind mehr oder weniger eng an syntaktische Strukturen gebunden und vor allem beim reproduzierenden Sprechen, z. B. beim Vorlesen zu beobachten.

5. Literatur in Auswahl

ARD-Aussprachedatenbank:
        http://de.wikipedia.org/wiki/ARD-Aussprachedatenbank (2. 5. 2010).
Barkowski, Hans und Hans-Jürgen Krumm (Hg.)
    2010   *Fachlexikon Deutsch als Fremd- und Zweitsprache*. Stuttgart: UTB.
Dieling, Helga und Ursula Hirschfeld
    2000   *Phonetik lehren und lernen*. München: Langenscheidt.
Duden − Aussprachewörterbuch
    2005   Sechste Aufl. Mannheim: Dudenverlag.
Eisenberg, Peter
    2005   Phonem und Graphem. In: *Duden. Die Grammatik*. 19−94. Siebte Aufl. Mannheim: Du-
            denverlag.
Hirschfeld, Ursula
    2003   Phonologie und Phonetik in Deutsch als Fremdsprache. In: Altmayer, Claus und Roland
            Forster (Hg.), *Deutsch als Fremdsprache: Wissenschaftsanspruch − Teilbereiche − Bezugs-
            disziplinen*, 189−233. Frankfurt a. M.: Lang.
Hirschfeld, Ursula, Kerstin Reinke und Eberhard Stock (Hg.)
    2007   *Phonothek intensiv. Aussprachetraining*. München: Langenscheidt.
Hirschfeld, Ursula und Eberhard Stock
    2004   Aussprache. In: Marita Pabst-Weinschenk (Hg.), *Grundlagen der Sprechwissenschaft und
            Sprecherziehung*, 31−48. München/Basel: Reinhardt.
Krech, Eva-Maria, Eberhard Stock, Ursula Hirschfeld und Lutz Christian Anders
    2009   *Deutsches Aussprachewörterbuch*. Berlin: de Gruyter.
Meinhold, Gottfried und Eberhard Stock
    1982   *Phonologie der deutschen Gegenwartssprache*. Leipzig: Bibliografisches Institut.
Muhr, Rudolf
    2007   *Österreichisches Aussprachewörterbuch / Österreichische Aussprachedatenbank*. Frankfurt
            a. M.: Lang.

Ternes, Elmar
    1999   *Einführung in die Phonologie.* 2. Aufl. Darmstadt: Wissenschaftliche Buchgesellschaft.

Ursula Hirschfeld, Halle (Deutschland)

19. Orthographie

1. Begriffsbestimmung und Charakterisierung der Orthographie

Unter Orthographie verstehen wir die Norm der Schreibung einer Sprache, d. h. die Norm der graphischen Repräsentation sprachlicher Einheiten. Sie bezieht sich auf alle graphisch repräsentierten Einheiten, und zwar sowohl die elementaren Schreibungseinheiten, die Grapheme, als auch die graphischen Formen der höheren Einheiten des Sprachsystems, der Morpheme, Wörter, Sätze und Texte. Mit anderen Worten, zur Orthographie gehört nicht nur die graphische Fixierung von Morphemen und Wörtern mittels Buchstaben, sie schließt auch solche graphischen Phänomene ein wie die Getrennt- und Zusammenschreibung, die Groß- und Kleinschreibung, die Worttrennung am Zeilenende und die Interpunktion.

Außer den gemeinsamen Merkmalen aller sprachlichen Normen als Regulative des sprachlich-kommunikativen Handelns besitzt die Orthographie auch einige spezifische Merkmale. Zu ihnen gehören:

(1) Die Orthographien moderner Kultursprachen stellen heute durchweg externe, kodifizierte Normen dar, die auf zweifache Weise, nämlich in generellen Regeln und in singulären Festlegungen in Wörterverzeichnissen, fixiert und als Norm gesetzt sind. Die so festgesetzte Norm fungiert sowohl als Grundlage des Orthographieerwerbs wie auch als allgemeines Schreibungsregulativ. Die Notwendigkeit einer relativ strikten und genauen Kodifikation der Orthographie ergibt sich aus den Anforderungen der modernen Gesellschaft an die schriftliche Kommunikation, durch die im Interesse der Vermeidung von Kommunikationsstörungen einheitliche und eindeutige graphische Formen verlangt werden.

(2) Die Orthographie besitzt unter den sprachlichen Normen einen besonders hohen Verbindlichkeitsanspruch, der in bestimmten Anwendungsbereichen sogar durch entsprechende staatliche Verfügungen gestützt wird, was natürlich auch auf den allgemeinen Schreibusus ausstrahlt. Die kodifizierte Norm wird damit dominierend für den Schreibgebrauch des Einzelnen, und es entsteht in der Sprachgemeinschaft auf

diesem Gebiet ein ausgeprägtes Normbewusstsein, das wieder zur Verbindlichkeit und Stabilität der bestehenden Orthographie beiträgt.

(3) Mit der Festschreibung eines bestimmten Entwicklungsstandes der Orthographie in einer Normkodifikation und der amtlich gestützten Verbindlichkeit dieser Norm wird die freie, eigendynamische Entwicklung der Rechtschreibung, wie sie vor der Existenz einer einheitlichen standardsprachlichen Norm gegeben war, sehr stark reduziert und, von Einzelfallschreibungen abgesehen, weitgehend ausgeschlossen. An die Stelle der vorherigen Schreibgebrauchsdominanz tritt nun eine Regelungsdominanz. Der Wechselwirkungsprozess von Sprachgebrauch und Norm, wie er die Entwicklung in anderen sprachlichen Teilgebieten nach wie vor bestimmt, ist hier weitgehend zum Stillstand gekommen. Ausnahmen davon gibt es allerdings auch immer wieder, speziell in Grenzbereichen wie der Fremdwortschreibung (*Bureau* − *Büro*) oder bei Kodifikationsunsicherheiten, etwa in der Groß- oder Kleinschreibung der Adjektive in festen nominalen, nichtproprialen Wortgruppen (*Schwarzes Brett*, aber *schwarzer Markt*). Grundsätzlich aber ist eine einzelfallübergreifende Veränderung der Orthographie heute nur durch eine Änderung der kodifizierten und amtlich legitimierten Norm, eine sogenannte Orthographiereform, möglich.

2. Prinzipiengefüge der Orthographie

Eine Darstellung der Struktur der deutschen Orthographie kann nicht in der Zusammenstellung isolierter Einzelfakten bestehen, sondern muss eine klare theoretische Grundlage besitzen, die den Rahmen für die Beschreibung solcher Einzelfakten bildet. Diese Grundlage wird durch das Konzept des Systems der Standardsprache geliefert. Für die sprachwissenschaftliche Beschreibung der Orthographie geht es darum, die Stellung der graphischen Repräsentationsformen der Sprache innerhalb des Sprachsystems zu bestimmen und sie zu den anderen Teilbereichen dieses Systems in Beziehung zu setzen. Dafür sind in der jüngeren Entwicklung der Linguistik unterschiedliche Konzepte entwickelt worden (Nerius 2007: 55−72). Von einzelnen Ausnahmen wie der generativen Sprachbeschreibung abgesehen, laufen sie weitgehend darauf hinaus, die früher dominierende, stark phonographisch orientierte Auffassung zu überwinden und die Schreibung nicht nur als eine von der Lautung abhängige Repräsentationsform zu sehen, sondern als eine relativ autonome sprachliche Systemkomponente mit eigener Funktion und Struktur. Dabei wird deutlich, dass die primäre Aufgabe der Schreibung nicht die Visualisierung der Lautung ist, sondern dass sie in erster Linie der Materialisierung und als Übermittlungsträger von Bedeutungen dient. Auch wir vertreten diese Position und haben dazu ein Konzept entwickelt, das die Grundlage und den Rahmen für die Strukturbeschreibung der Orthographie darstellt (Nerius 2007: 73−95).

Der Kerngedanke dieses Konzepts besteht darin, dass wir innerhalb des Sprachsystems eine graphische Ebene annehmen, die in hierarchisch abgestuften Beziehungen zu den anderen Ebenen des Sprachsystems steht. Die grundlegenden, an der Spitze der hierarchischen Stufenleiter stehenden Beziehungen der graphischen Ebene zu den anderen Ebenen des Sprachsystems nennen wir unter Aufnahme von Traditionen der deutschen Orthographiebeschreibung orthographische Prinzipien. Ihnen nach- und untergeordnet sind in hierarchischer Abfolge orthographische Regeln unterschiedlichen Generalisierungsgrades, von den Grund- bis zu den Einzelregeln, durch die die Struktur der Ortho-

graphie bis zu den Einzelfallschreibungen dargestellt wird. Entsprechend dem Grundcha-
rakter der Buchstabenschrift, wie sie auch die deutsche Sprache verwendet, nämlich dem
Bezug von Buchstaben/Graphemen zu bestimmten Lautsegmenten, und dem Sinn und
Zweck jeder Schrift überhaupt, nämlich der graphischen Repräsentation von Bedeutungen, werden dabei zunächst zwei Hauptprinzipien angenommen, die die Beziehungen
der graphischen Ebene zur phonologischen einerseits und zur semantischen andererseits
umfassen und phonologisches und semantisches Prinzip genannt werden. Diese Hauptprinzipien sind ihrerseits jeweils in eine Reihe von Einzelprinzipien gegliedert, durch die
speziellere Beziehungen von Gegebenheiten der graphischen Ebene zu solchen der phonologischen oder semantischen Ebene zum Ausdruck gebracht werden. So ordnen wir
dem phonologischen Hauptprinzip ein phonematisches Prinzip zu, das die Beziehungen
von Phonemen und Graphemen bei der Morphem- und Wortschreibung betrifft. Außerdem bestehen als Einzelprinzipien im Rahmen dieses Hauptprinzips ein syllabisches Prinzip, das die Beziehungen von Silben als Lautungseinheiten und graphischen Wortsegmen-
ten als Schreibungseinheiten, z. B. bei der Worttrennung, umfasst, und ein intonatori-
sches Prinzip, das u. a. die Beziehungen von Satzintonation und Interpunktion betrifft,
heute allerdings nur noch eine geringe Rolle spielt. Dem semantischen Hauptprinzip
ordnen wir als Einzelprinzipien ein morphematisches Prinzip zu, das die graphische Identität der semantisch-strukturell zusammengehörenden Formen von Morphemen und
Wörtern ausdrückt (z. B. *Rad* [ra:t] zu *Rades* [ra:dəs] und *Rat* [ra:t] zu *Rates* [ra:təs]), des
Weiteren ein lexikalisches, ein syntaktisches und ein textuales Prinzip, die die Wiedergabe
semantisch-struktureller Gegebenheiten der lexikalischen, syntaktischen und der Textebene auf der graphischen Ebene betreffen, z. B. in der Getrennt- und Zusammenschreibung, der Groß- und Kleinschreibung und der Interpunktion (vgl. die Übersicht in Nerius 2007: 90).

Die den Prinzipien hierarchisch nachgeordneten orthographischen Regeln drücken
dann konkret die einzelnen Relationen aus, die zwischen Elementen der graphischen
Ebene und solchen der anderen Ebenen des Sprachsystems bestehen und stellen für den
Sprachbenutzer gleichzeitig Handlungsanweisungen zum normgerechten Schreiben dar.
Man fasst diese Regeln nach den jeweils verwendeten graphischen Mitteln zu Regelberei-
chen oder orthographischen Teilgebieten zusammen. Diese sind aber keineswegs immer
nur Ausdruck eines orthographischen Prinzips; hier hat die Entwicklung der deutschen
Orthographie zu wesentlich komplizierteren Verhältnissen geführt, sodass sich die einzelnen Regelbereiche mitunter auf mehrere Prinzipien beziehen (vgl. die Übersicht in Nerius
2007: 94).

3. Zur Struktur der gegenwärtigen deutschen Orthographie

Man unterscheidet bei der Strukturbeschreibung der deutschen Orthographie normalerweise folgende Regelbereiche oder Teilgebiete:

- Laut-Buchstaben-Zuordnungen oder Phonem-Graphem-Beziehungen;
- Getrennt- und Zusammenschreibung;
- Schreibung mit Bindestrich;
- Groß- und Kleinschreibung;
- Interpunktion;
- Worttrennung am Zeilenende.

In Anbetracht des zur Verfügung stehenden Raumes kann hier nur beispielhaft auf zwei dieser Bereiche, nämlich die Laut-Buchstaben-Zuordnungen, genauer die Phonem-Graphem-Beziehungen, und die Groß- und Kleinschreibung, eingegangen werden.

3.1. Laut-Buchstaben-Zuordnungen und Auswirkungen des morphematischen Prinzips

Die Schreibung der Wörter und ihrer Bausteine, der Morpheme, wird im Deutschen durch die Auswirkungen des phonematischen Prinzips auf der einen und des morphematischen Prinzips auf der anderen Seite bestimmt. Im ersten Fall geschieht das dadurch, dass den elementaren Schreibungseinheiten, den Buchstaben, elementare Lautungseinheiten, Phoneme oder Allophone, zugeordnet sind. Dieser Bezug ist jedoch kein Selbstzweck und die Orthographie ist keine verkappte Transkription, sondern er ist nur ein Mittel zum eigentlichen Zweck, nämlich der graphischen Fixierung der Morphem- und Wortbedeutung.

Von den Buchstaben als formalen Grundeinheiten der Schreibung sind theoretisch die Grapheme als funktionale Grundeinheiten zu unterscheiden. Der Begriff des Graphems ist in der linguistischen Literatur umstritten und wird kontrovers behandelt. Man kann das Graphem einerseits als interne Größe der graphischen Ebene ohne Bezug zur phonologischen Ebene, als die kleinste bedeutungsunterscheidende Einheit der graphischen Ebene interpretieren. Zu dem auf dieser Grundlage zu bestimmenden Grapheminventar gehören dann alle Buchstaben sowie die Buchstabenverbindungen, die wie Einzelbuchstaben als kleinste, systematisch unteilbare Einheiten anzusehen sind (Eisenberg 1998: 59–61). Für die Darstellung der orthographischen Regelung und für praktische Lehrzwecke wichtiger ist jedoch die Interpretation des Graphems als Bezugsgröße zur parallelen Einheit der phonologischen Ebene, dem Phonem. Die sich durch diese Beziehung von Graphemen und Phonemen ergebenden Relationsgrößen nennen wir Phonographeme. Solche Phonographeme sind z. B. <a/a:/>, <ah/a:/> und <aa/a:/>, was heißt, dass der Buchstabe *a* und die Buchstabenverbindungen *ah* und *aa* Phonographeme darstellen, die der graphischen Wiedergabe des Phonems /a:/ dienen.

Die Darstellung der orthographischen Regelung in diesem Bereich besteht nun darin, diese Beziehungen zwischen Phonemen und Graphemen im Einzelnen zu beschreiben, also die Phonographeme aufzuzeichnen und ihre Anwendungsbereiche zu bestimmen. Dabei wird deutlich, dass es sich im Deutschen keineswegs um eine 1:1-Entsprechung handelt, sondern dass die Verhältnisse wesentlich komplizierter sind. Das ist ein Resultat der historischen Entwicklung unserer Orthographie, in deren Verlauf die Wort- und Morphemschreibung eben nicht nur durch das phonematische, sondern auch durch das morphematische Prinzip geprägt wird, was in der Rückprojizierung auf die Phonem-Graphem-Beziehungen in einer Differenzierung dieser Beziehungen zum Ausdruck kommt.

Bei der Darstellung der Phonographeme muss man zunächst unterscheiden zwischen solchen, die im heimischen Kernwortschatz auftreten, und solchen, die darüber hinaus nur in Fremdwörtern und/oder Eigennamen vorkommen. Hier gibt es eine Vielzahl spezieller Phonem-Graphem-Beziehungen, sodass die Zahl der Phonographeme in Fremdwörtern die in heimischen Wörtern weit übersteigt. Beispielsweise tritt das Graphem <c>, das als Einzelgraphem nur in Fremdwörtern vorkommt, in folgenden fremdwörtlichen

Phonographemen auf: <c/k/>, z. B. *Clou*; <c/s/>, z. B. *City*; <c/tʃ/>, z. B. *Cembalo*. Insgesamt können wir in der gegenwärtigen deutschen Orthographie etwa 200 spezifisch fremdwörtliche Phonographeme feststellen (Nerius 2007: 127), denen 78 Phonographeme im heimischen Wortschatz gegenüberstehen (Heller 1980: 101).

Bei den Phonographemen in heimischen Wörtern muss man wiederum unterscheiden zwischen solchen, die grundlegende und am häufigsten auftretende Beziehungen zwischen Phonemen und Graphemen ausdrücken, und solchen, die besondere, weniger häufig auftretende Beziehungen betreffen. So ist z. B. die Wiedergabe des Phonems /i:/ durch die Graphemverbindung <ie> in heimischen Wörtern die grundlegende Beziehung (*Liebe*, *Dieb*, *viel*, *fliegen*), während die relativ seltene Wiedergabe durch das Graphem <i> (*wir*, *Igel*, *Biber*) eine besondere Beziehung darstellt, die dagegen in Fremdwörtern sehr häufig vorkommt (*Diva*, *Krise*, *Ventil*, *Lokomotive*). Es ist hier nicht der Raum, das Inventar der Phonographeme und ihre Anwendungsbereiche im Einzelnen vorzustellen. Das ist zu entnehmen aus der amtlichen deutschen Rechtschreibregelung (Deutsche Rechtschreibung 2006: 17−34) oder aus Heller (2008: 15−38). Die angedeutete Differenzierung der Phonem-Graphem-Beziehungen ist auch für die Erlernung des Deutschen als Fremdsprache wichtig, bei der man von den grundlegenden über die besonderen zu den spezifisch fremdwörtlichen Beziehungen fortschreiten sollte.

Die Schreibung der Morpheme und Wörter wird im Deutschen jedoch auch durch einen direkten Bezug zur Morphem- und Wortbedeutung bestimmt. Dieser als morphematisches Prinzip bezeichnete Bezug zeigt sich in der graphischen Identität oder Ähnlichkeit von inhaltlich zusammengehörenden Morphemen, und zwar auch in Fällen bestimmter Veränderungen der lautlichen Morphemformen, z. B. *Kälte* (zu *kalt*), nicht **Kelte*, obwohl das aus der Sicht des phonematischen Prinzips geboten wäre. Das dient dazu, die Morpheme beim Lesen rasch zu identifizieren und damit die Erfassung der Bedeutung zu unterstützen. Das morphematische Prinzip zeigt sich in der deutschen Orthographie in einer ganzen Reihe von Fällen und ist auch durch die 1996 beschlossene Orthographiereform nochmals gestärkt worden. Als Beispiele seien genannt:

(1) Die Umlautschreibung: Die Grapheme <ä>, <ö> und <ü> werden aufgrund ihrer formalen Ähnlichkeit zu den Graphemen <a>, <o> und <u> zur Verdeutlichung der Zusammengehörigkeit paradigmatischer Formen genutzt wie bei *Fälle*, *fällen*, *gefällig* (zu *Fall*). Durch die Neuregelung der Orthographie von 1996 wird die Geltung des morphematischen Prinzips auch auf Fälle ausgeweitet wie *behände* (zu *Hand*), *überschwänglich* (zu *Überschwang*), *Stängel* (zu *Stange*).

(2) Die Nichtberücksichtigung der sogenannten Auslautverhärtung in der Schreibung: Im Deutschen können am Silbenende und vor stimmlosen Segmenten keine stimmhaften Obstruenten stehen. Sie verlieren in diesen Positionen ihre Stimmhaftigkeit, was man traditionell als Auslautverhärtung bezeichnet. In der Orthographie wird diese lautliche (allerdings nicht phonologische) Veränderung ignoriert und das auf den stimmhaften Obstruenten bezogene Graphem beibehalten, sodass das entsprechende Morphem bzw. Wort immer in der gleichen graphischen Form erscheint. Beispielsweise *leben* [le:bən], *lebt* [le:pt]; *Kinder* [kindər], *Kind* [kint]; *sagen* [za:gən], *sagt* [za:kt].

(3) Die ss-Schreibung: In der Neuregelung von 1996 wird das vorher für /s/ nach Kurzvokal stehende <ß> durch <ss> ersetzt, was der Kennzeichnung des Kurzvokals durch Verdoppelung des folgenden Konsonantengraphems entspricht. Dadurch verschwindet bei einer Reihe von Wörtern der vorher im Paradigma auftretende Wechsel

von <ß> und <ss> und die graphische Gestalt des entsprechenden Wortes bleibt weitgehend gleich, z. B. *Fass − Fässer, müssen − er muss − er musste, passen − passte − gepasst, Wasser − wässrig.*

(4) Die graphische Differenzierung gleich lautender Stämme: In manchen Fällen wird die Polyrelationalität der Phonem-Graphem-Beziehungen für die graphische Differenzierung gleich lautender Stämme genutzt, die nach dem phonematischen Prinzip eigentlich gleich geschrieben werden müssten. Damit wird die unmittelbare Zuordnung von graphischer Form und Bedeutung unterstrichen und die rasche Wortidentifizierung unterstützt, z. B. *lehren − leeren, Seite − Saite, Wahl − Wal, mahlen − malen, Stiel − Stil, Lerche − Lärche, wieder − wider.*

3.2. Groß- und Kleinschreibung

Unter Groß- und Kleinschreibung versteht man die Verwendung zweier unterschiedlicher Buchstabentypen, die als Großbuchstaben und Kleinbuchstaben bezeichnet werden, im Rahmen eines Schriftsystems. Dabei bilden die Kleinbuchstaben die unmarkierte Grundschrift, während die Großbuchstaben zusätzliche Funktionen erfüllen. Beide Buchstabentypen stellen mit Ausnahme des nur als Kleinbuchstabe existierenden ß einander paarig zugeordnete Varianten dar, die in ihrem Phonembezug identisch sind. Der Großbuchstabe drückt jedoch nicht nur einen Phonembezug aus, sondern er gibt darüber hinaus noch weitere Informationen, die sich auf Gegebenheiten anderer Ebenen des Sprachsystems beziehen. Bestimmte Positionen und Elemente im geschriebenen Text werden durch Anfangsgroßschreibung gekennzeichnet, dadurch wird die Aufmerksamkeit des Lesenden auf sie gelenkt und so die Erfassung des Textes unterstützt. Darin besteht heute die Funktion der Großschreibung. Im Einzelnen verdeutlichen die Großbuchstaben den Bezug zur Textebene − als Ausdruck des Textprinzips − durch die Kennzeichnung von Überschriften und Werktiteln, zur syntaktischen Ebene − als Ausdruck des syntaktischen Prinzips − durch die Kennzeichnung der Ganzsatzanfänge und zur lexikalischen Ebene − als Ausdruck des lexikalischen Prinzips − durch die Kennzeichnung bestimmter Wörter und Wortgruppen.

In Hinsicht auf das lexikalische Prinzip hat die Entwicklung zu einer Sonderstellung des Deutschen unter den europäischen Sprachen geführt, indem in unserer Sprache nicht nur wie in den anderen Sprachen Eigennamen, Anredepronomen und bestimmte Ehrenbezeichnungen durch Großbuchstaben markiert werden, sondern alle Substantive einschließlich der Substantivierungen anderer Wortarten. Diese Besonderheit stellt für ausländische Deutschlerner eine markante Schwierigkeit dar, ihre Bewältigung erfordert deshalb beim Orthographieerwerb spezielle didaktische Anstrengungen. Die Großschreibung in diesem Bereich erstreckt sich heute im Einzelnen auf

− eigentliche Substantive,
− Substantivierungen,
− Eigennamen,
− bestimmte Ableitungen von Eigennamen,
− bestimmte nichtpropriale nominale Wortgruppen,
− Anredepronomen.

Alle diese Anwendungsbereiche der Großschreibung in präzise orthographische Regeln zu fassen ist äußerst schwierig, weshalb man sich auch nicht mit Großschreibungsregeln begnügen kann, sondern auch Regeln für die Kleinschreibung formulieren muss. Die Schwierigkeiten ergeben sich unter anderem aus den fließenden Übergängen zwischen dem Substantiv und anderen Wortarten, und zwar sowohl bei den Substantivierungen als auch bei den Desubstantivierungen.

Zur Erläuterung müssen wir uns hier mit wenigen Beispielen begnügen: Auf der einen Seite können Substantive ihre Wortartmerkmale verlieren und in andere Wortarten überwechseln, z. B. zu den Adjektiven (*angst, leid, recht, schuld*), zu den Adverbien (*abends, anfangs, beiseite*) oder zu den Präpositionen (*dank, trotz, laut, mittels, angesichts*). Auf der anderen Seite können Wörter anderer Wortarten substantivische Merkmale annehmen, und zwar sowohl als dauerhafte wie auch als momentane Substantivierung, z. B. Adjektive (*das Allgemeine, der Größte, nichts Bedeutendes*), Verben (*das Anliegen, sein Schweigen, gutes Gelingen, der Angeklagte, das Hand-in-Hand-Arbeiten*), Adverbien (*das Jenseits, ein großes Durcheinander, unser schönes Heute*), Pronomen (*vor dem Nichts stehen, ein gewisser Jemand*), aber auch alle anderen Wortarten. In bestimmten Fällen wird aber trotz des Vorhandenseins substantivischer Wortartmerkmale weiter kleingeschrieben, z. B. bei Pronomen und unbestimmten Zahladjektiven (*die beiden, ein jeder, ein anderer, die vielen, die meisten*). In der „alten" Orthographie war dieser Bereich noch viel umfangreicher, die meisten entsprechenden Fälle sind durch die orthographische Neuregelung von 1996 als Substantivierungen der Großschreibung zugeschlagen worden, z. B. *im Allgemeinen, des Weiteren, aufs Neue, alles Mögliche, im Folgenden, bis ins Kleinste.*

Auch bei den Eigennamen sowie den festen, aber nichtproprialen nominalen Wortgruppen gibt es viele Grenz- und Übergangsfälle (Nerius 2007: 217−227), sodass die Groß- und Kleinschreibung insgesamt eines der kompliziertesten und schwierigsten Teilgebiete der deutschen Orthographie darstellt.

4. Literatur in Auswahl

Augst, Gerhard, Karl Blüml, Dieter Nerius und Horst Sitta (Hg.)
    1997   *Zur Neuregelung der deutschen Orthographie. Begründung und Kritik.* (Reihe Germanistische Linguistik 179). Tübingen: Niemeyer.
Eisenberg, Peter
    1998   Der Buchstabe und die Schriftstruktur des Wortes. In: *Duden. Grammatik der deutschen Gegenwartssprache*, 54−84. Sechste Aufl. Mannheim: Dudenverlag.
Gallmann, Peter
    1985   *Graphische Elemente der geschriebenen Sprache.* (Reihe Germanistische Linguistik 60). Tübingen: Niemeyer.
Günther, Hartmut und Otto Ludwig
    1994−1996 *Schrift und Schriftlichkeit. Ein interdisziplinäres Handbuch internationaler Forschung.* 2 Bd. Berlin: de Gruyter.
Heller, Klaus
    1980   Zum Graphembegriff. In: Dieter Nerius und Jürgen Scharnhorst (Hg.), *Theoretische Probleme der deutschen Orthographie*, 74−108. Berlin: Akademie-Verlag.
Heller, Klaus
    2008   *Die Regeln der deutschen Rechtschreibung.* Hildesheim: Olms-Weidmann.
Kohrt, Manfred
    1987   *Theoretische Aspekte der deutschen Orthographie.* (Reihe Germanistische Linguistik 70). Tübingen: Niemeyer.

Maas, Utz
    1992   *Grundzüge der deutschen Orthographie.* (Reihe Germanistische Linguistik 120). Tübin-
            gen: Niemeyer.
Nerius, Dieter
    2000   *Beiträge zur deutschen Orthographie.* Herausgegeben von Petra Ewald und Bernd Ski-
            bitzki. (Sprache. System und Tätigkeit 34). Frankfurt a. M.: Lang.
Nerius, Dieter (Hg.)
    2007   *Deutsche Orthographie.* Vierte Aufl. Hildesheim: Olms.
Rat für Deutsche Rechtschreibung
    2006   *Deutsche Rechtschreibung. Regeln und Wörterverzeichnis.* Amtliche Regelung. Tübingen:
            Narr.

Dieter Nerius, Rostock (Deutschland)

20. Morphologie: Flexion

1. Einführung

Vom Lerner einer Fremd- oder Zweitsprache wird häufig die Flexionsmorphologie als
das größte Lernproblem bezeichnet. Tatsächlich wurde von erwachsenen Lernern im
ungesteuerten L2-Erwerb verschiedener Sprachen eine Basisvarietät entwickelt (Klein
und Perdue 1997), die auf Flexion weitgehend verzichtet. Für den Erwerb einer Sprache
mit noch relativ entwickelter Flexionsmorphologie sind also Probleme zu erwarten. Gerade die Flexion ist es ja, deretwegen die deutsche Sprache als schwer gilt.

Der folgende Artikel zur Flexion des Deutschen will daher nicht nur die wichtigsten
Fakten (der Standardsprache) darstellen und erklären, sondern zugleich der Frage nachgehen, warum bestimmte Bereiche der Flexion dem DaF- und DaZ-Lerner Schwierigkeiten bereiten.

Flexion ist der Bereich der Morphologie, der aus Lexemen die Wortformen bildet,
welche die Syntax und Semantik der Sätze erfordern, in denen sie Verwendung finden.
Durch die Flexion werden die nackten Lexeme sozusagen ausgerüstet für ihren Gebrauch
in Sätzen, sie werden zu syntaktischen Wörtern. Im Gegensatz zur Flexion werden durch
Wortbildung, dem anderen Komplex der Morphologie, durch z. T. ähnliche Mittel neue
Wörter gebildet, die ihrerseits flektiert werden können (*Mann > männlich, Mannschaft,
Ehemann*).

1.1. Deutsch – ein flexionstypologisches Mischsystem

Eine erste Schwierigkeit ergibt sich aus der Heterogenität der deutschen Flexionsmorpheme, die auf der hybriden Natur des Flexionssystems beruht. Indem dieses Modifikation des Stammvokals, Suffigierung und Hilfswörter (Artikel, Hilfsverben) einsetzt, stellt es sprachtypologisch gesehen eine Mischung aus flektierenden, agglutinierenden und isolierenden Verfahren dar. Der Lerner muss also auf unterschiedliche Markierungsmittel achten.

1.2. Die formalen Mittel

Das Deutsche ist im europäischen Sprachvergleich „erstaunlich konservativ" (Ronneberger-Sibold 2004: 1268), indem es zahlreiche synthetische Formen bewahrt. Diese werden meist mithilfe von Suffixen (*Kind-er-n*) gebildet, die als einzigen Vokal das Schwa enthalten können, nie betont und somit wenig salient sind. Neben segmentierbaren Suffixen wie hier für Dativ + Plural stehen fusionierte Suffixe (*mit Frau-en*), die mehrere Kategorien zugleich anzeigen. Viele Flexive treten silbisch oder nicht-silbisch auf (*Frau-en, Ecke-n, Mann(e)s*). Ihre Platzierung erfolgt meistens an die Grundform, bei nicht nativen Wörtern auch an den Stamm nach Tilgung der Endung (*Pizza-s* vs. *Pizz<a>en*). Umstritten ist, ob auch für native Wörter Stammflexion anzunehmen ist (*Jacke-n* oder *Jack<e>en*, Harnisch 1994). Ikonisch ist die Markierung der Komparationsstufen durch *-er* und *-st*: das schwerste Suffix für die markierteste Form. Konsonantische Suffixe und ikonische Anordnung kennt auch die Verbflexion.

Zur Suffigierung tritt die hochgradig flektierende Binnenflexion durch Umlaut (*Mann – Männer*) oder Ablaut (*fallen – fiel*). Während Umlaut nur die regelmäßige Fronierung des hinteren Vokals erfordert (a > ä, o > ö, u > ü, au > äu), ist Ablaut, da nicht vorhersagbar (*fahren – fuhr* vs. *fallen – fiel*), an sich schon ein Lernproblem. Kein einziges Flexiv markiert nur eine Kategorie, es gibt also keine 1:1-Beziehung zwischen Form und Funktion. Zudem sind einige Systeme lückenhaft, für bestimmte Kasus, Modi und Tempora fehlen eigene valide Flexive. Deshalb werden analytische Formen gebildet, bei denen die grammatische Funktion an einem Hilfsverb oder Artikel ausgedrückt wird, an Wörtern also, die in der Umgebung des zu flektierenden Wortes auftreten.

Das Nebeneinander von suffigierten, flektierten und analytischen Formen macht das Deutsche zu einer flexionstypologisch hybriden Sprache und ihren Erwerb zu einer komplexen Aufgabe.

1.3. Die Flexionsklassen

Formale Differenzierungen machen eine Sprache komplexer. Wenn ihnen keine inhaltlichen Differenzierungen gegenüberstehen, stellen sie grammatischen Ballast dar.

Das größte Problem ist daher die Existenz von *Flexionsklassen,* die nicht motiviert sind. Der Lerner geht davon aus, dass er ein für eine bestimmte Funktion erkanntes Flexiv an beliebige andere Wörter übertragen kann. Für die Verteilung der Kasusflexive am Substantiv spielen aber sowohl Genus als auch Flexionsklasse eine Rolle. Für die

Pluralmarkierung muss gar eins von vier Suffixen und die Möglichkeit des Umlauts gewählt werden. Die wenigen Zellen im Paradigma der Substantive, die überhaupt Flexive aufweisen, müssen also unterschiedlich belegt werden. Dennoch ist die Zahl der Flexionsklassen beim Substantiv überschaubar. Von Einzelfällen wie *Herz-ens* abgesehen, sind es im Singular drei (Genitiv Singular auf *-(e)s*, *-(e)n* oder *-0*), im Plural sechs Klassen (schwach und gemischt mit *-(e)n*, stark mit *-(e)*, *-̈(e)* und *-er* sowie *-s*) (Wegener 2002).

Zudem ist die Verteilung der Substantive auf die starke und schwache Flexion relativ klar. So wenig regelgeleitet die Zuordnung eines Wortes zu einer Genusklasse ist, so einfach ist sie es zur schwachen Flexion der Maskulina, die durch phonologische und semantische Merkmale zu erkennen sind (Auslaut auf *-e* oder betonte Endsilbe, Bezeichnung für Lebewesen *Bote, Student*). Die besondere Flexion ist hier also motiviert, sie zeigt an, dass es sich bei *Studenten* vs. *Akzente* um Lebewesen handelt.

Auch bei den Verben erhöht die Existenz von Flexionsklassen die Zahl der möglichen Formen und damit die Komplexität der Lernaufgabe. Hier stehen einer großen Klasse regulär flektierender Verben (ca. 95 %) viele kleine Klassen kaum in Regeln fassbarer Verben gegenüber, die sich nicht durch außermorphologische Kriterien bestimmen lassen. Auch ist die Vokalfolge in den Stammformen der starken Verben so undurchsichtig und die Zahl der Verben einer Ablautklasse oft so klein geworden, dass diese Verben im Allgemeinen als irregulär gelten.

1.4. Die Flexionskategorien

Die nominalen Wortarten einerseits, die Verben andererseits flektieren nach unterschiedlichen Kategorien. Deshalb wird die Flexion der ersteren auch Deklination, die der letzteren Konjugation genannt.

Die Deklination der Substantive erfolgt nach den Kategorien Kasus und Numerus, die der Artikel außerdem nach dem Genus, die der Adjektive umfasst zusätzlich die Komparation. Das Deutsche verfügt über vier Kasus (Nominativ, Akkusativ, Dativ, Genitiv), zwei Numeri (Singular und Plural), drei Genera (Maskulinum, Femininum, Neutrum), die Komparation über drei Stufen (Positiv, Komparativ und Superlativ). Nur die Personalpronomen haben Formen für drei Personen, die aber nicht flexionsmorphologisch abzuleiten sind, sondern eher ein lexikalisches Phänomen darstellen.

Das Genus ist keine Kategorie der Substantivflexion, sondern ein dem Substantiv inhärentes Merkmal mit syntaktischen Konsequenzen für die Flexion der anderen nominalen Wortarten. Nur sie tragen ein Genusflexiv, das Substantiv selbst nicht. Die Verlagerung der grammatischen Flexive an ein dem Substantiv vorausgehendes Wort, das in Genus, Kasus und Numerus mit ihm kongruiert, nutzt das Deutsche zum Aufbau der Nominalklammer, die die Sprachverarbeitung erleichtert (Priming-Effekt des Artikels) und die Textkohärenz erhöht: *das durch einen Elfmeter erzielte Tor, mit dem* […]. Insofern ist die Existenz mehrerer Genera ein Vorteil, aber ihr Erwerb, der Voraussetzung ist für korrekte Kasus- und Pluralflexion, stellt allein schon ein Lernproblem dar. Für die Funktoren verdreifacht sich die Zahl der möglichen Formen, das System wird komplexer. Vor allem erfolgt die Zuordnung eines nicht abgeleiteten Substantivs zu einer bestimmten Genusklasse nur zum Teil regelhaft (Wegener 1995: 89−93).

Die Konjugation der Verben hat mit der Deklination der Nomen die kontextuellen Kategorien Person und Numerus gemeinsam, durch die die syntaktische Kongruenz zwischen Subjekt und Prädikat hergestellt wird. Alle anderen Kategorien sind verbspezifisch und -inhärent. Tempus, Modus und Genus Verbi sind semantisch motiviert. Die Flexion der Verben ist umfangreicher, da es mehr Flexionskategorien gibt, die Paradigmen sind also größer, aber im Sprachenvergleich und im Vergleich zur Nominalflexion nicht schwieriger.

Wo es Suffixketten gibt, sind diese beim Substantiv und beim Verb ikonisch angeordnet, d. h. die für den Stamm relevanteste Kategorie steht ihm am nächsten, Numerus vor Kasus beim Substantiv, Tempus vor Modus vor Person beim Verb (Bybee 1985: 35).

Im Vergleich mit anderen westgermanischen und den romanischen Sprachen kann die Nominalflexion des Deutschen aufgrund des dreigliedrigen Genussystems und der Existenz von starker und schwacher Flexion bei Substantiv und Adjektiv als komplex gelten. Das gleiche gilt nicht für die Verbflexion, denn das Deutsche verfügt im Gegensatz zu den romanischen und den slawischen Sprachen über relativ wenig verbale Kategorien: Es kennt keine Formen zur Unterscheidung des perfektiven und imperfektiven Aspekts, keine synthetischen Futurformen und folglich auch kein Konditional, keine Formen zur Unterscheidung der nahen und fernen Zukunft, keine Verlaufsform und keine spezielle Form für das historische Futur.

Das Lernproblem entsteht weniger durch die Menge der Flexionskategorien als durch die Zahl der Flexionsklassen und durch die Heterogenität der Flexionsmarker.

2. Die Nominalflexion oder Deklination

Während die Verbklassen im Wesentlichen gleich flektieren, flektieren die verschiedenen nominalen Wortarten z. T. unterschiedlich. Deshalb gliedere ich die Deklination nach den Wortarten, die Konjugation nach den Kategorien.

2.1. Die Flexion des Substantivs

Substantive flektieren nach Kasus und Numerus, deren Flexive häufig fusionieren, deshalb werden sie hier zusammen behandelt.

Allerdings weisen Substantive nur noch Relikte von Kasusflexion auf. Wäre nur der Nominativ Singular unmarkiert und alle von diesem abweichenden Formen (Kasus = ursprünglich „Ab-fall", „Abweichung") unterschiedlich markiert, so entspräche dies den Erwartungen, da Nominativ und Singular unmarkierte Kategorien sind. Wir hätten dann acht verschiedene Formen im Paradigma. Tatsächlich weist aber keine Flexionsklasse acht Formen auf, die starke Flexion der Maskulina und Neutra hat gerade noch je ein Kasussuffix im Singular und im Plural (*Mann-es*, *Männer-n*), die schwache nur eines zur Abgrenzung gegen den Nominativ Singular, also eines für alle obliquen Kasus und den Plural (*des/dem/den/die Hasen*), die Feminina überhaupt keines mehr.

Nun könnte der Wegfall formaler Unterscheidungen lernerleichternd scheinen, müssen doch weniger Formen gelernt werden. Das Deutsche zeigt die syntaktischen Funktionen der Satzglieder aber nicht durch Wortstellung oder Präpositionen an, sondern durchaus noch morphologisch durch Flexion, nur eben nicht am Substantiv selbst. Es hat die Kasusflexion sozusagen ausgelagert, bildet analytische Formen, bei denen das grammatische Flexiv an einem Hilfswort oder *Funktor*, Artikel oder Adjektiv, auftritt. Die Artikelflexion übernimmt die Aufgabe der Substantivflexion.

Damit wird eine synthetische Form, die die grammatischen Merkmale am Wort selbst trägt, durch eine analytische Form ersetzt, bei der lexikalischer Kern und grammatisches Merkmal auf verschiedene Wörter fallen. Diese Tendenz zur Analytisierung setzt sich fort, der Abbau der Endung für den Dativ Singular (*zu Grabe tragen > zum Grab tragen*) ist eine relativ junge Erscheinung, der des Genitiv (!) hat begonnen.

Die Lernaufgabe wird dadurch nur verschoben: Statt substantivischer Kasusflexive müssen die der Funktoren gelernt werden − und zusätzlich die oft, aber nicht immer redundanten Relikte der substantivischen Flexion: *des Kindes − dieses Kindes, mit Kinder-n*.

Im Gegensatz zum Kasus wird der Plural konsequent und ikonisch gegen den Singular mit Suffixen abgesetzt, die von den Flexionsklassen determiniert sind: regulär ist *-(e)* für starke, *-(e)n* für schwache Substantive einschließlich der Feminina (*Hund-e, Student-en, Frau-en*) und einige wenige gemischt flektierende (Singular stark mit *(e)s*-Genitiv, Plural schwach mit *-(e)n*). Der Null-Plural ist keine Ausnahme, sondern prosodisch bedingt: Das silbische Suffix wird um das Schwa gekürzt, wenn dies durch die Restriktion gegen zwei aufeinanderfolgende Schwasilben, die für Pluralformen strikt gilt, notwendig ist: *ein Enkel − zwei *Enkele/Enkel, zwei *Ampelen/Ampeln,* ein regulärer Prozess, der in Flexion und Wortbildung häufig auftritt (*des Kindes* vs. *des Enkel<e>s, ich läch<e>le, Zauber<er>in*). Die Pluralbildung erfolgt outputorientiert mit dem Ziel einer trochäischen Form mit finaler Schwasilbe. Problematisch ist dagegen, dass es neben den zwei regulären Klassen für native Substantive sowie der relativ neuen Klasse mit s-Plural für spezielle Wörter (vokalfinale Substantive (*Uhus*), Eigennamen, Onomatopoetika und Fremdwörter) innerhalb der starken Flexion noch zwei irreguläre kleine Klassen gibt, die die Suffixe *-(e)* und *-er* mit Umlaut kombinieren. Dazu gehören die wenigen starken Feminina (*Hände*), zahlreiche Maskulina und einige Neutra (*Füße, Häuser*). Die entsprechenden Substantive lassen sich nicht wie die schwachen Maskulina durch phonologische oder semantische Merkmale von den regulär flektierenden abgrenzen. Jedoch wird ihre Zahl häufig überschätzt, sie machen zusammen nur ca. 6 % des Gesamtwortschatzes, aber 25 % des Grundwortschatzes aus (Wegener 2007: 40−41). Da sie an Wörtern des Nahbereichs auftreten, haben sie hohe Tokenfrequenzen und werden im L1-Erwerb im Allgemeinen mühelos erworben.

2.2. Die Flexion der Funktoren

Artikel, Pronomen und Adjektiv zeigen außer Kasus und Numerus auch das Genus des Bezugsnomens an, deshalb haben sie umfangreichere Paradigmen, im Singular drei × vier und weitere vier für den Plural, bei dem das Genus neutralisiert ist, insgesamt also 16 Positionen. Jedoch sind längst nicht alle Positionen eindeutig markiert, für die 16 Funktionen stehen nur maximal sechs Formen zur Verfügung. Andererseits zeigen einige Flexive ihren Kasus durchaus zuverlässig an, sind also valide. Die definiten Artikel zeigen die vier Kasus Nominativ/Akkusativ/Dativ/Genitiv im Maskulinum durch vier verschiedene Flexive, im Neutrum und im Plural durch drei und im Femininum durch zwei an, außer beim Maskulinum treten also überall Kasussynkretismen auf: Maskulinum *d-er/en/em/es*, Neutrum *d-as/as/em/es*, Femininum *d-ie/ie/er/er*, Plural *d-ie/ie/en/er*.

Fast dieselben Flexive finden sich an den Personalpronomen der 3. Person: Maskulinum *er/ihn/ihm/seiner*, Neutrum *es/es/ihm/seiner*, Femininum *sie/sie/ihr/ihrer*, Plural *sie/sie/ihnen/ihrer*.

Innerhalb ihrer Genusklasse zeigen die Funktoren für Maskulina die syntaktische Funktion also zu 100% zuverlässig an, für Neutra immerhin zu 75%.

Dabei ist die mangelnde Differenzierung zwischen den Genera Maskulinum und Neutrum syntaktisch irrelevant, die zwischen Femininum und Plural wird durch overte Pluralformen ausgeglichen. Nur bei Null-Pluralformen, die es für Feminina nicht gibt, könnten ambige Formen entstehen, die nur durch ein differenzierendes Adjektiv disambiguiert werden: *der alte(n) Lehrer*. Syntaktisch relevant ist dagegen die Homonymie der Kasus Nominativ und Akkusativ bei Neutra, Feminina und Plural, d. h. in drei von vier Fällen, die nur durch Wortstellung aufzulösen ist, wogegen die Homonymie von Dativ und Genitiv der Feminina aufgrund von deren unterschiedlicher syntaktischer Funktion als Dativobjekt oder Genitivattribut kaum eine Gefahr darstellt. Die wegen Doppelobjektkonstruktionen wichtige Unterscheidung von Akkusativ und Dativ ist überall gewährleistet.

Dass der (L1-)Erwerb der Kasusflexive dennoch gelingt, verdanken sie der Tatsache, dass an den unterschiedlichen Funktoren für einen Kasus dieselben Flexive auftreten, diese sich also gegenseitig stützen. Z. B. steht für den Dativ Singular *dem − einem − ihm − wem − diesem − welchem − gutem* etc. Beim Lerner kann sich so die Assoziation Dativ = *-m* entwickeln.

Die starke Flexion der Adjektive folgt dem Muster des Personalpronomens, die schwache folgt im Wesentlichen dem Muster der schwachen Maskulina, s. oben, allerdings mit starken Formen für Nominativ und Akkusativ bei Feminina und Neutra.

Im Unterschied zu den Substantiven handelt es sich beim Adjektiv nicht um Flexionsklassen, sondern um Flexionsarten: Jedes Adjektiv flektiert je nach Kontext schwach oder stark: *bei dem schönen Wetter* vs. *bei − schönem Wetter*, mit der einzigen Ausnahme des stets schwach flektierten Genitivs: *trotz (des) schönen Wetters*. Dies ist jedoch keine Irregularität, im Gegenteil zeigt sich hier die Funktionalität und Ökonomie des Prinzips der Monoflexion: Stark wird nur dann flektiert, wenn das nötig ist, d. h. wenn die syntaktische Funktion des Substantivs nicht schon aus dem Artikel oder, wie beim Genitiv, aus dem noch erhaltenen Kasussuffix am Substantiv hervorgeht. Deshalb ist auch die Annahme einer dritten, der „gemischten" Flexion, überflüssig und irreführend: Da stark nur bei Bedarf flektiert wird, dieser Bedarf aber beim indefiniten Artikel nur bei einzelnen Kasus auftritt, wechseln hier starke und schwache Formen, ganz streng nach dem Prinzip, dass der Kasus frühestmöglich in der Nominalphrase angezeigt werden sollte: am Artikel, wenn möglich, am Adjektiv, wenn nötig.

3. Die Verbflexion oder Konjugation

Die Paradigmen der Verben sind umfangreicher, da es mehr verbale Kategorien gibt, aber nicht komplexer als die der Nomen. Theoretisch enthält ein Paradigma nur im Aktiv 72 mögliche Formen (drei Personen × zwei Numeri × sechs Tempora × zwei Modi).

Auch beim Verb stehen synthetische und analytische Formen nebeneinander, diese sind hier aber klar auf verschiedene Tempora verteilt. Ebenso sind suffigierte und binnenflektierte Formen auf verschiedene Verbklassen verteilt. Abgesehen von der kleinen Klasse gemischt flektierender Verben, deren Präteritum Ablaut und *te*-Suffix aufweist (*kennt* − *kann-te*), gibt es keine redundanten Formen.

Person, Numerus, Modus und zwei der sechs Tempora werden durch Suffixe oder Vokalmodifikation angezeigt, die anderen Tempora und das Passiv analytisch mit Hilfsverben. Diese erfordern im Gegensatz zu den Artikeln nicht den Erwerb eigener Flexionsparadigmen, sondern verwenden dieselben Flexive wie die Vollverben. Das vereinfacht die Konjugation.

Die eigentliche Flexion, die Bildung der synthetischen Verbformen, beschränkt sich also auf nur vier Modus/Tempus-Kombinationen, nämlich Präsens und Präteritum Indikativ und Konjunktiv. Dazu treten die Formen für den Imperativ und die Partizipien.

3.1. Die Personalflexion

Für die drei Personen im Singular und im Plural stehen Suffixe bereit, die insofern regulär sind, als sie sich an fast allen Tempora und Modi wiederholen. Die für den Plural sind keine morphologischen Pluralisierungen der Singularflexive, deshalb werden in (DaF-)Grammatiken oft sechs Personensuffixe angegeben. Es gibt jedoch Gemeinsamkeiten zwischen dem System der Personalformen im Singular und im Plural (Eisenberg 1998: 179−185), die sich beim Präteritum gut zeigen lassen. (Bei Modalverben folgen schon die Präsens-, da ursprüngliche Präteritumformen, diesem Muster.)

Die Markierung der Kategorie Person erfolgt ikonisch insofern, als das schwerste Suffix für die markierteste Person dient: Singular *du sag-te-st, kam-st* vs. *ich/er sag-te_*, *kam_*, Plural *ihr sag-te-t, kam-t* vs. *wir/sie sag-te-n, kam-en*. Diese Verteilung ist in zweifacher Hinsicht ikonisch: Die 1. und die 3. Person sind gegenüber der 2. unmarkiert, ebenso Singular gegenüber Plural. Die Flexive für die 1. und 3. Person sind in drei der vier Tempus/Modus-Kombinationen identisch, im Singular Null, im Plural *-(e)n*. (Die 1. Person Singular hat kein Flexiv, wenn man für das Präsens die Verhältnisse im Mündlichen zugrunde legt und für das Präteritum auch für die schwachen Verben mit Halle 1970: 325 einen Präteritalstamm annimmt, also *sag-te-st*, nicht *sag-t-est* segmentiert.) Nur die 2. Person für den Adressaten ist eindeutig markiert, die anderen sind unterspezifiziert, weshalb Subjektpronomen unverzichtbar sind. Für die Schriftsprache wird auch für die 1. Person Singular im Präsens ein *e*-Flexiv angenommen, doch kann dies als epenthetisch erklärt werden: *ich geh_ und sag_* vs. *ich rede*.

Rätselhaft ist das *-t* der 3. Person Singular im Präsens Indikativ. Nicht nur steht hier ein konsonantisches, also schweres Suffix für die unmarkierteste Form. Dieses stört, da es nur hier auftritt, auch die ansonsten morphotaktisch völlig transparente Bildung des Präteritums der schwachen Verben mit Agglutination von Tempus- und Personflexiv: *ich sag_/sag-te_, ihr sag-t/sag-te-t* vs. *er sag-t/sag-te_*.

Einige Besonderheiten sind phonotaktisch und durch paradigmatischen Ausgleich zu erklären, sie stellen keine Ausnahmen dar. Lautet der Stamm auf *-d/-t* aus, so braucht die 3. Person Singular ein epenthetisches Schwa (*er *wartt/wartet*), dies erscheint analog dazu auch in der 2. Person Singular (*du wartest*), umgekehrt ist bei stammfinalem *-s* kein

Schwa nötig (*er reist*), und analog dazu tritt es auch in der 2. Person Singular nicht mehr auf (*du reisest* ist veraltet).

Da aber die starken Verben im Präsens den Vokal frontieren (Umlaut bzw. Vokalhebung), zeigt ihr Stamm so eindeutig die Flexion an, dass die Notwendigkeit für ein Schwa entfällt und das Suffix mit dem Stamm zusammenfallen kann: *er rät* vs. *ihr ratet*.

3.2. Die Tempusflexion

Als unmarkiertes Tempus hat das Präsens kein Flexiv, nur das Präteritum bildet synthetische Flexionsformen. Dies geschieht bei den schwachen Verben völlig regulär mit dem Dentalsuffix *-te-*, das zwischen Stamm und Personalendung tritt: *du leg-st/leg-te-st*. Die Formen sind transparent und ikonisch, die Flexive für Tempus und Person klar segmentierbar − außer für die 3. Person Singular (s. o.). Das Dentalsuffix wird auch bei sonst verpönter Häufung gleicher Silben nicht getilgt (*ihr wartetet*).

Das eigentliche Problem der deutschen Verbalflexion sind die starken Verben, die ihr Präteritum nicht durch ein Suffix, sondern durch den Ablaut des Stammvokals bilden: *lesen − las*. Die Formen sind nicht transparent, aus *du blieb-st* kann das Tempus nur in Opposition zum Präsensstamm *bleib-* abgeleitet werden, der Vokal zeigt es nicht an, vgl. *du lieb-st*.

Die Zahlen für Type- und Tokenfrequenzen (4,2 % vs. 41 %, Wegener 2007: 38) zeigen, dass die starken Verben hochfrequent sind. Mit der Genuszuordnung beim Substantiv vergleichbar ist das Problem, die Verben einer der beiden Flexionsklassen und innerhalb der starken einer der Ablautreihen zuzuordnen. Diese sind nicht außermorphologisch motiviert, weder phonologische noch semantische Merkmale zeigen an, wie *heben, geben* oder *schweben* flektieren (nämlich mit der Ablautreihe e-o-o bzw. e-a-e bzw. regulär mit *-te-*.)

Der Duden (1998: 127) führt 39 Ablautreihen auf, von denen nur die ersten fünf mehr als zehn Verben und zusammen knapp die Hälfte (80) der insgesamt noch ca. 170 starken Verben umfassen, aber eben auch 16 Reihen, die nur je ein Verb enthalten. Gleiche Ablautreihe erleichtert natürlich den Erwerb durch Analogiebildung. Bei 13 der 39 Ablautreihen, also einem Drittel, enthält das Paradigma drei Stammformen (z. B. *binden − band − gebunden*). Dazu können idiosynkratische Stammänderungen treten (*leiden/litt, nehmen/nimmt* etc.). Ein Paradigma kann maximal fünf Vokale enthalten, wenn der Vokal im Präsens gehoben und im Konjunktiv umgelautet wird (*nehme − nimmt − nahm − nähme − genommen*). Von diesen ist allerdings der erstere meistens, der letztere immer vorhersagbar, stellt also kein Lernproblem dar.

3.3. Die Modusflexion

Im Gegensatz zur Tempusflexion ist die Bildung der Modusformen absolut regulär und ikonisch. Der Indikativ ist unmarkiert, der Konjunktiv wird markiert, als Suffix dient ein Schwa, das zwischen Stamm und Personalendung tritt, Stammformen sind in beiden Flexionsklassen die des Präsens und des Präteritums, dessen Vokal bei starken Verben umlautet: *du sag-st/sag-e-st, du kam-st/käm-e-st*.

Allerdings fallen die Personalendungen *-e, -en* mit dem Modus-*e* zusammen (*dass sie sag-en*). Das betrifft den gesamten Konjunktiv II der schwachen Verben: *wenn du sagt-e-st,* dessen Formen zwar anders zu segmentieren, aber identisch mit denen des Indikativ sind: *du sag-te-st.* Hier zeigt sich die Leistungsstärke der „starken" Verben, die allein zwischen hypothetischer und habitueller Lesart unterscheiden können: *Wenn er käme, ginge ich* vs. *wenn er kam, ging ich,* aber nur *wenn er kochte, staunte ich.* Als Ersatz werden die analytischen Formen gebraucht (Konjunktiv von *werden* + Infinitiv: *würde ich staunen*). Diese Formen ersetzen heute auch die veralteten Konjunktiv II-Formen der starken Verben, wenn die wegen Gleichklangs mit dem Präsens einen anderen Vokal benutzten (*helfen > half > *hälfe > hülfe*). Dieser Konjunktiv II des Futurs entspricht dem Konditional der romanischen Sprachen.

3.4. Die Bildung der analytischen Formen

Noch einfacher als die Konjugation der schwachen Verben ist die Bildung der analytischen Formen für die übrigen Tempora (aus Hilfsverb mit Partizip II für Perfekt und Plusquamperfekt, mit Infinitiv für Futur I und II), sowie der Passivformen, jeweils in beiden Modi, da für die Hilfsverben keine gesonderten Flexive zu lernen sind. Nur die Stämme sind hier irregulär, gekürzt bei *haben* (*du ha<b>st*) und *werden* (*du wir<de>st*), suppletiv bei *sein* (*du bist*).

Analytische Verbformen haben nicht nur den Vorteil leichterer Bild- und Lernbarkeit und größerer Transparenz. Da finites Hilfsverb und infiniter Verbteil getrennt stehen, bieten sie dem deutschen Sprecher (ähnlich wie die Nominalklammer aus Artikel und Nomen) die Möglichkeit der Satzklammer.

Die Formen des Präsens treten auch beim Perfekt und beim Futur, die des Präteritums auch beim Plusquamperfekt auf. Nicht nur in formaler Hinsicht gehören Präsens, Perfekt und Futur I einerseits, Präteritum und Plusquamperfekt andererseits zusammen: nach Weinrich (1993: 198) stellen sie verschiedene Tempusregister oder Sprechhaltungen zur Verfügung, um Ereignisse entweder zu besprechen oder zu erzählen.

Es ist fraglich, ob die periphrastischen Konstruktionen überhaupt zur Flexion der Verben und zu deren Paradigma gehören. In den Grammatiken werden sie im Allgemeinen mit aufgeführt, weil sie flektierte Formen enthalten. Für den Deutschlerner sind sie unverzichtbar, weil sie oft für Formen stehen, für die er synthetische Formen kennt und erwartet.

Die Grenze ist allerdings nicht klar zu ziehen: Zum Passiv sollten alle Formen zählen, die Diathesen ermöglichen, also auch das *bekommen*-Passiv, aber nicht modal gefärbte Passive wie zu-Infinitiv oder *gehört* + Partizip (*der gehört bestraft, das ist gut zu sehen*). Fraglich ist auch, ob ein periphrastischer Progressiv (*er ist am Schreiben*) oder Doppelperfektformen (*hat gegessen gehabt*) zum Paradigma deutscher Verben gehören.

4. Erwerb und Entwicklung der (ir)regulären Flexion

Bau, Verarbeitung und Erwerb komplexer Flexionssysteme wie das der starken Verben und des Plurals sind in der Psycholinguistik umstritten, insbesondere die Frage, ob (ir)reguläre Formen eher regelbasiert durch Kombination von Stamm und Suffix oder ganzheitlich paradigmatisch durch Musterextraktion und Analogiebildung repräsentiert und erworben werden. Letzteres wird auch von konnektionistischen Modellen vertreten (Wegener 2008).

Zweifellos enthält die deutsche Flexion sowohl beim Nomen als auch beim Verb zahlreiche irreguläre Formen und nicht motivierte Flexionsklassen. Einige der Ausnahmen können jedoch phonotaktisch oder prosodisch erklärt werden. Beobachtungen zur Entwicklung der Flexion zeigen zudem, dass das Deutsche irreguläre Formen abbaut. Der Abbau erfasst in unterschiedlichem Ausmaß die restlichen Kasusflexive sowie die irregulären Präteritum- und Pluralformen, die zu den regulären übertreten (*frug* > *fragte*, *Flüchte* > *Fluchten*) oder aussterben (Statistiken in Wegener 2007: 38, 40). Nur hochfrequente Formen bleiben erhalten, ihre hohe Tokenfrequenz ermöglicht ihren Erwerb und ihr Überleben, ihre dank der Vokalmodifikation deutlichere Markierung der jeweiligen Funktion ist gerade im Hochfrequenzbereich ein Vorteil. Produktiv sind aber nur noch die schwachen Verben und die regulären Pluralformen, assimilierte Fremdwörter werden nur noch regulär flektiert, Vokalmodifikation findet nicht mehr statt. Nur die schwachen Maskulina behaupten sich neben den starken, unter Beachtung der semantischen Restriktion wird die Klasse sogar remotiviert. Es kann behauptet werden, dass die Flexion des Deutschen einfacher wird.

5. Literatur in Auswahl

Bybee, Joan L.
  1985   *Morphology. A Study of the relation between meaning and form.* Amsterdam/Philadelphia: Benjamins.
Duden
  1998   *Grammatik der deutschen Gegenwartssprache.* 6. Aufl. Mannheim: Duden.
Eisenberg, Peter
  1998   *Grundriss der deutschen Grammatik,* Bd. 1: *Das Wort.* Stuttgart: Metzler.
Halle, Morris
  1970   Die Konjugation im Deutschen. In: Hugo Steger (Hg.), *Vorschläge für eine strukturale Grammatik des Deutschen*, 319–331. Darmstadt: Wiss. Buchgesellschaft.
Harnisch, Rüdiger
  1994   Stammerweiterung im Singular − Stammflexion im Plural. In: Klaus-Michael Köpcke (Hg.), *Funktionale Untersuchungen zur deutschen Nominal- und Verbalmorphologie*, 97–114. Tübingen: Niemeyer.
Klein, Wolfgang und Clive Perdue
  1997   The basic variety. (Or: Couldn't natural languages be much simpler?). *Second Language Research* 13(4): 301–347.
Nübling, Damaris
  1998   Zur Funktionalität von Suppletion. *Germanistische Linguistik* 141/142: 77–101.
Ronneberger-Sibold, Elke
  2004   Deutsch. In: Geert Booij und Jaap van Marle (Hg), *Morphologie. Ein internationales Handbuch zur Flexion und Wortbildung*, 1267–1285. Bd. 2. Berlin: De Gruyter.
Wegener, Heide
  1995   *Die Nominalflexion des Deutschen, verstanden als Lerngegenstand.* (Reihe Germanistische Linguistik 151). Tübingen: Niemeyer.
Wegener, Heide
  2002   Aufbau von markierten Pluralklassen im Deutschen − eine Herausforderung für die Markiertheitstheorie. *Folia Linguistica* 36: 261–295.

Wegener, Heide
    2007   Entwicklungen im heutigen Deutsch − wird Deutsch einfacher? *Deutsche Sprache* 35:
            35−62.
Wegener, Heide
    2008   Der Erwerb eines komplexen morphologischen Systems in DaZ − der Plural deutscher
            Substantive. In: Patrick Grommes und Maik Walter (Hg), *Fortgeschrittene Lernervarietä-*
            ten, 93−118. Tübingen: Niemeyer.
Weinrich, Harald
    1993   *Textgrammatik der deutschen Sprache*. Mannheim: Duden.

Heide Wegener, Potsdam (Deutschland)

21. Syntax

1. Einleitung

Die Syntax (früher auch „Satzlehre" genannt) befasst sich mit den Regularitäten, die der
Bildung von Sätzen zugrunde liegen. Dabei wird der Begriff *Satz* einerseits in einem eher
vortheoretischen und nicht ganz präzisen Sinne als eine sprachliche Einheit verstanden,
die (heutzutage) in der Schrift durch so genannte große Satzzeichen − Punkt, Fragezei-
chen, Ausrufezeichen, Semikolon − abgegrenzt wird (oder werden könnte) und in der
gesprochenen Sprache durch eine spezifische finale Intonation (Dudengrammatik 2009:
105−106) gekennzeichnet ist. Dieser tradierte Satzbegriff bietet nicht zuletzt mit Bezug
auf die gesprochene Sprache erhebliche Abgrenzungsprobleme (s. unter anderen Ehlich
1992). Andererseits wird der Satz einfach als der Gegenstand einer syntaktischen Theorie
verstanden, d. h. als das, was die syntaktische Theorie selber als einen Satz definiert. Die
beiden verschiedenen Satzbegriffe unterscheiden sich allerdings in der Praxis lediglich an
den Rändern; im Kern sind sie weitgehend deckungsgleich im Hinblick darauf, welche
sprachlichen Ausdrücke jeweils als Sätze kategorisiert werden und welche nicht. Von
diesem Kernbereich wird im Folgenden die Rede sein, und zwar eingeschränkt auf die
geschriebene Sprache (für die Grammatik der gesprochenen Sprache s. Dudengrammatik
2009: 1198−1217). So wollen wir davon ausgehen, dass zu einem prototypischen Satz
des Deutschen zumindest ein finites Verb (eine im Hinblick auf Tempus/Modus, Numerus
und Person flektierte Verbalform) gehört.

Die kleinsten Bausteine der Syntax im traditionellen Sinne des Wortes sind *morpholo-*
gische Wörter, d. h. Wortformen, die im Hinblick auf die für die jeweilige Wortart rele-

vanten grammatischen Merkmale (Kasus, Numerus, Tempus usw.) spezifiziert sind. Demnach hat die Syntax eine *Schnittstelle zur (Flexions-)Morphologie* (s. Art. 20), weswegen die Syntax und die Morphologie oft unter der Bezeichnung *Morphosyntax* zusammengefasst werden. Die Syntax legt fest, wie sich morphologische Wörter zu komplexeren Kategorien − *syntaktische Phrasen* − zusammenfügen, die wiederum die Bestandteile des Satzes bilden. Charakteristisch für das Deutsche und viele andere Sprachen ist nun zum einen, dass Flexionsformen oft *morphologisch unterspezifiziert* oder mehrdeutig sind. So kann *die Ärztin* Nominativ sein wie *der Arzt* oder Akkusativ wie *den Arzt*, und bei der Verbalform *tanzt* kann es sich um die 3. Pers. Sg. des Präsens Indikativ handeln wie bei *hilft* oder um die 2. Pers. Pl. wie bei *helft*. Zum anderen gibt es meistens auch keine Eins-zu-Eins-Beziehung zwischen voll spezifizierten Phrasenkategorien wie „Nominalphrase im Akkusativ" und *syntaktischen Funktionen*: Nominalphrasen im Akkusativ können zum Beispiel als („direkte") Objekte von Verben dienen − aber auch etwa von bestimmten Präpositionen regiert sein (vgl. *jemanden kennen* und *an jemanden denken*); und umgekehrt kann das „direkte" Objekt bei bestimmten Verben (auch) beispielsweise als ein mit *dass* eingeleiteter Satz realisiert werden (*Er hat den Vortrag nicht verstanden.* vs. *Er hat nicht verstanden, dass ich es ernst meine.*). Da Wörter derselben Wortart sich in Hinblick auf ihre syntaktischen Konstruktionsmöglichkeiten voneinander unterscheiden können, hat die Syntax somit auch eine *Schnittstelle zum Lexikon* (Wortschatz).

Syntaktische Regularitäten haben grundsätzlich eine *semantische* und/oder eine *pragmatische* Seite, indem die syntaktische Struktur einer komplexen Einheit sich entweder direkt auf deren Bedeutung auswirkt oder deren Verwendungsmöglichkeiten im (sprachlichen oder nicht sprachlichen) Kontext beeinflusst. So wird mit (1a), wo *Arzt* als Subjekt und *Patientin* als Objekt dient, eine ganz andere Situation beschrieben als mit (1b), wo es sich umgekehrt verhält (s. 3.2.). Und Sätze, die sich durch Erst- bzw. Zweitstellung des finiten Verbs unterscheiden (s. 3.1.), haben verschiedene syntaktisch-semantische Funktionsmöglichkeiten und ein unterschiedliches Sprachhandlungspotential, wie sich am Beispielpaar (2) veranschaulichen lässt: (2a) muss als eine Folge von zwei selbstständigen Sätzen (Aussagen), (2b) hingegen als ein komplexer Satz (ein Bedingungsgefüge) verstanden werden.

(1)   a. *(Ein) Arzt biss (seine) Patientin ins Ohr.*
      b. *(Eine) Patientin biss (ihren) Arzt ins Ohr.*

(2)   a. *Sie hat das Buch gekauft, so sollte sie es auch lesen.*
      b. *Hat sie das Buch gekauft, so sollte sie es auch lesen.*

Da Sätze letzten Endes nicht in Isolation auftreten, sondern immer in einen bestimmten sprachlichen Kontext und/oder einen Situationskontext eingebettet sind, müssen schließlich auch Schnittstellen zwischen der Syntax und der *Text-/Diskursebene* bzw. der pragmatischen Ebene andererseits angenommen werden.

Die semantisch-pragmatischen Aspekte der Syntax sind nicht zuletzt im sprachvergleichenden Zusammenhang und damit auch aus DaF/DaZ-Perspektive von herausragender Bedeutung, geht es doch letzten Endes darum, wie man das, was man in der jeweiligen Primärsprache so oder so ausdrückt, in der fremden Sprache ausdrücken kann oder muss (produktive Perspektive, s. Abschn. 4), bzw. welche Inhalte oder kommunikative Funktionen mit diesen oder jenen Konstruktionen der fremden Sprache verbunden sind und wie sie sich in der Hinsicht zu vergleichbaren Strukturen der Primärsprache verhalten (rezeptive Perspektive, s. Abschn. 4).

2. Syntaxtheoretische Vielfalt, Sprachtypologie und DaF/DaZ. Zur Forschungslage

Es ist im Rahmen dieses Artikels unmöglich, der reichhaltigen Literatur zur deutschen Syntax auch nur annähernd gerecht zu werden. Erwähnt werden sollen lediglich zwei Umstände, die im gegebenen Zusammenhang von besonderem Interesse sind: die Vielfalt syntaktischer Theorien und die Fortschritte bei der typologisch-kontrastiven Einordnung des Deutschen.

Seit Jahrzehnten sind mehrere syntaktische Theorien oder Beschreibungsverfahren auf dem Markt: sukzessive Versionen der generativen Grammatik, Lexikalische Funktionale Grammatik (LFG), Head-Driven Phrase Structure Grammar (HPSG), Kategorialgrammatik, Konstruktionsgrammatik, Dependenz- und Valenztheorie und anderes mehr. Sie unterscheiden sich unter Anderem in ihrer Erklärung des Spracherwerbs, in ihren Universalitäts- und Vollständigkeitsansprüchen, in ihrer Gewichtung der Syntax und, damit zusammenhängend, in ihrer Darstellung der Interaktion von Syntax und Semantik und/oder Syntax und Morphologie – und nicht zuletzt in ihrer Formalisierung bzw. Formalisierbarkeit. In einschlägigen Einzeluntersuchungen und auch in Einführungen wie Stechow und Sternefeld (1988), Sternefeld (2006), Heringer (1996) werden z. T. neue und detaillierte Einsichten in die Syntax des Deutschen und deren Eigenart im Vergleich zu anderen Sprachen (Abraham 2004, 2005) vermittelt, die im DaF/DaZ-Zusammenhang durchaus relevant sind. Entsprechendes gilt natürlich auch für die umfassenden und theoretisch expliziten wissenschaftlichen Grammatiken von Heidolph u. a. (1981) und Zifonun u. a. (1997). Der theoretische Überbau über den zu vermittelnden Fakten stellt jedoch weitgehend eine zu hohe Hürde dar, um einen direkten Einsatz solcher Arbeiten als Lehrwerke oder curriculare Lektüre in DaF/DaZ-Studiengängen sinnvoll erscheinen zu lassen – von Lehrwerken für Deutschlernende ganz zu schweigen. Auch weniger anspruchsvolle Referenzgrammatiken und Standardbeschreibungen der deutschen Grammatik bzw. Syntax wie die Dudengrammatik (2005/09), Eisenberg (1998), Engel (1994, 2004), Eroms (2000), Helbig und Buscha (2001) sind in theoretischer Hinsicht z. T. unterschiedlich orientiert und verwenden teilweise verschiedene Terminologien und Darstellungsverfahren. Dies ist aus der DaF/DaZ-Perspektive kaum eine ideale Lage, und zwar schon deswegen nicht, weil die Lerner und zum großen Teil auch die angehenden Lehrer nicht nur eine andere Primärsprache haben, sondern möglicherweise auch in einer anderen Grammatiktradition groß geworden sind. Terminologische Idiosynkrasien und theoretische Auseinandersetzungen, die im Wesentlichen durch die unscharfen Ränder grammatischer Kategorisierungen verursacht sind, sollten deshalb auf ein Minimum reduziert werden.

Vor diesem Hintergrund sind typologisch-kontrastiv orientierte Darstellungen der deutschen Syntax (Grammatik), wie sie im Rahmen des am Institut für deutsche Sprache laufenden Forschungsvorhabens *Die Grammatik des Deutschen im Europäischen Vergleich* (s. Zifonun 2001a) erarbeitet werden, sehr willkommen; vgl. Handwerker (1995). Das Vorhaben basiert auf der Grundannahme, dass es „universale Übereinstimmung" gibt „in der Existenz einiger weniger syntaktischer oder auch morphologischer Konstruktionen, die bestimmten notwendigen kommunikativen Grundfunktionen dienen. Als solche werden genannt: die Referenz (als Grundfunktion nominaler Konstruktionen), die Prädikation (als Grundfunktion verbaler Konstruktionen im Satz) und die Attribution (als Grundform adjektivischer Konstruktionen)" (Zifonun 2001a: 9). Zu jedem Phänomenbereich ist ein interlingualer funktionaler (semantisch-pragmatischer) Zugang möglich, wobei als heuristische Basis „funktionale Domänen" dienen, die bestimmten formal definierten größeren sprachlichen Objektbereichen zugeordnet werden. Zu solchen Bereichen werden formale Differenzierungen des Deutschen in Beziehung gesetzt. Dieses Verfahren führt zu einer „fortschreitenden kontrastiven Form- und Funktionsdifferenzierung" (ebd.), bei der invariante Merkmale, die als notwendig relativ zu dem Konstruktionstyp und der Menge der Vergleichssprachen betrachtet werden können, identifiziert und gegenüber Parametern der interlingualen Varianz abgesetzt werden (ebd.). Eine solche typologisch-kontrastive Verortung des Deutschen wäre aus DaF/DaZ-Sicht auch mit Bezug auf ausgewählte nicht-europäische Sprachen zu wünschen. Die Vorgehensweise unterscheidet sich von breiter angelegten typologischen Vorhaben wie das Projekt *Typology of Languages in Europe* (EUROTYP; s. Hinweise in Zifonun 2001a) – ohne die sie andererseits kaum denkbar wäre – durch den Fokus auf eine Einzelsprache (Deutsch) und die Feinkörnigkeit des Vergleichs und hat zugleich gegenüber der traditionellen Kontrastierung zweier Einzelsprachen (s. Hinweise in Zifonun 2001a) den Vorteil einer breiteren Vergleichsbasis und einer typologisch fundierten Begrifflichkeit.

3. Die Syntax der deutschen Gegenwartssprache aus DaF/DaZ-Perspektive

Im Rahmen des im Abschnitt 2 erwähnten EUROTYP-Projekts ist Deutsch als Repräsentant des *Standard Average European* charakterisiert worden; s. auch Askedal (2000). Aus Platzgründen konzentriert sich die folgende Synopsis der deutschen Syntax auf Bereiche oder Merkmale, in denen Deutsch von anderen zentralen europäischen Sprachen abweicht und die erfahrungsgemäß Deutschlernenden aus verschiedenen Ländern Probleme bereiten. Vorab sind als allgemeine morphosyntaktische Stolpersteine nochmals hervorzuheben, dass Deutsch eine teilweise fusionierende und unregelmäßige Flexionsmorphologie mit viel Unterbestimmtheit bzw. vielen Synkretismen besitzt (s. Art. 20) und dass weitgehend auch keine Eins-zu-Eins-Beziehung besteht zwischen morphologisch spezifizierter Form und syntaktischer Funktion (s. Abschn. 1).

3.1. Linearisierungsprinzipien und Satztypen

Deutsch ist aus typologischer Sicht durch zwei zentrale wortstellungsbezogene (besser: linearisierungsbezogene) Eigenschaften gekennzeichnet:
   (i) In der „Grundwortstellung" folgt das Verb oder Verbalglied allen von ihm abhängigen Phrasen (Objekten, Adverbialbestimmungen), einschließlich des Subjekts, nach: Deutsch als sog. O(bjekt)-V(erb)-Sprache. Die Grundwortstellung manifestiert sich in *dass*-Sätzen (5) und anderen als abhängig markierten Sätzen („Nebensätzen") sowie in Infinitivkonstruktionen (6); und sie lässt sich an der Stellung des infiniten Vollverbs in Hauptsätzen mit komplexen Tempusformen o. dgl. beobachten; vgl. (3), (4a, c). Durch diese *Linksdirektionalität* unterscheidet sich Deutsch von VO-Sprachen (rechtsdirektionalen Sprachen) wie dem Englischen.

(3) a. *Sie **hat** das Buch schon gestern **gekauft**.*
     b. *Das Buch **hat** sie schon gestern **gekauft**.*
     c. *Aus dem Grunde **hat** sie das Buch schon gestern **gekauft**.*

(4) a. ***Hat** sie das Buch **gekauft**?*
     b. ***Kauf** doch das Buch!*
     c. ***Schau** dir den Hut **an**!*

(5) Sie sagt, ***dass** sie das Buch schon gestern **gekauft hat***.

(6) Sie hat versprochen, *mir das Buch **zu kaufen***.

(ii) In sog. Hauptsätzen steht das finite Verb (die Personalform des Verbs) jedoch am Satzanfang, und zwar entweder ganz am Anfang wie in (4) oder an zweiter Stelle wie in (3): Deutsch als Verbzweit- bzw. V2-Sprache. Die Position vor dem finiten Verb wird in der deutschen grammatischen Tradition meistens als *Vorfeld*, heute auch als *Topikposition* bezeichnet. Hier kann im Normalfall nur ein Satzglied stehen, sei es das Subjekt (3a), ein Objekt (3b) oder eine Adverbialbestimmung (3c). Wird ein anderes Satzglied als das Subjekt dort platziert, so muss das Subjekt dem finiten Verb nachfolgen (3b, c). Das Deutsche teilt dieses sprachtypologisch eher seltene Merkmal mit dem Niederländischen und den skandinavischen Sprachen. Englisch hingegen weist wie Französisch die Grund-abfolge „Subjekt vor finitem Verb" auf und erlaubt mehr als ein Satzglied vor dem finiten Verb.

Nach den Positionsmöglichkeiten des finiten Verbs unterscheidet man drei Satztypen, die heute oft als *Verbzweit-, Verberst-* und *Verbletzt-Sätze* bezeichnet werden. Die beiden ersteren (die Hauptsatztypen) werden primär als syntaktisch selbstständige Sätze verwen-det und sind dabei verschiedenen Sprachhandlungstypen zugeordnet: Behauptungen, Feststellungen und dgl. müssen als Verbzweit-Sätze ausgedrückt werden (3), während Entscheidungsfragen, Befehle und Aufforderungen typisch als Verberst-Sätze realisiert werden (4). Verbletzt-Sätze sind demgegenüber im typischen Fall syntaktisch-semantisch untergeordnet, indem sie als Satzglieder oder Teile von Satzgliedern in komplexe selbst-ständige Sätze eingebettet sind (5). Es handelt sich jedoch insgesamt um prototypische Form-Funktion-Zuordnungen, die in unterschiedlicher Weise durchbrochen werden kön-nen. So dient der Verberst-Satz in (2b) als untergeordneter Bedingungssatz.

Die Position des finiten Verbs im Hauptsatz steht gewissermaßen im Widerspruch zu der grundsätzlichen Linksdirektionalität des Deutschen. Das Ergebnis ist die wohlbe-kannte *Verbalklammer*: Umfasst das Verbalglied zusätzlich zum finiten Verb auch infinite Verbalformen oder eine trennbare Partikel, so erscheinen die anderen Satzglieder, wenn man vom etwaigen Vorfeld absieht, von diesen beiden Teilen des Verbalgliedes „umklam-mert"; vgl. (3) und (4a, c). Besteht das Verbalglied lediglich aus dem finiten (Voll-)Verb, so gibt es freilich keine Verbalklammer − und Deutsch mag sich oberflächlich betrachtet als eine Verb-Objekt-Sprache manifestieren (4b). In Verbletzt-Sätzen, wo das ganze Ver-balglied im Schlussfeld steht, bildet das besondere Einleitewort (z. B. *dass*), das dieser Satztyp verlangt, den ersten Teil einer entsprechenden *Satzklammer* (5). Untergeordnete Sätze und auch nicht satzförmige Phrasen können oder müssen jedoch u. U. nach rechts „ausgeklammert" − *extraponiert* − werden wie die Infinitivkonstruktion (*mir das Buch zu kaufen*) relativ zum übergeordneten Satz in (6).

Die Linearisierung innerhalb der Satzklammer, im sog. *Mittelfeld*, wird durch ein kompliziertes Zusammenspiel verschiedener Prinzipien − Form, syntaktisch-semantische

Funktion, Eigensemantik (Belebtheit, Bestimmtheit), Informationsstruktur – reguliert (Zifonun u. a. 1997, Bd. 2). Hier sei lediglich betont, dass die interne Abfolge der kasus-markierten nominalen Satzglieder (Subjekt, direktes und indirektes Objekt) variieren kann – anders als in Sprachen, die diese primären syntaktischen Funktionen primär durch die Wortstellung markieren.

Zu einem finiten Verb gehört im Deutschen – anders als etwa im Italienischen – ein *explizites Subjekt* (im Nominativ, wenn (pro)nominal realisiert), nach dem sich die Personalendung des Verbs in Person und Numerus richtet (*Subjekt-Verb-Kongruenz*). Echt subjektlos sind mit wenigen Ausnahmen lediglich (mit *werden* gebildete) Passivsätze, die Aktivsätzen ohne Akkusativobjekt entsprechen. Das finite Verb steht dann in der 3. Pers. Sing. (s. 3.2.).

Deutsch erlaubt im Unterschied etwa zum Englischen kein „Präpositionsstranden" und in der Regel auch keine „lange Bewegung". Das heißt für Verbzweit-Sätze Folgendes: Man kann eine Präposition und die von ihr regierte Nominalphrase nicht trennen, indem man letztere ins Vorfeld stellt (topikalisiert) und die Präposition im Satzinnern bzw. am Satzende belässt (7); und man kann ein Satzglied nicht aus einem untergeordneten Satz über die Satzgrenze hinweg topikalisieren (8). Entsprechende Beschränkungen gelten für Relativsätze (9).

(7) a. * **Den Stuhl** *solltest du dich nicht setzen* **auf** *_.*
     b. √ **Auf den Stuhl** *solltest du dich nicht setzen.* / *Du solltest dich nicht* **auf den Stuhl** *setzen.*

(8) a. * **Den Stuhl** *glaube ich nicht, [dass ich mir _ leisten kann].*
     b. √ *Ich glaube nicht, [dass ich mir* **den Stuhl** *leisten kann].* / **Den Stuhl** *kann ich mir, glaube ich, nicht leisten.*

(9) a. * *Das ist ein Stuhl,* **den** *du dich nicht setzen* **auf** *_solltest.*
     b. √ *Das ist ein Stuhl,* **auf den** *du dich nicht setzen solltest.*

3.2. Der Verbalbereich

Vollverben unterscheiden sich im Hinblick darauf, welche Arten syntaktischer Ergänzungen (nominale, präpositionale, satzförmige, …) sie im Aktiv zu sich nehmen können oder müssen und wie die entsprechenden Aktanten an dem vom Verb beschriebenen Geschehen beteiligt sind, d. h. welche „semantischen Rollen" (Agens, d. h. handelnde oder verantwortliche Person, Wahrnehmer, Empfänger, Nutznießer, Patiens …) sie tragen. Diese Eigenschaft wird oft die *syntaktisch-semantische Valenz* des Verbs genannt. Besonders wichtig sind aus DaF/DaZ-Sicht der Gebrauch der Kasus (Nominativ, Akkusativ, Dativ, Genitiv) zur Markierung nominaler Satzglieder und die Zuordnung von semantischen Rollen zu solchen Satzgliedern. Im Normalfall gelten folgende Regeln: (i) Die Agens-rolle – allgemeiner: die einem Agens ähnlichste Rolle – fällt dem Subjekt zu, das im Nominativ steht. (ii) Wenn das Verb sich mit nur einem Kasusobjekt verbindet, handelt es sich um ein Akkusativobjekt (*jemanden lieben*). (iii) Nimmt das Verb zwei Kasusobjekte zu sich, so ist das eine ein Akkusativ-, das andere ein Dativobjekt, und letzteres trägt die Rolle des Empfängers, Nutznießers o. dgl. (*jemandem etwas schenken/erzählen*). Es gibt jedoch auch Verben mit abweichender, mehr oder weniger idiosynkratischer Kasus- oder Rollenzuordnung (*jemandem gehorchen, jemanden eines Verbrechens bezichtigen, jemanden* [*einer Prüfung*]$_{Dativ}$ *unterziehen*), deren syntaktisches Verhalten man sich als Lerner dann besonders merken muss. Der Dativ kennt darüber hinaus auch eine freiere Verwendung zur Bezeichnung des Interessenten, Nutznießers, Urteilenden o. dgl., die sich in der Praxis allerdings nicht so leicht vom valenzbedingten Dativ abgrenzen lässt (*Der Rock war ihr zu lang. – Rede mir bitte nicht mehr davon!*). Auffällig ist im Vergleich zu vielen anderen Sprachen der sog. possessive Dativ bzw. Pertinenzdativ (*Dem Jungen fielen die Augen langsam zu.*).

Die Zuordnung von syntaktischen Funktionen und semantischen Rollen ändert sich im Passiv, das im Defaultfall mit dem Hilfsverb *werden* + Partizip Perfekt gebildet wird: Das Subjekt des Aktivs wird dann zu einer optionalen Präpositionalphrase „heruntergestuft". Nimmt das Verb im Aktiv ein Akkusativobjekt zu sich, so wird dieses zugleich zum Subjekt des Passivs „heraufgestuft" (10). Gibt es im Aktiv kein Akkusativobjekt, so bleibt das Passiv subjektlos (11, 12). Neben dem normalen *werden*-Passiv gibt es andere passivische Konstruktionstypen, bei denen die Zuordnung anders verläuft (Rezipienten- bzw. *bekommen*-Passiv) oder zusätzliche Bedeutungsänderungen stattfinden (Zustands- bzw. *sein*-Passiv).

(10) a. **Die Mechaniker** *reparierten schnell* **den Motor**.
   b. **Der Motor** *wurde schnell* (**von den Mechanikern**) *repariert*.

(11) a. *Kann* **man** **ihnen** *nicht helfen?*
   b. *Kann* **ihnen** *nicht geholfen werden?*

(12) a. *Hier meckern* **alle** *ständig.*
   b. *Hier wird ständig gemeckert.*

Einige wenige Verben – vor allem *sein, werden, bleiben* und *machen* – verbinden sich mit Adjektivphrasen. Das Adjektiv bleibt in dieser prädikativischen Funktion undekliniert (*Bücher sind teuer. Wir machen das Loch größer.*).

Verben werden im Deutschen in den finiten Kategorien Tempus (Präsens/Präteritum), Modus (Indikativ/Konjunktiv), Person und Numerus (morphologisch) flektiert (s. Art. 20). Passivformen, Perfekt- und Futurtempora und der sog. Konditional (*würde* + Infinitiv) sind keine einfachen Flexionsformen, sondern syntaktische Konstruktionen, die als Minimum aus einer finiten Form eines sog. Hilfsverbs und einer infiniten Form (dem Infinitiv oder dem Partizip Perfekt des Vollverbs) bestehen. Die Hilfsverben (*haben, sein, werden*) sind Teile eines differenzierten Systems „infinitregierender Verben" (Dudengrammatik 2009: 415–417), zu dem u. a. auch die Modalverben (*dürfen, können, mögen, müssen, sollen, wollen*) gehören. Mit Hilfe solcher infinitregierenden Verben können ganze Ketten von Verben gebildet werden, deren interne Abfolge am Satzende mit gewissen Ausnahmen auch dem Prinzip der Linksdirektionalität (s. 3.1.) gehorcht: Als Hauptregel gilt, dass ein infinites Verb unmittelbar vor dem regierenden Verb steht (..., *dass sie wieder nichts getan$_3$ haben$_2$ wird$_1$; ..., dass die Daten versehentlich gelöscht$_4$ worden$_3$ sein$_2$ sollen$_1$*).

3.3. Der Nominalbereich

Nominalphrasen – heute oft Determinativphrasen genannt – haben ein Substantiv oder ein Pronomen als lexikalischen Kern (*die armen Menschen – wir Armen*) und weisen im Kontext immer einen bestimmten Kasus (Nominativ, Akkusativ, Dativ oder Genitiv) auf, der am lexikalischen Kern (*Menschen* bzw. *wir*) und den mit ihm kongruierenden Bestandteilen der Nominalphrase (*die armen* bzw. *Armen*) mehr oder weniger eindeutig (s. Abschn. 1) markiert wird. Der Kasus wird der Nominalphrase „von außen" zugewiesen, d. h. er hängt von ihrer syntaktischen Funktion ab: Der Nominativ ist im Wesentlichen dem Subjekt vorbehalten, nominale Ergänzungen von Verben stehen im Akkusativ oder Dativ, selten im Genitiv (s. 3.2.), Präpositionen regieren vorwiegend den Dativ (*mit, zu, gegenüber, laut, …*), den Akkusativ (*durch, für, …*) oder einen von beiden, je nach dem Zusammenhang (*an, auf, …*); Genitivrektion ist weitgehend auf neuere, komplexe Präpositionen beschränkt (*anhand, aufgrund, …*). In seiner Hauptfunktion markiert der Genitiv, dass die betreffende Nominalphrase einem anderen Substantiv als Attribut untergeordnet ist; er folgt dabei im Normalfall dem übergeordneten Substantiv unmittelbar nach (*das Haus meiner Großmutter, Einwände des Chefs, die Hälfte seines Vermögens, die Kunst des Singens*). Dabei deckt der nachgestellte Genitiv ein breiteres Funktionsspektrum ab als der vorangestellte Genitiv, der meistens Zugehörigkeit ausdrückt. – Wir konzentrieren uns im Folgenden auf Nominalphrasen mit substantivischem Kern, die im Deutschen eine besonders komplizierte Struktur aufweisen können.

Die Substantivphrase wird grundsätzlich durch ein *Determinativ* (*der/die/das, ein/eine/ein, jeder/jede/jedes, einige, …*) eingeleitet, das im Kasus, Numerus und Genus mit dem Substantiv übereinstimmt (*der Mensch, dem Menschen, die Menschen*). Anstelle des Determinativs kann allerdings auch ein (vorangestelltes) Genitivattribut – im Normalfall der Genitiv eines Eigennamens o. dgl. – erscheinen (*Luthers Bibelübersetzung*). Wird kein anderes Determinativ gewählt, so muss mit gewissen Ausnahmen der bestimmte Artikel (*der/die/das*) oder der unbestimmte Artikel (*ein/eine/ein*) bzw. (im Plural und bei Stoffnamen) der „Null-Artikel" verwendet werden. Die Artikelwahl stellt für viele Deutschlernende ein Problem dar, sei es, weil die Primärsprache (Un-)Bestimmtheit der Referenz morphosyntaktisch gar nicht markiert oder weil der bestimmte und der unbestimmte Artikel im Deutschen die Definitheitsdimension etwas anders aufteilen als in der jeweiligen Primärsprache.

Substantive können nach links und nach rechts durch *Attribute* erweitert werden. Die pränominale Position – zwischen Determinativ und Substantiv – ist adjektivischen Erweiterungen (einschl. Partizipialattributen) vorbehalten. Das Adjektiv wird in dieser Funktion dekliniert nach Regeln, die den meisten Lernern recht kompliziert erscheinen (*ein armer Mensch, der arme Mensch, arme Menschen, die armen Menschen, mit großem Vergnügen, mit dem größten Vergnügen* usw.). Insgesamt bilden Determinativ, pränominale Attribute und Substantiv eine durch die Kasus-, Numerus- und Genuskongruenz markierte Einheit, die manchmal als *Substantivrahmen* bezeichnet wird. Adjektive und insbesondere Partizipien lassen sich nun ihrerseits durch abhängige Phrasen unterschiedlicher Art erweitern, und zwar nach links in Übereinstimmung mit der grundlegenden Linksdirektionalität des Deutschen (sog. *erweiterte vorangestellte Adjektiv-/Partizipialattribute*). Da sich mit einem Substantiv außerdem mehrere aneinander gereihte oder explizit koordinierte Attribute verbinden lassen, kann der pränominale Bereich stark aufschwellen, so dass das Determinativ (wenn explizit vorhanden) und der substantivische Kern der Nominalphrase in der Praxis durch umfangreiche und verschachtelte pränominale Attribute weit auseinander gerissen werden (13).

(13) a. *(bei)* **allen** *sozial leben***den***, keine Einzelreviere verteidigen***den Säugern**
      b. *gut präpariert***e** *und bei Schneemangel künstlich beschneit***e Pisten**

Rechts vom Substantiv befinden sich Genitiv- und Präpositionalattribute sowie satzförmige Erweiterungen der Nominalphrase (d. h. vor allem Relativsätze), und zwar in der
angegebenen Reihenfolge, sofern das Substantiv durch verschiedene Attributtypen erweitert wird (14a-b).

Zu einem Substantiv kann es höchstens ein (nachgestelltes) Genitivattribut geben, das
ggf. dem Substantiv unmittelbar nachfolgt. Entsprechenden Beschränkungen unterliegen
Präpositionalattribute nicht, d. h. es kann zu ein und demselben Substantiv mehrere
nacheinander folgende Präpositionalattribute gleichen Ranges geben. Da es sich beim
postnominalen Genitivattribut und dem nominalen Teil eines Präpositionalattributs um
normale Nominalphrasen handelt, die sich ihrerseits wiederum nach links und rechts
ausbauen lassen, kann auch der postnominale Bereich der Substantivphrase in der Praxis
eine strukturell unübersichtliche Form annehmen (14). − Anders als Genitiv- und Präpositionalattribute können satzförmige Attribute durch Ausklammerung von der Bezugs-
phrase getrennt werden (15).

(14)   a. *der **Export** [von Gas] [nach Europa] [durch Russland], [der neuerdings stark
          kritisiert wurde]*
       b. *der **Einspruch** [einiger Kandidaten] [während der Prüfung], [das Gespräch ver-
          lasse die vorab abgesprochene Linie]*
       b. *der **Vergleich** [einer Vielfalt [statistischer Daten [zur wirtschaftlichen Lage [in
          der Bundesrepublik]]]]*
       c. *vom **Rand** [des kahlen, durch den beständig wehenden Sandwind abgeschmiergel-
          ten Plateaus]*

(15)   a. Ich möchte hier *einige **Denkmuster** [jener Bewegung [, die den Atomstaat zu
          verhindern bezweckt,]]* kenntlich machen.
       b. Ich möchte hier *einige Denkmuster jener Bewegung* kenntlich machen, *die den
          Atomstaat zu verhindern bezweckt.*

Relativsätze werden im Allgemeinen mit dem Relativpronomen (*der/die/das*) eingeleitet,
das im Numerus und Genus mit der Bezugsnominalphrase im übergeordneten Satz kongruiert, während sein Kasus durch seine syntaktische Funktion im Relativsatz bestimmt
wird (15); das Relativpronomen kann auch als Genitivattribut dienen (15c).

(16)   a. *Der Friede, **den** wir alle wollen,* hat seinen Preis.
       b. *Der Friede, **dem** wir dienen,* hat seinen Preis.
       c. Neulich hat es eine Sendung über *die Brüder Grimm* gegeben, ***deren** Märchen
          die ganze Welt liest.*

Die Erweiterungsmöglichkeiten der Nominalphrase werden, von Relativsätzen abgesehen, in der gesprochenen Sprache in beschränktem Ausmaß genützt. Vor allem sind
erweiterte vorangestellte Attribute weitgehend auf die Schriftsprache beschränkt und
auch dort teilweise textsortenabhängig. Sie erlauben es, sehr viel Information innerhalb
von Nominalphrasen zu konzentrieren und somit die Informationsdichte der einzelnen
Sätze zu erhöhen. Durch gleichzeitigen Ausbau nach links und nach rechts können jedoch im Endeffekt äußerst komplizierte Nominalstrukturen entstehen, die zu entschlüsseln Lesern ohne hinreichendes grammatisches Wissen Schwierigkeiten bereiten.

4. Deutsche Syntax als Lerngegenstand

Deutsch scheint als eine relativ schwierige Fremdsprache zu gelten — sogar bei Lernern, deren Primärsprache mit dem Deutschen eng verwandt ist. Ein verständlicher Grund ist die weitgehend fusionierende, teilweise unterbestimmte und unvorhersagbare Flexionsmorphologie (s. Abschn. 1 und Art. 20), einschließlich der schwer durchschaubaren Genuszuordnung. Auf der syntaktischen Ebene stellen die Subjekt-Verb-Kongruenz, die Verbalvalenz, die Kasusrektion der Präpositionen, die Deklination attributiver Adjektive und die Bildung der Relativsätze aus produktiver Sicht typische Problembereiche dar. Je nach den Linearisierungsprinzipien der Primärsprache bildet die Wortstellung auf Satzebene gleichfalls eine Herausforderung. Dies gilt nicht nur für die allgemeine Linksdirektionalität, sondern auch und unter Umständen sogar noch stärker für die Regel, dass das Subjekt in einem Aussagesatz dem finiten Verb nachfolgen muss, wenn ein vom Subjekt verschiedenes Satzglied im Aussagesatz topikalisiert wird („Inversion" nach Diehl et al. 2000). So produzieren Lerner ganz verschiedener Ausgangssprachen immer wieder ungrammatische Konstruktionen wie *gestern, ich kam zu spät, und zwar nicht unbedingt, weil diese mit der jeweiligen Primärsprache im Einklang stehen, sondern vielleicht eher, weil sie universellen pragmatischen Gliederungsprinzipien entsprechen (Klein 2003).

Aus rezeptiver Sicht (Heringer 2001) verlangt die Linksdirektionalität von Lernern mit einer rechtsdirektionalen Primärsprache wie Englisch oder Französisch z. T. eine Umlegung ihrer Verarbeitungsheuristiken: Während sie in ihrer Muttersprache nach etwaigen topikalisierten Elementen gleich am Anfang des Satzes das Subjekt und das Verbalglied antreffen und auf dieser Grundlage Erwartungen bezüglich der nachfolgenden nicht verbalen Satzglieder aufstellen können, müssen sie jetzt lernen, aufgrund der zuerst registrierten nicht verbalen Satzglieder möglichst früh und effizient die Identität des Verbs vorauszusagen (Hawkins 1994); dabei haben die morphologischen Signale (Kasus, Subjekt-Verb-Kongruenz usw.) ein besonderes Gewicht — auch das möglicherweise abweichend von der Muttersprache. Bei Hauptsätzen mit finitem Vollverb ist freilich wiederum eine (Subjekt-)Verb-basierte Heuristik gefragt — wenn auch mit einem gewissen Vorbehalt, da die Möglichkeit einer am Satzende erscheinenden Verbalpartikel grundsätzlich offen gehalten werden muss (17).

(17)   Die Angestellten **trauten** dem neuen Direktor trotz seiner Freundlichkeit von Anfang an nichts Gutes **zu**.

So wird man als Leser/Hörer des Deutschen letztlich unter Beachtung der morphologischen ‚cues‘ zwischen einer der grundsätzlichen Linksdirektionalität angepassten musterorientierten und einer eher rechtsdirektionalen, aber nicht ganz zuverlässigen, verbgeleiteten Verarbeitungsheuristik wechseln müssen (Fabricius-Hansen 2009). Ähnlich flexible Techniken sind bei Verarbeitung komplexer, prä- und postnominal stark erweiterter Nominalphrasen erforderlich (s. 3.3.). Hinzu kommt, dass das Vorfeld in Verbzweit-Sätzen umfangreiche Phrasen, einschließlich untergeordneter Sätze, aufnehmen und das Mittelfeld durch Häufung von Satzgliedern aufschwellen kann — beides im Einklang mit der grundlegenden Linksdirektionalität des Deutschen. Voll ausgenützt werden diese verschiedenen Möglichkeiten der Informationsverdichtung vorwiegend in bestimmten Varianten der Gebrauchsprosa, seltener in der Belletristik. Angesichts der Herausforderungen, die Texte dieser Art fremdsprachlichen Lernern schon auf Grund der syntaktischen Struktur bieten, ist die Wichtigkeit einer (auch) rezeptiv ausgerichteten Einführung in die Syntax des Deutschen zu betonen.

5. Literatur in Auswahl

Abraham, Werner
    2004   *Focus on Germanic Typology.* Berlin: Akademieverlag.
Abraham, Werner
    2005   *Deutsche Syntax im Sprachenvergleich. Grundlegung einer typologischen Syntax des Deutschen.* 2. überarb. und erw. Aufl. Tübingen: Stauffenburg.
Askedal, John Ole
    2000   Gemeinsamkeiten in der grammatischen Struktur europäischer Sprachen. In: *Sprachgeschichte. Ein Handbuch zur Geschichte der deutschen Sprache und ihrer Erforschung,* 1136−1143, vollständig neu bearb. und erw. Aufl. 2. Berlin/New York: de Gruyter.
Diehl, Erika, Helen Christen, Sandra Leuenberger, Isabelle Pelvat und Thérèse Studer
    2000   *Grammatikunterricht: Alles für der Katz?* Untersuchungen zum Zweitspracherwerb Deutsch. Tübingen: Niemeyer.
Dudenredaktion
    2009   *Die Grammatik.* 8. überarb. Aufl. Mannheim: Bibliographisches Institut & Brockhaus.
Ehlich, Konrad
    1992   Zum Satzbegriff. In: Ludger Hoffmann (Hg.), *Deutsche Syntax. Ansichten und Aussichten,* 386−395. Berlin/New York: de Gruyter.
Eisenberg, Peter
    1998   *Grundriss der deutschen Grammatik.* Stuttgart: Metzler.
Engel, Ulrich
    1994   *Syntax der deutschen Gegenwartssprache.* Berlin: Erich Schmidt Verlag.
Engel, Ulrich
    2004   *Deutsche Grammatik.* München: iudicium.
Eroms, Hans-Werner
    2000   *Syntax der deutschen Sprache.* Berlin/New York: de Gruyter.
Fabricius-Hansen, Cathrine
    2003   Deutsch − eine ‚reife‘ Sprache. Ein Plädoyer für die Komplexität. In: Gerhard Stickel (Hg.), *Deutsch von außen,* 99−112. Berlin: de Gruyter.
Fabricius-Hansen, Cathrine
    2010   Deutsch im Kontrast − textbezogen. In: Damaris Nübling, Antje Dammel und Sebastian Kuerschner (Hg.), *Kontrastive Germanistische Linguistik,* 171−199. Hildesheim: Olms.
Haider, Hubert, Susan Olsen und Stein Vikner
    1995   *Studies in Comparative Germanic Syntax.* Dordrecht: Kluwer.
Handwerker, Brigitte (Hg.)
    1995   *Fremde Sprache Deutsch. Grammatische Beschreibung − Erwerbsverläufe − Lehrmethodik.* Tübingen: Narr.
Hawkins, John A.
    1994   *A Performance Theory of Order and Constituency.* Cambridge: Cambridge University Press.
Heidolph, Karl Erich, Walter Flämig und Wolfgang Motsch
    1981   *Grundzüge einer deutschen Grammatik.* Berlin: Akademie-Verlag.
Helbig, Gerhard und Joachim Buscha
    2001   *Deutsche Grammatik: ein Handbuch für den Ausländerunterricht.* Neu bearb. Aufl. Berlin: Langenscheidt.

Heringer, Hans Jürgen
  1996   *Deutsche Syntax Dependentiell*. Tübingen: Stauffenburg.
Heringer, Hans Jürgen
  2001   *Lesen lehren lernen*. 2. durchges. Aufl. Tübingen: Niemeyer.
Klein, Wolfgang
  2003   Wozu braucht man eigentlich Flexionsmorphologie? *Zeitschrift für Literaturwissenschaft und Linguistik* 131: 23−54.
Lang, Ewald und Gisela Zifonun (Hg.)
  1996   *Deutsch − typologisch*. Berlin/New York: de Gruyter.
Stechow, Arnim von und Wolfgang Sternefeld
  1988   *Bausteine syntaktschen Wissens: ein Lehrbuch der generativen Grammatik*. Opladen: Westdeutscher Verlag.
Sternefeld, Wolfgang
  2006   *Deutsche Syntax. Eine morphologisch motivierte generative Beschreibung des Deutschen.* Bd. 1−2. Tübingen: Stauffenburg.
Zifonun, Gisela
  2001a   *Grammatik des Deutschen im europäischen Vergleich*. Studia Linguistica, Breslau Acta Universitatis.
Zifonun, Gisela
  2001b   *Der Relativsatz*. Mannheim: IDS. (amades 3/01).
Zifonun, Gisela, Ludger Hoffmann und Bruno Strecker
  1997   *Grammatik der deutschen Sprache*. Bd. 1−3. Berlin/New York: de Gruyter.

Cathrine Fabricius-Hansen, Oslo (Norwegen)

22. Morphologie: Wortbildung

1. Allgemeine Charakteristika der Wortbildung im Deutschen

Der Begriff „Wortbildung" wird sowohl für den Prozess (eben die Bildung neuer Wörter nach bestimmten Mustern) als auch für das Ergebnis dieses Prozesses verwendet, das komplexe, „wort-gebildete" Wort. In der deutschen Sprache spielt die Wortbildung eine ganz zentrale Rolle; sie berührt mit ihren Bildungsmustern die Bereiche der Morphologie wie der Syntax, sie kann verschiedene textuelle Aufgaben übernehmen, und sie ist das wichtigste Verfahren zur Erweiterung des Wortschatzes. Damit gehört sie auch zum Bereich der Lexikologie. Aus all diesen Gründen sollte die Wortbildung auch im Bereich der Sprachvermittlung den ihr gebührenden Platz bekommen, sie wird für den Lerner sowohl im Wortschatzerwerb und -gebrauch als auch bei der Grammatik- und Textarbeit je spezifisch relevant; unterschieden werden muss dabei zwischen den jeweiligen Erfordernissen bei der Rezeption und bei der Produktion von Wortbildungen. Die folgende Darstellung wird vor allem auf typische Muster und Mittel der Wortbildung fokussieren sowie auf Aspekte, die für Fremdsprachenlerner relevant sind. Im Zentrum stehen deshalb die produktiven Wortbildungsmuster, die in Form und Bedeutung vorgestellt werden.

Eine zentrale Charakteristik jeglicher Form der Wortbildung ist, dass aus schon vorhandenem Sprachmaterial Neues gebildet wird. Damit ist die grundlegende semantische Charakterisierung verbunden, dass Wortbildungen prinzipiell relativ motiviert sind, d. h. ihre Bedeutung aus den Bestandteilen ableitbar ist, sie sind durchsichtig. Allerdings können Wortbildungen diese Durchsichtigkeit aus unterschiedlichen Gründen verlieren, sie sind dann demotiviert. Hier ist von graduellen Abstufungen der Demotivation auszugehen (vgl. *Holzstuhl − Rollstuhl − Fahrstuhl*). Demotivierte und damit undurchsichtige Bildungen sind − auch für Lerner − wie Simplizia zu lernen und zu speichern, (relativ) motivierte oder teilmotivierte dagegen nicht, sie können aus der Bedeutung der Bestandteile und der Kenntnis der entsprechenden Wortbildungsregeln erschlossen werden. Da die meisten Wortbildungsmuster produktive Muster sind − gerade im Deutschen und gerade in solchen Textsorten, mit denen Lerner sich v. a. beschäftigen (journalistische Texte, Literatur, Fachtexte) − und da neue Wortbildungen immer analog (d. h. analog zu durchsichtigen Bildungen) gebildet werden, lohnt es sich für den Lerner, die Analyse von Wortbildungen zu üben. Produktivität eines Wortbildungsmusters heißt, dass laufend neue Bildungen entstehen; je nach Wortart und Wortbildungsart gibt es dabei mehr oder weniger Einschränkungen: kaum restringiert ist etwa die Komposition zweier Substantive, die Suffigierungen dagegen unterliegen stärker bestimmten Regeln. Eines aber liegt allen Wortbildungen zugrunde und unterscheidet sie von möglichen parallelen syntaktischen Fügungen: Eine Wortbildung muss einen ‚begrifflichen Mehrwert' haben (vgl. Fandrych und Thurmair 1994; Eichinger 2000: 43 ff.), sie hat Benennungsfunktion (vgl. Fleischer und Barz 1992: 1 ff.; Barz 2005: 646 ff.).

Als Wortbildungsmittel kann man im Deutschen unterscheiden zwischen Wörtern bzw. Wortstämmen, also freien Morphemen, und spezifischen, gebundenen Wortbildungsmorphemen, den Affixen. Außerdem finden sich bei bestimmten Wortbildungsmustern Fugenelemente. Für die Analyse weiterhin relevant sind der Wortakzent, die Reihenfolge der Wortbildungskonstituenten und die Wortart. Die zentralen Wortbildungsmuster, die mit den eben genannten Mitteln gebildet werden, sind solche, bei denen eine im Regelfall binäre Konstituentenstruktur sichtbar ist. Zu unterscheiden sind hier die Muster Komposition als Zusammensetzung zweier freier Morpheme (*Hand-schuh, handwarm*) und Derivation, die Kombination eines freien Morphems mit einem Affix, je nach Position des Affixes unterteilbar in Präfigierung (*un-wichtig, er-klingen*) und Suffigierung (*Bedien-ung, frucht-bar*). Einen Zwischenstatus haben Bildungen mit Konfixen; diese erst in der neueren Forschung angenommene Kategorie (Fleischer 1995; Barz 2005: 665 ff.) bezeichnet bedeutungstragende Einheiten, in der Regel aus dem Fremdwortschatz, die nicht frei auftreten können (*Bio-milch, Therm-o-jacke, Media-thek*). Alle Wortbildungsmuster können auch kombiniert und wiederholt angewandt werden.

Die zentralen Wortbildungsmuster sind auf die einzelnen Wortarten sehr unterschiedlich verteilt, was sich auf die kategoriale Spezifik der einzelnen Wortarten zurückführen lässt: während Komposition und Suffigierung v. a. beim Substantiv und beim Adjektiv zu finden sind, ist die Präfigierung die Domäne des Verbs. Als eigener Typ beim Verb wird hier weiterhin die Partikelverbbildung angesetzt (mehr dazu s. u.). Weitere Muster, die in der Forschung unterschiedlich kategorisiert werden, sind die sogenannte implizite Ableitung (*Band* ← *binden, Vorwurf* ← *vorwerfen*), die Rückbildung (*krankenversichern* ← *Krankenversicherung*), die Zusammenbildung (als Suffigierung einer syntaktischen Gruppe wie etwa *Filmemacher* ← *Filme machen + er, langhaarig* ← *lange Haare + ig*), die Zusammenrückung (auch: Univerbierung, wie *Vergissmeinnicht, trotzdem*), die Konversion (d. i. der Wortartwechsel ohne explizites Morphem, oft (z. B. Barz 2005: 668 ff.) neben anderen bezeichnet als Wortbildungsmuster ohne Konstituentenstruktur; z. B. *Stau* ← *stauen; Grün* ← *grün*), die Wortkreuzung (*Kurlaub* ← *Kur + Urlaub*) und schließlich die Kürzung (*ABM* ← *Arbeitsbeschaffungsmaßnahme, Kita* ← *Kindertagesstätte*).

2. Wortbildung beim Substantiv

Die beiden zentralen substantivischen Wortbildungsmuster sind die Komposition und die Suffigierung. Wegen seiner hohen Frequenz wird auch das Verfahren der Kürzung hier kurz dargestellt.

2.1. Komposition beim Substantiv

Komposita weisen im Deutschen grundsätzlich eine binäre Konstituentenstruktur auf; dabei legt die zweite Konstituente die Wortart des gesamten Kompositums fest: Substantivkomposita weisen deshalb als zweite Konstituente ein Substantiv auf, das auch Genus und Deklinationstyp der gesamten Bildung bestimmt. Als erste Konstituenten, die übrigens auch den Wortakzent tragen, kommen alle anderen Wortarten in Betracht: Substantiv, als die häufigste Erstkonstituente (*Hand-schuh, Nuss-kuchen*), Verb (in der Form des Verbstamms: *Turn-schuh, Schlaf-zimmer*), seltener Adjektiv (*Warm-wasser, Dick-milch*) oder auch Adverbien, Pronomen oder Partikeln. Komposita können auch aus ihrerseits komplexen Konstituenten gebildet werden, dabei sind alle Formen der Komplexität bei der ersten wie bei der zweiten Konstituente möglich (Beispiele: *Leder-handschuh, Dampf-kochtopf, Alstadt-fest, Fußball-schuh, Autobahn-tankstelle, Warmwasserwiederaufbereitung-s-anlage*).

Zwischen den Bestandteilen eines Kompositums können bestimmte Fugenelemente erscheinen, für deren Auftreten im Wesentlichen die erste Konstituente (ihre Wortart, ihr Deklinationstyp) entscheidend ist. Die Fugenelemente haben sich aus Flexionsendungen (für Genitiv bzw. Plural) entwickelt und entsprechen diesen häufig formal (*Kind-er-wagen, Hund-e-hütte, Dose-n-pfand, Freund-es-kreis*) mit Ausnahme der sogenannten unparadigmatischen Fugen (wie in *Freiheit-s-kampf, Liebe-s-brief*); synchron jedoch zeigen die Fugenelemente weder Genitiv noch Plural an (vgl. *Kleiderschrank* und *Kleiderbügel, Kinderbuch* und *Kinderwagen*). In der Literatur werden phonologische Funktionen (etwa Aussspracheerleichterung), morphologische (etwa Grenzmarkierung), syntaktische und semantische Funktionen diskutiert (vgl. u. a. Ortner und Müller-Bollhagen 1991: 50 ff.; Fuhrhop 1996; Wegener 2003), die sich aber nie systematisch für den gesamten Bereich der Komposition nachweisen lassen. Hinzuweisen ist schließlich noch darauf, dass im Allgemeinen jede Erstkonstituente nur in einer bestimmten Form in die Komposition eingeht, es gibt aber einige Fälle von vor allem regionaler Variation (*Schwein-s-braten* vs. *Schwein-e-braten*) und eine sekundäre Funktionalisierung der Fuge für Numerusopposition (wie bei den Varianten *Volk-s-kunde* vs. *Völk-er-kunde* oder *Wald-sterben* vs. *Wäld-er-sterben*). Aufgrund der komplexen Bedingungen für das Auftreten stellen Fugenelemente für Lerner ein besonderes Problem bei der Produktion von Komposita dar.

Was die semantische Bestimmung betrifft, so herrscht grundsätzlich bei Komposita (mit wenigen Ausnahmen, wie etwa den Rektionskomposita oder den Kopulativkomposita) eine Determinationsbeziehung dergestalt, dass die erste Konstituente (auch: Determinans, Bestimmungswort) die zweite (auch: Determinatum, Grundwort) genauer bestimmt: *Nusskuchen*, *Napfkuchen* und *Apfelkuchen* sind also bestimmte, jeweils von ihren Erstgliedern genauer determinierte Arten von ‚Kuchen‘. Darüber hinausgehende Bestimmungen der Bedeutungsbeziehung zwischen den beiden Konstituenten, insbesondere bei Substantiv und Substantiv, werden in der Literatur seit langem kontrovers diskutiert. Schon Heringer (1984) hat anhand des Beispiels *Fischfrau* darauf hingewiesen, dass Komposita unbegrenzt viele Bedeutungen haben können (auch Donalies 2005: 157 ff.), wogegen in anderen Ansätzen (etwa Ortner und Müller-Bollhagen 1991: 126−804; Ortner und Ortner 1984) versucht wurde, Komposita mithilfe exakter Paraphrasen nach verschiedenen, sehr ausdifferenzierten Bedeutungsgruppen zu kategorisieren. Ein Mittelweg scheint möglich und auch aus der Perspektive des Fremdsprachenlerners plausibel: So haben Komposita zwar potentiell mehrere Bedeutungen, aber eine präferierte, die sich aus der Semantik der Konstituenten meist kontextfrei ableiten lässt, wobei sich dafür eine überschaubare Menge von semantischen Grundrelationen angeben lässt. Eine andere als diese präferierte (oft auch usualisierte) Interpretation bedarf eines erhöhten Kontextualisierungsaufwandes. Einige typische semantische Grundrelationen sind etwa (Fandrych und Thurmair 1994; daran anschließend Barz 2005: 727−728): Angabe einer räumlichen oder zeitlichen Situierung durch die erste Konstituente (*Gartentür*, *Nachtzug*), Angabe der Konstitution (Material, Form, Farbe: *Holzhaus*, *Spaghettiträger*, *Rotwein*) oder des Zweckes (*Kochtopf*, *Tennisschläger*) u. a. Klarer ist die Bedeutungsbeziehung bei den sogenannten Rektionskomposita zu bestimmen, bei denen die erste Konstituente eine Leerstelle (z. B. Valenz) der zweiten Konstituente besetzt: *Obstverkäufer*, *Kindererziehung*, *Ferienbeginn* (vgl. auch die semantischen Muster bei Motsch 2004: 396−416).

Komposita eignen sich aufgrund ihrer möglichen Bedeutungsbeziehungen besonders gut dazu, textuelle Funktionen zu übernehmen. So sind manche neu gebildeten Komposita, gerade weil ihre Bedeutungsbeziehung nicht festgelegt ist, besonders auf Kontextualisierung angewiesen, was in bestimmten, vor allem journalistischen Texten genutzt wird, indem solche Komposita etwa in Überschriften verwendet werden, deren Bedeutung sich erst nach der Lektüre des Textes angeben lässt (kataphorische Verwendung) oder sie werden umgekehrt (anaphorisch) in raffender, zusammenfassender Funktion eingesetzt. Hier müssen im Hinblick auf den Fremdsprachenlerner und die Rezeption entsprechender Texte (wozu auch fachsprachliche Texte zu rechnen sind) insbesondere Texterschließungsstrategien geübt werden.

2.2. Suffigierung beim Substantiv

Suffigierung beim Substantiv erfolgt durch Anhängen eines Suffixes an eine beliebige Basis. Dabei geht man davon aus, dass Suffixe kategoriale Information tragen, d. h. die Wortart (hier: Substantiv) und entsprechende weitere grammatische Kategorien (wie

Genus, Deklinationstyp) eindeutig bestimmen. Entsprechend lassen sich im Substantiv-
bereich Suffixe unterscheiden, die maskulines Genus festlegen (etwa *-er*, *-ling*), solche,
die feminines Genus festlegen (etwa *-ung*, *-heit/-keit/-igkeit*, *-schaft*, *-ei*, *-in*, *-anz/-enz*,
-ität, *-ion* etc.), und solche, die neutrales Genus festlegen (v. a. *-chen*, *-lein*). Formal können die Suffixe auch danach unterschieden werden, mit welchen kategorialen Basen sie
sich verbinden und folglich auch, ob sie wortartverändernd sind oder nicht. So treten
etwa *-ung*, *-er*, *-ei/-erei*, *-e* vor allem an Verbstämme (*Prüf-ung*, *Vorführ-ung*, *Schwimm-
er*, *Rechn-er*, *Bäck-erei*, *Such-e*); die Suffixe *-heit/-keit/-igkeit* treten an Adjektive (*Frech-
heit*, *Heiter-keit*, *Süß-igkeit*) und *-chen/-lein*, *-schaft*, *-tum*, *-in* oder *-er* verbinden sich mit
Substantiven (und verändern damit die Wortart nicht; z. B. *Herz-chen*, *Tisch-lein*, *Vater-
schaft*, *Brauch-tum*, *Lehrer-in*, *Berlin-er*). Schließlich kann eine substantivische Suffigierung natürlich nach ihrer Semantik untersucht werden. Generell lässt sich sagen, dass
die nominalen Suffigierungen zum großen Teil recht durchsichtig sind und sich also –
auch für den Fremdsprachenlerner – leicht erschließen lassen. Einige Beispiele: *-chen/
-lein* haben diminutive Bedeutung, mit *-er/-ler*, *-ling* oder Fremdsuffixen wie *-ant/-ent*,
-ar/-är, *-eur*, *-ist*, *-iker* können Personenbezeichnungen gebildet werden (*Glaser*, *Sportler*,
Schönling, *Informant*, *Archivar*, *Masseur*, *Optimist*, *Alkoholiker*). Die Suffixe *-heit/-keit/
-igkeit* dienen vor allem der Wortarttransposition (Adjektive zu Substantiven). Während
sehr viele nominale Suffixe eine klar umrissene Funktion bzw. Semantik haben (z. B. *-in*:
Movierung, *-chen*: Diminution; *-ung*: Bildung von Verbalabstrakta), können andere Suf-
fixe mehrere Funktionen übernehmen: etwa *-er* für Personenbezeichnungen (*Raucher*,
Lehrer, *Leipziger*), Bezeichnungen für Geräte (*Schalter*, *Bohrer*), menschliche Tätigkeiten
(*Seufzer*, *Jodler*) und, meist von Wortgruppen abgeleitet, Bezeichnungen für Tiere und
Pflanzen (*Zwölfender*, *Dickhäuter*, *Stammfrüchter*).

2.3. Kürzung

Kürzung stellt kein Wortbildungsverfahren im strikt terminologischen Sinne dar, da das
aus einer Kürzung entstehende Produkt kein neues Wort ist, sondern eine Dublette, eine
(eben gekürzte) Variante der Ausgangsform. Allerdings ist dieser Bezug zur Langform
(die meist ein komplexes Substantiv oder auch eine Wortgruppe ist) nicht immer konkret
herzustellen, was zu Verständnisschwierigkeiten bei Mutter- wie Fremdsprachlern führen
kann. Manche Kürzungen sind stilistisch anders konnotiert (*Prof*, *Bib*) und manche haben sich im allgemeinen Sprachgebrauch als Hauptform gegenüber der Langform durchgesetzt (*BaFöG*, *DAX*, *Kita*). Kürzungen sind äußerst frequent in fachlichen Zusammenhängen (Steinhauer 2000); es lassen sich nach der Aussprache phonetisch gebundene
(*DAX*, *PIN*) von ungebundenen Kurzwörtern (*HIV*, *IDS*) unterscheiden, nach der Art
der nicht-gekürzten Elemente lassen sich Buchstabenwörter wie *ADAC* oder *PIN* von
Silbenwörtern wie *Kita*, *Gestapo* abgrenzen (Kobler-Trill 1994).

3. Wortbildung beim Adjektiv

Adjektivische Wortbildung verteilt sich vor allem auf Komposition und Suffigierung;
Präfigierung tritt aber auch in einem erwähnenswerten Maße auf. Definitionsgemäß ist
bei Adjektivkomposita die zweite Konstituente immer ein Adjektiv (das dann auch die

Wortart der gesamten Konstituente bestimmt); die erste Konstituente ist häufig ein Nomen (*himmelblau*) oder ein Adjektiv (*dunkelblau*), Verbstämme u. a. sind seltener. Semantisch tragen Adjektivkomposita vor allem eine Vergleichsbedeutung (*grasgrün, aalglatt,
eiskalt*) oder eine graduierende Bedeutung (*brandneu, hochmodern, todernst, superschick*).
Letztere Bildungen, die äußerst produktiv sind, werden − insbesondere, wenn die erste
Konstituente semantisch leer ist − oft zu den Präfixbildungen gezählt (die erste Konstituente gilt dann als Präfix oder Präfixoid), manchmal (etwa bei Altmann und Kemmerling
2005) auch als eigener Typ „Steigerungsbildung" klassifiziert. Für letzteres spricht u. a.
die andere Akzentstruktur (*blutjúng, brandnéu* vs. *dúnkel-blau, stáhl-hart*). Während die
genannten Adjektivkomposita klare Determinationsstruktur aufweisen, entstehen andererseits eine Reihe von Bildungen, die semantisch anders interpretiert werden müssen
und deren Status als Komposita aufgrund der Charakteristika der zweiten Konstituente
diskutiert wird: das betrifft die stark reihenbildenden Strukturen mit Zweitgliedern wie
-arm, -bereit, -frei, -fähig, -gerecht, -voll etc. (oft als Suffixoide bezeichnet; kritisch dazu
Fandrych 1993), aber auch Bildungen mit partizipialen Zweitgliedern (etwa mit *-orien-
tiert, -gebunden, -betont* wie *konsumorientiert, projektgebunden, körperbetont*), deren Erst-
glieder nicht als spezifizierende Determinationen des partizipialen Zweitglieds beschrieben werden können (dazu Eichinger 2000: 197 ff.; Barz 2005: 755 ff.). Im Bereich der
Präfigierung beim Adjektiv lassen sich neben den nicht immer eindeutig kategorisierten
Steigerungsbildungen vor allem Negationsbildungen nachweisen (etwa *un-frei, a-sozial,
des-integriert*). Suffigierung tritt beim Adjektiv relativ häufig auf, meist mit Wortartwechsel, d. h. dass von Substantiven oder Verben mithilfe eines Suffixes Adjektive gebildet werden. Einige typische (native) Beispiele zur Ableitung von Verben: *-bar* (*brennbar,
essbar*), *-lich* (*vergesslich, hinderlich*), *-sam* (*arbeitsam, sparsam*), *-ig* (*wendig, zittrig*) und
zur Ableitung von Substantiven: *-ig* (*steinig, rauchig*), *-isch* (*europäisch, neidisch*), *-lich*
(*freundlich, gastlich*), *-haft* (*skrupelhaft, schamhaft*), *-en/-ern* (*golden, hölzern*), *-los* (*problemlos, lustlos*).

4. Wortbildung beim Verb

Die verbale Wortbildung unterscheidet sich in vielerlei Hinsicht von den gerade besprochenen Wortbildungsverfahren bei Nomen und Adjektiv, was zum einen mit den Spezifika der Wortart Verb an sich zu tun hat und zum anderen mit dem spezifischen syntaktischen Verhalten des Verbs im Deutschen, d. h. mit seiner Klammerbildung. Aus diesem
Grunde sind auch im Wortbildungsbereich des Verbs die Begrifflichkeiten und die Kategorisierung denkbar uneinheitlich. Neben den hier nicht weiter thematisierten Verfahren
der Konversion (*Zelt* → *zelten*) und dem seltenen der Suffigierung (*lachen* → *lächeln,
blond-ieren*) geht es im Wesentlichen um die Beschreibung der zentralen Wortbildungsmuster wie *er-arbeiten, be-sprechen, zer-brechen* einerseits und *auf-arbeiten, an-sprechen,
ab-brechen* andererseits. Während der erste Typ problemlos als Präfigierung beschrieben
werden kann (unselbständiges Präfix, nicht akzentuiert), ist der zweite Typ vor allem
aufgrund seiner Trennbarkeit (*sie **arbeitet** am Wochenende alles **auf***), aber auch aufgrund
der in den allermeisten Fällen vorliegenden semantischen Verwandtschaft mit gleichlautenden Präpositionen in keines der bestehenden Wortbildungsmuster sinnvoll einzuordnen. Da die formalen Unterschiede zwischen den beiden Mustern gerade auch für den
Fremdsprachenlerner gravierend sind (Akzentunterschiede, Trennbarkeit), ist es m. E.

unplausibel, sie terminologisch nicht zu trennen (wie etwa in den älteren Darstellungen bei Kühnhold und Wellmann 1973; Fleischer und Barz 1992: 316 ff. und wieder bei Lohde 2006, wo einheitlich von Präfigierung gesprochen wird, manchmal differenziert in trennbare vs. untrennbare Präfixe); da die Trennbarkeit ein ganz zentrales Merkmal ist, kann hier vernünftigerweise auch nicht von Komposition gesprochen werden (da auch bei Annahme verschiedener Wort-Begriffe die Einheitlichkeit des entstehenden Syntagmas eine Rolle spielen sollte), und die Lösung, die Donalies (2005: 28 ff.) vorschlägt, derartige Bildungen als syntaktische Gruppe aus der Wortbildung herauszunehmen, verkennt die Tatsache, dass hier trotz der formalen Trennbarkeit natürlich eine lexikalische Einheit entsteht. Aus theoretischen und sprachstrukturellen, aber auch aus didaktischen Gründen scheint die Lösung, wie sie in Barz (2005: 705 ff.) und − mit anderer Terminologie − in Weinrich (2003: 1032 ff.) vorgeschlagen wird, die vernünftigste, die auch hier verfolgt wird. Demnach lassen sich beim Verb als zentrale Wortbildungsmuster die Präfigierung und die Partikelverbbildung (bei Weinrich (2003: 1032 ff.): Konstitution) unterscheiden, mit der alle Wortbildungsverfahren gefasst werden, bei denen trennbare Verben entstehen. Die besonders für Lerner (aus formalen Gründen) sehr problematischen Bildungen mit insbesondere *um-*, *unter-* und *über-* gehören dann einmal dem Wortbildungsmuster der Präfigierung an (*sie umfährt, unterstellt, überreicht*) oder dem der Partikelverbbildung (*sie denkt um, mischt unter, geht über*).

Präfigierung, wie sie oben gefasst wurde, ist ein sehr häufiges und produktives Verbwortbildungsmuster; sie erfolgt mit den Präfixen *be-, ent-, er-, ver-, zer-* (heute unproduktiv *ge-* und *miss-*). Diese immer unbetonten Präfixe treten hauptsächlich vor Verben (*bekleiden, ent-kleiden, ver-kleiden*) auf; sie können verschiedene Funktionen übernehmen, etwa wie *be-* stärker grammatische, d. h. Änderung des Valenzrahmens (*den Gipfel besteigen* vs. *auf den Gipfel steigen; etwas besprechen* vs. *über etwas sprechen*). Präfixe können auch die mit dem Verb ausgedrückte Handlung differenzieren, etwa nach Anfang (*erklingen*) oder Ende (*verklingen*); dazu genauer die syntaktisch-semantischen Analysen bei Motsch (2004: 29−157). Die einzelnen Präfixe haben dabei unterschiedlich breite Funktionsspektren: während etwa *zer-* meist eine Bedeutung des Sich-Auflösens trägt (*zerfließen, zerkochen, zerreden*), und *ent-* meist eine Art von ‚Ablösung‘, ein Wegnehmen anzeigt (*entkleiden, enthüllen, entkernen, entschuldigen*), hat etwa das häufige Präfix *ver-* verschiedene Bedeutungsnischen wie z. B. ‚vollständiger Verlauf‘ (*verspeisen*), ‚Entfernen‘ (*verschenken, verleihen*), ‚nicht-normgemäße Durchführung‘ (*versalzen, verschlafen*).

Partikelverbbildung lässt immer trennbare Verben entstehen; das Muster der einfachen Partikelverben mit *ab-, an-, auf-, aus-, ein-, nach-, vor-, bei-, mit-* und *los-* ist stark produktiv. Grundsätzlich lassen sich viele Bildungen − und natürlich insbesondere die analog gebildeten Neubildungen − mit Verbpartikeln mit der räumlichen Semantik der entsprechenden Präpositionen in Verbindung bringen (auch im Sprachvermittlungskontext): so bringt etwa die Verbpartikel *auf-* in sehr vielen Bildungen eine dimensionale Bewegung nach oben ein (vgl. *aufspringen, aufheben, aufbinden, aufsteigen, aufhorchen*) oder *ein-* eine Bewegung nach innen (*einkleben, einlegen, einziehen*). Dabei haben die einfachen Verbpartikeln − wie schon Eichinger (1989) gezeigt hat − eine semantische Spezialisierung erfahren, insofern sie dazu dienen, auf der Basis ihrer räumlichen Bedeutung funktionalisierte Handlungen in einem spezifischen Handlungsrahmen zu beschreiben: So bedeutet etwa *ausgehen* ein spezifisches in die gesellschaftliche Öffentlichkeit Gehen und *einlegen* kann als funktionalisierte Handlung nur Spezifisches betreffen: etwa Filme, Gurken, Kassetten, Blätter (Eichinger 1989: 264 ff.). Ein Sichtbarmachen solcher

Bedeutungsbeziehungen im Rahmen der verbalen Wortbildung kann Lerner nicht nur dazu befähigen, neue Wortbildungen zu erschließen, sondern kann auch interessante soziokulturelle und kulturgeschichtliche Bezüge herstellen. Eine weitere sehr produktive Möglichkeit im Rahmen der Partikelverbbildung sei hier noch erwähnt, die deutlich macht, wie sehr im Deutschen mithilfe der Wortbildung der verbale Wortschatz feinstens ausdifferenziert werden kann: es sind Verbindungen von präpositionalen Elementen mit *hin-/her-*, die die Sprecherperspektive zum Ausdruck bringen und in Kombination mit Verbpartikeln (als so genannte Doppelpartikeln wie *hinauf-/herauf-*, *hinunter-/herunter-*) mit Verben verbunden werden können; z. B.: *hineinschauen/hereinschauen/hinausschauen/ herausschauen* etc. Als eine neutralisierte Form entwickelt sich hier in der Umgangssprache die Variante mit *r-*: *rausschauen* (dazu Thurmair 2008). Aus der rein räumlichen, genauer: direktionalen Komponente, die durch die Doppelpartikeln zur Verbbedeutung hinzukommt (übrigens nicht nur bei Bewegungsverben vgl. *hereinbitten, hinauskomplimentieren, sich hinaufbestechen* etc.), entwickeln sich durch Bedeutungsübertragung neue, oft reihenhaft ausgeprägte Bedeutungsnischen: etwa *(he)runtersetzen, (he)runterwirtschaften, (he)runterwohnen* oder *herunterbeten, herunterrasseln* oder *sich hineinhängen, hineinknien* oder *hereinfallen, hereinrasseln, hereinlegen* und andere.

5. Literatur in Auswahl

Altmann, Hans und Silke Kemmerling
    2005   *Wortbildung fürs Examen*. 2. überarb. Aufl. Göttingen: Vandenhoeck & Rupprecht.
Barz, Irmhild
    2005   Die Wortbildung. In: Duden, Bd. 4: Die Grammatik, 641−772. 7. Aufl. Mannheim: Dudenverlag.
Barz, Irmhild
    2007   *Wortbildung − praktisch und integrativ. Ein Arbeitsbuch*. 4. überarb. Aufl. Frankfurt a. M.: Lang.
Donalies, Elke
    2005   *Die Wortbildung des Deutschen. Ein Überblick*. 2. überarb. Aufl. Tübingen: Narr.
Eichinger, Ludwig M.
    1989   *Raum und Zeit im Verbwortschatz des Deutschen*. Tübingen: Niemeyer.
Eichinger, Ludwig M.
    2000   *Deutsche Wortbildung. Eine Einführung*. Tübingen: Narr.
Erben, Johannes
    2000   *Einführung in die deutsche Wortbildungslehre*. 4. Aufl. Berlin: Erich Schmidt.
Eschenlohr, Stefanie
    1999   *Vom Nomen zum Verb: Konversion, Präfigierung und Rückbildung im Deutschen*. Hildesheim: Olms.
Fandrych, Christian
    1993   *Wortart, Wortbildungsart und kommunikative Funktion. Am Beispiel der adjektivischen Privativ- und Possessivbildungen im heutigen Deutsch*. Tübingen: Niemeyer.
Fandrych, Christian und Maria Thurmair
    1994   Ein Interpretationsmodell für Nominalkomposita: linguistische und didaktische Überlegungen. *Deutsch als Fremdsprache* 31: 34−45.
Fleischer, Wolfgang
    1995   Konfixe. In: Inge Pohl und Horst Ehrhardt (Hg.), *Wort und Wortschatz. Beiträge zur Lexikologie*, 61−86. Tübingen: Narr.

Fleischer, Wolfgang und Barz, Irmhild
  1992   *Wortbildung der deutschen Gegenwartssprache.* Tübingen: Niemeyer.
Fuhrhop, Nanna
  1996   Fugenelemente. In: Ewald Lang und Gisela Zifonun (Hg.), *Deutsch − typologisch*, 525−
          550. Berlin/New York: de Gruyter.
Heringer, Hans Jürgen
  1984   Wortbildung: Sinn aus dem Chaos. *Deutsche Sprache* 1: 1−13.
Kobler-Trill, Dorothea
  1994   *Das Kurzwort im Deutschen. Eine Untersuchung zu Definition, Typologie und Entwicklung.*
          Tübingen: Niemeyer.
Kühnhold, Ingeburg, Oskar Putzer und Hans Wellmann
  1978   *Deutsche Wortbildung. Typen und Tendenzen in der Gegenwart. Dritter Hauptteil: Das
          Adjektiv.* Düsseldorf: Pädagogischer Verlag Schwann.
Kühnhold, Ingeburg und Hans Wellmann
  1973   *Deutsche Wortbildung. Typen und Tendenzen in der Gegenwart. Erster Hauptteil: Das Verb.*
          Düsseldorf: Pädagogischer Verlag Schwann.
Lawrenz, Birgit
  2006   *Moderne deutsche Wortbildung. Phrasale Wortbildung im Deutschen: linguistische Untersu-
          chung und sprachdidaktische Behandlung.* Hamburg: Kovac.
Lohde, Michael
  2006   *Wortbildung des modernen Deutsch. Ein Lehr- und Übungsbuch.* Tübingen: Narr.
Motsch, Wolfgang
  2004   *Deutsche Wortbildung in Grundzügen.* 2. überarb. Aufl. Berlin/New York: de Gruyter.
Ortner, Hans und Lorelies Ortner
  1984   *Zur Theorie und Praxis der Kompositionsforschung.* Tübingen: Narr.
Ortner, Lorelies und Elgin Müller-Bollhagen
  1991   *Deutsche Wortbildung: Typen und Tendenzen in der Gegenwartssprache, Vierter Hauptteil:
          Substantivkomposita.* Berlin/New York: de Gruyter.
Pümpel-Mader, Maria, Elsbeth Gassner-Koch und Hans Wellmann
  1992   *Deutsche Wortbildung: Typen und Tendenzen in der Gegenwartssprache, Fünfter Hauptteil:
          Adjektivkomposita und Partizipialbildungen.* Berlin/New York: de Gruyter.
Reischer, Jürgen
  2008   *Wortkreuzung und verwandte Verfahren der Wortbildung. Eine korpusbasierte Analyse des
          Phänomens „Blending" am Beispiel des Deutschen und Englischen.* Hamburg: Kovac.
Steinhauer, Anja
  2000   *Sprachökonomie durch Kurzwörter. Bildung und Verwendung in der Fachkommunikation.*
          Tübingen: Narr.
Thurmair, Maria
  2008   *rüber, rein, rum* & co: die *r*-Partikeln im System der verbalen Wortbildung. In: Ludwig M.
          Eichinger, Meike Meliss und Maria-Jose Domínguez Vázquez (Hg.), *Wortbildung heute:
          Tendenzen und Kontraste in der deutschen Gegenwartssprache*, 311−336. Tübingen: Narr.
Wegener, Heide
  2003   Entstehung und Funktion der Fugenelemente im Deutschen, oder: warum wir keine *Au-
          tosbahn haben. *Linguistische Berichte* 196: 425−457.
Weinrich, Harald
  2003   *Textgrammatik der deutschen Sprache.* Unter Mitarbeit von Maria Thurmair, Eva Breindl
          und Eva-Maria Willkop. Hildesheim: Olms.
Wellmann, Hans
  1975   *Deutsche Wortbildung. Typen und Tendenzen in der Gegenwart. Zweiter Hauptteil: Das
          Substantiv.* Düsseldorf: Pädagogischer Verlag Schwann.

Maria Thurmair, Regensburg (Deutschland)

23. Wortschatz

1. Begriffsbestimmungen

Der Wortschatz ist die Gesamtmenge aller Wörter einer Sprache oder einer Person zu einem bestimmten Zeitpunkt. So spricht man vom Wortschatz des Deutschen im 20. Jahrhundert oder vom Wortschatz von Goethe, d. h. von der Gesamtmenge aller in seinen Werken vorkommenden Wörter. Wörter lassen sich onomasiologisch definieren, von der Bedeutung ausgehend, oder semasiologisch, von den Wortformen her. Eine onomasiologische Herangehensweise geht von Konzepten aus und fragt, wie eine bestimmte Sache oder ein bestimmter Begriff einzelsprachlich ausgedrückt wird. Konzepte können sowohl innerhalb einer Sprache wie auch sprachenübergreifend durch ein Wort ausgedrückt werden oder durch eine Gruppe von Wörtern. So entspricht dem deutschen Einzelwort *Kartoffel* die französische Wortgruppe *pomme de terre*. Ebenso kann die Bedeutung *aus dem Leben scheiden* mit dem Wort *sterben* oder mit der Wortgruppe *den Geist aufgeben* ausgedrückt werden. Diese Wörter oder Wortgruppen, denen eine Bedeutung zugewiesen werden kann, nennt man Lexikalische Einheiten oder Lexeme. Die semantischen Grundeinheiten, auf die sich Lexeme beziehen, werden Sememe genannt. Möchte man Wörter von Wortgruppen unterscheiden, nennt man nur erstere Lexeme und letztere Phraseme oder Phraseologismen. Geht man semasiologisch vor, also von den Wortformen her, fragt man, welche Wortformen sich zu einem Lexem verbinden. Die Wortformen *gehe, gehst, ging, gegangen* gehören z. B. zum Lexem *gehen*. In der Sprachstatistik werden Wortformen auch *Types* genannt und die laufenden Wortformen eines Textes, also alle Wörter, die dieser Text enthält, *Tokens*. Ein weiterer Begriff, der teilsynonym mit Lexem ist, ist der Begriff Lemma. Als Lemmata werden Wörterbucheinträge bezeichnet, sowie die *Einträge* (Wörter) im mentalen Lexikon, die *Wörter im Kopf*.

Zwischen Wörtern gibt es viele Verbindungsmöglichkeiten, die Sprechern der Sprache bewusst sind und deren Kenntnis ihre lexikalische Kompetenz ausmacht. Wörter, die nach gewissen Gesetzmäßigkeiten gemeinsame oder gegensätzliche Merkmale aufweisen, fasst man zu Wortfeldern zusammen. Dazu gehören teilsynonyme Abstufungen eines Konzepts wie *weise, klug, gescheit, intelligent, schlau, listig, gerissen*, antonymische Felder wie *Leben − Tod, damals − jetzt, groß − klein*, Hyperonymie (Oberbegriff) bei *Möbel* zu *Tisch* und *Schrank*, Hyponymie (Unterbegriff) bei *Schreibtisch* und *Esstisch* zu *Tisch*, sowie syntagmatische Felder wie *blond − Haar, fällen − Baum, Nase − riechen*. Letztere Verbindungen werden auch Kollokationen genannt. Kollokationen sind Wörter, die häufig miteinander auftreten und die in einem syntaktischen Zusammenhang miteinander stehen, wie z. B. in den oben aufgeführten Kollokationen als Adjektiv und Substantiv, als Verb und Objekt oder als Subjekt und Verb.

Die Wissenschaft, die sich mit dem Wortschatz befasst, nennt sich Lexikologie oder lexikalische Semantik. Mit Mehrwortverbindungen wie *vor Anker gehen, die Zähne putzen* beschäftigt sich die Phraseologie. Die Lexikographie schließlich befasst sich mit der Wörterbuchschreibung.

2. Wortschatz in der Sprache

Der Wortschatz einer Sprache lässt sich in einen Allgemeinwortschatz und eine Vielfalt von varietätentypischen Wortschätzen, insbesondere Fachwortschätzen, unterteilen. Der Allgemeinwortschatz des Deutschen wird auf ca. 500.000 Lexeme geschätzt, die Fachwortschätze zusammen auf mindestens zehn Millionen (Lehrndorfer 1996: 123). Die Übergänge zwischen Allgemeinwortschatz und varietätentypischen Wortschätzen sind fließend. Der in Wörterbüchern erfasste allgemeinsprachliche Wortschatz ist im Wesentlichen durch die Literatur bestimmt. Varietätentypische Wortschätze sind regional, diachron, sozial und gruppenbezogen geprägt. Dazu gehören dialektale Wortschätze (Schwäbisch, Bairisch, Österreichisch, Hessisch, Obersächsisch, Schweizerisch, Niederdeutsch u. a.), historische Wortschätze (Sprache der Reformation, des Barock, der Aufklärung u. a.) und Gruppensprachen (Jäger, Fischer, Landwirtschaft, Haushalt u. a.). Zu den Gruppensprachen zählt man auch die Spezialwortschätze von Institutionen (Politik, Verwaltung, Recht), Wissenschaft (Linguistik, Mathematik, Chemie, Philosophie, Wirtschaft u. a.) und Technik (Elektrotechnik, Kraftfahrzeugtechnik, Regelungstechnik u. a.) (Reichmann 1989: 1395).

2.1. Allgemeinwortschatz

Der Allgemeinwortschatz des Deutschen umfasst ca. 500.000 Bedeutungen in ca. 250.000 Lemmata (Lehrndorfer 1996: 123). Nach Wiegand (1989: 2135) beträgt der Anteil der Fachlexik am 168.000 Lemmata umfassenden *Duden Großwörterbuch der deutschen Sprache* mindestens 35 %. Die standardsprachliche deutsche Alltagssprache umfasst ca. 35.000 Lemmata, die Kernlexik der deutschen Standardsprache 70.000 Lemmata und die Kernlexik sowie die zentrumsnahe Peripherie (dialektale, fachsprachliche und diachrone Varietäten) umfassen ca. 100.000 Lexeme (Wiegand 1989: 2127−29).

Die deutsche Standardsprache ist im 19. Jh. aus der deutschen Schriftsprache entstanden (Wiegand 1989: 2105). Ihre Lexik ist kodifiziert und weist eine geregelte Heterogenität auf (regionale und nationale Varietäten, insbesondere Österreichisch, Schweizerdeutsch, bundesdeutsche Varietäten). Sowohl Standardschriftsprache wie Standardsprechsprache haben ein hohes Prestige und sind durch die Medien, öffentlichen Institutionen und das Bildungswesen geprägt. Die Standardsprechsprache wird beim informellen Sprechen bevorzugt und dringt immer mehr in die öffentliche und institutionelle Kommunikation ein. Beide Varietäten, Standardschreib- und Standardsprechsprache stellen die Basis der Literatursprache und aller weiteren überregionalen kulturellen Produktionen dar. Sie stehen in ständigem Kontakt mit den deutschen Fach- und Wissenschaftssprachen und mit anderen Sprachen, insbesondere dem Englischen (Wiegand 1989: 2105). Die Lexik der Standardsprache erweitert sich deshalb vor allem auf der Basis des gesprochenen Deutsch, der Fach- und Wissenschaftssprachen und des Englischen.

Der Allgemeinwortschatz lässt sich auf unterschiedliche Weise erfassen: onomasiologisch, d. h. auf der Basis von Wortbedeutungen, und semasiologisch, auf der Basis von Wortformen. Dies entspricht zugleich einer Produktions- (vom Begriff zum Wort) und einer Perzeptionsperspektive (vom Wort zum Begriff). Einen onomasiologischen Zugriff bieten z. B. Dornseiff (2004) sowie Thesauri und andere Synonymwörterbücher. Eine semasiologische Herangehensweise wird von allgemeinen Wörterbüchern gewählt sowie von Fremdwörterbüchern, Aussprachewörterbüchern u. a. Der Allgemeinwortschatz lässt sich weiterhin nach zeitlichen Kriterien gliedern (Neologismen, Archaismen) sowie nach Häufigkeitskriterien (Grundwortschatz, Aufbauwortschatz). Ferner lässt er sich nach grammatischen Merkmalen gliedern, insbesondere nach Wortarten (Substantive, Verben u. a.), nach Merkmalen von Wortarten (Valenz von Verben, Substantiven oder Adjektiven), nach Wortbildungsmustern (Komposition, Derivation) und nach weiteren syntagmatischen Kriterien (Phraseologismen, Kollokationen). Schließlich lässt er sich nach pragma- und soziolinguistischen Kriterien wie Textsorten, Gruppensprachen und Register einteilen.

2.2. Grundwortschatz

Aus der Lernperspektive sind häufigkeitsorientierte Herangehensweisen besonders interessant. Die häufigsten Lexeme decken einen Großteil der laufenden Wörter (*Tokens*) eines Textes ab, die häufigsten 1000 Lexeme des Deutschen ca. 73 %, die häufigsten 2000 Wörter ca. 79 %, die häufigsten 4000 Wörter ca. 84 % und die häufigsten 8000 Wörter ca. 87 % (Tschirner 2009). Als untere Grenze für eine allgemeine Hör- und Lesekompetenz wird ein Wortschatzstand von 5000 bis 9000 Lexemen (Schmitt 2008) angesehen, für die Studierfähigkeit in einer Fremdsprache setzt man ein Minimum von 10.000 Lexemen (Hazenberg und Hulstijn 1996) an.

Die Qualität einer Häufigkeitsliste hängt von der Qualität des Korpus ab, auf dem sie aufbaut. Wichtige Qualitätsmerkmale eines Korpus für die Erarbeitung eines Grundwortschatzes sind seine Textsorten und seine sprachliche Regionen übergreifende Ausgewogenheit, sein Umfang und seine Aktualität (Tschirner 2005: 137). Ein weiteres wichtiges Kriterium für die Aufnahme in einen Grundwortschatz ist neben der Frequenz eines Wortes seine Dispersion, d. h. in wie vielen unterschiedlichen Texten des Korpus es auftaucht. Das Produkt aus Frequenz und Dispersion wird auch als Gebrauchswert bezeichnet (Koesters Gensini 2009: 199). Eine aktuelle, empirisch erarbeitete Liste der häufigsten 5000 Wörter des Deutschen ist in Jones und Tschirner (2006) und Tschirner (2008a) zu finden, ein Grundwortschatz, der auf diesen Listen aufbaut, ist Tschirner (2008b).

2.3. Fachwortschatz

Zu jedem Fach, zu jeder akademischen Disziplin und zu den meisten beruflichen Disziplinen gibt es Fachwörterbücher und damit einen speziellen Fachwortschatz. Wiegand (1989: 2206) schätzt, dass seit 1945 mindestens 3000 Fachwörterbücher erschienen sind. Der Fachwortschatz des Deutschen wird auf mindestens 10 Millionen Wörter geschätzt. Dazu gehören Wissenschaftssprachen (Chemie, Biologie, Medizin, Philosophie u. a.), Tech-

niksprachen (Elektrotechnik, Kraftfahrzeugtechnik, Gießereitechnik u. a.), Institutionen-
sprachen (Politik, Verwaltung, Recht), Handwerk und Gewerbe (Gartenbau, Landwirtschaft, Textilwesen, Telekommunikation, Haushalt u. a.) und Wirtschaftssprachen. Fachwortschatz taucht auch in fachbezogenen (Bedienungsanleitungen, Werkzeugkataloge,
Beipackzettel) und populärwissenschaftlichen Vermittlungstexten auf und dringt dadurch
auch in die Allgemeinsprache ein.

Neben den Fachwortschätzen selbst, deren Umfang pro Fach oder Disziplin ca. 1000
Fachwörter umfasst (Nation 2001: 12), gibt es eine fächerübergreifende allgemeine oder
alltägliche Wissenschaftssprache, deren Wortschatz sich aus dem Allgemeinwortschatz
speist, der ihm gegenüber jedoch klarer umrissene Bedeutungen hat.

Fachwörter zeichnen sich zwar im Allgemeinen durch Merkmale wie Klarheit, Exaktheit, Eindeutigkeit, Genauigkeit, Explizitheit, Wohldefiniertheit und Kontextunabhän-
gigkeit aus, doch hat sich in der jüngsten Fachsprachenforschung auch gezeigt, dass
Merkmale wie Synonymie, Homonymie und Polysemie, wie sie in der Allgemeinsprache
gang und gäbe sind, auch im Fachwortschatz vorkommen. Eine wichtige Quelle fachsprachlicher Neubildungen sind Metaphorisierungen, die Übertragung von Teilen einer
Wortbedeutung aufgrund von Ähnlichkeitsbeziehungen auf ein neues Denotat. So werden Teile von Gegenständen, die oben sitzen, oft als *Kopf* bezeichnet, Teile, die herausra-
gen als *Nase*, Teile, die gebeugt sind, als *Knie*, Teile, die sehen können, als *Auge*, Teile,
die etwas umhüllen, als *Mantel*, und Teile, die etwas bedecken, als *Kappe*. Weitere Quellen sind Wortbildungen, insbesondere Komposita (*Anhängerbremskraftregler*), Entlehnungen aus anderen Sprachen, zur Zeit vor allem aus dem Englischen, und Umdeutungen (Fraas 1998: 435−37).

2.4. Wortbildung, Neologismen

Die Wortbildung stellt im Deutschen eine Hauptquelle für die Erweiterung des Wortschatzes in allen Teilgebieten dar, sowohl im Grundwortschatz, im Allgemeinwortschatz
als auch im Fachwortschatz. So beruhen 61 % aller Substantive sowie 74 % aller Verben
unter den häufigsten 8100 Lexemen des Deutschen auf Wortbildung (Tschirner 2009).
Bei Neologismen ist der Anteil noch höher. 83 % der Neologismen im *Wörterbuch der
Deutschen Gegenwartssprache* (Klappenbach und Steinitz 1978) beruhen auf Wortbildung
(Sparmann 1979). Besonders beim Substantiv ist die Wortbildung reich entfaltet, während beim Verb die Phraseologisierung stärker ausgebaut ist (*jmdn. auf Hochtouren brin-
gen, am Ball bleiben*) (Barz 2005: 1665−1666). Zu den Wortbildungsmitteln gehören
Komposition, Derivation, Konversion und Reduktion.

Bei Substantiven entstehen die meisten neuen Wörter als Komposita zweier oder mehrerer Substantive (*Armutsflüchtling, Wohnungseigentumsanlage*). Sehr produktiv ist bei
Substantiven weiterhin die Derivation mit dem Suffix *-er* an verbalen, substantivischen
und Mehrwortbasen, *-ung* an verbalen und Mehrwortbasen sowie *-heit* und *-keit* an adjektivischen Basen (Barz 2005: 1670−71). Weniger häufig, aber immer noch produktiv
sind Wortbildungen, die auf Syntagmen (*Besitzstandswahrer, Wenigverdiener*) zurückgehen, auf Konfixe wie *Tele-, Bio-* und *Öko-* sowie auf die Konversion komplexer Partizipien und Adjektive zu substantivischen Personenbezeichnungen (*der/die Alleinerziehende,
der/die Erwerbstätige*).

Die meisten Adjektive entstehen durch die Suffigierung von Substantiv-, Verb- und Adjektivbasen, vor allem mit den Suffixen -*bar* bei Verben (*planbar, begehbar*) und -*ig*, -*isch* und -*lich* bei Substantiven (*verständig, organisch, ehrenamtlich*). Häufig sind auch Komposita mit einem Adjektiv, oft in der Form eines Partizip I oder II, als Zweitglied (*ofenfrisch, sonnengereift, umweltschädigend, gefriergeeignet*) (Barz 2005: 1671) sowie mit stark reihenbildenden Adjektiven wie *freudig* (*risikofreudig*), *freundlich* (*hautfreundlich*), *fest* (*waschmaschinenfest*), *lustig* (*schaulustig*), *tüchtig* (*fahrtüchtig*), *würdig* (*diskussionswürdig*) als Zweitglied (Fandrych 1993: 280).

Bei Verben dominiert die Partikelbildung, auch bei Entlehnungen aus dem Englischen (*aufsprayen, einscannen, outsourcen*) (Barz 2005: 1671). Zu den häufigsten Wortbildungsmustern sowohl bei Neuschöpfungen wie bei den häufigsten 8000 Wörtern gehören Derivate mit den Präfixen *ver-, be-, er-* sowie den Partikeln *an, aus, ab, ein* und *auf* (Tschirner 2009). Produktiv ist weiterhin die Konversion von einfachen (*kuren, schlagzeilen, urlauben*) und komplexen Substantiven (*schleichwerben, zwangsversteigern, zweckentfremden*) (Barz 2005: 1671).

3. Wortschatz im Kopf

Schätzungen darüber, wie viele Wörter Sprecher einer Sprache kennen, variieren zwischen 10.000 und 50.000 Wörtern. Nach Nation (2001: 20) haben Universitätsabsolventen einen Wortschatz von ca. 20.000 Wortfamilien. Unter Wortfamilie versteht er das Basiswort und alle transparenten Ableitungen, z. B. *Arbeit* und *Arbeiter* zu *arbeiten* oder *Rechner* und *Rechnung* zu *rechnen*.

Wörter weisen verschiedene Merkmale auf, die auf unterschiedlichen Ebenen gespeichert sind und in der Sprachproduktion und -rezeption miteinander in Zusammenhang gebracht werden. Man unterscheidet drei Ebenen: eine konzeptuelle (Begriff), eine morphologisch-syntaktische (Lemma) und eine phonologisch-phonetische Ebene (Wortform). Man geht davon aus, dass diese Merkmale von Wörtern in unterschiedlichen mentalen Speichern gespeichert sind: dem semantischen Lexikon, dem Lemmaspeicher und dem Wortformenspeicher. Beim Sprechen und Hören werden diese Bestandteile miteinander verknüpft (Schriefers und Jescheniak 2003: 252−253).

3.1. Rezeptive und produktive Prozesse

Beim Hören werden Wortformen wahrgenommen, die in ihre silbischen oder morphologischen Bestandteile zerlegt auditive Repräsentationen von Wortformen aktivieren. So aktiviert die Wortform *inakzeptabel* sowohl die Wortform selbst, wie andere Wortformen, die mit *in-* beginnen, inklusive Wortformen wie *Indien*, in denen *in-* kein Präfix, also kein Morphem darstellt. Über zusätzliche Informationen wie Wortart, Funktion und weitere Wortformen anderer Lemmata im Umkreis der gehörten Wortform wird die gesuchte Wortform selektiert, die dann das dazugehörige Lemma aufruft. Das Lemma enthält eine Verbindung zum Begriff sowie syntaktisch-morphologische Informationen wie Genus und Numerus bei Substantiven oder Konjugationsmuster und Argumentstruktur bei Verben. Diese grammatischen Informationen helfen, andere Wortformen zu disambiguieren, und erstellen über die Verknüpfung mit dem semantischen Speicher eine konzeptuelle Struktur, die als verstandene Sprache wahrgenommen wird (Zwitserlood 2002: 103).

Beim Sprechen verlaufen die Prozesse in die umgekehrte Richtung. Eine Sprechintention ruft Begriffe auf, die wiederum Lemmata aktivieren. Die grammatische Information der Lemmata wird benutzt, um eine syntaktisch-morphologische Struktur zu generieren, die mit Hilfe weiterer Informationen in eine phonologische Struktur überführt wird, die wiederum mit Hilfe phonetischer Informationen an die Sprechwerkzeuge geschickt und ausgesprochen wird (Levelt 1989).

Damit dieses System problemlos funktionieren kann, müssen die folgenden Bestandteile von Wörtern im mentalen Lexikon gespeichert sein: auditive Schablonen, damit Wortformen erkannt werden können; artikulatorische Routinen, um Wörter auszusprechen; syntaktisch-intonatorische Informationen sowohl für die Rezeption wie für die Produktion; syntaktisch-morphologische Informationen ebenfalls für die Rezeption und Produktion; und Verknüpfungen zwischen Lemmata und Begriffen sowie zwischen Lemmata und Wortformen.

Wortformen und grammatische Eigenschaften sind redundant gespeichert. Häufige Wortformen von Lexemen, z. B. die Konjugationsformen von Verben, sind direkt als auditive Wortformen und als Ausspracheroutinen gespeichert. Seltene Wortformen lassen sich oft durch einen morphologischen Handwerkskasten (Aitchison 1994: 166) erschließen (und werden dadurch dem Wortformenspeicher hinzugefügt).

3.2. Das bilinguale mentale Lexikon

Wenn zwei oder mehr Sprachen im Kopf aufeinander treffen, lassen sich folgende Szenarien vorstellen. Die Lexika der unterschiedlichen Sprachen bilden (1) ein gemeinsames Lexikon (Komplexlexikon), (2) zwei oder mehr relativ autonome Lexika, (3) ein Komplexlexikon, das sich in zwei oder mehr Lexika ausdifferenziert, oder (4) zwei oder mehr Lexika, die immer dichter miteinander vernetzt werden (Schindler 2002: 41). Favorisiert werden heutzutage hybride Modelle (Raupach 1994), in denen unterschiedliche Repräsentationsformen koexistieren, verschmolzene (*compound*), koordinierte (*co-ordinate*) und sich teilweise überlappende mentale Lexika, zwischen denen vielfältige und komplexe Querverbindungen existieren (Schindler: 2002: 41).

Einen gemeinsamen semantischen Speicher scheint es insbesondere für konkrete, häufige und etymologisch miteinander verwandte Wörter und Internationalismen zu geben sowie für Wörter, die sich auf einen gemeinsamen kulturellen Hintergrund beziehen. Zwei oder mehr unterschiedliche Speicher werden angenommen für abstrakte, seltenere und nicht-verwandte Wörter, sowie für Wörter, die sich auf unterschiedliche kulturelle Hintergründe beziehen. Auch die Art, wie Wörter gelernt werden, bewirkt, ob sie eher in einem semantischen Speicher oder in getrennten Speichern angesiedelt werden. So werden Wörter, die in einem schulischen Kontext über Übersetzungsäquivalente gelernt werden, eher in einem gemeinsamen Speicher gespeichert sein und Wörter, die in der Zielsprachenkultur erworben werden, eher in einem getrennten (Taylor 2005: 1776−1777).

4. Wörter lernen und erwerben

Um einen Wortschatz von ca. 20.000 Wortfamilien im Alter von 22 Jahren zu haben, lernen Muttersprachler ca. 1000 Wortfamilien pro Jahr. Bereits Kinder haben einen sehr umfangreichen Wortschatz. Sechsjährige Kinder z. B. kennen bereits ca. 3000 Grundwör-

ter und weitere 2000 davon abgeleitete Wörter, achtjährige Kinder kennen 4500 Grundwörter und weitere 5500 Derivate und zehnjährige Kinder haben einen Wortschatz von
ca. 7500 Grundwörtern und ein umfangreiches Wortbildungswissen von ca. 18.000 Deri-
vaten (Nation 2001: 366). Um so verwunderlicher ist es, dass Wortschatzwissen im Unterricht nach wie vor eine so geringe Rolle spielt, dass an deutschen Schulen beim Abitur
selbst nach acht Jahren Unterricht in der ersten Fremdsprache kaum mehr als 2000
Wörter gewusst werden (Tschirner 2004).

Wörter lernen ist ein kumulativer Prozess. Das Wissen, das Sprecher einer Sprache
über ihre Wörter haben, ist umfangreich und wird sukzessive, vor allem durch die Auseinandersetzung mit gesprochenen und geschriebenen Texten, gelernt (Nation 2001). Man
unterscheidet zwischen explizitem und implizitem Wörterlernen. Das „Vokabelpauken",
das man aus dem Fremdsprachenunterricht kennt, das aber auch Bestandteil des Lernens
von Fachwortschätzen ist, ist eine bekannte Form des expliziten Lernens, in dem beim
Lernen bewusst und absichtlich Wortformen mit Bedeutungen verbunden werden. Implizites Lernen findet statt, wenn Bedeutungs- und Gebrauchsmuster sowie Konnotationen
und Assoziationen dadurch gelernt werden, dass man Wörter in Texten wahrnimmt. Ein
Großteil des Wortwissens wird implizit gelernt, vor allem durch Hören und Lesen
(Schmitt 2008).

4.1. Lexikalische Kompetenz (Arten von Wortwissen)

Wortwissen lässt sich nach Nation (2001: 27) in drei Kategorien einteilen, die wiederum
Unterkategorien aufweisen. Zu diesen drei Kategorien gehören Form (Phonetik/Graphe-
mik), Inhalt (Semantik) und Verwendung (Grammatik/Pragmatik). Diese Wissensbereiche sind getrennt nach Produktion und Rezeption zu unterscheiden.

Zum Wortformenwissen gehört auf der rezeptiven Seite das Wissen darüber, wie sich
ein Wort anhört und wie es schriftlich fixiert ist, sowie auf der produktiven Seite, wie es
ausgesprochen oder geschrieben wird. Weiterhin gehört dazu ein Wissen darüber, wie
komplexe Wörter durch Wortbildung gebildet werden (Nation 2001: 40–47).

Zum begrifflichen Wissen gehört auf der rezeptiven Seite das Wissen darüber, welche
allgemeine Bedeutung ein Wort hat, welche Bedeutung es in einem konkreten Kontext
hat und welche Konnotationen und Assoziationen es hervorrufen soll. Auf der produktiven Seite gehört dazu ein Wissen darüber, welches Wort man allgemein oder in einem
konkreten Kontext sowie mit welchen Assoziationen bei einer bestimmten Sprechintention auswählen sollte (Nation 2001: 47–55).

Zum Verwendungswissen gehört auf der rezeptiven Seite das Wissen darüber, welche
konjugierten oder deklinierten Wortformen in welcher Reihenfolge in einer Äußerung
welche grammatischen Zusammenhänge und Hierarchisierungen bewirken und welche
Wortformenzusammenstellungen welche pragmatischen Wirkungen (z. B. für Textsorten
und Register) haben sollen. Auf der produktiven Seite gehört dazu ein Wissen darüber,
welche Wortformen wie in Satzzusammenhängen zu verwenden sind (Grammatik), wel-
che Wörter mit welchen anderen Wörtern verwendet werden müssen, wenn man idiomatisch richtig sprechen möchte (Kollokationen), welche Wörter in welchen Kontexten verwendet werden können (Registerrestriktionen) und welche Wörter welche Assoziationen
im Hörer hervorrufen werden oder sollten (Nation 2001: 55–58).

Insgesamt handelt es sich um mindestens 18 unterschiedliche Arten von Wissen, die kumulativ gelernt werden, vor allem indem Wörter in kommunikativen Kontexten erfahren werden. Manches kann auch explizit gelernt werden, vieles aber muss implizit erfahren werden und ist damit Häufigkeitsverteilungen unterworfen.

4.2. Wortschatzlernziele

Neuere Untersuchungen gehen davon aus, dass für den effektiven Gebrauch einer Sprache ein umfangreicher Wortschatz notwendig ist: 8000 bis 9000 Wortfamilien, um zu lesen, und 5000 bis 7000 Wortfamilien für ein effektives Verständnis medial gesprochener Texte (Film und Fernsehen, Reden, Vorträge, Diskussionen) (Schmitt 2008). Desweiteren genügt es nicht, Vokabelgleichungen zu lernen, sondern das gesamte Wortschatzwissen (s. 4.1.) muss sukzessive gelernt werden, damit die Wörter im Kontext verstanden und gebraucht werden können. Nimmt man diese Ergebnisse ernst, müssen Wortschatzlernziele deutlich ehrgeiziger formuliert werden, als sie es jetzt sind, und es muss eine Wortschatzdidaktik entwickelt werden, die Lernern hilft, sich einen großen und umfangreichen Wortschatz bereits auf den unteren Niveaus anzueignen: ca. 3000 Wörter bis B1, 5000 Wörter bis B2 und ca. 10.000 Wörter bis C2 (Tschirner 2009). Wichtig ist, dass diese Wörter nicht beliebig aus dem Wortschatzpool herausgefischt werden, sondern nach ihrer Häufigkeit und ihrem Vorkommen in Texten.

Die folgenden Merkmale eines Wortschatzlernprogramms werden als besonders hilfreich angesehen: Häufigkeit des Auftauchens einer bestimmten Vokabel; ihr bewusstes Wahrnehmen; die Absicht, sie zu lernen; die Notwendigkeit, sie zu lernen (z. B. für einen Vokabeltest); sowie das Arbeiten mit und Benutzen der Vokabel in inhaltlichen Zusammenhängen (Schmitt 2008: 339). Je mehr man mit einer Vokabel macht, desto besser prägt sie sich ein. Wörterlernen ist z. B. effektiver, wenn man die richtige Bedeutung aus mehreren Bedeutungen auswählen muss, als wenn man die richtige Definition liest (Hulstijn 1992); wenn man das Wort im Wörterbuch nachschlagen muss, als wenn man es aus dem Kontext erraten soll oder es in einer Fußnote erklärt wird (Luppescu und Day 1993; Hulstijn, Hollander und Greidanus 1996); wenn man es in einem Aufsatz benutzt, als wenn man es nur liest (Hulstijn und Trompetter 1998); und wenn man nach dem Lesen Wortschatzübungen macht, als wenn man nur liest (Paribakht und Wesche 1997).

5. Literatur in Auswahl

Aitchison, Jean
    1994   *Words in the mind: An introduction to the mental lexicon.* Zweite Aufl. Oxford/Cambridge, M.A.: Blackwell.
Barz, Irmhild
    2005   Die Wortbildung als Möglichkeit der Wortschatzerweiterung. In: D. Alan Cruse, Franz Hundsnurscher, Michael Job und Peter Rolf Lutzeier (Hg.), 1664−1676. Bd. 2.
Cruse, D. Alan, Franz Hundsnurscher, Michael Job und Peter Rolf Lutzeier (Hg.)
    2002/2005   *Lexikologie/Lexicology. An international handbook on the nature and structure of words and vocabularies / Ein internationales Handbuch zur Natur und Struktur von Wörtern*

und Wortschätzen. (Handbücher zur Sprach- und Kommunikationswissenschaft 21.1−2). Berlin/New York: Mouton de Gruyter.

Dornseiff, Franz
  2004   *Der deutsche Wortschatz nach Sachgruppen*, 8. Aufl. Berlin/New York: Mouton de Gruyter.

Drosdowski, Günther, Rudolf Köster und Wissenschaftlicher Rat (Hg.)
  1981   *Duden. Das große Wörterbuch der deutschen Sprache in sechs Bänden*. Mannheim: Bibliographisches Institut.

Fandrych, Christian
  1993   *Wortart, Wortbildungsart und kommunikative Funktion. Am Beispiel der adjektivischen Privat- und Possessivbildungen im heutigen Deutsch*. Tübingen: Niemeyer.

Fraas, Claudia
  1998   Lexikalisch-semantische Eigenschaften von Fachsprachen. In: Lothar Hoffmann, Hartwig Kalverkämper und Herbert Ernst Wiegand (Hg.), 428−438. Bd. 1.

Hausmann, Franz Josef, Oskar Reichmann, Herbert Ernst Wiegand und Ladislav Zgusta (Hg.)
  1989   *An international encyclopedia of lexicography / Encyclopédie internationale de lexicographie / Ein internationales Handbuch zur Lexikographie*. Berlin/New York: Mouton de Gruyter.

Hazenberg, Suzanne und Jan Hulstijn
  1996   Defining a minimal receptive second language vocabulary for non-native university students: An empirical investigation. *Applied Linguistics* 17: 145−63.

Hoffmann, Lothar, Hartwig Kalverkämper und Herbert Ernst Wiegand (Hg.)
  1998/1999   *Fachsprachen/Languages for special Purposes. An international handbook of special-language and terminology research / Ein internationales Handbuch zur Fachsprachenforschung und Terminologiewissenschaft*. Berlin/New York: Mouton de Gruyter.

Hulstijn, Jan
  1992   Retention of inferred and given word meanings: Experiments in incidental vocabulary learning. In: Pierre J. Arnaud und Henri Béjoint (Hg.), *Vocabulary and applied linguistics*, 113−125. London: Macmillan.

Hulstijn, Jan, Merel Hollander und Tine Greidanus
  1996   Incidental vocabulary learning by advanced foreign language students: The influence of marginal glosses, dictionary use, and reoccurrence of unknown words. *Modern Language Journal* 80: 327−339.

Hulstijn, Jan und P. Trompetter
  1998   Incidental learning of second language vocabulary in computer-assisted reading and writing tasks. In: Dorte Albrechtsen, Birgit Hendricksen, Inger Mees und Erik Poulsen (Hg.), *Perspectives on Foreign and Second Language Pedagogy*, 191−200. Odense: University Press of Southern Denmark.

Jones, Randall und Erwin Tschirner
  2006   *Frequency dictionary of German: Core vocabulary for learners*. London: Routledge.

Klappenbach, Ruth und Wolfgang Steinitz (Hg.)
  1978   *Wörterbuch der deutschen Gegenwartssprache 1961−1977*. Berlin: Akademie Verlag.

Koesters Gensini, Sabine
  2009   Der deutsche Grundwortschatz zwischen Lexikologie und Sprachdidaktik. *Deutsch als Fremdsprache* 46: 195−202.

Lehrndorfer, Anne
  1996   *Kontrolliertes Deutsch: linguistische und sprachpsychologische Leitlinien für eine (maschinell) kontrollierte Sprache in der technischen Dokumentation*. Tübingen: Narr.

Levelt, Willem J. M.
  1989   *Speaking: From intention to articulation*. Cambridge, M.A.: MIT Press.

Luppescu, Stuart und Richard R. Day
  1993   Reading, dictionaries and vocabulary learning. *Language Learning* 43: 263−287.

Nation, Paul
   2001   *Learning vocabulary in another language*. Cambridge: Cambridge University Press.
Paribakht, T. Sima und Marjorie Wesche
   1997   Vocabulary enhancement activities and reading for meaning in second language vocabu-
           lary acquisition. In: James Coady und Thomas Huckin (Hg.), *Second language vocabulary
           acquisition*, 174−200. Cambridge: Cambridge University Press.
Raupach, Manfred
   1994   Das mehrsprachige mentale Lexikon. In: Wolfgang Börner und Klaus Vogel (Hg.), *Kogni-
           tive Linguistik und Fremdsprachenerwerb: das mentale Lexikon*, 19−37. Tübingen: Narr.
Reichmann, Oskar
   1989   Das gesamtsystembezogene Wörterbuch. In: Franz Josef Hausmann, Oskar Reichmann,
           Herbert Ernst Wiegand und Ladislav Zgusta (Hg.), 1391−1416.
Schindler, Wolfgang
   2002   Lexik, Lexikon, Wortschatz: Probleme der Abgrenzung. In: D. Alan Cruse, Franz Hunds-
           nurscher, Michael Job und Peter Rolf Lutzeier (Hg.), 34−44. Bd. 1.
Schmitt, Norbert
   2008   Review article: Instructed second language vocabulary learning. *Language Teaching Re-
           search* 12: 329−363.
Schriefers, Herbert und Jörg Jescheniak
   2003   Lexikalischer Zugriff und grammatische Enkodierung. In: Gert Rickheit, Theo Herrmann
           und Werner Deutsch (Hg.), *Psycholinguistics. An international handbook / Psycholinguis-
           tik. Ein internationales Handbuch*, 252−261. Berlin/New York: Mouton de Gruyter.
Sparmann, Horst
   1979   Neues im deutschen Wortschatz unserer Gegenwart. *Sprachpflege* 29: 103−105.
Taylor, Insup
   2005   The mental lexicon: The situation with regard to multilingualism. In: D. Alan Cruse,
           Franz Hundsnurscher, Michael Job und Peter Rolf Lutzeier (Hg.), 1773−1781. Bd. 2.
Tschirner, Erwin
   2004   Der Wortschatzstand von Studierenden zu Beginn ihres Anglistikstudiums. *Fremdspra-
           chen Lehren und Lernen* 33: 114−127.
Tschirner, Erwin
   2005   Korpora, Häufigkeitslisten, Wortschatzerwerb. In: Antje Heine, Mathilde Hennig und
           Erwin Tschirner (Hg.), *Deutsch als Fremdsprache − Konturen und Perspektiven eines
           Fachs*, 133−149. München: iudicium.
Tschirner, Erwin
   2008a   Das professionelle Wortschatzminimum im Deutschen als Fremdsprache. *Deutsch als
           Fremdsprache* 45: 195−208.
Tschirner, Erwin
   2008b   *Grund- und Aufbauwortschatz Deutsch als Fremdsprache nach Themen*. Berlin: Cornelsen.
Tschirner, Erwin
   2009   Wortbildung A1−B2. Plenarvortrag auf der Internationalen Deutschlehrertagung (IDT)
           Jena/Weimar, 3.−7. August 2009.
Wiegand, Herbert Ernst
   1989   Die deutsche Lexikographie der Gegenwart. In: Franz Josef Hausmann, Oskar Reich-
           mann, Herbert Ernst Wiegand und Ladislav Zgusta (Hg.), 2100−2246.
Zwitserlood, Pienie
   2002   Words from a psychological perspective: An overview. In: D. Alan Cruse, Franz Hunds-
           nurscher, Michael Job und Peter Rolf Lutzeier (Hg.), 101−106. Bd. 1.

Erwin Tschirner, Leipzig (Deutschland)

24. Phraseologismen und Kollokationen

1. Einleitung

Traditionen und neuere Perspektiven der Phraseologieforschung sind an vielen Stellen detailliert und unter spezifischen Fragestellungen beschrieben worden, die Historie von Bally (1909) über die osteuropäische bzw. russische Ausprägung und Firth (1957) bis hin zu den aktuellen Diskussionen wurde in zahlreichen Überblickswerken nachgezeichnet (u. a. Fleischer 1982; Steyer 2004; Burger, Dobrovol'skij, Kühn und Norrick 2007). Deutlich wurden dabei immer wieder die Problematik der unterschiedlich besetzten Termini und das vergebliche Bemühen um Definitionen mit Abgrenzungen, die den sprachlichen Gegebenheiten gerecht werden könnten. Im vorliegenden Beitrag geht es nicht um ein erneutes Abwägen des Nutzens von mehr oder weniger weit gefassten Definitionen, sondern um das Aufzeigen der Relevanz dessen, was unter Phraseologismen im weitesten Sinne verstanden werden kann, für das Lernen und Lehren des Deutschen als Fremdsprache. Dabei finden Phänomene, die in der Fachliteratur als Phraseologismen, Kollokationen, Idiome, formelhafte Sequenzen, Chunks, Muster, *prefabs* etc. bezeichnet werden, ihre Würdigung bezogen auf die Eigenschaften ihrer typischen Vertreter; die unterschiedlichen Charakteristika werden nicht im Hinblick auf linguistische Klassifikationen, sondern im Hinblick auf ihre Relevanz für Lern- und Lehrstrategien bzw. für das Erfassen von Erwerbsprozessen behandelt.

2. Zum Phänomenbereich

2.1. Phraseologismen

Sequenzen wie *(Maria,) ihm schmeckt's nicht* oder *(Macht nichts,) der Hunger treibt's rein* werden von nativen Sprechern als typische Wendungen des Deutschen empfunden. Es handelt sich um gewissermaßen „vorgefertigte" Konstrukte, die sich im Sprachgebrauch etabliert haben; ihr Spektrum reicht mit fließenden Übergängen von den transparenten Sequenzen oben über präferierte Wortverbindungen wie *sich die Zähne putzen* (üblicherweise nicht *waschen* oder *bürsten*) über teilidiomatische Verbindungen wie *die Zeit totschlagen* bis hin zu den semantisch opaken wie *jdn. übers Ohr hauen*. Die Position im Spektrum der phraseologischen Phänomene bestimmt sich durch den Grad der Festigkeit, der Lexikalisierung und der Idiomatizität; auf den ersten (Muttersprachler-)Blick unauffällig sind die semantisch kompositionellen Wortverbindungen, die lediglich willkürlichen lexikalischen Beschränkungen unterliegen, sowie die teilidiomatischen bzw. semikompositionellen Ausdrücke, in denen eines der Wörter eine ausgebleichte oder modifizierte Bedeutung annimmt (z. B. in *eine Rede halten*). „Vorgefertigt" sind die genannten Sequenzen insofern, als ihre Bestandteile nicht „für dieses eine Mal" (Burger 2007: 11) der Verwendung zusammengestellt wurden. Sie alle lassen sich dem Feld der „Phraseologismen im weiten Sinne" zuordnen, an dessen Peripherie transparente Verbindungen wie z. B. Funktionsverbgefüge angesiedelt sind und in dessen Zentrum sich vollidiomatische Wendungen befinden (Fleischer 1982). Das Kriterium der Idiomatizität erlaubt eine Unterscheidung zwischen Phraseologismen im weiteren und im engeren Sinne, wobei letztere semantische und/oder syntaktische Eigenschaften aufweisen, die sich nicht voll regelhaft herleiten lassen. Zu den Phraseologismen im weiteren Sinne zählen auch freie Verbindungen, die vollständig über das grammatische und lexikalische System erklärt werden können, die sich aber durch eine gewisse Festigkeit bzw. eine hohe Affinität zwischen den Bestandteilen (z. B. *Milch → trinken*) auszeichnen.

2.2. Kollokationen

Firth (1957) hat den Terminus der „Kollokation" benutzt, um charakteristische und häufige Wortverbindungen zu erfassen; über die typischste Umgebung, die Kollokatoren eines Wortes, sollten sich in einer ersten Annäherung Bedeutung und Verwendung eines Wortes ablesen lassen. Eine für Lexikographen wie Wortschatzvermittler gleichermaßen schwierige und folgenreiche Unterscheidung ist dabei die Behandlung eines Wortes (wie z. B. des Verbs *decken*) als Teil einer Kollokation im Sinne einer komplexen lexikalischen Einheit (*den Tisch decken*, *den Mann decken* etc.) oder aber als ein Wort mit einer großen Verwendungsvielfalt, dessen mögliche Bedeutungen im jeweiligen Kontext aufgelistet werden. In diesem Zusammenhang betont Hausmann (2004: 312) die innere Orientiertheit kollokatorischer Wortverbindungen und unterscheidet zwischen der „Basis" und ihrem „Kollokator": Die Basis der Kollokation ist der Bestandteil, dessen Bedeutung unabhängig vom Kollokator erfasst werden kann und voll in die Kollokation einfließt (z. B. *Urteil* in *ein Urteil fällen*); der Kollokator dagegen bringt seine Bedeutung nur in reduzierter oder modifizierter Weise ein (z. B. *fällen* in *ein Urteil fällen*). Klassische Beispiele sind *starker Raucher* mit der Basis *Raucher*, *schwer verletzt* mit der Basis *verletzt*, *hart arbeiten* mit der Basis *arbeiten*.

Wie aber lassen sich (auch unauffällige) Kollokationen identifizieren? Korpuslinguistisch orientierte Arbeiten nähern sich dem Konzept der Kollokation über eine Spezifizierung dessen, was es heißt, wenn zwei oder mehr Wörter bevorzugt miteinander auftreten, wenn sie kookkurrieren. Die Perspektive der textuellen Kookkurrenz erfasst das Miteinandervorkommen in einem Satz oder Textabschnitt; syntaktische Kookkurrenz meint das Miteinandervorkommen von Wörtern, die in einer syntaktischen Relation stehen. Der am wenigsten spezifischen Auffassung in diesem Rahmen zufolge handelt es sich bei Kollokationen um rekurrente Kookkurrenzen; um Zufälligkeiten in der Kookkurrenz auszuschließen, werden in der Korpuslinguistik statistische Assoziationsmaße benutzt, die starke von schwachen Kollokationen unterscheiden lassen (Evert 2009).

Stefanowitsch und Gries (2003) leiten mit ihrem Begriff der *Collostructions* über zu einer Extension der Kollokationsanalysen in der Korpuslinguistik, die die Interaktion von Lexemen und grammatischen Konstruktionen in den Mittelpunkt rückt. Während

der Fokus lange auf der Beschreibung von Kollokationen im Sinne von reinen Kookkur-
renzpräferenzen und -restriktionen lag, wird nun die Rolle der grammatischen Struktur,
die bestimmte Leerstellen für semantische Klassen lexikalischer Einheiten bereit hält,
hervorgehoben. Ausgehend von einer spezifischen Konstruktion wird untersucht, welche
Lexeme von einer bestimmten Leerstelle (Slot) stark angezogen bzw. abgestoßen werden,
d. h. welche dort häufiger bzw. seltener als erwartbar auftreten. Das Potenzial für eine
fremdsprachendidaktische Nutzung liegt hier auf der Hand: Ansätze wie die „Lernbasis
Lexikon" (Handwerker 2008) gehen aus vom Lernvorteil einer Kombination von lexikalischer Andockstelle (z. B. ein Verbeintrag wie *hungern*) und spezifischer Konstruktion
(z. B. *sich Adjektiv V* wie in *sich schlank/krank hungern*), die stark mit bestimmten Lexemen assoziiert ist.

3. Festigkeit als zentrales Kriterium

Im Mittelpunkt dieses Abschnitts steht das Phänomen, das die unterschiedlichen Ausprägungen der Phraseologieforschung zusammenhält: die Festigkeit von Wortverbindungen,
deren Grad teils auf der Grundlage einer intuitiven Bewertung, teils aufgrund einer quantitativen Erhebung bemessen wird. Zwei Faktoren schlagen sich sowohl im theoretischen
Zugang als auch in der anwendungsbezogenen Forschung nieder:

(a) Es gibt Festigkeit ohne Idiomatizität; auch feste Wendungen wie die Routineformeln
     im Gespräch können semantisch und syntaktisch ausdrucksintern völlig regulär
     sein;
(b) Sprecher produzieren nicht einzelne Wörter, sondern sie verwenden rekurrente mus-
     terhafte Sequenzen, deren Gebrauchszusammenhang sie kennen (Mel'čuk 1998).
     Über die Speicherung einer bestimmten Sequenz beim einzelnen Mitglied einer
     Sprachgemeinschaft und über die Auftretensfrequenz ist damit nichts gesagt; be-
     obachtbar ist aber die kontextabhängige Erwartung bestimmter Sequenzen bei nati-
     ven Sprechern.

Verschiedene Grade der Festigkeit finden sich z. B. in (i) der Wortabfolge bei Verbindungen wie *Kraut und Rüben* (nicht *Rüben und Kraut*); (ii) der lexikalischen Auswahl, die
auch den Austausch mit Synonymen verbietet (nicht *Kraut und Möhren*); (iii) der Präferenz von Wortkombinationen, die einen Muttersprachler eher *einen Nagel einschlagen*
sagen lässt als etwa *einen Nagel einhämmern* (Burger 2004: 22). Unter der Annahme, dass
das Etikett der Festigkeit diese verschiedenen Aspekte und Grade abdeckt, lässt sich das
Gebiet der Phraseologismen und Kollokationen als das der festen Wortverbindungen
umreißen. Da es hier um den Brückenschlag zwischen einer linguistischen und einer
lerntheoretischen Sichtung von Wortverbindungen geht, soll im Folgenden im Sinne einer
übergeordneten Bezeichnung von „vorgefertigten Sequenzen" die Rede sein. Damit wird
sowohl der Aspekt der Verfügbarkeit durch Lexikalisierung als auch der Aspekt der
Verfügbarkeit durch die Memorierung komplexer Ausdrücke durch Muttersprachler und
Sprachenlerner abgedeckt.
    Die beiden Pole, die sich bei einer intuitiven Auflistung mehr oder weniger fester
Wortverbindungen abzeichnen, spiegeln die Auffälligkeit in der Verwendung wider: Eine
idiomatische Wendung wie *den Nagel auf den Kopf treffen*, deren Gesamtbedeutung sich

vom wörtlichen Verständnis ihrer Komponenten abgesetzt hat, ist auffälliger als die Kollokation *einen Nagel einschlagen*, die wie eine freie Kombination erscheint, aber durch die gegenseitige Vorhersagbarkeit ihrer Komponenten das Kriterium der Festigkeit erfüllt (Burger 2004: 19).

4. Vorgefertigte Sequenzen: Identifikation und Erfassung

Seit nunmehr geraumer Zeit wird gerade den völlig unauffälligen, in der Selektion der nativen Sprecher präferierten vorgefertigten Sequenzen große Aufmerksamkeit zuteil: Sie erlauben die Flüssigkeit in der mündlichen Produktion und sie machen die Natürlichkeit des muttersprachlichen Diskurses aus, sind also verantwortlich für das, was als *nativelike selection* wahrgenommen wird (Pawley und Syder 1983). Insgesamt vollzieht sich in neueren Publikationen ein Perspektivwechsel, der weg von den auffälligen Idiomen hin zu den unauffälligen Kollokationen und musterhaften Konstruktionen führt. Die unauffälligen Verbindungen, die es einem Sprachenlerner so schwer machen, wie ein Muttersprachler zu klingen und zu schreiben, sind mit den Arbeiten zur Konstruktionsgrammatik auch in der theoretischen Linguistik ins Zentrum der Diskussionen gerückt. Einer der Auslöser der Neuorientierung waren korpuslinguistische Untersuchungen, die heute für Lexikographie und Sprachlehr- und -lernforschung neue Horizonte eröffnen (zur Umsetzungsmöglichkeit für das Deutsche als Fremdsprache s. Art. 31).

Wie aber kann Vorgefertigtes in der Kommunikation wahrgenommen werden, bevor die Instrumente der Korpuslinguistik zum Einsatz kommen? Auf eine gewisse Weise (nämlich durch gegenseitige Bedingtheit/Erwartbarkeit der Komponenten, Frequenz/Präferiertheit der Kombination, Lexikalisierung oder Idiomatisierung) vorgefertigte Sequenzen werden von Muttersprachlern und Fremdsprachenlernern auf unterschiedliche Weise wahrgenommen. Idiomatische Wendungen bemerkt der Muttersprachler, wenn sie einen starken Grad an Expressivität aufweisen; Kollokationen und Muster dagegen sind für ihn unauffällig, solange sie nicht im Kontrast zu anderen Sprachen betrachtet werden. Sprachkontraste können als Indizien für das Vorliegen einer Kollokation dienen, wenn die Übersetzung eines komplexen Ausdrucks mit der Übersetzung seiner isolierten Bestandteile verglichen wird (z. B. *einen Vortrag halten* − **to hold / give a talk*). Für den Sprachenlerner sind die Kollokatoren oft unerwartet. Auch wenn sie nicht zu Verstehensproblemen führen, sind sie eine Herausforderung, da sie für die lernersprachliche Produktion abgespeichert werden müssen.

Für die Verfügbarmachung und Beschreibung, z. B. in Wörterbüchern, spielen die Valenz und die eventuelle Variabilität der vorgefertigten Sequenzen eine wichtige Rolle. Beispiele wie *nach dem Mond gehen* stehen für semantisch eingeschränkte Besetzungen einer Valenzstelle, hier der Subjektposition (*die Uhr geht nach dem Mond*). Die Möglichkeiten lexikalischer und morphosyntaktischer Variation werden durch Beispiele wie *jdn. auf den Arm/auf die Schippe nehmen* und *jdn. auf das/aufs Abstellgleis schieben* illustriert. Aus der Lernperspektive können auch Modifikationen wendungsinterner Komponenten zu Identifikationsproblemen führen, so z. B. wenn Adjektive hinzugefügt werden. Dabei ist zu unterscheiden zwischen (i) Modifikationen im Sinne eines Kommentars zum phraseologischen Charakter wie in *Da ist mir der berühmte Kragen geplatzt* und (ii) so genannten systematischen Modifikationen wie in *Er hat einen unglaublichen Bock geschossen*, die sich unauffällig in einen Phraseologismus einfügen (vgl. die Diskussion in Keil 1997).

Es bleibt die Frage, wie sich vorgefertigte Sequenzen von „normalen" Wortverbindungen unterscheiden lassen, wenn keine Sprachkontraste herangezogen werden können. Wiederum muss man von Skalen ausgehen, die von versteinerten Sequenzen über musterhafte Konstruktionen zu nur präferierten, aber frei bildbaren Verbindungen reichen. Versteinerungen kann man beobachten z. B. bei fehlender Passivierbarkeit, fester Wortstellung oder nicht kanonischer Syntax (s. hierzu die *non-canonical lexical phrases* in Nattinger und DeCarrico 1992), und bei Restriktionen in der lexikalischen Füllung ehemals produktiver musterhafter Konstruktionen. Dass ein Großteil der vorgefertigten Sequenzen augenscheinlich eine normale Syntax aufweist, zeigen die Arbeiten zur „internen Valenz" (Ágel 2004), in denen z. B. der Komplementstatus der Komponenten problematisiert wird. Auffälliges Valenzverhalten, das etwa in Resultativkonstruktionen mit intransitivem Basisverb auftritt, wie in *die Schuhe schief laufen*, wird häufig als Grenzfall von Grammatik und Phraseologie angesehen; ein relevantes Kriterium ist die Stärke der lexikalischen Beschränkungen, die für die Valenzvariante angenommen werden.

Der Sichtwechsel, der größeren Einheiten mit „gefrorener" grammatischer Information und Komplexität eine gewichtigere Rolle einräumt, als es traditionell mit der zentralen Annahme von atomaren Einheiten und projizierenden Regeln geschah, wurde durch Wray (2002) für sprachliche Verstehens- und Produktionsprozesse herauskristallisiert. Effizienz und Akkuratheit unserer Kommunikation erklären sich in ihrem Ansatz durch die Parallelität und gegenseitige Beeinflussung verschiedener Verarbeitungsmodi, die auf dem Abruf von Formelhaftem einerseits und auf der kreativen Anwendung von Regeln andererseits beruhen.

Festzuhalten für den Fremdsprachenlerner bleibt: Die Erkenntnis, dass die meisten Alltagswörter Bestandteil eines reichen Repertoires von Mehrwortmustern sind, ist eine der Voraussetzungen für ein erfolgreiches L2-Lernen und für einen angemessenen L2-Gebrauch. Diese Erkenntnis muss den Weg zum *nativelike speaker* begleiten; sie lässt sich für die Praxis umsetzen durch die Nutzung von Korpora, wie sie wegweisend in Sinclair (1991) vorgezeichnet und inzwischen vielfach exemplifiziert wurde.

5. Zur Relevanz des Vorgefertigten für den Fremdsprachenlerner

Die Überzeugung, dass Vorgefertigtes ein wichtiger Faktor im Fremdsprachenlernen sein muss, spiegelt sich in der Forderung, dass phraseologische Wortverbindungen nicht an den Schluss der (fremd)sprachlichen Entwicklung gehören, sondern als Elemente des alltäglichen Gebrauchs in die Lehrbücher aller Entwicklungsstufen integriert werden müssen (Häcki Buhofer 2004: 161), wider. Schon immer wurden vorgefertigte Sequenzen als Redemittel im Fremdsprachenunterricht angeboten. Dabei wurde insbesondere ihre Rolle auf einer frühen Ebene des Erwerbs betont. Bei Westhoff (2007: 16) werden Regelkenntnisse sogar eher als Nebenprodukt eines „Verchunkungsprozesses" gesehen, womit gemeint ist, dass lexikalisch, als Ganzes gelernte vorgefertigte Sequenzen die Grundlage der Entwicklung von Grammatikregeln sein können. Da aber Listenlernen wegen der Reichweite des Phänomens keine Lösung darstellt, zielen lerntheoretische und didaktische Ansätze auf die Unterscheidung unbewusster (oder impliziter) und bewusster (oder expliziter) Prozesse (Ellis 1997) und auf die Veränderung der Strategien zur Inputverarbeitung ab (Handwerker 2008). Wichtig für den Fremdsprachenlerner, der muttersprachlich wirkende Texte produzieren will, ist die Entwicklung einer Intuition bei der Wahl der miteinander um die Kookkurrenz konkurrierenden Wörter. Dieses Ziel wird häufig in der Sprachvermittlung durch die Aufforderung, nach vielfältigen Ausdrucksmitteln zu suchen (etwa nach Synonymen bei Textzusammenfassungen) konterkariert. Zudem müssen Lerner unterscheiden lernen zwischen freier, kreativer Produktion eines Muttersprachlers und beabsichtigten Abwandlungen von festen Wendungen, die sich z. B. in der Werbung großer Beliebtheit erfreuen. Dabei ist zu beachten, dass Sprachspiele nicht einmal jedem Muttersprachler zugänglich sind und eine „altersspezifische Phraseologiekompetenz" (Häcki Buhofer 2003) zu verzeichnen ist. Auch für rekurrente Muster, die mit korpuslinguistischen Methoden aufgezeigt werden können, gilt, dass sie nicht unbedingt im mentalen Apparat aller Sprecher einer Sprachgemeinschaft abgespeichert sind (Schmitt, Grandage und Adolphs 2004). Selbst Phraseologismen, die sich in Texten häufig finden lassen, sind bei Muttersprachlern nicht allgemein bekannt (Häcki Buhofer 2004: 153).

Im Zusammenhang mit der Frage, ob gewisse Übereinstimmungen in der Idiomatik verschiedener Sprachen auf übereinzelsprachliche Prozesse wie z. B. die metaphorische Strukturierung zurückzuführen sind, wird auch die Relevanz dieser Perspektive für das Fremdsprachenlernen diskutiert. Burger (2004: 28) verweist aber auf die − aus der Praxis wohlbekannte − Problematik des Einbezugs übereinzelsprachlicher metaphorischer Strukturen: (i) Der metaphorische Ursprung vieler Idiome ist für heutige Sprecher gar nicht mehr nachvollziehbar; (ii) für die aktuelle Lebendigkeit eines Idioms ist oft nicht der universale kognitive Hintergrund, sondern ein aktueller, aus verschiedenen Bildspendern gespeister Diskurs verantwortlich (z. B. *eine bittere Pille schlucken* und das gegenwärtige Gesundheitswesen); (iii) für Lexikographie und Fremdsprachenunterricht sind gerade die einzelsprachlichen semantischen und pragmatischen Spezialisierungen und damit Verwendungsbeschränkungen zentral.

Setzt man bei den Strategien der Fremdsprachenlerner vor einer Bewusstmachung der Relevanz von Vorgefertigtem an und untersucht die Nutzung vorgefertigter Sequenzen bei Lernern verschiedener Niveaus, so lässt sich ein Zusammenhang herstellen zwischen dem Anteil an vorgefertigtem Ausdrucksmaterial in der lernersprachlichen Produktion und einem Lernerprofil, das zwischen den Polen „Analyse-Exzess" und „Analyse-Mangel" anzusiedeln wäre. Die Lernstile, die den beiden Polen entsprechen, beeinflussen empirisch belegbar die Produktion auf dem Anfängerniveau, während Input und Motivation den Erwerb und den Gebrauch vorgefertigter Sequenzen beim fortgeschrittenen Lerner bestimmen (s. Forsberg 2008 zur mündlichen Produktion schwedischer Französischlerner).

6. Optionen und Leitprinzipien für das Lernen und Lehren

Lerner müssen zum Bemerken, Identifizieren, Archivieren des Vorgefertigten gebracht werden, damit sie strategisch mit dem Wissen über die wichtige Rolle von Phraseologismen, Kollokationen und ähnlichen Erscheinungen umgehen können. Sie sollten auch selbst einen Vorrat an Vorgefertigtem erstellen für die unterschiedlichen Einsatzmöglichkeiten, die hier zur Sprache kamen: Diese umfassen die Beschleunigung des L2-Redeflusses und die Natürlichkeit des fremdsprachlichen Ausdrucks, und sie beziehen die Parallelität der formelhaften und der kreativen Verarbeitung ein, die einen Muttersprachler auszeichnet.

Konkrete Vorschläge für die Vermittlung von vorgefertigten Einheiten finden sich im Rahmen verschiedener Ansätze: Im *Lexical Approach* (Nattinger und DeCarrico 1992, Lewis 1993) werden *lexical phrases* entsprechend den Kriterien von Fixiertheit, Funktion in Diskurs, Text und Situation oder aber um ein gewähltes Kernwort herum angeboten; die *Pattern Grammar* (Hunston und Francis 2000) geht von häufig vorkommenden Konstellationen aus; der *Chunk*-Ansatz (Handwerker und Madlener 2009) stellt in einer elektronischen Lernumgebung reichen Input zu verbklassenabhängigen Konstruktionsmustern zur Verfügung und liefert ein Format für den individuellen Aufbau einer Lernbasis Lexikon mit vorgefertigten Sequenzen, die an Worteinträge angedockt werden (Handwerker 2008).

Methodische Hinweise der Fachliteratur (u. a. aus Lewis 2000) bündelt Ludewig (2005: 184−191) zu Leitprinzipien für die Akquisition kollokationsrelevanter Kenntnisse und Fertigkeiten:

(a) das „Kollokationsclustering" mit dem Sammeln und Memorieren konkreter Kollokationen zu einem Wort, das die eventuell relativ geringe Frequenz für einschlägig gehaltener Verbindungen im Input kompensieren soll; (b) das „*One Item Many Contexts*"-Prinzip, das ein Wort mit seinen Kollokationen oder eine Kollokation mit vielen Kontexten verbinden kann; (c) das „präparative Brainstorming" mit der Zusammenstellung einschlägiger Kollokationen vor der Behandlung eines Themas; (d) die „elaborative Lektüreintensivierung" mit der Lenkung von Aufmerksamkeit und Kollokationsbewusstsein; (e) die „Umfokussierung" der Wortschatzarbeit mit einem Wahrnehmungstraining für Verbindungen an sich bekannter Wörter; (f) die „Exploration" mit dem Aufspüren von Kollokationsfeldern und der Wahrscheinlichkeit des Auftretens von Wortverbindungen anhand von Korpora; (g) die „Individualisierung" mit der Anpassung der Kollokationsselektion an die Bedürfnisse des Lerners; (h) die „Autonomisierung", durch die der Lerner auf der Grundlage des in Korpora verfügbaren authentischen Materials in Eigenregie Kollokationscluster zusammenstellen kann; (i) die „Amateurlexikographie" mit der Entwicklung von Techniken zur persönlichen Archivierung; (j) die „Konkretisierung" mit einer exemplarbasierten und situationsbezogenen Memorierung anstelle eines abstrahierenden Wörterbucheintrags; (k) der „Realitätserhalt", der durch den Einbezug von Korpora mit ihren real existierenden Beispielen erzielt wird; (l) die „Kontrastierung" mit der Auswahl der zu lernenden Kollokationen auf der Grundlage der Abweichungen zur Muttersprache; (m) die „Einbeziehung paralleler Korpora", mit der neue Suchstrategien zur Exploration von Kollokationen mit sowohl zielsprachlichen als auch muttersprachlichen Abfragemustern gefördert werden.

Ausgehend von der Diagnose auffälliger lernersprachlicher Produktion auf der Grundlage kontrastiver Analysen zu deutschen und ungarischen Kollokationen erstellt Reder (2006) ein Modell der expliziten Kollokationsschulung mit den drei Phasen Entdecken/Einüben/Anwenden. Einen Überblick über text- und kommunikationsrelevante Aspekte der Phraseologie und ihre Didaktisierung liefert der Sammelband von Lorenz-Bourjot und Lüger (2001). Vielfältige Übungen zur Wahrnehmung und Memorierung von präferierten Wortkombinationen in der L2 präsentieren Lindstromberg und Boers (2008). Zu den Möglichkeiten der Nutzung von Korpora für die Erfassung der Verwendung, kreativen Variation und Kontextabhängigkeit von Kollokationen und idiomatischen Wendungen informieren die Artikel in Fellbaum (2007). Den Bogen von der Extraktion von Mehrworteinheiten in nativen und Lernerkorpora bis zur Entwicklung didaktischer Werkzeuge spannt der Sammelband von Meunier und Granger (2008); zu textsortenabhängigen Kollokationen und zur Rolle von Korpora gesprochener Sprache konsultiere man den Sammelband von Cowie (1998).

Welche Vermittlungsoption man auch trifft: Die Befürchtung, dass die Fokussierung des Rückgriffs auf vorgefertigte Sequenzen die kreative Produktion einschränkt, ist überflüssig. Und sogar die Produktion und Vorfertigung eigener fester Wendungen für den weiteren Sprachgebrauch ist möglich; sie belegt, dass die Funktion gewisser formelhafter Ausdrücke dem nativen Sprecher präsent ist. So erfindet Andrea Camilleri (2007) in seinen *Racconti quotidiani* das Sprichwort *Chi di corna ferisce, di corna perisce* ,Wer mit Hörnern verwundet, wird durch Hörner umkommen'. Nachgebildet ist das Dichter-Sprichwort dem biblischen *Chi di spada ferisce, di spada perisce* ,Wer zum Schwert greift, wird durch das Schwert umkommen'. Den Hintergrund zum „proverbio che mi sono inventato al momento" (= Sprichwort, das ich mir spontan ausgedacht habe) bildet die Geschichte eines Weihnachtsmanns aus Süddakota, der eines seiner Rentiere, das ihn auf die Hörner genommen hat, seiner Hörner beraubt und gedemütigt sterben lässt.

So kommen kreative Sprachproduktion und Rückgriff auf Vorgefertigtes auf das Schönste zusammen. Auf unbewusste und unauffällige Weise vollzieht sich Vergleichbares ebenso in den alltäglichen Diskursen nativer Sprecher und in der Produktion erfolgreicher Fremdsprachenlerner. Eine entsprechende Steuerung lässt nur Gutes hoffen für die Zukunft des nicht-nativen Gebrauchs der hier besprochenen sprachlichen Strukturen.

7. Literatur in Auswahl

Ágel, Vilmos
    2004   Phraseologismus als (valenz)syntaktischer Normalfall. In: Kathrin Steyer (Hg.), 65−86.
Bally, Charles
    1909   *Traité de Stylistique Française*. Heidelberg: Winter.
Burger, Harald
    2004   Phraseologie − Kräuter und Rüben? Traditionen und Perspektiven der Forschung. In: Kathrin Steyer (Hg.), 19−40.
Burger, Harald
    2007   *Phraseologie. Eine Einführung am Beispiel des Deutschen.* 3. neu bearbeitete Aufl. Berlin: Erich Schmidt Verlag.
Burger, Harald, Dmitrij Dobrovol'skij, Peter Kühn und Neal R. Norrick (Hg.)
    2007   *Phraseologie/Phraseology. Ein internationales Handbuch der zeitgenössischen Forschung / An International Handbook of Contemporary Research.* Berlin/New York: de Gruyter.
Camilleri, Andrea
    2007   *Racconti quotidiani.* Milano: Oscar Mondadori.
Cowie, Anthony Paul (Hg.)
    1998   *Phraseology: Theory, Analysis and Applications.* Oxford: Clarendon Press.
Ellis, Nick
    1997   Vocabulary acquisition: word structure, collocation, word class, and meaning. In: Michael McCarthy und Norbert Schmitt (Hg.), *Vocabulary Description, Acquisition and Pedagogy,* 122−139. Cambridge: Cambridge University Press.
Evert, Stefan
    2009   Corpora and collocations. In: Anke Lüdeling und Merja Kytö (Hg.), *Corpus Linguistics. An International Handbook,* 1212−1248. Bd. 2. (Handbücher zur Sprach- und Kommunikationswissenschaft 29.2). Berlin: de Gruyter.

Fellbaum, Christiane (Hg.)
    2007   *Idioms and Collocations. Corpus-based Linguistic and Lexicographic Studies.* London/New
            York: Continuum.
Firth, John Rupert
    1957   *Papers in Linguistics 1934 − 1951.* London: Oxford University Press.
Fleischer, Wolfgang
    1982   *Phraseologie der deutschen Gegenwartssprache.* Tübingen: Max Niemeyer.
Forsberg, Fanny
    2008   *Le Langage Préfabriqué. Formes, fonctions et fréquences en français parlé L2 et L1.* Ox-
            ford: Lang.
Häcki Buhofer, Annelies
    2003   Psycholinguistik der lexikalischen Lebendigkeit: Phraseologismenkenntnis in verschiede-
            nen Lebensaltern am Beispiel einiger schweizer-deutscher Phraseologismen. In: Annelies
            Häcki Buhofer (Hg.), *Spracherwerb und Lebensalter*, 279−292. Tübingen/Basel: Francke.
Häcki Buhofer, Annelies
    2004   Spielräume des Sprachverstehens. Psycholinguistische Zugänge zum individuellen Um-
            gang mit Phraseologismen. In: Kathrin Steyer (Hg.), 144−164.
Handwerker, Brigitte
    2008   Lernbasis Lexikon. Das Verb und die Lizenz zu konstruieren. In: Christian Fandrych
            und Ingo Thonhauser (Hg.), *Fertigkeiten und Kompetenzen − separiert oder integriert?
            Zur Neubewertung der Fertigkeiten und Kompetenzen im Fremdsprachenunterricht*, 35−54.
            Wien: Praesens.
Handwerker, Brigitte und Karin Madlener
    2009   *Chunks für Deutsch als Fremdsprache. Theoretischer Hintergrund und Prototyp einer multi-
            medialen Lernumgebung* (mit DVD). Hohengehren: Schneider.
Hausmann, Franz Josef
    2004   Was sind eigentlich Kollokationen? In: Kathrin Steyer (Hg.), 309−334.
Hunston, Susan und Gill Francis
    2000   *Pattern Grammar. A Corpus-Driven Approach to the Lexical Grammar of English.* Amster-
            dam/Philadelphia: John Benjamins.
Keil, Martina
    1997   *Wort für Wort. Repräsentation und Verarbeitung verbaler Phraseologismen (Phraseo-Lex).*
            Tübingen: Niemeyer.
Lewis, Michael
    1993   *The Lexical Approach. The State of ELT and a Way Forward.* Hove: Language Teaching
            Publications.
Lewis, Michael (Hg.)
    2000   *Teaching Collocation: Further Developments in the Lexical Approach.* Hove: Language
            Teaching Publications.
Lindstromberg, Seth und Frank Boers
    2008   *Teaching Chunks of Language.* Rum: Helbling Languages.
Lorenz-Bourjot, Martine und Heinz-Helmut Lüger (Hg.)
    2001   *Phraseologie und Phraseodidaktik.* Wien: Praesens.
Ludewig, Petra
    2005   *Korpusbasiertes Kollokationslernen. Computer-Assisted Language Learning als prototypi-
            sches Anwendungsszenario der Computerlinguistik.* Frankfurt a. M.: Lang.
Mel'čuk, Igor
    1998   Collocations and Lexical Functions. In: Anthony Paul Cowie (Hg.), 23−53.
Meunier, Fanny und Sylviane Granger (Hg.)
    2008   *Phraseology in Foreign Language Learning and Teaching.* Amsterdam/Philadelphia: John
            Benjamins.
Nattinger, James R. und Jeanette S. DeCarrico
    1992   *Lexical Phrases and Language Teaching.* Oxford: Oxford University Press.

Pawley, Andrew und Frances Hodgetts Syder
   1983   Two puzzles for linguistic theory: nativelike selection and nativelike fluency. In: Jack
              C. Richards und Richard W. Schmidt (Hg.), *Language and Communication*, 191−226.
              London: Longman.
Reder, Anna
   2006   *Kollokationen in der Wortschatzarbeit*. Wien: Praesens.
Schmitt, Norbert, Sarah Grandage und Svenja Adolphs
   2004   Are corpus-derived recurrent clusters psycholinguistically valid? In: Norbert Schmitt
              (Hg.), *Formulaic Sequences*, 127−151. Amsterdam/Philadelphia: John Benjamins.
Sinclair, John McHardy
   1991   *Corpus, Concordance, Collocation*. Oxford: Oxford University Press.
Stefanowitsch, Anatol und Stefan Gries
   2003   Collostructions: Investigating the interaction of words and constructions. *International
              Journal of Corpus Linguistics* 8(2): 209−243.
Steyer, Kathrin (Hg.)
   2004   *Wortverbindungen − mehr oder weniger fest*. Berlin/New York: de Gruyter.
Westhoff, Gerard
   2007   Grammatische Regelkenntnisse und der GER. *Babylonia* 1: 12−21.
Wray, Alison
   2002   *Formulaic Language and the Lexicon*. Cambridge: Cambridge University Press.

Brigitte Handwerker, Berlin (Deutschland)

25. Linguistische Pragmatik

Pragmatik ist ein Oberbegriff für philosophische, psychologische und linguistische Ansätze, die − anknüpfend an Überlegungen in der Antike (Aristoteles, Stoiker wie Diok-
les) und Erkenntnisse von Humboldt, Wundt, Morris, Carnap, Ammann, Wegener, Bühler, Austin − Sprache und Sprechen/Schreiben als hörerorientiertes Handeln untersuchen. Der vorliegende Artikel kann die vielfältigen theoretischen Entwicklungen nur
selektiv für die Handbuchzwecke darstellen, ausführlicher: Rehbein und Kameyama
(2006).

1. Begriffsgeschichte und Ursprünge der Pragmatik

Im Altgriechischen bezeichnet *prãgma* das ‚Geschehene‘, ‚Gegebene‘ und auch die ‚Tat‘,
die ‚Handlung‘, für die insbesondere *prãxis* verwendet wird. Diese Ausdrücke lagen

schon dem älteren Adjektiv *pragmatisch* (,sachbezogen', ,nützlich') zugrunde. Aristoteles und einige Stoiker sprechen von Äußerungen in Handlungsbegriffen, konzentrieren sich aber dann auf wahrheitsfähige Äußerungen. Ein philosophischer Gebrauch ist auch bei Chr. Wolff und Kant, in der Folge im amerikanischen Pragmatismus (Peirce, James) zu finden. Der linguistische Terminus geht auf Charles W. Morris und Rudolf Carnap zurück. Morris bezeichnete die Relation zwischen Zeichen und Interpret als pragmatisch und sah in der Pragmatik eine weitere Dimension neben Semantik und Syntax. Der Handlungsaspekt von Sprache erscheint auch im Prager Funktionalen Strukturalismus der 30er Jahre (Thema/Rhema, Funktionen von Schrift etc.). Eine handlungsorientierte Sprachanalyse entwickelt sich systematisch erst mit der *pragmatischen Wende* in den 70er Jahren in Deutschland. In kurzer Zeit entstehen sehr viele pragmatische Arbeiten.

2. Theoretische Wege zur linguistischen Pragmatik

Der Psychologe Karl Bühler empfand es nicht als Grenzüberschreitung, als er seinem 1934 erscheinenden Werk den Titel *Sprachtheorie* gab. In seiner Lehre von den sprachlichen Grundfunktionen (Ausdrucks-, Appell-, Darstellungsfunktion) zielt er schon auf eine Fundierung der Sprache im Handeln und auf die Überwindung statischer Zeichenauffassungen. Für ihn ist Sprache ein Werkzeug, ein *Organon* – nicht in einem instrumentalistischen Sinn, sondern als ein durch seine Aufgaben „geformter Mittler" (1934: XXI). Die Funktionsweise von Sprache in der Sicht Bühlers wird deutlich in seiner einflussreichen Deixistheorie (s. u.). Von der Sozialpsychologie her nähert sich G. H. Mead pragmatischem Denken. Er sieht Intentionalität und Selbstreflexivität als Charakteristika menschlichen Handelns und erklärt Sprache aus ihrer Rolle in kooperativer Praxis. Die soziale Konstitution der Ich-Identität bestimmt er als innere Repräsentation der Reaktion anderer („generalized other") im Subjekt.

Das Zeichenmodell von Charles S. Peirce beeinflusste die Semiotik und vermittelt über Carnap auch viele Linguisten, die in der Folge zwischen *kontextunabhängiger Bedeutung* (Gegenstand der Semantik) und *kontextabhängiger, situationsbezogener Äußerungsbedeutung* (Gegenstand der Pragmatik) unterschieden. Ebenso wichtig waren Einflüsse aus der Analytischen Sprachphilosophie. Ludwig Wittgenstein verankert 1949 in den *Philosophischen Untersuchungen* Bedeutungen in der Lebensform, der Praxis einer Sprachgemeinschaft. Die Einbettung in die Lebensform fasst er als Sprachspiel. Konstitutiv für Sprachspiele seien Regeln, denen unbewusst gefolgt werde. Bedeutung zeige sich im Gebrauch in solchen Spielen wie „Beschreiben", „einen Witz machen" oder „Grüßen". Sprache erscheint ähnlich wie bei Bühler als „Werkzeug" (§ 11) oder „Instrument" (§ 569).

Die Überlegungen des britischen Moralphilosophen John L. Austin führen die *Philosophie der normalen Sprache* fort, die sich kritisch zu der logisch-semantischen Tradition der *Ideal Language Philosophy* (Frege, Russell, Carnap, der frühe Wittgenstein) stellt. Im *performativen Akt* erkannte Austin ein Sprechen, das unmittelbar eine Handlung ist und darin zugleich die gesellschaftliche Realität verändert. Als Beispiel dienen Austin institutionelle Formeln wie „Hiermit taufe ich dich auf den Namen N...". In der Verallgemeinerung, dass jegliches Sprechen – auch die wahrheitsbezogene konstative Aussage – Handlungscharakter besitzt und in einer Handlungstypologie systematisch erfasst werden kann, sahen Linguisten ein neues Paradigma. Innovativ war auch Austins Zerlegung sprachlicher Handlungen in Teilakte, von denen der pragmatisch bedeutsamste der *illokutionäre Akt* ist. Dabei handelt es sich um die je spezifische Handlungsqualität, die das Gesagte als Bitte, Frage, Aufforderung etc. verstehen lässt. An die Stelle des logischen Wahrheitskriteriums setzt Austin die Prüfung, ob ein Sprechakt im Sinne des Sprechers geglückt oder missglückt ist. Sein Schüler John R. Searle systematisiert die Sprechaktanalyse auf der Folie von Wittgensteins Regelbegriff und beschreibt in seinem Werk *Speech Acts* (,Sprechakte') die konstitutiven Regeln von Sprechakten wie Versprechen oder Frage. Seine vereinfachende Zerlegung der Sprechhandlung in drei gleichzeitig vollzogene Teilakte setzte sich langfristig durch: Ein Äußerungsakt impliziert nach Searle (1969: 23–24) immer einen illokutiven Akt und meist einen propositionalen Akt. Letzterer besteht aus Referenzakt (Bezug auf Gegenstand) und Prädikationsakt (Aussage über den Gegenstand). (Keine Proposition haben z. B. formelhafte Grüße und Gefühlsäußerungen.) Kritisiert wurde, dass er die Pragmatik semantisiert habe, sich nur auf satzförmige Einheiten bezogen und den Hörer mit seinem (an Grice orientierten) intentionalistischen, vom Sprecher auf X gerichteten Konzept vernachlässigt habe.

Der Logiker Paul H. Grice (1989) entwickelte eine intentionalistische Bedeutungstheorie. Ein Kommunikationsversuch besteht darin, dass jemand eine Partnerhandlung dadurch auszulösen beabsichtigt, dass der Partner die Absicht erkennt und aufgrund dieser Erkenntnis die Handlung ausführt. Berühmt wurde Grice durch seine *Konversationsmaximen*. In Anknüpfung an Kant beschreibt er Prinzipien, denen Menschen als rational Kommunizierende immer schon folgen und vor deren Hintergrund auch nicht wörtlich zu verstehende Äußerungen durch Schlussprozesse (Implikaturen) verstehbar werden. Wenn wir davon ausgehen können, dass der Andere kooperativ als gemeinsam bestimmbare Zwecke verfolgt, können wir schließen, dass, wenn er p äußert, er q meinen muss („Mir ist warm." > ,Hol mir bitte ein kaltes Getränk!'). Er setzt die Grundbedeutung von Ausdrücken so eng wie möglich an, die Prinzipien und Implikaturen sorgen dann für ein situatives Verstehen. Heringer (2004: 74 ff.) hat die Theorie von Grice auch auf das Verstehen in interkultureller Kommunikation angewandt. Zu nennen ist auch die „Theorie kommunikativen Handelns" von Jürgen Habermas (1981: 367–453). Sie erklärt die allgemeinen Prinzipien eines idealen, „herrschaftsfreien Diskurses" zu einer Anspruchsgrundlage jeder Kommunikation, vergleichbar den Maximen von Grice. Die Sprachdidaktik hat seinen Begriff der *kommunikativen Kompetenz* aufgegriffen, aber ohne seinen Universalismus. Die heterogene Vorgeschichte der Pragmatik führte zu unterschiedlichen Konzeptionen in Linguistik und Didaktik.

3. Gegenwärtige Orientierungen der Pragmatik

3.1. Pragmatik als Teildisziplin der Linguistik

Ein großer Teil der europäischen Linguisten versteht die Pragmatik als ergänzende Teildisziplin neben den etablierten Gebieten Phonologie, Morphologie, Syntax und Semantik. Im Rahmen einer modularen Einteilung der Linguistik gemäß der Zeichentheorie von Morris soll die Pragmatik frühere Lücken strukturalistischer Theorien (z. B. fehlte ein Konzept wie die Äußerungsbedeutung) beseitigen und ihr additiv eine Verwendungs-

komponente an die Seite stellen. Untersucht werden vor allem die Themen Situationsbe-
deutung, sprachliches Zeigen (Deixis/Indexikalität), Präsuppositionen, Implikaturen und
der Sprecherwechsel (vgl. die Überblicke von Levinson 1990, Meibauer 2001).

3.2. Empirisch basierte Erklärung der sprachlichen Realität

Nicht erst aus dem Kreis der Pragmatik kam Kritik an der früher üblichen Einzelsatzlin-
guistik auf Basis von Intuitionen des Linguisten. Gefordert wurden authentische Daten
und Korpora mündlicher und nonverbaler Kommunikation. Die Aufnahme von Ge-
sprächsdaten, ihre Transkription und die rechnergestützte Erstellung von Korpora aus
relevanten institutionellen Bereichen sind zentrale Ziele und Leistungen der Pragmatik,
praktiziert vor allem in der pragmatischen Diskursforschung (3.3.) und der Konversationsanalyse (3.4.). Da nun aber prinzipiell jedes kommunikative Ereignis dokumentierbar
ist, besteht die Gefahr des blinden Datensammelns, wenn nicht der Zugriff methodisch
kontrolliert und theoretisch reflektiert erfolgt.

3.3. Funktionale Pragmatik als Sprachtheorie

Die Funktionale Pragmatik (FP) sieht Sprache grundsätzlich handlungsfundiert, bezieht
systematisch Wissensstrukturen ein und akzentuiert deren gesellschaftliche Funktionalität. Sprache ist ein *Medium* des Wissensaustauschs zwischen Sprecher und Hörer, sprachliche Verfahren sind auf die Bearbeitung des Hörerwissens abgestellt. Ins Zentrum tritt
die Kategorie des Zwecks von sprachlichem Handeln (Ehlich 2007a: 14). Sprache sei
nicht nur *Instrument* des kommunikativen Handelns, sondern jede Einzelsprache in ihrer
konkreten lexikalischen und grammatischen Beschaffenheit, ihren inneren Strukturen,
sei auch *Resultat* des sprachlichen Handelns der Sprechergemeinschaft. Die zu beobachtende Konsistenz sprachlicher Mittel verdankt sich der Weiterentwicklung einmal gewählter Formgebungen und Ausdrucksmittel (Ehlich 2007e). Im Rahmen dieser Funktionalen Pragmatik wurden umfängliche grammatische Untersuchungen unternommen, in
denen die Funktionalität einzelner Sprachmittel als *Handlungsprozeduren* (mit den Typen:
Zeigen, Lenken, Symbolisieren, Verstehen, Organisieren, Malen) aufgewiesen wurde und
traditionelle Kategorien kritisiert oder reformuliert wurden.

Das, was überindividuell als zweckgerichtete Handlungsmöglichkeit (*Handlungsmuster*) zur Verfügung steht, wird subjektiv als Ziel, Intention oder Absicht erfahren und
geäußert, es wird Zweck der Handelnden. Es gibt dabei allerdings keine quasi automatische Übereinstimmung von Illokution, Sprecherziel und Handlungsverlauf. Störungen
des Handelns und Abweichungen des Ziels vom Zweck des verwendeten Handlungsmusters sind möglich, wie Transkriptanalysen immer wieder verdeutlichen. Sie zeigen zudem,
dass der *Hörer* im Gespräch nicht einfach eine Person ist, die gerade nicht spricht, sondern ihm fallen spezielle Tätigkeiten zu, z. B. eine begleitende und bewertende Kommen-
tierung, sprechersteuernde Interjektionen, nonverbale Äußerungen etc. Das Handeln ist
in Sequenzen (Sprecherwechsel) und Verkettungen (von Äußerungen eines Sprechers
ohne Wechsel, z. B. im Erzählen) organisiert.

Die Handlungsanalyse erfolgt strikt empirisch in der Form der *Diskursanalyse* (DA)
(Rehbein 2001). Sie zielt auf das gesellschaftliche Spektrum der Kommunikation, die

erarbeiteten Handlungsmuster, die Organisation des Sprecherwechsels („Turn-Apparat"), die Sprecher-Hörersteuerung (z. B. durch so genannte tags wie *weißt-e*), die Höflichkeit, den „kulturellen Apparat" (Rehbein) etc. Sie arbeitet an einer Systematik der Diskursarten als Großformen gesellschaftlicher Kommunikation (Narration, Vortrag, Aufgabe-Lösung etc.), die in Diskurstypen wie Beratung, Argumentation, Vernehmung eingehen. Methodisch wird nach computergestützter (EXMARALDA, HIAT-DOS) und kontrollierter *Transkription* (HIAT mit Partiturschreibweise) (a) die Konstellation beschrieben (b), nach Äußerungseinheiten segmentiert und gruppiert (c), der Ablauf sukzessiv alltagssprachlich interpretativ paraphrasiert (d), bevor die eigentliche Handlungs- und Musteranalyse (e) erfolgt. Diese orientiert sich strikt an der grammatischen Form und den sprachlichen Prozeduren als kleinsten Einheiten (z. B. Zeigen mittels *ich, hier, jetzt*; Nennen/Charakterisieren mit *schön, gern, Haus, gehen*; Lenken mit *hm̂, hm̄* oder *ná* oder *(gestatt)-e*; Verstehenszugang unterstützen mit *der* (+ Nomen), *er/sie/es, und, weil*; Malen mit expressiver Intonation etc.).

Für die DA besteht eine wesentliche Differenz zwischen den Konstellationen des mündlichen und dadurch flüchtigen Diskurses und der *textuellen Kommunikation*: Texte werden in „zerdehnter Sprechsituation" (Ehlich) ohne die Präsenz eines Hörers hergestellt, für zeitlich-räumlich differente Rezeptionen. Texte sind damit für jegliche Art von Überlieferung und Wissensspeicherung geeignet, sie befördern die kulturelle Entwicklung. Texte können auch in Diskurse eingebettet werden, umgekehrt können Diskurse in Textform fixiert werden, durch Transkription oder andere Arten der Verschriftlichung oder der medialen Speicherung (zum Diskursbegriff Ehlich 2007d). Die Fixierung von Sprache in Texten dürfte am Anfang grammatischer Reflexion gestanden und das Sprachbewusstsein erheblich entwickelt haben.

Da eine Reihe von Institutionen weitgehend sprachlich verfasst sind, so das Gericht, die Massenmedien oder die Schule, andererseits auch Institute wie die Ehe und ökonomische Transaktionen wie das Bezahlen sprachgebunden sind, ergibt sich ein großer Bedarf an linguistischer *Institutionsanalyse*, dem in einer Vielzahl von Studien Rechnung getragen wurde. Neben dem Aufweis spezifischer Sprach-, Handlungs- und Wissensformen, institutioneller Taktiken und Paradoxien wurden auch Kennzeichen professionellen Handelns in Institutionen herausgearbeitet und Vorschläge für die Bearbeitung von Konflikten gemacht (Überblicke: Ehlich 2007, Rehbein und Kameyama 2006, Rehbein 2001).

3.4. Konversationsanalyse

Die auf amerikanische Einflüsse (Ethnomethodologie, Soziologie) zurückgehende Konversationsanalyse (KA) (Bergmann 2001; Deppermann 1999) geht in ihrer Datenerfassung ähnlich wie die DA vor. Sie setzt sich aber vor allem das Ziel, die je aktuelle Herstellung sozialer Ordnung im Gespräch und die sequentielle Organisation von Gesprächen durchschaubar zu machen. Dazu gehören die Hörerorientiertheit (*recipient design*) und die *konditionale Relevanz* (Fragen lassen als nächsten Zug eine geeignete Antwort erwarten), die Struktur, Abfolge und Verteilung der Redebeiträge (*turns*), die Eröffnung und Beendigung des Gesprächs, Reparaturen. Kommunikation ist bestimmt durch soziale Praktiken und sozio-stilistische Verfahren. Alltagskommunikation steht im Mittelpunkt, institutionelle Kommunikation wird eher in ihrer lokalen Organisiertheit betrachtet, weniger auf ihre gesellschaftlichen Zwecke hin. Der Kategorie Handlungsmuster (DA) entsprechen in etwa die auf Luckmann zurückgehenden *kommunikativen Gattungen* und *Aktivitätstypen*. Das Konzept der „Kontextualisierungshinweise" (Gumperz 1982) schließt an Grice an und bezeichnet in der KA sprachliche (Prosodie, Partikeln etc.) und gestische Verfahren, die eine bestimmte Wissensstruktur kontextualisieren, d. h. den Teilnehmern verfügbar machen. (So kann Duzen die Wissensrahmen Solidarität oder Herablassung erschließbar machen, kontextualisieren.)

Die Transkription von Aufnahmen erfolgt auch in der KA in literarischer Umschrift. Meist wird das zeilen- und nicht partiturorientierte Verfahren GAT genutzt; es erfolgt keine systematische Orientierung an der Zeitachse wie in HIAT (Partitur), sondern nur eine punktuelle bei simultanem Sprechen, sonst kommt jeder Sprecherbeitrag auf eine neue Zeile. Die Analyse geht davon aus, dass jedes Gesprächselement für den Aufbau einer sozialen Mikro-Ordnung wichtig ist und versucht, die Ordnungsstrukturen und Problemlösungsverfahren, wie sie sich die Teilnehmer in ihrer Sinnhaftigkeit wechselseitig manifest machen, zu rekonstruieren. Das Gespräch erscheint als sequentiell geordnet und diese lineare Struktur soll die Analyse aus Teilnehmersicht (möglichst ohne herangetragene Interpretation, ohne externe Faktoren) nachzeichnen. Sie lässt sich damit strikt von den gegebenen Daten leiten. Der Einzelfall soll allerdings auf allgemeine soziale Praktiken verweisen. In der Makrostruktur werden auch Handlungsschemata und kommunikative Gattungen herausgearbeitet, in jüngerer Zeit werden häufig audiovisuelle Daten unter dem Aspekt der Multimodalität untersucht. Grammatische Analysen setzen auf die interaktive Konstruktion dessen, was Kategorien wie *Satz* beinhalten; aktuell werden Ausdrücke öfter als Konstruktionen im Sinne der *construction grammar* (Croft, Goldberg u. a.), die einem schematischen Prototyp folgen, gesehen; die kritische Rezeption dieses Grammatiktyps ist aber nicht abgeschlossen (Deppermann 2007, Günthner und Imo 2006).

4. Pragmatik und Sprachdidaktik

Für die DaF-Didaktik war die Pragmatik schon deshalb relevant, weil man sich seit längerer Zeit zu dem Ziel einer umfassenden, schriftlichen und mündlichen Kommunikationsfähigkeit bekannte, der Unterricht aber fast ausschließlich auf die Beherrschung des lexikalischen und grammatischen „Sprachcodes" ausgerichtet war (Heindrichs et al. 1980: 80). Pragmatische Einflüsse kamen etwa gleichzeitig aus den verschiedenen Richtungen. Das Leitziel der kommunikativen Kompetenz wurde als Gegenstück zu linguistischer Kompetenz verstanden, aber auch mit emanzipatorischen Idealen aufgeladen (Piepho 1974). Unumstritten blieb die Orientierung auf kommunikative Faktoren unterrichtlichen Handelns, auf Lernziele wie *situationsgerechtes interaktives Sprachverhalten* und auf „echte" Sprechanlässe im Unterricht (Zehnder 1975).

Neue Ansatzpunkte waren in den 70er Jahren die Kategorien Sprechakt und Sprechhandlung. Hierarchisierte Listen von Sprechhandlungen wurden für curriculare Planungen ausgearbeitet, z. T. wurde eine pragmatisch-theoretische Fundierung angestrebt (z. B. Karcher 1982). Terminologisch wurde experimentiert mit Begriffen wie *Sprechintention* statt Illokution, später mit dem weiter gefassten Begriff *Szenario*. Die Sprechaktlisten sind im Prinzip sprachübergreifend, allerdings nicht kulturübergreifend und auch nicht auf funktionale Universalien gestützt. Die Konkretisierung für den DaF-Unterricht erfolgte durch die Kombination mit typischen Handlungssituationen und wichtigen

Themen, um daraus Struktur- und Wortschatzinventare abzuleiten. Beispiel: die Sprechaktlisten in *Kontaktschwelle Deutsch als Fremdsprache* (Baldegger, Müller und Schneider
1980: 57 ff.), geordnet nach den Bereichen: Informationsaustausch − Bewertung, Kommentar − Gefühlsausdruck − Handlungsregulierung − Soziale Konventionen − Rede-
organisation und Verständnissicherung. Eine Zusammenstellung von Lernzielen für die
Prüfungspraxis enthält der Band *Zertifikat DaF* (1992). Auch für den Europarat wurden
die Sprechakte bzw. -handlungen wichtige Ausgangspunkte für die Arbeit an Leitlinien
für den Fremdsprachenunterricht in Europa. Eine DAF-Grammatik, die von Inhaltsbe-
reichen ausgeht, zu denen neben „Person" oder „Folge" auch Handlungen wie Begründung oder Aufforderung (untergliedert in Anordnung, Bitte, Ratschlag, Vorschlag etc.)
gehören, haben Buscha et al. (1998) vorgelegt. Dem Begründen werden Mittel wie *weil,
da, denn* zugeordnet und der Gebrauch an Beispielen verdeutlicht. Die Zuordnung von
Mitteln und Illokutionen erfolgt direkt, ohne vermittelnde Schritte, etwa den Wissensbezug oder Elemente der Konstellation.

Sprachdidaktik und Sprachtheorie verbindet die Diskussion indirekter Sprechakte:
Das Verstehen von Illokutionen ist nicht trivial. Am Beispiel von Aufforderungen (z. B.
„Kannst Du mal das Salz reichen?") wurde das häufig diskutiert: Es gibt im Deutschen
eine spezielle sprachliche Form, die für Aufforderungen vorgesehen und geeignet ist,
nämlich den Imperativ. Grammatische Form und Handlungsqualität hängen hier direkt
zusammen. Unter bestimmten Gesichtspunkten, vor allem dem der Höflichkeit, werden
jedoch sehr viele Aufforderungen ohne Imperativ realisiert. Der Sprechakttyp oder das
Handlungsmuster wird dann vom Hörer erschlossen, nach Ehlich auf dem Wege einer
„komplexen illokutiven Analyse" (2007b: 51). Dazu bedarf es einer Analyse der Hand-
lungskonstellation, der sprachlichen Form in ihrer Funktionalität und des beanspruchten Wissens.

Eine Systematik von Sprechhandlungstypen oder Handlungsmustern, die allgemein
anerkannt wird, liegt bis heute nicht vor. Vorhandene Listen zeigen unterschiedliche Ab-
straktionsniveaus wie auch verschiedene Bezeichnungen, es fehlt weiter an Empirie. Vermittelt werden meist komplette Handlungsschemata, ohne dass der Form-Funktions-
Zusammenhang im Einzelnen aufgezeigt würde. Als Konsens gilt vielen das Ziel fremdsprachlicher Ausbildung: Lernende sollen „situationsadäquat, partnerbezogen und rol-
lenkonform" handeln können (Maier 1991: 138). Noch nicht genügend genutzt wurde
die Möglichkeit, aus pragmatischer Empirie ein objektiveres Bild von authentischer
Kommunikation zu gewinnen. Leider wurden in Sprachlehrwerken bisher nur selten
Transkriptausschnitte an die Stelle der üblichen erdachten Vorbild- und Beispieldialoge
gesetzt. Wirkliche Gespräche können gemeinsam gehört und unter der Lupe einer Transkription genauer betrachtet werden. Geschickt gewählte Ausschnitte können Hand-
lungs- und Diskursmuster (Frage, Erzählen etc.), die Organisation von Gesprächen
(Sprecherwechsel, Thema etc.), die Variation zwischen *Small Talk* und institutioneller
Kommunikation (Beratung, Unterricht, Vernehmung, Patientengespräch etc.) aufzeigen
und zur Reflexion und Umsetzung (etwa im Rollenspiel) anregen. Künstliche Gesprächs-
vorgaben führen zu nicht optimalen Kommunikationsstrategien. Nicht nur die Inhalte,
auch die Unterrichtsformen und die Motivation können durch Orientierung am sprachlichen Handeln des Alltags gewinnen. Beispielsweise können gemeinsam kommunikative
Formen exploriert und aufgezeichnet werden, eigenständig Regularitäten erarbeitet und
Kontraste aufgezeigt werden. Die traditionelle Praxis führte zur systematischen Vernachlässigung gesprächstypischer Formen wie Abtönungspartikeln, Interjektionen, Modalisie-

rungen. Weiter zu diskutieren bleibt, wie ein handlungsorientierter Unterricht auszusehen hat, welche Kommunikationssituationen unverzichtbar sind, welche kommunikativen Fertigkeiten zu vermitteln und wie sie ggf. im Rahmen aktueller Orientierung an Kompetenzen zu operationalisieren wären. Es geht aber nicht um neue Formalisierungen von Unterricht, sondern darum, wie man die Verwendungsbedingungen sprachlicher Formen reflektiert und die Handlungsmöglichkeiten in gemeinsamer Praxis ausbaut.

5. Fremdsprachendidaktische Nutzung: Ausblick

Zwar stellte sich heraus, dass aus Sprechhandlungen keine Progression im Unterricht abzuleiten ist: Die Handlungen sind nicht nach dem Kriterium der Schwierigkeit anzuordnen, da sehr unterschiedliche sprachliche Mittel eingesetzt werden können; umgekehrt sind viele Lexeme und grammatische Strukturen nicht sprechhandlungsspezifisch. Aussichtsreich für die Zukunft sind aber Bemühungen um eine pragmatisch fundierte Neubestimmung der Form-Funktionsverhältnisse für viele sprachliche Mittel des Deutschen (vgl. Zifonun, Hoffmann und Strecker 1997 als pragmatisch orientierte Grammatik, Hoffmann 2003 zur Syntax, Hoffmann 2007a zu den Wortarten; aus Sicht der KA: Günthner und Imo 2006, Deppermann 2007). Besonders innerhalb der FP wird hervorgehoben, dass traditionelle grammatische Kategorien und Erklärungen einer fundamentalen Kritik unterzogen werden können und sollten. Ein Beispiel ist die wortartkritische Umsetzung der Deixistheorie (Ehlich 2007c) in eine Lehre der Zeigwörter und sprecherbezogenen Morpheme. Sie steht sozusagen quer zur traditionellen Wortartenlehre und bietet bislang unausgeschöpfte Möglichkeiten, den handlungsorientierten Sprachunterricht zu verbessern. Eine pragmatisch begründete Funktionale Grammatiktheorie wird (nicht nur) für die DaF-Didaktik als ein aussichtsreicher Weg betrachtet, um die Phänomene systematischer und für Sprachlerner besser nachvollziehbar darzustellen (Hoffmann 2006). Kategorien wie Turn, Thema, Gewichtung, Prozedur erweisen sich als ebenso nützlich wie Kenntnisse über Zusammenhänge zwischen Handlungsmustern und konventionalisierten sprachlichen Formen (vom Sich-Entschuldigen bis zur Begründung oder zu institutionellen Handlungen wie Lehrervortrag mit verteilten Rollen). Funktionale Analysen sprachlicher Mittel haben ihren Wissensbezug aufgedeckt, z. B. die Präsuppositionen faktiver Verben (*wissen, bemerken, bereuen, sich freuen über*) oder den Hörerbezug des (notorisch schwierigen) definiten Artikels (Hoffmann 2007b).

Durch die Untersuchung der gesprochenen Sprache wurden Thematisierungsformen, Korrekturen, Gewichtung durch Intonation und Partikeln, Interjektionen, Abtönungspartikeln relevante Gegenstände. Die Satzgrammatik bildet nicht mehr den alleinigen Maßstab. Sog. Ellipsen wie „Komme schon", „Jetzt!" haben durch die Pragmatik seit Bühler eine Neubewertung erfahren und sind funktional beschrieben worden (Hoffmann 1999, 2006a). Aber auch die Textstruktur wird durch pragmatische Betrachtung transparenter.

Pragmatische Forschung lenkt den Blick auf die Vermittlung kommunikativer Fähigkeiten, auf institutionellen Sprachgebrauch, auf Bedeutung als Gebrauch und textuelle Strukturen. Sie holt die sprachliche Wirklichkeit in den Unterricht hinein – als Reflexion sprachlicher Mittel in ihrer Funktionalität, in handlungsorientierter Produktion, im Erarbeiten eines Verständnisses dessen, was in authentischen Gesprächen und Texten passiert. Ziel des Unterrichts ist das gelingende fremdsprachliche Handeln, eine Kooperation, die zu geteiltem Verstehen führt.

6. Literatur in Auswahl

Austin, John L.
  1962   *How to do things with words*. Oxford: Oxford Univ. Press.
Baldegger, Markus, Martin Müller und Günther Schneider
  1980   *Kontaktschwelle Deutsch als Fremdsprache*. Berlin/München: Langenscheidt.
Bergmann, Jörg R.
  2001   Das Konzept der Konversationsanalyse. In: Klaus Brinker, Gerd Antos und Wolfgang
          Heinemann (Hg.), *Text- und Gesprächslinguistik. Linguistics of Text and Conversation*,
          919−927. Bd. 2. (Handbücher zur Sprach- und Kommunikationswissenschaft 16.2). Berlin/New York: de Gruyter.
Bühler, Karl   1934/1982   *Sprachtheorie*. Stuttgart: Fischer.
Buscha, Joachim und Renate Freudenberg-Findeisen
  1998   *Grammatik in Feldern*. München: Verlag für Deutsch.
Deppermann, Arnulf
  1999   *Gespräche analysieren*. Opladen: Leske & Budrich.
Deppermann, Arnulf
  2007   *Grammatik und Semantik aus gesprächsanalytischer Sicht*. Berlin: de Gruyter.
Ehlich, Konrad
  2007a   Funktionalpragmatische Kommunikationsanalyse: Ziele und Verfahren. In: ders., *Sprache und sprachliches Handeln*, Bd. 1: *Pragmatik und Sprachtheorie*, 9−28. Berlin: de Gruyter.
Ehlich; Konrad
  2007b   Sprechhandlungsanalyse. In: ders., *Sprache und sprachliches Handeln*, Bd. 3: *Diskurs − Narration − Text − Schrift*, 47−56. Berlin: de Gruyter.
Ehlich, Konrad
  2007c   Deixis und Anapher. In: ders., *Sprache und sprachliches Handeln*, Bd. 2: *Prozeduren des sprachlichen Handelns*, 5−23. Berlin: de Gruyter.
Ehlich, Konrad
  2007d   Die Diskurse und ihre Analysen. In: ders., *Sprache und sprachliches Handeln*, Bd. 1: *Pragmatik und Sprachtheorie*, 113−128. Berlin: de Gruyter.
Ehlich, Konrad
  2007e   Sprachmittel und Sprachzwecke. In: ders., *Sprache und sprachliches Handeln*, Bd. 1: *Pragmatik und Sprachtheorie*, 55−80. Berlin: de Gruyter.
Grice, Paul
  1989   Logic and Conversation. In: ders., *Studies in the Way of Words*, 22−40. Cambridge, M.A.: Cambridge University Press. (Deutsche Fassung in: Hoffmann, Ludger 2000 (Hg.), *Sprachwissenschaft*, 163−182. 2. Aufl. Berlin: de Gruyter.)
Grießhaber, Wilhelm
  1998   *Die relationierende Prozedur. Zu Grammatik und Pragmatik lokaler Präpositionen und ihrer Verwendung durch türkische Deutschlerner*. Münster: Waxmann.
Günthner, Susanne und Wolfgang Imo (Hg.)
  2006   *Konstruktionen in der Interaktion*. Berlin: de Gruyter.
Gumperz, John J.
  1982   *Discourse Strategies*. Cambridge: University Press.

Habermas, Jürgen
 1981   *Theorie des kommunikativen Handelns.* Frankfurt: Suhrkamp.
Heindrichs, Wilfried, Friedrich W. Gester und Heinrich P. Kelz
 1980   *Sprachlehrforschung. Angewandte Linguistik und Fremdsprachendidaktik.* Stuttgart: Kohl-
         hammer.
Heringer, Hans Jürgen
 2004   *Interkulturelle Kommunikation.* Tübingen: Francke.
Hoffmann, Ludger
 1999   Ellipse und Analepse. In: Jochen Rehbein und Angelika Redder (Hg.), *Grammatik und
         mentale Prozesse,* 69−91. Tübingen: Stauffenburg.
Hoffmann, Ludger
 2006a   Ellipse im Text. In: Hardarik Blühdorn, Eva Breindl und Ulrich Hermann Waßner (Hg.),
         Text − Verstehen. Grammatik und darüber hinaus, 90−108. Berlin/New York: de Gruyter.
Hoffmann, Ludger
 2006b   Funktionaler Grammatikunterricht. In: Tabea Becker und Corinna Peschel (Hg.), *Gesteu-
         erter und ungesteuerter Grammatikerwerb,* 20−45. Hohengehren: Schneider.
Hoffmann, Ludger (Hg.)
 2007a   *Handbuch der deutschen Wortarten.* Berlin/New York: de Gruyter.
Hoffmann, Ludger
 2007b   Determinativ. In: ders. (Hg.) 2007a, 293−357.
Hoffmann, Ludger
 2007c   Didaktik der Wortarten. In: ders. (Hg.) 2007a, 925−953.
Karcher, Günther L.
 1982   Eine pragmatisch fundierte Lehrwerk-Progression. Überlegungen zur Konzeption von
         Lehrwerken und zur Funktion des Grammatikunterrichts. *Informationen DaF 3:* 39−71.
Levinson, Stephen C.
 1990   *Pragmatik.* Tübingen: Niemeyer. (Deutsche Übersetzung der engl. Ausgabe von *Pragma-
         tics* [1983] von Ursula Fries).
Maier, Wolfgang
 1991   *Fremdsprachen in der Grundschule. Eine Einführung in ihre Didaktik und Methodik.* Berlin:
         Langenscheidt.
Meibauer, Jörg
 2001   *Pragmatik.* 2. Aufl. Tübingen: Stauffenburg.
Piepho, Hans E.
 1974   *Kommunikative Kompetenz als übergeordnetes Lernziel im Englischunterricht.* Dornburg:
         Frankonius.
Redder, Angelika
 1995   Handlungstheoretische Grammatik für DaF − am Beispiel des sog. „Zustandspassivs".
         In: Norbert Dittmar und Martina Rost-Roth (Hg.), *Deutsch als Zweit- und Fremdsprache,*
         53−74. Frankfurt a. M.: Lang.
Rehbein, Jochen
 1992   Zur Wortstellung im komplexen deutschen Satz. In: Ludger Hoffmann (Hg.), *Deutsche
         Syntax − Ansichten und Aussichten,* 523−574. Berlin: de Gruyter.
Rehbein, Jochen
 2001   Das Konzept der Diskursanalyse. In: Klaus Brinker, Gerd Antos, Wolfgang Heinemann
         und Sven F. Sager (Hg.), *Text- und Gesprächslinguistik,* 927−944. Berlin, New York:
         de Gruyter.
Rehbein, Jochen und Shinichi Kameyama
 2006   Pragmatik/Pragmatics. In: Ulrich Ammon, Norbert Dittmar, Klaus J. Mattheier und Pe-
         ter Trudgill (Hg.), *Sociolinguistics/Soziolinguistik,* 556−588. 1. Halbband. 2. Aufl. Berlin/
         New York: de Gruyter.
Saussure, Ferdinand de
 1967   *Grundfragen der Allgemeinen Sprachwissenschaft.* Berlin: de Gruyter.

Searle, John R.

    1983   *Sprechakte. Ein sprachphilosophischer Essay.* Frankfurt a. M.: Suhrkamp.

Wittgenstein, Ludwig

    1958/1971 *Philosophische Untersuchungen.* Frankfurt a. M.: Suhrkamp.

Zehnder, Erich

    1975   Überlegungen zu kommunikativen Faktoren im Unterricht Deutsch als Fremdsprache.
           Jahrbuch Deutsch als Fremdsprache 1: 58−65.

Zertifikat Deutsch als Fremdsprache

    1992   Hg. Goethe Institut / Deutscher Volkshochschulverband. 5. Aufl. München [1. Aufl.
           1972].

Zifonun, Gisela, Ludger Hoffmann und Bruno Strecker

    1997   *Grammatik der deutschen Sprache.* 3 Bände. Berlin: de Gruyter.

Gabriele Graefen, München (Deutschland)
Ludger Hoffmann, Dortmund (Deutschland)

26. Mündliche Diskurse

1. Gespräch und Diskurs

Die Gegenstandsbezeichnung einer Erforschung mündlicher Interaktion mittels Sprache erfolgt in der Sprachwissenschaft mit Hilfe unterschiedlicher Begriffe. Zum einen ist von *Gesprächen* die Rede, die als Untersuchungsgegenstand auch namensspendend auf eine moderne, breite Entwicklung einer Subdisziplin der Sprachwissenschaft, nämlich auf die *Gesprächsanalyse* bzw. die *Gesprächsforschung* gewirkt hat. Diese Namensgebung lässt sich wissenschaftshistorisch auf die amerikanische *conversation analysis* zurückführen, die sich seit den sechziger Jahren des 20. Jahrhunderts mit der Analyse von authentischen Alltagskonversationen beschäftigt (für einen instruktiven Überblick vgl. etwa Auer 1999). Über die terminologische Anlehnung hinaus gehen auch Forschungsergebnisse, Methoden der Analyse und zu beachtende Phänomene in das Programm der Gesprächs-analyse bzw. der Gesprächsforschung ein (für einen Überblick vgl. etwa Deppermann 1999).

    Die Anwendung des Begriffes *Diskurs* erfolgt im Wesentlichen im Rahmen der *funkti-onal-pragmatischen Diskursanalyse* (für einen Überblick vgl. etwa Rehbein 2000). Er wird in analytischer Abgrenzung zum Begriff des *Textes* verwendet: Unter Diskursen werden sprachliche Tätigkeiten von zwei oder mehr Aktanten verstanden, die in einer Sprechsituation kopräsent sind. Kennzeichnend für Diskurse ist die Einbettung des Handelns in eine Sprechsituation. Dem Zwecke einer Tradierung versprachlichten Wissens in zeitlich differente Konstellationen dienen demgegenüber Texte, die ohne Präsenz des Hörers erstellt werden. Texte dienen demnach der Überbrückung einer dissoziierten Sprechsituation (Ehlich 1983, 1984). Werden Texte aus dem Gedächtnis in Anwesenheit von Rezipientinnen und Rezipienten reproduziert, spricht man von *mündlichen Texten*. Diese Reproduktionsleistung kann einem Aktanten durch das Medium der Schrift abgenommen werden.

1.1. Mediale und konzeptuelle Mündlichkeit

Gegenwärtig wird unter den Stichwörtern *Multimodalität* und *Medialität* bzw. mit Blick auf moderne, technikbasierte Kommunikation die Unterscheidung zwischen medialer und konzeptioneller *Mündlichkeit* und *Schriftlichkeit* diskutiert (vgl. Art. 41). Hinsichtlich syntaktischer, morphologischer und orthographischer Phänomene wird z. B. der mündliche Charakter von Briefen, SMS, E-Mails etc. untersucht. Umgekehrt stellt sich vor allem angesichts institutioneller und massenmedialer Kommunikation die Frage, inwiefern der Sprachgebrauch in Gesprächen eher Charakteristika der Schriftsprache zeigt bzw. einen inszenierten Charakter aufweist.

2. Begrifflichkeiten und Typologien

Goffman (1967) unterscheidet zwischen *social situation*, der (zufällig) gleichzeitigen Anwesenheit von Personen in einem Raum, und *encounter*, einer Begegnung oder fokussierten Interaktion. Diese Unterscheidung macht deutlich, dass Gespräche und Diskurse interaktive Einheiten sind, also über eine bloße Ansammlung von Personen hinausgehen.

Unter dem Ziel, einen Zusammenhang zwischen gesellschaftlichen bzw. kulturellen Größen und der Sprachverwendung zu erfassen, sind mehrere Konzepte zur Typologisierung mündlicher Diskurse und Gespräche entworfen worden. So gehen z. B. in das Konzept des *Gesprächstyps* und der *Redekonstellation*, die auf dem Gedanken der *speech domain* (Fishman 1972) sowie der *domain of relevance* (Schütz 1932/1981) basieren, folgende Kategorien ein: Anzahl der Sprecher, ihr Verhältnis zueinander, Zeitreferenz, Verschränkung von Text und sozialer Situation, Zahl der Sprecherwechsel (s. u.), Themenfixierung, Modalität der Themenbehandlung, Vorbereitungsgrad. Diese Kategorien werden in den genannten Ansätzen gleichrangig dazu genutzt, eine Zuordnung von faktischen Gesprächen zu bestimmten Gesprächs- und Redekonstellationstypen zu leisten.

Andere Bestrebungen, eine Typologie mündlicher Diskurse zu entwickeln, setzen an dem Gedanken an, dass Einheiten sprachlich-kommunikativer Interaktionen einen Bezug zu gesellschaftlichen Problemlösungsprozessen zeigen und mündliche Diskurse unter dieser Fragestellung typisiert werden können. Exemplarisch seien im Folgenden zwei Ansätze etwas näher betrachtet: Im Rahmen der *interpretativen Soziolinguistik* wird in Anlehnung an Bakhtin das Konzept der *Gattung* genutzt. Gattungen gehören zum kommunikativen Haushalt einer Gesellschaft, sie stellen Lösungen eines spezifischen kommunikativen Problems dar (Luckmann 1986). Gegenüber sogenannten „spontanen kommunikativen Handlungen" (a. a. O.: 201) bieten sie ein Orientierungsmuster zur „Produktion und Interpretation interaktiver Handlungen" (Günthner 1995: 199), so dass Gesellschaftsmitglieder nicht jeweils eine neue Problemlösung schaffen müssen. Formen der sprachlichen Kommunikation werden als *Gattung* verstanden, wenn eine komplexe Ablaufform mit einem klar erkennbaren Anfang und Ende vorliegt und es sowohl auf der paradigmatischen als auch auf der syntagmatischen Achse zu Verfestigungen kommt, die sich in einer Rekurrenz bestimmter Merkmale an der sprachlichen Oberfläche äußert.

In der *funktional-pragmatischen Diskursanalyse* wird mit dem Konzept des *Handlungsmusters* (Ehlich und Rehbein 1979, 1986) ein analytischer Zugang zu Sprache im Zusammenhang gesellschaftlicher Praxis und Strukturen angestrebt: Das Handeln von Aktanten einer Gesellschaft wird als Realisieren eines *Zwecks* rekonstruiert. Im Unterschied zum Konzept der *Kommunikativen Gattungen* stellen *Diskursformen* und *sprachliche Handlungsmuster* aber nicht einen gesonderten Typ sprachlichen Handelns gegenüber dem sogenannten spontanen Kommunizieren dar. Vielmehr werden sie insgesamt als Realisierungen gesellschaftlich ausgearbeiteter Tiefenstrukturen sprachlichen Handelns verstanden, die innerhalb einer Sprachgruppe bekannt sind. Handlungsmuster können einen unterschiedlichen Umfang einnehmen. Sie werden sowohl im Rahmen einer Äußerung realisiert, etwa in einer *Assertion* (Ehlich und Rehbein 1979), können aber auch den Umfang einer *Diskursform* annehmen, wie etwa beim *Erzählen, Beschreiben* oder *Berichten* (Rehbein 1980, 1984a, 1989).

3. Beschreibungsebenen und Binnenstrukturen mündlicher Diskurse

Die Strukturierung mündlicher Diskurse kann u. a. gemäß folgender Gesichtspunkte erfasst werden: Sequentialität, Thematizität, Supportivität, Identität (vgl. Bührig und ten Thije 2005) und Interaktionsmodalität.

3.1. Sequentialität

Unter dem Gesichtspunkt der *Sequentialität* werden sprachliche Strukturen in ihrer zeitlichen Erstreckung betrachtet: Diese Fragestellung trägt dem Umstand Rechnung, dass der Prozess der Versprachlichung linear strukturiert ist, und dass sprachliche Einheiten nacheinander (sequentiell) produziert und rezipiert werden. Im Anschluss an die Arbeiten der *conversation analysis* wird eine *Sequenz* als lokale Abfolge konversationeller Elemente an der kommunikativen Oberfläche gefasst. Der Turnwechselmechanismus von Sacks, Schegloff und Jefferson (1974) gilt als eine durchgängig akzeptierte Strukturbeschreibung einer sequentiellen Struktur. Er lässt sich als lokales operierendes System verstehen, das mit dem ersten Redebeitrag in Kraft tritt und an jedem möglichen Übergangspunkt (*transition relevance place*) für die Selektion des folgenden Sprechers sorgt. Für die Gestaltung eines Übergangspunkts bzw. der Turnkonstruktion sind syntaktische, intonatorische, semantische, lexikalische, handlungsbestimmte und non-verbale Strukturen analysiert worden (Ochs, Schegloff und Thompson 1996; Hoffmann 1997). Als weitere Phänomene der oberflächenbezogenen Sequentialität sind z. B. die formalen Strukturen der Gesprächseröffnung und -beendigung untersucht worden (Schegloff 1968; Schegloff und Sacks 1973; Sacks, Schegloff und Jefferson 1974; Kotthoff 1994).

Die sequentielle Abfolge einzelner sprachlicher Handlungen (z. B. Gruß-Gegengruß, Frage-Antwort) wird innerhalb der Konversationsanalyse, ähnlich wie beim Sprecherwechsel an der kommunikativen Oberfläche, als *adjacency pair* (‚benachbartes Paar' oder ‚Paarsequenz') analysiert.

3.2. Thematizität

Was machen Gesprächspartnerinnen und Gesprächspartner in welcher Form zum Gegenstand des Wissensaustauschs? In ihrer Analyse der Thematizität greifen mehrere Ansätze auf satzorientierte Konzepte zurück, die sie jedoch auf eine satzübergreifende Ebene übertragen. Sie werden dabei durch das Modell von Daneš (1970) inspiriert, der unterstellt, dass man in fast jeder Aussage zwischen dem unterscheiden kann, *worüber* etwas mitgeteilt wird (das THEMA) und dem, *was darüber* mitgeteilt wird (das RHEMA).

In Brinkers (1992) Analyse der Redekonstellation erscheint Thema als Kern des Gesprächsinhaltes. Die Entfaltung des Gesprächsthemas bestimmt er als das Gefüge von Beziehungen zwischen dem Gesprächsthema und den in den einzelnen Gesprächsabschnitten ausgedrückten Teilthemen. Zu den wichtigsten Grundformen zählt er die beschreibende, erzählende, erklärende und die begründende Themenentfaltung (Brinker und Sager 1996: 76).

In der Gattungsanalyse werden Themen als inhaltliche Verfestigungen innerhalb der Binnenstruktur einer Gattung beschrieben. Streeck (1989) analysiert unterschiedliche Fokussierungsaktivitäten mit entsprechenden Formulierungen, die Interaktanten verwenden, um einen gemeinsam entwickelten Wissensstand festzusetzen. Hoffmann (2000) setzt eine strikte Unterscheidung zwischen Thema und Rhema als Einheiten der Wissensstruktur einerseits, und ihrer Realisierung durch thematischen/rhematischen Ausdruck andererseits voraus. *Thema* ist der kommunikativ konstituierte Gegenstand oder Sachverhalt, von dem in einem Diskurs fortlaufend die Rede ist. *Rhema* ist das, was lokal über ein Thema gesagt wird. Nach Hoffmann kann die Thematizität eines Ausdrucks nur rückblickend festgestellt werden, „indem das Gesagte mit zuvor Gesagtem oder Gegenständen durchgängiger Orientierung in Verbindung gebracht wird" (a.a.O.: 351).

3.3. Identität

In Gesprächen werden soziale, kulturelle, ethnische oder geschlechtsspezifische Charakterisierungen von Personen vorgenommen. In den Worten von Erickson und Shultz (1982: 25): „Each *ego* is telling *alter* who *ego* is" und, darüber hinaus: „*Ego* is also telling *alter* who *ego* thinks *alter* is." In ihrer Analyse der Identitätsgestaltung greifen Ansätze der Gesprächs- und Diskursforschung in unterschiedlicher Weise auf den Apparat des *membership categorization device* von Sacks (1972) zurück. Dieser Apparat zur Wahrnehmung und Beurteilung von Gruppen(mitgliedern) enthält laut Sacks folgende Komponenten: *Kategorien* beschreiben Personen und Objekte, *Collections* sind Sammlungen von Kategorien, die als zusammengehörend wahrgenommen werden, und *Category-bound-activities* sind Handlungen, die Mitgliedern einer Kategorie normalerweise zugeschrieben werden (z. B. das Weinen dem Baby). Sacks (1972) entwickelt Regeln, um den Zuschreibungsprozess oder die Identifizierung von Personen in bestimmten Kategorien auf Basis einmaliger Handlungen und Bezeichnungen zu erklären. Infolge der Aufmerksamkeit für interkulturelle Kommunikation und Sprachkontakt hat die Analyse der Identitätsgestaltung sich in der letzten Zeit einerseits mit der Gestaltung von mehrfachen und komplexen Identitäten (Ehlich 1992), andererseits mit der diskursiven Konstruktion nationaler Identität (Wodak et al. 1998; Hausendorf 2000) sowie mit Gruppenidentitäten (Kallmeyer und Keim 1986) beschäftigt. Zimmermann (1992) bespricht einerseits den Grammatikalisierungsgrad von identitätskonstituierenden Mitteln sowie sprechaktsubsidiäre Mittel wie Benennung und Anrede (Tu/Vous-Differenzierung) und andererseits die sprechaktsekundären Mittel wie Schweigerecht/-pflicht und Rangfolgen im Rederecht.

3.4. Interaktionsmodalität

Basierend auf Hymes' Konzept des *keying* (1972) wird untersucht, wie z. B. Ernst, Scherz oder Streit in mündlichen Diskursen zum Ausdruck kommt. Im Rahmen der Gattungsanalyse wurden in Anlehnung an Kallmeyers Konzept der *Interaktionsmodalität* (1979) unterschiedliche Gesprächsmodalitäten, z. B. Ironie (Hartung 1998), Streit (Spiegel 1995), Sarkasmus und Zynismus, als Gestaltungsarten analysiert (vgl. auch die Beiträge in Kotthoff 1996). Zudem kann eine bestimmte Interaktionsmodalität auch eigene sprachliche Einheiten hervorbringen, wie z. B. das *Frotzeln* (Günthner 1996). Mit dem Begriff der *Höflichkeit* wird bei dieser Charakterisierung ein Maßstab des gegenseitigen Entgegenkommens angelegt (Brown und Levinson 1987; Watts, Ide und Ehlich 1992; Rehbein 1996; Rehbein, Fienemann, Ohlhus und Öldorp 2001).

3.5. Supportivität

Im Rahmen mündlicher Diskurse finden sich oft Spuren einer aktuellen Verstehensbearbeitung. Initiiert wurde die Analyse supportiver Tätigkeiten vor allem durch die Reparatur-Forschung (z. B. Jefferson 1974; Schegloff 1979; Schegloff, Jefferson und Sacks 1977), in deren Rahmen zunächst adjazente bzw. äußerungsinterne Phänomene untersucht wurden (z. B. Gaskill 1980; Rehbein 1984b; Elstermann 1987; Selting 1987, 1988; Uhmann 1997). Im Zuge einer begrifflichen Ausdehnung werden zunehmend auch supportive Verfahren betrachtet, die großflächiger operieren und entweder gesprächsstrukturierenden Charakter haben oder auf den Verstehensprozess einer bestimmten minimalen kommunikativen Einheit einwirken (Kameyama 2004). In diesem Zusammenhang sind vor allem auch solche Verfahren untersucht worden, die z. B. einen Zusammenhang zwischen einzelnen Gesprächsteilen durch eine inhaltliche Übereinstimmung bzw. Nähe stiften. Supportive Äußerungen, die in diesen Bereich fallen, werden in der Forschungsliteratur z. B. als *Paraphrasen* (Rath 1975), *Reformulierungen* (Gülich und Kotschi 1987, 1995), *reformulierende Handlungen* (Bührig 1996) oder *Zusammenfassungen* bzw. *Résumés* bezeichnet und hinsichtlich ihrer kommunikativen Funktionen untersucht (z. B. Jäger 1976; Schank

1981; Wahmhoff 1981; Wenzel 1981; Werlen 1982). Liegt eine Identität zweier Äußerungen in Form und Inhalt vor, wird von *Wiederholungen* gesprochen (Frei 1976; Schenkein 1980; Tannen 1989; Nitsche 1987; Kameyama 1999).

4. Mündliche Diskurse als Lehr- und Lerngegenstand

Für den Fremdsprachenunterricht gilt seit langer Zeit die kommunikative Kompetenz als konsensuelles Lehr- und Lernziel. Dennoch finden sich auch in jüngerer Zeit noch Forschungsberichte, die deutlich machen, wie schwierig die Realisierung dieses Ziels ist (vgl. etwa Wokusch 2005). Neben dem Fremdsprachenunterricht widmet sich auch die Angewandte Gesprächforschung den Möglichkeiten, die kommunikative Kompetenz von Fortbildungswilligen im Unterricht oder im Training zu fördern (siehe etwa die Arbeiten in Meer und Spiegel 2009). Bose und Schwarze (2007) zeigen in ihrer Bestandaufnahme, dass Gesprächsfähigkeit und Charakteristika mündlicher Diskurse zwar im gemeinsamen Europäischen Referenzrahmen für Sprachen und in verschiedenen Lehrwerken für Deutsch als Fremdsprache berücksichtigt werden, jedoch weist die Operationalisierung einzelner Fertigkeiten immer noch eklatante Lücken auf.

5. Literatur in Auswahl

Auer, Peter
 1999 *Sprachliche Interaktion. Eine Einführung anhand von 22 Klassikern*. Tübingen: Niemeyer.
Bose, Ines und Cordula Schwarze
 2007 Lernziel Gesprächsfähigkeit im Fremdsprachenunterricht. *Zeitschrift für interkulturellen Fremdsprachenunterricht* 12(2). http://zif.spz.tu-darmstadt.de (18. 5. 2010).
Brinker, Klaus
 1992/1993 *Linguistische Textanalyse. Eine Einführung in Grundbegriffe und Methoden*. Berlin: E. Schmidt.
Brinker, Klaus und Sven F. Sager
 1996 *Linguistische Gesprächsanalyse. Eine Einführung*. Münster: Schmidt.
Brock, Alexander und Martin Hartung (Hg.)
 1998 *Neuere Entwicklungen in der Gesprächsforschung. Vorträge der 3. Arbeitstagung des Pragmatischen Kolloquiums Freiburg*. Tübingen: Narr.
Brown, Penelope und Stephen Levinson
 1987 *Politeness: Some Universals in Language Usage*. Cambridge: Cambridge University Press.
Bührig, Kristin
 1996 *Reformulierende Handlungen. Zur Analyse sprachlicher Adaptierungsprozesse in institutioneller Kommunikation*. Tübingen: Narr.
Bührig, Kristin und Jan D. ten Thije
 2005 Diskurspragmatische Beschreibung. In: Ulrich Ammon, Norbert Dittmar, Klaus J. Mattheier und Peter Trudgill (Hg.), *Soziolinguistik. Sociolinguistics. Ein internationales Handbuch zeitgenössischer Forschung. An international handbook of contemporary research*, 1225−1250. Bd. 2. (Handbücher zur Sprach- und Kommunikationswissenschaft 3.1−3). 2. Aufl. Berlin/New York: de Gruyter.
Daneš, Frantisek
 1970 Zur linguistischen Analyse der Textstruktur. *Folia Linguistica* 4: 72−78 (wieder in: Hoffmann, Ludger [Hg.] 1996 *Sprachwissenschaft*, 591−598. Berlin: de Gruyter).

Deppermann, Arnulf
  1999   *Gespräche analysieren. Eine Einführung in konversationsanalytische Methoden.* Opladen: Leske und Budrich.
Ehlich, Konrad
  1983   Text und sprachliches Handeln. Die Entstehung von Texten aus dem Bedürfnis nach Überlieferung. In: Jan Assmann und Aleida Assmann (Hg.), *Schrift und Gedächtnis. Beiträge zur Archäologie der literarischen Kommunikation,* 24−43. München: Fink.
Ehlich, Konrad
  1984   Zum Textbegriff. In: Annely Rothkegel und Barbara Sandig (Hg.), *Text − Textsorten − Semantik, Linguistische Modelle und maschinelle Verfahren,* 9−25. Hamburg: Buske.
Ehlich, Konrad
  1992   Kommunikationsbrüche − Vom Nachteil und Nutzen des Sprachkontakts. *Zweitsprache Deutsch* 23(2): 64−74.
Ehlich, Konrad und Jochen Rehbein
  1979   Sprachliche Handlungsmuster. In: Hans-Georg Soeffner (Hg.), *Interpretative Verfahren in der Sozial- und Textwissenschaft.* Stuttgart: Metzler.
Ehlich, Konrad und Jochen Rehbein
  1986   *Muster und Institution. Untersuchungen zur schulischen Kommunikation.* Tübingen: Narr.
Elstermann, Mechthild
  1987   *Vagheit und Vagheitsreduzierung. Untersuchungen zu einem grundlegenden Ordnungsprinzip der sprachlichen Kommunikation.* Berlin: Akademie.
Erickson, Frederick und Jeffrey Shultz
  1982   *The Counselor as Gatekeeper. Social Interaction in Interviews.* New York: Academic Press.
Fishman, Joshua A.
  1972   Domains and the relationship between micro- and macro-sociolinguistics. In: John J. Gumperz und Dell Hymes (Hg.), 435−454.
Frei, Henri
  1976   Il y a répétition et répétition. *Lingua* 39: 1−25.
Gaskill, William H.
  1980   Correction in Native Speaker-Non-Native Conversation. In: Diane Larsen-Freeman (Hg.), *Discourse Analysis in Second Language Research,* 125−137. Rowley: Newsbury House.
Goffman, Erving
  1967   *Interaction Ritual. Essays on Face-to-face Behavior.* Garden City, NY: Doubleday Anchor Books.
Gülich, Elisabeth und Thomas Kotschi
  1987   Reformulierungshandlungen als Mittel zur Textkonstitution. Untersuchungen zu französischen Textsorten mündlicher Kommunikation. In: Werner Motsch (Hg.), *Satz, Text, sprachliche Handlung,* 199−262. Berlin: Akademie.
Gülich, Elisabeth und Thomas Kotschi
  1995   Discourse Production in Oral Communication. A Study Based on French. In: Uta M. Quasthoff (Hg.), *Aspects of Oral Communication,* 30−66. Berlin/New York: de Gruyter.
Gumperz, John J. und Dell Hymes (Hg.)
  1972   *Directions in Sociolinguistics.* New York: Holt, Rinehart and Winston.
Günthner, Susanne
  1995   Gattungen in der sozialen Praxis. Die Analyse ‚kommunikativer Gattungen‘ als Textsorten mündlicher Kommunikation. *Deutsche Sprache* 23: 193−218.
Günthner, Susanne
  1996   Zwischen Scherz und Schmerz − Frotzelaktivitäten in Alltagsinteraktionen. In: Helga Kotthoff (Hg.), 81−108.
Hartung, Martin
  1998   *Ironie in der Alltagssprache: eine gesprächsanalytische Untersuchung.* Opladen: Westdeutscher Verlag.

Hausendorf, Heiko
  2000   *Zugehörigkeit durch Sprache: eine linguistische Studie am Beispiel der deutschen Wiederver-
          einigung*. Tübingen: Niemeyer.
Hoffmann, Ludger
  1997   Zur Grammatik von Text und Diskurs. In: Gisela Zifonun, Ludger Hoffmann und Bruno
          Strecker (Hg.), *Grammatik der deutschen Sprache*, 98−595. Bd 1. Berlin/New York: de
          Gruyter.
Hoffmann, Ludger
  2000   Thematische und pragmatische Aspekte. In: Klaus Brinker, Gernd Antos, Wolfgang Hei-
          nemann und Sven F. Sager (Hg.), *Text- und Gesprächslinguistik*, 344−356. Bd. 1. Berlin/
          New York: de Gruyter.
Hymes, Dell
  1973   Die Ethnographie des Sprechens. In: Arbeitsgruppe Bielefelder Soziologen (Hg.), *Alltags-
          wissen, Interaktion und gesellschaftliche Wirklichkeit. Band 2: Ethnotheorie und Ethnogra-
          phie des Sprechens*, 338−432. Reinbek bei Hamburg: Rowohlt.
Jäger, Karl-Heinz
  1976   Zur Beendigung von Dialogen. In: Franz-Josef Berens, Karl-Heinz Jäger, Gerd Schank
          und Johannes Schwitalla (Hg.), *Projekt Dialogstrukturen*, 181−199. München: Hueber.
Jefferson, Gail
  1974   Error Correction as an Interactional Resource. *Language in Society* 2: 181−199.
Kallmeyer, Werner
  1979   „(Expressif) Eh bien, dis donc, hein, pas bien": zur Beschreibung von Exaltation als
          Interaktionsmodalität. In: Rolf Kloepfer (Hg.), *Bildung und Ausbildung in der Romania*,
          549−568. Bd. 1. München: Fink.
Kallmeyer, Werner und Inken Keim
  1986   Formulierungsweise, Kontextualisierung und soziale Identität. Dargestellt am Beispiel
          von formelhaftem Sprechen. *Zeitschrift für Literaturwissenschaft und Linguistik* 16: 98−
          126.
Kameyama, Shinchi
  1999   Wiederholen. In: Kristin Bührig und Yaron Matras (Hg.), *Sprachtheorie und sprachliches
          Handeln*, 265−279. Tübingen: Narr.
Kameyama, Shinichi
  2004   *Verständnissicherndes Handeln. Zur reparativen Bearbeitung von Rezeptionsdefiziten in
          deutschen und japanischen Diskursen*. Münster: Waxmann.
Kotthoff, Helga
  1994   Zur Rolle der Konversationsanalyse in der interkulturellen Kommunikationsforschung.
          Gesprächsbedingungen im Schnittfeld von Mikro und Makro. *Zeitschrift für Literatur-
          wissenschaft und Linguistik* 24: 75−96.
Kotthoff, Helga (Hg.)
  1996   *Scherzkommunikation: Beiträge aus der empirischen Gesprächsforschung*. Opladen: West-
          deutscher Verlag.
Luckmann, Thomas
  1986   Grundformen der Vermittlung von Wissen. Kommunikative Gattungen. *Kölner Zeit-
          schrift für Soziologie und Sozialpsychologie*. Sonderheft 27: 191−211.
Meer, Dorothee und Carmen Spiegel (Hg.)
  2009   *Gesprächsanalytisch fundierte Fortbildungskonzepte*. Radolfzell: Verlag für Gesprächsfor-
          schung. http://www.verlag-gespraechsforschung.de (18. 5. 2010).
Nitsche, Ulla
  1987   Untersuchungen zum Kommunikationstyp der Verständnissicherung bei Erwachsenen
          und Kindern. *Linguistische Studien* 158: 126−163.
Ochs, Elinor, Emanuel A. Schegloff und Sandra A. Thompson (Hg.)
  1996   *Interaction and Grammar*. Cambridge: Cambridge University Press.

Ochs-Keenan, Elinor und Bambi B. Schieffelin
  1976   Topic as a Discourse Notion: A Study of Topic in the Conversations of Children and
          Adults. In: Charles N. Li (Hg.), *Subject and Topic*, 335−384. New York: Academic Press.
Rath, Rainer
  1975   Kommunikative Paraphrasen. *Linguistik und Didaktik* 22: 103−118.
Rehbein, Jochen
  1980   Sequentielles Erzählen − Erzählstrukturen von Immigranten bei Sozialberatungen in
          England. In: Konrad Ehlich (Hg.), *Erzählen im Alltag*, 64−109. Frankfurt a. M.: Suhr-
          kamp.
Rehbein, Jochen
  1984a   Beschreiben, Berichten und Erzählen. In: Konrad Ehlich (Hg.), *Erzählen in der Schule*,
          67−127. Tübingen: Narr.
Rehbein, Jochen
  1984b   Reparative Handlungsmuster und ihre Verwendung im Fremdsprachenunterricht. RO-
          LIG PAPER 30/84. Roskilde: Universitets Center.
Rehbein, Jochen
  1989   Biographiefragmente. Nichterzählende rekonstruktive Diskursformen in der Hochschul-
          kommunikation. In: Rainer Kokemohr und Winfried Marotzki (Hg.), *Studentenbiogra-
          phien I*, 163−255. Frankfurt a. M.: Lang.
Rehbein, Jochen
  1996   „Sie?". In: Dietlinde Gipser, Iman Schalabi und Ellen Tichy (Hg.), *Das nahe Fremde und
          das entfremdete Eigene im Dialog zwischen den Kulturen. Festschrift für Nabil Kassem*,
          235−256. Hamburg, Kairo: Edition Zebra.
Rehbein, Jochen, Jutta Fienemann, Sören Ohlhus und Christine Oldörp
  2001   Nonverbale Kommunikation im Videotranskript. Zu nonverbalen Aspekten höflichen
          Handelns in interkulturellen Konstellationen und ihre Darstellung in computergestützten
          Videotranskriptionen. In: Dieter Möhn, Dieter Roß und Marita Tjarks-Sobhani (Hg.),
          Mediensprache und Medienlinguistik, 167−198. Frankfurt a. M.: Lang.
Sacks, Harvey
  1972   On the Analyzability of Stories by Children. In: John J. Gumperz und Dell Hymes (Hg.),
          325−345.
Sacks, Harvey
  1973   *Lectures on Conversation*. Hg. von Gail Jefferson. 2 Bd. Oxford: Blackwell.
Sacks, Harvey, Emanuel A. Schegloff und Gail Jefferson
  1974   A Simplest Systematics for the Organization of Turn Taking for Conversation. *Language*
          50: 696−735.
Schank, Gerd
  1981   *Untersuchungen zum Ablauf natürlicher Dialoge*. München: Hueber.
Schegloff, Emanuel A.
  1968   Sequencing in conversational openings. *American Anthropologist* 70: 1075−1095.
Schegloff, Emanuel A.
  1979   The relevance of repair to syntax-for-conversation. In: Talmy Givón (Hg.), *Syntax and
          Semantics. Volume 12: Discourse and Syntax*, 261−286. New York: Academic Press.
Schegloff, Emanuel A. und Harvey Sacks
  1973   Opening up closings. *Semiotica* 8: 289−327.
Schegloff, Emanuel A., Gail Jefferson und Harvey Sacks
  1977   The preference for self-correction in the organisation of repair in conversation. *Language*
          53(2): 361−82.
Schenkein, Jim
  1980   A Taxonomy of Repeating Action Sequences in Natural Conversation. In: Brian Butter-
          worth (Hg.), *Language Production*, 21−47. London: Academic Press.

Schütz, Alfred
  1932/1981 *Der sinnhafte Aufbau der sozialen Welt. Eine Einleitung in die verstehende Soziologie.*
       2. Aufl. Frankfurt a. M.: Suhrkamp.
Selting, Margret
  1987   Reparaturen und lokale Verständigungsprobleme oder: Zur Binnenstruktur von Repara-
       tursequenzen. *Linguistische Berichte* 108: 128−149.
Spiegel, Carmen
  1995   *Streit. Eine linguistische Untersuchung verbaler Interaktionen in alltäglichen Zusammen-
       hängen.* Tübingen: Narr.
Streeck, Sabine
  1989   *Die Fokussierung in Kurzzeittherapien.* Opladen: Westdeutscher Verlag.
Tannen, Deborah
  1989   *Talking voices. Repetition, dialogue, and imagery in conversational discourse.* Cambridge:
       Cambridge University Press.
Uhmann, Susanne
  1997   Selbstreparaturen in Alltagsdialogen. Ein Fall für eine integrative Konversationstheorie.
       In: Peter Schlobinski (Hg.), *Studien zur Syntax des gesprochenen Deutsch*, 157−180. Opla-
       den: Westdeutscher Verlag.
Wahmhoff, Sybille
  1981   Die Funktion der Paraphrase in psychotherapeutischen Beratungen. *Deutsche Sprache* 2:
       97−118.
Watts, Richard, Sachiko Ide und Konrad Ehlich (Hg.)
  1992   *Politeness in Language.* Berlin/New York: de Gruyter.
Wenzel, Angelika
  1981   Funktionen kommunikativer Paraphrasen. In: Peter Schröder und Hugo Steger (Hg.),
       Dialogforschung. Jahrbuch 1980 des IDS, 385−401. Düsseldorf: Schwann.
Werlen, Iwar
  1982   Ich fasse zusammen − Zur Funktion und Struktur von Resümees in dialogischer Kom-
       munikation. *Grazer Linguistische Studien* 17/18: 288−316.
Wodak, Ruth, Rudolf de Cillia, Martin Reisigl, Karin Liebhart, Klaus Hofstätter und Maria Kargl
  1998   *Zur diskursiven Konstruktion nationaler Identität.* Frankfurt a. M.: Suhrkamp.
Wokusch, Susanne
  2005   Kommunikation im Fremdsprachenunterricht: „Mission Impossible"? In: Christa Heil-
       mann (Hg.), *Kommunikationskulturen intra- und interkulturell*, 293−300. St. Ingbert: Röh-
       rig.
Zimmermann, Klaus
  1992   *Sprachkontakt, ethnische Identität und Identitätsbeschädigung. Aspekte der Assimilation
       der Otomí-Indianer an die hispanophone mexikanische Kultur.* Frankfurt a. M.: Vervuert.

Kristin Bührig, Hamburg (Deutschland)

27. Textlinguistik

1. Einleitung

Der Bereich der Textlinguistik ist zwar noch relativ jung, kann aber bereits auf eine sehr intensive Forschung zurückblicken und zeigt mittlerweile eine höchst vielfältige Auffächerung. Die Vielzahl an Publikationen der jüngeren Zeit belegt dies: zu nennen sind hier etwa als Einführungen Brinker (^{6}2005), Vater (^{3}2001), Heinemann und Heinemann (2002), Fix, Poethe und Yos (2003), Adamzik (2004), Gansel und Jürgens (^{3}2009), Janich (2008), Hausendorf und Kesselheim (2008). Auch die Fragestellungen und Ansätze der Textlinguistik sind dementsprechend breit gefächert; sie reichen von den schon früh verfolgten Diskussionen über die Bestimmung von Text und Textualität, die Beschreibung der Konstitution von Texten auf verschiedenen (etwa grammatischen, semantischen) Ebenen und die Versuche der Klassifikation von Textsorten über stärker handlungsbezogene Ansätze, die Aspekte des Handelns mit Texten, also Textproduktion und Textrezeption, in den Blick nehmen (einen Überblick dazu findet man bei Janich 2008 und Fix 2009) sowie Ansätze, die die Intertextualität, also die Verbindungen zwischen Texten, untersuchen, bis hin zu Ansätzen, die textlinguistische Methoden und Fragestellungen in andere Forschungsbereiche übernehmen (wie etwa in Medienwissenschaften oder Bildwissenschaften) oder in Richtung einer übergreifenden Diskurslinguistik ausweiten. Der hier vorgestellte Überblick wählt aus diesen breit gefächerten Ansätzen diejenigen aus, die sich eher mit der Konstitution und Gestalt von Texten beschäftigen und stärker an den sprachlichen Mitteln orientiert sind. Diese „Rehabilitierung der sprachlichen Oberfläche" (Antos nach Fix 2009: 14), die in den letzten Jahren wieder verstärkt in den Blick der Textlinguistik genommen wird (stellvertretend hierfür Hausendorf und Kesselheim 2008) bietet besonders viel Potential für den Bereich DaF/DaZ. Eine systematische und umfassende pädagogische Textgrammatik steht allerdings noch aus (Überlegungen und Vorschläge dazu bei Portmann-Tselikas 2000, Willkop 2003a, Thurmair und Willkop 2003 sowie in den Beiträgen in Thurmair und Willkop 2002, Scherner und Ziegler 2006 oder Spiegel und Voigt 2006).

Zur Frage der Klassifikation von Texten in Textsorten, die ein weiteres wesentliches Forschungsinteresse der Textlinguistik darstellt, siehe ausführlich Art. 28; zur stärker handlungs- bzw. prozessbezogenen Ausrichtung der Textlinguistik, die sich − basierend auf einem dynamischen Textbegriff − mit der Produktion und Rezeption von Texten befasst, d. h. Schreibforschung und Leseforschung, siehe Art. 108 und 110.

2. Text, Textualität und die Beschreibungsdimensionen

Eine Definition von *Text* ist naturgemäß schwierig und wurde vor allem in den frühen textlinguistischen Ansätzen intensiv diskutiert. Hier lassen sich Definitionen von Text finden, die eher formal/transphrastisch orientiert sind (und vor allem textinterne Kriterien berücksichtigen) über stärker kommunikationsbezogene Definitionen bis zu stark handlungsorientierten Bestimmungen (zu unterschiedlichen Textbegriffen vgl. die Beiträge in Fix et al. 2002). Ein wesentlicher Diskussionspunkt im Zusammenhang mit der Bestimmung von Texten ist immer noch die Frage der Schriftlichkeit bzw. Mündlichkeit. Nachdem in den Anfängen auch mündliche, dialogische Vorkommen als Texte gefasst wurden (Weinrich 2003; Brinker 2005: 19−20), wird in den meisten Ansätzen heute zwischen Texten und Diskursen (oder Gesprächen, vgl. Brinker et al. 2000) unterschieden, wobei dieser Unterschied nicht an der Medialität an sich festgemacht wird, sondern an der konzeptionellen Schriftlichkeit/Mündlichkeit oder noch schärfer im Sinne von Ehlich (1984) gefasst wird, wonach Texte − unabhängig von der medialen Realisationsform − durch eine „zerdehnte Sprechsituation" (keine Kopräsenz von Sprecher und Hörer) gekennzeichnet sind (so etwa Hoffmann 1997: 249; vgl. dazu auch Art. 26). Allerdings gibt es hier breite Übergangsbereiche. Alles in allem scheint der Vorschlag von Adamzik (2004: 47−48) plausibel, die (mit Verweis auf Sandig 2000) Text als ein protoypisches Konzept bezeichnet, so dass es weniger darum geht zu entscheiden, ob etwas zur Kategorie Text gehört oder nicht, sondern eher darum, ob (und inwiefern) etwas ein typischer Text, ein guter Vertreter der Kategorie ist.

Eng in Verbindung mit Diskussionen zur Charakterisierung von Texten stehen Ansätze, die versuchen, die Textualität (Texthaftigkeit) zu fassen. Grundlegend zur Bestimmung von Textualität (aber letztlich auch zur Beschreibung von Texten) sind die sieben von Beaugrande und Dressler (1981) entworfenen Textualitätskriterien: 1. Kohäsion (die Verbindung der Textelemente an der Oberfläche), 2. Kohärenz (der semantisch-kognitive Textzusammenhang), 3. Intentionalität (die Absicht des Textproduzenten), 4. Akzeptabilität (von Seiten des Rezipienten), 5. Informativität (Neuigkeit und Unerwartetheit des Textes), 6. Situationalität (Situationsadäquatheit) und 7. Intertextualität (Verbindung zu anderen Texten). Zur Kritik an einigen der Textualitätskriterien, etwa Akzeptabilität oder Intentionalität, die nicht textspezifisch sind, sondern für jede Art von Kommunikation gelten, vgl. u. a. Vater (1992: 31−66) oder grundlegend Adamzik (2004: 50−53). Eine Gewichtung der Kriterien, dergemäß Kohärenz eine *conditio sine qua non* ist, aus der sich die anderen ableiten lassen, scheint plausibel zu sein. Brinker (2005: 18) wiederum weist zu Recht darauf hin, dass die beiden Begriffe Kohäsion und Kohärenz nicht trennscharf sind, weswegen er ein umfassendes Kohärenzkonzept zugrundelegt, das in verschiedene Arten (formale Kohärenz etc.) aufgefächert wird (ähnlich Adamzik 2004: 58). Grundsätzlich schlägt Adamzik (2004: 53) vor, die Textualitätskriterien „nicht als (in mehr oder weniger großem Ausmaß) notwendig vorhandene Eigenschaften von Texten" zu behandeln, „sondern lediglich als Beschreibungsdimensionen für wesentliche Eigenschaften von (prototypischen) Texten"; als solche führt sie (2004: 58) die sprachliche Gestalt, das Thema/den Inhalt, die Funktion und den situativen Kontext an. In anderen textlinguistischen Ansätzen werden ähnliche Beschreibungsdimensionen genannt: bei Brinker (2000) drei Ebenen der Textbeschreibung (die kommunikativ-pragmatische, thematische und grammatische Ebene), bei Heinemann (2000a) vier Ebenen, die formalgrammatische, inhaltlich-thematische, situative und die funktionale Ebene. Bei Sandig (2006: 311) findet sich in anderer Gewichtung die Textfunktion als zentrales Merkmal, zu dem Kohäsion, Kohärenz, Thema, Unikalität, Situationalität und Materialität hinzukommen. Eine Ergänzung der Textualitätskriterien bzw. Beschreibungsdimensionen schlägt auch Fix (2009) vor, die zusätzlich Kulturalität, Gestaltqualität/Textstil, Kodalität, Medialität, Materialität und Lokalität von Texten in die Analyse einbezieht. Die meisten der genannten Dimensionen müssen allerdings nicht zusätzlich angenommen werden, sondern können auch auf einer entsprechend differenzierten kommunikativen Ebene berücksichtigt werden (s. Fandrych und Thurmair i. Vorb.). Im Folgenden werden exemplarisch Erkenntnisse zu grammatischen, thematischen und semantischen Eigenschaften von Texten vorgestellt; andere Beschreibungsdimensionen, nämlich insbesondere die Kommunikationssituation mit ihren verschiedenen Parametern und die Textfunktion, werden in Art. 28 ausführlicher behandelt.

3. Zu grammatischen Eigenschaften von Texten

Als wichtigste textkonstitutive Prinzipien und grundsätzliche Verfahren zur Herstellung von Kohäsion im Text gelten die *Rekurrenz* und die *Konnexion* (Brinker 1996: 1516–1517). Rekurrenz kann (nach Linke und Nussbaumer 2000: 305) ganz generell verstanden werden als Phänomen der Wiederholung, aber auch des Rückverweisens bzw. des Ersetzens; Rekurrenz findet sich als allgemeines Prinzip auf den verschiedensten sprachlichen Ebenen (inhaltsseitig und/oder ausdrucksseitig, etwa Rekurrenz von Wortmaterial, von syntaktischen Mustern, von semantischen Merkmalen, von grammatischen Kategorien etc.). Brinker (2000: 168), der hier auch von Wiederaufnahme spricht, weist darauf hin, dass die Wiederaufnahmestruktur als Trägerstruktur für die thematischen Zusammenhänge des Textes fungiert, was die enge Verflechtung von Kohäsions- und Kohärenzphänomenen deutlich macht.

Ein spezifischerer Fall von Rekurrenz ist das Verweisen im Text, die *Textphorik*, als eines der wichtigsten Kohäsionsmittel. Entsprechend der Verweisrichtung unterscheidet man Rückverweis (Anaphorik) und Vorverweis (Kataphorik). Anaphern verweisen auf ein zuvor schon erwähntes oder durch Situation/Weltwissen bekanntes Element; Kataphern kündigen textuelle Nachinformation an (Weinrich 2003: 21). Die sprachlichen Mittel für Textverweise sind äußerst vielfältig: ausschließlich der Verweisung im Text dienen insbesondere die Pronomina und die Artikel. Die meisten Pronomina können sowohl anaphorisch als auch kataphorisch verwendet werden. Besonders häufig sind die Personalpronomina der 3. Person (bei Hoffmann 1997 „Anapher"), von denen die Formen *er/sie/es* der reinen phorischen Verweisung gelten, während *der/die/das* rhematisieren (nach Weinrich 2003: 373–386, der hier von thematischer vs. rhematischer Pronominalisierung spricht). Pronomina sind mit ihrem Bezugsausdruck kongruent, sie können aber auch (insbesondere etwa das neutrale *das*) auf umfangreichere Textstücke verweisen. Andere Proformen sind etwa bestimmte Adverbien (Pronominaladverbien wie *darüber*, Konjunktionaladverbien wie *deshalb*, *trotzdem*, allgemeine Proadverbien wie *da* und *so*), seltener Proverben (wie *machen*, *tun*) oder Pro-Adjektive (wie *solch*).

Auch Artikel haben verweisende Funktion: der bestimmte Artikel (*der/die/das*) ist anaphorisch, insofern er auf schon bekannte Information verweist – dabei kann diese aus dem Kontext, der Situation oder dem Weltwissen bekannt sein (wie dies etwa für Unikate gilt). Der unbestimmte Artikel lässt sich textlinguistisch als kataphorischer Artikel beschreiben, womit auf (mögliche) Nachinformation verwiesen wird (dazu ausführlich Weinrich 2003: 406–426; zur Didaktisierung vgl. Thurmair und Willkop 2003). Andere Artikel, wie etwa der Possessivartikel oder der Demonstrativartikel, dienen in spezifischer Weise dem Verweis. Im Zusammenhang unter anderem mit der Verwendung des Demonstrativartikels und -pronomens im Text wird sehr häufig (vgl. etwa Hoffmann 1997: 353–358, 344 mit Verweis auf Ehlich) von *Textdeixis* (im Unterschied zur Textphorik) gesprochen. Wichtig ist in diesem Zusammenhang die unterschiedliche Leistung: Anaphern (wie *er*) behalten die thematische Orientierung bei (bei Weinrich thematische Pronominalisierung), Formen wie *der* oder *dieser* (bei Hoffmann 1997: 555 als Deiktika bezeichnet) dienen der Re-Orientierung, sie re-rhematisieren (nach Weinrich rhematische Pronominalisierung für pronominales *der*/*die*/*das*) bzw. rekodieren (nach Weinrich für *dieser*), d. h. fokussieren neu.

Durch die Verwendung verschiedener pronominaler und nominaler Mittel können sogenannte Referenzketten, d. h. rekurrente sprachliche Einheiten mit gleicher Referenz, konturiert werden; z. B. *eine Frau – die Blondine – die Frau – sie – ihr – sie – diese blonde Frau – sie – die* usw. Solche Referenzketten sind nicht nur zentral für die Kohäsion eines Textes, sondern auch für die Kohärenz und die thematische Struktur. Die Verwendung der verschiedenen pronominalen Formen, der verschiedenen Artikel und die Renominalisierung unterliegen ganz spezifischen textuellen Bedingungen. Die Gestaltung von Referenzketten ist textsortenspezifisch (Thurmair 2003) und kontrastiv unterschiedlich (Willkop 2003a mit Verweis auf Hufeisen 2000).

Der Kohäsion dienen in diesem Zusammenhang auch andere Verfahren, etwa die „implizite Wiederaufnahme" (nach Brinker 2005: 35–37), bei der keine Referenzidentität zwischen den beteiligten Ausdrücken vorliegt, sondern andere semantische Beziehungen bestehen; etwa: *ein Schiff – das Segel* (Teil-Ganzes-Beziehung), *ein Restaurant – der Kellner* (Beziehung über gemeinsames Schemawissen) und anderes (vgl. dazu ausführlich Schwarz 2000, die von indirekten Anaphern spricht).

Ein weiterer zentraler Aspekt im Rahmen textlinguistischer Analysen ist die Herstellung von Textkohäsion durch verschiedene *Konnektoren* (vgl. das o. a. Konnexionsprinzip): damit werden Einheiten in einem Text nicht nur verknüpft, sondern es wird auch die semantische Beziehung zwischen den Einheiten (etwa Ursache/Folge, zeitliches Nacheinander etc.) angezeigt. Das Inventar der Konnektoren ist äußerst vielgestaltig, sie lassen sich z. B. formal unterteilen in Subjunktionen, Konjunktionen, Konjunktionaladverbien usw. Aus textlinguistischer Sicht interessanter ist eine Unterteilung nach semantischen Kriterien; hier wird bei Fritz (2005: 1076–1114) und daran anknüpfend bei Hausendorf und Kesselheim (2008) unterschieden zwischen kopulativen, temporalen, konditionalen, diversen kausalen, spezifizierenden und vergleichenden Konnektoren. Daneben sind auch im weitesten Sinne metakommunikative Konnektoren zu nennen, die textstrukturierend bzw. -gliedernd wirken können. Für die Entwicklung einer produktiven wie rezeptiven Textkompetenz ist das Feld der Konnektoren in seiner Differenziertheit grundlegend.

Einen weiteren im Hinblick auf seine textuellen Leistungen gut untersuchten Bereich, der nicht immer der Textgrammatik zugeordnet wird, stellt das Tempus dar: viele Untersuchungen (vgl. etwa Weinrich 2003: 183–239; Willkop 2003b; Marschall 1995) zeigen die textuellen Leistungen der Tempora: so kann etwa die Verwendung des Perfekts in Erzähltexten eine Erzählebene markieren, es kann der Textstrukturierung dienen, indem es texteinleitend und -ausleitend und binnengliedernd wirkt. Willkop (2003) hat die Relevanz dieser textlinguistischen Ansätze für die DaF-Didaktik deutlich gemacht.

Als ein weiteres textbildendes Mittel gelten Ellipsen; sie werden meist als Reduktionen bezeichnet (und insbesondere in der Forschung zur gesprochenen Sprache kontrovers diskutiert, da dem Konzept der Reduktion bzw. Ergänzbarkeit ein − oft als problematisch angesehener − Vollständigkeitsbegriff zugrundeliegt). Ellipsen (zu einer genaueren Unterscheidung s. etwa Hoffmann 1997: 409−442) sind kohäsions- und kohärenzstiftend, da die Aussparungen durch den unmittelbaren Kontext ergänzt werden müssen, sie lassen sich durch das Textualitätskriterium der Informativität erklären.

Schließlich sei auch noch auf verschiedene textstrukturelle Merkmale hingewiesen: gemeint sind damit Aspekte, die Texte als solche abgrenzen: das kann materieller (oder visueller) Art sein, sprachlich-typographisch, durch bestimmte Eröffnungs- und Beendigungshinweise u. a. (siehe genauer Hausendorf und Kesselheim 2008: 41−50). Eine wesentliche Rolle spielen weiterhin textuelle Gliederungsmerkmale, die innerhalb von Texten Strukturierungshilfen geben, zu nennen sind hier etwa Überschriften verschiedenen Grades, Absätze u. ä. Da diese Gliederungsmerkmale inhaltlich gesehen wichtige Hinweise auf die thematische Struktur eines Textes beinhalten und somit der Orientierung des Lesers dienen, ist ihre Analyse und ihre Vermittlung im FSU gerade im Hinblick auf Textrezeptionsstrategien ausgesprochen wichtig. Auch hier zeigt sich, dass die formalen und die thematischen Merkmale einander bedingen, so dass auch die strikte Trennung in Mittel der Kohäsion und der Kohärenz nicht immer möglich und sinnvoll erscheint.

Die hier vorgestellten sprachlichen Mittel, insbesondere die textverweisenden Mittel, sind diejenigen, denen allgemein spezifische textuelle Leistungen zugeschrieben werden; grundsätzlich kann ein textgrammatischer Ansatz auch versuchen, alle sprachlichen Phänomene vom Text her zu erklären (wie dies etwa Weinrich 2003 vorführt). Für die Sprachdidaktik lässt sich in diesem Zusammenhang feststellen, dass eine textgrammatische Herangehensweise nicht nur bei den klassischen textuellen Phänomenen wie Pronomina oder Konnektoren ergiebig ist, oder auch bei Phänomenen, die an der Oberfläche nicht satzübergreifend sind, aber deren genauere Spezifik nur satzübergreifend erklärt werden kann (etwa Artikel, Topologie); auch bei vielen anderen grammatischen Phänomenen (z. B. Tempus, Passiv, Kongruenz) kann die Funktion und Spezifik mit Bezug auf das Textuelle adäquater erklärt und vermittelt werden und auch bestimmte Wortschatzerscheinungen (Wortfelder oder Isotopien, s. u.) und Wortbildungsphänomene lassen sich oft mit Bezug auf Texteigenschaften besser verstehen.

4. Zu thematischen und semantischen Eigenschaften von Texten

Ein wichtiger Ansatzpunkt im Zusammenhang mit textuellen Eigenschaften ist die Frage der Informationsverteilung in Texten, die *Informationsstruktur*. Hierfür wird auch in neueren Ansätzen häufig auf die Begriffe Thema und Rhema zurückgegriffen, die im Zusammenhang mit der Funktionalen Satzperspektive in der Prager Schule etabliert wurden. Unter *Thema* wird das Gesetzte, oft das Bekannte oder Vorerwähnte, das, worüber etwas mitgeteilt wird, verstanden, unter *Rhema* dagegen das Neue, Nicht-Vorerwähnte, das, was über das Thema mitgeteilt wird. Formale Kennzeichen für Thematizität und Rhematizität sind Wortstellung, Intonation, bestimmte lexikalische Ausdrücke etc. (s. z. B. Fritz 2005: 1130−1144). Die Begriffe Thema und Rhema wurden zunächst satzorientiert bestimmt, dann aber vernünftigerweise auf die textuelle Ebene übertragen. In sehr vielen Ansätzen wird heute allerdings differenziert zwischen Thema und Rhema einerseits und

Fokus und Hintergrund als Form der kommunikativen Gewichtung andererseits (die ersten beiden Begriffe werden oft auch durch Topik und Kommentar ersetzt).

Im Zusammenhang mit der Thema-Rhema-Gliederung wird häufig (Brinker 2005: 48; Fritz 2005: 1139−1141) auf die schon von Daneš entwickelten fünf Formen der thematischen Progression zurückgegriffen (s. Eroms 1991): Die einfache lineare Progression, bei der das Rhema des ersten Satzes zum Thema des zweiten Satzes wird, usw.; die Progression mit durchlaufendem Thema, d. h. einem konstanten Thema werden neue Rhemata zugeordnet; die Progression mit abgeleitetem Thema; die Progression mit gespaltenem Rhema und die Progression mit thematischem Sprung. Im FSU kann die Thema-Rhema-Gliederung verstärkt zur Erklärung von Stellungsphänomenen herangezogen werden; die Darstellungen verschiedener thematischer Progressionen sind im Fremdsprachenunterricht nicht nur zur Analyse von Texten und verschiedenen Textsorten und damit auch im Zusammenhang mit Rezeptionsstrategien von Nutzen, auch als Produktionsmodelle können sie eingesetzt werden.

Andere Ansätze befassen sich mit etwas anderer Fokussierung mit der *thematischen Gestaltung* von Texten, ein auch im Zusammenhang mit Sprachvermittlung und Spracherwerb relevanter Komplex. Dabei werden insbesondere die sprachlichen Mittel beschrieben, die in verschiedener Weise Bezug auf das Thema/die Themen eines Textes nehmen (sog. Themahinweise, nach Hausendorf und Kesselheim 2008: 103−138): So können bestimmte sprachliche Mittel der Themeneinführung dienen (Überschriften und Titel, metakommunikative Hinweise wie *im Folgenden geht es um ...*, Mittel der Fokussierung wie Fragen, Fokusadverbien, Wortstellung, kataphorischer Artikel, *es ...*). Bestimmte sprachliche Mittel dienen dazu, anzuzeigen, dass ein Thema beibehalten wird (Pronominalisierungen, Referenzketten s. o.); andere können anzeigen, dass sich ein Thema entwickelt (zu den sprachlichen Formen des Thematisierens, der Themafortführung und der Themenentwicklung s. ausführlich Hoffmann 1997: 513−591).

Spezifisch mit der Themenentwicklung im Hinblick auf die Textstruktur wurden verschiedene Prinzipien der Themenentfaltung bzw. Vertextungsstrategien entworfen. Brinker (2005: 60) versteht unter der thematischen Entfaltung die „gedankliche Ausführung" des Themas, wobei die Wahl eines bestimmten Typs der thematischen Entfaltung pragmatisch bedingt ist, d. h. von Kommunikationssituation und Adressaten, aber auch von der Intention des Textproduzenten abhängt. Letztlich wird das Vertextungsmuster / die Themenentfaltung durch die Textsorte bestimmt. Als Vertextungsmuster werden häufig angenommen die Deskription (sachbetonte Darstellung von Objekten u. ä.), Narration (zeitlich geordnete Abfolge von Handlungen), Explikation (Erläuterung, i. A. zum Wissenstransfer) und Argumentation (Begründung von Behauptungen u. ä., vgl. Brinker 2005: 63−80 sowie Gülich und Hausendorf 2000; Heinemann 2000b; Jahr 2000 und Eggs 2000).

Neben textlinguistischen Ansätzen, die sich − in der einen oder anderen Perspektive − mit der thematischen Struktur und Ausgestaltung von Texten befassen, lassen sich auch Ansätze finden, die stärker semantisch orientiert sind. Ein älteres Konzept liegt vor mit dem auf Greimas zurückgehenden Isotopiekonzept. Isotopie ist im (text)linguistischen Kontext als semantisches Netz zwischen Lexemen zu verstehen; Isotopien kommen dadurch zustande, dass sich bestimmte (denotative oder auch konnotative) Merkmale wiederholen (Sem-Rekurrenz), auf diese Weise entstehen Isotopieebenen (vgl. zu den verschiedenen Typen bereits Kallmeyer et al. 1986, s. auch Heinemann 2000c). Isotopieanalysen können im Fremdsprachenunterricht für das Textverständnis fruchtbar gemacht werden (Willkop 2003a), das gilt für literarische Texte ebenso wie etwa für Sach- und Fachtexte.

Unter den textlinguistischen Ansätzen sind schließlich noch die stärker kognitiv orientierten Herangehensweisen zu nennen: hier werden Texte weniger als Produkte gesehen, sondern prozesshaft als Ergebnis oder Ausgangspunkt mentaler Prozesse. Texte basieren in diesem Verständnis auf verschiedenen Wissensbeständen, die Produzent wie Rezipient beim Umgang mit Texten in verschiedenen kognitiven Prozessen aufeinander beziehen (Heinemann und Viehweger 1991: 93−111; Figge 2000). Die verschiedenen Typen von Wissensbeständen umfassen in jedem Fall Sprachwissen, Interaktionswissen und Weltwissen, oft wird spezifischer etwa die sprachliche Seite semantisch mit Konzepten der *Frames* und *Skripts* erklärt, zu nennen ist hier auch so etwas wie Textmusterwissen. Gerade für den FSU sind solche kognitiven Modelle wichtig, da hier ja noch weniger von gemeinsamen Wissensbeständen ausgegangen werden kann und etwa Textmusterwissen erst aufgebaut werden muss.

Was die Umsetzung von textlinguistischen Ansätzen für den Bereich DaF/DaZ betrifft, so ist das Potential noch lange nicht ausgeschöpft: eine fundierte umfassende Textdidaktik, die insbesondere zunächst das Verstehen von Texten verschiedener Art ermöglicht, dann zur Ausbildung eines Textmusterwissens und einer Textsortenkompetenz führt und schließlich die Voraussetzung für die Produktion verschiedener Texte darstellt, bleibt ein Desiderat.

5. Literatur in Auswahl

Adamzik, Kirsten
  2004   *Textlinguistik. Eine Einführung.* Tübingen: Niemeyer.
Beaugrande, Robert-Alain de und Wolfgang U. Dressler
  1981   *Einführung in die Textlinguistik.* Tübingen: Niemeyer.
Brinker, Klaus
  2005   *Linguistische Textanalyse. Eine Einführung in Grundbegriffe und Methoden.* 6. Aufl. Berlin: Erich Schmidt.
Brinker, Klaus
  2000   Textstrukturanalyse. In: Klaus Brinker et al. (Hg.), 164−175.
Brinker, Klaus
  1996   Die Konstitution schriftlicher Texte. In: Hartmut Günther und Otto Ludwig (Hg.), *Schrift und Schriftlichkeit,* 1515−1526. (Handbücher zur Sprach- und Kommunikationswissenschaft 10.1−2). Berlin: de Gruyter.
Brinker, Klaus, Gerd Antos, Wolfgang Heinemann und Sven F. Sager (Hg.)
  2000   *Text- und Gesprächslinguistik.* (Handbücher zur Sprach- und Kommunikationswissenschaft 16.1−2). Berlin: de Gruyter.
Eggs, Ekkehard
  2000   Vertextungsmuster Argumentation: Logische Grundlagen. In: Klaus Brinker et al. (Hg.), 397−414.
Ehlich, Konrad
  1984   Zum Textbegriff. In: Annelie Rothkegel und Barbara Sandig (Hg.), *Text − Textsorten − Semantik,* 9−25. Hamburg: Buske.
Eroms, Hans-Werner
  1991   Die funktionale Satzperspektive bei der Textanalyse. In: Klaus Brinker (Hg.), *Aspekte der Textlinguistik,* 55−72. Hildesheim: Olms.

Fandrych, Christian und Maria Thurmair
    i. Vorb. *Textsorten: Linguistische und sprachdidaktische Untersuchungen*. Tübingen: Stauffen-
              burg.
Figge, Udo L.
    2000   Die kognitive Wende in der Textlinguistik. In: Klaus Brinker et al. (Hg.), 96−104.
Fix, Ulla
    2009   Stand und Entwicklungstendenzen der Textlinguistik. *Deutsch als Fremdsprache* 46(1):
              11−19 und 46(2): 74−85.
Fix, Ulla, Kirsten Adamzik, Gerd Antos und Michael Klemm (Hg.)
    2002   *Brauchen wir einen neuen Textbegriff?* Frankfurt a. M.: Lang.
Fix, Ulla, Hannelore Poethe und Gabriele Yos
    2003   *Textlinguistik und Stilistik für Einsteiger*. Ein Lehr- und Arbeitsbuch. 3. durchges. Aufl.
              Frankfurt a. M.: Lang.
Fritz, Thomas
    2005   Der Text. In: *Der Duden. Grammatik der deutschen Gegenwartssprache*, 1067−1174.
              Mannheim: Bibliographisches Institut.
Gansel, Christina und Frank Jürgens
    2009   *Textlinguistik und Textgrammatik*. Eine Einführung. 3. überarb. Aufl. Göttingen: V&R.
Gülich, Elisabeth und Heiko Hausendorf
    2000   Vertextungsmuster Narration. In: Klaus Brinker et al. (Hg.), 369−385.
Hausendorf, Heiko und Wolfgang Kesselheim
    2008   *Textlinguistik fürs Examen*. Göttingen: Vandenhoeck & Ruprecht.
Heinemann, Margot und Wolfgang Heinemann
    2002   *Grundlagen der Textlinguistik. Interaktion − Text − Diskurs*. Tübingen: Niemeyer.
Heinemann, Wolfgang
    2000a   Textsorten. Zur Diskussion um Basisklassen des Kommunizierens. In: Kirsten Adamzik
              (Hg.), *Textsorten. Reflexionen und Analysen*, 9−29. Tübingen: Stauffenburg.
Heinemann, Wolfgang
    2000b   Vertextungsmuster Deskription. In: Klaus Brinker et al. (Hg.), 356−369.
Heinemann, Wolfgang
    2000c   Das Isotopiekonzept. In: Klaus Brinker et al. (Hg.), 54−60.
Heinemann, Wolfgang und Dieter Viehweger
    1991   *Textlinguistik. Eine Einführung*. Tübingen: Niemeyer.
Hoffmann, Ludger
    1997   Zur Grammatik von Text und Diskurs. In: Gisela Zifonun, Ludger Hoffmann und Bruno
              Strecker, *Grammatik der deutschen Sprache*, 93−591. Berlin: de Gruyter.
Hufeisen, Britta
    2000   Fachtextpragmatik: Kanadisch − Deutsch. Studentische Texte an der Universität. In:
              Hans-Jürgen Krumm (Hg.), *Erfahrungen beim Schreiben in der Fremdsprache Deutsch*,
              56−108. Innsbruck: Studien Verlag.
Jahr, Silke
    2000   Vertextungsmuster Explikation. In: Klaus Brinker et al. (Hg.), 385−397.
Janich, Nina
    2008   Intertextualität und Text(sorten)vernetzung. In: Nina Janich (Hg.), *Textlinguistik. 15 Ein-
              führungen*, 177−196. Tübingen: Narr.
Kallmeyer, Werner, Hans-Jürgen Siebert, Klaus Netzer, Reinhard Meyer-Herrmann und Wolfgang
Klein
    1986   *Lektürekolleg zur Textlinguistik*. Bd. 1. 4. Aufl. Königstein/Ts.: Athenäum.
Linke, Angelika und Markus Nussbaumer
    2000   Rekurrenz. In: Klaus Brinker et al. (Hg.), 305−315.
Marschall, Matthias
    1995   *Textfunktionen der deutschen Tempora*. Genf: Slatkine.

Portmann-Tselikas, Paul R.

2000   Der Einfluss der Textlinguistik auf die Fremdsprachendidaktik. In: Klaus Brinker et al. (Hg.), 830−842.

Sandig, Barbara

2006   *Textstilistik des Deutschen*. 2. völlig neu bearb. u. erw. Aufl. Berlin: de Gruyter.

Sandig, Barbara

2000   Text als prototypisches Konzept. In: Martina Mangasser-Wahl (Hg.), *Prototypentheorie in der Linguistik. Anwendungsbeispiele − Methodenreflexion − Perspektiven*, 93−112. Tübingen: Stauffenburg.

Scherner, Maximilian und Arne Ziegler

2006   *Angewandte Textlinguistik: Perspektiven für den Deutsch- und Fremdsprachenunterricht.* Tübingen: Narr.

Schwarz, Monika

2000   *Indirekte Anaphern in Texten*. Tübingen: Niemeyer.

Spiegel, Carmen und Rüdiger Voigt (Hg.)

2006   *Vom Nutzen der Textlinguistik für den Unterricht*. Hohengehren: Schneider.

Thurmair, Maria

2003   Referenzketten im Text: Pronominalisierungen, Nicht-Pronominalisierungen und Renominalisierungen. In: Maria Thurmair und Eva-Maria Willkop (Hg.), 197−219.

Thurmair, Maria und Eva-Maria Willkop (Hg.)

2003   *Am Anfang war der Text. 10 Jahre „Textgrammatik der deutschen Sprache"*. München: iudicium.

Thurmair, Maria und Eva-Maria Willkop

2003   Die „Textgrammatik der deutschen Sprache" für den Unterricht Deutsch als Fremdsprache. Einige Anregungen. In: Armin Wolff und Ursula Renate Riedner (Hg.), *Grammatikvermittlung − Literaturreflexion − Wissenschaftspropädeutik − Qualifizierung für eine transnationale Kommunikation*, 250−286. Regensburg: FaDaF.

Vater, Heinz

2001   *Einführung in die Textlinguistik*. 3. erw. Aufl. München: Fink.

Weinrich, Harald

2003   *Textgrammatik der deutschen Sprache*. Unter Mitarbeit von Maria Thurmair, Eva Breindl, Eva-Maria Willkop. 2. revidierte Aufl. Hildesheim: Olms.

Willkop, Eva-Maria

2003a   Anwendungsorientierte Textlinguistik. Am Beispiel von Textsorten, Isotopien, Tempora und Referenzformen. *German as a Foreign Language* 3: 83−110 [www.gfl-journal.de].

Willkop, Eva-Maria

2003b   Perfekte Geschichten − Tempuswahl in Erzähltexten. In: Maria Thurmair und Eva-Maria Willkop (Hg.), 235−259.

Maria Thurmair, Regensburg (Deutschland)

28. Textsorten

1. Textsorten: Bestimmung und Klassifikation

Unter Textsorten wird im Allgemeinen eine Klasse von Texten verstanden, die als konventionell geltende Muster bestimmten (komplexen) sprachlichen Handlungen zuzuordnen sind (etwa Brinker 2001 oder Heinemann und Viehweger 1991). Textsorten sind musterhafte Ausprägungen zur Lösung wiederkehrender kommunikativer Aufgaben und haben sich in der Sprachgemeinschaft historisch entwickelt zur Bewältigung gesellschaftlich kommunikativer Aufgaben. Dass Sprecher – wenn auch unterschiedlich umfangreiche – produktive wie rezeptive Textsortenkompetenz haben, ist bereits bei Dimter (1981: bes. 123 ff.) belegt. Daraus ergibt sich die methodische Forderung an eine Textsortenlinguistik, dass sie auf vorhandene Alltagskonzepte von Textsorten und das dementsprechende Alltagswissen der Sprachbenutzer Bezug nehmen und dies zum Ausgangspunkt einer wissenschaftlichen Analyse machen sollte (etwa Heinemann 2000a, Brinker 2001: 105, Adamzik 1995: 21 ff.).

Bei der Beschreibung von Textsorten und ihrer Musterhaftigkeit wird eine Menge von Texten bzw. Textexemplaren aufgrund gemeinsamer textexterner und/oder textinterner Merkmale gebündelt; manche von diesen Merkmalen sind textsortenkonstitutiv (ihr Auftreten ist also obligatorisch), andere nur textsortenspezifisch. Kombination und Ausprägung der jeweiligen Merkmale machen die Musterhaftigkeit einer Textsorte aus und grenzen sie von anderen Textsorten ab. Da Textsorten und die ihnen zugrundeliegenden konventionalisierten Textmuster prototypischen Charakter haben, können Textexemplare erhebliche Unterschiede aufweisen, was ihre Textstruktur und/oder die konkrete sprachliche Ausgestaltung betrifft. Dabei differieren die einzelnen Textsorten hinsichtlich der Möglichkeit zur Variation; vgl. etwa stark standardisierte Textsorten wie Zeugnis, Haftbefehl mit offeneren wie Dankschreiben, Geburtsanzeige oder Tagebuch, bei denen es deshalb prototypische und weniger typische Exemplare gibt. Da bestimmte Textsorten unscharfe Ränder aufweisen, können konkrete Textexemplare bisweilen auch mehreren Textsorten zugeordnet werden. Berücksichtigen muss man in diesem Zusammenhang auch Veränderungen von Textsorten aufgrund unterschiedlichster Faktoren (besonders auffällig sind derzeit Textsortenveränderungen, die sich im Kontext der Neuen Medien feststellen lassen; s. dazu Eckkrammer und Eder 2000, Fandrych und Thurmair i. Vorb.).

Die im Lauf der Forschungsgeschichte vorgelegten Textsortenklassifikationen spiegeln die Entwicklung des Textbegriffs wieder und gehen von Ansätzen, die vorwiegend textinterne Merkmale berücksichtigen, zu stärker kommunikations- und handlungsbezogenen Ansätzen. Methodisch lassen sich theoretisch-deduktive Ansätze, die Textsorten aus einem umfassend angelegten Kommunikationsmodell ableiten (etwa Heinemann und Viehweger 1991; Rolf 1993), von empirisch-induktiven Ansätzen unterscheiden, die aus der Untersuchung konkreter Textsorten relevante Analysekriterien ableiten; zwei Forschungsrichtungen, die Adamzik (1995: 30) charakterisiert als „Texttypologie" einerseits, „der es um systematische Klassifizierung von Texten mittels universell anwendbarer wissenschaftlicher Kategorien geht", und „Textsortenforschung" andererseits, „die sich auf die Beschreibung einzelsprachspezifischer Routinen richtet". Nicht nur aus erkenntnistheoretischen Gründen, sondern auch aus anwendungsbezogener und kulturvergleichender Perspektive sind stärker empirisch orientierte Herangehensweisen wünschenswert.

2. Beziehungen zwischen Textsorten

Da sich Textsorten durch eine Kombination je verschiedener Merkmale beschreiben lassen, gibt es innerhalb des Gesamtspektrums von Textsorten vielfältige Beziehungen zwischen diesen. Im Zusammenhang mit hierarchischen Beziehungen zwischen verschiedenen Textsorten stellt sich die Frage, ob die nach Adamzik (1995: 14 ff.) unspezifische Lesart von ‚Textsorte' (als eine Art Oberbegriff mit großer Extension) zugrundeliegt oder die − heute im Allgemeinen vertretene − spezifische Lesart, wonach Klassen von Texten nach inhärenten, textkonstitutiven Merkmalen differenziert sind. Im letzteren Falle ist es plausibel, andere, zusätzliche Hierarchiestufen anzunehmen, und die verschiedenen Textsorten aufgrund eines bestimmten Merkmals zu bündeln. Bei der weit verbreiteten Kategorisierung nach Textfunktionen wird in der Literatur dann meist zwischen globaleren Einheiten wie Texttyp, Textart oder Textklasse und den (spezifischeren) Textsorten unterschieden: etwa die Textklasse der normativen oder auffordernden Texte bei Große (1976; genauer Heinemann 2000b; s. ähnlich die Texttypen bei Werlich 1979 oder Franke 1987 oder die globalen Textmuster bei Heinemann und Heinemann 2002: 132 ff.). Die hierarchische Gliederung und Bündelung nach Textfunktionen hat analytisch den Vorteil, dass bestimmte sprachliche Strukturen über einzelne Textsorten hinweg in größeren Textklassen/Texttypen funktional vergleichbar auftreten und dementsprechend auch kontrastierend beschrieben werden können (so z. B. in einem „instruktiven Texttyp" die Frage, wie die jeweiligen Instruktionen sprachlich realisiert werden (können) und warum bestimmte Textsorten eine ganz spezifische Auswahl aus den vorhandenen sprachlichen Mitteln treffen). Ähnlich ließe sich auch mit einer Subklassifizierung nach der Themenentfaltung verfahren, die dann etwa auch paradigmatisch verbundene Textsorten als z. B. ‚narrative Texte', ‚argumentative Texte' etc. bündelt. Hier ergeben sich auch in der Fremdsprachvermittlung Möglichkeiten (Thurmair 2001a, 2001b).

Neben textfunktionsbasierten werden auch Hierarchiebeziehungen und Textsortenbeziehungen diskutiert, die über die mediale Spezifik von Textsorten bestimmt sind: Am Beispiel von Briefen, Telefongesprächen, Zeitungsartikeln (Ermert 1979: 57 ff.; Rolf 1993: 46 ff.) und E-Mails (Ziegler 2002) wurde vorgeschlagen, diese nicht als Textsorten zu klassifizieren, sondern als Kommunikationsformen, da sie lediglich eine mediale Art der Kommunikation beschreiben, aber inhaltlich, situational und funktional völlig offen sind, bzw. (so Dürrscheid 2003: 40) nur durch textexterne Merkmale bestimmt werden. Eine weitere sehr frequente Bündelung und Hierarchisierung lässt sich in der Zuordnung von Textsorten zu einem bestimmten Kommunikationsbereich sehen (Gansel und Jürgens 2007), wobei die Textsorten dabei sowohl in hierarchischen als auch in anderen Beziehungen zueinander stehen können; hier entstehen dann Gruppierungen wie politische Textsorten, Textsorten im Bereich der Medien etc. (s. dazu u. 3.1.). Auch thematisch beschreibbare

Hierarchiebeziehungen zwischen verschiedenen Textsorten lassen sich feststellen, etwa Wetterbericht und Reisewetterbericht; diese werden allerdings in der Textsortenforschung im Allgemeinen nicht zur Grundlage von Hierarchisierungen gemacht. Heinemann (2000a: 514) schlägt vor, bei Erscheinungen unterhalb der „Basiseinheiten" von „Textsortenvarianten" zu sprechen, die meist durch zusätzliche inhaltliche Merkmale geprägt sind. Stärker handlungsorientierte Beziehungen bestehen wiederum zwischen Textsorten, die in einem größeren Handlungszusammenhang miteinander verbunden sind, sei es linear im Sinne einer Handlungsabfolge oder vernetzt (s. Adamzik 2001b und spezifischer für Fachtexte Baumann und Kalverkämper i. Vorb.).

Problematisch sind weiterhin der Umfang und die Grenzen von Textsorten: Ist der Lexikonartikel (wie vielfach in der Literatur) eine Textsorte oder eher das Lexikon als Ganzes? Ist der Tagebucheintrag eine Textsorte oder das Tagebuch selbst? Hier kann nur aufgrund einer Kombination von kommunikativen und anderen Kriterien auf der Basis größerer empirischer Untersuchungen eine genauere Bestimmung vorgenommen werden (zur Abgrenzung von Textsorten s. Hausendorf und Kesselheim 2008: 39 ff.). Andererseits gibt es auch Textsorten, bei denen von Abgeschlossenheit oder Abgegrenztheit nicht mehr gesprochen werden kann; etwa die „Puzzletexte" (Püschel 1997), aber auch Hypertextsorten (Jacobs 2003). Schließlich können auch (eindeutig als solche anerkannte) Textsorten in bestimmten Ausnahmefällen in andere eingebettet auftreten: etwa ein Witz in einem Tagebucheintrag, ein Rezept in einem Roman. All diese Erscheinungsformen kann man vermutlich nur adäquat beschreiben, wenn man zulässt, dass sich der Begriff Textsorte auf Erscheinungen unterschiedlicher Hierarchieebenen systematisch beziehen kann.

3. Beschreibungsdimensionen

In der Text(sorten)linguistik ist man sich mittlerweile einig darüber, dass eine Textsortenanalyse verschiedene Beschreibungsdimensionen kombinieren muss (in manchen Ansätzen sind diese hierarchisch, in anderen eher additiv), zu denen auf jeden Fall die Kommunikationssituation, die Textfunktion, die thematisch-strukturelle und die formal-grammatische Ebene gehören (z. B. Brinker 2001; Heinemann und Viehweger 1991; Heinemann 2000a; Adamzik 2004).

3.1. Kommunikationssituation

Als ganz grundlegendes Merkmal in der Beschreibungsdimension der Kommunikationssituation hat Adamzik (2004: 61 ff.) die *Weltspezifik* in die Diskussion gebracht, d. h. die Frage nach der *Welt*, in der Texte angesiedelt sind bzw. die Kommunikationsteilnehmer sie situieren. Damit ergibt sich die − von der Textsortenforschung im Allgemeinen vernachlässigte Möglichkeit − auch literarische Texte in das Beschreibungsmodell mit einzubeziehen, aber auch die Texte, die der „Welt der Sinnfindung", des Übernatürlichen oder des Spiels/der Fantasie (Adamzik 2004: 64) angehören.

Ein spezifischeres Merkmal für die Beschreibung und Differenzierung von Textsorten ist der *Kommunikationsbereich* (manchmal auch: Verwendungsbereich); ausgegangen wird dabei von der Annahme, dass Kommunikationsbereiche sozial und situativ definiert sind, dass die dort geltenden Handlungsnormen auch die jeweils verwendeten Textsorten konstituieren und Textsorten ihrerseits in größeren Handlungszusammenhängen verankert sind (Brinker et al. 2000: XIX−XX). In der Textsortenliteratur werden unterschiedliche Kommunikationsbereiche angenommen: stellvertretend sei hier auf Brinker et al. (2000) verwiesen, die etwa Textsorten der Verwaltung, der Medizin, des Bereichs Schule, Hochschule und Wissenschaft, des Bereichs Rechtswesen und Justiz und andere beschreiben. Analysen funktional aufeinander bezogener Texte innerhalb eines kommunikativen oder thematischen Bereichs erscheinen ergiebig (so auch Adamzik 2001b), insbesondere auch für den Bereich des Deutschen als Fremdsprache (nicht zuletzt im Hinblick auf die Lernerorientierung).

Was den *medialen* Aspekt der Kommunikationssituation betrifft, so besteht in der Forschung eine grundsätzliche Diskussion im Hinblick auf den mündlichen und schriftlichen Sprachgebrauch: In vielen Ansätzen werden als Textsorten nur schriftliche Vorkommen gefasst, mündliche werden dann eher als Gesprächs- oder Diskurstypen oder auch als kommunikative Gattungen bezeichnet (vgl. dazu die grundlegende Unterscheidung von Text und Diskurs etwa bei Ehlich 1984; auch Heinemann und Heinemann 2002: 64 ff.). Zwar lassen sich in der Tat grundsätzliche Unterschiede zwischen diesen beiden Erscheinungsformen feststellen, auf der anderen Seite kann man aber breite Übergangsbereiche konstatieren, die eine strikte Trennung a priori nicht geraten sein lassen: So finden sich etwa mediale Kombinationen; eine Begrenzung auf schriftliche Vorkommen kann den analytischen Blick verengen, wenn etwa in einem Handlungszusammenhang mündliche und schriftliche Textsorten systematisch aufeinander bezogen vorkommen oder auch, wenn bestimmte Textsortenvorkommen mündlich wie schriftlich realisiert werden können. Ein weiterer textsortenbezogener medialer Aspekt zielt auf die Frage, welche anderen Medien bei einer Textsortenanalyse eine Rolle spielen (können); dies betrifft insbesondere den Einbezug von Bildern (dazu Fix und Wellmann 2000). Schließlich sollen auch parasprachliche Aspekte bei der Bestimmung von Textsorten berücksichtigt werden.

Ein weiteres zentrales Kriterium im Bereich der Kommunikationssituation sind *Textproduzent* und *Textrezipient*, mithin die Frage: wer produziert den Text für wen und/oder wer rezipiert den Text? Was den Produzenten betrifft, so lassen sich Textsorten danach unterscheiden, ob es überhaupt einen identifizierbaren Produzenten gibt oder eher bestimmte Instanzen (eine Firma, eine Partei); es können Persönlichkeitsmerkmale (wie Alter, Geschlecht, Status) relevant werden oder die Frage, in welcher Rolle jemand einen Text produziert u. a. (s. dazu ausführlich Adamzik 2004: 83 ff.). Was den Rezipienten betrifft, so lassen sich etwa Textsorten unterscheiden, die einen konkreten Adressaten haben, die sich an unbestimmte Adressaten richten oder die mehrfach adressiert sind. In Bezug auf die Beziehung zwischen Textproduzenten und Textrezipienten können Textsorten z. B. danach charakterisiert werden, ob es ein Machtgefälle oder ein Wissensgefälle (und somit asymmetrische Kommunikation) zwischen Produzent und Rezipient gibt.

Aspekte von *Raum* und *Zeit* spielen auf der Ebene der Kommunikationssituation ebenfalls eine wichtige Rolle. Die Frage der raumzeitlichen Kopräsenz von Produzent und Rezipient ist das zentrale Kriterium bei der Unterscheidung zwischen (konzeptionell) schriftlichen und mündlichen Texten, das sich grundlegend und systematisch auch auf die Gestaltung konkreter Textsorten auswirkt. Zeitlichkeit stellt außerdem hinsichtlich der „Gültigkeitsdauer" bzw. des „Verfallsdatums" (nach Adamzik 2004: 78 ff.) ein konstitutives Merkmal bei der Bestimmung von Textsorten dar. Der räumliche Aspekt wird relevant, wo es um den konkreten Ort der Produktion und der Rezeption eines Textes geht oder um den Ort seiner ‚Aufbewahrung' (relevant etwa bei Inschriften und Schildern). Einen weiteren wichtigen Aspekt in diesem Zusammenhang macht die von Adamzik (2004: 82) so genannte „Zugänglichkeit" einer Textsorte aus (Zugänglichkeit für mögliche Rezipienten oder zeitliche Zugänglichkeit).

Eine wichtige Dimension, die man hier anschließen kann, stellt die kulturräumliche Gebundenheit von Textsorten dar (dazu etwa Fix 2008: 103 ff.) Da sich Textsorten in Sprachgemeinschaften gesellschaftlich entwickelt haben, ist es nicht weiter verwunderlich, dass sie deutlich kulturell geprägt sind. Die kulturellen Unterschiede, deren Erforschung anhand einzelner Textsorten von kontrastiven Textsortenuntersuchungen auch aus den Translationswissenschaften ausging, werden heute in vielen Zusammenhängen systematisch berücksichtigt (etwa Fix, Habscheid und Klein 2001; Adamzik 2001a; Eckkrammer, Hödl und Pöckl 1999; Drescher 2002), sie spielen natürlich auch für den Bereich Deutsch als Fremdprache eine zentrale Rolle (s. dazu speziell Eßer 1997, Hufeisen 2002, Venohr 2007; kritisch Adamzik 2005). Dabei ist, was kulturelle Unterschiede betrifft, sowohl der (eher seltene) Fall anzunehmen, dass bestimmte Textsorten in einer anderen Kultur gar nicht existieren, als auch der Fall, dass Textsorten kulturell andere Textfunktion(skombination)en aufweisen, dass die Position in der Handlungsabfolge oder die durch eine Textsorte eröffneten Handlungsspielräume unterschiedlich sind, dass kulturell unterschiedliche Teiltexte auftreten, die Textstruktur divergiert oder dass die sprachliche Ausgestaltung kulturell variiert.

3.2. Textfunktion

Die in der Literatur als zentrales Kriterium zur Klassifikation von Textsorten diskutierten Textfunktionen werden entweder im Anschluss an Bühler und Jacobson gesehen oder stützen sich stärker auf die Sprechakttheorie von Searle (etwa Franke 1987; Rolf 1993). Die immer noch am weitesten verbreitete Unterscheidung ist die von Brinker (2001: 105 ff.), der fünf grundlegende Textfunktionen annimmt (und die verschiedenen Textsorten entsprechend zu fünf Text(sorten)klassen bündelt): Informationsfunktion, Appellfunktion, Obligationsfunktion, Kontaktfunktion und Deklarationsfunktion. Heinemann und Viehweger (1991: 145 ff.) setzen neben ihren Textfunktionen *sich ausdrücken, kontaktieren, informieren, steuern* zusätzlich – bezogen auf die fiktionale Welt literarischer Texte – eine Funktion *‚ästhetisch wirken'* an, die alle vorgenannten überlagern kann. Dass die Textfunktion ein zentrales Merkmal bei der Analyse von Textsorten darstellt, ist unumstritten; unterschiedlich sind die in der Literatur angenommenen Textfunktionen: während deduktiv-klassifizierende Ansätze leichter auf das (begrenzte) Inventar etwa der Searle'schen Sprechakte zurückgreifen, bestimmen empirisch-induktive Ansätze, die sich meist mit einer oder einer geringen Menge an Textsorten beschäftigen und gerade nicht eine umfassende Textsortenklassifikation im Auge haben, die Textfunktion ihrer analysierten Textsorte(n) oft sehr spezifisch. Erhellend wären hier mehr Untersuchungen, die induktiv-empirisch vorgehen, aber eine größere Bandbreite an verschiedenen Textsorten berücksichtigen. Hinter den Unterschieden in den Textfunktionen verbirgt sich die grundsätzliche theoretische Frage, ob die angenommenen Funktionen eine prinzipiell offene Liste darstellen oder ob eine „geschlossene Typologie auf oberster Stufe vorgelegt" wird (Adamzik 2004: 108). In diesem Zusammenhang wird, vor allem bei Analysen größerer Textsortenmengen, diskutiert, inwieweit eine poetische oder ästhetische Funktion anzunehmen ist (dahinter steht die Frage, inwieweit Textsortenklassifikationen überhaupt literarische Texte und nicht nur Gebrauchstexte berücksichtigen sollen/müssen). Unklar ist auch, ob es so etwas wie eine unterhaltende Textfunktion geben kann (so etwa bei Hausendorf und Kesselheim 2008, die als Textfunktionen Darstellung, Steuerung, Beleg, Kontakt, Unterhaltung und Reflexion annehmen). Schließlich ist auch die Beziehung der Textfunktionen untereinander ungeklärt, d. h. inwieweit Funktionen hierarchisiert werden können (kann z. B. die unterhaltende Funktion der informativen untergeordnet werden, wie ist die poetisch-ästhetische Funktion mit den anderen in Beziehung zu setzen etc.).

Weiter wurde im Zusammenhang mit Textfunktionen (insbesondere an Gebrauchsanweisungen und Bewertungstexten wie Rezensionen) diskutiert, ob Texte eine oder mehrere Funktionen haben können. Empirisch-induktive Analysen, die mehrere unterschiedliche Textsorten betrachten, machen deutlich, dass viele Textsorten mehrere Funktionen vereinen, Monofunktionalität also oft nicht beschreibungsadäquat ist und eher deduktive Ansätze kennzeichnet. So werden heute bei konkreten Textsortenanalysen durchaus auch mehrere Textfunktionen angenommen, von denen gegebenenfalls eine dominiert. Unterschiedlich wird gerade in neueren Untersuchungen auch die Frage diskutiert, wie der Begriff Textfunktion genau zu bestimmen ist: während einige − vor allem frühere − Ansätze diese von der Intention des Autors alleine ableiten, wird heute vielfach eine differenzierte Sichtweise verfolgt. Adamzik (2004: 116) schlägt als der Intention übergeordnete Kategorie den „Ertrag“ vor, als das, was die Kommunikationsteilnehmer aus einem Text gewinnen können. Häufig wird auch zwischen Textfunktion (als kommunikativer Funktion des Textes) und der Texthandlung (welche der Produzent vollzieht), unterschieden (etwa Thim-Mabrey 2001: 28 ff.; Hausendorf und Kesselheim 2008).

3.3. Thema, Textstruktur und sprachliche Ausgestaltung

Das Thema (machmal auch: der Inhalt) eines Textes ist natürlich ein weiteres wichtiges Kriterium zur Beschreibung von Textsorten. In der Forschung wird dies allerdings vor allem im Hinblick auf die verschiedenen Arten der Themenentfaltung (auch: Vertextungsmuster) diskutiert, die sich in textstrukturellen (vgl. das Konzept der Makrostrukturen bei van Dijk 1980; s. auch Vater 2001; Brinker 2000) und anderen sprachlichen Merkmalen niederschlagen. Als Formen der Themenentfaltung werden etwa bei Brinker (2001) die deskriptive, narrative, explikative und argumentative unterschieden (s. dazu die einschlägigen Artikel in Brinker et al. 2000; vgl. auch schon Werlich 1979).

Die konkrete sprachliche Ausgestaltung von Textsorten, ihre Textstruktur, die syntaktischen Muster, die lexikalische Gestaltung u. a. sind natürlich für jede konkrete Textsortenanalyse immer grundlegend, schon allein deswegen, weil sich hier auch die Musterhaftigkeit von Textsorten am deutlichsten zeigt. Aussagen über die sprachliche Gestalt von Textsorten erscheinen in der Forschung aber vor allem dort, wo konkrete empirische Analysen vorliegen (zu systematischen Analysen textgrammatischer Merkmale s. Lenk 2006; Gansel und Jürgens 2007; Hausendorf und Kesselheim 2008 sowie Fandrych und Thurmair i. Vorb.; ergiebig sind hier auch Ansätze aus der Stilistik, wie etwa Eroms 2008, Sandig 2006; Fix, Poethe und Yos 2003).

4. Textsorten und Deutsch als Fremdsprache

Dass Textsortenkompetenz einen wichtigen Teil der Sprachkompetenz ausmacht, steht
außer Frage, und damit sind Textsorten und ihre sprach- bzw. kulturspezifische Ausprägung als Gegenstand des Fremdsprachenunterrichts bereits hinlänglich legitimiert (zu
Textsorten im Unterricht vgl. etwa Thurmair 2001b; Adamzik 2005; Adamzik und
Krause 2005; Scherner und Ziegler 2006; Foschi Albert, Hepp und Neuland 2006; Venohr
2007). Dabei umfasst Textsortenkompetenz sowohl produktive als auch (die oft vernachlässigte) rezeptive Kompetenz, womit Textsorten auch einen wichtigen Bezugspunkt in
der Frage der Vermittlung von produktiven und rezeptiven Fertigkeiten darstellen: Bestimmte Fertigkeiten, wie etwa kursorisches Lesen oder selektives Hören, lassen sich
anhand ‚passender' Textsorten und dem authentischen Umgang damit am besten erwerben. Damit ist das Potential des Einbezugs verschiedenster Textsorten im Unterricht
Deutsch als Fremdsprache aber bei weitem noch nicht ausgeschöpft: Da die sprachliche
Ausgestaltung von konkreten Textsorten überwiegend aus ihren kommunikationssituati-
ven und funktionalen Charakteristika heraus erklärt werden kann und − umgekehrt
betrachtet − die Auswahl bestimmter sprachlicher Möglichkeiten (etwa grammatischer
Strukturen) den spezifischen Zwecken und Charakteristika der Textsorte geschuldet sind,
eignen sich Textsorten auf ausgezeichnete Weise dazu, sprachliche Mittel in Funktion
für den Lerner sichtbar zu machen und zu vermitteln. Hier liegt der Ansatzpunkt einer
pädagogischen (Text-)Grammatik für wirklich kommunikative Spracharbeit, denn die
meisten der üblicherweise eher kontextuell losgelöst behandelten grammatischen Themen
lassen sich textsortenspezifisch und damit funktional und situativ eingebettet adäquat
im Unterricht bearbeiten (dazu die Analysen in Fandrych und Thurmair i. Vorb.). Ausgangspunkt können dabei neben konkreten Textsorten auch globalere Texttypen (etwa:
instruktive Texte) oder Gruppen wie narrative bzw. argumentative Texte sein, wie auch
Textsorten aus einem bestimmten Kommunikationsbereich. Dies hängt von der jeweiligen Zielsetzung ab. Schließlich sind im Zusammenhang mit Textsorten kulturspezifische
Unterschiede − etwa in der Ausgestaltung oder Verwendung bestimmter Textsorten −
für den und im Bereich Deutsch als Fremdsprache zu bearbeiten, darüber hinaus aber
können kulturelle Textsortenunterschiede ein gewinnbringender Ausgangspunkt für interkulturelle Landeskunde sein.

5. Literatur in Auswahl

Adamzik, Kirsten
   1995   Einleitung: Aspekte und Perspektiven der Textsortenlinguistik. In: Dies., *Textsorten −
          Texttypologie: eine kommentierte Bibliographie*. Münster: Nodus.
Adamzik, Kirsten
   2001a *Kontrastive Textologie. Empirische Untersuchungen zur deutschen und französischen
          Sprach- und Literaturwissenschaft*. Tübingen: Stauffenburg.
Adamzik, Kirsten
   2001b Die Zukunft der Text(sorten)linguistik. Textsortennetze, Textsortenfelder, Textsorten im
          Verbund. In: Ulla Fix, Stephan Habscheid und Josef Klein (Hg), *Zur Kulturspezifik von
          Textsorten*, 15−30. Tübingen: Stauffenburg.

Adamzik, Kirsten
  2004   *Textlinguistik. Eine Einführung.* Tübingen: Niemeyer.
Adamzik, Kirsten
  2005   Textsorten im Fremdsprachenunterricht − Theorie und Praxis. In: Kirsten Adamzik und
          Wolf Dieter Krause (Hg.), 205−237.
Adamzik, Kirsten und Wolf Dieter Krause (Hg.)
  2005   *Text-Arbeiten. Textsorten im fremd- und muttersprachlichen Unterricht an Schule und
          Hochschule.* Tübingen: Narr.
Baumann, Klaus-Dieter und Hartwig Kalverkämper
  i. Vorb. *Fachtextsorten-in-Vernetzung.* Tübingen: Narr.
Brinker, Klaus
  2000   Textstrukturanalyse. In: Klaus Brinker, Gerd Antos, Wolfgang Heinemann und Sven F.
          Sager (Hg.), 164−175.
Brinker, Klaus
  2001   *Linguistische Textanalyse. Eine Einführung in Grundbegriffe und Methoden,* 5. Aufl. Berlin:
          Erich Schmidt.
Brinker, Klaus, Gerd Antos, Wolfgang Heinemann und Sven F. Sager (Hg.)
  2000   *Text- und Gesprächslinguistik.* (Handbücher zur Sprach- und Kommunikationswissen-
          schaft 16.1−2). Berlin/New York: de Gruyter.
Dijk, Teun van
  1980   *Textwissenschaft.* Tübingen: DTV.
Dimter, Matthias
  1981   *Textklassenkonzepte heutiger Alltagssprache. Kommunikationssituation, Textfunktion und
          Textinhalt als Kategorien alltagssprachlicher Textklassifikation.* Tübingen: Niemeyer.
Dürscheid, Christa
  2003   Medienkommunikation im Kontinuum von Mündlichkeit und Schriftlichkeit. *Zeitschrift
          für Angewandte Linguistik* (ZfAL) 38: 37−56.
Drescher, Martina (Hg.)
  2002   *Textsorten im romanischen Sprachvergleich.* Tübingen: Stauffenburg.
Eckkrammer, Eva Martha, Nicola Hödl und Wolfgang Pöckl (Hg.)
  1999   *Kontrastive Textologie.* Wien.
Eckkrammer, Eva Martha und Hildegund Eder
  2000   *(Cyber)Diskurs zwischen Konvention und Revolution. Eine multilinguale textlinguistische
          Analyse von Gebrauchstextsorten im realen und virtuellen Raum.* Frankfurt a. M.: Lang.
Ehlich, Konrad
  1984   Zum Textbegriff. In: Annelie Rothkegel und Barbara Sandig (Hg.), *Text − Textsorten −
          Semantik,* 9−25. Hamburg.
Ermert, Karl
  1979   *Briefsorten. Untersuchungen zu Theorie und Empirie der Textklassifikation.* Tübingen.
Eroms, Hans Werner
  2008   *Stil und Stilistik. Eine Einführung.* Berlin: Erich Schmidt.
Eßer, Ruth
  1997   *„Etwas ist mir geheim geblieben am deutschen Referat". Kulturelle Geprägtheit wissen-
          schaftlicher Textproduktion und ihre Konsequenzen für den universitären Unterricht von
          Deutsch als Fremdsprache.* München: iudicium.
Fandrych, Christian und Maria Thurmair
  i. Vorb. *Textsorten: Linguistische und sprachdidaktische Untersuchungen.* Tübingen: Stauffen-
          burg.
Fix, Ulla
  2008   *Texte und Textsorten − sprachliche, kommunikative und kulturelle Phänomene.* Berlin:
          Frank & Timme.
Fix, Ulla und Hans Wellmann (Hg.)
  2000   *Bild im Text − Text und Bild.* Heidelberg: Winter.

Fix, Ulla, Stephan Habscheid und Josef Klein (Hg.)
    2001   *Zur Kulturspezifik von Textsorten.* Tübingen: Narr.
Fix, Ulla, Hannelore Poethe und Gabriele Yos
    2003   *Textlinguistik und Stilistik für Einsteiger.* Ein Lehr- und Arbeitsbuch. 3. durchges. Aufl.
            Frankfurt a. M.: Lang.
Foschi Albert, Marina, Marianne Hepp und Eva Neuland (Hg.)
    2006   *Texte in Sprachforschung und Sprachunterricht.* München: iudicium.
Franke, Wilhelm
    1987   Texttypen − Textsorten − Textexemplare: Ein Ansatz zu ihrer Klassifizierung und Be-
            schreibung. *Zeitschrift für Germanistische Linguistik* 15: 263−281.
Gansel, Christina und Frank Jürgens
    2007   *Textlinguistik und Textgrammatik. Eine Einführung.* 2. überarb. Aufl. Göttingen: Vanden-
            hoeck & Ruprecht.
Große, Ernst U.
    1976   *Text und Kommunikation. Eine linguistische Einführung in die Funktionen der Texte.* Stutt-
            gart.
Hausendorf, Heiko und Wolfgang Kesselheim
    2008   *Textlinguistik fürs Examen.* Göttingen: V&R.
Heinemann, Margot und Wolfgang Heinemann
    2002   *Grundlagen der Textlinguistik. Interaktion − Text − Diskurs.* Tübingen: Niemeyer.
Heinemann, Wolfgang
    2000a   Textsorte − Textmuster − Texttyp. In: Klaus Brinker, Gerd Antos, Wolfgang Heinemann
            und Sven F. Sager (Hg.), 507−523.
Heinemann, Wolfgang
    2000b   Aspekte der Textsortendifferenzierung. In: Klaus Brinker, Gerd Antos, Wolfgang Heine-
            mann und Sven F. Sager (Hg.), 523−546.
Heinemann, Wolfgang und Dieter Viehweger
    1991   *Textlinguistik. Eine Einführung.* Tübingen: Niemeyer.
Hufeisen, Britta
    2002   *Ein deutsches Referat ist kein englischsprachiges Essay.* Innsbruck/München: Studienver-
            lag.
Jacobs, Eva-Maria
    2003   Hypertextsorten. *Zeitschrift für Germanistische Linguistik* 31: 232−252.
Lenk, Hartmut
    2006   *Praktische Textsortenlehre.* 4. überarb. u. erw. Aufl., Helsinki: Universitätsverlag.
Püschel, Ulrich
    1997   „Puzzle-Texte" − Bemerkungen zum Textbegriff. In: Gerd Antos und Heike Tietz (Hg.),
            Die Zukunft der Textlinguistik. Traditionen, Transformationen, Trends, 27−42. Tübingen:
            Niemeyer.
Rolf, Eckard
    1993   *Die Funktionen der Gebrauchstextsorten.* Berlin/New York: de Gruyter.
Sandig, Barbara
    2006   *Textstilistik des Deutschen.* 2. völlig neu bearb. u. erw. Aufl. Berlin/New York: de Gruyter.
Scherner, Maximilian und Arne Ziegler
    2006   *Angewandte Textlinguistik: Perspektiven für den Deutsch- und Fremdsprachenunterricht.*
            Tübingen: Narr.
Thim-Mabrey, Christiane
    2001   *Grenzen der Sprache − Möglichkeiten der Sprache. Untersuchungen zur Textsorte Musik-
            kritik.* Frankfurt a. M.: Lang.
Thurmair, Maria
    2001a   Text, Texttypen, Textsorten. In: Gerhard Helbig, Lutz Götze, Gert Henrici und Hans-
            Jürgen Krumm (Hg.), *Deutsch als Fremdsprache,* 269−280. Berlin/New York: de Gruyter.

Thurmair, Maria
  2001b   Textsorten im Deutsch-als-Fremdsprache-Unterricht. In: Hang Ferrer Mora et al. (Hg.),
          Metodología y didáctica del alemán como lengua extranjera en el contexto hispánico. Me-
          thodik und Didaktik des Deutschen als Fremdsprache im spanischen Kontext, 37–51. Valen-
          cia: Universidad de Valencia.
Vater, Heinz
  2001   *Einführung in die Textlinguistik.* 3. erw. Aufl. München: Fink.
Venohr, Elisabeth
  2007   *Textmuster und Textsortenwissen aus der Sicht des Deutschen als Fremdsprache.* Frankfurt
          a. M. etc.: Lang.
Werlich, Egon
  1979   *Typologie der Texte.* 2. Aufl. Heidelberg.
Ziegler, Arne
  2002   E-Mail – Textsorte oder Kommunikationsform? Eine textlinguistische Annäherung. In:
          Arne Ziegler und Christa Dürscheid (Hg), *Kommunikationsform E-Mail*, 9–32. Tübin-
          gen: Stauffenburg.

Maria Thurmair, Regensburg (Deutschland)

29. Grammatiken

1. Grammatik und Grammatiken
2. Grammatiken als grammatische Beschreibungen
3. Literatur in Auswahl

1. Grammatik und Grammatiken

Unter dem Begriff Grammatik kann man ganz allgemein das (morphosyntaktische) Regelsystem einer Sprache verstehen. Welchen Stellenwert eine solcherart verstandene
Grammatik beim Spracherwerb hat und im Fremdsprachenunterricht haben soll, ist ein
in der Sprachlehr- und -lernforschung und der Sprachdidaktik immer wieder kontrovers
diskutiertes Thema, auf das hier im Einzelnen nicht genauer eingegangen werden kann
(vgl. dazu Art. 112). Einig ist man sich aber heute weitgehend darin, dass Sprachbewusstheit bzw. *language awareness* und somit auch explizites Sprachwissen den Spracherwerb
fördern können und deshalb auch für Lerner verfügbar gemacht werden sollten (vgl.
dazu Portmann-Tselikas und Schmölzer-Eibinger 2001). Auf Seite der Sprachmittler
(Lehrende, Lehrwerkautoren etc.) stand die Frage des expliziten grammatischen Wissens
ohnehin nicht zur Diskussion.

Im Folgenden wird es um Grammatik in einem spezifischeren Verständnis gehen.
Basis dafür ist die von Gerhard Helbig schon 1972 und später wiederholt formulierte
Unterscheidung in folgende verschiedene Verständnisse von „Grammatik" (Helbig 1981:
49 ff., 1993: 21–22):

- eine Grammatik A: das der Sprache selbst innewohnende Regelsystem, unabhängig von dessen Beschreibung durch die Linguisten und von dessen Beherrschung durch die Sprecher;
- eine Grammatik B: die Abbildung des der Sprache selbst innewohnenden Regelsystems durch die Linguistik;
- eine Grammatik C: das dem Sprecher interiorisierte Regelsystem (seine „subjektive Grammatik"), auf Grund dessen dieser die betreffende Sprache beherrscht.

Der folgende Beitrag beschäftigt sich genauer mit Grammatik (B) in Helbigs Sinne, also mit verschiedenen Beschreibungen der Grammatik als Regelsystem. Dabei geht es nicht darum, die auf dem Markt befindlichen Grammatiken vorzustellen (vgl. dazu Art. 141), sondern darum, einen Überblick zu geben, welche Kriterien bei der Konzeption von Grammatiken eine Rolle spielen können, wie und inwieweit sie sich in den verschiedenen Grammatiken zeigen und inwiefern dadurch bedingte Unterschiede für den Bereich DaF/ DaZ relevant sind.

Vorab einige Bemerkungen zu möglichen Zwecken und Anforderungen, die eine Grammatik (B) für verschiedene Benutzer im Bereich DaF/DaZ erfüllen sollte, welche Rolle(n) sie spielen kann. Unterschieden werden muss hier systematisch zwischen den sprachkompetenten Sprachmittlern (insbesondere Lehrenden, aber etwa auch Lehrwerkautoren) einerseits und den Lernenden andererseits. Die erste Gruppe, von Helbig (1993: 28) bezeichnet als „unverzichtbare Vermittlungs- und Zwischeninstanzen auf dem Weg der Grammatik zum Lerner", muss die Sprache nicht nur können, sondern muss sie auch kennen, sei sie nun eine fremde Sprache oder die eigene Muttersprache. Lehrwerkautoren und Lehrende brauchen kognitiv sehr gute Kenntnisse über die zu unterrichtende Sprache, sie benötigen demnach eine wissenschaftlich-linguistische Beschreibung der Sprache, um (als eine anerkannt relevante Grundlage der Fremdsprachen-Lehre) explizites Grammatikwissen und Metawissen aufzubauen. Derartige Kenntnisse sind nicht nur insofern erforderlich, als man Wissen über den zu vermittelnden Gegenstand haben sollte, sondern auch im konkreten Unterrichtsprozess: zur Bewertung von Regelhaftigkeiten, zur Bereitstellung guten, d. h. ergiebigen „Inputs", zur Korrektur und adäquaten Erklärung von Fehlern, zur Klärung sprachbezogener Fragen etc. Lehrer und Lehrwerkautoren als Sprachmittler benötigen sicher keine speziellen „Lehrergrammatiken" als allgemeine Referenz- oder Nachschlagewerke, aber sie benötigen die Bereitstellung von linguistisch fundierten Antworten auf spezifische sprachbezogene Fragen, die beim Sprachmitteln auftauchen, und diese Antworten sind − je nach Konzeption und Zielrichtung − in manchen Typen von Grammatiken besser zu finden als in anderen. Lerner, die ihre Sprachkompetenz erst aufbauen, benötigen eine Grammatik (als selbstständige Sprachbeschreibung) aus anderen Gründen: sie wollen z. B. die Grammatik als ein systematisches Ordnungssystem von Strukturen und Regeln, sie wollen bestimmte Regeln nachschlagen oder Ausdrucksmöglichkeiten erfahren, sie wollen eine bestimmte Struktur verstehen, üben, wiederholen oder vertiefen.

Grammatiken im Sinne von Helbigs Grammatik (B) als linguistische Abbildungen des Sprachsystems unterscheiden sich ganz offensichtlich hinsichtlich dessen, was sie zu ihrem Gegenstandsbereich zählen: nach einem engen Verständnis bezeichnet Grammatik nur Morphologie und Syntax (bzw. Morphosyntax), also die Worte bzw. Wortformen und ihre Verknüpfung zu Wortgruppen und Sätzen (d. i. Grammatik im engeren Sinne; etwa Helbig 1993: 20). Daneben lassen sich unterschiedliche Vorkommen eines Verständnisses von Grammatik im weiteren Sinne finden; zum einen eine Erweiterung der sprachlichen Einheiten (Einbeziehung der Ebene der Phoneme und Grapheme einerseits, der Texte andererseits), zum anderen eine Erweiterung in stärker qualitativer Hinsicht, nämlich eine Einbeziehung lexikalischer und semantischer Aspekte und eine anders fokussierte Beziehung zwischen Ausdrucks- und Inhaltsseite, also stärkere Berücksichtigung funktionaler und auch pragmatischer Aspekte. Schließlich unterscheiden sich Grammatiken auch darin, ob sie eine wie auch immer geartete Form einer „Standardvarietät" bzw. Standardnorm beschreiben oder auch Varianten bzw. Varietäten, seien sie national, regional, funktional oder registerspezifisch.

2. Grammatiken als grammatische Beschreibungen

2.1. Allgemeine Beschreibungskriterien

In der einschlägigen Literatur werden eine Reihe von Kriterien angesprochen und diskutiert, hinsichtlich derer Grammatiken als grammatische Beschreibungen spezifiziert werden können (s. auch den Kriterienkatalog in Hennig 2001). Diese verschiedenen Parameter benennen idealtypische Merkmale von Grammatiken, die in reiner Form selten anzutreffen sind; bei vielen Grammatiken und vielen Kriterien ist es weniger eine Frage des *Ob* oder *Ob-nicht* als vielmehr eine Frage des *Wie sehr*. Dennoch haben die Parameter mit ihren Merkmalsausprägungen heuristischen Wert für die Frage der Beurteilung von Grammatiken für den Bereich DaF/DaZ, das Lehren und Lernen von Sprache.

2.1.1. Ziel und Zielgruppe der grammatischen Beschreibung

Der zentrale Aspekt, der grammatische Beschreibungen beeinflusst und konstituiert, ist die *Zielsetzung* einer Grammatik und damit verbunden die *Zielgruppe*.

Die grammatische Beschreibung einer Sprache kann das Ziel haben, eine (sprach-)wissenschaftliche Darstellung zu entwerfen; dementsprechend entstehen *wissenschaftliche Grammatiken,* im anderen Fall sogenannte *Gebrauchsgrammatiken* (damit sind natürlich auch je andere Zielgruppen impliziert). Wissenschaftliche Grammatiken (manche nennen sie auch linguistische Grammatiken; etwa Götze 2001 oder Hennig 2001) legen eine wissenschaftliche konsistente Beschreibung vor, bauen auf der wissenschaftlichen Fachdiskussion auf, mit der sie sich in unterschiedlichem Maße auseinandersetzen, sie fußen häufig auf einer bestimmten wissenschaftlichen Theorie und verwenden auch eine dieser entsprechende Terminologie. Wissenschaftliche und Gebrauchsgrammatiken können einer einzigen bestimmten linguistischen Theorie verpflichtet sein, sie können aber auch in dieser Hinsicht variabel, „mischend" verfahren (zu Gründen dafür s. Buscha 1995). Von den in den letzten Jahren entworfenen linguistischen Theorien hat die Valenz- bzw. Dependenzgrammatik die breiteste Aufnahme gefunden und stellt in verschiedenen Grammatiken (etwa Helbig und Buscha 2001, Engel 2004 oder Weinrich 2003) mehr oder weniger ausschließlich die Grundlage für die linguistische Beschreibung (der syntaktischen Gegebenheiten) dar. Auch im Umfeld von DaF und DaZ ist die Valenztheorie weithin übernommen worden.

Grammatiken können sogenannte *Problemgrammatiken* sein, d. h. dass sie Analyseverfahren, Entscheidungen über Beschreibungsverfahren, Regelformulierungen etc. entwickeln, diskutieren, problematisieren und begründen. Demgegenüber stehen sogenannte
Resultatsgrammatiken, die dies nicht tun (s. dazu Helbig 2001). Gebrauchsgrammatiken
sind im Allgemeinen reine Resultatsgrammatiken, wissenschaftliche Grammatiken können Problem- oder Resultatsgrammatiken sein. Wissenschaftliche Grammatiken unterliegen auch sehr viel weniger als sogenannte Gebrauchsgrammatiken einem Vollständig-
keitsanspruch. Die Grenzen zwischen wissenschaftlichen Grammatiken und Gebrauchsgrammatiken sind allerdings – gerade was die großen Standardgrammatiken des
Deutschen betrifft – durchaus fließend: so kann Zifonun, Hoffmann und Strecker (1997)
als eindeutig wissenschaftliche Grammatik bezeichnet werden, ähnlich auch Eisenberg
(2006) oder Weinrich (2003), obwohl die beiden letzteren ihre anvisierten Zielgruppen
breiter formulieren, ähnlich sind auch Hentschel und Weydt 2003 oder Wellmann 2008
zu klassifizieren; die Duden-Grammatik wird von Helbig (2001: 176) als „Musterbei-
spiel" für eine Gebrauchsgrammatik angesehen, was sich auf die Auflage von 1995 (und
davor) bezieht, in der neuen, der siebten Auflage von 2005 nimmt sie aber eher eine
Mittelstellung zwischen wissenschaftlicher und Gebrauchsgrammatik ein; Helbig und
Buscha (2001) gelten als Gebrauchsgrammatik. Unter einer noch spezifischeren Zielsetzung sind hier die *Didaktischen Grammatiken* zu nennen, die – grob gesagt – eine Beschreibung für das Lehren und Lernen von Sprachen darstellen (Götze 2001 und genauer
unten 2.2.).

Grammatische Beschreibungen können – zumindest programmatisch – *normativ-
präskriptiv* oder *deskriptiv* sein; im ersten Fall nehmen sie (normative) Wertungen vor,
machen Angaben zu „richtig und falsch" und zu „gut und weniger gut", machen Angaben, wie die Sprachstrukturen (in ihrer Verwendung) sein sollen. Deskriptive Grammatiken dagegen sind erklärtermaßen wertungsfrei, wollen weder vorschreiben noch normie-
ren, sondern das Sprachsystem (und den Sprachgebrauch) zu einem bestimmten Zeitpunkt beschreiben. (Die hier in den Blick genommenen Grammatiken sind synchron und
analysieren den gegenwärtigen Sprachstand, aber es gibt natürlich auch Grammatiken,
die andere Zeitstufen oder auch sprachliche Entwicklungen und Veränderungen darstellen – letztere sind dann diachrone Grammatiken.) Die meisten Grammatiken sind
heute – wenn sie dies überhaupt thematisieren – erklärtermaßen deskriptiv (s. etwa die
Ausführungen bei Eisenberg 2006: 8 ff.), allerdings muss man konstatieren – darauf hat
auch Helbig (2001: 176) hingewiesen – dass nicht die Grammatik selbst normativ sein
muss, sondern ihr Gebrauch dies sein kann, und dies gilt auch für deskriptive Grammatiken. Auch die reine Deskription sprachlicher Strukturen enthält implizit Bewertungen:
Schon das Erwähnen oder Nicht-Erwähnen einer bestimmten Form oder Struktur bewertet implizit (gerade in Gebrauchsgrammatiken); aber auch das Zuschreiben einer bestimmten Erscheinung zu einer bestimmten Varietät (wie etwa: „nur in der gesprochenen
Sprache", „vor allem in Süddeutschland" etc.) wertet implizit genauso wie die Angabe
von Frequenzen bei Varianten oder temporale Charakterisierungen (wie „meist", „heute
oft auch", „gelegentlich", „nur noch selten"). Alle diese Angaben sind nicht explizit normativ, werden aber vielfach von Muttersprachlern wie von Fremdsprachlern, gerade auch
im DaF/DaZ-Zusammenhang, so gelesen. Das hat sicher auch damit zu tun, wann
Grammatiken überhaupt konsultiert werden. Vielfach ist dies eine Situation des Zwei-
felns, die man mit Hilfe der Grammatik zu beheben versucht. Dann werden Grammatiken normativ gelesen, auch wenn dies nicht ihre Intention ist.

Was die Zielsetzung grammatischer Beschreibungen betrifft, so lassen sie sich grundsätzlich auch danach unterscheiden, ob sie für den rezeptiven oder den produktiven
Sprachgebrauch konzipiert sind, ob es sich mithin also um *Rezeptions-* oder *Produktions-
grammatiken* handelt (bei Neuner 1995 auch: Verstehens- und Mitteilungsgrammatik;
kritisch dazu Latzel 1991). Die meisten Grammatiken differenzieren hier nicht, wenn
auch bei einzelnen Ausschnitten der Sprachstruktur insbesondere in Gebrauchs- oder
Didaktischen Grammatiken der Fokus unterschiedlich sein kann. Eine ausschließliche
Beschränkung auf einen Aspekt zeigt die rezeptive Grammatik (wie sie etwa mit Heringer
1988/2001 vorliegt), deren Beschreibungsweg von der sprachlichen Form zur Funktion
führt in der gleichen Weise, wie der Hörer bzw. Leser Texte dekodiert (auch Heringer
1990). Eine derartige Fokussierung und der damit verbundene Perspektivenwechsel erfordert einen konzeptuell anderen Aufbau der grammatischen Beschreibung; für das Lehren und Lernen von Sprache kann dieser Ansatz dann gewinnbringend spezifische
sprachverarbeitende Strategien fokussieren.

Oft verbunden mit diesen verschiedenen Zielsetzungen einer Grammatik ist die angesprochene *Zielgruppe* zu sehen: hier sind einmal die Fachleute (Sprachwissenschaftler
und Sprachmittler) von den sogenannten sprachinteressierten Laien zu unterscheiden,
was sich wiederum in der Struktur, der Terminologie, der Theoriegebundenheit und der
Reflexion der Beschreibung niederschlagen kann (das betrifft die oben angeführte Unterscheidung in Wissenschaftliche und Gebrauchsgrammatiken).

Zentral ist die Unterscheidung zwischen der Zielgruppe der *Muttersprachler* und der
Nicht-Muttersprachler. Grammatik für die eine wie für die andere Gruppe, sogenannte
Muttersprach- und Fremdsprachgrammatiken, unterscheiden sich in vielerlei Hinsicht:
In der Muttersprachgrammatik kann von sprachlicher Kompetenz (Sprachkönnen) und
Sprachgefühl der Benutzer ausgegangen werden, d. h. die grammatische Beschreibung
von Regeln und Strukturen macht etwas bewusst (und systematisiert es), was der Sprecher aber beherrscht und anwenden kann. Die Fremdsprachgrammatik kann von dieser
Sprachkompetenz nicht ausgehen, sie muss gegebenenfalls − je nach konkreter Zielgruppe − erst dazu beitragen, diese Kompetenz zu vermitteln. Aus diesem Grundunter-
schied, der Binnen- versus der Außenperspektive auf die Sprache, folgt, dass die Fremdsprachgrammatik andere Bereiche thematisiert als die Muttersprachgrammatik (letztere
kann die sprachlichen Bereiche vernachlässigen, die für den Muttersprachler nicht fehleranfällig sind) und andere Proportionen aufweist: wo die Fremdsprachgrammatik vor
allem die (typische) Regel präsentieren muss, fokussiert die Muttersprachgrammatik eher
die Ausnahmen; die Fremdsprachgrammatik muss (eben wegen der nicht vorauszusetzen-
den Kompetenz der Adressaten) möglichst vollständig sein, sie muss mit ihren Regeln
wesentlich expliziter sein und sie sollte möglichst genau angeben, „wie richtige Sätze
gebildet, interpretiert und verwendet werden" (Helbig 2001: 177). Auch wenn die Unterscheidung zwischen Grammatiken für Muttersprachler und für Fremdsprachler relativ
grundlegend scheint, gibt es doch eine Reihe von Standard-Grammatiken, die sich an
beide richten (etwa die Duden-Grammatik 2005: 5, die Zielgruppenbestimmung bei Engel 2004: 10 oder Weinrich 2003).

Speziell für den Nicht-Muttersprachler und für den Fremdsprachenunterricht können
auch kontrastive Grammatiken gewinnbringend sein; solche Grammatiken basieren auf
dem Vergleich zweier oder mehrerer Sprachen und stellen diese in der Grammatik kontrastierend bzw. konfrontativ (bei Helbig 2001 wird dies als qualitative Erweiterung verstanden) dar. Kontrastive Grammatiken (für das Deutsche mit einer anderen Kontrast-

sprache etwa Cartagena und Gauger 1989, Engel et al. 1993, Engel und Rytel-Kuc 1999, Glinz 1994) sind zwar nicht notwendigerweise für den Kontext des Lehrens und Lernens verfasst, aber ihre Typik ist doch aus den Bedürfnissen der Sprachvermittlung heraus entstanden (s. dazu Helbig 2001: 177). Die ursprüngliche Annahme, der Vergleich zweier Sprachen würde mit den Unterschieden auch die Lernschwierigkeiten darstellen, gilt mittlerweile als überholt, dennoch kann der Sprachvergleich, sei er nun unilateral (d. h. Darstellung einer Sprache in Bezug auf eine andere ohne tertium comparationis) oder sei er bilateral (die beiden beschriebenen Sprachen werden auf ein metasprachliches Bezugssystem als tertium comparationis bezogen), auch für den Bereich von DaF/DaZ durchaus gewinnbringend sein und sich für den Lehr- und Lernzusammenhang sinnvoll umsetzen lassen (vielfältige sprachvergleichende Hinweise enthält Hentschel und Weydt 2003).

2.1.2. Inhalt und Art der Darstellung

Grammatiken als grammatische Beschreibungen können sich − wie oben schon angesprochen − erheblich darin unterscheiden, welche Sprachbereiche sie darstellen: Alle hier genauer in den Blick genommenen Grammatiken befassen sich mit Wort und Satz, also mit der Morphosyntax; sie unterscheiden sich dahingehend, ob auch kleinere Einheiten (Phoneme/Grapheme, wie etwa in der Duden-Grammatik 2005 oder bei Eisenberg 2006) behandelt werden und ob auch größere Einheiten, also Texte (wie etwa bei Duden 2005, Engel 2004, Weinrich 2003, Wellmann 2008, Zifonun, Hoffmann und Strecker 1997) eine Rolle spielen; ob stärker ins lexikalische gehende Aspekte behandelt werden, wie die Wortbildung (etwa bei Duden 2005 oder Weinrich 2003), und pragmatisch-funktionale Aspekte; inwieweit schließlich verschiedene Varietäten berücksichtigt werden (etwa die gesprochene Sprache bei Duden 2005 oder Zifonun, Hoffmann und Strecker 1997). Nun sind all diese angeführten Sprachbereiche für das Lehren und Lernen von Sprache natürlich wichtig; aber die Frage ihrer Behandlung in einer Grammatik hat unterschiedliche Auswirkungen: ob die Ebene von Phonemen und Graphemen nun in einer Grammatik behandelt wird oder nicht, ist keine grundsätzliche Frage; wenn Grammatiken aber die Wortbildung behandeln, so wird dadurch auch deutlich, dass Wortbildung als „Wortgrammatik" deutlich regelhafte und systematische Züge hat und nicht nur auf die lexikalische Ebene bzw. ins Wörterbuch „abgeschoben" werden sollte. Gerade für den DaF/DaZ-Bereich ist das Potential der Wortbildung im Deutschen noch nicht ausgeschöpft. Was den Einbezug der Textebene betrifft, so muss man bei den Grammatiken unterscheiden, ob es ein zusätzliches Textkapitel gibt, also eine reine Erweiterung des Beschreibungsumfangs, oder ob textuelle Aspekte systematisch in die grammatische Beschreibung mit einbezogen werden. Gerade letzteres ist ein Desiderat für eine Pädagogische Grammatik. Dabei muss differenziert werden zwischen solchen Phänomenen, die per se satzübergreifend sind (wie etwa Proformen, Verweisformen), Phänomenen, die an der Oberfläche nicht satzübergreifend sind, aber deren genauere Spezifik nur satzübergreifend erklärt werden kann (wie etwa Artikel, Topologie), Phänomenen, die sich mit Bezug auf das Textuelle besser (d. h. funktional adäquater) erklären lassen (wie etwa das Passiv oder die Verwendung von Tempus) und schließlich solchen Erscheinungen, die in der Tat über die Satzgrammatik hinausgehen, etwa Charakteristika der Textstruktur oder auch von Textsorten (Thurmair 2004). Eine wirklich textbezogene Grammatik sollte den textuellen

Aspekt systematisch in die Analyse einbeziehen; Beschreibungen, die den Aspekt der Textsorten berücksichtigen, scheinen hier durchaus Potential zu haben (Kühn 1999, Fandrych und Thurmair i. Vorb.).

Die durchgehende und systematische Berücksichtigung verschiedener Varietäten findet sich in keiner der einschlägigen Grammatiken; vereinzelte Hinweise auf regionale Varianten oder funktionale Varianten sind natürlich vorhanden. Zentraler ist die Frage nach der Einbeziehung der gesprochenen Sprache (als einer besonders grundlegenden Varietät); inwieweit die gesprochene Sprache eine eigene Grammatik aufweist, ist umstritten, dass es aber auf allen Ebenen spezifische Formen der gesprochenen Sprache gibt, ist allgemeiner Konsens (etwa Zweitstellung des Verbs nach Subjunktionen wie *weil* oder *obwohl*, doppelte Vorfeldbesetzung und anderes).

Ein weiterer wichtiger Aspekt ist die Frage, inwieweit in einer Grammatik auch funktionale bzw. pragmatische Aspekte eine zentrale Rolle spielen oder nicht. Vom Aufbau her sind die meisten einschlägigen Grammatiken ausgehend vom Formaspekt geordnet, d. h. dass sie in ihrer Beschreibung vom Wort und seinen Wortformen hin zum Satz (und manchmal darüber hinaus zum Text) gehen. Diese Vorgehensweise hat lange Tradition und kommt sicher auch den Erwartungen vieler Benutzer entgegen. Allerdings ist daraus nicht abzuleiten, diese Grammatiken (oft als Ausdrucksgrammatiken bezeichnet) seien ausschließlich an den sprachlichen Formen orientiert: Form und Funktion sprachlicher Ausdrücke sind zwei Seiten einer Medaille, die im Allgemeinen auch beide Eingang in die grammatische Beschreibung finden (s. dazu z. B. Helbig 1999).

Ein anderer Weg, nämlich von Funktionen auszugehen, denen bestimmte Formen zugeordnet werden, findet sich in den Grammatiken kaum durchgehend: eine Ausnahme stellen hier Engel und Tertel (1993) und Buscha et al. (1998) dar − beides Übungsgrammatiken. Die Konzeption bei Buscha et al. (1998), von den Autoren als Inhaltsgrammatik bezeichnet, geht von Funktionen von Sprache aus und ordnet diesen bestimmte Formen zu: konkret sind dies etwa das Feld der Begründung, der Bedingung, des Vergleichs, der Aufforderung u. a. Ein derartiger funktional-semantischer Ausgangspunkt scheint aus der DaF/DaZ-Nutzerperspektive eine sehr plausible und lohnende Vorgehensweise, gerade auch als Produktionsgrammatik; sie steht auch in konsequenter Beziehung zu stärker kommunikativen Ansätzen. Allerdings − und dies ist eine wiederholt vorgebrachte Kritik − fehlt derartigen Grammatiken ein zugrundeliegendes Modell, aus dem sich alle anzunehmenden Funktionen oder auch Felder ableiten ließen; auch deshalb können diese Grammatiken nicht exhaustiv sein. Zur Konzeption einer grundlegenden funktional-pragmatischen Grammatik existieren Vorüberlegungen bei Hoffmann (1999: 31 ff.) und exemplarische Vorschläge (etwa in Hoffmann 2002).

Ein weiterer Aspekt der Darstellung, der in der Analyse und der Bewertung von Grammatiken oft nur eine Nebenrolle spielt, dennoch aber auch Auswirkungen auf die „Brauchbarkeit" einer Grammatik für den Bereich DaF/DaZ hat, sind die dargebotenen Beispiele. Hier stellt sich die Frage, ob die Beispiele, die angeführt werden, um Regularitäten und Systemhaftigkeiten zu demonstrieren, umfangreich(er) sind oder nicht (also: reine Satzbeispiele oder darüber hinaus gehend), ob die Beispiele authentisch sind oder nicht, ob sie funktional adäquat sind oder nicht, aus verschiedenen Varietäten (Fachsprachen, gesprochene Sprache) und Textwelten (literarische Texte) stammen oder nicht, ob sie inhaltlich adäquat sind oder nicht. Gute Beispiele sind prägnant und überzeugend, um das exemplifizierte Phänomen sichtbar und memorierbar zu machen: das heißt nicht, dass sie authentisch sein müssen, das heißt aber, dass sie funktional adäquat sein müssen,

d. h. die entsprechende Form oder Struktur in Funktion zeigen sollen. Besonders ergiebig sind hier textsortengesteuerte Zugänge; in diesem Falle entsteht gleichzeitig auch die gewünschte Registervielfalt. Die Forderung, dass Beispiele inhaltlich adäquat sein sollen, ist wegen des auch über Beispielsätze in Grammatiken vermittelten impliziten Deutschlandbildes eine DaF-relevante Forderung, die − soweit sich dies überblicken lässt − in den neuen einschlägigen Grammatiken im Wesentlichen berücksichtigt wird. Explizit angesprochen werden diese umfassenden Anforderungen an die Beispiel(text)e bei Weinrich (2003: 19), der das „Prinzip Sprachkultur" formuliert und in seiner Grammatik ausdrücklich „Texte von kulturellem Rang, wann immer es möglich ist, bevorzugt".

2.2. Spezialfall: Didaktische Grammatiken

Der Begriff der Didaktischen Grammatik und damit verwandte Begriffe wie etwa Lern-(er)Grammatik werden in der Literatur recht unterschiedlich verstanden und verwendet (s. dazu z. B. die Strukturierungsvorschläge bei Helbig 1999). Didaktische Grammatiken − im weitesten Verständnis − entwerfen eine Sprachbeschreibung für das Lehren und Lernen einer Sprache (hier: einer Fremdsprache).

Allen didaktischen Grammatiken sollte das Konzept einer Pädagogischen Grammatik zugrunde liegen. (Pädagogische Grammatik unterscheidet sich in diesem Verständnis also von dem Konzept einer Lernergrammatik, wie es etwa Schmidt 1991 beschrieben hat, insofern das Konzept weiter, umfassender und allgemeiner ist; es entspricht in etwa Helbig 1985, der „pädagogisch" als Überbegriff verwendet, „didaktisch" dagegen als *differentia specifica* und Didaktische Grammatik damit als Spezialfall der Pädagogischen fasst.) Eine Pädagogische Grammatik stellt eine linguistische Beschreibung des Sprachsystems aus der Fremd- und aus der Vermittlungsperspektive bereit, die einige generelle extra-linguistische, genauer: pädagogische Prinzipien berücksichtigt. Die Sprachbeschreibung in einer Pädagogischen Grammatik sollte grundsätzlich dergestalt sein, dass grammatische Strukturen verständlich und lernbar sind; sie sollte deshalb inhaltlich ansprechend sein und sprachliche Funktionen in adäquaten Texten und Kontexten zeigen. Sie muss die Sprache klar und einfach beschreiben (sachlich wie terminologisch), und sie sollte sie unter dem Blickwinkel der Vermittlung als fremde Sprache beschreiben, also den analytischen Blick von außen auf die deutsche Sprache richten, was bedeutet, dass kontrastive Aspekte zu berücksichtigen sind. Weiter muss die Sprachbeschreibung sprachangemessen sein, vor allem hinsichtlich ihrer Normen, damit gewährleistet ist, dass das, was vermittelt wird, auch der tatsächlichen Sprachrealität im Zielsprachenland entspricht. Und schließlich sollte eine Pädagogische Grammatik konkret und anschaulich sein (Thurmair 1997).

Eine sehr kontrovers diskutierte Frage im Zusammenhang mit Pädagogischer Grammatik ist das Verhältnis zwischen Didaktik und Linguistik (s. dazu etwa Helbig 1993, 1999: 106−107, Colliander 2001), damit verbunden etwa die Frage, inwieweit eine lernerbezogene Progression die Auswahl und Anordnung der Phänomene bestimmen sollte oder auch die Frage, inwieweit Erkenntnisse aus der Linguistik für die Sprachvermittlung und die Konzeption einer Pädagogischen Grammatik umgesetzt werden können. Grundsätzlich lässt sich feststellen, dass im Zusammenhang mit Grammatik im DaF/DaZ-Bereich seit längerem eher über das *Wie* (der Grammatikschreibung und auch -vermittlung) als über das *Was* (Auswahl der Phänomene, inhaltliche und Beschreibungsadäquatheit) diskutiert wird — was einerseits didaktisch durchaus zu bereichernden Vorschlägen führt (vgl. exemplarisch Brinitzer und Damm 2000, Schlak 2000, Even 2003), was aber andererseits linguistisch bzw. grammatisch bisweilen zu einer bedauerlichen Verengung führt. Grundsätzlich ist nämlich keine der vorgestellten Grammatikkonzeptionen von vornherein für eine Pädagogische Grammatik ungeeignet: die verschiedenen wissenschaftlichen Grammatiken bieten eine Fülle von neuen linguistischen Erkenntnissen, die in eine Pädagogische Grammatik eingehen könnten, das kann generell den Bereich der Textlinguistik betreffen (wie etwa in Weinrich 2003 — ausgewählte didaktische Vorschläge dazu etwa in Thurmair und Willkop 2003 — oder Zifonun, Hoffmann und Strecker 1997) oder Phänomene der gesprochenen Sprache (wie sie z. B. in Zifonun, Hoffmann und Strecker 1997 oder Duden 2005 dargelegt werden). Solche Erkenntnisse aus wissenschaftlichen Grammatiken zu rezipieren, zu bewerten, gegebenenfalls auszuwählen und entsprechend umzusetzen, sollte zentrales Anliegen für die Konzeption einer Pädagogischen Grammatik sein.

Eine im oben dargestellten Sinne verstandene Pädagogische Grammatik kann als Grundlage für die verschiedenen Arten von Didaktischen Grammatiken dienen. Diese lassen sich konkret danach weiter spezifizieren, ob sie eine lehrwerkunabhängige Referenzgrammatik darstellen (bei Helbig 1999 dann als Lerngrammatik bezeichnet) oder konkret lehrmaterialbezogen sind; weiter lassen sich die Didaktischen Grammatiken wiederum hinsichtlich der generellen Zielgruppe spezifizieren: Lerner oder Lehrer (sinnvoll sind nur lehrmaterialbezogene Grammatiken), muttersprachliche Lerner (für die sogenannte Schulgrammatiken konzipiert werden) oder fremdsprachliche Lerner. Im Falle der lehrwerkunabhängigen didaktischen Grammatiken für Lerner kann nach dem Zweck der Grammatikbenutzung und der Funktion im Sprachlehr-/-lernprozess unterschieden werden, etwa in Nachschlagegrammatik oder Übungsgrammatik, es kann nach der Zielsetzung unterschieden werden (Rezeptions- oder Produktionsgrammatik) und natürlich nach der Sprachstufe (Anfängergrammatik, Mittelstufengrammatik etc.); schließlich kann von der Struktur her danach differenziert werden, ob die Grammatik nach einer spracherwerbsbedingten, lernpsychologischen Progression aufgebaut ist oder nicht. Die meisten vorliegenden Didaktischen Grammatiken sind in dieser Hinsicht „Mehrzweckgrammatiken" (Götze 2001), die Trennlinien sind unscharf. Unter den solcherart zu spezifizierenden Grammatiken nehmen die Übungsgrammatiken (z. B. Buscha et al. 1998, Dreyer und Schmitt 2000, Engel und Tertel 1993, Fandrych und Tallowitz 2000, Hall und Scheiner 2001, Reimann 2009, Rug und Tomaszewski 2006) als spezifische Didaktische Grammatiken einen besonders breiten Raum ein (s. dazu genauer Kühn 1999, 2004 und die Beiträge in Kühn 2004). Sie vermitteln dem Lerner (deduktiv oder induktiv) sprachstrukturelle Regularitäten und bieten zusätzlich die Möglichkeit diese durch Übungen zu erwerben oder zu wiederholen und zu festigen. Auch der spezielle Typ der Übungsgrammatik zeigt die konzeptuelle Vielfalt der grammatischen Darstellung.

3. Literatur in Auswahl

Brinitzer, Michaela und Verena Damm
    2000   *Grammatik sehen. Arbeitsbuch für DaF.* Ismaning: Hueber.

Buscha, Joachim
  1995   Referenzgrammatiken als theoretische Mischgrammatiken. In: Vilmos Ágel und Rita
          Brdar-Szabó (Hg.), *Grammatik und deutsche Grammatiken*, 175–185. Tübingen: Nie-
          meyer.
Buscha, Joachim et al.
  1998   *Grammatik in Feldern. Ein Lehr- und Übungsbuch für Fortgeschrittene.* Ismaning: Verlag
          für Deutsch.
Cartagena, Nelson und Hans-Martin Gauger
  1989   *Vergleichende Grammatik Spanisch – Deutsch.* 2 Bde. Mannheim.
Colliander, Peter (Hg.)
  2001   *Linguistik im DaF-Unterricht. Beiträge zur Auslandsgermanistik.* Frankfurt a. M.: Lang.
Dreyer, Hilke und Richard Schmitt
  2000   *Lehr- und Übungsbuch der deutschen Grammatik.* Neubearbeitung. Ismaning: Verlag für
          Deutsch.
Duden
  2005   *Grammatik der deutschen Gegenwartssprache.* 7. Aufl. Mannheim etc.
Eisenberg, Peter
  2006   *Grundriss der deutschen Grammatik, Bd. 1: Das Wort; Bd. 2: Der Satz.* 3. Aufl. Stutt-
          gart: Metzler.
Engel, Ulrich
  2004   *Deutsche Grammatik.* Neubearbeitung. München: iudicium.
Engel, Ulrich, Mihai Isbasescu, Speranta Stanescu und Octavian Nicolae
  1993   *Kontrastive Grammatik deutsch–rumänisch.* 2 Bde. Heidelberg: Groos.
Engel, Ulrich und Danuta Rytel-Kuc
  1999   *Deutsch–polnische kontrastive Grammatik.* 2 Bde. Heidelberg: Groos.
Engel, Ulrich und Rozemaria K. Tertel
  1993   *Kommunikative Grammatik Deutsch als Fremdsprache.* München: iudicium.
Even, Susanne
  2003   *Drama Grammatik. Dramapädagogische Ansätze für den Grammatikunterricht Deutsch als
          Fremdsprache.* München: iudicium.
Fandrych, Christian und Ulrike Tallowitz
  2000   *Klipp und Klar. Übungsgrammatik Grundstufe Deutsch.* Stuttgart: Klett.
Fandrych, Christian und Maria Thurmair
  i. Vorb. *Textsorten: Linguistische und sprachdidaktische Untersuchungen.* Tübingen: Stauffen-
          burg.
Glinz, Hans
  1994   *Grammatiken im Vergleich. Deutsch – Französisch – Englisch – Latein. Formen – Bedeu-
          tungen – Verstehen.* Tübingen: Niemeyer.
Götze, Lutz
  2001   Linguistische und didaktische Grammatik. In: Gerhard Helbig, Lutz Götze, Gert Henrici
          und Hans-Jürgen Krumm (Hg.), 187–194.
Hall, Katrin und Barbara Scheiner
  2001   *Übungsgrammatik Deutsch als Fremdsprache für Fortgeschrittene.* Ismaning: Verlag für
          Deutsch.
Helbig, Gerhard
  1981   *Sprachwissenschaft – Konfrontation – Fremdsprachenunterricht.* Leipzig
Helbig, Gerhard
  1985   Zu den Beziehungen zwischen Grammatik und Fremdsprachenunterricht (FU). In: Kurt
          Nyholm (Hg.), *Grammatik im Unterricht*, 45–64. Abo.
Helbig, Gerhard
  1993   Wieviel Grammatik braucht der Mensch? In: Harden, Theo und Clíona Marsh (Hg.),
          Wieviel Grammatik braucht der Mensch? 19–29. München: iudicium.

Helbig, Gerhard
 1999 Was ist und was soll eine Lern(er)-Grammatik? *Deutsch als Fremdsprache* 36: 103–112.
Helbig, Gerhard
 2001 Arten und Typen von Grammatiken. In: Gerhard Helbig, Lutz Götze, Gert Henrici und Hans-Jürgen Krumm (Hg.), 175–186.
Helbig, Gerhard und Joachim Buscha
 2001 *Deutsche Grammatik. Ein Handbuch für den Ausländerunterricht*, Berlin u. a. [zuerst erschienen 1970].
Helbig Gerhard, Lutz Götze, Gert Henrici und Hans-Jürgen Krumm (Hg.)
 2001 *Deutsch als Fremdsprache*. Berlin/New York: de Gruyter.
Hennig, Mathilde
 2001 *Welche Grammatik braucht der Mensch? Grammatikenführer für Deutsch als Fremdsprache*. München: iudicium.
Hentschel, Elke und Harald Weydt
 2003 *Handbuch der deutschen Grammatik*. 3. Aufl. Berlin/New York: de Gruyter.
Heringer, Hans Jürgen
 2001 *Lesen lehren lernen: Eine rezeptive Grammatik des Deutschen*, 2. Aufl. Tübingen: Niemeyer.
Heringer, Hans Jürgen
 1990 Rezeptive Grammatik – Was ist das? *Jahrbuch Deutsch als Fremdsprache* 16: 204–216.
Hoffmann, Ludger
 1999 Grammatiken und die Funktionalität von Sprache. In: Renate Freudenberg-Findeisen (Hg.), *Ausdrucksgrammatik versus Inhaltsgrammatik*, FS J. Buscha, 23–38. München: iudicium.
Hoffmann, Ludger
 2002 Zur Grammatik der kommunikativen Gewichtung im Deutschen. In: Corinna Peschel (Hg), *Grammatik und Grammatikvermittlung*, 9–38. Frankfurt a. M.: Lang.
Kühn, Peter
 1999 Anleitungen zum grammatischen Varieté. Übungsgrammatiken für Deutsch als Fremdsprache in der Diskussion. In: Renate Freudenberg-Findeisen (Hg.), *Ausdrucksgrammatik versus Inhaltsgrammatik*, FS J. Buscha, 321–336. München: iudicium.
Kühn, Peter
 2004 Übungsgrammatiken: Konzepte, Typen, Beispiele. In: Peter Kühn (Hg.), 10–39.
Kühn, Peter (Hg.)
 2004 *Übungsgrammatiken Deutsch als Fremdsprache. Linguistische Analysen und didaktische Konzepte*. Regensburg: FaDaF.
Latzel, Sigbert
 1991 Mitteilungs- und Verstehensgrammatik. Kritische Überlegungen. *Fremdsprache lehren und lernen* (FLUL) 20: 25–38.
Neuner, Gerhard
 1995 Verstehensgrammatik – Mitteilungsgrammatik In: Claus Gnutzmann und Frank G. Königs (Hg.), *Perspektiven des Grammatikunterrichts*, 147–166. Tübingen.
Portmann-Tselikas, Paul R. und Sabine Schmölzer-Eibinger (Hg.)
 2001 *Grammatik und Sprachaufmerksamkeit*. Innsbruck u. a.: StudienVerlag.
Reimann, Monika
 2009 *Grundstufen-Grammatik für Deutsch als Fremdsprache. Erklärungen und Übungen*. 5. Aufl. Ismaning: Hueber.
Rug, Wolfgang und Andreas Tomaszewski
 2006 *Grammatik mit Sinn und Verstand*. 5. Aufl. München: Klett.
Schlak, Torsten
 2000 *Adressatenspezifische Grammatikarbeit im Fremdsprachenunterricht: Eine qualitativ-ethnographische Studie*. Baltmannsweiler: Schneider.

Schmidt, Rainer
   1991   Lern(er)-Grammatik für Deutsch als Fremdsprache. *Fremdsprache lehren und lernen* (FLUL) 20: 52−71.
Thurmair, Maria
   1997   Nicht ohne meine Grammatik! Vorschläge für eine Pädagogische Grammatik im Unterricht des Deutschen als Fremdsprache. *Jahrbuch Deutsch als Fremdsprache* 23: 25−45.
Thurmair, Maria
   2004   Übungsgrammatiken im Kontext textgrammatischer Ansätze. In: Peter Kühn (Hg.), 79−102.
Thurmair, Maria und Eva-Maria Willkop
   2003   Die „Textgrammatik der deutschen Sprache" für den Unterricht Deutsch als Fremdsprache. Einige Anregungen. In: Armin Wolff und Ursula R. Riedner (Hg.), *Grammatikvermittlung − Literaturreflexion − Wissenschaftspropädeutik − Qualifizierung für eine transnationale Kommunikation*, 250−286. Regensburg: FaDaF.
Weinrich, Harald
   2003   *Textgrammatik der deutschen Sprache*. 2. Aufl. Hildesheim: Olms.
Wellmann, Hans
   2008   *Deutsche Grammatik. Laut. Wort. Satz. Text*. Heidelberg: Winter.
Zifonun, Gisela, Ludger Hoffmann und Bruno Strecker
   1997   *Grammatik der deutschen Sprache*. 3 Bde. Berlin/New York: de Gruyter.

Maria Thurmair, Regensburg (Deutschland)

30. Wörterbücher/Lernerwörterbücher

1. Forschungsstand

Wörterbuchbenutzer gelten immer noch als „bekannte Unbekannte" (Wiegand 1977: 59), obwohl die Wörterbuchlandschaft des Deutschen recht differenziert (Kühn 1978), die lexikographische Forschung sehr gut aufgearbeitet (Hausmann et al. 1989−1990) und bibliographisch erschöpfend dokumentiert (Wiegand 2006−2007) ist. Konzepte und Probleme der Wörterbuchdidaktik gibt es in diesem Kontext nur vereinzelt (z. B. Zöfgen 1985; Kühn 1987; *Lexicographica* 1998). Mit dem Erscheinen von „Langenscheidts Großwörterbuch Deutsch als Fremdsprache" (1993) und dem „de Gruyter Wörterbuch Deutsch als Fremdsprache" (2000) beginnt in Deutschland eine intensive wissenschaftliche Beschäftigung mit der Lernerlexikographie (Zöfgen 1994; Barz und Schröder 1996; Wiegand 1998a, 2002). Inzwischen sind weitere Lernerwörterbücher publiziert worden (z. B. *HDaF* 2003, *WGDaF* 2008). Parallel zur lernerlexikographischen Entwicklung entstehen auch grundsätzliche Arbeiten zur Wörterbuchbenutzungsforschung im Allgemeinen (Wiegand 1998b) sowie zur Benutzung unterschiedlicher Wörterbücher und Wörterbuchtypen im Speziellen (Dolezal und McCreary 1996).

2. Wörterbücher benutzen

Geht man der Frage nach, wer aus welchem Anlass mit welcher Frage zu welchem Zweck welches Wörterbuch benutzt, so ergeben sich zwangsläufig auch Korrespondenzen zwischen postulierten oder tatsächlichen Wörterbuchbenutzungsanlässen und -zwecken und bestimmten Wörterbuchtypen. Ein bestimmtes Wörterbuch oder ein bestimmter Wörterbuchtyp ist nur für bestimmte Benutzergruppen wertvoll und brauchbar und zwar wiederum nur für bestimmte Ziele und Zwecke. In diesen Zusammenhang werden Wörterbuchtypen und Wörterbuchbenutzungszwecke miteinander korreliert. Dabei ergeben sich unterschiedliche Konsultationshandlungen (Kühn 1989: 115−122; Wiegand 1998b: 259−567).

2.1. Im Wörterbuch nachschlagen

Wörterbücher werden in der Regel zum punktuellen Nachschlagen benutzt: Der Benutzer konsultiert ein Wörterbuch, weil ihm entweder bestimmte Informationen fehlen (Informationsdefizit) oder aber weil ihm eine bestimmte Information nicht abgesichert genug erscheint (Informationsunsicherheit). Die Benutzung eines Wörterbuchs als Nachschlagewerk ist also immer mit einer bestimmten Suchfrage verbunden, das Nachschlagebedürfnis ist somit utilitaristisch motiviert. Der Ausgleich des Informationsdefizits oder der Informationsunsicherheit kann dabei verursacht sein durch:

− sprachliche Kompetenzprobleme im Kontext der Normkontrolle,
− semantische und/oder interkulturelle Verstehensprobleme bei der Textrezeption,
− Formulierungsprobleme und -unsicherheiten bei der Textproduktion,
− Äquivalenzprobleme bei der Übersetzung,
− sachliche Kompetenzlücken,
− Forschungsinteressen.

2.2. Im Wörterbuch „lesen"

Wörterbücher − insbesondere stark standardisierte − bieten eigentlich schon auf Grund ihres Aufbaus keinen Anreiz zur fortlaufenden Lektüre. Dennoch „liest" man gelegentlich auch in Wörterbüchern, sei es, dass sich der Wörterbuch-Leser für die Besonderheiten der Sprache interessiert und sich daran erfreuen will, sei es, dass er sich von der Wörterbuchlektüre weiterführende Auskünfte oder Aufklärungen verspricht. Die Konsultation des Wörterbuchs als Lesebuch ist also nicht unmittelbar mit Suchfragen verknüpft. Das Wörterbuch-Lesebedürfnis ist kontemplativ motiviert. Folgende Wörterbuchtypen können solche Leseanreize bieten: bedeutungsgeschichtliche, sozialkritische oder kulturhistorische Wörterbücher. Die Idee des Wörter-Lesebuchs hat in der Lexikographie des Deutschen Tradition (vgl. die Hausbuchideologie im Grimmschen Wörterbuch) und scheint gerade in jüngster Zeit unter pädagogischen (Ickler 1982), historisch-sozialkritischen (z. B. Stötzel und Eitz 2002) und interkulturellen (Kühn 2006) Zielsetzungen oder als reines unterhaltsames Lesevergnügen (z. B. Bock und Sander 2003) neuen Auftrieb zu bekommen.

3. Wörterbuchbenutzungsforschung

Die zentrale Frage der Wörterbuchbenutzungsforschung − wer benutzt mit welchen Fertigkeiten in welchen Zusammenhängen wann, wie lange, wo, mit welchem Ziel, zu welchem Zweck und mit welchen Erfolgen ein bestimmtes Wörterbuch (Wiegand 1998b: 564−566) − ist bislang methodisch unterschiedlich angegangen worden: z. B. schriftliche oder mündliche Befragungen, direkte Beobachtung, Wörterbuchbenutzungsprotokolle, Tests, Aussagen von Sprachberatungsstellen. Die Ergebnisse dieser empirischen Wörterbuchbenutzungsforschung sind teilweise methodisch unzureichend abgesichert und in ihren Ergebnissen disparat und widersprüchlich. Für den Bereich der Lernerlexikographie wird u. a. festgestellt (Engelberg und Lemnitzer 2004):

(a) Fremdsprachenlerner benutzen zweisprachige Wörterbücher häufiger als einsprachige, obwohl die zweisprachigen als qualitativ minderwertiger angesehen werden.

(b) Einsprachige Wörterbücher werden eher zu Rezeptionszwecken und weniger zur Textproduktion eingesetzt.

(c) Nachschlagemotivation wie Nachschlagekompetenz ist bei Fremdsprachenlernern wenig ausgeprägt. Dies liegt an der wenig ausgeprägten schulischen Wörterbuchdidaktik und -methodik.

(d) Studierende geisteswissenschaftlicher Fächer kennen, besitzen und benutzen häufiger Wörterbücher als Studierende anderer Fächer.

(e) Lernende haben Schwierigkeiten, ihre Benutzungsbedürfnisse mit entsprechenden Wörterbuchtypen in Übereinstimmung zu bringen.

(f) Fremdsprachenlernende benutzen einsprachige Wörterbücher vor allem zur semantischen Klärung unbekannter Wörter. Daneben werden Wörterbücher vor allem zur Normenkontrolle genutzt, insbesondere bei Rechtschreibfragen.

(g) Wörterbuchbenutzer sind mit den konsultierten Wörterbüchern selten zufrieden. Verbesserungsvorschläge betreffen zum einen besonders die als unzureichend angesehenen Bedeutungserläuterungen sowie die pragmatischen Angaben zur Wortverwendung. Zum anderen betrifft die Kritik auch Typographie und Layout, die eine schnelle und gezielte Konsultation erschweren. Elektronische Wörterbücher oder Wörterbücher im Internet bieten zwar augenblicklich teilweise eine bessere quantitative Datenpräsentation (z. B. http://wortschatz.uni-leipzig.de/ oder http://www.dwds.de/woerterbuch), sind allerdings wenig benutzerfreundlich gestaltet.

4. Wörterbuchdidaktik

Die Wörterbuchdidaktik ist eine recht junge Forschungsdisziplin (Kühn 1998a). Dabei muss sowohl für den muttersprachlichen als auch den fremdsprachlichen Deutschunterricht festgehalten werden, dass die hohe Wertschätzung des Wörterbuchs und der Wörterbucharbeit in den Curricula im krassen Gegensatz zur unzureichenden und mangelhaften Praxis der Wörterbuchbenutzung im konkreten Unterricht steht. Hierfür gibt es mehrere Ursachen:

(a)   Die Wörterbucharbeit ist ein Stiefkind der Deutschdidaktik: selbst in den neueren Didaktiken des Deutschunterrichts spielen wörterbuchdidaktische und -methodische Konzepte und Fragen keine Rolle, die wenigen wörterbuchdidaktischen Arbeiten sind total veraltet oder einseitig in die Rechtschreibdidaktik eingebunden.
(b)   Die Wörterbuchdidaktik wird auf eine „Didaktik der Arbeitstechniken" reduziert. Die methodischen Vorschläge zur Wörterbuchbenutzung reduzieren sich dabei auf das Nachschlagen und Finden der Wörter im Wörterbuch, d. h. auf die Erschließung der Makro- und Mikrostruktur von Wörterbüchern (z. B. López Barrios 1997).

5. Wörterbuchtypen

Ein weiterer Grund für die unzureichende Wörterbuchbenutzungspraxis liegt letztlich auch an den zur Verfügung stehenden Wörterbüchern:

Im Muttersprachenunterricht sind Schulwörterbücher seit Mitte des 19. Jahrhunderts bis auf den heutigen Tag (rudimentäre) Rechtschreibwörterbücher. Die große Palette unterschiedlicher Wörterbuchtypen bleibt ebenso ausgeklammert wie der reichhaltige lexikalische Informationsgehalt allgemeiner einsprachiger Wörterbücher des Deutschen nach dem Motto: „Der Duden reicht mir" (Kühn und Püschel 1982). Die einseitige Bevorzugung des Rechtschreibwörterbuchtyps führt einerseits zu einer Verengung der wörterbuchdidaktischen Perspektive, zum anderen zur Verabsolutierung einer Wörterbuchbenutzungssituation, nämlich auf das Nachschlagen bei formalsprachlichen (orthographischen) Kontrollfragen. Spärlich sind die Versuche, Lehrer wie Schüler mit der Vielfalt einsprachiger Wörterbücher des Deutschen und ihren Benutzungsmöglichkeiten bekannt zu machen (z. B. Starke 1992). Neu ist auch der Versuch, die einseitige orthographische Ausrichtung der Schulwörterbücher zu durchbrechen und semantisch konzipierte Schulwörterbücher für Schülerinnen und Schüler zu erarbeiten, die zur vielseitigen Spracharbeit vor allem auch im Deutschunterricht in multilingualen Klassen bzw. im Bereich Deutsch als Zweitsprache genutzt werden könnten (Kühn 2007).

5.1. Allgemeine einsprachige Wörterbücher

Auch im Unterricht Deutsch als Fremdsprache dominierte lange Zeit ein Wörterbuchtyp: das allgemeine einsprachige Wörterbuch des Deutschen (z. B. Wahrig 2006). Dieser Wörterbuchtyp erweist sich für den Unterricht Deutsch als Fremdsprache aus mehreren Gründen als problematisch (Ickler 1988; Kühn 1998b):

(a) Die Bedeutungserklärungen sind zu umfangreich, überinformativ und von den For-
    mulierungen her wenig verständlich.
(b) Die Bedeutungserklärungen enthalten keine kultursensitiven Erläuterungen.
(c) Die Beispielangaben sind wenig prototypisch und geben weder Hinweise zur Seman-
    tisierung noch zu textsorten- und situationstypischen Kontexten (Abel 2000).
(d) Beklagt wird in den großen einsprachigen Wörterbüchern des Deutschen die „ono-
    masiologische Blindheit", d. h. es fehlt die onomasiologische Wörtervernetzung
    (Kloster 1997).
(e) Die Wörterbuchartikel enthalten kaum Angaben zur syntagmatischen Verknüpfung
    des Wortschatzes und sind damit für die Textproduktion nicht brauchbar.

5.2. Grundwortschatz(wörter)bücher

Grundwortschatzwörterbücher stellen den Wortschatz vor allem nach dem Häufigkeits-
kriterium zusammen. Grundwortschatzwörterbücher sind mono-, bi- oder multilingual,
ihre postulierten Zielsetzungen sind pädagogisch motiviert. Nach Selbstaussagen wird
davon ausgegangen, das derjenige, der den Grundwortschatz beherrscht, Deutsch verstehen und sich hinreichend auf Deutsch verständlich machen kann. Aus der Benutzungs-
forschung wissen wir allerdings, dass zwei- und mehrsprachige Grundwortschatzwörterbücher aber vor allem als rudimentäre Übersetzungswörterbücher genutzt werden.
Grundwortschatzwörterbücher sind im schulischen Fremdsprachenunterricht zwar weit
verbreitet, ihr Nutzen wird allerdings zunehmend kritisch eingeschätzt: Die Kritik reicht
von der quantitativen Bestimmung des Grundwortschatzes über seine asemantische
Makro- und Mikrostruktur bis hin zu den postulierten Nutzungsmöglichkeiten (Kühn
1990).

5.3. Valenzwörterbücher

Valenzwörterbücher sind ursprünglich ebenfalls aus den Bedürfnissen des Unterrichts
Deutsch als Fremdsprache entstanden. Sie gehören zu den Konstruktionswörterbüchern
und beschreiben qualitativ und quantitativ (syntaktisch, semantisch) die Aktanten der
lemmatisierten Wörter. Es gibt einsprachige Valenzwörterbücher zu Verben, Substantiven
und Adjektiven sowie zweisprachige Valenzwörterbücher mit Deutsch als Ausgangs- oder
Zielsprache. Der praktische Nutzen von Valenzwörterbüchern für den Unterricht wird
inzwischen als eher gering eingeschätzt, vor allem deshalb, weil ihre Benutzung linguistische und valenztheoretische Kenntnisse erfordert und die meist kontextlose, sprachsystematische Wörterbuchbeschreibung der Valenzen pragmatische Gesichtspunkte mit einbeziehen müsste. Es wird als erfolgversprechender angesehen, die Valenzeigenschaften der
Wörter in den Lernerwörterbüchern über Strukturformeln zu verarbeiten.

5.4. Wortartenwörterbücher

In einer Reihe grammatischer Spezialwörterbücher, z. B. zu Präpositionen, Partikeln,
Konjunktionen, Modalwörtern und zum Artikelgebrauch (Barz 2001: 209–210) wird

behauptet, dass sie für viele praktische Zwecke und unterschiedliche Benutzerkreise nützlich sind, besonders für Lernende im Bereich Deutsch als Fremdsprache. Auf Grund ihrer hohen Spezialisierung lassen sich diese grammatischen Wörterbücher allerdings wohl eher im Kontext der Textrezeption benutzen: Problematisch scheint die extensive lexikographische Beschreibung der einzelnen Funktionswörter, die komplizierten metasprachlichen Formulierungen sowie die Schwierigkeit, den kontextuellen Gebrauch der Funktionswörter über mehr oder weniger isolierte Beispiele zu beschreiben. Ob solche wortartenbezogenen Wörterbücher tatsächlich gebraucht werden, muss die Wörterbuchbenutzungsforschung erst nachweisen.

5.5. Fehlerwörterbücher

Einen eher induktiven Ansatz verfolgen Fehlerlexika. Fehlerlexika wollen den Lernenden auf häufige Fehler und Fehlerquellen beim Erlernen des Deutschen hinweisen und ihre Ursachen erklären. Das bislang einzige Fehlerlexikon für Deutsch als Fremdsprache (Heringer 2001) geht von Fehlerhäufigkeiten aus und erläutert vor allem Wörter oder Wortteile, die mit grammatischen Problemen verknüpft und die schwierig und fehlerträchtig sind; außerdem werden konkurrierende lexikalische und grammatische Wortgebrauchsvarianten erläutert. Fehlerlexika gehören zum Typ der sogenannten Schwierigkeitenwörterbücher, ihr Stichwortansatz ist jedoch nicht sprachsystematisch sondern über die Fehlerhäufigkeit von Deutschlernenden empirisch motiviert. Ob Fehlerlexika eher von Lernenden (z. B. als Lesewörterbuch) oder von Lehrenden (z. B. als Materialgrundlage) genutzt werden, muss die empirische Wörterbuchbenutzung erweisen.

6. Lernerwörterbücher

Wörterbücher, die speziell für Benutzer im Erst- und Zweitsprachenerwerb konzipiert sind, werden als Lernerwörterbücher bezeichnet. Die Lernerlexikographie ist vor allem eine Paradedisziplin der britischen Lexikographie. In Deutschland existiert mittlerweile ebenfalls eine aspektenreiche Diskussion lernerlexikographischer Konzepte und Probleme (Kammer und Wiegand 1998). Diskutiert werden: Grammatik und Wortbildung im Lernerwörterbuch, sein semantisch-pragmatischer Informationsgehalt, die Kultursensitivität von Lernerwörterbüchern, die Beispiel- und Kollokationsangaben, ausgewählte Wortschatzbereiche (Partikeln, Präpositionen, Konjunktionen, Phraseologismen, Wortschatzvarietäten), die Lemmaselektion und Makrostruktur, Verweis- und Zugriffsstrukturen, Lernerwörterbücher des Deutschen im Vergleich zu ihren englischen und französischen Pendants sowie zu den übrigen Wörterbüchern des Deutschen (Barz und Schröder 1996; Wiegand 1998a, 2002).

Es existieren im Deutschen mittlerweile mehrere Wörterbücher, die als echte Lernerwörterbücher bezeichnet werden können (*LGDaF* 2007, *HDaF* 2003, dGWDaF 2000, *WGDaF* 2008); viele Wörterbücher, die im Titel das Etikett „Deutsch als Fremdsprache" führen, verdienen jedoch diesen Namen nicht und sind untauglich (z. B. *Duden Deutsch als Fremdsprache* 2002).

6.1. Konsultationshandlungen zur Textrezeption

Lernerwörterbücher lassen sich bei der Textrezeption einsetzen, vor allem bei wortsemantischen Lücken und Unsicherheiten. In solchen Benutzungssituationen können Zusatzprobleme auftreten: Rückführung flektierter Formen auf die Grundform, Identifizierung phraseologischer Einheiten, Diskriminierung falscher Freunde usw. Eine schnelle, effektive und erfolgreiche Konsultation bei textrezeptiven Benutzungsbedürfnissen ist nur unter bestimmten Bedingungen möglich:

(a) Deutschlernende suchen in der Regel weniger Auskünfte über den seltenen oder speziellen Wortschatz, sondern eher über den verbreiteten Standardwortschatz. Hier sind die bisherigen Lernerwörterbücher recht unterschiedlich: *WGDaF* (2008) lemmatisiert 70000, *LGDaF* (2007) 66000, *HDaF* (2003) 40000 und *dGWDaF* (2000) 20000 Stichwörter. Alle geben vor, den aktuellen Wortschatz aus allen Lebensbereichen abzubilden. Mittlerweile existieren auch Lernerwörterbücher für Einsteiger (*LTDaF* 2007 mit 33000 Einträgen).

(b) Die Bedeutungserläuterungen sollten in Lernerwörterbüchern weniger in Form klassifizierender Definitionen, sondern am tatsächlichen Wortgebrauch orientiert sein (Kühn 1998b: 35−37, 2001).

(c) Die Worterläuterungen müssen hinsichtlich ihrer Formulierungen verständlich sein. Hier ist die englischsprachige Lernerlexikographie vorbildlich: in den Lernerwörterbüchern wird konsequent ein Definitionswortschatz verwendet. Dies bedeutet, dass die Wörter, die in den Wörterbucherklärungen verwendet werden, selbst als Einträge vorhanden sind. Nützlich ist auch die Semantisierung über Illustrationen oder (bei elektronischen Wörterbüchern) über Geräusche (Kühn 1998b: 41−44). Diese Forderung wird bislang ansatzweise erst von wenigen Lernerwörterbüchern erfüllt (z. B. *LGDaF* 2007, *WGDaF* 2008; die Erklärungen in *LTDaF* (2007) beruhen konsequent auf einem Definitionswortschatz).

(d) In der Lernerlexikographie werden Semantisierungskonzepte gefordert, die landes- und kulturspezifische Aspekte berücksichtigen (Lerchner 1996; Kühn 2002); Ansätze zur semantischen Kultursensitivität des Wortschatzes gibt es in *LGDaF* (2007) und *WGDaF* (2008).

6.2. Konsultationshandlungen zur Textproduktion

Lernerwörterbücher sollten gewinnbringend bei der Textproduktion eingesetzt werden können und zwar beim Planen, Formulieren und Überarbeiten von Texten. Gerade für das Texte-Schreiben lassen sich differenzierte Konsultationshandlungen formulieren (Wiegand 1998b: 823−1025; Honnef-Becker 1998, 2000, 2002; Engelberg und Lemnitzer 2004):

(a) Wortverwendungsprobleme betreffen den Gebrauch eines bereits bekannten Wortes im Text. Während Muttersprachler eher formalsprachliche Aspekte der Wortverwendung suchen (Rechtschreibung oder Ausspracheangaben, grammatische Informationen), suchen Deutschlerner eher text(sorten)spezifische Informationen hinsichtlich der wortartentypischen semantisch-syntaktischen Valenz, Kollokationsverwendungen, stilistisch-pragmatische Spezifizierungen des Wortgebrauchs oder Verwendungskontexte. Bei der Konzeption und Ausarbeitung von Lernerwörterbüchern ist damit besonderer Wert zu legen auf valenzspezifizierende Strukturformeln, Kollokationsangaben, stilistisch-pragmatische Markierungen oder Kommentare sowie auf situationstypische Beispielangaben; die pragmatischen Gebrauchsangaben zur Stilschicht und Stilfärbung werden in Lernerwörterbüchern als verbesserungsbedürftig angesehen.

(b) Wortfindeprobleme treten dann auf, wenn der Lernende ein ihm noch unbekanntes Lexem sucht. Muttersprachler befinden sich in einer solchen Situation, wenn ihnen „das Wort auf der Zunge liegt", aber nicht einfällt. Während das gesuchte Wort zum passiven Wortschatz des Muttersprachlers gehört, verfügt der Deutschlernende weder aktiv noch passiv über das gesuchte Wort. Seine Suchfrage ist onomasiologisch motiviert, denn er sucht nach passenden Bezeichnungen für Wortinhalte: „Wie bezeichnet man beispielsweise den Teil des Hauses, der teilweise oder ganz unter der Erde liegt?" Lernerwörterbücher können nur dann bei Wortfindeproblemen erfolgreich eingesetzt werden, wenn die semasiologische Makrostruktur onomasiologisch durchbrochen wird. Dies bedeutet, Lernerwörterbücher müssen Sach- und Wortfeldstrukturen enthalten (Angaben zu Hyponymen, Synonymen, Antonymen; Sachfeldstrukturen); in diesem Sinne nützlich sind zudem (Schau-)Bilder, Übersichten oder Tabellen. Damit wird das Lernerwörterbuch ein Integralwörterbuch aus Thesaurus, Synonymik, Antonymik und Bildwörterbuch; hier gehen *LGDaF* (2007) und *WGDaF* (2008) teilweise neue Wege (vgl. die Hinweise zur distinktiven Synonymik in den Wörterbuchartikeln oder die unterschiedlichen Bildtafeln).

(c) Wortwahlschwierigkeiten betreffen alternative Ausdrucksmöglichkeiten. Angesprochen sind damit Formulierungsprobleme, die den treffenden, passenden, text(sorten)spezifischen oder abwechslungsreichen Ausdruck betreffen. Wörterbuchbenutzer suchen Wortvarianten, um eine bereits vorhandene Formulierung zu generalisieren, zu spezifizieren, zu nuancieren oder zu polarisieren. Notwendig wäre hier die Einarbeitung einer distinktiven Synonymik.

(d) Wortverknüpfungsschwierigkeiten treten dann auf, wenn Lernende Kollokationen abfragen. Dabei werden unterschiedliche Kollokationen gesucht: Kollokationen aus Substantiv (Subjekt) und Verb, Verb und Substantiv (Objekt), Substantiv und Adjektiv, Adjektiv und Adverb. Ein wesentlicher Aspekt der lexikographischen Kodifikation von Kollokationen besteht in ihrer Anordnung. Empfehlenswert wäre, Kollokationen nach typischen Handlungsabläufen zu reihen: *einen Brief schreiben, frankieren, einwerfen, bekommen, öffnen, lesen, beantworten.* Die Kollokationsangaben werden in den bisherigen Lernerwörterbüchern als verbesserungswürdig kritisiert, da sie teilweise in Beispielsätzen oder Bedeutungserläuterungen „versteckt" sind.

6.3. Das Lernerwörterbuch als Wörter-Lesebuch

Lernerwörterbücher sollten auch Hilfestellungen geben, den Wortschatz zu sichern und zu erweitern. Das Lernerwörterbuch wird somit ein Wörterlese- und Wortschatzlernbuch. Dies ist allerdings nur dann möglich, wenn es im Sinne eines mentalen Lexikons (Aitchison 1997) konzipiert ist: Kerngedanke des mentalen Lexikons ist, dass die einzelnen Wörter des Wortschatzes weder linear (z. B. alphabetisch) aufgelistet noch flächenhaft in logisch-systematisierten Wortfeldern strukturiert, sondern in mehrdimensionalen Netzen miteinander verknüpft sind (vgl. Art. 23 und Art. 140). Zu solchen Vernetzungsstrukturen zählen Sachnetze, Ablaufschemata, Frames oder Skripts, Kollokationsfelder, Wortfamilien, Wortfelder, Bewertungs- und Konnotationsnetze, Assoziationsnetze usw. Solche Vernetzungsstrukturen müssten im Lernerwörterbuch eingearbeitet werden, wenn sie nutzbringend zur konstruktiven und kreativen Wortschatzarbeit genutzt werden sollten.

Fazit: Die bisherigen Lernerwörterbücher des Deutschen sind auf einem guten Wege und können in Zukunft eine sinnvolle und zweckdienliche Wörterbuchbenutzung in Gang setzen.

7. Literatur in Auswahl

7.1. Wörterbücher

Bock, Guido und Ralph Sander
    2003   *Sex und Erotik. Ein fröhliches Wörterbuch für sie, ihn und auch für beide.* München: Tomus.
Duden Deutsch als Fremdsprache
    2002   *Standardwörterbuch.* Mannheim: Bibliographisches Institut.
HDaF
    2003   *Hueber Wörterbuch Deutsch als Fremdsprache. Das einsprachige Wörterbuch für Kurse der Grund- und Mittelstufe.* Ismaning: Hueber.
Heringer, Hans Jürgen
    2001   *Fehlerlexikon Deutsch als Fremdsprache. Aus Fehlern lernen: Beispiele und Diagnosen.* Berlin: Cornelsen.
dGWDaF = de Gruyter Wörterbuch Deutsch als Fremdsprache
    2000   *Wörterbuch Deutsch als Fremdsprache.* Hg. von Dieter Kempcke. Berlin: de Gruyter.
Kühn, Peter
    2007   *Mein Schulwörterbuch.* 6. Aufl. Troisdorf: Bildungsverlag Eins. [1. Aufl. 1994].
LGDaF
    2007   *Langenscheidt Großwörterbuch Deutsch als Fremdsprache (LGDaF). Ein einsprachiges Wörterbuch für alle, die Deutsch lernen.* Neubearbeitung. Hg. von Dieter Götz, Günther Haensch, Hans Wellmann. Berlin: Langenscheidt. [1. Aufl. 1993].
LTDaF
    2007   *Langenscheidt Taschenwörterbuch Deutsch als Fremdsprache. Rund 30000 Stichwörter, Wendungen und Beispiele.* Hg. von Dieter Götz u. Hans Wellmann. Berlin: Langenscheidt.
Stötzel, Georg und Thorsten Eitz (Hg.)
    2002   *Zeitgeschichtliches Wörterbuch der deutschen Gegenwartssprache.* Hildesheim: Olms.
Wahrig, Gerhard
    2006   *Deutsches Wörterbuch. Mit einem Lexikon der Sprachlehre.* Hg. von Renate Wahrig-Burfeind. 8. Aufl. Gütersloh/München: Wissen Media. [1. Aufl. 1966].
WGDaF
    2008   *Wahrig. Großwörterbuch Deutsch als Fremdsprache.* Hg. von Renate Wahrig-Burfeind. Gütersloh: Wissen Media.

7.2. Sekundärliteratur

Abel, Andrea
    2000   Das lexikographische Beispiel in der L2-Lexikographie (am Beispiel eines L2-Kontext- und Grundwortschatzwörterbuches). *Deutsch als Fremdsprache* 3(37): 163−169.

Aitchison, Jean
  1997   *Wörter im Kopf. Eine Einführung in das mentale Lexikon.* Aus dem Englischen von Martina Wiese. Tübingen: Niemeyer.
Barz, Irmhild
  2001   Wörterbücher. In: Gerhard Helbig, Lutz Götze, Gert Henrici und Hans-Jürgen Krumm (Hg.), *Deutsch als Fremdsprache. Ein internationales Handbuch,* 204−214. Bd. 1. (Handbücher zur Sprach- und Kommunikationswissenschaft 19.1−2). Berlin: de Gruyter.
Barz, Irmhild und Marianne Schröder (Hg.)
  1996   *Das Lernerwörterbuch Deutsch als Fremdsprache in der Diskussion.* Heidelberg: Winter.
Dolezal, Fredric und Don R. McCreary
  1996   Language Learners and Dictionary Users: Commentary and an Annotated Bibliography. *Lexicographica* 12: 125−165.
Dolezal, Fredric F. M., Alain Rey, Thorsten Roelcke, Herbert Ernst Wiegand, Werner Wolski und Ladislav Zgusta
  1998   *Lexicographica. Internationales Jahrbuch für Lexikographie* 14. Tübingen: Niemeyer.
Engelberg, Stefan und Lothar Lemnitzer
  2004   *Lexikographie und Wörterbuchbenutzung.* 2. Aufl. Tübingen: Stauffenburg.
Hausmann, Franz Josef, Oskar Reichmann, Herbert Ernst Wiegand und Ladislav Zgusta (Hg.)
  1989−1990 *Wörterbücher. Dictionaries. Dictionnaires. Ein internationales Handbuch zur Lexikographie.* 3 Bde. Berlin: de Gruyter.
Honnef-Becker, Irmgard
  1998   Der Duden als Malkasten? Zum Wörterbuchgebrauch beim kreativen Schreiben in Deutsch als Fremdsprache. *Lexicographica* 14: 14−33.
Honnef-Becker, Irmgard
  2000   Wortschatzarbeit in der Schreibwerkstatt: Plädoyer für eine textbezogene Wortschatzdidaktik. In: Peter Kühn (Hg.), *Wortschatzarbeit in der Diskussion,* 149−177. Hildesheim: Olms.
Honnef-Becker, Irmgard
  2002   Die Benutzung des „de Gruyter Wörterbuchs Deutsch als Fremdsprache" in Situationen der Textproduktion. In: Herbert Ernst Wiegand (Hg.), 623−646.
Ickler, Theodor
  1982   „Ein Wort gibt das andere". Auf dem Weg zu einem „Wörter-Lesebuch" für Deutsch als Fremdsprache. *Linguistik und Didaktik* 49/50: 3−17.
Ickler, Theodor
  1988   Wörterbuchkultur in Deutschland. In: Gisela Harras (Hg.), *Das Wörterbuch: Artikel und Verweisstrukturen. Jahrbuch 1987 des Instituts für deutsche Sprache,* 374−393. Düsseldorf: Schwann.
Kammer, Matthias und Herbert Ernst Wiegand
  1998   Pädagogische Lexikographie und Wörterbücher in pädagogischen Kontexten im 20. Jahrhundert. Eine ausgewählte Bibliographie. In: Herbert Ernst Wiegand (Hg.), 361−385.
Kloster, Stephanie Xenia
  1997   *Konzeption eines onomasiologischen Wörterbuchs für erwachsene Lese-/SchreiblernerInnen.* Hildesheim: Olms.
Kühn, Peter
  1978   *Deutsche Wörterbücher. Eine systematische Bibliographie.* Tübingen: Niemeyer.
Kühn, Peter
  1987   *Mit dem Wörterbuch arbeiten. Eine Einführung in die Didaktik und Methodik der Wörterbuchbenutzung.* Bonn-Bad Godesberg: Dürr.
Kühn, Peter
  1989   Typologie der Wörterbücher nach Benutzungsmöglichkeiten. In: Franz Josef Hausmann et al. (Hg.), 111−127.

Kühn, Peter
1990   Das Grundwortschatzwörterbuch. In: Franz Josef Hausmann et al. (Hg.), 1353−1364.
Kühn, Peter
1998a   Positionen und Perspektiven der Wörterbuchdidaktik und Wörterbucharbeit im Deut-
        schen. *Lexicographica* 14: 1−13.
Kühn, Peter
1998b   „Langenscheidts Großwörterbuch Deutsch als Fremdsprache" und die deutschen Wörter-
        bücher. In: Herbert Ernst Wiegand (Hg.), 34−60.
Kühn, Peter
2001   „BLUME ist Kind von Wiese". Bedeutungserläuterungen in der Lernerlexikographie. In:
        Andrea Lehr, Matthias Kammerer, Klaus-Peter Konerding, Angelika Storrer, Caja
        Thimm, Werner Wolski (Hg.), *Sprache im Alltag. Beiträge zu neuen Perspektiven in der
        Linguistik. Herbert Ernst Wiegand zum 65. Geburtstag gewidmet*, 547−561. Berlin: de
        Gruyter
Kühn, Peter
2002   Kulturgebundene Lexik und kultursensitive Bedeutungserläuterungen im „de Gruyter
        Wörterbuch Deutsch als Fremdsprache". In: Herbert Ernst Wiegand (Hg.), 161−200.
Kühn, Peter
2006   *Interkulturelle Semantik*. Nordhausen: Bautz.
Kühn, Peter und Ulrich Püschel
1982   „Der Duden reicht mir". Zum Gebrauch allgemeiner einsprachiger und spezieller Wörter-
        bücher des Deutschen. In: Herbert Ernst Wiegand (Hg.), *Studien zur neuhochdeutschen
        Lexikographie II*, 121−151. Hildesheim: Olms.
Lerchner, Gotthard
1996   Informationen über die kulturspezifisch-pragmatische Markiertheit von lexikalischen
        Ausdrücken im Lernerwörterbuch. In: Irmhild Barz und Marianne Schröder (Hg.),
        129−146.
López Barrios, Mario
1997   Wörterbuch und Textproduktion. *Info DaF* 1(24): 3−19.
Starke, Günter
1992   Wörterbücher für den Deutschunterricht. *Deutschunterricht* 45: 536−543.
Wiegand, Herbert Ernst
1977   Nachdenken über Wörterbücher: Aktuelle Probleme. In: Günther Drosdowski, Helmut
        Henne und Herbert Ernst Wiegand (Hg.), *Nachdenken über Wörterbücher*, 51−102.
        Mannheim: Bibliographisches Institut.
Wiegand, Herbert Ernst (Hg.)
1998a   *Perspektiven der pädagogischen Lexikographie des Deutschen [1]. Untersuchungen anhand
        von „Langenscheidts Großwörterbuch Deutsch als Fremdsprache"*. Tübingen: Niemeyer.
Wiegand, Herbert Ernst
1998b   *Wörterbuchforschung. Untersuchungen zur Theorie, Geschichte, Kritik und Automatisie-
        rung der Lexikographie*. 1. Teilband. Berlin: de Gruyter.
Wiegand, Herbert Ernst (Hg.)
2002   *Perspektiven der pädagogischen Lexikographie des Deutschen II. Untersuchungen anhand
        des „de Gruyter Wörterbuchs Deutsch als Fremdsprache"*. Tübingen: Niemeyer.
Wiegand, Herbert Ernst
2006−2007 *Internationale Bibliographie zur germanistischen Lexikographie und Wörterbuchfor-
        schung mit Berücksichtigung anglistischer, nordistischer, romanistischer, slavistischer und
        weiterer metalexikographischer Forschungen*. Bd. 1: A−H (2006), Bd. 2: I−R (2006),
        Bd. 3: S−Z (2007). Berlin: de Gruyter.
Zöfgen, Ekkehard (Hg.)
1985   *Wörterbücher und ihre Didaktik*. (Bielefelder Beiträge zur Sprachlehrforschung 14). Bad
        Honnef: Keimer.

Zöfgen, Ekkehard
    1994   *Lernerwörterbücher in Theorie und Praxis. Ein Beitrag zur Metalexikographie mit besonde-
            rer Berücksichtigung des Französischen.* Tübingen: Niemeyer.

Peter Kühn, Trier (Deutschland)

31. Korpuslinguistik

1. Einleitung

Die Korpuslinguistik beschäftigt sich mit dem Aufbau, der Auszeichnung und der Auswertung von Korpora, wobei Korpora für einen bestimmten Zweck zusammengestellte
(elektronische) Textsammlungen sind. Korpuslinguistische Verfahren können dazu genutzt werden, in Korpora lexikalische Einheiten und formal beschreibbare Strukturen
wie bspw. Wortklassen (z. B. Adjektive mit dem Suffix *-lich*) oder grammatische Muster
(z. B. die Verwendung von Wechselpräpositionen) zu untersuchen.

Dieser Artikel gibt einen Überblick über die Verwendung von Korpora in der Fremdsprachvermittlung und der -erwerbsforschung. Auch wenn in der Spracherwerbsforschung und für die Sprachvermittlung schon seit langem authentische Sprachdaten eingesetzt und viele korpuslinguistische Verfahren nicht von elektronischen Korpora abhängig
sind, haben sich in den letzten Jahren für Lehrende und Lernende neue Möglichkeiten
der Datennutzung ergeben. Wir beziehen uns daher hier nur auf elektronisch verfügbare Korpora.

Korpora bestehen meistens aus ganzen Texten oder längeren Textabschnitten − d. h.
Korpusdaten sind mit (sprachlichem und außersprachlichem) Kontext verfügbar, so dass
Kontextfaktoren systematisch ausgewertet werden können. Außerdem sind sie strukturiert durchsuchbar − dadurch werden Ergebnisse allgemein nachvollziehbar und reproduzierbar. Korpusdaten können mit zusätzlichen Informationen, wie bspw. Wortarten,
angereichert werden. Dieser Prozess, die Annotation, erweitert die Suchmöglichkeiten
erheblich. Außerdem erlauben Korpusdaten neben einer systematischen qualitativen
Auswertung auch quantitative Untersuchungen. Die Möglichkeiten sind groß, die Fall-
stricke aber auch: Wie jede Methodik erfordert auch die Auswertung von Korpusdaten
bestimmte Vorkenntnisse (Mukherjee 2002 prägt den Begriff der „corpus literacy").

Wir konzentrieren uns in diesem Artikel auf solche Aspekte der Verwendung von
Korpora, die für die Spracherwerbsforschung und Sprachvermittlung wesentlich sind.

Für allgemeinere Einführungen in die Korpuslinguistik siehe z. B. Lemnitzer und Zins-meister (2006), Scherer (2006), McEnery, Xiao und Tono (2006); für einen Überblick siehe die Artikel in Kallmeyer und Zifonun (2007), Lüdeling und Kytö (2008/2009).

2. Korpora in der Sprachvermittlung

Die meisten korpusbasierten Verfahren und Szenarios in der Sprachvermittlung sind bis-her für das Englische als Fremdsprache entwickelt worden (Mukherjee 2002; Römer 2008; McEnery, Xiao und Tono 2006). Prinzipiell sind diese Ansätze, wenn die Korpus-ressourcen zur Verfügung stehen, auch auf das Deutsche als Fremdsprache übertragbar (vgl. die Diskussion in der Folge von Fandrych und Tschirner 2007). Die Korpora, die hier eine Rolle spielen, sind L1-Korpora, die aus Texten bestehen, die von L1-Sprechern der zu erlernenden Sprache produziert worden sind. Sie liefern Informationen über die Häufigkeit linguistischer Einheiten (Wortbestandteile, Wörter, grammatische Strukturen) und über die Kontexte, in denen diese auftreten. Damit dienen sie der präzisen Beschrei-bung der zu erlernenden Sprache.

Im Folgenden werden wir − jeweils für Lehrende, Didaktiker und Lerner − qualita-tive und quantitative Analysen skizzieren.

2.1. Qualitative Analysen

Bei der Präsentation der Suchergebnisse (der Treffer) einer Korpusabfrage werden Kor-pusbelege meistens als Konkordanzen ausgegeben. Der Suchausdruck kann sich dabei auf alles beziehen, was im Korpus kodiert ist. In der Suche können je nach Suchwerkzeug Platzhalter, reguläre Ausdrücke etc. verwendet werden (Wynne 2008).

Mit dem Beleg in einem Korpus kann lediglich gezeigt werden, dass eine sprachliche Struktur verwendet wird. Aus dem Vorkommen folgt nichts über die Grammatikalität oder Akzeptabilität der Struktur − über die Grammatikalität kann nur ein vom Korpus unabhängiges Verfahren (Muttersprachler, Grammatik etc.) entscheiden. Aus dem Nicht-vorkommen einer Struktur kann nichts über Verwendung und Grammatikalität abgelei-tet werden, denn der Schluss auf ungesehene Daten ist nur unter bestimmten statistischen Voraussetzungen zulässig; man kann nicht ohne weiteres auf *die* Sprache oder *die* Varie-tät schließen (Biber 1993). Allgemeiner formuliert dient ein Korpus der Suche nach einem authentischen Beispiel für ein Wort oder eine Struktur.

Lehrende können das Korpus als Referenzquelle in zwei Situationen verwenden. Zum einen können gezielt Unterrichtsmaterialien für einen zu vertiefenden sprachlichen Ge-genstand mit authentischen Daten erstellt werden. Zum anderen können Korpora als Orientierungspunkt für die Korrektur von Lernertexten fungieren. Problematisch sind in der Korrektur für die Lehrenden vor allem sprachliche Strukturen, die zwar grammatisch korrekt, aber nicht dem jeweiligen Kontext angemessen sind. Insbesondere nichtmutter-sprachliche Lehrende einer Fremdsprache profitieren deshalb von Korpora (vgl. dazu Mukherjees (2002) Vorschlag einer abstrakten Korpusnorm).

Als didaktisches Konzept hat sich das datengesteuerte Lernen (*data-driven learning*) etabliert: Der Lerner erhält einen (sinnvoll ausgewählten und ggf. manipulierten) Input als Lernmaterial. Dieser besteht aus Konkordanzen, aus denen der Lerner versucht, selbständig Gebrauchsregeln abzuleiten, sie zu „entdecken" (Johns und King 1991, Johns 2000 und Bernardini 2004).

Beispielbanken werden bereits seit langem in der Vermittlung von Fachsprachen eingesetzt (Bowker und Pearson 2002, O'Keeffe, McCarthy und Carter 2007). In der Didaktik sollten diese in der Praxis entwickelten Ansätze einer kritischen Prüfung unterzogen werden. Für DaF wurden bislang keine entsprechenden empirischen Arbeiten vorgelegt. Ähnlich sieht es bei Lehrmaterialien aus: Authentische Beispiele sind zwar in vielen aktuellen Lehrwerken zu finden, Korpusdaten werden aber nicht systematisch eingesetzt. Trotzdem ist – insbesondere bei fortgeschrittenen Lernern – authentischer Input ein gutes Fundament einer reichhaltigen Lernumgebung. Dies gilt auch für gesprochene Sprache (Gut 2007).

Wörterbücher (vgl. Rothenhöfer, erscheint) und einige Lernergrammatiken nutzen zwar authentische Beispiele, aber nur selten werden hierfür Korpora systematisch herangezogen.

Auch Lerner können mit einer solchen Bank gewinnbringend arbeiten (Gaskell und Cobb 2004). Hierbei kommt es darauf an, sie für die unterschiedlichen Korpustypen zu sensibilisieren, d. h. ihnen bewusst zu machen, in welchen Korpora sie welche Sorte von Beispielen finden können und wie Suchabfragen aufgebaut werden. Daneben kann ein sprachliches Bewusstsein für das Verhältnis von Norm und Varianz und die Unterschiede zwischen Varietäten gefördert werden. Wenn Lerner wissen, wie sie gezielt suchen können und welche Rolle Kontexte und Varietäten für das Vorkommen einer Form spielen können, verwenden sie vielleicht weniger unkritisch problematische Suchen auf unbekannten Texten (mit bspw. Google; Kilgarriff 2007).

Neben den einsprachigen L1-Korpora sind Parallelkorpora (ein Text/Korpus mit seinen Übersetzungen; Olohan 2004) eine wichtige Quelle für den Unterricht mit fortgeschrittenen Lernern (Frankenberg-Garcia 2005).

Damit Korpora im Unterricht sinnvoll eingesetzt werden können, plädieren wir für ein spezifisches Korpustraining für die Lernenden. Dies beginnt mit rein motivierenden Sequenzen, führt über die Erkundung von Möglichkeiten und Grenzen der Korpora hin zur Operationalisierung von komplexen sprachlichen Problemfällen (Conrad 2008).

2.2. Quantitative Analysen

Korpusdaten können gezählt werden. Es gibt Korpuswerkzeuge, mit denen Wortlisten mit Korpusfrequenzen erstellt werden können. In annotierten Korpora können auch Annotationskategorien gezählt werden. Frequenzen sind immer nur im Vergleich zu anderen Frequenzen interpretierbar. Dabei können die Frequenzen von bestimmten Kategorien (Lemmata, Wortarten etc.) innerhalb eines Korpus oder Frequenzen einer Kategorie zwischen verschiedenen Korpora verglichen werden. Lehrende und Didaktiker können Frequenzlisten für curriculare Entscheidungen und deren empirische Absicherung heranziehen. Die Frequenz von Wörtern und (lexiko)grammatischen Mustern ist hierbei eines der zentralen Kriterien (Leech 2001; Römer 2008; Tschirner 2005, 2008). Aus dem Vergleich von Frequenzlisten von Fachsprachenkorpora mit allgemeinsprachlichen oder gemischten Korpora kann Fachvokabular ermittelt werden (Nation 2001).

Alle im Korpus annotierten Kategorien und Kombinationen davon können gezählt und verglichen werden. Die dabei verwendeten statistischen Verfahren sind vielfältig. Neben einzelnen Wörtern spielen z. B. typische Kombinationen von Wörtern (Kollokationen, s. z. B. Choueka 1988; *lexical bundles*, s. Altenberg und Eeg-Olofsson 1990) und häufige grammatische Strukturen (*Chunks, pre-fab units*) für die *nativelike fluency* (und daher natürlich für die Vermittlung) eine Rolle (Aguado 2002; Art. 24). Solche Kombinationen können aus Korpusdaten berechnet werden (Evert 2009).

Neben der Lehrmaterialproduktion beginnt sich eine korpusbasierte Lehrwerksanalyse herauszubilden – hier wird das Lehrwerk selbst ein Korpus, das dann mit anderen Korpora verglichen werden kann (Römer 2005).

Um Lerner selbst mit Häufigkeitslisten vertraut zu machen, ist es wichtig, dass sie einfache Auswertungstechniken kennen. Folgende Progression hat sich bewährt:

(1) Nachvollzug von einfachen Korpusanalysen;
(2) Interpretation von kleineren Listen mit ausgewählten Strukturen;
(3) Fokussierung auf sprachliche Phänomene und relevante Kontexteigenschaften in größeren Listen;
(4) Erstellung eigener Listen zu einem Unterrichtsgegenstand;
(5) Extraktion eigener Häufigkeitslisten in selbst zusammengestellten Korpora.

Diese Schritte können Teil eines Korpustrainings sein. Es gibt weitere Vorschläge, wie Lerner an Korpora herangeführt werden und mit eigenen Korpora arbeiten können (Aston 2002). Neben der zu erwerbenden Zielsprache können Lerner auch Lerneräußerungen (Mukherjee und Rohrbach 2006) betrachten.

3. Korpora in der Spracherwerbsforschung

Um den Ablauf des Spracherwerbs zu erforschen, können nur von Lernern produzierte Daten betrachtet werden. Dies sind neben experimentell erhobenen Daten authentische Äußerungen von Lernern. Systematisch erstellte und gut dokumentierte Lernerkorpora (L2-Korpora) eignen sich für die Erwerbsforschung besser als bloße Fehlersammlungen, da der Kontext einer verwendeten Äußerung mitbetrachtet werden kann, sowohl ‚abweichende‘ und ‚zielsprachliche‘ Äußerungen desselben Lerners bei einer bestimmten Konstruktion untersucht werden können und quantitative Vergleiche zu L1-Daten oder Lernerdaten anderer Lernergruppen (im Längsschnitt oder im Querschnitt) möglich sind. Daher werden immer häufiger Lernerkorpora als Datenbasis für die Erwerbsforschung eingesetzt (Granger 2002, 2008; Skiba 2008; Walter und Grommes 2008).

Die Nutzung von Lernerkorpora in der Vermittlung, bspw. zur Bewusstmachung von Lernschwierigkeiten oder zur Erstellung von Lehrmaterialien, steht noch ganz am Anfang und wird daher nicht weiter behandelt.

3.1. Fehleranalyse

Lernerdaten sind oft auf Abweichungen zu einer Norm oder einer angenommen ‚korrekten‘ Form ausgewertet worden. An dieser Stelle können wir auf die Diskussion zur Definition von ‚Fehler‘ nicht eingehen (Corder 1981; Kleppin 1997; Ellis, R. und Barkhuizen 2005: 51−72; Art. 118), sondern konzentrieren uns auf die Verfahren zu einer systematischen Fehlerannotation.

Für eine systematische Fehleranalyse ist eine Fehlerannotation sinnvoll, da so die Analyse transparent und reproduzierbar wird. Fehlerannotation bedeutet, dass jeder Fehler mit einem Fehlertag versehen wird. Dazu sind mehrere Entscheidungen zu treffen. Zunächst muss ein Fehlertagset (eine Menge möglicher Fehlerkategorien) entwickelt werden, dann muss entschieden werden, an welcher Stelle ein Fehlertag ‚andockt‘ (Granger 2002, 2008).

Das Fehlertagset hängt immer vom Untersuchungszweck ab, außerdem muss zwischen Granularität und Handhabbarkeit abgewogen werden. Zu einem Tagset gehören allgemein verfügbare Vergaberichtlinien und idealerweise wird eine Urteilerübereinstimmung (Carletta 1996) ermittelt.

Ein Problem bei der Fehleranalyse ist die notwendige Annahme einer Zielhypothese − ein Fehler kann nur angenommen werden als eine Abweichung von einer (implizit angenommenen oder explizit angegebenen) korrekten Form. Da es oft viele verschiedene solche korrekten Formen geben kann, kann dieselbe Struktur unterschiedlich analysiert werden. Dies kann zu sehr unterschiedlichen Hypothesen über den Erwerb führen (Tenfjord, Hagen und Johansen 2006; Lüdeling 2008). Allerdings muss man sehen, dass auch Analysen, die keine explizite Fehlerannotation machen, auf einer impliziten Interpretation der Daten beruhen. Ohne die zugrundeliegenden Daten und die Interpretationsgrundlage sind die Ergebnisse von Fehlerstudien nicht einzuordnen. Daher ist es für die Nachvollziehbarkeit einer Analyse erforderlich, dass die Daten mit Zielhypothese und Annotation zugänglich sind.

3.2. Kontrastive Analyse

Korpora sind auch die Datenquelle für kontrastive Untersuchungen. Dabei werden Frequenzen einer gegebenen Kategorie (Wörter, Wortarten, Wortartfolgen, Fehler einer bestimmten Art etc.) in einem Lernerkorpus mit Frequenzen derselben Kategorie in einem anderen Korpus (bspw. ein L1-Korpus oder ein L2-Korpus, das andere Textsorten enthält oder von Lernern mit einer anderen L1 oder einem anderen Sprachstand erstellt wurde) verglichen.

Hier können wir die Kontroverse um die kontrastive Analyse an sich nicht aufrollen, wir können aber feststellen, dass eine neu konzipierte kontrastive Analyse, die die Interferenz nicht als alleinige Ursache für die (abweichende) Struktur von Lerneräußerungen ansieht (*Contrastive Interlanguage Analysis*, Granger 2002), in den letzten Jahren sehr viel und sehr sinnvoll verwendet wird (Granger 2008).

Der quantitative Vergleich selbst ist nicht lernerkorpusspezifisch − alle in Abschnitt 2.2. beschriebenen Verfahren können hier genauso verwendet werden. Da Korpusfrequenzen von sehr vielen Faktoren abhängen, müssen die Vergleichskorpora in möglichst vielen Designparametern übereinstimmen − im Idealfall sollten sie sich *nur* in dem zu betrachtenden Parameter unterscheiden. Wenn die Korpora vergleichbar sind und die Frequenzen normalisiert sind, müssen die gefundenen Zahlen interpretiert werden. Weil die Interpretation der Ergebnisse von den gewählten Vorannahmen abhängig ist, ist es auch hier wesentlich, dass die Rohdaten mit allen Interpretationsschritten zur Verfügung stehen.

4. Zusammenfassung

Dieser Artikel gibt einen Überblick über den Einsatz von Korpora in der Sprachvermittlung und Erwerbsforschung. Alle qualitativen und quantitativen Methoden aus der Korpuslinguistik können in beiden Bereichen sinnvoll eingesetzt werden.

Noch ein Wort zum Status von Korpusdaten: Korpora sind immer endlich und bilden daher immer nur einen Ausschnitt aus der Sprache (was auch immer das sein mag) ab. Gerade durch die Korpuslinguistik ist deutlich geworden, welchen Einfluss Parameter wie Register, Modalität oder Autoreneigenschaften auf *alle* sprachlichen Ebenen haben. Daher ist wahrscheinlich die für eine Forschungsfrage jeweils geeignete Auswahl (oder Erstellung) eines Korpus die wichtigste Entscheidung, die getroffen werden muss.

Im Idealfall ergänzen sich Korpusdaten und experimentelle Daten. So können aus Korpusdaten Hypothesen über bestimmte Schwierigkeiten und Muster entwickelt werden, die dann experimentell überprüft werden.

Mit den Korpora in der Sprachvermittlung gehen die Fokussierung auf den Sprachgebrauch und das Prinzip der Authentizität einher. Um die Korpora effizient einzusetzen, ist es notwendig, dass Korpusnutzer diese Ressourcen kennen und sich über die Möglichkeiten aber auch die Grenzen ihres Einsatzes bewusst werden. Ansätze hierzu haben wir in unserem Artikel aufgezeigt.

5. Literatur in Auswahl

Aguado, Karin
   2002   Formelhafte Sequenzen und ihre Funktionen für den L2-Erwerb. *Zeitschrift für Angewandte Linguistik* 37: 27−49.
Altenberg, Bengt und Mats Eeg-Olofsson
   1990   Phraseology in Spoken English. In: Jan Aarts und Willem Meijs (Hg.), *Theory and Practice in Corpus Linguistics*, 1−26. Amsterdam: Rodopi.
Aston, Guy
   2002   The learner as corpus designer. In: Bernhard Kettemann und Georg Marko (Hg.), *Teaching and Learning by Doing Corpus Analysis. Proceedings of the Fourth International Conference on Teaching and Language Corpora, Graz 19−24 July, 2000*, 9−25. Amsterdam: Rodopi.
Bernardini, Silvia
   2004   Corpora in the classroom: An overview and some reflections on future developments. In: John Sinclair (Hg.), *How to use corpora in language teaching*, 15−36. Amsterdam: John Benjamins.
Biber, Douglas
   1993   Representativeness in Corpus Design. *Literary and Linguistic Computing* 8: 243−257.
Bowker, Lynne und Jennifer Pearson
   2002   *Working with Specialized Language − A Practical Guide to Using Corpora*. London: Routledge.
Carletta, Jean
   1996   Assessing Agreement on Classification Tasks: The Kappa Statistic. *Computational Linguistics* 22: 249−254.
Choueka, Yaacov
   1988   Looking for Needles in a Haystack. In: *Proceedings of RIAO '88*, 609−623. Cambridge, MA.

Conrad, Susan
  2008   Myth 6: Corpus-based research is too complicated to be useful for writing teachers. In:
          Joy M. Reid (Hg.), *Writing Myths: Applying Second Language Research to Classroom
          Teaching*, 115−139. Ann Arbor: University of Michigan Press.
Corder, Stephen Pit
  1981   *Error Analysis and Interlanguage.* Oxford: Oxford University Press.
Ellis, Rod und Gary Barkhuizen
  2005   *Analysing Learner Language.* Oxford: Oxford University Press.
Evert, Stefan
  2009   Corpora and Collocations. In: Anke Lüdeling und Merja Kytö (Hg.), 1212−1248.
Fandrych, Christian und Erwin Tschirner
  2007   Korpuslinguistik und Deutsch als Fremdsprache. Ein Perspektivenwechsel. *Deutsch als
          Fremdsprache* 44: 195−204.
Frankenberg-Garcia, Ana
  2005   Pedagogical uses of monolingual and parallel concordances. *ELT Journal* 59: 189−198.
Gaskell, Delian und Thomas Cobb
  2004   Can learners use concordance feedback for writing errors? *System* 32: 301−319.
Granger, Sylviane
  2002   A bird's-eye view of learner corpus research. In: Sylviane Granger, Joseph Hung und
          Stephanie Petch-Tyson (Hg.), *Computer Learner Corpora, Second Language Acquisition
          and Foreign Language Teaching*, 3−33. Amsterdam: John Benjamins.
Granger, Sylviane
  2008   Learner corpora. In: Anke Lüdeling und Merja Kytö (Hg.), 259−275.
Gut, Ulrike
  2007   Sprachkorpora im Phonetikunterricht. *Zeitschrift für Interkulturellen Fremdsprachenun-
          terricht* 12 (10. 5. 2010).
Johns, Tim
  2000   Data-Driven Learning: The Perpetual Challenge. In: Bernhard Kettemann und Georg
          Marko (Hg.), *Language and Computers, Teaching and Learning by Doing Corpus Analysis.
          Proceedings of the Fourth International Conference on Teaching and Language Corpora*,
          107−117. Rodopi: Amsterdam.
Johns, Tim und Philip King (Hg.)
  1991   *Classroom Concordancing.* Birmingham University: English Language Research Journal 4.
Kallmeyer, Werner und Gisela Zifonun (Hg.)
  2007   *Sprachkorpora − Datenmengen und Erkenntnisfortschritt.* Berlin: de Gruyter.
Kilgarriff, Adam
  2007   Googleology is Bad Science. *Computational Linguistics* 33: 147−151.
Kleppin, Karin
  1997   *Fehler und Fehlerkorrektur.* Berlin: Langenscheidt.
Lemnitzer, Lothar und Heike Zinsmeister
  2006   *Korpuslinguistik. Eine Einführung.* Tübingen: Narr.
Leech, Geoffrey
  2001   The role of frequency in ELT: New corpus evidence brings a re-appraisal. In: Hu Wenz-
          hong (Hg.), *ELT in China 2001: Papers presented at the 3rd International Symposium on
          ELT in China*, 1−23. Beijing: Foreign Language Teaching and Research Press.
Lüdeling, Anke
  2008   Mehrdeutigkeiten und Kategorisierung. Probleme bei der Annotation von Lernerkor-
          pora. In: Maik Walter und Patrick Grommes (Hg.), 119−140.
Lüdeling, Anke und Merja Kytö (Hg.)
  2008/2009 *Corpus Linguistics. An International Handbook.* (Handbücher zur Sprach- und Kommu-
          nikationswissenschaft 29.1−2). Berlin: Mouton de Gruyter.

McEnery, Anthony, Zonghua Xiao und Yukio Tono
  2006   *Corpus-based Language Studies: An Advanced Resource Book*. London: Routledge.
Mukherjee, Joybrato
  2002   *Korpuslinguistik und Englischunterricht: Eine Einführung*. Berlin: Lang.
Mukherjee, Joybrato und Jens-Martin Rohrbach
  2006   Rethinking Applied Corpus Linguistics from a Language-pedagogical Perspective: New
          Departures in Learner Corpus Research. In: Bernhard Kettemann und Georg Marko
          (Hg.), *Planning, Gluing, and Painting Corpora: Inside the Applied Corpus Linguist's Work-
          shop*, 205−232. Berlin: Lang.
Nation, Paul
  2001   *Learning vocabulary in another language*. Cambridge: Cambridge University Press.
O'Keeffe, Anne, Michael McCarthy und Ronald Carter
  2007   *From Corpus to Classroom: Language Use and Language Teaching*. Cambridge: Cam-
          bridge University Press.
Olohan, Maeve
  2004   *Introducing Corpora in Translation Studies*. London: Routledge.
Römer, Ute
  2005   *Progressives, Patterns, Pedagogy. A Corpus-driven Approach to English Progressive Forms,
          Functions, Contexts and Didactics*. Amsterdam: John Benjamins.
Römer, Ute
  2008   Corpora and language teaching. In: Anke Lüdeling und Merja Kytö (Hg.), 112−131.
Rothenhöfer, Andreas
  (erscheint) New developments in learner's dictionaries II: German. In: Rufus Gouws, Ulrich Heid,
          Wolfgang Schweickard und Herbert Ernst Wiegand (Hg.), *Wörterbücher Ein internationa-
          les Handbuch zur Lexikographie*. Berlin: Mouton de Gruyter.
Scherer, Carmen
  2006   *Korpuslinguistik*. Heidelberg: Winter.
Skiba, Romuald
  2008   Korpora in der Zweitspracherwerbsforschung. Internetzugang zu Daten des ungesteuer-
          ten Zweitspracherwerbs. In: Bernt Ahrenholz, Ursula Bredel, Wolfgang Klein, Martina
          Rost-Roth und Romuald Skiba (Hg.), *Empirische Forschung und Theoriebildung. Beiträge
          aus der Soziolinguistik, Gesprochene-Sprache- und Zweitspracherwerbsforschung*, 21−30.
          Berlin: Lang.
Tenfjord, Kari, Jon Erik Hagen und Hilde Johansen
  2006   The «Hows» and the «Whys» of Coding Categories in a Learner Corpus (or «How and
          Why an Error-Tagged Learner Corpus is not 'ipso facto' One Big Comparative Fallacy»).
          Rivista di psicolinguistica applicata 3: 93−108.
Tschirner, Erwin
  2005   Korpora, Häufigkeitslisten, Wortschatzerwerb. In: Antje Heine, Mathilde Hennig und
          Erwin Tschirner (Hg.), *Deutsch als Fremdsprache − Konturen und Perspektiven eines
          Fachs*, 133−149. München: iudicium.
Tschirner, Erwin
  2008   Das professionelle Wortschatzminimum im Deutschen als Fremdsprache. *Deutsch als
          Fremdsprache* 45: 195−208.
Walter, Maik und Patrick Grommes (Hg.)
  2008   *Fortgeschrittene Lernervarietäten. Korpuslinguistik und Zweitspracherwerbsforschung*. Tü-
          bingen: Niemeyer.
Wynne, Martin
  2008   Searching and Concordancing. In: Anke Lüdeling und Merja Kytö (Hg.), 706−737.

Anke Lüdeling und Maik Walter, Berlin (Deutschland)

32. Übersetzen und Sprachmitteln

1. Was ist Übersetzen und Sprachmitteln?
2. Eine funktionale und pragmatische Theorie des Übersetzens
3. Kontrastiv-pragmatische Analysen als Grundlagen für den Einsatz „kultureller Filter"
4. Zum sinnvollen Einsatz von Übersetzungen im DaF- und DaZ-Unterricht
5. Literatur in Auswahl

1. Was ist Übersetzen und Sprachmitteln?

In diesem Aufsatz verstehe ich „Übersetzen" als Oberbegriff zu „Übersetzen" und „Sprachmitteln". Übersetzen ist also nicht nur als schriftliche, sondern auch als mündliche Prozedur zu verstehen.

Übersetzen ist eine jahrtausendealte Kulturtechnik, mithilfe derer ein Text, der in einer bestimmten Sprache produziert wurde, auch von Personen verstanden werden kann, die dieser Sprache nicht mächtig sind. Ein Sprachmittler oder Übersetzer, der in beiden Sprachen kompetent ist, ermöglicht durch seine Übersetzung diese Verständigung. Übersetzen ist also etwas inhärent Nützliches. Dies belegen z. B. die vielen positiv konnotierten Metaphern, die Übersetzen in Verbindung bringen mit Brückenbauen, Horizonte erweitern, ein Schiff hinüber steuern usw. Natürlich ist nicht zu leugnen, dass es ein wesentliches Merkmal jeder Übersetzung ist, dass sie ein sekundärer Text ist, der Zugang zu einem Text ermöglicht, der schon vor ihr existierte. In „normaler", „einfacher" Kommunikation geschieht ein Kommunikationsereignis nur einmal, doch beim Übersetzen wird ein Kommunikationsereignis für Dritte wiederholt, weil diese die Sprache des Textes, der die Grundlage des Kommunikationsereignisses bildet, nicht verstehen und somit nicht an diesem Ereignis haben teilnehmen können. Der tiefere Grund für die nützliche „Service"-Funktion der Übersetzung ist vielleicht das menschliche Bedürfnis, die eigene enge Welt zu erweitern, sie zu erkunden und mitzubestimmen. Übersetzer sind Mittler zwischen Sprachen, Gesellschaften, Literaturen: sie helfen die durch Sprachen gesetzten Grenzen zu überwinden.

Übersetzen ist eine sprachliche und kulturelle Leistung hochkomplexer Art: lexikalische, semantische, syntaktische und pragmatische Tätigkeiten sind in ihr eng miteinander verquickt. Dem Übersetzer geht es darum, einen gegebenen, in eine bestimmte Situation eingebetteten Text in einer Ausgangssprache aufzunehmen, ihn zu verstehen und zu interpretieren, um dann aus ihm in der Zielsprache einen „neuen" Text zu verfassen, der in einer gegebenen Situation dasselbe ausdrücken, also gleichwertig oder äquivalent sein soll. Diese Forderung nach Äquivalenz bedeutet, dass die in der Übersetzung verwendeten sprachlichen Zeichen die gleiche Gebräuchlichkeit in der gegebenen Situation besitzen sollten, so dass man, wann immer dies nicht der Fall ist, auf bestimmte gewollte Effekte schließen kann. Neben der beim Übersetzen aufrechtzuerhaltenden äquivalenten Gebräuchlichkeit der verwendeten sprachlichen Zeichen ist *Situationsangemessenheit* ein wichtiges Kriterium. Was aber ist Situationsangemessenheit? Zur Beantwortung dieser Frage müssen wir zuerst klären, wie *Sprache* und *Bedeutung* im Zusammenhang mit dem Übersetzen zu verstehen sind.

Sprache ist kein abstraktes Phänomen, sondern eines, das als erfahrbar, beobachtbar, analysierbar und eingebettet in einen kommunikativen Prozess zu beschreiben ist. Sprache existiert für die Kommunikation der Zeichenbenutzer untereinander, welche wechselseitig Sprecher und Hörer in einer bestimmten Kommunikationssituation sind. Sprache ermöglicht soziales Handeln zwischen Partnern, auch in quasi-monologischen, schriftlichen Texten, wenn sich also die Kommunikationspartner nicht in der gleichen räumlich-zeitlichen Situation befinden. Jede Kommunikation ist intentional und wird bestimmt durch das Vorwissen der an ihr beteiligten Personen. Somit sind auch Adressaten schriftlicher Texte aktiv an ihrer Entstehung beteiligt: sowohl durch die vom Texthersteller zu vollbringende Antizipationsleistung, als auch durch eigene nachfolgende Interpretation der ursprünglichen Kommunikationssituation und der verwendeten sprachlichen Zeichen.

Sprache-in-Kommunikation als intentionsgeleitetes, soziales Handeln spielt sich also stets in Situationen ab, in denen die Zeichenbenutzer entweder *offen* (wie in mündlichen *hic-et-nunc*-Interaktionen) oder *verdeckt* (wie in schriftlichen, raum- und zeitverschobenen Interaktionen) miteinander agieren. Pragmatische, d. h. situations- und gebrauchsorientierte Sprachtheorien sind besonders relevant für das Übersetzen, denn Übersetzen ist eine Tätigkeit, in der es um Akte des Sprachgebrauchs geht. Notwendig ist daher eine Perspektive auf Sprache als Sprache-in-Funktion, Sprache-in-Kommunikation, Sprache-in-Situation (die *Mikro*-Sicht) und als Sprache-in-Kultur (die *Makro*-Sicht). Genau diese Sicht liegt der im Folgenden beschriebenen Übersetzungstheorie zugrunde.

2. Eine funktionale und pragmatische Theorie des Übersetzens

Das Wesen der Übersetzung liegt darin, die *Bedeutung* sprachlicher Elemente beim Überwechseln von einem sprachlichen Kode in einen anderen äquivalent zu halten. Wenn man davon ausgeht, dass diese Bedeutung aus drei verschiedenen Komponenten besteht, einer semantischen, einer pragmatischen und einer textuellen, dann kann Übersetzen als das Ersetzen eines Textes in der Ausgangsprache durch einen semantisch, pragmatisch und textuell äquivalenten Text in der Zielsprache definiert werden. *Äquivalenz* ist hier der Schlüsselbegriff, der aber in der Übersetzungstheorie nicht unumstritten ist (Koller 1995; House 2009). Äquivalenz ist kein absoluter, sondern ein relativer Begriff. Äquivalenz ist zugleich das Hauptkriterium für die Evaluation von Übersetzungen und somit besonders für unterrichtliche Verwendungen von Übersetzungen unverzichtbar.

Eine Übersetzung und ihr Original sind dann äquivalent, wenn die Übersetzung eine Funktion hat, die der Funktion des Originals äquivalent ist. Der Begriff Funktion ist hier nicht gleichzusetzen mit „Funktion von Sprache", wie er in der Sprachphilosophie und der Linguistik behandelt worden ist (z. B. von Bühler 1965; Jakobson 1960), sondern ist als Verwendung des Textes in einem bestimmten situativen Kontext zu definieren. Die Textfunktion setzt sich zusammen aus zwei Funktionskomponenten, einer inhaltsbezogenen, kognitiv-referentiellen und einer interaktionsbezogenen Komponente. Diese beiden Komponenten, die mit Halliday (1994) als ideationale und interpersonelle Komponente bezeichnet werden, sind in jedem sprachlichen Produkt gleichzeitig vorhanden, denn sie entsprechen den beiden wichtigsten Sprachfunktionen, wie sie in allen philosophisch-linguistischen Klassifikationen erkennbar sind.

Für die nähere Bestimmung dieser Textfunktion muss ein Text mit der Situation, in die er eingebettet ist, in Beziehung gesetzt werden, und hierfür müssen die Begriffe *Situation* oder *Kontext* analysierbar, beschreibbar und erklärbar gemacht werden. Dies kann geschehen mithilfe des konzeptuellen Instrumentariums der Registerlinguistik, in der Sprachverwendung in verschiedenen Kontexten mittels bestimmter situativer Dimensionen charakterisiert wird. Mithilfe dieser Dimensionen wird das sprachliche Material aufgeschlüsselt, indem versucht wird, im Text für jede dieser Situationsdimensionen sprachlich-textuelle Korrelationen zu etablieren. Die sprachlichen Korrelate der Dimensionen sind dann die Mittel, durch die die Textfunktion realisiert wird, und die Textfunktion ergibt sich als Resultat einer detaillierten linguistisch-pragmatischen Analyse entlang der Dimensionen, wobei jede Dimension in charakteristischer Weise die beiden Funktionskomponenten determiniert, die zusammen die Textfunktion ausmachen. Es ergibt sich ein bestimmtes Textprofil, das die Textfunktion charakterisiert und die individuelle Textnorm darstellt, nach der ein Text, der den Anspruch erhebt, eine Übersetzung „im eigentlichen Sinne" (Koller 1992) zu sein, auszurichten ist. In House (1977, 1997, 2009) wird das Postulat der Funktionsäquivalenz dann wie folgt spezifiziert: damit eine Übersetzung eine ihrem Original äquivalente Funktion hat, müssen beide Texte äquivalente Textprofile haben, d. h. Original und Übersetzung werden gemäß der gleichen Dimensionen analysiert, und der Grad und die Art und Weise, wie beide Textprofile und Funktionen übereinstimmen entspricht dem „Gütegrad" der Übersetzung. Der Satz von Situationsdimensionen ist eine Art *Tertium Comparationis*. Mit diesem Ansatz kann eine detaillierte sprachlich-textuelle Analyse von Originalen und Übersetzungen geleistet werden.

Die Situationsdimensionen folgen der Hallidayschen Registertrias *Field − Tenor − Mode. Field* bezieht sich auf den Inhalt eines Textes, das in ihm angesprochene Thema, wobei auch die „Granularität" der Beschreibung, der Grad der Generalität oder Spezifizität zu beachten ist. *Tenor* bezieht sich auf den Textproduzenten (seine temporale, soziale und geographische Herkunft) und die Textadressaten und die Beziehung zwischen Textproduzent und Adressaten im Sinne von Autorität, Distanz und affektiver Beziehung. Von besonderem Interesse für die Textanalyse ist ferner die persönliche (affektive) Einstellung der Textproduzentin (*Stance*) gegenüber dem im Text wiedergegebenen Inhalt. Ferner wird mit der Dimension *Tenor* auch die Stilebene des Textes erfasst, ob also ein Text formell, informell oder umgangssprachlich verfasst ist. Mit der Dimension *Mode* werden die Mündlichkeit und Schriftlichkeit erfasst sowie die Art und Weise, wie die Adressaten miteinbezogen werden, z. B. durch rhetorische Fragen, Verwendung von Pronomina, Wechsel der grammatischen Modi oder Kontaktparenthesen und unter Verwendung der von Biber (1988) aufgestellten Parameter *Involved* vs. *Informational*, *Explicit* vs. *Situation-Dependent*, *Abstract* vs. *Non-Abstract*.

Für die Erfassung bestimmter Gruppierungen von Texten, deren Gemeinsamkeit in ihrem Zweck, ihrer Funktion besteht, ist der Begriff *Genre* wichtig. Mit der Kategorie *Register* kann zwar die für das Übersetzen kritische Beziehung zwischen Text und Kontext (House 2006b) beschrieben werden und funktionale Varietäten des Sprachgebrauchs bestimmt werden, indem sprachspezifische Merkmale mit rekurrierenden Merkmalen der Situation, in denen ein Text konventionell verwendet wird, korreliert werden, doch bleibt eine Registerbeschreibung primär auf einzelne Merkmale auf der sprachlichen Oberfläche beschränkt. Zur Charakterisierung tieferer textueller Muster bedarf es einer Konzeptualisierung mittels des Begriffs *Genre*. Während Register Texte mit dem situativen *Mikrokontext* verbinden, verbinden Genres sie mit dem *Makrokontext* der Sprach- und Kulturgemeinschaft.

Die in der skizzierten Theorie von House zentrale Textfunktion kann nun aber nur bei einem bestimmten Typus von Übersetzungen äquivalent gehalten werden, nämlich im Falle sog. verdeckter (*covert*) Übersetzung, nicht aber bei offener (*overt*) Übersetzung. Im Folgenden wird diese Begrifflichkeit kurz erläutert.

Beim Übersetzen werden nicht nur im materiellen Sinne Texte durch Zeit und Raum bewegt, es wandeln sich auch die Diskurswelten, in denen die Texte eingebettet sind. Bezogen auf offene und verdeckte Übersetzungen bedeutet die Veränderung der Diskurswelten nun folgendes: bei *offener* Übersetzung kann die Funktion des Originals NICHT erhalten bleiben, nur eine Art „versetzte Funktion" (*Second Level Function*) ist möglich. Die offene Übersetzung bettet den Text in ein neues soziales Ereignis, eine neue Diskurswelt ein. Eine offene Übersetzung ähnelt einem Zitat. Beispiele für Ausgangstexte, die sich für offene Übersetzungen anbieten, sind literarische Texte, die durch den Status ihres Autors eng an die Ausgangssprach- und -kulturgemeinschaft gebunden sind. Sie wenden sich direkt an ausgangsprachliche Adressaten, obwohl sie natürlich auch für Adressaten der Zielkultur relevant sein können, denn sie sind oft von allgemeinem menschlichem Interesse. Neben solchen zeitlosen Texten gehören auch historisch veran-kerte Ausgangstexte zu den Genres, die für offene Übersetzung prädestiniert sind. Wenn z. B. eine Rede Churchills, die er während des 2. Weltkriegs vor dem Rathaus einer nordenglischen Kleinstadt hielt oder eine Predigt Karl Barths in einem Baseler Gefängnis übersetzt wird, so ist das Original in beiden Fällen gewissermaßen sakrosankt. Original und (offene) Übersetzung müssen hier bezüglich der verwendeten sprachlichen Mittel, des Registers und des Genres äquivalent sein. Die individuelle Textfunktion dagegen kann nur versetzt äquivalent sein, denn die Übersetzung dient gewissermaßen nur dazu, Zugang zu der Funktion zu ermöglichen, die der Originaltext in seiner Diskurswelt hat. Da dieser Zugang aber in der Zielkultur und durch die in einer anderen Sprache verfasste Übersetzung geleistet werden muss, ist ein Wechsel der Diskurswelt unumgänglich, d. h. die Übersetzung lebt in einer anderen Diskurswelt, ist anders vernetzt und eingerahmt als das Original. Wegen der notwendigen Äquivalenz der sprachlichen Mittel, des Regis-ters und des Genres wird aber die Diskurswelt und der Bezugsrahmen des Originals ko-aktiviert, so dass die Angehörigen der Zielkultur in das Original „hineinlauschen" und die Funktion des Originals wahrnehmen können — wiewohl aus einer gewissen Distanz.

Die Arbeit des Übersetzers bei offenen Übersetzungen ist bedeutsam, denn sie ist deutlich sichtbar. Der Übersetzer ist hier ganz explizit derjenige, der das Fremde dem Eigenen zuführt, und der es den neuen Adressaten ermöglicht, den Originaltext in einem anderen Code kennenzulernen, was aber — wegen der Kopräsenz zweier Welten — nur mit einem Bemühen um das, was Wordsworth „willing suspension of disbelief" genannt hat, gelingen kann.

In *verdeckter* Übersetzung dagegen wird ein äquivalentes kulturelles Ereignis konstru-iert, d. h. hier ist es möglich und nötig, die Funktion, die das Original in seiner Diskurs-welt hat, zu rekreieren. Eine verdeckte Übersetzung operiert ganz offen in der neuen Diskurswelt der Zielkultur, ohne dass die Diskurswelt, in der das Original lebt, ko-akti-viert wird. Verdeckte Übersetzung ist deshalb psycholinguistisch gesehen weniger kom-plex als offene Übersetzung. Doch wird hier gewissermaßen „mit verdeckten Karten gespielt". Beispiele für Texte, für die sich verdeckte Übersetzungen anbieten, sind journa-listische Texte, die in multinationalen Zeitschriften erscheinen, Werbeschriften für glo-bale Produkte, Informationsbroschüren für Touristen verschiedener Nationalitäten und

Wirtschaftstexte in internationalen Firmen. Die Übersetzung solcher Texte ist verdeckt, weil sie pragmatisch nicht mehr als Übersetzung markiert ist, und es durchaus denkbar ist, dass sie das Original ist. Original und verdeckte Übersetzung haben äquivalente Zielsetzungen. Ausgangs- und Zieltextadressaten sind gleichermaßen direkt angesprochen. Doch müssen bei diesem Übersetzungstyp, gerade weil hier die Originalfunktion erhalten bleiben soll, unterschiedliche kulturelle Erwartungsnormen berücksichtigt werden. In solchen Fällen muss ein *kultureller Filter* zwischen Original und Übersetzung geschoben werden. Die Entscheidung, ob ein solcher Filter legitim ist, und wie er beschaffen ist, sollte aufgrund der Ergebnisse sprachenpaarspezifischer kontrastiv-pragmatischer Analysen getroffen werden.

Bezogen auf das in der o.g. Übersetzungstheorie vorgeschlagene Beschreibungsinstrumentarium bedeutet verdeckte Übersetzung folgendes: bzgl. der verwendeten sprachlichen Mittel und des Registers brauchen Original und Übersetzung nicht äquivalent zu sein. Das Original kann mithilfe eines kulturellen Filters manipuliert und den Bedürfnissen der neuen Adressaten angepasst werden. Bzgl. des Genres und der individuellen Textfunktion müssen Übersetzung und Original jedoch äquivalent sein. Dies bedeutet auch, dass eine theoretische Unterscheidung gemacht wird zwischen einer „verdeckten Übersetzung" und einer „verdeckten Version", wobei eine Version dann *per definitionem* keine Übersetzung mehr ist. Sie resultiert aus der nicht nachvollziehbaren Anwendung eines kulturellen Filters, d. h. es fließen unverifizierte subjektive Einschätzungen des Übersetzers ein, aufgrund derer das Original oft verfälscht wird. Theoretisch abgegrenzt werden Übersetzungen auch von sog. „offenen Versionen", bei denen eine besondere sekundäre Funktion ganz offen für die Übersetzung eingeführt wird, wenn beispielsweise Shakespeares Dramen für Kinder übersetzt oder deutsche Zusammenfassungen englischer Artikel erstellt werden.

Zusammengefasst: Nur bei verdeckter Übersetzung besteht die Möglichkeit echter Funktionsäquivalenz durch den Einsatz eines kulturellen Filters. Dieser Filter sollte auf kontrastiven pragmatischen Analysen basieren. Im Folgenden werden exemplarisch einige solcher Forschungsarbeiten dargestellt.

3. Kontrastiv-pragmatische Analysen als Grundlagen für den Einsatz „kultureller Filter"

Für das Sprachenpaar Deutsch-Englisch sind u. a. im Rahmen größerer Projekte (z. B. Blum-Kulka, House und Kasper 1989) eine Reihe kontrastiv-pragmatischer Analysen über einen Zeitraum von mehreren Jahrzehnten durchgeführt worden (House 2006a), die mit unterschiedlichen Probanden und Methodologien zu einer Vielzahl von Einzelergebnissen geführt haben, die in konvergierender Evidenz bestimmte allgemeine Hypothesen über deutsch-englische interkulturelle Unterschiede nahelegen. Folgende pragmatisch-diskursive Phänomene wurden untersucht: Sprechhandlungen, Diskursstrategien, Realisierung bestimmter Phasen in Diskursen, *Gambits* und Modalitätsmarkierungen. Die Ergebnisse weisen auf ein ganz bestimmtes Muster von Unterschieden in Vertextungsnormen und Stilkonventionen hin, welche sich als ein Satz von Dimensionen darstellen lassen, entlang derer deutsche und anglophone Sprecher differieren:

Direktheit ↔ Indirektheit
Orientiertheit auf den Sprecher ↔ Orientiertheit auf die Adressaten
Inhaltsorientiertheit ↔ Adressatenorientiertheit
Explizitheit der Darstellung ↔ Implizitheit der Darstellung
Ad-hoc-Formulierung ↔ Verwendung sprachlicher Routinen

Diese Dimensionen stellen keine Dichotomien, sondern Tendenzen dar. Deutsche Muttersprachler tendieren zu Werten am linken Ende dieser Skalen, anglophone Sprecher zu Werten am rechten Ende, d. h. in deutschen Diskursen wird häufig ein inhaltsfokussierter, transaktionaler Stil präferiert, in anglophonen ein interaktionaler, adressatenorientierter Stil. Dies hat auch Auswirkungen auf die größere Nähe angelsächsischer Fachtexte zu alltagsprachlichen Texten. Bezüglich der beiden Hallidayschen Funktionen von Sprache wird im Deutschen vielfach der ideationalen, im Englisch der interpersonalen Funktion der Vorzug gegeben.

Die vorgeschlagenen Dimensionen werden durch die Ergebnisse anderer Forscher unterstützt (z. B. Clyne 1987). In House (1997) finden sich viele Beispiele publizierter Übersetzungen verschiedener Genres, die die Vitalität dieser Dimensionen nahelegen. Fälle konkreter kultureller Filterung in Richtung größerer Explizitheit, verstärktem Inhaltsfokus und reduzierter Adressatenorientierung liegen z. B. dann vor, wenn die lockere englische Phrase „anything on the human side" in einem populärwissenschaftlichen Text aus dem *UNESCO Courier* im deutschen *UNESCO KURIER* als „Arten mit Ansätzen von menschenartigen Merkmalen" wiedergegeben ist. Oder wenn der joviale Satz „So palaeontology is not all looking for fossils in old river banks!" im Deutschen einfach weggelassen wird. Ein weiteres Beispiel für die Anwendung eines kulturellen Filters Englisch—Deutsch ist die größere Direktheit im Deutschen in einem gleichermaßen an englische und deutsche Aktionäre gerichteten Schreiben, in dem die diplomatisch-indirekte englische Wendung „your bank should indicate" zu „Sie müssen die Bank bitten" wird.

4. Zum sinnvollen Einsatz von Übersetzungen im DaF- und DaZ-Unterricht

Was lässt sich nun aus obigen Ausführungen zum Übersetzen für den DaF/DaZ-Unterricht folgern? Zunächst gilt es festzuhalten, dass Übersetzungen nicht als didaktische Mittel für andere Zwecke, sondern genuin als Übersetzungen, d. h. aber als kommunikative Handlungen, verwendet werden sollten, welche eine reale kommunikative Funktion erfüllen. Im Unterricht dienen sie jedoch häufig allein dazu, der Lehrperson als „Übersetzungsauftraggeber" nachzuweisen, dass Lerner bestimmte in der Ausgangssprache verfasste Texte in didaktisch äquivalente Texte überführen können, wobei „didaktisch äquivalent" sich auf eine Äquivalenz bezieht, die vom Lehrer determiniert wird. Mit Übersetzung in der außerunterrichtlichen Welt hat dies kaum etwas zu tun. Diese Sachlage erklärt auch, warum der Zweck solcher didaktischer Übersetzungen Lernern häufig nicht einsichtig ist, denn wie schon Eugene Nida betont hat: „There is no point in making a translation apart from a situation involving real interlingual communication" (1977: 215). Wenn es darum geht, auch innerhalb eines didaktischen Kontexts kommunikativ sinnvolle Übersetzungen anzufertigen, könnte man z. B. Übersetzungsaufgaben organisch in „reale" Kommunikationssituationen einbetten und von den Lernern nachvollziehbare Kommunikationsbedürfnisse simulieren lassen. Hierzu ein einfaches Beispiel: „Nehmen Sie an, Sie sind Muttersprachlerin des Spanischen und haben gerade eine Stelle als Aushilfssekretärin bei Siemens in Braunschweig erhalten. Ihr Chef hat eben einen spanischen Text eines argentinischen Geschäftspartners erhalten, in dem es um die Möglichkeiten und Bedingungen einer Erweiterung eines Kraftwerkes in San Nicolas, Argentinien, geht. Er bittet Sie jetzt, zunächst mündlich auf Deutsch einen kurzen zusammenfassenden Überblick über den Inhalt des Berichts zu geben und anschließend für die Akten und als Vorbereitung der dann von Ihrem Chef und Ihnen gemeinsam zu verfassenden Antwort eine schriftliche deutsche Übersetzung anzufertigen."

Nach diesem Muster können viele Texte und Situationen, in denen „echte" zweisprachige Kommunikation vorkommt, verwendet und verschiedene Typen von Übersetzungen − offene Versionen (mündliche Zusammenfassung) und verdeckte Übersetzungen − angefertigt werden. Aber auch andere in der oben dargestellten Theorie erfasste Verfahren können unterrichtlich sinnvoll verwendet werden, wie im Folgenden erläutert wird.

4.1. Offenes vs. Verdecktes Übersetzen

Bei jedem Einsatz von Übersetzungen im Deutschunterricht sollte die grundsätzliche Unterscheidung in offene und verdeckte Übersetzungen sowie offene und verdeckte Versionen erläutert werden. Lerner sollten mit einem theoretischen Rahmen zur Beschreibung und Erklärung des Übersetzens vertraut werden, denn unterrichtliche Übersetzungsaktivitäten sollten mit Textanalysen und begründeten Bewertungen der Übersetzungsprodukte einhergehen. Aus der Unterscheidung in offene und verdeckte Übersetzung und didaktische vs. kommunikative Übersetzungsübungen im Deutschunterricht ergibt sich eine Priorität *verdeckter Übersetzungen* im Kontext der sprachpraktischen Ausbildung. Ausgangstexte, die noch lebendige Texte und nachvollziehbare sprachlich-soziale Ereignisse sind, weil sie sich direkt an zwei sich gemäß soziolinguistischer Charakteristika entsprechende zeitgenössische Adressaten(gruppen) wenden, lassen sich für die Deutschlerner ohne Schwierigkeiten als Teil einer nachvollziehbaren Kommunikationssituation aufbereiten. Verdeckte Übersetzungsübungen sind von größerem unmittelbarem Interesse für die Lerner als ausgangssprachgebundene, oft aus fernen Epochen stammende literarische Texte.

Mithilfe verdeckter Übersetzungen kann sprachliches und (inter)kulturelles Wissen mobilisiert werden, denn die hier zu leistende kulturelle Filterung basiert ja auf diesem Wissen. Sie kann auch kontrastiv-pragmatische Forschungen seitens der Lerner anregen. Forschendes Lernen und Lehren ist für diese Art kulturell gefilterter Text(re)produktion somit ein wichtiger Bestandteil. Auch flexible Ausweitungen der eigentlichen Übersetzung bieten sich an; neben der Erstellung mündlicher und schriftlicher Versionen (im oben definierten Sinne) könnte z. B. vor dem Übersetzen der Ausgangstext selbst − anhand bestimmter Vorgaben bei den pragmatischen Dimensionen − als Bestandteil von Übersetzungsübungen erstellt werden.

4.2. Übersetzen als Katalysator für metasprachliche Reflektionen

Übersetzen kann im Unterricht eine Art Katalysator für Reflektionen über Sprache allgemein sein und für Diskussionen über Sprachkontraste und Gemeinsamkeiten. Auch bie-

ten Übersetzungen Anlässe für vielfältige metasprachliche Reflektionen über Sprachspe-
zifik und Sprachuniversalität, über Höflichkeit und Indirektheit in verschiedenen Sprachen und über die Problematik der Diskrepanz zwischen Form und Funktion beim
Überwechseln von einem sprachlichen Kode in einen anderen. Versteckte Ideologien
können in vergleichenden Textanalysen herausgearbeitet und „entlarvt" werden. Beim
Erreichen der Grenzen der Übersetzbarkeit bei Konnotationen, Sprachspielen, Ironie,
Metaphern und sprachspezifischen Regional- und Sozialvarietäten kann den Lernern
auch die Tragik und die Größe (Ortega y Gasset 1960) des Übersetzens als der komple-
xesten aller sprachlichen Aktivitäten bewusst gemacht werden.

Es ist höchste Zeit, dass im DaF/DaZ-Unterricht die stark unterrepräsentierte Übersetzung aufgewertet wird und ihr Nutzen für den Spracherwerb, den Erwerb sprachkontrastiver, landeskundlicher und kultur-kontrastiver Kenntnisse und den Erwerb von
Kenntnissen über die Verschiedenheit von Sprachen allgemein und den Wert von Mehrsprachigkeit und Multikulturalität deutlich und offensiv vorgetragen wird. So schwierig
es auch sein mag, in den im DaF-Bereich häufig sprachheterogenen Gruppen mit Übersetzungen zu arbeiten, so wichtig ist es doch angesichts des Lernziels der Interkulturellen
Kompetenz, die Bedeutung lernerseitiger Bewusstheit über sprachliche und kulturelle
Unterschiede, über Unterschiede in Werten, Mentalitäten und kommunikativen Konventionen stärker in den Vordergrund des didaktischen Interesses zu rücken.

Übersetzung kann nur dann gewinnbringend im Unterricht eingesetzt werden, wenn
die Lehrenden über das notwendige theoretische Rüstzeug verfügen. Wenn Lehrende
nicht wissen, was Übersetzung ist, was sie leisten kann, und wo ihre Grenzen liegen,
besteht die Gefahr, dass die sterile Grammatik-Übersetzungsmethode mit ihren dekon-
textualisierten Sätzen und Wort-für-Wort-Nicht-Äquivalenzen eine unheilvolle Renaissance erfährt. Dies zu verhindern und sinnvolle Alternativen aufzuzeigen, war eines der
Hauptziele dieses Artikels.

5. Literatur in Auswahl

Biber, Douglas
    1988   *Variation Across Speech and Writing*. Cambridge: Cambridge Press.
Bühler, Karl
    1965   *Sprachtheorie*. Stuttgart: Fischer. [1. Aufl. 1934].
Blum-Kulka, Shoshana, Juliane House und Gabriele Kasper (Hg.)
    1989   *Cross-Cultural Pragmatics*. Norwood, NJ: Ablex.
Clyne, Michael
    1987   Cultural Differences in the Organization of Academic Texts: English and German. *Jour-
            nal of Pragmatics* 11: 211−247.
Halliday, Michael A. K.
    1994   *An Introduction to Functional Grammar*. London: Arnold.
House, Juliane
    1977   *A Model for Translation Quality Assessment*. Tübingen: Narr.
House, Juliane
    1997   *Translation Quality Assessment. A Model Revisited*. Tübingen: Narr.
House, Juliane
    2006a   Communicative Styles in English and German. *European Journal of English Studies* 10:
            249−267.

House, Juliane
    2006b Text and context in translation. *Journal of Pragmatics* 38: 338–358.
House, Juliane
    2009   *Translation.* Oxford: Oxford University Press.
Jakobson, Roman
    1960   Linguistics and Poetics. In: Thomas Sebeok (Hg.), *Style in Language*, 350–377. Cambridge, MA: MIT Press.
Koller, Werner
    1992   *Einführung in die Übersetzungswissenschaft.* Heidelberg: Quelle & Meyer.
Koller, Werner
    1995   The Concept of Equivalence and the Object of Translation Studies. *Target* 7: 191–122.
Nida, Eugene
    1977   Translating means communicating. A sociolinguistic theory of translation. In: Muriel Saville-Troike (Hg.), *Linguistics and Anthropology*, 213–229. Washington: Georgetown University Press.
Ortega y Gasset, José
    1960   *Miseria y Esplendor de la Tranducción. Elend und Glanz der Übersetzung.* Ebenhausen: Langewiesche-Brandt.

Juliane House, Hamburg (Deutschland)

33. Interkulturelle Kommunikation aus linguistischer Perspektive

1. Einleitung

Die ersten systematischen Debatten und Untersuchungen zur Kommunikation zwischen Mitgliedern verschiedener Kulturen und Sprachen setzten in der Sprachwissenschaft in den 1980er Jahren ein: Zentral war hierbei u. a. der Einfluss der Ethnographie der Kommunikation (Gumperz und Hymes 1972), die sich mit der Erforschung von Kommunikation im kulturellen Kontext befasst und untersucht, wie Sprechen eingesetzt wird, um bestimmte Handlungen durchzuführen, soziale Identitäten herzustellen und gesellschaftliche Wissenskonzepte zu aktivieren. Vor diesem Hintergrund entstanden erste Analysen authentischer Kommunikationssituationen zwischen Mitgliedern verschiedener Kulturen (Gumperz 1982; Gumperz und Cook-Gumperz 1982; Erickson und Shultz 1982; Hinnenkamp 1989; Blommaert und Verschueren 1991; Günthner 1993; Scollon und Scollon 1995; Kern 2000; Di Luzio, Günthner und Orletti 2001; Birkner 2001; Kotthoff 2002).

Ferner spielte im deutschsprachigen Kontext neben den Arbeiten von Knapp und Knapp-Potthoff (1985, 1990), Knapp, Enninger und Knapp-Potthoff (1987) und denen der kontrastiven Pragmatik (Blum-Kulka, House und Kasper 1989) vor allem die Funktionale Pragmatik eine herausragende Rolle für die Etablierung des Forschungsfelds der Interkulturellen Kommunikation (Rehbein 1985; Redder und Rehbein 1987; Koole und ten Thije 1994; Ehlich 1996).

In enger Verknüpfung mit der Kulturanthropologie, der Ethnologie, der Kultursoziologie und der Fremdsprachenforschung entwickelte sich die Erforschung Interkultureller Kommunikation zu einem empirisch ausgerichteten Forschungsfeld, das sich u. a. mit folgenden Aspekten interkultureller Begegnungen befasst:

– Aspekte des Fremdverstehens;
– Verstehensprobleme und Missverständnisse in der Interkulturellen Kommunikation und deren Ursachen;
– kulturspezifische Konventionen der Kontextualisierung von Bedeutung (wie der Markierung von Höflichkeit, Konventionen der (In)Direktheit, der Kontextualisierung von Emotionen etc.);
– interkulturelle Begegnungen in institutionellen Kontexten (beispielsweise vor Gericht, im medizinischen Bereich, im Hochschulbereich, in der Schule etc.);
– kulturspezifische Realisierungsweisen kommunikativer Handlungen (wie Begrüßungen, Danksagungen, Nichtübereinstimmungen, Fragen, Komplimente, Ablehnungen etc.);
– kulturspezifische Konventionen bei der Handhabung kommunikativer Gattungen bzw. von Textsorten (z. B. unterschiedliche Konventionen in wissenschaftlichen Gattungen, divergierende Konzepte institutioneller Textsorten etc.);
– die Rolle prosodischer und non-verbaler Mittel in interkulturellen Kommunikationssituationen (z. B. Tonhöhenverlauf, Akzentuierung, Lächeln, Lachen, Schweigen etc.);
– das Entstehen neuer sprachlicher Formen bzw. die Herausbildung neuer Muster in interkulturellen Kontexten (Sprachmischungen, Hybridbildungen etc.);
– die Herstellung von Status- und Machtverhältnissen in interkulturellen Kommunikationssituationen;
– Lerner- und Interimsprachen in der Interkulturellen Kommunikation.

Bezeichnend für die sprachwissenschaftlichen Studien der letzten Jahre ist, dass sie sich von dem vereinfachten Modell der Übertragung eigenkultureller Konventionen auf Interaktionen mit Angehörigen anderer Kulturgemeinschaften ebenso verabschiedet haben wie von der Aufstellung kontextlosgelöster Aussagen über das scheinbar fremdkulturelle Verhalten. Stattdessen zeichnen sie sich primär durch folgende Thesen, Charakteristika und Fragestellungen aus:

– *Kritik an der Vorstellung homogener, abgeschlossener Kulturen sowie an der Annahme einer eindimensionalen Beziehung zwischen Kultur und sprachlichem Verhalten*: In der Auseinandersetzung mit dem Kulturbegriff wie auch mit dem Verhältnis von Sprache, Kommunikation und Kultur wird Kultur nicht länger als „ein dem Interaktionsprozess aufgepfropftes Etwas" verstanden, sondern gilt als integraler Bestandteil jeder menschlichen Interaktion (siehe hierzu detaillierter Ehlich 1996; Günthner 1999; Di Luzio, Günthner und Orletti 2001; Kotthoff 2002 sowie das 2006 von Günthner und Linke herausgegebene Themenheft „Linguistik und Kulturanalyse" der Zeitschrift für Sprachwissenschaft). Kulturelle Prozesse manifestieren sich in der Praxis der Bedeutungsaushandlung, d. h. in semiotisch vermittelten Darstellungsformen, die soziales Handeln zum Ausdruck bringen (Günthner 1999; Di Luzio, Günthner und Orletti 2001; Kotthoff 2002).

− *Kulturelle Zugehörigkeit wird folglich nicht einfach als „gegeben" betrachtet, sondern Fragen nach der interaktiven Herstellung kultureller Zugehörigkeiten und kultureller Differenzen stehen im Vordergrund dieser Ansätze:* Wann kann eine Kommunikationssituation auf der Grundlage welcher Voraussetzungen überhaupt als „interkulturelle" Situation betrachtet werden? Bzw. welche interaktiven Verfahren verwenden Interagierende, um die Begegnung als „interkulturell" zu konstruieren (Sarangi 1994; Günthner 1999, 2007b; Di Luzio, Günthner und Orletti 2001; Kotthoff 2002)?

− *Es wird veranschaulicht, wie in interkulturellen Kommunikationssituationen aufgrund kulturspezifischer Kontextualisierungsverfahren Bedeutung kommuniziert wird und welche Rolle indexikalische Zeichen (wie Prosodie, Anredeformen, Codeswitching, Diskurspartikeln etc.) bei der Kontextualisierung kultureller Zugehörigkeiten und Differenzen spielen* (hierzu u. a. Erickson und Shultz 1982; Gumperz 1982, 2001; Günthner 1993; Scollon und Scollon 1995; Kern 2000; Birkner 2001; Di Luzio, Günthner und Orletti 2001).

− Vorliegende Studien, die von der interaktiven Herstellung kommunikativer Bedeutung ausgehen, sind *stark empirisch ausgerichtet*. Mittels linguistischer Detailstudien (Sequenzanalysen) untersuchen sie, wie kulturelle Unterschiede und Differenzen interaktiv hergestellt und zu welchen Zwecken diese situativ aufgebaut werden.

− *Interkulturelle Kommunikation wird nicht kontextlosgelöst betrachtet, sondern in der kommunikativen Praxis und damit im betreffenden Kontext*. Da kulturelle Zugehörigkeiten bzw. Unterschiede keine statischen, kontextfreien Einheiten darstellen, sondern interaktiv durch die alltäglichen, kontextspezifischen Handlungen der Mitglieder erzeugt werden, liegt der Fokus neuerer Arbeiten der Interkulturellen Kommunikationsforschung auf situierten diskursiven Praktiken (u. a. Redder und Rehbein 1987; Auer und Kern 2001).

− In interkulturellen Kommunikationssituationen werden jedoch keineswegs nur eigenkulturelle Kommunikationskonventionen eingebracht, sondern es entstehen auch situationsspezifische *„inter- bzw. transkulturelle Phänomene"* (*hybride* Sprechweisen, Mischformen etc.), die weder den Konventionen der einen noch der anderen kulturellen Gruppe entsprechen (Günthner 1993, 1999; Koole und ten Thije 1994). Interkulturelle Kommunikationssituationen zeigen durchaus eigene Dynamiken, die zu grenzüberschreitenden neuen Kommunikationsformen führen können.

Themenstellungen wie sprachliche Heterogenitäten, „performances", die Konstruktion sprachlicher Identitäten sowie kulturspezifische Ideologien zum Sprachgebrauch repräsentieren somit wichtige aktuelle Fragestellungen der Interkulturellen Kommunikationsforschung.

2. Von der Gegebenheit kultureller Differenzen zum „doing culture"

Lange Zeit wurden in den Sozialwissenschaften soziale Faktoren − wie auch kulturelle Zugehörigkeit, Fremdheit etc. − als objektive Daten betrachtet, die gesellschaftlich gegeben sind. *Wie* jedoch diese „Tatsachen" produziert werden, *wie* gesellschaftliche Wirklichkeit durch menschliche Handlungen erzeugt wird und damit auch *wie* kulturelle Zugehörigkeiten bzw. Differenzen sozial konstruiert werden, rückte erst mit stärker interaktiv ausgerichteten Ansätzen der Sozialforschung in das Blickfeld der Analysen.

Sozialkonstruktivistische Ansätze betrachten kulturelle Differenzen oder gar „Fremdheit" nicht etwa als gegebene Eigenschaft bzw. als objektives Verhältnis zweier Personen oder Gruppen zueinander, sondern als Resultat einer interaktiven Erzeugung und Zuschreibung (Hahn 1994; Günthner 1999): Kulturelle Zugehörigkeiten und Abgrenzungen sind nicht einfach (aufgrund verschiedener Muttersprachen, Pässe, Geburtsorte, Hautfarben etc.) vorhanden, sondern sie werden interaktiv produziert, fokussiert, bestätigt oder aber irrelevant gesetzt. Für eine sprachwissenschaftliche Erforschung interkultureller Kommunikationssituationen impliziert dies eine Zuwendung zur detaillierten Beschreibung und Analyse derjenigen kommunikativen Umstände, unter denen kulturelle Differenzen interaktiv erfahren werden, und damit eine konkrete Analyse diskursiver Praktiken der Aktualisierung von Fremdheit. Aufgabe der Interkulturellen Kommunikationsforschung ist es, aufzuzeigen, inwiefern Kultur eine für die Teilnehmenden relevante Kategorie ist, bzw. wie sie diese zu welchem Zweck relevant setzen. Der Prozess der Konstruktion von Kultur, von kulturellen Gemeinsamkeiten bzw. Unterschieden wird somit selbst zum Untersuchungsgegenstand, und die analytische Frage verschiebt sich von „was sind die (gegebenen) kulturellen Differenzen?" zu „was *tun* die Interagierenden, um kulturelle Differenzen bzw. Zugehörigkeiten interaktiv relevant zu setzen und *wie* setzen sie diese relevant?". Da kulturelle Tatsachen als situativ von den Interagierenden erzeugt gelten, redet man − im ethnomethodologischen Sinne − vom Prozess des „doing culture" (Günthner 1999; Günthner und Luckmann 2001, 2002).

Solche Prozesse des „doing culture" möchte ich im Folgenden anhand von zwei Beispielen veranschaulichen. Diese sollen verdeutlichen, wie Sprache und Sprechen im Kontext kultureller Praktiken verwendet werden, wie kulturelle Gruppen sich sprachlich konstituieren und wie kulturelle Zugehörigkeiten interaktiv erzeugt werden.

2.1. Zur Konstruktion kultureller Differenzen über stereotype Zuschreibungsverfahren

Eine wesentliche Strategie zur Konstitution kultureller Zugehörigkeiten und Differenzen stellen stereotype Zuschreibungsverfahren dar, auf die man in interkulturellen Begegnungen immer wieder trifft. Dieses Phänomen soll anhand eines Gesprächsausschnitts beleuchtet werden (hierzu auch Günthner 1999 sowie Günthner und Luckmann 2001, 2002).

Kurt und Uli (ein deutsches Paar) sind bei einem chinesischen Ehepaar zum Essen eingeladen. Guo lebt bereits seit einigen Jahren in der Bundesrepublik, während Bao, seine Frau, erst vor einigen Monaten nach Deutschland gezogen ist. Nachdem bereits mehrere Gerichte aufgetragen wurden und die Gäste (Kurt und Uli) darauf hingewiesen haben, dass sie „VÖLL.IG. SATT." sind, stellt Bao einen weiteren Teller mit chinesischem Essen auf den Tisch und fordert − gemäß der chinesischen Etikette − ihre Gäste auf, weiter zuzugreifen:

```
ESSEN BEI GUO UND BAO
  1 Bao:     ess- essen sie.
  2 Kurt:    hh' nein. hh' danke.
```

```
 3                  ich bin sch' schon VÖLL.IG. SATT.
 4 Bao:             ja. nehm- nehmen sie.
 5 Guo:             du MUSST nicht I:MMER SAGEN. eh.
 6                  das NICHT notwendig bei DEUTSCHEN. ja?
 7 Kurt&Uli:        hihihihi
 8 Uli:             eh: nein.
 9                  VIE:LEN dank.
10                  wir habn ECHT' (-) sind ECHT SATT.
11                  aber s'hat ganz TOLL GESCHMECKT.=
12 Kurt:            = WIRKLICH.
13 Guo ((zu Bao)):  die DEUTSCHEN soll man n'nicht so DRÄNG?
14                  DRÄNGELN ja. sie NEHMEN wann sie wollen. ja.
15                  macht mal keine SO:RGE.
16 Bao:             hihihihi
17 Kurt:            jaja. ich NEHM dann schon.
18 Guo:             die deutschen ja. (-) sind so nicht so sehr ja BESCHEI:DEN.
19                  hahahah. SO. IST DAS. hihi[hihi]
20 Kurt:                                      [hihi]hihi.
```

Nach einem wiederholten Ablauf der Aufforderung zum Essen und folgender Ablehnung durch die Gäste schaltet sich in Zeile 5 Guo ein. Aufgrund seiner jahrelangen Deutschlanderfahrung präsentiert er sich als Experte und belehrt seine Frau in deutschen Tischsitten (Z. 5–6) und somit in den kommunikativen Konventionen der für sie „fremden Kultur": „du MUSST nicht I:MMER SAGEN. eh. das NICHT notwendig bei DEUTSCHEN. ja?". Guo setzt hierbei die für Bao ungewöhnlichen Verhaltensweisen von Kurt und Uli (die Tatsache, dass diese Baos Aufforderung, weiter zuzugreifen, direkt ablehnen; Z. 2–3 und 9–10) in Bezug zur ethnischen Kategorie „Deutsche" (Z. 6). In Zeile 18 expliziert Guo seine Interpretation des Verhaltens der Gäste: „die deutschen ja. (–) sind so nicht so sehr ja BESCHEI:DEN."

Diese Sequenz veranschaulicht, wie Guo kulturelle Differenzen zwischen „uns" (den Chinesen) und „ihnen" (den Deutschen) situativ konstruiert und damit einen Zuschreibungsprozess des „Anderen" aktiviert (Hahn 1994: 140). Die Konfrontation mit unvertrauten Verhaltensweisen wie der direkten Ablehnung einer Essensaufforderung und dem Ausbleiben mehrfachen Lobes für das Essen (im chinesischen Kontext sind Aufforderungen zum Weiteressen häufig Lobelizitierungsstrategien: Mehrfaches Lob des Essens während des Abends wird erwartet) führt hier zu der Zuschreibung einer Handlung als fremdkulturell und damit zu einer Differenzierung zwischen „denen" und „uns". Indem er die Deutschen als „nicht so sehr ja BESCHEI:DEN" (Z. 18) kategorisiert, konstruiert Guo zugleich – auf der Negativfolie der Fremdidentifikation – die kulturelle Selbstidentifikation der „bescheidenen Chinesen". Hierbei wird zum einen deutlich, dass der Prozess der Konstruktion des „Anderen" eine Dialektik der Ein- und Ausgrenzung enthält: Die Re-Aktualisierung kultureller Stereotypen wird als Verfahren zur interaktiven Zuschreibung von Differenzen und damit zur interaktiven Konstruktion des „Anderen" eingesetzt (Günthner 1999, 2007a).

Die Gesprächssequenz verdeutlicht ferner, dass Zuschreibungen von Fremdkulturalität nicht beliebig verlaufen, sondern sich an vorhandenen Stereotypen über den vermeintlich „Anderen" orientieren. Interagierende greifen in Situationen interpretativer Unsicherheiten und damit in Kontexten, in denen „Brüche im Verstehen" (Waldenfels 1995: 620) auftreten, immer wieder auf kulturelle Stereotypen zurück (Gumperz 1982).

Diese liefern ihnen Aneignungsstrategien des „fremden" Verhaltens, indem sie Nichtzugängliches den eigenen Kategorien zugänglich machen.

Der vorliegende Gesprächsausschnitt verdeutlicht darüber hinaus, dass einfache dichotomische Rollenzuweisungen der Gesprächsteilnehmenden in interkulturellen Begegnungen in „Einheimische" vs. „Fremde" die Komplexität der Teilnehmerkonstellationen häufig ignorieren: Während Bao die Rolle der mit den deutschen Konventionen nicht Vertrauten einnimmt bzw. zugewiesen bekommt, konstituiert Guo für sich den Status des „Wissenden" und damit den einer Mittlerperson zwischen den Kulturen. Er belehrt seine Ehefrau hinsichtlich der fremdkulturellen Gepflogenheiten und konstruiert sich zugleich − u. a. durch die Belehrung in deutscher Sprache − als Mittler.

2.2. Zur Konstruktion kultureller Differenzen durch Inszenierungen fremder Rede

Eine weitere Art der Konstruktion kultureller Zugehörigkeiten und Differenzen soll anhand des folgenden Gesprächsausschnitts gezeigt werden; nämlich die Konstruktion von Gemeinsamkeiten und Unterschieden durch Inszenierungen fremder Rede.

Der Ausschnitt entstammt einem Gespräch zwischen zwei aus Ex-Jugoslawien stammenden Jugendlichen (Robbie und Enis) und zwei Studentinnen (Ina und Eva). Ina und Eva führen − in Zusammenhang mit einem Seminar − narrative Interviews in einem Jugendzentrum in Münster durch. Im folgenden Ausschnitt unterhalten sie sich mit Robbie und Enis über deren Kontakte zu deutschen Jugendlichen (Ich danke Tanja Bücker für die Bereitstellung dieses Gesprächs. Vgl. auch Bücker 2006 zu diesem Ausschnitt.):

```
DIE DEUTSCHEN UND WIR
346 Ina:  ja und ähm=ihr habt aber nicht SO: viele deutsche
347       (.) freunde;
348       nich so viel wie ausländische?
349 Ro:   nein=nein[=nein]
350 Ina:           [wie]=wieso ist das so?
351 Ro:   wir kommen mit den deutschen [nich] in DISCO rein=
352 En:                                [ähm]
353 En:   =nEIn (−) man kommt mit den leuten (.)
354       wie soll ich sagen?
355       die sind (0.5)
356       am meistens=die sind nich so wie wir.
357 Ro:   verstehs du?
358       die sind nich DRAUF wie wir
359       (−) die ham's nich DRAUF.
360 En:   nein=nich deswegen aber=
361 Ro:   =die machen zu viele hausaufgaben.
362 En:   nein die sind nich so wie wir (.)
363       zum beispiel wenn (−)
364       wenn ich die witze mach,
365       (−) jeder versteht's
366       aber er er kapiert's nich.
367 Ina:  wiesO:?
368       wieso meinst du ist das so?
```

```
369 En:   weiß nich=die sind nich so AUFgewachsen wie wir=
370       die sind anders AUFgewachsen=
371 Ro:   =verstehs du
372       wir sind halt AUFgewachsen (-)
373       wir ham (.) RESpekt (-) [in der famILie]
374 Ina:                          [was sind] denn das für witze, zum beispiel,
375       was, die die=die die nich verstehen?
376       meinst du vom (-) INHALT oder von der [MESSAGE oder]
377 En:                                          [ja: überhaupt] auch so (-)
378       das (.) benehmen is anders=
379 Ro:   =also die reden SO
380       <<len> ↑JA: ich möchte gerne DIE:S machen>
381       <<len> und falls ich das KRIE:GE> (-)
382       <<len> dann wird ich gerne mein abiTÜ:R gerne machen müsste=>
383       <<all, f> =aber wir reden so>
384       <<all, f> ↑YO check the MOvie=>
385       <<all, f> wollen das arbeit kriegen>
386       <<all, f> wenn nich=>
387       <<all, f> verPISS dich ALTer.>
```

Nachdem Ina die dichotome Kategorisierung von Freunden in „deutsche" vs. „ausländische" (Z. 346−348) einführt, um Robbie und Enis nach deren Kontakten zu fragen, greift Robbie in Zeile 351 die Kategorie der „deutschen" auf: „wir kommen mit den deutschen [nich] in DISCO rein=". In seiner Redezugübernahme in Zeile 353−356 ersetzt Enis die ethnische Kategorie durch „Leute" und baut einen expliziten Gegensatz zwischen „die" und „wir" auf: „die sind (0.5) am meistens=die sind nich so wie wir." (Z. 355−356), wobei er ein einschränkendes „meistens" einfügt. Mit dieser Relativierung verwischt er die von Robbie gezogenen ethnischen Grenzlinien.

Sowohl der Kategorienwechsel von „Deutschen" zu „Leuten" als auch die Einschränkung der Generalisierung („am meistens") verweisen auf ein Problem, das in Zusammenhang mit ethnischen Identitätskonstruktionen grundlegend ist (Di Luzio und Auer 1986: 345−347), nämlich das der Verallgemeinerung von Einzelerfahrungen auf ethnische bzw. soziale Kategorien. Robbie schließt sich in den Zeilen 357−359 Enis' Einschätzung bzgl. des „Andersseins der Deutschen" an und evaluiert die Kategorie der Anderen negativ: „die sind nich DRAUF wie wir (−) die ham's nich DRAUF". Damit konstruiert er − auf der Negativfolie der Fremdidentifikation − die Selbstpositionierung seiner Gruppe als diejenigen Leute, die „es drauf haben". Auch wenn Enis (in Z. 360) dieser Bewertung widerspricht, setzt Robbie die ethniegebundene Zuweisung mittels der Nennung von kategoriengebundenen Aktivitäten (Sacks 1968−72/1992) fort: „=die machen zu viele hausaufgaben." (Z. 361). Die Zuschreibung der deutschen Jugendlichen als „Streber" bzw. als „angepasste Schüler" fungiert wiederum als indirekte Schablone für eine Selbststilisierung (Günthner 1999, 2007a). Auch hier weist Enis Robbies Bewertung zurück (Z. 362), wenngleich er betont, „die sind nich so wie wir (.)". Zur Stütze seiner Behauptung des Andersseins der Deutschen thematisiert er Kommunikationsprobleme zwischen Deutschen und seiner Gruppe: „wenn ich die witze mach, (−) jeder versteht's aber er er kapiert's nich." (Z. 364−366). Aufschlussreich ist hierbei die Opposition zwischen „jeder" und „er" bzw. zwischen „jeder versteht's" und „er kapiert's nich". Durch diese Oppositionsbildung subversiert Enis die Perspektive der Mehrheitsgesellschaft: Vertreter der Mehrheitsgesellschaft werden zur Minderheit. Auf Inas Nachfrage hinsichtlich möglicher Gründe für das Nichtverstehen der Witze führt Enis schließlich die andere Erziehung der Deutschen an (Z. 369–370). Das Stereotyp des mangelnden bzw. anderen Humors wird somit in Verbindung zur Sozialisation gebracht. Dies führt nun Robbie weiter aus, indem er „RESpekt (−) [in der famILie]" (Z. 373) als kulturellen Unterschied thematisiert.

Aufgrund der etablierten Kontrastpaare („wir" vs. „die Deutschen") legt die Nennung des Merkmals „Respekt in der Familie haben" in Zusammenhang mit einer Kategorie („wir") die Inferenz des komplementären Merkmals („keinen Respekt in der Familie haben") bzgl. der Oppositionskategorie („die Deutschen") nahe.

Auf Inas Nachfrage hin bzgl. jener Witze, die die Deutschen nicht verstehen, geht Enis auf den allgemeineren Aspekt des „anderen Benehmens" ein (Z. 378). Erneut konkretisiert Robbie Enis' Aussage anhand eines Beispiels. Diese Art der zustimmenden Konkretisierung repräsentiert ein Verfahren der Konstruktion einer gemeinsamen sozialen Identität zwischen Enis und Robbie.

Mit der expliziten Einleitung: „=also die reden SO" (Z. 379) führt Robbie nun das Reden der Deutschen („die") ein. Hierzu stilisiert er − mittels verlangsamtem Sprechtempo und manierierter Stimme − die Rede der animierten Charaktere, die quasi „im Chor" auftreten (Z. 379–382). Durch die gezierte Sprechweise mit spitzem Mund („abiTÜ:R", Z. 382) wird die Rede der Deutschen affektiv aufgeladen und die Bildungsorientierung dieser Figuren parodiert. Im Anschluss an diese Figurenanimation baut Robbie einen Kontrast zur Sprechweise der „wir"-Gruppe („<<all, f> =aber wir reden so>", Z. 383) auf, wobei er auch hier stilisierte Redewiedergabepassagen in Szene setzt. Dabei wechselt er mit der Anredeform „Alter", den Anleihen aus dem Hiphop und der rituellen Beleidigungsfloskel „verpiss dich" in die ethnolektale Variante des „Türkenslang" (Z. 384–387) (Androutsopoulos 2001; Hinnenkamp 2005; Keim 2001, 2002; Auer 2002; Dirim und Auer 2004). Neben der Kontrastierung der Standardvarietät mit dem Türkenslang wendet Robbie prosodische Mittel zur Kontrastierung der beiden Sprechweisen an: So steht die langsame, bedächtige und manierierte Stimme der Deutschen in starkem Kontrast zur eigenen Varietät, die sich sowohl durch eine Erhöhung des Tempos als auch der Lautstärke abhebt. Die Stimmen der „wir"-Gruppe klingen aggressiver und bestimmter − ja männlicher.

Mittels der Animation der verschiedenen Stimmen führt Robbie die unterschiedlichen Sprech-Habitusformen geradezu szenisch vor. Diese Inszenierungspraktiken fungieren als zentrale Mittel der Konstruktion sozialer Charaktere und zugleich als wichtige Verfahren der Selbst- und Fremdpositionierung (Günthner 1999, 2007a). Wie Bücker (2006: 97) ausführt, symbolisieren „diese voneinander abweichenden Ausdrucksweisen" zugleich „verschiedene soziale Welten".

3. Schlussfolgerungen

Die exemplarische Analyse der beiden Gesprächssequenzen veranschaulicht, wie kulturelle Zugehörigkeiten und Differenzen von den Beteiligten interaktiv hergestellt werden. Das Beispiel ESSEN BEI GUO UND BAO zeigt, wie Interagierende über stereotype Zuschreibungsverfahren kulturelle Zugehörigkeiten und Unterschiede in Interaktionen relevant setzen und damit Zugehörigkeiten und Ausgrenzungen situativ konstruieren.

Anhand des Gesprächsausschnitts DIE DEUTSCHEN UND WIR wurde illustriert, wie Interagierende durch die Inszenierung bestimmter Sprechweisen und Varietäten soziale und kulturelle Identitäten herstellen und damit zum „doing culture" beitragen. Fremde Stimmen wurden hierbei als Mittel der Alteritätskonstruktion bzw. als Abgrenzungsmittel gegenüber der Mehrheitsgesellschaft eingesetzt.

Beide Gesprächssequenzen verweisen auf die Rolle indexikalischer Zeichen (wie *Codeswitching*, prosodische Mittel, Anredeformen, Gesprächspartikeln etc.) im Prozess des „doing culture" bzw. „doing being different". Interkulturelle Prozesse können somit nicht losgelöst von ihrem sozialen Auftreten und ihrer kontextuellen Einbettung betrachtet werden; d. h. statt einen ent-kontextualisierten Text als Ausgangspunkt interkultureller Analysen zu nehmen, erweist es sich als notwendig, das soziale Ereignis in seiner Hervorbringung und seinem Kontext zu untersuchen, denn kulturelle Zugehörigkeiten und Differenzen äußern sich indexikalisch in kontextuell verorteten Interpretationsvorgängen.

Die zunehmende Diversität moderner Gesellschaften stellt eine große Herausforderung für die Sprachwissenschaft wie auch für das Fach Deutsch als Fremdsprache dar: Diversität von Sprachen, Unterschiede in den Sprechstilen und Differenzen bzgl. der Einstellungen zu kommunikativen Praktiken sind inzwischen Teil unseres Alltags. Diese Diversitäten und ihre Folgen sind eng verwoben mit sozialen Prozessen, kulturellen Praktiken und Ideologien. Folglich spielt die Interkulturelle Kommunikationsforschung eine zentrale Rolle bei der Analyse des Zusammenhangs sprachlicher, sozialer und kultureller Faktoren in konkreten Interaktionssituationen.

Impulse für DaF-bezogene Fragestellungen können sprachwissenschaftlich basierte Studien interkultureller Begegnungen insofern liefern, als sie traditionelle, statische Konzepte von „Kultur" bzw. „Sprechgemeinschaft" überwinden. Die dynamische und komplexe Herstellung kultureller Zugehörigkeiten und Abgrenzungen mittels Sprache repräsentiert einen wichtigen Gesichtspunkt für die Erforschung interkultureller Kommunikation im Fach Deutsch als Fremdsprache. Gerade DaF kann dazu beitragen, die Funktionen unterschiedlicher (lerner)sprachlicher Varietäten, die Rolle sprachlicher Asymmetrien (zwischen muttersprachlichen TeilnehmerInnen und LernerInnen), das Auftreten und die Rezeption divergierender sprachlicher Praktiken im Gesprächsablauf und die Herstellung sprachlicher Bedeutung systematisch zu beleuchten. Dabei kann es allerdings nicht darum gehen, kulturelles Wissen in Form von kontext-losgelösten „Rezepten" anzubieten, sondern Handlungsprozesse aufzuzeigen, an denen Kommunizierende mit divergierendem sozio-kulturellen Hintergrund, mit unterschiedlichen sprachlich-kommunikativen Kompetenzen, mit divergierenden Konventionen sprachlicher Praktiken etc. beteiligt sind. Gerade der Blick auf neue sprachlich-kommunikative Formationen, auf inter- bzw. transkulturelle Phänomene (wie hybride Sprechweisen, Sprachmischungen etc.), die in solchen Situationen entstehen, verspricht spannende Forschungsfelder für eine interkulturell ausgerichtete Germanistik bzw. für das Fach Deutsch als Fremdsprache. Hierfür benötigt die Interkulturelle Kommunikationsforschung einen methodologisch und theoretisch fundierten Rahmen, der es erlaubt,

(i)   konkrete Gesprächs- bzw. Textanalysen mit soziokulturellen Fragestellungen zu verbinden;

(ii) situative Aspekte der Verwendung kommunikativer Praktiken vor dem Hintergrund soziokultureller Wissensbestände zu betrachten;

(iii) das Aufkommen neuer sprachlicher Formen und Varietäten aufzuzeigen und in Bezug auf soziokulturelle Prozesse diversifizierter Gesellschaften zu reflektieren.

4. Literatur in Auswahl

Androutsopoulos, Jannis K.
  2001   Ultra korregd Alder! Zur medialen Stilisierung und Aneignung von ‚Türkendeutsch'. *Deutsche Sprache* 29: 321–339.
Auer, Peter
  2002   „Türkenslang": Ein jugendlicher Ethnolekt des Deutschen und seine Transformationen. In: Annelies Häcki Buhofer (Hg.), *Spracherwerb und Lebensalter*, 255–264. Tübingen/ Basel: Francke.
Auer, Peter und Frederike Kern
  2001   Three Ways of Analysing Communication between East and West Germans as Intercultural Communication. In: Aldo Di Luzio, Susanne Günthner und Franca Orletti (Hg.), 89–116.
Birkner, Karin
  2001   *Bewerbungsgespräche mit Ost- und Westdeutschen. Eine kommunikative Gattung in Zeiten gesellschaftlichen Wandels.* Tübingen: Niemeyer.
Blommaert, Jan und Jef Verschueren (Hg.)
  1991   *The Pragmatics of Intercultural and International Communication.* Amsterdam/Philadelphia: John Benjamins.
Blum-Kulka, Shoshana, Juliane House und Gabriele Kasper
  1989   *Cross-Cultural Pragmatics: Requests and Apologies.* Norwood, NJ: Ablex.
Bücker, Tanja
  2006   Ethnolektale Varietäten des Deutschen im Sprachgebrauch Jugendlicher. Schriftliche Hausarbeit im Rahmen der ersten Staatsprüfung für das Lehramt für die Sekundarstufe II/I. Westfälische Wilhelms-Universität Münster.
Di Luzio, Aldo und Peter Auer
  1986   Identitätskonstitution in der Migration: konversationsanalytische und linguistische Aspekte ethnischer Stereotypisierungen. *Linguistische Berichte* 104: 327–351.
Di Luzio, Aldo, Susanne Günthner und Franca Orletti (Hg.)
  2001   *Culture in Communication: Analyses of Intercultural Situations.* Amsterdam/Philadelphia: John Benjamins.
Dirim, Inci und Peter Auer
  2004   *Türkisch sprechen nicht nur die Türken. Über die Unschärfebeziehung zwischen Sprache und Ethnie in Deutschland.* Berlin/New York: de Gruyter.
Ehlich, Konrad
  1996   Interkulturelle Kommunikation. In: Hans Goebl, Peter H. Nelde, Zdenek Stary und Wolfgang Wölck (Hg.), *Kontaktlinguistik*, 920–931. Berlin: de Gruyter.
Erickson, Frederik und Jeffrey J. Shultz
  1982   *The Counselor as Gatekeeper: social and cultural organization of communication in counselling interviews.* New York: Academic Press.
Gumperz, John J.
  1982   *Discourse Strategies.* Cambridge: Cambridge University Press.
Gumperz, John J.
  2001   Contextualization and Ideology in Intercultural Communication. In: Aldo Di Luzio, Susanne Günthner und Franca Orletti (Hg.), 35–54.

Gumperz, John J. und Dell Hymes (Hg.)
  1972   *Directions in Sociolinguistics. The ethnography of Communication.* New York: Holt, Rine-
          hart and Winston.
Gumperz, John J. und Jenny Cook-Gumperz (Hg.)
  1982   *Language and social identity.* Cambridge: Cambridge University Press.
Günthner, Susanne
  1993   *Diskursstrategien in der Interkulturellen Kommunikation. Analysen deutsch-chinesischer
          Gespräche.* Tübingen: Max Niemeyer.
Günthner, Susanne
  1999   Zur Aktualisierung kultureller Differenzen in Alltagsinteraktionen. In: Stefan Rieger,
          Schamma Schahadat und Manfred Weinberg (Hg.), *Interkulturalität. Zwischen Inszenie-
          rung und Archiv*, 251−268. Tübingen: Narr.
Günthner, Susanne
  2007a   The construction of otherness in reported dialogues as a resource for identity work. In:
          Peter Auer (Hg.), *Style and Social identities. Alternative Approaches to Linguistic Hetero-
          genity*, 419−444. Berlin/New York: de Gruyter.
Günthner, Susanne
  2007b   Intercultural Communication and the Relevance of Cultural Specific Repertoires of Com-
          municative Genres. In: Helga Kotthoff und Helen Spencer-Oatey (Hg.), *Handbook of
          Applied Linguistics: Intercultural Communication. Vol. 7*, 127−152. Berlin/New York: de
          Gruyter.
Günthner, Susanne und Thomas Luckmann
  2001   Asymmetries of Knowledge in Intercultural Communication: The Relevance of Cultural
          Repertoires of Communicative Genres. In: Aldo Di Luzio, Susanne Günthner und Franca
          Orletti (Hg.), 55−86.
Günthner, Susanne und Thomas Luckmann
  2002   Wissensasymmetrien in der interkulturellen Kommunikation. In: Helga Kotthoff (Hg.),
          213−242.
Günthner, Susanne und Angelika Linke
  2006   Linguistik und Kulturanalyse − Ansichten eines symbiotischen Verhältnisses. *Zeitschrift
          für Germanistische Linguistik* 34: 1−27.
Hahn, Alois
  1994   Die soziale Konstruktion des Fremden. In: Walter M. Sprondel (Hg.), *Die Objektivität der
          Ordnungen und ihre kommunikative Konstruktion*, 140−166. Frankfurt a. M.: Suhrkamp.
Hinnenkamp, Volker
  1989   *Interaktionale Soziolinguistik und Interkulturelle Kommunikation: Gesprächsmanagement
          zwischen Deutschen und Türken.* Tübingen: Niemeyer.
Hinnenkamp, Volker
  2005   „Zwei zu bir miydi?“ − Mischsprachliche Varietäten von Migrantenjugendlichen im Hy-
          briditätsdiskurs. In: Volker Hinnenkamp und Katharina Meng (Hg.), *Sprachgrenzen über-
          springen. Sprachliche Hybridität und polykulturelles Selbstverständnis*, 51−104. Tübin-
          gen: Narr.
Keim, Inken
  2001   Sprachvariation und kommunikativer Stil in einer jugendlichen Migrantinnengruppe in
          Mannheim. In: Gudula List und Günther List (Hg.), *Quersprachigkeit. Zum transkulturel-
          len Registergebrauch in Laut- und Gebärdensprache*, 65−88. Tübingen: Stauffenburg.
Keim, Inken
  2002   Sozial-kulturelle Selbstdefinition und sozialer Stil: Junge Deutsch-Türkinnen im Ge-
          spräch. In: Inken Keim und Wilfried Schütte (Hg.), *Soziale Welten und kommunikative
          Stile*, 233−259. Tübingen: Narr.
Kern, Frederike
  2000   *Kulturen der Selbstdarstellung: Ost- und Westdeutsche in Bewerbungsgesprächen.* Wiesba-
          den: Deutscher Universitätsverlag.

Knapp, Karlfried und Annelie Knapp-Potthoff
   1985   Sprachmittlertätigkeit in der interkulturellen Kommunikation. In: Jochen Rehbein (Hg.),
           450−463.
Knapp, Karlfried und Annelie Knapp-Potthoff
   1990   Interkulturelle Kommunikation. *Zeitschrift für Fremdsprachenforschung* 1: 62−93.
Knapp, Karlfried, Werner Enninger und Annelie Knapp-Potthoff (Hg.)
   1987   *Analyzing Intercultural Communication.* Berlin/New York: de Gruyter.
Koole, Tom und Jan D. ten Thije
   1994   *The construction of intercultural discourse.* Amsterdam: Rodopi.
Kotthoff, Helga (Hg.)
   2002   *Kultur(en) im Gespräch.* Tübingen: Narr.
Redder, Angelika und Jochen Rehbein (Hg.)
   1987   *Arbeiten zur interkulturellen Kommunikation. Osnabrücker Beiträge zur Sprachtheorie
           (OBST)* 38.
Rehbein, Jochen (Hg.)
   1985   *Interkulturelle Kommunikation.* Tübingen: Narr.
Sacks, Harvey
   1968−72/1992   *Lectures on Conversation. Vol II.* Cambridge, Mass.: Blackwell.
Sarangi, Srikant
   1994   Intercultural or not? Beyond celebration of cultural differences in miscommunication
           analysis. *Pragmatics* 4(3): 409−428.
Scollon, Ron und Suzie Scollon
   1995   *Intercultural Communication.* Oxford/Cambridge: Blackwell.
Waldenfels, Bernhard
   1995   Das Eigene und das Fremde. *Deutsche Zeitschrift für Philosophie* 43(3): 611−620.

Susanne Günthner, Münster (Deutschland)

V. Variation und Sprachkontakt

34. Variation in der deutschen Sprache

1. Einleitung

In den deutschsprachigen Ländern ist die Standardsprache die allgemein verbreitete und verbindliche Amtssprache, d. h. die an Schulen und in öffentlichen Ämtern gebräuchliche Sprachform. Sie ist nicht zuletzt aus diesem Grund im Unterricht Deutsch als Fremdsprache (DaF) der erste und wichtigste Gegenstand und das eigentliche Ziel des Unterrichts. Diese Fokussierung auf die Standardsprache versperrt jedoch den Blick auf ein besonderes Charakteristikum der deutschen Sprache, nämlich auf deren Variabilität.

Die Sprachsituation in den deutschsprachigen Ländern ist durch eine Vielfalt sprachlicher Ausdrucksformen gekennzeichnet. Hierzu gehört nicht nur die Variation innerhalb der deutschen Sprache, sondern auch das Nebeneinander unterschiedlicher Sprachen, wie man es z. B. in der Schweiz in der Gestalt mehrerer offizieller Amtssprachen (neben Deutsch auch Italienisch und Französisch sowie − regional − auch Rätoromanisch) vorfinden kann. Eine partielle Mehrsprachigkeit kann auch für Deutschland und Österreich konstatiert werden, wenn man Minderheitensprachen wie das Sorbische und Friesische in Deutschland und die Sprachen von Migranten berücksichtigt, die eine wichtige Rolle in vielen Alltagssituationen spielen. Vor diesem Hintergrund ist die Variabilität innerhalb der deutschen Sprache zu betrachten. Man geht allgemein davon aus, dass individuelle Sprecher und Sprecherinnen über eine Reihe unterschiedlicher Varietäten und Stile des Deutschen verfügen und diese situationsadäquat einzusetzen in der Lage sind. Die „innere Mehrsprachigkeit" ist besonders in der Muttersprache stark ausgeprägt. Für die Fremdsprachenforschung und -didaktik ergibt sich aus dieser Beobachtung die Frage, in wieweit die Kompetenzen in unterschiedlichen Varietäten und Stilen in einer zu erlernenden Fremdsprache Gegenstand und Ziel eines Fremd- und Zweitsprachenunterrichts sein sollen.

2. Variationslinguistik

Die Variationslinguistik, d. h. die Untersuchung und theoretische Modellierung der Variation innerhalb einer Sprache, ist seit den 1960er Jahren in der Linguistik etabliert. Sie zeichnet sich dadurch aus, dass sie − in der Tradition der klassischen Arbeiten Labovs

(u. a. 1966) – quantitativ-empirisch ausgerichtet ist. Auf der Basis von Ergebnissen datenorientierter Untersuchungen werden Theorien über ein System von sprachlichen Ausdrucksformen entwickelt.

2.1. Sprachliche Ausdrucksformen: Sprache – Varietät – Stil

Die Inhomogenität einer Sprache wie Deutsch, die in zahlreiche sprachliche Ausdrucksformen zerfällt, lässt sich begrifflich als ein Neben- und Miteinander von unterschiedlichen Varietäten und Stilen begreifen. Die Definition der Begriffe *Sprache*, *Varietät* und *Stil* (auch: *Register*) ist dabei ein viel diskutiertes Problem. Die Definition des Begriffs *Sprache* ist theorieabhängig. In der Varietätenlinguistik versteht man darunter z. B. die „Menge von ‚Varietäten‘ (…), deren Eigenschaften in einem mehrdimensionalen Raum – beispielsweise als Schnittpunkte historischer, regionaler, sozialer und situativer Koordinaten – festgelegt sind" (Dittmar 1997: 175).

Die Grenzen zwischen *Sprachen* sind oft fließend, da z. B. wie im Fall des Deutschen und Niederländischen genealogische Verwandtschaftsbeziehungen bestehen, die sich in einer relativ großen strukturellen und lexikalischen Ähnlichkeit niederschlagen. Dass dennoch von zwei unterschiedlichen Sprachen gesprochen wird, hängt u. a. mit der Tatsache zusammen, dass das Niederländische wie das Deutsche standardisiert und normiert ist. Zu der Anerkennung als Sprache trägt auch bei, dass sowohl das Niederländische als auch das Deutsche Amtssprache in autonomen Staaten ist (anders als dies z. B. für das Niederdeutsche der Fall ist). Die Anerkennung einer Sprache hängt also eng mit Faktoren wie Norm und Verbreitung in einem Staatsgebiet zusammen (vgl. Haugen 1966; Auer 2004b). Ein häufig genanntes Kriterium der Zugehörigkeit von sprachlichen Ausdrucksformen zu einer Sprache ist das der gegenseitigen Verständlichkeit. Alle Ausdrucksformen, die untereinander verständlich sind, gehören nach diesem Kriterium zu einer Sprache. Sprachen zeigen untereinander dagegen diese Eigenschaft nicht. Dass das Kriterium uneindeutig („Verständlichkeit" bedeutet nicht für jeden dasselbe) und darüber hinaus nicht in allen Kontexten anwendbar ist, zeigen z. B. die niederdeutschen und niederländischen Dialekte, die historisch ein Kontinuum eng verwandter Varietäten bilden und die eine gegenseitige Verständigung durchaus auch heute noch ermöglichen. Dennoch gelten die niederdeutschen und niederländischen Dialekte als Varietäten unterschiedlicher Sprachen.

Varietäten sind Subsysteme von Sprachen, d. h. sie zeigen – theoretisch idealisiert – systematische grammatische und lexikalische Eigenschaften, die sie von anderen Varietäten unterscheiden. Die Unterschiede werden i. d. R. als Varianten (= konkrete Formen) von Variablen (= abstrakte sprachliche Bedeutungs- oder Funktionskonzepte) beschrieben, die auf unterschiedlichen linguistischen Ebenen erscheinen können.

Varietäten und *Stile* unterscheiden sich sowohl strukturell als auch funktional voneinander. Während Varietäten untereinander so große strukturelle Unterschiede aufweisen, dass eine Unterscheidung von Varietäten auf Systemebene (d. h. als eigenständige (sub-)codes) gut motivierbar ist, ist dies bei Stilen nicht der Fall. Stile sind in sehr viel stärkerem Maße als Varietäten funktions- und situationsabhängige sprachliche Ausdrucksformen.

2.2. Kriterien der Varietätendifferenzierung

Die Unterscheidung von Varietäten geschieht in der Regel auf der Basis von außersprachlichen Faktoren. Diese Faktoren sind in der Lage, einen Varietätenraum (Dittmar 1997: 174–177) einer Sprache zu motivieren. Je nach Anzahl der berücksichtigten Dimensionen kann man zwischen einem zwei-, drei- oder vierdimensionalen Varietätenraum unterscheiden. Seit der Arbeit von Nabrings (1981) werden vor allem die diatopische, diachrone, diastratische und diaphasische (oder: diasituative) Dimension zur Beschreibung eines Varietätenraums herangezogen. Die vier Dimensionen können wissenschaftsgeschichtlich als Entwicklungsschritte des Forschungsparadigmas angesehen werden.

Für die Soziolinguistik sind seit den 1960er Jahren vor allem zwei Dimensionen von zentralem Interesse, die diastratische (‚vertikale‘) Dimension, die sich mit Variation entlang sozialer Unterschiede befasst (im weitesten Sinne: mit Gruppenvarietäten), und die diatopische (‚horizontale‘) Dimension, die Variation im Raum untersucht. In der Berücksichtigung der diatopischen Dimension steht die Soziolinguistik in der Tradition der Dialektologie, die seit dem 19. Jahrhundert die dialektale Variation wissenschaftlich untersucht (in Deutschland beginnend mit Schmeller 1821). Die Dialektologie selbst ist im Kontext der vorherrschenden sprachwissenschaftlichen Paradigmen des 19. Jahrhunderts, d. h. der historisch-vergleichenden Sprachwissenschaft und der Junggrammatiker, eine auf historische Entwicklungsprozesse ausgerichtete Disziplin, die die diatopische Beschreibungsdimension für Varietäten also mit der diachronen Dimension verbindet. Neuere soziolinguistische Ansätze der Sprachwandelforschung beziehen die diachrone Perspektive ebenfalls ein. Die diaphasische Dimension schließlich ist etwa seit den 1980er Jahren als Erweiterung des Forschungsparadigmas einzubeziehen. Der situationsabhängige Sprachgebrauch wurde u. a. in der Erp-Studie (Besch et al. 1981; Hufschmidt et al. 1983) untersucht und zuletzt für Wittlich (Lenz 2003) wieder als Forschungsfrage aufgegriffen. Abhängig von den vier Dimensionen nach Nabrings (1981) können Varietäten und Stile des Deutschen nach den für sie jeweils dominanten, konstitutiven Dimensionen beschrieben werden.

Neben den genannten vier Beschreibungsdimensionen werden weitere in der Forschungsliteratur diskutiert. Dazu gehören die Normierung/Kodifizierung als Kriterium der Beschreibung von Standardvarietäten, der Sprachkontakt (z. B. bei Pidgins und Creoles) und das Individuum im Fall der Beschreibung individueller Varietäten (auch: „personale Dimension“, Dittmar 1997: 181).

2.2.1. Diachrone Variation

Die diachrone Dimension ist für die Variationslinguistik aus unterschiedlichen Perspektiven von Interesse. Zum einen macht der Vergleich unterschiedlicher Sprachperioden (im Fall des Deutschen: Althochdeutsch, Mittelhochdeutsch, Frühneuhochdeutsch und Neuhochdeutsch) unmittelbar klar, dass Sprachen nicht über längere Zeiträume hinweg unveränderlich sind. Die Sprachgeschichte, die oft in ihren Darstellungen suggeriert, das Alt- oder Mittelhochdeutsche sei eine einheitliche Sprache gewesen, versperrt dabei oft den Blick auf die Variation, die ältere Sprachstufen des Deutschen natürlich genau so betrifft wie das heutige Deutsch.

Zum anderen nutzt die Variationslinguistik in ihren Untersuchungen die Möglichkeiten, die das moderne Zeitalter heute in Bezug auf Datenspeicherung und -verarbeitung liefert, um die diachrone Dimension zu berücksichtigen. Es ist möglich, durch Analyse unterschiedlicher Datenkorpora den Wandel von Varietäten zu beschreiben.

Zum dritten hat die Variationslinguistik Methoden entwickelt, auf der Basis synchroner Daten Aussagen über diachrone Entwicklungen von Varietäten treffen zu können. Hier sind vor allem zwei Richtungen zu unterscheiden: (a) der Vergleich von Sprechern/ Sprecherinnen unterschiedlicher Generationen, der − unter der Annahme, dass die Sprecher und Sprecherinnen ihren Sprachgebrauch nicht wesentlich mit zunehmendem Alter verändern (vgl. hierzu aber Mattheier 1980: 46−55, der einen sich in Abhängigkeit vom sozialen Alter verändernden individuellen Sprachgebrauch annimmt; modifiziert in Mattheier 1994) − einen Sprachwandel perspektivisch sichtbar macht, und (b) der Vergleich unterschiedlicher Stile, die als „altertümlich" oder „modern" klassifiziert werden können (u. a. Rossipal 1973).

2.2.2. Diatopische Variation

Die diatopische Variation des Deutschen ist sehr gut untersucht und stellt sicherlich den Forschungsbereich in der Variationslinguistik dar, über den die differenziertesten Aussagen gemacht werden können. Gleichzeitig aber ist die diatopische Variation besonders seit Mitte des 20. Jahrhunderts starken Veränderungen unterworfen, die zu einer Veränderung des Gefüges regionaler (d. h. diatopisch zu beschreibender) Varietäten geführt haben. Während die deutsche Sprachgeschichte seit dem ausgehenden Mittelalter durch starke Standardisierungstendenzen zunächst im Geschriebenen, später auch im Gesprochenen gekennzeichnet war, zeigt sich seit der Mitte des 20. Jahrhunderts eine deutliche Tendenz zu Destandardisierung (Bellmann 1983; Mattheier 2003; Spiekermann 2005a). Gleichzeitig findet (nach Bellmann 1983) ein Dialektabbau statt, so dass der oft in Darstellungen zur diatopischen Variation des Deutschen beschworene Gegensatz zwischen Standardsprache und Dialekt zusehends aufgebrochen wird. Ergebnis dieser Entwicklung sind neue Varietäten im Zwischenbereich zwischen Standardsprache und Dialekt, der sog. „Neue Substandard" (Bellmann 1983).

In Modellierungen regionaler Varietäten wird traditionell zwischen drei Ebenen unterschieden, auf denen sich Varietäten abhängig von ihrer kommunikativen Reichweite voneinander differenzieren lassen. Während die Standardsprache als die sprachliche Ausdrucksform mit der größten kommunikativen Reichweite gilt, die das gesamte Sprachgebiet umfasst, wird den Dialekten (oder: Mundarten) nur eine kleinräumige Kommunikationswirkung zugebilligt. Zwischen diesen beiden Varietäten wird eine Gruppe von Varietäten mit einer mittleren Kommunikationsreichweite angenommen, die „Umgangssprachen" oder besser: Regionalsprachen.

Das Verhältnis zwischen den regionalen Varietäten ist in den deutschsprachigen Regionen durchaus unterschiedlich (vgl. Mattheier 1980; Schmidt 1998; Ammon 2003; Auer 2004a). Während in Süddeutschland und Österreich ein Kontinuum regionaler Varietäten (Diaglossie) angenommen wird und in der Schweiz und in den Teilen Norddeutschlands, in denen noch Niederdeutsch gesprochen wird, traditionell von einem Nebeneinander von Dialekt und (hochdeutschem) Standard ausgegangen wird (Diglossie), begegnet in weiten Teilen Nord- und Mitteldeutschlands das Phänomen des Dialektschwundes, d. h.

das Zurückdrängen der alten nieder- und mitteldeutschen Dialekte zugunsten des Standarddeutschen bzw. standardnaher Formen des Neuen Substandards.

In einem Modell regionaler Varietäten lässt sich das Verhältnis der Varietäten zueinander wie folgt für die Diaglossie darstellen:

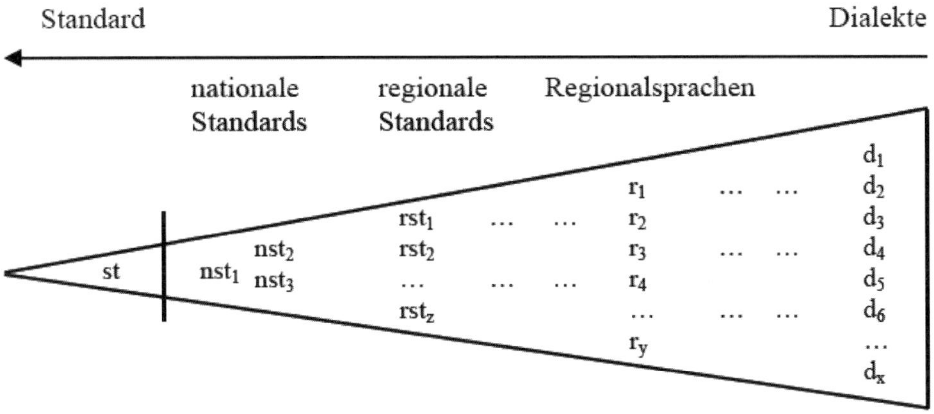

Abb. 34.1: Modell regionaler Varietäten, Baßler und Spiekermann (2001a)

Zwischen den Polen Standardsprache (als idealisierte, im Alltag nicht realisierte, variationsfreie und überregional gültige sprachliche Ausdrucksform) und Dialekt (mit kleinräumiger Verbreitung und minimaler Orientierung an der standardsprachlichen Norm) sind eine Reihe mehr oder weniger großräumig gebrauchter und mehr oder weniger stark an der standardsprachlichen Norm orientierter Varietäten anzunehmen.

Das Modell stellt eine Idealisierung dar, von der abgewichen werden kann. Besonders im dialektnahen Bereich werden weitere Varietätengruppen unterschieden. Dittmar (1997: 179) unterscheidet zwischen lokalen, regionalen, städtischen und überregionalen Varietäten, wobei letztere mit Regionalsprachen in Abb. 34.1 identifiziert werden können.

Dialekte

Es ist üblich, die Dialekte des Deutschen von Norden nach Süden in drei große Gebiete einzuteilen: in das Niederdeutsche, das Mitteldeutsche und das Oberdeutsche, wobei die beiden letztgenannten auch zum Hochdeutschen zusammengefasst werden. Jedes dieser Dialektgebiete zerfällt nach unterschiedlichen Kriterien in kleinere Dialekträume. Zwischen dialektalen Kerngebieten sind i. d. R. Mischgebiete auszumachen, die als Übergangszonen zwischen Dialekten aufzufassen sind (vgl. Abb. 34.2). Die Untergliederung der Dialekte des Deutschen richtet sich traditionell zunächst einmal nach den Ergebnissen der Zweiten (oder: Hochdeutschen) Lautverschiebung: Während im Niederdeutschen die alten westgermanischen Plosive /p t k/ erhalten geblieben sind, sind sie in den oberdeutschen Dialekten nahezu vollständig zu homorganen Frikativen /f s x/ oder Affrikaten /pf ts kx/ verschoben.

(1) Zweite Lautverschiebung
     nddt. *aap, peerd*   hdt. *Affe, Pferd*
     nddt. *water, taal*   hdt. *Wasser, Zahl*
     nddt. *ik, kind*   hdt. *ich, k(ch)ind*

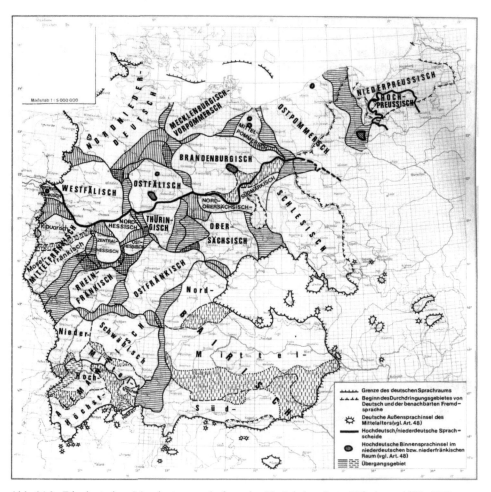

Abb. 34.2: Die deutschen Mundarten am Anfang des 20. Jahrhunderts (Wiesinger 1983: 830)

Im Mitteldeutschen sind die Prozesse der Zweiten Lautverschiebung nur zum Teil durchgeführt worden. Neben phonologischen Kriterien spielen insbesondere morphologische und lexikalische bei der Differenzierung der deutschen Dialekte eine wichtige Rolle. So lassen sich die niederdeutschen und niederfränkischen Dialekte nach dem Kriterium der Bildung des Einheitsplurals in der verbalen Flexion (auf {+en} oder {+et}, z. B. *wil/il/se mahen* vs. *mahet* ‚mähen‘) in Niederfränkisch (auf {+en}), Westniederdeutsch (auf {+et}) und Ostniederdeutsch (auf {+en}) einteilen. Für einzelne Dialektgebiete ist der Gebrauch bestimmter Pronomen charakteristisch. So verwendet z. B. das Ostfälische für die Akkusativ- und Dativformen der Personalpronomen der 1. und 2. Person Singular (*mir/mich* bzw. *dir/dich*) die Formen *mik* und *dik*, während alle anderen niederdeutschen Dialekte in diesen Fällen die Einheitsformen *mi* und *di* gebrauchen. Für das Bairische ist der Gebrauch von *enk* für *euch* typisch. Die Grenze zwischen dem Schwäbischen und dem Niederalemannischen lässt sich auch lexikalisch fassen: Während es im Schwäbischen wie im Standard *Wiese* für eine landwirtschaftlich genutzte Grünfläche heißt, ist der entsprechende Begriff im Niederalemannischen die *Matte*.

Die Basisdialekte sind dem Einfluss (a) der Standardsprache und (b) anderer Dialekte ausgesetzt, was dazu führt, dass die ursprünglichen Dialekte mehr und mehr zurückgedrängt und durch Regionaldialekte, d. h. regionale Ausgleichsvarietäten ersetzt werden. Die örtlichen Merkmale werden dabei durch allgemein verbreitete regionale Merkmale ersetzt (vgl. hierzu z. B. Schwarz, Spiekermann und Streck demn.).

Die Dialekte stehen nicht nur aus struktureller Perspektive im Kontrast zu den Standardvarietäten. Auch in Fragen von Sprachbewertung und Spracheinstellungen, die für den Gebrauch der Varietäten von großer Bedeutung sind, werden Dialekte vorzugsweise den Standardvarietäten gegenüber gestellt. Viele Untersuchungen zu diesem Problem zeigen, dass der Dialekt gegenüber dem Standard in der nähesprachlichen Kommunikation Vorteile besitzt, während der Standard seine Stärken in den Bereichen zeigt, in denen eine konkrete Leistung (z. B. ein gewählter sprachlicher Ausdruck oder ein moderner Wortschatz) erbracht werden soll (Steinig 1982).

Standardvarietäten

Die Standardvarietäten des Deutschen sind das Ergebnis eines Jahrhunderte andauernden Standardisierungsprozesses, der sich in unterschiedlichen Phasen vollzogen und die gesprochene und geschriebene Sprache in unterschiedlicher Art und Weise ergriffen hat. Ergebnis dieses Standardisierungsprozesses ist eine Normierung und Kodifizierung des Lexikons, der Grammatik, Lautung und Orthographie. Herausragendes Kennzeichen des Standards ist die Normierung.

Variation innerhalb des Standards (verstanden als neutraler Begriff der sprachlichen Ausdrucksform, die im Modell den Dialekten gegenüber steht) lässt sich unter Zugrundelegung zweier Faktoren genauer beschreiben: Zum einen durch die Tatsache, dass – im Fall des Deutschen – die genormte und kodifizierte Standardsprache in mehreren Staaten Amtssprache ist und die Staaten jeweils eigenverantwortlich darüber entscheiden, was innerhalb ihres Staatsgebiets als Standard anzusehen ist, zum anderen durch die bereits angesprochene Beobachtung, dass seit etwa Mitte des 20. Jahrhunderts Destandardisierungstendenzen zunehmen. Diese beiden Faktoren führen zu der Ausbildung von (a) nationalen und (b) regionalen Standardvarietäten.

Nationale Standardvarietäten sind (nach Ammon 1995) über das Kriterium der Kodifizierung definiert. Es ist für die drei großen deutschsprachigen Länder Deutschland, Österreich und die Schweiz zu konstatieren, dass jeweils eigene Kodizes bzgl. des Lexikons, der Aussprache und der Grammatik vorliegen. Es lassen sich demnach drei nationale Standardvarietäten im Deutschen unterscheiden. Ammon (1995) nennt diese „nationale Vollzentren" im Gegensatz zu den Staaten und Regionen, die Kodizes der Nachbarstaaten übernehmen („nationale Halbzentren", z. B. Luxemburg und Liechtenstein). Für die Kodifizierung der Standardsprache in der Schweiz – um nur ein Beispiel zu geben – werden u. a. Veröffentlichungen der Duden-Redaktion als Belege herangezogen (z. B. Kaiser 1969/70 und Meyer 1989). Ammon nennt als weiteres Kriterium für die Annahme nationaler Standardvarietäten das Vorkommen nationaler Varianten, d. h. sprachlicher Kennzeichen auf phonologischer, grammatischer, lexikalischer oder pragmatischer Ebene, die nur in einem der Vollzentren gebräuchlich sind. Zu den auffälligsten Kennzeichen der nationalen Standardvarietäten gehören Wortschatzvarianten. Nationale Varianten sind aber auf allen linguistischen Ebenen zu finden, also auch in der Phonologie, Morphologie und Syntax. Bislang wenig untersucht sind Varianten in der Pragmatik. In Österreich gehört hierzu u. a. die Angabe von Titeln in der Anrede Höhergestellter (Wiesinger 2001: 488), während dies in Deutschland und der Schweiz zunehmend unüblich geworden ist.

Die Annahme nationaler Standardvarietäten geht auf das Konzept der plurinationalen (oder: plurizentrischen) Sprache zurück, nach dem eine Sprache in unterschiedlichen Staaten gebraucht wird und dort unterschiedlichen Kodifizierungen unterliegen kann (vgl. hierzu Ammon 1998; Clyne 1989). Dieses Konzept wird durch das der Pluriarealität (Scheuringer 1997) ergänzt, nach dem es innerhalb eines Staates nicht nur ein Sprachzentrum geben muss, sondern mehrere regionale Zentren für die Ausbildung regionaler Standardvarietäten verantwortlich sein können. Dass das Konzept der Pluriarealität gerade für das Deutsche sehr fruchtbar ist, erklärt sich aus der föderalistischen Tradition der deutschsprachigen Staaten, die auch für die im Vergleich zu anderen europäischen Ländern relativ großen Unterschiede in den Ausprägungen der Dialekte verantwortlich gemacht werden kann.

Für regionale Standardvarietäten kann gezeigt werden, dass diese sich durch die Bewahrung bestimmter Merkmale zugrunde liegender Dialekte und Regionalsprachen voneinander abgrenzen lassen. Auch wenn regionale Standardvarietäten bislang noch wenig untersucht sind, lassen sich doch Ergebnisse unterschiedlicher Untersuchungen zusammentragen, die eine Idee davon geben, wie regionale Standardvarietäten im Deutschen verteilt sind. Die Ergebnisse des *Atlas zur Aussprache des Schriftdeutschen in der Bundesrepublik Deutschland* (König 1989) sowie der Untersuchung von Berend (2005), die mit Daten des König-Korpus gearbeitet hat, deuten darauf hin, dass innerhalb (West-)Deutschlands zumindest ein Südwest-Sprechstandard (nach Berend 2005: 166) auf alemannischem Substrat und ein Südost-Sprechstandard auf bairischem und ostfränkischem Substrat gut beschrieben werden können. Dies bestätigen auch die Ergebnisse zu einem alemannischen Regionalstandard in Spiekermann (2008).

Nationalen und regionalen Standardvarietäten ist gemein, dass sie in formellen Situationen gebraucht werden, in denen die Verwendung von Varietäten gefordert ist, die eine möglichst weite Verständlichkeit garantieren (Spiekermann 2008: 33). Nach diesem Kriterium des situationsabhängigen Gebrauchs sind die Varietäten von den Regionalsprachen, die in halbformellen Situationen zur Anwendung kommen, gut zu unterscheiden.

Regionalsprachen

Regionalsprachen umfassen alle Varietäten, die im Kontinuum regionaler Varietäten (vgl. Abb. 34.1) zwischen den Dialekten und den Standardvarietäten anzusetzen sind. Durch die bereits angesprochenen Tendenzen der Destandardisierung und des Dialektabbaus sind es gerade die Regionalsprachen, die in jüngster Zeit großen Veränderungen unterworfen sind. Regionalsprachen decken ein breites Spektrum von Varietäten ab, die je nach Standard- oder Dialektnähe in unterschiedlicher Art und Weise Merkmale des Standards oder des Dialekts aufnehmen können.

2.2.3. Diastratische Variation

Mit der klassischen Soziolinguistik (Labov 1966 u. a.) beginnt die Erforschung des Sprachgebrauchs im sozialen Kontext. Sprache wird als Indikator für soziale Kategorien untersucht und der Sprachgebrauch als sozial stratifiziert verstanden. Zu den klassischen soziolinguistischen Variablen gehören das Alter, das Geschlecht, die soziale Schicht und

die ethnische Herkunft. Nach diesen Kriterien sind Gruppen von Sprechern und Sprecherinnen bestimmbar, in denen ein spezifischer Sprachgebrauch zu der Ausbildung von
Soziolekten führt.

Die Untersuchung von Soziolekten des Deutschen ist − anders etwa als im Englischen
(Durrell 1999) − relativ schwierig, da der Gebrauch bestimmter Varietäten hier nur relativ schwach an soziale Klassen gebunden ist. Soziolekte werden traditionell als Sprechweisen unterschiedlicher sozialer Klassen verstanden. Tatsächlich scheint es im Deutschen eher so zu sein, dass es stilistische Unterschiede in Abhängigkeit z. B. von der
sozialen Herkunft und der Bildung gibt, dass Varietäten jedoch über soziale Grenzen
hinweg gebraucht werden können. Die Verwendung des Dialekts ist im Deutschen durchaus nicht auf untere soziale Schichten beschränkt, sondern in allen Bevölkerungsgruppen
zu beobachten. Aus dieser Perspektive ist es nicht verwunderlich, dass sich die Variationslinguistik schwer damit tut, Soziolekte des Deutschen zu bestimmen. Dittmar (1997:
189−190) definiert Soziolekte entsprechend weit und fasst diese als „Gruppensprache"
auf, wobei eine Gruppe nach unterschiedlichen Kriterien (also nicht nur nach dem ohnehin schwer fassbaren Kriterium der sozialen Schicht) definiert werden kann.

Eine wichtige Gruppensprache ist die Fachsprache, die für bestimmte berufliche Tä-
tigkeits- und Wissensbereiche spezifische und in ihrer Bedeutung normierte Fachterminologie verwendet. Fachsprachen wie die Wissenschaftssprache der Medizin oder die Tech-
niksprache der Kraftfahrzeugtechnik (vgl. hierzu die Diskussion in Roelcke 1999) richten
sich an Fachleute, d. h. an die Gruppe der Sprachbenutzer, die im täglichen Umgang die
spezifische Varietät ihrer Fachrichtung in Wissenschaft, Technik und Verwaltung verwenden. Fachsprachen zeichnen sich nicht nur durch ihren klar definierten Fachwortschatz
aus, sondern auch durch typische Eigenschaften auf der Text- und Satzebene (vgl. hierzu
auch Hoffmann 2001), die mit den Stichworten Normierung, Genauigkeit und Ökonomie
der Informationsübertragung umschrieben werden können.

Als eine weitere Gruppensprache wird in vielen Darstellungen die Sprache von Frauen
und von Männern betrachtet. Genderlekte − um einen geschlechtsneutralen Begriff zu
verwenden − werden seit den 1970er Jahren systematisch erforscht. Die linguistische
Genderforschung hat ihren Ursprung in Arbeiten in den USA (u. a. Key 1972 und 1975;
Lakoff 1975), in denen sowohl Asymmetrien im Sprachsystem als auch im Sprachgebrauch thematisiert werden. Es geht hierbei u. a. um das Kommunikationsverhalten von
Frauen und Männern, das als „Language of Apology" (Sprache der Frauen) und „Language of Explanation" (Männersprache) einander gegenüber gestellt wird. Am Beginn
der Genderforschung in Deutschland stehen Arbeiten, die auf Asymmetrien im Sprachsystem fokussieren (Trömel-Plötz 1978; Pusch 1979). In den frühen Arbeiten von Trömel-
Plötz ist eine heute akzeptierte, in der frühen Genderforschung aber marginalisierte Auffassung bereits formuliert, nämlich die, dass „Frauensprache" nicht ausschließlich von
Frauen und „Männersprache" nicht ausschließlich von Männern gesprochen wird. Trömel-Plötz (1978: 61−62) spricht von „weiblichen Registern", die durchaus auch von
Männern verwendet werden können. Zu diesen Registern gehören z. B. Mechanismen,
mit denen eigene Aussagen abgeschwächt werden können, wie die Einschränkung der
Gültigkeit von Aussagen, z. B. durch *Es scheint, dass* oder *Ich würde sagen, dass*. Weib-
liche Register (oder: Stile) werden in der Kommunikation, d. h. im Austausch mit dem
Gesprächspartner erzeugt. Dieses Aushandlungsverfahren lässt sich als „doing gender"
(West und Zimmerman 1987) beschreiben.

Gelten Genderlekte als habituelle Gruppensprachen, d. h. als solche, bei denen die
Sprecher und Sprecherinnen dauerhaft eine soziale Gruppierung bilden, so sind Jugend-

sprachen eher als transitorische Gruppensprachen zu beschreiben. Hier sind die Gruppenbildungen i. d. R. temporär begrenzt und als Übergangsphase zu klassifizieren. Die Jugendsprachforschung in Deutschland beginnt in den 1980er Jahren. Jugendsprache wird dabei vor dem Hintergrund der Sprechergruppe zunächst als Gerontolekt verstanden, d. h. als sprachliche Ausdrucksform, deren Sprecher durch ihr biologisches und soziales Alter erfasst werden können (vgl. zu der Problematik der Erfassung der Gruppe „Jugend" aber Schlobinski 1989). Für die Jugendsprachen sind unterschiedliche Merkmale charakteristisch. Hierzu gehören rhetorische Verfahren wie Sprachspiele, die zur Verfremdung und Ironisierung der Erwachsenenwelt genutzt werden (vgl. Schlobinski 1989), aber auch typische verbale Verfahren wie der Gebrauch bestimmter Partikel (z. B. die Diskurspartikel *ey*) und Steigerungs- (z. B. *total, voll*) und Wertungsbegriffe (z. B. *geil, fett, porno*). Theorien über den Ursprung typisch jugendsprachlicher Lexeme sehen vor allem Medien (Comics, Musik, Fernsehen, Computer, auch die Werbung) und Fremdsprachen (vor allem das Englische) als mögliche Quellen an. Die für die Jugendsprache typische sprachliche Kreativität schließt aber auch Wortneuschöpfungen und vor allem semantische Umdeutungen (z. B. *Hirsch*, ikonisch für ‚Motorrad') nicht aus. Jugendsprachen zeigen eine gewisse Nähe zu anderen Subsprachen des Deutschen, insbesondere zu Gauner-, Sponti- und Drogensprachen und übernehmen aus diesen z. T. Ausdrücke. Neuere Forschungsansätze (u. a. Androutsopoulos 1997; Schlobinski und Heins 1998) betrachten die Jugendsprache im Kontext von Jugendkulturen. Jugendsprache ist hier nur ein Mosaikstein in der Lebenswelt von Jugendlichen, zu der zahlreiche weitere Aspekte (Schule, Mode, Musik, Sport, soziale Beziehungen etc.) gehören. Die Sprache gilt dabei als wesentlicher Bestandteil der Jugendkultur, die wichtige Funktionen in der Ausbildung einer Gruppenidentität erhält. Die „peer-group" gilt dabei als Orientierungspunkt. Jugendsprache dient hier zum Ausdruck einer konvergenten Haltung nach innen und einer divergenten nach außen.

Durch eine Reihe von empirischen Untersuchungen ist der Sprachgebrauch in (multi-)ethnischen Jugendgruppen inzwischen gut untersucht. In Deutschland sind vor allem die Arbeiten von Tertilt (1996) über Gespräche mit türkischen Jugendlichen aus Frankfurt (Bornheim), von Füglein (2000) zum Sprachgebrauch von türkischen Jugendlichen in München, Böblingen, Urbach und Nürnbach, von Kallmeyer et al. (2002) zu „türkischen Powergirls" in Mannheim sowie von Dirim und Auer (2004) zu multiethnischen und multilingualen Jugendgruppen in Hamburg zu nennen. Auer (2003) kann zeigen, dass primäre Ethnolekte medial stilisiert und damit zur Vorlage neu entstehender deethnisierter Stile werden können, die u. a. von Jugendlichen mit deutscher Muttersprache benutzt werden. In der medialen Stilisierung (z. B. durch Comedians) werden Merkmale des Ethnolekts aufgegriffen und zu Stereotypen aufgewertet. Zu diesen Merkmalen gehören (nach Tertilt 1996 und Füglein 2000) das Fehlen von Artikelwörtern oder Präpositionen, z. B. *ich wohn ja Karl-Preis-Platz*, die Vertauschung von Genera, z. B. *der ganse Dorf*, die Vertauschung von Präpositionen, z. B. *sich von anderen Leuten wehren*, sowie die auffällig häufige Verwendung von Diskurspartikeln wie *weistdu* oder *verstehstdu* und Steigerungs- und Bewertungspartikeln wie *krass, voll* oder *korrekt*. Ethnolekte wie diejenigen, die Auer (2003) beschreibt, sind in ihrem Gebrauch nicht allein durch die Sprechergruppe, sondern auch durch die Situation bestimmt. Die Sprecher der Ethnolekte verfügen über ein Repertoire an unterschiedlichen sprachlichen Ausdrucksmitteln, das sie situationsadäquat einsetzen können. Aus dieser Perspektive ist es nicht überraschend, dass in der Forschung im Zusammenhang mit jugendsprachlichen Ethnolekten − ebenso wie bei Jugendsprachen an sich − oft von Stilen und nicht von Varietäten die Rede ist. Für diese Analyse spricht auch, dass − wie Schlobinski (1989) argumentiert − die strukturellen Eigenarten der Jugendsprachen zu gering sind und zu wenig von „anderen" Varietäten abweichen, als dass sich dadurch die Annahme einer jugendsprachlichen Varietät motivieren ließe. Ähnliches gilt auch für die Genderlekte.

2.2.4. Diaphasische Variation

Unter situationsabhängiger, diaphasischer/diasituativer Variation lassen sich einige der zuvor behandelten sprachlichen Ausdrucksformen fassen, darunter insbesondere die Genderlekte und jugendsprachliche Stile. Nabrings (1981: 140 ff.) bespricht unter dem Stichwort „diasituative Dimension" unterschiedliche, für die Sprechsituation relevante Faktoren, darunter den Gesprächspartner, der ganz entscheidend auf die Wahl einer Varietät oder eines Stils in einer bestimmten Situation einwirkt und an den sich Sprecher/ Sprecherinnen häufig sprachlich anpassen. Einen erheblichen Einfluss auf die Wahl der sprachlichen Ausdrucksformen hat auch das Medium. Hier wird grundsätzlich zwischen geschriebener und gesprochener Sprache unterschieden. Von der Wahl des Mediums ist auch die Frage abhängig, welche Kommunikationsform verwendet wird. Mit diesen sind bestimmte Funktionen und Formen assoziiert. Der *wissenschaftliche Vortrag* weist Merkmale auf, die für Standardvarietäten typisch sind, d. h. eine Orientierung an einer sprachlichen Norm und die Wahl von linguistischen Varianten, die eine möglichst großräumige Verständlichkeit erwarten lassen. Gleichzeitig sind in wissenschaftlichen Vorträgen Züge von Fachsprachen, insbesondere ein fachsprachlicher Wortschatz, erwartbar. Die *E-Mail* dagegen kann Züge von Dialekten, Jugendsprachen und anderen Varietäten und Stilen enthalten, die eine gewisse Entfernung vom Standard aufweisen, da hier oft − besonders in privaten E-Mails − eine weiträumige Verständlichkeit eine geringe Rolle spielt und Nähesprachlichkeit, wie sie z. B. durch Dialekte oder Jugendsprachen ausgedrückt werden kann, im Vordergrund steht. Weitere Faktoren, die auf die Sprechsituation einwirken, sind der Ort der Kommunikation und das gewählte Thema.

Die diaphasische Dimension kann auch im Hinblick auf Unterschiede im Sprachstil eine Rolle spielen. Die im Alltag häufig anzutreffende Unterscheidung zwischen einem formellen und einem informellen Stil kann auf der Basis eines situationsabhängigen Sprachgebrauchs erfasst werden. Ein formeller Stil wird dann an Merkmale der Standardvarietäten gebunden sein, ein informeller Stil an Merkmale einer Umgangssprache/ Alltagssprache. Diese ist häufig durch Dialekte oder andere Varietäten beeinflusst, kann aber auch alleine bezogen auf die Standardsprache beschrieben werden. Der Unterschied zwischen Standard und Umgangssprache wäre dann als Unterschied zwischen Lento- und Allegroaussprache beschreibbar (Meinhold 1973; Dressler 1975). In informellen Kontexten kommt es zu Verkürzungen und Verschleifungen standardsprachlicher Formen, die z. B. als Apokopierungen oder Klitisierungen erscheinen (Bsp. 2).

(2) Schwa-Apokope: *ich geh(e)*, *ich lauf(e)*
     /t/-Apokope: *nich(t)*, *is(t)*, *un(d)*
     Klitisierungen: *er hat's* (‚er hat es')

Strukturen wie diese sind für sprachliche Ausdrucksformen in informellen Situationen typisch. Diese können als allegrosprachliche Stile im Gegensatz zum lentosprachlichen Standard aufgefasst werden.

3. Varietäten des Deutschen und der Unterricht „Deutsch als Fremdsprache"

Die Relevanz der Variation innerhalb der deutschen Sprache für den Deutsch als Fremdsprache-Unterricht ergibt sich aus zwei Perspektiven: Zum einen gilt für Fremdsprachenlernende (wie für alle Lernenden einer Sprache) das Prinzip, dass die sprachliche Form erworben wird, die in der Umgebung Verwendung findet (das *Input-Prinzip*, Dittmar und Schmidt-Regener 2001: 520). Hier kommt es insbesondere auf den diatopischen und diastratischen Dimensionen zu Anpassungen der Lernenden an die in der Umgebung gebräuchlichen sprachlichen Ausdrucksformen. Der DaF-Unterricht hat sich hier insbesondere der Aufgabe zu stellen, wie Unterschiede in Ausdrücken der diatopischen und diastratischen Varietäten die im Unterricht erworbenen i. d. R. (norm-)standardsprachlichen Deutschkenntnisse beeinflussen und wie auf diese Beeinflussung reagiert werden kann bzw. soll. Zum anderen stellt sich die Frage, wie − bezogen auf den Unterrichtsgegenstand − mit der sprachlichen Variation innerhalb des Deutschen umgegangen werden soll. Es gibt praktisch seit den 1970er Jahren, d. h. parallel zur Ausbreitung des kommunikativen Ansatzes in der Didaktik des Deutsch als Fremdsprache-Unterrichts, eine Diskussion darüber, ob der Normstandard der (einzige) Unterrichtsgegenstand und die (einzige) Unterrichtssprache sein soll bzw. darf. In der alltagssprachlichen Wirklichkeit spielt der Normstandard heutzutage nur eine untergeordnete Rolle. Ein auf die Ausbildung von kommunikativen Fähigkeiten ausgerichteter Fremdsprachenunterricht muss diesen Umstand berücksichtigen.

Die Frage nach dem Unterrichtsgegenstand im DaF-Unterricht wurde in den vergangenen Jahren in erster Linie bezogen auf regionale Varietäten gestellt (u. a. Eichinger 1997; Hensel 2000). Hier spielen vor allem die nationalen Standardvarietäten eine große Rolle. Dies hängt letztlich auch mit den sprachpolitischen Interessen der unterschiedlichen deutschsprachigen Nationen zusammen: Deutschland, Österreich und die Schweiz betreiben jeweils eigenverantwortlich im Ausland Programme zur Vermittlung der deutschen Sprache unter besonderer Berücksichtigung der jeweils eigenen nationalen Schwerpunkte in den Bereichen Landeskunde, Literatur und Sprache. Dies führt dazu, dass der variationslinguistischen Realität stärker, als dies früher der Fall gewesen ist, Rechnung getragen wird (Wiesinger 1998). Nationale Standardvarietäten werden durch diese nationalen Aktivitäten stärker in den Vordergrund gerückt. Dies entspricht Forderungen, die immer wieder geäußert worden sind (Hensel 2000; Baßler und Spiekermann 2001a). Es sind gerade Fachvertreter aus Österreich und der Schweiz, die sich für die Berücksichtigung nationaler Standardvarietäten im DaF-Unterricht aussprechen. Neben den nationalen Standardvarietäten werden z. B. in der Schweiz auch kleinräumigere regionale Varietäten als Unterrichtsgegenstand in Erwägung gezogen (Studer 2002). Dies ist − angesichts der alltagssprachlichen Bedeutung der Dialekte in der Schweiz − sicherlich eine ernstzunehmende Diskussionsanregung. Für Deutschland gilt dies nur in eingeschränktem Maße, da der Dialekt hier sehr viel stärker als in der Schweiz von der Standardsprache im Alltag und in den Medien dominiert wird. König (1997) regt aber auch für einen DaF-Unterricht in Deutschland eine stärkere Berücksichtigung regionaler Formen an.

Der DaF-Unterricht hat auf die Forderung einer stärkeren Berücksichtigung regionaler Varietäten bislang nur zögerlich reagiert, zumindest wenn man nach den Themen und Übungen in gängigen DaF-Lehrwerken geht. Dies ist umso erstaunlicher, als durch die Aufnahme des Themenbereichs Plurizentrik der deutschen Sprache in die Themenliste des trinationalen *Zertifikats Deutsch* (ZD) eine institutionelle Basis für die Behandlung zumindest der nationalen Standardvarietäten geschaffen wurde (Zertifikat Deutsch 1999). Verschiedene Untersuchungen zur Berücksichtigung regionaler Varietäten (Baßler und Spiekermann 2001b/2002; Hägi 2005 speziell zu nationalen Varietäten) konnten zeigen, dass die Umsetzung des plurizentrischen Ansatzes in Lehrwerken und Lehr- und Lernmaterialien bislang noch ungenügend gelungen ist. Die vorherrschende „unizentrische Sicht" (d. h. der Fokus auf die „binnendeutsche" Standardvarietät, Ammon 1997: 143 ff.) auf die deutsche Sprache zeigt sich in den DaF-Lehrwerken (vgl. aber Art. 167: 1503−1505).

Zu den Varietäten, die systematisch im DaF-Unterricht behandelt werden, gehören die Fachsprachen (vgl. Krumm 1997: 135, der neben der Fachorientierung der Lehrmaterialien auch deren Themen- und Textsortenvielfalt hervorhebt). Dies hängt nicht zuletzt mit der engen Verknüpfung von Fachausbildung und Fachsprachausbildung zusammen. Da Fachwissen über Fachtexte vermittelt wird, sind in der wissenschaftlichen, technischen und administrativen Ausbildung profunde Kenntnisse in den jeweils gebräuchlichen Varietäten unabdingbar (s. hierzu u. a. Fluck 1992; Hoffmann 2001). Neben einer häufig kontrastiven Ausrichtung in der Behandlung von Ausgangs- und Zielsprache steht im fachbezogenen Fremdsprachunterricht vor allem die Thematisierung der sozialen und situativen Kommunikationsumstände im Vordergrund, d. h. neben lexikalischem und grammatischem Wissen geht es vor allem auch um pragmatische Kompetenzen.

Ein grundlegendes Ziel des DaF-Unterrichts sollte das Bewusstmachen der Tatsache sein, dass die deutsche Sprache uneinheitlich ist und dass Varietäten und Stile des Deutschen sich nicht nur strukturell, sondern auch funktional deutlich voneinander unterscheiden. Dieses Wissen um die Variation in der deutschen Sprache wird dazu beitragen, pragmatische Sprachkompetenzen beim Fremdsprachlerner auszubilden.

4. Literatur in Auswahl

Androutsopoulos, Jannis K.
    1997   Mode, Medien und Musik. Jugendliche als Sprachexperten. *Der Deutschunterricht* 49: 10−20.
Ammon, Ulrich
    1995   *Die deutsche Sprache in Deutschland, Österreich und der Schweiz. Das Problem der nationalen Varietäten.* Berlin/New York: de Gruyter.
Ammon, Ulrich
    1997   Die nationalen Varietäten des Deutschen im Unterricht Deutsch als Fremdsprache. *Jahrbuch Deutsch als Fremdsprache* 23: 141−158.
Ammon, Ulrich
    1998   Plurinationalität oder Plurirealität? In: Peter Ernst und Franz Patocka (Hg.), *Deutsche Sprache in Raum und Zeit. Festschrift für Peter Wiesinger zum 60. Geburtstag*, 313−322. Wien: Edition Praesens.

Ammon, Ulrich
  2003   Dialektschwund, Dialekt-Standard-Kontinuum, Diglossie: Drei Typen des Verhältnisses
          Dialekt-Standard-Varietät im deutschen Sprachgebiet. In: Jannis Androutsopoulos und
          Evelyn Ziegler (Hg.), „Standardfragen". Soziolinguistische Perspektiven auf Sprachge-
          schichte, Sprachkontakt und Sprachvariation, 163–171. Frankfurt a. M.: Lang.
Auer, Peter
  2003   ‚Türkenslang' – ein jugendsprachlicher Ethnolekt des Deutschen und seine Transforma-
          tion. In: Annelies Häcki Buhofer (Hg.), Spracherwerb und Lebensalter, 255–264. Tübin-
          gen/Basel: Francke.
Auer, Peter
  2004a   Europe's sociolinguistic unity, or: A typology of European dialect/standard constella-
          tions. In: Nicole Delbecque, Johan van der Auwera und Dirk Geeraerts (Hg.), Perspecti-
          ves on Variation, 7–42. Berlin/New York: de Gruyter.
Auer, Peter
  2004b   Sprache, Grenze, Raum. Zeitschrift für Sprachwissenschaft 23(2): 149–179.
Barbour, Stephen und Patrick Stevenson
  1998   Variation im Deutschen. Soziolinguistische Perspektiven. Berlin/New York: de Gruyter.
Baßler, Harald und Helmut Spiekermann
  2001a   Dialekt und Standardsprache im DaF-Unterricht. Wie Lehrer urteilen – wie Schüler
          urteilen. Linguistik online 9 (18. 5. 2010).
Baßler, Harald und Helmut Spiekermann
  2001b   Regionale Varietäten des Deutschen im Unterricht „Deutsch als Fremdsprache" (I).
          Deutsch als Fremdsprache 38(4): 205–213.
Baßler, Harald und Helmut Spiekermann
  2002   Regionale Varietäten des Deutschen im Unterricht „Deutsch als Fremdsprache" (II).
          Deutsch als Fremdsprache 39(1): 31–35.
Bellmann, Günter
  1983   Probleme des Substandards im Deutschen. In: Klaus J. Mattheier (Hg.), Aspekte der
          Dialekttheorie, 105–130. Tübingen: Niemeyer.
Berend, Nina
  2005   Regionale Gebrauchsstandards – Gibt es sie und wie kann man sie beschreiben? In:
          Ludwig M. Eichinger und Werner Kallmeyer (Hg.), Standardvariation. Wie viel Variation
          verträgt die deutsche Sprache? 143–170. Berlin/New York: de Gruyter.
Besch, Werner, Jochen Hufschmidt, Angelika Kall-Holland, Eva Klein und Klaus J. Mattheier
  1981   Sprachverhalten in ländlichen Gemeinden. Ansätze zur Theorie und Methode. Forschungs-
          projekt Erp-Projekt. Band I. Berlin: Schmidt.
Clyne, Michael
  1989   Pluricentricity: National Variety. In: Ulrich Ammon (Hg.), Status and Function of Lan-
          guages and Language Varieties, 357–371. Berlin/New York: de Gruyter.
Dirim, İnci und Peter Auer
  2004   Türkisch sprechen nicht nur die Türken: Über die Unschärfebeziehung zwischen Sprache
          und Ethnie in Deutschland. Berlin/New York: de Gruyter.
Dittmar, Norbert
  1997   Grundlagen der Soziolinguistik. Tübingen: Niemeyer.
Dittmar, Norbert und Irena Schmidt-Regener
  2001   Soziale Varianten und Normen. In: Gerhard Helbig, Lutz Götze, Gert Henrici und Hans-
          Jürgen Krumm (Hg.), Deutsch als Fremdsprache. Ein internationales Handbuch. Band I,
          520–532. Berlin/New York: de Gruyter.
Dressler, Wolfgang U.
  1975   Methodisches zu Allegro-Regeln. In: Wolfgang U. Dressler und F. V. Mareš (Hg.), Phono-
          logica 1972. Akten der zweiten Internationalen Phonologie-Tagung. Wien, 5.–8. September
          1972, 219–234. München/Salzburg: Fink.

Durrell, Martin
    1999   Standardsprache in England und Deutschland. *Zeitschrift für germanistische Linguistik*
            27: 285−308.
Eichinger, Ludwig M.
    1997   Allen *ein* Deutsch − jedem *sein* Deutsch. Wie man mit Variation umgeht. *Jahrbuch*
            Deutsch als Fremdsprache 23: 159−173.
Fluck, Hans-Rüdiger
    1992   *Didaktik der Fachsprachen. Aufgaben und Arbeitsfelder, Konzepte und Perspektiven im*
            Sprachbereich Deutsch. Tübingen: Narr.
Füglein, Rosemarie
    2000   *Kanak Sprak. Eine ethnolinguistische Untersuchung eines Sprachphänomens im Deutschen.*
            Unveröff. Diplomarbeit an der Fakultät für Sprach- und Literaturwissenschaften, Otto-
            Friedrich-Universität Bamberg.
Girnth, Heiko
    2007   Variationslinguistik. In: Markus Steinbach (Hg.), *Schnittstellen der germanistischen Lin-*
            guistik, 187−217. Stuttgart/Weimar: Metzler.
Haugen, Einar
    1966   Language, Dialect, Nation. *American Anthropologist* 68: 922−935.
Hägi, Sara
    2005   *Nationale Varietäten im Unterricht Deutsch als Fremdsprache.* Frankfurt a. M.: Lang.
Hensel, Sonja
    2000   Welches Deutsch sollen wir lehren? *Zielsprache Deutsch* 31(1): 31−39.
Hirschfeld, Ursula
    1997   Welche Aussprache lehren wir? *Jahrbuch Deutsch als Fremdsprache* 23: 175−188.
Hoffmann, Lothar
    2001   Fachsprachen. In: Gerhard Helbig, Lutz Götze, Gert Henrici und Hans-Jürgen Krumm
            (Hg.), *Deutsch als Fremdsprache. Ein internationales Handbuch.* Band I, 533−543. Berlin/
            New York: de Gruyter.
Hufschmidt, Jochen, Eva Klein, Klaus J. Mattheier und Heinrich Mickartz
    1983   *Sprachverhalten in ländlichen Gemeinden. Dialekt und Standardsprache im Sprecherurteil.*
            Forschungsbericht Erp-Projekt. Band II. Berlin: Schmidt.
Kaiser, Stephan
    1969/70 *Die Besonderheiten der deutschen Schriftsprache in der Schweiz.* 2 Bände. Mannheim
            etc.: Bibliographisches Institut.
Kallmeyer, Werner, Inken Keim, Sema Aslan und Ibrahim Cindark
    2002   *Variationsprofile. Zur Analyse der Variationspraxis bei den „Powergirls".* Mannheim: Insti-
            tut für deutsche Sprache.
Key, Mary Ritchie
    1972   Linguistic behaviour of male and female. *Linguistics* 88: 15−31.
Key, Mary Ritchie
    1975   *Male/Female Language.* Metuchen, NJ: Scarecrow.
Kloss, Heinz
    1967   „Abstand Languages" and „Ausbau Languages". *Anthropological Linguistics* 9(7): 29−41.
König, Werner
    1989   *Atlas zur Aussprache des Schriftdeutschen in der Bundesrepublik Deutschland.* 2 Bände.
            Ismaning: Hueber.
König, Werner
    1997   Phonetisch-phonologische Regionalismen in der deutschen Standardsprache. Konsequen-
            zen für den Unterricht „Deutsch als Fremdsprache". In: Gerhard Stickel (Hg.), *Varietäten*
            des Deutschen. Regional- und Umgangssprachen, 246−270. Berlin/New York: de Gruyter.
Krumm, Hans-Jürgen
    1997   Welches Deutsch lehren wir? Einführung in den thematischen Teil. *Jahrbuch Deutsch als*
            Fremdsprache 23: 133−139.

Labov, William
1966   *The Social Stratification of English in New York City.* Washington: Center for Applied Linguistics.
Lakoff, Robin
1975   *Language and Woman's Place.* New York: Harper and Row.
Lenz, Alexandra
2003   *Struktur und Dynamik des Substandards. Eine Studie zum Westmitteldeutschen (Wittlich/ Eifel).* Stuttgart: Steiner.
Löffler, Heinrich
1994   *Germanistische Soziolinguistik.* 2. Aufl. Berlin: Schmidt.
Mattheier, Klaus J.
1980   *Pragmatik und Soziologie der Dialekte.* Heidelberg: Quelle & Meyer.
Mattheier, Klaus J.
1994   Varietätenzensus. Über die Möglichkeiten, die Verbreitung und Verwendung von Sprachvarietäten in Deutschland festzustellen. In: Klaus J. Mattheier und Peter Wiesinger (Hg.), *Dialektologie des Deutschen. Forschungsstand und Entwicklungstendenzen,* 413–442. Tübingen: Niemeyer.
Mattheier, Klaus J.
2003   German. In: Ana Deumert und Wim Vandenbussche (Hg.), *Germanic Standardizations. Past to Present,* 211–244. Amsterdam/Philadelphia: Benjamins.
Meinhold, Gottfried
1973   *Deutsche Standardaussprache. Lautschwächungen und Formstufen.* Jena: Friedrich-Schiller-Universität Jena.
Meyer, Kurt
1989   *Wie sagt man in der Schweiz? Wörterbuch der schweizerischen Besonderheiten.* Mannheim etc.: Dudenverlag.
Nabrings, Kirsten
1981   *Sprachliche Varietäten.* Tübingen: Narr.
Pusch, Luise F.
1979   Der Mensch ist ein Gewohnheitstier, doch weiter kommt man ohne ihr – Eine Antwort auf Kalverkämpers Kritik an Trömel-Plötz' Artikel über „Linguistik und Frauensprache". *Linguistische Berichte* 63: 84–102.
Roelcke, Thorsten
1999   *Fachsprachen.* Berlin: Schmidt.
Rossipal, Hans
1973   Konnotationsbereiche, Stiloppositionen und die sogenannten „Sprachen" in der Sprache. *Germanistische Linguistik* 73(4): 1–87.
Scheuringer, Hermann
1997   Sprachvarietäten in Österreich. In: Gerhard Stickel (Hg.), *Varietäten des Deutschen. Regional- und Umgangssprachen,* 332–345. Berlin/New York: de Gruyter.
Schlobinski, Peter
1989   »Frau Meier hat Aids, Herr Tropfmann hat Herpes, was wollen Sie einsetzen?« Exemplarische Analyse eines Sprechstils. *Osnabrücker Beiträge zur Sprachtheorie* 41: 1–34.
Schlobinski, Peter und Niels-Christian Heins (Hg.)
1998   *Jugendliche und ‚ihre' Sprache. Sprachregister, Jugendkulturen und Wertesysteme. Empirische Studien.* Opladen/Wiesbaden: Westdeutscher Verlag.
Schmeller, Johann Andreas
1821   *Die Mundarten Bayerns grammatisch dargestellt.* München: Thienemann.
Schmidt, Jürgen Erich
1998   Moderne Dialektologie und regionale Sprachgeschichte. *Zeitschrift für deutsche Philologie* 117: 163–179.

Schwarz, Christian, Helmut Spiekermann und Tobias Streck
    demn.   Primäre und sekundäre Dialektmerkmale. Empirische Befunde aus Dialekten und Stan-
             dardvarietäten. In: *Tagungsband zur 10. Arbeitstagung für bayerisch-österreichische Dia-
             lektologie.*
Sieber, Peter
    2001   Das Deutsche in der Schweiz. In: Gerhard Helbig, Lutz Götze, Gert Henrici und Hans-
             Jürgen Krumm (Hg.), *Deutsch als Fremdsprache. Ein internationales Handbuch.* Band I,
             491−504. (Handbücher zur Sprach- und Kommunikationswissenschaft 19.1−2). Berlin/
             New York: de Gruyter.
Spiekermann, Helmut
    2005a   Regionale Standardisierung, nationale Destandardisierung. In: Ludwig M. Eichinger und
             Werner Kallmeyer (Hg.), *Standardvariation. Wie viel Variation verträgt die deutsche Spra-
             che?* 100−125. Berlin/New York: de Gruyter.
Spiekermann, Helmut
    2005b   Regionale Standardsprache und der Unterricht „Deutsch als Fremdsprache". *Nouveaux
             Cahiers d'Allemand* 23(3): 277−288.
Spiekermann, Helmut
    2008   *Sprache in Baden-Württemberg. Merkmale des regionalen Standards.* Tübingen: Niemeyer.
Steinig, Wolfgang
    1982   *Zur sozialen Bewertung dreier Varietäten in Schwaben.* Linguistische Berichte − LB Pa-
             per 67.
Studer, Thomas
    2002   Dialekte im DaF-Unterricht? Ja, aber ... . Konturen eines Konzepts für den Aufbau einer
             rezeptiven Varietätenkompetenz. *Linguistik online* 10 (18. 5. 2010).
Tertilt, Hermann
    1996   *Turkish Power Boys. Ethnographie einer Jugendbande.* Frankfurt a. M.: Suhrkamp.
Trömel-Plötz, Senta
    1978   Linguistik und Frauensprache. *Linguistische Berichte* 57: 49−68.
West, Candace und Don H. Zimmerman
    1987   Doing Gender. *Gender & Society* 1: 125−151.
Wiesinger, Peter
    1983   Die Einteilung der deutschen Dialekte. In: Werner Besch, Ulrich Knoop, Wolfgang
             Putschke und Herbert Ernst Wiegand (Hg.), *Dialektologie. Ein Handbuch zur deutschen
             und allgemeinen Dialektforschung.* Band 2, 807−900. Berlin/New York: de Gruyter.
Wiesinger, Peter
    1998   „Deutsch als Fremdsprache" aus österreichischer Sicht. In: Frantiszek Grucza (Hg.),
             Deutsch und Auslandsgermanistik in Mitteleuropa. Geschichte − Stand − Ausblicke, 128−
             137. Warszawa: Graf-Punkt.
Wiesinger, Peter
    2001   Das Deutsche in Österreich. In: Gerhard Helbig, Lutz Götze, Gert Henrici und Hans-
             Jürgen Krumm (Hg.), *Deutsch als Fremdsprache. Ein internationales Handbuch.* Band I,
             481−491. (Handbücher zur Sprach- und Kommunikationswissenschaft 19.1−2). Berlin/
             New York: de Gruyter.
[Zertifikat Deutsch 1999] = Weiterbildungs-Testsysteme GmbH, Goethe Institut, Österreichisches
Sprachdiplom Deutsch und Schweizerische Konferenz der kantonalen Erziehungsdirektoren (Hg.)
    1999   *Zertifikat Deutsch. Lernziele und Testformate.* Frankfurt a. M.: WBT.

Helmut Spiekermann, Freiburg (Deutschland)

35. Deutsch in Österreich: Standard, regionale und dialektale Variation

1. Grundsätzliches
2. Sprachgeografische, sprachhistorische und sprachsoziologische Voraussetzungen des österreichischen Deutsch
3. Linguistik des österreichischen Deutsch
4. Das österreichische Deutsch im Unterricht von Deutsch als Fremdsprache
5. Literatur in Auswahl

1. Grundsätzliches

Während man unter *Deutsch in Österreich* alle schriftlichen und mündlichen Varietäten der deutschen Sprache mit Standardsprache, Umgangssprachen, Dialekten, Gruppen- und Fachsprachen versteht, bezieht sich *österreichisches Deutsch* nur auf die Standardsprache mit Schriftsprache und mündlicher Realisierung. Die deutsche Standardsprache ist weder schriftlich noch mündlich eine Einheitssprache, sondern tritt in den zum deutschen Sprachraum gehörigen Ländern Deutschland, Österreich und der Schweiz mit Varianten auf, die in jeweils unterschiedlicher Weise alle sprachlichen Ebenen betreffen: die phonetisch-phonologische (und danach in Einzelheiten auch die graphematische Ebene), die morphologische, die syntaktische und die lexikalisch-semantische Ebene einschließlich der Phraseologie. Dazu kommen noch pragmatische Unterschiede. Bei größtenteils vorherrschenden verbindlichen Gemeinsamkeiten machen diese Varianten jeweils die *differentia specifica* aus und konstituieren als solche die Varietäten. Hinsichtlich ihres Umfangs verzeichnet Ebner (2009) für Österreich auf dem auffälligen Gebiet des Wortschatzes rund 8.000 Wörter, während Dudens „Großes Wörterbuch der deutschen Sprache" (1999) einen gesamtdeutschen Wortschatz von rund 220.000 Wörtern enthält. Das macht einen standardsprachlichen Anteil an österreichischen lexikalischen Eigenheiten von etwa 3 % aus, oder anders ausgedrückt: auf einen Text von 100 Wörtern würden durchschnittlich 3 Austriazismen entfallen, doch sind die tatsächlichen Verteilungen je nach Sachgebiet unterschiedlich. Trotzdem herrscht innerhalb der deutschen Sprache bezüglich der Standardsprache weitgehende länder- und gebietsübergreifende allgemeine Verständlichkeit, die heute auf Grund passiver Sprachkenntnisse durch die Wirksamkeit der Medien noch gefördert wird. Die jeweils usuellen Varianten mit allgemeiner Akzeptanz in den einzelnen Gebieten und damit auch die einzelnen Varietäten sind somit hinsichtlich ihrer normativen Gültigkeit als gleichwertig und gleichberechtigt anzusehen. Hier hat der von österreichischer Seite besonders im Vergleich zu der vielfach als vorbildlich betrachteten norddeutschen Varietät stets vertretene Grundsatz zu gelten: „Österreichisches Deutsch ist kein schlechteres, sondern ein anderes Deutsch" (Moser 1989: 25).

   Was bei dieser rein synchronen Beurteilung ausgeklammert wird, ist einerseits die Diachronie und andererseits die Verbreitung und Gültigkeit der Varianten, indem über die tatsächlich staatsgebundenen Varianten besonders der Verwaltungssprache hinaus der Großteil alltagssprachlicher Varianten teils länderübergreifend und teils nur auf Teilbereiche eines Landes beschränkt auftritt. So deckt sich hinsichtlich der räumlichen Verbreitung nur ein kleiner Teil als spezifische Varianten mit den heutigen Staatsgebieten, während es sich beim größeren Teil um unspezifische Varianten handelt (Ammon 1995). Es sind von Österreich aus beurteilt einerseits länderübergreifende oberdeutsche Varianten in Süddeutschland, Österreich und der Schweiz; westoberdeutsche Varianten in Südwestdeutschland, der Schweiz, Liechtenstein und im westlichsten österreichischen Bundesland Vorarlberg; sowie ostoberdeutsche Varianten in (Alt-)Bayern und Österreich. Andererseits gibt es bloß auf Teilgebiete Österreichs beschränkte Varianten, wobei vor allem im Wortschatz West-Ost-Unterschiede mit ostösterreichischem Eigenverhalten zu beobachten sind und teilweise auch Vorarlberg eine Eigenstellung einnimmt. Die Ursachen dafür liegen in der Diachronie und gehen damit auf die jahrhundertealte Geschichte der deutschen Sprache mit verschiedenartigen stammessprachlichen Grundlagen, wechselnden kulturellen Beziehungen und sich unterschiedlich entwickelnden territorialen und sprachräumlichen Verhältnissen (Dialekte, Umgangssprachen) zurück, während die heutigen Staatsterritorien trotz ihrer längeren Vorgeschichte relativ jung und erst im 19./20. Jh. entstanden sind.

Die Beurteilungen der standardsprachlichen Varietäten erfolgte in Österreich in dreifacher Weise. Als in den 1980er Jahren die Anerkennung unterschiedlicher normativer Standardvarietäten begann, wurde ein strenges plurizentrisches Modell mit der Einheit von Staatsterritorium, Nation und Sprache vertreten (Clyne 1984, 1992; Polenz 1988, 1990). Es wurde in Österreich als „österreichisch-national" teilweise aufgegriffen (Muhr 1982, 1989; Pollak 1992), nachdem bereits nach dem Zweiten Weltkrieg die Eigenständigkeit der Sprache gegenüber Deutschland betont (Hrauda 1948) und diese in die Bildung einer österreichischen Nationalidentität einbezogen (Wiesinger 2008: 406−445) sowie das seit 1951 erscheinende und seit 1979 zunächst umstritten fortgeführte „Österreichische Wörterbuch" für Schulen und Ämter verpflichtend vorgeschrieben worden war (Wiesinger 2008: 177−218). Im Gegensatz dazu wurde bei Ausgang von den westösterreichischen Zusammenhängen mit Bayern ein „deutsch-integratives" pluriareales Gegenmodell entwickelt, das die Staatsgebundenheit der Standardsprache in Frage stellte und die grenzübergreifenden Gemeinsamkeiten in den Vordergrund rückte (Scheuringer 1987, 1996; Pohl 1997; Wolf 1994). Der größte Teil der Germanisten nahm jedoch einen vermittelnden „österreichisch-integrativen" Standpunkt ein, wonach das österreichische Deutsch eine Varietät der deutschen Standardsprache bildet, die von den in Österreich geltenden Erscheinungen, unabhängig von deren jeweiliger räumlicher Verbreitung, konstituiert wird (Reiffenstein 1983; Ebner 1988, 1992; Moser 1989; Wiesinger 1988: 9−30; Ammon 1995). Diese von der österreichischen Bevölkerung nicht wahrgenommene Fachdiskussion lief nach 1995 ohne Ausgleich der verschiedenen Standpunkte aus (Wiesinger 2008: 203−218 [1995]; Scheuringer 1996b, Schrodt 1997). Seit 2004 das Variantenwörterbuch erschienen ist (Ammon 2004), das bei räumlich sechsfacher Gliederung Deutschlands und vierfacher Österreichs die entsprechenden Verteilungen der Varianten aufzeigt und außerdem die Verbreitungen des umgangssprachlichen Wortschatzes zunehmend kartographisch erfasst werden (Eichhoff 1977−2000; Elspaß/Möller), geht man trotz Anerkennung jeweiliger Besonderheiten immer mehr zur Auffassung des Deutschen als einer pluriarealen Sprache über, wozu auch ein verstärktes Regionalbewusstsein beiträgt. Da aber das österreichische Deutsch in seiner Struktur eine Varietät der deutschen Sprache ist und auch gegenwärtig alle Entwicklungen der deutschen Sprache mitvollzieht, gehen unter sprachpolitischen Voraussetzungen seit den 1930er Jahren immer wiederkehrende Versuche, es als möglichst selbständige Sprachform „Österreichisch" hinstellen zu wollen,

an der Sprachrealität vorbei. Ebenso ist aber auch die vor allem in Deutschland praktizierte unizentrische Haltung abzulehnen, die eine meist norddeutsch geprägte Standardsprache als eine für den gesamten deutschen Sprachraum verbindliche einheitliche Norm
betrachtet und damit den Sprachgebrauch vor allem in Süddeutschland, Österreich und
der Schweiz übergeht.

2. Sprachgeografische, sprachhistorische und sprachsoziologische Voraussetzungen des österreichischen Deutsch

Nach seinen sprachgeografischen und damit dialektalen Grundlagen gehört Österreich
mit Süddeutschland und der Schweiz zum Oberdeutschen. Innerhalb dieses stellt sich
sein größter Teil von Tirol im Westen bis Niederösterreich und dem Burgenland im Osten
zum ostoberdeutschen Bairischen, während das westlichste Bundesland Vorarlberg sowie
ein kleines westtirolisches Randgebiet um Reutte dem westoberdeutschen Alemannischen
zugeordnet ist (Wiesinger 1990a). Daraus resultieren im österreichischen Deutsch oberdeutsche Gemeinsamkeiten mit Süddeutschland und der Schweiz sowie Gemeinsamkeiten des bairischen Bereiches mit (Alt-)Bayern und des alemannischen Vorarlbergs mit
der Schweiz, Liechtenstein und dem süddeutschen Allgäu, was im Wortschatz besonders
zu Tage tritt (vgl. 3.5.), wie überhaupt ein wesentlicher Teil des österreichischen Deutsch
auf den Dialekten basiert und vor allem der sogenannte „Akzent" und Aussprachege-
wohnheiten (vgl. 3.1.) bis in die Standardsprache durchwirken. Da Österreich auf drei
Seiten von nicht weniger als sechs Fremdsprachen umgeben ist (Italienisch, Alpenroma-
nisch, Slowenisch, Ungarisch, Slowakisch, Tschechisch) und in der bis 1918 bestehenden
Österreichisch-Ungarischen Monarchie noch weitere Fremdsprachen galten (Kroatisch,
Serbisch, Polnisch, Ukrainisch, Rumänisch), kam es auch zu Entlehnungen aus diesen
Nachbarsprachen (Wiesinger 1990c). Schließlich ist als dritte Quelle das allmählich zum
heutigen Staat führende Territorialgebilde und seine Verwaltung mit dem Hauptsitz in
Wien zu nennen, auf das die österreichische Verwaltungssprache zurückgeht.

  Bis um die Mitte des 18. Jhs. galt in Österreich und Bayern die sich von der Kanzlei-
sprache Kaiser Maximilians I. herleitende, bairisch geprägte oberdeutsche Schriftsprache
(Wiesinger 2008: 241−252). Ab 1750 kam es zur Übernahme der mitteldeutsch-norddeut-
schen Form nach dem Vorbild von J. Ch. Gottscheds „Deutscher Sprachkunst" von 1748
(Wiesinger 2008: 253−304; 305−336). Dies hatte bis um die Mitte des 19. Jhs. besonders
unter dem Einfluss der Normvorgaben des als verbindlich betrachteten „Grammatisch-
kritischen Wörterbuches der Hochdeutschen Mundart" (1793−1801) von J. Ch. Adelung
zur Folge, dass die heimische Sprachtradition und da vor allem der heimische Wortschatz
zugunsten einer einheitlichen Schriftsprache besonders von der Schule unterdrückt wurde
(Wiesinger 2008: 385−406). Erst mit der Gründung der Österreichisch-Ungarischen Monarchie 1866/67 und des Deutschen Reiches 1871 trat allmählich auch die sprachliche
Verschiedenheit deutlich ins Bewusstsein und kam die zunächst negativ konnotierte Bezeichnung „österreichisches (Hoch)deutsch" auf (Lewi 1875). Zunehmend und besonders
seit 1945 mit der Wiederherstellung der Souveränität Österreichs nach seiner Integrierung
in das nationalsozialistische Deutsche Reich ab 1938 entwickelte sich, verbunden mit
einer neuen nationalen Identität, auch das österreichische Deutsch zu einer verbindlichen
Varietät (Wiesinger 2008: 407−445).

In sprachsoziologischer Hinsicht gilt ein breites Spektrum mündlicher Variation. Bezüglich der Alltagssprache bildet es den Substandard, denn die österreichisch geprägte Standardsprache wird in erster Linie in nur wenigen Situationen des öffentlichen Lebens wie Rundfunk, Fernsehen, Kirche und Schule als offiziöse Sprachform und das mit phonostilistischen Abstufungen gebraucht und bloß eine kleine besonders städtische Bildungsschicht spricht sie auch als Alltagssprache. Die mündliche Variation ist abhängig von der sozialen Stellung mit Bildung, Beruf, Verbalintensität und Mobilität, der Generationszugehörigkeit, dem Geschlecht, der Gesprächssituation und dem ländlichen oder städtischen Wohnort. Versucht man unter Einbindung von volkstümlichen Sprachvorstellungen eine Klassifikation, dann lässt sich trotz unterschiedlichem individuellen Verhalten und kontinuierlichen Übergängen das mündliche Variationsspektrum in die Varietäten Dialekt und die als „Hochdeutsch" bezeichnete Standardsprache als die äußeren Pole und einer als Umgangssprache bezeichneten, auf das „Hochdeutsche" gerichteten Übergangsskala einteilen (Wiesinger 2008: 25−36). Eine Vorstellung kann der Mustersatz „Heute Abend kommt mein Bruder nach Hause" vermitteln, der in einem ländlichen Ort im niederösterreichischen Weinviertel nördlich von Wien von einzelnen Sprechern in vierfacher Form zu hören ist:

1. *Heint af d'Nåcht kimmt mei^n Bruider hoam.*
   [hã͡ɪnt av d nɔχt   khĭmt mã:ĭ 'bruɪdɐ hɔ̃ɛ̃m]

2. *Heit auf d' Nåcht kummt   mei^n Bruader ham.*
   [haɪt aʊv d nɔχt   khummt mãĭ 'bruɐdɐ hã:m]

3. *Heut Åbnd kommt mei Bruder z'Haus.*
   [hɔøt 'ɔ:md khomt ma:ɪ 'bru:dɐ dzaʊz]

4. *Heut Abnd kommt mein Bruder nach Haus.*
   [hɔøt 'a:md khomt maɪn bru:dɐ nax 'haʊz].

Während 1 den örtlichen Basisdialekt der alten eingesessenen bäuerlichen Bevölkerung bildet, verkörpert 2 den von der Stadt Wien abhängigen regionalen Verkehrsdialekt der mittleren und jüngeren Generation. Dem „Hochdeutschen" 4 angenähert ist die Umgangssprache 3, die die auffälligen Dialektmerkmale aufgibt (Wiesinger 2008: 25−36; 49−60).

Auf Grund einer 1984/85 und 1991/92 durchgeführten Umfrage (Steinegger 1998; Wiesinger 2008: 37−48) bezeichnen sich 79% als Dialektsprecher und nennen 50% den Dialekt, 45% die Umgangssprache und 5% das „Hochdeutsche" als ihre durchschnittliche Alltagssprache. In Dörfern liegen diese Durchschnittswerte bei 62 : 35 : 3%, während sich Großstädter mit 27 : 65 : 8% geradezu umgekehrt verhalten. Hinsichtlich der sozialen Faktoren nimmt der Dialekt von einer unteren über eine mittlere zu einer höheren Sozialschicht zugunsten der höheren Varietäten im Gesamtdurchschnitt von 76 : 23 : 1%, 47 : 49 : 4% und 35 : 56 : 9% ab. Bezüglich der einzelnen Gesprächssituationen lässt sich eine Dialektabnahme zugunsten der höheren Varietäten mit zunehmendem Abstand zum Gesprächspartner beobachten, so dass sich ein deutliches Gefälle von Familie und Partnern über das kleine Geschäft zum täglichen Einkauf, die Kollegen am Arbeitsplatz, die Bank und das Kleidergeschäft bis zum Arzt, Vorgesetzten am Arbeitsplatz und dem städtischen Amt ergibt. Zunehmend lässt sich aber beobachten, dass auch in offiziösen

Situationen immer mehr die dialektale Färbung und der Dialekt selbst um sich greifen und frühere, noch um 1960/70 geltende „hochdeutsch"-standardsprachliche Konventionen mit zum Teil gesellschaftlichen Sanktionierungen fallen. Auch die Schule hat sich im Unterricht zunehmend auf die Umgangssprache als mündliche Konversationsform eingependelt.

3. Linguistik des österreichischen Deutsch

Im Folgenden werden charakteristische Erscheinungen der deutschen Schrift- und Standardsprache in Österreich auf allen sprachlichen Ebenen kurz beschrieben.

3.1. Zu Aussprache und Schreibung

Einen wichtigen, mangels geeigneter Beschreibungsmethoden leider vernachlässigten suprasegmentalen Bereich bilden zunächst die sprechkonstitutiven Eigenschaften der Artikulationsbasis, der Lautbildung (Artikulation) und der Sprechmelodie (Intonation). Diese populär als „Färbung" oder „Akzent" bezeichneten Eigenschaften sind landschaftlich verschieden und schlagen vom Dialekt bis in die Standardsprache durch. Nach den dialektalen Grundlagen gelten in Österreich Varianten eines bairischen und in Vorarlberg mit dem Westtiroler Gebiet um Reutte eines alemannischen Typus.

Zu den suprasegmentalen Eigenschaften gehört aber auch die Wortakzentuierung. Dabei erfolgt bei der jüngeren Generation gegenüber der tradierten Verhaltensweise insofern eine Änderung, als in unterschiedlichem Ausmaß mittel- und norddeutsch bestimmte Akzentuierungen aufgegriffen werden. Obwohl die österreichischen Akzentuierungen ursprünglich auch in Bayern und teilweise in Schwaben galten, sind sie dort ebenfalls zurückgegangen. Eine Übersicht der wortweisen Abstufungen bietet Wiesinger (2008: 61–86).

Es gibt in Österreich aber auch segmentale phonetische Eigenschaften der Standardsprache. Dabei lassen sich vor allem im öffentlichen Sprechen in Rundfunk und Fernsehen durchschnittlich drei Ausspracheniveaus beobachten. Geschulte Sprecher wie Schauspieler, Rezitatoren, Ansager und Nachrichtensprecher weisen das höchste Sprechniveau auf, indem sie sich für das prononcierte Sprechen an den Regeln des Siebs und des Duden-Aussprachewörterbuches orientieren. Dem steht die Laienaussprache gegenüber, die das landschaftlich unterschiedliche Lautinventar gebraucht. Dazwischen befinden sich mehr oder minder geschulte Sprecher wie die Moderatoren verschiedener Sendungen, die sich in unterschiedlicher Weise nach der einen oder anderen Art verhalten. (Beschreibungen Wiesinger 2009; zum problematischen Aussprachewörterbuch von Muhr 2007 vgl. u. a. Pohl 2007 und Wiesinger 2009).

Hinsichtlich seiner Lautqualitäten klingt das österreichische Deutsch relativ weich durch geringe Intensität der Plosiv- und Frikativfortes, wobei anlautendes <p> und <t> vor Vokalen im Gegensatz zum stets aspirierten <k> nur wenig oder gar nicht behaucht werden. Die Leniskonsonanten <b>, <d>, <g>, <s> sowie <j> als [ʒ] in französischen Lehnwörtern werden in oberdeutscher Weise meist stimmlos gebildet und erfahren keine merkliche Auslautverhärtung, so dass <b>/<p>, <d>/<t> und <s>/

<ß> im Auslaut vielfach zu Lenes neutralisiert werden, z. B. in *grob* : *Ysop*, *Tod* : *Not*, *Mus* : *Fuß*. Während geschulte Sprecher unterscheiden, fallen dialektal und umgangssprachlich die anlautenden Plosivlenes und -fortes <d>/<t>, <b>/<p> besonders im Donau- und Voralpenraum in stimmlose Lenes bis Halbfortes zusammen, so dass kein Unterschied mehr besteht zwischen *Dank* : *Tank*, *backen* : *packen*, *Draht* : *trat*, *Blatt* : *platt*. Dagegen werden <g> und <k> vor Vokalen stets unterschieden, z. B. *Garten* : *Karten*, fallen aber vor Konsonanten ebenfalls in [g] zusammen, z. B. *Greis* : *Kreis*. Im Inlaut bleibt jedoch die Unterscheidung von Lenes und Fortes aufrecht; z. B. *leiden* : *leiten*, *behagen* : *Haken*, *reisen* : *reißen*. Die Endsilbe *-ig* wird nach der Schreibung mit Plosiv [g] realisiert, z. B. ['bilig] ‚billig‘, ['kønig] ‚König‘. In einer Reihe von Fremdwörtern wird anlautendes <ch> als Fortisplosiv [k] gesprochen, z. B. in *China, Chemie, Chirurg, Chaos* und in ihren Ableitungen. Ferner gilt in einer Reihe von Fremdwörtern im Anlaut vielfach [st] und [sp], so in *Stil, Struktur, sporadisch*. Präkonsonantisches *r* wird meist zum [ɐ]-Schwa vokalisiert, z. B. in *Schirm, erben, horchen*, während *r* nach *a* schwindet, so dass *Bart/Bad, Narren/nahen* lautgleich werden.

Aus dem Vokalismus ist der relativ geringe Öffnungsgrad der kurzen Vokale <i> – <ü> – <u> und <e> – <ö> – <o> zu nennen. Geschriebenes langes <ä> etwa in *Käse, nähen, spät* wird außer in Vorarlberg und teilweise in Tirol meist als geschlossenes [eː] realisiert, was in *wählen, erzählen* durchwegs gilt. In Fremdwörtern aus dem Französischen wird entweder Nasalvokal beibehalten wie in [ʃãːs] ‚Chance‘, [baˈlãːs] ‚Balance‘ oder es wird Vokal + *n* artikuliert wie in [balˈkoːn] ‚Balkon‘, [zaˈloːn] ‚Salon‘.

Das unbetonte *e* in *Bote, Tage* sowie in den Vorsilben *be-* und *ge-* wird nicht als Schwalaut [ə], sondern als leicht offenes [ɛ] artikuliert. In der Endsilbe *-en* bleibt dieser Vokal nach den Nasalen *m, n, ng* erhalten, wie in *kommen, lehnen, singen*. Dagegen wird der Vokal nach allen anderen Konsonanten wie in *leiden, tappen, fallen* usw. synkopiert und werden die Plosive nasal gelöst. In der Endsilbe *-er* tritt durch die *r*-Vokalisierung der [ɐ]-Schwa ein. Hingegen wird die Vorsilbe *er-* stets [ɛɐ] ausgesprochen, was meist auch für die Vorsilben *ver-, zer* als [fɛɐ], [tsɛɐ], gilt, die aber auch zu [fɐ], [tsɐ] abgeschwächt werden können. In den Ableitungssilben *-tum, -it, -ik, -iz* hört man vielfach die Kurzvokale [u] und [i].

Abweichende Schreibungen auf Grund anderer Vokalquantität sind *Kücken* statt *Küken* und *Geschoße* statt *Geschosse* und ohne Auswirkungen auf die Aussprache zusammengeschriebenes *sodass* neben *so dass* und *Moriz* neben *Moritz*. Dagegen gelten als veraltet *Verließ(e)* statt *Verlies(e)* und dialektabhängiges *Schleuße* neben *Schleuse*.

3.2. Zum Formengebrauch

Vor allem Fremdwörter, doch auch einzelne Erbwörter zeigen Genusunterschiede, die sich heute durch Anpassung an Deutschland gegenüber früher verringert haben. So heißt es in Österreich gegenüber Deutschland meist *das* : *die E-Mail, das* : *die SMS, das* : *der Puder, das* : *der Fries*. Schwanken durch deutschen Einfluss herrscht etwa in *der/das* : *das Abszess, der/das* : *der Prospekt, das/die* : *die Vokabel*. Gegenüber Deutschland gilt in Österreich nur ein Genus in *das* : *der/das Biskuit, das* : *der/das Gulasch, das* : *der/das Sandwich, das* : *die/das Coca-Cola*. Alle drei Genera zeigt *Joghurt*: in Vorarlberg mit Deutschland und der Schweiz *der*, sonst *das*, in Ostösterreich teilweise auch *die*. Genusunterschiede können auch Formunterschiede auslösen. So heißt es gegenüber Deutschland *der Schranken : die Schranke, der Akt : die Akte, der Karren : die Karre, der Scherben : die Scherbe, die Zehe : der Zeh, das Offert : die Offerte.* In der Pluralbildung wird häufig umgelautet, so in *die Erlässe, Wägen, Krägen, Pölster.* In französischen Fremdwörtern gilt in Österreich *-s*-Plural in *die Parfums : Parfulüme, die Interieurs : Interieure, die Billiards : Billarde* und *-en*-Plural in *die Saisonen : Saisons, die Fassonen : Fassons, die Cremen : Cremes.* Umgangssprachliche *-n*-Plurale nach *-l* in Neutra werden in Austriazismen häufig auch geschrieben, so *die Mädeln, Würsteln, (Brat)hendeln, Brezeln.*

3.3. Zur Wortbildung

Die Diminutivbildung erfolgt dialektal und umgangssprachlich auf zweifache Weise, indem in Ost- und Südösterreich meist zum Ausdruck des Kleinen *-(e)l* und mit persönlich-emotionalem Bezug *-erl* verwendet wird. In Westösterreich lauten die beiden Formen in Oberkärnten und im größten Teil von Tirol *-(e)l* und *-(e)le*, aber in Westtirol und im alemannischen Vorarlberg nur einheitlich *-(e)le*. So heißt es z. B. *Kindel : Kinderl* bzw. *Kindel : Kindle* sowie in Westtirol nur *Kindle* und in Vorarlberg *Kindele*. Während schriftsprachlich meist *-chen* und bei Wörtern auf *-ch -lein* gilt, z. B. *Nachtkästchen, Fläschchen, Tüchlein*, zeigen Austriazismen und stark umgangssprachlich gebundene Wörter die *l*-Formen. Formale Diminuierungen ohne semantischen Verkleinerungsbezug sind *Würstel, (Salat)häuptel* ‚Salatkopf‘, *Kipfel* ‚Hörnchen‘, *Krügel* ‚halber Liter Bier‘, *Hendel* ‚Huhn‘, *Brezel*. Ihre echten Diminuierungen werden dann mit *-erl* bzw. *-(e)le* gebildet. Solche feste Austriazismen sind z. B. *Sackerl* ‚Tüte‘, *Zuckerl* ‚Bonbon‘, *Salzstangerl* ‚längliches, mit Salz bestreutes Gebäck‘, *Schwammerl* ‚Pilz‘, *Stamperl* ‚Schnapsgläschen‘, *Stockerl* ‚einfacher Hocker aus Holz‘, *Pickerl* ‚Autoprüfmarke‘, deren Plural meist *-erln* lautet.

In der Komposition wird bei starken Maskulina und Neutra die Fügung im Genitiv Singular mit *-s* bevorzugt, so dass es *Gesangsverein, Gelenksentzündung, Rindsbraten, Schweinsbraten* heißt. Als bloßes Fugenzeichen wird es auch auf Feminina übertragen wie *Fabriksarbeiter, Aufnahmsprüfung*. Ein historisches Genitiv-*s* zeigt auch das Adverb *durchwegs*.

3.4. Zur Syntax

Unter wenigen typischen Eigenheiten ist hier der mündliche und zunehmend auch schriftliche oberdeutsche Gebrauch des Perfekts an Stelle des Imperfekts als Erzählzeit der Vergangenheit hervozuheben, z. B. *ich habe gezahlt, ich bin gegangen*. Ferner gilt in ebenfalls oberdeutscher Weise bei einigen Zustands- und Bewegungsverben die Perfektbildung mit *sein*, z. B. *ich bin gesessen, gelegen, gestanden, gekniet*.

Ferner erfolgt gegenüber Deutschland ein zum Teil abweichender oder zusätzlicher Gebrauch von Präpositionen, z. B. *er kommt auf : zu Besuch, sie gehen auf : in Urlaub, er macht eine Prüfung aus : in Chemie, er hat auf : − den Geburtstag vergessen, wir bleiben für : − zwei Wochen*. Statt *auf dem* ist die dialektale und umgangssprachliche Kontraktion *am* schon länger standardsprachlich üblich, z. B. *am Land, am Bauernhof*.

Schließlich erfolgt in Nebensätzen mit mehrteiligem Prädikat aus *haben* und den Infinitiven eines Voll- und Modalverbs die Abfolge *Vollverb + haben + Modalverb*, während in Deutschland *haben* die Spitzenstellung einnimmt, z. B. Eine Stimme, die ich ohne weiteres als eine allererste *bezeichnen hätte können* (Th. Bernhard).

3.5. Zum Wortschatz

Den auffälligsten Anteil am österreichischen Deutsch macht der Wortschatz aus. Dabei gibt es über neutrale Austriazismen hinaus wie *Fensterstock : Fensterlaibung, Sprossenkohl : Rosenkohl, Geld beheben : abheben, sich verkühlen : sich (v)erkälten*, auch sprachsoziologisch gebundenen Wortschatz. So gehören etwa der Umgangssprache an *Watsche* für *Ohrfeige*, *hantig* für *barsch*, *picken* für *kleben* und sind saloppe Ausdrücke *Flasche* für *Ohrfeige*, *Haberer* für *Freund*, *hackeln* für *arbeiten*.

Obwohl alle Sachgebiete betreffend, gibt es ein unterschiedlich starkes Vorkommen des österreichischen Wortschatzes. Anhand einer charakteristischen Auswahl von 420 Wörtern bringt Ammon (1995, 157 ff.) eine achtteilige Gliederung, wobei Speisen und Mahlzeiten (Pohl 2007) sowie die Verwaltungssprache (Wiesinger 2008: 105−132) die umfänglichsten Bereiche bilden. Hinzuweisen ist, dass Österreich 1994 im Rahmen der Aufnahmeverhandlungen in die Europäische Union 23 Lebensmittelbezeichnungen für den Warenverkehr mit Österreich festschreiben ließ, u. a. *Marille, Kren, Topfen* (De Cillia 1995; Wiesinger 2008: 133−143).

Nicht aller zum österreichischen Deutsch zählender Wortschatz ist auf Österreich beschränkt. Über solchen hinaus gibt es sowohl räumliche Grenzüber- als auch Grenzunterschreitungen. Hinsichtlich seiner Stellung im Rahmen der deutschen Sprache lässt sich der österreichische Wortschatz nach seiner Verbreitung in fünf Bezeichnungs- und eine sechste Bedeutungsgruppe gliedern. Dabei ist darauf hinzuweisen, dass heute durch Mobilität, Fremdenverkehr und Medienverbund einerseits Austriazismen passiv über Österreich hinaus bekannt sind und umgekehrt Österreicher auch typische Ausdrücke aus Deutschland kennen, wie es überhaupt zunehmend Einflüsse aus Deutschland gibt, wodurch vor allem bei der jüngeren Generation Unsicherheit eintritt (Wiesinger 2008: 145− 164). Die fünf Bezeichnungsgruppen lassen sich in grenzüberschreitenden unspezifischen österreichischen Wortschatz der Gruppen 1 und 2 und in spezifischen gesamt- oder teilösterreichischen Wortschatz der Gruppen 3 bis 5 einteilen:

1. O b e r d e u t s c h e r Wortschatz, der Österreich mit Süddeutschland und der Schweiz gegen Mittel- und Norddeutschland verbindet, z. B. *Ferse : Hacke, Rechen : Harke, Knödel : Kloß, Samstag : Sonnabend, heuer : dieses Jahr, kehren : fegen.*
2. B a i r i s c h - ö s t e r r e i c h i s c h e r Wortschatz auf Grund der gemeinsamen Stammesgrundlage bzw. späterer Sprachbeziehungen in Österreich und (Alt-)Bayern, z. B. *Maut : Zoll, Kren : Meerrettich, Topfen : Quark, Germ : Hefe, Kluppe : Wäscheklammer, einsagen : vorsagen* (Schule).
3. G e s a m t ö s t e r r e i c h i s c h e r Wortschatz. Er umfasst einerseits die Verwaltungssprache auf Grund der staatlichen Souveränität, z. B. *Nationalrat : Bundestag, Landeshauptmann : Ministerpräsident, Journaldienst : Bereitschaftsdienst, Kundmachung : Bekanntmachung, Ansuchen : Gesuch, Abfertigung : Abfindung, Matura : Abitur*. Andererseits hat sich, zum Teil erst in den letzten Jahrzehnten, von der Bundeshauptstadt Wien aus ein Verkehrswortschatz durchgesetzt, der erst zum Teil in Vorarlberg aufge-

griffen wird und sich deutlich vom angrenzenden Bayern abhebt, z. B. *Tischler*: *Schreiner* (teilweise noch in Vorarlberg), *Trafik* : *Tabakladen*, Waren *in Aktion* : *Sonderangebot*, *Schularbeit* : *Klassenarbeit*, *sich verkühlen* : *sich (v)erkälten*, *Jause* : *Brotzeit*, *Marille* : *Aprikose*, *Karfiol* : *Blumenkohl* (ohne Vorarlberg); *Faschiertes* : *Hackfleisch, Gehacktes* (ohne Vorarlberg); *(Schlag)obers* : *(Schlag)sahne*.

4. Ost- und westösterreichischer Wortschatz, der sich zwischen dem westlichen Oberösterreich und Oberkärnten über Salzburg bis ins Nordtiroler Unterland scheidet, wobei der Westen meist mit (Alt-)Bayern konform geht. Selten liegt westliches Vordringen einer Neuerung vor wie bei *Metzger* : *Fleischhauer* (älter *Fleischhacker*) und *Fasnacht* : *Fasching*, meist handelt es sich um östliche Neuerungen, wie *Rauchfang* : *Kamin*, *Bartwisch* : *Kehrwisch* ,Handbesen', *Ribisel* : *Johannisbeere*, *Krügel* : *Großes Bier*.

5. Regionaler Wortschatz. Er begegnet für regional beschränkte Einrichtungen, Gegenstände und Vorgänge wie z. B. im ostösterreichischen Weinbaugebiet *Weinbauer* oder *Weinhauer* für den Winzer, *Sturm* für den gärenden Traubensaft, *Heuriger* für den frischgegorenen neuen Wein. Hierher stellt sich auch Vorarlberg, das seine Eigenheiten vielfach mit dem angrenzenden Allgäu und/oder der (Ost-)Schweiz teilt, wie *schaffen* : *arbeiten*, *Schreiner* : *Tischler*, *Lauch* : *Porree*, *Blumenkohl* : *Karfiol*, *Alp* : *Alm*, *Kilbi* : *Kir(ch)tag* ,Kirchweihfest'.

6. In Österreich weist eine Reihe von Bezeichnungen eine eigene oder eine über die allgemeine deutsche Bedeutung hinausgehende Zusatzbedeutung auf, wobei die Verbreitungen den Gruppen 1–3 entsprechen, z. B. *Sessel* ,einfaches Sitzmöbel mit Lehne' (sonst *Stuhl*), *Fauteuil* ,bequemes gepolstertes Sitzmöbel' (sonst *Sessel*), *Pension* ,Altersversorgung allgemein' (in Deutschland nur der Beamten, sonst *Rente*); *Bäckerei* auch ,süßes Kleingebäck', *Koch* auch ,Brei', *Knopf* auch ,Knoten', *Anstand haben* ,durch Beanstandung Ärger bekommen'.

3.6. Zur Pragmatik

Kaum untersucht sind die zum Teil auch gesellschaftlich unterschiedlichen Verwendungsweisen des gemeinsamen Wortschatzes wie überhaupt die Ausdrucksweise, wobei die mündlichen Sprachvarietäten auch für die Standardsprache bedeutsam sind. So geht man, wenn man krank ist, in Österreich zum *Doktor*, in Deutschland zum *Arzt*. Hat sich in Österreich jemand den *Fuß* gebrochen, fährt ihn die *Rettung* ins *Spital*, während man in Deutschland *Bein, Krankenwagen, Krankenhaus* sagt. Wie teilweise auch noch in Süddeutschland ist es in Österreich nicht üblich, beim Grüßen und bei der Anrede gegenüber Bekannten den Namen zu verwenden. Dass sich Österreicher besonders gegenüber der meist kurz angebundenen direkten norddeutschen Verhaltensweise liebenswürdig und wortreich, ja manche zum Teil sogar umständlich und wiederholend ausdrücken, ist auch ein pragmatischer Zug (Muhr 1993b).

4. Das österreichische Deutsch im Unterricht von Deutsch als Fremdsprache

Wie Deutschland und die Schweiz betreibt auch Österreich im Ausland Deutschunterricht unter Zugrundelegung des österreichischen Deutsch sowie Unterricht in österreichischer Landeskunde und in österreichischer Literatur vor allem der Gegenwart (Wiesinger 2008: 165–175). Angesichts der plurizentrischen bzw. pluriarealen Gestaltung der deutschen Sprache ist es trotz des damit verbundenen Mehraufwandes nicht länger angebracht, Deutsch als Einheitsprache zu lehren (Krumm 1997). Dies kann in der Weise geschehen, dass als Orientierungspunkt für die zu vermittelnde Norm das nächstliegende geografische Land gewählt wird und ausgehend vom gemeinsamen sprachlichen Grundbestand allmählich und besonders ab der Mittelstufe die Varianten einbezogen und bewusst gemacht werden. Außerdem empfiehlt es sich, hinsichtlich der standardsprachlichen Aussprache auch das muttersprachliche Verhalten der Deutschlernenden einzubeziehen und den gemeinsamen Lautbestand zu nützen, soweit es die tatsächlichen standardsprachlichen Gebrauchsweisen des Deutschen zulassen. Auch in der Landeskunde ist es erforderlich, der Verschiedenheit der deutschsprachigen Länder Rechnung zu tragen. Die auf solche Weise erzielbare stärkere Realitätsnähe wird auch dazu beitragen, bei den Deutschlernenden den oftmals auftretenden Erfahrungsschock beim Besuch deutschsprachiger Länder zu mindern (Wiesinger 1997).

5. Literatur in Auswahl

Ammon, Ulrich
   1995   *Die deutsche Sprache in Deutschland, Österreich und der Schweiz. Das Problem der nationalen Varietäten.* Berlin/New York: De Gruyter.
Ammon, Ulrich et al.
   2004   *Variantenwörterbuch des Deutschen. Die Standardsprache in Österreich, der Schweiz und Deutschland sowie Liechtenstein, Luxemburg, Ostbelgien und Südtirol.* Berlin/New York: De Gruyter.
Bürkle, Michael
   1995   *Zur Aussprache des österreichischen Standarddeutschen. Die unbetonten Silben.* Frankfurt a. M. et al.: Lang.
Clyne, Michael
   1984   *Language and Society in the German-speaking Countries.* Cambridge: University Press.
Clyne, Michael
   1992   *Pluricentric Laguages. Different Norms in Different Nations.* Berlin/New York: de Gruyter.
De Cillia, Rudolf
   1995   Erdäpfelsalat bleibt Erdäpfelsalat: Österreichisches Deutsch und EU-Beitritt. In: Rudolf Muhr, Richard Schrodt und Peter Wiesinger (Hg.), 121–131.
Ebner, Jakob
   1988   Wörter und Wendungen des österreichischen Deutsch. In: Wiesinger (Hg.), 99–187.
Ebner, Jakob
   1992   Deutsch in Österreich. *Der Deutschunterricht* 44(6): 44–55.
Ebner, Jakob
   1996   Zu Besonderheiten der österreichischen Orthografie im Österreichischen Wörterbuch. *LernSprache Deutsch* 4: 33–38.
Ebner, Jakob
   2009   *Wie sagt man in Österreich? Wörterbuch des österreichischen Deutsch.* 4. Aufl. Mannheim et al.: Duden. [[1]1969, [2]1980, [3]1996].
Eichhoff, Jürgen
   1977–2000   *Wortatlas der deutschen Umgangssprachen.* 4 Bde. Bern/München: Sauer.
Elspaß, Stephan und Robert Möller
   Atlas der deutschen Alltagssprache. http://www.uni-augsburg.de/alltagssprache (21. 12. 2009).

Forer, Rosa und Hans Moser
  1988   Beobachtungen zum westösterreichischen Sonderwortschatz. In: Wiesinger (Hg.), 189–
          209.
Hrauda, Carl Friedrich
  1948   *Die Sprache des Österreichers.* Salzburg: Österreichischer Kulturverlag.
Krumm, Hans-Jürgen
  1997   Welches Deutsch lehren wir? *Jahrbuch für Deutsch als Fremdsprache* 23: 133–139.
Lewi, Hermann
  1875   *Das österreichische Hochdeutsch. Versuch einer Darstellung seiner hervorstechendsten Feh-
          ler und fehlerhaften Eigentümlichkeiten.* Wien: Bermann & Altmann.
Lipold, Günter
  1988   Die österreichische Variante der deutschen Standardaussprache. In: Wiesinger (Hg.),
          31–54.
Metzler, Karin
  1988   Das Verhalten Vorarlbergs gegenüber Wortgut aus Ostösterreich, dargestellt an Beispielen
          aus dem Bezeichnungsfeld „Essen, Trinken, Mahlzeiten". In: Wiesinger (Hg.), 211–223.
Moosmüller, Sylvia
  1991   *Hochsprache und Dialekt in Österreich. Soziophonologische Untersuchungen zu ihrer Ab-
          grenzung in Wien, Graz, Salzburg und Innsbruck.* Wien: Böhlau.
Moser, Hans
  1989   Österreichische Aussprachenormen – Eine Gefahr für die sprachliche Einheit des Deut-
          schen? *Jahrbuch für internationale Germanistik* 21(1): 8–25.
Muhr, Rudolf
  1982   Österreichisch. Anmerkungen zur linguistischen Schizophrenie einer Nation. *Klagenfurter
          Beiträge zur Sprachwissenschaft* 8: 306–319.
Muhr, Rudolf
  1989   Deutsch und Österreich(isch): Gespaltene Sprache – Gespaltenes Bewußtsein – Gespal-
          tene Identität. *Informationen zur Deutschdidaktik* 13(2): 74–87.
Muhr, Rudolf (Hg.)
  1993a   *Internationale Arbeiten zum österreichischen Deutsch und seinen nachbarsprachlichen Bezü-
          gen.* Wien: Hölder – Pichler – Tempsky.
Muhr, Rudolf
  1993b   Pragmatische Unterschiede in der deutschsprachigen Interaktion. Österreichisch – Bun-
          desdeutsch. In: Muhr 1993a, 26–38.
Muhr, Rudolf
  2007   *Österreichisches Aussprachewörterbuch – Österreichische Datenbank.* Frankfurt/M. et al.:
          Lang. (Vgl. dazu u. a. H. D. Pohl *Klagenfurter Beiträge zur Sprachwissenschaft* 33, 2007:
          137–141; P. Wiesinger *Beiträge zur Namenforschung N. F.* 44, 2009: 243–250).
Muhr, Rudolf, Richard Schrodt und Peter Wiesinger (Hg.)
  1995   *Österreichisches Deutsch. Linguistische, sozialpsychologische und sprachpolitische Aspekte
          einer nationalen Variante des Deutschen.* Wien: Hölder – Pichler – Tempsky.
Muhr, Rudolf und Richard Schrodt (Hg.)
  1997   *Österreichisches Deutsch und andere Varietäten plurizentrischer Sprachen in Europa.* Wien:
          Hölder – Pichler – Tempsky.
Österreichisches Wörterbuch.
          Hrsg. im Auftrage des Bundesministeriums für Unterricht. Wien: Österreichischer Bun-
          desverlag 1951; 35. neubearb. Aufl. von Erich Benedikt et al. Wien 1979; 38. erweit. und
          neubearb. Aufl. von Otto Back et al. Wien 1997; 41. aktual. Aufl. von Otto Back et al.
          Wien 2009.
Patocka, Franz
  1988   Norm und Realität. Zur Aussprache des Phonems /ä/ im Österreichischen Rundfunk.
          Deutsche Sprache 16: 226–239.

Pohl, Heinz Dieter
 1997 Gedanken zum österreichischen Deutsch (als Teil der „pluriarealen" deutschen Sprache).
      In: Rudolf Muhr und Richard Schrodt (Hg.), 67−87.
Pohl, Heinz, Dieter
 2007 *Die österreichische Küchensprache: ein Lexikon der typisch österreichischen kulinarischen
      Besonderheiten (mit sprachwissenschaftlichen Erläuterungen)*. Wien: Praesens.
Polenz, Peter von
 1988 „Binnendeutsch" oder Plurizentrische Sprachkultur? Ein Plädoyer für Normalisierung
      in der Frage der „nationalen" Varianten. *Zeitschrift für Germanistische Linguistik* 16:
      198−218.
Polenz, Peter von
 1990 Nationale Varietäten der deutschen Sprache. *International Journal of the Sociology of
      Language* 83: 5−38.
Pollak, Wolfgang
 1992 *Was halten die Österreicher von ihrem Deutsch? Eine sprachpolitische und soziosemiotische
      Analyse der sprachlichen Identität der Österreicher*. Wien: ÖGS/ISSS.
Reiffenstein, Ingo
 1983 Deutsch in Österreich. In: *Tendenzen, Formen und Strukturen der deutschen Standardspra-
      che nach 1945*, 15−27. Marburg/Lahn: Elwert.
Reiffenstein, Ingo
 1995 Das Österreichische Wörterbuch: Zielsetzung und Funktionen. In: Rudolf Muhr, Richard
      Schrodt und Peter Wiesinger (Hg.), 158−165.
Scheuringer, Hermann
 1987 Anpassung oder Abgrenzung? Bayern und Österreich und der schwierige Umgang mit
      der deutschen Standardsprache. *Deutsche Sprache* 15: 110−121.
Scheuringer, Hermann
 1996a Das Deutsche als pluriareale Sprache. Ein Beitrag gegen staatlich begrenzte Horizonte
      in der Diskussion um die deutsche Sprache in Österreich. *Die Unterrichtspraxis / Teaching
      German* 29(2): 147−153.
Scheuringer, Hermann
 1996b Deutsch in Österreich − Unterschiedliche Standpunkte, und wohl auch kein Kompromiß
      in Sicht. *tribüne − zeitschrift für sprache und schreibung* (Wien) 1996(4): 5−8.
Schrodt, Richard
 1997 Nationale Varianten, areale Unterschiede und der „Substandard": An den Quellen des
      Österreichischen Deutsch. In: Rudolf Muhr und Richard Schrodt (Hg.), 12−39.
Sedlaczek, Robert
 2004 *Das österreichische Deutsch. Wie wir uns von unserem großen Nachbarn unterscheiden*.
      Wien: Ueberreuter.
Steinegger, Guido
 1998 *Sprachverwendung und Sprachbeurteilung in Österreich und Südtirol. Ergebnisse einer Um-
      frage*. Frankfurt a. M. et al.: Lang.
Stubkjaer, Flemming Talbo
 1993 Zur Reihenfolge der Verbformen des Schlußfeldes im österreichischen Deutsch. In: Muhr
      (Hg.) 1993a, 39−52.
Tatzreiter, Herbert
 1988 Besonderheiten in der Morphologie der deutschen Sprache in Österreich. In: Wiesinger
      (Hg.), 71−98.
Wiesinger, Peter (Hg.)
 1988 *Das österreichische Deutsch*. Wien: Böhlau.
Wiesinger, Peter
 1990a The Central and Southern Bavarian Dialects in Bavaria and Austria. In: Charles V. J.
      Russ (Hg.), *The Dialects of Modern German. A Linguistic Survey*, 438−519. London:
      Routledge.

Wiesinger, Peter
   1990b   Standardsprache und Mundarten in Österreich. In: Stickel, Gerhard (Hg.), *Deutsche Ge-*
           genwartssprache. Tendenzen und Perspektiven, 218–232. Berlin/New York: de Gruyter.
Wiesinger, Peter
   1990c   Österreich als Sprachgrenz- und Sprachkontaktraum. In: Ludger Kremer und Hermann
           Niebaum, *Grenzdialekte. Studien zur Entwicklung kontinentalwestgermanischer Dialekt-*
           kontinua, 501–542. Hildesheim: Olms.
Wiesinger, Peter
   1997   „Deutsch als Fremdsprache" aus österreichischer Sicht. In: Kurt Bartsch et al. (Hg.),
           Österreichische Germanistik im Ausland – Ideal und Wirklichkeit, 47–56. Wien: Praesens.
Wiesinger, Peter
   2008   *Das österreichische Deutsch in Gegenwart und Geschichte*. 2. durchges. und erweit. Aufl.
           Wien/Berlin: LIT.
Wiesinger, Peter
   2009   Die Standardaussprache in Österreich. In: Eva Maria Krech et al. (Hg.), *Deutsches Aus-*
           sprachewörterbuch, 229–258. Berlin/New York: de Gruyter.
Wolf, Norbert Richard
   1994   Österreichisches zum österreichischen Deutsch. *Zeitschrift für Dialektologie und Linguis-*
           tik 61: 66–76.

Peter Wiesinger, Wien (Österreich)

36. Deutsch in der Schweiz: Standard, regionale und dialektale Variation

1. Einleitung
2. Allgemeine Charakteristika der Situation
3. Hochdeutsch in seiner Schweizer Form
4. Mundarten und Hochdeutsch im Spannungsverhältnis
5. Literatur in Auswahl

1. Einleitung

Die Schweiz ist ein mehrsprachiger Staat, dessen Sprachenvielfalt durch die Verfassung geregelt ist: Art. 18 der schweizerischen Bundesverfassung gewährleistet die Sprachenfreiheit und Art. 70 hält im 1. Abschnitt fest: „Die Amtssprachen des Bundes sind Deutsch, Französisch und Italienisch. Im Verkehr mit Personen rätoromanischer Sprache ist auch das Rätoromanische Amtssprache des Bundes." (BV 1999: Art. 70.1) Im 3. Abschnitt von Art. 70 wird der Auftrag zur Förderung der Verständigung zwischen den Sprachgemeinschaften formuliert: „Bund und Kantone fördern die Verständigung und den Austausch zwischen den Sprachgemeinschaften." (BV 1999: Art. 70.3).

Die Verteilung der Einwohner der Schweiz auf die verschiedenen Hauptsprachen blieb – zumindest in den letzten Jahrzehnten – relativ stabil, wie Tabelle 1 aufgrund der Volkszählungen von 1990 und 2000 zeigt:

Tab. 36.1: Verteilung der schweizerischen Bevölkerung auf Hauptsprachen (nach: Lüdi und Werlen 2005: 7 f.)

Hauptsprache	Anteile 1990	Anteile 2000	absolut 2000
Deutsch	63,6 %	63,7 %	4.640.359
Französisch	19,2 %	20,4 %	1.485.056
Italienisch	7,6 %	6,5 %	470.961
Rätoromanisch	0,6 %	0,5 %	35.095
Nichtlandessprachen	8,9 %	9,0 %	656.539

Betrug der Anteil von Nichtlandessprachsprechenden 1950 lediglich 0,7 %, ist er bis 2000 auf 9,0 % gewachsen. Die Schweiz ist von einem viersprachigen zu einem vielsprachigen Land geworden. In der deutschen Schweiz wird deutsch gesprochen und geschrieben; wer jedoch die Deutschschweiz von Besuchen her kennt, weiss, dass längst nicht alles, was gesprochen wird, für deutsche Ohren verständlich klingt – und auch beim Lesen fallen Eigenheiten auf. Trotzdem ist Deutsch, wie es in der Schweiz geschrieben wird, für den gesamten deutschsprachigen Raum verständlich. Das belegt nicht zuletzt die reiche Literatur aus der Deutschschweiz (vgl. dazu die „Geschichte der deutschsprachigen Schweizer Literatur im 20. Jahrhundert" (1991), wo die literarische Situation mit einem „Blick aus der Fremde" (S. 9) umfassend dargestellt wird).

Die Deutschschweiz gehört zum deutschsprachigen Kulturraum und hält neben wirtschaftlichen auch enge kulturelle Kontakte zu den anderen deutschsprachigen Ländern, zumal zu Deutschland. Trotzdem unterscheidet sich die Sprachsituation markant von derjenigen der anderen deutschsprachigen Gebiete: „Wir sind zweisprachig innerhalb der eigenen Sprache" formuliert ebenso kurz wie treffend der Deutschschweizer Schriftsteller Hugo Loetscher (Loetscher 1986: 28). Diese Situation der *inneren Zweisprachigkeit* zeigt neben allgemeinen Charakteristika (vgl. Abschnitt 2) auch spezifische Merkmale (Abschnitt 3) und Spannungsfelder, denen sich die Deutschschweizer Sprachgemeinschaft gegenüber sieht (Abschnitt 4).

2. Allgemeine Charakteristika der Situation

Auffälligstes Merkmal der Deutschschweizer Sprachsituation ist die ständige Präsenz zweier Varietäten der deutschen Sprache: das Schweizerhochdeutsch als Standardsprache *und* die Deutschschweizer Dialekte oder Mundarten. Letztere werden oft als *Schweizerdeutsch* oder *Schwyzerdütsch* (‚Schwyzertü[ü]tsch') bezeichnet – ein Sammelname für eine Vielfalt von unterschiedlich kleinräumigen regionalen Sprachvarietäten der Deutschschweiz, die im mündlichen Verkehr Verwendung finden.

Das *Nebeneinander* von Mundarten und Standardsprache ist im Wortsinn zu verstehen: Auf der einen Seite stehen Mundarten – *nicht eine* Mundart, auch wenn die jüngere sprachgeschichtliche Entwicklung in der Deutschschweiz markante lokale Unterschiede eingeebnet hat und eine starke Tendenz zur Entwicklung von grossräumigeren Mundarten zu erkennen ist; auf der anderen Seite steht die Standardsprache. Der Deutschschwei-

zer spricht Mundart *oder* Standardsprache, und jeder Deutschschweizer kann unterscheiden, ob sein Gesprächspartner gerade Mundart oder Standardsprache spricht. Deutschschweizer müssen die Sprachform wechseln, *switchen*: Man kann nicht mehr oder weniger
Standardsprache sprechen, auch wenn durchaus Unterschiede im *code-switching* und
code-shifting auszumachen sind (Werlen 1988: 93−123; Häcki-Buhofer 2000), ist zumindest von der Einschätzung der Sprecher her ein Bruch zwischen den Sprachformen festzustellen, nicht ein Kontinuum wie in anderen ober- oder mitteldeutschen Sprachregio-
nen. Das hängt sprachgeschichtlich damit zusammen, dass die Deutschschweiz an der
Herausbildung der nhd. Standardsprache nicht massgeblich beteiligt war; es dürfte aber
ebenso − wie Haas (1994: 216−217, 2004: 100−104) nachzeichnet − mit dem in der
Schweiz spezifischen Verhältnis von gesprochener Sprache und Schriftsprache zusammenhängen.

Was die Verteilung der beiden Formen Mundarten und Standardsprache betrifft, so
ist − in groben Zügen − herauszustellen (für Details vgl. Haas 2000: 81−88; Bickel und
Schläpfer 1994: 281−296; Sieber und Sitta 1984: 10−13; Werlen 1988, 1998, 2004):

a) In der Deutschschweiz *schreibt man − prinzipiell − Standardsprache, und man
   spricht − ebenso prinzipiell − die Mundarten.* Die unterschiedliche Verwendung von
   Varianten im mündlichen und schriftlichen Bereich ist denn auch ein Hauptmerkmal
   der Deutschschweizer Sprachsituation, zu deren Kennzeichnung sich zunächst der
   Terminus *mediale Diglossie* etabliert hat. In der neueren Diskussion wird das Verhältnis im Spannungsfeld von „asymmetrischer Zweisprachigkeit" (Werlen 1998) und
   „ausgebauter Diglossie" (Haas 2004: 101−104) kontrovers diskutiert.
   Einbrüche bei dieser Verteilung gibt es aber auf beiden Seiten: Grundsätzlich wird
   zwar Hochdeutsch geschrieben, es gibt aber auch dialektales Schreiben (Christen
   2004) − zumal im privaten Bereich, in emotionalisierten Rubriken der Presse (z. B.
   Werbung, Gratulation, Kontaktanzeigen) und in den elektronischen Medien, ganz
   abgesehen von Mundartliteratur, die seit alters in der Deutschschweiz eine nicht nur
   folkloristische Rolle spielt.

b) Die *Mundarten sind* − unter Deutschschweizern, teilweise sogar gegenüber Ausländern in Erstkontakten − *die unstrittig normale mündliche Sprachform der informellen
   Situation* − *die deutschschweizerische Umgangssprache.* Im Gegensatz zu allen anderen deutschsprachigen Gebieten hat sich in der Deutschschweiz zwischen den Mundarten und der Standardsprache keine Umgangssprache entwickelt. Die Mundarten
   sind tauglich genug, die Funktionen einer Umgangssprache zu übernehmen, und Aus-
   gleichstendenzen zwischen den einzelnen Mundarten unterstützen dies − ohne allerdings in Richtung eines einheitlichen Schweizerdeutsch zu tendieren (Christen 1998:
   239−253). Die dialektalen Grossräume in der Deutschschweiz (v. a. Bern, Basel, Luzern, Zürich, Ostschweiz, Graubünden, Wallis) zeigen somit ein weit zäheres Leben,
   als Prognosen ihnen zubilligen wollten. Jeder Deutschschweizer spricht mit anderen
   Deutschschweizern Mundart − und die sprachliche Verständigung ist dabei gewährleistet. Die Standardsprache ist formellen Situationen und den Kontakten mit Anderssprachigen vorbehalten.

c) In unterschiedlicher Weise haben sich für die Wahl der Sprachform in Institutionen
   typische Traditionen gebildet, die zu *institutionenspezifischem Sprachgebrauch* geführt
   haben, welcher seinerseits wiederum weitgehend dadurch bestimmt ist, wie formell
   bzw. informell das Verhältnis innerhalb der Institution von den Beteiligten gesehen

wird; er wird freilich auch durch situative und mediale Faktoren bestimmt. Alle drei Faktoren lassen sich in den Diskussionen um Mundartgebrauch in Schule, Medien und Kirche nachweisen (vgl. zur *Schule* zusammenfassend: Sieber und Sitta 1986, [3]1994; Dürscheid und Businger 2006: 211−280; Neugebauer und Bachmann 2007, zu den *Medien*: Ramseyer 1988, zur *Kirche*: Rüegger, Schläpfer und Stolz 1996). Entgegen der Meinung vieler spielt der Gegenstand, über den gesprochen wird, keine Rolle. *Grundsätzlich lässt sich über jeden Gegenstand in beiden Sprachformen sprechen.*

Unter diesen Voraussetzungen − der Möglichkeit einer Wahl, zumindest im mündlichen Bereich − stellen sich der Verwendung der Standardsprache in spezieller Weise Probleme. Hier sind denn auch in der Deutschschweizer Situation Spannungsfelder auszumachen, die nicht allein in der Schule zu Problemen führen.

3. Hochdeutsch in seiner Schweizer Form

Bundesdeutschen fällt auf, dass Unterschiede bestehen zwischen der Standardsprache Deutschlands (und Österreichs) und der in der Schweiz verwendeten Variante der Standardsprache, dem Schweizerhochdeutsch. Die Unterschiede machen zwar das Verständnis nicht unmöglich, sie können es aber doch erschweren.

Schweizerhochdeutsch wird von Meyer (1989: 14) definiert als

> eine Variante der deutschen Standardsprache mit lautlichen, orthographischen, grammatikalischen und Wortschatz-Eigenheiten, die entweder nur in der Schweiz (in der ganzen oder in grossen Teilen) oder darüber hinaus in Teilen des übrigen Sprachgebietes (vor allem in Süddeutschland und Österreich) gelten, aber nicht der (binnendeutschen) Einheitsnorm entsprechen.

Mit Ammon (1995: 246−282) ist eine erste differenzierte linguistische Auseinandersetzung mit schweizerischen Formen des Hochdeutschen greifbar, die den Versuch unternimmt, Materialien für das Desiderat eines Deutschschweizer Kodex aus der einschlägigen Literatur zusammenzustellen. Dazu gehören nebst Meyer (1989, 2006) und Kaiser (1969/1970) der Rechtschreibduden (Duden, Band 1, 2009), Schweizer Schüler Duden (1998) (Siebs (1969), Boesch (1957), Burri et al. (1995). Diese Arbeiten sind mit der Herausgabe eines Variantenwörterbuchs des Deutschen (Ammon et al. 2004) substanziell ergänzt worden. Ebenso trägt die Neufassung der Wegleitung für das Sprechen am Deutschschweizer Radio (bisher: Burri et al. 1995) zur Aufwertung der schweizerischen Variante des Hochdeutschen bei: Geiger et al. (2006).

Mit seiner Forderung, sich mit „der Plurinationalität des Deutschen wissenschaftlich gründlicher zu befassen" hat Ammon (1995: V) nicht nur der Diskussion um den Status des Schweizerhochdeutschen neue Impulse gegeben, sondern mit seiner Arbeit auch das Spannungsfeld der nationalen Zentren des Deutschen deutlich ins Bewusstsein gehoben. Dies war und ist gerade für die Schweiz von besonderer Bedeutung, ist doch hier das Prestige und der Stellenwert der nationalen Varietät *Schweizerhochdeutsch* aufgrund der starken Stellung der Dialekte keineswegs gesichert, im Gegenteil: Gerade bei der Wahl von Wörtern wird bei vielen Deutschschweizern eine Vermeidungsstrategie sichtbar, die den Texten manchmal genau jenes Kolorit raubt, das sie lebendig machen würde.

3.1. Besonderheiten im Lexikon

Wichtigstes Kennzeichen der nationalen Varietät *Schweizerhochdeutsch* ist das Vorhandensein von spezifischem Wortgut in der Standardsprache der Deutschschweiz. Diese *Helvetismen* (= „sprachliche Erscheinungen, die nur in standardsprachlichen Texten schweizerischer Herkunft verwendet werden, in unserer Standardsprache aber durchaus üblich sind" (Haas 2000: 99)) sind zwar im Gegensatz zu Österreichs Austriazismen nicht gesamthaft offiziell kodifiziert, aber schon seit der 10. Auflage des Rechtschreibdudens (1929) werden spezifisch schweizerische Wörter anerkannt und mit ‚schweiz.[erisch]' ausgezeichnet. Eine umfangreiche − wenn auch nicht unumstrittene − Sammlung wurde von Kaiser (1969/70) vorgelegt und mit Meyer (1989, 2006) stehen leicht zugängliche Zusammenstellungen der schweizerischen Besonderheiten zur Verfügung. Ammon et al. (2004) stellen erstmals die verschiedenen Varietäten der deutschen Standardsprache umfassend dar. Haas (2000: 99−103) hat die Helvetismen systematisch differenziert und an konstruierten Textbeispielen erläutert. Haas unterscheidet:

− lexikalische Helvetismen: ausschliesslich in der Schweiz gebräuchliches Wortgut, z. B. *Falle* (Klinke), *parkieren* (parken), *Traktandenliste* (Tagesordnung), *Estrich* (Dachboden), *tischen − abtischen* (den Tisch decken − abräumen)
− semantische Helvetismen: in der Schweiz spezifische Bedeutung eines im gesamten deutschsprachigen Raum gebräuchlichen Wortes, z. B. *Busse* (Bußgeld), *Vortritt* (Vorfahrt), *das Licht anzünden* (einschalten, anknipsen)
− hergestellte Helvetismen: Wörter, die von zentralen Instanzen ausdrücklich für diesen Staat geschaffen und oft auch als verbindlich erklärt werden: *Identitätskarte* (Personalausweis), *Fahrausweis* (Führerausweis), *Nationalrat, Ständerat, Bundesrat.*
− Frequenzhelvetismen: In schweizerischen Texten gehäuft anzutreffende Wörter und Wendungen, die ausserhalb der Schweiz wenig gebräuchlich sind: *im nachhinein, selber, allfällig, angriffig.*

Der Umgang mit Helvetismen lässt auf unterschiedliche Haltungen schliessen. Einerseits sind viele Helvetismen den Deutschschweizern kaum bewusst, sie werden erst bei intensiveren Kontakten mit Bundesdeutschen offenbar. Andererseits werden sie oftmals gegenüber deutschländischen Varianten als schlechter beurteilt (vgl. Scharloth 2006: 86−93).

Die aktuelle Orientierungshilfe für *Sprechen am Mikrofon bei Schweizer Radio DRS* (Geiger et al. 2006) listet beispielhaft aus dem *Variantenwörterbuch des Deutschen* (Ammon et al. 2004) deutschschweizerische Besonderheiten auf:

> Von der *Altwohnung* über *Bernbiet, Cupfinal, drinliegen, das E-Mail, flattieren, eine gefreute Sache, heimatberechtigt, IV-Rente, à jour, der Kittel, das Leichenmahl, Märzenflecken, Nastuch, Orangina, Pausenplatz, quirlen, rekurrieren, serbeln, das Trottoir, der Unterschriftenbogen, vollamtlich, werweissen* bis *Zapfenzieher* sind Deutschschweizer Besonderheiten aufgeführt, die im öffentlichen Sprachgebrauch als angemessenes und korrektes Deutsch gelten.   (Geiger et al. 2006: 30).

3.2. Varianten in der Aussprache

Standardsprache war in der Deutschschweiz bis weit ins 20. Jahrhundert vorwiegend in ihrer geschriebenen Form präsent, sie war als gesprochene Sprache weitgehend auf offizielle Kontexte (der Schule, der Öffentlichkeit, der Kirche) beschränkt. Dies hat sich mit den audiovisuellen Medien grundsätzlich verändert. Hove (2002: 177) hält fest: „Obwohl die deutsche Standardsprache in der Schweiz viel weniger häufig gesprochen wird als die Mundart, hat sie in der Diglossiesituation ihren festen Platz." So sprechen denn heute viele Schweizerinnen und Schweizer – unter Beibehaltung einer regionalen schweizerischen Färbung (Siebenhaar 1994: 31−65) ein Hochdeutsch, das kaum mehr deutliche Mundartmerkmale erkennen lässt und von Hove (2002: 177) als „Aussprachekonvention" bezeichnet wird. Hove (2002: 171−172) wirbt denn auch für eine schweizerische Aussprachenorm, zu der sie wichtige Elemente präsentiert, die mit der *Standardausspra-che in der deutschen Schweiz* (Hove und Haas 2009) in das *Deutsche Aussprachewörter-buch* (Krech et al. 2009) aufgenommen sind.

Schweizerhochdeutsch hat bereits in der 19. Auflage des Siebs (1969) seinen berechtigten Platz erhalten, was für die innerschweizerische Diskussion um die Aussprache des Deutschen in der Schweiz wichtig war: Durch die Differenzierung von ‚reiner' und ‚gemässigter' Hochlautung sind österreichische und schweizerische „Sonderheiten" (Siebs 1969: 8) in der Hochlautung akzeptiert worden. Boesch (1957) hat mit *Aussprache des Hochdeutschen in der Schweiz. Eine Wegleitung* erstmals eine systematische Sammlung vorgelegt (vgl. zu Hintergründen und Wirkung: Ammon 1995: 242). Darin nennt er als Gründe für eine eigenständige schweizerische Aussprache u. a. Folgendes:

> Unser alemannisch gefärbtes Hochdeutsch ist […] ein Deutsch in *deutschsprechen-dem Munde* und legt den legitimen Anspruch einer Landschaft fest, die Gemein-sprache in einer ihr angepassten Form zu lauten, einer Form, die dem Sprechenden erlaubt, die Hochsprache nicht als eine fremde Sprache, sondern als die *seine* zu erkennen und sich in ihr wohl zu fühlen. Von ihm darf nicht verlangt werden, dass er seinen ganzen Sprechapparat vom Gewohnten auf das Ungewohnte so vollständig umstelle, wie eine Fremdsprache dies verlangt. Sind die Anforderungen einer deutschen Hochsprache, wegen der Vielfalt festverwurzelter Dialekte, in dieser Hinsicht grösser, so kann sie eben nicht denselben Anspruch auf festgeregelte Einheitlichkeit machen wie das Französische oder das Englische. Wir haben keine Akademie wie Paris und keine für das Sprechen so massgebliche Stelle wie das britische Radio. (Boesch 1957: 14).

Wie beim Lexikon sind also viele Varianten in der Aussprache des Deutschen in der Schweiz gängige Formen. Dass sie aber im hiesigen Sprachbewusstsein oftmals als minderwertig erscheinen, hat mit Vorstellungen von reinem Deutsch zu tun, die auch in der Schweiz auf eine lange sprachideologische Tradition zurückzuführen sind.

Die 1995 vom schweizerischen Radio DRS herausgegebene Schrift *Deutsch sprechen am Radio* (Burri et al. 1995) war lange Zeit die wichtigste Referenz für die Aussprache des Hochdeutschen in der Schweiz. Mit dem Grundlagenwerk von Hove (2002), der Überarbeitung von Burri et al. (1995) durch Geiger et al. (2006) sowie Hove und Haas (2009) sind aktuelle Referenzwerke greifbar, denen jedoch kein offizieller Status zukommt.

Als Besonderheiten der Aussprache des Hochdeutschen in der Schweiz sind herauszustellen:

a) Betonungen
Häufig sind die Wörter im Schweizerhochdeutsch erstbetont, wo in Deutschland Zweit- oder Drittsilbenbetonung vorliegt (z. B. ′Abteilung, ′ausführlich, ′eigentümlich, ′unvergesslich, ′vorzüglich).

Viele Abkürzungen tragen den Betonungsschwerpunkt auf der ersten und nicht auf der letzten Silbe wie in Deutschland (z. B. *'SBB, 'NZZ, 'FDP*).

b) Vokale
- Die Vokale werden teilweise anders ausgesprochen (z. B. lang in: *brachte, Rache, Nachbar, Viertel, Vorteil;* kurz in: *Städte, düster, Jagd, Krebs, Obst*).
- Die Endsilben *-el, -em, -en, -er* werden meist gesprochen (z. B. *Brezel, Atem, machen, Macher*).
- *y* wird in eingebürgerten Wörtern als *i* anstelle von *ü* gesprochen (z. B. *Analyst, Gymnasiast, Pyramide, System, Zylinder*).
- *ie, ue/uo, üe/üo* v. a. in Orts- und Eigennamen werden als Diphthonge ausgesprochen. (Bekannt ist die deutsche Aussprache von *grüezi* oder *Müesli*, die im Tourismusland Schweiz als *grüzi* und *Müüsli* beinahe zum bundesdeutschen Schibboleth geworden ist.)

c) Konsonanten
- *b, d, g* und *s* werden stimmlos gesprochen.
- Auslautverhärtung wird kaum durchgeführt (so unterscheiden sich *Rad* und *Rat* in der Aussprache).
- *ch* im Anlaut wird häufig als [x] gesprochen (*Chemie, China, Chaos, Choral*).
- *g* in der Endsilbe *-ig* wird auch in Endstellung als *-ig* ausgesprochen und nicht als *-ich* (*König, sonnig, wenig, zwanzig, genehmigt*).
- *r* wird niemals vokalisiert im Auslaut (*Tier,* nicht: *Tia; Wette(r),* nicht: *Wetta*).
- Die Aussprache von *v* als *f* bei (eingebürgerten) Fremdwörtern ist viel häufiger (z. B. *Advent, Advokat, Evangelium, Klavier, nervös, November, Revier, violett, Vulkan*).

3.3. Graphie, Syntax und Morphologie

In der Schweiz gelten die Rechtschreibnormen des Duden, diese Rechtsgrundlage ist auch mit der Neuregelung der Rechtschreibung durch einen Beschluss der Kultusbehörden (EDK) erneuert worden. Schweizer gehörten zu den ersten Anhängern Konrad Dudens. Bereits 1892 wurden seine Rechtschreibregeln in der schweizerischen Bundeskanzlei eingeführt, lange vor Bayern und Preussen (Haas 2000: 106). Eine einzige nennenswerte Abweichung gilt allerdings in der Schweiz: anstelle von *ß* wird *ss* geschrieben.

Eine Menge von kleinen Unterschieden liesse sich auch in Syntax, Wortbildung und Morphologie anführen. In nicht weniger als 156 Paragraphen listet Meyer (2006: 25–52) entsprechende Unterschiede auf. Aktuelle Bemühungen (Dürscheid und Businger 2006) untersuchen diese Unterschiede unter der Perspektive der Plurizentrizität des Deutschen mit dem Ziel einer „Grammatik zum Schweizer Standarddeutsch" (Dürscheid und Hefti 2006: 159). Wir haben einmal folgendes herausgestellt:

Syntax:
Für Deutsche ungewöhnlich tönt Nebensatzeinleitung durch *ansonst,* wie es etwa am Anfang von M. Frischs ‚Stiller' zweimal kurz hintereinander vorkommt: ‚*Ich* bin nicht Stiller! – Tag für Tag, seit meiner Einlieferung in dieses Gefängnis, das noch zu beschreiben sein wird, sage ich es, schwöre ich es und fordere Whisky, *ansonst ich jede weitere Aussage verweigere.*' ‚Übrigens habe ich bereits vor Tagen

melden lassen, es brauche nicht die allererste Marke sein, immerhin eine trinkbare, *ansonst ich eben nüchtern bleibe …*' […].

Wortbildung:

Schweizerischem *Zugsunglück, Unterbruch* oder *Wissenschafter* korrespondiert deutsches *Zugunglück, Unterbrechung, Wissenschaftler*.

Morphologie:

In der Schweiz neigt man stärker zum Gebrauch starker Verbformen als in Deutschland.   (Sieber und Sitta 1986: 156−157).

3.4. Unterschiede im Sprachgebrauch

Wichtiger noch als die angeführten Unterschiede im Sprachsystem sind jene im Sprachgebrauch. Im Erleben der Sprachteilhaber werden sie oft als Unterschiede der Sprache oder als Einstellungssignale wahrgenommen. Ohne Anspruch auf Systematik lassen sich einige Beobachtungen dazu zusammentragen (Sieber und Sitta 1984: 23−24; Löffler 1989: 207−221; Werlen et al. 1992: 243 ff.):

− Schweizerdeutsches Sprechen ist generell bedächtiger, langsamer als standarddeutsches. Damit hängt ein Weiteres zusammen:
− Schweizerinnen und Schweizer ertragen im Gespräch längere Pausen als Deutsche. Im Bestreben, die für sie oft unerträglich lange Dauer des Schweigens zu beenden, sprechen Deutsche eher − und wirken damit auf Schweizer vorlaut.
− Deutsche markieren einen Sprecherwechsel oft durch Einfall in den Beitrag des Gesprächspartners. Gesprächsbeiträge überlappen sich damit, was für Schweizer als unhöflich gilt. Dies führt zu differenten Diskussionsstilen. Schweizer monologisieren stärker; jeder Gesprächsbeitrag wird zu einer kleinen Selbstdarstellung, die zu unterbrechen unhöflich wäre. So werden Diskussionen eher blockartig.
− Unterschiede in der Intonation (Ammon 1995: 258) können zu falschen Deutungen führen, indem Intonationsstrukturen, die sich auf die Satzperspektive oder auf die logisch-grammatische Struktur des Satzes beziehen, als einstellungsmässige Signale der Sprecher missdeutet werden, z. B.: Die norddeutsche − fallende − Frageintonation wirkt auf Schweizer schnoddrig; die für Norddeutsche singende Intonation der Schweizer wirkt auf sie seltsam, manchmal unfein.
− Dem Schweizer fehlen im Hochdeutschen oftmals die redeleitenden Partikel. Das Hochdeutsche bleibt für viele v. a. Schreib- und Lesesprache. Das Reden wirkt dadurch farbloser, mitunter ist auch Mimik und Gestik eingeschränkter als in mundartlichem Reden.
− Schliesslich scheint auch schweizerisches Diskussions- und Konfliktverhalten anders als deutsches zu sein. Deutsche diskutieren und kritisieren härter, greifen schonungsloser an, wo Schweizer etwa durch Schweigen oder Nicht-Eingehen ihr Missfallen zu erkennen geben. Werlen et al. (1992: 16) kommen aufgrund einer Untersuchung der Kommunikationskultur in einem Berner Stadtquartier zum Schluss, dass „global gesehen Deutschschweizer Kommunikationskultur stärker indirekt (ist) als etwa die bundesdeutsche". Und in der Wertung der Projektergebnisse charakterisieren sie die globale Deutschschweizer Kommunikationskultur als „eine Kultur der Unzugänglichkeit. Unzugänglich ist jede/r, der/die als nicht der gleichen Gruppe zugehörig betrachtet wird." (Werlen et al. 1992: 244).

Dass eine Kommunikationskultur der Unzugänglichkeit in einem mehrsprachigen Land mit einem hohen Anteil an ausländischer Bevölkerung nicht unproblematisch ist, liegt auf der Hand. Hier dürften die öffentlichen Diskussionen um die Sprachenvielfalt in der Schweiz tiefer liegende Kommunikationsprobleme eher verdecken als beheben.

4. Mundarten und Hochdeutsch im Spannungsverhältnis

Das bereits geschilderte Spannungsverhältnis zwischen Mundarten und dem Hochdeutschen in der Deutschschweiz war schon in der Vergangenheit nie stabil, es war auch nie spannungslos, und es hat mindestens seit dem 19. Jahrhundert immer wieder zu Diskussionen Anlass gegeben. Dazu trägt ein ganzes Bündel von Faktoren bei: identitätsstiftende und nationalsymbolische Funktionen der Dialekte, spezifische Verwendungsweisen von mündlichen und schriftlichen Registern, Eigenheiten des multikulturellen und multilingualen Staatsgebildes Schweiz, die Stärke und Ausbaufähigkeit der schweizerdeutschen Dialekte, das nicht in allen Teilen unproblematische Verhältnis der Deutschschweiz zu Deutschland und wohl noch einiges mehr. Ein nicht unwesentlicher Einfluss kommt auch der Schule zu.

4.1. Einstellungsprobleme – Hochdeutsch als vermeintliche Fremdsprache

Die Deutschschweizer Sprachsituation ist u. a. dadurch gekennzeichnet, dass gegenüber Dialekt und Standardsprache oft sehr unterschiedliche Einstellungen vorhanden sind, tendenziell sehr positive gegenüber den Dialekten als Medium der Mündlichkeit, tendenziell negative, zumindest distanzierte gegenüber der mündlichen Standardsprache, sofern sie aktiv gebraucht werden soll. Die Mühen mit dem Hochdeutschen betreffen fast ausschliesslich die Mündlichkeit, als Schreib- und Lesesprache ist Hochdeutsch allseits akzeptiert. Für die Mündlichkeit gilt die uneingeschränkte Akzeptation der Mundarten als Sprache der Deutschschweiz, der Heimat, der Nähe. Das Verhältnis zum Hochdeutschen ist im Ganzen kühler, distanzierter, auch wenn hier zu differenzieren ist. Vieles, was dem Hochdeutschen an Distanziertheit und Abstraktheit nachgesagt wird, betrifft weniger die Sprachform als die medialen Erfahrungen damit: Hochdeutsch erscheint in der Erfahrung vieler Schweizer als Schreib- und Lesesprache – mit den entsprechenden Konnotationen, die Schriftlichkeit andernorts auch hervorruft. Mit grosser Regelmässigkeit trifft man Charakterisierungen wie die folgenden: Dialekt sei persönlich, vertraut, locker, frei, einfach, ausdrucksstark, sympathisch und lustig. Hochdeutsch dagegen sei unpersönlich, unvertraut, steif, kompliziert, wenig emotional, gepflegt, gehoben. Diese Opposition deckt sich weitgehend mit jener gegenüber gesprochener und geschriebener Sprache anderswo (Sieber und Sitta 1986: 121–124). Nicht unbeeinflusst von diesen polarisierenden Einstellungen hat sich vielerorts – zumal in schulischen Bereichen – die Ideologie entwickelt, Hochdeutsch sei die erste Fremdsprache der Deutschschweizer (Hägi und Scharloth 2005).

Beim Topos *Hochdeutsch als Fremdsprache* geraten aber wichtige Tatsachen aus dem Blick:

- Die reale Zunahme des Mundartgebrauchs hat weit mehr mit Veränderungen im Kommunikationsverhalten zu tun als mit einer Frontstellung gegen das Hochdeutsche.
- Hochdeutsch ist die nach wie vor unbestrittene und selbstverständliche Schreibsprache in der Deutschschweiz. Sie ist als solche lange etabliert und in ihrer Geltung nicht gefährdet.
- Sogar als Sprechsprache ist Hochdeutsch weniger umstritten als vielfach angenommen.

Die Notwendigkeit, Hochdeutsch sprechen und verstehen zu können, ist aktuell noch unbestrittener (Hägi und Scharloth 2005: 6−7) als vor Jahrzehnten (Schläpfer et al. 1991: 211). Dazu dürften − neben der zunehmenden Mobilität − auch die bildungspolitischen und schulischen Bemühungen der letzten Jahre mit beigetragen haben.

Insgesamt ist die Sprachsituation also keineswegs so brisant, wie sie in der veröffentlichten Meinung oft dargestellt wird. Der überwiegende Teil der Deutschschweizer scheint zufrieden mit den gegenwärtigen Sprachverhältnissen − oder genauer: Die Sprachverhältnisse bilden kaum ein Thema.

4.2. Gegenwärtige Tendenzen

Gegenwärtige Tendenzen laufen − soweit sie die Mündlichkeit betreffen − einerseits in Richtung eines *verstärkten Mundartgebrauchs* und andererseits in Richtung einer *Stärkung der deutschschweizerischen Variante des Hochdeutschen*. Die Deutschschweiz ist Teil des deutschsprachigen Kulturraums und sie hat Anteil an der deutschen Standardsprache, wie es die Konzeption des Deutschen als plurizentrischer Sprache herausstellt (Ammon et al. 2004; Dürscheid und Businger 2006; Geiger et al. 2006). Als mehrsprachiger Staat hat die Schweiz gleichzeitig Verpflichtungen gegenüber allen Landessprachen − und den Sprachen der Migration − wahrzunehmen. Beide Tatbestände unterstützen eine Förderung des Hochdeutschen in der Deutschschweiz. Die spezielle Situation der „ausgebauten Diglossie" (Haas 2004: 101) wiederum wirkt auch auf eine Wertschätzung der Mundarten, die in der Deutschschweiz den Status von Umgangssprachen besitzen und diesen Status auch beibehalten können.

In den letzten Jahren ist eine verstärkte Förderung des Schweizerhochdeutsch festzustellen, damit − in der Öffentlichkeit und insbesondere in der Schule − die schweizerische Form des Hochdeutschen Akzeptanz und Wertschätzung erfährt.

Spätestens mit dem *Variantenwörterbuch des Deutschen* (Ammon et al. 2004) hat sich die Auffassung des Deutschen als plurizentrischer Sprache, die über mehrere Zentren mit ihren gültigen Sprach- und Sprechvarianten verfügt, durchgesetzt. Über den engen Rahmen der sprachwissenschaftlichen Diskussion hinaus ist die Variante des Schweizerhochdeutsch als eigenständige Variante wahrgenommen worden.

In der Schule ist der konsequente Hochdeutschgebrauch − *Hochdeutsch als Regel und Mundart als klar deklarierte Ausnahme* − nicht nur in Lehrplänen und Unterrichtshilfen, sondern auch in der Schulwirklichkeit zu einer alltäglichen Aufgabe − und Herausforderung − geworden (vgl. Sieber und Sitta 1986, 1994; Dürscheid und Businger 2006: 211−280; Neugebauer und Bachmann 2007).

Dass es wichtig ist, Hochdeutsch sprechen und verstehen zu können, wird von niemandem ernsthaft bestritten. Deutsch in der Schweiz ist ein Deutsch in deutschsprechen-dem Munde, das seine Herkunft nicht zu verleugnen braucht. Es könnte im Gegenteil beredtes Zeugnis der inneren Mehrsprachigkeit sein. Die innere Mehrsprachigkeit spiegelt in gewisser Weise auch die erhöhten Anforderungen an das Sprachvermögen heutiger Menschen. Die Sprachsituation der Deutschschweiz mit ihrer „Zweisprachigkeit in der eigenen Sprache" (Hugo Loetscher) macht diese Anforderungen deutlich und verweist auf die Notwendigkeit einer verstärkten Förderung der Sprachfähigkeiten. Denn Erfolg in Ausbildung und Beruf hängt nach wie vor stark mit der Fähigkeit des Hochdeutschgebrauchs zusammen. Die Daten der Volkszählung 2000 weisen auf eine mögliche neue Sprachbarriere hin zwischen jenen, die nur Dialekt sprechen und jenen, die Hochdeutsch und Dialekt nutzen. „Nicht der Dialektgebrauch unterscheidet die unterschiedlichen Bildungsstufen, sondern der häufigere oder weniger häufige Hochdeutschgebrauch. Wenn es also eine ‚Sprachbarriere' in der deutschen Schweiz geben sollte, findet sie sich in diesem Bereich." (Werlen 2004: 15). Eine frühe Förderung des Hochdeutschen in Kindergarten und Schule ist also dringend. Sie kann dabei auch einen Beitrag leisten zum Aufbau einer eigenständigen und selbstbewussten Kultur des Schweizerhochdeutsch. Eine Kultur, die nicht gegen die Mundarten gerichtet ist, sondern neben ihnen eine willkommene Erweiterung der Sprachkultur darstellt − im Dienst der Sprachförderung ebenso wie im Dienst des kulturellen Austauschs innerhalb der Schweiz und darüber hinaus.

5. Literatur in Auswahl

Ammon, Ulrich
    1995   *Die deutsche Sprache in Deutschland, Österreich und der Schweiz. Das Problem der nationalen Varietäten.* Berlin/New York: de Gruyter.
Ammon, Ulrich, Hans Bickel, Jakob Ebner et al.
    2004   *Variantenwörterbuch des Deutschen. Die Standardsprache in Österreich, der Schweiz und Deutschland sowie in Liechtenstein, Luxemburg, Ostbelgien und Südtirol.* Berlin/New York: de Gruyter.
Bickel, Hans und Robert Schläpfer (Hg.)
    1994   *Mehrsprachigkeit − eine Herausforderung* (= Reihe Sprachlandschaft 13). Aarau: Sauerländer.
Boesch, Bruno
    1957   *Die Aussprache des Hochdeutschen in der Schweiz. Eine Wegleitung.* Zürich: Schweizer Spiegel Verlag.
Burri, Ruth M., Werner Geiger, Roswita Schilling und Edith Slembek
    1995   *Deutsch sprechen am Radio.* Basel: Schweizer Radio DRS.
BV
    1999   *Bundesverfassung der Schweizerischen Eidgenossenschaft.* Bern.
Christen, Helen
    1998   *Dialekt im Alltag. Eine empirische Untersuchung zur lokalen Komponente heutiger schweizerdeutscher Varietäten* (= Reihe Germanistische Linguistik 201). Tübingen: Niemeyer.
Christen, Helen
    2004   Dialekt-Schreiben oder *sorry ech hassä Text schribä.* In: Elvira Glaser, Peter Ott und Rudolf Schwarzenbach (Hg.), *Alemannisch im Sprachvergleich. Beiträge zur 14. Arbeitstagung zur alemannischen Dialektologie in Männedorf (Zürich) vom 16. bis 18. 9. 2002,* 71−85. Stuttgart: Steiner.
Duden
    2009   *Die deutsche Rechtschreibung.* 25. völlig neu bearb. und erw. Aufl. (Duden; Bd.1). Mannheim: Dudenverlag.

Dürscheid, Christa und Martin Businger (Hg.)

2006   *Schweizer Standarddeutsch. Beiträge zur Varietätenlinguistik.* Tübingen: Narr.

Dürscheid, Christa und Inga Hefti

2006   Syntaktische Merkmale des Schweizer Standarddeutsch. Theoretische und empirische Aspekte. In: Christa Dürscheid und Martin Businger (Hg.), 131−161.

Geiger, Werner, Madeleine Hofer, Thomas Kropf und Robert Schmid

2006   *Sprechen am Mikrofon bei Schweizer Radio DRS.* Zürich: Schweizer Radio DRS.

Geschichte der deutschsprachigen Schweizer Literatur im 20. Jahrhundert

1991   Von einem Autorenkollektiv unter der Leitung von Klaus Petzold. Berlin: Volk und Wissen.

Haas, Walter

1994   Zur Rezeption der deutschen Hochsprache in der Schweiz. In: Georges Lüdi (Hg.), *Sprachstandardisierung. Standardisation des langues. Standardizzazione delle lingue. Standardization of languages,* 193−227. Freiburg: Universitätsverlag.

Haas, Walter

2000   Die deutschsprachige Schweiz. In: Hans Bickel und Robert Schläpfer (Hg.), *Die viersprachige Schweiz,* 57−138. 2. neu bearb. Aufl. Aarau: Sauerländer.

Haas, Walter

2004   Die Sprachsituation der deutschen Schweiz und das Konzept der Diglossie. In: Helen Christen (Hg.), *Dialekt, Regiolekt und Standardsprache im sozialen und zeitlichen Raum. Beiträge zum 1. Kongress der Internationalen Gesellschaft für Dialektologie des Deutschen, Marburg/Lahn, 5.−8. März 2003,* 81−110. Wien: Edition Praesens.

Häcki Buhofer, Annelies (Hg.)

2000   *Vom Umgang mit sprachlicher Variation. Soziolinguistik, Dialektologie, Methoden und Wissenschaftsgeschichte* (= Basler Studien zur deutschen Sprache und Literatur 80). Tübingen: Francke.

Hägi, Sara und Joachim Scharloth

2005   Ist Standarddeutsch für Deutschschweizer eine Fremdsprache? Untersuchungen zu einem Topos des sprachreflexiven Diskurses. *Linguistik online* 24: 1−24.

Hove, Ingrid

2002   *Die Aussprache der Standardsprache in der deutschen Schweiz.* Tübingen: Niemeyer.

Hove, Ingrid und Walter Haas

2009   Die Standardaussprache in der deutschsprachigen Schweiz. In: Eva-Maria Krech et al. (Hg.), 259−271.

Kaiser, Stephan

1969/1970 *Die Besonderheiten der deutschen Schriftsprache in der Schweiz.* 2 Bde. (= Duden-Beiträge 30 a/b). Mannheim: Dudenverlag.

Krech, Eva-Maria, Eberhard Stock, Ursula Hirschfeld und Lutz Christian Anders (Hg.)

2009   *Deutsches Aussprachewörterbuch.* Berlin: de Gruyter.

Loetscher, Hugo

1986   Für eine Literatur deutscher Ausdrucksweise. Nicht unpersönliche Ausführungen. In: Heiner Löffler (Hg.), 25−39.

Löffler, Heiner (Hg.)

1986   *Das Deutsch der Schweizer: Zur Sprach- und Literatursituation der Schweiz.* Aarau: Sauerländer.

Löffler, Heiner

1989   Die Frage nach dem landesspezifischen Gesprächsstil − oder die Schweizer Art zu diskutieren. In: Edda Weigand und Franz Hundsnurscher (Hg.), *Dialoganalyse II. Referate der 2. Arbeitstagung Bochum 1988,* 207−221. Tübingen: Niemeyer.

Lüdi, Georges und Iwar Werlen

2005   *Sprachenlandschaft in der Schweiz.* Neuchâtel: Bundesamt für Statistik.

Meyer, Kurt
  1989   *Wie sagt man in der Schweiz? Wörterbuch der schweizerischen Besonderheiten.* Mannheim: Dudenverlag.
Meyer, Kurt
  2006   *Schweizer Wörterbuch. So sagen wir in der Schweiz.* Frauenfeld: Huber.
Neugebauer, Claudia und Thomas Bachmann
  2007   *Handbuch Hochdeutsch. Grundlagen, Praxisberichte und Materialien zum Thema Hochdeutschsprechen in der Schule.* Zürich: Lehrmittelverlag des Kantons Zürich.
Ramseyer, Markus
  1988   *Mundart und Standardsprache im Radio der deutschen und rätoromanischen Schweiz. Sprachformgebrauch, Sprach- und Sprechstil im Vergleich.* Aarau: Sauerländer.
Rüegger, Beat, Robert Schläpfer und Fritz Stolz
  1996   *Mundart und Standardsprache im reformierten Gottesdienst. Eine Zürcher Untersuchung.* Aarau: Sauerländer.
Scharloth, Joachim
  2006   Schweizer Hochdeutsch − schlechtes Hochdeutsch? In: Christa Dürscheid und Martin Businger (Hg.), 81−96.
Schläpfer, Robert, Jürg Gutzwiller und Beat Schmid
  1991   *Das Spannungsfeld zwischen Mundart und Standardsprache in der deutschen Schweiz. Spracheinstellungen junger Deutsch- und Welschschweizer. Eine Auswertung der Pädagogischen Rekrutenprüfungen 1985.* Aarau: Sauerländer.
Schweizer Schülerduden
  1998   *Rechtschreibung und Grammatik.* Bearbeitet von Afra Sturm, herausgegeben von Horst Sitta und Peter Gallmann. Aarau: Sauerländer.
Siebenhaar, Beat
  1994   Regionale Varianten des Schweizerhochdeutschen. Zur Aussprache des Schweizerhochdeutschen in Bern, Zürich und St.Gallen. *Zeitschrift für Dialektologie und Linguistik* 61: 31−65.
Sieber, Peter und Horst Sitta
  1984   Schweizerdeutsch zwischen Dialekt und Sprache. *Kwartalnik Neofilologiczny* XXXI(1): 3−40.
Sieber, Peter und Horst Sitta
  1986   *Mundart und Standardsprache als Problem der Schule.* Aarau: Sauerländer.
Sieber, Peter und Horst Sitta (Hg.)
  1994 [1988]   *Mundart und Hochdeutsch im Unterricht. Orientierungshilfen für Lehrer.* 3. Aufl. Aarau: Sauerländer.
Siebs
  1969   *Deutsche Aussprache. Reine und gemässigte Hochlautung mit Aussprachewörterbuch.* Hg. von Helmut de Boor, Hugo Moser und Christian Winkler. 19. umgearb. Aufl. Berlin: de Gruyter.
Werlen, Iwar
  1988   Swiss German Dialects and Swiss Standard High German. In: Peter Auer und Aldo DiLucio (Hg.), *Variation and Convergence. Studies in Social Dialectology,* 93−123. Berlin/ New York: de Gruyter.
Werlen, Iwar
  1998   Mediale Diglossie oder asymmetrische Zweisprachigkeit? Mundart und Hochsprache in der deutschen Schweiz. *Babylonia* 1: 22−35.
Werlen, Iwar
  2004   Zur Sprachsituation der Schweiz mit besonderer Berücksichtigung der Diglossie in der Deutschschweiz. *bulletin vals/asla* 79: 1−30.

Werlen, Iwar, Esther Lieverscheidt, Adrian Wymann und Hansmartin Zimmermann
    1992   „… mit denen reden wir nicht". Schweigen und Reden im Quartier. Basel: Helbling und
            Lichtenhahn.

Peter Sieber, Zürich (Schweiz)

37. Deutsch in Deutschland: Standard, regionale und dialektale Variation

1. Einleitung
2. Theoretische Erschließung der Sprachverhältnisse
3. Objektsprachliche Annäherung
4. Metasprachliche Annäherung
5. Regionalsprachen im DaF-Unterricht
6. Literatur in Auswahl

1. Einleitung

Gegenstand dieses Beitrags ist der Sprachgebrauch in der Bundesrepublik Deutschland im Spannungsverhältnis zwischen der überregional ausgerichteten Standardsprache und den für das Deutsche typischen lokalen und regionalen Sprechweisen. Ganz bewusst werden dabei die aus dem aktuellen Migrationskontext resultierenden Sprachen, die seit der zweiten Hälfte des 20. Jahrhunderts eine zunehmend wichtige Rolle im sprachlichen Alltag vieler Bundesbürger bzw. Deutschsprecher einnehmen, ausgeklammert. Wenngleich diese Sprachen eigene bzw. Sonderformen des Deutschen bedingen und somit zum Themenbereich des Deutschen in Deutschland gehören, so ist ihre regionale Variation bislang nicht eingehend erforscht. Damit liegt der Fokus dieses Beitrages auf der Beschreibung eines Ausschnitts der sprachlichen Wirklichkeit in Deutschland, deren vollständigere Systematisierung sich aus dem Gesamt der Beiträge in diesem Handbuch ergibt.

2. Theoretische Erschließung der Sprachverhältnisse

Die aktuellen Sprachverhältnisse in Deutschland sind das Ergebnis historischer Prozesse, die mit den mentalen Orientierungen der Sprecher in Verbindung stehen und sich in bestimmten sprachlichen Entwicklungslinien äußern. Zum Verständnis der gegenwärtigen Bedingungen ist es notwendig, sich den historischen Verhältnissen ein Stück weit zu nähern. Es wird dann klar, dass ausgehend von mittelalterlicher Zeit die Dialekte das alltägliche Kommunikationsmittel der meisten Sprachteilhaber waren. Sehr bald stand diesen historisch zunächst als „lantsprachen" bezeichneten Varietäten die Schriftsprache als domänenspezifisches Äußerungsmedium gegenüber, das in seiner gesprochenen Variante ein besonderes Prestige erreichte. Es wurde nachgewiesen, dass diese Schriftsprache bestimmten regionalen Einflüssen unterliegt. Im Eigentlichen handelt es sich um eine landschaftliche Ausgleichssprache, die durch bestimmte Sprachvorbilder des (ost-)mitteldeutschen Raums geprägt und transportiert wurde (Besch 1968). Vielfach wurde diesbezüglich vor allem dem Reformator Luther eine prominente Position eingeräumt. Kann man mindestens für die mittelhochdeutsche Periode – und darüber hinaus in Teilen des Sprachgebiets bis ins 20. Jahrhundert hinein – von einer monoglossischen Sprachsituation ausgehen, die wesentlich an den äußerst engen Erfahrungsbereich der einzelnen Sprecher gebunden ist, so kann mit der Ausbildung eines zunehmend interindividuellen und überregionalen Kommunikationsraumes spätestens seit der frühen Neuzeit eine Änderung dahingehend festgestellt werden, dass der Schriftsprache in zunehmendem Maße mündliche Domänen erschlossen werden. Damit ergibt sich eine regional unterschiedlich ausgeprägte Mehrsprachigkeitskonfiguration, die als diglossisch interpretiert wurde (Bellmann 1983). In dem Moment, in dem die Schriftsprache als gesprochene Standardsprache etabliert ist, entsteht ein Spannungsverhältnis zwischen den Polen dieses Spektrums (Standard vs. lokaler Dialekt), das notwendigerweise zu einem neuerlichen sprachlichen Ausgleich führt. Nur ist es diesmal nicht eine einzelne neue Varietät, wie ehemals im Falle der Schriftsprache, sondern eine kaum zu ermittelnde Zahl an Zwischenstufen mit regional unterschiedlichen Ausprägungen, die aufkommen. Praktisch führt dies zur Anwendung unterschiedlicher Sprechweisen, die substantiell aus einer Mischung standardsprachlicher und dialektaler Varianten ebenso bestehen wie aus neu gebildeten Varianten, die weder standardsprachlich noch dialektal sind. Wesentlich gesteuert wird die Verwendung der Varianten durch situationsgebundene Anforderungen. Aufgrund der hohen Variabilität der Sprache bietet sich den Sprechern nun eine besondere Flexibilität im Sprechen, die für die Wissenschaft über sehr lange Zeit eine kaum zu bewältigende empirische Herausforderung bildete und noch immer bildet. Die Gründe hierfür werden deutlich, wenn man den bislang grob skizzierten Sachverhalt weiter systematisiert. In diesem Zusammenhang zeigt Abb. 37.1 eine Modellierung der vertikalen und horizontalen Struktur des Deutschen, wie sie König (2007: 134) erarbeitet hat.

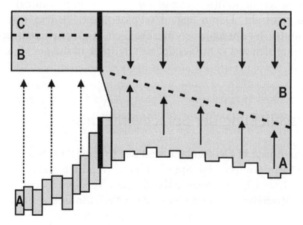

Abb. 37.1: Vertikale und horizontale Strukturierung der deutschen Dialektlandschaft nach König (2007)

Die hier aus argumentativen Gründen vereinfachte und um 90° gedrehte Grafik ist folgendermaßen zu lesen: Das obere Ende bezeichnet den standardsprachlichen Pol (C), der untere Rand den dialektalen Pol (A) der Standard-Dialekt-Achse (vertikale Dimension). Die Differenzierung der linken von der rechten Seite belegt sprachstrukturelle Unterschiede im geographischen Raum (horizontale Dimension). Die linke Seite referiert diesbezüglich auf den Norden Deutschlands (niederdeutscher Raum), wo nicht zuletzt aufgrund eines hohen Systemabstands zwischen Standard und Dialekt (auch „Platt", „Plattdeutsch" usw.) eine mehrsprachige Situation besteht. In der Mitte und im Süden (Mitte und rechte Seite: hochdeutscher Raum) ist dies anders. Vor allem im mitteldeutschen Raum (zur genaueren Gliederung s. u.), auf den die Standardsprache in wesentlichen Teilen zurückgeführt werden kann, besteht ein vergleichsweise geringer Systemabstand mit den oben erwähnten Zwischenstufen (B), die sich hier als sprachliches Kontinuum definieren lassen, in dem sich die Sprecher je nach situativer Anforderung nach oben oder unten bewegen können. Während sich der Wechsel zwischen einzelnen Sprechlagen der Standard-Dialekt-Achse im Norden vor allem als *Code Switching* vollzieht, ist im mittel- und süddeutschen Raum neben *Code Switching*-Phänomenen auch ein kontinuierliches *Code Shifting* typisch. Trotz aller Kontinuität sind in den einzelnen Variationsbereichen dennoch Grenzen der sprachlichen Regionalität im Sinne einer allgemein akzeptierten Nähe zur Standardsprache festzustellen. In dieser Hinsicht markiert die gerissene Linie in Abb. 37.1 die Grenze zwischen einer eher formellen und einer eher informellen Sprechweise, deren linguistischer Abstand von der kodifizierten Standardsprache ebenfalls regional unterschiedlich sein kann. Dass damit auch im Bereich der gesprochenen hochdeutschen Varietät in Norddeutschland Variationsmöglichkeiten angedeutet sind, verweist nicht zuletzt auf den sozialen Wert regionalsprachlicher Markierungen, die im Alltag kommunikationsstrategisch genutzt werden können (s. u.; zum Begriff „Alltagsdeutsch" vgl. Artikel 40).

Das angedeutete empirische Problem der Beschreibung besteht nun darin, in linguistischen Arbeiten vergleichbare Ausschnitte der vertikalen Achse zu identifizieren (vgl. z. B. Schmidt 1998). Ein bewährter Zugang besteht in der Definition außersprachlicher, vor allem situationsgebundener Parameter (Formalität, Vertrautheit etc.), die hypothetisch mit der Produktion bestimmter Sprechweisen in Verbindung stehen. Doch auch dann ist die exakte Positionierung gegebener Sprechweisen auf der Standard-Dialekt-Achse höchst schwierig. Hilfsmittel werden in der Regel in quantifizierenden Verfahren gefunden (z. B. die Häufigkeit einzelner Varianten). Aus diesem empirischen Problem heraus resultiert zugleich ein terminologisches. Während der Begriff des Dialekts über die Referenz auf den traditionellen Sprachgebrauch am Ort noch relativ leicht zu fassen ist, sind die übrigen im Umlauf befindlichen Termini weniger einheitlich gehandelt. Häufig in Verwendung ist etwa „Umgangssprache" oder „Regiolekt" für den mittleren Bereich und „regionaler Standard" oder „Regionalakzent" für Sprechlagen im oberen Bereich unterhalb der kodifizierten Norm. Bislang ist eine klare Trennung der Konzepte unter den Wissenschaftlern kein Konsens.

3. Objektsprachliche Annäherung

Eine Gemeinsamkeit fast aller regional gebundenen Sprechweisen in Deutschland ist ihre mehr oder weniger enge typologische Verwandtschaft untereinander und mit der Stan-

dardsprache. Trotz aller Verschiedenheit und Abgrenzbarkeit der deutschen Regionalsprachen, wie sie etwa aus Abb. 37.1 abzuleiten ist, besteht ein Grundinventar einzelner
Sprachvarianten, die das Deutsche in Deutschland als eigenständigen Sprachtypus aus-
weisen. Im Folgenden soll kurz auf die einzelnen Bereiche der Standard-Dialekt-Achse
eingegangen werden. Analog zur historischen Entwicklung wird mit den Regionalsprachen begonnen, bevor im Weiteren die Standardsprache thematisiert wird.

3.1. Regionalsprachen

Während die Standardsprache in ihrer kodifizierten Form auf Überregionalität ausgerichtet ist, lassen sich die Regionalsprachen des Deutschen einer klaren räumlichen Gliederung unterziehen. Als Regionalsprachen werden dabei alle Sprechweisen unterhalb der
kodifizierten Standardsprache verstanden, die interindividuell wahrnehmbare Hinweise
auf die geographische Herkunft der Sprecher geben. Die gegenwärtig vorliegenden Gliederungen setzen am dialektalen Pol an. Zur Klassenbildung werden bestimmte Kennvarianten angesetzt, die in aller Regel mit historischen Sprachprozessen in Verbindung stehen, wie etwa in Tab. 37.1 ausgewiesen, in der die Effekte der so benannten Zweiten
Lautverschiebung (ca. 800 n. Chr.) auf den Konsonantenstand ausgewählter deutscher
Dialekte in einem Süd-Nord-Gefälle dargestellt ist.

Tab. 37.1: Regionale Marker im Süd-Nord-Gefälle nach Ausweis ausgewählter Phänomene der
        Zweiten Lautverschiebung

Standard	*ich*	*machen*	*dorf*	*das*	*pfund*	*apfel*
Oberdeutsch	*ich*	*machen*	*dorf*	*das*	*pfund*	*apfel*
Obersächsisch	*ich*	*machen*	*dorf*	*das*	*(p)fund*	*appel*
Rheinfränkisch	*ich*	*machen*	*dorf*	*das*	*pund*	*appel*
Moselfränkisch	*ich*	*machen*	*dorf*	*dat*	*pund*	*appel*
Ripuarisch	*ich*	*machen*	*dorp*	*dat*	*pund*	*appel*
Niederfränkisch	*ich*	*maken*	*dorp*	*dat*	*pund*	*appel*
Niederdeutsch	*ik*	*maken*	*dorp*	*dat*	*pund*	*appel*

Dass sich die Sprachräume wie in der Tabelle dargestellt als kontinuierlicher Übergang
von Süd nach Nord sortieren lassen, ist kein Zufall. Tatsächlich entfaltet sich der (zusammenhängende) Sprachraum des Deutschen bei näherer Betrachtung als ein räumliches
Kontinuum, das teilweise mit stärkeren, teilweise mit schwächeren Brüchen durchsetzt
ist. Eine besondere Bruchstelle ergibt sich über die Differenzierung der niederdeutschen
und hochdeutschen Dialekte. Als niederdeutsch (nördliches Deutschland) wären mit
Blick auf Tab. 37.1 diejenigen Dialekte zu bezeichnen, bei denen die Zweite Lautverschiebung nicht eingetreten ist (Ausnahme: germ. Þ> nddt. d). Hier findet sich in Teilen noch
der aus westgermanischer Zeit überlieferte Konsonantenstand. Die Dialekte, in denen
die Lautverschiebung hingegen weit reichend oder vollständig vollzogen wurde, werden
als hochdeutsche Dialekte bezeichnet.

    Die graduelle Differenzierbarkeit des Hochdeutschen wird zur internen Abgrenzung
genutzt. Diejenigen Dialekte, bei denen die Konsonantenverschiebung vollständig stattgefunden hat, werden als oberdeutsche Dialekte bezeichnet (südliches Deutschland; auch
unterschieden in Alemannisch in westlicher und Bairisch in östlicher Hälfte), diejenigen
Dialekte, bei denen die Verschiebung in Teilen stattgefunden hat, werden als mitteldeut-

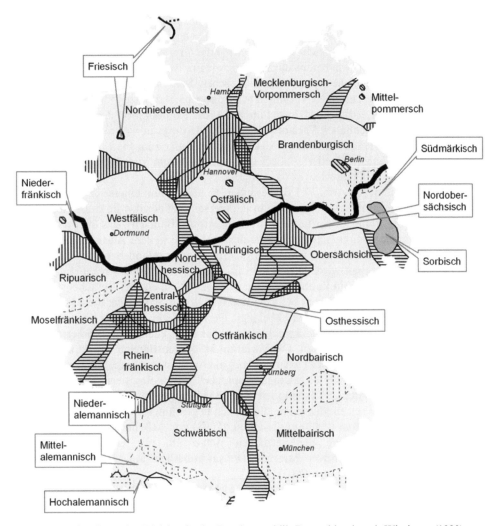

Abb. 37.2: Einteilung der Dialekte in der Bundesrepublik Deutschland nach Wiesinger (1983)

sche Dialekte bezeichnet (in Tab. 37.1 alle mittleren Nennungen; auch unterschieden in West- und Ostmitteldeutsch).

Eine Projektion der Varianten aus Tab. 37.1 verbunden mit weiteren phonetischen und morphologischen Kennvarianten in die Fläche führt zur geographischen Übersicht in Abb. 37.2, die in vereinfachter Form der Arbeit Wiesingers (1983) folgt.

Sehr deutlich sind in dieser Abbildung einzelne Kernräume mitsamt Übergängen erkennbar. Diese Kernräume sind keineswegs als die kleinstmöglichen Vertreter der deutschen Dialektlandschaft zu verstehen, sondern vielmehr als identifizierbare Räume sprachstruktureller Gemeinsamkeiten, die sich zu linguistisch möglichst konsistenten Raumtypen zusammenfassen und untereinander abgrenzen lassen. Theoretisch sind die hier angesetzten Räume bis auf die Ebene der einzelnen Ortschaften ausdifferenzierbar. Der Vorteil der dargestellten Klassifikation ist unter anderem darin zu sehen, dass mit den angesetzten Sprachräumen besonders feste sprachstrukturelle Grenzen gefunden sind, denen in der Vorstellung der Sprecher mitunter ein Identität stiftender Wert zukommt. Zugleich sind damit nach Schmidt (2010) die Grenzen der modernen Regionalsprachen markiert. Es wurde bereits darauf hingewiesen, dass im Alltag je nach situativer Erfordernis unterschiedliche Sprechweisen zwischen Standard und Dialekt begegnen können. Die Wahl der einzelnen Varianten folgt dabei nicht zuletzt individuellen Bedingungen (Sozialisation, Erfahrung, Einstellung etc.). Die Kombination der individuell verwendeten regionalsprachlichen Varianten lässt sich allerdings in vielen Fällen einem der von Wiesinger angesetzten Kern- oder Mischräume exklusiv zuordnen. Vor diesem Hintergrund ist diese dialektorientierte Gliederung also auch zum Verständnis der regionalsprachlichen Großverbände wichtig.

Eine Ausnahme der in Abb. 37.1 dargestellten Konfiguration einerseits, sowie ein besonderer Bruch im räumlichen Kontinuum andererseits, bildet das im äußersten Osten Deutschlands vorzufindende Sorbische (Strecke Cottbus−Bautzen), das über den Status einer Fremdsprache verfügt (slawischer Sprachentyp). Eine weitere Ausnahme bildet das Nord- und Saterfriesische, das im Regierungsbezirk Nordfriesland bzw. im Bundesland Niedersachsen gesprochen wird. Den beiden friesischen Varietäten wird vor allem aufgrund einer historischen und kulturellen Eigenständigkeit ein eigener Sprachenstatus zugewiesen. Aus sprachtypologischer Sicht besteht eine große Nähe zum Niederdeutschen.

Was die linguistischen Varianten anbelangt, die in den einzelnen Regionen wahrzunehmen sind, so bieten zahlreiche Sprachatlanten des Deutschen einen fundierten Überblick der dialektalen Realisationen. Die Variation im oberen Bereich der Standard-Dialekt-Achse kann vergleichend beispielsweise über die Arbeit von König (1989) erschlossen werden. Der mittlere, oftmals als „Umgangssprache" terminologisierte Bereich ist bislang hingegen nicht systematisch erhoben und analysiert worden. Überregional orientierte, bisweilen empirisch fundierte Annäherungen liegen unter anderem mit den Arbeiten von Lauf (1996), Mihm (2000) und Kehrein (2008) vor. Möglichkeiten der systematischen (Gesamt-)Gliederung der vertikalen Achse auf der Grundlage sozialer, quantifizierender oder kognitiver Parameter zeigen außerdem auf kleinräumiger Basis z. B. Lausberg (1993) oder Lenz (2003).

Im Anschluss an Mihm lassen sich auf einer sehr allgemeinen Ebene über die bereits dargestellten Varianten hinaus mindestens mit tendenzieller Geltung folgende Nord-Süd-Differenzen als charakteristisch bestimmen:

Norden: „die geschlossene Aussprache des *â*-Umlauts [meːtçən] ‚Mädchen‘, die späte und geringe Steigung der Diphthonge [kãˑɛn, hãˑɔs, lɔ̃ˑɛ̃tə] ‚kein‘, ‚Haus‘, ‚Leute‘, die Beibehaltung alter Kürzen in Einsilbern [tsʊx, grɔp, ʀat] ‚Zug‘, ‚grob‘, ‚Rad‘, die Spirantisierung des g im freien und gedeckten Auslaut [max, fliːçt] ‚mag‘, ‚fliegt‘, Spirans statt labialer Affrikata im Anlaut [fɔstən] ‚Pfosten‘, Gutturalnasal auslautend mit Verschluß [dɪŋk] ‚Ding‘ und Konsonantenschwund im Auslaut [zin, dɔ, ma] ‚sind‘, ‚doch‘, ‚mal‘."   (Mihm 2000: 2113);

Süden: „die Schwächung der stimmlosen Konsonanten, die Entrundung der Umlaute, der stimmlose *s*-Anlaut, die *a*-Verdumpfung, die Tilgung von Schwa und *-n* im Endungsauslaut, die kontrahierten Präfixe [dsɑmə, bsɔndɐs, gsɑkt, gmyːs] ‚zusammen‘, ‚besonders‘, ‚gesagt‘, ‚Gemüse‘, die Pro- und Apokope der Klitika *'s Auto, 'zfrüh, wennst', daß's, kommen S'* und die reduzierten Kleinwörter wie [iː, ɑ, eː, aː] ‚ich‘, ‚ein‘, ‚ehe‘, ‚auch‘."   (Mihm 2000: 2120).

Darüber hinaus bestehen aber auch für den mitteldeutschen Raum Besonderheiten, wie zum Beispiel das Fehlen einer phonologischen Opposition /ç/ vs. /ʃ/ zugunsten ausgleichender Varianten des Typs [ɕ] (Koronalisierung), die Verstimmhaftung von stimmlosem -s- in intervokalischer Umgebung ([vazɐ, indʁɛzə] ‚Wasser', ‚Interesse'), die Tendenz zur Verwendung zentralisierter und/oder ungerundeter Hinterzungenvokale ([mʊːt, hʏːx] ‚Mut', ‚hoch'), die Verwendung des Präteritums als Tempus der Vergangenheit lediglich bei Hilfs- und Modalverben oder die Schwächung der plosive *p, t, k* zu *b, d, g* (binnendeutsche Konsonantenschwächung).

3.2. Standardsprache

Für die Standardsprache besteht eine eigenständige nationale „Oralisierungsnorm" (Schmidt 2005), die sich von den Oralisierungsnormen in Österreich und der Schweiz etwa über lexikalische Elemente abgrenzen lässt (z. B. *Tomate* in Deutschland vs. *Paradeiser* in Österreich; *Fahrrad* in Deutschland vs. *Velo* in der Schweiz). Grundsätzlich ist die Standardsprache auf (nationale) Überregionalität ausgerichtet. In ihrer kodifizierten Form führt dies zu einer sehr variationsarmen und Norm beanspruchenden Festlegung, die sich jedoch in ihrer Anwendung so nicht wiedergegeben findet und daher grundsätzlich umstritten ist. Um den tatsächlichen Verhältnissen gerecht zu werden, wird von einer von Regionalismen geprägten Standardsprechweise (auch „Regionalakzent", „regionaler Standard") ausgegangen, die aus Sprechersicht mit bestimmten Anwendungskontexten in Verbindung steht und aus Hörersicht ein gewisses Maß an Variation zulässt. Unter den Variationsphänomenen begegnen die oben auch für den regionalsprachlichen Bereich in großräumiger Ausdehnung angesetzten, allerdings in unterschiedlicher Frequenz. Wenn also weiter oben Regionalsprachen als die Sprechweisen unterhalb der kodifizierten Standardsprache bezeichnet wurden, so wird spätestens hier deutlich, dass eine eindeutige Trennung zwischen gesprochener Standardsprache und Regionalsprachen problembehaftet ist. In der linguistischen Praxis wurde daher die Standardsprache als Konzept einer individuell unterschiedlich definierten Zielrichtung behandelt und über außersprachliche Kriterien präzisiert, wie etwa die Verwendung in formellen Kontexten. Das bedeutet, dass Sprecher in bestimmten Situationen, die sich z. B. über eine besonders formelle Ausrichtung definieren lassen, entweder bestrebt sind, ihr individuelles Konzept von Standardsprache zu realisieren oder aber versuchen, der Sprechweise ihres Gesprächspartners möglichst nahe zu kommen („Synchronisation" nach Schmidt 2005). Für die Sprecher haben solche Sprechweisen also den Wert der Standardsprache, auch wenn die spezifischen Phänomene mit dem Kodex nicht deckungsgleich sein mögen. Damit wird eine Abgrenzung zum Bereich der Regionalsprachen auf der Grundlage spezifischer Varianten grundsätzlich schwierig, weswegen systemische Abgrenzungen zunehmend über kognitive Faktoren bewerkstelligt werden (z. B. Bewertung/Einschätzung durch Hörer, Auftreten von Hyperformen etc.).

Aus der Analyse der intendierten Standardspracheverwendung ergibt sich in den vergangenen Jahren der Eindruck sogenannter Destandardisierungsprozesse, die für eine zunehmende Normabweichung der gesprochenen Sprache vor allem bei sogenannten schwachen Formen (z. B. Pronomen, Adverbien in unakzentuierter Stellung) stehen (Spiekermann 2006). Ist bei solchen Phänomenen eine grundsätzliche Trennung von der Stilebene und umgekehrt eine eindeutige Zuweisung zur Dialektebene schwierig, so besteht kein Zweifel daran, dass die Verwendung regionalsprachlicher Varianten spätestens seit der zweiten Hälfte des 20. Jahrhunderts insgesamt abgenommen hat. Während dieser Prozess im Norden Deutschlands schon früher eingetreten ist, so hat er in der Mitte und im Süden Deutschlands später eingesetzt und sich vor allem seit der zweiten Hälfte des 20. Jahrhunderts ergeben. Der Abbau dieser Varianten vollzieht sich parallel zum Rückgang der Anwendungsbereiche der Dialekte in Form eines „Zielnormenwechsels" (Mihm 2008). Dennoch trägt die regionale Markierung der individuellen Rede noch immer einen besonderen sozialen Wert, der zur Identitätsstiftung und Gruppenbildung beitragen kann. So wurde etwa deutlich, dass die regionale Markiertheit von Sprechweisen bisweilen knapp oberhalb einer Grenze liegt, ab der Regionalität gerade noch wahrgenommen wird (Lameli 2004). Der Bereich zwischen dieser Grenze und der kodifizierten Norm mit minimaler regional dependenter und durchschnittlich als standardsprachlich akzeptierter Variationsbreite wurde als „Standardsprache" (auch „Kolloquialstandard") terminologisiert, der Bereich zwischen dieser Grenze bis einschließlich der Dialekte als „Regionalsprache" (Schmidt 2005: 302).

4. Metasprachliche Annäherung

4.1. Raumstrukturen

Wenn im bisherigen Verlauf eine Gliederung der deutschen Regionalsprachen vorgenommen wurde, so basiert diese im Wesentlichen auf objektsprachlichen Einheiten, die als Strukturabgrenzungen genutzt wurden. Dass allerdings solch strukturelle Gliederungen überhaupt Bestand haben, steht mit der mentalen Orientierung der Sprecher in direkter Verbindung. Sprachlandschaften sind, wie angedeutet, Identifikationsräume. Sie weisen die Zugehörigkeit von Sprechern und Sprechergruppen aus, deren sprachliche Phänomene als regionale Marker im Bewusstsein anderer Sprecher und Sprechergruppen oft stereotyp verankert sind. Aus dieser Konstellation heraus kann es überhaupt erst zur Definition von Zielnormen und Zielnormenwechseln kommen (vgl. v. a. auch die Theorie der Sprachdynamik, z. B. Schmidt 2005). Das bedeutet aber auch, dass es in der Vorstellung der Sprecher eine Strukturierung der Sprachlandschaft gibt und es schließt sich notwendigerweise die Frage nach ihrer Gestalt an. Eine Beantwortung ist nach derzeitigem Forschungsstand nur ansatzweise möglich. Fest steht, dass bei Sprecherbefragungen immer wieder bestimmte Sprachräume besonders häufig genannt und auf Veranlassung hin verortet werden. Abb. 37.3 zeigt vor diesem Hintergrund beispielhaft die deutsche Sprachlandschaft, wie sie sich aus der Befragung von 163 Marburger (= Bundesland Hessen) Schülern im Alter zwischen 17 und 20 Jahren darstellt (vgl. Lameli, Purschke und Kehrein 2008). Den Schülern wurde der Auftrag erteilt, auf Grundkarten der Bundesrepublik Deutschland diejenigen Sprachlandschaften einzuzeichnen, die ihnen bekannt sind. Die aufgeführten Regionalsprachen sind die in einer statistischen Auswertung als besonders prominent belegten. Es handelt sich um: Bayerisch, Schwäbisch, Hessisch, Sächsisch, Kölsch, Berlinisch, Norddeutsch und Hochdeutsch.

Was die Einzelverortungen betrifft, so fällt auf, dass das Hochdeutsche im Bewusstsein der Schüler eine spezifische Regionalität hat, die entweder den mittleren Bereich im Norden des Staatsgebietes betrifft oder aber − in geringerer Ausdehnung − in der hessi-

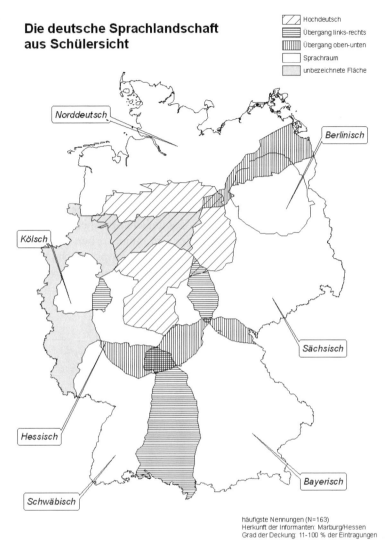

Abb. 37.3: Die deutschen Regionalsprachen aus Sicht Marburger Schüler

schen Heimatregion der Informanten lokalisiert wird. Es bestätigt sich damit auch aus Sicht der Sprecher, was jedem Deutschlerner nach kurzem Aufenthalt vor Ort klar wird und was weiter oben schon angesprochen wurde: Die gesprochene (besser: intendierte) Standardsprache in Deutschland ist ein regionales Variationsphänomen. Aus Sicht der Sprecher speist sich diese Standardsprache nicht zuletzt aus dem eigenen Repertoire. Die übrigen Regionalsprachen lassen sich klaren Kategorisierungsmustern zuordnen. So ist etwa die Küstenlandschaft als ein eigener Typus ausgewiesen. Als Kulturlandschaften fallen Schwäbisch und Sächsisch auf, wobei in beiden Fällen politische Konnotationen vorliegen: Im Falle des Schwäbischen eine Orientierung am Bundesland Baden-Württemberg sowie im Falle des Sächsischen am Gebiet der ehemaligen DDR. Eine politische

Orientierung zeigt sich auch im Falle des Hessischen und des Bayerischen, die ebenfalls auf Bundesländer referieren. Das Bayerische bildet zudem den prominentesten Sprachraum. Hier sind nach Ausweis der Analyse die vorgenommenen Lokalisierungen am einheitlichsten ausgefallen. Dabei ist aber auch zu berücksichtigen, dass dieses spezielle Ergebnis keine Gültigkeit für alle Sprecher in Deutschland hat. Nach allem, was bislang bekannt ist, bestätigen sich aber diese Nennungen und Lokalisierungen auch bei Informanten anderer Regionen (vgl. die Beiträge in Anders, Hundt und Lasch im Druck).

Weiterhin ist davon auszugehen, dass solche Sprachräume im Wissen der Sprecher stets über konkrete Repräsentanten abgelegt sind. Es sind im Wesentlichen Figuren der Medienlandschaft (Komödianten, Politiker, Schauspieler, Sportler etc.), die mit einer bestimmten Regionalität assoziiert werden. Wie gezeigt werden konnte, ist dieses Wissen durchaus generationenspezifisch. Auf der einen Seite verfügen grob gesagt ältere Sprecher über ein ausgeprägteres regionalsprachliches Wissen als jüngere Sprecher. Auf der anderen Seite hat sich aber auch angedeutet, dass jüngere Sprecher aufgrund einer spezifischen Medienprägung etwa über Comedy und einer damit verbundenen expliziten regionalsprachlichen Stereotypisierung mitunter andere regionalsprachliche Wissensbestände aufweisen können. Dies wurde als Beleg dafür genommen, dass die Medienlandschaft, die über die Verbreitung der Hochsprache zum Abbau der Dialekte wesentlich beigetragen hat, zugleich neues regionalsprachliches Wissen geschaffen hat (vgl. Lameli 2009).

4.2. Aspekte der Dialektbewertung

Linguistisch eindeutige Daten zur Bewertung der Regionalsprachen im gesamten Raum der Bundesrepublik Deutschland liegen aktuell (2008) nicht vor. Der jüngste Überblick wurde im Rahmen einer Allensbachstudie erarbeitet (IfD-Umfrage 10016; 2.2008), die als Fortsetzung einer im Jahr 1998 durchgeführten Erhebung konzipiert wurde (IfD-Umfrage 6063, 8. 1998). Die Ergebnisse sind im Kern sehr ähnlich, weswegen hier nur auf die jüngere Studie Bezug genommen wird.

Nach Ausweis der aktuellen Allensbachstudie behaupten 48 % der befragten Personen in der Lage zu sein, die „Mundart" ihrer Region sprechen zu können. Hinsichtlich der Bewertung der einzelnen Mundarten − vorliegend synonym als „Dialekt" bezeichnet − sind Abstufungen erkennbar. Für immerhin 35 % der Befragten ist „Bayerisch" der beliebteste Dialekt, im Gegensatz etwa zu den kleinräumigeren und allgemein sicher auch weniger bekannten Dialekten in Pommern oder im Saarland. Umgekehrt ist das Bayerische aber auch für 21 % der Informanten ein eher unbeliebter Dialekt, womit es an zweiter Stelle hinter dem Sächsischen rangiert (54 %).

Grundsätzlich scheint die Beliebtheit der Dialekte im Westen der Republik ausgeprägter zu sein als im Osten: 10 % geben hier an, keinen Dialekt gerne zu hören, im Osten sind es 16 %. Zugleich sind es die älteren Informanten, die dem Dialekt besonders offen gegenüberstehen. Auch lässt sich aus den Umfragen die schon erwähnte starke Abhängigkeit der Dialektverwendung von bestimmten Gesprächssituationen erkennen. Ein eindeutiger Zusammenhang mit der sozialen Schicht der Informanten ist allerdings nicht grundsätzlich ableitbar, wenngleich eine Tendenz zur geringeren Dialekttoleranz bei Informanten mit höherem Schulabschluss erkennbar ist. Ein Zusammenhang mit dem Geschlecht der Informanten besteht nicht.

Bei solchen Befragungen ist zu berücksichtigen, dass die Vorstellung von den Regionalsprachen individuell unterschiedlich ist. Mehr noch: Auch der Ausschnitt des Spektrums zwischen Hochdeutsch und Dialekt, auf den die Sprecher mit den Ausdrücken „Mundart", „Platt" etc. referieren, ist individuell unterschiedlich und nur schwer vergleichbar. Sowohl aus wissenschaftlicher als auch aus Sprechersicht ist z. B. nicht eindeutig, an welcher Stelle die abgefragten Kategorien „Bayerisch" oder „Hamburger Platt" auf der vertikalen Achse in Abb. 37.1 zu positionieren sind. Die unterschiedliche Konzeptualisierung der Sprecher spiegelt sich in den auffallend hohen Prozentwerten dialektkompetenter Sprecher in solchen Regionen wider, in denen Dialekte im Sinne einer lokalen bzw. kleinräumigen Sprechweise heute nicht mehr als umfassend präsent gelten können. In diesem Zusammenhang ist etwa auffallend, dass die Frage „Können Sie die Mundart hier aus der Gegend sprechen?" in Thüringen/Sachsen von 49 % der Befragten, in Bayern von 66 % der Befragten mit „ja" beantwortet wird. Dabei ist zu berücksichtigen, dass bei manchen Dialektkonzepten eine regionale Einzelmarkierung leitend sein kann, Stereotype etwa, die über Medien transportiert werden, wie z. B. die Verwendung ungerundeter Hinterzungenvokale zur Markierung von Sprechern aus Sachsen. Eine Sprechweise, die in geringem Umfang solche Stereotype aufweist, wird von Sprechern, die selbst nicht dialektkompetent sind, nicht selten bereits als dialektal angesehen. Andererseits können Dialektkonzepte in besonderem Maße von spezifischen Sprachsystemen bzw. Varietäten geprägt sein, z. B. im Sinne einer traditionellen, insgesamt möglichst der Standardsprache fernen Sprechweise. Es bleibt daher unklar, inwieweit die einzelnen der Informanten auf die Bereiche A, B oder C in Abb. 37.1 referieren. Dies mag das demoskopische Ergebnis in gewissem Maße zwar relativieren, bestätigt aber dennoch die enorme Wichtigkeit, die eine regionale Markierung der gesprochenen Sprache trotz aller Abbautendenzen im Alltag auch gegenwärtig noch immer trägt.

5. Regionalsprachen im DaF-Unterricht

Für den DaF-Bereich ist festzustellen, dass hinsichtlich der Standardsprache eine Vielzahl an Lehrwerken gerade im Zusammenhang mit grammatischer Wissensvermittlung vorliegt, die allgemein bekannt und hier nicht weiter zu thematisieren ist. Auch liegt mit dem Variantenwörterbuch des Deutschen (Ammon et al. 2004) ein Werk vor, das dem Deutschlerner einen lexikalischen Zugang zu den Oralisierungsnormen in Deutschland, Österreich und der Schweiz vermittelt. Allerdings ist in keinem einzigen für den DaF-Unterricht erarbeiteten Lehrwerk eine fundierte Darstellung der regionalsprachlichen Verhältnisse innerhalb Deutschlands gegeben. Hier ist ein Defizit erkennbar, für das nicht allein die Autoren der Lehrwerke verantwortlich zu machen sind, sondern in besonderem Maße die Wissenschaftler, denen es bislang nicht möglich war, den gesamten Variationsbereich des Deutschen sowohl vertikal als auch horizontal umfassend zu erschließen (s. o.). Dennoch liegen Daten vor, auf die im Unterricht zurückgegriffen werden kann, wenn sie auch in der Regel nicht didaktisiert sind (z. B. König 1989; Eichhoff 1977−2000; DiWA 2001−2009; Elspaß und Möller 2003 ff.). Gegenwärtig sind zudem verschiedene Forschungsprojekte in Umsetzung begriffen, die sich schwerpunktmäßig der regionalen Variation des Deutschen widmen, wie etwa das in Mannheim erarbeitete „Deutsch heute"-Projekt, oder das in Marburg lokalisierte Projekt „regionalsprache.de"

(REDE). Beide Unternehmungen sind intentional mindestens in Teilen auch der Wissens-vermittlung im DaF-Unterricht verpflichtet. Darüber hinaus wurden in jüngerer Vergan-genheit internetbasierte Materialien zu den deutschen Regionalsprachen erarbeitet, die ebenfalls auf Verwendung in der Lehre ausgerichtet sind (z. B. Lameli 2008). Der Bereich der Konzeptualisierungen, der aus landeskundlicher Sicht nicht unerheblich ist, ist in den einschlägigen Werken bislang unberücksichtigt geblieben und bedarf der Aufarbeitung. Darüber hinaus ist mindestens am Rande auch die Verteilung der deutschen Familienna-men für den landeskundlichen Unterricht geeignet. Es können hier klare Raummuster gezeigt werden, die zum Verständnis der deutschen Sprachlandschaft beitragen (v. a. Kunze 2003). Unabhängig von den bereits genannten Werken bieten sich für den DaF-Unterricht die nachstehenden Bücher an: Lausberg und Möller (2000), König und Renn (2006), König (2007), Drenda (2008). Der interessierte DaF-Lehrer findet dort verein-fachte und für den Unterricht geeignete (Bild-)Materialien, die vorrangig für den linguis-tischen Laien konzipiert wurden und einen teils allgemeinen, teils speziellen Zugang zum Themenbereich vermitteln.

6. Literatur in Auswahl

Ammon, Ulrich et al.
    2004   *Variantenwörterbuch des Deutschen. Die Standardsprache in Österreich, der Schweiz und Deutschland sowie in Liechtenstein, Luxemburg, Ostbelgien und Südtirol.* Berlin/New York: de Gruyter.
Bellmann, Günter
    1983   Probleme des Substandards im Deutschen. In: Klaus J. Mattheier (Hg.), *Aspekte der Dialekttheorie*, 105−130. Tübingen: Niemeyer.
Besch, Werner
    1968   Zur Entstehung der neuhochdeutschen Schriftsprache. *Zeitschrift für deutsche Philologie* 87: 405−426.
DiWA = Schmidt, Jürgen Erich und Joachim Herrgen (Hg.)
    2001−2009   *Digitaler Wenker-Atlas* (DiWA). Bearbeitet von Alfred Lameli, Alexandra Lenz, Jost Nickel und Roland Kehrein, Karl-Heinz Müller, Stefan Rabanus. Marburg: For-schungszentrum Deutscher Sprachatlas. http://www.diwa.info (31. 12. 2008).
Drenda, Georg
    2008   *Kleiner linksrheinischer Dialektatlas. Sprache in Rheinland-Pfalz und im Saarland.* Stutt-gart: Steiner.
Eichhoff, Jürgen
    1977−2000   *Wortatlas der deutschen Umgangssprachen.* 4 Bände. Bern: Saur.
Elspaß, Stephan und Robert Möller
    2003 ff.   *Atlas zur deutschen Alltagssprache* (AdA). http://www.uni-augsburg.de/alltagssprache (31. 12. 2008).
Anders, Christina, Markus Hundt und Alexander Lasch (Hg.)
    im Druck   *Perceptual Dialectology − Neue Wege der Dialektologie.* Berlin/New York: de Gruy-ter.
Kehrein, Roland
    2008   Regionalakzent und linguistische Variationsspektren im Deutschen. In: Peter Ernst, Franz Patocka und Peter Wiesinger (Hg.), *Dialektgeographie der Zukunft*, 131−156. Stuttgart: Steiner.

König, Werner
  1989   *Atlas zur Aussprache des Schriftdeutschen in der Bundesrepublik Deutschland.* 2 Bände.
          Ismaning: Hueber.
König, Werner
  2007   *dtv-Atlas deutsche Sprache.* 16., durchgesehene und korrigierte Auflage. München: dtv.
König, Werner und Manfred Renn
  2006   *Kleiner Bayerischer Sprachatlas.* 2., korrigierte Auflage. München: dtv.
Kunze, Konrad
  2003   *dtv-Atlas Namenkunde. Vor- und Familiennamen im deutschen Sprachgebiet.* 5., durchgese-
          hene und korrigierte Auflage. München: dtv.
Lameli, Alfred
  2004   *Standard und Substandard. Regionalismen im diachronen Längsschnitt.* Stuttgart: Steiner.
Lameli, Alfred
  2008   Deutsche Sprachlandschaften. *Nationalatlas aktuell* 9. http://aktuell.nationalatlas.de/
          Dialektraeume.9_08−2008.0.html (31. 12. 2008).
Lameli, Alfred, Christoph Purschke und Roland Kehrein
  2008   Stimulus und Kognition. Zur Aktivierung mentaler Raumbilder. *Linguistik online* 35: 55−
          86 (31. 12. 2008).
Lameli, Alfred
  2009   Die Konzeptualisierung des Sprachraums als Teil des regionalsprachlichen Wissens. *Zeit-
          schrift für germanistische Linguistik* 37(1): 125−156.
Lauf, Raphaela
  1996   Regional markiert: Großräumliche Umgangssprache(n) im niederdeutschen Raum. *Nie-
          derdeutsches Jahrbuch* 119: 193−218.
Lausberg, Helmut
  1993   *Situative und individuelle Sprachvariation im Rheinland. Variablenbezogene Untersuchung
          anhand von Tonbandaufnahmen aus Erftstadt-Erp.* Köln: Böhlau.
Lausberg, Helmut und Robert Möller
  2000   *Rheinischer Wortatlas.* Bonn: Bouvier.
Lenz, Alexandra
  2003   *Struktur und Dynamik des Substandards. Eine Studie zum Westmitteldeutschen (Wittlich/
          Eifel).* Stuttgart: Steiner.
Mihm, Arend
  2000   Die Rolle der Umgangssprachen seit der Mitte des 20. Jahrhunderts. In: Werner Besch,
          Anne Betten, Oskar Reichmann und Stefan Sonderegger (Hg), *Sprachgeschichte. Ein
          Handbuch zur Geschichte der deutschen Sprache und ihrer Erforschung.* 2., vollständig neu
          bearb. und erw. Aufl., 2107−2137. Berlin/New York: de Gruyter.
Mihm, Arend
  2008   Zielnormenwechsel und soziodialektale Sprachdynamik. Beobachtungen am Beispiel der
          Auslautverhärtung. In: Helen Christen und Evelyn Ziegler (Hg.), *Sprechen, Schreiben,
          Hören − Zur Produktion und Perzeption von Dialekt und Standardsprache zu Beginn des
          21. Jahrhunderts,* 13−35. Wien: Präsens.
Schmidt, Jürgen Erich
  1998   Moderne Dialektologie und regionale Sprachgeschichte. *Zeitschrift für deutsche Philologie*
          117: 163−179.
Schmidt, Jürgen Erich
  2005   Die deutsche Standardsprache: Eine Varietät − drei Oralisierungsnormen. In: Ludwig
          M. Eichinger und Werner Kallmeyer (Hg.), *Standardvariation. Wie viel Variation verträgt
          die deutsche Sprache?* 278−305. Berlin/New York: de Gruyter.
Schmidt, Jürgen Erich
  2010   Die modernen Regionalsprachen als Varietätenverbände. In: Peter Gilles, Evelyn Ziegler
          und Joachim Scharloth (Hg.), *Variatio delectat. Empirische Evidenzen und theoretische*

Passungen sprachlicher Variation. Für Klaus J. Mattheier zum 65. Geburtstag. Frankfurt
a. M.: Lang.

Spiekermann, Helmut
   2006   Standardsprache als regionale Varietät — Regionale Standardvarietäten. *Osnabrücker
          Beiträge zur Sprachtheorie* 71: 81—99.

Wiesinger, Peter
   1983   Die Einteilung der deutschen Dialekte. In: Werner Besch, Ulrich Knoop, Wolfgang
          Putschke und Herbert Ernst Wiegand (Hg.), *Dialektologie. Ein Handbuch zur deutschen
          und allgemeinen Dialektforschung*, 807—900. Berlin/New York: de Gruyter.

Alfred Lameli, Marburg (Deutschland)

38. Das Deutsche außerhalb des zusammenhängenden deutschen Sprachraums

1. Regionale und historische Typisierung
2. Sprachliche Korrelate
3. Entwicklungsoptionen
4. Literatur in Auswahl

1. Regionale und historische Typisierung

1.1. Am Rande des deutschen Sprachgebiets

Als zusammenhängendes deutsches Sprachgebiet wird oft (vgl. DACH) der Raum der
Staaten Deutschland, Österreich, der Schweiz und Liechtenstein bezeichnet. Da in diesen
Staaten um die 90 Millionen muttersprachliche Sprecher des Deutschen leben und die
Größe des Deutschen weltweit auf etwas zwischen 95 und 100 Millionen geschätzt wird,
ist es nur ein recht geringer Anteil von Sprechern, der außerhalb des so beschriebenen
zusammenhängenden Sprachgebiets lebt. Die Verhältnisse gehen sogar noch etwas eindeutiger in diese Richtung, wenn man bedenkt, dass das Verbreitungsgebiet des Deutschen als Muttersprache aus verschiedenen historischen Gründen nicht an diesen Staatsgrenzen endet. Die Schweiz ist ohnehin schon in sich mehrsprachig. Und in praktisch
allen Staaten, die an Deutschland und Österreich grenzen, gibt es daher Gebiete, die
als Fortsetzungen des zusammenhängenden deutschen Sprachgebiets angesehen werden
können. Sie haben ein unterschiedliches Geschick gehabt, was logischerweise ihren heutigen Status prägt.

    Am problemlosesten trifft die Beschreibung, den Rand des zusammenhängenden
deutschen Sprachgebiets zu bilden, auf die Gruppen der Deutschsprachigen in Südtirol
(fast 300.000) und in Belgien („Deutschsprachige Gemeinschaft" 74.000), mit einer gewissen Modifikation auch für Luxemburg (11.000) zu. Das Kriterium für diese Einordnung ist das Vorhandensein einer gewissen Differenzierung von Varietäten unter Bezug

auf eine standardsprachliche Form, wie es den Kern des zusammenhängenden deutschen Sprachraums kennzeichnet. Einen Sonderfall stellt die deutschsprachige Minderheit in Dänemark (26.000) dar. Generell etwas anders geartet sind die Verhältnisse im Osten des deutschsprachigen Raums, wo sich historisch mehrfach die Verhältnisse von Staatssprache und den in diesem Raum vertretenen Varietäten des Deutschen verändert haben, und wo sich vor allem im Gefolge des Zweiten Weltkriegs die Zahlen der muttersprachlichen Sprecher des Deutschen dramatisch verringert haben. Das gilt für Polen (150.000), die Tschechische (40.000) und die Slowakische Republik (5.000) und Ungarn (34.000). Wenn man von diesen Unterschieden einmal absieht, ergibt sich insgesamt also fast eine weitere halbe Million an Sprechern, die unmittelbar an die deutschsprachigen Staaten anschließen (vgl. Lewis 2009: *Ethnologue: Languages of the World* sowie die ebenfalls online verfügbare 14. Aufl. von *Ethnologue* (2005) mit zum Teil noch merklich höheren Angaben).

Nicht mitgezählt sind dabei die Sprecher deutscher Sprachformen im Übergangsgebiet zu Frankreich. Es geht dabei um die Sprachenlage im Elsass und Teilen Lothringens, die ebenfalls deutliche Besonderheiten zeigt, die von der politischen Geschichte dieser Region und den Traditionen der jeweiligen Sprachpolitiken deutlich geprägt ist. Die Angabe der Zahl von Personen, die in diesem Raum eine Form des Deutschen sprechen, variiert sehr stark. In neueren Publikationen werden Zahlen zwischen 1,1 Millionen (Amt für Sprache und Kultur im Elsass) und 1,5 Millionen (Lewis 2009) genannt (zu den Zahlen vgl. auch Eichinger 1997: 155).

Wegen ihrer relativen Größe und der Unterschiede bei gleich großer Nähe zum zusammenhängenden deutschen Sprachgebiet werden das Elsass und Südtirol am Ende dieses Artikels exemplarisch gegeneinandergestellt.

1.2. Phasen weiträumigerer Ausbreitung

1.2.1. Frühere Phasen

Es gibt dann die kleineren deutschsprachigen Gruppen, die in verschiedener Art und Weise der kulturellen Nahstreuung des Deutschen zu verdanken sind.

Das betrifft als Ergebnis einer ersten historischen Phase mittelalterliche Sprachinseln (zum Konzept vgl. Eichinger 2003) im Alpenraum ebenso wie ein doch bis vor kurzem großes und eigenständiges Sprachgebiet wie das der Siebenbürger Sachsen in Rumänien (heute 40−60.000, vgl. Bottesch 2008: 332). Eine zweite Welle der Migration deutschsprachiger Siedler in den europäischen Nachbarschaftsraum führt dann im 18. und 19. Jahrhundert zu Ansiedlungen in Mittel- und Osteuropa, die zur Besiedlung und Kultivierung dieser Räume gedacht waren (z. B. sogenannte „Schwabenzüge" in Ungarn, dort heute etwa 30.000 Deutschsprachige, vgl. Knipf-Komlósi 2008). Wesentliche Faktoren für die entsprechende Auswanderung von Deutschen aus dem Binnengebiet waren eine negative wirtschaftliche Entwicklung − unter anderem im Gefolge von Kriegen − aber auch die Suche nach religiöser Freiheit. In dieser Phase geht es dann auch nicht mehr nur um Siedlung mehr oder minder im Nahbereich der sprachlichen Heimat. Das gilt schon für die von Katharina der Großen angestoßene und von Alexander I. fortgesetzte Anwerbung nach Russland (vgl. Berend und Riehl 2008), das gilt dann aber noch mehr für die überseeischen Sprachinseln, etwa in den USA (vgl. zum *Pennsylvania Dutch* Louden 2008; Zahl der Sprecher: 250.000), aber auch in Südamerika (etwa Venezuela, Paraguay). Vor allem auch religiös fundierte Sprachgruppen, zu deren Identität das Deutsche gehört (v. a. Mennoniten mit Plautdietsch, aber auch andere v. a. protestantische Denominationen), finden sich auch sonst weithin verstreut (etwa in Australien, vgl. Clyne 1992). Wo nicht Faktoren der regionalen Absonderung, einer spezifischen Identitätskonstitution oder ein entsprechender sprachlicher Image-Vorteil vorliegen (vgl. zu allen Punkten am Beispiel mennonitischer Gemeinschaften z. B. Kaufmann 1997), nimmt die Verwendung dieser deutschen Varietäten deutlich ab. Kritisch für den Erhalt des Deutschen sind in diesem Kontext auch all die Siedlungsbewegungen, durch die Sprecher unterschiedlicher deutscher Dialekte ohne eine deutliche Bindung an eine übergreifende Form zusammenkamen, so dass neben der Bildung von deutschen Ausgleichsformen, die logischerweise im Herkunftsdeutschen kein Vorbild hatten, die Einflüsse der Umgebungssprache bzw. das Wechseln in eine ihrer Formen eine erhöhte Bedeutung bekamen (deutlich etwa bei der russlanddeutschen Minderheit in Sibirien; vgl. Blankenhorn 2008: 60–62).

1.2.2. Das 19. und 20. Jahrhundert

Im 19. Jahrhundert kommt es zu der großen wirtschaftlich und politisch bedingten Auswanderungswelle in die USA, die aber aufgrund der zwischenzeitlichen historischen Ereignisse und sicher auch aufgrund der Vorteile der Integration in eine als erfolgreich wahrgenommene Lebensform sprachlich heute nicht mehr sehr folgenreich ist (vgl. z. B. zum *Texas German* Boas 2009). Zum Teil sind die deutschsprachigen Siedlungen in Lateinamerika Folgen dieses Typs von Migration, auch bis ins zwanzigste Jahrhundert hinein (z. B. Brasilien), aber auch ein Teil der Siedlungsbewegungen nach Australien ist von diesem Typ.

Ein Punkt, der die weltweite Verbreitung anderer (west)europäischer Sprachen entscheidend prägt, spielt für das Deutsche nur eine marginale Rolle. Die Phase einer deutschen Kolonialpolitik zum Ende des 19. und zu Beginn des 20. Jahrhunderts führt eigentlich nur in der historischen Folge von Deutsch Südwestafrika in Namibia zur langhaltigen Existenz einer deutschsprachigen Bevölkerungsgruppe (heute 20–30.000). In den anderen Gebieten, in denen Deutschland als Kolonialmacht tätig war, kann man allenfalls Reflexe des ehemaligen Einflusses finden (vgl. z. B. das *Unserdeutsch* Papua-Neuguineas; ca. 100, Lewis 2009; vgl. Mühlhäusler 2001).

2. Sprachliche Korrelate

2.1. Das Varietätengefüge

Wenn man heute ohne weitere Differenzierung vom Deutschen spricht, meint man im Prinzip das von Standardsprachlichkeit geprägte Gefüge von sprachlichen Varietäten, wie man es im zusammenhängenden Sprachgebiet findet. Da sich diese Konstellation von sprachlichen Formen prinzipiell erst in der zweiten Hälfte des 19. Jahrhunderts in dieser Weise formiert hat, heißt es in den meisten skizzierten Fällen eigentlich etwas anderes, wenn man sie dem deutschen Sprachraum zurechnet (vgl. dazu Eichinger 1997: 156–157).

Wie man schon aus der oben gegebenen Skizze der wichtigen Ausbreitungsphasen des Deutschen entnehmen kann, kann in vielen Fällen von vornherein ausgeschlossen werden, dass die schriftliche oder gar mündliche Form der Standardsprache dabei eine große Rolle gespielt hätte. In vielen Fällen stehen historische Dialekte und Soziolekte im Mittelpunkt der Sprachgebräuche − vor allem in den kleineren und ferneren Siedlungseinheiten, die denn eher Dialektinseln als Sprachinseln sind. So zeigt sich auch in relativ nah am zusammenhängenden deutschen Sprachraum befindlichen Sprachgruppen wie den Ungarndeutschen, dass eine standardnahe Varietät, das „Hochdeutsche", traditionell eher die Rolle eines Akrolekts einnahm (vgl. Knipf-Komlósi 2008: 288), was sich hier möglicherweise neuerdings unter dem Einfluss der Erlernens des Deutschen als Fremdsprache ändert. Noch deutlicher ist dieser Effekt bei den Gruppen, bei denen Schriftsprachlichkeit oder die Ausbildung einer Ausgleichsform keine Rolle spielen. Notwendigerweise interagieren die vorhandenen Möglichkeiten des Deutschen in diesen Fällen in unmittelbarer Weise mit der anderen bzw. den anderen Sprachen, die in der jeweiligen Umgebung eine Rolle spielen, so dass mit verschiedensten kontaktlinguistischen Erscheinungen zu rechnen ist (vgl. etwa zum Elsass Petit 1997: 1235−1237).

2.2. Entwicklungsbedingungen

Zudem hat die Herauslösung aus der Entwicklung zu der schriftsprachlich dominierten Form im zentralen Verbreitungsraum des Deutschen zu einer gewissen Fossilisierung historischer Zustände einerseits geführt (klassischerweise diskutiert an den alpinen Sprachinseln wie z. B. dem Fersental im italienischen Trentino, vgl. Rowley 1996; insgesamt Wiesinger 1982), andererseits zur Entfaltung von Entwicklungsoptionen, die von den Wegen abweichen, die von der deutschen Schriftsprache eingeschlagen wurden (vgl. Rosenberg 2003). Das ist zwar auch der Fall, wenn man die Binnendifferenzierung des Deutschen in seine traditionellen regionalen Dialekte betrachtet − hier ist aber offenkundig, dass mit dem Erfolg einer allgemeinen Alphabetisierung, den Bedingungen von Verstädterung und Industrialisierung im Verlaufe des 19. Jahrhunderts der Einfluss des Standards vieles verändert hat.

3. Entwicklungsoptionen

3.1. Vorbemerkung

Für die neuere Phase − mit der Standardsprache im Hintergrund − ist auch bedeutsam, dass es auf jeden Fall bis zur Reichsgründung um 1870 im Prinzip zwei sprachenpolitische Modelle zum Umgang mit Mehrsprachigkeit gab, deren eines, das durch die Habsburger Monarchie vertreten war, erheblichen Einfluss auf die Verbreitung des Deutschen im Süden und Osten des deutschen Sprachgebiets hatte (vgl. Goebl 2008). Das andere, letztlich dominante nationale Modell, wie es v. a. ab 1870 im Deutschen Reich vertreten wurde, ist eher an einem Modell von Einsprachigkeit orientiert (vgl. Khan 2004: 525−520 zur dt.-frz. Grenze). In gewissem Maße kann man die Entwicklung der im Folgenden exemplarisch angesprochenen Fälle als Varianten auf der Basis dieser Alternative beschreiben.

3.2. Alternative Entwicklungen: am Beispiel zweier größerer Gebiete

3.2.1. Südtirol

Die sprachliche Situation in Südtirol ist heutzutage intern von einer prinzipiellen Gleichwertigkeit des Deutschen und des Italienischen geprägt, welche die Wahl zwischen diesen beiden Sprachen zu einer vergleichsweise ungefährlichen Option werden lässt. Seit alters gibt es in diesem Raum das Nebeneinander einer germanischsprachigen und einer romanischsprachigen Gemeinschaft, wobei allerdings der echte Kontakt auf die städtischen Agglomerationen und bestimmten Regionen in den Tälern beschränkt war. Die Regelungen in der Habsburger Monarchie waren auf jeden Fall mit den Interessen der deutschsprachigen Bevölkerung kompatibel. Erst nach dem ersten Weltkrieg und in Sonderheit im Faschismus und der Zeit des Zweiten Weltkriegs wurde das Deutsche zurückgedrängt. Das führte in den 1950er und 1960er Jahren zu heftigen Auseinandersetzungen, die aber in einer als beispielhaft geltenden Minderheitenschutzregelung, dem sogenannten „Paket" des Jahres 1972 endeten. Im Gefolge dieser Autonomiebestimmungen ist es so, dass die deutschsprachige Gemeinschaft in Südtirol alle ihre Bedürfnisse in der deutschen Sprache erledigen kann, aber zusätzlich die Vorteile der Zweisprachigkeit nutzt.

Zu den Regelungen gehört auch, dass alle zehn Jahre im Kontext der Volkszählung eine Sprachgruppenzugehörigkeitserklärung abgegeben wird. Beim letzten Termin (2001) haben sich 296.461 Personen (69,15 %) der deutschen Sprachgruppe zugehörig erklärt, 110.206 (26,47 %) der italienischen und 18.736 (4,37 %) der Ladinischen. Damit stabilisiert sich eine Situation, die sich seit den Autonomie-Regelungen des Jahres 1972 andeutete. Die deutschsprachige Bevölkerung bildet bei weitem die Mehrheit in der Provinz Bozen-Südtirol und hat so auch die Möglichkeiten, im organisatorischen Nahraum der Provinz die eigene Sprache ohne Einschränkungen zu verwenden.

Die sprachlichen Verhältnisse in Südtirol sind daher, was die Varietäten und auch die Verwendungsdifferenzierung angeht, nicht sehr verschieden von den österreichischen und in mancher Hinsicht auch den Schweizer Verhältnissen. Wie schon die kurze historische Skizze zeigte, hat Südtirol die normale schriftsprachliche Entwicklung mitgemacht, auf der anderen Seite sind die regionalen Dialekte lebendig und werden in ähnlicher Weise funktional eingesetzt wie etwa in Österreich. Was den Vergleich mit der Schweiz auslöst, ist der Tatbestand, dass äußerst umstritten ist, ob es zwischen den Dialekten und gesprochenen standardnahen Formen eine regionale Ausgleichssprache gibt. Die deutsche Sprache steht in Südtirol auf einer soliden Basis, die durch die aktive Zweisprachigkeit eher gestärkt wird.

3.2.2. Das Elsass

Das ist deutlich anders im Elsass, das aufgrund der Größe der Sprechergruppe möglicherweise mit der Lage in Südtirol vergleichbar erscheint. Die Unterschiede überwiegen aber bei weitem. Das Elsass war eigentlich in den französischen Staat integriert und auch mit der Schriftsprache Französisch sozialisiert, als es seit 1870 in das politische Hin und Her der folgenden Kriege und Kriegszwischenzeiten gerät. So kommen das Elsass und Teile von Lothringen an das Deutsche Reich, nach dem ersten Weltkrieg wieder an Frankreich, im Nationalsozialismus wieder an das Dritte Reich, anschließend nun wieder an Frankreich. Die jeweiligen Wechsel waren von Zurückdrängen bzw. Unterdrückung der jeweils anderen Sprache gekennzeichnet. Das hat letztlich dazu geführt, dass die deutsche Standardsprache allenfalls als eine ausgezeichnete Fremdsprache gelten kann. Das Elsässische, das sich findet, ist die Fortsetzung der auch auf bundesrepublikanischem Boden vorfindlichen Dialektlandschaft, allerdings spielt natürlich der ständige Kontakt mit dem Französischen formal – aber vor allem auch funktional – eine merkliche Rolle. Im Kern seiner Verwendung ist das Elsässische mehr und mehr eine eher ländliche als städtische, eher für informelle Kontexte geeignete Sprachform, die Schreibformen zeigt, wie sie auch sonst für Dialekte üblich sind. Lange Zeit wurde das Elsässische als eine dachlose Außenmundart des Deutschen betrachtet und so eben nicht als eine Regionalsprache Frankreichs. Das hat sich – als Abschluss von Regionalisierungstendenzen, die bis in die 1980er Jahre zurückgehen – erst vor kurzem geändert, als am 21. Juli 2008 Artikel 75 (1) in die französische Verfassung eingebracht wird, in dem die regionalen Sprachen Frankreichs zum Teil des französischen Erbes erklärt werden. Von den etwa 1,8 Millionen Bewohnern des Elsass haben 2001 61% angegeben, sie seien Sprecher des Dialekts, wobei es eine deutliche Altersabstufung gibt (Amt für Sprache und Kultur im Elsass). Zudem nutzen fast alle Sprecher den Dialekt in der Familie, aber nur etwa die Hälfte auch im beruflichen Umfeld. Die Problematik des Bezugs auf das zusammenhängende deutsche Sprachgebiet wird auch in den Differenzen der Bezeichnung für diese sprachliche Form deutlich; es sind unterschiedliche sprachenpolitische Diskurse, in denen man von germanophonen Dialekten, dem Elsässischen oder dem Elsassdeutschen spricht.

4. Literatur in Auswahl

Amt für Sprache und Kultur im Elsass (OLCA)
       Sprachobservatorium: Der elsässische Dialekt in Zahlen. http://www.olcalsace.org/de/
       dialecte-chiffres/der-elsassische-dialekt-in-zahlen.html (20. 1. 2010).
Berend, Nina und Claudia M. Riehl
    2008   Russland. In: Ludwig M. Eichinger, Albrecht Plewnia und Claudia M. Riehl (Hg.),
          17−58.
Blankenhorn, Renate
    2008   Die russlanddeutsche Minderheit in Sibirien. In: Ludwig M. Eichinger, Albrecht Plewnia
          und Claudia M. Riehl (Hg.), 59−70.
Boas, Hans C.
    2009   *The Life and Death of Texas German.* (Publication of the American Dialect Society 93.)
          Durham, N.C.: Duke University Press.
Born, Joachim und Sylvia Dickgießer
    1989   *Deutschsprachige Minderheiten. Ein Überblick über den Stand der Forschung für 27 Länder.*
          Mannheim: IDS.
Bottesch, Johanna
    2008   Rumänien. In: Ludwig M. Eichinger, Albrecht Plewnia und Claudia M. Riehl (Hg.),
          329−392.
Clyne, Michael
    1992   Zur Gegenwart und Zukunft der deutschen Sprache in Australien. *Muttersprache* 102:
          192−203.

Eichinger, Ludwig M.
  1997   Deutsch in weiter Ferne. In: Gerhard Stickel (Hg.), *Varietäten des Deutschen. Regional-
          und Umgangssprachen*, 155−181 (Institut für Deutsche Sprache Jahrbuch 1996.) Berlin:
          de Gruyter.
Eichinger, Ludwig M.
  2003   Island Hopping: Vom Nutzen und Vergnügen des Vergleichens von Sprachinseln. In: Jan-
          nis Androutsopoulos und Evelyn Ziegler (Hg.), *„Standardfragen". Soziolinguistische Per-
          spektiven auf Sprachgeschichte, Sprachkontakt und Sprachvariation*, 83−107. Frankfurt
          a. M.: Lang.
Eichinger, Ludwig M., Albrecht Plewnia und Claudia Maria Riehl (Hg.)
  2008   *Handbuch der deutschen Sprachminderheiten in Mittel- und Osteuropa*. Tübingen: Narr.
Eurobarometer
  2006   *Die Europäer und ihre Sprachen. Vollbericht*. (eurobarometer spezial 243.) Brüssel: Euro-
          päische Kommission. http://ec.europa.eu/education/languages/archive/languages/
          eurobarometer06_de.html (20. 01. 2010).
Goebl, Hans
  2008   Sprachenvielfalt und Sprachenpolitik in der Spätphase der Donaumonarchie (1848−
          1918). In: Ludwig M. Eichinger und Albrecht Plewnia (Hg.), *Das Deutsche und seine
          Nachbarn. Über Identitäten und Mehrsprachigkeit*, 109−134. Tübingen: Narr.
Kaufmann, Göz
  1997   *Varietätendynamik in Sprachkontaktsituationen: Attitüden und Sprachverhalten rußland-
          deutscher Mennoniten in Mexiko und den USA*. Frankfurt a. M.: Lang.
Khan, Daniel-Erasmus
  2004   *Die deutschen Staatsgrenzen*. Tübingen: Mohr Siebeck.
Knipf-Komlósi, Elisabeth
  2008   Ungarn. In: Ludwig M. Eichinger, Albrecht Plewnia und Claudia M. Riehl (Hg.), 265−
          328.
Lewis, M. Paul (Hg.)
  2009   *Ethnologue: Languages of the World*. 16. Aufl. Dallas, Tex.: SIL International. http://
          www.ethnologue.com (21. 5. 2010).
Louden, Mark
  2008   Synthesis in Pennsylvania German Language and Culture. In: Josef Raab und Jan Wirrer
          (Hg.), *Die deutsche Präsenz in den USA / The German Presence in the U.S.A.*, 671−699.
          Münster: Lit Verlag.
Mühlhäusler, Peter
  2001   Die deutsche Sprache im Pazifik. In: Hermann J. Hiery (Hg.), *Die deutsche Südsee 1884−
          1914: ein Handbuch*, 239−262. Paderborn: Schöningh.
Petit, Jean
  1997   Français − Allemand. In: Hans Goebl, Peter H. Nelde, Zdeněk Starý und Wolfgang
          Wölck (Hg.), *Kontaktlinguistik / Contact Linguistics / Linguistique de contact. Ein interna-
          tionales Handbuch zeitgenössischer Forschung. / An international Handbook of Contempo-
          rary Reseqarch / Manuel international des recherches contemporaines*, 1222−1240. 2. Halb-
          band (HSK 12.2.). Berlin: de Gruyter.
Rosenberg, Peter
  2003   Vergleichende Sprachinselforschung: Sprachwandel in deutschen Sprachinseln in Russ-
          land und Brasilien. *Linguistik online* 13: 273−324 (21. 5. 2010).
Rowley, Anthony R.
  1996   Die Sprachinseln der Fersentaler und Zimbern. In: Robert Hinderling und Ludwig M.
          Eichinger (Hg.), *Handbuch der mitteleuropäischen Sprachminderheiten*, 263−285. Tübin-
          gen: Narr.

Wiesinger, Peter
1982   Deutsche Dialektgebiete außerhalb des deutschen Sprachgebietes. In: Werner Besch, Ulrich Knoop, Wolfgang Putschke und Herbert E. Wiegand (Hg.), *Dialektologie. Ein Handbuch zur deutschen und allgemeinen Dialektforschung*, 900−929. Berlin: de Gruyter.

Ludwig M. Eichinger, Mannheim (Deutschland)

39. Entwicklungen und Veränderungen im heutigen Deutsch

1. Vorklärungen

Die Frage nach den sprachlichen Entwicklungen und Veränderungen wird meist eher unspezifisch gestellt, so dass mit dieser Formulierung verschiedene Arten von Neuerungen zusammengefasst werden, die sich im Gebrauch der Gegenwartssprache niederschlagen. Eigentlich spricht sie weniger von dem Wunsch, dem Sprachwandel und seinen Gründen näher zu kommen, als dem Versuch, charakteristische Elemente eines modernen Sprachgebrauchs zu finden.

Solch eine Fragestellung und die Dokumentation der entsprechenden Befunde sind für einen Fremdsprachenunterricht, der an den Erwartbarkeiten gegenwärtiger Kommunikation orientiert ist, von Bedeutung. Dieses Interesse ist zudem davon geleitet, mit der Darstellung einschlägiger Erscheinungen Informationen über die Einbettung der verschiedenen Sprachgebräuche in das sozialsymbolische und normative System des muttersprachlichen Alltags zu bekommen (Langer 2007). Neuerungen im Sprachgebrauch zu kennen, ist ein vernünftiger Bestandteil einer sprachlichen Landeskunde.

Dieser Konnex von Neuem, Verändertem und normativem Status bringt es zudem mit sich, dass diesem fremdsprachenmethodischen Diskurs auf muttersprachlicher Seite ein sprachkritischer Diskurs auf verschiedenen Ebenen entspricht.

Diese Fragen einer synchronen Statusbewertung sind den meisten sprachwissenschaftlichen Darlegungen zu diesem Thema eher fremd (Klein 2009; Eichinger 2009a). In ihnen wird der generelle Blick auf sprachlich „Neues" einerseits stärker im Hinblick auf weiträumiger geltende Gesetzmäßigkeiten des Wandels fokussiert; andererseits wird stärker auf eine analytische Scheidung dessen geachtet, was sich alles als Entwicklung oder Veränderung erkennen lässt.

Die in Frage stehenden Erscheinungen werden daraufhin betrachtet, inwieweit in ihnen längerfristige Systementwicklungen wirksam werden, wie in manchen der jetzt als Bestandteile des historischen Gegenwartssystems zu verstehenden Elementen eine historische Gebrauchspräferenz ihren Niederschlag findet, letztlich, wie sich die Variation innerhalb der historischen Sprache Deutsch in der Gegenwart ausnimmt und wie die daraus folgenden Gebräuche in den Kontexten und Bedingungen der sozialen Interaktion in den Gesellschaften der deutschsprachigen Länder situiert sind.

Gleichzeitig wird die Beschreibung häufig auf bestimmte linguistische Ebenen (Grammatik, Lexik, Pragmatik) beziehungsweise Herangehensweisen (systematisch-formal; funktional; interaktional) bezogen. Letztlich werden Elemente der Situierung der sprachlichen Interaktion, die für die gesellschaftliche Entwicklung als zentral gelten, in Korrelation zu sprachlichen Phänomenen gesetzt.

2. Erscheinungen

2.1. Die Auswahl der diskutierten sprachlichen Erscheinungen

Wenn man das Konzept der sprachlichen Entwicklung und Veränderung als Element eines fachlich gestützten fachnahen Alltagsdiskurses betrachtet (zur Bedeutung dieser Kategorie Ehlich 2006: 21), kann man seine Darstellung am einfachsten durch das Umreißen der zentralen Objekte dieses Diskurses angehen. Für einen ersten Zugriff bietet es sich an, sie nach den gängigen Ebenen von Grammatik, Lexik und Pragmatik zu ordnen.

Das Konzept der Neuerung ist ohne einen Bezugspunkt, auf dessen Folie die beobachteten Erscheinungen diskutiert werden, nicht denkbar. Auf dieser Ebene ist das die Standardform der geschriebenen Sprache, wie man sie exemplarisch im redaktionellen Teil der Abonnementspresse findet, und eine standardnahe Form der gesprochenen Sprache, wie sie in redaktionellen Moderationen von Rundfunk- und Fernsehsendern nationaler Reichweite realisiert wird (Klein 2009: 155).

2.2. Grammatisches

Unter diesen Voraussetzungen wird regelmäßig eine Reihe von grammatischen Phänomenen genannt, die den akuten Stand längerfristiger Entwicklungen des Deutschen im Rahmen seiner typologischen Möglichkeiten betreffen (s. IDS_grammis_fragen).

Entwicklungen in der Morphosyntax des Deutschen orientieren sich insgesamt an dem für das Deutsche spezifischen Ausgleich zwischen analytischen und synthetischen Kodierungstechniken (Wurzel 1996: 521−522). In diesem Kontext gehören die Diskussionen zur Kodierung und Verwendung der substantivischen Kasus wie zur Variation im Bereich der Monoflexion in der Nominalgruppe (Eichinger und Plewnia 2006).

Die Diskussion um das Kasussystem des Deutschen geht häufig von der marginalen Rolle des Genitivs als Objektkasus aus. Das reflektiert u. a. Diskrepanz zwischen der deutlichen Kasusdifferenzierung beim Maskulinum und dem formalen Zusammenfall beim Femininum. Dieser Unterdifferenziertheit hat das Funktionieren des Systems Rechnung zu tragen. Da die Kasus-Information im Prinzip nicht am Substantiv, sondern am

Artikel, funktional entsprechenden Wörtern bzw. am Adjektiv ausgedrückt wird, kommt es beim Nicht-Auftreten eines dieser Elemente zu weiteren Problemen. Es vermeidet viele dieser Schwierigkeiten, dass der Genitiv im wesentlichen auf die Funktion des unmarkiertesten Junktors für nominale Attribute beschränkt wird, dass entsprechende präpositionale Junktoren der Klärung unklarer Abhängigkeitsverhältnisse dienen (*Mengen von Wein / Getränken*), dass in Zweifelsfällen die Flexion direkt am Substantiv die Singular-Plural-Differenzierung stützt (*ein Orchester mit / ohne Dirigent / Dirigenten*), dass die Flexionstypen arrondiert werden (*Glaube / Glauben*), und dass kategoriale Ambivalenzen über striktere Erwartungen an die vorhandenen Wortstellungspräferenzen aufgelöst werden (*Die Frau besucht die Braut. Das Gesicht verändert die Stimmung.*). All das entspricht längerfristigen Entwicklungsoptionen des Deutschen, kann aber aktuell als „Tendenz" und ggf. kritischer Zweifelsfall erscheinen. Denn einerseits gibt es häufiger ein gesamthaft schwer überschaubares Nebeneinander von Formen (*Evas Haus, das Haus Evas / von Eva; An den Ufern des Nil / des Nils / ?von dem Nil; ich erinnere das / ?dich; ich erinnere mich dessen / daran / ?an das – dein / ?deiner / an dich*); zum zweiten ist die Reichweite alternativer Konstruktionen häufig nicht auf den jeweiligen Problembereich beschränkt und zum dritten sind mit den Konstruktionen – in Teilen ihrer Verwendung – stilistische Differenzierungen verbunden (*Das Thema meines Vortrags / ?von meinem Vortrag/ ??meinem Vortrag sein Thema*).

In denselben Kontext gehört die Frage der wechselnden Rektion von Präpositionen. Sie betrifft häufig den Wechsel zwischen Genitiv und Dativ, also ebenfalls die Stelle der formalen Unterdifferenzierung beim Femininum. Was man seit längerem für Präpositionen wie *trotz* und *wegen* diskutiert, ein Nebeneinander von Genitiv- und Dativrektion (mit formellerem Charakter des Genitivs) findet sich inzwischen öfter, gerade auch, weil auch viele unentscheidbare Fälle auftreten (s. di Meola 2009: 212−214; dort z. B. bei *dank* 125 klare Dative, 348 klare Genitive, 525 unentscheidbare Fälle).

Die genannten Generalisierungen im Kasussystem führen auf jeden Fall zu deutlichen Präferenzen bei der Kodierung satzsyntaktischer Konstruktionen. Ein bekanntes Beispiel dafür ist die Präferenz für Verben mit präpositionaler Rektion gegenüber der Genitivrektion bei Konstruktionsalternativen. So findet sich zum Beispiel in den Datenbanken des IDS nur ein einziger Beleg für die Konstruktion *erinnert sich der Zeit*, dagegen gibt es 135 Verwendungen *für erinnert sich an die Zeit* − und das auch bei ähnlicher Stillage (eher gehoben; Feuilleton)

(1) […] *geht auf der Bühne hin und her und erinnert sich der Zeit von 1970*
                                                    (Frankfurter Allgemeine, 1995)

(2) […] *und ein „Alter Mann" erinnert sich an die Zeit zum Ende des zweiten Weltkrieges*
                                                    (die tageszeitung, 14. 03. 1996)

Im verbalen Bereich betrifft das sowohl die Fragen der Tempus- und der Moduskodierung (etwa zum Konjunktiv II, Lotze und Gallmann 2009: 229−237) wie insgesamt die Kodierung im Rahmen von Klammerungsstrukturen (z. B. „Dativ-Passiv"; *tun*-Periphrasen).

Einen zentralen Punkt bei der Entfaltung propositionaler Zusammenhänge stellt die Instruktion über Kausalitätsverhältnisse dar. Die Verwendung der entsprechenden Konnektoren und der von ihnen eingeführten Konstruktionen zeigt eine erhebliche Variation.

Die klassischen Beispiele sind hierfür die Verwendungen der Konnektoren *weil* und *obwohl* mit nachfolgender Hauptsatzwortstellung, die jeweils eine subjektivere Variante der Begründung liefern, als wenn das gleiche Element in einer Konstruktion mit Verbendstellung verwendet wird (s. Günthner 2005: 49−51; Wegener 1999).

Zum Teil wird auch darauf verwiesen, dass Lehnkonstruktionen eine zunehmende Bedeutung hätten. So gibt es Konstruktionen mit dem Verb *machen*, die sich unter englischem Einfluss durchgesetzt oder zumindest ihren Gebrauch verbreitert haben. Auch in diesen Fällen gibt es offenbar Verwendungsdifferenzierungen, zwischen *Sinn haben* und *Sinn machen* wie sie sich in den folgenden Belegen andeuten:

(3) *Eine Ampel macht keinen Sinn, da sie wie der Zebrastreifen ignoriert werden kann.*
(Braunschweiger Zeitung, 10. 01. 2009)

(4) *Es hat keinen Sinn mit Männern zu streiten, sie haben doch immer Unrecht.*
(Braunschweiger Zeitung, 10. 03. 2009)

Ähnliches lässt sich bei der Variation der Jahreszahlnennung (*2009*; *in 2009*; *im Jahr 2009*) zeigen (s. IDS_grammis_fragen; auch Eisenberg 2009: 81−82).

2.3. Lexikalisches

Dass sich der Wortschatz verändert, ist so erwartbar und gewöhnlich, dass man diesen Tatbestand kaum als eigene Tendenz herauslösen kann. Dass zu diesem Zweck in einer ausgebauten Schriftkultur wie der deutschen alle vorhandenen Mittel genutzt werden, ist eher ein Definitionskriterium für diesen Zustand als eine Entwicklungstendenz.

Das gilt auch für die Nutzung der Mittel, die im Vergleich mit anderen Sprachen besonders auffallen. Für das Deutsche ist das z. B. die Nominalkomposition, die vor allem im schriftsprachlichen fachnahen Bereich dazu genutzt wird, die Integrationsmöglichkeiten der Nominalphrase (mit der Funktion Nomination) zu erhöhen. Tatbestand und Funktion kann man an Beispielen aus der Rechts- und Gesetzessprache sehen; am 24. 12. 2008 wurde das folgende Gesetz im Bundesgesetzblatt (BGBl) veröffentlicht:

(5) *Gesetz zur Reform des Erbschaftssteuer- und Bewertungsrechts*
(Erbschaftsteuerreformgesetz − ErbSTRG)

Hier sieht man, dass das immerhin viergliedrige Kompositum einen verkürzenden Namen für einen terminologisch beschreibenden Titel in Form einer syntaktischen nominalen Fügung darstellt, der seinerseits durch ein entsprechendes Kurzwort (schriftlich) handhabbar gemacht wird. Eine fortgeschrittene Schriftsprachlichkeit nutzt textsortengerecht („Spezialgesetz") alle Mittel, die sich im Deutschen für die Strukturierung von Nominalphrasen finden. Das Bewusstsein für texttypengerechte und relativ dazu ökonomische Variation der Mittel ist zweifellos mit der Diversifikation der sprachlichen Welt gewachsen.

Allerdings kann man an historischen Exempeln sehen, dass solche Präferenzen für bestimmte Mittel des Wortschatzausbaus, die zunächst stilistisch prägend bzw. textuell gebunden waren, letztlich für die grammatische Gestalt der Sprache kennzeichnend werden.

Unter diesem Aspekt gibt es in den Techniken der Wortbildung Ansätze zu einer systematisch relevanten Entwicklung im deutschen Wortschatz. Dabei kann man folgende Aspekte unterscheiden.

Zum einen zeigt sich eine zunehmende Bedeutung der fachnahen und bildungssprachlichen Teile des deutschen Wortbildungssystems. Das betrifft z. B. Akzentuierungen in vorhandenen Mitteln, wie etwa die Paradigmatisierung von Adjektivbildungen im Übergangsbereich von Komposition und Derivation (Eichinger 2000: 210−216), wie sie im Nebeneinander der folgenden Beispiele sichtbar wird:

(6) *Die Innenstadtbereiche sollten konsequent fußgängerfreundlich und barrierefrei gestaltet werden.*   (Rhein-Zeitung, 15. 05. 2009)

(7) *barrierefreie oder zumindest barrierearme Zugänge* (VDI Nachrichten, 08. 05. 2009)

(8) *Ratgeber für altersgerechte und barrierearme Häuser*
(Hannoversche Allgemeine, 30. 05. 2009)

(9) *Idars fußgängerarme Fußgängerzone ist erneutes Thema einer Stadtratssitzung*
(Rhein-Zeitung, 03. 01. 2009)

Die hier ausgebauten Bildungstypen erscheinen in den üblichen Beschreibungen als marginal.

Das gilt auch für einen anderen Teil der Wortbildung, die im fachnahen Bereich der Kommunikation wichtig ist. Es gibt im Deutschen einen Kern von Europäismen auf Lexem- und Affixebene, die ein Mittel darstellen, die sprachliche Globalisierung effizient umzusetzen (Müller 2005). So sind alltagfachliche Diskurse durchaus in diesem Sinn sprachlich geprägt, und so sind z. B. Bildungen mit dem Suffix {-itis} ‚entzündlich krankhaft‘ durch eine Vielzahl gängiger Krankheitsnamen (*Arthritis, Bronchitis, Cellulitis, Gastritis, Hepatitis, Neurodermitis*) zu einem analog ausbaubaren Muster geworden, so dass auch entsprechende Wörter, deren Stamm weniger bekannt ist (*Divertikulitis*), als Krankheitsnamen identifiziert werden und das Muster − mit stilistischer Markierung − ausgeweitet wird:

(10) *Die „Fusionitis" ist in der Gemeinde […] ausgebrochen.*
(Braunschweiger Zeitung, 21. 01. 2009)

(11) *„Das Gesundheitssystem", so schreibt Nützel, „leidet an chronischer Reformitis."*
(Braunschweiger Zeitung, 23. 05. 2009)

So findet sich die *Gutachteritis* in den Korpora des IDS immerhin schon in zwanzig Belegen; allerdings stammen alle aus gesprochenen Kontexten und sind vom folgenden Typ:

(12) *„Die Regierung Beck hat die Gutachteritis und Berateritis gepackt", folgert Bischel.*
(Rhein-Zeitung, 10. 02. 2004)

Auf jeden Fall wird in einem erheblichen Bereich der bildungssprachlichen Wortbildung (Müller 2005) mit sogenannten Konfixen operiert, also mit unselbständigen, aber in Bildungsmuster (Affixreihen u. ä.) und typische Kontexte (am Beispiel {*arthro*}: Krankheiten und Tierklassifikation) eingebundenen Stammelementen, die ihrerseits bestimmte regelhafte Wortfamilien um sich scharen:

(13) *bei rheumatischen und arthritischen Leiden*   (St. Galler Tagblatt, 13. 03. 1998)

(14) *Ob muskulär, ob arthrogen*   (Rhein-Zeitung, 19. 05. 2001)

(15) *Außerdem müsse er mit einer [...] Arthrose rechnen.*   (Rhein-Zeitung, 25. 06. 2005)

(16) *können in ihrer gelenkigen Verbindung schwere arthrotische Veränderungen aufweisen*
                                                                  (St. Galler Tagblatt, 10. 09. 1999)

(17) *bis sie ihre Knochen arthrosegerecht in den Sessel pferchen kann*
                                                                  (St. Galler Tagblatt, 23. 11. 2007)

(18) *Forschungsgemeinschaft für Arthrologie und Chirotherapie*
                                                                  (Rhein-Zeitung, 23. 12. 2000)

(19) *Arthralgien (Gelenkschmerzen)*   (Kryoglobulinämie, http://de.wikipedia.org, 2005)

(20) *der sich [...] einer Arthroskopie unterziehen musste*
                                                                  (Niederösterreichische Nachrichten, 12. 02. 2007)

(21) *der an Arthrogryposis Multiplex Congenita (AMC) leidet*
                                                                  (Rhein-Zeitung, 19. 06. 2007)

(22) *Die plastische Rekonstruktion eines Riesengliederfüßlers „Arthropleura".*
                                                                  (Mannheimer Morgen, 15. 06. 2001)

(23) *Sie sind sehr wahrscheinlich nahe verwandt mit Gliederfüßern (Arthropoda) und Bärtierchen (Tardigrada) und bilden mit diesen beiden das Taxon Panarthropoda.*
                                                                  (Stummelfüßer, http://de.wikipedia.org, 2005)

Zum anderen geht es um die vielfältigen Optionen der sprachlichen Integration von entlehnten Elementen, wobei es konkret um Entlehnungen aus dem Englischen geht. Zum Teil handelt es sich schon bei den gerade diskutierten Fällen von Fremdwortbildung um einen solchen Integrationsprozess (dazu Kirkness und Woolford 2002). Solche Prozesse gehen über den bisher angesprochenen eher fachorientierten Bereich hinaus, so hat etwa das Suffix {*-ing*} eine eigenständige Anwendung zumindest in gruppenspezifischen Kontexten gefunden. Ein Indiz für die starke Integration ist die Existenz hybrider Bildungen bzw. die Einbindung in die Strukturzusammenhänge des Deutschen:

(24) *Doch wenn Dietrich mal Häuser aus Brot bauen[...] lässt, dann ist das so lustig und beliebig wie, sagen wir, Mathematiker Sit-ins oder der Modesport Jazz-Rafting oder die Generation Minigolf – und was einem sonst noch einfällt, wenn man zusammensetzt, was nicht zusammengehört.*   (die tageszeitung, 07. 03. 2000)

(25) *LR Johannes Lugger formuliert [...] die Zielvorgaben [...] eine Ausweitung der Raftingzeiten für konzessionierte Unternehmer, andererseits das Fernhalten sogenannter wilder Rafter [...] eine gewisse Ordnung in den Raftingbereich zu bringen. Die Kon-*

zessionsvoraussetzungen [...] setzen [...] Verfügungsberechtigung über die erforderlichen Rafts voraus.   (Tiroler Tageszeitung, 18. 05. 1996)

In markierten Kontexten tauchen auch Bildungen auf, die sich nicht auf ein englisches Vorbild beziehen:

(26) *Also denn: Die Welt braucht zusätzlich ein Sportfest der Nicht-World-Games-Disziplinen mit vielleicht Speed-Minigolf, [...], 32-Cards-Zocking (Skat).*
                                                                    (die tageszeitung, 26. 07. 2005)

(27) *Wegen Free-Rutsching beim Free-Falling zurück ins Tal.*   (die tageszeitung 1994)

Andere Muster werden deutsch remorphologisiert bzw. analogisch ausgeweitet (Barz 2008: 51−53), z. B. {-ie}/{-y}/{-i} für Personenbezeichnungen, z. B.

(28) *hier als Coolie mit Easy-Rider-Brille und Freundin*   (die tageszeitung, 25. 03. 1997)

(29) *Die sportliche Kuh in Eishockey-Montur heisst Cooly.*
                                                    (Die Südostschweiz, 25. 04. 2008; Coole, sportliche Kuh)

(30) *Computertechnisch wenig Bewanderte erhalten Hilfe vom Assistenten Cooli, von dem sie auf die richtige Fährte geführt werden.*
                                                    (Die Südostschweiz, 06. 10. 2005; Trockener Schulstoff, «cool» ergänzt)

Erkennbar spielen englische Entlehnungen in als modern geltenden Bereichen des Wortschatzes eine erhebliche Rolle (Herberg et al. 2004) und sie prägen daher auch jugendsprachliche Äußerungen. Allerdings zeigt sich nach den vorliegenden Untersuchungen (Eisenberg 2009: 80−81), dass das Deutsche durchaus in der Lage ist, mit diesen Wortbeständen systemgerecht umzugehen.

Als weiterer lexikalischen Effekt kann man einen Trend zu Ausgleichsformen gegenüber traditioneller − nicht zuletzt regionaler − Variation (Klein 2009: 151−152) beobachten, der in gewisser Weise konterkariert wird durch die Integration von (ehemaligen) Substandardvarianten in standardnähere Formen (vgl. z. B. das Standard-Konzept in Ammon et al. 2004).

2.4. Pragmatik

Die Verschiebung im Sprachgebrauch geht in zwei einander ergänzende Richtungen. Einerseits ist die verstärkte Orientierung an den oben skizzierten standardsprachlichen Realisierungen unübersehbar. Traditionelle Muster der Variation werden abgeflacht (Spiekermann 2007). Dabei ergeben sich insbesondere sprechsprachlich an Strategien des Gesprochenen orientierte neue Paradigmatisierungen (vgl. z. B. die heutige Verteilung der Gesprächspartikeln *eben* und *halt*; s. Eichinger 2009b). Auf der anderen Seite wächst die Orientierung an verschiedenen und sehr unterschiedlichen sprachlichen Stilen; das führt zu einer Erhöhung der Variation auch in dem skizzierten standardnahen Bereich (Schmidt 2005: 299−302). Einen Aspekt dieser zweiten Entwicklung stellt die erhöhte Sichtbarkeit nationaler Varietäten dar (s. Ammon et al. 2004).

Zentral ist der Sprachgebrauch aber dadurch gekennzeichnet, dass auch das öffentliche Schreiben und Sprechen in der Lage sein muss, in angemessener Weise einerseits mit Alltäglichem, andererseits mit verschiedenen Nischen der Fachlichkeit fertig zu werden.

Zudem ist aufgrund der medialen Umbrüche der letzten Jahrzehnte die mediale Situierung von höherer Bedeutsamkeit geworden. Sie haben einerseits dazu geführt, dass primär gesprochene, aber dennoch in Bereiche des Alltags reichende Sprachformen eine erheblich vergrößerte Reichweite haben, andererseits wurden durch sie neuartige Typen von Schriftlichkeit öffentlich sichtbar.

3.   Der soziolinguistische Rahmen

3.1. Fachlichkeitssignale

Die Sachverhalte, die in öffentlichen Diskursen verhandelt werden, werden zunehmend in einer fachnahen Weise verhandelt, zudem ist das sprachliche Leben vom Zusammentreffen von Interagenten geprägt, deren sprachliches Profil von recht unterschiedlichen fachlichen Erfahrungen geprägt ist. So gibt es eine Tendenz zur Verbreiterung und Vervielfältigung fachnaher Ränder der alltagsrelevanten Standardsprache. Mit entsprechenden Folgen: Jeweils aktuelle Fachdiskurse prägen die öffentliche Sprachwahl merklich, unterschiedlich lang und in unterschiedlicher Tiefe, bis dahin, dass ihre Schemata und sprachlichen Prägungen in generalisierend-metaphorischer Weise in das Reden über den öffentlichen Alltag übernommen werden. Ein klassischer Fall ist der Atom-Kernenergie-Diskurs, v. a. seit Tschernobyl. Seither hat sich zum Beispiel das Reden vom *GAU* weit von seinen Ursprüngen gelöst. So finden sich heute neben Belegen wie:

(31) *Der Gau in Tschernobyl vor 23 Jahren hat wie kein anderer „Störfall" in der Geschichte die Grenzen der Kernkrafttechnik aufgezeigt.*
(Braunschweiger Zeitung, 21. 02. 2009)

viele andere, die unterschiedlich deutlich auf diesen Ursprung zu beziehen sind; so heißt es von Terminproblemen:

(32) *Und [...] in diesem Jahr stand meine kleine Familie kurz vor dem Gau. Zu all den kleinen und großen Hindernissen, [...], kamen nun auch noch zusätzlich meine vielen Lauftermine ins Spiel.* (Braunschweiger Zeitung, 02. 04. 2009)

Und der Kreuzbandriss eines Sportlers bringt alle Unheilmetaphern zusammen:

(33) *Mit dem GAU − der größte anzunehmende Unfall − meinte er die Hiobsbotschaft, die ihm gestern sein Kapitän André Bischoff mitgeteilt hatte.*
(Braunschweiger Zeitung, 05. 05. 2009)

Ähnlich prägend wirkt der Umweltdiskurs mit zentralen Konzepten: so ist *Nachhaltigkeit* (ein fester Terminus zu *sustainable development* [!]) fast zu einem lediglich modernes Bewusstsein signalisierenden Wort für ‚Dauer' geworden:

(34) *In drei Klassen − in der School of Design Thinking „Classes" genannt, schließlich ist die Unterrichtssprache Englisch − wurden die Studenten aufgeteilt. Es geht um Medien, Nachhaltigkeit und Bildung.* (VDI Nachrichten, 27. 03. 2009)

3.2. Umschichtungen

3.2.1. Voraussetzungen

Die gesamtgesellschaftliche Entwicklung in der zweiten Hälfte des zwanzigsten Jahrhunderts ist in demokratischen Gesellschaften durch die Tendenz gekennzeichnet, ehemals als marginal oder minoritär geltende Gruppen gleichberechtigt am allgemeinen Diskurs zu beteiligen. Das führt auch zu Umwertungen und Umwertungsansprüchen im Hinblick auf kommunikative Regularitäten, die von Seiten dieser Gruppen eingebracht werden.

Drei zentrale Schnittstellen dieser Art prägen die Wahrnehmung der sprachlichen Geschichte der Bundesrepublik Deutschland.

3.2.2. „Gender" und Sprache

In diesem Fall handelt es sich um Fragen der Geschlechterdifferenz und ihrer sprachlichen Repräsentanz. Die Diskussion darüber kannte verschiedene Phasen (Klann-Delius 2005); praktisch schlagen sich die Ergebnisse dieses Prozesses in Bemühungen um sprachliche Gleichbehandlung und auch in entsprechenden Vorschriften nieder, die aufgrund der relativ prominenten Genusmarkierung des Deutschen zu komplexeren Lösungen führen muss als etwa im Englischen. Die Fragen werden derzeit im generelleren Rahmen des *gender mainstreaming* behandelt (vgl. Kap. 4 in Eichhoff-Cyrus 2004).

3.2.3. Jugendkultur

Auf anderer Ebene hat sich die Akzeptanz jugendkultureller Kodierungen im Raum öffentlich akzeptierter Interaktionstypen erheblich verändert. War der Aufschwung der aktuellen Jugendkultur in den 1960er Jahren symbolisch ein deutliches Gegenkonzept, so haben informellere Stile zwischenzeitlich gerade auch bei den gesellschaftlichen Eliten einen Platz als Lebensstilalternative gefunden. Es herrscht weithin Konsens, dass aufgrund der Diversifikation jugendkultureller Stile von einer Einheit Jugendsprache nur in dem Sinn gesprochen werden kann, dass es Konstellationen von Situationen, Cluster von prototypischen Inhalten und Techniken der sprachlichen Gruppenmarkierung gibt, die geeignet sind, als soziale Inszenierung jugendkultureller Orientierung gelesen zu werden. Allerdings existieren daneben durchaus aufzählbare historische sprachliche Befunde, die sich damit korrelieren lassen.

Bei der sprachlichen Realisierung dieser Stile geht es für die meisten Jugendlichen um sekundäre sprachliche Optionen mit spezifischer gruppenbezogener Funktion. Heutzutage ist Jugendlichkeit zudem medial korreliert mit der Nutzung und Beherrschung bestimmter elektronischer Text- und Interaktionstypen (mit zunehmenden Optionen: chat, sms, twitter, Portale wie *facebook, studiVZ* usw.; s. Schlobinski 2006). Jugendliche Stile im engeren Sinn haben häufig eine städtische Prägung. Nicht zuletzt in der Pop-Kultur – etwa in den Inszenierungen des Rap – ist der sprachliche (und sonstige) Gestus eher anomischer städtischer Jugendkulturen die Quelle der symbolischen Inszenierung (grundlegend: Schulze 1992). An dieser Stelle gibt es neben der Alters-Differenzierung merkliche Unterschiede, die sich mit den Bildungslebensläufen korrelieren lassen. So ist denn als Tendenz – nach doch um die vierzig Jahre Jugendkultur – eher die Beobachtung interessant, welche der jugendkulturellen Traditionen in bestimmten Situationen im öffentlichen Diskurs als akzeptabel gelten können. Wenn die Situation medial modern konnotiert ist, sind solche Möglichkeiten hilfreich. So kann man die erhöhte Variation in Anreden und Grußformen in E-Mails vergleichbarer Art als Positionierung relativ zu einem Pol der Lockerheit sehen – während das andere Ende von ganz traditionellen Briefformen gebildet wird (Ziegler und Dürscheid 2003). Unter welchen Bedingungen kann man *Hallo* als adäquate Anrede benutzen, und auf welcher Ebene ist *lg* vertrauter als *Liebe Grüße*? Insgesamt sind die Markierungen von Höflichkeit betroffen; was etwa das Verhältnis von Duzen und Siezen angeht, gilt zumindest in manchen Blogs ein absolutes Duz-Gebot (zu Anredeformen s. Besch 1998).

3.2.4. Migration und sprachliche Integration

Die Beschäftigung mit den Folgen, die der Sprachkontakt im Kontext von Migration hat, ist ein Thema, das seit Ende der 1960er Jahre – als „Gastarbeiterdeutsch" – mit seinen strukturellen Aspekten („Pidgin") und sozialen Bedingungen und Folgen, wahrgenommen wird (Clyne 1968). Seither haben sich Stellenwert und Art der Betrachtung erheblich verändert.

Mindestens zwei Züge in dieser Entwicklung prägen die heutigen sprachlichen Verhältnisse und ihre Interpretation.

Mit dem einen lässt sich unmittelbar an den letzten Punkt anschließen, da schon relativ früh beobachtet wurde, dass im Gefolge innerstädtischer Kontaktlagen eine einigermaßen selbständige Jugend-Varietät entstanden ist (Kallmeyer und Keim 2003; Dirim und Auer 2004), die einen systematischen Platz in einem prinzipiell weit gespannten Varietätenspektrum hat (Keim 2008). Neuerdings hat sich in Anbetracht der Stabilität dieser Varietäten und ihrer Verbreitung über die „Kontakt-Sprecher" hinaus eine Sichtweise entwickelt, sie als eine deutsche Varietät „Kiezdeutsch" mit auch sonst verwendeten strukturellen Elementen aufzufassen (Wiese 2006). Zu ihr gehören außer Veränderungen im Wortschatz etwa neue Typen von Funktionsverbgefügen, systematisch reduzierte Richtungsangaben usw.

Einen zweiten Punkt stellen Fragen der sprachlichen Integration insgesamt dar, vor allem insofern hier durch politische Entscheidungen Veränderungen angestoßen worden sind, mit deren Folgen noch länger zu rechnen sein wird. Ein solches Ereignis war die Integration von „Aussiedlern", also von Mitgliedern bzw. Nachfahren deutschsprachiger Minderheiten in Mittel- und Osteuropa in den letzten zwanzig Jahren, die erhebliche sprachliche und soziale Folgen hat (Bergner und Weber 2009; zum Sprachlichen Berend 2009). Diese Sprechergruppe stellt einen Sonderfall im Rahmen der Integrationspolitik insgesamt dar, die durch die Anforderungen des Zuwanderungsgesetzes (vgl. beim BMI: http://www.zuwanderung.de) Veränderungen erfahren hat, die auch die sprachlichen Verhältnisse betreffen.

4. Diversifikation und Stabilität

Viele der im Bisherigen beschriebenen Entwicklungen haben sich im letzten halben Jahrhundert ergeben.

Sie haben in dieser Zeit ihren Status verändert, zum Teil haben sie zu einer neuen Stabilisierung geführt, die man an der prinzipiellen Annäherung an standardsprachliche Normen festmachen kann. Diese Normen haben allerdings eine Modifikation erfahren, da sie im Gefolge dieser Entwicklungen stärker auf die Alltagwelt bezogen sind, was nicht ohne Normenkonflikte abgeht.

Zum Anderen ist festzuhalten, dass die Anforderungen, situativ adäquat zu reagieren und sprachlich zu variieren, gestiegen sind. Dabei ist allerdings unstrittig, dass es nach wie vor bestimmte Milieus sind, von denen eine akzeptable Bandbreite der Variation definiert wird. Der Durchgang durch die Entwicklungen der letzten Jahrzehnte hat aber die Basis dafür verbreitert.

Einen wesentlichen Faktor für normativ relevante Veränderungen im Sprachgebrauch stellt die aufgekommene mediale Vielfalt dar, durch die zunächst die Variationsbreite öffentlicher Sprechsprachlichkeit in Medien wie Rundfunk und Fernsehen neben die traditionelle Schriftsprachigkeit der Printmedien gestellt wurde. Zwar haben sich auch auf dieser Ebene in den letzten Jahrzehnten wesentliche Entwicklungen ergeben, eine einschneidende Veränderung im kommunikativen Alltag ist zweifellos durch die Entwicklung der neuen Medien mit den dazugehörigen Texttypen eingetreten. Hier wird man mit neuen Texttypen (z. B. Blog) und Vertextungsformen (z. B. Hypertext) ebenso konfrontiert wie mit einem erhöhten Grad an Öffentlichkeit früher anders situierter Texttypen (z. B. Brief vs. E-Mail) und Kodierungsweisen (z. B. Emoticons). Zudem wird hiermit nun auch individuell multimodales Kommunizieren ermöglicht (z. B. mms; skype). Die anfänglichen Hypothesen der Sprachwissenschaft zu diesem Thema („Neue Mischung von Mündlichkeit und Schriftlichkeit") waren wohl zu einfach und auf der Folie der Tradition (aus dem Blickwinkel von *digital non-natives*) gesehen. Derzeit sind generelle Aussagen zu diesem Punkt nur schwer möglich.

Standardorientierung mit Akzeptanz eines gewissen Grades an Vielfalt ist offenbar auch die Haltung, von der die Einschätzung der Sprecher des Deutschen selbst im Wesentlichen geprägt ist. So ergibt eine Ende 2008 durchgeführte repräsentative Umfrage (Projektgruppe Spracheinstellungen 2009) nicht nur, dass das Interesse an der deutschen Sprache in den letzten Jahren gewachsen ist und dass man kaum negative Gefühle ihr gegenüber hat, sondern dass man sie schätzt und eindeutig der Meinung ist, man solle Sorgfalt beim Schreiben und beim Sprechen walten lassen. Dabei schätzt man durchaus eine gewisse Markierung durch regionale Akzente. Für die Akzeptanz der Standardnorm spricht aber, dass der beliebteste Dialekt „Norddeutsch" heißt. Sprachliche Veränderungen werden vor allem mit den Medien, dann mit Migration und Jugendkultur in Verbindung gebracht. Die auffälligsten Veränderungen sind für die Befragten Folgen fremdsprachigen Einflusses, mehr Sorgen als akute Anglizismen macht aber offenbar die Frage, wie sich – insbesondere im beruflichen Bereich – das Verhältnis zwischen dem internationalen Englisch und Sprachen wie dem Deutschen insgesamt entwickeln wird.

5. Literatur in Auswahl

Ammon, Ulrich et al.
   2004   *Variantenwörterbuch des Deutschen. Die Standardsprache in Österreich, der Schweiz und Deutschland sowie in Liechtenstein, Luxemburg, Ostbelgien und Südtirol.* Berlin/New York: de Gruyter.
Barz, Irmhild
   2008   Englisches in der deutschen Wortbildung. In: Ludwig M. Eichinger, Meike Meliss und María José Domínguez Vázquez (Hg.), *Wortbildung heute. Tendenzen und Kontraste in der deutschen Gegenwartssprache*, 39−60. (Studien zur Deutschen Sprache 44.) Tübingen: Narr.
Berend, Nina
   2009   Vom Sprachinseldialekt zur Migrantensprache. Anmerkungen zum Sprachwandel der Einwanderungsgeneration. In: Wolf-Andreas Liebert und Horst Schwinn (Hg.), *Mit Bezug auf Sprache. Festschrift für Rainer Wimmer*, 361−380. (Studien zur Deutschen Sprache 49.) Tübingen: Narr.
Bergner, Christoph und Matthias Weber
   2009   *Aussiedler- und Minderheitenpolitik in Deutschland. Bilanz und Perspektiven.* München: Oldenbourg.
Besch, Werner
   1998   *Duzen, Siezen, Titulieren. Zur Anrede im Deutschen heute und gestern.* 2. Aufl. Göttingen: Vandenhoeck & Ruprecht.
Burkhardt, Armin
   2007   *Was ist gutes Deutsch? Studien und Meinungen zum gepflegten Sprachgebrauch.* (Thema Deutsch 8.) Mannheim etc.: Dudenverlag.
Clyne, Michael
   1968   Zum Pidgin-Deutsch der Gastarbeiter. *Zeitschrift für Mundartforschung* 35: 130−139.
Di Meola, Claudio
   2009   Rektionsschwankungen bei Präpositionen − erlaubt, verboten, unbeachtet. In: Marek Konopka und Bruno Strecker (Hg.), 195−221.
Dirim, Inci und Peter Auer
   2004   *Türkisch sprechen nicht nur die Türken. Über die Unschärfebeziehungen zwischen Sprache und Ethnie in Deutschland.* (Linguistik − Impulse & Tendenzen 4.) Berlin/New York: de Gruyter.
Ehlich, Konrad
   2006   Mehrsprachigkeit in der Wissenschaftskommunikation − Illusion oder Notwendigkeit. In: Konrad Ehlich und Dorothee Heller (Hg.), *Die Wissenschaft und ihre Sprachen*, 17−38. (Linguistic Insights 42.) Bern etc.: Lang.
Eichhoff-Cyrus, Karin
   2004   *Adam, Eva und die Sprache. Beiträge zur Geschlechterforschung.* (Thema Deutsch 5.) Mannheim etc.: Dudenverlag.
Eichinger, Ludwig M.
   2000   *Deutsche Wortbildung. Eine Einführung.* Tübingen: Narr.
Eichinger, Ludwig M.
   2009a   Vom rechten Deutsch. Wer darf die Sprache kritisieren? In: Wolf-Andreas Liebert und Horst Schwinn (Hg.), *Mit Bezug auf Sprache. Festschrift für Rainer Wimmer*, 201−217. (Studien zur Deutschen Sprache 49.) Tübingen: Narr.
Eichinger, Ludwig M.
   2009b   Das Deutsche im alltäglichen Leben. Zur Bedeutung regionaler Differenzen im heutigen standardnahen Deutsch. In: Chris Hall und Sebastian Seyfert (Hg.), *Finnisch-deutsche Begegnungen in Sprache, Literatur und Kultur. Ausgewählte Beiträge der Finnischen Germanistentagung 2007*, 12−35. Berlin: Saxa.

Eichinger, Ludwig M. und Werner Kallmeyer
  2005   *Standardvariation. Wie viel Variation verträgt die deutsche Sprache?* (Institut für Deutsche
          Sprache Jahrbuch 2004.) Berlin/New York: de Gruyter.
Eichinger, Ludwig M. und Albrecht Plewnia
  2006   Flexion in der Nominalphrase. In: Vilmos Ágel, Ludwig M. Eichinger, Hans-Werner
          Eroms, Peter Hellwig, Hans Jürgen Heringer, Henning Lobin (Hg.), *Dependenz und Va-
          lenz. Ein internationales Handbuch der zeitgenössischen Forschung*, 1049−1065. Bd. 2.
          (Handbücher zur Sprach- und Kommunikationswissenschaft 25.1−2.) Berlin/New York:
          de Gruyter.
Eisenberg, Peter
  2009   Schweigt stille, plaudert nicht. Der öffentliche Diskurs über die deutsche Sprache. In:
          Marek Konopka und Bruno Strecker (Hg.), 70−87.
Günthner, Susanne
  2005   Grammatikalisierungs-/Pragmatikalisierungserscheinungen im alltäglichen Sprachge-
          brauch. Vom Diskurs zum Standard? In: Ludwig M. Eichinger und Werner Kallmeyer
          (Hg.), 41−62.
Herberg, Dieter, Michael Kinne, Doris Steffens unter Mitarbeit von Elke Tellenbach und Doris
Al-Wadi
  2004   *Neuer Wortschatz. Neologismen der 90er Jahre im Deutschen.* (Schriften des Instituts für
          Deutsche Sprache 11.) Berlin/New York: de Gruyter.
Hoberg, Rudolf
  2002   *Deutsch − Englisch − Europäisch.* (Thema Deutsch 3.) Mannheim etc.: Dudenverlag.
IDS_grammis_fragen: *Grammatik in Fragen und Antworten.* http://hypermedia.ids-mannheim.de/pls/
          public/fragen.ansicht (20. 1. 2010).
Kallmeyer, Werner und Inken Keim
  2003   Linguistic variation and the construction of social identity in a German-Turkish setting.
          A case study of an immigrant youth-group in Mannheim, Germany. In: Jannis Androut-
          sopoulos und Alexandra Georgakopoulou (Hg.), *Discourse Constructions of Youth Identi-
          ties*, 29−46. (Pragmatics and Beyond, New Series 110.) Amsterdam: John Benjamins.
Keim, Inken
  2008   *Die türkischen Powergirls. Lebenswelt und kommunikativer Stil einer Migrantinnengruppe
          in Mannheim.* (Studien zur Deutschen Sprache 39.) 2. Aufl. Tübingen: Narr.
Kirkness, Alan and Melanie Woolford
  2002   Zur Herkunft der Anglizismen im Deutschen: Beobachtungen und Vorschläge anhand des
          Anglizismen-Wörterbuchs. In: Rudolf Hoberg (Hg.), *Deutsch − Englisch − Europäisch. Im-
          pulse für eine neue Sprachpolitik*, 199−219. Mannheim/Leipzig/Wien/Zürich: Duden-Verlag.
Klann-Delius, Gisela
  2005   *Sprache und Geschlecht. Eine Einführung.* Stuttgart: Metzler.
Klein, Wolf Peter
  2009   *Auf der Kippe? Zweifelsfälle als Herausforderung für die Sprachwissenschaft.* In: Marek
          Konopka und Bruno Strecker (Hg.), 141−165.
Konopka, Marek und Bruno Strecker (Hg.)
  2009   *Deutsche Grammatik − Regeln, Normen, Sprachgebrauch* (Institut für Deutsche Sprache
          Jahrbuch 2008.) Berlin/New York: de Gruyter.
Langer, Nils
  2007   Finding standard German − notes on linguistic codification. In: Christian Fandrych und
          Reinier Salverda (Hg.), *Standard, Variation und Sprachwandel in germanischen Sprachen*,
          217−240. (Studien zur deutschen Sprache 41.) Tübingen: Narr.
Lotze, Stefan und Peter Gallmann
  2009   Norm und Variation beim Konjunktiv II. In: Marek Konopka und Bruno Strecker (Hg.),
          222−239.
Müller, Peter O. (Hg.)
  2005   *Fremdwortbildung. Theorie und Praxis in Geschichte und Gegenwart* (Dokumentation Ger-
          manistischer Forschung 6.) Frankfurt a. M.: Lang.

Neuland, Eva
  2008   *Jugendsprache. Eine Einführung.* Tübingen/Basel: Francke.
Projektgruppe Spracheinstellungen
  2009   *Aktuelle Spracheinstellungen in Deutschland. Erste Ergebnisse einer bundesweiten Reprä-
          sentativumfrage.* Mannheim: IDS/Universität Mannheim.
Schlobinski, Peter
  2006   *Von *hdl* bis cul8r*. Sprache und Kommunikation in den Neuen Medien.* (Thema Deutsch
          7.) Mannheim etc.: Dudenverlag.
Schmidt, Jürgen E.
  2005   Die deutsche Standardsprache: eine Varietät − drei Oralisierungsnormen. In: Ludwig M.
          Eichinger und Werner Kallmeyer (Hg.), 278−305.
Schulze, Gerhard
  1992/2005   *Die Erlebnisgesellschaft. Kultursoziologie der Gegenwart.* 2. Aufl. Frankfurt a. M.: Campus.
Spiekermann, Helmut
  2007   Standardsprache im DaF-Unterricht: Normstandard − nationale Standardvarietäten −
          regionale Standardvarietäten. *Linguistik online* 32: 119−137 (21. 5. 2010).
Wegener, Heide
  1999   Syntaxwandel und Degrammatikalisierung im heutigen Deutsch? Noch einmal zu weil-
          Verbzweit. *Deutsche Sprache* 27: 3−26.
Wiese, Bernd
  2009   Variation in der Flexionsmorphologie: Starke und schwache Adjektivflexion nach Prono-
          minaladjektiven. In: Marek Konopka und Bruno Strecker (Hg.), 166−194.
Wiese, Heike
  2006   „Ich mach dich Messer“: Grammatische Produktivität in Kiez-Sprache („KanakSprak“).
          Linguistische Berichte 207: 245−273.
Wiese, Heike
  2009   Grammatical innovation in multiethnic urban Europa: New linguistic practices among
          adolescents. *Lingua* 119: 782−806.
Wurzel, Wolfgang Ullrich
  1996   Morphologischer Strukturwandel: Typologische Entwicklungen im Deutschen. In: Ewald
          Lang und Gisela Zifonun (Hg.), *Deutsch − typologisch,* 492−524. (Institut für Deutsche
          Sprache Jahrbuch 1995.) Berlin/New York: de Gruyter.
Ziegler, Arne und Christa Dürscheid
  2002   *Kommunikationsform E-Mail.* Tübingen: Stauffenburg.

Ludwig M. Eichinger, Mannheim (Deutschland)

40. Alltagsdeutsch

1. Das (neue) Interesse an der Alltagssprache
2. Zum Begriff von Alltagssprache
3. Ausprägungen von Alltagssprache im Deutschen
4. Alltagsdeutsch im DaF- und DaZ-Unterricht
5. Literatur in Auswahl

1. Das (neue) Interesse an der Alltagssprache

Alltagssprache hat lange Zeit weder LinguistInnen noch DeutschlehrerInnen sonderlich
interessiert (vgl. aber z. B. Riesel 1970). Die Generative Linguistik etwa orientierte sich

immer an einem idealen Sprecher-Hörer, der im utopischen Raum einer völlig homogenen Sprachgemeinschaft lebt und an seiner Kompetenz in der Standard*schrift*sprache gemessen wird. Ebenso vermittelte der DaF-Unterricht lange vornehmlich Kompetenzen in der *geschriebenen* Hochsprache. Heute ist − v. a. von der Gesprächs-, Sozio- und Variationslinguistik ausgehend − das Erkenntnisinteresse verstärkt auf die Vielfalt einer Sprache gerichtet, wie sie gerade in der Alltagssprache ihrer SprecherInnen zum Ausdruck kommt. Und für DeutschlernerInnen war immer klar, dass auch *alltags*sprachliche Kompetenzen notwendig sind, um in den deutschsprachigen Ländern mit möglichst vielen MuttersprachlerInnen erfolgreich kommunizieren zu können.

2. Zum Begriff von Alltagssprache

Es gibt eine engere und weitere Auffassung von Alltagskommunikation, je nachdem, ob man nur „Texte aus dem Alltag" oder auch „Texte für den Alltag" berücksichtigt (Wegera 1998: 140). I. w. S. könnte man selbst Textsorten des (halb)öffentlichen Bereichs, z. B. der Printmedien, dazu rechnen (wie in Heinemann 2000: 611). Dem vorliegenden Beitrag liegt ein Begriff von Alltagssprache zugrunde, der auf die Sphäre des Privaten eingegrenzt (Lindemann 1990: 201) und im Wesentlichen im Bereich der Nähesprache bzw. konzeptionellen Mündlichkeit zu verorten ist (nach Koch und Oesterreicher, zuletzt 2007) (vgl. Art. 41). Die erste damit getroffene Festlegung ist, dass Alltagssprache grundsätzlich sowohl im gesprochenen wie im geschriebenen Medium möglich ist, wenngleich das phonische Medium das primäre ist. Konstitutiv für Alltagskommunikation sind Merkmale wie Informalität und (raum-)zeitliche Nähe der Kommunikationssituation, Spontaneität und Routinisierung der Interaktion sowie die grundsätzliche Gleichberechtigung der GesprächsteilnehmerInnen (Heinemann 2000: 606−607; Schütte 2001: 1487). Daraus leitet sich als zweite Festlegung ab: Am distanzsprachlichen Pol des konzeptionellen Kontinuums stehen der Alltagssprache Texte gegenüber, denen sich tendenziell die Merkmale formell, auf raum-zeitliche Distanz angelegt, geplant, monologisch etc. zuschreiben lassen. In einer schriftkulturell geprägten Gesellschaft sind dies Texte, für die sich Sprecher-Schreiber der (konzeptionell schriftlichen) Hochsprache bedienen.

Mit Schwitalla (1976) und Steger (1998: 287) ließe sich der Kommunikationsbereich/ die Sinnwelt des Alltags denen der Institutionen, der Technik, der Wissenschaft, der Literatur und der Religion gegenüberstellen. Als „Prototyp aller gesellschaftlichen Interaktion" gilt dabei die *Vis-à-vis*-Situation im Alltag (Berger und Luckmann 1977: 31). Üblicher Untersuchungsgegenstand von Arbeiten zur alltagssprachlichen Kommunikation sind demgemäß das Gespräch in der Familie oder unter Freunden, der Schwatz mit Nachbarn, das Einkaufsgespräch oder der *Small Talk* mit Bekannten oder Kollegen. Zu den typischen *geschriebenen* Textsorten des (privaten) Alltags zählen Tagebucheinträge, Privatbriefe, Notizzettel u. a. (Heinemann 2000: 610); im Bereich der neuen Medien spielen geschriebene alltagssprachliche Textsorten eine immer größere Rolle (private E-Mails, private Chats, Gästebucheinträge etc.). Freilich können Texte geschriebener Alltagssprache nie so „nähesprachlich" sein wie ein Alltagsgespräch: Zum einen fehlen ihnen nähesprachliche Merkmale, die etwa durch die Dialogizität und die Zeitlichkeit des Sprechens bedingt sind (Auer 2000). Zum anderen werden alltagssprachliche Strukturen beim Schreiben z. T. durch Elemente der Distanzsprachlichkeit überlagert, die im Literalisierungsprozess über die (Standard-) Schriftsprache erworben wurden. M. a. W.: Es ist schwer, so zu schreiben, wie man im Alltag spricht.

Eine so verstandene Alltagssprache hat den Status der „ursprünglichen Sprache, von der alle höherentwickelte kulturelle Kommunikation ihren Ausgang genommen hat" (Steger 1991: 56). Da Alltagssprache also etwa im Vergleich zu formeller Schriftsprache onto- und phylogenetisch primär ist, kognitiv geringere Anforderungen stellt, in der Gesellschaft den kommunikativen Nähebereich abdeckt und damit auch quantitativ bei der Masse der Bevölkerung den größeren Kommunikationsraum ausfüllt (Steger 1998: 289), kann sie insgesamt als unmarkierte Sprachform gelten, als unhintergehbare „Normalform (Normallage)" der Kommunikation (Wegera 1998: 140). Auf Grund dieses Umstands ist die Forderung erhoben worden, Alltagssprache bzw. konzeptionelle Mündlichkeit bzw. Nähesprache überhaupt zum Ausgangspunkt grammatischer Beschreibungen zu machen (Ágel 2003; Elspaß 2005).

Von der Alltagskommunikation geht natürlicher Sprachwandel aus. So gründen viele Entwicklungstendenzen im heutigen Deutsch in der gesprochenen oder auch geschriebenen Alltagssprache und dringen von da aus — anfänglich besonders über stilistische Varianten in der Mediensprache — in die Hochsprache ein (Betz 2006; Schwitalla 2008).

3. Ausprägungen von Alltagssprache im Deutschen

Welche Form das Alltagsdeutsch einer SprecherIn-SchreiberIn annimmt, hängt neben dem kommunikativen Kontext auch von ihrer sprachlichen Sozialisation ab. Alltagsdeutsch, ob in gesprochener oder geschriebener Form, ist somit zum einen tendenziell von (überregionalen) sprachlichen Merkmalen geprägt, wie sie als typisch für konzeptionell mündliches Deutsch gelten, also z. B. von Apokopen, Elisionen und Assimilationen auf phonetischer Ebene, der Verwendung von *der/die* als Personalpronomen, Ellipsen und Herausstellungsstrukturen in der Syntax etc. (vgl. Art. 41). Zum anderen wird man im nähesprachlichen Sprechen oft zur Varietät neigen, die in der Alltagskommunikation als gesprochene (muttersprachliche) Varietät erworben worden ist. Grundsätzlich kann Alltagsdeutsch im gesamten Spektrum der Varietäten des Deutschen stattfinden: ethnische (vgl. Art. 44), regionale wie überregional-nationale Varietäten etc., bei Heranwachsenden häufig zusätzlich durch eine jugendsprachliche Sonderlexik (vgl. Art. 42) und manchmal angereichert mit Merkmalen ethnischer Varietäten.

Ein klarer Zusammenhang besteht zwischen Alltagsdeutsch und arealer Variation: Alltagsdeutsch manifestiert sich noch heute eher in regionalsprachlichen Varietäten als in den nationalen und regionalen Standardvarietäten (vgl. Art. 34 und 37). Doch selbst Letztere sind auf Grund irgendwelcher Varianten der Aussprache, der Intonation, des Wortschatzes oder sogar der Grammatik immer (groß-)regional markiert. In der Tendenz gilt: Je nähesprachlicher ein gesprochener oder geschriebener deutscher Text ist, desto regionalsprachlicher ist er auch (vgl. Kappel 2007). Bis in die zweite Hälfte des 20. Jahrhunderts hinein war die bevorzugte (oder einzig mögliche) alltagssprachliche Varietät der meisten Deutschsprachigen ihr lokaler Dialekt. Seither — und das markiert den größten Umbruch in der Geschichte des gesprochenen Deutsch — sind von Generation zu Generation zunehmend die Dialekte als Alltagssprache zugunsten regionaler Umgangssprachen oder standardnaher Varietäten aufgegeben worden (außer etwa in der deutschsprachigen Schweiz).

Zwischen Alltagssprache und (regionalen) Umgangssprachen sollte begrifflich und terminologisch grundsätzlich unterschieden werden. Letztere sind Sprachlagen zwischen

Dialekt und Standardsprache, die entweder als eigene Varietäten („Regiolekte") oder als dynamischer Kontinuumsbereich (auch: „Regionalsprachen") modelliert werden (Löffler 2005: 18−22). Die Differenzierung ist v. a. aus historischer Perspektive essentiell: Da regionale Umgangssprachen überhaupt erst im Standardisierungs- und Entdiglossierungsprozess der letzten Jahrhunderte entstanden sind, dürfen sie nicht mit Alltagssprache gleichgesetzt werden, denn das hieße, dass es vor ihrer Herausbildung keine Alltagssprachlichkeit gegeben hätte (Lerchner 2001: 10).

Wie eng im Alltagsdeutschen Nähesprache und Regionalität miteinander verknüpft sind (vgl. Berend 2005), soll ein kurzes Beispiel eines Gesprächs unter Studierenden zeigen (aus Günthner 2000: 117):

```
FAHRRADKLAU (SCHWARZWALD)
 1 Harro:  (                 Motorrad                  )
 2 Karla:  ja un was machsch jetzt ohne FarrAD.
 3         wie fährsch dann an=d'Uni?
 4 Harro:  wie immer halt. [mir ham se s']
 5 Karla:            [mitm ^AUTO.]    (   )
 6 Ute:    noi. ^echt.
 7 Harro:  ha=ja. in Astadt.
 8 Ute:    hihi des isch ÜBEl  s=Fahrrad gschtohle
 9 Karla:  des sagt er nur so daß du mit dem Auto an d'Uni
          fahre darfsch.
10 Rudi:   HAHAHAHAHAHA
11 Karla:  du bisch wirklich en ↑↑'DEPP. (−)
```

Schon die nicht-phonetische Transkription (nach GAT) legt offen, dass dieser Gesprächsausschnitt nicht nur überregionale Merkmale des gesprochenen Deutsch enthält, wie z. B. Wegfall finaler Dentale (*un[d]*, *machsch[t]*, *fährsch[t]*), Assimilationen (*ham*, *mitm*), Adjazenzellipsen (*wie immer halt [fahr ich an die Uni]*), Vorfeldbesetzungen durch Partikel (*ja und was machsch …*) oder Rechtsversetzungen (*des isch ÜBEl s=Fahrrad gschtohle*), sondern auch klare regionalsprachliche Merkmale des südwestlichen deutschen Sprachraums, z. B. Palatalisierung vor (später weggefallenen) Dentalen, v. a. in Flexionsformen der 2. P. Sg. (*machsch*, *fährsch*, *isch* usw.), der Wegfall von *-n* in *-en*-Endungen (*gschtohle*, *fahre*) oder regional verbreitete Lexeme (*noi* ‚nein‘, *ha=ja* nachdrückliches ‚ja‘, *DEPP*).

4. Alltagsdeutsch im DaF- und DaZ-Unterricht

Alltagsdeutsch ist − aus durchaus verschiedenen Gründen − sowohl für DaF wie für DaZ von elementarer Bedeutung:

DaF-Unterricht soll nicht nur auf die Beherrschung der deutschen Schriftsprache hinführen, sondern auch passive und aktive Kompetenzen im gesprochenen Deutsch vermitteln. Die Standardvarietäten des Deutschen sowie daran orientierte hochsprachliche Register stehen dabei traditionell im Vordergrund. Um LernerInnen auf alltägliche Situationen vorzubereiten, wird zusätzlich die Vermittlung von Kompetenzen im Bereich der (regional geprägten) Alltagssprache vonnöten sein. DaZ-LernerInnen dagegen kommen in ihrem natürlichen, ungesteuerten Erwerb des Deutschen zuallererst mit alltagssprachlichen Varietäten und Registern in Berührung. Das besondere Augenmerk des Deutschunterrichts ist hier − ähnlich wie im Grundschulunterricht für MuttersprachlerInnen − auf eine „Erziehung zur Schriftlichkeit" (Günther 1993) gerichtet, d. h. die Heranführung der LernerInnen an die Schriftsprache sowie an hochsprachliche Register im Mündlichen.

Während für die Behandlung nationaler und regionaler Standardvariation im DaF- und DaZ-Unterricht Nachschlagewerke (z. B. Ammon et al. 2004; König 1989) sowie didaktische Konzepte zur Verfügung stehen (z. B. Hägi 2006; Beiträge in *Fremdsprache Deutsch* 37, 2007), findet die Alltagssprache in ihrer Vielfalt im DaF-Unterricht bisher kaum Beachtung − anders als etwa im Englischunterricht (Durrell 2004: 70). So wird in Lehrwerken und auch in den mitgegebenen Tondatenträgern oft „eine nicht authentische Leseaussprache vorgegeben", auch in vermeintlich alltagssprachlichen Dialogen (Baßler und Spiekermann 2001/02, hier 2002: 35). Ehnert, Fuchs und Hertrampf (2002: 258) meinen sogar, DaF-LernerInnen lernten überall auf der Welt „ein Deutsch, das es nicht gibt".

Welchen Platz soll Alltagsdeutsch im DaZ-/DaF-Unterricht haben?

a) Da der DaZ-Unterricht primär zur Schriftsprache hinführen soll, ist hier v. a. auf Unterschiede zwischen standardnahen und standardfernen Varietäten (gerade solchen, die DaZ-LernerInnen im Alltag bereits erworben haben) hinzuweisen.

b) Im DaF-Unterricht wird man in Bezug auf *standardfernes* dialektales oder regiolektales Alltagsdeutsch nicht mehr als die Vermittlung passiver Kompetenzen anstreben (Studer 2002; vgl. aber Feuz 2001). Dazu können neben Liedern und Hörtexten (vgl. die Didaktisierungsvorschläge in Ehnert, Fuchs und Hertrampf 2002: 199−222) − etwa auch im Rahmen literatur- oder landeskundlicher Unterrichtseinheiten − Filme wie *Berlin Alexanderplatz* (D 1931 oder D 1979/80), *Indien* (A 1993), *Strähl* (CH/D 2004), *Wer früher stirbt, ist länger tot* (D 2006) u. a. herangezogen werden. Hinsichtlich *standardnäherer* Alltagssprache sollte der DaF-Unterricht auch aktive Kompetenzen vermitteln. Hier wird in Ermangelung entsprechender Lehrwerke auf längere Sicht noch die Eigeninitiative von DaF-LehrerInnen und -LernerInnen gefordert sein. Vertraut werden DaF-LernerInnen mit − auch regional verschiedenen − Sprachformen des Alltagsdeutschen natürlich am ehesten durch Aufenthalte in den deutschsprachigen Ländern. Über die neuen Medien bestehen aber auch Möglichkeiten des direkten Kontakts mit Sprecher-Schreibern deutscher Muttersprache über räumliche Distanzen hinweg, schriftlich z. B. über E-Mail-Austausch, Chats und Foren oder auch Tandem-Projekte, mündlich auch auf dem Wege des günstigen Telefonierens per Internet. Einblicke in Varianten der deutschen Alltagssprache bieten darüber hinaus − punktuell wie auch systematisch − Arbeiten zum gesprochenen Deutsch (z. B. Schwitalla 2006) sowie Nachschlagewerke wie der *dtv Atlas Deutsche Sprache* (König 2007) oder der *Atlas zur deutschen Alltagssprache* (AdA).

5. Literatur in Auswahl

AdA = Elspaß, Stephan und Robert Möller
    2003 ff. *Atlas zur deutschen Alltagssprache (AdA)*. http://www.uni-augsburg.de/alltagssprache (23. 4. 2010).
Ágel, Vilmos
    2003   Prinzipien der Grammatik. In: Anja Lobenstein-Reichmann und Oskar Reichmann (Hg.), *Neue historische Grammatiken*, 1−46. Tübingen: Niemeyer.

Ammon, Ulrich et al.
    2004   *Variantenwörterbuch des Deutschen.* Berlin/New York: de Gruyter.
Auer, Peter
    2000   *On line-Syntax* − Oder: was es bedeuten könnte, die Zeitlichkeit der mündlichen Sprache
            ernst zu nehmen. *Sprache und Literatur* 85: 43−56.
Baßler, Harald und Helmut Spiekermann
    2001/2002   Regionale Varietäten des Deutschen im Unterricht Deutsch als Fremdsprache.
                 Deutsch als Fremdsprache 38: 205−213; 39: 31−35.
Berend, Nina
    2005   Variation ja, aber welche? Zur Frage der Vermittlung von sprachlichen Varianten im
            Unterricht Deutsch als Fremdsprache. In: DAAD (Hg.), *Germanistentreffen Deutsch-
            land − Großbritannien, Irland 30. 9.−3. 10. 2004*, 279−296. Bonn: DAAD.
Berger, Peter L. und Thomas Luckmann
    1977   *Die gesellschaftliche Konstruktion der Wirklichkeit.* 5. Aufl. Frankfurt a. M.: Fischer.
Besch, Werner, Anne Betten, Oskar Reichmann und Stefan Sonderegger (Hg.)
    1998   *Sprachgeschichte. Ein Handbuch zur Geschichte der deutschen Sprache und ihrer Erfor-
            schung.* Bd. 1. (Handbücher zur Sprach- und Kommunikationswissenschaft 2.1−4).
            2. Aufl. Berlin/New York: de Gruyter.
Betz, Ruth
    2006   *Gesprochensprachliche Elemente in deutschen Zeitungen.*
            http://www.verlag-gespraechsforschung.de/2006/betz.htm (23. 4. 2010).
Brinker, Klaus, Gerd Antos, Wolfgang Heinemann und Sven Sager (Hg.)
    2000/2001   *Text- und Gesprächslinguistik. Ein internationales Handbuch zeitgenössicher For-
                 schung.* (Handbücher zur Sprach- und Kommunikationswissenschaft 16.1−2). Berlin/
                 New York: de Gruyter.
Durrell, Martin
    2004   Variation im Deutschen aus der Sicht von Deutsch als Fremdsprache. *Der Deutschunter-
            richt* 56.1: 69−77.
Ehnert, Rolf, Stephanie Fuchs und Daniela Hertrampf
    2002   Regiolekte in der Ausbildung von LehrerInnen für Deutsch als Fremdsprache. In: Ingrid
            Kühn und Marianne Lehker (Hg.), *Deutsch in Europa − Muttersprache und Fremdsprache*,
            197−222. 2. Aufl. Frankfurt a. M.: Lang.
Elspaß, Stephan
    2005   *Sprachgeschichte von unten. Untersuchungen zum geschriebenen Alltagsdeutsch im 19. Jahr-
            hundert.* Tübingen: Niemeyer.
Feuz, Barbara
    2001   Dialektale Varietät als Fremdsprache unterrichten. Ein Erfahrungsbericht. *Linguistik on-
            line* 9(2) (23. 4. 2010).
Fremdsprache Deutsch
    2007   Themenheft 37: Plurizentrik im Deutschunterricht (hg. von Sara Hägi).
Günther, Hartmut
    1993   Erziehung zur Schriftlichkeit. In: Peter Eisenberg und Peter Klotz (Hg.), *Sprache gebrau-
            chen − Sprachwissen erwerben*, 85−96. Stuttgart: Klett.
Günthner, Susanne
    2000   *Vorwurfsaktivitäten in der Alltagsinteraktion.* Tübingen: Niemeyer.
Hägi, Sara
    2006   *Nationale Varietäten im Unterricht Deutsch als Fremdsprache.* Frankfurt a. M.: Lang.
Heinemann, Margot
    2000   Textsorten des Alltags. In: Klaus Brinker, Gerd Antos, Wolfgang Heinemann und Sven
            Sager (Hg.), Bd. 1, 604−614.
Kappel, Péter
    2007   Überlegungen zur diatopischen Variation in der gesprochenen Sprache. In: Vilmos Ágel
            und Mathilde Hennig (Hg.), *Zugänge zur Grammatik der gesprochenen Sprache*, 215−
            244. Tübingen: Niemeyer.

Koch, Peter und Wulf Oesterreicher
    2007   Schriftlichkeit und kommunikative Distanz. *Zeitschrift für germanistische Linguistik* 35: 346−375.
König, Werner
    1989   *Atlas zur Aussprache des Schriftdeutschen in der Bundesrepublik Deutschland.* 2 Bde. Ismaning: Hueber.
König, Werner
    2007   *dtv-Atlas Deutsche Sprache.* 16. Aufl. München: dtv.
Lerchner, Gotthard
    2001   Sprache der Nähe − Sprache der Distanz. Zu textstrategischen Funktionalisierungen alltagssprachlicher und literatursprachlicher Redekonstellationen. *Zeitschrift für Germanistik*, N. F. 11: 7−15.
Lindemann, Petra
    1990   Gibt es eine Textsorte „Alltagsgespräch"? *Zeitschrift für Phonetik, Sprachwissenschaft und Kommunikationsforschung* 43: 201−220.
Löffler, Heinrich
    2005   Wieviel Variation verträgt die deutsche Standardsprache? Begriffsklärung: Standard und Gegenbegriffe. In: Ludwig Eichinger und Werner Kallmeyer (Hg.), *Standardvariation: Wie viel Variation verträgt die deutsche Sprache?* 7−27. Berlin/New York: de Gruyter.
Riesel, Elise
    1970   *Der Stil der deutschen Alltagsrede.* Leipzig: Reclam.
Schwitalla, Johannes
    1976   Was sind ‚Gebrauchstexte'? *Deutsche Sprache* 4: 20−40.
Schwitalla, Johannes
    2006   *Gesprochenes Deutsch.* 3. Aufl. Berlin: Erich Schmidt.
Schwitalla, Johannes
    2008   Sprachwandel durch gesprochene Sprache in öffentlichen Texten nach 1945. In: Maria Clotilde Almeida, Bernd Sieberg und Ana Maria Bernardo (Hg.), *Questions on Language Change*, 27−48. Lissabon: Colibri.
Schütte, Wilfried
    2001   Alltagsgespräche. In: Klaus Brinker, Gerd Antos, Wolfgang Heinemann und Sven Sager (Hg.), Bd. 2, 1485−1492.
Steger, Hugo
    1991   Alltagssprache. Zur Frage nach ihrem besonderen Status in medialer und semantischer Hinsicht. In: Wolfgang Raible (Hg.), *Symbolische Formen, Medien, Identität*, 55−112. Tübingen: Narr.
Steger, Hugo
    1998   Sprachgeschichte als Geschichte der Textsorten, Kommunikationsbereiche und Semantiktypen. In: Werner Besch, Anne Betten, Oskar Reichmann und Stefan Sonderegger (Hg.), 284−299.
Studer, Thomas
    2002   Dialekte im DaF-Unterricht? Ja, aber … Konturen eines Konzepts für den Aufbau einer rezeptiven Varietätenkompetenz. *Linguistik Online* 10(1) (24. 4. 2010).
Wegera, Klaus Peter
    1998   Deutsche Sprachgeschichte und Geschichte des Alltags. In: Werner Besch, Anne Betten, Oskar Reichmann und Stefan Sonderegger (Hg.), 139−159.

Stephan Elspaß, Augsburg (Deutschland)

41. Das Verhältnis zwischen gesprochener und geschriebener Sprache

1. Theorien zum Verhältnis zwischen gesprochener und geschriebener Sprache
2. Zur aktuellen Realität des Verhältnisses zwischen geschriebener und gesprochener Sprache
3. Unterschiede auf den verschiedenen sprachlichen Ebenen
4. Konsequenzen für den DaF-Unterricht
5. Literatur in Auswahl

1. Theorien zum Verhältnis zwischen gesprochener und geschriebener Sprache

Dass sich geschriebene Texte und gesprochene Äußerungen manchmal sehr unterscheiden, erfährt jeder, der eine fremde Sprache nur nach schriftlichen Texten gelernt hat und zum ersten Mal mit einem *native speaker* sprechen soll. Die Linguistik der gesprochenen Sprache unterscheidet zwischen „medialer" vs. „konzeptioneller" Mündlichkeit (M.) und Schriftlichkeit (S.) und zwischen „Distanz-" vs. „Nähekommunikation" (Koch und Oesterreicher 1985). Mit „medial" gesprochen/geschrieben meint man die materielle Übertragung sprachlicher Äußerungen entweder über Schallwellen (Sprechen und Hören) oder auf einer Fläche für räumlich konstituierte Zeichen (Schreiben und Lesen); mit „konzeptioneller M." meint man eine nähesprachliche Formung der sprachlichen Äußerungen, mit „konzeptioneller S." eine distanzsprachliche. Prototypisches Sprechen geschieht dialogisch, von Angesicht zu Angesicht, mit bekannten Personen, in raum-zeitlicher Präsenz des Adressaten und spontan; prototypisch schriftliche Texte transzendieren die raumzeitliche Situation des Produzenten, sind an ein unbekanntes, weit verbreitetes Publikum gerichtet und nicht spontan. Nach Koch und Oesterreicher (1985: 18−23) gibt es zwischen konzeptioneller M. und S. graduelle Übergänge, sodass ein Gespräch unter Freunden näher am Nähe-Pol liegt als ein frei gesprochener Vortrag und ein FAZ-Artikel näher am Distanz-Pol als ein Tagebucheintrag. Dieses Modell wurde mehrfach weiterentwickelt (Dürscheid 2003; Ágel und Hennig 2007), wobei besonders wichtig ist, dass die Entstehung neuer Medien auch neue Formen von geschriebener M. hervorbringen und dass Textsorten innerhalb eines Mediums viel größere sprachliche Unterschiede aufweisen können als allgemeine Unterschiede zwischen M. und S.

Beim dialogischen Sprechen spielt die verlaufende Zeit eine große Rolle: Der Sprecher spricht schrittweise; und der Hörer versteht das Gesagte ebenso schrittweise mit. Dies führt zu einer Art „on-line-Syntax" (Auer 2000): Syntaktische (und semantische, prosodische) Strukturen weisen projizierend auf mögliche Fortführungen voraus; andererseits kann der Sprecher an jedem Zeitpunkt anhalten und schon Gesagtes neu bearbeiten (wiederholend, präzisierend, korrigierend etc.). Solche Wiederbearbeitungen kann man dadurch augenfällig machen, dass man gleiche syntaktische Positionen des fortlaufenden Formulierens untereinander schreibt, z. B. für den „Drehsatz" (*Apokoinu*) *Das tritt nach meiner Kenntnis ist das sofort, unverzüglich* von Günter Schabowski am 9. 11. 1989:

(1) Das tritt nach meiner Kenntnis
   ist
   das   sofort
                              unverzüglich

Auf der anderen Seite ist die Zeit aber auch eine Ressource, die von den Beteiligten in einer Interaktion aktiv genutzt werden kann. Nur so sind Alltagsbegriffe zu verstehen, mit denen man einen Sprechbeginn als Unterbrechen, ein stockendes Sprechen als Zögern, ein Schweigen als Verweigerung oder als „Gesprächsflaute", ein simultanes Sprechen als kompetitives oder kollektives Sprechen bezeichnet.

2. Zur aktuellen Realität des Verhältnisses zwischen geschriebener und gesprochener Sprache

Die öffentliche Sprache im deutschen Sprachgebiet ist geprägt durch eine zunehmende Informalisierung der Kommunikation. Das bedeutet, dass sprachliche Distinktionsmerkmale zwischen sozialen Schichten, zwischen privater und öffentlicher Kommunikation, zwischen den Generationen und den Geschlechtern nicht mehr dasselbe Gewicht haben wie früher. Dadurch bekommen selbst öffentliche Textsorten wie Zeitungstexte oder Werbeanzeigen, aber auch Vorträge und Moderatorenbeiträge Züge der informellen Alltäglichkeit, die bisher dem privaten Gespräch vorbehalten waren (vgl. Art. 40). Nachrichtentexte von seriösen Tageszeitungen enthalten heute Wörter, die früher verpönt waren (z. B. *kriegen, klauen, cool*; vgl. Schwitalla und Betz 2006: 392−393). Nach der studentischen Protestbewegung von 1968 haben sich mehrere Gruppen (Alternative, Feministinnen, lokale Bürgerinitiativen) in einem nähesprachlichen Stil zu Wort gemeldet; z. T. wurden sie zu öffentlichen Entscheidungsträgern (Die Grünen). In den 1970er Jahren wurden viele sozialkritische Dramen geschrieben, die eine z. T. extrem vereinfachte Sprechsprache auf die Bühnen brachten (Betten 1985). Werbeplakate ahmen den Sprechstil von Jugendlichen und einzelnen Szenen nach. Die Formulierungen von Texten in den neuen Medien E-Mail und Instant Messaging, SMS und Chat-Kommunikation sind manchmal kürzer und verdichteter gesprochensprachlich als eine durchschnittliche Alltagsunterhaltung (Dürscheid 2003; Ágel und Hennig 2007: 206−210). Nähesprachliche Formen des öffentlichen Sprechens sind in Radio- und Fernsehsendungen (Diskussionen, Interviews, Moderationen, Talk-Shows) üblich geworden, noch einmal verstärkt durch das dialektale und jugendsprachliche Sprechen in den Talk-Shows der privaten Sender. Auch in der Kommunikation gegenüber Nichtvertrauten nimmt Informalität zu, was man an geschriebenen Gruß- (*Hallo Herr X*) und gesprochenen Abschiedsformeln (*tschüss*) sehen kann.

3. Unterschiede auf den verschiedenen sprachlichen Ebenen

Die sprachlichen Formen von M. und S. sind oft gleich, nur die Häufigkeiten und Funktionen unterscheiden sich. Z. B. hat die antwortende „Adjazenzellipse" ihren Ursprung im mündlichen Gespräch (Hennig 2006: 108), kann aber auch bei Antworten in Chats verwendet werden. In den Bereichen der Phoneme/Grapheme, der Wortbildungstypen, der morphosyntaktischen und syntaktischen Kategorien und Formen, der Phrasen und Sätze herrschen in beiden Medien dieselben oder (bei der Silbe) analoge Regeln. Nur die Gesprächs- und Diskurspartikeln haben ihren ursprünglichen Ort in der M. Aber es gibt einen gewaltigen Unterschied: Die Prosodie der menschlichen Stimme (Lautstärke, Tonhöhe, Tempo, Stimmfärbung) kann feine Nuancen von Gefühlen und Modalitäten vermitteln, wie es die Schrift nicht kann; sie erlaubt es auch, in viel stärkerem Maße als beim Schreiben fremde Stimmen zu verlebendigen. Beim Schriftbild können dagegen durch das Ausnutzen des Raums, durch verschiedene Schrifttypen und -größen etc. spezifische Verfahren der Informationsgewichtung und der Textgliederung signalisiert werden, für die man beim Sprechen andere Mittel benutzt (Pausen, Gliederungssignale).

In den Gesamtdarstellungen zur gesprochenen Sprache gibt es eine Reihe immer wieder genannter gesprochensprachlicher Formen auf den unterschiedlichen sprachlichen Ebenen (Fiehler 2005; Schwitalla 2006; Ágel und Hennig 2007). Die meisten von ihnen beruhen auf häufigerem Gebrauch beim Sprechen:

- Phonetik: Apokopen, besonders des E-Schwas von Verben in der 1. Person Singular (*ich komm/geh/sag*), Elisionen (*bringn*), Aphäresen (*'ne* statt eine, *'n* statt *ein*); Tilgung von *-t* bei *ist, sind, nicht, jetzt, und*; enklitisches *es* (*gibt's, wenn's, weil's*); Tilgung von *-l* bei *mal, ein-/manchmal* und von *-n* bei *man* (Berend 2005: 287−288), Wortreduktionen (*wir ham* statt *wir haben*).
- Wortbildung: Augmentativpräfixe wie *Riesen-, mords-, tod-, stink-, sau-*.
- Flexion: Wegfall von *-en* im Dativ und Akkusativ (*mit einem Athlet, am Herz*), Inkongruenz von Possessivpronomen und Bezugswort (*jede Klasse hat **seinen** Lehrer*), wie nach Komparativ, die Präposition *von* statt Genitiv: *die Mutter von Fritz*, possessives Dativattribut: *dem Fritz seine Mutter*.
- Lexik: besondere phonetische Wortformen (*nix* statt *nichts*), als umgangssprachlich bezeichnete Wörter (*kriegen* statt *bekommen*), *trotzdem* als Konjunktion, Gesprächspartikeln: Aufmerksamkeits- (*sag mal*), Fortsetzungs- (*äh*), Korrektur- (*also*), Rückversicherungssignale (*ne?, nich?, oder?*), Hörersignale (*mhm*), Partikeln zur Beendigung eines Gesprächs (*gut, okay*), Namen des Adressaten zur Anrede oder zur Illokutionsverstärkung, primäre (*oh, ah*) und sekundäre Interjektionen (*du lieber Gott!*), bestimmte Modalpartikeln (*ja, doch, halt/eben*).
- Morphosyntax: Tempus: weniger Präteritum, mehr Perfekt und doppeltes Perfekt/Plusquamperfekt für „Vorzeitigkeit"; Modus: weniger Konjunktiv I und mehr *würde*-Umschreibungen des Konjunktiv II; Aspekt: *am Arbeiten sein*; Diathese: mehr Dativ-Passiv (*er kriegt eine geschmiert*).
- Syntax, Satzformen: Adjazenz-Ellipse (A: *Heut is der?* B: **Dritte** A: **Erst?** B: **Schon, oder?**); „Ellipse im engeren Sinne" (*Ich werde nie den Ausdruck in dem Gesicht dieses Mannes vergessen. **Gejagtes Wild. Eine Angst.***); Konstruktionsabbruch; Abbruch + Neuanfang; Apokoinu (s. o. (1)); Überleitung zu einer anderen syntaktischen Konstruktion (*das tritt … ist das … s. o.* (1)); freier Nebensatz (*Dass der auch immer zu spät kommen muss*). Konstruktionen vor oder am Anfang eines Satzes: Freies Thema (*ja also **Radtour**. Wann habt ihr Zeit?*), „Linksherausstellung" (**Der Discounter, der** *is mir nie aufgefallen*), Spalt- und Pseudo-Spaltsatz (*Es war Peter, der …; Was mich nervt, ist …*), Präelemente (M. Friedman: *Dass Sie das erst aus der Zeitung erfahren.* B. Höhn: ***Ja gut, also nee**, wir ham auch ne Pressemitteilung bekommen*). Konstruktio-

nen am Ende eines Satzes: Ausklammerung (*Ihr habt ja nur ein Jahr gebraucht **bis jetzt***), „Rechtsherausstellung" (*weil du's nicht haben willst, **die Abhängigkeit von mir***). Wortstellung: Verb-Erstsätze mit allen Ergänzungen des Verbs (*Komm ich dann zu dir*), Rhema vor Thema ohne Kopula (*ganz clever, die Tante*), nachgestelltes Adjektiv-attribut (*der Schuft, der dreckige*), *weil, wobei, obwohl* + Verb-Zweitstellung.

– Formulierungsverfahren: Ankündigungen, wiederholende, spezifizierende, verallge-meinernde Paraphrasen, Kontrast (*zwar/klar/sicher ... aber*), Listen und Aufzählun-gen, Formeln.

– Relativ feste lexikalisch-syntaktische Konstruktionen (*Du mit deinem X; Das ist ja so was von X; Was heißt hier X?; Das ist kein X, das ist ein Y*).

4. Konsequenzen für den DaF-Unterricht

Gegen den Einbezug des gesprochenen Deutsch in den DaF-Unterricht gibt es sowohl im In- wie im Ausland erhebliche Widerstände. Dabei argumentiert man mit sprachstilis-tischen Normen und warnt vor einer Überlastung der Lerner, wenn sie mehrere Varietä-ten einer Sprache auf einmal lernen sollen (Durrell 2004: 70). Aber schon die feststellbare Durchmischung öffentlicher Texte mit gesprochensprachlichen Formen legt es nahe, sie in den DaF-Unterricht einzubeziehen. Ein zweiter Grund ist der Abbau von kleinräumi-gen Dialekten zugunsten von Regionaldialekten, die, wie im Falle des Südwest-Deut-schen, alemannische dialektale Lautungen zurückdrängen und gesprochene Merkmale, auch aus dem Norden (*nich, is, 'ne, 'ner*), aufnehmen (Spiekermann 2005: 110−121). Schließlich wollen heutzutage meist junge Leute eine Sprache lernen, die sie in dem be-treffenden Land auch sprechen können. Im In- und Ausland orientiert man sich im DaF-Unterricht aber meist an der Standardvarietät des geschriebenen, hochsprachlichen Deutsch (Durrell 2006: 112−114). König (1997: 265−266) fragt rhetorisch, warum man Deutschlernern mühsam ein stimmhaftes S beibringen soll, wenn es über die Hälfte der Deutschen und die Österreicher ohnehin nicht sprechen.

Es stellt sich also die Frage, welche Formen des gesprochenen Deutsch gelehrt werden sollen. Eine erste Antwort könnte lauten: 1. diejenigen Formen, die allgemein in der Öffentlichkeit, 2. diejenigen, die in weiten Teilen des deutschen Sprachgebiets und 3. diejenigen, die in Situationen verwendet werden, in denen DaF-Lerner interagieren (Dur-rell 2004: 71). Das Problem ist, dass man nicht genau weiß, welche sprachlichen Formen überall im deutschen Sprachgebiet in derselben Weise gesprochen werden, welche von ihnen regional gefärbt sind (vgl. Art. 40, Abschnitt 3 mit teils regionalen, teils überregio-nalen Varianten) und wie sie sich im Lauf der Zeit ändern. Ein Anhaltspunkt könnten die in 3. genannten Phänomene sein. Ein Angestellter in einem Auslandsamt einer süd-deutschen Großstadt sagt z. B. gegenüber einem nicht-europäischen Ausländer (Auf-nahme Gesine Herzberger): *is, sin Se* (‚sind Sie'), *net* (‚nicht'), *nix* (‚nichts'), *nee* (‚nein'), *ma* (‚mal', ‚man'), *ham* (‚haben'), *ich hab'/geb'/brauch'; jetzt müsst mer* (‚jetzt müsste man'), *ich erklär's, hab's, mir's; des* (‚das'); *hörn, fahrn, zahln; 'n andern Job; drauf, drum*; lenisiertes T: *Monade, Bestädigung*; CH statt K: *Andrach, ich sach, kricht's*; dazu auf der syntaktischen Ebene: *weil* + Hauptsatz, Linksversetzung (*der Rechtsanwalt, der ...*) und zum Abschied: *tschüss*. Der Angestellte setzt also voraus, dass der Klient diese sprachli-chen Formen versteht.

Hilfreich ist es für den Deutschlerner aber auch zu wissen, welche gesprochenen Formen in der Schweiz und in Österreich (vgl. Art. 35 u. 36) oder in bestimmten großregionalen Gebieten Deutschlands (vgl. Art. 37) üblich sind. Für den deutschen Norden sind das etwa die Aussprache von <pf-> als [f-] (*Ferd*), von <-ng> als [nk] (*Hoffnunk*), die G-Spirantisierung (*lecht, Tach*), kurze Tonvokale, wo die Norm lange fordert (*Tach, Bad, Gras, Zuch*), [e:] statt [ɛ:] (*Keese*), die Trennung von Pronominaladverbien (*lasst da die Foten von*). Für den Süden und teilweise die Mitte Deutschlands ist z. B. typisch: stimmloses S; [-Ik] statt [-Iç] (*ruhig*); geschlossenes kurzes O (*offen*); in der Morphologie: Perfekt mit *sein* bei *stehen, liegen, sitzen* und anderen Verben, doppeltes Perfekt, *tun* als Hilfsverb mit nachgestelltem Vollverb (*das tu ich nachher unterschreiben* (König 1997; Eichinger 2001; Berend und Knipf-Komlósi 2006; Elspaß und Möller 2003 ff.).

Genauso wichtig wie die rein sprachlichen Formen sind dialogische Praktiken. Dazu gehören die Regeln der Eröffnung und Beendigung von (Telefon-)Gesprächen, der Sprecherwechsel, lexikalische und prosodische Anzeichen für die Informationsgewichtung und die Segmentierung der Rede; die Gesprächspartikeln, das Reformulieren und die Sicherung des gemeinsamen Verstehens, Formen des *Face-work* und wie man darauf eingeht.

Eine Forderung an Lehrwerke muss sein, an authentischen (nicht: ausgedachten) Dialogen auf die allgemein üblichen Formen des Sprechens aufmerksam zu machen. Dazu eignen sich die überall zugänglichen Dialoge im Radio und Fernsehen. Inzwischen gibt es aber auch viele Veröffentlichungen von transkribierten Gesprächen in Behörden (Gerichtsverhandlungen, Beratungs- und Schlichtungsgespräche), von Medien-, Forschungs- und biografischen Interviews, von privaten Telefon- und Tischgesprächen. Auch solche Romane, in denen M. in reicher Variation erscheint, nicht nur mit der Wiederholung immer derselben Phänomene, eignen sich für die Lehre (Berlinisch in Alfred Döblins *Berlin Alexanderplatz*; moderne gesprochene Standardsprache z. B. in Andreas Maiers *Wäldchestag* oder Wolf Haas' *Das Wetter vor 15 Jahren*).

5. Literatur in Auswahl

Ágel, Vilmos und Mathilde Hennig
    2007   Überlegungen zur Theorie und Praxis des Nähe- und Distanzsprechens. In: Dies. (Hg.), *Zugänge zur Grammatik der gesprochenen Sprache*, 179−214. Tübingen: Niemeyer.
Auer, Peter
    2000   *On line-Syntax* − Oder: was es bedeuten könnte, die Zeitlichkeit der mündlichen Sprache ernst zu nehmen. *Sprache und Literatur* 85: 43−56.
Berend, Nina
    2005   Variation ja, aber welche? Zur Frage der Vermittlung von sprachlichen Varianten im Unterricht Deutsch als Fremdsprache. In: Deutscher Akademischer Austauschdienst (Hg.), *Germanistentreffen Deutschland − Großbritannien, Irland 30. 9.−3. 10. 2004*. 279−296. Bonn: DAAD.
Berend, Nina und Elisabeth Knipf-Komlósi
    2006   Regionale Sprachvarietäten im muttersprachlichen Deutschunterricht. In: Eva Neuland (Hg.), 161−174.
Betten, Anne
    1985   *Sprachrealismus im deutschen Drama der siebziger Jahre*. Heidelberg: Winter.

Durrell, Martin
    2004   Variation im Deutschen aus der Sicht von Deutsch als Fremdsprache. *Der Deutschunter-
            richt* 56.1: 69−77.
Durrell, Martin
    2006   Deutsche Standardsprache und Registervielfalt im DaF-Unterricht. In: Eva Neuland
            (Hg.), 111−122.
Dürscheid, Christa
    2003   Medienkommunikation im Kontinuum von Mündlichkeit und Schriftlichkeit. Theoreti-
            sche und empirische Probleme. *Zeitschrift für Angewandte Linguistik* 38: 37−56.
Eichinger, Ludwig M.
    2001   Sprache und Sprachgebrauch im Süden Deutschlands. In: Elisabeth Knipf-Komlósi und
            Nina Berend (Hg.), *Regionale Standards. Sprachvariationen in den deutschsprachigen Län-
            dern*, 61−96. Budapest: Dialóg Campus Kiadó.
Elspaß, Stephan und Robert Möller
    2003 ff. *Atlas zur deutschen Alltagssprache (AdA)*. http://www.uni-augsburg.de/alltagssprache
            (1. 3. 2009).
Fiehler, Reinhard
    2005   Gesprochene Sprache. In: *Duden. Die Grammatik*. 7. völlig neu erarbeitete Auflage.
            1175−1256. Mannheim: Dudenverlag.
Hennig, Mathilde
    2006   *Grammatik der gesprochenen Sprache in Theorie und Praxis*. Kassel: University press.
Koch, Peter und Wulf Oesterreicher
    1985   Sprache der Nähe − Sprache der Distanz. Mündlichkeit und Schriftlichkeit im Span-
            nungsfeld von Sprachtheorie und Sprachgeschichte. *Romanisches Jahrbuch* 36: 15−43.
König, Werner
    1997   Phonetisch-phonologische Regionalismen in der deutschen Standardsprache. Konsequen-
            zen für den Unterricht ‚Deutsch als Fremdsprache‘? In: Gerhard Stickel (Hg.), *Varietäten
            des Deutschen. Regional- und Umgangssprachen*, 246−270. Berlin/New York: de Gruyter.
Neuland, Eva (Hg.)
    2006   *Variation im heutigen Deutsch: Perspektiven für den Sprachunterricht*. Frankfurt a. M.:
            Lang.
Schwitalla, Johannes
    2006   *Gesprochenes Deutsch. Eine Einführung*. Berlin: Erich Schmidt.
Schwitalla, Johannes und Ruth Betz
    2006   Ausgleichsprozesse zwischen Mündlichkeit und Schriftlichkeit. In: Eva Neuland (Hg.),
            389−401.
Spiekermann, Helmut
    2005   Regionale Standardisierung, nationale Destandardisierung. In: Ludwig M. Eichinger und
            Werner Kallmeyer (Hg.), *Standardvariation. Wie viel Variation verträgt die deutsche Spra-
            che?* 100−125. Berlin/New York: de Gruyter.

Johannes Schwitalla, Würzburg (Deutschland)

42. Jugendsprache

1. Einleitung

In vielen nicht nur europäischen Gesellschaften ist ein besonderer Sprachgebrauch von Jugendlichen zu beobachten, mit dem diese sich von der Sprache der älteren Generationen unterscheiden wollen. Jugendsprache ist ein internationales Phänomen, das allgemeine und vergleichbare sowie aber auch differenzielle und kulturtypische Merkmale aufweist. Eine linguistische Jugendsprachforschung hat sich allerdings noch nicht in allen Wissenschaftskulturen bzw. -traditionen entwickelt. Im Kontext von Deutsch als Fremd- und Zweitsprache steht im Folgenden der Sprachgebrauch Jugendlicher im deutschsprachigen Raum im Mittelpunkt.

2. Entwicklungen der Jugendsprachforschung in Deutschland

Von einer linguistischen Jugendsprachforschung kann in Deutschland seit ca. 1980 gesprochen werden. Vorläufer der modernen Jugendsprachforschung finden sich in der philologischen Tradition der Sondersprachforschung Ende des 19. / Beginn des 20. Jahrhunderts, in der psychologischen Tradition der Sprachentwicklungsforschung zu Beginn des 20. Jahrhunderts sowie in sprachpflegerischen Traditionen der Nachkriegszeit.

2.1. Forschungsrichtungen

In der Entwicklung der linguistischen Jugendsprachforschung seit 1980 lassen sich verschiedene Forschungsrichtungen auch chronologisch wie folgt charakterisieren:

- Pragmatik der Jugendsprache
- Lexikographie der Jugendsprache
- Ethnographie von Jugendsprache
- Sprechstilanalysen
- kulturanalytische Jugendsprachforschung
- kontrastive Jugendsprachforschung
- medienanalytische Forschung.

Entsprechend der Entwicklung der linguistischen Pragmatik wurden zu Beginn der Jugendsprachforschung u. a. Begrüßungs- und Anredeformeln, Gesprächspartikel, Laut-

und Verstärkungswörter (Henne 1986) untersucht. Die Erstellung von Wörterbüchern (v. a. Heinemann 1989) sowie die Sammlungen von Sprüchen gingen ebenso wie die frühe pragmatische Analyse von einer Allgemeingültigkeit und Homogenität des Sprachgebrauchs von Jugendlichen aus.

Ethnographische Einzelfallstudien lieferten Detailkenntnisse über Ausdrucks- und Funktionsweisen gruppenspezifischer Kommunikation von Jugendlichen (v. a. Schwitalla 1986/1988; Nothdurft und Schwitalla 1995). Wichtige Forschungsergebnisse wurden v. a. zu sprachlichen Identifikations- und Abgrenzungsstrategien gewonnen. Sprechstilanalysen (v. a. Schlobinski und Mitarbeiter 1989, 1993, 1996) beziehen sich ebenfalls auf konkrete Kommunikationsereignisse von Jugendgruppen und deren spezifischen Erfahrungshintergrund. Kreative Sprachspiele und mimetischer und verfremdender Umgang mit Zitaten werden mit dem Konzept der Sprachstil-Bastelei (*Bricolage*) verbunden.

Die kulturanalytische Jugendsprachforschung geht vom soziokulturellen und gesellschaftlichen Kontext der Jugendlichen aus und betrachtet deren Sprachgebrauch als einen „Spiegel der Zeit" (s. Neuland 2003b). Funktionale generationsspezifische Abgrenzungen sowie identifikatorische Typisierungen werden v. a. am Beispiel von Personenklassifikationen soziolinguistisch analysiert.

Kontrastive Analysen (z. B. Zimmermann 2003; Neuland 2007) haben ähnliche Strukturmerkmale von Jugendsprachen verschiedener Sprachgemeinschaften erarbeitet, z. B. die Bildung von Abkürzungen und neuartigen Zusammensetzungen, Prozesse der Bedeutungsveränderung sowie den Gebrauch von Entlehnungen und die Bildung witziger Redensarten und Sprachspiele. Andererseits werden auch kulturspezifische Bedingungen jugendtypischen Sprachgebrauchs sichtbar.

Analysen des Sprachgebrauchs jugendlicher Mediennutzer beziehen sich vor allem auf medientypische Charakteristika und neue Formen von Schriftlichkeit, z. B. Wortbildung in Form von Akronymen, Inflektivkonstruktionen, Verwendung graphostilistischer Mittel sowie Einsatz von Symbolen wie *Emoticons* (v. a. Androutsopoulos 2003; Dürscheid 2006).

2.2. Forschungsstand und Forschungsschwerpunkte

In der bisherigen Forschungsgeschichte lassen sich vor allem die folgenden Schwerpunkte erkennen:

- Jugendsprache als Entwicklungsphänomen
- Jugendsprache als Gruppenphänomen
- Jugendsprache als Medienphänomen
- Jugendsprache als internationales Phänomen
- Jugendsprache als Sprachkontaktphänomen

Während der erste Themenaspekt in der linguistischen Jugendsprachforschung derzeit eher randständig ist, bildet die gruppenspezifische Kommunikation einen Schwerpunkt ethnographischer und gesprächsanalytischer Studien zu jugendtypischen Sprech- und Gesprächsstilen. Doch ist Jugendsprache nicht nur durch die Merkmale einer Gruppensprache oder eines medientypischen Sprachgebrauchs zu bestimmen.

Zwar bildet die Nutzung von Printmedien, audiovisuellen und elektronischen Medien eine wesentliche Ressource für Neubildungen, Anspielungen und Zitationen im jugendlichen Sprachgebrauch. Doch spielt heute der Kontakt mit Migrantensprachen, bedingt durch die multikulturelle Zusammensetzung der Schulklassen, eine bedeutsame Rolle für jugendtypische Bildungen in Form von Entlehnungen und „gemischtem" Sprechen (z. B. Hinnenkamp 2000, 2003; Keim und Cindark 2003; Wiese 2006).

Der heutige Forschungsstand lässt sich nach mittlerweile sechs internationalen Fachkonferenzen (v. a. Androutsopoulos und Scholz 1998; Neuland 2003b; Dürscheid und Spitzmüller 2006; Jørgensen i. E. 2010) vor allem durch die beiden Grundzüge einer Erweiterung des Gegenstandsfelds und einer Vielfalt der Methoden charakterisieren.

Das linguistische Untersuchungsspektrum wurde mittlerweile eindrucksvoll differenziert und hat zu einer Fülle von Einzelergebnissen auf den verschiedenen Ebenen geführt. Auch wurde das soziale Gegenstandsfeld im Hinblick auf unterschiedliche Gruppen von Sprechern und Schreibern bedeutsam erweitert, sodass die These der *Heterogenität* der Jugendsprache mittlerweile zu einem grundlegenden Axiom der Jugendsprachforschung geworden ist.

Unterschiedliche Gegenstandsfelder machen auch vielfältige Bearbeitungsmethoden erforderlich, sodass die *Methodenvielfalt* als weitere charakteristische Tendenz der derzeitigen Jugendsprachforschung genannt werden kann. Dazu gehören verschiedene Arten von Fragebogenmethoden, Interviews, gelenkten Gesprächen sowie teilnehmender Beobachtung der Spontankommunikation mit anschließenden Korpusanalysen.

3. Ausgewählte Konzepte der Jugendsprachforschung

Eine theoretische Fundierung ist für das Konzept der Jugendsprache selbst sowie für die Bestimmung des Verhältnisses von Jugendsprache, Standardsprache und Sprachwandel von Bedeutung.

Gegenüber eindimensionalen Bestimmungsversuchen vor allem durch den Faktor Lebensalter können mehrdimensionale Konzepte die Vielschichtigkeit des Gegenstandsfelds Jugendsprache angemessener erfassen. Jugendsprache wird heute vorwiegend als ein mündlich konstituiertes, von Jugendlichen in bestimmten Situationen verwendetes Medium der Gruppenkommunikation definiert und durch die wesentlichen Merkmale der gesprochenen Sprache, der Gruppensprache und der kommunikativen Interaktion gekennzeichnet. Allerdings nimmt allmählich auch die Untersuchung schriftlicher Äußerungsformen von Jugendlichen in schulischen und außerschulischen Kontexten zu.

Ein mehrdimensional-hierarchisches Klassifikationsmodell (Neuland 2006) sieht fünf Analyseebenen (historisch-gesellschaftlicher Kontext, soziolinguistische Differenzierungen, institutioneller Rahmen, domänentypischer Sprachgebrauch, funktionale Stile) vor, wodurch sich die Vielfalt der empirischen Einzelbefunde ordnen lässt. Weiterhin werden Vergleiche ermöglicht und Forschungsschwerpunkte wie Desiderate sichtbar.

3.1. Jugendsprache und Standardsprache

Das Verhältnis der Jugendsprache zur Standardsprache hat schon die frühe Sondersprachforschung beschäftigt. Heute wird die Frage diskutiert, ob Jugendsprache als eine Varietät, ein Register oder ein Ensemble von Sprachstilen betrachtet werden kann. Aktuelle Befunde, vor allem aus der kontrastiven Jugendsprachforschung, sprechen dafür, den Sprachgebrauch Jugendlicher auf Grund übereinstimmender Merkmale und Tendenzen unter einem dynamischen Varietätenbegriff zu erfassen, der als eine Verdichtung innerhalb eines substandardsprachlichen Kontinuums anzusehen ist. Der Varietätenraum selbst wird multidimensional (vgl. Neuland 2008) durch eine Vielzahl von Faktoren gebildet, darunter z. B.: Bildungsgang, Geschlecht, subkulturelle Zugehörigkeit, Migrationskontext.

Die Mehrzahl internationaler Studien aus den ethnographischen, sprechstilanalytischen und kulturanalytischen Ansätzen bevorzugt den Stilbegriff, um den gruppenspezifischen Besonderheiten, identifikatorischen Funktionen und schnellen Veränderungen sprachlicher Merkmale besser Rechnung tragen zu können. Auch lassen sich die raschen Stilwechsel und *Code-Shiftings* im Sprachgebrauch Jugendlicher, mit denen oft ganz bewusst verschiedene soziale Kontexte identifikatorisch aktiviert werden, mit einem Stilbegriff besser erklären.

3.2. Jugendsprache und Sprachwandel

Die Frage nach möglichen Einflüssen der Jugendsprache auf die Standardsprache und ihren Wandel hat auch die Sprachgeschichtsschreibung (von Polenz 1999) schon beschäftigt. In Anlehnung an das Stilmodell von Clarke (1979), das die Prozesse der Stilbildung, Stilverbreitung und Stilauslöschung vorsah, entwickelt Neuland (2008) ein Modell, das die beiden korrespondierenden Prozesse der Stilbildung und der Stilverbreitung zwischen Jugendsprache und Standardsprache vorsieht. Die Stilbildung wird als eine *Destandardisierung* von Merkmalen und Mustern der Standardsprache durch Neubildungen, Bedeutungsveränderungen und Mustervariationen im jugendsprachlichen Gebrauch gekennzeichnet. Übernahmen jugendsprachlicher Ausdrucksweisen in die Standardsprache unterliegen demgegenüber einer *Restandardisierung*, wie sie z. B. im Verlust soziokultureller Konnotationen bei der Aufnahme jugendsprachlicher Ausdrücke in standardsprachliche Wörterbücher zu verzeichnen ist.

Generell kann der Einfluss der Jugendsprache auf die Standardsprache als eine Verstärkung der Tendenzen von Informalisierung und Substandardisierung angesehen werden. Dazu leisten Medien als Promotoren sprachlichen Wandels einen entscheidenden Beitrag. Die Wirkung v. a. des Markts der Jugend- und Szenewörterbücher beruht ihrerseits auf dem hohen Prestigewert von Jugendlichkeit und mithin auch von Jugendsprache in der Gesellschaft.

4. Merkmale und Tendenzen aktueller Sprachgebrauchsweisen Jugendlicher

Zwar ist die Geschichte der deutschen Jugendsprache noch relativ lückenhaft rekonstruiert, doch lassen sich Jugendsprachen und Jugendkulturen in der jüngeren Sprachgeschichte nach 1945 recht gut dokumentieren.

4.1. Typizität in der Heterogenität

Trotz der Unterschiedlichkeit der subkulturellen Sprachstile Jugendlicher können u. a. folgende Gemeinsamkeiten als typische Kennzeichen von Jugendsprachen festgehalten werden:

- spezifische Kennzeichen mündlichen Sprachgebrauchs, wie Kontraktionen, Interjektionen, Onomatopoetika
- Besonderheiten der Wortbildung, wie z. B. Präfigierungen, Suffigierungen, Kurzformen, Kompositionen
- lexikalische Neubildungen, Integration von Entlehnungen, Differenzierung lexikalischer Register in jugendtypischen Handlungsbereichen
- Bedeutungswandel, v. a. Bedeutungserweiterungen, Verwendung von Phraseologismen und Metaphern
- Präferenz bestimmter Stilmittel, v. a. Intensivierung und Hyperbolik, Anspielungen, Zitierungen, Sprachspiele, Sprachmischungen
- informelle Formen von Begrüßung, Verabschiedung, Anrede
- Bevorzugung bestimmter Handlungsmuster im Gespräch, v. a. Frotzeln, Lästern.

4.2. Subkulturelle Differenzierungen

Derzeitige Sprachgebrauchsweisen Jugendlicher lassen sich insbesondere unter dem Aspekt von Sprach- und Lebensstilen in der heutigen *Erlebnisgesellschaft* charakterisieren. Die Pluralität von Lebensentwürfen und Lebensstilen spiegelt sich in einer entsprechenden soziokulturellen Differenzierung von Sprachstilen Jugendlicher in den unterschiedlichen Musikszenen (z. B. Punk, Techno, Hip Hop), Sport- und Freizeitaktivitäten (Skateboardfahren, Graffiti, Sprayen, öffentliche Partys und Großveranstaltungen) sowie in Medien- und Migrationserfahrungen Jugendlicher wider. Jugendliche erweisen sich als Sprachexperten für Mode, Medien und Musik. Einzelne Szenen weisen einen hohen Anteil an Fachvokabular und Anglizismen auf (Androutsopoulos 1997).

Wie aber auch die jugendsoziologische Forschung zeigt, sind die Mehrzahl der Jugendlichen in Deutschland keine expliziten Szene-Angehörigen, sodass Befunde zu den subkulturellen Jugendkulturen nicht auf die Allgemeinheit der Jugendlichen übertragen werden können.

Als charakteristische Tendenzen für die aktuellen Jugendsprachen in Deutschland lassen sich die beiden folgenden zusammenfassen (Neuland 2008):

- innere Mehrsprachigkeit:
  Dazu gehören die Phänomene der Stilmischungen (Stilwechsel, *Bricolagen*, Zitationen) sowie Varietätenwechsel (fachsprachliche Register, medientypische Register, Regionalsprachen) sowie Entlehnungen, v. a. aus dem Angloamerikanischen.

- äußere Mehrsprachigkeit:
  Darunter sind die Phänomene des *Code-Switching* und des gemischten Sprechens sowie der Kreuzungen mit Migrantensprachen zu rechnen.

Es bleibt festzuhalten, dass alle charakteristischen Merkmale der Jugendsprache nicht jugendexklusiv sind, sondern auch von anderen Sprechern/Schreibern verwendet werden können. Allerdings nutzen Jugendliche die möglichen Faktoren der Sprachvariation mit höherer Frequenz, rascheren Wechseln und mit Spaß an Verfremdungen, Abwandlungen und Neuinszenierungen.

5. Jugendsprache als Gegenstand im DaF-Unterricht

Jugendsprache ist ein beliebtes Thema im DaF-Unterricht, das für verschiedene Lernbereiche und Lernziele genutzt werden kann.

5.1. Didaktische Begründungen

Die Beschäftigung mit der deutschen Jugendsprache kann unter den Prämissen der *Lernerorientierung* sowie der Berücksichtigung *autonomer Lernprozesse* gesehen werden. Jugendliche Lerner machen heute viele zielsprachliche Erfahrungen außerhalb unterrichtlicher Kontrolle durch das Internet, durch Email- oder Chat-Kommunikation und wollen oft in einer alters- und gruppengemäßen Varietät der Zielsprache sich mit Gleichaltrigen verständigen können. Die Beschäftigung mit der jugendsprachlichen Varietät des Deutschen im DaF-Unterricht kann dazu beitragen, die zielsprachliche Variationskompetenz der Lernenden zu vergrößern.

Allerdings sollte die Förderung *produktiver* Kompetenzen in Abstimmung mit den jeweiligen Lernerinteressen sorgfältig abgewogen werden. Vorrangig können im DaF-Unterricht *rezeptive* Kompetenzen im Umgang mit Ausdrucksweisen Jugendlicher gefördert werden: Varietäten des Deutschen und intrakulturelle Sprachunterschiede verstehen und mit Eigenerfahrungen vergleichen lernen, bildet ein wichtiges Lernziel der Förderung von Sprach- und Kulturbewusstheit. *Analytische* Kompetenzen können gefördert werden, indem durch grammatische und stilistische Analysen von Jugendsprache das sprachliche und kommunikative Wissen der Lernenden über die deutsche Sprache vertieft werden kann.

Jugendsprache kann daher nicht nur als Gegenstandsfeld, sondern auch als Medium im Deutschunterricht genutzt werden, indem am Beispiel der jugendsprachlichen Varietät allgemeine Kenntnisse der Grammatik, Semantik und Pragmatik der deutschen Sprache vermittelt und jugendsprachliche Einflüsse auf die deutsche Gegenwartssprache aufgezeigt werden, was sich durch entsprechende Wörterbuchanalysen veranschaulichen lässt. Am Beispiel der Jugendsprache können zugleich auch Kennzeichen der mündlichen Kommunikation, Arten der Wortbildung, Prozesse des Bedeutungswandels, verschiedene Stilmittel und sprachliche Umgangsformen veranschaulicht werden.

5.2. Jugendsprache und interkulturelles Lernen

Jugendsprachen können schließlich in besonderer Weise als Brücken für interkulturelles Lernen im DaF-Unterricht genutzt werden, indem jugendliche Sprachlerner auf eigenkulturelle Erfahrungen zurückgreifen und diese mit den neuen fremdkulturellen Erkenntnissen vergleichen. Dazu tragen nicht zuletzt die globalen Entwicklungsprozesse einer weltweiten Verbreitung von Jugendkulturen im Bereich von Musik, Tanz, Bekleidung, Sport- und Freizeitaktivitäten bei. Mit Hilfe kontrastiver Analysen können vergleichbare Tendenzen, z. B. Arten der Wortbildung, Prozesse der Bedeutungsveränderung, bevorzugte Sprechhandlungsmuster in verschiedenen Sprachen und Kulturen erarbeitet werden.

Schließlich können Jugendsprachen als Indikatoren für die Sprach- und Kulturgeschichte der Deutschen, vor allem der Nachkriegszeit genutzt werden. Jugendsprachen und Jugendkulturen bilden wichtige Themen in einem Landeskundeunterricht, der nicht nur Realienwissen vermitteln will.

6. Literatur in Auswahl

Androutsopoulos, Jannis
  1997   Mode, Medien und Musik. Jugendliche als Sprachexperten. *Der Deutschunterricht* 49: 10−21.
Androutsopoulos, Jannis
  2003   Jugendliche Schreibstile in der Netzkommunikation: Zwei Gästebücher im Vergleich. In: Eva Neuland (Hg.) 2003b, 307−319.
Androutsopoulos, Jannis und Arno Scholz (Hg.)
  1998   *Jugendsprache − langue des jeunes − youth language. Linguistische und soziolinguistische Perspektiven.* Frankfurt a. M.: Lang.
Clarke, John u. a.
  1979   *Jugendkultur als Widerstand. Milieus, Rituale, Provokationen.* Frankfurt a. M.: Syndikat.
Dürscheid, Christa
  2006   Medienkommunikation und Jugendsprache. In: Christa Dürscheid und Jürgen Spitzmüller (Hg.), 117−135.
Dürscheid, Christa und Eva Neuland
  2006   Spricht die Jugend eine andere Sprache? Neue Antworten auf alte Fragen. In: Christa Dürscheid und Jürgen Spitzmüller (Hg.), 19−33.
Dürscheid, Christa und Jürgen Spitzmüller (Hg.)
  2006   *Perspektiven der Jugendsprachforschung.* Frankfurt a. M.: Lang.
Heinemann, Margot
  1989   *Kleines Wörterbuch der Jugendsprache.* Leipzig: Bibliogr. Institut.
Henne, Helmut
  1986   *Jugend und ihre Sprache. Darstellung, Materialien, Kritik.* Berlin/New York: de Gruyter.
Hinnenkamp, Volker
  2000   „Gemischt sprechen" von Migrantenjugendlichen als Ausdruck ihrer Identität. *Der Deutschunterricht* 52: 96−107.
Hinnenkamp, Volker
  2003   Sprachalternieren − ein virtuoses Spiel? Zur Alltagssprache von Migrantenjugendlichen. In: Eva Neuland (Hg.) 2003b, 395−417.
Jørgensen, J. Normann (Hg.)
  i. E. 2010   *Vallah, Gurkensalat 4U & me! Current Perspectives in the Study of Youth Language.* Frankfurt a. M.
Keim, Inken und Ibrahim Cindark
  2003   Deutsch-türkischer Mischcode in einer Migrantengruppe: Form von „Jugendsprache" oder soziolektales Charakteristikum? In: Eva Neuland (Hg.) 2003b, 377−395.
Neuland, Eva (Hg.)
  2003a   *Jugendsprache − Jugendliteratur − Jugendkultur. Interdisziplinäre Beiträge zu sprachkulturellen Ausdrucksformen Jugendlicher.* Frankfurt a. M.: Lang.

Neuland, Eva (Hg.)
  2003b   *Jugendsprachen − Spiegel der Zeit. Internationale Fachkonferenz 2001 an der Bergischen Universität Wuppertal.* Frankfurt a. M.: Lang.
Neuland, Eva (Hg.)
  2006   *Variation im heutigen Deutsch: Perspektiven für den Sprachunterricht.* Frankfurt a. M.: Lang.
Neuland, Eva (Hg.)
  2007   *Jugendsprachen: mehrsprachig − kontrastiv − interkulturell.* Frankfurt a. M. Lang.
Neuland, Eva
  2008   *Jugendsprache. Eine Einführung.* Tübingen u. a.: Francke.
Nothdurft, Werner und Johannes Schwitalla
  1995   Gemeinsam musizieren. Plädoyer für ein neues Leitbild für die Betrachtung mündlicher Kommunikation. *Der Deutschunterricht* 47: 30−42.
Polenz, Peter von
  1993/1999   *Deutsche Sprachgeschichte vom Spätmittelalter bis zur Gegenwart. Band III: 19. und 20. Jahrhundert.* Berlin/New York: de Gruyter.
Schlobinski, Peter
  1989   „Frau Meier hat AIDS, Herr Tropfmann hat Herpes, was wollen Sie einsetzen?" Exemplarische Analyse eines Sprechstils. *Osnabrücker Beiträge zur Sprachtheorie* 41: 1−35.
Schlobinski, Peter, Gaby Kohl und Irmgard Ludewigt
  1993   *Jugendsprache. Fiktion und Wirklichkeit.* Opladen: Westdt. Verlag.
Schlobinski, Peter und Katja A. Schmid
  1996   Alles eine Frage des Stils. Zur sprachlichen Kommunikation in Jugendcliquen und -szenen. *Muttersprache* 106: 211−225.
Schwitalla, Johannes
  1986   Jugendliche „hetzen" über Passanten. Drei Thesen zur ethnographischen Gesprächsanalyse. In: Wolfdieter Hartung (Hg.), *Untersuchungen zur Kommunikation − Ergebnisse und Perspektiven, Linguistische Studien Reihe A, Arbeitsberichte Nr. 149*, 248−261. Berlin-Ost.
Schwitalla, Johannes
  1988   Die vielen Sprachen der Jugendlichen. In: Helmut Geissner und Norbert Gutenberg (Hg.), *Kann man Kommunikation lehren?* 167−176. Frankfurt a. M.
Wiese, Heike
  2006   „Ich mach dich Messer": Grammatische Produktivität in Kiez-Sprache („Kanak-Sprak"). *Linguistische Berichte* 207: 245−275.
Zimmermann, Klaus
  2003   Kontrastive Analyse der spanischen, französischen, portugiesischen und deutschen Jugendsprache. In: Eva Neuland (Hg.) 2003a, 169−183.

Eva Neuland, Wuppertal (Deutschland)

43. Sprachkontakt: Einflüsse anderer Sprachen auf das Deutsche

1. Sprachkontakt
2. Kontaktsprachen
3. Anglizismen
4. Eurolatein
5. Literatur in Auswahl

1. Sprachkontakt

Das Deutsche als Sprache in der Mitte Europas ist, seit wir es in seinen Konturen historisch fassen können, vielfältigsten Kontakten zu anderen Sprachen ausgesetzt. Art, Dauer und Intensität dieser Kontakte ebenso wie die Orientierungen auf präferierte Kontaktsprachen sind dem historischen Wandel unterworfen; unzweifelhaft aber haben die verschiedenen Kontaktkonstellationen, denen das Deutsche in seiner Geschichte ausgesetzt war (und gegenwärtig noch ausgesetzt ist), Struktur und Gestalt des Gegenwartsdeutschen in ganz entscheidender Weise mitgeprägt — stärker, als dies den meisten Sprachteilhabern bewusst sein dürfte.

Die Folgen von Sprachkontakt können sich prinzipiell in allen sprachlichen Systembereichen niederschlagen (vgl. die Entlehnungsskala in Thomason und Kaufman 1988: 74−76); der den Wirkungen von Sprachkontakten am stärksten ausgesetzte Bereich ist jedoch der Wortschatz. Hier werden Fremdeinflüsse auch für den naiven Sprecher am ehesten sichtbar bzw. sind, etwa als fremdsprachige Übernahmen zur Füllung tatsächlicher oder vermeintlicher lexikalischer Lücken, am ehesten Folgen bewusster Sprachentscheidungen, während beispielsweise bei Lehnsyntagmen der sprachliche Bewusstheitsgrad meist deutlich geringer ist.

Sprachkontakt vollzieht sich als Sprachhandeln in der Interaktion, daher sind potenziell alle Varietäten einer Sprache davon betroffen. Damit ist auch für die deutschen Dialekte mit Einflüssen aus anderen Sprachen zu rechnen. Gleichwohl ist die Forschung stark auf die Standardsprache, die auch insgesamt von diesen Prozessen stärker betroffen ist, fokussiert. Entsprechende Untersuchungen für die Dialekte sind methodisch nicht ganz einfach, weil die Datenlage und die schriftliche Dokumentation insbesondere der historischen Stufen nicht besonders gut ist. Einigermaßen untersucht sind hier die Verhältnisse in Bezug auf das Französische (Rettig 2006: 1811; Kramer und Winkelmann 1990), dessen Einfluss auf die lokalen Sprachformen nicht überschätzt werden sollte (für die Rheinlande: Kramer 1992: 112, 148−160; für das Saarland: Albrech und Raasch 1987).

Gänzlich anders ist die Situation in den deutschen Sprachinseldialekten. Hier sind die Einflüsse der jeweiligen nichtdeutschen Mehrheitssprachen beträchtlich, die meisten Sprachinseldialekte zeigen z. T. erhebliche Erosionserscheinungen, manche sind hochgradig moribund (Eichinger, Plewnia und Riehl 2008).

2. Kontaktsprachen

2.1. Die großen romanischen Nachbarn

Diejenige Sprache, die mit Abstand den nachhaltigsten Einfluss auf das Deutsche aus-geübt hat, ist das Lateinische: „Noch rund 80 % des heutigen deutschen Lehnwortschat-zes ist – auf welchen Wegen auch immer vermittelt – lateinischer oder griechischer Herkunft, ebenso ein noch größerer Prozentsatz der deutschen Lehn-Wortbildung" (Po-lenz 2000: 218), wobei das griechische Lehngut zum größten Teil über lateinische (und über französische) Vermittlung ins Deutsche gekommen ist. Schon in germanischer Zeit hat das Lateinische stark gewirkt, die Übernahme römischer Zivilisation und Alltagskul-tur durch die Germanen lässt sich direkt am Wortschatz ablesen, besonders in den Berei-chen Militär (*Kampf, Pfeil*), Administration (*Kaiser, Meile, Pfalz*), Hausbau (*Mauer*), Ackerbau (*Winzer*), Handel (*Münze*) und Wohnkultur (*Küche, Tisch*), aber auch das No-minalsuffix *-er* (<*-ārius*). Noch stärker ist der Einfluss des Lateinischen im Mittelalter: Einerseits war Latein die Sprache der Christianisierung; eine entsprechende Prägung zei-gen der kirchliche Sachwortschatz (*Nonne, Mönch*), aber auch die theologische Termino-logie mit zahlreichen Lehnprägungen (*Barmherzigkeit, Mitleid*). Andererseits und vor allem erfolgte die Alphabetisierung mindestens bis ins 15. Jh. ausschließlich auf Latein: „Wer im Mittelalter schreiben und lesen konnte, hatte dies anhand der lat. Sprache ge-lernt" (Henkel 2004: 3172). Nur allmählich bildeten die europäischen Volkssprachen überhaupt eine Fähigkeit zur Schriftlichkeit aus, die jedoch lange an der Dominanz des Lateinischen nichts änderte. Noch im 15. Jh. „waren kaum 7 % der Druckwerke deutsch" (Polenz 2000: 127). Und Latein blieb bis in die Neuzeit auch für die Bildungsinhalte und Diskurstraditionen bestimmend, sowohl als Trägersprache des europäischen Humanis-mus als auch als *lingua franca* vor allem der Naturwissenschaften und der Medizin min-destens bis ins 18. Jh. (Pörksen 1986).

Mit der Re-Orientierung auf das klassische Latein in der Renaissance ging auch die Wiederentdeckung des Griechischen einher, das dann in der deutschen Klassik unter Gebildeten stark an Bedeutung gewann. Nachdem bereits auf indirektem Wege im Zuge der Christianisierung durch das stark vom Griechischen geprägte Kirchenlatein viel Grie-chisches ins Deutsche gelangt war, erhöhte sich in der Renaissance der schon seit der Antike hergebracht hohe Anteil ursprünglich griechischer Wörter in den Fachterminolo-gien noch einmal zusätzlich. Es ist jedoch nicht nur der Lehnwortschatz selber, sondern in vielleicht noch folgenreicherer Weise der hohe Bestand an graeco-lateinischen Wortbil-dungselementen, durch den das Deutsche eine entscheidende Prägung erhält, die es zu-gleich in einen sprachkulturellen Verbund mit den anderen west- und mitteleuropäischen Sprachen stellt (vgl. Abschnitt 4).

Die andere Sprache, die besonders stark auf das Deutsche gewirkt hat, ist das Franzö-sische. Zwar macht das lateinische (und griechische) Erbe den mit Abstand größten Teil der nicht-indigenen Elemente des Deutschen aus; vieles davon ist jedoch, insbesondere im 17. und 18. Jh., über die Vermittlung des Französischen ins Deutsche gekommen, so dass die Anteile im einzelnen schwer bezifferbar sind. Ausweislich der Lehnwortstatisti-ken der Erstbelege des Deutschen Fremdwörterbuchs (Schulz und Basler 1977–1988) sinkt der lateinisch-griechische Anteil von über 90 % bis 1480 auf knapp unter 30 % um 1800, während im gleichen Zeitraum der Anteil des Französischen von nur 1,3 % bis 1480 auf über 60 % gegen Ende des 18. Jh.s steigt (Polenz 2000: 209–212 und Polenz

1994: 77−80) − wobei aber in bestimmten Bereichen des Bildungswortschatzes ein großer Teil der französischen Entlehnungen nach der Übernahme ins Deutsche in der Gestalt relatinisiert wurde (*Direktor*, *Organismus*, *repräsentativ*).

Unumstrittene kulturelle Dominanz in Europa hatte Frankreich schon im Hochmittelalter ausgeübt; entsprechend zahlreich sind die Entlehnungen aus dem Altfranzösischen ins Mittelhochdeutsche, vor allem im Bereich der ritterlich-höfischen Kultur (*Abenteuer*, *Turnier*, *tanzen*, auch die Lehnübersetzung *Großmutter*), aber auch z. B. das Verbalsuffix *-ier(en)* und das Nominalsuffix *-ei*; viele der Entlehnungen sind allerdings kurzlebig. Im Absolutismus verbreiteten sich dann mit der Orientierung am französischen Königtum französische Lebensart und Sprache sehr schnell und sehr konsequent auch im deutschen Sprachraum, so dass man für das 18. Jh. zumindest „für die oberen Schichten eine deutsch-französische Zweisprachigkeit" (Volland 1986: 12), wenngleich wohl mit durchaus abgestufter Kompetenz, annehmen kann. Die betroffenen Sachbereiche sind wiederum vor allem Administration (*Minister*, *Attentat*), Militär (*Admiral*, *Deserteur*), Wirtschaft und Verkehr (*Bankier*, *Karosse*, *Allee*) und vor allem höfische Zivilisation und Lebensweise (*Konversation*, *Eleganz*, *Möbel*, *Krawatte*). Die Überlebensrate der Entlehnungen ist hier zwar deutlich höher als im Mittelalter, dennoch dürfte − bei um ein Vielfaches höherer Grundgesamtheit − „etwa die Hälfte der in der Alamode-Zeit üblichen Französismen seither aus dem Deutschen wieder verschwunden" (Kramer 1992: 59) sein (Telling 1988; Thiele 1993).

In der Phonetik verdankt das Deutsche dem Französischen den stimmhaften postalveolaren Frikativ als Lehnphonem; auch in der Graphematik gibt es eine Reihe von Spezifika (Volland 1986). Die Ablösung des Französischen durch das Englische als (globale) Prestigesprache geht zwar teilweise auch zulasten etablierten Lehnguts (*Billett* zu *Ticket*), der Bestand der französischen Elemente im Deutschen ist jedoch nach wie vor extrem hoch.

Der andere große romanische Nachbar, das Italienische, hat im Vergleich dazu in weitaus geringerem Maße auf das Deutsche gewirkt. Im Mittelalter konzentrierte sich der italienische Einfluss weitgehend auf mündliche Kontaktkonstellationen in den alemannisch-italienischen bzw. bairisch-italienischen Grenzgebieten, d. h. auf die oberdeutschen Dialekte (Pfister 2004). In dem Maße, in dem Italien seit der Renaissance bis in die Barockzeit in Europa an kultureller Prägekraft gewann, wuchsen auch Präsenz und Einfluss des Italienischen in schriftsprachlichen, überregionalen Kontexten. Von großer Bedeutung war die italienische Hofkultur (*Bankett*, *Tapete*), teilweise wurden komplette Terminologien entlehnt, wie in der Musik (*Tenor*, *Partitur*, *Cello*; als Termini nicht integriert: *crescendo*) oder im Finanz- und Bankwesen (*Bilanz*, *Kredit*, *Skonto*; seltener als Lehnübersetzung: *Gläubiger*). In jüngster Zeit ist Italienisch nur noch in geringem Maßstab Gebersprache für das Deutsche, vorwiegend im Bereich Esskultur (*Zucchini*, *Latte macchiato*); eine Sondersituation liegt in Südtirol vor, wo v. a. in der Verwaltungssprache zahlreiche Italianismen etabliert sind (Eichinger 1996: 211−212).

2.2. Die übrigen Nachbarsprachen

Anders in Art und Umfang war der Einfluss der anderen europäischen Sprachen auf das Deutsche. Im Mittelalter waren die Niederlande ein bedeutsamer Vermittler der französischen höfischen Kultur (*Ritter*, *Glück*). Seither hat das Niederländische stark, aber auch fast ausschließlich auf das Niederdeutsche gewirkt (de Smet 2004), über das letztlich nicht sehr viele Lexeme den Weg ins Standarddeutsche gefunden haben, die meisten aus den Bereichen Seefahrt (*Boje*, *Wrack*), Deichbau (*Deich*, *Schleuse*) und Handel (*Börse*, *Apfelsine*, *Matjes*).

Auch der Kontakt mit den skandinavischen Sprachen erfolgte über das Niederdeutsche, besonders intensiv war er zur Hansezeit; doch insgesamt sind auf diesem Wege nur relativ wenig Lexeme ins Standarddeutsche gelangt (*Flunder*). Ohne niederdeutsche Vermittlung kamen einige Wörter aus dem Bildungswortschatz ins Deutsche (*Walküre*); für die jüngere Zeit sind nur vereinzelte Wort-Sache-Übernahmen zu nennen (aus dem Norwegischen: *Ski*; aus dem Schwedischen: *Knäckebrot*), außerdem einige Vornamen (*Astrid*, *Björn*) (Naumann 2004).

Der Kontakt zu den slawischen Sprachen war zwar intensiv, aber asymmetrisch (Bellmann 2004). Aus der mittelalterlichen Eroberung und Christianisierung der slawischen Gebiete, die sehr schnell zu einem Sprachwechsel zum Deutschen führte, sind zwar zahlreiche slawische Orts- und Personennamen geblieben (*Berlin*, *Lensahn*; *Nietzsche*, *Jeschke*), aber oberhalb der Mundarten nur wenige andere Lexeme (*Grenze*, *Peitsche*, *Gurke*). Ein gewisser Zugewinn an Lehnwörtern und Lehnübersetzungen aus dem Russischen war in der DDR zu verzeichnen, der größte Teil davon war jedoch systemspezifisch und entsprechend kurzlebig (*Subbotnik*).

Die Beziehung zu den baltischen Sprachen war noch asymmetrischer. Während das Estnische und Lettische durch den Kontakt zum Deutschen geradezu „europäisiert" (Hinderling und Hasselblatt 2004: 3278) wurden, spielen baltische Einheiten im Standarddeutschen praktisch keine Rolle.

Auch die ungarisch-deutsche Kontaktgeschichte ist zu großen Teilen eine Geschichte der Grenz- und Minderheitenkontakte. Während der ungarische Einfluss auf die ungarndeutschen Sprachformen erheblich ist (Knipf-Komlósi 2008), beschränkt er sich im Standarddeutschen auf wenige, meist über Österreich vermittelte Lexeme, v. a. im Bereich der Esskultur (*Gulasch*, *Palatschinken*).

2.3. Fernentlehnungen

Dem Spanischen verdankt das Deutsche nur wenige Wörter (*Zigarre*, *Embargo*). Bedeutsam war das Spanische als Vermittler arabischen Lehnguts (*Almanach*, *Alkohol*); schon im Zuge der Kreuzzüge waren über die romanischen Sprachen viele orientalische Wörter ins Deutsche gelangt (*Zucker*, *Sirup*, *Schach*).

Meist über Fernhandelsbeziehungen und vermittelt über andere Sprachen (wiederum v. a. Latein, Französisch, Englisch) hat das Deutsche auch einzelne Wörter aus den verschiedensten Bereichen aufgenommen (aus Amerika: *Tomate*, *Schokolade*, aus Indien: *Dschungel*, *Pyjama*, *Katamaran*, aus Afrika: *Banane*, aus Haiti: *Hängematte* mit volksetymologischer Umdeutung aus *hamáka*).

2.4. Minderheitensprachen

Die beiden kleinen autochthonen Minderheitensprachen in Deutschland, das Friesische und das Sorbische, waren und sind einem starken (und tendenziell existenzbedrohenden)

Druck durch das umgebende und überdachende Deutsche ausgesetzt, haben ihrerseits aber nur marginalen, auf Einzellexeme beschränkten Einfluss auf den überregionalen Standard ausgeübt (aus dem Sorbischen: *Nerz*, aus dem Friesischen: *Hallig*, *Warft*), im Falle des Friesischen oft über niederdeutsche Vermittlung (Århammar 2004: 3315).

Das nach Sprecherzahlen und Sprachgebiet ungleich größere Niederdeutsche hatte an der Herausbildung der neuhochdeutschen Einheitssprache keinen sehr großen Anteil; bei den aus dem Niederdeutschen stammenden Wörtern im hochdeutschen Standard handelt es sich oft um regionalspezifisches Vokabular (*Ebbe*, *Reet*, *schleppen*).

Das Jiddische war zwar lange Zeit eine bedeutende Kontaktsprache des Deutschen, war aber nicht mit einem hohen soziokulturellen Prestige ausgestattet; entsprechend asymmetrisch fallen auch hier die Lehnbeziehungen aus (Kiefer 2004). Die nicht sehr zahlreichen aus dem Jiddischen stammenden Lexeme im Standarddeutschen entstammen in der Regel substandardlichen Kontaktkonstellationen bzw. sind vielfach auch über das Rotwelsche vermittelt (*Schlamassel*, *Chuzpe*, *betucht*).

3. Anglizismen

Der Einfluss des Englischen aufs Deutsche war im gesamten Mittelalter bis in die frühe Neuzeit marginal, er beschränkt sich auf einige meist nautische Termini, die in der Regel über das Niederdeutsche vermittelt waren (*Boot*, *Lotse*). Das änderte sich in der Mitte des 17. Jh.s grundlegend, England wurde politisch stark impulsgebend, wovon auch der deutsche Wortschatz profitierte, zunächst sehr stark im politischen Bereich (*Debatte*, *Opposition*; oft als Lehnübersetzungen: *Unterhaus*, *Hochverrat*), dann in Technik und Naturwissenschaften (*Barometer*, *Impfung*) und Handel (*Import*, *Banknote*) (Viereck 2004). Großbritannien begann, Frankreich als soziokulturellen Prestigeträger abzulösen; der englische Einfluss weitete sich auf sämtliche Lebensbereiche aus (*Partner*, *Schal*). Im Sport (*Sport*, *Tennis*, als Lehnübersetzung: *Fußball*) wurden z. T. ganze Terminologien übernommen (oft auch als Lehnprägungen). Im 20. Jh. setzte sich diese Entwicklung nochmals verstärkt fort, nur kurzzeitig gedämpft durch den Ersten Weltkrieg, in dessen Folge dann die USA zum wichtigsten, auch sprachlichen Vorbild avancierten. Nach dem Zweiten Weltkrieg gab es mit der Orientierung am *American Way of Life* wiederum einen erheblichen Zuwachs an englisch-amerikanischem Lehngut (Carstensen und Busse 1993−1996), der, mit nur geringen Abstrichen, auch die DDR erreichte. Die sich gegenwärtig vollziehende Internationalisierung und Ökonomisierung vieler Lebensbereiche nach angelsächsischem Vorbild befördern diese Prozesse weiter, wobei allerdings viele englische Ausdrücke als Prestigesignale in einigen besonders kommunikationsorientierten Sachbereichen wie etwa Werbung, Unterhaltungselektronik, Informationstechnologie usw. eine überrepräsentativ hohe Sichtbarkeit erreichen.

Während die meisten älteren Lehnwörter phonetisch (*boxen*, *Mumps*) und meist auch orthographisch (*Streik*, *Keks*) integriert sind (und Lehnprägungen ohne spezifisches Wissen generell nicht also solche identifizierbar sind), beschränkt sich die orthographische Integration bei den meisten Entlehnungen jüngeren Datums auf die Substantivgroßschreibung. Die phonetische Integration ist bisweilen unproblematisch (*Meeting*, *Ticket*) bzw. erfordert nur relativ geringe Adaptionsleistungen (z. B. mit Auslautverhärtung: *Kid*, mit Änderung der Vokalqualität: *Roastbeef*); vielfach orientiert sich die Aussprache auch am englischen Vorbild (*flirten*, *Homepage*) oder bildet vermeintlich englische Lautungen nach (*Curry*, *Pumps*). Die morphologische Integration ist in aller Regel unkritisch (den *s*-Plural in der Nominalflexion kennt das Deutsche schon länger).

Die verhältnismäßig zahlreichen lateinisch-griechisch-romanisch basierten Wörter vor allem des Kultur- und Bildungswortschatzes wiederum sind aufgrund ihrer Anschlussfähigkeit an das gemeinsame europäische Erbe prinzipiell unauffällig. Diese gemeinsame Basis macht das Deutsche auch sehr empfänglich für Lehnbedeutungen, bei denen vorhandene Lexeme zusätzliche oder andere Bedeutungskomponenten importieren (*realisieren*, *kontrollieren*, *Philosophie*); davon betroffen sind auch Wendungen (*einmal mehr*, *am Ende des Tages*), die Pragmasyntaktisches berühren können (etwa beim Gebrauch des Imperativs: *habt eine schöne Zeit*, *gewinne ein Wochenende für zwei Personen*).

Trotz der großen Präsenz des Englischen und des erheblichen Wortschatzzuwachses durch englisches Lehngut ist das sprachliche System des Deutschen kaum erkennbar berührt. Allerdings ist in jüngerer Zeit die ernste Gefahr eines fortschreitenden Domänenverlusts des Deutschen zugunsten des Englischen zu konstatieren, der in manchen Bereichen, in einigen Fachsprachen (wie etwa der Luftfahrt) und in manchen Wissenschaftsdisziplinen schon ganz oder teilweise vollzogen ist. Die gegenwärtige Situation weist also einige Parallelen zum Mittelalter und zum 17./18. Jh. auf, als mit Latein bzw. Französisch schon einmal andere Sprachen einzelne Domänen exklusiv oder dominant beanspruchten.

4. Eurolatein

Die herkunftssprachenorientierte Perspektive auf Entlehnungsvorgänge verdeckt etwas, dass das Deutsche mit seinen (vor allem west-)europäischen Nachbarsprachen ganze Wortschatzsegmente gemeinsam hat (und zwar jenseits der gemeinsamen Erbwortschatzbestände, deren etymologische Zusammengehörigkeiten sich nur mit spezifischen sprachhistorischen Kenntnissen erschließen). Es handelt sich dabei um zentrale, vorwiegend graeco-lateinisch basierte „hochkulturelle Wortschatzbereiche (Recht, Verwaltung, Politik, Wissenschaft, Technik, Kunst)" (Polenz 2000: 222), die deswegen so weitreichende Überschneidungen aufweisen, weil sie die Resultate eines gemeineuropäisch ablaufenden Prozesses des neuzeitlichen Wortschatzausbaus, ausgehend vom geteilten neulateinischen Spracherbe, sind (für einen exemplarischen Textvergleich siehe Eichinger 2008); die Frage der Übernahme einzelner Lexeme aus einer in eine andere Sprache ist bisweilen nicht sinnvoll zu stellen.

Diese eurolateinischen (Kirkness 1996) Fremdwörter oder Lehnwörter oder Lehnwortbildungen sind auch für den naiven Sprecher bereits formal (oft schon graphematisch; Munske 1996: 84−92) zuverlässig als solche identifizierbar, während Aussagen über die konkreten Herkunfts- oder Vermittlungssprachen, wie bereits viele der oben angeführten Beispiele haben erkennen lassen, nur mit zusätzlichem sprachhistorischem Wissen möglich sind. Das liegt daran, dass das Deutsche (und äquivalent die anderen integrationsfreudigen europäischen Sprachen; Schmitt 2000) über einen eigenen Satz von Lehnsuffixen (-*ation*/-*ition*, -*ität*, -*abel*/-*ibel*, -*ant*, -*ell*, -*esk*; frz.: -*age*, -*ment* usw.), Lehnpräfixen (*de*-, *ex*-, *in*-, *anti*-, *para*-, *post*-, *re*- usw.) sowie, für das Deutsche neu, Lehnkonfixen (*phil(o)*-, *soz(i)*-, *öko*-, *tele*-, -*log*-, -*graph*-, -*phon*-/-*fon*- usw.; Eins 2008) verfügt, die die morphologische Handhabung dieser lateinbasierten Wortschatzausschnitte erlauben. Zweierlei wird damit erreicht: Zum einen wird damit eine regelhafte morphologische Integration von Fremdlexemen unabhängig von der konkreten Gebersprache ermöglicht (lat. *-itas*, frz. *-ité* und engl. *-ity* ergeben immer dt. *-ität*) — während übrigens zugleich eine als Bildungssprachlichkeitssignal nutzbare Fremdheitsmarkierung erfolgt. Zum zweiten kann dieses morphologische Teilsystem zur eigenständigen, vorbildunabhängigen Bildung neuer Lexeme genutzt werden. Dieses Verfahren der Lehnwortbildung, das bereits im Humanismus Anwendung findet, gewinnt seit dem deutlich sprachpuristisch und stark normativ orientierten 17./18. Jh. und der Zeit des sich etablierenden Bildungsbürgertums erheblich an Relevanz, indem eine zentrale morphologische Restriktion die Kombination indigener und entlehnter Elemente untereinander verhindert („Hybridenfurcht", Polenz 1994: 93). Solche Lehnwortbildungen werden in den Registern zum Deutschen Fremdwörterbuch (Schulz und Basler 1977–1988, Bd. 7) als „dt." ausgewiesen; seit dem 18. Jh. steigen die Anteile der deutschen Lehnwortbildungen gegenüber den Lehnwörtern stark an, im 19. und 20. Jh. dominieren sie deutlich (Statistiken hierzu bei Munske 1988: 62–64 sowie Polenz 1994: 94–99). Diese *„zweifache Struktur* aus ererbten, indigenen und entlehnten lateinisch-griechisch-romanischen Elementen und Regeln" (Munske 1988: 69; Hervorhebung im Original) gibt dem Deutschen sein besonderes Gepräge als europäische Sprache.

5. Literatur in Auswahl

Albrech, Vera und Albert Raasch
    1987   *Wörter französischen Ursprungs in saarländischen Dialekten.* Saarbrücken: SDV.
Århammar, Nils
    2004   Friesisch/Deutsch. In: Werner Besch et al. (Hg.), 3300–3317.
Bellmann, Günther
    2004   Slawisch/Deutsch (Schwerpunkte). In: Werner Besch et al. (Hg.), 3229–3259.
Besch, Werner, Anne Betten, Oskar Reichmann und Stefan Sonderegger (Hg.)
    2004   *Sprachgeschichte. Ein Handbuch zur Geschichte der deutschen Sprache und ihrer Erforschung.* Bd. 4. (Handbücher zur Sprach- und Kommunikationswissenschaft 2.1–4). Berlin: de Gruyter.
Carstensen, Broder und Ulrich Busse
    1993–1996   *Der Einfluß des Englischen auf den deutschen Wortschatz nach 1945.* 3 Bde. Berlin: de Gruyter.
Eichinger, Ludwig M.
    1996   Südtirol. In: Robert Hinderling und Ludwig M. Eichinger (Hg.), *Handbuch der mitteleuropäischen Sprachminderheiten*, 199–262. Tübingen: Narr.
Eichinger, Ludwig M.
    2008   Anglizismen im Deutschen meiden — warum das nicht so leicht ist. In: Sandro M. Moraldo (Hg.), *Sprachkontakt und Mehrsprachigkeit. Zur Anglizismendiskussion in Deutschland, Österreich, der Schweiz und Italien*, 69–93. Heidelberg: Winter.
Eichinger, Ludwig M., Albrecht Plewnia und Claudia Maria Riehl (Hg.)
    2008   *Handbuch der deutschen Sprachminderheiten in Mittel- und Osteuropa.* Tübingen: Narr.
Eins, Wieland
    2008   *Muster und Konstituenten der Lehnwortbildung. Das Konfix-Konzept und seine Grenzen.* Hildesheim: Olms.

Henkel, Nikolaus
   2004   Lateinisch/Deutsch. In: Werner Besch et al. (Hg.), 3171–3182.

Hinderling, Robert und Cornelius Hasselblatt
   2004   Baltisch/Deutsch. In: Werner Besch et al. (Hg.), 3269–3282.

Kiefer, Ulrike
   2004   Jiddisch/Deutsch. In: Werner Besch et al. (Hg.), 3260–3268.

Kirkness, Alan
   1996   Eurolatein. Überlegungen zu einem lexikalischen Phänomen und dessen Erforschung aus
             der Sicht eines Sprachgermanisten. *Sprachreport* 1(96): 11–14.

Knipf-Komlósi, Elisabeth
   2008   Ungarn. In: Ludwig M. Eichinger, Albrecht Plewnia und Claudia Maria Riehl (Hg.),
             265–327.

Kramer, Johannes
   1992   *Das Französische in Deutschland. Eine Einführung.* Stuttgart: Steiner.

Kramer, Johannes und Otto Winkelmann (Hg.)
   1990   *Das Galloromanische in Deutschland.* Wilhelmsfeld: Egert.

Munske, Horst Haider
   1988   Ist das Deutsche eine Mischsprache? Die Stellung der Fremdwörter im deutschen Sprach-
             system. In: Horst Haider Munske, Peter von Polenz, Oskar Reichmann und Reiner Hilde-
             brandt (Hg.), *Deutscher Wortschatz. Lexikologische Studien. Ludwig Erich Schmitt zum
             80. Geburtstag von seinen Marburger Schülern*, 46–74. Berlin: de Gruyter.

Munske, Horst Haider
   1996   Eurolatein im Deutschen. Überlegungen und Beobachtungen. In: Horst Haider Munske
             und Alan Kirkness (Hg.), *Eurolatein. Das griechische und lateinische Erbe in den europä-
             ischen Sprachen*, 82–105. Tübingen: Niemeyer.

Naumann, Hans-Peter
   2004   Skandinavisch/Deutsch. In: Werner Besch et al. (Hg.), 3282–3290.

Pfister, Max
   2004   Italienisch und Rätoromanisch/Deutsch. In: Werner Besch et al. (Hg.), 3203–3218.

Polenz, Peter von
   1994, 1999, 2000   *Deutsche Sprachgeschichte vom Spätmittelalter bis zur Gegenwart. Band I: Ein-
             führung, Grundbegriffe. 14. bis 16. Jahrhundert (2. Aufl. 2000). Band II: 17. und 18. Jahr-
             hundert (1994). Band III: 19. und 20. Jahrhundert (1999).* Berlin: de Gruyter.

Pörksen, Uwe
   1986   *Deutsche Naturwissenschaftssprachen. Historische und kritische Studien.* Tübingen: Narr.

Rettig, Wolfgang
   2006   Romanismen in nichtromanischen Sprachen: Gallizismen. In: Gerhard Ernst, Martin-
             Dietrich Gleßgen, Christian Schmitt und Wolfgang Schweickard (Hg.), *Romanische
             Sprachgeschichte. Ein internationales Handbuch zur Geschichte der romanischen Sprachen.*
             1806–1821. Bd. 2. (Handbücher zur Sprach- und Kommunikationswissenschaft 23.1–3).
             Berlin: de Gruyter.

Schmitt, Christian
   2000   Latein und westeuropäische Sprachen. In: Werner Besch, Anne Betten, Oskar Reichmann
             und Stefan Sonderegger (Hg.), *Sprachgeschichte. Ein Handbuch zur Geschichte der deut-
             schen Sprache und ihrer Erforschung.* 1061–1084. Bd. 2. (Handbücher zur Sprach- und
             Kommunikationswissenschaft 2.1–4). 2. Aufl. Berlin: de Gruyter .

Schulz, Hans und Otto Basler
   1977–1988   *Deutsches Fremdwörterbuch.* Begonnen von Hans Schulz, fortgeführt von Otto Bas-
             ler, weitergeführt im Institut für deutsche Sprache. Bd. 3–7. Berlin/New York: de Gruy-
             ter.

Schulz, Hans und Otto Basler
   1995 ff.   *Deutsches Fremdwörterbuch.* Begonnen von Hans Schulz, fortgeführt von Otto Basler.
             2. Aufl., völlig neu bearbeitet im Institut für deutsche Sprache. Berlin/New York: de
             Gruyter.

de Smet, Gilbert A. R.
    2004   Niederländisch/Deutsch. In: Werner Besch et al. (Hg.), 3290−3299.
Telling, Rudolf
    1988   *Französisch im deutschen Wortschatz. Lehn- und Fremdwörter aus acht Jahrhunderten.*
            2. Aufl. Berlin: Volk und Wissen.
Thiele, Johannes
    1993   Die Schichtung französischen Wortgutes im Deutschen. Ein Streifzug durch die Ge-
            schichte der deutschen Sprache. In: Wolfgang Dahmen, Günther Holtus und Johannes
            Kramer (Hg.), *Das Französische in den deutschsprachigen Ländern. Romanistisches Kollo-
            quium VII*, 3−17. Tübingen: Narr.
Thomason, Sarah Grey und Terrence Kaufman
    1988   *Language Contact, Creolization, and Genetic Linguistics.* Berkeley/Los Angeles/Oxford:
            University of California Press.
Viereck, Wolfgang
    2004   Britisches Englisch und amerikanisches Englisch/Deutsch. In: Werner Besch et al. (Hg.),
            3317−3330.
Volland, Brigitte
    1986   *Französische Entlehnungen im Deutschen. Transferenz und Integration auf phonologischer,
            graphematischer, morphologischer und lexikalisch-semantischer Ebene.* Tübingen: Nie-
            meyer.

Albrecht Plewnia, Mannheim (Deutschland)

44. Sprachkontakt: Ethnische Varietäten

1. Einleitung

In den letzten zwanzig bis dreißig Jahren entwickelten sich in vielen europäischen Städten, in denen sich im Zuge der Arbeitsmigration komplexe multilinguale Lebenswelten
herausgebildet hatten, unter Jugendlichen der 2. und 3. Zuwanderergeneration neue
Sprach- und Kommunikationsformen: einerseits Praktiken des *Code-switching* und *Code-
mixing* und andererseits ethnolektale Ausprägungen von Standardsprachen. Während
Praktiken des *Code-switching* und *Code-mixing* vor allem in Gesprächen zwischen bilingualen Sprechern, die über dieselben Sprachen verfügen, beobachtbar sind, sind

multiethnolektale Formen charakteristisch für Lebenswelten, in denen Sprecher unterschiedlicher Herkunftssprachen regelmäßig zusammenleben und -arbeiten (z. B. in multiethnischen Schulklassen, Jugendzentren und Jugendgruppen) und dabei die regionale Umgangssprache des Landes, in dem sie leben, als *lingua franca* benutzen. Die neuen Formen haben große Überschneidungsbereiche mit den regionalen Varietäten und zeigen gleichzeitig auf allen sprachlichen Ebenen erhebliche Unterschiede. Interessant ist, dass es strukturelle Ähnlichkeiten zwischen den in Deutschland, Holland, Dänemark, England und Schweden entstandenen (Multi-)Ethnolekten zu geben scheint, obwohl unterschiedliche Ausgangs- und Zielsprachen beteiligt sind.

2. Forschungsüberblick

In der noch jungen Forschung zu Struktur und Funktion von Ethnolekten oder Multiethnolekten besteht weitgehende Übereinstimmung in Bezug auf folgende Aspekte: Sie sind charakteristisch für Jugendliche und junge Erwachsene in multiethnischen städtischen Lebenswelten einschließlich einheimischer Jugendlicher; sie zeigen Phänomene, die nicht aus den jeweiligen Herkunftssprachen erklärt werden können und sind sehr variabel; sie sind keine Lernervarietäten, sondern werden von den jugendlichen Sprechern – neben anderen Varietäten – als eigenständige Sprechweisen verwendet, die für sie mit bestimmten multiethnischen Milieus und Jugendgruppen assoziiert sind. Charakteristisch für die gegenwärtige Forschung in Europa ist die Diskussion, ob es sich bei (Multi-)Ethnolekten um neu entstehende, diskrete Varietäten von Standardsprachen handelt, oder um (soziale) Stile, die Sprecher zur Bewältigung interaktiver und sozialer Aufgaben einsetzen. Der jeweils gewählte Ansatz hat Implikationen für den Zugang zum Forschungsgegenstand.

2.1. Varietätenlinguistische Studien

Die meisten Studien sind aus einer dialektologischen Perspektive entstanden und versuchen eine formale Beschreibung der neuen (Jugend-)Sprachformen im Vergleich zu den jeweiligen Standardsprachen. In Schweden hat als erste Kotsinas (1988, 1998) die neue Varietät beschrieben, die in Rinkeby, einem multiethnischen Stadtteil Stockholms, entstanden ist. Ein seit 2002 laufendes Forschungsprojekt zum Sprachgebrauch von Jugendlichen in multilingualen Kontexten konnte Kotsinas Beobachtungen bestätigen, dass ethnische Varietäten nicht Ausdruck eines mangelnden Schwedischerwerbs sind, sondern als eigenständige (Jugend-)Varietäten betrachtet werden können (z. B. Bodén 2004). Ein seit 2005 in Amsterdam und Nijmegen durchgeführtes quantitativ-soziolinguistisches Projekt (Hinskens und Muysken 2007; Hinsken i. Vorb.) zur Entstehung von Ethnolekten geht folgenden Fragen nach: Inwieweit wurzeln Ethnolekte in den Herkunftsvarietäten der Sprecher, inwieweit haben sie typische Eigenschaften von Lernersprachen und inwieweit sind sie von den lokalen/regionalen Varietäten der Aufnahmegesellschaften geprägt? In England beschäftigt sich eine seit 2000 bestehende Projektgruppe (Kerswill i. Vorb.) ebenfalls mit der Frage, wie sich ethnisch definierbare phonologische/phonetische Merkmale in großstädtischen Lebensräumen (London und Birmingham) über ethnische Grenzen hinaus ausbreiten. Die Forschung zu Ethnolekten beginnt in Deutschland mit der Studie von Füglein (2000) zum Deutsch türkischstämmiger Jugendlicher. Darauf folgende Arbeiten (z. B. Auer 2003; Dirim und Auer 2004; Wiese 2006) beschäftigen sich u. a. auch mit der Frage, ob es sich bei den in mehreren Großstädten Deutschlands festgestellten ethnolektalen Formen um eine potentiell neue „Varietät des Deutschen" handelt (z. B. Dirim und Auer 2004: 207). Eine erste Antwort liefert die von Freywald et al. (i. Vorb.) durchgeführte Studie zu Wahrnehmung und Bewertung von „Kietzdeutsch" in Berlin, die zeigt, dass „Kietzdeutsch" von den befragten Informanten eindeutig Sprechern aus multiethnischen Stadtgebieten zugeordnet wird.

2.2. Soziostilistisch und interaktional ausgerichtete Studien

Untersuchungen aus Dänemark (Madsen i. Vorb.; Quist i. Vorb.) und Deutschland (Keim 2004a, 2004b, 2007a, 2007b; Keim und Knöbl 2007; Kern i. Vorb.; Selting i. Vorb.) verfolgen einen ethnografischen und/oder interaktional (sozio-)linguistischen Ansatz und fokussieren die funktionale Verwendung ethnolektaler Merkmale zur Diskursstrukturierung und zur Herstellung sozialer Beziehungen und Identitäten in multiethnischen Jugendgruppen.

Keim (2004b, 2007b) und Keim und Knöbl (2007) zeigen (ähnlich wie Quist 2008 und Madsen i. Vorb.), dass ethnolektale Formen nur einen Teil des Sprachrepertoires der Sprecher ausmachen und dass die jugendlichen Sprecher zur Erfüllung diskursiver Aufgaben und zur sozialen Positionierung virtuos zwischen Elementen aus verschiedenen Varietäten (Türkisch, Standarddeutsch, Regionaldialekt, Ethnolekt) wechseln. Einen interaktional-linguistischen Ansatz verfolgen Selting (i. Vorb.) und Kern (i. Vorb.) bei der Untersuchung prosodischer, phonetischer und syntaktischer Muster im Deutsch türkischer Jugendlicher in Berlin. Für Kern ist der Rhythmus im „Türkendeutschen" ein besonders auffallendes Phänomen, das auch phonetische und syntaktische Strukturen (mit-)bestimmt. Dabei spielen phonologisch-prosodische Einflüsse aus dem Türkischen eine Rolle, die mit Elementen aus dem Deutschen zu neuen rhythmisch-syntaktischen Einheiten kombiniert und in Gesprächen zur Fokussierung und Kontrastierung eingesetzt werden. Beide Autorinnen heben hervor, dass Strukturen, die im Deutschen vorhanden sind, im „Türkendeutsch" eine strukturelle und funktionale Veränderung erfahren und dass „Türkendeutsch" als stilistische Ressource zur Erledigung diskursiver Aufgaben dient.

3. Bezeichnungen und Definitionen

3.1. Bezeichnungen aus der Sprecherperspektive

In der Forschung wird immer wieder hervorgehoben, dass den Sprechern bewusst ist, dass ihre *Sprache* von den Regionalvarietäten in den einzelnen Ländern abweicht, und dass sie Bezeichnungen dafür haben. In Stockholm heißen die neuen Varietäten *Rinkebysvenska* ‚Rinkeby-Schwedisch' oder *invandrerska* ‚Immigrantisch', in Malmö und Göteburg *kebebspråk* ‚Kebab-Sprache' oder *spaggesvenska* ‚Spaghetti-Sprache' (Kotsinas

1998). Eigene Bezeichnungen gibt es auch in Dänemark, Norwegen und den Niederlanden (vgl. Quist 2008: 145). In Berlin bezeichnen Informanten ethnolektale Formen als „Kiezsprache" (Wiese 2006) und in Mannheim sprechen deutsche Jugendliche, die in multiethnischen Stadtgebieten leben, von „unser(em) Ghettoslang". Sprecherbezeichnungen und die oft abwertenden Bezeichnungen aus der Außenperspektive zeigen, dass es in diesen städtischen Kontexten ein weit verbreitetes gesellschaftliches Wissen über die neuen Sprachformen gibt und dass sie mit bestimmten Sprechergruppen assoziiert werden.

3.2. Linguistische Definitionen

Die Definitionen unterscheiden sich je nach Untersuchungsgegenstand und Untersuchungsperspektive. Autoren, deren Untersuchung sich auf nur eine ethnische Gruppe bezieht, wählen ethnisch indizierende Bezeichnungen. Androutsopoulos (2001) spricht vom „Ethnolekt des Deutschen", der sich unter männlichen türkischstämmigen Jugendlichen in den „Ghettos" deutscher Großstädte entwickelt hat; Auer (2003) bezeichnet das Deutsch türkischstämmiger Jugendlicher als „Türkenslang". Kern (i. Vorb.) und Selting (i. Vorb.) sprechen von „Türkendeutsch" und Keim und Knöbl (2007), die ebenfalls türkischstämmige Jugendliche untersuchen, sprechen von „Ethnolekt". Andere Autoren, die hervorheben, dass die neu entstehenden Formen nicht an bestimmte ethnische Gruppen gebunden sind und auch von einheimischen Jugendlichen verwendet werden, sprechen von „multiethnolect" oder „multicultural varieties". Als erster verwendet Clyne den Terminus „multiethnolect" (2000: 87), "because several minority groups use it collectively to express their minority status and/or as a reaction to that status to upgrade it". Quist (2005) übernimmt den Terminus, und Kerswill (i. Vorb.) spricht von „multicultural varieties".

Ausgehend von Androutsopoulos (2001) entwirft Auer (2003) eine Typologie ethnolektaler Formen: Die in deutschen Großstadt-Ghettos vor allem unter männlichen türkischstämmigen Jugendlichen entstehenden neuen Sprachformen bezeichnet er als „primären Ethnolekt". Der „primäre Ethnolekt" ist der Bezugspunkt für den „sekundären Ethnolekt", eine mediale Verarbeitung und Stilisierung des primären Ethnolekts, die in Filmen, Comedys und Zeitungsartikeln einem bestimmten Typ von männlichen Migrantenjugendlichen zugeschrieben wird. Wenn der „sekundäre" Ethnolekt von deutschen Jugendlichen zitiert, karikiert und weiter entwickelt wird, spricht Auer von „tertiärem Ethnolekt". Wenn jedoch Jugendliche unterschiedlicher Herkunft, die in multiethnischen Stadtgebieten leben, Formen des primären Ethnolekt als ihre normale Ausdrucksweise übernehmen, versteht Auer das nicht als Transgression einer ethnischen Grenze, sondern als De-Ethnisierung des Ethnolekts. Für diese Jugendlichen sind ethnolektale Formen zur „eigenen Stimme" geworden.

4. Eigenschaften

Die Beobachtung von Kotsinas (1988, 1998), dass es einerseits weite Überschneidungsbereiche zwischen dem Multiethnolekt (Rinkeby-Schwedisch) und der (Stockholmer) Regionalvarietät gibt, andererseits aber auch auf allen sprachlichen Ebenen deutliche Unterschiede, wurde in allen Nachfolguntersuchungen bestätigt. Interessant ist, dass es in den bisher in mittel- und nordeuropäischen Ländern beschriebenen (Multi-)Ethnolekten weite Übereinstimmungen in Bezug auf die Art und Qualität der Merkmale gibt:

4.1. Prosodie

Als besonders auffällig werden prosodische Eigenschaften hervorgehoben, die zunächst eher impressionistisch als „choppy" oder „uneven" (Kotsinas 1998) charakterisiert werden, ein Eindruck, der durch den geringen Anteil an Reduktionen und Assimilationen, der Einebnung des Unterschieds zwischen kurzen und langen Vokalen und der unüblichen Intonationsmuster hervorgerufen wird. Dirim und Auer (2004) sprechen von silbenzählendem Rhythmus und der Nicht-Reduktion von Nebensilben; Quist (2005) beschreibt ein „staccato"-artiges Sprechen und eine unübliche Akzentstruktur, und Keim und Knöbl (2007) beobachten einen silbenzählenden kurz getakteten Rhythmus und Akzentzuweisungen, die nicht zur Informationsstruktur deutscher Äußerungen passen. Die besonderen prosodisch-phonetischen Merkmale werden von Selting (i. Vorb.) und Kern (i. Vorb.) folgendermaßen beschrieben: Anstatt die Satzakzente nach Aspekten der Informationsstruktur zu platzieren, werden sie so gesetzt, dass rhythmische Schläge und Einheiten von fast gleicher zeitlicher Länge entstehen. Die rhythmische Struktur beeinflusst die phonetischen Strukturen, es werden Anpassungen vorgenommen, um akzentisochrone und isometrische Einheiten zu produzieren; und sie beeinflusst die syntaktischen Strukturen, die z. B. durch Linksversetzung, Ausklammerung, asyndetischen Anschluss und Verkürzung (z. B. durch Tilgung von Präposition und Artikel) der rhythmischen angepasst werden. Auch der Wortakzent kann verschoben werden, um Akzentisochronie herzustellen, wie z. B. in *sie bekommt ENDergebnis, TECHnologie ne VI:ER* (Kern i. Vorb.).

4.2. Phonologie / Phonetik

In der Forschung werden vor allem folgende Merkmale genannt:

- die Koronalisierung von [ç] zu [ɕ], z. B. /ich/→/isch/ (Dirim und Auer 2004; Keim und Knöbl 2007; Selting i. Vorb.; Wiese 2006);
- die Reduktion von [ts] zu [s] oder [z] am Wortanfang (Androutsopoulos 2001; Dirim und Auer 2004; Keim und Knöbl 2007; Wiese 2006);
- die Nicht-Vokalisierung von auslautendem /r/ und die apikale Realisierung in Anlautclustern (Dirim und Auer 2004);
- die Verstimmhaftung und Längung des stimmlosen Frikativs [s]→[z] oder [z:] (Hinskens i. Vorb.; Keim und Knöbl 2007), die Längung der Frikative /sch/ und /f/, z. B. in *isch: weiß* (Keim 2007a) und die sehr deutliche Verstimmhaftung von /b/ und /d/;
- die Reduktion der Differenz zwischen kurzen und langen Vokalen (Dirim und Auer 2004; Keim und Knöbl 2007).

4.3. Lexik

Am meisten werden solche Lexeme aus Migrantensprachen (z. B. Arabisch, Kurdisch, Türkisch u. a.) entlehnt, die als Diskurspartikel, Adressierungen oder Interjektionen verwendet werden können, z. B. *kız* ‚Mädchen‘, *lan* ‚Mann‘, *moruk* ‚Alter‘, Einleitungsformeln wie *hadi* ‚los, auf geht's‘ und *çüş* ‚stopp, hör auf du Idiot‘, *yallah* ‚geh‘, *wallah* ‚wirklich‘ und *fawaka* ‚wie geht's‘ (vgl. Freywald et al. i. Vorb.). Solche Ausdrücke werden auch von Sprechern verwendet, die diese Sprachen nicht sprechen. Weiterhin gibt es auch Bedeutungsveränderungen bzw. -erweiterungen und die Inkorporation von Slangwörtern und Beschimpfungsformeln aus den Herkunftssprachen.

4.4. Morphologische und syntaktische Merkmale

Nach Kotsinas (1998) kommen Abweichungen vor allem in komplexen morphosyntaktischen Bereichen vor und werden durch Simplifizierungen und Reduktionen hervorgerufen. In den bisherigen Studien in Kopenhagen (Madsen i. Vorb.; Quist 2005), in Utrecht und Amsterdam (Hinskens i. Vorb.), in Hamburg (Dirim und Auer 2004), in Berlin (Selting i. Vorb.; Wiese 2006) und Mannheim (Keim 2007a, 2007b) werden ähnliche Merkmale festgestellt: Bevorzugung nur eines bzw. eines falschen Genus, fehlende Kongruenz in komplexen Nominalphrasen, fehlende Inversion, Nomen ohne Artikel und Präposition bzw. mit anderer Präposition, in einigen Fällen Veränderung des Valenzrahmens, Ausfall anaphorischer und suppletiver Elemente und die sehr häufige Verwendung von Diskursmarkern (*weiß=du, verstehs=du, hey alder, hey lan*). Das lässt die Vermutung zu, dass es sich um generelle sprachliche Prozesse handelt, die in multiethnischen Kontexten zu ähnlichen Ergebnissen führen. Eine neue Perspektive auf solche Merkmale eröffnen Wiese (2006) und Freywald et al. (i. Vorb.), die sie als den Beginn sprachlicher Innovationen sehen: Sie zeigen (ähnlich wie Kern und Selting für den phonetisch-prosodischen Bereich), dass Strukturen, die es mit eingeschränkter Funktion auch im Standarddeutschen gibt, im „Kiezdeutsch“ ausgeweitet und generalisiert werden; und sie stellen fest, dass grammatische Reduktionen nicht unverbundene Phänomene sind, sondern dass aus einem komplexen Zusammenspiel von morphosyntaktischer Reduktion, grammatisch-lexikalischer und prosodischer Neuerung neue systematische Muster zur Informationsstrukturierung entstehen.

5. Entstehung von Ethnolekten und ihre Funktionen

Ethnolektale Merkmale erwecken aus der Außenperspektive den Eindruck, der Sprecher spreche die jeweilige Landessprache inkorrekt. Als Erklärung für das Entstehen ethnolektaler Varietäten erscheint eine Kombination aus linguistischen, soziokulturellen und psychologischen Faktoren sinnvoll. Das Interferenz-Argument als einzige Erklärung scheidet aus; es gibt zwar einige Merkmale, die durch Interferenz erklärt werden können (z. B. die Valenz von *heiraten mit* bei türkischstämmigen Sprechern in Mannheim und Hamburg aus türkisch *evlenmek* + Komitativ), doch − und das zeigen viele Studien (ausführlich Hinskens i. Vorb.) − verwenden die Sprecher auch Merkmale, die nicht aus ihren Herkunftssprachen erklärt werden können (z. B. der Ausfall von Präpositionen bei türkischstämmigen Sprechern, obwohl die türkische Entsprechung als Postposition oder Suffix realisiert wird). Auch die Erklärung ethnolektaler Merkmale als lernersprachliche Phänomene greift wesentlich zu kurz. Eine Reihe von Merkmalen kommt zwar auch in den pidginisierten und fossilisierten Lernervarietäten der Elterngeneration vor (z. B. Ausfall von Artikel und Präposition), und die im Ethnolekt sichtbaren Vereinfachungsstrategien sind z. T. kompatibel mit den in Spracherwerbsprozessen beschriebenen Strategien. Doch gegen eine lernersprachliche Erklärung spricht die hohe Variabilität insgesamt und vor allem bei denselben Sprechern: Das zeigt, dass die grammatischen Regeln der Standardvarietäten weitgehend bekannt sind. Außerdem gibt es Situationen und Gesprächskontexte, in denen Sprecher sehr klar zwischen ethnolektalen Formen und den jeweiligen Standardformen unterscheiden, das zeigen die in Abschnitt 2 angeführten Studien. Sprecher wechseln z. B. bei Adressaten- oder Aktivitätswechsel von Ethnolekt zu Standard bzw. umgekehrt und sie verwenden Ethnolekt, wenn sie *tough* und *cool* erscheinen wollen (Keim und Knöbl 2007; Madsen i. Vorb.; Quist 2008). Aus Sicht vieler Autoren fungiert der situations- und kontextspezifische Einsatz ethnolektaler Formen als stilistisches Mittel (zusammen mit anderen Stilmitteln) zum Ausdruck für neue städtische, multikulturelle Jugendsubkulturen, unabhängig von ethnischen Grenzen, und er dient der Selbst-Positionierung der Sprecher in Relation zu anderen Jugend- oder Erwachsenengruppen. Die neuen Jugendstile werden nicht nur von männlichen Jugendlichen getragen, wie das die Studien von Kotsinas (1998), Füglein (2000), Androutsopoulos (2001) und Auer (2003) nahe legen, sondern auch von weiblichen: In der Arbeit von Quist (2008) sind weibliche Jugendliche aktiv an der Stilbildung beteiligt, und die Arbeiten von Keim (2007a und 2008) zeigen, wie junge Migrantinnen aus den verfügbaren sprachlich-kommunikativen Ressourcen diejenigen Merkmale auswählen und neu kombinieren, die ihrem neuen Selbstbild jenseits ethnischer Grenzen entsprechen.

6. Mediale Stilisierungen von Ethnolekten

Mit den Publikationen von Androutsopoulos (z. B. 2001) liegen die ersten Untersuchungen zur medialen Verarbeitung von Ethnolekten vor. Sie beschreiben den Verarbeitungs- und Verbreitungsweg von der „Straße" zu den Medien, wobei ethnolektale Merkmale, die Migrantenjugendliche auf der Straße verwenden, in den Medienprodukten aufgenommen, gebündelt und zur Stilisierung bestimmter sozialer Typen erweitert werden. Bezeichnungen von Schriftstellern, Journalisten und Produzenten für medial konstruierte Sprechweisen sind z. B. *Türkenpidgin, Migrantenslang, Türkenslang* und *Kanaksprak* (Androutsopoulos 2007). In den frühen Produktionen werden besonders solche sprachlichen Merkmale aufgenommen, die das Sprechen der Figuren „komisch" und „fremd" erscheinen lassen, auch wenn sie im primären Ethnolekt nicht vorkommen: z. B. bei „Dragan und Alder" die durchgängige Ersetzung der Artikel *das/der* durch *den* oder *dem* (vgl. *den is so u:ldra geil* oder *den is von lasdern gefalln* in einem Sketch von „Mundstuhl", zit. aus Keim 2004b), die sehr häufige Verwendung von *korrekt, krass, konkret* zur Intensivierung und Neuschöpfungen wie *brontal* (aus „Erkan und Stefan"). Die sprachlichen Eigenschaften variieren zwischen den Produzenten und den Genres erheblich, doch innerhalb einer Figur werden sie konsequent angewandt. Die in Film, Comedy und Cabaret dargestellten Jugendlichen werden als „fremd", „sozial-abweichend", „ungebildet", „angeberisch-machohaft" oder „albern" stilisiert und karikiert (Keim 2004b). Viele Figuren werden von Nicht-Migranten in Szene gesetzt: In dem Film *Knocking on heaven's door* (1997) spielt der deutsche Moritz Bleibtreu den arabischen „Gangsta Abdul"; es folgten die (Blödel-)Filme von „Erkan und Stefan" (Erkan stammt aus einer binationalen Familie, Stefan ist Deutscher) und die Comedys des Duos „Mundstuhl", zwei Deutschen aus Frankfurt, die migrantische „Asos" und „Prolls" karikieren. Seit einiger Zeit gibt es auch Comedians mit Migrationshintergrund (z. B. Kaya Yanar in der Fernsehsendung *Was guckst du* oder den in Mannheim sehr bekannten Comedian Bülent Ceylan). Die Kenntnis medialer Stilisierungen ist unter jungen Deutschen und unter Migrantenjugendlichen weit verbreitet, doch ihr Gebrauch ist noch kaum erforscht. Aus der Perspektive von Auer (2003) ist sicher, dass deutsche Jugendliche bei der Verwendung medialer Stilisierungen keinen „act of identity" vollziehen, sich also nicht mit türkischstämmigen Jugendlichen identifizieren, sondern mediale Formen zur Abgrenzung oder Karikatur von typischen Primärsprechern verwenden. Wie Migrantenjugendliche mit negativen Stilisierungen in medialen Konstrukten umgehen, haben zwei Fallstudien gezeigt: Keim (2004b) beschreibt, wie 14-jährige Hauptschüler unterschiedlicher ethnischer Herkunft in der *Ingroup*-Kommunikation mit den medialen Figuren „Dragan" und „Alder" spielen und sie dem Lehrer gegenüber in subversiver Funktion einsetzen. Keim und Knöbl (2007) beschreiben den sukzessiven Abgrenzungsprozess, den türkischstämmige Jugendliche gegenüber einem Fernsehjournalisten vornehmen, der sie mit dem medialen Konstrukt *Kanaksprak* konfrontiert. In diesem Prozess distanzieren sich die Jugendlichen deutlich von medialen Produkten, sprechen den Herstellern die Kompetenz ab, die für sie Identität stiftenden deutsch-türkischen Mischungen in Szene zu setzen und demonstrieren gegenüber dem Journalisten ihr weites sprachliches Repertoire, das neben deutsch-türkischen Mischungen vor allem Standarddeutsch und den Mannheimer Regionaldialekt einschließt.

7. Ausblick

Wie die bisherige Forschung zu multiethnolektalen Varietäten und Stilen gezeigt hat, ist die Entwicklung von Ethnolekten bzw. Multiethnolekten in vollem Gange. Innerhalb von multiethnischen Lebenswelten gibt es eine schwer zu entwirrende Variation innerhalb und zwischen Varietäten, bei gleichzeitig deutlich erkennbaren sprachlichen Gemeinsamkeiten zwischen Gruppen in verschiedenen europäischen Ländern. Interessant erscheint es, vor allem folgende Forschungsfragen weiter zu verfolgen:

- die Erfassung des sprachlich-kommunikativen Repertoires der Sprecher und die Beschreibung der diskursiven und sozialen Funktionen, die (multi-)ethnolekale Formen ausfüllen können;
- die Klärung der Herkunft der sprachlichen Merkmale und der Verbreitungswege über ethnische Grenzen hinweg;
- die Bewertung (Prestige oder Stigma?) ethnolektaler Merkmale gesamtgesellschaftlich und innerhalb verschiedener einheimischer und migrantischer Sozialwelten; welche Merkmale sind besonders salient, welche werden zur Stilisierung negativer sozialer Typen verwendet und welche zum Ausdruck sozialer Zugehörigkeit;

- die Klärung der Frage, unter welchen Bedingungen Ethnolekte sich zu Soziolekten entwickeln;
- die Rolle der Medien bei der Konstruktion Ethnolekt sprechender sozialer Typen und bei der Verbreitung negativer ethnischer Stereotype.

Die Klärung der ersten Frage dürfte vor allem für den Bildungsbereich interessant sein und Aufschluss darüber geben, was Migrantenjugendliche können und was sie in welchen Situationen zu welchen Zwecken einsetzen. Die Klärung der übrigen Fragen ermöglicht weitere Einblicke in Sprachwandelprozesse und in gesellschaftliche Verhältnisse, die zur Konstruktion, Ideologisierung und Bewertung bestimmter sprachlich-kommunikativer Praktiken und zur Verfestigung negativer ethnischer Stereotype führen.

Zu Aspekten des Sprachwandels gibt es in der Forschungsliteratur bereits erste Beobachtungen: Kotsinas (1998) prognostiziert, dass sich ethnolektale Varietäten zu regulären sozial-geographischen Dialekten entwickeln könnten, wenn sich die sozioökonomische Segregation von multiethnischen Lebenswelten über längere Zeiträume stabilisiert und Diskriminierung bzw. Marginalisierung von Migranten zunehmen. Außerdem könnten die simplifizierten und analytischen Formen der Ethnolekte in den Bereichen der Regionalvarietäten, die bereits eine hohe Variabilität haben, Veränderungen bewirken. Auer (2003) sieht bei deutschen Jugendlichen, die mit Migrantenjugendlichen eng zusammenleben und ethnolektale Formen auch als „ihre Stimme" verstehen, das Potential für die Ausbreitung der neuen Formen, ein Prozess, in dem die Grenzen zwischen „fremdem Ethnolekt" und eigenem Stil verschwinden; d. h. wenn ethnolektale Formen zur normalen Umgangssprache von Jugendlichen unterschiedlicher ethnischer (inklusive der deutschen) Herkunft gehören, wird das Potential für Sprachwandel offensichtlich.

8. Literatur in Auswahl

Androutsopoulos, Jannis
  2001   „Ultra korregd Alder!" Zur medialen Stilisierung und Popularisierung von Türkendeutsch. *Deutsche Sprache* 29: 321−339.
Androutsopoulos, Jannis
  2007   Ethnolekte in der Mediengesellschaft. Stilisierung und Sprachideologie in Performance, Fiktion und Metasprachdiskurs. In: Christian Fandrych und Reinier Salverda (Hg.), 113−155.
Auer, Peter
  2003   „Türkenslang"- ein jugendsprachlicher Ethnolekt des Deutschen und seine Transformationen. In: Annelies Häcki-Buhofer (Hg.), *Spracherwerb und Lebensalter*, 255−264, Tübingen/Basel: Francke.
Bóden, P.
  2004   A new variety of Swedish? In: Steve Cassidy, Felicity Cox, Robert Mannell und Sallyanne Palethorpe (Hg.), *Proceedings of the Tenth Australian International Conference on Speech Science and Technology*, 475−480. Maquarie University Sydney.
Clyne, Michael
  2000   Lingua Franca and Ethnolects in Europe and Beyond. *Sociolinguistica* 14: 83−89.
Dirim, İnci und Peter Auer
  2004   *Türkisch sprechen nicht nur die Türken. Über die Unschärfebeziehungen zwischen Sprache und Ethnie in Deutschland.* Berlin: de Gruyter.

Fandrych, Christian und Reinier Salverda (Hg.)
    2007   *Standard, Variation und Sprachwandel in germanischen Sprachen / Standard, Variation and Language Change in Germanic Languages.* Tübingen: Narr.
Freywald, Ulrike, Katharina Mayr, Tiner Özcelik und Heike Wiese
    (i. Vorb.)   Kietzdeutsch as a multiethnolect. In: Friederike Kern und Margret Selting (Hg.) (2010).
Füglein, Rosemarie
    2000   Kanak Sprak. *Eine ethnolinguistische Untersuchung eines Sprachphänomens im Deutschen.* Unveröffentl. Diplomarbeit, Germanistik: Sprachwissenschaft DaF, Universität Bamberg.
Hinskens, Frans
    (i. Vorb.)   Emerging Moroccan and Turkish varieties of Dutch: ethnolects or ethnic styles. In: Friederike Kern und Margret Selting (Hg.) (i. Vorb.).
Hinskens, Frans und Pieter Muysken
    2007   The talk of the town: languages in Amsterdam, 1507−2007. In: Rita Franceschini (Hg.), 7−23.
Keim, Inken
    2004a   Kommunikative Praktiken in türkischstämmigen Kinder- und Jugendgruppen in Mannheim. *Deutsche Sprache* 32 (3/4): 198−226.
Keim, Inken
    2004b   Die Verwendung medialer Stilisierungen von Kanaksprak durch Migrantenjugendliche. *Kodikas/Code. Ars Semiotika* 26 (1/2): 95−111.
Keim, Inken
    2007a   *Die „türkischen Powergirls" − Lebenswelt und kommunikativer Stil einer Migrantinnengruppe in Mannheim.* Tübingen: Narr. [2. ergänzte Aufl. 2008]
Keim, Inken
    2007b   Formen und Funktionen von Ethnolekten in multilingualen Lebenswelten − am Beispiel von Mannheim. In: Rita Franceschini (Hg.), *Im Dickicht der Städte I: Sprache und Semiotik. Zeitschrift für Literaturwissenschaft und Linguistik* (LiLi) 37(148): 89−112.
Keim, Inken und Ralf Knöbl
    2007   Sprachliche Varianz und sprachliche Virtuosität türkischstämmiger *Ghetto*-Jugendlicher in Mannheim. In: Christian Fandrych und Reinier Salverda (Hg.), 157−199.
Kern, Friederike und Margret Selting (Hg.)
    (i. Vorb.)   *Pan- and/or Multiethnic Styles of Speaking in European Metropolitan Cities.*
Kern, Friederike
    (i. Vorb.)   *Das Zusammenspiel von Prosodie und Syntax am Beispiel von Türkendeutsch.* Habilitationsschrift, Germanistik: Kommunikationswissenschaft und Linguistik, Universität Potsdam, Januar 2008.
Kerswill, Paul
    (i. Vorb.)   The emergence and diffusion of Multicultural English in London and Birmingham. In: Friederike Kern und Margret Selting (Hg.) (2010).
Kotsinas, Ulla-Brit
    1988   Immigrant children's Swedish − a new variety? *Journal of Multilingual and Multicultural Development* 9: 129−140.
Kotsinas, Ulla-Britt
    1998   Language contact in Rinkeby, an immigrant suburb. In: Jannis Androutsopoulos und Arno Scholz (Hg.), *Jugendsprache − langue des jeunes − youth language. Linguistische und soziolinguistische Perspektiven*, 125−148. Frankfurt a. M.: Lang.
Madsen, Lian Malai
    (i. Vorb.)   Features of late modern urban youth style and identity construction among young Taekwondo-Fighters in Copenhagen. In: Friederike Kern und Margret Selting (Hg.) (i. Vorb.).

Quist, Pia
    2005   New speech varieties among immigrant youth in Copenhagen − a case study. In: Volker
            Hinnenkamp und Katharina Meng (Hg.), *Sprachgrenzen überspringen. Sprachliche Hybri-
            dität und polykulturelles Selbstverständnis*, 145−161. Tübingen: Narr.
Quist, Pia
    2008   Sociolinguistic approaches to multiethnolect: Language variety and stylistic practice. *In-
            ternational Journal of Bilingualism* 12(1/2): 43−61.
Selting, Margret
    (i. Vorb.)   Prosody and unit-construction in an ethnic style: The case of Turkish-German and its
            use and function in conversation. In: Friederike Kern und Margret Selting (Hg.) (i. Vorb.).
Wiese, Heike
    2006   „Ich mach dich Messer": Grammatische Produktivität in Kiez-Sprache. *Linguistische Be-
            richte* 207: 245−273.

Inken Keim, Mannheim (Deutschland)

VI. Fach- und Wissenschaftssprachen

45. Fachsprache der Wirtschaft und des Tourismus

1. Einleitung

Eine Fachsprache der Wirtschaft oder des Tourismus gibt es nicht, wohl aber text- und gesprächsbezogene Charakteristika der Wirtschaftskommunikation. Diese werden sowohl von der Fachsprachenforschung (Hoffmann, Kalverkämper und Wiegand 1998/99) als auch von der Text- und Gesprächslinguistik (Brinker et al. 2000/01) untersucht. Unter *Wirtschaft* wird dabei der gesellschaftliche Tätigkeitsbereich der Produktion, Distribution und Konsumtion von Produkten und Dienstleistungen verstanden. Die Erforschung der Wirtschaftskommunikation hat sich inzwischen von der Konzentration auf das Einzelwort oder das einzelne syntaktische Element gelöst und ihr Interesse auf die sprachlichen Strukturen und die kommunikativ-kognitiven Funktionen von Texten und Gesprächen in verschiedenen Tätigkeitsfeldern ausgedehnt. Die Beschäftigung mit der (interkulturellen) Wirtschaftskommunikation (Bolten 2007) ist zwar beliebt, doch ist die linguistische Forschung sehr unausgewogen: Während die Werbung große Anziehungskraft genießt (vgl. Art. 50), werden der Tourismus (Weidemann 2007), die Wirtschaftswissenschaften (Grütz 1995) oder das Wirtschaftsrecht (Cebulla und Rodenbeck 2001) nur am Rande untersucht.

2. Fachsprachliche Ausprägungen der Wirtschaftskommunikation

2.1. Gliederung und Schichtung

Grundannahme der Fachsprachenforschung ist, dass die Fachkommunikation horizontal gegliedert und vertikal geschichtet ist. *Horizontale Gliederung* bedeutet, dass in Abhängigkeit von den Fächergliederungen einer Gesellschaft unterschiedliche fachliche Kommunikationsbereiche (z. B. der Philosophie, Medizin, vgl. Art. 46) nebeneinander bestehen, von denen die Wirtschaftskommunikation eine typische Vertreterin ist. *Vertikale Schichtung* bezieht sich auf die wissensmäßigen Abstraktionsebenen in der fachsprachlichen Kommunikation. Idealtypischer Leitgedanke ist, dass in der fach*internen* Verständigung zwischen Fachleuten ein Höchstmaß an Wissen bei einem Mindestmaß an sprachlicher Darstellung vermittelt wird. Die mathematische Formel und der wissenschaftliche Fachartikel sind hierfür Paradebeispiele. In der hierarchisch niedrigeren fach*externen* Verständigung zwischen Fachleuten und Laien nimmt folglich der Abstraktionsgrad und somit der Grad der Fachsprachlichkeit ab. Die Zunahme an wirtschaftssprachlicher Ausprägung verdeutlicht das folgende Beispiel, in dem inhaltsähnliche Sätze durch Deagentivierung anonymisiert oder objektiviert werden (Roelcke 2005: 78):

(1) *Als ich die Zahlung aufschob, bekam ich Integritätsprobleme.*
     (Konstruktion mit Agensnennung durch Personalpronomen und Konjugationsformen der 1. Person Singular Präteritum Aktiv im Neben- und Hauptsatz.)

(2) *Wenn man die Zahlung aufschiebt, kann man Integritätsprobleme bekommen.*
     (Konstruktion mit Agensnennung durch unbestimmtes Personalpronomen und Konjugationsformen der 3. Person Singular Präsens im Neben- und Hauptsatz.)

(3) *Wird die Zahlung aufgeschoben, können Integritätsprobleme folgen.*
     (Konstruktion ohne Agensnennung und Konjugationsformen des Präsens Passiv im Nebensatz und des Präsens Aktiv im Hauptsatz.)

(4) *Zahlungsaufschub kann Integritätsprobleme verursachen.*
     (Hauptsatzkonstruktion ohne Agensnennung bei Determinativkompositumbildung im ehemaligen Nebensatz.)

Es ist eine empirisch offene Frage, inwiefern solche fachsprachlichen Züge tatsächlich Texte und Gespräche im Bereich von Wirtschaft und Tourismus charakterisieren.

2.2. Lexik und Syntax

Nach alter Vorstellung sind Fachwörter im Unterschied zu Allgemeinwörtern so beschaffen, dass sie in jedem beliebigen Kontext klar und deutlich verstehbar sind. Im Gegensatz dazu weist die kognitionslinguistische Fachsprachenforschung nach, dass auch Fachwörter grundsätzlich vage und mehrdeutig sind. Exaktheit und Eindeutigkeit erhalten Fachwörter erst durch Bezug auf kontextspezifische Kenntnis- und Handlungssysteme. Einem Einzelwort wie *Geschäftsführer* ist nicht anzusehen, ob ihm eine allgemeine Bedeutung wie „leitender Angestellter in einem Unternehmen" oder eine fachinterne Bedeutung zukommt, die auch alle wirtschaftsrechtlichen Bestimmungen umfasst (Gabler 2004). Erst der Kontext entscheidet, ob ein Wort ein Fachwort der Wirtschaft ist und welcher Stellenwert ihm im Zusammenhang mit anderen Fachwörtern zukommt. In der ein- und mehrsprachigen Wirtschaftslexikografie und -terminologiearbeit werden deshalb grundsätzlich Begriffssysteme untersucht und es wird ausgewiesen, welche spezifischen Inhalte z. B. Funktionsbezeichnungen in Kapitalgesellschaften wie das deutsche *Vorstand*, das schwedische *styrelse* und das finnische *hallitus* haben und in welchem Verhältnis der Äquivalenz (Voll-, Teil-, Nulläquivalenz) sie zueinander stehen (Heyse und Rodenbeck 2003). Die fachinterne Kommunikation weist oft eine höhere Fachwortdichte auf als die fachexterne Kommunikation.
    Die Syntax der schriftnahen wirtschaftssprachlichen Kommunikation unterscheidet sich quantitativ und nicht qualitativ von der allgemeinsprachlichen Kommunikation. Be-

nennungsbedarf und Ausdrucksökonomie bedingen, dass bei der Wortbildung Verfahren der Komposition (z. B. Mehrwortbildung wie *Absatzkanalstrukturfestlegung*), der Derivation (z. B. *un*-Präfigierung wie in *unbegrenzt* oder *-lich*-Suffigierung wie in *tarifvertraglich*) und der Konversion (z. B. *filtern*) besonders produktiv genutzt werden, wobei im Deutschen Substantiv und Adjektiv eine bevorzugte Rolle spielen (Horst 1998). Charakteristisch ist ferner der Kurzwortgebrauch, wobei zwischen Buchstabenkurzwörtern wie *E-Mail* oder *E-Commerce*, bei denen *E-* für *electronic* steht, Silbenkurzwörtern wie *Euro-Land*, wobei sich das Kopfwort *Euro-* auf die Währung Euro bezieht, und Morphemkurzwörtern wie *Hannover Rück* unterschieden wird, wobei *Rück* im Eigennamen für *Rückversicherung* steht (Steinhauer 2000). Erhöhter Beliebtheit erfreuen sich auch Anglizismen, aus dem Englischen in nicht-englische Sprachen übernommene Ausdrücke wie *broker* oder *just-in-time* (Béchet-Tsarnos 2005). Syntaktische Elemente und Konstruktionsweisen wie Aussage-, Relativ-, Konditional- und Finalsatz, Hypotaxe (*weil, obwohl*), Funktionsverbgefüge (*in Rechnung stellen*), Nominalisierung (*Discounter*), Attribuierung (*das umweltverträgliche Produkt*), Präpositional- (*infolge der Finanzkrise*) und Partizipialkonstruktion (*durch repräsentative Marktbefragung erzielte Erkenntnisse*) kommen auch in fachinternen Wirtschaftstexten relativ häufig vor (Ohnacker 1992). Die kommunikativ-kognitive Funktion der als „Nominalstil" bekannten Satz- und Textkomplexität besteht in einer Steigerung der Deutlichkeit und Objektivierung der Kommunikation. Im Gegenzug gibt es die Tendenz, durch Komplexitätsreduktion und Veranschaulichung die Verständlichkeit des fachsprachlichen Wissenstransfers zu optimieren (Antos und Weber 2006).

2.3. Metaphorik

Lange Zeit wurde die Metapher als semantische Anomalie auf der Wortebene betrachtet, die einen Sachverhalt auf „uneigentliche" Weise zum Ausdruck bringt. Aus dem fachsprachlichen Gebot, Dinge klar und deutlich auf den Punkt zu bringen, resultierte das Metapherntabu. Dieses Tabu ist inzwischen durch die kognitive Metapherntheorie, die den Nachweis erbrachte, dass der Gebrauch von Metaphern für das Erkennen und Verstehen von Neuem und Abstraktem zentral ist, erschüttert worden. Die kognitive Metapherntheorie belegt, dass neue Wissensbereiche im Rückbezug auf bereits vorhandenes Wissen erschlossen und angeeignet werden. An der Schnittstelle von Altem und Neuem dienen Metaphern der Bedeutungskonstitution, da sie über Analogie und Assoziation das Neue oder Abstrakte überhaupt erst begreifbar und sprachlich darstellbar machen (Jäkel 2003). In diesem Sinne kann ein abstraktes Konzept wie „Geld" metaphorisch ganz unterschiedlich modelliert werden, wobei ein Modell wie LEBEWESEN aus Submodellen wie WACHSTUM oder KRANKHEIT besteht, z. B. (Hundt 1995: 263−264):

LEBEWESEN − WACHSTUM   „Dieses nur in Handelsbüchern lebende, auf den Kredit der Geldinstitute basierte Geld vermehrte sich …"

           − KRANKHEIT   „die Pathologie des Geldes"

Metaphorische Modelle sind polyfunktional und können dynamisch auf ganz unterschiedliche Sachverhalte angewendet werden. An die Stelle des Metaphernverbots tritt so das Gebot, Metaphern sowohl in der fachinternen als auch in der fachexternen Wirtschaftskommunikation zu nutzen, z. B. bei der Verständlichmachung von Wirtschaftsnachrichten (Klein und Meißner 1999) oder bei der Organisation von E-Mail-Kommunikation (Tonfoni und Rothkegel 2007). Wie die Beispiele *Nullwachstum* und *Entsorgungspark* belegen, werden Metaphern jedoch auch euphemistisch und Tatsachen verschleiernd eingesetzt, oder sie können Gegensätzliches bedeuten wie die Ausdrücke *Abfalltourismus* und *Mülltourismus*, die sowohl den legalen als auch den illegalen Im- und Export von Abfällen bezeichnen (Liimatainen 2008: 305−306). Metapherngebrauch kann glücken und Verständigung erleichtern, er kann aber auch missglücken und Verständigungsprobleme verursachen (Habscheid 2003: 179−228).

3. Schriftliche Wirtschaftskommunikation

3.1. Wirtschaftstextsorten

Im Tätigkeitsbereich der Wirtschaft haben sich geschichtlich unterschiedliche Sorten von Texten herausgebildet, die wie das *Angebot* oder der *Kaufvertrag* gesellschaftlich bewährte Muster zur Bewältigung wiederkehrender Aufgaben darstellen. Aus kommunikativ-kognitiver Sicht sind *Textsorten* als spezifische *Textmuster* beschreibbar, welche in der beruflichen Sozialisation anhand von guten *Textexemplaren* (Prototypen) angeeignet und kontextspezifisch verwendet werden. Eine erschöpfende Wirtschaftsexttypologie gibt es nicht, da Textsorten gemischt werden, alte verschwinden und neue entstehen (Diatlova 2003), wofür Hypertexte ein Beispiel sind (Thimm 2002). Durchgesetzt hat sich die Vorstellung, dass Wirtschaftstextsorten vertikal geschichtet sind und in der fachinternen Kommunikation die klarste fachtextspezifische Ausprägung aufweisen. Textmusterbeschreibungen fallen jedoch unterschiedlich detailliert aus: Sie können relativ abstrakt angelegt sein, indem sie z. B. informative, appellative und expressive Texte analytisch voneinander trennen und eine allgemeine Charakterisierung z. B. der *Geschäftskorrespondenz* vorlegen (z. B. Snell-Hornby u. a. 2003: 205−326), oder aber sie liefern feinmaschige Musterbeschreibungen einzelner Textsorten wie z. B. der *Mängelrüge* (Gönner und Lind 1990: 86):

„Bezugszeichenzeile […]
Betreff: Mängelrüge

Inhalt:
1. Anrede
2. Empfangsbestätigung
3. Schilderung der Sachmängel
4. Gewährleistungsansprüche
5. Verbindlicher Schluss
6. Gruß"

In Lehrbüchern und in der Ratgeberliteratur werden zudem die rechtlichen Vorgaben einzelner Geschäftsbriefsorten sowie Textbausteine bzw. Formulierungsvarianten angegeben, indem man etwa zeigt, wie man den Ton eines Briefes sachlich und sprachlichtextuell verschärfen oder entschärfen kann. Inzwischen liegen auch Beschreibungen von komplexen Textsorten wie dem *Geschäftsbericht* (mit den vier Grundelementen Bilanz, Gewinn- und Verlustrechnung, Anhang und Lagebericht; Bextermöller 2002) oder der *Mitarbeiterzeitung* (Schweizer 2004) vor, die insbesondere Aspekte von Intertextualität und Polyfunktionalität (z. B. Berichterstattung und Werbung) herausarbeiten (Ebert 2004).

3.2. Wirtschaftstextsorten im Kulturvergleich

Übersetzungsvergleich und Paralleltextanalyse sind die bevorzugten Methoden der interlingualen kulturkontrastiven Textsortenbeschreibung. Werden Textsorten aus zwei oder mehr Sprachen und Kulturen miteinander verglichen, so gilt ihre funktionale und kommunikative Äquivalenz als *tertium comparationis*, d. h. als übereinzelsprachlicher Vergleichsmaßstab. Trotz ungelöster theoretischer Probleme liegen aufschlussreiche Paralleltextanalysen vor, die die sprachstrukturellen und textorganisatorischen Gemeinsamkeiten und Unterschiede z. B. von Textsorten der *Geschäftskorrespondenz* ermitteln und Interferenzprobleme aufzeigen (Šukevičiūtė 2004). Im Gegenzug problematisiert die Untersuchung paralleler Textsorten aber auch die voranalytisch angenommene Kulturspezifik und prüft, inwiefern Textsorten wie der *Geschäftsbericht* im Zuge der Globalisierung homogenisiert werden (Wawra 2008). Interaktive Studien, die die Textproduktion und -rezeption berücksichtigen, belegen ihrerseits, dass Textmuster im interkulturellen Verkehr nicht immer konventionengetreu verwendet werden, sondern in Institutionen und Organisationen für spezifische Zwecke überarbeitet und umfunktioniert werden. Es liegt auf der Hand, dass kulturspezifische Textmusterkenntnisse gerade im Tourismus von großer Bedeutung sind, z. B. bei der massenwirksamen Vertextung und Übersetzung von *Speisekarten* und *Reiseführern* (Riley-Köhn 1999; Neumann 2003).

4. Mündliche Wirtschaftskommunikation

4.1. Wirtschaftsgesprächssorten

In der Wirtschaft haben sich auch typische Gesprächssorten wie *Verkaufs-*, *Reklamations-*, *Dienstleistungs-* und *Verhandlungsgespräch* (Brünner 2000) oder *Besprechung* (Domke 2006) herausgebildet. Von diesen Gesprächssorten liegen ebenfalls Beschreibungen der so genannten Handlungs- oder Interaktionsmuster und ihren Komponenten vor. Das Handlungsmuster von *Beratungsgesprächen* etwa sieht wie folgt aus (Habscheid 2003: 127−130):

1. Gesprächseröffnung mit Herstellung der Beteiligungsrollen
2. Problempräsentation
3. Entwicklung einer Problemsicht
4. Lösungsentwicklung und Lösungsverarbeitung
5. Gesprächsbeendigung und Situationsauflösung

Solche Grundmuster werden von Beratern und Ratsuchenden kontextspezifisch abgearbeitet, wobei unterschiedliche sprachlich-kommunikative Strategien bei der Entwicklung von bestimmten Sichtweisen auf ein Problem oder bei der Erarbeitung geeigneter Lösungen eingesetzt werden. Beratende Züge weisen auch andere Gesprächssorten wie *Verkaufsgespräch* oder *Mitarbeiterbesprechung* auf. Bei solchen Gesprächen handelt es sich ferner um asymmetrische Kommunikation, die gekennzeichnet ist von der kooperativen oder unkooperativen Darstellung und Durchsetzung von Interessen. In *Mitarbeiterbesprechungen* gelingt es Vorgesetzten z. B. durch die Agendagestaltung, die Hervorhebung der eigenen Position und Verfahren der kommunikativen Ausgrenzung (Abwerten von Mitarbeiteraktivitäten, Zurückweisen von Initiativen und Problematisierungen, Relativieren und Umdeuten von Mitarbeiterbeiträgen usw.), ihren Willen durchzusetzen (Müller 1997: 185−289). Allgemeine Handlungsmuster werden individualisiert und kontextspezifisch funktionalisiert, was dazu führt, dass sogar die anonymen Agenten von Call Centern an Bündeln von gesprächsstilistischen Merkmalen (Anrede, Fragetechnik, Bekundung von Verständnis und Anteilnahme, Wortwahl und Stimmführung) als „ausführlich und höflich" oder „polizeihaft" wahrgenommen werden (Bendel 2007: 176−177).

Dass Texte und Gespräche faktisch in einer unmittelbaren Wechselbeziehung stehen, lässt sich z. B. gut an der Gesprächssorte *Bewerbungsgespräch* erkennen. Das Bewerbungsverfahren gipfelt im Bewerbungsgespräch, in dem das Passungsverhältnis von Anforderungsprofil und Eignungsprofil geklärt wird. Erfolgreiche Bewerbungen gründen auf einer sorgfältigen Stellenanalyse und einer präzisen Stellenausschreibung, welche von Interessenten bezüglich Anforderung und Eignung kritisch analysiert und in Bewerbungsunterlagen umgesetzt wird. Im Bewerbungsgespräch übernehmen Vertreter des Unternehmens eine ausgetüftelte Gesprächsleitung, die auf relevante Selbstdarstellungen des Bewerbers und die Prüfung ihrer Stichhaltigkeit abzielt. Entscheidend ist hierbei, dass der Bewerber den impliziten Kontext der Fragen erschließt und zielführend darauf antwortet (Pache 2004).

4.2. Interkulturelle Wirtschaftsgespräche

Neueste Ergebnisse der Analyse von Gesprächen in der interkulturellen Wirtschaftskommunikation zeigen, dass es meist nicht zu den allgemein erwarteten Verständigungsschwierigkeiten kommt. In Experteninterviews präsentieren Wirtschaftsleute zwar ein umfangreiches Wissen *über* kulturelle Unterschiede, doch zeigen sie *in* interkulturellen Begegnungen eine ähnlich hohe Selbstkontrolle wie Diplomaten und versuchen, ihre Geschäfte vor Irritationen zu schützen. Dabei zeigt sich, dass *interlinguale* Probleme nicht identisch sind mit *interkulturellen* Problemen: Kulturspezifische Realienbezeichnungen und Systemunterschiede werden z. B. auf eine ähnliche Weise erläutert wie unbekannte Begriffe und Fremdwörter in der Erstsprache (Siegfried 2005) oder „Abweichendes" wird schlicht „normalisiert" (Rasmussen 2000: 126−137). Zudem pflegen Geschäftsleute eine explizite Verständigungssicherung, indem sie z. B. den Zweck gemeinsamer Treffen und die jeweils erreichten (Teil-)Ziele ausdrücklich festhalten und kommentieren. Multimodale Analysen zeigen ferner, dass sich Geschäftsleute gekonnt am nonverbalen Verhalten ihrer Partner orientieren und ihre eigenen Beiträge kontrolliert auf die antizipierten Beiträge ihrer Partner zuschneiden (Tiittula 2007). Solche Befunde stützen die Annahme, dass Experten in interkulturellen Kontexten Techniken internationaler Professionalität einsetzen und Kulturspezifik bei Bedarf gezielt neutralisieren oder inszenieren (Reuter 2007). Heute kommt es darauf an, einen dynamischen Kulturbegriff zu entwickeln und neben kulturellen Unterschieden auch kulturelle Gemeinsamkeiten wieder zu beachten.

5. Praxisrelevanz

Forschungserträge fließen unmittelbar in den Wirtschaftsdeutschunterricht ein, der weltweit in Fachstudium und Berufsbildung nachgefragt wird. Seriöse Unterrichtsmaterialien sind reichlich vorhanden und orientieren sich entweder an der *Fachsystematik von Betriebs- und Volkswirtschaftslehre* oder an der *unternehmerischen Berufspraxis*. Absolventen erwerben durch fach- und sprachintegrierte Kursangebote (vgl. Art. 116) einstellungsrelevante Zusatzqualifikationen. Neben der bekannten Fächerkombination „Wirtschaft + Sprache(n)" (Breckle, Båsk und Rodenbeck 2007) tritt vermehrt auch die Fächerkombination „Sprache(n) + Wirtschaft" in Erscheinung. Im In- und Ausland bieten germanistische Einrichtungen auch wirtschaftsbezogene Kurse und Studiengänge an, um die durch die Globalisierung der Arbeitsmärkte entstandene Nachfrage zu bedienen (Hess-Lüttich, Colliander und Reuter 2009; Reuter 2009). Anerkannte Prüfungen sind das *Zertifikat Deutsch für den Beruf (ZDfB)*, die *Prüfung Wirtschaftsdeutsch International (PWD)* (www.goethe.de) und das Diplom *Wirtschaftssprache Deutsch* (www.osd.at).

6. Literatur in Auswahl

Antos, Gerd und Tilo Weber (Hg.)
  2006   *Transferqualität. Bedingungen und Voraussetzungen für Effektivität, Effizienz, Erfolg des Wissenstransfers.* Frankfurt a. M.: Lang.
Béchet-Tsarnos, Valérie
  2005   *Wirtschaftsanglizismen. Eine kontrastive Analyse des Französischen, Deutschen und Neugriechischen.* Tübingen: Narr.
Bendel, Sylvia
  2007   *Sprachliche Individualität in der Institution. Telefongespräche in der Bank und ihre individuelle Gestaltung.* Tübingen/Basel: Narr Francke Attempto.
Bextermöller, Matthias
  2002   *Empirisch-linguistische Analyse des Geschäftsberichts.* Paderborn: Ewers.
Bolten, Jürgen
  2007   *Einführung in die Interkulturelle Wirtschaftskommunikation.* Göttingen: Vandenhoeck & Ruprecht.
Brinker, Klaus, Gerd Antos, Wolfgang Heinemann und Sven F. Sager (Hg.)
  2000/2001   *Text- und Gesprächslinguistik. Ein internationales Handbuch zeitgenössischer Forschung.* (Handbücher zur Sprach- und Kommunikationswissenschaft 16.1−2). Berlin/ New York: de Gruyter.
Breckle, Margit, Märta Båsk und Rolf Rodenbeck
  2007   *Wirtschaftssprache Deutsch in Studium und Beruf. Curriculumentwicklung an der Schwedischen Wirtschaftsuniversität in Finnland / Ekomomisk tyska i studier och yrkesliv. Utvecklingen av ett kursprogram vid Svenska handelshögskolan.* Helsingfors: Edita. http://urn. fi/URN:ISBN:978-951-555-957-9 (25. 4. 2010).

Brünner, Gisela
  2000   *Wirtschaftskommunikation. Linguistische Analyse ihrer mündlichen Formen.* Tübingen: Niemeyer.
Cebulla, Mario und Rolf Rodenbeck
  2001   *Deutsches Wirtschaftsrecht. Eine Einführung mit integriertem Fachsprachenkurs.* München: Beck.
Diatlova, Irina
  2003   *Unternehmenstexte. Textsorten, Textcluster, topische Muster.* Frankfurt a. M.: Lang.
Domke, Christine
          2006   *Besprechungen als organisationale Entscheidungskommunikation.* Berlin/New York: de Gruyter.
Ebert, Helmut
  2004   Geschäftsbericht und Public Relations. In: Karlfried Knapp, Gerd Antos, Michael Becker-Mrotzek, Arnulf Deppermann, Susanne Göpferich, Joachim Grabowski, Michael Klemm und Claudia Villiger (Hg.), *Angewandte Linguistik. Ein Lehrbuch. Mit CD-ROM,* 276−294. Tübingen/Basel: Francke.
Gabler Wirtschaftslexikon − Classic Edition. Die ganze Welt der Wirtschaft: Betriebswirtschaft, Volkswirtschaft, Recht und Steuern.
  2004   16., vollständig überarbeitete und aktualisierte Aufl. Wiesbaden: Gabler Wirtschaftsverlag.
Gönner, Kurt und Siegfried Lind
  1990   *Unsere Wirtschaft. Volks- und Betriebswirtschaftslehre mit Schriftverkehr und Organisationslehre.* 14., überarbeitete und erweiterte Aufl. Bad Homburg vor der Höhe: Gehlen.
Grütz, Doris
  1995   *Strategien zur Rezeption von Vorlesungen. Eine Analyse der gesprochenen Vermittlungssprache und deren didaktische Konsequenzen für den audiovisuellen Fachsprachenunterricht Wirtschaft.* Frankfurt a. M.: Lang.
Habscheid, Stephan
  2003   *Sprache in der Organisation. Sprachreflexive Verfahren im systemischen Beratungsgespräch.* Berlin/New York: de Gruyter.
Hess-Lüttich, Ernest W. B., Peter Colliander und Ewald Reuter (Hg.)
  2009   *Wie kann man vom ,Deutschen' leben? Zur Praxisrelevanz der interkulturellen Germanistik.* Frankfurt a. M.: Lang.
Heyse, Ingo und Rolf Rodenbeck
  2003   „Wer ist denn hier der Chef?" Funktionsbezeichnungen in Kapitalgesellschaften (Deutschland, Österreich, Schweiz, Finnland, Schweden) und ihre Repräsentation in Wörterbüchern. In: Ewald Reuter und Marja-Leena Piitulainen (Hg.), *Internationale Wirtschaftskommunikation auf Deutsch. Die deutsche Sprache im Handel zwischen den nordischen und den deutschsprachigen Ländern,* 145−185. Frankfurt a. M.: Lang.
Hoffmann, Lothar, Hartwig Kalverkämper und Herbert Ernst Wiegand (Hg.)
  1998/1999   *Fachsprachen. Ein internationales Handbuch zur Fachsprachenforschung.* (Handbücher zur Sprach- und Kommunikationswissenschaft 14.1−2). Berlin/New York: de Gruyter.
Horst, Sabine
  1998   *Wortbildung in der deutschen Wirtschaftskommunikation. Linguistische Modelle und fremdsprachendidaktische Perspektiven.* Waldsteinberg: Heidrun Popp.
Hundt, Markus
  1995   *Modellbildung in der Wirtschaftssprache. Zur Geschichte der Institutionen- und Theoriefachsprachen der Wirtschaft.* Tübingen: Niemeyer.
Jäkel, Olaf
  2003   *Wie Metaphern Wissen schaffen. Die kognitive Metapherntheorie und ihre Anwendung in Modell-Analysen der Diskursbereiche Geistestätigkeit, Wirtschaft, Wissenschaft und Religion.* Hamburg: Dr. Kovač.

Klein, Josef und Iris Meißner
    1999   *Wirtschaft im Kopf. Begriffskompetenz und Einstellungen junger Erwachsener bei Wirt-schaftsthemen im Medienkontext.* Frankfurt a. M.: Lang.
Liimatainen, Annikki
    2008   *Untersuchungen zur Fachsprache der Ökologie und des Umweltschutzes im Deutschen und Finnischen. Bezeichnungsvarianten unter einem geschichtlichen, lexikografischen, morpholo-gischen und linguistisch-pragmatischen Aspekt.* Frankfurt a. M.: Lang.
Müller, Andreas Paul
    1997   *Reden ist Chefsache. Linguistische Studien zu sprachlichen Formen sozialer „Kontrolle" in innerbetrieblichen Arbeitsbesprechungen.* Tübingen: Narr.
Neumann, Stella
    2003   *Textsorten und Übersetzen. Eine Korpusanalyse englischer und deutscher Reiseführer.* Frankfurt a. M.: Lang.
Ohnacker, Klaus
    1992   *Die Syntax der Fachsprache Wirtschaft im Unterricht Deutsch als Fremdsprache.* Frankfurt a. M.: Lang.
Pache, Ilona
    2004   *Gefährdete Reziprozität. Kommunikative Praktiken im Bewerbungsgespräch.* Wiesbaden: Deutscher Universitäts-Verlag.
Rasmussen, Gitte
    2000   *Zur Bedeutung kultureller Unterschiede in interlingualen interkulturellen Gesprächen. Eine Mikroanalyse deutschsprachiger Interaktionen zwischen Franzosen und Dänen und zwischen Deutschen und Dänen.* München: iudicium.
Reuter, Ewald
    2007   Interkulturalität oder Professionalität? Multimodale Kooperation in einem finnisch-deut-schen Messegespräch. In: Liisa Tiittula, Marja-Leena Piitulainen und Ewald Reuter (Hg.), 127–170.
Reuter, Ewald (Hg.)
    2009   Themenschwerpunkt ‚Professionelle Kommunikation‘. *Jahrbuch Deutsch als Fremdspra-che / Intercultural German Studies* 34/2008, 71–184. München: iudicium.
Riley-Köhn, Sibylle
    1999   *Englische Kochrezepte und Speisekarten in Vergangenheit und Gegenwart. Eine linguistische Analyse zur Fachsprache der Gastronomie.* Frankfurt a. M.: Lang.
Roelcke, Thorsten
    2005   *Fachsprachen.* Zweite, durchgesehene Aufl. Berlin: Erich Schmidt.
Schweizer, Matthias
    2004   *Die Kommunikationsprozesse von Mitarbeiterzeitungen mittlerer Unternehmen.* Frankfurt a. M.: Lang.
Siegfried, Doreen
    2005   *Kultur in deutsch-schwedischen Wirtschaftsgesprächen. Eine gesprächslinguistische Analyse.* Wiesbaden: Deutscher Universitäts-Verlag.
Snell-Hornby, Mary, Hans G. König, Paul Kußmaul und Peter A. Schmitt (Hg.)
    2003   *Handbuch Translation.* Zweite, verbesserte Aufl. Tübingen: Stauffenburg.
Steinhauer, Anja
    2000   *Sprachökonomie durch Kurzwörter. Bildung und Verwendung in der Fachkommunikation.* Tübingen: Narr.
Šukevičiūte, Inga
    2004   *Interkulturelle Interferenzen im Bereich Wirtschaftskommunikation. Zur Analyse von Ge-schäftsbriefen im Vergleich Deutschland, Litauen und Russland.* Frankfurt a. M.: Lang.
Thimm, Caja (Hg.)
    2002   *Unternehmenskommunikation offline/online. Wandelprozesse interner und externer Kommu-nikation durch neue Medien.* Frankfurt a. M.: Lang.

Tiittula, Liisa
  2007   Professionelle Bearbeitung von Zurückweisungen in Messegesprächen. In: Liisa Tiittula,
          Marja-Leena Piitulainen und Ewald Reuter (Hg.), 89–125.
Tiittula, Liisa, Marja-Leena Piitulainen und Ewald Reuter (Hg.)
  2007   *Die gemeinsame Konstitution professioneller Interaktion.* Tübingen: Narr.
Tonfoni, Graziella und Annely Rothkegel
  2007   *Visualisierung von Textprozessen. Die kommunikative Organisation von Informationen
          durch Bilder.* Wiesbaden: Deutscher Universitäts-Verlag.
Wawra, Daniela
  2008   *Public Relations im Kulturvergleich. Die Sprache der Geschäftsberichte US-amerikanischer
          und deutscher Unternehmen.* Frankfurt a. M.: Lang.
Weidemann, Arne
  2007   Tourismus. In: Jürgen Straub, Arne Weidemann und Doris Weidemann (Hg.), *Handbuch
          interkulturelle Kommunikation und Kompetenz. Grundbegriffe, Theorien, Anwendungsfel-
          der*, 613–627. Stuttgart/Weimar: J. B. Metzler.

Ewald Reuter, Tampere (Finnland)

46. Deutsch im medizinischen Kontext

1. Einleitung

Die Medizin, zu der im weiteren Sinne auch die Zahn- und Tiermedizin gerechnet werden können, gehört zu den ältesten Wissenschaften. Gesundheit, Krankheit und Tod haben die Menschen beschäftigt, seit es sie gibt. Da diese Fragen und die Kommunikation mit dem Arzt für jeden Menschen von Bedeutung sind, kommt medizinischer Fachsprache eine besonders wichtige Rolle zu. Sie ist Reflexions- und Untersuchungsgegenstand in Medizin und Sprachwissenschaft. Die Emanzipation der Nationalsprachen im 18./19. Jahrhundert führte auch in der Medizin zu einem demokratischeren Zugang zu Experten-wissen. Antike und neue Verkehrssprachen üben jedoch auch heute einen großen Einfluss auf die deutsche Fachsprache der Medizin aus. Auffälligstes Merkmal ist die enorme Zahl an Fachwörtern verschiedener vorklinischer (Anatomie, Physiologie usw.) und klinischer (Innere Medizin, Dermatologie usw.) Disziplinen, die mit einer zunehmenden fachlichen Spezialisierung entstanden sind (Rothschuh 1965; Wiese 1984: 14). Aus kommunikativer Sicht sind theoretische und praktische Textsorten und Gesprächstypen abnehmenden Ab-

straktionsgrades (von innerfachlicher bis Laienkommunikation) zu unterscheiden (Löning 1985: 26—31). In der Fachsprachenforschung spricht man in diesem Zusammenhang auch von der horizontalen (Fächer, Disziplinen) und vertikalen (Textsorten und
Gesprächstypen unterschiedlichen Abstraktionsgrades) Gliederung der Fachsprachen
(Hoffmann 1987, vgl. auch Art. 45). DaF-/DaZ-Materialien für medizinische Fachsprache liegen bislang nur wenige vor. Der Bedarf daran dürfte mit Blick auf die zunehmende
Zahl von Ärzten, Pflegepersonal und Patienten mit Migrationshintergrund jedoch steigen.

2. Wurzeln und Entwicklungstendenzen deutschsprachiger Medizinkommunikation

Die Wurzeln der europäischen Schulmedizin liegen in der griechischen und römischen
Antike, die bis heute den Fachwortschatz der Medizin beeinflusst. Das *Corpus Hippocra-
ticum* (500 v. u. Z.—100 u. Z.) wird als Wiege der schreibenden Wissenschaft in der Medizin betrachtet, die die Tradition mündlicher Überlieferung ablöste. Bis zur Renaissance
war Latein gemeinsame europäische Bildungssprache. Zu den ersten deutschsprachigen
medizinischen Schriften gehören Rezepte und Arzneibücher des Mittelalters (Schott
1993: 71; v. Hahn 1983: 15). *Paracelsus* (Theophrast von Hohenheim, 1493—1541) gilt
als erster bedeutender Arzt, der medizinische Fachschriften in deutscher Muttersprache
abfasste und den deutschen Wortschatz von Alchemie und Heilkunst wesentlich erweiterte (Pörksen 1986: 18). Ende des 17. Jahrhunderts entstanden die ersten Fachzeitschriften, die den bis dahin üblichen Briefwechsel unter Gelehrten ablösten und wissenschaftliche Diskussionen öffentlich machten. Sie waren universal und international zugleich.
Das erste deutschsprachige medizinische Journal war das chirurgische Fachblatt *Medizinische und chirurgische Berlinische wöchentliche Nachrichten* (1739—1748) (Kirchner 1990:
57—58). Zeitschriften unterlagen als Teile des Buchhandels weit weniger der Zensur und
konnten so zum Sprachrohr der Aufklärung werden (v. Polenz 1994: 32). Sie spielten
sowohl für den Durchbruch der naturwissenschaftlichen Medizin als auch für die Neuorganisation des Ärztestandes eine große Rolle. Zu den wichtigsten deutschen Zeitschriften
des 19. Jahrhunderts, die sich an der Physiologie als Leitwissenschaft der naturwissenschaftlichen Medizin orientierten, gehören das 1847 von Virchow mitbegründete *Archiv
für pathologische Anatomie und Physiologie und für klinische Medicin* und die 1875 gegründete *Deutsche Medizinische Wochenschrift* (*DMW*). Wie die meisten medizinischen
Fachzeitschriften erscheinen auch *Virchows Archiv* und die *DMW* seit Ende des 20. Jahrhunderts online.
    Ihre Blütezeit erlebte die deutsche Medizin Ende des 19./Anfang des 20. Jahrhunderts
dank bahnbrechender Resultate von Forschern mit Weltrang, wie Rudolf Virchow (Zel-
lularpathologie) oder Robert Koch (Mikrobiologie), die deutschsprachigen Zeitschriften
zu einer weltweit führenden Rolle verhalfen. In der zweiten Hälfte des 20. Jahrhunderts
stieg die Bedeutung des Englischen allmählich und heute ist es auch die *Lingua franca*
der Medizin. *Virchows Archiv* wechselte beispielsweise 1968 zu einem englischen Titel
(Bauer 2005), während die Publikationssprache der *DMW* bis heute Deutsch ist. Der
„Rückzug des Deutschen aus der Sprache der Medizin" wird auch in medizinischen Kreisen diskutiert (Lippert 1978 und 1986; Navarro 1996; Baethge 2008). Er betrifft nicht

nur die Publikationssprache, die unter dem Druck von Zitationsindizes immer häufiger Englisch ist, sondern auch die Sprache von Kongressen im deutschsprachigen Inland. Deutsch behält jedoch selbstredend eine wichtige Rolle für praktizierende Mediziner, Pflegepersonal und Patienten.

3. Fachwortschatz

Zum Fachwortschatz der Medizin gehören Bezeichnungen für medizinische Fachgebiete (*Kardiologie, Pädiatrie*), Körperteile (*Abdomen*), Organe (*Herz − Cor*), Organteile (*Mitralklappe − Valva mitralis*), Organfunktionen (*Ejektionsfraktion*), mikrobiologische und biochemische Phänomene (*Leukozyten, DNS, Hämoglobin*), Krankheitsbezeichnungen (*Herzinsuffizienz*), klinische Parameter (*Sinusrhythmus*), Untersuchungsverfahren (*Echokardiographie*), Operationsmethoden (*Bypass*), therapeutische Konzepte (*Kontraindikation*), Medikamente (Sammelbezeichnungen: *Diuretika*, Wirkstoffe: *Captopril*) und Symptomenbezeichnungen (*Giemen, Palpitation*). Letztere sind Laien vermutlich am unbekanntesten (ein Patient wird z. B. nicht über *Hypästhesien* beider Füße berichten). Mehrbändige medizinische Lexika führen bis zu 200.000 Stichwörter (Lippert-Burmester und Lippert 2008). Berücksichtigt man auch Begriffe aus wichtigen Grenzgebieten der Medizin, steigt diese Zahl um mehr als das Doppelte (Wiese 1998). Neue Begriffe entstehen ständig durch die Entwicklung der Grundlagenwissenschaften und der Medizintechnik, z. B. durch Differenzierung von Krankheitsbildern (Anschütz 1987: 49).

Unter Wortbildungsaspekten können Ableitungen (*Ste-nose, epi-kard-ial, Para-nephr-itis*), Komposita (*Vaso-dilatation*), Augenblicksbildungen („*Vasodilator Heart Failure Trial III*" − Benennung nach der Untersuchungsmethode, durch Anführungszeichen als nicht eingebürgert gekennzeichnet), Eponyme (*Alzheimer*) und Neubildungen (Abkürzungen: *NYHA* − New York Heart Association) unterschieden werden. Da die Mehrzahl der Fachwörter altgriechischen und lateinischen Ursprungs und heute durch internationale Nomenklaturen und Klassifikationen weitgehend normiert ist (s. a. Wiese 1998) sowie zum Curriculum jedes schulmedizinischen Studiums gehört, stellen sie für nichtdeutschsprachige Mediziner keine spezielle Hürde dar, auch wenn nur ein Bruchteil zu ihrem aktiven Wortschatz gehören kann. Besonders im Bereich der klinischen Medizin bürgern sich zunehmend englischsprachige Bezeichnungen ein, die auch für Laien eine gewisse Transparenz haben. Für den DaF-/DaZ-Unterricht dürften deutschsprachige Bezeichnungen (*schleimlösend*), Idiome (*Therapie der Wahl*) und Kollokationen (*dumpfer Schmerz*) im Bereich des Wortschatztrainings zentrale Bedeutung haben, denn eine Popularisierung medizinischer Fachsprache ist im Umgang mit Patienten unumgänglich.

4. Schriftliche Kommunikation

In der schriftlichen Medizinkommunikation können theoretische und praktische Textsorten unterschiedlichen Abstraktionsgrades unterschieden werden. Im theoretischen Bereich gehören hierzu stark abstrahierende wissenschaftliche Texte der innerfachlichen Kommunikation (Fachzeitschriftenartikel, Fachbücher), belehrende Texte des Lehr-

Lern-Kontextes (Lehrbücher, Handbücher), aufklärende Texte der Arzt-Patienten-Kommunikation (Ratgeber, Patienteninformationsblätter) und popularisierende Texte der Kommunikation unter medizinischen Laien (Aufsätze in Zeitungen/Magazinen). Praktisch orientiert sind Texte der innerfachlichen Kommunikation (Laborbefunde und Gutachten), anweisende Texte der Arzt-Hilfspersonal-Kommunikation (Krankenkarten) und anordnende Texte von Ärzten für Patienten (Rezepturen) (Löning 1985: 28−29).

Als wichtigstes Kommunikationsmittel der medizinischen Wissenschaft gelten Fachzeitschriften, deren Artikel in der Fachsprachenforschung am besten untersucht wurden (Busch-Lauer 2001; Ylönen 2001). Die angesehenste Textsorte ist der Forschungsbericht (Originalarbeit), in dem neue Forschungsergebnisse vorgestellt werden. Ihr heutiger hoher Abstraktionsgrad beruht nicht nur auf dem hohen Fachwortanteil, der durch geballte Begrifflichkeit explizite Erläuterungen erspart und wesentlich zum Eindruck von Sachlichkeit und Wissenschaftlichkeit beiträgt, sondern auch auf dem entwickelten naturwissenschaftlichen Denkstil (Fleck 1935) medizinischer Forschung. Reichte Anfang des 20. Jahrhunderts noch die kausale Erklärbarkeit von Erscheinungen, so müssen heute auch die Kriterien der Wiederholbarkeit und Zuverlässigkeit der Studie und dazu nach Möglichkeit die Vorhersagbarkeit der Ergebnisse im Rahmen von Naturgesetzen erfüllt sein. Abstrahiert wird heute vom einzelnen Kranken zugunsten einer Fokussierung auf die Krankheit. Patienten werden kollektiv als Untersuchungsobjekte behandelt (geordnet nach randomisierten Gruppen, Alter, Geschlecht, Krankheitsätiologie oder Schweregrad). Im Gegensatz zu anschaulichen chronologischen Fallbeschreibungen früher Originalien führt heutiges quantitatives Forschungsdesign zu einer Datenfülle, die zu komprimiertem Nominalstil mit hoher Informationsdichte zwingt und hohe Anforderungen an den Rezipienten stellt (*Vor- und Nachlastsenkung durch Therapie mit Angiotensin-converting-Enzym(ACE)-Hemmern* − aus mehreren Präpositionalphrasen zusammengesetzte komplexe Nominalphrase). Charakteristisch ist weiterhin agensabgewandter Ausdruck, der die Objektivität der Studien unterstreichen soll. Hierzu dienen z. B. Formulierungen im Passiv (*wird beurteilt*), Passivumschreibungen (*ist zu bevorzugen*), Subjektschübe mit Agensschwund (*Studien ergaben*) und Zustandsverben (*besteht*). Personal- und Possessivpronomen der 1. Person (*wir, unsere*) werden nur spärlich verwendet und dienen dazu, die Autoren als Urheber, Ausführende, Eigentümer und Interpreten der Arbeit auszuweisen. Die Artikelgliederung nach dem IMRAD-Schema (*Introduction-Methods-Results-And-Discussion*) und die Verwendung von *Topic sentences*, die das neue Thema zu Beginn eines Absatzes einleiten (*Der Blutdruck nahm erwartungsgemäß ab.*) anstelle früher verbreiteter rückverweisender *Bridge sentences* (*Zu diesen zählen ...*) erleichtern schnelles, orientierendes Lesen (Ylönen 2001). Fachliche und methodische Expertise ist in jedem Falle Voraussetzung für das Verstehen heutiger Originalien.

Forschungsdefizite gibt es bei Textsorten der Arzt-Assistenzpersonal- und Arzt-Patienten-Kommunikation (Aufnahmezettel, Patienteninformationsblätter). Unter dem Aspekt der Verständlichkeit wurden Beipackzettel von Medikamenten (Schuldt 1992) und populärwissenschaftliche Texte untersucht (Göpferich 2006). Während Verständlichkeitsprobleme von Beipackzetteln u. a. behördlichen Richtlinien und juristischen Normgebungen zugeschrieben werden, erwies sich in populären Texten z. B. der Nominalstil als schwer verständlich (*vermindertes Ansprechen der Körperzellen auf Insulin* → besser: *können die Körperzellen Insulin nur noch vermindert nutzen*). Analysiert wurden auch Probleme des Einsatzes neuer Informationstechnologien in der Medizin (Groß und Jakobs 2007).

5. Mündliche Kommunikation

Auch in mündlicher Medizinkommunikation können theoretische und praktische Gesprächstypen unterschieden werden. In den theoretischen Bereich gehören z. B. Vorträge und Diskussionen der innerfachlich-wissenschaftlichen Kommunikation (Konferenzen, Forschungslabor), belehrende Gespräche des Lehr-Lern-Kontextes (Studentenseminar, Schwesternunterricht), aufklärende und beratende Arzt-Patienten-Kommunikation (Schwangerenberatung) und popularisierende Laienkommunikation (Gesundheitsmagazine im Fernsehen). Praktisch orientiert sind Gespräche der innerfachlichen Kommunikation (Erörterung und Besprechung von Krankheitsfällen), anweisende Texte der Arzt-Assistenzpersonal-Kommunikation (Kommunikation im Operationssaal), Arzt-Patienten-Kommunikation (Sprechstunde, Visite) (Löning 1985: 29−30).

Das Forschungsinteresse richtet sich besonders auf Probleme der Arzt-Patienten-Kommunikation. Diese resultieren zum einen aus Sprachbarrieren zwischen Ärzten und Patienten (Fachsprache − Alltagssprache) und zum anderen aus dem Zusammentreffen verschiedener Welten, d. h. dem Kontrast zwischen der Sozialisation der Ärzte in den medizinischen Diskurs, der an somatischen Krankheitsmodellen orientiert ist, verbunden mit naturwissenschaftlichem Denkstil, eingebürgerten Handlungsmustern und (vorgegebenem) Zeitdruck institutioneller Medizin einerseits sowie den subjektiven Nöten der Patienten, ihrem Kommunikations-, Informations- und Zuwendungsbedürfnis andererseits (Sohn 1994; Lalouschek 1995). Die universitäre Ausbildung von Medizinstudenten wird diesbezüglich teils als unzureichend bezeichnet, da sie wichtige Bereiche des medizinischen Alltags nicht berücksichtigt (Anschütz 2001: 22).

Das Handlungsmuster der Arzt-Patienten-Kommunikation folgt global gesehen der Behandlungsmethode der wissenschaftlichen Medizin (Anamnese → Diagnose → Therapie → Prognose → Epikrise), wobei die Epikrise erst am Ende der Behandlung rückblickend das Krankheitsgeschehen zusammenfasst und interpretiert (oft in Form schriftlicher Dokumente, wie Überweisung, Arztbrief, Entlassungsbrief). Ein vollständiges Anamnesegespräch umfasst die Bereiche aktuelle Beschwerden; Kinderkrankheiten; frühere Erkrankungen, Krankenhausaufenthalte und Operationen; chronische Erkrankungen (Diabetes, Hochdruck etc.); Familienanamnese (Erkrankungen der Eltern etc.) und Allgemeinanamnese (aktueller Gesundheitszustand; persönliche Daten: Größe, Gewicht etc.; Alkohol- und Nikotinkonsum; gynäkologische Anamnese; Geschlechtskrankheiten; Medikation und Allergien; Sozialanamnese: Familienstand usw.; Adresse des Hausarztes) (Lalouschek 2002). Die Gesprächssteuerung obliegt dem Arzt, der als Vertreter der Institution gezielte Fragen stellt (offene Fragen: *Was führt Sie zu mir?*, Entscheidungsfragen: *Was kann ich für Sie tun?* etc.). Die Fragen des Arztes sind bei der Beschwerdenexploration wissensgeleitete Komplettierungsfragen (*Temperatur ist normal?*), während Patienten eher Präzisierungsfragen stellen (nach Wortsinn oder Zusammenhängen, Spranz-Fogasy 1990). Das Interesse des Arztes zielt faktenorientiert darauf ab, Symptome zu erkennen, die zum Stellen der Diagnose und darauf folgenden Bestimmung der Therapie herangezogen werden können. Das Interesse der Patienten ist demgegenüber individuell erlebnisorientiert (Lalouschek 1994: 201; ähnlich Redder 1994). Die institutionelle Gesprächseinbindung führt zu einer asymmetrischen Kommunikationskonstellation mit dominierender Rolle des Arztes (Lörcher 1983; Gülich 1999; Peters 2008). Gesprächsanalytische Untersuchungen haben gezeigt, dass affektiv und erlebensmäßig relevante Anteile von Patientenerzählungen aufgrund fehlender Qualifikation der Mediziner nicht bewältigt werden können, weil kein angemessenes Repertoire sprachlicher Handlungen dafür zur Verfügung steht (Lalouschek 1995: 36). Erzählversuche von Patienten werden unterbrochen oder ignoriert (Bliesener 1982). Faktenorientierung kann auch zu autoritär formulierter Therapieplanung führen, die eine schockierende Wirkung auf die Patienten haben kann. In Beispiel 1 führte fehlende Empathie bei der Mitteilung der Diagnose Krebs beispielsweise dazu, dass die Patientin dies als zusätzlich traumatisierend empfand und den Arzt wechselte (Spranz-Fogasy 2007: 7):

(1) A: guten tag nehmen sie platz
     P: guten tag
     A: sie wissen wahrscheinlich um was es geht
     P: nee
     A: des is bösartig die brust muss ab (.) ich sag ihnen jetzt mal wies weitergeht [...]

Untersucht wurden auch komplexe Kommunikationsbedingungen der Arzt-Patienten-, Arzt-Arzt- und Arzt-Schwestern-Interaktion im Krankenhaus (Lalouschek, Menz und Wodak 1990), Ambulanzgespräche zwischen Schwestern und Ärzten (Lalouschek und Menz 1990) sowie Medizinsendungen und Talkshows (Lalouschek 2005). Untersuchungen zur mündlichen innerfachlich-wissenschaftlichen Kommunikation und zum Lehr-Lern-Kontext der Medizin sind bislang Forschungsdesiderate.

6. Materialien zum Training von Medizinkommunikation

Materialien zum Sprach- und Kommunikationstraining können grob untergliedert werden in solche für die fachbegleitende Aus- und Weiterbildung von Medizinern sowie für das Training des Deutschen als Fremd- und Zweitsprache. Zur ersten Gruppe gehören Übungsbücher für medizinische Fachterminologie (Lippert-Burmester und Lippert 2008) und Materialien zum Training von Pflegepersonal- bzw. Arzt-Patienten-Kommunikation, die von verschiedenen Ansätzen ausgehen. Während in *psychologischen* Ansätzen z. B. Fragen der Empathie und Akzeptanz gegenüber verschiedenen Patiententypen diskutiert werden (Kowarowsky 2005), konzentrieren sich *pädagogische* auf Teilaspekte mündlicher Kommunikation, wie Nonverbales und Lachen (Wingchen 2006), oder bestimmte Gesprächstypen beruflicher Interaktion (gespielte „missglückte" und „gelungene" Situationen der Patientenberatung oder Schichtübergabe im Krankenhaus: Peitz und Gagelmann 2006). *Gesprächsanalytische* Ansätze gehen immer von authentischen Gesprächen aus, die als Grundlage für das Bewusstmachen und Erlernen einer patientenorientierten, angemessenen und effizienten Gesprächsführung herangezogen werden (Sachweh 2006; Menz, Lalouschek und Gstettner 2008). Dazu gibt es *interdisziplinäre* Ansätze von Sprachwissenschaftlern und Medizinern, in denen psychosomatische Gesprächsführung im Zusammentreffen mit Vertretern verschiedener Zielgruppen (Migranten, Frauen, alte Menschen) thematisiert wird (Neises, Ditz und Spranz-Fogasy 2005).

    Aktuelle DaF-/DaZ-Materialien gibt es derzeit nur wenige. Sie richten sich an die Zielgruppen im In- und Ausland tätiger Mediziner und Pflegekräfte, die mit deutschsprachigen Patienten zu tun haben (Györffy und Bagossy 2007: ohne Niveauangabe; Heyer 2001: ohne Niveauangabe; Firnhaber-Sensen und Rodi 2009: A2-Niveau) sowie an

Deutschlernende an Berufs- und Fach(hoch)schulen sozialer und medizinischer Berufe (Lévy-Hillerich 2005: B1/B2-Niveau). Das Schwergewicht liegt hier auf dem Training von medizinischem Wortschatz und patientenorientierter Umgangssprache, wozu von im Studio aufgenommenen Modelldialogen ausgegangen wird. Dazu gibt es ein tutoriell betreutes, multimediales online-Modul zur Fachsprache der Medizin von *uni-deutsch* (Roche 2003) mit Aktivitäten zum Training von Wortschatz, Hörsehverstehen und Schreiben sowie zu interkulturellen Konzepten von Medizinkommunikation. Ältere text-sortenorientierte (Ylönen 1990/91) und gesprächsanalytisch konzipierte Materialien (Halasz, Kulcsár-Szemler und Ylönen 2000) konnten leider nicht neu bearbeitet und verlegt werden.

7. Literatur in Auswahl

Anschütz, Felix
1987   *Ärztliches Handeln. Grundlagen, Möglichkeiten, Grenzen, Widersprüche.* Darmstadt: Wissenschaftliche Buchgesellschaft.
Anschütz, Felix
2001   Gesellschaftliches Emanzipationsbestreben und Arzt-Patienten-Beziehung um die Jahrtausendwende. In: Karl Huth (Hg.), *Arzt − Patient. Zur Geschichte und Bedeutung einer Beziehung*, 21−29. Tübingen: Attempto.
Baethge, Christopher
2008   Die Sprachen der Medizin. *Deutsches Ärzteblatt* 105(3): 37−40.
Bauer, Axel W.
2005   „Die Medizin ist eine soziale Wissenschaft" − Rudolf Virchow (1821−1902) als Pathologe, Politiker und Publizist. Festvortrag bei der Jahrestagung der Arbeitsgemeinschaft für medizinisches Bibliothekswesen. *medizin − bibliothek − information* 5(1). http://www.agmb.de/mbi/2005_1/bauerA.pdf (18. 12. 09).
Bliesener, Thomas
1982   *Die Visite − ein verhinderter Dialog. Initiativen von Patienten und Abweisungen durch das Personal.* Tübingen: Narr.
Busch-Lauer, Ines
2001   *Fachtexte im Kontrast. Eine linguistische Analyse zu den Kommunikationsbereichen Medizin und Linguistik.* Frankfurt a. M.: Lang.
Ehlich, Konrad, Armin Koerfer, Angelika Redder und Rüdiger Weingarten (Hg.)
1990   *Medizinische und therapeutische Kommunikation. Diskursanalytische Untersuchungen.* Opladen: Westdeutscher Verlag.
Fleck, Ludwik
1994   *Entstehung und Entwicklung einer wissenschaftlichen Tatsache. Einführung in die Lehre vom Denkstil und Denkkollektiv.* Frankfurt a. M.: Suhrkamp. [1. Aufl. 1935].
Göpferich, Susanne
2006   How Comprehensible Are Popular Science Texts? The Use of Thinking-aloud Protocols and Log Files of Reverbalization Processes in Comprehensibility Research. In: Maurizio Gotti und Davide S. Giannoni (Hg.), *New Trends in Specialized Discourse Analysis*, 221−246. Frankfurt a. M.: Lang.
Groß, Dominik und Eva-Maria Jakobs (Hg.)
2007   *E-Health und technisierte Medizin. Neue Herausforderungen im Gesundheitswesen.* Münster: Lit Verlag.
Gülich, Elisabeth
1999   „Experten" und „Laien": Der Umgang mit Kompetenzunterschieden am Beispiel medizinischer Kommunikation. In: *Werkzeug Sprache. Sprachpolitik, Sprachfähigkeit, Sprache*

und Macht, 165–196. Hrsg. von der Konferenz der deutschen Akademien der Wissenschaften und der Sächsischen Akademie der Wissenschaften. Hildesheim: Olms.

v. Hahn, Walther
1983 *Fachkommunikation. Entwicklung – Linguistische Konzepte – Betriebliche Beispiele.* Berlin/New York: de Gruyter.

Hoffmann, Lothar
1987 *Kommunikationsmittel Fachsprache. Eine Einführung.* Berlin: Akademie-Verlag. [1. Aufl. 1976].

Kirchner, Joachim
1990 Frühformen medizinischer Fachpresse. In: H.-D. Fischer (Hg.), *Publizistikwissenschaftler und Medizinkommunikation im deutschsprachigen Raum*, 53–69. Bochum: Brockmeyer.

Lalouschek, Johanna
1994 „Ganz normale Sachen" – Aufgaben und Probleme der medizinischen Gesprächsausbildung. In: Angelika Redder und Ingrid Wiese (Hg.), 199–217.

Lalouschek, Johanna
1995 *Ärztliche Gesprächsausbildung. Eine diskursanalytische Studie zu Formen des ärztlichen Gesprächs.* Westdeutscher Verlag [Neuauflage Verlag für Gesprächsforschung 2002].

Lalouschek, Johanna
2002 Frage-Antwort-Sequenzen im ärztlichen Gespräch. In: Gisela Brünner, Reinhard Fiehler und Walther Kindt (Hg.), *Angewandte Diskursforschung, Band 1: Grundlagen und Beispielanalysen*, 155–173. Radolfzell: Verlag für Gesprächsforschung.

Lalouschek, Johanna
2005 *Inszenierte Medizin. Ärztliche Kommunikation, Gesundheitsinformation und das Sprechen über Krankheit in Medizinsendungen und Talkshows.* Radolfzell: Verlag für Gesprächsforschung.

Lalouschek, Johanna und Florian Menz
1990 Ambulanzgespräche. Kommunikation zwischen Ambulanzschwestern und Ärzt/inn/en. In: Konrad Ehlich, Armin Koerfer, Angelika Redder und Rüdiger Weingarten (Hg.), 12–26.

Lalouschek, Johanna, Florian Menz und Ruth Wodak
1990 *Alltag in der Ambulanz: Gespräche zwischen Ärzten, Schwestern und Patienten.* Tübingen: Narr.

Lippert, Herbert
1978 Rückzug der deutschen Sprache aus der Medizin? *Med. Klin.* 74: 487–496.

Lippert, Herbert
1986 Englisch – neue Wissenschaftssprache der Medizin. In: Hartwig Kalverkämper und Harald Weinrich (Hg.), *Deutsch als Wissenschaftssprache. 25. Konstanzer Literaturgespräch*, 38–44. Tübingen: Narr.

Löning, Petra
1985 *Das Arzt-Patienten-Gespräch: Gesprächsanalyse eines Fachkommunikationstyps.* Frankfurt a. M.: Lang.

Lörcher, Helgard
1983 *Gesprächsanalytische Untersuchungen zur Arzt-Patienten-Kommunikation.* Tübingen: Niemeyer.

Navarro, F. A.
1996 Englisch oder Deutsch? Die Sprache der Medizin aufgrund der in der Deutschen Medizinischen Wochenschrift erschienenen Literaturangaben (1920–1995). *Dtsch. Med. Wschr.* 121: 1561–1566.

Peters, Tim
2008 *Macht im Kommunikationsgefälle: der Arzt und sein Patient.* Berlin: Frank & Timme.

v. Polenz, Peter
1994 *Deutsche Sprachgeschichte vom Spätmittelalter bis zur Gegenwart. Band II. 17. und 18. Jahrhundert.* Berlin/New York: de Gruyter.

Pörksen, Uwe
   1986   *Deutsche Naturwissenschaftssprachen. Historische und kritische Studien.* Tübingen: Narr.
Redder, Angelika
   1994   Eine alltägliche klinische Anamnese. In: Angelika Redder und Ingrid Wiese (Hg.),
           171−198.
Redder, Angelika und Ingrid Wiese (Hg.)
   1994   *Medizinische Kommunikation. Diskurspraxis, Diskursethik, Diskursanalyse.* Opladen:
           Westdeutscher Verlag.
Rothschuh, Karl E.
   1965   *Prinzipien der Medizin. Ein Wegweiser durch die Medizin.* München/Berlin: Urban &
           Schwarzenberg.
Schott, Heinz (Hg.)
   1993   *Die Chronik der Medizin.* Dortmund: Chronik Verlag.
Schuldt, Janina
   1992   *Den Patienten informieren: Beipackzettel von Medikamenten.* Tübingen: Narr.
Sohn, Wolfgang
   1994   Medizinstudenten lernen mit Patienten sprechen. Erfahrungen aus zehn Jahren Rollen-
           spiel in Seminaren der Allgemeinmedizin. In: Thomas Bliesener und Ruth Brons-Albert
           (Hg.), *Rollenspiele in Kommunikations- und Verhaltenstrainings,* 177−193. Opladen: West-
           deutscher Verlag.
Spranz-Fogasy, Thomas
   1990   Ärztliche Kommunikation. Transfer diskursanalytischen Wissens in die Praxis. In: Kon-
           rad Ehlich, Armin Koerfer, Angelika Redder und Rüdiger Weingarten (Hg.), 143 155.
Spranz-Fogasy, Thomas
   2007   Miteinander reden − Ärzte und Patienten im Gespräch. *Sprachreport* 4(2007): 2−9.
Wiese, Ingrid
   1984   *Fachsprache der Medizin. Eine linguistische Analyse.* Leipzig: VEB Verlag Enzyklopädie.
Wiese, Ingrid
   1998   Die neuere Fachsprache der Medizin seit der Mitte des 19. Jahrhunderts unter besonderer
           Berücksichtigung der Inneren Medizin. In: Lothar Hoffmann, Hartwig Kalverkämper
           und Herbert Ernst Wiegand (Hg.), *Fachsprachen. Ein internationales Handbuch zur Fach-
           sprachenforschung,* 1278−1285. Bd. 1. (Handbücher zur Sprach- und Kommunikations-
           wissenschaft 14.1−2.) Berlin/New York: de Gruyter.
Ylönen, Sabine
   2001   *Entwicklung von Textsortenkonventionen am Beispiel von ‚Originalarbeiten‘ der Deutschen
           Medizinischen Wochenschrift (DMW).* Frankfurt a. M.: Lang.

Materialien zum Training von Medizinkommunikation

Firnhaber-Sensen, Ulrike und Margarete Rodi
   2009   *Deutsch im Krankenhaus Neu* (Lehr- und Arbeitsbuch, CD-ROM, Lehrerhandreichun-
           gen). Berlin: Langenscheidt.
Györffy, Mária, Betty und Renate Bagossy
   2007   *Deutsch für Mediziner. Eine praktische Hilfe für Ärzte, Zahnärzte, Medizinstudenten und
           Krankenschwestern im Umgang mit deutschsprachigen Patienten* (inkl. CD-ROM). Pas-
           sau: Schenk.
Halász, Renáta, Magdolna Kulcsár-Szemler und Sabine Ylönen
   2000   *Medizinische Sprelachstunde. Ein videogestützter Kurs zum Training mündlicher Kommuni-
           kation.*

Heyer, Peter
    2001   *Deutsch für ausländische medizinische Pflegekräfte.* Übungsbuch, Lösungen und Glossar,
            CD-ROM. Jena: Institut für Interkulturelle Kommunikation.
Kowarowsky, Gert
    2005   *Der schwierige Patient. Kommunikation und Patienteninteraktion im Praxisalltag* (inkl.
            CD-ROM). Stuttgart: W. Kohlhammer.
Lévy-Hillerich, Dorothea
    2005   *Kommunikation in sozialen und medizinischen Berufen.* Kursbuch mit Glossar auf CD-
            ROM, Audio CD mit Hörtexten, Kursleiterhandbuch. Berlin: Cornelsen.
Lippert-Burmester, Wunna und Herbert Lippert
    2008   *Medizinische Fachsprache — leicht gemacht.* 5. überarbeitete Auflage. Stuttgart/New
            York: Schattauer.
Menz, Florian, Johanna Lalouschek und Andreas Gstettner
    2008   *Effiziente ärztliche Gesprächsführung. Optimierung kommunikativer Kompetenz in der am-
            bulanten medizinischen Versorgung. Ein gesprächsanalytisches Trainingskonzept.* Wien/Ber-
            lin: LIT Verlag.
Neises, Mechthild, Susanne Ditz und Thomas Spranz-Fogasy (Hg.)
    2005   *Psychosomatische Gesprächsführung in der Frauenheilkunde.* Wissenschaftliche Verlagsge-
            sellschaft: Stuttgart.
Peitz, Christian und Michael Gagelmann
    2006   *Kommunikation in der Pflege. Filme für die Aus-, Fort- und Weiterbildung* (DVD mit Be-
            gleitheft). München: Urban & Fischer.
Roche, Jörg (Hg.)
    2003   *uni-deutsch.de — Deutsch als Fremdsprache für Studium, Forschung und Beruf* (Modul
            Medizin). Universität München/Campus Media. www.uni-deutsch.de.
Sachweh, Svenja
    2006   *„Noch ein Löffelchen?" Effektive Kommunikation in der Altenpflege.* 2. überarbeitete Auf-
            lage. Bern: Huber.
Wingchen, Jürgen
    2006   *Kommunikation und Gesprächsführung für Pflegeberufe. Ein Lehr- und Arbeitsbuch.* 2. ak-
            tualisierte Auflage. Hannover: Brigitte Kunz Verlag.
Ylönen, Sabine (Hg.)
    1990/1991   *Deutsch für Mediziner.* Materialien des Zentralen Spracheninstituts Nr. 65. Band I:
            Leseverstehen (Übungsbuch, Lehrerheft, Folien, Dias). Band II: Hörverstehen und
            mündliche Kommunikation (Übungsbuch, Lehrerheft, Ton- und Videokassette). Univer-
            sität Jyväskylä.

Sabine Ylönen, Jyväskylä (Finnland)

47. Fach- und Wissenschaftssprachen in den Naturwissenschaften

1. Naturwissenschaften – Gegenstände und Ausdrucksformen

Naturwissenschaften beschäftigen sich mit der Beschreibung und Erklärung der Natur, sei sie belebt oder unbelebt. Ihre traditionellen Gebiete sind Mathematik, Physik, Chemie und Biologie. Dazu kommen Mineralogie, Botanik, Zoologie und weitere Fächer, unter ihnen auch Medizin als angewandte Naturwissenschaft. Die Abgrenzung zu den Geisteswissenschaften ist nicht immer einfach, wie etwa die Strukturwissenschaft Informatik zeigt.

Die Fach- und Wissenschaftssprachen in den Naturwissenschaften weisen zahlreiche Gemeinsamkeiten auf, vor allem im Hinblick auf ihre funktionale Nutzung und ihre an Latein, Griechisch und heute zunehmend auch am Englischen orientierte lexikalische Basis. Dazu kommen ein allgemeinwissenschaftliches Vokabular (im Verbbereich z. B. *messen*, *sich zeigen*, *ergeben*) und als prägende Basiselemente die Sprache der Mathematik und der Gebrauch von Mathematik. Als gemeinsames Charakteristikum gilt dabei die Verwendung von nichtsprachlichen Mitteln wie z. B. $\cong$, $\subseteq$ oder ∇. Es handelt sich dabei um Symbole, Zeichen und Formeln, die nicht nur häufig genutzt werden, sondern geradezu die Essenz der Naturwissenschaften darstellen. Vor allem in den mathematisch exakten Naturwissenschaften führt diese abstrahierende Darstellungsweise zu einem hohen Maß an Formalisierung bis hin zu Konstruktsprachen. Daraus entsteht in den Naturwissenschaften ein Spannungsfeld zwischen natürlicher Sprache, Fachvokabular und abstraktem Zeichenterminus.

Auf der anderen Seite finden sich in den einzelnen Fächern und auf den einzelnen Sprachebenen auch zahlreiche sprachliche Differenzierungen. Bereits innerhalb eines Gesamtfachs, in der Physik etwa Astro-, Atom-, Festkörper-, Geo-, Hochenergie-, Kern-, mathematische, Molekül- oder theoretische Physik, muss man mit solchen Sprachdifferenzierungen rechnen.

2. Zur Rolle der Sprachausbildung im fachfremdsprachlichen Unterricht (Naturwissenschaften)

Eine wichtige Basis für die Vermittlung von Kenntnissen und Fertigkeiten mit Blick auf den Erwerb naturwissenschaftlicher Textproduktions- und -rezeptionsstrategien bilden Text – und Sprachhandlungswissen. Wenn auch nicht zu allen naturwissenschaftlichen

Fächern umfassendere linguistische Untersuchungen vorliegen, so ergeben sich doch aufgrund übergreifender Merkmale bei der Realisierung von Fachkommunikation adressaten- und fächerbezogene Vermittlungstypen. Sie spiegeln sich in der Diversifikation der Kurse und Lehrmaterialien.

Für die fachsprachliche Ausbildung im Kontext der Naturwissenschaften ist neben der Beherrschung funktionaler Sprachtätigkeiten immer noch die Kenntnis von Fachwortschätzen, ihren Strukturen und Bildungsweisen besonders relevant. Entscheidend dabei ist jedoch, dass im Sinne der modernen Fachsprachenlinguistik Fachsprache ganzheitlich begriffen wird als die „Sprache im Fach".

Auch das fachbezogene Schreiben erfordert spezielle Kenntnisse und Fertigkeiten in der Fremdsprache, um der naturwissenschaftlichen Tendenz zu Exaktheit, Eindeutigkeit, Begrifflichkeit, Systematik, stilistischer Neutralität und Ausdrucksökonomie entsprechen zu können. Voraussetzung für den erfolgreichen Umgang der Lernenden mit naturwissenschaftlicher Fachsprache ist aber eine Verbindung von Sprache und Fach, d. h. es müssen zuvor oder parallel zum Sprachunterricht Fachstudien oder naturwissenschaftlicher Fachunterricht stattfinden.

3. Facheigener Sprachgebrauch

Mit der Herausbildung der neuzeitlichen Naturwissenschaft haben sich facheigene Sprach- und Kommunikationsformen entwickelt, die zu einer Umwandlung und Diversifikation der alten Fach- und Gelehrtensprachen führten. Konstante Faktoren in dieser Entwicklung waren nach Pörksen (1986: 11 ff.)

- die Organisation der naturwissenschaftlichen Lehre an den Universitäten,
- die Anwendungsorientierung,
- eine internationale Ausrichtung,
- die schriftliche Überlieferung und Autoriät der Überlieferung sowie
- die kontinuierliche oder schubweise Entdeckung neuer Zusammenhänge und Gegenstände.

Ihr Ideal ist die sachbezogene, systematische, exakte und möglichst eindeutige Darstellung naturwissenschaftlicher Sachverhalte. Diese Ausrichtung führt zu einer Sprache, die zwar in Teilen von Fach zu Fach recht unterschiedlich sein kann, als Ganzes gesehen aber doch wesentliche gemeinsame Merkmale aufweist:

> Die wissenschaftliche Mitteilung dient teilweise der Verständigung über Bekanntes und mindestens ebenso sehr der Korrektur des Bekannten und der Verständigung über Unbekanntes. Das bedingt, schubweise oder allmählich, die Schaffung neuer Termini und die Verständigung über alte, die Umdeutung, Ersetzung, Erweiterung des vorhandenen Fachvokabulars.   (Pörksen 1986: 13)

Dieses Verständigungskonzept geht von einer Unterscheidung von Fach- und Gemeinsprache aus, die insbesondere anhand von divergenten lexikalischen (Fachwortschätze) und grammatischen Strukturen (z. B. Nominalisierungen, Passiv-Gebrauch) bzw. entsprechenden Frequenzerscheinungen getroffen wird. Ziel ist die Bereitstellung kommunikativer Mittel, um über naturwissenschaftliche Sachverhalte − bekannte und noch unbekannte − zu sprechen (und zu schreiben). Sprachgeschichte in den Naturwissenschaften ist somit immer auch Begriffsgeschichte (z. B. Hund 1972).

Kommunikationsgrundlage ist dabei der naturwissenschaftliche Fachtext, dessen makrostrukturelle Konstruktion für bestimmte Textsorten (z. B. mathematischer Beweis, Versuchsbeschreibung) relativ einheitlich gestaltet wird. Ausführlich untersucht ist u. a. das wissenschaftliche Abstract, das für die einzelnen Fächer weitgehend standardisierte Textbaupläne aufweist: z. B. in der Chemie Introduction, Theoretical Section, Experimental Section, Results and Discussion, Acknowledgement (Weise 1999: 1436) und in der Medizin (Opthalmologie) Thematische Einleitung / Zielsetzung − Material und Methode(n) − Ergebnis(se) / Diskussion (Fluck 1989).

Im Hinblick auf die sprachlich-kommunikativen Mittel fällt in Fachtexten zunächst das naturwissenschaftliche Fachvokabular auf, dessen Schaffung schon immer „ein bewußter Akt" (Pörksen 1986: 13) war. Zu unterscheiden sind die allgemeine Benennung oder Terminologisierung (wir wollen das x nennen, das soll y heißen usw.) und die strengere Definition (wir sprechen von Schall, wenn …; Schall ist …).

Ausschlaggebend für die Terminologisierung sind dabei der jeweilige fachwissenschaftliche Entwicklungsstand und die fachsystematische Zuordnung der Bedeutung, zum Beispiel: „Die entgegengesetzte Bewegung und Vereinigung beider Elektrizitäten in einem Leiter oder die durch einen Leiter fließende Elektrizität wird ein … elektrischer Strom genannt" (Crueger 1891: 26). „Als elektrischen Strom bezeichnen wir jede geordnete Bewegung von elektrischen Ladungen" (Jaworski und Detlaf 1977: 359).

Die Nutzung allgemeinsprachlicher Wörter in spezialisierter Bedeutung verursacht gelegentlich Polysemie von Fachbezeichnungen. Strom z. B. ist innerhalb der Physik Fachwort der Mechanik, der Wärmelehre und der Elektrotechnik, dazu auch Fachwort der Geographie. Diese Polysemie wirkt sich indes kaum störend aus, da in der fachlichen Kommunikation − wenn Bedarf besteht − die einzelnen Bezeichnungen mit attributiven Erläuterungen oder Bestimmungshinweisen versehen werden (wie z. B. elektrischer Strom, dauernde Ströme, Gleichstrom, Wechselstrom).

Die Wortbildungs- und Definitionsverfahren folgen dabei tradierten Regeln, die in den einzelnen Fächern entwickelt, auf ihre Brauchbarkeit hin überprüft und häufig konventionalisiert worden sind. Damit soll eine möglichst kontextautonome, international verbindliche und eindeutige Fachkommunikation ermöglicht werden.

Gegenüber dieser Idealvorstellung kommt es allerdings auch in den Naturwissenschaften zu Besonderheiten und Ungereimtheiten, wenn man Wörtern der Alltagssprache eine andere, fachliche Bedeutung zuschreibt. Wenske (1999b: 1955) nennt als Beispiele aus der Physik *schwarzes Licht, nullte Näherung*, dazu die Beibehaltung von aus heutiger Sicht fehlerhaften oder ungenauen Benennungen (z. B. in der Physik *Atom, Thermometer* [misst nicht die Wärme, sondern eine Temperaturänderung], in der Chemie: *Benzol*). Welche Rolle dieser Art von Wortbildung gerade in den Naturwissenschaften zukommt, ersieht man leicht aus den zahlreichen Fachlexika mit ihrer Vielzahl von Einträgen zu einzelnen Wortbildungsmitteln (Trojanus 1999; Wenske 1999a,b).

4. Zur Rolle von Definitionen und Definitionsverfahren

Die strengste Form der facheigenen inhaltlichen Festlegung, vor allem in den Bereichen Naturwissenschaft und Technik, ist die Definition. Fachwörter, deren Bedeutung durch Definition festgelegt ist, werden häufig als Termini bezeichnet. Sie haben die Aufgaben, einen Fachbegriff oder Gegenstand möglichst eindeutig und mit einem Namen zu bezeichnen (Fluck 1996: 47). Dieses Ideal ist aber durch die Polysemie vieler Ausgangswörter nicht in jedem Fall erreichbar. Deshalb wird in manchen naturwissenschaftlichen Fachbereichen versucht, durch Normung des Fachwortschatzes (Standardisierung) eigene Terminologien aufzubauen.

Die Empfehlungen und Normblätter folgen bestimmten Benennungsgrundsätzen, wie sie in der DIN-Norm 2342 „Begriffe und Benennungen. Allgemeine Grundsätze" (1992) und in der ISO-Grundsatznorm 1087 (2000) vorliegen. Diese Grundsätze beruhen auf der Vorstellung, dass einem System von Begriffen ein adäquates Benennungssystem zugeordnet werden kann. Beispiel:

Drucker:

IMPACT-Drucker (mit Anschlag)	NON-IMPACT-Drucker (ohne Anschlag)
− Typenrad/Nadeldrucker	− Thermodrucker
	− Tintenstrahldrucker
	− Fotoelektrischer Drucker (Laser/LED)

Es ist dabei wichtig zu sehen, dass der einzelne Terminus nicht isoliert, sondern in einem Begriffssystem steht. So gibt es z. B. für den Oberbegriff *Widerstand* bei Schaltungen u. a. die dazu gehörigen Begriffe *Innenwiderstand, Spannungswiderstand, Schiebewiderstand, Ersatzwiderstand, Vorwiderstand* und *Nebenwiderstand.* Ihre Einzelbedeutung ergibt sich aus der jeweiligen Stellung im System.

Das definitorische Verfahren ist die strengste Form der Festlegung einer Bedeutung. Sie ordnet das Einzelwort in der jeweiligen Fachsprache einem bestimmten Begriff mit festem Inhalt und Umfang zu. Durch eine solche so genannte Nominal- oder Feststellungsdefinition werden im naturwissenschaftlichen Bereich viele Grundbegriffe mit einer Benennung versehen, z. B. in der Elektrotechnik *Strom,* in der Physik *Arbeit, Fluss* und *Zeit,* in der Mathematik *Zahl.*

Um neue Begriffe zu bilden, bietet sich in erster Linie die inhaltliche Bestimmung (Determination) an, d. h. der Ausgangsbegriff wird durch einen weiteren Begriff näher spezifiziert.

Beispiel Determination (der Ausgangsbegriff wird durch einen zweiten Begriff als zusätzliches Merkmal eingeschränkt):

Thermometer	+	*Messung mit gasgefüllter Glaskugel*
	Gasthermometer	
Thermometer	+	*Messung der elektrischen Spannung*
	Widerstandsthermometer	

Seltener werden die Definitionsverfahren Konjunktion (Vereinigung der Inhalte), Disjunktion (Umfangsvereinigung) und Integration (Bestandsverknüpfung/Bestandsvereinigung) angewandt (Arntz, Picht und Mayer 2009: 43 ff.).

In diesem Zusammenhang begegnen in den Naturwissenschaften häufig bestimmte, oft systematisch verwendete Suffixe zur semantischen Kennzeichnung (Reinhardt 1975: 137−178), zum Beispiel:

	Mögliche Bedeutungen	
-ion	Vorgänge; Handlung; Eigenschaft, Zustand	*Induktion; Ventilation; Gravitation*
-ik	Wissensgebiet; Einrichtung; Methode; Kollektiva	*Botanik; Systematik, Elektronik*

Als eigenständige lexikalische Schicht innerhalb der Fachlexik sind die so genannten Nomenklaturen einzustufen, z. B. in der Chemie, Medizin oder Zoologie. Diese umfassen gegenstandsbezogene und konventionalisierte Bezeichnungen zur Vorstellung von in Gruppen erfassten identischen Einzelobjekten. Nomenklaturen sind häufig international und heute oft − wie in der Organischen Chemie − an das Englische angepasst (z. B. *Ether* vs. *Äther*). Dabei ist zwischen den systematischen internationalen und den Trivialnamennomenklaturen zu unterscheiden. Letztere sind auf einzelne Sprachen bezogen, wie etwa Tier- oder Pflanzennamen (Marzell 2000).

In der Chemie erhalten z. B. neben bereits bekannten und benannten Elementen wie Gold (*aurum*), Silber (*argentum*) oder Zink (*zincium*) die später entdeckten ebenfalls die Endung *-um* (bei Metallen, z. B. *Uranium*) oder *-on* (bei Nichtmetallen, z. B. *Xenon*) (Weise 1999: 1429 ff.).

5. Zur Nutzung von Wortbildungsmöglichkeiten

Prinzipiell werden in den Naturwissenschaften alle Möglichkeiten der Wortbildung genutzt, die auch in der Gemein- oder Standardsprache vorhanden sind. Pörksen (1986: 14) zeigt am Begriff „Widerstand" einige in den Naturwissenschaften verwendete Bildungsmöglichkeiten, an deren Beginn der Zeichenterminus und am Ende die selbsterklärenden Bezeichnungen stehen:

1. Frei vereinbarte Symbole (*R*)
2. Abkürzungssymbole (Ω, *W*)
3. Eigennamen (*Ohm*)
4. Abkürzungswörter (*WID*, *ANT*)
5. Neue Lehnwörter, die aus dem lexikalischen Material der klassischen Gelehrtensprachen entnommen bzw. geprägt sind (*Antistat*)
6. Neue Lehnwörter, die aus einer lebenden Fremdsprache entnommen bzw. geprägt sind (*resistance*)
7. Teilweise oder ganz eingebürgerte Lehnwörter in spezifischer sprachlicher Verwendung (*Resistenz, Opposition*)
8. Neugebildete Komposita oder feste Lexemsequenzen aus eingebürgerten Lehnwörtern (*Antitendenz, resistierende Dynamis*)
9. Wörter des Erbwortschatzes in spezialsprachlicher Verwendung (*Widerstand*)
10. Neugebildete Komposita oder feste Lexemsequenzen aus dem Erbwortschatz (*Aufhaltekraft, abwehrende Kraft*)
11. Metaphern (*Sperre*)
12. Vermeidung eines speziellen Terminus durch Synonymik, Paraphrasen oder ausführliche Beschreibungen.

Hauptverfahren, um vorhandene Lexeme der eigenen Sprache in den Fachwortschatz zu überführen und neue Fachwörter zu bilden, sind von den genannten Möglichkeiten die bereits skizzierte definitorische Festlegung, daneben die Metonymie und die Metapher. Die Benennungsbildung erfolgt nach den für alle Fachwörter üblichen Verfahren, wobei nominale Komposita vorherrschen und Ableitungen weitgehend zur Nominalisierung von Verben benutzt werden.

Metaphern sind als selbständige Termini nur in relativ geringem Umfang vertreten, spielen aber als Grundwörter in Zusammensetzungen eine bedeutende Rolle. Der *Genetische Fingerabdruck,* Darwins *Kampf ums Dasein* (struggle for life) oder *Zwillingsstudie* sind dafür Beispiele. Die Metaphorik kann aber auch irreführend sein, wie bei der Bezeichnung *Faradayscher Käfig* (aus dem man elektrische Felder fernhält, also nicht hineinsperrt) oder der Bezeichnung *Maxwell-Brücke* (die keine Brücke ist, sondern zum Messen verlustbehafteter Induktivitäten dient).

Auffällig ist die insgesamt hohe Zahl an Abkürzungen, die als Buchstabier- oder Lesewörter von den Fachleuten verwendet werden, z. B. *rad* ‚Röntgen absorbierte Dosis', *ZPE* ‚Zerlegung in Primelemente' (Mathematik), *Drehko* ‚Drehkondensator'. Solche Abkürzungen sind ausdrucksökonomisch und bieten oft Verknüpfungsmöglichkeiten, die mit dem Vollwort kaum möglich wären, z. B. *DNA* [Desoxy-Ribonucleinacid]-*Analyse,* *hox* [Homeobox]-*Gen* (Genetik) oder *ZPE-Ring* [Ring mit eindeutiger Zerlegung in Primelemente] (Mathematik).

Als Besonderheit in den Naturwissenschaften ist außerdem die Bildung von Mehrwortbenennungen einzustufen. Dabei handelt es sich um syntaktische Verbindungen mit fester Bedeutung im Fach (z. B. *elektrisches Feld, kinetische Energie; Kleeblattstruktur der t-RNA*).

In oft direktem Widerspruch zur Forderung nach Systemhaftigkeit, Eindeutigkeit und Selbstdeutigkeit stehen die mit Forschernamen bezeichneten Entdeckungen, Meßeinheiten, Modelle, Verfahren oder Geräte. So findet man z. B. als Mehrwortbenennungen in der Biologie das *Watson-Crick-Modell der DNA,* in der Chemie die *Schiffsche Base,* in der Physik neben dem *Ohmschen Gesetz* z. B. noch den *Faraday-Effekt* sowie als Grundwörter die physikalischen Einheiten *Ampère, Volt, Watt, Celsius* usw. Apparaturen, die mit dem Erfinder- oder Herstellernamen bezeichnet werden, sind zum Beispiel die *Hittorfsche* Vakuumröhre, der *Mac Leod* (zur Druckmessung) und der *Bunsenbrenner* (engl. *Bunsen burner*). Für die Bezeichnung naturwissenschaftlicher Phänomene mit Forschernamen stehen die *Frauenhofer*linien und *Fresnel*zonen. Für Nichtfachleute sind diese Bezeichnungen weitgehend unverständlich und gelegentlich sogar irreführend. Z. B. ist mit *Blaugas* ein farbloses, von Blau und Riedinger entwickeltes Gas gemeint, mit *Halleffekt* ein magnetoelektrischer Effekt, benannt nach E. Hall.

Zahlreich sind Fremdwörter, deren Anteil in den einzelnen Fächern erheblich differiert. Fremde Wortelemente erlauben es, über nationale Schranken hinweg wissenschaftliche Erkenntnisse präzise, systematisch und adäquat, oft auch sprachökonomisch darzustellen. Die Fachbezeichnung *Physik* etwa unterscheidet sich international nur durch ihre Aussprache und Orthographie [dt. fü'sik, franz. fi'zik, engl. 'fiziks], ebenso *Atom* [dt. *Atom*, engl. *atom*, franz. *atome*]. Demgegenüber ist die Verdeutschung von Fremdwörtern in den Naturwissenschaften oft sogar störend, sei es in semantischer Hinsicht oder mit Blick auf die morpho-syntaktischen Verwendungsmöglichkeiten, wie Gerlach (1962: 19–20) am Beispiel von *Photographie* vs. *Lichtbild* gezeigt hat.

Neben dem klassischsprachigen Fundus aus Griechisch und Latein werden heute zunehmend Fachtermini direkt aus dem Englischen übernommen und in ihrer Ursprungsform beibehalten (z. B. in der Biologie *annealing*, *antisense*). Daneben finden sich aber auch zahlreiche Lehnübersetzungen, die meist synonym gebraucht werden. Auch bei so genannten Doppelterminologien (Thurmair 1995) wird das deutsche Ursprungswort häufig synonym zur fremdsprachlichen Dublette verwendet (oder umgekehrt). Vorzugsbenennungen und semantische Ausdifferenzierungen ergeben sich jedoch durch unterschiedliche Zuordnungen zu sprachlichen Registern oder bewusstes Abweichen aus Gründen der wissenschaftlichen Konkurrenz. Daher sind neben „echten" Synonymen (z. B. *Schwerkraft − Gravitation*, *Eutrophierung − Überdüngung*, *annuell − einjährig* [von Pflanzen]) auch viele Quasisynonyme im Umlauf.

Neben speziellen Substantiven findet man auch facheigene Adjektive und Verben, jedoch in beschränkter Zahl. Sie leiten sich häufig aus Substantiven ab, doch können sie auch umgekehrt als Ableitungsbasis für Nomen dienen (z. B. *Isomerie − isomer − isomerisieren*; *Elektrophorese − elektrophoretisch*; *Chlor − chlorieren* usw.).

Häufig gebrauchte deutsche Adjektivsuffixe in der naturwissenschaftlichen Sprache sind u. a. *-arm (wasserarm)*, *-reich (ölreich)*, *-fest (stoßfest)*, *-förmig (gasförmig)*, *-dicht (wasserdicht)*, *-haltig (eisenhaltig)*, *-ähnlich (schlangenähnlich)*, *-verträglich (hitzeverträglich)*, *-echt (farbecht)*, *-leer (luftleer)*, *-geschützt (rostgeschützt)*, *-artig (würfelartig)*.

Bemerkenswert ist der mehr oder weniger systematisierte Gebrauch von zahlreichen fremden Suffixen bei Adjektiven, vor allem mit lateinischer und griechischer Basis (z. B. *zentral, diagonal, fluvial*). Einen Überblick der in Naturwissenschaft und Technik verwendeten Suffixe und Partikel und ihrer Bedeutungen vermitteln Reinhardt u. a. (1975/1992).

6. Syntaktische Merkmale

Gemeinsam ist allen Fächern der Gebrauch bestimmter syntaktischer Mittel. So wird etwa in der Textsorte Abstract das naturwissenschaftliche Experiment durchweg im Präteritum dargestellt. Objektivierende Darstellung wird durch Passivgebrauch hergestellt, der generell in naturwissenschaftlichen Texten signifikant höher ist als in Texten der Humanwissenschaften.

Auch die unpersönliche Darstellung gehört zu den Merkmalen naturwissenschaftlicher Texte. Sie drückt sich beispielsweise in der starken Nutzung von Attribuierungsmöglichkeiten aus und führt − außer zu geradlinigen Satzstrukturen − insgesamt zu einem reduzierten Gebrauch der gemeinsprachlichen syntaktischen Mittel.

Es wäre allerdings falsch, ein zu einheitliches Bild der Syntax in naturwissenschaftlichen Fachtexten zu entwerfen, denn *die* Sprache der Naturwissenschaften oder *den* naturwissenschaftlichen Fachtext gibt es nicht. So finden sich beispielsweise in der Physik weniger stereotype Wendungen als in der Mathematik, wo zudem noch eine ungleiche Wortstellung bei Negierungen zu beobachten ist: *nicht alle ≠ alle nicht* (Eisenreich 1998: 1224).

Neben fachlich bedingte Unterschiede treten textsortenbedingte Unterschiede in der syntaktischen Gestaltung von Fachtexten. Medizinische Zeitschriften etwa zeigen eine stärkere Neigung zur Hypotaxe und weisen längere Sätze auf als medizinische Lehrbücher; physikalische und chemische Fachzeitschriften unterscheiden sich z. B. in der Komplexität präpositionaler Wortgruppen mit einem Verbalsubstantiv als Kern nach Zahl und Art der nachgestellten Attribute von entsprechenden Lehrtexten. Hinzu treten Unterschiede zwischen schriftlicher und mündlicher fachbezogener Kommunikation, die noch längst nicht erforscht sind (Munsberg 1994).

Als typisch für viele naturwissenschaftliche Fachtexte ist eine Verkürzung der Satzlänge anzusehen, die aus der Neigung zur Komprimierung der Darstellung resultiert (z. B. Ausdruck eines Relativsatzes durch eine Zusammensetzung, Realisierung einer sonst durch einen Nebensatz formulierten Aussage durch eine präpositionale Wortgruppe). Mit der Satzverkürzung verbunden ist ein Rückgang der Satzgefüge.

Auffällig sind in den Naturwissenschaften ferner die so genannten Funktionsverbgefüge (z. B. *Diagnose erstellen, in Verbindung bringen, Rückschlüsse ziehen*). Ihre besondere Leistung besteht darin, dass sie zum Ausdruck der Entpersönlichung und der Ausdifferenzierung der Aktionsarten (z. B. inchoativ, durativ, resultativ) dienen.

Wie in allen wissenschaftlichen Fachsprachen ist auch in den Naturwissenschaften eine Häufung von Nominalisierungen anzutreffen, z. B. Verbalabstrakta (Substantive mit dem Suffix *-ung*, substantivierte Infinitive) und − deutlich geringer − Adjektivabstrakta. Die Verwendung und der Ausbau dieses syntaktischen Mittels in naturwissenschaftlichen Texten entsprechen der Ausdrucksökonomie und dem Bestreben nach klarer und eindeutiger Fixierung von Sachverhalten und Denkbeziehungen (z. B. *beim Erhitzen, Isolationsversagen, das Einlesen*).

Wegen der Besonderheit der (natur-)wissenschaftlichen Kommunikation beschränken sich die verschiedenen Verbalkategorien in schriftlichen Fachtexten häufig auf bestimmte Formen, überwiegend 3. Person Singular und Plural. Mit Blick auf Tempus, Modus und Genus verbi gilt, dass in der Fachsprache das Präsens bevorzugt wird, weil in der (natur-) wissenschaftlichen Kommunikation meistens allgemeingültige Sachverhalte ausgedrückt werden, die an keine objektive Zeit gebunden sind.

Beachtenswert ist der Gebrauch des Konjunktivs, der gegenüber dem gemeinsprachlichen Gebrauch nicht nur einer quantitativen, sondern auch qualitativen Einschränkung unterliegt. In naturwissenschaftlichen Fachtexten findet sich ein relativ häufiger Gebrauch in der Zitation und zum Ausdruck der Subjektivität im Nebensatz. Außerdem wird Konjunktiv I häufig mit dem Pronomen *man* in mathematischen Aufgaben verwendet, um eine Aufforderung auszudrücken (*z. B. Man konstruiere ein Dreieck, dessen Seiten …*).

Im Unterschied zu Konjunktiv I wird Konjunktiv II fachsprachlich zur Kennzeichnung eines nicht vorhandenen oder unrealisierbaren Sachverhaltes verwendet (z. B.: *Die Kühlflüssigkeit träte durch die Öffnung D in den Kolbeninnenraum ein.*), während er im Konditionalsatz häufig unmögliche oder unerwünschte Sachverhalte ausdrückt (z. B.: *Wenn die Temperatur den Punkt A überschritte, träte eine* [unerwünschte] *Veränderung der Werkstoffeigenschaften ein.*). Außerdem werden zur Kennzeichnung der Modalität in der naturwissenschaftlichen Kommunikation häufig lexikalische Mittel verwendet, vor allem Modalpartikel (*vielleicht, angeblich* usw.).

7. Textsorten und Textsortenstile

Schließlich finden sich in den Naturwissenschaften zahlreiche relativ festgefügte Textsorten. Dies zeigt sich teilweise schon in expliziten Textbezeichnungen wie *Beweis, Laborbericht* oder *Versuchsprotokoll*, die auf spezifische Tätigkeitsfelder und fachliche Handlungsmuster verweisen. Außerdem haben zahlreiche Untersuchungen ergeben, dass wir es im naturwissenschaftlichen Bereich mit meist streng gegliederten Texten zu tun haben, entsprechend dem jeweiligen fachlichen Bemühen um inhaltliche Systematik und Differenzierung. Diese gedankliche Gliederung äußert sich in spezifischen Verweisformen und Gliederungssignalen wie Ziffernangaben, Einsatz von typographischen Mitteln wie Unterstreichung, Fettdruck usw. sowie im häufigen Gebrauch von Abbildungen, Tabellen, Schaltplänen usw. Sie informieren die Fachleute meist schneller und präziser als der begleitende Text.

Viele dieser makrostrukturellen Textstrukturen sind heute international üblich, z. B. die Aufteilung wissenschaftlicher Artikel in der Mineralogie in Titel/Untertitel, Autor(en), Zusammenfassung, Schlüsselwörter am Beginn und Danksagung, Referenzen und Adressen am Ende des Artikels. Der Hauptteil enthält Textteile zu: Allgemeine Information/Dokumentation, Geländebeschreibung/Analysen und Diskussion (Tatje 1999: 1427). Ähnliches gilt für andere Fächer und Forschungsgenres, wo vergleichbare Kommunikationsereignisse als teilweise standardisierte, aber in der inhaltlichen und mikrostrukturellen Ausgestaltung doch flexibel eingesetzte Textformen begegnen (Weise 1999).

Ein eigener Textsortenstil wurde in der Mathematik entwickelt, wo viele Arbeiten im so genannten Landaustil (Emile Landau, Mathematiker, 1877−1938) verfasst sind. Dieser hoch formalisierte Stil zielt darauf ab, dass die Sätze für sich sprechen durch die strenge Abfolge von Definition − Satz − Beweis. Ein solcher Stil entspricht somit dem besonderen Streben nach Klarheit, nicht nur in der Mathematik, sondern eigentlich in allen Naturwissenschaften.

8. Literatur in Auswahl

Arntz, Reiner, Heribert Picht und Felix Mayer
   2009   *Einführung in die Terminologiearbeit.* 6. Aufl. Hildesheim: Olms.
Crueger, J.
   1891   *Grundzüge der Physik.* Leipzig.
Eisenreich, Gunther
   1998   Die neuere Fachsprache der Mathematik seit Carl Friedrich Gauß. In: Lothar Hoffmann
          et al. (Hg.), 1222−1230.
Fluck, Hans-Rüdiger
   1989   Vergleichende Analyse deutschsprachiger Abstracts in wissenschaftlichen Zeitschriften.
          In: Christer Laurén und Marianne Nordman (Hg.), *Special Language: From Human Thin-
          king to Thinking Machines*, 291−308. Clevedon: Multilingual Matters Ltd.
Fluck, Hans-Rüdiger
   1996   *Fachsprachen.* Tübingen: Narr.
Fluck, Hans-Rüdiger
   1996   *Fachdeutsch in Naturwissenschaft und Technik. Eine Einführung in die Fachsprachen und
          die Didaktik/Methodik des fachorientierten Fremdsprachenunterrichts (Deutsch als Fremd-
          sprache).* Heidelberg: Groos.
Gerlach, Walther
   1962   *Die Sprache der Physik.* Bonn: F. Dümmler.
Hoffmann, Lothar, Hartwig Kalverkämper, Herbert Ernst Wiegand, Christian Galinski und Werner
Hüllen (Hg.)
   1998/1999   *Fachsprachen. Ein internationales Handbuch zur Fachsprachenforschung und Termino-
               logiewissenschaft.* (Handbücher zur Sprach- und Kommunikationswissenschaft 14.1−2.)
               Berlin: de Gruyter.

Hund, Friedrich
  1972   *Geschichte der physikalischen Begriffe.* Mannheim: Bibliographisches Institut.
Jaworski, B. M. und A. A. Detlaf
  1977   *Physik griffbereit. Definitionen — Gesetze — Theorien.* In deutscher Sprache herausgegeben von Ferdinand Cap. Berlin.
Mangold, Jürgen
  1985   *Fachsprache Mathematik und Deutsch als Fremdsprache.* Frankfurt a. M.: Lang.
Marzell, Heinrich
  2000   *Wörterbuch der deutschen Pflanzennamen.* 1943−1979. Stuttgart/Wiesbaden: Hirzel/Steiner [Nachdruck Köln: Parkland Verl.].
Munsberg, Klaus
  1994   *Mündliche Fachkommunikation. Das Beispiel Chemie.* Tübingen: Narr.
Pörksen, Uwe
  1986   *Deutsche Naturwissenschaftssprachen. Historische und kritische Studien.* Tübingen: Narr.
Pörksen, Uwe
  1994   *Wissenschaftssprache und Sprachkritik. Untersuchungen zu Geschichte und Gegenwart.* Tübingen: Narr.
Reinhardt, Werner u. a.
  1975   *Deutsche Fachsprache der Technik. Ein Ratgeber für die Sprachpraxis.* Leipzig: Verlag Enzyklopädie. [Neuauflage Hildesheim: Olms, 3. Aufl. 1992].
Tatje, Rolf
  1999   The recent special language of mineralogy. In: Lothar Hoffmann et al. (Hg.), 1424−1429.
Thurmair, Maria
  1995   Doppelterminologie im Text, oder hydrophob ist wasserscheu. In: Heinz L. Kretzenbacher und Harald Weinrich (Hg.), *Linguistik der Wissenschaftssprache,* 217−280. Berlin: de Gruyter.
Trojanus, Karl-Heinz
  1999   Die Fachlexikographie der Biologie: eine Übersicht. In: Lothar Hoffmann et al. (Hg.), 1937−1945.
Weise, Günter
  1999   Die englische Fachsprache der Chemie. In: Lothar Hoffmann et al. (Hg.), 1429−1438.
Wenske, Gerhard
  1999a Die Fachlexikographie der Chemie: eine Übersicht. In: Lothar Hoffmann et al. (Hg.), 1946−1954.
Wenske, Gerhard
  1999b Die Fachlexikographie der Physik: eine Übersicht. In: Lothar Hoffmann et al. (Hg.), 1954−1959.
Wolff, Robert
  1971   *Die Sprache der Chemie. Zur Entwicklung und Struktur einer Fachsprache.* Bonn: F. Dümmler.

Hans-R. Fluck, Bochum (Deutschland)

48. Fach- und Wissenschaftssprachen in den Ingenieurwissenschaften

1. Einleitung
2. Besonderheiten der Kommunikation in den Ingenieurwissenschaften
3. Ingenieurwissenschaften und Deutsch als Fremdsprache − Deutsch als Fremdsprache in den Ingenieurwissenschaften
4. Literatur in Auswahl

1. Einleitung

Unter den verschiedenen Wissenschaften kommt den Ingenieurwissenschaften in Deutschland eine bedeutende Rolle zu. Es gibt eine Vielzahl technischer Universitäten, die Erlangung des Ingenieurtitels ist durch die „Ingenieurgesetze der Bundesländer" geschützt und nicht zuletzt dadurch mit einem relativ hohen Ansehen verknüpft.

Die Frage, welche Fächer zu den Ingenieurwissenschaften gehören, lässt sich nicht eindeutig beantworten. Orientiert man sich an der Schriftenreihe „Fortschritt-Berichte VDI (Verein Deutscher Ingenieure)", dann ist von ca. 20 Fachrichtungen auszugehen, darunter Bauingenieurwesen, Elektrotechnik, Umwelttechnik, Verkehrs- und Fahrzeugtechnik. Neben diesen „reinen" ingenieurwissenschaftlichen Fächern existieren vielfältige Mischformen, die die enge Nachbarschaft zu den einzelnen Naturwissenschaften − nicht zuletzt in ihrem Namen − widerspiegeln. Hierzu gehören z. B. Chemie-Ingenieurwesen, Biotechnologie oder Agrartechnik. Einen gewissen Sonderstatus nehmen schließlich diejenigen Fächer ein, die sich unter größerem Einfluss auch anderer Wissenschaften außerhalb der Ingenieur- und Naturwissenschaften entwickelt haben, wie Wirtschaftsingenieurwesen, Stadt- und Regionalplanung oder Industriedesign.

2. Besonderheiten der Kommunikation in den Ingenieurwissenschaften

Trotz dieser Bandbreite an Fächern kann davon ausgegangen werden, dass sich die kommunikativen Besonderheiten innerhalb der Ingenieurwissenschaften weitgehend decken (Göpferich 1998: 547). Aus der Vielzahl an Charakteristika (schriftlicher) ingenieurwissenschaftlicher Kommunikation sollen im Folgenden diejenigen vorgestellt werden, die in besonderem Maße mit didaktischen Konsequenzen für entsprechende Fachkurse des Deutschen als Fremdsprache verbunden sind. Als weiterführende Literatur seien die Beschreibungen einzelner ingenieurwissenschaftlicher/technischer Fachsprachen in Hoffmann, Kalverkämper und Wiegand (1998/99, Kap. XV) sowie Monteiro et al. (1997) und Hanna (2003) empfohlen.

Ein vor allem im Unterschied zu den Geisteswissenschaften sehr auffälliges Merkmal ingenieurwissenschaftlicher Texte ist der konsequente Einsatz „nonverbaler Informationsträger", die nach Göpferich (1998: 553−554) grob in „ikonische Abbildungen" und

„Visualisierungen" unterteilt werden können. Die häufige Verwendung von Abbildungen begründet sich darauf, dass „sich technische Sachverhalte mit unserem schriftsprachlichen Zeichencode nur unzureichend beschreiben lassen" (Gotzmann 1992: 169). Während Rede einer linearen Abfolge unterliegt, können Abbildungen komplexere Zusammenhänge transportieren, die vom Rezipienten sofort in ihrer Gänze erfasst werden, denn „[d]er Rezipient, der mit diesen Darstellungsweisen vertraut ist, verfügt über einen visuellen Erkennungscode und kann die dargestellten Informationen in kürzester Zeit kognitiv verarbeiten" (Gotzmann 1992: 172). Bei der Verwendung von Visualisierungen ist auffällig, dass diese nicht etwa den verbal formulierten Text ergänzen bzw. bestimmte Informationen belegen sollen, sondern vielmehr zwischen verbalen und nonverbalen Komponenten eine Art „Komplementaritätsverhältnis" besteht (vgl. auch Göpferich 1998: 554).

Im Bereich der Lexik ist die produktive Wortbildung, insbesondere die Komposition, auffällig, denn gerade in den Ingenieurwissenschaften müssen fortlaufend neue Gegenstände und Sachverhalte benannt werden. Einem besonders ausgeprägten Bedürfnis nach neuen Benennungen unterliegen dabei diejenigen Ingenieurwissenschaften, die − wie z. B. die Kraftfahrzeugtechnik − stark kulturspezifisch geprägt sind und/oder bei denen „herstellerspezifische Ausdrucksvarianten" zu einer Vielzahl an Bezeichnungen für dieselben Realia führen (vgl. Le-Hong und Schmitt 1998: 1157−1161). Viele der zumeist aus einheimischen Morphemen bestehenden Komposita sind drei- und mehrgliedrig (*Siebengang-Automatikgetriebe, Fensterrahmensteifigkeit*). Zunehmend entstehen auch Verbindungen mit Fremdwort-Konstituenten (*package-optimiert, Responseverhalten*) oder werden Anglizismen übernommen (*Low-end torque*), für die dann zum Teil keine oder nur unökonomische deutsche Entsprechungen existieren. (*Low-end torque* bedeutet Drehmoment im unteren Drehzahlbereich.) Diese ausgeprägte Bedeutung der Komposition (die im Übrigen nicht selten auf Grund der Länge der gebildeten Komposita zu Kurzwortbildung in Form von Initialwörtern führt) sollte sich im fachbezogenen DaF-Unterricht in der Vermittlung von Grundkenntnissen in der Wortbildung widerspiegeln.

Als zweite Besonderheit im Bereich der Lexik sei hier die Dominanz einiger sprachlicher Felder genannt, aus denen sich entsprechende Schlussfolgerungen für den fachbezogenen Unterricht DaF ableiten lassen. Die Auswertung der oben erwähnten Vielzahl von Diagrammen, Tabellen etc. erfordert umfangreiche Wortschatzkenntnisse in den Wortfeldern der Mathematik und Statistik. Für die Grammatikvermittlung ergibt sich daraus eine besondere Berücksichtigung proportionaler, adversativer, temporaler, eventuell auch kausaler Satzgefüge und entsprechender nominaler Angaben. Besonders typisch für die Ingenieurwissenschaften ist die Beschreibung von Vorgängen, Zuständen, Beziehungen (vor allem von Ursache-Folge-Relationen), in Verbindung mit der Formulierung von Zielvorstellungen. Allein daraus ergeben sich vielfältige inhaltliche Konsequenzen für den DaF-Unterricht: a) Vermittlung spezifischer Verben; b) Thematisierung des Passivs und seiner so genannten Ersatzformen; c) Vermittlung lokaler und direktionaler Beziehungen mit dem entsprechenden Wortschatz sowie den dazugehörigen grammatischen Relatoren; d) Thematisierung der Angabesätze und nominalen Angaben, was schließlich zu e) führt, nämlich dem Üben von Nominalisierung und Verbalisierung. Es versteht sich von selbst, dass dabei auch auf entsprechende usuelle Wortverbindungen eingegangen werden muss.

Die hier genannten grammatischen Konsequenzen decken sich weitgehend mit dem, was in einschlägigen Untersuchungen als charakteristische morphosyntaktische Besonderheiten ingenieurwissenschaftlicher Texte erwähnt wird (v. a. Göpferich 1995): Der

Passivgehalt ist im Vergleich zur Allgemeinsprache relativ hoch, variiert allerdings im Hinblick darauf, inwiefern die Texte „Mensch/Technik-interaktionsorientiert" sind (Göpferich 1995: 419). „Die Leistungen des Passivs kommen dem schreibenden Techniker geradezu entgegen. Das betrifft besonders die Hervorhebung der Zielgröße, da in der Technik das Bearbeitete, Erzeugte, Angewendete oder Bewirkte im Vordergrund steht." (Satzger 1998: 1183) Der Grad der Nominalisierung in ingenieurwissenschaftlichen Texten ist − wenngleich ebenso in Abhängigkeit von der jeweiligen Textsorte schwankend − als sehr hoch einzuschätzen. Auffällig ist insbesondere die Verwendung deverbaler Nomina; „Verbalsubstantive eignen sich […] vorzüglich zur Komposition, da der verbale Kern funktionsgemäß sehr leicht andere Satzglieder an sich binden kann. Ein weiterer Grund für die Bevorzugung der Verbalsubstantive besteht in der Möglichkeit, mehrere Vorgänge als Aufzählung in einem Satz unterzubringen." (Satzger 1998: 1185) Von Bedeutung im Hinblick auf den fachbezogenen Unterricht DaF ist auch die Bemerkung Satzgers (1998: 1184), dass „[d]ie Ökonomie der nominalen Ausdrucksweise für den Autor […] bei weitem nicht in jedem Fall Gewinn für den Rezipienten [bedeutet], der die verdichteten inhaltlichen Beziehungen dekodieren muß". Da ausländische Studierende (zunächst) vor allem wissenschaftliche Texte rezipieren müssen, sollte anfangs auch das Verstehen von Nominalisierungen im Mittelpunkt stehen. Ein letztes hier zu nennendes Merkmal ist die syntaktische Komplexität, d. h. die gehäufte Bildung von Satzgefügen, die Verwendung von Infinitiv- und Partizipialkonstruktionen. Göpferich (1995: 431 ff.) hat festgestellt, dass in den von ihr untersuchten Texten temporale und konditionale Angabesätze überwiegen, gefolgt von kausalen und konsekutiven.

3. Ingenieurwissenschaften und Deutsch als Fremdsprache − Deutsch als Fremdsprache in den Ingenieurwissenschaften

3.1. Zur aktuellen Bedeutung der deutschen Sprache in den Ingenieurwissenschaften

Sowohl ausgehend von den Beschäftigtenzahlen als auch gemessen an ihrem Umsatz bilden Maschinenbau, Elektrotechnik und Kraftfahrzeugbau (inkl. Zulieferer) die drei größten Industriezweige in Deutschland (VDMA-Maschinenbau 2008: 4). Laut VDI waren im Jahr 2007 an deutschen Universitäten und Fachhochschulen 320.000 Studierende für ein ingenieurwissenschaftliches Studium immatrikuliert (VDI 2008), wobei der Anteil ausländischer Studierender − gemäß den Angaben einzelner Hochschulen − bei ca. 15 % liegen dürfte.

Soll die Rolle des Deutschen als Fremdsprache im Rahmen der Ingenieurausbildung an deutschen Hochschulen beurteilt werden, so ist neben der Zahl ausländischer Studierender auch die sprachliche Situation in den Lehrveranstaltungen zu berücksichtigen. Untersuchungen zum Anteil des Deutschen (und Englischen) in ingenieurwissenschaftlichen Lehrveranstaltungen und zu den geforderten Sprachprüfungen für Nicht-Muttersprachler gibt es meines Wissens jedoch nicht. Ausgehend von den Informationen zum Studien- und Lehrveranstaltungsangebot verschiedener Technischer Hochschulen lässt sich aber schlussfolgern, dass in den Ingenieurwissenschaften überwiegend in deutscher Sprache gelehrt wird und für ausländische Studienbewerber die üblichen Zulassungsvoraussetzungen gelten, d. h. der Nachweis deutscher Sprachkenntnisse ist in Form der DSH-Prüfung, TestDaF, den Prüfungen des Goethe-Instituts oder des Sprachdiploms KMK II. Stufe zu erbringen (vgl. auch DAAD 2009).

Deutsche Sprachkenntnisse sind nicht nur Voraussetzung für ein Studium der Ingenieurwissenschaften, sondern auch für Gastforscher oder Mitarbeiter in deutschen Firmen. Wenngleich viele große, global agierende Unternehmen mittlerweile Englisch als Unternehmenssprache eingeführt haben, so betrifft dies vorrangig die Management-Ebene; Diskussionen in den Fachabteilungen laufen jedoch häufig weiterhin (auch) auf Deutsch ab.

3.2. Zur Rolle der Ingenieurwissenschaften in der linguistischen und didaktischen Forschung

Die oben dargelegte Bedeutung der deutschen Sprache für die Ingenieurwissenschaften findet in der aktuellen Forschung zur deutschen Fach- und Wissenschaftssprache kaum Widerspiegelung. Dies ist umso erstaunlicher vor dem Hintergrund der regen Fach- und Wissenschaftssprachenforschung zu Ingenieurwissenschaft und Technik in den 70er und 80er Jahren. Die damaligen Untersuchungen entstanden einerseits im Kontext der Translatologie, andererseits aber auch schon unter dem Aspekt der Fremdsprachendidaktik und damit im Hinblick auf einen fachbezogenen DaF-Unterricht (z. B. Reinhardt 1975, Eisenreich 1979, Fluck 1985). „Die Praxis der spezialsprachlichen Ausbildung hat wesentliche Impulse für die Fachsprachenforschung, besonders in der DDR, gegeben. Sie wiederum hat auf die Entwicklung und Optimierung der fachbezogenen Fremdsprachenausbildung positiv eingewirkt [...]." (Fluck 1985: 139). Unter den ebenfalls bei Fluck (1985: 201−212) angeführten DaF-Lehrwerken finden sich immerhin vier in Deutschland erschienene, deren Adressaten (zukünftige) Ingenieure oder Techniker sind. Jeweils zwei davon sind in der DDR bzw. in der Bundesrepublik erschienen.

Ab Anfang der 90er Jahre geht die Zahl an Publikationen zur Sprache der Ingenieurwissenschaften und/oder Technik deutlich zurück. In derselben Zeit gerät zunehmend die allgemeine Wissenschaftssprache in den Blickpunkt der Forschung, verbunden mit Fragen zu kulturellen Eigenheiten von Wissenschaftssprache, daraus resultierenden didaktischen Konsequenzen und einer Diskussion um die Rolle des Englischen bzw. der Bedeutung der noch existenten anderen nationalen Wissenschaftssprachen. Ausführliche Untersuchungen zur Fach- und Wissenschaftssprache speziell im Ingenieurstudium liegen lediglich von Monteiro et al. (1997) und Hanna (2003) vor. Die erstgenannte Publikation geht auf ein gleichnamiges Projekt zurück, das 1991−1995 an der TU Berlin durchgeführt wurde. Ausgehend von den Kommunikationsbedürfnissen ausländischer Studierender in ingenieurwissenschaftlich-technischen Fächern und einer umfassenden Analyse von Lehrveranstaltungen, wobei auch die gesprochene Sprache die erforderliche Berücksichtigung findet, werden hier eingehende Überlegungen zu Anforderungen an fachbezogene Lehrmaterialien für das Studium an einer deutschen (Technischen) Universität dargelegt. Diese richtungsweisende Analyse hat meines Wissens jedoch weder in daraus resultierenden (allgemein verfügbaren) Lehrmaterialien noch in der weiteren Forschung ihren Niederschlag gefunden. So fehlen reichlich zehn Jahre nach Erscheinen des Buches weiterhin entsprechende Lehrwerke. Es fehlen überdies aktuelle detaillierte Beschreibungen einzelner Wissenschaftssprachen, um sie anschließend intra- und interlingual vergleichen und die erforderlichen fremdsprachendidaktischen Konsequenzen daraus ziehen zu können. Ein wesentlicher Grund hierfür ist sicherlich der Mangel an elektronischen Korpora für Wissenschaftssprache(n). Ein weiteres grundsätzliches Hindernis für die Erforschung der Wissenschaftssprache insbesondere derjenigen Fächer, die mit der Linguistik eher wenig gemein haben, ist die mangelnde Sachkompetenz des Linguisten in dem jeweiligen anderen Fach (Weinrich 2006: 223).

Zwischen der hier dargelegten Forschungssituation und den Anforderungen, die an deutschen Hochschulen an ausländische Studierende gestellt werden, besteht ganz offensichtlich eine große Diskrepanz. Dies zeigen zum einen die Bestrebungen an verschiedenen Hochschulen (nicht nur in Deutschland), auf das Ingenieurstudium zugeschnittene Kurse und Lehrmaterialien zu erarbeiten (vgl. z. B. die beiden Sammelbände von Zhu und Zimmer 2003; Casper-Hehne und Ehlich 2004, insbesondere Wegner 2004). Von der Notwendigkeit einer verbesserten sprachlichen Ausbildung wie auch der Entwicklung neuer Lehrmaterialien zeugt zum anderen die Tatsache, dass viele Hochschulen studienbegleitende fachbezogene DaF-Kurse oder Kurse zum wissenschaftlichen Schreiben für ausländische Studierende anbieten, ihnen andererseits aber keine passenden Lehrwerke zur Verfügung stehen, denn als Unterrichtsmaterialien werden individuelle Aufgabensammlungen o. Ä. angegeben (vgl. hierzu z. B. TU Karlsruhe DaF, TU Braunschweig DaF, TU Dresden DaF.) Es ist daher höchste Zeit, neue Projekte zur Fach- und Wissenschaftssprache zu initiieren und Lehrmaterialien zu entwickeln, um den Studierenden und damit auch den Lehrenden in ingenieurwissenschaftlichen Fächern optimale kommunikative Bedingungen zu ermöglichen.

4. Literatur in Auswahl

Casper-Hehne, Hiltraud und Ehlich, Konrad (Hg.)
  2004   *Kommunikation in der Wissenschaft.* Regensburg: Fachverband Deutsch als Fremdsprache.
DAAD: Deutsch für das Studium
  2009   http://www.daad.de/deutschland/deutsch-lernen/warum-deutsch-lernen/00567.de.html (21. 10. 09).
Eisenreich, Hans
  1979   *Deutsch in Industrie und Technik. Ein Lehrbuch für Ausländer.* Leipzig: Verlag Enzyklopaedie.
Fluck, Hans-Rüdiger
  1985   *Fachdeutsch in Naturwissenschaft und Technik. Einführung in die Fachsprachen und die Didaktik/Methodik des fachorientierten Fremdsprachenunterrichts (Deutsch als Fremdsprache).* Heidelberg: Groos.
Göpferich, Susanne
  1995   *Textsorten in Naturwissenschaften und Technik. Pragmatische Typologie − Kontrastierung − Translation.* Tübingen: Narr.
Göpferich, Susanne
  1998   Fachtextsorten der Naturwissenschaften und der Technik: ein Überblick. In: Lothar Hoffmann, Hartwig Kalverkämper und Herbert Ernst Wiegand (Hg.), 545−556.
Gotzmann, Gerhard
  1992   Zur Versprachlichung technischer Sachverhalte. In: Gerd Antos und Gerhard Augst (Hg.), *Textoptimierung. Das Verständlichermachen von Texten als linguistisches, psychologisches und praktisches Problem,* 169−176. Frankfurt a. M.: Lang.

Hanna, Ortrun

2003 *Wissensvermittlung durch Sprache und Bild. Sprachliche Strukturen in der ingenieurwissenschaftlichen Hochschulkommunikation.* Frankfurt a. M.: Lang.

Hoffmann, Lothar, Hartwig Kalverkämper und Herbert Ernst Wiegand (Hg.)

1998/1999 *Fachsprachen. Ein internationales Handbuch zur Fachsprachenforschung und Terminologiewissenschaft.* (Handbücher zur Sprach- und Kommunikationswissenschaft 14.1−2). Berlin/New York: de Gruyter.

Le-Hong, Khai und Peter A. Schmitt

1998 Technische Fachsprachen im Bereich der Kraftfahrzeugtechnik. In: Lothar Hoffmann, Hartwig Kalverkämper und Herbert Ernst Wiegand (Hg.), 1153−1163.

Monteiro, Maria, Simone Rieger, Romuald Skiba und Ulrich Steinmüller

1997 *Deutsch als Fremdsprache: Fachsprache im Ingenieurstudium.* Frankfurt a. M.: Verlag für Interkulturelle Kommunikation.

Reinhardt, Werner

1975 *Deutsche Fachsprache der Technik. Ein Ratgeber für die Sprachpraxis.* Leipzig: Verlag Enzyklopaedie.

Satzger, Axel

1998 Die Fachsprache der Verfahrenstechnik. In: Lothar Hoffmann, Hartwig Kalverkämper und Herbert Ernst Wiegand (Hg.), 1182−1187.

TU Braunschweig, Sprachenzentrum.

http://www.sz.tu-bs.de/fremdsprachen/kursbezeichnung (21. 10. 09).

TU Dresden, Deutsch als Fremdsprache.

http://www.tu-dresden.de/sulifg/daf/home.htm (21. 10. 09).

TU Karlsruhe, Deutsch als Fremdsprache.

http://www.stk.uni-karlsruhe.de/213.php (21. 10. 09).

VDI: Studierende und Studienanfänger/-innen − Fächergruppe Ingenieurwissenschaften.

http://www.vdi-monitoring.de/index4.php (21. 10. 09).

VDMA

2008 *Maschinenbau in Zahl und Bild.*
http://www.ixpos.de/nn_1183434/DE/07Publikationen/00_Downloads/VDMA_Maschinenbau2008,templateId=raw,property=publicationFile.pdf/VDMA_Maschinenbau2008.pdf (21. 10. 09).

Wegner, Wolfgang

2004 Modularer, adressatenorientierter Kurs für das wissenschaftliche Schreiben in den naturwissenschaftlich-technischen Fächern. In: Hiltraud Casper-Hehne und Konrad Ehlich (Hg.), 82−100.

Weinrich, Harald

2006 *Sprache, das heißt Sprachen. Mit einem vollständigen Schriftenverzeichnis des Autors 1956−2005.* Tübingen: Narr.

Zhu, Jianhua und Thomas Zimmer (Hg.)

2003 *Fachsprachenlinguistik, Fachsprachendidaktik und interkulturelle Kommunikation.* Frankfurt a. M.: Lang.

Antje Heine, Wuppertal (Deutschland)

49. Fach- und Wissenschaftssprachen in den Geistes- und Sozialwissenschaften

1. Vorbemerkungen

Seit den Anfängen einer wissenschaftlichen Disziplin Deutsch als Fremdsprache gehört Fach- und Wissenschaftssprachforschung zu ihren Kernbereichen. Die wissenschaftliche Grundlegung und Begleitung fachbezogener Fremd- und Zweitsprachenausbildung ist eine der Aufgaben dieser Forschung (Wiese 2001: 544). Zugleich bietet die dem Fach DaF eigene Kombination von binnen- und außenkultureller Perspektive einen spezifischen Zugang zur Erforschung von fach- und wissenschaftssprachlichen Varietäten des Deutschen.

Vom Blickwinkel des Faches Deutsch als Fremdsprache aus gesehen sind drei verschiedene Dimensionen der sprachlichen Verfasstheit von Geistes- und Sozialwissenschaften (im Folgenden: GSW) besonders interessant:

- Inwieweit sind Wissenschaftssprachen mit dem Instrumentarium der Fachsprachenforschung zu erfassen?
- Was sind die sprachlichen Spezifika des Bereichs der GSW und ihrer Einzeldisziplinen verglichen mit anderen Wissenschaften?
- Welches sind die Charakteristika deutscher GSW vor dem Hintergrund der zunehmenden Globalisierung und Anglophonisierung weiter Wissenschaftsbereiche?

2. Wissenschaftssprachen und Fachsprachen

Die traditionelle Fachsprachenforschung betrachtet Wissenschaftssprachen als Teilmenge der Fachsprachen und setzt sie in der Stratifizierung der Fachsprachen auf die oberen Ebenen einer vertikalen Schichtung (vgl. z. B. Hoffmann 1985: 64−70). Die Kriterien für solche Schichtungen sind überwiegend lexikalisch. Aufgrund vergleichbarer wortschatzbasierter Untersuchungen sind in der Fachsprachenforschung auch horizontale Gliederungen entwickelt worden, die Wissenschaftssprachen von anderen Fachsprachen und die Sprachen einzelner Wissenschaftsdisziplinen voneinander abgrenzen (vgl. z. B. Hoffmann 1985: 58−61). Die Validität solcher Gliederungen ist verschiedentlich kritisiert worden (Roelcke 2005: 34−38). Abgesehen von ihren vorwiegend lexikalischen Grundlagen, die neuere text- und diskurslinguistische, pragmatische und stilistische Ansätze in der Fach-

und Wissenschaftssprachforschung nicht mit berücksichtigen, erscheint das Postulat eines einfachen Inklusionsverhältnisses von Fach- und Wissenschaftssprachen vor allem aus zwei Gründen problematisch:

Erstens ist das kulturelle Handlungsfeld der Wissenschaften im Gegensatz zum nur vage bestimmten Konzept des „Faches" in der Fachsprachenforschung historisch, philosophisch und soziologisch ausreichend definiert, und zweitens ist Sprache für alle Bereiche der Wissenschaft, von der Theoriebildung über den Forschungsprozess bis zur Kommunikation von Forschungsergebnissen, in einer ganz anderen Weise konstitutiv als für andere von der Fachsprachenforschung erfasste Handlungsbereiche wie Handwerk, Landwirtschaft oder Sport (Kretzenbacher 1998: 133–136). Dies gilt für alle Wissenschaften, in besonderem Ausmaß aber für solche, deren Forschungsgegenstände sich überwiegend in natürlicher Sprache darstellen, wie die GSW. Zudem ist die Vielfalt der kommunikativen Rahmenbedingungen in der Wissenschaft weit komplexer als das durch die einfachen vertikalen Schichtungsmodelle der Fachsprachenforschung wiedergegeben werden kann: Intradisziplinäre Kommunikation findet sowohl unter Experten statt als auch zwischen Experten und Teilexperten (wie Studierenden und administrativen und technischen Mitarbeitern); interdisziplinäre Kommunikation zwischen Experten hat andere Voraussetzungen als intradisziplinäre; wieder andere gelten für die interkulturelle intra- oder interdisziplinäre Kommunikation; und extradisziplinäre Kommunikation ist keineswegs nur wissenschaftliche Dienstleistung für Laien (wie Beratung und populärwissenschaftliche Aufklärung), sondern hierher gehört auch die Kommunikation zwischen wissenschaftlichen Experten und Experten anderer Gebiete, wie sie etwa bei der zunehmend wichtigen Drittmittelfinanzierung von Forschungsprojekten unvermeidbar ist.

Während es also im naturwissenschaftlich-technischen Bereich sowohl Fachsprachen (z. B. des Produktverkaufs und der Konsumtion) als auch Wissenschaftssprachen gibt, ist im Bereich der GSW nur von kontextuell verschiedenen Formen von Wissenschaftssprache auszugehen.

3. Universalität und Partikularität der disziplinären Diskurse in den Geistes- und Sozialwissenschaften

Nach wie vor gilt Ingrid Wieses (2001: 544) Feststellung, dass im Vergleich mit der recht guten Erforschung der Sprachvarietäten in naturwissenschaftlicher und technischer Kommunikation bei denjenigen der GSW ein Forschungsdefizit herrscht und dass generalisierbare Aussagen über sprachliche Charakteristika der GSW vor allem im Hinblick auf den Vergleich mit naturwissenschaftlich-technischen Sprachvarietäten gemacht worden sind. Bevor solche Unterschiede dargestellt werden, soll kurz die traditionelle, in neuerer Zeit stark diskutierte Disziplingruppierung „Geistes- und Sozialwissenschaften" besprochen werden.

3.1. Disziplinen und Disziplingruppierungen der Geistes- und Sozialwissenschaften

In ihrer scharfen Trennung von „erklärenden" bzw. „nomothetischen" Naturwissenschaften und „verstehenden" bzw. „idiographischen" Geisteswissenschaften (Dilthey

1990: 242–258) griffen Wilhelm Dilthey und Wilhelm Windelband am Ende des 19. Jahrhunderts auf Hegels idealistischen Geistesbegriff zurück und prägten so ein Verständnis von Geisteswissenschaften und ihres Gegensatzes zu den Naturwissenschaften, das für das deutschsprachige Gebiet kulturspezifisch ist. Diese Herkunft aus der philosophischen Tradition des Idealismus unterscheidet die deutschen *Geisteswissenschaften* von dem engeren englischen Begriff der *humanities* und dem französischen der *sciences humaines* (Kjørup 2001: 1). Bei dem Gegensatz zwischen *arts* und *sciences* in der englischsprachigen Tradition, wie er vor allem durch C. P. Snow und seine Zwei-Kulturen-These von 1959 bekannt ist (Kreuzer 1987), zeichnet sich das Konzept der *arts* gegenüber den deutschen *Geisteswissenschaften* dadurch aus, dass es neben diesen auch die bildenden und darstellenden Künste einschließt. Eine Sozialwissenschaft wie die Soziologie ist weder mit dem binären Antagonismus von Geistes- vs. Naturwissenschaften noch mit demjenigen von *arts* vs. *sciences* einverstanden und versteht sich als „dritte Kultur" (Lepenies 2006; Benedikter 2001: 157–158).

Seit den 1980er Jahren ist der Begriff der Geisteswissenschaften und ihre Abgrenzung zu den Sozialwissenschaften zunehmend fragwürdig geworden und das Konzept der beide Disziplingruppen einschließenden *Kulturwissenschaften* wurde vorgeschlagen (Krebs et al. 2005: 40–46). Die Kategorie der Kulturwissenschaften hat sich jedoch bisher nicht flächendeckend durchgesetzt, und nach wie vor ist „Geistes- und Sozialwissenschaften" der meistgebrauchte Überbegriff für diejenigen Disziplinen, die nicht naturwissenschaftlich-technisch orientiert sind.

3.2. Sprachliche Spezifika der Geistes- und Sozialwissenschaften

Harald Weinrich (1995: 170) stellt in einer exemplarischen vergleichenden Analyse eines molekularbiologischen und eines kunsthistorischen Textes „eine pragmatische Gemeinsamkeit des wissenschaftlichen Verfahrens" und „Übereinstimmungen in der sprachlichen Verfaßtheit" fest, die auf eine grundlegende epistemische und sprachliche Einheit der Wissenschaften schließen lassen. Dies im Gegensatz zur Meinung, es gebe Wissenschaften wie die Naturwissenschaften, „in denen es nur auf die Sache und nicht auf die Sprache ankomme", und andere, wie die Geisteswissenschaften, die „von ihrer Konstitution her sprachlich verfaßt sind, so daß sie von ihrer Sprachform nicht abgelöst werden können" (Weinrich 1995: 157). Die maßgeblichen sprachlichen Unterschiede im Kommunikationsverhalten zwischen Natur- und Geisteswissenschaften führt Weinrich (1995: 170) auf ihre jeweilige Orientierung „an unterschiedlichen Leitgattungen und deren unterschiedlichen Gattungsgesetzen" zurück. Diese Leitgattungen sind der Zeitschriftaufsatz für die Naturwissenschaften und die Monographie für die Geisteswissenschaften, zugleich Symptom für relativ klare Forschungsfronten in den Naturwissenschaften und die wesentlich komplexere und stärker zersplitterte Forschungslage in den Geisteswissenschaften (die sie mit den Sozialwissenschaften teilen).

Weinrichs Ansatz, der von der argumentativen Makrostruktur und der Textsortenspezifik seiner Vergleichstexte ausgeht, zeigt die Einheit der sprachlich enkodierten epistemischen und argumentativen Grundlagen aller Wissenschaften und zugleich das je spezifische Kommunikationsverhalten der einzelnen Disziplinen in größerem Zusammenhang und deshalb vielleicht deutlicher als die häufiger unternommenen Mikroanalysen im Vergleich zwischen Texten einzelner Disziplinen und Disziplingruppen, von denen einige im

Folgenden angeführt werden sollen. Die Mikrostrukturanalyse ist jedoch als Unterstützung der Makrostrukturanalyse sehr nützlich. Wenn hier von Texten die Rede ist, so
deshalb, weil nicht nur generell zu Sprachvarietäten der GSW weniger Analysen vorliegen als zu naturwissenschaftlich-technischen. Es liegen auch fast ausschließlich Analysen
zu öffentlichen schriftlichen Textsorten vor, d. h. bei mündlichen Textsorten (wie dem
Vortrag, der Seminardiskussion oder dem Prüfungsgespräch) besteht trotz einiger interessanter Ansätze (z. B. Meer 2000, Centeno Garcia 2007) immer noch ein Forschungsdefizit. Das gilt auch für nichtöffentliche schriftliche Texte (wie Publikationsgutachten,
Förderungsanträge und E-mail-Wechsel innerhalb von Forschungsteams).

3.2.1. Morphologische und lexikalische Spezifika

Fachwörter sind die deutlichsten Kennzeichen der Fachlichkeit auf der Textoberfläche,
und zugleich sind sie gute Indikatoren der jeweiligen Disziplin, zu der ein Fachtext gehört. Zwar gilt Werner Heisenbergs (1978: 194) Erkenntnis, dass „jedes Verständnis
schließlich auf der gewöhnlichen Sprache beruhen muß", für alle Wissenschaften, aber
Naturwissenschaften und Technik zeichnen sich durch eine weit stärkere Tendenz zur
Formalisierung, Geschlossenheit und Übereinzelsprachlichkeit ihres Fachwortschatzes
aus (Stolze 1998: 785; Kretzenbacher 2002: 921–922). Nomenklatur- und Terminologie-
systeme (die voneinander nicht präzise zu unterscheiden sind, vgl. Morgenroth 1996:
162–163) in den Naturwissenschaften und der Technik streben dem Ideal einer Einein-
deutigkeit von Termini bzw. Nomenklaturzeichen nach, das Polysemie und Synonymie
ausschließen würde. In den medizinischen und chemischen Nomenklatursystemen beispielsweise geht das bis in bestimmte wiederkehrende Morpheme, die bestimmte Stellen
des Terminologiesystems besetzen; so legt die Genfer Nomenklatur der organischen Chemie die Einzelmorpheme für Bezeichnungen organischer Verbindungen nach der Länge
und Position von Kohlenstoffketten fest. Verglichen damit herrscht in den Geistes- und
Sozialwissenschaften nachgerade terminologischer „Wildwuchs" (Wiese 2001: 546); und
die durch eine Vielzahl konkurrierender Paradigmen in den Sozialwissenschaften begründete Polysemie und Synonymie, die in ihrem Gebrauch von Fachwörtern auftreten kann
(Schröder 1988: 67), gilt auch für die Geisteswissenschaften, ebenso wie das Auftreten
fachübergreifenden Wortschatzes (Wiese 2001: 547).
    Da GSW auch häufiger als Naturwissenschaften und Technik Fachwörter durch indi-
viduelle oder einer bestimmten akademischen Schule eigene Terminologisierung von ge-
mein- und bildungssprachlichen Wörtern bilden (Wiese 2001: 547), ist es nur logisch,
dass morphem- und wortschatzstatistische Korpusuntersuchungen (wie z. B. Grün 1998:
93) bei Texten der GSW stärkere Korrelationen zu gemeinsprachlichen Texten feststellen
als bei naturwissenschaftlich-technischen. Exemplarisch lässt sich die unterschiedliche
Entfernung zwischen Fachwortschatz und gemein- und bildungssprachlichem Wortschatz einerseits und die Tendenz zur Offenheit bzw. Geschlossenheit terminologischer
Systeme in den Geisteswissenschaften gegenüber den Naturwissenschaften am Beispiel
der Übersetzung des Freudschen Vokabulars der Psychoanalyse ins Englische zeigen. Die
englische *Standard Edition* der Werke Freuds benutzt anstelle der bei Freud häufigen
muttersprachlichen und in der deutschen Gemein- und Bildungssprache verwurzelten
Fachwörter oft Neubildungen aus griechischen und lateinischen Morphemen, was den
Charakter der Freudschen Texte in der englischen Ausgabe vom geisteswissenschaftlichen

in den naturwissenschaftlichen Bereich des wissenschaftssprachlichen Spektrums verschiebt (Kuenkamp 1995: 132−148). Theodor Icklers (1997: 279) Schluss aus diesen unterschiedlichen Tendenzen von Geistes- und Sozialwissenschaften einerseits und Naturwissenschaften und Technik andererseits: „Die geisteswissenschaftlichen Begriffe […] bleiben kulturgebunden und historisch-einmalig" ist aber kaum gerechtfertigt, da auch in naturwissenschaftlichen Terminologien einzelsprachliche bzw. einzelkulturelle Unterschiede bis in nomenklaturhaft normierte terminologische Syteme hinein existieren. Beispiele sind die Chemie (Weise 1998: 1430−1431) und die medizinische Pathologie (Kretzenbacher 1998: 921).

Tatsächlich bestehen im morphologisch-lexikalischen Bereich auch signifikante Gemeinsamkeiten zwischen GSW einerseits und Naturwissenschaften und Technik andererseits. Diese gehen im Wesentlichen auf die generelle Tendenz wissenschaftlicher Fachtexte zurück, Information soweit wie möglich vom Verb auf nominale Strukturen zu übertragen (Kretzenbacher 1991: 121−123) und äußern sich in hoher Frequenz nominaler Wortarten (besonders von Substantiven, gefolgt von Adjektiven) und bestimmter deverbaler Substantiv- und Adjektivsuffixe (Stolze 1998: 786; Wiese 2001: 547). Wissenschaftssprachen aller Disziplinen teilen auch das lexikalische und idiomatische Fundament der „alltäglichen Wissenschaftssprache" (Ehlich 1999; Graefen 2004).

3.2.2. Syntaktische und textstrukturelle Spezifika

Auch in Bezug auf die Frequenz von Satztypen gibt es geringe Unterschiede zwischen Wissenschaftsdisziplinen; generell überwiegt der einfache Aussagesatz (Kretzenbacher 1991: 123−124; Wiese 2001: 548). Satzgefüge gehen in ihrer Komplexität meist nicht über Nebensätze ersten Ranges hinaus, und kaum jemals über solche zweiten Ranges (Kretzenbacher 1991: 124), wobei Stolze (1998: 785) allerdings eine „größere Elaboriertheit" der Syntax von Texten der GSW mit „hoher Frequenz von Hauptsatz-Nebensatz-Gefügen" postuliert, ohne dies jedoch zu belegen. Die häufigsten Nebensatztypen sind der Relativsatz (Wiese 2001: 548), gefolgt von *dass*-Sätzen. Diese beiden Nebensatztypen sind besonders gut zur syntaktischen Fokussierung geeignet, in der wichtige Information in die Rhema-Position gebracht wird (Kretzenbacher 1991: 124−125).

Einige Unterschiede in der Frequenz syntaktischer und textstruktureller Elemente zwischen GSW einerseits und Naturwissenschaften und Technik andererseits lassen sich mit den von Weinrich (1995) erwähnten Unterschieden in den jeweiligen Forschungslandschaften und den Konventionen der jeweiligen Leitgattungen in Verbindung setzen: Wenngleich wissenschaftssprachliche Varietäten aufgrund der allgemeinen Tendenz zur Deverbalisierung und Deagentivierung des Verbs generell eine hohe Frequenz des Passivs aufweisen (Kretzenbacher 1991: 119), ist diese in naturwissenschaftlich-technischen Texten weit höher als in Texten der GSW (Wiese 2001: 548). Das hängt mit dem empirisch-experimentellen Charakter vieler naturwissenschaftlich-technischer Texte zusammen, der zwar in einzelnen empirisch arbeitenden Disziplinen und Subdisziplinen von GSW (wie in der Psychologie und einzelnen Bereichen der Linguistik) ebenfalls eine gewisse Rolle spielt, aber hier weniger prominent ist als in der prototypischen Leitgattung von Naturwissenschaften und Technik, wo die Experimentbeschreibung ein fester Bestandteil der Textgliederung ist. Andererseits sind in Texten der GSW Heckenausdrücke in Form von Modalverben im Konjunktiv II, modalen Infinitivkonstruktionen etc. (Kretzenbacher

1991: 120) häufiger als in naturwissenschaftlichen und technischen. Das hat mit der pre-
kären Situation der Autorinstanz zu tun, die bei geistes- und sozialwissenschaftlicher
Argumentation viel stärker in Gefahr steht, in den Vordergrund zu rücken und kritisch
in Bezug auf „Dialogwahrheit" (Weinrich 1995: 166) geprüft zu werden, wobei argumentative Schlussfolgerungen und Postulate durch Heckenausdrücke abgemildert werden.
Dies ist bei der Monographie als Leitgattung der GSW besonders nötig, da argumentative Textsegmente nicht wie im Experimentartikel auf wenige spezifische Textsegmente
(wie *discussion* oder *conclusions*) beschränkt, sondern über weite Teile des Textes verstreut sind (Weinrich 1995: 169).

Ein anderes auf textsortenkonventionelle Unterschiede der jeweiligen Leitgattungen
zurückzuführendes syntaktisch-textstrukturelles Phänomen, das in geistes- und sozialwissenschaftlichen Texten in relativ hoher Frequenz auftritt, sind Parenthesen, die entweder
im Text selbst syntaktisch eingebettet sind oder paratextuell als − anders als meist in
naturwissenschaftlich-technischen Texten nicht auf bibliographische Informationen zu
zitierten Texten beschränkte − Anmerkungen bzw. Fußnoten auftreten (Kretzenbacher
1991: 127−128; Brand 1998). Für solche u. U. umfangreiche „Satelliten", die an den
Nukleus einer Argumentationsabfolge flexibel angebunden sind (Kretzenbacher 2003:
126) und die damit eine Zweistimmigkeit von Text und Paratext erzeugen, ist in den
konventionell knappen naturwissenschaftlich-technischen Zeitschriftenaufsätzen einfach
kein Platz.

Die prototypischen Leitgattungen der verschiedenen wissenschaftlichen Disziplingruppen und ihre jeweiligen stilistischen Konventionen haben sich jedoch ihrerseits auch
nicht zufällig ergeben; sie sind wiederum Ausdruck von disziplinspezifischen Traditionen
des Fachdenkens, die mit unterschiedlichen stilistischen, rhetorischen und argumentativen Verfahren der „jeweiligen fachlichen Sprach- und Denkgemeinschaften" (Baumann
2008: 191) korrespondieren.

4. Universalität und Partikularität des deutschsprachigen Diskurses in den Geistes- und Sozialwissenschaften

Durch die zunehmende globale Vernetzung der Wissenschaften, in der fast ausschließlich
dem Englischen die Aufgabe der verbindenden Sprache zukommt, gibt es keine Disziplin
mehr, die nicht zumindest *auch* englischsprachig wäre. Anders als das bei anderen Sprachen der Fall ist, gibt es zwar in der deutschen Wissenschaftslandschaft keine Disziplin,
die vollständig in die Anglophonie abgewandert wäre. Dennoch haben stilistische, textstrukturelle und argumentative Konventionen der englischen Wissenschaftssprache zunehmend Einfluss auch auf deutschsprachige Publikationen gewonnen. Dies ist vor allem
in den Naturwissenschaften der Fall, wo die Leitgattung Zeitschriftenartikel maßgeblich
von den (fast immer englischsprachigen) Zeitschriften mit dem größten *impact factor*
beeinflußt werden. Die Form des Experimentartikels in den empirischen Wissenschaften
ist heute im Deutschen und Englischen sehr ähnlich.

Auch in den GSW gibt es parallele Erscheinungen in englischen wie deutschen Wis-
senschaftstexten. So ist auch in der englischsprachigen Wissenschaftskommunikation
hedging in Geistes- und Sozialwissenschaften häufiger als in Naturwissenschaften und
Technik (Mair 2007: 166); und wissenschaftliche Fußnoten sind in englischsprachiger

Kommunikation in den GSW ähnlich wichtig wie in der deutschsprachigen (Grafton 1997).

Es gibt jedoch einzelkulturelle Unterschiede in wissenschaftsstilistischen Konventionen, die sich besonders ausgeprägt bei den im Vergleich mit naturwissenschaftlichen und technischen Texten stilistisch weit weniger stark normierten Texten der GSW zeigen. Siepmann (2006: 142–143) gibt einen konzisen tabellarischen Überblick über viele bislang analysierte kulturspezifische Stilunterschiede zwischen der deutschen, englischen und französischen Wissenschaftssprache. Neben den bei Siepmann genannten Untersuchungen ist vor allem die auf Kaplans (1966) skizzenhafte Darstellung von unterschiedlichen nationalen Darstellungsstilen zurückgehende These von der „Linearität" englischer und der „Digressivität" deutscher Wissenschaftssprache umfangreich diskutiert worden, die Clyne mehrfach vertreten hat (zuletzt in Clyne und Kreutz 2003). Von Adepten dieser These wird diese gelegentlich dahingehend verstanden, dass eine sprachlich-kulturelle Linearität der Entwicklung von Argumenten im Englischen dieses geradezu als universelle Wissenschaftssprache prädisponiere, während das Deutsche als Wissenschaftssprache eine Digressivität aufweist, die als Abweichung von einer universal akzeptierten linearen Norm zu verstehen sei (vgl. Kretzenbacher 2003: 123–124). Eine solche Interpretation der englischen Konvention einer Produzentenverantwortlichkeit für die Kommunikation und der entgegengesetzten rezipientenverantwortlichen Tradition der deutschen Wissenschaftsprache ist nicht nur generell fragwürdig. Die nichtlinearen Präsentations- und Rezeptionsformen der deutschen wissenschaftssprachlichen Tradition, die vor allem in den GSW weiterleben, bieten durch ihre syntaktischen, textuellen und paratextuellen Klammerstrukturen eine der sich entwickelnden hypertextuellen und hypermedialen Kommunikation besonders angemessene Kommunikationsform (Kretzenbacher 2003: 124–126).

Insofern ist die Vielfalt sprach- und kulturspezifischer wissenschaftlicher Darstellungsweisen, wie sie vor allem in den GSW einer drohenden anglophonen oder anglophon inspirierten Monokultur gegenüberstehen, kein altmodischer Luxus, sondern eine Chance zur Adaptierung komplexer Wissenschaftskommunikation an neue Medien.

5. Literatur in Auswahl

Baumann, Klaus-Dieter
    2008   Fachstile als Reflex des Fachdenkens. In: Hans P. Krings und Felix Mayer (Hg.), *Sprachenvielfalt im Kontext von Fachkommunikation, Übersetzung und Fremdsprachenunterricht: Für Reiner Arntz zum 65. Geburtstag*, 185–195. Berlin: Frank & Timme.
Benedikter, Roland
    2001   Das Verhältnis zwischen Geistes-, Natur- und Sozialwissenschaften. In: Theo Hug (Hg.), *Einführung in die Wissenschaftstheorie und Wissenschaftsforschung*, 137–159. Baltmannsweiler: Schneider Verlag Hohengehren.
Brand Kaspar
    1998   Fußnoten und Anmerkungen als charakteristisches Element wissenschaftlicher Darstellungsformen, untersucht am Beispiel der Sprachwissenschaft. In: Lutz Danneberg und Jürg Niederhauser (Hg.), *Darstellungsformen der Wissenschaften im Kontrast. Aspekte der Methodik, Theorie und Empirie*, 213–240. Tübingen: Narr.
Centeno Garcia, Anja
    2007   *Das mündliche Seminarreferat. Zwischen Theorie und Praxis*. Marburg: Tectum.

Clyne, Michael und Heinz Kreuz
   2003   Kulturalität der Wissenschaftssprache. In: Alois Wierlacher und Andrea Bogner (Hg.),
          Handbuch interkulturelle Germanistik, 60−68. Stuttgart/Weimar: Metzler.
Dilthey, Wilhelm
   1990   *Die geistige Welt: Einleitung in die Philosophie des Lebens: 1. Abhandlungen zur Grundle-*
          gung der Geisteswissenschaften. 8. Aufl. Stuttgart: Teubner / Göttingen: Vandenhoeck &
          Ruprecht.
Ehlich, Konrad
   1999   Alltägliche Wissenschaftssprache. *Info DaF* 26(1): 3−24.
Graefen, Gabriele
   2004   Aufbau idiomatischer Kenntnisse in der Wissenschaftssprache. In: Armin Wolff, Chris-
          toph Chlosta und Torsten Ostermann (Hg.), *Integration durch Sprache*, 293−309. Regens-
          burg: FaDaF.
Grafton, Anthony
   1997   *The footnote: A curious history.* Überarbeitete Ausg. Cambridge, MA: Harvard Univer-
          sity Press.
Grün, Angela von der
   1998   *Wort-, Morphem-und Allomorphhäufigkeit in domänenspezifischen Korpora des Deutschen.*
          Magisterarbeit, Linguistische Informatik, Universität Erlangen.
Heisenberg, Werner
   1978   *Physik und Philosophie.* 3. Aufl. Stuttgart: Hirzel.
Hoffmann, Lothar
   1985   *Kommunikationsmittel Fachsprache. Eine Einführung.* 2., völlig neu bearbeitete Aufl. Tü-
          bingen: Narr.
Hoffmann, Lothar, Hartwig Kalverkämper und Herbert Ernst Wiegand (Hg.)
   1998   *Fachsprachen. Ein internationales Handbuch zur Fachsprachenforschung und Terminologie-*
          wissenschaft. 2 Bde. (Handbücher zur Sprach- und Kommunikationswissenschaft 14.1−
          2). Berlin/New York: de Gruyter.
Ickler, Theodor
   1997   *Die Disziplinierung der Sprache: Fachsprachen in unserer Zeit.* Tübingen: Narr.
Kaplan, Robert B.
   1966   Cultural thought patterns in intercultural education. *Language Learning* 16(1−2): 1−20.
Kjørup, Søren
   2001   *Humanities, Geisteswissenschaften, Sciences humaines. Eine Einführung.* Stuttgart: Metz-
          ler.
Krebs, Rebecca, Irini Siouti, Ursula Apitzsch und Silke Wenk
   2005   *Disciplinary Barriers between the Social Sciences and Humanities: National Report on Ger-*
          many. Kingston upon Hull: University of Hull.
Kretzenbacher, Heinz L.
   1991   Syntax des wissenschaftlichen Fachtextes. *Fachsprache* 13(3−4): 118−137.
Kretzenbacher, Heinz L.
   1998   Fachsprache als Wissenschaftssprache. In: Lothar Hoffmann, Hartwig Kalverkämper
          und Herbert Ernst Wiegand (Hg.), Halbband 1, 133−142.
Kretzenbacher, Heinz L.
   2002   Wissenschaftsbezogene Wortschätze. In: D. Alan Cruse, Franz Hundsnurscher, Michael
          Job und Peter Rolf Lutzeier (Hg.), *Lexikologie. Ein internationales Handbuch zur Natur*
          und Struktur von Wörtern und Wortschätzen. Halbband 1, 919−925. (Handbücher zur
          Sprach- und Kommunikationswissenschaft 21.1−2). Berlin/New York: de Gruyter.
Kretzenbacher, Heinz L.
   2003   Sprachliche und kognitive Klammerstrukturen in Deutsch als Fremd- und Wissenschafts-
          sprache, oder: Weinrich'sche Brückenschläge. In: Maria Thurmair und Eva-Maria Will-

kop (Hg.), *Am Anfang war der Text — 10 Jahre „Textgrammatik der deutschen Sprache"*, 113–133. München: iudicium.

Kretzenbacher, Heinz L. und Harald Weinrich (Hg.)
1995   *Linguistik der Wissenschaftssprache.* Berlin/New York: de Gruyter.

Kreuzer, Helmut (Hg.)
1987   *Die zwei Kulturen: Literarische und naturwissenschaftliche Intelligenz; C.P. Snows These in der Diskussion.* Stuttgart: Klett-Cotta im dtv.

Kuenkamp, Annette
1995   Psychoanalyse ohne Seele? Zur englischen Übersetzung der psychoanalytischen Terminologie Sigmund Freuds. In: Heinz L. Kretzenbacher und Harald Weinrich (Hg.), 121–154.

Lepenies, Wolf
2006   *Die drei Kulturen: Soziologie zwischen Literatur und Wissenschaft.* Ungekürzte Ausg., 2. Aufl. Frankfurt a. M.: Fischer.

Mair, Christian
2007   Kult des Informellen — auch in der Wissenschaftssprache? Zu neueren Entwicklungen des englischen Wissenschaftsstils. In: Peter Auer und Harald Baßler (Hg.), *Reden und Schreiben in der Wissenschaft*, 157–184. Frankfurt a. M.: Campus.

Meer, Dorothee
2000   Möglichkeiten angewandter Gesprächsforschung: Mündliche Prüfungen an der Hochschule. *Linguistik online* 5 (10. 5. 2010).

Morgenroth, Klaus
1996   Terminologie und Nomenklatur in diachronischer und wissenschaftsgeschichtlicher Sicht. In: Rosemarie Gläser (Hg.), *Eigennamen in der Fachkommunikation*, 15–164. Frankfurt a. M.: Lang.

Roelcke, Thorsten
2005   *Fachsprachen.* 2., durchgesehene Aufl. Berlin: Erich Schmidt.

Schröder, Hartmut
1988   *Aspekte einer Didaktik/Methodik des fachbezogenen Fremdsprachenunterrichts (Deutsch als Fremdsprache). Unter besonderer Berücksichtigung sozialwissenschaftlicher Fachtexte.* Frankfurt a. M.: Lang.

Siepmann, Dirk
2006   Academic writing and culture: An overview of differences between English, French and German. *Meta* 51(1): 131–150.

Stolze, Radegundis
1998   Fachübersetzung in den Geistes- und Sozialwissenschaften. In: Lothar Hoffmann, Hartwig Kalverkämper und Herbert Ernst Wiegand (Hg.), Bd. 1, 784–791.

Weinrich, Harald
1995   Wissenschaftssprache, Sprachkultur und die Einheit der Wissenschaften. In: Heinz L. Kretzenbacher und Harald Weinrich (Hg.), 155–174.

Weise, Günter
1998   Die englische Fachsprache der Chemie. In: Lothar Hoffmann, Hartwig Kalverkämper und Herbert Ernst Wiegand (Hg.), Bd. 2, 1429–1438.

Wiese, Ingrid
2001   Geistes- und sozialwissenschaftliche Fachtexte. In: Gerhard Helbig, Lutz Götze, Gert Henrici und Hans-Jürgen Krumm (Hg.), *Deutsch als Fremdsprache. Ein internationales Handbuch.* Bd. 1, 544–549. (Handbücher zur Sprach- und Kommunikationswissenschaft 19.1–2). Berlin/New York: de Gruyter.

Heinz L. Kretzenbacher, Melbourne (Australien)

50. Sprache der Massenmedien und der Werbung

1. Vorbemerkung

Die Sprache in den Massenmedien und der Werbung zählt zur Domäne des öffentlichen Sprachgebrauchs. Sie ist in der Regel grundsätzlich standardnah und − mit Ausnahme spontaner Äußerungen z. B. in Fernsehdiskussionen oder Interviews − konzeptionell vorbereitet, wenn nicht gar, wie in Werbetexten, in hohem Maße rhetorisch gestaltet und inszeniert. Ein zentrales Problem für die sprachwissenschaftliche Beschreibung des Phänomens „Sprache der Massenmedien und der Werbung" ergibt sich aus seiner text- und varietätenlinguistischen sowie stilistischen Komplexität, denn der zu beschreibende Sprachgebrauch folgt je nach Medium (Printmedien, Fernsehen, Hörfunk) und insbesondere je nach Textsorte (z. B. Bericht, Reportage, Kritik, Kommentar, Werbeanzeige, Prospekt) oder Sendeformat (z. B. Nachrichten, Dokumentarfilm, Talkshow, Werbespot) ganz unterschiedlichen Gestaltungs- und Stilkriterien. Bezieht man zudem die neuen Medien und *Online*-Formen der Massenkommunikation (z. B. Internetseiten, Blogs, Chats, Foren, E-Mail, Banner) ein, ergibt sich ein nahezu unüberschaubarer Formen- und Variantenreichtum (Überblicke z. B. bei Schmitz 2004; Burger 2005). Der folgende Artikel kann sich daher nur mit grundlegenden Definitionen und Ausschnitten der massenmedialen Kommunikation beschäftigen, wobei die Sprache der Werbung als eine besonders stark inszenierte Ausdrucksform im Vordergrund stehen soll, in der sich zahlreiche Phänomene massenmedialer Sprache und Kommunikation in verdichteter Form finden.

2. Grundlegende Definitionen, kommunikative Rahmenbedingungen, öffentliche Reflexion

2.1. Massenmedien

Unter Massenmedien werden alle Medien verstanden, die den Prozess der Massenkommunikation transportieren bzw. in Gang setzen, indem sie sich in der Regel monologisch/ unidirektional (anders als in der *Face-to-Face*-Kommunikation ohne die Möglichkeit einer unmittelbaren Rückkopplung) und zeitlich indifferent an ein größeres Publikum wenden, d. h. prinzipiell für alle Rezipienten zugänglich sind. Zu Massenmedien im engeren Sinn zählen Buch, Presse (Zeitungen und Zeitschriften), Hörfunk, Fernsehen und Film/ Kino. Im weiteren Sinn werden auch die sog. neuen Medien, insbesondere das Internet, als Massenmedien verstanden, obwohl sie sich durch andere Rezeptionsmöglichkeiten (z. B. Interaktivität, Möglichkeiten der zeitlich synchronen Kommunikation) von den zuvor genannten Medien unterscheiden (zu Dimensionen des Medienbegriffs siehe Habscheid 2000).

Hinsichtlich der kommunikativen Rahmenbedingungen relevant erscheinen die seit dem 20. Jahrhundert dominanten Trends der *Kommerzialisierung* (besonders durch Einführung des privaten Rundfunks) und der *Internationalisierung* der Programme und Produkte, zugleich aber auch eine Tendenz zu *Segmentierung* (z. B. in Form des sich ständig erweiternden Marktes von *Special-Interest*-Zeitschriften auf Kosten der *General-Interest*-Titel) und *Individualisierung* (vgl. die zunehmende Bandbreite von Realityshows wie *Big Brother* oder intime Dokumentationen über Auswandererschicksale oder individuelle familiäre Probleme beim Hausbau oder der Kindererziehung). Zu einer wesentlichen Funktion der Massenmedien in der postulierten gegenwärtigen „Informations- und Wissensgesellschaft" ist es daher geworden, Orientierungen für Weltwahrnehmung und Informationsselektion anzubieten, wobei sie durch die vermittelten Wahrnehmungshorizonte und Wirklichkeitskonstruktionen grundsätzlich und irreversibel die Form des Sehens und Erlebens von Wirklichkeit bestimmen. Die Risiken dieser von Massenmedien geprägten Informationsgesellschaft werden vor allem darin gesehen, dass persönliche Erfahrungen entwertet werden und dabei in Vergessenheit gerät, dass die durch Massenmedien vermittelte Wirklichkeitserfahrung immer selektiv, konstruiert, bereits interpretiert und häufig vor allem nach ihrem Unterhaltungswert ausgewählt ist; dass ein Verlust sozialer und kommunikativer Kompetenz durch Rückzug in und Beschränkung auf die Mensch-Maschine-Kommunikation droht; dass es durch die wachsende Selektivität der Informationsnutzung zu einer ungleichen Verteilung von Wissen und damit auch zu ungleichen Chancen bei der politischen Mitsprache kommen kann (Luhmann 1996; Baum und Schmidt 2002).

2.2. Werbung

Der Ausdruck *Werbung* ist für das hier zu analysierende Phänomen eine relativ junge Bezeichnung, die Anfang des 20. Jahrhunderts aufkam und sich ansatzweise im Dritten Reich, endgültig dann aber in den 1960er Jahren gegen das ältere Wort *Reklame* durchsetzte (zur Begriffsgeschichte ausführlicher Kloepfer und Landbeck 1991: 55−56). „*Werbung* wird die geplante, öffentliche Übermittlung von Nachrichten dann genannt, wenn die Nachricht das Urteilen und/oder Handeln bestimmter Gruppen beeinflussen und damit einer Güter, Leistungen oder Ideen produzierenden oder absetzenden Gruppe oder Institution (vergrößernd, erhaltend oder bei der Verwirklichung ihrer Aufgaben) dienen soll." (Hoffmann 1981: 10) Bei einer Begriffsbestimmung von Werbung lässt sich − für die sprachliche Form in vielerlei Hinsicht relevant − erstens nach unterschiedlichen Emittenten (und davon abhängig: nach dem Beworbenen) unterscheiden in

1. Wirtschaftswerbung, d. h. der Werbetreibende ist ein Wirtschaftsunternehmen, das, in der Regel über eine dazwischen geschaltete Werbeagentur, für 1a) das Unternehmen als Ganzes, 1b) ein Produkt, 1c) eine Dienstleistung, 1d) um Mitarbeiter oder 1e) Ressourcen, d. h. Material oder Kapital, wirbt; und
2. Werbung für außerwirtschaftliche Zwecke wie 2a) politische Werbung von Parteien oder Verbänden (z. B. im Wahlkampf), 2b) religiöse Werbung von Glaubensgemeinschaften, 2c) kulturelle Werbung von Städten, Museen oder Theatern, 2d) karitative

Werbung sozialer oder kirchlicher Institutionen oder Initiativen (z. B. *Aktion Mensch*)
oder 2e) Zwischenformen wie die um Teilnahme oder Unterstützung werbende Volks-
aufklärung über öffentliche Einrichtungen oder das Gesundheitswesen (z. B. gegen
Drogenmissbrauch).

Zweitens ist eine Unterscheidung nach Medium bzw. Werbemittel angebracht, d. h. in
Plakat-, Anzeigen-, Fernseh-, Hörfunk-, Kino-, Internet-, Schaufenster- und Direktwer-
bung (wie Verkaufsgespräch, Werbebrief etc.), da jedes Werbemittel seine spezifischen
Ausdrucksformen und unterschiedlichen Gestaltungsspielräume hat − man vergleiche
z. B. die Unterschiede hinsichtlich des jeweils möglichen Textaufkommens, der Verteilung
von gesprochener vs. geschriebener Sprache oder der möglichen Text-Bild-Relationen.

Dass Werbung nicht nur eine Form zweckrationaler Kommunikation mit grundsätzlich appellativem Charakter, sondern auch Unterhaltung und − unter Umständen −
auch Kunst ist, liegt an ihrem Inszenierungscharakter und ihrer ästhetischen Zweideutigkeit, wie sie Hans-Otto Hügel (1993) charakterisiert hat: Werbung bietet Identifikations-
angebote, Idole und Mythen (z. B. mit den Partnerschaftsszenen einer Calvin-Klein-Par-
fumwerbung oder fröhlichen bis zärtlichen Familienidyllen von Mirácoli bis Nivea) und
gibt damit „Antworten auf etwas, was gar nicht gefragt ist" (Hügel 1993: 131; vgl. auch
Horx und Wippermann 1995 zu den Auswirkungen des Markenkults auf die Gesellschaft). Sie ist nicht, wie Werbekritiker oft meinen, Betrug und Manipulation, sondern
ein verabredetes Spiel, das „‚erfundene Wahrheit'" (Hügel 1993: 134) hervorbringt und
den Rezipienten ästhetische Teilhabe bietet, statt − wie z. B. die Kunst − ernsthaftes und
respektvolles Verstehen zu fordern.

Den Status der Werbung nicht nur als Sonderform massenmedialer Kommunikation,
sondern auch als Teil der Populärkultur (was sie für den DaF-Unterricht in besonderer
Weise interessant macht!), kann man auch − statt von der Produktionsseite − von der
Rezeptionsseite her bestimmen: „Das gemeinsame Auftreten eines weit verbreiteten Kon-
sums mit einer ebenso weit verbreiteten kritischen Mißbilligung ist ein ziemlich sicheres
Anzeichen dafür, daß eine Kulturware oder Praktik populär ist." (Fiske 1997: 67) Neben
der Lust an „Werbezitaten" in der Sachkultur (Markenprodukte haben sich vielfach zu
selbstverständlichen Bestandteilen des Alltagsdesigns entwickelt; Gries, Ilgen und Schindelbeck 1995: 7) dienen Werbeslogans, Werbefiguren und Markenzeichen auch als geflü-
gelte Worte oder zur parodistischen oder ironischen Verfremdung, beispielsweise in Botschaften und Logos der Subkultur (z. B. *Vorsprung durch Techno, Rave aus der Tube*)
oder als sog. *Fake-Logos* auf T-Shirts, Postkarten, Stickern u. Ä. (zum sog. *Anti-Branding*
vgl. Horx und Wippermann 1995: 430−435).

3. Sprachgebrauch in Massenmedien und Werbung

3.1. Tendenzen der Mediensprache

Die Kommunikation in den Massenmedien gehört zum öffentlichen Sprachgebrauch,
sie ist daher thematisch engstens mit den Diskursen der Politik, der Wissenschaft, der
Unterhaltungsindustrie und anderen Formen gesellschaftlicher Kommunikation verwoben. Untersuchungen zum Sprachgebrauch der Massenmedien können daher entweder
von Diskurswelten ausgehend z. B. auf massenmediale Formen popularisierender oder

ideologisierender Kommunikation fokussieren (z. B. Liebert 2002; Kilian 2005) oder quer zu Diskursen und ggf. auch Einzelmedien sprachliche Gestaltungsmuster in ihrer medialen Spezifik ins Blickfeld rücken. Im Rahmen von letzterem werden in den letzten Jahren und Jahrzehnten insbesondere das Verhältnis von Mündlichkeit und Schriftlichkeit (z. B. Biere und Hoberg 1996; Dürscheid 2003) sowie Text-Bild-Relationen diskutiert (z. B. Stöckl 2004; Diekmannshenke, Klemm und Stöckl i. Vorb.). Neuerdings rücken auch Fragen des Textdesigns (Layout und Typographie) in den Fokus des Interesses (z. B. Roth und Spitzmüller 2007). Seit dem Aufkommen der neuen Medien stehen verstärkt Fragen des medialen und sprachlichen Wandels durch und in den Medien im Vordergrund linguistischer Forschung (z. B. Bucher und Püschel 2001; Siever, Schlobinski und Runkehl 2005). Damit im Zusammenhang steht das verstärkte Interesse an zunehmender Intra- und Intertextualität sowie der Intermedialität sowohl in den klassischen als auch in den neuen Massenmedien (z. B. Burger 2005; Deppermann 2010).

Aus der DaF-Perspektive spannend erscheint außer dem grundsätzlich repräsentativen Charakter massenmedialer Kommunikation für öffentliche deutsche Sprache gerade das Spannungsfeld verschiedener Varietäten in den Massenmedien: z. B. die konzeptionelle Mündlichkeit geschriebener Chat- und Blogkommunikation im Internet, die veränderte Funktionalität von Fachsprache in Presse- oder Werbetexten, die unterschiedlich starken regionalsprachlichen Einflüsse in Presse und Rundfunk abhängig von der medialen Reichweite, das Nebeneinander von Standard und Substandard als Ausdruck unterschiedlicher Diskursrollen in Talk- und Realityshows. Für die interkulturelle Kommunikation aufschlussreich dürfte daher in besonderem Maße auch das in der Öffentlichkeit demonstrierte bzw. inszenierte Gesprächs- und Streitverhalten deutscher Muttersprachler (seien es Politiker, seien es Privatpersonen) sein (z. B. Grewenig 1993; Winter, Thomas und Hepp 2003).

3.2. Sprachliche Strategien in Werbetexten

Werbesprache kann als eine rhetorisch besonders bewusst gestaltete Form von Sprache mit hohem Inszenierungsgrad gelten, die keinerlei authentische Sprechrealität (mehr) besitzt (Janich 2010: 44–46). Der Ästhetisierungsgrad dürfte dabei vor allem von der Professionalität der Werbemacher abhängen, zumindest lassen sich unter der Perspektive der rhetorischen Qualität Werbetexte für lokale Unternehmen in Lokalmedien kaum mit den Werbetexten internationaler Kampagnen vergleichen. Die Strategien, durch die eine Ästhetisierung erreicht wird, sind *Autoreflexivität, Fiktionalität* bzw. *Inszeniertheit, Intertextualität* und vor allem *Verfremdung* (Kloepfer und Landbeck 1991: 223–235). Selbstreflexion und Intertextualität werden dabei oft strategisch miteinander verbunden, indem beispielsweise Werbung in zitathafter, anspielender oder parodistischer Weise nicht nur auf literarische Texte, Musiktitel o. Ä. (Fix 1997), sondern auch auf eigene oder fremde Werbetexte referiert (*Nicht immer, aber immer öfter.* [Clausthaler Alkoholfrei] → *Nicht immer, aber ab und an.* [Deutsche Bahn]; ausführlicher Janich 1997). Die seit 2000 in Deutschland zugelassene vergleichende Werbung (*Lucky Strike. Die raucht man in der West-Kurve* [Bezug auf Fankurven im Fußballstadien, *West* ist zugleich Konkurrenzmarke]; *Endlich gibt's im MAC* [= *Münchener Airport Center*; phonetische Assoziation zu *Mc*Donalds] *gute Burger. Burger King*) verstärkt den Hang zur Autoreflexivität ebenso wie Fernseh- und Anzeigenkampagnen zur Imageverbesserung von Werbung (*Werbung* *schafft Arbeitsplätze*; *Print wirkt*). Der inszenierte Charakter ergibt sich aus der Kommunikationssituation, die keine authentische, sondern eine medial vermittelte und vor allem immer zweckrationale ist. Werbesprache ist daher immer inszenierte Sprache, ob sie nun mit neuer Funktionalität Mittel der Jugend- oder Fachsprache nutzt, auf alltagssprachliche Moden und Tendenzen zurückgreift oder sich an klassischen rhetorischen Gestaltungsregeln orientiert (Janich 2010: 191−214; Janich 2009). Auch das Spiel mit der Inszenierung kann zu selbstreflexiven Formen führen, z. B. in Anzeigen-Schlagzeilen (*Dieses eine Mal verzichten wir auf die Abbildung der neuen E-Klasse. Sonst liest das ja doch wieder keiner* [Mercedes-Benz]). Zentral ist jedoch das Mittel der Verfremdung, sei es auf der Bild- oder der sprachlichen Ebene. Aufmerksamkeit erringt nur derjenige, der Erwartungen weckt und dann durchbricht, der Regeln, die er sehr wohl kennt, verletzt und dadurch den lange verweilenden, ästhetischen Blick auslöst (Fiske 1997; Fix 1997). Dies lässt sich auf unterschiedlichen sprachsystematischen Ebenen zeigen (z. B. Greule und Janich 2001), z. B.:

− auf der Ebene von Lautung und Schreibung (z. B. *WAS KΩSTAS?* [griechische Wochen bei McDonalds]);
− auf der Ebene der Wortbildung und Grammatik (z. B. *Da werden Sie geholfen* [Telefonauskunft]; *unkaputtbare PET-Mehrwegflasche* [Coca-Cola]);
− auf lexikalischer Ebene durch Wortspiele, insbesondere durch Blending (z. B. *Sixt kämpft gegen den Massenteurismus* [Autoverleih]*, Fun-tastisch* [Handy]) und durch Codeswitching, bei dem durch eine ungewöhnliche Kombination von eigen- und fremdsprachlichem Material Verfremdungseffekte erzeugt werden (*We kehr for you.* [Stadtwerke]);
− auf phraseologischer Ebene durch Modifikation (z. B. *Hören Sie die Welt mit anderen Augen* [Klassik-Rubrik Tageszeitung]; *Lesen Sie Tacheles* [Wirtschaftsmagazin]) oder durch Remotivierung (z. B. *Sie werden doch nicht baden gehen?* [Reiseveranstalter]).

Unter DaF-Perspektive bieten sich Werbetexte damit gerade wegen ihrer Inszeniertheit zur Analyse von sprachlicher Kreativität und damit zur Demonstration der stabilen Variabilität und des kommunikativen Potenzials des deutschen Sprachsystems an. Interessant erscheinen dabei insbesondere zweierlei Fragenkomplexe:

1. die stilistische Perspektive auf Werbesprache: Kann Werbesprache aufgrund ihrer Rhetorizität und der angesprochenen Ästhetisierungstendenzen als gutes Deutsch gelten? Zum Sprachniveau der Werbung und ihrem (positiven oder negativen?) Einfluss auf die Alltagssprache hat sich in der Öffentlichkeit in den letzten Jahrzehnten eine immer wieder sich vor allem am Thema Anglizismen (z. B. Meder 2006; Kupper 2007) erhitzende Debatte entwickelt, die auch in der Sprachwissenschaft aufgegriffen wurde (Janich 2001, 2007).
2. die kulturkontrastive Perspektive auf Werbesprache: Inwiefern ist die Werbung global agierender Unternehmen noch kulturspezifisch (z. B. Müller 1997; Hütte 2007; Held und Bendel 2008)? Inwiefern gibt deutschsprachige Werbung (noch) Auskunft über die deutsche (schweizerische, österreichische etc.) Kultur und inwiefern können die Stilregister deutschsprachiger Werbung (z. B. Hoffmann 2002; Janich 2006) damit als typisch deutsch und somit als kulturell geprägt gelten?

4. Literatur in Auswahl

Baum, Achim und Siegfried J. Schmidt (Hg.)
2002   *Fakten und Fiktionen über den Umgang mit Medienwirklichkeiten.* Konstanz: UVK.
Biere, Bernd Ulrich und Rudolf Hoberg (Hg.)
1996   *Mündlichkeit und Schriftlichkeit im Fernsehen.* Tübingen: Narr.
Bucher, Hans-Jürgen und Ulrich Püschel (Hg.)
2001   *Die Zeitung zwischen Print und Digitalisierung.* Wiesbaden: Westdeutscher Verlag.
Burger, Harald
2005   *Mediensprache. Eine Einführung in Sprache und Kommunikationsformen der Massenmedien.* Mit einem Beitrag von Martin Luginbühl. 3., völlig neu bearb. Aufl. Berlin/New York: de Gruyter.
Deppermann, Arnulf (Hg.)
2010   *Sprache intermedial. Stimme und Schrift, Bild und Ton.* (Jahrbücher IdS). Berlin/New York: de Gruyter.
Diekmannshenke, Hajo, Michael Klemm und Hartmut Stöckl (Hg.)
(i. Vorb.) *Bildlinguistik.* Berlin: Schmidt.
Dürscheid, Christa
2003   Medienkommunikation im Kontinuum von Mündlichkeit und Schriftlichkeit. Theoretische und empirische Probleme. *Zeitschrift für Angewandte Linguistik (ZfAL)* 38: 37−56.
Fiske, John
1997   Populäre Texte, Sprache und Alltagskultur. In: Andreas Hepp und Rainer Winter (Hg.), *Kultur − Medien − Macht. Cultural Studies und Medienanalyse,* 65−84. Opladen: Westdeutscher Verlag.
Fix, Ulla
1997   Kanon und Auflösung des Kanons. Typologische Intertextualität − ein ‚postmodernes‘ Stilmittel? Eine thesenhafte Darstellung. In: Gerd Antos und Heike Tietz (Hg.), *Die Zukunft der Textlinguistik. Traditionen, Transformationen, Trends,* 97−108. Tübingen: Niemeyer.
Greule, Albrecht und Nina Janich
2001   *… da weiß man was man hat?* Verfremdung zum Neuen in der Werbesprache. In: Gerhard Stickel (Hg.), *Neues und Fremdes im deutschen Wortschatz. Aktueller lexikalischer Wandel,* 258−279. Berlin/New York: de Gruyter.
Grewenig, Adi (Hg.)
1993   *Inszenierte Information. Politik und strategische Kommunikation in den Medien.* Opladen: Westdeutscher Verlag.
Gries, Rainer, Volker Ilgen und Dirk Schindelbeck
1995   *„Ins Gehirn der Masse kriechen!“. Werbung und Mentalitätsgeschichte.* Darmstadt: Wissenschaftliche Buchgesellschaft.
Habscheid, Stephan
2000   ‚Medium‘ in der Pragmatik. *Deutsche Sprache* 28: 126−143.
Held, Gudrun und Sylvia Bendel (Hg.)
2008   *Werbung − grenzenlos. Multimodale Werbetexte im interkulturellen Vergleich.* Frankfurt a. M.: Lang.
Hoffmann, Hans-Joachim
1981   *Psychologie der Werbekommunikation.* 2., neubearb. Aufl. Berlin/New York: de Gruyter.
Hoffmann, Michael
2002   Werbesprache als Gefüge aus Stilregistern. In: Inge Pohl (Hg.), *Semantische Aspekte öffentlicher Kommunikation,* 413−437. Frankfurt a. M.: Lang.
Horx, Matthias und Peter Wippermann
1995   *Markenkult. Wie Waren zu Ikonen werden.* Düsseldorf: Econ und List.

Hügel, Hans-Otto
  1993   Ästhetische Zweideutigkeit der Unterhaltung. Eine Skizze ihrer Theorie. *montage/av* 2(1):
          119−141.
Hütte, Immo
  2007   *Interkulturelles Marketing. Standardisierung und Differenzierung transkultureller Werbung.*
          Saarbrücken: Dr. Müller.
Janich, Nina
  1997   Wenn Werbung mit Werbung Werbung macht ... Ein Beitrag zur Intertextualität. *Mutter-*
          sprache 107: 297−309.
Janich, Nina
  2001   *We kehr for you* − Werbeslogans und Schlagzeilen als Beitrag zur Sprachkultivierung.
          Zeitschrift für Angewandte Linguistik (ZfAL) 34: 63−81.
Janich, Nina
  2006   Stil als Ware − Variation in der Werbung. In: Eva Neuland (Hg.), *Variation im heutigen*
          Deutsch. Perspektiven für den Sprachunterricht, 189−202. Frankfurt a. M.: Lang.
Janich, Nina
  2007   *Da werden Sie geholfen?* Zur Frage eines „guten" Deutsch in der Werbung. In: Armin
          Burkhardt (Hg.), *Was ist gutes Deutsch? Studien und Meinungen zum gepflegten Sprachge-*
          brauch, 228−240. Mannheim: Duden.
Janich, Nina
  2009   Rhetorisch-stilistische Eigenschaften der Sprache von Werbung und Public Relations. In:
          Ulla Fix, Andreas Gardt und Joachim Knape (Hg.), *Rhetorik und Stilistik. Ein internatio-*
          nales Handbuch historischer und systematischer Forschung, 2167−2181. Berlin/New York:
          de Gruyter.
Janich, Nina
  2010   *Werbesprache. Ein Arbeitsbuch.* 5. überarb. Aufl. Tübingen: Narr.
Kilian, Jörg (Hg.)
  2005   *Sprache und Politik. Deutsch im demokratischen Staat.* Mannheim: Duden.
Kloepfer, Rolf und Hanne Landbeck
  1991   *Ästhetik der Werbung. Der Fernsehspot in Europa als Symptom neuer Macht.* Unter Mitar-
          beit von Ute Werner. Frankfurt a. M.: Fischer.
Kupper, Sabine
  2007   *Anglizismen in deutschen Werbeanzeigen.* Frankfurt a. M.: Lang.
Liebert, Wolf-Andreas
  2002   *Wissenstransformationen. Handlungssemantische Analysen von Wissenschafts- und Vermitt-*
          lungstexten. Berlin/New York: de Gruyter.
Luhmann, Niklas
  1996   *Die Realität der Massenmedien.* 2., erw. Aufl. Opladen: Westdeutscher Verlag.
Meder, Katarzyna
  2006   *Anglizismen in der deutschen Werbesprache.* Berlin: Logos.
Müller, Wendelin G.
  1997   *Interkulturelle Werbung.* Heidelberg: Physica.
Roth, Kersten Sven und Jürgen Spitzmüller (Hg.)
  2007   *Textdesign und Textwirkung in der massenmedialen Kommunikation.* Konstanz: UVK.
Schmitz, Ulrich
  2004   *Sprache in modernen Medien. Einführung in Tatsachen und Theorien, Themen und Thesen.*
          Berlin: Schmidt.
Siever, Torsten, Peter Schlobinski und Jens Runkehl (Hg.)
  2005   *Websprache.net. Sprache und Kommunikation im Internet.* Berlin/New York: de Gruyter.
Stöckl, Hartmut
  2004   *Die Sprache im Bild − Das Bild in der Sprache. Zur Verknüpfung von Sprache und Bild*
          im massenmedialen Text. Berlin/New York: de Gruyter.

Winter, Carsten, Tanja Thomas und Andreas Hepp (Hg.)
  2003   *Medienidentitäten. Identität im Kontext von Globalisierung und Medienkultur.* Köln: Halem.

Nina Janich, Darmstadt (Deutschland)

51. Wissenschafts- und Studiensprache Deutsch

1. Hintergründe
2. Der Stand der Erforschung der Wissenschaftssprache
3. Die deutsche Wissenschaftssprache als Lehr- und Lerngegenstand
4. Literatur in Auswahl

1. Hintergründe

Die Erforschung der Wissenschaftssprachen (der deutschen wie auch anderer) ist für das Fach Deutsch als Fremdsprache wichtig, um ausländischen Studierenden und Wissenschaftlern eine Beteiligung an Lehre und Forschung in deutscher Sprache zu erleichtern. Die hohe Mobilität im Hochschulbereich hat in den letzten Jahren dazu geführt, dass die Frage nach den Voraussetzungen und Bedingungen erfolgreichen fremdsprachlichen Handelns grundlegend neu gestellt wurde. Es wurde deutlich, dass eine wissenschaftssprachliche Handlungskompetenz für den Studienerfolg nicht-deutscher Muttersprachler von zentraler Bedeutung ist. Die Erforschung der Wissenschafts- und Studiensprache Deutsch auf empirischer Basis stellt eine wichtige Grundlage für die Erarbeitung von geeigneten didaktischen Konzepten sowie sprachpraktischen Kursen und Materialien dar.

Zudem haben sich die Anteile verschiedener Wissenschaftssprachen am Publikationsaufkommen zunehmend zugunsten des Englischen verschoben. Deshalb ist sowohl im DaF-Bereich wie auch in der sprachenpolitischen Diskussion die Rolle von Sprachen und von Sprachenvielfalt in den Wissenschaften thematisiert worden. In dieser Diskussion wird von vielen geltend gemacht, Mehrsprachigkeit in den Wissenschaften sei eine Bereicherung von Erkenntnisprozessen durch verschiedene Perspektiven auf den Forschungsgegenstand. Wenn das eigentliche Forschen in der Muttersprache geschieht, habe das große Vorteile gegenüber der Übernahme eines universalen Englisch (vgl. als frühen Sammelband Kretzenbacher und Weinrich 1995; aktuell Ehlich 2001, 2006).

Für beide Fragestellungen ist der systematische Vergleich von Wissenschaftssprachen, also eine Wissenschaftssprachkomparatistik (Ehlich 2001: 202 ff.), hilfreich. Solche Vergleiche können an mehreren Ebenen der Wissenschaftskommunikation ansetzen:

a) Wissenschaftstypische sprachliche Handlungsmuster, Diskursarten und Textarten;
b) sprachliche Mittel der Gliederung von Text und Rede (Diskursorganisation), der Modalisierung, der (impliziten) Wertung;

c) sprachliche Mittel des wissenschaftlichen Formulierens, die mit Ehlich (1993, 1995)
   zusammenfassend als „Alltägliche Wissenschaftssprache" bezeichnet werden können
   (vgl. Abschnitt 2), bis hin zu den konventionellen Formeln beim Zitieren und Verweisen.

2. Der Stand der Erforschung der Wissenschaftssprache

Die Wissenschaftssprache (WS) wurde lange nicht als eine von den Fachsprachen trennbare Sprachvarietät wahrgenommen. Als „Theoriesprache" bildet sie die höchste Ebene
in Modellen fachsprachlicher Binnendifferenzierung (Roelcke 1999: 35). Ab den 1980er
Jahren änderte sich das, unter anderem begünstigt durch Untersuchungen von Weinrich
(1989) und Clyne (1987, 1993), in denen der Horizont der Betrachtung stark erweitert
wurde: Traditionen des wissenschaftlichen Denkens und Sprechens bzw. Schreibens,
Qualitäten von Textarten, Besonderheiten mündlicher Diskurse und kulturelle Bedingungen wurden thematisiert, wodurch eine Fülle von Untersuchungen entstand. Ebenso
anregend wirkte das von Ehlich (1993, 1995) entwickelte Konzept der „Alltäglichen Wissenschaftssprache". Es besagt, dass jede Wissenschaftssprache neben ihren fachlich-ter-
minologischen Lexembeständen im engeren Sinne auch über sprachliche Ressourcen verfügt, die jenseits ihrer gemeinsprachlichen Verwendungsweisen eine spezifische Art der
Nutzung in wissenschaftlicher Kommunikation erfahren. So ist das ‚Aufstellen einer Hypothese' eine fachunabhängige wissenschaftliche Tätigkeit. Der Ausdruck enthält das Lexem *Hypothese*, das auf eine „verallgemeinerte Methodologie der Wissensgewinnung"
verweist (Ehlich 1995: 342), und ein alltagssprachliches bildhaftes Verb, *aufstellen*, das
in dieser Fügung eigens zu lernen ist. Lexeme der Allgemeinen Wissenschaftssprache
(AWS) sind wie hier sehr oft verknüpft mit Formulierungsroutinen, ihr Gebrauch hängt
von stilistisch-syntaktischen Präferenzen ab (siehe 3.1.).

Seit den 90er Jahren entstanden viele Einzelstudien auf empirischer Basis zu einem
differenzierten Themenspektrum (vgl. Casper-Hehne und Ehlich 2004). Bei den linguistischen Arbeiten stehen überwiegend Spezifika von Text- und Diskursarten im Vordergrund. An zweiter Stelle sind soziolinguistische und kulturvergleichende Analysen zu
nennen, teilweise mit der ersten Gruppe verbunden (Clyne 1993; Eßer 1997; Kaiser 2002).
An dritter Stelle folgen Studien, die besondere „Gebrauchsprofile" von bestimmten
sprachlichen Mitteln wie Modalverben (Redder 2001), trennbaren Verben (Jasny 2001)
oder auch Sprechhandlungsverben (Fandrych 2002, 2004) ins Zentrum stellen.

Allgemein besteht das Problem einer unzureichenden Datenlage. Zwar werden Korpora verwendet, diese stehen aber oft nicht für andere Analysen zur Verfügung, sind
meist klein und insgesamt heterogen, also untereinander kaum vergleichbar. Korpora
mit mündlichen Daten wie bei Meer (1998) und Böttcher und Meer (2000) oder Lerner-
sprache-Korpora wie bei Wiesmann (1999) sind noch rarer. Es besteht daher zum einen
die Gefahr vorschneller Verallgemeinerung von Ergebnissen über Sprachgemeinschaften
oder „Kulturen" sowie wissenschaftliche Disziplinen und Schulen hinweg, zumal diese
Konzepte häufig selbst nur unzureichend reflektiert werden und schwer fassbar sind.
Zum anderen sind auch die qualitativen Analysen noch zu vertiefen.

Zur *mündlichen* Wissenschaftskommunikation (vgl. allgemein Sucharowski 2001) liegen noch vergleichsweise wenige umfassendere Untersuchungen vor. Im Mittelpunkt
stand v. a. die Vorlesung, mit syntaxbezogener Fragestellung (Jasny 2001) oder mit di-

daktischer Perspektive (Grütz 2002; Hanna 2003; Ylönen 2006). Grütz (2002) charakterisiert Vorlesungen als wissensvermittelnde Textsorten, die im Spannungsfeld von konzeptioneller Schriftlichkeit und realisierter Mündlichkeit stehen und zeigt, dass Vorlesungen weit komplexer sind als schlichte Verkettungen von assertiven Handlungen. Hanna (2003) fokussiert Beziehungen zwischen sprachlichem und gestischem Zeigen in naturwissenschaftlich-technischen Vorlesungen im Hinblick auf die Verwendung von Bildern und Diagrammen. Daneben liegen einige wenige Untersuchungen zur mündlichen Prüfung vor (Meer 1998). Ylönen (2006) geht es um eine verbesserte Prüfungsvorbereitung. Wiesmann (1999) untersucht Prüfungsgespräche bei DaF-Sprachprüfungen und Seminarkommunikation.

Mehr Beachtung fand das studentische Referat (Guckelsberger 2005; Centeno Garcia 2007). Mit der Seminarkommunikation befasst sich Wiesmann hinsichtlich der Handlungsmuster (1999), mit universitären Sprechstunden Böttcher und Meer (2000), mit dem mündlichen Argumentieren Trautmann (2004). Dabei sind die methodischen Vorgehensweisen teilweise unterschiedlich. Neben eher strukturell-textlinguistisch beeinflussten Untersuchungen (z. B. Grütz 2002) finden sich Arbeiten, die in der Tradition der Funktionalpragmatik stehen (vgl. Art. 25), so etwa Wiesmann 1997, Trautmann 2004, Guckelsberger 2005.

Im Bereich der *schriftlichen* Wissenschaftskommunikation steht bei vielen Studien der wissenschaftliche Artikel im Vordergrund des Interesses, z. T. auch in vergleichender Absicht (vgl. zur Textart Graefen 1997; Graefen und Thielmann 2007; sprachvergleichend etwa Fandrych und Graefen 2002; Fandrych 2002, 2006; Thielmann 2009). Dabei tritt der unterschiedliche Grad an Standardisierung der Form wissenschaftlicher Artikel in den Naturwissenschaften einerseits, den Geistes- bzw. Sozialwissenschaften andererseits hervor. Die letztere Fächergruppe bietet größere Vielfalt in vielen Aspekten, wobei auch nationale, großregionale oder sprachspezifische Diskurstraditionen stärker zum Vorschein kommen (z. B. Auer und Baßler 2007: 157 ff.).

Auch die am wissenschaftlichen Artikel orientierten studentischen Haus- bzw. Seminararbeiten werden in verschiedenen Untersuchungen − auch sprach- bzw. kulturvergleichend − behandelt (Eßer 1997; Graefen 1999, 2000; Kaiser 2002; Hufeisen 2002; Fandrych 2006; Stezano Cotelo 2008). Dabei wird deutlich, dass sowohl die schulische Erziehung als auch wissenschaftliche Schreibtraditionen studentisches Schreiben bestimmen. Speziell im deutschen Zusammenhang wird die Seminararbeit als Einübung in das Verfassen wissenschaftlicher Artikel aufgefasst. In anderen Traditionen, z. B. im lateinamerikanischen Raum, scheinen eher essayistisch-individualistische Gestaltungen präferiert zu werden.

Arbeiten wie Steinhoff (2007a) konzentrieren sich auf die empirische Beobachtung und Modellierung der Schreiblernprozesse im Studienverlauf. Über die DaF-Perspektive hinaus wird dabei deutlich, dass auch deutsche Studierende Aneignungsprobleme haben, die denen von ausländischen Studenten ähneln (Graefen 2009).

3. Die deutsche Wissenschaftssprache als Lehr- und Lerngegenstand

Seit der Fachsprachenorientierung vor allem der 1980er Jahre ist auf Basis der oben beschriebenen WS-Forschung ein erheblicher Wissenszuwachs zu konstatieren. Parallel und aufbauend wurden verschiedene didaktische Ansätze entwickelt und erprobt.

3.1. Wissenschaftstypische Texte und Diskurse

Text- und Diskursarten sind einerseits eng verknüpft mit grundlegenden Zweckbestimmungen von Wissenschaft, andererseits aber auch mit Traditionen der Kooperation, der Forschungsdarstellung und der Lehre. Zweckorientiert sind bestimmte Handlungsmuster, etwa das *Fragen, Begründen, Argumentieren* oder *Demonstrieren* (Ehlich 1993: 24 ff.). Sie sind nicht an eine mediale (mündliche/schriftliche) Form gebunden. Sie können auch überformt werden, so kann etwa das Handlungsmuster *Fragen* im wissenschaftlichen Text oder Diskurs (Diskurs wird hier im linguistischen Sinn als unmittelbare mündliche Kommunikation verstanden.), z. B. im Vortrag, sowohl als „echte" Frage wie auch mit rein didaktischer, argumentationsstützender Funktion auftreten. Einleitungen wissenschaftlicher Artikel unterscheiden sich von denen englischer Texte: Während im Deutschen sehr oft zunächst die gesellschaftliche Relevanz bzw. Problematik thematisiert wird, sodann mit Verweis auf den Forschungsstand auf Defizite hingewiesen wird und dann das eigene Forschungsvorhaben geschildert wird, beginnen englischsprachige Artikel meist direkt mit einer Formulierung der Ziele und Vorgehensweise (Thielmann 2009: 47 ff.). Zu den Sprachpaaren Deutsch–Englisch erschienen weitere Studien von Redder (2001), Fandrych (2006); zu Deutsch–Italienisch Heller (2008). Häufig ergeben sich dabei Fragen nach zugrundeliegenden Kulturunterschieden, die schwerer beantwortbar sind als linguistische. Diese Kontrastivik muss mit dem Problem eines unklaren Kulturbegriffs fertigwerden und hat mit der Gefahr impliziter und oft unbewusster Generalisierung und Normierung zu kämpfen. Im Fokus solcher Forschungsarbeiten stehen etwa Risiken von Missverständnis und Fehldeutung, soziolinguistische Aspekte wie Höflichkeit, Hierarchie, Konkurrenz und versteckte Konventionalität. Unklar ist dabei häufig, welche Rolle nationale Institutionen oder Sprach- und Kulturkontakte, etwa zwischen osteuropäischen oder lateinamerikanischen Ländern, spielen.

Daneben zeigen sich Unterschiede in der Realisierung vergleichbarer sprachlicher Handlungen, etwa im Vergleich deutscher und englischer Texte bei der Häufigkeit und Art von agensabgewandten Konstruktionen: Deutsche Texte tendieren dann zum Passiv und zur Verwendung von Modalverben, z. B. in textkommentierenden Handlungen (*Im nächsten Abschnitt soll ... gezeigt werden*), in englischen Texten sind metonymische Subjekte und die Verwendung des Aktiv Präsens im Vergleich wesentlich häufiger (*This article discusses ...*, Fandrych und Graefen 2002). Bei der Lexik im Verbalbereich spielen im Deutschen figurativ-plastische Verben, häufig Partikelverben wie *herausarbeiten*, eine wichtige Rolle, während etwa das Englische stärker auf Verben lateinisch-romanischer Herkunft zurückgreift (Fandrych 2006).

Eine wichtige Frage für die Wissenschaftspropädeutik ist der Umgang mit Sprecherdeixis, also mit autorbezogenem „ich" (Steinhoff 2007b). Bestimmten Traditionen der „Ich-Vermeidung" oder sogar eines „Ich-Verbots" (Weinrich 1989) steht besonders die angloamerikanische Ungebundenheit in dieser Frage gegenüber. Generell scheint aber Agensneutralität, Zurücktreten des wissenschaftlichen Autors charakteristisch zu sein für wissenschaftliche Texte, ebenso eine nur implizite Leserberücksichtigung. Einen anderen Umgang mit den interaktiven „Rollen" erfordern mündliche Diskurse, sogar Referat und Vortrag, die als „monologisch" gelten: Sprecher- und Hörerdeixis werden darin häufiger und variabel benutzt, besonders ein hörerinklusives „wir" erscheint vielen Sprechern als nützliches Mittel der Hörerbeteiligung (Graefen 1997: 210–211).

Charakteristisch ist nach Ehlich (1993: 26 ff.) weiter die sprachliche Perspektivierung von Text und Diskurs in Bezug auf früheren oder zukünftigen Erkenntnisfortschritt, besonders deutlich im Forschungsbericht. Ebenso bietet die deutsche WS ein reichhaltiges Repertoire an geltungsabstufenden Mitteln, mit denen Assertionen (Sachverhaltswiedergaben) vielfach überblendet werden. Dazu gehören Verben wie *von etwas ausgehen*, Substantive wie *Annahme* und *Anschein*, modale Formen wie *ist zu explizieren* und viele Adverbien mit modalem Charakter.

Solche Eigenschaften lassen sich verstehen vor dem Hintergrund eines historisch-kulturell begründeten Merkmals deutscher Wissenschaftskommunikation, der *Streitkultur* (vgl. Ehlich 1993: 28−29, der hier von „Eristik" spricht). Speziell in den geistes- und sozialwissenschaftlichen Fächern mit ihrem Theoriepluralismus ist das Vergleichen und Beurteilen vorhandener Theorien als *Auffassungen* oder *Standpunkte* essentiell für den Nachweis eines guten Überblicks und für die Prägnanz eigener Aussagen. Diese Aufgabe des berichtenden und argumentierenden Darstellens in Seminararbeiten stellt eine große sprachlich-fachliche Herausforderung für Studierende dar.

3.2. AWS: Lexik und Idiomatik der Wissenschaftssprache

Es handelt sich bei der allgemeinen Wissenschaftssprache um ein relativ festes Repertoire von Ausdrucksweisen, das zwecks Erhaltung seiner Funktionalität nicht beliebig spontan erweiterbar oder variierbar ist. Das macht sie zu einem schwierigen Lern- und Lehrgegenstand für den DaF-Unterricht. Für die Lehre ist eine deutliche Unterscheidung von AWS und Fachsprache nötig. Die fachliche und methodische Terminologie ist zumeist der zentrale Studieninhalt, da die Fachtermini Kristallisationspunkte des fachlichen Wissens sind und systematisch miteinander vernetzt sind. Für Studierende mit nicht-indoeuropäischen Herkunftssprachen sind besonders fachliche Lexeme lateinisch-griechischer Herkunft schwer zugänglich (Ehlich 1998). Die fachsprachlichen Anteile der WS werden von den Wissenschaftlern als „formbares Werkzeug" behandelt (Menzel 1996: 27) und dem wissenschaftlichen Fortschritt angepasst.

Die AWS dient auf dieser Basis dazu, Zusammenhänge zwischen den begrifflich gefassten Wissenselementen auszudrücken. Als Repertoire von Beschreibungsmöglichkeiten für kognitive oder kommunikative Tätigkeiten wirkt sie zugleich stilprägend. Zur AWS gehören auch solche sprachlichen Mittel, die den Status einer Äußerung als Frage, Hypothese, Argument, auch als bezweifeltes oder als unterstelltes Wissen, verdeutlichen. Damit ist sie wesentlich für die Formulierung und Beurteilung von Wissen, gerade im Hinblick auf den obligatorischen Austausch (Weinrich 1995) über neues Wissen, Methoden und Resultate. Nähe und Differenz zur Alltagssprache zeigen sich an einem Verb wie *jemandem etwas unterstellen*; zum wissenschaftlichen Sprachgebrauch und Stil gehört es in Form der agensabgewandten Redeweise, dass *etwas (ein bestimmtes Wissen) (beim Hörer/Leser) unterstellt wird*. Unter statistischem Gesichtspunkt handelt es sich dabei um Kollokationen, lexikogrammatisch um Fügungen, lexikographisch betrachtet um idiomatisierte Sprechweisen. Ein weiteres Beispiel ist die Wendung *eine Erkenntnis setzt sich unter Fachleuten durch*. Zum Repertoire der WS gehören nicht nur gegenstandsbezogene Aussageweisen, sondern sehr häufig auch textkommentierende („metakommunikative") Äußerungen wie *im Folgenden werden die Ursachen für X näher herausgearbeitet* (Fandrych und Graefen 2002) sowie sprachliche Formeln, mit denen Autoren zu Forschungsergebnissen anderer eine Position einnehmen (*wie Autor X gezeigt hat,* Fandrych 2006). Noch stärker formelhaft sind Abkürzungen wie *m. E.* oder *s. u.,* auch zitiertechnische wie *a. a. O.* oder *S. 5 ff.*

3.3. Schlussfolgerungen für die Sprachdidaktik

Neuere Sammelband-Publikationen mit sprachdidaktischen Schwerpunkten zeigen die Bandbreite der Ansätze und institutionellen Bedingungen, vgl. Bührig und Grießhaber (1999), Ehlich und Steets (2003), Ehlich und Heller (2006), Lévy-Tödter und Meer (2009). Allerdings ist noch viel Arbeit zu leisten, da Text- und Diskursarten, Gliederungsmuster und Formulierungsweisen zwar in einem gewissen Maß standardisiert sind, aber kaum explizite Anleitungen existieren. Für die Sprachdidaktik sind auch die kleineren „Zwischentexte" wie Mitschriften (Steets 2003) und Protokolle (Moll 2001) wichtig. Auf Basis von lehrbegleitender Forschung zu Aneignungsproblemen in Bezug auf die Textarten wie auf die AWS (z. B. Graefen 2004; Fandrych 2006) können Lehrkonzepte entwickelt und verbessert werden. Auch neue Formen des Unterrichts wie eine Verschränkung von Fach- und Sprachunterricht (Fandrych 2007) werden vorgeschlagen.

4. Literatur in Auswahl

Auer, Peter und Harald Baßler (Hg.)
  2007   *Reden und Schreiben in der Wissenschaft.* Frankfurt a. M.: Campus.
Boettcher, Wolfgang und Dorothee Meer
  2000   *„Ich hab nur ne ganz kurze Frage" — Umgang mit knappen Ressourcen. Sprechstundenkommunikation an der Hochschule.* Neuwied: Luchterhand Verlag.
Bührig, Kristin und Wilhelm Grießhaber (Hg.)
  1999   *Sprache in der Hochschullehre.* Oldenburg: OBST.
Casper-Hehne, Hiltraud und Konrad Ehlich (Hg.)
  2004   *Kommunikation in der Wissenschaft. Ergebnisse einer Fachtagung des FaDaF in Braunschweig.* Regensburg: FaDaF.
Clyne, Michael
  1987   Cultural Differences in the Organization of Academic Texts. English and German. *Journal of Pragmatics* 11: 211−247.
Clyne, Michael
  1993   Pragmatik, Textstruktur und kulturelle Werte: Eine interkulturelle Perspektive. In: Hartmut Schröder (Hg.), *Fachtextpragmatik,* 3−18. Tübingen: Narr.
Ehlich, Konrad
  1993   Deutsch als fremde Wissenschaftssprache. In: Alois Wierlacher et al. (Hg.), *Jahrbuch Deutsch als Fremdsprache* 19: 13−42.
Ehlich, Konrad
  1995   Die Lehre der deutschen Wissenschaftssprache: sprachliche Strukturen, didaktische Desiderate. In: Heinz L. Kretzenbacher und Harald Weinrich (Hg.), 325−351.
Ehlich, Konrad
  1998   DaF − LaF − GraF. Multiplikationen und/oder Verminderung von Lernaufgaben. *Der Deutschunterricht.* Themenheft: Internationalismen, hrsg. von Johannes Volmert, 3: 50−59.

Ehlich, Konrad
2001   Deutsche Wissenschaftskommunikation — Eine Vergewisserung. *Jahrbuch Deutsch als Fremdsprache* 27: 193−208.
Ehlich, Konrad
2006   Mehrsprachigkeit in der Wissenschaftskommunikation — Illusion oder Notwendigkeit? In: Konrad Ehlich und Dorothee Heller (Hg.), 17−38.
Ehlich, Konrad und Angelika Steets (Hg.)
2003   *Wissenschaftlich schreiben — lehren und lernen.* Berlin/New York: de Gruyter.
Ehlich, Konrad und Dorothee Heller (Hg.)
2006   *Die Wissenschaft und ihre Sprachen.* Bern: Lang.
Eßer, Ruth
1997   *„Etwas ist mir geheim geblieben am deutschen Referat": kulturelle Geprägtheit wissenschaftlicher Textproduktion und ihre Konsequenzen für den universitären Unterricht von Deutsch als Fremdsprache.* München: iudicium.
Fandrych, Christian
2002   Herausarbeiten vs. illustrate: Kontraste bei der Versprachlichung von Sprechhandlungen in der englischen und deutschen Wissenschaftssprache. In: Konrad Ehlich (Hg.), *Mehrsprachige Wissenschaft — europäische Perspektiven.* München: Institut für Deutsch als Fremdsprache/Transnationale Germanistik. http://www.euro-sprachenjahr.de (10. 12. 09).
Fandrych, Christian
2004   Bilder vom wissenschaftlichen Schreiben. Sprechhandlungsausdrücke im Wissenschaftsdeutschen. Linguistische und didaktische Überlegungen. *Materialien Deutsch als Fremdsprache* 73: 269−291.
Fandrych, Christian
2006   Bildhaftigkeit und Formelhaftigkeit in der allgemeinen Wissenschaftssprache als Herausforderung für Deutsch als Fremdsprache. In: Konrad Ehlich und Dorothee Heller (Hg.), 39−61.
Fandrych, Christian
2007   „Aufgeklärte Zweisprachigkeit" in der Germanistik außerhalb des deutschsprachigen Raums. In: Sabine Schmölzer-Eibinger und Georg Weidacher (Hg.), *Textkompetenz,* 275−294. Tübingen: Narr.
Fandrych, Christian und Gabriele Graefen
2002   Text-commenting devices in German and English academic articles. *Multilingua* 21: 17−43.
Graefen, Gabriele
1997   *Der Wissenschaftliche Artikel.* Frankfurt a. M.: Lang.
Graefen, Gabriele
1999   „Wie formuliert man wissenschaftlich?" *Materialien Deutsch als Fremdsprache* 52: 222−239.
Graefen, Gabriele
2004   Aufbau idiomatischer Kenntnisse in der Wissenschaftssprache. *Materialien Deutsch als Fremdsprache* 73: 293−309.
Graefen, Gabriele
2009   Muttersprachler auf fremdem Terrain? Absehbare Probleme mit der Sprache der Wissenschaft. In: Magdalène Lévy-Tödter und Dorothee Meer (Hg.), 263−279.
Graefen, Gabriele und Winfried Thielmann
2007   Der wissenschaftliche Artikel. In: Peter Auer und Harald Baßler (Hg.), 67−98.
Grütz, Doris
2002   Die Vorlesung — eine fachsprachliche Textsorte am Beispiel der Fachkommunikation Wirtschaft. *Linguistik online* 10(2) (17. 5. 2010).
Guckelsberger, Susanne
2005   *Mündliche Referate in universitären Lehrveranstaltungen. Diskursanalytische Untersuchungen im Hinblick auf eine wissenschaftsbezogene Qualifizierung von Studierenden.* München: iudicium.

Hanna, Ortrun
    2003   *Wissensvermittlung durch Sprache und Bild. Sprachliche Strukturen in der ingenieurwissen-schaftlichen Hochschulkommunikation.* Frankfurt a. M.: Lang.

Heller, Dorothee (Hg.)
    2008   *Formulierungsmuster in deutscher und italienischer Fachkommunikation. Intra- und interlinguale Perspektiven.* Frankfurt a. M.: Lang.

Hufeisen, Britta
    2002   *Ein deutsches Referat ist kein englischsprachiges Essay. Theoretische und praktische Überlegungen zu einem verbesserten textsortenbezogenen Schreibunterricht in der Fremdsprache Deutsch an der Universität.* Innsbruck etc.: Studien-Verlag.

Jasny, Sabine
    2001   *Trennbare Verben in der gesprochenen Wissenschaftssprache und die Konsequenzen für ihre Behandlung im Unterricht für Deutsch als fremde Wissenschaftssprache.* (Materialien Deutsch als Fremdsprache 64.) Regensburg: FaDaF.

Kaiser, Dorothee
    2002   *Wege zum wissenschaftlichen Schreiben: eine kontrastive Untersuchung zu studentischen Texten aus Venezuela und Deutschland.* Tübingen: Stauffenburg.

Kretzenbacher, Heinz L. und Harald Weinrich (Hg.)
    1995   *Linguistik der Wissenschaftssprache.* Berlin/New York: de Gruyter.

Lévy-Tödter, Magdalène und Dorothee Meer (Hg.)
    2009   *Hochschulkommunikation in der Diskussion.* Frankfurt a. M.: Lang.

Meer, Dorothee
    1998   *„Der Prüfer ist nicht der König". Mündliche Abschlußprüfungen in der Hochschule.* Tübingen: Niemeyer.

Menzel, Wolfgang Walter
    1996   *Vernakuläre Wissenschaft. Christian Wolffs Bedeutung für die Herausbildung und Durchsetzung des Deutschen als Wissenschaftssprache.* Tübingen: Niemeyer.

Moll, Melanie
    2001   *Das wissenschaftliche Protokoll: vom Seminardiskurs zur Textart: empirische Rekonstruktionen und Erfordernisse für die Praxis.* München: iudicium.

Redder, Angelika
    2001   Modalverben in wissenschaftlicher Argumentation: Deutsch und Englisch im Vergleich. *Jahrbuch Deutsch als Fremdsprache* 27: 313–330.

Roelcke, Thorsten
    1999   *Fachsprachen.* Berlin: E. Schmidt.

Steets, Angelika
    2003   Die Mitschrift als universitäre Textart – Schwieriger als gedacht, wichtiger als vermutet. In: Konrad Ehlich und Angelika Steets (Hg.), 51–64.

Steinhoff, Torsten
    2007a   *Wissenschaftliche Textkompetenz. Sprachgebrauch und Schreibentwicklung in wissenschaftlichen Texten von Studenten und Experten.* Tübingen: Niemeyer.

Steinhoff, Torsten
    2007b   Zum *ich*-Gebrauch in Wissenschaftstexten. *Zeitschrift für Germanistische Linguistik* 35: 1–26.

Stezano Cotelo, Kristin
    2008   *Verarbeitung wissenschaftlichen Wissens in Seminararbeiten ausländischer Studierender. Eine empirische Sprachanalyse.* München: iudicium.

Sucharowski, Wolfgang
    2001   Gespräche in Schule, Hochschule und Ausbildung. In: Klaus Brinker, Gerd Antos, Wolfgang Heinemann und Sven F. Sager (Hg.), *Text- und Gesprächslinguistik. Ein internationales Handbuch zeitgenössischer Forschung*, 1566–1576. (Handbücher zur Sprach- und Kommunikationswissenschaft 16.1–2.) Berlin/New York: de Gruyter.

Thielmann, Winfried
2009 *Deutsche und englische Wissenschaftssprache im Vergleich. Hinführen − Verknüpfen − Benennen.* Heidelberg: Synchron.

Trautmann, Caroline
2004 *Argumentieren. Funktional-pragmatische Analysen praktischer und wissenschaftlicher Diskurse.* Frankfurt a. M.: Lang.

Weinrich, Harald
1989 Formen der Wissenschaftssprache. In: *Jahrbuch 1988 der Akademie der Wissenschaften zu Berlin,* 119−158.

Weinrich, Harald
1995 Sprache und Wissenschaft. In: Heinz L. Kretzenbacher und Harald Weinrich (Hg.), 3−14.

Wiesmann, Bettina
1999 *Mündliche Kommunikation im Studium: Diskursanalysen von Lehrveranstaltungen und Konzeptualisierung der Sprachqualifizierung ausländischer Studienbewerber.* München: iudicium.

Ylönen, Sabine
2006 Training wissenschaftlicher Kommunikation mit E-Materialien. Beispiel mündliche Hochschulprüfung. In: Konrad Ehlich und Dorothee Heller (Hg.), 115−146.

Christian Fandrych, Leipzig (Deutschland)
Gabriele Graefen, München (Deutschland)

VII. Kontrastivität und Sprachvergleich

52. Nutzen und Grenzen der kontrastiven Analyse für Deutsch als Fremd- und Zweitsprache

1. Sprachvergleich und kontrastive Analyse

Die kontrastive Analyse soll als erstes einerseits vom umfassenderen Prozess des Sprachvergleichs und andererseits von Nachbardisziplinen wie Sprachtypologie, Universalienforschung, Kontaktlinguistik und Komparatistik abgehoben werden. Sprachvergleich ist demnach nicht auf eine bestimmte linguistische Disziplin beschränkt, sondern ein übergreifender Prozess, der als Untersuchungsmethode konstitutiver Teil verschiedener linguistischer Disziplinen ist und zumindest folgende Funktionen haben kann:

(1) Bildung und Überprüfung von Hypothesen über Ursprung, Natur und Evolution der menschlichen Sprache;
(2) Bestimmung des soziologischen Status von verschiedenen Sprachen sowie Abgrenzung und Identifikation von eigenständigen Sprachen;
(3) Rekonstruktion von Ursprung, Entwicklungsgeschichte und Verwandtschaftsbeziehungen von Einzelsprachen;
(4) Bildung, Überprüfung und Systematisierung von Hypothesen über die genetische Verwandtschaft verschiedener Sprachen;
(5) Bildung, Überprüfung und Systematisierung von Hypothesen über sprachliche Universalien, d. h. Eigenschaften (bzw. Hypothesen über solche Eigenschaften), die allen menschlichen Sprachen gemeinsam sind;
(6) Feststellung, Systematisierung und Erklärung von interlingualen Gemeinsamkeiten und Unterschieden;
(7) Überprüfung der Annahmen von sprachtheoretischen Modellen;
(8) Überprüfung und Präzisierung der der Deskription von Einzelsprachen zugrunde gelegten Kategorien.

Den einzelnen o. a. Funktionen des Sprachvergleichs lassen sich mit einer gewissen Idealisierung jeweils entsprechende linguistische Disziplinen zur Seite stellen: (1) ist für die anthropologische Sprachwissenschaft und die evolutionäre Anthropologie konstitutiv. (2) ist kennzeichnend für die Schnittstelle von Dialektologie, Soziolinguistik, Soziologie sowie Sprach- und Kulturpolitik. (3) dominiert in der Historisch-Vergleichenden Sprachwissenschaft bzw. Komparatistik. (4) ist für die klassische oder genetische Typologie maßgebend, (5) vor allem für die moderne Sprachtypologie bzw. z. T. auch für kontrastiv-typologische Forschungsansätze. Für die Kontrastive Linguistik sind (6), (7) und (8) kennzeichnend. Diese drei Funktionen sind eng miteinander verflochten und interagieren außerdem vor allem im Rahmen kontrastiv-typologischer Ansätze auch mit Funktion (5). Durch diese integrative Sicht ergeben sich neue Perspektiven für die kontrastive Analyse im allgemeinen und für ihre Anwendung im DaF-Unterricht im besonderen. Zentral ist dabei das Konzept der Kontrastivität, deren unterschiedliche Facetten in den folgenden Abschnitten unter die Lupe genommen werden sollen.

2. Kontrastivität: Begriffsbestimmung

Das Konzept der Kontrastivität wird in der einschlägigen Forschung nicht explizit definiert. Auf die Wortbildung als Dekodierungshilfe gestützt sind zumindest folgende Bedeutungen des Wortes zu konstruieren: Kontraste betreffendes nominales Konzept; nominales Konzept, das die Herausstellung von Kontrasten zum Ziel hat; nominales Konzept, das auf Ergebnissen des Kontrastierens bzw. der Kontrastiven Linguistik beruht.

Aufgrund des weiteren Forschungskontextes lassen sich zudem folgende Verwendungsweisen des Wortes ermitteln: „Berücksichtigung des Verhältnisses zwischen der Muttersprache (MS) und der Fremdsprache (FS)" (Hessky 1994: 20), wobei die zwischen den beiden Sprachen bestehende Ähnlichkeitsrelation gemeint ist. Kielhöfer (1995: 35) setzt sich im Bereich der Kontrastivität primär mit der Frage auseinander, „ob und wie der Kontakt zwischen Muttersprache (= L1) und Fremdsprache (= L2) den Sprachlernprozeß beeinflußt". Bei dieser Art der Problemstellung ergeben sich Berührungspunkte zwischen den Konzepten Kontrastivität und Transfer bzw. Interferenz. Mit Transfer meint man die positive Beeinflussung des Sprachlernprozesses durch Eigentümlichkeiten einer anderen oder der gleichen Sprache. Negativer Transfer, d. h. Interferenz, ist dagegen „die durch die Beeinflussung von Elementen einer anderen oder der gleichen Sprache verursachte Verletzung einer sprachlichen Norm bzw. der Prozeß dieser Beeinflussung" (Juhász 1980: 646). Kontrastivität lässt sich aber trotz der auffälligen Gemeinsamkeiten nicht ohne weiteres auf Transfer und Interferenz reduzieren. Aus diesem Umstand leitet sich die Notwendigkeit einer klaren begrifflichen Abhebung des Kontrastivitätskonzeptes ab. Im Zusammenhang mit dem Transfer- und Interferenzkonzept sei hier auf Juhász (1970: 9, 29 und 1980: 646), Ellis (1997: 51−54), Ringbom (2007), Jarvis und Pavlenko (2008) sowie Ortega (2009: 31−54) verwiesen.

Im Folgenden unternehme ich den Versuch, für Kontrastivität in Grammatik, Lexik und Pragmatik eine Arbeitsdefinition auszuarbeiten, in der unterschiedliche Aspekte der Kontrastivität klar voneinander abgehoben werden. Die Notwendigkeit für diese Arbeitsdefinition erwächst aus der gegenwärtigen Forschungssituation, die durch eine undifferenzierte Begrifflichkeit gekennzeichnet ist. In der Terminologie zur Bezeichnung verschiedener Spracherwerbsarten orientiere ich mich an Klein (1992: 32), der gesteuert erworbene und ungesteuert erworbene Zweitsprache unter den Oberbegriff Zweitsprache subsumiert.

Unter Kontrastivität als Relation verstehe ich erstens das Verhältnis von Erstsprache und Zweitsprache im interlingualen Vergleich, zweitens das Verhältnis von Erstsprache,

Lernersprache und Zweitsprache im Zweitspracherwerbsprozess sowie drittens das Verhältnis von interlingualem Vergleich und Zweitspracherwerbsprozess. Kontrastivität als Relation von interlingualem Vergleich und Erwerb einer Zweitsprache bedeutet in erster Linie das Verhältnis von objektiver Distanz zwischen Erst- und Zweitsprache und der subjektiven Wahrnehmung der besagten Distanz durch den Lerner. Da dieser Aspekt der Kontrastivität kaum erforscht ist, soll hier lediglich auf Kellerman (1979: 37) verwiesen werden, der das Phänomen des Transfers im Rahmen eines kognitiven Modells behandelt, sowie auf Cenoz (2001), der den Einfluss der sprachlichen Distanz, des L2-Status und des Alters auf interlinguale Interferenz im Drittspracherwerb untersucht. Die Feststellung von Klein (1992: 151), dass das Aufeinanderbeziehen bewusster und unbewusster Distanzwahrnehmung in Bezug auf Lernersprache und Zielsprache ein Forschungsdesideratum darstellt, kann ohne weiteres auch auf das Verhältnis von Erst- und Zweitsprache übertragen werden.

Mit Kontrastivität als Strategie meine ich einerseits die explizite Bewusstmachung von Unterschieden, Ähnlichkeiten und Identitäten in den Form- und Funktionszuordnungen als Strategie des kognitiven Lernens sowie andererseits die implizite Bewusstmachung von Kontrasten und Kontrastmangel in Situationen des Zweitspracherwerbs zur optimalen Steuerung des Lernprozesses. Die einzelnen Komponenten der obigen Arbeitsdefinition werden des Weiteren in separaten Gliederungseinheiten näher beleuchtet.

3. Kontrastivität und Kontrastive Linguistik

Die Kontrastive Linguistik stellt kein homogenes Phänomen dar, sondern ist durch viele Richtungen gekennzeichnet, die jeweils unterschiedlichen sprachtheoretischen Ansätzen zuzuordnen sind und über unterschiedliche Proportionen theoretischer und deskriptiver Komponenten verfügen. Die gegenwärtige Situation ist durch den zunehmenden Einfluss kognitiv-linguistischer Modelle und kontrastiv-typologischer Ansätze gekennzeichnet.

Hinsichtlich der Anwendbarkeit der Kontrastiven Linguistik zeichnen sich zwei einander diametral entgegengesetzte Positionen ab: eine anwendungsskeptische und eine anwendungsoptimistische. Bemerkenswerterweise nehmen beide Parteien auf dieselbe kontrastiv-typologische Richtung Bezug. Repräsentativ für die Anwendungsskeptiker ist König, der die Ansicht vertritt, dass die „als Komplement zur Typologie" (König 1990: 117) bzw. „als Grenzfall eines typologischen Vergleichs" (König 1996: 31) konzipierte Kontrastive Linguistik kaum im Fremdsprachenunterricht anwendbare Ergebnisse hervorbringen könne.

Als repräsentative Vertreter der Anwendungsoptimisten sollen James, Wekker und Kortmann genannt werden. Eine neue Möglichkeit für die Bewusstmachung interlingualer Kontrastivität meint James (1992) in bestimmten Entwicklungstendenzen der Kontrastiven Linguistik, vor allem der typologisch orientierten Forschung, zu entdecken. Im Gegensatz zu seiner im Jahre 1980 erschienenen Monographie vertritt James nun die Position, dass nicht nur entsprechende Subsysteme zweier Sprachen verglichen werden können, sondern Sprachen auch einer holistischen kontrastiven Analyse unterzogen werden können. Die Ergebnisse der kontrastiv-typologischen Forschung referierend, hebt James hervor, dass Kontraste nicht mehr isoliert erfasst werden, sondern in ihren implikationellen Zusammenhängen. Festzuhalten bleibt, dass in der theoretischen Kontrastiven Linguistik immer tiefere Systemzusammenhänge und Implikationshierarchien aufgezeigt werden, die mit den nötigen Transmissionen auch zur Optimierung des Fremdsprachenunterrichts beitragen können. James weist u. a. darauf hin, dass Lernende von einer minimalen Information über ein Detail eines interlingualen Kontrastes ausgehend durch Inferieren auf die Existenz eines implikativ begründeten Kontrastes schließen können.

Wekker (1992) argumentiert dafür, dass die Kontrastive Linguistik in der Zweitspracherwerbsforschung eine zunehmend wichtige Rolle spielen sollte. Während Wekker den GB-basierten universalgrammatisch orientierten Ansatz scharf kritisiert, meint er in der Synthese der traditionellen und der typologisch orientierten Kontrastiven Linguistik eine zukunftsträchtige Variante gefunden zu haben, die zur Erforschung von Lernersprachen einen wichtigen Beitrag leisten könnte. Da die Kontrastive Linguistik die Muttersprache der Lernenden ernst nimmt, ermöglicht sie die Abgrenzung der universalen Phänomene von den sprachspezifischen Merkmalen. Eine Wiederbelebung der Kontrastiven Linguistik erwartet Wekker außerdem auch im Zusammenhang mit der Interferenzforschung.

Kortmann (1998) meint vor allem für den Fremdsprachenunterricht an Hochschulen große Chancen bei der Anwendung von Forschungsergebnissen aus dem Bereich der Kontrastiven Linguistik zu entdecken, wobei in erster Linie an die Aus- und Fortbildung von Fremdsprachenlehrern zu denken ist.

Deskriptive kontrastive Untersuchungen können linguistische kontrastive Grammatiken als Ergebnis haben, die zwar für den unmittelbaren Einsatz im Fremdsprachenunterricht nicht geeignet sind, die aber Lehrwerkautoren als Didaktisierungsgrundlage bei der Erarbeitung von kontrastiven Lernergrammatiken dienen können. Unter Forschern wie Praktikern herrscht Konsens über die Beurteilung der Grenzen der Einsetzbarkeit von pädagogischen kontrastiven Grammatiken. Es ist festzuhalten, dass sich Lernschwierigkeiten und Schritte zu deren Überwindung allein aufgrund der beschriebenen interlingualen Kontraste bzw. Ähnlichkeiten nicht bestimmen lassen. Diese sind lediglich als „Orientierungs- und Entscheidungshilfe" (Hessky 1994: 24) bei der Didaktisierung der grammatischen Komponente der Fremdsprache anzusehen, wobei die Differenzierung des Begriffs des zwischensprachlichen Unterschiedes bzw. der Ähnlichkeit nach formalem und funktionalem Aspekt als besonders wichtig eingeschätzt wird.

4. Kontrastivität und Zweitspracherwerb

In diesem Abschnitt sollen die wichtigsten Hypothesen zum Verhältnis von Erst- und Zweitspracherwerb unter dem Aspekt der Kontrastivität kurz besprochen werden. Da in diesem Rahmen auf Spracherwerbsmodelle nicht ausführlich eingegangen werden kann, soll hier zur Orientierung auf Kap. VIII, insbesondere auf die Art. 83 und Art. 84, des vorliegenden Bandes verwiesen werden, in dem die nötigen Hintergrundinformationen nachzulesen sind.

Nach der Kontrastivhypothese werden die Mechanismen des Zweitspracherwerbs primär durch die Struktur der Erstsprache des Lerners gesteuert. Aus dieser Annahme folgt, dass Transfer- und Interferenzprozessen überragende Bedeutung zugeschrieben wird. Die Hypothese liegt in unterschiedlich starken Ausprägungen vor, die jeweils davon abhängig zu unterscheiden sind, inwieweit in ihrem Rahmen Lernschwierigkeiten aus interlingualen Unterschieden und Identitäten abgeleitet werden.

Es kann wegen der zahlreichen Missverständnisse und Fehlinterpretationen nicht oft genug davor gewarnt werden, die Kontrastivhypothese mit Kontrastivität oder mit Kontrastiver Linguistik gleichzusetzen. Es ist größtenteils der Popularisierung der Kontrastivhypothese zuzuschreiben, dass die Kontrastive Linguistik für lange Zeit in Misskredit geraten war und zum Teil auch gegenwärtig noch einen schlechten Ruf hat. Die meiste Kritik richtete sich gegen die behavioristischen Annahmen der amerikanischen Taxonomisten. Nickel (1992: 214) weist allerdings darauf hin, dass die Vorstellungen der amerikanischen Klassiker der Kontrastiven Linguistik allzu oft als Beweismaterial zur Untermauerung kontrastivitätsfeindlicher Positionen aus dem Gesamtzusammenhang herausgerissen zitiert und dadurch entstellt wurden.

Die Interlanguage-Hypothese geht von der Annahme aus, dass Lernende auf der Grundlage kognitiver Prozesse und kommunikativer Strategien Lernervarietäten, sog. Interlanguages, aufbauen, die einerseits durch ihren Übergangscharakter, andererseits durch ihre Systemhaftigkeit gekennzeichnet sind. Ausgangspunkt ist die Untersuchung authentischer zweitsprachlicher Äußerungen. Seit Ende der 1970er Jahre sind in erheblicher terminologischer Vielfalt verschiedene Varianten der Interlanguage-Hypothese vorgelegt worden. Die einzelnen Ausprägungen des Modells haben zwar die Annahme gemeinsam, dass eine Lernervarietät neben Erscheinungen der Erst- und Zweitsprache auch von diesen unabhängige Phänomene aufweist, hinsichtlich der Beurteilung des genauen Status der Erstsprache gehen die einzelnen Modellvarianten jedoch stark auseinander. Im Fokus des Interesses stehen neuerdings Probleme der Variation von Lernersprachen (u. a. Adamson 2009) sowie pragmatische Aspekte der Entwicklung von Lernervarietäten (etwa Kasper und Blum-Kulka 2003; Pütz und Neff-van Aertselaer 2008).

Die Monitorhypothese stellt eine der sechs Komponenten des Monitormodells dar, das über das Verhältnis von Erst- und Zweitspracherwerb hinausgehend auch das von gesteuertem und ungesteuertem Zweitspracherwerb thematisiert. Kerngedanke der Monitorhypothese ist, dass intuitiv erworbenes Sprachwissen von bewusst Gelerntem zu trennen ist, und dass Lernen nur über eine Kontrollinstanz, den sog. Monitor möglich ist. Mit Monitor ist die Fähigkeit des Lerners gemeint, die eigene Sprachproduktion und -rezeption bewusst zu überwachen. Die Rolle der Erstsprache wird als marginal, das Konzept der Interferenz als überholt eingeschätzt. James (1991) zeigt in kritischer Auseinandersetzung mit diesem Modell, dass sich durch die Untersuchung der Relationen zwischen Erstsprache und universal gültigen Erscheinungen von Lernersprachen sowie durch die Einführung der Konzepte des Monitorgebrauchs und der Selbstkorrektur trotz der expliziten Negierung der Wichtigkeit der Interferenz neue Perspektiven für die Erforschung der Rolle der Erstsprache eröffnen.

Zum Schluss soll hier auch noch auf die Tertiärsprachen- und Mehrsprachigkeitsforschung eingegangen werden. Seit Ende der 1990er Jahre mehren sich die Stimmen, die für diesen Bereich des Spracherwerbs eigenständige Modelle fordern. Richtungsweisend ist dabei vor allem das von Hufeisen (2003) vorgelegte Faktorenmodell, in dem der besondere Status der L2, die etymologische und typologische Beziehung zwischen den jeweiligen Sprachen, die vielfältigen Transfer- und Interaktionsphänomene zwischen den Interlanguages der jeweiligen Lernenden sowie diverse andere lernerexterne und -interne Faktoren mitberücksichtigt werden. Hufeisen betont, dass der L3-Erwerb nicht nur komplexer, sondern auch in qualitativer Hinsicht grundsätzlich anders sei als der L2-Erwerb, zumal erst das Lernen von L2 die Grundlage für eine Fremdsprachenlern-/-erwerbskompetenz lege, die weder beim L1-Erwerb noch bei Einsetzen des L2-Erwerbs vorhanden ist.

5. Kontrastivität und Fehleranalyse

Die Fehleranalyse setzt sich als Teildisziplin der Fremdsprachendidaktik mit Untersuchung und Klassifizierung zweitsprachlicher Fehler auseinander. Nach einer weiteren Auffassung gehören auch Fehlertherapie, -prognose und -prophylaxe als Teilgebiete zur Fehleranalyse im Sinne einer Disziplin. Gegenstand der Fehleranalyse sind die Abweichungen in Lernersprachen von den zielsprachlichen Normen. Seit den 1970er Jahren werden Fehler zunehmend als Indikator für Lernprozesse bzw. sogar als Lernstrategie angesehen.

Es ist bereits allgemein anerkannt, dass Fehler nicht nur durch die erstsprachliche Interferenz bedingt sein können. Über das Ausmaß des Einflusses der Erstsprache sowie über das Verhältnis der auf interlingualen Kontrasten bzw. auf Kontrastmangel beruhenden Fehler zu den nicht kontrastiv verursachten Fehlern gehen die Meinungen stark auseinander. Ein wichtiges Anliegen der Fehleranalyse ist, durch Interferenz verursachte Fehler und entwicklungsbedingte, durch universale Prinzipien erklärbare Fehler, die einem bestimmten Stadium einer Lernersprache zuzuordnen sind, gegeneinander abzuheben. Es handelt sich dabei um das Verhältnis von Kontrastiver Linguistik, Fehleranalyse und Lernersprachenforschung. Nickel (1992: 220) hält fest, dass in diesem interdisziplinären Bereich noch kein Konsens unter den Anhängern verschiedener Forschungstraditionen erzielt werden konnte. In diesen Kontext ist auch die Frage nach dem Verhältnis von kontrastiven zu nicht-kontrastiven Fehlern einzuordnen. Während die kontrastive Komponente in bestimmten Phasen der Forschung überdimensioniert war, werden entwicklungsbedingte Fehler durch bestimmte neuere Ansätze der Fehleranalyse oft auf Kosten von kontrastiven Fehlern überbetont. Nickel (1992) zeigt gut dokumentiert, dass die Kontrastivität aus verschiedenen Gründen unterschätzt wird − sei es aufgrund von Fehlinterpretationen der Forschungspositionen bestimmter Richtungen der Kontrastiven Linguistik, wegen Definitionsproblemen bei entwicklungsbedingten Fehlern, wegen möglicher Mehrfachinterpretationen bei bestimmten Fehlertypen oder weil eine systematische Erfassung und Analyse von Fehlern in verschiedenen Bereichen der Grammatik bisher unterblieben ist.

Aus der Perspektive der Interlanguage-Hypothese werden von Selinker (1989) die frühesten Forschungsergebnisse der Kontrastiven Linguistik und der Fehleranalyse ausgewertet. Es wird durch frühe experimentelle Ergebnisse bestätigt, dass der Zweitspracherwerbsprozess nicht nur von der Erstsprache und der Zielsprache beeinflusst, sondern auch von autonomen sprachlichen Erscheinungen begleitet wird, die sich weder aus der Erstsprache noch aus der Zielsprache ableiten lassen. Selinker weist überzeugend nach, dass sich Kontrastive Linguistik, Fehleranalyse und Lernersprachforschung zu einer ganzheitlichen Betrachtungsweise integrieren lassen, und ruft zur eingehenden Analyse der lange Zeit als überholt angesehenen umfangreichen Fachliteratur zur Kontrastiven Linguistik und Fehleranalyse auf. Auf diese Weise könnte man nach Selinker letzten Endes zu einer Neubewertung des Status der Interferenzforschung gelangen, wobei die Frage nach dem Verhältnis von universalen Prozessen und dem Einfluss der Erstsprache sowie anderer parallel existenter Lernersprachen differenzierter als bisher betrachtet werden sollte. Die Kontrastive Linguistik ist der beste Ansatzpunkt für Interferenzuntersuchungen, wird doch strukturale Kongruenz oder zumindest eine teilweise strukturale Ähnlichkeit als notwendige, wenn auch nicht als ausreichende Voraussetzung für die meisten Transfertypen angesehen.

Die meisten konsensfähigen Beispiele für negativen Transfer aus der Erstsprache sind der Phonetik zu entnehmen. Es handelt sich dabei vor allem um die fehlerhafte Aussprache einzelner Laute und Lautverbindungen sowie um Abweichungen im Bereich des Wortakzents und der Intonation. Im Sprachgebrauch von DaF-Lernenden mit Ungarisch als Erstsprache lassen sich beispielsweise häufig folgende Fehler belegen: kein [ə], keine Diphtonge, unreduzierte Aussprache der Vokale auch in unbetonten Silben, keine Auslautverhärtung, übergeneralisierende Betonung der ersten Silbe, Betonung des Fragepronomens in Ergänzungsfragen. Diese Aussprachefehler lassen sich auf den Einfluss des Ungarischen zurückführen und sind somit eindeutig als interlingual bedingt zu klassifizieren. Kontrastive Fehler sind aber auch im Bereich der Grammatik, des Wortschatzes und der Pragmatik nachzuweisen. Hier sei nur noch auf Jarvis und Pavlenko (2008: 61−111) sowie auf Ortega (2009: 31−54) verwiesen, wo viele andere interessante Beispiele für interlingual motivierte Fehler sowie für Möglichkeiten und Grenzen ihrer empirischen Untersuchung zu finden sind.

Die Diskussion über das Verhältnis von kontrastiven Fehlern zu nicht-kontrastiven ist noch bei weitem nicht abgeschlossen. Festzuhalten bleibt, dass angesichts der Komplexität des Zweitspracherwerbsprozesses breit angelegte empirische Untersuchungen erforderlich sind, die unter Konstanthaltung aller anderen Variablen systematisch jeweils nur eine Variable abwandeln. Hinsichtlich des Problems der Unterscheidung von kontrastiven und nicht-kontrastiven Fehlern sind erst dann aussagekräftige Beobachtungen zu erwarten, wenn die einzige abgewandelte Variable die Erstsprache der Lerner betrifft.

Empirische Untersuchungen zu Mechanismen des L3-Erwerbs stellen ein weiteres außerordentlich interessantes Forschungsfeld dar. Die komplexe Interaktion L1-, L2- und L3-basierter Interlanguages wird in Gibbson, Hufeisen und Libben (2001) am Beispiel der Präpositionalrektion von Verben eindrucksvoll belegt.

6. Möglichkeiten und Grenzen der Steuerung des Zweitspracherwerbsprozesses aufgrund des Prinzips der Kontrastivität

Die Behauptung, dass eine Zweitsprache immer auf der Grundlage einer Erstsprache erworben wird, scheint eine Binsenwahrheit zu sein. Nichtsdestoweniger sind im Kielwasser verschiedener Zweitspracherwerbsmodelle immer wieder Versuche zu beobachten, die Erstsprache der Lerner aus dem Unterrichtsprozess vollkommen auszuschließen. Die Vermarktungsstrategien internationaler Verlage begünstigen auch vielfach den Vertrieb einseitig zielsprachenorientierter Lehrwerke, in denen das Prinzip der Kontrastivität sowohl in sprachlicher als auch in kultureller Hinsicht vollkommen ausgeblendet ist. Die Ignorierung der Erstsprache lässt sich nicht nur auf Prämissen bestimmter Ansätze der Zweitspracherwerbs- und Sprachlehrforschung zurückführen, sondern in vielen Fällen auch auf eine Fehlinterpretation des Prinzips der Kontrastivität: Kontrastivität im Sprachvergleich und Kontrastivhypothese werden nicht selten mit Kontrastivität als Strategie gleichgesetzt. Diese simplifizierende Auffassung der Kontrastivität führt auch zur Ablehnung der Mitberücksichtigung der Erstsprache. Bei einer differenzierteren Betrachtung der Kontrastivität eröffnen sich dagegen vielfältige Möglichkeiten für die optimale Steuerung des Unterrichtsprozesses. Kontrastivität als Strategie hat zwei Erscheinungsformen: explizite und implizite Bewusstmachung. In der Forschung herrscht Konsens darüber, dass die Bestimmung des Verhältnisses von Automatisierung und Bewusstmachung sowohl im allgemeinen als auch auf interlinguale Kontrastivität bezogen von einem äußerst komplexen Geflecht diverser Faktoren (Alter und Persönlichkeit der Lerner, Motivation, Lernziele usw.) abhängt und sich von Unterrichtssituation zu Unterrichtssituation jeweils unterschiedlich gestalten kann. Die Klärung der Rolle der einzelnen Faktoren sowie ihrer Zusammenhänge bei der Beeinflussung des Lernprozesses durch die Erstsprache gilt gegenwärtig als eine der wichtigsten Forschungsaufgaben. An dieser Stelle ist allerdings ein kurzer terminologischer Exkurs vonnöten. Es ist James (1996), der darauf aufmerksam macht, dass die Termini *awareness* und *consciousness* in der Fachliteratur häufig als synonyme Ausdrücke verwendet werden, und der dafür plädiert, diese konzeptuell voneinander abzugrenzen. *Awareness* wird von ihm in Anlehnung an Hawkins (1984), der die Kluft zwischen Muttersprache und Fremdsprache durch dieses Konzept überbrücken will, wie folgt definiert: „(...) the possession of metacognitions about language in general, some bit of language, or a particular language over which one already has skilled control and a coherent set of intuitions" (James 1996: 139−140). Für *consciousness-raising* wird von James (1996: 141) folgende Definition vorgeschlagen: „(...) activity that develops the ability to locate and identify the discrepancy between one's present state of knowledge and a goal state of knowledge". Der Unterschied zwischen *awareness* und *consciousness* lässt sich im Deutschen durch ‚Bewusstsein‘ und ‚Bewusstmachung‘ wiedergeben. Hufeisen (2000) betont schließlich die maßgebende Rolle des metalinguistischen Bewusstseins beim Erwerb des Deutschen als Tertiärsprache, da der Lerner über sich selbst und seinen L2-Erwerb reflektiert.

6.1. Explizite Bewusstmachung der Kontrastivität als Strategie des kognitiven Lernens

Die explizite Bewusstmachung der Kontrastivität erfolgt durch die kontrastive Vermittlung grammatischer Erscheinungen. James (1980: 154) spricht in diesem Zusammenhang von „contrastive teaching" als einer besonderen Erscheinungsform der kontrastiven Vermittlung zweitsprachlicher Elemente und Konstruktionen. Als „contrastive teaching" gilt die gleichzeitige Präsentation aller Erscheinungen eines Subsystems der Zweitsprache im Vergleich zu dem entsprechenden Subsystem der Erstsprache. Das Verfahren wird von James am Beispiel der Tempora erläutert.

Juhász (1970: 164) unterscheidet drei Formen der kontrastiven Vermittlung zweitsprachlicher Erscheinungen:

(1) Interlingual isomorphe Erscheinungen müssen einmal verstanden werden und können dann in den meisten Fällen ohne Bewusstmachung unmittelbar automatisiert werden.
(2) Stark abweichende Erscheinungen müssen in scharfem Kontrast zur Erstsprache vermittelt und auch noch bei der darauf folgenden Automatisierung mehrmals durch eine Konfrontation mit der Erstsprache bewusst gemacht werden.
(3) Bei Kontrastmangel müssen die entsprechenden Erscheinungen zur Überwindung der homogenen Hemmung häufig bewusst gemacht werden.

Zum Thema kontrastives Lernen sei außerdem noch auf ein von Gnutzmann (1995) koordiniertes Sonderheft der Zeitschrift *Fremdsprachen Lehren und Lernen* verwiesen, insbesondere auf die Einführung in den Themenschwerpunkt sowie den Aufsatz von Königs (1995), in dem „Lernen im Kontrast" aus der Sicht der Sprachlehrforschung behandelt wird: In die Gegenstandsbestimmung des kontrastiven Lernens werden hier über interlinguale Kontraste hinausgehend auch Faktoren wie Lehrer, Lerner und Lernziel mit einbezogen.

Nach einer lange Zeit während Dominanz des Prinzips der absoluten Einsprachigkeit im Fremdsprachenunterricht mehren sich gegenwärtig die Stimmen, die sich für einen möglichst vielfältigen Einsatz der Muttersprache aussprechen. So sieht u. a. Butzkamm (1993: 14) die Muttersprache als Vorleistung für die Fremdsprache an. Von dieser Grundposition ausgehend will er die Erstsprache im Sinne einer Vermittlungssprache beim Erwerb einer Fremdsprache gelten lassen. Die beiden wichtigsten Funktionen der Erstsprache beim Grammatikerwerb sind nach Butzkamm die Sicherstellung der funktionalen Transparenz durch idiomatische Übersetzung sowie die Gewährleistung der strukturalen Transparenz durch erstsprachliche Spiegelung, d. h. durch wortwörtliche Übersetzung der zweitsprachlichen Konstruktion in die Erstsprache. Letzteres wird bei nah verwandten Sprachen als weniger notwendig eingeschätzt.

Übersetzung als kontrastive Bewusstmachungsstrategie wird häufig mit Skepsis betrachtet. Dies spiegelt sich auch in der immer noch anhaltenden Tendenz, keine Übersetzungsübungen in Lehrwerke zu integrieren. Von der Mitte der 1980er Jahre an melden sich im Gegenzug dazu immer mehr Forscher, die der Übersetzung zu den ihr zustehenden Rechten verhelfen wollen. Erste Anzeichen der Herausbildung einer neuen übersetzungsfreundlichen Richtung in der Fremdsprachendidaktik werden von James (1992: 194) dokumentiert und interpretiert.

Es darf schließlich nicht unerwähnt bleiben, dass immer mehr Lehrwerke konzipiert werden, in denen das Prinzip der Kontrastivität mit berücksichtigt wird. Grießhaber (1995) leistet die Analyse zweisprachiger Lehrwerke unter dem Aspekt der Einbeziehung der Erstsprache und belegt überzeugend, dass sie über den direkten Sprachvergleich hinausgehend vielfältige Funktionen im Bereich der impliziten Bewusstmachung der Kontrastivität übernehmen kann.

6.2. Strategien der impliziten Bewusstmachung der Kontrastivität im Fremdsprachenunterrricht

Implizite Bewusstmachung der Kontrastivität umfasst Strategien, die letztendlich herbeiführen sollen, dass der Lerner durch Inferieren Hypothesen über die Struktur der zu erlernenden Sprache aufstellt und diese ständig verbessert. Es handelt sich dabei um Selektion, Komplexitätsreduktion, Progression sowie Metapher als Bewusstmachungsstrategie bei der Vermittlung der Grammatik der Zweitsprache.

Selektion bedeutet nach James (1980) die Bestimmung dessen, was unterrichtet werden soll. Die Erstsprache dient dabei mittelbar über die Schwierigkeiten, die die Lerner der Zweitsprache haben, als Grundlage für die Auswahl der zu behandelnden Erscheinungen. James versteht jedoch unter Selektion nicht die ausschließliche Berücksichtigung grammatischer Erscheinungen, die in interlingualer Hinsicht Lernschwierigkeiten bedeuten. Als Terminus wurde von ihm deswegen Intensitätsselektion vorgeschlagen, um klarzustellen, dass Erscheinungen, bei denen mit der transferierenden Wirkung der Erstsprache gerechnet werden kann, nicht ganz und gar aus dem Unterricht ausgeschlossen werden dürfen. Intensitätsselektion bezieht sich auf die Unterscheidung von Bestärkung und Lernen als zwei verschiedenen Zielsetzungen bei der Erarbeitung von Unterrichtsmaterialien. Bestärkung, die bei interlingualen Isomorphismen in den Lernenden den positiven erstsprachlichen Transfer einwurzeln lassen soll, ist nicht so zeit- und arbeitsintensiv wie das Lernen von stark kontrastierenden oder ähnlichen, durch Kontrastmangel gekennzeichneten, zweitsprachlichen Erscheinungen. Intensitätsselektion äußert sich auch in der unterschiedlichen Detailschärfe und Ausführlichkeit bei Deskription, Präsentation und Einübung der unter dem Aspekt der interlingualen Kontrastivität jeweils unterschiedlichen Teilbereiche der Grammatik der Zweitsprache. Auf diese Weise kommt es bei der Vermittlung bestimmter grammatischer Erscheinungen im Fremdsprachenunterricht zu einer erheblichen Komplexitätszunahme im Vergleich zu deren Behandlung im Muttersprachenunterricht. Die Differenzierung des Lehrstoffes unter dem Aspekt der Sprachrezeption und Sprachproduktion wird von Hessky (1994) ebenfalls in diesem Zusammenhang betrachtet.

Selektion wird immer von Komplexitätsreduktion begleitet. Nach Butzkamm (1993: 124) ist der Fremdsprachenunterricht „ein schwieriger Balanceakt zwischen den Erfordernissen der Kommunikation und der Komplexitätsreduktion." Es ist dabei konsequent zwischen einer Strategie der impliziten Bewusstmachung der Kontrastivität sowie verschiedenen bewussten und unbewussten Reduktionsstrategien der Lerner zu unterscheiden. Der Terminus Komplexitätsreduktion soll hier ausschließlich in der ersten Bedeutung verwendet werden. James (1980: 158) schlägt vor, drei Arten der Komplexitätsreduktion gegeneinander abzuheben, und zwar strukturale, funktionale und entwicklungsbezogene Vereinfachung. Dadurch wird die nur strukturale Reduktion anerkennende traditionelle Konzeption um zwei weitere Kategorien ergänzt. Funktionale Reduktion bedeutet demnach die Vermittlung eines zweitsprachlichen Inputs, in dem die feineren funktionalen Distinktionen aufgehoben sind. Entwicklungsbezogene Reduktion wird von James auf Lernersprachen bezogen. Es kommt dabei zu Überlappungen zwischen Komplexitätsreduktion und Vereinfachung seitens der Lerner. Es darf nicht übersehen werden, dass Komplexitätsreduktion, die zu einem bestimmten Zeitpunkt Lernerleichterung bedeutet, in einer späteren Phase zur Lernbehinderung werden kann. Ein offenes Problem stellt die Differenzierung von kontrastiv begründeten und allgemeinen Lehr- und Lernschwierigkeiten dar. Dies ist in seiner Tragweite mit dem Problem der Unterscheidung kontrastiv und nicht kontrastiv motivierter Fehler zu vergleichen.

Grammatische Progression bedeutet die Anordnung der grammatischen Komponente des Lehrstoffs in Sequenzen, d. h. die Bestimmung der Reihenfolge ihrer Vermittlung, wobei das didaktische Prinzip ‚Einfaches vor Schwierigem' maßgebend ist. Die grundlegende Problemstellung lautet für uns wie folgt: Ist es möglich, die grammatische Progression nach kontrastiven Gesichtspunkten zu begründen? Es ist auf jeden Fall vorauszuschicken, dass die Verzahnung der grammatischen Progression mit der lexikalischen sowie mit allgemeinen kommunikativen Anforderungen zahlreiche Widersprüche und Konflikte in sich birgt. Das wichtigste Forschungsdesideratum in diesem Bereich stellt die Klärung des Verhältnisses zwischen den kontrastiven und nichtkontrastiven Anteilen der lernerleichternd wirkenden Anordnung des zweitsprachlichen Inputs dar. Die kontrastiven Aspekte des Problemfeldes werfen aber auch viele Fragen auf, die gegenwärtig

noch nicht zufrieden stellend beantwortet werden können. Die These der nicht ausgereiften Variante der Kontrastivhypothese, nach der sich Lernschwierigkeiten in direkter Abhängigkeit von der interlingualen Distanz auf einer Skala hierarchisieren ließen, gilt zwar
zusammen mit der Annahme, dass sich die Progression unmittelbar an der interlingualen
Distanz zu orientieren hätte, als falsifiziert, ein systematisch ausgearbeiteter Gegenentwurf ist jedoch noch nicht verfügbar. Die Lösung des Problems ist wie unter 2. erwähnt
erst von der empirischen Erforschung der subjektiven Distanzwahrnehmung zu erwarten.
Der gegenwärtige Forschungsstand lässt die Erarbeitung einer in die Praxis umsetzbaren
Alternative noch nicht zu, ist doch unser Wissen über Erwerbssequenzen in unterschiedlichen Typen von Spracherwerbssituationen äußerst bruchstückhaft. Das Verhältnis der
Spezifik von Erwerbssequenzen im Erstspracherwerb, im ungesteuerten Zweitspracherwerb sowie in verschiedenen Entwicklungsstadien von Lernervarietäten ist gegenwärtig
weitgehend ungeklärt. Festzuhalten ist, dass sich Ergebnisse aus einem dieser drei Bereiche nicht unhinterfragt in die beiden anderen übertragen lassen. Die zahlreichen, einander oft widersprechenden Hypothesen der gegenwärtigen Forschungssituation müssen
durch Längstschnittuntersuchungen empirisch verifiziert oder falsifiziert werden.

Selinker und Kuteva (1992) zeigen die Möglichkeiten des Einsatzes der Metapher
als Bewusstmachungsstrategie im Erwachsenenunterricht im Rahmen eines kognitiven
Modells auf. Als Beispiel wählen sie die Vermittlung von stark polysemen und zudem an
Grammatikalisierungsprozessen beteiligten Verben ohne isomorphe Entsprechungen in
der Erstsprache. Dieser Ansatz ist von der traditionellen Annäherungsweise, die die Metapher als Quelle für Transfer aus der Erstsprache ansieht, abzuheben, zumal es sich hier
um ein Strukturierungsprinzip bei der Aufbereitung des zielsprachlichen Inputs handelt.
Die von Selinker und Kuteva vorgeschlagene Strategie scheint der von James (1992: 192)
geforderten Integration von Bewusstmachung und Sprachbewusstsein gerecht zu werden.
Die Überlegungen zur Metapher als Strategie der impliziten Bewusstmachung interlingualer Kontrastivität sollen andeuten, dass es in diesem Bereich noch viele offene Forschungsfragen gibt.

Vielversprechend ist der von Portmann-Tselikas (2001, 2003a und b) vertretene Ansatz zur Grammatikvermittlung, die als Schule der Aufmerksamkeit angesehen wird.
Zentral ist dabei die Lenkung der Aufmerksamkeit: „Die Aufmerksamkeit der Lernenden
wird auf eine Erscheinung gelenkt − und sie bleibt für eine gewisse Zeit darauf bezogen"
(Portmann-Tselikas 2003a: 8). In diesem innovativen Ansatz, der den natürlichen Zugang
zur Grammatik betont, spielen außerdem folgende Prinzipien eine wichtige Rolle: statt
Produktionsorientierung Rezeptionsorientiertheit, Bearbeitung konkreter Aufgaben,
spielerische Kooperation zwischen den Lernenden, statt langatmiger metasprachlicher
Erläuterungen Vermittlung impliziten grammatischen Wissens. Portmann-Tselikas geht
davon aus, dass die fremdsprachendidaktischen Konzeptionen über den Grammatikunterricht immer noch stark von Ideen geprägt sind, die ihre Wurzeln im Audiolingualismus
haben, was sich vor allem in der fast ausschließlichen Produktionsorientierung der vorherrschenden didaktischen Verfahren und in der Orientierung am Konzept der Automatisierung zeige. Entsprechend schwierig sei es, Erkenntnisse der Spracherwerbsforschung
und der Sprachlerntheorie bei der Erneuerung des didaktischen Instrumentariums der
Grammatikvermittlung nutzbar zu machen. Das Konzept der Automatisierung wird dadurch auch in ein neues Licht gerückt, zumal diese als komplexer, systemischer Prozess
erscheint, der nicht auf einzelne Regularitäten beschränkt bleibt.

7. Literatur in Auswahl

Adamson, Hugh Douglas
    2009   *Interlanguage Variation in Theoretical and Pedagogical Perspective.* London: Routledge.
Butzkamm, Wolfgang
    1993   *Psycholinguistik des Fremdsprachenunterrichts.* Tübingen/Basel: Francke.
Cenoz, Jasone
    2001   The effect of linguistic distance, L2 status and age on cross-linguistic influence in Third
            Language Acquisition. In: Jasone Cenoz, Britta Hufeisen und Ulrike Jessner (Hg.), 8−20.
Cenoz, Jasone, Britta Hufeisen und Ulrike Jessner (Hg.)
    2001   *Cross-linguistic Influence on Third Language Acquisition: Psycholinguistic Perspectives.*
            Clevedon etc.: Multilingual Matters.
Dittmar, Norbert und Martina Rost-Roth (Hg.)
    1995   *Deutsch als Zweit- und Fremdsprache. Methoden und Perspektiven einer akademischen Dis-*
            ziplin. Frankfurt a. M. etc.: Lang.
Ellis, Rod
    1997   *Second Language Acquisition.* Oxford: Oxford University Press.
Fisiak, Jacek
    1990   On the present status of some metatheoretical and theoretical issues in contrastive linguis-
            tics. In: Jacek Fisiak (Hg.), *Further Insights into Contrastive Analysis*, 3−22. Amsterdam/
            Philadelphia: John Benjamins.
Gibbson, Martha, Britta Hufeisen und Gary Libben
    2001   Learners of German as an L3 and their production of German prepositional verbs. In:
            Jasone Cenoz, Britta Hufeisen und Ulrike Jessner (Hg.), 138−148.
Gnutzmann, Claus
    1995   Einführung in den Themenschwerpunkt. *Fremdsprachen Lehren und Lernen* 24: 3−10
            (Sonderheft zum Themenschwerpunkt „Kontrastivität und kontrastives Lernen").
Grießhaber, Wilhelm
    1995   Zweisprachige Lehrwerke für Deutschlerner. In: Norbert Dittmar und Martina Rost-
            Roth (Hg.), 283−302.
Hawkins, Eric
    1984   *Awareness of Language.* Cambridge: Cambridge University Press.
Hessky, Regina
    1994   Der Sprachvergleich als Hilfe beim Grammatiklernen. *Deutsch als Fremdsprache* 31(1):
            20−25.
Hufeisen, Britta
    2000   How do foreign language learners evaluate various aspects of their multilingualism? In:
            Sigrid Dentler, Britta Hufeisen und Beate Lindemann (Hg.), *Tertiär- und Drittsprachen.*
            Projekte und empirische Untersuchungen, 23−56. Tübingen: Stauffenburg.
Hufeisen, Britta
    2003   L1, L2, L3, L4 − alle gleich? Linguistische, lernerinterne und lernerexterne Faktoren in
            Modellen zum multiplen Spracherwerb. *Zeitschrift für Interkulturellen Fremdsprachenun-*
            terricht 8(2/3): 97−109, online (20. 5. 2010).
James, Carl
    1980   *Contrastive Analysis.* London: Longman.
James, Carl
    1991   The monitor model and the role of the first language. In: Vladimir Ivir und Damir Kalog-
            jera (Hg.), *Languages in Contact and Contrast*, 247−260. Berlin/New York: Mouton de
            Gruyter.
James, Carl
    1992   Awareness, consciousness and language contrast. In: Christian Mair und Manfred Mar-
            kus (Hg.), 183−198.

James, Carl
    1996   A cross-linguistic approach to Language Awareness. *Language Awareness* 5(3/4): 138–
            148.
Jarvis, Scott und Aneta Pavlenko
    2008   *Crosslinguistic Influence in Language and Cognition.* New York: Routledge.
Juhász, János
    1970   *Probleme der Interferenz.* Budapest/München: Akadémiai Kiadó/Max Hueber.
Juhász, János
    1980   Interferenzlinguistik. In: Hans Peter Althaus, Helmut Henne und Herbert Ernst Wiegand
            (Hg.), *Lexikon der Germanistischen Linguistik IV*, 646–652. Tübingen: Niemeyer.
Kasper, Gabriele und Shoshana Blum-Kulka (Hg.)
    2003   *Interlanguage Pragmatics.* New York/Oxford: Oxford University Press.
Kellerman, Eric
    1979   Transfer and non-transfer: Where are we now. *Studies in Second Language Acquisition*
            2(1): 37–57.
Kielhöfer, Bernd
    1995   Die Rolle der Kontrastivität beim Fremdspracherwerb. In: Norbert Dittmar und Martina
            Rost-Roth (Hg.), 35–51.
Klein, Wolfgang
    1992   *Zweitspracherwerb: Eine Einführung.* Frankfurt a. M.: Anton Hain.
Kortmann, Bernd
    1998   Kontrastive Linguistik und Fremdsprachenunterricht. In: Wolfgang Börner und Klaus
            Vogel (Hg.), *Kontrast und Äquivalenz: Beiträge zu Sprachvergleich und Übersetzung*, 136–
            167. Tübingen: Narr.
König, Ekkehard
    1990   Kontrastive Linguistik als Komplement zur Typologie. In: Claus Gnutzmann (Hg.), *Kon-
            trastive Linguistik*, 117–131. Frankfurt a. M. etc.: Lang.
König, Ekkehard
    1996   Kontrastive Grammatik und Typologie. In: Ewald Lang und Gisela Zifonun (Hg.),
            Deutsch – typologisch, 31–54. Berlin/New York: de Gruyter.
Königs, Frank G.
    1995   Lernen im Kontrast – was heißt das eigentlich? *Fremdsprachen Lehren und Lernen* 24:
            11–24.
Mair, Christian und Manfred Markus (Hg.)
    1992   *New Departures in Contrastive Linguistics / Neue Ansätze in der Kontrastiven Linguistik.*
            Vol. 2/Bd. 2. Innsbruck: Universität Innsbruck.
Nickel, Gerhard
    1992   Recent trends in error analysis: ,Contrastive' vs. ,non-contrastive' errors. In: Christian
            Mair und Manfred Markus (Hg.), 211–222.
Ortega, Lourdes
    2009   *Understanding Second Language Acquisition.* London: Hodder Education.
Portmann-Tselikas, Paul R.
    2001   Sprachaufmerksamkeit und Grammatiklernen. In: Paul R. Portmann-Tselikas und Sabine
            Schmölzer-Eibinger (Hg.), 9–48.
Portmann-Tselikas, Paul R.
    2003a   Aufmerksamkeit statt Automatiserung: Überlegungen zur Rolle des Wissens im Gramma-
            tikunterricht. *German as a Foreign Language* 2: 1–30, online (20. 5. 2010).
Portmann-Tselikas, Paul R.
    2003b   Grammatikunterricht als Schule der Aufmerksamkeit: Zur Rolle grammatischen Wissens
            im gesteuerten Spracherwerb. *Babylonia* 2003(2): 9–18.
Portmann-Tselikas, Paul R. und Sabine Schmölzer-Eibinger (Hg.)
    2001   *Grammatik und Sprachaufmerksamkeit.* Innsbruck: StudienVerlag.

Pütz, Martin und JoAnne Neff-van Aertselaer (Hg.)
   2008   *Developing Contrastive Pragmatics: Interlanguage and Cross-Cultural Perspectives.* Berlin/
         New York: Mouton de Gruyter.
Ringbom, Håkan
   2007   *Cross-linguistic Similarity in Foreign Language Learning.* Clevedon, UK: Multilingual
         Matters.
Selinker, Larry
   1989   CA/EA/IL: The earliest experimental record. *International Review of Applied Linguistics*
         27(4): 267−291.
Selinker, Larry und Tania Kuteva
   1992   Metaphor as a consciousness-raising strategy. In: Christian Mair und Manfred Markus
         (Hg.), 247−259.
Wekker, Herman
   1992   On contrastive linguistics and second language acquisition. In: Christian Mair und Manf-
         red Markus (Hg.), 279−292.

Rita Brdar-Szabó, Budapest (Ungarn)

53. Kontrastive Analyse Arabisch–Deutsch

1. Arabisch in der Sprachpraxis
2. Stand der Forschung
3. Charakteristika des Arabischen aus DaF-Perspektive
4. Literatur in Auswahl

1. Arabisch in der Sprachpraxis

Arabisch ist als Amtssprache in 25 Staaten und mit ca. 221 Millionen Sprechern (Lewis 2009) die am weitesten verbreitete semitische Sprache. Für die aktuelle Sprachsituation sind jedoch verschiedene Varietäten zu unterscheiden. So ist das klassische Hocharabisch eine Schriftsprache, die durch die zentrale religiöse Rolle, die Arabisch im 7. Jahrhundert als Sprache der Offenbarung Gottes im Koran gewann, sowie durch eine stark normative Grammatiktradition, die sich aus dem Anliegen einer korrekten Lesung des Koran entwickelt hat, in ihren phonetischen, morphologischen, syntaktischen und lexikalischen Aspekten weitgehend unverändert blieb. Im 19. Jahrhundert bildete sich im Rahmen von Modernisierungsbestrebungen das moderne Standardarabisch als überregionale Sprachform der Presse und des offiziellen Diskurses, das sich vom klassischen Hocharabisch primär im Bereich des Wortgebrauchs und der Stilistik unterscheidet (Fischer 2002: 1).

    In der alltäglichen kommunikativen Sprachpraxis dominiert der jeweilige regionale Dialekt, wobei die Dialekte nicht nur erhebliche Differenzen gegenüber der Hochsprache aufweisen, sondern auch untereinander z. T. stark differieren (Fischer und Jastrow 1980). Mit der − auch im Bewusstsein der Sprecher klar verankerten − Unterscheidung zwischen der arabischen Hochsprache (*al-luġat al-fuṣḥā*, wörtlich: die beredte Sprache) und der Umgangssprache (*al-luġat al-'āmmiyya*, wörtlich: die Sprache des gemeinen Volks) verbinden sich klare Wertungen: Der idealen Form der Hochsprache steht eine weitgehend als struktur- und grammatiklos eingestufte Umgangssprache gegenüber.

Die Sprachsituation des Arabischen wird dementsprechend in der Regel mit dem Begriff der Diglossie erfasst. Neuere soziolinguistische Untersuchungen gehen jedoch von einer weit komplexeren Sprachsituation aus. Angeknüpft wird hierbei an die Fallstudie zum Sprachgebrauch in den ägyptischen Medien von El-Said Badawi aus den 1970er Jahren, die neben dem klassischen Arabisch und dem modernen Standardarabisch drei verschiedene Sprachformen der Umgangssprache differenziert: die Umgangssprache der Gebildeten, die familiäre Alltagssprache und die Sprache der Analphabeten. Den Regelfall bildet ein flexibler Einsatz der verschiedenen Sprachformen, der nicht nur vom Bildungsgrad des Sprechers, sondern auch von der jeweiligen Äußerungssituation abhängt (siehe hierzu die Beiträge in Elgibali 1996). Diese komplexe Sprachsituation, für die Hary (1996) den Begriff der Multiglossie vorschlägt, findet sich jedoch in der kontrastiven Forschung bisher nur sehr partiell berücksichtigt.

2. Stand der Forschung

Sprachvergleichende Untersuchungen haben in der klassischen arabischen Sprachwissenschaft kaum eine Tradition. Vergleichende Arbeiten zwischen dem Deutschen und dem Arabischen sind daher zumeist auf praktische Notwendigkeiten im Bereich des Fremdsprachenunterrichts und der Übersetzung begründet. Auf den DaF-Unterricht bezogene Untersuchungen wurden bisher vorwiegend von GermanistInnen durchgeführt, die ihren Arbeitsschwerpunkt in der arabischsprachigen Germanistik haben. Dabei handelt es sich mehrheitlich um Monographien (zumeist Dissertationen) und Artikel, die sich auf die Untersuchung einzelner sprachlicher Phänomenbereiche konzentrieren; Initiativen, die die Forschungsergebnisse in einer umfassenden kontrastiven Grammatik zusammenführen würden, sind bislang jedoch nicht erkennbar.

Eine Überblicksdarstellung grammatischer Interferenzen zwischen dem Hocharabischen und dem Deutschen gibt Ahmad (1996). Allerdings fehlt der Arbeit eine empirische Grundlegung, die deutlich machen könnte, ob die aufgeführten Interferenzen auch tatsächlich eine zentrale Fehlerquelle für arabischsprachige Deutschlerner bilden. Empirisch fundierte Ergebnisse liefert dagegen die Arbeit von Duckstein (2005), die sich auf ein Korpus aus Aufsätzen ägyptischer Germanistikstudierender stützt und die komplexe Sprachsituation der Lerner differenziert in die kontrastive Fehleranalyse einbezieht.

Eine umfassende kontrastive Analyse zum Lautinventar liegt mit Benzian (1992) vor, der in seiner auf die Maghreb-Region bezogenen Untersuchung neben der hochdeutschen und hocharabischen Lautung auch das Französische und den algerisch-arabischen Tlemcen-Dialekt berücksichtigt. Mit der Einbeziehung phonetischer Interferenzen zwischen dem Arabischen, dem Französischen und dem Deutschen in den DaF-Unterricht an Universitäten in Marokko und Algerien beschäftigen sich die fremdsprachendidaktisch orientierten Arbeiten von Albers (1987) und Seddiki (1998). Empirische Untersuchungen zu Interferenzen mit dem Ägyptisch-Arabischen führen Werner (1981) und Kaltenbacher (1991) durch. Wie sich kontrastive Untersuchungen in regionalspezifische didaktische Konzepte umsetzen können, zeigt die Arbeit zum Hörverstehen im Deutschunterricht in

Ägypten von El Nady (2005), die Probleme vor allem im Bereich phonetischer Interferenzen sowie komplexer Syntax lokalisiert und Konzepte zu einem positiven Transfer im Erwerb der Fremdsprache entwickelt.

Im Bereich der Grammatikforschung liegen eine Reihe von vergleichenden Untersuchungen zu grammatischen Basiskategorien vor (u. a. Mansour 1988 zu Präpositionen und Matta 1997 zu den Kategorien Genus und Numerus). Andere Arbeiten setzen sich dagegen kritisch von der lateinisch-griechischen Grammatikterminologie als Vergleichsbasis ab: So werden in den Arbeiten von Selmy (1993) zu unpersönlichen Ausdrucksweisen und von Ahmed (1995) zu Bedingungsgefügen funktional-semantische Kategorien zu Grunde gelegt. Handlungstheoretisch setzt dagegen die Arbeit von Eissenhauer (1999) zum Relativsatz an. Im verbalen Bereich dominieren valenzgrammatische Untersuchungen (u. a. Hammam 1994; Msellek 2006), die relativ problemlos an die traditionell dependenzorientierte arabische Grammatiktradition anschließen können (vgl. Owens 2003). Eine Analyse von Valenzfehlern in schriftlichen Arbeiten arabischsprachiger Deutschlerner unternimmt die fremdsprachendidaktisch orientierte Arbeit von Ouanès (1989). Grammatikalisierung und Sprachwandel stehen dagegen im Mittelpunkt der Untersuchungen zu den Verbalkategorien von Maas, Selmy und Ahmed (2000), die im Gegensatz zu den meisten kontrastiven Arbeiten zur Grammatik nicht nur das Hocharabische berücksichtigen, sondern den für die mündliche Sprachproduktion relevanten (hier: ägyptischen und marokkanischen) Dialekt in den Vordergrund stellen.

Dass die Anerkennung der Systematik der gesprochenen Sprache einen Tabubereich arabischer Grammatikforschung berührt, macht die Tatsache deutlich, dass die meisten kontrastiven Arbeiten − sofern sie überhaupt empirisch angelegt sind − auf schriftliche Texte zurückgreifen. So legt zum Beispiel Mohamed (2002), der in seiner Arbeit zu Modalpartikeln einen Gegenstand untersucht, der für die mündliche Kommunikation von besonderer Relevanz ist, für das Arabische ein aus Korantexten gewonnenes Korpus zu Grunde. Arbeiten zu primär diskursrelevanten grammatischen Phänomenen, wie die Arbeit von Elnashar (2005) zu fragmentarischen Äußerungen, stellen nach wie vor die Ausnahme dar, wobei hier für das Korpus Dramentexte gewählt wurden, die nur bedingt für den Bereich der Mündlichkeit reklamiert werden können.

Vergleichende lexikologische Arbeiten beschäftigen sich u. a. mit Fremdwörtern und Internationalismen (El Akshar 1993; Selmy 2003). Eine vergleichende Symbolfeldanalyse zum Fremdheitsbegriff führt Beshara (2008) durch.

Empirisch basierte vergleichende Textartuntersuchungen liegen bisher nur von Bilal (2008) vor − obwohl gerade im Bereich der Textarten mit erheblichen Interferenzen zu rechnen ist. Erste diskursanalytisch orientierte Forschungen stellen die interkulturell ansetzende Arbeit von Bouchara (2002) zu Höflichkeitsformen und die Untersuchung von Henini (2003) zum Anredeverhalten dar. Von Relevanz für den Deutsch-als-Zweitsprache-Unterricht mit arabischsprachigen Kindern sind die Arbeiten zum Zweitsprachenerwerb von Mehlem (1998) und Jabnoun (2008).

3. Charakteristika des Arabischen aus DaF-Perspektive

Typologisch ist das Arabische − wie auch das Deutsche − den flektierenden Sprachen zuzuordnen. Allerdings unterscheiden sich beide Sprachen z. T. grundlegend in ihrer morphologischen Struktur. Charakteristisch für das Arabische ist die systematische Ableitung des Wortschatzes aus sogenannten Wurzeln, die in der Regel aus drei (in seltenen Fällen auch aus vier) Konsonanten oder Halbkonsonanten bestehen und die Grundbedeutungen der von ihnen abgeleiteten Wörter in abstrahierter Form enthalten. Die Wurzeln bilden die Basis für das Verbsystem: Neben dem Grundstamm, der durch die Kombination der Wurzelkonsonanten mit Kurzvokalen gebildet wird, können durch morphematische Mittel im heutigen Arabisch bis zu neun systematisch unterschiedene Verbalstämme gebildet werden, durch die eine Bedeutungsdifferenzierung der Verben (u. a. intensivierend, kausativ und reflexiv) erfolgt (Fischer 2002: 86 ff.). Aus den verschiedenen Verbstämmen leiten sich jeweils bedeutungsverwandte Substantive und Adjektive ab.

Wie Duckstein (2005) zeigt, kann eine Vielzahl von Fehlern im Bereich der Wortbildung und -diskrimination auf partielle Übertragungen von Ableitungsregeln aus dem Arabischen ins Deutsche zurückgeführt werden. Aus der unterschiedlichen Bildungssystematik ergeben sich in vielen Fällen auch Schwierigkeiten mit reflexiven Verbalkonstruktionen im Deutschen und mit dem System deutscher Präfix- und Partikelverben. Weitere Interferenzen im verbalen Bereich bestehen u. a. im Tempussystem (arabische Verben verfügen über eine perfektive und eine imperfektive Tempusform, die v. a. der Differenzierung vorzeitiger und gleichzeitiger Verhältnisse im Satz dienen, unabhängig von der zeitlichen Einordnung des beschriebenen Geschehens) und im Bereich der Modalität, da das Arabische kein geschlossenes Modalsystem aufweist und im Arabischen und im Deutschen bestehende Kategorien in diesem Bereich in der Regel nicht vergleichbar sind (für eine detaillierte Gegenüberstellung des Deutschen, des Hocharabischen und des Ägyptisch-Arabischen siehe Maas, Selmy und Ahmed 2000).

Ein weit differenzierteres Formsystem als im Deutschen findet sich im Bereich der Personalformen (Differenzierung weiblicher und männlicher Formen in der 2. und 3. Person) und im Bereich der Numeri (Differenzierung der Dualform bei Substantiven und Adjektiven und in der Verbkonjugation bei Zweizahl des Subjekts im Hocharabischen). Da das Deutsche hier gegenüber dem Arabischen ein einfacheres Formsystem aufweist, ergeben sich daraus für arabischsprachige Deutschlerner keine Schwierigkeiten. Lernprobleme treten jedoch auf, wenn die Zielsprache einen erweiterten Formbestand aufweist, wie im Fall der Genera (der Differenzierung von Maskulin, Feminin und Neutrum im Deutschen steht die meist an der morphologischen Form oder der Bedeutung klar erkennbare Zuordnung zu den zwei Genera Maskulin und Feminin im Arabischen gegenüber) und im Fall der Kasus (nur drei Kasus im Arabischen gegenüber vier im Deutschen). So kennt das Arabische nur den Nominativ, den Genitiv und den Akkusativ, mit der folgenden grammatischen Funktionszuordnung: der Nominativ markiert das Subjekt, im Genitiv stehen Substantive, die einem Nomen attribuiert sind, sowie alle Präpositionalergänzungen und der Akkusativ kennzeichnet Objekte, Adverbiale und prädikative Attribute (Blohm 2001: 447). Die Kasusmarkierung erfolgt über Flexionsendungen der Nomen, wobei eine Unterscheidung von Nominativ, Genitiv und Akkusativ durch die drei Kurzvokale /u/, /i/ und /a/ realisiert wird, für die es im arabischen Schriftsystem lediglich diakritische Zeichen gibt, die fakultativ eingesetzt werden können (البيتَ / البيتِ / البيتُ gegenüber einer einheitlichen Schreibung ohne diakritische Zeichen: البيت). In den Dialekten, für die der Schwund der auslautenden Kurzvokale durchgängig charakteristisch ist, entfällt das nominale Flexionssystem vollständig (Fischer und Jastrow 1980: 17). Mündlich realisiert wird es auch in Zusammenhängen, in denen sich die Sprecher des modernen Standardarabisch bedienen, nur dann, wenn eine Nähe zum klassischen Arabischen signalisiert werden soll. Insbesondere der Dativ, aber auch der grammatische

Einsatz und das Flexionssystem der anderen Kasus des Deutschen stellen dementsprechend eine der Hauptschwierigkeiten für arabischsprachige Deutschlerner dar. Interferenzen im Kasussystem wirken sich auch auf den Bereich der Verbvalenzen aus, da das Arabische weder Dativ- noch Genitivergänzungen aufweist, wohingegen zwei Akkusative, die im Arabischen häufig sind, im Deutschen kaum auftreten.

Charakteristisch für das Arabische im syntaktischen Bereich ist die grundlegende Unterscheidung zwischen Verbalsätzen und Nominalsätzen, die kein verbales Prädikat enthalten – eine Satzkonstruktion, die das Deutsche als grammatikalisierte Form nicht kennt. Dementsprechend macht Duckstein (2005: 80) für das Auftreten prädikatsloser Sätze und Nebensätze in ihrem Korpus den Einfluss muttersprachlicher Strukturen verantwortlich. Interferenzen bestehen auch im Bereich der Satzgliedstellung. So steht z. B. das finite Verb im Hocharabischen im verbalen Hauptsatz im Regelfall in Spitzenstellung, während für das Deutsche die Zweitstellung des finiten Verbs charakteristisch ist. Wie Duckstein (2005: 88) feststellt, bereitet die Satzgliedstellung in einfachen Hauptsätzen zumindest fortgeschrittenen ägyptischen Deutschlernern jedoch kaum Probleme – wohl auch, weil in der ägyptischen Regionalsprache zumeist wie im Deutschen das Subjekt dem Verb vorangestellt wird. Große Schwierigkeiten bestehen jedoch mit der Klammerstruktur des Deutschen sowie mit der Satzgliedstellung in komplexen Sätzen. Da die arabische Grammatikschreibung das Konzept der Hypotaxe nicht kennt und dementsprechend arabischsprachigen Deutschlernern die Differenzierung von Haupt- und Nebensätzen aus dem schulischen Arabischunterricht nicht vertraut ist, bereitet die Identifizierung von Nebensätzen und deren Markierung durch die Endstellung des Verbs arabischsprachigen Deutschlernern oftmals Probleme.

Schwierigkeiten arabischsprachiger Deutschlerner bei der Produktion schriftlicher Texte werden viel diskutiert, allgemein zugängliche Untersuchungen liegen hierzu jedoch bisher nicht vor. Textlinguistisch motivierte sprachkontrastive Analysen zu Textkohäsion und -kohärenz sowie detaillierte Untersuchungen zu einzelnen Textarten könnten hier weitergehenden Aufschluss geben.

Für den Bereich der Mündlichkeit sind Interferenzen im Bereich der Phonetik von Relevanz, wobei hier in besonderem Maße phonetische Besonderheiten der regionalen Varianten des Arabischen zu berücksichtigen sind. Ausgehend vom arabischen Schriftsystem werden für das Hocharabische 28 Konsonanten und drei Langvokale unterschieden; hinzu kommen drei Kurzvokale, die entweder gar nicht oder über Hilfszeichen zur eindeutigen Vokalisierung verschriftlicht werden, sowie zwei (unechte) Diphthonge, die aus der Kombination des Vokalphonems /a/ und einem der beiden Halbvokale /j/ (y) und /w/ (w) entstehen. In vielen Dialekten erfolgte jedoch u. a. durch Monophthongisierung von /aj/ und /aw/ zu /e:/ und /o:/ ein deutlicher Ausbau des Vokalsystems (Fischer und Jastrow 1980: 54). Signifikante Veränderungen gegenüber dem Hocharabischen sind auch im konsonantischen Bereich zu verzeichnen. Grundsätzlich gilt jedoch, dass das Arabische gegenüber dem Deutschen einerseits über ein geringes Vokalinventar und andererseits über ein sehr viel reicher ausgebildetes konsonantisches Inventar verfügt. Schwierigkeiten bereiten arabischsprachigen Deutschlernern jedoch nicht nur das stark differenzierte Vokalsystem des Deutschen, sondern auch Interferenzen im konsonantischen Bereich. So gibt es im Konsonanteninventar des Arabischen und auch in den meisten regionalen Varianten keine Entsprechungen für die deutschen Konsonanten /ç/, /p/ und /v/ – wobei /p/ und /v/ für viele arabischsprachige Deutschlerner bereits durch den Erwerb von Englisch als erster Fremdsprache bekannt sind. Als Lernschwierigkeit erweisen sich auch die für das Arabische ausgeschlossenen Konsonantenhäufungen im Anlaut und in zusammengesetzten Wörtern wie z. B. im dt. *Sprache* oder *Schlingpflanze*, die von vielen Lernern durch das Einfügen von Sprossvokalen kompensiert werden. Schwierigkeiten bestehen aber auch im suprasegmentalen Bereich (Längen, Junktur, Wort- und Satzakzente, Phonotaktik).

Noch kaum untersucht sind bisher diskursive Interferenzen zwischen dem Arabischen und dem Deutschen, die für eine nachhaltigere Vermittlung kommunikativer Kompetenz wichtige Aufschlüsse geben könnten. Auf erhebliche Interferenzen z. B. im Bereich des Sprecherwechsels weist die Arbeit von Bouchara (2002) hin, der hier von einer weit größeren Überlappung als im Deutschen ausgeht. Solche Befunde müssten jedoch noch an einem umfangreicheren arabischsprachigen Korpus belegt werden, das darüber hinaus auch regionale Differenzen sowie unterschiedliche Diskursarten berücksichtigen sollte.

4. Literatur in Auswahl

Ahmad, Ferhan Shahab
  1996   *Kontrastive Linguistik Deutsch − Arabisch: zur Relevanz der kontrastiven Untersuchungen für den Fremdsprachenunterricht.* Heidelberg: Groos.
Ahmed, Mostafa Mohamed Mohamed
  1995   *Die Bedingungsgefüge im Arabischen und im Deutschen: eine konfrontative Untersuchung.* Heidelberg: Groos.
Albers, H.-G.
  1987   Interferenzprobleme Deutsch − Arabisch − Französisch im Phonetik-Unterricht in Marokko. *Info DaF* 14(4): 326−337.
Belal, Marwa
  2008   Das Rundschreiben im Deutschen und im Arabischen. Eine textsortenspezifische analytische Untersuchung. In: Renate Riedner und Siegfried Steinmann (Hg.), 51−70.
Benzian, Abderrahim
  1992   *Kontrastive Phonetik Deutsch, Französisch, modernes Hocharabisch, Tlemcen-Arabisch (Algerien).* Frankfurt a. M. etc.: Lang.
Beshara, Helen
  2008   Der Fremdheitsbegriff und der Fremde im Deutschen und im Arabischen. Eine vergleichende Symbolfeldanalyse. In: Renate Riedner und Siegfried Steinmann (Hg.), 279−290.
Blohm, Dieter
  2001   Kontrastive Analysen Deutsch-Arabisch: eine Übersicht. Unter Mitarbeit von Nahed El Dib. In: Gerhard Helbig, Lutz Götze, Gert Henrici und Hans-Jürgen Krumm (Hg.), *Deutsch als Fremdsprache. Ein internationales Handbuch*, 444−451. Bd. 1. (Handbücher zur Sprach- und Kommunikationswissenschaft 19.1−2). Berlin/New York: de Gruyter.
Bouchara, Abdelaziz
  2002   *Höflichkeitsformen in der Interaktion zwischen Deutschen und Arabern.* Tübingen: Niemeyer.
Duckstein, Barbara
  2005   Der Erwerb des Deutschen als Fremdsprache durch arabische MuttersprachlerInnen − eine kontrastiv-empirische Untersuchung. Magisterarbeit, Institut für Deutsch als Fremdsprache, Ludwig-Maximilians-Universität München.
Eissenhauer, Sebastian
  1999   *Relativsätze im Vergleich: Deutsch−Arabisch.* Münster etc.: Waxmann.

El Akshar, Salah
1993   *Die sozialen und funktionalstilistischen Schichtungen des Fremdwortes am Material der deutschen Gegenwartssprache und des Arabischen.* Frankfurt a. M. etc.: Lang.
Elgibali, Alaa (Hg.)
1996   *Understanding Arabic. Essays in Contemporary Arabic Linguistics in Honor of El-Said Badawi.* Kairo: AUC Press.
El Nady, Maha
2005   *Deutschunterricht in Ägypten. Grundlegung eines didaktischen Konzepts zur Entwicklung des Hörverstehens.* Kassel: University Press.
Elnashar, Randa
2005   *Fragmentarische Äußerungen im Deutschen und Arabischen. Funktional-pragmatische Analyse ausgewählter Dramen.* Hamburg: Dr. Kovač.
Fischer, Wolfdietrich
2002   *Grammatik des klassischen Arabisch.* 3. verbesserte Aufl. Wiesbaden: Harrassowitz.
Fischer, Wolfdietrich und Otto Jastrow (Hg.)
1980   *Handbuch der arabischen Dialekte.* Wiesbaden: Harrassowitz.
Hammam, Sayed
1994   *Verbvalenz im Deutschen und Arabischen: Zur theoretischen Grundlegung eines deutsch-arabischen Verbvalenzwörterbuchs.* Heidelberg: Groos.
Hary, Benjamin
1996   The Importance of the Language Continuum in Arabic Multiglossia. In: Alaa Elgibali (Hg.), 69−90.
Henini, Fatima
2003   *Das Anredeverhalten in Deutschland und Marokko.* Oldenburg: Isensee.
Jabnoun, Latifa
2008   *Der Erwerb des Deutschen durch arabischsprachige Kinder. Eine Studie zur Verbstellung.* Saarbrücken: VDM/Dr. Müller.
Kaltenbacher, Erika
1991   Der Wortakzent im Ägyptisch-Arabischen und im Deutschen. Kontrastive Analyse und Erwerbsaspekte. *Kairoer Germanistische Studien* 6: 129−158.
Lewis, M. Paul (Hg.)
2009   *Ethnologue: Languages of the World.* 16. Aufl. Dallas: SIL International. http://www.ethnologue.com (7. 5. 2010).
Maas, Utz, El-Sayed Selmy und Mostafa Ahmed
2000   *Perspektiven eines typologisch orientierten Sprachvergleichs: Deutsch−Arabisch, Arabisch−Deutsch.* Kairo: Echnaton.
Mansour, Mohamed Ahmed
1988   Kontrastive Analyse der lokalen und temporalen Präpositionen im Deutschen und Arabischen. Dissertation, Albert-Ludwigs-Universität, Freiburg i. Br.
Matta, Hilda
1997   Zur Frage der Wiedergabe der grammatischen Kategorien Genus und Numerus im Deutschen und Arabischen. *Kairoer Germanistische Studien* 10: 497−537.
Mehlem, Ulrich
1998   *Zweisprachigkeit marokkanischer Kinder in Deutschland.* Berlin etc.: Lang.
Msselek, Abderrazzaq
2006   Kontrastive Fallstudie Deutsch−Arabisch. In: Vilmos Ágel et al. (Hg.), *Dependenz und Valenz. Ein internationales Handbuch der zeitgenössischen Forschung,* 1287−1291. Bd. 2. (Handbücher zur Sprach- und Kommunikationswissenschaft 25.1−2). Berlin/New York: de Gruyter.
Ouanès, Hédi
1989   Valenz und Valenzfehler im und um den Deutschunterricht für Araber. Dissertation, Neuphilologische Fakultät, Universität Tübingen.

Owens, Jonathan
  2003   Valency-like Concepts in the Arabic Grammatical Tradition. In: Vilmos Ágel et al. (Hg.),
          Dependenz und Valenz. Ein internationales Handbuch der zeitgenössischen Forschung, 26–
          32. Bd. 1. (Handbücher zur Sprach- und Kommunikationswissenschaft 25.1–2). Berlin/
          New York: de Gruyter.
Riedner, Renate und Siegfried Steinmann (Hg.)
  2008   *Alexandrinische Gespräche. Forschungsbeiträge ägyptischer und deutscher Germanist/inn/
          en.* München: iudicium.
Seddiki, Aoussine
  1998   Phonetik in der DaF-Lehrer-Ausbildung an den Universitäten Algier und Oran. *Deutsch
          als Fremdsprache* 35(3): 158–161.
Selmy. El-Sayed Madbouly
  1993   *Die unpersönlichen Ausdrucksweisen im Deutschen und Arabischen: eine funktional-seman-
          tische Betrachtung der agensabgewandten Konstruktionen in beiden Sprachen.* Heidelberg:
          Groos.
Selmy, El-Sayed Madbouly
  2003   Internationalismen im Arabischen im Vergleich mit dem Deutschen. Eine empirische
          Studie. *ELiSe: Essener Linguistische Skripte – elektronisch.* 3(2): 7–42. http://www.
          uni-due.de/imperia/md/content/elise/ausgabe_2_2003_se/my.pdf (7. 5. 2010).
Werner, Otmar
  1981   Kontrastive Phonologie. Deutsch auf ägyptisch-arabischem Hintergrund. *Deutsche Spra-
          che* 9: 193–223.

Renate Riedner, Leipzig (Deutschland)
Nabil Kassem, Kairo (Ägypten)

54. Kontrastive Analyse Bulgarisch–Deutsch

1. Forschungslage
2. Typologische Gemeinsamkeiten und Differenzen zwischen Deutsch und Bulgarisch:
   Lernerschwierigkeiten
3. Hauptschwierigkeiten und Parallelen im Bereich Phonetik/Phonologie
4. Hauptschwierigkeiten und Parallelen im Bereich Morphologie und Syntax: Fehlerschwerpunkte
5. Hauptschwierigkeiten und Parallelen im Bereich Wortschatz/Idiomatik/Phraseologie
6. Wichtige Kontraste/Parallelen im Bereich Pragmatik, Textlinguistik, Interkulturelle
   Kommunikation
7. Traditionen der Sprachdidaktik und die Rolle der Kontrastivität
8. Literatur in Auswahl

1. Forschungslage

Die Anfänge der deutsch-bulgarischen kontrastiven Studien sind in den 1960er Jahren
anzusetzen, obwohl in Lehrbüchern und Schulgrammatiken auch vorher Elemente kontrastiver Herangehensweise enthalten waren. Kontrastive Analysen wurden sowohl zum
Zwecke der Gewinnung neuer linguistischer Erkenntnisse (als Ermittlungsmethode) als

auch zum Zwecke der Darstellung von Ergebnissen des Sprachvergleichs (als Darstellungsmethode) vorgenommen. Vorherrschend war erstere Zielsetzung, wobei die Erscheinungen des Deutschen bzw. des Bulgarischen vor dem Hintergrund der je anderen Sprache betrachtet wurden. Vollständige Vergleiche aller Gemeinsamkeiten und Unterschiede in einem sprachlichen (Teil-)System waren eher selten. Die meisten kontrastiven Untersuchungen gingen von Systembeschreibungen der einen oder der anderen Sprache aus, wobei die Verhältnisse der einen Sprache auf der anderen abgebildet wurden, d. h., es wurde selten eine Metasprache angewendet. Ein gelungener Versuch, das theoretische Stratifikationsmodell beim Vergleich des deutschen und des bulgarischen Tempussystems anzuwenden, ist die Monographie von Petkov (1994). Interessante Ergebnisse bringt die Anwendung des Valenzmodells (Baschewa 2004). Eine sehr aufschlussreiche Darstellung der Äquivalenzbeziehungen zwischen den finiten Verbformen im Deutschen und Bulgarischen ist die Untersuchung von Walter (2003). Die Mehrzahl der deutsch-bulgarischen kontrastiven Analysen verwendet ein Übersetzungskorpus; viele formulieren auch explizit den Anspruch, für die Übersetzungstheorie und -praxis von Belang zu sein (vgl. die Übersicht bei Dimova 2001: 411). Die Belange des Fremdsprachenunterrichts sind als Zielsetzung kontrastiver Untersuchungen explizit kaum erwähnt worden, obwohl die meisten Beobachtungen aus Lehrerfahrungen stammen. Die Lernerperspektive wird ansatzweise erst in neueren Untersuchungen berücksichtigt (Drumeva 2006; Ratscheva 2007; Ratscheva und Vassileva 2006).

2. Typologische Gemeinsamkeiten und Differenzen zwischen Deutsch und Bulgarisch: Lernerschwierigkeiten

Als Balkansprache hat Bulgarisch, im Unterschied zu anderen slawischen Sprachen, ein gegliedertes Tempussystem, das sowohl Gemeinsamkeiten als auch Differenzen zum Deutschen aufweist und sowohl eine Erleichterung als auch eine Fehlerquelle darstellen kann. Bulgarisch ist im Gegensatz zu den slawischen Sprachen auch eine Artikelsprache, der Artikel wird aber wie in den meisten Balkansprachen postponiert. Bei der Artikelverwendung gibt es teilweise Übereinstimmungen im Vergleich zum Deutschen, was zu Lernerschwierigkeiten führen kann. Der Verlust des Infinitivs als Formenkategorie und sein Ersatz durch Nebensatzkonstruktionen ist neben dem Verlust des Kasussystems und seinem Ersatz durch präpositionale Wortgruppen Ausdruck von analytischen Tendenzen in der Entwicklung des Bulgarischen, die umfangreicher und weiterreichender als der Analytismus des Deutschen sind und als Ursachen für Lernerschwierigkeiten zu berücksichtigen sind. Phonematische und graphematische Differenzen (lateinisches vs. kyrillisches Alphabet) stellen ebenfalls eine ernst zu nehmende Fehlerquelle dar (Radeva 2003: 1−5).

3. Hauptschwierigkeiten und Parallelen im Bereich Phonetik/ Phonologie

Der Bereich der Phonetik und Phonologie ist für kontrastive Untersuchungen besonders gut geeignet, da er überschaubar und mit modernen Methoden beschrieben worden ist. Für das Sprachenpaar Deutsch−Bulgarisch liegt eine monographische Untersuchung von Simeonova vor (1988/1998). Unter phonologischem Aspekt werden die Segmentsysteme beider Sprachen sowohl durch die paradigmatischen als auch durch die syntagmatischen Beziehungen dargestellt und einander gegenübergestellt. Als formales *Tertium comparationis* dient die für beide Sprachen einheitliche phonetische Transkription in Anlehnung an API. Lernerschwierigkeiten bilden vor allem die Qualität und Quantität der deutschen Vokale, deren Phonemwert den bulgarischen Lernern nicht bewusst ist; bei der Realisierung der zwei Vokalreihen durch Bulgaren tritt in den meisten Fällen qualitativ ein gewisser Ausgleich auf. Die deutschen labialisierten Vorderzungenvokale werden in hohem Maße durch die diphthongartigen bulgarischen Lautbildungen [jo] und [ju] substituiert. Der behauchte Vokaleinsatz bildet ebenfalls eine häufige Lernerschwierigkeit, da er im bulgarischen Konsonantensystem fehlt und mit einem hohen Geräuschanteil positionsbedingt als Ach-Laut oder als Ich-Laut gesprochen wird. Fehlleistungen ergeben sich auch beim velaren Nasal [ŋ], der in der Aussprache von Bulgaren eine Spaltung in n + g erfährt (Simeonova 2000: 11−20).

4. Hauptschwierigkeiten und Parallelen im Bereich Morphologie und Syntax: Fehlerschwerpunkte

Im Bereich der Morphologie und Syntax liegt die größte Anzahl von kontrastiven Untersuchungen vor (vgl. die Übersicht bei Dimova 2001: 412−413). Praktischer ausgerichtet ist die *Deutsche Grammatik im Vergleich mit der Grammatik der bulgarischen Sprache* (Petkov et al. 2004 − im Folgenden zitiert als *DG*), die im Rahmen eines wissenschaftlichen Projekts an der Universität Sofia und an der Universität des Saarlandes erarbeitet wurde. Im Rahmen desselben Projekts entstand auch eine bulgarische Grammatik im Vergleich mit der Grammatik der deutschen Sprache (Radeva 2003). Besondere Aufmerksamkeit wird den differierenden Erscheinungen geschenkt, die sich als Fehlerquellen erweisen können. Lernschwierigkeiten ergeben sich vor allem im Bereich der verbalen Kategorien, z. B. beim *haben-* und *sein-*Perfekt (im Bulgarischen ist die Perfektbildung nur mit *săm* ‚sein‘ grammatikalisiert worden); hypothetischer Konjunktiv in Bezug auf Gegenwart, Vergangenheit und Zukunft (im Bulgarischen gibt es keine temporale Differenzierung bei hypothetischen Aussagen); Vorgangs-, Zustandspassiv und Reflexivkonstruktionen werden schwer auseinander gehalten, da sich die Funktionen des bulgarischen reflexiven und partizipialen Passivs vielfach überschneiden; das partizipiale Passiv wird mit dem Hilfsverb *săm* gebildet, was zu irrtümlicher Gleichsetzung mit dem deutschen Zustandspassiv führt. Weitere Lernschwierigkeiten entstehen beim Artikelgebrauch (partielle Übereinstimmungen mit dem Bulgarischen), bei der Kasusverwendung (kein Kasussystem im modernen Bulgarischen, nur Relikte im Pronominalbereich; die Funktionen von Genitiv und Dativ werden von identischen Präpositionen getragen); erwartungsgemäß entstehen auch bei der Satzgliedstellung Lernschwierigkeiten.

5. Hauptschwierigkeiten und Parallelen im Bereich Wortschatz/ Idiomatik/Phraseologie

Abgesehen vom Untersuchungen im Bereich der Wortbildung sind vergleichende Untersuchungen zum Wortschatz des Deutschen und Bulgarischen nicht sehr häufig, dabei wären Wortfeldtheorie und Semanalyse eine gute theoretische Grundlage kontrastiver Analysen (Dimitrova 2003; vgl. auch die Darstellung bei Dimova 2001: 412−413). Neuere lexikologische Vergleiche finden sich im Bereich der lexikographischen Erfassung des Wortschatzes (Dentschewa 2006; Dimova 2006; Ivanova 2006; Kileva-Stamenova 2006b; Paraschkewow 2006).

Phraseologismen sind wegen ihrer Bildhaftigkeit und stilistischen Markiertheit, die in den verschiedenen Sprachen selten übereinstimmen, ein interessantes Objekt kontrastiver Analysen. Über Aspekte der kontrastiven deutsch-bulgarischen Phraseologieforschung berichtet Vapordžiev (1999: 139−148) und plädiert für ein onomasiologisches Herangehen, da es für die Belange des Fremdsprachenunterrichts angemessen sei. Auch Sprichwörter wurden aus kontrastiver Sicht beschrieben (Simeonova 2002: 15−29). Schwierigkeiten für bulgarische Lerner im Bereich des Wortschatzes ergeben sich vor allem in Bezug auf die substantivische Komposition, deshalb sind in der *DG* Abschnitte über die Wortbildung der einzelnen Wortarten enthalten; es wird jedoch ausdrücklich vor Übergeneralisierung der Regelhaftigkeit bei den Äquivalenzbeziehungen im Bereich der Wortbildung gewarnt (Petkov et al. 2004: 1−15, 142−158, 210−222, 247−253).

6. Wichtige Kontraste/Parallelen im Bereich Pragmatik, Textlinguistik, Interkulturelle Kommunikation

Während in der zweiten Hälfte des 20. Jahrhunderts kontrastive Analysen im Bereich der Pragmatik und Textlinguistik für das Sprachenpaar Bulgarisch und Deutsch kaum vorhanden waren (Dimova 2001: 414), ist das Interesse für diese Bereiche seit 2000 sehr gestiegen. Dabei hängen die kontrastiven Analysen eng mit der Unterrichtspraxis sowie mit Problemen der Übersetzung zusammen und sind vor allem auf Besonderheiten einzelner Textsorten orientiert (Grozeva 2007; Ivanova 2003; Kileva-Stamenova 2006a). Dabei stehen Probleme der Interkulturalität im Zentrum des Interesses sowohl in Bezug auf die lexikographische Erfassung kulturspezifischer Benennungen (Dimova 2006; Ivanova 2006) als auch auf deren diskursive Relevanz (Dimova 2002; Ivanova 2003). Ein Kapitel in der *DG* ist den Partikeln gewidmet, die eine wichtige Quelle für Kommunikationsschwierigkeiten und interkulturelle Missverständnisse darstellen (Petkov et. al. 2004: 291−311).

7. Traditionen der Sprachdidaktik und die Rolle der Kontrastivität

Die Traditionen in der bulgarischen Sprachdidaktik gehen mit den allgemeinen Entwicklungstendenzen konform von der Grammatik-Übersetzungsmethode über die direkte, die audiolinguale und audiovisuelle hin zur kommunikativen Methode und den Konzepten der Interkulturalität und Mehrsprachigkeit. Zu vermerken ist, dass in der Periode 1945−1989 der Einfluss der sowjetischen Methodik eine prägende Rolle gespielt hat, wobei ein gemischtes Modell vorherrschend war (Stefanova 2007: 36). Zwar ist der Bezug auf die Muttersprache methodisch immer gefordert worden − auch wenn Kontrastivität bei den verschiedenen Konzepten unterschiedlich gewichtet ist − doch in der Unterrichtstheorie und -praxis wurden Erkenntnisse der kontrastiven Linguistik selten berücksichtigt. Die Zusammenarbeit zwischen Didaktikern und Linguisten ist in Bulgarien nach wie vor defizitär (Hockickova und Mavrodieva 2001: 69). Besonders nach 1990, als massenweise Lehrwerke aus den deutschsprachigen Ländern importiert und ohne Regionalbezug im Deutschunterricht eingesetzt wurden, konnte von Kontrastivität nicht die Rede sein. In einer späteren Phase wurden Zusatzmaterialien ausgearbeitet, die den Bezug auf die eigene Sprache und Kultur zu berücksichtigen versuchten (Stefanova 2007: 37). Und erst in der zweiten Hälfte der 1990er Jahre kam es zu einheimischen Lehrwerken, die in Hinblick auf die neuen Konzepte der Interkulturalität und der Mehrsprachigkeit die Kontrastivität (nicht nur in Bezug auf das Eigene) in den Vordergrund rückten. Stellvertretend für viele andere Lehrwerke sei *Deutsch INtensiv* genannt (Dikova, Kudlinska-Stankulova und Mavrodieva 2007).

8. Literatur in Auswahl

Baschewa, Emilia
    2004   *Objekte und Objektsätze im Deutschen und Bulgarischen. Eine kontrastive Untersuchung unter besonderer Berücksichtigung der Verben der Handlungssteuerung.* Frankfurt a. M.: Lang.

Dentschewa, Emilia
    2006   DaF-Wörterbücher im Vergleich. In: Ana Dimowa (Hg.) 2006a, 113−128.

Dikova, Venzislava, Krystina Kudlinska-Stankulova und Ljubov Mavrodieva
    2007   *Deutsch INtensiv für die 8. Klasse der profilierten Gymnasien.* Plovdiv: Lettera.

Dimitrova, Marijka
    2003   Nomination durch Wortbildung im Deutschen und Bulgarischen. In: Ana Dimowa (Hg.), *Wort und Grammatik*, 241−262. Hildesheim etc.: Olms.

Dimova, Ana
    2001   Kontrastive Studien Deutsch-Bulgarisch: eine Übersicht. In: Gerhard Helbig, Lutz Götze, Gert Henrici und Hans-Jürgen Krumm (Hg.), *Deutsch als Fremdsprache. Ein internationales Handbuch* 410−416. Bd. 1. (Handbücher zur Sprach- und Kommunikationswissenschaft 19.1−2). Berlin/New York: de Gruyter.

Dimova, Ana
    2002   Aphorismus und Witz interkulturell. In: Michaela Auer und Ulrich Müller (Hg.), *Kanon und Text in interkulturellen Perspektiven: „Andere Texte anders lesen"*, 199−215. Stuttgart: Heinz.

Dimowa, Ana (Hg.)
    2006a *Zweisprachige Lexikographie und Deutsch als Fremdsprache.* Hildesheim u. a.: Olms.

Dimova, Ana
    2006b Der Wortschatz des Komischen und die zweisprachige Lexikographie. In: Ana Dimowa (Hg.) 2006a, 137−150.

Drumeva, Stanislava
    2006   Zweisprachige Schulwörterbücher − Ja oder Nein. In: Ana Dimowa (Hg.) 2006a, 85−100.

Grozeva, Maria
    2007   Personaldeixis in der Textsorte „Vorlesung". Eine kontrastive Untersuchung. *Tertium comparationis*: 157−169. Dresden: Thelem.

Hockickova, Beata und Ljubov Mavrodieva
    2001   Arbeitsfeld: Deutschlehrerausbildung. In: *10 Jahre DaF in Bulgarien nach der Wende − Wo stehen wir, wohin gehen wir?* 62−85. Goethe-Institut Sofia/Plovdiv: Lettera.

Ivanova, Ljudmila
    2003   *Probleme der Übersetzung politischer Texte für das Sprachenpaar Deutsch und Bulgarisch.* Veliko Tărnovo: Universitätsverlag.

Ivanova, Ljudmila

2006   Kulturhintergrund im Zweisprachigen Wörterbuch. Am Beispiel des Sprachenpaars Deutsch und Bulgarisch. In: Ana Dimowa (Hg.) 2006a, 73−83.

Kileva-Stamenova, Reneta

2006a   Interlingualer Vergleich bulgarischer und deutscher Scheidungsurteile und Konsequenzen für die Übersetzung. In: *Festschrift für Hilmar Walter*, 105−114. Veliko Tarnovo: Universitätsverlag.

Kileva-Stamenova, Reneta

2006b   Entsprechungsselektion bei Bezeichnungen für Kulturspezifika in einem Wörterbuch der politischen Terminologie (Deutsch−Bulgarisch, Bulgarisch−Deutsch). In: Ana Dimowa (Hg.) 2006a, 101−106.

Paraschkewow, Boris

2006   PONS Universalwörterbuch: An wen adressiert? In: Ana Dimowa (Hg.) 2006a, 107−112.

Petkov, Pavel

1994   *Săpostavitelno izsledvane na glagolnite vremena v nemskija i bălgarskija ezik* [Kontrastive Untersuchung der Tempora im Deutschen und Bulgarischen]. Sofia: Nauka i izkustvo.

Petkov, Pavel, Ana Dimova, Diana Slivkova-Steinkühler, Emilia Dentscheva und Birgit Igla

2004   *Nemska gramatika v săpostavka s gramatikata na bălgarskija ezik* [Deutsche Grammatik im Vergleich mit der Grammatik der bulgarischen Sprache]. Sofia und Veliko Tărnovo: Faber.

Radeva, Vassilka (Hg.)

2003   *Bulgarische Grammatik. Morphologisch-syntaktische Grundzüge*. Hamburg: Buske.

Ratscheva, Tanja

2007   Priložimost na săpostavitelnite izsledvanija v čuždoezikovoto obučenie [Anwendbarkeit kontrastiver Untersuchungen im Fremdsprachenunterricht]. *Moderne Bildung und Fremdsprachen*: 18−23.

Ratscheva, Tanja und Rada Vassileva

2006   Sprachökonomie im Deutschen und Bulgarischen und ihre Behandlung im Fremdsprachenunterricht. In: *The Language Policy of the EU and European University Education*, 582−591. Bd. 2. Veliko Tărnovo: PIC.

Simeonova, Ruska

1998   *Grundzüge einer kontrastiven Phonetik und Phonologie. Deutsch−Bulgarisch*. Sofia: IK Svjat. Nauka (1. Aufl. Sofia: Nauka i izkustvo 1988).

Simeonova, Ruska

2000   Aspekte der kontrastiven phonetisch-phonologischen Forschung Deutsch/Bulgarisch. In: Pavel Petkov und Herbert Ernst Wiegand (Hg.), *Deutsch und Bulgarisch im Kontrast*, 1−28. Hildesheim etc.: Olms.

Simeonova, Ruska

2002   Besonderheiten der Sprichwörter in kontrastiver Sicht Deutsch−Bulgarisch. In: *Beiträge zur Germanistik und zu Deutsch als Fremdsprache*, 15−29. Schumen: Universitätsverlag.

Stefanova, Pavlina

2007   *Učebnijat kompleks v teorijata i praktikata na čuždoeyikovoto obučenie* [Lehrwerktheorie und -praxis des Fremdsprachenunterrichts]. Sofia: Anubis.

Vapordžiev, Veselen

1999   Kontrastive Phraseologieforschung Deutsch−Bulgarisch. In: *70 Jahre Germanistik in Bulgarien. Tagungsberichte*, 139−148. Sofia: Universitätsverlag.

Walter, Hilmar

2003   Zur Beschreibung von Äquivalenzbeziehungen zwischen finiten Verbformen des Deutschen und Bulgarischen. In: Ana Dimowa (Hg.), *Wort und Grammatik*, 33−50. Hildesheim etc.: Olms.

Ana Dimova, Schumen (Bulgarien)

55. Kontrastive Analyse Dänisch–Deutsch

1. Zur Erforschung des Deutschen als Fremdsprache in Dänemark
2. Das Dänische
3. Literatur in Auswahl

1. Zur Erforschung des Deutschen als Fremdsprache in Dänemark

Mit der Gründung der Arbeitsgruppe „Dänisch-Deutsche Kontrastive Grammatik" (KONTRA) 1975 in Kopenhagen begab sich die dänische germanistische Linguistik auf neues Terrain. Seit dem frühen 19. Jh. hatten diachrone und dialektologische Aspekte im Mittelpunkt gestanden mit Vertretern wie Rask, Verner, Hammerich, Jørgensen, Bach, Hyldgaard-Jensen, E. Dittmer und Spenter, eine Tradition, die bis heute weitergeführt wird (Winge, Krogh). Vereinzelt sind aber auch synchrone Forschungen zu verzeichnen, die dem amerikanischen Strukturalismus und seiner besonderen Ausprägung, der Glossematik mit Vertretern des Kopenhagener Linguistenkreises wie Hjelmslev und Uldall und der Prager Schule gleichermaßen verpflichtet waren, die sich methodologisch wie thematisch kaum von den Forschungen, die im deutschsprachigen Raum von Muttersprachlern betrieben wurden, unterschieden (Zint-Dyhr und Colliander 2006). Besondere Aufmerksamkeit verdient Bechs wegweisende Abhandlung zum System der deutschen Infinita (1983), aber auch der grundlegende Aufsatz von Clausen (1969) soll genannt werden. Ein Meilenstein in der Grammatikschreibung in Dänemark ist die 1953–1964 erschienene „Tysk Grammatik" von Jørgensen. Im Vorwort zu Band I sind prominente zeitgenössische deutschsprachige Darstellungen wie auch Darstellungen aus den anderen skandinavischen Ländern als *sehr nützlich* bei der Erstellung der Grammatik genannt, wobei auch die „Elementær dansk grammatik" (Diderichsen 1946) einen beträchtlichen Einfluss auf Jørgensen gehabt haben dürfte. Nichtsdestotrotz hat sie Generationen von Germanistikstudenten in Skandinavien in die deutsche Grammatik eingeführt, und auch eine weitaus modernere Darstellung wie die ebenfalls nur *schwach* kontrastive „Tysk Grammatik" von Lauridsen und Poulsen (1995) scheint an der Vorrangstellung der Jørgensenschen Grammatik nicht ernsthaft rütteln zu können, was aus wissenschaftlicher Sicht nicht gerechtfertigt ist.

Fabricius-Hansen (1980: 5) bezeichnet das Ziel des KONTRA-Projekts als eine „primär dependenzielle Valenzgrammatik", die „grundsätzlich nicht-transformationell (...) ist". Ergänzende Informationen zu dem KONTRA-Projekt − wie zu anderen Teilthemen dieser Übersicht − finden sich in Zint-Dyhr (2001). Obwohl nicht zu Ende gebracht, hat das KONTRA-Projekt durch zahlreiche Veröffentlichungen einen tief greifenden Einfluss in Dänemark gehabt. Einerseits wurden sieben Arbeitsberichte publiziert, andererseits ist eine Fülle an Arbeiten auf das Projekt zurückzuführen, die vielleicht einen nachhaltigeren Einfluss gehabt hat als die Arbeitsberichte. Stellvertretend für viele: Dyhr (1978); Fabricius-Hansen (1979); Jakobsen (1978) und Jakobsen und Olsen (1980).

1993 initiierte die Dänische Forschungsgemeinschaft für Geisteswissenschaften das Projekt „Neue Grammatikforschung". Für das Teilprojekt Deutsch zeichneten Jakobsen (als Leiterin) und Colliander. Obwohl kontrastiv angelegt, können nur wenige der unmittelbar im Anschluss an das Projekt veröffentlichten Arbeiten als eigentlich kontrastiv bezeichnet werden; stellvertretend für recht viele Arbeiten seien hier Jakobsen (1997) und Colliander (1997) genannt. Wie beim KONTRA-Projekt haben hier die Arbeiten, die die Projektteilnehmer nicht im direkten Anschluss an das Projekt, aber wohl vom Projekt inspiriert, publiziert haben, einen nachhaltigeren Effekt als die direkten Erträge des Projekt.

Außerhalb dieser großen Projekte blüht die kontrastiv dänisch-deutsche Linguistik auch. Nach Bereichen geordnet seien einige der prägnanten Arbeiten genannt: (Morpho-)Syntax: Bærentsen (1987), Bergenholtz (1975), Fredsted (1985), Hansen (1986), Jensen (1987), und Lauridsen (1990); Phonologie/Phonetik: Bannert und Thorsen (1988), Basbøll und Wagner (1985), Colliander (1994), Fischer-Jørgensen (1975), Mogensen (1994); Lexik: Farø (2005); Pragmatik: Engberg (2001), Zint-Dyhr (2010); Soziolinguistik: Winge (1992). Zwei Bereiche am Rande der Linguistik: Übersetzungswissenschaft: Colliander und Hansen (2006); Lexikographie/Lexikologie: Hansen (1990), Kromann, Riiber und Rosbach (1991), Farø (2002). Deutliche Desiderate gibt es im Bereich der Pragmatik und der Didaktik des Deutschen als Fremdsprache.

2. Das Dänische

Die enge Verwandtschaft des Dänischen mit dem Deutschen ist unübersehbar, wobei die Verwandtschaft eher im Wortschatz als in Phonetik und Grammatik deutlich ist.

2.1. Phonologie/Phonetik – Orthografie/Orthoepie

Das Dänische hat ein umfangreicheres Vokalinventar als das Deutsche, darunter als Resultat umfassender Vokalisierung sehr viele Diphthonge und auch Triphthonge (z. B. *jeg* [i̯ɑ(i)] ‚ich') und Quadrophthonge (z. B. *bjerg* [b̥i̯ɛɐ̯ʔu̯] ‚Berg'). Länge ist im Gegensatz zur Spannung distinktiv, was zu Problemen bei den deutschen ungespannten Vokalen führt, die im Dänischen keine Entsprechung haben. Problematisch sind die deutschen Konsonanten [ʃ ç x] und die Affrikaten, die im Dänischen ebenfalls keine Entsprechungen haben. Die Vokalisierung bis hin zur Verstummung betrifft vor allem *r, g, j* und *v* (z. B. *Århus* [ɒ:huʔz̥], *Jørgen* [i̯œɒn], *tiger* [d̥ˢiːɐ], *Herlev* [hɛɐ̯ləu̯]). Das Dänische hat relativ geringere Tonintervalle, was den Eindruck der Monotonie hinterlässt. Zu dem befremdenden auditiven Eindruck tragen auch der so genannte Stoßton und die Taktintonation bei. Die Orthografie ist äußerst konservativ.

2.2. Morphosyntax

Das Dänische hat ein einfacheres flexionsmorphologisches System als das Deutsche. So gibt es bei den Substantiven ein Zwei-Kasus-(Genitiv und Nicht-Genitiv), bei den Pronomen ein Drei-Kasus-System (Subjektkasus, Objektkasus und Genitiv). Der Gebrauch der Kasus ist im Umbruch, und es herrscht große Unsicherheit unter Muttersprachlern. Nicht nur steht das Subjektprädikativ im Objektkasus (*Det er mig* *Es ist mich ‚Ich bin es'), sondern auch in vielen anderen Fällen verdrängt der Objektkasus allmählich den Subjektkasus (*Hvem deltager?* − *Mig!* Wer nimmt teil? − **Mich!* ,Ich'). In gewissen Fällen herrscht besondere Unsicherheit, wobei auch der Subjektkasus in Fällen vorkommt, in denen man systematisch gesehen den Objektkasus erwarten sollte (*med han og hans søster* **mit er und seiner Schwester* ,mit ihm und seiner Schwester; *Dem, der kommer for sent, kommer ikke ind* **Denen, die zu spät kommen, kommen nicht ein* ,Wer zu spät kommt, wird nicht eingelassen'). Den bestimmten Artikel gibt es in zwei Varianten, als Artikel-wort und als Flexiv: *det store træ* ,der große Baum' − *træet*. Die Substantive teilen sich in zwei Genusrektionsklassen: *en bil* ,ein Auto' − *et træ* ,ein Baum'. Die Adjektive flektie-ren im Singular in Definitheit und Genus: *en dyrØ bil* ,ein teures Auto' − *den dyre bil* ,das teure Auto'; *et stort træ* ,ein großer Baum' − *det store træ* ,der große Baum'. Adver-bial benutzte Adjektive haben oft die *t*-Form: *det enormt store træ*. Das dänische Tempus-system entspricht dem des Deutschen, wobei es im Detail viele Unterschiede im Ge-brauch gibt. Es gibt keine Numerus- und Personenkonjugation, und Konjunktivformen gibt es nur vereinzelt: *Dronningen længe leve!* ,Es lebe die Königin'. In einem Fall wird im Dänischen flektiert, in dem im Deutschen nicht flektiert wird, und zwar beim prädika-tiven Adjektiv: *Bilen er storØ* − *Træet er stort* − *Bilen/Træerne er store* ,Das Auto ist groß − Der Baum ist groß − Die Autos/Bäume sind groß'. Im Dänischen kann das Kasussystem nicht für den Zweck des Ausdrückens von Zielgerichtetheit in Anspruch genommen werden (vgl. Dt. *Er fällt ins Wasser* − *Er schwimmt ungern im kalten Wasser*); stattdessen werden in nichtmetaphorischen Zusammenhängen oft mithilfe von Adverbien Entsprechendes ausgedrück: *Han falder ned i vandet* [+zielgerichtet, nach unten] ,Er fällt ins Wasser', *Der er mange fisk nede i vandet* [−zielgerichtet, unten] ,Es gibt viele Fische im Wasser'. So auch *op-oppe* ,nach oben-oben', *ud-ude* ,nach draußen-draußen', *over-ovre* ,hinüber-drüben', *hen-henne* ,dorthin-dort'. Die so genannte Satzspaltung ist im Dä-nischen weniger restringiert als im Deutschen, und sie wird im Dänischen weitaus häufi-ger verwendet als im Deutschen, z. B.: *Det er i dag, at festen finder sted* **Es ist heute, dass die Feier stattfindet* ,Die Feier findet heute statt'.

2.3. Topologie

Hauptsächlich drei Phänomene unterscheiden das Dänische und das Deutsche topolo-gisch: 1. die Stellung der Infinita, 2. die Stellung des Finitums im so genannten Nebensatz und 3. die Abfolge von Subjekt und Objekten im Zentralfeld. Die dänischen Infinita stehen im Zentralfeld: *Han har næppe set en god film i Danmark i de senere år* ,Er hat kaum die letzten Jahre in Dänemark einen guten Film gesehen'. Im restlichen Zentralfeld ordnen sich die Satzglieder im Großen und Ganzen spiegelverkehrt im Vergleich zum Deutschen. Das dänische Finitum kann nicht ins Finalfeld rücken, sondern lediglich gegen die Mitte des Zentralfelds: *Han har næppe set en god film* − *…, at han næppe har set en god film* , … ,dass er kaum einen guten Film gesehen hat'. Da das dänische Kasus-system nicht mehr ausreicht, um die semantischen und syntaktischen Funktionen im Bereich Subjekt-Objekte zu kennzeichnen, hat sich eine feste Abfolge dieser Satzglieder entwickelt: Subjekt − Adressatenobjekt − Patiensobjekt, die nur gebrochen wird, wenn das Adressatenobjekt in einer Präpositionsgruppe ausgedrückt wird: *I dag giver jeg ham bogen tilbage* ,Heute gebe ich ihm das Buch zurück' − *I dag giver jeg bogen tilbage til ham* ,Heute gebe ich das Buch an ihn zurück'. Im Dänischen ist nur das vorangestellte

Genitivattribut möglich: *bilens pris* ‚der Preis des Autos'. Bei der häufigen Satzverschränkung besetzt eine mittelbare Konstituente das Initialfeld in Verb-Zweit-Sätzen, eine Möglichkeit, die im Deutschen kaum vorhanden ist, die aber im Dänischen sowohl fast uneingeschränkt möglich ist als auch sehr oft genutzt wird, z. B.: *I morgen tror jeg, at Matthias Kessler vinder Liege-Bastogne-Liege* Morgen glaube ich, dass M. K. L.-B.-L. gewinnt ‚Ich glaube, dass M. K. morgen L.-B.-L. gewinnt'. Auch bei der Links-Extraponierung ist das Dänische weniger restriktiv als das Deutsche und nutzt die Möglichkeit ergiebiger aus. Besonders in der gesprochenen Sprache ist die L-Extraposition frequent, z. B.: *I dag, så bliver der bedre vejr* ?heute, dann wird das Wetter besser ‚Heute wird das Wetter besser'.

2.4. Wortbildung

Auffällige Unterschiede gibt es nur im Bereich der Verbalkomposita. Auch im Dänischen gibt es kontinuierliche und diskontiniuerliche Komposita. Im Dänischen sind die diskontinuierlichen Komposita jedoch immer getrennt: *at sætte vand over, han sætter vand over, at han sætter vand over* usw. ‚Wasser zum Kochen bringen'. Bei einer Reihe solcher Komposita gibt es Alternation zwischen beiden Möglichkeiten, die keine semantischen Folgen hat, z. B. *at fratrække − at trække fra* ‚abziehen'. Es besteht die Tendenz, ursprünglich kontinuierliche Komposita diskontinuierlich zu gebrauchen (z. B. *at overtage − at tage over* ‚übernehmen') und bei Alternation die diskontinuierliche Variante zu benutzen.

2.5. Pragmatik − Stilistik

Im Dänischen wird in vielen Fällen einer gepflegten Ausdrucksweise ein deutlich niedrigerer Stellenwert beigemessen als im Deutschen. Eine lässigere Ausdrucksweise ist oft erfolgversprechender als eine, die allen grammatischen und stilistischen Regeln folgt. Diese Tendenz zur Lockerheit ist sowohl mündlich als auch schriftlich festzustellen, was nicht nur die Unterschiede zwischen Schriftlichkeit und Mündlichkeit schwinden lässt, sondern auch dazu führt, dass dänische Muttersprachler über entschieden weniger Register verfügen als deutsche und die, über die sie verfügen, immer unsicherer einsetzen. Ein Beispiel dieser Lockerheit sind die Umgangsformen, die ohne Zweifel ein Pendant im sozial-mentalen Bereich der dänischen Gesellschaft haben. Obwohl vorhanden wird die Entsprechung des deutschen *Sie, De,* nur äußerst selten benutzt, wobei man keineswegs die direkte Anrede vermeidet, sondern in den allermeisten Kommunikationssituationen einfach duzt. Es ist zu vermuten, dass deutsche Muttersprachler aus dänischer Sicht eine erhöhte Anzahl von Sprachhandlungen ausführen, die dem Zweck der Etablierung oder der Aufrechterhaltung von Hierarchien dienen, und dass Höflichkeit signalisierende Sprachhandlungen bei deutschen Muttersprachlern häufiger sind als bei dänischen, ohne dass daraus geschlossen werden könnte, dass sich die Dänen bewusst unhöflicher verhalten als die Deutschen. Es ist vielmehr so, dass der dänische Muttersprachler sich generell ohne Umschweife und direkter ausdrückt als der deutsche.

3. Literatur in Auswahl

Bærentzen, Per
  1987   Die Spezialverwendungen des deutschen *es* und der dänischen Äquivalente *det/der.*
          Sprachwissenschaft 12: 341−380.
Bannert, Robert und Nina Grønnum Thorsen
  1988   Empirische Studien zur Intonation des Deutschen und Dänischen. Ähnlichkeiten und
          Unterschiede. *Kopenhagener Beiträge zur Germanistischen Linguistik* 24: 26−50.
Basbøll, Hans und Johannes Wagner
  1985   *Kontrastive Phonologie des Deutschen und Dänischen. Segmentale Wortphonologie und
          -phonetik.* Tübingen: Niemeyer.
Bech, Gunnar
  ²1983 [195−57]   *Studien über das deutsche verbum infinitum.* Tübingen: Niemeyer.
Bergenholtz, Henning
  1975   Vergleichende Morphologie des Dänischen und des Deutschen. In: Helmut Rix (Hg.),
          *Flexion und Wortbildung. Akten der V. Fachtagung der Indogermanischen Gesellschaft, 9. −
          14. September 1973*, 15−25. Wiesbaden: Reichert.
Clausen, Ove K.
  1969   Ein deutsches Satzschema. *Kopenhagener germanistische Studien* 1: 118−126.
Colliander, Peter
  1994   Kontrastive Phonematik. *Deutsch als Fremdsprache* 1: 45−51.
Colliander, Peter
  1997   Kongruens og rektion i tysk. In: Lisbeth Falster Jakobsen und Gunver Skytte (Hg.), *Ny
          forskning i grammatik. Fællespublikation 4*, 216−232. Odense: Odense Universitetsforlag.
Colliander, Peter und Doris Hansen
  2006   Zur Wiedergabe von direkter und indirekter Rede. Eine Studie zur Übersetzungswissen-
          schaft am Beispiel Deutsch-Dänisch und v.v. In: Peter Colliander und Doris Hansen
          (Hg.), *Übersetzer und Übersetzungskulturen*, 67−90. München: Meidenbauer.
Diderichsen, Paul
  ⁹1987 [1946]   *Elementær dansk grammatik* København: Gyldendal.
Dyhr, Mogens
  1978   *Die Satzspaltung im Dänischen und Deutschen. Eine kontrastive Analyse.* Tübingen: Narr.
Engberg, Jan
  2001   Kulturspezifische Ausprägung kulturübergreifender Texthandlungsmuster − deutsche
          und dänische Landgerichtsurteile im Vergleich. In: Ulla Fix, Stefan Habscheid und Josef
          Klein (Hg.), *Kulturspezifik von Textsorten*, 69−86. Tübingen: Stauffenburg.
Fabricius-Hansen, Cathrine
  1979   Valenztheorie und kontrastive Grammatik (dänisch−deutsch). In: Severre Dahl (Hg.),
          Gedenkschrift für Trygve Sagen, 40−55. Oslo: Universitetsforlaget.
Fabricius-Hansen, Cathrine
  1980   *Plan einer dänisch-deutschen kontrastiven Grammatik.* Københavns Universitet.
Farø, Ken
  2002   Somatismen als Problem der dänischen und deutschen Lexikographie. In: Henrik Gott-
          lieb, Jens Erik Mogensen und Arne Zettersten (Hg.), *Symposium on Lexicography 10. Pro-
          ceedings of the Tenth International Symposium on Lexicography May 4−6, 2000 at the
          University of Copenhagen.* 107−125. Tübingen: Niemeyer.
Farø, Ken
  2005   „Parkettfähige Deutsche sucht jantefreien Dänen". Eine kontrastive Untersuchung zu
          Lexik, Phraseologie und Interkultur in der Textsorte ‚Kontaktanzeige'. In: Hartmut E. H.
          Lenk und Andrew Chesterman (Hg.), *Pressetextsorten im Vergleich. Contrasting Text Ty-
          pes in the Press*, 261−282. Hildesheim: Olms.

Fischer-Jørgensen, Eli
   1975   Perception of German and Danish vowels with special reference to the German lax vo-
          wels. In: Gunnar Fant und M. A. A. Tatham (Hg.), *Auditory Analysis and Perception of
          Speech*, 153−176. London: Academic Press.
Fredsted, Elin
   1985   Syntax, deutsch-dänisch kontrastiv. Vorschläge zur Anwendung moderner linguistischer
          Methoden im weiterführenden Sprachunterricht. *Arbeiten zur Skandinavistik. Arbeitsta-
          gung der Skandinavisten des Deutschen Sprachgebietes* 7: 19−36.
Hansen, Gitte Baunebjerg
   1990   *Artikelstruktur im zweisprachigen Wörterbuch. Überlegungen zur Darbietung von Überset-
          zungsäquivalenten im Wörterbuchartikel.* Tübingen: Niemeyer.
Hansen, Gyde
   1986   *Kontrastive Analyse des Artikelgebrauchs im Dänischen und Deutschen.* København: Nyt
          Nordisk Forlag Arnold Busck.
Jakobsen, Lisbeth Falster
   1978   Der dänische Satzknoten − mit Anleitungen zu seiner Übersetzung ins Deutsche. *Kopen-
          hagener Beiträge zur Germanistischen Linguistik* 14: 83−131.
Jakobsen, Lisbeth Falster
   1997   Mentale rum og diskursreferens. In: Lisbeth Falster Jakobsen und Gunver Skytter (Hg.),
          Ny forskning i grammatik. Fællespublikation 4, 233−258. Odense: Odense Universitetsfor-
          lag.
Jakobsen, Lisbeth Falster und Jørgen Olsen
   1980   Zur Technik der kontrastiven Beschreibung, dargestellt an dt. *es* und dän. *det/der. Kopen-
          hagener Beiträge zur Germanistischen Linguistik* 16: 92−180.
Jensen, Helle Østkjær
   1987   *Eine kontrastive Analyse der dänischen Modalverben* behøve *und* måtte *und ihrer deutschen
          Äquivalente* brauchen, dürfen, mögen *und* müssen. Odense: Odense University Press.
Jørgensen, Peter
   ⁷1992 [1953−64] *Tysk Grammatik* I−III, København: G.E.C. Gads Forlag.
Kromann, Hans-Peder, Theis Riiber und Poul Rosbach
   1991   Principles of Bilingual Lexicography. In: Rufus Gouws, Ulrich Heid, Wolfgang Schwei-
          ckard und Herbert Ernst Wiegand (Hg.), *Wörterbücher. Ein internationales Handbuch zur
          Lexikographie*, 2711−2728. (Handbücher zur Sprach- und Kommunikationswissenschaft
          5.1−3). Berlin: de Gruyter.
Lauridsen, Ole
   1990   The Passiv and passivibility in Danish and German. *Papers and Studies in Contrastive
          Linguistics* 26: 39−56.
Lauridsen, Ole und Sven-Olaf Poulsen
   1995   *Tysk Grammatik.* København: Munksgaard.
Mogensen, Jens Erik
   1994   *Tysk fonetik.* København: Munksgaard.
Wesemann, Monika
   1980   Die dänische Partikel *ellers* und ihre deutschen Entsprechungen. In: Mogens Dyhr, Karl
          Hyldgaard-Jensen und Jørgen Olsen (Hg.), *Festschrift für Gunnar Bech zum 60. Geburts-
          tag*, 309−320. København: Akademisk Forlag.
Winge, Vibeke
   1992   *Dänische Deutsche − deutsche Dänen: Geschichte der deutschen Sprache in Dänemark
          1300−1800 mit einem Ausblick auf das 19. Jahrhundert.* Heidelberg: Winter.
Zint-Dyhr, Ingeborg
   2001   Kontrastive Analysen Deutsch−Dänisch: eine Übersicht. In: Gerhard Helbig, Lutz
          Götze, Gert Henrici und Hans-Jürgen Krumm (Hg.), *Deutsch als Fremdsprache. Ein inter-*

nationales Handbuch. 343–350. (Handbücher zur Sprach- und Kommunikationswissenschaft (9.1–2). Berlin/New York: de Gruyter.

Zint-Dyhr, Ingeborg
   ²2010   Offene und verdeckte Falsche Freunde im Sprachenpaar Deutsch-Dänisch. Identifizierungsmöglichkeiten und Vermeidungsstrategien. In: Peter Colliander, Doris Hansen und Ingeborg Zint-Dyhr (Hg.), *Linguistische Aspekte der Übersetzungswissenschaft,* 247–258. Tübingen: Groos.

Zint-Dyhr, Ingeborg und Peter Colliander
   2006   Auslandsgermanistik – Inlandsgermanistik. Interferenz – Disjunktivität – Komplementarität. *Deutsch als Fremdsprache* 1: 7–13.

Peter Colliander, Kopenhagen (Dänemark)

56. Kontrastive Analyse Englisch–Deutsch

1. Einleitung
2. Phonetik und Phonologie
3. Morphologie
4. Syntax
5. Lexik
6. Pragmatik, Textlinguistik und Interkulturelle Kommunikation
7. Ausblick
8. Literatur in Auswahl

1. Einleitung

Deutsch (Dt) und Englisch (E) sind als westgermanische Sprachen genetisch eng verwandt und waren noch vor tausend Jahren (in althochdeutscher bzw. altenglischer Zeit) einander sehr ähnlich. In den dazwischen liegenden Jahrhunderten haben sich die beiden Sprachen aber durch Fremdeinfluss, Lautwandel und unterschiedliche Standardisierungsprozesse auseinander entwickelt, so dass es heute trotz der genetischen Verwandtschaft sehr viele Unterschiede zwischen Dt und E gibt.

In der Anfangsphase der Kontrastiven Linguistik wurden viele Einzelstudien zum Sprachenpaar Dt–E durchgeführt, v. a. in den Bereichen Phonologie, Morphologie und Syntax. Einen wichtigen Beitrag leistete das Projekt für Angewandte Kontrastive Sprachwissenschaft (PAKS), vgl. z. B. Nickel (1971). Eine nützliche Bibliographie früher kontrastiver Arbeiten ist Markus und Wallmannsberger (1987).

Nach der Anfangsbegeisterung flaute das Interesse an der deutsch-englischen kontrastiven Linguistik deutlich ab, wurde aber in den 1980er Jahren durch Untersuchungen zu neuen kontrastiven Themen (z. B. Pragmatik, Textlinguistik und Wissenschaftssprache) wieder belebt. Die frühe kontrastive Linguistik hatte hauptsächlich die Verbesserung des Sprachunterrichts zum Ziel. James (2003) sieht einen grundlegenden Unterschied zwischen der traditionellen kontrastiven Linguistik, die Standardvarietäten von zwei Sprachen (etwa Dt und E) vergleicht, und der heutigen kontrastiven Linguistik, die die Sprache der Lernenden (Interimsprache) mit der Standardform der Zielsprache (etwa das E deutscher Lernender mit der englischen Standardsprache) vergleicht. Dies ist aber nur zum Teil richtig, denn in vielen der neuesten Untersuchungen geht es gerade um den Vergleich zwischen Standardvarietäten mit einer anderen Zielsetzung als in älteren Arbeiten: Die kontrastive Linguistik wird heute auch in der theoretischen Linguistik eingesetzt, um neues Wissen über das Wesen der Sprache zu bekommen. Ein gutes Beispiel ist das Projekt *Grammatik des Deutschen im europäischen Vergleich*, das seit 1998 am Institut für Deutsche Sprache durchgeführt wird (Zifonun 2001). E gehört hier zu den vier „Kern-Kontrastsprachen". Aber in den letzten Jahren sind auch neue kontrastive Gebiete wie die Lexikographie (Hartmann 2007), die Übersetzungswissenschaft und die Textlinguistik hinzugekommen. Daneben gibt es moderne didaktische Werke, die auf kontrastiven Untersuchungen basieren (etwa Durrell 1992, 2000, 2002).

Dt und E sind beide plurizentrische Sprachen (Clyne 1995, Ammon 1995), d. h. sie werden beide in mehreren Ländern gesprochen, in denen es teilweise unterschiedliche Normen gibt, so dass man von verschiedenen Standardvarietäten sprechen kann. Dadurch wird der Vergleich zwischen zwei Sprachen erschwert, weil die innersprachlichen Unterschiede berücksichtigt werden müssen. In den meisten Untersuchungen werden die größten Varietäten zugrunde gelegt, und andere Varietäten werden nur an den Stellen erwähnt, wo sie besonders relevant sind. In diesem Artikel bedeutet „Englisch" die beiden Hauptvarietäten britisches und amerikanisches Englisch und „Deutsch" die in Deutschland übliche Varietät.

2. Phonetik und Phonologie

Zu den frühesten kontrastiven Arbeiten auf diesem Gebiet gehören Moulton (1962) und die akustisch-phonetischen Arbeiten Delattres (z. B. 1965, 1969). Umfangreiches kontrastives Material zu Lernschwierigkeiten der deutschen Aussprache im Vergleich mit vielen Ausgangssprachen ist von Ortmann (1976) gesammelt worden. Ortmann (1982) berichtet über die deutsch-englischen kontrastiven Arbeiten bis Anfang der 1980er Jahre. Eine Gesamtdarstellung der deutschen Aussprache im Vergleich mit dem E bietet Hall (2003), die Intonation wird von Fox (1984) behandelt.

Konsonanten. Im Bereich der Konsonanten gibt es mehr Ähnlichkeiten als Unterschiede zwischen Dt und E. Klare Unterschiede bei den Frikativen sind der deutsche Ich- und Ach-Laut [x] und [ç] und die englischen dentalen Frikative [θ] und [ð], die in der jeweils anderen Sprache fehlen. Im Dt sind die Affrikaten [pf] und [ts] wichtige Laute, die in allen Positionen vorkommen, während sie im E nur als Lautkombinationen an der Wort- und Morphemgrenze vorkommen. Manche Unterschiede sind subphonematischer Natur: Beide Sprachen haben nur ein /r/-Phonem, aber die Realisierungen sind sehr unterschiedlich: im Dt als uvularer Vibrant [ʀ] oder Frikativ [ʁ], apikaler Vibrant [r] oder Anschlag [ɾ] oder als vokalische Variante [ɐ], im (britischen) E als Approximant [ɹ] (im amerikanischen E ist die Sachlage durch viele „r-coloured vowels" weitaus komplizierter). Im E fehlen Vibranten, Anschläge und uvulare Konsonanten, wodurch diese Laute im Dt für Englischsprachige besonders schwer zu lernen sind. Beim /l/ gibt es ebenfalls in beiden Sprachen nur ein Phonem, das aber im E zwei stellungsbedingte Allophone hat, ein helles [l] und ein dunkles [ł], während es im Dt nur das helle [l] gibt.

Vokale. Die Unterschiede zwischen den deutschen und englischen Monophthongen liegen v. a. bei den langen und den gerundeten Vokalen. Während die deutschen Monophthonge in Paaren von Kurzvokal und Langvokal auftreten, hat das E an Stelle von manchen Langvokalen entweder Diphthonge (/eɪ/, /əʊ/) oder Langvokale mit einem anderen Lautwert als im Dt (/aː/, /ɔː/, /uː/). Dadurch sind die deutschen Langvokale für Englischsprachige schwer zu lernen. Die deutschen gerundeten Vorderzungenvokale /yː/, /ʏ/, /øː/ und /œ/ fehlen im E gänzlich. E verfügt über erheblich mehr Diphthonge als Dt, aber da die deutschen Diphthonge /aɪ/, /ɔɪ/ und /aʊ/ den entsprechenden englischen Diphthongen ähnlich sind, verursacht dies keine Lernschwierigkeiten im Dt.

Wortakzent. Viele Lehnwörter aus dem Französischen, Lateinischen und Griechischen haben im Dt und E eine ähnliche Form, aber eine unterschiedliche Betonung. Dt verlangt den Akzent auf der letzten bzw. vorletzten Silbe weitaus häufiger als das E, vgl. deutsch *for'mal, Rele'vanz, Orga'nismus* und englisch *'formal, 'relevance, 'organism.*

Laut/Schrift-Zuordnung. Die deutsche Rechtschreibung gibt zuverlässigere Hinweise auf die Aussprache als die englische. Probleme verursachen v. a. die Groß- und Kleinschreibung im Dt und der Buchstabe *ß*, den es im E nicht gibt.

3. Morphologie

Kontrastive Untersuchungen zum Sprachenpaar Dt-E findet man z. B. in Kufner (1962), Burgschmidt & Götz (1974: 250−61), Rein (1983: 52−62), Hawkins (1986), zur Morphologie des Dt vgl. auch Art. 20.

3.1. Das Substantiv

Dt unterscheidet vier Kasus (Nominativ, Genitiv, Dativ, Akkusativ) und drei grammatische Geschlechter (Maskulin, Feminin, Neutrum), die in der Nominalphrase im Satz durch Artikelwort und Substantiv zusammen ausgedrückt werden. Diese Unterscheidungen werden aber nicht immer gemacht, weil gewisse Formen zusammenfallen (*die Straße* Nom. oder Akk. Sing., *die Leute* Nom. oder Akk. Plur.). Das Altenglische hatte ein ähnliches Kasussystem wie das heutige Dt, aber das heutige E kennt kein grammatisches Geschlecht und unterscheidet bei den Substantiven nur zwischen einer Grundform und dem Genitiv (*girl, girl's*). Lediglich bei den Pronomina hat das E noch Reste des alten Kasussystems, allerdings mit maximal drei Formen (*I, me, mine*). Nicht nur die Formen, sondern auch der Gebrauch der deutschen Kasus verursacht Probleme für englischsprachige Lerner, die verschiedene Kasus nach Verben (*Wir sehen sie, Wir helfen ihr, Wir gedenken ihrer*) und Präpositionen (*für das Wetter, zu dem Wetter, wegen des Wetters*) beherrschen müssen.

Die schwache Deklination der Substantive im Dt hat keine Entsprechung im E, und auch die vielen verschiedenen Pluralformen der starken Substantive stehen im krassen Gegensatz zum E, das in fast allen Fällen die Pluralendung *-s* hat.

In der Wortbildung zeigen Dt und E viele Ähnlichkeiten, aber es gibt auch Unterschiede. Zusammensetzungen sind im Dt häufiger und werden immer zusammengeschrieben (mit oder ohne Bindestrich), während im E neben Zusammensetzungen (die nicht immer zusammengeschrieben werden) andere Konstruktionen, z. B. Adjektiv + Substantiv oder Syntagmen, vorkommen, vgl. *Atomkraftwerk − nuclear power station, Sandstrand − sandy beach* (Donalies 2008), *Nierenreizung − irritation of the kidneys*. Bei der Derivation gibt es gewisse Muster im Dt, die im E nicht vorkommen, u. a. das Kollektivpräfix ge- (*Geschwister*) sowie das Suffix *-erei* und die Suffix-Präfix-Kombination ge- + -e mit pejorativer Bedeutung (*Tanzerei, Gesinge*). Der größte Unterschied dürfte im Bereich der Diminutiva liegen. Diese sind im E lediglich durch das Suffix *-y/-ie* vertreten, das nur mit Personen- oder Tierbezeichnungen gebraucht werden kann (*mummy, doggie*), während Dt die beiden sehr produktiven Suffixe *-chen* und *-lein* hat (*Bäumchen, Tischlein*).

3.2. Das Verb

Die deutschen und englischen Verben zeigen viele Ähnlichkeiten, z. B. im Tempussystem und in der Unterscheidung zwischen schwachen und starken Verben. Letztere haben in manchen Fällen ähnliche Formen: *trinken − trank − getrunken, drink − drank − drunk*. Andere starke Verben des Dt haben aber keine Entsprechung im E (*schreiben*) oder sind im E schwach (*backen/bake*), was Lernschwierigkeiten verursacht. Unterschiede gibt es in den Flexionsendungen des Verbs, die im E erheblich einfacher sind. Im Gegensatz zu vielen anderen europäischen Sprachen hat das E keine Höflichkeitsform in der Anrede. Das Pronomen *you* (ursprünglich Plural und Höflichkeitsform) wird heute in jeder Situation verwendet.

Tempus. Beide Sprachen haben die gleichen sechs Tempora: zwei einfache (Präsens und Präteritum) und vier zusammengesetzte (Perfekt, Plusquamperfekt, Futur und Futur II). Das englische Perfekt und Plusquamperfekt wird aber nur mit einem Hilfsverb (*have*) gebildet (im Dt *haben* und *sein*). Für das Futur hat das E neben den Hilfsverben *will/shall* Alternativformen mit *to be going to*. Der Gebrauch der Tempora weist Unterschiede auf: Im E wird das Futur sehr viel häufiger verwendet als im Dt, wo das häufigste Tempus für eine zukünftige Handlung das Präsens ist (oft mit Zeitadverb): *We will make the decision next week − Wir treffen die Entscheidung nächste Woche*.

Bei den Vergangenheitsformen gibt es im E einen klaren Unterschied zwischen dem Präteritum und dem Perfekt: Das Präteritum wird für eine Handlung in einem abgeschlossenen Zeitabschnitt in der Vergangenheit verwendet: *Did you see her?* Wenn der Zeitabschnitt, in der die Handlung stattfand, in der Vergangenheit begann, aber bis zur Gegenwart reicht, muss das Perfekt verwendet werden, *Have you seen her?* Im Dt hängt der Gebrauch von Präteritum und Perfekt mehr von stilistischen und regionalen Faktoren ab, und in vielen Fällen sind sie austauschbar. Zu Zeit und Tempus im Dt und E s. Burgschmidt und Götz (1974: 250−255).

Im Dt fehlt eine Verlaufsform, die es für jedes englische Tempus gibt: *We are/will be/were/have been doing this* usw. Im Dt müssen andere Mittel verwendet werden, um diese Inhalte auszudrücken, vgl. *Wir sind dabei, das zu machen, Wir machen das gerade* usw. In der deutschen Umgangssprache gewinnt eine „*am*-Progressiv-Form" an Boden: *Wir sind am Überlegen*. Diese Form gehört aber noch nicht zur Standardsprache.

Modus. Im E gibt es Konjunktivformen nur in der 3. Pers. Sing. durch das Fehlen der Indikativendung *-s* und beim Verb *to be*, vgl. *We propose that he act as spokesman, If the truth be told.* Da diese Formen in informellen Registern durch die entsprechenden Indikativformen ersetzt werden können, gibt es einen großen Unterschied zum Dt, in dem die Konjunktiv I und Konjunktiv II-Formen nicht nur viel ausgeprägter, sondern auch viel häufiger im Gebrauch sind. V. a. der Gebrauch des deutschen Konjunktivs in der indirekten Rede verursacht Lernschwierigkeiten, da die indirekte Rede im E durch Veränderungen im Tempus ausgedrückt wird, die sog. Zeitenfolge (Durrell 1992: 210–212; Burgschmidt und Götz 1974: 271–274).

Passiv. Das Passiv wird im Dt und E mit Hilfsverb + Partizip Perfekt gebildet: *Das Haus wurde gestrichen* – *The house was painted.* Daneben hat Dt ein Zustands-Passiv: *Das Haus war gestrichen.* Entsprechende englische Formen sind formal nicht vom „echten" (Vorgangs-)Passiv zu unterscheiden, da das Hilfsverb in beiden Fällen gleich ist: *The house was painted.* Besondere Schwierigkeiten für Englischsprachige macht das deutsche Passiv bei Verben mit Genitiv-, Dativ- und Präpositionalobjekten, da im E sogar ein Präpositionalobjekt des Aktivsatzes zum Subjekt des Passivsatzes werden kann: *The children were looked after*, während im Dt solche Elemente im Passiv unverändert bleiben: *Für die Kinder wurde gesorgt.* Auch das unpersönliche Passiv, etwa *Es wurde getanzt*, kommt im E nicht vor. Statt dessen wird z. B. eine Nominalisierung, *There was dancing*, oder ein aktivischer Satz mit einem allgemeinen Subjekt verwendet: *People were dancing* (Zydatiß 1974).

Das Passiv wird im Dt in gewissen Textsorten, z. B. in der Wissenschaftssprache, viel häufiger verwendet als im E.

3.3. Das Adjektiv

Im Gegensatz zum Dt, in dem die Adjektive in attributiver Stellung entweder stark oder schwach dekliniert werden, haben die englischen Adjektive keine Deklinationsendungen. Dieser große Unterschied zwischen den Sprachen verursacht erhebliche Lernschwierigkeiten.

Für die Steigerung der Adjektive stehen in beiden Sprachen die gleichen Endungen, *-er/-est*, zur Verfügung, aber während diese im Dt an alle Adjektive angehängt werden (*außergewöhnlicher*), werden sie im E nur für ein- und gewisse zweisilbige Adjektive (*newer, cleverer*) verwendet. Bei mehrsilbigen Adjektiven wird die Steigerung durch *more* und *most* gebildet (*more unusual, most grateful*).

4. Syntax

Ein Problem für die kontrastive Syntax ist, dass Dt und E in der Regel mit unterschiedlichen Syntaxmodellen beschrieben worden sind: Bei der Beschreibung des Dt dominiert die Valenztheorie, die für das E eine untergeordnete Rolle gespielt hat. Aus diesem Grund bleiben die meisten kontrastiven Analysen nahe an der syntaktischen Oberfläche und benutzen Termini und Begriffe, die in mehreren Syntaxmodellen bekannt sind.

Die Wortstellung ist im Dt freier als im E, das eine rigide Reihenfolge von S(ubjekt) V(erb) O(bjekt) hat. Die Satzglieder sind im Dt beweglicher mit Ausnahme des Verbs, das im Hauptsatz die Zweitstellung und im Nebensatz die Endstellung hat, so dass Dt als V2/SOV-Sprache beschrieben werden kann. Viele der älteren Darstellungen der Syntax behandeln gerade die Unterschiede der Wortstellung im Dt und E (z. B. Kufner 1962: 9—21, Kirkwood 1969, Burgschmidt und Götz 1974: 266—271).

Auch in der breit angelegten Studie von Hawkins (1986) ist der gesamte zweite Teil (131—213) Fragen der Wortstellung, u. z. der Stellung des Verbs, gewidmet. Im ersten Teil behandelt Hawkins allerdings verschiedene andere Konstruktionen, u. a. Subjektanhebung und die Tilgung oder Aussparung von Elementen, die das E in größerem Maße erlaubt als das Dt. Hawkins (1986: 121—122) interpretiert die festgestellten Unterschiede zwischen Dt und E als typisch für das Verhältnis zwischen diesen Sprachen. Wo es Unterschiede gibt, stehen nach Hawkins die deutschen Oberflächenstrukturen in direkterer Verbindung zu den dazu gehörigen Bedeutungen als die des E. Die Oberflächenformen des E erlauben eine größere Ambiguität und/oder Vagheit, und im E werden unterschiedliche semantische Formen öfter als im Dt durch die gleichen Oberflächenformen wiedergegeben. Nach Kritik an diesen Thesen, u. a. durch Rohdenburg (1990), hat Hawkins seine Theorie überarbeitet und eine neue Version vorgeschlagen, die die Rolle der Performanz und psycholinguistischer Faktoren stärker berücksichtigt („performance approach", z. B. Hawkins 1992), s. die Zusammenfassung in König (2001: 328—330) und Fischer (2007).

In den letzten Jahren sind einige deutsch-englische kontrastive Arbeiten im Rahmen der Valenztheorie erschienen, z. B. Fischer (1997) und (1999), Cornell, Fischer und Roe (2003) und Emons (2006).

5. Lexik

Im Bereich der Lexik ist den „falschen Freunden", die beim Sprachenpaar Dt-E häufig auftreten, viel Aufmerksamkeit geschenkt worden: *bekommen — to become* ‚werden', *Rezept — receipt* ‚Quittung'. Die Online-Bibliographie von Bunčić (2006) verzeichnet 55 Titel zu deutsch-englischen falschen Freunden aus der Zeit 1949—2000.

Eine wichtige frühe Arbeit ist Leisi (1953), in der Unterschiede in der Lexik nach den Prinzipien der damals neuen strukturellen Semantik beschrieben werden. Abgegrenzte Teile des Wortschatzes sind mit Hilfe der Wortfeldtheorie verglichen worden, z. B. Verben des Kochens (Hartmann 1975), Verben der Fortbewegung (Snell-Hornby 1983) oder Gewässernamen (Timmermann 2007). Der Sammelband von Cruse et al. (2005) enthält eine Anzahl kontrastiver Studien. Den diachronen Aspekt berücksichtigt Russ (1995) in seiner Untersuchung der linguistischen Terminologie.

Der Reichtum an Partikeln unterscheidet Dt von E, was zu einer Anzahl Untersuchungen der Frage geführt hat, welche Mittel im E den deutschen Partikeln entsprechen, z. B. Bublitz (1978), König (1982), Resende (1995).

Die kontrastive Lexik hat natürlich große Relevanz für die bilinguale Lexikographie, s. Hartmann (2007) und Lutzeier (1995). Im Unterschied zu manchen anderen Sprachpaaren ist die deutsch-englische Phraseologie noch recht wenig erforscht. Zu den wenigen

Arbeiten gehören die strukturtypologische Analyse von Dobrovol'skij (1988), das Lehrbuch von Gläser (1986) und das umfangreiche deutsch-englische Idiomwörterbuch von
Schemann und Knight (1995).

6. Pragmatik, Textlinguistik und Interkulturelle Kommunikation

In der kontrastiven Pragmatik hat man Sprechhandlungen wie Bitten, Entschuldigungen,
Absagen und Beschwerden in verschiedenen Sprachen untersucht. In den Arbeiten der
1980er Jahre (z. B. House und Kasper 1981; House 1989) ging es zunächst einmal darum,
Methoden für die Erforschung dieser neuen Themen zu entwickeln. Für die Datengewin-
nung wurden Methoden wie Rollenspiele, Interviews, Beobachtung von natürlicher
Kommunikation und Tagebücher eingesetzt. Die Analysen zeigen u. a., dass deutsche
Informanten bei Bitten und Beschwerden eine direktere Kommunikation bevorzugen als
englische und dass sie Entschuldigungen wortreicher und variabler formulieren, während
Englischsprachige in den meisten Fällen das eine Wort, *sorry*, benutzen (House 2005:
20–21).

Unterschiede in der Anrede bestehen v. a. im Gebrauch von Höflichkeitsformen und
vertrauten Formen (*Sie/du*) im Dt verglichen mit *you* im E sowie im Gebrauch von Vor-
und Familiennamen und Titeln (Braun 1988). Ein zentrales Thema der letzten Jahre ist
die Höflichkeit. Die größere Direktheit der deutschen Kommunikation verglichen mit
der englischen ist immer wieder festgestellt worden, aber dies bedeutet nach House (2005:
22) keineswegs, dass Deutsche unhöflicher als englische Muttersprachler wären.

Der Erwerb pragmatischer Kompetenz ist das Thema von Barron (2003). In einer
Längsschnittstudie wurde der Lernprozess einer Gruppe irischer Deutschlerner/innen
während eines zehnmonatigen Auslandsaufenthalts verfolgt. Die Studie zeigt, wie die
Beherrschung von pragmatischen Routinen (Bitten, Angebote und Ablehnung von Angeboten) sich entwickelte, ohne jedoch typische deutsche Muster ganz zu erreichen.

In der interkulturellen Kommunikation werden kulturelle und nonverbale Faktoren
stärker berücksichtigt als in der (linguistisch orientierten) Pragmatik. Hall und Hall
(1989) untersuchen Themen wie Raum, Zeit, Machtdifferenz, Ordnung und Besitz im
deutsch-amerikanischen Vergleich. Obwohl die Analysen in diesem Werk recht grob sind
und teilweise nicht über Stereotypen hinausgehen, sind solche Öffnungen der Perspektive äußerst wertvoll und legen den Grundstein für spätere, genauere Untersuchungen
(vgl. auch Untersuchungen zur interkulturellen Wirtschaftskommunikation, etwa Müller[-Jacquier] 1993).

Die kontrastive Textlinguistik hat in den letzten Jahren u. a. Anleitungen (Schmitt
1995), wissenschaftliche Rezensionen (Hutz 2001), medizinische und linguistische Texte
(Busch-Lauer 2001), Kontaktanzeigen, Stellenanzeigen und Kochrezepte (Eckkrammer
und Eder 2000) untersucht. Der Vergleich von deutsch- und englischsprachigen wissenschaftlichen Texten, etwa in den Arbeiten von Clyne (u. a. 1987) und Fandrych (2002,
2005), hat Ergebnisse erzielt, die für den Deutschunterricht an der Hochschule große
Relevanz haben.

Die Besonderheiten der Pressesprache mit ihren multimodalen Texten und der Verzahnung sprachlicher und visueller Elemente hat in jüngster Zeit viel Aufmerksamkeit
auf sich gezogen, was zu einer „kontrastiven Medienlinguistik" (Lüger und Lenk 2008)

geführt hat. Die Sprache der Medien ist Gegenstand von Musolffs Arbeiten zu Metaphern und deren Rolle in der öffentlichen Debatte über Europa in Deutschland und Großbritannien (z. B. Musolff 2000).

7. Ausblick

Verglichen mit vielen anderen Sprachpaaren sind die meisten Bereiche der deutsch-englischen kontrastiven Linguistik gut erforscht. In letzter Zeit hat der Gebrauch von Korpora in kontrastiven Untersuchungen zugenommen (Johansson 2007), v. a., aber nicht nur im Rahmen der Übersetzungswissenschaft.

Desiderata wären jedoch weitere Untersuchungen zur Soziolinguistik – eine Ausnahme bildet hier die kontrastive feministische Linguistik, zu der es eine ganze Reihe von Veröffentlichungen gibt (z. B. Hellinger 1990; Kremer 1997; Bußmann und Hellinger 2002) – und zur Phraseologie. Die neueren kontrastiven Arbeiten werden nicht mehr eindeutig für die Zwecke des Sprachunterrichts durchgeführt, sondern zunehmend mit Blick auf theoretische Fragen oder um gesichertes Wissen in anderen Bereichen (etwa Interkulturelle Kommunikation, Übersetzungswissenschaft, Sprachpolitik) zur Verfügung zu stellen.

In der Sprachdidaktik hat die Rolle des kontrastiven Ansatzes in den letzten Jahrzehnten stark an Boden verloren. Im englischsprachigen Raum (v. a. in Großbritannien) dominiert in Anlehnung an die Englisch-als-Fremdsprache-Didaktik der kommunikative Ansatz im schulischen Sprachunterricht, obwohl an den Universitäten eine größere Methodenvielfalt herrscht. An den Schulen wird Sensibilisierung für die Sprache und grammatische Bewusstmachung teilweise im Rahmen der *Language-awareness*-Konzeption betrieben, und in diesem Zusammenhang können auch kontrastive Gesichtspunkte berücksichtigt werden.

8. Literatur in Auswahl

Ammon, Ulrich
  1995   *Die deutsche Sprache in Deutschland, Österreich und der Schweiz: das Problem der nationalen Varietät.* Berlin/New York: de Gruyter.
Barron, Anne
  2003   *Acquisition in Interlanguage Pragmatics: Learning How to Do Things with Words in a Study Abroad Context.* Amsterdam: Benjamins.
Braun, Friederike
        1988   *Terms of Address. Problems of Patterns and Usage in Various Languages and Cultures.* Berlin: de Gruyter.
Bublitz, Wolfram
  1978   *Ausdrucksweisen der Sprechereinstellung im Deutschen und Englischen. Untersuchungen zur Syntax, Semantik und Pragmatik der deutschen Modalpartikeln und Vergewisserungsfragen und ihrer englischen Entsprechungen.* Tübingen: Niemeyer.
Bunčić, Daniel
  2006   *An on-line hypertext bibliography on false friends.* www.lipczuk.buncic.de (17. 3. 2009).
Burgschmidt, Ernst und Dieter Götz
  1974   *Kontrastive Linguistik Deutsch/Englisch. Theorie und Anwendung.* München: Hueber.

Busch-Lauer, Ines-Andrea
  2001   Kulturspezifik in englischen und deutschen Originaltexten – Medizin und Linguistik im
          Vergleich. In: Ulla Fix, Stephan Habscheid und Josef Klein (Hg.), *Zur Kulturspezifik von
          Textsorten*, 51–67. Tübingen: Stauffenburg.
Bußmann, Hadumod und Marlis Hellinger
  2002   Engendering female visibility in German. In: Hadumod Bußmann und Marlis Hellinger
          (Hg.), *Gender across Languages. The Linguistic Representation of Men and Women*, 141–
          174. 3 Bde. Amsterdam: Benjamins.
Clyne, Michael
  1987   Cultural differences in the organization of academic texts: English and German. *Journal
          of Pragmatics* 11: 211–247.
Clyne, Michael
  1995   *The German Language in a Changing Europe*. Cambridge: Cambridge University Press.
Cornell, Alan, Klaus Fischer und Ian F. Roe (Hg.)
  2003   *Valency in Practice: Valenz in der Praxis*. Oxford: Lang.
Cruse, D. Alan, Franz Hundsnurscher, Michael Job und Peter Rolf Lutzeier (Hg.)
  2005   *Lexikologie*. Bd. 2. (Handbücher zur Sprach- und Kommunikationswissenschaft 21.1–
          2.) Berlin: de Gruyter.
Delattre, Pierre
  1965   *Comparing the Phonetic Features of English, French, German and Spanish. An Interim
          Report*. Heidelberg: Groos.
Delattre, Pierre
  1969   *The General Phonetic Characteristics of Languages. Final Report*. Washington DC: Office
          of Education, Institute of International Studies.
Dobrovol'skij, Dmitrij
  1988   *Phraseologie als Objekt der Universallinguistik*. Leipzig: Verlag Enzyklopädie.
Donalies, Elke
  2008   *Sandstrand, sandy beach, plage de sable, arenile, piaskowy plaża, homokos part*. Kompo-
          sita, Derivate und Phraseme des Deutschen im europäischen Vergleich. *Deutsche Sprache*
          36: 305–323.
Durrell, Martin
  1992   *Using German. A Guide to Contemporary Usage*. Cambridge: Cambridge University Press.
Durrell, Martin
  2000   *Using German Synonyms*. Cambridge: Cambridge University Press.
Durrell, Martin
  2002   *Hammer's German Grammar and Usage*. 4. Aufl. London: Arnold.
Eckkrammer, Eva Martha und Hildegund Maria Eder
  2000   *Cyber-Diskurs zwischen Konvention und Revolution. Eine multilinguale textlinguistische
          Analyse von Gebrauchstextsorten im realen und virtuellen Raum*. Frankfurt a. M.: Lang.
Emons, Rudolf
  2006   Contrastive Case Study: Predicates in English and German. In: Vilmos Ágel, Ludwig M.
          Eichinger, Hans Werner Eroms, Peter Hellwig, Hans Jürgen Heringer und Henning Lobin
          (Hg.), *Dependenz und Valenz*, 1170–1177. (Handbücher zur Sprach- und Kommunika-
          tionswissenschaft 25.1–2.) Berlin: de Gruyter.
Fandrych, Christian
  2002   *Herausarbeiten* vs. *illustrate*: Kontraste bei der Versprachlichung von Sprechhandlungen
          in der englischen und deutschen Wissenschaftssprache. In: Konrad Ehlich (Hg.), *Mehr-
          sprachige Wissenschaft – europäische Perspektiven*. www.euro-sprachenjahr.de/onlinepub.
          htm (2. 2. 2009).
Fandrych, Christian
  2005   ‚Räume‘ und ‚Wege‘ der Wissenschaft. Einige zentrale Konzeptualisierungen von wissen-
          schaftlichem Schreiben im Deutschen und Englischen. In: Ulla Fix, Gotthard Lerchner,

Marianne Schröder und Hans Wellmann (Hg.), *Zwischen Lexikon und Text. Lexikalische, stilistische und textlinguistische Aspekte*, 20−33. Leipzig/Stuttgart: Sächsische Akademie der Wissenschaften zu Leipzig.

Fischer, Klaus
1997   *German−English Verb Valency. A Contrastive Analysis*. Tübingen: Narr.
Fischer, Klaus
1999   Englische und deutsche Satzstrukturen: ein valenztheoretischer Vergleich mit statistischen Anmerkungen. *Sprachwissenschaft* 24: 221−255.
Fischer, Klaus
2007   Komplexität und semantische Transparenz im Deutschen und Englischen. *Sprachwissenschaft*: 355−405.
Fox, Anthony
1984   *German Intonation. An Outline*. Oxford: Oxford University Press.
Gläser, Rosemarie
1986   *Phraseologie der englischen Sprache*. Tübingen: Niemeyer.
Gnutzmann, Claus (Hg.)
1990   *Kontrastive Linguistik*. Frankfurt a. M.: Lang.
Hall, Christopher
2003   *Modern German Pronunciation*. 2. Aufl. Manchester: Manchester University Press.
Hall, Edward T. und Mildred Reed Hall
1989   *Understanding Cultural Differences: Germans, French and Americans*. Yarmouth, ME: Intercultural Press [Ursprüngliche deutsche Ausgabe: *Verborgene Signale. Studien zur internationalen Kommunikation. Über den Umgang mit Amerikanern*. Hamburg: Gruner und Jahr, 1983].
Hartmann, Reinhard R. K.
1975   Semantics applied to English−German lexical structures. *Folia Linguistica* VII: 357−370.
Hartmann, Reinhard R. K.
2007   *Interlingual Lexicography. Selected Essays on Translation Equivalence, Contrastive Linguistics and the Bilingual Dictionary*. Tübingen: Niemeyer.
Hawkins, John A.
1986   *The Comparative Typology of English and German: Unifying the Contrasts*. London/Sydney: Croom Helm.
Hawkins, John A.
1992   A performance approach to English/German contrasts. In: Christian Mair und Manfred Markus (Hg.), *New departures in contrastive linguistics / Neue Ansätze in der kontrastiven Linguistik*, 115−136. 2 Bde. Innsbruck: Universität, Institut für Anglistik.
Hellinger, Marlis
1990   *Kontrastive feministische Linguistik. Mechanismen sprachlicher Diskriminierung im Englischen und Deutschen*. Ismaning: Hueber.
House, Juliane
1989   Politeness in English and German: The functions of *Please* and *Bitte*. In: Shoshana Blum-Kulka, Juliane House und Gabriele Kasper (Hg.), *Cross-cultural pragmatics: requests and apologies*, 96−119. Norwood, NJ: Ablex.
House, Juliane
2005   Politeness in Germany. Politeness in *Germany*? In: Leo Hickey und Miranda Stewart (Hg.), *Politeness in Europe*, 13−28. Clevedon: Multilingual Matters.
House, Juliane und Gabriele Kasper
1981   Politeness markers in English and German. In: Florian Coulmas (Hg.), *Conversational Routine: Explorations in Standardized Communication Situations and Prepatterned Speech*, 157−185. The Hague: Mouton De Gruyter.
Hutz, Matthias
2001   „Insgesamt muss ich leider zu einem ungünstigen Urteil kommen." Zur Kulturspezifik wissenschaftlicher Rezensionen im Deutschen und Englischen. In: Ulla Fix, Stephan Hab-

scheid und Josef Klein (Hg.), *Zur Kulturspezifik von Textsorten*, 109−130. Tübingen: Stauffenburg.

James, Carl
2003   *Contrastive Linguistics*. Subject Centre for Languages, Linguistics and Area Studies Good Practice Guide. www.llas.ac.uk/resources/gpg/1395#ref10 (21. 5. 2010).

Johansson, Stig
2007   *Seeing through Multilingual Corpora. On the Use of Corpora in Contrastive Studies*. Amsterdam/Philadelphia: Benjamins.

Kirkwood, Henry W.
1969   Aspects of word order and its communicative function in English and German. *Journal of Linguistics* 5: 85−106.

König, Ekkehard
1982   Scalar particles in German and their equivalents in English. In: Walter F. W. Lohnes und Edwin A. Hopkins (Hg.), 76−101.

König, Ekkehard
2001   Kontrastive Analysen Deutsch−Englisch: eine Übersicht. In: Gerhard Helbig, Lutz Götze, Gert Henrici und Hans-Jürgen Krumm (Hg.), *Deutsch als Fremdsprache. Ein internationales Handbuch*, 324−330. Berlin: de Gruyter.

Kremer, Marion
1997   *Person Reference and Gender in Translation: A Contrastive Investigation of English and German*. Tübingen: Narr.

Kufner, Herbert L.
1962   *The Grammatical Structures of English and German. A Contrastive Sketch*. Chicago: University of Chicago Press.

Leisi, Ernst
1953   *Der Wortinhalt. Seine Struktur im Deutschen und Englischen*. Heidelberg: Quelle & Meyer.

Lohnes, Walter F. W. und Edwin A. Hopkins (Hg.)
1982   *The Contrastive Grammar of English and German*. Ann Arbor: Karoma.

Lüger, Heinz-Helmut und Hartmut E. H. Lenk (Hg.)
2008   *Kontrastive Medienlinguistik*. Landau: Verlag Empirische Pädagogik.

Lutzeier, Peter Rolf
1995   Es lohnt sich − Kontrastive Lexikologie Deutsch/Englisch im Bereich „Einkünfte". In: Hans-Peder Kromann und Anne Lise Kjær (Hg.), *Von der Allgegenwart der Lexikologie: Kontrastive Lexikologie als Vorstufe zur zweisprachigen Lexikographie*, 7−18. Tübingen: Niemeyer.

Markus, Manfred und Josef Wallmannsberger (Hg.)
1987   *English-German Contrastive Linguistics: A Bibliography*. Frankfurt a. M.: Lang.

Müller[-Jacquier], Bernd-Dietrich (Hg.)
1993   *Interkulturelle Wirtschaftskommunikation*. 2. Aufl. München: iudicium.

Moulton, William G.
1962   *The Sounds of English and German*. Chicago: University of Chicago Press.

Musolff, Andreas
2000   *Mirror Images of Europe. Metaphors in the Public Debate about Europe in Britain and Germany*. München: iudicium.

Nickel, Gerhard (Hg.)
1972   *Papers from the International Symposium on Applied Contrastive Linguistics, Stuttgart, October 11−13, 1971*. Bielefeld: Cornelsen-Velhagen & Klasing.

Ortmann, Wolf Dieter
1976   *Lernschwierigkeiten in der deutschen Aussprache. Ergebnisse einer Befragung von Lehrern für Deutsch als Fremdsprache*. Teile 1−3. München: Goethe-Institut.

Ortmann, Wolf Dieter
1982   The phonological component of a contrastive grammar. In: Walter F. W. Lohnes und Edwin A. Hopkins (Hg.), 57−63.

Rein, Kurt
  1983   *Einführung in die kontrastive Linguistik*. Darmstadt: Wissenschaftliche Buchgesellschaft.
Resende, Sérvulo M.
  1995   *Die Wiedergabe der Abtönungspartikeln doch, ja, eben und halt im Englischen auf der Grundlage literarischer Übersetzungen*. Dissertation, Universität Bonn.
Rohdenburg, Günter
  1990   Aspekte einer vergleichenden Typologie des Englischen und Deutschen. Kritische Anmerkungen zu einem Buch von John A. Hawkins. In: Claus Gnutzmann (Hg.), 133−152.
Russ Charles V. J.
  1995   Contrastive vocabulary: The sources of the language of linguistics in English and German. *Fremdsprachen Lehren und Lernen* 24: 255−266.
Schemann, Hanns und Paul Knight
  1995   *Idiomatik Deutsch−Englisch*. Stuttgart: Klett.
Schmitt, Peter Axel
  1995   Warnhinweise in deutschen und englischen Anleitungen: Ein interkultureller Vergleich. *Fremdsprachen Lehren und Lernen* 24: 197−222.
Schubiger, Maria
  1965   English intonation and German modal particles: A comparative study. *Phonetica* 12: 65−84.
Schubiger, Maria
  1980   English Intonation and German modal particles II: A comparative study. In: L. R. Waugh und C. van Schooneveld (Hg.), *The melody of language*, 279−298. Baltimore: University Park Press.
Snell-Hornby, Mary
  1983   *Verb-descriptivity in German and English. A contrastive study in semantic fields*. Heidelberg: Winter.
Timmermann, Jörg
  2007   *Lexematische Wortfeldforschung einzelsprachlich und kontrastiv: Das Wortfeld „Gewässer" im Französischen, Deutschen, Englischen und Spanischen*. Tübingen: Narr.
Zifonun, Gisela
  2001   Grammatik des Deutschen im europäischen Vergleich. *Studia Linguistica* XX: 171−186. www.ids-mannheim.de/gra/texte/zif1.pdf (21. 5. 2010).
Zydatiß, Wolfgang
  1974   Some means for rendering the English passive in German. *Linguistische Berichte* 29: 34−48.

Christopher Hall, Joensuu (Finnland)

57. Kontrastive Analyse Estnisch–Deutsch

1. Forschungslage

Synchron vergleichende Sprachforschung fand in Estland in den 1960er Jahren einen lebendigen Widerhall und wurde neben den deutschbaltischen Studien zu einem der führenden Forschungsbereiche der estnischen Germanistik. Die kontrastive Sicht war zunächst unilateral ausgerichtet, d. h. die Feststellungen über die Analogien und Divergenzen zwischen Deutsch und Estnisch beruhten auf einer detaillierten Beschreibung der deutschen Sprache, und die Kontrastierung mit dem Estnischen bestand hauptsächlich in der Ermittlung von Übersetzungsäquivalenten und deren Auswertung hinsichtlich Norm und Varianz. Auf diese Weise wurden verschiedene grammatische und Wortbildungsparadigmen des Deutschen untersucht. In den letzten Jahrzehnten hat die Bedeutung der funktionsorientierten bilateral ausgerichteten Forschungen zugenommen, in denen beide Kontrastsprachen nach den gleichen Kriterien analysiert werden, um herauszufinden, welche sprachlichen Mittel sie zur Wiedergabe bestimmter grammatischer oder begrifflicher Kategorien benutzen und ob sie die zu untersuchenden Kategorien überhaupt formal ausdrücken. Als Informationsquellen dienen dabei Wörterbücher, Fachliteratur, Tageszeitungen sowie Belletristik. Digitale Korpora haben bislang noch sehr wenig Anwendung gefunden. Zu den wichtigsten Forschungsbereichen gehören heute kontrastive Semantik, Wortbildung, Phraseologie und Verbvalenz. Im Zusammenhang mit der Übersetzer- und Dolmetscherausbildung rücken auch lexikografische, terminologische und pragmatische Fragestellungen immer mehr ins Blickfeld.

2. Typologische Besonderheiten des Estnischen im Vergleich zum Deutschen

Bei Deutsch und Estnisch handelt es sich um genealogisch nicht-verwandte Sprachen, die sich typologisch in vielerlei Hinsicht voneinander unterscheiden: Deutsch wird nach den meisten Merkmalen den flektierenden Sprachen zugeordnet, während Estnisch als Vertreter des agglutinierenden Sprachtypus gilt, was jedoch nur so verstanden werden kann, dass der agglutinierende Typus in dieser Sprache dominiert (Sutrop 1997: 198–200). Nach Meinung mehrerer Typologen geht die ganze Entwicklung im Estnischen hin zu einem flexiven Typus, wobei der agglutinierende Typus allmählich zurücktritt, in der heutigen Sprache jedoch noch gut bewahrt ist (Sutrop 1997: 213). Dies erklärt sich u. a. durch die engen Kontakte zwischen Deutschen und Esten von der Missionierung des Baltikums im 13. Jh. bis Mitte des 20. Jh. Die Grenze zwischen Entlehntem bzw. von außen Bewirktem und dem, was als Produkt einer inneren Entwicklung anzusehen ist, kann allerdings nicht immer eindeutig bestimmt werden. In diesem Bereich können sichere Ergebnisse nur unter Anwendung einer historisch-philologischen Methode erreicht werden (Ziegelmann und Winkler 2006: 46; Jagau 2006: 78).

Die Parallelitäten und Kontraste zwischen dem Deutschen und Estnischen sind bisher recht sporadisch erforscht worden. Dank der nahen Verwandtschaft des Estnischen mit dem Finnischen können aber auch deutsch-finnische Studien sich bei gelegentlichen Lücken als hilfreich erweisen.

3. Phonetik und Phonologie

Kann und Kibbermann (1964) bieten in ihrem Phonetiklehrbuch für Esten nützliche Hinweise zur Aneignung der deutschen Aussprache. Den Hauptunterschied zwischen den Artikulationsbasen der beiden Sprachen sehen sie darin, dass die Laute im Deutschen weiter vorn gebildet werden, wobei der Zungenrücken auch höher liegt als im Estnischen. Dadurch erhalten die deutschen Vokale eine hellere Klangfarbe. Die Autoren heben eine energischere Atmung und Muskelspannung, eine kleinere Mundöffnung bzw. eine stärkere Rundung der Lippen bei der Rechtlautung der deutschen Vokale hervor (Kann und Kibbermann 1964: 19−20).

Gegenüber den 15 deutschen Vokalphonemen gibt es im Estnischen fünf Vordervokale, drei Hintervokale und einen Mittelvokal [ɤ]. Von den konsonantischen Phonemen gelten im Estnischen als fremd [f], [ʃ] und [z]. Eine besondere Schwierigkeit stellt für Esten der feste Vokaleinsatz (der Knacklaut) dar, den die estnische Standardsprache nicht kennt.

Unterschiede in der Artikulation können nach Kann und Kibbermann (1964) folgende Probleme bewirken:

- Da die estnischen Vokale sowie Konsonanten jeweils in drei Quantitätsstufen (kurz, lang, überlang) erscheinen können, neigen die Esten dazu, deutsche Doppelkonsonanten zu dehnen.
- Da die qualitativen Unterschiede zwischen den gleichen Vokalen von unterschiedlicher Länge im Estnischen phonematisch nicht relevant sind, braucht ein estnischer Lerner spezielle Übungen zur Unterscheidung der geschlossenen Vokale, die in ihrer Aussprache zu den offenen tendieren.
- Die Verschlusslaute werden im Estnischen immer stimmlos artikuliert. Die Aspiration von [kʰ], [pʰ] und [tʰ] soll geübt werden (Kann und Kibbermann 1964: 65−66).
- Der nasale Verschlusslaut [ŋ] ist im Estnischen kein eigenständiges Phonem, sondern tritt nur zusammen mit einem ihm folgenden [g] auf, was häufig auf das Deutsche übertragen wird (Kann und Kibbermann 1964: 85).
- Das Estnische kennt die Phoneme [ç] und [x] nicht, die meist durch den Hauchlaut [h] ersetzt werden. Dabei kann einem Esten auch das *h* im Anlaut Schwierigkeiten bereiten, da es im Estnischen oftmals nicht artikuliert wird (Kann und Kibbermann 1964: 102−108).

- Im Estnischen gilt das Zungenspitzen-r als standardsprachlich, daher setzt die Aneignung der Laute [R] und [ʁ] bei estnischen Deutschlernern spezielle Übungen voraus (Kann und Kibbermann 1964: 115).

4. Grammatik

Eine deutsch-estnische vergleichende Grammatik liegt bislang nicht vor, aufgrund von Fehleranalysen sind aber spezifische Probleme für estnische Deutschlerner ermittelt und systematisiert worden (Soonvald 1993). Es gibt auch eine ins Estnische übersetzte praktische Grammatik, in dem auf typische Fehlerquellen hingewiesen wird (Hoberg und Hoberg 1997). Generell lassen sich die größten Schwierigkeiten auf die Genuslosigkeit des Estnischen zurückführen. So wird im Estnischen auf Diskursobjekte nur mit zwei Formen referiert: auf Lebewesen mit dem Pronomen *tema / ta*, auf Nicht-Lebewesen mit *see*, während im Deutschen zwischen drei genusspezifischen Formen zu wählen ist. Besondere Probleme sind mit dem Gebrauch der Possessivpronomina verbunden, sofern es im Estnischen neben den sechs genusneutralen und nicht deklinierbaren Possessivpronomina noch ein für alle Personen gemeinsames reflexives Possessivpronomen *oma* gibt:

(1) *Ich treffe* **meinen** *alten Freund*
    ‚Ma kohtan **oma** vana sõpra‘

(2) *Peter fährt* **sein** *neues Auto*
    ‚Peter juhib **oma** uut autot‘

(3) *Anna lobt* **ihre** *kleine Tochter*
    ‚Anna kiidab **oma** väikest tütart‘

Unterschiede gibt es auch in der Morphosyntax der Adjektive und Adverbien. Da die estnischen Adjektive und Substantive gemeinsame Flexionsparadigmen haben, fällt einem Esten die Aneignung der Adjektivdeklination im Deutschen besonders schwer. Die funktionale Überlastung der Flexionsmorpheme einerseits und ihre genusbedingte Variation andererseits sowie die grammatische Redundanz (z. B. im Dativ Plural) erfordert von ihm besondere Aufmerksamkeit.

Im Verbalbereich sind die kategoriellen Unterschiede nicht so groß, obwohl zwischen einigen Kategorien (z. B. dem deutschen Passiv und dem estnischen Impersonal) keine direkte Analogie besteht und die richtige Besetzung der Argumentstellen bei vielen Verben (*lehren, danken, verschwinden*, Reflexiva usw.) einem estnischen Lerner schwerfällt. Oft erweist sich die Wiedergabe der vielfachen Funktionen des estnischen Verbs *olema* ‚sein‘, das als (das einzige) Perfekthilfsverb sowie als Kopula und Vollverb gebraucht werden kann, als problematisch:

(4) *Der Zug* **ist** *abgefahren*
    ‚Rong **on** väljunud‘

(5) *Kinder* **haben** *etwas vergessen*
    ‚Lapsed **on** midagi unustanud‘

(6) *Mein   Vater **ist** Lehrer*
     ‚Minu isa   **on** õpetaja‘

(7) *Die Blumen **sind** in der Vase*
     ‚Lilled   **on** vaasis‘

(8) *Arno   **hat** einen Hund*
     ‚Arnol **on** koer‘

Während die Sätze (4)−(7) in beiden Sprachen ähnlich strukturiert sind, wird die possessive Relation (8) durch unterschiedliche Satzmuster wiedergegeben: Im Estnischen wird das Besitzobjekt mit dem Subjekt und das Besitzsubjekt mit einer Habitivadverbiale (Nomen im Adessiv) ausgedrückt. Da allgemeine Wörterbücher über mögliche Satzmuster nur spärlich Information bieten, wird gegenwärtig an einem deutsch-estnischen Valenzwörterbuch gearbeitet, in dem die Argumentstrukturen von ca. 700 deutschen Verben und ihren estnischen Entsprechungen beschrieben und mit Satzbeispielen illustriert werden sollen.

5. Lexik

Es wird behauptet, dass etwa 13,9 % der estnischen Wortstämme aus dem Niederdeutschen (der Hansezeit) stammen und 8,8 % aus dem Hochdeutschen (Rätsep 1983: 539). Obwohl die germanischen Wurzeln im Estnischen von mehreren Autoren erforscht worden sind, mangelt es noch an vertieften Studien zu deren chronologischer Schichtung (Ziegelmann und Winkler 2006: 47). Außer Stammentlehnungen sind die deutschen Einflüsse erkennbar auch an Lehnprägungen, besonders in der Verbbildung. Da Estnisch keine Präfixsprache ist, entsprechen den deutschen Präfixverben im Estnischen sog. Partikelverben (Fügungen aus einem Verb und [Affixal]adverb) wie *üles otsima* ‚aufsuchen‘, *otsa vaatama* ‚ansehen‘ oder Ausdrucksverben − feste Wendungen mit einem nominalen Verbzusatz (z. B. *tähele panema* ‚aufpassen‘, *kätte võtma* ‚anpacken‘).

Bei der Wiedergabe von Zuständen fällt auf, dass im Estnischen anstatt Partizipien oft Adverbien benutzt werden, die sich auf Lokalkasusformen von Nomina oder von wortartindifferenten deskriptiven Basismorphemen zurückführen lassen. Die morphologische Ähnlichkeit der Zustandsadverbien mit Lokalkasusformen gibt Anlass zu behaupten, dass Zustandsänderungen im Estnischen nicht so sehr zeitlich, als vielmehr räumlich konzeptualisiert werden, was noch dadurch betont wird, dass die häufigsten Prädikatsverben bei den Zustandsadverbien stark desemantisierte Lesarten von Bewegungsverben sind (z. B. *minema* ‚gehen‘, *vajuma* ‚sinken‘, *ajama* ‚jagen‘) (Arold 2000: 184−186).

Strukturelle und semantische Parallelitäten in der *Idiomatik* der beiden Sprachen sind auf die geographische Nähe der Sprachgemeinschaften sowie auf deren lange Kontakte zurückzuführen. Neben zahlreichen Idiomen, die formal sowie semantisch ähnlich strukturiert sind, gibt es mehrere formähnliche Ausdrücke mit unterschiedlicher Bedeutung (*wie die Faust aufs Auge passen, aus allen Nähten platzen*). Ridali (2006) hat u. a. Verschiedenheiten in Symbolbedeutungen einiger Farben festgestellt. Nach Tasa (2003) ist in den Bildfeldern der estnischen Idiomatik das Jagdwesen sehr schwach vertreten, während im Deutschen kaum Äquivalente für estnische Idiome mit bestimmten Lostagen zu finden sind.

6. Pragmatik, Textlinguistik, Interkulturelle Kommunikation

Durch die europäische Integration und den zunehmenden Bedarf an qualifizierten Fach-
übersetzern wird bei der Übersetzer- und Dolmetscherausbildung den Fragen der Pragmatik und Textlinguistik immer mehr Aufmerksamkeit geschenkt. Die Beschäftigung mit
pragmatischen Aspekten der Texte ist dabei vorwiegend praktisch orientiert und dient
dazu, eine reibungslose deutsch-estnische Fachkommunikation zu ermöglichen. Eingehende empirische Studien liegen jedoch erst in Ansätzen vor.

7. Sprachdidaktik

Deutsch als Fremdsprache hat in Estland in den letzten Jahrzehnten merklich an Stellenwert eingebüßt und wird heute in den meisten Schulen − wenn überhaupt − erst als C-
Sprache (nach Englisch und Russisch) unterrichtet. Seine ehemalige Vorrangsstellung vor
den eben genannten Sprachen hat Deutsch nur in einigen wenigen Schulen behalten, u. a.
in den Schulen mit erweitertem Deutschunterricht, in denen mit dem Abitur das Deutsche Sprachdiplom II erworben werden kann, wobei in einigen Fächern auch bilingualer
Sachunterricht stattfindet. Der fremdsprachige Fachunterricht wird von mehreren Forschern als ein zweischneidiges Schwert angesehen, weil die Schüler bei einer Doppelbelas-
tung die ermittelten Fachbegriffe nicht immer voll verarbeiten können (Miliste 2001:
246).
    Die Sprachdidaktik ist vorwiegend kommunikativ orientiert, weil mit der staatlichen
Reifeprüfung vier Sprachfähigkeiten − Sprechen, Verstehen, Lesen und Schreiben −
bewertet werden sollen. Bei der Wortschatzarbeit wird aber auch auf die Übersetzungs-
methode nicht verzichtet. Obwohl die Aufgaben der Reifeprüfung in ganz Estland gleich
sind, ist den Schulen die Wahl der Lehrmittel freigestellt. So werden im Unterricht sowohl estnische als auch deutsche Lehrbücher benutzt. Die Ersteren haben den Vorteil,
dass sie ein kontrastives Herangehen ermöglichen und bei der Vermittlung interkultureller Aspekte größere Aufmerksamkeit auf die Gemeinsamkeiten und Unterschiede in der
Lebensweise und dem Brauchtum der Deutschen und Esten legen.
    Im Grammatikunterricht wird zumeist induktiv vorgegangen, in den Schulen mit er-
weitertem Deutschunterricht werden aber auch deduktive Methoden eingesetzt, indem
zuerst das Regelwerk erläutert wird, das demnächst in verschiedenen Sprachsituationen
angewendet werden soll. Die linguistische Analyse und Sprachvergleich können jedoch
keinesfalls alle Probleme im Fremdsprachenunterricht lösen, sondern es ist notwendig,
bei der Wahl der didaktischen Mittel die psychologischen Aspekte des Spracherwerbs
sowie die Besonderheiten des Sprechmechanismus im Auge zu behalten.

8. Literatur in Auswahl

Arold, Anne
    2000   *Kontrastive Analyse der Wortbildungsmuster im Deutschen und im Estnischen (am Beispiel
            der Aussehensadjektive)*. (Dissertationes Philologiae Germanicae Universitatis Tartuensis
            1.) Tartu: Tartu University Press.

Arold, Anne
  2009   Vom Hören über das Hinhören zum Zuhören. Verben der Sinneswahrnehmung im Deut-
          schen und im Estnischen. In: Thomas Taterka, Dzintra Lele-Rozentāle und Silvija Pavidis
          (Hg.): *Am Rande im Zentrum. Beiträge des VII. Nordischen Germanistentreffens Riga, 7.−
          11. Juni 2006*, 355−366. Berlin: SAXA.
Hasselblatt, Cornelius
  1990   *Das estnische Partikelverb als Lehnübersetzung aus dem Deutschen.* (Veröffentlichungen
          des Societas Uralo-Altaica 31.) Wiesbaden: Harrassowitz.
Hinderling, Robert
  1981   *Die deutsch-estnischen Lehnwortbeziehungen im Rahmen einer europäischen Lehnwortgeo-
          graphie.* Wiesbaden: Harrassowitz.
Hoberg, Rudolf, Ursula Hoberg und (Übs.) Maie Lepp
  1997   *Der kleine Duden. Deutsche Grammatik: eine Sprachlehre für Beruf, Fortbildung und Alltag
          = Saksa keele grammatika.* Tallinn: TEA.
Jagau, Axel
  2006   Zum Schwund der Possessivsuffixe im Estnischen. In: Anne Arold, Dieter Cherubim,
          Dagmar Neuendorff und Henrik Nikula (Hg.), *Deutsch am Rande Europas*, 71−79. (Hu-
          maniora: Germanistica 1.) Tartu: Tartu University Press.
Kann, Kallista und Feliks Kibbermann
  1964   *Praktische deutsche Phonetik für Esten.* Tallinn: Eesti Riiklik Kirjastus.
Kärk, Janika
  2008   Zu den frequentesten Abtönungspartikeln in den Lehrwerken für Deutsch als Fremdspra-
          che: mit besonderer Berücksichtigung der Modalpartikel „denn" in den Fragesätzen. In:
          Mari Tarvas (Hg.), *Tradition und Geschichte im literarischen und sprachwissenschaftlichen
          Kontext. Beiträge der Tagung „Tradition und Zukunft der Germanistik", 5.−7. Mai 2007,
          Tallinn*, 131−140. Frankfurt a. M.: Lang.
Miliste, Merje
  2001   Bilingual: Mit dem Rücken zur Muttersprache? *Triangulum*, 239−248. (Germanistisches
          Jahrbuch für Estland, Lettland und Litauen 8). Riga/Bonn: DAAD.
Rätsep, Huno
  1983   Eesti kirjakeele tüvevara päritolu [Herkunft der Wortstämme der estnischen Schriftspra-
          che]. *Keel ja Kirjandus* 26: 539−548. Tallinn.
Ridali Helju
  2005   Zur Frequenz und Symbolik deutscher und estnischer Farbphraseologismen. In: Gisela
          Brandt und Ineta Balode (Hg.), *Beiträge zur Geschichte der deutschen Sprache im Balti-
          kum IV*, 139−149. (Stuttgarter Arbeiten zur Germanistik 427). Stuttgart: Verlag Hans-
          Dieter Heinz/Akademischer Verlag.
Ridali, Helju
  1986   Zu den ornativen *be*-Verben im Deutschen und ihren Entsprechungen im Estnischen.
          Wissenschaftliche Zeitschrift der Pädagogischen Hochschule Güstrow (Philosophische Fa-
          kultät) 2: 228−230.
Ridali, Helju
  2006   Zur Symbolik der Phraseologismen mit einem Zahlwort als obligatorischer Komponente
          im Deutschen und Estnischen. Eine Untersuchung zu den Zahlwörtern von elf bis zu
          einer Million. In: Silvija Pavidis und Thomas Taterka (Hg.), *Triangulum*, 132−140. (Ger-
          manistisches Jahrbuch für Estland, Lettland und Litauen 11). Riga/Bonn: DAAD.
Ridali, Helju
  2008   Zur Symbolik und Metaphorik der Phraseologismen mit der Komponente Haustier im
          Deutschen und Estnischen. *Jahrbuch für internationale Germanistik* 83(7): 133−137.
Rõõmus, Annika
  2005   Aspekte der Interkulturellen Kommunikation und Kompetenz am Beispiel der deutsch-
          estnischen Unternehmenskommunikation. Magisterarbeit. Philosophische Fakultät, Uni-
          versität Tartu.

Silk, Anni
    2002   Kontrastive semantische Analyse polysemer Verben am Beispiel von *führen* und *juhtima*.
            Magisterarbeit. Philosophische Fakultät, Universität Tartu.
Silk, Anni
    2005   Valenz und Verbalrektion im Estnischen und im Deutschen. In: *Triangulum*, 156–168.
            (Germanistisches Jahrbuch für Estland, Lettland und Litauen 10). Riga/Bonn: DAAD.
Soonvald, Jaan
    1993   Einige Ergebnisse der Fehleranalyse in der Elementargrammatik der deutschen Sprache
            bei estnischen Deutschstudenten. *Zielsprache Deutsch* 24(4): 221–225.
Sutrop, Urmas
    1997   Entspricht Estnisch dem agglutinierenden Sprachtypus? In: Mati Erelt (Hg.), *Estonian.
            Typological Studies II*, 199–219. (Publications of the Department of Estonian of the
            University of Tartu). Tartu.
Tasa, Rita
    2003   Erinevat ja sarnast eesti ja saksa fraseoloogias [Unterschiede und Gemeinsamkeiten in
            der estnischen und deutschen Phraseologie]. Phraseologietagung des Estnischen Litera-
            turmuseums am 24. November 2003. Tartu. http://www.folklore.ee/rl/fo/konve/frase8.
            php (15. 05. 2008).
Umborg, Viktoria
    1996   Kontrastive Untersuchungen zu Fachsprachen im Deutschen und Estnischen. In: *Triangu-
            lum*, 64–80. (Germanistisches Jahrbuch für Estland, Lettland und Litauen 3). Tartu.
Ziegelmann, Katja und Eberhard Winkler
    2006   Zum Einfluß des Deutschen auf das Estnische. In: Anne Arold, Dieter Cherubim, Dag-
            mar Neuendorff und Henrik Nikula (Hg.), *Deutsch am Rande Europas*, 44–70. (Humani-
            ora: Germanistica 1). Tartu: Tartu University Press.

Anne Arold, Tartu (Estland)

58. Kontrastive Analyse Finnisch–Deutsch

1. Einleitung
2. Phonologie/Phonetik und Orthografie
3. Morphologie
4. Lexikologie und Phraseologie
5. Syntax
6. Pragmatik
7. Textlinguistik
8. Gesprächsforschung
9. Literatur in Auswahl

1. Einleitung

Das Finnische (F), das zur ostseefinnischen Gruppe der finno-ugrischen Sprachfamilie
gehört, hat in Finnland (bei rund 5,3 Millionen EinwohnerInnen Ende 2008) etwa
5 Millionen Sprecher. Größere finnischsprachige Minderheiten gibt es in Schweden (ca.

300.000), Norwegen (ca. 12.000) sowie in Ostkarelien und Ingermanland (50.000−100.000). Die zweite Landessprache Finnlands ist mit ca. 300.000 MuttersprachlerInnen Schwedisch, das − neben anderen Sprachkontakten − als Vermittlersprache zur Annäherung des finnischen Satzbaus und Lexikons an indoeuropäische Sprachen beigetragen hat. Mit seinen vielen gebundenen Morphemen ist das F im Vergleich zu Englisch, Schwedisch oder Deutsch (D) eine synthetische Sprache.

Das F weicht also genetisch und typologisch stark vom D ab. Dies bildet eine fruchtbare Basis für Strukturvergleiche, die in der Anfangsphase der deutsch-finnischen Kontrastivistik dominierten. In neueren syntaktischen Studien werden die Unterschiede zwischen den Sprachen als Evidenz für die Schlüssigkeit theoretischer Konzepte wie Valenz- oder Konstruktionsgrammatik eingesetzt (Kap. 5). In den letzten Jahren hat sich der Schwerpunkt auf Phraseologie und Lexikografie (Kap. 4) sowie Pragmatik, Textlinguistik und Gesprächsforschung (Kap. 6−8) verlagert. Der vorliegende Beitrag fokussiert auf Studien der letzten 15 Jahre. (Zu älteren Untersuchungen s. Hyvärinen 2001; Piitulainen 2006b.)

2. Phonologie/Phonetik und Orthografie

Allgemeines. Von finnischen DaF-LernerInnen verlangt die dt. Aussprache eine Vor- und Hochverlagerung der Artikulationsbasis, eine stärkere Sprechspannung, kräftigere Lippen- und Zungenbewegungen und eine größere Kieferöffnung sowie v. a. im Konsonantenbereich neue motorische Abläufe. Im Redefluss halten sich im Finnischen Vokale und Konsonanten die Waage, während im D Konsonanten mit ca. 60 % dominieren (Hall et al. 2005: 35, 87).

Lautinventar. Das dt. Inventar an Monophtongen in betonten Silben ist mit 8 Lang- und 7 Kurzvokalen qualitativ sehr differenziert (vgl. Art. 18). Die Anzahl von Diphtongen − drei − ist dagegen gering. Das F weist 8 Vokalqualitäten auf, die sowohl in betonten als auch in unbetonten Silben als Kürzen und Längen vorkommen. Der Längenunterschied der Kurz- und Langvokale ist im F markanter (etwa 2 : 5) als im D (ca. 3 : 5) (Hakkarainen 1995: 58), was die fehlende qualitative Unterscheidung kompensiert. Das Einüben der dt. Langvokale verlangt von Finnen besondere Beachtung, damit sich z. B. *lieben* nicht wie *leben* anhört. Das F hat 18 Diphtonge (davon 2 selten), deren biphonematische Aussprache oft aufs D übertragen wird. Besondere Beachtung im DaF-Unterricht verlangen die Vokalreduktionen in unbetonten Silben. Den Schwa-Laut [ə] ersetzen Finnen oft mit [ɛ], was jedoch weniger störend ist als das Verwechseln von [ə] und [ɐ], vgl. *Messe* vs. *Messer.*

Das dt. Konsonanteninventar ist relativ umfangreich (vgl. Art. 18), das finnische mit 13 Phonemen dagegen relativ knapp: Es fehlt z. B. eine Stimmtonkorrelation bei Klusilen und Frikativen. Schwierigkeiten bereiten deshalb Wortpaare wie *Gepäck − Gebäck, fahren − waren.* Die Reihe der Frikative ist im F schwach ausgebaut. Schwierigkeiten für Finnen bereiten v. a. die dt. Sibilanten, denn das F hat nur einen qualitativ sehr variierenden Sibilanten /s/. Die systematische Unterscheidung von /s/, /ʃ/, /z/ (und in Fremdwörtern /ʒ/) muss geübt werden, damit eine falsche Aussprache nicht zu unbeabsichtigter Komik führt, etwa wenn aus einem *Lauschangriff* ein *Lausangriff* wird. Im F sind Konsonantencluster im Wortan- und -auslaut in heimischen Wörtern ausgeschlossen. Folglich bereiten die motorischen Abläufe bei der Aussprache von Wörtern wie *spritzt, Herbststurm* besondere Schwierigkeiten.

Prosodie. Deutsch gilt als eine akzentzählende Sprache. Der Wortakzent liegt i. d. R. auf der ersten Silbe. Der Akzent ist zentralisiert, was zu Assimilationen, Reduktionen und Elisionen in den unbetonten Silben geführt hat. Im F liegt die Hauptbetonung systematisch am Wortanfang – auch Fremdwörter werden „normalisiert" – aber Nebenakzente wiederholen sich mit relativ regelmäßigen Abständen, sodass F als silbenzählend gelten kann. Der Nebenakzent schützt die Endungen vor Reduktionen. Mit der staccatoartigen Satzakzentuierung verbindet sich eine relativ monotone Satzmelodie mit geringen Intervallen. Die Standardintonation ist unabhängig von der Satzart fallend. Im DaF-Unterricht ist auf „deutliche Hervorhebung der akzentuierten Silben durch größere Intensität, Spannung, Dauer, Genauigkeit und melodische Hoch- oder Tieflage; Assimilationen und Reduktionen in den akzentlosen Silben" sowie „Unterscheidung des steigend-fallenden Melodieverlaufs in Aussagen und Ergänzungsfragen sowie des fallend-steigenden Verlaufs in Entscheidungsfragen" zu achten (Hirschfeld 2003 ff.: 13).

Orthografie. Weil das F eine fast vollständige Laut-Schrift-Kongruenz aufweist, bereitet die Mehrfachzuordnung des D Schwierigkeiten: Ein Buchstabe kann mehrere Lautwerte und ein Laut mehrere Schreibweisen haben, und es gibt auch „stumme Buchstaben". Oft sind Rechtschreibschwierigkeiten durch Ausspracheschwierigkeiten bedingt, so etwa die Wiedergabe von Sibilanten und komplexen Konsonantenclustern oder die Unterscheidung von *ch* und *sch*. Hinzu kommen fremdsprachliche Interferenzen, vgl. dt. *Busch* – engl. *bush*, dt. *schön* – schw. *skön*. Weitere Schwierigkeiten stellen die Zusammen- vs. Getrenntschreibung und die Groß- vs. Kleinschreibung dar (Hyvärinen 2001: 430).

3. Morphologie

3.1. Flexion

Die Flexionsendungen sind im F eindeutiger als im D, das viele Synkretismen aufweist.

Konjugation. Das F hat kein Pendant für die Unterscheidung von regelmäßigen und unregelmäßigen Verben im D. Eine zweite für das D charakteristische Erscheinung, die bei der Formenbildung eine Rolle spielt, sind (untrennbare) Präfix- und (trennbare) Partikelverben.

Für *Person und Numerus* haben beide Sprachen ein 3×2-System, das F außerdem die sog. 4. indefinite Person (Passiv), vgl. unten. Während im D *Sie* (Pl. 3) als Höflichkeitsform funktioniert, übt im F *Te* (Pl. 2) diese Funktion aus, diese Form wird aber viel seltener gebraucht als *Sie* im D (s. Kap. 6). Von der sonst ähnlichen Subjekt-Prädikat-Kongruenz gibt es im F eine Ausnahme: Das Prädikat finnischer Existentialsätze steht immer im Singular, vgl. dt. *Auf dem Hof stehen* (Pl. 3) *Autos* (Nominativ Pl.) – fi. *Pihalla on* (Sg. 3) *autoja* (Partitiv Pl.) (Tarvainen 1985: 28–35). Dies und die eher objekttypische postverbale Stellung des Subjekts verleiten finnische DaF-LernerInnen oft zu Kongruenzfehlern und zur Verwendung einer *es gibt*-ähnlichen Konstruktion, vgl. **Auf dem Hof ist/steht (es) Autos.*

Beide Sprachen haben neben zwei einfachen *Tempusformen* (Präsens und Imperfekt/Präteritum) zwei periphrastische Vergangenheitsformen (Perfekt und Plusquamperfekt); für Letztere hat das F nur ein Hilfsverb (*olla*), sodass die Divergenz im D (*sein* vs. *haben*) mit Lernschwierigkeiten verbunden ist. Die Verteilung von Imperfekt/Präteritum und Perfekt weist interlinguale Unterschiede auf. Ein Stolperstein ist der dt. Präsensgebrauch bei *seit*-Bestimmungen − hier hat F Perfekt (Tarvainen 1985: 53−68).

Von den je vier morphologischen *Modi* existieren *Indikativ* und *Imperativ* in beiden Sprachen; Unterschiede gibt es v. a. im Umfang des Imperativparadigmas: Während das D nur zwei echte Imperativformen (Sg. 2 und Pl. 2) aufweist, ist das finnische Imperativparadigma bis auf die Form des Sg. 1 komplett; sogar für das Passiv (als „4. Person") existiert eine eigene Imperativform. Dem finnischen *Konditional* als „Irrealis" entspricht der dt. *Konjunktiv II*; der dt. *Konjunktiv I* als Modus der indirekten Rede hat im F kein direktes Pendant. In beiden Sprachen gibt es modale Verbgefüge der Vermutung (zur Modusproblematik s. Tarvainen 1985: 45−51; Helin 2004; Soro 2007: 349−350).

Beide Sprachen verfügen über zwei *Genera verbi: Aktiv* und *Passiv*. Das Passiv weist jedoch wesentliche interlinguale Unterschiede auf (Tarvainen 1985: 36−43; Hyvärinen 2001: 431 und die dort angeführte Literatur). Den dt. periphrastischen Formen mit *werden* (Vorgangspassiv) / *sein* (Zustandspassiv) + Perfektpartizip und einer vollständigen oder partiellen Diathesenkonverse steht im F ein synthetisches Passiv gegenüber, das weder ein Subjekt noch ein Agens haben kann. Eine syntaktische Umpolung findet nur teilweise statt: Das Transitivobjekt (im Akkusativ oder Partitiv) behält seinen Satzgliedstatus bei, und obwohl das Akkusativobjekt in einer nominativähnlichen Form steht und oft topikalisiert wird, löst es keine Prädikatskongruenz aus. Da es sich nicht um ein prototypisches Passiv handelt, wird die Form oft als eine „4. indefinite Personalform" bezeichnet, die semantisch am ehesten mit der dt. *man*-Form vergleichbar ist, zumal sie von allen Verben gebildet werden kann, deren Satzmodell im Aktiv ein menschliches Subjekt zulässt. Bei so grundlegenden Unterschieden ist es kein Wunder, dass das dt. Passiv im DaF-Unterricht eine häufige Fehlerquelle ist.

Im F wird die *Negation* durch ein Negationshilfsverb (mit einem lückenhaften Paradigma) ausgedrückt, d. h. die negierten Formen sind Teil der Verbkonjugation. Da das dt. Negationssystem ganz anders ist, gehört die Negationsbildung noch bei fortgeschrittenen DaF-LernerInnen zu den typischen Fehlerquellen.

Deklination. Ein typischer Zug des F ist sein Kasusreichtum. Neben 14 morphologisch distinkten Kasus wird oft noch der Akkusativ mit seiner Formenpalette − einer nominativ- und einer genitivähnlichen Form sowie einer eigentlichen Akkusativform bei personalen Pronomina − als grammatisch-funktionaler Kasus betrachtet. Es wird zwischen grammatischen Kasus (Nominativ, Genitiv, Partitiv und Akkusativ) und semantischen Kasus unterschieden. Letzteren entsprechen im D Präpositionen. Obwohl die Äquivalenzbeziehungen gewisse Affinitäten zwischen einem bestimmten Kasus und einer bestimmten Präposition aufweisen, bereitet die Wahl der richtigen Präposition für Finnen meistens große Schwierigkeiten.

Da das F eine *genus- und artikellose* Sprache ist, haben DaF-LernerInnen Schwierigkeiten mit der Wahl zwischen dem bestimmten, unbestimmten und Nullartikel (Järventausta 1991: 87−143). Probleme bereiten ebenfalls die Genuszuweisung und die pronominale Genuskongruenz. Den dt. Possessivpronomina entsprechen im F Genitivformen der Personalpronomina und/oder Possessivsuffixe. Während im D Artikelwort und Substantiv einen Nominalrahmen bilden, innerhalb dessen sog. Monoflexion herrscht, ist die finnische NP durch Polyflexion gekennzeichnet. Dem nominalen Rahmen nachgestellt stehen im D Genitiv- und Präpositionalattribute, im F gilt für Attribute generell die Voranstellung mit Ausnahme von direktionalen oder rektionsbedingten Lokalkasusattributen (Järventausta und Schröder 1996: 45−48).

3.2. Wortbildung

Zur deutsch-finnischen kontrastiven Wortbildung gibt es mehrere Einzelstudien, eine Gesamtübersicht steht aber noch aus.

Komposition. Beide Sprachen sind sehr kompositionsfreudig, der Typ Substantiv + Substantiv gilt als praktisch unbegrenzt produktiv. Zu spezifischen Unterschieden in Fachtexten vgl. Liimatainen (2008: 230−252) und Järventausta und Schröder (1996: 115−123).

Derivation. Zu movierten Feminina, die im F viel seltener sind als im D, s. z. B. Tommola (1997), zu Adjektivderivaten mit Wortgruppenbasis Hyvärinen (2005). Von deverbaler Verbbildung geben Kolehmainen und Savolainen (2007) einen gründlichen kontrastiven Überblick: Bei dt. Verben dominieren Präfix-, bei finnischen Suffixderivate; trennbare Partikelverben siedeln sie an der Schnittstelle zwischen Wortbildung und Syntax an − wie auch Kolehmainen (2006), die sie als *phrasal verbs* resolut von (untrennbaren) Präfixverben trennt.

Kurzwortbildung. Liimatainen (2008: 252−279) entwickelt eine Kurzworttypologie, die sie als *Tertium comparationis* auf die Umweltterminologie beider Sprachen anwendet. Etwa 80 % der untersuchten finnischen Buchstabenkurzwort-Termini gehen auf eine englische Vollform zurück, wogegen im D der Anteil von Kurzwörtern aus nichtheimischen Vollformen kleiner ist.

4. Lexikologie und Phraseologie

4.1. Lexikologie

Neben einer als Lehrwerk konzipierten zweiteiligen kontrastiv angelegten Einführung in die Lexikologie von Kostera (1996/1997) liegen keine deutsch-finnischen lexikologischtheoretischen Gesamtdarstellungen vor. Der Schwerpunkt lag in den letzten rund zehn Jahren vielmehr auf zweisprachiger Lexikografie. Unter Leitung von Korhonen wurde ein theoretisches Wörterbuchkonzept erarbeitet, als dessen praktisches Resultat ein deutsch-finnisches Großwörterbuch erschien (Korhonen 2008).

Lenk (2002) betrachtet Anthroponyme als Teil des Wortschatzes und geht ihrem textsortenspezifischen Gebrauch sowohl qualitativ als auch quantitativ nach. Lehnübersetzungen aus dem Englischen, Deutschen und Schwedischen untersucht Keinästö in mehreren empirischen Studien, vgl. z. B. Keinästö (2007). Einen wichtigen Beitrag zum Wortschatzvergleich leisten Untersuchungen fachsprachlicher Terminologien, z. B. Liimatainen (2008). Zur Wortgestalt der beiden Sprachen s. Hyvärinen (2003a).

4.2. Phraseologie

Seit mehr als zwanzig Jahren bildet kontrastive Phraseologie unter Leitung von Korhonen einen gewichtigen Schwerpunkt der finnischen Germanistik (s. Hyvärinen 2007). Von phraseologischen Sammelbänden seien Korhonen (1995, 1996) erwähnt: Kontrastiv beleuchtet werden verschiedene Typen von Phraseologismen, ihre syntaktischen und semantischen Eigenschaften, Variations- und Modifikationsmöglichkeiten, ihre lexikografische Darstellung, Textsortenspezifik und Probleme der System- und Übersetzungsäquivalenz (s. auch Korhonen 2007; zur Übersetzungsproblematik Korhonen 2004). Ein Ergebnis des Phraseologieprojekts ist das deutsch-finnische Idiomwörterbuch von Korhonen (2001). Zu Routineformeln s. Kap. 6 und Hyvärinen (2003b), zu Sprichwörtern u. a. Männikkö (2008).

5. Syntax

Die Wortfolge ist im D syntaktisch strenger geregelt als im F, das dank seiner reichen Morphologie mehr Spielraum für pragmatische Variation erlaubt (Tarvainen 1985: 344–392). Finnischen DaF-LernerInnen bereiten die drei Stellungstypen des dt. Finitums sowie die sog. Verbalklammer und die damit einhergehende Einteilung in Vor-, Mittel- und Nachfeld Schwierigkeiten. Weitere Faktoren, die auf die dt. Wortfolge einwirken, sind Valenzgebundenheit, Satzgliedhierarchie und wortkategorialer Status. Im F wird dagegen nur zwischen einem V1- und einem Nicht-V1-Typ unterschieden, und Stellungsfelder im strikten Sinne gibt es nicht. So können im finnischen Aussagesatz mehrere Satzglieder in präfiniter Stellung stehen. Wie im D kommt der Typ V-1 in Satzfragen und Imperativsätzen vor, aber zusätzlich wird er in insistierenden Aussagesätzen verwendet.

Satzgliedvergleiche zwischen D und F basieren hauptsächlich auf der Dependenz- und Valenztheorie (s. Piitulainen 2006a). Mit Tarvainen (1985) liegt die bisher gründlichste Gesamtdarstellung vor. Zum *Subjekt* liegen mehrere Arbeiten von Järventausta (1991, 2003, 2005) vor; s. auch Hyvärinen (2006: 1260–1263). Primäre und sekundäre Subjektlosigkeit kommen im F häufiger vor als im D. Bei sekundärer Subjektlosigkeit erweist sich das Konzept der Mikro- und Makrovalenz als nützlich. Während das dt. Subjekt im Nominativ steht, ist für das finnische Subjekt in Existentialsätzen die Nominativ/Partitiv-Alternation typisch. Als *Objekt* gilt in der finnischen Grammatiktradition nur das Transitivobjekt, das der Kasusalternation Akkusativ/Partitiv unterliegt. Wie das Partitivsubjekt hängt auch das Partitivobjekt mit Indefinitheit, Partialität und Negation zusammen; in negierten Sätzen steht immer der Partitiv. Zum *Prädikat* s. Hyvärinen (2006: 1259–1260), zum *Adverbial*, *Prädikativ* und *satzwertigen Sequenzen* Hyvärinen (2001: 432–434; 2006: 1260–1267), zur Valenzalternation Kolehmainen (2008). Zur Nominalsyntax gibt es nach wie vor relativ wenige deutsch-finnische kontrastive Studien; s. Järventausta und Schröder (1996) und Lenk und Kohvakka (2007).

6. Pragmatik

Bei der pragmatischen Gegenüberstellung liegt das Hauptgewicht auf Höflichkeitsforschung. Von potenziellen Lernproblemen finnischer DaF-LernerInnen werden unten exemplarisch die Anrede, die Routineformeln und der Grad der Direktheit thematisiert (zu weiteren Bereichen, u. a. Sprechakten und Abtönungspartikeln, s. Piitulainen 2006b: 332–337; Hyvärinen 2001: 434).

Bei der *Anrede* gibt es Unterschiede im Gebrauch von pronominalen und nominalen Anredeformen. In der dt. Kultur gilt *Sie* als Standardanrede für Erwachsene, in der finnischen dagegen *Sinä* („Du'). In Finnland verzichtet man bei Begrüßungen in der Regel auf die nominale Anrede, die in der dt. Kultur zu den Höflichkeitskonventionen gehört (Lenk 2002: 149–153; Miebs 2003: 326, 328; Hall 2005). Die nominale Anrede ist im F deutlich markiert und mit bestimmten sozialen oder emotionalen Funktionen verbunden. Insgesamt wird auf den Titelgebrauch in der finnischen Kultur weniger Wert gelegt (Piitulainen 1993: 169; Lenk 2002).

Unterschiede gibt es auch in den Gebrauchsbedingungen von *Routineformeln*. So sind z. B. die Begrüßungsformeln *tschüss* und *hei* nicht kommunikativ äquivalent, weil die dt. Formel nur beim Abschied verwendet wird, die finnische aber auch beim Treffen. Unterschiede lassen sich auch im Gebrauch von *bitte* bzw. *olelolkaa hyvä* und *danke* bzw. *kiitos* feststellen. So kann das dt. *bitte* je nach Situation auch viele andere Äquivalente im F haben (wie *Anteeksi kuinka?* als Äquivalent für *Wie bitte?* oder *kiitos*, z. B. *Einen Kaffee, bitte – Yksi kahvi, kiitos*) und auch (besonders bei Aufforderungen und Fragen) ohne Äquivalent bleiben. Für die finnische Kultur ist es dagegen typisch, dass man sich viel bedankt, z. B. nach dem Essen. Eine theoretisch und empirisch gut fundierte kontrastive Gesamtdarstellung in diesem Bereich lässt noch auf sich warten.

Die finnische Kommunikationskultur gilt als *direkter* als die deutsche. Dies hängt u. a. mit den unterschiedlichen Abschwächungsroutinen zusammen, die wiederum z. T. sprachstrukturell begründet sind (Miebs 2003: 329), aber auch mit anderen Faktoren. Zum Eindruck der Direktheit kann die finnische Tendenz zur Minimierung der Formulierung beitragen (Ylönen 2003: 236–239) wie auch das Fehlen bzw. die geringere Rolle des *Small talks* als „Aufwärmphase" (Tiittula 1995: 306–307).

7. Textlinguistik

Auf Grund der wenigen vorhandenen kontrastiven Studien zur Kohäsions- bzw. Kohärenzmarkierung lässt sich feststellen, dass in dt. Texten mehr „Klebstoff" zur Verknüpfung der Sätze verwendet wird als in finnischen. Beispielsweise zeigt die Analyse von Piitulainen (2005b: 56), dass *dabei* (in der Bedeutung ‚gleichzeitig', ‚in dem Zusammenhang') in etwa 60 % der Fälle im F unübersetzt beibt. Sprachstrukturelle Unterschiede wirken sich auch auf textuelle Kohäsion aus: die im D vorhandene Differenzierung zwischen *er* und *sie* muss im F durch andere Mittel kompensiert werden, da nur ein geschlechtsneutrales Pronomen (*hän*) vorhanden ist (Hyvärinen 2008: 254–255). Zu Kohäsionsverschiebungen kommt es auch bei der Wiedergabe der dt. einfachen und zusammengesetzten *hin*- und *her*-Adverbien. Die für das D typische deiktische Differenzierung ‚auf die Origo zu' vs. ‚weg von der Origo' bleibt im F meistens unspezifiziert, und anstatt eines deiktischen Adverbs wird im F an entsprechender Stelle oft eine kontextkompatible lexikalische Adverbialphrase eingesetzt (Jokinen 2005).

Wichtige Ergebnisse der vergleichenden Textsortenforschung sind z. B. (vgl. Piitulainen 2006b: 344): Unterschiede in der Makrostruktur von Todesanzeigen (Piitulainen 1993), Sportberichten (Sorvali 2004), Werbeprospekten (Koskensalo 2000; Vesalainen 2001) und linguistischen Rezensionen (Piitulainen 2005a). Differenzen weisen auch thematische Einstiege in linguistischen Zeitschriftenartikeln auf (Szurawitzki 2008). Generellere Unterschiede finden sich auch darin, dass dt. Texte den Produzenten oder Rezipienten an der Textoberfläche sichtbarer machen: auf Firmenwebseiten z. B. steht dem dt. *wir* im F oft der Firmenname oder ein entsprechendes Appellativum gegenüber (Ylönen 2003: 234−235). Zu Unterschieden bei Textsorten in den Neuen Medien vgl. Mattsson (2004), Möller-Kiero (2008) und Ylönen (2003).

8. Gesprächsforschung

In der kontrastiven Gesprächsanalyse stehen u. a. das Gesprächsverhalten (z. B. Pausen, Unterbrechungen, Sprechtempo), das Hörerverhalten, die Konsens- bzw. Dissensorientiertheit und die nonverbale Kommunikation im Mittelpunkt. Aus der Sicht des DaF-Unterrichts ist die Kontrastierung gesprochener Daten besonders relevant, weil in den neuen Curricula der Schulen den mündlichen Sprachfertigkeiten eine besonders große Bedeutung zukommt.

Das *Tempo* im finnischen Gespräch gilt in der Regel als ruhiger. Die Finnen vertragen Stille besser, tolerieren aber Unterbrechungen schlecht, und die Pausen (andererseits aber auch die Redebeiträge) sind länger. Als HörerInnen geben Finnen eher mimische und gestische nonverbale Signale, weniger verbale Signale. Die finnische Schweigsamkeit kann im dt. Kulturraum als Mangel an Interesse interpretiert werden, während das dt. Kommunikationsverhalten den Finnen aggressiv vorkommen kann (Miebs 2003: 331−332).

Die Analyse dt. und finnischer Fernsehdiskussionen zeigt, dass sich der finnische *Kommunikationsstil* dem dt. Stil gegenüber durch größere Konsensorientiertheit und Konfliktvermeidung auszeichnet (Nuolijärvi und Tiittula 2000; Tiittula 2001: 219).

Die *gestische und mimische Aktivität* der finnischen Kommunizierenden wird in der Regel als geringer eingestuft als die der dt., was von dt. GesprächspartnerInnen als Zeichen der Zurückhaltung interpretiert werden kann. Unterschiede bestehen u. a. im Händeschütteln, im Distanzverhalten und im Blickkontakt (Miebs 2003: 335).

9. Literatur in Auswahl

Ágel, Vilmos, Ludwig M. Eichinger, Hans-Werner Eroms, Peter Hellwig, Hans Jürgen Heringer und Henning Lobin (Hg.)
  2003/2006   *Valenz und Dependenz. Ein internationales Handbuch der zeitgenössischen Forschung.* (Handbücher zur Sprach- und Kommunikationswissenschaft 25.1−2). Berlin/New York: de Gruyter.
Burger, Harald, Dmitrij Dobrovol'skij, Peter Kühn und Neal R. Norrick (Hg.)
  2007   *Phraseologie. Ein internationales Handbuch zeitgenössischer Forschung.* (Handbücher zur Sprach- und Kommunikationswissenschaft 28.1−2). Berlin/New York: de Gruyter.
Hakkarainen, Heikki J.
  1995   *Phonetik des Deutschen.* München: Fink.
Hall, Christopher
  2005   Die deutsche und finnische Anrede im interkulturellen Vergleich. In: Ewald Reuter und Tiina Sorvali (Hg.), *Satz − Text − Kulturkontrast. Festschrift für Marja-Leena Piitulainen zum 60. Geburtstag,* 63−89. Frankfurt a. M.: Lang.

Hall, Christopher, Martina Natunen, Bertold Fuchs und Roland Freihoff
  2005   *Deutsche Aussprachelehre. Ein Hand- und Übungsbuch für Sprecher des Finnischen*. 2.,
          überarb. Aufl. Helsinki: Finn Lectura.
Helin, Irmeli
  2004   ... so der Wetterbericht. *Evidentialität und Redewiedergabe in deutschen und finnischen
          Medientexten und Übersetzungen*. Frankfurt a. M.: Lang.
Hirschfeld, Ursula
  2003 ff. Finnisch. In: Ursula Hirschfeld, Heinrich P. Kelz und Ursula Müller (Hg.), *Phonetik
          international. Von Afrikaans bis Zulu. Kontrastive Studien für Deutsch als Fremdsprache.
          Ein Online-Portal*. http://www.phonetik-international.de/p-phonetik/ (4. 1. 2010).
Hyvärinen, Irma
  2001   Kontrastive Analysen Deutsch−Finnisch: eine Übersicht. In: Gerhard Helbig, Lutz
          Götze, Gert Henrici und Hans-Jürgen Krumm (Hg.), *Deutsch als Fremdsprache. Ein inter-
          nationales Handbuch*, 429−436. (Handbücher zur Sprach- und Kommunikationswissen-
          schaft 19.1−2). Berlin/New York: de Gruyter.
Hyvärinen, Irma
  2003a   Deutsch aus finnischer Sicht − Überblick über die sprachliche Situation in Finnland mit
          einer kontrastiven Betrachtung von Wort- und Wortformenstrukturen. In: Gerhard Sti-
          ckel (Hg.), *Deutsch von außen*, 203−238. Berlin/New York: de Gruyter.
Hyvärinen, Irma
  2003b   Kommunikative Routineformeln im finnischen DaF-Unterricht. *Info DaF* 30(4): 335−
          351.
Hyvärinen, Irma
  2005   Adjektivische Zusammenbildungen im finnisch-deutschen Vergleich. In: Ulla Fix, Gott-
          hard Lerchner, Marianne Schröder und Hans Wellmann (Hg.), *Zwischen Lexikon und
          Text. Lexikalische, stilistische und textlinguistische Aspekte*. Sächsische Akademie der
          Wissenschaften zu Leipzig, 168−184. Stuttgart: Hirzel.
Hyvärinen, Irma
  2006   Kontrastive Fallstudie: Deutsch−Finnisch. In: Vilmos Ágel et al. (Hg.), 1258−1272.
Hyvärinen, Irma
  2007   Phraseologie des Finnischen. In: Harald Burger et al. (Hg.), 737−752.
Hyvärinen, Irma
  2008   ER oder SIE? Vom Geschlechtsverlust literarischer Figuren bei der Übersetzung ins Fin-
          nische − und was man dagegen tun kann. In: Thomas A. Fritz, Günter Koch und Igor
          Trost (Hg.), *Literaturstil − sprachwissenschaftlich. Festschrift zum 70. Geburtstag von
          Hans-Werner Eroms*, 227−257. Heidelberg: Winter.
Järventausta, Marja
  1991   *Das Subjekt im Deutschen und Finnischen. Seine Formen und semantischen Rollen*. Frank-
          furt a. M.: Lang.
Järventausta, Marja
  2003   Das Subjektproblem in der Valenzforschung. In: Vilmos Ágel et al. (Hg.), 781−794.
Järventausta, Marja
  2005   Sprachtypologie und Kontrastive Linguistik am Beispiel der Wortstellung und Null-Sub-
          jekte im Finnischen. In: Dagmar Neuendorff et al. (Hg.), 85−112.
Järventausta, Marja und Hartmut Schröder
  1996   *Nominalstil und Fachkommunikation, Analyse komplexer Nominalphrasen in deutsch- und
          finnischsprachigen philologischen Fachtexten*. Frankfurt a. M.: Lang.
Jokinen, Eija
  2005   *Ortswechsel, Orientierung und Origo. Eine Korpusanalyse ausgewählter deutscher Rich-
          tungsadverbien mit hin- und her- und ihrer finnischen Entsprechungen*. Dissertation, Tam-
          pere: Tampere University Press.

Keinästö, Kari
2007 Engl. *hobby horse* — dt. *Steckenpferd* — schwed. *käpphäst* — finn. *keppihevonen.* Einige Wortreitereien um Wörterbücher. In: Christopher Hall und Kirsi Pakkanen-Kilpiä (Hg.), *Deutsche Sprache, deutsche Kultur und finnisch-deutsche Beziehungen. Festschrift für Ahti Jäntti zum 65. Geburtstag,* 115—128. Frankfurt a. M.: Lang.

Kolehmainen, Leena
2006 *Präfix- und Partikelverben im deutsch-finnischen Kontrast.* Frankfurt a. M.: Lang.

Kolehmainen, Leena
2008 Valenzalternationen im zwischensprachlichen Vergleich. Die sog. inneren Objekte im Deutschen und im Finnischen. *Neuphilologische Mitteilungen* CIX: 155—178.

Kolehmainen, Leena und Tiina Savolainen
2007 *Deverbale Verbbildung im Deutschen und im Finnischen: ein Überblick.* Universität Würzburg. http://www.opus-bayern.de/uni-wuerzburg/volltexte/2007/2271/ (4. 1. 2010).

Korhonen, Jarmo
1995 *Studien zur Phraseologie des Deutschen und des Finnischen.* (Studien zur Phraseologie und Parömiologie 7). Bochum: Brockmeyer.

Korhonen, Jarmo (Hg.)
1996 *Studien zur Phraseologie des Deutschen und des Finnischen II.* (Studien zur Phraseologie und Parömiologie 10). Bochum: Brockmeyer.

Korhonen, Jarmo
2001 *Alles im Griff — Homma hanskassa. Saksa—suomi-idiomisanakirja. Idiomwörterbuch Deutsch—Finnisch.* Helsinki: WSOY.

Korhonen, Jarmo
2004 Phraseologismen als Übersetzungsproblem. In: Harald Kittel, Armin Paul Frank, Norbert Greiner, Theo Hermans, Werner Koller, José Lambert und Fritz Paul (Hg.), *Übersetzung. Ein internationales Handbuch zur Übersetzungsforschung,* 579—587. (Handbücher zur Sprach- und Kommunikationswissenschaft 26.1). Berlin/New York: de Gruyter.

Korhonen, Jarmo
2007 Probleme der kontrastiven Phraseologie. In: Harald Burger et al. (Hg.), 574—589.

Korhonen, Jarmo (Hg.)
2008 *Saksa—suomi suursanakirja. Großwörterbuch Deutsch—Finnisch.* Helsinki: WSOY.

Koskensalo, Annikki
2000 *Finnische und deutsche Prospektwerbung. Linguistische Analysen kulturspezifischer Marketingkommunikation.* Tostedt: Attikon.

Kostera, Paul
1996/1997 *Wort für Wort. Leksikologia saksa/suomi. I: Oppi- ja harjoituskirja; II: Käyttäjän opas.* Helsinki: Finn Lectura.

Lenk, Hartmut E. H.
2002 *Personennamen im Vergleich. Die Gebrauchsformen von Anthroponymen in Deutschland, Österreich, der Schweiz und Finnland.* Hildesheim: Olms.

Lenk, Hartmut E. H. und Hannele Kohvakka
2007 *,Streiter für Gerechtigkeit' und ,Teilnehmer am Meinungsstreit'?* Zur Valenz von Nomina agentis im Deutschen und Finnischen. In: Hartmut E. H. Lenk und Maik Walter (Hg.), *Wahlverwandtschaften: Valenz, Verben, Varietäten,* 195—218. Hildesheim: Olms.

Liimatainen, Annikki
2008 *Untersuchungen zur Fachsprache der Ökologie und des Umweltschutzes im Deutschen und Finnischen. Bezeichnungsvarianten unter einem geschichtlichen, lexikografischen, morphologischen und linguistisch-pragmatischen Aspekt.* Frankfurt a. M.: Lang.

Männikkö, Anne
2008 Aims and methods in German and Finnish Paremiography — Cultural Differences? In: *Communication as 'translatio': Nordic-Baltic-Russian cultural dialogues,* 134—145. Vol. 1 (1). Daugavpils.

Mattsson, Ingela
2004   Die WWW-Werbeanzeige – eine neue Textsorte? Analyse deutscher, finnischer und
        schwedischer Werbeanzeigen für Bier in Printmedien und im Internet. In: Christopher M.
        Schmidt, Dagmar Neuendorff und Martin Nielsen (Hg.), *Marktkommunikation in Theorie
        und Praxis. Inter- und intrakulturelle Dimensionen in der heutigen Wirtschaft*, 107–137.
        Wiesbaden: Deutscher Universitäts-Verlag.

Miebs, Udo
2003   Höflichkeitssensible Bereiche der finnisch-deutschen Wirtschaftskommunikation und ihre
        Berücksichtigung in der Sprachschulung. In: Ewald Reuter und Marja-Leena Piitulainen
        (Hg.), 321–344.

Möller-Kiero, Jana
2008   Text und Medium. Deutsche und finnische Immobilienanzeigen im Vergleich. In: Heinz-
        Helmut Lüger und Hartmut E. H. Lenk (Hg.), *Kontrastive Medienlinguistik*, 383–406.
        Landau: Verl. Empirische Pädagogik.

Neuendorff, Dagmar, Henrik Nikula und Verena Möller (Hg.)
2005   *Alles wird gut. Beiträge des Finnischen Germanistentreffens in Turku/Åbo, Finnland.* Frank-
        furt a. M.: Lang.

Nuolijärvi, Pirkko und Liisa Tiittula
2000   *Televisiokeskustelun näyttämöllä. Televisioinstitutionaalisuus suomalaisessa ja saksalaisessa
        keskustelukulttuurissa.* Helsinki: Finnish Literature Society SKS.

Piitulainen, Marja-Leena
1993   Die Textstruktur der finnischen und deutschsprachigen Todesanzeigen. In: Hartmut
        Schröder (Hg.), *Fachtextpragmatik*, 141–186. Tübingen: Narr.

Piitulainen, Marja-Leena
2005a   Zur makro- und absatzstrukturellen Gliederung der Rezensionen im Deutschen und im
        Finnischen. In: Dagmar Neuendorff et al. (Hg.), 127–136.

Piitulainen, Marja-Leena
2005b   Syntagmatische Beziehungen und kontrastive Lexikologie. In: Christoph Parry und Mari-
        ann Skog-Södersved (Hg.), *Annäherungen. Beiträge auf dem Finnischen Germanistentref-
        fen, Vaasa 16.–17. 09. 2004*, 41–60. Berlin: Saxa.

Piitulainen, Marja-Leena
2006a   *Dependenz und Valenz in der kontrastiven Linguistik, ein Überblick.* In: Vilmos Ágel et al.
        (Hg.), 1158–1169.

Piitulainen, Marja-Leena
2006b   Von Grammatik und Wortschatz bis zu Textsorten und Kulturunterschieden. Eine Über-
        sicht über den Sprach- und Kommunikationsvergleich Finnisch–Deutsch. In: Hartmut
        E. H. Lenk (Hg.), *Vom unbekannten Partner zum Vorbild Europas?*, 315–345. Landau:
        Verl. Empirische Pädagogik.

Reuter, Ewald und Marja-Leena Piitulainen (Hg.)
2003   *Internationale Wirtschaftskommunikation auf Deutsch.* Frankfurt a. M.: Lang.

Soro, Maikki
2007   *Das Erstglied des deutschen und finnischen Aussagesatzes. Eine kontrastive Analyse anhand
        journalistischer und literarischer Texte.* Dissertation, Tampere: Tampere University Press.

Sorvali, Tiina
2004   *Makrostruktur und sprachliche Bildlichkeit in deutschen und finnischen Sportberichten.* Dis-
        sertation, Tampere: Tampere University Press.

Szurawitzki, Michael
2008   Eine diachrone und kontrastive Untersuchung der thematischen Einstiege deutscher und
        finnischer linguistischer Zeitschriftenartikel 1897–2003. Methodologische Aspekte und
        empirische Resultate für das Subkorpus ‚PBB 1897–2003‘. *Neuphilologische Mitteilungen*
        CIX: 259–273.

Tarvainen, Kalevi
1985   *Kontrastive Syntax Deutsch–Finnisch*. Heidelberg: Groos.
Tiittula, Liisa
1995   Kulturen treffen aufeinander. Wie finnische und deutsche Geschäftsleute über die Gesprä-
        che berichten, die sie miteinander führen. *Jahrbuch Deutsch als Fremdsprache* 21: 293–
        310.
Tiittula, Liisa
2001   Argumentationsstile in deutschen und finnischen Fernsehdiskussionen. In: Eva-Maria Ja-
        kobs und Annely Rothkegel (Hg.), *Perspektiven auf Stil*, 205–227. Tübingen: Niemeyer.
Tommola, Marja-Liisa
1997   Zwei Sprachen – zwei Wege zur sprachlichen Gleichstellung der Geschlechter. In: *Fach-
        sprachen und Übersetzungstheorie. VAKKI-Symposium XVII, Vöyri 22.–23. 2. 1997*, 320–
        331. Vaasa, Universität Vaasa.
Vesalainen, Marjo
2001   *Prospektwerbung. Vergleichende rhetorische und sprachwissenschaftliche Untersuchungen
        an deutschen und finnischen Werbematerialien*. Frankfurt a. M.: Lang.
Ylönen, Sabine
2003   WEBVERTISING deutsch/finnisch – Kulturgebundene Unterschiede in der Wirtschafts-
        kommunikation mit neuen Medien. In: Ewald Reuter und Marja-Leena Piitulainen (Hg.),
        217–252.

Irma Hyvärinen, Helsinki (Finnland)
Marja-Leena Piitulainen, Tampere (Finnland)

59. Kontrastive Analyse Französisch–Deutsch

1. Forschungslage
2. Lexikologie – Phraseologie
3. Textlinguistik – Textologie – Übersetzungswissenschaft
4. Grammatik
5. Literatur in Auswahl

1. Forschungslage

Die deutsch-französische kontrastive Linguistik ist nach wie vor als eine Art Orchi-
deenfach zu betrachten, und zwar in mehrfacher Hinsicht: Die Pflanze ist empfindlich
und bedarf regelmäßiger Pflege, die Blüten lassen auf sich warten, dafür halten sie aber
relativ lange. Der enge Rahmen dieses Berichts erlaubt keine eingehende Darstellung,
zum Glück bleibt aber der Lagebericht von Gertrud Gréciano im HSK-Band aus dem
Jahre 2001 noch sehr aktuell und könnte hier – wegen seiner umfassenden, zum Teil sehr
detaillierten Darstellung und nicht zuletzt aufgrund seiner Einbindung in die jeweilige
universitäre Tradition – wieder aufgenommen werden.

Während in den deutschsprachigen Ländern schon durch die Möglichkeit der Fächer-kombination im Studium kontrastive bzw. vergleichende Untersuchungen häufiger un-ternommen werden, sind die Ausgangsbedingungen in Frankreich — bis jetzt jedenfalls — andere. Wo das Ein-Fach-Studium dominiert, werden Germanisten wie Romanisten so-wohl in ihren ‚Bildungsjahren' als auch später bei der Promotion nur in den seltensten Fällen auf eine kontrastive Herangehensweise vorbereitet, so dass in Frankreich For-schungsprojekte und Publikationen weitgehend einsprachig bleiben. Der Bezug auf die Muttersprache bzw. auf die Landessprache erfolgt im Germanistikstudium hauptsächlich durch Übersetzungsübungen und führt nur sporadisch zu systematischen Untersuchun-gen. Es sind bis heute in Frankreich relativ wenige größere kontrastive Arbeiten entstan-den, aber einige von ihnen können mittlerweile als Meilensteine des deutsch-französi-schen Sprachvergleichs betrachtet werden. Umfassendere Projekte werden zum Teil in Kooperation mit einem deutschen Partner geführt.

Es sind in den letzten zehn Jahren keine neuen, breit angelegten Arbeiten entstanden, die die verschiedenen Bereiche der beiden Sprachen vergleichend beschreiben. Peter Blu-menthals *Sprachvergleich Deutsch — Französisch* (1987), 1997 neu aufgelegt, bleibt bis heute die umfassendste sprachwissenschaftliche Untersuchung. Marcel Pérennec ist viel zu früh verstorben und konnte die schon konzipierte Fortsetzung seiner vielversprechen-den *Eléments de traduction comparée* (1993) leider nicht mehr schreiben, so dass auf französischer Seite das Buch von Malblanc (1961) bis heute nicht durch eine linguistisch fundierte vergleichende Stilistik abgelöst werden konnte.

Im Bereich der Phonologie/Phonetik stehen noch die vor 2000 entstandenen Arbeiten im Vordergrund, so dass hier auf den ausführlichen Bericht von Gréciano (2001) verwie-sen werden kann.

Bei den neueren Arbeiten sind die Bereiche Lexikologie bzw. Phraseologie bei weitem am stärksten vertreten. Textlinguistische Untersuchungen dienen der interkulturellen Diskursforschung und werden seit einigen Jahren sowohl in Bezug auf die Textgliederung und -gestaltung als auch im Rahmen einer kontrastiven Textologie im Dienste der inter-kulturellen Kommunikation durchgeführt. Und *last, but not least*: der Bereich kontras-tive Grammatik, dessen Hauptvertreter bis heute unbestritten Jean-Marie Zemb ist, rückt auch seit kurzem durch ein vom *Institut für Deutsche Sprache* (Mannheim) geleitetes europäisches Projekt (EuroGr@mm) in den Vordergrund.

Auch die Arbeitstagung zum romanisch-deutschen und innerromanischen Sprachver-gleich, die von 1988 bis 2004 in Leipzig von Gerd Wotjak alle vier Jahre und 2008 von Eva Lavric in Innsbruck organisiert wurde, soll hier erwähnt werden. Die Tagungsbände enthalten gute Beiträge zu verschiedenen Aspekten des deutsch-französischen Sprachver-gleichs (Wotjak 2001; Schmitt und Wotjak 2005; Lavric und Pöckl im Druck).

2. Lexikologie – Phraseologie

Die lexikologische Arbeit der letzten Jahre zum Sprachenpaar Deutsch-Französisch hat sich lexikografisch niedergeschlagen: Ende 2009 erschien ein wichtiges Werk, das das Ergebnis einer langjährigen Forschungsarbeit an der Universität Nancy II ist und eine wichtige Lücke schließt. Das *Wörterbuch deutscher Partikeln. Unter Berücksichtigung ihrer französischen Äquivalente* (Métrich und Faucher 2009) ist der Nachfolger der ersten umfassenden kontrastiv angelegten und korpusgestützten Partikelbeschreibung, *Les inva-riables difficiles,* eines vierbändigen Wörterbuchs, das seit den 1990er Jahren in Frank-reich zum Standardnachschlagewerk geworden war. Das neue Wörterbuch beruht auf einem sehr breiten Korpus aus verschiedenen Bereichen (Belletristik, Presse und gespro-chene Sprache) und erfasst sowohl syntaktische als auch semantisch-pragmatische und prosodische Aspekte von Partikeln und partikelähnlichen Elementen, die unter Anwen-dung strikter Kriterien verschiedenen Funktionsklassen zugeordnet werden. Kontrastive lexikologische Arbeit erfolgte auch in anderen Bereichen, u. a. der Eigennamen (Grass 2002, 2006), der Präpositionen (Krause 2008) und vor allem der Fachterminologie und der Phraseologie, zwei Gebiete, auf denen der deutsch-französische Sprachvergleich in den letzten Jahren ebenfalls recht produktiv gewesen ist. Programmatisch befasst sich de Pontonx (2005) mit dem Problem der lexikografischen Behandlung der *falschen Freunde* in der Phraseologie. Zu den Hauptvertretern des Fachs in Frankreich ist G. Gréciano zu rechnen, deren zahlreiche kontrastive Arbeiten bis in die 1980er Jahre zurückgehen. Hier soll in erster Linie ihre terminologische Arbeit zum Risikomanagement erwähnt werden, die sie im Rahmen eines mehrsprachigen EU-Projekts (*Multilinguales und Multimedia Glossar für Risikomanagement* [MGRM]) durchgeführt hat (Gréciano und Budin 2007). Weitere Arbeiten im Bereich der kontrastiven Terminologie und Phraseologie beziehen sich auf unterschiedliche Domänen (Musik, Recht, Börse, Medizin, Ernährung und gus-tatorische Wahrnehmung) (Gautier 2004, 2009; Burr und Gréciano 2003; Gréciano, G. 2007; Gréciano, Ph. 2007; Marschall 2009c) und weisen in vielen Fällen auf die zentrale Rolle der lexikalischen Kombinatorik hin, die die Übertragung von Fachausdrücken und Fachtexten in eine andere Sprache erschweren. Eine sorgfältige und überzeugende Be-schreibung von kombinatorischen Wortprofilen aus einer deutsch-französischen Perspek-tive bietet Blumenthal (2008).

3. Textlinguistik – Textologie – Übersetzungswissenschaft

In vielen Untersuchungen führen sowohl der textbezogene Untersuchungsgegenstand als auch die korpusgestützte Methode zu textsortenspezifischen Ergebnissen. Darüber hi-naus verweisen weitere Arbeiten aus dem vielschichtigen Gebiet der kontrastiven Texto-logie auf die enge Beziehung zwischen den Textsortenspezifika und dem jeweiligen kultu-rellen Hintergrund. Damit wird – so Spillner (2005) – die Brücke zum Kulturvergleich geschlagen. Der unentbehrliche Bezug auf den jeweiligen Kommunikationskontext erfor-dert bei der vergleichenden Beschreibung von bestimmten (z. B. praxisorientierten) Text-sorten kulturspezifische Kenntnisse, die gerade in der globalisierten Welt vernachlässigt zu werden drohen – mit schlimmen Konsequenzen. Im deutsch-französischen Bereich hat sich der Blick eindeutig von den Gebrauchstexten (noch dominierend in Drescher 2002) auf andere Kommunikationsbereiche erweitert, vor allem auf die Wissenschafts-kommunikation (Adamzik 2001; Dalmas 2001; Dalmas, Foschi Albert und Neuland 2009; Venohr 2007) und auf die Medien (Bastian und Hammer 2004; Sauerwein 2007; Schäfer 2006; von Münchow 2004).

An der Nahtstelle zwischen Sprach- und Kulturwissenschaft werden in übersetzungs-wissenschaftlichen Arbeiten entweder sprachsystematische oder textspezifische Probleme behandelt. Schreiber befasst sich in seinen *Grundlagen der Übersetzungswissenschaft*

(2006) mit mehreren romanischen Sprachen, u. a. Französisch. In Schreiber (2004a und 2009) geht es speziell um die Berücksichtigung der Textsortenspezifik bei der Übersetzung von Sprechakten, u. a. um die Übertragung von politischer Rhetorik. Ganz anders im Bereich der Musik, wo z. B. bei der Textsorte Libretto die Materialität der Sprache im Vordergrund steht (Marschall 2002, 2009a).

Die Rolle des Übersetzers als Hauptakteur des Sprachtransfers wird in Thome (2008) am Beispiel des berühmten „deutsch-französischen" Schriftstellers und (Selbst-)Übersetzers Georges Arthur Goldschmidt thematisiert.

4. Grammatik

Im Bereich Grammatik ist zunächst die umfassende Monographie von Schreiber (2004b) zu nennen, in der der Autor sich anhand von 40 Grammatiken des Deutschen und der drei großen romanischen Sprachen mit methodischen Problemen der Grammatikographie auseinandersetzt. In den Bereichen Morphologie, Syntax und Semantik sind einzelne kontrastive Untersuchungen erschienen. Stellvertretend seien hier nur einige erwähnt: zur Valenz (Plewnia 2006), zu den Tempora (Marschall 2009b; Rebotier 2009), zu den Possessiva (Dalmas und Vinckel im Druck) und zur Determination (Jallerat-Jabs und Marschall im Druck; Seelbach 2001). Eine umfangreiche, kontrastiv angelegte Beschreibung des Deutschen entsteht im Rahmen von EuroGr@mm, einem internationalen Projekt zur typologisch und kontrastiv vergleichenden Erforschung der deutschen Grammatik, das seit 2007 unter der Leitung des *Instituts für Deutsche Sprache* (Mannheim) läuft und bis 2012 um die Komponente ‚Variation' erweitert werden soll. Die interaktive „propädeutische" Grammatik (ProGr@mm kontrastiv), die sich auf die *Grammatik der deutschen Sprache* von Zifonun, Hoffmann und Strecker (1997) stützt und auf das parallel laufende Projekt *Grammatik im europäischen Vergleich* Bezug nimmt, bietet dem Nutzer zahlreiche Verweise zum Französischen, in Form von vergleichenden bzw. kontrastierenden Darstellungen des jeweiligen Aspektes der Sprache. Darüber hinaus ermöglicht das mehrsprachige Forschungsnetzwerk multiperspektivische Untersuchungen: Der erste gemeinsame Band zur Flexionsmorphologie (Augustin und Fabricius-Hansen im Druck) enthält zwei Beiträge zum deutsch-französischen Vergleich (Dalmas und Vinckel; Jallerat-Jabs und Marschall).

Durch solche kontrastiven − wenn auch punktuellen − Verweise werden dem französischen Muttersprachler bestimmte Aspekte der deutschen Sprache eingehender erläutert, die als schwierig gelten und aus vergleichender Perspektive eine neue Relevanz erhalten. Neben morphologischen Fragestellungen stehen bis jetzt vor allem syntaktisch-semantische Aspekte im Mittelpunkt. Die beiden aus der französischen Lerner-Perspektive besonders wichtigen Module *Intonation* und *Linearisierung* werden ab 2010 behandelt und systematisch aus satzübergreifender bzw. textueller Perspektive beschrieben.

Die deutsch-französische kontrastive Linguistik scheint Fuß zu fassen und Wurzeln zu schlagen, das Fazit dieses kurzen Berichts beschränkt sich auf drei wichtige Desiderata: die Erstellung von annotierten Parallelkorpora, die Ausarbeitung einer kontrastiven Grammatik für das Studium und die Berücksichtigung sprachkontrastiver Aspekte in der Didaktik des Deutschen.

5. Literatur in Auswahl

Adamzik, Kirsten (Hg.)
    2001   *Kontrastive Textologie. Untersuchungen zur deutschen und französischen Sprach- und Literaturwissenschaft.* Bd. 2. Tübingen: Stauffenburg.

Augustin, Hagen und Cathrine Fabricius-Hansen (Hg.)
    im Druck   *Flexionsmorphologie des Deutschen im Kontrast.* Tübingen: Groos.

Bastian, Sabine und Françoise Hammer
    2004   La citation journalistique. Une étude contrastive. In: Juan Manuel López Muñoz, Sophie Marnette und Laurence Rosier (Hg.), *Le discours rapporté dans tous ses états*, 519−528. Paris: L'Harmattan.

Blumenthal, Peter
    1997   *Sprachvergleich Deutsch−Französisch.* 2. neubearb. u. erg. Auflage. Tübingen: Niemeyer.

Blumenthal, Peter
    2008   Combinatoire des mots: analyses contrastives (français/allemand). In: Peter Blumenthal und Salah Mejri (Hg.), *Les séquences figées: entre langue et discours*, 27−42. (Beihefte der Zeitschrift für Französische Sprache und Literatur 36.) Stuttgart: Franz Steiner Verlag.

Burr, Isolde und Gertrud Gréciano (Hg.)
    2003   *Europa: Sprache und Recht / La construction européenne: aspects linguistiques et juridiques.* Baden-Baden: Nomos.

Dalmas, Martine
    2001   Empfehlen und Ablehnen in wissenschaftlichen Rezensionen. Versuch eines deutsch-französischen Vergleichs. In: Gerd Wotjak (Hg.), 467−476.

Dalmas, Martine, Marina Foschi Albert und Eva Neuland
    2009   *Wissenschaftliche Textsorten im Germanistikstudium deutsch−italienisch−französisch kontrastiv.* Pisa: Servizio Editoriale Universitario di Pisa.

Dalmas, Martine und Hélène Vinckel
    im Druck   Zur Auflösung der Synkretismen bei Possessivartikeln: eine deutsch-französische Untersuchung. In: Hagen Augustin und Cathrine Fabricius-Hansen (Hg.).

De Pontonx, Sophie
    2005   Expressions idiomatiques françaises et allemandes: vrais et faux amis, une aide à l'apprentissage des phrasèmes. *La Phraséologie dans tous ses états. Cahiers de l'Institut de linguistique de Louvain* 31(2−4): 215−232.

Drescher, Martina
    2002   *Textsorten im romanischen Sprachvergleich.* Tübingen: Stauffenburg.

Gautier, Laurent
    2004   Terminologie et phraséologie comparées du droit constitutionnel en français et en allemand. In: Salah Méjri (Hg.), *L'espace euro-méditerranéen: Une idiomaticité partagée*, 113−126. Tunis: CERES.

Gautier, Laurent
    2009   Définir, dénommer et traduire l'onctuosité: regards croisés sur une propriété gustative et ses dénominations en français, en anglais et en allemand. In: Danièle Beltran-Vidal (Hg.), *Les mots de la santé (2)*, 189−222. Lyon: CRTT. (En collaboration avec Philippe Cayot et Jean Soubrier).

Grass, Thierry
    2002   *Quoi! Vous voulez traduire «Goethe»? Essai sur la traduction des noms propres allemands-français.* Frankfurt a. M.: Lang.

Grass, Thierry
    2006   La traduction comme appropriation: le cas des toponymes étrangers. *Meta: journal des traducteurs* 51(4): 660−670.

Gréciano, Gertrud
2004 Fachtextphraseologie aus europäischer Perspektive. In: Kathrin Steyer (Hg.), *Wortverbindungen mehr oder weniger fest*, 394−414. Berlin/New York: Mouton de Gruyter.

Gréciano, Gertrud
2007 Phraseme in medizinischen Texten. In: Harald Burger, Dmitrij Dobrovol'skij, Peter Kühn und Neal R. Norrick (Hg.), *Phraseology/Phraseologie. An International Handbook of Contemporary Research / Ein internationales Handbuch der zeitgenössischen Forschung*, 516−529. Berlin/New York: Mouton de Gruyter.

Gréciano, Gertrud und Gerhard Budin
2007 Designing linguistic support for risk management. In: Marc Erlich, Karen Fabbri und Guy Weets (Hg.), *Natural hazards and risk reduction in Europe. From science to practice*, 70−94. Amsterdam: EU-MEDIN Companies, Springer.

Gréciano, Philippe
2007 La construction européenne à travers droits et langues. *Nouveaux cahiers d'allemand* 25(3): 313−324.

Jallerat-Jabs, Britta und Gottfried Marschall
im Druck Artikel, Quantoren und das Problem der Definitheit. Kontrastive Analyse Deutsch−Französisch. In: Hagen Augustin und Cathrine Fabricius-Hansen (Hg.).

Krause, Maxi
2008 Zur Behandlung der Präpositionen in zweisprachigen Wörterbüchern. In: Daniel Baudot und Maurice Kauffer (Hg.), *Wort und Text,* 157−168. Tübingen: Stauffenburg.

Lavric, Eva und Wolfgang Pöckl (Hg.)
im Druck *Akten der VI. Internationalen Arbeitstagung zum Romanisch-deutschen und Innerromanischen Sprachvergleich, Innsbruck, 3.−5. September 2008.* Frankfurt a. M.: Lang.

Malblanc, Alfred
1968 [1961] *Stylistique comparée du français et de l'allemand.* 4. Aufl. Paris: Didier.

Marschall, Gottfried
2002 Peut-on traduire Wagner? In: Danielle Buschinger, Jean-François Candoni und Roland Perlwitz (Hg.), *Richard Wagner: Points de départ et aboutissements*, 61−70. Amiens: Presses du Centre d'Etudes Médiévales.

Marschall, Gottfried
2009a Libretto-Übersetzung in der Moderne: Sisyphus oder Schwanengesang? In: Herbert Schneider und Rainer Schmusch (Hg.), *Librettoübersetzung. Interkulturalität im europäischen Musiktheater*, 275−303. Hildesheim: Olms.

Marschall, Gottfried
2009b *Flexionsmorphologie im Verbalbereich − kontrastiv D−F.* In: Edyta Błachut, Lesław Cirko, Alina Jurasz und Artur Tworek (Hg.), *Studia Linguistica XXVII*, 75−98. Wrocław: Wydawnictwo Uniwersytetu Wrocławskiego.

Marschall, Gottfried
2009c Zur kontrastiven Vermittlung von Fachsprachen am Beispiel der musikalischen Terminologie. In: Martine Dalmas, Marina Foschi Albert und Eva Neuland (Hg.), 207−223.

Métrich, René und Eugène Faucher
2009 *Wörterbuch deutscher Partikeln. Unter Berücksichtigung ihrer französischen Äquivalente.* Berlin/New York: Mouton de Gruyter.

Pérennec, Marcel
1993 *Éléments de traduction comparée français−allemand.* Paris: Nathan.

Plewnia, Albrecht
2006 Kontrastive Fallstudie: Deutsch−Französisch. In: Vilmos Ágel, Ludwig M. Eichinger, Hans-Werner Eroms, Peter Hellwig, Hans Jürgen Heringer und Henning Lobin (Hg.), *Dependenz und Valenz. Ein internationales Handbuch der zeitgenössischen Forschung*, 1177−1186. Bd. 2. (Handbücher zur Sprach- und Kommunikationswissenschaft 25.1−2). Berlin/New York: Mouton de Gruyter.

Rebotier, Aude
  2009   Le Futur de l'allemand en comparaison avec les langues romanes: esquisse d'une défini-
          tion d'une catégorie translinguistique de Futur. *Faits de langue* 33: 69—78.
Sauerwein, Sibylle
  2007   Les marques linguistiques de la polyphonie dans les textes économiques. Une étude cont-
          rastive portant sur le portugais européen, le français et l'allemand. In: Irmtraud Behr,
          Dieter Hentschel, Michel Kauffmann und Anja Kern (Hg.), *Langue, économie, entreprise:
          Le travail des mots*, 147—161. Paris: Presses Sorbonne Nouvelle.
Schäfer, Patrick
  2006   *Textgestaltung zwischen Nähe und Distanz. Zum Sprachgebrauch der deutschen und französi-
          sischen Regionalpresse.* Landau: Knechtverlag.
Schmitt, Christian und Barbara Wotjak (Hg.)
  2005   *Beiträge zum romanisch-deutschen und innerromanischen Sprachenvergleich. Akten der
          gleichnamigen internationalen Arbeitstagung (Leipzig 4. 10—6. 10. 2003).* 2 Bde. Bonn:
          Romanischer Verlag.
Schreiber, Michael
  2004a   Sprechakte in Bedienungsanleitungen aus sprachvergleichender Sicht. *Lebende Sprachen*
          49: 52—55.
Schreiber, Michael
  2004b   *Vergleichende Studien zur romanischen und deutschen Grammatikographie.* Frankfurt
          a. M.: Lang.
Schreiber, Michael
  2006   *Grundlagen der Übersetzungswissenschaft: Französisch, Italienisch, Spanisch.* Tübingen:
          Niemeyer.
Schreiber, Michael
  2009   Rhetorische Fragen in politischen Reden. Textsortenspezifik und Übersetzung. In: Al-
          berto Gil und Manfred Schmeling (Hg.), *Kultur übersetzen. Zur Wissenschaft des Überset-
          zens im deutsch-französischen Dialog. Traduire la culture. Le dialogue franco-allemand et
          la traduction*, 153—163. Berlin: Akademie.
Seelbach, Dieter
  2001   La détermination de prédicats nominaux et de mots composés en français et en allemand.
          In: Xavier Blanco, Pierre-André Buvet und Zoé Gavriilidou (Hg.), *Détermination et For-
          malisation*, 291—314. Amsterdam: Benjamins.
Seelbach, Dieter
  2003   Separable Partikelverben und Verben mit typischen Adverbialen. Systematische Kontraste
          Deutsch—Französisch / Französisch—Deutsch. *LDV Forum* 18: 103—132.
Seelbach, Dieter
  2008   *Lernwörterbuch der Fußballsprache. Deutsch—Französisch / Französisch—Deutsch.* Ham-
          burg: Buske.
Spillner, Bernd
  2002   Fachtexte im interkulturellen Vergleich. Kontrastive Pragmatik deutscher, finnischer und
          französischer Wirtschaftstexte. In: Anita Nuopponen, Terttu Harakka und Rolf Tatje
          (Hg.), *Interkulturelle Wirtschaftskommunikation. Forschungsobjekte und Methoden*, 144—
          164. Vaasa: Vaasan Yliopiston Julkaisuja. Proceedings of the University of Vaasa.
Spillner, Bernd
  2005   Kontrastive Linguistik — Vergleichende Stilistik — Übersetzungsvergleich — Kontrastive
          Textologie. Eine kritische Methodenübersicht. In: Christian Schmitt und Barbara Wotjak
          (Hg.), Bd. 1, 269—293.
Thome, Gisela
  2008   Ein Grenzgang der besonderen Art. Zur Selbstübersetzung von Georges-Arthur Gold-
          schmidts Autobiografie *La traversée des fleuves. Lebende Sprachen* 53(1): 7—19.

Venohr, Elisabeth
  2007   *Textmuster und Textsortenwissen aus der Sicht des Deutschen als Fremdsprache. Textdidak-
          tische Aspekte ausgewählter Textsorten im Vergleich Deutsch–Französisch–Russisch.*
          Frankfurt a. M.: Lang.
von Münchow, Patricia
  2004   *Les Journaux télévisés en France et en Allemagne. Plaisir de voir ou devoir de s'informer.*
          Paris: Presses Sorbonne Nouvelle.
Wotjak, Gerd (Hg.)
  2001   *Studien zum romanisch-deutschen und innerromanischen Sprachvergleich. Akten der IV. In-
          ternationalen Tagung zum romanisch-deutschen und innerromanischen Sprachvergleich
          (Leipzig 7. 10.–9. 10. 1999).* Frankfurt a. M.: Lang.
Zifonun, Gisela, Ludger Hoffmann und Bruno Strecker
  1997   *Grammatik der deutschen Sprache.* Berlin/New York: de Gruyter.

Martine Dalmas, Paris (Frankreich)

60. Kontrastive Analyse Italienisch–Deutsch

1. Forschungslage
2. Allgemeine kontrastive Aspekte
3. Phonetik und Phonologie
4. Morphologie und Syntax
5. Wortschatz, Idiomatik, Phraseologie
6. Pragmatik, Textlinguistik, Interkulturelle Kommunikation
7. Sprachdidaktik und Kontrastivität
8. Literatur in Auswahl

1. Forschungslage

Zahlreiche kontrastive Einzelbelege finden sich in den für das italienische Publikum geschriebenen Grammatiken des Deutschen (Dt.), so wie in den auf Dt. verfassten didaktischen und linguistischen Grammatiken des Italienischen. Ausgehend von ausgewählten
kommunikativen Funktionen beschreibt die für den bilingualen Unterricht in Südtirol
konzipierte parallele Grammatik von Putzer, Minnei und Giordani (2003) ihre jeweiligen
grammatischen Aktualisierungen (vgl. Gallmann, Siller-Runggaldier und Sitta 2008). Er-
wähnenswerte Monographien sind weiterhin Di Meola (1997), die valenzorientierten Arbeiten von Bianco (1996) und Curcio (1999), und Milan (2001). Viele Impulse kommen
auch aus Studien zum Italienischen (Ital.) als Fremdsprache für Deutschsprachige (u. a.
Blumenthal und Rovere 1998) so wie aus der Übersetzungswissenschaft und der kontrastiven Textologie Dt.–Ital. (vgl. 6.).

   Blasco Ferrer (1999) und Bosco Coletsos und Costa (2006) geben einen kontrastiven
Überblick der zwei Sprachen für universitäre Deutschlernende (s. auch Nied Curcio
2008). Es handelt sich dabei nicht um kontrastive Grammatiken, sondern um Gesamt-

darstellungen, die Divergenzen und Konvergenzen von der phonetisch-phonologischen bis hin zur textgrammatischen Ebene darstellen und dies anhand kontextualisierter Beispiele aus breit angelegten Übersetzungskorpora verdeutlichen. Der Vorteil dieser Untersuchungen – wenn man sie mit früheren Arbeiten vergleicht – besteht darin, dass sie die normbezogene kontrastive Methode der 1970er Jahre mit dem übersetzungsdidaktischen Ansatz verbinden, der die Lernenden durch umfangreiche authentische Textbelege zur kontrastiven Sprachreflexion führt. Die zwei oben genannten Gesamtdarstellungen könnte man als Vorstufe für ein Desiderat, d. h. eine gattungsorientierte kontrastive Grammatik Dt.–Ital., betrachten.

2. Allgemeine kontrastive Aspekte

Ital. und Dt. werden allgemein als Sprachen beschrieben, die sich auf dem Weg vom synthetischen hin zum analytischen Sprachtyp befinden (Blasco Ferrer 1999). Die Verlagerung von morphologischen Kategorien aus dem Wortinnern in grammatische Funktionswörter fällt jedoch in den zwei Sprachen recht unterschiedlich aus. Bei den Vergleichsstufen des Adjektivs: *kält+er / più freddo*, aber *car+issimo / sehr teuer*; beim Verb: *compr+erò / ich werde kaufen, compr+erei, compr+assi / ich würde kaufen*; auf der lexikalischen Ebene bei einigen Wortbildungsverfahren: *bruciare interamente* (wörtl. völlig brennen) / *ausbrennen; mangiare tutto* (wörtl. alles essen) / *aufessen*.

Auch in der Wortstellungssyntax sind einige Divergenzen zu verzeichnen: Während das Ital. meist dem Schema (S)VO im Haupt- und im Nebensatz für unmarkierte Äußerungen folgt, hat das Dt. je nach Satztyp unterschiedliche Wortstellungsschemata. Hier sei kurz auf drei Aspekte der dt. Satzstruktur hingewiesen, die von der ital. stark abweichen: 1. die unterschiedliche Position des Finitums im Haupt- und im Nebensatz (SVO: *Paula kommt morgen*; SOV: *ich glaube, dass sie morgen mit ihrer Mutter kommt* vs. SVO: *Paula viene domani; penso che verrà domani con sua madre*); 2. die Stellung des Nachverbs in den Grammatikal- und Lexikalklammern; 3. die Besetzung des Vorfelds mit einer einzigen Konstituente, bedingt durch die obligatorische Verbzweitstellung im dt. Kernsatz: *Heute ist Hans mit seiner Schwester gekommen. / Oggi Hans è venuto con sua sorella.* (Catalani 1993, Tomaselli 2006). Weitere Unterschiede in der Wortstellungssyntax, die zu Lernschwierigkeiten führen können, sind: 1. die Position von Akkusativ- und Dativergänzungen: [E3+E2] vs. [O$_{dir}$+O$_{ind}$]: *[einem Kunden] [ein Paket] liefern / consegnare [un pacco] [a un cliente]*; [E2+E3] vs. [O$_{ind}$+O$_{dir}$], wenn beide Ergänzungen Pronomen sind: *Gibst du [es] [mir]? / [Me] [lo] dai?*; [E2+E3] mit N und Pro: *Die Schwester sagt [es] [der Mutter] / La sorella [lo] dice [alla madre]*; 2. die sog. „aktantielle Metataxe" (Koch 2000), d. h. die valenzbedingte „Kommutation" von Ergänzungen, die semantische und pragmatische Folgen hat: *[Dem Mädchen]* (E3) *war komisch zumute / [La ragazza]* (E1) *si sentiva strana.*

3. Phonetik und Phonologie

Kontrastive Untersuchungen weisen auf erhebliche Divergenzen auf der segmentalen, intersegmentalen und suprasegmentalen Ebene hin (Missaglia 1999).

3.1. Rhythmus und Akzent

Die Ausspracheschwierigkeiten von ital. DaF-Lernenden können auf die verschiedene prosodische Grundstruktur der beiden Sprachen zurückgeführt werden (Ital. als silben-zählende, Dt. als akzentzählende Sprache, vgl. Auer 2001: 367). Folglich realisieren ital. Lernende Reduktion und Assimilation in unbetonter Position kaum. Eine weitere Fehler-quelle stellt der Wortakzent dar, der im Ital. typischerweise auf die vorletzte Silbe fällt (folglich: *Arbeite'rinnen, *Studie'renden).

3.2. Vokale

Das dt. Vokalsystem ist qualitativ umfangreicher als das des Ital. (17 Vokale im Dt. vs. 7 im Ital., vgl. Bosco Coletsos und Costa 2006: 17 ff.). Schwierigkeiten bereiten vor allem die bedeutungsdifferenzierende Vokalquantität bei der Opposition kurz/ungespannt vs. lang/gespannt (Stadt/Staat, bitten/bieten) und die Zentralvokale [ə] und [ɐ]. Während letzterer im phonetischen Inventar des Ital. nicht vorhanden ist (<r> wird immer [r] ausgesprochen), wird der Schwa-Laut von ital. Deutschsprechenden problemlos, jedoch an der falschen Stelle realisiert, d. h. als Schwa-Epenthese nach konsonantischem Auslaut (*wir haben/ə/ gesehen/ə/).

3.3. Konsonanten

Die Laute [x], [ç] kennt das Ital. nicht und sowohl der Artikulationspunkt als auch ihre komplementäre Verteilung mit Bezug auf die vokalische Umgebung (Bach/Bäche, kroch/kriechen) müssen geübt werden. Der alveolaren Realisierung von /r/ im Ital. entsprechen im Dt. je nach Umgebung zwei Artikulationsweisen [ɐ], [ʁ]. Auch die Opposition zwischen glottalen Obstruenten [ʔ] und [h] (Ende/Hände) ist für ital. DaF-Lernende schwierig. Sorgfältiges Training verlangt der Vokalneueinsatz, der im Ital. nur bei Kontrastbeto-nung realisiert wird (tu e non ʔio), im Dt. hingegen Wort- und Silbengrenze kennzeichnet und keine graphische Realisierung hat (kontrastive Übungen in Barberis und Sarnow 2000).

4. Morphologie und Syntax

4.1. Verb

Besondere Schwierigkeiten bereiten die Asymmetrien zwischen dem dt. und dem ital. Tempussystem. Hier sei nur auf den aspektuellen Wert der ital. Vergangenheitstempora hingewiesen, der im Dt. durch Zeitadverbien oder lexikalische Mittel (Aktionsart) ausge-drückt wird: la rosa fioriva / die Rose blühte (jedes Jahr), la rosa fiorì / die Rose blühte (plötzlich). Auch die Aspektformen des Verlaufs und der Imminenz sind recht unter-schiedlich: Che cosa stai facendo? Sto per alzarmi, (*Was stehst du machen+GER? *Ich stehe für aufstehen+REFL) / Was machst du gerade? Ich bin am Aufstehen.

Bei den infiniten Verbformen sind die vielen dt. Entsprechungen für die polyfunktio-
nelle Form des ital. Gerundiums hervorzuheben: Die semantische und syntaktische Vagheit der ital. Gerundialkonstruktion wird in der Regel im Dt. expliziert: *non avendo
denaro, non posso comprare nulla* (*nicht haben+GER Geld, *nicht kann kaufen nichts) /
Da ich kein Geld habe, kann ich nichts kaufen usw. (u. a. Bosco Coletsos 2007) oder durch
Wortbildungsmittel ausgedrückt (*attraversare nuotando* (*überqueren schwimm+GER) /
durchschwimmen).

Beide Sprachen unterscheiden zwischen „Vorgangs-" und „Zustandspassiv" mit den
Hilfsverben *werden/venire, sein/essere*. Allgemein scheinen Passivformen im Dt. häufiger
zu sein als im Ital. (Curcio 1999), das an ihrer Stelle andere Strategien der Neutralisie-
rung von Gesprächsrollen hat (z. B. *si*-Formen des Verbs).

Zum Ausdruck der Modalität verfügen die zwei Sprachen über ähnliche Paradigmen,
die aber unterschiedliche Distribution aufweisen. Bei den Modalverben fallen die quantitative Diskrepanz sowie semantisch-pragmatische Unterschiede auf (Milan 2001).

4.2. Nomen und Nomengruppe

Während im Ital. Genus und Numerus relativ einfach kodiert werden, spielen im Deutschen jeweils semantische, morphologische und lautliche Faktoren für die Genusattribu-
ierung eine entscheidende Rolle. Auch die multiplen Marker für die Kennzeichnung des
Plurals sowie die Redundanz von flexivischen Formen zum Ausdruck der Kongruenz
innerhalb der Nominalgruppe bereiten dem Nichtmuttersprachler große Lernschwierigkeiten (*Anna will dies*e *dick*en *Büch*er *lesen* / *Anna vuole leggere quest*i *spess*i *libr*i).

Das Dt. kennt, anders als das Ital., eine relativ komplexe Adjektivflexion. Die Kon-
gruenzregeln zwischen Adjektiv und Substantiv sehen in den beiden Sprachen unterschiedlich aus: im Ital. kongruieren Adjektive sowohl in attributiver als auch in prädikativer Funktion mit dem Substantiv, im Dt. gilt die Kongruenz nur für den attributiven
Gebrauch. Adjektivattribute stehen im Dt. und im Ital. in der Regel unmittelbar vor
dem Substantiv. Eine Ausnahme bilden die ital. qualifizierenden Adjektive, deren prä-
oder postnominale Positionierung unterschiedliche Intentionen ausdrückt (*una bambina
piccola* / *ein kleines Kind*; *una piccola bambina* / *ein recht kleines Kind*).

4.3. Proformen

Aus der Perspektive des ital. DaF-Lernenden ist die Verwendung der dt. phorisch-deikti-
schen Pronominaladverbien besonders schwierig, da sie im Ital. entweder polyfunktionalen klitischen Formen entsprechen oder nicht ausgedrückt werden (*Wir haben* darüber
diskutiert / *Ne abbiamo discusso*; *Sie dachte nicht* daran, *aufzuräumen* / *Si dimenticò Ø di
riordinare*). Der Zusammenfall von mehreren Funktionen in der Form *der/die/das* (Artikelwort, Demonstrativpronomen, Personalpronomen) ist eine mögliche Fehlerquelle, obwohl gewisse Parallelen – mit pragmatisch bedingten Einschränkungen – im Gebrauch
der Demonstrativa als Personalpronomina vorhanden sind (*Cacciava via il gatto, ma*
quello *ritornava sempre* / *Er jagte die Katze weg, aber* die *(*jene) kam ständig zurück*).

5. Wortschatz, Idiomatik, Phraseologie

Dem Ausdrucksreichtum und der semantischen Kondensierung durch Komposition im
Dt. entsprechen im Ital. oft Derivationsprozesse (*latt-aio,* Milch+SUFF. / *Milchmann*; *om-
brellone,* Schirm+AUGM. SUFF. / *Sonnenschirm*) und analytische Bildungen (mit Präpositionalphrase: *superare con un balzo,* überschreiten mit einem Sprung / *hinwegspringen*; mit
modalem Gerundium: *chiamare il cane fischiando,* *den Hund rufen pfeifen+GER. / *den
Hund heranpfeifen*; mit adj. Attribut: *casa attigua,* angrenzendes Haus / *Nachbarhaus*).
Schwierigkeiten ergeben sich vor allem bei der unterschiedlichen Determinationsrichtung
der Determinativkomposita (*Bruttomonatsverdienst / compenso mensile lordo*) und ihrer
hierarchischen Untergliederung: Im Ital. werden die impliziten syntaktischen Beziehungen expliziert: *Schlüsselindustrie / industria chiave, industria di chiavi; Bierfass / fusto da
birra, Fassbier / birra alla spina* (Marx 1990, Bosco Coletsos 2007). Didaktisch produktive
Parallelen und Divergenzen finden sich bei den Funktionsverben: *Gefahr laufen / correre
il pericolo; aufs Spiel setzen / mettere in gioco;* aber: *fare domanda,* *Frage machen /
sich bewerben; fare una domanda, *eine Frage machen / *eine Frage stellen* (Curcio 1999,
Blumenthal und Rovere 1998).

   Die bilinguale Lexikographie hat in den letzten zehn Jahren große Fortschritte gemacht (zur früheren Situation vgl. Marello und Rovere 1999): Die in letzter Zeit erschienenen Wörterbücher (z. B. Zanichelli und Klett 2001) haben in Anlehnung an die einsprachigen Lernerwörterbücher des Deutschen die Mikrostruktur so ausgebaut, dass die Einträge in verstärktem Maße die syntagmatische Ebene berücksichtigen und wichtige
kontrastive Informationen liefern.

6. Pragmatik, Textlinguistik, Interkulturelle Kommunikation

Im System der dt. und ital. Anredeformen sind zwei soziale Distanzgrade zu unterscheiden, die im Formenbestand und in den Gebrauchsbedingungen divergieren. Während
das Dt. *du/ihr* für soziale Nähe, *Sie* für soziale Distanz verwendet, hat das Ital. außer
tu/voi, Lei/Loro ein „gemischtes Verfahren" (TU-Formen: *tu/voi,* VOS-Formen: *Lei/voi*).
Auch sind die Bedingungen des Duzens und des Siezens in den zwei Sprachen recht
unterschiedlich, so wie der Gebrauch von Eigennamen in Verbindung mit Anredeformen
(z. B. *Frau Bremer* vs. *Donatella B.* auf dem Namenschild einer Kassiererin).

   Auf Äquivalenzen und Kontraste ausgewählter Modalpartikeln geht u. a. Catalani
(2004) ein. Radtke (2001) stellt fest, dass das Inventar der lexikalischen und syntaktischen Abtönungsmittel im Dt. und Ital. ähnlich, ihre Aktualisierung jedoch durch
Textsorten und diaphasische Variation bedingt ist. Auch im Bereich der sog. Morpho-
pragmatik sind Unterschiede im Formenbestand und in deren diskursiver Verwendung
vorhanden: *tempaccio,* Wetter+PEJ. SUFF. / *Hunde-, Sauwetter; dammi un bel bacione,* gib
mir einen schönen Kuss+AUGM. SUFF. / *gib mir einen dicken Kuss* (Dressler und Merlini
Barbaresi 1994, Bosco Coletsos und Costa 2006).

   Die übersetzungswissenschaftlich, vorwiegend fachsprachlich orientierte kontrastive
Textlinguistik hat textgrammatische Merkmale und Diskursstrategien untersucht (Heller
2008; Serra Borneto 1992; Soffritti 1999).

Unterschiede im kommunikativen Repertoire werden in DaF-Lehrwerken für Italiener oft in Form von Kommunikationskniggen angesprochen, die auf zufälligen Sammlungen von kritischen Interaktionssituationen basieren. Dies ist u. a. dem Fehlen von korpusgestützten Analysen von Interaktionen zwischen Deutschen und Italienern zuzuschreiben (Costa 2007; Thüne und Leonardi 2003).

7. Sprachdidaktik und Kontrastivität

In Italien ist der metasprachlich und kontrastiv ausgerichtete Ansatz für das universitäre Lehren und Lernen von Deutsch als Fremdsprache immer noch gültig, doch sollten Faktoren wie Lernerorientierung und methodische Akzentverschiebung bei der didaktischen Umsetzung der Kontrastivität mit berücksichtigt werden. Lernerorientierung: Die zunehmend multikulturelle und mehrsprachige Zusammensetzung von Lerngruppen führt notwendigerweise dazu, die unterschiedlichen Muttersprachen sowie weitere Fremdsprachen der Lernenden in die kontrastive Reflexion einzubeziehen, indem man z. B. ausgehend von universalen Funktionen zu den jeweiligen sprachlichen Mitteln und deren divergierender bzw. konvergierender Verwendung in der Situation gelangt. Methodische Akzentverschiebung: Explizites (kontrastives) grammatisches Wissen soll in einem engeren Zusammenhang mit Sprachperformanz stehen, um durch Sprachbewusstheit das sprachliche Können zu fördern. Außerdem sollten Aspekte des sprachlichen Handelns in interkulturellen Situationen vermehrt unter die kontrastive Lupe genommen werden, um die pragmatisch-diskursive und soziokulturelle Dimension in den dt.-ital. Sprachvergleich zu integrieren.

8. Literatur in Auswahl

Auer, Peter
    2001   Kontrastive Analysen Deutsch-Italienisch. In: Gerhard Helbig, Lutz Götze, Gert Henrici und Hans-Jürgen Krumm (Hg.), *Deutsch als Fremdsprache: ein internationales Handbuch*, 367—374. Bd. 1. (Handbücher zur Sprach- und Kommunikationswissenschaft 19.1—2). Berlin/New York: de Gruyter.
Barberis, Paola und Annemargret Sarnow
    2000   *Phonetik lehren und lernen. Beiheft Italien.* Turin: Paravia.
Bianco, Maria Teresa
    1996   *Valenzlexikon Deutsch—Italienisch. Gegenüberstellung und Analyse von über 500 Verben beider Sprachen mit zahlreichen Beispielen.* Heidelberg: Groos.
Blasco Ferrer, Eduardo
    1999   *Italiano e tedesco. Un confronto linguistico.* Turin: Paravia.
Blumenthal, Peter und Giovanni Rovere
    1998   *PONS Wörterbuch der italienischen Verben: Konstruktionen, Bedeutungen, Übersetzungen.* Stuttgart: Klett.
Bosco Coletsos, Sandra
    2007   *Il tedesco lingua compatta. Problemi di traducibilità in italiano.* Alessandria: dell'Orso.
Bosco Coletsos, Sandra und Marcella Costa (Hg.)
    2006   *Italiano e tedesco: un confronto.* 2. Aufl. Alessandria: dell'Orso.

Catalani, Luigi

1993   *Die Stellung der Satzelemente im Deutschen und im Italienischen.* Frankfurt a. M.: Lang.

Catalani, Luigi

2004   *Deutsch, Französisch und Spanisch im Kontrast mit dem Italienischen: vier Beiträge zum Sprachvergleich.* Frankfurt a. M.: Lang.

Costa, Marcella

2007   *Reparaturen in NMS-MS Interaktionen am Beispiel von Stadtführungen Italienisch-Deutsch.* In: Eva Maria Thüne und Franca Ortu (Hg.), *Gesprochene Sprache und Partikeln,* 33−45. Frankfurt a. M.: Lang.

Curcio, Martina L.

1999   *Kontrastives Valenzwörterbuch der gesprochenen Sprache Italienisch−Deutsch.* Mannheim: Institut für Deutsche Sprache.

Di Meola, Claudio

1997   *Der Ausdruck der Konzessivität in der deutschen Gegenwartssprache. Theorie und Beschreibung anhand eines Vergleichs mit dem Italienischen.* Tübingen: Niemeyer.

Dressler, Wolfgang U. und Lavinia Merlini Barbaresi

1994   *Morphopragmatics. Diminutives and intensifiers in Italian, German and other languages.* Berlin/New York: de Gruyter.

Gallmann, Peter, Heidi Siller-Runggaldier und Horst Sitta

2008   *Sprachen im Vergleich. Deutsch−Ladinisch−Italienisch. Das Verb.* Bozen: Istitut Pedagogich Ladin.

Heller, Dorothee

2008   *Formulierungsmuster in deutscher und italienischer Fachkommunikation. Intra- und interlinguale Perspektiven.* Frankfurt a. M.: Lang.

Koch, Ildikó

2000   *Die Metataxe im deutsch-italienischen Sprachvergleich: eine Studie der verbbedingten Abweichungen im Satzbau.* Frankfurt a. M.: Lang.

Marello, Carla und Giovanni Rovere

1999   *Mikrostrukturen in zweisprachigen Wörterbüchern Deutsch−Italienisch / Italienisch−Deutsch.* In: Herbert Ernst Wiegand (Hg.), *Studien zur zweisprachigen Lexikographie mit Deutsch IV,* 177−206. Hildesheim: Olms.

Marx, Sonia

1990   *Tradurre italiano e tedesco. Due lessici a confronto.* Padua: Unipress.

Milan, Carlo

2001   *Modalverben und Modalität. Eine kontrastive Untersuchung Deutsch−Italienisch.* Tübingen: Niemeyer.

Missaglia, Federica

1999   *Phonetische Aspekte des Erwerbs von Deutsch als Fremdsprache durch italienische Muttersprachler.* Frankfurt a. M.: Hector.

Nied Curcio, Martina L. (Hg.)

2008   *Ausgewählte Phänomene zur kontrastiven Linguistik Italienisch-Deutsch. Ein Studien- und Übungsbuch fur italienische DaF-Studierende.* Mailand: Franco Angeli.

Putzer, Oskar, Nicoletta Minnei und Sergio Giordani

2003   *Funktionen und Strukturen der Sprache. Funzioni e strutture della lingua. Parallele Grammatik Deutsch-Italienisch. Grammatica parallela Tedesco-Italiano.* Bruneck: AZB.

Radtke, Wolfgang

2001   La manifestazione dell'Abtönung nell'italiano e nel tedesco. In: Wilma Heinrich und Christine Heiss (Hg.), *Modalità e substandard. Atti del convegno internazionale "Modalità e sub standard / Abtönung und Substandard",* 23−40. Bologna: Clueb.

Serra Borneto, Carlo

1992   *Testi e macchine. Una ricerca sui manuali d'istruzione per l'uso.* Mailand: Franco Angeli.

Soffritti, Marcello
  1999   Textmerkmale deutscher und italienischer Gesetzesbücher: Übersetzung und kontrastive
          Analyse. In: Peter Sandrini (Hg.), *Übersetzen von Rechtstexten: Fachkommunikation im
          Spannungsfeld zwischen Rechtsordnung und Sprache*, 119−135. Tübingen: Narr.
Thüne, Eva Maria und Simona Leonardi (Hg.)
  2003   *Telefonare in diverse lingue. Organizzazione sequenziale, routine e rituali in telefonate di
          servizio, di emergenza e fàtiche.* Mailand: Franco Angeli.
Tomaselli, Alessandra
  2006   *Introduzione alla sintassi del tedesco.* 6. Aufl. Bari: Graphis.
Zanichelli/Klett
  2001   *Dizionario italiano−tedesco, tedesco−italiano.* Bologna: Zanichelli, Stuttgart: Klett.

Marcella Costa, Turin (Italien)

61. Kontrastive Analyse Japanisch–Deutsch

1. Zur Forschungslage

Von 1973 bis 1980 kooperierte das Institut für Deutsche Sprache (IDS, Mannheim) mit
dem Nationalen Sprachforschungsinstitut Japans (NLRI, Tokyo), um eine deutsch-japa-
nische kontrastive Grammatik und darauf basierend bessere Voraussetzungen für den
Unterricht in Deutsch (D) bzw. Japanisch (J) als Fremdsprache zu schaffen. Aus diesem
Projekt entstanden Pionierarbeiten für den Sprachvergleich D−J (Kokuritsu Kokugo
Kenkyujo 1984; Kaneko und Stickel 1983−1987), so die IDS-Reihe „Deutsch und Japanisch im Kontrast". Die anvisierte Didaktisierung blieb allerdings für den gesteuerten
Fremdsprachenerwerb des D durch jp. ErstsprachlerInnen Desiderat. Kaneko (2001)
nennt offene systemlinguistische Fragen und den Bereich der Pragmatik als von Deside-
raten geprägte Forschungsgebiete.

Ab Mitte der 1980er Jahre wurden vermehrt Syntax und Semantik vergleichend untersucht, bes. Unterschiede in Prädikation und spezifischen Konstruktionen (Ogawa 2003;
Sohar-Yasuda 2003). Sprechaktbezogene Arbeiten treten ab Ende der 1990er Jahre hervor (Grein 2007). Zudem vergleichen textlinguistische Arbeiten zunehmend satzübergreifende Strukturen (Ebi 2004; Adachi-Bähr 2006; Dillmann 2008; Tomita 2008). Pragmatische Unterschiede der gesprochenen Sprache im Vergleich D−J (Sugita 2004; Kameyama

2004a, 2004b; Hohenstein 2006) und der interkulturelle Vergleich (Eschbach-Szabo, Koyama-Siebert und Ebi 2005) gewinnen an Bedeutung. Untersuchungen etwa zur Phraseologie (Ito 2005) und zu den Anredeformen (Kasai 2002) verweisen auf Differenzen gesellschaftlich-kultureller Werte. Ikegamis (dt. 2007) semantisch-kognitive Unterscheidung von J als „Werden-Sprache" gegenüber den sogenannten „Tun-Sprachen", zu denen auch D gezählt wird, wurde auf dt. und jp. Resultativkonstruktionen bezogen (Nogami 2000). Die jp. Germanistik publiziert angewandte, pragmatische und sprachvergleichende Arbeiten (z. B. Narita, Ogawa und Oya 2005; die Zeitschrift der Jp. Gesellschaft für Germanistik *Neue Beiträge zur Germanistik*). Eine Recherchemöglichkeit zum Sprachvergleich D−J in Japan eröffnet das Portal GeNii (http://ge.nii.ac.jp).

2. Typologische Unterschiede D–J

Verwandtschaftsverhältnisse des J zum Koreanischen, zur altaischen und zur dravidischen Sprachfamilie wurden wiederholt postuliert, plausibel erscheinen altaische Wurzeln und koreanische Einflüsse (z. B. Robbeets 2005). Sprachsystematisch gibt es erhebliche *typologische* Unterschiede zwischen D und J (Ono 2002). Während D als flektierend-fusionierend charakterisierbar ist, ist J eine agglutinierende Sprache. Folgende typologische Unterschiede können für JapanerInnen Schwierigkeiten beim Erlernen des Deutschen darstellen.

2.1. Phonetisch-phonologische und prosodische Kontraste

D besitzt mehr Vokale und ein größeres Inventar an Frikativen (z. B. uvular stimmhaftes Frikativ, dt. „Zäpfchen-r"). 40 Phoneme im D stehen nur 21 im J gegenüber. Im DaF-Unterricht für JapanerInnen sollten besonders die anders differenzierten Phoneme eingeübt werden: z. B. der alveolar-laterale Flap [ɹ] (jp.) vs. Lateralapproximant [l] (dt.); der Plosiv [t] (dt.) vs. Affrikat [ts] (jp.) in der silbischen Verbindung mit „u" (D: „tu" vs. J: „tsu"); Differenzierungen beim velaren Approximant [w] und im Bereich der Nasale (dt. velar vs. jp. uvular; vgl. Kaneko, Y. 2005). J kennt keine Umlaute, Konsonanten-Cluster (CCV, VCC, z. B. [br], [st] in *Brust*) und auf Konsonanten auslautende Silben (VC, z. B. *Hut*). Aufgrund dieser offenen Silbenstruktur werden zu Beginn des Deutschlernens dt. Wörter zumeist angepasst an die jp. Silbenstruktur ausgesprochen und dt. Laute unter Phoneme des J subsumiert, z. B. *Lachen/Rachen*, *Bu-ru-to* sowohl für dt. *Blut* als auch *Brut*. Auch können jp. DaF-AnfängerInnen beim Sprechen z. B. Formen wie *Fund(o)* statt *Hund* produzieren, da die japanische Silbe *hu* als [fu] ausgesprochen wird.

J ist durchgängig in ein- und zweimorigen Silben strukturiert, d. h. die Quantität der Laute hat, anders als im D, distinktive Qualität. Es ist keine Tonsprache, hat aber einen ausgeprägten *Wortakzent*, der nicht silbisch, sondern in morischen Einheiten *steigend*, *höhere Tonstufe* und *unbetont* differenziert. Im D dagegen liegt ein Druckakzent auf der Stammsilbe, der Tonhöhenakzent dient nicht der Wortunterscheidung wie im J. Die *Intonationskontur* der Äußerung ermöglicht im D eine ausgeprägte Unterscheidung zwischen Aussagen, Fragen, Bitten, Ausrufen und anderen Illokutionen. Im J wird die Illokution dagegen am Ende der Äußerung durch ein reiches Spektrum von *Finalpartikeln* (z. B. *ka*, *ya*, *yo*, *ne*, *na*) im Anschluss an das Prädikat kenntlich gemacht, was zu Schwierigkeiten jp. Deutschlernender bei der intonatorischen Differenzierung z. B. von Frage und Aussage im D führen kann.

2.2. Kontraste der Wortstellung

J ist im Unterschied zum D eine Sprache mit konsequenter Prädikatendstellung (sog. SOV- bzw. OV-Sprache). Die Standardwortstellung im jp. Aussagesatz ist daher mit der Wortstellung eingeleiteter dt. Nebensätze vergleichbar. Auch in Fragesätzen bleibt im J die Wortstellung gegenüber dem Aussagesatz unverändert; in Ergänzungsfragen nimmt das Fragewort die Position ein, an der das entsprechende Satzglied stehen würde; die Frageillokution wird mittels einer Interrogativpartikel (*ka*) realisiert. In der *hierarchischen Abfolge* im Satz weist D sowohl Regens-Rectum- als auch Rectum-Regens-Stellungen auf (etwa Präpositional- vs. Adjektivattribute), während im J syntaktisch stets Rectum vor Regens steht. So geht der sogenannte Relativsatz im J als Attributivsatz ohne jegliches Relativum dem Bezugsnomen voraus.

Ein Prädikat ohne Subjekt- oder Objekt-Argument und ohne Personen- bzw. Numerus- oder Genus-Kennzeichen am finiten Verb kann im J eine vollständige Assertion bilden. Dies kann dazu führen, dass eine im D syntaktisch erforderliche Valenz von Lernenden nicht versprachlicht wird (jp. *ai-shite-ru* ‚Liebend-sein‘ vs. dt. *Er liebt sie.*).

2.3. Kontraste von Subjekt und Thematisierung/Topikalisierung

Ein zentraler Kontrast, der auch äußerungsübergreifend eine Rolle spielt, ist die Differenzierung Topik/Thema im J gegenüber dem Subjektargument. Während im Deutschen je nach Textart um 60 % der Subjekte zugleich das Thema der Äußerung bilden, wird im J die thematische Einheit durch die angeschlossene Topik-Partikel *wa* gekennzeichnet und ist unabhängig vom Subjekt. J weist daher gleichzeitig *Topik- und Subjektprominenz* auf (Hinds, Maynard und Iwasaki 1987), D ist subjekt-prominent.

2.4. Kontraste in Wortklassen und Morphologie

Die lateingrammatische Wortklasseneinteilung des D ist nicht ohne Probleme auf das J applizierbar. Adjektive haben im J morphologisch meist verbale Qualität; die Kasusmorphologie dt. Substantive kann nur teilweise mit den Postpositionen des J verglichen werden. Die Kategorie *Kasus* wird im J anders als im D durch sog. Kasuspartikel, d. h. Funktionsausdrücke realisiert, die dem Bezugsnomen nachgestellt sind (Postpositionen). Das J kennt kein Genus, verwendet aber in Zusammenhängen des Zählens Nominalklassifikatoren, die an das Zählwort angehängt werden und die Art des Benannten grob kategorisieren, z. B. *kami wa, ichi-mai* ‚Papier, ein-Flaches-und-Dünnes/Schmales‘. Einige jp. Wortklassen haben keine dt. Entsprechungen, so Postpositionen, Finalpartikeln, mimetisch-expressive Ausdrücke für Laute, Bewegungen, Eindrücke. Zudem haben Inter-

jektionen, Hörersignale und sprecherseitige Planungsausdrücke einen größeren Ausdrucksreichtum als im D (Ehlich 1986). Daneben hat das J ein reiches Inventar von
Verbalsuffixen, die der aspektuellen, evidentiellen, modalisierenden Spezifizierung des
Prädikats dienen (Narrog 1999). Person und Numerus werden nicht ausgedrückt; aufgrund morphologisch-lexikalisch verankerter Höflichkeitsformen und richtungsdeikti-
scher Verben ist im J eine deutliche Differenzierung von sprecher(gruppen)- und hörer-
(gruppen)bezogenen Prädikaten gegeben. Ein jp. Verb ist finit, wenn es in der prädikativen Endposition des Satzes steht. Die Verbalflexion bietet für jp. Deutschlernende somit
wenig direkte Vergleichsmöglichkeiten, zumal Modalität, Passiv, Perfektivität im D
durch syntaktische Konstruktionen mit Modal- und Hilfsverben ausgedrückt werden,
die häufig in Verbklammer-Konstruktionen realisiert sind.

3. Morphologie

Bereits die Grundwortarten haben in den beiden Sprachen morphologisch unterschiedliche Eigenschaften: Während im D Verb, Substantiv, Adjektiv, Pronomen sowie Artikel
flektierbar sind, ist im J neben dem Verb nur eine Gruppe von Adjektiven, das sogenannte Verbaladjektiv, flektierbar. Die für indoeuropäische Sprachen zugrunde gelegten
morphologischen Klassifikationskriterien für Wortarten, und damit die Wortarten als
Kategorien, sind somit nicht auf das J übertragbar. Während das dt. Adjektiv dem nominalen Flexionsparadigma zuzuordnen ist, kann das jp. Adjektiv („Verbaladjektiv") selbstständig ein Prädikat bilden und in Tempus, Aspekt und Modus flektiert werden (Rickmeyer 1995). Die im Sprachkontakt mit dem Chinesischen gebildeten „Nominaladjek-
tive" verhalten sich syntaktisch und morphologisch wie Nomen, außer dass sie in
attributiver Funktion eine andere Partikel als diese verlangen.

Das dt. Verb flektiert teils morphologisch synthetisierend, teils werden verbale Kategorien nach analytischem Prinzip mit Modal- bzw. Hilfsverben gebildet. Das jp. Verb
hingegen flektiert nach *Tempus, Aspekt, Modus, Negation, Diathese* (Passiv, Kausativ).
Fraglich ist, ob Kategorien wie Tempus, Aspekt, Modus oder Diathese in beiden Sprachen das gleiche sprachliche Phänomen erfassen (Kaneko und Stickel 1983–1987). Sie
verdeutlichen aber einen Teil der komplexen Lernaufgabe, die japanische DaF-Lernende
beim Erwerb der dt. Flexionsmorphologie zu leisten haben; dies trifft auch auf Subjekt-
Verb-Kongruenz, Deklination im nominalen Bereich nach Kasus und Numerus, Genus
sowie die dt. Formen der Rektion zu.

4. Syntax

Das D hat im Hauptsatz zweiteilige Prädikate (diskontinuierlich in *Klammerstellung)*
und nutzt die Satzgliedstellung für die Thema-Rhema-Gliederung, u. a. für Herausstel-
lungen. Das J kann demgegenüber mit der Topikalisierungspartikel *wa* Satzglieder herausstellen. Die nachgestellten „Kasuspartikeln" im J können als Postpositionen Funktionen übernehmen, die mit deutschen Präpositionen vergleichbar sind; im DaF-/DaZ-
Unterricht ist daher die im J nicht gegebene konzeptionelle Differenzierung zwischen
Kasus und Präpositionen zu thematisieren. Syntaktische Argumente werden in jp. Äuße-

rungen häufig nicht ausgedrückt; so muss im J die Sprecherdeixis (*ich*, jp. z. B. *watashi*) nicht versprachlicht werden. Zwar ist Valenz semantisch gegeben, sie wird jedoch in vielen Sprechsituationen pragmatisch vorausgesetzt bzw. mitverstanden und nicht eigens in Form von Subjekt und Objekt syntaktisch versprachlicht (Felix 2003).

Dem dt. finiten Vollverb entsprechen im J häufig kompositionelle (Substantiv + Funktionsverb, Hasselberg 1996) bzw. morphologisch nicht der Wortklasse Verb entsprechende Ausdrücke (z. B. flektierbare Adjektive). Die Prädikation ist stark von nominalen Schemata geprägt („da“/„desu“-Nominalsatz). Dieser Unterschied ist sprachtypologisch wesentlich: indogermanische Sprachen drücken eher Handlungen aus, gegenüber einer Tendenz des J Ereignisse, Vorgänge und Zustände auszudrücken. J verfügt auch nicht über genuin phorische Ausdrucksmittel (dt. *er, sie, es*), sondern leitet diese deiktisch ab (*ka-re, ka-no-jo*; *ka-* ist eine ältere Form der Fernedeixis). Zur Unterscheidung von bestimmtem und unbestimmtem Gewussten nutzt D das Mittel der Determination (Artikel), eine damit vergleichbare Funktion hat im J allenfalls die Differenzierung von Topik (Thema) durch Partikel *wa*, Ko-Thema durch Partikel *mo* und Subjekt (*ga*).

Ein vollständiger jp. Satz kann durch nachgestelltes Substantiv, Nominalisierungspartikel *no*, Interrogativ- bzw. Quotativpartikel (*ka, to*) ohne weitere Veränderung desententialisiert und als untergeordneter Teilsatz zu einem nachfolgenden übergeordneten Regens weiter ausgebaut werden. Diese Konstruktionsweise macht das zentrale Prinzip der *retrograden Einbettung* im J deutlich, bei dem jeweils rückwirkend der vorangegangene Äußerungs- bzw. Satzteil in seiner syntaktischen Funktion neu bestimmt werden kann. Das D weist ein entgegengesetztes Prinzip auf: Einbettungen, Koordinatoren und subordinierende Konjunktionen werden einleitend vorangestellt und leisten so eine *Ankündigung* auf die kommende syntaktische Struktur. Durch diese gegensätzliche Strukturierung der versprachlichten Propositionen im J und im D dürften sich Rezeptions- wie Produktionsschwierigkeiten bei jp. Deutschlernenden ergeben. Unterschiede syntaktischer Art dürften auch zu unterschiedlichen sprecher- und hörerseitigen Verarbeitungstätigkeiten führen (Hinds 1988).

5. Pragmatische Unterschiede: sprachliches Handeln D–J

Für den pragmatischen Sprachvergleich müssen auf empirischer Basis sprachliche Ausdrucksmittel verschiedener Sprachen ausgehend von ihrer Funktion im sprachlichen Handeln in ein Verhältnis zueinander gesetzt werden (Rehbein 2002a). Dies zeigt sich etwa bei den nennenden Ausdrucksmitteln des Symbolfeldes (lexikalische Ausdrücke): so halten idiomatische Konstruktionen und Phraseologismen des D und J unterschiedliche kulturspezifische Wissenskonstellationen fest. Wie diese in bestimmten Sprechsituationen eingesetzt werden, wird aus ihrer Semantik allein noch nicht deutlich. So werden im J, wie im Chinesischen, Sprichwörter und sogenannte *jukugo* (tradierte sinojapanische 4-Zeichen-Begriffe) häufig kommentierend oder evaluativ verwendet, im D jedoch nicht.

Unterschiede im Bereich der Hörer-Sprecher-Steuerung bestehen in syntaktisch dem Prädikat nachgeordneten Finalpartikeln, die die Illokution modalisierend mitkonstituieren.

Bei den tonal unterschiedlich realisierten Interjektionen der Interjektionsklassen HM und AH (Ehlich 1986) kennzeichnet z. B. die dt. fallende Intonationskontur auf HM eine hörerseitige Divergenz, während die gleiche fallende Intonationskontur auf jp. (U)N Zustimmung ausdrückt. Konvergenz wird im D dagegen durch ein tonal fallend-steigendes HM ausgedrückt.

Bei der Verständnissicherung werden im D Erläuterungen und Vergewisserungen durch Matrixkonstruktionen wie *ich meine, (dass)…, das heißt, (dass)…, meinst Du (damit), (dass)…* eingeleitet, im J wird umgekehrt der Sachverhalt durch Nominalisierung oder Quotativ plus formales Nomen (z. B. *to iu wake* ‚dass …. besagender Grund‘) eingebunden (Kameyama 2004b).

Aufgrund der sprachsystematischen Differenzen sowie gesellschaftlich-historischer Unterschiede weisen die pragmatischen Einheiten des D und des J, die größer als Prozeduren sind (z. B. Routineformeln), z. T. große Unterschiede auf (Coulmas, Marui und Reinelt 1983), vgl.:

(1) *Arigatou*   *gozaimasu* (bzw.: *gozaimashita*).
     ‚schwer zu habend‘   ‚ist es‘ [+Respekt+Formalität]
                         (bzw. ‚war es‘ [+Respekt+Formalität])
     ‚Ich habe von Ihnen etwas Wertvolles erhalten, das für Sie zu geben nicht selbstverständlich ist (bzw. war)‘ ist die pragmatische Entsprechung zu dt. *Ich danke Ihnen.*

(2) *Doumo*   *sumimasen* (*desu/deshita*).
     ‚sehr‘   ‚zu-Ende-sein-nicht‘ [+formell-höflich] (‚ist/war‘ [+formell-höflich])
     ‚Wir sind noch gar nicht miteinander fertig‘ ist die pragmatische Entsprechung zu dt. *Ich danke Ihnen vielmals/sehr* und *Entschuldigen Sie bitte.*

Während das dt. Verb *danken* das empfängerseitige Eingedenk-Sein der entgegenkommenden, dankenswerten Tat ausdrückt (Rehbein 2002b), werden im J situationsbezogen zwei verschiedene Formeln verwendet, z. T. auch zusammen. Die Routineformel in (1) honoriert ausdrücklich das Empfangen-Haben einer dankenswerten Handlung; (2) dagegen ähnelt der ursprünglichen Bedeutung des dt. Dankens, indem die/der Dankende das Nicht-Enden der gemeinsamen Interaktion und damit ein Aufrechterhalten des gemeinsamen Handlungssystems konstatiert und eine Vergeltung zu einem späteren Zeitpunkt in Aussicht stellt. (2) wird aber auch als Entschuldigungsformel verwendet. So werden bereits die Situationen, die bedankenswert sind bzw. eine Entschuldigung erfordern, im J anders kategorisiert als im D. Im J erfolgen überdies häufiger Dankens- und Entschuldigungshandlungen, weshalb jp. Deutschlernende dazu tendieren, sich im D ungewöhnlich häufig zu bedanken bzw. zu entschuldigen und dies in z. T. aus dt. Sicht unüblichen Situationen.

Größere Handlungseinheiten wie sprachliche Handlungsmuster zeigen zumeist in einzelnen Realisierungsschritten (Musterpositionen) Unterschiede, jedoch nicht in Gänze oder in der übergreifenden Zweckbestimmung (s. Hohenstein 2006 zum Erklären, Erläutern, Begründen). Insbesondere kann die andersartige Realisierung charakteristischer sprachlicher Handlungen in bestimmten Text- und Diskursarten dazu führen, dass Irritationen oder Verstehensprobleme in der Fremdsprache auftreten. Zentrale Unterschiede scheinen bereits das Herstellen eines gemeinsamen Handlungssystems und die Aufrechterhaltung von Kooperativität zu betreffen, sowie die damit verbundenen Handlungserwartungen von SprecherInnen und HörerInnen (Sugita 2004; Hohenstein 2005). So werden z. B. in jp. Vorträgen Sprechhandlungen eingesetzt, die in deutschsprachigen Vorträgen keine Entsprechung haben, aber für das Herstellen eines von Höflichkeit und Respekt getragenen Handlungssystems im J notwendig sind. Ein Beispiel ist die jp. Routineformel *Yoroshiku onegai shimasu* (Hohenstein 2005; Takekuro 2005), die näherungsweise als ‚Ich bitte Sie um Ihr Wohlwollen‘ ins Deutsche übersetzbar ist und die routinemäßig z. B. am Beginn eines Vortrags eingesetzt wird.

Die jp. Höflichkeitssprache kennt grammatikalisierte Formen des *Respekts* wie das Verb *itadaku* ‚von oben, jemand Höhergestelltem entgegennehmen‘ (Shibatani 1999, 2007); das flektierbare formell-höfliche Verbalsuffix *-masu* (Narrog 1999; Hohenstein 2006: 202–203); bestimmte Anredeformen (z. B. *-sensei* ‚LehrerIn/ProfessorIn‘ statt *-san* ‚Herr/Frau‘), durch die soziale Rollen versprachlicht werden (z. B. hierarchische Position, Alter, Gender, Verwandtschafts- bzw. Freundschaftsverhältnis). Auf *nicht-reziproke Differenzierung* kann lediglich in informellen Situationen unter gleichaltrigen Freunden verzichtet werden. Zusätzlich werden in der Interaktion Handlungen durch eine Konverbform in eine Relation des Gebens und Nehmens zwischen Sprecherseite und Hörerseite gesetzt (s. o. *-te itadaku*, s. Itakura 2003), was als Kompensation nicht vorhandener Personkennzeichen am Verb analysiert werden kann. Gerade beim Bitten und Auffordern, Annehmen und Ablehnen von Bitten und Angeboten entstehen so komplexe, nicht einfach mit dem D vergleichbare Formen (Grein 2007; Schilling 1998). Jp. Deutschlernende werden daher im D mit kaum grammatikalisierten Respektformen konfrontiert und in der Sprechsituation wird das soziale Rollengefüge der Konstellation weitaus weniger versprachlicht. Auch die sparsamen hörerbezogenen Ausdrucksformen im D können ein Gefühl des Mangels erzeugen, das zur Bildung von Ersatzhandlungen im D führen kann.

6. Fazit

Ein zentrales Forschungsdesiderat besteht im Bereich der *handlungsbezogenen, empirisch sprachvergleichenden Studien*. Vorliegende Studien zum Kontrast bzw. Vergleich Englisch–J erlauben nur begrenzt Vergleiche zum D, gerade weil dabei die Tendenz besteht, dt. und angloamerikanische Differenzen unter dem Aspekt des Indogermanischen zu nivellieren. Eine sprachspezifische Erkenntnis beim Lernen kann so erschwert werden. Wünschenswert wäre eine stärkere Rezeption der Beiträge aus der jp. Germanistik und ein intensiverer Austausch zwischen dt. und jp. GermanistInnen. Gemeinsame Forschungsprojekte zum Sprachvergleich D–J und DaF/JaF könnten neue Perspektiven für einen attraktiven Fremdsprachenunterricht eröffnen und zur Stärkung der dt. Sprache in Japan wie der jp. Sprache im dt. Sprachraum beitragen. Sinnvoll erscheint vor allem die empirische Untersuchung lernersprachlicher Diskurse und Texte im Vergleich mit monolingual zielsprachlichen Text- und Diskursarten. Ermittelte *Kontraste* zwischen dt. und jp. Realisierungsformen sollten praxisorientiert anhand von Diskursen und Texten jp. DeutschlernerInnen didaktisiert werden.

7. Literatur in Auswahl

Adachi-Bähr, Satomi
    2006   *Kontrastive Analyse von Gliederungsprinzipien in argumentativen schriftlichen Texten im Deutschen und Japanischen.* Mannheim u. a.: IdS.

Coulmas, Florian, Ichiro Marui und Rudolf Reinelt
  1983   *Kleines Formellexikon Japanisch–Deutsch. Redewendungen für den Alltag.* Berlin:
          Schmidt.
Dillmann, Gerhard
  2008   *Sprechintentionen in deutschen und japanischen Zeitungskommentaren.* Freiburg i. Br.: Universität Freiburg.
Ebi, Martina
  2004   *Japanische und deutsche Demonstrative als Mittel der Textkohäsion.* Münster: Lit.
Ehlich, Konrad
  1986   *Interjektionen.* Tübingen: Niemeyer.
Eschbach-Szabo, Viktoria, Yoko Koyama-Siebert und Martina Ebi (Hg.)
  2005   *Ibunka to no deai, sekai no naka no Nihon to Doitsu. Sprache und Kultur, Japan und
          Deutschland vor der interkulturellen Herausforderung.* Münster: Lit.
Felix, Sascha W.
  2003   Theta parametrization. Predicate-argument-structure in Japanese. *Linguistische Berichte*
          194: 131–152.
Grein, Marion
  2007   *Kommunikative Grammatik im Sprachvergleich.* Tübingen: Niemeyer
Hasselberg, Iris
  1996   *Verbalkomposita im Japanischen.* Hamburg: Buske.
Hinds, John
  1988   Reader versus writer responsibility: A new typology. In: Ulla Connor und Robert B.
          Kaplan (Hg.), *Writing Across Languages: Analysis of L2-Text*, 141–152. Reading, MA
          etc.: Addison-Wesley.
Hinds, John, Senko K. Maynard und Shoichi Iwasaki (Hg.)
  1987   *Perspectives on Topicalization: The Case of Japanese Wa.* Amsterdam: Benjamins.
Hohenstein, Christiane
  2005   Interactional expectations and linguistic knowledge in academic expert discourse (Japanese/German). *International Journal of the Sociology of Language* 175/176: 285–306.
Hohenstein, Christiane
  2006   *Erklärendes Handeln im ‚Wissenschaftlichen Vortrag‘. Ein Vergleich des Deutschen mit dem
          Japanischen.* München: iudicium.
Ikegami, Yoshihiko
  2007   *Sprachwissenschaft des Tuns und Werdens: Typologie der japanischen Sprache und Kultur.*
          (Übers. aus dem Jap. v. Martina Ebi). Berlin, Münster: Lit.
Itakura, Uta
  2003   *Sprachliche Konventionen des Gebens und Nehmens und ihre sozialen Bedingungen im Deutschen und Japanischen.* Mannheim: Mateo.
Ito, Makoto
  2005   *Deutsche und japanische Phraseologismen im Vergleich.* Tübingen: Groos.
Kameyama, Shinichi
  2004a   Modal expressions in Japanese and German planning discourse. In: Juliane House und
          Jochen Rehbein (Hg.), *Multilingual Communication*, 281–302. Amsterdam etc.: Benjamins.
Kameyama, Shinichi
  2004b   *Verständnissicherndes Handeln. Zur reparativen Bearbeitung von Rezeptionsdefiziten in
          deutschen und japanischen Diskursen.* Münster etc.: Waxmann.
Kaneko, Tohru
  2001   Kontrastive Analysen Deutsch–Japanisch: eine Übersicht. In: Gerhard Helbig, Lutz
          Götze, Gert Henrici und Hans-Jürgen Krumm (Hg.), *Deutsch als Fremdsprache. Ein internationales Handbuch*, 451–457. Bd. 1. (Handbücher zur Sprach- und Kommunikationswissenschaft 19.1–2). Berlin/New York: de Gruyter.

Kaneko, Tohru und Gerhard Stickel (Hg.)
1983−1987   *Deutsch und Japanisch im Kontrast.* Sonderreihe in 4 Bänden herausgegeben im
             Auftr. d. Instituts für Deutsche Sprache (IDS). Tübingen: Groos.
Kaneko, Yukiko
2005   *Phonetisch-phonologischer Vergleich der Vokalsysteme der deutschen und japanischen Spra-
        che.* Frankfurt a. M. etc.: Lang.
Kasai, Yoshiharu
2002   *Das System der Selbstbezeichnungen, Anredeformen und Drittbezeichnungen auf dem Hin-
        tergrund der sozialen Beziehungen. Ein deutsch-japanischer Sprachvergleich.* Frankfurt
        a. M. etc.: Lang.
Kokuritsu Kokugo Kenkyujo [The National Language Research Institute, NLRI Tokyo]
1984   *Gengokoudou ni okeru Nichi-Doku-hikaku* [Ein deutsch-japanischer Vergleich sprachlichen
        Handelns]. Tokyo: NLRI.
Narita, Takashi, Akio Ogawa und Toshiaki Oya (Hg.)
2005   *Deutsch aus ferner Nähe. Japanische Einblicke in eine fremde Sprache.* Tübingen: Stauffen-
        burg.
Narrog, Heiko
1999   *Japanische Verbflexive und flektierbare Verbalsuffixe.* Wiesbaden: Harrassowitz.
Nogami, Sanami
2000   *Resultativkonstruktionen im Deutschen und Japanischen.* Frankfurt a. M. etc.: Lang.
Ogawa, Akio
2003   *Dativ und Valenzerweiterung. Syntax, Semantik und Typologie.* Tübingen: Stauffenburg.
Ono, Yoshiko
2002   *Typologische Züge des Japanischen.* Tübingen: Niemeyer.
Rehbein, Jochen
2002a   Pragmatische Aspekte des Kontrastierens von Sprachen − Türkisch und Deutsch im Ver-
        gleich. In: Süleyman Yıldız, N. Ülner, Katja Halm-Karadeniz et al. (Hg.), *Eröffnungsre-
        den und Tagungsbeiträge des VII. Türkischen Germanistikkongresses,* 15−58. Ankara: Ha-
        cettepe-Universität.
Rehbein, Jochen
2002b   *De-Grammatikalisierung − Zum prozeduralen Wandel sprachlicher Ausdrücke am Beispiel
        von ‚danke!‘ und ‚bitte!‘ und ‚Entschuldigung!‘.* Arbeitspapiere (Sprache der Höflichkeit 3).
        Hamburg: Institut für Germanistik I, Universität Hamburg.
Rickmeyer, Jens
1995   *Japanische Morphosyntax.* Heidelberg: Groos.
Robbeets, Martine Irma
2005   *Is Japanese Related to Korean, Tungusic, Mongolic and Turkic?* Wiesbaden: Harrassowitz.
Schilling, Ulrike
1998   *Kommunikative Basisstrategien des Aufforderns. Eine kontrastive Analyse gesprochener
        Sprache im Deutschen und Japanischen.* Tübingen: Niemeyer.
Shibatani, Masayoshi
1999   Honorifics. In: Keith Brown und Jim Miller (Hg.), *Concise Encyclopedia of Grammatical
        Categories,* 192−201. Amsterdam etc.: Elsevier.
Shibatani, Masayoshi
2007   Grammaticalization of converb constructions: The case of Japanese -te conjunctive con-
        structions. In: Jochen Rehbein, Christiane Hohenstein und Lukas Pietsch (Hg.), *Connec-
        tivity in Grammar and Discourse,* 21−49. Amsterdam etc.: Benjamins.
Sohar-Yasuda, Kaori
2003   *Transitivität im Deutschen und Japanischen.* Frankfurt a. M. etc.: Lang.
Sugita, Yuko
2004   *Gesprächserwartungen. Eine kontrastive Studie über die Gesprächsführung in deutschen und
        japanischen Telefonaten.* Frankfurt a. M. etc.: Lang.

Takekuro, Makiko
   2005   Yoroshiku onegai shimasu: Routine practice of the routine formula in Japanese. In: Ro-
           bin T. Lakoff und Sachiko Ide (Hg.), *Broadening the Horizon of Linguistic Politeness*,
           87–98. Amsterdam etc.: Benjamins.
Tomita, Naoko
   2008   *Der Informationsaufbau in Erzählungen*. München: iudicium.

Christiane Hohenstein, Winterthur (Schweiz)
Shinichi Kameyama, Hamburg (Deutschland)

62. Kontrastive Analyse Koreanisch–Deutsch

1. Allgemeines und Typologisches
2. Koreanische Schrift
3. Situation der koreanischen Germanistik und linguistische Forschungslage
4. Kontrastiver Vergleich
5. Kontrastivität in der Sprachdidaktik und Forschungsdesiderata
6. Literatur in Auswahl

1. Allgemeines und Typologisches

Koreanisch ist Staatssprache in der Republik Korea und in der Demokratischen Volksre-
publik Korea und wird dort in Abhängigkeit von der Bezeichnung des Landes als *Hang-
ukmal* bzw. *Hanguko* (Südkorea) oder als *Choseonmal* bzw. *Choseono* (Nordkorea) bezeichnet. Die genetische Verwandtschaft zu den altaischen Sprachen und/oder dem Japanischen ist umstritten. In morphologischer Hinsicht lässt sich das Koreanische als
agglutinierende Sprache klassifizieren (Sohn 1999: 15), in der es Genus und Person nicht
gibt; grammatische Morpheme werden monosemantisch und juxtapositiv aneinanderge-
reiht und als selbstständige Silbe in der Regel dem Wortstamm nachgestellt (Kwon 2004:
71). Die Grundwortstellung ist SOV. Im Vergleich zum Japanischen verfügt das Koreanische über ein komplexeres Konsonantensystem und geschlossene Silben. Ein Großteil des
Wortschatzes besteht aus chinesischen Lehnwörtern. Zudem finden in das Koreanische in
Südkorea gegenwärtig viele Lehnwörter aus dem amerikanischen Englisch Eingang, teils
werden Begriffe aus englischen Wörtern auch neu gebildet. Mit Ausnahme des Dialekts
auf der Insel Jeju gibt es jedoch keine nennenswerten dialektalen Unterschiede.

2. Koreanische Schrift

Das Besondere an der koreanischen Schrift *Hangeul* liegt in der Anordnung der einzelnen
Buchstaben, die bestimmten Regelmäßigkeiten folgend neben oder unter die vorangehenden gesetzt werden (Cho 2006: 15, 19). Die dreiteilige geschlossene Silbe *mul* wird bei-

spielsweise folgendermaßen geschrieben: ㅁ[m] + ㅜ[u] + ㄹ[l] → 물[mul] ‚Wasser‘ (Cho 2006: 20). Da das Koreanische über viele Jahrhunderte mit chinesischen logographischen Zeichen (*Hanja*) geschrieben wurde und da es sehr viele chinesische Lehnwörter gibt, ist es auch heutzutage möglich und im fachwissenschaftlichen Diskurs oftmals nötig, die stark homophonen koreanischen Silben mittels beigefügter Hanja-Zeichen zu explizieren. Abhängig von der Textsorte gibt es daher in koreanischen Texten rein koreanische Wörter in koreanischer Schrift (z. B. 말[mal] ‚Sprache‘), chinesische Lehnwörter in Hanja mit koreanischer Aussprache (z. B. 語[ʌ]‚Sprache‘) oder dieselben in koreanischer Schrift (z. B. 어[ʌ] ‚Sprache‘) (Cho 2006: 21). In Nordkorea hingegen ist heute die Verwendung der chinesischen Schrift abgeschafft (Cho 2006: 22).

Ein besonderes Problem stellt die lateinische Umschrift koreanischer Wörter dar, da einerseits in Korea neben einem offiziellen Transkriptionssystem auch ältere Transkriptionsweisen noch gebräuchlich sind, andererseits das in deutschen Bibliotheken verwendete Umschriftsystem von diesen abweicht; darüber hinaus romanisieren koreanische Autoren ihre Namen oftmals weder nach den offiziellen koreanischen Regeln noch nach den in Deutschland geltenden Normen (Cho 2006: 10). Die lateinischen Umschriften sind jedoch für den Deutschunterricht in Korea insofern bedeutsam, als sie für koreanische Deutschlernende fälschlicherweise als Orientierungspunkt gelten, deutsche Laute zu verschriftlichen und Geschriebenes phonetisch so zu artikulieren, wie es den Umschriften entsprechen würde.

3. Situation der koreanischen Germanistik und linguistische Forschungslage

Germanistik als Wissenschaft stellt in Korea eine verhältnismäßig junge Disziplin dar, die erst 1946 an der Staatlichen Universität Seoul ihren Ausgang nahm (Cho und Cheon 2003: 204). Nach jahrzehntelangem Auf- und Ausbau germanistischer Abteilungen und steigenden Studentenzahlen ist seit Mitte der 1990er Jahre ein Studentenrückgang zu verzeichnen (Chong 2003: 236–243).

Die koreanischen Germanisten, die sprachwissenschaftlich tätig sind, verstehen sich in aller Regel als Wissenschaftler, deren Gegenstand allein die deutsche Sprache darstellt, was v. a. aus der Wahl der Dissertationsthemen hervorgeht. Die in den letzten zehn Jahren erschienenen Arbeiten, die explizit sprachkontrastiv angelegt sind, beschäftigen sich v. a. mit formalen, in der Regel phonetischen und morphosyntaktischen Strukturen.

4. Kontrastiver Vergleich

4.1. Phonetik/Phonologie

Im Gegensatz zum strukturell ähnlichen Japanisch kennt das Koreanische sowohl offene als auch geschlossene Silben (Cho 2006: 19) und hat ein relativ komplexes Konsonantensystem, jedoch gibt es anders als im Deutschen keine Konsonantencluster innerhalb einer gesprochenen Silbe. Im Zusammentreffen mit anderen Konsonanten kann sich die Lautqualität eines Konsonanten verändern, z. B. wird das Wort 국민, bestehend aus den Silben 국 [gug] und 민 [min] als [gungmin] realisiert (Cho 2006: 31).

Ausspracheschwierigkeiten koreanischer Deutschlernender bestehen nach Hirschfeld (2006: 12−14) beispielsweise darin, lange und kurze Vokale zu unterscheiden und Vorderzungenvokale gespannt zu realisieren, das Schwa [ə] nicht volltonig zu bilden, Fortis- und Lenis-Frikative zu unterscheiden sowie /r/ und /l/ in verschiedenen Positionen zu differenzieren. Darüber hinaus fügen koreanische Deutschlernende oftmals Sprossvokale ein und verkürzen Konsonantenverbindungen im Auslaut. Auch bereitet die Aspiration der deutschen Explosive Schwierigkeiten, weil diese hinsichtlich ihrer Aspiration eine Zwischenstellung zwischen koreanischen /p/, /t/, /k/ und /ph/, /th/, /kh/ einnehmen (Hirschfeld 2006: 14). Da die koreanischen Deutschlernenden Lautänderungen an Silbengrenzen gewohnt sind, übertragen sie diese unzulässigerweise auf das Deutsche und nasalieren beispielsweise /t/ [t'], wenn / m, n/ oder /l, r/ folgen: dt. *mitmachen* ['mɪt'maxn] wird so als [mɪnmahen] realisiert (Chung 2007: 123, 130). Immer dann, wenn im Deutschen lautlich weit stärker differenziert wird als im Koreanischen − z. B. im Bereich der Frikative − bereitet das deutsche Lautsystem den koreanischen Lernenden Schwierigkeiten (Chung 2008: 84).

Hinsichtlich der Prosodie fällt es Koreanern schwer, den deutschen Wortakzent auditiv zu erkennen, akzentuierte vs. nichtakzentuierte Silben zu unterscheiden und zu realisieren sowie Pausen richtig zu platzieren (Hirschfeld 2006: 12).

4.2. Morphologie

In morphologischer Hinsicht ist für das Koreanische kennzeichnend, dass im Unterschied zum Deutschen die grammatischen Morpheme als Suffixe an einen unveränderlichen Wortstamm angehängt werden. Während in deutschen Sätzen sowohl die lexikalischen Bedeutungen von Nomen als auch die grammatischen Kennzeichnungen wie z. B. *Plural* und *Kasus* fusioniert ausgedrückt und eindeutige Segmentierungen in Wurzelmorpheme und Flexionsmorpheme nicht möglich sind, können in koreanischen Sätzen einzelne Morpheme, die z. B. *Plural* oder *Kasus* markieren, eindeutig erkannt werden.

Im Koreanischen kennt das Substantiv keine Flexionsmerkmale wie Person und Genus, aber es gibt wie im Deutschen vier Kasus (Nominativ, Genitiv, Dativ, Akkusativ); zwischen Kasuspartikeln und dem Nomen, Adjektiv oder Verb liegt jedoch keine Kongruenz vor. Das Koreanische verfügt über zahlreiche Arten von Kasus-, Postpositions-, Satzverknüpfungs- und Satztyppartikeln.

Koreanische Verben bestehen aus einem Verbalstamm und einem oder mehreren Verbalsuffixen, welche Modus, Tempus (Präsens, Präteritum, Plusquamperfekt, Futur) und Höflichkeit markieren. Es können verschiedene Partizipialkonstruktionen gebildet werden, die im Deutschen durch Relativsätze, Infinitivkonstruktionen oder Konjunktionalsätze ausgedrückt werden (vgl. Kwon 2004: 71−88).

Bezüglich der Wortbildung bestehen zahlreiche Möglichkeiten der Komposition, so dass das Koreanische ähnlich wie das Deutsche über eine Fülle von Komposita verfügt; charakteristisch sind usuelle Wortkürzungen der Art 대구백화점 [daegubaekhwajeom] ‚Daegu Kaufhaus' → 대백 [daebaek], bei denen ungeachtet ihrer wörtlichen Bedeutung nur einzelne Silben der Wörter als Kurzform für das Kompositum verwendet werden.

Auch werden „konglishe" Komposita gebildet, indem englische und koreanische Wörter verschmolzen werden, z. B. *비닐봉지/* [vinil bongji] ‚Vinyltüte' → „Plastiktüte".

Schwierigkeiten beim Erwerb des Deutschen betreffen v. a. die oben erwähnten Mehrfachmarkierungen deutscher Flexionsmorpheme.

4.3. Syntax

Syntaktisch ist Koreanisch eine SOV-Sprache, wobei mit Ausnahme des Verbs alle Wörter flexibel angeordnet werden können, was in koreanischen Grammatiken als eine der zentralen Eigenschaften des Koreanischen bezeichnet wird (z. B. Ihm et al. 2005: 4).

In Bezug auf das dem Deutschen und Koreanischen gemeinsame Scramblingphänomen weist Song, S.-H. (2003: 46−47) in ihrer Dissertation nach, dass phonetische Betonungen und kontextuelle Informationen die Grammatikalität deutscher Scramblingsätze bewirken, bei koreanischen jedoch nicht; die Scramblingfähigkeit der Satzteile wird im Koreanischen durch die Kasusmorpheme erkennbar. Die koreanischen Kasus fungieren dabei entgegen den deutschen Kasus als Topik- und Fokusmarker, was ein langes und mehrfaches Scrambling ermöglicht (Song, S.-H. 2003: II, 154). Ungeachtet spezieller Erklärungsversuche des Scramblingphänomens zeigt sich aber, dass sich beide Sprachen hinsichtlich ihrer Wortstellung vom Englischen unterscheiden und Ähnlichkeiten aufweisen; so ist beispielsweise die Standardstellung von deutschen und koreanischen Adverbien vor dem Objekt (*Ich treffe heute einen Freund*), und pränominale Attributkonstruktionen (*das für die kontrastive Analyse zentrale Konzept*) sind für das Deutsche wie Koreanische charakteristisch (Song, K-A. 2003: 331). In derartigen Fällen wirkt es sich negativ aus, dass die koreanischen Deutschlernenden die ihnen besser bekannten englischen Wortstellungsregularitäten auch im Deutschen erwarten und als Referenzpunkt nehmen, anstatt Parallelen zum Koreanischen zu beachten (Song, K.-A. 2003: 330, 332). Andererseits unterscheidet sich das Koreanische vom Deutschen und Englischen beispielsweise dadurch, dass sich die Wortfolge in Interrogativsätzen nicht ändert (Ihm et al. 2005: 5).

Weitere syntaktische Besonderheiten des Koreanischen sind Doppelsubjektkonstruktionen, in denen in einem Satz zwei Substantive mit der Nominativkasuspartikel auftreten, und Topik-Konstruktionen, wobei dem Topik im Gegensatz zum Subjekt eine funktionale Rolle im Diskurs zukommt (Kwon 2004: 90−91). Darüber hinaus erlaubt das Koreanische die Auslassung von Subjekten, Objekten, Ergänzungen und Prädikaten immer dann, wenn kontextuell ein Erschließen der ausgelassenen Elemente möglich ist (Ihm et al. 2005: 5); das betrifft v. a. das Subjekt (*odi ga ni?* „wohin gehen + Interrogativpartikel" → ‚Wohin gehst du?') (Kwon 2004: 102).

4.4. Lexik/Semantik

Die kleinsten bedeutungstragenden Elemente im Koreanischen sind stets silbische Morphe. Nichtsilbische Morphe wie dt. /-n/ oder /-s/ existieren nicht. Alle Flexionsmorpheme (Kasusmorpheme, Partikeln) sind originär koreanisch, während ein Großteil der lexikalischen Morpheme chinesischen Ursprungs ist. Da aufgrund fehlender Tonunterschiede die chinesischen Lehnwörter oder Silben im Koreanischen gleich ausgesprochen werden, sind diese in hohem Grade homonym. Auch genuin koreanische Wörter und Partikeln haben oftmals unterschiedliche semantische Funktionen; so kann z. B. die Postpositionspartikel *에* [e] direktionale, lokale oder temporale Bedeutung haben (Kwon 2004: 75), so dass in semantischer Hinsicht Parallelen zu Bedeutungsspektren deutscher Präpositionen bestehen.

Eine Besonderheit des koreanischen Wortschatzes ist darin zu sehen, dass es zwei unterschiedliche Kardinalzahlsysteme gibt, ein sinokoreanisches und ein koreanisches, wobei beide bestimmten Verwendungsrestriktionen unterliegen.

Im koreanischen Wortschatz Südkoreas existieren zahlreiche englische Lehnwörter, die auch den Alltagswortschatz betreffen, z. B. *캔* [kaen] ‚can' → „Dose". Deutsche Lehnwörter fanden zumeist vermittelt über das Japanische Eingang ins Koreanische, manchmal unterscheidet sich die Bedeutung im Vergleich mit dem Deutschen, z. B. *아르바이트* [arŭbaitŭ] ‚Studentenjob'.

In Bezug auf koreanisch-deutsche Übersetzungen ist v. a. auf das Problem hinzuweisen, dass es für einen Großteil der koreanischen Verwandtschaftsbezeichnungen, für Onomatopoetica, Farbbezeichnungen und für honorative Ausdrücke oftmals keine direkten Entsprechungen im Deutschen gibt. Wollert zeigt in seiner Dissertation, dass bereits im Bereich des Grundwortschatzes zahlreiche Vermittlungsprobleme auftreten, die der „Tiefendimension kultureller Unterschiede" (Wollert 2002: 228) geschuldet sind.

4.5. Pragmatik

Charakteristisch für das Koreanische ist, dass dem Sprecher zahlreiche sprachliche Mittel zur Verfügung stehen, Respekt gegenüber dem Gesprächspartner auszudrücken (Ihm et al. 2005: 5, 199−212). Dazu gehören einerseits honorifica-bezogene Ausdrucksformen (z. B. Anredeformen, Partikeln), andererseits nicht honorifica-bezogene Ausdrucksformen wie indirekte Sprechakte, Modalpartikeln, morphologische Suffixe (Cho 2005: 49, 65). Buchholz (2008: 193) verweist mit Bezug auf Cho (2005) darauf, dass es aufgrund der obligatorischen Honorifica-Kennzeichnungen im Koreanischen gleichwohl nicht „höflicher" zugehe als im Deutschen; es sind vielmehr „die fakultativen kommunikativen Mittel zum Ausdruck von Höflichkeit, die auf einen aufrichtig höflichen Sprachgebrauch hinweisen" (Cho 2005: 191). Für deutsche Koreanischlernende besteht ebenso wie für koreanische Deutschlernende ein großes Problem darin zu entscheiden, in welchen Situationen ein Sprecher von der formellen zur informellen Anrede wechseln kann, worauf Lehrwerke beider Sprachen nur unzureichend eingehen (Buchholz 2008: 198−199).

5. Kontrastivität in der Sprachdidaktik und Forschungsdesiderata

Die meisten sprachkontrastiven Arbeiten greifen phonetische oder morphosyntaktische Fragestellungen auf, teils in Verbindung mit anderen linguistischen Teilgebieten wie z. B. dem Spracherwerb (vgl. z. B. Hong 1995). Viele von diesen wollen auch explizit einen sprachdidaktischen Beitrag liefern, so dass nicht selten häufige Fehlertypen, Korrekturanweisungen und/oder Übungsbeispiele im Kontext kontrastiver Überlegungen mitberücksichtigt werden (z. B. Chung 2008: 91−102). Charakteristisch für neuere kontrastive Untersuchungen ist, dass auch das Englische als L2 miteinbezogen wird, im phonetischen Bereich vgl. z. B. Kim (2007: 133−153), im syntaktischen vgl. z. B. Song, K.-A. (2003: 328−332).

Jenseits formaler Aspekte liegen jedoch nur wenige kleinere Forschungserträge zu lexikalischen und semantischen Fragestellungen im Speziellen vor; dabei sind gerade sie es, die in sprachtypologischer, ethnolinguistischer und auch interkultureller Hinsicht vielversprechend sind, vgl. z. B. Koo (2006), der der unterschiedlichen Ausdrucksweise räumlicher Relationen im Deutschen und Koreanischen nachgeht und interessante Unterschiede feststellt. Auch vergleichende textlinguistische Beiträge zu Kulturspezifika (z. B. Cho 2009) können als erste Ansätze gewertet werden, über klassische sprachkontrastive Untersuchungen hinauszugehen. Forschungsaufgaben der Zukunft liegen also v. a. auf den Gebieten, die inhaltlich orientiert sind und semantische und interkulturelle Vermittlungsprobleme bezüglich des Wortschatzes einschließen.

6. Literatur in Auswahl

Buchholz, Julia
    2008   Höflichkeit im Sprachcurriculum − ein Deutsch-Koreanischer Vergleich. *Deutsch als Fremdsprache in Korea* 22: 187−203. (Verfügbar unter: http://daf.german.or.kr/dafinkorea22. html) (9. 11. 2009)
Cho, Chang-Sub und Mi-Ae Cheon
    2003   Die Anfänge der Germanistik in Korea. In: Ulrich Ammon und Si-Ho Chong (Hg.), *Die deutsche Sprache in Korea. Geschichte und Gegenwart*, 203−212. München: iudicium.
Cho, Jin-Suk
    2006   *Die lateinische Umschrift des Koreanischen − Transliteration oder Transkription?* Koreanische und deutsche Umschriftsysteme im Vergleich unter besonderer Berücksichtigung der Personennamen und deren praktischen Bearbeitung in deutschen Bibliotheken. (Berliner Handreichungen zur Bibliotheks- und Informationswissenschaft 164.) Berlin. (Verfügbar unter: http://www.ib.hu-berlin.de/~kumlau/handreichungen/h164/h164.pdf) (9. 11. 2009)
Cho, Kuk-Hyun
    2009   *Kulturspezifische Ausprägung in koreanischen und deutschen Leserkommentaren − eine kontrastive Textanalyse.* Vortragsmanuskript im Reader zum 16. Soraksymposium „Text, Kommunikation, Kultur" der Koreanischen Gesellschaft für Germanistik (KGG), 24. 9.−27. 9. 2009 im Sorakgebirge: 83−92.
Cho, Yongkil
    2005   *Grammatik und Höflichkeit im Sprachvergleich.* Direktive Handlungsspiele des Bittens, Aufforderns und Anweisens im Deutschen und Koreanischen. (Beiträge zur Dialogforschung 32.) Tübingen: Niemeyer.
Chong, Si-Ho
    2003   Die Hintergründe der Zurückdrängung von Deutsch an den koreanischen Schulen und Hochschulen nach 1945. In: Ulrich Ammon und Si-Ho Chong (Hg.), *Die deutsche Sprache in Korea. Geschichte und Gegenwart*, 229−244. München: iudicium.
Chung, Wan Shik
    2007   Die häufigsten Aussprachefehler der koreanischen Deutschlernenden und Korrekturanweisungen mit Abhilfevorschlägen (I). *Deutsch als Fremdsprache in Korea* 21: 113−132. (Verfügbar unter: http://daf.german.or.kr/dafinkorea21.html) (9. 11. 2009)

Chung, Wan Shik
   2008   Die häufigsten Aussprachefehler der koreanischen Deutschlernenden und Korrekturan-
           weisungen mit Abhilfevorschlägen (II). *Deutsch als Fremdsprache in Korea* 23: 83–104.
           (Verfügbar unter: http://daf.german.or.kr/dafinkorea23.html) (9. 11. 2009)
Hirschfeld, Ursula
   2006   Ausspracheübungen für koreanische Deutschlernende. *Deutsch als Fremdsprache in Korea*
           19: 7–26. (Verfügbar unter: http://daf.german.or.kr/dafinkorea19.html) (9. 11. 2009)
Hong, Upyong
   1995   *Null-Subjekte im Erst- und Zweitspracherwerb des Deutschen. Eine vergleichende Untersu-
           chung im Rahmen der Prinzipien- und Parametertheorie.* (Tübinger Beiträge zur Linguistik,
           Ser. A Language Development 17.) Tübingen: Narr.
Ihm, Ho Bin, Kyung Pyo Hong und Suk In Chong (Hg.)
   2005   *Korean Grammar for International Learners.* 6. Auflage. Seoul: Yonsei University Press.
Kim, Chong-Chol
   2007   Erwerb der deutschen Diphthonge /ai/ und /au/ durch den Vergleich mit den englischen
           Diphthongen. *Deutsch als Fremdsprache in Korea* 21: 133–153. (Verfügbar unter: http://
           daf.german.or.kr/dafinkorea21.html) (9. 11. 2009) (koreanisch)
Koo, Myung-Chul
   2006   Eine kontrastive Untersuchung zur Ausdrucksweise des dreidimensionalen Raums im
           Deutschen und Koreanischen. *Togilmunhak* 98: 59–80. (Verfügbar unter: http://kgg.
           german.or.kr/kr/kzg/kzgtxt/98–04.pdf) (9. 11. 2009)
Kwon, Sanghee
   2004   *Semantikbasierte syntaktische Verbvalenzstruktur und Valenzlexikon zweier typologisch dif-
           ferenter Sprachen: Deutsch-Koreanisch.* Phil. Diss. Bielefeld. (Verfügbar unter: http://
           bieson.ub.uni-bielefeld.de/volltexte/2004/583/pdf/Sanghee-dis.pdf) (9. 11. 2009)
Sohn, Ho-Min
   1999   *The Korean Language.* Cambridge: Cambridge University Press.
Song, Kyung-An
   2003   Über die Schwierigkeiten des Deutschen als Fremdsprache für Koreaner. In: Ulrich Am-
           mon und Si-Ho Chong (Hg.), *Die deutsche Sprache in Korea. Geschichte und Gegenwart,*
           317–334. München: iudicium.
Song, Seok-Hee
   2003   *Eine vergleichende Analyse von Scrambling im Deutschen und Koreanischen.* Phil. Diss.
           Berlin. (Verfügbar unter: http://edoc.hu-berlin.de/dissertationen/song-seok-hee-2003-04-
           24/HTML/index.html) (9. 11. 2009)
Wollert, Mattheus
   2002   *Gleiche Wörter – andere Welten. Interkulturelle Vermittlungsprobleme im Grundwort-
           schatzbereich. Empirisch basierte Untersuchungen zum Unterricht Deutsch als Fremdspra-
           che an Universitäten in Südkorea.* München: iudicium.

Holger Steidele, Gyeongsan (Südkorea)

63. Kontrastive Analyse Lettisch–Deutsch

1. Einleitung
2. Lettisch-deutscher Sprachkontakt
3. Deutsch lehren und lernen
4. Literatur in Auswahl

1. Einleitung

Die lettische Sprache, die in Lettland laut Sprachengesetz Staatssprache ist, gilt heute als Muttersprache für ca. anderthalb Millionen Menschen, von denen fast 1,4 Mio. in Lettland wohnen. Die anderen sind vor allem seit dem Ende des Zweiten Weltkriegs in Australien, Deutschland, Großbritannien, Kanada, Russland, Schweden, in den USA und in anderen Ländern verstreut. Zusammen mit der litauischen Sprache gehört das Lettische zur baltischen Sprachgruppe der indoeuropäischen Sprachfamilie, deren Bestandteil einst auch das aus dem 14.–16. Jahrhundert schriftlich überlieferte und im Laufe des 17. Jahrhunderts im Deutschtum aufgegangene Prußische (Altpreußische) war. Typologisch gehören die baltischen Sprachen zu den flektierenden Sprachen. Innerhalb der indoeuropäischen Sprachfamilie zeichnen sie sich durch ihren konservativen Charakter aus. Einzelne Übereinstimmungen verbinden sie mit den slawischen und germanischen Sprachen, was auf eine gemeinsame Entwicklungsperiode schließen lässt (s. den Überblick bei Dini 2000: 145–152). Vergleicht man das gegenwärtige Lettisch mit der deutschen Sprache im Rahmen der traditionellen Sprachtypologie, so wird offensichtlich, dass der Hauptunterschied in dem viel stärker ausgeprägten flektierenden Charakter des Lettischen besteht. So haben z. B. die lettischen Feminina und Maskulina je nach Zugehörigkeit zu einer der sechs Deklinationsarten ein eigenes Paradigma, das sieben Kasus besitzt: Nominativ, Genitiv, Dativ, Akkusativ, Instrumental (eigentlich bestehend aus der Präposition *ar* ‚mit' und dem Substantiv im Akk. Sg. oder im Dat. Pl.), Lokativ, Vokativ (flexionslose Form oder Nominativ-/Akkusativflexion). Allein der Nom. Sg. weist sechs formal unterschiedliche Flexionen auf: *-s, -š, -is, -us* für Maskulina und *-a, -e, -s* für Feminina.

Das Lettisch der Gegenwart kann als eine Art Bindeglied zwischen dem nördlichen Estnisch und dem südlichen Litauisch betrachtet werden. Das ist dadurch zu erklären, dass die lettische Sprache viele Substraterscheinungen des heute fast völlig in ihm aufgegangenen Livischen enthält, einer ostseefinnischen Sprache, die mit dem Estnischen und Finnischen nahe verwandt ist. Zu den gravierenden Neuerungen gehört der Wortakzent auf der ersten Silbe, der auf den Einfluss der lettisierten Liven zurückgeführt wird (vgl. dazu Endzelin 1922: 19–20) sowie zahlreiche morphologische und lexikalische Transferenzen, die das Lettisch von anderen baltischen Sprachen abheben. Für die Herausbildung der modernen lettischen Standardsprache sind aber die Kontakte mit dem Deutschen von größter Bedeutung gewesen, die endgültig erst um die Mitte des 20. Jahrhunderts durch das Russische abgelöst wurden. Heute hat die Rolle der wichtigsten Kontaktsprache das Englische übernommen, das dank seinem *lingua franca*-Status in den Schulen zum Pflichtfach gehört. Deutsch wird häufig als zweite oder dritte Fremdsprache gewählt. Seine gegenwärtige Bedeutung wird in der Entfaltung der politischen, wirtschaftlichen und kulturellen Beziehungen zu Deutschland und in der Erschließung des lettischen Kulturerbes gesehen.

2. Lettisch-deutscher Sprachkontakt

Die lettisch-deutschen Sprachkontakte bieten aufschlussreiche historische Zeugnisse von einem Mit-, Neben- und Gegeneinander der kontaktierenden Bevölkerungsgruppen und haben nicht selten Modellcharakter auch für die gegenwärtigen Sprachbeziehungen. Die deutsche Sprache (zunächst Mittelniederdeutsch) dominierte seit dem 13. Jahrhundert, als das Gesamtterritorium der heutigen Republiken Lettland und Estland (hist. Livland) im Zuge der Christianisierung erobert wurde, bis zur zweiten Hälfte des 19. Jahrhunderts, als in den baltischen Ostseeprovinzen die erste Russifizierungswelle einsetzte, sowohl in der Verwaltung als auch in der schriftlichen Kultur. Die Entstehung der lettischen Standardsprache in der zweiten Hälfte des 19. Jahrhunderts und die damit einhergehende Stärkung der nationalen Identität, getragen von lettischen Intellektuellen, den sog. Jungletten, vollzog sich in der Selbstbehauptung dem Deutschen gegenüber, und diese Zeit wird in der lettischen Geschichte als „nationales Erwachen" bezeichnet.

Die ersten lettischen Schriftdenkmäler (Übersetzungen aus dem Mittelniederdeutschen, 16. Jahrhundert), die älteste lettische Grammatik (J. G. Rehehusen „*Manuductio ad linguam lettonicam*" 1644) sowie die darauf folgenden Grammatik- und Lehrbücher wurden von deutschen Autoren verfasst und daher in der lettischen Grammatikschreibung als „deutsche Periode" bezeichnet (s. dazu Paegle 1999: 19). Die erste von den Letten selbst geschriebene Grammatik (Fridrihs Mekons 1874) enthält so viele Lehnwörter und -übersetzungen aus dem Deutschen, dass dies für die Zeitgenossen Anlass war, sie als nicht benutzbar abzulehnen (Paegle 1999: 21).

Auch in der Lexikographie überwog seit dem 1638 erschienenen Wörterbuch von Georg Manzel „*Lettus / Das ist Wortbuch / Sampt angehengtem täglichen Gebrauch der Lettischen Sprache*" bis ins 20. Jahrhundert hinein das Sprachenpaar Deutsch−Lettisch / Lettisch−Deutsch. So stehen die im Zeitraum von 1900−1994 in Lettland erschienenen deutsch−lettischen (15) und lettisch−deutschen (11) zweisprachigen Wörterbücher vor den russisch−lettischen (14) und lettisch-russischen (10) sowie auch den englisch−lettischen (16) und lettisch−englischen (5) (nach der Bibliographie von Kļaviņa 1995: 13−20).

In Folge der starken deutschen Präsenz in der lettischen Wissenschaftsgeschichte sowie durch das hohe soziale Prestige der deutschen Sprache und den bis 1939 besonders unter der städtischen Bevölkerung verbreiteten Billingualismus sind traditionell günstige Voraussetzungen bei den lettischen Muttersprachlern beim Erlernen der deutschen Sprache geschaffen worden. Dies führte zu starken Auswirkungen der Sprachkontakte, so dass die Entwicklung des Lettischen bis in die dreißiger Jahre des 20. Jahrhunderts u. a. auch von ständigen Bemühungen um die Befreiung vom deutschen Einfluss, insbesondere in der Lexik und Syntax begleitet wurde. Deutsch wurde aber bevorzugt, um die sprachwissenschaftlichen Forschungsergebnisse international zugänglich zu machen. So veröffentlicht der weltweit bekannte lettische Sprachforscher Jan Endzelin 1922 seine „Lettische Grammatik" zunächst in deutscher Sprache, und erst 1951 erscheint deren aktualisierte lettische Version. 1923−1932 wird eines der umfangreichsten lettischen

Wörterbücher herausgegeben: das vierbändige Lettisch–deutsche Wörterbuch von Karl Mühlenbach (redigiert, ergänzt und fortgesetzt von Jan Endzelin). Die deutschsprachige Tradition in der lettischen Sprachforschung wird auch heute fortgesetzt: 2001 sind gleich zwei an Studenten und Wissenschaftler adressierte auf Deutsch verfasste lettische Grammatiken erschienen (Forssman 2001; Holst 2001).

Die linguistische Beschäftigung mit den deutsch-lettischen Sprachbeziehungen hat sowohl günstige Voraussetzungen als auch Tradition. An die in der Zeit zwischen den Weltkriegen entfalteten Untersuchungen zum deutschen Einfluss im Lettischen (vgl. z. B. Sehwers 1936) schließen sich neuerdings die Forschungen zum niederdeutschen Einfluss im Lettischen an (vgl. Jordan 1995). Zahlreiche Veröffentlichungen zu deutsch-lettischen Sprachkontakten aus der Perspektive des Lettischen und der regionalen deutschen Sprachgeschichte stehen inzwischen zur Verfügung.

3. Deutsch lehren und lernen

Für die Deutsch Lehrenden und Lernenden sowie auch für die Lehrbuchautoren sind aber die Ergebnisse der kontrastiven Untersuchungen von ausschlaggebendem Interesse. Eine kontrastive deutsch-lettische Grammatik, die alle Sprachebenen umfassen und sowohl Gemeinsamkeiten als auch Unterschiede behandeln würde, ist aber noch immer ein Desiderat.

Die einzige systematisch durchgeführte kontrastive Untersuchung, gewidmet der Phonetik, die auch eine Reihe von Hinweisen und didaktischen Empfehlungen für den Deutschunterricht enthält, stammt von Leitāne (2001). Die Unterschiede zwischen dem Lettischen und Deutschen werden vor allem auf die Sprechspannung zurückgeführt, die im Lettischen geringer ist als im Deutschen. Die Artikulationsbewegungen sind schwächer ausgeprägt, die Bildung von Vokalen und Konsonanten – weniger gespannt, und solche Erscheinungen wie Neueinsatz der Vokale im Silbenanlaut, Behauchung der Explosive [p], [t], [k] und Fortisierung der Explosive und Frikative im Auslaut fehlen. Unterschiede werden von M. Leitāne auch im Kontrast zwischen den akzentuierten und nicht akzentuierten Silben festgestellt (geringer im Lettischen) sowie in der Sprechgeschwindigkeit (im Deutschen höher). Auch die Lautqualität weist Differenzen auf: Wegen der Vorverlagerung der Artikulation haben die deutschen Laute einen helleren Klang als die lettischen. Unterschiedlich ist auch die Aktivität des Gaumensegels (im Lettischen geringer). Dagegen können durch die energischere und konsequentere Tätigkeit der Stimmlippen im Lettischen die stimmhaften Konsonanten auch im absoluten Anlaut und im Silbenauslaut voll stimmhaft realisiert werden. Der Artikulationsablauf im Lettischen kann als „ausgeglichen und stabil" charakterisiert werden (Leitāne 2001: 34).

Auch auf der suprasegmentalen Ebene lassen sich Differenzen zwischen den beiden Sprachen feststellen, vor allem beim Akzent, der im Lettischen auf musikalischer Grundlage aufgebaut ist. Die lettischen Akzentarten (Dehnakzent, Fallakzent, Stoßakzent, Kurzakzent) werden durch den Tonhöhenverlauf, die Dauerverhältnisse und Intensität (durch die Intensität im geringeren Maße als im Deutschen) gekennzeichnet. Das Lettische hat im Vergleich zum Deutschen eine schwächere rhythmische Gliederung und eine stark ausgeprägte Stimmtonmodulation (Leitāne 2001: 7).

Das lettische Phonemsystem besteht aus 12 Vokalen, 10 Diphthongen und 26 Konsonanten. Zwei der 26 Konsonanten, die stimmlosen Frikative [f] und [x], wurden erst etwa um die Mitte des 19. Jahrhunderts entlehnt (MLLVG 1959, I: 19) und erscheinen heute in den Fremdwörtern. In den älteren Entlehnungen aus dem Deutschen wurden sie früher entweder substituiert (z. B. in lett. *tupele* ‚Pantoffel' < mnd. *tuffele*) oder weggelassen (lett. *aube* ‚Haube' < dt. Haube).

Zu anderen Sprachebenen gibt es zahlreiche Beobachtungen im kontrastiven Bereich, aber keine vergleichbaren systematischen Untersuchungen. Als ergiebige Quellen stehen dafür mehrere lettische Grammatiken zur Verfügung: die deutsch und lettisch veröffentlichten Grammatiken von Jan Endzelin (1922, 1951), die bis jetzt umfangreichste, zweibändige Grammatik der lettischen Standardsprache (MLLVG 1959, I: 1961) sowie eine der Syntax (Ceplītis, Rozenbergs und Valdmanis 1989) und zwei der Morphologie gewidmete Grammatiken, von denen die eine diachronisch orientiert ist und als Schwerpunkt die deklinierbaren und konjugierbaren Wortarten hat (Pokrotniece 2002), die andere aber synchronisch angelegte Darstellung der lettischen Morphologie ist (Paegle 2003). Hierzu gehören auch die beiden neuesten deutschprachigen Grammatiken (Forssman 2001; Holst 2001).

Für die lettische Grammatikschreibung ist es charakteristisch, dass sie den Kontakterscheinungen viel Aufmerksamkeit widmet. So enthält z. B. die lettische Grammatik von Forssman u. a. auch einige Hinweise zur Kompositabildung im Lettischen, die durch zahlreiche Lehnübersetzungen aus dem Deutschen begünstigt wurde (Forssman 2001: 229, 231). Auch die höhere Frequenz beim Gebrauch des bestimmten Adjektivs im Lettischen im Unterschied zum Litauischen kann auf den deutschen Einfluss zurückgeführt werden (Forssman 2001: 50).

Der Sprachkontrast wird nur gelegentlich berücksichtigt, vor allem in den deutschsprachigen Grammatiken. So führt B. Forssman als auffallende Besonderheiten des Lettischen im Vergleich zum Deutschen drei Erscheinungen an: das Fehlen des Artikels beim Substantiv, die häufige Verwendung von Diminutivformen und den Gebrauch von vorangestellten Substantiven im *Genitivus qualitatis* oder *materiae* in den Fällen, wo im Deutschen Adjektive oder Komposita stehen, vgl. *koka māja* ‚hölzernes Haus, Holzhaus' (Forssman 2001: 268).

Eine Reihe weiterer Phänomene, die als häufige Fehlerquellen für die lettischen Muttersprachler im Deutschen dienen, sind für kontrastive Untersuchungen wichtig wie z. B. die Präfigierung von Verben, die Modalpartikeln, das Pronomen *es* im Deutschen und dessen Wiedergabe im Lettischen, Phrasenbildung, insbesondere die typisch lettischen Nominalphrasen, bestehend aus der Genitivkette, die im Deutschen durch Präpositionalgruppen oder Komposita wiedergegeben werden, die Stellung des finiten Verbs in den Nebensätzen u. a.

Verkompliziert wird die Untersuchung manchmal dadurch, dass die Traditionen und das Forschungsinteresse in beiden Sprachen Differenzen aufweisen. Vergleicht man z. B. die deutschen Modalverben mit ihren lettischen Äquivalenten, so entsteht zunächst die Frage nach deren Kategorisierung, die in der lettischen Grammatik kaum thematisiert ist. Eine größere Gruppe der lettischen Verben (darunter auch Äquivalente zu deutschen Modalverben, z. B. *varēt*, *spēt*, *mācēt*, *jaudāt* für ‚können') regiert den reinen Infinitiv und weist lexikalisch-semantische Restriktionen auf (vgl. MLLVG 1962, II: 18−22). Nicht immer sind die Entsprechungen zu den deutschen Modalverben aber lexikalisch, wie dies z. B. bei verschiedenen Ausdrucksmöglichkeiten der Notwendigkeit zu beobachten ist. Neben Agens im Dat. + *vajadzēt* ‚müssen' + Inf. gibt es noch weitere Möglichkeiten. Auch einer der Modi, der Debitiv, bestehend im Aktiv aus Dat. eines Personalpron./

Subst. + 3. Pers. des Verbs *būt* ‚sein' + Partikel *jā-* + 3. Pers. Indik. Akt. eines Vollverbs (z. B. *man jāiet apciemot draugus* ‚ich muss die Freunde besuchen gehen'), findet seine nächsten Äquivalente im Deutschen in der Gruppe der Modalverben (*sollen/müssen* + Infinitiv) oder in der Gruppe der Modalitätsverben (*haben, sein* + *zu* + Infinitiv). Zu derselben Gruppe gehört auch die Konstruktion Dat. eines Personalpron./Subst. + *nākas* (3. Pers. Sg./Pl. von *nākties* [reflexive Form von *nākt* ‚kommen'])+ Inf. (z. B. *man nāksies braukt ar autobusu* ‚ich werde mit dem Bus fahren müssen'). Ein Teil dieser Möglichkeiten im Lettischen, die hier nur kurz skizziert werden konnten, lässt sich mit Sprachkontaktauswirkungen erklären. So stammt lett. *vajag* ‚muss' (Infinitiv *vajadzēt*) aus dem Livischen, vgl. liv. *vajag, vajāg* ‚nötig, notwendig, erforderlich'(Karulis 1992, II: 472), die Konstruktion mit *nākties* ist höchstwahrscheinlich eine Lehnübersetzung aus dem Russischen (vgl. Forssman 2001: 295). Dies spricht dafür, dass die künftige lettisch – deutsche kontrastive Grammatik auch diachronische und kontaktlinguistische Perspektiven beachten sollte.

In den letzten Jahren erscheinen, wenn auch sporadisch, immer mehr Beobachtungen zur lettisch – deutschen kontrastiven Grammatik auch in den translatologisch ausgerichteten Veröffentlichungen, deren Verfahren und Ziele sich mit denen der kontrastiven Grammatik z. T. überschneiden. Als Desiderate aus der translatologischen Perspektive können Untersuchungen im Rahmen der interkulturellen Semantik und der kontrastiven Textlinguistik betrachtet werden.

4. Literatur in Auswahl

Ceplītis, Laimdots, Jānis Rozenbergs und Jānis Valdmanis
    1989   *Latviešu valodas sintakse* [Syntax der lettischen Sprache]. Riga: Zvaigzne.
Dini, Pjetro Umberto
    2000   *Baltu valodas.* [Baltische Sprachen]. Aus dem Italienischen von Dace Meiere. Riga: Jāņa Rozes apgāds.
Endzelin, Jan
    1922   *Lettische Grammatik.* Riga: Kommissionsverlag A. Gulbis.
Endzelīns, Jānis
    1951   *Latviešu valodas gramatika* [Lettische Grammatik]. Riga: Latvijas valsts izdevniecība.
Forssman, Berthold
    2001   *Lettische Grammatik.* Dettelbach: Röll.
Holst, Jan Henrik
    2001   *Lettische Grammatik.* Hamburg: Buske.
Jordan, Sabine
    1995   *Niederdeutsches im Lettischen. Untersuchungen zu den mittelniederdeutschen Lehnwörtern im Lettischen.* (Westfälische Beiträge zur niederdeutschen Philologie 4.) Bielefeld: Verlag für Regionalgeschichte.
Karulis, Konstantīns
    1992   Latviešu etimoloģijas vārdnīca [Lettisches etymologisches Wörterbuch]. Bd. II. Riga: Avots.
Kļaviņa, Sarma (verantw. Red.)
    1995   *Latvijā izdotās latviešu valodas vārdnīcas. Bibliogrāfisks rādītājs (1900–1994)* [Die in Lettland herausgegebenen Wörterbücher des Lettischen. Bibliographie (1900–1994)]. Riga: Latvijas universitāte.

Leitāne, Māra
  2001   Lettisch. In: Ursula Hirschfeld, Heinrich P. Kelz und Ursula Müller (Hg), *Sammlung
          Phonetik international. Von Afrikaans bis Zulu: Kontrastive Studien für Deutsch als Fremd-
          sprache.* (CD 1+2), 1–20. Waldsteinberg: Heidrun Popp Verlag.
MLLVG I (1959, I) = Ahero, Antonija, Anna Bergmane, Aina Blinkena, Rūdolfs Grabis, Milda
Lepika, Rasba Melbikse, Aina Miķelsone, Tamāra Porīte und Mērija Saule-Sliene,
  1959   *Mūsdienu latviešu literārās valodas gramatika I. Fonētika un morfoloģija* [Grammatik der
          gegenwärtigen lettischen Standardsprache I. Phonetik und Morphologie]. Riga: Latvijas
          PSR Zinātņu akadēmijas izdevniecība.
MLLVG II (1962, II) = Ahero, Antonija, Dzidra Barbare, Anna Bergmane, Aina Blinkena, Laimdots Ceplītis, Rūdolfs Grabis, Milda Lepika, Aina Miķelsone, Tamāra Porīte und Velta Staltmane
  1962   *Mūsdienu latviešu literārās valodas gramatika II. Sintakse* [Grammatik der gegenwärtigen
          lettischen Standardsprache II. Syntax]. Riga: Latvijas PSR Zinātņu akadēmijas izdev-
          niecība.
Paegle, Dzintra
  1999   *Latviešu valodas mācībgrāmatu paaudzes. Pirmā paaudze 1874–1907. Teorija un prakse*
          [Generationen der lettischen Lehrbücher. Erste Generation 1874–1907. Theorie und Pra-
          xis]. Riga: Zvaigzne ABC.
Paegle, Dzintra
  2003   *Latviešu literārās valodas morfoloģija.* Teil 1 [Morphologie der lettischen Standardspra-
          che]. Riga: Zinātne.
Pokrotniece, Kornēlija (verantw. Red.)
  2002   *Latviešu literārās valodas morfoloģiskās sistēmas attīstība* [Die Entwicklung des morpho-
          logischen Systems der lettischen Standardsprache]. Riga: LU Latviešu valodas institūts.
Sehwers, Johannes
  1936   *Sprachlich-kulturhistorische Untersuchungen vornehmlich über den deutschen Einfluß im
          Lettischen.* Leipzig: Harrassowitz.

Dzintra Lele-Rozentale, Ventspils (Lettland)

64. Kontrastive Analyse Litauisch–Deutsch

1. Einleitung

Die Kenntnisse der allgemeinen Wissenschaftsöffentlichkeit über die litauische Sprache
haben im Laufe der Zeit stark variiert. Durch das Entdecken der einzigartigen archai-
schen Elemente der litauischen Sprache durch Wissenschaftler wie Franz Bopp, August

Schleicher oder C. S. Stang ist sie nicht nur in den Fokus der wissenschaftlichen Auseinandersetzung gerückt, sondern hat auch selbst an Beständigkeit und Transparenz gewonnen. Geschichtliche Ereignisse haben dem kleinen Land viele Rückschläge versetzt, durch die es immer wieder unter fremde Besetzung geriet, auch seine Sprache und Kultur wurden von der besetzenden Machtherrschaft bekämpft und dadurch gefährdet (Polonisierung im 17.–18. Jhdt., Russifizierung im 19. Jhdt. und durch die Sowjetpolitik nach dem Zweiten Weltkrieg, Germanisierung in Preußisch-Litauen und im Memelgebiet im 19.–20. Jhdt., vgl. Eckert 2002: 617; Garleff 2001: 47–48, 80–83, 176–177).

Zur Terminologie: Während *Baltikum* sich auf die drei Länder an der östlichen Ostseeküste bezieht, die sich auch durch die gemeinsame Erfahrung in der Sowjetgeschichte verbunden sehen, bedeutet *baltisch* in Bezug auf die sprachentypologische Zuordnung einen separaten Zweig der indogermanischen Sprachenfamilie (vgl. Garleff 2001: 14).

2. Forschungslage zum Sprachenvergleich Litauisch–Deutsch

Ihre Anfänge fand die litauische Germanistik mit der Staatsgründung 1918 und durchlebte eine mühsame Entwicklung unter historisch bedingten Einschränkungen. Kontrastive Untersuchungen zum Sprachenpaar Deutsch-Litauisch wurden insbesondere in den 1980er Jahren stark betrieben, es entstanden Arbeiten zur vergleichenden Grammatikforschung, zur kontrastiven lexikalischen Semantik, sowie auch zu Fragen der vergleichenden Literatur- und Kulturforschung (vgl. Račienė 1996: 92; Heidbreder und Meiksinaitė 1995: 134).

Bis heute wurden etliche weitere Forschungsfragen aufgegriffen und bearbeitet; leider waren litauische Wissenschaftler durch äußerst schwierige Bedingungen gezwungen, neben der universitären Lehre auch anderen Tätigkeiten zum Bestreiten des Lebensunterhaltes nachzugehen (vgl. Heidbreder und Meiksinaitė 1995: 135), eine zusätzliche Erschwernis bildeten attraktivere Angebote aus der Wirtschaft an die Wissenschaftler, die dann der Universität den Rücken kehrten. Nach dieser anfänglichen Stagnation der 1990er Jahre kann man heutzutage eine positive Entwicklung der germanistischen Forschung in Litauen beobachten (vgl. Račienė 2004: 312).

3. Litauisch: typologische Einordnung

Das Litauische bildet zusammen mit dem Lettischen den baltischen Zweig der indogermanischen Sprachenfamilie (vgl. Eckert 2002: 615). Nach sprachenhistorischen Forschungen ist Litauisch die archaischste unter allen lebenden indogermanischen Sprachen (vgl. Schleicher 1856 nach Jungfer 1948: 13) und gleicht nach älteren Einschätzungen am meisten der indogermanischen Ursprache (vgl. Zinkevičius 1998: 28).

Die archaische Struktur des Litauischen, das Entwicklungen der Nachbarsprachen nicht mitgemacht hat, wird in vielen Erscheinungen deutlich:

- – im phonetischen Bereich: die Differenzierung zwischen langen und kurzen Vokalen sowie die zahlreichen Diphthonge,
- – in der äußerst komplexen und formreichen Morphologie: konservative Flexionsstrukturen, kaum von Reduktion betroffene Wortendungen (vgl. Zinkevičius 1998: 28),

– im Bereich der Syntax: besonders reiche Partizipial- und Gerundialkonstruktionen (vgl. Eckert 2002: 628),
– im lexikalischen und phraseologischen Bereich.

Diese grobe Beschreibung des sprachlichen Systems des Litauischen lässt auf elementare Unterschiede zum Deutschen schließen. Litauische LernerInnen werden mit den für analytische Sprachen charakteristischen Strukturen des Deutschen Schwierigkeiten haben: zusammengesetzte Verbformen, Artikel, eine relativ fest geregelte Satzstruktur u. a.

4. Kontrastiver Vergleich Litauisch–Deutsch

Im folgenden Abschnitt werden die Unterschiede und Ähnlichkeiten des Sprachenpaars Litauisch-Deutsch auf verschiedenen sprachsystematischen Ebenen exemplarisch dargestellt und ihre Folgen für den Fremdsprachenunterricht diskutiert.

4.1. Phonetik und Phonologie

Bukevičiūtė (1977) führt in ihrem ausführlichen Vergleich etliche Unterschiede im artikulatorischen Bereich an und weist auf mögliche Fehlerquellen bei litauischen Deutschlernenden hin, so z. B. eine stärkere Aspiration stimmloser Verschlusslaute (p, t, k; im Litauischen ohne Aspiration im An- und Inlaut) oder der Vokalneueinsatz im Deutschen (weicher Einsatz der Vokale im Litauischen).

Im Litauischen wird die phonematische Aussprache ziemlich genau graphemisch wiedergegeben (vgl. Ambrazas et al. 1997: 15). Durch diese Regelmäßigkeit kommt es bei litauischen Deutschlernenden oft zur fehlerhaften Aussprache anders geregelter deutscher Schreibweise, z. B. das deutsche -r im Auslaut wird nicht vokalisiert, sondern gerollt, das -ie- wird in übertragener Weise für den litauischen Diphthong [ie] gehalten. Ähnlich wie das Deutsche ist das Litauische durch Konsonantenhäufungen gekennzeichnet, was die Aussprache in diesem Fall erleichtert.

Der Wortakzent ist im Litauischen frei und hängt von der Wortform, der Tonart und der Akzentuierungsklasse ab, somit ist er bedeutungsunterscheidend (vgl. Ambrazas et al. 1997: 77−83).

4.2. Morphologie

Als eine stark flektierende Sprache zeichnet sich das Litauische durch eine reiche Morphologie aus. Die meisten Wortformen werden mit Affixen, Endungen und Flexionssuffixen gebildet. Die Wortendungen bestimmen auch die syntagmatischen Beziehungen im Satz sowie Beziehungen zwischen Wortformen in einem Paradigma (vgl. Ambrazas et al. 1997: 89).

Nomen
Das litauische Nomen wird durch morphologische Kategorien des Genus, Numerus und Kasus definiert. Das Standardlitauische hat zwei Genera: Maskulinum und Femininum mit entsprechenden Endungen und spezifischen Flexionsparadigmata, z. B. die No-

mina, die im N. Sg. auf *-as* (*darbas* − *die Arbeit*), *-is* (*kiškis* − *der Hase*), *-(i)us* (*dangus* − *der Himmel*), *-uo* (*vanduo* − *das Wasser*) und anderen Mustern enden, sind maskulin. Die femininen Nomina enden auf Endungen *-(i)a* (*diena* − *der Tag, giria* − *der Wald*), *-ė* (*bitė* − *die Biene*) und anderen Mustern (vgl. Ambrazas u. a. 1997: 96−101). An den Beispielen wird deutlich, dass das litauische Genus keine Korrelation mit dem Deutschen aufweist, was beim Erlernen von deutschen Genera und Artikeln problematisch sein könnte.

Wie das Deutsche besitzt auch das Litauische zwei Numeri und ebenfalls Nomen, die nur singularisch oder pluralisch gebraucht werden (vgl. Eckert 2002: 622). Das Litauische besitzt 7 Kasus (Nominativ, Genitiv, Dativ, Akkusativ, Instrumental, Lokativ + Vokativ) und fünf Deklinationsklassen mit mehreren leicht veränderten Varianten (vgl. Ambrazas et al. 1997: 106, 108−109). Dieses und andere komplexe Regelsysteme des Litauischen stellen Schwierigkeiten bei der Auswahl deutscher Entsprechungen dar.

Adjektiv

Das litauische Adjektiv wird nach Genus, Numerus und Kasus flektiert, es kann gesteigert werden (*geras* − *gut, geresnis,* − *besserer, geriausias* − *der beste*) und unbestimmte/bestimmte Formen (*gerasis, geroji* − *der/die gute*), Zustandsformen (*gẽra* − [*es ist*] *gut*), Diminutivformen (*gerutis* − *der (kleine) Gute*) oder präfixale Ableitungen (*apygeris* − *ziemlich gut*) haben (vgl. Eckert 2002: 623). Auch Adjektive unterliegen komplexen Deklinationsstrukturen (vgl. Ambrazas et al. 1997: 134−164). Beim Erlernen der deutschen Nomen- und Adjektivdeklination können litauische Lernende folglich auf den muttersprachlichen Vergleich zurückgreifen.

Verb

Das litauische Verb wird nach Person, Numerus, Tempus, Modus und Genus konjugiert. Es werden finite und infinite Verbformen unterschieden; zu den letzteren zählen Partizipien, Halbpartizipien, Gerundien sowie die Infinitive I und II (vgl. Eckert 2002: 625). Wie das Deutsche besitzt auch das Litauische eine ternäre Struktur in der Kategorie Person. Die 3. Person Sg. und Pl. werden nicht unterschieden: *jis/ji eina* − *er/sie geht, jie/jos eina* − *sie* (m./f.) *gehen*. Dieses Phänomen führt oft zu falschen Übertragungen bei der Produktion deutscher Sätze von litauischen Muttersprachlern.

Das Litauische kennt vier Tempusformen: Präsens (*einu* − *ich gehe*), Präteritum (*ėjau* − *ich ging*), Imperfekt/Frequentativum (*eidavau* − *ich pflegte zu gehen*) und Futur (*eisiu* − *ich werde gehen*). Darüber hinaus können weitere analytische Zeitformen gebildet werden (Perfekt, Plusquamperfekt, Futur II), die man jedoch nicht ohne Weiteres mit den deutschen Zeitformen gleichsetzen kann, da hier kontextuelle Bedeutungsunterschiede bestehen.

Erwähnenswert sind bei der litauischen Verbmorphologie zwei weitere interessante Beispiele: reflexive Verben und Partizipien. Die Reflexivität wird im Litauischen durch das Affix „*-s(i)-*" ausgedrückt, das ans Ende des Wortes oder zwischen das Präfix und den Verbstamm eingefügt wird (vgl. Ambrazas et al. 1997: 227−234). Die Reflexivpartikel ist stabil und wird nicht flektiert, was beim Erlernen deutscher Reflexiva oft zu Fehlern führt (*aš rengiuosi, tu rengiesi, jis/ji rengiasi* − *ich ziehe **mich** an, du ziehst **dich** an, er/sie zieht **sich** an*).

Das Litauische ist reich an indefiniten Verbformen, besonders differenziert ist das System der Partizipien. Es umfasst flektierbare und nicht flektierbare Formen in verschiedenen Zeitformen und Modi (vgl. Eckert 2002: 627), von denen nur wenige eine direkte Entsprechung im Deutschen haben. Eine Übertragung litauischer Partizipialkonstruktionen führt im Deutschen oft zu überlangen Nominalphrasen und muss durch alternative syntaktische Strukturen umschrieben werden.

4.3. Syntax

Als synthetische Sprache hat das Litauische keine feste Satzstruktur, die Satzglieder können relativ frei je nach Satzbetonung angeordnet werden. Es gibt jedoch bestimmte syntaktische Muster, in denen die Anordnung der Satzglieder eine bestimmte Bedeutung transportiert: z. B. *gražios gėlės* − *schöne Blumen, gėlės [yra] gražios* (Prädikativ) − *die Blumen sind schön* (vgl. Ambrazas et al. 1997: 454). Das Auslassen bestimmter Satzglieder kann für litauische Deutschlernende Probleme bereiten: Wie im genannten Beispiel kann das Verb *sein* in Kopulafunktion im Präsens weggelassen werden (vgl. Ambrazas et al. 1997: 469), auch das Personalpronomen ist nicht obligatorisch, da das flektierte Verb die Person impliziert: z. B. *Einu ir dainuoju* − *(Ich) gehe und singe* (vgl. Ambrazas et al. 1997: 476). Eine weitere Besonderheit der litauischen Sprache ist der stets vorangestellte Genitiv in Possessivgruppen (z. B. *vaiko ranka* − *des Kindes Hand*, vgl. Ambrazas et al. 1997: 562), was durch häufige Nominalphrasen bei litauischen SprecherInnen zum Ausdruck kommt. Auch die reiche Morphologie sorgt für zahlreiche syntaktische Konstruktionen, z. B. im Partizipial- und Gerundialbereich: *Saulei tekant pasiekėme kryžkelę* − *Als die Sonne aufging, erreichten wir den Kreuzweg* (vgl. Eckert 2002: 628). Weiterhin interessant in der litauischen Syntax ist die Negation: Die Negationspartikel *ne* wird als Präfix oder Partikel benutzt und kann an das zu negierende Wort angehängt werden: *daryti* − *machen, nedaryti* − *nicht machen, geras* − *gut, negeras* − *nicht gut.* Es können beliebig viele Wörter im Satz negiert werden: *Niekas nieko man nesakė* − *Niemand hat mir was gesagt*, wörtlich: *Niemand nichts mir nicht-gesagt* (vgl. Ambrazas et al. 1997: 667−673).

4.4. Lexik, Idiomatik, Phraseologie

Der kontrastive Vergleich des Deutschen und des Litauischen im Bereich der Lexik und Phraseologie (Beniulienė 2002) ergibt interessante Einsichten in die Geschichte der Sprachenentwicklung. Balaišis (1994) stellt durch den Vergleich mehrerer germanischer, baltischer und slawischer Sprachen in ihrer historischen Entwicklung fest, dass die baltischen Sprachen viel früher Kontakt zu den germanischen hatten als zu den slawischen. Die synthetische Struktur der litauischen Sprache weist allerdings auch im lexikalischen Bereich erhebliche Unterschiede zum Deutschen auf, so lässt sich die Wortbedeutung durch etliche Präfixe und Suffixe je nach Sprechabsicht differenzieren, einschränken oder erweitern, was im Deutschen durch andere lexikalische Mittel zum Ausdruck kommt (vgl. Račienė 1998: 54−55).

4.5. Pragmatik, Textlinguistik, Interkulturelle Kommunikation

Die Textebene scheint durch kontrastive Untersuchungen zwischen dem Deutschen und dem Litauischen noch relativ wenig erforscht zu sein. Allerdings sind in diesem Bereich zwei Dissertationen zu erwähnen. Ohlinger (2003) untersucht pragmalinguistische sowie grammatikalische Aspekte anhand von mündlichen Argumentationen deutscher und litauischer Studierender und kommt zu interessanten Ergebnissen sowohl zu den sprachlichen Fragestellungen als auch zu der interkulturellen Komponente der analysierten Aussagen. Šukevičiūtė (2004) beschäftigt sich mit der Analyse von Geschäftsbriefen deutscher, litauischer und russischer Unternehmer und konzentriert sich auf interkulturelle Interferenzen im Bereich der Wirtschaftskommunikation.

5. Kontrastivität in der Sprachdidaktik

Die litauischen GermanistInnen befassen sich zumeist mit kontrastiven sprach- und literaturwissenschaftlichen Untersuchungen, dabei gibt es nur wenige Ansätze zur Umsetzung dieser in die Sprachdidaktik. Baužienė (2007) reflektiert die Situation des Fremdsprachenunterrichts in Litauen und stellt mit Bedauern fest, dass die Zielsetzungen und Prinzipien der Mehrsprachigkeitsdidaktik im Sprachunterricht nicht berücksichtigt werden: Fremdsprachen werden isoliert voneinander vermittelt; ob der muttersprachliche Vergleich im Unterricht stattfindet, wird nicht ermittelt (vgl. Baužienė 2007: 72–73).

Einzelne kontrastive Arbeiten enthalten Hinweise zur Wichtigkeit der gewonnenen Erkenntnisse für den Fremdsprachenunterricht, zu ihrer Umsetzung werden jedoch keine konkreten Ansätze aufgestellt. In diesem Bereich besteht noch Handlungsbedarf.

6. Schlussfolgerungen, Ausblick

Die Auseinandersetzung mit den Ähnlichkeiten und Unterschieden zwischen dem Deutschen und dem Litauischen haben einige Stellen aufgezeigt, an welchen sich der sprachliche Vergleich auch im Fremdsprachenunterricht als lohnend erweisen würde. Allerdings darf der Sprachunterricht nicht einem reinen Vergleich- und Übersetzungsprinzip verfallen, es gilt auch andere Ziele des kommunikativ und interkulturell ausgerichteten Unterrichts zu befolgen, die Mehrsprachigkeit der Lernenden zu fördern und die Möglichkeiten für ihre autonome Entwicklung aufzuzeigen. Hier besteht für die litauischen Fremdsprachenverhältnisse noch Nachholbedarf, insbesondere was die curriculare Mehrsprachigkeit, die Chancen der Fremdsprachenverschränkung durch die Tertiärsprachendidaktik und die systematische Bewusstmachung der sprachlichen Ähnlichkeiten und Unterschiede sowie Erfahrungen der Lernenden mit den Sprachen und dem Lernen betrifft.

7. Literatur in Auswahl

Ambrazas, Vytautas, Emma Geniušienė, Aleksas Girdenis, Nijolė Sližienė, Dalija Tekorienė, Adelė Valeckienė, Elena Valiulytė
    1997   *Lithuanian Grammar*. Vilnius: Baltos lankos.
Balaišis, Vytautas
    1994   Zur Frage der sprachlichen Beziehungen zwischen dem Germanischen, Baltischen und Slawischen. *Kalbotyra* 44(3): 17–23.

Baužienė, Rūta
2007   Deutsch als Fremdsprache im Rahmen schulischer Mehrsprachigkeit in Litauen. *Kalby studijos. Studies about languages* 10: 68–74.

Beniulienė, Asta
2002   Zum Stand der kontrastiven Phraseologieforschung: Deutsch – Litauisch. *Kalbotyra* 51(3): 163–167.

Bukevičiūtė, Elvira-Julia
1977   Untersuchungen zur kontrastiven Phonetik des Deutschen und des Litauischen. Inaugural-Dissertation, Ernst-Moritz-Arndt-Universität Greifswald.

Eckert, Rainer
2002   Litauisch. In: Milos Okuka (Hg.), *Lexikon der Sprachen des europäischen Ostens* (Sprachenlexikon), 615–631. Klagenfurt/Celovec: Wieser Verlag.

Garleff, Michael
2001   *Die baltischen Länder.* Regensburg: Verlag Friedrich Pustet.

Heidbreder, Michael und Ina Meiksinaitė
1995   Zur Situation der Germanistik in Litauen. In: Christoph König (Hg.), *Germanistik in Mittel- und Osteuropa 1945–1992*, 128–136. Berlin: de Gruyter.

Jungfer, Victor
1948   *Litauen. Antlitz eines Volkes. Versuch einer Kultursoziologie.* Tübingen: Patria.

Ohlinger, Dalia
2003   *Argumentation in der Erst- und Fremdsprache. Pragmalinguistische und grammatikalische Aspekte anhand von Argumentationen deutscher und litauischer Studierender.* (Baltische Studien zur Erziehungs- und Sozialwissenschaften 9). Frankfurt a. M.: Lang.

Račienė, Ernesta
1996   Kontrastive Untersuchungen Deutsch-Litauisch. *Triangulum. Germanistisches Jahrbuch für Estland, Lettland und Litauen* 3: 90–97.

Račienė, Ernesta
1998   Zur Modifikation der Verben durch Präfigierung im Deutschen und Litauischen. *Kalbotyra* 47(3): 49–55.

Račienė, Ernesta
2004   Deutschunterricht und Germanisten-/Deutschlehrerausbildung in Litauen. In: Dietmar Goltschniggr und Anton Schwob (Hg.), *Zukunftschancen der deutschen Sprache in Mittel-, Südost- und Osteuropa*, 309–313. Wien: Edition Praesens.

Šukevičiūtė, Inga
2004   *Interkulturelle Interferenzen im Bereich Wirtschaftskommunikation. Zur Analyse von Geschäftsbriefen im Vergleich Deutschland, Litauen und Russland.* (Baltische Studien zur Erziehungs- und Sozialwissenschaften 10). Frankfurt a. M.: Lang.

Zinkevičius, Zigmas
1998   *The History of the Lithuanian Language.* Vilnius: Mokslo ir enciklopedijų leidybos institutas.

Lina Pilypaitytė, Darmstadt (Deutschland)

65. Kontrastive Analyse Madagassisch–Deutsch

1. Kontrastive Aspekte der madagassischen und der deutschen Grammatik
2. Kulturspezifika im Madagassischen und im Deutschen
3. Perspektivierung
4. Literatur in Auswahl

1. Kontrastive Aspekte der madagassischen und der deutschen Grammatik

Für jedes Sprachenpaar gibt es typische Interferenzerscheinungen. Für die Deutschen, die Madagassisch lernen, gilt insbesondere, dass sie die madagassische Satzmelodie nicht treffen, sondern „abgehackt“ reden. Außerdem sprechen sie gelegentlich alle Silben des geschriebenen Wortes aus. Der Madagasse hat typischerweise das Problem, dass er die letzte Silbe betont, z. B. *sehén*. Auch treten Probleme mit dem stimmhaften s und dem Zisch-Laut auf. Ausspracheschwierigkeiten sind ebenfalls bei der Erzeugung der Vokalquantität, der Auslautverhärtung des Lautes [t], des Knacklauts, der (steigenden) Sprechmelodie und des Satzakzents zu finden. Schwerwiegende Ausspracheschwierigkeiten sind bei der Realisierung des Ich-Lauts und der Wortakzentuierung der Komposita und der trennbaren Verben festzustellen.

Einige Schwierigkeiten des Deutschen mit dem Madagassischen hängen mit der Schreibweise zusammen. Die madagassische Sprache wurde vor 1823 in arabischer Schrift geschrieben. Im März 1823 legte der damalige König Radama I. fest, dass die Landessprache künftig in lateinischen Schriftzeichen zu schreiben sei. Daraufhin haben englische Missionare mit der Übersetzung der Bibel begonnen. Insgesamt muss man sagen, dass die eingeführte Schreibung nicht in jeder Hinsicht zweckmäßig ist, weil eine große Differenz zur Aussprache bestand und besteht, z. B. wird *ia* am Wortanfang [e] ausgesprochen *ianao* [enau] ‚du/Sie‘, *diavolana* [devùlana] ‚Vollmond‘, akzentuiert wird es [i] ausgesprochen, z. B. *masiaka* [masika] ‚böse‘.

Insgesamt kann man jedoch sagen, dass es nicht die Aussprache ist, die das Erlernen der deutschen Sprache bzw. des Madagassischen in besonderem Maße erschwert. Die meisten Lernschwierigkeiten und auch die wesentlichen Unterschiede finden wir in den jeweiligen grammatischen Strukturen. Im Madagassischen steht das Prädikat an erster Stelle, wir können auch von einer vos-Sprache sprechen, anders bei Deutsch als svo-Sprache. Das eingliedrige Prädikat kann von einem Existenzoperator *misy* ‚es gibt‘ eingeleitet werden: *misy fivoriana* ‚es gibt-Versammlung‘ oder von einem Substantiv: *mpanjaitra ny raiko* ‚Schneider-mein Vater‘, Adjektiv: *reraka ny zaza* ‚müde das Kind‘, Personal-, Demonstrativ-, Interrogativpronomen: *azy ny sary* ‚ihm das Photo‘, *iny ny raiko* ‚der dort-mein Vater‘, *inona io?* ‚was das da‘, Adverb: *omaly ny fivoriana* ‚gestern die Versammlung‘.

Die deutsche Sprache ist im Gegensatz zu dem Madagassischen stark flektierend. Am Beispiel des Verbs wird das Deutsche nach Tempus/Modus und Person/Numerus flektiert oder tritt auch als Infinitiv, Partizip I oder II, vgl. *denkt, dachte, denkend, gedacht*. Im Madagassischen ist das Verb eine Kombination von Kernmorphem und Derivationsmorphemen: *tondraka, man-ondraka, a-tondraka, tondrah-ana.* Es hat keinen Infinitiv, und das Präsens gilt als Basisform. Das Verb kann substantiviert als Subjekt auftreten, z. B. *mety ny manjaitra* ‚das Nähen ist möglich' oder als Attribut erscheinen *eto ny vehivavy manjaitra* ‚hier ist/sind die nähende[n] Frau[en]', *hitako manjaitra ny vehivavy* ‚ich sehe die Frau[en] beim Nähen'.

Der strukturelle Vergleich zwischen einer Ergativsprache wie Madagassisch und svo-Sprachen wie Deutsch verdeutlicht, dass grammatische Kategorien, darunter auch das Subjekt, nicht universal sind. Im Deutschen ist lediglich zwischen aktiven und passiven Sätzen zu trennen, wobei in aktiven Sätzen im Regelfall das Subjekt Agens und Patiens Objekt ist, in Passivsätzen ist das Subjekt Patiens, während man Agens in einer Präpositionalphrase findet: 1. *Das Mädchen begießt jeden Morgen die Blumen gewissenhaft mit Wasser*; 2. *Die Blumen werden jeden Morgen von dem Mädchen gewissenhaft mit Wasser begossen.* Mit denselben Satzelementen können wir im Madagassischen die Aussagen nach verschiedenen syntaktischen Orientierungen konstruieren. Differenzierende Verbformen werden durch Sehrichtungen unterschieden, d. h. von wem ein Geschehen gesehen wird: 1. vom Täter: *ny tovovavy* ‚das Mädchen' (Agens-Subjekt) agentives Verb: *man-(t)ondraka tsara ny voninkazo amin'ny rano isa-maraina ny tovovavy* ‚das Mädchen begießt jeden Morgen die Blumen gewissenhaft mit Wasser'; 2. vom Betroffenen: *ny voninkazo* ‚die Blumen' (Patiens-Subjekt), objektives Verb: *tondrah(a)-an'ny tovovavy tsara amin'ny rano isa-maraina ny voninkazo* ‚die Blumen werden jeden Morgen gewissenhaft vom Mädchen mit Wasser begossen'; 3. vom Instrument: *ny rano* ‚das Wasser' (Instrument-Subjekt), instrumentales Verb: *a-tondraky ny tovovavy tsara isa-maraina ny voninkazo ny rano* ‚das Wasser ist das Instrument, womit das Mädchen die Blumen gewissenhaft begießt'; 4. vom Umstand (Mittel): *ny rano* ‚das Wasser' (Mittel-Subjekt), applikatives Verb: *an-(t)ondradrah(a)-an'ny tovovavy tsara ny voninkazo isa-maraina ny rano* ‚durch das Wasser werden die Blumen jeden Morgen von dem Mädchen gewissenhaft begossen'; 5. vom Umstand (Temporal): *isa-maraina* ‚jeden Morgen' (Temporal-Subjekt), Umstandsverb: *isa-maraina no an-(t)ondrah(a)-an'ny tovovavy tsara ny voninkazo amin'ny rano* ‚jeden Morgen werden die Blumen von dem Mädchen mit Wasser gewissenhaft begossen'; 6. vom Umstand (Eigenschaft) *tsara* ‚gut', possessives Verb: *tsara tondraky ny tovovavy isa-maraina amin'ny rano ny voninkazo* gewissenhaft begossen werden die Blumen von dem Mädchen jeden Morgen mit Wasser' (Rajaona 1972: 708).

Die wörtlichen Übersetzungen der Beispiele enthalten ein Passiv. Dies entspricht den Verbformen im Madagassischen, aber stellt natürlich kein übliches Deutsch dar. In einer besseren Übersetzung hätte man wohl überall für die madagassischen passiven Verbformen ein aktives Verb gewählt, bei einer Übersetzung aus dem Deutschen ins Madagassische wird man die umgekehrte Tendenz feststellen. Für den Unterricht und auch für die lexikographische Praxis gibt es hier ein Problem, für das es keine einfache Lösung gibt.

Diese stark verkürzte Fassung der tatsächlichen Verhältnisse verdecken die gleichlautenden Termini Passiv (für Deutsch) und Passiv (für Madagassisch), dass es sich deutlich um verschiedene grammatische Strukturen handelt, für die man unterschiedliche Termini verwenden könnte und müsste.

Aus Sicht des Madagassischen ist die deutsche Sprache stark flektierend. Dies gilt nicht nur für die Verbal-, sondern auch für die Nominalphrase. Deutsche Substantive und Artikelwörter haben ein Genus und werden nach Kasus und Numerus flektiert. Das ist jedoch nicht der Fall im Madagassischen, wo die grammatischen Kategorien Numerus, Genus und Kasus nicht existieren. Stattdessen werden z. B. durch die Hinzufügung von *lahy* ‚männlich‘, *vavy* ‚weiblich‘ solche Informationen durch lexikalische Ausdrücke wiedergegeben. An dieser Stelle wäre zu erwähnen, dass sich die Artikelklasse im Deutschen unmittelbar auf eine Nominalphrase bezieht. Im Madagassischen kann der Artikel *ny* ein Prädikat bestimmen, z. B. *ny milalao dia ny ankizy* ‚diejenigen, die spielen, sind die Kinder‘, wobei die syntaktische Einsetzung des Artikels vor dem Prädikat eine Topikalisierung des zweiten Elements des Satzes darstellt. Was das Subjekt im Madagassischen betrifft, ist auch festzustellen, dass es am Ende des Satzes steht und, wenn es nicht selbstdeterminiert ist (wie bei den Pronomen), von einem Artikel bestimmt wird: *Manasa lamba ny tovovavy* ‚das/die Mädchen wäscht/waschen [die] Wäsche‘ (Andriamanantseheno 1985). Im Deutschen bezeichnet man als Artikelwort alle Wörter, die eine Nominalphrase einleiten können und vor anderen Attributen stehen. Im Madagassischen stehen die Artikel immer vor einem Substantiv oder einem substantivierten Adjektiv oder Verb *ny tsara* ‚das Gute‘, *ratsy ny mandainga* ‚Lügen ist schlecht‘. Es sind zwei Artikelarten zu trennen: die Nominalartikel *ny* (anaphorisch und nicht deiktisch), *ilay, ikala* (anaphorisch, deiktisch) und die Personalartikel *Ra-, i-, ilai-, An-, ry*. Im Allgemeinen sind die Eigennamen im Deutschen selbstdeterminiert. Wenn der Eigenname von einem bestimmten Artikel begleitet wird, gilt das als wiederaufnehmender Hinweis auf eine bereits direkt oder indirekt erwähnte Person. Auf Madagassisch sind die Artikel *Ra-, ilai-, Andria(n)-* mit Eigennamen zusammengeschrieben und sind Respektartikel, *Rakoto* ‚Herr Koto‘, *i* determiniert auch Verwandschaftsnamen *i neny* ‚meine Mutter‘ (Rajaonarivo 1991: 54).

Während wir bisher auf Differenzen hingewiesen haben, wollen wir auch noch eine Ähnlichkeit erwähnen, die es z. B. nicht ohne weiteres zwischen Französisch und Deutsch gibt. Es geht um die Verwendung von Abtönungspartikeln, deren Bedeutung von der Kommunikationssituation stark abhängig ist, im Deutschen z. B. *Das hatte ich dir ja gesagt*; *Das ist nun mal so; glauben Sie mir doch!* Diese Partikel sind Modalwörter und drücken die kommunikative Intention des Sprechers seinem Gesprächspartner gegenüber oder seine Einschätzung des Realitätsgehalts seiner Aussage aus. Solche Partikel können z. B. eine Frage ausdrücken: *Andeha angaha ianao?* ‚fährst du eigentlich?‘; eine Warnung: *Tandremo fa maranitra anie io antsy io!* ‚pass mal auf, das Messer ist scharf!‘; eine Bitte: *Aza ela re!* ‚komm schon gleich!‘ oder eine Bestätigung/Verstärkung des Inhalts der Aussage: *Marary tokoa izy/Tena marary izy* ‚er ist sicherlich krank‘; eine Vermutung oder einen Zweifel am Inhalt der Aussage: *Toa marary izy* ‚er ist vielleicht krank‘.

2. Kulturspezifika im Madagassischen und im Deutschen

Die meisten Linguisten unterscheiden zwischen Weltwissen und Sprachwissen. Man spricht auch von enzyklopädischem und sprachlichem Wissen. Es gibt aber auch andere Linguisten, die weder scharf trennen noch eine unscharfe Grenzlinie ziehen wollen, sondern von Graden von Kultur- und Fachkenntnissen ausgehen. Bei einer Fachsprache kann man dann trennen zwischen Informationen für Laien, Semifachleute und Fachexperten (Bergenholtz und Kaufmann 1996). Auch für den gemeinsprachlichen Bereich kann eine solche Argumentation gegen eine Trennung von Welt- und Sprachwissen geführt werden. Die Fragwürdigkeit einer Trennung wird am ehesten deutlich, wenn kontrastive Analysen durchgeführt werden. Je größer der kulturelle Abstand zwischen zwei Sprachen ist, um so eher wird man Fälle mit Kulturspezifika finden. In allen Fällen mit Kultur**un**spezifika liegt eine gemeinsame kulturelle Erfahrung vor, die vorausgesetzt werden kann. Jede linguistische bzw. semantische Erklärung versucht sozusagen den Kern des Wissens zu bieten, vergleichbar mit dem Fall, dass ein Fachexperte eine Erklärung für einen Laien gibt. Dies kann aber nur gelingen, wenn das gemeinsame Weltwissen vorausgesetzt werden kann. Bei der Übersetzung in eine andere Sprache kann entsprechend ein Wort für ein anderes eingesetzt werden. Kulturspezifika sind dagegen dadurch gekennzeichnet, dass sie sich nicht ohne weiteres in eine andere Sprache übersetzen lassen. Das Problem ist jedem Übersetzer bekannt. Er hat dann mindestens drei verschiedene Möglichkeiten, wenn er für L1a, d. h. ein bestimmtes Wort in der Ausgangssprache, ein L2a, d. h. ein anderes Wort in der Zielsprache finden soll: (A) er findet einen Ausdruck, der zwar nicht genau trifft, aber doch eine Ähnlichkeit mit L1a aufweist. (B) er übersetzt gar nicht durch ein einzelnes Wort, sondern lässt L1a als Teil des L2-Textes stehen, evt. in Anführungszeichen gesetzt. (C) Schließlich kann er statt eines Wortäquivalents eine Erklärung in L2 schreiben, die den Inhalt von L1a wiedergibt.

Beim Sprachenpaar dieses Beitrags ist die Menge der Kulturspezifika erheblich, insbesondere bei der Richtung Madagassisch → Deutsch. Wir wollen im Folgenden einige Beispiele hierfür geben und dabei auf die entsprechenden Wörterbuchartikel in Wörterbüchern zurückgreifen, in denen die oben genannte Methode (C) angewandt wird.

Viele madagassische Familien essen morgens, mittags und abends Reis. Manchmal gibt es auch etwas Fleisch, Fisch dazu. Getrunken wird „ranovola", das man nach der Methode (A) durch *Reiswasser* übersetzen könnte. In Rakibolona Alemà-Malagasy (1991) gibt es dazu folgenden Wörterbucheintrag:

> **ranovola** *a.* **Getränk**

Nach dem Kochen des Reises bleibt meist ein angebrannter Rest am Topfboden. Auf diesen wird Wasser gegossen, und das Ganze wird aufgekocht. Dieses Getränk wird meist zu den Mahlzeiten getrunken.

Dies ist nur eines aus mehr als hundert madagassischen Gerichten und Getränken. Entsprechend gibt es in Deutschland Gerichte und Getränke, die man auf Madagaskar nicht kennt, z. B. Korn, Sekt, Pfannkuchen und vieles mehr. Hierfür ein Beispiel aus Rakibolona Alemà-Malagasy (1994):

> **Pfannkuchen** *m* **mofomamy manify endasina anaty lapoaly** [Mehlspeise, die man flach in einer Pfanne bäckt]

Bei Sprachvergleichen wird man immer wieder feststellen, dass Familienbeziehungen in verschiedenen Kulturen auf unterschiedliche Weise gesehen werden, so dass keine volle Übereinstimmung bei einer Übersetzung nach der Methode (A) erreicht werden kann. Eine deutsche *Kernfamilie* besteht aus den Eltern und den Kindern. Jede Kernfamilie ist Teil einer Familie, d. h. einer Gruppe von Menschen, die alle miteinander verwandt sind. Im Prinzip kann man dieselbe Erklärung für ein Teil dessen geben, wofür *fianakaviana* steht. Mit diesem Ausdruck ist jedoch nicht nur das gemeint, was auf Deutsch Familie ist, sondern auch eine Menge von Familien, die sich zu einem *foko* zusammengeschlossen haben. Zu einem *foko* gehören somit Gruppen von Familien, denen gemeinsam ist, dass sie dieselben Ahnen haben. Die Ahnen können sich aber nicht mit Sicherheit auf genealogische Bande berufen. Den *foko* verbinden gemeinsamer Wohnort und gemeinsamer Kult des namensgebenden Ahnen (Suter 1992: 146). Zur Familie im weiteren Sinne gehören aber auch Freunde und eventuell Kollegen. Wenn daher in Madagaskar ein Deutscher hört, der oder die gehört zur Familie, wird er es entweder nicht oder nicht ganz richtig verstehen. Auch wenn wir bei der Kernfamilie bleiben, gibt es wesentliche Unterschiede. Ein Beispiel einer solchen Verwandtschaftsbeziehung im Madagassischen wird in dem madagassisch-deutschen Wörterbuch wie folgt erklärt:

> **mirahavavy** *p.t.* verwandtschaftliche oder gesellschaftliche Beziehung zwischen Mitgliedern des weiblichen Geschlechts

Umgekehrt muss man dann sagen, dass die deutschen Bezeichnungen für Verwandtschaft von einem anderen System ausgehen, vgl. dazu aus dem deutsch-madagassischen Wörterbuch:

> **Tante** *f* **nenitoa, rahavavin-dreny** (Schwester der Mutter), **anabavin-dray** (Schwester des Vaters), **vadin'ny rahalahin-dray** (Frau des Bruders väterlicherseits), **vadin'ny anadahin-dreny** (Frau des Bruders mütterlicherseits)

Eng verbunden mit der Zugehörigkeit zu einer Familie im Sinne von Großfamilie ist für Madagassen die Zugehörigkeit zu einer sozialen bzw. administrativen Gemeinschaft, zu einer *fokontany*. Man könnte dies mit Gemeinde nach der Methode (A) übersetzen, würde aber dann den Kern der Bedeutung von *fokontany* nicht treffen. Eine *fokontany* besteht meistens aus einer Gruppe von 300 bis 600 Personen, die eine gewisse Selbstverwaltung mit einem gewählten Chef ausüben, vgl. hierzu den Eintrag in Rakibolona Alemà-Malagasy (1991):

> **fokontany** *a.* **Stadt-** oder **Dorfviertel,** kleinste kommunale Verwaltungseinheit

Entsprechend sind die deutschen Termini für die Aufteilungen in Gemeinde, Kreis, Bundesland, usw. sowie die entsprechenden Funktionsträger eigens zu erklären, will man nicht die ungenaueren Methoden (A) und (B) verwenden.

Eine systematische kontrastive Analyse auf diesem Feld wäre eine lohnende Aufgabe für weitere Forschungen. Vorarbeiten dazu finden sich in den zitierten Wörterbüchern, sowie in einer Reihe von soziologischen, wirtschaftlichen und landwirtschaftlichen Analysen (z. B. Suter 1992).

3. Perspektivierung

Für weitere kontrastive Arbeiten gibt es genügend Themen. Wir möchten insbesondere auf drei Aufgaben hinweisen, die wir als vordringlich einstufen. Für genauere kontrastive Analysen als sie bisher vorgelegt wurden, wäre eine Zusammenstellung eines madagassischen Textkorpus' dringend erforderlich. Selbst ein kleines Korpus bestehend aus 3–5 Mio. Textwörtern würde eine empirische Basis bilden, die über die teilweise unsicheren, introspektiv gewonnenen Daten hinausführen können (Bergenholtz 1994). Man sollte zunächst ein Korpus des geschriebenen Madagassischen erstellen, in das neben Zeitungen, Wochenschriften, Erzählungen und Romane auch religiöse Schriften und Teile der Bibel aufgenommen werden sollten. Hiermit wäre der Anfang für verschiedene Parallelkorpora mit Deutsch und Madagassisch gemacht.

Weiterhin ist festzustellen, dass bisher jede Form von kontrastiven fachsprachlichen Untersuchungen mit Deutsch und Madagassisch fehlt. In weiten Bereichen hängt dies auch damit zusammen, dass eine eigene madagassische Terminologie zu den meisten

Fachsprachen noch völlig fehlt. Man kann hier deswegen nicht nur analytisch vorgehen, sondern wird systematisch neue Fachterminologien entwickeln müssen. In vielen Bereichen wird der Bezug zum Französischen und Englischen von besonderer Wichtigkeit sein, aber in Bereichen wie Tourismus, Handel, Pharmazie und Medizin bestehen wesentliche deutsch-madagassische Beziehungen und entsprechende Bedürfnisse für bilinguale fachsprachliche Forschung, darunter auch die Bildung von neuen madagassischen Termini.

Schließlich ist der Bedarf an weiteren deutsch-madagassischen Wörterbüchern zu erwähnen. Die beiden vorliegenden sind als Textproduktionswörterbücher konzipiert und haben mit ihren jeweils etwa 10.000 Lemmata einen zu geringen Lemmabestand, als dass sie auch als Rezeptionswörterbücher problemlos verwendet werden können.

4. Literatur in Auswahl

Andriamanantseheno, Christian
   1985   *Die kontrastive Funktion des Artikels im Deutschen und Madagassischen.* Magisterarbeit Université d'Antananarivo/Universität Bielefeld.
Bergenholtz, Henning
   1994   Die empirische Basis zweisprachiger Wörterbücher (mit madagassisch–deutschen Beispielen). In: Udo L. Figge (Hg.), *Portugiesisch–deutsche Lexikographie: Grundlagen, Makro- und Mikrostruktur, Computerunterstützung, Anwendung,* 47–63. Tübingen: Niemeyer.
Bergenholtz, Henning und Uwe Kaufmann
   1996   Enzyklopädische Informationen in Wörterbüchern. In: Nico Weber (Hg.), *Theorie der Semantik und Theorie der Lexikographie,* 168–182. Tübingen: Niemeyer.
Rajaona, Siméon
   1972   *Structure du Malgache: Etudes des formes prédicatives.* Fianarantsoa: Ambozontany.
Rajaonarivo, Suzy
   1991   Famintinana ny fitsipeny Malagasy/Kurze Grammatik des Madagassischen. In: *Rakibolana Malagasy-Alemà,* 28–83.
Rajemisa Raolison, Régis
   1985   *Rakibolana malagasy* [Madagassisches Wörterbuch]. Fianarantsoa: Ambozontany.
Rakibolana Malagasy-Alemà
   1991   Henning Bergenholtz in Zusammenarbeit mit Suzy Rajaonarivo, Rolande Ramasomanana, Baovola Radanielina sowie Jürgen Richter-Johanningmeier, Eckehart Olszowski, Volker Zeiss unter Mitarbeit von Hantanirina Ranaivoson, Nicole Rasoarimanana, Raymonde Ravololomboahangy und Mavotiana Razafiarivony: *Rakibolana Malagasy–Alema/Madagassisch–Deutsches Wörterbuch.* Antananarivo: Leximal/Moers: aragon.
Rakibolana Alemà-Malagasy
   1994   Henning Bergenholtz in Zusammenarbeit mit Suzy Rajaonarivo, Rolande Ramasomanana, Baovola Radanielina sowie Jürgen Richter-Johanningmeier, Eckehart Olszowski, Volker Zeiss unter Mitarbeit von Sabine Stegemann, Hantanirina Ranaivoson, Raymonde Ravololomboahangy und Mavotiana Razafiarivony: *Deutsch–Madagassisches Wörterbuch/Rakibolana Alema–Malagasy.* Antananarivo: Tsipika/Moers: aragon.
Suter, Claire-Lise
   1992   *Landnutzung, Produktion und Verwertung bäuerlicher Erzeugnisse in der Gemeinde Avaratrambolo – eine Fallstudie im zentralen Imerina (Madagaskar).* Diplomarbeit, Universität Bern.

Henning Bergenholtz, Aarhus (Dänemark)
Suzy Rajaonarivo, Antananarivo (Madagaskar)

66. Kontrastive Analyse Mandarin–Deutsch

1. Forschungsüberblick kontrastiver Analysen Deutsch—Chinesisch
2. Grundzüge kontrastiver Analysen Deutsch—Chinesisch
3. Reflexion der traditionellen Sprachdidaktik in China und Ausblick
4. Literatur in Auswahl

1. Forschungsüberblick kontrastiver Analysen Deutsch–Chinesisch

Während die kontrastive Analyse zweier Sprachen im synchronischen Sinne in Deutschland bereits am Ende der 1960er Jahre intensiv betrieben wurde (Fluck 1984: 9), erfolgte dies in China viel später. Erst infolge des Appells zur Sprachvergleichsforschung im Jahr 1977 durch den Linguisten Lü Shuxiang, der damals auch Leiter des Sprachinstituts Chinas war, wurden kontrastive Analysen des Chinesischen mit anderen Sprachen in China angeregt (Lü 1977). Bis zum Jahr 1991 wurden dann in diesem Bereich 11 Monographien und 443 wissenschaftliche Artikel publiziert, wobei die kontrastiven Analysen Deutsch-Chinesisch lediglich 54 Beiträge umfassten (Xu 1991: 62).

Diese relative Rückständigkeit der Vergleichsanalyse des Sprachpaars Deutsch—Chinesisch hat verschiedene Gründe. Zum einen ist Deutsch in China in der Regel kein Schulfach und steht hinter Englisch, Japanisch und Französisch erst an vierter Stelle der am meisten gelernten Fremdsprachen. Insofern beschränkt sich die kontrastive Forschung Deutsch—Chinesisch auch auf einen kleineren Umfang.

Zum anderen fehlt es bisher an einem einheitlichen Grammatikbeschreibungsmodell für Chinesisch. In der Vergangenheit war die Sprachforschung in China lediglich ein Anhängsel der Erforschung der chinesischen Klassiker und beschäftigte sich fast ausschließlich mit Phonologie, Etymologie, Wortdeutung und Schriftkunde, die Grammatik war nicht als ein Forschungsgebiet etabliert (Lü 1988: 2). Das allgemein anerkannte Geburtsjahr der chinesischen Grammatik war 1898, als das erste chinesische Grammatikbuch *Ma Shi Wentong* zur Behandlung des klassischen Chinesisch in Anlehnung an traditionelle westliche Grammatiken erschien. Die Grammatikerforschung des modernen Chinesisch fing dagegen erst etwas später im 20. Jahrhundert an (Zhu 1988: 133). Aufgrund dieser fehlenden Tradition werden die Beschreibungsansätze zur chinesischen Grammatik von chinesischen Linguisten bis heute kontrovers diskutiert.

Nicht zuletzt steht der Mangel an Vergleichsanalysen im direkten Zusammenhang mit den Schwierigkeiten beim Vergleich zweier strukturell ganz unterschiedlicher Sprachsysteme. Obwohl diese beiden Sprachen formal identische Spracheinheiten wie Morphem, Wort, Wortgruppe, Satz und Text auf hierarchischen Ebenen aufweisen, werden unter den gleichen Bezeichnungen häufig ganz unterschiedliche Sprachkomponenten bzw. Darstellungsweisen verstanden.

Aufgrund der oben genannten Problematik betreffen die deutsch-chinesischen kontrastiven Arbeiten überwiegend Einzelprobleme und erzielen punktuelle Ergebnisse, eine systematische Gesamtdarstellung ist aber bis heute nicht vorhanden. In den 1980er Jahren konzentrierte sich das kontrastive Forschungsinteresse vor allem auf die Bereiche Phonologie und Morphosyntax, wobei die Erforschung der letzteren auch durch einige von Chinesen in Deutschland publizierte Dissertationen in den 1990er Jahren bereichert wurde. Auf diesen beiden Gebieten können deswegen nur mosaikartig die Unterschiede der beiden Sprachen zusammengestellt werden, was auch schon teilweise geschehen ist und zur Erklärung der Fehlerursachen bzw. zum Voraussagen der möglichen Lernschwierigkeiten der Chinesen beim Deutschlernen einen wesentlichen Beitrag geleistet hat. Die kontrastive Forschung zu Phraseologismen ist seit den 1990er Jahren durch einige wenige Arbeiten zwar auch präsent, aber sie betrifft hauptsächlich einzelne verstreute semantische Gebiete. Von einer Systematik bzw. von der möglichen didaktischen Anwendung der Forschungsergebnisse ist sie noch weit entfernt. In Bezug auf den Sprachvergleich auf der Textebene werden seit Mitte der 1990er Jahre intensiv Forschungen betrieben. Diese haben nicht nur einzelne Forschungsbereiche wie Morphologie, Lexikologie, Phraseologie und Syntax integriert, sondern beziehen auch die unterschiedlichen Kulturhintergründe mit ein. Der kontrastive Text(sorten)vergleich ist deswegen zur Zeit das leistungsfähigste Forschungsgebiet bei dem Sprachvergleich Deutsch−Chinesisch.

2. Grundzüge kontrastiver Analysen Deutsch–Chinesisch

Deutsch und Chinesisch sind zwei typologisch ganz unterschiedliche Sprachen. Während Deutsch der indoeuropäischen Sprachfamilie angehört und im Wesen eine synthetische Sprache darstellt, ist Chinesisch eine Sprache der sino-tibetischen Sprachfamilie und weist vor allem die Merkmale des analytischen Sprachtypus auf.

Hinsichtlich der Schrift ist Deutsch eine Buchstabensprache. Dagegen ist Chinesisch ein Mythogramm, d. h., die Bedeutung steht mit der Schrift in direktem Zusammenhang. Die chinesische Schrift hat eine über 3000 Jahre lange Geschichte. In der Qin-Dynastie (221 v. Chr.−207 v. Chr.) wurde die Schrift mit der Vereinigung des Reiches auch vereinheitlicht und seit dieser Zeit wird die chinesische Schriftsprache in ganz China einheitlich benutzt.

Das sogenannte Mandarin, in Festland-China auch *Putonghua*, in Taiwan *Guoyu* und in Malaysia sowie Singapur *Huayu* genannt, bezieht sich ursprünglich auf die Aussprache. Es basiert auf dem Beijing-Dialekt und dient als chinesische Hochsprache. Das Mandarin wird allerdings im Allgemeinen als chinesische Standardsprache gegenüber Dialekten verstanden

Im Folgenden wird versucht, auf der Grundlage der Forschungsergebnisse der kontrastiven Arbeiten die Hauptunterschiede zwischen dem Chinesischen und dem Deutschen aus der Perspektive des Fremdsprachenlernens zu umreißen.

2.1. Im phonetisch-phonologischen Bereich

Durch den Vergleich der Phoneminventare des Deutschen und des Chinesischen ergibt sich, dass die beiden Sprachen jeweils ihre spezifischen Phoneme besitzen. Die Phoneme /l/ und /r/ stellen beispielsweise für Chinesen eine besondere Schwierigkeit dar, da diese Laute im Chinesischen, aber auch im von den meisten Chinesen als erste Fremdsprache gelernten Englischen nicht vorhanden sind.

Außerdem gibt es bezüglich der Phonemkombination in den beiden Sprachen Unterschiede. Chinesisch ist eine Silbensprache. Dabei entspricht ein Zeichen einer Silbe, die oft schon ein Wort oder zumindest ein Morphem ist. Insofern ist eine Junktur zwischen jeder Silbe zu finden und kennzeichnet zugleich auch jede Silbengrenze. Dagegen kann ein deutsches Morphem oder ein deutsches Simplex mehrere Silben aufweisen, zwischen denen keine Junktur besteht. Zudem muss im Chinesischen nach jedem Einzelkonsonanten ein Vokal stehen und die Konsonanten kommen mit Ausnahmen von /n/ und /ŋ/ nicht in finaler Stellung vor. Infolgedessen kennt die chinesische Sprache keine Konsonantenkluster wie [dr] in dem Wort *drei* oder [pl] in *pleite*. Bei der Artikulation solcher Konsonantenkombinationen sowie der Konsonanten in Endstellung, insbesondere bei Endplosiven, neigen die Chinesen oft dazu, ein [ə] anzuknüpfen, z. B. [dər] und [pəl] statt [dr] und [pl] auszusprechen oder bei dem Wort *weit* [vaitə] statt [vait] zu sagen. Da ein deutsches Wort oft mehrsilbig ist, enthält es einen Akzent, der bedeutungsdifferenzierend sein kann. Dies bereitet den chinesischen Lernenden ebenfalls große Schwierigkeiten. Denn im Chinesischen können zwar bei mehrsilbigen Wörtern auch Akzente bestehen, sie sind jedoch nicht so ausgeprägt und wurden bislang wenig untersucht.

Darüber hinaus kennt die chinesische Sprache die bedeutungsdistinktive Opposition „kurz-lang" wie bei deutschen Vokalen nicht. Um einen Unterschied zwischen Silben mit gleichen Segmenten zu machen, werden im Chinesischen vier grundlegende Töne benutzt, die die unterschiedlichen Stimmverläufe der Silbe kennzeichnen und zur Bedeutungsunterscheidung beitragen. Die vier Töne werden jeweils durch die Veränderung der Tonhöhe in fünf Stufen beschrieben, die im Folgenden mit Zahlen von 1 bis 5 gekennzeichnet werden:

Der erste Ton	[55]	z. B. *mā*	‚Mutter'
Der zweite Ton	[35]	z. B. *má*	‚Hanf'
Der dritte Ton	[214]	z. B. *mă*	‚Pferd'
Der vierte Ton	[51]	z. B. *mà*	‚Schimpfen'

2.2. Im morphologischen und syntaktischen Bereich

Anders als Deutsch ist Chinesisch eine flexionslose Sprache. Es gibt im Chinesischen keine Genus-, Kasus- und nur eine beschränkte Numerusmarkierung für das Substantiv, es bestehen auch keine Verbkonjugation und Adjektivdeklination. Lediglich bei der Pluralbildung der personenbezeichnenden Substantive und Pronomen wird im Chinesischen manchmal das Morphem *men* benutzt. Ansonsten bedient sich das Chinesische insbesondere lexikalischer Mittel, der Wortstellung und des semantischen Kontextes, um die Satzgliedfunktion zu bestimmen oder um syntaktische Beziehungen zu realisieren.

Die lexikalischen Mittel beziehen sich vor allem auf Hilfswörter und Adverbien, manchmal auch auf Adjektive oder Substantive, die in einen Satz eingefügt werden können. Dies wird durch folgende Beispiele exemplarisch dargestellt:

(1) Zur Bezeichnung des natürlichen Geschlechts
  nü *xuesheng* **weiblich** Student ‚Studentin'

(2) Zur Kennzeichnung des Tempus
  Tamen **shangge zhoumo** *qu* *zhiwuyuan.*
  Sie **letzt- Wochenende** gehen botanisch Garten.
  ‚Sie gingen letztes Wochenende in den botanischen Garten.'

(3) Zur Kennzeichnung des Modus
     Wo **yexu**   *lai.*
     Ich **vielleicht** kommen.
     ‚Ich würde kommen.‘

Die deutsche Wortstellung ist dank der morphologischen Markierung recht flexibel. Lediglich die Verbalteile des Prädikats besitzen eine feste Stellung, nämlich die Zweit-,
Spitzen- oder Endstellung in verschiedenen Satztypen. Auch die Funktion der Satzglieder
im Deutschen hängt vor allem von morphologischen Faktoren ab und wird weniger
durch Wortstellung gekennzeichnet. Dagegen kommt der Wortstellung im Chinesischen
eine entscheidende Bedeutung zu. Die chinesischen Sätze haben als eine Grundordnung
Subjekt − Prädikat − Objekt, wobei die Adverbialbestimmung in der Regel vor dem
Prädikat und das Attribut vor dem Substantiv steht. Der Austausch der Stellung kann
eine Bedeutungsveränderung zur Folge haben:

(4) *Wo da*   *ta.*
     Ich schlagen er.
     ‚Ich schlage ihn.‘

(5) *Ta da*   *wo.*
     Er schlagen ich.
     ‚Er schlägt mich.‘

Außerdem wird die syntaktische Funktion der Satzglieder im Chinesischen nicht durch
ihre Wortarten oder ihre morphologische Markierung signalisiert, sondern durch ihre
Stellung im Satz. Das Subjekt z. B. bedeutet im Chinesischen, dass es vor dem Prädikat
steht und das Thema der ganzen Aussage darstellt, insofern kann eine Ortsangabe auch
die Funktion eines Subjektes übernehmen:

(6) **Dalouli**   *zouchu yige ren*
     Aus dem Gebäude gehen   ein   Person
     ‚Aus dem Gebäude geht eine Person.‘

Zum Verstehen der syntaktischen Beziehungen der chinesischen Sätze ist auch der semantische Kontext wichtig. Im Gegensatz zu deutschen Sätzen, in denen Teilsätze durch verschiedene koordinierende sowie subordinierende Konjunktionen und Pronominaladverbien miteinander verbunden werden und die Hypotaxe noch zusätzlich durch Verbendstellung im
Nebensatz signalisiert wird, entfallen im Chinesischen oft die Konjunktionen, so dass die
logische Beziehung zwischen den Teilsätzen unterschiedlich zu interpretieren ist:

(7) *tianqi hao, women qu   jiaoyou.*
     Wetter gut, wir   gehen Ausflug.
     ‚Das Wetter ist gut und wir machen einen Ausflug.‘ oder
     ‚Wenn das Wetter gut ist, machen wir einen Ausflug.‘ oder
     ‚Da das Wetter gut ist, machen wir einen Ausflug.‘

Aus den obigen Darstellungen ist zu ersehen, dass die Wortstellungsfreiheit, die morphologischen Markierungen sowie die Verwendung von Konjunktionen Lernprobleme für chinesische Deutschlerner sein können.

2.3. Im Bereich der Textlinguistik und der interkulturellen Kommunikation

Bei deutsch-chinesischen Textsortenvergleichen zeigen sich thematisch-strukturelle, funktionale und sprachliche Unterschiede (Zhao 2008: 119–124).

Anders als bei deutschen Texten, die offenbar häufig durch eine deduktive Herangehensweise gekennzeichnet sind, werden die chinesischen Texte meistens induktiv aufgebaut. D. h., bevor die wichtigsten Inhalte oder die Hauptthesen präsentiert werden, gibt es eine lange Einführung, um mit den Lesern einen gemeinsamen Rahmen der Hintergrundinformationen zu etablieren. Diese thematische Vorgehensweise entspricht der „Weil-Deshalb-Struktur", die im Chinesischen als Konjunktion benutzt wird. Ein anderes Merkmal im chinesischen Strukturaufbau ist die „Ja-Nein-Struktur", wenn es um eine kritische Auseinandersetzung mit einem bestimmten Gesichtspunkt geht. Dabei wird zuerst mit Lobesfloskeln auf die positiven Aspekte verwiesen und erst am Ende dann auf die negativ bewerteten Punkte – oft auch indirekt – eingegangen.

Darüber hinaus verläuft die thematische Entfaltung im chinesischen Text weniger „linear" als im Deutschen, sondern sie sieht wie ein buddhistisches Rad aus. Das bedeutet, bestimmte inhaltliche Aussagen werden an verschiedenen Stellen des Textes wieder aufgenommen und unter unterschiedlichen Gesichtspunkten betrachtet, um diese Schicht um Schicht zu vertiefen. Auch metakommunikative Verweise fehlen in der Regel in den chinesischen Texten, so dass der Leser bei der Herstellung der textuellen Bezüge eine wichtige Rolle einnimmt.

Auf der funktionalen Ebene weist Lehker (2001) durch den Vergleich der deutschen und chinesischen Aufsatzsorten darauf hin, dass alle chinesischen Aufsatzsorten eine argumentative Textfunktion aufweisen können. Denn die argumentativen, die darstellenden, die deskriptiven, die narrativen und sogar die appellativen Handlungen können in einem chinesischen Aufsatz gemischt vorkommen.

In einem chinesischen argumentativen Text wird die These z. B. gern mittels narrativer Sequenzen unterstützt, etwa durch Anekdoten aus dem Leben bekannter Persönlichkeiten oder mit persönlichen Erlebnissen in Form von Beispielen bzw. Erzählungen. Auch Zitate bekannter Persönlichkeiten oder sprichwörtliche Redensarten als Theorieargumente werden gern benutzt. Dagegen hat ein Deskriptions- oder Darstellungsakt in einem chinesischen Text weniger eine informierende Funktion, sondern eher eine implizit argumentative Funktion. In einem darstellenden oder deskriptiven Text kann durchaus subjektiv vorgegangen werden und nicht selten stehen noch Kommentare am Textende. Schließlich verlangt ein chinesischer Text, die persönlichen Empfindungen auszudrücken und während des Erzählens zu kommentieren.

Sprachlich gesehen versucht ein chinesischer Text, die Rezipienten direkt oder indirekt affektiv anzusprechen. Zudem kommt es im chinesischen argumentativen und darstellenden Text häufig vor, dass die Rezipienten moralisch motiviert werden und an sie Appelle gerichtet sind.

Da Sprache das wichtigste Kommunikationsmittel der Menschheit ist, bildet der Vergleich deutscher und chinesischer Textsorten zugleich einen wichtigen Teil der deutsch-chinesischen interkulturellen Kommunikationsforschung. Das langsame Aufrollen von Hintergrundinformationen, die Anwendung der „Ja-Nein-Struktur" bei der Kritikäußerung, das wiederholte Vorkommen desselben Themas in einem Text sowie das Fehlen der metakommunikativen Verweise sind gerade der Ausdruck der chinesischen indirekten Kommunikationsweise, die der deutschen Direktheit gegenübersteht. Die Argumentation mit persönlichen Beispielen oder der Schreibstil im Chinesischen überhaupt, die Leser mit dem Gefühl zu rühren und ihnen Begründungen zu Erklärungen zu liefern, weist schließlich auf den Personenfokus in der chinesischen Kommunikation hin, die sich ganz von der deutschen Sachlichkeit unterscheidet.

3. Reflexion der traditionellen Sprachdidaktik in China und Ausblick

Da „der vergleichende Blick des Lernenden auf die beiden Sprachsysteme eigentlich ständig stattfindet" (Königs 1995: 14), kann die linguistische Vergleichsforschung von der Lehr- und Lernpraxis motiviert werden, und ihre Forschungsergebnisse sind umgekehrt wieder in der Didaktik anzuwenden. Allerdings ist die Verknüpfung dieser beiden Bereiche in China noch problematisch, was mit der chinesischen Lehr- und Lerntradition und mit den großen Unterschieden der beiden Sprachstrukturen in Zusammenhang steht.

Obwohl sich immer mehr Lehrkräfte seit über einem Jahrzehnt um die Durchführung der kommunikativen Didaktik bemühen, damit die chinesischen Deutschlernenden (interkulturell) kommunikativ kompetent werden können, steht die Grammatik-Übersetzungs-Methode häufig noch im Vordergrund der Unterrichtspraxis (Zhao 2002: 165–166). Der dementsprechende lehrer- und lehrbuchzentrierte Frontalunterricht, die mechanische Weise des Auswendiglernens und die Konzentration auf das Lernen des Sprachsystems haben ihre Gründe nicht nur in der didaktischen Tradition beim Lehren und Lernen der chinesischen Klassiker, sondern auch z. B. in den unbefriedigenden institutionellen Bedingungen und der mangelnden Lehreraus- und -fortbildung (Zhao 2002: 160–174). Als Folge davon versuchen viele chinesische Deutschlerner beim Leseverstehen, die Zielsprache in die Muttersprache zu übersetzen, ohne den Textaufbau, die logische Verknüpfung der einzelnen Sätze oder den Sprachstil einer bestimmten Textsorte im Deutschen zu reflektieren. Beim Aufsatzschreiben stellen sich die Lernenden zunächst einen chinesischen Text in Gedanken vor, den sie dann ins Deutsche übertragen, so dass der Text trotz der grammatischen Richtigkeit sehr chinesisch klingt. Außerdem erhalten die chinesischen Deutschlernenden für die zu behandelnden Texte in der Regel zuerst eine Vokabelliste, in der für jedes neue Wort oder jede Wortgruppe eine chinesische Übersetzung geliefert wird. Diese suggerierte Eins-zu-Eins-Entsprechung der beiden Sprachen wird durch das Auswendiglernen so stark eingeprägt, dass das deutsche Wort anhand der chinesischen Übersetzung gemäß chinesischer Gewohnheit in unterschiedlichen Kontexten angewendet wird. Es wird somit nicht darauf geachtet, dass das chinesische Wort je nach der Situation verschiedene Entsprechungen im Deutschen hat und umgekehrt ebenso.

Die Grammatikvermittlung spielt im DaF-Unterricht in China eine unverhältnismäßig große Rolle. Aufgrund der großen Unterschiede der morphosyntaktischen Strukturen der beiden Sprachen ist sowohl der positive als auch negative Transfer für Chinesen beim Deutschlernen gering. Interferenzen sind vor allem auf das Englische zurückzuführen, das die meisten Chinesen als erste Fremdsprache gelernt haben und welches auch mit Deutsch verwandt ist. Dies gilt ebenfalls für die Phonetikvermittlung, bei der die Artikulationsweise im Englischen auf Deutsch übertragen wird. Allerdings bleibt hinsichtlich der Forschung zu Deutsch nach Englisch noch viel zu wünschen übrig.

Es ist insofern für Deutsch als Fremdsprache in China von besonderer Bedeutung, die Ergebnisse der deutsch-chinesischen kontrastiven Forschung für die kommunikative Didaktik fruchtbar zu machen und die Forschung zu Deutsch nach Englisch zu stärken.

4. Literatur in Auswahl

Fluck, Hans-Rüdiger
  1984   Deutsch-Chinesischer Sprachvergleich. In: Hans-Rüdiger Fluck, Li Zaize und Zhao Qichang (Hg.), *Te-han-yü-yen-pi-chiao: sprachvergleichende Arbeiten in den Bereichen Phonetik/Phonologie — Lexik/Morphologie/Syntax — Übersetzung — Didaktik an der Tongji-Universität Shanghai*, 9—21. Heidelberg: Groos.
Königs, Frank
  1995   Lernen im Kontrast — was heißt das eigentlich? *Fremdsprachen Lehren und Lernen* 24: 11—24.
Lehker, Marianne
  2001   Chinesische und deutsche Aufsatzsorten im Vergleich. In: Ulla Fix, Stephan Habscheid und Josef Klein (Hg.), *Zur Kulturspezifik von Textsorten*, 131—146. Tübingen: Stauffenburg.
Lü, Shuxiang
  1977   Tongguo duibi yanjiu yufa [Durch Vergleich Grammatik zu erforschen]. In: *Yuyan jiaoxue yu yanjiu [Sprachlehre und -forschung]* Band 2, 1—16.
Lü, Shuxiang
  1988   Yuyan he yuyan yanjiu [Sprachen und Sprachenforschung]. In: *Zhongguo da baike quanshu — Yuyan Wenzi [Chinesische große Enzyklopädie — Sprachen und Schriften]*, 1—5. Beijing, Shanghai: Zhongguo da baike quanshu chubanshe [Verlag für chinesische große Enzyklopädien].
Qian, Wencai
  2000   *Han de yuyan shiyong duibi yanjiu [Praktische kontrastive Untersuchungen der chinesischen und deutschen Sprache]*. Beijing: waiyu jiaoxue yu yanjiu chubanshe [Verlag für Fremdsprachenlehre und -forschung].
Qiu, Mingren
  1982   *Kontrastive Untersuchung der Phonemsysteme des Deutschen und des Chinesischen*. Magisterarbeit im Fachbereich Deutsch der Fakultät für Fremdsprachen an der Tongji-Universität Shanghai (maschinell vervielfältigt).
Sun, Xiaodong
  1993   *Deutsch-chinesische Syntaxunterschiede als Bedingungen der Übersetzungspraxis am Beispiel literarischer Texte*. Frankfurt a. M.: Lang.
Xu, Guozhang
  1991   Yuyan duibi yanjiu de jieduan xiaojie [Die phasenweise Zusammenfassung der Sprachvergleichsforschung]. *Waiyu jiaoxue yu yanjiu [Fremdsprachenlehre und -forschung]* 3: 62—63.

Zhao, Jin
  2002   *Wirtschaftsdeutsch als Fremdsprache. Ein didaktisches Modell – dargestellt am Beispiel der chinesischen Germanistik-Studiengänge.* Tübingen: Narr.
Zhao, Jin
  2008   *Interkulturalität von Textsortenkonventionen. Vergleich deutscher und chinesischer Kulturstile: Imagebroschüren.* Berlin: Frank & Timme.
Zhu, Dexi
  1988   Han Yu [Chinesisch]. In: *Zhongguo da baike quanshu – Yuyan Wenzi [Chinesische große Enzyklopädie – Sprachen und Schriften]*, 128–133. Beijing, Shanghai: Zhongguo da baike quanshu chubanshe [Verlag für chinesische große Enzyklopädien].

Jin Zhao, Shanghai (China)

67. Kontrastive Analyse Neugriechisch–Deutsch

1. Forschungslage
2. Typologische Einordnung
3. Phonetik und Phonologie
4. Morphologie und Syntax
5. Wortschatz / Idiomatik / Phraseologie
6. Pragmatik, Textlinguistik, Interkulturelle Kommunikation
7. Sprachdidaktik
8. Literatur in Auswahl

1. Forschungslage

Kontrastive Studien zum Deutschen (DT) und Neugriechischen (NG) gibt es seit den sechziger Jahren in Arbeiten verschiedener Zielsetzungen und theoretischer Richtungen (vgl. Winters-Ohle 2001). Die kontrastiven Untersuchungen nehmen in den letzten zwanzig Jahren zu und beziehen sich auf fast alle Gebiete der linguistischen Analyse (vgl. Butulussi 2009).

Trotz dieser Entwicklung sind eine Menge von Phänomenen noch nicht ausführlich behandelt worden, z. B. solche die, pragmatische, diskursanalytische, interkulturelle und interdisziplinäre Analyseverfahren benötigen. Insgesamt wäre es wünschenswert, kontrastive Untersuchungen durchzuführen, die zur besseren Gestaltung der Lehrer- und Übersetzerausbildung unter den heutigen multikulturellen und multimedialen Verhältnissen beitragen.

2. Typologische Einordnung

Das NG und das DT gehören unterschiedlichen Zweigen der indoeuropäischen Sprachenfamilie an. Diese sprachliche Verwandtschaft ist besonders an einzelnen Wortstämmen sowie an der Morphologie zu erkennen.

Aus den synchronen kontrastiven Untersuchungen ergibt sich, dass die Schriftsysteme beider Sprachen sich sehr unterscheiden (vgl. Berkemeier 1997). Unterschiede gibt es auch zwischen den phonetischen, phonologischen, morphologischen und syntaktischen Systemen. Das NG ist im Gegensatz zum DT eine analytische Sprache (vgl. seine sehr eingeschränkten Möglichkeiten der Wortbildung). Die Wortstellung im NG ist flexibler als im DT, so dass die feste Position des Verbs im DT für griechische Deutschlerner (GDL) als schwierig empfunden wird.

3. Phonetik und Phonologie

Das DT verfügt über sechzehn vokalische Laute, während im NG nur fünf kurze Vokale (vgl. [ɪ, ɛ, a, ɔ, ʊ]) vorhanden sind, die von längerer Dauer sind, wenn sie den Wort-Akzent tragen. Die betonten Vokale des NG werden mit ungespannten Lippen gebildet, während die meisten langen Vokale des DT mit gespannten Lippen artikuliert werden.

Am schwierigsten sind u. a. folgende Laute für Lernende, da sie im NG nicht vorhanden sind (vgl. Petrounias 2002²: 323−327 und 357−361; Balassi 2002:1 und 117−120: 2004: 245):

a) Vokale:
   − die langen, gespannten Vokale, die von GDL entweder kurz oder lang, aber unge-
     spannt artikuliert werden,
   − die gerundeten, vorderen Vokale, die von GDL entrundet werden (vgl. [y:], [ʏ]
     werden als [ɪ] und [ø:], [œ] als [ɔ] ausgesprochen, z. B. *grün* *[grɪn] anstatt [gry:n]),
   − der Schwa-Laut [ə], der in Endsilben auftritt und von GDL als [ɛ] artikuliert wird.
b) Konsonanten:
   − die alveopalatalen Frikative [ʃ], [ʒ],
   − die uvularen Vibranten [R] (im NG gilt das Zungenspitzen-r als standardsprach-
     lich) und
   − die glottalen [ʔ] (vgl. Knacklaut) und [h].

Balassi (2002: 82−84, 2004), die insgesamt neunzehn Ausspracheabweichungen von GDL aufführt, stellt fest, dass einige der am häufigsten auftretenden Abweichungen auf die Verletzung u. a. folgender phonologischen Regeln zurückzuführen sind:

a) Velarisierung des palatalen Lautes [ç]: Der palatale Laut [ç] wird im DT nach und im NG vor vorderen Vokalen verwendet. Der velare Laut [x] kommt im DT nach und im NG vor mittleren und hinteren Vokalen vor (vgl. *Kuchen* *[ku:çən] anstatt [ku:xən]).
b) Auslautverhärtungen: Die stimmhaften [b, d, g, v, z] werden stimmlos [p, t, k. f, s] (vgl. *Tag* *[ˈtʰa g] anstatt [ˈtʰa kʰ]).
c) Aspiration (Behauchung) der stimmlosen Verschlusslaute, wenn sie vor einem Vokal oder am Wortende auftreten ([pʰ tʰ kʰ] (vgl. *geht* *[gɛt] anstatt [ge:tʰ]).
d) Vokalisierung des uvularen Vibranten /r/ (vgl. *besser* *[bɛsɛr] anstatt [bɛsɐ]).

Das DT hat bei mehrsilbigen Wörtern mehrere Akzente. Da das NG einen dynamischen freien Akzent hat (vgl. Fries 1988: 21), neigen die GDL dazu, die mehrsilbigen Wörter des DT nur an einer Silbe zu betonen.

Die Arbeiten zur Ausspracheschulung befassen sich unter anderem mit den Möglich-keiten des Überwindens des monolingualen Habitus und dem pathologischen Ohr (vgl. z. B. Storch und Chatziioannou 1994; Slembek 1987).

4. Morphologie und Syntax

Kontrastive Analysen in diesen Bereichen werden hauptsächlich im Rahmen der traditio-nellen Grammatik und der Theorie der generativen Grammatik vorgenommen. Im Fol-genden werden einige Fehlerquellen, die nach GDL- und DeutschlehrerInnen-Befragun-gen als Stolpersteine des DaF-Unterrichts gelten, aufgeführt (vgl. Götze, Kemme und Latzel 1979; Kiliari 1998).

Präpositionen: Die Forschung konzentriert sich seit längerem darauf (vgl. Fries 1988), weil ihre korrekte Verwendung mit der Anwendung einer Reihe von Regeln, die den GDL fremd sind, zusammenhängt, z. B. erlauben einige Präpositionen sowohl den Akku-sativ als auch den Dativ, je nachdem, ob sie im Skopus von (+)Richtung oder (−)Rich-tung markierten Prädikaten stehen (vgl. *Sie spielt in die Schule. *Sie geht in der Schule.).

Genus und Artikel: In beiden Sprachen gibt es drei Genera, die aber in den Sprachen anders verteilt sind. Auch das Vorkommen des (un)bestimmten Artikels unterliegt unter-schiedlichen Restriktionen. So tritt der bestimmte Artikel im NG obligatorisch bei Eigen-namen oder starken Possessivpronomen auf (vgl. *Der Kostas spielt. *Das mein(e) Buch). Der unbestimmte Artikel wird im NG u. a. in Komplementphrasen kreativer Ver-ben getilgt (vgl. *Schreibe Buch/Brief in Sioupi 2002). In Adjektivphrasen kann der unbe-stimmte Artikel im NG weggelassen werden (vgl. *Das ist schönes Auto in Eideneier 1976: 36).

Deklination, Konjugation, Tempus, Aspekt: Schwierigkeiten bereiten den GDL die morphophonologischen Prozesse des Umlauts (vgl. z. B. die Bildung des Plurals (Haus − Häuser), des Ablauts (sehen − sieht − sah) (Fries 1993: 89) und die Existenz des Dativs. Die Endungen der Adjektive nach den Artikeln und Pronominaformen werden sogar von Fortgeschrittenen fehlerhaft gebildet (vgl. die/diese/alle *schöne Männer).

Die Unterscheidung zwischen dem perfektivischen und imperfektivischen Aspekt, die im NG mit Hilfe von Tempora (z. B. Aorist, Imperfekt) zum Ausdruck kommt, wird im Deutschen u. a. mit Hilfe von Adverbien, Konjunktionen, Partikeln usw. gemacht. Die adäquateste Übersetzung von etrecha ist ich war am Laufen und nicht *ich lief (Fries 1993: 84).

Wortstellung: Nur klitische Elemente (vgl. die schwachen Pronomina oder die na-, tha- Elemente) haben im NG feste Positionen. Aus diesem Grunde haben GDL mit der Satzgliedstellung der (trennbaren) Verben große Schwierigkeiten (vgl. *Hans hat geküsst Maria. *Hans anrief Maria. (Tsokoglou 2007: 100).

Subjektposition: Im DT ist die syntaktische Subjektposition obligatorisch besetzt, während im NG diese Position leer sein darf. Lernende neigen dazu, diese Position nicht zu besetzen, besonders bei Verben, die an diese Position das semantisch leere es setzen, z. B. *Schneit (vgl. den Sammelband von Kotzia und Efthimiou 2001, in dem weitere syntaktische und morphologische Phänomene aus der Sicht der Generativen Grammatik behandelt werden).

5. Wortschatz / Idiomatik / Phraseologie

Eine Reihe von Wörtern des Deutschen ist griechischen Ursprungs. Viele von ihnen, die als *Falsche Freunde* bekannt sind, verursachen zahlreiche Fehlleistungen, weil sie oft im DT oder NG neue Bedeutungen angenommen haben. Der GDL denkt vorerst, dass *Apotheke*, wie das ähnlich lautende *apothiki* die Bedeutung ‚Abstellraum' hat oder dass *Atom* auch ‚Mensch/Person' bedeutet (vgl. Parianou 2000: 12). Manchmal sind die Bedeutungen sogar entgegengesetzt: Im NG bedeutet *Empathie* ‚Böswilligkeit' und nicht wie im DT ‚Einfühlungsvermögen'.

Die kontrastive Untersuchung von Wörtern im Kontext ergibt interessante Beobachtungen. Aus einer kontrastiven valenzorientierten Analyse von kognitiven Verben (vgl. Butulussi 1991) konnte u. a. die Bildung folgender fehlerhaften Konstruktionen festgestellt werden: **M. weiß zu schwimmen. *Weißt du Deutsch?* (S. 244). *Ich möchte dir Maria *kennen/vorstellen* (S. 266). *Ich *weiß/kenne Maria, das Lokal. Sie wusste/*kannte die Uhrzeit/meinen Namenstag* (S. 234). *Plötzlich wusste/*kannte ich ihre Telefonnummer* (S. 252).

Aus einer kontrastiven diskursanalytischen Untersuchung der Wörter *ratsismos/Rassismus* konnte die Erweiterung der Bedeutung und häufigere Verwendung des Begriffs *ratsismos* im NG festgestellt werden, die auf die unterschiedlichen geschichtlichen und politischen Verhältnisse seit 1933 zurückzuführen ist (vgl. Butulussi 1998).

Die Übersetzung und Übertragung der Idiome vom NG ins DT ist sehr problematisch, deswegen kann ein Lexikon der Idiome beider Sprachen den GDL große Hilfe leisten (vgl. u. a. Antoniadou und Kaltsas 1994).

6. Pragmatik, Textlinguistik, Interkulturelle Kommunikation

Die Analyse von Telefongesprächen Pavlidous (1994, 2008) ergibt, dass sich Griechen am Beziehungsaspekt der Kommunikation orientieren, während Deutsche direkter sind und dazu tendieren, den Schwerpunkt in den Inhaltsaspekt zu legen (Pavlidou 1994: 508).

Interjektionen, Partikeln — sogar die ähnlich lautenden Formen, z. B. *hm, ah, ja* — und andere steuernde Signale übernehmen in griechischen und deutschen Gesprächen ähnliche, aber auch unterschiedliche Funktionen (vgl. Liedke 1994; Karagiannidou 2000).

Die mündliche Kommunikation hat innerhalb der griechischen Kultur, heutzutage besonders auf dem Lande, einen hohen Rang, was zur Folge hat, dass übliche Gewohnheiten der griechischen oralen Kultur, übertragen auf das DT, zu Verstößen in der interkulturellen Kommunikation führen können. Nach Dorfmüller-Karpusa (1993: 36) ist die Gewohnheit, den Fremden zu fragen, woher er kommt, ob er eine Familie hat, wie viele Kinder er hat, nicht taktlos, wie es im DT ist, sondern seit Homers Zeit legitim und signalisiert große Achtung. In diesem Rahmen stellt Bickes (1993) fest, dass orale Elemente sogar in der Schriftsprache ihren Niederschlag finden. Die schriftlichen Bildbeschreibungen deutscher StudentInnen sind durch Distanz, Nüchternheit und Abstraktion gekennzeichnet, während der Stil der Bildbeschreibungen griechischer StudentInnen lebensnah, bilderreich und metaphorisch ist.

7. Sprachdidaktik

Deutsch wird in Griechenland sowohl in privaten Fremdspracheninstituten als auch in den staatlichen Schulen (vgl. in der Sekundar- und seit 2006 Primarstufe (vgl. Papado-poulou 2007) gelehrt. In Bezug auf die Sprachdidaktik finden sich nach Röttger (2004: 92) Extreme nebeneinander − frontaler Grammatikunterricht neben modernen pädago-gischen und sprachdidaktischen Ansätzen.

Der Grammatikunterricht ist nur teilweise kontrastiv orientiert. Kontrastive Tenden-zen werden von in Griechenland publizierten DaF-Lehrwerken unterstützt, die sich nach den Bedürfnissen und Vorkenntnissen der GDL zu richten versuchen. So werden z. B. deutsche Wörter griechischer Abstammung schon im ersten Teil der DaF-Lehrwerke für Anfänger behandelt. Diese Vorgehensweise soll nach dem Gemeinsamen Europäischen Referenzrahmen ferner die Mehrsprachigkeit der Lernenden fördern.

Im Rahmen ihrer universitären (Aus)bildung setzen sich angehende LehrerInnen in Griechenland mit kontrastiven Analysen einzelner Phänomene im Rahmen der Phonetik, Phonologie, Morphologie, Syntax, Semantik u. a. auseinander. Außerdem wird der Ver-such unternommen, kontrastive Analysen von Sprache im Gebrauch, im kulturellen Kontext durchzuführen. In diesem Rahmen werden unter anderem bestimmte Diskursar-ten, z. B. Wegbeschreibungen (vgl. Karagiannidou 2000) oder Zeitungsartikel/Talkshows u. a. des deutschen und griechischen Multikulturalitätsdiskurses aus (inter)kultureller Sicht behandelt (vgl. Butulussi 2007a, b).

Die oben genannten Orientierungen der DaF-Lehrer(aus)bildung sollen angehende LehrerInnen durch die Herausbildung ihrer (multi-, inter-, trans-)kulturellen Bewusstheit auf die neue Situation des Miteinanders verschiedener Sprachen und Kulturen in den Ländern Europas vorbereiten und bewirken eine allmähliche Veränderung der schuli-schen Praxis, die zu einer kommunikativen, pragmatischen und kulturell ausgerichteten Unterrichtsgestaltung führen (vgl. u. a. Karagiannidou 2000, Sapiridou 2000, Röttger 2004, Vretta-Panidou 2005).

8. Literatur in Auswahl

Antoniadou, Christina und Petra Kaltsas
      1994   Λεξικό των ιδιωματικών εκφράσεων. Ελληνικά−Γερμανικά/Γερμανικά−Ελληνικά.
              [*Lexikon der idiomatischen Redewendungen. Griechisch−Deutsch/Deutsch−Griechisch*].
              Köln/Thessaloniki: Romiosini.
Balassi, Evdokia
      2002   *Phonetik/Phonologie und Ausspracheschulung.* 2 Bände. (Postgraduiertenstudium in
              Deutsch als Fremdsprache). Patras: Fernuniversität Patras.
Balassi, Evdokia
      2004   Aussprachefehler griechischer Germanistikstudenten. *Muttersprache* 114 (3): 244−252.
Berkemeier, Anne
      1997   *Kognitive Prozesse beim Zweitschrifterwerb: Zweitalphabetisierung griechisch-deutsch-bi-
              lingualer Kinder im Deutschen.* Frankfurt a. M.: Lang.
Bickes, Christine
      1993   *Wie schreiben Griechen und Deutsche: eine kontrastive textlinguistische Analyse.* Mün-
              chen: iudicium.

Butulussi, Eleni
1991   *Studien zur Valenz kognitiver Verben im Deutschen und Neugriechischen.* Tübingen: Niemeyer.
Butulussi, Eleni
1998   Der Begriff des Rassismus im Deutschen und Griechischen. Vom Diskurs zum Wort. In: Käthi Dorfmüller-Karpusa und Ekaterini Vretta-Panidou (Hg.), *Thessaloniker Interkulturelle Analysen,* 59−69. Frankfurt a. M.: Lang.
Butulussi, Eleni
2007a   Zur Herausbildung kultureller Bewusstheit in der Germanistik am Beispiel Griechenland. *Jahrbuch Deutsch als Fremdsprache* 32: 113−125.
Butulussi, Eleni
2007b   „*Stereo*typ, *Hydro*phobie, *Hydro*philie: DaF-Unterricht und Metaphern des Deutschen und Griechischen in Multikulturalitätsdiskursen" In: Angelika Redder (Hg.): *Diskurse und Texte,* Festschrift für Konrad Ehlich zum 65. Geburtstag, 527−536. Tübingen: Stauffenburg.
Butulussi, Eleni
2009   *Kontrastive Untersuchungen zum Deutschen und Neugriechischen: Eine Auswahlbibliographie.* In: http://users.auth.gr/~butulusi/ oder auch http://www.del.auth.gr. Abteilung für Deutsche Sprache und Philologie. Aristoteles Universität Thessaloniki.
Dorfmüller-Karpusa, Käthi
1993   *Kinder zwischen zwei Kulturen. Soziolinguistische Aspekte der Bikulturalität.* Wiesbaden: Deutscher Universitätsverlag.
Eideneier, Hans
1976   *Sprachvergleich Griechisch−Deutsch.* Düsseldorf: Schwann.
Fries, Norbert
1988   *Präpositionen und Präpositionalphrasen im Deutschen und im Neugriechischen: Aspekte einer kontrastiven Analyse Deutsch−Neugriechisch.* Tübingen: Niemeyer.
Fries, Norbert
1993   Probleme der kontrastiven Analyse Deutsch−Neugriechisch. *Wissenschaftliches Jahrbuch der Philosophischen Fakultät der Aristoteles Universität Thessaloniki, Abteilung für Deutsche Sprache und Philologie.* Abt. 6. Bd. 3, 79−103. Thessaloniki.
Götze, Lutz, Hans-Martin Kemme und Sigbert Latzel
1979   *Lehrschwierigkeiten im Fach ‚Deutsch als Fremdsprache'. Abschlußbericht.* München: Goethe-Institut.
Karagiannidou, Evangelia
2000   *Deutsch als Fremdsprache für Griechen. Gesprochenes Deutsch als Kommunikationsmittel.* Frankfurt a. M.: Lang.
Kiliari, Angeliki
1998   Griechen lernen Deutsch als Fremdsprache. Lernschwierigkeiten aus LehrerInnen- und Lernersicht. *Jahrbuch Deutsch als Fremdsprache* 24: 423−434.
Kotzia, Elisabeth und Eleni Efthimiou (Hg.)
2001   Γενετική γραμματική και συγκριτική ανάλυση [*Generative Grammatik und kontrastive Analyse*] Athen: Kastaniotis.
Liedke, Martina
1994   *Die Mikro-Organisation von Verständigung: Diskursuntersuchungen zu griechischen und deutschen Partikeln.* Frankfurt a. M.: Lang.
Papadopoulou, Charis-Olga
2007   German as a second foreign language in Greek compulsory education: curriculum and continuity. In: Marianne Nikolov (Hg.), *Teaching modern languages to young learners: teachers, curricula and materials,* 91−104. Graz: Europäisches Fremdsprachenzentrum.
Parianou, Maria
2000   „*Falsche Freunde" im Sprachenpaar (Neu-Griechisch−Deutsch).* Frankfurt a. M.: Lang.

Pavlidou, Theodossia
    1994   Contrasting German−Greek politeness and the consequences. *Journal of Pragmatics* 21:
            487−511.
Pavlidou, Theodossia
    2008   Interactional work in Greek and German telephone conversations. In: Helen Spencer-
            Oatey (Hg.), *Culturally speaking: culture, communication and politeness theory*, 118−137.
            London: Continuum.
Petrounias, Evagelos
    2002[2] Νεοελληνική γραμματική και συγκριτική (αντιπαραθετική) ανάλυση [Neugriechische
            Grammatik und vergleichende (kontrastive) Analyse] Theorie. Bd. 1. Thessaloniki: Ziti.
Röttger, Evelyn
    2004   *Interkulturelles Lernen im Fremdsprachenunterricht. Das Beispiel Deutsch als Fremdspra-
            che in Griechenland.* Hamburg: Dr. Kovač.
Sapiridou, Andromachi
    2000   Das kulturelle Element im DaF-Unterricht. In: Käthi Dormüller-Karpouza und Ekaterini
            Vretta-Panidou (Hg.), *Thessaloniker Interkulturelle Analysen*, 285−294. Frankfurt a. M.:
            Lang.
Sioupi, Athina
    2002   On the syntax and semantics of verb-complement constructions that involve 'creation': a
            comparative study in Greek and German. In: Abraham Werner und Jan-Wouter C. Zwart
            (Hg.), *Issues in formal German(ic) typology*, 263−283. Amsterdam: Benjamins.
Slembek, Edith
    1987   *Lehrbuch der Fehleranalyse und Therapie. Griechisch, Italienisch, Türkisch.* Heinsberg:
            Dieck.
Storch, Günther und Melissa Chatziioannou
    1994   *Deutscher Aussprachekurs für Griechen.* Athen: Praxis.
Tsokoglou, Aggeliki
    2007   *Η δομή της πρότασης και η σειρά των όρων στη γερμανική γλώσσα.* [Die Satzstruktur und
            die Satzgliedstellung in der deutschen Sprache]. Athen: Parousia.
Vretta-Panidou, Ekaterini
    2005   Sprachmitteln als integrative Übungsform zur Vermittlung interkultureller Aspekte. In:
            Eleni Butulussi, Evangelia Karagiannidou und Katerina Zachu (Hg.), *Sprache und Multi-
            kulturalität*, 401−419. Thessaloniki: University Studio Press.
Winters-Ohle, Elmar
    2001   Kontrastive Analysen Deutsch-Griechisch: eine Übersicht. In: Gerhard Helbig, Lutz
            Götze, Gert Henrici und Hans-Jürgen Krumm (Hg.), *Deutsch als Fremdsprache*. Ein inter-
            nationales Handbuch, 416−422. Beerlin: de Gruyter.

Eleni Butulussi, Thessaloniki (Griechenland)

68. Kontrastive Analyse Niederländisch–Deutsch

1. Forschung
2. Deutsch und Niederländisch kontrastiv
3. Literatur in Auswahl

1. Forschung

Im Folgenden wird eine Auswahl der seit etwa 1990 erschienenen Literatur besprochen. Für ältere Literatur wird auf Wilmots (2001) verwiesen.

1.1. Theorieorientierte kontrastive Forschung

Im niederländischen Sprachgebiet, d. h. in den heutigen Niederlanden und in Flandern, wird in den Germanistikabteilungen der Universitäten oft ohne direkten Bezug zum Niederländischen über Deutsch geforscht. Wenn beide Sprachen verglichen werden (wie gelegentlich in Abraham 1995), ist der Kontext oft rein theoriebezogen. Vandenheedes Untersuchung (1998) ist zwar aus der Praxis des DaF-Unterrichts entstanden, kann aber nicht als kontrastiv betrachtet werden. Es geht darum, Aspekte des Deutschen besser darzustellen. Sogar wenn der Titel eine „Kontrastivgrammatik" verspricht (Draye 1992), wird für beide Sprachen separat eine linguistische Analyse dargeboten, der Vergleich jedoch nicht ausgearbeitet. Bei den theorieorientierten Beschreibungen dient der Sprachvergleich vor allem der Verdeutlichung der Theorie (vgl. auch Hessmann 1992; Primatarova-Miltscheva 1992).

1.2. Sprachdidaktisch orientierte Forschung

Kontrastive Arbeiten mit einem sprachdidaktischen Hintergrund sind im Allgemeinen kurze Artikel zu einem sehr spezifischen Problem. Sie entstehen meist an Universitäten im Zusammenhang mit dem DaF-Unterricht für Germanistikstudierende und behandeln typische Schwierigkeiten für Niederländischsprachige. Einige neuere Beispiele sind Mortelmans 2000 und Cajot 2000. Auch viel ältere Texte könnten hier erwähnt werden (siehe Wilmots 2001 und die Übersicht bei Vandenheede 1998: 18). Systematisch kontrastive Grammatiken entstammen ebenfalls dem Unterricht für Germanistikstudierende (ten Cate, Lodder und Kootte 2004; Lutjeharms 1991). Diese Grammatiken verdeutlichen besonders die Schwierigkeiten für Fortgeschrittene, die gründlich und mit vielen Beispielen behandelt werden (eine leichtere Fassung auf Niederländisch ist Lodder 2004). In der unterrichtsbezogenen Literatur stehen Fehler im Mittelpunkt (Van de Velde und De Cubber 1976; Lange 1993). Westheide 1997 geht von Verben aus, da 2/3 der Normabweichungen seiner Studierenden mit der Verwendung der Verben (u. a. Valenz) zusammenhängen.

1.3. Empirische Forschung

Empirische Untersuchungen, die anhand von Daten aus dem DaF-Unterricht oder über den DaF-Erwerbsprozess Aspekte des Fremdsprachenerwerbs und -unterrichts zu klären versuchen, sind für die Lernerperspektive relevant. Lutjeharms (1988) beschreibt den Leseprozess. Klein Gunnewiek (2000) hat beim Erwerb von Wortstellung, Subjekt-Verb-Kongruenz, Plural-, Possessiv- und Vergangenheitsformen keine Erwerbssequenzen finden können. Lochtman (2002) hat das Korrekturverhalten von Lehrkräften und deren Zweckmäßigkeit für den Erwerbsprozess untersucht, Peters (2007) den Wortschatzerwerb bei Fortgeschrittenen.

2. Deutsch und Niederländisch kontrastiv

2.1. Typologisch

Deutsch und Niederländisch sind nah verwandte Sprachen, deren historische Entwicklung nicht immer getrennt verlaufen ist (Lerchner 1992). Im Grenzgebiet sind sich die Dialekte auf beiden Seiten der Grenze ähnlich. Die Grenze zwischen beiden Sprachgebieten hängt mit der Staatenbildung zusammen. Im Bereich des Wortschatzes hat es jahrhundertelang einen regen Austausch gegeben, wobei anfänglich das Deutsche eher vom Niederländischen beeinflusst wurde, später verlief der Einfluss umgekehrt, doch die Lage ist komplex und kann je nach sozialer Sprachschicht, Themenbereich und geographischen Verhältnissen erheblich variieren (Ponten 1968). Die Beziehungen zwischen den beiden Sprachen waren allerdings nicht immer unproblematisch (Ponten 1968).

Die Deklination sowie die Rektion der Präpositionen und der intransitiven Verben mit Dativobjekt stellen das größte Problem dar, sie verschaffen Deutsch das Image einer schweren Sprache. Durch die Kasusformen ist Deutsch teilweise synthetischer (z. B. Genitiv statt *van*, wie es umgangssprachlich auch im Deutschen mit *von* möglich ist). Im Niederländischen gibt es, abgesehen von einigen Restformen in festen Wendungen, nur noch bei den Personalpronomina Kasusformen. Letzteres ist auch der Fall in den von Niederländischsprachigen vorher erworbenen Fremdsprachen Englisch und Französisch (mit Ausnahme der klassischen Sprachen; Lateinkenntnisse sind beim Deutscherwerb eine große Hilfe). Für Lernende ohne Lateinkenntnisse bewirkt der Deutschunterricht daher die erste Konfrontation mit dem Kasussystem der Substantive.

2.2. Phonetik und Phonologie

Niederländischsprachige können deutsche Texte, selbst wenn sie sie nicht verstehen, oft gut vorlesen. Dies hängt mit der großen Übereinstimmung bei der Wortstellung zusammen. Dadurch werden Satzglieder leicht erkannt. Zudem ist die Intonation sehr ähnlich. Vokale und Konsonanten weisen viele Ähnlichkeiten auf, freilich auch einige Unterschiede. So ist der Kontrast zwischen kurzen und langen Vokalen im Deutschen größer und bei einigen Konsonanten wird mehr aspiriert. Die Diphthonge weisen größere Unterschiede auf. Eine ausführliche kontrastive Darstellung bieten ten Cate und Jordens (2005). Der niederländische Akzent, der im Norden und im Süden des Sprachgebiets (z. B. Ach- und Ich-Laut, Assimilierung), aber auch im Osten und Westen, teilweise verschieden ist, beeinträchtigt die Kommunikation kaum. Schwierig, weil schwer abzugewöhnen, sind Akzentunterschiede in sichtbar verwandten Wörtern, vorwiegend Ableitungen wie 'wissenschaftlich (*weten'schappelijk*), 'selbstständig (*zelf'standig*), 'Freundin (*vrien'din*) u. a.

2.3. Syntax und Morphologie

Sowohl Niederländisch wie Deutsch haben eine äußerst flexible Wortfolge, die größtenteils übereinstimmt. Die Verbzweitstellung im Hauptsatz und die Verbendstellung im Nebensatz sind für beide Sprachen kennzeichnend. Kleine Unterschiede ergeben sich daraus, dass im Niederländischen das finite Verb im Nebensatz sowohl vor wie auch nach dem Partizip stehen kann und dass die Wortfolge bei doppelten Infinitiven umgekehrt ist (*zij heeft het kunnen doen*: sie hat es machen können; *omdat hij het heeft kunnen doen*: weil er es hat machen können). Auch die Satzklammer ist vergleichbar. Sie kann aber im Niederländischen, anders als im Deutschen, auch in einfachen Sätzen aufgehoben werden (*Ik wil uitgaan van het volgende voorbeeld. / Ik ga uit van …*: Ich will von folgendem Beispiel ausgehen. / Ich gehe von … aus). Für beide Sprachen wird heute im Allgemeinen SOV als wichtigste Wortfolge angenommen, doch bei Kasusfehlern Niederländischsprachiger zeigt sich die SVO-Wortfolge als kanonische Satzstrategie. Wenn das Subjekt nach dem Verb steht, kommt es bei Niederländischsprachigen häufig im Akkusativ vor, und auch für den Gleichsetzungsnominativ wird oft Akkusativ verwendet. Bei der Verbvalenz sind besonders Dativobjekte im intransitiven Satz schwierig, weil Akkusativ oder ein Präpositionalobjekt erwartet wird. Im Niederländischen gibt es sehr viel mehr Infinitivsätze, wobei sie teilweise durch Nebensätze oder Nominalphrasen zu übersetzen sind.

Die Konjugation ist bis auf den Vokalwechsel bei unregelmäßigen Verben in der 3. Person Singular im Präsens nicht schwer. Die Paradigmata der unregelmäßigen Verben gelten vorwiegend für dieselben Gruppen verwandter Verben, so dass die Formen eines Verbs gleich auf die ganze Gruppe mit dieser Flexion transferierbar sind. Auch die Hilfsverben *haben* und *sein* werden fast gleich verwendet. Der Konjunktiv ist im Niederländischen allerdings fast verschwunden.

Viele Relativpronomina sind schwierig, sowohl die Form als auch die Kasusverwendung im Relativsatz (vgl. *de man, die/aan wie/met wie*: der Mann, der, den, dem/dem/mit dem). Zudem werden Artikel und Relativpronomen leicht verwechselt. Kasusendungen werden oft vermieden (*aller Interesse* gelesen als: *alle Interessen* u. ä.).

Die Formenvielfalt im Nominalbereich bildet das größte Problem. Die Kasusverwendung bei den Wechselpräpositionen bereitet auch Fortgeschrittenen noch Probleme, weil − aus der DaF-Perspektive betrachtet − manchmal jede Logik fehlt (besonders bei Präpositionalobjekten, vgl. das stützt sich auf Folgendes / beruht auf Folgendem; sie ist in ihn verliebt usw.). Die Komplexität der Pluralbildung ist schwer, denn das Niederländische hat als Pluralmarkierung fast nur *-en* und *-s*. Diese Endungen werden zudem übergeneralisiert, in dem Sinne, dass Singularformen wie „für den Studenten" oder „des Mitarbeiters" als Pluralformen missverstanden werden. Auch die Adjektivdeklination −

Niederländisch hat meist eine -e-, selten eine Nullendung – bildet eine Fehlerquelle. Die
-er-Endung wird leicht als Komparativ gedeutet.

Im Niederländischen wird bei den Substantiven nicht mehr von Genus gesprochen,
sondern nur noch von *de-* und *het*-Wörtern (*het* entspricht dem Neutrum). Daher ist der
Unterschied männlich/weiblich undeutlich, auch wenn viele Dialektsprechende ihn noch
wahrnehmen können. Niederländisch hat mehr sächliche Verbalstämme (wie *het bezit*:
der Besitz), was häufig zu Fehlern führt.

2.4. Wortschatz, Idiomatik und Phraseologie

Viele Wörter sehen gleich aus (vgl. *ging, de hand, de arm, arm, klein*) oder klingen fast
gleich (der Stuhl: *de stoel*, die Frau: *de vrouw*, rot: *rood*), auch andere sind auf Anhieb
zu erkennen (scheinen: *schijnen*, Wasser: *water* usw.). Unter systematischer Berücksichtigung der 2. Lautverschiebung werden noch mehr Wörter erschließbar (so: Zeichen: *te-
ken* – eine systematische Übersicht über alle Entsprechungen bei Lutjeharms und Möller
2007). Der Hinweis auf Wortverwandtschaft unterstützt den Wortschatzerwerb (nur ein
Beispiel: fordern: *eisen* kann auch mit *opvorderen* übersetzt werden; fördern: *steunen* mit
bevorderen). Im Vergleich zum Nutzen der Sprachverwandtschaft fallen irreführende
Kognaten kaum ins Gewicht. Nur bei einigen irreführenden Kognaten ist wirkliches Einüben zur Automatisierung erforderlich (so bei weil: *omdat*, nicht *terwijl*, Englisch *while* –
und bei einigen Modalverben). Rezeptiv sind der intra- und interlinguale Kontrastmangel
(Ereignis, Ergebnis und Gewerkschaft, Vorgehen) schwieriger, weil solche Wörter aufgrund bekannter Morpheme auf der Formebene erkannt werden, ohne dass die Form
den Zugriff auf die Bedeutung auslöst. Sie führen zu mehr Gedächtnisproblemen.

Interferenzfehler kommen vor allem bei Syntagmen und Idiomen vor, meist durch
fehlendes Vorwissen. Die Unterschiede können subtil sein (vgl. zwei Fliegen mit einer
Klappe schlagen: *twee vliegen in één klap slaan*) und brauchen das Verständnis nicht zu
beeinträchtigen. Präpositionen und Abtönungspartikel werden teilweise unterschiedlich
verwendet.

Beim systematischen Einsatz der Ausgangssprache verwenden DaF-Lernende eine an
sich nützliche Strategie. Der Erfolg hängt nicht mit der Strategie der Übernahme zusammen, sondern damit, dass diese in bestimmten Fällen eben nicht (gut) hilft und zur Interferenz führt.

2.5. Pragmatik, Textlinguistik und interkulturelle Kommunikation

Zu diesen Bereichen fehlen Forschungsergebnisse. Die Lage ist komplex, denn sowohl
innerhalb des deutschen wie innerhalb des niederländischen Sprachgebiets bestehen Unterschiede, die größer sein können als die interlingualen. Kremer (2000) hat zur Verwendung pronominaler Anredesysteme im deutschen und niederländischen Sprachgebiet eine
Befragung durchgeführt. Aus der Sicht Deutschsprachiger, die Niederländisch lernen,
könnte noch Wenzel (2002) erwähnt werden.

2.6. Traditionen der Sprachdidaktik

Durch die große Verwandtschaft beider Sprachen ist es nicht sinnvoll, eine von Deutschen verfasste nicht-kontrastive Grammatik zu benutzen, was doch gelegentlich geschieht. Ein Beispiel einer solchen Grammatik ist die von Luscher (1999). Die Grammatikerläuterungen wurden ins Niederländische übersetzt, was für DaF-Lernende, die nicht Germanistik studieren, durchaus sinnvoll ist. Inhaltlich wurde die Grammatik aber nicht überarbeitet. Hier folgen nur zwei von sehr vielen Beispielen. Für die Syntax wird hervorgehoben, dass das finite Verb Zweitstellung hat (Luscher 1999: 29), aber nicht, dass es im Niederländischen genau so ist. Dass Diminutive sächlich sind, wird erwähnt (Luscher 1999: 69). Damit haben Niederländischsprachige keine Probleme. Nicht erwähnt wird, dass Diminutive im Deutschen möglichst vermieden werden sollen, denn im Vergleich zum Niederländischen werden sie nur ganz selten verwendet.

Die traditionelle Grammatikorientiertheit ist durch das für Deutschlernende größtenteils neue Kasussystem schwer vermeidbar. Ohne bewusste Wahrnehmung der Kasusmorphologie wird diese nur selten erworben. Der „grammatische Teillehrplan" könnte jedoch besser auf den „Erwerbsprozess" abgestimmt werden (Kwakernaak 1996: 293). Bei den Übungsformen sind inhaltlich isolierte Lückensätze zu Schwierigkeiten am beliebtesten (vgl. Kwakernaak 1996: 64, 249). Besonders in den Niederlanden besteht eine Vorliebe für Listen irreführender Kognaten und anderer Schwierigkeiten.

Es besteht noch keine Tradition, Ähnlichkeiten systematisch hervorzuheben. Bei so eng verwandten Sprachen wie Niederländisch und Deutsch werden sie allerdings spontan wahrgenommen und benutzt, manchmal von Lehrkräften auch systematisch gefördert, doch gibt es darüber kaum empirische Forschung (Lutjeharms 2003). Traditionell werden im Unterricht eher die Unterschiede betont. Das systematischere Ausnutzen der engen Sprachverwandtschaft und eine stärkere Fokussierung auf die Rezeption könnten dazu beitragen, dass DaF im niederländischen Sprachgebiet das Image einer schweren Sprache verliert.

3. Literatur in Auswahl

Abraham, Werner
  1995   *Deutsche Syntax im Sprachvergleich: Grundlegung einer typologischen Syntax des Deutschen.* Tübingen: Narr.
Cajot, José
  2000   *Um*-Infinitive: Constructies om nooit te vergeten − des constructions à retenir. *Germanistische Mitteilungen* 52: 61−72.
Cate, Abraham P. ten, Hans G. Lodder und André Kootte
  2004   *Deutsche Grammatik. Eine kontrastive deutsch-niederländische Beschreibung für den Fremdspracherwerb.* Bussum: Coutinho.
Cate, Abraham P. ten und Peter Jordens
  2005   *Phonetik des Deutschen: Eine kontrastiv deutsch-niederländische Beschreibung für den Zweitspracherwerb.* Groningen: Rijksuniversiteit.
Draye, Luk
  1992   Zum Trajektiv. Ein Kapitel aus einer kognitiv orientierten niederländisch-deutschen Kontrastivgrammatik. *Leuvense Bijdragen* 81: 163−203.

Hessmann, Pierre
1992   Das Possessivpronomen kontrastiv: Deutsch−Niederländisch. In: Helga Hipp (Hg.), *Niederlandistik und Germanistik. Tangenten und Schnittpunkte*, 81−91. Frankfurt a. M.: Lang.

Klein Gunnewiek, Lisanne
2000   *Sequenzen und Konsequenzen. Zur Entwicklung niederländischer Lerner im Deutschen als Fremdsprache.* Amsterdam: Rodopi.

Kremer, Ludger
2000   Duzen und Siezen. Zur Verwendung der Anredepronomina im Deutschen und Niederländischen. *Germanistische Mitteilungen* 52: 13−31.

Kwakernaak, Erik
1996   *Grammatik im Fremdsprachenunterricht: Geschichte und Innovationsmöglichkeiten am Beispiel Deutsch als Fremdsprache in den Niederlanden.* Amsterdam: Rodopi.

Lange, Klaus-Peter
1993   *Fehlergrammatik Niederländisch−Deutsch.* Bussum: Coutinho.

Lerchner, Gotthard
1992   Das Niederländische als Herausforderung an die Sprachhistoriographie des Deutschen. In: Helga Hipp, *Niederlandistik und Germanistik. Tangenten und Schnittpunkte*, 25−30. Frankfurt a. M.: Lang.

Lochtman, Katja
2002   *Korrekturhandlungen im Fremdsprachenunterricht.* Bochum: AKS.

Lodder, Hans G.
2004   *Basisgrammatica Duits.* Bussum: Coutinho.

Lutjeharms, Madeline
1988   *Lesen in der Fremdsprache. Versuch einer psycholinguistischen Analyse am Beispiel Deutsch als Fremdsprache.* Bochum: AKS.

Lutjeharms, Madeline
1991   *Deutsche Grammatik.* Brussel: Dienst Uitgaven Vrije Universiteit Brussel (bis 2008 mehrere Auflagen).

Lutjeharms, Madeline
2003   Niederländisch und Deutsch als Tertiärsprachen? In: Franz-Joseph Meißner und Ilse Picaper (Hg.), *Mehrsprachigkeitsdidaktik zwischen Frankreich, Belgien und Deutschland*, 62−81. Tübingen: Narr.

Lutjeharms, Madeline und Robert Möller
2007   Sieb 3: Laut- und Graphementsprechungen. In: Britta Hufeisen und Nicole Marx (Hg.), *EuroComGerm − Die sieben Siebe: Germanische Sprachen lesen lernen*, 87− 138. Aachen: Shaker.

Luscher, Renate
1999   *Grammatica in gebruik. Duits.* [Niederländische Bearbeitung von: *Übungsgrammatik für Anfänger − Deutsch als Fremdsprache*]. Amsterdam/Antwerpen: Intertaal.

Mortelmans, Tanja
2000   Eine kontrastive Analyse der niederländischen und deutschen Modalverben am Beispiel des niederländischen Verbs *moeten*. *Germanistische Mitteilungen* 52: 33−60.

Peters, Elke N.
2006   *Learning Second Language Vocabulary Through Reading. Three Empirical Studies into the Effect of Enhancement Techniques.* Leuven: Katholieke Universiteit Leuven.

Ponten, Jan Peter
1968   Deutsch-niederländischer Lehnwortaustausch. In: Walther Mitzka, *Wortgeographie und Gesellschaft*, 561−606. Berlin: de Gruyter.

Primatarova-Miltscheva, Antoinette
1992   Partikelforschung in der Niederlandistik und in der Germanistik. In: Helga Hipp (Hg.), *Niederlandistik und Germanistik. Tangenten und Schnittpunkte*, 93−103. Frankfurt a. M.: Lang.

Vandenheede, Bernard
1998   *Regelfindung und Regelverbesserung. Ein Beitrag zu einer besseren Deutsch-Didaktik. Am Beispiel der Deklination der Attributivwörter und der Artikelverwendung nach der Präposition in.* Frankfurt a. M.: Lang.

Van de Velde, Marc und Walter De Cubber
1976   Eine Untersuchung der Fehler im Deutsch niederländischsprachiger Germanistikstudenten. *Studia Germanica Gandensia* XVII: 109−128.

Wenzel, Veronika
2002   *Relationelle Strategien in der Fremdsprache. Pragmatische und interkulturelle Aspekte der niederländischen Lernersprache von Deutschen.* Münster: Agenda.

Westheide, Henning
1997   *Contrastief idioomboek Duits* [Kontrastives Buch deutscher Idiome]. Bussum: Coutinho.

Wilmots, Jozef
2001   28. Kontrastive Analysen Deutsch−Niederländisch: eine Übersicht. In: Gerhard Helbig, Lutz Götze, Gert Henrici und Hans-Jürgen Krumm (Hg.), *Deutsch als Fremdsprache. Ein internationales Handbuch*, 331−337. Bd. 1. (Handbücher zur Sprach- und Kommunikationswissenschaft 1−2). Berlin: de Gruyter.

Madeline Lutjeharms, Brüssel (Belgien)

69. Kontrastive Analyse Norwegisch–Deutsch

1. Forschungslage
2. Typologische Einordnung
3. Phonologie und Phonetik
4. Morphologie und Syntax
5. Wortschatz, Idiomatik und Phraseologie
6. Pragmatik, Textlinguistik und interkulturelle Kommunikation
7. Sprachdidaktische Reflexionen
8. Literatur in Auswahl

1. Forschungslage

Das Sprachenpaar Norwegisch-Deutsch ist kontrastiv, mit Deutsch als Zielsprache, ganz gut erforscht − aus natürlichen Gründen: Deutsch war bis zum zweiten Weltkrieg in der Schule wie an den Universitäten die vorherrschende Fremdsprache in Skandinavien und hat erst im Laufe der letzten 25 Jahre seine Position als eine wichtige Fremdsprache in Norwegen eingebüßt. Im Zentrum des Forschungsinteresses stand seit jeher die Grammatik: Passivbildung, Tempus und Modus, Modalverben, Verbalrektion, die Verwendung von *es* und *det* ,es', Wortstellung, Satzverschränkung, Relativsätze, Struktur der Nominalphrase und Anderes mehr − Kernthemen der deutschen Syntax allgemein (s. Literaturauswahl). Die Mehrheit der Beiträge, deren Stärke vor allem im deskriptiven Bereich liegt, ist der europäischen strukturalistischen Tradition (i. w. S.) verpflichtet und umfasst neuere Spielarten wie die Valenztheorie. Areallinguistisch orientierte Sprachtypologie und Grammatikalisierungstheorie sind jedoch auch vertreten, generative Ansätze gleichfalls. Seit gut zehn Jahren bilden übersetzungs- und textbezogene Fragestellungen einen neuen thematischen Schwerpunkt (s. Abschn. 6). Andere Themenbereiche spielen demgegenüber eine eher bescheidene Rolle, wobei regelrechte kontrastive Forschungsdefizite vor allem in der Wortbildung und der Idiomatik/Phraseologie zu verzeichnen sind. Systematische, interlinguale Korrespondenzen berücksichtigende Untersuchungen zur Flexionsmorphologie fehlen auch (für einen Überblick s. den norwegischen Teil von *ProGr@mm – kontrasti*). Kulturspezifische Aspekte des Sprachgebrauchs werden in der kontrastiven Fachsprachenforschung (Kvam 2002; Neumann 1996; Neumann und Vahsen 1996; Simonnæs 2003), seit wenigen Jahren gelegentlich auch allgemeiner (Eschenbach 2000) thematisiert. Die Lernerperspektive kommt meistens zumindest implizit in der Themenwahl zum Vorschein, bildet aber eher selten das Hauptanliegen (s. jedoch Fabricius-Hansen 1981; Fabricius-Hansen und Ahlgren 1986; Høyem und Zickfeldt 2001). – Der Vergleich Norwegisch–Deutsch hat sich bisher fast ausschließlich auf die sog. *bokmål*-Variante des Norwegischen bezogen, Die zweite offizielle Variante, das *nynorsk* ‚Neunorwegisch‘, wird auch in diesem Beitrag nicht explizit berücksichtigt. Relevante Unterschiede gibt es im vorliegenden Zusammenhang ohnehin kaum.

2. Typologische Einordnung

Als europäische Sprachen gemeinsamer germanischer Herkunft weisen Norwegisch und Deutsch auch typologisch viele Gemeinsamkeiten auf, wenn auch Norwegisch, seiner geographischen Randlage entsprechend (Askedal 1989), dem Typ des *Standard Average European* (SAE) ferner liegt als das Deutsche (s. hierzu Artikel 21, mit weiteren Hinweisen).

(i) Norwegisch und Deutsch sind beide – anders als Englisch – sog. Verbzweitsprachen: Das finite Verb steht im Aussagesatz an zweiter Stelle, nach dem Subjekt oder einem anderen Satzglied, das dann meistens als Kontrast- oder Rahmentopik dient. (ii) Andererseits geht Norwegisch im zweiten zentralen Wortstellungsparameter (VO/OV) mit dem Englischen einher: Das Verb regiert in der Grundwortstellung von links nach rechts (VO), geht also Objekten und verbabhängigen Adverbialen voran, während die Verbalphrase im Deutschen bekanntlich durch Rektion von rechts nach links (OV, Verbendstellung) gekennzeichnet ist. (iii) Präpositional- und Nominalphrasen sind hingegen im Norwegischen ähnlich aufgebaut wie im Deutschen (und Englischen): Präpositionen stehen tatsächlich im Normalfall vor der regierten Nominalphrase und modifizierende (attributive) Adjektive vor dem modifizierten Substantiv. (iv) Wie Englisch ist Norwegisch eine flexionsarme Sprache; vor allem ist die Kasusflexion der Substantive gänzlich abgebaut. (v) Damit hängt wiederum zusammen, dass die Satzgliedfunktionen Subjekt, direktes bzw. Patiens-Objekt und indirektes bzw. Rezipienten-Objekt strukturell, durch die relative Platzierung der Satzglieder im Satzinnern, markiert sind. Die Wortstellung lässt sich folglich nicht so frei zum Zweck der Informationsgliederung variieren, wie es im Deutschen der Fall ist (Pitz 2006).

3. Phonologie und Phonetik

Das norwegische Vokalsystem entspricht in phonologischer Hinsicht weitgehend dem deutschen, umfasst jedoch jeweils zwei (lange und kurze) gerundete Vorderzungenvokale, die als *y* und *u* geschrieben werden; vgl. *yr* /y:r/ ‚wirr‘ und *ur* /ʉ:r/ ‚Uhr‘. Dabei ist /ʉ:/ artikulatorisch und auditiv dem deutschen /y:/ ähnlicher als das norwegische /y:/. So kann es leicht zu phonetisch und orthographisch bedingten Interferenzen kommen, indem norwegische Lerner einerseits das deutsche /y:/, etwa in *Tür*, wie das norwegische /y:/ realisieren, das in deutschen Ohren eher wie /i:/ klingt, und andererseits das deutsche *u* mit dem norwegischen *u* identifizieren und folglich etwa *wurde* wie *würde* aussprechen. Außerdem werden die deutschen Langvokale /e:/, /ø:/ und /o:/ oft, wie die entsprechenden norwegischen Langvokale, leicht diphthongisch realisiert.

Schwierigkeiten bieten im deutschen Konsonantensystem vor allem die Auslautverhärtung und das stimmhafte /z/, die im Norwegischen beide keine Entsprechung haben, die Unterscheidung von [ç] und [ʃ], die im modernen Norwegisch allmählich zugunsten von [ʃ] verschwindet, und die Artikulation von /r/.

Die Platzierung des Wortakzents folgt im Norwegischen im Wesentlichen denselben Regeln wie im Deutschen. Eine Besonderheit des Norwegischen bildet hingegen die Differenzierung zwischen zwei phonologisch distinkten Wortmelodien, Tonem 1 und Tonem 2, die in der deutschen Aussprache oft Spuren hinterlassen. In der Satzintonation unterscheidet sich Norwegisch je nach Mundart in unterschiedlicher Weise vom Deutschen. Dabei kann die Übertragung der (ostnorwegischen) steigenden Intonation auf Aussagesätze und w-Fragen im Deutschen dazu führen, dass die Äußerungen als Nachfragen missverstanden werden.

4. Morphologie und Syntax

Als Flexionsmittel dienen im Norwegischen überwiegend Endungen, in Ausnahmefällen auch Vokalmodifikation (Umlaut, Ablaut) im Stamm. Substantive flektieren nach Numerus, mit dem Plural als morphologisch markierter Kategorie. Die Markierung ist uneinheitlich und z. T. vom Genus des Substantivs abhängig, so dass die Substantive sich wie im Deutschen auf verschiedene Flexionsklassen verteilen. Eine Besonderheit des Norwegischen ist der flexivische Definitheitsmarker, der dem Substantiv nachgehängt wird und u. U. mit der Pluralendung fusioniert (*en arm* ‚ein Arm‘ – *armen* ‚der Arm‘, *to armer* ‚zwei Arme‘ – *armene* ‚die Arme‘). Geht dem Substantiv ein Adjektiv voran, wird zusätzlich ein vorangestellter Artikel verwendet (*den venstre armen* ‚der linke Arm‘). Attributive Genitive werden einheitlich durch ein Suffix *−s* markiert, das jedoch der ganzen Nominalphrase angehängt wird und insofern als Wortgruppenflexion einzustufen ist. Adjektive werden nicht nur in attributiver Funktion, sondern auch als Prädikative (Genus-Numerus-Kongruenz) flektiert. Beim finiten Verb ist Tempus (Präsens: Präteritum) die einzige Flexionskategorie, es gibt weder einen morphologisch markierten Konjunktiv noch Person-Numerus-Endungen. Ansonsten sind die Verbalsysteme der beiden Sprachen weitgehend parallel, einschließlich der morphologischen Unterscheidung zwischen schwachen Verben (mit Dentalsuffix im Präteritum) und starken Verben (Präteritum ohne Suffix, im Normalfall mit Ablaut) und der Bildung syntaktisch komplexer Verbalformen.

Die differenzierte, teilweise fusionierende und unregelmäßige Morphologie des Deutschen stellt einen Stolperstein für Deutsch lernende Norweger dar, wobei die größten Probleme bei der Genuszuordnung und Pluralbildung der Substantive, der Kasusmorphologie von Artikelwörtern und Pronomina und der Konjugation (vor allem der starken Verben) zu liegen scheinen.

Die Lernprobleme in der Syntax sind zum großen Teil direkt oder indirekt auf die in den Abschnitten 2 und 3 besprochenen Kontraste zurückzuführen. So wird die norwegische Verbalstellung (VO) besonders von Anfängern häufig auf die Zielsprache übertragen, die Kasuszuordnung zu nominalen Satzgliedern misslingt, die Subjekt-Verb-Kongruenz wird nicht eingehalten, das Pronomen *es* taucht unerlaubt an Stellen auf, wo Norwegisch das entsprechende Pronomen *det* als strukturelles Subjekt verlangt (*Gestern kamen *es viele Besucher.*). Besonders fehleranfällig sind Relativsätze und das Passiv, bei denen ja mehrere syntaktische Regeln zusammenspielen. Beispielsweise lässt sich im Norwegischen mit dem Hilfsverb des normalen Passivs *bli* ‚werden' auch ein Rezipientenpassiv bilden, was Interferenzen wie **Er wurde einen Preis verliehen* nach sich zieht. Relativsätze werden im Norwegischen nicht mit einem Pronomen, sondern mit der polyfunktionalen Subjunktion *som* gebildet, die als Relativsatzeinleiter weitgehend optional ist. Da Norwegisch außerdem Topikalisierung und Relativierung aus Präpositionalphrasen heraus (sog. Prepositional Stranding) erlaubt (Pitz und Sæbø 1997), sind etwa Lernerkonstruktionen wie **Die Mädchen (wie) ich wohne zusammen mit studieren Medizin* keine Seltenheit. Anders als im Deutschen können Nominalphrasen im Norwegischen auch über Satzgrenzen hinweg topikalisiert und relativiert werden (Satzverschränkung, lange Bewegung) – auch das eine charakteristische Fehlerquelle (**Diese CD glaube ich nicht (dass) sie gehört hat.*) Bei fortgeschritteneren Lernern bleiben als Problembereiche vor allem die nominale Blockbildung (vorangestellte erweiterte Adjektiv- und Partizipialattribute, der polyfunktionale attributive Genitiv) und der Konjunktiv – und zwar nicht nur aus produktiver, sondern auch aus rezeptiver Sicht.

5. Wortschatz, Idiomatik und Phraseologie

Als germanische Sprachen haben Norwegisch und Deutsch einen gemeinsamen Bestand von Wörtern germanischen Ursprungs, an denen charakteristische sprachgeschichtlich begründete Lautkorrespondenzen zu beobachten sind. Hinzu kommen zahlreiche Entlehnungen aus dem Niederdeutschen, die z. T. über das Dänische ins Norwegische (sog. *bokmål*) aufgenommen wurden. Gemeinsame Fremdwörter (Internationalismen) gibt es selbstverständlich auch in großer Menge. Leider ist dieser ganze Bereich wenig erforscht. Wünschenswert wäre aus didaktischer Perspektive nicht zuletzt eine kontrastive Aufbereitung des (bzw. eines) deutschen Grundwortschatzes mit Exemplifizierung typischer Phonem- und Graphemkorrespondenzen und einem Verzeichnis falscher lexikalischer Freunde (im germanischen wie im internationalen Wortschatz). Damit hätte man auch eine geeignete Grundlage für einen systematischen Vergleich der Genuszuordnung und Flexionsklassenzugehörigkeit von Substantiven und der Konjugation starker Verben – ein weiteres Desiderat.

6. Pragmatik, Textlinguistik und interkulturelle Kommunikation

Die spezifischen Eigenschaften des Deutschen ermöglichen eine syntaktische Komplexität und Informationsdichte auf Satzebene, die in der Schriftsprache je nach Textsorte mehr oder weniger stark ausgenützt wird. Im Norwegischen sind der Komplexität engere Grenzen gesetzt, teils aus strukturellen Gründen, teils weil die Normen der Schriftsprache sich stärker an der gesprochenen Sprache orientieren. Auf lexikalische Variation wird anscheinend auch tendenziell weniger Gewicht gelegt. Kontraste dieser Art, die sich an vergleichbaren nichtfiktionalen Originaltexten beobachten lassen (Fabricius-Hansen und Solfjeld 1994; Kvam 2002), haben u. U. schwer wiegende Folgen für das Übersetzen vor allem aus dem Deutschen (Solfjeld 2000; Ramm 2008). Wie sie sich in einem tieferen Sinne auf die Textgestaltung auswirken, bleibt noch zu untersuchen (Fabricius-Hansen 2010). – Im Bereich der Pragmatik und der interkulturellen Kommunikation ist nicht zuletzt auf Unterschiede der Anredekonventionen (allgemeines Duzen im Norwegischen) und der Höflichkeitsnormen hinzuweisen.

7. Sprachdidaktische Reflexionen

Die Deutschdidaktik ist in der norwegischen Schule von heute stärker mündlich-kommunikativ ausgerichtet und weniger auf Grammatikkenntnisse fixiert als vor etwa dreißig Jahren. Im Zuge der Bemühungen um europäische Mehrsprachigkeit werden auch neue Modelle des Fremdsprachenunterrichts entwickelt und ausprobiert, welche die Position des Englischen als erster Fremdsprache mit berücksichtigen. Über die Wirkungen dieser Neuansätze wissen wir jedoch derzeit zu wenig. – Allgemein hat Deutsch als Fremdsprache nicht zuletzt wegen der Grammatik einen schlechten Ruf. Andererseits sind norwegische Schüler mit den Sprachkenntnissen, die sie aus der Schule mitbringen, den Herausforderungen, denen sie beispielsweise bei der Lektüre deutschsprachiger Zeitungen oder Lehrbücher gegenüberstehen, meistens nicht gewachsen – von der produktiven Sprachbeherrschung ganz zu schweigen. Einen Weg aus diesem didaktischen Dilemma zu finden, ist nicht leicht. Zu empfehlen wäre jedoch auf jeden Fall eine stärkere Bewusstmachung der Gemeinsamkeiten der beiden Sprachen. Ferner würde eine Aufwertung der rezeptiven Fertigkeiten nicht nur das Leseverstehen, sondern auch die Einsicht in die funktionalen Leistungen grammatischer Gegebenheiten erhöhen.

8. Literatur in Auswahl

Askedal, John Ole
   1989   Typologische und areallinguistische Überlegungen zu den modernen germanischen Sprachen. *Sprachwissenschaft* 14: 159–167.
Askedal, John Ole
   1999   Nochmals zur kontrastiven Beschreibung von deutsch *es* und norwegisch *det*. Ein sprachtypologischer Ansatz. In: Heide Wegener (Hg.), *Deutsch kontrastiv. Typologisch-vergleichende Untersuchungen zur deutschen Grammatik*, 33–62. Tübingen: Stauffenburg.

Askedal, John Ole
2000   Passivkonstruktionen im Deutschen und in den skandinavischen Sprachen in kontrastiv-typologischer Sicht. In: *Arbeiten zur Skandinavistik. 13. Arbeitstagung der deutschsprachigen Skandinavistik*, 19−42. Frankfurt a. M.: Lang.
Askedal, John Ole
2001   Kontrastive Analysen Deutsch-Norwegisch: eine Übersicht. In: *Deutsch als Fremdsprache. Ein internationales Handbuch*, 351−358. Berlin: de Gruyter.
Askedal, John Ole, Burkhard Issel und Otto E. Nordgreen (Hg.)
2007   *Deutsch in Norwegen. Akten der der nationalen Fachtagung in Oslo*. Osloer Beiträge zur Germanistik 40. Frankfurt a. M.: Lang.
Eschenbach, Jutta
2000   *Ola Nordmann im deutschen Blätterwald: sprachliche Konstituierung nationaler Stereotype und ihre Verwendung in der deutschen Presse − am Beispiel der Kategorie der Norweger.* Acta Universitatis Gothoburgensis 39. Göteborg Universität.
Fabricius-Hansen, Cathrine
1981   *Kontraster og fejl. Indføring i kontrastiv beskrivelse og elevsprogsanalyse på norsk-tysk grundlag.* (Osloer Beiträge zur Germanistik 7.) Universität Oslo.
Fabricius-Hansen, Cathrine und Bengt Ahlgren
1986   *Å lese tysk sakprosa. Innføring i grammatisk leseteknikk..* Oslo: Universitetsforlaget.
Fabricius-Hansen, Cathrine
1994   Das dänische und norwegische Tempussystem im Vergleich mit dem deutschen. In: Rolf Thieroff und Joachim Ballweg (Hg.), *Tense Systems in European Languages*, 49−68. Tübingen: Niemeyer.
Fabricius-Hansen, Cathrine
2007   Dreimal (nicht) dasselbe: Sprachliche Perspektivierung im Deutschen, Norwegischen und Englischen. *Zeitschrift für Literaturwissenschaft und Linguistik* 145: 61−86.
Fabricius-Hansen, Cathrine
2010   Deutsch im Kontrast − textbezogen. In: Antje Dammel, Sebastian Kürschner und Damaris Nübling (Hg.), *Kontrastive germanistische Linguistik*, 171−199. Hildesheim: Olms.
Fabricius-Hansen, Cathrine und Kåre Solfjeld
1994   *Deutsche und norwegische Sachprosa im Vergleich. Ein Arbeitsbericht.* (Arbeitsberichte des Germanistischen Instituts der Universität Oslo 6). Oslo.
Høyem, Sturla und August Wilhelm Zickfeldt
2001   *Deutsche Lautlehre.* Trondheim: Tapir.
Kvam, Sigmund
1983   *Linksverschachtelung im Deutschen und Norwegischen. Eine kontrastive Untersuchung zur Satzverschränkung und Infinitivverschränkung im Deutschen und Norwegischen.* Tübingen: Niemeyer.
Kvam, Sigmund
1993   *Substantivische Wortbildungen im Textmuster Beraten im Deutschen und Norwegischen. Eine Fallstudie am Beispiel geschriebener und gesprochener Fachtexte.* Frankfurt a. M.: Lang.
Kvam, Sigmund
2002   *Satzreduktion und kontraktive Konstruktionen als Textgestaltungsmittel. Eine Fallstudie eines deutsch-norwegischen Paralleltextes* Wirtschaftshochschule Århus.
Lindemann, Beate und Ole Letnes
2004   *Diathese, Modalität, Deutsch als Fremdsprache: Festschrift für Oddleif Leirbukt zum 65. Geburtstag.* Tübingen: Stauffenburg.
Leirbukt, Oddleif (Hg.)
2003   *Tempus/Temporalität und Modus/Modalität im Deutschen − auch in kontrastiver Perspektive.* Tübingen: Stauffenburg.

Neumann, Ingrid
  1996   *Geschäftssituationen: für Aussenhandel, Tourismus und Technik.* Kristianssand: Høyskole-
           forlaget.
Neumann, Ingrid und Grete Vahsen
  1996   *Fachkommunikation für die Wirtschaft.* Kristianssand: Høyskoleforlaget.
Pitz, Anneliese
  2006   The relation between information structure, syntactic structure and passive. In: Benjamin
           Lyngfelt und Torgrim Solstad (Hg.), *Demoting the Agent: Passive, Middle and Other Voice
           Phenomena,* 225−248. Amsterdam: Benjamins.
Pitz, Anneliese und Kjell Johan Sæbø
  1997   *Kontrastive Syntax Norwegisch-Deutsch.* Universität Oslo: Unipub.
ProGr@mm
           (Die Propädeutische Grammatik) − *kontrastiv.* URL: http://hypermedia.ids-mannheim.
           de/programm/.
Ramm, Wiebke
  2008   Upgrading of non-restrictive relative clauses in translation − a change in discourse struc-
           ture? In: Cathrine Fabricius-Hansen und Wiebke Ramm (Hg.), *'Subordination' versus 'Co-
           ordination' in Sentence and Text. A Cross-Linguistic Perspective,* 135−159. (Studies in
           Language Companion Series 98.) Amsterdam: Benjamins.
Simonnæs, Ingrid
  2003   Äquivalenzprobleme bei Terminologie- und Wörterbucharbeit. Zur deutsch-norwegischen
           juristischen Fachsprache. In: Reiner Arntz, Felix Meyerer und Ursula Reisen (Hg.), *Ter-
           minologie in Gegenwart und Zukunft − Ausgewähle Beiträge der DTT Symposien 1989−
           2000,* 48−53. Köln: Deutscher Terminologietag e.V.
Solfjeld, Kåre
  2000   *Sententialität, Nominalität und Übersetzung. Eine empirische Untersuchung deut-
           scher Sachprosatexte und ihrer norwegischen Übersetzungen.* (Osloer Beiträge zur Germa-
           nistik 26.) Frankfurt a. M. etc.: Lang.
Solfjeld, Kåre
  2004   Zur Wiedergabe deutscher erweiterter Attribute in authentischen norwegischen Überset-
           zungen. *Hermes* 33: 89−115.

Cathrine Fabricius-Hansen, Oslo (Norwegen)

70. Kontrastive Analyse Polnisch–Deutsch

1. Forschungslage
2. Hauptunterschiede und Parallelen zwischen dem Polnischen und dem Deutschen
3. Phonetik und Phonologie
4. Morphologie und Syntax
5. Wortschatz, Idiomatik, Phraseologie
6. Pragmatik, Textlinguistik, Interkulturelle Kommunikation
7. Sprachdidaktik
8. Literatur in Auswahl

1. Forschungslage

Die kontrastive Beschreibung des Sprachenpaars Deutsch (Dt.)−Polnisch (Poln.) ist gut etabliert und weiter ausbaufähig. Zabrockis Ansicht (1970: 33), dass Unterschiede und Übereinstimmungen im Fokus sprachvergleichender Beschreibung stehen können, ließ ihn zweierlei Grammatiken unterscheiden: kontrastive und konfrontative. Eine scharfe Grenze zwischen beiden Beschreibungsweisen ist jedoch nie gezogen worden.

Das letzte Jahrzehnt steht im Zeichen einer Kontinuität kontrastiver Forschung. Maßgeblich geprägt ist sie durch die groß angelegte „Deutsch-polnische kontrastive Grammatik" (Engel et al. 1999/2000), die oft als Anregung bzw. kritischer Bezugspunkt für weitere Analysen dient. Es handelt sich um eine beschreibende, systematische Dependenzgrammatik auf der Grundlage der Valenztheorie. Sie setzt beim Text als höchster Beschreibungsebene an und bezieht Fragen der Textlinguistik, Sprechakttheorie und Textsortenforschung mit ein. Die weiteren Teile behandeln den Satz und alle Wortklassen, wobei ein Abgleich letzterer mit grammatischen Kategorien, Valenzklassen, Deklinationsklassen und Wortbildung stattfindet.

Die Grammatiken von Bartnicka et al. (2004) und von Skibicki (2007) vermitteln vor allem praktisches Wissen für das Erlernen und Lehren der poln. Sprache, aber enthalten auch kontrastive Komponenten. Für didaktische Zwecke wird in Polen oft die „Deutsche Grammatik für Polen" von Czochralski (1998) verwendet. Auch diese ist deskriptiv und enthält zahlreiche Hinweise auf dt.-poln. Parallelen und Unterschiede.

Neben dt.-poln. vergleichenden Projekten sind zahlreiche Monographien und Aufsätze entstanden, die theoretische Probleme der kontrastiven Linguistik angehen. Hinzu kommen interdisziplinär fundierte Analysen, meist zu Einzelaspekten von Sprachsystem und Sprachgebrauch (vgl. die Bibliographie zum dt.-poln. Sprachvergleich von Czechowska-Błachiewicz und Weigt 2002).

Eine neue Qualität stellen multilaterale kontrastive Projekte dar, wie etwa *EuroGr@mm* (koordiniert durch das IDS Mannheim), *Gesprochene Wissenschaftssprache kontrastiv* (Herder-Institut Leipzig − Aston University Birmingham − Breslau), oder das trilaterale Forschungsprojekt *Deutsche Grammatik − Ein Blick von Außen* (Krakau − Paris − Halle).

2. Hauptunterschiede und Parallelen zwischen dem Polnischen und dem Deutschen

In typologischer Hinsicht weist Poln. in stärkerem Maße flektierende Merkmale auf als Dt. (z. B. werden im Poln. Kardinalzahlen immer flektiert, im Dt. bleiben sie in der Regel unveränderlich). Zu den wichtigsten charakteristischen Merkmalen der poln. Flexion gehören: Kasussynkretismus, mehrere Flexionsendungen mit gleicher Funktion, morphologische Veränderungen des Basismorphems (Alternationen), Dubletten, synthetische und analytische Verbflexion. Solche Eigenschaften sind auch im dt. Flexionssystem vorhanden, allerdings in weit geringerem Ausmaß als im Poln.

3. Phonetik und Phonologie

Eine Reihe von Unterschieden des Vokal- und Konsonantensystems beider Sprachen ist in sprachdidaktischer Hinsicht besonders zu beachten. Poln. weist im Vergleich zum Dt. mehr Konsonanten und wesentlich weniger Vokale auf. Im poln. Vokalismus sind weder die Vokallänge noch Vokalspannung distinktive Merkmale. Alle poln. Vokale sind grundsätzlich kurz und die meisten (außer /i/) werden ungespannt artikuliert; es gibt keine gerundeten vorderen Vokale und keine Diphthonge. Diese qualitativ-quantitativen Unterschiede im Vokalismus führen oft zu Interferenzen, die bei Deutsch lernenden Polen häufiger sind und stark kommunikationsbeeinträchtigend wirken. Poln. hat mehr palatale Konsonanten und Affrikaten als Dt. Die stimmlosen Verschlusslaute werden im Poln. grundsätzlich nicht aspiriert; das /r/ wird am häufigsten apikal artikuliert und nicht vokalisiert. Im Poln. gibt es eine regressive Angleichung, im Dt. eine progressive. Die Betonung ist im Poln. prinzipiell regelmäßig: Der Akzent fällt fast immer auf die vorletzte Wortsilbe.

Die phonologisch-phonetischen Aspekte des poln. und dt. Sprachsystems sind in zahlreichen kontrastiven Arbeiten miteinander verglichen worden – mit Schwerpunkt auf didaktisch orientierter Interferenzanalyse. Ältere strukturalistische kontrastive Zugänge (Szulc 1974; Prędota 1979; Morciniec 1990) spiegeln den Wissensstand der 1970er Jahre wider und finden in der Didaktik immer noch Anwendung. Zu den wenigen neueren Arbeiten zählt u. a. die Monographie von Tworek (2006) zum dt. und poln. Konsonantensystem. Die Bedürfnisse des Phonetikunterrichts sind zwar durch bisherige Lehrwerke im Großen und Ganzen gedeckt, wünschenswert wäre allerdings ein modernes Handbuch für den Phonetikunterricht.

4. Morphologie und Syntax

Polnisch und Deutsch verfügen überwiegend über dieselben morphologischen Kategorien, allerdings mit einigen deutlichen Unterschieden. Die grammatische Kategorie Genus ist in beiden Sprachen dreielementig, mit Maskulinum, Femininum und Neutrum. Im Poln. unterteilt sich das Maskulinum jedoch in drei Subgenera: „Personalmaskulinum", „Maskulinum für Belebtes" und „Maskulinum für Unbelebtes". Dt. und poln. übersetzungsäquivalente Wörter haben keineswegs immer dasselbe Genus. Im Poln. ist das Genus zumeist an spezifischen Endungen zu erkennen, im Dt. dagegen nur selten. Gravierende Genusunterschiede treten im Bereich der Internationalismen auf, was zu häufigen Interferenzfehlern führen kann (z. B. entsprechen den poln. Maskulina *autorytet, bandaż, ambulans* im Dt. Feminina *Autorität, Bandage, Ambulanz*).

Bei der Kasuskategorie ergeben sich Unterschiede daraus, dass Flexionsendungen im Dt. größtenteils abgeschliffen und zusammengefallen, im Poln. aber weitgehend erhalten sind. Polen haben zum Beispiel, wie Vertreter aller slawischen Sprachen, besondere Schwierigkeiten mit dem deutschen Artikel, weil ihre Muttersprache keinen obligatorischen Artikel kennt. Das Dt. hat nur vier, das Poln. dagegen sieben Kasus (gegenüber dem Dt. zusätzlich Instrumental, Lokativ und Vokativ). Hinzu kommt, dass der Genitiv im poln. Kasussystem eine bedeutendere Rolle spielt als im Dt. Zum Beispiel wird im Poln. der Genitiv regelmäßig nach verneinten transitiven Verben gebraucht. In der Kategorie Numerus, die in beiden Sprachen zweielementig ist, bestehen wesentliche Unterschiede bei der Zugehörigkeit zu Pluralia tantum. Zu dieser Gruppe gehören im Poln. viele Nomina, die im Dt. sowohl Singular und Plural bilden (z. B. *drzwi* ‚Tür‘, *okulary* ‚Brille‘, *spodnie* ‚Hose‘).

Zum Verb und seinen morphologischen Kategorien gibt es eine Reihe von konfrontativen Untersuchungen. Die divergenten Verhältnisse im Tempusbereich und dessen Zusammenhänge mit dem Aspekt im Poln. werden von Czochralski (1975) und Wierzbicka (1999) untersucht. Das Poln. verfügt über ein ausgeprägtes Partizipialsystem. Im Vergleich (Schatte 1986; Feret 2004) werden im Dt. Temporalnebensätze mit Verbum finitum verwendet. Auch die weiteren morphologischen Kategorien des Verbs sind in mehreren Monographien kontrastiv beschrieben worden, u. a. die Kategorie Modus: Den dt. Konjunktiv vs. poln. Konditional beschreibt Czarnecki (1977). Mit dem Imperativ hat sich Markiewicz (2000) befasst. Einen guten Überblick über die Literatur zur kontrastiven Beschreibung von Modalität vermittelt Hansen (2001: 438–448). Des Weiteren haben Genus verbi und Diathese die Aufmerksamkeit der Forschung auf sich gezogen (u. a. Czarnecki 1985).

Den morphologischen Bereich sondieren auch Arbeiten, die einzelnen Wortarten gewidmet sind: Gegenüberstellung der Adjektive im Poln. und Dt. (Bzdęga 1980), zahlreiche Beiträge von Ch. und Cz. Schatte zur Abgrenzung der dt. und poln. Adverbien von anderen Inflektiva. Bemerkenswert regen Interesses erfreut sich die semantisch-syntaktische Analyse dt. und poln. Präpositionen (bibliographische Angaben vgl. Czechowska-Błachiewicz und Weigt 2002: 687–689). Dt. gilt als partikelreiche Sprache; Szulc-Brzozowska (2002) hat die dt. Modalpartikeln im Vergleich zum Poln. untersucht.

Im kernlinguistischen Bereich Morphologie/Syntax sind in letzter Zeit einige kontrastive Monographien entstanden. Dabei dominiert die theoretische Ausrichtung, meist fehlen didaktisch orientierte Pendants. Die syntaktisch orientierten Arbeiten beruhen überwiegend auf valenzbasierten Modellen.

5. Wortschatz, Idiomatik, Phraseologie

Neue Wörter können in beiden Sprachen grundsätzlich nach denselben Mustern gebildet werden. Die Produktivität der Wortbildungsmodelle ist jedoch im Dt. und im Poln. unterschiedlich. Das Poln. nutzt vor allem Suffixbildung, Präfixbildung und Konversion;

die Komposition spielt nur eine geringe Rolle, während sie im Dt. im Vordergrund steht. Daraus folgt, dass in den meisten Fällen einem dt. Substantiv-Kompositum im Poln. eine andere Struktur entspricht, z. B. Ableitung durch Suffigierung, Nominalphrase mit Adjektiv, Nominalphrase mit Genitivattribut, Nominalphrase mit präpositionalem Attribut. Deutliche Unterschiede gibt es in beiden Sprachen bei der Diminuierung und Augmentierung. Einen weiteren Unterschied zwischen beiden Sprachen kann man bei der Bildung der Feminina feststellen. Andererseits gibt es im poln. und dt. Wortschatz sowie in der Phraseologie viele Gemeinsamkeiten. Dafür haben zum Teil zahlreiche Entlehnungen aus dem Dt. ins Poln. gesorgt (vgl. das Wörterbuch der dt. Entlehnungen im Poln.: Łaziński 2008), z. B. Internationalismen, die in beiden Sprachen in großer Fülle vorhanden sind. Es gibt bis dato keine strikt kontrastive Arbeit zum gesamten dt. und poln. Wortschatz. Eine gute Einführung in die Problematik ist jedoch das Handbuch zur poln. Lexikologie von Nagórko (2007), das zahlreiche kontrastive Analysen zum Dt. enthält. Ein schwieriges Problem dt.-poln. Lexikologie sind die sog. falschen Freunde. Das Wörterbuch von Lipczuk et al. (1995) enthält über 900 Wortpaare — überwiegend Internationalismen — mit voneinander abweichender Bedeutung.

Die dt.-poln. Lexikographie hat eine lange Tradition: eine von Frączek und Lipczuk (2004: 204—212) erstellte Bibliographie der einschlägigen zweisprachigen Wörterbücher beginnt ab 1528; das neueste ist 2008 unter wissenschaftlicher Leitung von Wiktorowicz und Frączek erschienen.

Im Bereich kontrastiver phraseologischer Untersuchungen haben sich zwei Schwerpunkte herauskristallisiert: die Problematik der Äquivalenz poln. und dt. Phraseologismen (Worbs 1994: 141—181) und die Frage nach deren Übersetzbarkeit (Łabno-Fałęcka 1995).

6. Pragmatik, Textlinguistik, Interkulturelle Kommunikation

Die Notwendigkeit der Einbeziehung der pragmatischen Komponente bei der dt.-poln. kontrastiven Forschung wird seit langem gesehen. Dass eine kommunikative Grundlegung des Fremdsprachenerwerbs etliche Vorteile bietet, ist unbestritten. Über die Wege zur kommunikativen Grammatik und über den in Vorbereitung befindlichen dritten ‚kommunikativen' Band der „Deutsch-polnischen kontrastiven Grammatik" (Engel et al. 1999/2000) berichtet Engel (2006).

Den Forschungsstand zur poln. germanistischen Textlinguistik stellen Heinemann und Bilut-Homplewicz (2005) dar. Sie plädieren für eine kontrastive Textlinguistik (2005: 244). Hier mangelt es noch an entsprechenden Arbeiten. Immerhin gibt es eine Reihe von Monographien, die Einzelphänomene aufgreifen: z. B. Berdychowska (2002) zur Personaldeixis, Taborek (2004) zu Verweiswörtern.

7. Sprachdidaktik

Die polnische angewandte Linguistik hat eine lange Tradition (vgl. Grucza 2007: 250—299) und entwickelt sich in engen Beziehungen zwischen der Sprachwissenschaft und Glottodidaktik, Translatologie und interkulturellen Kommunikation. Die Grundideen der polnischen angewandten Linguistik haben sich in den 1970er Jahren intensiv weiterentwickelt. Das Institut für Angewandte Linguistik der Adam Mickiewicz-Universität Posen gibt die Zeitschrift *Glottodidactica* heraus. Weiteres Zentrum der Glottodidaktik in Polen ist die Universität Warschau, wo Grucza 1978 auch die glottodidaktische Zeitschrift *Przegląd Glottodydaktyczny* gegründet hat.

In Polen wird Deutsch vor allem als zweite Fremdsprache nach dem Englischen unterrichtet. Wille und Wawrzyniak (2001: 13) zeigen „die Möglichkeiten auf, die Vorkenntnisse des Englischen, die der Schüler in den Deutschunterricht mitbringt, kreativ und sinnvoll auszunutzen". Gleichzeitig erweitert sich das Spektrum der kontrastiv erfassten Phänomene von traditionellen lexikalisch-grammatischen auf interkulturelle Aspekte.

8. Literatur in Auswahl

Bartnicka, Barbara, Björn Hansen, Wojtek Klemm, Volmar Lehmann und Halina Satkiewicz
  2004   *Grammatik des Polnischen*. München: Sagner.
Berdychowska, Zofia
  2002   *Personaldeixis. Typologie, Interpretation und Exponenten im Deutschen und im Polnischen*. Kraków: Universitas.
Bzdęga, Andrzej
  1980   *Das Adjektiv im Polnischen und Deutschen. Versuch einer Klassifikation*. Wrocław etc.: Ossolineum.
Czarnecki, Tomasz
  1977   *Der Konjunktiv im Deutschen und Polnischen. Versuch einer Konfrontation*. Wrocław etc.: Ossolineum.
Czarnecki, Tomasz
  1985   *Das Passiv im Deutschen und Polnischen. Form und Verwendung*. Warszawa: Uniwersytet Warszawski.
Czechowska-Błachiewicz, Aleksandra und Zenon Weigt
  2002   Bibliographie zu Fragen der kontrastiven Linguistik und zum deutsch-polnischen Sprachvergleich (Stand: Juni 2001). *Studia Niemieckoznawcze/Studien zur Deutschkunde* 23: 665−705.
Czochralski, Jan
  1975   *Verbalaspekt und Tempussystem im Deutschen und Polnischen. Eine kontrastive Darstellung*. Warszawa: Państwowe Wydawnictwo Naukowe.
Czochralski, Jan
  1998   *Gramatyka niemiecka dla Polaków* [Deutsche Grammatik für Polen]. Warszawa: Wiedza Powszechna. [Erste Aufl. 1990].
Engel, Ulrich, Danuta Rytel-Kuc, Lesław Cirko, Antoni Dębski, Alicja Gaca, Alina Jurasz, Andrzej Kątny, Paweł Mecner, Izabela Prokop, Roman Sadziński, Christoph Schatte, Czesława Schatte, Eugeniusz Tomiczek und Daniel Weiss
  1999/2000   *Deutsch-polnische kontrastive Grammatik I−II*. Heidelberg/Warszawa: Julius Groos/ Wydawnictwo Naukowe PWN.
Engel, Ulrich
  2006   Deutsch-polnische kontrastive Grammatik: dpg − der dritte Band. In: Norbert Fries und Christiane Fries (Hg.): *Deutsche Grammatik im europäischen Dialog. Beiträge zum Kongress Krakau 2006*, http://krakau2006.anaman.de (26. 10. 2009).
Feret, Andrzej S.
  2004   *Das Partizip im Deutschen und Polnischen. Eine typologische Studie*. Frankfurt a. M.: Lang.

Frączek, Agnieszka und Ryszard Lipczuk
  2004   *Słowniki polsko−niemieckie i niemiecko−polskie; historia i teraźniejszość* [Polnisch−deutsche und deutsch−polnische Wörterbücher; Geschichte und Gegenwart]. Wołczkowo: Oficyna In Plus.
Grucza, Franciszek
  2007   *Lingwistyka stosowana. Historia − Zadania − Osiągnięcia.* [Angewandte Linguistik. Geschichte − Aufgaben − Leistungen] (Seria: Języki, Kultury, Teksty, Wiedza, Bd. 1) Warszawa: Euro-Edukacja.
Hansen, Björn
  2001   *Das slavische Modalauxiliar. Semantik und Grammatikalisierung im Russischen, Polnischen, Serbischen/Kroatischen und Altkirchenslavischen.* München: Sagner.
Heinemann, Wolfgang und Zofia Bilut-Homplewicz
  2005   Anmerkungen zur germanistischen Textlinguistik in Polen. *Convivium. Germanistisches Jahrbuch Polen*: 237−257.
Lipczuk, Roman, Zofia Bilut-Homplewicz, Andrzej Kątny und Christoph Schatte
  1995   *Niemiecko−polski słownik tautonimów* [Deutsch−polnisches Wörterbuch der Tautonyme]. Warszawa: Wydawnictwo Naukowe PWN.
Łabno-Falęcka, Ewa
  1995   *Phraseologie und Übersetzen. Eine Untersuchung der Übersetzbarkeit kreativ-innovativ gebrauchter wiederholter Rede anhand von Beispielen aus der polnischen und deutschen Gegenwartsliteratur.* Frankfurt a. M.: Lang.
Łaziński, Marek (Hg.)
  2008   *Słownik zapożyczeń niemieckich w polszczyźnie* [Wörterbuch der deutschen Lehnwörter im Polnischen]. Warszawa: Wydawnictwo Naukowe PWN.
Markiewicz, Aleksandra
  2000   *Der Imperativ im Deutschen und Polnischen.* Kraków: Universitas.
Morciniec, Norbert
  1990   *Lautsysteme des Deutschen und des Polnischen.* Heidelberg: Groos.
Nagórko, Alicja
  2007   *Lexikologie des Polnischen.* Hildesheim: Olms.
Prędota, Stanisław
  1979   *Die polnisch-deutsche Interferenz im Bereich der Aussprache.* Wrocław etc.: Ossolineum.
Schatte, Czesława
  1986   *Partizipialkonstruktionen im Deutschen und Polnischen.* Katowice: Uniwersytet Śląski.
Skibicki, Monika
  2007   *Polnische Grammatik.* Hamburg: Buske.
Szulc, Aleksander
  1974   *Praktyczna fonetyka i fonologia języka niemieckiego* [Praktische Phonetik und Phonologie des Deutschen]. Warszawa: Wydawnictwa Szkolne i Pedagogiczne.
Szulc-Brzozowska, Magdalena
  2002   *Deutsche und polnische Modalpartikeln und ihre Äquivalenzbeziehungen.* Lublin: Towarzystwo Naukowe KUL.
Taborek, Janusz
  2004   *Verweiswörter im Deutschen und im Polnischen.* Frankfurt a. M.: Lang.
Tworek, Artur
  2006   *Konsonantensysteme des Polnischen und des Deutschen. Fehleranalyse im Bereich der Perzeption und der Artikulation der deutschen Konsonanten bei Deutsch lernenden Polen.* Wrocław−Dresden: Neisse.
Wierzbicka, Mariola
  1999   *Das Tempus- und Aspektsystem im Deutschen und Polnischen. Versuch einer integralen Theorie im Rahmen einer temporal erweiterten Aussagenlogik.* Heidelberg: Groos.

Wille, Lucyna und Zdzisław Wawrzyniak
   2001   *Deutsch nach Englisch im glottodidaktischen Gefüge. Ein Germanistenlehrbuch für Glottodi-
           daktik und Methodik.* Rzeszów: Wyższa Szkoła Pedagogiczna.
Wiktorowicz, Józef und Agnieszka Frączek (Hg.)
   2008   *Wielki słownik polsko−niemiecki* [Großwörterbuch Polnisch−Deutsch]. Warszawa: Wy-
           dawnicktwo Naukowe PWN.
Worbs, Erika
   1994   *Theorie und Praxis der slawisch-deutschen Phraseographie.* Mainz: Liber.
Zabrocki, Ludwik
   1970   Grundfragen der konfrontativen Grammatik. In: *Probleme der kontrastiven Grammatik,*
           31−52. Düsseldorf: Schwann.

Lesław Cirko, Wrocław (Polen)
Danuta Rytel-Schwarz, Leipzig (Deutschland)

71. Kontrastive Analyse Portugiesisch–Deutsch

1. Phonologie/Phonetik
2. Morphologie
3. Syntax
4. Wortschatz
5. Probleme bei der sprachlichen Rezeption
6. Diskurskonventionen
7. Literatur in Auswahl

Aufgrund der großen Unterschiede zwischen dem europäischen (EP) und dem brasilianischen Portugiesisch (BP) muss dieser Beitrag zwischen beiden Varietäten unterscheiden. Wegen der international größeren Bedeutung Brasiliens, seiner weitaus höheren Einwohnerzahl und der Tatsache, dass es in Brasilien dreimal mehr DaF-Lerner als in Portugal gibt (StADaF 2006: 8 und 13), wird das BP im Vordergrund der folgenden Beschreibung stehen. Die europäische Varietät wird immer dann gesondert erwähnt, wenn Unterschiede zum BP Auswirkungen beim Fremdsprachenlernen zeitigen.

Eine detaillierte und kenntnisreiche Übersicht über den Stand und die Probleme kontrastiver Arbeiten in Bezug auf das Sprachenpaar Deutsch (D)/Portugiesisch (P) allgemein gibt Blühdorn (2005).

1. Phonologie/Phonetik

Obwohl das P mehr *Vokale* als das D aufweist (je nach Kategorisierung BP etwa 28 Vokale; EP etwa 30; D etwa 20), können beide Sprachen als vokalreich bezeichnet werden. Dieser Reichtum speist sich allerdings aus unterschiedlichen Quellen: Während das

D sowohl kurze (bzw. offene) als auch lange Vokale (im Regelfall geschlossene; die Ausnahme ist /ɛ:/, das mit /e/ Mimimalpaare bildet) kennt, ist die Vokallänge im P nicht distinktiv. Das P kennt dagegen Nasalvokale und hat wesentlich mehr Diphthonge als das D (etwa 15 im Vergleich zu 3). Den im D sehr häufigen Nebensilbenvokal Schwa /ə/ gibt es im EP ebenfalls in unbetonter Stellung, nicht aber im BP; gerundete Vordervokale – also die Umlaute von /o/, /ɔ/, /u/ und /ʊ/ – gibt es in keiner der beiden portugiesischen Varietäten. Aussprachprobleme für Brasilianer und Portugiesen ergeben sich insbesondere bei den Umlauten, die häufig als ungerundete Vordervokale ausgesprochen, manchmal aber auch übergeneralisiert werden (vgl. die Problematik bei *wurde*/*würde*, *konnte*/*könnte*), und für Brasilianer beim Schwa. Zum anderen entstehen Probleme auch aufgrund der allophonischen Regeln des P. So werden zum Beispiel Vokale vor einem Nasalkonsonanten viel stärker nasaliert als im D.

Im Bereich der *Konsonanten* stellt die funktional starke Besetzung des Stimmkontrasts im P einen Unterschied zum D dar. Alle portugiesischen Plosive und Frikative kontrastieren in ihrer Stimmhaftigkeit, während im D produktiv lediglich /f/ und /v/ und inlautend und im Norden Deutschlands /s/ und /z/ einen solchen Unterschied aufweisen. Deutsche Plosive hingegen unterscheiden sich kaum in ihrer Stimmhaftigkeit, sondern insbesondere im Süden Deutschlands, in Österreich und der Schweiz in Druckstärke und Aspiration. Diese Tatsache führt bei Brasilianern und Portugiesen sowohl zu Produktions- als auch zu Perzeptionsproblemen. Daneben gibt es im leicht konsonantenreicheren D (je nach Kategorisierung 20–26 Phoneme im Vergleich zu 19 im P) einige Konsonanten(varianten), die das P nicht kennt. Hier sind neben den relativ unproblematischen Affrikaten /pf/, /ts/ und /tʃ/ (das im BP als Allophon von /t/ vor unbetontem [i] existiert) vor allem /h/, /ŋ/ und /x/ ([ç], [x]) und der Glottisschlag [ʔ] zu nennen. Der Laut [h] kommt dabei zwar in vielen Varietäten Brasiliens als Aussprachevariante von /r/ vor, z. B. in *rio* ([hiu]; Fluss), die kognitive Verbindung dieser Aussprache mit dem deutschen Graphem <h> gelingt allerdings selten. Die auch im D von Brasilianern häufig verwendete Aussprache von <r> als [h] führt dann zu vielen perzeptiven Missverständnissen (*Rose*/*Hose*, *Hund*/*rund*). Für Portugiesen gibt es diese Verwechslung nicht, da im EP das /r/ nicht als [h], sondern meist gerollt ausgesprochen wird. Allerdings bereitet die Aussprache von /h/ Portugiesen noch mehr Schwierigkeiten als Brasilianern. Beim anderen Liquid entstehen Probleme, weil Brasilianer und Portugiesen das helle /l/ zwar im An- und Inlaut kennen, im Auslaut aber ein dunkles, velares [ɫ] ausgesprochen wird, das in Brasilien am Silbenende gewöhnlich sogar zu [u] vokalisiert wird. Beim [ç] ist die Unterscheidung zum [ʃ] schwierig, beim [ŋ] wird oft der homorgane Plosiv mitgesprochen.

In Bezug auf die *Phonotaktik* gibt es vier besonders fehlerträchtige Unterschiede: Der erste betrifft den Glottisschlag. Die mangelnde Beherrschung dieses schwierig zu hörenden Lautes führt dazu, dass Brasilianer und Portugiesen deutsche Wörter und Silben häufig verbinden (*beenden*, *zuerst*, *die Arbeit*). Das zweite Problem besteht bei silbenfinalen Nasalkonsonanten. Im P sind diese Nasale auf den Silbenanfang beschränkt. Dies führt nicht nur zum häufigen Weglassen finaler Nasale im D bei gleichzeitiger Nasalierung des Vokals, sondern auch zu Verwechslungen zwischen /n/ und /m/, was sich bei der Kasusmarkierung im Maskulin Singular negativ bemerkbar macht. Ein drittes Problem stellen die vielen Konsonantencluster im D dar. Das BP erlaubt nur wenige Konsonantencluster, und viele orthographische Cluster werden durch Sprossvokale allophonisch aufgelöst (<ad[i]vogado> ,Anwalt' oder <p[i]neu> ,Reifen'). Für portugiesische

Deutschlerner existiert dieses Problem in geringerem Maß, da die häufige Vokalreduktion im EP ebenfalls viele Konsonantencluster bedingt. Für beide portugiesische Varietäten gilt schließlich, dass sie im Gegensatz zum D auslautend nur /s/, /r/ und /ɫ/ als
Konsonanten zulassen, wobei /ɫ/ in Brasilien zusätzlich vokalisiert wird und /r/ ganz
wegfallen kann. Dies führt dazu, dass Brasilianer und manchmal auch Portugiesen deutsche Wörter, die auf Konsonant enden, mit einem nachfolgenden Vokal schmücken. Paradoxerweise lassen sie aber oft auch ein finales Schwa weg, was besonders beim Plural
(*Freund/Freunde*) und beim Präteritum der schwachen Verben (*lernt/lernte*) zu Problemen führt.

Für den Bereich der *suprasegmentalen Merkmale* muss der Hinweis auf den Sprachrhythmus genügen. Das BP ist eine silbenzählende Sprache (die Silben weisen eine regelmäßige zeitliche Abfolge auf), während das D und das EP akzentzählende Sprachen sind
(die Akzente weisen eine regelmäßige zeitliche Abfolge auf; unbetonte Silben sind kürzer
als betonte Silben). Die Übertragung des silbenzählenden Rhythmus des BP auf das D ist
ein typisches Merkmal brasilianischer DaF-Lerner. Der deutsche Sprachrhythmus muss
deshalb im Unterricht – sinnvollerweise im Zusammenhang mit der Einführung des
Schwa-Lauts – besonders geübt werden.

2. Morphologie

Sowohl D als auch P können als flektierende Sprachen mit mittlerer Morphemzahl charakterisiert werden. Allgemein verfügt die Flexionsmorphologie des P über mehr Markierungen im verbalen Bereich. Daher ergeben sich für portugiesische Muttersprachler bei
der Zeit- und Realitätssituierung von Propositionen (Tempus/Modus/Aspekt) im D eher
selten Schwierigkeiten; gelernt werden muss hier vor allem die Tatsache, dass das D diese
Kategorien häufiger als das P durch Adverbien markiert. Im temporalen Bereich ist die
überhäufige Verwendung des *werden*-Futurs sicherlich auch Folge seiner zu ausführlichen
Behandlung in DaF-Lehrwerken; das häufigste Tempus für den Zukunftsbezug des D ist
und bleibt das Präsens! Die linguistisch nicht adäquate Beschreibung in Lehrwerken
verstärkt dabei eine Interferenz, die dadurch entsteht, dass Portugiesen und Brasilianer
das Futur im P immer häufiger analytisch bilden (*[eu] vou fazer* statt *(eu) farei* ‚ich
mache es' / ‚ich werde es machen'). Probleme beim Modus sind zumindest bei Anfängern
selten, wohl weil der Konjunktiv I (indirekte Rede) erst spät eingeführt wird und auch
im D zumindest in der mündlichen Kommunikation immer seltener gebraucht wird. Die
Verwendung des deutschen Konjunktiv II und des portugiesischen *subjuntivo* koinzidiert
in Konditionalsätzen weitgehend; ein negativer Einfluss des im P auch in Nebensätzen
und bei Imperativen auftretenden *subjuntivo* ist selten. In der Produktion von fortgeschrittenen brasilianischen und portugiesischen DaF-Lernern fällt dagegen der relativ
seltene Gebrauch des Passivs auf. Dies mag auch der anderen Verteilung von Thema und
Rhema im P geschuldet sein.

Während das D im verbalen Bereich morphologisch weniger differenziert als das P,
markiert es im nominalen Bereich (Kasus/Plural) stärker. Hier ergeben sich deshalb auch
für brasilianische und portugiesische DaF-Lerner die größten Probleme. Sie kulminieren
in der Markierung attributiv verwendeter Adjektive, bei denen eine große Zahl linguistischer Informationen (Genus, Kasus, Numerus der Nominalphrase, Art des Artikelwor

tes) verarbeitet werden muss, um die korrekte Endung zu produzieren. Vielleicht belassen brasilianische und portugiesische DaF-Lerner deshalb das Attribut oftmals einfach endungslos. Auf der anderen Seite setzen sie manchmal Endungen an Adjektive in prädikativer Funktion, da diese im P nach Genus und Numerus flektieren. Auch die Tatsache, dass D über mehr Kasus verfügt, darf als Fehlerquelle nicht unterschätzt werden. Sehr oft ziehen insbesondere Brasilianer bei für sie unbekannten Kasus analytische Lösungen vor. Vor allem die Ersetzung des Dativs durch Präpositionalphrasen (*ich gebe das Geschenk *für* ihn* (BP: *eu dou o presente **para ele**; EP *(eu) dou-**lhe** o presente*)) führt fast immer zu Fehlern.

Neben diesen Problemen ist insbesondere die Einteilung deutscher Verben und Nomen in morphologische Klassen problematisch. Sowohl die Verwechslung starker und schwacher Verben als auch die vielfältigen, teilweise unregelmäßigen Stammveränderungen bei starken Verben (*ich trage / du trägst* [*du tragest*]) stellen große Lernherausforderungen dar. Das Gleiche gilt für n-Substantive (*der Mensch / des Menschen*) und substantivierte Adjektive (*der Deutsche / ein Deutscher*).

3. Syntax

P ist eine konsequent kopffinale Sprache; sie kennt fast ausschließlich Präpositionen, das Verb und das Adjektiv gehen ihren Komplementen voraus, und nominale Attribute (wie die meisten Adjektivattribute) folgen dem sie regierenden Substantiv. D hingegen ist typologisch gemischt: Auf der einen Seite folgen das Adjektiv und das Verb ihren Komplementen (*seinen Prinzipien treu*, *das Buch kaufen*), wobei allerdings das finite Verb in Sätzen ohne einleitendes Element (nicht nur in Hauptsätzen) vom Ende an die zweite Strukturposition des Satzes bewegt wird. Auf der anderen Seite gibt es aber auch kopffinitiale Phrasen: Neben einigen wenigen Postpositionen verfügt das D hauptsächlich über Präpositionen, und Genitivattribute werden im Regelfall nach dem Substantiv linearisiert (während attributiv verwendete Adjektive vor ihm stehen). Die Unterschiede zwischen den beiden Sprachen werden in erweiterten Partizipialkonstruktionen in attributiver Funktion besonders deutlich (*der [wegen seiner Rezensionen gefürchtete] Kritiker – o crítico [temido por suas recensões]*). Hier werden Brasilianer und Portugiesen sowohl von der Endstellung des Partizips innerhalb der Partizipialkonstruktion als auch von der Position der gesamten Konstruktion vor dem Substantiv (und hinter dem Artikel) verwirrt. Neben den wenig überraschenden Problemen mit der Stellung der deutschen Verben ergeben sich syntaktische Interferenzen auch aus der Tatsache, dass im D im Gegensatz zum P verschiedene Satzteile (auch Nebensätze) in Hauptsätzen die Position direkt vor dem finiten Verb (also die Erstposition) besetzen können (vgl. hierzu Reichmann 2005). Durch diesen Unterschied kommt es zwar auf der Satzebene (bei korrekter Position des finiten Verbs) selten zu ungrammatischen Äußerungen, für die Textebene (Thema-Rhema-Gliederung) ist der überhäufige Gebrauch des Subjekts an erster Stelle allerdings problematisch. Außerdem gibt es immer wieder Probleme in der korrekten Linearisierung im topologischen Mittelfeld, denn die meisten Mittelfeldphänomene (Negation, Abfolge von Ergänzungen und Angaben) sind auch durch die finale Verbposition des Deutschen bedingt. Dieser Zusammenhang wird von vielen DaF-Dozenten immer noch nicht konsequent unterrichtet (vgl. hierzu Kaufmann 2006). Schließlich gibt es auch

Schwierigkeiten in der Realisierung von Pronomen. Zwar hat das BP anders als das EP seinen Status als Pro-Drop-Sprache verloren, realisiert also im Regelfall Subjektpronomen im finiten Satz, dafür fehlen aber im Gegensatz zum EP oft Objektpronomen, was im D zu ungewöhnlichen Sätzen führen kann (*ich bringe statt ich bringe es). Für Deutschsprachige merkwürdig erscheint auch die Tatsache, dass Brasilianer und Portugiesen deutsche Infinitivsätze manchmal mit einem eigenen Subjekt versehen (*um die Männer ihn zu sehen). Dieser Fehler hängt mit der markierten portugiesischen Kategorie des persönlichen, flektierten Infinitivs zusammen (BP para os homens verem ele; EP para os homens o verem).

4. Wortschatz

Beim Wortschatz besteht ein großer Unterschied in der im D sehr produktiven Bildung von Präfixverben und Wortkomposita. Im P sind diese Wortbildungsmittel weit schwächer ausgebildet. Wohl deshalb tauchen insbesondere Komposita in der Lernersprache von Brasilianern und Portugiesen seltener auf als bei deutschen Muttersprachlern. In der semantischen Aufteilung von Wortfeldern gibt es auch Unterschiede. Diese Tatsache ist weniger problematisch, wenn das P stärker differenziert (para/por − dt. für; ser/estar − dt. sein). Ist aber das D die differenzierendere Sprache, sind Fehler wahrscheinlich (dt. als/wenn − quando; dt. tun/machen − fazer). Ein erfolgreicher Wortschatzerwerb setzt dabei nicht nur die Kenntnis von signifiant und signifié voraus, sondern auch das Wissen um die Anwendungsbedingungen, unter anderem also um die semantische und syntaktische Valenz der zu lernenden Wortschatzeinheit. Am schwierigsten zu lernen sind in Bezug auf die Anwendungsbedingungen Phraseologismen (Glenk 2003: 212), die daneben auch stark kulturabhängig sind und sich gerade beim Sprachenpaar D/BP aus ganz unterschiedlichen Sujets speisen.

5. Probleme bei der sprachlichen Rezeption

Der Bereich der sprachlichen Rezeption erscheint gerade beim Sprachenpaar D/P enorm wichtig, da die beiden Sprachen große Unterschiede in der Verteilung relevanter, die sprachliche Aufmerksamkeit lenkender Informationen aufweisen. Ein solcher Bereich ist der Wortakzent: Im P fällt der Hauptakzent gewöhnlich auf die vorletzte Silbe (Hirschfeld 2003: 327), im D ist es außer bei Fremdwörtern und unbetonten (nicht-trennbaren) Präfixen normalerweise die erste Silbe, die betont wird. Die unterschiedlichen Akzentverhältnisse zeigen sich auch an typischen phonetischen Prozessen in beiden Sprachen. So fällt im BP häufig die unbetonte Anfangssilbe beim Sprechen weg ('brigado! statt obrigado! ,Danke!'; 'cê 'tá 'i? statt você está ai? ,Bist du da?'). In deutschen Nicht-Standardvarietäten fällt dagegen bei Präfixen (etwas seltener bei Suffixen) das unbetonte Schwa weg (g'falle' statt gefallen; zam (>z'sam'm) statt zusammen; ham statt haben). Bei einem brasilianischen oder portugiesischen Lerner könnte seine muttersprachliche Prägung nun dazu führen, dass er in einem mehrsilbigen Wort seine ganze Aufmerksamkeit auf die meistens früh auftretende betonte Silbe des D legt und wichtige morphologische Informationen der nachfolgenden unbetonten Silben nicht mehr aufnimmt. Dies könnte zusammen mit der Tatsache, dass der Vokal unbetonter Endsilben im BP ausschließlich als [a], [i] und [u] realisiert wird, auch eine Erklärung dafür sein, warum wortfinale Schwas in deutschen Wörtern von brasilianischen Lernern oft nicht ausgesprochen werden; sie werden vielleicht einfach nicht mehr wahrgenommen. Auch bei der *Abfolge der zentralen Satzteile* sollte nicht unterschätzt werden, dass die muttersprachlichen Rezeptionsprägungen beim Fremdsprachenerwerb nicht einfach abgestellt werden können. P ist eine klassische SVO-Sprache, bei der das Verb praktisch immer vor seinem Komplement steht. Ein brasilianischer oder portugiesischer Lerner neigt also dazu, das kognitive Hauptaugenmerk auf den Anfang des Satzes zu legen, da der satzsemantisch zentrale Verbalkomplex relativ früh realisiert wird. Mit dieser Konzentration des Aufmerksamkeitspotentials auf früh linearisierte Satzteile kann aber im deutschen Satz gerade das Hauptverb (oder trennbare Präfixe bzw. die nominalen Teile bei Funktionalverbgefügen) aus dem kognitiven Fokus der DaF-Lerner fallen. Da D eine Verbendsprache ist, befinden sich diese Teile in allen (eingeleiteten) Nebensätzen und in der Mehrzahl der Hauptsätze (insbesondere bei solchen mit Auxiliaren oder Modalverben) am Satzende.

6. Diskurskonventionen

In Bezug auf Diskurskonventionen im engeren Sinne ist es eher der perzeptive Bereich, der Brasilianern und Portugiesen Schwierigkeiten macht. Von Deutschen oftmals direkt vorgetragene Kritik wird im Regelfall nicht goutiert, ironische Bemerkungen oftmals nicht verstanden, und die größere räumliche Distanz zwischen den Gesprächspartnern und die fehlende Begleitung der Rede durch Gestik und teilweise durch gegenseitiges Berühren wird als Beweis für die „Kälte" Deutschsprachiger gewertet. Diese wiederum schätzen insbesondere Brasilianer als Folge der eigenen Gewohnheiten als wenig verlässlich ein, weil diese nicht „pünktlich" seien, eine beim ersten Kennenlernen ausgesprochene Einladung nicht „ernst" nähmen oder ein Telefonat versprächen, ohne es dann zu führen (vgl. zu diesem Themenbereich Meireles 2008 und Schröder 2003, 2005). Daneben ist es der immer noch häufige Gebrauch des *Sie* in den deutschsprachigen Ländern, der Brasilianern den Eindruck vermittelt, dass dort lebende Menschen sehr formell seien. Im produktiven Bereich ist dann auch ein nicht adäquater Gebrauch des *du* ein häufiger Fehler brasilianischer DaF-Lerner. Aufgrund der viel differenzierteren Anredekonventionen in Portugal haben Portugiesen hier weniger Probleme.

7. Literatur in Auswahl

Blühdorn, Hardarik
    2005   Forschungsstand und Perspektiven der kontrastiven Linguistik Portugiesisch-Deutsch. In: Eliana Fischer, Eva Glenk und Selma Meireles (Hg.), *Blickwechsel: Akten des XI Lateinamerikanischen Germanistenkongresses — Band 3*, 155—160. São Paulo: edusp.
Blühdorn, Hardarik und Jürgen Schmidt-Radefeldt (Hg.)
    2003   *Die kleineren Wortarten im Sprachvergleich Deutsch-Portugiesisch*. Frankfurt a. M.: Lang.
Campo, José Luís de Azevedo do
    2000   *Kontrastive Studien im verbalen Bereich: Portugiesisch versus Deutsch*. Rostock: Institut für Romanistik.

Franco, António C. (Hg.)
1989   *Duas línguas em contraste — Português e Alemão: Actas do 1.º Colóquio Internacional de Linguística Contrastiva Português—Alemão.* Universidade do Porto: Instituto de Estudos Germanísticos.

Glenk, Eva
2003   Brasilianisch-portugiesische und deutsche Phraseologismen im Kontrast: Beschreibungsverfahren und Äquivalenzsuche. *Pandaemonium Germanicum* 7: 191—214.

Hirschfeld, Ursula
2003   Phonetik im Unterricht Deutsch als Fremdsprache für Brasilianer. In: Göz Kaufmann, Maria Luísa Lenhard Bredemeier und Walter Volkmann (Hg.), *Deutsch in Lateinamerika: Die Qualität macht den Unterschied*, 317—339. São Leopoldo, Brasilien: o.V.

Kaufmann, Göz
2003   Deutsch und Germanistik in Brasilien. In: Hans-Gert Roloff (Hg.), *Jahrbuch für Internationale Germanistik XXXV/1*, 29—39. Frankfurt a. M.: Lang.

Kaufmann, Göz
2006   Fremdsprachendidaktik, deutsche Verben und Sprachwissenschaft: Ein Versuch über die Mischung von Öl und Wasser? In: Asociación Latinoamericana de Estudios Germanísticos (Hg.), *Akten des XII. ALEG-Kongresses* (CD). Havanna/Leipzig: o.V.

Lüdtke, Helmut und Jürgen Schmidt-Radefeldt (Hg.)
1997   *Linguistica contrastiva. Deutsch versus Portugiesisch—Spanisch—Französisch.* Tübingen: Narr.

Meireles, Selma M.
2008   Fremdsprachenlernen und interkulturelles Beziehungsmanagement. In: Lucia Alt, George Dietrich, Jochen Dill, Göz Kaufmann, Renato Silva und Wolfgang Theiss (Hg.), *Tagungsakten des VI. Brasilianischen/I. Lateinamerikanischen Deutschlehrerkongresses* (CD). São Paulo: Mammoth Design.

Reichmann, Tinka
2005   *Satzspaltung und Informationsstruktur im Portugiesischen und Deutschen: Ein Beitrag zur Kontrastiven Linguistik und Übersetzungswissenschaft.* Frankfurt a. M.: Lang.

Schmidt-Radefeldt, Jürgen (Hg.)
2006   *Portugiesisch kontrastiv gesehen und Anglizismen weltweit.* Frankfurt a. M.: Lang.

Schröder, Ulrike
2003   *Brasilianische und deutsche Wirklichkeiten. Eine vergleichende Fallstudie zu kommunikativ erzeugten Sinnwelten.* Wiesbaden: Deutscher Universitäts-Verlag.

Schröder, Ulrike
2005   O ator e o espectador — Sobre as diferentes funções da linguagem na apresentação de si mesmo no Brasil e na Alemanha. *Pandaemonium Germanicum* 9: 293—310.

StADaF
2006   *Deutsch als Fremdsprache weltweit: Datenerhebung 2005.* Berlin: o.V.

Voorsluys Battaglia, Maria Helena und Masa Nomura (Hg.)
2008   *Estudos Lingüísticos Contrastivos em Alemão e Português.* São Paulo: AnnaBlume Editora.

Göz Kaufmann, Freiburg (Deutschland)

72. Kontrastive Analyse Rumänisch–Deutsch

1. Forschungslage

Das jahrhundertealte Bestehen einer deutschen Bevölkerung auf dem heutigen Gebiet Rumäniens hat sowohl eine diachronische als auch eine synchronische Forschung gefördert, die eine gegenseitige Beeinflussung zwischen dem Deutschen (D) und Rumänischen (R) auf allen Sprachebenen feststellte.

Im „kontrastiven" Trend der 1970er Jahre entstehen erste systematische, durch die Dependenz-Grammatik (Engel 1977, 1988) koordinierte, das Sprachenpaar D–R vergleichende Arbeiten. 1976 beginnt ein Projekt des IDS Mannheim mit der Universität Bukarest, das mit dem Erscheinen der KGdr (1993) als abgeschlossen gilt. Als Handbuch, nicht als Lehrbuch gedacht, liefert das zweibändige Werk lexikalische und morphosyntaktische Informationen, Gemeinsamkeiten und Unterschiede werden durch das Layout kenntlich gemacht. In parallelen Spalten stehen D links und R rechts, Allgemeines und Sprachübergreifendes wird quer über die Seite geschrieben, die Metasprache ist D. Die Beschreibung ist prinzipiell auch dadurch umkehrbar, dass keine lernpsychologischen, durch eine bestimmte Erstsprache bedingten Beschreibungsschwerpunkte vorgegeben sind.

Mit diesem Projekt und in seiner Folge sind Diplomarbeiten, Dissertationen, wissenschaftliche Veröffentlichungen zu verzeichnen (Stănescu 1997, 2001; Stănescu und Engel 2008). Neuere vergleichende Arbeiten gehen hauptsächlich vom Deutschen aus, das bezüglich der Korpora elektronisch und bibliographisch besser abgesichert ist. Da die Rumänistik der englisch-amerikanischen und französischen Linguistik verbunden bleibt und Deutsches kaum heranzieht, besteht die alte, von Germanisten zu füllende Lücke und die bewährte Lösung immer noch: Für das R werden begrifflich und terminologisch an die dt. oder an die rum. Schulgrammatik angelehnte Beschreibungen erstellt. Ganzheitliche D–R Beschreibungen dieser Art mit rum. Metasprache sind Nicolae (2000 und 2001) oder Übersetzungen deutscher Grammatiken mit vergleichenden Bezügen auf das R (Hoberg und Hoberg 1996; Helbig und Buscha 1999).

Auch jüngste Dissertationen und Beiträge zu speziellen Aspekten vor allem aus der Syntax orientieren sich an der dt. Linguistik und ihrer Metasprache und müssen sich damit in einem anglo- und frankophonen Umfeld behaupten. Die Lehre des Deutschen als Fremdsprache wird dabei gelegentlich als eines der Forschungsziele genannt, doch sind es im Wesentlichen korpusorientierte, theoretisch-linguistische Forschungen.

2. Rumänisch: Verbreitung und Typologie

R wird als Muttersprache von etwa 30 Millionen Personen hauptsächlich in Rumänien, aber auch in der Republik Moldavien und in der Ukraine, in Ungarn, Serbien, Montenegro, Bulgarien und in Griechenland sowie in Kanada, den USA, Deutschland, Israel, Australien und Neuseeland gesprochen. Es ist eine romanische Sprache, die sich auf dem heutigen Territorium Rumäniens und entlang der Unteren Donau bis zum Balkangebirge und dem Schwarzen Meer gebildet hat. Aus dem dakischen Substrat vererbte Elemente, die Beibehaltung phonetischer, grammatikalischer und lexikalischer Merkmale des Volkslateins, die Einflüsse vor allem des Slawischen vorwiegend im 7. Jh. sind Sonderzüge des R in der romanischen Sprachenfamilie. Entlehnungen aus dem Bildungslatein und aus anderen romanischen Sprachen (v. a. dem Französischen und Italienischen), beginnend mit dem 18. Jh., stärken seinen romanischen Charakter. Der Einfluss weiterer Kontaktsprachen (v. a. Deutsch, Ungarisch, Türkisch) ist besonders in der Lexik zu verzeichnen.

Aus synchronischer Sicht ist das R eine flektierende, synthetische Sprache, in der sekundär auch analytische Verfahren anzutreffen sind.

Das R hat vier Dialekte, von denen das Dakorumänische auf dem rumänischen Staatsgebiet beheimatet ist und sich allein bis zur literarischen (National-)Sprache entwickelt hat. Es kennt fünf in Rumänien gesprochene Subdialekte (rum. *graiuri*), zwischen denen es, anders als im D, so geringe Unterschiede gibt, dass keine Verständigungsschwierigkeiten bestehen.

3. Phonetik und Phonologie

Den 7 Vokalphonemen im R stehen im D 15 gegenüber, doch entsprechen sich nur die Vokale *a, e, i, o, u.* Die Vokale *ă* und *î/â* haben im D, die Umlautvokale *ä, ö, ü* im R keine Entsprechung. In beiden Sprachen gibt es Merkmalkombinationen zwischen offen, halboffen, geschlossen und vorderem, mittlerem, hinterem Artikulationsort. Die im D wichtige Opposition von kurz-lang spielt im R keine Rolle. Durch den Einsatz von Halbvokalen mit äußerst vielfältiger Anschlussbereitschaft bringt die phonetische Ebene im R eine starke Diversifizierung der Phonemwerte (25 Diphthonge und 10 Triphthonge) mit sich, während sich die dt. Vokalrealisierungen im allgemeinen streng an ihren phonologischen Grundmerkmalen orientieren.

Im Bereich der Konsonantenphoneme besteht eine weitgehende Übereinstimmung zwischen D und R. Die dt. Phoneme /j, ç, ŋ/ (wie in *jagen, riechen, fangen*) haben im R keinen Phonemstatus. Starke Kontraste gibt es auf dem Gebiet der phonetischen Realisierungen und der Kombinatorik. Alle rum. Konsonanten können palatalisiert und labialisiert werden, was ihre Anzahl praktisch verdreifacht. Phonetische Merkmale können bei gleichzeitiger Behauchung und Palatalisierung oder Labialisierung gehäuft werden, was eine Vielfalt von Realisierungsformen ergibt, die der relativen phonetischen Einfachheit im D entgegensteht (Gregor-Chiriță 1991: 108−109).

Der Wortakzent wirkt im D wie im R nur in bestimmten Situationen bedeutungsdifferenzierend. Die Intonation erfüllt in hohem Maße kommunikativ-pragmatische Funktionen.

In den kontrastiven Beschreibungen der Phonetik und Phonologie (Rioşanu 1982; Gregor-Chiriţă 1991) sowie der Suprasegmentalia (Snagoveanu 1998; Moise 2004) sind didaktische Hinweise, soweit überhaupt darin vorhanden, nicht psycholinguistisch motiviert. In der rum. Germanistik sind in den Bologna-Curricula keine theoretischen Vorlesungen zur Phonetik und Phonologie des D mehr vorgesehen. Die DaF-Lehrwerke enthalten nur vereinzelte Ad-hoc-Aussprachehinweise und -übungen. Die Lehreraus- und -fortbildung muss, kann aber diese Lücke kaum füllen.

4. Morphologie und Syntax

R und D verfügen über dieselben grammatischen Kategorien, die überwiegend durch die Flexion ausgedrückt werden. Analytische Verfahren sind im D und R teils sekundär, teils mit flektierenden Elementen kombiniert. Dennoch besteht keine durchgehende inhaltlich-funktionale oder formale 1:1-Entsprechung.

Person und Numerus sind die Kategorien der finiten Verbformen. Schwierigkeiten entstehen z. B. dort, wo es im R keine funktionale Entsprechung für den Konjunktiv I gibt und wo den synthetischen *perfect*-Formen im D analytische gegenüberstehen. Den beiden Passiv-Paradigmen im D entspricht nur ein *a fi* ‚sein'-Paradigma. Dem unpersönlichen *werden*-Passiv steht ein teilweise äquivalentes *se*-Passiv gegenüber. Der *supin*, der *subjunctiv* und der *condiţional-optativ* sind Sonderformen ohne direkte Entsprechung im D. Anders als im D wird der mehrteilige Verbalkomplex nicht zu einer Satzklammer gespalten und die Subjektergänzung kann aufgrund des im R gut ausgebildeten Formensystems beim Verb unausgedrückt bleiben. Beides sind gängige Fehlerursachen in DaF.

Das Deklinationsparadigma lässt sich D—R nur in der Zusammenschau von Genus, Numerus, Kasus und Determination verstehen. Für das D ist die Genusunterscheidung Maskulinum, Femininum und Neutrum unerlässlich und durch den bestimmten Artikel markiert. Da wenige formale oder inhaltliche Kriterien der Genuszuweisung existieren, muss dieser mit dem Nomen mitgelernt werden. Im R ist die Opposition Mask.—Neutr. im Singular, die Opposition Fem.—Neutr. im Plural aufgehoben. Eigennamen und Gattungsnamen, die Personen oder Personifizierungen benennen, tragen das „personale" Genus, das männlich von weiblich auch morphosyntaktisch unterscheidet.

Im D und R haben Nomina Singular und Plural. Die Kasus Nominativ, Genitiv, Dativ und Akkusativ sind aufgrund von Verknüpfungsrelationen beschreibbar. Außerdem gibt es im R eine nur für personale Bezeichnungen verwendete, syntaktisch unabhängige Vokativ-Form. In beiden Sprachen gibt es zwischen den Kasus weitestgehende Homonymiebeziehungen, die im D durch die die Flexeme begleitenden, stets vorangestellten Determinative oder Adjektive verdeutlicht werden. Im R fällt der definite Artikel als enklitisches Flexionsmorphem mit den Kasus- und Numerusendungen zusammen. Er tritt entweder zum vorangestellten adjektivischen Attribut oder zum nicht attribuierten Nomen. Dennoch bleiben selbst bei der definiten Deklination Nominativ und Akkusativ bzw. Genitiv und Dativ homonym. Daher gibt es zusätzliche Kasusanzeiger, wie z. B. für den Genitiv den Possessivartikel *al/ai/a/ale*, der mit dem nominalen Regens in Genus und Numerus kongruiert (*eroii patriei / ai patriei eroi* ‚die Helden des Vaterlandes') oder eine *pe*-Form beim Akkusativ personaler Nomina (*Mama cheamă copiii/pe copii/pe Ion.* ‚Die Mutter ruft die Kinder/Johann.'). Die Präpositionalphrase mit *la* steht für die flektierte Dativform in einigen syntaktischen Umgebungen (*Dau copiilor ciocolată.* ‚Ich gebe

den Kindern Schokolade.' vs. *Dau la zece copii ciocolată.* ,Ich gebe zehn Kindern Schokolade.'). Wichtig ist im D und R die Subjekt-Prädikat-Objektfolge bei der Unterscheidung homonymer Nominativ- und Akkusativformen.

Mit dem Bezugssubstantiv kongruieren im D und im R Determinative und Adjektive
in Genus, Kasus und Numerus, jedoch nur im R auch die Adjektivalergänzung und die
Apposition. Letzteres ist in DaF fehlerbegünstigend, ebenso wie die synthetischen Formen der Komparation im D, denen analytische Formen im R gegenüberstehen.

Die bislang vollständigsten linguistischen vergleichenden Beschreibungen zu Morphologie und Wortgruppensyntax bleiben Beyrer, Bochmann und Bronsert (1987) sowie die
KGdr (1993). In (fast) allen kontrastiven Arbeiten konstituieren vom Lerner unabhängige sprachliche Teilsysteme das Datenmaterial für die Vorhersage bzw. die Erklärung
sprachpsychologischer Prozesse im Lerner.

5. Wortschatz, Idiomatik, Phraseologie

Neue Wörter können in beiden Sprachen grundsätzlich nach denselben Wortbildungsmo-
dellen gebildet werden, ihre Produktivität ist jedoch unterschiedlich. Das R nutzt vor
allem Suffixbildung und Konversion, die Präfixbildung ist weniger produktiv. Die Komposition ist im D ein sehr produktives Verfahren. Die KGdr (1993: 463 ff.) versucht eine
für das D und R gemeinsame Definition und führt Mehrwortfügungen bis hin zum Satz
ohne Rücksicht auf die Zusammenschreibung als Komposita an (z. B. *drum de fier* ,Eisen-
bahnstrecke', *ciuboțica cucului* ,Schlüsselblume', *cal de mare* ,Seepferd', *untdelemn* ,Öl',
bunăvoință ,Wohlwollen', *nu-mă-uita* ,Vergissmeinnicht'). Solchen Bildungen werden in
beiden Sprachen am Grundwort flektiert. Den dt. Komposita entsprechen meist Mehr-
wortstrukturen, die deren interne syntaktische und/oder semantische Beziehungen explizieren.

Die KGdr (1993) bietet bei jeder Wortart auch umfangreiche lexikographische Beschreibungen. Phraseologismen im Vergleich besprechen monographisch Zaharia (2004)
und Sava (2008), einige weitere Dissertationen sind in Vorbereitung zu Kollokationen
vor allem im Fachwortschatz oder verbunden mit Valenzerscheinungen in der Nominal-
und Adjektivalphrase. In den D−R- und R−D-Wörterbüchern werden die Lemmata
samt ihrer Komposita, Kollokationen und Idiomen inventarisiert (z. B. DGR 2007 und
DRG 1990). Das Valenzlexikon D−R (VLdr 1983) bleibt ohne Neubearbeitung und
Nachfolge. D−R-Vergleiche sind in Zeitschriften (z. B. *Deutsch aktuell, Zeitschrift der
Germanisten Rumäniens*) und Tagungsbänden zu finden, jedoch ist der Bezug auf DaF
nur sporadisch und unsystematisch.

6. Pragmatik, Textlinguistik, Interkulturelle Kommunikation

Fragen der Sprechakttheorie, der Textlinguistik und der Textsortenforschung mit dt.-
rum. (Kultur-)Vergleich gehören zur aktuellen Forschungsthematik germanistischer Dissertationen, vor allem in Verbindung mit Phänomenen der Kommunikation in den Massenmedien, in der Werbung und in der Politik (Stănescu und Engel 2008). Die Interkulturalität wird vorwiegend aus literaturwissenschaftlicher Perspektive erforscht.

7. Sprachdidaktik

Die angewandte Linguistik hat in Rumänien eine lange Tradition. Von Tatiana Slama Cazacus psycholinguistischer Methode bleiben umfassende kontrastive Forschungen D−R unberührt. Sie sind linguistisch, korpusbasiert, nur gelegentlich und unsystematisch mit Bezug auf Lernziele und Lehrmethoden. Da es in Rumänien keine Methodiker zu DaF gibt, die Doktorate anleiten dürfen und daher alle Didaktikforschung, soweit vorhanden, von Linguisten betreut wird, kreisen DaF-bezogene Dissertationen um Lehrwerkanalyse (Koch 2004), um Bologna- und EU-Akte, um Curriculumforschung oder Lehreraus- und -fortbildung (Junesch 2010). Es fehlt nicht an Beiträgen auf wissenschaftlichen Tagungen oder in Sammelbänden (Guțu und Sandu 2007; Stănescu und Engel 2008) und Zeitschriften (*Deutsch aktuell, Zeitschrift der Germanisten Rumäniens*). Bezug auf Lernprozesse im Kindesalter nimmt monographisch Flagner (2008).

In Rumänien wird Deutsch vor allem als zweite Fremdsprache nach dem Englischen unterrichtet. Über EU-Programme finanzierte Projekte entwickeln einen übersprachlichen, auch interkulturellen Kern. Bezüge zur Erstsprache und Anwendung einer Mehrsprachigkeitsdidaktik werden dem Lehrer im Unterricht überlassen (Stănescu 2009; LinE 2004−2007).

8. Literatur in Auswahl

Beyrer, Arthur, Klaus Bochmann und Siegfried Bronsert
  1987   *Grammatik der rumänischen Sprache der Gegenwart*. Leipzig: VEB Enzyklopädie.
Coteanu, Ion
  1985   *Limba română contemporană. Fonetica, fonologia, morfologia*. [Rumänische Sprache der Gegenwart. Phonetik, Phonologie, Morphologie]. București: Editura didactică și pedagogică.
Coteanu, Ion
  1985   *Limba română contemporană. Vocabularul.* [Rumänische Sprache der Gegenwart. Der Wortschatz]. București: Editura didactică și pedagogică.
DGR
  2007   Academia Română/Institutul de Lingvistică. Iorgu Iordan și Alexandru Rosetti (Hg.) *Dicționar German−Român*. [Deutsch−rumänisches Wörterbuch]. 3. verb. und erw. Aufl. București: univers enciclopedic.
Dobrovie-Sorin, Carmen
  1994   *The Syntax of Romanian. Comparative Studies in Romance*. Berlin/New York: Mouton de Gruyter.
DRG
  1990   Anuței, Mihai *Dicționar român-german*. [Rumänisch−deutsches Wörterbuch]. București: Editura Științifică și Enciclopedică.
Engel, Ulrich
  1977   *Syntax der deutschen Gegenwartssprache*. Berlin: Erich Schmidt.
Engel, Ulrich
  1988   *Deutsche Grammatik*. Heidelberg: Groos.
Flagner, Heidi
  2008   *Der Erwerb von Genus und Numerus im Deutschen als sukzessiver Zweitsprache*. București: Editura Universității București.

Gregor-Chiriţă, Gertrud
1991   *Das Lautsystem des Deutschen und des Rumänischen.* Heidelberg: Groos.
Guţu, George und Doina Sandu (Hg.)
2007   *Interkulturelle Grenzgänge.* Bucureşti: Editura Universităţii Bucureşti.
Guţu-Romalo, Valeria (Koord.)
2005   *Gramatica limbii române* [Grammatik der rumänischen Sprache]. Bucureşti: Editura Academiei Române.
Helbig, Gerhard und Joachim Buscha
1999   *Gramatica limbii germane.* [*Leitfaden der deutschen Grammatik.* Gerhard Helbig und Joachim Buscha, Leipzig etc.: Langenscheidt 1992], übers. von Octavian Nicolae. Bucureşti: Niculescu.
Hoberg, Rudolf und Ursula Hoberg
1996   *Der kleine Duden. Gramatica limbii germane.* [*Der kleine Duden. Grammatik der deutschen Sprache.* bearb. von Rudolf und Ursula Hoberg, Mannheim: Duden-Verlag 1988]. Übers. und bearb. von Octavian Nicolae. Iaşi: Polirom.
Junesch, Liane
2010   *DaF-Methodik in der Lehrerausbildung für die Primarstufe der deutschen Abteilungen in Rumänien.* Universität Bukarest. Dissertation.
KGdr
1993   Engel, Ulrich, Mihai Isbăşescu, Speranţa Stănescu und Octavian Nicolae. *Kontrastive Grammatik deutsch-rumänisch.* 2 Bde. Heidelberg: Groos.
Koch, Marianne
2004   *Lehrwerkanalyse: Lernerautonomie in den DaF-Lehrwerken nach 1970 in Rumänien.* Bucureşti: Editura Meteor.
LinE Learning in Europe / Lehrerinnen und Lehrer in Europa
2004−2007   *Europakompetenz als Merkmal von Professionalisierung (zukünftiger) Lehrerinnen und Lehrer.* EU-Projekt. Koord. Universität Paderborn.
Moise, Maria Ileana
2004   *Akzent und Rhythmus im Deutschen und Rumänischen.* Bucureşti: Editura Enciclopedică.
Nicolae, Octavian
2000   Gramatica contrastivă a limbii germane. I Vocabularul. [Kontrastive Grammatik der deutschen Sprache. I Der Wortschatz]. Iaşi: Polirom.
Nicolae, Octavian
2001   Gramatica contrastivă a limbii germane. II Morfologia şi sintaxa. [Kontrastive Grammatik der deutschen Sprache. II Die Morphologie und die Syntax.]. Iaşi: Polirom.
Rioşanu, Ecaterina
1982   *Das phonologische System des Deutschen und seine phonetische Realisierung aus der Perspektive des DaF-Unterrichts an Rumänen. Eine kontrastive Studie.* (masch.) Ph.D. Universität Bukarest. Dissertation.
Sava, Doris
2008   *Phraseolexeme aus kontrastiver Perspektive Deutsch-Rumänisch.* Sibiu: Techno Media.
Snagoveanu, Ileana
1998   *Theoretische und praktische Grundlagen für die vergleichende Untersuchung der Intonation im Deutschen und im Rumänischen.* Dissertation, Universität Bukarest.
Stănescu, Speranţa
1997   Zwanzig Jahre Deutsch-Rumänisch kontrastiv. In: George Guţu und Speranţa Stănescu (Hg.), *Beiträge zur Geschichte der rumänischen Germanistik* (I), 199−223. Bucureşti: Charme-Scott.
Stănescu, Speranţa
2001   Kontrastive Analysen Deutsch−Rumänisch. Eine Übersicht. In: Gerhard Helbig, Lutz Götze, Gert Henrici und Hans-Jürgen Krumm (Hg.), *Handbuch Deutsch als Fremdspra-*

che, 377–385. Bd. 1. (Handbücher zur Sprach- und Kommunikationswissenschaft 19.1–2). Berlin/New York: Mouton de Gruyter.

Stănescu, Speranţa und Ulrich Engel (Hg.)

2008   *Sprachvergleich – Kulturvergleich. Quo vadis KGdr?* München: iudicium.

Stănescu, Speranţa

2009   Studienbegleitender Deutschunterricht in Rumänien. Das Umfeld, Projekte und Aussichten. In: Dorothea Levy-Hillerich und Silvia Serena (Hg.), *Studienbegleitender Deutschunterricht in Europa.* Teramo: Aracne editrice.

VLdr

1983   Engel, Ulrich und Emilia Savin: *Valenzlexikon deutsch–rumänisch.* Heidelberg: Groos.

Zaharia, Casia

2004   *Expresiile idiomatice în procesul comunicării. Abordare contrastivă pe terenul limbilor română şi germană.* [Idiomatische Ausdrücke in der Kommunikation. Eine D–R kontrastive Perspektive]. Iaşi: Editura Universităţii Alexandru Ioan Cuza.

Speranţa Stănescu, Bukarest (Rumänien)

73. Kontrastive Analyse Russisch–Deutsch

1. Forschungslage
2. Phonetik und Phonologie
3. Morphologie und Syntax
4. Wortschatz, Wortbildung und Phraseologie
5. Pragmatik, Textlinguistik, Interkulturelle Kommunikation
6. Sprachdidaktik
7. Literatur in Auswahl

1. Forschungslage

Neben einer Reihe umfassender Arbeiten (z. B. Gladrow 1998; Gladrow und Hammel 2001; Moskalskaja 2004) liegt im Bereich des russisch (russ.)–deutschen (dt.) Sprachvergleichs viel empirisches Material in Einzeluntersuchungen zu syntaktischen, morphologischen und intonatorischen Mitteln vor, die die verglichenen Sprachen für die Realisierung bestimmter Bedeutungen zur Verfügung stellen. Von einem Vergleich einzelner Konstruktionen und Sprachmittel entwickelt sich der russ.–dt. Sprachvergleich zunehmend zur Gegenüberstellung der Verwendung der sprachlichen Mittel im kommunikativen Handeln. Damit korrespondiert eine Entwicklung des systemlinguistisch geprägten Äquivalenzbegriffs zum kommunikativ-pragmatisch geprägten Begriff der Adäquatheit (Gladrow 2000). Da der Vergleich pragmatischer Entitäten als *tertium comparationis* identische Sprachhandlungsmuster und Situationen erfordert, werden so Ausdrucksformen verschiedener Sprachebenen gebündelt. In den letzten Jahren hat der Sprachvergleich zudem neue Impulse durch die Weiterentwicklung kognitiver Ansätze erhalten, z. B. als theoretische Grundlage für die Aufstellung konzeptuell-semantischer Gruppen (Dobrovol'skij und Filipenko 2003), durch ethnokulturelle Fragestellungen, die an sprachliche Zeichen gebundene kulturelle Konnotationen in den Blick nehmen (z. B. Telija 1996) und kommunikative Grammatikbetrachtung (z. B. Zolotova 2004; zur Bedeutung der Feldergrammatik für den Sprachvergleich vgl. Gladrow 2007). Motiviert sind russ.−dt. kontrastive Untersuchungen sowohl durch ein systemlinguistisches Erkenntnisinteresse, das auf strukturelle Besonderheiten der verglichenen Sprachen zielt, als auch durch praktische Fragestellungen der Übersetzungswissenschaft, der Konzipierung von Thesauri und Korpora wie überhaupt der Lexikographie. Gewinn für die Sprachvermittlung verspricht v. a. die in den letzten Jahren zunehmende Fokussierung von Gebrauchsweisen und -bedingungen sprachlicher Einheiten (z. B. Baranov und Dobrovol'skij 2003). Sprechhandlungen, Textmuster, Diskurscharakteristika und Kommunikationsstrategien (Redeverhalten) werden zwar einzelsprachlich untersucht, spielen im synchronen Sprachvergleich aber immer noch nur eine geringe Rolle.

Neue Impulse für die Forschung zum Erwerb des Dt. als Zweitsprache gehen von der starken Immigration von Sprechern mit der Erstsprache Russ. nach Deutschland aus; Russ. ist in Deutschland mit rund drei Mio. Sprechern die derzeit meistgesprochene Migrantensprache. Waren es zunächst eher einzelne empirische Befunde zu Sprachtransfer und Sammlungen „typischer" Fehler russischsprachiger Deutschlerner, die in ihrer Konsequenz immer wieder zur Forderung nach Einbezug der Muttersprache in den Sprachunterricht führten, so rücken die sprachliche, soziolinguistische und kulturelle Situation der Migranten als aktuelle Forschungsfelder zunehmend ins Blickfeld auch der Slavistik (Anstatt 2008). Untersuchungsgegenstand sind Probleme des Zweitspracherwerbs, bilinguale Erwerbssequenzen, Auswirkungen des russ.−dt. Sprachkontakts und Spracheinstellungen. Einen detaillierten Überblick über die häufigsten Fehler russischsprachiger Deutschlerner gibt Böttger (2008). Ihre Arbeit ist gleichzeitig als Handbuch für Lehrende gedacht, da nicht nur Fehlerursachen beschrieben, sondern auch Tipps zu ihrer Vermeidung gegeben werden. Die systematische Untersuchung von Lernersprache steht aber erst am Anfang.

2. Phonetik und Phonologie

Das Russ. gilt als typische akzentzählende Sprache, die sich noch mehr als das Dt. durch komplexe Silbenstrukturen, Vokalreduktion, variable Silbengrenzen, einen dynamischen, phonetisch stark ausgeprägten Wortakzent mit zum Teil grammatisch/lexikalisch distinktiver Funktion und komplexe Akzentregeln auszeichnet. Für Dt. lernende Russen sind im Bereich der Suprasegmentalia vor allem der Sprechrhythmus, die Intonation und der Wortakzent anfällig für Interferenzen (Stock und Veličkova 2002; Gorožanina 2007). Im Russ. wird i. d. R. ein höherer Sprechstimmumfang verwendet und es werden mehr Tonhöhenakzente gesetzt. Auf dt. Muttersprachler wirkt daher auch eine sachlich intendierte Sprechweise häufig (übertrieben) emotional, so dass es sogar zu Stigmatisierungen aufgrund des russ. Akzents kommen kann (Hellwig-Fábián 2007). Während der Wortakzent im Dt. häufig auf die erste Silbe des Wortstammes fällt, kann im Russ. potenziell jede beliebige Silbe betont werden. Eine detaillierte Beschreibung russ. Wortakzentregeln liefert Lehfeldt (2003).

Im Bereich der Segmentalia bereitet russ. Lernern vor allem die Unterscheidung dt. gespannter und ungespannter Vokale Schwierigkeiten. Da betonte Vokale im Russ. stets mittellang sind, klingen dt. Langvokale meist zu kurz und Kurzvokale zu lang. Häufig sind diese Ausspracheabweichungen perzeptiv begründet. Ebenfalls perzeptiv und produktiv schwierig sind die gerundeten Vorderzungenvokale (ü- und ö-Laute) im Dt., die häufig durch ungerundete vordere Vokale (i- und e-Laute) bzw. Hinterzungenvokale (u- und o-Laute, zum Teil in Kombination mit der Palatalisierung des vorangehenden Konsonanten) ersetzt werden. Das Russ. zeichnet sich weiterhin durch starke quantitative und qualitative Reduktion unbetonter Silben aus. Eine typische Ausspracheabweichung russ. Muttersprachler ist auf die Übertragung dieser Reduktionsprozesse in die Zielsprache Dt. zurückzuführen: Unbetontes <o> wird wie [ʌ] ausgesprochen (sog. *akan'e*, „a-Sprechen", vgl. Berger 1998: 56). Dt. Muttersprachler hören dies als kurzes [a], z. B. *kapieren* statt *kopieren*, *adaptieren* statt *adoptieren* (Böttger 2008: 57).

Im Russ. gibt es eine distinktive Palatalitätskorrelation. In Konsonantenfolgen überwiegt im Russ. die regressive Assimilation in Bezug auf die Stimmbeteiligung und Palatalität. So werden z. B. stimmlose Obstruenten vor stimmhaften i. d. R. stimmhaft, z. B. *das Buch* *[zb], *Mitglied* *[dg]. Ausspracheschwierigkeiten treten auch bei der Realisierung des deutschen Ich-Lautes [ç], des Ang-Lautes [ŋ] und des Hauchlautes [h] auf. Da das Russ. keine Aspiration kennt, werden die stimmlosen Plosive /p, t, k/ oft ohne Behauchung realisiert. In Kombination mit zu geringer Sprechspannung der Fortisplosive können diese von dt. Muttersprachlern fälschlicherweise als die Phoneme /b, d, g/ wahrgenommen werden. Das Russ. verfügt über ein gerolltes Zungenspitzen-r. Dies klingt in der Zielsprache Deutsch insbesondere in Lautkontexten abweichend, in denen ein vokalisiertes <r> [ɐ] realisiert werden müsste. Während im Dt. betonte Vokale am Silben- und Wortanfang durch den Glottisschlag [ʔ] neu eingesetzt werden, tendiert das Russ. im gleichen Lautkontext zu einem „weichen" Vokaleinsatz, bei dem Silben- und Wortgrenzen überbunden werden. Die Verschiebung von Silbengrenzen im Dt., z. B. *Ve-rein* statt *Ver-ein* kann zu Missverständnissen in der Kommunikation führen. Perzeptiv bedingte Ausspracheschwierigkeiten schlagen sich auch häufig in der dt. Orthografie russ. Lerner nieder (zu Beispielen und ihren Ursachen vgl. Böttger 2008).

3. Morphologie und Syntax

Augenfälligstes Beispiel für die Nicht-Entsprechung morphologischer Kategorien zwischen beiden Sprachen sind die verbale Kategorie des Aspekts im Russ. und die Kategorie der Determination des Substantivs im Dt. Kontrastiv relevante Unterschiede gibt es auch im Kasus (Anzahl und Valenzbeziehungen), Numerus und Genus der Substantive, z. B. russ. *parlament* (mask.) vs. dt. *das Parlament* (neutr.), oder im Bereich der Verben z. B. in der Ausprägung des Passivparadigmas und im verbalen Tempussystem. Schwierig für Deutschlernende sind z. B. die Formenbildung des Perfekts und Plusquamperfekts, die Verwendung der Tempora sowie die Zeitenfolge, die im Dt. stark von Temporalangaben und Kontext geprägt ist, im Russ. v. a. durch den Aspekt.

Während die traditionelle Grammatik Beschreibungen mit der Blickrichtung von den Formen zu den Funktionen sprachlicher Einheiten vornimmt, vereint die funktionale Grammatik verschiedene formale Mittel unter einer semantischen Dominante, z. B. das Feld zum Ausdruck von Aufforderung oder Bitte im Russ. mit der zentralen grammatischen Kategorie Imperativ, das daneben weitere Mittel wie Formen von *pust'*, intonatorische Mittel usw. enthält. Die interlinguale Gegenüberstellung funktional-semantischer

Felder macht die unterschiedliche strukturelle Organisation der Formmittel in den Vergleichssprachen deutlich. So gibt es z. B. gegenüber einem im Dt. entwickelten System von Modalverben unterschiedliche Entsprechungen im russ. Feld der Modalität: Modalverben, modale Adjektive, modale prädikative Adverbien.

Im syntaktischen Sprachvergleich fällt v. a. die Existenz eingliedriger Sätze ohne formelles Subjekt im Russ. auf, während im Dt. immer ein formaler Ausdruck des Subjekts erfolgen muss. Schwierig für russ. Deutschlernende ist daher z. B. die Verwendung des Pronomens *es* in unpersönlichen Sätzen wie auch der Gebrauch des Indefinitums *man*. Im Russ. fällt das Verb *byt'* ('sein') im Präsens weg, z. B. *Ja − student.*; zur sog. Nullkopula vgl. Geist (2006). Wird die entsprechende Form von 'sein' bei der Übertragung ins Dt. vergessen, resultieren daraus Fehler: **Ich Student*. Interferenzen im Satzbau treten u. a. bei der Verbstellung (dt. Satzklammer, trennbare Verben) oder durch Auslassung des Subjekts auf: **Dann duschten und sprangen ins Wasser* (Böttger 2008: 190).

4. Wortschatz, Wortbildung und Phraseologie

Die kontrastive Analyse des russ. und dt. Wortschatzes bezieht sich v. a. auf den Vergleich einzelner Bereiche: auf die mit einzelsprachspezifischen Formmitteln umgesetzte kategoriale Versprachlichung semantischer Entitäten, kommunikativer Handlungen (z. B. Kalinina 2003 zum Behaupten) sowie neuerdings von Konzepten im (naiven) Weltbild als linguistisch relevante Wissensstruktur (z. B. *Demokratie, Management* u. ä.).

Lernschwierigkeiten ergeben sich insbesondere dort, wo 1:viele-, viele:1-Relationen oder Leerstellen auftreten (Birkenmaier 1987), z. B. bei Generalisierung und Spezifizierung. Auch durch grammatische Besonderheiten (z. B. russ. *časy* als Pluraletantum, dt. *die Uhr* (Sg.); *Uhren* (Pl.)) kann es zu Verwechslungen kommen. Interferenzanfällig sind polyseme Präpositionen und Konjunktionen, z. B. dt. *aber* für russ. *a* und *no*, russ. *kogda* für dt. *wenn, als* und *wann*. Schwierigkeiten auch im fortgeschrittenen Spracherwerb bereiten die Partikeln, da ihre Bedeutung nicht unmittelbar mit den Eigenschaften der objektiven Realität assoziiert wird, sondern in hohem Maße kontextabhängig ist. Eine konsistente Beschreibung solcher Hilfswörter versucht das Neue Dt.−Russ. Wörterbuch auf der Grundlage syntaktisch-funktionaler Kriterien, wiedergegeben durch typische Kontexte.

Der gegenwärtige Stand der kontrastiven Lexikologie ist durch eine intensive Entwicklung der Lexikografie gekennzeichnet. Die derzeit größten Unternehmungen sind das auf ca. 250.000 Lemmata ausgelegte Russ.-Dt. Wörterbuch und das unter der Ägide der Österreichischen Akademie der Wissenschaften (*Austrian Academy Corpus*) entstehende Neue Dt.-Russ. Großwörterbuch mit etwa 500.000 lexikalischen Einheiten. Neben der Lexik der Schrift- bzw. Standardsprache werden auch Varietäten untersucht (zur Umgangssprache im russ.−dt. Vergleich vgl. Gladrow 2004; zu Slang, Jugendsprache und Jargon z. B. Walter und Mokienko 2001).

Die Wortbildung als wichtiges Mittel der Erweiterung des Wortschatzes ist schon seit langem Gegenstand kontrastiver Forschungen. Die Sprachen unterscheiden sich in der Frequenz der Wortbildungsmittel: im Dt. steht die Komposition an erster Stelle, im Russ. die Derivation. Vielen Mehrwortbenennungen des Russ. entsprechen im Dt. Einwortbenennungen, etwa zusammengesetzte Substantive, z. B. *finansovyj sektor* − dt. *Finanzsektor*. Die im Russ. produktive Kategorie der Binomina hat keine Entsprechung im Dt.,

z. B. *galstuk-babočka* – dt. *Fliege* (Bergmann 2006). Hieraus ist ersichtlich, dass zum einen onomasiologische Kategorien die Grundlage für den interlingualen Vergleich bilden müssen. Zum anderen sollte sich der Vergleich nicht auf die Wortbildung im engeren Sinne beschränken, sondern in den Vergleich von Benennungsweisen im Rahmen einer weiteren Nominationstheorie integriert werden, um nominative Entsprechungen über mögliche Leerstellen hinaus ermitteln und deren Systemhaftigkeit aufdecken zu können (Ohnheiser 2000).

Während in der kontrastiven Phraseologie in den 1970er und 1980er Jahren Formen der zwischensprachlichen Äquivalenz mehr Aufmerksamkeit gewidmet wurde, liegt der Fokus in aktuellen Untersuchungen auf semantischen, syntaktischen und pragmatischen Eigenschaften der verglichenen Idiome. Das Ziel der empirischen Vergleiche in authentischen Kontexten ist die Beschreibung relevanter Gebrauchsspezifika der betreffenden Idiompaare in L1 und L2. Darauf basierend ist die Konzipierung von Idiomatik-Thesauri in den letzten Jahren zu einer der wichtigsten Aufgaben der Idiomforschung geworden, daneben die (Weiter-)Entwicklung historisch-etymologischer Analysemethoden, durch die die national-kulturelle Spezifik der Idiome im Sprachvergleich aufgezeigt wird (Melerovič und Mokienko 1999).

Phraseologie wird zunehmend verstanden als linguistische Disziplin, die auch kombinatorische Eigenschaften lexikalischer Einheiten generell untersucht. Da die meisten Arbeiten der klassischen Periode der russ. Phraseologie nur Idiome als ihren Gegenstand sahen, blieb der Status von Kollokationen (*frazeologičeskie sočetanija*) unklar. Im Rahmen des *Smysl'-tekst*-Modells entwickelte Mel'čuk (1995) die Lexikalischen Funktionen (LF) als theoretisches Werkzeug zur linguistischen Beschreibung der kombinatorischen Eigenschaften von Lexemen. Mit Hilfe eines begrenzten Sets von LF kann eine große Anzahl von Kollokationen modelliert werden, da der Grad der Irregularität hier viel niedriger ist als bei Idiomen. Dieser Ansatz müsste unter Aspekten des Sprachvergleichs und der Sprachvermittlung aufgearbeitet werden.

5. Pragmatik, Textlinguistik, Interkulturelle Kommunikation

Einzelsprachlich liegen zahlreiche Arbeiten zur Klassifikation der Funktionalstile, zu Textsorten und Registern vor. Ein umfassender typologisch-charakterologischer Vergleich des Varietätengefüges im Russ. und Dt. steht bislang aus. Ein solcher sollte Unterschiede sowohl in der Position einzelner Varietäten im Gefüge des Russ. und Dt. (z. B. dt. Umgangssprache als Ausgleichsprodukt zwischen Standardsprache und Dialekt vs. *razgovornyj jazyk* als nichtkodifizierte Ausprägung der Standardsprache), als auch Faktoren der Wahl der Varietäten und deren Funktionieren in bestimmten Kommunikationssituationen behandeln. So heben etwa Untersuchungen zum osteuropäischen Wissenschaftsstil (Breitkopf und Vassileva 2007) einen eher digressiven Textaufbau, die Verwendung von intensivierenden Modalwörtern als Verweis auf geteiltes Hintergrundwissen, eine Tendenz zur unpersönlichen Schreibweise und kategorischen Ausdrucksweise sowie einen zurückhaltenden Umgang mit Kritik an fremden Autoren in russischsprachigen Artikeln hervor. Für die mündliche Wissenschaftskommunikation ist eine allgemeine Behandlung des Themas charakteristisch, wobei der eigene Beitrag des Autors zur Forschung nicht immer deutlich wird. Gleichzeitig ist seit den 1990er Jahren ein stilistischer Wandel in Richtung des westeuropäischen Wissenschaftsstils zu beobachten.

Fragen der interkulturellen Kommunikation sind vor allem nach der politischen Wende stärker in den Blickpunkt gerückt. Neuere pragmatisch orientierte Arbeiten gibt es beispielsweise zum Thema Höflichkeit (z. B. Gladrow 2006), zu Entschuldigungen (Rathmayr 2003), zur Pragmatik des Schweigens (Stadler 2008).

6. Sprachdidaktik

Die Didaktik innerhalb der russ. Germanistik ist traditionell eher grammatisch orientiert und betont die Rolle der Bewusstmachung bei der Sprachvermittlung. Kontrastive Vergleiche unter linguistischen Gesichtspunkten spielen eine große Rolle, wobei i. d. R. die Ausgangssprache Russ. mit der Zielsprache Dt. kontrastiert und auf dieser Grundlage Fehler prognostiziert werden. Die Lernerperspektive bleibt dabei allerdings meist unberücksichtigt.

Die Fachzeitschrift *Das Wort: Germanistisches Jahrbuch Russland* regt Diskussionen innerhalb der russ. Germanistik sowie den Austausch der russ. Germanistik mit der dt. Germanistik an und greift auch neuere Tendenzen der Sprachdidaktik des Deutschen als Fremdsprache auf.

Da Dt. in russischsprachigen Ländern immer häufiger die zweite Fremdsprache nach Englisch ist, sind Interferenzen, vor allem aber auch positiver Transfer aus dem Englischen und weiteren gelernten Sprachen ins Dt. möglich (Marx und Mehlhorn 2009). Untersuchungen im Bereich der Mehrsprachigkeit stellen momentan noch ein Forschungsdesiderat dar.

7. Literatur in Auswahl

Anstatt, Tanja
    2008   Russisch in Deutschland — Entwicklungsperspektiven. *Bulletin der deutschen Slavistik* 14: 67–74.
Baranov, Anatolij N. und Dmitrij O. Dobrovol'skij
    2003   Metaphern im deutschen und russischen öffentlichen Diskurs. In: Marina Vollstedt (Hg.), *Das Wort: Germanistisches Jahrbuch GUS*, 11–44. Bonn: DAAD.
Belentschikow, Renate (Hg.)
    2003 ff. *Russisch–Deutsches Wörterbuch*. Wiesbaden: Harrassowitz.
Berger, Tilman
    1998   Das Russische. In: Peter Rehder (Hg.), *Einführung in die slavischen Sprachen (mit einer Einführung in die Balkanphilologie)*, 49–93. Darmstadt: Wissenschaftliche Buchgesellschaft.
Bergmann, Anka
    2006   *Binomina als Kategorie der komplexen Benennung*. Frankfurt a. M.: Lang.
Breitkopf, Anna und Irena Vassileva
    2007   Osteuropäischer Wissenschaftsstil. In: Peter Auer und Harald Baßler (Hg.), *Reden und Schreiben in der Wissenschaft*, 211–224. Frankfurt a. M.: Campus.
Birkenmaier, Willy
    1987   *Vergleichendes Studium des deutschen und russischen Wortschatzes*. Tübingen: UTB.
Böttger, Katharina
    2008   *Die häufigsten Fehler russischer Deutschlerner. Ein Handbuch für Lehrende*. Münster: Waxmann.

Dobrovol'skij, Dmitrij O., Artem Šarandin und Annette Baumgart-Wendt (Hg.)
2008/2009   *Neues Deutsch—Russisches Großwörterbuch*. Band I (A—F). Band II (G—Q). Moskau: AST.

Dobrovol'skij, Dmitrij O. und Tat'jana V. Filipenko
2003   Moderne Idiomatik: Deutsch—Russisches Wörterbuch: lexikographisches Format und Beschreibungsprinzipien. In: Marina Vollstedt (Hg.), *Das Wort: Germanistisches Jahrbuch GUS*, 367—380. Bonn: DAAD.

Geist, Ljudmila
2006   *Die Kopula und ihre Komplemente. Zur Kompositionalität in Kopulasätzen*. Tübingen: Niemeyer.

Gladrow, Wolfgang (Hg.)
1998   *Russisch im Spiegel des Deutschen. Eine Einführung in den russisch—deutschen und deutsch—russischen Sprachvergleich*. Frankfurt a. M.: Lang.

Gladrow, Wolfgang
2000   Ot ekvivalentnosti jazykovych struktur k adekvatnosti rečevych aktov [Von der Äquivalenz sprachlicher Strukturen zur Adäquatheit von Sprechakten]. *Russistik* 23/24 (1—2): 48—59.

Gladrow, Wolfgang
2004   Umgangssprache im Russischen und Deutschen. Prämissen zu einem typologischen Vergleich. In: Wolfgang Gladrow (Hg.), *Das Bild der Gesellschaft im Slawischen und Deutschen. Typologische Spezifika*, 219—233. Frankfurt a. M.: Lang.

Gladrow, Wolfgang
2006   Skrytaja kategorija vežlivosti v russkom i nemeckom jazykach [Die versteckte Kategorie der Höflichkeit im Russischen und Deutschen]. In: Svetlana Vaulina (Hg.), *Semantiko-diskursivnye issledovanija jazyka: eksplicitnost' / implicitnost' vyraženija smyslov* [Semantisch-diskursive Untersuchungen der Sprache: Explizitheit / Implizitheit des Sinnausdrucks.], 81—93. Kaliningrad: Russ. Staatliche Immanuel-Kant-Universität.

Gladrow, Wolfgang
2007   Feldergrammatik und Sprachvergleich. In: Joachim Buscha und Renate Freudenberg-Findeisen (Hg.), *Feldergrammatik in der Diskussion*, 35—48. Frankfurt a. M.: Lang.

Gladrow, Wolfgang und Robert Hammel (Hg.)
2001   *Beiträge zu einer russisch-deutschen kontrastiven Grammatik*. Frankfurt a. M.: Lang.

Gorožanina, Natalia
2007   Deutsch-russische rhythmische Interferenzen. *Zeitschrift für Interkulturellen Fremdsprachenunterricht* 12(2) http://zif.spz.tu-darmstadt.de/jg-12-2/docs/Gorojanina.pdf (21. 5. 2010).

Hellwig-Fábián, Inessa
2007   *Deutsch mit ausländischem Akzent. Eine empirische Studie zu Einstellungen junger Deutscher gegenüber Sprechern mit ostslavischer Muttersprache*. Frankfurt a. M.: Lang.

Kalinina, Ol'ga E.
2003   Realisierung des hochintensiven Sprechakts BEHAUPTEN. In: Marina Vollstedt (Hg.), *Das Wort: Germanistisches Jahrbuch GUS*, 81—94. Bonn: DAAD.

Lehfeldt, Werner
2003   *Akzent und Betonung im Russischen*. München: Sagner.

Marx, Nicole und Grit Mehlhorn
2009   Pushing the positive: Encouraging phonological transfer from L2 to L3. *International Journal of Multilingualism* (online).

Mel'čuk, Igor' A.
1995   *The Russian Language in the Meaning-Text Perspective*. Moskau/Wien: Wiener Slawistischer Almanach — Jazyki russkoj kul'tury [Sprachen der russischen Kultur].

Melerovič, Alina M. und Valerij M. Mokienko
1999   *Frazeologija v kontekste kul'tury* [Phraseologie im kulturellen Kontext]. Moskau: Jazyki russkoj kul'tury.

Moskalskaja, Ol'ga I.
2004 *Grammatik der deutschen Gegenwartssprache.* Moskau: Nauka.
Ohnheiser, Ingeborg
2000 Wortbildung und Sprachvergleich. In: Herbert Jelitte und Nina Schindler (Hg.), *Handbuch zu den modernen Theorien der russischen Wortbildung,* 111–120. Frankfurt a. M.: Lang.
Rathmayr, Renate
2003 *Pragmatika izvinenija. Sravnitel'noe issledovanie na materiale russkogo jazyka i russkoj kul'tury* [Pragmatik der Entschuldigungen. Vergleichende Untersuchung am Beispiel der russischen Sprache und Kultur]. Moskau: Jazyki slavjanskoj kul'tury.
Stadler, Wolfgang
2008 Pragmatik des Schweigens am Beispiel des Russischen. Habilitationsschrift, Universität Innsbruck.
Stock, Eberhard und Ludmila Veličkova
2002 *Sprechrhythmus im Russischen und Deutschen.* Frankfurt a. M.: Lang.
Telija, Veronika N.
1996 *Russkaja Frazeologija. Semantičeskij, pragmatičeskij i lingvokul'torologičeskij aspekt* [Russische Phraseologie. Semantische, pragmatische und sprachkulturologische Aspekte]. Moskau: Jazyki russkoj kul'tury.
Walter, Harry und Valerij Mokienko
2001 *Russisch–deutsches Jargon-Wörterbuch.* Frankfurt a. M.: Lang.
Zolotova, Galina A.
2004 *Kommunikativnaja grammatika russkogo jazyka* [Kommunikative Grammatik der russischen Sprache]. Moskau: Nauka.

Anka Bergmann, Berlin (Deutschland)
Grit Mehlhorn, Leipzig (Deutschland)

74. Kontrastive Analyse Schwedisch–Deutsch

1. Forschungsüberblick
2. Typologische Einordnung
3. Aussprache
4. Morphologie und Syntax
5. Wortschatz, Idiomatik und Phraseologie
6. Pragmatik, Textlinguistik und interkulturelle Kommunikation
7. Traditionen der Sprachdidaktik und die Rolle der Kontrastivität
8. Literatur in Auswahl

1. Forschungsüberblick

In Hinblick auf das Sprachenpaar Schwedisch–Deutsch ist seit den 1970er Jahren eine Fülle an Forschungsbeiträgen entstanden, die ganz unterschiedliche Traditionen verfolgen und punktuell einzelne Aspekte aus dem Riesenkomplex Sprache herausgreifen (vgl.

Nikula 2000). In Beiträgen zur historisch vergleichenden Sprachwissenschaft werden Phänomene wie Verwandtschaftsbeziehungen, Sprachwandel und Sprachkontakt in den germanischen Sprachen beleuchtet (vgl. Braunmüller 2004). Derzeit stehen Entwicklungstendenzen in der Gegenwartssprache im Vordergrund.

Ein Großteil der Arbeiten in der Tradition der synchron arbeitenden kontrastiven Linguistik befasst sich mit Phonologie/Phonetik, Lexik und Grammatik. Ihre theoretische Grundlage bilden strukturalistische, typologische, generative oder valenztheoretische Ansätze, die in Hinblick auf linguistische Universalien oder Prinzipien der UG auch auf den Spracherwerb Bezug nehmen. Erst in den letzten zehn Jahren haben sich mit Textlinguistik, Stilistik (vgl. Carlsson 2004), Pragmatik und interkultureller Kommunikation (vgl. Breckle 2005) neue Gebiete eröffnet, die über reine Systemanalysen hinausgehen und die für umfassendere Forschungsbeiträge offenstehen. Im lexikalischen Bereich haben Idiome, Phraseologismen und fachspezifische Termini besondere Aufmerksamkeit erhalten. Traditionell hat die kontrastive Linguistik einen unmittelbaren DaF-Bezug. Neben rein linguistischen Erkenntnisinteressen ist ihr Hauptziel heute nicht mehr die Fehlervermeidung, sondern die didaktisch-methodische Verwertung ihrer Erkenntnisse im DaF-Unterricht.

Wie sich der/die Lernende Deutsch aneignet, ist zentraler Gegenstand in Beiträgen zur L2-Erwerbsforschung. Hier werden auf empirischer Basis die Lernersprache und die ihr zu Grunde liegenden inter- und intralingualen Prozesse untersucht. Die Schwerpunkte liegen bisher auf dem lexikalischen und grammatischen Bereich im Kontrast zur L1. Besonders in Hinblick auf die Entwicklung der Lernersprache und den Einfluss von L2-Englisch bestehen noch Lücken: Bisher sind Genus, Verbalmorphologie, Wortstellung und die Informationsstruktur in Texten beleuchtet worden. Noch weitgehend unberücksichtigt sind Pragmatik, Stilistik oder interkulturelle Kommunikation. Da außerdem die meisten Untersuchungen dem gesteuerten Erwerb gelten, ist nur wenig über den DaZ-Erwerb bekannt.

2. Typologische Einordnung

Schwedisch zählt zusammen mit Dänisch, Färöisch, Isländisch und den beiden norwegischen Sprachen Nynorsk und Bokmål zu den nordgermanischen bzw. nordischen Sprachen, die sich durch ihre eigenständige Entwicklung aus dem Urnordischen von westgermanischen Sprachen wie Deutsch und Englisch unterscheiden. Schwedisch und Dänisch stehen sich als ostnordische Sprachen näher als die westnordischen Sprachen Norwegisch, Färöisch und Isländisch. Durch ihre benachbarte Lage sind Schwedisch, Norwegisch und Dänisch im Laufe ihrer Entwicklung aber ganz ähnlichen Einflüssen ausgesetzt gewesen. Besonders das im 13. Jh. weit verbreitete Niederdeutsche macht sich noch heute in der Lexik sowie im grammatischen Bereich bemerkbar und liefert SprecherInnen dieser Sprachen ein Vorwissen, das den Deutscherwerb unterstützen kann.

Das moderne Schwedisch ist wie das Deutsche eine synthetische Sprache. Sie tendiert jedoch eher zu einem analytischen Sprachbau und verwendet neben Flexion (z. B. *springa-sprang-sprungit* bzw. *laufen-lief-gelaufen*) häufig Agglutination, so dass jede Funktion durch ein eigenständiges Flexiv am Wortstamm gekennzeichnet wird (z. B. *kvinnorna* ‚die Frauen‘, *-or* bedeutet Plural, *-na* bedeutet Bestimmtheit). Dass das Deutsche wesentlich mehr Funktionen unterscheidet, gleichzeitig aber nur über eine begrenze Anzahl von Flexionsmorphemen verfügt, macht es aus Lernersicht undurchsichtiger und komplexer. Auch phonotaktisch tendiert das Schwedische mit seiner regelmäßigen Abfolge von Konsonanten und Vokalen (K)VKVKV... zum Muster einfacher Sprachen, während das Deutsche über komplexe Konsonantenverbände verfügt (Braunmüller 1995: 11).

3. Aussprache

3.1. Vokale

Deutsch und Schwedisch nutzen ungefähr die gleichen Vokale, doch kennt die schwedische Standardsprache nur kurze und lange Vokale, aber keine Diphthonge. Sie besitzt mit ihren *u*-Vokalen zudem eine weitere vordere Serie, die sich nur minimal von /y/ unterscheidet. In der Schrift werden diese Laute in der Regel durch den Buchstaben *u* wiedergegeben (z. B. *hus, hund*), was daher leicht zu Verwechslungen von *u* und *ü* und den entsprechenden Lauten führen kann.

Grundsätzlich werden Vokale im Deutschen präziser und energischer artikuliert als im Schwedischen, wo die Artikulation häufig unklar und gleitend ausfällt und der Hauptdruck bei einem langen Vokal selbst noch bei Einsatz des nachfolgenden Konsonanten erhalten bleibt. Bei einem Wort wie dt. *Vater* kann dies zu Interferenzen führen, indem der *a*-Vokal wie in schw. *fader* zu kurz und *t* entsprechend der L1 länger ausgesprochen wird (vgl. Korlén und Malmberg 1993: 46−48). Schwierigkeiten bereitet auch der harte Vokaleinsatz bzw. Knacklaut im Deutschen, der mit dem im Schwedischen typischen, gleitenden Übergang zwischen Vokalen und Konsonanten kontrastiert.

3.2. Konsonanten

Historisch bedingt sind Lautkorrespondenzen im Bereich der Plosive. Denn schwed. *p, t, k* entsprechen den dt. Konsonanten *f (ff), s (ss)* und *ch*, wenn diese im In- oder Auslaut nach einem Vokal stehen, und *pf, tz (z)* und *k*, wenn sie in Initialstellung oder nach einem Konsonanten vorkommen (vgl. Stedje 1989). Derartige systematische Regelmäßigkeiten wie z. B. in *peppar/Pfeffer, tand/Zahn, tak/Dach* erleichtern das Erschließen von neuen Wörtern (vgl. Hufeisen et al. 2007).

Im Unterschied zum Deutschen gibt es im Schwedischen für stimmhafte Lenes (Frikative und Plosive) keine Restriktionen, denn sie können sowohl im Wort- oder Silbenanfang als auch im Auslaut vorkommen. Gerade bei lexikalisch ähnlichen Wörtern wie *hund, bad, dag* oder *naiv* kann es zu Interferenzen kommen.

3.3. Prosodie

Charakteristisch für das Schwedische ist sein musikalischer Akzent bzw. Gravisakzent, der Wörter wie *ànden* ‚der Geist‘ von *ande* und *ánden* ‚die Ente‘ von *and* differenziert. Bei zweisilbigen dt. Wörtern wie in *dieser* kann dies leicht zu einer nichtdeutschen Aussprache führen.

4. Morphologie und Syntax

4.1. Verbalmorphologie

In Hinblick auf die Unterscheidung von starken und schwachen Verben und auf die Bildung analytischer Verbalkonstruktionen weisen beide Sprachen Parallelen auf. Unterschiede gibt es vor allem hinsichtlich der Subjekt-Verbkongruenz, die es im Schwedischen nicht gibt (Präsens: *Jag/du/han/vi/ni/de hoppar* bzw. Präteritum: *hoppade*), und hinsichtlich der Formen im Perfekt/Plusquamperfekt, die im Schwedischen konsequent mit dem temporalen Hilfsverb *ha* ‚haben‘ und dem auf -*t* auslautenden präfixlosen Supinum des lexikalischen Verbs gebildet werden: *Jag har hoppat/Jag hade hoppat*. Die Markierung von Person und Numerus im Deutschen und die Differenzierung von *sein/haben* sind mit großen Erwerbsschwierigkeiten verbunden (vgl. Fredriksson 2006).

4.2. Nominale Morphologie

4.2.1. Genus

Substantive werden im Schwedischen grundsätzlich im Utrum (formales Kennzeichen -*n* wie in *en bil* ‚ein Auto‘) oder Neutrum (formales Kennzeichen -*t* wie in *ett hus* ‚ein Haus‘) kategorisiert. Eine zusätzliche Unterscheidung nach Belebtheit und Sexus erfolgt bei Substantiven, die auf lebende Wesen referieren, durch die Personalpronomen *han* ‚er‘ im Maskulinum und *hon* ‚sie‘ im Femininum. Aus Lernersicht ist der Erwerb der dt. Genuskategorie schwierig, weil die Zuordnung von Substantiven zu Maskulinum, Femininum oder Neutrum größtenteils arbiträr ist oder nach formalen und/oder semantischen Prinzipien erfolgt, und weil nominale Bestimmungen wie Artikel, Pronomen oder Adjektive konsequent in allen Kasus kongruieren (vgl. Krohn und Krohn 2008).

4.2.2. Kasus

Substantive haben im Schwedischen nur zwei Kasus, „Grundkasus“ (ohne Suffix) und Genitiv (*s*-Suffix). Letzterer steht selbst innerhalb einer nominalen Gruppe stets vor dem zugehörigen Hauptwort: *mannens* ‚des Mannes‘, *kvinnornas* ‚der Frauen‘, *mannen på gatans åsikter* ‚die Ansichten des Mannes auf der Straße‘. Dadurch, dass formal kein Unterschied zwischen Nominativ und Akkusativ besteht, gibt in einem Satz wie *Mannen ser barnet* ‚Der Mann sieht das Kind‘ allein die Wortfolge Aufschluss über die Satzteile Subjekt und Akkusativobjekt. Die Personalpronomen besitzen in ihrer Funktion als direktes oder indirektes Objekt eine zusätzliche Kasusform: Die Objektsformen *mig* ‚mich‘, *dig* ‚dich‘, *honom* ‚ihn‘, *henne* ‚sie‘, *oss* ‚uns‘, *er* ‚euch‘, *dem* ‚sie‘ und das reflexive Pronomen *sig* ‚sich‘.

Mit seinen vier Kasus ist das Deutsche wesentlich komplexer und schwieriger, denn es müssen unterschiedliche Funktionen von Nominalphrasen im Satz ausdifferenziert und abhängig vom Genus und Numerus unterschiedlich markiert werden. Auch Präpositionalphrasen, deren Kasusmarkierung abhängig von der Präposition und/oder der Aktionsart erfolgt, sind komplexer als im Schwedischen, wo Substantive nur Grundkasus und Personalpronomen Objektsform aufweisen: *med henne* ‚mit ihr‘, *till honom* ‚für ihn‘.

4.2.3. Numerus

Substative und Pronomen können in beiden Sprachen im Singular und Plural vorkommen, wobei bei Substantiven etwa die gleichen morphologischen Mittel verwendet werden: Umlautung und/oder verschiedene Suffixe wie in *man-män* ‚Mann-Männer', *kvinna-kvinnor* ‚Frau-Frauen' oder *stad-städer* ‚Stadt-Städte'. Wichtige Unterschiede gibt es auf lexikalischer Ebene und im Gebrauch. Das Pluralwort *Geschwister* besitzt z. B. im Schwedischen eine Singularform *ett syskon*. Im Schwedischen kann der Numerus aber auch abhängig vom Kontext neutralisiert werden: *Har vi potatis hemma?* ‚Haben wir Kartoffel(n) zu Hause?'.

4.3. Wortfolge

Schwedisch ist in erster Linie eine SVO-Sprache mit einer relativ fixen Abfolge der Satzkonstituenten. Weiteres Charakteristikum ist, dass finiter und infiniter Verbteil stets unmittelbar aufeinander folgen *Jag vill ha en glass* ‚Ich will ein Eis haben', *Vi har läst en bok* ‚Wir haben ein Buch gelesen'. Die im Deutschen typische Satzklammer und finale V2-Stellung in Nebensätzen ist aus Lernersicht eine ungewohnte Position und mit erheblichen Erwerbsschwierigkeiten verbunden.

5. Wortschatz, Idiomatik und Phraseologie

Für Parallelen im Wortschatz beider Sprachen sorgen germanische Erbwörter (*bädd* ‚Bett', *stol* ‚Stuhl', *svära* ‚schwören'), Lehnwörter aus dem Lateinischen (*planta* ‚Pflanze', *källare* ‚Keller', *spegel* ‚Spiegel'), Entlehnungen aus dem Niederdeutschen ins Deutsche (*köpman* ‚Kaufmann', *fråga* ‚fragen', *ropa* ‚rufen') sowie zahlreiche Internationalismen und Anglizismen. Letztere gehen auf den starken Einfluss des Englischen nach Ende des 2. Weltkriegs zurück (vgl. Inghult 2002).

Problematisch und anfällig für Verwechslungen sind sog. *falsche Freunde* wie *öl* ‚Bier', *olja* ‚Öl' oder wenn sich Äquivalente beider Sprachen aufgrund von lexikalisch-semantischer Divergenz oder Konvergenz nur partiell entsprechen: Z. B. kann schwed. *invånare* im Deutschen *Einwohner* oder *Bewohner* bedeuten. Phraseologismen sind aufgrund ihrer komplexen inneren Struktur ein besonders schwieriger Erwerbsgegenstand (vgl. Krohn 1994).

6. Pragmatik, Textlinguistik und interkulturelle Kommunikation

Die Anredeformen sind ein häufig genanntes Beispiel für das Wirken von unterschiedlichen pragmatischen Maximen in der schwedischen bzw. der deutschen Gesellschaft. Nach einer Reform in den 1950er Jahren hat sich in Schweden auf allen Gesellschaftsebenen *du* als Anredeform durchgesetzt. Aus Lernersicht ist es daher schwierig, zwischen den verschiedenen deutschen Anredeformen *du, ihr/Sie* zu unterscheiden und sie angemessen zu verwenden. Gerade im Geschäftsleben kann dies zu Missverständnissen führen (Breckle 2005).

Unterschiede in beiden Sprachen gibt es auch in Hinblick auf die Thematisierung von Texten: Im Schwedischen nimmt das Subjekt vorzugsweise die 1. Position im Satz ein, so dass andere Textelemente durch emphatische Umschreibung hervorgehoben werden wie in *Det var honom hon såg på tåget* ‚Es war er, den sie im Zug sah‘, während sie im Deutschen topikalisiert werden: *Ihn sah sie im Zug.* Aus dem gesteuerten Erwerb finden sich Belege dafür, dass Schweden anfangs die Informationsstruktur und damit die Wortfolge ihrer L1 auf das Deutsche übertragen und erst allmählich in Richtung der Zielsprache entwickeln (Rosén 2006).

In der Wirtschaftskommunikation zwischen schwedischen und deutschen Geschäftsleuten gibt es deutliche Unterschiede hinsichtlich der Verwendung von Höflichkeitsstrategien und hinsichtlich der Imagearbeit: Schwedische Geschäftsleute verwenden z. B. häufiger *smalltalk* um die psychologische und soziale Distanz zum Gesprächspartner abzubauen. Sie vermeiden auch eine direkte *face-to-face* Kommunikation, indem sie z. B. sagen *jag återkommer* statt *ich will das Produkt nicht kaufen* (Breckle 2005: 200). Es kann hier zu Fehlinterpretationen kommen, weil Kritik von Schweden eher verdeckt vorgebracht und von Deutschen nicht als solche verstanden wird. Die direkte deutsche Art kann umgekehrt als verletzend und persönlich empfunden werden.

7. Traditionen der Sprachdidaktik und die Rolle der Kontrastivität

Bis in die 1970er Jahre hatte die Grammatik-Übersetzungsmethode mit einer deduktiven und kontrastiven Vorgehensweise maßgeblichen Einfluss auf die Sprachdidaktik in Schweden (vgl. Ericsson 1989). In den 1960er Jahren setzte mit einer gemäßigten Form der Direktmethode (vgl. audio-linguale Methode) ein Gegentrend zur Einsprachigkeit in der L2 ein. Grammatisch-formale Aspekte blieben aber weiterhin im Vordergrund.

Erst das Aufkommen von kommunikativen Ansätzen in den 1970er Jahren hat der heutigen Didaktik ihre kommunikativ-pragmatische Ausprägung verliehen. Neben größtmöglicher Lernerautonomie und Eigenverantwortlichkeit werden rezeptive und produktive Fertigkeiten betont, was mit Abstrichen an die grammatische Bewusstmachung und in der Verlängerung auch an die sprachliche Korrektheit verbunden ist. Dass grammatische Termini erst relativ spät (Klasse 7) eingeführt werden, setzt Grenzen für die bewusste kontrastive Sprachbetrachtung, die erst im gymnasialen und postgymnasialen Unterricht in den Vordergrund rückt. Besonders in Hinblick auf die Ergebnisse aus der Spracherwerbsforschung müsste nach neuen Wegen der Bewusstmachung gesucht werden. Es geht um Fragen wie die sinnvolle grammatische Progression und der stärkere Einbezug der zuerst gelernten Sprachen als Lernhilfen unter dem Aspekt ihrer Ähnlichkeit.

8. Literatur in Auswahl

Andersson, Sven-Gunnar
   2001   Zur Kontrastsituation zwischen Deutsch und Schwedisch und zu ihrer Erfassung im Bereich der Stilistik. In: Hartmut Schröder, Petra Kumschlies, Maria González (Hg.), *Lingu-*

istik als Kulturwissenschaft. Festschrift für Bernd Spillner zum 60. Geburtstag, 273−283. Frankfurt a. M.: Lang.

Braunmüller, Kurt
1995   *Beiträge zur skandinavischen Linguistik*. Oslo: Novus.

Braunmüller, Kurt
2004   Niederdeutsch und Hochdeutsch im Kontakt mit den skandinavischen Sprachen. In: Horst Haider Munske (Hg.), *Deutsch im Kontakt mit germanischen Sprachen*, 1−30. Tübingen: Niemeyer.

Breckle, Margit
2005   *Deutsch-schwedische Wirtschaftskommunikation*. Frankfurt a. M.: Lang.

Carlsson, Maria
2004   *Deutsch und Schwedisch im Kontrast. Zur Distribution nominaler und verbaler Ausdrucksweise in Zeitungstexten.* Acta Universitatis Gothoburgensis. (Göteborger Germanistische Forschungen 43). Göteborg.

Dentler, Sigrid
1997   Zur Prognostizierbarkeit von Lernfortschritten und Fehlleistungen: Verbstellung in der Lernersprache Deutsch. *Der GinkgoBaum 15:* 26−42.

Dentler, Sigrid, Britta Hufeisen und Beate Lindemann (Hg.)
2000   *Tertär- und Drittsprachen. Projekte und empirische Untersuchungen.* Tübingen: Stauffenburg.

Ericsson, Eje
1989   *Undervisa i språk. Språkdidaktik och språkmetodik.* Lund: Studentlitteratur.

Fredriksson, Christine
2006   *Erwerbsphasen, Entwicklungssequenzen und Erwerbsreihenfolge. Zum Erwerb der deutschen Verbalmorphologie durch schwedische Schülerinnen und Schüler.* Acta Universitatis Upsaliensis. Studia Germanistica Upsaliensia 50.

Freund, Folke und Birger Sundqvist
1995   *Tysk grammatik.* 3. Auflage. Stockholm: Natur och Kultur.

Huber, Stefan
2002   *Es-Clefts und det-Clefts. Zur Syntax, Semantik und Informationsstruktur von Spaltsätzen im Deutschen und Schwedischen.* (Lunder germanistische Forschungen 64). Stockholm: Almquist & Wiksell International.

Hufeisen, Britta und Nicole Marx (Hg.)
2007   *EuroComGerm − Die sieben Siebe: Germanische Sprachen lesen lernen.* Aachen: Shaker.

Inghult, Göran
2002   *Neue Anglizismen im Deutschen und Schwedischen 1945−1989: Transferenz und Integration aus kontrastiver Sicht.* Stockholm: Almqvist & Wiksell International.

Jobin, Bettina
2004   *Genus im Wandel: Studien zu Genus und Animatizität anhand von Personenbezeichnungen im heutigen Deutsch mit Kontrastierungen zum Schwedischen.* (Stockholmer germanistische Forschungen 64). Stockholm: Stockholmer Germanistische Forschungen 64.

Korlén, Gustav und Bertil Malmberg
1974   *Tysk fonetik.* 4. Auflage. Lund: Gleerups.

Krohn, Karin
1994   *Hand und Fuß. Eine kontrastive Analyse von Phraseologismen im Deutschen und Schwedischen.* Acta Universitatis Gothoburgensis. (Göteborger germanistische Forschungen 36). Göteborg.

Krohn, Dieter und Karin Krohn
2008   *Der das die − oder wie? Studien zum Genuserwerb schwedischer Deutschlerner.* Bern: Lang.

Malvebo, Elisabeth
2006   *Was bleibt? Vokabelerwerb im Fremdsprachenunterricht. Fallstudie zu einer Schülergruppe an einem schwedischen Gymnasium.* Växjö universitet.

Nikula, Henrik

    2000   Kontrastive Analysen Deutsch-Schwedisch. Eine Übersicht. In: Gerhard Helbig, Lutz Götze, Gert Henrici und Hans-Jürgen Krumm (Hg.), *Deutsch als Fremdsprache. Ein internationales Handbuch,* 337–343. Berlin: de Gruyter.

Rosén, Christina

    2006   *„Warum klingt das nicht deutsch?"* – *Probleme der Informationsstrukturierung in deutschen Texten schwedischer Schüler und Studenten.* Stockholm: Almqvist & Wiksell International.

Stedje, Astrid

    1996   *Deutsche Sprache gestern und heute.* 3. Auflage. München: Fink.

Christine Fredriksson, Trollhättan (Schweden)

75. Kontrastive Analyse Serbisch/Kroatisch–Deutsch

1. Allgemeines

Sprachtypologisch betrachtet, gehört Serbisch/Kroatisch (S/K) zu der südslawischen Sprachfamilie und als solches ist es am engsten mit dem Bulgarischen, Mazedonischen und Slowenischen verwandt. (Da der Ausgangspunkt der vorliegenden Beiträge den Lehr- und Lernbereich Deutsch als Fremdsprache darstellt, wird hier auf eine in den kroatischen und serbischen sprachwissenschaftlichen Kreisen mitunter auch leidenschaftlich und daher nicht immer unter einem linguistischen Vorzeichen geführte Diskussion über die Herkunft dieser Sprache(n), deren geschichtliche Entwicklung(en), Kodifizierungs-, Normierungs-, Konvergierungs- und Divergierungsprozesse sowie damit verbundene sprachliche, politische und ethnische Identitätsbildung(en) bewusst nicht eingegangen.) Das standardsprachliche S/K weist zwei Erscheinungsformen auf: das Ekavische (nur in Serbien) und das Jekavische bzw. Ijekavische (in anderen Teilen des s/k Sprachgebiets). In manchen Regionen wird außerdem noch das Ikavische benutzt, das allerdings nicht als standardsprachliche Variante anerkannt wird. Die Namen verweisen auf das dreifache Reflex des uraltslawischen Phonems *Jat* (**ě*), das im Gegenwartsserbischen/-kroatischen in folgenden Erscheinungsformen vorkommt: Der Laut wird im Ekavischen durch ein *e* und im Ikavischen durch ein *i* ersetzt; im Ijekavischen dagegen wird das lange Jat durch ein *ij* und das kurze Jat durch ein *j* ersetzt: *dijete* – *dete* – *dite* ‚Kind', an Stelle des langen Jat; *svjetlo* – *svetlo* – *svitlo* ‚Licht', an Stelle des kurzen Jat. Das s/k Sprachgebiet wird darüber hinaus auch in drei Großdialekte aufgeteilt, die nach der jeweiligen Bezeichnung für das interrogative Adverb *was* (*što/šta; kaj; ča*) genannt werden: das Štokavische (im größten Teil des Sprachgebietes verbreitet), das Kajkavische (im Raum nördlich von Zagreb benutzt) und das Čakavische (im kroatischen Küstengebiet von Dalmatien bis Istrien, aber auch im österreichischen Burgenland). Als standardsprachliche Grundlage wurde im 19. Jahrhundert der ostherzegowinische Dialekt des Štokavischen — das Neuštokavische — festgelegt.

2. Schrift

Charakteristisch ist im Serbischen die Verwendung der kyrillischen und lateinischen Schrift (im Kroatischen wird nur die lateinische benutzt). Die Sprache verfügt über 30 Laute, und jedem entspricht jeweils ein Buchstabe. Darunter werden auch drei Diagraphe (feste Buchstabenkombinationen) gerechnet — *lj*, *nj* und *dž*, sowie mehrere mit diakritischen Zeichen versehene Buchstaben: *č, ć, đ, š, ž*. Denen entspricht in der kyrillischen Schrift allerdings jeweils ein Buchstabe: *љ, њ, џ, ч, ħ, ђ, ш, ж*. Dank der im 19. Jahrhundert durchgeführten Reform des Orthographiesystems gehört das gegenwärtige S/K zu den wenigen Schriftsprachen der Welt, die größtenteils phonematisch sind.

Bei den orthographischen Regeln weichen im S/K insbesondere jene zur Satzzeichensetzung vom Deutschen (D) ab, und zwar in erster Linie die Kommasetzung, die im S/K nicht (nur) nach grammatischen Ansatzpunkten erfolgt, sondern auch melodisch-intonatorische Funktionen ausüben oder zu stilistischen Zwecken eingesetzt werden kann.

3. Phonetik/Phonologie und Morphologie

Unterschiede zwischen D und S/K sind im phonologischen Bereich sowohl auf der phonematischen (Realisierung der Laute) als auch auf der suprasegmentalen Ebene (z. B. beim Wort- und Satzakzent, An- und Auslaut) zu verzeichnen. Die wohl wichtigste Besonderheit des s/k Akzentuierungssystems ist seine melodisch-intonatorische Betonung, basierend auf der doppelten Qualität und Quantität des Wortakzentes — nach der Tonhöhe und -länge werden lang steigende (´), kurz steigende (`), lang fallende (ˆ) und kurz fallende (˝) Akzente unterschieden. Außerdem können in bestimmten morphonologischen Positionen auch unbetonte Vokale lang sein (¯). Die Tonhöhe und Länge sind im S/K distinktive, bedeutungsunterscheidende Merkmale. Im Unterschied zum D, wo eine Akzentverschiebung bei der Affigierung und Komposition i. d. R. nicht stattfindet (von betonten Präfixen abgesehen), sind Akzente im S/K beweglich: *parking* ‚Parkplatz‘: *parkirati se* ‚parken‘.

Das S/K verfügt über 30 Laute, davon fünf Vokale; im Vergleich zum deutschen Lautsystem fehlen hier gerundete Vorderzungenvokale (*ö, ü*), deren Artikulation [ø, y] Deutschlernenden mit S/K als Muttersprache bekanntlich erhebliche Schwierigkeiten bereiten kann. Das gilt auch für den *schwa*-Laut (Murmelvokal), da im S/K Vokale standardsprachlich nicht reduziert werden. Artikulatorische Unterschiede im Vergleich zu den entsprechenden deutschen Konsonanten sind bemerkbar bei den Konsonanten *h* und *r*. Der erstere ist im S/K ein stimmloser velarer Frikativ [x], den Deutschlernende oft statt der entsprechenden deutschen allophonen Varianten verwenden, d. h. an Stelle des stimmlosen palatalen Frikativs (*Ich*-Laut) [ç], des stimmlosen uvularen Frikativs (*Ach*-Laut) [χ] und des stimmlosen glottalen Frikativs (*Hauch*-Laut) [h] aussprechen; nicht selten wird ein solcher Laut sogar nach einem Vokal realisiert (etwa: *sehen* – [zeːxən]). Der R-Laut ist im S/K ein stimmhafter alveolarer Vibrant (Zungenspitzen-R), der zwischen zwei Konsonanten vokalisiert wird (*prst* ‚Finger‘; *mrkva* ‚Karotte‘).

Die Anspannung der Artikulationsorgane bei der Aussprache ist im S/K insgesamt weniger ausgeprägt als im D. Im S/K gibt es auch keinen mit dem deutschen Glottisschlag (Glottalstop, Knacklaut) vergleichbaren vokalischen Anlautsmarkierer für den Vokalneueinsatz, was bei Deutschlernenden zu falschen Verknüpfungen des Vokals im Anlaut an den vorangehenden konsonantischen Auslaut führt. Darüber hinaus kennt das S/K das Phänomen der Auslautverhärtung nicht (eventuelle Tilgungen der Stimmhaftigkeit werden unbedingt graphisch markiert, da im S/K bestimmte Laute in bestimmten Positionen systematischen Qualitätsveränderungen unterliegen (Palatalisierung, Sibilarisierung, Jotierung, Vokalisierung des Lautes *l*, flüchtiges/bewegliches *a*, Assimilation nach der Artikulationsart (regressive Assimilation), Assimilation nach der Artikulationsstelle).

4. Morphosyntax

In morphosyntaktischer Hinsicht gehört das S/K zu den transpositiven Sprachen bzw. zu den flektierbaren Sprachen, die dank verzweigter Flexionsformen eine relativ freie Wortstellung zulassen. Es wird außerdem als typologische Mischsprache bezeichnet, mit eher synthetischen Formen im nominalen und eher analytischen Tendenzen im verbalen Bereich. Das gilt vor allem für das Serbische, das unter dem Einfluss einiger anderer Sprachen steht (Rumänisch, Albanisch, Bulgarisch, Mazedonisch, Griechisch), mit denen es zum balkanischen Sprachenbund zählt.

4.1. Deklinierbare Wortklassen

Die s/k Substantive weisen drei Genera auf und kennen sieben Kasusformen. Neben denen, die auch im D vorhanden sind, verfügt das S/K noch über den Vokativ (Ruffall), den Instrumental (komitative und instrumentelle Funktion) und den Lokativ (ausschließlich als präpositionaler Kasus). Das S/K ist eine artikellose Sprache, außerdem können Negationsdeterminative vor Substantiven nur zu besonderem Nachdruck vorkommen: *Nemam nikakvih problema.* ‚Ich habe keinerlei Probleme‘. Daher erweist sich die Auswahl des richtigen Artikels, einschließlich des Negationsartikels, für Deutschlernende als ein großes Problem, das oft zum Weglassen von Artikelwörtern oder zum falschen Negieren mit der Partikel *nicht* führt: **Ich habe Schwester. *Ich habe nicht Schwester.* Durch sein tripartites Pronominalsystem mit der Basis *-v-/-t-/-n-*, das für alle Pronomen und Pronominaladverbien gilt (*ovaj* ‚dieser‘ – *taj* ‚jener‘ – *onaj* ‚derjenige‘), hebt sich das S/K von allen anderen slawischen Sprachen ab. Die s/k Adjektive, die immer mit dem regierenden Nomen im Genus, Kasus und Numerus kongruieren, weisen zwei Grundformen auf –

bestimmte und unbestimmte, die nur bei den maskulinen Nomina auch morphologisch differenziert (*bogat čovek/čovjek* ,ein reicher Mann'; *bogati čovek/čovjek* ,der reiche Mann'), bei Feminina und Neutra dagegen durch Unterschiede in der Akzentuierung gekennzeichnet sind. Die s/k Adjektive werden auch im Prädikativ flektiert. Die durch Konversion entstandenen Adverbien stimmen in ihrer Form mit dem Adjektiv im Neutrum überein und können gesteigert werden.

4.2. Verb

Die s/k Verben unterscheiden sich von den deutschen vor allem in der Kategorie Aspekt (unvollendet bzw. imperfektiv vs. vollendet bzw. perfektiv), der im S/K durch unterschiedliche Flexionsmorpheme oder Präfixe ausgedrückt wird (hier dargestellt am Beispiel des Verbs *bitten*): *moliti* (imperfektiv), *moljakati* (imperfektiv − iterativ), *zamoliti* (perfektiv − punktuell), *izmoliti* (perfektiv − resultativ). Viele dieser Verben können im D nur anhand periphrastischer, meistens lexikalischer, aber auch syntaktischer Mittel (bspw. durch die Verlaufsform, die im S/K unbekannt ist) ausgedrückt werden. Da der Konjunktiv I im S/K fehlt, muss in der indirekten Rede auf entsprechende lexikalische bzw. orthografische Mittel zurückgegriffen werden. Dem Konjunktiv II entspricht im S/K das Potentialis, das neben seiner Grundbedeutung der Hypothetität auch als Ersatzform für Iterativität in der Vergangenheit benutzt wird. Bei den Modalverben fehlt im S/K das morphosyntaktische Feld des sprecherbezogenen Gebrauchs, der durch lexikalische Mittel ausgedrückt werden muss: I. *Sie soll sehr hübsch gewesen sein.* ≈ (a) *Smatra se da je bila veoma lepa/lijepa.* ,Man nimmt an, dass sie sehr hübsch war.' (b) *Navodno je bila veoma lepa/lijepa.* ,Angeblich war sie sehr hübsch.' II. *Er will damit nichts zu tun haben.* ≈ *On tvrdi da s tim nije imao veze.* ,Er behauptet, dass er damit nichts zu tun hatte.' Außerdem kennt das S/K weder suppletive Formen für den indirekten Imperativ mit *sollen* oder *mögen* (*Der Zeuge wurde aufgefordert, er solle aussagen.* → *Sv(j)edok je bio pozvan dati (da dâ) iskaz.* ,Der Zeuge wurde aufgefordert, eine Aussage abzugeben.') noch die *Sollte*-Form als Ausdruck der Konditionalität.

4.3. Unflektierte Wortklassen

Zu den unflektierten Wortklassen gehören im S/K Präpositionen, Konjunktionen und Partikeln. Eine häufige Fehlerquelle für Deutschlernende stellt die Auswahl der richtigen Präposition dar, für die im S/K nur eine Entsprechung steht: <u>na</u> lepom plavom Dunavu ,auf der schönen blauen Donau'; *Beč leži <u>na</u> Dunavu.* *Wien liegt auf der Donau. (statt: Wien liegt an der Donau.). Beim Partikelgebrauch, besonders hinsichtlich der Modalpartikeln (Abtönungspartikeln), gibt es keine Parallelität zwischen S/K und D, d. h. ähnliche kommunikative Funktionen werden oft mit unterschiedlichen lexikalischen Mitteln ausgedrückt.

4.4. Phrasen und Sätze

Als Sprache mit verhältnismäßig gut erhaltenen Flexionsformen wird das S/K durch die größtenteils freie Wortstellung innerhalb größerer syntaktischer Einheiten gekennzeichnet. Die syntaktisch unmarkierte Wortstellung ist S-V-O: *Marko piše pismo.* ‚Marko schreibt einen Brief.' Je nach thematischer Entfaltung sind aber andere Wortstellungen möglich: *Pismo piše Marko.* /O-V-S/ *Piše Marko pismo.* /V-S-O/ *Marko pismo piše.* /S-O-V/ etc. Aktanten sind i. d. R. frei beweglich. Weder eine vorab festgelegte Erst-, Zweit- oder Endstellung des finiten Verbs noch eine Satzklammer ist für das S/K charakteristisch. Im Unterschied zum D ist im S/K doppelte oder mehrfache Negation der Regelfall: *Nikada* ‚niemals' *nigde* ‚nirgendwo' *ni o čemu* ‚von nichts' *ništa* ‚nichts' *nisam* ‚habe (ich) nicht' *saznala* ‚erfahren'. Unterschiede sind auch auf der Ebene der Verb- und Substantivergänzungen zu finden. Beim Verb sind Abweichungen in erster Linie bei der Präpositional-, aber auch Situativ- und Direktivergänzung zu finden. Unterschiede bei den verbalen Präpositionalergänzungen beziehen sich auf die Wahl der Präposition oder einer nicht präpositionalen Kasusform bei gleichbedeutenden Verben: *nadati se* + Dativ ‚hoffen auf', *čekati* + Akkusativ ‚warten auf'; *bojati* se + Genitiv ‚sich fürchten vor'. Außerdem gibt es im S/K eine synthetische Nomenergänzung im Dativ statt einer analytischen Präpositivergänzung: *poklon prijatelju,* ein Geschenk dem Freund, ‚ein Geschenk für den Freund'. Deutsche verbale Zusammensetzungen mit direktionaler bzw. deiktischer Komponente haben keine direkten Entsprechungen im S/K: *Sie kommt die Treppe herunter/herauf/hinauf/hinunter. Ein Hund kommt angerannt.*

5. Wortbildung und Lexik

Der produktivste Wortbildungstyp im S/K ist die Derivation. Komposition und Konversion treten deutlich seltener als im D auf. Das S und das K weisen auch in vielerlei Hinsicht unterschiedliche Derivationssuffixe auf, insbesondere bei der nominalen Derivation: z. B. Nomina agentis mit *-telj* (K) vs. *-lac* (S): *slušatelj/slušalac* ‚Zuhörer'; Nomina actiones auf *-(id)ba* (K) bzw. *-nak, -nje* (S): *učinba* vs. *učinak; usmjerba* vs. *usmeravanje;* Motionssuffixe *-ka* (S) vs. *-ica* (K): *autorka* vs. *autorica.*

Lexikalische Kontraste sind häufig bei folgenden Phänomenen zu finden: (a) Konvergenz- und Divergenzerscheinungen; (b) Nominationsverfahren (als Entsprechungen zu deutschen nominalen Komposita kommen im S/K meistens Nominalphrasen mit adjektivischem Attribut, Nominalphrasen mit Genitivergänzung oder Nominalphrasen mit Präpositionalergänzung vor: *prom(j)ena značenja,* Veränderung der Bedeutung, ‚Bedeutungsveränderung'); (c) stilistisch markierter Lexik; (d) halbmotivierten oder unmotivierten lexikalischen Einheiten. Falsche Freunde sind besonders häufig bei bestimmten Internationalismen: *planirati* ‚vorhaben' ≠ *planieren; akademik* ‚Mitglied der Akademie der Wissenschaften und Künste' ≠ *Akademiker.* Kontraste sind weiterhin auch wegen unterschiedlicher Wortbildungsmuster (*schmerz<u>los</u>* = *<u>bez</u>bolan*) oder kulturell bedingter Besonderheiten möglich (keine Entsprechung im S/K für *Jugendweihe;* im D dagegen keine Entsprechung für *slava* ‚Hauspatronfest').

Bei Wortbildungs- und Entlehnungsprozessen weist das K eine allgemeine Tendenz zur Bildung von Lehnübersetzungen — Kalkierungen, meistens deutscher Herkunft auf (*štednjak* ← *Sparherd,* veralt.; *rajčica* ← aust. *Paradiesapfel, Paradeiser*); das S enthält dafür mehr Entlehnungen (*Sparherd* → *šporet; Tomate*/aust. *Paradeiser* → *paradajz*). Im S/K sind viele Germanismen und Austriazismen als Kulturadstrateinflüsse vorhanden. Diese entstammen entweder der Bergbauterminologie (überliefert im Mittelalter), der Alltagskultur aus den Zeiten der österreichisch-ungarischen Monarchie (größtenteils stilistisch markierte, regional charakteristische Lexik aus den Bereichen (a) Essen und Nahrungsmittel: *štrudla* ← *Strudel*; (b) Haushaltsgegenstände und -tätigkeiten, Elemente der Wohnanlagen, Kleidung und Schneidereiartikel: *bademantil* ← *Bademantel*; (c) Berufe und Menschencharakterisierungen: *šnajder* ← *Schneider, hohštapler* ← *Hochstapler*, oder aus den Zeiten der technischen Entwicklung im 19. Jh, insbesondere im Bereich Motoren- und Gerätebau: *auspuh* ← *Auspuff, rikverc* ← *rückwärts*.

6. Kontrastive Forschung

Die kontrastiven Untersuchungen in der s/k Germanistik umfassen eine vorwissenschaftliche, überwiegend durch praktische Unterrichtsziele charakterisierte, und eine linguistisch fundierte, valenztheoriegeleitete Phase. Aus den Literaturangaben in Engel und Žiletić (2001) geht eindeutig hervor, dass die kontrastiven Untersuchungen während der zweiten Phase in den 80er Jahren, wohl verbunden mit der institutionell geförderten Arbeit an der kontrastiven Grammatik D/SK in erster Linie im syntaktischen, teilweise auch im pragmalinguistischen Bereich lagen. Untersucht wurden Verbal- Adjektiv- und Nominalphrase, Nebensätze, unflektierte Wortklassen (Abtönungspartikeln, Konjunktoren, Subjunktoren), Negationsmarker, Wortstellung etc. Nach dieser Phase sind in den 90er Jahren vereinzelt auch Arbeiten aus anderen kontrastierenden Domänen zu finden. In der kroatischen Germanistik wurden vermehrt und intensiver deutsch-kroatische sprachliche Kontakte sowie Einflüsse des Deutschen auf bestimmte dialektale Entwicklungen im Kroatischen untersucht (Glovacki-Bernardi 2006; Scheutz und Piškorec 2004). In der serbischen Germanistik wurde zeitgleich überwiegend historisch-lexikographische, vereinzelt auch übersetzungsanalytische (zu unterschiedlichen linguistischen Aspekten einiger ausgewählter Hin- und Herübersetzungen) und textlinguistische (zur Kontrastierung bestimmter Textsorten) Forschung getrieben. Leider wurden die zweifellos fruchtbringenden Ergebnisse der kontrastiven serbisch/kroatisch-deutschen Forschung bisher kaum in den didaktischen Bereich transponiert, abgesehen von wenigen isolierten fehleranalyseorientierten Arbeiten und eher seltenen Exkursen über kontrastive Fragestellungen in manchen pädagogischen Grammatiken. Dieser Umstand hängt wohl in erster Linie mit der überwiegend traditionell fachwissenschaftlichen Orientierung der s/k Germanistik und der damit verbundenen Vernachlässigung der fachdidaktischen Forschung zusammen. Empirische Forschung an der Schnittstelle genuin theoretisch-philologischer und angewandter Disziplinen, vor allem in den Bereichen der Textlinguistik und Pragmalinguistik (Diskursanalyse, Textsortenlinguistik, sprachliche Interaktionsmuster, interkulturelle Geschäftskommunikation) ist daher ein dringendes Desiderat.

7. Literatur in Auswahl

Hier werden nur einige neuere Arbeiten angeführt, die nach 2000 veröffentlicht wurden. Für ausführlichere bibliografische Angaben s. Engel und Žiletić 2001.

Djordjevic, Miloje
  2002   Kontrastive Valenzbeschreibung. Versuch einer Grundlegung für ein deutsch−bosnisch/-kroatisch-serbisches Valenzlexikon. In: Miloje Djordjevic und Eriminka Zilic (Hg.), *Satel-*

liten des Verbs im Deutschen und im Bosnisch-/Kroatisch-/Serbischen. Beiträge zur kontrastiven Grammatik, 9−128. Tübingen: Groos.

Engel, Ulrich und Zoran Žiletić
2001   Kontrastive Analysen Deutsch−Serbisch/Kroatisch: eine Übersicht. In: Gerhard Helbig, Lutz Götze, Gert Henrici und Hans-Jürgen Krumm (Hg.), *Deutsch als Fremdsprache. Ein internationales Handbuch,* 403−409. (Handbücher zur Sprach- und Kommunikationswissenschaft 19.1−2). Berlin/New York: de Gruyter

Glovacki-Bernardi, Zrinjka
2006   Forschungsprojekte zum deutsch/österreichisch-kroatischen Sprachkontakt − theoretische Profilierung und ideologische Positionen. *Zagreber Germanistische Beiträge.* Beiheft 9: 3−10.

Scheutz, Hannes und Velimir Piškorec
2004   Deutsch-kroatischer Sprachkontakt an der Habsburger Militärgrenze. Germanismen in den Dialekten der Podravina. *Zagreber Germanistische Beiträge* 13: 285−307.

Olivera Durbaba, Belgrad (Serbien)

76. Kontrastive Analyse Slowakisch–Deutsch

1. Forschungslage
2. Hauptunterschiede und Parallelen zwischen dem Slowakischen und dem Deutschen
3. Phonetik und Phonologie
4. Morphologie und Syntax
5. Wortschatz, Idiomatik, Phraseologie
6. Pragmatik, Textlinguistik, Interkulturelle Kommunikation
7. Sprachdidaktik
8. Literatur in Auswahl

1. Forschungslage

Der Sprachvergleich Slowakisch−Deutsch hat gewisse Traditionen, spielte aber − obwohl sogar für den Deutschunterricht thematisiert (Schwanzer 1973) − bis zur politischen Wende in der Slowakei im Jahre 1989 eine eher untergeordnete Rolle. Er wurde und wird nicht nur von Wissenschaftlern gespeist, die in der Lehrerausbildung tätig waren und sind, sondern auch und vor allem von Linguisten, Fachsprachenforschern und Translatologen. Ein regelrechter Boom an kontrastiven Arbeiten war in den 1990er Jahren zu verzeichnen, als die Deutschlehrerausbildung reformiert wurde.

Explizit kontrastive Arbeiten für Deutsch und Slowakisch sind z. T. Einzelthemen gewidmet (Slimák 1997), es finden sich aber auch umfassendere Arbeiten (Kozmová 2004; Sisák 2003a). Eine explizit vergleichende Grammatik des Slowakischen und Deutschen existiert jedoch noch nicht, in Pongó et al. (1998) ist der Vergleich überwiegend implizit durch die Auswahl der Themen und das Übersetzen bestimmter Beispiele, nur an wenigen Stellen werden die beiden Sprachen direkt verglichen. Leider sind viele wichtige

Schriften in Bibliotheken (vor allem in der Deutschen Nationalbibliothek, aber auch in der Slowakei) nicht immer gut zugänglich (z. B. Vajičková 2002).

Der Sprachvergleich ist deskriptiv, der traditionellen Grammatik verpflichtet und berücksichtigt – wenn er im Bereich der Deutschlehrerausbildung oder der kontrastiven Fachsprachenforschung angesiedelt ist – teilweise auch linguodidaktische Aspekte (Sisák 2003a; Borsuková 1999). Es finden sich auch valenztheoretische Arbeiten, z. B. Pongó (2004), Paračková (2006). Kozmová fordert eine stärkere Einbeziehung der Semantik in das grammatische Modell in dem Sinne, „daß die Interaktion grammatische Regeln: Lexikon als ein semantisches Struktursystem dargestellt werden muß" (1997: 42).

Sehr gut kontrastiv beschrieben sind einige für Lerner wichtige Bereiche, wobei vor allem die Unterschiede zwischen beiden Sprachen gegenübergestellt werden: Phonetik (Bohušová 2006), Tempus und Aspekt beim Verb (hier viele Arbeiten von Kozmová), Genus beim Substantiv (Schmitz und Pongó 1997; Pongó 2004), Phraseologie (Ďurčo 1994) und Teilbereiche der Textlinguistik sowie Wortbildung (Sisák 2003a). Aus der Sicht des Sprachvergleichs noch nicht umfassend genug beschrieben sind u. a. die Modalität und die Kategorie Modus (vgl. hierzu aber Kášová 1998), die Präpositionen (hierzu aber Slimák 1997), die Wortfolge bzw. Stellung der Satzglieder (hierzu aber Červenková 1986).

Eine kontrastive Analyse u. a. der Kongruenz zwischen Subjekt und Prädikat, der Verwendung des Infinitivs, der unterschiedlichen Ausprägung von relativem Tempus, der Systeme der Pronomina, der Negation, der komplexen Sätze usw. steht allerdings noch aus, auch in der Didaktik bleibt noch viel Arbeit zu tun.

2. Hauptunterschiede und Parallelen zwischen dem Slowakischen und dem Deutschen

Slowakisch und Deutsch weisen als indogermanische Sprachen eine gewisse Nähe zueinander auf und haben auch aufgrund langwährender Sprachkontakte zu verschiedenen Zeiten vor allem im Bereich der Sprachverwendung und in der Phraseologie Parallelen, aber auch viele Unterschiede.

Beide Sprachen verfügen über ein ähnliches Inventar an sprachlichen Mitteln, seien es z. B. Phoneme, grammatische Kategorien oder Satzglieder, diese werden jedoch in recht unterschiedlichem Maße realisiert. Lernschwierigkeiten können für die Textproduktion und die Rezeption durchaus unterschiedlich sein: während z. B. der deutsche Artikel, für den es keine adäquate Wortart im Slowakischen gibt, den Lerner bei der Textproduktion vor extreme Schwierigkeiten stellt, kann er bei der Rezeption hilfreich sein, indem er die syntaktischen Verhältnisse im deutschen Satz durchsichtiger macht.

3. Phonetik und Phonologie

Für Deutsch lernende Slowaken haben slowakische Phonetiker eine Hierarchisierung der interferenzbedingten Fälle zusammengestellt (vgl. Bohušová 2006 und die dort angegebene Literatur). Im Bereich der Suprasegmentalia ist neben Rhytmus, Gliederung und Melodie vor allem die Wortakzentuierung hervorzuheben: Im Slowakischen liegt der Akzent fest auf der ersten Silbe des phonetischen Wortes, im Deutschen liegt der Akzent i. d. R. auf der ersten Stammsilbe und hat z. T. distinktive Funktion.

Im Bereich der Segmentalia bereiten den slowakischen Lernern vor allem die größere Sprechspannung der Artikulationsorgane im Deutschen und der Vokalneueinsatz Probleme, wobei letzterer im Slowakischen an der Silbengrenze und unter bestimmten Bedingungen auch an der Wortgrenze nicht realisiert wird. Das Slowakische weist keine reduzierten Laute auf, die Diskrepanz in der Symmetrie der slowakischen und deutschen Distinktionen offen–geschlossen und kurz–lang bereitet Schwierigkeiten beim Erlernen der deutschen Vokale. Die Ö- und Ü-Laute kommen im Slowakischen nicht vor, sie werden von den slowakischen Lernern oft durch E- und I-Laute realisiert, der deutsche Ich-Laut wird durch den Ach-Laut ersetzt. Die im Deutschen behauchten stimmlosen Explosivlaute /p, t, k/ werden im Slowakischen in keiner Position aspiriert. Die R-Laute werden von slowakischen Deutschlernenden in allen Positionen als gerolltes Zungenspitzen-r realisiert. Die im Deutschen dominierende Assimilation ist die progressive Stimmlosigkeitsassimilation, typisch für das Slowakische ist die regressive Assimilation (und zwar als Stimmlosigkeits- und als Stimmhaftigkeitsassimilation).

4. Morphologie und Syntax

Die nominalen Kategorien Genus, Kasus und Numerus sind in beiden Sprachen vorhanden, allerdings weist das Slowakische mit seinen 6 Kasus (neben den aus dem Deutschen bekannten Kasus noch Lokativ und Instrumental) sowie der Unterscheidung zwischen belebten und unbelebten Maskulina einen weit größeren Formenreichtum auf. Die Verteilung der einzelnen Substantive auf die Genera Maskulinum, Femininum und Neutrum deckt sich in beiden Sprachen nicht (Schmitz und Pongó 1997).

Bei den Pronomina stehen das slowakische Reflexivpronomen *seba/sa, sebe/si* usw. sowie das Possessivpronomen *svoj*, die für alle Personen gleichermaßen verwendet werden, der deutschen nach Person unterschiedenen Kennzeichnung von Reflexivität gegenüber: *Myslíš/myslí/myslíte len na seba*. ‚Du denkst nur an dich.' (wörtlich: an sich) ‚Er denkt nur an sich.' ‚Ihr denkt nur an euch.' (wörtlich: an sich); *Bol som/bol si/bol vo svojej izbe.* ‚Ich war in meinem (wörtlich: seinem) Zimmer.' ‚Du warst in deinem (wörtlich: seinem) Zimmer.' ‚Er war in seinem Zimmer.'

Im verbalen Bereich liegt zur Kategorie Tempus eine ausführliche Konfrontation von Kozmová (2004) mit vielen Beispielen vor. Die Verwendung der Tempora und die Zeitenfolge sind im Deutschen stark von Temporalangaben und Kontext geprägt, im Slowakischen eher durch den Aspekt: *Videla, ako Peter tapetuje izbu* (imperfektives Präsens). ‚Sie sah, wie Peter das Zimmer tapezierte.' (Präteritum) (wörtlich: tapeziert). *Keď sa vrátila, Peter už izbu vytapetoval* (perfektives Präteritum). ‚Als sie zurückkam, hatte Peter das Zimmer schon tapeziert.' (Plusquamperfekt) (wörtlich: hat Peter das Zimmer schon tapeziert).

Dem deutschen Vorgangspassiv stehen im Slowakischen vor allem das sog. „reflexive Passiv" oder sogar aktivische Formen gegenüber, z. B. mit hoher Frequenz Sätze mit der 3. Person Plural, vgl. *Hlásili to v rozhlase* (*Hlásilo sa to v rozhlase*) wörtlich: Sie meldeten das im Radio. ‚Das wurde im Radio gemeldet.' Ein partizipiales Passiv wird hier nur von transitiven Verben gebildet, unterliegt Restriktionen im Gebrauch und wird überlagert von der Kategorie Aspekt.

Die Modi Konjunktiv (im Deutschen) und Konditional (im Slowakischen) stimmen in ihren Funktionen vor allem wegen der Verwendung des Konjunktivs in der indirekten Rede nur zum Teil überein (diese wird im Slowakischen i. d. R. mit dem Indikativ wiedergegeben). Ähnlichkeiten in der Verwendung von Konjunktiv bzw. Konditional finden sich vor allem im Konditionalsatz (Kášová 1998).

Bei den infiniten Verbalformen bereitet der Gebrauch des deutschen Infinitivs Probleme, weil eine ähnliche Erscheinung wie der Infinitiv mit *zu* im Slowakischen nicht existiert.

Aufgrund seiner ausgeprägteren Morphologie ist die Wortfolge im Slowakischen viel freier als im Deutschen und wird wesentlich von der Thema-Rhema-Gliederung bestimmt. Interferenzen treten u. a. bei der Stellung des Verbs im Satz (Satzklammer im Deutschen vs. Mittelstellung des slowakischen Prädikats in der neutralen Aussage, Verben mit trennbarem ersten Teil im Deutschen) und der Kongruenz zwischen Subjekt und Prädikat, bei der Stellung des Objekts, wenn dieses durch Pronomina repräsentiert ist (im Slowakischen obligatorisch nach dem ersten Satzglied) oder bei der Besetzung der Subjektposition (Schwanzer 1973: 19−20) auf. Červenková (1986) hat einige wichtige Fragen der Satzgliedstellung kontrastiert, insgesamt hätte das Thema aufgrund seiner Relevanz und Interferenzträchtigkeit mehr Aufmerksamkeit verdient.

Im Bereich der Negation ist zu beachten, dass im Slowakischen mehrfache Negation existiert, im Deutschen i. d. R. nur einfach negiert wird: *Nikdy nikomu nič nepovedal* wörtlich: Niemals hat er niemandem nichts nicht gesagt ‚Niemals hat er jemandem etwas gesagt.'

5. Wortschatz, Idiomatik, Phraseologie

Die Wortbildung als wichtiges Mittel der Erweiterung des Wortschatzes ist schon seit langem Gegenstand konfrontativer Forschungen. Die Wortbildungsmittel des Deutschen und des Slowakischen sind prinzipiell gleich, ihre Frequenz ist in beiden Sprachen jedoch sehr unterschiedlich: Im Deutschen steht in der Wortbildung die Komposition an erster Stelle, im Slowakischen die Derivation, bei der Benennungsbildung überwiegen im Slowakischen die Mehrwortbenennungen (Furdík 1986). Eine interessante Darstellung der Wechselbeziehungen von Wortbildung und Text findet sich bei Sisák (2003a: 169−199).

Bei den Präpositionen kommt es besonders häufig zu Interferenzfehlern (Slimák 1997). Dieses Thema ist jedoch beim Sprachvergleich im Hinblick auf seine Relevanz deutlich unterrepräsentiert.

In der Phraseologie gibt es viele Gemeinsamkeiten, aber auch Unterschiede, in Ďurčo (1994) wird die kontrastive Phraseologie ausführlich dargestellt.

Einen Einblick in Errungenschaften und Desiderata der neueren zweisprachigen Lexikographie der Slowakei vermittelt Sisák (2003b).

6. Pragmatik, Textlinguistik, Interkulturelle Kommunikation

Der Bereich der Pragmatik ist aufgrund seiner Vielschichtigkeit und der Schwierigkeiten beim Vergleich bisher eher schwach vertreten, mit den Illokutionen, genauer den direktiven Sprechakten, beschäftigt sich Kášová (2006) ausführlicher, ohne jedoch schon systematisch klare Korrespondenzen oder Unterschiede im Gebrauch der sprachlichen Mittel für bestimmte Sprechakte zwischen Deutsch und Slowakisch aufzeigen zu können.

Zur Textlinguistik liegt ein ausführliches und in weiten Teilen kontrastiv angelegtes Werk von Sisák (2003a) vor, in welchem u. a. ausgewählte „einzelsprachlich bedingte Verständnis fördernde oder beeinträchtigende Faktoren textgrammatischer und textsemantischer Natur behandelt [werden], die sich aus den interlingualen Gemeinsamkeiten, Ähnlichkeiten und Unterschieden von sprachlichen Ausdrucksstrukturen ergeben" (Sisák 2003a: 223).

Fragen der interkulturellen Kommunikation sind erst nach der politischen Wende stärker in den Blickpunkt gerückt. Es gibt inzwischen interessantes Material zu den Erfahrungen aus der Praxis deutsch-slowakischer Geschäftskontakte, dennoch fehlt es noch an einer ausreichenden Anzahl von Analysen zu deutsch-slowakischem sprachlichem Handeln (Borsuková 2007).

7. Sprachdidaktik

Die Sprachdidaktik musste lange Zeit hinter der sprach- und/oder literaturwissenschaftlichen Ausbildung zurückstehen. Erst die politische Wende 1989, nach der Deutsch als Schulfremdsprache aufgewertet wurde und heute an zweiter Stelle nach Englisch steht, brachte einen sprunghaften Anstieg des Bedarfs an Deutschlehrern und stellte damit auch die Sprachdidaktik vor neue Aufgaben.

Hockicková nennt als wichtigste Zielsetzungen für die weitere Entwicklung in der Deutschlehrerausbildung die „Vernetzung der Fachdisziplinen Linguistik, Literaturwissenschaft, Methodik/Didaktik, Landeskunde und Sprachpraxis mit dem Ziel der stärkeren Betonung auf lern- und unterrichtsrelevante Themen und Fragestellungen und die Aufwertung der Fachwissenschaft Methodik/Didaktik innerhalb der universitären Germanistik auf der Basis einer Integration der fachwissenschaftlichen und fachdidaktischen Perspektive" (2005: 133). Dass sich die geforderte Aufwertung der Sprachdidaktik in der Umsetzung befindet, zeigt die steigende Zahl von Veröffentlichungen zu Einzelfragen bzw. unter Berücksichtigung der Didaktik (z. B. Adamcová 2004; Paar 2007; Hockicková und Gadušová 2007; Vajičková 2002). Auch der Kontrastivität wird für die Vermittlung von Fremdsprachen große Bedeutung beigemessen (Kozmová 1997), wobei auch Effekte, die durch die Zwei- und Mehrsprachigkeit großer Gebiete der Slowakei entstehen, teilweise schon in Betracht gezogen werden (Adamcová 2004).

8. Literatur in Auswahl

Adamcová, Lívia
    2004   Deutsche Gegenwartssprache in der Slowakei: Phonetik, Ausspracheschulung, Varietäten. In: Ilpo Tapani Piirainen und Jörg Meier (Hg.), *Deutsche Sprache in der Slowakei II. Geschichte, Gegenwart und Didaktik,* 101−111. Wien: Edition Praesens.

Bohušová, Zuzana
    2006   Interferenzschwerpunkte in der deutschen Aussprache der slowakischen Muttersprachler. Eine Hierarchisierung. In: Ružena Kozmová und Štefan Pongó (Hg.), *Zeitschrift für germanistische Sprach- und Literaturwissenschaft in der Slowakei* 4: 114−129.

Borsuková, Hana
1999   Linguodidaktische Beschreibung des deutschen Fachwortschatzes im Vergleich mit dem
        Slowakischen. In: Walter Seifert, Štefan Pongó und Hana Borsuková (Hg.), *Kontaktspra-*
        che Deutsch II, 150−154. Nitra−Passau.
Borsuková, Hana
2007   Sprachenvielfalt und interkulturelle Verständigung. In: Maximilian G. Burkhart, Viera
        Chebenová, Michal Dvorecký, Beáta Hockicková und Verena Paar, 73−76.
Burkhart, Maximilian G., Viera Chebenová, Michal Dvorecký, Beáta Hockicková und Verena Paar
2007   Motivation für Deutsch. Nitra: SUNG.
Červenková, Eva
1986   Zur Stellung der nicht-prädikativen Glieder im deutschen und slowakischen Satz. In:
        Ingrid Kelling (Hg.), *Brücken. Germanistisches Jahrbuch DDR−ČSSR,* 262−270. Prag.
Ďurčo, Peter
1994   *Probleme der allgemeinen und kontrastiven Phraseologie: am Beispiel Deutsch und Slowa-*
        kisch. Heidelberg: Groos.
Furdík, Juraj
1986   Zum Vergleich von Wortbildungssystemen in slawischen und nichtslawischen Sprachen −
        am Material des Deutschen und Slowakischen. *Zeitschrift für Slawistik* 31: 80−86.
Hockicková, Beáta
2005   Inhalte, Ziele und Institutionalisierungsformen der Deutschlehrerausbildung im europä-
        ischen Vergleich − Slowakei im Kontext der V-4-Länder und Bulgarien. In: Eva Neuland,
        Konrad Ehlich und Werner Roggausch (Hg.), *Perspektiven der Germanistik in Europa,*
        132−141. München: iudicium.
Hockicková, Beáta und Zdenka Gadušová
2007   Neue Konzeption der Studienprogramme im Studienfach Lehramtsstudium der akademi-
        schen Fächer im Bereich des pädagogischen Praktikums. In: Olga Vomáčková (Hg.),
        Veränderungen im Studium der deutschen Sprache, 65−76. Univerzita Palackého v Olo-
        mouci.
Kášová, Martina
1998   Modus des Verbs unter dem Aspekt der konfrontativen Untersuchung im Slowaki-
        schen und Deutschen. In: Ružena Kozmová (Hg.), *Plenarvorträge und Sektionsberichte.*
        IV. Deutschlehrertagung des Verbandes der Deutschlehrer und Germanisten der Slowakei,
        176−186. Bratislava: SUNG.
Kášová, Martina
2006   Illokutionen − ein sprachwissenschaftliches und kommunikatives Phänomen als aktuelles
        Problem in der Sprachforschung. In: Ružena Kozmová (Hg.), 89−101.
Kozmová, Ružena
1997   Grammatik und grammatische Modelle: ein Ein- und Ausblick. In: Mária Vajičková und
        Undine Kramer (Hg.), *Einblicke in die Deutschlehrer-Ausbildung,* 40−47. Bratislava: Co-
        menius-Universität.
Kozmová, Ružena
2004   *Slovesný čas v nemeckom a slovenskom jazyku (Tempus im Deutschen und im Slowaki-*
        schen). Bratislava: FRAUS.
Kozmová, Ružena (Hg.)
2006   *Sprache und Sprachen im mitteleuropäischen Raum.* Trnava: GeSuS.
Paar, Verena
2007   Einige Gedanken zur scheinbaren Resistenz von Lehramtsstudierenden gegenüber metho-
        disch-didaktischen Neuerungen. In: Maximilian G. Burkhart, Viera Chebenová, Michal
        Dvorecký, Beáta Hockicková und Verena Paar, 511−518.
Paračková, Júlia
2006   Zur Theorie und Praxis der Valenz aus konfrontativer Sicht. In: Ružena Kozmová (Hg.),
        259−266.

Pongó, Štefan
  2004   Substantivvalenz — kontrastiv? In: Ilpo Tapani Piirainen und Jörg Meier (Hg.), *Deutsche Sprache in der Slowakei II. Geschichte, Gegenwart und Didaktik*, 163—172. Wien: Edition Praesens.
Pongó, Štefan, Viera Chebenová, Michael Schmitz, Júlia Banášová, Martina Kášová, Roman Trošok, Ružena Žilová und Ľudmila Kretterová
  1998   *Grundriß der deutschen Grammatik — Dargestellt auf kontrastiver Basis mit dem Slowakischen.* Nitra: Konstantin-Univ.
Schmitz, Michael und Štefan Pongó
  1997   Zur Genuszuweisung im Deutschen und Slowakischen. In: Ludwig M. Eichinger und Stefan Pongó (Hg.), *Sprache und Literatur in Theorie und Lehre*, 19—26. Nitra/Passau.
Schwanzer, Viliam
  1973   Zur Anwendung der konfrontativen Sprachbetrachtung im Deutschunterricht für Slowaken. *Deutschlehrerausbildung und Germanistikstudium*, Wissenschaftliche Beiträge der Martin-Luther-Universität Halle-Wittenberg 19: 17—25.
Sisák, Ladislav
  2003a   *Lexikalisches Wissen und Textverstehen: eine Einführung zur fremdsprachlichen Rezeption deutscher Texte.* Prešov: Filozofická fakulta Prešovskej univerzity.
Sisák, Ladislav
  2003b   Die neuere allgemeinsprachliche deutsch—slowakische und slowakisch—deutsche Lexikographie in der Slowakei. In: Albrecht Greule und Jörg Meier (Hg.), *Deutsche Sprache in der Slowakei. Bilanz und Perspektiven ihrer Erforschung*, 127—133. Wien: Edition Praesens.
Slimák, Vasil
  1997   Die Präpositionen AN/AUF aus konfrontativer Sicht. In: Peter Suchsland (Hg.), *Sprache als Schlüssel zur Welt*, 111—116. Prešov: SUNG.
Vajičková, Mária
  2002   *Handbuch der deutschen Phraseologie unter fremdsprachendidaktischem Aspekt.* Bratislava: Lingos.

Christa Lüdtke, Leipzig (Deutschland)
Katarína Savchuk-Augustinová, Leipzig (Deutschland)

77. Kontrastive Analyse Spanisch–Deutsch

1. Einleitung
2. Hauptunterschiede und Parallelen in den verschiedenen Bereichen
3. Literatur in Auswahl

1. Einleitung

Sucht man Veröffentlichungen, die beide Sprachen in ihrer Gesamtheit erfassen, so kann man im Grunde nur, wie schon in der ersten Bestandsaufnahme (Zurdo 2001), auf Cartagena und Gauger (1989) verweisen, die einzige tatsächlich systematisch vergleichend ausgerichtete Grammatik der spanischen und der deutschen Sprache. Daneben ist die deutsche Grammatik von Castell (2008) zu erwähnen, die nur überall dort vergleichend ausgerichtet ist, wo der Autor es für didaktisch angebracht hält. Ein ähnliches Vorgehen benutzt der Übersetzer der deutschen Fassung der im Original auf Flämisch verfassten spanischen Grammatik von de Bruyne (1993). Ansonsten lassen sich bestimmte Forschungsschwerpunkte ausmachen, wobei unter den Stärken vor allem die Syntax, die Phraseologie und Teile der Pragmatik zu verzeichnen sind.

Es ist festzuhalten, dass sehr viele der vergleichend ausgerichteten Arbeiten nicht eine direkte Anwendung auf den DaF-Unterricht zulassen, die wünschenswert wäre, vor allem seitdem in den letzten 10–15 Jahren die Kontrastivität im DaF-Unterricht didaktisch stärker ausgenutzt wird. Das beweist die einfache Tatsache, dass die wichtigsten Verlage im Bereich der DaF-Lehrbücher in Spanien Regionalisierungsversuche unternommen haben, die zwar nicht immer als gelungen zu bezeichnen sind, in denen jedoch gerade diese Kontrastivität das Novum darstellt.

2. Hauptunterschiede und Parallelen in den verschiedenen Bereichen

2.1. Phonetik und Phonologie

Bezüglich Phonetik und Phonologie bestehen zwischen dem Spanischen und dem Deutschen große Unterschiede, die für den DaF-Lerner äußerst schwer nachvollziehbar sind. Man denke nur an den im Spanischen fehlenden Unterschied zwischen geschlossenen und offenen Vokalen einerseits und kurzen und langen Vokalen andererseits. Kontrastive Arbeiten in diesem Bereich sind daher natürlich aus der Perspektive des DaF-Unterrichts äußerst wünschenswert. Leider ist jedoch die Anzahl solcher Arbeiten sehr gering. Derzeit sind vor allem die Gesamtdarstellung von Grab-Kempf (1988) sowie die stark didaktisch ausgerichteten Arbeiten von Gil (2006, 2007) zu verzeichnen.

2.2. Morphologie

Morphologisch ist das Deutsche gegenüber dem Spanischen vor allem durch das Fortdauern eines noch stark ausgeprägten Deklinationssystems gekennzeichnet, das im Spanischen weitgehend verloren gegangen ist. So ist z. B. im Bereich der Determinantien und der Nomina die Deklination im Spanischen auf die Unterscheidung von Genus und Numerus beschränkt, der Kasus wird im Bereich der Nominalphrase durch den zum Teil undifferenzierten Gebrauch von Präpositionen ausgedrückt (vgl. *Conozco bien a los alemanes* ,Ich kenne die Deutschen gut' und *Esto (les) gusta a los alemanes* ,Das gefällt den Deutschen'). Parallelen lassen sich diesbezüglich noch bei den Personalpronomina feststellen (vgl. *La he visto esta mañana* ,Ich habe sie heute Morgen gesehen' und *Le he regalado flores* ,Ich habe ihr Blumen geschenkt'). Aber nicht nur das ganze Deklinationssystem bereitet dem Lerner große Schwierigkeiten, im morphologisch/pragmatischen Bereich unterscheiden sich beide Sprachen u. a. auch bezüglich des Verbalsystems sehr stark. So stehen z. B. im Indikativ den fünf spanischen Tempora (pretérito perfecto *he hecho*, pretérito imperfecto *hacía*, pretérito indefinido *hice*, pretérito pluscuamperfecto *había hecho* und pretérito anterior *hube hecho*) lediglich drei deutsche Tempora gegenüber (Perfekt ,habe gemacht', Präteritum ,machte' und Plusquamperfekt ,hatte gemacht'), was natürlich eine Eins-zu-Eins-Entsprechung völlig ausschließt und somit ein Lernproblem darstellt. Genauso erweist sich das Fehlen einer Eins-zu-Eins-Entsprechung im Falle des spanischen *subjuntivo* und des deutschen Konjunktivs als solches, sowie auch z. B. der geringere Gebrauch, den die deutsche Sprache gegenüber der spanischen vom rein temporal zu interpretierenden Futur macht. Mit gerade diesen Themen beschäftigen sich aus kontrastiver Sicht hauptsächlich Sánchez (2004), Gierden (1999, 2005) und Llorens (2006).

2.3. Syntax

Was die Syntax betrifft, so lässt sich feststellen, dass eine weitgehende (selbstverständlich keine absolute) Übereinstimmung bezüglich Akkusativ- und Dativergänzung besteht, was natürlich didaktisch nützlich ist. Hingegen weichen andere Ergänzungen in den zwei Sprachen stark voneinander ab. Nicht nur die Präpositivergänzungen, mit denen sich vor allem Domínguez (2005) beschäftigt hat, bereiten dem Lerner Probleme, auch die deutsche Direktivergänzung stellt eine schwer zu überwindende Hürde dar. Die Unterscheidung zwischen Lokalergänzung bzw. -angabe einerseits und Direktivergänzung andererseits, die im Deutschen entweder direkt durch die Präposition oder durch den Kasus markiert wird (,Stell die Vase auf den Tisch' vs. ,Die Vase steht auf dem Tisch'), bleibt im Spanischen nämlich weitgehend aus (*Pon el jarrón en la mesa* vs. *El jarrón está en la mesa*). Aufschluss darüber gibt Hess (2007). Der Gesamtheit der Ergänzungen aus kontrastiver Sicht widmen sich vor allem Domínguez et al. (2008a und 2008b), die an einem Projekt arbeiten, dessen Realisierung sowohl für die Lexikografie als auch für den DaF-Unterricht einen großen Beitrag leisten wird. Daneben ist die Arbeit von Braucek und Castell (2005) zu erwähnen, ein Verbwörterbuch, das sich hauptsächlich mit der Konjugation der deutschen Verben beschäftigt, das aber auch die Valenz von mehr als 600 deutschen Verben im Vergleich zu ihren spanischen Entsprechungen beschreibt.

In der Syntax lassen sich viele andere wichtige Unterschiede ausmachen. Als klassischstes Beispiel mag die Wortstellung im Nebensatz dienen: Verbendstellung im deutschen Nebensatz vs. undifferenzierte Stellung des Verbs im Spanischen. Es gibt aber selbst bezüglich der Wortstellung Parallelen, die man im DaF-Unterricht auf jeden Fall ausnutzen sollte. So zeigt Castell (1997), dass die Vorfeldbesetzung in beiden Sprachen sehr ähnlich funktioniert. Abgesehen davon, dass das deutsche Vorfeld nur ein einziges Komplement zulässt, eine Beschränkung die im Spanischen nicht so pauschal existiert, wird das Vorfeld mit sehr wenigen Ausnahmen in beiden Sprachen von den gleichen Komplementen besetzt. Und was noch wichtiger ist, die pragmatischen Gründe sind dieselben, sodass eine eher untypische Vorfeldbesetzung wie in ,Nach Griechenland fahren wir nächstes Jahr, dieses Jahr fahren wir in die Türkei' und *A Grecia iremos el año próximo, este año iremos a Turquía* in beiden Sprachen aus dem gleichen Grunde erfolgt und somit auch den gleichen Kontext verlangt. Für vergleichende Untersuchungen bezüglich anderer Themen wie z. B. Funktionsverbgefüge und Modalverben gibt es zwar Ansätze (Castell 1999; Elena 1993), es fehlen aber weiterführende Arbeiten, die sowohl für den DaF-Unterricht als auch für die Übersetzungspraxis sehr nützlich wären.

2.4. Lexik, Lexikographie und Phraseologie

Im Bereich der Lexik und vor allem der Lexikographie ist aus kontrastiver Sicht nicht wenig getan worden: Das Spektrum reicht von Arbeiten, die sich mit ganz konkreten Teilbereichen der Lexik beschäftigen, wie Calañas (2002), Varela (2003, 2004) und Meliss (2005) über eher allgemeinere Überlegungen, wie man sie in Wotjak (2003) finden kann, bis zu solchen, die eine Vorstellung konkreter Wörterbuchprojekte darstellen, wie Castell und Català (2008) und die schon erwähnten Arbeiten von Domínguez et al. (2008a, 2008b), bei denen es hauptsächlich um auf der Valenztheorie beruhende Verbwörterbücher geht.

Im Bereich der Phraseologie, der im DaF-Unterricht leider immer etwas vernachlässigt wird, gibt es eine reiche Auswahl an kontrastiven Arbeiten, die gerade diesem Unterricht, aber natürlich auch der Lexikographie und der Übersetzung, durchaus nützlich sein können. Hier ist vor allem die Forschergruppe der Madrider Universidad Complutense tätig, auf deren Arbeiten – neben anderen – schon in Zurdo (2001) verwiesen wird. Neben den dort erwähnten Publikationen, die sich mit der Rolle von Numeralia in Phraseologismen, Tiernamen in Beschimpfungen oder der situationellen Motivation von bestimmten Lexemen in Sprichwörtern beschäftigen, wären hier neuere Arbeiten hinzuzufügen, die sich zum einen Grundfragen der vergleichenden Phraseologie widmen (Balzer 2001; López 2002; Balzer und Raders 2004; Robles 2004), zum anderen konkretere Aspekte behandeln wie das Vorkommen von Somatismen in Phraseologismen (Larreta 2001) und die Thematisierung der Liebe in Sprichwörtern (Zurdo et al. 2001).

2.5. Pragmatik

Im Bereich der Pragmatik stellen Modalpartikeln das wichtigste Problem für DaF-Lerner dar. Obwohl schon Acosta (1984) andeutet, dass es auch im Spanischen Modalpartikeln gebe, hat die spanische Grammatikschreibung dieses Phänomen bisher eher vernachlässigt. So ist selbst in Bosque und Demonte (1999) noch keine Rede davon, obwohl z. B. das Wort *acaso*, wie es auf S. 3971 beschieben wird, ohne Zweifel der deutschen Modalpartikel *etwa* entspricht (*¿Acaso no cumplimos con nuestro deber?* ‚Erfüllen wir etwa nicht unsere Pflicht?‘). Als wertvolle kontrastive Arbeiten diesbezüglich, die zum Teil im DaF-Unterricht und in der Übersetzungspraxis anwendbar wären, sind vor allem Beerbom (1992), Ferrer (2000, 2001, 2004) und May (2000) zu erwähnen. Eine kontrastive Behandlung der Höflichkeit in verschiedenen Sprechakten findet man in Siebold (2008).

3. Literatur in Auswahl

Acosta, Luís
    1984   Las partículas modales del alemán y del español. *Studia Philologica Salmaticensia* 7/8:
            7–41.
Balzer, Berit
    2001   Phraseologische Vergleiche. *Revista de Filología Alemana* 9: 165–182.

Balzer, Berit und Margit Raders
2004 ‚Aus der Küche geplaudert‘ und ‚Wein auf Bier, das rat ich dir‘: methodologische Bemerkungen und empirische Befunde zur kontrastiven interkulturellen Phraseologie und Parömiologie. *Estudios Filológicos Alemanes* 5: 307−334.

Beerbom, Christiane
1992 *Modalpartikeln als Übersetzungsproblem. Eine kontrastive Studie zum Sprachenpaar
Deutsch−Spanisch*. Frankfurt a. M.: Lang.

Bosque, Ignacio und Violeta Demonte (Hg.)
1999 *Gramática de la lengua descriptiva de la lengua española*. Bd. 3. Madrid: Espasa Calpe.

Braucek, Brigitte und Andreu Castell
2005 *Verbos alemanes. Diccionario de conjugación y complementación*. Madrid: Editorial Idiomas.

Calañas, José Antonio
2002 *El dominio léxico ‘existencia’ en alemán. Diccionario lexemático-funcional alemán-español
del lexicón verbal básico*. Frankfurt a. M.: Lang.

Cartagena, Nelson und Hans Martin Gauger
1989 *Vergleichende Grammatik Spanisch-Deutsch*. 2 Bde. Mannheim/Wien/Zürich: Dudenverlag.

Castell, Andreu
1997 Zur Erläuterung von Wortstellungsregeln im DaF-Unterricht. *Forum* 8: 162−174.

Castell, Andreu
1999 Funktionsverbgefüge im Deutschen, Spanischen und Katalanischen. *Forum* 9: 125−133.

Castell, Andreu
2008 *Gramática de la lengua alemana*. Madrid: Editorial Idiomas.

Castell, Andreu und Natàlia Català
2008 La representación del significado de los verbos en los diccionarios bilingües. In: *La lexicografía bilingüe didáctica: ayer y hoy. Anexos Revista de lexicografía* 8: 21−27.

De Bruyne, Jacques
1993 *Spanische Grammatik*. Übersetzt von Dirko-J. Gütschow. Tübingen: Niemeyer.

Domínguez, María José
2005 *Die Präpositivergänzung im Deutschen und im Spanischen. Zur Semantik der Präpositionen*. Frankfurt a. M.: Lang.

Domínguez, María José, Barbara Lübke, Meike Meliss, Gemma Paredes, Pia Poulsen und Vic-
toria Vázques
2008a Presentación del ‘Diccionario contrastivo de valencias verbales: español−alemán’. Pri-
mera parte: características generales del proyecto. *La lexicografía bilingüe didáctica: ayer
y hoy. Anexos Revista de lexicografía* 8: 51−61.

Domínguez, María José, Barbara Lübke, Meike Meliss, Gemma Paredes, Pia Poulsen und Vic-
toria Vázques
2008b Presentación del ‘Diccionario contrastivo de valencias verbales: español−alemán’. Se-
gunda parte: problemas descriptivos particulares. *La lexicografía bilingüe didáctica: ayer
y hoy. Anexos Revista de lexicografía* 8: 63−74.

Elena, Pilar
1993 La modalidad objetiva y subjetiva de los verbos modales alemanes y sus correspondencias
en español. *Revista de Filología Alemana* 1: 131−145.

Ferrer, Hang
2000 Auf der Suche nach spanischen Modalpartikeln: *pero* und *pues* als pragmatische Konnektoren. Stand der kontrastiven Partikelforschung Deutsch−Spanisch. *Revista de Filología
Alemana* 8: 253−271.

Ferrer, Hang
2001 De las partículas modales alemanas a los conectores pragmáticos en español: un puente.
In: Hang Ferrer und Salvador Pons (Hg.), *Quaderns de Filologia. Estudis lingüístics VI:
La pragmática de los conectores y las partículas modales*. Valencia.

Ferrer, Hang
   2004   Las partículas modales alemanas y la traducción cero: el caso de 'denn'. *Estudios Filológi-
           cos Alemanes* 5: 103−120.
Gierden, Carmen
   1999   Uso del subjuntivo alemán y español. Un estudio contrastivo. *Lenguaje y textos* 14:
           121−134.
Gierden, Carmen
   2005   Linguistische Probleme der Tempuskategorie Futur. Eine Untersuchung am Beispiel der
           deutschen und spanischen Gegenwartssprache. *Revista de Filología Alemana* 13: 143−156.
Gil, María Jesús
   2006   Dificultades fonéticas de los estudiantes españoles: La articulación de las sonantes alema-
           nas. *Estudios Filológicos Alemanes* 11: 381−390.
Gil, María Jesús
   2007   Dificultades fonéticas de los estudiantes españoles de alemán: La pronunciación de las
           obstruyentes. *Estudios Filológicos Alemanes* 13: 235−242.
Grab-Kempf, Elke
   1988   *Kontrastive Phonetik und Phonologie Deutsch-Spanisch.* Frankfurt a. M.: Lang.
Hess, Katrin
   2007   *Verb und Direktivum. Ein Beitrag zum deutsch−spanischen und spanisch−deutschen
           Sprachvergleich.* Frankfurt a. M.: Lang.
Larreta, Juan Pablo
   2001   *Fraseología contrastiva del alemán y el español. Teoría y práctica a partir de un corpus
           bilingüe de somatismos.* Frankfurt a. M.: Lang.
López, Cecilia
   2002   *Aspectos de fraseología contrastiva (alemán−español) en el sistema y en el texto.* Frankfurt
           a. M.: Lang.
Llorens, Amelia
   2006   Konjunktiv Präsens y presente de subjuntivo: una visión pragmática. *Estudios Filológicos
           Alemanes* 11: 231−246.
May, Corinna
   2000   *Die deutschen Modalpartikeln. Wie übersetzt man sie (dargestellt am Beispiel von eigent-
           lich, denn und überhaupt), wie lehrt man sie? Ein Beitrag zur kontrastiven Linguistik
           (Deutsch−Spanisch/Spanisch−Deutsch) und Deutsch als Fremdsprache.* Frankfurt a. M.:
           Lang.
Meliss, Meike
   2005   *Recursos lingüísticos alemanes relativos a ‚Geräusch' y sus posibles correspondencias en
           español. Un estudio lexicológico modular-integrativo.* Frankfurt a. M.: Lang.
Robles, Ferran
   2004   Las unidades fraseológicas en la narrativa oral: tres versiones españolas de un cuento de
           Grimm. *Estudios Filológicos Alemanes* 5: 335−342.
Sánchez, Raül
   2004   *Estudio contrastivo de los tiempos de pasado en indicativo en español y alemán.* Frankfurt
           a. M.: Lang.
Siebold, Kathrin
   2008   *Actos de habla y cortesía verbal en español y alemán. Estudio pragmalingüístico e intercultu-
           ral.* Frankfurt a. M.: Lang.
Varela, María José
   2003   La prefijación del léxico especializado de la vinificación: Análisis contrastado español−
           alemán. *Estudios Filológicos Alemanes* 2: 53−68.
Varela, María José
   2004   La sufijación del léxico especializado de la vinificación: Análisis contrastado español−
           alemán. *Estudios Filológicos Alemanes* 4: 243−280.

Wotjak, Gerd
  2003   Reguläre Entsprechungen, Affinitäten und Divergenzen im Bereich der Lexik im Spra-
         chenpaar Spanisch—Deutsch. *Estudios Filológicos Alemanes* 3: 23—46.
Zurdo, María Teresa
  2001   Kontrastive Analysen Deutsch-Spanisch: eine Übersicht. In: Gerhard Helbig, Lutz Götze,
         Gert Henrici und Hans-Jürgen Krumm (Hg.), *Deutsch als Fremdsprache. Ein internationa-
         les Handbuch,* 375—377. Bd. 1. (Handbücher zur Sprach- und Kommunikationswissen-
         schaft 19.1—2). Berlin/New York: de Gruyter.
Zurdo, María Teresa, Rosa Piñel, Jesús Cantera, Julia Sevilla, María Teresa Barbadillo, Agnieszka
Matyjaszczyc und Fernado Presa
  2001   El amor en el refranero de cinco lenguas europeas. *Revista de Filología Alemana* 9:
         145—164.

Andreu Castell, Tarragona (Spanien)

78. Kontrastive Analyse Thai–Deutsch

1. Sprachtypologie
2. Phonetik und Phonologie
3. Morphologie und Syntax
4. Kontrastive Studien
5. Sprachdidaktische Traditionen
6. Literatur in Auswahl

1. Sprachtypologie

Thai wird derzeit von knapp 60 Millionen Menschen als Landessprache des Königreichs
Thailand gesprochen. Es gehört zur Sprachfamilie der Tai-Sprachen und wird mit anderen südostasiatischen Sprachen zur übergeordneten Gruppe der Kadai- oder auch Tai-
Kadai-Sprachen zusammengefasst. Das thailändische Schriftsystem enthält aufgrund seiner genetischen Verwandtschaft mit dem Sanskrit bzw. Pali noch heute viele Lehn- und
Fremdwörter aus diesen Sprachen. Solche Wörter sind vor allem an ihrer polysyllabi-
schen Struktur zu erkennen, wohingegen genuin thailändische Ausdrücke fast ausschließlich monosyllabisch geformt sind.

Das thailändische Schriftsystem ist alphabetisch und enthält 44 Schriftzeichen, um
die konsonantischen Laute darzustellen, und 32 Schriftzeichen, um die vokalischen Laute
wiederzugeben. Hinzu kommen außerdem drei diakritische Zeichen sowie vier Tonzeichen. Diese Tonzeichen tragen dem Umstand Rechnung, dass Thai eine Tonsprache mit
fünf semantisch-distinktiven Tönen ist. Der Intonationsverlauf einer Silbe richtet sich in
erster Linie nach dem Vorhandensein bzw. Fehlen eines solchen Tonzeichens.

In unserem Beitrag wird unter Thai das hauptsächlich von der gebildeten Mittelklas-
sesschicht genutzte Standardthai verstanden, welches insbesondere in der Zentralregion

um und in der Hauptstadt Bangkok gesprochen wird und die offiziell an Schulen gelehrte
sowie in den Medien verwendete Sprache ist, die nahezu von der gesamten Bevölkerung
verstanden wird.

2. Phonetik und Phonologie

2.1. Konsonanten

Das Deutsche und das Thai verfügen gleichermaßen über 21 Konsonantenphoneme. Die
konsonantischen Laute, die in den beiden Sprachen vorkommen, sind Plosive, Frikative,
Nasale, Laterale, Vibranten und Approximanten.

Im Hinblick auf die Aussprache der konsonantischen Laute ergeben sich Schwierigkeiten beim Erlernen der deutschen Sprache aus den Unterschieden in zwei Hauptberei-
chen. Der eine Ursachenbereich umfasst Laute, die im Thai nicht existieren. Dies sind
z. B. die Frikative [v], [z], [ç] und [x]. Interferenzen aus dem Thai können beim Aussprechen dieser Laute beobachtet werden. Meist werden sie durch die im Thai vorhandenen
und ihnen nahestehenden Laute [w], [s] und [k] substituiert. Der andere Ursachenbereich
beinhaltet Laute, die im Thai zwar vorkommen, aber nicht an den gleichen Silbenstellen
wie im Deutschen stehen. Beispielsweise treten die Laute [l], [f], [t] und [s] im Thai
niemals im Auslaut auf. Thailänder, die Deutsch als erste Fremdsprache lernen, haben
deshalb Schwierigkeiten mit diesen auslautenden Konsonanten, und zwar mehr als diejenigen, die Deutsch nach Englisch lernen und sich an diese Auslautkonsonanten, die ebenfalls im Englischen zu finden sind, bereits gewöhnt haben. Ferner haben viele Thailänder
Probleme damit, bestimmte Konsonantencluster im Deutschen, die in ihrer Muttersprache nicht vorhanden sind, auszusprechen, besonders wenn diese im Auslaut vorkommen,
z. B. in den folgenden Wörtern: *Vernunft, (du) kämpfst, (du) beherrschst*.

2.2. Vokale

Bezüglich des Vokalinventars besteht eine Parallele zwischen dem Deutschen und dem
Thai. Das Thai hat 18 Monophthonge, während das Deutsche 16 besitzt. Die Anzahl
der Diphthonge beträgt in beiden Sprachen drei. Hauptschwierigkeiten bereiten thailändischen Deutschlernenden die vorderen hohen und gerundeten Vokale im Deutschen [ʏ],
[y:], [œ], [ø:], zumal diese im Thai nicht existieren. Viele thailändische Deutschlerner
tendieren dazu, statt der o.g. Vokale die hinteren Vokale [ʊ], [u:], [o], [o:] oder die ähnlichen Vokale im Thai [ɯ], [ɯ:], [ɤ], [ɤ:] zu produzieren (Attaviriyanupap 2006a: 6−7).
Zudem fällt es Thailändern nicht leicht, in manchen Fällen kurze und lange Vokale im
Deutschen voneinander zu unterscheiden. Manche Lerner wissen z. B. nicht, dass der
Vokal [a] in *nass* kurz, aber in *Maß* lang ausgesprochen werden muss. Die Schwierigkeit
bei der Unterscheidung ist darauf zurückzuführen, dass kurzen oder langen Vokalen im
Deutschen keine eigenständigen Grapheme entsprechen, was im Thai jedoch der Fall ist.

2.3. Prosodische Merkmale

Es handelt sich bei der thailändischen Sprache um eine monosyllabische Tonsprache, d. h. die Erbwörter im Thai sind in der Regel einsilbig und jede Silbe hat eine bestimmte Tonhöhe. Bei mehrsilbigen Wörtern liegt die Hauptbetonung auf der letzten Silbe, während die erste Silbe meist unbetont ist. Dieses Merkmal des Wortakzents im Thai führt insofern zu einer Interferenz beim Erlernen der deutschen Sprache, als viele thailändische Lerner beim Aussprechen eines Wortes im Deutschen den Akzent gern auf die letzte Silbe legen, was aber der Norm des deutschen Wortakzents widerspricht. Bei vielen Wörtern im Deutschen liegt die Betonung bekanntlich auf der ersten Silbe.

Was die Satzintonation betrifft, so lässt sich feststellen, dass diese für das Thai als Tonsprache nicht von unmittelbarer Relevanz ist, da die Tonhöhe der einzelnen Silbe bereits bedeutungsunterscheidende Funktion besitzt. Die Satzintonation wird deshalb von thailändischen Sprechern meist nicht berücksichtigt (Naksakul 1998: 164—165). Mithin ist die Nichtbeherrschung der deutschen Satzintonation bei thailändischen Lernern in dieser Beziehung aus ihrer Muttersprache herzuleiten.

3. Morphologie und Syntax

Das Deutsche weist eine ziemlich reiche Flexionsmorphologie auf, wohingegen das Thai über kein Flexionssystem verfügt. Dieser grundsätzliche Unterschied im Hinblick auf die Morphologie ist von großer Relevanz für das Erlernen des Deutschen als Fremdsprache. Dabei stehen folgende Bereiche im Mittelpunkt:

3.1. Nominalflexion

Eine besondere Schwierigkeit für thailändische Deutschlernende stellt die Substantivflexion im Deutschen dar, die Genus, Numerus und Kasus markiert. Die Genusdistribution im Deutschen ist für Lerner mit Thai als Muttersprache fremd, auch wenn sie Deutsch nach Englisch lernen, was bei den meisten thailändischen Deutschlernern der Fall ist, da die Kategorie des Genus ebenfalls im Englischen nicht existiert. Zudem kommt die Pluralmarkierung am Substantiv — anders als im Deutschen — im Thai nicht vor. Die Pluralität wird im Thai hauptsächlich durch die Kombination des Nomens mit einer Numerale und in vielen Fällen auch zusammen mit einem Klassifikator gekennzeichnet. Thailändische Deutschlernende haben Schwierigkeiten mit der nominalen Pluralbildung im Deutschen auch infolge der verschiedenen in dieser Sprache vorhandenen Pluralallomorphe. Während der Kasus im Deutschen die syntaktischen Relationen der nominalen Satzteile angibt, wird im Thai diese Funktion in der Regel von der Wortstellung und in manchen Fällen auch von lexikalischen Mitteln erfüllt. Da die Kasusmarkierung im heutigen Deutsch vorwiegend am Artikelwort erfolgt, kommen häufige Kasusfehler derart vor, dass das Artikelwort innerhalb der Nominalgruppe in den falschen Kasus gesetzt wird.

Eine andere nominale Wortart, deren Deklination Lernern thailändischer Muttersprache erhebliche Schwierigkeiten bereitet, ist das Adjektiv. Während die attributiven Adjektive im Thai postnominal und endungslos sind, stehen die Adjektivattribute im Deutschen vor dem Substantiv und kongruieren mit diesem in Numerus, Genus und Kasus. Die Nichtbeherrschung der Adjektivdeklination bei thailändischen Lernern lässt sich aber eher durch das ziemlich komplexe Deklinationssystem der Adjektive im Deutschen selbst erklären als durch den genannten Unterschied zwischen beiden Sprachen.

3.2. Verbkonjugation

Dass die Verben im Deutschen nach verschiedenen grammatischen Kategorien konjugiert werden müssen, erscheint thailändischen Deutschlernenden, insbesondere den Anfängern, kompliziert, zumal die Verbformen im Thai immer unverändert bleiben und die durch die Verbkonjugation gekennzeichneten Kategorien wie Numerus, Tempus, Modus und Person im Thai nicht bestehen. Bezüglich der Verbkonjugation nach diesen grammatischen Kategorien liegt der Fehlerschwerpunkt im Bereich des Numerus und Tempus. Die Numeruskongruenz zwischen finitem Verb und Subjekt stellt eine typische Schwierigkeit thailändischer Deutschlerner dar. Nicht zuletzt haben thailändische DaF-Lerner große Probleme mit der Tempusverwendung. Im Unterschied zum Deutschen sind im Thai keine Tempusformen vorhanden. Die Differenzierung im Temporalbereich und die morphologische Tempuskennzeichnung im Deutschen sind demnach für Lerner mit thailändischer Muttersprache ungewohnt. Was das Genus Verbi betrifft, gilt auch das Passiv als eine auffällige Fehlerquelle im DaF-Unterricht in Thailand (Sriuranpong 2007). Die Wahl und Konjugation des Hilfsverbs bei der Bildung des Passivs bereitet thailändischen Deutschlernenden Schwierigkeiten. Ferner ist die Distinktion zwischen Vorgangs- und Zustandspassiv im Deutschen, die im thailändischen Passiv nicht vorliegt, ein Problem vieler Lerner.

3.3. Wortstellung

Die Wortstellung im Deutschen, die im Vergleich zur Wortstellung im Thai keine prominente Rolle bei der Kennzeichnung der grammatischen Relationen spielt und insgesamt flexibler ist, stellt Deutsch lernende Thailänder immer wieder vor Schwierigkeiten. Paradoxerweise finden sich die am häufigsten anzutreffenden Fehler im Bereich der strikt grammatikalisierten Verbstellung im Deutschen, also in der Stellung des finiten Verbs im Aussage-Hauptsatz und im eingeleiteten Nebensatz. Oft wird das finite Verb nicht an die zweite Stelle des Aussage-Hauptsatzes gesetzt. Der Verstoß gegen die Verbzweitstellungsregel ist rückführbar auf einen Unterschied zwischen der Stellung des finiten Verbs im Deutschen und der des Hauptverbs im Thai. Im Thai ist die Zweitstellung des Hauptverbs nicht obligatorisch. Fehler in diesem Bereich könnten auch von einer Interferenz des Englischen verursacht werden, da auch dort das finite Verb nicht an der zweiten Stelle stehen muss. Der Ursprung der Abweichung im Hinblick auf die Verbletztstellung im eingeleiteten Nebensatz könnte in der Struktur des Deutschen selbst liegen. Thailändische DaF-Anfänger neigen dazu, das finite Verb im eingeleiteten Nebensatz an die zweite Position statt an die letzte zu setzen. Hierbei könnte es sich um einen intralingual orientierten Fehler handeln.

4. Kontrastive Studien

Kontrastive Fragestellungen zum Sprachenpaar Thai—Deutsch finden seit Ende der 1960er Jahre Eingang in wissenschaftliche Forschungsarbeiten. Dieser Überblick umfasst nur die publizierten Arbeiten und beleuchtet dabei Forschungsschwerpunkte und theoretische wie methodische Hintergründe.

4.1. Pragmatik

Linguistische pragmatische Theorie fließt vornehmlich additiv zu Grammatik und Semantik in die verschiedenen kontrastiven Arbeiten ein. In diesen wird Pragmatik daher auch meist als Pragmalinguistik verstanden und unter Sprachverwendungszweck, Sprech(er)strategie und kommunikativer Situation subsummiert. Eine Ausnahme hiervon bildet die Arbeit von Kimsuvan (1984), deren Fokus auf dem interaktiven Charakter der sprachlich Handelnden liegt und nicht nur die Intentionen des Sprechers unter Einbezug seiner sozialen Rolle zum Ausgangspunkt macht. In neuester Zeit können vermehrt Studien verzeichnet werden, die sich auf empirisch-korpuslinguistischer Basis der gesprochenen Sprache zuwenden (Attaviriyanupap 2006a, 2006b), auch wenn diese Arbeiten nicht genuin pragmatisch angelegt sind.

4.2. Textlinguistik

Abgesehen von der Arbeit Kaewwipats (2007), in welcher der Nominalstil einer funktional-stilistischen Analyse unterzogen wird, liegen keine weiteren, ausschließlich textlinguistisch orientierten Arbeiten vor. Nahezu alle Forscher beziehen jedoch Kohäsions- und Kohärenzphänomene in ihre Analyse mit ein, etwa im Bereich Tempus (Tmangraksat 1985) und bei der Relation zwischen Thema-Rhema-Gliederung und Satzgliedstellung (Sriuranpong 1997).

4.3. Interkulturelle Kommunikation

Auf diesem Gebiet liegen außer der Kurzstudie Kimsuvans (1984) keine weiteren wissenschaftlichen Untersuchungen vor. Bemerkungen zur Interkulturalität beruhen meist nur auf dem individuellen Erfahrungshintergrund.

5. Sprachdidaktische Traditionen

Die klassische Unterrichtsmethode in Thailand geht Tmangraksat-Watananguhn (1991) zufolge auf den traditionellen Erwerb der thailändischen Sprache in buddhistischen Klöstern des Landes zurück, wo vornehmlich die Grammatik des Pali mit dem Ziel gelehrt wurde, die buddhistischen Lehren auswendig rezitieren und übersetzen zu können. Dadurch bedingt sind die mnemotechnischen und imitativen Fertigkeiten der Lernenden besonders ausgeprägt. Die Auffassung Kusolrods (2003: 178), dass das thailändische Erziehungssystem generell nicht darauf ausgerichtet sei, selbständiges Handeln und Interaktion im Unterricht zu fördern, muss allerdings aus heutiger Sicht relativiert werden, denn viele — wenn auch nicht alle — Lernende handeln und interagieren mittlerweile selbständig im Unterricht. Erste didaktische Impulse dazu wurden bereits in den 1980er Jahren gesetzt und in der Folgezeit beschäftigten sich zunehmend Forschungsarbeiten mit der Etablierung kommunikativer und interkultureller Lehrmodelle (Saengaramruang 1992; Kusolrod 2003; Kaewwipat 2007) und Lehrwerke (Taatloha, Silapasawat und Maier-Knapp 1982; Saengaramruang 2008). Alle Autoren haben in ihrer Auffassung von Fremdsprachenvermittlung gemein, dass sie regionale Lehr- und Lerntraditionen gedanklich aufnehmen und in ihren Unterrichtsvorschlägen bzw. Lehrwerkskonzeptionen berücksichtigen. Die Orientierung an den Bedürfnissen der thailändischen Lerner sowie Ideen zur didaktischen Umsetzung des Konzepts der Lernerautonomie bilden außerdem feste Bestandteile ihrer Untersuchungen. Die kommunikativen Modelle stehen jedoch häufig in Kontrast mit den Prüfungsbedingungen an Oberschulen und Universitäten, die größtenteils nur rezeptive und grammatikalische Fertigkeiten von den Lernenden fordern. Daher besteht generell die Tendenz, dass die Bereitschaft der Lernenden zur Ausbildung kommunikativer Fertigkeiten aufgrund des subjektiv geringen Nutzens eher schwach ausgebildet ist. Kusolrod (2003) und Kaewwipat (2007) binden daher Tmangraksat-Watananguhns (1991) Gedanken ein, Grammatik stärker in den kommunikativen Ansatz zu integrieren und nicht nur wiederholend aufzugreifen bzw. grundsätzlich auszuschließen.

In neuester Zeit lässt sich außerdem die intensivierte Einbeziehung tertiärsprachlicher Konzepte im Sinne von *Deutsch nach Englisch* in den Unterricht erkennen. Dabei wird versucht, Kenntnisse der Erstfremdsprache Englisch produktiv für das Deutschlernen im Unterricht einzusetzen, etwa auf der lexikalischen Ebene. In den meisten Fällen geschieht dies jedoch noch recht unsystematisch und in qualitativer Abhängigkeit von den Englischkenntnissen der Lehrkraft, so dass in diesem Punkt weitere Forschungserkenntnisse, die über bloße Übersetzungsmechanismen hinausgehen, wünschenswert wären.

6. Literatur in Auswahl

Attaviriyanupap, Korakoch
  2006a aha dan fɛ:ʃe:t du mɪk nua ypɪt ha:p Ausspracheabweichungen im Hochdeutsch thailändischer Immigranten in der Deutschschweiz. *Linguistik online* 26(1): 1−13.
Attaviriyanupap, Korakoch
  2006b Der Erwerb der Verbflexion durch thailändische Immigrantinnen in der Schweiz. Eine Bestandsaufnahme. *Linguistik online* 29(4): 3−30.
Kaewwipat, Noraseth
  2007 *Kontrastive Lesegrammatik Deutsch-Thai für den Unterricht Deutsch als Fremdsprache in Thailand − Untersuchungen am Beispiel des Nominalstils.* Kassel: Kassel University Press.
Kimsuvan, Anek
  1984 *Verstehensprozesse bei interkultureller Kommunikation am Beispiel Deutscher in Thailand.* Frankfurt a. M.: Lang.
Kusolrod, Prapawadee
  2003 *Zur Entwicklung eines Fernstudienangebots „Deutsch als Fremdsprache" für Studienanfänger an der Ramkhamhaeng-Universität Bangkok.* Kassel: Kassel University Press.

Naksakul, Kanchana
   1998   *Rabobsiangpasathai* [Lautsystem des Thai]. 4. Aufl. Bangkok: Chulalongkorn University Press.
Saengaramruang, Wanna
   1992   *Curriculare Grundlegung eines thailandspezifischen Deutschlehrwerks für den Hochschulbereich.* Heidelberg: Groos.
Saengaramruang, Wanna
   2008   *Deutsch für den Alltag.* Mit CD. 2 Bde. Bangkok: Chulalongkorn University Press.
Sriuranpong, Wilita
   1997   *Wortstellung im Deutschen und im Thai. Eine kontrastive Studie.* Heidelberg: Groos.
Sriuranpong, Wilita
   2007   Die Merkmale des Passivs im Deutschen und im Thai. Eine kontrastive Untersuchung unter besonderer Berücksichtigung seiner Funktionen. In: Thailändischer Deutschlehrerverband, *TDLV-Forum* 11: 41–51.
Taatloha, Prisna, Srinantha Silapasawat und Hubert Maier-Knapp
   1982   *Viel Spaß mit Deutsch. Ein Lehrwerk für Jugendliche in Thailand.* Bangkok: Duang Kamol.
Tmangraksat, Pornsan
   1985   *Der Erwerb der deutschen Tempusflexion bei thailändischen Erwachsenen. Eine empirische Untersuchung zu Fragen des gesteuerten Fremdspracherwerbs.* Bern: Lang.
Tmangraksat-Watananguhn, Pornsan
   1991   „Kommunikativer" oder „nicht-kommunikativer" Unterricht? – Einige Bemerkungen zur Konzeption didaktischer Strategien des Deutschunterrichts in Thailand. In: Yoshinori Shichiji (Hg.), *Akten des VIII. Internationalen Germanisten-Kongresses Tokyo*, 66–79. Bd. 5. München: iudicium.

Christian Körner, München (Deutschland)
Wilita Sriuranpong, Bangkok (Thailand)

79. Kontrastive Analyse Tschechisch–Deutsch

1. Allgemeiner Überblick über den Stand der Forschung
2. Phoneme, Prosodie und Akzentuierung
3. Morphologie, Wortbildung
4. Semantik und Syntax
5. Lexik, Phraseologie
6. Zusammenfassung und Desiderata
7. Literatur in Auswahl

1. Allgemeiner Überblick über den Stand der Forschung

Im Vergleich zu den früheren Werken über das Tschechische, die in der Regel mehrere einzelne Veränderungen im Sprachgebrauch behandelten (Berger 1993; Bytel 1988; Reiter 1953; Mayer 1927 u. a.), stellt dieses Kapitel einen Versuch dar, den zerstückelten Charakter einzelner Beobachtungen zu überwinden und die fixierten Veränderungen stets aus der Sicht des gesamten Sprachsystems der beiden Sprachen zu erfassen. In dieser Hinsicht orientieren wir uns an der korpuslinguistisch ausgerichteten Grammatik von František Štícha (2003) bzw. Untersuchungen mit korpuslinguistischem Hintergrund (Káňa 2008), nur aus umgekehrter Perspektive, nämlich des tschechischen Muttersprachlers, der Deutsch lernen will.

Zwei Momente unterscheiden die vorliegende Darstellung von ihrer Vorgängerin (Šimečková 2001). Zum einen der Versuch, neuere Ergebnisse der Forschung auf dem Gebiet der kontrastiven Analyse der deutsch-tschechischen Sprachen einzubeziehen. Zum anderen soll durch die stärkere Einbeziehung der Pragmatik und Kommunikation — analog zu den Darstellungen in anderen linguistischen Disziplinen — der aktuellen Diskussion in der Fremdsprachenforschung Rechnung getragen werden.

2.   Phoneme, Prosodie und Akzentuierung

2.1.   Phoneme

2.1.1.   Vokalismus

Beide Sprachen kennen den Unterschied zwischen langen und kurzen Vokalen, der in beiden Sprachen phonologisch distinktiv ist. Allerdings werden nicht alle Vokale davon in gleicher Weise erfasst. Im Tschechischen sind die langen Vokalphoneme /ɛ:/ > /i:/ historisch verengt worden, während das /o:/ nur in Fremdwörtern oder in Interjektionen vorkommt (vgl. *lóže* ‚die Loge' *bóže můj* ‚mein Gott'). Im Deutschen ist u. a. die Opposition der langen Vokale /e:/ und /ɛ:/ vor allem in der gesprochenen Sprache aufgehoben worden, vgl. *Bären, Beeren* = [bɛːrən]. Die phonologische Relevanz der phonologischen Opposition der kurzen und langen Vokale /a/ : /a:/, /i/ : /i:/ und /u/ : /u:/ im Tschechischen und Deutschen zeigen die folgenden Minimalpaare: tsch. *drahá* ‚lieb, teuer' : *dráha* ‚Bahn'; dt. *satt* : *Saat*; *být* ‚sein' : *byt* ‚Wohnung'; *wir* : *wirr; domů* ‚nach Hause' : *domu* ‚des Hauses'; *Boom* : *bumm*. In kontrastiven Arbeiten werden die Vokale daher oft als identisch bzw. sehr ähnlich bezeichnet (Povejšil 1992: 12 ff.; Šimečková 2001: 394—395). Für den tschechischen Muttersprachler gibt es im Bereich des deutschen Vokalismus dennoch etliche Probleme zu überwinden. Während das Tschechische nur 10 Vokalphoneme (a, ɛ, i, o, ʋ, a:, ɛ:, i:, o:, u:) und die beiden biphonematischen Diphthonge /eᵢ/ und /oᵤ/, also maximal 12 Phoneme kennt, verfügt das deutsche Vokalphonemsystem über insgesamt 16 (bzw. 17) Phoneme, d. h. 6 (bzw. 7) mehr als im Tschechischen. Die deutschen Vokale haben folgende wichtige Merkmale, die sie von Vokalen in anderen Sprachen unterscheiden (vgl. Art. 18): sie können *offen* oder *geschlossen, kurz* oder *lang, ungespannt* oder *gespannt, gerundet* oder *ungerundet* (labialisiert oder nicht labialisiert), *betont* oder *unbetont* sein. Die kurzen Vokale spricht man offen, die langen geschlossen aus. Die deutschen Vokale (sowie die tschechischen) sind oral. Nasalvokale kommen nur in Fremdwörtern vor. Diese Merkmale der deutschen Vokale machen allen Deutschlernern Schwierigkeiten.

2.1.2. Konsonantismus

Im Bereich des Konsonantismus teilen die beiden Sprachen die Stimmbeteiligungskorrelation. Das Tschechische verfügt darüber hinaus nur noch bei drei Konsonanten über die Eigentonkorrelation der Phoneme /t/ : /t'/ (graphisch t' oder t + Vokale i, í, ě, phonologisiert z. B. in *t'apat* ‚trippeln, tippeln, tappeln' : *tápat* ‚sich vortasten, im Dunkeln tasten'), /d/ : /d'/ (phonologisiert in wenigen Fällen) und /n/ : /ň, n'/ (phonologisiert in *ne* Neg ‚nicht' : na *ně* ‚auf sie' (Akkusativ Plural zu oni ‚sie') sowie oni : ony).

Im Kontrast zum Deutschen, das mehr vokalische Phoneme als das Tschechische kennt, verfügt das Tschechische über mehr konsonantische Phoneme als das Deutsche (in der deutschen Sprache existieren keine Phoneme /ř/, /t'/, /d'/, /ň/). Für den tschechischen Muttersprachler stellen vor allem die folgenden phonologischen Oppositionen ein Ausspracheproblem dar: (1) die *Fortisierung* und *Lenisierung* im Deutschen. So kennt das Tschechische den Gegensatz [p] : [pʰ], [t] : [tʰ] in *Pappe* [pʰappe], *Tulpe* [tʰulpʰə] bzw. [k] : [kʰ] in *kommen, Mücke, Lug, Katholik, Charakter, Croupier* nicht. (2) Für den tschechischen Muttersprachler sollte es darüber hinaus einen Hinweis auf die teilweise regional bedingte Aufhebung der konsonantischen Stimmbeteiligung in den mitteldeutschen Mundarten (Sächsisch, Hessisch usw.) geben bzw. auch einen Hinweis auf den Zusammenfall der stimmhaften und stimmlosen Konsonanten im Süddeutschen (vgl. *sagen* als stimmloses [s] in [sagm], nicht stimmhaft [z] in [zagm]). (3) Eine weitere typische Fehlerquelle stellt die stellungsbedingte Opposition der ich- und ach-Laute dar: [ç] : [x]. Der ich-Laut [ç] kommt im Tschechischen nicht vor, der ach-Laut [x] ist in allen Positionen belegt (vgl. *ochechule* ‚eine hässliche alte Frau', *chechtat se* ‚sich amüsieren', *chalupa* ‚Hütte'). (4) Eine weitere Hürde stellt der feste Vokaleinsatz (der Knacklaut) dar (vgl. Art. 18). Da das Tschechische einen solchen Laut nicht kennt, neigen tschechische Muttersprachler zur Verschiebung der Silbengrenze oder gar zur Verschmelzung der benachbarten heterosyllabischen Vokale. (5) Weitere Fehlerquellen stellt der velare Konsonant [ŋ] als Stellungsvariante von [n] vor k, g, ks in *trinken, Ungarn, links*, das Sprecher des Tschechischen oft als [n] + [g] oder [n] + [k] realisieren.

2.1.3. Prosodie, Akzent und Intonation

Die prosodischen Unterschiede zwischen den beiden Sprachen werden als gravierend beurteilt, insbesondere im Bereich des Wortakzents und der Satzintonation. Während das Deutsche einen dynamischen und expiratorischen Wortakzent hat, der auf die Qualität der betonten und unbetonten Vokale, die Silbendauer und teilweise die Tonhöhe Einfluss nimmt (ähnlich dem Russ. und Engl.), gehört der tschechische Akzent zwar zu dem dynamischen Typ, aber die Tonhöhe ist dabei sehr charakteristisch (insbesondere bei der Unterscheidung von Haupt- und Nebenakzent). Die Akzentzuweisung ist im Unterschied zum Deutschen nicht quantitätssensitiv. Das Deutsche gilt als eine Sprache mit Stammbetonung, vgl. *Be'tonung, ge'sund*, während das Tschechische eine feste Initialbetonung kennt. Im Tschechischen tragen so selbst Fremdwörter den Initialakzent (Quelle für *faux amis*: 'mechanizmus : Mecha'nismus). Innerhalb einer Äußerung fallen im Tschechischen die Wortakzente zumeist mit den Grenzen phonologischer Wörter oder klitischer Gruppen zusammen, wobei die Anordnung der pronominalen Klitika spiegelverkehrt zu den deutschen schwachen Pronomina (*es, ihm*) steht, z. B. '*rozhodl jsem se mu*Cl-Dat *ho*Cl-Akk '*koupit : ich habe mich ent'schlossen es*Cl-Akk *ihm*Cl-Dat *zu 'kaufen.*

Anders als etwa für das Russische (Junghanns 2002; Kosta und Schürcks 2009) ist für das Tschechische bisher das Problem der kontrastiven Wort- und Satzintonation wenig erforscht (zur tschechischen Prosodie im Rahmen der Wortintonation und der Satzintonation vgl. Palková 1997). Eine Analyse der häufigsten Aussprachefehler bei tschechischen Muttersprachlern bietet Kopečný (2009).

2.1.4. Graphematik und Orthographie

Für den deutsch-tschechischen Vergleich der Graphem-Phonem-Korrespondenz verweise ich neben Povejšil (1992: 36 ff.) auf die neue Darstellung von Kučera (2009). Wie die meisten slavischen Sprachen ist auch das Tschechische eher als phonologisch zu bezeichnen (Kučera 2009: 71). Die kurze Übersicht bei Povejšil (1992) zeigt, dass im Tschechischen die Korrespondenz zwischen Phonem und Graphem in mehr als der Hälfte aller Fälle (65 %) eine 1-1-Zuordnung gestattet, während das Verhältnis im Deutschen bei langen Vokalen bei 1:3 und bei kurzen bei 1:2 liegt. Für den tschechischen Lerner des Deutschen ergibt sich damit ein kognitiver Mehraufwand beim Erlernen der Korrespondenz zwischen Laut und Schrift.

3.   Morphologie, Wortbildung

3.1. Paradigmatische Morphologie nach Wortarten

3.1.1. Nominale grammatische Kategorien (am Beispiel von Genus, Person und Determination)

Die Kategorie der Determination ist für Tschechen mit zusätzlichem Aufwand verbunden, da sie nicht nur das Paradigma des bestimmten und unbestimmten Artikels erlernen müssen. Da das Tschechische zu den artikellosen Sprachen gehört, stellt das Deutsche mit overter Markierung der Determination mit einem bestimmten Artikel in Singular und Plural und der overten Markierung der Unbestimmtheit im Singular und der Null im Plural eine besondere Herausforderung dar. In der Regel kann man den Gebrauch nur kommunikativ erlernen, d. h. nach dem Kriterium der situativen, kontextuellen oder diskursiven Einbettung, der Präsupposition, der Bekanntheit/Unbekanntheit der einzuführenden Entität, des Individuums.

Die Informationsstruktur unterscheidet dabei vier Diskursfunktionen − Fokus und Hintergrund einerseits, Topik und Kommentar andererseits. Bei beiden Typen der Informationsstrukturierung gibt es ein salientes Glied − Fokus resp. Topik. Das weniger saliente Glied − Hintergrund resp. Kommentar − ergibt sich jeweils subtraktiv, vgl.: *Unten fließt ein Bach : Dole teče potok. Támhle běží nějaké zvíře − Dort drüben rennt ein Tier.* Oft wird Bestimmtheit durch die Anfangsposition im Satz markiert: *Před domem stojí (nějaké) auto. Vor dem Haus steht ein Auto* (Verweis auf ein individuelles Auto, das nicht salient ist). *Auto stojí před domem. Das Auto steht vor dem Haus* (Verweis auf ein individuelles Auto, das kommunikativ bzw. diskursiv gebunden und salient ist). (Weitere Funktionen von Determination, Wortstellung und Informationsstruktur vgl. Kosta und Schürcks 2009).

Kongruenzauslöser sind im Tschechischen wie auch im Deutschen einerseits Substantive, andererseits substantivische Pronomina, z. B. Interrogative tsch. *kdo* m. ‚wer‘, *co* n. ‚was‘, *nikdo* m. ‚niemand‘, *nic* n. ‚nichts‘. Sie kontrollieren die Genusformen der kongruierenden Wortarten Adjektiv, Pronomen, Artikel, Numerale und Verb (l-Partizip). Der tschechische Lerner des Deutschen muss jedoch zusätzlich die Kongruenz mit dem bestimmten und unbestimmten Artikel lernen, was er durch die Hilfe des Demonstrativpronomens *ten(to)* ‚dieser (da)‘, *ta(to)* ‚diese (da)‘, *to(to)* ‚dieses (da)‘ tun kann (Berger 1993; Štícha 2003: 194). Schwieriger ist es im Falle des unbestimmten Artikels, der im Tschechischen sowohl im Singular als auch im Plural lexikalisch nicht ausgedrückt wird (Perissutti 2003).

Eine weitere potentielle Fehlerquelle bilden die durch das Wortbildungsverfahren der Motion abgeleiteten Personennamen sowie Berufsbezeichnungen. In der Kommunikation kann man im Tschechischen anstelle von weiblichen Berufsbezeichnungen das generische *genus commune* verwenden. Dies ist zwar auch im Deutschen üblich, im Sinne der *political correctness* geht man aber in beiden Sprachen dazu über, die Berufsbezeichnungen mit entsprechenden femininen Suffixen zu versehen oder aber ein gemeinsames neutrales Suffix für beide Geschlechter zu wählen, vgl.: *paní doktorko, ministryně : Frau Doktor, Frau Minister,* aber *Frau Kanzlerin Merkel.*

3.1.2. Personale Deixis und Personalpronomen

Außer in bestimmten kommunikativen Kontexten, wo die situative oder kontextuelle Einbettung die Elision des Pronomens auch im Deutschen gestattet (z. B. *komme gleich*), gehört das Deutsche (wie auch Engl. und Frz.) zu den so genannten Nicht-Nullsubjektsprachen: das Personalpronomen muss immer obligatorisch lexikalisch realisiert werden. Das Tschechische ist dagegen eine typische Null-Subjektsprache. Das Tschechische kann neben der Null auch die lexikalischen Personalpronomina realisieren, die aber kommunikativ und textlinguistisch (diskursbedingt) starken Restriktionen unterliegen. Eine weitere potentielle Fehlerquelle stellt der Gebrauch des Demonstrativpronomens vor Eigennamen dar, der im Tschechischen sowohl positive als auch negative Evaluationen erzeugen kann, im Deutschen dagegen als stark dialektal oder abwertend pejorativ empfunden wird. Man kann daher den positiv evaluierten Satz *Ten Honza to ale umí!* nicht mit *Der Hans kann es aber gut!* übersetzen, ohne Gefahr zu laufen, dass diese Übersetzung als regional oder merkwürdig empfunden wird. Statt dessen müsste man neutral mit *Hans kann/beherrscht die Sache gut!* übersetzen.

3.1.3. Verbale Kategorien (am Beispiel von Modus, Negation)

Im Bereich des Modus unterscheidet das Tschechische den Indikativ, Imperativ und Konditional. Im Deutschen kommt der Konjunktiv I und II hinzu. Insbesondere der Konjunktiv I nach *verba dicendi* (sagen, erklären usw.), der eine indirekte Rede im Nebensatz einführt, bereitet tschechischen Lernern des Deutschen große Probleme, weil er im Tschechischen mit dem Indikativ im Nebensatz ausgedrückt wird: *Er sagte, dass er nicht komme* : *Řekl, že nepřijde.*

Bei der Negation ist neben den Unterschieden in der Grammatik (doppelte Negation im Tschechischen vs. einfache Negation im Deutschen, vgl. Štícha 2003: 793 ff.; Kosta 2001) auf die Unterschiede im Gebrauch zu achten, insbesondere bei bestimmten indirekten Sprechakten. So ist der indirekte Sprechakt der Aufforderung als direktiver Sprechakt im Tschechischen in Form einer negativen Frage ausgedrückt, und zwar unabhängig von lexikalischer Verbalklasse, während dies im Deutschen in modalen Kontexten nicht geht: *Neposaďte se s námi na kousek drbu? Setzen Sie sich nicht mit uns auf ein kleines Schwätzchen?* (Havel) ‚*Wollen Sie sich auf ein Schwätzchen zu uns setzen?*‘ (Übersetzung Havel).

3.2. Wortbildung

Der wichtigste Unterschied in der Wortbildung ist typologisch angelegt. Während im Deutschen die produktivsten Wortbildungsverfahren der substantivischen Wortbildung die Hierarchie Komposition > Derivation > Konversion > Wortverbindung aufweisen, neigt das Tschechische als flektierende Sprache stärker zur Reihenfolge Derivation > Wortverbindung > Konversion > Komposition. Darüber hinaus ist die Bildung der Diminutive im Tschechischen selbst in der Slavia eine Besonderheit, die das Deutsche in dieser Produktivität und funktionalen Auslastung nicht kennt (Káňa 2008; Nekula 2003).

Die Schwierigkeiten der tschechischen Lerner betreffen vor allem die Dekodierung der Wortbildungsbedeutung des deutschen Kompositums, die Beurteilung der Synonymie von Kompositum und Wortverbindung und die Terminologisierung beider Mittel (Šimečková 2001).

Im Bereich der adjektivischen und adverbialen Wort- bzw. Formenbildung ist das Tschechische durch die Flektierbarkeit und Kongruenz des Adjektivs gegenüber dem Adverb komplexer.

Im Bereich der verbalen Wortbildung ist auf die Kategorie des *Aspekts* hinzuweisen, dem die Kategorie der *Aktionsart* im Deutschen gegenübersteht. Daneben sind die Verben der Bewegung zu erwähnen, die im Deutschen und Tschechischen unterschiedliche Frequenz haben (Rajchartová 1987). Die Mittel der Präfigierung und der Präpositionalgruppen sind im Deutschen stärker vertreten sowie die trennbaren und untrennbaren Verben, die das Tschechische nicht kennt. Am stärksten ist der Unterschied im Bereich der adverbialen und präpositionalen Wort- und Formenbildung zwischen den beiden Sprachen, wenn man den Kontrast zwischen trennbaren Verben im Imperfekt vs. Perfekt/ Futur berücksichtigt.

4. Semantik und Syntax

In den bisherigen Darstellungen wurde beim Erlernen der Fremdsprache zu stark auf den Systemvergleich Wert gelegt (Šimečková 2001). Da eine Fremdsprache aber kommunikativ erlernt werden soll und muss, sollte man beim Erlernen der deutschen Sprache stärker auf die kommunikative Funktion der Semantik und Syntax im Dienste von

Sprechakten (SA) eingehen und dabei vor allem die korpuslinguistisch und kommunikationspraktisch ausgerichtete Arbeit von Štícha (2003) einbeziehen. Sie zeigt, dass zwar in beiden Sprachen Formen des sozialen Kontakts verbal durch ähnliche Anrede- und Höflichkeitsformen bzw. durch performative Verben ausgedrückt werden, dabei aber auf die unterschiedlichen Konventionen bei der Verwendung der Verbindung von distanzierten Anredeformen und Titeln in beiden Sprachen zu achten ist (Štícha 2003: 25). Am stärksten sind die syntaktischen Unterschiede im Bereich der erotetischen SA der Entscheidungsfragen zu sehen: Während das Tschechische die Gewichtung der Satzinformation in Abhängigkeit von Wortstellung und von Informationsstruktur auf mehrfache Weise ausdrücken kann, muss man im Deutschen aufgrund der festen Wortstellung von Ja-Nein-Fragen insbesondere auf die Prosodie achten: dem deutschen Satz *Ist Standa schon gekommen?* können die folgenden tsch. Sätze entsprechen: (a) *Přišel už Standa?* (b) *Už Standa přišel?* (c) *Už přišel Standa?* (d) *Standa už přišel?* Dabei entscheidet die korrekte Interpretation der Informationsstruktur über die Realisierung der prosodischen Satzkontur, vgl. *Ist "STAnda schon gekommen? vs. Ist Standa schon ge"KOmmen?* (Štícha 2003: 37).

5. Lexik, Phraseologie

Am besten sind bisher der dt. und tsch. Wortschatz erforscht. Die Forschung kann sowohl auf eine lange Tradition zurückblicken (Skála 1991/92; Povejšil 1996 und Reiter 1953) als auch durch neuere Arbeiten zu den deutsch-tschechischen kulturellen, wirtschaftlichen und politischen Beziehungen als verstetigt gelten (Newerkla 2004 sowie Nekvapil und Nekula 2006). Gleiches gilt für die dt.-tsch. Phraseologie, die durch die Werbe- und Fachsprache und die Einbeziehung zahlreicher Text- und Gesprächssorten besonders an Bedeutung gewinnt.

6. Zusammenfassung und Desiderata

Im Rahmen dieses Artikels konnten aufgrund der gebotenen Kürze leider keine psycholinguistischen und linguistischen Theorien herangezogen werden, um die phonetisch-phonologischen, morphologischen und syntaktischen Aspekte der Sprachverarbeitung einer hoch flektierten Ausgangssprache (Tschechisch) in einer flexionsärmeren Zielsprache (Deutsch) zu untersuchen. Insbesondere Hypothesen über die Verarbeitung von morphologischen Kategorien des Substantivs, des Verbs und des Personalpronomens bzw. Artikels konnten nur angedeutet werden. Als Datenquellen zur Überprüfung der aus existierenden Modellen ableitbaren Vorhersagen dienten die Korpusdaten in Štícha (2003), die die bisher einzige umfangreiche kontrastive tschechisch-deutsche Grammatik darstellt.

7. Literatur in Auswahl

Berger, Tilman
    1993   *Das System der tschechischen Demonstrativpronomina — Textgrammatische und stilspezifische Gebrauchsbedingungen* (unpublizierte Habilitationsschrift). München. (online verfügbar: http://homepages.uni-tuebingen.de/tilman.berger/Texte//texte.html)

Bytel, A.
   1988   „Gespaltene Sätze" im Tschechischen, Deutschen und anderen Sprachen. *Linguistische Arbeitsberichte* 66: 2−8.
Junghanns, Uwe
   2002   *Informationsstrukturierung in slavischen Sprachen. Zur Rekonstruktion in einem syntaxzentrierten Modell der Grammatik.* Habilitationsschrift, Universität Leipzig.
Káňa, Tomáš
   2008   *Diminutivformen im Deutschen und Tschechischen (Eine kontrastive Korpusanalyse).* Vyd. 1. Telč: MU Brno.
Kempgen, Sebastian, Peter Kosta, Tilman Berger und Karl Gutschmidt (Hg.)
   2009   *Slavic Languages. Slavische Sprachen. An International Handbook of their Structure, their History and their Investigation. Ein internationales Handbuch ihrer Struktur, ihrer Geschichte und ihrer Erforschung.* Bd. 1. (Handbücher zur Sprach- und Kommunikationswissenschaft 32.1−2). Berlin/New York: de Gruyter.
Kopečný, Petr
   2009   *Typische Aussprachefehler von tschechischen Schülern in der deutschen Sprache und Methoden ihrer Behebung.* Baccalaureatarbeit. Pädagogische Fakultät der Masaryk-Universität Brünn, Lehrstuhl für Deutsche Sprache und Literatur. (Online verfügbar: http://is.muni.cz/th/221806/pedf_b/)
Kosta, Peter
   2001   Negace a větná struktura v češtině [Negation und Satzstruktur im Tschechischen]. In: Zdena Hladká und Petr Karlík (Hg.), *Čeština − Univerzália a specifika* III, 117−138. Brno.
Kosta, Peter
   2006   On free word order phenomena in Czech as compared to German: Is Clause Internal Scrambling A-movement, A-Bar-Movement or Is It Base Generated? *Zeitschrift für Slawistik* 51(3): 306−321.
Kosta, Peter und Lilia Schürcks
   2009   Word Order in Slavic. In: Sebastian Kempgen, Peter Kosta, Tilman Berger und Karl Gutschmidt (Hg.), 654−684.
Kovářová, Alena
   2004   *Úvod do fonetiky a fonologie němčiny* [Einleitung in die Phonetik und Phonologie des Deutschen]. 1. dotisk 1. vyd. Brno: Masarykova univerzita.
Kučera, Karel
   2009   The Orthographic Principles in the Slavic Languages: Phonetic/Phonological; Orthographische Prinzipien in den slavischen Sprachen: phonetische bzw. phonologische. In: Sebastian Kempgen, Peter Kosta, Tilman Berger und Karl Gutschmidt (Hg.), 70−76.
Mayer, Anton
   1927   *Die deutschen Lehnwörter im Tschechischen.* Reichenberg: Stiepel.
Nekula, Marek
   2003   System und Funktionen der Diminutive. Kontrastiver Vergleich des Deutschen und Tschechischen. *brücken NF* 11: 145−188.
Nekvapil, Jiří und Marek Nekula
   2006   K jazykové situaci v nadnárodních podnicích působících v České republice [On the language planning situation in multinational companies in the Czech Republic]. *Slovo a slovesnost* 67(2): 83−95.
Newerkla, Stefan Michael
   2004   *Sprachkontakte Deutsch − Tschechisch − Slowakisch. Wörterbuch der deutschen Lehnwörter im Tschechischen und Slowakischen: historische Entwicklung, Beleglage, bisherige und neue Deutungen.* Frankfurt a. M.: Lang.
Palková, Zdena
   1997   *Fonetika a fonologie češtiny.* [Phonetik und Phonologie des Tschechischen]. Praha: Univerzita Karlova.

Perissutti, Anna Maria
2003   *Determinátory neurčitosti v češtině* [Die Determinierer der Indefinitheit im Tschechischen]. Napoli.
Povejšil, Jaromír
1992   *Mluvnice současné němčiny* [Grammatik des Gegenwartsdeutschen]. Praha.
Povejšil, Jaromír
1996   Tschechisch−Deutsch. In: Hans Goebl, Peter H. Nelde, Zdeněk Starý und Wolfgang Wölck (Hg.), *Kontaktlinguistik. Ein internationales Handbuch zeitgenössischer Forschung*, 709−714. Bd. 2. (Handbücher zur Sprach- und Kommunikationswissenschaft 12.1−2). Berlin/New York: de Gruyter.
Rajchartová, Marina
1987   *Analyse der präfigierten und zusammengesetzten Verben der aktiven menschlichen Fortbewegung am Beispiel ausgewählter deutscher Verben und ihrer tschechischen Entsprechungen.* Leipzig. Univ. (Diss. A).
Reiter, Norbert
1953   *Die deutschen Lehnübersetzungen im Tschechischen.* Wiesbaden: Harrassowitz.
Skála, Emil
1991/1992   Deutsch und Tschechisch im mitteleuropäischen Sprachbund. *Brücken* 1: 173−179.
Šimečková, Alena
2001   Kontrastive Analysen. Deutsch-Tschechisch/Slowakisch. In: Gerhard Helbig, Lutz Götze, Gert Henrici und Hans-Jürgen Krumm (Hg.), *Deutsch als Fremdsprache*. Handbücher zur Sprach- und Kommunikationswissenschaft, 394−402. Bd. 1. (Handbücher zur Sprach- und Kommunikationswissenschaft 19.1−2). Berlin/New York: de Gruyter.
Štícha, František
2003   *Česko−německá srovnávací gramatika* [Tschechisch−deutsche vergleichende Grammatik]. Praha: Argo.

Peter Kosta, Potsdam (Deutschland)

80. Kontrastive Analyse Türkisch–Deutsch

1. Allgemein
2. Phonetik und Phonologie
3. Morphologie
4. Syntax
5. Lexik
6. Diskursorganisation
7. Türkisch in Kontakt mit Deutsch
8. DaF/DaZ mit Türkisch als Erstsprache
9. Literatur in Auswahl

1. Allgemein

Das Türkische gehört der altaiischen Sprachfamilie an und weist eine agglutinierende Typologie auf. Die Grammatik des schriftsprachlichen Standards, wie er sich seit der

tiefgreifenden Sprachreform zu Beginn der Republikzeit 1923 entwickelt hat, ist vergleichsweise gut erforscht, weniger hingegen die Varietäten der gesprochenen Sprache.
Als Darstellungen der Grammatik des Türkischen siehe Göksel und Kerslake (2005) und
den Überblick von Csató und Johanson (1998).

Die kontrastive Linguistik Deutsch−Türkisch erlebte in den 1970ern und 1980ern
einen Aufschwung, angestoßen insbesondere durch pädagogische Folgen der Arbeitsmigration aus der Türkei nach Deutschland und theoretisch gerechtfertigt durch das Postulat
der Kontrastivhypothese. Untersuchungen von Transferphänomenen gehören weiterhin
zu den zentralen Themen der kontrastiven Linguistik Deutsch−Türkisch. Darüber hinaus gewinnen kontrastive Arbeiten an Aktualität, die sich mit türkisch-deutschem
Sprachkontakt beschäftigen. Langsam festigt sich auch ein Umfeld, in dem kontrastive
Arbeiten Deutsch-Türkisch mit einem *tertium comparationis* arbeiten, das seine Kategorien aus neueren sprachwissenschaftlichen Modellen bezieht (vgl. besonders Johanson
und Rehbein 1999).

2. Phonetik und Phonologie

Es liegen bisher wenige kontrastive Studien zu phonetisch-phonologischen Eigenschaften
des Türkischen und des Deutschen vor; eine wichtige Ausnahme ist Özen (1985).

Die Lautinventare beider Sprachen weichen im konsonantischen Bereich nur in einigen wenigen Fällen voneinander ab. Insgesamt ist aber die Tendenz des Türkischen zur
Vermeidung von Konsonantenclustern auffällig. Im Bereich vokalischer Phoneme ist bemerkenswert, dass Diphthonge und zentrale Vokalqualitäten wie [ɪ, ʊ, ə, ɐ] im Türkischen
fehlen. Die Oppositionen vordere/hintere und gespreizte/gerundete Vokale werden maximal ausgenutzt, so dass eher Qualitäten der Kardinalvokale eingesetzt werden. Allerdings
berichtet (Coşkun 2003) auch von dem Gebrauch des zentralen Vokals [ə].

Suprasegmental zeichnet sich das Türkische im Gegensatz zum Deutschen durch eine
einfache Silbenstruktur (V, VC, CV, CVC) aus, wobei die Silben eines Stamms eine starke
Tendenz zur sukzessiven phonologischen Angleichung der Merkmale *vorn* bzw. *hinten*
zeigen. Dieser sogenannten Vokalharmonie folgen auch die grammatischen Suffixe, mit
zusätzlicher Labialangleichung. Die Vokalquantität ist nicht distinktiv. Der lexikalisch
nicht distinktive und phonetisch schwache Wortakzent im Türkischen wird auf dem
Stamm variabel und bei Suffigierung final platziert. Ausnahmen von dieser Regel stellen
ein besonderes phonologisches Phänomen dar (vgl. Kabak und Vogel 2001). Unterschiedliche Silben- und Akzentstrukturen, u. a. auch fehlende Silbenreduktion, weisen darauf
hin, dass das Türkische eine silbenzählende Sprache ist (vgl. Auer 1993).

3. Morphologie

In Bezug auf die Wortstruktur weisen Deutsch und Türkisch erhebliche morphologische
und morphophonologische Unterschiede auf. Dem Türkischen sind wesentliche Kennzeichen deutscher Morphologie wie Stammveränderung, Fusion und Mehrfachdetermina-
tion fremd; die türkische Suffigierung gehorcht einer strikten Abfolge, bei reicher Kombinatorik und einer hoch produktiven Wortbildungsmorphologie (vgl. Kahramantürk

1999). Nominale Stämme erhalten Plural-, Possessiv- und Kasussuffixe; verbale Stämme erhalten die Suffixe für Modus, Passiv, Reflexiv, Reziprok, Negation, Aspekt, Modus, Tempus, Person und Numerus. Einige der als verbal geführten Suffixe sowie die Fragepartikel fügen sich als Klitika auch an nominale Prädikate.

Bei den morphologisch ausgedrückten Kategorien selbst gibt es ebenfalls wesentliche Unterschiede zwischen dem Türkischen und dem Deutschen; hier sei lediglich darauf verwiesen, dass die Kategorie des Aspekts im Türkischen wesentlich stärker grammatikalisiert ist als im Deutschen (vgl. Johanson 1994), dass die unterschiedlichen Grammatikalisierungen der Kategorie Tempus im Deutschen und Türkischen auf unterschiedliche Konzeptualisierungen hinweisen (Canbulat 2002), dass das Possessivsuffix im Türkischen eine wichtige Rolle im Ausdruck von Kohärenzbeziehungen im Text und zur Herstellung von Definitheit spielt (vgl. Schroeder 1999) und dass ein Numerus-unmarkiertes Nomen in vielen Fällen nicht singularisch, sondern transnumeral interpretiert wird (vgl. Bassarak 1986).

Bei den Inhaltswörtern kann im Türkischen kategorial zwischen Verben und Nominalen unterschieden werden. Es gibt kein grammatisches Genus bei den Nomina. Die Unterscheidung zwischen Nomina und Adjektiven ist eine Frage des dominanten Einsatzes und nicht der kategorialen Zuordnung. Adverbien sind eine aus Nomina oder Verben abgeleitete Wortart.

Als Sprache, die den Großteil der grammatischen Kategorien synthetisierend anbindet, ist der Grad der Differenzierung bei den Funktionswörtern im Türkischen geringer als im Deutschen. Türkische Postpositionen können nur bedingt als äquivalent zu deutschen Präpositionen gelten, da auch die türkischen Kasus adverbiale Relationen abdecken (vgl. Grießhaber 1999 und siehe unten) und die Zahl der echten Postpositionen gering ist. Es gibt keinen bestimmten Artikel bei den Determinantien (Hansen 1995); Konjunktionen sind gleich- aber nie unterordnend (s. u.).

4. Syntax

Als kanonische Wortstellung des Türkischen gilt SOV. Die Prädikatsposition ist jedoch weniger stark syntaktisiert als im Deutschen (vgl. Rehbein 1995); Positionen der Satzglieder können je nach Zuordnung der pragmatischen Rolle relativ frei variieren. Entscheidend ist die Fokusposition unmittelbar vor dem Prädikat, auf der auch der Satzakzent liegt. Die postprädikative Position ist alter bzw. präsupponierter Information vorbehalten sowie Nachträgen. Das bereits etablierte topikale Subjekt wird durch Nullanapher ausgedrückt; Türkisch ist im Gegensatz zum Deutschen eine sogenannte *Pro Drop*-Sprache. Auch bei Subjektlosigkeit ist kein Expletivpronomen erforderlich.

Das Kasussystem des Türkischen ist wie das des Deutschen nominativisch-akkusativisch. Allerdings ist der türkische Dativ im Gegensatz zum deutschen auch allativischer Lokalkasus und kann anders als der deutsche Pertinenzdativ keine possessivischen Relationen kodieren. Während im Deutschen lokale Relationen und weitere semantisch komplexere Relationen durch Präpositionen ausgedrückt werden, verfügt das Türkische über zwei weitere Lokalkasus, den Ablativ und den Lokativ. Auch instrumentale und komitativ-soziative Relationen werden im Türkischen mit einem Kasus ausgedrückt, dem Instrumentalkasus, der auch eine postpositionale Variante hat. Der Ausdruck komplexerer Relationen geschieht mit Postpositionen.

In der Unterordnung von Sätzen ist das Türkische strikt linksverzweigend, im Gegensatz zur Rechts- und Linksverzweigung im Deutschen. Türkische abhängige Sätze werden mit infiniten Verbalformen gebildet, d. h. nominalphraseninternen Partizipien, adverbialen Konverben (Gerundien) und Satzglied-subordinierenden Nominalisierungen. Zu kontrastiven Untersuchungen von Subordinationsstrategien vgl. Rolffs (1997) und Savaşçı (1998) für Gesamtüberblicke, Rehbein (1999) zum Gebrauch von Konverben im Türkischen gegenüber dem Einsatz von Konjunktionen im Deutschen, Abdülhayoğlu (1983) zu Satzgliedsätzen im Deutschen und Türkischen und Johanson (1999) zu dem Verhältnis zwischen türkischen Partizipien und deutschen Relativsätzen.

Auch die türkische Nominalphrase ist strikt linksverzweigend, im Gegensatz zur Rechts- und Linksverzweigung im Deutschen. Sie ist gleichzeitig kopfmarkierend, d. h. Eigenschaften der Phrase und des Kopfnominals (Kasus, Numerus, Possessivität) werden lediglich am Kopfnominal selbst markiert.

5. Lexik

Über das genuin türkische Vokabular hinaus, dessen Anteil vor allem in der Schriftsprache im Zuge sprachplanerischer Aktivitäten der staatlichen Türkischen Sprachgesellschaft (*Türk Dil Kurumu*) systematisch erhöht wurde, verfügt das Türkische über viele nominale Entlehnungen aus dem Persischen und dem Arabischen. Die hoch produktive Komposita- und suffixale Wortbildung erweitern den Wortschatz erheblich. Mit Hilfe von Leichtverben (Äquivalente von *tun/machen*) werden nominale Lehnwörter auch in den verbalen Wortschatz integriert.

Es liegen einige kontrastiv-lexikalische Teilstudien vor, vgl. Çankay (1998) zu *verba dicendi*, Gündoğdu (2000) zum verbalen Wortschatz und Eğit (1995) zur dreigliedrigen Deixis im Türkischen, im Gegensatz zu der zweigliedrigen deutschen Deixis.

6. Diskursorganisation

Besonders die Untersuchung gesprochener Sprache macht deutlich, dass das Deutsche hauptsächlich prosodische Ressourcen zur Gewichtung von Informationen einsetzt, während im Türkischen die Variabilität der Wortstellung als Prinzip der Gestaltung informativer Einheiten dominiert.

Auf unterschiedliche Äquivalenzbeziehungen und sprachspezifische Formen diskursorganisatorisch relevanter sprachlicher Mittel in beiden Sprachen weist Eğit (1998) hin. Untersuchungen zu Partikeln (Keskin 1999) zeigen nur eine bedingte Äquivalenz; sie werden situations- und satztypenspezifisch eingesetzt. Kontrastive Untersuchungen der Anredeformen beschreiben neben ähnlichen Verfahren der pronominalen- und nominalen Anrede auch ein spezifisch türkisches Verfahren, bei der Tier- und Pflanzennamen als metaphorische Anrede eingesetzt werden (vgl. Dereli 2008).

7. Türkisch in Kontakt mit Deutsch

Türkisch zeigt in Kontakt mit typologisch unterschiedlichen Sprachen wie dem Deutschen bestimmte morphologische Veränderungen und entwickelt eine eigene in Deutsch-

land gesprochene Varietät (vgl. Boeschoten 2000). Zu diesen Veränderungen zählen beispielsweise der Ausfall der Genitivmarkierung in Modalkonstruktionen, eine übermäßige
Verwendung des Ablativs und von pronominalen Subjekten und Objekten (vgl. Pfaff
1991), Veränderung in der Verbrektion (vgl. Rehbein 2001), im Gebrauch der Konnektoren (vgl. Rehbein 1999) und der Leichtverben (vgl. Pfaff 2000).

8. DaF/DaZ mit Türkisch als Erstsprache

Die Unterschiede im konsonantischen Phoneminventar können bei Lernenden zu Artiku-
lationsproblemen und z. T. auch zur Bildung neuer Artikulationsstrategien führen; so
wird beispielsweise im Falle der im Türkischen fehlenden palatalen und velaren Frikative
[ç] und [x] die velare Variante durch den postalveolaren Frikativ [ʃ] ersetzt. Außerdem
sind die unterschiedlichen Affrikaten, im Deutschen [p͡f, t͡s] und im Türkischen [t͡ʃ, d͡ʒ], als
mögliche Quelle für Artikulationsprobleme bei Sprachlernenden zu bemerken. Neumann
(1981) zeigt, welche Konsequenzen phonologische Unterschiede für den deutschen
Schrifterwerb türkischer Kinder haben können. Özen (1986) verweist darauf, dass Artikulationsprobleme türkischer Deutschlerner auf Anpassungsprobleme an den akzentzählenden Rhythmus des Deutschen zurückzuführen sind.

Im Rahmen einer Rezeption funktionaler und funktional-pragmatischer Ansätze in
der Zweitspracherwerbsforschung zeigen Stutterheim (1987) und Kuhberg (1987) Einflüsse des türkischen Tempus-Aspekt-Systems auf den Deutscherwerb türkischer Lerner
auf. Grießhaber (1999) untersucht Erwerbsschwierigkeiten bei türkischen Schülern in
Deutschland, die auf unterschiedliche Lokalbezüge zurückführbar sind; Haberzettl
(1999) weist Unterschiede im deutschen Syntaxerwerb bei Kindern mit russischer und
türkischer Erstsprache nach und Schroeder (2009) untersucht Transfer im lexikalisch-
semantischen Bereich der Bewegungsverben. Probleme deutscher Lerner beim Erwerb
des Türkischen sind dagegen selten bearbeitet, eine der wenigen Arbeiten ist İleri (1989).

9. Literatur in Auswahl

Abdülhayoğlu, Suphi
    1983   *Untersuchungen zu verbabhängigen Einbettungen imDeutschen und Türkischen.* Frankfurt
              a. M.: Lang.
Auer, Peter
    1993   *Is a rythm-based typology possible? A study of the role of prosody in phonological typology.*
              KontRI working paper no 21. Universität Freiburg.
Bassarak, Armin
    1986   Numeralität und Transnumeralität im Türkischen. In: W. Ullrich Wurzel (Hg.), *Studien
              zur Morphologie und Phonologie II.* Akademie der Wissenschaften der DDR. (Linguisti-
              sche Studien. Reihe A, Arbeitsberichte), 1−32. Berlin: Zentralinstitut für Sprachwissen-
              schaft.
Boeschoten, Hendrik
    2000   Convergence and Divergence in Migrant Turkish. In: Klaus Mattheier (Hg.), *Dialect and
              Migration in a Changing Europe,* 145−154. Frankfurt a. M.: Lang.
Canbulat, Mehmet
    2002   *Formalisierung und Konzeptualisierung von Zeit im Türkischen und im Deutschen.* Frank-
              furt a. M.: Lang.

Çankay, Serpil
  1998   *Untersuchungen zu den redeeinleitenden Verben im Deutschen und Türkischen: kontrastive Sprachanalyse.* Oberhausen: Althena.
Coşkun, Volkan
  2003   Comparison between the vowels of German and Turkish. *Turkic Languages* 7: 18−29.
Csató, Éva Á. und Lars Johanson
  1998   Turkish. In: Éva Á. Csató und Lars Johanson (Hg.), *The Turkic languages,* 203−235. London: Routledge.
Dereli, Sevgi
  2008   *Anrede im Deutschen und im Türkischen. Eine funktional-pragmatische Analyse institutioneller Beratungsdiskurse.* Frankfurt a. M.: Lang.
Eğit, Yadigar
  1995   *Deixis und Anaphora. Zur Verwendung der deiktischen Ausdrücke im Deutschen und Türkischen.* Izmir: Ege Universitesi Basımevi.
Eğit, Yadigar
  1998   *Höflichkeit und Höflichkeitsformen: Überlegungen am Beispiel des Stereotyps „Entschuldigungen" im Deutschen und Türkischen.* Izmir: Ege Üniversitesi Edebiyat Fakültesi Yayınları.
Göksel, Aslı und Celia Kerslake
  2005   *Turkish. A Comprehensive Grammar.* London: Routledge.
Grießhaber, Wilhelm
  1999   *Die relationierende Prozedur. Zu Grammatik und Pragmatik lokaler Präpositionen und ihrer Verwendung durch türkische Deutschlerner.* Münster/New York: Waxmann.
Gündoğdu, Mehmet
  2000   Sprachliche und didaktische Aspekte der mehrdeutigen Verben. *Deutsch Lernen* 1: 59−70.
Haberzettl, Stefanie
  1999   Katze Maus essen vs. Katze essen Maus: die L1 als Königs- oder Holzwegbereiter zur L2? Zum Einfluß des L1-Wissens im Erwerb der deutschen Verbstellung durch türkische und russische Kinder. In: Hans Otto Spillmann und Ingo Warnke (Hg.), *Internationale Tendenzen der Syntaktik, Semantik und Pragmatik.* Akten des 32. Linguistischen Kolloquiums in Kassel 1997, 157−167. Frankfurt a. M.: Linguistik international.
Hansen, Björn
  1995   *Die deutschen Artikel und ihre Wiedergabe im Türkischen.* Arbeiten zu Mehrsprachigkeit 53. Hamburg: Universität Hamburg.
İleri, Esin
  1989   Einige typische Fehler deutscher Muttersprachler beim Erlernen des Türkischen. *Materialia Turcica* 14: 24−55.
Johanson, Lars
  1994   Türkeitürkische Aspekttempora. In: Rolf Thieroff und Jochim Ballweg (Hg.), *Tense systems in European languages,* 246−266. Tübingen: Niemeyer.
Johanson, Lars
  1999   Zur Wiedergabe weiterführender Relativsätze im Türkischen. In: Lars Johanson und Jochen Rehbein (Hg.), *Türkisch und Deutsch im Vergleich,* 129−138. Wiesbaden: Harrassowitz.
Johanson, Lars und Jochen Rehbein (Hg.)
  1999   *Türkisch und Deutsch im Vergleich.* Wiesbaden: Harrassowitz.
Kabak, Barış und Irene Vogel
  2001   The phonological word and stress assignement in Turkish. *Phonology* 18: 315−360.
Kahramantürk, Kuthan
  1999   *Nominale Wortbildungen und Nominalisierungen im Deutschen und im Türkischen. Ein Beitrag zur deutsch-türkischen kontrastiven Linguistik.* Heidelberg: Groos.

Keskin, Erol
1999   Die deutschen Abtönungspartikeln *schon, denn, mal, wohl* und *eben* und ihre Entsprechungen im Türkischen. *Materialia Turcica* 20: 11−58.
Kuhberg, Heinz
1987   *Der Erwerb der Temporalität des Deutschen als Zweitsprache durch zwei elfjährige Kinder mit Türkisch und Polnisch als Ausgangssprache − eine Longitudinaluntersuchung.* Frankfurt a. M.: Lang.
Neumann, Rosemarie
1981   Sprachkontrast Deutsch/Türkisch im Bereich von Aussprache und Rechtsschreibung. *Deutsch Lernen* 6(2): 3−23.
Özen, Erhan
1985   *Untersuchungen zu einer kontrastiven Phonetik Türkisch−Deutsch.* Hamburg: Buske.
Özen, Erhan
1986   Phonetische Probleme türkischsprachiger Deutschlerner. Teil 1: Der andere Rhythmus. *Deutsch Lernen* 3: 11−55.
Pfaff, Carol
1991   Turkish in contact with German: Language maintenance and loss among immigrant children in Berlin (West). *International Journal of the Sociology of Language* 90: 97−129.
Pfaff, Carol
2000   The use of *et-* and *yap-* by Turkish/German bilingual children. In: Asli Göksel und Celia Kerslake (Hg.), *Studies on Turkish and Turkic Languages*, 365−373. Wiesbaden: Harrassowitz.
Rehbein, Jochen
1995   Grammatik kontrastiv − am Beispiel von Problemen mit der Stellung finiter Elemente. *Jahrbuch Deutsch als Fremdsprache* 21: 265−292.
Rehbein, Jochen
1999   Konnektivität im Kontrast. Zur Struktur und Funktion türkischer Konverben und deutscher Konjunktionen, mit Blick auf ihre Verwendung durch monolinguale und bilinguale Kinder. In: Lars Johanson und Jochen Rehbein (Hg.), *Türkisch und Deutsch im Vergleich*, 189−243. Wiesbaden: Harrassowitz.
Rehbein, Jochen
2001   Turkish in European Societies. *Lingua e Stile* 36(2): 317−334.
Rolffs, Songül
1997   *Zum Vergleich syntaktischer Strukturen im Deutschen und im Türkischen mittels der Dependenz-Verb-Grammatik: eine Untersuchung der Nebensatzstrukturen in beiden Sprachen. Ansatz zu einer funktionorientierten Syntax im Türkischen.* Frankfurt a. M.: Lang.
Savaşçı, Özgür
1998   *Zusammengesetzte Sätze des Türkischen unter besonderer Berücksichtigung ihrer Wiedergabe im Deutschen: eine kontrastive Analyse.* München: Utz.
Schroeder, Christoph
1999   *The Turkish Nominal Phrase in Spoken Discourse.* Wiesbaden: Harrassowitz.
Schroeder, Christoph
2009   gehen, laufen, torkeln: Eine typologisch gegründete Hypothese für den Schriftspracherwerb in der Zweitsprache Deutsch mit Erstsprache Türkisch. In: Karen Schramm und Christoph Schroeder (Hg.), *Empirische Zugänge zu Sprachförderung und Spracherwerb in Deutsch als Zweitsprache, 185−202.* Münster/New York: Waxmann.
Stutterheim, Christiane von
1987   *Temporalität in der Zweitsprache.* Berlin: de Gruyter.

Christoph Schroeder, Potsdam (Deutschland)
Yazgül Şimşek, Potsdam (Deutschland)

81. Kontrastive Analyse Ukrainisch–Deutsch

1. Forschungslage

Das Ukrainische (Ukr.) befindet sich in Bezug auf die Forschungslage und die sprachlichen Gegebenheiten in der Ukraine in einer besonderen Situation, die beim Sprachvergleich Ukrainisch–Deutsch (Ukr.–Dt.) mit Orientierung auf die Vermittlung von DaF nicht übersehen werden darf.

Zum einen war bis zur Unabhängigkeit der Ukraine im Jahre 1991 die dominierende Verkehrssprache Russisch (Russ.), was die Entwicklung des Ukr. stark beeinträchtigt hat. Auch hat sich die ukr. Sprachwissenschaft bis dahin vorzugsweise mit dem Russ. befasst. Das Ukr. blieb in vielerlei Hinsicht unerforscht. Ukr. als Ausgangssprache für DaF wurde somit vorwiegend über das Russ. erfasst oder gar durch dieses ersetzt. Seitdem hat die Vermittlung des Dt. vor dem direkten Hintergrund des Ukr. zwar stetig zugenommen, doch ist dieser Entwicklung vorerst im Wesentlichen nur durch die Herausgabe von entsprechenden Wörterbüchern und Lehrwerken Rechnung getragen worden.

Zum anderen war und ist die Sprache in der Ost- und Zentralukraine verstärkt dem Einfluss des Russ. ausgesetzt und von diesem geradezu durchdrungen, während in der Westukraine, in der sich auf dialektaler Basis ursprünglich die ukr. Nationalsprache herausgebildet hat, der russische Einfluss vergleichsweise gering blieb und stärker u. a. polnische und dt. Einflüsse wirkten. So existieren heute in der Ukraine quasi zwei Varietäten und für Sprecher aus der Ostukraine ergeben sich in Bezug auf DaF z. T. eben andere Interferenzen und Transfers als für Sprecher aus der Westukraine. Insofern ist es angebracht, beim Vergleich des Ukr. mit der Zielsprache Dt. punktuell auch das Russ. zu berücksichtigen.

Literatur zum expliziten Sprachvergleich Ukr.–Dt. liegt nur wenig vor. Die Arbeiten sind überwiegend traditionell-deskriptiv, selten valenzorientiert und typologisch. Einen Überblick über die wichtigsten Parallelen und Unterschiede zwischen der ukr. und dt. Phonetik und Grammatik gibt Žluktenko (1977) und stark komprimiert Artemčuk (1987).

2. Parallelen und Hauptunterschiede zwischen dem Ukrainischen und dem Deutschen

Ukr. und Dt. sind urverwandte indoeuropäische Sprachen, was sich heute noch vor allem in Lautkorrelationen und Wortgleichungen zeigt. Infolge intensiver und mehrere Jahrhunderte währender Sprachkontakte sind zahlreiche dt. Wörter direkt und vorwiegend über das Polnische ins Ukr. gelangt. Entlehnungen in die andere Richtung gibt es nur in geringem Umfang.

Phonologisch-phonetisch ist das Ukr. u. a. durch die Opposition stimmloser und stimmhafter Geräuschkonsonanten geprägt, die sich im Dt. durch Koppelung mit der Artikulationsintensität als fortis : lenis-Opposition gestaltet. Zudem kennt das Ukr. die Opposition harter und weicher Konsonanten, die dem Dt. fremd ist. Assimilationen wirken im Ukr. – anders als im Dt. – prinzipiell regressiv. Im Bereich des Vokalismus unterscheidet sich das Ukr. vom Dt. vor allem durch das Fehlen der Opposition kurz : lang, von gerundeten Vokalen der vorderen Reihe sowie von Diphthongen. Im Weiteren gehört das Ukr. zu den weniger ausgeprägten akzentzählenden Sprachen. Dennoch ist es im Unterschied zum Dt. stärker durch Vokalreduktion, einen quantitativ-dynamischen Wortakzent mit z. T. grammatisch/lexikalisch distinktiver Funktion und komplexe Akzentregeln gekennzeichnet. Der Wortakzent kann im Ukr. prinzipiell auf jede Silbe eines Wortes fallen, während im Dt. häufig die erste Silbe des Wortstammes betont ist.

Grammatisch gehört das Ukr. deutlich zu den flektierenden bzw. fusionierenden Sprachen. Der Analytismus ist hier wesentlich schwächer ausgeprägt als im flexivisch-analytischen und gleichsam fusionierenden Deutschen. Das Ukr. kennt einerseits keine Artikel bzw. keine Kategorie der Determiniertheit und auch die innere Flexion durch Umlaut ist ihm fremd. Andererseits unterscheidet es sich vom Dt. durch die nominale Kategorie der Un-/Belebtheit und die Kategorie des Verbalaspekts. Zudem treten in der Verbal- und Nominalflexion regelmäßig Konsonantenalternationen auf. Beim syntaktischen Sprachvergleich fallen vor allem im Ukr. Sätze ohne formelles Subjekt und im Dt. solche mit expletivem „es“ in Subjektfunktion auf. Parallelität besteht hingegen im Ausdruck der Besitzrelation, die im Ukr. vorrangig mit dem Verb *maty* erfolgt, das dem dt. *haben* entspricht. Im Ostukr. dominiert allerdings eher die typisch russ. Konstruktion *u koho je ščo* [bei wem ist etwas].

3. Phonologie und Phonetik

Der Vergleich des Konsonantenbestandes beider Sprachen zeigt, dass es im Ukr. keine Entsprechungen für die dt. Laute [h], [ç] und [ŋ] gibt. Zwar wird der Lautwert des ukr. (г) in Transkriptionen in der Regel durch [h] wiedergegeben, doch wird der entsprechende ukr. Laut durch Reibung im Kehlkopf und nicht, wie das dt. [h], bei völliger Öffnung des Ansatzrohres gebildet. Dem im Dt. dominierenden Reibe-r steht im Ukr. das Zungenspitzen-r gegenüber, das hier im Übrigen keine vokalisierte Variante aufweist.

Auf der syntagmatischen Ebene bleibt im Ukr. die Stimmhaftigkeit von Konsonanten in fast allen Positionen erhalten. Somit ist bei der phonetischen Aneignung des Dt. sowohl die Entstimmlichung im Silben- bzw. Wortauslaut als auch die Assimilation der Stimmlosigkeit zu erarbeiten. Sprechern mit russ. Einschlag ist die Auslautentstimmlichung und Stimmlosigkeitsassimilation allerdings vertraut. Das gilt auch für die regressive Assimilation der Stimmhaftigkeit im Ukr., die sich z. B. bei dem Wort *ekzamen* in der Lautfolge [gz] zeigt und die wiederum mit der dt. Aussprache interferiert. Weitere Interferenzen bringt die regressive Assimilation der Artikulationsstelle in etlichen ukr. Konsonantenfolgen mit sich, z. B. in /sʃ/, /ʃsʼ/, /ʃ͡tsʼ/, /t͡ʃsʼ/ und /t͡ʃtsʼ/. Dt. lernenden Ukrainern wird dadurch die Realisation der Dentale und Präpalatale als diskrete Laute in Wörtern wie z. B. *Aussprache, Großstadt* und *Rauschzustand* erschwert. Auch werden in Wörtern wie z. B. *di_ch_* und *Glück* die weichen Velarlaute häufig durch entsprechende harte ersetzt, da weiche Velarlaute im Ukr. nur *vor* und nicht wie im Dt. *nach* [i] und anderen Vokalen der vorderen Reihe auftreten. Schließlich kommen im Ukr. auch Doppelkonsonanten bzw. lange Konsonanten vor. Dagegen stehen im Dt. Doppelkonsonantbuchstaben für die Kürze des vorangehenden Vokals.

Im Bereich des Vokalismus fällt es Dt. lernenden Ukrainern anfangs schwer, Wörter wie z. B. *Tür* — im Unterschied zu *Tier* — und *bös* adäquat auszusprechen, da es im Ukr. eben keine gerundeten Vokalphoneme der vorderen Reihe gibt. Doch werden ukr. Vokale in Abhängigkeit von ihrer lautlichen Umgebung unterschiedlich realisiert und die in beidseitig weicher konsonantischer Umgebung gesprochenen u- und o-Laute wie z. B. in *ljudci* [Leute] und *l'odjanyj* [eisig] kommen den dt. Vokalen [yː] bzw. [ʏ] und [øː] bzw. [œ] recht nahe. Auch müssen sich Ukrainer den Lautunterschied zwischen Wörtern wie z. B. *Haken* und *hacken* oder *Ofen* und *offen* gezielt erarbeiten, da betonte Vokale im Ukr. stets halblang sind und Konsonanten an vorangehende Vokale stets lose angeschlossen werden, wohingegen im Dt. der konsonantische Anschluss an vorangehende lange Vokale lose und an kurze Vokale eng und fest ist. Zudem setzen Vokale im Wort- und Silbenanlaut im Ukr. gleitend ein, während diese im Dt. aus der Verschlussstellung der Stimmlippen, also mit festem Einsatz, hervorgebracht werden, was z. B. den lautlichen Unterschied zwischen *verreisen* und *vereisen* ausmacht.

Von den Suprasegmentalia ist für Dt. lernende Ukrainer neben der Intonation auch der Sprechrhythmus anfällig für Interferenzen (Žluktenko 1977: 41–63). Divergierend zum Dt. werden im Ukr. prinzipiell alle unbetonten Vokale reduziert, doch ist die Reduktion in der ersten und letzten Silbe äußerst schwach. Quantitativ-qualitative Vokalreduktionen erfolgen in Abhängigkeit vom Vokal in der folgenden Silbe.

4. Morphologie und Syntax

Morphologisch unterscheiden sich das Ukr. und Dt. nicht nur, wie oben erwähnt, in ihrem Bestand an Kategorien, sondern auch im Ausdruck der beiderseits vorhandenen Kategorien (Artemčuk 1987 und Žluktenko 1977). So geht z. B. im Ukr. das Genus von Substantiven, die keine Personen bezeichnen, in vielen Fällen aus deren Endung im Nom. Sg. hervor. Im Dt. verweisen nur bestimmte Suffixe eindeutig auf das Genus. Den sechs bzw. mit dem Vokativ Sg. sieben Kasus des Ukr., von denen der Gen. der häufigste ist, stehen im Dt. vier gegenüber, und von diesen tritt der Gen. relativ selten auf. Die ukr. Kasus Instrumental und Präpositiv werden im Dt. gewöhnlich durch präpositionale Akk. und Dat. wiedergegeben; der Vokativ wird durch den Nom. ausgedrückt. Adjektivische Kurzformen, wie sie das Dt. in Prädikatsfunktion kennt, sind dem Ukr. fremd. Die Bedeutung der im Ukr. durchaus gängigen Possessivadjektive, wie z. B. in *bat'kova knyha* [das Vater- Buch], ist im Dt. in der Regel durch Genitivfügungen oder analytisch wiederzugeben, also als *Vaters Buch, das Buch des Vaters/von Vater*.

Die Verben beider Sprachen weisen bis auf die Kategorie des Aspekts dieselben morphologischen Kategorien auf. Die Kategorie des Aspekts ist im Ukr. eng mit der Kategorie des Tempus verbunden, sodass wir es hier mit einem Tempus-Aspekt-System zu tun haben. Generative und typologische Untersuchungen dazu und zu den Aktionsarten im Ukr. und Dt. sowie im Russ. und Engl. liefern Paslawska und von Stechow (1999; 2003). Mit dem Ausdruck der aktionalen perfektiv-resultativen Semantik im Dt. beschäftigt sich Struk (2009). Das Ukr. hat mit *buty* [werden] nur ein Hilfsverb, mit dem analytische Futur-, Plusquamperfekt- und Passivformen gebildet werden. Alle übrigen Tempus-Aspekt-Bedeutungen werden synthetisch ausgedrückt. Zudem gibt es ein zweites, synthetisches Futur ohne Bedeutungs- oder Stilunterschied zum analytischen Pendant.

Die Syntax beider Sprachen wird in Žluktenko (1977: 168–254) und Sojko (1979: 112–154) verglichen. Letzterer untersucht die Eliminierbarkeit von Verbaktanten in Sätzen aus der Literatur, die gesprochenes Dt. und Ukr. wiedergeben, und konzentriert sich dabei auf Satzmodelle, die Dt. Lernenden große Schwierigkeiten bereiten. Bezugsgröße für den bilateralen Vergleich ist das Modell der syntaktischen Valenz von G. Helbig und W. Schenkel. Durch Beispielsätze wie *Skinčyv školu? Kudy na robotu pideš?* – [hat/hast beendet Schule? wohin zur Arbeit gehen wirst] *Hast du die Schule beendet? Wo wirst du anfangen zu arbeiten?* wird belegt, dass im gesprochenen Ukr. das Subjekt unabhängig von der Wertigkeit des Verbs und dessen grammatischen Kategorien relativ frei weggelassen werden kann, wohingegen im Dt. die Eliminierbarkeit des Subjekts vor allem in Abhängigkeit von der syntaktischen Valenz des Verbs mehr oder weniger beschränkt ist.

5. Wortschatz, Idiomatik, Phraseologie

Weder zum Wortschatz noch zur Idiomatik und Phraseologie liegen Arbeiten vor, die einen systematischen Überblick über die wesentlichen ukr.-dt. Parallelen und Hauptunterschiede geben. Behelfsmäßig kann hier auf Arbeiten zum Russ. und Dt., aus denen sich zweifellos Vieles auf das Ukr. übertragen lässt, zurückgegriffen werden.

Die Lexikographie hat in jüngster Zeit u. a. mit Lysenko (2002), Schloer und Sojko (2003), Jakubovs'ka, Jacko und Karpenko (2004), Wintschalek (2004) mehrere allgemein- und fachsprachliche Wörterbücher hervorgebracht. Ein dt.–ukr./ukr.–dt. Wörterbuch der „falschen Freunde" wird z. Z. erarbeitet (vgl. Kiyko 2005). Es sieht folgende Klassifikation der „falschen Freunde" vor: 1) formale, darunter u. a. akzentuelle, wie z. B. *análiz – Analýse* und *períod – Perióde,* sowie morphologische, mit analogen Wurzelmorphemen, aber verschiedenen Suffixen, z. B. *produkcija – Produktion*; 2) grammatische, die zu verschiedenen Wortarten gehören, z. B. *anonimnyj* (Adjektiv) – *Anonymus* (Substantiv), oder die Genus- oder Numerusunterschiede aufweisen, z. B.: *problema* (f.) – *das Problem* (n.), *praktyka* (Singulare tantum) – *das Praktikum/die Praktika*; 3) semantische, wie z. B.: *anhel* (der Engel) – *die Angel* (Gerät zum Fischfang), *kruh* (der Kreis) – *der Krug* (Gefäß zur Aufbewahrung von Flüssigkeit).

Zur kontrastiven Wortbildung liegt von Sisák (2002) eine umfangreiche und aufschlussreiche Untersuchung zur Struktur substantivischer Personenbenennungen mit emotional wertender Bedeutung vor, die ein 13 Seiten umfassendes Resümee in Dt. enthält. Im Einzelnen werden das Inventar an Wortbildungsmitteln und die Wortbildungsstrukturen im Bereich der suffixalen Mutation und Modifikation sowie der Komposition verglichen.

Einen Abriss zur ukr.-dt. Phraseologie, insbesondere zum Bestand und zu strukturellen und semantischen Besonderheiten, findet sich im Anhang bei Havrys' und Proročenko

(1981: 366−377). Allerdings bleiben die hier getroffenen Feststellungen recht allgemein. So wird z. B. die strukturell-semantische Spezifik ukr. und dt. komparativischer Phraseologismen daran festgemacht, dass in diesen zum einen die Konjunktion *jak*, zum anderen *wie* und *als* auftreten, vgl. z. B. *červonyj jak rak* − [rot wie Krebs] *rot wie ein Krebs*. Eine tiefer gehende Analyse komparativischer Phraseologismen liefert Munica (1975), der dt.−ukr. Unterschiede bei der Realisation identischer Strukturmodelle beschreibt. Für die Fülle anderer Phraseologismen mangelt es derzeit noch an vertieften vergleichenden Studien.

6. Pragmatik, Textlinguistik, Interkulturelle Kommunikation und Sprachdidaktik

Zu diesen Gebieten liegen lediglich einige Artikel sowie die Monographie von Mehlhorn (1997) zur Fachsprache der Werbung vor. Für weiterreichende Vergleiche zur Pragmatik, Textlinguistik und Interkulturellen Kommunikation bedarf es noch einzelsprachiger Untersuchungen zum Ukr. Die Entwicklung der ukr. Sprachdidaktik skizzieren Chomenko (2001) und Oguy (2003). Demnach wurde seit der Unabhängigkeit des Landes vor allem die Aktivierungsmethode von Kitajgorodskaja, der diverse Theorien aus der sowjetisch-russ. Psychologie, Psycholinguistik und Suggestopädie zugrunde liegen, weiterentwickelt und angewandt. Doch ist es notwendig, sich zukünftig verstärkt auch mit kommunikativen Ansätzen, handlungs- und aufgabenbasiertem Lernen und Lernerautonomie auseinanderzusetzen und einiges davon unter Berücksichtigung der Voraussetzungen in der Ukraine in die dortige Sprachdidaktik aufzunehmen. Mehrsprachigkeitsansätze sollten sowohl die verschiedenen Formen von Bilingualismus (Ukr.-Russ.) der Lernenden berücksichtigen als auch die Tatsache, dass Dt. in der Ukraine immer häufiger die zweite oder dritte gelernte Fremdsprache nach Englisch ist.

7. Literatur in Auswahl

Artemčuk, Halyk Isakovyč
    1987   *Porivnjal'na typolohija nimec'koji i ukrajins'koji mov. Praktykum [Vergleichende Typologie der deutschen und ukrainischen Sprache. Praktikum]*. Vyšča škola: Kyjiv.
Chomenko, Ludmila
    2001   Fremdsprachenunterricht in der Ukraine − in einem Land des Umbruchs. *Info DaF* 28(1): 33−41.
Havrys', Volodymyr I. und Ol'ha Petrovna Proročenko
    1981   *Nimec'ko−ukrajins'kyj frazeolohičnyj slovnyk. Tom II [Deutsch−ukrainisches Phraseologisches Wörterbuch. Band II]*. Kyjiv: Radjans'ka škola.
Jakubovs'ka, Tetjana, Natalija Jacko und Vadym Karpenko
    2004   *Ukrajins'ko−nimec'kyj tematičeskyj slovnyk [Ukrainisch−deutsches thematisches Wörterbuch]*. Kyjiv: Vydavez' Karpenko Vadym Mykolajovič.
Kiyko, Svitlana
    2005   Zum Projekt des Wörterbuchs der ukrainisch−deutschen und deutsch−ukrainischen Falschen Freunde des Übersetzers. In: Christiane Fries und Norbert Fries (Hg.), *Linguistik*

im Schloss. Beiträge zum Linguistischen Workshop auf Schloss Wartin, 01.–03. Juli 2005.
http://www.linguistik.hu-berlin.de/syntax/liwo/liwo1/ (25. 8. 2009).

Lysenko, Eleonora Ivanivna (Hg.)

2002   *Novyj nimec'ko–ukrajins'kyj, ukrajins'ko–nimec'kyj slovnyk, Neues deutsch–ukrainisches, ukrainisch–deutsches Wörterbuch.* Kyjiv: A.S.K.

Mehlhorn, Grit

1997   *Kontrastive Analysen zur Fachsprache der Werbung im Russischen, Ukrainischen und Deutschen.* Egelsbach etc.: Hänsel-Hohenhausen.

Munica, Sergej Nikolaevič

1975   *Ad-ektivnye komparativnye frazeologičeskie edinicy v nemeckom i ukrainskom jazykach [Adjektivische komparativische phraseologische Einheiten in der deutschen und ukrainischen Sprache].* Dissertation, Kiev.

Oguy, Oleksandr

2003   Germanistik unnd Deutsch als Fremdsprache in der Ukraine. *Info DaF* 30(5): 447–466.

Paslawska, Alla und Arnim von Stechow

1999   *Perfekt und Futurkonstruktionen im Ukrainischen (und Russischen).* http://www2.sfs.uni-tuebingen.de/~arnim10/Aufsaetze/ (25. 8. 2009).

Paslawska, Alla, und Arnim von Stechow

2003   Tempus-Aspekt-Aktionsarten-Architektur aus typologischer Sicht. *Visnyk L'wiws'koho universytetu. Serija inozemni movy.* 11, 19–36. http://www2.sfs.uni-tuebingen.de/~arnim10/Aufsaetze/ (25. 8. 2009).

Paslawska, Alla

2009   Negation in natürlichen Sprachen: Deutsch–Ukrainisch kontrastiv. In: Antoni Dębski und Norbert Fries (Hg.), *Deutsche Grammatik im europäischen Dialog. Beiträge zum Kongress Krakau 2006.* Kraków, Berlin, im Druck. http://krakau2006.anaman.de/beitraege.htm (25. 8. 2009).

Schloer, Bernhard und Ivan Sojko (Hg.)

2003   *Nimec'ko–ukrajins'ko-rosijs'kyj komentovanyj slovnyk s administratyvnoho prava [Deutsch–ukrainisch-russisches kommentiertes Wörterbuch des administrativen Rechts].* Kyjiv: Ukrajins'ka Pravnyča Fundacija.

Sisák, Ladislav

2002   *Slovotvorba expresívnej nominácie. Nemecké a ukrajinské názvy osôb. [Wortbildung expresiver Nomination. Deutsche und ukrainische Personenbezeichnungen].* Filozofická fakulta Prešovskej univerzity: Prešov.

Sojko, Iwan

1979   *Satzmodelle mit nicht-realisierter syntaktischer Valenz in der deutschen und ukrainischen gesprochenen Sprache.* Dissertation, Fachbereich: Germanistik und Literaturwissenschaft, Universität Leipzig.

Struk, Tetjana

2009   Die Wechselwirkung von temporaler und lokaler Deixis beim Ausdruck der aspektualen Semantik im Deutschen. In: Antoni Dębski und Norbert Fries (Hg.), *Deutsche Grammatik im europäischen Dialog. Beiträge zum Kongress Krakau 2006.* Kraków, Berlin, im Druck. http://krakau2006.anaman.de/beitraege.htm (25. 8. 2009).

Wintschalek, Walter

2004   *Ukrainisch–deutsches, Deutsch–ukrainisches Wörterbuch.* Landesverteidigungsakademie: Wien.

Žluktenko, Juryj Alekseevyč (Red.)

1977   *Nimec'ko–ukrajins'ki movni paraleli [Deutsch–ukrainische Sprachparallelen].* Vyšča škola: Kyjiv.

Kersten Krüger, Leipzig (Deutschland)

82. Kontrastive Analyse Ungarisch–Deutsch

1. Forschungslage zum Sprachvergleich Ungarisch–Deutsch

Seit Anfang der 1970er Jahre zeichnen sich in der ungarischen Germanistik mit zunehmender Deutlichkeit die Konturen einer Kontrastiven Linguistik als Disziplin ab, die sich wie folgt charakterisieren lässt:

(1) Offenheit verschiedenen Modellen und den theoretischen Ergebnissen der europäischen kontrastiven Projekte gegenüber.

(2) Eine in der Prager Schule verwurzelte funktionale Orientierung, die aber auch die Ergebnisse der neueren funktional-pragmatischen und kognitiv-linguistischen Theorien zu integrieren versucht, sich aber auch nicht der Rezeption formalisierter Modelle verschließt.

(3) Integrationsfreudigkeit in Bezug auf Ergebnisse der typologischen und kontrastiv-typologischen Forschung.

(4) Intensive Beeinflussung durch die Interferenz- sowie die Sprachkontaktforschung, wobei die Lernerperspektive in Bezug auf den Unterricht des Deutschen als L2 und − in der letzten Zeit − auch als L3 eine zunehmend wichtige Rolle spielt.

(5) Unter den Forschungsdesideraten sind vor allem die fehlenden empirischen Untersuchungen im Bereich des Deutschen aus lernersprachlicher Sicht zu nennen. In deskriptiver Hinsicht ist im Bereich der Kontrastiven Wortbildung, Textlinguistik und Pragmatik ein großer Nachholbedarf zu verzeichnen, es sind aber auch in allen anderen Subsystemen noch viele kontrastive Detailanalysen zu leisten.

Da gegenwärtig in deutsch-ungarischer Relation keine Kontrastive Grammatik vorliegt und in absehbarer Zeit auch nicht verfügbar sein wird, soll in den folgenden Abschnitten im Anschluss an die sprachtypologische Einordnung des Ungarischen subsystemorientiert vorgegangen werden.

2. Typologische Einordnung des Ungarischen

In genealogischer Hinsicht ist das Ungarische vom westgermanischen Deutschen weit entfernt, gehört es doch der uralischen Sprachfamilie an. Verwandt ist es mit den in Europa und Westsibirien gesprochenen finnisch-ugrischen und samojedischen Sprachen.

Zu seinen nächsten Verwandten gehören die in Westsibirien, in der Gegend des Ob-Flusses gesprochenen ob-ugrischen Sprachen: das Wogulische (d. h. die Sprache der Mansi) und das Ostjakische (d. h. die Sprache der Chanti) (Kiss 2003: 905).

In morphologischer Hinsicht weist das Ungarische überwiegend synthetische Züge auf, es gehört zu den agglutinierenden Sprachen. Die Kodierung der syntaktischen Relationen erfolgt meistens durch spezielle Suffixe. Aufgrund dieses typologischen Charakteristikums des Ungarischen lassen sich bei Übersetzungen aus dem Ungarischen ins Deutsche im zielsprachlichen Text ca. 20−30% mehr Wörter als im Ausgangstext belegen. Es werden keine Kasus im indoeuropäischen Sinne des Wortes unterschieden, dafür werden jedoch zwischen 18−22 Kasus angesetzt, die durch Kasussuffixe kodiert sind. Ein weiterer synthetischer Zug des Ungarischen äußert sich darin, dass die Kasussuffixe im Singular und im Plural die gleichen sind: z. B. *ház-ban* (Sing.) ‚im Haus‘ vs. *ház-ak-ban* (Pl.) ‚in Häusern‘ = Haus + in vs. Haus + Pluralmarker + in. Die meisten morphologischen Marker sind außerdem im klaren Kontrast zum Deutschen monofunktional. Im Ungarischen gibt es keine Präpositionen, dafür aber Postpositionen, z. B. *a ház előtt* ‚vor dem Haus‘ = definiter Artikel + Haus + Postposition. Die vielen Postpositionen gehören zu den analytischen Tendenzen in der ungarischen Morphologie.

Eine Asymmetrie ganz anderer Art äußert sich darin, dass die jeweils angemessene deskriptive Erfassung der deutschen und der ungarischen Morphologie aufgrund von unterschiedlichen Beschreibungseinheiten erfolgt, zumal morphemzentrierte Modelle nur dem agglutinierenden Sprachtyp zugerechnet werden können. Die Beschreibung der analytisch-flektierenden deutschen Morphologie ist dagegen nur im Rahmen von wortzentrierten Ansätzen zu leisten. Das Problem der Vergleichbarkeit der beiden Modelle ist jedoch in der einschlägigen Forschung noch nicht thematisiert worden.

Die syntaktische Typologie des Ungarischen lässt sich durch folgende Merkmale charakterisieren: Nominativsprache, Pro-Drop-Sprache (Personalpronomina können in neutralen Sätzen weggelassen werden), SEIN-Sprache (auf Existenzial- und Possessivkonstruktionen bezogen). Besonders typisch sind Sätze mit pronominalen Anaphern und Kataphern. Kongruenz gibt es in prädikativen Konstruktionen. Es besteht jedoch keine Kongruenz zwischen determinierenden und determinierten Gliedern der Syntagmen (mit Ausnahme der Apposition und der Demonstrativpronomina *az* bzw. *ez*). Passiv wird durch Reflexivkonstruktionen bzw. durch Verbformen in der 3. Person Plural ersetzt. Der Imperativ kodiert nicht nur prototypische imperativische Funktionen, sondern auch Dubitativ und Adhortativ. Den deutschen Modalverben entsprechen unpersönliche Modalkonstruktionen mit *kell* ‚notwendig‘, *lehet* ‚möglich‘, *muszáj* ‚nötig‘ usw. Mehrfache Verneinung ist weit verbreitet. Kodierung von Definitheit erfolgt auf dreierlei Weise: 1. durch den definiten Artikel, 2. durch Possessivsuffixe, 3. durch die objektive (oder bestimmte) Konjugation.

In der Wortfolgetypologie des Ungarischen ist sov dominant neben svo. Kennzeichnend ist eine weitgehend pragmatisch geregelte Wortfolge sowohl in Haupt- als auch in Nebensätzen. Die Konfigurationalität ist gering. Die Themenkennzeichnung ist prominent. Ausschlaggebend ist die aktuelle Wichtigkeit der Satzglieder in der Kommunikation. Das Deutsche ist dagegen eine überwiegend subjektstrukturelle Sprache mit themamarkierendem Subjekt und erhöhter Konfigurationalität bzw. Wortstellungsverbindlichkeit, mit einem vergleichsweise geringeren Maß an wortstellungsfreien Themenstrukturen.

3. Phonetik und Phonologie

Zum Sprachenpaar Ungarisch−Deutsch stehen erst Arbeiten im Bereich der Kontrastiven Phonetik zur Verfügung, Ansätze zur Kontrastiven Phonologie gibt es gegenwärtig noch nicht. Pilarský (2000) enthält u. a. eine kontrastive Fehlertypologie unter Angabe von Fehlerbeschreibung und -quelle sowie von Übungsvorschlägen zur Fehlervermeidung. Im Folgenden sollen die wichtigsten Fehlerquellen in der gebotenen Kürze zusammengefasst werden. Vokalismus des Ungarischen: keine positionellen *e*-Varianten, kein [ə], keine Diphtonge (nur in den Dialekten), unreduzierte Aussprache der Vokale auch in unbetonten Silben, Vokalharmonie. Konsonantismus des Ungarischen: keine Auslautverhärtung. Geminaten sind bis auf den Anlaut unbeschränkt möglich. Das ungarische *r* hat keine besonderen positionellen Varianten, insbesondere auch keine vokalisierte Variante. Im Ungarischen kommt [ŋ] als positionelle Variante von *n* vor und ist deshalb nur vor einem Velar möglich. Ich- [ç] und Ach-Laut [x] gehören im Ungarischen zur artikulatorischen Peripherie, ihre positionelle Bedingtheit ist deshalb nicht stereotypisiert. Suprasegmentale Erscheinungen im Ungarischen: Der Wortakzent ist ausnahmslos auf die erste Silbe festgelegt. Die interrogative Intonation hat eine steigend-fallende Kadenz, wogegen die Entscheidungsfrage im Deutschen durch einen kontinuierlichen Anstieg der Stimmhöhe gekennzeichnet ist. In Ergänzungsfragen ist das Fragepronomen betont.

4. Morphologie und Syntax

Aufgrund von typologischen Studien und einer intensiven Auseinandersetzung mit der Kontrastierung der deutschen und ungarischen Satzstruktur gelangt László (1988) in einer bahnbrechenden Arbeit zur Revidierung des in der germanistischen Valenzforschung bis dahin vorherrschenden syntaktischen Valenzkonzeptes. Ausgangspunkt ihrer Überlegungen war die Beobachtung, dass syntaktisch kodierte Valenzstrukturen des Deutschen im Ungarischen vielfach komplexe Verbformen als Entsprechung haben. Dies sei an der Gegenüberstellung von *Ich sehe ihn* vs. *Látom* (*lát-* ‚seh-'; *-om*, 1. Person Singular + definites Objekt, vorzugsweise im Singular) exemplifiziert. Für die Interpretation der ungarischen Faktenlage schlägt László (1988: 222) vor, die morphologische Struktur des Verbs bei der Valenzbeschreibung mit zu berücksichtigen. Die Ergebnisse der typologischen Valenzforschung aufgreifend gelingt es László, die Idee eines Zwei-Ebenen-Modells auszubauen und für die Valenzbeschreibung des Ungarischen und Deutschen zu operationalisieren. Kernpunkt der Lászlóschen Überlegungen ist die Ansetzung von zwei Realisierungsebenen der Valenz, wobei die Einheiten der morphologischen Ebene als potentielle Deiktika/Anaphern, d. h. als potentielle Zeigfeld-Aktanten angesehen werden. Das von László vorgelegte Zwei-Ebenen-Modell wurde von Ágel unter Einbeziehung vieler neuer Fakten in einer Reihe von Arbeiten zu einem strukturellen Valenzrealisierungsmodell ausgebaut (Ágel 1995).

Weitere intensiv erforschte morphologische und syntaktische Themen des deutschungarischen Sprachvergleichs sind die folgenden: die Substantivgruppe, die Adjektivdeklination und der adnominale possessive Dativ (Ágel 1993), die Substantivvalenz (László 1993; Bassola 1995), Kontrolle, d. h. Festlegung einer Korreferenzbeziehung zwischen einem Element des Matrixsatzes und dem impliziten Subjekt einer Infinitivergänzung (Brdar-Szabó und Brdar 1992), das Topik (Molnár 1991), Rolle der Metonymie in der Grammatik (Brdar-Szabó 2007), Satzmodus (Beczner et al. 2009).

In deutsch-ungarischer Relation zeichnen sich gegenwärtig erst Ansätze einer kontrastiven Wortbildungsforschung ab. Systematische, auf breiter empirischer Basis durchgeführte kontrastive Untersuchungen stellen ein Forschungsdesideratum dar. Der wichtigste Kontrast besteht in diesem Bereich darin, dass im Deutschen die Komposition der produktivste Wortbildungsprozess ist, während im Ungarischen Suffigierung und Präfigierung dominieren.

5. Wortschatz und Phraseologie

Umfangreiche kontrastiv-lexikologische Studien sind in der bisherigen Forschung für das Sprachenpaar Ungarisch-Deutsch noch nicht vorgelegt worden. In der Interferenzforschung findet man jedoch bei Juhász (1970: 97–113) wichtige Anhaltspunkte für eine kontrastive Analyse von Polysemie, Synonymie sowie von Bedeutungsstrukturen.

Die Phraseologie gilt als einer der am besten untersuchten Bereiche des deutsch–ungarischen Sprachvergleichs. In diesem Rahmen können nur einige Schwerpunkte hervorgehoben werden, viele wichtige Aspekte müssen unerwähnt bleiben. Maßgebend für die Forschung ist nach wie vor Hesskys 1987 veröffentlichte Monographie. Die Analyse des etwa 1.500 phraseologische Einheiten umfassenden Korpus verfolgt das Ziel, interlinguale phraseologische Entsprechungstypen zu ermitteln. Die systemlinguistische Untersuchung wird durch die kontrastive Analyse von Verwendungsbeispielen abgerundet.

Intra- und interlinguale Aspekte der kontrastiven Betrachtung der deutschen Phraseologie werden von Földes, dem Autor zahlreicher Studien über Detailfragen der Phraseologie im deutsch–ungarischen Sprachvergleich, unter die Lupe genommen (Földes 1996). Es handelt sich dabei um eine große Vielfalt verschiedener kontrastiver Dimensionen: um Dialekt und Standardsprache, nationale Varietäten des Deutschen, Minderheitensprache im Vergleich zum Binnendeutschen sowie um sozio- und interkulturelle Aspekte des interlingualen Vergleichs.

6. Pragmatik, Textlinguistik und Interkulturelle Kommunikation

Die meisten Forschungslücken im deutsch-ungarischen Sprachvergleich zeichnen sich im Bereich der Pragmatik und der Textlinguistik ab. Péteri (2002) ist eine der ersten detaillierten kontrastiven Arbeiten zu diesem Sprachenpaar, in der auch pragmatische Gesichtspunkte mitberücksichtigt werden, wobei die situative Einbettung und die illokutionäre Kraft von Äußerungen, in denen Abtönungspartikeln vorkommen, genau untersucht werden. In Péteri (2005) werden am Beispiel des Satzmodus Zusammenhänge zwischen Grammatik, Pragmatik, Intonation und Prosodie freigelegt. In Brdar-Szabó (2007) sind mehrere Kapitel der kontrastiven Analyse indirekter direktiver Sprechakte gewidmet. In Brdar-Szabó, Knipf-Komlósi und Péteri (2009) gibt es schließlich einen thematischen Teil zur Kontrastiven Pragmatik, in dem u. a. Nähe und Distanz im System der Anredeformen sowie Zusammenhänge zwischen Textsorten und Sprechakten untersucht werden.

Grundfragen der Interkulturellen Kommunikation werden erstmals von Földes (2007) aufgegriffen, umfangreiche empirische Untersuchungen stehen in deutsch-ungarischer Relation allerdings noch aus.

7. Sprachdidaktik

Für die Sprachdidaktik der 1970er Jahre war als Folge der intensiven Interferenzforschung die Beachtung des Prinzips der Kontrastivität maßgebend. In dem in Ungarn nach wie vor populären Lehrbuch *Richtiges Deutsch* (Juhász 1986) spiegeln sich die Charakteristika dieser Tradition wider, wobei interlinguale Kontraste unter Wahrung des angemessenen Verhältnisses zwischen Bewusstmachung und Automatisierung als besondere Lernschwierigkeiten dargestellt und sorgfältig aufbereitet werden.

In den 1980er Jahren gewinnt als Folge der Krise der Kontrastiven Linguistik die kommunikative Orientierung in der ungarischen DaF-Didaktik immer mehr Anhänger. Im Zuge dieser Entwicklung wird dann das kontrastive Lernen immer mehr vernachlässigt. Mit Hessky (1994) wird die Rolle des Sprachvergleichs bei der Grammatikvermittlung im DaF-Unterricht erneut in den Mittelpunkt der Aufmerksamkeit gerückt. Das für BA-Studenten konzipierte Lehrbuch *Kontrastive Sprachbetrachtung* (Forgács 2007) ist ein weiteres Signal für das anhaltende Interesse auf diesem Gebiet. In der ungarischen Sprachdidaktik der Gegenwart lässt sich eine Tendenz zum Methodenpluralismus hin beobachten. Es sind nicht selten auch integrative Versuche zu belegen, wobei das Prinzip der Kontrastivität meistens auch in primär kommunikativ oder interkulturell orientierten Projekten gebührend mitberücksichtigt wird.

Zum Schluss sei noch eine neue Forschungsrichtung erwähnt, die mit Boócz-Barna (2007) ihren Anfang nimmt. Es handelt sich dabei um die Erforschung von Erscheinungsformen des Sprachwechsels im Unterricht des Deutschen als L2 und L3.

8. Literatur in Auswahl

Ágel, Vilmos
   1993   *Valenzrealisierung, Finites Substantiv und Dependenz in der deutschen Nominalphrase.* Hürth-Efferen: Gabel.
Ágel, Vilmos
   1995   Valenzrealisierung, Grammatik und Valenz. *Zeitschrift für Germanistische Linguistik* 23: 2–32.
Bassola, Péter
   1995   *Deutsch in Ungarn – in Geschichte und Gegenwart.* Heidelberg: Groos.
Beczner, Barbara, Gizella Nagy, Cristina Onesti und Attila Péteri
   2009   *Interrogativsätze kontrastiv-typologisch. Ein deutsch-ungarischer Vergleich mit sprachtypologischem Hintergrund.* Mannheim: Institut für deutsche Sprache.
Boócz-Barna, Katalin
   2007   *Formen des Sprachwechsels im Unterricht des Deutschen als L2 und L3. Psycholinguistische und fremdsprachendidaktische Aspekte der Mehrsprachigkeit.* Budapest: ELTE Germanistisches Institut.

Brdar-Szabó, Rita
  2007   Funktionen der Metonymie im Sprachvergleich unter besonderer Berücksichtigung des Deutschen und des Ungarischen. Unveröffentlichte Habilitationsschrift. Budapest: Loránd-Eötvös-Universität.
Brdar-Szabó, Rita und Mario Brdar
  1992   Kontrolle kontrastiv gesehen: Wegweiser zu einer Neuorientierung. *Jahrbuch der ungarischen Germanistik* 1992: 239—258.
Brdar-Szabó, Rita, Elisabeth Knipf-Komlósi und Attila Péteri (Hg.)
  2009   *An der Grenze zwischen Grammatik und Pragmatik.* Frankfurt a. M.: Lang.
Forgács, Erzsébet
  2007   *Kontrastive Sprachbetrachtung.* Szeged: Klebelsberg Kuno Egyetemi Kiadó.
Földes, Csaba
  1996   *Deutsche Phraseologie kontrastiv. Intra- und interlinguale Zugänge.* Heidelberg: Groos.
Földes, Csaba
  2007   *Interkulturelle Kommunikation: Positionen zu Forschungsfragen, Methoden und Perspektiven.* Veszprém/Wien: Universitätsverlag Veszprém/Praesens Verlag, Wien.
Hessky, Regina
  1987   *Phraseologie. Linguistische Grundfragen und kontrastives Modell deutsch → ungarisch.* Tübingen: Niemeyer.
Hessky, Regina
  1994   Der Sprachvergleich als Hilfe beim Grammatiklernen. *Deutsch als Fremdsprache* 31(1): 20—25.
Juhász, János
  1970   *Probleme der Interferenz.* Budapest/München: Akadémiai Kiadó.
Juhász, János
  1986   *Richtiges Deutsch.* Budapest: Tankönyvkiadó.
Kiss, Jenő
  2003   Ungarisch. In: Thorsten Roelcke (Hg.), *Variationstypologie: Ein sprachtypologisches Handbuch der europäischen Sprachen in Geschichte und Gegenwart*, 905—918. Berlin/New York: de Gruyter.
László, Sarolta
  1988   Mikroebene. In: Pavica Mrazović und Wolfgang Teubert (Hg.), *Valenzen im Kontrast. Ulrich Engel zum 60. Geburtstag*, 218—233. Heidelberg: Groos.
László, Sarolta
  1993   Der partizipiale Anschluß von Substantivergänzungen im Ungarischen. Überlegungen zu einem Problembereich des deutsch-ungarischen Substantivvalenzvergleichs. In: Péter Bassola, Regina Hessky und László Tarnói (Hg.), *Im Zeichen der ungeteilten Philologie. Festschrift für Professor Dr. sc. Karl Mollay zum 80. Geburtstag*, 221—232. Budapest: ELTE, Germanistisches Institut.
Molnár, Valéria
  1991   *Das TOPIK im Deutschen und im Ungarischen.* Stockholm: Almquist.
Péteri, Attila
  2002   *Abtönungspartikeln im deutsch-ungarischen Sprachvergleich.* Budapest: Eötvös Loránd Tudományegyetem.
Péteri, Attila
  2005   Intonation und Prosodie an der Schnittstelle zwischen Grammatik und Pragmatik. *Jahrbuch der ungarischen Germanistik* 2005: 203—226.
Pilarský, Jiří
  2000   *Deutsche Phonetik. Ein praktischer Abriss mit Elementen deutsch—ungarischer Kontrastivität.* 2., aktualisierte und verbesserte Auflage. Debrecen: Kossuth Egyetemi Kiadó.

Rita Brdar-Szabó, Budapest (Ungarn)

VIII. Spracherwerb und Sprachenlernen: Modelle und theoretische Ansätze

83. Spracherwerb und Sprachenlernen

1. Definitorisches

Lern- bzw. Erwerbsprozesse von Erst-, Zweit- und Fremdsprachen und den sich entwickelnden (lerner-)sprachlichen Systemen untersucht die Spracherwerbsforschung. Die Erstspracherwerbsforschung sucht Antworten auf Fragen zur Aneignung von Muttersprachen (L1), wobei Erstsprachenerwerb auch doppelter oder dreifacher Erstspracherwerb sein kann, wenn ein Kind z. B. im Rahmen bilingualer oder mehrsprachiger Familien oder in mehrsprachiger Umgebung zwei oder drei Erstsprachen simultan erwirbt (vgl. Art. 86). Von L2-Erwerb wird dann gesprochen, wenn die Aneignung einer oder mehrerer weiterer Sprachen sukzessive in späteren Jahren erfolgt. Diese Terminologie wird von der traditionellen Spracherwerbsforschung verwendet; die Mehrsprachigkeitsforschung hat dafür eigene und für die eigene wissenschaftstheoretische Bearbeitung ihrer Themen passendere und präzisere Bezeichnungen geprägt (vgl. dazu Abschnitt 5). *Früher Zweitspracherwerb* bezeichnet Lernprozesse, wenn die L2 in einem sehr frühen Lebensalter (ca. 4.–6. Lebensjahr) hinzukommt. Der Begriff der Muttersprache ist für Sprachenlehr- und -lernzusammenhänge nicht gut geeignet, weil die Erstsprache keineswegs immer die Sprache der Mutter ist und Lernende oft andere Assoziationen mit dem Begriff Muttersprache verbinden als WissenschaftlerInnen.

Die Abkürzung L2 wird traditionellerweise als allgemeine Bezeichnung für *Fremdsprache* (ungeachtet dessen, die wievielte sie ist) und *Zweitsprache* verwendet. Im deutschsprachigen Gebiet wird der Begriff *Fremdsprache* verwendet, wenn die betreffende Sprache nicht im zielsprachigen Land selbst gelernt wird, d. h. Deutsch gilt als Fremdsprache außerhalb der deutschsprachigen Länder und Gebiete. Als *Zweitsprache* wird es bezeichnet, wenn es innerhalb deutschsprachiger Länder gelernt wird. Der Hauptunterschied besteht darin, dass zur institutionellen Unterweisung mit Regeln, Lehrwerken und explizitem Grammatikunterricht auch das Sprachbad in der Umgebungssprache Deutsch möglich ist, d. h. wenn echte und authentische zielsprachige Kommunikation zum Alltag gehört. Verwirrend kann wirken, dass der Terminus *Fremdsprache* im deutschsprachigen Raum mitunter auch als Oberbegriff fungiert, während hierfür in der englischsprachigen

Fachliteratur der Begriff *second language* fungiert. *Zweitsprache* und *foreign language* dagegen werden dann als jeweiliger Spezialfall angesehen.

Während im Rahmen der *Zweitsprachenerwerbsforschung* in erster Linie ungesteuerte Spracherwerbsprozesse beobachtet werden, untersucht die *Fremdsprachenforschung* vorrangig Sprachenlehren und -lernen in institutionellen Kontexten, wobei es durchaus Überlappungen der Untersuchungsgegenstände gibt, wie beispielsweise bei der Erforschung des Zweitsprachenerwerbs in Migranten- oder Integrationskursen (vgl. Art. 84).

Aufgrund unterschiedlicher Voraussetzungen setzt man den Erwerb bzw. das L2-Lernen nicht mit dem L1-Erwerb gleich:

1. Beim Erwerb der L1 erwirbt das Kind zugleich L1-spezifisches kulturelles Wissen und Weltwissen, während L2-Lernende stets auf ihre bereits mehr oder minder ausgebildete L1 und vor allem auf ihr bereits vorhandenes L1-spezifisches kulturelles Wissen und Weltwissen zurückgreifen können, was das Lernen folgender Fremd- und Zweitsprachen beschleunigen oder auch behindern kann.
2. Kinder scheinen ihre jeweilige(n) L1 in der täglichen Kommunikation ohne große sichtbare Mühe zu erwerben, benötigen aber durchaus einige Jahre, bis der grundsätzliche L1-Erwerb als abgeschlossen gelten kann. L2-Lernende empfinden den Fremdsprachenlernprozess als unterschiedlich anstrengend und schwierig, je nach Motivation, L1, Sprachlernneigung und -eignung und anderen personalen und sozialen Faktoren.
3. Der Grad der Sprachhandlungskompetenz ist in der Regel in der/den L1 höher als in den Fremdsprachen; und in einer Fremdsprache L1-ähnliche Sprachhandlungskompetenz zu erlangen, gilt eher als eine Ausnahme (wenngleich es keineswegs ausgeschlossen ist und hin und wieder gelingt).
4. Die interindividuellen Unterschiede in den erreichten Sprachenniveaus sind in den Fremdsprachen deutlich größer als in den L1. Ihnen liegen Ursachen in Lernervariablen wie Alter, Motivation, Einstellungen, Lernertyp und Lerneignung zugrunde sowie in der Qualität und Quantität des sozialen Kontextes bzw. Lernkontextes.

Allerdings gibt es durchaus Erwerbs- und Lernverläufe, die gleich aussehen, egal ob Deutsch als L1 oder als L2 erworben und gelernt wird, z. B. was morphologische Muster angeht: Sowohl bei Kleinkindern, die Deutsch als ihre L1 erwerben, als auch bei Deutsch L2-Lernenden kann man beobachten, dass sie im Laufe des Erwerbs- bzw. Lernprozesses auch starke Verben regelmäßig flektieren und Dinge wie *kommte*, *gegeht* oder *guter* (statt *besser*) sagen (vgl. Fredriksson 2006).

2. L2-Erwerbsmodelle

Wie eine L2 gelernt wird und ob bzw. wie sich dieses Lernen vom Erwerb einer L1 unterscheidet, ist in zahlreichen Modellen abgebildet worden (vgl. Mitchell und Myles 2004; Edmondson und House 2006; Lightbown und Spada 2006; VanPatten und Williams 2007; Ellis 2008; Gass und Selinker 2008). Während anfangs die Modelle sich auf die Sprachen und ihre Ähnlichkeiten bzw. Unterschiede konzentrierten (und daraus Lernerleichterungen oder -schwierigkeiten abzuleiten suchten), gingen schon bald die Annahmen davon aus, dass es maßgeblich an den Lernenden liege, wie sie diese Sprachen lernen. Dabei pendelten die vorgelegten Modelle zwischen den beiden Endpolen: Alles

Sprachenlernen ist in den Lernenden angelegt und wird durch sie gesteuert (nativistische Ansätze), und alles Sprachenlernen liegt in der Interaktion der Lernenden mit anderen in sozialen Lernkontexten (interaktionistische Ansätze). Andere siedeln sich auf einem Kontinuum dazwischen an. Diese verschiedenen lerntheoretischen Modelle wurden und werden sehr kontrovers diskutiert, teils werden sie in Reaktion auf die Defizite anderer Modelle entwickelt und bestehen oft parallel nebeneinander, wobei sie aus systematischen Gründen oft gar nicht miteinander vergleichbar sind. Zu nennen sind hier nativistische, kognitivistische, konnektionistische, konstruktivistische, interaktionistische, soziokulturelle und behavioristische Ansätze. Untersuchungen in den verschiedenen Rahmen greifen auf unterschiedliche Arten von empirischen Daten zu, verwenden unterschiedliche Methoden und haben unterschiedliche Erkenntnisinteressen. Alle tragen zu vermehrter Erkenntnis darüber bei, wie Sprachen gelernt werden: eher bewusst oder eher unbewusst, d. h. dass das Sprachenlernen eher durch bewusste Lernprozesse oder unbewusst ablaufende Mechanismen beeinflusst und gesteuert wird. Seit den 1990er Jahren werden verstärkt kognitionspsychologische mit soziokulturellen Ansätzen verbunden.

2.1. Behavioristische Ansätze

Von den 1940er bis in die 1970er Jahre schienen *behavioristische* Spracherwerbstheorien das Fremdsprachenlernen am besten theoretisch erklären zu können (vgl. auch Art. 87). Das Lernen von Sprachen wird wie das Lernen allgemein als ein Prozess der Konditionierung verstanden. Über einen bestimmten Reiz (*stimulus*) und positive Verstärkung wird eine gewünschte Reaktion (*response*) so lange eingeübt, bis die Reaktion als eine eigene Aktion – auch ohne Stimulus – automatisiert ist. Lernen wird als ein Prozess gesehen, der über ständige Imitation läuft, und wurde im Fremdsprachenunterricht in der audiolingualen Methode aufgenommen, indem vorgegebene, nach kleinsten Lerneinheiten ausgewählte Stimulussätze vielfach wiederholt und ausschließlich in engstem Rahmen variiert wurden, bis sie automatisiert waren. Die heute noch populäre Annahme von der Wirksamkeit des Wiederholens und des anhaltenden Übens geht u. a. auf diese lerntheoretische Ausrichtung von Sprachenlernen zurück. Auch die negative Einschätzung des Fehlers, den es unmittelbar auszumerzen gilt, lässt sich auf behavioristische Lerntheorien zurückführen, sowie die Annahme, dass die L1 als Interferenzquelle für einen Großteil der Fehler verantwortlich ist. Der daraus entwickelten *Kontrastivhypothese* liegt die Gleichsetzung von linguistischen Ähnlichkeiten und Unähnlichkeiten mit lernpsychologischen Prozessen zu kleineren und größeren Schwierigkeiten beim Lernen der Zielsprache zugrunde. Inzwischen ist klar, dass nicht überall dort, wo Sprachen einander ähnlich sind, sich das Lernen einfach gestaltet, und dort, wo Sprachen einander unähnlich sind, sich das Lernen schwierig gestaltet, und dass nicht alle Fehler Interferenzerscheinungen sind. Dass die L1 sich durchaus in lernersprachlichen Zwischenstadien auch durch positive Transferprozesse zeigen kann, hat die *Interlanguage-Hypothese* schlüssig gezeigt.

2.2. Nativistische Ansätze

Nachdem deutlich wurde, dass die behavioristischen Ansätze nicht alle Spracherwerbsphänomene erklären konnten (z. B. produzierten Kinder Äußerungen, die sie nie gehört haben konnten und die einer eigenen Systematik zu unterliegen schienen, wie sie bei *gehte* und *laufte* zutage tritt), wurden *nativistische Ansätze* formuliert und auch auf die L2-Forschung übertragen (vgl. Art. 88). Chomsky entwickelte seine Hypothese der Universalgrammatik (= eine angeborene sprach(en)spezifische Grundausstattung), in deren Rahmen die bereits erwähnten Stadien beispielsweise beim Verberwerb (ging − gehte − ging) sich sowohl bei Kindern und ihrem L1-Erwerb als auch bei älteren Lernern und ihrem Deutsch-L2-Lernen nachweisen ließen. Ausgehend von der Annahme, dass der L1-Erwerb genau so verläuft wie das L2-Lernen, wurde die *Identitätshypothese* entwickelt. Dass sich L1-Transfer und Interferenz wiederum im L2-Lernen des Deutschen (im Gegensatz zum L1-Erwerb des Deutschen) zeigt, dass die Identitätshypothese nicht für alle Bereiche des L2-Spracherwerbs gelten kann.

2.3. Kognitive Ansätze

Kognitive Spracherwerbstheorien gehen davon aus, dass Lernen im Rahmen einer selbsttätigen Auseinandersetzung des lernenden Individuums mit seiner Umwelt erfolgt (vgl. auch Art. 89). Im Gegensatz zu behavioristischen Modellen sehen kognitive Ansätze den Spracherwerb vielmehr als einen kreativen Prozess und nicht als reine Imitation, bei dem neues Wissen auf der Basis vorhandenen Wissens verarbeitet wird. Dieser Prozess wird durch bewusst (auch gelernte) und unbewusst eingesetzte Strategien und (auch gezielt) eingesetzte mentale Handlungen gesteuert, neuer sprachlicher Input wird auf der Basis des vorhandenen Spracheninventars verarbeitet, integriert und automatisiert. Dies geschieht dynamisch in einem hypothesengenerierenden und -testenden Prozess der Informationsverarbeitung, in dessen Verlauf Sprache wächst und Annahmen bzw. Hypothesen über sie fortwährend gemäß dem Input restrukturiert werden. Kognitive Spracherwerbstheorien basieren auf Gedächtnismodellen, die fortwährend verfeinert werden.

Gleichzeitig mit dieser Entwicklung entstehen psycholinguistische Modelle, die den Erwerb von Erst- und das Lernen von Zweit- und Fremdsprachen aus der Perspektive des Individuums betrachten lassen. Mit in den Blick kamen andere Variablen, die eher individuenspezifisch denn sprachenspezifisch sind, wie unter anderem Alter und Lernumfeld, und auch solche, die unabhängige Erwerbssequenzen in kerngrammatischen Bereichen darstellen (z. B. Negation im Englischen, Satzmodelle im Deutschen). Weitere Fehleranalysen − eine prominente Datenquelle von Anfang an bis jetzt, wenngleich in weniger weitreichendem Umfang und als weniger aussagekräftig als anfangs angesehen − zeigten, dass nicht nur die Ausgangssprache L1 Quelle für Fehler, Transfer und Interferenzen sein kann, sondern auch die Zielsprache L2 selbst. Auf diese Beobachtungen rekurrierend entwickelten Psycholinguisten verschiedene Modelle und Hypothesen, die angewandt und umgesetzt auch Eingang in verschiedene DaF/DaZ-Lehrwerke und -Methoden fanden, exemplarisch seien hier Krashen mit seiner *Monitor-Hypothese*, Selinker mit seiner *Lernersprachen-Hypothese* und Pienemann mit seiner *Teachability-Hypothese* genannt. Allen gemeinsam ist, dass sie in ihrer ursprünglichen Form und Radikalität meist nicht haltbar sind, dass aber alle Hypothesen uns neue und wichtige Erkenntnisse über bestimmte Details und Bereiche des Spracherwerbs und des Sprachenlernens geliefert haben. So konnte inzwischen nachgewiesen werden, dass Krashens Unterscheidung von explizitem Wissen (welches nur bewusst erlernt werden kann) und implizitem Wissen (welches nur auf unbewusstem Wege erworben werden kann) so nicht haltbar ist, weil sprachliches Material, egal, wie man es sich angeeignet hat, sowohl automatisiert werden und so nicht mehr unmittelbar bewusst sein kann als von einer unbewussten Verarbeitungsstufe bewusst gemacht und beispielsweise für das Lernen von Regeln bearbeitet werden kann.

Selinker beschrieb 1972 mit seiner *Lernersprachen-Hypothese* (*interlanguage hypothesis*) ein sich beim L2-Erwerb fortwährend entwickelndes dynamisches Sprachsystem, das sowohl Merkmale der Erstsprache und der Zielsprache aufweist als auch davon unabhängige Merkmale zeigt. Außerdem verdeutlichte er die Wirkung weiterer psycholinguistischer Prozesse beim Lernen von Sprachen: Transfer aus der L1 (später auch aus anderen Sprachen), Transfer aus der Lernumgebung (z. B. Überbenutzung des Personalpronomens *er*, weil in dem betreffenden Lehrwerk in allen Beispieltexten und insbesondere in den Übungen in den ersten Kapiteln nur männliche Personen abgebildet und beschrieben werden), Lern- und Kommunikationsstrategien.

Die im Unterricht immer wieder beobachtete Tatsache, dass Lernende bestimmte Grammatikfehler trotz bester Einführung und trotz intensivsten Übens und Wiederholens in ihren freien Produktionen machen und diese dann plötzlich verschwinden, kann wenigstens teilweise mit Pienemanns *Teachability-Hypothese*, die in seine psycholinguistisch orientierte *Processablity Theory* eingebettet ist, erklärt werden (Pienemann 1998): Bestimmte kerngrammatische Strukturen können nicht nur in einer bestimmten Erwerbssequenz gelernt werden und nicht in einer anderen, sondern auch erst zu dem Zeitpunkt, wenn diese Struktur lernerseitig für den Erwerb reif ist (vgl. hierzu Fredriksson 2006). Auch intensivste Instruktion würde vor diesem Zeitpunkt nicht dazu führen, dass die Struktur erworben bzw. gelernt wird. Pienemann nahm an, dass Lehren gegen die Erwerbssequenz sich sogar hemmend auf die Lernenden auswirken kann. Bestimmte Erwerbssequenzen (insbesondere in Bezug auf die deutschen Satzmodelle) können zwischenzeitlich − trotz einiger Gegenstimmen (vgl. Klein Gunnewiek 2000 und die Diskussion der Forschungslage in Eckerth, Schramm und Tschirner 2009: 5−7) − als gut belegt gelten, auch wenn die Reihenfolgen der späten Erwerbsstadien (Erwerb der Inversion) in den Studien differieren; vgl. auch die Ergebnisse aus dem bekannten Genfer Projekt, das den Erwerb der deutschen Sprache als Fremdsprache in der frankophonen Schweiz untersuchte (Diehl et al. 2000) sowie die Bestätigung der Sequenzen durch eine ähnliche Untersuchung in der italienischen Schweiz (Terrasi-Haufe 2004) und von erwachsenen US-Studierenden (Lund 2004).

In den 1990er Jahren entwickelten sich Psycholinguistik und Sprachenlehr-/-lernforschung insofern auseinander, als VertreterInnen der Psycholinguistik sich stärker auf quantitativ erfassbare und statistisch auswertbare Verfahren bei der Beobachtung des (Fremd-)Spracherwerbs konzentrierten, welche sich für die Beobachtung des realen Unterrichts- und Lerngeschehens wegen der vielen, kaum kontrollierbaren Variablen nicht eignen. VertreterInnen der Sprachenlehr-/-lernforschung entwickelten im Bereich der kognitiven Lerntheorien Ansätze in Richtung Konstruktivismus weiter (u. a. Wolff 2002). Danach ist Lernen − auch das Lernen von Fremdsprachen − ein von den Lernenden autonomer und vor allem individueller Konstruktionsprozess, bei dem neues Wissen auf der Basis des vorhandenen Wissens und der gemachten Erfahrungen verarbeitet wird. Dabei spielen der Input und die Interaktion mit anderen eine relevante Rolle und gelten als lernfördernd. Trotzdem können derselbe Input und dieselbe Interaktion bei unterschiedlichen Lernenden zu unterschiedlichen Lernresultaten führen.

Konnektionistische Modelle beziehen sich auf Netzwerkmetaphern zur Arbeitsweise des Gehirns und damit auch auf die Art des Lernens von Fremdsprachen: Einheiten und

Knoten sind miteinander verknüpft. Sprachliches Wissen ist zwischen diesen Einheiten gespeichert, und Lernen findet dann statt, wenn die Verbindungen zwischen diesen Einheiten erweitert und modifiziert werden. Je häufiger eine dieser Verbindungen aktiviert, d. h. benutzt wird („Spur"), umso automatisierter wird sie; je seltener sie benutzt wird, umso schwieriger wird es, auf sie zuzugreifen. Mit dieser Annahme lassen sich auch Vergessen (vgl. Ecke 2004) und *Tip-of-the-tongue*-Phänomene erklären (vgl. Ecke 2009). Lernen geschieht hiernach ausschließlich über die Interaktion von allgemeinen Lernmechanismen und sprachlichen Stimuli von außen und ist dabei für die L2 vermutlich ausschließlich assoziatives Lernen (vgl. Art. 89).

2.4. Interaktionistische und soziokulturelle Ansätze

Die Relevanz der Kommunikation wird auch bei derzeit aktuellen *interaktionistischen* und *soziokulturellen* Ansätzen (vgl. Art. 90) hervorgehoben, wobei die bewusste Wahrnehmung von L2-Merkmalen in den Vordergrund gerückt wird (vgl. Schoormann und Schlak 2008). Während nativistische Ansätze dem *Input* nur die Funktion zubilligen, als *Trigger* von Spracherwerbsmechanismen nützlich zu sein, gehen die Input-, die Output- und die Interaktionshypothesen davon aus, dass der zielsprachige Input für die interaktive Aushandlung und den *Output* in der Sprachproduktion entscheidend ist. Am weitesten gehen hier Annahmen zur *Input-Hypothese*: Spracherwerb (Wahrnehmung, Verstehen, Sprachgebrauch) wird durch den Input gesteuert: Wie häufig ist er (Frequenz)? Wie deutlich und auffällig ist er (Salienz)? Wie angepasst ist er an die Kenntnisse der lernenden Person, etwa mittels Inputmodifikationen, wie er bei der Lehrsprache oder dem *foreigner talk* vorkommt?

Input allein genügt jedoch nach der *Output-Hypothese* nicht; der Spracherwerb gelingt nur, wenn die zu erwerbende Sprache in der Interaktion benutzt wird. In dieser Interaktion werden eigene Hypothesen über die Sprache überprüft und verändert, die Reflexion wird über Feedback angeregt.

Dass Input gerade durch interaktive Prozesse unter aktiver Beteiligung der Lernenden modifiziert wird, wird im Rahmen der *Interaktionshypothese* weiterentwickelt, indem die Interaktion zur Voraussetzung für das Sprachenlernen erklärt wird. Erst durch die gegenseitige Aushandlung der (gemeinsamen) Bedeutungen (*negotiation of meaning*) beispielsweise zwischen Lehrenden und Lernenden oder Muttersprachlern und Nichtmuttersprachlern oder Nichtmuttersprachlern untereinander wird Verstehen sichergestellt und Sprachenlernen ermöglicht. Erst die Interaktion, die sich beispielsweise durch explizite Feedback- und Reparaturprozesse, Verständnisüberprüfungen, Klärungen und Umformulierungen zeigt, trägt dazu bei, dass aus dem Input *Intake* wird, d. h., der Input wird lernerseitig verarbeitet.

Die Wahrnehmung von Input setzt nach der *Aufmerksamkeitshypothese* seine Verarbeitung für das Sprachenlernen voraus, indem die Lernenden ihre Aufmerksamkeit darauf richten (*noticing*), ihn mit dem abgleichen, was sie selbst produzieren und Abweichungen davon erkennen (*noticing the gap*), ohne sie notwendigerweise in ihrer sprachlichen Struktur mit einer dahinter liegenden grammatischen Regel zu verstehen. Dieser interaktionistische und kognitive Perspektiven vereinende Ansatz vermag es zu erläutern, warum die ausschließlich implizite Korrektur von grammatischen Fehlern kaum Einfluss auf den Spracherwerb und das Sprachenlernen hat: Die Lernenden bemerken die Korrektur schlichtweg nicht.

Neuere *soziokulturelle Ansätze* gehen davon aus, dass das soziale Miteinander, welches sich maßgeblich durch Interaktion auszeichnet, auf einem Prozess basiert, der kognitiv verarbeitet wird (vgl. Lantolf 2006). Mentale Prozesse werden − in der Tradition Wygotskis − als sozial basiert angesehen: Lernen geschieht durch problemlösende Handlungen der Lernenden in der betreuten oder kooperativen Interaktion mit anderen (*zone of proximal development*). Steuernde Faktoren hierbei sind Variablen des Lernmilieus und auch individuelle Lernervariablen. Eine Integration von interaktionischen und soziokulturellen Ansätzen im Rahmen der deutschsprachigen Forschung findet derzeit insbesondere für den Kontext Deutsch als Zweitsprache statt (vgl. Ohm 2007).

3. Beitrag der Linguistiken zur Spracherwerbsforschung

Die so genannten *Bindestrichlinguistiken* hatten aus ihrer jeweiligen Perspektive ein Interesse daran, Sprachenlernen − wenn auch nicht theoretisch zu erklären, dann doch − beschreiben zu können, nicht zuletzt, um daraus Konsequenzen für die Planung und Durchführung von Sprachenunterricht und das Lernen von Sprachen zu ziehen bzw. um bestimmte Phänomene wie die sprachliche Interaktion zwei- und mehrsprachig aufwachsender Kinder zu diskutieren, daher auch der oft verwendete Oberbegriff *Angewandte Linguistik* für diese Wissenschaftsrichtungen (vgl. Knapp et al. 2007; Hufeisen und Neuner 1999). So wurde im Rahmen der *Psycholinguistik* vorrangig das Fremdsprachenlernen von Individuen untersucht (vgl. z. B. Rickheit, Sichelschmidt und Strohner 2002), während *soziolinguistische* Studien das Fremdsprachenlernen in gesellschaftlicher Einbettung und das Lernen von gesellschaftlichen Gruppen und ihre Folgen dokumentierte (vgl. z. B. Rieder 2000; Ahrenholz et al. 2008). Hier können auch erste DaZ-Studien angesiedelt werden, wie beispielsweise Untersuchungen zum sogenannten *Ausländerdeutsch* (HPD 1977). *Pragmalinguistische* Studien wiederum beschäftigen sich mit Fragen danach, was an Sprache relevant zu lernen sei, welches Inventar notwendig ist, um sprachhandlungskompetent zu sein (vgl. z. B. Franceschini et al. 2006). Neuere *neurolinguistische* Ansätze versuchen zu ergründen, welche Aufschlüsse uns Hirnscans und andere bildgebende Verfahren zu Aktivitäten des Hirns zum (Fremd-)Sprachenlernen geben können (vgl. z. B. McGroarty 2008). Das heißt, der Fokus der Beobachtung des Sprachenlernens und des Sprachenlernprozesses wechselt je nach linguistischer Perspektive: Nach dem Fokus auf Sprache (Systemlinguistik) erfolgten Fokussierungen auf das Individuum (= Psycholinguistik, später dann die Neurolinguistik), die Sprachengemeinschaft (= Soziolinguistik) und den Kommunikationsprozess (= Pragmalinguistik).

Im Rahmen eines weiteren linguistischen Bereiches, der von manchen *Educational Linguistics* genannt wird, sind von Cummins (1979) die Konzepte *BICS* (= *Basic Interpersonal Communicative Skills*) und *CALP* (= *Cognitive Academic Language Proficiency*) vorgestellt worden, die er später (1991) erweiterte: *Conversational Language Proficiency* und *Academic Language Proficiency*. Beide Konzepte sind in der Forschung und in der Praxis aufgegriffen und vielfach bearbeitet worden. Damit sind Sprachhandlungskompetenzen für unterschiedliche Zwecke gemeint, und sie erweisen sich heute besonders für die Erforschung des Bereiches DaZ als fruchtbar. Während − übertragen auf den DaZ-

Zusammenhang − BICS die (meist mündliche) Sprachhandlungskompetenz beschreiben, die für das alltägliche Leben gebraucht wird (die DaZ-Lernende oft rasch erwerben), bezieht man sich mit CALP auf die Sprachhandlungskompetenz, die in Schule, Universität, Beruf, dem öffentlichen Leben, die bildungs- und gesellschaftspolitische Teilhabe notwendig ist und die auch schriftsprachliche Fertigkeiten mit einschließt. Oft verfügen Daz-Lernende binnen kurzer Zeit über ausreichende BICS, um ihren Alltag zu gestalten und zu kommunizieren. Aber selbst in deutschsprachigen Ländern geborene und sozialisierte Kinder und Jugendliche mit Migrationshintergrund verfügen häufig genug nicht über CALP, die ihnen eine umfassende bildungs- und gesellschaftspolitische Teilhabe ermöglicht (s. dazu auch Abschnitt 7 dieses Beitrages).

4. Personale und soziale Faktoren

Oben behandelte Theorieansätze und Erklärungsmodelle geben unterschiedliche Antworten auf die Frage, *wie* Fremd- und Zweitsprachen gelernt bzw. erworben werden und welche Wege dabei beschritten werden. Sie geben jedoch noch keine Antwort auf die Frage, warum der L2-Erwerb in der Regel nicht in muttersprachenähnlicher Kompetenz resultiert und warum Lernende unterschiedlich schnell die L2 erwerben und erfolgreich dabei sind. Hierzu hat sich der Forschungsbereich zu *individuellen Unterschieden* zwischen Lernenden herausgebildet, der sich in den 1950er−1960er Jahren nahezu ausschließlich der sogenannten *Sprachlerneignung* (*language aptitude*) und seit den 1970er Jahren auch affektiven, kognitiven und sozialen Einflussfaktoren widmete. Hierbei fanden und finden neben soziolinguistischen Ansätzen auch psychologische Modelle und Konzepte Einzug in die Fremd- und Zweitsprachenerwerbsforschung. Personale und soziale Variablen treten nie isoliert auf; sie entfalten ihre Wirksamkeit durch wechselseitige Einflussnahmen, die individuell geprägt sind (vgl. die *Einzelgänger-Hypothese*; Riemer 1997).

Der Faktor *Alter* wird meistens mit der Frage in Verbindung gebracht, ob Kinder die besseren Fremdsprachenlerner seien. Hierzu gibt es unterschiedliche Antworten. Jedoch kann nach heutigem Erkenntnisstand zusammengefasst werden, dass Kinder und Jugendliche zwar langfristig die besseren Chancen haben, ein weit fortgeschrittenes fremd-/zweitsprachliches Niveau zu erreichen, dass aber erwachsene Lerner, z. B. im Bereich Aussprache, durchaus von intensivem Training profitieren und ein muttersprachenähnliches Niveau erreichen können. Es gibt unterschiedliche Erklärungsansätze, die den Faktor Alter u. a. in Zusammenhang mit entwicklungspsychologischen und neurologischen Entwicklungen (Hypothese des kritischen oder sensiblen Alters) bzw. affektiven (z. B. weniger Hemmungen) oder sozialen Vorzügen (z. B. mehr Kontakte) erläutern (Grotjahn 2003; vgl. Art. 96). Die vorliegenden Forschungsergebnisse sind aufgrund der Beschaffenheit der zugrundeliegenden Daten und Lernkontexte allerdings nicht seriös für eine Rechtfertigung eines Frühbeginns des schulischen Fremdsprachenunterrichts zu nutzen.

Die *Sprachlerneignung* eines L2-Lernenden gilt als höchst einflussreicher, als vielleicht sogar der wichtigste Faktor überhaupt, da er in vielen Korrelationsstudien gut mit Sprachtests korrespondiert. Mit Sprachlerneignung ist ein kognitives Konstrukt gemeint, das zumeist mit einem spezifischen Test operationalisiert wird (*Modern Language Apti-*

tude Test: MLAT), der phonologische Diskriminierungs- und Enkodierungsfähigkeit, grammatisches Einfühlungsvermögen, induktive Sprachlernfähigkeit sowie die Fähigkeit zum Auswendiglernen misst. In den letzten Jahren wird das Konstrukt Sprachlerneignung enger an gedächtnispsychologische Modelle angebunden (vgl. Robinson 2005; Schlak 2008).

Persönlichkeitsfaktoren und Lernstile wie *Extrovertiertheit/Introvertiertheit, Ambiguitätstoleranz* (Umgang mit Widersprüchlichkeiten), *Empathie* (Einfühlungsvermögen), *Risikobereitschaft* (insbesondere bei der Sprachproduktion), *Feldunabhängigkeit* (analytischer vs. holistischer Lernstil) und Präferenzen in Bezug auf die Informationsdarbietung und -verarbeitung (auditive, visuelle, kinästhetische, haptische Lerntypen) wurden in unterschiedlichen Studien erforscht, sind jedoch in Hinblick auf ihre Wirksamkeit auf den Fremdsprachenerwerb nicht unumstritten. Sie gelten als relativ fest in der Persönlichkeit verankerte Konstrukte, die nur bedingt durch externe Maßnahmen (z. B. durch Strategientraining) manipulierbar sind (vgl. die Beiträge in Reid 1995). Die aktuelle Forschung ist durch unterschiedliche Konzeptualisierungen gekennzeichnet sowie durch die Frage nach der wechselseitigen Beziehung bzw. Konflikten zwischen Lernstilfaktoren und Unterrichtsvariablen, insbesondere dem Lehrstil (Riemer 2009; vgl. auch Art. 94).

Viel Aufmerksamkeit haben *affektive Faktoren* gefunden. Einer der dabei am häufigsten untersuchten und für am wichtigsten befundenen Faktoren ist *Motivation* (vgl. Art. 97). Diesem Faktor weist die Fremdsprachendidaktik gleichermaßen den größten Einfluss wie auch das größte (auch lehrseitige) Interventionspotential zu (vgl. Art. 127). Die L2-Motivationsforschung war lange durch die Unterscheidung zwischen *integrativer* und *instrumenteller* Motivation und die Auffassung von Motivation als einer Funktion von Einstellungen und Orientierungen zur Fremdsprache geprägt (vgl. Gardner 1985). Die aktuelle L2-Motivationsforschung ist durch die Integration psychologischer Theorieansätze, z. B. aus der Selbstbestimmungs- und Attributionstheorie geprägt (vgl. Dörnyei 2005: 65–119; Riemer 2006).

Fremdsprachenspezifische *Angst* ist ein weiterer affektiver Faktor, der empirisch untersucht wurde. Für den gesteuerten Fremdsprachenlernkontext wurde ein negativer Einfluss der Komponenten Sprechangst, Angst vor negativer Evaluation (soziale Angst) und Prüfungsangst nachgewiesen (vgl. Horwitz 2001).

Soziale Faktoren interagieren mit den oben behandelten personalen Faktoren auf vielfältige Weise, indem sie z. B. mit dafür verantwortlich sind, in welchem Umfang und in welcher Qualität Lernende mit Zielsprachensprechern kommunizieren können, Respekt und Unterstützung erfahren, motiviert werden, die Sprache zu erlernen (vgl. dazu die „Akkulturationshypothese", Schumann 1986; vgl. auch Art. 98).

Des Weiteren unterscheiden sich Lernende oft erheblich darin, ob und welche anderen Fremd- und Zweitsprachen sie zuvor bereits gelernt haben und welche Sprachlernerfahrungen damit verbunden sind. Deutsch wird weltweit nur selten als erste Fremdsprache gelernt. Aus diesen vorangegangenen Erfahrungen bewährte Lerntechniken und -strategien und auch Erwartungen werden auf den aktuellen Lernkontext übertragen (s. Abschnitt 5). Mißler (1999) hat in einer umfangreichen Untersuchung u. a. ermittelt, dass sich Lernende, die zuvor bereits Fremdsprachen gelernt haben, hinsichtlich bestimmter Persönlichkeitsfaktoren und affektiver Faktoren von Lernenden ohne solche Vorerfahrungen unterscheiden: Sie sind ambiguitätstoleranter, haben höhere Erfolgserwartungen, sind (geringfügig) risikobereiter und haben ein positiveres Selbstkonzept.

5. Modelle zur Mehrsprachigkeit bzw. zum multiplen Sprachenlernen

In den letzten Jahren wurde zunächst unter der Bezeichnung Tertiärsprachenforschung, inzwischen teilweise abgelöst vom Terminus Mehrsprachigkeitsforschung, ein für DaF/ DaZ wichtiger Untersuchungsbereich erschlossen: Lerneräußerungen, die nicht nur Transfer aus der L1, sondern auch Transfererscheinungen aus anderen L2 nahelegten, und die zeigten, dass sich das Lernen einer zweiten (oder weiteren) Fremdsprache (= L3) anders gestaltet als das Lernen derselben Sprache als erste Fremdsprache (= L2), zeigten, dass die vorhandenen Spracherwerbsmodelle diese Unterschiede nicht abbilden und erklären konnten, weil sie immer von einer einzigen Ausgangssprache L1 und einer einzigen Zielsprache L2 ausgehen und weitere (Fremd-)Sprachen weder explizit berücksichtigten noch auf das Extra eingingen, das erst durch die dritte Sprache − die zweite Fremdsprache − entsteht (Hufeisen und Jessner 2009). Jessner nennt dies den *M-Faktor* (*Multilingualismusfaktor*), bei Hufeisen sind dies die *fremdsprachenspezifischen Faktoren* (vgl. Jessner 2008). So entstanden eigene Modelle zum multiplen Sprachenlernen, die auf die vorhandenen Modelle einerseits und Erkenntnisse der Bilingualismusforschung andererseits zurückgriffen (vgl. Jessner 2006). Sie hoben alle den spezifischen Charakter des Lernens der (chronologisch gesehen) ersten Fremdsprache als der Grundlage für Mehrsprachigkeit und Mehrsprachenlernen hervor: Man macht zum ersten Mal die Erfahrung, beispielsweise anfangs noch unverständliche Laute zu dekodieren und selbst zu produzieren lernen oder Texte in einer Fremdsprache entschlüsseln zu lernen. Sie arbeiteten weiterhin heraus, dass mit dem Lernen einer zweiten Fremdsprache eine spezifische Fremdsprachenlernkompetenz entsteht, die Lernenden weiteres Fremdsprachenlernen zu erleichtern scheint. Die immer wieder genannte größere Verwirrung bei Lernenden scheint im Vergleich zu den Lernerleichterungen vernachlässigbar zu sein bzw. trifft nur bei Lernenden zu, die wenig motiviert sind, weitere Fremdsprachen zu lernen, oder solche, deren Erstsprache(n) wenig fundiert sind (vgl. Brizić 2009; Kärchner-Ober 2009). Einige dieser Modelle werden derzeit überprüft und L3-spezifische Forschungsmethoden erprobt. Diese sind derzeit stärker soziolinguistisch und angewandt linguistisch orientiert bzw. explorativ-qualitativ, weil sich allein die Variablen L1, L2 und L3 einer mehrsprachigen Person quantitativ nicht kontrollieren lassen (vgl. Aronin und Hufeisen 2009). Breiten Raum nehmen hier allerdings inzwischen Datenerhebungsmethoden ein, die neurolinguistisch orientiert sind. So untersuchten Franceschini, Zappatore und Nitsch (2003) und Franceschini et al. (2004), welche Areale im Gehirn aktiv sind, wenn sie mit sprachenspezifischen Aufgaben, die in Bezug auf bestimmte Sprachen und ihre Verarbeitung organisiert und gestellt waren. Die Erkenntnisse lassen jedoch noch keine abschließenden Schlüsse darüber zu, ob die Fremdsprachen tatsächlich an bestimmten zuordenbaren Stellen und Erstsprachen an anderen bestimmten Stellen prozessiert werden.

Für Deutsch als Fremdsprache sind die genannten Entwicklungen hin zu Modellen, die mehr als zwei Sprachen betrachten, insofern relevant, als Deutsch inzwischen fast überall, wo es überhaupt noch als eine Fremdsprache angeboten und gelernt wird, als zweite oder weitere Fremdsprache gelernt wird, in vielen Fällen nach Englisch, welche meistens als die erste Fremdsprache gelernt wurde. Darauf kann man sowohl curricular als auch didaktisch-methodisch eingehen und diese Sprachenreihenfolge auch in Lehrwerken berücksichtigen, indem man auf die vorgängigen Fremdsprachenkenntnisse verweist und diese auch einsetzt bzw. voraussetzt. Man kann aber auch spezifische Lernwege nachzeichnen, wie z. B. den, dass Lernende auf dem Wege zur Zielsprache Deutsch (z. B. als L3) den mentalen *Umweg* über die erste Fremdsprache nehmen, selbst dann, wenn der direkte Weg zwischen L1 und Deutsch L3 der direktere und korrektere wäre, weil L1 und Deutsch vielleicht viel näher beieinander liegen als die L1 und die L2.

Das anfänglich auf der theoretischen Basis von Mehrsprachigkeitsmodellen entwickelte didaktische DaFnE-Konzept (DaF nach Englisch; vgl. Hufeisen und Neuner 2005) setzte u. a. darauf, dass nach dem Lernen von Englisch das Lernen von Deutsch *einfach(er)* sei. Selbstverständlich können Lernende auf vorgängige Fremdsprachen zurückgreifen, aber gerade auf dem Weg über das Englische kann das Deutsche nicht als *einfacher* als vorher angeboten werden, sondern es scheinen vielmehr die von konkreten Sprachen unabhängigen fremdsprachenspezifischen Faktoren bzw. der M-Faktor zu sein, die die Lernenden mit größerer Routine an die neuen Sprachen und die damit verbundenen Verstehensleistungen herangehen lassen, so dass mittlerweile das DaFnE-Konzept von einer allgemeinen Mehrsprachigkeitsdidaktik abgelöst worden ist und konzeptuell alle in einer Lerngruppe vorhandenen Sprachen mit einzubeziehen sucht.

6. Forschungsmethoden

Forschungsergebnisse und Modellbildungen, die auf der Basis empirischer Forschung entwickelt werden, haben einen zentralen Stellenwert in der Zweit- und Fremdsprachenerwerbsforschung. Sowohl quantitative als auch qualitative Methoden kommen zum Einsatz, wobei im Rahmen quantitativer Forschungsmethodologie eher Hypothesenüberprüfung und im Rahmen qualitativer Forschungsmethodologie Hypothesen-/Theoriegenerierung angestrebt wird (vgl. Dörnyei 2007; vgl. auch Art. 85). Quantitative und qualitative Forschungen implizieren jeweils unterschiedliche Herangehensweisen, Ziele und Verfahren; Mischformen und Kombinationen von quantitativer und qualitativer Forschung sind möglich, oft sogar besonders vielversprechend. International herrscht nach wie vor die Tendenz, dass quantitative Forschung mit größerer Dignität verbunden wird, was auch in der dominant quantitativ orientierten englischsprachigen Zweit-/Fremdsprachenerwerbsforschung begründet ist. Dies scheint sich im internationalen Kontext derzeit zumindest ansatzweise zu ändern (vgl. Richards 2009), weil erkannt wurde, dass sich ansonsten bestimmte Fragen nach qualitativen Aspekten des Fremdsprachenlernens gar nicht stellen lassen, weil beispielsweise beteiligte Variablen nicht kontrollierbar sind, und die Frage ist, ob Forschungsmethoden nicht besser kombiniert werden − auch auf Kosten von Gütekriterien wie der Replizierbarkeit − als bestimmte Phänomene gar nicht zu untersuchen. Im Rahmen der deutschsprachigen Sprachlehr- und -lernforschung sowie empirischen Forschung im Kontext von DaF/DaZ kann weniger von einer eindeutigen Dominanz quantitativer Forschungsansätze gesprochen werden − eher das Gegenteil ist der Fall (vgl. die Beiträge in Müller-Hartmann und Schocker-v. Ditfurth 2001 und Baumann, Hoffmann und Nied Curcio 2009).

7. Zukünftige Forschungsfelder

Neben der Weiterentwicklung der bis jetzt beschriebenen Forschungsfelder werden zunehmende Migrationsbewegungen weitere und zukünftige Forschungsfelder in der

Spracherwerbsforschung und auch und insbesondere der Mehrsprachigkeitsforschung entstehen lassen: Durch häufige arbeitsbedingte Migration werden im Laufe eines Lebens verschiedene Sprachen gelernt, ohne dass sie je auf hohem Niveau angewendet werden können: Die möglicherweise so entstehenden multiplen Semilingualismen (vgl. Kärchner-Ober 2009) müssen dokumentiert, beschrieben und erklärt werden: Was wird gelernt, wie wird gelernt, welche Rolle spielen die jeweilige überregionale Verständigungssprache und temporäre Regionalsprache? Kinder aus zwei- und mehrsprachigen Verbindungen, Kinder von beruflich durch die Welt ziehenden Eltern wachsen mit zwei, drei oder mehr Sprachen auf, lernen manche Sprachen nur wenige Jahre. Wie werden nicht gebrauchte Sprachen vergessen und bei Bedarf wieder reaktiviert? Welche Rolle spielt Deutsch?

Der Bereich von Deutsch als Zweitsprache wird für die Spracherwerbsforschung auch weiterhin relevant sein. Schon heute kann generell für DaF/DaZ gesagt werden, dass die empirische Zweitsprachenerwerbsforschung mit Bezug auf zweisprachliche Lernprozesse von Kindern, Jugendlichen und Erwachsenen mit Migrationshintergrund neue und starke Impulse für die Weiterentwicklung des Fachs geleistet hat (vgl. exemplarisch die Beiträge in Ahrenholz und Apeltauer 2006; Ahrenholz 2009; Schramm und Schroeder 2009). Fragen wie die folgenden bedürfen weiterer systematischer Untersuchung: Wie konturiert sich der (weitere) Deutscherwerb der Kinder und Jugendlichen mit Migrationshintergrund? Wie entwickeln sich Spracherwerbsverläufe im weiteren Erwachsenenalter? Welche Einflüsse zeigen Herkunftssprachen und -kulturen und wie lange? Wann und wie entsteht das CALP-Defizit bei DaZ-Lernenden, selbst wenn sie bereits in deutschsprachigen Ländern geboren wurden und aufwachsen und über sprachhandlungsadäquate BICS-Kenntnisse verfügen (siehe Teil 3 dieses Beitrages; vgl. Brizić 2009)? Welche Erkenntnisse aus der linguistischen Zweitsprachenerwerbsforschung sind für die Genese von Sprachstandsmessungen gewinnbringend zu verwenden, ohne dabei die Gefahr zu übersehen, dass aus Forschungsergebnissen Instrumente der Zuwanderungspolitik werden können?

Ein Desiderat stellt die bessere Verknüpfung von Spracherwerbsforschung mit sprachenpolitischen Ansätzen dar. So stellen sich für Deutsch als Fremdsprache u. a. Fragen wie die folgenden: Vermögen didaktisch-methodische Konzepte wie DaFnE oder Mehrsprachigkeitskonzepte den Rückgang des Fremdsprachenlernens über eine Fremdsprache hinaus, den Rückgang des Deutschlernens zu stoppen, oder sind es vielmehr bildungspolitische Entscheidungen, die Fremdsprachen schlichtweg nicht mehr (genügend) berücksichtigen, das Lernen einer einzigen Fremdsprache (Englisch) für genügend erklären und keinen curricularen Platz für andere weitere Fremdsprachen einräumen (vgl. Stickel 2009)? Welche Folgen hat es, wenn nicht angemessen Qualifizierte diesen Unterricht erteilen? Warum empfinden die meisten DaF-Lernenden die deutsche Sprache als schwere Sprache, welchen Anteil haben Lehrverfahren (z. B. Fehlerkorrektur und Grammatikübungen) und andere Dimensionen des Unterrichts an dieser lernhemmenden Haltung und welche Verfahren können hier Abhilfe schaffen? Sind es vielleicht doch auch ökonomische Argumente, die dazu führen können, dass sich Lernende oder deren Eltern entscheiden, weitere Sprachen zu lernen, weil es doch sinnvoll sein könnte (vgl. Stickel 2010)? Welche Notwendigkeiten in Bezug auf Fremdsprachen signalisieren Unternehmen (vgl. Strobel, Hoberg und Vogt 2009). Hier scheint eine stärkere Zusammenarbeit der Spracherwerbsforschung und der Fremdsprachenlehr- und -lernforschung mit anderen Fachgebieten und Wissenschaftsgebieten notwendig zu sein, um Einblicke zu erhalten, die mit dem eigenen Instrumentarium nicht möglich wären.

8. Literatur in Auswahl

Ahrenholz, Bernt (Hg.)
    2009   *Empirische Befunde zu DaZ-Erwerb und Sprachförderung.* Freiburg: Fillibach.
Ahrenholz, Bernt und Ernst Apeltauer (Hg.)
    2006   *Zweitspracherwerb und curriculare Dimensionen. Empirische Untersuchungen zum Deutsch-lernen in Kindergarten und Grundschule.* Tübingen: Stauffenburg.
Ahrenholz, Bernt, Ursula Bredel, Wolfgang Klein, Martina Rost-Roth, Romuald Skiba (Hg.)
    2008   *Empirische Forschung und Theoriebildung: Beiträge aus Soziolinguistik, Gesprochene Sprache- und Zweitspracherwerbsforschung.* Frankfurt a. M.: Lang.
Aronin, Larissa und Britta Hufeisen
    2009   *The Exploration of Multilingualism. Development of Research on L3, Multilingualism and Multiple Language Acquisition.* Amsterdam: Benjamins.
Baumann, Beate, Sabine Hoffmann und Martina Nied Curcio (Hg.)
    2009   *Qualitative Forschung in Deutsch als Fremdsprache.* Frankfurt a. M.: Lang.
Brizić, Katharina
    2009   Familiensprache als Kapital. In: Verena Plutzar und Nadja Kerschhofer-Puhalo (Hg.), *Nachhaltige Sprachförderung. Zur veränderten Aufgabe des Bildungswesens in einer Zuwan-derergesellschaft. Bestandsaufnahmen und Perspektiven,* 136–151. Innsbruck: Studienver-lag.
Cummins, Jim
    1979   Linguistic interdependence and the educational development of bilingual children. *Review of Educational Research* 49: 222–251.
Cummins, Jim
    1991   Conversational and academic language proficiency in bilingual contexts. In: Jan H. Hulstijn und Johan F. Matter (Hg.), *Reading in Two Languages,* 75–89. (*AILA-Review 8*).
Diehl, Erika, Helen Christen, Sandra Leuenberger, Isabelle Pelvat und Thérèse Studer
    2000   *Grammatikunterricht: Alles für der Katz? Untersuchungen zum Zweitsprachenerwerb Deutsch.* Tübingen: Niemeyer.
Dörnyei, Zoltán
    2005   *The Psychology of the Language Learner. Individual Differences in Second Language Acquisition.* Mahwah, NJ/London: Erlbaum.
Dörnyei, Zoltán
    2007   *Research Methods in Applied Linguistics. Quantitative, Qualitative, and Mixed Methodologies.* Oxford: Oxford University Press.
Ecke, Peter
    2004   Language attrition and theories of forgetting: A cross-disciplinary review. *International Journal of Bilingualism* 8(3): 321–354.
Ecke, Peter
    2009   The tip-of-the-tongue phenomenon as a window on (bilingual) lexical retrieval. In: Aneta Pavlenko (Hg.), *The Bilingual Mental Lexicon: Interdisciplinary Approaches,* 185–208. Clevedon: Multilingual Matters.
Eckerth, Johannes, Karen Schramm und Erwin Tschirner
    2009   Review of recent research (2002–2008) on applied linguistics and language teaching with specific reference to L2 German (part 1). *Language Teaching* 42: 41–66.
Edmondson, Willis J. und Juliane House
    2006   *Einführung in die Sprachlehrforschung.* 3. Auflage. Tübingen/Basel: Francke.
Ellis, Rod
    2008   *The Study of Second Language Acquisition.* 2. Auflage. Oxford: Oxford University Press.
Franceschini, Rita, Wolfgang Haubrichs, Wolfgang Klein und Ralf Schnell (Hg.)
    2006   *Spracherwerb: generativ – interaktiv. (LiLi – Zeitschrift für Literaturwissenschaft und Linguistik,* Themenheft 143).

Franceschini, Rita, Britta Hufeisen, Ulrike Jessner und Georges Lüdi (Hg.)
2004   Gehirn und Sprache: Psycho- und neurolinguistische Ansätze. Brain and Language: Psy-
        cholinguistic and neurobiological issues, *Bulletin vals-asla* 78.
Franceschini, Rita, Daniela Zappatore und Cordula Nitsch
2003   Lexicon in the brain: What neurobiology has to say about languages. In: Jasone Cenoz,
        Britta Hufeisen und Ulrike Jessner (Hg.), *Multilingual Lexicon*, 153−166. Kluwer: Dord-
        recht.
Fredriksson, Christine
2006   *Erwerbsphasen, Entwicklungssequenzen und Erwerbsreihenfolge. Zum Erwerb der deut-
        schen Verbalmorphologie durch schwedische Schülerinnen und Schüler.* Acta Universitatis
        Upsaliensis. (= Studia Germanistica Upsaliensia 50). Uppsala.
Gardner, Robert C.
1985   *Social Psychology and Second Language Acquisition. The Role of Attitudes and Motivation.*
        London: Arnold.
Gass, Susan M. und Larry Selinker
2008   *Second Language Acquisition. An Introductory Course.* 3. Auflage. New York/London:
        Routledge
Grotjahn, Rüdiger
2003   Der Faktor „Alter" beim Fremdsprachenlernen: Mythen, Fakten, didaktisch-methodische
        Implikationen. *Deutsch als Fremdsprache* 40(1): 32−41.
Horwitz, Elaine K.
2001   Language anxiety and achievement. *Annual Review of Applied Linguistics* 21: 112−126.
HPD. Heidelberger Forschungsprojekt „Pidgin-Deutsch"
1977   *Heidelberger Forschungsprojekt „Pidgin-Deutsch spanischer und italienischer Arbeiter in
        der Bundesrepublik": Die ungesteuerte Erlernung des Deutschen durch spanische und italie-
        nische Arbeiter. Eine soziolinguistische Untersuchung.* Osnabrück: Osnabrücker Beiträge
        zur Sprachtheorie, Beiheft 2.
Hufeisen, Britta und Ulrike Jessner
2009   Learning and teaching multiple languages. In: Karlfried Knapp und Barbara Seidlhofer
        (Hg.), *Handbook of Foreign Language Communication and Learning,* 109−137. Berlin/
        New York: de Gruyter.
Hufeisen, Britta und Gerhard Neuner
1999   *Angewandte Linguistik für den fremdsprachlichen Deutschunterricht.* Berlin etc.: Langen-
        scheidt.
Hufeisen, Britta und Gerhard Neuner
2005   *Mehrsprachigkeitskonzept − Tertiärsprachenlernen − Deutsch nach Englisch.* 2. Auflage.
        Straßburg: Europarat.
Jessner, Ulrike
2006   *Linguistic Awareness in Multilinguals: English as a Third Language.* Edinburgh: Edinburgh
        University Press.
Jessner, Ulrike
2008   Teaching third languages: Findings, trends and challenges. *Language Teaching* 14(1):
        15−56.
Kärchner-Ober, Renate
2009   *„The German Language is Completely Different from the English Language." Gründe für
        die Schwierigkeiten des Lernens von Deutsch als Tertiärsprache nach Englisch bei malaysi-
        schen Studenten mit verschiedenen nicht-Indo-Europäischen Erstsprachen. Eine datenba-
        sierte, sozio-ethnografische Studie.* Tübingen: Stauffenburg.
Klein Gunnewiek, Lisanne
2000   *Sequenzen und Konsequenzen. Zur Entwicklung niederländischer Lerner im Deutschen als
        Fremdsprache.* Amsterdam: Rodopi.

Knapp, Karlfried, Gerd Antos, Michael Becker-Mrotzek, Arnulf Deppermann, Susanne Göpferich, Joachim Grabowski, Michael Klemm und Claudia Villiger (Hg.)
  2007   *Angewandte Linguistik. Ein Lehrbuch*; mit CD-ROM. 2. Aufl. Tübingen/Basel: Francke.
Lantolf, James P.
  2006   Sociocultural Theory and L2: State of the art. *Studies in Second Language Acquisition* 28: 67–109.
Lightbown, Patsy M. und Nina Spada
  2006   *How Languages are Learned*. Oxford: Oxford University Press.
Lund, Randall J.
  2004   Erwerbssequenzen im Klassenraum. *Deutsch als Fremdsprache* 41: 99–103.
McGroarty, Mary
  2008   *Neurolinguistics and Cognitive Aspects of Language Processing*. New York/Cambridge: Cambridge University Press.
Mißler, Bettina
  1999   *Fremdsprachenlernerfahrungen und Lernstrategien. Eine empirische Untersuchung*. Tübingen: Stauffenburg.
Mitchell, Rosamond und Florence Myles
  2004   *Second Language Learning Theories*. 2. Auflage. London: Hodder Arnold.
Müller-Hartmann, Andreas und Marita Schocker-v. Ditfurth, Marita (Hg.)
  2001   *Qualitative Forschung im Bereich Fremdsprachen lehren und lernen*. Tübingen: Narr.
Ohm, Udo
  2007   Informationsverarbeitung vs. Partizipation: Zweitsprachenerwerb aus kognitiv-interaktionistischer und soziokultureller Perspektive. In: Ruth Eßer und Hans-Jürgen Krumm (Hg.), *Bausteine für Babylon: Sprachen, Kulturen, Unterricht … Festschrift zum 60. Geburtstag von Hans Barkowski*, 24–33. München: iudicium.
Pienemann, Manfred
  1998   *Language Processing and Second Language Development: Processability Theory*. Amsterdam etc.: Benjamins.
Reid, Joy M. (Hg.)
  1995   *Learning Styles in the ESL/EFL Classroom*. New York etc.: Heinle & Heinle.
Richards, Keith
  2009   Trends in qualitative research in language teaching since 2000. *Language Teaching* 42: 147–180.
Rickheit, Gert, Lorenz Sichelschmidt und Hans Strohner
  2002   *Psycholinguistik. Die Wissenschaft vom sprachlichen Verhalten und Erleben*. Tübingen: Stauffenburg.
Rieder, Karl
  2000   Herkunftssprache – Zielsprache. Innsbruck: Studien-Verlag.
Riemer, Claudia
  1997   *Individuelle Unterschiede im Fremdsprachenerwerb. Eine Longitudinalstudie über die Wechselwirksamkeit ausgewählter Einflussfaktoren*. Baltmannsweiler: Schneider.
Riemer, Claudia
  2006   Der Faktor Motivation in der empirischen Fremdsprachenforschung. In: Almut Küppers und Jürgen Quetz (Hg.), *Motivation Revisited*, 35–48. Berlin: LIT-Verlag.
Riemer, Claudia
  2009   Training und Stretching im Fremdsprachenunterricht – Fremdsprachenlerneignung, Lernstile und Lernstrategien. *Fremdsprachen Lehren und Lernen* 38: 18–36.
Robinson, Peter
  2005   Aptitude and second language acquisition. *Annual Review of Applied Linguistics* 25: 46–73.

Schlak, Torsten

    2008   Fremdsprachenlerneignung: Tabuthema oder Forschungslücke? Zum Zusammenhang von Fremdsprachenlerneignung, Fremdsprachenlernen und Fremdsprachenvermittlung. *Zeitschrift für Fremdsprachenforschung* 19: 3−30.

Schoormann, Matthias und Torsten Schlak

    2008   Die Interaktionshypothese. Überblick und aktueller Forschungsstand. *Fremdsprachen und Hochschule* 79/80: 79−113.

Schramm, Karen und Christoph Schroeder (Hg.)

    2009   *Empirische Zugänge zu Spracherwerb und Sprachförderung in Deutsch als Zweitsprache.* Münster etc.: Waxmann.

Schumann, John H.

    1986   Research on the acculturation model for second language acquisition. *Journal of Multilingual and Multicultural Development* 5: 379−392.

Stickel, Gerhard (Hg.)

    2009   *National and European Language Policies. Contributions to the Annual Conference 2007 of EFNIL in Riga.* Frankfurt a. M.: Lang.

Stickel, Gerhard (Hg.)

    2010   *Language Use in Business and Commerce in Europe. Contributions to the Annual Conference 2008 of EFNIL in Lisbon.* Frankfurt a. M.: Lang.

Strobel, Thomas, Rudolf Hoberg und Eberhard Vogt

    2009   Die Rolle der deutschen Sprache in der mittelständischen Wirtschaft. Eine Trendumfrage. *Der Sprachdienst* 53: 173−186.

Terrasi-Haufe, Elisabetta

    2004   *Der Schulerwerb von Deutsch als Fremdsprache. Eine empirische Untersuchung am Beispiel der italienischsprachigen Schweiz.* Tübingen: Niemeyer.

VanPatten, Bill und Jessica Williams (Hg.)

    2007   *Theories in Second Language Acquisition. An Introduction.* Mahwah, NJ: London.

Wolff, Dieter

    2002   *Fremdsprachenlernen als Konstruktion. Grundlagen für eine konstruktivistische Fremdsprachendidaktik.* Frankfurt a. M.: Lang.

Britta Hufeisen, Darmstadt (Deutschland)
Claudia Riemer, Bielefeld (Deutschland)

84. Zweitsprachenerwerb und Fremdsprachenlernen: Begriffe und Konzepte

1. Die Problemstellung
2. Definitionen und Aufgaben der Zweitsprachenerwerbsforschung und der Fremdsprachenforschung
3. Theorien und Hypothesen zur Fremdsprachenaneignung
4. Konsequenzen für den Fremdsprachenunterricht
5. Literatur in Auswahl

1. Die Problemstellung

Der Titel legt eine klare Unterscheidung der Begriffe *Zweitsprachenerwerb* und *Fremdsprachenlernen* sowie der dahinter stehenden Konzepte nahe; diese Klarheit gibt es zwar auch, aber sie ist nicht symptomatisch für alle diesbezüglichen konzeptuellen Standortbestimmungen, sie wird bisweilen nicht konsequent durchgehalten, und mitunter sind die Grenzen auch nicht trennscharf zu ziehen. Dabei hat die Zweitsprachenerwerbsforschung zum Ziel, den Erwerb zweiter oder weiterer Fremdsprachen zu beschreiben, zu erklären und zu prognostizieren. Diesem Ziel folgt auch die Fremdsprachenforschung, konzentriert sich aber zunächst auf die unterrichtlichen Aneignungsvorgänge. Im Folgenden sollen zunächst die Definitionen und die Aufgabenfelder der Zweitsprachenerwerbsforschung und der Fremdsprachenforschung in den Blick genommen werden (2.). Im Anschluss daran wende ich mich unterschiedlichen Ansätzen zu, mit denen Zweitsprachenerwerb zu beschreiben versucht wurde (3.). Und schließlich wird es um die Konsequenzen für Fremdsprachenunterricht (4.) gehen.

2. Definitionen und Aufgaben der Zweitsprachenerwerbsforschung und der Fremdsprachenforschung

Das Ziel der Zweitsprachenerwerbsforschung liegt in der Erfassung der Gesetzmäßigkeiten und Abläufe, die für die Aneignung einer zweiten oder weiteren Sprache nach der Muttersprache charakteristisch sind. In der deutschsprachigen Forschungslandschaft hat sich dabei eine Differenzierung zwischen Zweitsprachenerwerb und Fremdsprachenlernen ergeben: Die Zweitsprachenerwerbsforschung nimmt die Aneignung einer fremden Sprache weitgehend unabhängig von dem sie umgebenden Umfeld in den Blick; sie lehnt sich dabei an die Unterscheidung zwischen *Erwerben* (außerhalb unterrichtlicher Kontexte) und *Lernen* (im Wesentlichen in unterrichtlichen Kontexten) an (Krashen 1982). Demgegenüber geht die Fremdsprachenforschung von Aneignungsvorgängen aus, die wesentlich durch die Faktoren des Fremdsprachenunterrichts mitgeprägt werden. So klar diese Trennung auf der einen Seite scheint, so häufig werden diese scheinbar engen Grenzen jeweils mit guten Gründen überschritten: Seitens der Zweitsprachenerwerbsforschung wird argumentiert, dass viele Beobachtungen des außerunterrichtlichen Erwerbs auch für die durch Unterricht geprägte Aneignung fremder Sprache gelten. Umgekehrt argumentiert die Fremdsprachenforschung, dass eine strikte Trennung zwischen unterrichtlicher und nicht unterrichtlicher Aneignung kaum aufrecht zu erhalten sei, da Lernende der fremden Sprache auch außerhalb des Unterrichts begegnen und aus dieser Begegnung möglicherweise Einsichten, Regeln, sprachliche Versatzstücke oder ähnliches mit in das unterrichtliche Lerngeschehen integrieren. Um terminologische Irritationen zu vermeiden, werde ich im Folgenden häufig den Terminus „Fremdsprachenaneignung" verwenden und damit gemeinsam sowohl Zweitsprachenerwerb als auch Fremdsprachenlernen bezeichnen.

Beide Forschungslinien haben sich in der Vergangenheit darum bemüht, ihre Beobachtungen und Erkenntnisse in umfassendere Theoriekonstrukte münden zu lassen. Diese Konstrukte werden häufig als Hypothesen bezeichnet. Dabei handelt es sich weniger um wissenschaftsmethodische Hypothesen im Sinne einer Wenn-Dann-Beziehung, sondern um datenbasierte theoretische Annahmen, deren Verdichtung dann zukünftig in eine umfassendere Theorie der Fremdsprachenaneignung gemündet ist oder aber münden könnte. Dabei betonen sowohl Zweitsprachenerwerbsforschung als auch Fremdsprachenforschung die Notwendigkeit, diese theoretischen Positionen aus empirisch validen sprachlichen Daten abzuleiten. Es geht also nicht um rein theoretische und in sich möglicherweise plausible Theorien oder Theorieelemente, sondern um deren Entwicklung auf der Grundlage eines möglichst umfassenden und untersuchungsmethodisch abgesicherten Datenkorpus'. Dabei hat sich gezeigt, dass die Datenbasis der einzelnen theoretischen Zugriffe von unterschiedlicher Qualität ist; dem Wunsch nach Querschnittstudien mit longitudinalem Charakter steht häufig die mangelnde Fähigkeit und Möglichkeit entgegen, Langzeitstudien durch Einzelpersonen entwickeln, durchführen und auswerten zu lassen. Gleichzeitig erweist es sich als schwierig, die Rahmenbedingungen für die Untersuchung fremdsprachlicher Aneignungsvorgänge jeweils so konstant zu halten, wie es für den direkten Vergleich von Lernerdaten aus unterschiedlichen Kontexten wünschenswert wäre. Vor diesem Hintergrund sind beinahe alle Theorieentwürfe oder umfassenderen Theoriebildungen zur fremdsprachlichen Aneignung relativ leicht angreifbar.

3. Theorien und Hypothesen zur Fremdsprachenaneignung

Die Darstellung der unterschiedlichen wissenschaftlichen Zugänge zur Beschreibung der Aneignungsvorgänge von Zweit- bzw. Fremdsprachenlernenden wirft die grundsätzliche Frage nach den Kriterien auf, nach denen man eine solche Darstellung gliedern kann. Viele Hypothesen haben sich in der Auseinandersetzung mit anderen entwickelt oder sind Weiterentwicklungen bestehender Ansätze. Die chronologische Darstellung suggeriert dagegen eine weitgehende Unabhängigkeit der einzelnen Zugriffe, die jedoch selten wirklich vorhanden ist/sein kann. So stellt denn die folgende Auflistung und Kurzbeschreibung unterschiedlicher Hypothesen zum Zweit- und Fremdsprachenerwerb den Versuch dar, einige der wichtigsten Hypothesen zur Aneignung einer fremden Sprache kurz zu charakterisieren und mögliche Verbindungen zu anderen Hypothesen aufzuzeigen; sie ist indes zwangsläufig weder erschöpfend in der Beschreibung noch in der Auflistung.

3.1. Die Kontrastivhypothese

Hier ist der Ausgangspunkt die Annahme, dass die jeweils beteiligten Sprachen − also die Mutter- und die Fremdsprache − ihre Wirkung auf den Aneignungsprozess entfalten: Ihr liegt die Annahme zugrunde, dass Strukturunterschiede zwischen Mutter- und Fremdsprache automatisch zu Lernschwierigkeiten führen und diese damit aufgrund der kontrastiven Beschreibung der beiden Sprachen prognostizierbar machen, zumindest aber als Erklärungspotenzial für Lernschwierigkeiten dienen (vgl. z. B. Wardhaugh 1970). Damit folgt die Kontrastivhypothese der vordergründig nachvollziehbaren und lange Zeit bestehenden Annahme, dass die Muttersprache die Fremdsprachenaneignung beeinflusst, und zwar zumeist negativ. Diese *negative* Grundhaltung erklärt sich aus der Tatsache, dass die Wirkung der Muttersprache zumeist nur im Falle eines negativen Transfers sichtbar wird, also aus Fehlern erschlossen wird; dort wo Strukturähnlichkeiten zu positivem Transfer führen, wird diese positive Wirkung entweder nicht ausdrücklich sichtbar oder aber als sichtbares Ergebnis von erfolgreichem Lernen interpretiert.

Gegen die Kontrastivhypothese ist eingewendet worden, dass Strukturähnlichkeiten nicht zwangsläufig das Ausbleiben von Lernschwierigkeiten bedeuten muss; Muttersprachler des Deutschen tun sich bei der Aneignung des Niederländischen oder Dänischen erfahrungsgemäß schwerer als Muttersprachler des Niederländischen oder Dänischen beim Deutschlernen. Unsicher ist ferner, ob eine fremdsprachliche Fehlleistung, die an der sprachlichen Oberfläche den Rückschluss nahelegt, dass der Lernende sich an seiner Muttersprache orientiert hat, tatsächlich und zweifelsfrei auf diese zurückgeführt werden kann. Diese Unsicherheit in der Dateninterpretation macht die Kontrastivhypothese keineswegs per se obsolet, schränkt aber ihre mögliche Geltung doch deutlich ein.

3.2. Die Identitätshypothese

Während in der Kontrastivhypothese die strukturelle Beschaffenheit der beiden involvierten Sprache zum Ausgangspunkt wurde, sehen die Vertreter der Identitätshypothese eine stärkere Wirkung bei der zu lernenden Sprache und ihren strukturellen Merkmalen. Sie gehen davon aus, dass die der zu lernenden Fremdsprache inhärenten Strukturen eine Art Spracherwerbsmechanismus auslösen, der dem Menschen eigen sei. Danach sei es relativ unbedeutend, ob eine bestimmte Sprache als Erst- oder aber als Zweitsprache angeeignet würde; die Aneignungsprozesse seien immer identisch, zumindest aber ähnlich. Geschlossen wird dies aus lernerseitigen Sprachproduktionen, die gleichermaßen bei Erst- wie Zweitsprachenlernern aufträten. Aus dieser Beobachtung resultiert die Annahme von sogenannten Entwicklungssequenzen; darunter sind bestimmte Entwicklungsschritte bei der Aneignung von Sprachstrukturen zu verstehen, deren Reihenfolge lernerseitig nicht variiert würden; wohl können einzelne Entwicklungsetappen übersprungen werden, wobei dieses Überspringen als Indiz dafür gewertet wird, dass der Lernende sich gerade mental intensiv mit der jeweiligen Struktur auseinandersetze. Diese Hypothese wurde sowohl aus erst- als auch aus zweitsprachlichen Produktionsdaten von Lernern abgeleitet und erhielt eine theoretische Fundierung durch Arbeiten zur Universalgrammatik. Diese gehen davon aus, dass alle Sprachen auf einer tieferen Ebene Gemeinsamkeiten aufweisen, deren Aneignung konsequenterweise universalgrammatischen

Prinzipien folge; erst die objektsprachliche Füllung dieser Prinzipien sei sprachspezifisch. Besonders zentral ist die Identitätshypothese für den Versuch Krashens (1982) gewesen, eine umfassende Theorie der fremdsprachlichen Aneignung zu entwickeln. Viele seiner dabei entwickelten (Teil-)Hypothesen haben in einigen Darstellungen den Status einer eigenen Hypothese erlangt (siehe dazu weiter unten). Darüber hinaus weisen aber auch andere Hypothesen zur Fremdsprachenaneignung enge Bezüge zur Identitätshypothese auf.

Kritik hat die Identitätshypothese aus unterschiedlichen Richtungen hervorgerufen: Zum einen wurde bemängelt, dass die ermittelten Entwicklungssequenzen sich nur auf wenige syntaktische Strukturen (wie z. B. Negation oder Fragebildung) beziehen. Zum anderen wurde eingewendet, dass im außerunterrichtlichen Umfeld erhobene Befunde gleichermaßen und nur eingeschränkt überprüft in ihrer Gültigkeit auch auf unterrichtliche Aneignungskontexte übertragen wurden. Überhaupt wurde seitens der Fremdsprachendidaktik ins Feld geführt, dass die unterrichtlichen Faktoren in ihrer Bedeutung für die Fremdsprachenaneignung als zu gering eingeschätzt wurden und z. T. auch noch werden.

3.3. Die Interlanguage-Hypothese

In gewisser Weise stellt die insbesondere auf Selinker (1972) zurückgehende Interlanguage-Hypothese einen Kompromiss zwischen den ersten beiden hier erwähnten, doch sehr divergenten theoretischen Positionen dar. Selinker zufolge bilden Lerner im Zuge der Fremdsprachenaneignung mental eine Art Zwischensprache aus, die gleichermaßen systematisch und variabel ist; dort beobachtete Vorgänge und Erwerbsschritte geschehen also nicht willkürlich oder zufällig, befinden sich aber in ständiger Veränderung. Dabei kommt es nach Selinker in aller Regel zu Fossilisierungen, so dass eine Weiterentwicklung dieser Zwischensprache nicht vonstatten geht, ja sogar eine Rückbildung stattfinden kann. Für diese *Interlanguage* sieht Selinker fünf Prozesse als zentral an: den Transfer (wohl zumeist, aber keineswegs ausschließlich aus der Muttersprache), den lehrinduzierten Transfer (d. h. eine sprachliche Erscheinung wird im Unterricht deutlich häufiger verwendet und geübt, als sie im authentischen Sprachgebrauch vorkommt), die Lernstrategien, die Kommunikationsstrategien und die Übergeneralisierung. Insbesondere die Ausrichtung auf die mentalen Strategien und damit auf die Rolle der lernerseitigen Autonomie bezüglich der Gestaltung des eigenen Aneignungsvorgangs hat in der Folgezeit einen nicht unerheblichen Teil der Forschung geprägt und damit auch den Weg mit für eine veränderte Gestaltung des Fremdsprachenunterrichts (siehe dazu weiter unten 4.) zu ebnen versucht. Damit rück(e) das Bewusstsein für den eigenen Lernvorgang stärker in den Blickpunkt, und Lernen lernen wird zu einem wichtigen Thema der Fremdsprachenforschung.

Dennoch blieben kritische Stimmen nicht aus. Diese bezogen sich u. a. auf die Schwierigkeit, lernerseitige Prozesse zu erfassen, da diese sich kaum unmittelbar beobachten, sondern allenfalls rekonstruieren lassen, und dies wohl am ehesten in Interaktion mit den Lernenden selbst. Gerade diese Rekonstruktionsprozesse stellen untersuchungsmethodisch keine geringe Herausforderung dar, setzt der Rekonstruktionsprozess doch eine Interaktion zwischen Forscher und Beforschtem voraus, was je nach Anlage der Untersuchung als unzulässige Prägung des Verarbeitungsprozesses angesehen werden kann. Ferner kann man dem Ansatz vorhalten, dass auch er das interpretatorische Dilemma der

Kontrastivhypothese nur partiell aufzulösen vermag: Kommt eine Äußerung wie „Ich habe fertig" eines italophonen Deutschlerners nun aus der Muttersprache („ho finito"), oder resultiert sie aus Schwierigkeiten der Sprachproduktionsplanung, also daraus, dass der Sprecher während seiner Sprachplanung und nach der begonnenen Sprachproduktion die Sprachplanung selbst ändert oder abbricht; dies wäre der Fall, wenn er in seiner Planung vielleicht so etwas wie „ich habe beendet" vorgesehen hatte, sich aber plötzlich daran erinnert, dass er dazu ein Objekt benötigt, das ihm in der für die Sprachplanung und -produktion zur Verfügung stehenden Zeit nicht zum Ausdruck seiner Redeabsicht bereit steht.

3.4. Die Monitorhypothese

Die Annahme eines Monitors verbindet sich vor allem mit der Spracherwerbstheorie von Krashen (1982) und bezeichnet die mentale Instanz, die den Spracherwerbs- und -produktionsvorgang überwacht. Dabei kann sich die Tätigkeit des Monitors sowohl auf der Mikroebene bewegen und einzelne syntaktische, phonetische, lexikalische oder morphologische Elemente einer Äußerung überwachen als auch auf der Makroebene, auf der die Realisierung eines mentalen Plans und das Erreichen eines kommunikativen Ziels Gegenstand überwacht werden (z. B. Ellis 1994: 132). Krashen (1982) unterscheidet dabei zwischen unterschiedlichen Lernertypen: Die einen greifen zu intensiv auf ihren Monitor zurück (*overuser*), was zu einer stockenden Sprachplanung und -produktion führt; die anderen greifen zu selten auf ihn zurück (*underuser*) mit der Folge einer zwar flüssigen, aber fehlerhaften Sprachproduktion, deren Qualität damit hinter den eigentlich dem Lerner verfügbaren Kompetenzgrad zurückfällt. Der *optimal user* weiß hingegen, wann er seine Aufmerksamkeit auf die sprachliche Form richten kann oder sogar muss und wann er dies − z. B. aus Zeitgründen − nicht tun kann. Damit stellt sich auch die Frage nach dem Verhältnis von explizitem und implizitem Wissen. Krashen vertritt in diesem Kontext die Annahme, dass beide Wissenstypen kaum Berührungspunkte aufweisen; außerunterrichtliche Sprachaneignung (*erwerben*) sei mental von unterrichtlicher Aneignung (*lernen*) zu trennen mit der Folge, dass gelerntes Wissen nicht in erworbenes Wissen überführt werden könne (*non-interface position*) und dass *Lernen* nur die zweitbeste Form der Aneignung von Sprache sei. Diese Position ist heftig kritisiert worden (z. B. McLaughlin 1987; Ellis 1994) und durch die *interface position* ersetzt worden. Hierbei wird − mit guten Gründen − angenommen, dass es sehr wohl eine Verbindung zwischen diesen beiden unterschiedlichen Typen von Wissen gibt und dass gerade diese Verbindung in ihrer Vielfalt den sprachlichen Aneignungsprozess in seinem Wechselspiel von mentalen Prozessen und Strategien kennzeichnet. Von Bedeutung ist dabei auch, wie vorhandenes Wissen automatisiert und abrufbar gemacht werden kann.

Die grundsätzliche Annahme eines sprachlichen Monitors dürfte wenig umstritten sein; zu diskutieren ist aber, wie dieser Monitor funktioniert und welche Rolle er bei der Sprachaneignung spielt oder spielen kann. Dabei stößt man auf die Schwierigkeit, exakt angeben zu können, bei welcher Sprachproduktion bzw. bei welchen Sprachproduktionen der Monitor tatsächlich seine Wirkung entfaltet hat und wie er dies getan hat (vgl. dazu z. B. Lightbown und Spada 2004: 38). Von Bedeutung für die Entwicklung einer insbesondere (aber keineswegs ausschließlich) unterrichtlich relevanten Spracherwerbstheorie ist er insofern geworden, als er eine wichtige Voraussetzung für ein differenziertes

Konzept der Lernerautonomie und des Lernen lernens darstellt und dass Konzepte zur Mehrsprachigkeitsdidaktik ohne ihn schwerer begründbar scheinen. Letztere basieren darauf, dass vorgängige Sprach- und Sprachlernerfahrungen durch die Lernenden erkannt, systematisiert und für den eigenen Sprachlern- und Sprachproduktionsprozess genutzt werden.

3.5. Die Inputhypothese

Ebenfalls auf Krashen geht die Annahme zurück, dass die Qualität des sprachlichen Inputs von entscheidender Bedeutung für die Fremdsprachenaneignung ist. Ursprünglich richtete sich die Hypothese bei ihm auf den als *Erwerben* bezeichneten Aneignungsvorgang und besagt, dass ein optimaler Input ein bisschen über den erreichten und vorhandenen sprachlichen Wissensbestand hinausreicht. Damit verbindet sich die Vorstellung, dass die *neuen* Anteile an der sprachlichen Seite der Informationsübermittlung den Lerner herausfordern und veranlassen, diese neuen Informationen in den vorhandenen sprachlichen Wissensbestand zu integrieren, und zwar ohne dass ihm dies (zwangsläufig) bewusst werden müsse. Als Unterstützung für diese Annahme wird häufig auf Beobachtungen aus dem Erstspracherwerb verwiesen, denen zufolge Kinder ihr sprachliches Repertoire ohne formale und explizite Unterweisung durch den Kontakt mit der Umwelt auf- und ausbauen. Dabei wird darauf abgehoben, dass dieser Input *bedeutungsvoll* sein muss; damit ist gemeint, dass der Input dann die ihm zugeschriebene Wirkung entfalten kann, wenn die kommunikativen Inhalte für den Lerner bedeutsam sind. Folglich stellen nach dieser Auffassung auf formalsprachliche Beherrschung zielende Drillübungen keinen bedeutungsvollen Inhalt dar, so dass die darin enthaltenen neuen sprachlichen Informationen auch nicht aufgenommen werden können. Erfolgreiche Sprachaneignung setzt also ein Höchstmaß an für den Lerner bedeutungsvollem Input voraus.

Kritiker wenden gegen diese Position ein, dass es schwer fallen dürfte, das genaue Maß und die Strukturen der neuen sprachlichen Information anzugeben, ja es sei nicht einmal möglich, den vorhandenen sprachlichen Wissensbestand exakt zu beschreiben. Der letztlich aus der Inputhypothese erwachsende unterrichtsmethodische Ansatz des *Natural Approach* (vgl. Krashen und Terrell 1983; Tschirner 1996), der zugunsten der Menge und Qualität des fremdsprachlichen Inputs auf methodisch und didaktisch abgesicherte Maßnahmen zur Verankerung und zum Abrufen des neuen fremdsprachlichen Materials weitgehend verzichten will, bietet auch von daher ein beträchtliches Potenzial für kritische Interventionen. Interessant ist in diesem Zusammenhang allerdings auch der kritische Einwand Longs: Er leitet aus seinen empirischen Studien u. a. ab, dass Lernende auch auf ihre Fehler hingewiesen werden müssen, um zu einer revidierten Gestaltung des aus ihrem Wissensbestand erfolgenden sprachlichen Outputs zu gelangen. Verständlichkeit allein sei folglich kein hinreichendes Kriterium für erfolgreichen Zweit- bzw. Fremdsprachenerwerb (1996).

3.6. Die Outputhypothese

Aus der vorangehenden Argumentation ergibt sich, dass dem Output bei der Fremdsprachenaneignung eine erhöhte Bedeutung beigemessen werden muss. Output bezieht sich in der Konsequenz nicht nur auf das Aushandeln von Bedeutung und damit auf die

Sicherstellung der Kommunikation, sondern er fungiert auch als Ergebnis des Aneignungsvorgangs, das seinerseits Gegenstand der lernerseitigen Analyse und Reflexion ist.
Wenn Lernende also die Gelegenheit erhalten, ihren Output kooperativ zu entwickeln,
zu modifizieren und ggf. auch zu korrigieren, wird der Prozess der Fremdsprachenaneignung erfolgreich(er) verlaufen, als wenn diese Möglichkeiten nicht vorhanden sind. In
der Tat kam u. a. Swain (1995, 2000, 2005) in empirischen Studien zu Ergebnissen, die
diese Annahme rechtfertigen. Damit bekommen Faktoren wie die lernerseitige Reflexion,
aber auch die Aufmerksamkeitsfokussierung und die strategisch motivierten kognitiven
Prozesse eine zentrale Bedeutung für die Beschreibung des Aneignungsvorgangs.

3.7. Die Interaktionshypothese

Derartige Faktoren sind es letztlich auch, die Long (1996) zu seiner (revidierten) Interaktionshypothese veranlasst haben: Grundsätzlich beeinflussen Umgebungsfaktoren den
Zweitspracherwerb; spezifische Aufmerksamkeitslenkung und lernerseitige Verarbei-
tungskapazitäten können dabei die Ausprägung dieser Umgebungsfaktoren in ihrer Wirkung auf die Sprachaneignung nachhaltig beeinflussen. Die Entfaltung dieses mentalen
Potenzials gelinge am besten durch die Aushandlung von Bedeutung. Dabei werde dieser
Aushandlungsprozess vor allen Dingen dann für den Aneignungsvorgang fruchtbar sein,
wenn in ihm enthaltenes negatives Feedback den Lerner zu einer Analyse der von ihm
verwendeten sprachlichen Strukturen veranlasse. Dabei gelange der Lerner zu einer auch
potenziell im Bewusstsein verankerten Einsicht über die negative Evidenz für bestimmte
Sprachstrukturen. Diese könnten damit als *falsch* erkannt und aus dem Reservoir anzu-
wendender sprachlicher Strukturen ausgeschlossen werden. Von daher sei das Erzielen
von negativer Evidenz ein wichtiges Indiz für einen durchaus erfolgreichen Aneignungsvorgang.

Für die beiden letztgenannten Hypothesen gilt, dass der Erfolg der Sprachaneignung
jeweils von der Fähigkeit zur metasprachlichen Reflexion und − im Falle der Interaktionshypothese − von der Reaktion des sprachlichen Gegenübers abhängt. Ist z. B. letztere
im Sinne der Interaktionshypothese unangemessen, müsste die Sprachaneignung scheitern oder zumindest weniger erfolgreich verlaufen. Ist die Sprachaneignung trotz unangemessenen interaktionalen Feedbacks dennoch erfolgreich, müsste dies eine Stärkung ler-
nerinhärenter Variablen zur Erklärung der Sprachaneignung bedeuten, wobei dann wieder zu klären wäre, welches denn die für erfolgreiche Sprachaneignung verantwortlichen
Merkmale sind.

3.8. Die Lehr-/Lernbarkeitshypothese

Diese Hypothese geht insbesondere auf Arbeiten Pienemanns zurück (z. B. 1998, 2003)
und schließt u. a. an Krashens Überlegungen zur Bedeutung sprachlicher Entwicklungssequenzen, aber auch zur Inputhypothese an: Nach Pienemann sind didaktische Maßnahmen und methodische Schritte nicht in der Lage, die natürlich vorgegebene Reihenfolge beim Erwerb sprachlicher Strukturen zu verändern oder gar umzukehren. Daraus
folgt gleichzeitig, dass Lehrprozesse nur dann erfolgreich verlaufen (können), wenn sie
sich auf den nächsten Schritt bzw. das nächste Stadium auf der Skala der Entwicklungs-

sequenzen beziehen. Zu steile Progressionen erweisen sich damit als wenig aussichtsreich für die Förderung der Sprachaneignung. Damit eine sprachliche Struktur aufgenommen, mental verarbeitet und in den Wissensbestand integriert werden kann, muss seitens des lernenden Individuums die mentale Bereitschaft dazu bestehen.

Gegen diese Hypothese sind kritische Einwände aus unterschiedlichen Richtungen erhoben worden. Zum einen werden die von Pienemann angenommenen bzw. ermittelten Entwicklungssequenzen in anderen Studien gerade nicht ermittelt (vgl. z. B. Klein Gunnewiek 2000); andere Forscher sind der Meinung, dass wir grundsätzlich über mögliche Entwicklungssequenzen noch zu wenig wissen (vgl. z. B. Ellis 1994 passim). Zum anderen kann man kritisch einwenden, dass dieser Erklärungsansatz sich zu sehr auf die sprachliche Form und zu wenig auf die sprachliche Bedeutung konzentriere, im Gegensatz z. B. zur Interaktionshypothese. Schließlich lässt sich aus didaktischer Seite kritisch anmerken, dass Progressionen in der Vergangenheit sehr wohl didaktischen Überlegungen gefolgt seien, die fremdsprachliche Aneignungsvorgänge nicht behindert, sondern vielleicht sogar erst ermöglicht haben.

Über die hier kurz erwähnten Hypothesen hinaus sind weitere Hypothesen entwickelt und Gegenstand der Diskussion gewesen (z. B. die Akkulturationshypothese, die Pidginisierungshypothese oder die Schwellenhypothese). Ihre Bedeutung für die Beschreibung und Erklärung fremdsprachlicher Aneignungsvorgänge ist entweder sehr umstritten oder aber noch nicht hinreichend ausdiskutiert worden. Insgesamt scheinen die Befunde der unterschiedlichen theoretischen Zugänge durchaus den Schluss nahe zu legen, dass jeder Aneignungsvorgang von spezifischen Merkmalen gekennzeichnet ist, der seine Wirkung in einer je spezifischen Kombination und Ausprägung der beteiligten Faktoren entfaltet, so dass man mit guten Argumenten von einer *Einzelgängerhypothese* sprechen kann (Riemer 1997).

4. Konsequenzen für den Fremdsprachenunterricht

Die angesprochenen Hypothesen zum Zweitsprachenerwerb und zum Fremdsprachenlernen haben einen je unterschiedlichen Anspruch und eine je unterschiedliche Reichweite. Während ein Teil von ihnen auf die Beschreibung und Erklärung fremdsprachlicher Aneignungsvorgänge zielt, strebt ein anderer möglichst weitreichende Gültigkeit für alle denkbaren Aneignungssituationen und -kontexte an. Gerade von daher ist es wohl kein Zufall, dass die Begründer der jeweiligen Theoriekonstrukte zumeist außerhalb des Fremdsprachenunterrichts und seiner Erforschung zu suchen sind, zeichnet dieser sich doch durch eine Vielzahl von Variablen aus, die in ihrer Interaktion und didaktisch begründeten Beeinflussung die Spezifik eines Gegenstandsbereichs ausmachen, der sich einer empirischen Erfassung entzieht, die mit dem Anspruch verknüpft ist, universalistische Aussagen zur Sprachaneignung zu ermöglichen. So verwundert es nicht, wenn ein Teil dieser Konstrukte den Fremdsprachenunterricht entweder gar nicht erwähnt oder nur am Rande berücksichtigt.

Die größte Nähe zum Fremdsprachenunterricht könnte man auf den ersten Blick der Identitäts-, der Input- und der Interaktionshypothese beimessen, lässt sich doch der vermittlungsmethodische Ansatz des *Natural Approach* hier unmittelbar anschließen. Dagegen spricht allerdings die Tatsache, dass sich dieser Ansatz deutlich stärker an Lernenden orientiert, die die Zweitsprache außerhalb des Unterrichts als Kommunikationsmedium nutzen (müssen), und dass er selbst in seinem Ursprungsland, den USA, wohl nur partiell Geltung erlangen konnte. Dabei ist die Position, Lernenden nur mit dem zu konfrontieren, was sie derzeit bereit und in der Lage sind zu lernen, aus didaktischer Sicht ja keineswegs uninteressant. Möglicherweise sind es die in der Breite noch nicht hinreichend vorliegenden empirischen Befunde für die Entwicklungssequenzen und die eher unklaren methodischen und didaktischen Optionen, die eine nicht zu übersehende Skepsis gegenüber diesem unterrichtlichen Konzept hervorrufen.

So resultieren denn die eigentlichen Konsequenzen für den Fremdsprachenunterricht aus anderen Theoriekonstrukten und den mit ihnen verbundenen Annahmen. Zwei von ihnen seien hier erwähnt:

Die meisten (wenn auch nicht alle) Aneignungstheorien betonen die Eigenverantwortung des Lernenden für die Gestaltung des fremdsprachlichen Lernens. Der Lerner wird entweder als aktiver Hypothesentester, als Strategieanwender oder als metatheoretisch reflektierendes Subjekt gesehen. So wird die erhebliche Bedeutung erklärbar, die der Lernerautonomie beigemessen wird. Aus ihr ergeben sich nicht nur spezifische Sichtweisen auf mentale Verarbeitungswege, deren Entstehung und Ausgestaltung in engem Zusammenhang mit unterrichtlichen Maßnahmen und Entscheidungen stehen (vgl. dazu ausführlicher z. B. Martinez 2008; Schmenk 2008), sondern sie sind auch ursächlich für die Entstehung von didaktischen Konzepten wie Sprachenportfolio oder Aufgabenorientierung (vgl. zu letzterem z. B. Müller-Hartmann und Schocker-von Ditfurth 2005) verantwortlich. Diesen Konzepten ist die Auseinandersetzung mit dem eigenen Lernen und die Ermittlung und Evaluation von lernfördernden lernerseitigen Schritten inhärent.

Die zweite Konsequenz, die zumindest mittelbar aus den genannten theoretischen Konzepten ableitbar ist, stellt sich in den Arbeiten zur Mehrsprachigkeitsdidaktik dar (vgl. exemplarisch Hufeisen und Marx 2007; Meißner et al. 2004): Hier wird der Aufbau einer Kompetenz in einer weiteren Fremdsprache, die aktuell noch gar nicht spezifischer Lerngegenstand ist, angeregt und vorangetrieben. Dies geschieht mittels selbstreflexiver, den Gegenstand systematisierender Verfahren, mit deren Hilfe sich die Lernenden systematische Verbindungen zwischen bereits bekannten und noch zu lernenden typologisch verwandten Sprachen entwickeln und zum Aufbau bzw. zur Verbesserung der eigenen fremdsprachlichen Kompetenz nutzen. Erfolgreiches Fremdsprachenlernen wird also an die Fähigkeit des Lerners gebunden, den Lerngegenstand systematisch zu durchdringen und diese Systematik dazu zu benutzen, den eigenen Aneignungsvorgang zu planen, zu überwachen und zu effektivieren.

Dieser Ansatz kommt der sich aktuell vollziehenden Umstellung schulischer Curricula auf kompetenzorientierte Bildungsstandards durchaus entgegen. Diese Umstellung hat zum Ziel, diejenigen Kompetenzen festzuschreiben, die Lernende am Ende einer bestimmten Ausbildungsstufe erlangt haben sollen. Dabei erstrecken sich diese Standards eben nicht mehr auf eine Zuschreibung von *richtig* oder *falsch*, sondern auf für die Fremdsprachenaneignung bedeutsame Kompetenzen. Von Bedeutung ist hierbei ferner, dass auch die Bildungsstandards − neben der Portfolioarbeit − ein Mittel darstellen, um die traditionelle Rolle des Fehlers als auszumerzendes Übel neu zu bestimmen. Gerade die Zweitsprachenerwerbstheorien hatten zwar gezeigt, dass dem Fehler eine wichtige diagnostische Funktion innewohnt und dass man Fehler nicht einseitig als zu sanktionierendes Element im Unterricht ausschließlich kritisch betrachten darf; diese aus der

Forschung resultierende Erkenntnis harrt bislang noch einer unterrichtlich realisierbaren Umsetzung. Portfolioarbeit und Bildungsstandards könnten dazu beitragen, diese Stagnation zu überwinden.

5. Literatur in Auswahl

Ellis, Rod
    1994   *The Study of Second Language Acquisition.* Oxford: University Press.
Hufeisen, Britta und Nicole Marx (Hg.)
    2007   *EuroComGerm − Die sieben Siebe: Germanische Sprachen lesen lernen.* Aachen: Shaker.
Klein Gunnewiek, Lisanne
    2000   *Sequenzen und Konsequenzen. Zur Entwicklung niederländischer Lerner im Deutschen als Fremdsprache.* Amsterdam: Rodopi.
Krashen, Stephen D.
    1982   *Principles and Practice in Second Language Acquisition.* London: Longman.
Krashen Stephen D. and Tracy D. Terrell
    1983   *The Natural Approach: Language Acquisition in the Classroom.* Oxford: Pergamon.
Lightbown, Patsy M. und Nina Spada
    2004   *How Languages are Learned.* Oxford: University Press.
Long, Michael H.
    1996   The role of the linguistic environment in second language acquisition. In: William C. Ritchie and Tej K. Bhatia (Hg.), *The Handbook of Second Language Acquisition,* 413−468. Oxford: Blackwell.
Martinez, Hélène
    2008   *Lernerautonomie und Sprachenlernverständnis. Eine qualitative Studie bei zukünftigen Lehrerinnen und Lehrern romanischer Sprachen.* Tübingen: Narr.
McLaughlin, Barry
    1987   *Theories of Second Language Learning.* London: Arnold.
Meißner, Franz-Joseph und Claude Meißner, Horst G. Klein und Tilbert D. Stegmann (Hg.)
    2004   *EuroComRom. Les sept amis. Lire les langues romanes dès le début. Avec une introduction à la eurocompréhension.* Aachen: Shaker.
Müller-Hartmann, Andreas und Marita Schocker-von Ditfurth (Hg.)
    2005   *Aufgabenorientierung im Fremdsprachenunterricht. Task Based Language Learning and Teaching.* Festschrift für Michael K. Legutke. Tübingen: Narr.
Pienenmann, Manfred
    1998   *Language Processing and Second Language Acquisition: Processability Theory.* Amsterdam: Benjamins.
Pienemann, Manfred
    2003   Language processing capacity. In: Catherine J. Doughty und Michael H. Long (Hg.): *The Handbook of Second Language Acquisition,* 679−714. Oxford: Blackwell.
Riemer, Claudia
    1997   *Individuelle Unterschiede im Fremdsprachenerwerb. Die Wechselwirksamkeit ausgewählter Einflußfaktoren.* Baltmannsweiler: Schneider Hohengehren.
Schmenk, Barbara
    2008   *Lernerautonomie. Karriere und Sloganisierung des Autonomiebegriffs.* Tübingen: Narr.
Selinker, Larry
    1972   Interlanguage. *International Review of Applied Linguistics* 10(2): 209−231.
Swain, Merrill
    1995   Three functions of output in second language learning. In: Guy Cook and Barbara Seidlhofer (Hg.), *Principle and Practice in Applied Linguistics. Studies in Honour of H. G. Widdowson, 235−253.* Rowley MA: Newbury House.

Swain, Merrill
  2000   The output hypothesis and beyond: mediating acquisition through collaborative dialogue.
          In: James P. Lantolf (Hg.), *Sociocultural Theory and Second Language Learning*, 97−114.
          Oxford: University Press.
Swain, Merrill
  2005   The Output Hypothesis: Theory and Research. In: Eli Hinkel (Hg.), *Handbook of Research in Second Language Teaching and Learning*, 471−483. Mahwah: Erlbaum.
Tschirner, Erwin
  1996   Spracherwerb im Unterricht: Der *Natural Approach*. *Fremdsprachen lehren und lernen* 25:
          50−69.
Wardhaugh, Ronald
  1970   The contrastive analysis hypothesis. *TESOL Quarterly* 4: 123−130.

Frank G. Königs, Marburg (Deutschland)

85. Empirische Forschungsmethoden in der Zweit- und Fremdsprachenerwerbsforschung

1. Einleitung
2. Quantitative und qualitative Forschung
3. Triangulation
4. Gütekriterien
5. Methoden der Datenerhebung
6. Methoden der Datenaufbereitung, -auswertung und -interpretation
7. Ausblick
8. Literatur in Auswahl

1. Einleitung

Empirische Zweit- und Fremdsprachenerwerbsforschung sammelt datengeleitet, systematisch und methodisch kontrolliert Erkenntnisse über die Wirklichkeit des Lehrens und Lernens von Zweit- und Fremdsprachen (hier: DaF und DaZ). Dabei greift sie forschungsmethodologische Prinzipien und Forschungsmethoden aus Nachbardisziplinen auf, insbesondere aus Psychologie und Sozialwissenschaften, und ergänzt diese um Verfahren der (angewandten) Sprachwissenschaften. Forschung im Bereich DaF/DaZ kann dabei an Entwicklungen in der internationalen Fremdsprachenforschung (insbesondere *Applied Linguistics*, *Second Language Acquisition Research*, Bilingualismusforschung) und in der deutschen Fremdsprachenforschung (Sprachlehr- und -lernforschung, empirische Fremdsprachendidaktik) anknüpfen. In Deutschland wurde parallel zur Konstituierung des Faches DaF an den Universitäten insbesondere im Rahmen der Sprachlehr- und -lernforschung empirische Forschung vorangetrieben. Ein wichtiges Ziel dabei ist stets, „die begründete Konsolidierung bzw. Veränderung konkreter Formen des Lehrens und Lernens fremder Sprachen zu bewirken" (Bausch, Christ und Krumm 2003: 4). Dies impliziert, „die Forschungsmethodik so anzulegen, dass sie Probleme aus der Praxis aufgreift, der systematischen und integrativen Forschung zuführt und wieder in die Praxis einbringt, sei es in Form von Bestätigungen für gewohntes Unterrichtsverhalten, sei es als Empfehlung bzw. Handlungsalternative für eine begründete Veränderung desselben" (Bausch, Christ und Krumm 2003: 4). Empirische Forschung im Bereich DaF und DaZ ist also auch dem Postulat verpflichtet, dass sie über die allgemeine Erkenntnisgewinnung hinaus zumindest mittelbar für die Praxis relevant ist. Neben der beschriebenen angewandten Forschung haben auch Grundlagen- und Aktionsforschung (vgl. Art. 153) ihren festen Platz in der Empirie des Faches (vgl. McDonough und McDonough 1997: 42−43; Seliger und Shohamy 1989: 19−20).

Empirische Forschung im Bereich DaF und DaZ muss sich − wie die L2-Forschung insgesamt − damit auseinandersetzen, dass das Lernen und Lehren von Fremd- und Zweitsprachen durch eine Vielzahl einander wechselseitig beeinflussender Faktoren bestimmt wird (Faktorenkomplexion), dass Lehr- und Lernprozesse innerhalb eines zu bestimmenden sozialen Milieus und ggfs. innerhalb von Institutionen stattfinden, dass man es sowohl mit Produkten als auch mit Prozessen zu tun hat und dass diese Prozesse des Lehrens und Lernens dynamisch sowie von individuellen Unterschieden zwischen Lernenden und durch Instabilität der Lernprodukte geprägt sind (vgl. Grotjahn 2003: 493). Hierbei zu treffende forschungsmethodologische Entscheidungen führen zur Verortung eines Forschungsprojekts im Rahmen eines stärker quantitativ oder qualitativ orientierten Forschungsansatzes.

2. Quantitative und qualitative Forschung

In der empirischen Forschung werden zwei forschungsmethodologische Paradigmen unterschieden, die disziplinenübergreifend als *qualitative* und *quantitative* Forschungsansätze bezeichnet werden und die die Enden eines bipolaren Kontinuums markieren (Grotjahn 1987: 59−60; Seliger und Shohamy 1989: 114; Larsen-Freeman und Long 1991: 15; Nunan 1992: 3−8; Brown und Rodgers 2002: 15−16; Riemer 2007). *Methodologie* meint hier eine Metatheorie empirischer Methoden (Methodenlehre), im Unterschied zum Terminus *Methode*, der sich auf einzelne wissenschaftliche Verfahrensweisen im Umgang mit Daten bezieht. Während die Erfahrungsrealität in qualitativer Forschung verbalisiert wird, wird sie in der quantitativen Forschung numerisch beschrieben (Brown und Rodgers 2002: 11−12; 15; Bortz und Döring 2006: 296). Darüber hinaus implizieren qualitative und quantitative Forschung jeweils unterschiedliche Voraussetzungen und Ziele, gehen von unterschiedlichen zugrunde gelegten Menschenbildern und Vorstellungen über die Forschungsorganisation aus und arbeiten mit Daten, die nach unterschiedlichen Maximen erhoben, aufbereitet und analysiert werden. Somit bezieht sich die Kategorisierung *qualitativ − quantitativ* entweder auf die Datenerhebung, auf die Daten selbst und/oder auf die Auswertung der Daten (Grotjahn 1987: 59; Nunan 1992: 4). Dies führt innerhalb der jeweiligen Paradigmen zu Forschungsergebnissen mit unterschiedlichem Erkenntnisanspruch.

Die von Grotjahn (1987: 55−60) präferierte Verwendung der Termini „explorativ-interpretativ" bzw. „analytisch-nomologisch" als Bezeichnung dieser beiden Forschungsausrichtungen benennt die zentralen Merkmale beider Methodologien. Beide Ansätze wurden lange Zeit als sich gegenseitig ausschließende Paradigmen interpretiert. Mittlerweile ist der einander ergänzende Wert beider Ansätze unbestritten, wobei eine gewinnbringende Verknüpfung der Herangehensweisen allerdings noch zu selten stattfindet.

2.1. Quantitative Forschung

Beschreibung und *Erklärung* menschlichen Verhaltens (hier: Lernen und Lehren von DaF/DaZ) aus der Außenperspektive ist das Ziel quantitativer L2-Forschung, und zwar idealerweise im Rahmen generalisierbarer Gesetzmäßigkeiten. Aufgestellte Hypothesen sollen dabei mit Hilfe empirischer Untersuchungen verifiziert oder falsifiziert werden. Sie müssen also so formuliert sein, dass deutlich wird, wie sie, auch im Rahmen nachfolgender Replikationsstudien, falsifiziert werden könnten (Seliger und Shohamy 1989: 11). Dazu werden stets Hypothesenpaare aus Nullhypothese und Alternativhypothese aufgestellt, wobei die Alternativhypothese einen Effekt annimmt, den die Nullhypothese negiert. Ein signifikantes Ergebnis bedeutet, dass ein in einer Stichprobe ermittelter Befund es unwahrscheinlich erscheinen lässt, dass in der Population die Nullhypothese gelten könnte. Daher wird automatisch die Alternativhypothese angenommen. Ein nicht signifikantes Ergebnis kann hingegen nicht als Hinweis auf das Zutreffen der Nullhypothese gewertet werden (vgl. Bortz und Döring 2006: 24−27).

Der statistische Kennwert p (für engl. *probability*, Wahrscheinlichkeit) gibt an, mit welcher Wahrscheinlichkeit das in der Stichprobe gefundene Ergebnis für die Population verallgemeinerbar ist. Häufig wird dabei unterschieden in $p > 0.05$ (nicht signifikant), $p \leq 0.05^*$ (signifikant), $p \leq 0.01^{**}$ (sehr signifikant) und $p \leq 0.001^{***}$ (hoch signifikant). Signifikanz ist jedoch nicht zu verwechseln mit der Bedeutsamkeit statistischer Ergebnisse. Bei sehr großen Stichproben werden auch sehr geringe Zusammenhänge bzw. Unterschiede signifikant.

Im Rahmen quantitativer Forschung ist es unabdingbar, Teilbereiche des Untersuchungsfeldes zu isolieren und zu kontrollieren, was bedeutet, dass externe Einflüsse und weitere auf die interessierenden Untersuchungsgegenstände intervenierende Variablen hinreichend kontrolliert werden müssen. Dies erfordert in der Regel eine Manipulation des Untersuchungsfeldes, sorgfältige Zusammenstellung der Probandengruppen und standardisierte Datenerhebungs- und -auswertungsverfahren sowie größere Stichproben. Erhoben werden sollen harte − d. h. reliable und replizierbare − Daten, die mit Hilfe teststatistisch überprüfter Instrumentarien elizitiert werden. Dies ist jedoch häufig nur auf Kosten der Tiefgründigkeit und Natürlichkeit und damit der externen Validität quantitativer Daten zu erreichen (s. Abschnitt 4).

Experimente markieren den quantitativ ausgerichteten Extrempol der methodologischen Skala. Unter kontrollierten (Labor-)Bedingungen können Aussagen über Ursache-Wirkungs-Beziehungen durch den weitgehenden Ausschluss von Störvariablen angestrebt werden. Das Experiment definiert sich durch eine Zufallszuweisung (*random sampling*) bzw. zumindest anhand relevanter Merkmale kontrollierte Zuweisung der Untersuchungsteilnehmer auf eine Versuchs- und eine Kontrollgruppe. Die interessierende Einflussvariable wird durch eine von dem Forschenden initiierte Manipulation (z. B. eine spezifische Lehrtechnik) operationalisiert, der nur die Versuchsgruppe ausgesetzt wird, nicht aber die Kontrollgruppe. Das klassische Design eines Experimentes stellt die Abfolge Vortest (*pretest*) − plus/minus Manipulation (*treatment*) − Folgetest (*posttest*) dar (vgl. Seliger und Shohamy 1989: 135−152). In der L2-Forschung, wie auch allgemein in den Sozialwissenschaften, sind Experimente aufgrund der schwierig herzustellenden Bedingungen (insbesondere: Zufallsverteilung von Untersuchungsteilnehmern z. B. auf Lerngruppen), aus forschungsethischen Beweggründen (z. B. nur der Hälfte der Probandinnen und Probanden eine Fördermaßnahme angedeihen zu lassen) und aufgrund von Zweifeln an der ökologischen Validität der Befunde nur selten zu finden. Etwas häufiger sind *Quasi-Experimente*, die im Unterschied zu Experimenten mit natürlich existierenden Gruppen arbeiten. Typischerweise im Rahmen von quantitativen Designs eingesetzte Methoden sind insbesondere Test oder Fragebogen.

2.2. Qualitative Forschung

Exploration komplexer Prozesse sowie deren *Verstehen* ist das Hauptziel qualitativer Fremdsprachenforschung. Dies verlangt einen empathischen Nachvollzug aus der Perspektive der UntersuchungsteilnehmerInnen und bedingt ein komplexes elaborativ-prospektives Menschenbild, wobei das Gesamtfeld als Informationslieferant zur Verfügung steht (zur Menschenbilddiskussion in der Fremdsprachenforschung vgl. Grotjahn 2005). Hypothesen und Theorien sollen dabei erst während des Forschungsprozesses durch das interpretative Auffinden wiederkehrender Muster erschlossen werden (qualitative Forschung als theoriegenerierende Forschung), wobei ausgeprägte Vorstrukturierungen des Untersuchungsfeldes (z. B. Standardisierungen in der Datenerhebung oder vorrangige Berücksichtigung von Vorwissen in der Entwicklung kategorialer Systeme) weitgehend vermieden werden sollen, was den Einsatz offener Forschungsmethoden impliziert. Es interessieren nicht allein die *Produkte* menschlichen Verhaltens, sondern auch die *Prozesse*, die zu den Produkten führen. Das Untersuchungsfeld soll so weit wie möglich natürlich belassen sein, dies heißt konkret: Soll z. B. gesteuerter Fremdsprachenerwerb *verstanden* werden, so sind die Daten aus dem Kontext real stattfindenden Fremdsprachenunterrichts zu gewinnen und nicht in speziell eingerichteten laborähnlichen Handlungsräumen mit je eigenen Konstellationen. Dabei sollen möglichst tiefgründige, reichhaltige Daten (*rich data*) erhoben werden. Dies bedeutet andererseits, dass es aus forschungsökonomischen Gründen selten möglich ist, größere Probandengruppen zu erfassen, und dass damit qualitative Forschungen zumeist in Form von Fallstudien organisiert sind, die auf eine Generalisierung der Befunde verzichten müssen. Noch zu wenig ist in der qualitativen Fremdsprachenforschung die Auswahl von Fällen diskutiert worden. Auch im Rahmen eines qualitativen Forschungsdesigns notwendige Entscheidungen für ein bestimmtes Lehr-/Lernumfeld (Alter, Ausgangssprache, L2-Kompetenz, Unterrichtskontext, Lernziele etc.) inklusive Verzicht auf größere Probandengruppen (und repräsentative Stichproben) dürfen nicht zu Beliebigkeit bzw. Zufälligkeit der Auswahl der UntersuchungsteilnehmerInnen führen. Forschungsansätze, die sich an der *Grounded Theory* (vgl. Glaser und Strauss 1998: 53−83) orientieren, arbeiten mit Verfahren des *theoretischen Sampling*, wobei Untersuchungspersonen bzw. -gruppen sukzessiv festgelegt werden und durch die systematische Berücksichtigung zunächst typischer und ähnlicher, dann abweichender und kritischer Fälle eine maximale Variation angestrebt wird. Die dabei entwickelten Erkenntnisse lenken dann bestenfalls die weitere Fallauswahl.

Methoden der *Feldforschung* sind an den Prinzipien qualitativer Forschung im Idealfall sehr nah orientiert, da Untersuchungsgegenstände in ihrem natürlichen Kontext untersucht werden. Die Untersuchungsteilnehmer verbleiben in ihren alltäglichen Praktiken (z. B. in ihren alltäglichen sprachlichen Handlungsräumen), was artifizielle Forschungsergebnisse verhindern soll. Wiederholte teilnehmende Beobachtung und offene Befragungen (s. u.) im Rahmen von Längsschnittstudien (Longitudinalstudien) über einen längeren Zeitraum sind typischerweise dabei eingesetzte Methoden; Forschungsstrategien werden flexibel gehandhabt. Da der Untersuchungskontext nicht manipuliert werden soll/ darf, ist die Kontrolle von Variablen nicht in Gänze möglich (eingeschränkte interne Validität), den Untersuchungsergebnissen wird aber − im Gegensatz zu Forschungsergebnissen quantitativer Studien − eine hohe ökologische und externe Validität zugeschrieben.

3. Triangulation

In dem unmöglichen Streben nach gleichzeitiger Kontrolle und Natürlichkeit liegt folglich der Grundkonflikt zwischen quantitativer und qualitativer Forschung. In den letzten Jahren hat sich (nicht nur) in der Fremdsprachenforschung der Standpunkt durchgesetzt, dass der qualitative und der quantitative Forschungsansatz je spezifische Stärken und Schwächen mit sich bringen und dass stets Erkenntnisinteresse und Untersuchungsgegenstände die Wahl spezifischer Forschungsdesigns begründen sollten. So ist es für die Auswahl eines Forschungsansatzes beispielsweise relevant, ob der Wissensstand zum spezifischen Gegenstand eine begründete Hypothesenprüfung im Rahmen eines in der Regel quantitativen Designs erlaubt oder ob es sinnvoller ist, mögliche Vorannahmen und Hypothesen über das Untersuchungsfeld zunächst im Rahmen einer qualitativen Studie zu gewinnen.

Um Synergieeffekte zwischen den beiden beschriebenen Herangehensweisen zu erzielen, ist die *Triangulation* unterschiedlicher Forschungsmethoden und/oder Methodologien im Untersuchungsplan eine in der empirischen Fremdsprachenforschung immer häufiger eingesetzte Forschungsstrategie. Der aus der Navigation entlehnte Begriff bezieht sich auf die Vermessung eines Objekts von unterschiedlichen Standpunkten aus (Brown und Rodgers 2002: 243; McDonough und McDonough 1997: 71; Aguado und Riemer 2001: 247). Zentrale Funktionen von Triangulation sind die Überwindung von Schwächen und Verzerrungen von Forschungsmethoden durch den Einsatz von mehrmethodischen Forschungsansätzen (Validierungsstrategie) und/oder die Suche nach reichhaltigeren Einsichten in den Forschungsgegenstand: „Das Ergebnis einer Triangulation kann Konvergenz, Komplementarität und Divergenz sein" (Grotjahn 2006: 260). Zentral ist, dass die triangulierten Daten tatsächlich einen *gemeinsamen* Untersuchungsgegenstand betreffen; der Einsatz unterschiedlicher Datensätze ist per se noch keine Triangulation (vgl. Aguado und Riemer 2001).

Von Triangulation wird in zwei zu unterscheidenden Kontexten gesprochen. Zum einen bedeutet Triangulation die Kombination qualitativer und quantitativer Teilstudien im Rahmen ein und desselben Forschungsprojekts, z. B. durch die Verknüpfung einer Stichprobe mit ergänzenden Fallstudien. Auch die sukzessive Abfolge von qualitativer Pilotstudie und quantitativer Querschnittstudie kann hierunter gefasst werden (vgl. Flick

2004: 67−85). Zum anderen wird Triangulation im Rahmen rein qualitativer Forschungsansätze zur Qualitätsverbesserung durch die Verwendung mehrmethodischer Ansätze eingesetzt (vgl. Aguado und Riemer 2001). Unterschieden werden kann weiter zwischen *Methoden-Triangulation* (unterschiedliche Methoden zur Untersuchung desselben Gegenstands: multiple Operationalisierung), *Daten-Triangulation* (unterschiedliche Datenquellen für das gleiche Phänomen: unterschiedliche Orte, Zeitpunkte, Personen unterschiedlicher Herkunft), *Forschenden-Triangulation* (unterschiedliche Beobachter, Interviewer, Datenauswerter etc.) und *Theorien-Triangulation* (Datenanalyse unter Einbeziehung unterschiedlicher theoretischer Ansätze; vgl. Denzin 1978; McDonough und McDonough 1997: 71; Brown und Rodgers 2002: 243−244; Grotjahn 2006: 259−260).

4. Gütekriterien

Gütekriterien sind „explizit gemachte Beurteilungskriterien, die für einen rationalen Diskurs über die Qualität von Forschung erforderlich sind" (Aguado und Riemer 2001: 246). Im Rahmen qualitativer Forschung sind andere Gütekriterien anzulegen als in quantitativer Forschung. Als aber beiden Paradigmen übergeordnetes Gütekriterium kann *Transparenz* als Bedingung für Nachvollziehbarkeit von Forschung angesehen werden (vgl. Aguado 2000), da diese eine Einschätzung der Güte von Forschungsarbeiten überhaupt erst möglich macht. Bärenfänger und Stevener (2001: 16−24) haben in diesem Zusammenhang einen offenen Kriterienkatalog zu „Datenerhebungsverfahren und ihre[r] Evaluation" erstellt, in dem sie fordern, folgende zehn Punkte in der Forschungsliteratur grundsätzlich transparent zu machen: Datenerhebungsverfahren, Probanden, Apparatur, Material, Design und Ablauf, Gegenstände, Operationalisierung, Maße, Gütekriterien sowie Durchführbarkeit. Die Autoren versprechen sich von einer dahingehenden stärkeren Standardisierung eine Ökonomisierung des Forschungsprozesses, insofern als auf Bewährtes zurückgegriffen werden kann, und in der Folge eine erhöhte Qualität der fachinternen Forschung (Bärenfänger und Stevener 2001: 25). Auch das Lernpotential für andere, insbesondere jüngere Forscher, das in der Offenlegung von Überlegungen und Schwierigkeiten steckt, ist ein gewichtiges Argument (Aguado 2000: 119−120).

4.1. Gütekriterien quantitativer Forschung

Zwischen den drei klassischen Gütekriterien quantitativer Forschung, Validität, Reliabilität und Objektivität, besteht ein Inklusionsverhältnis, insofern als es ohne Objektivität keine Reliabilität und ohne Reliabilität keine Validität geben kann (Grotjahn 1987: 62−63).

Das Kriterium der *Objektivität* bezieht sich darauf, dass Datenerhebung, -analyse und -interpretation vom jeweiligen Beobachter unabhängig sein sollten, d. h. dass unterschiedliche Beobachter idealerweise zu demselben Ergebnis kommen sollten (Bortz und Döring 2006: 195). Aguado (2000: 122) hält Objektivität in der empirischen Fremdsprachenforschung jedoch grundsätzlich für eine Illusion; erreicht werden könne bestenfalls intersubjektive Nachvollziehbarkeit. Denn in der Tat ist zumindest die Durchführungsobjektivität nicht zu prüfen, da man z. B. nicht zwei Versuchsleiter mit denselben Probanden denselben Versuch durchführen lassen kann, um die Ergebnisse anschließend zu vergleichen. In Bezug auf Auswertung und Interpretation der Daten sind intersubjektive Vergleiche hingegen möglich. Eine Gefahr für die Durchführungsobjektivität sind z. B. *Pygmalion-* (auch *Polyanna-* bzw. *Rosenthal-)Effekte*: Der Versuchsleiter kann, durch seine Erwartungen bedingt, das Verhalten der Probanden beeinflussen, d. h. verstärken oder abschwächen (Brown 1988: 34).

Das Gütekriterium der *Reliabilität* bezieht sich auf die Forderung, dass ein erneutes Messen mit einer vergleichbaren Stichprobe zum gleichen Ergebnis führen sollte. Reliabilität misst also die Zuverlässigkeit der Messmethode (Bortz und Döring 2006: 196). Dabei gilt, wie bereits angesprochen, dass mangelnde Objektivität automatisch auch die Reliabilität senkt, weil durch Unterschiede zwischen Testanwendern Fehlervarianz erzeugt wird (Bortz und Döring 2006: 200).

Validität gilt gemeinhin als das höchste der Gütekriterien. Forschung gilt dann als valide, wenn eine andere Messmethode zu den gleichen Ergebnissen geführt hätte. Validität bezieht sich also auf die Operationalisierung, d. h. die Messbarmachung theoretischer Begriffe in empirisch beobachtbare Phänomene. Anders gesagt geht es um die Frage: Misst das Instrument wirklich, was es messen soll? An dieser Stelle wird deutlich, warum Validität als *conditio sine qua non* gilt. Auch eine objektive und reliable Messung kann invalide sein, wenn sie nicht das misst, was sie messen soll oder zu messen vorgibt (Bell 1999: 104).

Zu unterscheiden sind u. a. *interne* und *externe Validität*. Intern valide sind Ergebnisse dann, wenn sie eindeutig zu interpretieren sind. Die externe Validität bezieht sich auf die Frage, inwiefern die Ergebnisse über die Stichprobe hinaus verallgemeinerbar sind (Seliger und Shohamy 1989: 105; Nunan 1992: 15; Bärenfänger und Stevener 2001: 23; Bortz 2005: 8). Interne und externe Validität stehen dabei grundsätzlich in einem Wechselverhältnis zueinander. Je stärker die Erhebungssituation kontrolliert wird, desto mehr steigt die interne Validität der Messungen. Gleichzeitig sinkt jedoch die Verallgemeinerbarkeit der Ergebnisse, also die externe Validität, da die Stichprobe in der künstlichen Erhebungssituation immer weniger mit der natürlichen Gesamtpopulation gemeinsam hat (Brown 1988: 40; Nunan 1992: 15; Bärenfänger und Stevener 2001: 17, 21; vgl. auch Abschnitt 4.2).

Ferner kann unterschieden werden in *Inhaltsvalidität/Kontentvalidität* (angemessene Operationalisierung des Konstrukts, z. B. kommunikative Kompetenz), *kriterienbezogene Validität* (Korrelation mit einem unabhängigen Außenkriterium, z. B. einem anderen Test), *Augenscheinvalidität (face validity*; Akzeptanz des Verfahrens von Seiten der Getesteten und der Testenden) und *Konstruktvalidität* (Frage nach möglichst vollständiger Erfassung des Konstrukts; vgl. Grotjahn 2000: 312).

4.2. Gütekriterien qualitativer Forschung

Die Orientierung an Gütekriterien wie Offenheit im Forschungsprozess, Einbezug der UntersuchungsteilnehmerInnen, ausreichende Präzisierung des Untersuchungsgegenstandes, Gegenstandsangemessenheit bei der Methodenauswahl, Nachvollziehbarkeit der Datenerhebung, -aufbereitung und -interpretation und Intersubjektivität bzw. reflektierte Subjektivität der Forschungsergebnisse sind Kennzeichen qualitativer Forschung. Im Rahmen der qualitativen Sozialwissenschaften liegt diesbezüglich eine differenzierte Diskussion von Steinke (1999) vor. Hier werden u. a. die vollständige Offenlegung und Dokumentation der (Vor-)Annahmen, Daten und Interpretationen sowie der methodischen Vorgehensweisen (Kriterium der *Indikation*) und im Forschungsprozess auftretender Schwierigkeiten und Widersprüchlichkeiten als Qualitätsnachweis verlangt, des Weiteren die Überprüfbarkeit der empirischen Verankerung der Theoriegenese durch ausreichende Datenbeispiele. Vergleichbare Überlegungen zu Gütekriterien qualitativer Forschung liegen für die Fremdsprachenforschung bzw. DaF/DaZ durch die Arbeitsgruppe Fremdsprachenerwerb Bielefeld (1996), Aguado (2000) und Richards (2009) vor. Weitreichende Transparenz der Forschungsdokumentation wird auch als Voraussetzung für die Ergänzung durch und Vergleichbarkeit mit komplementären qualitativen Studien gesehen, die der Übertragbarkeit von auf nur kleine Stichproben bezogenen Resultaten auf weitere Kontexte dienlich sein können. Auf diese Weise kann durch gemeinsame Forschungsanstrengungen innerhalb der qualitativen Fremdsprachenforschung zumindest die Bildung von Theorien mittlerer Reichweite angestrebt werden.

5. Methoden der Datenerhebung

Empirische Forschung im Fach DaF/DaZ verwendet vielfältige Methoden zur Datenerhebung, darunter Verfahren der schriftlichen und mündlichen Befragung, Beobachtung, Introspektion und Tests. Im Rahmen quantitativer Forschung sind sowohl die Verfahren der Datenerhebung als auch die Verfahren der Datenaufbereitung und Datenanalyse einer strikten Standardisierung zu unterziehen, während bei qualitativer Forschung offene und semi-offene Verfahren der Datenerhebung und interpretative Verfahren die Datenanalyse bestimmen. Quantitative Daten werden in der Regel im Rahmen stärker elizitierender Kontexte gewonnen, während qualitative Daten im Idealfall nicht oder nur wenig elizitierenden Verfahren entstammen. Damit ist der Datentyp ein Hauptindikator für ein qualitatives oder quantitatives Forschungsdesign. Allerdings sind qualitative Daten nur idealtypisch natürlich und nicht elizitiert, denn auch offene Datenerhebungsmethoden strukturieren das Untersuchungsfeld neu. (Wo würde sich beispielsweise ein Lerner des Deutschen als Zweit- oder Fremdsprache in seiner natürlichen Umgebung, dazu vielleicht noch in der Fremdsprache, explizit zu mentalen Prozessen der Informationsverarbeitung äußern, außer in einem introspektiven Interview?) Es ist in diesem Zusammenhang anzumerken, dass Daten, die auf Auskünften der UntersuchungsteilnehmerInnen über sie betreffende Belange beruhen (die sogenannten *self report*-Daten), in ihrem Wahrheitsgehalt generell problematisch sind, seien sie nun mit Hilfe offener oder standardisierter Methoden erhoben.

5.1. Beobachtung

Jede Methode der Datenerhebung beruht auf Beobachtung bzw. Sinneswahrnehmung im weiteren Sinne. *Beobachtung* im engeren Sinne ist im Gegensatz zur Alltagsbeobachtung zielgerichtet, systematisch und methodisch kontrolliert, wodurch eine präzisere Wahrnehmung ermöglicht wird. Durch die Festlegung genau zu befolgender Beobachtungsregeln kann die wissenschaftliche Beobachtung darüber hinaus intersubjektiv nachvollzogen werden (vgl. Bortz und Döring 2006: 262−263).

Beobachtung ist eine insbesondere im Rahmen von Unterrichtsforschung (*classroom research*) häufig eingesetzte Methode. Beobachtungen können grundsätzlich frei, halbstandardisiert oder standardisiert erfolgen. Damit verbunden kann eher global oder auch sehr selektiv beobachtet werden. Weiter wird zwischen teilnehmender vs. nicht-teilnehmender sowie offener vs. verdeckter Beobachtung unterschieden (vgl. Mayring 2002: 80; Bortz und Döring 2006: 267). Schließlich kann Unterrichtsbeobachtung synchron oder auf Grundlage eines Mitschnitts zeitversetzt und mit der Möglichkeit wiederholter Betrachtung stattfinden. Außer in gesteuerten Unterrichtskontexten findet Beobachtung auch in ungesteuerten Settings Anwendung, so z. B. zur Sprachstandsdiagnostik im Vorschulalter (z. B. SISMIK, vgl. Art. 146).

Bortz und Döring (2006: 265−266) nennen Selektion, Abstraktion, Klassifikation, Systematisierung und Relativierung als die wesentlichen methodischen Probleme der Beobachtung. Das, was vom beobachteten Unterricht letztlich ausgewertet und interpretiert wird, stellt eine starke Reduktion der eigentlichen Aktion statt (vgl. Brown und Rodgers 2002: 101). Während der Datenerhebung sollte daher möglichst breit beobachtet werden und der engere Fokus sollte erst im Rahmen der Datenanalyse angelegt werden (Mackey und Gass 2005: 211). Krumm (2001: 1145−1146) schlägt außerdem vor, dem Problem der (notwendigen) Selektivität von Beobachtungen durch Inter-Rater, Beobachtertrainings, Aufzeichnung der Beobachtung zum Zwecke der wiederholten Betrachtung, Einbezug anderer am Prozess Beteiligter (z. B. der Lehrkräfte) und wiederholte Beobachtung anstelle von Momentaufnahmen zu begegnen.

Weitere methodische Probleme, insbesondere von Unterrichtsbeobachtung, sind darauf zurückzuführen, dass nach wie vor unklar ist, was guten Unterricht ausmacht, dass die vorhandenen Studien häufig nicht miteinander vergleichbar sind (*stand-alone studies*), da die Unterrichtskontexte stark variieren, und dass Unterrichtsbeobachtung relativ zeitintensiv (Planung, Vorbereitung, Durchführung, Transkription, Codierung, Interpretation) ist (Brown und Rodgers 2002: 98−99). Außerdem treten in den Daten häufig Beobachtereffekte auf: Die Anwesenheit eines Beobachters kann die Ergebnisse beeinflussen (Beobachterparadox), was insbesondere problematisch ist, wenn sich dadurch die Qualität des Unterrichts verschlechtert. Einen möglichen Ausweg bieten Längsschnittstudien, die wiederholte Beobachtung erlauben (Mackey und Gass 2005: 187−188; vgl. auch Bortz und Döring 2006: 266).

5.2. Introspektion

Mentale, also nicht beobachtbare Prozesse beim Lehren und Lernen von Fremd- und Zweitsprachen sind kaum zugängliche, nur schwer operationalisierbare Untersuchungsgegenstände, wobei introspektive Verfahren den Versuch einer Annäherung darstellen. Introspektion elizitiert Verbalisierungen von den Untersuchungsteilnehmern über ihre selbst beobachteten Gedankengänge, was mittels unterschiedlicher Instrumente unterstützt wird. Auch im Rahmen von Befragungen (s. Abschnitt 5.3) und Tagebüchern können introspektive Daten erhoben werden, z. B. im Rahmen von lernbiographischen Erzählungen. Von *Introspektion* im engeren Sinne wird allerdings dann gesprochen, wenn Verbalprotokolle während oder (möglichst zeitnah) nach der interessierenden mentalen

Aktivität (z. B. beim Lösen fremdsprachlicher Aufgaben, im Rahmen von Korrektursequenzen) erhoben werden. Prominent eingesetztes Instrument ist das *Laute Denken* bzw. die Erhebung sogenannter *Lautes-Denken-Protokolle*, die simultan zur Ausführung der fokussierten Handlungen und Problemlöseprozesse erfolgen. Die Untersuchungsperson wird dabei gebeten, ihre Gedanken frei und ungefiltert wiederzugeben; Untersuchungsleitern kommt lediglich die Funktion der Initiierung und Aufrechterhaltung des Lauten Denkens zu. *Retrospektionen* dagegen erfolgen zeitlich versetzt: Untersuchungsteilnehmer werden gebeten, ihre Gedanken während des Ausübens einer bestimmten Handlung zu erinnern und zu verbalisieren, auch mit medialer Unterstützung (z. B. Vorspielen der einschlägigen Unterrichtssequenz), was auch als *stimulated recall* bezeichnet wird. Introspektive Datenerhebungen sind (nicht nur) in der Fremdsprachenforschung umstritten, da mit ihnen nur unvollständig kognitive Prozesse abgebildet werden können und mit ihnen die Gefahr einhergeht, die Untersuchungsteilnehmer zu überfordern oder zu Gefälligkeitsaussagen zu ermuntern − bis hin zum Vorwurf an Lautes-Denken-Protokolle, sie würden die eigentlich interessierenden mentalen Prozesse so verändern, dass keine reliable und valide Einsicht möglich sei (vgl. Heine 2005). Introspektive Daten sind immer qualitative Daten, die im weiteren Forschungsverlauf im Rahmen interpretativer Datenanalyse ausgewertet werden.

5.3. Befragung

Es kann zwischen zwei Arten der Befragung unterschieden werden: der schriftlichen und der mündlichen. Schriftliche Befragungen mittels standardisierter Fragebogen werden häufig zur Hypothesentestung eingesetzt und enthalten dementsprechend vorwiegend geschlossene Fragen, d. h. Fragen mit vorgegebenen Antwortkategorien. Fragebogen bieten im Vergleich zu mündlichen Befragungen den Vorteil ehrlicherer, weil anonymerer Antworten, die darüber hinaus auch durchdachter sein können, möglicherweise aber gerade aufgrund der anonymen Erhebungssituation auch nur flüchtig und wenig tiefgründig von den Untersuchungsteilnehmern bearbeitet werden. Standardisierte Datenerhebung und -auswertung sind weniger aufwändig als bei mündlichen Befragungen, v. a. im Rahmen qualitativer Interviews; dafür ist die Fragebogenentwicklung sehr zeitaufwändig. Interviews enthalten prototypisch eher offene Fragen, die der Hypothesengenerierung dienen sollen und die qualitativ analysiert werden, auch wenn die Form von Interviews grundsätzlich wiederum von offen/narrativ über semistrukturiert bis zu geschlossen reichen kann. Die Stärken des Verfahrens liegen darin, dass Mündlichkeit für viele (insbesondere nichtmuttersprachliche) Befragte einfacher als Schriftlichkeit ist, klärende Nachfragen beiderseits möglich und die Befragten aufgrund der kommunikativen Gesprächssituation in der Regel motivierter sind.

Eine Variante des Interviews sind das Gruppeninterview bzw. die Gruppendiskussion, an der mehrere Personen als Befragte bzw. Diskutanden beteiligt sind, die sich in ihren Meinungen zu jeweils die Gruppe betreffenden Themen kontrovers oder komplementär verhalten.

Weiter sind im Zusammenhang mit geschlossenen vs. offenen Fragen einige methodische Vor- und Nachteile zu nennen: Geschlossene Fragen bergen einige praktische Vorteile in sich, wie z. B. ihre schnelle Auswertbarkeit oder auch die geringeren Anforderungen an das Ausdrucksvermögen der Befragten. Vor allem aber liegen ihre Stärken in der

Vergleichbarkeit der Antworten und der geringeren Wahrscheinlichkeit des Auftretens von Befrager-Fehlern. Offene Fragen hingegen elizitieren tiefgründigere Antworten, da sie dem Befragten ermöglichen, in seinem eigenen Bezugssystem zu antworten, was zum einen Verzerrungen in den Antworten, Nichtantworten und Falschangaben minimiert, zum anderen keine Antwortkategorie von vornherein ausschließt (vgl. McDonough und McDonough 1997; Dörnyei 2003; Bortz und Döring 2006; Porst 1996, 2008). Halboffene Fragen, d. h. standardisierte Fragen mit vorgegebenen Antwortkategorien plus zusätzlicher offener Antwortmöglichkeit, wie z. B. „Sonstiges", bieten „[…] sich immer dann an, wenn das tatsächliche Universum möglicher Antworten auf eine Frage zwar gut abgeschätzt (geschlossene Frage), aber nicht definitiv bestimmt werden kann (offene Frage)" (Porst 1996: 739).

Fragebogen können zur Erhebung von personenbezogenen Daten (z. B. Sprachlernbiographie) und/oder zur Erhebung der Kernvariablen (z. B. Einstellungen zum Zielland) eingesetzt werden. Fragebogen-Items können als Frage oder als Statement formuliert werden und werden im Falle von geschlossenen Fragen meist durch Ankreuzen eines Skalenpunktes beantwortet. Die Skalen können verbalisiert oder endpunktbenannt sein, wobei die Endpunktbenennung von Vorteil ist, da sie eine Gleichabständigkeit der Skalenpunkte sicherstellt. Je nach Fragestellung ist auch zu entscheiden, ob eine gerade oder eine ungerade Skala verwendet werden soll, d. h., ob die Antwortskala eine Mittelkategorie aufweisen sollte oder nicht. Zusätzlich kann es notwendig sein, die Möglichkeit zu geben, mit „weiß nicht" oder Ähnlichem zu antworten, um die Antworten nicht unnötig zu verfälschen. Praktische Tipps zu Aufbau und Gestaltung von Fragebogen geben z. B. Porst (1996, 2008) und Dörnyei (2003). Eine differenzierte Einführung in die Durchführung (qualitativer) Interviews bietet Helfferich (2004). Zentral für beide Arten der Befragung ist vor allem, dass die Fragen verständlich sein und die Befragten nicht in ihrem Antwortverhalten beeinflussen sollen, was prinzipiell durch eine Pilotierung der Befragungsinstrumente zu überprüfen ist. Ausführlichere Hinweise zur Frageformulierung finden sich beispielsweise bei Bortz und Döring (2006: 244−245), McDonough und McDonough (1997: 177), Dörnyei (2003: 53−55) und Porst (2008: 95−114).

Typischerweise auftretende methodische Probleme der Befragung sind Positionseffekte (z. B. erhöhte Zustimmung zu den erstgenannten Elementen einer schriftlichen Liste), Selbstdarstellungseffekte (z. B. Nichtzugeben sozial unerwünschten Verhaltens), Übergeneralisierungen (Halo-Effekte; z. B. undifferenziert positive Bewertung einer beliebten Lehrkraft), *Non-Opinions* (nicht jeder Befragte hat zu allem auch tatsächlich eine Meinung) und Akquieszenz (allgemeine Tendenz, eher zuzustimmen als abzulehnen; Brosius, Koschel und Haas 2008: 99−103; Dörnyei 2003: 13; Schnell, Hill und Esser 2005: 354−355).

5.4. Test

Eine sehr häufig im Rahmen quantitativer Designs eingesetzte Datenerhebungsmethode ist der Test: „Ein Test ist ein wissenschaftliches Routineverfahren zur Untersuchung eines oder mehrerer empirisch abgrenzbarer Persönlichkeitsmerkmale mit dem Ziel einer möglichst quantitativen Aussage über den relativen Grad der individuellen Merkmalsausprägung" (Lienert und Raatz 1998: 1). Tests im Bereich DaF/DaZ können der Sprachstandsmessung (vgl. auch Art. 143) oder der Messung eines anderen Verhaltens, aber auch der kontrollierten Elizitierung einzelner Phänomene dienen. Zu unterscheiden sind kompetenz- vs. performanzorientierte Tests sowie norm- vs. kriteriumorientierte. Kompetenzorientierte Tests werden für Inferenzschlüsse auf ein Kriterium (z. B. Gespräch mit einem Patienten in der L2 Deutsch) genutzt (McNamara 2000: 7−8). Normorientierte Tests, die z. B. der Sprachstandsbestimmung dienen, sollten zusätzlich zu den genannten drei zentralen Gütekriterien quantitativer Forschung dem der Normierung entsprechen. Durch die Standardisierung eines Tests und die anschließende Festlegung von Normwerten auf Basis einer Eichstichprobe wird es möglich, individuelle Testwerte ins Verhältnis zur Zielpopulation zu setzen (vgl. Grotjahn 2000: 317).

Auch Tests können − wie Formen der Befragung − wiederum offene (z. B. einen Brief schreiben, SOPI [*stimulated oral proficiency interview*; vgl. Grotjahn 2000: 336−337]), halboffene (z. B. C-Test, *discourse completion task*) und geschlossene (z. B. *Multiple-Choice*-Test, *elicited imitation*) Aufgaben beinhalten (Albers und Bolton 1995: 27−30; vgl. auch Chaudron 2003 für einen Überblick).

Darüber hinaus werden Tests in der empirischen Fremdsprachenforschung auch zur Messung von personalen Variablen, z. B. von Fremdsprachenlerneignung, Lernstilen und weiteren Persönlichkeitsvariablen eingesetzt, wobei häufig in der Psychologie erprobte Verfahren adaptiert werden (vgl. Art. 94).

6. Methoden der Datenaufbereitung, -auswertung und -interpretation

Bevor sie analysiert und interpretiert werden können, müssen Daten in eine bearbeitbare Form gebracht werden. Quantitative Daten werden in der Regel in numerische Werte überführt (quantifiziert) und dann statistisch ausgewertet. Dazu kann im Fall von Sprachdaten im Vorfeld eine Annotation oder Transkription nötig sein. Daten aus qualitativen mündlichen Befragungen und Introspektionen sowie Audio-Mitschnitten und Videographien (z. B. Unterrichtseinheiten, Gespräche in der Zweit-/Fremdsprache) werden verschriftet (transkribiert), wobei je in Abhängigkeit von den Untersuchungsgegenständen eher grobe oder feine Transkriptionen erforderlich werden, die die Charakteristika mündlicher Sprache (inkl. Abbrüche, Selbstkorrekturen, Hörersignale, Pausen) angemessen wiedergeben (vgl. Dittmar 2004). Hilfreiche Dienste beim Transkribieren leisten zunehmend EDV-gestützte Verfahren, z. B. die im Rahmen des Hamburger Sonderforschungsbereichs „Mehrsprachigkeit" entwickelte kostenfreie und über das Internet herunterladbare Software EXMARaLDA, die einen Partitureditor und unterschiedliche ausdifferenzierte Werkzeuge zur sprachwissenschaftlichen Datenanalyse bereithält (vgl. http://www.exmaralda.org/).

6.1. Quantitative Datenanalyse

Quantitative Datenanalyse erfolgt mit Hilfe statistischer Verfahrensweisen und zumeist softwareunterstützt, z. B. mittels Excel oder SPSS. Kennwerte der deskriptiven Statistik, d. h. Maße der zentralen Tendenz, wie z. B. Mittelwert (*mean*), und Dispersionsmaße, wie z. B. Standardabweichung (*standard deviation*) und Spannweite (*range*), vermitteln einen

Überblick über die Stichprobe(n). Inferenzstatistische Verfahren testen, inwieweit eine Verallgemeinerung von in der Stichprobe aufgetretenen Phänomenen auf die Grundgesamtheit einer Population zulässig ist.

In Abhängigkeit von der Skalierung der Daten (nominal, ordinal oder metrisch; vgl. z. B. Rasch, Friese, Hofmann und Naumann 2006: 1−28), der Anzahl von Variablen und nicht zuletzt der Forschungsfrage werden unterschiedliche Rechenverfahren angewendet. Zu unterscheiden ist zwischen uni-, bi- und multivariaten Verfahren. Diese können wiederum insbesondere Unterschieds- und Zusammenhangshypothesen testen. Für die Zweit- und Fremdsprachenforschung und den DaF-/DaZ-Kontext mit Gewinn lesbare Einführungen in die Statistik bieten z. B. Brown (1988) und Rasch, Friese, Hofmann und Naumann (2006); multivariate Verfahren behandeln zusätzlich Hatch und Lazaraton (1991).

6.2. Qualitative Datenanalyse

Qualitative Datenanalyse ist eine „Entdeckungsreise" (Dirks 2007); der analytische Zugriff auf qualitative Daten erfolgt über Interpretationsprozesse. Hierbei wird aus den transkribierten Daten (immer mit regelmäßigem Rückblick auf die Audio- und/oder Videomitschnitte) in einem mehrschrittigen Verfahren der Sinn extrahiert, der hinter den Äußerungen der UntersuchungsteilnehmerInnen steht bzw. stehen könnte. Wiederholte und zeilenweise Lektüre, Nachdenken, das Schreiben von Memos, das Finden und Zusammentragen von zugrundeliegenden Kodes durch Induktion und Deduktion bei der Suche nach wiederkehrenden und bedeutungsvollen Mustern sind typische Handlungen der Interpretierenden (vgl. Silverman 1993). Im Rahmen der *Grounded Theory* (nach Strauss und Corbin 1996) werden Prozesse des offenen Kodierens (kleinschrittiges Kodieren, direkt und eng formuliert an den Textstellen), axialen Kodierens (Kategorienbildung durch die Suche nach Zusammenhängen zwischen den Kodes, Finden von Kernkategorien) und selektiven Kodierens (Überprüfen der Kernkategorien) unterschieden, wobei die Interpretierenden mit *theoretischer Sensibilität* an die Daten herangehen sollen. Ein systematisches, stark durch Kodierregeln kontrolliertes zweistufiges Verfahren der induktiven und deduktiven Kategorisierung wird im Rahmen der *qualitativen Inhaltsanalyse* (Mayring 2008) v. a. für die Auswertung größerer Textkorpora vorgeschlagen.

Interpretationen streben den Nachvollzug des Untersuchungsbereichs aus der Perspektive der daran Beteiligten an, sie sind generell gegenüber Einflüssen des Forschenden und des Untersuchungskontextes sensibel. Ein Grundproblem der qualitativen Methodologie ist deshalb, sicherzustellen, dass nicht Vorurteile, Vorwissen etc. die qualitative Datenanalyse so steuern, dass lediglich Muster oder Kategorien induziert werden, die im Kern der Erwartung oder Erfahrung des Forschers entsprechen. Interpretation setzt die gleichzeitige Fähigkeit zur Intuition, Empathie und Selbstkritik (Bereitschaft zur Revision von Interpretationen) voraus, stellt jedoch keine exakten Instrumentarien zur Verfügung, die Objektivität gewährleisten können. Die kontrovers diskutierte Frage, mit wie viel theoretischem Vorwissen Forscher an den Interpretationsprozess herangehen sollen, beantwortet Kelle (1996: 32) wie folgt: „Jeder Versuch, theoretische Konzepte allein aus den Daten emergieren zu lassen, wird letztendlich nur dazu führen, dass der Untersucher im Datenmaterial geradezu ertrinkt." Fragen der Dateninterpretation sind für die qualitative Forschungsmethodologie virulent, da sie entscheidend mit Fragen nach der Gültigkeit von Forschung verbunden sind. Softwareunterstützte qualitative Datenanalyse (z. B. mit ATLAS.ti, MAXQDA), die insbesondere der Datendokumentation und Systematisierung von Kodierprozessen förderlich ist, wird seit einigen Jahren verstärkt durchgeführt.

6.3. Sprachwissenschaftliche Analysen

Zur Operationalisierung sprachbezogener Variablen (die in empirischen L2-Erwerbsstudien häufig die abhängige Variable darstellen) haben sprachwissenschaftliche Analyseverfahren einen prominenten Platz im datenanalytischen Spektrum sowohl quantitativer als auch qualitativer Forschung, wobei ganz unterschiedliche Verfahrensgruppen zum Einsatz kommen (vgl. Ellis und Barkhuizen 2005). *Linguistische Fehleranalyse* untersucht Typen und Ursachen von Abweichungen von der zielsprachlichen Norm. *Interlanguage*-Analysen erweitern den Fokus über den defizitären Ansatz der Fehleranalyse hinaus auf allgemeine Merkmale von Lernersprachen, was zum Beispiel Lernerstrategien mit einschließt (vgl. Larsen-Freeman und Long 1991: 56−69). Mittels *Profilanalyse* (z. B. Grießhaber 2006) werden L2-Sprecher anhand bestimmter linguistischer Sprachstandsindikatoren, die innerhalb nicht hintergehbarer Erwerbssequenzen erworben werden müssen, auf unterschiedlichen Spracherwerbsstufen angesiedelt. Häufig arbeiten die genannten Methoden zusätzlich mit *kontrastiven Sprachanalysen* (vgl. Art. 52), um die Sprachdaten mehrsprachiger Probanden adäquater auswerten zu können.

Neben auf spezifische Fragestellungen bezogenen Analysekategorien spielen linguistische Maße, denen eine Korrelation mit dem allgemeinen Sprachstand zugeschrieben wird, eine besondere Rolle. So werden im kindlichen Spracherwerb beispielsweise die durchschnittliche Äußerungslänge (*mean length of utterance*, MLU) als Maß der morphosyntaktischen Komplexität oder der Quotient aus *types* und *token* (*Type-token*-Relation, TTR) als Maß der lexikalischen Diversifizierung berechnet; die Zeit, die bei Plosiven zwischen Verschlusslösung und Einsetzen der Stimmbandschwingung verstreicht (*voice onset time*, VOT), gilt als Indikator für den Grad der Bilingualität von Sprechern.

Diskursanalyse als fächerübergreifend eingesetzte Methode untersucht darüber hinaus sprachliche Interaktionen zwischen L1- und L2-Sprechern oder zwischen L2-Sprechern, wobei beispielsweise Interaktionsmuster, soziale Rollen oder Reparatursequenzen im Fokus des Interesses stehen können (vgl. exemplarisch Henrici 1995).

7. Ausblick

Empirische Zweit- und Fremdsprachenforschung im Bereich DaF/DaZ hat trotz aller Fortschritte noch mit einer Reihe von Unwägbarkeiten zu kämpfen: Längsschnittstudien sind gegenüber Querschnittstudien unterrepräsentiert, was zum Teil auf die schwierige Finanzierung von Forschungsprojekten und auf eingeschränkte zeitliche Ressourcen im Rahmen von Qualifikationsprojekten von NachwuchswissenchaftlerInnen zurückzuführen ist. Einzelforschungen sind darüber hinaus häufig durch mangelnde Vergleichbarkeit und damit Komplementarität − sowohl auf der Ebene der Methodologie als auch auf der Ebene der Untersuchungsgegenstände − gekennzeichnet, die durch das Fehlen eines allgemein akzeptierten gemeinsamen Bezugsrahmens, aber auch durch die Komplexität des Forschungsgegenstands Spracherwerb verursacht sein mögen (so ist eine Übertragung von DaF-Studien auf den DaZ-Kontext beispielsweise häufig nicht möglich; vgl. Riemer 2007: 454−455). Replikationsstudien haben bedauerlicherweise Raritätenstatus.

Insgesamt ist eine breiter angelegte forschungsmethodologische Diskussion im Fach ein wichtiges Desiderat. Auch die Ausbildung zum Forscher und zur Forscherin mittels der gezielten Vermittlung von forschungsmethodologischen Kenntnissen und forschungspraktischen Fertigkeiten sollte im Rahmen der DaF- und Germanistik-Studiengänge an den Universitäten innerhalb und außerhalb deutschsprachiger Ländern deutlich verbessert bzw. überhaupt gewährleistet werden. Die Kenntnis grundlegender forschungsmethodologischer Zusammenhänge ist für Studierende zum einen unabdingbar für die kritische Rezeption empirischer Studien und die Einschätzung der Relevanz von Forschungsergebnissen. Darüber hinaus kann diese Qualifikation auch im Zusammenhang lebenslangen Lernens und für die Arbeit eines reflektierten Praktikers von Nutzen sein. Die vergleichsweise geringe methodologische Qualifikation hat auch zur Folge, dass DaFler/DaZler in aktuellen Bildungsstudien noch deutlich unterrepräsentiert sind, obwohl die Perspektive der Spracherwerbsforschung hier durchaus einen wichtigen Beitrag zum interdisziplinären Spektrum leisten könnte und sollte. Dass im Zuge des Bologna-Prozesses im Rahmen von Master- und Promotionsprogrammen hier breite Verbesserungen erreicht werden können, ist zu hoffen, ist aber auch davon abhängig, dass es gelingt, die Kapazitäten in Forschung und Lehre zu halten und zu erweitern − und dass Forschungsmethodenkompetenz im Bereich der Empirie als zentrales Ausbildungsziel anerkannt wird.

8. Literatur in Auswahl

Aguado, Karin
   2000   Empirische Fremdsprachenerwerbsforschung. Ein Plädoyer für mehr Transparenz. In: Karin Aguado (Hg.), *Zur Methodologie in der empirischen Fremdsprachenforschung*, 119−131. Baltmannsweiler: Schneider.
Aguado, Karin und Claudia Riemer
   2001   Triangulation. Chancen und Grenzen mehrmethodischer empirischer Forschung. In: Karin Aguado und Claudia Riemer (Hg.), *Wege und Ziele. Zur Theorie, Empirie und Praxis des Deutschen als Fremdsprache (und anderer Fremdsprachen)*, 245−257. Baltmannsweiler: Schneider.
Albers, Hans-Georg und Sibylle Bolton
   1995   *Testen und Prüfen in der Grundstufe. Einstufungstests und Sprachstandsprüfungen.* Berlin: Langenscheidt.
Arbeitsgruppe Fremdsprachenerwerb Bielefeld
   1996   Fremdsprachenerwerbsspezifische Forschung. Aber wie? Theoretische und methodologische Überlegungen. Teil I in *Deutsch als Fremdsprache* 33: 144−155; Teil II in *Deutsch als Fremdsprache* 33: 200−210.
Bärenfänger, Olaf und Jan Stevener
   2001   Datenerhebungsverfahren und ihre Evaluation. Ein Kriterienkatalog. *Fremdsprachen Lehren und Lernen* 30: 13−27.
Bausch, Karl-Richard, Herbert Christ und Hans-Jürgen Krumm
   2003   Fremdsprachendidaktik und Sprachlehrforschung. In: Karl-Richard Bausch, Herbert Christ und Hans-Jürgen Krumm (Hg.), *Handbuch Fremdsprachenunterricht*, 1−9. 4. vollst. neu bearb. Aufl. Tübingen: Francke.

Bell, Judith
    1999   *Doing Your Research Project. A Guide for First-Time Researchers in Education and Social Science.* 3. Aufl. Berkshire: Open University Press.
Bortz, Jürgen
    2005   *Statistik für Human- und Sozialwissenschaftler.* 6., vollst. überarb. und aktual. Aufl. Heidelberg: Springer.
Bortz, Jürgen und Nicola Döring
    2006   *Forschungsmethoden und Evaluation für Human- und Sozialwissenschaftler.* 4., überarb. Aufl. Heidelberg: Springer.
Brosius, Hans-Bernd, Friederike Koschel und Alexander Haas
    2008   *Methoden der empirischen Kommunikationsforschung. Eine Einführung.* 4., überarb. und erw. Aufl. Wiesbaden: VS Verlag für Sozialwissenschaften.
Brown, James D.
    1988   *Understanding Research in Second Language Learning. A Teacher's Guide to Statistics and Research Design.* Cambridge etc.: Cambridge University Press.
Brown, James D. und Theodore S. Rodgers
    2002   *Doing Second Language Research.* Oxford: Oxford University Press.
Chaudron, Craig
    2003   Data collection in SLA research. In: Catherine J. Doughty und Michael H. Long (Hg.), *The Handbook of Second Language Acquisition,* 762−828. Malden/MA: Blackwell.
Denzin, Norman K.
    1978   *The Research Act. A Theoretical Introduction to Sociological Methods.* New York: McGraw-Hill.
Dirks, Una
    2007   Fremdsprachenforschung als ‚Entdeckungsreise'. Im Spannungsfeld von Abduktion, Deduktion und Induktion. In: Helmut Johannes Vollmer (Hg.), *Synergieeffekte in der Fremdsprachenforschung. Empirische Zugänge, Probleme, Ergebnisse,* 43−58. Frankfurt a. M.: Lang.
Dittmar, Norbert
    2004   *Transkription. Ein Leitfaden mit Aufgaben für Studenten, Forscher und Laien.* Wiesbaden: VS Verlag für Sozialwissenschaften.
Dörnyei, Zoltán
    2003   *Questionnaires in Second Language Research. Construction, Administration, and Processing.* Mahwah/NJ: Erlbaum.
Ellis, Rod und Gary Barkhuisen
    2005   *Analysing Learner Language.* Oxford: Oxford University Press.
Flick, Uwe
    2004   *Triangulation. Eine Einführung.* Wiesbaden: VS Verlag für Sozialwissenschaften.
Glaser, Barney G. und Anselm L. Strauss
    1998   *Grounded Theory. Strategien qualitativer Forschung.* Bern: Hans Huber.
Grießhaber, Wilhelm
    2006   Testen nichtdeutschsprachiger Kinder bei der Einschulung mit dem Verfahren der Profilanalyse − Konzeption und praktische Erfahrungen. In: Bernt Ahrenholz und Ernst Apeltauer (Hg.), *Zweitspracherwerb und curriculare Dimensionen. Empirische Untersuchungen zum Deutschlernen in Kindergarten und Grundschule,* 73−90. Tübingen: Stauffenburg.
Grotjahn, Rüdiger
    1987   On the methodological basis of introspective methods. In: Claus Faerch und Gabriele Kasper (Hg.), *Introspection in Second Language Research,* 54−81. Clevedon: Multilingual Matters.
Grotjahn, Rüdiger
    2000   Testtheorie. Grundzüge und Anwendungen in der Praxis. In: Armin Wolff und Harald Tanzer (Hg.), *Sprache − Kultur − Politik,* 304−341. Universität Regensburg: FaDaF.

Grotjahn, Rüdiger
  2003   Konzepte für die Erforschung des Lehrens und Lernens fremder Sprachen. Forschungs-methodologischer Überblick. In: Karl-Richard Bausch, Herbert Christ und Hans-Jürgen Krumm (Hg.), *Handbuch Fremdsprachenunterricht.* 4., vollst. neu bearb. Aufl., 493−499. Tübingen/Basel: Francke.

Grotjahn, Rüdiger
  2005   Subjektmodelle: Implikationen für die Theoriebildung und Forschungsmethodologie der Sprachlehr- und Sprachlernforschung. *Zeitschrift für Fremdsprachenforschung* 16: 23−56.

Grotjahn, Rüdiger
  2006   Zur Methodologie der Fremdsprachenerwerbsforschung. In: Peter Scherfer und Dieter Wolff (Hg.), *Vom Lehren und Lernen fremder Sprachen. Eine vorläufige Bestandsaufnahme,* 247−270. Frankfurt a. M.: Lang.

Hatch, Evelyn und Anne Lazaraton
  1991   *The Research Manual. Design and Statistics for Applied Linguistics.* New York: Newbury House.

Heine, Lena
  2005   Lautes Denken als Forschungsinstrument in der Fremdsprachenforschung. *Zeitschrift für Fremdsprachenforschung* 16: 163−185.

Helfferich, Cornelia
  2004   *Die Qualität qualitativer Daten. Manual für die Durchführung qualitativer Interviews.* Wiesbaden: VS Verlag für Sozialwissenschaften.

Henrici, Gert
  1995   *Spracherwerb durch Interaktion? Eine Einführung in die fremdsprachenerwerbsspezifische Diskursanalyse.* Baltmannsweiler: Schneider.

Kelle, Udo
  1996   Die Bedeutung theoretischen Vorwissens in der Methodologie der Grounded Theory. In: Rainer Strobl und Andreas Böttger (Hg.), *Wahre Geschichten? Zu Theorie und Praxis qualitativer Interviews,* 23−47. Baden-Baden: Nomos.

Krumm, Hans-Jürgen
  2001   Unterrichtsbeobachtung und Unterrichtsanalyse. In: Gerhard Helbig, Lutz Götze, Gert Henrici und Hans-Jürgen Krumm (Hg.), *Deutsch als Fremdsprache. Ein internationales Handbuch,* 1139−1150. Berlin: de Gruyter.

Larsen-Freeman, Diane und Michael Long
  1991   *An Introduction to Second Language Acquisition Research.* London: Longman.

Lienert, Gustav A. und Ulrich Raatz
  1998   *Testaufbau und Testanalyse.* 6. Aufl. Weinheim: Beltz PsychologieVerlagsUnion.

Mackey, Alison und Susan M. Gass
  2005   *Second Language Research. Methodology and Design.* Mahwah, NJ: Erlbaum.

Mayring, Philipp
  2002   *Einführung in die qualitative Sozialforschung. Eine Anleitung zu qualitativem Denken.* 5. Aufl. Weinheim: Beltz.

Mayring, Philipp
  2008   *Qualitative Inhaltsanalyse. Grundlagen und Techniken.* 10. Aufl. Weinheim: Beltz.

McDonough, Jo und Steven McDonough
  1997   *Research Methods for English Language Teachers.* London: Arnold.

McNamara, Tim
  2000   *Language Testing.* Oxford: Oxford University Press.

Nunan, David
  1992   *Research Methods in Language Learning.* Cambridge: Cambridge University Press.

Porst, Rolf
  1996   Fragebogenherstellung. In: Hans Goebl, Peter H. Nelde, Zdenek Stary und Wolfgang Wölck (Hg.), *Kontaktlinguistik. Ein internationales Handbuch zeitgenössischer Forschung.* Band 1, 737−744. Berlin: de Gruyter.

Porst, Rolf
    2008   *Fragebogen. Ein Arbeitsbuch.* Wiesbaden: VS Verlag für Sozialwissenschaften.
Rasch, Björn, Malte Friese, Wilhelm Hofmann und Ewald Naumann
    2006   *Quantitative Methoden 1.* 2. Aufl. Heidelberg: Springer.
Richards, Keith
    2009   Trends in qualitative research in language teaching since 2000. *Language Teaching* 42:
            147−180.
Riemer, Claudia
    2007   DaF/DaZ und empirische Forschung: wechselnde Herausforderungen. *Info DaF* 34:
            445−459.
Schnell, Rainer, Paul B. Hill und Elke Esser
    2005   *Methoden der empirischen Sozialforschung.* 7., völlig überarb. und erw. Aufl. München:
            Oldenbourg.
Seliger, Herbert und Elana Shohamy
    1989   *Second Language Research Methods.* Oxford: Oxford University Press.
Silverman, David
    1993   *Interpreting Qualitative Data. Methods for Analysing Talk, Text and Interaction.* Lon-
            don: Sage.
Steinke, Ines
    1999   *Kriterien qualitativer Forschung. Ansätze zur Bewertung qualitativ-empirischer Sozialfor-
            schung.* Weinheim: Juventa.
Strauss, Anselm und Juliet Corbin
    1996   *Grounded Theory. Grundlagen qualitativer Sozialforschung.* Weinheim: Beltz Psychologie
            VerlagsUnion.

Claudia Riemer, Bielefeld (Deutschland)
Julia Settinieri, Bielefeld (Deutschland)

86. Erstsprachenerwerb

1. Einleitung
2. Meilensteine des Erstsprachenerwerbs
3. Individuelle Unterschiede im Spracherwerb
4. Spracherwerb im Schulalter
5. Theorien des Spracherwerbs
6. Literatur in Auswahl

1. Einleitung

Kinder erleben von Geburt an die Bemühungen ihres sozialen Umfeldes um sprachliche
Verständigung. In den ersten Lebensjahren lernen Kinder den Wortschatz und die
Grundregeln der Syntax und Pragmatik einer oder mehrerer Sprachen. Sie können über
ihr sprachliches Wissen in der Regel nicht explizit Auskunft geben, deshalb sind besondere methodische Ansätze erforderlich, um den Spracherwerb systematisch zu beobach-

ten. Die Darstellung der wichtigsten Schritte des Erstsprachenerwerbs und aktueller theoretischer Ansätze muss sich auf einzelne für das Verständnis notwendige entwicklungspsychologische Grundlagen beschränken.

2. Meilensteine des Erstsprachenerwerbs

Die Meilensteine des Spracherwerbs sind Veränderungen in der Sprachwahrnehmung und der Sprachproduktion. Im Laufe des frühen Erstprachenerwerbs stehen die einzelnen Sprachkomponenten wie Rhythmik, Prosodie, Phonologie, Semantik, Syntax und Pragmatik nacheinander im Fokus der Entwicklung (vgl. Hirsh-Pasek und Golinkoff 1999). Im Laufe der weiteren Sprachentwicklung erfolgt jedoch ein gleichzeitiger und kontinuierlicher Zuwachs in allen Komponenten.

2.1. Sprachrhythmus- und Prosodieerwerb

Der Einstieg in den Spracherwerb erfolgt über die Wahrnehmung der Rhythmik und der Prosodie der Sprache der Bezugspersonen. Durch den Sprachrhythmus lernen Kinder bereits in den ersten Monaten ihres Lebens Einzelsprachen zu unterscheiden (Juczyk 2001). Als unterscheidende Merkmale dienen Konsonant-Vokal-Folgen und Akzentsetzung im Wort. Mit etwa fünf Monaten gelingt bereits die Abgrenzung rhythmisch und prosodisch ähnlicher Sprachen. Aber auch die Phrasenmarkierungen sind für Säuglinge charakteristische Hinweisreize. Sie bereiten den Weg zur Verarbeitung syntaktischer Informationen vor. Mit fortschreitender Aufnahme der Phrasenstruktur verliert sich aber die Fähigkeit zur Differenzierung von prosodischen Unterschieden in verschiedenen Sprachen (Hennon, Hirsh-Pasek und Golinkoff 2000; Morgan und Demuth 1996). Säuglinge reagieren schon mit zwei Monaten unterschiedlich auf Sprachäußerungen, die mit Satzbetonung vorgetragen werden, im Vergleich zu solchen, die monoton vorgelesen werden. Jusczyk warnt jedoch davor, die Betonungsmuster als Hauptquelle des Syntaxerwerbs zu bewerten. Seiner Meinung nach handelt es sich um Informationen mit bestimmten Übergangswahrscheinlichkeiten, die Säuglinge lediglich unter anderen Informationen für die erste Erschließung der Syntax heranziehen.

Im zweiten Halbjahr legt sich die Sprachverarbeitung allmählich auf die Muttersprache fest, es sei denn, es werden weitere Sprachen beständig durch eine wichtige Bezugsperson angeboten. Ist dies der Fall, so ist dennoch eine Bevorzugung der Muttersprache festzustellen, deren Ursache vor allem in zwei verschiedenen Faktoren liegt: Verständigung mit der bevorzugten Person und Häufigkeit des Sprachangebots. Im letzten Viertel des ersten Jahres versteht das Kind bereits semantisch und syntaktisch relevante Intonationsmuster wie diejenigen von Frage- oder Befehlsäußerungen (Kishi 1978). In den Lalläußerungen dieser Phase spiegeln sich die erworbenen Muster vereinzelt wider.

2.2. Phonologieerwerb

Die Phonemwahrnehmung der Säuglinge ist der Wahrnehmung der Sprachrhythmik und Prosodie im Spracherwerb nachgeschaltet. Juzcyk (2001) stellte bei siebeneinhalb Monate alten Säuglingen bereits die Segmentierung einzelner Wörter aus dem Redestrom fest. Allerdings können erst Kinder von 13 bis 16 Monaten Wörter mit einem Anfangs-vokal aus dem Redestrom herauslösen (Nazzi et al. 2005). Günstige Bedingung dafür sind Tonhöhenveränderungen, die mit dem Vokalaussprechen einhergehen, sowie Ak-zentsetzung. Im ersten Lebensjahr vermögen Kinder eine Vielzahl von lautlichen Kon-trasten in mehreren Sprachen ihrer Umgebung zu unterscheiden. Phoneme als bedeutungs-unterscheidende Einheiten werden auch in Fremdsprachen gut getrennt. Zunehmend entwickeln sie allerdings ein Wissen von der phonologischen und metaphonologischen Struktur ihrer Muttersprache, ihre metaphonologischen Kenntnisse in anderen Sprachen nehmen dagegen ab (Hennon, Hirsh-Pasek und Golinkoff 2000). Diese phonologischen Kenntnisse erlauben, den einströmenden Sprachfluss zu segmentieren, so dass in der jewei-ligen Einzelsprache entsprechende Einheiten wie Wörter, Phrasen oder Sätze erkannt wer-den können. Damit ist bis zur Vollendung des ersten Lebensjahres die Grundlage für den Lexikon- und Grammatikerwerb gelegt. In der Lautproduktion des Kindes zeigt sich in dieser Phase die typische Reduktion der Silbenreihung auf zwei sich wiederholende Silben (Reduplikation; Beispiel ‚dada') mit der Bevorzugung des Vokals a. Die spätere Phonem-entwicklung bis zum Schulalter sorgt für eine klare Diskriminierung der Phoneme und den Erwerb von einzelsprachspezifischen Lauten, etwa die Nasallaute im Französischen.

2.3. Lexikon- und Semantikerwerb

Dem auf die Einzelsprache ausgerichteten Wortschatzerwerb geht die Phase der Proto-wörter voran. Unter *Protowörtern* verstehen Dore, Franklin, Miller und Ramer (1975) wortähnliche Lauteinheiten (meist redupliziert), phonetisch konsistent mit zuordnenba-rer fester Bedeutung in sich wiederholenden Kontexten. Sie haben eine phonetische Struktur mit stabilen phonetischen Mustern als Lalläußerungen, aber nicht so regelge-leitet wie Wörter der Zielsprache. Diese Protowörter werden von der Umgebung verstan-den und oft aufgegriffen, wie z.B. ‚baba' für etwas Schmutziges. Zunehmend werden die Protowörter den Muttersprachenwörtern ähnlich, wie z.B. ‚ham' für ‚haben' im Deut-schen.

Der Lexikonerwerb schreitet zunächst langsam voran. Die Merkmale der Lautäuße-rungen in der Lallphase werden zum größten Teil auf die ersten Worte übertragen (Mac-Neilage, Davis und Matyear 1997). Mit etwa 1 1/2 Jahren tritt die mit *Wortschatzspurt* bezeichnete Beschleunigung auf, in der die Kinder ihr Repertoire von ca. 50 Wörtern in der Sprachproduktion und 200 Wörtern im rezeptiven Wortschatz explosionsartig erwei-tern (Nazzi und Bertoncini 2003). Die Bedeutung erschließt sich den Kindern oft ohne Wiederholung der Zuordnung von Wort und Bezeichnetem (*fast mapping*).

Der Lexikonerwerb erfolgt zunächst interaktiv über die gemeinsame Aufmerksam-keitszuwendung von Bezugsperson und Kind auf einen Gegenstand, den die Bezugsper-son dann benennt. Das Kind geht mit einer Voreinstellung in Form von Erwartungen (*constraints, learning biases*) an die Wortlernsituation, indem es etwa unterstellt, dass neue Wörter auf ganze Objekte und nicht auf Teile von ihnen verweisen (Golinkoff, Mervis und Hirsh-Pasek 1994); dass Wörter sich auf Objekte gleicher Kategorie und nicht auf thematisch verwandte Objekte sowie auf Dinge gleicher Form, nicht aber auf gleiche Oberflächenbeschaffenheit beziehen (Woodward und Markman 1998). Der Wortschatzerwerb nimmt den Weg über Über- und Untergeneralisierungen, das heißt eine Überdehnung der Bedeutung wie bei der Bezeichnung ‚Hund‘ für alle vierbeinigen Lebewesen mit Fell oder aber eine unzulässige Spezifizierung wie ‚Keks‘ nur für eine bestimmte Kekssorte. Ein weiteres Erwerbsprinzip ist das der Kontrastbildung (Clark 1995): Neue Bedeutungen werden gegen vorhandene abgesetzt und dann gespeichert. Das Primat der Bezeichnungen von Objekten über alle anderen Wortarten ist für das Englische belegt, für deutsche Kinder jedoch nur in bestimmten Spracherwerbsphasen. Im ersten halben Jahr nach Sprachbeginn konnten Kauschke und Hofmeister (2002) bei Deutsch sprechenden Kindern eine zahlenmäßige Überlegenheit der relationalen Wörter wie ‚da‘, ‚weg‘ ‚mehr‘ beobachten. Die nächsthäufige Kategorie in der Erwerbssequenz bildeten die konkreten Nomina, gefolgt von Adjektiven und Verben. Wörter, die keine Objekte bezeichnen wie Farben, Zahlen und Zeitangaben, werden nach Tare, Shatz und Gilbertson (2008) durch Wortkontexte erlernt (*word-word-mapping*).

Morphologisch komplexe Wörter werden in der Regel bereits im Vorschulalter erworben, sie bleiben jedoch eher unzusammenhängende Einträge im Lexikon. Erst im Schulalter verhilft das Lernen von Wortfeldern zu einem semantisch und syntaktisch vernetzten Lexikon (Rabin und Deacon 2008).

Wie Cimpian und Markman (2008) feststellen, können Kinder schon früh die kontextuelle und semantische Information in der Sprachumgebung nutzen, um Sätze zu konstruieren, die allgemeine Aussagen enthalten. Hört ein Vorschulkind Sätze wie ‚Hunde sind friedlich‘ so wird es die Kategorie ‚Hund‘ mit dem Merkmal ‚friedlich‘ verbinden. Dies kann auch durch Erfahrung mit Hunden geschehen. Gleichzeitig muss es aber auch auf eine Vielzahl von morphosyntaktischen und pragmatischen Merkmalen achten. Dies gelingt erst allmählich ab 4 Jahren. In diesem Alter ist der linguistische Kontext noch wichtiger für Satzverstehen und -produktion als der vorhandene Wissenshintergrund.

Feine Bedeutungsunterschiede, z. B. diejenigen zwischen Verben, die Gewissheit und solchen, die Ungewissheit ausdrücken, beherrschen Kinder im Alter von 8 Jahren immer noch unsicher (Scoville und Gordon 1980). Eine Aussage, die mit ‚ich glaube, dass‘ eingeleitet wird, drückt für Fünfjährige genau so viel Gewissheit aus wie ein Satz, der mit ‚ich weiß, dass‘ beginnt. Das Verständnis für Gewissheit ist aber auch für Elfjährige noch dann unsicher, wenn ‚glauben‘ und ‚wissen‘ die Aussage eines Wissenschaftlers einleitet (z. B., Wissenschaftler meinen‘ und ‚Wissenschaftler wissen‘).

2.4. Lexikon, Morphologie/Syntaxerwerb

Die Lexikonentwicklung ist nach den Ergebnissen von Zhang et al. (2008) von Umgebungseinflüssen abhängiger als die Syntaxentwicklung. Seit den ersten Belegen von Bates und Goodman (1999) werden Lexikon und Syntaxerwerb als wechselseitig sich bedingend und synchron angesehen. Ihre Sprachdaten zeigten einen negativ beschleunigten Zusammenhang zwischen Wortschatzumfang und Anzahl der beherrschten syntaktischen Formen. Eine neue Studie von Dixon und Marchman (2007) konnte die synchrone Entwicklung mit einem sehr umfangreichen Sprachkorpus von 1461 Kindern im Alter von 16 bis 30 Monaten belegen. Natürlich bedarf es einer kritischen Größe des Wortschatzes, um komplexere Syntaxformen zu verstehen und zu produzieren. Worterwerb geht mit dem Lernen der semantischen und grammatischen Funktion des Wortes einher, aber auch mit den erlaubten Wortstellungen bei Mehrwortäußerungen sowie den möglichen Inflektionen der bekannten Morpheme. Erst mit einem elaborierten Lexikon ist es möglich, vom Einzelwort mit seinen semantischen, morphologischen und syntaktischen Merkmalen zu abstrakten grammatischen Strukturen zu kommen (Lieven, Pine und Baldwin 1997).

Die Studien zum frühen Syntaxerwerb waren der Anlass zu Dokumentationen der frühen Sätze in verschiedenen Sprachen, denen eine Pivot-Grammatik unterlegt wurde (Braine 1976): Braine beobachtete nur bestimmte Kombinationen von Wörtern der offenen (z. B. Nomen) bzw. der geschlossenen (z. B. Präpositionen) Klasse. Bei weiteren Untersuchungen stellten sich die zulässigen Kombinationen jedoch als wenig reliabel heraus (Bloom 1971). Ungeklärt blieb vor allem die Frage, wie diese Pivotsyntax sich zum abstrakten Regelwerk der Grammatik von Erwachsenen entwickeln sollte.

Im Vorschulalter wird die rezeptive und produktive Beherrschung von Prä- und Suffixen dann besser, wenn das aus einem Verb durch ein Suffix ergänzte Nomen keine wesentlichen Phonemänderungen enthält: z. B. ‚fahren − Fahrer‘; etwas schwieriger ist schon ‚backen − Bäcker‘, vor allem dann, wenn es vom Kind selbst gebildet werden soll (vgl. Meibauer, Guttropf und Scherer 2004). Etwa im Alter von 6/7 Jahren treten im morphologischen Bereich entscheidende Entwicklungsfortschritte auf. Als Regelmäßigkeit im Erwerb konnten Levin, Ravid und Rapaport (2001) für das Hebräische erkennen, dass Wörter mit zunehmenden Änderungen gegenüber den Ursprungswörtern, etwa durch Suffixe, im Wortschatz der Schulkinder verspätet auftauchen. Die Kenntnis der häufigen Ableitungsmorpheme und ihrer syntaktischen Funktion erleichtert daher das flüssige Lesen (Mahony, Singson und Mann 2000).

In vielen untersuchten Sprachen werden Verben später als Nomina erworben (Bornstein und Cote 2004). Verben weisen auf Handlung(srichtung), Art und Weise sowie Dauer des Handelns und instrumentelle Aktionen sowie Beziehungen zwischen Ereignissen hin. Der Lerner muss den spezifischen Bedeutungsaspekt des Verbs erkennen, um es richtig zu verwenden. Trotzdem erscheinen einige Verben früh im Spracherwerb, weil Kleinkinder in der Wahrnehmung auffallende Aktionen (z. B. weitausholende Bewegung) früh benennen (Brandone et al. 2007). Später achten Kinder eher auf soziale oder linguistische Aspekte. Capirci et al. (1996) beobachteten erste Satzbildungen bei Ein- bis Zweijährigen. Frühe grammatische Strukturen setzen sich aus verbalen und nichtverbalen Komponenten zusammen; Elemente der Körpersprache (z. B. auf Objekte zeigen) ersetzen den entsprechenden linguistischen Teil eines Aussagesatzes.

Komplexere Satzformen wie Relativsätze entwickeln sich aus einfachen Hauptsätzen mit Topikalisierungen. Eine Untersuchung mit deutschen Kindern zwischen 2 und 5 Jahren (Brandt, Diessel und Tomasello 2008) zeigt, dass gegen Ende dieser Altersspanne bereits Relativsätze in vollständige Hauptsätze eingebettet werden können. Die häufigste Form ist jedoch die des an das Satzobjekt angehängten Relativsatzes. Das Entwicklungsprinzip ist also vom einfachen Nacheinander zur komplexen Hypotaxe.

Im Syntaxerwerb lösen sich Phasen der Überdehnung von syntaktischen Regeln (Übergeneralisierung) mit Phasen des regelgerechten Gebrauchs ab. Ein gut untersuchtes Beispiel ist der Erwerb von Vergangenheitsformen der regelmäßig und unregelmäßig konjugierten Verben. Im Verlauf des Erwerbs der unregelmäßig konjugierten Verbformen wird die Regel für die Bildung einer regelmäßigen (schwachen) Konjugation auf ein unregelmäßig zu konjugierendes Verb übertragen (‚geegt‘ statt Partizip Perfekt ‚gegangen‘). Zwischen Marcus und seinen Kollegen (1992) und Maratsos (2000) kam es zu einer Kontroverse über die Interpretation der zu beobachtenden Übergeneralisierungen bei Kindern: Marcus schloss aus Sprachbeobachtungen, dass, sobald die irreguläre Form eines

Verbs bekannt ist, auch sofort beim Lerner die Gewissheit besteht, es handele sich um die richtige Form; Übergeneralisierung ist lediglich als seltener Fehler in der Sprachproduktion zu bewerten, nicht als grammatische Alternative. Maratsos hingegen beobachtete längere Phasen mit Übergeneralisierung im Alter zwischen 2;3 und 5;2 Jahren. Die übergeneralisierte Form als Ableitung von einer Regel verschwindet sofort wieder aus dem Repertoire, da die unmittelbare Hörerfahrung einen stärkeren Eindruck hinterlässt.

3. Individuelle Unterschiede im Spracherwerb

3.1. Verzögerung der Sprachentwicklung

Verspätetes Sprechenlernen (etwa erst ab 18 Monaten) wirkt sich auf die Leistungen in einem allgemeinen Sprachtest, im Wortschatz und in der Semantik mit 7 Jahren nicht aus, wohl aber auf die spezielle Kompetenz in Syntax und Morphosyntax. Verzögerungen des Spracherwerbs reichen demnach bis in den fortgeschrittenen Spracherwerb im Grundschulalter hinein (Rice und Taylor 2008). Eine Vielfalt von Ursachen für Verzögerungen im Spracherwerb sind bereits identifiziert: u. a. neuronale Reifungsverzögerung, Beeinträchtigung (prä, peri-, postnatal) einzelner für die Sprachverarbeitung wichtiger Zentren, Autismus, aber auch soziale Faktoren wie länger dauerndes mehrsprachiges Angebot in unmittelbarer Umgebung. Weiterhin ist Erblichkeit von Aspekten der Sprachentwicklung nicht auszuschließen (Stromswold 2001).

3.2. Geschlechtsunterschiede

Die These, dass sich das Geschlecht des Kindes wegen unterschiedlicher sprachlicher Veranlagung auf die Sprachentwicklung auswirkt, wird nicht übereinstimmend in der Forschung belegt. Es bleibt auch zu klären, welche geschlechtsgebundenen Anlagen einen Sprachunterschied hervorrufen könnten. In einer dänischen Längsschnittstudie wurden Unterschiede im Erwerb der ersten 100 Wörter bei Jungen und Mädchen zwischen 8 Monaten und 2;6 Jahren analysiert. Wehberg et al. (2008) stellten signifikante Geschlechtsunterschiede im Zeitpunkt des Erwerbs der ersten Wörter fest (z. B. Körperteile früher bei Mädchen, lärmende sich bewegende oder zu bewegende Objekte früher bei Jungen). Eine Untersuchung in China (Zhang et al. 2008) hat eine geringe, aber überzufällige Überlegenheit der Mädchen (24 bis 47 Monate alt) im Sprachstand (Wortschatz und Grammatik) ermittelt. Geschlechtsunterschiede im Sprachstand könnten durch die unterschiedlichen Sozialisationsziele und -strategien für Jungen und Mädchen seitens der Eltern hervorgerufen werden: Eltern neigen dazu, sich Mädchen verbal intensiver zuzuwenden (Leaper 2002).

3.3. Kontextunterschiede

Das Kind ist sozialer Partner und übernimmt soziale Funktionen in seinem Umfeld. In dieser Übernahme wurzelt die Motivation, sprechen zu lernen, denn Sprache ist ein effektives Mittel, diese Funktionen auszuüben. Kontextuelle Ursachen für individuelle Unterschiede in der Sprachentwicklung sind vor allem in der Bildung der Eltern und damit in deren Sprachangebot zu suchen, aber auch in deren ökonomischen Ressourcen (Ginsborg 2006). Sprachentwicklung und Sprachkompetenz im Schulalter werden entscheidend vom sozio-ökonomischen Status der Familie beeinflusst.

4. Spracherwerb im Schulalter

Nach dem primären Spracherwerb in der frühen Kindheit folgen noch weitere wichtige Abschnitte der Sprachentwicklung im Schulalter. Das Tempo des späteren Spracherwerbs ist verlangsamt gegenüber dem primären Spracherwerb, in der Pubertät bereits so sehr, dass ein quantitatives Erfassen der Veränderungen schwierig ist. Nur der Vergleich weit im Alter auseinander liegender Altersgruppen oder sehr schwieriger Anforderungen lässt eine Erweiterung im Spracherwerb erkennen. Vor allem die Einstellung des Sprachstiles auf den Zuhörer erlaubt Aufschlüsse über den Erwerb von linguistisch selteneren Formen (z. B. Konjunktiv als Höflichkeitsform) (Nippold, 2006: 25 f.).

Während im primären Spracherwerb das mündliche Sprachangebot und die mündliche Sprachproduktion im Vordergrund stehen, folgt später der Erwerb und die Vervollkommnung des Schriftspracherwerbs. Etwa zwischen 8 und 10 Jahren, wenn Kinder flüssig lesen können, erfolgt ein Übergang zum Lernen durch Lesen von Texten: Über die Schriftsprache werden der Wortschatz erweitert, übertragene Bedeutungen erkannt und komplexe Syntaxformen internalisiert. Die Sprache der Kinder wird so zunehmend individuell, wenn diese selbständig ihren Interessen durch Lesen nachgehen. In dieser Phase ist ein Erfassen eines vergleichbaren Wortschatzes und Erstellung von Normen schwierig. Andererseits erwerben Kinder im Grundschulalter die Fertigkeiten, Texte zu verarbeiten. Die verarbeitete linguistische Oberfläche erweist sich dabei als anfälliger für Vergessensprozesse als die durch Schlussfolgerungen extrahierten Kernideen eines Textes (Schönpflug 2005, 2008).

Metalinguistische Fertigkeiten sind eher am späteren als am primären Spracherwerb beteiligt. Etwa mit 6/7 Jahren, also mit der Einschulung, fangen Kinder an, Sprache in all ihren Aspekten (phonologisch, morphologisch, syntaktisch, semantisch, pragmatisch) zu reflektieren (Gombert 1992). Etwa mit 12/13 Jahren kann die Bedeutung von unbekannten zusammengesetzten Nomina erschlossen werden, wobei auch der verbale Kontext in die Analyse miteinbezogen wird. Später in der Pubertät werden Metaphern, sprichwörtliche Redensarten und idiomatische Redewendungen stärker beachtet und übernommen. Die Jugendlichen analysieren dabei zuerst die wörtliche Formulierung und dann den linguistischen Kontext. Erst danach interpretieren sie die Aussage (Nippold 2006). Die im Grundschulalter zunehmende Fähigkeit, abstrakt zu denken, führt zum Erwerb abstrakter Nomina. Ab etwa dem 2. Schuljahr erkennen Kinder auch linguistische Ambiguität und können mit Witzen und Wortspielen umgehen.

Um Syntaxerwerb im Schulalter zu erfassen, muss sich die Forschung auf die seltener vorkommenden Strukturen konzentrieren und auf zusammenhängende komplexe Texte bzw. Diskurse stützen. Diskurs-, Text-, Argumentations- und Erklärungsäußerungen sowie Narrative weisen in der Regel einen fortgeschrittenen Spracherwerb aus. Weiterhin ist es notwendig, die Einbettung in den sozialen Kontext zu variieren, denn die Komplexität der Syntax hängt in bedeutsamer Weise davon ab, ob Kinder und Jugendliche in formellen oder schulischen Kontexten Sprache produzieren oder in informellen alltäglichen Unterhaltungen unter Altersgleichen.

Schließlich erwerben Kinder nach dem primären Spracherwerb noch wichtige *pragmatische* Aspekte der Sprache. Vor allem ihre Fähigkeit zur Übernahme der Perspektive anderer Personen steigt nach dem 4. Lebensjahr bedeutsam an und ermöglicht ihnen so, effektiv zu kommunizieren. Bereits ab dem Vorschulalter können Kinder ihr Sprachniveau auf jüngere Kinder und Erwachsene und deren Kenntnisstand einstellen (Ladegaard 2004).

5. Theorien des Spracherwerbs

Es können nur einige wenige gegenwärtig einflussreiche und umfassende theoretische Überlegungen zusammengefasst werden. Die Grundkontroverse besteht auch aktuell noch in der Auseinandersetzung der Vertreter des *Nativismus* und des *Interaktionismus* (MacWhinney 1998: ,*Emergentismus*'). Nativisten berufen sich auf Chomsky (1980) und die biologische Verankerung der Sprache. Umwelteinflüsse werden vernachlässigt zugunsten der Auffassung, dass die Fähigkeit zum Spracherwerb zur Anlage des Menschen gehört. Die umweltorientierten Theoretiker oder Interaktionisten vernachlässigen nicht die biologischen Vorgaben, sehen aber eine Vielfalt an Entwicklungsmöglichkeiten durch die Einflüsse verschiedener sozialer und linguistischer Kontexte. Die grundsätzlichen Überlegungen münden in Netzwerktheorien (MacWhinney 1998) oder dynamischen systemtheoretischen Ansätzen mit selbstreguliertem Lernen (van Geert 2008). Es fehlen eindeutige empirische Belege für die einseitig nativistische, nicht jedoch für die interaktionistische Richtung.

Das *Koalitionsmodell des Sprachverstehens* von Hirsh-Pasek und Golinkoff (1999) erfüllt die Anforderung an die empirischen Belege für einen psychologisch-theoretischen Ansatz. Sie gehen von eigenen ausführlichen Beobachtungen an amerikanischen Kindern und den theoretischen Überlegungen von Gernsbacher (1990) und Bloom (1993) aus. Ihre theoretischen Schlussfolgerungen lassen sich mit dem Prinzip der *Selektivität* und *Fokussierung* umschreiben. Säuglinge nutzen eine Konstellation von Hinweisreizen (*coalition of cues*), um Sprache zu verstehen. Zuerst werden Repräsentationen über Ereignisse und Objekte der Umwelt konstruiert. Dies erfordert zunächst eine Wahrnehmung und den Aufbau von bildhaften Repräsentationen und dann eine Kategorisierung, deren Ergebnis in propositionalen Repräsentationen besteht. Diese Prozesse sind grundlegend für eine kognitive Entwicklung und den Spracherwerb. Von der akustischen Wahrnehmung und Kategorisierung und deren interner Repräsentation aus wird die Bedeutung der Lauteinheiten erschlossen: *akustische Gruppierung* (*acoustic packaging*) (Phase I: 0–9 Monate) gefolgt von einer *Internalisierung*. Dann erfolgt die *Interpretation*, d. h. die *Erschließung der Semantik* (Phase II: 9–24 Monate). Sind die Hinweisreize aus dem akustischen, prosodischen, semantischen, kontextuellen und syntaktischen Bereich oft genug zusammen in Erscheinung getreten (eine Koalition eingegangen) und damit korreliert, können Kinder erst Sätze verstehen und dann produzieren. Blooms (1993) Prinzip der *Diskrepanz* zwischen den eigenen mentalen Repräsentationen und den immer neu einströmenden Wahrnehmungen führen zum Aufbau komplexerer Vorstellungsgebilde und der Notwendigkeit, sie linguistisch dazustellen. In der Phase III (24–36 Monate) beginnt die *Analyse komplexer syntaktischer Formen* und eine weitere, fortgeschrittenere Interpretation. Die Motivation, die den Spracherwerb von Phase I zu Phase II vorantreibt, besteht in der Anforderung, komplexere Repräsentationen zu entwickeln und vorhandene mental zu verändern und mitzuteilen. Von der ersten Phase an können Kinder Einzelsprachen unterscheiden. Der Übergang von Phase II zu Phase III wird nach Bloom durch *Elaboration* bewerkstelligt.

Die theoretische Entwicklung im Spracherwerb in den 1980er Jahren geht noch von einer Kontinuität im Spracherwerb aus, in der alle Sprachentwicklung auf die maßgebende Syntax des erwachsenen Sprechers ausgerichtet ist (vgl. Pinker 1984; 1999). Sie bleibt damit dem Nativismus Chomskys (1980) verbunden, der über die maßgebliche Grammatik des erwachsenen Sprechers hinaus noch ein zweites Problem mit sich brachte, nämlich, wie sich eine Entwicklung von universalen grammatischen Kategorien zu der Vielfalt von einzelsprachlichen Gegebenheiten vollziehen kann. Die von Pinker angebotene Lösung ist der *Zwei-Prozess-Ansatz*: Zunächst wird ein einzelsprachliches Lexikon nach den psychologischen Lerngesetzen erlernt und dann die syntaktischen Regeln an der universalen Grammatik ausgerichtet.

In scharfem Gegensatz dazu stehen die Vertreter der kognitiv-funktionalen Richtung, die auch als am Sprachgebrauch orientierte Theoretiker des Spracherwerbs bezeichnet werden (u. a. Croft 2001; Tomasello 2003). Tomasello (2006) formuliert die Prämissen dieser Richtung im Sinne eines *konstruktivistischen* Ansatzes: Sprache besteht aus Symbolen und dient der Kommunikation. Natürliche Sprachen sind konventionell, deshalb setzt ein Prozess der sozialen Orientierung mit dem Spracherwerb ein; denn die Absichten der Kommunikationspartner müssen verstanden werden. Nur absichtlich Produziertes wird imitiert. Auch bei gehörter Sprache muss das Kind das absichtlich als Referenz produzierte Wort als solches erkennen, bevor es dies übernimmt. Syntax ist eine Sekundärerscheinung zur Kommunikation von Bedeutungen. Die Sprache Erwachsener ist das Ergebnis von mit anderen mehr oder weniger geteilten *Konstruktionen*. Sowohl regelhafte als auch unregelmäßige und idiosynkratische sprachliche Strukturen werden *gelernt*. Der Konstruktionsphase geht eine Lernphase von Oberflächenstrukturen voraus (z. B. feste Redewendungen). Warum Kinder mit einzelnen Wörtern oder Holophrasen in diesen Prozess einsteigen, ist bisher nicht geklärt. Tomasello fügt hinzu, dass Kinder zunächst die neuen Wörter immer im gleichen linguistischen Kontext produzieren, sie werden demnach kontextspezifisch gelernt; dies weist er für Verben (,verb islands') nach. Ab etwa 4;6 Jahren tauchen dieselben Verben in der kindlichen Sprachproduktion aber in einem neuen Kontext auf; es hat Transfer und damit eine Abstraktion in Form einer Regel stattgefunden. Die pragmatisch-konstruktivistische Denkweise kennzeichnet die gegenwärtig vorherrschende Richtung in der Spracherwerbsforschung.

Der Erstspracherwerb verläuft nicht unbeeinflusst von weiteren gleichzeitig erworbenen Sprachen.

6. Literatur in Auswahl

Bates, Elizabeth und Judith C. Goodman
   1999   On the emergence of grammar from the lexicon. In: Brian MacWhinney (Hg.), *The Emergence of Language*, 29−70. Mahwah, NJ: Erlbaum.

Bloom, Lois
    1971   Why not pivot grammar? *Journal of Speech and Hearing Disorders* 36: 40−50.
Bloom, Lois
    1993   *The Transition from Infancy to Language: Acquiring the Power of Expression*. New York:
            Cambridge University Press.
Bornstein, Marc H. und Linda R. Cote
    2004   Cross-linguistic analysis of vocabulary in young children: Spanish, Dutch, French, He-
            brew, Italian, Korean, and American English. *Child Development* 75: 1115−1139.
Braine, Martin
    1976   Children's first word combinations. *Monographs of the Society for Research in Child De-
            velopment,* 41(1).
Brandone, Amanda C., Khara L. Pence , Roberta M. Golinkoff und Kathy Hirsh-Pasek
    2007   Action speaks louder than words: Young children differentially weigh perceptual, social,
            and linguistic cues to learn verbs. *Child Development* 78: 1322−1342.
Brandt, Silke, Holger Diessel, und Michael Tomasello
    2008   The acquisition of German relative clauses. *Journal of Child Language* 35: 325−348.
Capirci, Olga, Jana M. Iverson, Elena Pizzuto und Virginia Volterra
    1996   Gestures and words during the transition to two-word speech. *Journal of Child Language*
            23: 645−673.
Chomsky, Noam
    1980   *Rules and Representations.* New York: Columbia University Press.
Cimpian, Andrej und Ellen M. Markman
    2008   Preschool children's use of cues to generic meaning. *Cognition* 107: 19−53.
Clark, Eve V.
    1995   *The Lexicon in Acquisition.* New York, NY: Cambridge University Press.
Croft, William
    2001   *Radical Construction Grammar.* Oxford, UK: Oxford University Press.
Dixon, James A. und Virginia A. Marchman
    2007   Grammar and the lexicon: Developmental ordering in language acquisition. *Child Devel-
            opment* 78: 190−212.
Dore, John, Marjory B. Franklin, Robert T. Miller, und Andrya L. H. Ramer
    1976   Transitional phenomena in early language acquision. *Journal of Child Language* 3: 13−
            18.
Gernsbacher, Morton A.
    1990   *Language Comprehension as Structure Building.* Hillsdale, NJ: Lawrence Erlbaum Asso-
            ciates.
Ginsborg, Jane
    2006   The effects of socio-econonomic status on children's language acquisition and use. In:
            Judy Clegg und Jane Ginsborg (Hg.), Language and Social Disadvantage: Theory into
            Practice, 9−27. Hoboken, NJ: John Wiley.
Golinkoff, Roberta M., Carolyn B. Mervis und Kathy Hirsh-Pasek
    1994   Early object labels: The case for a developmental lexical principles framework. *Journal
            of Child Language* 21: 125−155.
Gombert, Jean E.
    1992   *Metalinguistic Development.* Chicago: University of Chicago Press.
Hennon, Elizabeth, Kathy Hirsh-Pasek und Roberta M. Golinkoff
    2000   Die besondere Reise vom Fötus zum spracherwerbenden Kind. In: Hannelore Grimm
            (Hg.), *Sprachentwicklung,* 41−90. Göttingen: Hogrefe.
Hirsh-Pasek, Kathy und Roberta M. Golinkoff
    1999   *The Origins of Grammar.* Cambridge, MA: MIT Press.
Jusczyk, Peter W.
    2001   Learning language: What infants know about it, and what we don't know about that.
            In: Emmanuel Dupoux (Hg.), *Language, Brain, and Cognitive Development,* 363−377.
            Cambridge, MA: MIT Press.

Kauschke, Christina und Christoph Hofmeister
  2002   Early lexical development in German: A study on vocabulary growth and vocabulary composition during the second and third year of life. *Journal of Child Language* 29: 735−757.
Kishi, Manabu
  1978   Some characteristics of intonation in infants' single word utterances, *Journal of Child Development* 14: 25−35.
Ladegaard, Hans J.
  2004   Politeness in young children's speech: Context, peer group influence and pragmatic competence. *Journal of Pragmatics* 36: 2003−2022.
Leaper, Campbell
  2002   Parenting girls and boys. In: Marc H. Bornstein (Hg.), *Handbook of Parenting*, Bd. 1: *Children and Parenting*, 189−225. 2. Auflage. Mahwah, NJ: Erlbaum.
Levin, Iris, Dorit Ravid und Sharon Rapaport
  2001   Morphology and spelling among Hebrew-speaking children. From kindergarten to first grade. *Journal of Child Language* 28: 741−772.
Lieven, Elena V. M., Julian M. Pine und Gillian Baldwin
  1997   Lexically-based learning and early grammatical development. *Journal of Child Language* 24: 187−219.
MacNeilage, Peter F., Barbara L. Davis und Christine L. Matyear
  1997   Babbling and first words: Phonetic similarities and differences. *Speech Communication* 22: 269−277. Special Issue: Speech production: Models and data.
MacWhinney, Brian
  1998   Models of the emergence of language. *Annual Review of Psychology* 49: 199−227.
Mahony, Diana, Maria Singson und Virginia Mann
  2000   Reading ability and sensitivity to morphological relations. *Reading and Writing* 12: 191−218.
Maratsos, Michael
  2000   More overregularization after all: new data and discussion on Marcus, Pinker, Ullmann, Hollander, Rosen und Xu. *Journal of Child Language* 27: 183−212.
Marcus, Gary, Steven Pinker, Michael Ullman, Michelle Hollander T. Rose und Fei Xu
  1992   *Overregularization in Language Acquisition*. (Monographs of the Society of Research in Child Development). Bd. 57 Seriennr. 228.
Meibauer, Jörg, Anja Guttropf und Carmen Scherer
  2004   Dynamic aspects of German er- nomina: A probe into the interrelation of language change and language acquisition. *Linguistics* 42: 155−193.
Morgan, James L. und Katherine Demuth
  1996   *Signal to syntax: Bootstrapping from speech to grammar in early acquisition*. Mawah, NJ: Erlbaum.
Nazzi, Thierry und Josiane Bertoncini
  2003   Before and after the vocabulary spurt: Two modes of acquisition. *Developmental Science* 6: 136−142.
Nazzi, Thierry, Laura C. Dilley, Anne M. Jusczyk, Stefanie Shattuck-Hofnagel, und Peter W. Jusczyk
  2005   English-learning infants' segmentation of verbs from fluent speech. *Language and Speech* 48: 279−298.
Nippold, Marilyn A.
  2006   *Later language development: school-age children, adolescents, and young adults*. 3. Auflage. Austin, TX: PRO-ED.
Pinker, Steven
  1984   *Language Learnability and Language Development*. Cambridge, MA: Harvard University Press.

Pinker, Steven
 1999   *Words and Rules*. New York: Morrow Press.
Rabin, Jennifer und Hélène Deacon
 2008   The representation of morphologically complex words in the developing lexicon. *Journal of Child Language* 35: 453−465.
Rice, Mabel L. und Catherine L. Taylor
 2008   Language outcomes of 7-year-old children with or without a history of late language emergence at 24 months. *Journal of Speech, Language, and Hearing Research* 51: 394−407.
Schönpflug, Ute
 2005   Wörtliches und inhaltliches Erinnern gehörter Erzählungen bei Kindern. In: Klaus-Peter Dahle und Renate Volbert (Hg.), *Entwicklungspsychologische Aspekte der Rechtspsychologie*, 271−278. Göttingen: Hogrefe.
Schönpflug, Ute
 2008   The influence of instruction on elementary school children's verbatim and gist text recall. *Journal of Educational Psychology* 28: 97−108.
Scoville, Richard P. und Alice M. Gordon
 1980   Children's understanding of factive presuppositions: An experiment and a review. *Journal of Child Language* 7: 381−399.
Stromswold, Karin
 2001   The heritability of language. A review and metaanalysis of twin, adoption and linkage studies. *Language* 77: 647−723.
Tare, Medha, Marilyn Shatz und Lisa Gilbertson
 2008   Maternal uses of non-object terms in child-directed speech: Color, number and time. *First Language* 28: 87−100.
Tomasello, Michael
 2003   *Constructing a Language: A usage based Theory of Language Acquisition*. Cambridge, MA: Harvard University Press.
Tomasello, Michael
 2006   Acquiring linguistic constructions. In: William Damon und Richard M. Lerner (Hg.), *Handbook of Child Psychology*, Vol. 2: *Cognition, Perception and Language*, 255−298. 5. Auflage. New York: Wiley.
van Geert, Paul
 2008   Transmission, self-organization and the emergence of language. A dynamic systems point of view. In: Ute Schönpflug (Hg.), *Cultural Transmission. Pychological, Developmental, Social, and Methodological Aspects*, 48−69. New York: Cambridge University Press.
Wehberg, Sonja, Werner Vach, Dorthe Bleses und Pia Thomson
 2008   Girls talk about dolls and boys about cars? Analyses of groups and individual variation in Danish children's first words. *First Language* 28: 71−85.
Woodward, A. L. und Ellen M. Markman
 2006   Early word learning. In: William Damon und Richard M. Lerner (Hg.), *Handbook of Child Psychology*, Vol. 2: *Cognition, Perception and Language*, 371−420. 6. Auflage. New York: Wiley.
Zhang, Yiwen, Xiaoming Shen, Jinming Zhang, und Erika Hoff
 2008   Correlates of early language development in Chinese children. *International Journal of Behavioral Development* 32: 145−151.

Ute Schönpflug, Berlin (Deutschland)

87. Behavioristische Ansätze

1. Einleitung

Wohl keine andere Theorie des Lernens ist mit einer vergleichbaren Vehemenz und Intensität zunächst begrüßt und kurze Zeit später wieder abgelehnt worden wie der Behaviorismus im Laufe des 20. Jahrhunderts. Galt er vor allem in der Zeit unmittelbar nach dem II. Weltkrieg als das Wundermittel schlechthin, sah er sich nach der sogenannten „kognitiven Wende" ab etwa den 60er Jahren massiven Abwertungen ausgesetzt, die phasenweise der Bezeichnung „behavioristisch" pejorativen Charakter verliehen. So ganz konnte sich das behavioristische Lernen davon bis heute nicht befreien und wirkt vor allem bei Kontrastierungen mit kognitivistischen oder konstruktivistischen Verfahren als überholt und altbacken. Dabei wird jedoch übersehen, dass zum einen behavioristisch erklärbares Lernen bis heute eine nicht unwesentliche Rolle bei vielen Lehr-Lernvorgängen nicht zuletzt in der Fremdsprachenvermittlung spielt, und zum anderen keiner der zahlreichen Gegenspieler auf dem Sektor der Lerntheorien zu Recht eine universale Position für sich in Anspruch nehmen kann. Unser gegenwärtiger Wissenstand zu Lernvorgängen im Allgemeinen und zum Zweit- oder Fremdsprachenlernen im Besonderen reicht für umfassend gültige Aussagen nicht aus. Auch für die Summe der lerntheoretischen Ansätze gilt Holzkamps Feststellung (1993: 178), wonach sie sich nicht gegenseitig ergänzen und so insgesamt zu einem vollständigen Bild führen. Vielmehr sind die Lücken immer noch größer als die Areale, die einigermaßen sicher bestimmbar sind.

2. Behaviorismus

Geprägt hat den Behaviorismus die Abgrenzung gegenüber anderen Ansätzen zur Erforschung der Vorgänge, die im menschlichen Gehirn ablaufen. Vor allem zu dem als spekulativ empfundenen Vorgehen von Psychoanalytikern à la Freud sollte eine Alternative geboten werden, die sich an Maßstäben naturwissenschaftlicher Forschungsmethoden orientiert. Als wissenschaftlich relevant wurden nur empirisch erfassbare Beobachtungen akzeptiert, während alle Aussagen zu unbeobachtbaren Vorgängen im Gehirn selbst als wissenschaftlich nicht relevant angesehen wurden. Beobachtet werden konnten aber nur Verhaltensweisen sowie die Faktoren, die auf dieses Verhalten einwirken, woraus sich die Bezeichnung für die gesamte Lerntheorie herleitet. Weitgehend unabhängig voneinander entwickelte sich eine russische Schule mit Ivan Petrovich Pawlow (1849–1936) als Begründer und die später dominierende US-amerikanische mit Edward Lee Thorndike

(1874–1949), John Broadus Watson (1878–1958) und Burrhus Frederic Skinner (1904– 1990) als prominenteste Vertreter.

Abgesehen vom Neo-Behaviorismus, der sich von der strikten Ablehnung introspektiver Methoden löste und nicht rein empirisch gewonnene Einsichten in Lernvorgänge bis zu einem gewissen Grad akzeptierte, unterscheidet man im Behaviorismus drei Richtungen: die *klassische* und die *operante Konditionierung* sowie das *Lernen am Modell*.

Das *klassische Konditionieren* koppelt eine Reaktion, die von einem bestimmten Reiz ausgelöst wird, mit einem anderen. Am Ende der Konditionierung tritt diese Reaktion nach dem Auftreten des zweiten Reizes und völlig ohne den ersten auf. Berühmtestes Beispiel dafür sind die Reaktionen des Pawlowschen Hundes, der beim Anblick von Fleisch Speichel absondert. In der Lernsequenz erfolgt die Präsentation des Futters zusammen mit einem Klingelsignal. Nach mehreren Wiederholungen fließt der Speichel, auch wenn ausschließlich der Ton erklingt. Ein Vokabellernen mit Wortpaaren erklärt sich so mit Hilfe klassischer Konditionierung folgendermaßen: Ein Gegenstand, z. B. ein Tisch, ruft bei einem Lerner mit der Muttersprache Deutsch die Bezeichnung *Tisch* hervor. Im Lernvorgang wird das deutsche Wort mit der englischen Bezeichnung *table* verknüpft. Nach einigen Wiederholungen ist der Lernende in der Lage, auf den Gegenstand verbal mit dem englischen Ausdruck und ohne Rückgriff auf das deutsche Wort zu reagieren.

Das *operante Konditionieren* setzt bei natürlich vorhandenem Verhalten an, das durch Verstärkungen beeinflusst wird. Positive Verstärkungen (Lob, Belohnung) führen dazu, dass das Verhalten öfter gezeigt wird, Bestrafungen vermindern die Auftretenswahrscheinlichkeit. Unter negativen Verstärkungen versteht man das Aus- oder Unterbleiben unangenehmer Erscheinungen. Beispielsweise erhalten Versuchstiere keine Stromschläge mehr, wenn sie das gewünschte Verhalten zeigen, oder einem Schüler, der wieder fleißig seine Hausaufgaben erledigt, wird der Hausarrest erlassen. In der Fremdsprachendidaktik konzentrierte man sich auf die lernfördernde Wirkung der positiven Verstärkung, also der Belohnung erwünschten Verhaltens, was zu einem strikten Fehlervermeidungsverhalten führte. Den Lernenden wurden korrekte Sprachmuster vorgegeben, die sie sich über wiederholendes Üben einzuverleiben hatten, dem sogenannten *Pattern Drill*. Fehler galten als Sünde und mussten durch eine möglichst schnelle Präsentation einer korrekten Sprachform beseitigt werden. Lehrer sollten jeden auftretenden Fehler sofort korrigieren, indem sie einen richtigen Ausdruck vorgaben (vgl. Hendrickson 1978: 387–388). Auf die Wirksamkeit der Kontiguität, der zeitlichen Nähe zwischen Reiz und Reaktion, hatte bereits Pawlow verwiesen und sie zu einer der Grundlagen behavioristischen Lernens erhoben.

Gestützt wurde die Methode des *Pattern Drills* durch Anleihen bei Albert Bandura (*1925) Ansatz des *Modelllernens*, auch als *Soziales Lernen, Nachahmungs-* oder *Imitationslernen* bezeichnet. Bandura beschreibt Gesetzmäßigkeiten, die bei der Übernahme von beobachtetem Verhalten auftreten, wobei das Verhaltensmodell eine konkrete Person, aber auch eine fiktive Figur in einem Buch oder Film sein kann. Übernommen werden nicht nur soziale Verhaltensweisen, sondern auch Muster der verbalen Interaktion. Die hochfrequente Präsentation normgerechten Sprachmaterials im *Pattern Drill* sollte diesen Effekt nutzen und wurde eingesetzt, um den Wortschatz zu erweitern oder mehr oder weniger komplexe Strukturen zu erwerben.

Diese Vorgehensweise wurde bald wegen ihres mechanistischen Charakters abgelehnt und als *Drill&Kill-Verfahren* abqualifiziert. Zu Recht in der Kritik stand die weitgehende Reduzierung von Lernenden auf uniforme Träger von Gehirnfunktionen, eines der gravierenden Mankos des behavioristischen Lernansatzes insgesamt. Als ein weiterer Schwachpunkt erwiesen sich die empirischen Grundlagen vieler Aussagen, die fast ausschließlich aus Versuchen mit Tieren stammten. Zum einen stellt sich dabei die generelle Frage, inwieweit Übertragungen auf menschliches Verhalten möglich und zulässig sind. Und zum anderen haben längerfristige Beobachtungen ergeben, dass sich bei dressierten Tieren das natürliche Verhalten wieder durchsetzt, sobald das Training abgesetzt wird, dass die Lernergebnisse also nicht dauerhaft sind.

Bald nach der Mitte des letzten Jahrhunderts boten kognitiv ausgerichtete Erklärungsansätze auf offene Fragen des Lernens und Lehrens vielversprechendere Antworten als der Behaviorismus und verdrängten vor allem bei komplexeren Lernaufgaben die behavioristischen Rezeptologien. Bei einfacheren Lernvorgängen blieb dagegen eine gewisse Erklärungshoheit erhalten ebenso wie zur Entstehung unbewusst gesteuerter Reaktionen auf Begleiterscheinungen des Lernens wie Schul- oder Prüfungsangst. Unbestreitbar geblieben ist die Bedeutung imitativen Lernens bei allen Spracherwerbsprozessen, beim Erstspracherwerb sicher stärker als beim Zweit- oder Fremdsprachenlernen, und positive Verstärkungen spielen nach wie vor eine Rolle in der Lehr- und Lernpraxis.

Abgesehen von Fortschritten in der kognitiven Lernpsychologie waren es vor allem die ehrgeizigen Ankündigungen einiger Behavioristen, die für sich in Anspruch nahmen, alle Lernvorgänge mit den von ihnen gefundenen Gesetzmäßigkeiten erklären und nach Belieben Menschen formen zu können, die für die schnelle Ausbreitung, aber auch für die sich anschließende Ablehnung ihrer Methoden sorgten. So bot beispielsweise Watson an, ein x-beliebiges Kind so zu beeinflussen, dass aus ihm „irgendein beliebiger Spezialist wird, zu dem ich es erwählen könnte − Arzt, Jurist, Künstler, Kaufmann, ja sogar Bettler und Dieb, ungeachtet seiner Talente, Neigungen, Absichten, Fähigkeiten und Herkunft seiner Vorfahren" (Watson 1914, zit. nach Bonin 1983: 329). Aussagen dieser Art trugen maßgeblich zum späteren schlechten Image des Behaviorismus bei, das verstärkt wurde durch die Enttäuschungen, die zwangsläufig auf übersteigerte Erwartungen und unhaltbare Versprechungen folgen mussten.

3. Parallele Entwicklungen

Der massive, wenn auch nur vorüber gehende Erfolg behavioristischer Lehrmethoden lässt sich nicht ausschließlich aus der Lerntheorie selbst erklären. Maßgeblich dazu beigetragen haben Entwicklungen, die teilweise unabhängig voneinander verliefen, die aber wohl der zeitbedingte Glaube an die Allmacht der Technik und der (Natur-)Wissenschaften miteinander verband.

Mit dem Strukturalismus verbindet den Behaviorismus der Versuch, naturwissenschaftliche Methoden in die Erforschung geistiger Phänomene einzubringen. So wie sich Behavioristen nur mit dem beobachtbaren Verhalten und der Aufteilung von Lernaufgaben in einzelne Lernschritte befassten, die, in der richtigen Reihenfolge abgearbeitet, zum gewünschten Ergebnis führen sollten, ließen linguistische Strukturalisten die Bedeutung sprachlicher Äußerungen außer Acht, betrachteten sprachliche Erscheinungen nur synchron und filterten durch Segmentieren gleichbleibende Einheiten als Konstituenten heraus. Diese Übereinstimmungen gehen jedoch zumindest teilweise auf direkte Beeinflussung zurück, namentlich durch den US-amerikanischen Strukturalisten Leonard Bloomfield, der sich eng an den Behaviorismus anlehnte.

Die Begründer des kybernetischen Lehransatzes beriefen sich ebenfalls ausdrücklich auf den Behaviorismus, auch wenn einigen von ihnen der US-amerikanische Pragmatismus bei der Gestaltung von Lernarrangements zu weit ging (Mitschian 1999: 27). Kennzeichnend für die Kybernetik ist die Gleichsetzung von Menschen und Maschinen als lehr- bzw. lernfähige Systeme. Lernen erfolgt über Regelkreissysteme nach dem Sender-Empfänger-Modell: vom Lehrer, Lehrgerät oder Lehralgorithmus geht ein Impuls an den Lerner. Dessen Reaktion darauf wird mit dem Lernziel verglichen. Stimmen Ist- und Soll-Zustand überein, geht es zum nächsten Lernschritt, bei Abweichungen werden Wiederholungen, Exkurse oder andere Schleifen eingefügt, bis zumindest eine akzeptable Annäherung zwischen beiden Größen zu erkennen ist.

Konkretisiert hat sich das kybernetische Lernen im *Programmierten Unterricht*, dessen Kernstück die exakte Festlegung eines Lehralgorithmus bildet. Dazu wird ein Lerngegenstand gemäß seiner inneren Ordnung und in Übereinstimmung mit behavioristischen Lerngesetzen aufbereitet. Lernaufgaben werden in kleinste Teile aufgespalten, die von den Lernenden in genau festgelegter Abfolge, dem Lernprogramm, zu bearbeiten sind. Den Lerngegenstand Fremdsprache in einem Lehralgorithmus abzubilden, scheiterte jedoch schon daran, hinreichend kleine Lernschritte zu extrahieren, mit denen mehr als nur rudimentäre Sprachkenntnisse zu vermitteln waren. Weder rein theoretische Konzepte noch die Konstruktion von Lehrmaschinen oder die Entwicklung sogenannter *Formaldidaktiken*, Schemata zur Aufgabenkonstruktion, überschritten die Schwelle zur praktischen Anwendung (s. Mitschian 1999: 17−33). Dies gelang in Ansätzen lediglich dem programmierten Sprachlernen, das sich jedoch nur marginal vom audiolingualen bzw. audiovisuellen Lernen unterscheidet.

Annäherungen an behavioristische Lernverfahren sind in der Fremdsprachendidaktik seit den Absetzversuchen von der *Grammatik-Übersetzungsmethode* zu verzeichnen. Die *Direkte Methode* setzte eine Reihe imitativer Verfahren ein, die etwas abgeschwächt in der *Vermittelnden Methode* weitergeführt wurden. Explizit auf den Behaviorismus bezog sich aber erst die *Army Method*, entwickelt in den USA zur Zeit des II. Weltkriegs, um möglichst schnell kriegsnotwendiges Personal in Fremdsprachen auszubilden. Sie gilt als Vorläuferin der *Audiolingualen Methode* (ALM), die methodisch mit der in Frankreich entwickelten *Audiovisuellen Methode* (AVM) verwandt ist (vgl. Neuner und Hunfeld 2007: 45−70), mit denen auf die in der Nachkriegszeit steigende Nachfrage nach Fremdsprachenkenntnissen reagiert wurde.

4. ALM und AVM

Die ALM und die AVM gelten zu Recht als diejenigen fremdsprachlichen Lehrmethoden, die am stärksten vom Behaviorismus beeinflusst worden sind, obwohl dazu dessen experimentell gewonnenen Schlussfolgerungen, die sogenannten Lerngesetze, oder die von Skinner in seinem 1957 erschienenen Werk *Verbal Behavior* auf den Erstsprachenerwerb zielenden Aussagen mit zum Teil sehr großer interpretatorischer Freiheit auf den Fremdsprachenerwerb übertragen werden mussten (vgl. Vielau 1976). In den beiden Methoden treffen behavioristische und strukturalistische Elemente aufeinander und werden verbunden mit Lehr-Lernverfahren, die die damals neuen Medien zur Bild- und Tonverarbeitung erschlossen. Das Sprachlabor demonstrierte die Modernität der ALM in ähnlicher Weise wie der mit einem Tonband gekoppelte Diaprojektor diejenige der AVM. Zusammen mit Aufgaben- und Übungsformen, die größtenteils aus den sich vom Grammatik-Übersetzungsunterricht abhebenden Vorläufermethoden übernommen wurden, entstanden Lehransätze, die viele Theoretiker und Praktiker auf dem Gebiet der Fremdsprachenvermittlung in ihren Bann schlugen.

Grundlage der Adaption behavioristischen Lernens bildet die Bestimmung von Sprechen als verbales Verhalten: Sprache produziert verbale Stimuli, die zu bestimmten Reaktionen führen. Auf dieser Basis ließen sich auf menschliche Sprache die gleichen Prinzipien anwenden, wie sie zur Erfassung anderen Verhaltens genutzt wurden. Wie schon in der Lernpsychologie wurden dadurch auch in der Fremdsprachendidaktik nicht beobachtbare Prozesse im Lernenden ausgeschlossen mit der Folge, dass Formen wichtiger wurden als Bedeutungen, Analogien wichtiger als Analysen. Da sich sprachliches Verhalten primär im Sprechen manifestiert, schob sich diese Fertigkeit in den Vordergrund. Im audiolingualen Unterricht erhielt das Sprechen den Vorrang vor dem Schreiben, das in den Anfangsphasen des Lernens regelrecht tabuisiert war. Des Weiteren galt das Gebot der absoluten Einsprachigkeit. Die Zielsprache war im Unterricht nicht nur Ziel und Mittel der Einübung, sondern auch das der metasprachlichen Kommunikation. Alle Erläuterungen, vor allem zum Wortschatz, seltener zur Grammatik, hatten ohne Verwendung anderer Sprachen zu erfolgen, um für möglichst viele zielsprachliche Reiz-Reaktions-Verbindungen zu sorgen. Den Gesetzen des operanten Konditionierung entsprechend wurden gewünschte Reaktionen auf sprachliche Stimuli sofort bestätigt, also positiv verstärkt. Die AVM brachte dabei früher als die ALM visuelle Stimuli zum Einsatz, verfolgte damit aber dasselbe Ziel der *habit formation*, der Automatisierung sprachlichen Verhaltens. Basisstrukturen des Unterrichts waren Imitation, Verstärkung und Übung, realisiert über fehlerfreies Auswendiglernen vorgesprochener Sequenzen (*mimicry memorization*) und den hochfrequenten Einsatz von Strukturmusterübungen, also dem *overlearning* durch *pattern drills*. Die auf diese Weise eingeübten Sprachbausteine sollten zu einem späteren Lernzeitpunkt in freier Rede zum Einsatz kommen. Weitere Merkmale der beiden Methoden sind die angestrebte Fehlerfreiheit, um Ansatzpunkte für positive Verstärkungen zu finden, und der massive Einsatz auditiver, visueller sowie audiovisueller Medien.

Die Kritik an diesem methodischen Vorgehen setzte an allen exponierten Stellen an. Die Prämisse, dass Sprache primär oder gar ausschließlich als äußeres Verhalten unabhängig von internen Prozessen aufzufassen sei, war in scharfer Form von Noam Chomsky bereits 1959, zwei Jahre nach dem Erscheinen von Skinners *Verbal Behavior*, zurückgewiesen worden. Für das Primat des Sprechens vor dem Schreiben ließen sich keine experimentellen Bestätigungen finden, stattdessen traten die Schwierigkeiten der Praktiker deutlich hervor, die versuchten, dieses Konzept durchzusetzen. Ähnlich erging es dem Verzicht auf andere als die Zielsprache als Mittel der Verständigung im Unterricht. Die infolge davon langwierigen Erklärversuche bei der Einführung neuen Wortschatzes erschöpften Lernende und Lehrende, wobei diese Vermeidungsstrategie nicht verhinderte, dass sich die Lernenden unausgesprochen doch mit Übersetzungen behalfen. Weitere Erfahrungen führten zu der Erkenntnis, dass der erhoffte Übergang vom *Pattern Drill* zur freien Rede bei vielen Lernern ausblieb und diese Übungsform lediglich zu einem mechanischen, papageienhaften Sprechverhalten führte. Der Medieneinsatz erforderte ebenfalls bei Lehrenden und Lernenden zu viel Aufmerksamkeit, degradierte wegen unvermeidbarer technischer Probleme erstere zu *Mediendompteuren* und drängte die Lerner in eine passive Haltung. Je breiter die beiden Methoden zum Einsatz kamen, desto deutlicher machten sich weitere Schwächen bemerkbar, die lernhemmenden Effekte der Fehlervermeidung oder die Negierung emotionaler und kognitiver Prozesse etwa, so dass sie schließlich nach einer Phase heftiger Kritik auf ein Nischendasein reduziert wurden.

5. Nachwirkungen

Die Kritik Chomskys an Skinner führte auf längere Sicht dazu, dass Linguisten und Sprachlehrer psychologische Konzepte vollständig ablehnten (Stern 1996: 329). Tatsächlich blieben die beiden A-Methoden die bislang letzten auf einer solchen Basis, die Breitenwirkung erzeugen konnten, während alle weiteren nicht mehr über den Status einer so genannten alternativen Methode hinaus kamen. Durch die Gegenüberstellung von behavioristisch mit kognitiv bzw. später von instruktiv mit konstruktiv werden bis heute sehr schnell alle nicht kognitivierenden Lernverfahren dem Behaviorismus zugeschrieben und darüber abgewertet. Dabei haben behavioristisch ausgerichtete Sprachdidaktiker nur wenige eigenständige Lernverfahren entwickelt, sondern vielmehr nur neue Begründungen für bereits bekannte Lernverfahren angeboten, weshalb es streng genommen kein behavioristisches, sondern nur ein behavioristisch erklärbares Lernen gibt. Das Neue entstand in erster Linie dadurch, dass Verfahren durch einen Überbau an eigenwilligen Prinzipien zusammen gehalten und intensiviert wurden. Gescheitert ist der Behaviorismus an seinen Übersteigerungen, vor allem an dem Anspruch, alle Formen des Lernens erklären zu können.

Diesen Fehler haben Lerntheoretiker wie Jerome Bruner oder Robert Gagné zu beheben versucht, indem sie für bestimmte Lernarten das behavioristische Erklärungsmodell heranziehen, während sie vor allem für komplexere Lernaufgaben kognitive Ansätze anführen (Stern 1996: 307). Kleinschrittige Übungsaufgaben mit anschließender, möglichst motivierender Rückmeldung, die Versuche, die Zielsprache zu bevorzugen und den Medieneinsatz zu forcieren, die Vermittlung von Textbausteinen, die Verwendung einsprachiger Wörterbücher und vor allem die Betonung des Sprechens in nicht auf andere Fertigkeiten spezialisiertem Sprachunterricht, die den Lernenden mehr Sprechanteile einbringen, stellen bleibende Errungenschaften der Auseinandersetzung mit dem Behaviorismus dar. Als nachhaltig belastend haben sich Erfahrungen mit dieser Lerntheorie auf das Lernen mit technischen Medien ausgewirkt. Die flächendeckende Einführung des Sprachlabors in den 60er Jahren des letzten Jahrhunderts gilt immer noch als Paradebeispiel für einen verfehlten Einsatz technischer Lernhilfen, und das computerunterstützte Lernen brauchte lange Zeit, um sich aus dem Schatten des programmierten Lernens zu lösen. Aber auch für diese Bereiche gilt, dass der größte Wert des vorübergehenden Aufschwungs behavioristisch geprägten Lernens in der Initiierung einer interdisziplinären Diskussion vieler zweit- und fremdsprachendidaktischer Aspekte liegt, die noch lange nicht abgeschlossen ist.

6. Literatur in Auswahl

Bandura, Albert
  1976   *Lernen am Modell: Ansätze zu einer sozial-kognitiven Lerntheorie*. Stuttgart: Klett.

Bloomfield, Leonard
  1933   *Language*. New York: London: Allan & Unwin. [Reprint 1967].
Bonin, Werner F.
  1983   *Die großen Psychologen. Von der Seelenkunde zur Verhaltenswissenschaft. Forscher, Thera-peuten und Ärzte*. Düsseldorf: Econ-Taschenbuch-Verlag.
Chomsky, Noam
  1959   A Review of B. F. Skinner's *Verbal Behavior*. *Language* 35: 26−58.
Hendrickson, James M.
  1978   Error Correction in Foreign Language Teaching: Recent Theory, Research, and Practice. *The Modern Language Journal* 62: 387−398.
Holzkamp, Klaus
  1993   *Lernen: subjektwissenschaftliche Grundlegung*. Frankfurt/Main u. a.: Campus-Verlag.
Mitschian, Haymo
  1999   *Neue Medien − neue Lernwerkzeuge. Fremdsprachenlernen mit Computern. Erfahrungen und Möglichkeiten für Deutsch als Fremdsprache*. Bielefeld: Bertelsmann.
Neuner, Gerhard und Hans Hunfeld
  2007   *Methoden des fremdsprachlichen Deutschunterrichts. Eine Einführung*. München u. a.: Langenscheidt.
Skinner, Frederic B.
  1957   *Verbal Behavior*. Acton: Copley Publishing Group. [Reprint 1992].
Stern, Hans H.
  1996   *Fundamental Concepts of Language Teaching*, Oxford u. a.: Oxford University Press.
Vielau, Axel
  1976   Audiolinguales oder bewußtes Lernen? Aspekte zur Methodologie des Fremdsprachenunterrichts. In: Jürgen Kramer (Hg.), *Bestandsaufnahme Fremdsprachenunterricht. Argumente zur Reform der Fremdsprachendidaktik*, 180−201. Stuttgart: Metzler.

Haymo Mitschian, Kassel (Deutschland)

88. Nativistische Ansätze

1. Vorbemerkung

Nativistische Ansätze sind in Abkehr von behavioristischen Lerntheorien (vgl. Art. 87) entstanden; sie betrachten den Spracherwerb nicht als imitativen Vorgang, sondern als einen Prozess der Entfaltung angeborener und spezifischer Fähigkeiten. Chomskys (1959) berühmte Skinner-Rezension markiert einen Wendepunkt, dem die Entwicklung einer bis heute einflussreichen und fortwährend weiterentwickelten linguistischen Theorie, der *Generativen Grammatik* (vgl. Chomsky 1965, 1981, 1988, 1995; vgl. die zusammenfassende Darstellung von Suchsland 1998, 1999), folgte, die eine universelle Erklärung des L1-Erwerbs beinhaltete. Dies beeinflusste in der Folge auch die Zweitsprachenerwerbsforschung, was sich zunächst in der *Identitätshypothese* oder *L1=L2-Hypothese* äußerte. In dieser Hypothese wird die Existenz universeller, angeborener sprachspezifischer kognitiver Erwerbsmechanismen − zunächst von Chomsky als LAD (*language acquisition device*), später als UG (*Universal Grammar*) bezeichnet − angenommen, über die Lerner in den unterschiedlichen Spracherwerbstypen (L1-Erwerb, ungesteuerter L2-Erwerb und gesteuerter L2-Erwerb) gleichermaßen verfügen. In den 1980er Jahren wich die Identitätshypothese Überlegungen, ob und inwieweit Lerner auf ihr angeborenes linguistisches Wissen − die Universalgrammatik − auch während des L2-Erwerbs Zugang haben. Nativistische Theorien markieren die gewachsene Bedeutung psycholinguistischer Zugänge bei der Erforschung von Spracherwerbsprozessen; sie sind heute in der Regel mit kognitivistischen Ansätzen verschränkt, werden aber zunehmend von konnektionistischen Ansätzen in Frage gestellt (vgl. Art. 89).

2. Das logische Problem des L1-Erwerbs

Natürliche Sprachen verstehen und produzieren zu können gilt als gattungsspezifische Fähigkeit des menschlichen Individuums. Dass Menschen allerdings den Erwerb dieser sprachlichen Fähigkeiten zumindest für den L1-Erwerb gleichermaßen erfolgreich bewältigen, wird häufig als *logisches Problem* bezeichnet, mit dem eine Absage an die in den 1950er und 1960er Jahren gängige behavioristische Auffassung des Spracherwerbs verbunden ist. Zentral hierfür ist die Beobachtung, dass Kinder linguistisches (implizites) Wissen erwerben, das ihnen die Produktion (und Rezeption) grammatisch akzeptabler Sätze und Äußerungen erlaubt, die aber nicht allein dem sprachlichen Umfeld entstammen können (= *poverty of stimulus*-Argument). Induktive Generalisierung scheidet als alleinige Lernstrategie aus, denn: Das Umfeld liefert

(a) quantitativ ungenügenden Input, was Kinder nicht daran hindert, auch sprachliche Strukturen zu erwerben, die im Input unterrepräsentiert sind;

(b) qualitativ ungenügenden Input, d. h., Kinder entwickeln ein System von Regeln und Prinzipien der Zielsprache, obwohl der Input diese nicht explizit liefert (Eltern lehren ihre Kinder gewöhnlich keine Grammatikregeln);

(c) fehlerhaften Input, aber Merkmale der gesprochenen Sprache (morphosyntaktische Abweichungen, Abbrüche, Versprecher etc.) beeinträchtigen den Spracherwerb nicht;

(d) keine oder kaum negative Evidenz, d. h., Kinder erhalten kaum oder keine externen Hilfen wie negatives Feedback zur Zurückweisung grammatisch inakzeptabler Konstruktionen bzw. scheinen v. a. in frühen Erwerbsstadien gegen grammatische Fremdkorrekturen resistent zu sein.

Ein weiteres L1-Erwerbsphänomen sind sprachliche Entwicklungsstufen, die sprachliche Formen aufweisen, die nicht der zielsprachlichen Norm entsprechen, aber dennoch systematischen Charakter haben − Input als Verursacher hierfür kann ausgeschlossen werden.

3. Die Universalgrammatik (UG)

Die nativistische Position löst dieses logische Problem in der Annahme angeborener Fähigkeiten zum Spracherwerb, genauer: angeborenen linguistischen Wissens, das bei vorhandenem sprachlichem Input aktiviert wird und den Spracherwerb erst ermöglicht. *Wissen* ist innerhalb der deutschen Sprache ein problematischer Terminus, da sein semantisches Feld eine Relation zu *Bewusstheit* einschließt. Wissen innerhalb der Theorie der Generativen Grammatik bedeutet allerdings stets implizites, unbewusstes Wissen, das auf der Performanzebene, im Können, nur indirekt beobachtbar ist; UG-Theorien geben damit auch keinerlei Antworten auf Fragen zu Produktionsprozessen in der L2. Insbesondere die frühen UG-Ansätze fokussieren kerngrammatische Bereiche in der Morphologie und Syntax, erst in aktuelleren Ansätzen (*minimalistic program*) kommen auch Bereiche wie Pragmatik, Semantik und Lexik in den Untersuchungsfokus von empirischen Untersuchungen (vgl. die Einführungen von Fanselow und Felix 1987; Cook und Newson 2007 und die ausführliche kritische Zusammenfassung von Ellis 2008: 581−638).

Spezifikum des linguistischen mentalen Moduls, das als *Universalgrammatik* (*UG*) bezeichnet wird, ist seine Unabhängigkeit von anderen kognitiven Fähigkeiten wie etwa allgemeinen Problemlösungs- und Lernstrategien. In Chomskys Prinzipien-/Parameter-Modell sind Inhalt dieses angeborenen Spracherwerbsmechanismus die sogenannten *Prinzipien*, die sprachuniversell sind und als höchst abstrakte, unbewusst im mentalen System repräsentierte Kerngrammatik zu verstehen sind. Edmondson (1999: 25) beschreibt diese auch als „grammar of enablement, not a grammar of proficiency" oder als „some inborn feeling about how language can work". Der Zugang zu diesen genetisch angelegten Prinzipien während des Spracherwerbs führt dazu, dass keine individuelle und spontane, d. h. völlig unsystematische Grammatik entwickelt wird. Verfügbar ist vielmehr ein Wissen darüber, dass im System natürlicher Sprachen etwa Wortarten oder Wortstellungsregeln enthalten sind. Sharwood Smith (1994: 144) beschreibt dies auch eingängig mit „UG is not ‚a' grammar but a set of limits". Ein Beispiel für ein bekanntes Prinzip ist das Subjazenzprinzip (*subjacency*), das die Möglichkeiten zur Bildung von Satztransformationen einschränkt. Das in der UG-orientierten Forschung durchgängig behandelte Beispiel sind inakzeptable Transformationen von Sätzen mit Fragepronomen, insbesondere das *wh movement* im Englischen.

Die Prinzipien der UG werden ergänzt durch eine begrenzte Anzahl von sprachspezifischen Optionen, sogenannten *Parametern*. Ein innerhalb der Generativen Grammatik bekannter Parameter ist der *Pro-Drop-Parameter*, der die Grammatikalität von Sätzen, in denen die Subjektposition unbesetzt bleibt, z. B. im Italienischen, nicht beeinträchtigt, wohingegen dies normalerweise für das Deutsche nicht zutrifft (*Jens liest ein Buch*; aber: **liest ein Buch*). Die Festlegung auf einen Parameter, die *Parameterfixierung*, erfolgt durch sprachspezifischen Input, den das sprachliche Umfeld liefert. Dieser sprachspezifische Input fungiert als *Trigger*, der die Parameter fixiert, ohne dass hierfür noch andere Lernstrategien eingesetzt werden müssten. Des Weiteren besagt die Theorie, dass nicht jeder Parameter einzeln fixiert werden muss, da durch den Erwerb eines Parameters gleichzeitig andere, die durch ihn impliziert sind, mitfixiert werden (z. B. ein Parameter zur Wortstellung inklusive des Pro-Drop-Parameters). Dieses angenommene Potential der UG, bekannt als Projektionshypothese, liefert einen weiteren Beitrag zur Lösung des Problems der Unterdeterminiertheit des verfügbaren Inputs.

4. Haben erwachsene L2-Lerner Zugang zur Universalgrammatik?

Einen der ersten nativistischen Ansätze in der Zweitsprachenerwerbsforschung markiert Krashens *Monitor-Theorie* (Krashen 1982). Ein zentrales Argument nativistischer L2-Erwerbstheorien verweist auf die Unmöglichkeit der Aufgabe, eine L2 inklusive ihrer unübersichtlichen Komplexität allein mithilfe von Imitation und allgemeinen kognitiven Problemlösungsstrategien zu erwerben. Ebenso kann das *poverty of stimulus*-Argument auf den L2-Erwerb übertragen werden: Auch L2-Lerner kreieren lernersprachliche Produkte, die nicht allein dem zielsprachlichen Umfeld entstammen können und außerdem systematische entwicklungsspezifische Phänomene (Fehler) aufweisen. Eine zentrale Forschungsfrage innerhalb UG-orientierter Zweitsprachenerwerbsforschung ist die, ob Merkmale der Lernersprache auf das Walten der UG zurückgeführt werden können.

Seit den 1980er Jahren sind empirische Untersuchungen, die sich mit unterschiedlichen Prinzipien der UG und Parameterfixierungen im L2-Erwerb von Erwachsenen beschäftigen, Teil eines relevanten und kontrovers diskutierten Forschungsbereichs in der Fremdsprachenerwerbsforschung. Es sind vier Erklärungsansätze zu unterscheiden, die die Relevanz und den Anteil eines sich während des L2-Erwerbs entfaltenden angeborenen Programms und der allgemeinen intellektuellen Fähigkeiten eines Lerners unterschiedlich einschätzen. Die Zuordenbarkeit einzelner empirischer Studien (und im Folgenden können nur einige wenige Studien exemplarisch genannt werden) zu den Ansätzen ist dabei sicherlich nicht eindeutig. In einer Untersuchung von Bley-Vroman, Felix und Ioup (1988) wurde z. B. festgestellt, dass Lerner des Englischen über Wissen bezüglich des Subjazenzprinzips verfügen, obwohl das *wh movement* in ihrer L1 (hier: Koreanisch) kaum ausgeprägt ist. Dies könnte als Beleg für Position 4.1 interpretiert werden: Die UG ist verfügbar, da reiner Zufall ausgeschlossen werden konnte. Da Parameterfixierung kein Untersuchungsgegenstand ist, wäre auch eine Version von 4.2 (die Prinzipien sind verfügbar) denkbar. Eine andere Lesart, die erklärt, warum aber die getesteten Lerner im Vergleich zu Muttersprachlern im Test schlechter abschneiden, bietet Position 4.3 (UG wird blockiert).

4.1. Vollständiger Zugang

Nach der Auffassung, auch erwachsene Lerner verfügten über vollständigen Zugang zur UG, sind alle UG-Prinzipien aktivierbar; L2-Parameter, die der L1 nicht entsprechen, können ohne den Einsatz allgemeiner Lernstrategien umfixiert werden. Im Äquivalenzfall sei allerdings der Lernprozess vereinfacht, damit wird der L1 bzw. dem L1-Wissen ein bedeutsamer Einfluss zugestanden, eine Relevanz des Faktors Alter wird zurückgewiesen. Diese Position wird von Flynn (1987) vertreten; in White (1989), die verschiedene empirische Studien zur Parameterumfixierung vorstellt, wird jedoch deutlich, dass die Ergebnisse keineswegs eindeutig sind und als Hinweise dafür interpretierbar sind, dass eher einer abgeschwächten Version der Hypothese zuzustimmen sei.

4.2. Teilweiser Zugang

Nach dieser Auffassung (vertreten z. B. von Schachter 1988) sind lediglich die Prinzipien, nicht aber die Parameter zugänglich. Alternativ dazu wurde ermittelt, dass lediglich diejenigen Prinzipien und Parameter, die während des L1-Erwerbs aktiviert bzw. fixiert wurden, auch während des L2-Erwerbs wirksam werden. Eine Umfixierung von Parametern gelingt nur (und möglicherweise für bestimmte Strukturen der L2 nie vollständig) durch den Einsatz allgemeiner Lernstrategien. Zielsprachlicher Input hat damit nur noch eine sehr eingeschränkte Trigger-Funktion. White (1986) stellt z. B. für den Pro-Drop-Parameter fest, dass Lerner, deren L1 (hier: Spanisch = +Pro-Drop) und L2 (hier: Englisch = −Pro-Drop) unterschiedliche Werte dieses Parameters aufweisen, größere Schwierigkeiten haben, die Ungrammatikalität von fremdsprachlichen Sätzen, bei denen das Subjekt getilgt wurde, zu erkennen, wohingegen Lerner mit hinsichtlich dieses Parameters äquivalenter L1 (hier: Französisch = −Pro-Drop) beim Grammatikalitätstest besser abschneiden.

4.3. Konkurrierende kognitive Systeme

Einen anderen Ansatz zur Lösung des logischen Problems des L2-Erwerbs bietet Felix (1982, 1985) in einer Kombination der Theorien Chomskys und Piagets, der es auch ermöglicht, individuelle Unterschiede im Erfolgsgrad des L2-Erwerbs jenseits des (indirekten) Einflusses der L1 zu erklären. Danach haben auch erwachsene Lerner Zugang zur UG (hier als *language-specific cognitive system* = LSC bezeichnet), diese wird in ihrer Wirksamkeit jedoch durch einen „potenten Konkurrenten" eingeschränkt, nämlich durch die ausgereiften allgemeinen kognitiven Fähigkeiten (*problem-solving cognitive system* = PSC), die „quasi eine Art Bremsfunktion" einnehmen (Felix 1982: 292). Dieses PSC würde zur Lösung von Problemen − und als solche Aufgabe wird der Spracherwerb vom mentalen System eines Erwachsenen aufgefasst − eingesetzt und könnte nicht bewusst unterdrückt werden, obwohl es für den Spracherwerb weitgehend ungeeignet sei. Allenfalls der Umfang, in dem das PSC die Aktivierung der LSC hemmt, sei individuell unterschiedlich, ebenso der Einfluss externer Faktoren (etwa soziales Umfeld oder Motivation) auf das PSC. Insbesondere dem gesteuerten Fremdsprachenerwerb wird relative Chancenlosigkeit nachgesagt, da im Fremdsprachenunterricht insbesondere das PSC stimuliert würde. Bley-Vroman (1989: 60−61) gibt allerdings berechtigterweise zu bedenken, dass man die Hypothese der konkurrierenden kognitiven Systeme auch so interpretieren könne, dass gute Problemlöser oder gut motivierte Lerner folglich die schlechteren Lerner seien und vice versa, was angesichts der Forschungslage zu individuellen Unterschieden abzulehnen sei. Auch die Falsifizierbarkeit der Hypothese scheint problematisch zu sein: Wie kann der jeweilige Anteil von PSC und LSC nachvollziehbar und valide aufgezeigt werden?

4.4. Kein Zugang

Mit der *Fundamental Difference*-Hypothese (Bley-Vroman 1989) wird die Auffassung vertreten, dass nach abgeschlossenem L1-Erwerb die UG nicht mehr verfügbar ist − also nicht einmal die Prinzipien der UG − und allgemeine Problemlösungs- und Lernstrategien verwendet werden. Daraus folgt, dass dem L1- und L2-Erwerb keinerlei identische oder ähnliche Prinzipien zugrunde liegen, die Spracherwerbstypen damit fundamental unterschiedlich sind. Die *Fundamental Difference*-Hypothese markiert damit die Gegenposition zur Identitätshypothese.

Ein Überblick von Clahsen und Muysken (1986) über mehrere empirische Studien zum Erwerb der deutschen Wortstellung im kindlichen L1- und erwachsenen (ungesteuerten) L2-Erwerb unterstützt diese Position. Die Autoren können aufzeigen, dass Kinder das Möglichkeiten von Satztransformationen einschränkende UG-Prinzip des *move alpha* (was in etwa soviel bedeutet wie: *Bewege irgendwas irgendwohin*, bei eingeschränkten *Landeplätzen*) beim Erwerb der deutschen Verbstellung in Haupt- und Nebensätzen in der Sprachproduktion realisieren und das Prinzip der Verschiebung finiter Verbformen in späten Stadien erwerben, aber: Die Kinder scheinen keine Probleme mit der finalen Position des finiten Verbs in komplexen Nebensatzkonstruktionen zu haben – die syntaktische Form ist zeitgleich mit ihrem Auftreten in der kindlichen Sprache fehlerfrei. L2-Lerner dagegen bewältigen den Erwerb dieser Struktur nur mit Schwierigkeiten und durchlaufen mehrere Stadien, wobei lange Zeit (oder bei Fossilisierung endgültig) die Stellung des Verbs in Postsubjektposition beibehalten wird. Dies wird mit Übergeneralisierung der kanonischen Wortstellung – Transfer aus der L1 wird mit dem Verweis auf Herkunftssprachen, die nicht der SVO-Wortstellung entsprechen (hier: Türkisch), zurückgewiesen. L2-Lerner würden also nicht auf die UG rekurrieren, sondern allgemeine Problemlösungsstrategien aktivieren. Über weitere Belege für die *Fundamental Difference*-Hypothese aus den Bereichen deutsche Konjugation und Negation berichten Clahsen und Muysken (1989).

5. Schlussbemerkung

Im Vorangegangenen wurde kaum auf methodologische Aspekte der UG-Forschung eingegangen. Dabei ist die Frage, welche empirischen Daten Evidenzen für ein angeborenes sprachspezifisches mentales Modul erbringen können, ein noch nicht befriedigend gelöstes Problem. Neben der Analyse von einmalig oder longitudinal erhobenen Lernerproduktdaten (wie etwa in Clahsen und Muysken 1986, 1989) wurden insbesondere sogenannte *Grammatikalitätsurteile* eingeholt, bei denen die Testpersonen Sätze der L1 oder L2 auf ihre grammatische Akzeptabilität einschätzen sollen (z. B. in den oben angesprochenen Studien von White 1986 sowie Bley-Vroman, Felix und Ioup 1988). Die Fähigkeit, Sätze z. B. der L1, die ein kompetenter Muttersprachler möglicherweise noch nie gehört hat, auf ihre grammatische Richtigkeit hin zu beurteilen (ohne dass hierfür explizites grammatisches Wissen vorliegt), wird als Beleg für die Existenz der UG bewertet. Welche kognitiven Fähigkeiten eine Testperson bei dieser Aufgabe – und besonders wenn es sich um fremdsprachliche Sätze handelt – einsetzt, ist letztlich jedoch nicht überprüfbar; außer der UG wären andere denkbar: allgemeine Problemlösungsstrategien, Weltwissen, L1-Wissen, vorhandenes explizites L2-Wissen oder vielleicht auch Erfahrungen mit anderen Fremdsprachen (vgl. Ellis 2008: 586–588). Auch das Problem, wie viel individuelle Variation oder Variation innerhalb der Versuchsgruppen noch auf Zugang zur UG schließen lässt, wird unterschiedlich gehandhabt.

Ob überhaupt und in welchem Ausmaß L2-Lernende Zugang zur UG haben, ist letztlich ungeklärt. Aktuelle UG-orientierte Forschung ist an dieser Frage weniger interessiert und legt den Schwerpunkt auf die psycholinguistische Analyse spezifischer Sprachstrukturen – insbesondere den Vergleich von L1- und L2-Grammatiken und deren kognitive Repräsentation. Zur Einschätzung der Erklärungskraft des nativistischen UG-Ansatzes muss auch bedacht werden, dass er nicht versucht, sämtliche Phänomene des L2-Er-werbsprozesses zu erklären (vgl. White 2007).

Nativistische Zweitsprachenerwerbstheorien haben bislang für das Fach Deutsch als Fremd- und Zweitsprache keine zentrale Rolle gespielt. Dies trifft auch auf die Weiterent-wicklung der Chomskyschen UG-Theorie zum *minimalistic program* zu − die auch Fra-gen nach dem Bestand von Forschungsergebnissen, die im Rahmen eines früheren UG-Modells entstanden, aufwerfen. Studien, die die L2 Deutsch betreffen, wie die oben ge-nannten, sind im Rahmen psycholinguistischer Forschung angesiedelt. Die L2 Deutsch ist auch aufgrund der reichhaltigen morphologischen und syntaktischen Merkmale der Zielsprache ein prominenter Untersuchungsgegenstand gewesen, ohne dass hiermit pra-xisorientierte Fragestellungen in Bezug auf Deutsch als Fremd- und/oder Zweitsprache verbunden waren. Entwicklungen im Bereich der Erforschung des Bilingualismus und bilingualen Erstsprachenerwerbs, die mit den aktuellen nativistischen psycholinguisti-schen Erklärungsmodellen korrespondieren (z. B. Cantone 2007), können hier möglicher-weise aufgrund der gewachsenen Aufmerksamkeit für Fragen des Spracherwerbsprozes-ses im Bereich Deutsch als Zweitsprache und Mehrsprachigkeit (mit Deutsch als einer der dabei beteiligten Sprachen) neue Anknüpfungspunkte herstellen.

6. Literatur in Auswahl

Bley-Vroman, Robert
    1989   What is the logical problem of foreign language learning? In: Susan Gass und Jacquelyn Schachter (Hg.), *Linguistic Perspectives on Second Language Acquisition*, 41−68. Cam-bridge: Cambridge University Press.
Bley-Vroman, Robert, Sascha Felix und Georgette Ioup
    1988   The accessibility of Universal Grammar in adult language learning. *Second Language Research* 4: 1−32.
Cantone, Katja F.
    2007   *Code-Switching in Bilingual Children*. Dordrecht: Springer.
Chomsky, Noam
    1959   Review of "verbal behavior" by B. F. Skinner. *Language* 35: 26−58.
Chomsky, Noam
    1965   *Aspects of the Theory of Syntax*. Cambridge: MIT-Press.
Chomsky, Noam
    1981   *Lectures on Government and Binding*. Dordrecht: Foris
Chomsky, Noam
    1988   *Language and Problems of Knowledge. The Managua Lectures*. Cambridge: MIT-Press.
Chomsky, Noam
    1995   *The Minimalist Program*. Cambridge: MIT-Press.
Clahsen, Harald und Pieter Muysken
    1986   The availability of universal grammar to adult and child learners − a study of the acquisi-tion of German word order. *Second Language Research* 2: 93−119.
Clahsen, Harald und Pieter Muysken
    1989   The UG paradox in L2 acquisition. *Second Language Research* 5: 1−29.
Cook, Vivian und Mark Newson
    2007   *Chomsky's Universal Grammar. An Introduction*. Third Edition. Malden, MA etc.: Black-well.

Edmondson, Willis
   1999   *Twelve Lectures on Second Language Acquisition.* Tübingen: Narr.
Ellis, Rod
   2008   *The Study of Second Language Acquisition.* Second Edition. Oxford: Oxford University Press.
Fanselow, Gisbert und Sascha Felix
   1987   *Sprachtheorie. Eine Einführung in die Generative Grammatik. Bd. 1: Grundlagen und Zielsetzungen, Bd. 2: Die Rektions- und Bindungstheorie.* Tübingen/Basel: Francke.
Felix, Sascha
   1982   *Psycholinguistische Aspekte des Zweitsprachenerwerbs.* Tübingen: Narr.
Felix, Sascha
   1985   More evidence on competing cognitive systems. *Second Language Research* 1: 47−72.
Flynn, Susann
   1987   *A Parameter-Setting Model of L2 Acquisition.* Dordrecht etc: Reidel.
Krashen, Stephen
   1982   *Principles and Practice in Second Language Acquisition.* Oxford: Pergamon.
Schachter, Jacquelyn
   1988   Second language acquisition and its relationship to Universal Grammar. *Applied Linguistics* 9: 219−235.
Sharwood Smith, Michael
   1994   *Second Language Learning: Theoretical Foundations.* London/New York: Longman.
Suchsland, Peter
   1998   Wege zum Minimalismus in der Grammatiktheorie. Entwicklungen in der generativen Grammatik (I). *Deutsch als Fremdsprache* 35: 212−219.
Suchsland, Peter
   1999   Wege zum Minimalismus in der Grammatiktheorie. Entwicklungen in der generativen Grammatik (II). *Deutsch als Fremdsprache* 35: 26−31.
White, Lydia
   1986   Implications of parametric variation for adult second language acquisition: an investigation of the pro-drop parameter. In: Vivian Cook (Hg.), *Experimental Approaches to Second Language Acquisition,* 55−72. Oxford etc.: Pergamon.
White, Lydia
   1989   *Universal Grammar and Second Language Acquisition.* Amsterdam/Philadephia: Benjamins.
White, Lydia
   2007   Linguistic theory, Universal Grammar, and second language acquisition. In: Bill VanPatten und Jessica Williams (Hg.), *Theories in Second Language Acquisition. An Introduction,* 37−55. Mahwah, NJ/London: Lawrence Erlbaum.

Claudia Riemer, Bielefeld (Deutschland)

89. Kognitivistische/Konstruktivistische/ Konnektionistische Ansätze

1. Einführung

In den letzten Jahren zeichnet sich in der Zweitsprachenerwerbsforschung eine zuneh-mende kognitionswissenschaftliche Orientierung ab. Die Ansätze der Kognitionspsycho-logie, die menschliche Kognition als Informationsverarbeitung bestimmen, dominieren inzwischen in der bis zum letzten Jahrzehnt von Chomskys Identitätshypothese gepräg-ten Theoriediskussion. Spracherwerb wird nicht mehr als Entwicklung modular verorte-ter, angeborener Sprachfähigkeiten definiert, sondern als ein mentaler, individueller, nur teilweise durch angeborene Fähigkeit bestimmter kognitiver Prozess, der in sozialen Si-tuationen stattfindet und durch unterschiedliche externe Faktoren beeinflusst wird. Zweit- bzw. Fremdsprachenerwerb (L2-Erwerb) ist ein Lernprozess, bei dem die gleichen mentalen Prozesse erforderlich sind wie bei anderen kognitiven Leistungen. Stand bis Ende der 1990er Jahre die Frage, ob bzw. unter welchen Bedingungen (erwachsene) Ler-nerInnen Zugang zur Universalgrammatik haben, im Mittelpunkt des Forschungsinteres-ses, sind inzwischen die sowohl beim Spracherwerb als auch beim Sprachgebrauch betei-ligten mentalen Prozesse Untersuchungsgegenstand. Hierbei wird den Zusammenhängen von kontrollierten, Aufmerksamkeit benötigenden und automatisierten, unbewusst ab-laufenden Prozessen sowie implizitem und explizitem Lernen besondere Bedeutung bei-gemessen. Sie werden mit unterschiedlicher Gewichtung von allen aktuellen L2-Erwerbs-theorien thematisiert.

Ansätze und Ergebnisse der kognitiv orientierten L2-Erwerbsforschung haben bereits seit längerem Eingang in die Sprachlehrforschung und die Fremdsprachendidaktik ge-funden. Allerdings ist zu beachten, dass der dort vorherrschende Kognitionsbegriff häu-fig von dem in der Kognitionspsychologie verwendeten abweicht. Unter Kognitivierung werden zumeist ausschließlich bewusste Aktivitäten verstanden, während sich in den Kognitionswissenschaften *kognitiv* auch auf automatisierte, unbewusst ablaufende Pro-zesse bezieht. Inwieweit Kognitivierungsmaßnahmen im Sinne von bewusstmachenden Lehr- und Lernverfahren den L2-Erwerb unterstützen können, ist für die Fremdspra-chendidaktik zu einer der wichtigsten Forschungsfragen geworden. Sie wird inzwischen auch von der L2-Erwerbsforschung aufgegriffen. Neu bestimmt wurde in diesem Zusam-menhang Ende der 1980er Jahre Sprachenlernen als aktiver Konstruktionsprozess, an dem gleichermaßen eingehende Stimuli und bereits vorhandenes Wissen beteiligt sind. Die konstruktivistische Sicht auf den Spracherwerb setzt sich zunehmend durch. Sie ma-nifestiert sich in konnektionistischen Modellen, die Spracherwerb auf der Basis von

Computersimulationen als − berechenbare − Interaktion von allgemeinen Lernmechanismen und Input bestimmen. Ein Paradigmenwechsel vom Nativismus zum Empirismus zeichnet sich ab.

2. Kognitivistische Zweitsprachenerwerbstheorien

Davon ausgehend, dass Spracherwerb ein Lernprozess ist, haben kognitivistische Theorien das Ziel zu erklären, wie sich Lernende zweisprachliches Wissen aneignen und wie sich überindividuelle Gemeinsamkeiten der Erwerbsläufe herausbilden. Einen der ersten Ansätze zum L2-Erwerb als informationsverarbeitendem Prozess stellt die *Cognitive Theory* von McLaughlin (1987) dar. Er unterscheidet zwischen kontrollierten Prozessen, die Aufmerksamkeit benötigen, und automatisierten, unbewusst ablaufenden Prozessen. Durch Üben, so die Annahme, wird kontrolliertes Verarbeiten zu automatisierten Verarbeitungsprozessen, die keine mentale Kapazität beanspruchen. Diese sind die Voraussetzung für flüssiges Sprechen in der L2.

Große Beachtung in der frühen Theoriediskussion fand das 1973 von Slobin entwickelte Konzept der *Operative Principles* (OP) zu sehen. Es wurde für den L1-Erwerb konzipiert, dann aber auf die Beschreibung lernersprachlicher Entwicklungsverläufe übertragen. Slobin geht von der Grundannahme aus, dass es ein im Kind angelegtes allgemeines Wissen über Struktur und Funktion von Sprache gibt, das es befähigt, mit Hilfe kognitiver Prinzipien die Regeln der Erstsprache aus dem Input zu erschließen. Die OPs, auch *self-instruction-rules* genannt, wie z. B. „Achte auf das Wortende" oder „Vermeide Ausnahmen" (Slobin 1973: 160) führen je nach Struktur der L1 zu unterschiedlichen Erwerbsverläufen.

Trotz starker Kritik an dem Ansatz Slobins, die sich insbesondere an der Beliebigkeit der OPs entzündete, ist sein Konzept, ebenso wie die *Cognitive Theory* von McLaughlin, in der späteren Forschungsdiskussion aufgegriffen worden. Vorstellungen beider Ansätze finden sich in den drei aktuell einflussreichsten kognitivistischen L2-Erwerbstheorien: der *Skill-Acquisition*-Theorie, die Fremdsprachenlernen als in Phasen ablaufender Erwerb kognitiver Fertigkeiten erfasst, der *Processability*-Theorie, die Erwerbsphasen auf der Basis von Sprachverarbeitungsprozessen bestimmt, sowie der *Associative-Cognitive-CREED*-Theorie, die L2-Erwerb als Zusammenspiel unterschiedlicher Lernprozesse beschreibt.

2.1. *Skill-Acquisition*-Theorie

Zentrale Konstruktionen des fertigkeitsorientierten Ansatzes sind deklaratives Wissen, Proceduralisierung und Automatisierung. Es wird angenommen, dass der fremdsprachliche Lernprozess mit dem Erwerb von Wissen über die Sprache (Wissen, dass) beginnt und dann zu prozeduralem Wissen (Wissen, wie) umstrukturiert wird, um letztendlich zu automatisierten Fertigkeiten zu werden. Die auf dem Wissensmodell von Anderson (1983) basierende Aufteilung des Fertigkeitenerwerbs in drei Phasen ist vielfach aufgegriffen worden (u. a. DeKeyser 2007), wobei die Frage nach der Umwandlung von deklarativem zu prozeduralem Wissen und schließlich zum automatisierten Gebrauch prozeduralen Wissens im Vordergrund steht.

„The power law of learning" (DeKeyser 2007: 99) ist das wichtigste Konzept der *Skill-Acquisition*-Theorie. In Anlehnung an Ergebnisse aus der Lernpsychologie, die die Abnahme von Reaktionszeiten und Fehlerrate bei unterschiedlichen kognitiven Aufgaben als Folge von Übungszeit belegen, konnte DeKeyser (1997) experimentell nachweisen, dass der Erwerb morphosyntaktischer Regeln und Vokabeln einer Kunstsprache durch explizite Vermittlung, einhergehend mit extensivem Üben, nach dem Drei-Phasenmodell erfolgte. Aus der Lernkurve ist abzulesen, dass der Übergang von Phase eins zu Phase zwei relativ schnell vonstatten geht, die Automatisierung des prozeduralen Wissens dagegen um einiges langsamer.

Umstritten ist in der Forschungsdiskussion, inwieweit deklaratives und prozedurales Wissen jeweils implizit bzw. explizit sein kann und ob der Erwerb prozeduralen Wissens notwendigerweise über die anfängliche Repräsentation deklarativen Wissens erfolgen muss. In jüngster Zeit wird vor allem diskutiert, ab wann eine Fertigkeit als automatisiert gelten kann. So geht z. B. DeKeyser (2007: 99) davon aus, dass Automatisierung graduell unterschiedlich sein kann, während Logan (1988) den Übergang von prozeduralem Wissen zu automatisierten Fertigkeiten als Wechsel vom Gebrauch von Regeln zum Abruf spezifischer Lösungen (*instances*) beschreibt. Forschungsergebnisse liegen bisher hauptsächlich zum Vokabularerwerb vor (siehe hierzu Artikel 113).

2.2. *Processability*-Theorie

Ähnlich wie die fertigkeitsorientierten Ansätze hat auch die *Processability*-Theorie das Ziel, die Entwicklungsabfolge beim Sprachenlernen als einen in Phasen ablaufenden Erwerb zu beschreiben, der durch Kapazitätsbegrenzung determiniert wird. Allerdings erfolgt in dem von Pienemann 1998 entwickelten und in nachfolgenden Arbeiten präzisierten Ansatz (insbesondere Pienemann et al. 2005) die Beschreibung von Erwerbsphasen auf der Basis von Sprachverarbeitungsprozessen. L2-Erwerb wird als Erwerb von Grammatik bestimmt, der sich aufgrund bestimmter Prozessabläufe und mentaler Strukturen in einer festen Lernabfolge vollzieht. Grundsätzlich gilt: „What is easy to process is easy to acquire" (Pienemann 1998: 42). Sprachverarbeitung wird als ein mehrere Verarbeitungsstufen durchlaufender Prozess aufgefasst, der Kapazitätsbeschränkungen unterliegt. Ein für Pienemann wesentlicher Aspekt ist die Prozessierung grammatischer Strukturen. Die propositionale Form einer Äußerung wird auf der Stufe der grammatischen Enkodierung, die im Wesentlichen lexikalisch gesteuert ist, zu einer syntaktischen Oberflächenstruktur verarbeitet. Dieser Prozess, der das Speichern und Vergleichen grammatischer Informationen, wie es z. B. für die Subjekt-Verb-Kongruenz erforderlich ist, impliziert, verläuft bei der muttersprachlichen Sprachproduktion im Normalfall automatisch und unterliegt nicht der bewussten Kontrolle. Beim Lernen einer Fremdsprache müssen diese Verfahren (*procedures*) erst entwickelt werden. Die Entwicklung vollzieht sich in einem bestimmten hierarchischen Ablauf: 1. keinerlei Verfahren (nur einfache einzellexikalische Produktionen); 2. Kategorien-Verfahren (Kategorisierung lexikalischer Einheiten durch Numerus, Genus und Tempus); 3. Nominalphrasen-Verfahren (Übertragungen innerhalb einer Phrase); 4. Vereinfachte Syntax-Verfahren (Auslagerung aus einer Phrase); 5. Syntax-Verfahren (Austausch von Informationen über Phrasengrenzen hinaus); 6. Nebensatz-Verfahren (produktiver Umgang mit Haupt- und Nebensätzen). Voraussetzung für das Erreichen einer höheren Stufe ist die Bewältigung der jeweils niedrigeren.

Nach Pienemann kann die hierarchische Erwerbsfolge nicht durch Fremdsprachenunterricht verändert werden. Sie ist universal und wird auch nicht von der L1 beeinflusst. Er postuliert, dass erstsprachliche Strukturen und Merkmale nur dann transferiert werden können, wenn Lernende die Stufe erreicht haben, auf der sie die entsprechende grammatische Information in der L2 prozessieren können (Pienemann 2007: 152). Die Annahme wurde von einigen Studien bestätigt, in jüngster Zeit vor allem von einer Langzeitstudie zum Erwerb des Japanischen mit der L1 Englisch (Kawaguchi 2005).

2.3. Associative-Cognitive-CREED-Theorie

Die von Nick C. Ellis (u. a. 2007) in die Forschungsdiskussion eingebrachte *Associative-Cognitive-CREED*-Theorie (ACCT), zu der er bereits in frühen Arbeiten Überlegungen entwickelt hat (siehe insbesondere 2002, 2003 und 2005), stellt den jüngsten kognitivistischen Ansatz dar. Er bezieht sowohl neurophysiologische als auch konnektionistische Modellvorstellungen ein. Die ACCT ist im engeren Sinn, wie er selbst einräumt, keine Theorie, sondern ein Forschungsrahmen, der die unterschiedlichen komplexen Phänomene des Zweitsprachenerwerbs aus kognitiver Perspektive in Zusammenhang bringen will (Ellis 2007: 91). Dazu gehören hauptsächlich der Einfluss von Inputfaktoren auf den Spracherwerb sowie der Zusammenhang von explizitem und implizitem Lernen.

2.3.1. Theoriekomponenten

Nach der ACCT findet Spracherwerb als komplexes Zusammenspiel von Prozessen assoziativen (*associative*) und kognitiven (*cognitive*) Lernens in der Interaktion mit sprachlichen Stimuli statt. Sog. Konstruktionen (*constructions*) bilden die Grundeinheiten des Sprachgedächtnisses. Darunter sind kontinuierliche, nichtorganisierte Wortketten von unterschiedlicher Komplexität zu verstehen. Sie umfassen sowohl Informationen zur Form (Morphologie, Syntax und Lexik) als auch zur Funktion (Semantik, Pragmatik und Diskurs). Der Erwerb dieser Einheiten erfolgt in der Interaktion des kognitiven Apparats mit dem Input als intuitiver und zugleich aber auch durch die Spracherfahrungen des Lernenden gesteuerter Prozess (*rational analysis*). Er wird nach Ellis (2007: 80) insbesondere von folgenden Faktoren beeinflusst: Frequenz (Vorkommen einer sprachlichen Einheit innerhalb eines bestimmten Zeitraums), Salienz (Leichtigkeit der Wahrnehmung einer Einheit), Kontext (Nähe zu anderen Wortformen) sowie Komplexität. Letzterer Faktor bezieht sich sowohl auf die Zuverlässigkeit und Regelmäßigkeit von Form-Funktionsbeziehungen als auch die Komplexität der unterschiedlichen Sprachebenen. Neben diesen spezifischen Konstruktionen sind u. a. abstrakte und erst zu generierende Konstruktionen wie komplexe syntaktische Muster, z. B. Adjektiv-Nomen-Verbindungen, zu erwerben. Die ACCT postuliert hierfür assoziatives Lernen über die Verarbeitung ähnlicher Beispiele (*exemplar-based*). Es handelt sich um einen durch Frequenz beeinflussten Prozess der Generalisierung und Abstraktion, der zur Entwicklung emergenter lernersprachlicher Strukturen (*emergent relations and patterns*) führt. Da dieser durch die im L1-Erwerb erworbene selektive Aufmerksamkeit beschränkt ist, muss die Wahrnehmung bewusst gesteuert werden. L2-Erwerb erfordert demnach das Zusammenspiel intuitiver und bewusster kognitiver Prozesse (*dialectical*).

Bisher liegen nur wenige empirische Untersuchungen zu den unterschiedlichen Komponenten der ACCT vor. In einer Metastudie zum Morphemerwerb im Englischen als L2 konnte belegt werden, dass die Inputfaktoren Frequenz, Salienz und Zuverlässigkeit der Form-Funktionsbeziehungen den Großteil der Erwerbsreihenfolge erklären (Goldschneider und DeKeyser 2001). Erforderlich wäre die statistische Auswertung großer lernersprachlicher Korpora, die für das Deutsche aber noch nicht vorliegen. Um die Wirksamkeit assoziativer Lernprozesse zu überprüfen, sind nach Ellis (u. a. 2002) Computersimulationen erforderlich.

2.3.2. Explizites vs. implizites Lernen

Der Schwerpunkt der ACCT liegt auf der Beschreibung der beim L2-Erwerb ablaufenden Interaktion zwischen Prozessen des expliziten und impliziten Lernens. Zwar geht Ellis (2007: 88) davon aus, dass der Großteil des Spracherwerbs auf Ergebnissen des impliziten Lernens beruht, aber er betont gleichzeitig die Bedeutung bewusster Lernprozesse. Das explizite Lernen einer strukturellen Einheit, das einhergeht mit dessen bewusstem Erkennen, wird als notwendig erachtet, um Form-Bedeutungs-Assoziationen durch den Prozess des intuitiven Lernens in das neuronal verortete Gedächtnissystem zu integrieren (Ellis 2002: 145). Dass Aufmerksamkeit bei der Verarbeitung fremdsprachlichen Inputs eine wichtige Rolle spielt, wurde bereits − allerdings bisher nicht unter dem Aspekt der Wahrnehmungssteuerung − unter unterschiedlichen Aspekten herausgearbeitet. So besagt die *Noticing*-Hypothese (Schmidt 1990), dass ein Stimulus bewusst wahr genommen werden muss, um im Langzeitgedächtnis gespeichert werden zu können. Nur dann wird Input zu *Intake*. Die Fokussierung der Aufmerksamkeit auf formal-sprachliche Aspekte, das sog. *focus on form* (u. a. Leow 1997), scheint unabdingbar, um den Lernprozess in Gang zu setzen. Aufmerksamkeit wird auf der Basis von Gedächtnismodellen als begrenzte Kapazität bestimmt, wobei aber noch offen ist, welche Faktoren für die Begrenzung verantwortlich sind (Robinson 2003).

In Bezug auf das Verhältnis von explizitem und implizitem Lernens nimmt die ACCT eine *Interface*-Position ein. Explizites Regelwissen unterstützt dadurch, dass es zur bewussten Bildung von Äußerungen eingesetzt und dann wiederholt gebraucht wird, implizites Lernen (Ellis 2005). Explizite Vermittlungsverfahren können demnach den Spracherwerb positiv beeinflussen, müssen aber u. a. die Erwerbsstufen, wie sie von Pienemann (u. a. 1998) postuliert werden, beachten (Ellis 2007: 107−108). Dass bewusstes Lernen bei Bereitstellung großer Mengen Inputs den fremdsprachlichen Erwerb fördern kann, belegen inzwischen zahlreiche Studien (siehe hierzu den Überblick bei DeKeyser 2003: 321−326). Allerdings handelt es sich zumeist um Laborstudien, die zudem nur einen kurzen Zeitraum − höchstens 12 Wochen − erfassen. Ellis (2005: 340−341) präferiert die empirische Überprüfung anhand konnektionistischer Modelle.

3. Konstruktivismus und Spracherwerb

Die seit Ende der 1960er Jahre in unterschiedlichen Disziplinen diskutierte Theorie des Konstruktivismus geht von der Annahme aus, dass sich die Wahrnehmung von Welt als ein auf der Basis individuell unterschiedlicher Wissensbestände operierender Konstruktionsprozess vollzieht. Hinsichtlich der Bestimmung von Welt bzw. Wirklichkeit herrschen divergente Auffassungen. Während der radikale Konstruktivismus die Position vertritt, dass es keine objektiv erfassbare Realität gibt, die unabhängig vom wahrnehmenden Menschen existiert, geht der informationstheoretische Ansatz der Kognitionspsychologie von einer real existierenden Umwelt aus, die auf den Wahrnehmungs- und Erkenntnisprozess einwirkt. Letztere Position findet man in der aktuellen konstruktivistisch orientierten Spracherwerbsforschung, zu der auch die ACCT zu zählen ist: Spracherwerb wird als Lernprozess bestimmt, der in Auseinandersetzung mit der Umwelt in den Individuen als sich selbst organisierenden Systemen abläuft. Dabei handelt es sich in erster Linie um assoziatives Lernen.

Der Konstruktivismus hat im letzten Jahrzehnt starken Einfluss auf die lerntheoretische Diskussion in der Fremdsprachendidaktik genommen. Zwar liegt bisher noch keine konstruktivistische Theorie des Fremdsprachenlernens vor, aber es gibt einige Arbeiten, die versuchen, konstruktivistische Prinzipien des fremdsprachlichen Lehrens und Lernens aufzustellen (siehe hierzu insbesondere Wolff 2002). Wichtigste Annahme für lerntheoretische Überlegungen ist die Selbstorganisation des Menschen, der als operational geschlossenes System betrachtet wird, das sich selbst strukturiert und auf sich selbst bezieht.

3.1. Spracherwerb als emergenter Prozess

Der Schwerpunkt aktueller konstruktivistisch orientierter Spracherwerbsansätze liegt auf dem Aspekt der Emergenz (u. a. Ellis 2008). Die beim Spracherwerb ablaufenden Konstruktionsprozesse werden als emergente Prozesse beschrieben, d. h. Sprache entwickelt sich nicht auf der Basis feststehender Regeln, sondern durch die Interaktion allgemeiner kognitiver Mechanismen in Auseinandersetzung mit einer komplex gestalteten Umwelt: „Constructivist views of language acquisition hold that simple learning mechanisms operating in and across human systems for perception, motor action, and cognition while exposed to language data in a communicatively rich human social environment navigates by an organism eager to exploit the functionality of language are sufficient to drive the emerge of complex language representations" (Ellis 2003: 63). Diese Entwicklung ist nach Ellis (2008) als dynamischer Kreislauf von Sprachgebrauch, Sprachveränderung, Sprachverstehen und Sprachenlernen in der Auseinandersetzung mit anderen Mitgliedern der Sprachengemeinschaft zu sehen. Im Unterschied zum L1-Erwerb würden diese Prozesse beim L2-Erwerb unter natürlichen Bedingungen zumeist nur zu ungenügender Sprachenkompetenz führen, da bei Erreichen einer ausreichenden Kommunikationskompetenz Fossilisierung eintrete (Ellis 2008: 233).

Spracherwerb wird in Emergenz-Ansätzen als probalistisches Lernen bestimmt, das sich mathematisch erfassen lässt. Zum L1-Erwerb liegen bereits einige Studien auf der Basis von Parsing-Modellen vor (siehe hierzu den Überblick bei Ellis 2003: 80−82), für den L2-Erwerb steht dies noch aus.

3.2. Lerntheorie

Als Vorläufer einer konstruktivistischen Lerntheorie gelten in der Kognitionspsychologie verortete lerntheoretische Ansätze (u. a. Norman 1982) und Piagets Theorie der kognitiven Entwicklung des Kindes (Piaget 1982). Erstere bestimmt Lernen als einen vom Individuum gestalteten Prozess der Aneignung von Wissensstrukturen, die aus der Interaktion zwischen Umweltstimuli und bereits vorhandenem Wissen konstruiert wurden. Zentrale These Piagets, der zu den Vertretern des radikalen Konstruktivismus zählt, ist, dass die über Phasen ablaufende Entwicklung in erster Linie durch die wechselseitige Beeinflussung der kognitiven Strukturen des Organismus und der eingehenden Umweltstimuli erfolgt. Die aktuell diskutierten Vorstellungen zum konstruktivistischen Fremdsprachenlernen basieren auf beiden Theorien. Dazu gehören neben dem Prinzip der Selbstorganisation die Annahmen, dass nur das verstanden und gelernt werden kann, was sich mit bereits vorhandenem Wissen verbinden lässt sowie dass die eingesetzten Konstruktionsprozesse individuell verschieden sind und daher auch die Ergebnisse von Lernprozessen nie gleich sein können. Weitere Prinzipien beziehen sich auf die Bestimmung von Wissen als subjektives Wissen und die besonderen Bedeutung der sozialen Interaktion für das Lernen (Wolff 2002: 339−367).

Zur didaktischen Umsetzung der konstruktivistischen Prinzipien werden u. a. die Förderung des kooperativen Lernens, der Bewusstmachung des eigenen Wissenskonstruktionsprozesses sowie die Schaffung einer authentischen und komplexen Lernumgebung im Sinne der realen Wirklichkeit vorgeschlagen. Allerdings bezweifeln einige AutorInnen die Effizienz dieser Maßnahmen. VertreterInnen des radikalen Konstruktivismus schätzen die Einflussmöglichkeiten auf den Lernprozess grundsätzlich als gering ein und sehen die Motivation der Lernenden zur Entwicklung subjektiver Erfahrungsbereiche als einzige Möglichkeit der Einflussnahme (u. a. Schmidt 1987).

4. Konnektionistische Lernmodelle

Die konstruktivistische Sicht auf den Spracherwerb als emergenter Lernprozess manifestiert sich in konnektionistischen, auch als subsymbolisch bezeichneten Modellen. Deren Konzeption beruht auf dem Versuch, Wissen über neuronale Architekturen in kognitive Modelle einzubinden. Als Entwicklungsgrundlage dient das Konzept des neuronalen Netzwerks, das aus Knoten und gewichteten Verbindungen zwischen den Neuronen besteht. Lernen ist die Veränderung der Verbindungsstärke zwischen den Neuronen. In der biologischen Realität geschieht dies durch die variierende Feuerrate eines Neurons. Konnektionistische Modelle realisieren Lernen auf der Grundlage künstlicher neuronaler Netzwerke dadurch, dass sie bestimmte (mathematische) Regeln definieren, durch die die Gewichtsstärke verändert werden kann. Konnektionistische Ansätze des Sprachenlernens postulieren einen Spracherwerb ohne Regeln und symbolische Präsentationen. Sprache wird nicht über Abstraktion und Regelentwicklung erworben, sondern über die Gewichtung neuronaler Verbindungen.

Konnektionistische Modelle stehen den Erwerbstheorien Chomskyscher Prägung konträr gegenüber: Spracherwerb benötigt keinerlei angeborenes sprachspezifisches Wissen oder sprachspezifische Verarbeitungsproteduren, sondern findet allein durch die Interaktion von allgemeinen Lernmechanismen und sprachlichen Stimuli statt. Während sie in der L1-Erwerbsforschung schon seit über zwei Jahrzehnten Berücksichtigung finden, werden sie in der L2-Erwerbsforschung erst seit Mitte der 1990er Jahre diskutiert.

Aufgegriffen wurden insbesondere das von Bates und MacWhinney (u. a. 1987) entwickelte *Competion*-Modell sowie die auf dem *Parallell-Distributed-Processing*-Modell von Rumelhart und McClelland (1986) basierenden Lernmodelle.

4.1. *Competition*-Modell

Postuliert wird ein konnektionistisches Modell, wonach zwischen mehreren neuronalen Gruppen ein ständiger Wettbewerb um die Verarbeitung sprachlicher Stimuli auf unterschiedlichen Ebenen herrscht. Das ursprünglich für den erstsprachlichen Grammatikerwerb konzipierte und dann für das fremdsprachliche Lernen adaptierte Modell beschreibt Spracherwerb als Entwicklung von sog. *mappings*, worunter Form-Funktions-Verbindungen zu verstehen sind, die miteinander kombiniert werden können. Da dieselbe Bedeutung verschiedene formale Entsprechungen haben kann, müssen auch *cues* erworben werden, die im jeweiligen Kontext die entsprechenden *mappings* aktivieren bzw. hemmen. Ihre Gewichtung (*cue strength*) ist abhängig von der Häufigkeit ihres Vorkommens, der Markiertheit, der Abrufbarkeit sowie der Eindeutigkeit. *Cues* sind einzelsprachenspezifisch. Für die grammatische Funktion eines Subjekts beispielsweise kommen als *Cues* Wortfolge, Kongruenz, Kasusmarkierung und Belebtheit in Frage. Ihre Gewichtung muss beim L2-Erwerb verändert werden. In der Anfangsphase übertragen LernerInnen zunächst die aus der L1 bereits erworbenen. Die daraus entstehenden Konflikte werden als fundamental für das Lernen angesehen.

4.2. *Parallell-Distributed-Processing*-Modell

Das *Parallell-Distributed-Processing*-Modell hat den stärksten Einfluss auf die gegenwärtige Theoriediskussion. Es wird u. a. im Rahmen der ACCT aufgegriffen. Das Modell erfasst Lernprozesse auf der Basis eines künstlichen neuronalen Netzwerks, das eingehende Stimuli parallel verarbeitet. Jeder Knoten, und somit das gesamte Netzwerk, ist in der Lage, mehrere Stimuli zu beachten und zu integrieren. Es gibt keine Trennung zwischen Verarbeitung und Gedächtnis, da jede Information, die ein Netzwerk speichert − sein Gedächtnis − in den Gewichten der Verbindungen zwischen den einzelnen formalen Neuronen gespeichert ist. Die Gewichtung zwischen den Neuronen, und damit das Lernen, ist vor allem abhängig von der Frequenz sprachlicher Einheiten im Input. L2-Erwerb findet demnach ausschließlich durch assoziatives Lernen statt.

Aktuelle empirische Studien zum assoziativen Lernen basieren auf Computersimulationen künstlicher neuronaler Netze, die von Elman (u. a. 1993) entwickelt wurden. Diese sog. *Simple Recurrent Networks* (SRNs) besitzen eine hohe Sensitivität für statistische Verteilungen im Input. Bisher liegen hauptsächlich Studien zum morphologischen Erwerb vor (siehe hierzu den Überblick bei Ellis 2003: 87−92). So haben z. B. Kempe und MacWhinney (1998) den rezeptiven Erwerb morphologischer Kasusmarker des Russischen und Deutschen von erwachsenen LernerInnen mit Englisch als L1 untersucht. Sie verwendeten ein einfaches SRN, das mit ausgewählten Korpora des Englischen und Russischen trainiert wurde. Die Daten belegen, dass ein Großteil der Inflektionsmorphologie durch assoziatives Lernen erworben wird.

Noch ist die Datenlage ungenügend, da die gegenwärtigen konnektionistischen Modelle zumeist nur Sprachfragmente verwenden und demensprechend der Input nur als gering repräsentativ gelten kann. Um die Komplexität der realen Sprache erfassen zu können, muss zukünftig mehr Forschungsaufwand geleistet werden. Trotzdem ist festzustellen, dass konnektionistische Ansätze, unter Einbeziehung korpuslinguistischer Methoden, sowohl in der L2-Erwerbsforschung als auch in der Fremdsprachendidaktik immer stärker Beachtung finden (u. a. Fandrych und Tschirner 2007).

5. Ausblick

Die bis Ende der 1990er Jahre noch stark kritisierten konnektionistischen Ansätze finden zunehmend Akzeptanz. Das mag nicht zuletzt daran liegen, dass inzwischen künstliche neuronale Netze entwickelt wurden, die der biologischen Realität sehr nahe kommen. Sie sind in der Lage zu generalisieren, zu abstrahieren und sinnvolle statistische Auswertungen des Inputs durchzuführen. Letztere Fähigkeit, nämlich die für eine Aufgabe geeignetste Ebene der statistischen Auswertung zu finden, entkräftet den von Kritikern eingebrachten Vorwurf des Rückfalls in den Behaviorismus. Soll L2-Erwerb als individueller und dynamischer konstruktiver Lernprozess erfasst werden, gibt es zurzeit keine Alternative zu konnektionistischen Modellen. Allerdings ist zukünftig mehr Forschungsaufwand erforderlich. Zum einen fehlen empirische Untersuchungen, insbesondere zum Deutschen als L2, zum andern besteht Klärungsbedarf hinsichtlich des Stellenwerts der unterschiedlichen Inputfaktoren. Ob Frequenz als die zentrale Einflussgröße des L2-Erwerbs gelten kann, ist noch umstritten.

6. Literatur in Auswahl

Anderson, John R.
    1983   *The Architecture of Cognition.* Harvard MA: Harvard, University Press.
Bates, Elisabeth und Brian MacWhinney
    1987   Language universals, individual variation, and the competition model. In: Brian Mac-
            Whinney (Hg.), *Mechanisms of Language Acquisition*, 157−194. Hillsdale: Erlbaum.
DeKeyser, Robert
    1997   Beyond explicit rule learning: Automatizing second language morphosyntax. *Studies in
            Second Language Acquisition* 19: 195−221.
DeKeyser, Robert
    2003   Implicit and explicit learning. In: Catherine J. Doughty und Michael H. Long (Hg.), *The
            Handbook of Second Language Acquisition*, 313−348. Malden: Blackwell.
DeKeyser, Robert
    2007   Skill acquisition theory. In: Bill VanPatten und Jessica Williams (Hg.), *Theories in Second
            Language Acquisition: An Introduction*, 97−114. Cambridge: CUP.
Ellis, Nick C.
    2002   Frequenzy effects in language acquisition. *Studies in Second Language Acquisition* 24:
            143−188.
Ellis, Nick C.
    2003   Constructions, chunking and connectionism: The emergence of second language struc-
            ture. In: Catherine J. Doughty und Michael H. Long (Hg.), *The Handbook of Second
            Language Acquisition*, 63−103. Malden: Blackwell.

Ellis, Nick C.
    2005   At the interface: Dynamic interpretations of explicit and implicit language knowledge. *Studies in Second Language Acquisition* 27: 305−362.
Ellis, Nick C.
    2007   Cognitive perspectives on SLA: The associative-cognitive CREED. In: Bill VanPatten und Jessica Williams (Hg.), *Theories in Second Language Acquisition: An Introduction*, 77−96. Cambridge: CUP.
Ellis, Nick C.
    2008   The dynamics of second language emergence: Cycles of language use, language change, and language acquisition. *The Modern Language Journal* 93: 232−249.
Elman, Jeffrey L.
    1993   Learning and development in neural networks: The importance of starting small. *Cognition* 48: 71−99.
Fandrych, Christian und Erwin Tschirner
    2007   Korpuslinguistik und Deutsch als Fremdsprache. Ein Perspektivenwechsel. *Deutsch als Fremdsprache* 4: 195−204.
Goldschneider, Jennifer M. und Robert M. DeKeyser
    2001   Explaining the natural order of L2 morpheme acquisition in English: A meta-analysis of multiple determinants. *Language Learning* 51: 1−50.
Kawaguchi, Satomi
    2005   Argument structure and syntactic development in Japanese as a second language. In: Manfred Pieneman (Hg.), *Cross-Linguistic Aspects of Processability Theory*, 253−298. New York: Benjamins.
Kempe, Vera und Brian MacWhinney
    1998   The acquisition of case-marking by adult learners of Russian and German. *Studies in Second Language Acquisition* 20: 543−587.
Leow, Ronald P.
    1997   Attention, awareness, and foreign language behavior. *Language Learning* 47: 467−505.
Logan, Gordon D.
    1988   Toward an instance theory of automatization. *Psychological Review* 95: 492−527.
Mac Laughlin, Barry
    1987   *Theories of Second-Language Learning*. London: Arnold.
Norman, Donald A.
    1982   *Learning and Memory*. San Francisco: Freeman.
Piaget, Jean
    1982   *Sprechen und Denken des Kindes*. 5. Aufl. Düsseldorf [franz. Original 1923].
Pienemann, Manfred
    1998   *Language Processing and Second Language Development: Processability Theory*. Amsterdam: Benjamins.
Pienemann, Manfred
    2007   Processability Theory. In: Bill Van Patten und Jessica Williams (Hg.), *Theories in Second Language Acquisition: An Introduction*, 137−154. Cambridge: CUP.
Pienemann, Manfred, Bruno Di Biase und Satomi Kawaguchi
    2005   Extending Processability Theory. In: Manfred Pienemann (Hg.), *Aspects of Processability Theory*, 199−252. New York: Benjamins.
Robinson, Peter
    2003   Attention and memory during SLA. In: Catherine J. Doughty und Michael H. Long (Hg.), *The Handbook of Second Language Acquisition*, 631−678. Malden: Blackwell.
Rumelhart, David E. und James L. McClelland
    1986   On learning the past tenses of English verbs. In: David E. Rumelhart und James L. McClelland (Hg.), *Parallel Distributed Processing* 216−271. Vol. 2. Cambridge MA: The MIT Press.

Schmidt, Richard
    1990   The role of consciousness in second language learning. *Applied Linguistics* 11: 129−158.
Schmidt, Siegfried J.
    1987   Der Radikale Konstruktivismus: Ein neues Paradigma im interdisziplinären Diskurs. In:
            Siegfried J. Schmidt (Hg.), *Der Diskurs des Radikalen Konstruktivismus*, 11−88. Frankfurt
            a. M.: Suhrkamp.
Slobin, Dan I.
    1973   Cognitive prerequisites for the development of grammar- In: Charles A. Ferguson und
            Dan I. Slobin (Hg.), *Studies of Child language Development*, 175−208. New York: Holt,
            Rinehart und Winston.
Wolff, Dieter
    2002   *Fremdsprachenlernen als Konstruktion.* Frankfurt a. M.: Lang.

Claudia Schmidt, Freiburg (Deutschland)

90. Sozial-interaktionistische Ansätze

1. Stand der Forschung

Während der Interaktion im Erstsprachenerwerb (im Folgenden L1-Erwerb) seit jeher eine zentrale Rolle eingeräumt wurde, wird sie im Zusammenhang mit dem Zweit- und Fremdsprachenerwerb (im Folgenden L2-Erwerb) erst seit ca. 30 Jahren diskutiert. Ziel des vorliegenden Beitrags ist die Skizzierung der wichtigsten Forschungen, die sich seit den 1980er Jahren mit der Rolle der Interaktion für den L2-Ewerb befasst und diese empirisch untersucht haben.

In Bezug auf den Faktor Interaktion lassen sich im Wesentlichen zwei Forschungsstränge unterscheiden, die im Folgenden zunächst getrennt voneinander dargestellt werden, bevor sie − inspiriert durch eine aktuelle Publikation von Foster und Ohta (2005) − in Abschnitt 2 zusammengeführt werden sollen. Die zuerst skizzierte Forschungsrichtung nimmt eine eher kognitivistische Perspektive auf die Interaktion ein. Vertreter dieses Ansatzes betrachten den L2-Ewerb in erster Linie als einen mentalen Prozess; sie interessieren sich entsprechend insbesondere für Mechanismen wie Aufmerksamkeit und Gedächtnis bzw. für Prozesse wie Automatisierung und Fossilisierung. Die zweite Forschungsrichtung betrachtet die L2-sprachliche Entwicklung vorrangig als sozialen Prozess, im Rahmen dessen Wissen zunächst ko-konstruiert wird, bevor es individuell weiterverarbeitet und internalisiert wird. Zwischen beiden Ansätzen bestehen erhebliche grundsätzliche theoretische und methodische Unterschiede: Während die kognitivistischen Ansätze eher *top down,* quantitativ und mit kontrollierten, experimentellen oder quasi-experimentellen Untersuchungsdesigns arbeiten und eindeutige Ursache-Wirkung-Beziehungen ermitteln wollen, gehen die soziokulturellen Ansätze eher *bottom up* vor, wobei sie an umfassenden und dichten Beschreibungen authentischer Interaktionssituationen interessiert sind, die sie vorzugsweise mittels qualitativ-interpretativer Forschungsmethoden untersuchen.

1.1. Interaktionistisch-kognitivistische Ansätze

Ausgangsbasis für die von Long Anfang der 1980er Jahre entwickelte Interaktions-Hypothese (Long 1983) war die Input-Hypothese von Krashen (1982, 1985), der zufolge verständlicher, minimal über dem aktuellen Sprachstand des Lernenden liegender Input („i+1") notwendig und hinreichend für einen erfolgreichen L2-Erwerb sei. Krashens Hypothese basiert auf der Beobachtung, dass kompetente Sprecher im sprachlichen Umgang mit weniger kompetenten Sprechern eine Reihe von Anpassungen vornehmen. Solche Modifizierungen in Form von Simplifizierungen, Redundanzen oder auch Auslassungen sind sowohl für den L1-Erwerb (vgl. dazu Konzepte wie *motherese* oder *child-directed speech*) als auch für den ungesteuerten und den gesteuerten L2-Erwerb (vgl. dazu Konzepte wie *foreigner talk* bzw. *teacher talk*) gut dokumentiert (vgl. Art. 86). Sie werden auf allen sprachlichen Ebenen vorgenommen – von der Phonetik über die Morphosyntax bis hin zur Pragmatik. Dass der auf diese Weise *prämodifizierte* Input der Verbesserung der Wahrnehmung und des Verstehens dient, ist empirisch gut belegt. Ob er aber – wie Krashen behauptet – automatisch zu einem erfolgreichen L2-Erwerb führt, ist bisher nicht nachgewiesen.

Im Unterschied zu Krashen fokussiert Long den *interaktionell modifizierten* Input, der Lernenden angeboten werden soll, sobald sie Missverstehen, Nichtverstehen oder andere Kommunikationsschwierigkeiten signalisieren. Die wichtigsten in diesem Zusammenhang identifizierten Prozesse sind sprachliche Handlungen, mit denen die kompetenteren Sprecher a) das Verständnis der weniger kompetenten Sprecher überprüfen (*comprehension checks* wie z. B. „Hast Du das verstanden?"), b) das eigene Verstehen überprüfen (*confirmation checks* wie z. B. „Meinst Du …?") oder c) um Klärung bitten (*clarification requests* wie z. B. „Das habe ich nicht verstanden – könntest Du es bitte noch einmal wiederholen?") (vgl. hierzu auch Foster und Ohta 2005: 409–413 sowie für einen aktuellen Forschungsüberblick zur Interaktions-Hypothese Schoormann und Schlak 2007).

Zwar ist unbestritten, dass interaktiv ausgehandelte individuelle Anpassungen in Form von Vereinfachungen, Verkürzungen, Wiederholungen oder Rephrasierungen bei Lernenden zu einem höheren Bewusstheitsgrad sowie zu einem besseren Verständnis führen können. Ob sie aber auch geeignet sind, den L2-Ewerb *direkt* zu fördern, wird von Kritikern in Frage gestellt (vgl. dazu v. a. Loschky 1994 oder Henrici 1995). Grundsätzlich trifft auf Longs Interaktions-Hypothese somit dieselbe Kritik zu wie auf Krashens Input-Hypothese: Die beiden Hypothesen zugrunde liegende Gleichsetzung von Verstehen und Erwerb ist eine unzulässig verkürzende Konzeption eines komplexen Prozesses. Damit Input wahrgenommen, weiterverarbeitet und zu Intake werden kann, müssen Lernende etwas mit diesem Input tun. Ohne die aktive, wiederholte bzw. regelmäßige Verwendung von Sprache ist die für eine kompetente Beherrschung erforderliche Flüssigkeit und Korrektheit nicht zu erreichen.

Während es in Bezug auf Longs Interaktions-Hypothese in den 1980er Jahren zunächst vorrangig um die reine Deskription der Struktur von Interaktionen zwischen MS und NMS (= Nichtmuttersprachlern) im Vergleich zu MS-MS-Interaktionen ging, wurde ab den 1990er Jahren zum einen das Ziel verfolgt, Unterrichtsaktivitäten zu konzipieren, deren erfolgreiche Bearbeitung möglichst viel Lerner-Lerner-Interaktion erfordert. Zum anderen war die einschlägige Forschung bemüht, den vielfach angemahnten empirischen Nachweis dafür zu erbringen, dass die Variable Interaktion den gesteuerten L2-Erwerb tatsächlich fördert (vgl. z. B. Pica 1994).

Im Jahr 1996 formulierte Long eine revidierte Fassung seiner Interaktions-Hypothese, im Rahmen derer nun die Bedeutungsaushandlung einen zentralen Stellenwert erhielt, „because it connects input, internal learner capacities, particularly selective attention, and output in productive ways" (Long 1996: 452). Ausgehend von der Annahme, dass sich kommunikativer Druck positiv auf die Aufmerksamkeit von L2-Lernenden auswirkt, wurde Aushandlungen eine prominente Rolle für den L2-Erwerb zugeschrieben. Dass solche Ereignisse jedoch einerseits auch sehr frustrierend und für den Spracherwerb kontraproduktiv sein können und dass es andererseits intensive Interaktionsprozesse geben kann, ohne dass es zu den genannten kommunikativen Notsituationen oder Sackgassen kommen muss, wird sehr überzeugend von Foster und Ohta (2005) dargestellt. Eine von den beiden Forscherinnen vorgenommene *quantitative* Auswertung L2-spezifischer Interaktionen zeigt, dass die Zahl der durch Kommunikationsprobleme verursachten interaktiven Aushandlungen relativ gering ist und ihnen somit keine nennenswerte Funktion für den L2-Erwerb zukommt. Eine auf dieselben Daten angelegte *qualitative* Auswertung belegt zahlreiche Sequenzen intensiver Interaktion, in denen zwar keinerlei Bedeutung ausgehandelt wird, denen aber dennoch wichtige erwerbsförderliche Funktionen beizumessen sind. So leisten Lernende durch die Bekundung von Interesse, das Angebot sprachlicher Hilfestellungen, den Ausdruck von Zustimmung sowie durch die Ermunterung zum Weitersprechen einen positiven Beitrag zum Sprachproduktionsprozess ihres Interaktionspartners.

Wir wissen, dass eine lernerseitige Signalisierung von Verstehen nicht zwingend auch tatsächliches Verstehen bedeutet und dass eine interaktionelle Ratifizierung des modifizierten Inputs in Form eines Kopfnickens, einer expliziten verbalen Zustimmung oder einer wortwörtlichen Wiederholung keine Garantie dafür darstellt, dass dieser Input auch wirklich zum Intake wird. Deshalb muss spätestens an dieser Stelle gefragt werden: Was ist unter erfolgreichem L2-Erwerb zu verstehen, und wie kann er empirisch nachgewiesen werden? In diesem Zusammenhang erscheint mir die L2-Erwerbsdefinition von Henrici von besonderem Nutzen (1995), der zwischen a) kurzzeitigem, b) mittelzeitigem und c) langzeitigem Erwerb unterscheidet. Mit kurzzeitigem Erwerb ist gemeint, dass die ratifizierte Lösung eines lokal auftretenden sprachlichen Problems vom Lernenden korrekt „in einem unmittelbar folgenden sprachlich veränderten Kontext wieder verwendet wird" (Henrici 1995: 25). Von mittelzeitigem Erwerb spricht Henrici dann, wenn diese Lösung „im weiteren Verlauf einer Diskurseinheit (= Unterrichtsstunde) **erneut/wiederholt** kontextuell korrekt gebraucht wird" (Henrici 1995: 25, Hervorhebung im Original). Unter langzeitigem Erwerb versteht Henrici, dass die Lösung „in völlig neuen Kontexten angemessen verwendet wird, die in großem zeitlichen Abstand (mehrere Tage/Wochen) zu der Diskurseinheit liegen, in der sich das sprachliche Problem manifestiert hat" (Henrici 1995: 25−26). Um behaupten zu können, dass Interaktionen tatsächlich zu erfolgreichem Erwerb führen, ist also nachzuweisen, dass Lernende in der Lage sind, ein zuvor ausgehandeltes zielsprachliches Item selbständig auf andere Kontexte zu transferieren.

Der Nachweis, dass sich interaktive Aushandlungen nicht nur auf das L2-Verstehen, sondern auch auf den L2-Erwerb positiv auswirken, ist inzwischen insbesondere für die Ebene der Lexik erbracht. In Bezug auf die Ebene der Morphosyntax liegt zwar in Ansätzen empirische Evidenz vor (vgl. dazu v. a. Mackey 1999) − es sind jedoch weitere Studien erforderlich, die z. B. der Frage nach dem Potential von Interaktionen für den langfristigen Erwerb morphosyntaktischer Strukturen nachgehen (vgl. für einen Überblick Keck et al. 2006).

Eine Kritik, die in jüngster Zeit häufiger an der kognitivistischen Interaktionsforschung geäußert wird, bezieht sich auf ihre weitgehende Ausblendung des sozialen Kontexts (vgl. dazu z. B. Mackey 2006: 375−376). Es ist jedoch davon auszugehen, dass dieses Defizit in absehbarer Zeit behoben wird, zumal Faktoren wie das Unterrichtsumfeld, die Unterrichtsbedingungen oder das Verhältnis zwischen Lehrenden und Lernenden sowie der Lernenden untereinander eine nachweislich wichtige Rolle den L2-Erwerb spielen.

Wenngleich es in der Forschung zur kognitivistischen Interaktion noch eine Reihe offener Fragen und Desiderate gibt (vgl. dazu z. B. die Aufstellung von Mitchell und Myles 2004: 191−192), so ist dennoch Mackey und Gass (2006) zuzustimmen, die angesichts der zahlreichen bisher durchgeführten empirischen Untersuchungen und der damit verbundenen Fortschritte für die Theoriebildung dafür plädieren, von einem *Forschungsansatz* und nicht länger nur von einer *Hypothese* zu sprechen.

1.2. Interaktionistisch-soziokulturelle Ansätze

Aus einer soziokulturellen Perspektive sind zielsprachliche Interaktionen weitaus mehr als eine Inputquelle, derer sich L2-Lernende bedienen können, um Ausdrücke oder Strukturen zu entnehmen, die sie anschließend für ihre Hypothesenbildung und -überprüfung nutzen. Für Swain und Lapkin (1998: 321) stellt die Interaktion selbst − d. h. die dialogische Ko-Konstruktion sprachlichen Wissens − den Lernprozess dar. Diese Auffassung von Lernen als einem primär sozialen Prozess entstand durch die insbesondere von Lantolf Mitte der 1980er Jahre initiierte Anwendung der soziokulturellen Lerntheorie des russischen Entwicklungspsychologen Vygotsky auf das Lehren und Lernen von Zweit- und Fremdsprachen (vgl. Lantolf 2000; Lantolf und Appel 1994; Lantolf und Thorne 2006; Lantolf und Poehner 2008). Beim Lernen handelt es sich Vygotsky zufolge um eine Entwicklung von der Fremdregulation zur Selbstregulation, bei der die soziale, intermentale Entwicklung der individuellen, intramentalen Entwicklung vorangeht. Ausgehend davon, dass Wissen nicht von einer Person auf eine andere übertragen werden kann, basiert die soziokulturelle Lerntheorie darauf, dass Lernende von Lehrenden durch den Prozess der Wissenskonstruktion begleitet werden. Dieser Prozess verläuft dann besonders erfolgreich, wenn er in der Zone der nächsten Entwicklung (*Zone of Proximal Development* bzw. *ZPD*) stattfindet. Die *ZPD* definiert Vygotsky (1978: 85) als „the difference between the child's developmental level as determined by independent problem solving and the higher level of potential development as determined through problem solving under adult guidance or in collaboration with more capable peers." Dies geschieht idealerweise im Rahmen eines Prozesses, der von Wood, Bruner und Ross (1976) als *scaffolding* bezeichnet wird. Das Ziel des *scaffolding* besteht darin, dass Lernende das mithilfe eines kompetenteren Partners konstruierte Wissen internalisieren, auf zeitlich und situativ andere Kontexte transferieren können und somit einen allmählich zunehmenden Grad an Autonomie erlangen (vgl. Donato 1994).

Während anfänglich vorrangig Experten-Novizen-Interaktionen im Fokus soziokultureller L2-Studien standen, hat sich das Forschungsinteresse in jüngster Zeit immer stärker in Richtung *Peer*-Konstellationen verlagert (vgl. z. B. Lantolf und Poehner 2008; Ohta 2001; Storch 2002; Swain und Lapkin 1998). Anhand einer Studie, im Rahmen derer kanadische Immersionsschüler gemeinsam eine Bildergeschichte in der Zielsprache Französisch rekonstruieren und verschriftlichen sollten, konnten Swain und Lapkin (1998) die erwerbsfördernde Wirkung von formbezogenen Interaktionen – sogenannten *Language-Related Episodes* – empirisch belegen. Auch Donato (1994) gelang der Nachweis, dass *scaffolding* im Rahmen von kollaborativen Übersetzungsaktivitäten dazu führt, dass ca. 75 % der interaktiv bearbeiteten Items eine Woche später in individuellen Präsentationen korrekt wieder verwendet wurden. Aus der longitudinal angelegten Untersuchung von Storch (2002) geht hervor, dass im Rahmen von fremdsprachlichen *Peer*-Interaktionen nicht nur sprachliche Inhalte und Formen, sondern auch Beziehungen ausgehandelt werden. Aufbauend auf Donato (1994) zeigt Storch, dass verschiedene Interaktionskonstellationen verschiedene Lernergebnisse zur Folge haben. Anhand der beiden Kriterien Gleichheit (*equality*) und Gegenseitigkeit (*mutuality*) ermittelt sie insgesamt vier Konstellationen – nämlich kollaborativ, dominant-dominant, dominant-passiv und Experte-Novize –, wobei sich die Konstellationen *kollaborativ* und *Experte-Novize* als besonders günstig für den Erwerb erweisen (vgl. hier auch Watanabe und Swain 2007). In diesem Zusammenhang ebenfalls einschlägig sind die Ergebnisse einer empirischen Untersuchung von Ohta (2001), die eine Reihe von Strategien ermittelt hat, die Lernende dann anwenden, wenn der Interaktionspartner offenkundige Planungs-, Formulierungs- oder Artikulationsschwierigkeiten hat. Die von Ohta identifizierten und nach ihrem Explizitheitsgrad geordneten Strategien reichen von *Warten, Zeit Geben* über *Ko-Konstruieren, Reparaturen Anbieten* bis hin zu *Erklären/Lehrperson Konsultieren*.

Von besonderem Interesse erscheint mir die Tatsache, dass in der aktuellen soziokulturellen Forschung verstärkt kognitiven Prozessen Rechnung getragen wird. So vertritt z. B. Ohta (2001) die Auffassung, dass kollaborative Interaktionen ausgezeichnete Gelegenheiten für die Aktivierung der selektiven Aufmerksamkeit, für das bewusste Wahrnehmen sowie für die Erhöhung der Kapazität des Arbeitsgedächtnisses bieten. Ausgehend von der Feststellung, dass die kognitive Belastung der L2-Lernenden insbesondere zu Beginn des Spracherwerbs vergleichsweise hoch ist, zieht Ohta aus ihren empirischen Untersuchungen den Schluss, dass Kollaborationen dazu beitragen, diese individuelle Belastung zu verringern und gleichzeitig die selektive Aufmerksamkeit zu erhöhen. Die Interaktionspartner können arbeitsteilig vorgehen, indem sie abwechselnd zuhören und sprechen, beobachten und analysieren, Hilfestellungen anbieten und/oder Unterstützung annehmen. Auch Storch (2002: 148) meint: „such talk (…) reflects cognitive processes such as noticing, noticing the gap, hypothesis formulation, testing and restructuring and uptake" – allesamt Prozesse, die in der kognitiven Interaktionsforschung als zentral für einen erfolgreichen L2-Erwerb gelten.

In Bezug auf den Fremdsprachenunterricht können aus den bisherigen soziokulturellen Forschungen folgende Empfehlungen abgeleitet werden. Lehrende sollten ihre Lernenden darin unterstützen, kompetitives Verhalten durch kooperative Verhaltensweisen zu ersetzen. Da die zwischenmenschlichen Beziehungen zentral für das Gelingen von Partnerarbeit sind, müssen die Paare, in denen kollaborativ gearbeitet werden soll, sorgfältig und in Absprache mit den Beteiligten zusammengestellt werden. Was die Auswahl an Themen und Aufgaben für kollaborative Bearbeitungen betrifft, sollte darauf geachtet werden, dass sie dem jeweiligen sprachlichen Entwicklungsstand der Interaktanten angemessen sind (Stichwort: *ZPD*). Durch diese Passung wird zum einen das Bedürfnis der Lernenden verstärkt, sich mitzuteilen; zum anderen erhöht sie die Bereitschaft, gute Zuhörer zu sein.

Da Lernende nachgewiesenermaßen nicht nur korrekte, sondern auch fehlerhafte kokonstruierte Items erwerben und auf andere Kontexte transferieren, ist es unverzichtbar, dass Lehrende die Partnerarbeitsphasen begleiten und nachbereiten. So empfiehlt Storch (2002: 146−147) „to monitor the deliberations and decisions learners make as they work in groups or pairs and do follow-up class work if necessary."

Die soziokulturelle Konzeption des Lernens als holistischen Prozess erfordert für seine empirische Untersuchung eine der Komplexität des Gegenstandes angemessene methodische Vorgehensweise. Bei dem Gros der bereits durchgeführten empirischen Studien handelt es sich um Unterrichtsforschungen, in denen die Daten in authentischen, nicht eigens für Forschungszwecke arrangierten Interaktionen erhoben werden. Dies erhöht die ökologische Validität und somit die Akzeptabilität der in diesen Untersuchungen gewonnenen Einsichten in das Unterrichtsgeschehen. Die insgesamt sehr aufwendige Beobachtung, Aufzeichnung, Aufbereitung und Auswertung unterrichtlicher Interaktionen ermöglicht die *Online*-Erfassung von Lernprozessen. Wenn diese Unterrichtsdaten darüber hinaus um individuell konzipierte *Post*- und *Follow up*-Tests ergänzt werden (wie z. B. bei Donato 1994 oder Swain und Lapkin 1998), mittels derer langfristiger Erwerb dokumentiert werden kann, handelt es sich um ein ideales Forschungsdesign.

Wenngleich die empirischen Studien im Kontext der soziokulturellen Interaktionsforschung aufschlussreiche Erkenntnisse über die Funktion der Interaktion für den Spracherwerb erbracht haben, sind dennoch eine Reihe von Desiderata zu nennen, die von künftigen Studien einzulösen wären. So sind bisher nur vergleichsweise wenige sprachliche Strukturen im Rahmen soziokultureller Studien untersucht worden, sodass hier ein erheblicher Nachholbedarf besteht. Ein weiteres Desiderat betrifft die bisher vernachlässigte Behandlung der Thematik Erwerbsgeschwindigkeit und Erwerbsreihenfolgen. Des Weiteren fehlen gezielte empirische Studien zu der Frage, welche Art von *scaffolding* für welche sprachliche Struktur zu welchem Zeitpunkt besonders geeignet ist.

2. Versuch einer Integration kognitivistischer und soziokultureller Ansätze

In jüngster Zeit haben renommierte Vertreter der L2-Interaktionsforschung begonnen, kognitivistische und soziokulturelle Ansätze als komplementär zueinander zu betrachten. Aufgrund der von ihnen geteilten Kritik an Longs Konzept der Bedeutungsaushandlung und dessen Operationalisierung verfassten die beiden Unterrichtsforscherinnen Foster und Ohta (2005) einen gemeinsamen Artikel, in dem es ihnen weder darum ging zu ermitteln, welcher der beiden Ansätze der bessere sei noch darum, die mit den unterschiedlichen Ansätzen verbundenen Gegensätzlichkeiten zu überwinden. Stattdessen nahmen die beiden Autorinnen zwecks vertiefter Einsichten in interaktive L2-Prozesse und deren Wirkung eine multiperspektivische und polymethodische Analyse derselben L2-Interaktionsdaten vor. Der erste Schritt umfasste dabei die sorgfältige Identifizierung und Kodierung von Aushandlungssequenzen unter gezielter Einbeziehung des sprachlichen und situativen Kontextes. Diese eher holistische Datenauswertung und -interpretation ging also von den *Funktionen* und nicht von den *Formen* bzw. den Oberflächenphänomenen aus. Die beiden Autorinnen konnten zeigen, dass beispielsweise eine steigende Intonation oder eine wortwörtliche Wiederholung keineswegs − wie Long annimmt − nur dazu dienen, kommunikative Probleme zu indizieren. Stattdessen können beide Mittel sehr unterschiedliche, z. T. sogar gegensätzliche interaktive Funktionen − wie z. B. Ausdruck von Nicht-Verstehen, Zweifel oder auch Interesse − erfüllen. Anstatt gesichtsbedrohende Phänomene wie Nichtverstehen, kommunikative Sackgassen oder gar Diskurszusammenbrüche als zentrale Auslöser für den L2-Erwerb zu betrachten, vertreten Foster und Ohta aufgrund ihrer detaillierten Datenanalyse daher vielmehr die Überzeugung, dass „success in communicating with and assisting a partner may facilitate SLA" (2005: 409).

Der Beitrag dieser beiden L2-Forscherinnen ist ein illustratives Beispiel dafür, wie sehr die empirische Fremdsprachenforschung davon profitieren kann, wenn Vertreter unterschiedlicher theoretischer und methodischer Ansätze zum Zweck eines vertieften Erkenntnisgewinns Schulgrenzen überwinden und miteinander kooperieren.

3. Forschungsmethodologie: Fortschritte und Desiderate

Im Hinblick auf die methodisch-methdologische Ebene sind in der Interaktionsforschung in jüngster Zeit erkennbare Fortschritte zu verzeichnen. So hat Henrici im Jahr 2001 zu Recht den Mangel an Unterrichtsforschungen beklagt. Diese Situation hat sich insofern verändert, als insbesondere in soziokulturell motivierten Studien bevorzugt in authentischen Lehr-/Lernkontexten geforscht wird (vgl. Abschnitt 1.2). Der seinerzeit festgestellte Mangel an Longitudinalstudien besteht zwar nach wie vor; allerdings gibt es inzwischen ein deutlich erhöhtes Bewusstsein hinsichtlich der Notwendigkeit von Langzeitstudien. So wird mehrheitlich anerkannt, dass nur durch einen longitudinalen Zuschnitt Lernprozesse angemessen erforscht und die Wirkungen von Interaktionen auf den L2-Erwerb überzeugend nachgewiesen werden können.

Um die in interaktiven Aushandlungsprozeduren stattfindenden erwerbsrelevanten Ereignisse adäquat zu erfassen, kommen zunehmend differenzierte Verfahren der Erhebung, Aufbereitung und Auswertung von interaktiven Daten zum Einsatz. Aufgrund der im Rahmen soziokultureller Studien zum L2-Erwerb erwachsener Lerner nachgewiesenen Rolle, die der individuellen Wahrnehmung, dem Bewusstsein und der Reflexion zukommt, wird inzwischen verstärkt mit introspektiven Verfahren gearbeitet. Auf diese Weise können komplexe Aushandlungsprozesse sowie lernerinterne Prozesse nicht nur aus der Perspektive der beobachtenden Forscherinnen und Forscher, sondern auch aus der Perspektive der beteiligten Lernenden rekonstruiert werden. Je nach Aufgabe und Situation werden dabei gleichzeitige, unmittelbar folgende oder zeitlich verzögerte Retrospektionen durchgeführt (vgl. dazu z. B. Mackey 1999).

Da für eine angemessene Rekonstruktion jeglicher sozialer Interaktion auch die Einbeziehung von Nonverbalia (wie Mimik, Gestik, Kinesik oder Blick- und Distanzverhalten) erforderlich ist, ist der verstärkte Einsatz von Videoaufnahmen unverzichtbar — was jedoch zwingend dazu führt, dass die Prozesse der Aufbereitung und Auswertung der auf diese Weise erhobenen Daten um ein Vielfaches komplexer und aufwendiger werden.

4. Fazit und Perspektiven

Die oben skizzierte Annäherung zweier zentraler Ansätze der Interaktionsforschung ermöglicht durch die Integration unterschiedlicher Forschungsdesigns und -instrumentarien eine multiperspektivische Erfassung und Analyse der Komplexität des in und durch Interaktionen stattfindenden L2-Erwerbsprozesses. Insbesondere in den Neurowissenschaften sind in jüngster Zeit eine Reihe von nichtinvasiven Verfahren (wie z. B. Elektroenzephalogramme) sowie Instrumente (z. B. *Eyetracker*) und Tests (z. B. zur Messung des Arbeitsgedächtnisses) entwickelt worden, mit deren Hilfe kognitive Prozesse untersucht werden können, sodass sich hier in Bezug auf die Untersuchung von kognitiven, intramentalen Prozessen in sozialen, intermentalen Situationen zahlreiche interessante Perspektiven für künftige L2-Erwerbsforschungen eröffnen (vgl. dazu u. a. die Ausführungen von Mackey 2006: 372−375), die die bisherigen Erkenntnisse sicherlich gewinnbringend ergänzen werden.

5. Literatur in Auswahl

Donato, Richard
    1994   Collective scaffolding in second language learning. In: James Lantolf und Gabriela Appel
            (Hg.), *Vygotskian approaches to second language research*, 33−56. Norwood, N.J.: Ablex.
Foster, Pauline und Amy Snyder Ohta
    2005   Negotiation for meaning and peer assistance in second language classrooms. *Applied Linguistics* 26: 402−430.
Henrici, Gert
    1995   *Spracherwerb durch Interaktion? Eine Einführung in die fremdsprachenerwerbsspezifische Diskursanalyse*. Baltmannsweiler: Schneider Hohengehren.
Henrici, Gert
    2001   Zweitsprachenerwerb als Interaktion I. Interaktiv-kommunikative Variablen. In: Gerhard
            Helbig, Lutz Götze, Gert Henrici, Hans-Jürgen Krumm, (Hg.), *Deutsch als Fremdsprache.
            Ein internationales Handbuch* 732−742. Bd. 1. (Handbücher zur Sprach- und Kommunikationswissenschaft 19.1−2). Berlin: de Gruyter.
Keck, Casey M., Gina Iberri-Shea, Nicole Tracy-Ventura, Safary Wa-Mbaleka
    2006   Investigating the empirical link between task-based interaction and acquisition: a metaanalysis. In: John Norris und Lourdes Ortega (Hg.), *Synthesizing research on language learning and teaching*, 91−131. Philadelphia: Benjamins.
Krashen, Stephen
    1982   *Principles and Practice in Second Language Acquisition*. Oxford: Pergamon.
Krashen, Stephen
    1985   *The Input-Hypothesis: Issues and Implications*. London: Longman.

Lantolf, James (Hg.)
  2000   *Sociocultural theory and second language learning.* Oxford: Oxford University Press.
Lantolf, James und Gabriela Appel (Hg.)
  1994   *Vygotskian approaches to second language research.* Norwood, N.J.: Ablex.
Lantolf, James und Matthew Poehner (Hg.)
  2008   *Sociocultural theory and the teaching of second languages.* London/Oakville: equinox.
Lantolf, James und Steven Thorne (Hg.)
  2006   *Sociocultural theory and the genesis of second language development.* Oxford: Oxford University Press.
Long, Michael
  1983   Native speaker/non-native speaker conversation and the negotiation of comprehensible input. *Applied Linguistics* 4: 126−141.
Long, Michael
  1996   The role of the linguistic environment in second language acquisition. In: William Ritchie und Tej Bhatia (Hg.), *Handbook of second language acquisition*, 413−468. San Diego: Academic Press.
Loschky, Lester
  1994   Comprehensible input and second language acquisition: what is the relationship? *Studies in Second Language Acquisition* 16: 303−323.
Mackey, Alison
  1999   Input, interaction and second language development: an empirical study of question formation in ESL. *Studies in Second Language Acquisition* 21: 557−587.
Mackey, Alison
  2006   Epilogue. From introspections, brain scans, and memory tests to the role of social context: advancing research on interaction and learning. *Studies in Second Language Acquisition* 28: 369−379.
Mackey, Alison und Susan Gass
  2006   Introduction (Special Issue Interaction Research: extending the methodological boundaries). *Studies in Second Language Acquisition* 28: 169−178.
Mitchell, Rosamund und Florence Myles
  2004   *Second Language Learning Theory.* 2nd Edition. New York: Oxford University Press.
Ohta, Amy Snyder
  2001   *Second Language Acquisition processes in the classroom. Learning Japanese.* Mahwah, N.J.: Erlbaum.
Pica, Teresa
  1994   Research on negotiation: what does it reveal about second-language learning conditions, processes and outcomes? *Language Learning* 78: 493−527.
Schoormann, Matthias und Torsten Schlak
  2007   Die Interaktionshypothese. Überblick und aktueller Forschungsstand. *Fremdsprache und Hochschule* 79(80): 79−113.
Storch, Neomy
  2002   Patterns of interaction in ESL pair work. *Language Learning* 52(1): 119−158.
Swain, Merrill
  1985   Communicative Competence: some roles of comprehensivle input and comprehensible output in its developments. In: Susan Gass und Carolyn Madden (Hg.), *Input in Second Language Acquisition*, 235−253. Rowley, M.A.: Newbury House.
Swain, Merrill
  2005   The output hypothesis: theory and research. In: Eli Hinkel (Hg.), *Handbook of Research in second language teaching and learning*, 471−483. Mahwah, N.J.: Erlbaum.
Swain, Merrill und Sharon Lapkin
  1998   Interaction and second language learning: two adolescents French immersion students working together. *The Modern Language Journal* 82: 320−336.

Vygotsky, Lev S.
   1978   *Mind in society. The development of higher psychological processes.* Cambridge, M.A.: Harvard University Press.
Watanabe, Yuko und Merrill Swain
   2007   Effects of proficiency differences and patterns of pair interaction on second language learning: collaborative dialogue between adult ESL learners. *Language Teaching Research* 11: 121−142.
Wood, David, Jerome Seymour und Gail Ross
   1976   The role of tutoring in problem-solving. *Journal of Child Psychology and Psychiatry* 17: 89−100.

Karin Aguado, Kassel (Deutschland)

91. Mehrsprachigkeitskonzepte

1. Einleitung
2. Deutsch als zweite oder weitere Fremdsprache
3. Relevanz für Deutsch als zweite Fremdsprache
4. Ausblick
5. Literatur in Auswahl

1. Einleitung

Wie auch diese zweite Auflage des Handbuchs DaF belegt, hat das Unterrichtsfach und Forschungsfeld *Deutsch als Fremdsprache* einen festen Platz in der internationalen Fremdsprachendidaktik und Sprachlehr- und -lernforschung inne. Jedoch bestehen seit einiger Zeit auch Änderungen im Erscheinungsbild vom DaF-Unterricht, so dass das Fach *DaF* heute kaum auf sehr enge Weise betrachtet werden darf.

Um die Änderungen präziser zu beschreiben: Weniger hat sich die Situation des DaF-Unterrichts geändert als unsere Auffassung darüber. Denn wobei die DaF-Lern- und Lehrforschung sich früher auf genau dies − das Lernen und Lehren von Deutsch − konzentrierte (bzw. je nach erwerbstheoretischem Hintergrund des Forschenden oder angewandter Unterrichtsmethode auch die Muttersprache als Einflussfaktor im Deutschlernen) und dabei oft die Lernenden aus dem Blick verlor, fokussiert sie heute vielmehr individuelle Unterschiede der Lernenden (s. Kapitel IX, Artikel 92−99) und das Individuum als autonom(er) und selbst bestimmend/agierend.

Im Rahmen eines Kapitels zu *Mehrsprachigkeitskonzepten* stehen hier vor allem die individuellen Unterschiede in Bezug auf sprachliche Hintergründe unserer Lernenden im Zentrum. Die typischen Deutschlernenden haben wesentlich breitere sprachliche Erfahrungen, auf deren Basis sie sich an die neue Sprache begeben, als häufig von Lehrkräften bzw. Lehrmaterialien anerkannt wird.

So kommen weltweit Lernende in den Deutschunterricht nicht nur mit zwei oder auch mehr Muttersprachen (L1, erste Sprache/n), wie es in mehrsprachigen Ländern der Fall ist (z. B. Berber und Arabisch in Marokko oder eine Migrantensprache wie Russisch sowie Deutsch in Deutschland). Auch Lernende, die mit nur einer Muttersprache aufgewachsen sind, haben bereits Erfahrungen mit anderen Sprachen, i. d. R. mit Englisch als erster schulischer Fremdsprache (L2) vor Deutsch. Ist Englisch erst die zweite Fremdsprache, so liegt dies meist an der sprachlichen Situation des jeweiligen Landes − so lernen als L2 arabische Schulkinder in Palästina zunächst Hebräisch oder kasachisch sprechende Schulkinder zuerst Russisch.

Erst später wird eine *zweite* (L3) und dann eventuell weitere (L4, L5, Ln) Fremdsprache/n gelernt. Diese weiteren Sprachen werden, wenn auf die Nomenklatur geachtet wird, in der Mehrsprachigkeitsliteratur für gewöhnlich mit dem Begriff *Tertiärsprache* gekennzeichnet − hierzu gehören also alle Sprachen, die nach der ersten Fremdsprache gelernt werden. Somit kehren wir zurück zur Eingangsbehauptung, dass das Erscheinungsbild des Faches Deutsch als Fremdsprache sich geändert hat: In der Tat muss in der Regel vom Fach *Deutsch als Tertiärsprache* die (= DaT) Rede sein, denn Deutsch wird fast immer nach Englisch und oft auch weiteren Fremdsprachen gelernt.

Warum diese neue Situation für den DaF- (bzw. auch DaZ-, obwohl wir in diesem Artikel nicht gesondert auf die besondere Situation des DaZ-Erwerbs eingehen) Unterricht von Relevanz ist, wird nach Betrachtung zweier Fragestellungen deutlich: (1) Inwiefern ist der Lernprozess von Tertiärsprachenlernenden unterschiedlich zu dem von Lernenden einer ersten Fremdsprache? und (2) Welche Konzepte bestehen für einen dieser sprachlichen Situation angemessenen Deutschunterricht?

2. Deutsch als zweite oder weitere Fremdsprache

2.1. Wie lernen Tertiärsprachenlernende?

Wir wenden uns zunächst der ersten Frage zu: Was unterscheidet das Tertiärsprachenlernen vom Lernen einer ersten Fremdsprache? Als theoretische Basis nehmen wir hier das Faktorenmodell von Hufeisen, welches zeigt, was die Unterschiede zwischen dem Erwerb der L1, dem Lernen der L2 und dem Lernen der L3 (und weiterer Tertiärsprachen) sind. Dabei sollen der Erwerb der L1 und das Lernen der L2 hier nicht intensiver diskutiert werden (vgl. Artikel 83, 84 und 86).

Der Erstspracherwerb eines Kindes wird hauptsächlich von neurophysiologischen Faktoren (einer angeborenen Spracherwerbsfähigkeit, vgl. hierzu Szagun 2006) sowie lernerexternen Faktoren wie der Lernumgebung, in der das Kind aufwächst, sowie der Art und dem Umfang des Inputs beeinflusst. Diese zwei Einflüsse tragen zu einem mühelosen Erwerb der Erstsprache bei.

Beim Lernen einer L2 treten zum ersten Mal weitere, bedeutende Faktoren zum Lernprozess und Lernerfolg auf. Diese sind:

− Emotionale Faktoren (z. B. Mag ich diese Sprache? Motivation, diese Sprache zu lernen, Angst beim Sprechen oder bei Prüfungen, empfundene Nähe/Distanz zwischen den Sprachen …)

- Kognitive Faktoren (z. B. Bewusstheit über Sprachen, linguistische Bewusstheit, Wissen um den eigenen Lerntyp, Lernstrategien)
- Linguistische Faktoren (L1, die Interlanguage der L2)

Mit der Konfrontation mit einer zweiten Fremdsprache wie *Deutsch als Tertiärsprache* verändert sich die Lage um einiges: Hierbei gibt es nicht nur quantitative Änderungen (Lernende nähern sich einem weiteren Sprachsystem), sondern auch vor allem qualitative Unterschiede, die im Faktorenmodell als fremdsprachenspezifische Faktoren bezeichnet werden. Die Erkenntnisse zu diesen Faktoren basieren auf der Forschung zum Tertiärsprachenlernen (vgl. Jessner 2008).

Im Folgenden werden die Faktorenbündel in Bezug auf ihre Tertiärsprachenspezifik diskutiert:

Zu den *emotionalen Faktoren* zählen nun folgende Charakteristika für L3-Lernende: Sie scheinen zielorientierter als L2-Lernende, dem Fremdsprachenlernen offener gegenüber, risikofreudiger, selbstständiger, sie sehen formale Richtigkeit als weniger wichtig an, und sie gehen gelassener vor, wenn sie etwas nicht auf Anhieb kennen oder können.

Zu den *kognitiven Faktoren* zählt, dass L3-Lernende kreativer im Sprachgebrauch als L2-Lernende sind, sie haben bereits ein Konzept von Fremdsprachenlernen entwickelt, verstehen, wie sprachliche Einheiten zusammengesetzt werden, dass Wörter abgeleitet werden können, und haben schon ein grammatik-analytisches Verfahren entwickelt. Weiterhin haben sie sich vermutlich umfangreichere und erfolgreichere Lernstrategien im Laufe des L2-Lernens angeeignet und können diese bereits zu Beginn des L3-Unterrichts zielgerichtet einsetzen.

Die *linguistischen Faktoren* sind nun auch erweitert; L3-Lernende haben inzwischen konkretes Wissen sowohl über das System der L1 als auch über die L2 (Englisch und evtl. andere Sprachen).

Schließlich sind *fremdsprachenspezifische Faktoren* zu nennen, die erst bei (mindestens) bilingualen Lernenden vorkommen können. Hierzu gehört die Erfahrung im sprachenübergreifenden Denken bzw. im interlingualen Erschließen, wobei dies nur durch den Erwerb mindestens zweier Vergleichssprachen eingesetzt werden kann. Dies ist übrigens eine bedeutende Größe beim Tertiärsprachenlernen, denn diese Fähigkeit kann insbesondere, wenn sie zielgerichtet eingeübt wird, das Lernen effektiver und effizienter machen, wie eine Studie von Marx (2005) zum Einsetzen eines DaFnE-gerechten (Deutsch als Fremdsprache nach Englisch) Unterrichts ergab.

Wie kann ein nun solchermaßen DaFnE-gerechter Unterricht aussehen?

2.2. Richtlinien der Tertiärsprachendidaktik

Im Folgenden grenzen wir Konzepte der Tertiärsprachendidaktik (die sich auf das Lehren und Lernen einer zweiten oder weiteren Fremdsprache bezieht) von Konzepten der Mehrsprachigkeitsdidaktik (die an einer sprachübergreifenden Vorgehensweise interessiert sind, insbesondere an der Aneignung mehrerer Sprachen gleichzeitig) und von Konzepten der rezeptiven Mehrsprachigkeit (die Teilkompetenzen in verschiedenen Sprachen erzielen) ab.

Beim Lernen und Lehren einer Tertiärsprache bestehen zwei mögliche Ausgangspositionen: Entweder wird mit den möglichen *Transferquellen* (Ähnlichkeiten und Erfahrungen ausnutzen) angefangen, oder es wird vor möglichen Interferenzen – also vor Fehlerquellen aus der L1, der L2 oder anderen Sprachen – gewarnt. Im Rahmen der Tertiärsprachendidaktik ziehen wir eindeutig die erste Auffassung vor.

In den Lernprozess mit einbezogen werden sollen demnach drei Wissens- und Erfahrungsbereiche:

– deklaratives Wissen über die Systeme der L1, L2, L3, Ln sowie über den Prozess des
  Sprachenlernens
– prozedurales Wissen über das Herangehen an neue Sprachen (z. B. Lernstrategien)
– interkulturelle Erfahrungen und Kenntnisse über die eigenen Kulturen und fremde
  Kulturen.

Die folgenden Richtlinien der Deutsch-als-Tertiärsprachendidaktik sind leicht modizifiert übernommen von Neuner et al. (2008) und versuchen, die Lernsituation DaFnE-Lernender (s. o.) in Betracht zu ziehen.

(1) Kognitive Vorgehensweise mit einem bewussten Sprachenvergleich
    DaT-Lernende sind älter als beim ersten Kontakt mit einer L2, meistens schon Jugendliche oder Erwachsene. Sie haben dadurch bereits ein verändertes Lernverhalten (eher kognitiv als imitativ) und verlangen auch nach einer kognitiven Vorgehensweise. Daraus folgt für den DaT-Unterricht, dass bekannte Sprachsysteme – auch die Muttersprache – reflektiert betrachtet werden sollten. Dabei kann die Lehrkraft Ähnlichkeiten entdecken, besprechen, und vergleichen lassen; auffällige Unterschiede werden ebenfalls entdeckt und zur Kenntnis genommen. Lernverfahren werden überlegt und der eigene Lernprozess (und die Lernprogression) kann bedacht werden. Überzeugende Beispiele eines solchen Verfahrens sind auch u. a. bei Berger und Colucci (1999) sowie bei Neuner und Kursiša (2006) finden.
    Dazu fordert die Tertiärsprachendidaktik auf, den Bereich der Lernstrategien und Lerntechniken verstärkt einzusetzen und zu besprechen. Somit lernen Schülerinnen und Schüler, sich schneller und effektiver in einer neuen Sprache zu orientieren und ihre sprachlichen Bedürfnisse zu decken (s. auch Artikel 93).

(2) Inhalts- und Textorientierung
    DaT-Lernende sind oft wählerischer in Bezug auf Lernmaterialien; werden sie mit vermeintlich einfachen, thematisch uninteressanten oder gar kindlichen Texten konfrontiert, die schon gelegte Wissensstrukturen nicht mit aufnehmen, lehnen sie diese schnell ab. Das Gleiche gilt im Übrigen auch für Strukturen – scheint die Progression zu langwierig, geben Lernende aufgrund der Unterforderung schneller auf. Lernmotivation wird durch eine geeignete Themenauswahl erhöht. Das kann auch bedeuten, dass Lernende allein arbeiten können, um für sie interessante Themen zu erforschen, oder in Grammatikwerkstätten Strukturen selber erschließen lernen. Dabei soll Neues stets vor dem Hintergrund des schon Bekannten gelernt werden.

(3) Fokus auf Teilkompetenzen als Grundlage
    Neue Elemente im Deutschen können schnell mit Hilfe der schon bestehenden Kenntnisse aus anderen Sprachen – vor allem verwandten Sprache wie dem Englischen – verstanden werden.
    Warum sind rezeptive Fertigkeiten hierbei von besonderer Bedeutung? Erstens kann vor allem in den Anfangsstadien ein Fokus auf rezeptive Kompetenzen gelegt werden,

um vom Verstehen zur Äußerung arbeiten zu können und somit eine schnelle (rezeptive) Progression zu erlangen. Zweitens ist das Ziel eines Tertiärsprachenunterrichts nicht mehr eine gleichmäßige Steigerung über alle Fertigkeiten, sondern je nach Handlungsbedarf ein ungleichmäßiger Ausbau bestimmter Fertigkeiten. Wichtig ist, dass wir erkennen, dass bestimmte Fertigkeiten gewichteter sind für bestimmte Ziele − die meisten Fremdsprachensprechenden brauchen dementsprechend besser ausgebaute Hör- und Lesefertigkeiten als z. B. Schreibfertigkeiten. So verbringen wir weitaus mehr Zeit mit Hören als mit Sprechen und mehr Zeit mit Lesen als mit Schreiben.

(4) Fokus auf Lernerautonomie

Im Tertiärsprachenunterricht werden Lern- und Kommunikationsstrategien immer wichtiger, da auf das (lebenslange) Lernen weiterer Fremdsprachen vorbereitet wird. L3-Lernende kennen bereits viele (vgl. das einschlägige Werk von Mißler 1999). Wenn Strategien jedoch im L2-Unterricht nicht oder nur wenig behandelt wurden, fällt die Vorbereitungsarbeit für ein lebenslanges Fremdsprachenlernen dem L3-Unterricht zu, und Strategien sollen daher im Unterricht thematisiert und ausprobiert werden. Das Ziel dabei ist, Strategien nicht nur kennen zu lernen, sondern angemessen in einer Lernsituation einzusetzen (ein Kennzeichen guter Sprachenlernender).

3. Relevanz für Deutsch als Fremdsprache

In Anlehnung an die oben erwähnten Richtlinien der Tertiärsprachendidaktik und v. a. mit Blick auf die DaT-Situation, muss von gängigen Lehr- und Lernkonzepten gefordert werden, dass sie sich an diesen aktuellen Rahmenbedingungen orientieren.

Hier schlägt sich eine gewisse Tendenz nieder: Obwohl sich schon seit Ende der 1990er Jahre Ansätze der Tertiärsprachendidaktik in DaF-Lehrwerken herausbilden, bleiben die daraus gezogenen Konsequenzen oft bei einer recht oberflächlichen Behandlung (weiteres dazu s. Marx 2008). Anfangs − das ist noch nicht lange her − hat die neue Tertiärsprachendidaktik zu einer Fokussierung auf eine kontrastive Fremdsprachendidaktik geführt, worin vor allem interlinguale Lern- und Erschließungsstrategien (bezogen fast ausschließlich auf L2-L3) herangezogen wurden. Jedoch bleibt auch bei den meisten neueren Lehrwerken die Tertiärsprachendidaktik unberücksichtigt. Die jetzt zum Usus gewordenen vereinzelten Übungen zum internationalen oder englischen Wortschatz im Deutschen, die sich in den ersten Lehrwerkkapiteln befinden, spiegeln längst nicht eine angemessene Tertiärsprachendidaktik wider; denn diese versucht, durchgängig und über alle sprachlichen Bereiche (Phonetik, Morphologie, Syntax, Semantik; aber auch Pragmatik und Interkulturelles) weitere Sprachkenntnisse und (interlinguale) Lernerfahrungen hinaus zu berücksichtigen.

Naturgemäß ergeben sich direkt im Anfangsunterricht erheblich mehr Schnittstellen − sowohl in deklarativen als auch in prozeduralen Wissensbereichen. Dies hat einerseits mit der Etymologie der englischen und deutschen Sprachen zu tun (v. a. bei einfacheren Strukturen und im Basiswortschatz decken sich die Strukturen und die Semantik der zwei Sprachen), aber auch mit den Lernstrategien, die bei unteren Lernniveaus verstärkt eingesetzt werden müssen, um trotz fehlender sprachlicher Kenntnisse erfolgreich Kommunikationsziele zu erreichen. Dies wird auch in Lehrwerken reflektiert: Wenn Tertiärsprachenkonzepte in Lehr- und Lernmaterialien aufgenommen werden, dann vor allem bis zum A2-Niveau.

Es bleibt zu konstatieren, dass jede Deutschlehrkraft die eigenen Lehrwerke auf Basis der Richtlinien für eine Tertiärsprachendidaktik untersuchen muss, um herauszufinden, inwiefern sie den Leitlinien gerecht wird. Über die generellen Anforderungen an eine zeitgemäße kommunikativ-kognitive Fremdsprachendidaktik hinaus müssen sich DaT-Lehrkräfte auch die Fragen stellen:

- Wie wird die L2 verstanden – als eine Hilfestellung oder Brücke zur zu lernenden Fremdsprache, oder als reine Kontrastsprache?
- Werden frühere (Fremdsprachen-)Lernerfahrungen berücksichtigt, und zwar nicht nur sprachliche und prozedurale, sondern auch interkulturelle?
- Werden Lern- und Erschließungsstrategien einbezogen, die auf Korrespondenzen und Unterschiede zwischen schon erworbenen und gelernten Sprachen und der L3 basieren?
- Werden Gelegenheiten für eine Reflexion bereits bestehender sprachlicher und prozeduraler Kenntnisse (z. B. aus dem früheren FSU) eingeräumt?
- Werden die Prinzipien nur ansatzweise bzw. in den ersten Lehrwerkskapiteln einbezogen, oder kontinuierlich?

Eine Lehrwerkserie für DaT, die diesen Prinzipien konsequent und kontinuierlich folgt, orientiert sich besser an den kognitiven Voraussetzungen mehrsprachiger Lernender, bezieht Erfahrungen mit der Mehrsprachigkeit zum Vorteil des Deutschlernens mit ein, und hilft Lernenden, autonomer an fremdsprachliche Systeme heranzugehen – und baut somit nicht nur eine Brücke zum Deutschen, sondern auch zu jeder weiteren Sprache, an die sich Lernende im Laufe ihres Lebens heranwagen.

4. Ausblick

Nachdem es sich bei den Mehrsprachigkeitskonzepten um relativ junge Forschungsarbeiten handelt, gibt es noch viele Bereiche, die genauer betrachtet werden müssten. So müssten die sprachlichen Fertigkeiten sowie die Bereiche der Aussprache, Wortschatz, Morphosyntax, Textkompetenz und Fachsprache in Bezug auf Sensibilisierungsmöglichkeiten untersucht werden. Die Relevanz möglicher Sprachlerneignung müsste in Relation zur Transferfähigkeit zwischen einzelnen Sprachen bedacht werden. Einzelne sprachsystematische Aspekte könnten in den Blickpunkt gerückt werden: Eigenen sich alle grammatischen, lexikalischen, syntaktischen und textuellen Bereiche des Deutschen für interlinguale Vergleiche?

Ein zweiter großer Bereich, der von den Ergebnissen der Mehrsprachigkeitsforschung profitieren könnte, ist die Lehrerausbildung: Welche und wie viele Kenntnisse sollten Lehrende über Mehrsprachigkeitskonzepte für den Fremdsprachenunterricht wissen? Wie viel eigene Sprachenkenntnisse benötigen Lehrende, um mehrsprachigkeitsorientiert zu unterrichten? Wie müssten Lehrveranstaltungen zur Didaktik und Methodik gestaltet bzw. verändert werden, wenn sie das Lehren und Lernen von Deutsch als L3 im Kontext anderer Sprachen betrachten?

Die nächsten Jahre der Mehrsprachigkeitsforschung werden zeigen, in welchen linguistischen Bereichen sich die individuelle Mehrsprachigkeit besonders nachweisen lässt, wie sich die festgestellten Unterschiede zwischen dem Lernen einer ersten Fremdsprache und dem Lernen von Tertiärsprachen beim Lernprozess selbst niederschlagen und wie der Lehrprozess noch spezifischer darauf eingehen kann.

5. Literatur in Auswahl

Berger, Maria Christina und Alfred Colucci
  1999   Übungsvorschläge für „Deutsch nach Englisch". *Fremdsprache Deutsch* 20: 22–25.
Deutsch als zweite Fremdsprache
  1999   Themenheft: *Fremdsprache Deutsch* 20.
Hufeisen, Britta und Nicole Marx
  2005   Auf dem Wege von einer allgemeinen Mehrsprachigkeitsdidaktik zu einer spezifischen *DaFnE*-Didaktik. *Fremdsprachen lehren und lernen (FLuL)* 34: 146–155.
Hufeisen, Britta und Gerhard Neuner
  2003   *Mehrsprachigkeitskonzept – Tertiärsprachenlernen – Deutsch nach Englisch.* Straßburg: Europarat.
Jessner, Ulrike
  2008   Teaching third languages: Findings, trends and challenges. *Language Teaching* 41(1): 15–56.
Marx, Nicole
  2005   *Hörverstehensleistungen im Deutschen als Tertiärsprache: zum Nutzen eines Sensibilisierungsunterrichts im „DaFnE".* Baltmannsweiler: Schneider.
Marx, Nicole
  2008   Wozu die Modelle? – Sprachlernmodelle in neueren DaF-Lehrwerken – am Beispiel der Tertiärsprachendidaktik. *Fremdsprache Deutsch* 38: 19–25.
Mißler, Bettina
  1999   Fremdsprachenlernerfahrungen und Lernstrategien. Eine empirische Untersuchung. Tübingen: Stauffenburg.
Neuner, Gerhard, Britta Hufeisen, Anta Kursiša, Nicole Marx, Ute Koithan und Sabine Erlenwein
  2009   *Deutsch im Kontext anderer Sprachen. Tertiärsprachendidaktik: Deutsch nach Englisch* (Fernstudieneinheit 26). München: Langenscheidt/Goethe-Institut.
Neuner, Gerhard und Anta Kursiša
  2006   *Deutsch ist easy! Lehrerhandreichungen und Kopiervorlagen.* Ismaning: Hueber.
Szagun, Gisela
  2006   Sprachentwicklung beim Kind. 6. Aufl. Weinheim: Beltz.

Nicole Marx, Paderborn (Deutschland)
Britta Hufeisen, Darmstadt (Deutschland)

IX. Sprachenlernen: spezifische Variablen und Faktoren

92. Lernersprache(n)

1. Einführung

Wenn eine fremde Sprache erlernt werden soll, nachdem die Grundlagen einer Erstsprache erworben wurden, entwickeln sich Übergangs- oder Zwischensprachen, die auch als Lernersprachen bezeichnet werden. Lernersprachen sind anfangs an der Erstsprache eines Lernenden orientiert, entwickeln später aber zunehmend eigene Besonderheiten, die sich im Laufe der Zeit mehr und mehr zielsprachlichen Strukturen annähern, bis sie diese (im Idealfalle) erreichen. Unter formalen und funktionalen Gesichtspunkten kann eine Lernersprache als ein mehr oder weniger reduziertes System einer Zielsprache bezeichnet werden. Lernersprachen gelten heute als

- eigenständige, dynamische Systeme, die sich
- zielgerichtet entwickeln, wenn Lerner mit ausreichend Sprachdaten versorgt werden,
- in einzelnen Entwicklungsphasen eine größere oder kleinere Variationsbreite aufweisen und
- leicht störbar sind, d. h. Tendenzen zur Verfestigung oder Rückbildung zeigen.

Durch Anforderungen im Alltag kann sich die Entwicklung einer Lernersprache (insgesamt oder in Teilbereichen) beschleunigen, verlangsamen oder an Dynamik verlieren, vor allem dann, wenn Lerner sich verständigen können. Meist wird dieser Zeitpunkt um das dritte Lernjahr erreicht. Man schätzt, dass ca. 94 % der Lerner einer fremden Sprache ihre Bemühungen vorzeitig aufgeben und nur ca. 6 % so etwas wie eine muttersprachähnliche Kompetenz in ihrer Zweitsprache entwickeln.

2. Konzeptionen von Lernersprache

Die Diskussionen um die Erforschung von Lernersprachen begann in den 1970er Jahren. In Fachartikeln tauchen in dieser Zeit Bezeichnungen wie „approximative system" (Nemser 1971), „interlanguage" (Selinker 1972), „Interimsprache" (Raabe 1974) oder „learner language" (Corder 1978) auf.

Nemser und Raabe gehen dabei von einem kontrastiven Ansatz und der Annahme aus, dass Ähnlichkeiten zwischen den Strukturen zweier Sprachen sich erleichternd auf den Erwerb auswirken, Unterschiede hingegen erschwerend. Untersuchungsergebnisse haben jedoch gezeigt, dass es keine einfachen Entsprechungen zwischen sprachlichen Unterschieden und Lernschwierigkeiten gibt (vgl. dazu auch Kempe und MacWhinney 1998).

Im Gegensatz zu Nemser und Raabe berücksichtigen Corder und Selinker auch schon Lernerperspektiven. Sie gehen davon aus, dass bei der Lernersprachentwicklung drei Systeme zusammenwirken: die Erstsprache, die Zielsprache (Zweitsprache) und die formal und funktional weniger differenzierte Lernersprache. Das Zusammenwirken dieser drei Systeme wurde anfänglich anhand von Fehleranalysen untersucht. Darüber hinaus berücksichtigte Selinker aber auch schon Lerneraktivitäten:

- Transfer von der Erstsprache bzw. bereits beherrschten Sprachen auf die Zielsprache (→ Interferenzfehler)
- Transfer, der durch Übungseffekte entsteht (→ induzierte Fehler)
- Lernstrategien
- Kommunikationsstrategien
- Übergeneralisierungen
- Vereinfachungen

Kritisiert wurde daran, dass die gewählten Kategorien nicht immer plausibel sind, dass z. B. Transfer und Übergeneralisierung auch zu den Lernstrategien gehören und letztlich zwei Erscheinungsformen eines zugrundeliegenden Prozesses sind.

> Overgeneralization and transfer of learning (...) appear to be two distinctive linguistic manifestations of one psychological process. The process is one involving prior learning to facilitate new learning. Whether transfer or overgeneralization will be (...) dominant (...) for a given learner will depend on his degree of proficiency in the target language (Taylor 1975: 87).

Corder beschreibt das Erlernen einer fremden Sprache als einen kontinuierlichen Prozess der Komplexierung, der durch das Testen von Hypothesen entsteht und so eine allmähliche Annäherung an die Zielsprache ermöglicht.

Wesentlich an den Ansätzen von Corder und Selinker ist, dass Lerner als aktiv Handelnde dargestellt werden. Neuere Untersuchungsergebnisse zeigen, dass einzelne Lerner ihre Aneignungsprozesse in höherem Maße selbst steuern, als bisher angenommen wurde (vgl. Apeltauer 2009). Bereits Vorschulkinder im Alter von fünf Jahren treffen nicht nur Entscheidungen im Hinblick auf Sprachdaten, die sie verarbeiten (*intake*). Sie fragen auch nach zielsprachlichen Besonderheiten (z. B. *der das Frage?*) und sie versuchen ihre Gesprächspartner so zu beeinflussen, dass von diesen Sprachdaten produziert werden, die die Lernenden für die Entwicklung ihrer Lernersprache benötigen. Solche Beobachtungen lassen vermuten, dass die Variabilität von Lernersprachen auch durch Selbststeuerung verursacht wird.

3. Merkmale von Lernersprachen

Lernersprachen werden vor allem mit drei Merkmalen in Verbindung gebracht: Sie gelten als ein System (Merkmal: Systematizität), das variabel (Merkmal: Variabilität) und instabil (Merkmal: Instabilität) ist. Lernersprachen werden zusätzlich von Vergessen bedroht, vor allem dann, wenn noch kein hoher Sprachstand entwickelt wurde oder wenn kein Gebrauch mehr von der Zweit-/Drittsprache gemacht wird.

3.1. Systematizität

Für die Annahme, dass jede Lernersprache ein System darstellt und auf bestimmten Regeln basiert, sprechen 1. Fehler, die sich als systematische Abweichungen von der Zielsprache beschreiben lassen, 2. sprachliche Strukturen und Elemente, die in einer bestimmten Abfolge erworben werden und 3. vereinfachte, z. T. auch defekte Formen (vgl. z. B. *de Mann, de Frau*). Vereinfachte und automatisierte sprachliche Formen, die die Verständigung meist nur wenig behindern und korrekturresistent sind, nennt man Fossilierungen.

3.2. Variabilität

Die Entwicklung von Lernersprachen gilt als leicht störbar. Ihr Verlauf lässt sich nicht nur durch Fortschritte, sondern auch durch Phasen des Verweilens (Lernplateau) oder der Rückentwicklung (*back sliding*) beschreiben. Anders als beim Erstspracherwerb zeigen sich bei Lernersprachentwicklungen viele individuelle Besonderheiten. Es gibt dafür verschiedene Gründe

– Unterschiede zwischen Erst- und Zweitsprache
– Lernkontexte (z. B. formell oder informell, durchschaubar oder undurchschaubar bzw. komplex etc.)
– Zugänglichkeit von Sprachdaten (z. B. durch Kontaktaufnahme oder fehlende Kontaktmöglichkeiten)
– unterschiedliche Lernervoraussetzungen (z. B. Interessen und Motivation, Sprachlern- und Kommunikationserfahrungen, Unterschiede im phonologischen Arbeitsgedächtnis oder in den Fähigkeiten, Muster zu erkennen und zu ergänzen)
– unterschiedliche Lerneraktivitäten (z. B. Selbststeuerung, Sprachlernstrategien und -techniken)

All das wirkt sich nicht nur auf Lernwege, sondern auch auf die Geschwindigkeit aus, mit der einzelne Entwicklungsphasen durchlaufen werden.

3.3. Instabilität

Während Systeme im Allgemeinen als stabile Größen gelten, weisen Lernersprachen neben ihrer Variabilität auch Instabilitäten auf. Solche Instabilitäten lassen sich z. B. beobachten, wenn Lerner müde sind. Dann werden oft normgerechte und fehlerhafte Formen nebeneinander verwendet. Lerner können auch durch fehlende Ausdrucksmittel in der Lernersprache zu Paraphrasen (z. B. *so Ding was man um Hals legt* für *Schal*) oder Wortneubildungen (z. B. **unhäufig* statt *selten*) genötigt sein. Außerdem kommt es durch neue Einsichten oft zu unvermittelten Umstrukturierungen (*er hat gespringt > gesprungen*). Mit anderen Worten: *Übergangsformen* (Fehler) lassen sich kürzere oder längere Zeit beobachten. Der Eindruck der Instabilität entsteht meist in bestimmten Bereichen, während andere Bereiche – zumindest vorübergehend – stabil erscheinen. Weil Lerner gewöhnlich darum bemüht sind, sich zunehmend effektiver und differenzierter auszudrücken, werden sie sich auch um die Weiterentwicklung ihrer Lernersprachen bemühen und damit immer wieder Veränderungen im System ihrer Lernersprache auslösen, zumindest so lange, bis sie sich zufriedenstellend verständigen können. Ein Extrembeispiel stellen die Lernersprachen erwachsener Lerner dar. Meist verändern sie ihre Aussprache schon nach kurzer Zeit nicht mehr, während sie ihren Wortschatz weiter ausbauen können.

3.4. Vergessen

Lernersprachen (d. h. Zweit- oder Drittsprachen) sind stärker vom Vergessen bedroht als Erstsprachen. Neuere Untersuchungsergebnisse zeigen, dass bereits nach zwei Jahren Nichtgebrauch bzw. stark reduziertem Gebrauch massive sprachliche Erosionserscheinungen beobachtbar werden, selbst dann, wenn die Zweitsprache auf einem hohen Niveau beherrscht wurde. Auch wenn man Lernenden nach einer Zeit des Nichtgebrauchs korrekte Vorgaben macht, gelingen ihnen kaum noch korrekte Reproduktionen der einmal beherrschten Formen (z. B. Verb-End vgl. Cedden und Onaran 2005).

Bei Naturvölkern wie den vielsprachigen Vaupé-Indianern, die im Regenwald an der Grenze zwischen Brasilien und Kolumbien leben und deren Mitglieder mindestens dreisprachig sind, wurde beobachtet, wie Sprecher einzelne ihrer Sprachen immer wieder üben, auch wenn sie alleine sind, offenbar um ihre Sprachen funktionsfähig zu erhalten (vgl. Jackson 1974). Ein solch übender Gebrauch scheint ein Mittel gegen Vergessen zu sein.

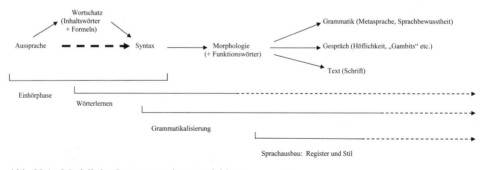

Abb. 92.1: Modell der Lernersprachenentwicklung

4. Zur Beschreibung von Lernersprachen (vgl. Abb. 92.1)

Die erste Aufgabe, die Lernende bewältigen müssen, um sich eine fremde Sprache anzueignen, ist das Einhören in Klang und Rhythmus des fremden Systems. Parallel dazu muss herausgefunden werden, welche Laute und insbesondere Lautfolgen es im Deutschen gibt (*mpf* z. B. in *Strumpf*, nicht aber *fpm*). Vorschulkinder im Alter von fünf Jahren benötigen dazu ca. drei bis vier Monate, ältere Lerner brauchen erfahrungsgemäß länger. Nach der Pubertät bereitet die Aussprache zunehmend größere werdende Schwierigkeiten.

Sobald der Prozess des Einhörens zu einem ersten Abschluss gekommen ist, können einzelne Wörter auch eigenständig aus dem Lautstrom herausgefiltert und mit Bedeutung(en) assoziiert werden. Nun beschleunigt sich der Wortschatzerwerb. Wenn ca. 300 Inhaltswörtern und Formeln beherrscht werden, beginnt die Grammatikalisierung. Sie ist mit einem dramatischen Anstieg im Gebrauch lexikalischer Mittel verbunden, die von nun an auch grammatische Funktionen (z. B. Subjekt) übernehmen (vgl. Bybee 2008). Strukturen, die in Formeln bereits verwendet wurden, werden nun variiert und ausgebaut. Der damit einsetzende Erwerb syntaktischer Grundmuster dauert bei jüngeren Lernern etwa ein halbes Jahr, bei älteren Lernern bis zu zwei Jahre und länger. Parallel dazu beginnen die Lerner auch morphologische Markierungen zu verwenden, deren Aneignung aber viel mehr Zeit in Anspruch nimmt als der Erwerb syntaktischer Muster. Die Übergänge zwischen diesen Phasen sind fließend.

Lernersprachen lassen sich von unterschiedlichen Theorien aus beschreiben. Je nach Vorannahmen und Erklärungsansätzen ergeben sich dabei unterschiedliche Darstellungen und Gewichtungen (vgl. z. B. Vogel 1990, Kap. 2 und 3). In der Generativen Grammatik wird davon ausgegangen, dass es eine Universale Grammatik (UG) gibt, die eine Grundlage für jede Sprachaneignung bildet und Parameter, die gesetzt werden müssen, um zu dem erforderlichen Sprachsystem zu gelangen. Kritisiert wird daran (u. a. von Tomasello 2008), dass das UG und Parameter überflüssige Konstruktionen sind, weil sich der Spracherwerb durch allgemeine Lernprozesse und die Entwicklung sozial-kognitiver Fähigkeiten (z. B. „joint attention") erklären lässt. Nachgewiesen wurde, dass für den Erwerb von Kasusmarkierungen im Deutschen und im Russischen die Häufigkeit des Auftretens, die Zuverlässigkeit und Durchschaubarkeit weit wichtiger sind als einfache Regeln oder Merkmale (vgl. Kempe und MacWhinney 1998).

Die Lernersprachentwicklung scheint vor allem durch zwei grundlegende Prozesse vorangetrieben zu werden: Assoziationslernen und Wahrnehmungslernen, Assoziationslernen, um Bezüge zwischen Formen und Bedeutungen sowie zwischen Formen und Funktionen herzustellen, Wahrnehmungslernen, um Systeme an Bedürfnisse anzupassen. Demnach müssen vor allem sprachliche Erfahrungen gesammelt werden, um die Häufigkeit und Zuverlässigkeit von Wörtern, Phrasen oder Endungen beurteilen zu können.

Sprachverstehen hat demnach viel mit Auftretenswahrscheinlichkeiten z. B. von Endungen, Wörtern oder Kollokationen zu tun. Je mehr ein Lerner darüber weiß, desto leichter kann er/sie neue Äußerungen verstehen. Sprachverstehen und Sprachproduktion basiert demnach einerseits auf der Zuordnung von Form, Bedeutung und Funktion (Assoziationslernen), andererseits auf der Erfassung von Auftretenswahrscheinlichkeiten von sprachlichen Phänomenen, die aufgrund vorausgegangener Erfahrungen gewonnen, kategorisiert und gespeichert werden (Wahrnehmungslernen). Dabei scheinen Feinabstimmungsprozesse beim Wahrnehmungslernen eher das Ergebnis von impliziten und unbewussten als von expliziten und bewussten Lernprozessen zu sein (vgl. Ellis 2003: 81 f.).

In welcher Weise spielen Wahrnehmungsprozesse dabei eine Rolle? Nehmen wir z. B. die Lautwahrnehmung von kleinen Kindern. Bis zum Alter von vier Monaten sind Kinder in der Lage, lautliche Kontraste, die in Sprachen der Welt zu finden sind, zu unterscheiden. Am Ende des ersten Lebensjahres können sie jedoch nur noch die Laute ihrer Erstsprache diskriminieren. Das hängt damit zusammen, dass sich Wahrnehmungssysteme verändern und bezogen auf Dimensionen, die einem Lerner relevant erscheinen, kalibriert werden. Diese Abstimmung auf Eingangsreize wird auch als Wahrnehmungslernen bezeichnet. Wahrnehmungslernen entsteht durch Lernerfahrungen, wobei einerseits gelernt wird, Phänomene genauer wahrzunehmen und zu kategorisieren, andererseits nicht-kategorisierte Phänomene auszublenden bzw. zu übergehen. Gehört ein Phänomen in eine Kategorie, wird es schneller erkannt, als wenn es nicht zur Kategorie gehört. Gelernt wird damit also, bestimmte Phänomene schneller zu erfassen und andere (weil sie irrelevant erscheinen) zu vernachlässigen.

Während durch Assoziationslernen Bezüge zwischen Form und Bedeutung oder Form und Funktion hergestellt werden, dient Wahrnehmungslernen also vor allem der Anpassung von Systemen (oder Teilsystemen) an Erfordernisse. Eine solche Anpassung erfolgt immer im Hinblick auf (subjektive) Nützlichkeit. Man kann sich das so vorstellen, dass nach dem ersten Lebensjahr phonetische Prototypen der Erstsprache wie Magnete wirken: Sie verzerren die Wahrnehmung von Lauten einer fremden Sprache. Während einer Übergangszeit werden Laute der fremden Sprache in bereits vorhandene Kategorien *eingepasst* oder gar nicht wahrgenommen. So hören Japaner oder Chinesen, die Deutsch lernen, den Unterschied zwischen /r/ und /l/ lange Zeit nicht, weil diese Unterscheidung in ihrem Lautsystem nicht existiert.

Assoziative Lernprozesse und Wahrnehmungslernen spielen auch in anderen sprachlichen Bereichen eine Rolle. Lerner, die in ihrer Erstsprache keine Artikel kennen (sog. artikellose Sprachen wie Türkisch, Japanisch, Russisch und viele andere slavische Sprachen), werden Artikel zunächst vernachlässigen. Würde man diesen Lernern im Unterricht vermehrt korrekten sprachlichen Input anbieten, würden Artikel darum nicht automatisch gelernt. Denn Wahrnehmungen erfolgen in einer festgelegten, automatisierten Weise. Zur De-Automatisierung ist es erforderlich, dass die subjektive Wahrnehmbarkeit eines sprachlichen Phänomens erhöht wird, so dass das Phänomen deutlicher wahrgenommen und das Lernersprachsystem entsprechend restrukturiert werden kann. Wenn sich danach die Wahrscheinlichkeit des Auftretens erhöht und Lerner zudem wissen, welche Funktion und Bedeutung dem zu lernenden Phänomen zukommen, können sie dieses Phänomen auch leichter erfassen und erwerben.

Lernersprachen enthalten anfangs einzelne Wörter und Wendungen, die in wiederkehrenden (ritualisierten) Zusammenhängen gebraucht werden. Diese Wendungen (auch Formeln oder Chunks) gelten neben Inhaltswörtern als Grundbausteine des Zweitspracherwerbs, weil sie später aufgebrochen und variiert werden können und Lernern sowohl bei der Erschließung von Wortbedeutungen als auch beim Erschließen von Wortarten und Phrasenstrukturen helfen können (vgl. Peters 1983, Aguado 2002, Wray 2002, 2008)

Analysiert man das Erlernen von Formen und Bedeutungen mit sogenannten Trainingsfolge-Untersuchungen, so zeigt sich, dass Zuordnungen schneller gelernt werden, wenn in präsentierten Daten die zu erlernenden Konstruktionen (d. h. Wörter, Formeln oder Sätze) gehäuft vorkommt, allerdings zusammen mit anderen Konstruktionen. Es kommt also nicht darauf an, dass nur typische Beispiele präsentiert werden, sondern darauf, dass die neuen Formen, die erlernt werden sollen, vermehrt unter anderen Formen auftreten (vgl. Goldberg und Casenhiser 2008: 209 f.).

Es gibt Bereiche in Lernersprachen, die sich vor allem bei jüngeren Lernern relativ eigenständig zu entwickeln scheinen. Dies gilt z. B. für die Aussprache ebenso wie für die Entwicklung syntaktischer Grundstrukturen. So berichten Thoma und Tracy (2006) von vier Kindern (mit Arabisch, Russisch und Türkisch als Erstsprachen), die sich im Alter von drei bis vier Jahren syntaktische Baupläne (gemeint sind Satzklammer, Inversion und Verb-End) „bereits innerhalb eines halben Jahres erschließen können" (Thoma und

Tracy 2006: 74). Auf der Grundlage ihrer vier Fallstudien kommen sie zu dem Schluss, „dass die Entwicklung des Deutschen in den hier betrachteten syntaktischen und morphologischen Bereichen keine Beeinträchtigung durch Besonderheiten der Erstsprachen erfuhr" (ebd.: 75).

Dagegen hat Şenyıldız (2009) zwei Fallstudien von Jungen mit Russisch als Erstsprache vorgelegt, die erst in ihrem 27. Kontaktmonat (d. h. im Alter von 5, 4 bzw. 5, 6 Jahren) begannen, deutsche Nebensätze zu bilden. Haberzettl (2005) hat die Entwicklung von zwei russischen und zwei türkischen Kindern im Alter von 6−8 Jahren verglichen und kommt zu dem Schluss, dass Kinder mit Russisch als Erstsprache zum Erwerb der Wortstellungsregeln des Deutschen länger zu brauchen scheinen als Kinder mit Türkisch als Erstsprache. Apeltauer (2007) beobachtete in einer Gruppe von 15 türkischen Kindern im Alter von 4−6 Jahren, dass schnelle Lerner dieser Gruppe zum Erwerb syntaktischer Grundstrukturen 8 bis 9 Monate brauchten, während langsamere Lerner der Gruppe bis zu 18 Monate benötigten.

Fallstudien geben nur einen ersten Einblick in mögliche Entwicklungstendenzen. Die widersprüchlichen Ergebnisse zeigen, dass hier noch Forschungsbedarf besteht. Aufgrund der oben angeführten Daten gewinnt man den Eindruck, dass mit zunehmendem Alter der Einfluss der (immer besser beherrschten) Erstsprache steigt. Es gibt offenbar große individuelle Unterschiede bei der Lernersprachentwicklung. Jüngere Lerner (im Alter von 3 Jahren) scheinen sich syntaktische Grundmuster des Deutschen in kürzerer Zeit erschließen zu können als ältere Lerner. Kurz: Kinder eigenen sich die Aussprache und syntaktische Grundstrukturen leichter an als ältere Lerner. Gymnasialschüler haben dagegen mit dem Erwerb syntaktischer Grundmuster ebenso Probleme (vgl. z. B. Diehl u. a. 2000), und ältere Erwachsene scheinen kaum mehr in der Lage zu sein, diese Lernprobleme zu bewältigen (vgl. Clahsen, Meisel und Pienemann 1983, vgl. auch Hyltenstam und Abrahamsson 2003).

Oben wurde bereits darauf hingewiesen, dass es länger dauert, bis Funktionswörter aufgegriffen werden und dass manche gebundenen Morpheme (Endungen, aber auch Präfixe oder Infixe) erst sehr spät erworben werden. Woran könnte das liegen?

Funktionswörter und Endungen werden im Deutschen i. d. R. nicht betont. Außerdem tendieren Sprecher dazu, sie undeutlich auszusprechen oder gar zu verschleifen. Dadurch wird ihre Wahrnehmbarkeit erschwert. Selbst bei langsamerem Sprechen oder beim Sprechen mit Kindern lassen sich solche Tendenzen zur Reduktion beobachten. Um das zu überprüfen, hat man Funktionswörter aus Tonaufnahmen herausgeschnitten und sie erwachsenen Muttersprachlern als isolierte Höreindrücke präsentiert. In 40 % bis 50 % der Fälle waren die Hörer nicht in der Lage, diese Wörter zu identifizieren (vgl. Bates und Goodman 1997). Mit anderen Worten: Beim Hören ergänzen wir die Hälfte der gehörten Funktionswörter und Endungen von oben, d. h. aus unserem Wissen über Zusammenhänge, auch wenn wir einen erforderlichen Höreindruck gar nicht gehabt haben. Was bedeutet das im Hinblick auf die Lernersprachentwicklung?

Weil Funktionswörter und Endungen (auch nichttrennbare Präfixe vgl. z. B. *zerfetzen*) nicht betont werden, bereitet ihre Aneignung Schwierigkeiten. Lernende scheinen sich auf diese beiden Bereiche erst dann einzulassen, wenn bereits das Lautsystem, ein Basiswortschatz (mit 300−400 Inhaltswörtern) und syntaktische Grundstrukturen erworben wurden. Diese Schwierigkeiten haben zweifellos etwas mit der Nicht-Betonung bzw. schlechteren Wahrnehmbarkeit zu tun. Daneben dürften aber auch andere Informationen, die parallel dazu verarbeitet werden müssen, eine Rolle spielen. Nach allem, was heute über Aneignungsprozesse beim Zweitspracherwerb bekannt ist, kann man sagen, dass Lerner immer auf mehreren Ebenen gleichzeitig operieren und dass ein Großteil der Aneignungsprozesse beiläufig (inzidentell) erfolgt. Zwar können Lerner aufgrund vorangegangener Sprachlernerfahrungen und der dabei entwickelten sprachlichen Intuitionen und Strategien bestimmte Teilbereiche fokussieren und diese mehr oder weniger bewusst zu erfassen versuchen, indem sie zielgerichtet (d. h. intentional) lernen (vgl. dazu Apeltauer 2007). Aber diese Möglichkeiten sind bekanntlich (vor allem bei jüngeren Lernern) begrenzt.

Bisher wurde das Bild einer sich weitgehend autonom entwickelnden Lernersprache gezeichnet. Dem stehen Beobachtungen gegenüber, die zeigen, wie aktiv Lerner sind. So werden beispielsweise in einem Schuljahr 200 bis 300 Wörter explizit erläutert, während sich Schüler in der gleichen Zeit nachweislich 2 000 – 3 000 Wörter eigenständig aneignen (Nagy und Herman 1987). Wenn dem aber so ist, dann wählen Lerner offenbar nicht nur Sprachdaten aus (*intake*). Sie versuchen darüber hinaus auch gezielt (und mehr oder weniger bewusst) Zusammenhänge zu entdecken und zu abstrahieren. Teilweise gelingt es ihnen sogar, sprachliche Daten, die ihnen für die Entwicklung ihrer Lernersprache fehlen, bei Gesprächspartnern zu elizitieren. Kurz: Die Beschreibung der Lernersprachentwicklung vernachlässigt gegenwärtig noch weitgehend die von Lernern praktizierte Selbststeuerung, die wahrscheinlich für die hohe Variabilität von Lernersprachen mitverantwortlich ist.

5. Literatur in Auswahl

Aguado, Karin
    2002   Formelhafte Sequenzen und ihre Funktionen für den L2-Erwerb. *Zeitschrift für angewandte Linguistik* 37: 27–49.
Apeltauer, Ernst
    2007   *Grundlagen vorschulischer Sprachförderung; Flensburg.* (Flensburger Papiere zur Mehrsprachigkeit und Kulturenvielfalt im Unterricht, Sonderheft 4).
Apeltauer, Ernst
    2009   Zur Rolle der Nachahmung und des Nachsprechens beim frühen Zweitspracherwerb. In: Thomas Grimm und Elesaabeth Venohr (Hg.), *Immer ist es Sprache, Mehrsprachigkeit – Intertextualität – Kulturkontrast*, 59–93. Frankfurt a. M.: Lang.
Bates, Elisabeth und Judith C. Goodman
    1997   On the inseparability of grammar and the lexicon: Evidence from acquisition, aphasia and real-time processing. *Language and Cognitive Processes* 12: 507–586.
Bybee, Joan
    2008   Usage-based grammar and second language acquistion. In: Peter Robinson und Nick C. Ellis (Hg.), *Handbook of Cognitive Linguistics and Second Language Acquistio*n, 216–236. New York: Routledge.
Corder, Pit
    1978   Language-learner language. In: Jack C. Richards (Hg.): *Understanding second and foreign language learning: Issues and approaches*, 71–93. Rowley, MA: Newbury House.
Clahsen, Harald, Jürgen Meisel und Manfred Pienemann
    1983   *Deutsch als Zweitsprache. Der Sprachgebrauch ausländischer Arbeiter.* Tübingen: Narr.
Diehl, Erika, Helen Christen, Sandra Leuenberger, Isabelle Pelvat und Thérèse Studer
    2000   *Grammatikunterricht: Alles für der Katz? Untersuchungen zum Zweitspracherwerb Deutsch.* Tübingen: Niemeyer.

Ellis, Nick C.
   2003   Constructions, chunking, and connectionism: The emergence of second language struc-
           ture. In: Catherine J. Doughty und Michael H. Long (Hg.): *The Handbook of Second
           Language Acquisition*, 63–103. Oxford: Blackwell.
Ellis, Nick C.
   2008   Usage-based and form-focused language acquisition: The associative learning of con-
           structions, learned attention, and the limited L2 endstate. In: Peter Robinson und Nick
           C. Ellis (Hg.): *Handbook of Cognitive Linguistics and Second Language Acquisition*, 372–
           405. New York: Routledge.
Goldberg, Adele E. und Devin Casenhiser
   2008   Constructing learning and second language acquisition. In: Peter Robinson und Nick C.
           Ellis (Hg.), *Handbook of Cognitive Linguistic and Second Language Acquisition*, 197–215.
           New York: Routledge.
Gülay Cedden und Onaran Sevil
   2005   Hypothesen zur Organisation des mentalen Lexikons bei türkisch-deutsch-englischen tri-
           lingualen Jugendlichen. *Zeitschrift für interkulturellen Fremdsprachenunterricht* 10(2): 12
           Seiten (Online).
Haberzettl, Stefanie
   2005   Der Erwerb der Zweitstellungsregeln in der Zweitsprache Deutsch durch Kinder mit rus-
           sischer + türkischer Muttersprache. Tübingen: Niemeyer.
Hyltenstam, Kenneth und Niclas Abrahamsson
   2003   Maturational constraints in SLA. In: Cathrine J. Doughty und Michael H. Long (Hg.),
           The Handbook of Second Language Acqusition, 539–588. Oxford: Blackwell.
Jackson, Jean
   1974   Language identity of the Colombian Vaupé Indians. In: Richard Baumann und Joel Sher-
           zer (Hg.), *Explorations in the ethnography of speaking*, 50–65. Cambridge: Cambridge
           University Press.
Kempe, Vera und Brian MacWhinney
   1998   The acquisition of case-marking by adult learners of Russian and German. *Studies in
           Second Language Acquisition* 20: 543–587.
Nagy, William und Patricia A. Herman
   1987   Breadth and depth of vocabulary. In: Margaret McKeown und Mary E. Curtis (Hg.),
           The Nature of Vocabulary Acquisition, 19–35. Hillsdale, NJ: Erlbaum.
Nemser, William
   1971   Approximative systems of foreign language learners. *International Review of Applied Lin-
           guistics* 9: 115–123.
Peters, Ann M.
   1983   *The Units of Language Acquisition*. Cambridge: Cambridge University Press.
Raabe, Horst
   1974   Interimsprache und kontrastive Analyse. In: Horst Raabe (Hg.), *Trends in kontrastiver
           Linguistik Band I*, 1–50. Tübingen.
Şenyıldız, Anastasia
   2009   *Wenn Kinder mit Eltern gemeinsam Deutsch lernen: soziokulturell orientierte Fallstudien
           zur Entwicklung erst- und zweitsprachlicher Kompetenzen bei russischsprachigen Vorschul-
           kindern*. Dissertation. Universität Flensburg. (im Druck).
Selinker, Larry
   1972   Interlanguage. *International Review of Applied Linguistics* 10: 219–231.
Taylor, Barry P.
   1975   The use of overgeneralization and transfer learning strategies by elementary and interme-
           diate students in ESL. *Language Learning* 25: 73–108.
Tomasello, Michael
   2003   *Constructing a language*. Boston: Harvard University Press.

Tomasello, Michael
    2008   *Origins of Human Communication.* Cambridge, MA: MIT Press.
Vogel, Klaus
    1990   *Lernersprache, Linguistische und psycholinguistische Grundfragen zu ihrer Erforschung.* Tü-
            bingen: Narr.
Wray, Alison
    2002   *Formulaic Language and the Lexicon.* Cambridge: Cambridge University Press.
Wray, Alison
    2008   *Formulaic Language: Pushing the Boundaries.* Oxford: Oxford University Press.

Ernst Apeltauer, Flensburg (Deutschland)

93. Lern(er)strategien und Lerntechniken

1. Einleitung
2. Forschungsergebnisse
3. Theoretische Einbettung
4. Lernerautonomie und Lernstrategien
5. Förderung der lernstrategischen Kompetenz
6. Ausblick
7. Literatur in Auswahl

1. Einleitung

In den vergangenen dreißig Jahren hat sich die Spracherwerbsforschung intensiv mit dem Thema Lern(er)strategien auseinandergesetzt. Das Interesse am Thema erklärt sich sowohl aus wissenschaftlich-theoretischen als auch aus unterrichtspraktischen Gründen. Während die Forschung sich vom Studium des Sprachlernverhaltens wertvolle Einblicke in Spracherwerbsprozesse verspricht, geht das didaktische Interesse ursprünglich auf die Annahme zurück, dass es sinnvoll und möglich sei, Vorgehensweisen „guter" Fremdsprachenlernender weniger erfolgreichen Lernenden zur Verfügung zu stellen, mit dem Ziel ihnen zu helfen, bessere Sprachlerner zu werden. Diese Annahme geht ursprünglich auf Studien aus den siebziger Jahren zum „good language learner" (u. a. Rubin 1975; Naiman et al. 1978) zurück.

2. Forschungsergebnisse

Vor etwa zwanzig Jahren erschienen kurz nach einander drei Bücher zum Thema Lernstrategien, die seitdem Klassikerstatus erworben haben: Wenden und Rubin (1987), Oxford (1990) und O'Malley und Chamot (1990). Die Forschungsergebnisse, die hier sowie in Veröffentlichungen jüngeren Datums (bes. Cohen und Macaro 2007) festgehalten sind, lassen sich folgendermaßen zusammenfassen:

- Die Forschung verfügt über diverse Methoden, mit denen erforscht wird, wie Lernende beim Spracherwerb und -gebrauch vorgehen: Lautes Denken, Interviews, Fragebögen, Beobachtungen, retrospektive Berichte (oft mit Videomitschnitten als Impuls), Lerntagebücher oder *computer-tracking*. Ein trianguläres Vorgehen (Denzin 1978) beim Gebrauch dieser Methoden empfiehlt sich, um methodologische Probleme bei der Ermittlung strategischer Lernhandlungen (White, Schramm und Chamot 2007) zu reduzieren.
- Der Einsatz dieser Ermittlungsmethoden hat Dutzende von strategischen Lernhandlungen, bezogen auf unterschiedliche Fertigkeitsbereiche, ans Licht gebracht (McDonough 1999; Cohen und Macaro 2007).
- Das strategische Handeln von Sprachlernern hängt mit dem Lernerfolg in unterschiedlichen Bereichen (u. a. Wortschatzerwerb, Leseverstehen, Schreibfertigkeit) zusammen. Ungeklärt ist allerdings, inwiefern es sich dabei um kausale Zusammenhänge handelt.
- Das strategische Handeln von Sprachlernern hängt sowohl mit individuellen Variablen (wie z. B. Motivation, Lernstil, Stufe des Spracherwerbs) als auch mit dem Lernkontext zusammen.
- Unter bestimmten Voraussetzungen lässt sich die lernstrategische Kompetenz erfolgreich fördern.

3. Theoretische Einbettung

Seit Ende der achtziger Jahre häufen sich die Hinweise auf eine unzulängliche theoretische Einbettung des Lernstrategiekonzepts. Die theoretische Basis, auf die sich die Strategienforschung im Bereich des Fremdsprachenlernens spätestens seit O'Malley und Chamot (1990) bezieht, ist die kognitive Lernpsychologie. Theoretische Schwächen entstehen in Bezug auf zahlreiche Fragen (Dörnyei und Skehan 2003; Macaro 2006), machen sich aber besonders in definitorischen Unstimmigkeiten und Klassifizierungsproblemen bemerkbar.

3.1. Definition

Veröffentlichungen zum Thema Lernstrategien zeichnen sich durch eine Vielfalt von Versuchen aus, den Strategiebegriff zu definieren (Mandl und Friedrich 2007; Zimmermann 1997; Grenfell und Macaro 2007). Unstimmigkeiten entstehen besonders bezüglich der Frage, ob Strategien als (beobachtbares) Verhalten oder als mentale Handlungen aufzufassen sind und inwiefern Strategien bewusst sind. Westhoff (2001: 687) schlägt folgende Definition vor: Eine Lernstrategie ist ein „Plan von (mentalen) Handlungen, um ein Lernziel zu erreichen". Dieser Definitionsversuch hat gegenüber anderen den Vorteil, dass er − implizit − zwischen einer Lernstrategie (i.e. einem Handlungsplan, um das Lernziel zu erreichen) und der Ausführung einer strategischen Lernhandlung unterscheidet (Bimmel 2006). Eine weitere Implikation der Westhoffschen Definition betrifft zwei unterschiedliche Rollen − die des „Managers" von Lernprozessen bzw. die des Ausführenden strategischer Lernhandlungen. Das mentale Management von Lernprozessen ist Bestandteil des metakognitiven Bereichs (Dechert 1997; Götz 2006).

Der im deutschsprachigen Kontext oft verwendete Begriff „Lerntechniken" deckt sich anscheinend weitgehend mit dem hier vorgeschlagenen Konstrukt der strategischen Lernhandlung (Rampillon 2007).

3.2. Klassifizierung

In der Fachliteratur finden sich zahlreiche Versuche, Lernstrategien bzw. strategische Lernhandlungen zu klassifizieren (vgl. Tönshoff 2007: 332). Tab. 93.1 zeigt eine Taxonomie metakognitiver und kognitiver strategischer Lernhandlungen. Die Taxonomie klassifiziert diese nach ihrer Funktion für den Lernprozess. Kurze Erläuterungen zu den einzelnen strategischen Lernhandlungen finden sich in Bimmel und Rampillon (2000).

Soziale und affektive Handlungen, die in den Taxonomien von O'Malley und Chamot (1990), Oxford (1990) oder Bimmel (2006) als gleichrangig mit den (meta)kognitiven Lernhandlungen aufgefasst werden, sind hier ausgelassen worden, da sie weder zur hier vorgeschlagenen Strategiedefinition noch zur Einbettung von Lernstrategien in die kognitive Lerntheorie einen eindeutigen Bezug haben. Gegen das Auslassen dieser Handlungen spricht allerdings das Argument, dass der Erwerb einer Fremdsprache keineswegs eine ausschließlich (meta)kognitive Angelegenheit ist.

Tab. 93.1: Strategische Lernhandlungen

Metakognitive Ziele (*Selbststeuerung*)

– Das eigene Lernen planen und einrichten;
– Das eigene Lernen beaufsichtigen;
– Das eigene Lernen auswerten und reflektieren;
– ...

Kognitive Ziele

Gedächtnis	*Sprachverarbeitung*	*Sprachgebrauch*
– Wortgruppen bilden (kategorisieren);	– Sich Notizen machen;	– Textinhalte vorhersagen / Hypothesen bilden und überprüfen;
– Kontexte erfinden;	– Markieren;	
– Neue Kombinationen machen;	– Wörter und Ausdrücke analysieren;	– Bedeutungen aufgrund sprachlicher Hinweise erraten;
– Visualisieren;	– Sprachen miteinander vergleichen;	
– Rhythmus verwenden;	– Kenntnisse der Muttersprache übertragen;	– Bedeutungen aus dem Kontext ableiten;
– Reim verwenden;		
– Assoziogramm / Semantisches Netz;	– Regelmäßigkeiten ermitteln;	– Mit allen Mitteln wuchern (z. B. um Hilfe bitten,
– Eselsbrücken verwenden;	– Regeln anwenden;	Mimik/Gestik, Thema
– Wiederholen;	– Hilfsmittel anwenden;	wechseln, etwas
– Vokabelkartei;	– ...	umschreiben, ...);
– ...		– Formelhafte Wendungen verwenden;
		– ...

Metakognitive Lernhandlungen

Dies ist der metakognitive Bereich des mentalen Managements kognitiver Prozesse. Die bzw. der Lernende orientiert sich auf eine Aufgabe, setzt sich Ziele, generiert dazu passende Lernstrategien, beaufsichtigt die Ausführung strategischer Lernhandlungen und wertet den gesamten Prozessablauf aus.

Kognitive Lernhandlungen

Lernhandlungen dieser Kategorie beinhalten, dass Lernende sich direkt mit dem Lernstoff auseinandersetzen. Sie erzeugen in der Regel ein beobachtbares Ergebnis: Wörter sind eingeprägt worden und können reproduziert werden, ein Satz ist schriftlich analysiert worden usw.

Die Aufnahme von Sprachgebrauchsstrategien in eine Taxonomie der Sprachlernstrategien geht auf Oxford (1990) zurück. Sie begründet diese Entscheidung mit dem Argument, dass Fremdsprachenlernende die Sprache erwerben, indem sie diese für kommunikative Zwecke gebrauchen. Als Oberbegriff für Sprachgebrauchs- und -lernstrategien wird häufig der Begriff Lernerstrategien vorgeschlagen (z. B. Wenden und Rubin 1987; Cohen und Macaro 2007).

Problematisch bei der hier vorgeschlagenen Klassifizierung strategischer Lernhandlungen nach ihrer Funktion ist allerdings die Tatsache, dass ein und dieselbe Handlung für das Erreichen sehr unterschiedlicher Ziele brauchbar sein kann.

In Bezug auf die in Tab. 93.1 verzeichneten strategischen Lernhandlungen ist abschließend zu bemerken, dass sie oft als „Lernstrategien" bezeichnet werden − auch in Studien, in denen eindeutig nicht erforscht wurde, inwiefern Lernende ihre Lernprozesse selbst steuern, sondern lediglich der Frage nachgegangen wurde, welche strategischen Lernhandlungen sie ausführen.

4. Lernerautonomie und Lernstrategien

Besondere Relevanz erhält die Lernstrategienforschung im Kontext des autonomen Lernens. Lernerautonomie im Sinne einer „Selbststeuerung und Eigenverantwortlichkeit des Lerners im Rahmen eines Fremdsprachenunterrichts, der dies bewusst zulässt und fördert" (Tönshoff 2007: 333) ist seit den achtziger Jahren zum programmatischen Schlüsselbegriff der Fremdsprachendidaktik geworden. Dabei wird die lernstrategische Kompetenz der Lernenden − neben anderen Bausteinen wie Selbstmotivation und der Bereitschaft und Fähigkeit zur Selbstregulierung und zur Zusammenarbeit − allgemein als unentbehrlichen Baustein der Lernerautonomie aufgefasst (so z. B. bei Wenden 1991; Wolff 2007). Autonome Lernende sind nicht nur fähig, sich selbst Lernziele zu setzen, sie sind auch im Stande dazu passende Lernstrategien zu generieren. Überlegungen zur Förderung der lernstrategischen Kompetenz spielen deshalb im Diskurs zum Thema Lernerautonomie eine Hauptrolle. Gleichzeitig warnen manche Experten (so z. B. Chan 2004; Martinez 2005) davor, die Förderung der Lernerautonomie nicht auf ein rein „technizistisches" Training von Lernstrategien zu reduzieren.

5. Förderung der lernstrategischen Kompetenz

Obwohl eindeutige empirische Nachweise, dass Interventionen zur Förderung der lernstrategischen Kompetenz zu einer dauerhaften Verbesserung der Lernergebnisse oder zur Förderung der Lernerautonomie beitragen, ausstehen, haben zahlreiche empirische Studien inzwischen ausgewiesen, dass es grundsätzlich möglich ist, die lernstrategische Kompetenz zu fördern (Chamot 2004; Cohen und Macaro 2007).

Es kommt allerdings stark darauf an, was man genau fördern möchte und wie man dabei vorgeht. Ist das übergreifende Ziel die Förderung der Lernerautonomie, dann reicht es nicht, nur auf die Fähigkeit zur angemessenen Ausführung strategischer Lernhandlungen abzuzielen; dann sollte der Unterricht sich auch auf die Bereitschaft und Fähigkeit zur Selbststeuerung von Lernprozessen richten.

Drei Fragen sind nun zu beantworten. Erstens welche Lernstrategien zu vermitteln sind, zweitens in welchem Kontext Strategievermittlung stattfinden soll und drittens welche Vermittlungsmethode die besten Erfolgschancen verspricht.

Die erste Frage lässt sich kurz beantworten. Hier scheint es sinnvoll, Lernende, die über längere Zeit eine oder mehrere Fremdsprachen lernen, mit einem breiten Repertoire von Lernstrategien bekannt zu machen. Lehrerinnen und Lehrer sollten sich allerdings bewusst sein, dass nicht jede Lernstrategie für jeden individuellen Lernenden gleichermaßen geeignet ist. Strategievermittlung sollte deshalb immer ein Angebot an die Lernenden beinhalten. Sie sollten angeregt werden, entsprechend ihren persönlichen Präferenzen ihre eigene Auswahl aus einem reichen Angebot zu treffen.

Die zweite Frage bezieht sich auf den Kontext der Strategievermittlung – in eigenständigen Kursen, losgelöst vom Fremdsprachenunterricht (*learner training*) oder in den Sprachunterricht integriert. Erfahrungen mit *learner training* haben gezeigt, dass Lernstrategien zwar im Kontext solcher Programme erlernt werden, dass jedoch oft Transferprobleme bei der Anwendung dieser Strategien auftreten. In zunehmendem Maße lässt sich denn auch feststellen, dass die Vermittlung von Lernstrategien zum integralen Bestandteil des Fremdsprachenunterrichts gemacht wird. Dies ist im schulischen Kontext nur dann möglich, wenn auch in den Lehrplänen eine neue Bilanz zwischen dem „Was" (Fremdsprachen lernen) und dem „Wie" (Lernen, wie man Fremdsprachen lernt) gefunden wird. Lebensechte Aufgabenstellungen im Rahmen eines aufgabenorientierten Unterrichts (Ellis 2003; Willis und Willis 2007) bieten grundsätzlich mehr Anknüpfungspunkte für Strategieangebote als das kleinschrittige Vorgehen, das die meisten Lehrwerke kennzeichnet.

Die dritte Frage bezieht sich auf die Vermittlungsmethode. In den meisten Interventionen zur Förderung der lernstrategischen Kompetenz lassen sich vier Komponenten unterscheiden (Rubin et al. 2007: 142):

– *Bewusstmachung vorhandener Lernstrategien*
   Ausgangspunkt bei der Vermittlung von Lernstrategien ist immer ein Austausch über bereits vorhandene Lernstrategien der Lernenden, z. B. anhand eines Fragebogens. Die Lehrerin bzw. der Lehrer bekommt dabei Einblicke in die Ausgangslage der Lernenden und diese werden für eine Beschäftigung mit neuen Strategien sensibilisiert.
– *Orientierung auf die Anwendung einer Strategie*
   Diese Komponente zielt auf den Erwerb metakognitiven Wissens ab. Die Lernenden machen sich mit neuen Informationen in Bezug auf Lernziele, Lernprozesse und stra-

tegische Lernhandlungen bekannt. Unterschiedliche didaktische Verfahren werden zu diesem Zweck eingesetzt, u. a. selbstentdeckendes Lernen (bezogen auf konkrete Beispiele strategischen Vorgehens), direkte Erklärungen, oder das beispielhafte „Modellieren", wobei die Lehrerin oder der Lehrer laut denkend demonstriert, wie sie oder er bei der Erledigung von (Lern-) Aufgaben strategisch vorgeht.

— *Erprobung und Übung*
  Hier geht es um das vom Lehrer bzw. von der Lehrerin angeregte, betreute und beaufsichtigte Erproben strategischer Lernhandlungen bei der Erledigung von Aufgaben. Daneben können speziell auf die Ausführung einzelner strategischer Lernhandlungen abzielende Übungen durchgeführt werden (für konkrete Vorschläge vgl. Chamot et al. 1999 oder Bimmel und Rampillon 2000). Ziel dabei ist die Entwicklung der Fähigkeit, strategische Lernhandlungen angemessen auszuführen.

— *Bewusstmachung*
  Die Bewusstmachungskomponente beinhaltet, dass die oder der Lernende sich fragt, inwiefern Lernhandlungen zu einer erfolgreichen Erledigung einer Aufgabe geführt haben. Theorien über die Entwicklung metakognitiver Kompetenz gehen durchweg davon aus, dass Bewusstmachung (oft als *Reflexion* bezeichnet) der Schlüsselfaktor beim Erwerb metakognitiven Wissens und bei der Entwicklung der Fähigkeit zur Selbststeuerung kognitiver Prozesse ist.

Beim aktuellen Forschungsstand empfiehlt es sich, bei der Förderung der lernstrategischen Kompetenz Trainingssequenzen einzusetzen, in denen alle vier Komponenten vertreten sind. Die Reihenfolge, in der diese Komponenten jeweils eingesetzt werden, lässt sich variieren.

6. Ausblick

In einem Fremdsprachenunterricht, der nicht nur auf Spracherwerb, sondern auch auf den Erwerb lernstrategischer Kompetenz und/oder auf die Förderung der Lernerautonomie abzielt, ändert sich sowohl die Rolle der Lernenden als auch die der Lehrerin bzw. des Lehrers. Manche Autoren (z. B. Martinez 2005: 76) reden in diesem Zusammenhang von einem „Paradigmenwechsel". In ihrer neuen Rolle − oft angedeutet mit Schlagwörtern wie *facilitator* oder *coach* − brauchen Fremdsprachenlehrer(innen) entsprechende Qualifikationen. Dazu gehört u. a. die Vertrautheit mit Instrumenten der Lernberatung (Mehlhorn und Kleppin 2006) sowie mit Methoden und konkreten Ideen zur Förderung der lernstrategischen Kompetenz bzw. der Lernerautonomie. Der Erwerb solcher Qualifikationen steht bis auf den heutigen Tag höchstens ansatzweise auf dem Programm der meisten Lehrerausbildungen. Auch im Fortbildungsbereich gibt es hier weltweit Nachholbedarf.

Im Bereich der Lernstrategienforschung ist die Entwicklung eines kohärenten Modells erwünscht, das es erlaubt, das Konstrukt Lernstrategien abzusichern und die Ergebnisse der Lernstrategienforschung der letzten dreißig Jahre theoretisch einzubetten. Vergleichende Studien wären wünschenswert zu Strategieanwendungen von Lernenden in unterschiedlichen Fertigkeitsbereichen und Lernkontexten. In Bezug auf die Förderung der lernstrategischen Kompetenz sind viele Fragen noch unbeantwortet. Weitere Interventionsstudien zur Effektivität unterschiedlicher Vermittlungsmethoden bei unterschiedlichen Lernenden bezüglich unterschiedlicher Aufgabenstellungen wären hier notwendig. Wo immer nur möglich empfehlen sich hier Formen der Aktionsforschung, um Lehrerinnen und Lehrer stärker als bisher mit einzubeziehen. In allen Forschungsbereichen wären stärker als bisher individuelle Variablen zu berücksichtigen.

7. Literatur in Auswahl

Barkowski, Hans und Hermann Funk (Hg.)
   2004   *Lernerautonomie und Fremdsprachenunterricht.* Berlin: Cornelsen.
Bimmel, Peter
   2006   Lernstrategien: Pläne (mentalen) Handelns. In: Udo O. H. Jung (Hg.), *Praktische Handreichungen für Fremdsprachenlehrer,* 362−369. Frankfurt a. M: Lang.
Bimmel, Peter und Ute Rampillon
   2000   *Lernerautonomie und Lernstrategien.* (Fernstudieneinheit 23). Berlin: Langenscheidt.
Chamot, Anna Uhl
   2004   Stand der Forschung zum Einsatz von Lernstrategien im Zweit- und Fremdsprachenerwerb. In: Hans Barkowski und Hermann Funk (Hg.), *Lernerautonomie und Fremdsprachenunterricht,* 10−35. Berlin: Cornelsen.
Chamot, Anna Uhl, Sarah Barnhardt, Pamela Beard El-Dinary und Jill Robbins
   1999   *The Learning Strategies Handbook.* White Plains, NY: Longman.
Chan, Wai Meng
   2004   Lernerautonomie und metakognitive Entwicklung − Argumente für einen Perspektivenwechsel. In: Hans Barkowski und Hermann Funk (Hg.), *Lernerautonomie und Fremdsprachenunterricht,* 109−126. Berlin: Cornelsen.
Cohen, Andrew D. und Ernesto Macaro (Hg.)
   2007   *Language Learner Strategies: Thirty Years of Research and Practice.* Oxford: Oxford University Press.
Cohen, Andrew D. und Ernesto Macaro
   2007   Conclusions. In: Andrew D. Cohen und Ernesto Macaro (Hg.), *Language Learner Strategies: Thirty Years of Research and Practice,* 275−284. Oxford: Oxford University Press.
Dechert, Hans W.
   1997   Metakognition und Zweitsprachenerwerb. In: Ute Rampillon und Gerhard Zimmermann (Hg.), *Strategien und Techniken beim Erwerb fremder Sprachen,* 10−32. Ismaning: Hueber.
Denzin, Norman K.
   1978   *Sociological Methods: A Sourcebook.* 2nd edition. New York: McGraw Hill.
Dörnyei, Zoltán und Peter Skehan
   2003   Individual differences in second language learning. In: Catherine J. Doughty und Michael H. Long (Hg.), *The Handbook of Second Language Acquisition,* 589−630. Malden, MA: Blackwell.
Ellis, Rod
   2003   *Task-based Language Learning and Teaching.* Oxford: Oxford University Press.
Götz, Thomas
   2006   *Selbstreguliertes Lernen. Förderung metakognitiver Kompetenz im Unterricht der Sekundarstufe.* Donauwörth: Auer.
Grenfell, Mike und Ernesto Macaro
   2007   Claims and critiques. In: Andrew D. Cohen und Ernesto Macaro (Hg.), *Language Learner Strategies: Thirty Years of Research and Practice,* 9−28. Oxford: Oxford University Press.

Macaro, Ernesto
   2006   Strategies for language learning and for language use: Revising the theoretical frame-
           work. *Modern Language Journal* 90(3): 320−337.
Mandl, Heinz und Helmut Felix Friedrich
   2007   Handbuch Lernstrategien. Göttingen u. a.: Hogrefe.
Martinez, Hélène
   2005   Lernerautonomie: ein konzeptuelles Rahmenmodell für den Fremdsprachenunterricht.
           Fremdsprachen Lehren und Lernen 34: 65−82.
McDonough, Steven H.
   1999   Learner strategies. *Language Teaching* 32(1): 1−18.
Mehlhorn, Grit und Karin Kleppin
   2006   Sprachlernberatung. Einführung in den Themenschwerpunkt. *Zeitschrift für interkulturel-
           len Fremdsprachenunterricht*. 11(2): 128.
Naiman, Neil, Maria Fröhlich, H. H. Stern und Angela Todesco
   1978   *The Good Language Learner*. Toronto: OISE.
O'Malley, J. Michael und Anna Uhl Chamot
   1990   *Learning Strategies in Second Language Acquisition*. Cambridge: Cambridge University
           Press.
Oxford, Rebecca L.
   1990   *Language Learning Strategies. What Every Teacher Should Know*. Boston, MA:
           Heinle & Heinle.
Rampillon, Ute
   2007   Lerntechniken. In: Karl-Richard Bausch, Herbert Christ und Hans-Jürgen Krumm (Hg.),
           Handbuch Fremdsprachenunterricht 340−344. 5. Auflage. Tübingen: A. Francke Verlag.
Rubin, Joan
   1975   What the good language learner can teach us. *TESOL Quarterly* 9: 41−51.
Rubin, Joan, Anna Uhl Chamot, Vee Harris und Neil J. Anderson
   2007   Intervening in the use of strategies. In: Andrew D. Cohen und Ernesto Macaro (Hg.),
           Language Learner Strategies: Thirty Years of Research and Practice, 141−161. Oxford:
           Oxford University Press.
Tönshoff, Wolfgang
   2007   Lernerstrategien. In: Karl-Richard Bausch, Herbert Christ und Hans-Jürgen Krumm
           (Hg.), *Handbuch Fremdsprachenunterricht* 331−335. 5. Auflage. Tübingen/Basel: A. Fran-
           cke Verlag.
Wenden, Anita L.
   1991   *Learner Strategies for Learner Autonomy*. New York/London: Prentice Hall.
Wenden, Anita und Joan Rubin
   1987   (Hg.) *Learner Strategies in Language Learning*. Englewood Cliffs, NJ: Prentice Hall.
Westhoff, Gerard J.
   2001   Lernstrategien − Kommunikationsstrategien − Lerntechniken. In: Armin Burkhardt,
           Hugo Steger und Herbert Ernst Weigand (Hg.), *Handbücher zur Sprach- und Kommunika-
           tionswissenschaft*, 684−692. Bd. 1. (Handbücher zur Sprach- und Kommunikationswis-
           senschaft 19.1−2). Berlin: de Gruyter.
White, Cynthia, Karen Schramm und Anna Uhl Chamot
   2007   Research methods in strategy research: Re-examining the toolbox. In: Andrew D. Cohen
           und Ernesto Macaro (Hg.), *Language Learner Strategies: Thirty Years of Research and
           Practice*, 93−116. Oxford: Oxford University Press.
Willis, Dave und Jane Willis
   2007   *Doing Task-based Teaching*. Oxford: Oxford University Press.
Wolff, Dieter
   2007   Lernerautonomie und selbst gesteuertes fremdsprachliches Lernen: Überblick. In: Karl-
           Richard Bausch, Herbert Christ und Hans-Jürgen Krumm (Hg.), *Handbuch Fremdspra-
           chenunterricht* 321−326. 5. Auflage. Tübingen: Francke.

Zimmermann, Günther

    1997   Anmerkungen zum Strategienkonzept. In: Ute Rampillon und Günther Zimmermann
            (Hg.), *Strategien und Techniken beim Erwerb fremder Sprachen*, 95–113. Ismaning: Hue-
            ber.

Peter Bimmel, Amsterdam (Niederlande)

94. Lernstile und Lern(er)typen

1. Einleitung
2. Zur Problematik der Terminologie und der Abgrenzung zwischen verwandten Konzepten
3. Zur Problematik der Forschungsmethodik
4. Lernstildimensionen und Lern(er)typen
5. Praxisrelevanz
6. Literatur in Auswahl

1. Einleitung

Warum sind einige Lernende hinsichtlich ihres Fremdsprachenerwerbs erfolgreicher als
andere? Um diese Frage beantworten und Fremdsprachenlehr- und -lernprozesse optimieren zu können, müssen diejenigen Faktoren näher betrachtet werden, hinsichtlich
derer sich Individuen voneinander unterscheiden (vgl. auch Art. 93–97).

    Mit der Erweiterung traditioneller Methodenansätze um die Lernerperspektive und
mit der Forderung nach zunehmender Eigenverantwortung der Lernenden für ihren
Lernprozess ging eine zunehmende Fokussierung auf interne Lernerfaktoren einher.
Dazu zählen sowohl kognitive wie auch metakognitive Faktoren, wie z. B. die im Folgenden behandelten Individuenvariablen *Lern(er)typ* und *Lernstil*. Lernende kommen nicht
als *tabula rasa* in den Fremdsprachenunterricht, sie bringen vielmehr ihren Lernertyp,
ihren Lernstil, ihre Lernerfahrungen und damit auch ihre Lernstrategien in den Lernprozess ein.

    Inwiefern die Beschäftigung mit z. B. dem Lernstil tatsächlich unterrichtsrelevant ist,
ist nach wie vor umstritten. Während Dörnyei und Skehan (2003) eher skeptisch sind und
höchstens einen indirekten Einfluss auf den Sprachlernerfolg annehmen, betrachteten gut
20 Jahre früher Knapp-Potthoff und Knapp (1982) den kognitiven Stil in Bezug auf
den L2-Erwerb als die „entscheidende Determinante für typspezifische Unterschiede der
Verarbeitung zweitsprachlicher Daten" (Knapp-Potthoff und Knapp 1982: 111); und
auch Ehrman (1996: 50) geht davon aus, dass Lernstile wichtige Einfluss- und damit
Erklärungsvariablen darstellen, denn: „learning style mismatches are at the root of many
learning difficulties". Letztere Haltung kommt in der häufig anzutreffenden Metapher
vom „style war" (u. a. Oxford, Ehrman und Lavine 1991) noch drastischer zum Ausdruck. Gemeint ist damit die fehlende Übereinstimmung zwischen dem Lehrstil (bzw.
Annahmen der Lehrenden hinsichtlich der Lernstile ihrer Lernenden) und den tatsächlich

vorliegenden Lernstilen der Lernenden und damit verbundene negative Auswirkungen. Im Umkehrschluss wird prognostiziert, dass Lernende besonders davon profitieren, wenn der Unterrichtsstil ihrem Lernstil entspricht.

2. Zur Problematik der Terminologie und der Abgrenzung zwischen verwandten Konzepten

Die derzeitige Situation der im vorliegenden Beitrag behandelten Konstrukte ist weder in Bezug auf die Theorie, auf die Praxis noch auf die Empirie als befriedigend zu bezeichnen. Interessant ist dabei v. a., dass diese Konstrukte trotz aller bekannten Schwächen im Hinblick auf ihre theoretischen Konzeptionen, ihre Definitionen oder ihre empirische Überprüfbarkeit weiterhin für die Fremdsprachenerwerbsforschung und die Fremdsprachendidaktik hoch attraktiv sind. Dieser Einschätzung scheint die Annahme zugrunde zu liegen, dass nicht die Konstrukte selbst problematisch sind, sondern lediglich die diesbezügliche heterogene Forschungslage für den gegenwärtigen Stand verantwortlich ist.

Vorwegnehmend lässt sich feststellen, dass in Bezug auf den hier betrachteten Gegenstand nach wie vor ein großer terminologischer Klärungsbedarf besteht. So herrscht praktisch kein allgemeiner Konsens darüber, worin genau der Unterschied zwischen den Konzepten *kognitiver Stil*, *Lernstil*, *Lern(er)typ* und *Lernstrategie* (vgl. Art. 93) besteht bzw. ob und inwiefern sie miteinander in Verbindung stehen. Aus dieser unscharfen und darüber hinaus inkonsistenten Definition der Konstrukte ergeben sich nahezu zwingend Schwierigkeiten im Hinblick auf die zu ihrer empirischen Untersuchung einzusetzenden Methoden. Solange der Gegenstand nicht eindeutig definiert ist, kann er nicht angemessen operationalisiert werden, was entscheidend für die Auswahl geeigneter methodischer Verfahren und Instrumente ist.

Während in der Vergangenheit die Begriffe kognitiver Stil und Lernstil nicht selten synonym gebraucht wurden, hat sich inzwischen eine etwas differenziertere Sichtweise durchgesetzt. In jüngster Zeit fungiert zumeist Lernstil als Oberbegriff, dem das Konstrukt kognitiver Stil begrifflich untergeordnet wird. So umfasst z. B. für Leaver, Ehrman und Shekhtman (2005) Lernstil die Unterkategorien kognitiver Stil, sensorische Präferenzen und Persönlichkeitstypen. Ganz ähnlich stellt auch für Dörnyei (2005) der kognitive Stil den Kern des Lernstils dar, ist ihm also untergeordnet. In welchem Verhältnis kognitiver Stil und Lernstil jedoch letztlich zueinander gesehen werden, hängt davon ab, ob die Konstrukte aus der Perspektive der Kognition oder aus der Perspektive des Lernens betrachtet werden.

Seit seiner Einführung durch Gardner (1953) hat das Konstrukt *kognitiver Stil* in Abhängigkeit von verschiedenen Forschungsinteressen und -ansätzen eine Reihe unterschiedlicher Interpretationen erfahren. Als kognitiven Stil bezeichnet man die von einem Individuum bevorzugte, unmarkierte Weise, Informationen perzeptuell wahrzunehmen und konzeptuell zu kategorisieren, und zwar – das unterscheidet den kognitiven Stil vom Lernstil – ohne jegliche situative, äußerliche (also z. B. unterrichtliche) Einflüsse. Während der kognitive Stil somit z. T. als biologisch determinierte Art des Umgangs mit Informationen und Situationen bezeichnet wird, wird der Begriff des Lernstils mit Bezug auf einen Lernkontext und zusammen mit einer Reihe von affektiven, physiologischen und verhaltensbezogenen Faktoren verwendet.

Für Kinsella (1995: 171; Hervorheb. KA/CR) ist ein Lernstil „an individual's natural, habitual, and preferred way[s] of absorbing, processing, and retaining new information and skills which *persist*, regardless of teaching methods and content areas". Auch Grotjahn (2003: 326; Hervorheb. im Original) gebraucht den Begriff Lernstil eher weit und zwar als „intraindividuell relativ *stabile*, zumeist *situations- und aufgabenunspezifische Präferenzen*, (Dispositionen, Gewohnheiten) von Lernern sowohl bei der Verarbeitung von Informationen als auch bei der sozialen Interaktion." Als generalisierte, invariante Persönlichkeitsmerkmale (vgl. Krapp 1993: 292) werden Lernstile daher für die typologische Klassifikation von Lernern zu Lernertypen verwendet.

Wesentliche Unterschiede in den verschiedenen Lernstil-Konzeptionen zeigen sich in den Ansichten hinsichtlich des Grades an Stabilität bzw. Veränderbarkeit. Während einige Forscher (z. B. Kinsella 1995) von einer eher stabilen, in der Persönlichkeit verhafteten Eigenschaft ausgehen, sehen andere den Lernstil als eine intentional veränderbare Größe an (vgl. z. B. Kohonen 1990: 25–26). Ehrman (1996: 54) nimmt hier eine vermittelnde Position ein und spricht von „Komfortzonen". Danach fühlen sich zwar die meisten Lernenden mit einer bestimmten Herangehensweise an Aufgaben am wohlsten, andere Zugänge sind für sie aber nicht prinzipiell ausgeschlossen, wenn es die Umstände erfordern. Nur eine Minderheit der Lernenden ist nach Ehrman nicht imstande, außerhalb gesetzter Dispositionen zu agieren.

Das Konzept des *Stils* ist von dem Konzept der *Fähigkeit* zu unterscheiden. Stil bezieht sich auf die Art und Weise der Performanz und ist eher ein beschreibender Begriff; so geht eine starke bzw. eine schwache Ausprägung eines Stils nicht zwingend mit einer positiven bzw. einer negativen Bewertung einher. Demgegenüber bezieht sich Fähigkeit auf das Niveau der Performanz und ist somit ein eindeutig wertendes Konzept, da ein hohes Maß einer bestimmten Fähigkeit positiv gewertet wird, ein niedriges Maß hingegen negativ. Ein Bündel nachgewiesenermaßen höchst einflussreicher Fähigkeiten ist die sogenannte *language aptitude* (Fremdsprachenlerneignung; vgl. auch Art. 100; für eine Übersicht über die neueren Entwicklungen in der Fremdsprachenlerneignungsforschung vgl. Schlak 2008). Es ist davon auszugehen, dass Lernstil und fähigkeitsbasierte Lernerfaktoren gleichermaßen (sowie weitere Lernervariablen) z. B. den Lernstrategiengebrauch beeinflussen und den Erfolg unterrichtsmethodischer Vorgehensweisen entscheidend mitbestimmen (vgl. Riemer 2009).

Lernstile sind des Weiteren von *Lernstrategien* zu unterscheiden. Beide wirken verhaltenssteuernd, unterscheiden sich jedoch hinsichtlich des Merkmals der Bewusstseinsfähigkeit. Strategien gelten als bewusste bzw. bewusstseinsfähige mentale Repräsentationen, die aus dem Langzeitgedächtnis abrufbare Handlungspläne darstellen. Sie umfassen spezifische Handlungen oder Techniken, die bewusst zum Zweck des Lernens eingesetzt werden können; sie sind also aufgaben- und situationsabhängig und können gezielt vermittelt und eingesetzt werden (vgl. Grotjahn 1998).

In Bezug auf das Verhältnis zwischen Lernstil und Lernstrategie wird angenommen, dass der Erwerb bestimmter kognitiver, metakognitiver, affektiver oder sozialer Strategien auf der Basis des einen Lernstils erfolgreicher zu sein scheint als auf der eines anderen. Es scheint, dass die Begriffe Lern(er)typ, Lernstil und Lernstrategie in einem Inklusionsverhältnis stehen, das u. a. durch einen abnehmenden Grad an Abstraktion gekennzeichnet ist. Ihre Beziehung zueinander ließe sich wie folgt charakterisieren: Zwischen den drei Konstrukten besteht ein hierarchisches, interdependentes Verhältnis dergestalt, dass sich der Lern(er)typ als invariante Disposition in bestimmten kognitiven Stilen oder

Lernstilen manifestieren kann. Diese Stile umfassen wiederum Lernstrategien, die sie gleichzeitig beeinflussen und widerspiegeln. Es handelt sich um sehr unterschiedliche Konzepte, hinsichtlich deren Differenzierung das Kriterium Veränderbarkeit bzw. Lehr-/Lernbarkeit eine Rolle spielt. Während ein Typ nicht lehrbar − höchstens dehnbar (vgl. Abschnitt 5) − ist, weil es sich hierbei um angeborene oder frühkindlich ausgebildete und dem Individuum zumeist unbewusste Präferenzen hinsichtlich der Wahrnehmung, Verarbeitung und Produktion von Informationen handelt, sind Strategien potentiell bewusstseinsfähig, bewusst lehr- und lernbar und somit auch gezielt veränderbar − zumindest im Rahmen, wie es der Lernstil erlaubt. Es ist davon auszugehen, dass einige Aspekte invariant, andere jedoch modifizierbar sind.

3. Zur Problematik der Forschungsmethodik

Wie zuvor bereits angedeutet, ist die empirische Untersuchung von kognitiven Stilen, Lernstilen und Lern(er)typen dadurch erschwert, dass sie nicht direkt beobachtbar sind. Darüber hinaus ist umstritten, welche Verhaltensweisen als zuverlässige Indikatoren für welchen Lernstil bzw. welchen kognitiven Stil oder welchen Lern(er)typ zu werten sind und wie sich dies zweifelsfrei belegen lässt. Bisher erfolgte dieser Nachweis entweder durch Selbstberichte und deren inhaltsanalytische Auswertung oder durch die Beobachtung von kontrollierten Performanzen. Instrumente, die zur Ermittlung von Lernstilen durch Befragung eingesetzt werden, sind in erster Linie Fragebögen, Log- bzw. Lernertagebücher oder Interviews.

Fragebögen stellen v. a. aufgrund ihrer vergleichsweise leichten und effizienten Durchführbarkeit und Auswertbarkeit ein sehr beliebtes Datenerhebungsverfahren dar. Das Hauptproblem bei diesem Verfahren liegt allerdings darin, dass es nicht zwingend das misst, was es zu messen beabsichtigt. Die indirekte Art der Ermittlung von Lernstilen bzw. Lern(er)typen mittels Beschreibungen eigener Verhaltensweisen in imaginierten Lernsituationen ist methodologisch insofern problematisch, als man auf diese Weise zwar erfährt, wie sich ein Lerner in einer konkreten Situation zu verhalten glaubt, nicht aber, wie er sich tatsächlich verhält − oder dass er Lernstrategien angibt, die er aus der Muttersprache kennt, in Wirklichkeit aber gar nicht beim Fremdsprachenlernen verwendet (vgl. Würffel 2006: 87). Ferner können sich die mithilfe von Fragebögen gewonnenen Aussagen zwar auch auf spezielle Situationen beziehen, zielen aber vorwiegend auf generelles Verhalten oder allgemeine Einschätzungen der eigenen Lernfähigkeit oder des Lernerfolgs ab. Grundsätzlich begünstigt die Methode der Befragung solche Lernenden, die fähig und bereit sind, über ihren Lernprozess zu reflektieren und sich darüber zu äußern, die also über metakognitive und metasprachliche Fähigkeiten verfügen. Eine weitere Kritik an dieser methodischen Vorgehensweise ist das Problem der sozialen Erwünschtheit, also die Tendenz von Probanden, so zu antworten, wie sie annehmen, dass man es von ihnen erwartet oder wie es ihrer Meinung nach für eine möglichst positive Bewertung ihrer Person am günstigsten sei.

Da Lernstile und kognitive Stile als unbewusste Präferenzen gelten und Lernende keinen direkten Zugang zu ihnen haben, sind introspektive Verfahren nur eingeschränkt einsetzbar. Selbstberichte zur Erfassung genereller Lerngewohnheiten und -typen sind daher durch Verfahren zu ergänzen, mithilfe derer tatsächliches Lernerverhalten erfasst

und erklärt werden kann. Dass es sich dabei um ein qualitativ anspruchsvolles und zeitaufwendiges Vorgehen handelt, ist offensichtlich. Allerdings scheint dies die beste Möglichkeit zu sein, fundierte empirische Erkenntnisse zu gewinnen. Optimal wäre eine mehr-
methodisch angelegte Herangehensweise, bei der die Verfahren Fremd- und Selbstbe-
obachtung (wie z. B. Lautes Denken oder stimulierte Retrospektion) miteinander
kombiniert werden. Also anstatt über abstrakte oder imaginierte Lernsituationen zu reflektieren und berichten, kann auf diese Weise tatsächliches Lernen in konkreten Situationen beobachtet, beschrieben und analysiert werden. Erst wenn die mittels verschiedener Quellen gewonnenen Daten Übereinstimmungen aufweisen oder gar miteinander
konvergieren, kann davon ausgegangen werden, dass sie halbwegs zuverlässig sind.

Eine weitere generelle methodologische Kritik an vielen Studien bezieht sich darauf,
dass in ihnen häufig die soziale und die kulturelle Komponente des Lernens vernachlässigt wird. Aufgrund einer zumeist einseitigen Konzentration auf die kognitive Komponente besteht vielfach das Problem, dass der sozial-interaktiven Dimension des Lernprozesses nur wenig oder gar keinerlei Rechnung getragen wird. Hinzu kommt Kritik
am inhärenten Ethnozentrismus vieler Untersuchungen zu kulturspezifischen Lernstil-
Unterschieden, da sie nicht selten das Lernverhalten westlicher Mittelklasse-Intellektuel-
ler zu universellen Werten erklären (vgl. dazu Riley 1990).

4. Lernstildimensionen und Lern(er)typen

In der Fremdsprachenforschung wurden viele unterschiedliche Variablen den Lernstilen
und kognitiven Stilen subsumiert; regelmäßig kommen neue hinzu. Oft sind die Arbeiten
dabei eher konzeptioneller denn empirischer Natur. In Ergänzung der bereits oben behandelten zentralen Eigenschaften von Lernstilen ist zu erwähnen, dass die meisten Lernstildimensionen bipolar ausgerichtet sind, wobei davon ausgegangen wird, dass Lernende
sich zwischen den Endpolen (von z. B. feldunabhängig zu feldabhängig) innerhalb einer
„Komfortzone" ansiedeln. Die beiden Pole sind dabei nicht *per se* mit besseren oder
schlechteren Lernleistungen assoziiert: Man kann mit jedem Lernstil erfolgreich sein,
eben auf unterschiedliche Weise. Allerdings konnte für besondere Lernstilvariablen nachgewiesen werden, dass mit ihnen Vorteile beim Fremdsprachenlernen verbunden sind.

Die so genannte *Feldunabhängigkeit/Feldabhängigkeit* ist eine der bekanntesten Lernstildimensionen und konnte in vielen Untersuchungen mit fremdsprachlichen Leistungen
korreliert werden, wobei anders als bei vielen anderen Lernstilfaktoren hier ein Vorteil
einer spezifischen Ausprägung für das Fremdsprachenlernen festgestellt werden konnte:
nämlich ein Vorteil der Feldunabhängigkeit (u. a. Chapelle und Roberts 1986). Feldunabhängigkeit wird als Disposition zur analytischen Wahrnehmung von Einzelphänomenen
bei der Lösung komplexer Aufgaben verstanden, während Feldabhängigkeit mit einer
Disposition für eine eher holistische Wahrnehmung in Verbindung gebracht wird. Das
Konstrukt ist nicht unumstritten, Griffiths und Sheen (1992) bestreiten sogar jegliche
Bedeutung des Konstrukts für den Fremdsprachenerwerb.

Als weitere Dimensionen werden der eng mit dem Konstrukt Feldunabhängigkeit verwandte *analytische/globale* Lernstil unterschieden: Lernende mit globalem Lernstil versuchen, den gesamten Kontext zu erfassen, während sich Lerner mit einem eher analytischen Lernstil auf einzelne Aspekte konzentrieren, die anschließend zu einem Ganzen

verknüpft werden. Auch *Reflexivität/Impulsivität* werden hierzu gerechnet: Impulsiven Lernenden werden Neigungen unterstellt, bei komplexen Problemlösungen eher spontan vorzugehen, während reflexive Lernende z. B. ihre sprachlichen Äußerungen genau vorplanen und daher langsamer und bedachter handeln.

In der Fremdsprachendidaktik sehr populär sind die Präferenzen und Dispositionen von Lernenden, beim Lernen spezifische Wahrnehmungskanäle zu wählen. Man unterscheidet *auditive, visuelle, kinästhetische* und *taktile* Perzeptionsstile. Visuelle Lerner — und man geht davon aus, dass die meisten Lernenden eher visuelle Lerner sind — verarbeiten Informationen am effizientesten, wenn sie ihnen visuell dargeboten werden, während auditive Lerner am besten lernen, wenn sie anderen (und sich selbst) zuhören können; kinästhetische Lerner brauchen dagegen körperliche Bewegung, um sich konzentrieren zu können und taktile Lerner bevorzugen es, etwas zu *be-greifen* (vgl. Leaver, Ehrman und Shekhtman 2005: 67−69). Die theoretische und empirische Untermauerung dieser Lernstildimension explizit in Bezug auf das Fremdsprachenlernen weist aber noch mehr Lücken als Evidenzen auf. Hinzu kommt, dass Wahrnehmungspräferenzen und Verarbeitungspräferenzen selten sauber voneinander unterschieden werden. Außerdem gibt es reichlich Hinweise, dass die meisten Lernenden wohl mehrere Wahrnehmungspräferenzen in sich vereinen, so dass reine Lern(er)typen relativ selten sind.

Eine weitere diskutierte Lernstildimension ist die *Ambiguitätstoleranz/Ambiguitätsintoleranz* (vgl. Chapelle und Roberts 1986) und *extraversion/introversion*. Erstere bezieht sich auf die Neigung von Lernenden, Mehrdeutigkeiten und Widersprüchlichkeiten wahrnehmen und ertragen zu können − ambiguitätsintolerante Lernende benötigen z. B. mehr Erklärungen. Letzteres Konstrukt drückt das Ausmaß der Kontaktfreudigkeit und sozialen Aufgeschlossenheit von Individuen aus.

Lern(er)typen konstituieren sich dann aus der Kombination unterschiedlicher Lernstildimensionen. Auch hierfür gibt es in der Fremdsprachenerwerbsforschung unterschiedliche Vorschläge (vgl. zusammenfassend Dörnyei 2005: 127−154). So wurde z. B. das Myers-Briggs-Modell (mit den Dimensionen *extraversion/introversion, intuition/sensing, feeling/thinking* und *judging/perceiving*) − eine Weiterentwicklung tiefenpsychologischer Ansätze von C. G. Jung − mit den Forschungen von Ehrman in die Fremdsprachenforschung eingebracht (vgl. u. a. Ehrman 1996; Ehrman und Oxford 1995). In der Persönlichkeitspsychologie entwickelte Persönlichkeitsmessinstrumentarien (wie der Myers Briggs Type Indicator: MBTI) schlagen Typisierungen als Kombinationen der jeweils diagnostizierten Dimensionen vor, die dann hinsichtlich ihrer Implikationen für das Fremdsprachenlernen diskutiert werden. Einen sehr umfassenden Vorschlag zur Konzeptualisierung von Lernstilen in Bezug auf das Fremdsprachenlernen legen Ehrman und Leaver (2003) mit insgesamt neun Lernstildimensionen vor.

Die Komplexität der durch solche Arbeiten implizierten Lernertypisierungen lässt erwarten, dass die zukünftig hier notwendige Forschungsarbeit ebenso komplex sein wird. Grotjahn (2003) schlägt vor, sich aus pragmatischen Gründen auf einige wenige Lernertypen zu beschränken, und zwar auf solche, die für den Fremdsprachenunterricht besondere Relevanz haben. Allerdings fehlen hierfür nicht nur konzeptuelle, sondern auch empirische Klärungen hinsichtlich der Differenzierung der verschiedenen Lernstile und Lern(er)typen sowie ihrer Überlappungen.

5. Praxisrelevanz

Die Förderung von Lernerautonomie ist derzeit ein zentrales fremdsprachendidaktisches Prinzip. Hiermit ist die Notwendigkeit verbunden, dass Lernende ihren eigenen Lern(er)-typ kennen und sich entsprechend verhalten. Insbesondere im Hinblick auf das Desiderat des „lebenslangen Lernens" erscheint die Ermittlung und Beachtung von Lernstilen unverzichtbar, das eng mit metakognitiven Fähigkeiten wie u. a. Bewusstheit eigener Lernstile und Präferenzen zu verknüpfen ist. Aus empirischen Untersuchungen (vgl. u. a. Ellis 1989; Oxford, Ehrman und Lavine 1991; Ehrman 1996) geht hervor, dass Lernschwierigkeiten aus Lernstilkonflikten (*style war*) erwachsen, wenn der Lernstil von Lernenden nicht zum Unterrichtsstil der Lehrenden passt; wenn er nicht zum Unterrichtsprogramm passt; wenn er nicht zu den Lernaufgaben passt; wenn er nicht mit den subjektiven Überzeugungen des Lerners übereinstimmt, wie man erfolgreich eine Fremdsprache lernt; wenn er nicht zu den angewendeten Lernstrategien passt; oder wenn er nicht zu seinen Fähigkeiten passt.

In Bezug auf die Optimierung des Lernerfolgs gibt es verschiedene Herangehensweisen, die im Idealfall zusammengeführt werden sollten, und zwar a) die Anpassung des Lernstils eines Individuums an die Lernumwelt und/oder b) die Anpassung der Lernumwelt an den Lernstil eines Individuums. Während die unter a) genannte Art der Anpassung eine Verhaltensmodifizierung auf Lernendenseite und damit die Erhöhung der Lerneraktivität zur Folge hätte, betont der unter b) genannte Ansatz die individuellen Unterschiede und verlangt die Anpassung der Lernumgebung an den Lernenden. Die Lernstilforschung diskutiert diese beiden Möglichkeiten als *Matching* und *Stretching* (u. a. Kinsella 1995; Ehrman 1996; Leaver, Ehrman und Shekhtman 2005). Lernstil-Matching verlangt von den Lehrenden eine Einstellung auf die vorliegenden Präferenzen der Lernenden, indem z. B. Lernaufgaben angepasst oder alternative Aufgabenstellungen angeboten werden. Als notwendige Voraussetzung hierfür gilt, dass sich Lehrende auch über ihren eigenen Lernstil bewusst werden, den sie möglicherweise unbewusst in ihrem Lehrstil präferieren. Außerdem sollen Lehrende Lernende dabei unterstützen, dass sie sich ihres Lernstils (und ihres Lernstrategiengebrauchs) bewusst werden (z. B. im Rahmen von Unterrichtsreflexionen über Lernerfahrungen und Lernweisen, auch über Verfahren der Selbstevaluation). Auf dieser Basis können sie eher erkennen, welche Lernstrategien von ihnen bevorzugt werden und welche − vielleicht zu Unrecht − vernachlässigt werden. Hier beginnt dann das Lernstil-*Stretching*: Lehrende sollen an solchen Reflexionen anknüpfen und Lernende dabei unterstützen, ihren Lernstil etwas flexibler zu gestalten bzw. ihre *Komfortzone* zu dehnen, indem sie andere evtl. verkümmerte Dimensionen erkennen und nutzen. Es gibt aber auch kritische und einschränkende Einschätzungen zu diesen Empfehlungen, die im prinzipiellen Zweifel an der Relevanz von Lernstilen für erfolgreiches Lernen von Fremdsprachen begründet sind (vgl. Dörnyei 2005: 157−159).

Spätestens hier stellt sich die Frage, ob es überhaupt erstrebenswert ist, interindividuelle Unterschiede zu nivellieren bzw. die Individualität von Lernenden gezielt beeinflussen zu wollen. Insbesondere wenn man annimmt, dass der Lernstil ein Bestandteil der Persönlichkeit ist, muss gefragt werden, ob von Seiten eines Lehrenden überhaupt eine Berechtigung besteht, den Lernstil eines Lernenden zu verändern. Solange sich die Manipulation auf der untersten Ebene − nämlich der Strategienebene − bewegt, scheint sie legitim. Daher sollten sich die Handlungen der Lehrenden darauf beschränken, den Lernenden Angebote zu machen; ob diese sie letztendlich nutzen oder nicht, bleibt ihrer eigenen Entscheidung überlassen. Insgesamt betrachtet geben die Forschungsergebnisse Hinweise für die Notwendigkeit der Diagnose von Lernermerkmalen im Fremd- und Zweitsprachenunterricht sowie Hinweise für die Berechtigung unterschiedlicher Sozialformen (Binnendifferenzierung und Individualisierung) und dezidiert lernerorientierter Unterrichtsmethodologien.

6. Literatur in Auswahl

Chapelle, Carol and Cheryl Roberts
  1986 Ambiguity of tolerance and field independence as predictors of proficiency in English as a second language. *Language Learning* 36: 27−45.
Dörnyei, Zoltán
  2005 *The Psychology of the Language Learner. Individual Differences in Second Language Acquisition*. Mahwah, NJ: Erlbaum.
Dörnyei, Zoltán and Peter Skehan
  2003 Individual differences in second language learning. In: Catherine J. Doughty and Michael H. Long (Hg.), *The Handbook of Second Language Acquisition*, 589−630. Malden, MA: Blackwell.
Ehrman, Madeline E.
  1996 *Understanding Second Language Learning Difficulties*. Thousand Oaks: Sage.
Ehrman, Madeline and Betty Lou Leaver
  2003 Cognitive styles in the service of language learning. *System* 31: 393−415.
Ehrman, Madeline and Rebecca Oxford
  1995 Cognition plus: correlates of language learning success. *The Modern Language Journal* 79: 67−89.
Ellis, Rod
  1989 Classroom learning styles and their effect on second language acquisition: A study of two learners. *System* 17: 249−262.
Gardner, Riley W.
  1953 Cognitive style in categorizing behaviour. *Perceptual and Motor Skills* 22: 214−248.
Griffiths, Roger and Ronald Sheen
  1992 Disembedded figures in the landscape: A reappraisal of L2 research on field dependence/ independence. *Applied Linguistics* 13: 133−148.
Grotjahn, Rüdiger
  1998 Lernstile und Lernstrategien: Definition, Identifikation, unterrichtliche Relevanz. *Der fremdsprachliche Unterricht Französisch* 34: 11−16.
Grotjahn, Rüdiger
  2003 Lernstile/Lernertypen. In: Karl-Richard Bausch, Herbert Christ und Hans-Jürgen Krumm (Hg.), *Handbuch Fremdsprachenunterricht*, 326−335. 4., vollständig neu bearbeitete Auflage. Tübingen/Basel: Francke.
Kinsella, Kate
  1995 Understanding and empowering diverse learners in ESL classrooms. In: Joy M. Reid (Hg.), *Learning Styles in the ESL/EFL Classroom*, 170−194. New York etc: Heinle and Heinle.
Knapp-Potthoff, Annelie und Karlfried Knapp
  1982 *Fremdsprachenlernen und -lehren. Eine Einführung in die Didaktik der Fremdsprachen vom Standpunkt der Zweitsprachenerwerbsforschung*. Stuttgart etc.: Kohlhammer.
Kohonen, Viljo
  1990 Towards experiential learning in elementary foreign language education. In: Duda, Richard and Philip Riley (Hg.), *Learning Styles*, 21−42. Nancy: Presses Universitaires.

Krapp, Andreas
  1993   Lernstrategien: Konzepte, Methoden und Befunde. *Unterichtswissenschaft* 4: 291–311.
Leaver, Betty Lou, Madeline Ehrman and Boris Shekhtman
  2005   *Achieving Success in Second Language Acquisition.* Cambridge: Cambridge University Press.
Oxford, Rebecca, Madeline Ehrman and Roberta Lavine
  1991   'Style wars': teacher-student style conflicts in the language classroom. In: Sally Magnan (Hg.), *Challenges in the 1990's for College Foreign Language Programs*, 1–25. Boston: Heinle and Heinle.
Riemer, Claudia
  2009   Training und Stretching im Fremdsprachenunterricht – Fremdsprachenlerneignung, Lernstile und Lernstrategien. *Fremdsprachen Lehren und Lernen* 38: 18–36.
Riley, Philip
  1990   Requirements for the study of intercultural variation in learning styles. In: Duda, Richard and Philip Riley (Hg.), *Learning Styles*, 43–54. Nancy: Presses Universitaires.
Schlak, Tosten
  2008   Fremdsprachenlerneignung: Tabuthema oder Forschungslücke? Zum Zusammenhang von Fremdsprachenlerneignung, Fremdsprachenlernen und Fremdsprachenvermittlung. *Zeitschrift für Fremdsprachenforschung* 19: 3–30.
Würffel, Nicola
  2006   *Strategiengebrauch bei Aufgabenbearbeitungen in internetgestütztem Selbstlernmaterial.* Tübingen: Narr.

Karin Aguado, Kassel (Deutschland)
Claudia Riemer, Bielefeld (Deutschland)

95. Sprachbewusstheit und Sprachlernbewusstheit

1. Vorbemerkungen
2. Begrifflichkeiten
3. Ziele bewusst machender Aktivitäten
4. Förderung von Sprach(lern-)bewusstheit
5. Fazit
6. Literatur in Auswahl

1. Vorbemerkungen

Bewusstmachende Verfahren haben in den Sprachlehrmethoden lange Zeit kaum eine Rolle gespielt, wenngleich sie in der Unterrichtspraxis durchaus zur Anwendung kamen. Seit Mitte der 1990er Jahre hat sich die Situation aufgrund der kognitiven Neuorientierung in der Fremdsprachen- und Muttersprachendidaktik grundlegend verändert. Sprachbewusstsein und Sprachlernbewusstheit sind zu zentralen Konzepten der Sprachenlehre geworden, auf die sich nahezu alle gegenwärtigen didaktischen Veröffentlichungen beziehen. Postuliert wird ein positiver Zusammenhang zwischen der Förderung sprachlichen Bewusstseins und dem Entstehen einer besseren Sprachperformanz, die weit mehr als die Verbesserung der sprachlichen Kompetenz umfasst. Einbezogen werden affektive Aspekte – die Herstellung positiver Einstellung zu Sprachen – sowie soziokulturelle und sprachkritische Komponenten. Diese erweiterte Zielvorstellung bewusstmachenden Lernens entwickelte sich unter dem Einfluss des *Language Awareness*, ein hauptsächlich in Großbritannien seit den 1970er Jahren entwickeltes Didaktikkonzept zur Verbesserung der schlechten Leistungen englischer SchülerInnen im Sprachenunterricht, das sowohl auf den muttersprachlichen als auch den fremdsprachlichen Unterricht ausgerichtet ist. Mit der Betonung der Bedeutung von Prozessen der Sprachbewusstmachung greift das Konzept Aspekte des Lernens auf, die auch in anderen Diskussionszusammenhängen behandelt werden. Dazu gehören insbesondere die Forschungsbereiche Lern(er)strategien (Artikel 93) und subjektive Lerntheorien (Artikel 99) sowie die Frage nach der Rolle des metalinguistischen Bewusstseins bei der multilingualen Sprachbeherrschung (Artikel 91).

Die Ausgestaltung und Positionierung des Konzepts Sprach(lern)bewusstheit ist äußerst vielgestaltig und uneinheitlich. Neben der fehlenden Übereinstimmung in den Begrifflichkeiten – eine verbindliche Definition liegt bisher nicht vor – erschweren unterschiedliche Leistungsbeschreibungen die Entwicklung eines schlüssigen Didaktikkonzepts. Sie behindern zudem die empirische Überprüfung der mit dem Konzept verbundenen Annahmen. Die bisher entwickelten Vorschläge zur Förderung von Sprachbewusstheit und Sprachlernbewusstheit müssen dementsprechend kritisch betrachtet werden.

2. Begrifflichkeiten

An der bereits in früheren Überblicksartikeln zur Sprach(lern)bewusstheit konstatierten terminologischen Unheitlichkeit (u. a. Gnutzmann 2003; Knapp-Potthoff 1997) hat sich bis heute wenig geändert. Ursache hierfür ist die Behandlung des Konzepts in verschiedenen die Erforschung sprachlicher Prozesse behandelnden Disziplinen, die zur Herausbildung konkurrierender oder auch überlappender Termini wie z. B. Sprachreflexion oder Metakognition geführt hat. So wird in der Muttersprachendidaktik Deutsch zumeist für Sprachbewusstheit der Begriff Sprachbewusstsein und in Konkurrenz dazu u. a. Sprachreflexion sowie metasprachliche Kompetenz verwendet (u. a. Neuland 2002), während in der Fremdsprachendidaktik der englische Terminus *language (learning) awareness* der gebräuchlichere geworden ist (u. a. Gnutzmann und Kiffe 2003; Wolff 2006). Parallel dazu wird weiterhin der deutsche Terminus Sprachbewusstheit gebraucht, aber auch Sprachbewusstsein (u. a. Luchtenberg 2006). Wie *awareness* bzw. Bewusstheit zu definieren ist, bleibt nach wie vor umstritten. Hier werden z. T. Ansätze der Zweitsprachenerwerbsforschung und der Sprachlehrforschung hinzugezogen.

2.1. Sprach(lern)bewusstheit als *Language (Learning) Awareness*

Mit dem Begriff *language awareness* werden unterschiedliche Konzeptionen der Förderung von Sprachbewusstmachung erfasst, die als Ergänzung des Fremdsprachenunterrichts dienen sollen. Sie stellen keine Sprachlernmethode dar (Luchtenberg 2006: 370).

Der Terminus konkurriert z. T. noch mit Begriffen wie beispielsweise *knowledge about language*, *metalinguistic awareness*, *linguistic inside*, *metacognition*, hat sich aber grundsätzlich in der internationalen Fachkommunikation durchgesetzt (Gnutzmann und Kiffe 2003: 319). Als eine der ersten umfassendsten Publikationen zum *Language-Awareness*-Konzept gilt die 1984 erschienene Monographie *Awareness of Language* von Eric Hawkins, die die Funktion der Überbrückung zwischen den Sprachen und Schulfächern bzw. −formen in den Vordergrund stellt: „It seeks to bridge the difficult transition from primary to secondary school language work, and especially to the start of foreign language studies and the explosion of concepts and language introduced by the specialist secondary school subjects. It also bridges the ‚space between' the different aspects of language education (English / foreign language / ethnic minority mother tongues / English as a second language / Latin) which at present are pursued in isolation with no meeting place for the different teachers, no common vocabulary for discussing language" (Hawkins 1984: 4).

Dieses insbesondere in der britischen Sprachendidaktik aufgegriffene Konzept wurde später sowohl hinsichtlich des Adressatenkreises als auch der Inhalte und Zielsetzungen erweitert, und zwar verstärkt in Richtung Fremdsprachenlernen, so dass sich seitdem der Fokus auf die LernerInnen und ihre Lernprozesse richtet. *Language learning awareness*, der bewussten Reflexion über die eigenen Sprachlernprozesse, wird hierbei ein hoher Stellenwert eingeräumt (u. a. Rüschoff und Wolff 1999). Die 1992 gegründete Gesellschaft für *Language Awareness* (*Association for Language Awareness*) greift in ihrer Definition diese Aspekte auf: „Language awareness can be defined as explicit knowledge about language, and conscious perception and sensitivity in language learning, language teaching and language use" (ALA 2009). In den Publikationen der ALA spiegelt sich das breite Themenspektrum wider, das inzwischen von *Language Awareness* abgedeckt wird. So sind z. B. die Rolle der Entwicklung phonologischer Bewusstheit beim Fremdsprachenerwerb (Chien, Kao und Wei 2008) oder die Förderungsmöglichkeit pragmatischer Bewusstheit Untersuchungsgegenstand (Byon 2006). Die zusätzliche Erweiterung des ursprünglichen Konzepts um soziokulturelle Komponenten (u. a. Gnutzmann 1995) sowie um sprachkritische Komponenten, die insbesondere auf den Einfluss des *Critical Language Awareness* (Fairclough 1992) zurückgehen, wird in der dem Sammelband von van Lier (1995: xi) zugrundegelegten Definition berücksichtigt: „Language awareness can be defined as an understanding of the human faculty of language and its role in thinking, learning and social life. It includes an awareness of power and control through language, and of the intricate relationships between language and culture".

Die in den letzten Jahren erfolgte erweiterte Gegenstandsbestimmung von Sprachbewusstheit als *Language Awareness* rückt das Konzept in die Nähe von interkulturellem Lernen und Ansätzen der Mehrsprachigkeitserziehung, gilt aber insbesondere im Verhältnis zu letzterem als das weiterreichende Konzept (Luchtenberg 2006: 370). In welchem Verhältnis es zur sog. Bewusstmachung, dem Einsatz kognitiver Lehrverfahren zur Förderung der lernersprachlichen Entwicklung steht (u. a. Tönshoff 1992), wird in der Forschung unterschiedlich beantwortet. So sieht z. B. Wolff (2003, 2006) die Entwicklung von Bewusstheit für sprachliche Muster und Regularitäten als Teil des *Language-Awareness*-Konzepts, während andere AutorInnen (u. a. Gnutzmann und Kiffe 1995) deren konzeptionelle Abgrenzung betonen. Ausgehend von aktuellen kognitivistischen Zweitsprachenerwerbstheorien, die die bewusste Wahrnehmung des Inputs als wesentlich für den Aufbau der Fremdsprachenkompetenz bestimmen, differenziert Sharwood Smith

(1997: 31) folgendermaßen: „[...] Language Awareness is about raising awareness of grammar already possessed, and Consciousness-Raising is about raising awareness of grammar yet to be acquired."

2.2. Bewusstheit

Wie sich Bewusstheit bzw. *awareness* in Bezug auf Sprache und Sprachenlernen bestimmen lässt, wird sowohl in der Fremdsprachendidaktik als auch in der Sprachlehrforschung bisher nicht zufriedenstellend beantwortet. Knapp-Potthoff (1997: 11) fasst die Forschungslage folgendermaßen zusammen: „Konsens besteht wohl darüber, dass mit ,Bewusstheit' eine Reflexionsebene bzw. eine Ebene der mentalen Verarbeitung angesprochen ist, die über rein mechanisches ,Verhalten' und die bloße ,Verwendung' von Sprache als Instrument hinausgeht. Jenseits dieses Konsenses ist so ziemlich alles unklar". Die unterschiedlichen Definitionen greifen Vorstellungen der kognitivistisch ausgerichteten Zweitsprachenerwerbsforschung zum Themenkomplex explizites vs. impizites Lernen sowie Begriffsbestimmungen der kognitiven Psychologie auf.

Bewusstheit beim Sprachenlernen wird insbesondere im Kontext des fremdsprachlichen Grammatikerwerbs unter Rückgriff auf eine von Richard Schmidt (u. a. 1990) vorgeschlagen Differenzierung von *consciousness* definiert (u. a. Portmann-Tselikas 2001). Demnach sind vier verschiedene Bedeutungen von Bewusstheit zu unterscheiden: 1. als intentionales Handeln, das, im Gegensatz zu unabsichtlich durchgeführten Tätigkeiten, einem Handlungsplan folgt, um ein bestimmtes Ziel zu erreichen; 2. als Aufmerksamkeit, die durch auffällige Stimuli von selbst entsteht oder von Lernenden gelenkt werden kann und so die Wahrnehmung steuert; 3. als kontrollierter Prozess der Sprachproduktion und -rezeption, der im Unterschied zu automatisch ablaufenden Prozessen Aufmerksamkeit in Anspruch nimmt; 4. als explizites Wissen, das Lernende, anders als implizites Wissen, abrufen und verbalisieren können. Insbesondere die Trennung von bewussten vs. unbewussten Lernprozessen bzw. explizitem vs. implizitem Wissen und ihre Rollen beim Fremdsprachenlernen werden sowohl in der Zweitsprachenerwerbsforschung als auch in der Sprachlehrforschung kontrovers diskutiert (siehe hierzu Artikel 89).

Alle vier Begriffsbestimmungen von Bewusstheit lassen sich in *Language-Awareness*-Konzeptionen finden, wobei die Bestimmung als explizites Wissen über Sprache und Sprachenlernen besonders verbreitet ist. So versteht beispielsweise Edmondson (1997: 93) Sprachlernbewusstheit als „Kenntnisse über das Fremdsprachenlernen allgemein und/oder über das eigene Fremdsprachenlernen, die u. a. aus Erfahrungen und Introspektion gewonnen werden, die nach Auffassung des Subjekts Einfluss auf das Fremdsprachenlernen hatten, haben oder haben können und bei Bedarf artikuliert werden können". Die Zugrundelegung der Definition birgt die Gefahr in sich, unter *Language Awareness* jegliches Wissen über Sprache zu verstehen und damit mit der Sprachwissenschaft gleichzusetzen (siehe hierzu die Diskussion bei Knapp-Potthoff 1997: 11−14). Eine auf Ansätze der kognitiven Psychologie basierende Auffassung von Bewusstheit als *awareness* findet sich bei van Lier (1995), der zwischen *subsidary* oder *peripheral awareness* und *focal awareness* unterscheidet. Demnach sind sich kompetente SprachbenutzerInnen der Sprache nur subsidär, sozusagen unterschwellig bewusst, sind aber jederzeit in der Lage, sich bestimmte Bereiche ins fokale Bewusstsein zu rufen. Die Förderung von Sprachbewusstheit ist nach dieser Auffassung mit der Verschiebung von der subsidiären zur fokalen Aufmerksamkeit verbunden (Wolff 2002: 34−38).

3. Ziele bewusst machender Aktivitäten

Die von unterschiedlichen *Language-Awareness*-Konzeptionen entwickelten Vorschläge zur Förderung von Sprachbewusstheit und Sprachlernbewusstheit haben die allgemeine Zielsetzung, Spracherwerb durch Nachdenken und Sprechen über Sprache zu unterstützen. Dies bezieht sich sowohl auf das Sprachenlernen im erstsprachlichen Bereich als auch auf den Fremdsprachenunterricht, wobei *Language Awareness* Verbindungen zwischen den Sprachen, den Fächern und auch den Schulstufen und -formen ermöglichen will. Um die Zielsetzungen bewusstmachender Aktivitäten genauer zu erfassen, muss gefragt werden, auf welche sprachlichen Bereiche sich die Bewusstheit bezieht, d. h. „Bewusstheit wovon?" (Knapp-Potthoff 1997: 13). Dazu zählen beispielsweise die Bewusstheit von Sprachstrukturen oder Sprachlernprozessen. In der Formulierung dieser Ziele ist implizit die Behauptung enthalten, dass bewusstmachende Aktivitäten positive Auswirkungen auf Sprachenlernen haben. Die empirische Überprüfung der postulierten Nützlichkeit fand bisher aber kaum statt. Es werden zumeist Ergebnisse aus der Bilingualismus-Forschung angeführt, die einen hohen Grad an Sprachbewusstheit bei bilingual aufgewachsenen Kindern belegen (u. a. Wolff 1993), wobei aber auch hier unklar ist, ob diese den Erwerb überhaupt beeinflussen.

3.1. Bereiche von Sprachbewusstheit

In der Forschungsliteratur wird zumeist die Differenzierung von James und Garrett (1991) aufgegriffen, die fünf Bereiche, sog. Domänen, von Sprachbewusstheit unterscheiden: die affektive, die soziale, die sprachkritische, die kognitive und die performative (siehe hierzu auch Wolff 2003: 33–34). Die affektive Domäne bezieht sich auf die Herausbildung von Haltungen, Aufmerksamkeit und ästhetischem Einfühlungsvermögen. Bei den Lernenden soll Neugierde auf Sprache(n) geweckt oder erhalten werden, verbunden mit Freude am Umgehen mit Sprachen. Bei der sozialen Domäne stehen neben der Einsicht in Sprachhandlungen in soziokulturellen Kontexten das Verständnis für andere Sprachen und Toleranz für Minderheiten und ihre Sprachen im Vordergrund. Die Akzeptanz sprachlicher Varietäten sowie die Offenheit für kulturelle Vielfältigkeit soll gefördert werden. Die Domäne der Macht beinhaltet die sprachkritische Auseinandersetzung mit Sprachgebrauchsphänomenen. So sollen Lernende etwa Sprachmanipulation und -missbrauch im öffentlichen Sprachgebrauch durchschauen können. Die kognitive Domäne bezieht sich auf die Entwicklung von Einheiten, Kategorien, Mustern und Regeln. Deren Bewusstmachung dient der lernersprachlichen Entwicklung, und zwar speziell dem Aufbau der Grammatik, aber auch dem des Wortschatzes. Bei der Domäne der Performanz geht es um die Herausbildung von Bewusstheit für die bei der Sprachproduktion und der Sprachrezeption ablaufenden Verarbeitungsprozesse wie beispielweise beim Lesen sowie um die Einsicht in (Sprach)Lernprozesse. Wichtig ist in diesem Zusammenhang die Herausbildung von Sprachlernbewusstheit.

Geht man von davon aus, dass Bewusstheit für jegliche Art von Sprachwissen entwickelt werden soll, kommen theoretisch alle Teilbereiche der Linguistik in Betracht. Knapp-Potthoff (1997: 13–14) stellt auf diesem Hintergrund eine Liste von Bewusstseinsarten vor, die nahezu beliebig verlängerbar ist. Ausgehend von aktuellen Definitionen der *Language-Awareness*-Konzeptionen, sind für FremdsprachenlernerInnen folgende Arten von Bewusstheit relevant: *language awareness* als Sprachvariationsbewusstheit (im soziolinguistischen Sinn), als Sprachverwendungsbewusstheit (im pragmatischen Sinn) sowie als Kommunikationsbewusstheit, die in interkulturelle Kommunikationsbewusstheit und Lernersprachenkommunikation differenzierbar ist. In der DaF-Didaktik spielen diese allerdings bisher, ebenso wie die affektive Domäne und die Domäne der Macht, kaum eine Rolle. Der Schwerpunkt lag von Anfang an auf der kognitiven Domäne, und zwar auf der Grammatikvermittlung. So wird seit einigen Jahren das bewusste Wahrnehmen formaler Aspekte des Inputs als wesentlich für den Aufbau einer lernersprachlichen Grammatik gesehen (u. a. Tönshoff 1992). Auch die Domäne der Performanz hat bereits seit längerem einen hohen Stellenwert: zum einen für die Herausbildung von Schreib- und Lesetechniken, zum andern für die Entwicklung von allgemeinen (Sprach)Lernstrategien. Die soziale Domäne hat in den letzten Jahren nicht zuletzt aufgrund des Begegnungssprachenkonzepts an Bedeutung gewonnen (Wolff 2002: 33).

3.2. Zur empirischen Überprüfbarkeit

Inwieweit bewusstmachende Aktivitäten in den unterschiedlichen Bereichen von Sprachbewusstheit den fremdsprachlichen Erwerb unterstützen können, ist nach wie vor kaum empirisch untersucht. Ergebnisse liegen bisher hauptsächlich für die kognitive und die performative Domäne vor. Aber selbst hier sind zumindest in dem erstgenannten Bereich die Belege eher dürftig. So wird zwar davon ausgegangen, dass sprachbezogene Kognitivierungsmaßnahmen, die auf eine Aufmerksamkeitsfokussierung abzielen, die Wahrscheinlichkeit der lernerseitigen Verarbeitung sprachlicher Strukturen und Einheiten erhöhen, gleichzeitig aber auf die Abhängigkeit von unterschiedliche Einflussfaktoren wie beispielsweise Lernstil und Lerntyp hingewiesen (siehe hierzu den Überblick bei Grotjahn 2000). Die hohe Komplexität der bei der Inputverarbeitung ablaufenden Prozesse erschwert zudem den Nachweis über die Wirksamkeit bewusstmachender Aktivitäten. Der Bereich der Performanz, insbesondere bezogen auf die Bewusstmachung von Sprachlernprozessen, weist eine bessere Forschungsbilanz auf. Im Zusammenhang mit der Vermittlung von Lernstrategien und Lerntechniken gilt die Wirksamkeit kognitivierender Maßnahmen als erwiesen (siehe hierzu Artikel 93). In allen anderen Bereichen fehlen Untersuchungsergebnisse.

In der Fremdsprachendidaktik wurden bisher kaum Vorschläge zur empirischen Untersuchung von Sprachbewusstheit entwickelt, was nicht zuletzt auf die Unheitlichkeit der Konzepte und Begrifflichkeiten zurückgeht. Knapp-Potthoff (1997) schlägt einen empirischen Zugang über das Konzept subjektive Lerntheorien vor (siehe hierzu Artikel 99), wobei sie Sprachbewusstheit bzw. *language awareness* „als die Bereitschaft und Fähigkeit zur Bildung adäquater expliziter oder durch ihren ‚Besitzer‘ explizierbarer subjektiver Lernertheorien über Sprache und Sprachlernen" bestimmt (Knapp-Potthoff 1997: 19). Als Methoden eignen sich ihres Erachtens vor allem die Analyse spontaner Meta-Äußerungen über Sprache und Sprachenlernen sowie introspektive Erhebungsvorschläge. Aus der Sicht der Muttersprachendidaktik Deutsch plädiert Neuland (2002: 5–8), die Sprachbewusstsein (bzw. Sprachbewusstheit) als ein noch ungeklärtes Konzept betrachtet, für folgendes Methodenspektrum: die aus der Denkpsychologie übernommene Methoden Lautes Denken, Kenntnis- und Wissenstests, Befragungen zu Meinungen und

Einstellungen zu sprachlichem Wissen, Analysen spontaner oder induzierter sprachthematischer Äußerungen linguistischer Laien und sprachreflektierender Gesprächssequenzen sowie die Analyse unterrichtlicher Kommunikationsprozesse. Ob diese Methoden sich gleichermaßen für die Erforschung von Sprachbewusstheit beim Fremdsprachenlernen eignen, ist noch zu klären.

4. Förderung von Sprach(lern)bewusstheit

Ungeachtet der offenen Forschungsfragen und der fehlenden empirischen Belege zur Nützlichkeit von bewusstmachenden Aktivitäten für den Spracherwerb, sind inzwischen eine größere Zahl von Vorschlägen für die methodische Umsetzung im Fremdsprachenunterricht entwickelt worden (siehe hierzu insbesondere die Überblicke bei Luchtenberg 2006 und Wolff 2002). Sie reichen von Kursen, in denen Sprachbewusstheit thematisiert und vermittelt wird, über Übungen, die Bewusstheit für bestimmte sprachliche Phänomene erzeugen sollen (sog. *awareness raising activities*) bis hin zu freien Aktivitäten, in welchen die Lernenden durch Erforschen der fremden Sprache Bewusstheit entwickeln sollen. Für erwachsenen LernerInnen wird häufig auch das Vermitteln expliziter sprachwissenschaftlicher Inhalte empfohlen, wobei den Lehrenden die Aufgabe zukommt, diese dann in vereinfachter Form für den Unterricht aufzubereiten (u. a. Andrews 1997). Viele AutorInnen betonen die Einbettung der Förderung von Sprachbewusstheit in einen autonomen Lernkontext (u. a. Wolff 2002), der den Lernenden über individuelle Sprachreflexion einen Aufbau von Sprachbewusstheit ermöglicht.

Die Vermittlung von Wissen über Sprache wird in der Didaktikdiskussion zumeist als problematisch angesehen, während *awareness raising activities* eher positiv eingeschätzt werden. Diese Art von bewusstmachenden Aktivitäten sind, wie auch die Bewusstmachung von Sprachlernprozessen, in der Fremdsprachendidaktik schon länger etabliert: zum einen in der Grammatikvermittlung, insbesondere als sprachformbezogene Übungen unter dem Aspekt der Aufmerksamkeitsfokussierung (u. a. Portmann-Tselikas 2001), zum andern in der Schreib- und Leseförderung, in der Strategien, verbunden mit einer Reflexion über deren Einsatz, eine wichtige Rolle spielen. Eine methodische Neu- bzw. Umorientierung wurde im Rahmen der aktuellen *Language-Awareness*-Debatte hauptsächlich durch die Betonung des Sprachvergleichs vorgenommen.

Der Vergleich von Erst- und Zielsprache und auch bereits erworbenen Fremdsprachen spielt in *Language-Awareness*-Konzeptionen eine wichtige Rolle (siehe hierzu insbesondere Luchtenberg 2006). Das bewusste Reflektieren über die neue Sprache soll durch die Kontrastierung mit der Muttersprache erfolgen, der ein besonderer Stellenwert zugeschrieben wird. Lernende müssten bereits im Anfängerunterricht zu Sprachvergleichen angeregt werden. Dass die sprachreflektierenden Überlegungen dann in der Muttersprache stattfinden, wird hierbei nicht als notwendiges Übel angesehen, sondern als Möglichkeit, deren Stellenwert zu relativieren und die neu zu lernende Sprache als gleichwertig zu betrachten. Die Lernenden können durch den Vergleich der Sprachen zu einer Mehrperspektivität geführt werden, da ihnen auf diese Weise bewusst gemacht wird, dass es mehrere Möglichkeiten gibt, beispielsweise Aufforderungen zu formulieren oder Tempus auszudrücken. Sind sie weiter fortgeschritten, sollen mit Unterstützung der Lehrkräfte die sprachlichen und auch die kulturellen Besonderheiten der Fremdsprache erkannt werden, was dann, so die Annahme, zur Entwicklung von Verständnis und Toleranz führt. Das weitgesteckte Ziel ist letztendlich die Ausbildung einer sprachlichen Sensibilisierung, die alle sprachlichen Varietäten und auch Minderheitensprachen einbezieht. Um die durch Sprachvergleich geförderte Bewusstheit noch zu intensivieren, werden zusätzlich Übersetzungstätigkeiten empfohlen. Die sich dadurch häufig ergebenden Probleme soll die Aufmerksamkeit für alle sprachlichen Phänomene einschließlich Sprachmanipulation erhöhen. Zwar wird betont, dass Übersetzungen allein der Förderung von Sprachbewusstsein dienen und nicht die Rückkehr zur Grammatik-Übersetzungsmethode bedeutet (Luchtenberg 2006: 372), aber es ist fraglich, ob dies bei der Umsetzung in der konkreten Unterrichtspraxis immer einzuhalten ist.

5. Fazit

Die Begriffe Sprachbewusstheit und Sprachlernbewusstheit sind zwar längst in der Fremdsprachendidaktik etabliert, doch ihr theoretischer Status ist nach wie vor ungeklärt. Dies hat sich durch die zunehmend an Einfluss gewinnenden *Language-Awareness*-Konzeptionen noch verstärkt. Es wird sichtbar in den unterschiedlichen Termini, die häufig unreflektiert synonym verwendet werden. Neben der defizitären Begriffsklärung, verbunden mit einem Mangel an Theoriebildung, ist ein erhebliches Defizit in der empirischen Forschung festzustellen, das u. a. auf die fehlenden theoretischen Grundlagen zurückzuführen ist. Ob in naher Zukunft die für die didaktische Anwendung wichtige Systematisierung und Evaluierung bewusstmachender Verfahren durchgeführt werden kann, bleibt abzuwarten.

6. Literatur in Auswahl

Andrews, Louis
    1997   *Language Exploration and Awareness: A Resource Book for Teachers.* Mahwah, N.J.: Erlbaum.
Association for Language Awareness (ALA)
    2009   *http://www.lexically.net/ala/la_defined.htm* (Abrufdatum: 02. 01. 2009).
Byon, Andrew Sangpil
    2006   Developing KFL students' pragmatic awareness of Korean speech acts: The use of discourse completion tasks. *Language Awareness* 15(4): 244−263.
Chien, Li-hua Kao Ching-ning und Li Wei
    2008   The role of phonological awareness development in young Chinese EFL learners. *Language Awareness* 17(4): 271−288.
Edmondson, Willis J.
    1997   Sprachlernbewusstheit und Motivation beim Fremdsprachenlernen. *Fremdsprache Lehren und Lernen* 26: 88−110.
Fairclough, Norman
    1992   *Critical Language Awareness.* London: Longman.
Gnutzmann, Claus
    1995   From 'language awareness' to 'cultural awareness'? *Toegepaste taalwetenschap in artikelen* 51: 49−64.
Gnutzmann, Claus

2003   Language Awareness, Sprachbewusstheit, Sprachbewusstsein. In: Karl-Richard Bausch,
          Herbert Christ, Hans-Jürgen Krumm (Hg.), *Handbuch Fremdsprachenunterricht*, 335−339.
          4. Aufl. Tübingen: Francke.

Gnutzmann, Claus und Marion Kiffe
1998   Language Awareness und Bewusstmachung auf der Sekundarstufe II. In: Johannes-Peter
          Timm (Hg.), *Englisch lernen und lehren: Didaktik des Englischunterrichts*, 319−327. Ber-
          lin: Cornelsen.

Grotjahn, Rüdiger
2000   Sprachbezogene Kognitivierung − Lernhilfe oder Zeitverschwendung? In: Henning Dü-
          well, Claus Gnutzmann und Frank G. Königs (Hg.), *Dimensionen der Didaktischen Gram-
          matik. Festschrift für Günther Zimmermann zum 65. Geburtstag,* 83−106. Bochum: AKS.

Hawkins, Eric
1984   *Awareness of Language. An Introduction.* Cambridge: Cambridge University Press.

James, Carl und Peter Garrett (Hg.)
1991   *Language Awareness in the Classroom.* Harlow Essex: Longman.

Knapp-Potthoff, Annelie
1997   Sprach(lern)bewußtheit im Kontext. *Fremdsprache Lehren und Lernen* 26: 9−23.

Luchtenberg, Sigrid
1995   „Language Awareness"-Konzeptionen: Ein Weg zur Aktualisierung des Lernbereichs ‚Re-
          flexion über Sprache'? *Der Deutschunterricht* 4: 93−108.

Luchtenberg, Sigrid
2001   Grammatik in „Language Awareness"-Konzeptionen. In: Paul R. Portmann-Tselikas und
          Sabine Schmölzer-Eibinger (Hg.), *Grammatik und Sprachaufmerksamkeit*, 87−115. Inns-
          bruck: Studienverlag.

Luchtenberg, Sigrid
2006   Language Awareness. In: Udo Jung (Hg.), *Praktische Handreichung für Fremdsprachenleh-
          rer*, 370−374. 3. Aufl. Frankfurt a. M.: Lang.

Neuland, Eva
2002   Sprachbewusstsein − eine zentrale Kategorie für den Sprachenunterricht. *Der Deutschun-
          terricht* 3: 4−10.

Rüschoff, Bernd und Dieter Wolff
1999   *Fremdsprachenlernen in der Wissensgesellschaft.* München: Hueber.

Schmidt, Richard
1990   The role of consciousness in second language learning. *Applied Linguistics* 11: 129−158.

Sharwood Smith, Michael
1997   'Consciousness-raising' meets 'Language Awareness'. *Fremdsprache Lehren und Lernen* 26:
          24−32.

Tönshoff, Wolfgang
1992   *Kognitivierende Verfahren im Fremdsprachenunterricht: Formen und Funktion.* Hamburg:
          Kovac.

Van Lier, Leo
1995   *Introducing language awareness.* London: Penguin.

Wolff, Dieter
1993   Sprachbewusstheit und die Begegnung mit Sprachen. *Die neueren Sprachen* 92: 510−531.

Wolff, Dieter
2002   Sprachbewusstheit im Fremdsprachenunterricht. *Der Deutschunterricht* 3: 31−38.

Wolff, Dieter
2006   Mehrsprachigkeit, Spracherwerb und Sprachbewusstheit. In: Eva Neuland (Hg.), *Variation
          im heutigen Deutsch: Perspektiven für den Sprachunterricht*, 51−66. Frankfurt a. M.: Lang.

Claudia Schmidt, Freiburg (Deutschland)

96. Alter

1. Einleitung

Die Erforschung des Zusammenhangs zwischen Alter und Spracherwerb und insb. der sog. *Critical Period Hypothesis* hat sich als wichtiges Arbeitsgebiet in der internationalen Spracherwerbsforschung sowie u. a. auch in den Neurowissenschaften fest etabliert. Vom *Science Magazine* wurde dieser Themenbereich 2005 in dessen 125-jährigen Jubiläumsausgabe sogar zu den 125 großen Fragen der Wissenschaft für das nächste Vierteljahrhundert gezählt (http://www.sciencemag.org/sciext/125th/). Auch Dimroth und Haberzettl (2008: 227) stellen fest: „Der Einfluss des Alters auf das menschliche Spracherwerbsvermögen ist eines der spannendsten, aber auch umstrittensten Themen der Spracherwerbsforschung."

Der folgende Beitrag gibt einen Überblick über die zentralen Fragestellungen und Ergebnisse des Forschungsgebiets aus Sicht der Fremdsprachenforschung. Dabei wird insb. auf neuere Entwicklungen eingegangen (Stand Mitte 2008). Gerontologische Aspekte und speziell die Frage des Fremdsprachenlernens im höheren Erwachsenenalter werden aus Platzgründen ausgeklammert (vgl. hierzu Berndt 2003; Schrauf 2008). Im Zentrum des Beitrags steht die Frage, welche Unterschiede und Gemeinsamkeiten Lernende verschiedener Altersstufen beim Zweitsprachenerwerb bzw. Fremdsprachenlernen aufweisen. Dabei werden u. a. Kinder und Erwachsene, Schüler verschiedener Jahrgangsstufen untereinander sowie Erwachsene im höheren Alter mit jüngeren Erwachsenen verglichen.

Antworten werden u. a. auf die folgenden Fragen gesucht:

1. Gibt es altersbedingte Unterschiede in der *Schnelligkeit*, mit der eine *Zweitsprache* und/oder eine *Fremdsprache* erworben werden?
2. Unterscheiden sich Lernende verschiedener Altersstufen in den *Prozessen*, mit denen sie eine *Zweitsprache* und/oder eine *Fremdsprache* erwerben bzw. verarbeiten?
3. Welches Kompetenzprofil können Erwachsene beim Erwerb einer *Zweitsprache* und/oder beim Lernen einer *Fremdsprache* erreichen?
4. Welche spezifische Verlaufsform hat die (mathematische) Funktion, die Erwerbsalter und erreichten Erwerbsstand in Beziehung setzt, und welche Aussagen erlaubt diese Altersfunktion hinsichtlich der *Critical Period Hypothesis*, d. h. der Hypothese einer oder mehrerer kritischer Phasen beim Spracherwerb?
5. Wie lassen sich die ermittelten Altersunterschiede theoretisch erklären?
6. Was bedeuten die Altersunterschiede für die Vermittlung von Fremdsprachen?

2. Grundkonzepte

Um die Forschung zum Faktor Alter überhaupt einordnen und bewerten zu können, ist eine Präzisierung verschiedener Grundkonzepte notwendig. Insbesondere ist zu klären, auf welche Altersstufen sich die verschiedenen Studien beziehen. Globale Angaben wie „Kinder" oder „Erwachsene" sind viel zu ungenau. Weiterhin ist zu präzisieren, ob sich die jeweilige Untersuchung mit dem erreichten bzw. erreichbaren Sprachstand, mit der Schnelligkeit des Erwerbs oder mit den Lern- und Verarbeitungsprozessen beschäftigt, und ob jeweils die Kompetenz oder die Performanz gemeint ist. Außerdem ist von großer Bedeutung, ob Lernen unter unterrichtlichen oder außerunterrichtlichen Bedingungen stattfindet und wie intensiv und langfristig der jeweilige Sprachkontakt ist.

Im Zentrum der aktuellen Forschung steht die Hypothese der Existenz und Beschaffenheit einer *kritischen Phase* für den Erwerb von Sprachen, im Folgenden in Anlehnung an die englischsprachige Literatur als *Critical Period Hypothesis (= CPH)* bezeichnet (vgl. als Überblick z. B. Birdsong und Paik 2008; DeKeyser und Larson-Hall 2005; Grotjahn 2005; Hyltenstam und Abrahamsson 2003; Long 2007; Schlak 2003; Singleton 2005; Singleton und Ryan 2004). Gewöhnlich spricht man von einer kritischen Phase, wenn bestimmte Eigenschaften, Fähigkeiten und Verhaltensweisen nur in einem biologisch begründeten Zeitfenster erworben werden können. Die Herausbildung der Sehfähigkeit bei Katzen ist hierfür typisch: Katzen bleiben blind, wenn sie in ihren ersten Lebensmonaten keinen Zugang zu visuellen Informationen erhalten.

Von Vertretern einer kritischen Phase wird bezüglich des Erst- und z. T. des Zweitsprachenerwerbs häufig angenommen, dass sie ungefähr mit dem Beginn der Pubertät endet. Bestimmte Autoren sind hingegen der Auffassung, dass sie bereits mit dem 5.–6. oder sogar dem 3. Lebensjahr abgeschlossen ist oder bis über das 20. Lebensjahr hinausreicht (vgl. Birdsong und Paik 2008). Andere gehen davon aus, dass unterschiedliche *kritische Phasen* für verschiedene Sprachbereiche anzunehmen sind. Singleton (2005) hat die in der Literatur vertretenen Positionen und Altersangaben vergleichend aufgeführt.

Weiterhin ist von Relevanz, ob die Autoren die *CPH* nur auf den Erstsprachenerwerb sowie den *ungesteuerten* Zweitsprachenerwerb mit hoher Kontaktdauer und -intensität beziehen und ob sie das unterrichtliche Lernen aus dem Geltungsbereich der Hypothese ausschließen. Allerdings lassen sich die unterschiedlichen Erwerbskontexte zunehmend nicht mehr deutlich voneinander trennen.

Neben dem Terminus kritische Phase finden sich auch die Termini *sensible Phase* und *optimale Phase* (vgl. hierzu Grotjahn 2003; Hyltenstam und Abrahamsson 2003; Schlak 2003). Die Verwendung der Termini in der Literatur ist sehr verschieden und teilweise diffus. Oft wird sensible Phase benutzt, um zu verdeutlichen, dass ein spezifisches Zeitfenster allmählich endet. Der Terminus optimale Phase bezeichnet demgegenüber im Regelfall Phasen, die für den Spracherwerb besonders günstig sind. Hyltenstam und Abrahamsson (2003) verbinden darüber hinaus den Terminus *maturational period* mit dem Versuch, das komplexe Zusammenspiel von biologischen Reifungseinflüssen einerseits und sozialen sowie psychologischen Faktoren andererseits auf Grundlage des aktuellen empirischen und theoretischen Forschungsstandes zu erklären. Sie vertreten dabei u. a. die extreme Position, dass ein vollständiger Zweitsprachenerwerb nur dann möglich ist, wenn er kurz nach der Geburt beginnt. Unterschiedliche Möglichkeiten der geometrischen Veranschaulichung altersspezifischer Erwerbsverläufe werden u. a. von Birdsong (2005, 2006a) und Hyltenstam und Abrahamsson (2003) diskutiert. Uneinigkeit herrscht

darüber, wie die geometrischen und temporalen Eigenschaften der postulierten Altersfunktion im Hinblick auf die *CPH* zu interpretieren ist und welche spezifischen Eigenschaften für und gegen die *CPH* sprechen. Umstritten ist zudem sogar, ob die kritische
Phase ein adäquates Explanans für Beginn und/oder Ende von Alterseffekten ist (Birdsong 2006a; Birdsong und Paik 2008).

3. Forschungsergebnisse

Die Interpretation des aktuellen Forschungsstandes erschweren auch zahlreiche forschungsmethodische Probleme (vgl. u. a. Birdsong 2005; DeKeyser und Larson-Hall
2005; Grotjahn 2005; Hyltenstam und Abrahamsson 2003; Long 2005, 2007; Molnár und
Schlak 2005). Folgende empirisch unterschiedlich gut abgesicherte Forschungsergebnisse
lassen sich dennoch tentativ festhalten:

3.1. Spracherwerb im Kindesalter

Der Spracherwerb im Kindesalter ist viel langsamer und mühevoller als oft behauptet
wird (vgl. Cummins 2008; Grotjahn 2003; Schlak 2006; Singleton und Ryan 2004). Dies
gilt für den Erstsprachenerwerb ebenso wie für den Zweitsprachenerwerb.

Gegen die Annahme, dass früher Zweitsprachenerwerb, der zeitnah zum Erstsprachenerwerb stattfindet, stets besonders schnell verläuft, spricht u. a. die Studie von Dimroth und Haberzettl (2008). Die Autorinnen zeigen anhand eines Vergleichs von vier L1-
und drei L2-Lernenden, dass die L1-Lernenden (Alter: 1;5−2;4) das Präsensparadigma
regelmäßiger deutscher Vollverben langsamer erwerben als die L2-Lerner (Alter: 7;8−
8;10).

Mit besonderen Anstrengungen ist der Erwerb der so genannten *Cognitive Academic
Language Proficiency* verbunden, d. h. der bildungssprachlichen Kompetenzen. Die *Basic
Interpersonal Communicative Skills*, d. h. die alltagssprachlichen Kompetenzen, werden
dagegen müheloser und schneller erworben. Im kanadischen Kontext benötigen neu zugewanderte Kinder ca. 5−7 Jahre, um das Niveau ihrer Mitschüler im Bereich der *Cognitive Academic Language Proficiency* zu erreichen. Dieses Ergebnis wurde in zahlreichen
internationalen Studien bestätigt (vgl. Cummins 2008).

3.2. Lerngeschwindigkeit unter unterrichtlichen und ungesteuerten
Bedingungen

Unter unterrichtlichen Bedingungen lernen ältere Schüler Fremdsprachen gewöhnlich
schneller als jüngere Schüler. Dies trifft mit Einschränkungen sogar auf die Aussprache
zu. Zumindest bis ins jüngere Erwachsenenalter gilt für den Fremdsprachenunterricht
tendenziell: je älter, desto schneller (vgl. García Mayo und García Lecumberri 2003;
Muñoz 2006; Schlak 2006; Singleton und Ryan 2004 sowie einschränkend Larson-Hall
2008; Nikolov und Mihaljević Djigunović 2006). Forschungsmethodisch anspruchsvolle
neuere Studien aus Spanien deuten darauf hin, dass Geschwindigkeitsvorteile auch nach

langjährigem Unterricht mit Hunderten von Unterrichtsstunden größtenteils erhalten bleiben. Problematisch ist an diesen Studien jedoch u. a. die Vernachlässigung des potentiellen Einflusses von Faktoren wie Unterrichtsgestaltung sowie sprachliche und didaktische Kompetenz des Lehrpersonals auf die Lerngeschwindigkeit.

Neuere Studien aus Kroatien und Ungarn (zum Überblick vgl. Nikolov und Mihaljević Djigunović 2006) scheinen bestimmte Vorteile jüngerer Schüler zu belegen, berücksichtigen jedoch im Unterschied zu den spanischen Untersuchungen zumeist nicht die Unterschiede in der Kontaktstundenzahl zwischen den Schülergruppen mit und ohne Frühbeginn. Werden die Variablen Kontaktstundenzahl und sozioökonomischer Status in die Untersuchung mit eingeschlossen, übertreffen diese die Bedeutung des Frühbeginns um ein Vielfaches.

Auch im Kontext des *ungesteuerten* Erwerbs sind (jüngere) Erwachsene − zumindest anfänglich − im Vorteil (vgl. DeKeyser und Larson-Hall 2005; Grotjahn 1998, 2005; Singleton und Ryan 2004). Dies gilt allerdings nur sehr eingeschränkt bezüglich Aussprache und Morphosyntax. Erwachsene scheinen im Bereich von Lexik und Pragmatik hingegen auch relativ langfristig im Vorteil (vgl. allerdings die Diskussion in Long 2007).

Die Vorteile älterer Lerner in bestimmten Kontexten und Sprachbereichen lassen sich tendenziell anhand der größeren kognitiven Ressourcen und des größeren Sprach- und Weltwissens erklären (vgl. z. B. DeKeyser und Larson-Hall 2005; Grotjahn 2005 sowie die einschränkenden Hinweise in Hyltenstam und Abrahamsson 2003; Singleton und Ryan 2004).

3.3. Interindividuelle Varianz bei Kindern und Erwachsenen

Erwachsene zeigen in einer Zweit- bzw. Fremdsprache mehr interindividuelle Varianz als Kinder beim Erst- oder Zweitsprachenerwerb. Dies gilt sowohl in Bezug auf die Geschwindigkeit der Aneignung als auch im Hinblick auf den letztendlich erreichten Stand und kann als Beleg für die mit zunehmendem Alter wachsende Bedeutsamkeit von Variablen wie Qualität des Inputs, kognitive Fähigkeiten und Persönlichkeit interpretiert werden (vgl. z. B. Flege und Liu 2001; Hyltenstam und Abrahamsson 2003). Singleton und Ryan (2004) weisen jedoch zu Recht darauf hin, dass die Varianz insb. beim kindlichen Erstsprachenerwerb bis heute stark unterschätzt wird.

3.4. Unterschiedliche Spracherwerbsprozesse bei Kindern und Erwachsenen

Während sich nach Auffassung von Singleton und Ryan (2004) oder Hyltenstam und Abrahamsson (2003) keine grundsätzlichen Unterschiede in den Erwerbsprozessen zwischen Kindern und Erwachsenen nachweisen lassen, findet Dimroth (2007, 2008) wichtige qualitative Unterschiede in den Entwicklungssequenzen und den zugrunde liegenden Prozessen zwischen DaZ-Lernenden auf drei Altersstufen (8 Jahre, 14 Jahre, Erwachsene). Die vorliegende Datenbasis ist jedoch zu schmal für eine generalisierende Interpretation.

3.5. Endstand (*Ultimate Attainment*) bei Kindern und Erwachsenen

Kinder sind hinsichtlich des letztendlich erreichbaren Standes in einer Zweitsprache Erwachsenen in der Regel dann eindeutig überlegen, wenn der Erwerb unter ähnlichen Bedingungen wie bei der Muttersprache erfolgt − also z. B. eine existenzielle Sozialisationsvoraussetzung ist. Dies gilt vor allem für die Aussprache und eingeschränkt auch für andere sprachliche Bereiche. Bei der Aussprache nimmt bereits ab einem Alter von ca. sechs Jahren die Wahrscheinlichkeit deutlich ab, ein muttersprachliches Kompetenzprofil irgendwann einmal zu erreichen (vgl. z. B. Grotjahn 2005; Singleton und Ryan 2004). Zudem gibt es zahlreiche Lernende, die den L2-Erwerb in der frühen Kindheit begonnen haben und trotzdem einen deutlichen Akzent aufweisen und auch im lexikalisch-grammatikalischen Bereich z. T. deutlich von monolingualen Sprechern abweichen (vgl. Flege und Liu 2001; Hyltenstam und Abrahamsson 2003; Singleton und Ryan 2004: 108−109).

3.6. Muttersprachliche Kompetenz aus psycholinguistischer Perspektive

Umstritten ist weiterhin, ob erwachsene Lernende in der Lage sind, ein Niveau in der Zielsprache zu erreichen, das dem vergleichbarer Muttersprachler entspricht. Diese Fragestellung ist allerdings schon an sich problematisch. Späte Bilinguale sind weder sozio-, psycho- noch neurolinguistisch gesehen zwei Monolinguale in einer Person. Muttersprachler sind folglich nur mit Einschränkungen adäquate Referenzpersonen für Untersuchungen zum *ultimate attainment* (vgl. hierzu u. a. Cook 2007; Davies 2003; Grosjean 2008; Grotjahn 2005; Schlak 2003; Singleton und Ryan 2004: 109). Trotzdem sind die bisherigen Untersuchungen fast ausschließlich mit Muttersprachlern als Vergleichsgruppe durchgeführt worden. Für Birdsong (2005: 121) haben entsprechende Studien vor allem folgende Berechtigung: „they constitute a challenge to received views that the upper limits of late SLA are inevitably inferior to those of L1 acquisition".

In einigen dieser Studien zeigen einzelne, häufig besonders vorausgewählte Lernende Leistungen, die mit Muttersprachlern vergleichbar sind (zum Überblick vgl. u. a. Birdsong und Paik 2008; Molnár und Schlak 2005; Singleton und Ryan 2004; für eine detaillierte Kritik vgl. Long 2005, 2007). Deren Anteil liegt nach Birdsong und Paik (2008) bei bis zu 45 % in spezifisch ausgewählten Gruppen und bei ca. 10−15 % ohne Vorauswahl. Untersucht wurden in diesen Studien in erster Linie die Aussprache und die Morphosyntax. Studien, die eine breite Kompetenz fundiert überprüfen, fehlen. Es wird daher von manchen Wissenschaftlern (Hyltenstam und Abrahamsson 2003; Long 2007) angenommen, dass zwar einzelne Teilkompetenzen der Sprache auf muttersprachlichem Niveau erworben werden können, aber kein umfassendes muttersprachliches Niveau erreicht werden kann. Ob dies wirklich zutrifft, stellt u. E. indes eine weiterhin offene empirische Frage dar. Kritisiert wird zu Recht vor allem die zu geringe Schwierigkeit der verwendeten Messinstrumente (vgl. Hyltenstam und Abrahamsson 2003; Long 2005, 2007). Zudem wird gefordert, die Interaktion zwischen spezifischen sprachlichen Elementen und dem Altersfaktor genauer zu erforschen (vgl. Birdsong 2005; DeKeyser und Larson-Hall 2005).

Neuere Studien beschäftigen sich speziell mit der Verarbeitung von Zweitsprachen (vgl. Birdsong und Paik 2008; Clahsen und Felser 2006 sowie für eine zusammenfassende

Darstellung älterer Studien DeKeyser und Larson-Hall 2005). Diese Untersuchungen kommen zu dem Ergebnis, dass sich fortgeschrittene erwachsene Lernende in der Sprachverarbeitung sowohl quantitativ hinsichtlich Geschwindigkeit und Korrektheit als auch qualitativ bezüglich der Art der verwendeten Verarbeitungsstrategien von Muttersprachlern unterscheiden. In den entsprechenden Studien wurden indes keine ausreichend kompetenten Lernenden untersucht.

Birdsong (vgl. Birdsong 2006b; Birdsong und Paik 2008) argumentiert, dass Lernende mit stark dominanter L2, die ihre L1 nur noch wenig oder gar nicht mehr verwenden, mit Muttersprachlern verglichen werden sollten. Hierdurch ließe sich der konfundierende Effekt der L1 auf die L2 (aufgrund des „L1 representational entrenchment", vgl. Birdsong 2006a: 23) weitgehend ausschließen und der letztendlich erreichbare Sprachstand im Erwachsenenalter verlässlicher bestimmen. In diesem Kontext interpretierbare Untersuchungen wurden in Frankreich mit adoptierten Personen mit koreanischem Hintergrund durchgeführt, deren L2-Erwerbsbeginn jedoch in allen Fällen vor dem 11. Lebensjahr lag, und damit vor dem häufig angenommenen Ende einer kritischen Phase. Die untersuchten L2-dominanten Sprecherinnen und Sprecher des Französischen hatten ihre L1 Koreanisch − wie mit verschiedenen Methoden gezeigt werden konnte − völlig verloren und erzielten in mehreren schwierigen Tests ähnliche Ergebnisse wie monolinguale französische Muttersprachler (vgl. Pallier 2007).

3.7. Muttersprachliche Kompetenz aus neurowissenschaftlicher Perspektive

Die Ergebnisse neurowissenschaftlicher Untersuchungen lassen sich nur schwer im Hinblick auf den Faktor Alter und bezüglich der *CPH* interpretieren. Vor allem hinsichtlich der bildgebenden Verfahren werden die Grenzen des Einsatzes neurowissenschaftlicher Forschungsansätze in den Lehr-/Lern- und Kognitionswissenschaften zunehmend deutlich (vgl. hierzu u. a. de Bot 2008). Mit aller Vorsicht kann man festhalten, dass sich die Sprachverarbeitung bei Spät- und Frühbilingualen sowohl hinsichtlich der Lokalisierung als auch in den temporalen Eigenschaften mit zunehmender Sprachkompetenz in der L2 angleicht (vgl. z. B. Birdsong 2006a; Perani und Abutalebi 2005). Dieses Phänomen wird zumeist als Gegenbeleg zur *CPH* aufgefasst und zeigt sich auch, wenn bei ein und derselben Person die Verarbeitung in der Erst- und der Zweitsprache miteinander verglichen wird.

3.8. Altersfunktion und *CPH*

Untersuchungen zu den temporalen und geometrischen Eigenschaften der Altersfunktion legen nahe, dass die erreichte L2-Kompetenz über die gesamte analysierte Altersspanne linear abnimmt (vgl. u. a. Birdsong 2005; Hyltenstam und Abrahamsson 2003; Pallier 2007; Schlak 2003; Singleton und Ryan 2004 sowie die hiervon abweichende Interpretation durch DeKeyser und Larson-Hall 2005). Untersucht wurden im Regelfall Gruppen von Migranten nach einem mindestens fünfjährigen Aufenthalt im Zielsprachenland. Linear fallende Altersgradienten − und damit zugleich keine abgrenzbaren, durch eine eindeutige Änderung im Funktionsverlauf (*cut-off*) gekennzeichnete (kritische) Phasen — zeigten sich sowohl für die Aussprache als auch für die Morphosyntax. Einige Studien kommen in Abhängigkeit insb. vom jeweiligen statistischen Analyseverfahren (vgl. Birdsong 2005, 2006a; Long 2005) jedoch zu anderen, teilweise widersprüchlichen Ergebnissen. Auch die Interpretation der vorliegenden Studien fällt nicht einheitlich aus. Sie werden zumeist als Beleg gegen, teilweise aber auch für die *CPH* gewertet. Birdsong (2005), DeKeyser und Larson-Hall (2005) sowie Long (2007) diskutieren ausführlich forschungsmethodische und interpretative Schwierigkeiten hinsichtlich der Altersfunktion, ohne allerdings auf neuere statistische Verfahren zur Modellierung von Diskontinuitäten in Entwicklungsverläufen hinzuweisen (vgl. hierzu z. B. Cohen 2008).

4. Theoretische Erklärungen

Es existieren zahlreiche Versuche, die beobachteten Unterschiede zwischen jüngeren und älteren Sprachenlernern zu erklären. Vor allem zur Begründung der umstrittenen *CPH* wird auf sehr unterschiedliche theoretische Überlegungen zurückgegriffen (vgl. die ausführliche Darstellung in Birdsong 2006a; DeKeyser und Larson-Hall 2005; Dimroth 2007; Grotjahn 2005; Hyltenstam und Abrahamsson 2003; Long 2007; Singleton und Ryan 2004).

Im Rahmen neurolinguistischer Modellierungen werden u. a. die Plastizität des Gehirns und die kortikale Lateralisierung zur Erklärung herangezogen. Neuere neurolinguistische Arbeiten thematisieren häufig Ullmans Deklarativ/Prozedural-Modell. Die Frage nach der Verfügbarkeit der Universalgrammatik bei Spätererwerbern beschäftigt die nativistische Theoriebildung.

Diskutiert werden weiterhin die Qualität des Inputs, die Rolle affektiv-motivationaler, psycho-sozialer und sozio-kultureller Faktoren, der Einfluss der L1 sowie die unvermeidliche Interaktion zwischen den Sprachen bei mehrsprachigen Sprechern.

Aus kognitiver Perspektive werden Veränderungen in den Verarbeitungsprozessen und der Verarbeitungsgeschwindigkeit erörtert. Der biologische Alterungsprozess und die damit verbundenen neurochemischen und hormonellen Veränderungen werden ebenfalls thematisiert, wobei allgemeine kognitive und biologische Alterungsprozesse von Reifungsprozessen unterschieden werden.

Insgesamt gesehen greift jedoch jede eindimensionale Erklärung altersbedingter Leistungsunterschiede zu kurz. Vielmehr sind Erklärungsansätze notwendig, die der Komplexität des Faktors Alter angemessen Rechnung tragen. Dies stellt eine gewaltige, nur langfristig und interdisziplinär zu lösende Aufgabe dar.

5. Perspektiven für Forschung und Praxis

Der aktuelle Forschungsstand spricht u. E. tendenziell gegen die Hypothese einer zeitlich eindeutig fixierbaren, biologisch basierten *kritischen* Phase beim Erwerb oder Erlernen einer L2. Eher kompatibel ist er mit dem Konstrukt mehrerer zeitlich nur eingeschränkt fixierbarer *optimaler* Phasen — z. B. für den Erwerb von Aussprache und Morphosyntax (vgl. allerdings für kontrastierende Interpretationen des aktuellen Forschungsstandes

Hyltenstam und Abrahamsson 2003; DeKeyser und Larson-Hall 2005; Long 2007). Die Frage nach der Erreichbarkeit muttersprachlicher Kompetenz bleibt nicht nur bisher weitgehend unbeantwortet, sondern ist angesichts der generellen Problematik des Muttersprachlers als Referenzperson (vgl. insb. Davies 2003) evtl. sogar falsch gestellt.

In Bezug auf den Frühbeginn lässt sich zumindest sagen, dass weit differenzierter argumentiert werden muss, als es bisher vielfach der Fall ist. Deutliche Lerneffekte können bei geringer Kontaktstundenzahl kaum erwartet werden. (Jüngere) Erwachsene sind vor allem unter unterrichtlichen Bedingungen nicht nur die schnelleren Lerner, sondern können bei günstigen Voraussetzungen hohe Kompetenzen in einer Fremdsprache erwerben. Dies setzt – in Abhängigkeit von der Sprachähnlichkeit – u. a. intensiven mehrjährigen Sprachkontakt voraus. Aussagen hinsichtlich der methodischen Vermittlung von Fremdsprachen auf verschiedenen Altersstufen sollten u. E. beim gegenwärtigen Forschungsstand nur mit äußerster Vorsicht formuliert werden.

Wie dieser Forschungsüberblick zeigt, sind nur wenige Fragen zum Faktor Alter endgültig geklärt. Dies gilt auch im Hinblick auf zentrale konzeptuelle und forschungsmethodische Fragen. Weitere interdisziplinäre Forschung im Sinne eines genuinen Austausches zwischen den beteiligten Wissenschaftsdisziplinen ist deshalb dringend notwendig.

6. Literatur in Auswahl

Berndt, Annette
    2003   *Sprachenlernen im Alter: Eine empirische Studie zur Fremdsprachengeragogik*. München: iudicium.

Birdsong, David
    2005   Interpreting age effects in second language acquisition. In: Judith F. Kroll and Annette M. B. de Groot (Hg.), *Handbook of Bilingualism: Psycholinguistic Approaches*, 109–127. Oxford: Oxford University Press.

Birdsong, David
    2006a   Age and second language acquisition and processing: A selective overview. *Language Learning* 56 (Supplement 1): 9–49.

Birdsong, David
    2006b   Dominance, proficiency, and second language grammatical processing. *Applied Psycholinguistics* 27: 1–3.

Birdsong, David und Jee Paik
    2008   Second language acquisition and ultimate attainment. In: Bernard Spolsky und Francis M. Hult (Hg.), *The Handbook of Educational Linguistics*, 424–436. Oxford: Blackwell.

Clahsen, Harald und Claudia Felser
    2006   How native-like is non-native language processing? *Trends in Cognitive Science* 10(12): 564–570.

Cohen, Patricia (Hg.)
    2008   *Applied Data Analytic Techniques for Turning Points Research*. Hove, East Sussex: Psychology Press.

Cook, Vivian J.
    2007   Multi-competence: Black hole or wormhole for SLA research? In: ZhaoHong Han (Hg.), *Understanding Second Language Process*, 16–26. Clevedon: Multilingual Matters.

Cummins, Jim
    2008   BICS and CALP: Empirical and theoretical status of the distinction. In: Brian Street und Nancy H. Hornberger (Hg.), *Encyclopedia of Language and Education. Band 2: Literacy*, 71–83. 2. Aufl. Berlin: Springer.

Davies, Alan
    2003   *The Native Speaker: Myth and Reality.* Clevedon, UK: Multilingual Matters.

de Bot, Kees
    2008   Review article: The imaging of what in the multilingual mind? *Second Language Research* 24(1): 111−133.

DeKeyser, Robert M. und Jenifer Larson-Hall
    2005   What does the critical period really mean? In: Judith F. Kroll und Annette M. B. de Groot (Hg.), *Handbook of Bilingualism: Psycholinguistic Perspectives*, 88−108. Oxford: Oxford University Press.

Dimroth, Christine
    2007   Zweitspracherwerb bei Kindern und Jugendlichen: Gemeinsamkeiten und Unterschiede. In: Tanja Anstatt (Hg.), *Mehrsprachigkeit bei Kindern und Erwachsenen: Erwerb, Formen, Förderung*, 115−138. Tübingen: Narr.

Dimroth, Christine
    2008   Age effects on the process of L2 acquisition? Evidence from the acquisition of negation and finiteness in L2 German. *Language Learning* 58(1): 117−150.

Dimroth, Christine und Stefanie Haberzettl
    2008   Je älter desto besser: der Erwerb der Verbflexion im Kindesalter. In: Bernt Ahrenholz, Ursula Bredel, Wolfgang Klein, Martina Rost-Roth und Romuald Skiba (Hg.), *Empirische Forschung und Theoriebildung. Beiträge aus der Soziolinguistik, Gesprochene-Sprache- und Zweitspracherwerbsforschung*, 227−239. Frankfurt a. M.: Lang.

Flege, James E. und Serena H. Liu
    2001   The effect of experience on adults‘ acquisition of a second language. *Studies in Second Language Acquisition* 23(4): 527−552.

García Mayo, María del Pilar und M. Luisa García Lecumberri (Hg.)
    2003   *Age and the Acquisition of English as a Foreign Language.* Clevedon: Multilingual Matters.

Grosjean, François
    2008   *Studying Bilinguals.* Oxford: Oxford University Press.

Grotjahn, Rüdiger
    1998   Ausspracheunterricht: Ausgewählte Befunde aus der Grundlagenforschung und didaktisch-methodische Implikationen. *Zeitschrift für Fremdsprachenforschung* 9(1): 35−83.

Grotjahn, Rüdiger
    2003   Der Faktor „Alter" beim Fremdsprachenlernen: Mythen, Fakten, didaktisch-methodische Implikationen. *Deutsch als Fremdsprache* 40(1): 32−41.

Grotjahn, Rüdiger
    2005   Je früher, desto besser? − Neuere Befunde zum Einfluss des Faktors „Alter" auf das Fremdsprachenlernen. In: Heiner Pürschel und Thomas Tinnefeld (Hg.), *Moderner Fremdsprachenerwerb zwischen Interkulturalität und Multimedia: Reflexionen und Anregungen aus Wissenschaft und Praxis*, 186−202. Bochum: AKS-Verlag.

Hyltenstam, Kenneth und Niclas Abrahamsson
    2003   Maturational constraints in SLA. In: Catherine J. Doughty und Michael H. Long (Hg.), *The Handbook of Second Language Acquisition*, 539−588. Malden, MA: Blackwell.

Larson-Hall, Jenifer
    2008   Weighing the benefits of studying a foreign language at a younger starting age in a minimal input situation. *Second Language Research* 24(1): 35−63.

Long, Michael H.
    2005   Problems with supposed counter-evidence to the Critical Period Hypothesis. *International Review of Applied Linguistics in Language Teaching* 43(4): 287−317.

Long, Michael H.
    2007   *Problems in SLA.* Mahwah, NJ: Erlbaum.

Molnár, Heike und Torsten Schlak
    2005   Zum Zusammenhang zwischen Alter und Aussprachekompetenz. Die kritische Periode des Ausspracheerwerbs im Lichte neuer Forschungsergebnisse. *Fremdsprachen und Hochschule* 73: 70−99.

Muñoz, Carmen (Hg.)
    2006   *Age and the Rate of Foreign Language Learning*. Clevedon, England: Multilingual Matters.
Nikolov, Marianne und Jelena Mihaljević Djigunović
    2006   Recent research on age, second language acquisition, and early foreign language learning. *Annual Review of Applied Linguistics* 26: 234−260.
Pallier, Christophe
    2007   Critical periods in language acquisition and language attrition. In: Barbara Köpke, Monika S. Schmid, Merel Keijzer und Susan Dostert (Hg.), *Language Attrition: Theoretical Perspectives*, 155−168. Amsterdam: Benjamins.
Perani, Daniela und Jubin Abutalebi
    2005   The neural basis of first and second language processing. *Current Opinion in Neurobiology* 15(2): 202−206.
Schlak, Torsten
    2003   Gibt es eine kritische Periode des Spracherwerbs? Neue Erkenntnisse in der Erforschung des Faktors Alter beim Spracherwerb. *Deutsch als Zweitsprache* 1: 18−23.
Schlak, Torsten
    2006   Der Frühbeginn Englisch aus psycholinguistischer Perspektive − *Revisited*. *Fremdsprachen und Hochschule* 78: 7−25.
Schrauf, Robert W.
    2008   Bilingualism and aging. In: Jeanette Altarriba und Roberto R. Heredia (Hg.), *An Introduction to Bilingualism: Principles and Processes*, 105−127. Mahwah, NJ: Erlbaum.
Singleton, David
    2005   The Critical Period Hypothesis: A coat of many colours. *International Review of Applied Linguistics in Language Teaching* 43(4): 269−285.
Singleton, David und Lisa Ryan
    2004   *Language Acquisition: The Age Factor*. 2. Aufl. Clevedon, England: Multilingual Matters.

Rüdiger Grotjahn, Bochum (Deutschland)
Torsten Schlak, Berlin (Deutschland)

97. Affektive Variablen/Motivation

1. Einführung
2. Untersuchungsbereiche
3. Methodische Probleme
4. Konsequenzen für die Unterrichtspraxis
5. Fazit
6. Literatur in Auswahl

1. Einführung

Affektive Variablen haben einen nicht unerheblichen Einfluss auf zweit- und fremdsprachliche Erwerbsprozesse. Zunächst wurden als affektive Variablen vor allem *Motivation*, *Einstellung* und *Angst* untersucht. Im Zusammenhang neuerer Lerntheorien wird zunehmend auch die Beziehung zwischen *Kognition* und *Emotion* problematisiert. Die

Befassung mit affektiven Variablen ist für die Zweitspracherwerbs- und Sprachlehrforschung vor allem deshalb von Bedeutung, weil unterschiedliches Sprachvermögen und Lernerfolge oft nicht mit anderen Variablen, wie z. B. Intelligenz, Kontakt mit der Zielsprache oder Unterrichtsphänomenen, zu erklären sind (s. hierzu auch Klein und Perdue 1992: 331−332). Insgesamt sind aber auch in Bezug auf affektive Variablen noch viele Fragen offen, und vor allem über die Verbindung der einzelnen Faktoren besteht im Einzelnen noch Unklarheit. Nicht zuletzt zeigt sich auch ein enger Zusammenhang mit soziokulturellen Parametern. Methodisch ergibt sich das Problem, dass die hier interessierenden Phänomene empirisch nur schwer fassbar sind. Bezeichnend für den Untersuchungsbereich ist, dass affektive Variablen aus sehr unterschiedlichen Forschungsperspektiven und in sehr unterschiedlichen Kontexten betrachtet werden.

2. Untersuchungsbereiche

2.1. Affektive Variablen, Emotion und Kognition

Bereits Krashen (1981) hat versucht, im Bild eines *affektiven Filters* das Zusammenspiel und die Auswirkungen affektiver Faktoren nachzuvollziehen. Nach dieser Vorstellung wird bei niedriger Motivation, niedriger Selbsteinschätzung und gleichzeitig vorliegender Angst der Spracherwerb bzw. das Sprachenlernen beeinträchtigt und verfügbarer Input nicht als Intake aufgenommen. Wenn Motivation und Selbstvertrauen der Lernenden dagegen hoch sind und wenig Angst vorhanden ist, ist der Filter nicht wirksam; relevantes Input kann zu Intake werden und den Spracherwerb fördern. Kritisiert wird an diesem Modell vor allem die Pauschalität der Annahme, so u. a., dass die Intensität einzelner Komponenten oder mögliche Kompensationen keine Berücksichtigung finden (vgl. Larsen-Freeman und Long 1991: 247 sowie Schwerdtfeger 1997: 596).

Schumann (1994) greift die Modellvorstellung Krashens auf und versucht die Rolle von Affekten für den Zweitspracherwerb neurophysiologisch nachzuvollziehen, wobei der Stimulusverarbeitung während des Schlafes in der Phase des *rapid-eye-movement* besondere Bedeutung beigemessen wird. In Bezug auf das Zusammenwirken von Affekt und Kognition kommt Schumann zu dem Ergebnis, dass diese aus neurophysiologischer Sicht zwar unterscheidbar, aber untrennbar miteinander verbunden seien.

Auch in Lerntheorien findet − parallel zu einer zunehmenden Befassung mit Emotionen in anderen Gebieten ab den 1990er Jahren − eine verstärkte Auseinandersetzung mit Emotionen statt. Während Emotion und Kognition in traditionellen Sichtweisen im Allgemeinen als Gegensätze betrachtet wurden, interessieren nun vor allem auch Zusammenhänge zwischen kognitiven und emotionalen Prozessen (vgl. die Studien in Börner und Vogel 2004). Wolff (2004) erweitert den konstruktivistischen Lernansatz systematisch um emotionale Aspekte. Grundannahme ist, dass Konstruktionen als Tätigkeiten, die Lernprozessen generell zugrunde liegen, nicht nur über kognitive, sondern auch über emotionale Prozesse gesteuert werden.

2.2. Motivation

Die Frage, welche Rolle Motivation für den Erfolg beim Zweit- und Fremdsprachenerwerb spielt, wurde seit den späten 1950er Jahren empirisch untersucht (s. Gardner und

Lambert 1972). Gardner und Lambert unterscheiden eine integrative und eine instrumentelle Motivation (*integrative* vs. *instrumental motivation*). Bei integrativer Motivation wird das Bestreben, sich in die Zielsprachengemeinschaft zu integrieren und soziale Kontakte zu suchen, als Antrieb für den Zweit- oder Fremdspracherwerb gesehen. Dieser integrativen Orientierung wird eine instrumentelle Orientierung gegenübergestellt, bei der Spracherwerb eher zu funktionalen Zwecken, wie z. B. beruflichen Erfordernissen, erfolgt. Zunehmende Bedeutung erhielt auch die terminologische Unterscheidung von Orientierung und Motivation (*orientation* vs. *motivation*), wobei Orientierung auf die Beweggründe für den Zweitspracherwerb, Motivation auf die Bereitschaft verweist, Anstrengungen zum Erlernen der Zielsprache zu unternehmen (für einen Überblick s. Ellis 1994: 509).

Ergebnis der ersten Untersuchungen von Gardner und Lambert war, dass eine integrative Orientierung den Lernerfolg stärker fördert als eine instrumentelle Orientierung. Erst durch spätere Untersuchungen kristallisierten sich zunehmend auch soziokulturelle Parameter der Umgebung als entscheidende Faktoren heraus. So stellt Gardner (1979) ein Modell vor, bei dem systematisch zwischen monolingualen und bilingualen Umgebungen unterschieden wird. Auch Erwerbskontexte und Unterricht wurden in der Motivationsforschung immer wieder berücksichtigt (vgl. hierzu auch die Unterscheidung von formellen und informellen Kontexten in den Modellen von Gardner 1980 und 2001a).

Des Weiteren wird die Unterscheidung von intrinsischer vs. extrinsischer Motivation, also Interesse in Bezug auf die Aufgabe selbst vs. anderweitig bestimmtes Interesse, als wesentlich erachtet. Zudem wird eine Verbindung zwischen extrinsischer und intrinsischer Motivation und Selbstbestimmung (Autonomie) gesehen, wobei wiederum unterschiedliche Grade an Selbstbestimmung unterschieden werden (für einen Überblick vgl. Riemer 2006a: 38–39). Dörnyei (1994) sieht in Hinblick auf motivationelle Aspekte drei Bereiche als relevant an: 1) die Zielsprache, 2) die Lernenden mit Kognition und Affekten, 3) die fremdsprachenspezifische Lernsituation. Riemer (2004) entwirft eine mehrperspektivische Konzeptualisierung des Motivationskonstrukts, in der Berücksichtigung finden 1) allgemeine personale Voraussetzungen, 2) zielsprachenspezifische Einstellungen, 3) Lernziele, 4) Vorerfahrungen und die Einschätzung der Erfolgsaussichten, 5) Kontakte zur Zielsprache (vgl. Riemer 2004: 42–44).

In Hinblick auf den Zusammenhang zwischen Motivation und Lernerfolg gingen frühere Untersuchungen davon aus, dass in höherer Motivation die Ursache für größeren Lernerfolg zu sehen sei. Mittlerweile hat sich die Erkenntnis durchgesetzt, dass es sich um eine Wechselbeziehung handelt (Ellis 1994: 515; Larsen-Freeman und Long 1991: 183): Ebenso wie eine hohe Motivation den Lernprozess zu stimulieren vermag (Kausalhypothese), kann umgekehrt auch Lernerfolg dazu verhelfen, Motivation aufrechtzuerhalten und neue Motivationsarten zu schaffen (Resultativhypothese). Des weiteren spielt nach der Attributionstheorie eine Rolle, ob die Lerner Ursachen für Erfolge oder Misserfolge eher in sich selbst oder in äußeren Umständen suchen (vgl. Riemer 2004: 39).

Dass auch bei relativ homogen erscheinenden Lerngruppen eine beachtliche Motivationsvielfalt vorliegen kann, zeigt die Untersuchung von Ammon (1991) zu Motivationen australischer Deutsch-Studierender. Die Motivation von Deutschlernenden in verschiedenen Ländern untersucht Riemer (2004). Mit Motivation und Auslandsaufenthalten befassen sich Edmondson (1997) und Grotjahn (2004) (für weitere Untersuchungen vgl. Riemer und Schlak 2004).

Motivation kann im Falle von Migration auch einen engen Zusammenhang mit Selbstkonzepten zeigen, so können sich Abgrenzungstendenzen und sog. divergente Akkomodation negativ auf den Erwerb der Mehrheitssprache auswirken (vgl. List 2003: 36 sowie Clément und Bourhis 1996).

2.3. Einstellung

Auch bei Einstellung (*attitude*) handelt es sich um einen in sich sehr komplexen sozialpsychologischen Faktor, der eine enge Verbindung mit soziokulturellen Parametern aufweist. Boosch (1983) definiert Einstellung als (positive oder negative) Affekte, die sich auf bestimmte Objekte beziehen und *affektiv begründet* sowie *kognitiv repräsentiert* sind. In den frühen Studien von Gardner und Lambert (1972) wurde Einstellung, ebenso wie Motivation, als eigenständiger Faktor, der Erwerbserfolge beeinflussen kann, bestätigt. Wurden beide Faktoren zunächst eher getrennt untersucht, so wurde zunehmend die Beziehung zwischen diesen Faktoren und die Korrelation mit Lernerfolgen gesehen (vgl. Oller und Vigil 1977; Gardner 1979 sowie Masgoret und Gardner 2003). Die Ergebnisse in diesem Bereich sind jedoch nicht einheitlich (z. B. können Oller, Baca und Vigil 1977 keinen Zusammenhang feststellen). Larsen-Freeman und Long (1991: 177) erklären widersprüchliche Befunde damit, dass sehr unterschiedliche Personengruppen und soziale Kontexte untersucht wurden. Ebenso wie für Motivation wird mittlerweile für Einstellungen angenommen, dass eine Wechselbeziehung mit Lernerfolg besteht.

In Hinblick auf den Fremdsprachenunterricht und interkulturelle Pädagogik erhebt sich die Frage, inwiefern Einstellungen von außen beeinflussbar sind. Nach Cziko et al. (1979) und Genesee (1983) können Immersionsprogramme und bilinguale Maßnahmen Veränderungen in der Einstellung zur Folge haben, aber auch hier sind die Ergebnisse nicht immer eindeutig. Auch aus dem deutschsprachigen Bereich liegen Untersuchungen vor. Kuhs (1989) untersucht in Bezug auf den Einfluss sozialpsychologischer Faktoren beim Deutscherwerb griechischer Migrantenkinder auch die Einstellung zum Deutschen. Mit Einstellung und Sprachlernmotivation befasst sich Dörnyei (2001), mit methodischen Fragen zur Erfassung von Einstellung befassen sich Grotjahn u. a. (2004) sowie Riemer (2006b: 459−461).

2.4. Angst

Bei der Erforschung von Angst in Verbindung mit Zweit- und Fremdspracherwerb kamen unterschiedliche konzeptionelle Vorstellungen des Phänomens Angst zur Anwendung: (1) Angst als Disposition einer Person, zu Ängstlichkeit zu neigen (*trait anxiety*), (2) Angst als momentaner Zustand in einer Situation (*state anxiety*), (3) Angst als Reaktion auf eine spezifische Situation (*situation specific anxiety*) (vgl. Scovel 1978). MacIntyre und Gardner (1991) unterscheiden darüber hinaus allgemeine und kommunikative Ängstlichkeit. Untersuchungsleitend in Bezug auf Probleme des Zweit- und Fremdspracherwerbs war vor allem das Konzept situationsspezifischer Angst.

Studien, die der Frage nachgehen, inwiefern eine (negative) Verbindung zwischen Angst und Erwerbserfolg besteht, ergeben jedoch kein einheitliches Bild. Unterschiedliche Untersuchungsergebnisse sind auch hier großenteils wieder auf methodische Probleme in Bezug auf die empirische Erfassung der Phänomene Angst und Sprachfähigkeit zurückzuführen. Es gibt jedoch eine Vielzahl von Einzelergebnissen (für einen Überblick vgl. Ellis 1994: 479−483; Larsen-Freeman und Long 1991: 187−188). So versuchen MacIntyre und Gardner (1994) in einem Experiment den Nachweis zu führen, dass sich Angst negativ auf das Erlernen einer Fremdsprache auswirken kann. Nach den Untersuchungen von Horwitz et al. (1986) kann sich Angst beim Zweitsprachenerwerb und im Fremdsprachenunterricht in dreierlei Hinsicht manifestieren: (1) Angst, die die Kommunikationsbereitschaft betrifft, (2) Angst vor Prüfungssituationen im Fremdsprachenunterricht, (3) Angst vor negativer Bewertung (vgl. auch Horwitz und Young 1991).

Im Modell von MacIntyre und Gardner (1989) ist die Beziehung von Angst und Sprachenlernen in Abhängigkeit von den Entwicklungsstadien der Lernenden und situationsspezifischen Lernerfahrungen veränderlich. Es wird davon ausgegangen, dass Angst im wesentlichen auf negativen Erwartungen beruht und bei den ersten Erfahrungen in einer Fremdsprache im Prinzip noch keine Rolle spielt. Erst wenn negative Erfahrungen gemacht werden, entwickelt sich *foreign language anxiety*, die dann mit zunehmender Sprachfertigkeit wieder abnehmen kann (MacIntyre und Gardner 1989). Innerhalb dieses Modells ist auch erfassbar, dass eingeschränkte Sprachkompetenz sowohl der Grund als auch das Resultat von Angst sein kann (s. insbes. Skehan 1989).

Es gibt auch Befunde, die darauf hindeuten, dass sich Angst nicht nur hemmend auswirken kann. So hat bereits Scovel (1978) den Unterschied zwischen fördernden und hemmenden Effekten von Angst (*facilitating* vs. *debilitating*) in seinen Überlegungen aufgegriffen. In neueren Untersuchungen wird die Auswirkung von Angst auch differenzierter für einzelne Erwerbsbereiche und Fertigkeiten betrachtet. So untersuchen z. B. Jones Vogely (1998) Verbindungen mit Hörverstehen, Saito, Garza und Horwitz (1999) Verbindungen mit Leseverhalten und MacIntyre (2007) mit Kommunikationsbereitschaft.

3. Methodische Probleme

In Bezug auf die Phänomene Motivation, Einstellung und Angst wurde bereits angesprochen, dass konzeptionell sehr unterschiedliche Vorstellungen leitend für Studien in diesen Bereichen waren. Von grundlegender Bedeutung ist daher die Definition des Untersuchungsgegenstands bzw. der Variable.

Kennzeichnend für den Untersuchungsbereich ist, dass besonders in den früheren Studien eine Vielzahl von Verfahren und Tests zur Anwendung kommen (vgl. insbes. Gardner und Lambert 1972): die sog. *matched-guise Technik*, bei der bilinguale Sprecher einen Text in zwei Sprachen vorlesen und die Probanden zu ihren Einschätzungen der vermeintlich unterschiedlichen Personen befragt werden; die *California F-Scale* (Form 40 und 50), wie sie von Adorno und Mitarbeitern zur Erfassung ethnozentristischer Einstellungen entwickelt wurde (vgl. Lambert et al. 1972); Präferenzskalen zur Ermittlung von Vorlieben in Bezug auf verschiedene Kulturen bzw. Kulturmitglieder; der *AMI* (= *Attitude Motivation Index*) (s. Gardner 1985) mit Komponenten zur Erfassung der Einstellung zur Zielsprache, integrativer und instrumenteller Orientierung, Angst sowie subjektiven Einschätzungen des Unterrichts; die sog. *Mehrabian-Skala* zur Motivationsmessung.

Standen traditionell quantifizierende Methoden im Vordergrund, so werden zunehmend auch qualitative Verfahren und Forschungskonzepte eingesetzt (vgl. z. B. Edmondson 1997; Riemer 2004). Narrative Interviews, mündlich oder schriftlich repräsentierte Sprachlernbiographien und Rekonstruktionen subjektiver Theorien können nicht nur über die Interdependenz verschiedener affektiver Variablen Aufschluss geben, sondern erhellen die Lernerperspektive auch weitergehend. Aber auch bei der Auswertung von qualitativen Daten stellen sich methodische Probleme (vgl. hierzu u. a. Riemer 2006b zur Auswertung und Quantifizierung von semi-offenen Interviews sowie Riemer 2004 zu Möglichkeiten und Grenzen qualitativer und quantitativer Ansätze im Vergleich).

4. Konsequenzen für die Unterrichtspraxis

Da sich die Fremdsprachendidaktik vor allem mit der Frage nach der Motivation und der Motivierbarkeit von Lernern befasst hat (vgl. hierzu auch das Themenheft *Motivation* der Zeitschrift Fremdsprache Deutsch, 2002), dürfte diesbezüglich auch im Vergleich zu den anderen affektiven Faktoren ein höherer Bewusstheitsgrad bei Praktikern bestehen. In Hinblick auf die − oft negative Auswirkung − der Variablen Einstellung und Angst ist ein Problembewusstsein noch weniger ausgeprägt.

Unzufriedenheit mit traditionellen Unterrichtsmethoden hat seit den 1970er Jahren zu einer verstärkten Entwicklung und Verbreitung von alternativen Methoden geführt, die sich interessanterweise vielfach dadurch auszeichnen, dass affektive Komponenten verstärkt angesprochen werden (z. B. die suggestopädische und die psychodramaturgische Methode, für einen Überblick vgl. Ortner 2004 sowie Baur 1996). Auch Methoden, die eher interaktiv und interkulturell orientiert sind (wie z. B. Tutoring- und Tandemprogramme) zeigen, dass der direkte Kontakt mit Zielsprachensprechern und eine positiv erlebte persönliche Beziehung motivierend und lernfördernd erfahren werden können (vgl. hierzu Herfurth 1993 und Rost-Roth 1995: 31−66). Inzwischen wird auch für den Fremdsprachenunterricht allgemein die Forderung erhoben, Emotionen als Ressource effektiver Sprachvermittlung bzw. -aneignung zu nutzen (vgl. z. B. Schwerdtfeger 1997). Ausgehend vom konstruktivistischen Ansatz und der Annahme, dass Lernprozesse auch wesentlich über affektive Aspekte gesteuert werden, zeigt Wolff (2004) Möglichkeiten, die emotionale Beteiligung der Lerner zu steigern. Aus dieser Perspektive werden u. a. problemlösendes Lernen, inhaltsorientiertes Lernen oder Kleingruppenarbeit als förderlich angesehen.

5. Fazit

Affektive Variablen können entscheidenden Einfluss auf den Zweit- und Fremdspracherwerb haben. In Hinblick auf das Zusammenwirken der verschiedenen affektiven Faktoren sind jedoch noch viele Fragen ungeklärt. Begriffe wie Motivation, Einstellung und Angst sind terminologisch unscharf und ihre Operationalisierung für empirische Untersuchungen impliziert weitreichende definitorische Festlegungen. Von daher muss gerade auch im Vorfeld empirischer Untersuchungen kritisch reflektiert werden, aus welchen Merkmalskomponenten sich diese komplexen Variablen zusammensetzen und wie sie abzugrenzen sind. Ein weiteres Problem zeigt sich bei Korrelationen mit Lernerfolgen, die in vielen Untersuchungen einen wichtigen Bezugspunkt für die Korrelation mit affektiven Faktoren darstellen. Hier müsste stärker beachtet werden, welche Fertigkeitsbereiche und Teilkompetenzen (mündlich vs. schriftlich, produktiv vs. rezeptiv) bzw. Kommunikations- und Sprachbereiche jeweils berührt werden.

In Hinblick auf Tendenzen der Zweit- und Fremdsprachendidaktik kann zusammenfassend festgehalten werden, dass Korrelation von affektiven Variablen und Lernerfolgen zunehmend auch als Chance gesehen werden, Lernprozesse positiv zu beeinflussen.

6. Literatur in Auswahl

Ammon, Ulrich
  1991   *Studienmotive und Deutschlandbild australischer Deutschstudenten und -studentinnen.* Stuttgart: Steiner.
Baker, Charlotte
  1992   *Attitudes and Language.* Clevedon: Multilingual Matters.
Bausch, Karl-Richard, Helmut Christ und Hans-Jürgen Krumm (Hg.)
  2004   *Handbuch Fremdsprachenunterricht.* Tübingen: Narr, 4. vollständig neu bearbeitete Auflage.
Baur, Rupprecht S.
  1996   Die Suggestopädie. *Fremdsprachen Lehren und Lernen* 25: 106−137.
Boosch, Alwin
  1983   Motivation und Einstellung. In: Gert Solmecke (Hg.), *Motivation und Motivieren im Fremdsprachenunterricht*, 21−56. Paderborn etc.: Schöningh.
Börner, Wolfgang und Klaus Vogel (Hg.)
  2004   *Emotion und Kognition im Fremdsprachenunterricht.* Tübingen: Narr.
Brown, Douglas H.
  1977   Cognitive and affective characteristics of good language learners. In: Carol A. Henning (Hg.), *Proceedings of the Los Angeles Second Language Research Forum,* 349−353. Los Angeles: University of California.
Clément, Richard und Richard Y. Bourhis
  1996   Bilingualism and intergroup relation. *International Journal of Psycholinguistics* 12: 171−191.
Cziko, Gary A., Wallace Lambert und Richard Gutter
  1979   French immersion programs and students' social attitudes: a multidimensional investigation. *Working Papers on Bilingualism* 19: 13−28.
Dittmar, Norbert und Martina Rost-Roth (Hg.)
  1995   *Deutsch als Zweit- und Fremdsprache. Methoden und Perspektiven einer akademischen Disziplin.* Frankfurt a. M. etc.: Lang.
Dörnyei, Zoltán
  1990   Conceptualizing motivation in foreign-language learning. *Language Learning* 40: 45−78.
Dörnyei, Zoltán
  1994   Motivation and Motivating in the Foreign Language Classroom. *The Modern Language Journal* 78: 273−284.
Dörnyei, Zoltán
  2001   *Teaching and Researching Motivation.* Harlow etc.: Longman.
Edmondson, Willis
  1997   Sprachlernbewußtheit und Motivation beim Fremdsprachenlernen. *Fremdsprachen lehren und lernen* 26: 88−110.

Ellis, Rod
    1985   *Understanding Second Language Acquisition*. Oxford: Oxford University Press.
Ellis, Rod
    1994   *The Study of Second Language Acquisition*. Oxford: Oxford University Press.
Gardner, Robert C.
    1979   Social psychological aspects of second language acquisition. In: Howard Giles und Ro-
            bert S. Clair (Hg.), *Language and Social Psychology*, 193−220. Bristol: University of Bris-
            tol.
Gardner, Robert C.
    1980   On the validity of affective variables in second language acquisition: conceptual, con-
            textual and statistical considerations. *Language Learning* 30: 255−270.
Gardner, Robert C.
    1985   *Social Psychology and Second Language Learning: The Role of Attitudes and Motivation*.
            London: Arnold.
Gardner, Robert C.
    1988   The socio-educational model of second-language learning: assumptions, findings, and
            issues. *Language Learning* 38: 101−126.
Gardner, Robert C.
    2001a   Language learning motivation: The Student, the Teacher, and the Researcher. *Texas Pa-
            pers in Foreign Language Education* 6: 1−18.
Gardner, Robert C.
    2001b   Integrative motivation and second language learning: Practical Issues. *Journal of Foreign
            Language Education and Research* 9: 71−91.
Gardner, Robert C. und Wallace Lambert
    1972   *Attitude and Motivation in Second Language Learning*. Rowley, MA: Newbury House.
Geisler, Wilhelm und Gisela Hermann-Brennecke
    1997   Fremdsprachenlernen zwischen Affekt und Kognition − Bestandsaufnahme und Perspek-
            tivierung. *Zeitschrift für Fremdsprachenforschung* 6: 79−93.
Genesee, Fred
    1983   Bilingual education of majority-language children: the immersion experiments in review.
            Applied Psycholinguistics 4: 1−46.
Grotjahn, Rüdiger
    2004   Tests and Attitude Scales for the Year Abroad (TESTATT): Sprachlernmotivation und
            Einstellungen gegenüber Sprechern der eigenen und der fremden Sprache. *Zeitschrift für
            Interkulturellen Fremdsprachenunterricht* 9(2): 23 S.
Henrici, Gerd
    1995   Konturen der Disziplin Deutsch als Fremdsprache. In: Norbert Dittmar und Mar-
            tina Rost-Roth (Hg.), *Deutsch als Zweit- und Fremdsprache. Methoden und Perspektiven
            einer akademischen Disziplin*, 7−22. Frankfurt a. M. etc.: Lang.
Hermann, Gisela
    1983   Affektive Variablen und Fremdsprachenlernen im Spiegel empirischer Forschung. In:
            Gert Solmecke (Hg.), *Motivation und Motivieren im Fremdsprachenunterricht*, 57−76. Pa-
            derborn u. a.: Schöningh.
Herfurth, Hans-Erich
    1993   *Möglichkeiten und Grenzen des Fremdsprachenerwerbs in Begegnungssituationen*. Mün-
            chen: iudicium.
Horwitz, Elaine K. und Dolly J. Young
    1991   *Language Learning Anxiety: From Theory and Research to Classroom Implications*. Lon-
            don: Prentice Hall.
Horwitz, Elaine K., Michael B. Horwitz, und Johann Cope
    1986   Foreign language classroom anxiety. *Modern Language Journal* 70: 125−132.

Jones Vogely, Anita
  1998   Listening comprehension anxiety: students' reported sources and solutions. *Foreign Language Annals* 31(1): 67–80.
Klein, Wolfgang und Clive Perdue
  1992   *Utterance Structure. Developing Grammars again.* Amsterdam: Benjamins.
Kleppin, Karin
  2001   Motivation. Nur ein Mythos? (I). *Deutsch als Fremdsprache* 38(4): 219–225.
Kleppin, Karin
  2002   Motivation. Nur ein Mythos? (II). *Deutsch als Fremdsprache* 39(1): 26–30.
Krashen, Stephen C.
  1981   *Second Language Acquisition and Second Language Learning.* New York: Pergamon Press.
Kuhs, Katharina
  1989   *Sozialpsychologische Faktoren im Zweitspracherwerb. Eine Untersuchung bei griechischen Migrantenkindern in der Bundesrepublik Deutschland.* Tübingen: Narr.
Lambert, Wallace. E., Richard C. Hodgson, Robert C. Gardner und Samuel Fillenbaum
  1972   Evaluational reactions to spoken languages. Reading number seven. In: Robert C. Gardner und Wallace Lambert (Hg.), *Attitude and Motivation in Second Language Learning*, 293–305. Rowley, MA: Newbury House.
Larsen-Freeman, Diane and Michael H. Long
  1991   *An Introduction to Second Language Acquisition Research.* London: Longman.
List, Gudula
  2003   Sprachpsychologie. In: Karl-Richard Bausch, Helmut Christ und Hans-Jürgen Krumm (Hg.), *Handbuch Fremdsprachenunterricht*, 25–31. 4. vollständig neu bearbeitete Auflage. Tübingen: Narr.
MacIntyre, Peter D.
  2007   Willingness to communicate in the second language: understanding the decision to speak as a volitional process. *The Modern Language Journal* 91(4): 564–576.
MacIntyre, Peter D. und Robert C. Gardner
  1989   Anxiety and second-language learning: Toward a theoretical clarification. *Language Learning* 2: 251–275.
MacIntyre, Peter D. und Robert C. Gardner
  1991   Methods and results in the study of anxiety and language learning: A review of the literature. *Language Learning* 1: 85–117.
MacIntyre, Peter und Robert C. Gardner
  1994   The effects of induced anxiety on three stages of cognitive processing in computerized vocabulary learning. *Studies in Second Language Acquisition* 16: 1–17.
MacIntyre, Peter, Richard Clément und Kimberly A. Noels
  2007   Affective variables, attitude and personality in context. In: Dalila Ayoun (Hg.), *The Handbook of French Applied Linguistics*, 270–298. Amsterdam: Benjamins.
Masgoret, Anne-Marie und Richard C. Gardner
  2003   Attitudes, motivation, and second language learning: a meta-analysis of studies conducted by Gardner and associates. *Language Learning* 53: 123–163.
Oller, John W. Jr., Leonard Baca und Fred Vigil
  1977   Attitudes and attained proficiency in ESL: a sociolinguistic study of Mexican-Americans in the Southwest. *TESOL Quarterly* 11: 173–183.
Ortner, Brigitte
  2004   Alternative Methoden. In: Karl-Richard Bausch, Helmut Christ und Hans-Jürgen Krumm (Hg.), *Handbuch Fremdsprachenunterricht*, 234–238. 4. vollständig neu bearbeitete Auflage. Tübingen: Narr.
Riemer, Claudia
  1997   *Individuelle Unterschiede im Fremdsprachenerwerb. Eine Longitudinalstudie über die Wechselwirksamkeit ausgewählter Einflußfaktoren.* Baltmannsweiler: Schneider Hohengehren.

Riemer, Claudia
    2004   Zur Relevanz qualitativer Daten in der neueren L2-Motivationsforschung. In: Wolfgang Börner und Klaus Vogel (Hg.), *Emotion und Kognition im Fremdsprachenunterricht,* 35–65. Tübingen: Narr.

Riemer, Claudia
    2006a Entwicklungen in der qualitativen Fremdsprachenforschung: Quantifizierung als Chance oder Problem? In: Johannes-Peter Timm (Hg.), *Fremdsprachenlernen: Kompetenzen, Standards, Aufgaben, Evaluation,* 451–464. Tübingen: Narr.

Riemer, Claudia
    2006b Der Faktor Motivation in der empirischen Fremdsprachenforschung. In: Almut Küppers und Jürgen Quetz (Hg.), *Motivation Revisited, Festschrift für Gert Solmecke,* 35–48. Münster u. a.: LIT.

Riemer, Claudia und Torsten Schlak
    2004   Der Faktor Motivation in der Fremdsprachenforschung. Einleitung in das Themenheft. *Zeitschrift für Interkulturellen Fremdsprachenunterricht* 9(2): 3 S.

Rost-Roth, Martina (unter Mitarbeit von Oliver Lechlmair)
    1995   *Sprachenlernen im direkten Kontakt. Autonomes Tandem in Südtirol. Eine Fallstudie.* Bozen: Alpha Beta.

Saito, Yoshiko, Thomas J. Garza und Elain K. Horwitz
    1999   Foreign language reading anxiety. *The Modern Language Journal* 83(2): 202–218.

Schumann, John H.
    1975   Affective factors and the problem of age in second language acquisition. *Language Learning* 25: 391–408.

Schumann, John H.
    1994   Emotion and cognition in second language acquisition. *Studies in Second Language Acquisition* 16: 231–242.

Schwerdtfeger, Inge
    1981   Motivation und Lernverhalten. In: Heidrun Brückner (Hg.), *Lehrer und Lernende im Deutschunterricht,* 49–67. München: Langenscheidt.

Schwerdtfeger, Inge
    1997   Der Unterricht Deutsch als Fremdsprache: Auf der Suche nach den verlorenen Emotionen. *Info DaF* 5(24): 587–606.

Scovel, Thomas
    1978   The effect of affect on foreign language learning: a review of the anxiety research. *Language Learning* 28: 129–142.

Skehan, Peter
    1989   *Individual Differences in Second-Language Learning.* London: Arnold.

Solmecke, Gert (Hg.)
    1976   *Motivieren im Fremdsprachenunterricht.* Paderborn: Schöningh.

Solmecke, Gert (Hg.)
    1983   *Motivation und Motivieren im Fremdsprachenunterricht.* Paderborn etc.: Schöningh.

Solmecke, Gert und Alwin Boosch
    1981   *Affektive Komponenten der Lernerpersönlichkeit und Fremdspracherwerb.* Tübingen: Narr.

Stölting, Wilfried
    1987   Affektive Faktoren im Fremdsprachenerwerb. In: Ernst Apeltauer (Hg.), *Gesteuerter Zweitspracherwerb. Voraussetzungen und Konsequenzen für den Unterricht,* 99–110. München: Hueber.

Themenheft Motivation
    2002   *Fremdsprache Deutsch.* (Heft 26). Stuttgart: Klett International-Edition Deutsch.

Tobias, Sigmund
    1986   Anxiety and cognitive processing of instruction. In: Irwin G. Sarason (Hg.), *Self Related Cognition in Anxiety and Motivation,* 35–54. Hillsdale, NJ: Erlbaum.

Wolff, Dieter
    2004   Kognition und Emotion im Fremdsprachenerwerb. In: Wolfgang Börner und Klaus Vogel (Hg.), *Emotion und Kognition im Fremdsprachenunterricht*, 87–103. Tübingen: Narr.

Martina Rost-Roth, Augsburg (Deutschland)

98. Lernerexterne Faktoren

1. Einleitung
2. Die Makroebene: der soziale Kontext von Lernergruppen
3. Die Mikroebene: Individuen und ihre Interaktionen
4. Lernkontexte und Programme zur Förderung des Zweit- und Fremdsprachenerwerbs
5. Literatur in Auswahl

1. Einleitung

Zu den lernerexternen Faktoren zählen Umgebungsfaktoren wie soziale und institutionelle Faktoren, die in diesem Kapitel im Vordergrund stehen sollen, aber auch Faktoren wie die Unterrichts-/Lernsituation, Lehrer und Lehrerverhalten, Lehr-/Lernmaterialien, Vermittlungsmethoden oder die Lerngruppe, auf die hier nicht näher eingegangen wird, da sie in anderen Artikeln thematisiert werden.

Soziale Faktoren werden seit den 1970er Jahren verstärkt von der Zweitsprachenerwerbsforschung wahrgenommen. In einer Reihe von Studien auf der Makroebene der gesellschaftlichen Strukturen wurden zunächst ganze Lernergruppen verglichen, indem soziale Merkmale statistisch erfasst und in Beziehung zueinander gesetzt wurden. In einigen neueren Studien werden dagegen verschiedene Faktoren in ihrem Zusammenwirken auf der Mikroebene der konkreten sozialen Interaktion von Individuen analysiert. In solchen integrativen Ansätzen ist der in der Fachliteratur beschriebene Gegensatz zwischen einer kognitivistischen Auffassung des Sprachenerwerbs und einer Auffassung, die auf die kontextuellen Faktoren fokussiert, aufgehoben: Kognition wird als ein durch den sozialen Kontext geprägtes Phänomen begriffen, denn Wissen entwickelt sich in der alltäglichen Interaktion. Ein kontextfreies Sprachenlernen ist daher nicht möglich (Watson-Gegeo und Nielsen 2003).

Die Ergebnisse der Forschung zu externen Faktoren sind sowohl für didaktische Entscheidungen als auch für politische und verwaltungstechnische Maßnahmen interessant, etwa in Bezug auf Wohn-, Lern- und Arbeitsbedingungen von Migranten oder anderen Lernergruppen in Deutschland und deren sozialpädagogische und sprachliche Betreuung. Die direkte Steuerung von sozialen Lernbedingungen in Form von Programmen zur sprachlichen Eingliederung wird im letzten Abschnitt angesprochen.

2. Die Makroebene: der soziale Kontext von Lernergruppen

Zur Untersuchung der externen Faktoren auf der Makroebene wurden zunächst Modelle entworfen, in denen die einzelnen möglichen Faktoren identifiziert, kategorisiert und in Beziehung zueinander gesetzt werden, mit dem Ziel, ihre Bedeutung für den Zweitsprachenerwerb empirisch überprüfen zu können

Eines der einflussreichsten und bekanntesten Modelle zur Bedeutung von sozialen Faktoren für den Zweitsprachenerwerb ist das „Akkulturationsmodell" von John Schumann. Den Ausgangspunkt bildet Schumanns „Pidginisierungshypothese", die auf einer Fallstudie (Schumann 1975, 1976a, 1976b) aufbaut: Die Lernersprache eines 33-jährigen immigrierten Arbeiters aus Puerto Rico in den USA wurde während einer zehnmonatigen Periode untersucht. Dabei wurde festgestellt, dass sie auf einer niedrigen Stufe, die durch funktionale und strukturelle Reduktionen gekennzeichnet war, stagnierte − der Lerner machte keine wesentlichen Fortschritte. Schumann (1976b) sprach von einer Pidginisierung und verglich somit die Lernersprache mit einer Pidginsprache. Findet kein Prozess der Fortentwicklung statt, nimmt Schumann als entscheidenden Grund, als erstes Glied einer Kausalkette, soziale Distanz an. Sie führt zu eingeschränkten Kontakten mit Angehörigen der Zielsprachenkultur und behindert dadurch den Zugang zu zielsprachlichem Input und damit den Erwerb. Zur genauen Bestimmung der sozialen Distanz zwischen zwei Gruppen führt Schumann (1976a, 1978) verschiedene Faktoren an. Eine geringe soziale Distanz und dadurch eine für den Erwerb günstige Situation liegt − bezüglich des Integrationsmusters − bei Assimilation oder zumindest bei der Adaptation der L2-Gruppe (L2 = *Language* 2/Zweitsprache) an die L1-Gruppe (L1 = *Language* 1/ Erstsprache) vor − im Unterschied zu der Preservation, außerdem bei geringer Geschlossenheit der Gruppe hinsichtlich der sozialen Institutionen, sowie bei geringer Kohäsion und Gruppengröße, bei einer hohen Kongruenz beider Kulturen, einer positiven Einstellung der L2-Gruppe gegenüber der L1-Gruppe und einer möglichst langen Bleibeabsicht der L2-Gruppe. In einer Ausweitung seines Modells zum Akkulturationsmodell integriert Schumann (1978) psychologische Faktoren: Sprachenschock, Kulturschock, Motivation und Ego-Durchlässigkeit (die Flexibilität und Bereitschaft des psychischen Egos, Veränderungen und Anregungen aufzunehmen); diese seien dann ausschlaggebend für den Erfolg des Erwerbs, wenn die soziale Distanz nicht eindeutig sei, könnten aber auch den Effekt einer geringen oder großen sozialen Distanz aufheben. Untersuchungen zur empirischen Überprüfung des Modells ergaben widersprüchliche Ergebnisse und waren daher nicht eindeutig interpretierbar (vgl. Schumann 1986). Problematisch ist, dass das Modell von Schumann auf Grund der vielen, kaum quantifizierbaren und zudem einander beeinflussenden Faktoren nicht wirklich falsifizierbar ist.

Eine bedeutende Studie, die auch Schumann als Evidenz für sein Modell anführt (Schumann 1978), ist das Heidelberger Projekt Pidgin-Deutsch (kurz: HPD) einer Forschergruppe unter der Leitung von Norbert Dittmar (HPD 1977), in dem der ungesteuerte Erwerb von 48 italienischen und spanischen Einwanderern in Deutschland untersucht wurde. In der Querschnittstudie wurde der jeweilige Sprachstand zu verschiedenen sozialen Variablen, die mit Hilfe von Interviews und teilnehmenden Beobachtungen ermittelt wurden, in Beziehung gesetzt. Es zeigte sich, dass die Länge des Aufenthaltes nur während der ersten zwei Jahre eine Rolle spielte, danach beeinflussten vor allem der Kontakt zu Deutschen während der Freizeit und der Arbeit, das Alter bei der Immigration, die Qualität der Ausbildung im Heimatland und die Länge der Schuldbildung den Spracherwerb.

In einer sehr ambitionierten und vielbeachteten Untersuchung, dem Wuppertaler ZISA-Projekt, wurden in einer Querschnittstudie der ungesteuerte Zweitsprachenerwerb von 45 erwachsenen italienischen, portugiesischen und spanischen Arbeitern untersucht (Clahsen, Meisel und Pienemann 1983). Die Ergebnisse umfassender statistischer Analysen ergaben, dass in ihrer Lernersprache stark simplifizierende Lerner eher eine segregative Orientierung und eine einseitige Einstellung gegenüber der deutschen Kultur aufwiesen. Sie verfügten insgesamt über eine eher geringe Qualifikation, waren weniger an einem sozialen Aufstieg interessiert, betrachteten den Aufenthalt in Deutschland als vorübergehend und zeigten eine geringere Bindung an die deutsche Umgebung bezüglich der Wohnsituation, z. B. der Kontakte zu Nachbarn.

Einen Überblick über die Ergebnisse empirischer Studien zu verschiedenen Faktoren und ihren Einfluss auf den Zweitsprachenerwerb gibt Esser (2006), er konzentriert sich dabei auf die Bedingungen im Herkunfts- und Aufnahmekontext, den ethnischen Kontext, d. h. die Existenz und Struktur einer ethnischen Gemeinde der Einwanderer sowie auf die individuellen und familiären Lebensbedingungen und die besonderen Umstände der Migration. Auf der Grundlage seines Modells entwickelt er Annahmen über die Wirkung verschiedener Faktoren, die sich teilweise empirisch belegen ließen. Das Erlernen der Zweitsprache wird danach begünstigt durch ein niedriges Einreisealter und eine längere Aufenthaltsdauer im Einwanderungsland, für die Kinder ein niedriges Einreisealter und gute Sprachfertigkeiten der Eltern, sowie eine höhere Bildung der MigrantInnen bzw ihrer Eltern. Eine nur temporär geplante Migration wirkt sich dagegen negativ aus (Dustmann 1999), wobei allerdings ein selbstverstärkender Effekt zu beachten ist: Ein geringer Lernerfolg verstärkt die Rückkehrabsicht. Auch kann davon ausgegangen werden, dass starke soziale und kulturelle Distanzen zwischen der Einwanderergruppe und der Mehrheitsgesellschaft einen negativen Einfluss auf den Zweitsprachenerwerb haben. Behindert wird der L2-Erwerb auch durch stärkere ethnische Konzentrationen im Wohnumfeld, durch Kommunikationsmöglichkeiten in der Herkunftssprache im Wohnumfeld oder durch die Verfügung über herkunftssprachliche Medien sowie durch die (relative) Gruppengröße der jeweiligen Migrantenminorität (van Tubergen 2004). Wichtig für den Lernerfolg sind der Zugang zu Lerngelegenheiten wie Sprachkurse und Gelegenheiten zum Sprechen durch interethnische Kontakte, wobei Esser (2006: 29) davon ausgeht, dass die Bedeutung der Sprachkompetenzen für Kontakte größer ist als umgekehrt.

3. Die Mikroebene: Individuen und ihre Interaktionen

In einigen neueren Studien und Theorien wird Kognition grundsätzlich als ein in der Interaktion begründetes soziales Phänomen aufgefasst. Insbesondere in Studien in der Tradition von Vygotzky (1962, 1978) wird das Sprachenlernen vor allem als sozialer Prozess und der Lernende als sozial Handelnder gesehen. Im Fokus der Untersuchungen steht daher, in einer integrativen Sichtweise, die Mikroebene der konkreten Interaktionen: die zielsprachliche Kommunikation des Lerners als Individuum in einem spezifischen Kontext unter den gegebenen sozialen Rahmenbedingungen. Willet (1997) zeigt in ihrer Studie, wie im sozialen Kontext Routinen und Interaktionsstrategien geformt werden, die für den Sprachenerwerb essentiell sind. Der Zugang zur Praxis der Zielsprache ist daher eine notwendige Bedingung zum Erlernen der Sprache

Der individuelle Lerner steht in verschiedenen Studien im Mittelpunkt, in denen die Zugehörigkeit zu einer Gruppe und der größere soziale Kontext im Wechselspiel mit anderen, sich gegenseitig beeinflussenden Faktoren betrachtet werden. So untersuchte Riemer (1997) zur Verifizierung ihrer „Einzelgänger-Hypothese" in drei Fallanalysen – die Probanden waren Deutsch-Lerner, die zur Vorbereitung ihres Studiums universitäre Sprachkurse besuchten – das jeweils lernerspezifische Zusammenwirken von lernerendogenen Faktoren, wie subjektiven Lerntheorien und lernerexogenen Faktoren, z. B. soziale Herkunft oder Kontakte sowie Unterricht, Interaktion und die individuelle Verarbeitung von Input und Output.

Norton (Norton Peirce 1995; Norton 2000) erforschte in einer einjährigen Longitudinalstudie an Hand von Interviews, Tagebüchern und Fragebögen, unter welchen Bedingungen ihre Probandinnen, Immigrantinnen aus unterschiedlichen Herkunftsländern in Kanada, den Zugang zu sozialen Netzwerken der Zielkultur als Gelegenheit zur Sprachpraxis ausnutzten oder schufen. In den theoretischen Grundlagen dieser Studie geht es ihr darum, die künstliche Trennung zwischen dem Individuum und der sozialen Umgebung, wie sie vielen Ansätzen zugrunde liege, aufzuheben. Das Individuum sei auch Subjekt, nicht nur Objekt der sozialen Situation; es ist – im Rahmen von sozialen Strukturen und Machtverhältnissen, die in der Interaktion ausgehandelt werden (Norton 2000: 112) – an der Konstruktion des sozialen Lernkontextes beteiligt. Die soziale Identität beschreibt Norton als vielfältig und veränderlich: Sie wird in verschiedenen Rollen produziert, gegebenenfalls erkämpft. Affektive Variablen, auf widersprüchliche Weise im Individuum koexistierend, sind oft sozial konstruiert und verändern sich in Raum und Zeit (Norton Peirce 1995: 15). Integrationsmuster und Einstellung sollten nicht als fest und statisch betrachtet werden – sie fluktuieren in Einklang mit der sozialen Erfahrung. Lerner sind dann erfolgreich, wenn sie eine Identität aufbauen, die es ihnen erlaubt, Subjekt des Diskurses zu sein. Das erfordert wiederum eine Investition in die Fremdsprache, die nur aufgebracht wird, wenn die Lern- und Sprachbemühungen den Wert des kulturellen Kapitals (nach Bourdieu 1977), wie z. B. den Zugang zu Wissen und Denkweisen, Freundschaften, das Erreichen einer höheren sozialen Stufe oder eines besseren Verdienstes etc., erhöhen (Norton Peirce 1995: 17).

Zu sehr ähnlichen Ergebnissen wie Norton Peirce kommt auch Buß (1995), der an Hand von fünf biographisch-narrativen Interviews mit türkischen Arbeitsmigranten in Deutschland die „wechselseitigen Bedingungsverhältnisse von erfolgreichem Zweitsprachenerwerb und sozialer Integration" (Buß 1995: 249) beleuchtet.

Biographische Forschung spielt auch in der im Rahmen des Mannheimer Projekts „Sprachliche Integration von Aussiedlern" entstandenen Studie von Meng (1995, 2001) eine wichtige Rolle, um den „Prozess der sprachlichen Integration von Aussiedlern in die deutsche Gesellschaft zu dokumentieren, Verlaufsvarianten zu ermitteln und aus linguistischer Perspektive zu beschreiben sowie diese aus den Vorgeschichten und aktuellen Rahmenbedingungen der Migration zu erklären" (Meng 1995: 30). Die Studie umfasst sowohl eine Querschnitts- als auch eine Longitudinaluntersuchung russlanddeutscher Familien. Weitere Studien des Mannheimer Projektes beschäftigen sich mit dem Anpassungsprozess der Sprache von Russlanddeutschen in der Integrationsphase in Deutschland (Berend 1998) sowie mit der Identitätsarbeit und den Kommunikationsbeziehungen zwischen Aussiedlern und Einheimischen (Reitemeier 2006).

Nach Bourdieu (1977) ist Sprache ein wirkungsvolles Instrument zur Machtausübung, zur Selbstbehauptung und zur sozialen Identifikation oder Abgrenzung. Die Erkenntnis, dass sprachliche Mittel von Zweitsprachenlernern zielgerichtet eingesetzt werden, führte, zumindest in bestimmten Kontexten des Gebrauchs der Zweitsprache, zu einer Kritik an dem Erklärungswert von Konzepten wie dem der Lernersprache bzw. der Interlanguage oder der Fossilisierung und der klaren Dichotomie Muttersprachler vs. Nicht-Muttersprachler. Keim (2007) hat in ihrer qualitativ-soziolinguistischen Studie diesen strategischen Umgang mit Sprache anhand des Kommunikationsverhaltens von Migrantinnen türkischer Herkunft vor dem Hintergrund ihrer Lebenswelt mit ethnographischen und gesprächsanalytischen Methoden analysiert. Sie konnte zeigen, dass die sprachlichen Mittel, die von der ihr untersuchten sozialen Gruppe, den „Power girls" in Mannheim, verwendetet werden, genau ausdifferenziert und dem jeweiligen Kontext angepasst werden. Es handelt sich also nicht um eine Lernersprache, sondern um eine auch als „New German Pidgin" bezeichnete ethnolektale Varietät. Deutlich wird an dem breiten Spektrum an Ausdrucksmöglichkeiten, das den Mitgliedern der Migranten-Community zur Verfügung steht, dass Bilingualität als eine Ressource und nicht als Defizit zu betrachten ist.

4. Lernkontexte und Programme zur Förderung des Zweit- und Fremdsprachenerwerbs

Allgemein wird davon ausgegangen, dass in dem ungesteuerten, natürlichen Lernkontext, in dem sich z. B. ein Migrant am Arbeitsplatz im Zielsprachenland befindet, das informelle Lernen stattfindet und im unterrichtlich-gesteuerten Lernkontext das formelle. Das heißt: In der ungesteuerten Umgebung ergibt sich das Lernen aus der direkten Teilnahme und Beobachtung ohne explizite Regelformulierung. Der Spracherwerb erfolgt vor allem auf Grund der sozialen Bedeutung des Gelernten. Charakteristisch für das formelle Lernen ist hingegen die bewusste Aufmerksamkeit auf Regeln und Strukturen. Hier steht der Lerngegenstand im Vordergrund (Ellis 1994). Häufig sind Lerner beiden Lernkontexten ausgesetzt.

Spolsky (1989) betont, dass die Möglichkeit zu Interaktionen mit dem Fokus auf der Bedeutung beim informellen Lernen im natürlichen Lernkontext bedeute, dass die Lernenden den idealen Input für ihren Erwerb erhalten — ein Input, der ihrem Sprachstand entsprechend modifiziert werde. Dass der Zugang zu Input bzw. zu ergiebigen Interaktionen mit Muttersprachlern auch in zielsprachlicher Umgebung nicht selbstverständlich ist, hat jedoch die oben beschriebene Studie von Norton (2000) gezeigt. Im informellen Kontext erreichen die Lerner tendenziell eine höhere mündliche Kompetenz (Fathmann 1978) — diese stagniert aber u. U. weit von einer muttersprachlichen Kompetenz entfernt (z. B. Schmidt 1983; Meisel 1983). Lerner in formellen Lernkontexten konzentrieren sich dagegen eher auf Grammatikalität (Fathmann 1978). Gass (1987) stellte jedoch in ihrer Studie fest, dass Zweitsprachenlernende bei der Beherrschung komplexer Regeln im Vergleich zu Fremdsprachenlernenden im Vorteil waren.

In Programmen zur Förderung des Zweitsprachenerwerbs und zur sprachlichen Eingliederung werden die sozialen Lernbedingungen gezielt beeinflusst. Sie unterscheiden sich u. a. darin, welcher Stellenwert der Erstsprache eingeräumt wird. Man unterscheidet zwischen Programmen, die den Erhalt der Erstsprache (additiver Bilingualismus) anstreben und Programmen, die in Kauf nehmen, dass die Erstsprache des Lerners durch die Zweitsprache ersetzt wird (subtraktiver Bilingualismus).

Ist die L2 Medium des Unterrichts in einem Umfeld, in dem die L2 dominiert; spricht man von Submersion, wie sie in vielen Einwandererstaaten üblich ist. Die Kinder werden gemeinsam mit den Kindern der einheimischen Mehrheit unterrichtet. Probleme ergeben sich u. a. daraus, dass dann der Input nicht dem Sprachstand der Lerner angepasst und für sie oft nicht oder nur schwer verständlich ist (Cohen und Swain 1979; Cummins 1988).

In sog. transitorischen Programmen findet der Unterricht, zumindest für eine bestimmte Zeit, getrennt von der einheimischen Mehrheit statt, etwa wenn Immigranten in speziellen Schulen die Zielsprache erlernen. In Form von kurzen Programmen für Flüchtlinge kann dies den Lernern helfen, sich sozial, emotional und sprachlich an die Anforderungen der fremden Gesellschaft anzupassen (Ellis 1994).

Ein weiteres Programm ist das der Immersion, bei dem die Zweit-/Fremdsprache Medium des Unterrichts in einem Umfeld mit dominierender L1 oder mit koexistierenden L1 und L2 ist. Der Begriff Immersion wurde zuerst im Zusammenhang von kanadischen Programmen benutzt, in denen Schüler, Angehörige der englischsprachigen Mehrheit, in der Muttersprache der französischen Minderheit als Unterrichtssprache unterrichtet wurden. Es wird als eindeutiger Erfolg bewertet (Schinke-Llano 1990; Swain und Lapkin 1982), da es zu einem hohen Niveau der Beherrschung der Zielsprache Französisch führt, besonders hinsichtlich der Diskurs- und der Strategienkompetenz. Als Gründe für diesen Erfolg werden genannt, dass die Lernenden reichlich einem verständlichen Input ausgesetzt sind, aber auch ihre Muttersprache weiter entwickeln können (Swain und Lapkin 1982).

In Programmen zur Bewahrung der Muttersprache in einer Umgebung mit dominierender L2 wird versucht, Bilingualität zu erreichen, indem die Muttersprache der Lernenden durch speziellen Unterricht gefördert wird, so dass sie weitestgehend erhalten bleibt. Gleichzeitig zur Entwicklung der Muttersprache wird ein hoher Grad an Beherrschung der Zielsprache erreicht (s. Swain und Cummins 1979; Cummins 2000). Die sog. *time-on-task*-Hypothese wurde widerlegt (Cummins 1988, 2000). Diese Hypothese besagt, dass der Lernerfolg in der L2 umso größer sei, je mehr Zeit mit ihr verbracht werde. Der *Interdependence*- Hypothese von Cummins (1988) zufolge entwickelt das Kind eine allgemeine schriftsprachliche und theoretische Kompetenz, die beiden Sprachen zugrundeliegt und zwischen den Sprachen transferiert werden kann. Diese Kompetenz könne leichter in der L1 erworben werden, anschließend werde sie auf die Zweitsprache übertragen. Insgesamt beeinflusst der Unterricht zur Bewahrung der L1 auch den L2-Erwerb positiv. Skuttnab Kangas (1988) begründet dies damit, dass Kinder eine hohe Motivation und Selbstvertrauen zum Erwerb der Zweitsprache entwickeln, wenn ihnen das Gefühl vermittelt wird, dass ihre Muttersprache geschätzt wird. Allgemein hängt der Erfolg der Programme vom soziokulturellen Kontext und der Unterstützung der Erstsprache durch das Umfeld ab.

Es liegen Ergebnisse aus Studien speziell zur sprachlichen Entwicklung von in Deutschland geborenen Kindern mit Migrationshintergrund vor. Brizić (2006) fand in ihren Untersuchungen, dass ausgerechnet jene Kinder Deutsch am besten beherrschen, deren Eltern zu Hause ihre eigenen Sprachen sprechen und diese an die Kinder weitergeben. Ein geringes Prestige der eigenen Sprache im Herkunftsland (wie z. B. Minderheitensprachen oder Dialekte in der Türkei) führt zu einem Sprachenwechsel in Deutschland: Die Eltern sprechen mit ihren Kindern in der weniger gut beherrschten Zweitsprache Deutsch, dadurch fehlt ihnen eine Grundlage zur Entwicklung ihrer allgemeinen Sprachkompetenz. Auch die Bildungs- und Sprachpolitik im Herkunftsland kann demnach als ein entscheidender Faktor für die Entwicklung der L2-Kompetenz angesehen werden.

Die IGLU-Studie, eine international vergleichenden Untersuchung am Ende des 4. Schuljahr (Bos et al. 2003), z. B. zeigte, dass der Besuch des Kindergartens oder einer Vorschule von mindestens zwei Jahren das Sprachniveau beträchtlich erhöht. Es fehlen jedoch Untersuchungen zur Auswirkung des Herkunftssprachenunterrichts auf die Kompetenz im Deutschen (Esser 2006: 30).

Eine Untersuchung schriftlicher Nacherzählungen von Hauptschülern (Knapp 1997) ergab, dass Schüler, die vor ihrer Einwanderung noch die Schule im Herkunftsland besucht haben, hinsichtlich Textkohärenz und Textform bessere Werte erzielten als diejenigen, die die deutsche Schule von Anfang besucht hatten. Tendenziell schneiden Zuwanderer in ihren fachlichen Leistungen besser ab als in Deutschland geborene Schüler mit Migrationshintergrund: Daraus lässt sich schließen, dass deren Möglichkeiten, Deutsch als Schul- und Bildungssprache zu erlernen, unzureichend sind (Reich 2007: 41).

5. Literatur in Auswahl

Berend, Nina
  1998   *Sprachliche Anpassung. Eine soziolinguistisch-dialektologische Untersuchung zum Rußland-deutschen.* Tübingen: Narr.
Bos, Wilfried, Eva-Maria Lankes, Manfred Prenzel, Knut Schwippert, Gerd Walther und Renate Valtin
  2003   *Erste Ergebnisse aus IGLU. Schülerleistungen am Ende der vierten Jahrgangsstufe im internationalen Vergleich.* Münster: Waxmann.
Bourdieu, Pierre
  1977   The economics of linguistic exchange. *Social Science Information* 16(6): 645–668.
Brizić, Katharina
  2006   *Das geheime Leben der Sprachen. Gesprochene und verschwiegene Sprachen und ihre Einfluss auf den Spracherwerb in der Migration.* Münster: Waxmann.
Buß, Stefan
  1995   Zweitspracherwerb und soziale Integration als biographische Erfahrung – Eine Analyse narrativer Interviews mit türkischen Arbeitsmigranten. *Deutsch Lernen* 20(3): 248–275.
Clahsen, Harald, Jürgen M. Meisel und Manfred Pienemann
  1983   *Deutsch als Zweitsprache. Der Spracherwerb ausländischer Arbeiter.* Tübingen: Narr.
Cohen, Andrew und Merrill Swain
  1979   Bilingual education: the "immersion" model in the North American context. In: John Pride (Hg.), *Sociolinguistic aspects of language learning and teaching*, 144–151. London: Oxford University Press.
Cummins, Jim
  1988   Second language acquisition within bilingual education programs. In: Leslie M. Beebe (Hg.), *Issues in Second Language Acquisition: Multiple Perspectives*, 145–166. New York: Newbury House.
Cummins, Jim
  2000   *Language, Power, and Pedagogy. Bilingual Children in the Crossfire.* Clevedon, England: Multilingual Matters.

Dustmann, Christian
  1999   Temporary migration, human capital, and language fluency of migrants. *The Scandina-vian Magazine of Economics* 101: 297−314.

Ellis, Rod
  1994   *The Study of Second Language Acquisition.* Oxford: Oxford University Press.

Esser, Hartmut
  2006   *Migration, Sprache und Integration.* (= AKI-Forschungsbilanz 4). Berlin: Arbeitsstelle Interkulturelle Konflikte und Gesellschaftliche Integration.

Fathman, Ann K.
  1978   ESL and EFL learning: similar or dissimilar? In: Charles H. Blatchford und Jaquelyn Schachter (Hg.), *On TESOL '78: EFL policies, programs, practices. Selected papers from the 12. Annual convention of teachers of English to speakers of other languages, Mexico City, April 4−9, 1978,* 213−223. Washington D. C.: TESOL.

Gass, Susan M.
  1987   The resolution of conflicts among competing systems: a bidirectional perspective. *Applied Psycholinguistics* 8: 329−350.

HPD. Heidelberger Forschungsprojekt „Pidgin-Deutsch"
  1977   *Heidelberger Forschungsprojekt „Pidgin-Deutsch spanischer und italienischer Arbeiter in der Bundesrepublik": Die ungesteuerte Erlernung des Deutschen durch spanische und italie-nische Arbeiter. Eine soziolinguistische Untersuchung.* (Beiheft 2). Osnabrück: Osnabrücker Beiträge zur Sprachtheorie.

Keim, Inken
  2007   *Die „türkischen Powergirls". Lebenswelt und kommunikativer Stil einer Migrantinnen-gruppe in Mannheim.* 2., durchgesehene Auflage. Tübingen: Narr.

Knapp, Werner
  1997   *Schriftliches Erzählen in der Zweitsprache.* Tübingen: Niemeyer.

Meisel, Jürgen
  1983   Strategies of second language acquisition: more than one kind of simplification. In: Roger W. Andersen (Hg.), *Pidginization and Creolization as Language Acquisition,* 120−157. Rowley, MA: Newbury House.

Meng, Katharina
  1995   Sprachbiographien in einer rußlanddeutschen Aussiedlerfamilie. *Deutsch Lernen* 20(1): 30−51.

Meng, Katharina
  2001   *Sprachbiografien. Untersuchungen zur sprachlichen Integration von Aussiedlerfamilien.* Un-ter Mitarbeit von Ekaterina Protassova. Tübingen: Narr.

Norton, Bonny
  2000   *Identity and Language Learning. Gender, Ethnicity and Educational Change.* NewYork: Longman.

Norton Peirce, Bonny
  1995   Social identity, investement, and language learning. *TESOL Quarterly* 29(1): 737−758.

Reich, Hans H.
  2007   Türkisch-deutsche Sprachbiographien − Sprachliche Kompetenzen in Abhängigkeit von sprachlichen Sozialisationsbedingungen. In: Ruth Eßer und Hans-Jürgen Krumm (Hg.), *Bausteine für Babylon. Sprache, Kultur, Unterricht. Festschrift zum 60. Geburtstag von Hans Barkowski,* 34−44. München: iudicium.

Reitemeier, Ulrich
  2006   *Aussiedler treffen auf Einheimische. Paradoxien der interaktiven Identitätsarbeit und Vor-enthaltung der Marginalitätszuschreibung in Situationen zwischen Aussiedlern und Binnen-deutschen.* Tübingen: Narr.

Riemer, Claudia
  1997   *Individuelle Unterschiede im Fremdsprachenerwerb: eine Longitudinalstudie über die Wech-selwirksamkeit ausgewählter Einflussfaktoren.* Baltmannsweiler: Schneider Hohengehren.

Schinke-Llano, Linda
  1990   Can foreign language learning be like second language acquisition? The curious case of
         immersion. In: Bill VanPatten und James F. Lee (Hg.), *Second language acquisition –
         foreign language learning*, 216–225. Clevedon: Multilingual Matters.
Schmidt, Richard
  1983   Interaction, acculturation, and the acquisition of communicative competence. A case
         study of an adult. In: Ness Wolfson und Elliot Judd (Hg.), *Sociolinguistics and language
         acquisition,* 137–174. Rowley, MA: Newbury House.
Schumann, John H.
  1975   *Second Language Acquisition. The Pidginization Hypothesis.* Educat. Doctoral disserta-
         tion, Harvard University.
Schumann, John H.
  1976a Social distance as a factor in second language acquisition. *Language Learning* 26(1):
         135–143.
Schumann, John H.
  1976b Second language acquisition: the Pidginization Hypothesis. *Language Learning* 26(2):
         391–408.
Schumann, John H.
  1978   The Acculturation Model for second-language acquisition. In: Rosario C. Gingras (Hg.),
         Second Language Acquisition and Foreign Language Teaching, 27–50. Arlington: Center
         for Applied Linguistics.
Schumann, John
  1986   Research on the Acculturation Model for second language acquisition. *Journal of Multi-
         lingual and Multicultural Development* 7(5): 379–392.
Skuttnab-Kangas, Tove
  1988   Multilingualism and the education of minority children. In: Tove Skuttnab-Kangas und
         Jim Cummins (Hg.), *Minority Education: From Shame to Struggle*, 9–44. Clevedon:
         Multilingual Matters.
Spolsky, Bernard
  1989   *Conditions for Second Language Learning.* Oxford: Oxford University Press.
Swain, Merrill und Jim Cummins
  1979   Bilingualism, cognitive functioning and education. *Language Teaching and Linguistics:
         Abstracts* 12(1): 4–18.
Swain, Merrill und Sharon Lapkin
  1982   *Evaluating Bilingual Education: a Canadian Case Study.* Clevedon: Multilingual Matters.
Tubergen, Frank van
  2004   *The Integration of Immigrants in Cross-National Perspective. Origin, Destination and Com-
         munity Effects.* Utrecht: ICS Dissertation Series.
Vygotsky, Lev S.
  1962   *Thought and Language.* Cambridge, MA: MIT Press.
Vygotsky, Lev S.
  1978   *Mind in society.* Cambridge, MA: Harvard University Press.
Watson-Gegeo, Karen Ann und Sarah Nielsen
  2003   Language Socialization in SLA. In: Catherine J. Doughty und Michael H. Long (Hg.),
         The Handbook of Second Language Acquisition, 178–223. Malden, MA: Wiley-Blackwell.
Willett, Jerri
  1997   Becoming first graders in an L2: an ethnographic study of L2 socialization. *TESOL
         Quarterly* 29(3): 437–503.

Heike Rohmann, Aarhus (Dänemark)

99. Subjektive (Lerner-)Theorien

1.   Das Forschungsprogramm Subjektive Theorien (FST)

1.1. Die Entwicklung des FST und das Konstrukt „Subjektive Theorie"

Die Grundlagen für das FST wurden im Jahre 1977 durch Groeben und Scheele mit der Publikation *Argumente für eine Psychologie des reflexiven Subjekts* geschaffen. Die Psychologie stellt damit in Abgrenzung zu der bis dahin eher methodologisch-behavioristisch geprägten Forschung mit einem epistemologischen Subjektmodell einen Gegenentwurf vor. Das zugrunde liegende Menschenbild geht − im Gegensatz zum behavioralen Subjektentwurf − von der Annahme des Menschen als einem handelnden Subjekt aus, das durch die folgenden vier Charakteristika gekennzeichnet ist: Intentionalität, potentielle Reflexivität, Rationalität und sprachliche Kommunikationsfähigkeit (Groeben et al. 1988: 209−221). Das Konstrukt *Subjektive Theorie* wird in einer weiten Variante des FST als Oberbegriff zu Konzepten wie *naive* oder *implizite Theorie*, *Laien-* und *Alltagstheorien* verwendet und hat eine relativ enge Bedeutung, da es strukturell und funktional in Analogie zum Begriff der objektiv-wissenschaftlichen Theorie angelegt ist. Folgende fünf definitorische Hauptmerkmale werden für das Konstrukt *Subjektive Theorie* genannt (vgl. Grotjahn 1998: 35):

1. Subjektive Theorien sind relativ stabile kognitive Strukturen (mentale Repräsentationen).
2. Subjektive Theorien können sowohl aus expliziten (bewussten) als auch impliziten (nicht-bewusstseinsfähigen) Kognitionen bestehen und sich auf die handelnde Person und/oder auf die Umwelt beziehen.
3. In Analogie zu wissenschaftlichen Theorien weisen Subjektive Theorien eine − zumindest implizite − Argumentationsstruktur auf, die über Kausalzusammenhänge die Generierung neuer Einsichten ermöglicht.
4. Subjektive Theorien erfüllen wie wissenschaftliche Theorien folgende Funktionen: Realitätskonstituierung durch Situationsdefinitionen, Erklärung und Vorhersage von Sachverhalten, Konstruktion von Handlungsentwürfen zur Herbeiführung von Sachverhalten.
5. Subjektive Theorien haben eine handlungsleitende Funktion, da sie beobachtbares Handeln beeinflussen.

1.2. Forschungsmethodologie zur Erhebung Subjektiver Theorien: Zwei-Phasen-Konzeption empirischer Forschung

Im Rahmen des FST wurde mit der Dialog-Konsens-Methodik eine spezifische Forschungsmethodologie zur Erhebung Subjektiver Theorien entwickelt. Diese gliedert sich

in zwei aufeinander folgende Erhebungsschritte: Eine Phase kommunikativer und eine
Phase explanativer Validierung.

Phase 1: Kommunikative Validierung

Kommunikative Validierung besteht nach Scheele und Groeben (1988: 21) „... aus
einem *verstehenden Beschreiben* (z. B. von Subjektiven Theorien), *dessen Rekonstruktions-
adäquanz im Dialog durch den Konsens des Erkenntnis-Objektes festgestellt wird*". In dieser ersten, in sich wiederum zweigliedrigen Phase werden in einem ersten Schritt die
Inhalte der Subjektiven Theorie (z. B. eines Fremdsprachenlerners) und dann in einem
zweiten Schritt deren Struktur rekonstruiert. Zur Rekonstruktion der Inhalte sind die
gängigen qualitativen Verfahren der Inhaltserhebung einsetzbar; dies sind beispielsweise
introspektive Techniken wie Interview oder nachträgliches Lautes Denken, die dem Lernenden möglichst viel Raum lassen, um seine persönlichen Kognitionen über einen Gegenstand angemessen zu artikulieren. Zur Struktur-Rekonstruktion Subjektiver Theorien
wird meist die sog. „Heidelberger Struktur-Lege-Technik" (SLT) verwendet, mittels derer
die erhobenen Kognitionen − im Konsens zwischen Lernendem und Forschendem − in
kausale Relationen gebracht werden. Ergebnis dieses Validierungsschrittes ist ein sog.
„Strukturbild" (vgl. Scheele und Groeben 1988: 53−62).

Phase 2: Explanative Validierung

In einer zweiten, sog. explanativen Phase soll die Realitätsadäquanz der in der ersten
Phase erhobenen Subjektiven Theorie überprüft werden. Auch steht die Frage im Vordergrund, ob die erhobene Subjektive Theorie für das handelnde Subjekt tatsächlich auch
handlungsleitend ist. Möglichkeiten der Beobachtung bieten extrospektive Techniken wie
Videoaufnahme oder Unterrichtsbeobachtung. Anzumerken ist allerdings, dass die hier
angeführte explanative Validierung im Rahmen der Fremdsprachenforschung zwar immer wieder eingefordert wird, tatsächlich aber so gut wie nie Verwendung findet; die
meisten Untersuchungen beschränken sich auf den Einsatz der kommunikativen Validierung (z. B. Kallenbach 1996, Berndt 2003). Begründet wird dieses Vorgehen mittels for-
schungsökonomischer Überlegungen: Wegen „... des beträchtlichen zusätzlichen Auf-
wandes", den eine explanative Validierung erforderte, wird diese nicht integriert (Grotjahn 1998: 49). Es wird daher die begriffliche Modifikation einer „weiten Variante" des
FST (Groeben et al. 1988: 17−24) vorgeschlagen, bzw. eine methodologische Flexibilisie-
rung hin zu einem „offenen Paradigma FST" (Berndt 2000: 103), um der Erforschung
des Sprachenlernens aus der Lernerperspektive unter den spezifischen Bedingungen der
Fremdsprachenforschung gerecht zu werden.

2. Das FST als methodologischer Ansatz der deutschen Fremdsprachenforschung

Bereits Ende der 1970er und in den 1980er Jahren erschien eine Vielzahl von Untersuchungen in der englischsprachigen Forschung, die sich mit dem Thema des Sprachenlernens aus der Perspektive der Lernenden beschäftigen. Die gewählten Begrifflichkeiten
sind beispielsweise „learners' representations of the learning process" (Holec 1987) oder
„beliefs", also Überzeugungen von Lernenden über ihr Fremdsprachenlernen (Wenden

1987). Zwar nehmen diese Arbeiten mittels der jeweils gewählten Ansätze die introspektive Sicht des Lernenden in den Fokus und sehen die so erhobenen Kognitionen als potentielle explanative Konstrukte des Lernens von Fremdsprachen; allerdings fehlt in den meisten Fällen eine kohärente theoretische und methodologische Basis. Insofern sind die genannten Ansätze der „weiten Variante" bzw. einem „offenen Paradigma" des FST zuzuordnen.

Was Lernende über Fremdsprachenlernen und die damit korrelierenden Faktoren denken, rückte seit den 1990er Jahren auch in das Interessenfeld der deutschen Fremdsprachenforschung. Nachdem Sprachenlernen über Jahrzehnte hinweg primär extrospektiv untersucht worden war, suchte man im Rahmen des Paradigmas der Subjektorientierung nach einer Forschungsmethode, mittels derer introspektive Daten über Sprachenlernende erhoben werden können und die den gängigen Gütekriterien empirischer Forschung genügt. Hier bot sich die Methodologie des FST an, die zudem hermeneutische und empiristische Traditionen in ihrem Vorgehen integriert (vgl. Grotjahn 2006: 257−260).

Die Wichtigkeit der Erforschung Subjektiver Theorien von Fremdsprachenlernenden wird hauptsächlich mit ihrer möglichen Rückwirkung auf eine adäquatere Unterrichtspraxis begründet, denn „die Relevanz von Reflexionen (über Sprache/n, Lernen und Lehren) im Fremdsprachenunterricht ist nicht zu unterschätzen, weswegen das Forschungsprogramm Subjektive Theorien (FST) bei Anwendung auf den Fremdsprachenunterricht u. U. einen wertvollen Beitrag zu dessen theoretischer Modellierung und praktischer Verbesserung leisten kann" (Scheele und Groeben 1998: 13). Abbildung 99.1 zeigt, wie man Subjektive Lernertheorien in den Faktorenkomplex Fremdsprachlernen integrieren kann:

Lernerinterne Faktoren	**Subjektive Theorien**	Lernerexterne Faktoren
− Persönlichkeit	▶ ◀	− in/formeller Kontext
− Begabung	Einstellungen	− Klassenzimmer
− kognitive Stile	Strategiegebrauch	− Lehrerpersönlichkeit
− etc.	Lernerfolg etc.	− etc.

Abb. 99.1: nach Grotjahn 1991: 205.

Demnach korrelieren Subjektive Theorien mit Einstellungen zum Fremdsprachenlernen, dem Strategiengebrauch und damit auch mit dem Lernerfolg. Zudem stehen Subjektive Theorien im Spannungsfeld von lernerinternen (Begabung, Persönlichkeit, kognitive Stile, etc.) und lernerexternen (formeller/informeller Kontext, Klassenzimmer, Lehrerpersönlichkeit, etc.) Faktoren.

Bis heute gibt es zahlreiche empirische Untersuchungen, die, der weiten Variante des FST folgend, Subjektive Theorien von Fremdsprachenlernenden zu unterschiedlichen Aspekten untersucht haben.

3. Studien zu Subjektiven Lernertheorien in Auswahl

Die erste grundlegende Studie zum Thema erschien im Jahr 1996 mit Kallenbachs „Subjektive Theorien. Was Schüler und Schülerinnen über Fremdsprachenlernen denken". Untersucht wurden siebzehn Gymnasiasten der Oberstufe, die Spanisch als dritte oder vierte Fremdsprache erlernten. Die forschungsleitende Frage war: „Wie stellt sich für sie vor dem Hintergrund einer jeweils individuell erlebten Sprachlerngeschichte Fremdsprachenlernen dar?" (Kallenbach 1996: 11). Neben einer ausführlichen Reflexion zur Praktikabilität des methodologischen Ansatzes FST im Rahmen der Fremdsprachenforschung wird eine differenzierte Darstellung von Sprachlernaspekten aus der Sicht der Lernenden präsentiert. Untersuchte Teilbereiche sind beispielsweise Sprachlerngeschichte, Erwartungen an das Sprachenlernen und Bedingungen des Sprachenlernens, Charakterisierungen des Sprachlernprozesses (bezogen auch auf das Phänomen der Mehrsprachigkeit). Das Gesamtergebnis charakterisiert Kallenbach wie folgt: „Die siebzehn Schüler/innen wiesen in einzelnen Teilen ihrer subjektiven Theorien zwar durchaus Übereinstimmungen auf, die Leitlinien und Grundgedanken jedoch, die den subjektiven Theorien ihre Kohärenz geben, sowie Schwerpunktsetzungen und emotionale Beteiligung waren von Person zu Person unterschiedlich" (1996: 261).

Eine weitere Monografie auf der forschungsmethodologischen Basis des FST ist die Studie zum Themenkomplex „Sprachenlernen im Alter" von Berndt (2003). Untersucht werden Subjektive Theorien von zwölf Deutschlernenden mit der Muttersprache Italienisch im Alter von ca. 55−79 Jahren zu Themenbereichen wie Lernbiografie, Erfahrungen mit Unterrichtsmethoden, Motivation, Sprachlernproblemen. Ziel der Studie ist „… die Profilierung einer Lernerschaft, die bisher so gut wie keine Beachtung gefunden hat und daher in einfachsten Spezifika […] kaum bekannt ist" (Berndt 2003: 51). Begründet wird die Verwendung des FST mit dem Anliegen, Erkenntnisse der Bezugswissenschaft Gerontologie aus der Sicht der Lernenden zu verifizieren bzw. relativieren (vgl. Berndt 2003: 51).

Morkötter untersucht in ihrer 2005 erschienenen Monografie den Aspekt „*Language Awareness* und Mehrsprachigkeit" in Anlehnung an das FST. Das Erkenntnisinteresse wird u. a. folgendermaßen formuliert: „Spielt Sprachbewusstheit aus Sicht der am Fremdsprachenunterricht beteiligten Schüler wie Lehrer für das Lernen von (mehr als) einer Fremdsprache eine Rolle? […] Wie stellt sich die Relation von Wahrnehmungen und Einstellungen bei Lernenden und bei Lehrenden dar? Wo zeigen sich Konvergenzen, wo Divergenzen" (Morkötter 2005: 77). Intendiert ist einerseits der Nachweis der Relevanz von Sprachbewusstheit bei Lernenden der 10. Gymnasialklasse bezüglich der Fremdsprachen Englisch und Französisch und andererseits eine Kontrastierung der Sichtweisen von Lernenden und Lehrenden zum Thema.

Alle drei aufgeführten Studien bedienen sich des Forschungsschrittes der Aggregierung (vgl. Schreier 1997). Diese bedeutet, dass neben den Einzelfalldarstellungen in einer sog. „Zusammenschau der Interviews" (Kallenbach 1996: 163−228, Berndt 2003: 148−217) bzw. „fallübergreifenden Analyse" (Morkötter 2005: 245−285) Teile aus Einzelinterviews extrahiert und nach Themenbereichen geordnet wiedergegeben werden. Das Erkenntnisinteresse der Forscherinnen zielt also über die Darstellung von individuellen Lernerprofilen hinaus in Richtung einer Neukonturierung sprachlernrelevanter Aspekte auf der Basis kommunikativ validierter Daten. Berndt und Morkötter integrieren zudem unter dem Verweis der Wichtigkeit eines polymethodischen Zugangs (vgl. Grotjahn 1993: 238−239) die Perspektive Lehrender. Hinsichtlich des Desiderats eines methodentriangulierenden Zugangs ist insbesondere Morkötters Untersuchung hervorzuheben, da sie über die genannten Verfahren hinaus Unterrichtsbeobachtungen und retrospektive Interviews als Erhebungsinstrumente einsetzt.

Bezüglich des Bilingualen Sachfachunterrichts erstellte Meyer (2004) mittels des FST eine Studie zu Subjektiven Theorien sowohl von Lehrenden als auch von Lernenden über den Geografieunterricht in englischer Sprache. Meyer untersuchte „... wie Schüler/innen und Absolvent/innen den bilingualen Erdkundeunterricht und dabei auch sich selbst als (ehemalige) ‚bilinguale' Schüler/innen wahrnehmen und bewerten" (2004: 179). Eines der Ergebnisse, das die Diskussion um den bilingualen Sachfachunterricht bereichern könnte, ist die Erkenntnis, dass aus der Sicht der Lernenden dem Fremdsprachenlernen offenbar Priorität vor den Sachfachinhalten eingeräumt wird (Meyer 2004: 189).

4. Abschließende Bemerkungen

Das FST weist bezüglich der Fremdsprachenforschung eine differenzierte theoretische Fundierung auf. Keine der bisher durchgeführten Studien zu Subjektiven Theorien von Lernenden, die sich explizit dem FST verpflichten, erfüllt jedoch den Anspruch einer explanativen Validierung im Rahmen der Zwei-Phasen-Konzeption. Insofern sind die erhobenen Lernertheorien unter dem Blickwinkel ihrer methodologischen Validität als dem Konstrukt *Subjektive Theorie* verwandt zu bezeichnen. Ansätze qualitativer Forschung wie sie mit dem FST vorliegen, ermöglichen wesentliche Einblicke in lernerinterne Dynamiken des Fremdsprachenlernens und sind daher von großer Wichtigkeit sowohl im Hinblick auf eine konsistente Lernertheorie seitens der Fremdsprachenforschung als auch im Reflex auf die Praxis der Fremdsprachendidaktik. Die Konzeption einer Variante des FST, in die bereits existierende Konzepte zu Lernertheorien, die in ihren empirischen Verfahren dem FST nah sind, integriert werden könnten, steht noch aus.

5. Literatur in Auswahl

Berndt, Annette
  2000   Subjektive Theorien zweier Fremdsprachenlernerinnen im Seniorenalter. *Zeitschrift für Fremdsprachenforschung* 11(2): 93–124.
Berndt, Annette
  2003   *Sprachenlernen im Alter. Eine empirische Studie zur Fremdsprachengeragogik.* München: iudicium.
Groeben, Norbert und Brigitte Scheele
  1977   *Argumente für eine Psychologie des reflexiven Subjekts.* Darmstadt: Steinkopff.
Groeben, Norbert, Diethelm Wahl, Jörg Schlee und Brigitte Scheele
  1988   *Das Forschungsprogramm Subjektive Theorien. Eine Einführung in die Psychologie des reflexiven Subjekts.* Tübingen: Francke.
Grotjahn, Rüdiger
  1991   The research programme subjective theories: A new approach in second language research. In: Gabriele Kasper und Rüdiger Grotjahn (Hg.), *Studies in Second Language Acquisition* 13(2): 187–214. (Special Issue on *Methods in Second Language Research*).
Grotjahn, Rüdiger
  1993   Qualitative vs. quantitative Forschung: Eine klärungsbedürftige und unfruchtbare Dichotomie. In: Timm, Johannes-Peter und Helmut J. Vollmer (Hg.), *Kontroversen in der Fremdsprachenforschung. Dokumentation des 14. Kongresses für Fremdsprachendidaktik*, 223–248. Bochum: Brockmeyer.

Grotjahn, Rüdiger
    1998   Subjektive Theorien in der Fremdsprachenforschung: Methodologische Grundlagen und
            Perspektiven. *Fremdsprachen Lehren und Lernen* 27: 33−59.
Grotjahn Rüdiger
    2006   Zur Methodologie der Fremdsprachenerwerbsforschung. In: Scherfer, Peter und Dieter
            Wolff (Hg.), *Vom Lehren und Lernen fremder Sprachen. Eine vorläufige Bestandsaufnahme*,
            247−270. Frankfurt a. M. etc.: Lang.
Holec, Henri
    1987   The learner as a manager: Managing learning or managing to learn? In: Wenden, Anita
            und Joan Rubin (Hg.), *Learner Strategies in Language Learning*, 145−156. New Jersey:
            Prentice Hall.
Kallenbach, Christiane
    1996   *Subjektive Theorien. Was Schüler und Schülerinnen über Fremdsprachenlernen denken*. Tü-
            bingen: Gunter Narr Verlag.
Meyer, Christiane
    2004   Bedeutung, Wahrnehmung und Bewertung des bilingualen Erdkundeunterrichts in Rhein-
            land-Pfalz − Subjektive Theorien von Schüler/innen und Absolvent/innen. In: Bonnet,
            Andreas und Stephan Breitbach (Hg.), *Didaktiken im Dialog: Konzepte des Lehrens und
            Wege des Lernens im bilingualen Sachfachunterricht*, 179−190. Frankfurt a. M.: Lang.
Morkötter, Steffi
    2005   *Language Awareness und Mehrsprachigkeit: Eine Studie zur Sprachbewusstheit und Mehr-
            sprachigkeit aus der Sicht von Fremdsprachenlernern und Fremdsprachenlehrern*. Frankfurt
            a. M.: Lang.
Scheele, Brigitte und Norbert Groeben
    1988   *Dialog-Konsens-Methoden. Zur Rekonstruktion subjektiver Theorien*. Tübingen: Francke.
Scheele, Brigitte und Norbert Groeben
    1998   Das Forschungsprogramm Subjektive Theorien. Theoretische und methodologische
            Grundzüge in ihrer Relevanz für den Fremdsprachenunterricht. *Fremdsprachen Lehren
            und Lernen* 27: 12−32.
Schreier, Margit
    1997   Die Aggregierung Subjektiver Theorien: Vorgehensweise, Probleme, Perspektiven. *Kölner
            Psychologische Studien* 2(1): 37−71.
Wenden, Anita
    1987   How to be a successful language learner: Insights and prescriptions from L2-learners. In:
            Wenden, Anita und Joan Rubin (Hg.), *Learner Strategies in Language Learning*, 103−
            117. New Jersey: Prentice Hall.

Annette Berndt, Dresden (Deutschland)

100. Sprachlern-Eignung und Sprachlern-Bereitschaft

1. Einleitung

Sprachlerneignung wird in Edmondson und House (2006: 189) als *Fachbegriff* bezeichnet, der andeuten soll, dass alle Menschen eine solche Disposition besitzen, wenn auch in unterschiedlichem Maße. Im Gegensatz hierzu wird Sprachbegabung als *alltagssprachlicher* Begriff genannt, hinter dem die Annahme stecke, dass einige Personen auf Grund genetischer Ausstattung besondere Fähigkeiten besitzen, die sie Sprachen besser oder schnellen erlernen lassen. Der alltägliche Gebrauch von *Begabung* empfindet sich nun aber gern als wissenschaftlich abgestützt, und tatsächlich hat die Psychologie Vorschub geleistet, um beobachtbare Leistungen fachwissenschaftlich mit dem Hinweis auf vermutete *Anlagen* zu erklären. Begabung ist jedoch ein Konstrukt, das schlecht beziffert werden kann − ganz ähnlich wie *Intelligenz*, für die zwar Messinstrumente entwickelt wurden, die aber umstritten sind, so dass letztlich der zirkuläre Schluss lakonisch heißt: Intelligenz sei, was die Intelligenztests messen. Verzichten wir also für die folgenden Ausführungen auf Begabung und bleiben bei Sprachlerneignung als dem unbestreitbaren anthropologischen Universal, das sich freilich biographisch in unterschiedlicher Weise ausformen kann.

2. Zur Historie und zur Entwicklung der Diskussion

Die beiden bekanntesten Sprachlerneignungstests sind in den 1950er und 60er Jahren in den USA entstanden (Carroll und Sapon 1959; Pimsleur 1966). Beide zielen auf Vorhersagen des zu erwartenden Lernerfolgs im schulischen Fremdsprachenunterricht, und zwar vorrangig über auditive Leistungen. Natürlich kommen die dahinter stehenden Modellvorstellungen nicht allein mit Sprachlerneignung als unabhängiger Variable aus, sondern beziehen Intelligenz, Motivation, Qualität der Lehre, Zeit und Intensität des Unterrichts in die Überlegungen mit ein, ohne diese Variablen selbst zum Untersuchungsgegenstand zu machen. Insbesondere Carroll (1981) ging allerdings von Sprachlerneignung als einem stabilen Persönlichkeitsmerkmal aus, das beispielsweise durch frühere Sprachlernerfahrungen nicht leicht modifizierbar sei. Dagegen hat Skehan (1989) die Zusammenhänge von Erstspracherwerb und späterem Fremdsprachenlernen genauer bearbeitet. Darüber hinaus liefert Mißler (1999) eine Untersuchung mit umfassendem Überblick über zurückliegende Literatur, die die Bedeutung von vorausgegangenen fremdsprachlichen Lernerfahrungen für den Erfolg beim Lernen weiterer Sprachen behandelt. Beide Autoren kommen zu dem Schluss, dass Sprachenlernen durch Vorerfahrungen mit geprägt wird.

Damit relativiert sich der Faktor Sprachlerneignung als differenzierendes Persönlichkeitsmerkmal und verliert manches von seinem diskriminierenden Image. In diesem Sinne hebt Dörnyei (2005) hervor, es gehe nicht darum, festzustellen, dass bestimmte Lerner ungeeignet zum Sprachenlernen seien, sondern allenfalls darum, zu berücksichtigen, dass einige sich dabei leichter tun und schneller sind. In jüngerer Zeit herrscht die Tendenz, Sprachlerneignung eher als einen Sammelbegriff zu verwenden, der nicht für eine einheitlich abzuprüfende Fähigkeit steht, sondern sich in verschiedene kognitive und affektive Teilfähigkeiten auffächert und damit unterschiedliche Lerneignungsprofile erkennen lässt (vgl. Schlak 2008). Für den Fremdsprachenunterricht bietet eine solche Öffnung der Diskussion nicht zuletzt den Vorteil, von der Fiktion einer für alle gleichermaßen gültigen besten Lehrstrategie abzurücken und den Unterricht stärker auf unterschiedliche Lernbereitschaften abzustellen.

Im Folgenden sollen drei ausgewählte Aspekte differentieller Lernbereitschaft behandelt werden, die vor allem für das informelle Sprachenlernen relevant erscheinen. Durchgängig wird dabei, der Anregung von Skehan (1989) folgend, die Bedeutung der Primärsprache für weiteres Sprachenlernen unterstrichen.

3.   Aktuelle Aspekte

3.1. Aussprache und Intonation

In den Diskussionen um Sprachlerneignung spielt die authentische Sprachmelodie eine geringe Rolle, obwohl die audiolinguale Unterrichtsmethode, für die Carroll und andere stehen, gerade hierin einen kritischen Faktor hätte sehen müssen. In den erwähnten Tests werden lediglich rezeptive Fähigkeiten und das verbale Kurzzeitgedächtnis überprüft. Im allgemeinen Empfinden ist es aber gerade der Akzent, der im Gebrauch einer fremden Sprache auffällt, weil er auf die Heimat verweist, in der ein Kind mit seinem Spracherwerb begonnen hat.

Phonologen und Entwicklungspsychologen kümmern sich in der letzten Zeit vermehrt um den Sprachbeginn von ganz kleinen Kindern und haben in ihren Labors erstaunliche Dinge festgehalten, die man im Alltag gar nicht beobachten könnte (Mehler und Dupoux 2002): Während der ersten Lebensmonate sind Säuglinge nämlich in der Lage, differenziert auf die Lautgestalten aller möglichen Sprachen der Welt zu reagieren, selbst auf solche, die sie in ihrem Umfeld gar nicht erfahren. Mit wenigen Wochen, heißt es, könnten Babys, die in den USA aufwachsen, zwischen Italienisch und Niederländisch unterscheiden. Das ist natürlich überzogen, denn Landessprachen liegen nicht in der Reichweite von Säuglingen. Ganz früh können sie jedoch Sprachen unterschiedlicher Typik der rhythmischen Organisation unterscheiden. Nach der anfänglichen Offenheit für alle Melodien müssen sie sich dann rasch auf die Strukturen einstellen, die sie in Zukunft erwerben werden. Sobald sie ab etwa dem sechsten Monat kanonisch (silben-melodisch) brabbelnd beginnen, sich auf das einzulassen, was sie hören, lässt die Differenzierungsfähigkeit bei nicht regelmäßig gehörten Sprachen nach, während sich die sensumotorischen Operationen auf die Umgebungssprachen konzentrieren. Ein kritischer Termin also schon im ersten Lebensjahr? Das sicher nicht, denn die impliziten Lernprozesse, die hier am Werk sind, stehen bis auf Weiteres zur Verfügung. Sprachen werden zu Anfang quasi nebenbei gelernt und im operativen Gedächtnis zuverlässig verankert, ohne dass die Regeln, die dabei internalisiert werden, ins Bewusstsein gelangen. Syntaktische Regeln der ersten Sprachen kann nur jemand formulieren, der sie später noch einmal auf ganz andere Weise beigebracht bekommt. Es ist also nicht erstaunlich, dass Kinder mindestens bis zum Schulalter in der Lage sind, sich authentische Sprachmelodien über die zuerst vorgefundenen hinaus mühelos anzueignen, falls entsprechende Interaktionen für sie existentiell bedeutsam sind. Ab etwa dem vierten Jahr treten zu impliziten Lernprozessen ganz andere hinzu, an denen Aufmerksamkeit und Bewusstsein, Planung und Kontrolle beteiligt sind und in vielen Bereichen die Führung übernehmen. Sollten damit Schranken vor dem Erwerb von authentischer Aussprache und Intonation hinzukommender Sprachen errichtet werden? Und müsste man den Individuen, für die solche Schranken nicht bestehen, eine besondere Sprachlerneignung attestieren?

Wer je als Schulkind von einer Dialektregion in eine andere gelangt ist oder gar in ein Land mit zunächst fremder Sprache, wird bestätigen, wie dringend es geboten ist, möglichst rasch sprachlich unauffällig zu werden. Kinder sind in stärkerem Maße einem Gruppendruck durch Alterskameraden ausgesetzt als Erwachsene in ähnlicher Lage. Es könnte also sein, dass Sprachlerneignung unter anderem mit der empfundenen Notwendigkeit, sich in neuer Umgebung zu behaupten, korreliert. Nicht nur Kinder und Jugendliche, auch Erwachsene, die sich erst später entscheiden, Sprachen mit Zielvorstellungen zu erlernen, die ihren Motivationen und Interessen entspricht (etwa Dolmetscher zu werden oder als Lehrperson eine Sprache an andere weiter zu vermitteln), können es so weit bringen, dass native Sprecher sie als ihresgleichen anerkennen (Bongaerts, Planken und Schils 1995). Längerfristige Kommunikationspraxis in einem Land der Zielsprache wird das, was hier vielleicht zu Recht individuelle Sprachlerneignung heißt, erst recht an den Tag bringen.

3.2. Lernstrategien

Die Gegenüberstellung holistische versus analytische Lernstile wird auch beim kindlichen Erstspracherwerb benutzt und dort ganzheitlich genannt, wenn Kinder verstärkt gebackene Formeln aufschnappen und auch selbst benutzen (*dank' schön, komm mal her, gib doch mal*) − und auf der andern Seite referentiell, wenn Kinder vor allem Bezug auf Einzelheiten nehmen und schon bald viele gut verständliche Wörter produzieren. Vor allem referentielle Daten tauchen in vielen Dokumentationen zum Spracherwerb auf, eine Bevorzugung, die einem heimlichen Lehrplan entsprechen könnte (Peters 1977): Häufig stammen die Daten nämlich von Kindern aus bildungsbeflissenem Milieu und zumeist von erstgeborenen Kindern. Da liegt es nahe, dass Eltern die Situation triangulärer Aufmerksamkeit genießen: ein Erwachsener, das Kleinkind und Details aus der gemeinsam erlebten Situation, die man dem Kind interessant zu machen sucht, um ihm die Namen der Dinge vorzuführen − wohl artikuliert, also gut zu identifizieren und, wenn anfänglich auch verkürzt, immerhin durch die Kinder verständlich zu repetieren. Lange Zeit sind solche Daten als Maßstab für die normale Entwicklung genommen worden und haben Ansprüche an das zu erwartende Vokabular zu bestimmten Entwicklungszeitpunkten gesetzt. Die holistische Strategie scheint dagegen eher in Erwerbssituationen nahezuliegen, in denen Kinder die Sprache nicht so sehr als auf einzelne Objekte gerichtet, sondern von vornherein als lebenspraktisch in interaktive Funktionen eingebettet erfahren und daher manches nebenbei aufnehmen, wenn Eltern beispielsweise mit älteren Geschwistern reden und ganz selbstverständlich Sprache als Mittel der sozialen Regulierung benutzen. Vom kindlichen Spracherwerb her lässt sich lernen, dass für das Thema Sprachlerneignung aus dem Gegensatzpaar holistisch versus analytisch kaum eine Typologie von Lernerpersönlichkeiten erschöpfend herauszuholen ist. Denn Kinder müssen, auch dann, wenn sie in den ersten Jahren unterschiedlich angesprochen wurden, beide Strategien zu kombinieren lernen: Sie brauchen kompakte Formeln mit wiederkehrenden Elementen, die sie allmählich als solche identifizieren und mit Einzelheiten ihrer Erfahrungswelt verbinden. Sie internalisieren auf diesem zweigleisigen Wege nämlich nicht nur Wortbedeutungen, sondern zugleich syntaktische Gesetzmäßigkeiten ihrer Sprachen.

3.3. Akkommodationsstrategien

Für Kleinkinder, in deren Umgebung mehrere Sprachen gleichermaßen präsent sind, ergibt sich die Motivation, diese zu erwerben, aus der Notwendigkeit zur Kommunikation, die überhaupt den kindlichen Spracherwerb bewirkt. Anders die Konstellationen, wo etwa aus Anlass von Migration auf Grund unterschiedlicher Lebensplanung, in verschiedenem Lebensalter, Mehrsprachigkeit durch äußere Zwänge, mit mehr oder weniger Engagement angeeignet wird. Auch hier wirken vitale kommunikative Erfordernisse, aber die Lage ist vielschichtig, denn die Annäherung an andere Sprachen, oder auch die Zurückhaltung, sich an sie anzugleichen, unterliegen in solchen Lebenslagen komplizierten sozialpsychologischen Mechanismen, die moderierend auf Sprachlern-Neigung treffen können. Zu persönlicher Bereitschaft, sprachliche Anpassung zu leisten, kommen hier Faktoren hinzu wie die Reputation der beteiligten Sprachen, Minderheits- und Mehrheitsstatus, empfundene Bedeutsamkeit der Gruppenwertigkeiten und manches mehr.

Sozialpsychologische Konzepte wie das der Akkommodation (Zuengler 1991) tragen diesen Konstellationen Rechnung. Damit ist die weitgehend nicht bewusst gesteuerte Tendenz gemeint, das eigene Interaktionsverhalten dem Gegenüber dann anzugleichen, wenn soziale Zuwendung gewünscht wird — von einer Person, von Angehörigen einer anderen Generation, anderer Schichten oder Ethnien. Solche Anpassungsleistungen zeigen sich in der Verwendung der sprachlichen Register ebenso wie in dem Versuch, sie authentisch zu realisieren. Sie werden von den Angesprochenen positiv beantwortet, wenn sie als solche wahrgenommen werden. Umgekehrt kann die Tendenz zur Abgrenzung bestehen, wenn Assimilation befürchtet wird und die Besorgnis herrscht, die Verankerung in der eigenen Gruppe zu gefährden. Solches Verhalten kann vom Gegenüber als Verweigerung der Kommunikation aufgefasst, aber auch mit Gratifikationen durch die eigene Gruppe honoriert werden. Interaktionspartner können auf diese Weise mit unterschiedlichen Rückmeldungen versorgt werden, in der Migrationssituation unter Umständen von den Angehörigen des Gastlandes mit anderen als von Angehörigen der eigenen Sprachgruppe. Schon für Grundschulkinder kann dies gelten. Es existiert ein bekanntes, bereits vor 30 Jahren erhobenes Datenmaterial, das ein überzeugendes Beispiel dafür enthält, wie Sprachlerneignung als komplexes Sozialverhalten Gestalt annehmen kann. Es entstammt der Dissertation von Lily Wong Fillmore und ist in Wong Fillmore (1979) zusammenfassend beschrieben. Das Beispiel kann noch immer lehrreich für die Zusammenhänge des Erwerbs einer Landessprache durch Migrantenkinder sein, die im Bildungswesen aktuell zu Recht so viel Aufmerksamkeit erhalten. Das Material basiert auf der Beobachtung spanisch aufgewachsener Kinder über ein Jahr hinweg, deren Familien neu aus Mexiko nach Kalifornien zugezogen waren. Die leitenden Fragen waren: Mit welchen sozialen Verhaltensweisen gehen die Kinder an die Aufgabe heran, englisch zu lernen, und welche Unterstützung erfahren sie dabei von ihrer Umgebung? Alle Kinder haben im Laufe des Jahres einen Weg der näherungsweisen Imitation und allmählichen Zerlegung formelhafter englischer Äußerungen beschritten, auf deren Bedeutung sie zunächst allein aus der Situation und dem Verhalten ihrer Spielpartner schließen konnten. Aber nur das jüngste Mädchen, Nora, konnte nach Ablauf des Jahres mühelos mit den englisch sprechenden Freunden kommunizieren. Ihr Temperament und ihr Sozialverhalten haben offenbar die fördernde Rolle der Interaktionspartner in besonderer Weise herausgefordert: Wo immer sie beobachtet wurde, war sie mit englisch sprechenden Kindern zusammen. Sie hat sich mit ihrem Interesse und ihrer Motivation selbst in die Lage versetzt, ein Maximum an englischem Input zu provozieren und von ihm zu profitieren.

Die Gesprächsprotokolle illustrieren, wie Sprachlernerfolg sich aus ganz spezifischen sozialen Interaktionen ergibt. Zum informellen Spracherwerb gehören zwei Parteien: diejenigen, die lernen, und andere, die die Sprache schon können. Letztere nehmen eine Doppelrolle ein. Sie liefern nicht nur den sprachlichen Input, sondern richten an die Lernenden auch die Erwartung, dass diese die Sprache lernen wollen und können. Je mehr sie durch die Lernenden in dieser Erwartung bestärkt werden, desto intensiver halten die Freunde die Interaktionen aufrecht und bieten damit die beste Möglichkeit für Fortschritte in den Lernprozessen. Nora dient der Autorin denn auch für die Auflistung von erfolgversprechenden kognitiven und sozialen Strategien, die für Sprachlerneignung in informellen Situationen stehen können: geh in die Gruppe und verhalte dich so, als ob du alles verstündest, selbst wenn es nicht stimmt − nimm an, dass das, was die Leute sagen, unmittelbar relevant für die Situation ist: Erwecke mit deinen Wendungen den Eindruck, dass du die Sprache lernen kannst und willst − zähl auf die Hilfe deiner Freunde!

Das sind Abstraktionen, die Nora in ihrem spontanen Verhalten ganz gewiss nicht geleitet haben. Um ihre Sprachlerneignung jedoch zur Geltung zu bringen, bedurfte es offenkundig der besonderen sozialen Aufgeschlossenheit. Bildungseinrichtungen tun gut daran, ein Augenmerk auf solche Strategien wirksamer Eroberung von Sprachen im Spiel-, Handlungs- und Lernkontext zu haben und sie wo immer möglich zu bestärken.

4. Literatur in Auswahl

Bongaerts, Theo, Brigitte Planken und Eric Schils
    1995   Can late learners attain a native accent in a foreign language? A test of the critical period
            hypothesis. In: David Singleton and Zsolt Lengyel (Hg.), *The Age Facotor in Second
            Language Acquisition. A Critical Look at the Critical Period Hypothesis*, 30−50. Cleve-
            don: Multilingual Matters.
Carroll, John B.
    1981   Twenty-five years of research on foreign language aptitude. In: Karl C. Diller (Hg.),
            Individual Differences and Universals in Language Learning Aptitude, 83−118. Rowley,
            MA: Newbury House.
Carroll, John B. und Stanley M. Sapon
    1959   *Modern Language Aptitude Test*. New York: The Psychological Corporation.

Dörnyei, Zoltán
  2005   *The Psychology of the Language Learner.* Mahwah, NJ: Erlbaum.
Edmondson, Willis J. und Juliane House
  2006   *Einführung in die Sprachlehrforschung.* Dritte Auflage. Tübingen: Francke.
Mehler, James L. und Emmanuel Dupoux
  2002   *Naitre humain.* Paris: Jacob.
Mißler, Bettina
  1999   *Fremdsprachenlernerfahrungen und Lernstrategien. Eine empirische Untersuchung.* Tübingen: Stauffenburg.
Peters, Ann M.
  1983   *The Units of Language Acquisition.* London: Cambridge University Press.
Pimsleur, Paul
  1966   *Language Aptitude Battery.* New York: Harcourt, Brace & World.
Schlak, Torsten
  2008   Fremdsprachenlerneignung: Tabuthema oder Forschungslücke? Zum Zusammenhang von Fremdspracheneignung, Fremdsprachenlernen und Fremdsprachenvermittlung. *Zeitschrift für Fremdsprachenforschung* 19: 3–30.
Skehan, Peter
  1989   *Individual Differences in Second Language Learning.* London: Arnold.
Wong Fillmore, Lily
  1979   Individual differences in second language acquisition. In: Charles J. Fillmore, Daniel Kempler and William S. Wang (Hg.), *Individual Differences in Language Ability and Language Behavior,* 203–228. New York: Academic Press.
Zuengler, Jane
  1991   Accomodation in native-nonnative interactions: Going beyond the "what" to the "why" in second-language research. In: Howard Giles, Justine Coupland and Nikolas Coupland (Hg.), *Contexts of Accomodation. Developments in Applied Sociolinguistics,* 223–244. Cambridge: Cambridge University Press.

Gudula List, Köln (Deutschland)

X. Sprachen lehren: Zielsetzungen und Methoden

101. Der Faktor „Lehren" im Bedingungsgefüge des Deutsch als Fremdsprache-Unterrichts

1. Einleitung

Lehren ist ein Sammelbegriff, unter dem all das gefasst werden kann, was die gezielte Steuerung von Lernprozessen betrifft. Dazu gehören die gesellschaftlichen Bedingungen und Institutionen, die Lehren veranlassen, vorschreiben und veranstalten, also Schul- und Unterrichtsgesetze, Schulen, Hochschulen, Volkshochschulen usw. (vgl. Art. 11–16), dazu gehören die das Lehren steuernden Richtlinien, Curricula und Lehrpläne (vgl. Art. 102), dazu gehören dann insbesondere die für das Lehren zuständigen Personen, außer den Lehrenden selbst (vgl. Art. 148) die Schulleiter, (Schul-)Inspektoren, eventuell auch die Eltern. Mit *Lehren* ist also nicht nur *ein* Faktor im Rahmen der unterrichtlichen Faktorenkomplexion gemeint, es ist vielmehr ein Bündel aus institutionellen, fachlichen und personalen Faktoren angesprochen. Gleichzeitig wird die Bezeichnung „Lehren" (im engeren Sinne) benutzt, wenn gezielt der *Prozess* des Unterrichtens gemeint ist, wobei dann insbesondere die Lehrperspektive, also das, was der oder die Lehrende veranlasst, steuert etc., in den Blick kommt (vgl. Bausch et al. 1986). In diesem Sinne steht Lehren für Instruktion und Unterricht, wobei dann wiederum die Lehrpersonen, die Unterrichts- oder Lehrmethoden (Art. 104) und die Lehrmaterialien (Art. 136; 137) als konkrete Steuerungsfaktoren ins Zentrum rücken.

Dieser Beitrag konzentriert sich auf das Lehren im Bereich des Deutschen als Fremdsprache, während Art. 119 den Faktor Lehren im Bedingungsgefüge des Deutschen als Zweitsprache behandelt – dabei ist klar, dass sich die Bereiche überlappen und viele Lehrkräfte und Institutionen in beiden Praxisfeldern aktiv sind (vgl. auch Art. 1 und 13–16).

Wenn vom Lehren des Deutschen als Fremdsprache die Rede ist, schwingt die Vielfalt dieser Dimensionen und Faktoren immer mit, auch wenn durchweg „Lehren im engeren Sinne" (der Unterrichtsprozess) im Zentrum der jeweiligen Überlegungen und Untersuchungen steht. Die von Mackey (1965) vorgelegte Analyse stellt einen frühen Versuch dar, systematisch alle relevanten Faktoren des Unterrichtsprozesses einzubeziehen, wobei er sie zu Faktorenbündeln (Sprache, Methode, Lehrprozess) zusammenfasst. Stern (1983) knüpft daran an, ordnet die einzelnen Faktorenbündel zentralen zu Grunde liegenden theoretischen Prämissen zu und versucht eine Bestandsaufnahme vorliegender Forschung; er unterscheidet *concepts of language, concepts of society, concepts of language learning* und *concepts of language teaching* als den Lehrprozess strukturierende Dimensionen. Mit dem Analyse- und Planungsmodell der „Berliner Schule" (Heimann, Otto und Schulz 1965) liegt für den deutschen Sprachraum ein einflussreiches pädagogisches Modell für die Analyse der Einflussfaktoren des Lehrens vor, das Achtenhagen (1969) für den Fremdsprachenunterricht adaptiert hat (vgl. Abschnitt 3). Unter Forschungsaspekten setzt sich Königs (1983) mit der Vielfalt der Faktoren des fremdsprachlichen Lehr- und Lernprozesses auseinander, wobei er darauf hinweist, dass der Stand der Forschung eine detaillierte Kenntnis *aller* relevanten Faktoren nicht erlaube, daher je nach Forschungsperspektive unterschiedliche Faktoren in den Blick zu nehmen, aber auch immer wieder an das Problemfeld „in seiner Gesamtheit" rückzubinden seien (Königs 1983: 3). Die Kapitel X−XV des vorliegenden Bandes entfalten die Vielschichtigkeit der Lehrperspektive im Einzelnen. Einleitend wird an dieser Stelle eine Ortsbestimmung der Lehrperspektive im Kontext der anderen zentralen Faktorenbereiche des Lehrens und Lernens von Deutsch als fremder Sprache versucht.

2. Der Stellenwert des Faktors „Lehren" im Selbstverständnis des Faches

In der Kontroverse um die Struktur des Faches Deutsch als Fremdsprache (vgl. Art. 1 und 2) werden im Zusammenhang mit dem Lehren immer wieder die folgenden Akzente als alternative Orientierungen des Faches hervorgehoben: Sprache vs. Lehren/Lernen und Lehren vs. Lernen.

2.1. Sprach- vs. Lehrperspektive

Der Faktor „Sprache" und der Faktor „Lehren" werden insbesondere aus fachwissenschaftlicher Sicht als alternative strukturbildende Momente gesehen. Da es im Unterricht um die Vermittlung der deutschen Sprache gehe, sei diese − so die Position z. B. bei Glück (1998) − der Kern des Faches. Das Lehren, die didaktische Perspektive, ergibt sich aus der Sicht der Fachwissenschaften im Anschluss an eine fachliche Durchdringung des Gegenstandsbereiches quasi von selbst: „Kein seriöser Sprachwissenschaftler kann annehmen," schreibt Glück, „daß beispielsweise die Tempusmorphologie des deutschen (…) Verbs von der Frage berührt ist, wie (und ob) das Deutsche (…) von Sprechern anderer Sprachen erworben wird." (1998: 5). Aus einer Lehrperspektive spielen Auswahl und Anordnung der sprachlichen Mittel je nach Lerngruppe, Lernziel und Lernort durchaus eine Rolle: Was von der Tempusmorphologie in einer didaktischen Grammatik, in einem Lehrbuch auftaucht, wie die Erläuterungen und Übungen aussehen, ob dabei kontrastiv oder metasprachlich gearbeitet werden kann, das sind zentrale Fragestellungen unter dem Aspekt des Lehrens. Die Sprachlehrforschung hat daher stets die Gleichgewichtigkeit der Faktoren „Lehren" und „Sprache" in der Untersuchung des unterrichtlich gesteuerten Lehrens und Lernens von Fremdsprachen betont (vgl. Bausch und Krumm 1995).

Die Entwicklung des Faches Deutsch als Fremdsprache hat ihre Ursprünge in der Unterrichtspraxis, in der Suche nach für das Unterrichten der deutschen Sprache optimalen Lehrverfahren, qualifizierten Lehrkräften und geeigneten Lehrmaterialien. Die Lehrperspektive gehört zu den konstitutiven Merkmalen des Faches − aus ihr richten sich Fragestellungen an die Sprache als Lehr- und Lernobjekt. Viele Entwicklungen in der modernen Sprachwissenschaft verdanken sich Fragen aus dieser Lehrperspektive: die kontrastive und die Fehlerlinguistik zum Beispiel (vgl. Art. 52 und 118). Lehren stellt daher für das Fach Deutsch als Fremdsprache eines der zentralen Forschungs- und Ausbildungsfelder dar, wird gelegentlich sogar als das dominante Strukturprinzip des Faches betrachtet, was natürlich auch eine einseitige Perspektive ist. Lehren von Sprache unterscheidet sich grundsätzlich vom Lehren in sog. Sachfächern, ist doch im Sprachunterricht die Sprache in spezifischer Weise grundlegend: als Lerngegenstand und als Unterrichtssprache zugleich. Im Fach Deutsch als Fremdsprache kommen, was den Faktor Sprache betrifft, zwei spezifische Merkmale hinzu: Viele der Lehrenden sind selbst keine Muttersprachler des Deutschen, sondern unterrichten eine auch für sie fremde Sprache oder aber, im Falle der Muttersprachler, sie unterrichten ihre Muttersprache als eine Fremdsprache, ohne diesen Beruf gelernt zu haben, so als ob allein die Tatsache des Sprachkönnens auch für das Sprachlehren qualifiziere. Das zweite betrifft die Lernsituation: sie ist dadurch charakterisiert, dass der Deutschunterricht, von Grenznachbarschaften zum deutschen Sprachraum abgesehen, nicht auf einen nennenswerten außerunterrichtlichen Sprachgebrauch zurückgreifen kann und Lehrende deshalb sehr gezielt und teilweise. aufwendig direkte Sprachkontakte herstellen müssen (zu den Chancen, die das Internet hier eröffnet, vgl. Art. 138).

2.2. Lehrperspektive vs. Lernperspektive

Der Lehrperspektive wird häufig die Lernperspektive gegenübergestellt. Insbesondere die Zweitsprachenerwerbsforschung (vgl. 85 und 86) ging − gestützt auf Krashens Unterscheidung von *learning* (Lernen) und *acquisition* (Erwerben) − zunächst davon aus, dass unterrichtliches Sprachenlernen für den Erwerb fremdsprachlicher Kommunikationsfähigkeit nicht viel beitragen könne und daher dem ‚ungesteuerten Spracherwerb' nachbilden müsse (vgl. Krashen 1981, Krashen und Terrell 1988); Clahsen, Meisel und Pienemann (1983) betonen − allerdings mit besonderer Berücksichtigung des Spracherwerbs von Arbeitsmigranten, also einer Zweitspracherwerbssituation − „die sehr begrenzten Möglichkeiten" unterrichtlicher Sprachvermittlung (Clahsen, Meisel und Pienemann 1983: 3). Insbesondere kognitionspsychologische Erkenntnisse bestärken seit Beginn der 1990er Jahre die Position, nach der integrierte Wissens- und Könnens-Modelle, die ein In- und Miteinander von gesteuertem Lehren und möglichst authentischem Input erfordern, Sprachfähigkeit in einer Fremdsprache angemessen beschreiben und modellieren können (vgl. Tönshoff 1992, Kap.4 und 8).

Wenn seit den 1990er Jahren von einem Paradigmenwechsel vom Lehren zum Lernen die Rede ist, so ist damit nicht eine psycholinguistische, sondern eine sprachdidaktische Wende gemeint, die Lehren als eine „Dienstleistung" für Lernen sieht: Es geht darum, die Lernenden mit ihren Lernerfahrungen, insbesondere auch den schon vorhandenen

Sprachlernerfahrungen, zum Ausgangspunkt der Vermittlung zu machen und den Unterricht nicht nur am Bedarf (der Gesellschaft an Fremdsprachenkenntnissen), sondern auch an den Bedürfnissen der Lernenden zu orientieren. Angesichts zunehmender Heterogenität der Lerngruppen zielt diese Erkenntnis sowohl auf eine stärkere Diversifizierung des Sprachenangebots als auch auf eine innere Differenzierung im Unterricht (vgl. Krumm 2003).

Auch die Bildungspolitik hat eine solche Wende weg vom Lehren und hin zum Lernen vollzogen, indem das, was Lernende *können* sollen, strukturierendes Prinzip des Unterrichts und der Leistungsmessung wird, nicht mehr das, was Lehrer lehren. Der *Gemeinsame europäische Referenzrahmen für Sprachen* (Europarat 2001) liefert hierzu mit den Kann-Beschreibungen die Grundlagen, die Umsetzung erfolgt in der Regel in sog. Bildungsstandards, die die (Mindest)Anforderungen für das formulieren, was die Lernenden am Ende des Lernprozesses beherrschen sollen. Allerdings ist in der praktischen Umsetzung deutlich geworden, dass das, was der Referenzrahmen als offenes Instrument zur Orientierung des Lernens und Lehrens entwickelt hat, zunehmend auf Abprüfbares reduziert und lediglich als Messlatte für Prüfungen genutzt wird, so dass eine Standardisierung einsetzt, die Erkenntnisse über Heterogenität, Diversifizierung und Differenzierung negiert (vgl. Krumm 2005). Wenn alle Lernenden in der gleichen Lernzeit die gleichen Standards erreichen sollen, wenn das Können (der *Outcome*) die einzige Orientierungsgröße für die Organisation von Lernprozessen wird, dann werden die Chancen des Sprachunterrichts, auch nicht standardisierbare Ziele zu verfolgen, insbesondere die persönlichkeitsbildenden, interkulturellen und ästhetischen Dimensionen des Sprachunterrichts in Frage gestellt und Lehren ausschließlich auf die Erreichung vorgegebener Ziele verkürzt (vgl. Bausch u. a. 2005). Hinzu kommt, dass in den Bildungsstandards zwar in der Regel formuliert wird, was die Lernenden können sollen, nicht formuliert werden dagegen Standards für die Bedingungen (z. B. die Lehrqualifikationen), unter denen das gefordert werden kann.

2.3. Die Notwendigkeit eines interdisziplinären Ansatzes

Die Isolierung einzelner Elemente wie z. B. des Lehrens gegenüber dem Lernen oder des Faktors Sprache ist aus forschungsmethodischer Hinsicht oder, um gezielt einzelne Elemente in der Ausbildung zu vermitteln, gelegentlich notwendig, verkürzt jedoch gleichzeitig die Komplexität des unterrichtlichen Geschehens und bedarf der Rückbeziehung auf den „Gesamtvorgang Unterricht" (vgl. Königs 1983: 17–19). Je nach Betrachtungsweise kommen dabei unterschiedliche Disziplinen und forschungsmethodische Zugriffe ins Spiel: die Erziehungswissenschaft betrachtet *Lehren* zum Beispiel unter institutionellen Gesichtspunkten und rückt damit die Bildungseinrichtungen, die gesellschaftliche Legitimation von Unterricht und die institutionell festgelegten Rollen der Lehrenden (im Kontrast zu denen der Lernenden, der Eltern, der Bildungsverwaltung etc.) in den Mittelpunkt, sie akzentuiert den Lehrprozess, die Lehrziele, Lehrmethoden und Resultate. Bei der Entwicklung von Curricula und Lehrmaterialien, bei der Frage der Sozialformen des Unterrichts u. ä. sind daher erziehungswissenschaftliche Erkenntnisse mit zu berücksichtigen (vgl. Meyer 1995). Die Sprach- und Lernpsychologie betrachten den Lehrprozess unter dem Aspekt des Ermöglichens oder Verhinderns von Kommunikationschancen. Die Kommunikationswissenschaft analysiert Lehren und Lernen als Formen institutioneller Kommunikation, in der die Kommunikationsrollen und -chancen durch die Lehr-Lernsituation vorgeprägt sind. Die Sprachwissenschaft schließlich trägt unter der Lehrperspektive zu einer Analyse der sprachlichen Gegenstände im Hinblick auf Lehren und Lernen bei: etwa unter dem Aspekt der didaktischen Grammatik (vgl. Art. 17 und 112), der Lehr- und Lernschwierigkeiten der deutschen Sprache im Kontrast zu den Erstsprachen der Lernenden (Art. 52). Damit ist nicht gesagt, dass für das Lehren von Deutsch als Fremdsprache Erkenntnisse anderer Disziplinen einfach übernommen werden können. Unter den Bedingungen des fremdsprachlichen Lehr-Lernprozesses sind sie vielmehr auf ihre Gültigkeit zu überprüfen. Das heißt aber auch: Die Lehrperspektive erfordert durchweg eine interdisziplinäre Ausrichtung des Faches Deutsch als Fremd- sprache.

3. Modellierung des Lehrprozesses

Im Mittelpunkt des Faches Deutsch als Fremdsprache steht das Lehren vor allem dann, wenn es um die Planung von Unterricht, die Entwicklung von Curricula und Lehrmate- rialien und die Ausbildung von Lehrenden geht (vgl. Art. 102; 103; 136; 148−150). Sprachdidaktik hat sich lange als „Planungswissenschaft" verstanden und Modelle der Unterrichtsplanung entwickelt, die eine zielgerichtete Durchführung und Evaluation des Unterrichts erlauben. In diesem Sinne wurden − in Anlehnung an frühe geisteswissen- schaftliche Überlegungen zur Denkentwicklung etwa bei Comenius oder Herbart (vgl. hierzu im einzelnen Meyer 1987, Bd. I, Lektion 4) − sogenannte Stufen- oder Phasen- schemata entwickelt, mit denen der Unterrichtsgang strukturiert werden kann. In dieser Tradition steht Zimmermann, wenn er ein „Lehrphasenmodell" für den fremdsprachli- chen Grammatikunterricht entwirft und damit begründet, es solle Antworten geben „auf die Frage, wie im Fremdsprachenunterricht gelehrt werden sollte, damit Schüler mög- lichst effektiv lernen" (Zimmermann 1988: 160). Sein Modell strukturiert Unterricht in fünf Phasen:

1. Präsentation
2. Einübung
3. Kognitivierung
4. Transfer
5. Anwendung.

Dabei plädiert Zimmermann im Gegensatz zu früheren Phasenmodellen für eine flexible, frühe Kognitivierungsphase, je nach Lerngegenstand auch schon im Rahmen der Präsen- tation.

Mit dem Analyse- und Planungsmodell der „Berliner Schule" (Heimann, Otto und Schulz 1965) wurde ein Planungsinstrument entwickelt, das insbesondere die Lehreraus- bildung in den 1960er und 1970er Jahren geprägt hat: Ausgehend von einer didaktischen Theorie des Unterrichts sieht dieses Modell zwei unterrichtliche Bedingungsfelder vor, auf die Lehren Bedacht zu nehmen hat:

1. die anthropogenen Voraussetzungen auf Seiten der Lernenden (Alter, Geschlecht etc.),
2. die sozial-kulturellen Voraussetzungen (zu denen auch Lern- und Texterfahrungen zu rechnen sind),

sodann vier Entscheidungsfelder, mit denen Unterricht – unter Berücksichtigung der Bedingungsfelder – geplant werden kann:

1. Intentionalität (Lernziele, aber auch Dimensionen wie Interkulturalität),
2. Thematik (hierher gehören grammatische ebenso wie landeskundliche und literarische Inhalte),
3. Methodik (die Entscheidung für kommunikative, kognitivierende o. a. Unterrichtsverfahren),
4. Medienwahl (Lehr- und Lernmittel).

Die Verfasser gehen von einer Interdependenz dieser sechs Strukturmomente aus, so dass Unterrichtsplanung und auch eine Unterrichtsanalyse sie jeweils in ihrer Wechselwirkung berücksichtigen muss (vgl. zur Anwendung auf den Fremdsprachenunterricht Achtenhagen 1969).

Die stärkere Orientierung des Unterrichts an den Bedürfnissen der Lernenden und die Entwicklung schülerzentrierter und autonomiefördernder Unterrichtskonzepte haben dazu geführt, dass solche Planungs- und Stufenmodelle als zu starr und lehrerzentriert kritisiert wurden und offeneren Planungsmodellen Platz gemacht haben, in denen eine dynamische Entwicklung der Lehrer-Schüler-Interaktion im Mittelpunkt steht. Projekt- und Gruppenunterricht, offene Methodenkonzeptionen und ein erfahrungsbezogener Unterricht stehen im Zentrum der sprachdidaktischen Diskussion (vgl. Bausch, Christ und Krumm 1993); die sog. reflexive Didaktik sieht den Unterrichtsprozess als eine zyklische Abfolge von Planung – Durchführung – Evaluation – Reflexion – Planung usf., d. h. setzt eine grundsätzliche Reflexivität bei Lehrenden und Lernenden voraus, so dass Unterricht nicht von einer festgelegten Methode bestimmt, sondern als Ort gemeinsamer Wissensproduktion entwickelt wird (vgl. Hornung 2003; Wildmann und Fritz 2003).

Ansätze der reflexiven Didaktik sowie die im „Gemeinsamen europäischen Referenzrahmen für Sprachen" (Europarat 2001) formulierte Einsicht, dass Sprachenlehren sich an der Zielsetzung der Mehrsprachigkeit und der Vermittlung einer interkulturellen Kompetenz orientieren müsse, bilden die Grundlage des *Europäischen Profils für die Aus- und Weiterbildung von Sprachenlehrkräften* (Kelly und Grenfell o. J.). Dieser „Referenzrahmen" präzisiert die Wissensbereiche und die Handlungskompetenzen, über die Sprachlehrkräfte verfügen müssen, wollen sie einen Unterricht erteilen, der sich an den Bildungskontexten und Bedürfnissen der Lernenden orientiert und Sprachenlernen als Weg zur interkulturellen Verständigung versteht. Auch das *Europäische Portfolio für Sprachlehrende in Ausbildung* (EPOSA) ist ein Instrument, das eine solche reflexive Einstellung gegenüber dem eigenen Unterricht fördern soll: Das Portfolio enthält Kann-Beschreibungen in sieben Tätigkeitsfeldern, die die für das Lehren wichtigen Faktoren des Unterrichtsprozesses abbilden:

1. Kontext (Lehrplan, Lernziele, Lehrerrolle, institutionelle Aspekte)
2. Methodik
3. Ressourcen
4. Unterrichtsplanung
5. Unterrichtsdurchführung (Inhalte, Interaktion mit den Lernenden, Klassenführung u. a.)
6. Selbständiges Lernen (Stärkung der Autonomie der Lernenden)
7. Beurteilung des Lernens.

Die angehenden Lehrkräfte werden angeleitet, zu den jeweiligen Kann-Beschreibungen Selbsteinschätzungen vorzunehmen sowie die Bedingungen des Unterrichts und der eigenen Maßstäbe zu reflektieren.

Die Annahme allerdings, die diesem Portfolio zugrunde liegt, dass nämlich das Lehrverhalten so modellierbar sei, dass quasi über Checklisten geprüft werden könne, wie autonomiefördernd es einzuschätzen sei, wird von der Forschung zum Lehrverhalten (vgl. Abschnitt 4) nicht gestützt. Im Gegensatz zu EPOSA betont das Profil zur Aus- und Weiterbildung daher die Notwendigkeit, Unterricht in verschiedenen kulturellen Kontexten zu beobachten, durch ein Mentorensystem eine Reflexion fest zu etablieren und die (angehenden) Lehrenden selbst in intensive sprachliche und interkulturelle Lernsituationen zu bringen, also Reflexivität bereits in die Ausbildung zu integrieren.

4. Die Erforschung des Faktors „Lehren"

Aus der Vielzahl von für das Lehren relevanten Faktoren hat die Forschung je nach aktuellen Fragestellungen zu verschiedenen Zeiten unterschiedliche Aspekte ins Zentrum gerückt. Lange hat unter dem Praxisdruck der Lehrerausbildung in der Erforschung des Lehrens die Frage nach den guten/besten Lehrmethoden und Lehrverhaltensweisen dominiert, der Versuch also, unterrichtliches Handeln theoretisch und empirisch zu begründen und damit wegzukommen von einer präskriptiven Sprachdidaktik, die unbegründet Lehrverfahren setzt. In den 1960er Jahren standen bei der Erforschung des Lehrens die Unterrichtsmethoden im Mittelpunkt des Interesses: Der Vergleich der Effekte unterschiedlicher Lehrmethoden und die Suche nach einer „besten" Methode bestimmten die großen Methodenexperimente im Bereich des Fremdsprachenunterrichts − Flechsig kommt in seiner Bestandsaufnahme empirischer Fremdsprachenforschung 1971 lapidar zu dem Ergebnis, dass sie nicht mehr als „die ziemlich banale Schlußfolgerung stützen, daß Schüler im großen und ganzen (wenn überhaupt etwas) dasjenige lernen, was ihnen beigebracht wird …" (Flechsig 1971: 3184). Der Aktualisierungsspielraum der Lehrenden bei der Umsetzung eines methodischen Ansatzes sowie die Komplexität situations- und lerngruppenspezifischer Faktoren haben eine überzeugende empirische Absicherung von Methoden bisher verhindert; das hat sich in den 1990er Jahren erneut bei den Versuchen gezeigt, die Überlegenheit der sog. alternativen Methoden empirisch nachzuweisen (vgl. die Kritik an der empirischen bzw. theoretischen Begründung dieser Methoden bei Ortner 1998). Inzwischen hat sich das Forschungsinteresse zunehmend wegbewegt sowohl von der Konzentration auf Unterrichtsmethoden als auch von dem Anspruch, Aussagen über „guten Unterricht" machen zu können. Sprachlehrforschung versteht sich zunehmend als „klinische Wissenschaft", die zur Aufhellung unterrichtlicher Wirklichkeit und als Handlungsforschung auch zur begründeten Veränderung von Praxis beitragen will. Dabei herrscht durchaus Skepsis in der Einschätzung, mit Hilfe von Forschung das Lehren des Deutschen als Fremdsprache über Teilbereiche hinaus nachhaltig und direkt prägen zu können (vgl. Krumm 1996a).

Mit der Lernerorientierung haben sich auch die Schwerpunkte der Erforschung verändert: die Lernenden und ihre unterrichtlichen Interaktionen sind in den Mittelpunkt des Forschungsinteresses gerückt, so dass inzwischen eine Fülle von Erkenntnissen über Sprachlern- und Sprachverarbeitungsprozesse vorliegt (vgl. Kap. VIII und IX). Für die

Lehrperspektive bleibt hier ein Forschungsdefizit zu konstatieren. Das umfangreiche Projekt zur Ermittlung von Lehrschwierigkeiten für Deutsch als Fremdsprache, das das Goethe-Institut in den 1970er Jahren durchgeführt hat (vgl. Götze u. a. 1979), ist nicht aufgegriffen und weitergeführt worden. Kontrastive Analysen, die für Deutsch als Fremdsprache relativ zahlreich vorliegen (vgl. Kap. VII), beziehen nur im Ausnahmefall die Lehrperspektive ein, sie liefern in der Regel die Analyse von Sprachkontrasten, ohne die Spezifika der Lehr-Lern-Situation mitzubedenken (vgl. Bausch und Raabe 1978).

Während sich also insgesamt für Deutsch als Fremdsprache ein Forschungsdefizit in Bezug auf die Lehrperspektive feststellen lässt, so zeichnet sich eine Intensivierung lehrbezogener Forschung in folgenden Forschungsfeldern ab:

a) Lehrmaterial war bislang zwar vielfach Gegenstand von theoriegeleiteten Analysen, doch fehlten Untersuchungen zur Wirksamkeit von Materialien. Der Beirat Deutsch als Fremdsprache des Goethe-Instituts fordert daher in seinen Thesen (Beirat 1997, These 17) eine „empirisch begründete Erforschung der Wirkungen von Lehrmaterialien und -medien" (vgl. auch Art. 137).

b) Bezogen auf die Grammatikvermittlung hat sich am ehesten ein kontinuierlicher Forschungsprozess entwickelt, wobei vielfach Fragen nach dem Instruktionsdesign (Verhältnis Beispiel-Regeln, Gebrauch von Metasprache u. ä.) nicht nur bezogen auf Deutsch als Fremdsprache, sondern im Unterricht verschiedener Fremdsprachen im Zentrum des Forschungsinteresses stehen, so z. B. bei Zimmermann 1990 (vgl. auch Art. 112).

c) Die Fehlerkorrektur gehört gleichfalls zu den intensiver untersuchten Bereichen (vgl. Art. 118).

d) Erst seit den 1990er Jahren hat sich die Forschung den Spezifika des Lehrens und Lernens von Deutsch als zweiter oder dritter Fremdsprache zugewandt; insbesondere die Konstellation „Deutsch nach Englisch" findet sich immer häufiger, wobei einerseits untersucht wird, wie weit Lernende Gebrauch von vorhandenen Sprachlernerfahrungen machen, andererseits geprüft wird, wie weit der Deutschunterricht diese vorhergehende Sprachlernerfahrung mit dem Erlernen des Englischen im Sinne eines zeit- und lernökonomischen Vorgehens nutzen kann (vgl. Art. 91).

e) Prüfungen und das Notengeben machen einen zentralen Teil der Lehrfunktionen aus: Während zu den unterrichtsunabhängigen Zertifikaten und Tests eine Reihe von Studien vorliegt (vgl. Kap. XIV), stellt der Bereich der Notengebung im Rahmen des Deutschunterrichts einen in Forschung wie Lehrerausbildung vernachlässigten Bereich dar (vgl. Altmeyer und Domisch 1998).

f) Ein Stiefkind der Forschung waren und sind weiterhin die Lehrenden und ihr Lehrverhalten: In der Vergangenheit hat sich die Einschätzung der Effizienz und Qualität von Lehrenden vielfach am Schulerfolg der Lernenden orientiert. In Studien zum „guten Fremdsprachenlehrer" (vgl. Krumm 1995) geht es dann auch um die konkrete unterrichtliche Interaktion und die Frage, wie Lehren erlernbar sei. Nach wie vor stehen aber Untersuchungen darüber aus, welcher Fähigkeiten Lehrende bedürfen, um erfolgreich zu unterrichten (vgl. Abschnitt 5).

Insgesamt gilt bis heute, dass im Bereich des Lehrens von Deutsch als Fremdsprache – wie auch anderer Unterrichtsfächer – Forschungsergebnisse relativ wenig zur Veränderung der Unterrichtspraxis beitragen. Diese „misslingende Ankunft" der Forschung in der Praxis (Krumm 1996a) liegt auch am Beharrungsvermögen der Institutionen wie

z. B. dem vorgegebenen Zeitschema, den juristischen Bestimmungen und Bedingungen (Aufsichtspflicht, Lehren als Verwaltungsakt, Notengebung), ist aber auch darin begründet, dass bei der Erforschung des Lehrens bislang organisationssoziologische Aspekte zu wenig berücksichtigt wurden.

Insgesamt kann die Forschung die Frage, was „guter Unterricht" und wann Unterricht gut sei, auf Grund der Vielfalt von Einflussfaktoren bis heute nicht beantworten. Gage (1979) beantwortet die Frage, ob Unterrichten „Kunst oder Wissenschaft" sei, damit, dass es für Unterricht ein wissenschaftliches Fundament gebe, dessen Umsetzung in konkretes unterrichtliches Handeln aber − neben der Kenntnis der wissenschaftlichen Grundlagen − auch eine gewisse Kunstfertigkeit der Lehrenden erfordere: „Das wissenschaftliche Fundament für die Kunst zu lehren besteht in der Regel aus Aussagen über den Zusammenhang zwischen zwei Variablen, der Interaktionseinflüssen niederer Ordnung ausgesetzt ist. Interaktionen höherer Ordnung zwischen vier und mehr Variablen fordern die Kunstfertigkeit des Lehrers auf den Plan" (Gage 1979: 10). An dieser Stelle setzen Verfahren der Praxis- oder Handlungsforschung ein, die darauf zielen, die Handlungsfähigkeit der Lehrenden durch ihre Mitwirkung in Unterrichtsforschung und Unterrichtsreflexion zu erhöhen (vgl. Altrichter und Posch 1990; vgl. auch Art. 153).

5. Die Sicherung der Lehrqualität

Unter dem Aspekt der Qualitätssicherung von Unterricht ist die Lehrperspektive seit ca. 1990 wieder ins Zentrum des wissenschaftlichen Interesses gerückt. Mit der Übertragung von Verfahren der Qualitätssicherung und des Qualitätsmanagements aus der Wirtschaft auf Unterricht wird ein neuer Begriff von „gutem Unterricht" etabliert. Zunächst in der Produktion von Waren entwickelte Verfahren der Festsetzung und Überprüfung von Produktqualität werden auch auf Dienstleistungsprozesse wie Kundendienst und Wartung übertragen und haben seit Beginn der 1990er Jahre Eingang in den Bildungsbereich gefunden − auch Lehren lässt sich als „Dienstleistung" interpretieren. Dabei wurde zunächst versucht, die in der Wirtschaft entwickelten Verfahren der Qualitätsmessung zu adaptieren, so vor allem die Norm DIN/ISO 9000 ff. (vgl. Gnahs 1996: 40 ff.). Es hat sich jedoch rasch gezeigt, dass die Qualität von Bildungsprozessen mit solchen Maßstäben nicht adäquat erfasst werden kann, so dass für einzelne Bildungsbereiche wie den Fremdsprachenunterricht eigene Verfahren der Qualitätsmessung und -sicherung entwickelt wurden, die der Komplexität fremdsprachlicher Lehr- und Lernvorgänge besser gerecht werden.
  Um dem „Kunden" die Gewähr zu geben, dass die versprochenen Qualitätsstandards nicht nur auf dem Papier stehen, haben die anbietenden Institutionen und Sprachenschulen Agenturen gegründet, die regelmäßige Qualitätsüberprüfungen (Inspektionen) durchführen und entsprechende Gütesiegel verleihen. Als wichtigste europäische Organisation hat sich im Kontext der Sprachenprojekte des Europarats die *European Association for Quality Language Services* (EAQUALS) etabliert. EAQUALS entwickelt Standards, nach denen geschulte Inspektoren Sprachkursanbieter überprüfen und zertifizieren. Zu den Grundsätzen, zu denen sich die bei EAQUALS zusammengeschlossenen Sprachanbieter verpflichten, gehören etwa: ein strukturiertes und gestuftes Kursangebot, regelmäßige Leistungsmessung und Leistungsfeedbacks für die Teilnehmer, angemessene Räumlichkeiten, Einstufungstests, aber z. B. auch:

2. 6. Unterricht und Lehre: die verwendeten Unterrichts- und Trainingsmethoden bzw. Techniken sind effizient und auf die Kursteilnehmer abgestimmt;

2. 7. Qualitätskontrolle: der Kursanbieter führt regelmäßige Hospitationen des Unterrichts bzw. Trainings durch;

2. 8. Unterstützung und Beratung: Kursteilnehmer haben die Möglichkeit, ihre individuellen Fragen und Probleme zu besprechen sowie Information und Rat zu bekommen; ...

(European Association for Quality Language Services, Auszug aus der Charta für Teilnehmer).

Nationale und sprachenspezifische Agenturen zur Qualitätssicherung wie z. B. die 1996 gegründete *Interessengemeinschaft Qualität Deutsch als Fremdsprache e. V.* (IQ Deutsch), die sich die Erarbeitung von Qualitätsmaßstäben sowie die Förderung und Sicherung der Qualität speziell des Deutsch als Fremdsprache-Unterrichts bei Sprachanbietern im deutschsprachigen Raum zum Ziel gesetzt hatte, haben auf dem Sprachenmarkt keinen Fuß fassen können (zu den Gründen für die Auflösung von IQ Deutsch im Jahr 2001 vgl. Birzniece 2006: 175 ff.), auch wenn der enge Bezug auf eine konkrete Sprache und deren Lehr- und Lerntraditionen es erlaubt hat, spezifische Qualitätskriterien zu entwickeln.

Für die Sicherung der Qualität von Sprachtests existiert eine eigene Dachorganisation, die *Association of language testers in Europe* (ALTE). Bei ALTE handelt es sich um einen Zusammenschluss von Testanbietern, die für die Durchführung von Sprachtests Leitlinien entwickelt haben.

Auch die Qualifikation der Lehrenden (bzw. bei ALTE: ausreichend ausgebildeter Prüfer) bildet einen Schwerpunkt von Verfahren der Qualitätssicherung. Dabei werden Ausbildung und regelmäßige Fortbildung als Indikatoren einer hinreichenden Lehrqualität angesehen, Inspektionen schließen aber auch Hospitationen ein.

Mit einem *Europäischen Siegel für innovative Spracheninitiativen* (ESIS) zeichnen die EU-Staaten seit 1998 Projekte aus, die der Förderung der Sprachlernmotivation dienen, wobei hier Kriterien wie innovative Methodenkonzepte, Berücksichtigung der Mehrsprachigkeit und der Lernmotivation, aber auch Fragen nach der quantitativen Verbesserung (Zahl der Lernenden, der einbezogenen Sprachen u. ä.) berücksichtigt werden.

Qualität der Lehre wird in all diesen Verfahren der Qualitätssicherung durch externe Inspektoren beurteilt, um ein objektives Urteil und eine gewisse Einheitlichkeit der Standards zu erreichen. Im Zuge der Diskussion um Qualität haben aber auch die Bemühungen um eine interne Qualitätssicherung zugenommen. Zu ihr gehört vor allem die Orientierung des Unterrichts an den Wünschen der Lernenden. Das führt dazu, dass Befragungen der Kursteilnehmer über ihre Lernerwartungen und ihre Zufriedenheit mit dem Unterricht zum festen Bestandteil der Lehrpläne werden − so etwa in den Sprachkursen der Goethe-Institute in Deutschland. Der Deutsche Volkshochschulverband hat für seine Sprachkurse „Leitlinien zur Sicherung und Weiterentwicklung von Qualität" erarbeitet, in denen die Teilnehmerorientierung eine zentrale Rolle spielt. Weiter heißt es dort:

Volkshochschul-KursleiterInnen werten ihren Unterricht regelmäßig aus. Sie sind an der Qualitätssicherung durch die Volkshochschule unmittelbar beteiligt und unterstützen alle angemessenen Evaluationsverfahren − z. B. Hospitationen, gegenseitige Unterrichtsbesuche, Auswertungsgespräche im Fachbereich und schriftliche Befragungen der TeilnehmerInnen. (Arbeitskreis 1997: 71)

Diese interne Form der Qualitätssicherung basiert auf der Reflexion des Unterrichtsgeschehens durch die Lehrenden und auf Rückmeldungen der Teilnehmer (vgl. auch Art. 152). Daneben wurden auch Tests entwickelt, die zumindest das Lehrerwissen abtesten und − meist in Form von Multiple Choice-Fragen − Wissen über Unterrichtsplanung, aber auch Sprachwissen abfragen wie z. B. der für Englisch als Fremdsprache entwickelte *Teaching Knowledge-Test* (TKT) aus Cambridge, der inzwischen um ein Modul zum sprach- und fachintegrierten Unterricht (vgl. Art. 116) erweitert wurde. Ausgangsbasis eines solchen Konzepts ist die Vorstellung von einem linearen Zusammenhang zwischen Lehrerhandeln und dem Unterrichtsprozess, so als ob das, was ein Lehrer wisse oder tue, direkt das Unterrichtsgeschehen steuere, während andere Faktoren ausgeblendet werden (Lehren im engeren Sinne). Hinzu kommt, das Lehrer*wissen* und Lehrer*handeln* keineswegs identisch sind; d. h. Tests wie der TKT sagen etwas über den Fleiß des getesteten Lehrers beim Lernen, nichts jedoch über sein oder ihr konkretes Lehrerhandeln und erst recht nichts über das, was im Unterrichtsprozess dadurch (mit)bewirkt wird. Generell werden sich Ansätze der reflexiven Didaktik (vgl. Abschnitt 3) stärker durchsetzen.

Indem Qualitätssicherung nicht nur auf Lehrverhalten und unterrichtsinterne Faktoren, sondern auch auf organisatorische und rechtliche Fragen ebenso wie die Lehrpläne und Prüfungen, die Lernberatung, die Raumausstattung u. ä. bezogen wird, wird „Lehren im weiteren Sinne", in der Wechselwirkung institutioneller, organisatorischer und didaktischer Aspekte, wieder zu einem zentralen Thema für das Fach Deutsch als Fremdsprache.

6. Ausblick

Aus der Vielfalt von Entwicklungen, die das Lehren von Deutsch als Fremdsprache verändern, seien herausgegriffen (vgl. auch Beirat 1997):

a) die Tatsache, dass sich Deutsch insbesondere im Schulbereich des nichtdeutschsprachigen Raumes als zweite oder dritte Fremdsprache, vielfach nach Englisch als erster Fremdsprache, etabliert. Das hat unterrichtsmethodische Konsequenzen, die seit den 1990er Jahren Gegenstand sowohl der Erforschung als auch der didaktischen Diskussion geworden sind (vgl. Art. 91);

b) die zunehmende Nutzung elektronischer Medien, die neue Anforderungen sowohl an die technische Ausrüstung der Unterrichtsräume als auch an die Fähigkeiten der Lehrenden stellt, den Lernenden Zugang zu authentischen Dokumenten zu eröffnen, sie zu eigenen Recherchen im Internet zu befähigen, die aber auch neue Möglichkeiten der Klassenkorrespondenz und der direkten Kontakte mit der Zielsprache bietet; Lehren bedeutet nicht mehr, vor allem Informationen zu präsentieren, sondern den Umgang mit der Informationsflut bewältigen helfen (vgl. Art. 138).

c) In diesem Zusammenhang erhalten Forderungen nach Lernerautonomie eine konkrete Grundlage. Die Vermittlung von Lerntechniken (vgl. Art. 93) gewinnt an Bedeutung.

d) Mit der Globalisierung und der europäischen Vereinigung verändern sich auch die Ziele und Inhalte von Sprachunterricht: Die Forderung nach Mehrsprachigkeit führt zu verstärkter Nachfrage nach frühem Fremdsprachenunterricht; der direkte Berufsbezug fordert neue Formen der Sprachanwendung bereits während des Sprachunterrichts: die Verwendung von Deutsch als Unterrichtssprache in anderen Fächern (Deutsch als Arbeitssprache, vgl. Art. 116). Auch die neuen Medien verlangen neue Fähigkeiten und Fertigkeiten wie das Recherchieren, den Umgang mit Mehrsprachigkeit im Internet u. ä.

e) In Zeiten der Globalisierung steigen außerdem die Anforderungen an die Fähigkeit zu interkultureller Kommunikation. Hier müssen Wege gesucht werden, die verschiedenen Lehr- und Lerntraditionen unterschiedlicher Kulturen im Deutschunterricht fruchtbar zu machen (vgl. Art. 105).

f) Für das Lehren von Deutsch als Fremdsprache haben sich mit dem Fall des ‚Eisernen Vorhangs‘ wichtige Parameter geändert: Die deutsche Vereinigung und die Osterweiterung der Europäischen Union haben landeskundliche und sprachenpolitische Aspekte in den Vordergrund gerückt sowie in großem Umfang Lehreraus- und Lehrerfortbildung nötig gemacht. Hier ist ein Potential an Erfahrungen und Unterrichtsmodellen entstanden bzw. zugänglich geworden, das es zu nutzen gilt (vgl. Krumm 1996b).

Wenn „Lehren" als gewichtiges Faktorenbündel bei der Gestaltung von Lernprozessen gesehen wird, so kommt der Qualifikation der Lehrenden eine zentrale Rolle zu. Sie verfügen gegenüber den institutionellen und curricularen Vorgaben (Richtlinien, Lehrpläne, Lehrmaterialien, Methoden) über einen großen Aktualisierungsspielraum; auch die Schaffung von Bedingungen für autonomes Lernen hängt zum Teil von den Lehrenden ab. Die Lehreraus- und Lehrerfortbildung steht daher seit Beginn der 1990er Jahre im Fach Deutsch als Fremdsprache erneut im Zentrum der Bemühungen, den Deutschunterricht weiterzuentwickeln; auch hier spielen europäische Entwicklungen wie die Einführung der Bachelor-/Masterstudiengänge eine entscheidende Rolle (vgl. Art. 149).

7. Literatur in Auswahl

Achtenhagen, Frank
    1969   *Didaktik des fremdsprachlichen Unterrichts.* Weinheim: Beltz.
Altmeyer, Axel und Rainer Domisch
    1998   Benoten und Bewerten im Unterricht. *Fremdsprache Deutsch* 19(2): 5−9.
Altrichter, Herbert und Peter Posch
    1990   *Lehrer erforschen ihren Unterricht: eine Einführung in die Methoden der Aktionsforschung.* Bad Heilbrunn: Klinkhardt.
Arbeitskreis der Sprachenreferentinnen und -referenten der VHS-Landesverbände
    1997   Leitlinien zur Sicherung und Weiterentwicklung von Qualität in der sprachlichen Weiterbildung an Volkshochschulen. *Deutsch lernen* 22(1): 65−72.
Bausch, Karl-Richard, Eva Burwitz-Melzer, Frank G. Königs und Hans-Jürgen Krumm (Hg.)
    2005   *Bildungsstandards für den Fremdsprachenunterricht auf dem Prüfstand.* Tübingen: Narr.
Bausch, Karl-Richard, Herbert Christ, Werner Hüllen und Hans-Jürgen Krumm (Hg.)
    1986   *Lehrperspektive, Methodik und Methoden.* Tübingen: Narr.
Bausch, Karl-Richard und Hans-Jürgen Krumm
    1995   Sprachlehrforschung. In: Karl-Richard Bausch, Herbert Christ und Hans-Jürgen Krumm (Hg.), *Handbuch Fremdsprachenunterricht,* 7−13. 3. Aufl. Tübingen/Basel: Francke.

Bausch, Karl-Richard und Horst Raabe

1978   Zur Frage der Relevanz von kontrastiver Analyse, Fehleranalyse und Interimsprachen-
        analyse für den Fremdsprachenunterricht. In: *Jahrbuch Deutsch als Fremdsprache,* 56—
        75. Bd. 4. Heidelberg: Groos.

Beirat ‚Deutsch als Fremdsprache' des Goethe-Instituts

1997   ‚Deutsch als Fremdsprache' – 24 vermittlungsmethodische Thesen und Empfehlungen.
        Fremdsprache Deutsch Sondernummer I: 18—24.

Birzniece, Irita

2006   *Qualitätssicherung für die DaF-Vermittlung. Möglichkeiten, Grenzen und Erfahrungen.*
        München: Meidenbauer.

Clahsen, Harald, Jürgen M. Meisel und Manfred Pienemann

1983   *Deutsch als Zweitsprache. Der Spracherwerb ausländischer Arbeiter.* Tübingen: Narr.

Europäisches Portfolio für Sprachlehrende in Ausbildung (EPOSA/EPOSTL):

        http://www.ecml.at/mtp2/publications/C3_Epostl_D_internet.pdf (20. 8. 2009)

Europäisches Siegel für innovative Spracheninitiativen (ESIS):

        http://ec.europa.eu/education/languages/european-language-label/index_en.htm   (20. 8.
        2009).

Europarat

2001   *Gemeinsamer europäischer Referenzrahmen für Sprachen: lernen, lehren, beurteilen.* Berlin:
        Langenscheidt.

European Association for Quality Language Services (EAQUALS), *Charta für Teilnehmende:*

        http://clients.squareeye.com/uploads/eaquals_ge/Charters%20translation%20-
        %20German%20f.ormatted%202009.pdf; (21. 09. 2009)

Flechsig, Karl-Heinz

1971   Forschung im Bereich des Fremdsprachenunterrichts. In: Karlheinz Ingenkamp (Hg.),
        Handbuch der Unterrichtsforschung. Teil III, Kapitel 21, 3153—3275. (Pädagogisches
        Zentrum Reihe C, Bd. 6, III). Weinheim: Beltz.

Gage, Nathaniel L.

1979   *Unterrichten – Kunst oder Wissenschaft?* München: Urban & Schwarzenberg.

Glück, Helmut

1998   Zum disziplinären Ort von Deutsch als Fremdsprache. *Deutsch als Fremdsprache* 35(1):
        3—9.

Gnahs, Dieter

1996   *Handbuch zur Qualität in der Weiterbildung.* (Berufliche Bildung & Weiterbildung 2).
        Frankfurt a. M.: Gewerkschaft Erziehung und Wissenschaft.

Götze, Lutz, Hans Martin Kemme und Siegbert Latzel

1979   *Lehrschwierigkeiten im Fach DaF.* München: Goethe-Institut.

Heimann, Paul, Gunter Otto und Wolfgang Schulz

1965   *Unterricht – Analyse und Planung.* (Auswahl Reihe B, 1/2). Hannover: Schroedel.

Henrici, Gert und Uwe Koreik

1994   Zur Konstituierung des Fachs Deutsch als Fremdsprache. In: Gert Henrici und Uwe
        Koreik (Hg.), *Deutsch als Fremdsprache. Wo warst Du, wo bist Du, wohin gehst Du?* 1—
        42. Baltmannsweiler: Schneider Hohengehren.

Hornung, Antonie

2003   *Liber naturae* – über die Bedeutung einer reflexiven Didaktik. In: Hans-Jürgen Krumm
        und Paul Portmann-Tselikas (Hg.), *Theorie und Praxis. Österreichische Beiträge zu
        Deutsch als Fremdsprache, Band 7: Lernen im Beruf,* 33—40. Innsbruck: Studienverlag.

Kelly, Michael und Michael Grenfell

2004   *Europäisches Profil für die Aus- und Weiterbildung von Sprachenlehrkräften, ein Refe-
        renzrahmen.* Southampton: http://ec.europa.eu/education/policies/lang/doc/profilebroch_
        de.pdf (10. 10. 2009)

Königs, Frank G.
  1983   *Normenaspekte im Fremdsprachenunterricht*. Tübingen: Narr.
Krashen, Stephen
  1981   *Second Language Acquisition and Second Language Learning*. Oxford: Pergamon.
Krashen, Stephen D. und Tracy D. Terrell
  1988   *The Natural Approach*. New York: Prentice Hall.
Krumm, Hans-Jürgen
  1981   Methodenlehre − Handlungsanweisungen für den Fremdsprachenlehrer. In: Franz Josef
          Zapp u. a. (Hg), *Kommunikation in Europa*, 217−224. (Schule und Forschung). Frankfurt
          a. M.: Diesterweg
Krumm, Hans-Jürgen
  1995   Der Fremdsprachenlehrer. In: Karl-Richard Bausch, Herbert Christ und Hans-Jürgen
          Krumm (Hg.), *Handbuch Fremdsprachenunterricht*. Artikel 105, 475−480. 3. Aufl. Tübin-
          gen: Francke.
Krumm, Hans-Jürgen
  1996a   Fremdsprachen in Wissenschaft und Unterricht − die mißlingende Ankunft. In: Karl-
          Richard Bausch, Herbert Christ, Frank G. Königs und Hans-Jürgen Krumm (Hg.), *Er-
          forschung des Lehrens und Lernens fremder Sprachen*, 96−104. Tübingen: Narr.
Krumm, Hans-Jürgen
  1996b   Was kann das Fach Deutsch als Fremdsprache in den deutschsprachigen Ländern zur
          Entwicklung der Deutschlehrerausbildung außerhalb des deutschen Sprachraums (nicht)
          beitragen? In: *Info DaF*. 23/5:523−540.
Krumm, Hans-Jürgen
  1997   Mehrsprachigkeit und Deutschunterricht. *Fremdsprache Deutsch* Sondernummer II:
          11−17.
Krumm, Hans-Jürgen
  2003   Lernen im Beruf oder: vom Umgang mit den Widersprüchen der LehrerInnenrolle. In:
          *Theorie und Praxis. Österreichische Beiträge zu Deutsch als Fremdsprache, Band 7: Lernen
          im Beruf*, 17−32. Innsbruck: Studienverlag.
Krumm, Hans-Jürgen
  2005   Hilfreiche Standardisierung oder fatale Normierung: Gedanken zur Problematik von Bil-
          dungsstandards und Lernstandserhebungen. In: Karl-Richard Bausch, Eva Burwitz-Mel-
          zer, Frank G. Königs und Hans-Jürgen Krumm (Hg.), *Bildungsstandards für den Fremd-
          sprachenunterricht auf dem Prüfungstand*, 151−158. Tübingen: Narr.
Mackey, William Francis
  1965   *Language Teaching Analysis*. London: Longmans.
Meyer, Hilbert
  1987   *UnterrichtsMethoden*. 2 Bände. Frankfurt a. M.: Scriptor.
Meyer, Meinert A.
  1995   Erziehungswissenschaft. In: Karl-Richard Bausch, Herbert Christ und Hans-Jürgen
          Krumm (Hg.), *Handbuch Fremdsprachenunterricht*. Artikel 7, 45−52. 3. Aufl. Tübingen:
          Francke.
Ortner, Brigitte
  1998   *Alternative Methoden im Fremdsprachenunterricht*. Ismaning: Hueber.
Stern, H. H.
  1983   *Fundamental Concepts of Language Teaching*. Oxford: Oxford University Press.
Teaching Knowledge-Test:
          http://www.cambridge-exams.de/exams/tkt.php (20. 8. 2009).
Tönshoff, Wolfgang
  1992   *Kognitivierende Verfahren im Fremdsprachenunterricht*. Hamburg: Kovacs.
Wildmann, Doris und Thomas Fritz
  2003   Und jetzt wird reflektiert … Reflexionstagebücher in der Aus- und Weiterbildung. In:
          *Theorie und Praxis. Österreichische Beiträge zu Deutsch als Fremdsprache, Band 7: Lernen
          im Beruf*. 41−51. Innsbruck: Studienverlag.

Zimmermann, Günther
  1988   Lehrphasenmodell für den fremdsprachlichen Grammatikunterricht. In: Johannes Dahl
          und Brigitte Weis (Hg.), *Grammatik im Unterricht*, 160−177. München: Goethe-Institut.
Zimmermann, Günther
  1990   *Grammatik im Fremdsprachenunterricht der Erwachsenenbildung.* (Forum Sprache). Isma-
          ning: Hueber.

Hans-Jürgen Krumm, Wien, (Österreich)

102. Curriculumentwicklung und Lehrziele Deutsch als Fremdsprache

1. Curriculum und Lehrplan
2. Curriculumtheorie, Lehrplantheorie und Didaktik
3. Curriculumentwicklung und Lehr- und Lernziele Deutsch als Fremdsprache
4. Curriculumentwicklung für Fremdsprachen auf europäischer Ebene
5. Desiderate und Perspektiven
6. Literatur in Auswahl

1. Curriculum und Lehrplan

Das lateinische Nomen „curriculum" bedeutet je nach Kontext Wettlauf/Wettrennen (zu Fuß, zu Pferd, mit dem Wagen), Lauf/Umlauf/Kreislauf (des Mondes und der Sterne), Rennwagen/Streitwagen, Laufbahn/Rennbahn; im bildlichen Sinne wird es oft mit dem Genitivattribut „artis"zu „curriculum artis"verbunden und bedeutet dann in etwa „(Ver)-lauf der Aneignung einer „ars" (Georges 1962: 1837−1838), wobei mit „ars" in diesem Zusammenhang jede (theoretische) „Kunst(fertigkeit)" gemeint sein kann, in der die Schüler unterrichtet wurden, insbesondere Grammatik („ars grammatica") und Rhetorik („ars rhetorica"). In diesem besonderen bildlichen Sinn kann Curriculum sowohl die Inhalte der jeweiligen „ars" als auch das Lehren und Lernen dieser „ars" umfassen.

Im deutschen Sprachraum hat erstmals Morhof 1688 Curriculum im Sinne von Lehrplan verwendet (Dolch 1971: 318−319). Das im deutschen Sprachraum bis heute geläufige deutsche „Lehrplan" hat seit etwa 1800 das lateinische „curriculum" allmählich verdrängt. Im englischsprachigen Raum hingegen ist „curriculum" seit dem frühen 17. Jahrhundert und bis heute als alleiniges Wort in Gebrauch. Auf den ersten Blick scheint es sich bei Curriculum und Lehrplan also um weitgehend synonyme Begriffe zu handeln, die Inhalte des Lehrens und das Lehren selbst bezeichnen. Bei näherer Betrachtung wird sich jedoch zeigen, dass sie sich in ihrer Bedeutung unterscheiden können.

Curriculumtheorie, Lehrplantheorie und Didaktik

Das Besondere der auf Curriculum und auf Lehrplan bezogenen Theorien wie auch der Didaktik als Theorie des Lehrens und Lernens besteht darin, dass die abgebildeten „Gegenstände" überhaupt erst durch diese Theorien hervorgebracht und begründet werden müssen. Daraus folgt, dass (1) die „Gegenstände" selbst (Ziele, Inhalte, Verfahren, Prüfungen) zu verschiedenen Zeiten anders geartet sein können, dass (2) die Curricula, Lehrpläne und didaktischen Konzepte revisionsbedürftig und revisionsfähig sind und dass (3) die Frage der Legitimation oder Entscheidungsbefugnis darüber, was in welcher Reihenfolge warum und wie gelehrt und gelernt sowie geprüft werden soll, eine der zentralen Fragen insbesondere der Curriculumtheorie seit etwa 1970 ist.

Im Folgenden werden die drei Theorien in historischer Perspektive und zugleich in exemplarischer Weise (durch Konzentration auf jeweils bedeutende Vertreter) charakterisiert.

2.1. Didaktik

Nach Heursen (1995: 407) haben Vertreter der frühen Aufklärung, Wolfgang Ratke (1571–1635) und Johann Amos Comenius (1595–1670) „das planvolle Lehren und Lernen als erste in einen pädagogischen Zusammenhang gestellt. Mit ihrem Wirken begann die Entwicklung der allgemeinen Didaktik als Wissenschaft. Während Ratke (...) vor allem als Schulreformer hervortrat, entwickelte Comenius (...) in seiner ‚Didactica magna' ein erstes umfassendes System der Lehrkunst. (...) Didaktik als Lehrkunst war die ‚vollständige Kunst, allen Menschen alles zu lehren' (Comenius 1959: 3)." Bereits hier, im Kontext der allgemeinen Didaktik, sei darauf hingewiesen, dass Comenius auch für die Fachdidaktik des Fremdsprachenlehrens und -lernens, und zwar für die damals noch lebendige Fremdsprache Latein, in seiner „Linguarum Methodus Novissima" ([1648] 1657) ein umfassendes, differenziertes und auf langer praktischer Erfahrung basierendes System entwickelt hat.

Didaktik in diesem weiten Sinne thematisiert bis in die heutige Zeit die folgenden Fragen: (1) Was soll gelehrt und gelernt werden? (2) Warum und wozu soll etwas gelehrt und gelernt werden? (3) Wie kann oder sollte etwas gelehrt und gelernt werden? (4) Mit welchen Mitteln kann oder sollte etwas gelehrt und gelernt werden? (5) Wie kann oder sollte das Gelehrte und Gelernte überprüft und geprüft werden?

Neben der Didaktik im weiten Sinne hat sich auch ein Begriff von Didaktik in engerem Sinn entwickelt, welche die Fragen (1) nach dem Was? und (2) nach dem Warum? und Wozu? in den Mittelpunkt rückt. (vgl. Abschnitt 2.2).

2.2. Lehrplantheorie

Nach Hacker waren die ersten Lehrplantheorien „normative Theorien, da sie von einem inhaltlich bestimmten Menschenbild ausgingen und daraus schulische Bildungsinhalte ableiteten, diese systematisierten und legitimierten" (Hacker 1995: 521). Als klassische Beispiele nennt er u. a. die „Didactica magna" von Comenius. Weitere bedeutende Ver-

treter einer Lehrplantheorie als einer Theorie der Bildungsinhalte sind in der zweiten
Hälfte des 20. Jahrhunderts Weniger mit seiner „Didaktik als Bildungslehre, Teil 1: Theorie der Bildungsinhalte und des Lehrplans" (1952) und sein Schüler Klafki mit seinen
„Studien zur Bildungstheorie und Didaktik" (1970) sowie den „Neue(n) Studien zur Bildungstheorie und Didaktik" (1985). Im Zentrum dieser Theorien stehen Konzepte von
„Bildung" des Menschen, auf welche die Inhalte des Lehrens, die in Lehrplänen kodifiziert sind, zielen sollen. Unabhängig von ihrer Herleitung und ihren Inhalten sind Lehrpläne generell dadurch gekennzeichnet, dass sie in Form von Verwaltungsvorschriften
des Staates Rechtsstatus haben. Sie „koordinieren die Arbeit der einzelnen Schulen und
ermöglichen dadurch vergleichbare Abschlüsse. Sie (…) bilden Grundlage und Bezugspunkt für Leistungsbeurteilung und Auslese." (Hacker 1995: 520).

2.3. Curriculumtheorie

1967 hat Saul B. Robinsohn, seinerzeit Direktor am Institut für Bildungsforschung in
der Max-Planck-Gesellschaft, mit seiner Schrift „Bildungsreform als Revision des Curriculum" ([1967] 1973) den (amerikanischen) Begriff des Curriculum (vgl. weiter oben Abschnitt 1) in den erziehungswissenschaftlichen und fachdidaktischen Diskurs in der Bundesrepublik Deutschland eingeführt und damit eine etwa 15−20 Jahre dauernde umfassende Curriculum-Diskussion und Curriculum-Forschung ausgelöst.
  Ein zentrales Merkmal dieser Curriculumtheorien besteht in ihrem Anspruch, alle
Elemente des Curriculum und die Curriculumentwicklung selbst wissenschaftlich zu fun-
dieren und die jeweils implizierten Entscheidungen (vor allem über in Form von Lehrplänen kodifizierte Lerninhalte) transparent zu machen und rationaler Kontrolle zu un-
terwerfen. Der Theorie der Bildungsinhalte (vgl. Abschnitt 2. 2.) setzt Robinsohn sein
Programm zur Ermittlung von Inhalten entgegen, die „durch die Aneignung von Kenntnissen, Einsichten, Haltungen und Fertigkeiten" vor allem für die „Bewältigung von
Lebenssituationen" qualifizieren soll (Robinsohn [1967] 1973: 45). Der Curriculumforschung stellt er „die Aufgabe, Methoden zu finden und anzuwenden, durch welche diese
Situationen und die in ihnen geforderten *Funktionen*, die zu deren Bewältigung notwendigen *Qualifikationen* und die *Bildungsinhalte* und *Gegenstände*, durch welche diese Qualifizierung bewirkt werden soll, in optimaler Objektivierung identifiziert werden können."
(Robinsohn [1967] 1973: 45, Hervorhebungen im Original).
  An dieser und weiteren Aufgaben haben sich dann Erziehungswissenschaftler, Fach-
wissenschaftler und Fachdidaktiker in unterschiedlichen Funktionen (als Forscher, als
Gutachter, als Curriculumentwickler, als Mitglieder von Lehrplankommissionen, als Autoren von Lehr- und Lernmaterialien, als Testentwickler, als Lehrer) abgearbeitet (vgl.
u. a. Frey 1975; Hameyer, Frey und Haft 1983). Zweifellos hat die ausführliche und
intensive Auseinandersetzung mit dem Thema Curriculum auf allen Ebenen der Forschung, der Lehrplanentwicklung, der Fachdidaktik, der Lehrwerkentwicklung, der Testentwicklung und nicht zuletzt der Unterrichtsplanung und -evaluation zu Transparenz
und rationalem Diskurs beigetragen; allerdings ist auch nicht zu übersehen, dass die von
Robinsohn vorgegebenen Aufgaben und hochgesteckten Ziele nicht auf allen Ebenen und
nicht in vollem Umfang erreicht worden sind (Otto und Schulz 1995: 50).

3. Curriculumentwicklung und Lehr- und Lernziele Deutsch als Fremdsprache

Mit dem Beginn des Deutsch als Fremdsprache-Unterrichts sind außerhalb des deutschen Sprachraums Lehrmaterialien entstanden, die vielfach auf die Bedürfnisse bestimmter Zielgruppen (Reisende, Kaufleute, Studierende) zugeschnitten waren und als frühe Formen impliziter Lehrpläne betrachtet werden können. Mit der Entwicklung eines systematischen Deutschunterrichts für Nichtdeutschsprachige an Schulen entstanden auch entsprechende Lehrpläne. Diese Entwicklungen sind allerdings bislang nur unzureichend erforscht, insbesondere unter der speziellen Frage nach den curricularen Aspekten (vgl. Art. 5, Art. 9). An dieser Stelle beschränkt sich die Darstellung daher auf die Entwicklungen im deutschen Sprachraum ab etwa 1970, speziell auf die Bundesrepublik, da eine Curriculumdiskussion für DaF in Österreich und der Schweiz im Grunde erst mit dem gemeinsamen Zertifikat 1999 einsetzte (vgl. Abschnitt 3.4). Auch hier wurden die Entwicklungen zunächst nicht bzw. ab den 1970er Jahren nicht allein von der allgemeinen Curriculumtheorie und Curriculumforschung ausgelöst. Sie sind aber auf je unterschiedliche Weise zunächst von Komponenten der Allgemeinen Didaktik und dann auch von der Curriculumtheorie beeinflusst worden. Für die Curriculumentwicklung selbst hatte Robinsohn ab der zweiten Auflage seiner Schrift einen zweiten Teil mit dem Titel „Ein Strukturkonzept für Curriculumentwicklung" (Robinsohn 1973: 75–95) angefügt. Darin stellte er der Curriculumentwicklung eine wiederum anspruchsvolle Aufgabe:

> Somit scheint die Aufgabe einer systematischen Curriculumentwicklung, allgemein gesprochen, darin zu liegen, Hypothesen zur Identifizierung dieser drei Klassen von Curriculum-Variablen [sc. Bewältigung von *Lebenssituationen*, Erwerb von *Qualifikationen* und Dispositionen für diese Bewältigung, Vermittlung dieser Qualifikationen durch *Elemente des Curriculum*] und zu ihrer Verknüpfung zu formulieren und zu überprüfen. Um aber jene Situationen und die in ihnen geforderten Funktionen zu identifizieren, um sodann Qualifikationen, die diesen Erfordernissen entsprechen, zu definieren, und um schließlich Curricula zu konstruieren, die jene Qualifikationen zu vermitteln geeignet sind, muß in der Curriculumarbeit folgendes geleistet werden:
> 1) Es müssen Kriterien für diese Identifikationen gewonnen und angewandt werden. Solche Kriterien beruhen auf begründeten Werturteilen ebenso wie auf empirisch-analytischen Feststellungen und Schätzungen objektiver (gegenwärtiger und zukünftiger) Bedürfnisse, auf Elementen von Kultur-Tradition, auf Einsichten in die Wirksamkeit von Lehren und Lernen.
> 2) Es muss daher ein Maximum an der für eine rationale Wahl erforderlichen Evidenz aufgefunden, überprüft und primär ermittelt werden.
> 3) Endlich sind angemessene Prozeduren für Bewertung und Entscheidung zu entwickeln.   (Robinsohn 1973: 80)

3.1. Der Beginn der Curriculumentwicklung für Deutsch als Fremdsprache in der Bundesrepublik Deutschland

In der Bundesrepublik begann die Curriculumentwicklung für Deutsch als Fremdsprache 1953 mit dem Aufbau eines Kurssystems durch das 1951 gegründete Goethe-Institut (vgl.

Art. 13). Pionierarbeit leistete dabei Dora Schulz, die erste und langjährige Leiterin des Instituts. Das Kurssystem war in drei Stufen gegliedert: Grundstufe, Mittelstufe und Oberstufe. Für die einzelnen Stufen gab es jedoch (noch) keine detaillierten Lehrpläne mit einer differenzierten Beschreibung und Begründung von Lehrzielen und Lehrinhalten. Die in den Kursen vermittelten Inhalte sind jedoch für die Grundstufe fassbar in dem von Heinz Griesbach zusammen mit Dora Schulz verfassten Lehrwerk „Deutsche Sprachlehre für Ausländer. Grundstufe in einem Band" ([1955] 2009) und in den für alle Stufen entwickelten Abschlussprüfungen, wie ja überhaupt und teilweise bis heute Lehr- und Lernziele wie auch Lehr- und Lerninhalte überwiegend in Form von Prüfungen und Prüfungsanforderungen beschrieben werden.

Aus dem ersten Lehrwerk für die Grundstufe und den ersten Prüfungen für die Oberstufe lässt sich die favorisierte Adressatengruppe leicht ermitteln: Es sind vor allem ausländische Studenten, die als Lehrwerkpersonen bereits in dem Grundstufenlehrwerk auftauchen und die sprachlichen Voraussetzungen für ein Studium an einer deutschen Hochschule erwerben wollen. Die allgemeine Zielrichtung lautete, in die Terminologie Robinsohns übersetzt: Die *Lebenssituationen* sind die eines ausländischen Studenten an einer deutschen Hochschule und in einer deutschen Stadt, die *Qualifikationen* umfassen die für ein Studium an einer deutschen Hochschule benötigte Beherrschung der deutschen Sprache sowie kultur- und landeskundliche Kenntnisse, die *Elemente des Curriculum,* insbesondere die Lerninhalte, sind in dem Lehrwerk und in den Prüfungen auf je bestimmte Weise verknüpft. Zugespitzt formuliert: Es handelt sich bereits um einen „heimlichen Lehrplan" (in der Terminologie der Lehrplantheorie) und um ein eher intuitiv entwickeltes Produkt einer „Curriculumentwicklung" ohne anspruchsvolle Curriculumtheorie im Hintergrund (Zur Curriculumentwicklung für Deutsch als Zweitsprache vgl. Art. 120 und 121).

3.2. Lehr- und Lernziele in den Zertifikaten

Das „Zertifikat Deutsch als Fremdsprache" wurde von einem gemeinsamen Ausschuss des Goethe-Instituts und des Deutschen Volkshochschulverbandes entwickelt und 1972 veröffentlicht (Deutscher Volkshochschulverband u. a. [1972] 1977: 7, 9). Bei Beginn des Projektes lag das erste Volkshochschul-Zertifikat für Englisch bereits vor; das von Nowacek formulierte *Groblernziel*, das für die Sprachenzertifikate der Grundstufe im Erwachsenenbereich bis heute, wenngleich in jeweils leicht modifizierter Form, gültig ist und das aus der Analyse der „Lebenssituationen" (in der Terminologie Robinsohns) hergeleitet und als „Qualifikation" zur Bewältigung dieser Situationen in einer überprüfbaren Form beschrieben wurde, lautet:

> Mit der Prüfung zum VHS-Zertifikat erbringt ein Teilnehmer den Nachweis, dass er den Grad an Fertigkeit im mündlichen und schriftlichen Gebrauch der Umgangssprache erreicht hat, der es ihm ermöglicht, sich bei einem Auslandaufenthalt in allen wichtigen Situationen sprachlich zu behaupten. Er soll in der Lage sein, ein in natürlichem Sprechtempo geführtes Gespräch über Themen des täglichen Lebens zu verstehen und sich daran zu beteiligen.   (Nowacek 1974: 5)

Bemerkenswert dabei ist, dass hier im erwachsenenpädagogischen Bereich, in dem bis dato ohne offizielle (formell beschlossene) Lehrpläne unterrichtet worden war, zum ersten Mal intensiv an der Entwicklung eines Curriculums im Sinne Robinsohns gearbeitet wurde und dass die Ermittlung, Beschreibung und Begründung von Lernzielen nicht als erstes und grundsätzlich erfolgte, sondern im Kontext der Entwicklung von Prüfungen, zu deren Konstituierung und Objektivierung Lernziele benötigt wurden. Diese für die Zertifikats-Prüfung und die entsprechende Prüfungsentwicklung vorgegebenen Lernziele haben sich aber sowohl auf alle zum Zertifikat hinführenden Sprachkurse als auch auf alle Lehrwerke für diese Sprachkurse unmittelbar ausgewirkt.

In der 2. neubearbeiteten und erweiterten Auflage des Zertifikats Deutsch als Fremdsprache von 1977, die auf der Basis der Evaluation der ersten Fassungen entstand, wurden nun auch in detaillierter und operationalisierbarer Form *Feinlernziele* in Form von Lernziellisten beschrieben: Neu an diesen Lernzielformulierungen ist der Versuch, den Grad an Fertigkeit im mündlichen und schriftlichen Gebrauch der Umgangssprache genauer zu beschreiben, und zwar in einem ins Einzelne gehenden Lernzielkatalog, der auf den Lernzielen des Grundstufen-Rahmenprogramms des Goethe-Instituts beruhte. (Deutscher Volkshochschulverband u. a. 1977: 11)

Neben der genaueren Beschreibung der Lernziele Hörverständnis, Sprechfertigkeit, Leseverständnis und Schriftlicher Ausdruck (ebd.: 20−23) und der Verfahren ihrer Überprüfung (ebd.: 25−44) umfasste der „Lernzielkatalog" insgesamt sieben weitere Listen: (1) Syntaktische Strukturen, (2) Wortliste, (3) Wortbildungsliste, (4) Intentionen (Sprechabsichten), (5) Themen, (6) Situationen, (7) Texte. Dabei bilden die Listen (1) Syntaktische Strukturen einschließlich der Einleitung und der Erläuterungen sowie die Wortliste (2) einschließlich der Erläuterungen zu ihrer Entwicklung und die Wortbildungsliste (3) den Kern. Die Listen (4) bis (7) umfassten einschließlich einleitender Erläuterungen demgegenüber nur wenige Seiten und wurden lediglich als Anhang abgedruckt. Inhalt und Struktur dieser Lernzielbeschreibung sind in mehrfacher Hinsicht für die Curriculumentwicklung in den 1970er Jahren aufschlussreich: 1. Die zentrale Stellung von Grammatik und Wortschatz spiegelt noch die traditionelle Auffassung von Fremdsprachenlehren und -lernen wider: Eine Fremdsprache lernen heißt vor allem, die Grammatik und den Wortschatz dieser Sprache lernen. 2. Neuere Entwicklungen in der Linguistik und in der Fremdsprachendidaktik wirken sich, wenn auch in unterschiedlich intensiver Weise, gleichwohl schon aus: Am stärksten ist die Auswirkung des Modells der Dependenz-Grammatik in der von Ulrich Engel verfassten Liste der Syntaktischen Strukturen, dokumentiert vor allem in den ausführlichen Erläuterungen zu Wortgruppen, Satzgliedern und Satzbauplänen; immerhin erkennbar hat sich die Sprechakttheorie als zentraler Bestandteil der sich erst entwickelnden Pragmalinguistik auf die Listen „Intentionen (Sprechabsichten)" und „Situationen" ausgewirkt; bezüglich der Liste „Texte" ist der noch recht schwache Einfluss der sich ebenfalls erst entwickelnden Textlinguistik spürbar; die Liste der „Themen" schließlich, die „einen Überblick über die möglichen Inhalte von Zertifikatskursen" (Deutscher Volkshochschulverband u. a. 1977: 553) geben soll, spiegelt zugleich den noch nicht sehr entwickelten Stand der Diskussion um die Landeskunde.

Insgesamt ist festzustellen, dass (1) mit dem Zertifikat Deutsch als Fremdsprache ab 1977 ein umfangreiches und differenziertes Curriculum mit gleichwohl unterschiedlicher Gewichtung der einzelnen Lernzielbereiche mit dem Anspruch entwickelt worden ist, die Sprachbeherrschung am Ende der Grundstufe in einer Form zu überprüfen, die den Gütekriterien der aus den USA importierten Test-Theorie entsprach (vgl. Art. 143), dass

(2) sich die beginnende ausführliche Diskussion der Curriculumtheorie erkennbar ausgewirkt hat, auch wenn die von Robinsohn geforderte Erarbeitung von Auswahl- und Entscheidungskriterien nicht geleistet wird, dass (3) sich insbesondere Entwicklungen in der Linguistik (Pragmalinguistik, Dependenzgrammatik, Textlinguistik) auf die Lernzielermittlung und -beschreibung ausgewirkt haben.

Das „Zertifikat Deutsch als Fremdsprache" ist in 4., völlig neu bearbeiteter und ergänzter Auflage 1991 erschienen. Im Folgenden werden die wesentlichen Änderungen und die Entwicklungen in der Fremdsprachendidaktik, auf denen diese Änderungen basieren, kurz dargestellt.

Die Komponenten Grammatik und Wortschatz sind gegenüber der Fassung von 1977 *aus* dem Zentrum herausgerückt; die in der Fassung von 1977 noch in den Anhang verbannten kurzen Listen zu den Sprechintentionen, zu den Themen und zu den Texten sind demgegenüber in der Fassung von 1991 *in* das Zentrum hineingerückt, und zwar direkt hinter die noch differenziertere Beschreibung der Fertigkeiten Hörverstehen, Mündlicher Ausdruck, Leseverstehen und Schriftlicher Ausdruck; die Liste der Situationen ist verschwunden. Die Informationen zur Zertifikatsprüfung sind konsequent von den Lernzielbeschreibungen getrennt und erscheinen als viertes und letztes Kapitel. Das zentrale 3. Kapitel mit der Überschrift „Lernziele" integriert auf den Seiten 11−332 nun alle Lernziele unabhängig von der Art ihrer Überprüfung in der Zertifikatsprüfung. Die Lernziellisten ihrerseits stehen nicht mehr isoliert nebeneinander, sondern werden in der Weise *verknüpft*, dass durch exemplarische Versprachlichung der Sprechintentionen und der Themen die Wortschatzliste aus den Sprechintentionen und den Themen abgeleitet wird und dass für die Listen der Sprechintentionen und der Themen selbst die *Verknüpfung* exemplarisch am Beispiel „Einkaufen" erfolgt (328−332).

Das bedeutet den *Primat des Funktionalen* (Fertigkeiten und Sprechintentionen) vor dem Formalen (Grammatik und Wortschatz) und ist eine Folge der Konzeptualisierung von „Kommunikativer Kompetenz" innerhalb der Sprach- und Kommunikationstheorie (Piepho 1974; vgl. Art. 104). Großen Einfluss haben darüber hinaus insbesondere die vom Europarat initiierten Projekte zur Förderung des gegenseitigen Verständnisses durch das Erlernen von Fremdsprachen auf Grundstufen-Niveau ausgeübt; in diesen Projekten wurden die *sprachlichen Handlungen* und die sprachlichen Implikationen dieser Handlungen in Form von detaillierten und miteinander vernetzten Lernziellisten für die Fremdsprachen Englisch (The Threshold-Level 1975), Französisch (Un niveau-seuil 1976) Spanisch (Un nivel umbral, 1979) und Deutsch (Kontaktschwelle Deutsch als Fremdsprache, 1980) beschrieben. Die Kontaktschwelle (Baldegger u. a. 1980) beschreibt als erstes detailliert Sprechakte, sodann den für die Realisierung der Sprechakte benötigten Wortschatz und das Grammatik-Inventar einschließlich Wortbildung. In der Beschreibung des Grammatik-Inventars sind die Einflüsse der Textlinguistik und der Dependenz-Grammatik unübersehbar.

Bereits die Änderung der Bezeichnung für das Grundstufenzertifikat („Zertifikat Deutsch" anstatt „Zertifikat Deutsch als Fremdsprache") soll signalisieren, dass es sich nicht um eine bloße weitere Bearbeitung des „Zertifikats Deutsch als Fremdsprache" handelt, sondern um eine *Weiterentwicklung* mit einer Vielzahl neuer Aspekte und Komponenten. Das beginnt bereits bei den für die Weiterentwicklung verantwortlich zeichnenden Institutionen: Das *Zertifikat Deutsch* wurde in gemeinsamer Verantwortung von

Institutionen aus Deutschland, Österreich und der Schweiz entwickelt (Weiterbildungs-Testsysteme GmbH u. a. 1999). Im Folgenden werden die wesentlichen Neuerungen gegenüber dem „alten" Zertifikat benannt und kurz charakterisiert.

(1) Zur Beschreibung der produktiven Fertigkeiten wird das Konstrukt der sogenannten *Szenarien* neu eingeführt, in welchen sich die Komponenten der *Soziokulturellen Kompetenz* (Handlungsfelder, Themen, Allgemeinbegriffliche Aussagen), der *Kommunikativen Kompetenz* (Sprachintentionen, Diskurselemente, Strategien) und der *Sprachstrukturellen Kompetenz* (Sätze und Texte, Wortschatz) verbinden (sollen). Es werden insgesamt 13 Szenarien beschrieben, die jeweils durch eine zentrale und komplexe Sprachhandlung benannt werden (z. B. „A. Um einen Gefallen bitten", „B. sich beschweren") und die jeweils mit Hilfe der Kategorien „Diskursphasen", „Diskursstrategien", „Diskurselemente", „Sprachintentionen" und „Grammatik" detailliert aufgeschlüsselt werden. Es ist dies einer von vielen Versuchen, die in den einzelnen Lernziellisten isolierten und isoliert beschriebenen Teilaspekte des komplexen Lernziels Fremdsprachenbeherrschung für das Fremdsprachenlernen und -lehren wieder zusammenzubringen.

(2) Bei den rezeptiven Fertigkeiten Leseverstehen und Hörverstehen wird jeweils zwischen drei Verstehensstilen unterschieden: Globalverstehen, Detailverstehen und selektives Verstehen, die auch getrennt und mit je eigenen Testformaten in der Zertifikatsprüfung geprüft werden.

(3) "Kommunikative Aufgaben (,Tasks')", durch deren Bewältigung konkret und authentisch kommuniziert werden kann, und „Sprachliche Handlungsfelder (,Domains')", in denen Sprache gebraucht wird, sind der ersten englischsprachigen Fassung des Europäischen Referenzrahmens für Sprachen von 1997 entnommen.

Der *Primat des Funktionalen* in den vom Europarat initiierten Arbeiten (vgl. Abschnitt 3.3) hat sich bis heute durchgehalten und ist in Form der *Can-do-* bzw. *Kann-* Beschreibungen die grundlegende Kategorie für die Definition der Niveau-Stufen von A1 bis C2 entsprechend dem Gemeinsamen europäischen Referenzrahmen für Sprachen (Europarat 2001; vgl. Abschnitt 4).

4. Curriculumentwicklung für Fremdsprachen auf europäischer Ebene

Der *Gemeinsame europäische Referenzrahmen für Sprachen: lernen, lehren, beurteilen* (Europarat 2001) ist das bis dato letzte und zugleich umfassendste Ergebnis der vom Rat für kulturelle Zusammenarbeit des Europarats initiierten und kontinuierlich geförderten Arbeiten zur auf der Beherrschung europäischer Sprachen basierenden kulturellen Integration der Menschen seiner Mitgliedsländer. Seit seinem Erscheinen hat sich der Referenzrahmen schnell und umfassend ausgewirkt insbesondere (1) auf die Anpassung der Kurssysteme sowohl des Goethe-Instituts als auch der Volkshochschulen und anderer Sprachanbieter auf die im Referenzrahmen definierten Niveau-Stufen A1 bis C2, (2) auf die Entwicklung der den einzelnen Niveaustufen zugeordneten Prüfungen (vgl. Art. 144), (3) auf die Erarbeitung neuer Curricula (z. B. das von staatlicher Seite in Auftrag gegebene „Rahmencurriculum für Integrationskurse Deutsch als Zweitsprache" von 2007, vgl. Art. 121). Bereits vor dem Erscheinen der deutschen Fassung des Referenzrahmens haben die Arbeiten an der englischen Fassung die Entwicklung des 1999 veröffentlichten Zertifikats Deutsch erkennbar beeinflusst, ablesbar etwa an der Verwendung des Konstrukts der „Domains" (dt. „Lebensbereiche"), des Konstrukts der „Tasks" (dt. „Kommunikative Aufgaben"), der Auseinanderfaltung des Kompetenz-Begriffs in *soziokulturelle Kompetenz, kommunikative Kompetenz* und *sprachstrukturelle Kompetenz*.

Die besondere Wirkung des Referenzrahmens auf die Curriculumentwicklung beruht auf seiner, freilich nicht durchgehend stringenten, umfassenden Darstellung:

(1) Er beschreibt *alle* Niveau-Stufen des Fremdsprachenlernens *einheitlich für alle* europäischen (Fremd-) Sprachen.

(2) Er enthält *alle zentralen Komponenten eines Curriculums* (Lernziele, Lerninhalte, Prüfungen), auch wenn im Mittelpunkt seiner Rezeption und Diskussion die allgemeinen und spezifischen Lernzielbeschreibungen auf den Niveaustufen A1 bis C2 stehen.

(3) Er wendet die *Vorarbeiten zur Entwicklung von Deskriptoren der Sprachkompetenz* (vgl. vor allem Anhang A) konsequent und exzessiv zur Abgrenzung und Differenzierung der einzelnen Niveaustufen an.

(4) Er ist erkennbar abgestimmt mit den bereits vorliegenden Kann- Beschreibungen der *Association of Language testers in Europe* (*ALTE*) (vgl. vor allem Anhang D) und kann damit die weiterhin dominierende Unterordnung der Curriculumentwicklung unter die Entwicklung von Prüfungen nicht (ganz) verleugnen.

(5) Kennzeichnend für den Referenzrahmen sind des Weiteren vor allem die folgenden Merkmale:

(5.1) Er folgt ausdrücklich und konsequent dem *handlungsorientierten Ansatz* bei der Beschreibung von Sprache und Sprachgebrauch (vgl. Kapitel 2)

(5.2) Die Kann-Beschreibungen auf den Niveau-Stufen A1, A2, B1, B2, C1 und C2 erfolgen zunächst in Form einer „Globalskala" (Europarat 2001: 35) und sodann in vielen die einzelnen Teilbereiche fokussierenden Skalen mit einer jeweils unterschiedlichen Anzahl von Teil-Skalen; zum Beispiel wird der Teilbereich „Mündliche Interaktion" mit insgesamt neun Skalen beschrieben. Ob diese extreme Atomisierung der Lernzielbeschreibung sinnvoll und praktikabel ist, möge dahingestellt bleiben (vgl. die kritische Diskussion bei Bausch u. a. 2003).

(5.3) Es werden ausdrücklich *Strategien* mit thematisiert, überwiegend Kommunikationsstrategien, durchaus aber auch Lernstrategien, da die Lernenden für das außerhalb eines Kurses mögliche und erwünschte selbständige Erwerben einer Fremdsprache über jeweils geeignete Lernstrategien verfügen sollten.

Da der Referenzrahmen ein (Rahmen-) Curriculum für das Lernen und Erwerben *aller* europäischen Sprachen ist, enthält er keine Versprachlichungen der einzelnen Kompetenzen und folglich auch keine Wortschatzlisten und keine Listen grammatischer Strukturen. Offenbar jedoch ist (oder war) geplant, diese Versprachlichungen in Einzel-Projekten für jede einzelne Sprache erarbeiten zu lassen. Dies liegt bis dato nur für das Deutsche mit *Profile deutsch* vor (Glaboniat u. a. 2005). Zu den Versprachlichungen gelangen die Autorinnen und Autoren dadurch, dass sie sich (1) zu jeder einzelnen Kann-Beschreibung des Referenzrahmens in der Regel drei (in Einzelfällen auch mehr) konkrete Beispiele ausdenken, dass sie (2) den in den Kann-Beschreibungen enthaltenen Sprechhandlungen Redemittel zuordnen, dass sie (3) auf der Basis der Redemittel (und vorhandener Lernziellisten) den jeweils benötigten Wortschatz und die jeweils benötigten grammatischen Formen und Strukturen ermitteln und darstellen, dass sie (4) den festgelegten Textsorten jeweils Textmuster zuordnen, dass sie (5) Kommunikationsstrategien sowie Lern- und Prüfungsstrategien auswählen und präsentieren. Die wirkliche Innovation von Profile

Deutsch besteht aber darin, dass die einzelnen Lernzielbereiche in digital aufbereiteter und vernetzter Form präsentiert werden. Dies soll die Nutzer in die Lage versetzen, ausgehend von den je individuellen Interessen und Bedürfnissen die jeweiligen sprachlichen Mittel auf der jeweiligen Niveaustufe abrufen und bei Bedarf auch selbst ergänzen zu können. Als Lernzielbeschreibung ordnet sich Profile Deutsch historisch als bis dato letztes Glied in die Reihe der vom Europarat initiierten Lernzielbeschreibungen ein (vgl. Kapitel 3.3), geht zugleich aber über diese hinaus, da die Lernzielbeschreibung über die Grundstufe (A1, A2, B1) hinaus bis zu Niveau C2 ausgedehnt werden. Bei aller Problematik, die damit verbunden ist und die von den Autorinnen und Autoren auch selbst thematisiert wird (Glaboniat 2005: 46−48), wird eine in dieser Form bisher noch nicht vorhandene Beschreibung und Integration von Lernzielen über alle Niveaustufen hinweg vorgelegt, deren Wert sich allerdings erst im praktischen Gebrauch erweisen muss.

5. Desiderate und Perspektiven

Der Überblick hat deutlich gemacht, dass eine Curriculumdiskussion und -entwicklung in den deutschsprachigen Ländern bis in die jüngste Zeit nur im Bereich der Lehrwerk- und Prüfungsentwicklung existiert − im Unterschied zum Arbeitsfeld Deutsch als Zweitsprache, wo zunächst für die Schule (vgl. Art. 120), seit Bestehen der Integrationskurse aber auch für Erwachsene (vgl. Art. 121) eine systematische Forschungs- und Entwicklungsarbeit eingesetzt hat.

Was die Curriculumentwicklung für Deutsch als Fremdsprache in verschiedenen Regionen weltweit betrifft, so steht die Forschung vielfach erst am Anfang (vgl. Art. 5 und 11); Studien wie z. B. die von Wegner (1999) für England und Frankreich zeigen die Abhängigkeit der Curriculumentwicklung von den jeweiligen nationalen Diskursen wie auch ihre relative Unabhängigkeit von der deutschen Diskussion. Inzwischen hat der Gemeinsame europäische Referenzrahmen für Sprachen weltweit eine Diskussion über Lernziele und Lerninhalte in Gang gesetzt. Die durch den Referenzrahmen mit ausgelöste Entwicklung lässt sich als Kompetenz- und „Output"-orientierung charakterisieren, d. h. als Konzentration auf die zu erreichenden (sprachlichen) Fähigkeiten der Lernenden. Allerdings werden hier auch kritische Stimmen laut: Lernziele und Lernbereiche, die sich den präzisen Niveaustufenzuordnungen des Referenzrahmens und der Formulierung als Kann-Bestimmung entziehen, weil sie komplexere Aspekte betreffen wie z. B. die Arbeit mit literarischen Texten, das kreative Schreiben und interkulturelle Fähigkeiten, fallen damit aus dem Fokus des Unterrichts, d. h. auch der Lehrwerke und Prüfungen heraus (vgl. Bausch et al. 2003). Gefordert wird, dass sich der DaF-Unterricht wieder seiner Bildungsaufgaben besinnen müsse, die über ausschließliche Verwendungsaspekte hinausgehen (Bausch et al. 2005).

Die Tatsache, dass Deutsch vielfach nicht mehr als erste, sondern als zweite oder dritte Fremdsprache gelernt wird, hat die Frage aufgeworfen, ob es dafür nicht spezifischer Curricula bedürfe, die die Tatsache der Mehrsprachigkeit der Lernenden einbeziehen (vgl. Art. 91). In diesem Zusammenhang sind Konzepte für die Entwicklung eines „Gesamtsprachencurriculums" entwickelt worden, welches darauf zielt, nicht nur für eine Sprache, sondern für das gesamte Sprachenspektrum, mit dem Lernende während ihrer Bildungslaufbahn in Berührung kommen, differenzierte Ziele und aufeinander abgestimmte Verfahren zu entwickeln, so dass auch der Unterricht in einer Sprache wie z. B. Deutsch zugleich einen Beitrag zur Förderung der Mehrsprachigkeit leistet (Hufeisen und Lutjeharms 2005).

6. Literatur in Auswahl

Baldegger, Markus, Martin Müller und Günther Schneider in Zusammenarbeit mit Anton Näf
    1980   *Kontaktschwelle Deutsch als Fremdsprache*. Berlin/München: Langenscheidt.

Bausch, Karl-Richard, Herbert Christ, Frank G. Königs und Hans-Jürgen Krumm (Hg.)
    2003   *Der Gemeinsame europäische Referenzrahmen für Sprachen in der Diskussion*. Tübingen: Narr.

Bausch, Karl-Richard, Eva Burwitz-Melzer, Frank G. Königs und Hans-Jürgen Krumm (Hg.)
    2005   *Bildungsstandards für den Fremdsprachenunterricht auf dem Prüfstand*. Tübingen: Narr.

Blankertz, Herwig
    [1969] 1977   *Theorien und Modelle der Didaktik*. München: Juventa.

Comenius, Johan Amos
    [1648] 1657   *Linguarum Methodus Novissima*. (Veröffentlicht als Teil der *Opera Didactica Omnia Pars II*.) Amsterdam.

Common European Framework of Reference for Language Learning and Teaching.
    [1997] 2000   Strasbourg: Council of Europe.

Coste, D., J. Courtillon, V. Ferenczi, M. Martins-Baldar und E. Papo
    1976   *Un niveau-seuil*. Paris: Hatier.

Deutscher Bildungsrat, Empfehlungen der Bildungskommission
    1974   *Zur Förderung praxisnaher Curriculum-Entwicklung*. Bonn.

Deutscher Volkshochschulverband und Goethe-Institut (Hg.)
    [1972] 1977   *Das Zertifikat Deutsch als Fremdsprache*. Bonn/Frankfurt/München: Deutscher Volkshochschulverband und Goethe-Institut.

Deutscher Volkshochschulverband und Goethe-Institut (Hg.)
    1991   *Das Zertifikat Deutsch als Fremdsprache*. 4., völlig neu bearbeitete und ergänzte Auflage. Bonn/Frankfurt/München: Deutscher Volkshochschulverband und Goethe-Institut.

Deutscher Volkshochschulverband und Goethe-Institut (Hg.)
    1995   *Das Zertifikat Deutsch für den Beruf*. Deutscher Volkshochschulverband und Goethe-Institut.

Dolch, Josef
    [1959] 1971   *Lehrplan des Abendlandes. Zweieinhalb Jahrtausende seiner Geschichte*. Ratingen: Henn.

Europarat
    2001   *Gemeinsamer europäischer Referenzrahmen für Sprachen: lehren, lernen, beurteilen*. Berlin/München: Langenscheidt.

Frey, Karl (Hg.)
    1975   *Curiculum-Handbuch*, 3 Bände. München: Piper.

Georges, Heinrich
    1962   *Ausführliches Lateinisch-Deutsches Handwörterbuch*. Hannover: Hahnsche Buchhandlung.

Glaboniat, Manuela, Martin Müller, Paul Rusch, Helen Schmitz und Lukas Wertenschlag
    2005   *Profile deutsch. Gemeinsamer europäischer Referenzrahmen. Lernzielbestimmungen, Kann-Beschreibungen Kommunikative Mittel. Niveau A1-A2-B1-B2-C1-C2*. Berlin/München: Langenscheidt.

Hacker, Hartmut
1995   Lehrplan. In: Hans-Dieter Haller und Hilbert Meyer (Hg.), *Enzyklopädie Erziehungswis-*
        senschaft, Band 3: Ziele und Inhalte der Erziehung und des Unterrichts, 520−524. Stutt-
        gart: Klett.
Hameyer, Uwe, Karl Frey und Henning Haft (Hg.)
1983   *Handbuch der Curriculumforschung.* Weinheim: Beltz.
Heursen, Gerd
1995   Didaktik, allgemeine. In: Hans-Dieter Haller und Hilbert Meyer (Hg.), *Enzyklopädie*
        Erziehungswissenschaft. Band 3: Ziele und Inhalte der Erziehung und des Unterrichts, 407−
        415. Stuttgart: Klett.
Hufeisen, Britta und Madelaine Lutjeharms (Hg.)
2005   *Gesamtsprachencurriculum, Integrierte Spachendidaktik, Common Curriculum.* Tübingen:
        Narr.
Klafki, Wolfgang
1963   *Studien zur Bildungstheorie und Didaktik.* Weinheim: Beltz.
Klafki, Wolfgang
1985   *Neue Studien zur Bildungstheorie und Didaktik.* Weinheim/Basel: Beltz.
Nowacek, Robert
1974   *Das VHS-Zertifikat Englisch.* Frankfurt.
Otto, Gunter und Wolfgang Schulz
1995   Der Beitrag der Curriculumforschung. In: Hans-Dieter Haller und Hilbert Meyer (Hg.),
        Enzyklopädie Erziehungswissenschaft, Band 3: Ziele und Inhalte der Erziehung und des
        Unterrichts, 49−62. Stuttgart: Klett
Piepho, Hans-Eberhard
1974   *Kommunikative Kompetenz als übergeordnetes Lernziel im Englischunterricht der Sekun-*
        darstufe I. Dornberg-Frickhofen.
Schulz, Dora und Heinz Griesbach
[1953] 2009   *Deutsche Sprachlehre für Ausländer. Grundstufe in einem Band.* München: Hueber.
van Ek, J. A.
1977   *The Threshold Level for modern language learning in schools.* London: Longman.
Wegner, Anke
1999   *100 Jahre Deutsch als Fremdsprache in Frankreich und England. Eine vergleichende Studie*
        von Methoden, Inhalten und Zielen. München: iudicium.
Weiterbildungs-Testsysteme GmbH, Goethe-Institut, Österreichisches Sprachdiplom Deutsch und
Schweizerische Konferenz der kantonalen Erziehungsdirektoren
1999   *Zertifikat Deutsch. Lernziele und Testformat.* Frankfurt am Main: Weiterbildungs-Testsys-
        teme GmbH.
Weniger, Erich
1952   *Didaktik als Bildungslehre, Teil 1: Theorie der Bildungsinhalte und des Lehrplans.* Wein-
        heim: Beltz.

Reiner Schmidt, Bielefeld (Deutschland)

103. Unterrichtsplanung

1. Der Stellenwert der Unterrichtsplanung

Effektiver Fremdsprachenunterricht bedarf guter Planung — eine solche Forderung an den Anfang dieser Ausführungen zu stellen, erscheint überflüssig. Wendet man sich jedoch der gegenwärtigen Diskussion im Bereich der Qualitätsentwicklung und -sicherung im Fremdsprachenunterricht zu, so ist es schwierig, dieser eine einheitliche Definition von (gutem) Unterricht zu entnehmen. Jegliche Planung ist abhängig vom Verständnis von einem effektiven Fremdsprachenunterricht, daher wird im Folgenden (Fremdsprachen-) Unterricht als gezielte, geplante und systematische Vermittlung von Wissen, Fähigkeiten und praktischem Können verstanden. Die Unterrichtssituationen sind sowohl durch den oder die Lehrenden als auch durch die vermittelte Sache (Wissen, Fähigkeiten, Können) gekennzeichnet, wobei der Lehrende nicht immer eine anwesende Person sein muss, Medien und Informationssysteme können seine Funktion (teilweise) übernehmen (vgl. Art. 136). Für den Unterricht spielen voneinander abhängige Faktoren eine Rolle, z. B. die fachlichen und überfachlichen Unterrichtsziele, die Unterrichtsplanung, die angewandte Methodik/Didaktik sowie die soziale Situation der Lehrenden und Lernenden. Auch die Art der Bildungsinstitution und deren Träger sind entscheidend für den Unterricht (vgl. Art. 101; 102).

Die Unterrichtsplanung des fremdsprachigen Deutschunterrichts ist von der jeweiligen Schülerpopulation abhängig. Schüler in anderen Ländern, deren Muttersprache nicht Deutsch ist, werden nach den Prinzipien des Deutsch als Fremdspracheunterrichts unterrichtet (vgl. Art. 104); in Deutschland, Österreich oder in der Schweiz lebende Nicht-Muttersprachler (z. B. mit Migrationshintergrund), die auch im Alltag mit der deutschen Sprache konfrontiert sind, erhalten dagegen Deutsch als Zweitsprache- Unterricht (vgl. Art. 119).

Effektive Unterrichtsplanung bezieht sich in der Regel nicht auf die Einzelstunde, sondern auf den übergeordneten Zusammenhang in einer (lehrwerkorientierten) Unterrichtseinheit/-sequenz, einem Projekt oder einer Unterrichtsreihe (Otto 1998). Die längerfristige Konzeption spielt hier eine Rolle; der Einzelstunde wird ein besonderer Stellenwert im Gesamtzusammenhang eingeräumt, sie wird jedoch der gesamten Unterrichtseinheit zugeordnet.

Professionell durchgeführte Unterrichtsplanung stellt hohe Ansprüche an den Lehrer, der Organisation und Verlauf einer Stunde antizipiert, den Blick auf die Lernziele, das Lehrer- und Schülerverhalten nicht verliert und mögliche Planungsabweichungen einkalkuliert (vgl. Art. 148). Die Planung kann verstärkt nach der Progression sprachlicher Mittel ausgerichtet werden, indem Wortschatz, Redewendungen oder sogar Diskursstrategien, die für die angemessene sprachliche Bewältigung einer (Unterrichts-) Situation notwendig sind, den geplanten Ablauf der Unterrichtseinheit bestimmen. Die zur Verfügung stehende Zeit spielt eine wesentliche Rolle. Weiterhin beeinflusst der verbindliche Lehrplan, in dem die Lernziele genauer definiert werden, die Unterrichtsvorbereitung. Im Zeitalter der Standardisierung und der obligatorischen Vergleichsarbeiten hat sich der Einfluss von Lehrplänen, Curricula, Bildungsstandards und Prüfungen, die die Unterrichtsplanung mitbestimmen, erheblich verstärkt (vgl. Art. 102).

Da für den DaF-Unterricht für Erwachsene differenzierte Lehrpläne selten existieren, wird die Unterrichtsplanung vielfach durch die Lehrwerke beeinflusst. Lektionen des verwendeten Lehrwerks bedürfen einer kritischen Analyse bezüglich der Relevanz der Inhalte für spezifische Lerngruppen (vgl. Art. 137). Dass Lehrwerke beanspruchen, nach dem neusten Stand der Didaktik und Methodik des Faches konzipiert und gestaltet zu sein und in ihrer Aufmachung attraktiv sind, bedeutet nicht, dass sie in jedem Land bzw. in jeder Region ohne Adaption einsetzbar seien, denn importierte Lehrwerke müssen ebenso wie Arbeitsformen und Lehrstile an länderspezifische und regionale Unterrichtsbedingungen angepasst und weiter entwickelt werden (Bimmel, Kast und Neuner 2003). Die Bereitstellung eines binnendifferenzierenden Angebots für unterschiedliche Lernertypen zieht die Entwicklung alternativer Aufgaben, Übungen und Verstehenshilfen zu einzelnen Lehrwerkslektionen nach sich. Bei einer sich eng an einem Lehrwerk orientierenden Unterrichtsplanung empfiehlt sich die Anlegung von Materialsammlungen zu Themen wie Schule, Freizeit, Freunde, Familie, Tiere und Reisen, die zum Standardrepertoire von Lehrbüchern gehören. Ein solches Dossier kann im weiteren Verlauf der Unterrichtsplanung für verschiedene Klassen, Kurse oder Jahrgangsstufen ständig erweitert und mit ihm eine größere Flexibilität und Schülerzentrierung der Unterrichtsplanung erreicht werden (Wicke 1993). Unterrichtsplanung bezieht die Voraussetzungen einer Klasse oder Lerngruppe ein und berücksichtigt Determinanten, zu denen das Vorwissen, insbesondere die von den Lernenden mitgebrachten Sprachen und Sprachlernerfahrungen, aber auch ihre Interessen und Bedürfnisse gehören.

Neue elektronische Medien ermöglichen Phasen des selbständigen und eigenverantwortlichen Selbststudiums oder der Recherche ohne ständige Hilfestellung durch den Lehrer. Allerdings bedarf es der intensiven begleitenden Schulung und Betreuung der Lerner im Einsatz der Medien, bis der Unterricht (teilweise) in den virtuellen Raum verlagert werden kann (Schneider 2005; auch Art. 138).

2. Anforderungen an die Unterrichtsplanung

Nach Meyer muss die Planung des fremdsprachlichen Deutschunterrichts u. a. folgenden Anforderungen genügen:

- Die Planung orientiert sich an einem lernförderlichen Ambiente, in dem die Schüler Verantwortung für den eigenen Lernprozess übernehmen und sich angstfrei äußern. Zum Ambiente gehört z. B., dass Schüler Lernplakate zu im Unterricht behandelten Themen erstellen und diese als visuelle Hilfen im Klassenzimmer aushängen. Hilfsmittel (Wörterbücher, Grammatiken usw.) erleichtern selbständige und offene Unterrichtsformen.
- Die Unterrichtsplanung muss klar strukturiert, Lerngegenstand und intendierter Lernprozess bzw. Lernschritte inklusive Alternativen müssen skizziert und den Schü-

lern transparent gemacht werden. Eine Grammatikstunde lässt sich geradlinig planen, indem der Konfrontation der Lerngruppe mit einem grammatischen Phänomen angemessen Übungszeit nachgeordnet wird, bevor die zielgerechte Anwendung im situativen Kontext sichert, dass das Erlernte in das sprachliche Repertoire der Schüler aufgenommen wird. Unterrichtseinheiten transparent zu planen, in denen die Diskursfähigkeit der Schüler im Mittelpunkt der Arbeit steht, ist wesentlich schwerer.

— Die Planung sichert den Lernern in einer bestimmten Zeit die Erreichung gewünschter und notwendiger Ergebnisse sowie für den weiteren Lernprozess notwendige Erfolgsrückmeldungen. Die angemessene Planung fördert das sprachliche Handeln der Schüler im fremdsprachigen Deutschunterricht in sinnvollen Situationen; die Inhalte des Unterrichts sind für die Gegenwart und Zukunft der Schüler bedeutsam (Bartnitzky 1991). Ausgewählte Themen, Texte und Inhalte überschreiten das sprachliche Niveau der Lerngruppe nicht bedeutend, um eine erfolgreiche Dekodierung und Auseinandersetzung mit den verwendeten Texten und mit der jeweiligen Aufgabenstellung zu garantieren.

— Gute Unterrichtsplanung bietet den Fremdsprachenlernern eine effektive Lernzeit und einen hohen Sprechanteil in Schüler−Schülergesprächen.

— Aufgabenstellungen sind verständlich und eindeutig; sie ermöglichen problemlösendes Denken, die Kommunikation der Schüler untereinander sowie das Aushandeln von Bedeutung.

— Unterschiedlichen Lernertypen bietet Methodenvielfalt alternative Bearbeitungs- und Lösungsmöglichkeiten.

— Binnendifferenzierende Maßnahmen ermöglichen die individuelle und die kollektive sprachliche Förderung der Schüler. Dabei berücksichtigt die Planung die Erreichung subjektiver Bedürfnisse der Lerner, andererseits konzentriert sie sich auf das gemeinsame Sprachwachstum der Lerngruppe (Meyer 2003).

Unterrichtsplanung ist ein elementarer Bestandteil der Arbeit des Fremdsprachenlehrers, der den möglichen Ablauf seines Unterrichts drehbuchartig konzipiert, sich jedoch der Imponderabilien bewusst ist, die ggf. eine Änderung des Konzeptes nach sich ziehen. Die Erreichung von curricular festgeschriebenen Lernzielen lässt alternative und von der eigentlichen Planung abweichende Verfahren zu.

Zurzeit stattfindende Veränderungen haben Auswirkungen auf die andragogischen, methodisch-didaktischen Qualitäten und Kompetenzen der einzelnen Schule, wie aus dem Schaubild ersichtlich wird, das von von Hans Eberhard Piepho für das Handbuch erstellt und aufgrund seiner noch vorhandenen Aktualität lediglich ergänzt wurde (Piepho 2001).

Im pädagogischen Qualitätsmanagement begreifen sich Lehrende als Team, das den Deutschunterricht und die mit diesem verbundene Erziehung gemeinsam konzipiert; der eigene Unterricht wird deprivatisiert und in einem reflektierenden Dialog geplant (Höfer 2006). Die Bildung professioneller Lerngemeinschaften / Didaktischer Werkstätten erleichtert die gemeinsame Planung des Unterrichts ebenso wie den reflektierenden Blick auf Unterrichtstraditionen. Überlieferte, d. h. tradierte, aber auch gegenwärtige Erkenntnisse der Fremdsprachendidaktik werden in die Unterrichtsplanung einbezogen und für die eigene Praxis interpretiert (Debiasi 2004; Art. 105). In professionellen Lerngemeinschaften zum fächerübergreifenden Unterricht mitarbeitende Lehrer sind zur Veränderung oder Bereicherung ihres Unterrichts motiviert, da die Planung ihnen nützt bzw. eine Verbesserung der eigenen Unterrichtsqualität erreicht wird.

Institutionelle Vorgaben
Prüfungsbestimmungen,
Auflagen von Vergabeinstanzen,
Stundentafel und -verteilung,
Lerngruppe: Klasse, Kurs,
Teilnehmerzahl, Fluktuation

Ethnokuluturelle Voraussetzungen
Mutter- und Lernsprache,
Zusammensetzung,
Lehr- und Lerntradition,
Erfahrungs- und Überzeugungswissen,
Lebensschicksale und -aussichten und
Bedürfnisse der Gruppe

Unterrichtsplanung
und -design

Didaktische Vorentscheidungen
Lehr- und Lernmaterial,
Einsatz moderner Medien,
lineare vs. hermeneutische Inhalte,
offenes vs. progessionales Vorgehen,
relationaler Ergebnisbezug

Pädagogisch-andragogische Zielsetzungen
Selbsttätigkeit und -bestimmung,
Portfolio als Lerntagebuch,
Interaktion und Prinzip „voneinander Deutsch lernen",
Binnendifferenzierung

Abb. 103.1: Funk (vgl. Piepho 2001: 836)

Die Mehrsprachigkeitsdidaktik (vgl. Art. 91) plädiert für die fächerübergreifende gemeinsame Planung von Unterricht durch die Fachkonferenzen aller Sprachen. Sprachenübergreifende Projekte sind Bestandteil des alltäglichen Unterrichts; die Schüler werden als Partner in den Planungsprozess einbezogen (Hufeisen und Lutjeharms 2005). Das Verstehen, das Akzeptieren und das Interesse an der Andersartigkeit der Anderen über nationale, sprachliche und kulturelle Grenzen hinweg ist ein erklärtes Ziel. Curricula, Rahmenlehr- und Stoffverteilungspläne fordern einen genuin fächerübergreifenden bilingualen Sach-Fachunterricht z. B. zusammen mit Kunst und Musik. Im Rahmen von CLI-LiG (Content and Language Integrated Learning in German) wurden bereits neue Module konzipiert, die in der schulischen Praxis erprobt wurden (Wicke 2000; auch Art. 116).

Die Überprüfung der Angemessenheit der Planung bzw. deren Nachhaltigkeit wird durch ein Supervisionssystem erleichtert, das kritischen Freunden die Teilnahme am Unterricht einzelner Lehrer und dessen gemeinsame Besprechung ermöglicht. Die Ziele der gemeinsamen Planung und Unterrichtsbeobachtung / Supervision werden geklärt, indem die gegenseitige Beratung im Mittelpunkt der Arbeit steht, nicht aber die Bewertung (Ziebell 2002).

3. Modelle der Unterrichtsplanung

Grundsätzlich müssen die Parameter der Planung und Durchführung von Unterricht verschoben werden. In vielen Ländern hat der Fremdsprachenunterricht in der Nachfolge des Lateinunterrichts noch eine Selektionsfunktion, indem heterogene Gruppen im Rahmen einer linearen Planung mit einem Bildungsanspruch konfrontiert werden, der von allen Schülern im gleichen Zeitraum annähernd gleiche Lernzuwächse erwartet, die ein bestimmtes einheitliches Lernergebnis garantieren. Abweichungen nach oben werden honoriert, Abweichungen nach unten sanktioniert, indem der erfolgreiche Abschluss nicht erteilt wird. Individuelle Förderung ist in Planung und Unterricht nur ansatzweise vorgesehen. Angesichts der zunehmenden Heterogenität der Lernenden muss die Bereitschaft der Lehrer vorhanden sein, sich schon bei der Unterrichtsplanung verstärkt um die Chancengleichheit aller Lernenden zu kümmern (Schweizerische Konferenz u. a. 2007).

Ein hermeneutischer Ansatz kalkuliert individuelles unterschiedliches Herangehen an einen Text oder eine Aufgabe ein, genauso wie er unterschiedliche Bearbeitungstechniken und -fertigkeiten der Lerner toleriert. Die persönliche Lernbiographie, der subjektive Entwicklungsstand und bereits vorhandene Sprachkompetenzen des Lerners sind Anhaltspunkte dafür, ob es ein Schüler vorzieht, kognitiv, affektiv oder intuitiv zu lernen. Es darf nicht unerwähnt bleiben, dass Schüler in vielen postsozialistischen Ländern (immer noch) einen lehrerzentrierten Fremdsprachenunterricht bevorzugen, von dem sie klare Arbeitsaufträge und ein gewisses Lernpensum erwarten (Piepho 2001: 837). Die *Aufgabe* wird als pädagogischer Arbeitsauftrag verstanden, der den Schülern die selbständige, zielgerichtete (fremdsprachliche) Erarbeitung von Inhalten, Fragen und Problemen ermöglicht (vgl. Art. 130). Von einer methodisch-didaktisch schlüssigen Aufgabe gehen Impulse aus, die den Schüler zum Verstehenwollen motivieren und ihm helfen, das Verstehen und Behalten von Lernstoff zu trainieren. Dieser Aspekt lässt sich durch die Kombination mit einer *Übung* verstärken, einer Lernaktivität zur Anwendung, Wiederholung und Festigung sprachlicher Aspekte mit dem Ziel des Ausbaus von Erlerntem. Die Routinisierung in der Sprachverwendung erfolgt nicht durch isolierte Einschleifübungen wie den Pattern Drill, sondern durch Üben in interessanten und vor allen Dingen auch kommunikativ relevanten (simulierten) Situationen. Sprachliche Phänomene lassen sich jedoch auch isoliert behandeln. Für den DaF-Unterricht ist die *Verstehenshilfe* wichtig, die als zusätzlicher Impuls zu einem Text dem besseren Verständnis von (sprachlichen) Zusammenhängen dient. Illustrationen, Worterklärungen und Kommentare, aber auch Markierungen in einem Text sind z. B. (vor-) entlastende Hilfen.

Für die Unterrichtsplanung bieten sich verschiedene Raster zur Vorstrukturierung des Unterrichts an. Der von Bimmel vorgeschlagene und leicht modifizierte Raster betont den Zeitfaktor der Planung, wobei das Schema eine Orientierungshilfe ist, an die man sich nicht sklavisch halten muss (Bimmel 2003: 55):

Zeit	Lernaktivität	Sozialform	Material	Medien/ Hilfsmittel	Aktivitäten des Lehrers	Aktivitäten der Schüler
1.						
2.						
3.						

Abb. 103.2: Bimmel 2003: 55

Piepho favorisiert ein auf die Inhalte ausgerichtetes Planungsschema (Piepho 2001: 838−839):

Phase:	Intention/Inhalt:	Maßnahme:	Sozialform:
Begrüßung			
Einstieg ins Thema			
Organisation des Vorwissens			
Hypothesen zu Sinn und Botschaft der Lektion/ Unterrichtseinheit			
Aufgabengelenktes Entdecken und Erschließen			
Prüfung, Vergleich, Vertiefung und Verknüpfung neuen Wissens			
Anwendung und Ausformulierung des Erkannten und Gelernten			
Redaktion und Veröffentlichung			
Einschätzung des Lerngewinns und Zuwachses			

Abb. 103.3; Piepho 2001: 838−839

Die Planung kann jedoch auch − z. B. mit Hilfe des folgenden Schemas − die Reflexion über die Zielsetzung des Unterrichtsvorhabens einbeziehen:

Lernvoraussetzungen − Gruppengröße − Soziokulturelle Informationen − Kenntnisse über die Klasse, den Kurs oder einzelne Schüler − Interessen, Vorkenntnisse/Fähigkeiten/ Kompetenzen der Schüler	*Wer?*	
Sachanalytische Überlegungen − Fachspezifischer Unterrichtsgegenstand − Richtlinienbezug	*Was?*	
Methodische Überlegungen − Methoden − Medien − Verlauf − Sozialformen − Differenzierung	*Wie?*	
Didaktische Überlegungen − Aktualität der Inhalte, des Materials − Bedeutung − Fachliche Relevanz − Bedeutung von Material und Methodik für die Schüler	*Warum?* *Wozu?* *Ziel*	

Abb. 103.4.

Es bleibt dem Lehrer überlassen, welches Raster er für seine Unterrichtsplanung verwendet − erfahrene Routiniers werden sich für weniger umfassende Vorbereitungen entscheiden, da sie sich in ihren Berufsjahren ein Repertoire erworben haben, das es ihnen erlaubt, Verläufe in Stichwörtern zu planen − Berufsanfänger dagegen werden auf eine umfassende und detaillierte Planung nicht verzichten. Wichtig ist, dass die Unterrichtsplanung in Schriftform ermöglicht, Risiken bereits vor dem eigentlichen Unterricht zu erkennen, so dass das Risiko des Scheiterns auf ein Minimum reduziert werden kann.

4. Literatur in Auswahl

Bartnitzky, Horst und Ulrich Hecker (Hg.)
　1991　*Deutsch − Werkstatt, handlungsbezogener Deutschunterricht in der Sek. I, Konzepte, Beispiele, Tipps*, Duisburg: Neue Deutsche Schule.
Bimmel, Peter, Bernd Kast und Gerd Neuner
　2003　Deutschunterricht planen, Arbeit mit Lehrwerkslektionen, Fernstudieneinheit 18. In: *Fernstudienprojekt zur Fort- und Weiterbildung im Bereich Germanistik und Deutsch als Fremdsprache*. München: Langenscheidt.
Debiasi, Verena und Dorothea Gasser
　2004　*Werkstatt als hermeneutischer Dialog − ein Bericht*. Klagenfurt: DRAVA.
Halinen, Irmeli
　2008　Der Lehrplan der Gemeinschaftsschule. In: Sarjala Jukka und Esko Häkli (Hg.), *Jenseits von PISA, Finnlands Schulsystem und seine neuesten Entwicklungen*, 99−122. Berlin: BWV − Berliner Wissenschaftsverlag.
Höfer, Christoph und Petra Madelung
　2006　*Lehren und Lernen für die Zukunft, Unterrichtsentwicklung in selbständigen Schulen*. Troisdorf: Bildungsverlag EINS.
Hufeisen, Britta und Madeline Lutjeharms (Hg.)
　2005　Gesamtsprachencurriculum, Integrierte Sprachendidaktik, Common Curriculum. *Giessener Beiträge zur Fremdsprachendidaktik*. Tübingen: Narr.
Meyer, Hilbert
　2003　Zehn Merkmale guten Unterrichts. *PÄDAGOGIK* 10: 36−43 Weinheim: Beltz.
OPEKO, Staatliches Fortbildungsinstitut für Bildungswesen
　2005−2007　CLILiG − Erhebungsstudie State of the Art und Entwicklungspotential in Europa. Projekt zur Erhebung und Förderung des integrierten Sprach- und Fachlernens (CLIL) auf Deutsch. http://www.opeko.fi/clilig/projekt.htm
Otto, Gunter
　1998　Unterricht vorbereiten und planen. In: Werner Heisterberg u. a. (Hg.), *Arbeitsplatz Schule: Ansprüche, Widersprüche, Herausforderungen*, Jahresheft XVI,12−15. Seelze: Friedrich-Verlag.
Piepho, Hans-Eberhardt
　2001　Verfahren der Unterrichtsplanung. In: Gerhard Helbig, Lutz Götze, Gerd Henrici und Hans-Jürgen Krumm (Hg.), *Deutsch als Fremdsprache, Ein internationales Handbuch*, 835−840. Bd. 2. (Handbücher zur Sprach- und Kommunikationswissenschaft 19.1−2). Berlin/New York: de Gruyter.
Schneider, Susanne
　2005　Sprachenlernende Digital betreuen. *Fremdsprache Deutsch: Lust auf Internet*: 42−46. Schweizerische Konferenz der kantonalen Erziehungsdirektoren (EDK Schweiz), des Bundesministeriums für Bildung, Wissenschaft und Kunst (BMBWK, Österreich) und

der Bund-Länder-Kommission für Bildungsplanung und Forschungsförderung (BLK, Deutschland) (Hg.)

2007 *Heterogenität, Gerechtigkeit und Exzellenz. Lebenslanges Lernen in der Wissensgesellschaft*. Innsbruck.

Wicke, Rainer E.

2000 *Grenzüberschreitungen. Der Einsatz von Musik, Fotos und Kunstbildern im Deutsch-als-Fremdsprache-Unterricht in Schule und Fortbildung.* München: iudicium

Wicke, Rainer E.

1993 *Aktive Schüler lernen besser*. Stuttgart: Klett.

Ziebell, Barbara

2002 *Unterrichtsbeobachtung und Lehrerverhalten*. (Fernstudieneinheit 32). Fernstudienprojekt zur Fort- und Weiterbildung im Bereich Germanistik und Deutsch als Fremdsprache München: Langenscheidt.

Rainer E. Wicke, Köln (Deutschland)

104. Methodische Konzepte für den Deutsch als Fremdsprache – Unterricht

1. Fachgeschichtliche Anmerkungen: Das Ende der „großen" Methodenkonzepte
2. Die Ebene der methodischen Modelle
3. Die Ebene der Modelle und Unterrichtsszenarien
4. Literatur in Auswahl

Wie viel Theorie braucht der Sprachunterricht? Die Tatsache, dass einerseits alle Menschen ohne theoretische Hilfe eine erste Sprache gelernt und viele Menschen mit wenig oder keiner theoretischen Ausbildung eine fremde Sprache lehren, dass andererseits Vorschläge aus der Wissenschaft im konkreten Unterricht nicht immer praktikabel erschienen, hat bei vielen Lehrkräften eine grundsätzliche Skepsis gegenüber Theorien zum Spracherwerb hinterlassen. So hat David Little beobachtet:

> Sprachlehrende sind notorisch feindselig gegenüber theoretischen Diskussionen, offensichtlich in der Annahme, dass diese Praktikern in der Klasse nichts zu bieten haben. Viele (englischsprachige, H. F.) Handbücher für den Sprachunterricht verstärken dieses Vorurteil, indem sie Sammlungen praktischer Tipps ohne jeden theoretischen Rahmen anbieten. Aber wenn wir keine Theorie haben, haben wir keine Möglichkeit, von der Ebene des Einzelbeispiels auf die Ebene des generellen Prinzips zu kommen. Das heißt nicht, dass Sprachlehrende Theoretiker werden sollen. Es heißt aber, dass sie Prinzipien erkennen sollten, auf denen ihr Handeln beruht. Ansonsten kommt jede Diskussion über Erfolge und Misserfolge im Sprachunterricht nicht über die Ebene von Anekdoten, Zustimmung und Gegenrede hinaus.
> (Little 1994: 118, Übersetzg. H. F.).

Um diese Prinzipien soll es im folgenden Beitrag gehen.

1. Fachgeschichtliche Anmerkungen: Das Ende der „großen" Methodenkonzepte

Setzt man den Beginn der wissenschaftlichen Erforschung des Fremdsprachenunterrichts mit dem Beginn der 1960er Jahre an, so waren die ersten 30 Jahre der universitären Fremdsprachendidaktik von einer chronologischen Abfolge der „großen" Methodenkonzeptionen geprägt (Neuner 2003): Grammatik-gestützte Konzepte, die aus der Grammatik-Übersetzungsmethode hervorgingen, audiolinguale bzw. audiovisuelle Methodenkonzepte, die vor allem in den USA und in Frankreich entwickelt wurden, und der kommunikative Ansatz mit seinen verschiedenen Ausprägungen − in Großbritannien zunächst vor allem funktional-national, in Deutschland eher mit pädagogisch-emanzipativem Anspruch − folgten aufeinander bzw. standen nebeneinander. Richards (2002) differenziert weiter in Werte-basierte, Theorie-basierte und Handwerks-orientierte Ansätze. Die Abgrenzung voneinander und die Ausdifferenzierung bzw. Überprüfung der jeweiligen Praxiskonzepte bestimmte die didaktisch-methodische Forschung. Die methodischen Konzeptionen von Lehrwerken reflektierten die Ansätze zwar selten in „Reinkultur", waren aber auf der Grundlage ihrer Übungstypen meist klar zuzuordnen. Hinzu kamen vor allem seit den 1970er Jahren eine Reihe sog. „alternativer" Methoden, die sich vor allem selbst als solche und im Gegensatz zu den großen Methodenkonzeptionen definierten, sich oft empirischer Überprüfung entzogen und sich in der Regel auf spezielle Aspekte des Fremdsprachenunterrichts konzentrierten (Gedächtnis, Bewegung, Wortschatz, Musik, usw.). Da sie oft von Einzelpersonen und „Schulen" dominiert wurden, nennt David Nunan sie „Designer-Methoden" (zit. nach Brown 2007: 33).

Als Ergebnis einer immer umfangreicheren und vielfältigeren empirischen Forschung wurde in den 1980er Jahren zunehmend deutlich, dass die sog. „großen Hypothesen" zum Zweitsprachenerwerb (vgl. Art. 83−84 und 87−90), jene Ansätze also, die für sich in Anspruch nahmen, ein Modell für den Spracherwerbsprozess insgesamt zu bieten, die vielfältigen Prozesse, die mit ihm verbunden sind, nicht mehr schlüssig im Sinne eines Gesamtkonzeptes erklären konnten (Edmondson und House 2006). Die 1990er Jahre brachten damit in der Spracherwerbsforschung das Ende dieser Hypothesen (vgl. bereits Bausch und Kasper 1979). Zu differenziert, methodisch unterschiedlich und teilweise widersprüchlich erschienen die Forschungsergebnisse, um noch in ein einzelnes Gesamtkonzept zu passen. Statt konzeptueller Einheitlichkeit folgte eine weitere Ausweitung der Bezugswissenschaften des Fremd- und Zweitsprachenerwerbs, zunächst auf die Kognitions- und dann auf die Neurowissenschaften. (Wolff 2002; Arnold 2002).

Zeitgleich zu dieser Entwicklung und ihre Vielfalt reflektierend ist im Bereich der Fremdsprachendidaktik ebenfalls das Ende der „großen" makro-methodischen Gesamtkonzepte zu beobachten. So spricht zuerst Piepho von der post-kommunikativen Epoche (Piepho 1990) und Brown (2007: 40 ff.) in diesem Sinne von der Post-Methoden-Ära. Andere Fremdsprachendidaktiker (Meißner und Reinfried 2001) sprechen von einer neokommunikativen Phase oder gar von „neokommunikativem Grammatikunterricht", worunter Gnutzmann eine Phase des entdeckenden und problemlösenden Lernens versteht (Gnutzmann 2005:176). Der nicht nur in Europa einflussreiche „Gemeinsame europäische Referenzrahmen für Sprachen" (Europarat 2001) setzte zwar vieldiskutierte Standards in Bezug auf Lernziele, behauptet aber von sich selbst, fremdsprachenmethodisch neutral zu sein (Europarat 2001: 10). Dieser Behauptung liegt die Einsicht zu Grunde, dass es derzeit weder belegbar ist, dass bestimmte Ziele ausschließlich mit bestimmten

Methodenkonzepten erreichbar wären, noch, dass bestimmte methodische Ansätze bei unterschiedlichen Lernenden die gleichen Resultate zeitigen. Die Auflösungserscheinungen der didaktisch-methodischen Gesamtkonzeptionen sind sowohl „von unten" als auch von oben zu beobachten: Eine sich in den letzten 10 Jahren verstärkende Praxisforschung belegt, dass zu allen Zeiten praktische Konzepte und subjektive Überzeugungen von Lehrenden meist nicht einer bestimmten Schule folgten, sondern sich ihrer Vorgaben oft eklektisch bedienten (Kallenbach 1996), dass Unterrichtsroutinen sich oft eher aus eigenen langjährigen, meist unreflektierten Handlungsmustern zusammensetzten als aus theoriebasierten Planungen. Erfolge und Misserfolge einzelner Lehrwerke erklären sich zum Teil aus dieser Tatsache heraus: Diejenigen Lehrwerke, die einer bestimmten theoretischen Schule engmaschig folgten und damit Lehrkräften am wenigsten Projektionsflächen für subjektive Theorien und Routinen boten, stießen auf geringe Marktakzeptanz. So wie die Praxis der methodisch-didaktischen „Stromlinie" widerstand, ließen sich auch fachdidaktische Theorienentwicklungen spätestens seit der Entwicklung des interkulturellen Ansatzes nicht mehr eindeutig den bestehenden Makro-Methodenkonzeptionen zuordnen. Der interkulturelle Ansatz geht etwa weiterhin von den Grundsätzen der kommunikativen Didaktik in Bezug auf die Lernerorientierung und weitgehend auch in Bezug auf das Übungsgeschehen aus, verlässt aber die enge pragmatische Dichotomie von Sprachfunktion und deren Realisierung zu Gunsten eines hermeneutischen Ansatzes von vergleichendem Fremdverstehen, so dass man ihn als eine Weiterentwicklung und Konkretisierung des kommunikativen Ansatzes, nicht aber als neue Methodenkonzeption bezeichnen kann. Dies gilt für andere Ansätze wie den aufgabenbasierten Unterricht (Müller-Hartmann und Schocker-von Dithfurt 2005) in gleicher Weise. Folgt man dieser Argumentation, werden viele Fragestellungen der fachdidaktischen Literatur der letzten 20 Jahre, die auf diesen Makro- Konzepten aufbauten, irrelevant: Ob man nun von vier oder fünf Lehrwerkgenerationen sprechen kann, ob der kommunikative Ansatz in anderen Kulturräumen anwendbar wäre, das Verhältnis des interkulturellen zum kommunikativen Ansatz – aus all dem sind keine Erkenntnisse für die Wirksamkeit einer bestimmten Form des Fremdsprachenunterrichts abzuleiten. Zusammenfassend sind drei Merkmale für die „Post-Methoden-Ära" charakteristisch:

1. Einzelne methodische Ansätze wie der interkulturelle oder der Aufgaben-basierte sind durchaus in verschiedene Methodenkonzepte integrierbar.
2. Viele Curricula und internationale sowie regionale DaF-Lehrwerke sind nicht eindeutig einer Einzelmethode zuzuordnen, sondern methodisch offen.
3. Die Vielfalt lernkulturgeprägter Lehr-/Lernszenarien und Übungsformen wäre auf der Grundlage einer Gesamt-Methodenkonzeption nicht mehr beschreibbar: Es wäre wenig sinnvoll, z. B. Einzelübungen nach ihrer Form als „audiolingual", „grammatikorientiert" oder „kommunikativ" zu klassifizieren, ohne den Gesamtkontext und die Ziele einer konkreten Unterrichtssequenz zu berücksichtigen.

2. Die Ebene der methodischen Modelle

Aus Sicht der aktuellen fremdsprachenmethodischen Forschung erscheint derzeit eine andere topologische Sortierung sinnvoll: Eine Unterscheidung von theoretischen Grundlagen, didaktisch-methodischen Prinzipien und Standards und methodischen Konzepten und -szenarien. Die drei Ebenen sollen im Folgenden näher beschrieben werden.

2.1. Die Grundlagenebene:

Tab. 104.1: Grundlagenebene

Theorien des Lernens und der Konstruktion von Wissen, z. B.	Zweitsprachenerwerbstheorien bzw. – hypothesen, z. B.
Behaviorismus	Kontrastivhypothesen
Kognitivismus	Interlanguage-Hypothese
Konstruktivismus	Universalgrammatische Ansätze
Konnektionismus	Input und Output-Hyothesen

Grundlegende Theorien bieten einen Rahmen für Hypothesen und die Einordnung von Daten und eigenen Erfahrungen. Sie machen deutlich, dass fremdsprachliches Lernen nur interdisziplinär erforscht und interpretiert werden kann. Sie sind damit die Grundlage von Erkenntnissen und die Voraussetzung der Gewinnung von Prinzipien für die Ebene methodischer Entscheidungen in Unterrichtsvorbereitung und Unterricht. Gegenwärtig lassen sich aus den vielfältigen Forschungsansätzen der Spracherwerbsforschung und ihrer Bezugswissenschaften eine Reihe von Grundprinzipien ableiten, die für sich in Anspruch nehmen können, unter der Prämisse eines auf Sprachverwendung angelegten Unterrichts zwar kein Gesamtkonzept, wohl aber eine konsistente und kohärente Orientierung methodischer Entscheidungen zu bieten und forschungsbasierte Standards zu setzen.

2.2. Die Ebene der didaktisch- methodischen Prinzipien:

Tab. 104.2: Methodische Prinzipien

Handlungsorientierung:	– rezeptive und produktive Sprachverwendung als primäres Lernziel – Fertigkeitsintegration: Vom Verstehen zum Äußern
Inhaltsorientierung:	– bedeutungsvoller (aus Lernersicht authentischer Input) – Inhaltsverarbeitung vor Form-Fokussierung
Aufgabenorientierung:	– Aufgaben mit „Sitz im Leben" – fertigkeitsbasierte Übungen mit Bezug zu den Aufgaben
Individualisierung und Personalisierung:	– differenzierende und lernerorientierte Verarbeitungsangebote – mit Sprache handeln: Lerner sprechen und schreiben als sie selbst
Autonomieförderung:	– Vermittlung von Lernstrategien, – offene Unterrichtsphasen mit Projektcharakter
Interaktionsorientierung:	– Kommunikationsförderung, – kollaboratives Lernen, – Lernen als kognitiver Prozess in einem sozialen Kontext
Reflexionsförderung:	– Einsicht in Strukturen – problemlösendes Lernen
Automatisierung:	– Einüben produktiver Routinen sowohl als Ergebnis als auch als Voraussetzung kognitiver Prozesse

Transparenz & Partizipation:	– Zieltransparenz und Beteiligung der Lerner an pädagogischen Entscheidungen
Evaluationskultur:	– summative und formative Evaluation von Lernprozessen – Evaluation von Lehre, Rechenschaftspflicht
Mehrsprachigkeit:	– … als Voraussetzung für Entscheidungen in Bezug auf Unterrichtsmaterial, Motivation und Übungsgestaltung
Lehr-/ Lernkultursensibiliät:	– Berücksichtigung kulturspezifischer Verarbeitungsformen von Lernstoff

Die Aufzählung dieser 12 Standards folgt keiner Reihenfolge und beschreibt keine Prioritätensetzung für unterrichtliches Handeln. Sie nennt keine konkurrierende, sondern komplementäre methodische Planungs- und Handlungsbereiche. Sie sind in der fremdsprachenmethodischen Literatur weitgehend beschrieben und können für sich in Anspruch nehmen, forschungsbasiert zu sein. Sie bieten eine prinzipielle Leitlinie für individuelle Entscheidungen und Standortbestimmungen sowohl für Unterrichtspraxis als auch für die Aus- und Weiterbildung von Lehrkräften. Sie sind als Werkbankmarkierungen (*benchmarks*) für Lehrmaterialentwicklung, Unterrichtsvorbereitung und Übungsgeschehen zu verstehen. Die Standards sollten damit auf allen Ebenen der Kompetenz-Soll-Beschreibungen des fremdsprachenpädagogischen Handels erkennbar sein. Sie ermöglichen ein ergebnisorientiertes Unterrichtsdesign, das Lernkulturen und das Ziel der individuellen Förderung berücksichtigt und, Lerner-aktivierende, sozial-integrative und reflexive Arbeitsformen anzubietet.

2.3. Die Ebene der methodischen Konzepte und Szenarien

Die beschriebenen Prinzipien bzw. Standards erlauben die Formulierung von Organisationsprinzipien, Verfahrensweisen, methodischen Einzelprinzipien und Gewichtungen von Unterrichtsfeldern für alle Lernzielbereiche (z. B. die Fertigkeiten) und Komponenten des Unterrichts (Grammatik, Wortschatz, Texte). Methodische Modelle sind in diesem Kontext schlüssige Abfolgen von Einzelschritten und Unterrichtsszenarien auf dem Weg zu einem Lernziel, die in der Regel mehrere der 12 Prinzipien beinhalten. Sie beschreiben beispielsweise Wege zum Verstehen von Hör- und Lesetexten wie u. a. Weskamps PQ4R-Modell (Weskamp 2001: 133 f.) ebenso wie den Prozess der Textarbeit und der selbständiger Erarbeitung grammatischer Strukturen wie u. a. das S-O-S Modell (Funk und Koenig 1991) oder Automatisierungsverläufe wie John R. Andersons ACT-Modell (Segalowitz 2003: 395).

Dort, wo Fremdsprachenunterricht eine in Bezug auf die Fertigkeiten eine ausgewogene Lernzielverteilung hat, in deren Mittelpunkt die rezeptive und produktive Verwendung der Sprache steht, ist davon auszugehen, dass eine ebenso ausgeglichene Verteilung von vier Lernfeldern am ehesten geeignet ist, eine entsprechend verteilte Kompetenzentwicklung zu gewährleisten, nicht zu verwechseln mit einer Liste der vier Fertigkeiten die in vielen Lehrmaterialien und Unterrichtsverläufen eher zu einem isolierten Training von Einzelfertigkeiten geführt hat (vgl. auch Art. 106).

Die Fertigkeitenübersicht (Tab. 104.3) ermöglicht lediglich die topologische Sortierung von Texten und Lernzielen, Die Matrix (Abb. 104.1) gliedert Unterrichtsaktivitäten

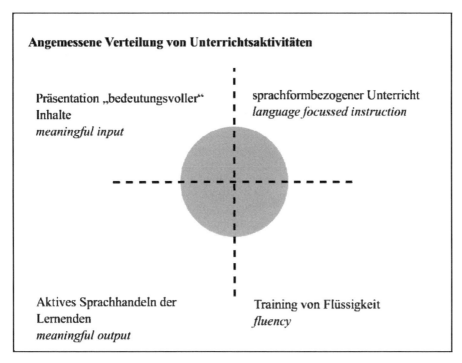

Angemessene Verteilung von Unterrichtsaktivitäten

Präsentation „bedeutungsvoller"
Inhalte
meaningful input

sprachformbezogener Unterricht
language focussed instruction

Aktives Sprachhandeln der
Lernenden
meaningful output

Training von Flüssigkeit
fluency

Abb. 104.1: Lernfeldmatrix zur Verteilung von Unterrichtsaktivitäten

Tab. 104.3: Traditionelle Liste der Fertigkeiten (vgl. Nation 2001, Nation und Newton 2009)

	mündlich	schriftlich
rezeptiv	*Hören*	*Lesen*
produktiv	*Sprechen*	*Schreiben*

und ordnet sie im Sinne der zuvor genannten Prinzipien Kompetenzfeldern zu. Die überzeugendste Begründung eines solchen integrativen, gleichmäßig verteilten Modells liegt im *Time-on-Task*-Prinzip, das vielfach empirisch belegt ist (Nation und Newton 2009). Lesen lernt man durch lesen, Sprechen durch sprechen und Flüssigkeit kann im Unterricht nur erreicht werden, wenn man sie auch trainiert. In allen Lernfeldern sind jeweils mehrere der oben genannten 12 Prinzipien wirksam.

Lernfeld 1: Bedeutungsvolle Inhalte − die Verarbeitung von sprachlichen und thematischen Informationen

„Bedeutungsvoll" kann nicht als objektive Kategorie definiert werden. Geht man vom Grundprinzip eines personalisierten und individualisierten Unterrichts aus, so sind diejenigen Inhalte bedeutungsvoll, denen Lernende intrinsische Verarbeitungsaufmerksamkeit schenken. Hierin folgen sie unbewusst und unvermeidbar lernbiographischen Prägungen und Motivationen und nicht notwendigerweise didaktisch zugewiesener Gewichtung. Die Chance auf eine Verarbeitung von Inhalten wächst in dem Maße, in dem die Lernenden an der Auswahl von Zielen und Erarbeitung von Materialien beteiligt werden.

Eine zweite zentrale Kategorie neben der Verarbeitungsbereitschaft auf der Seite der Lerner ist die Plausibilität des angebotenen Sprachmaterials. Nick Ellis beschreibt Sprachenlernen als „Hochrechnung auf der Grundlage von Sprachdaten" (Ellis 2009: 139) und beschreibt damit die Abhängigkeit des Transfers von der Qualität der Eingangsdaten. Die Wahrscheinlichkeit von Verarbeitung und Transfer steigt durch das Angebot an sprachlich und medial reichhaltigen, gleichwohl verständlichen Textangeboten. Dabei ist besonders auf der Wortebene auf „dichte Nachbarschaften" (Ellis 2009:140) zu achten, d. h. auf alle Formen von häufig gemeinsam verwendeten Wörtern.

Lernfeld 2: Sprachform-bezogenes Lernen

Die Relevanz der im Lernprozess thematisierten Inhalte, Wörter und Strukturen ergibt sich zum einen aus der vermuteten Verarbeitungsbereitschaft der Lerner, zum anderen aus der Häufigkeit des Auftretens in lernerrelevanten Sprachkontexten und aus dem Transferpotenzial im Sinne der Leistungsbreite von Wörtern und Strukturen. So hat das Perfekt im Deutschen eine hohe kommunikative Leistungsbreite, da es praktisch den gesamten Vergangenheitsbereich abdecken kann.

Dabei kann grundsätzlich zwischen einem Form-geleiteten Fremdsprachenunterricht (*focus on forms*) und einem Form-fokussierten (*focus on form*) unterschieden werden. Letzterer meint eine zeitweise Konzentration auf sprachliche Strukturen auf der Wort-, Satz- und Textebene im Rahmen eines inhalts- und handlungsorientieren Fremdsprachenunterrichts deren Zeitpunkt, Gegenstand und Dauer von den Bedürfnissen der Lernenden nach Systematisierung bestimmt wird. Grammatische Regeln werden also dann thematisiert, wenn sich Bedürfnis und Bereitschaft dazu auf Seiten der Lernenden im Rahmen einer inhaltlichen Aufgabenstellung ergeben, da andernfalls die Lernenden den Strukturen keine nachhaltige Verarbeitungsaufmerksamkeit widmen. Damit ergibt sich eine Unterrichtsphasierung, in der an Anfang und Ende einer Sequenz inhaltliche Aufgaben stehen und zu einem nach Möglichkeit von den Lernern zu bestimmenden Zeitpunkt eine Kognitivierungsphase stattfindet. In der Praxis findet dieses Prinzip in der notwendigen Vorbereitung von Kognitivierungsphasen und in den Vorgaben der verwendeten Lehrwerke seine Grenzen und macht es sinnvoll, von einer „schwachen Version" von „Fokus-auf-Form" zu sprechen: Grammatische Regeln können dort aufgegriffen werden, wo der Gebrauch einer Struktur ein inhaltliches Lernziel erfüllt und wo sie zu diesem Zweck verwendet werden.

Beispiele:

Eine Systematisierung von Vergangenheitsformen kann dort angebracht sein, wo Kursteilnehmer über eigene Erlebnisse und Erfahrungen berichten, eine teilweise Systematisierung des Gebrauchs von Präpositionen mit dem Dativ dort, wo sie eigene Wohnumwelten schildern. Dieses Verfahren unterscheidet sich vom Verfahren einer vorgegebenen Kontextualisierung von Dativpräpositionen in Wohnungsbeschreibungen, wie es in der Regel in Lehrwerken geschieht, da im Rahmen eines *Fokus-auf-Form*-Modells die Lernenden selbst über Umfang und Zeitpunkt der Systematisierung entscheiden. Die Konsequenz ist ein inhaltsbezogener Zuschnitt von grammatischen Lernangeboten (z. B.: Richtungen beschreiben) statt einem strukturbezogenen (z. B. „*Die* Wechselpräpositionen)

Die folgende Gegenüberstellung prototypischer Übungsanweisungen in DaF-Lehrwerken verdeutlicht den Unterschied im Übungsgeschehen zwischen einem inhaltlosen Grammatikfokus und einer formfokussierten Übung im inhaltlichen Kontext:

Tab. 104.4: Arbeitsanweisungen in Lehrwerken

Grammatikfokussierung (inhaltslos)	Formfokussierung (bedeutungs- bzw. handlungsorientiert)
− Sätze mit Dativ: Ergänzt die Personalpronomen − Verbinde Sätze mit *wenn ... dann* − Modalverben *können, müssen, dürfen, wollen, sollen* − Ergänze im Präsens oder Präteritum. − Artikel und Possessivpronomen im Akkusativ und Dativ − Ergänze bitte.	− Letzte Woche − Was war gut, was war schlecht? Erzählt in der Klasse. − Widersprechen / sich entschuldigen − sammelt Ausdrücke im Text und verwendet sie in einem Dialog. − Adjektive machen Geschichten interessanter. Baut die Adjektive ein und lest eure Geschichte vor. − Thema Essen − was isst du wann am liebsten?

Liegt der Fokus wie in der linken Spalte auf der Einübung einer grammatischen Regel, zu der dann Beispielsätze gesucht werden, ist die Wahrscheinlichkeit groß, dass die Lernenden mit isolierten „Sinn-losen" Beispielsätzen konfrontiert werden, denen sie in der realen Sprachverwendung nie begegnen würden. „Sinn-los" heißt hier, dass die Sätze lediglich eine Struktur präsentieren bzw. fordern, die aber losgelöst wird von ihrem inhaltlichen Sinn.

Lernfeld 3: Aktives, „Sinn-volles" Sprachhandeln der Lernenden − Bedeutungs-fokussierte Sprachverwendung

Im Gegensatz dazu meint „Sinn-volles" Sprachhandeln die Verwendung der Fremdsprache, um damit eigene Aussagen zu Sachverhalten, zu Texten, zu sich selbst oder anderen Personen zu machen. Damit sind vor allem die Prinzipien einer Handlungsorientierung, Individualisierung und Personalisierung des Lernprozesse verbunden. Dies kann in simulierter Unterrichtskommunikation vorbereitet (etwa in *Information-gap*-Übungen, bei denen jeweils ein Partner die richtige Lösung hat und der andere sie abwechselnd erfragt) und in der realen Interaktion im Unterricht und darüber hinaus (Projekte und Praxiserkundungen) eingeübt werden. Die Lernfeldmatrix geht davon aus, dass etwa ein Viertel der Unterrichtszeit der Verwendung der gelernten Wörter und Strukturen zu kommunikativen Zwecken gewidmet werden sollte, einem Bereich also, der der notorischen Zeitnot im Unterricht besonders oft zum Opfer fällt.

Lernfeld 4: Automatisierung − das Training sprachlicher Flüssigkeit

Während konstruktivistische Modellierungen den bewussten Aufnahme- und Verarbeitungsprozess sprachlichen Materials in den Mittelpunkt gestellt haben, richten konnektionistische Modelle (Arnold 2002; Pospeschill 2004) den Blick auf das Übungsgeschehen und auf die neurologischen Grundlagen des Lernens, das Herstellen von Verbindungen zwischen Gehirnzellen (vgl. Art. 89). Sie verweisen darauf, dass eine solche „Bahnung" das Ergebnis unterschiedlicher Ursachen sein kann, in jedem Fall aber auch mit den Faktoren „Zeit" und „Wiederholung" zu tun hat. Kognitions- und neurowissenschaftliche Forschungsbeiträge haben in jüngster Zeit darauf aufmerksam gemacht, wie stark unbewusst-implizites, zufälliges (inzidentelles) und ganzheitliches Lernen sowohl die Grundlage von Kognitionsprozessen als auch von flüssiger Sprachverwendung sind.

„Zusammengefasst beschreiben konnektionistische Modelle die Konsolidierung von Gedächtnis im Zuge einer Enkodierung, Engrammbildung und rekonstruierenden Transformation von Informationen. Gedächtnis wird somit als ein adaptives, assoziatives und distribuiertes System betrachtet. Der starke erfahrungsabhängige Bezug beim Aufbau von Gedächtnis favorisiert vor allem episodische Gedächtnismodelle mit auto-, hetero-assoziativer, zumeist inhaltsadressierter, aber auch sequenziell arbeitender Architektur."   (Pospeschill 2004: 193)

Der Weg vom bewussten zum unbewusst-automatisierten Fremdsprachengebrauch ist ein möglicher aber nicht der einzig mögliche Weg sprachlichen Lernens. Die vielfältigen menschlichen Lernpotenziale und -wege werden auf diese Weise nicht erfasst. Wenn man eine Fremdsprache flüssig spricht, reproduziert man fertige „Redeteile" einschließlich der phonologisch gespeicherten grammatisch richtigen Formen. Man baut in der gesprochenen Sprache nicht Sätze nach grammatischen Regeln auf. Für eine Konzentration auf die Form und die bewusste Wahl von grammatischen Markierungen wäre gar keine Zeit (vgl. List 2002: 128; Ellis 1996: 2009). Flüssigkeit entsteht demnach durch Verwendung von in zusammenhängenden Einheiten gespeicherten Wörtern mitsamt ihrer grammatischen Endungen und Ableitungen. Für die Übungsgestaltung hat das zur Folge, dass Routineformeln auch als Basis der Kognitivierung Gegenstand von Übungen sein müssen, die vorwiegend den mündlichen Gebrauch trainieren, automatisches und schnelles Reagieren in Mustern ohne große Varianz, d. h. ohne bewusstes Auswählen zwischen Variablen mit hoher Wiederholungsrate einüben. Dazu sind besonders Sprachspiele und Minidialoge mit frequent gebrauchten Routineformeln geeignet.

Je mehr das Umfeld der Entstehung fremdsprachlicher mentaler Netze (Inhalte, Rahmenbedingungen und Verfahren des Lernens fremder Sprachen) dem Umfeld der späteren Verwendung der Sprache gleicht, desto höher ist die Chance der Aktivierung und Verfestigung der Netze − reichhaltige und realitätsnahe Lernumgebungen führen zu besseren Lernergebnissen (vgl. Segalowitz 2003: 402). Fremdsprachliche Übungen und Aufgaben sind insgesamt an den drei grundlegenden Paradigmen konnektionistischen Lernens auszurichten, Sprachliches Lernen ist demnach entweder

a) der Erwerb muster-assoziativer Verbindungen durch imitativ-reproduktives Üben,
b) klassifizierendes Lernen auf der Grundlage u. a. lehrgesteuerter Verarbeitungsangebote oder …
c) ungesteuertes Lernen von Regularitäten durch Entdeckung und Experiment (inzidentell, implizit).

Die drei Wege beschreiben keine theoretisches Gesamtkonzept, wohl aber eine auch neurowissenschaftlich plausible Verteilung der Lernaktivitäten.

Geht man von den genannten Prinzipien und einer balancierten Verteilung der Unterrichtsaktivitäten in den Lernfeldern aus, dann ergeben sich Konsequenzen in Bezug auf Übungsgestaltung und -sequenzen in Lehrwerk und Unterricht.

3. Die Ebene der Modelle und Unterrichtsszenarien

Eine Reihe von Modellen kann derzeit am ehesten für sich in Anspruch nehmen, sowohl plausible Progressionsverläufe in den einzelnen Lernfeldern als auch übergreifende Unterrichtsszenarien mit einer progressional gestuften, lernfördernden Distribution von Unterrichtsaktivitäten im Sinne der genannten Lernwege zu gewährleisten.

Beispiele für lernfeldinterne Progressions- und Sequenzmodelle
– Das „S-O-S"-Modell, das Sammeln von Beispielen auf der Grundlage formaler Ähnlichkeiten, das Ordnen von sprachlichen Formen und das Systematisieren von Beobachtungen, d. h. die Formulierung von Regeln (Funk und Koenig 1991: 124 f.),
  beschreibt eine Vorgehensweise, bei der den Lernenden auf der Grundlage eines Text-
  und Beispielangebots Gelegenheit, Unterstützung und Zeit zu entdeckendem Lernen
  und Hypothesenbildung gegeben wird. Unterrichtsangebote unterstützen auf diese
  Weise einen natürlichen kognitiven Prozess und machen ihn bewusst. Damit ist auf
  der metakognitiven Ebene die Ausbildung lernstrategischer Routinen verbunden. Das
  Modell hat als Voraussetzung eine Input-Optimierung, bei der die Häufigkeit der
  Repräsentanz von Mustern (Ellis 2009: 144) die Grundbedingung für die Ausbildung
  einer kognitiven Landkarte in der Form einer neuronalen Bahnung ist.
– Das „traditionelle" Automatisierungsmodell Andersons, das von drei Phasen ausging,
  einer „kognitive Phase", in der die Regeln explizit gelehrt und gelernt werden, einer
  anschließenden „assoziative Phase" in der die Regeln wiederholt angewendet werden
  und einer autonomen Phase", in der die Regeln nicht mehr explizit sondern implizit
  angewendet werden (vgl. Segalowitz 2003: 395). Obwohl dieses Modell nur einen engen Ausschnitt kognitiver Modellbildung erfasst, den des direkt-expliziten, deduktiven
  Zugangs zur Sprache über die Regel, und mit ihm die Prinzipien der Autonomieförderung, der Handlungsorientierung und des inhaltsbasierten Lernens schwer verbindbar
  sind und fertigkeitsbezogene Transferprobleme entstehen, sind in entsprechenden
  lernkulturellen Kontexten nachhaltige Lernergebnisse erzielbar

Weitere lernfeldinterne Progressions- und Sequenzvorschläge gelten der Entwicklung der
fremdsprachlichen Schreibfertigkeit sowie dem Hör- und Leseverstehen (vgl. Kap. X).

Beispiele für lernfeldübergreifende Progressions- und Sequenzmodelle
– Dem Modell des aufgabenbasiertes Lernen sind in den letzten Jahren eine Vielzahl
  von Monographien und Einzelbeiträgen gewidmet worden (Willis und Willis 2007;
  Müller-Hartmann und Schocker-von Dithfurt 2005). Die Aufmerksamkeit der Forschung galt dabei der Struktur und Sequenzabfolge von Aufgaben, der Rolle und
  Bedeutung der Wiederholungen, dem Verhältnis von Korrektheit und Flüssigkeit in
  aufgabenbasierten Unterrichtsdesigns (Robinson 2001), der Input-Optimierung und
  der Aufgabenauthentizität aus der Sicht der Lernenden (Waters 2009: 316).
– Swains „Outputmodell" verweist darauf, dass wir nicht allein durch Verarbeitung von
  sprachlichem Input lernen, sondern auch durch aufgabengesteuerten Output (Muranoi 2007). Aus diesem Modell ergibt sich die folgende (vereinfachte) Abfolge von
  Unterrichtsschritten:
  1. Die Lernenden werden zur Sprachproduktion animiert. Sie reagieren auf Bilder,
     Texte, Äußerungen mit motivierendem Aufforderungscharakter.
  2. Dic Lernenden entdecken, dabei, dass ihnen ein Wort / eine Formulierung fehlt
     („noticing the gap"). Aus dem Äußerungsbedürfnis entsteht Lernmotivation.
  3. Zielgerichtete Verarbeitungsaufmerksamkeit führt zur Wahrnehmung der fehlen-
     den Elemente.
  4. Die neuen sprachlichen Elemente, Formen und Formulierungen werden gelernt
     und verwendet, um eine Aussage zu machen.
– Das ACCESS-Modell: Gatbonton und Segalowitz (2005: 329) verbinden am Beispiel
  des Themenfeldes „Familie" einen Kommunikations- und Aufgaben-orientierten An-

satz mit Automatisierungsanforderungen. Das Modell geht von einer Drei-Phasen Sequenz mit jeweils unterschiedlichen Lernabschnitten aus, in der einer „kreative Automatisierungsphase" eine „sprachliche Konsolidierungsphase" und schließlich eine „freie Kommunikationsphase" folgt.

Die drei übergreifenden Sequenzmodelle lassen sie sich in Form eins Vier-Phasen-Modells auf einen gemeinsamen Nenner bringen:

Unterrichtssequenz: Gebrauchsbasiertes Lernen und Erwerben
1. Inhaltsbezogene Einführung von Wortschatz und Strukturen (rezeptiv)
2. Gebrauchsbasiertes Einüben von Wortschatz und sprachlichen Mustern
   (Automatisierung 1) (imitativ-reproduktiv)
3. Bewusstmachung durch Systematisierung und gelenkte Übungen
   (kognitiv-reproduktiv)
4. Sprachverwendung in sinnvollen Kontexten, Transfer
   Automatisierung (2) (reproduktiv-produktiv)

Im Mittelpunkt der fachdidaktischen Debatten im Fach Deutsch als Fremdsprache stand in den vergangenen Jahren die Rezeption des Gemeinsamen Europäischen Referenzrahmens und der sich aus ihm ergebenden positiven und problematischen Konsequenzen in Bezug auf die pragmatische Ausrichtung, Lernerautonomie, Evaluationskultur, Interkulturalität und Mehrsprachigkeitsorientierung des Unterrichts. Diese Fachdebatte war im Sinne der Differenzierung von Richards (2002) überwiegend Werte-basiert. Eine stärker Handwerks-basierte Fachdiskussion auf der Grundlage der in diesem Beitrag dargestellten Theorie-basierten Prinzipien und unterrichtlichen Handlungsfelder eröffnet die Chance einer besseren Praxisakzeptanz von methodischen Prinzipien und Modellen und öffnet zugleich neue Felder einer praxisgestützten Unterrichtsforschung.

4. Literatur in Auswahl

Arnold, Margret
    2002   *Aspekte einer modernen Neurodidaktik. Emotionen und Kognitionen im Lernprozess*. München: Ernst Vögel.
Barkowski, Hans und Hans-Jürgen Krumm (Hg.)
    2009   *Fachlexikon Deutsch als Fremdsprache*. Tübingen: Narr.
Bausch, Karl-Richard und Gabriele Kasper
    1979   Der Zweitsprachenerwerb: Möglichkeiten und Grenzen der ‚großen' Hypothesen. *Linguistische Berichte* 64: 3–35.
Brown, Douglas H.
    2007   *Teaching by Principles. An Interactive Approach to Language Pedagogy*. White Plains, NY: Pearson Longman.
Edmondson, Willis und Juliane House
    2006   *Einführung in die Sprachlehrforschung*. Stuttgart: UTB/Francke. [1. Aufl. 1993]
Ellis, Nick C.
    1996   Sequencing in SLA. Phonological Memory, Chunking, and Points of Order. *Studies in Second Language Acquisition* 18: 91–126.

Ellis, Nick C.
  2009   Optimizing the Input: Frequency and Sampling in Usage-Based and Form-Focused Learning. In: Michael H. Long und Catherine J. Doughty, 139−158.

Europarat
  2001   *Gemeinsamer europäischer Referenzrahmen für Sprachen: lernen, lehren, beurteilen*. Berlin u. a.: Langenscheidt.

Funk, Hermann
  2009   Materialentwicklung. In: Wolfgang Hallet und Frank Königs (Hg.), *Handbuch Fremd-sprachendidaktik*. Seelze: Kallmeyer.

Funk, Hermann und Michael Koenig
  1991   *Grammatik lehren und lernen* (Fernstudieneinheit 1). Berlin u. a.: Langenscheidt.

Gatbonton, Elizabeth und Norman Segalowitz
  2005   Rethinking Communicative Language Teaching. A Focus on Access to Fluency. In: *The Canadian Modern Language Review/ La Revue des langues vivantes* 61(3): 325−353.

Gnutzmann, Claus
  2005   Neokommunikativer Grammatikunterricht?. In: Eva Burwitz-Melzer und Gert Solmecke (Hg.), *Niemals zu früh und selten zu spät: Fremdsprachenunterricht in Schule und Erwachse-nenbildung*, 173−182. Berlin: Cornelsen.

Kallenbach, Christiane 1996
          Subjektive Theorien: was Schüler und Schülerinnen über Fremdsprachenlernen denken. Tübingen: Narr.

List, Gudula
  2002   „Wissen" und „Können" beim Spracherwerb − dem ersten und den weiteren. In: Hans Barkowski und Renate Faistauer (Hg.), *... in Sachen Deutsch als Fremdsprache*, 121−131. Baltmannsweiler: Schneider Hohengehren.

Little, David
  1994   Words and their properties: Arguments for a lexical approach to pedagogical grammar. In: Terence Odlin (Hg.), *Perspectives on Pedagogical Grammar*. Cambridge: Cambridge University Press.

Long, Michael H. und Catherine J. Doughty (Hg.)
  2009   *The Handbook of Language Teaching*. Malden: Wiley-Blackwell.

Meißner, Franz-Joseph und Marcus Reinfried (Hg.)
  2001   *Bausteine für einen neokommunikativen Französischunterricht: Lernerzentrierung, Ganz-heitlichkeit, Handlungsorientierung, Interkulturalität, Mehrsprachigkeit: Akten der Sektion 13 auf dem 1. Frankoromanistentag in Mainz 23.−26. 9. 1998*. Tübingen: Narr.

Müller-Hartmann, Andreas und Marita Schocker-von Ditfurth
  2005   *Aufgabenorientierung im Fremdsprachenunterricht. Task-based language learning and teaching*. Tübingen: Narr.

Muranoi, Hitoshi
  2007   Output practice in the L2 classroom. In: Robert DeKeyser (Hg.), *Practice in a Second Language. Perspectives from Applied Linguistics and Cognitive Psychology*. Cambridge: Cambridge University Press.

Nation, I.S.P.
  2001   *Learning vocabulary in another language*. Cambridge: Cambridge University Press.

Nation, I.S.P. und Jonathan Newton
  2009   *Teaching EFL/ESL Listening and Speaking*. Florence/Kent: Routledge.

Neuner, Gerhard
  2003   Vermittlungsmethoden: Historischer Überblick. In: Karl-Richard Bausch; Herbert Christ und Hans-Jürgen Krumm (Hg.), *Handbuch Fremdsprachenunterricht*, 225−233. Stuttgart: UTB/Francke. [1. Aufl. 1989]

Piepho, Hans-Eberhardt
  1990   Kommunikativer DaF-Unterricht heute − Überlegungen zum Einstieg in die ‚postkom-munikative Epoche'. *Deutsch lernen* 2: 122−142.

Pospeschill, Markus
  2004　*Konnektionismus und Kognition. Eine Einführung.* Stuttgart: Kohlhammer.
Richards, Jack C.
  2002　Theories of Teaching in Language Teaching. In: Jack Richards und Willi Renandya (Hg.),
        Methodology in Language Training. An Anthology of Current Practice, 19−25. Cambridge:
        Cambridge University Press.
Robinson, Peter (Hg.)
  2001　*Cognition and Second Language Instruction.* Cambridge: Cambridge University Press.
Segalowitz, Norman
  2003　Automaticity and Second Languages. In: Michael H. Long und Catherine J Doughty
        (Hg.), 382−408.
Rüschoff, Bernd und Dieter Wolff
  1999　*Fremdsprachenlernen in der Wissensgesellschaft. Zum Einsatz der neuen Technologien in
        Schule und Unterricht.* München: Hueber.
Waters, Alan
  2009　*Advances In Materials Design.* In: Michael Long und Catherine Doughty, 311−326.
Weskamp, Ralf
  2001　*Methoden und Konzepte des fremdsprachlichen Unterrichts.* Berlin: Schroedel.
Willis, Jane und Dave Willis
  2007　*Doing Task-Based Teaching.* Oxford: Oxford University Press.
Wolff, Dieter
  1998　Neue Technologien und fremdsprachliches Lernen. Versuch einer Bestandsaufnahme I
        und II. *Deutsch als Fremdsprache* 3 und 4: 16−140 und 205−211.
Wolff, Dieter
  2002　Fremdsprachenlernen als Konstruktion. Einige Anmerkungen zu einem viel diskutierten
        neuen Ansatz in der Fremdsprachendidaktik. *Babylonia* 4. Online: http://www.babylonia-ti.
        ch/BABY402/PDF/wolff.pdf [20. 10. 2009].

Hermann Funk, Jena (Deutschland)

105. Regionale Lehr- und Lernkulturen

1. Begriffsklärung und -geschichte
2. Situierung im interkulturellen Ansatz
3. Konstellationen im DaF- und DaZ-Unterricht
4. Ausgewählte Problembereiche
5. Lösungsansätze
6. Ausblick
7. Literatur in Auswahl

1. Begriffsklärung und -geschichte

Die Bezeichnung „regional" ist im Kontext der Regionalisierung des DaF-Unterrichts
nicht genau definiert: Eine Durchsicht von Publikationen zu diesem Thema zeigt, dass
sowohl ein einzelnes Land wie Japan (Slivensky 1996) oder China gemeint sein kann als

auch eine länderübergreifende Region, wie „das frankophone Westafrika" oder Lateinamerika (Rall 2001: 148). Es ist davon auszugehen, dass der Begriff „Region" zumindest
die unmittelbaren *örtlichen* Verhältnisse transzendiert und gelegentlich auch nationale
Grenzen überschreitet. Vielfach liegen die in den Blick genommenen Regionen außerhalb
Europas: es geht um andere Kontinente. Regionalisierung wird zunächst im Kontext von
Entwicklungshilfe thematisiert, dann jedoch auf Mittel- und Osteuropa übertragen – sie
soll „als Alternative zum Methoden- und Materialtransfer" verstanden werden (Breitung
und Lattaro 2001: 1041–1042). Das Konzept der Regionalisierung bleibt also, abgesehen
davon, dass es außereuropäische (oder zumindest nicht-westliche) Gegebenheiten berücksichtigen soll, eher vage, was ihm allerdings auch eine gewisse Flexibilität verleiht.

Der Begriff „Lehr- und Lernkultur" wird alternativ zu einer Reihe von anderen Begriffen wie „Lehr-/Lerngewohnheiten" (Seel 1986) verwendet. So ist in These 13 der 24
Thesen des Beirats Deutsch als Fremdsprache von „in einem bestimmten Kulturraum
historisch gewachsenen Lehr- und Lernkontexte(n)", „eigenen Lehr- und Lerntraditionen", „örtliche(n) Lehr- und Lernkonzepten" und „andere(n) Lehr- und Lernerfahrungen" die Rede (Beirat 1997: 21). „Lehr- und Lernkultur" umfasst also verschiedene das
Lehren und Lernen betreffende Aspekte eines bestimmten Kulturraums. „Dabei sind
auch nicht unmittelbar sprachbezogene Faktoren des Bedingungsgefüges von Fremd-
bzw. Zweitsprachenunterricht wie der institutionelle Hintergrund, sozio-ökonomische
Faktoren oder Bildungs- und Unterrichtstraditionen angesprochen" (Boeckmann 2006a:
12). Eine umfassende Bestimmung einer Lehr- und Lernkultur ist jedoch schon angesichts der Unklarheit, wie denn der Begriff „Kultur" zu definieren sei (Eßer 2006), kaum
möglich. Zumeist werden in den vorhandenen Studien, ausgehend von in der Praxis
auftretenden Fragen, einzelne besonders relevante Teilbereiche einer Lehr- und Lernkultur untersucht.

In den 1960er Jahren wurde zunächst in der Pädagogik, seit den 1980er Jahren auch
im Fach Deutsch als Fremdsprache „Kritik an der unreflektierten Übertragung ‚westlicher' Methodik speziell in außereuropäische Kontexte geübt" (Boeckmann 2006a: 11).
Man sprach damals eher abfällig von „Methodenexport" (Krumm 1987b) oder deutlich
kritischer noch von „Cargo-Kult" (Schöfthaler 1986: 315). Es wurde postuliert, dass
importierte Methoden oder Materialien im nicht-westlichen Raum nicht angemessen
seien und daher „angepasste Unterrichtsformen" (Seel 1986) zu entwickeln wären. Trotz
einzelner kritischer Stimmen wie Hess (1992), der die Bedeutung der Auseinandersetzung
mit Kultur für die DaF-Didaktik gänzlich in Frage stellte, intensivierte sich die Diskussion seit den 1990er Jahren, im deutschsprachigen Raum mit Beiträgen von Mitschian
(1991) und Witte (1996) und auch in zahlreichen Beiträgen in der internationalen Diskussion (Holliday et al. 1994).

Die Entwicklung regionaler Lehrwerke und -materialien war eines der ersten und
intensivsten Arbeitsfelder im Bereich der Regionalisierung: „Zu Beginn der 80er Jahre
etablierte das Goethe-Institut einen Arbeitsbereich ‚Regionale Lehrwerke' ..., der mit der
regionalen Bearbeitung in Deutschland erschienener Lehrwerke begann" (Breitung und
Lattaro 2001: 1042). Obwohl manche dieser regionalen Lehrwerke kritisch aufgenommen
wurden, erlebten sie mit der Öffnung in den Ländern Mittel- und Osteuropas eine Blüte-
zeit, die auch eine Reihe von komplementären Aktivitäten hervorbrachte, wie Empfehlungen zur regionalen Curriculumentwicklung (Breitung und Lattaro 2001: 1042–1049).
Aktivitäten im Bereich der regionalen Lehrwerkentwicklung sind jedoch zurückgegan-

gen, einerseits wohl wegen des hohen Aufwands und andererseits, weil inzwischen in nahezu allen Ländern Mittel- und Osteuropas eigene Lehrwerkentwicklungen stattfinden.

2. Situierung im interkulturellen Ansatz

Der interkulturelle Ansatz im Fremdsprachenunterricht beruht auf der Erkenntnis, dass Kultur- und Sprachvermittlung sinnvoller Weise nicht unidirektional erfolgen, sondern die Herkunftskultur und die Identität der Lernenden ebenso wie die Zielkultur mit einbeziehen. Boeckmann (2006b) unterteilt Interkulturalität im Fremdsprachenunterricht in drei Dimensionen: Lehr- und Lernziel (Interkulturelle Kompetenz), Lehr- und Lernprozess (Interkulturelles Lernen) und schließlich *Lehr- und Lernkontext.* In dieser dritten Dimension, in der es um die Bedingungen des Lernens geht, um die Interkulturalität der Lehr- und Lernsituation selbst, sind die Lehr- und Lernkulturen anzusiedeln − ohne dass freilich diese Dimension völlig getrennt von den anderen gesehen werden darf. Den Faktor Kultur bei der Gestaltung der Lernumwelt zu berücksichtigen, lässt sich auch als Umsetzung des Postulats der Lernerorientierung verstehen: Lernende sind mit kulturspezifischen Lehr- und Lernformen aufgewachsen und so ist die Konfrontation mit für sie neuen Methoden und Materialien eine interkulturelle Erfahrung. Wie bei jeder interkulturellen Erfahrung kann es auch hier zu Überraschungen und Konflikten kommen, speziell „zu Lernbarrieren und Missverständnissen" (Breitung und Lattaro 2001: 1042). Ein wichtiges Problem der Erforschung der Lehr- und Lernkulturen ist die Frage nach der Erkennbarkeit fremdkultureller Phänomene, wie weit also eine forschende Person den durch die eigene Kultur geprägten Blick hintergehen kann. Das betrifft allerdings die kulturvergleichend-ethnografische Forschung insgesamt (Eßer 2006: 10−11).

3. Konstellationen im DaF- und DaZ-Unterricht

Es ist sinnvoll, Lehr und Lernkulturen nicht nur im Zusammenhang mit dem Export von Vermittlungsformen zu diskutieren, sondern in unterschiedlichen Konstellationen von DaF und DaZ zu berücksichtigen. Tabelle 1 zeigt vier mögliche Konstellationen auf. „D-A-CH-L" steht für die deutschsprachigen Länder bzw. ihre Kulturen. Die Bezeichnung „kulturell homogen/heterogen" ist relativ zu verstehen, da bei näherer Betrachtung im Grunde jede denkbare Lerngruppe kulturelle Variation aufweist.

Tab. 105.1: Vier mögliche kulturelle Konstellationen von Lehrkraft und Lerngruppe

Lehrkraft ...	kulturell homogene Gruppe	kulturell heterogene Gruppe
... aus D-A-CH-L	(1)	(2)
... nicht aus D-A-CH-L	(3)	(4)

Konstellation (1) tritt häufig bei entsandten Lehrkräften (z. B. Auslandslektor/inn/en) auf, die mit homogenen Gruppen im Herkunftsland der Lernenden arbeiten. Hier ist die Lehrkraft Trägerin einer Lehr-/Lernkultur, die sich von der örtlichen oft erheblich unterscheidet (Boeckmann und Slivensky 2000: 167–171) und für die Lernenden ebenfalls ungewohnt ist. Lehrkräfte, die bikulturell sind und sowohl D-A-CH-L authentisch vertreten können als auch die örtliche Lernkultur kennen, haben es leichter bei einer angemessenen Unterrichtsgestaltung. Konstellation (2) kommt häufig im DaZ-Bereich vor, wo heterogen zusammengesetzte Gruppen auf Lehrende treffen, die keiner der Kulturen der Lernenden, sondern der Umgebungskultur angehören. Dabei sind es dann die mitgebrachten Lernkulturen der Lernenden, die von besonderer Bedeutung sind (Eßer 2006: 8–9). Typisch für Konstellation (3) sind einheimische Lehrkräfte, die im Herkunftsland der Lernenden arbeiten und zwar mit der Lernkultur vertraut sind, aber nicht selten wegen der von ihnen verwendeten Materialien oder auch als Teil ihres Kulturvermittlungsauftrags dennoch an D-A-CH-L orientierte, für die Lernenden neue Lernformen einsetzen. Es gibt durchaus auch kulturell homogen zusammengesetzte DaZ-Gruppen mit Lehrenden, die nicht der Umgebungskultur angehören, so z. B. in Kulturvereinen verschiedener Herkunftskulturen in D-A-CH-L. Auch in diesem Fall ist anzunehmen, dass die Umgebungskultur Einfluss auf die mitgebrachte(n) Lernkultur(en) nimmt. Und schließlich ist zu denken an nicht-muttersprachliche Lehrkräfte, die nicht die Kultur ihrer Lernenden teilen, wenn also etwa eine Niederländerin in den USA Deutsch unterrichtet – Konstellation (3) – oder eine Polin eine heterogene DaZ-Gruppe in Deutschland – Konstellation (4). In all diesen Fällen stellt sich die Bedeutung der Lehr- und Lernkulturen für den Unterricht ganz unterschiedlich dar und muss in unterschiedlicher Weise berücksichtigt werden – wobei diese Konstellationen ja nur grobe Kategorien sind, die von den Detailbedingungen des Einzelfalls abstrahieren.

4. Ausgewählte Problembereiche

Oft geht es bei der Umsetzung westlicher Unterrichtsformen in nicht-westlichen Kontexten um eine Reihe von Problemen mit den Rahmenbedingungen wie:

- mangelnde Lehreraus- und -fortbildung;
- unzureichende mediale Ausstattung;
- ungeeignete Räumlichkeiten;
- Zeitknappheit;
- zu große Gruppen.

Diese materiellen Rahmenbedingungen sind in gewisser Weise zwar auch Teil der regionalen Lehr- und Lernkulturen, von nachhaltigerer Bedeutung scheinen aber die vielfach berichteten Probleme bezüglich der Einstellung der Lernenden (und durchaus auch der nicht-westlichen Lehrenden) zu sein. Diese Probleme umfassen ein weites Spektrum. Einige Beispiele:

- die Lernenden seien nicht ausreichend an kommunikativen Fremdsprachenunterricht gewöhnt (vgl. Anderson 1993);
- kommunikative Kompetenz als Lernziel werde als zu anspruchsvoll empfunden (vgl. Sano, Takahashi und Yoneyama 1984);
- die Lernenden würden echten Widerstand gegenüber innovativer kommunikativer Methodologie leisten (vgl. Shamin 1996).

Die Mehrheit der Problemberichte stammt aus dem asiatischen Raum, aber auch aus anderen nicht-westlichen Ländern wie Kuba oder Südafrika. Sehr oft werden dabei Gegensätze zwischen der *innovativen*, kommunikativen, und der *traditionellen*, analytisch bzw. grammatisch orientierten Methodik festgestellt (Hess 1992: 313).

In vielen Fällen scheint gerade kommunikativer Fremdsprachenunterricht in Konflikt zu den regionalen Lehr- und Lernkulturen zu treten. Der kommunikative Ansatz, wie er zumeist verstanden wird, hat seinen Ursprung in privaten und universitären Institutionen in der westlichen Welt. Beim Transfer der dort entwickelten Unterrichtsmethodologie in die meist staatlichen Bildungssysteme der restlichen Welt ergeben sich Probleme. Ein Grund dafür sei die hegemoniale Stellung der westlichen Welt in Bezug auf die Entwicklung von Unterrichtsmethodologie für den Fremdsprachenerwerb und die Empfängerrolle der restlichen Welt: „recipients of the technology are seen as 'periphery' to a technology-producing 'centre'" (Holliday 1994: 13). Auch Witte konstatiert „eurozentrische (…) Vorstellungen" der Sprachlehr- und -lernforschung (Witte 1996: 13). Damit in Zusammenhang ist sicher auch die Wahrnehmung zu sehen, dass der gegenwärtig dominante kommunikative Ansatz in der Fremdsprachenmethodologie in der europäischen historischen Tradition der Aufklärung seine Wurzeln hat.

Angesichts der Tatsache, dass die große Mehrheit des Unterrichts in Fremd- und Zweitsprachen in nicht-westlichen Ländern stattfindet, scheint die Aufmerksamkeit, die die Fremdsprachenlehr- und -lernforschung diesem Thema bisher zugewandt hat, zu gering. Entscheidend ist hierbei die Überwindung einer defizitorientierten Denkweise in Bezug auf die Anwendung in nicht-westlichen Unterrichtskontexten, wie bereits Krumm (1987a: 268) gefordert hat: „In Umkehrung der bisherigen Blickrichtung sollten diese Anstrengungen nicht länger als ‚unvollkommene' Anwendung und ‚defizitäres Verständnis' überlegener westlicher Leistungen interpretiert, sondern als *eigenständige Anpassungsleistung* gewürdigt werden".

5. Lösungsansätze

Der umfassendste Ansatz zur Überbrückung der Diskrepanz zwischen traditionellen und neuen Unterrichtsformen ist die Entwicklung einer sogenannten *angemessenen Methodologie* (Holliday 1994). Eigentlich ist Angemessenheit der Methodologie nichts, was besonders hervorzuheben wäre: natürlich muss eine Methode der Zielgruppe angemessen sein. Gemeint ist hier *kulturelle Angemessenheit*, die Seel (1986: 9) als „Übertragbarkeit von bestimmten Unterrichtskonzepten in andere gesellschaftliche und kulturelle Kontexte" definiert hat. Auch Witte (1996: vgl. Titel) fordert für den von ihm untersuchten afrikanischen Kontext „kulturangemessene Unterrichtsmethoden". Das Anmessen der Methodologie an die Unterrichtssituation, an die Kultur des Klassenzimmers, ist allerdings ein längerer Prozess: Die Ergebnisse müssen immer wieder ausgewertet werden, um zu entscheiden, welche weiteren Anpassungen noch nötig sind. Holliday spricht deshalb von einer „becoming-appropriate methodology" (Holliday 1994: 164), also einer angemessen werdenden Methodologie, die durch ständige Weiterentwicklung in Form von Erprobung und Evaluation von methodischen Verfahren dem örtlichen Bedarf angemessen wird. Hier besteht also ein Zusammenhang mit reflektierendem Unterrichten/Aktionsforschung im Unterricht und kulturangemessenen Lehr- und Lernformen. Kramsch und

Sullivan (1996) stellen der „authentic pedagogy", die weltweit *native speaker*-Standards zum maßgeblichen Kriterium des Fremdsprachenunterrichts macht, eine „appropriate pedagogy" gegenüber, die nicht nur globalen, sondern auch lokalen Anforderungen an Lernprozess und Lernziele genügen muss. Die Lernenden sollen sich sowohl national als auch international zu Hause fühlen. Ellis (1996) hingegen versteht unter kultureller Angemessenheit die Suche nach Kongruenzen zwischen scheinbar gegensätzlichen kulturellen Normen. Als Beispiel verwendet er den auch in der traditionellen ostasiatischen Philosophie vertretenen Wert der autonomen Bewältigung von Lebensproblemen, der als Legitimation von Lernerorientierung in der Pädagogik dienen könnte. Witte (1996: 12) warnt davor, in der interkulturellen Kommunikation würden gleichberechtigte Beziehungen zwischen den Kulturen nur vorgetäuscht, und es gelte die Erfahrung des DaF-Unterrichts „in ihren Herkunfts- und Überlieferungszusammenhang ein(zu)rücken".

Boeckmann (2006a: 268) hingegen stellt in einer in Japan durchgeführten Studie fest, dass die Unterrichtenden dort zwar keine eigene Methodik entwickeln, die irgendwo zwischen den angestrebten kommunikativen Unterrichtsformen und den den Lernenden vertrauten Lehr- und Lernformen einzuordnen wäre. Sie setzen jedoch Strategien auf der Ebene der *Unterrichtstechnik* ein. Dazu gehören

(a) die genaue Beobachtung des nonverbalen Verhaltens der Studierenden (wie signalisieren sie z. B. Bereitschaft zur Mitarbeit);

(b) zumindest anfängliche Vermeidung plenarer Fragestellungen, bei denen sich Einzelne zu Wort melden und so aus der Gruppe herausheben müssen;

(c) Geduld und großzügige Zeitvorgaben für fremdsprachliche Lernendenäußerungen im Plenum, um ihrem Sicherheitsbedürfnis entgegenzukommen.

Abgesehen von diesen allgemeinen Lehrstrategien thematisieren manche Lehrende ganz bewusst die Interaktion im Unterricht und führen zum Teil genaue Verfahrensregeln für die Beteiligung der Lernenden am Unterricht ein, die ihnen die für viele so bedeutsame Sicherheit geben, nichts falsch zu machen und sich in der Gruppe nicht „danebenzubenehmen".

> Diese einfachen Strategien klingen überhaupt nicht revolutionär und sind sicher nicht auf der Ebene der Unterrichtsmethode, sondern eine Ebene darunter anzusetzen: Es sind lediglich Unterrichtstechniken, die die Kommunikation im Unterricht hauptsächlich am Anfang erleichtern. (...) Ohne über genaue Daten zu verfügen, soll hier auch erwähnt werden, dass die obengenannten Techniken wohl kaum ausschließlich in Japan angewendet werden beziehungsweise anwendbar sind, was unterstreicht, dass die Kulturspezifik nicht ihr herausragendes Merkmal ist.
> (Boeckmann 2006a: 268)

Statt eine angemessene Methodologie auf der Basis einer „starken Version" des kommunikativen Ansatzes für den regionalen Bedarf zu entwickeln, wie Holliday (1994) vorschlägt, scheinen zumindest im japanischen Kontext unterrichtstechnische Maßnahmen ausreichend, um innovative Unterrichtsziele zu erreichen. Auch Ha (2004) zeigt in einer Fallstudie, wie eine Unterrichtende in Vietnam durch unterrichtstechnische Anpassungen „fortschrittliche" Unterrichtsziele erfolgreich umsetzt. Der wichtigste Unterschied zum Konzept einer − lehr- und lernkulturspezifischen − angemessenen Methodologie ist, dass diese Unterrichtstechniken nicht an ein bestimmtes lehr- und lernkulturelles Umfeld gebunden sind, sondern universell eingesetzt werden können. Um die entsprechende Flexibilität der unterrichtstechnischen Gestaltung zu erreichen, sollte vor allem für „westliche" Lehrkräfte, die im Ausland Deutsch als Fremdsprache unterrichten, eine Sensibilisierung für die Bedeutung regionaler Lehr- und Lernkulturen ein wichtiger Bestandteil ihrer vorbereitenden Ausbildung sein.

Eßer (2006: 12−13) führt eine ganze Liste von Einstellungen und Strategien an, die vielleicht als Bestandteile einer *Lehr- und Lernkulturbewusstheit* von Lehrenden bezeichnet werden könnten und durchaus über bloße unterrichtstechnische Anpassungen hinausgehen. Sie nennt folgende wichtige Grundeinstellungen:

− Lehrende dürften ihren eigenen Unterricht nicht als kulturell unmarkiert wahrnehmen, sondern sich darüber klar sein, dass „auch das *eigene* Unterrichtshandeln … für die LernerInnen befremdlich sein kann";
− sie sollten „vorschnelle Deutungen von Lernerverhalten (keine Mitarbeit = die Lerner sind desinteressiert oder schüchtern) vermeiden";
− sie müssten einsehen, dass die eigenen Interpretationen des beobachteten Lernerverhaltens evtl. nicht die tatsächlichen Ursachen erfassen.

Zum konkreten Umgang mit unterschiedlichen Lehr- und Lernkulturen schlägt Eßer (2006: 13) dann verschiedene Lehrstrategien vor:

− „genaue Vorabinformationen über die Lehr- und Lernkultur der Lernenden";
− schriftliche Befragung der Lernenden „zu Unterrichtsinhalten, Arbeitsformen und Übungsformen";
− „offenes Ansprechen der beidseitigen Befremdlichkeiten im Unterricht";
− Austausch mit anderen Lehrkräften „über potentielle oder real aufgetretene Schwierigkeiten";
− Versuch, „regionale Unterrichtsformen mit einzubeziehen";
− Einsatz „von regionalen (d. h. speziell für diese LernerInnen und von gleichkulturellen AutorInnen mitkonzipierten) Lehrwerken oder -materialien";
− Mut, auch einmal die „Erwartungen der LernerInnen zu enttäuschen";
− Einsicht, dass eigene bzw. fremde Lehr- und Lernkultur „nicht statisch und unveränderlich sind".

Um zu unterstreichen, dass bei der Begegnung von Lehr- und Lernkulturen neue „Interkulturen" entstehen können, zitiert Eßer (2006: 13) schließlich Bolten (2003:18): „im Sinne eines klassischen Lerneffekts (kann) eine vollständig neue Qualität, eine Synergie, entstehen, die für sich weder A noch B erzielt hätten".

6. Ausblick

Nach der Grundsatzdiskussion, den Problembeschreibungen und den intensiven Regionalisierungsaktivitäten der 1980er und 1990er Jahre steht heute die Anerkennung regionaler Lehr- und Lernkulturen nicht mehr in Frage. Es scheint, dass die Aktivitäten, Innovationen im Fremdsprachenunterricht auch außerhalb westlicher Kontexte umzusetzen, unvermindert anhalten oder gar zunehmen, wenn sie auch eine andere Richtung nehmen als die bisherigen. Beispiel könnten Bemühungen sein, die grundlegende Neuorientierung des Fremdsprachenunterrichts vor dem Hintergrund des Konstruktivismus auf traditionell instruktivistische Lehr- und Lernkulturen zu übertragen, wie der von Oebel (2009) herausgegebene Band bezeugt. Es scheint also, dass Potentiale für die Weiterentwicklung regionaler Lehr- und Lernkulturen durchaus genützt werden und wir zahlreiche weitere Aktivitäten auf diesem Gebiet erwarten können.

7. Literatur in Auswahl

Anderson, Jan
    1993   Is a Communicative Approach Practical for Teaching English in China? Pros and Cons. *System* 21(4): 471−480.

Beirat Deutsch als Fremdsprache des Goethe-Instituts
    1997   „Deutsch als Fremdsprache" − 24 vermittlungsmethodische Thesen und Empfehlungen. *Fremdsprache Deutsch* Sondernummer I: 18−24.

Boeckmann, Klaus-Börge und Susanna Slivensky
    2000   Zur Praxis des Deutschunterrichts an japanischen Universitäten − zwei Fallbeispiele. In: Albrecht Rösler, Klaus-Börge Boeckmann und Susanna Slivensky (Hg.), *An japanischen Hochschulen lehren. Zur Vermittlung von Sprache und Kultur der deutschsprachigen Länder − ein Handbuch*, 163−183. München: iudicium.

Boeckmann, Klaus-Börge
    2006a   *Kommunikativer Fremdsprachenunterricht und regionale Lehr- und Lernkultur. Eine empirische Untersuchung zum Deutsch-als-Fremdsprache-Unterricht in Japan.* Innsbruck: StudienVerlag.

Boeckmann, Klaus-Börge
    2006b   Dimensionen von Interkulturalität im Kontext des Fremd- und Zweitsprachenunterrichts. *Zeitschrift für Interkulturellen Fremdsprachenunterricht* (Online) 11(3): 14 S., Abrufbar unter http://zif.spz.tu-darmstadt.de/jg-11−13/beitrag/Boeckmann11.htm (30. 12. 2009).

Bolten, Jürgen
    2003   *Interkulturelle Kompetenz.* Erfurt: Landeszentrale für politische Bildung Thüringen.

Breitung, Horst und Elisabeth Lattaro
    2001   Regionale Lehrwerke und Lehrmethoden. In: Gerhard Helbig, Lutz Götze, Gert Henrici und Hans-Jürgen Krumm (Hg.), *Deutsch als Fremdsprache. Ein internationales Handbuch*, 1041−1053. Bd. 19.2. (Handbücher zur Sprach- und Kommunikationswissenschaft 19, 2. Halbband). Berlin: de Gruyter.

Ellis, Greg
    1996   How culturally appropriate is the communicative approach? *ELT Journal* 50(3): 213−218.

Eßer, Ruth
    2006   „Die deutschen Lehrer reden weniger und fragen mehr ..." Zur Relevanz des Kulturfaktors im DaF-Unterricht. *Zeitschrift für Interkulturellen Fremdsprachenunterricht* (Online) 11(3): 24 S., Abrufbar unter http://zif.spz.tu-darmstadt.de/jg-11−23/beitrag/Esser21.htm (30. 12. 2009).

Ha, Pan Le
    2004   University classrooms in Vietnam: contesting the stereotypes. *ELT Journal* 58(1): 50−57.

Hess, Hans Werner
    1992   *Die Kunst des Drachentötens. Zur Situation von Deutsch als Fremdsprache in der Volksrepublik China.* München: iudicium.

Holliday, Adrian
    1994   *Appropriate Methodology and Social Context.* Cambridge: Cambridge University Press.

Kramsch, Claire und Peter Sullivan
    1996   Appropriate Pedagogy. *ELT Journal* 50: 199−212.

Krumm, Hans-Jürgen
    1987a   Brauchen wir eine fremdkulturelle Perspektive in der Methodik des Deutsch als Fremd-
             sprache-Unterrichts? In: Alois Wierlacher (Hg.), *Perspektiven und Verfahren interkulturel-
             ler Germanistik. Akten des 1. Kongresses der Gesellschaft für Interkulturelle Germanistik*,
             267–271. München: iudicium.
Krumm, Hans-Jürgen
    1987b   Lehrerfortbildung – Hilfe zur Selbsthilfe oder Methodenexport? In: Dietrich Sturm
             (Hg.), *Deutsch als Fremdsprache weltweit, Situation und Tendenzen*, 111–122. München:
             Hueber.
Mitschian, Heimo
    1991   *Chinesische Lerngewohnheiten. Evaluierungen für den Deutsch-als-Fremdsprachenunter-
             richt in der Volksrepublik China.* Frankfurt (Main): Verlag für interkulturelle Kommunika-
             tion.
Oebel, Guido (Hg.).
    2009   *LdL (Lernen durch Lehren) goes global: Paradigmenwechsel in der Fremdsprachendidaktik
             unter Berücksichtigung kulturspezifischer Lerntraditionen.* Hamburg: Verlag Dr. Kovac.
Rall, Dietrich
    2001   Entwicklungen des Faches Deutsch als Fremdsprache und des Deutsch als Fremdsprache
             II: Außereuropäische Perspektive. In: Gerhard Helbig, Lutz Götze, Gert Henrici und
             Hans-Jürgen Krumm (Hg.), *Deutsch als Fremdsprache. Ein internationales Handbuch*,
             140–151. Bd. 19.2. (Handbücher zur Sprach- und Kommunikationswissenschaft 19,
             2. Halbband). Berlin: de Gruyter.
Sano, Masayuki, Masao Takahashi und Asaji Yoneyama
    1984   Communicative language teaching and local needs. *ELT Journal* 38: 170–177.
Schöfthaler, Traugott
    1986   Appropriate Education – Thesen zu „angepaßtem Lernen" und „angepaßten Unter-
             richtsformen". In: Josef Gerighausen und Peter C. Seel (Hg.), *Methodentransfer oder an-
             gepaßte Unterrichtsformen. Dokumentation eines Werkstattgesprächs des Goethe-Instituts
             München vom 24.–26. Oktober 1985*, 313–320. München: Goethe-Institut.
Seel, Peter C.
    1986   Angepaßte Unterrichtsformen – Ein Problem der Wahrnehmung und Thematisierung
             von „Lehr-/Lerngewohnheiten". In: Josef Gerighausen und Peter C. Seel (Hg.), *Metho-
             dentransfer oder angepaßte Unterrichtsformen. Dokumentation eines Werkstattgesprächs
             des Goethe-Instituts München vom 24.–26. Oktober 1985*, 9–20. München: Goethe-Insti-
             tut.
Shamin, Fauzia
    1996   Learner resistance to innovation in classroom methodology. In: Hywel Coleman (Hg.),
             Society and the Language Classroom, 105–121. Cambridge: Cambridge University Press.
Slivensky, Susanna
    1996   *Regionale Lehrwerkforschung in Japan.* München: iudicium.
Witte, Arnd
    1996   *Fremdsprachenunterricht und Eigenkultur. Kulturgeprägte Bedingungen, kulturangemessene
             Unterrichtsmethoden und subjektive Lehrtheorien von DaF-Lehrkräften in Nigeria.* Mün-
             chen: iudicium.

Klaus-Börge Boeckmann, Wien (Österreich)

106. Die sprachlichen Fertigkeiten

1. Zum Begriff der Fertigkeit

Unter Fertigkeiten im Fremdsprachenunterricht, werden in der Regel die „klassischen" vier Fertigkeiten *Hören, Lesen, Sprechen* und *Schreiben* verstanden. Sie „bezeichnen die grundsätzlich möglichen Weisen, einen sprachlichen Ausdruck und einen Sinn, eine Intention miteinander zu verbinden" (Portmann[-Tselikas] 1993: 96). Seit der audio-lingualen bzw. kommunikativen Didaktik sind sie Fundament und „tragendes" Moment des Fremdsprachenunterrichts. Wer eine Fremdsprache erlernt, muss sie sich normalerweise aneignen, wobei „Aneignen dabei nicht bedeutet, zu einem Wissen über sie zu gelangen, sondern zum praktischen Können". (Huneke und Steinig 2002: 109).

Seit Schwerdtfeger (1989) wird das Sehen als eigenständige fünfte Fertigkeit betrachtet, was bedeutet dass es sich beim gleichzeitigen Hören und Sehen nicht um bloß bebildertes Hören, sondern um doppelsinniges Verstehen handelt. In Zeiten, in denen Visualität in Form von Bildern, Film und Fernsehen allgegenwärtige Realität ist, erscheint es notwendig, das *Hör- Sehverstehen* mit in den Unterricht zu holen.

Der Begriff der Fertigkeit ist eng mit dem der Tätigkeit verwandt. Beide umfassen sowohl konkrete wie auch geistige Handlungen. In Publikationen der ehemaligen DDR werden Fertigkeiten daher auch unter dem Einfluss der sowjetischen Tätigkeitstheorie (vgl. Desselmann und Hellmich 1981) als Sprachtätigkeiten ‚als Zieltätigkeiten oder sprachlich-kommunikative Grundtätigkeiten bezeichnet'. Nach Butzkamm sind Fertigkeiten „erlernte, durch Übung erworbene Willkürhandlungen. Sie sind also nicht funktionsbereit vorhanden wie etwa das Saugen, Schlucken, Atmen. Fertigkeiten äußern sich im Tun, im Ausführen und Ausüben. An ihrem Zustandekommen sind (a) Wahrnehmungen, deren (b) Verarbeitung und Verbindung mit (c) ausführender Motorik beteiligt." (Butzkamm 2002: 78).

Seit dem Erscheinen des Gemeinsamen europäischen Referenzrahmens für Sprachen (GeR, Europarat 2001) hat sich die Vorstellung von den Fertigkeiten als sprachlichen Kompetenzen gewandelt. An die Stelle einer psycholinguistischen Auffassung ist eine funktionale Sicht auf die Fertigkeit getreten, Lernende sollten fähig werden, in bestimmten soziokulturellen Kontexten zu handeln, der Referenzrahmen spricht daher von „kommunikativen Sprachtätigkeiten" (GeR 2001: 21).

2. Die Einteilung der Fertigkeiten

Die Einteilung der Fertigkeiten erfolgt nach funktionalen bzw. medialen Gesichtspunkten, d. h. einerseits auf Grund des Charakters der sprachlichen Tätigkeit (produktiv versus rezeptiv), andererseits auf Grund des Mediums (akustisch versus graphisch) und des Zeitpunkts des Erwerbs (gleichzeitig versus versetzt). Darüber hinaus werden die Fertigkeiten auch in mündliche und schriftliche eingeteilt. Der mündlichen Kommunikation als Sprechen und Hören, wird die schriftliche Kommunikation als Schreiben und Lesen gegenübergestellt. Die Unterscheidung mündlich versus schriftlich bezieht sich auf die Beziehung zwischen PartnerInnen, möglichem Korrekturverhalten und Verständigungshilfen. Direkte Kommunikation verlangt eher Sprechen und Hören, indirekte Kommunikation eher Schreiben und Lesen.

Die Fertigkeiten lassen sich, also in doppelter Weise einteilen: So stehen einerseits die rezeptiven Fertigkeiten des Hörens und Lesens den produktiven des Sprechens und Schreibens gegenüber, andererseits handelt es sich einmal um gesprochene einmal um geschriebene Sprache:

	Rezeptive Sprachverarbeitung	produktive Sprachverarbeitung
gesprochene Sprache	Hören	Sprechen
geschriebene Sprache	Lesen	Schreiben

Abb. 106.1: Huneke/Steinig 2002: 109

Lesen und Schreiben wurde in den letzten Jahren häufig als Ausdrucksform einer soziokulturell situierten literalen Praxis unter dem umfassenden Begriff Textkompetenz zusammengefasst (Fandrych 2008: 7; vgl. Art. 114 und 124). Textkompetenz zeigt sich in der Fähigkeit, „die kommunikativen Möglichkeiten des schriftlichen Sprachgebrauchs zu nutzen" (Thonhauser 2008: 18). Für die Fertigkeiten bedeutet dies, dass Lesen und Schreiben eng aufeinander bezogen sind und im Unterricht miteinander in Beziehung gesetzt werden sollten.

Der Gemeinsame europäische Referenzrahmen teilt die vier Fertigkeiten als Kommunikative Aktivitäten (und Strategien) in die Bereiche Produktive Aktivitäten (und Strategien), Rezeptive Aktivitäten (und Strategien), Interaktive Aktivitäten (und Strategien) und Aktivitäten (und Strategien) der Sprachmittlung. Die Produktiven Aktivitäten werden in produktive mündliche und produktive schriftliche Aktivitäten unterteilt, wobei unter das Sprechen und Schreiben weitere unterschiedliche Aktivitäten wie z. B. Argumentieren, vor Publikum Sprechen, Kreatives Schreiben, Berichte und Aufsätze Schreiben u. a. m. subsumiert werden. Die Rezeptiven Aktivitäten umfassen einerseits die auditiven rezeptiven Aktivitäten, das Hören, die visuellen rezeptiven Aktivitäten, das Lesen und die audiovisuelle Rezeption, bei der es um einen auditiven und visuellen Input gleichzeitig geht (Hör- Sehverstehen). Als Beispiele für Höraktivitäten seien Gespräche, Durchsagen, Radiosendungen, als Beispiele für Lesetätigkeiten Korrespondenz, Informationen, schriftliche Anweisungen verstehen u. a. m., genannt. In den Bereich der audiovisuellen Rezeption fällt u. a. das Verstehen von Filmen. Zu den Interaktiven Aktivitäten werden im GeR die mündliche und die schriftliche Interaktion gezählt. Beispiele für mündliche Interaktion sind u. a.: Konversation, informelle und formelle Diskussion, Beispiele für schriftliche Interaktion: Korrespondenz, Notizen, Mitteilungen. Zu den Aktivitäten der Sprachmittlung, sowohl in schriftlicher als auch in mündlicher Form, zählt der GeR das Übersetzen und Dolmetschen, aber auch das Zusammenfassen und Paraphrasieren von Texten.

3. Historisch – methodengeschichtliche Entwicklung und Einordnung

Den vier Fertigkeiten ist in der Geschichte der Fremdsprachendidaktik unterschiedlicher Wert beigemessen worden. Dies ist zum einem in den Prinzipien der jeweiligen Methodenkonzepte, zum anderen aber auch in Entwicklungen und Erkenntnissen der verschiedenen Bezugswissenschaften begründet.

Meist wurden die Fertigkeiten isoliert betrachtet, eine Fertigkeit wurde in Teilfertigkeiten zerlegt, „das Primat einer bestimmten Fertigkeit ergab sich aus dem jeweiligen vermittlungsmethodischen Konzept und den entsprechenden didaktischen Strömungen" (Königs 1993: 203; Neuner und Hunfeld 1993; vgl. Art. 104).

In der *Grammatik-Übersetzungsmethode* soll die Beherrschung der Sprache über Kenntnis der Wörter und der grammatischen Regeln erreicht werden. Sprachbeherrschung bedeutet Sprachwissen. Sprachenlernen wird als kognitiver Prozess angesehen und dient vor allem der formalen geistigen Schulung des Menschen und der Erziehung zu ordnendem Denken. Geschriebene, literarisch geformte Sprache ist Grundlage der Sprachbeschreibung. Textsorten sind vor allem literarische, schöngeistige Texte. Im Vordergrund stehen daher die schriftsprachlichen Fertigkeiten Lesen und Schreiben: die Lernenden sollen in der Lage sein, (literarische) Texte zu lesen – wobei das Leseverstehen nicht als Sinnentnahme geübt wird – zu übersetzen und selbständig kleinere Texte (Aufsätze) zu verfassen. Das Aufsatzschreiben (und das Abfassen von Diktaten) dienen vor allem dazu, durch die Reproduktion korrekter Sätze die gelernten Grammatikregeln anzuwenden, d. h. Schreiben ist immer Instrument und hat Kontrollfunktion. Mündlichkeit, d. h. die Einbettung der Sprache in situative Kontexte, spielt keine Rolle.

Bei der *Direkten Methode*, die sich aus methodischer Sicht als Reaktion auf die Grammatik-Übersetzungsmethode verstehen lässt, wird der lebendige Charakter einer sich ständig wandelnden Sprache betont. Wesentlich ist das sich Zurechtfinden in Alltagssituationen im Zielsprachenland, eine vor allem gesprochene Alltagssprache sollte daher den Lernenden vermittelt werden. Hervortretendes Unterrichtsprinzip ist die Einsprachigkeit, der Gebrauch der Muttersprache ist ausgeschlossen. Fremdsprachenlernen wird nicht als bewusster Prozess des „Einsichtnehmens" in die Regeln der Sprache verstanden, sondern erfolgt über Nachahmung sprachlicher Vorbilder. Als grundlegende Fertigkeiten gelten daher Hören und (Nach)Sprechen. Hörtexte sind hierbei in erster Linie kleine (Alltags)dialoge, Gespräche und Frage-Antwort-Sprachmodelle, die vor allem der mündlichen Nachahmung dienen. Diese werden meist im Konversationsstil präsentiert. Aussprachschulung soll vor allem durch nachahmendes Sprechen geübt werden. Neben den mündlichen Fertigkeiten wird (lautes) Lesen von Anfang an gefördert, es dient aber vor allem der Sprachschulung. Schreiben wird hier bewusst als die letzte der vier Fertigkeiten angesehen und dient immer nur als Hilfsmittel.

In der *Audio-lingualen / Audio-visuellen Methode* sind das Sprachenkönnen und die vor allem mündliche Verständigung mit Menschen anderer Muttersprachen das Ziel des Unterrichts. Fremdsprachenlernen wird vor allem als mechanischer Prozess der Gewohnheitsbildung gesehen. Die sprachlichen Fertigkeiten werden in ihrer „natürlichen" Reihenfolge gelehrt: die mündlichen (Hören und Sprechen) vor den schriftlichen (Lesen und Schreiben), die rezeptiven vor den produktiven. Das Hören wird als notwendige Voraussetzung für das Sprechen angesehen. Gehört werden vor allem Alltagsdialoge, die durch Mustersätze (Patterns) und ständigen Drill zu fester Gewohnheit werden sollen.

Die gesprochene Sprache hat Vorrang vor der Schriftsprache und muss zuerst beherrscht werden. Schreiben wird als Hindernis beim Erlernen der gesprochenen Sprache gesehen. Anfangs wird daher ein schriftloser Unterricht durchgeführt, wo die Lernenden zunächst nur hören und nachsprechen sollen. Visuelle und akustische Reize werden miteinander verbunden, durch Wiederholung sollen Dialoge und Texte vor allem auswendig gelernt werden. Wesentlich ist das Prinzip der Einsprachigkeit, wobei eine „echte" und natürliche Aussprache wichtig ist. Lesen und Schreiben werden erst im späteren Verlauf des Unterrichts miteinbezogen.

In den Anfängen des *Kommunikativen Ansatzes* steht die kommunikative Kompetenz und mit ihr Können statt Kennen, Sprachhandeln statt Sprachbetrachtung im Vordergrund. Dieser kommunikativen Kompetenz wird alles untergeordnet. Das führt zu einem engen Verständnis von Authentizität und Alltagskommunikation. Was die Fertigkeiten betrifft, so werden Lesen und Schreiben vernachlässigt und die gesprochene (Alltags)-Sprache überbetont. Gleichzeitig gibt es eine verstärkte Hinwendung zum Lernenden als dem „Subjekt" des Lernprozesses. Der Lernprozess selbst steht im Mittelpunkt. Neue Erkenntnisse der Bezugswissenschaften der Fremdsprachendidaktik wirken sich auf den Fremdsprachenunterricht aus: Pragma- und Soziolinguistik lösen die vorherrschenden strukturalistischen Theorien ab. Sprache ist kein System von sprachlichen Formen, sondern ein Aspekt menschlichen Handelns, ein Mittel der Verständigung. Kommunikation bedeutet, miteinander mit der Sprache etwas tun. Insofern als Sprache und die Veränderung der Wirklichkeit über Sprache möglich sein könnte ist er auch als emanzipativer Ansatz zu verstehen. Ein Sprecher sollte über kommunikative Kompetenz verfügen, d. h. er muss die Fähigkeit haben, Äußerungen in verschiedenen Kommunikationssituationen adäquat zu verstehen und zu erzeugen. Lernende sind mit einem kreativen Potential ausgestattet und eignen sich die Sprache aktiv an.

In der Weiterführung des Kommunikativen Ansatzes, in der so genannten *Postkommunikativen Phase*, aber auch unter dem Einfluss des Gemeinsamen europäischen Referenzrahmens werden Lernziele, Themen, Lernverfahren und auch die Rolle der Fertigkeiten neu bestimmt. Basierend auf der Erkenntnis, dass es Unterschiede im Hören, Lesen, Sprechen, Schreiben und Sehen gibt, die auf bestimmten eigenkulturellen Traditionen aufbauen, werden Prinzipien, Theorien und Elemente vorhandener Unterrichtskonzepte aufgegriffen und mit universellen Lebenserfahrungen der Lernergruppen verbunden. Der Vergleich spielt eine wesentliche Rolle, wobei sich das Vergleichen nicht nur auf den Vergleich von Kulturen (der eigenen mit der/den anderen) beschränkt, sondern auch immer den Sprachvergleich mit einschließt. Da auch in Zeiten höherer Mobilität die Welt der Zielsprachenländer oft nur über Medien erfahrbar ist, muss eine spezifische Verstehensdidaktik entwickelt werden. Elemente der Rezeptionsforschung und der Textlinguistik werden hier miteinbezogen. Textverständnis wird zur Grundlage des Interkulturellen Deutschunterrichts (vgl. Art. 154). Im konkreten Unterricht bedeutet dies vor allem eine Betonung des Leseverstehens, wobei dem Lesen von literarischen und fiktionalen Texten eine besondere Bedeutung zukommt. Aber auch das Sprechen beschränkt sich nicht mehr auf das Dialogisieren, sondern wird erweitert um die Komponenten „sprechen mit" und „sprechen über", besonderes Augenmerk wird dem Erzählen geschenkt. Für die Fertigkeiten insgesamt bedeutet das, dass alle Fertigkeiten von Anfang an Bestandteil des Unterrichts sein sollten, aus erwerbstheoretischen wie auch aus pragmatisch-handlungsorientierten Gründen sollte eine anfänglich stärkeren Betonung der rezeptiven vor den produktiven Fertigkeiten liegen.

4. Die Fertigkeiten aus lernpsychologischer Sicht

Die Aufteilung in die so genannten vier Grundfertigkeiten dürfte einer psycholinguistischen Realität entsprechen. Die früher bestehende Annahme fest zu lokalisierender „Sprachzentren" und ihren dazugehörigen Funktionen ist durch neuere Forschungsergebnisse relativiert (Götze 1995). Sehr wohl kann aber auch, aus der Perspektive unserer Gedächtnisleistung gesehen, von Spezialisierungen für die einzelnen Fertigkeiten gesprochen werden, wobei enge Beziehungen zwischen dem Hören/Sprechen und dem Lesen/Schreiben anzunehmen sind. Die einander stützenden und beeinflussenden polysensorischen Prozesse, die zwischen den Fertigkeiten Wechselwirkungen herstellen, sind Grundlage des Sprachgebrauches. Die Zentren, die beim Sprechen im Gehirn aktiviert werden, werden auch beim Hören aktiviert. Daten für diese Beobachtungen stammen vor allem aus der Neuropathologie, dem Bereich der Gehirnforschung, der sich mit Erkrankungen des Gehirns beschäftigt. Aphasiker können entweder die lautliche oder die visuelle Ebene der Sprache oder beides verlieren, ein Indiz dafür, dass die beiden in gewissem Ausmaß unabhängig voneinander organisiert sind.

Im Prozess des Erwerbs der Sprachfähigkeit sehen wir Zusammenhänge der mündlichen und schriftlichen Fertigkeiten untereinander: Sprechen und Hören als die mündlichen Fertigkeiten sind die primären Sprachleistungen, die im Zuge des Erstspracherwerbs und von Sprecherinnen und Sprechern jeder Sprache auf vollzogen werden. Beide Fertigkeiten haben ihr Fundament vor allem in der Phonologie und sprechen das phonologisch organisierte Lexikon an, also die lautliche Repräsentation der Sprache. Lesen und Schreiben sind die beiden Seiten der schriftsprachlichen Kommunikation und die Fertigkeiten, die eng an kulturelle Gegebenheiten gebunden sind und nur bewusst erworben werden können. Beide Fertigkeiten haben ihr Fundament vor allem in der Orthographie und sprechen das graphisch organisierte Lexikon an, also die visuelle Repräsentation der Sprache. Schreibfähigkeit kann nur zusammen mit Lesefähigkeit erworben werden. Lesen ist ständige Begleit- und Kontrollinstanz des Schreibens und beeinflusst daher teilweise auch dessen Qualität. Zusammenfassend lässt sich festhalten, dass zu beiden Arten der Sprachverwendung nicht nur unterschiedliche Konventionen, Normen und Bedingungen gehören, sondern dass auch die psycholinguistischen Prozesse, die sowohl beim Verstehen und Hervorbringen von Äußerungen als auch bei der Verarbeitung gesprochener und geschriebener Sprache ablaufen, jeweils spezifisch sind. Darüber hinaus sind sie hochkomplex und längst nicht abschließend erforscht. Auf Grund dieser Tatsachen liegt es nahe, die vier Grundfertigkeiten im Sprachunterricht auch getrennt voneinander zu betrachten, besonders dann, wenn es um das (Ein)üben bestimmter Teilfertigkeiten geht.

Die Relation zwischen den produktiven Fertigkeiten (Sprechen/Schreiben) und den rezeptiven Fertigkeiten (Hören/Lesen) wurde früher oft durch die Adjektive „aktiv"/ "passiv" bezeichnet, was aber auf Grund der aktiven Verstehensleistung bei den rezeptiven Fertigkeiten als unzulänglich anzusehen ist. Verstehen ist nicht etwas, das nur in eine Richtung funktioniert (vom Text zum Hörer/Leser), sondern der Hörer/Leser kommuniziert mit dem Text und nimmt nicht nur passiv auf. Der Hörer muss Geräusche, d. h. akustische Signale, die an sein Ohr dringen identifizieren, segmentieren und sprachlichen Einheiten zuordnen. Der Leser muss Schriftzeichen, d. h. optische Signale aufnehmen und den syntaktischen Aufbau und die Bedeutung des Textes erkennen. Dies zeigt, dass der Verstehensprozess als Interaktionsprozess abläuft: Informationen gehen sowohl vom Text zum Hörer/Leser (bottom-up oder datengesteuerter, aufwärts gerichteter Prozess),

aber der Hörer/Leser trägt auch Wissen an den Text heran (top-down oder erwartungsge-
leiteter, hypothesenbildender, abwärts gerichteter Prozess). Es werden Hypothesen gebildet, die auf dem Vorwissen, d. h. verallgemeinerten Wissensstrukturen (Schemata,
Skripts, Frames) und den Erwartungen der Hörer/Leser basieren. Je höher die Fähigkeit
eines Hörers/Lesers zu ganzheitlichem Verstehen ist, desto größer ist seine Fähigkeit zu
antizipieren und zu inferieren. Hörverstehen und Leseverstehen bedeuten immer auch,
eigene Haltungen, Erfahrungen und Vorstellungen mit Neuem zu kombinieren und daraus Schlüsse zu ziehen (Solmecke 1993). Grundlage dieses Verstehensprozesses ist das
Mobilisieren von sprachlichem und außersprachlichem Wissen, wobei das sprachliche
Wissen zwar eine notwendige, aber noch keine genügende Bedingung für das Verstehen
darstellt. Schwierigkeiten in Bezug auf Hörverstehens- und Leseverstehenstexte für den
Fremdsprachenunterricht entstehen aus verschiedenen Gründen: Kenntnis der Sprache,
fehlendes „Weltwissen", ungenügende Verstehensstrategien. Ob ein Text daher leicht oder
schwer zu verstehen ist, liegt nicht nur an ihm selbst, sondern ebenso am Rezipienten.
Verstehen ist daher immer auch eine sehr persönliche individuelle Angelegenheit, was
vor allem bei nicht „eindeutigen" oder stark kulturgeprägten Texten sichtbar wird. Die
Textschwierigkeit hängt aber auch davon ab, „was man mit einem Text machen will",
also an den Aufgaben- und Übungsgestaltungen. Generell kann gesagt werden, dass
schriftlich fixierte Texte den Vorteil haben, dass den sprachlich-kognitiven Prozessen
mehr Zeit zur Verarbeitung zur Verfügung steht. Man kann im Text immer wieder „zurückgehen", korrigieren und das Tempo der Entschlüsselung selbst bestimmen.

Defizite beim Hörverstehen sind begleitet von Defiziten beim Leseverstehen, so wie
die Schulung des Hörverstehens positive Wirkungen auf das Leseverstehen (und umgekehrt) hat. In jedem Fall erfolgt besseres Behalten, wenn Sprachmaterial sowohl auditiv
als auch visuell dargeboten wird. Zusammenfassend ist zu sagen, dass Hör- und Lesepro-
zesse in Bezug auf die Ebene des Dekodierens verschieden, in Bezug auf die Ebene des
Verstehens prinzipiell gleich sind. Bei den produktiven Fertigkeiten, dem Sprechen und
Schreiben stimmen die Erzeugungsprozesse grundsätzlich überein. Das Schreiben beeinflusst das Sprechen positiv, da sowohl visuelle, artikulatorische als auch motorische
Komponenten in den Schreibprozess eingebunden sind und das Schreiben von (inneren)
Artikulationsbewegungen begleitet wird.

5. Zu Rolle und Funktion der Fertigkeiten im Fremdsprachenunterricht

Die Fertigkeiten stellen immer sowohl das Ziel als auch das Mittel des Fremdsprachenunterrichts dar, d. h. sie haben im Fremdsprachenunterricht eine Doppelfunktion: sie sind
einerseits Mittel des Sprachlernens, andererseits Mittel der Verständigung und Weisen
des Sprachgebrauchs, der Sprachtätigkeit. Sie sind also unter dem Gesichtspunkt der
Sprachverarbeitung wie auch der Sprachverwendung zu betrachten. In dieser Gegenüberstellung ergibt sich ein jeweils anderer Stellenwert: Was den Spracherwerb betrifft, werden die Fertigkeiten als Mittel des Sprachenlernens, der Sprachverarbeitung und als eigenständig betrachtet, d. h. Hören und Lesen stellen nicht die Grundlage von Sprechen
oder Schreiben dar, sondern sind Teilfertigkeiten einer allgemeinen Verstehenskompe-
tenz. Es muss von einer „natürlichen" Priorität der rezeptiven Fertigkeiten (Hören/Le-

sen) gesprochen werden. Wesentlich ist hier das eigenständige Verstehen (Faistauer 2005; Fritz und Faistauer 2008) und die Verarbeitung des Verstandenen. Verstehen muss vor dem Produzieren kommen. Neben diesem spracherwerbstheoretischen Argument, dass es ohne Verstehen kein Produzieren, also ohne Verstehen kein Sprechen und Schreiben gibt, dass rezeptive und produktive Kompetenzen unterschiedlich weit entwickelt sein können, fallen für die Trennung der Fertigkeiten aber auch unterrichts- und lernzielbestimmte Gründe ins Gewicht:

- die stärkere Betonung rezeptiver Fertigkeiten könnte den früheren Einsatz anspruchsvoller, auch literarischer Texte ermöglichen;
- Frustrationen, nicht früh genug produzieren zu können, könnte entgegengearbeitet werden;
- vor allem bei Unterricht in Nicht-Zielsprachenländern ist die vor allem inhaltsbezogene Beschäftigung mit Texten zielführender.

Werden die Fertigkeiten als Mittel der Verständigung, der Sprachverwendung im Sinne einer kommunikativen Zielsetzung des FSU (Ausbildung einer Kommunikativen Kompetenz, Ausbildung der Kommunikationsfähigkeit in einer Fremdsprache) angesehen und ist die Aufgabe des Fremdsprachenunterrichts die ständige Weiterentwicklung der Sprachkompetenz und der Ausbau kommunikativen Handelns, so ist die Ausbildung aller Fertigkeiten erforderlich, alle Fertigkeiten sollten (gleichermaßen) gefördert und trainiert werden. Hören und Lesen, Sprechen und Schreiben sollten im Unterricht gemeinsam und integriert behandelt werden. Die Schulung der einzelnen Fertigkeiten erfolgt mit dem (Teil-)lernziel, die Lernenden zum Verstehen gesprochener und geschriebener Texte zu befähigen und sie zu eigener mündlicher und schriftlicher Textproduktion hinzuführen (Krumm 2001). Lernen wird hier im Gegensatz zu einem additiven Lernkonzept, bei dem sich Lernen aus dem Nacheinander von unterschiedlichen Sprachverwendungsmustern ergibt, als Integration von neuen Informationen in schon vorhandenes Wissen verstanden. Kombination und Integration von Fertigkeiten entsprechen wohl auch einer außerunterrichtlichen Realität und werden mit dem „realen Leben" begründet, wo man abwechselnd hört und spricht, wo man hört bzw. liest und darüber spricht oder sich Notizen macht. Begründet wird dies aber auch durch fremdsprachenpsychologische Momente: unterschiedliche Arten des Sprachgebrauchs ermöglichen unterschiedliche Lernchancen für unterschiedliche Lerntypen. Für die jeweils konkrete Unterrichtssituation sollte sich die Entwicklung der einzelnen Fertigkeiten an den jeweiligen Anforderungen der Zielgruppen bzw. an deren Interessen bezüglich Hören, Lesen, Sprechen und Schreiben orientieren. Bei der Integration und Kombination von Fertigkeiten spielt die Aufgabenstellung eine wichtige Rolle (Portmann-Tselikas 2001; vgl. Art. 130). Im Bereich der Rezeption hängen definierte Verstehensziele, Kontrolle des Verständnisses und Spracharbeit zusammen. Wenn die Produktion den reinen Übungscharakter überschreiten soll, dann ist folgendes nötig: thematische Öffnungen, adäquate Äußerungsmöglichkeiten und ein Publikum. Vor allem die Arbeit mit Lese- und Hörtexten ermöglicht autonomes Lernen, denn die Wahl der Texte in Bezug auf Thema/Inhalt, Länge und Anzahl kann frei erfolgen (vgl. auch Art. 128). Schreiben hat im Ensemble der vier Fertigkeiten wahrscheinlich die integrativste Rolle, denn im Schreiben sind Teile aller anderen Fertigkeiten integriert und es kann daher zur Verbesserung der Entwicklung von Sprechen, Leseverstehen und Hörverstehen beitragen (Bohn 2001). Sprechen wird von den Lernenden häufig als das gewünschte Lernziel angesehen, und spielt daher bei der Bewertung der Fertigkeiten oft die wichtigste Rolle. Zusammenfassend kann jedoch gesagt werden, dass je nach Zielsetzung des Unterrichts die Fertigkeiten anders gewichtet oder kombiniert werden können − für den Erwerb einer Fremdsprache die Herausarbeitung einzelner Fertigkeiten aber ebenso unerlässlich ist.

6. Literatur in Auswahl

Bohn, Rainer
  2001   Schriftliche Sprachproduktion. In: Gerhard Helbig, Lutz Götze, Gerd Henrici und Hans-Jürgen Krumm (Hg.), *Deutsch als Fremdsprache − ein internationales Handbuch.* Band 2, Artikel 95. (Handbücher zur Sprach- und Kommunikationswissenschaft 19.1−2). Berlin: de Gruyter.
Butzkamm, Wolfgang
  2002   *Psycholinguistik des Fremdsprachenunterrichts. Von der Muttersprache zur Fremdsprache.* Tübingen: Francke.
Desselmann, Günther und Harald Hellmich (Hg.)
  1981   *Didaktik des Fremdsprachenunterrichts. Deutsch als Fremdsprache.* Leipzig: Verlag Enzyklopädie.
Europarat (Hg.)
  2001   Gemeinsamer europäischer Referenzrahmen für Sprachen: Lernen, lehren, beurteilen. Berlin: Langenscheidt.
Faistauer, Renate
  2005   Methoden, Prinzipien, Trends? − Anmerkungen zu einigen methodischen Grundsätzen für den Unterricht von Deutsch als Fremdsprache. *ÖDaF-Mitteilungen, Sonderheft Perspektiven:* 8−17. Wien: Österreichischer Verband für Deutsch als Fremdsprache/Zweitsprache.
Fandrych, Christian
  2008   Sprachliche Kompetenzen im Referenzrahmen. In: Christian Fandrych und Ingo Thonhauser (Hg), *Fertigkeiten − integriert oder separiert,* 13−33. Wien: Praesens Verlag.
Fritz, Thomas und Renate Faistauer
  2008   Prinzipien eines Sprachunterrichts. In: Elisabeth Bogenreiter-Feigl (Hg.), *Paradigmenwechsel? Sprachenlernen im 21. Jahrhundert: Szenarios-Anforderungen-Profile-Ausbildung,* 125−133. Wien: VÖV-Edition Sprachen 2.
Götze, Lutz
  1995   Lernt oder erwirbt man eine Fremdsprache? In: Heidrun Popp (Hg.), *Deutsch als Fremdsprache. An den Quellen eines Faches,* 649−658. Festschrift für Gerhard Helbig zum 65. Geburtstag. München: iudicium.
Huneke, Hans-Werner und Wolfgang Steinig
  2002   *Deutsch als Fremdsprache. Eine Einführung.* Berlin: Erich Schmidt Verlag.
Königs, Frank G.
  1993   Wie fertig sind wir mit den Fertigkeiten? Psycholinguistische und lernpsychologische Überlegungen. In: Herder-Institut (Hg.), *Deutsch als Fremdsprache* 30(4): 203−210. Berlin: Langenscheidt.
Krumm, Hans-Jürgen
  2001   Die sprachlichen Fertigkeiten: isoliert − kombiniert − integriert. *Fremdsprache Deutsch. Zeitschrift für die Praxis des Deutschunterrichts* 24: 5−12.
Neuner, Gerhard und Hans Hunfeld
  1993   *Methoden des fremdsprachlichen Deutschunterrichts. Eine Einführung.* Berlin: Langenscheidt.

Portmann[-Tselikas], Paul
  1993   Rezeptive und produktive Fertigkeiten. In: Herder-Instuitut (Hg.), *Deutsch als Fremd-sprache* 30(2): 96−99. Berlin: Langenscheidt.
Portmann-Tselikas, Paul R.
  2001   Aufgaben statt Fragen. Sprachenlernen im Unterricht und die Ausbildung von Fertigkei-ten. *Fremdsprache Deutsch. Zeitschrift für die Praxis des Deutschunterrichts* 24: 13−18.
Schwerdtfeger, Inge C.
  1989   *Sehen und Verstehen. Arbeit mit Filmen im Unterricht Deutsch als Fremdsprache.* Berlin: Langenscheidt.
Solmecke, Gert
  1993   *Texte hören, lesen und verstehen.* Berlin: Langenscheidt.
Thonhauser, Ingo
  2008   Konzeptualisierung von Textkompetenzim Fremdsprachenunterricht mit besonderer Be-rücksichtigung des GeR. In: Christian Fandrych und Ingo Thonhauser (Hg), *Fertigkei-ten − integriert oder separiert?* 87−106. Wien: Praesens Verlag.

Renate Faistauer, Wien (Österreich)

107. Vermittlung der Hörfertigkeit

1. Die Wichtigkeit des Hörverstehens
2. Die Besonderheiten des fremdsprachlichen Hörverstehens und die daraus resultierenden Probleme
3. Hörfertigkeit „vermitteln"
4. Schlussbemerkung
5. Literatur in Auswahl

1. Die Wichtigkeit des Hörverstehens

Wer nicht abgeschnitten vom Rest der Welt sein Dasein fristet, hört täglich in direkter (in Dialogsituationen) wie in indirekter (über Medien) Kommunikation eine große Zahl gesprochener Mitteilungen. Im Zusammenhang mit dieser alltäglichen Kommunikation wird auch in der Fachliteratur immer wieder darauf hingewiesen, dass das Hörverstehen als Teil der alltäglichen Kommunikation die wichtigste, da mit 45 % am häufigsten ge-brauchte sprachliche Fertigkeit sei. An zweiter Stelle folgt das Sprechen (30 %), dann das Lesen (16 %) und schließlich das Schreiben mit gerade einmal 9 % (so eine der Schätzun-gen bei Hedge 2000: 228). Wer heute eine Fremdsprache erlernt, sei es innerhalb oder außerhalb des Unterrichts, findet in aller Regel über das Hören Zugang zu ihr und wird zumindest im Anfangsunterricht mit jedem neu zu lernenden sprachlichen Phänomen hörend konfrontiert.

2. Die Besonderheiten des fremdsprachlichen Hörverstehens und die daraus resultierenden Probleme

Hörverstehen ist keine Einbahnstraße, auf der Bedeutung vom Text zum Hörer übermittelt wird, sondern ein Vorgang, bei dem Informationen vom Text zum Hörer „aufsteigend" (*bottom up*) und „absteigend" (*top down*) als Sprach- und Sachwissen vom Hörer zum Text fließen. Durch die Interaktion von Vorwissen und Textinformation entsteht ein mentales Abbild der gehörten Informationen. Hörverstehen ist deshalb auch keine passive, sondern eine rezeptive und auf Seiten der Hörenden mit sehr viel Aktivität verbundene Fertigkeit.

Hörverstehen in einer Fremdsprache bereitet Lernenden und Unterrichtenden gleichermaßen Probleme; ersteren vor allem wegen der Flüchtigkeit des Hörereignisses und letzteren wegen der Unsicherheit der Textauswahl sowie insbesondere der Antwort auf die Frage, was eigentlich erfolgreiches Hörverstehen sei. Angesichts der Komplexität der beim Hörverstehen ablaufenden Vorgänge und ihres über lange Zeit geringen Automatisierungsgrades sowie fehlender sprachlicher und außersprachlicher Vorkenntnisse haben Anfänger in einer Fremdsprache besondere Schwierigkeiten. Von ihnen hört man immer wieder, es werde „zu schnell" gesprochen. Diese Klage, deren Berechtigung kompetente Hörer nicht bestätigen können, verweist zum einen auf die Tatsache, dass Hörer im Gegensatz zu Lesern das Tempo der Sprachaufnahme nicht selbst bestimmen können. Zum anderen wird deutlich, dass Sprachanfänger mehr Zeit für den Verstehensvorgang benötigen als Fortgeschrittene, da viele Teilprozesse, die später hochgradig automatisiert sind und damit sehr wenig Zeit beanspruchen, bewusstes und daher zeitaufwendiges Nachdenken erfordern.

Die Probleme beginnen bereits auf der Lautebene, wo die Erkennung der Lautgestalt und die Identifizierung der Wörter in einem ununterbrochenen Lautstrom (Segmentierung) mit erheblichem Zeitaufwand verbunden sind. Nicht selten schlägt bereits die Erkennung der Lautgestalt fehl, wenn etwa Einzellaute und Lautkombinationen, die in der Muttersprache der Lernenden nicht vorkommen oder in Ausgangs- und Zielsprache unterschiedlichen Phonemen zugeordnet werden, oder Dialektfärbungen der Aussprache die Identifizierung be- oder verhindern. Störgeräusche, die der kompetente Hörer oft gar nicht bewusst wahrnimmt, stellen für Anfänger in jedem Fall ein großes Hindernis dar. Die das Verstehen sehr erleichternde Nutzung von Betonung und Intonation für die Bedeutungserschließung ist für Anfänger noch kaum eine Hilfe. Ein lückenhaftes Vokabular kann die Identifizierung von Wörtern überhaupt verhindern, die noch unsichere Beherrschung der bereits bekannten Wörter ein zu langes Nachdenken erforderlich machen. Nicht selten führt diese Unsicherheit dazu, dass Lernende den gehörten Text in die Muttersprache übersetzen, um ihn sich verständlich zu machen − was nicht nur Zeit kostet, sondern auch eine zusätzliche Fehlerquelle ist. Wechsel der Sprecher sind häufig mit einem Wechsel der regionalen, sozialen und individuellen Aussprachevarianten und damit einem für Anfänger sehr aufwendigen Umschaltvorgang verbunden, der den mühsam begonnenen Verstehensvorgang unterbricht oder sogar beendet.

Natürlich geschieht es auch in der Muttersprache, dass Hörer ein Wort oder auch einen größeren Teil des Gesprochenen nicht aufnehmen Eine Untersuchung kam sogar zu dem Ergebnis dass Hörer in Alltagsgesprächen normalerweise zwischen 20 % und 40 % gar nicht mitbekommen und trotzdem verstehen (Gurney 1973: 96−97). Kompetente Hörer nutzen hier die Fähigkeit des Inferierens, also des Erschließens des Nichtverstandenen aus der verstandenen Umgebung. Diese Fähigkeit geht zwar mit Beginn des Fremdsprachenlernens nicht verloren, wird aber nicht ohne weiteres auch für das fremdsprachliche Verstehen nutzbar gemacht, zumal sich ihre Basis wegen der noch geringen Sprachkenntnisse nur langsam vergrößert. Ähnliches gilt für die sog. Antizipation, die es dem kompetenten Hörer ermöglicht, aufgrund von Hinweisen (z. B. einer Ankündigung) eine Vorstellung über das Kommende zu entwickeln, wodurch die zu verstehenden Textdetails reduziert und das Hörverstehen erleichtert wird. Und schließlich nutzt der kompetente Hörer die Redundanz der Sprache zur Reduzierung der aufzunehmenden Textdetails, während Anfänger in einer Fremdsprache sie über lange Zeit nicht als solche erkennen und demnach auch nicht nutzen können.

Auch die Erkennung und Interpretation grammatischer Strukturen ist in den frühen Stadien des Fremdsprachenerwerbs kaum automatisiert, sondern erfordert bewusste und damit zeitraubende Denk- und Erinnerungsarbeit. Wenig ausgebildet ist darüber hinaus die pragmatische Kompetenz, wodurch es Anfängern schwer fällt, die Funktion von Gehörtem zu erkennen.

Ausgesprochen problematisch ist im Hinblick auf die für das Verstehen verfügbare Zeit die Neigung von Anfängern beim Hören von Texten, diese nicht ganzheitlich (vgl. Röhr 1993: 21−23), sondern additiv, d. h. Wort für Wort verstehen zu wollen, um so allmählich die Bedeutung aufzubauen. Hierdurch ist angesichts der Fülle der zu behaltenden Details sehr bald die Kapazität des Kurzzeitgedächtnisses erschöpft und der Verstehensvorgang beendet. Der kompetente Hörer versteht ganzheitlich, d. h. er geht schon zu Beginn und auch im Fortlauf des Hörereignisses über das Gehörte hinaus, entwickelt eine Vorstellung vom Textinhalt, unterscheidet auf dieser Basis Wesentliches von weniger Wesentlichem und ergänzt Fehlendes durch Inferenz. Im weiteren Verlauf des Textes werden die bereits vorhandenen Vorstellungen erweitert oder auch korrigiert. Immer aber bleibt das Ergebnis ein bezüglich der zu speichernden Informationsmenge gegenüber der Summe der aufgenommenen Details erheblich reduziertes Ganzes. Gedächtnisentlastung und Zeitgewinn sind die Folge, die dann für neue Informationen und die weitere Verarbeitung des Gehörten zur Verfügung stehen.

Die verhängnisvolle Neigung von Anfängern, Texte additiv verstehen zu wollen, wird häufig durch den Unterricht selbst noch verstärkt. Zu nennen sind hier die nach wie vor recht beliebten und auf Textdetails gerichteten „Fragen zum Text". Sie behandeln jeden Text als Sammlung von Sachinformationen und überfordern somit das Gedächtnis der Lernenden, die nicht nur alles verstehen, sondern auch alles behalten müssen. Überforderungen des Gedächtnisses aber setzen die Lernenden unter Druck und verstärken bei ihnen das ohnehin vorhandene Gefühl, Hörverstehen sei erheblich schwieriger als Lesen oder Sprechen. Zu nennen ist auch die häufig zu beobachtende Tendenz, jeden Text als Text zum Lernen zu behandeln, als Transportmittel für einzuübende sprachliche Phänomene, wobei die Aufmerksamkeit auf Details der sprachlichen Form und nicht auf den Inhalt zu richten und wortwörtliches Verstehen unerlässlich ist. Jeder Konfrontation der Lernenden mit einem Text sollte also die grundsätzliche Entscheidung vorangehen, ob es sich um einen Text zum Lernen oder einen Text zum Hören handelt. Je nachdem, um welche Textart es sich handelt, sollte auch der Umgang damit grundsätzlich verschieden sein. Beim Text zum Lernen konzentriert sich die Aufmerksamkeit gewöhnlich auf das noch nicht Verstandene und noch nicht Gelernte, beim Text zum Hören sollte sie sich in aller Regel auf den Prozess des Verstehens und auf das Verstandene konzentrieren, auch wenn es sich dabei nur um zunächst kleine, im Laufe der Zeit sich vergrößernde „Verste-

hensinseln" handelt. Wenn Unterrichtende sich mit dem Beharren auf einem vordefinier-
ten „richtigen" Hörergebnis zurückhalten, können die Lernenden ohne Druck experi-
mentieren und Erkenntnisse über mehr oder weniger sinnvolles Umgehen mit Hörtexten gewinnen.

Eine weitere Entscheidung betrifft die Schwierigkeit des Hörtextes. Bei der Textauswahl sind nicht wenige potentielle Ursachen von Schwierigkeiten zu beachten, z. B.
schnelles und/oder undeutliches Sprechen, ungewohnte Dialektfärbungen, schnelle und/
oder überlappende Sprecherwechsel, mangelnde Unterscheidbarkeit der Sprecherstim-
men. Da aber Hörverstehensübungen auf außerunterrichtliche Hörsituationen vorbereiten sollen, in denen auf den Entwicklungsstand ihrer Hörfertigkeit nur wenig oder keine
Rücksicht genommen wird, sollten auch Hörtexte keineswegs immer genau auf die Lernenden zugeschnitten sein. Sie sollten aber gerade bei Anfängern auch nicht zu schwierig
sein, um sie nicht zu entmutigen. Auf jeden Fall sollten Hörtexte gewisse Qualitätsan-
sprüche erfüllen. Sie sollten nach Lüger (1993: 113)

– nur Äußerungen enthalten, die in einer gegebenen Situation möglich bzw. wahrscheinlich sind;
– den Konventionen des Sprachgebrauchs entsprechende Gesprächseinleitungen und
  Gesprächsbeendigungen haben;
– die für Dialoge typischen Rückmeldesignale enthalten, also etwa Nachfragen, Ver-
  ständnissicherungen und/oder inhaltliche Bestätigungen durch den Hörer sowie Be-
  zugnahmen des Sprechers auf Reaktionen des Hörers;
– wenigstens in begrenztem Umfang Charakteristika spontan gesprochener Sprache
  aufweisen, die für Alltagsdialoge typisch sind wie etwa gefüllte (*ääh*) oder ungefüllte
  Pausen, das Verschlucken oder undeutliche Aussprechen weniger wichtiger, auch re-
  dundanter Laute, Wortteile, Wörter, ungrammatische Formen und andere Fehler,
  Denkpausen, Zögern, Selbstkorrekturen;
– nicht nur glatt und ohne Komplikationen verlaufen, sondern auch Modelle für Missverständnisse und ihre Behebung enthalten;
– Elemente der Beziehungsregelung zwischen den Gesprächspartnern enthalten, also
  etwa Elemente, die Höflichkeit, Freundlichkeit, Vertrautheit oder Fremdheit, abge-
  schwächte Nichtübereinstimmung etc. ausdrücken;
– gesprächsorganisatorische Elemente enthalten, also solche, die etwa den Sprecherwechsel regeln.

In diesem Zusammenhang ist noch auf eine weitere Besonderheit fremdsprachlichen Verstehens im Unterricht zu verweisen: Im muttersprachlichen Alltag hören kompetente
Hörer selten einen Text ohne Verstehensabsicht, die nicht zuletzt darüber entscheidet,
wann wir mit unserer Verstehensleistung zufrieden sind: Geht es nur um eine einzelne
Information, um die Bestätigung einer Meinung, um wortwörtliches Verstehen zum Zwecke der Befolgung von Anweisungen? Im Fremdsprachenunterricht dagegen ist die Verstehensabsicht sehr häufig ganz pauschal aufs Zuhören gerichtet („Hört jetzt bitte genau
zu, ich stelle dann später Fragen."). Die Folge ist in der Regel, dass das Verstehensergeb-
nis oft dem Zufall überlassen bleibt.

Die Notwendigkeit von Sachkenntnissen erfahren auch kompetente Hörer immer
dann, wenn sie einen Text über ein Sachgebiet hören, in dem sie sich nicht auskennen.
Viele zum Verstehen fremdsprachiger Texte erforderliche Sachkenntnisse sind kulturabhängig. Daher ist angesichts der Unterschiedlichkeit von Kulturen und der Tatsache,

dass wir neue Inhalte immer auf der Basis vorhandenen Wissens zu verstehen versuchen, mit Schwierigkeiten zu rechnen, wenn Lernende mit der Muttersprache erworbene Kenntnisse auf fremdkulturelle Gegebenheiten übertragen. Miss- bzw. Nichtverstehen sind die Folge (vgl. Art. 155). Da es ähnliche Übertragungen auch bei der sprachlichen Form gibt, sollte den Lernenden frühzeitig bewusst gemacht werden, dass Vorwissen einerseits unverzichtbar, sein Einsatz andererseits nicht ohne Gefahren ist.

Insgesamt ist vor allem für Anfänger jeder Versuch, einen fremdsprachigen Text zu verstehen, ein Unternehmen mit unsicherem Ergebnis und kann daher mit Frustrations- und Angstgefühlen verbunden sein, die sich nicht selten in einer allgemeinen Ablehnung von Hörverstehensübungen niederschlagen. Gerade Anfänger sollten daher keineswegs unter Druck gesetzt oder durch zu anspruchsvolle Aufgabenstellungen überfordert werden. Ihnen kann man es eigentlich gar nicht „zu leicht" machen. Lernzielbeschreibungen setzen nicht ohne Grund auch Grenzen für das fest, was realistischerweise unter bestimmten Bedingungen zu erreichen ist. So verweist etwa das *Zertifikat Deutsch* (Weiterbildungs-Testsysteme GmbH u. a. 1999) in seinen Anforderungen an die Hörverstehensfertigkeit auf die Kompetenzstufe B1 des Gemeinsamen europäischen Referenzrahmens, in dem es heißt: „Kann die Hauptpunkte verstehen, wenn klare Standardsprache verwendet wird und wenn es um vertraute Dinge aus Arbeit, Schule, Freizeit usw. geht" (Europarat 2001: Kap. 4.4.2.1).

3. Hörfertigkeit „vermitteln"

Streng genommen kann man Hörfertigkeit in einer fremden Spreche nicht vermitteln, zumindest wenn damit eine Art Unterweisung gemeint ist, die durch gezielte Steuerung der Übungstätigkeit die Lernenden auf einem geraden Weg vom Nichtverstehen zum Verstehen von Hörtexten führen will. Bis heute wissen wir über das fremdsprachliche Hörverstehen im Vergleich z. B. zum Lesen nicht allzu viel, und die einschlägige Forschung hat noch ein gutes Stück Weges vor sich, bevor sie nicht nur in Teilbereichen eine gesicherte Basis für die Hörverstehensschulung liefern kann (zum Stand der Forschung s. Vandergrift 2007). Aber auch auf der Basis des gegenwärtigen Wissensstandes lassen sich einige grundsätzliche Überlegungen zur Hörverstehensschulung anstellen und sicher ist, dass die Hörverstehensübung auf keinen Fall eine einfache Konfrontation des Hörers mit dem Text und die Hörfertigkeit auch keineswegs, wie man vor wenigen Jahrzehnten noch glaubte, ein Nebenprodukt der Entwicklung der Sprechfähigkeit ist (vgl. auch Art. 106).

Die Vermittlung der Hörfertigkeit erfolgt vor allem durch die Schaffung von Situationen und durch die häufige Präsentation von gesprochenen Texten, mit denen die Lernenden sich auseinandersetzen können. Auf diese Weise werden sie in die Lage versetzt, diesen Texten mehr und mehr Informationen über zunehmend komplexe Sachverhalte zu entnehmen, diese Informationen zu verarbeiten und sie bei Bedarf zum Ausgangspunkt eigener Textproduktion zu machen. Ein ganz wichtiger Zweck der Hörverstehensschulung ist dabei die angesichts der Geschwindigkeit des Hörvorgangs unerlässliche Automatisierung grundlegender Teilprozesse des Hörens (Lauterkennung, Segmentierung, Erkennen der grammatischen Strukturen etc.). Unterstützt werden kann sie durch sog. Komponentenübungen, die in besonderes problematischen Teilbereichen Geläufigkeit schafft (z. B. Lautdiskriminierung).

Neben der Automatisierung ist auch die Bewusstmachung ein unerlässlicher Teil der Vermittlung der Hörfertigkeit. Lernende sollen Problemquellen erkennen können und Strategien entwickeln (z. B. Konzentration auf das Verstandene), die ihnen die selbständige Überwindung von Schwierigkeiten ermöglichen (vgl. Art. 93).

Geht es um das Hören ganzer Texte, erscheint zunächst die Schaffung einer konkreten und zielgerichteten Verstehensabsicht unverzichtbar. Nicht wenige Hörübungen sind durch eine pauschale und wenig zielgerichtete Verstehensabsicht der Lernenden gekennzeichnet, die dem Versuch Vorschub leistet, alles wortwörtlich verstehen zu wollen.

Darüber hinaus ist das Verstehen eines Textes mit größeren Schwierigkeiten verbunden, wenn dieser Text nicht in einem kontextuellen und situativen Zusammenhang steht. Solche Zusammenhänge herzustellen, kann also das Verstehen im Rahmen einer Hörübung erheblich erleichtern, nicht zuletzt dadurch, dass die Basis für Inferenzen vergrößert wird.

Fremdsprachliches Hörverstehen hat unter einer im Verlauf des Fremdsprachenerwerbs erst allmählich abnehmenden Last von Defiziten bei den Sprach- und Sachkenntnissen zu leiden. Da besonders Anfänger zu einem unangemessenen Umgang mit Hörtexten neigen, sollten immer auch weitere Hilfen eingeplant werden, die vor dem Hören, aber auch begleitend gegeben werden, um die Lernenden bei der Bewältigung zu erwartender Schwierigkeiten zu unterstützen. Solche Hilfen sollten:

− die Schaffung von Verstehensabsichten unterstützen,
− sprachliche und themarelevante Vorkenntnisse aktivieren bzw. fehlende Vorkenntnisse ergänzen,
− für eine thematische Einbettung sorgen.

Eine sehr sinnvolle Hilfe ist es auch, die Lernenden einen Teil des Textes vorab hören zu lassen. Sie können sich dadurch zum einen an Eigenheiten des Textes (z. B. Besonderheiten der Aussprache) gewöhnen und zum anderen Hörerwartungen an den Text aufbauen und so den Nutzen der Antizipation erfahren. So ist ein ansonsten sehr schwieriger Teil des Textes, nämlich sein Anfang, leichter zu bewältigen.

Ebenso wichtig sind die Aufgaben, die vor allem den Zweck haben, den Lernenden das Verstehen von Texten zu erleichtern. Der Aufgabenstellung sollten einige Überlegungen vorausgehen: Mit welcher Art von Text werden die Lernenden es zu tun haben? Welche Art des Hörens und Verstehens ist ihm angemessen? Welche Verstehensergebnisse sind unverzichtbar? Mit welcher Verstehensabsicht sollten also die Hörer an diesen Text herangehen? Insgesamt sollen Aufgaben:

− Verstehensabsichten schaffen bzw. konkretisieren und damit die Verstehensleistung begrenzen,
− die Aufmerksamkeit der Lernenden auf das Wesentliche des Textes richten und damit die Fähigkeit fördern, Wesentliches von weniger Wesentlichem zu unterscheiden,
− die notwendige Behaltensleistung begrenzen,
− den Einsatz von Verstehensstrategien fördern,
− die Lernenden zu Reaktionen herausfordern.

4. Schlussbemerkung

Hilfen und Aufgaben haben nicht zuletzt die Funktion, das Hören und Verstehen im Unterricht für die Lernenden zu einem „authentischen" Hörerlebnis zu machen. Vor allem die Einbettung in Kontext und Situation, aus denen sich eine Verstehensabsicht entwickeln lässt, kann einen wichtigen Beitrag leisten, indem sie Hörverstehensvorgänge anregt, die dem jeweiligen Text auch in außerunterrichtlichen Situationen angemessen wären. Sicherlich erreicht man auf diese Weise keine „echte" Hörsituation, wie man sie außerhalb des Unterrichts vorfinden würde. Es kann höchstens darum gehen, Elemente dieser Situation in das Übungsgeschehen aufzunehmen und so eine vorgestellte Realität zu schaffen, auf die die Lernenden sich einlassen können. Diese vorgestellte Wirklichkeit fordert die Lernenden heraus, sich dem ihnen in fremdsprachiger Umgebung sehr häufig begegnenden Problem zu stellen, schwer bzw. nur sehr teilweise verständlichen Texten selbständig und unter Verwendung angemessener Strategien Informationen zu entnehmen. Ob es sich bei dem jeweils gehörten Text um einen „authentischen Text" handelt, ist in diesem Zusammenhang zumindest für den Anfangsunterricht zweitrangig, so lange der zu Übungszwecken verwendete Text die unverzichtbaren Merkmale eines Originaltextes aufweist.

5. Literatur in Auswahl

Europarat
  2001 *Gemeinsamer europäischer Referenzrahmen für Sprachen: lehren, lernen, beurteilen.* Berlin: Langenscheidt.
Flowerdew, John und Lindsay Miller
  2005 *Second Language Listening: Theory and Practice.* New York: Cambridge University Press.
Gurney, Roger
  1973 *Language, Brain and Interactive Processes.* London: Arnold.
Hedge, Tricia
  2000 *Teaching and Learning in the Language Classroom.* Oxford: Oxford University Press.
Lüger, Heinz-Helmut
  1993 Partnerorientiertes Sprechen in Lehrbuchdialogen? In: Heinz-Helmut Lüger (Hg.), *Gesprächsanalyse und Gesprächsschulung*, 111−123. (Beiträge zur Fremdsprachenvermittlung aus dem Konstanzer SLI 25). Konstanz: Sprachlehrinstitut der Universität.
Nold, Günter und Henning Rossa
  2007 Hörverstehen. In: Bärbel Beck und Eckard Klieme (Hg.), *Sprachliche Kompetenzen − Konzepte und Messung. DESI-Studie*, 178−186. Weinheim: Beltz.
Röhr, Gerhard
  1993 *Erschließen aus dem Kontext. Lehren, Lernen, Trainieren.* Berlin: Langenscheidt.
Solmecke, Gert
  2000 Faktoren der Schwierigkeit von Hörtests. In: Sibylle Bolton (Hg.), *TESTDAF: Grundlagen für die Entwicklung eines neuen Sprachtests Beiträge aus einem Expertenseminar*, 7−56. München: Goethe-Institut.
Vandergrift, Larry
  2007 Recent developments in second and foreign language listening comprehension research. *Language Teaching* 40(3): 191−210.
Weiterbildungs-Testsysteme GmbH, Goethe-Institut, Österreichisches   Sprachdiplom Deutsch und Schweizerische Konferenz der kantonalen Erziehungsdirektoren
  1999 *Zertifikat Deutsch. Lernziele und Testformat.* Frankfurt am Main: Weiterbildungs-Testsysteme GmbH.

Gert Solmecke, Eschborn (Deutschland)

108. Vermittlung der Lesefertigkeit

1. Lesefertigkeit im Fremdsprachenunterricht: historische Perspektive

Im grammatik- und übersetzungsorientierten Ansatz standen geschriebene Texte zwar im Mittelpunkt, jedoch nicht das Lesen als Prozess der Sinnentnahme. Es wurde gelesen, um Grammatik oder Wortschatz zu illustrieren und um das Übersetzen zu üben. Mit der direkten Methode verloren geschriebene Texte etwas an Bedeutung und in den audiolingualen und audiovisuellen Methoden wurden sie meist auf schriftlich fixierte gesprochene Sprache reduziert. Seit der kommunikativen Wende im Fremdsprachenunterricht wird dem Lesen als Sinnentnahme mehr Aufmerksamkeit gewidmet. Lesen wird nicht mehr als „passive" Fertigkeit betrachtet, da Lesende sich durch den Einsatz von Vorwissen und durch die Interpretationsleistung aktiv mit dem Text auseinandersetzen. Wichtig sind heute auch landeskundliche bzw. interkulturelle Aspekte. Daher wird der Einsatz „authentischer" (d. h. ursprünglich nicht für den Fremdsprachenunterricht konzipierter) Texte gefordert (vgl. Art. 104 und 106).

2. Lesen als Prozess

In der muttersprachlichen Leseforschung, in der in den 1960er Jahren neben der Auffassung vom Lesen als Prozess der Hypothesenbildung (top down Modelle) auch datengeleitete (bottom up) Modelle vertreten wurden, verbreitete sich Anfang der 1980er Jahre das interaktive Modell des Leseprozesses, wobei auf allen Verarbeitungsebenen Interaktion zwischen daten- und erwartungsgeleiteten Prozessen angenommen wird. Zusammen mit der kognitiven Wende in der Fremdsprachendidaktik, die zu Interesse für Strategien guter und schwacher Lesender und für Strategien bei der Erschließung der Wortbedeutung führte, hatte diese Entwicklung zur Folge, dass die Aufmerksamkeit heute sowohl auf sprachbedingte wie auf inhaltliche Aspekte der Textverarbeitung gelenkt wird. Das Lesen als Prozess der Hypothesenbildung gilt als typische Strategie schwacher Lesender. Sie ist für das Lesen der Fremdsprache insofern von Bedeutung, als auch muttersprachlich geübte Lesende beim Lesen in einer neuen Sprache anfänglich schwache Lesende sind und sich kompensatorisch für Kenntnislücken und ungenügende Automatisierung der Fertigkeit auf das Inferieren verlassen müssen. Das Textverständnis ist beim inferierenden Lesen aber oft sehr ungenau (Bernhardt 1993), was neben der Überforderung bei unzureichenden Sprachkenntnissen demotivierend wirken kann.

2.1. Lesen als Prozess der Informationsverarbeitung

Beim Lesen kommen zwei Verarbeitungstypen vor, die automatische und die bewusste Verarbeitung. Die automatische Verarbeitung verläuft schnell, parallel und ohne Anstrengung oder Kapazitätsbeschränkungen. Parallel bedeutet, dass mehrere Prozesse gleichzeitig eingesetzt werden können. Die bewusste Verarbeitung, die für Inhalte und für neue, unerwartete und/oder unlogische Informationen erforderlich ist, verlangt Aufmerksamkeit und Anstrengung. Hier sind Kapazitätsbeschränkungen beobachtbar: nur ungefähr 7 Einheiten können gleichzeitig im Arbeitsgedächtnis verarbeitet werden, wobei allerdings die Informationsdichte dieser Einheiten (z. B. Buchstabe oder Theorie) keine Rolle spielt. Schnellere (erfolgreiche) Verarbeitung kann daher nur durch weitere Automatisierung und durch den Einsatz komplexerer Einheiten (Kenntniserweiterung und Neuorganisation der Kenntnisse) erreicht werden.

2.2. Ebenen des Leseprozesses

Auf Grund der Art der verarbeiteten Informationen werden mehrere Ebenen angenommen, die in der Literatur meist in der Reihenfolge von den unteren zu den oberen Ebenen (vom Zeichen zum Inhalt) beschrieben werden, weil dies dem ungestörten Leseprozess geübter Lesender entspricht. Dabei muss beachtet werden, dass teilweise parallel verarbeitet wird und dass bei jeder Wahrnehmung das Vorwissen über das, was wir wahrnehmen, mit den wahrgenommenen Informationen interagiert. Die Einteilung der Verarbeitungsebenen variiert. Wichtig aus der Sicht der Fremdsprachendidaktik ist die Berücksichtigung der Teilfertigkeiten und Kenntniskomponenten im Leseprozess, die nicht alle neu erworben werden müssen.

Die folgenden Ausführungen beruhen auf Hypothesen zum muttersprachlichen Leseprozess, die meist durch experimentelle Daten aus der Kognitionspsychologie unterstützt werden (für die sehr umfangreichen bibliographischen Daten vgl. Lutjeharms 1994 und 2010).

Die graphophonische Ebene umfasst die Augenbewegungen, die visuelle Mustererkennung und die phonologische Rekodierung, d. h. die Umsetzung der mit den Augen wahrgenommenen Zeichen in einen − möglicherweise sehr abstrakten − phonologischen Kode. Geübte Lesende fixieren nur bestimmte Wortteile oder Wörter und nehmen dabei auch das Umfeld wahr. Die periphere Sicht steuert die Wahl des nächsten Fixationspunktes. Wahrscheinlich erkennen wir Rechtschreibmuster und/oder Morpheme, denn es wird ein Wortsuperioritätseffekt beobachtet, d. h. Wörter werden schneller und besser gelesen als eine Reihe einzelner Buchstaben. Dabei werden Redundanz in der Rechtschreibung und Vertrautheit mit Wörtern ausgenutzt. Wortfrequenz ist ein wichtiger Faktor, denn bei häufiger Aktivierung verringert sich die Verarbeitungszeit. Oft reicht der Wortanfang für die Worterkennung. Das Wortende wird daher meist weniger beachtet.

Inwiefern geübte Lesende die phonologische Rekodierung zur Worterkennung brauchen, ist umstritten. Vieles deutet darauf hin, dass eine phonologische Repräsentation zumindest aktiviert wird. Subvokale Tätigkeit wird vor allem bei schwachen Lesenden und bei schwierigen Textvorlagen beobachtet. Sie hängt mit der bewussten Verarbeitung im Arbeitsgedächtnis zusammen, bei der Informationen für kurze Zeit bereitgehalten werden müssen. Für verbale Informationen geschieht dies mit Hilfe des akustischen Kodes, der allerdings nicht bis zur − äußerlich erkennbaren − subvokalen Tätigkeit zu gehen braucht.

Bei der *Worterkennung* handelt es sich um den lexikalischen Zugriff auf eine Wortform im mentalen Lexikon, bei dem ein Zeichen als Wort in einer bestimmten Sprache erkannt wird (vgl. Lutjeharms 2004). Das mentale Lexikon ist die Bezeichnung für das Sprachwissen im Gedächtnis. Bei fehlender Aufmerksamkeit oder bei einer Überlastung des Arbeitsgedächtnisses bleibt der Zugriff auf der Formebene stecken. Viele Forschungsdaten lassen eine wichtige Rolle der Morpheme bei der Worterkennung vermuten. Wörter in einem passenden Kontext werden schneller erkannt als isolierte Wörter. Dies hängt damit zusammen, dass beim Zugriff auf eine Wortrepräsentation ein ganzes Netzwerk oder benachbarte Stellen im mentalen Lexikon mitaktiviert werden (das sogenannte „*priming*"), was die Weiterverarbeitung beschleunigt. Dass morphologische Ähnlichkeit − auch sprachübergreifend − zu Primingeffekten führt, ist wiederholt gezeigt worden.

Seit Ende der 1980er Jahre wird die *syntaktische Verarbeitung* in verschiedenen Sprachen und auch im Sprachvergleich untersucht (vgl. Lutjeharms 1998). Die meisten dieser Untersuchungen wurden im Rahmen des Wettbewerbsmodells (*competition model*) von MacWhinney und Bates (1989) durchgeführt. Nach diesem Modell werden mehrere Oberflächenindikatoren gleichzeitig in unterschiedlichen Kombinationen und − je nach Zweckmäßigkeit − mit wechselnder Gewichtung verarbeitet. Bei diesen Auslösern handelt es sich beispielsweise um Wortfolge, lexikalische Einheiten mit ihren Eigenschaften − wie Belebtheit/Unbelebtheit oder Valenz −, um Kongruenz und andere morphologische Informationen. Die Gültigkeit eines Auslösers ergibt sich während des Spracherwerbsprozesses aus der Anwendbarkeit und der Zuverlässigkeit, d. h. daraus, wie oft er vorkommt und wie oft er zu einer korrekten Lösung führt. Für das Deutsche gilt, dass auf Grund der morphologischen Informationen entschieden wird, sobald diese vollständig sind, aber auch die Wortfolge spielt eine Rolle.

Bei guter Sprachbeherrschung verlaufen die Worterkennung und die syntaktische Analyse automatisch. Diese unteren, formbedingten Verarbeitungsebenen werden als Dekodierung bezeichnet. Die *semantische Verarbeitung*, das eigentliche Textverständnis, entsteht aus einer Interaktion der Ergebnisse der Dekodierprozesse mit inhaltlichem Vorwissen und erfordert Aufmerksamkeit. Das Vorwissen unterstützt das Antizipieren und Einordnen der Informationen. Vielleicht muss von nur minimal organisierten Kenntnissen ausgegangen werden, mit deren Hilfe während der Verarbeitung eine aufgabenorientierte Kenntnisstruktur generiert wird. Neue Informationen können nur aufgenommen werden, wenn im Langzeitgedächtnis Begriffe aktiviert worden sind, anhand deren sie eingeordnet werden können. Eine Überschrift, ein passendes Bild oder eine vorangestellte Zusammenfassung sind wichtige Verstehenshilfen, weil sie eine Erwartungshaltung auslösen, die den Einsatz der Dekodierprozesse unterstützt.

Mit den Ergebnissen der Dekodierprozesse wird eine propositionale Repräsentation der Satzinhalte aufgebaut, die bei geübten Lesenden und bei für sie leichtem Textinhalt vielleicht automatisch geschieht, obwohl dabei schon Inferenzen erforderlich sind. Die propositionalen Repräsentationen bilden die Grundlage für die Konstruktion eines mentalen Modells des Textinhaltes. Das mentale Modell besteht aus verdichteten Textinformationen und Vorwissen. In dieser Gedächtnisrepräsentation des Textes ist die Sprachstruktur nicht enthalten, d. h. sie ist nicht mehr abrufbar. Die Textoberflächenform ist aber in einer anderen Repräsentation gespeichert, denn auch wenn eine Textvorlage nicht (mehr) als bekannt empfunden wird, wird sie bei erneuter Lektüre schneller verarbeitet.

2.3. Lesen in einer Fremdsprache

Wenn muttersprachlich geübte Lesende eine Fremdsprache erwerben, kann es sein, dass sie zuerst mit einer neuen Schrift konfrontiert werden. Viele Deutschlernende brauchen allerdings keine (völlig) neuen Schriftzeichen zu erwerben, weil sie die lateinische Schrift schon von der Ausgangssprache her oder durch den früheren Erwerb einer anderen Fremdsprache − meist Englisch − beherrschen. Dann müssen nur einige Zeichen (Umlaut) sowie die Großschreibung der Substantive neu gelernt werden.

Bei bekannter Schrift führt − anders als beim muttersprachlichen Erwerb der Lesefertigkeit − nicht die Mustererkennung zu Problemen, obwohl die Lesenden meist mit neuen Häufigkeiten bestimmter Buchstabenkombinationen konfrontiert werden. Die Lesenden der Fremdsprache werden zu schwachen Lesenden, weil es beim Dekodieren keinen lexikalischen Zugriff geben kann, solange für die Wörter oder Morpheme keine mentalen Repräsentationen im Lexikon vorhanden sind. Sogar sehr geübte Lesende einer Zweitsprache lesen sie langsamer als die Muttersprache, was wohl auf geringere Automatisierung der unteren Verarbeitungsebenen zurückzuführen ist. Allerdings wird für das Wiedererkennen weniger Festigung verlangt als für den Abruf bei der Sprachproduktion.

Syntaktische Auslöser müssen − wie der Wortschatz − so weit erworben werden, dass sie automatisch erkannt und verarbeitet werden können, jedenfalls wenn sie für das Satzverstehen erforderliche Hinweise enthalten. Für Lernende, deren Ausgangssprache eine feste Wortfolge hat, bildet die flexible deutsche Wortfolge oft die größte Herausforderung. Aber auch Flexionsendungen, besonders die Kasusendungen, sind schwierig. Sie können zwar redundant sein, aber ihre Dekodierung kann auch notwendig sein, um Fehldeutungen zu vermeiden. Inhaltliches Vorwissen, Grammatikkenntnisse, text- und satzbedingte Faktoren sowie die Ausgangssprache und sonstige Sprachkenntnisse bestimmen mit wechselnder Gewichtung, welche syntaktischen Auslöser jeweils für das Verstehen erforderlich sind. Lesende einer Fremdsprache − so konnte im Rahmen des Wettbewerbsmodells gezeigt werden − setzen anfänglich muttersprachlich bedingte Strategien der syntaktischen Verarbeitung ein. Sie behalten diese bei, wenn die Verarbeitung dadurch nicht beeinträchtigt wird. Im Verlauf des Spracherwerbs kommen immer mehr für die Zielsprache geeignete Strategien zur Anwendung.

Wenn die Verarbeitung der unteren Ebenen gestört verläuft, verlangen Worterkennung und syntaktische Analyse Aufmerksamkeit, die dann der semantischen Verarbeitung fehlt. Deshalb verlassen sich Lesende in der Fremdsprache häufig auf das Inferieren oder übergehen Textteile, um eine unmittelbare Sinnentnahme zu ermöglichen. Diese kompensatorischen Rate- und Vermeidungsprozesse werden oft automatisch eingesetzt, führen also nicht immer zu einem gestörten Leseprozess. Wie sinnvoll sie sind, ist sehr situations- und aufgabenbedingt. Bei Vertrautheit mit dem Textinhalt können sie erfolgreich sein; sie können aber auch zu einer völlig fehlgeleiteten Textdeutung führen. Beim Versuch, Kohärenz herzustellen, kann die Fehldeutung eines Wortes oder einer Struktur die weitere Textinterpretation stark beeinträchtigen. Auch fehlendes inhaltliches Vorwissen kann trotz korrekter Dekodierung zu Fehldeutungen führen, wenn die Lesenden

nicht die eigentlichen Adressaten sind, wie dies übrigens auch beim Lesen der Muttersprache vorkommt. Bei ungestörter Dekodierung geschieht die Sinnentnahme ähnlich
wie beim Lesen der Muttersprache.

2.4. Textschwierigkeit

Die Textschwierigkeit kann nicht objektiv bestimmt werden, weil sie sehr adressatenab-
hängig ist. Textexterne Faktoren wie Sprachkenntnisse und inhaltliches Vorwissen interagieren mit textinternen Faktoren wie Redundanz, Satzlänge, Wortreichtum usw. Daher
helfen Formeln zur Bestimmung der Textschwierigkeit wenig. Im Allgemeinen sind lange
Sätze − besonders bei Satzklammern − und lange Nominalphrasen schwierig, weil sie
das Arbeitsgedächtnis überlasten können. Schriftlich fixierte Texte haben jedoch den
Vorteil, dass man das Dekodiertempo selbst bestimmt und immer wieder zurückgehen
kann. Im Anfängerunterricht kann mit sehr kurzen Texten bzw. Textausschnitten gearbeitet werden.

3. Lesen und Fremdsprachenerwerb

Lesen ist einerseits ein Mittel zum Erwerb von Sprachkenntnissen, andererseits ist
Spracherwerb die wichtigste Vorbedingung zum Lesen der Fremdsprache (Art. 106).
Konkrete Vorschläge und Anregungen zur Arbeit mit Lesetexten und zur Übungsgestaltung bieten u. a. Lutjeharms 1994 und Ehlers 2006. Es folgen hier nur allgemeine Hinweise:

Aus mehreren Gründen darf die Aussprache − sogar wenn Lesen die einzige Zielfer-
tigkeit ist − nicht vernachlässigt werden. Es ist zwar nicht sicher, aber doch möglich,
dass der phonologische Kode für den lexikalischen Zugriff notwendig ist. Für die Verarbeitung im Arbeitsgedächtnis spielt der phonologische Kode eine wesentliche Rolle. Wir
brauchen ihn weiter für den Wortschatzerwerb und für die Rezirkulation (das Aufrechterhalten von Informationen im Arbeitsgedächtnis) bei der Wörterbuchverwendung. Auch
müssen Lernende nach Wortbedeutungen fragen können. Zudem sind sie meistens an
der Aussprache interessiert. Dies bedeutet nicht, dass Texte laut (vor)gelesen werden
sollten, auch wenn lautes Lesen von Textteilen sinnvoll sein kann, da es in Kombination
mit der visuellen Vorlage das Einprägen der Wörter unterstützt und die Segmentierung
der Wortsequenz verdeutlicht, was in der Anfangsphase des Spracherwerbs hilfreich ist.
Eine zweckmäßige Lesestrategie ist es nicht. Das Umsetzen in Laute beansprucht Ge-
dächtniskapazität und erschwert dadurch die Sinnentnahme.

Um eine möglichst automatisierte Worterkennung zu ermöglichen, sind Wortschatzübungen an Hand des Textes erforderlich, die einen wiederholten lexikalischen Zugriff
bewirken. Wegen ihrer Bedeutung für die Worterkennung muss die Morphemebene berücksichtigt werden. Übungen mit morphologisch definierten Wortteilen verkürzen die
Reaktionszeiten beim Zugriff auf alle Wörter mit diesen Morphemen. Daher sind Erken-
nungsaufgaben zu Stammformen, Flexionsmorphemen und Affixen sinnvolle Übungen.

Inwiefern die syntaktische Analyse geübt werden muss, ist stark vom Verhältnis zwischen Ausgangs- und Zielsprache abhängig, d. h. davon, wie erfolgreich muttersprachlich

bedingte – oder auf Grund weiterer Sprachkenntnisse automatisierte – syntaktische Verarbeitungsstrategien eingesetzt werden können. Fehleranalysen, eventuell kombiniert mit Retrospektionsdaten und der Beobachtung der Lernenden, sind aufschlussreich für die Übungsgestaltung. Erkennungsübungen zu für das Verstehen relevanten Flexionsendungen unterstützen die Wahrnehmung und können zur Eliminierung unzweckmäßiger Vermeidungsstrategien beitragen. Erst durch wiederholtes Lesen können sich allmählich automatische Routinen entwickeln, die eine direkte Sinnentnahme ermöglichen.

Lesen ist immer eine Form der Fertigkeitsübung. Jedes Lesen verbessert die Dekodierfähigkeit, weil der Zugriff auf Wörter und syntaktische Auslöser durch Wiederholung erleichtert wird. Besonders am Anfang des Spracherwerbs ist deshalb wiederholtes Lesen derselben Textvorlage sinnvoll, aber damit die Wiederholung nicht demotivierend wirkt, sind unterschiedliche Aufgaben zum Text notwendig. Eine sinnerschließende Aufgabe ist ein guter Anfang, denn die Sinnentnahme ist das eigentliche Ziel, die Dekodierung nur das Mittel. Dazu können Lesestile oder Lesestrategien eingesetzt werden, die durch die Leseabsicht bedingt werden und je nach Textstelle variieren können. Die Bezeichnungen sind nicht immer einheitlich, aber es werden im Allgemeinen vergleichbare Formen unterschieden. Beim *suchenden Lesen* wird nur nach einem Zeichen (Wort, Name, Zahl …) gesucht, während man sich beim *orientierenden Lesen* einen schnellen Überblick über Text und Textinhalt verschaffen möchte. Beim *kursorischen Lesen* folgt man dem Textaufbau und versucht, das Wesentliche des Inhaltes zu erfassen; beim *totalen Lesen* sollen möglichst alle Informationen verarbeitet werden. Das *argumentative Lesen* ist eine intensive Auseinandersetzung mit dem Textinhalt, wobei viel elaboriert wird, d. h. Inferenzen zum Textinhalt gebildet werden, die von den Verfassenden nicht intendiert wurden.

Ein wichtiger Vorteil der Arbeit mit schriftlich fixierten Texten in einer Klassensituation ist, dass sie autonomes Lernen ermöglicht (vgl. Art. 128). Nicht alle Lernenden brauchen denselben Text zu lesen oder dieselben Aufgaben zu machen. Manche werden lieber intensiv mit einem Text arbeiten, andere lesen lieber viele Texte. Beides ist sinnvoll. Wichtig ist, dass viel gelesen wird. Wenn die Lernenden selbst (z. B. im Internet) nach Texten für die Arbeit im Unterricht suchen, unterstützt dies nicht nur die Motivation. So wird zusätzlich viel gelesen, auch wenn es sich nur um orientierendes Lesen handelt. Differenzierung ist notwendig, weil die Zweckmäßigkeit von Erwerbsstrategien mit der Persönlichkeit der Lernenden zusammenhängt. Dies gilt auch für *Lesestrategien* wie kontextuelles Raten, Ausnutzen der Textstruktur, Unterstreichen der wichtigsten Inhaltswörter oder Übergehen unwichtiger Wörter. Das Problem ist nämlich, dass Strategien mehr oder weniger erfolgreich angewendet werden können. Manche Lernende müssen dazu angehalten werden, sich mehr zuzutrauen und kontextuelles Raten einzusetzen; andere müssen lernen vorsichtiger zu sein und schneller zum Wörterbuch zu greifen. Sie sollten sich daher des eigenen Strategieeinsatzes beim Lesen und dessen Erfolgschancen bewusst sein. Beim Strategieeinsatz sind gute Lesende – wie auf allen Ebenen der Verarbeitung – erfolgreicher, weil sie mehr Hinweise gleichzeitig verarbeiten können. Schwache Lesende brauchen daher entsprechend mehr Sprachkenntnisse, um eine vergleichbare Sinnentnahme zu erreichen. Strategietraining ist eine der Möglichkeiten, sich wiederholt und zielgerichtet mit der Textvorlage zu beschäftigen, was auf jeden Fall zum Spracherwerb beiträgt.

4. Literatur in Auswahl

Bernhardt, Elisabeth B.
  1993   *Reading development in a second language: Theoretical, empirical and classroom perspectives*. Norwood: Ablex.
Ehlers, Swantje
  2006   Entwicklung von Lesekompetenz in der Fremdsprache. *Babylonia* 3−4: 31−38.
Koda, Keiko
  2004   *Insights into Second Language Reading. A Cross-Linguistic Approach*. Cambridge: Cambridge University Press.
Küppers, Almut
  1999   *Schulische Lesesozialisation im Fremdsprachenunterricht. Eine explorative Studie zum Lesen im Englischunterricht der Oberstufe*. Tübingen: Narr.
Lutjeharms, Madeline
  1994   Lesen in der Fremdsprache: Zum Leseprozess und zum Einsatz der Lesefertigkeit im Fremdsprachenunterricht. *Zeitschrift für Fremdsprachenforschung* 5(2): 36−77.
Lutjeharms, Madeline
  1998   Die syntaktische Verarbeitung bei der Rezeption von Sprache. In: Eberhard Klein und Stefan J. Schierholz (Hg.), *Betrachtungen zum Wort. Lexik im Spannungsfeld von Syntax, Semantik und Pragmatik*, 117−151. Tübingen: Stauffenburg Verlag.
Lutjeharms, Madeline
  2004   Der Zugriff auf das mentale Lexikon und der Wortschatzerwerb in der Fremdsprache. *Fremdsprachen Lehren und Lernen* 33: 10−26.
Lutjeharms, Madeline und Claudia Schmidt (Hg.)
  2010   *Lesekompetenz in Erst-, Zweit- und Fremdsprache*. Tübingen: Narr.
MacWhinney, Brian und Elisabeth Bates (Hg.)
  1989   *The cross-linguistic study of sentence processing*. Cambridge: Cambridge University Press.
Schmidt, Claudia
  2007   Lesestrategien. *Französisch heute* 38: 121−129.
Schramm, Karin
  2001   *L2-Leser in Aktion. Der fremdsprachliche Leseprozeß als mentales Handeln*. Münster: Waxmann.
Strohner, Hans
  1990   *Textverstehen. Kognitive und kommunikative Grundlagen der Sprachverarbeitung*. Opladen: Westdeutscher Verlag.

Madeline Lutjeharms, Brüssel (Belgien)

109. Vermittlung der Sprechfertigkeit

1. Terminologie

Das Sprechen gehört neben dem Hören, Lesen und Schreiben zu den klassischen „vier Fertigkeiten", die im Sprachunterricht ausgebildet werden sollen (vgl. Art. 106). Die Lernenden sollen in die Lage versetzt werden, sich selbständig und zusammenhängend mündlich zu äußern. Der Begriff ist dabei nicht auf das akustische Moment eingeschränkt. Auch Verfahren der nonverbalen Kommunikation werden in das Konzept von „Sprechfertigkeit" einbezogen (Schatz 2006).

1.1. Sprechfertigkeit als didaktisches Konstrukt

Sprechfertigkeit nimmt als didaktisches Konstrukt vereinfachend auf komplexe Zusammenhänge Bezug (Krumm 2001). Gemeinsam mit dem Schreiben wird das Sprechen den *produktiven* bzw. *aktiven Fertigkeiten* zugerechnet, denen die *rezeptiven* bzw. *passiven* Fertigkeiten Hören und Lesen gegenübergestellt werden. Dies ist eine starke Vereinfachung, da auch scheinbar passive Fertigkeiten als Tätigkeiten zu konzipieren sind, die die mentale Verarbeitung des sprachlichen Handelns betreffen. Zudem sind die differenzierten Fertigkeiten miteinander verbunden: Sprechen als Reaktion auf einen Gesprächspartner setzt Hören voraus. Eine Tätigkeit wie das Vorlesen umfasst sowohl Lesen als auch Sprechen. Die Vermittlung der Fertigkeiten wird daher oft integrativ konzipiert (vgl. Fandrych und Thonhauser 2008).

1.2. Das *Lernziel Sprechfertigkeit* in der Fremdsprachendidaktik

In der Grammatik-Übersetzungs-Methode spielte das Sprechen kaum eine Rolle, wurde als *Konversation* hingegen bereits früh in praktischen, auf den Sprachgebrauch abzielenden Ansätzen fokussiert, die heute z. T. wieder nutzbar gemacht werden (Ehler 1996). Die neusprachliche Reformbewegung stellte vor allem die Aussprache in den Vordergrund, wobei Ergebnisse der neu etablierten wissenschaftlichen Phonetik aufgenommen wurden. Methodisch umgesetzt wurde dieses Ideal in der audiolingualen/audiovisuellen Methode; das technische Hilfsmittel bildete dabei das Sprachlabor. Die Abfolge Hören-Nachsprechen wurde als *pattern drill* in den Dienst der Automatisierung grammatischer Strukturen gestellt.

Der Ansatz der kommunikativen Didaktik führte vor dem Hintergrund von Pragmatik und Gesprächsforschung zu einer Verschiebung vom behavioristisch begründeten, nachahmenden Sprechen zum selbständigen, situationsbezogenen Sprechen. Seither wird „Sprechfertigkeit" im Blick auf das übergeordnete Lernziel „mündliche Kommunikationsfähigkeit" bestimmt (vgl. § 2).

Neuere kognitiv orientierte Ansätze konzipieren das Sprechenlernen der Fremdsprache als einen durch Schreiben gestützten Prozess (Roche 2008). Sprechfertigkeit in der Fremdsprache wird zudem in eigenständigen didaktischen Ansätzen thematisiert, wobei sich Überlegungen zum Aussprache- und Konversationsunterricht mit Konzeptionen verbinden, die Sprechfertigkeit als Lernziel auch in der Erstsprache reflektieren (Lemke 2006; Schatz 2006; Bose und Schwarze 2007).

2. Mündlichkeit

Das Lernziel *kommunikative Kompetenz* bezieht Sprechfertigkeit auf die Fähigkeit, in verschiedenen kommunikativen Situationen die Sprecher- und Hörerrolle angemessen ausfüllen zu können. Für die mündliche Kommunikation lassen sich zwei Typen von Kommunikationssituationen differenzieren (vgl. Ehlich 2007; Graefen und Liedke 2008):

− Situationen, in denen das Sprechen weitgehend spontan geschieht (mündliche Diskurse)
− Situationen, in denen das Sprechen die Vermündlichung eines schriftlichen oder im Rahmen oraler Traditionen fixierten Textes bildet (Vorlesen, Rezitieren).

Mündliche Diskurse finden typischerweise als *face-to-face*-Kommunikation statt. Die kommunikative Tätigkeit der Beteiligten umfasst akustische und visuelle Momente. Die Handlungssituation ist durch das *turn-taking* der Beteiligten (den Wechsel von Sprecher- und Hörerrolle) und durch wechselseitige Verstehenssicherung gekennzeichnet. Zu diesem Zweck werden sowohl verbale als auch nonverbale Verfahren eingesetzt (z. B. *äh, ja, genau, hmhm*, Nicken, Gestikulation, Zu- oder Abwenden des Körpers oder Blicks usw.). Umorientierungen aufgrund von Hörerrückmeldungen führen im mündlichen Diskurs häufig zu Selbst- oder Fremdreparaturen (vgl. § 3.2). Bei der Telefonkommunikation als medial vermittelter Kommunikation entfällt der visuelle Anteil. Die Beteiligten müssen dies durch akustische Mittel kompensieren.

Während die Sprechplanung in mündlichen Diskurskonstellationen eine zentrale Rolle spielt, ist der Sprechende bei der Vermündlichung eines schriftlichen Textes davon weitgehend entlastet. Die zu erbringende Leistung betrifft hier die sprechsprachliche Umsetzung des Textes in Abstimmung mit den Verarbeitungsprozessen der Hörer, wobei die strukturelle Komplexität der Schriftsprache ein Schwierigkeitspotential bildet. Die Hörerrolle ist typischerweise mehrfach besetzt, sodass sich besondere Anforderungen an die Lautheit und Deutlichkeit des Sprechens stellen.

Sprechtätigkeiten im Rahmen von Referaten oder Präsentationen bilden Mischformen der beiden Typen. Für sie ist der Wechsel von Schriftlichkeit zu Mündlichkeit charakteristisch. Zumeist liegen dem Sprechen schriftliche Texte zugrunde; erwartet wird jedoch, dass sich der Sprechende bei der Wiedergabe von der schriftlichen Vorlage löst.

Die verschiedenen Konstellationen werden in Ansätzen der Sprechfertigkeitsvermittlung z. T. unterschiedlich gewichtet und fokussiert.

3. Mangelnde Sprechfertigkeit

3.1. Äußere Kennzeichen

Sprechfertigkeit wird auffällig, wenn es an ihr mangelt. Zu den Kennzeichen mangelnder Sprechfertigkeit gehören

− ein verlangsamtes Sprechtempo
− das Auftreten von zahlreichen Pausen,
− das Auftreten von Abbrüchen, Wiederholungen und Korrekturen
− der verstärkte Einsatz von Verzögerungspartikeln (*äh*).

(B1) gibt ein Beispiel, das zugleich Anzeichen von entwickelter Sprechfertigkeit enthält: Die Äußerung wird auf vorhergehende Beiträge bezogen (*also, aber*), die Sprechtätigkeit trotz Planungsschwierigkeiten aufrecht erhalten.

(B1)   Unterrichtsgespräch, P = Przemek, L = Lehrer
        Notationskonvention:
        / = Abbruch
        • = Pause
P   Also • aber • alle polnische/ alle polnischen Filme • äh • über zweiten Welt/ äh • wie/ über/ über den zweiten/ über Krieg wurden • äh • während der Kommunismuszeit gemacht.
L   Aha.

In anderen Fällen kommt es hingegen zu einem teilweisen oder vollständigen Rückzug aus der Sprecherrolle. Entsprechende Phänomene sind

− Schweigen
− Herabsetzen der Sprechlautstärke
− Abbruch des Sprechhandelns bei Aufgabe des Sprechziels.

Die im Gemeinsamen europäischen Referenzrahmen für Sprachen entwickelte Skalierung von „flüssigem Sprechen" nimmt in ihren Deskriptoren auf verschiedene äußere Kennzeichen mangelnder bzw. entwickelter Sprechfertigkeit Bezug (Europarat 2001; Bolton et al. 2008).

3.2. Störungen im Sprechvorgang

Im Handlungsprozess des Sprechens lassen sich verschiedene Stadien unterscheiden, die dem Sprechen als äußerer Erscheinung zugrunde liegen (Rehbein 1977):

(i)   Einschätzung der Situation,
(ii)   Motivation,
(iii)   Zielsetzung,
(iv)   Planbildung,
(v)   Ausführung.

Die Stadien des Handlungsprozesses werden weitgehend automatisiert durchlaufen, wobei der Grad der Automatisierung von der Häufigkeit abhängt, mit der der Sprecher mit einem bestimmten Handlungserfordernis konfrontiert wird. Während des sprachlichen Handelns überprüft der Sprecher in einer monitorierenden Tätigkeit die Äußerungsrealisierung und -wirkung und nimmt gegebenenfalls Veränderungen vor. Störungen der Ausführung können ihre Ursache in unterschiedlichen Stadien haben. Diagnostisch zu differenzieren sind

- Probleme, die die Grundlegung des Handlungsplans betreffen: Der Betreffende weiß nicht, was er in der aktuellen Situation tun soll.
- Probleme, die auf mangelnde Sprechmotivation und -ziele zurückzuführen sind: Der Aktant sieht keine Sprechnotwendigkeit (vgl. § 4.2).
- Probleme, die die sprachliche Planbildung betreffen: Der Sprecher hat Schwierigkeiten bei der Umsetzung eines gedanklichen Konzepts in lexikalische Einheiten und serialisierte grammatische Strukturen.
- Probleme, die den sprechmotorischen Ablauf betreffen: Dem Sprecher fällt es schwer, bestimmte artikulatorische oder gestische Bewegungen umzusetzen.

Ferner stellen sich

- psychische Probleme (Sprechangst), die zu Sprechhemmungen führen können: Der Aktant erlebt oder befürchtet eine Divergenz zwischen Anforderung und Können.

Die verschiedenen Typen von Problemen sind nicht prinzipiell, sondern graduell bearbeitungsbedürftig; ihre diskursive Anzeige ist kommunikativ oft sogar funktional (vgl. Schwitalla 1997). Sie können sowohl in der Erstsprache als auch in einer Zweit- oder Fremdsprache auftreten.

3.3. Fremdsprachenspezifische Probleme

Sprechängste in der Fremdsprache sind z. T. darauf zurückzuführen, dass den Sprechenden spezifische Handlungssituationen (z. B. ein Referat halten) oder Handlungsmuster (z. B. *Argumentieren*) auch in ihrer Erstsprache nicht vertraut sind. Zudem kann der Sprecher in der Fremdsprache meist nur auf ein eingeschränktes Repertoire an lexikalischen und grammatischen Mitteln zurückgreifen, deren Einsatz nur ansatzweise automatisiert ist. Hinzu kommt, dass sich Fremdsprachensprecher der potentiellen Fehlerhaftigkeit ihrer Äußerungen bewusst sind, was Sprechängste auslöst oder verstärkt. Wie Fischer (2005, 2007) am Beispiel italienischer DaF-Lerner zeigt, bildet für bestimmte Lernertypen eine auf die grammatikalische Korrektheit der Äußerung ausgerichtete Monitorierungstätigkeit ein gravierendes Sprechhemmnis.

Lernende greifen auf unterschiedliche Strategien zur Bewältigung von Sprechproblemen zurück (Colombo 2005). Empirische Untersuchungen der mündlichen Lernersprache weisen zudem auf ein unterschiedliches Problempotential verschiedener Reparaturtypen. So stellte Wang (2007) für chinesische Lerner inbesondere Schwierigkeiten bei der Bearbeitung von Reparaturanfragen des Gesprächspartners fest. Ein zwiespältiges Bild zeigen Untersuchungen zu Verzögerungspartikeln wie *äh*. Sowohl das Fehlen eines entsprechenden Mittels in der Fremdsprache als auch seine Übergeneralisierung werden als Probleme des fremdsprachlichen Sprechens thematisiert (Olbertz-Siitonen 2007; Schöningh 2008).

4. Didaktische Ansätze

Bei den Ansätzen zur Vermittlung von Sprechfertigkeit lassen sich ausgehend von den Zielgruppen verschiedene Typen unterscheiden. Neben Konzepten, die spezifisch für Fremdsprachenlerner konzipiert sind, finden sich Ansätze, die sich sowohl an Muttersprachler als auch an fortgeschrittene Fremdsprachenlerner (z. B. angehende Sprachlehrer) richten. Speziell fokussiert wird oft auch Deutsch als Zweitsprache (Luchtenberg 2003).

Ausgehend von den Inhalten kann zwischen Sprechtrainings und diskursorientierten Trainings unterschieden werden. Sprechtrainings stellen die phonetisch-phonologische Komponente in den Vordergrund. Sprechwissenschaftlich fundiert bereiten sie insbesondere auf die Vermündlichung schriftlicher Texte, Vorträge und den Umgang mit einer größeren Zuhörerschaft vor (z. B. Lemke 2006; Nollmeyer 2007). Die Lehre betrifft die Standardlautung, die Ausbildung der Stimme im Blick auf Lautstärke und Tragfähigkeit und die Bearbeitung von Sprach- und Stimmstörungen.

Diskursorientierte Trainings zielen demgegenüber auf die Vermittlung sprachlicher Handlungskompetenz ab, wobei häufig institutionelle bzw. professionelle Kommunikationssituationen fokussiert werden (z. B. Bewerbungsgespräch oder Verhandlung). Aufgenommen werden dabei Ansätze der angewandten Diskursforschung (vgl. Brünner, Fiehler und Kindt 2002; Becker-Mrotzek und Brünner 2006). In der Praxis findet sich häufig eine Kombination der beiden Trainingstypen (vgl. Bose und Schwarze 2007).

4.1. Zu vermittelnde Inhalte

Die im Rahmen der Sprechfertigkeitsschulung zu vermittelnden Inhalte umfassen sprecher- und hörerseitige Handlungen. Ausgehend von der fremdsprachlichen Handlungssituation in Bezug auf die Sprecherrolle besonders fokussiert werden sollten dabei

– die Überwindung bestehender Sprechängste
– Strategien der Vereinfachung, Umschreibung und Erklärung
– Strategien des Monitorierens
– Strategien des Umgangs mit eigenem Nichtverstehen und Nichtverstehen des Gegenübers
– Strategien zur Elizitierung von Hilfe seitens des Gesprächspartners
– Strategien zur Vermeidung und Überbrückung von Planungspausen.

Die in der Hörer-Rolle zu fokussierenden Lernmomente betreffen

– Formen der Hörerbeteiligung (*back channel behavior*, Rückmeldepartikeln wie *hmhm, ja, (ich) verstehe* etc.)
– routinisierte Reaktionsformeln (z. B. *Gesundheit – danke, bitte – gern geschehen* usw.)
– Übergänge von der Hörer- zur Sprecherrolle, z. B. Forme(l)n der Anknüpfung an Vorhergegangenes (*ja, ja aber, also, ich finde* u. a.).

Im Blick auf Verfahren der nonverbalen Kommunikation zu vermitteln sind

– Grundformen der nonverbalen Kommunikationsbeteiligung und sprachspezifische Embleme (z. B. Blickkontakt, Kopfschütteln, Nicken, Händeschütteln)

– der kompensatorische Einsatz von Mimik und Gestik als Bearbeitungsstrategie bei
Unsicherheiten.

Kognitiv bewusst zu machende Momente betreffen unter anderem

– das Verständnis von Sprechen als interaktivem Vorgang mit verbalen und nonverbalen Bestandteilen
– das Sprechen als zu übende Fertigkeit, auch in der Erstsprache
– kulturdifferente Normen des Sprechens
– die Reflexion der eigenen Situation als Fremdsprachensprecher mit eingeschränkten
Kompetenzen und Ängsten
– das Vertrauen auf interaktive Hilfe seitens des Gesprächspartners.

4.2. Rahmenbedingungen der Vermittlung

Einige Ursachen mangelnder Sprechfertigkeit in der Fremdsprache sind den institutionellen Rahmenbedingungen der Vermittlung geschuldet. Voraussetzung von Sprechfertigkeit ist, dass die Lernenden sprechen. Selbst wenn der Unterricht der Maxime folgt, die
Schüler möglichst häufig zu Wort kommen zu lassen, ist die für den Einzelnen zur Verfügung stehende Sprechzeit im Klassenverband jedoch gering. Bearbeitungsmöglichkeiten
umfassen die Erhöhung der Lernersprechzeit durch

– zeitgleiches Sprechen mehrerer Personen (Chorsprechen, „orchestriertes Sprechen",
vgl. § 5.3)
– Schaffung paralleler Sprechsituationen (Partner- und Gruppenarbeit)
– (partielle) Auslagerung des Sprechfertigkeitstraining auf Zeiten außerhalb des Unterrichts.

Ein zweites Problem betrifft die im Unterricht gegebenen Sprechanlässe, die sich nur
teilweise mit den Handlungserfordernissen decken, die in authentischen Kommunikati-
onszusammenhängen auftreten. Dies gilt insbesondere, wenn Lehrende und Lernende
eine gemeinsame Erstsprache sprechen. Ein drittes Problemfeld bildet die Fehlerkorrektur durch den Lehrer, die die Sprechtätigkeit der Lernenden unterstützen oder hemmen
kann (Rehbein 1984, vgl. Art. 118). Zu berücksichtigen sind zudem unterschiedliche
Lehr-lerntraditionen (vgl. Art. 105).

5. Methodische Verfahren

Das methodische Instrumentarium zur Vermittlung von Sprechfertigkeit reicht von kurzen Minutenübungen bis hin zur umfassenden Projektarbeit.

5.1. Vorentlastung der Handlungssituation

Nach Grad der Entlastung der Handlungssituation von Sprechplanungsprozessen unterschieden werden können:

- auditiv vorentlastete Übungen (Imitationsübungen): Das Lernersprechen erfolgt als Nachsprechen, schriftunterstützt oder schriftfrei, mit oder ohne Sinnverständnis.
- schriftlich vorentlastete Übungen: Die von den Lernenden zu realisierende Äußerung ist als schriftliche Vorlage gegeben. Entsprechende Verfahren sind z. B. das Vorlesen eines Textes und das Theaterspiel.
- teilweise schriftlich vorentlastete Übungen: Die von den Lernenden zu realisierende Äußerung ist stichwortartig gegeben, z. B. beim Rollenspiel oder Argumentieren ausgehend von Rollenkarten.
- Übungen ohne sprechplanerische Vorentlastung: Die Äußerungen der Lerner müssen in der Situation eigenständig geplant werden, z. B. beim freien oder gelenkten Unterrichtsgespräch und beim freien Rollenspiel.

5.2. Methodische Verfahren zur Bearbeitung spezifischer Probleme

Zu den Verfahren, die dem Abbau von Sprechängsten dienen, gehören z. B.

- Chorsprechen
- Atemübungen, Entspannungs- und Formungsübungen, Resonanzübungen
- rythmisiertes Sprechen
- (Mit-)Singen.

Verfahren, die auf eine Automatisierung der Sprechtätigkeit abzielen, bilden

- Imitationsübungen: Nachsprechen von Lauten, Silben, Wörtern, Wortgruppen und Äußerungen
- Sprechspiele, z. B. Zungenbrecher
- Kettenübungen, z. B. „Koffer packen"
- Sprechen nach Bildanlässen
- Stichwortreden in der Kleingruppe
- Ratespiele.

Auf eine Sprechtätigkeit in spezifischen kommunikativen Situationen abzielende Übungsverfahren sind

- wörtliche Re-Inszenierungen von Lehrwerks- oder Filmdialogen und authentischen Transkripten
- Rollenspiele mit Dialogvarianz.

Eine Übungstypologie, die sprechvorbereitende Hör- und Wortschatzübungen einbezieht, gibt Schatz (2006).

5.3. Projektorientierte Ansätze

Projektmöglichkeiten zur Förderung der Sprechfertigkeit liegen unter anderem in der Erstellung mündlicher Texte des Typs

- Theaterstück (vorlagengebunden oder -variierend, selbst verfasst)
- Radiosendung (Nachrichten, Wetter, Interviews, …)

- Werbespot (für das Deutschlernen / die eigene Institution / ein Produkt)
- Foto-Diashow oder Film mit gesprochenem Kommentar (z. B. Unterwegs in dieser Stadt, Kochsendung),

die auch der Vorbereitung einer Videokonferenz mit einer Partnerklasse dienen können. Einen umfassenden Ansatz zur Förderung der Sprechfertigkeit im Klassenzimmer bildet das „orchestrierte Sprechen" (Bolte 2007), das mit Redekarten und Gesprächsversatzstücken arbeitet. Die Lehrkraft dirigiert im Sprechtraining den parallelen oder konsekutiven Einsatz der Lerneräußerungen, wobei den Lernern in Folgeschritten die Regie des „Sprechorchesters" bis hin zur medialen Umsetzung eines Stücks überantwortet wird.

6. Literatur in Auswahl

Becker-Mrotzek, Michael und Gisela Brünner
  2006   *Gesprächsanalyse und Gesprächsführung. Eine Unterrichtsreihe für die Sekundarstufe II.* Radolfzell: Verlag für Gesprächsforschung.
Bolte, Henning
  2007   Soweit die Stimme trägt – Raum für die persönliche Stimme und für Mündliches beim unterrichtlichen Sprach(en)lernen durch Orchestriertes Sprechen. *Zeitschrift für Interkulturellen Fremdsprachenunterricht* 12(2). Online: http://spz1.spz.tu-darmstadt.de/projekt_ ejournal/jg-12-2/allgemein/beitra33.htm (30. 12. 2009).
Bolton, Sybille, Manuela Glaboniat, Helga Lorenz, Michaela Perlmann-Balme und Stefanie Steiner
  2008   *Mündliche Produktion und Interaktion Deutsch: Illustration der Niveaustufen des Gemeinsamen europäischen Referenzrahmens.* DVD mit Begleitheft. Berlin: Langenscheidt.
Bose, Ines und Cordula Schwarze
  2007   Lernziel Gesprächsfähigkeit im Fremdsprachenunterricht Deutsch. *Zeitschrift für Interkulturellen Fremdsprachenunterricht* 12(2). Online: http://spz1.spz.tu-darmstadt.de/projekt_ ejournal/jg-12-2/allgemein/beitra33.htm (30. 12. 2009).
Brünner, Gisela, Reinhard Fiehler und Walther Kindt (Hg.)
  2002   *Angewandte Diskursforschung.* Radolfzell: Verlag für Angewandte Gesprächsforschung.
Colombo, Simona
  2005   *Deutsch als Fremdsprache. Kommunikationsstrategien im geschriebenen und gesprochenen Deutsch italienischer Studierender.* Frankfurt: Lang.
Ehler, Karin
  1996   *Konversation: höfische Gesprächskultur als Modell für den Fremdsprachenunterricht.* München: iudicium.
Ehlich, Konrad
  2007   *Sprache und sprachliches Handeln.* 3 Bde. Berlin/New York: de Gruyter.
Europarat (Hg.)
  2001   *Gemeinsamer europäischer Referenzrahmen für Sprachen: lernen, lehren, beurteilen.* Berlin: Langenscheidt.
Fandrych, Christian und Ingo Thonhauser (Hg.)
  2008   *Fertigkeiten – integriert oder separiert? Zur Neubewertung der Kompetenzen und Fertigkeiten im Fremdsprachenunterricht.* Wien: Praesens.
Fischer, Sylvia
  2005   Sprechmotivation und Sprechangst im DaF-Unterricht. *German as a Foreign Language* 3: 31–45. Online: http://www.gfl-journal.de/3-2005/fischer.pdf (30. 12. 2009).
Fischer, Sylvia
  2007   Sprechfähigkeit und -willigkeit fördern: Das Dilemma der Grammatikvermittlung. *Zeitschrift für Interkulturellen Fremdsprachenunterricht* 12(1). Online: http://spz1.spz.tu-darmstadt.de/projekt_ejournal/jg-12-1/beitrag/beitra32.htm (30. 12. 2009).

Graefen, Gabriele und Martina Liedke
2008   *Germanistische Sprachwissenschaft. Deutsch als Erst-, Zweit- oder Fremdsprache* (mit CD-Rom). Tübingen: Francke/UTB.

Krumm, Hans-Jürgen
2001   Die sprachlichen Fertigkeiten: isoliert − kombiniert − integriert. *Fremdsprache Deutsch* 24: 5−12.

Lemke, Siegrun (Hg)
2006   *Sprechwissenschaft/Sprecherziehung. Ein Lehr- und Übungsbuch.* Frankfurt a. M.: Peter Lang.

Luchtenberg, Sigrid
2003   Entwicklung mündlicher Fähigkeiten im mehrsprachigen Kontext. In: Bredel, Ursula, Hartmut Günther, Peter Klotz, Jakob Ossner und Gesa Siebert-Ott (Hg.), *Didaktik der deutschen Sprache*, 121−132. Bd. 1. Paderborn: Schöningh.

Nollmeyer, Olaf
2007   *Die souveräne Stimme. Ganzheitliches Sprechtraining mit interaktiver CD-Rom.* Offenbach: Gabal.

Olbertz-Siitonen, Margarethe
2007   *ähm* vs. *niinku* − Verzögerungssignale in deutschen und finnischen Diskussionen. *Zeitschrift für Interkulturellen Fremdsprachenunterricht* 12(2). Online: http://spz1.spz.tu-darmstadt.de/projekt_ejournal/jg-12-2/allgemein/beitra33.htm (30. 12. 2009).

Rehbein, Jochen
1977   *Komplexes Handeln. Elemente zur Handlungstheorie der Sprache.* Stuttgart: Metzler.

Rehbein, Jochen
1984   *Reparative Handlungsmuster im Fremdsprachenunterricht* (= ROLIGpapir 30). Roskilde: Universitetscenter.

Roche, Jörg
2008²   *Fremdsprachenerwerb, Fremdsprachendidaktik.* Tübingen: Francke/UTB.

Schatz, Heide
2006   *Fertigkeit Sprechen.* (= Fernstudieneinheit 20). Berlin: Langenscheidt.

Schöningh, Ingo
2008   Anmerkungen zur Frequenz und Funktion des Verzögerungssignals <äh> beim DaF-Erwerb vietnamesischer Lernerinnen und Lerner. *Info DaF* 35(1): 3−14.

Schwitalla, Johannes
1997   *Gesprochenes Deutsch. Eine Einführung.* Berlin: Erich Schmidt Verlag.

Wang, Yingpin
2007   *Mündliche kommunikative Fähigkeiten chinesischer Deutschlerner: Probleme und Perspektiven.* München: iudicium.

Martina Liedke, München (Deutschland)

110. Vermittlung der Schreibfertigkeit

1. Was ist Schreibfertigkeit?

Die Fertigkeit Schreiben wird als eine der vier „klassischen" Fertigkeiten (vgl. Art. 106) im Sprachunterricht ausgebildet. Durch den Erwerb einer weiteren Sprache kann sich die soziale Praxis, die die Schreibfertigkeit als Teilkompetenz sprachlichen Handelns darstellt, für die Lernenden erweitern. Das Schreiben ist jedoch nicht für jeden in allen Domänen (im Privaten, auf Reisen, in Beruf/Ausbildung usw.) gleichermaßen wichtig.

Schreiben ist eine komplexe kognitive Aktivität. Seit den 1980er Jahren erforscht die Psycholinguistik die mentalen Operationen, die Schreibprozesse steuern. Durch regelmäßiges Üben automatisieren Lernende bestimmte Momente des Schreibens (z. B. die Motorik der schreibenden Hand oder auch Schreibstrategien) und sie erweitern ihr Wissen um Schreibkonventionen (z. B. um Merkmale von Schriftsprache), was es ihnen möglich macht, sich auf andere Aspekte des komplexen Schreibprozesses zu konzentrieren.

Schreibfertigkeit wird über einen langen Zeitraum und in verschiedenen Entwicklungsphasen erworben (vgl. z. B. Bereiter 1980); diesen schenkten die muttersprachliche und die fremdsprachliche Schreibdidaktik in den letzten Jahren besondere Aufmerksamkeit. Diese Phasen sind bestimmt durch die Anforderungen, die die jeweiligen Schreibaufgaben stellen; so müssen z. B. Textsortenmerkmale realisiert oder komplexere Texte geplant werden. Schreibkompetenz baut sich im Zuge solcher Problemlösungen in Schreibprozessen auf. Der Erwerb der Schreibfertigkeit ist aber auch bestimmt durch individuelle Lesegewohnheiten und durch den Umgang mit Texten in verschiedenen Lernkontexten (vgl. Art. 124).

Schreiben im Alltag wie im Unterricht umfasst meistens auch Hör-, Lese- und Sprechaktivitäten und fördert damit ebenfalls die Entwicklung der anderen Fertigkeiten; es gibt zahlreiche sprachproduktive Aktivitäten wie z. B. das Lesen einer Nachricht, auf die wir schreibend reagieren, die eine integrierte Vermittlung der verschiedenen Fertigkeiten nahe legen (vgl. Art. 106). Außerdem weiß man, dass das menschliche Gehirn nicht über fest lokalisierte „Sprachzentren" verfügt, die jeweils für die Ausübung einer einzelnen Sprachtätigkeit zuständig sind. Dem Sprachgebrauch liegen polysensorische Prozesse zugrunde, die ständige, wenn auch unterschiedlich intensive Wechselwirkungen zwischen den Sprachtätigkeiten darstellen (Bohn 2001: 923).

Wer schreibt, tut dies in einem kulturellen Kontext. Lernende erwerben die Normen für den Gebrauch der Schriftsprache im Kontext einer Schriftkultur (Feilke 2005). Seit den frühen 1990er Jahren beschreibt eine kulturwissenschaftlich orientierte Textlinguistik Texte und ihre Muster als kulturell geprägt. Als Folge wurde die Auseinandersetzung mit kulturell geprägten Schreibformen und Textmustern auch zu einem Teil der Schreibvermittlung (Eßer 1997; Hufeisen 2002).

2. Anforderungen beim Schreiben in DaF/DaZ

Schreiben in einer weiteren Sprache gilt gemeinhin als besonders schwierig und erfordert besondere Aufmerksamkeit. Die zugrunde liegenden Prozesse verlaufen interaktiv und rekursiv, d. h. sich ständig wiederholend und aufeinander beziehend. Der *Schreibprozess* ist bestimmt durch die Schreibaufgabe, die die Bearbeitung des Themas (z. T. unter Rückgriff auf differenziertes Wissen), die Adressaten und die Textsorte festlegt. Das Langzeitgedächtnis der Schreibenden, in dem Sach-, Sprach- und Textmusterwissen zusammen wirken, bildet die interne Grundlage für das Schreiben. Der Prozess des Schreibens selbst besteht aus dem Planen (z. B. der konkreten Anordnung der Inhalte in einem Text), aus dem Formulieren und aus dem Prüfen des Geschriebenen bspw. hinsichtlich sprachlicher und inhaltlich-logischer Angemessenheit. Modellierungen des Formulierungsprozesses zeigen die Komplexität des Formulierens in einer fremden Sprache: Börner unterscheidet hier Ausdruck (Umsetzung von Gedanken in propositionale Einheiten in der fremden Sprache), fremdsprachliche Grammatik (Verknüpfung der propositionalen Einheiten zu Sätzen und zu Texten) und graphische Kodierung, die Lernende aus anderen als der lateinischen Schriftkultur zusätzlich herausfordert (vgl. Börner 1987).

Probleme beim Schreiben in einer anderen als der Erstsprache haben darüber hinaus zumeist drei Ursachen:

1. Das deklarative Sprach- und Weltwissen der Schreibenden ist nicht ausreichend ausgebildet; das hat zur Folge, dass sie Planungs- und Formulierungsprozesse immer wieder unterbrechen, um dieses Wissen zu aktivieren. Auch wenn in der Erstsprache bereits Schreibroutine erworben wurde, ist der Schreibprozess aufgrund des fehlenden schriftsprachlich geprägten lexikalischen und grammatischen Wissens schwierig.
2. Lernende können prozedurale, also problemlösende Strategien beim fremdsprachigen Schreiben im Unterricht oft nicht abrufen oder wirkungsvoll einsetzen, auch wenn sie für das Schreiben in ihrer Erstsprache über gut entwickelte Strategien verfügen (Wolff 1990). Grund dafür sind z. B. sprachliche Formulierungen, die beim Schreiben geübt werden sollen, die die Schreibsituation jedoch „künstlich" erscheinen lassen und kognitive Kapazität binden.
3. Zusätzliche Probleme ergeben sich aus der kulturellen Geprägtheit des Schreibens als Praxis und damit auch der Textmuster. So entwickeln manche Lernende erst im DaZ-Unterricht Einsicht in die Bedeutung des geschriebenen Wortes in den Schriftsprachenländern im Unterschied zu der des gesprochenen Wortes in ihrer Herkunftskultur. Daneben müssen sie explizites Wissen über Textmuster entwickeln; Funktion, Struktur- und Stilmerkmale von Texten müssen Lernende zunächst erkennen lernen (Eßer 1997). Auf dieser Basis bilden sie dann mit Zeit und Übung die produktive Kompetenz aus, die nötig ist, um den Gütekriterien entsprechende Texte schreiben zu können.

3. Schreiblernziele

Das Schreiben hatte in der Fremdsprachenvermittlung lange Zeit einen eher geringen Stellenwert, was sich aber mit den 1980er Jahren änderte: eine Trendwende setzte in Forschung, Didaktik und Unterricht zugunsten des Schreibens ein (Bohn 2001: 924;

Art. 106) und die Vorschläge zur Förderung des Schreibens aus der Muttersprachen-, Zweitsprachen- und Fremdsprachendidaktik befruchteten einander.

Die Ziele der Schreibvermittlung unterscheiden sich je nach Zielgruppe zum Teil erheblich; sie sind verknüpft mit der Funktion, die das Schreiben für die Lernenden hat, und mit der Bedeutung, die dem Schreiben in ihrem konkreten Bildungszusammenhang, in ihrem sozialen und gesellschaftlichen Kontext zukommt. Für die meisten Lernenden ist schriftsprachliche Kommunikationsfähigkeit ein unmittelbares Lernziel. Im Unterricht dominiert jedoch besonders auf den unteren Sprachniveaustufen häufig das Schreiben mit dem Ziel, Sprache zu lernen: Dieses instrumentale Schreiben ist Lernhilfe, es macht Lerninhalte und Lernergebnisse sichtbar; es erhöht bei den meisten Lernenden – vor allem bei den visuell und graphomotorisch angelegten Lernertypen – die Behaltensleistung (Portmann 1991: 10).

Im Weiteren wird zwischen Zielen der Schreibförderung im DaZ- und im DaF- Unterricht unterschieden.

Die Zielbeschreibungen im Rahmen der Integrationsvereinbarungen (vgl. Art. 121) fokussieren primär alltagssprachliche und mündliche Kompetenzen für *DaZ-Lernende* (z. B. Rahmencurriculum 2007); trotzdem sollen sich MigrantInnen entsprechend ihrem Alter und Bildungsstand auch schriftlich ausdrücken können. Als kommunikativ relevant beschriebene Handlungsfelder gelten hier z. B. das Schreiben „auf Ämtern und Behörden" oder das „Bitten um Unterstützung" (Textsorte: Behördenformular, Brief). Schreiben müsse daneben aber auch den Prozess der Identitätsbildung im Kontext der Migration unterstützen, so Balle und Damm (2008: 66); es ermöglicht individuelle Zugänge zur persönlichen Situation, schafft ein Bewusstsein für die Bedeutung des geschriebenen Wortes und gesellschaftliche Teilhabe an schriftsprachlicher Kommunikation. Freies Schreiben, auch kreativ-biographische Zugänge, Dialog-Journale zwischen Kursleitenden und Lernenden, schreibbegleitendes Feedback und die Stützung erster Schreibprozesse durch die Vorgabe von *chunks* werden deshalb für den DaZ-Unterricht im Integrationskontext befürwortet (Balle und Damm 2008: 67–69).

In der deutschsprachigen Schule gelten für Lernende mit anderen Erstsprachen als Deutsch dieselben Lernziele wie für diejenigen mit Deutsch als Muttersprache, sobald sie keinen außerordentlichen Schülerstatus mehr haben. Schreiben ist hier im Muttersprachenkontext funktional facettenreicher: es macht Ideen verfügbar und entwickelt diese, es ist sprachgestaltend, dient der Argumentation und Überzeugung u. v. m. Der Sprach- und der Fachunterricht fördern wissensentwickelndes Schreiben (vgl. Art. 124). Schreibförderung ist hier geprägt von dem Bemühen, die Entwicklung der Schriftsprache und den Aufbau von Wissen über Texte und ihre Konventionen zu stützen und gleichzeitig die Motivierung zum Schreiben (Interesse wecken am Schreiben als Weg des Denkens und des Erkennens von Bedeutung) zu fördern. Die Richtlinien zur Leistungsbeurteilung mehrsprachiger Schülerinnen und Schüler in Österreich raten z. B. dazu, ihnen ausreichend Zeit für die Entwicklung ihrer schriftsprachlichen Fähigkeiten in der Zweitsprache einzuräumen; entsprechende Maßnahmen wären, das Sprechen zunächst in größerem Umfang als das Schreiben zu bewerten, dem Sprachstand der Schülerinnen angemessene schriftliche Schularbeiten zu entwickeln, individuellen Lernfortschritt und sprachliche Experimentierfreude bei der Bewertung zu berücksichtigen und bei Fehlerhäufungen Fehler Kategorien zuzuordnen und diese nur einmal zu zählen (vgl. Lehrplan Pflichtgegenstand Deutsch).

Im *DaF-Unterricht* werden die geschriebene und gesprochene Sprache, das Schreiben und das Sprechen, zumeist parallel zueinander gelernt. Neben der Funktion des Schreibens als Medium des Sprachenlernens kommt dem funktional-kommunikativen Schreiben im Fremdsprachenunterricht immer noch besondere Bedeutung zu. Lernende lernen im Unterricht, wie schriftliche Sprache (in Texten) verfasst ist und wie sie schriftsprachlich in konkreten kommunikativen Zusammenhängen handeln können. Textformen des Fremdsprachenunterrichts sind Notizen, Mitteilungen, Briefe als Mischformen freier und stark konventionalisierter Textformen, Berichte, Erzählungen, Zusammenfassungen, Kommentare und argumentative Texte. Auch narrativ-fiktionale Texte finden sich als Produkte kreativer Schreibprozesse. Im beruflichen und im universitären Kontext wird das Schreiben als kulturell geprägte sprachliche Handlung z. B. am Beispiel von Textsortenkonventionen thematisiert.

Im Unterricht soll Schreiben möglichst in Kontexten geübt werden, die natürlichen schriftsprachlichen Aktivitäten und damit den kommunikativen Bedürfnissen der Lernenden entsprechen. Tatsächlich wird Schreiben in vielen DaF-Lehrwerken nach wie vor separiert von den anderen Fertigkeiten geübt. Die Folge ist, dass Schreiben und auch Lesen im Sprachunterricht oft „Lernaufgabe" sind und dass sich immer noch zu selten authentische kommunikative Aufgaben finden, deren Bearbeitung das Lesen und das Schreiben erforderlich machen und damit Lernenden intensive sprachliche Verarbeitungsprozesse in schriftlichen Handlungssituationen ermöglichen (vgl. Thonhauser 2008: 93).

4. Schreibdidaktische Ansätze

Hier können im Folgenden lediglich zwei grundlegende Orientierungen der fremdsprachigen Schreibdidaktik skizziert und anhand einiger aktueller Vermittlungsansätze im Unterricht verdeutlicht werden (für einen Überblick über schreibdidaktische Positionen vgl. Portmann 1991: 373−387; für eine Typologie von Schreibübungen Kast 1999: 34−167). Man kann im Großen und Ganzen *produktorientierte* und *prozessorientierte* Ansätze unterscheiden:

In der produktorientierten Schreibvermittlung stehen der Text als Ergebnis des Schreibprozesses und seine Form im Mittelpunkt. Reproduktiv-produktive und produktive Schreibübungen bzw. -aufgaben, wie sie z. B. Bohn unterscheidet (2001: 928 f.), unterstützen Lernende dabei, Texten inhaltliche, textstrukturbezogene und sprachliche Informationen zu entnehmen und diese beim Schreiben eigener Texte zu verwenden. Reproduktiv-produktive Schreibübungen sind Ergänzungsübungen (fehlende Wörter, Sätze, Absätze in Texten ergänzen), Umformungsübungen (einen Text in eine andere Textsorte umschreiben), Verdichtungsübungen (eine Inhaltsangabe schreiben) oder Aufgaben zur kriteriengeleiteten Textüberarbeitung. Produktive Aufgabentypen nehmen reale kommunikativ-pragmatische Schreibsituationen und ihnen entsprechende Textsorten in den Blick, ermöglichen aber auch freies Schreiben (Wahrnehmungen wiedergeben, erzählen u. a.).

Die Prozessorientierung der Schreibforschung führte in den 1990er Jahren zu didaktischen Überlegungen, die die Anforderungen, die der komplexe Schreib*prozess* an die Lernenden stellt, in den Mittelpunkt rücken. Entsprechend werden im Unterricht einzelne Prozesse des Schreibens (wie z. B. das Überarbeiten von Textteilen) isoliert fokussiert; es entstehen auch nicht immer ganze Texte als Ergebnis prozessorientierter Schreibaufgaben, sondern bspw. nur Prätexte, die das Formulieren unmittelbar vorbereiten. Prozessorientierte Aufgaben machen Schreibenden Prozeduren bewusst, ermutigen sie dazu, sie zu bewerten und alternative Schreibstrategien auszuprobieren. Auf diese Weise kann deutlich werden, dass Schreiben ein komplexer Problemlöseprozess ist, für den aber Hilfen zur Verfügung stehen (z. B. *mind mapping* für das Zusammentragen von themarelevanten Ideen, Checklisten zu Textkriterien für den Überarbeitungsprozess).

In aktuellen Vermittlungskonzepten wird die Differenzierung zwischen Produkt- und Prozessorientierung nicht mehr aufrechterhalten. Besonders in der schulischen Schreibförderung nimmt man auch in prozessorientierten Vermittlungsansätzen auf Textmuster und -normen Bezug und nutzt damit die Chancen, die klare Vorgaben zum Textprodukt in Bezug auf Textmuster und Schreibnormen im Schreibprozess selbst bieten (Feilke 2005: 45 f.).

Ansätze wie das kooperative Schreiben zeigen hier positive Wirkung: Lernende verschriftlichen gemeinsam einen Text und profitieren dabei von dem gemeinsamen Wissen des Teams zu Sprache, zu Texten und zu Schreibprozeduren (vgl. Faistauer 1997). Auch der intensiven „Arbeit am Text" kommt eine wichtige Rolle beim Schreiben lernen zu (Portmann-Tselikas 2005: 179). Ein weiteres didaktisches Grundverfahren ist die Schreibberatung mit dem Ziel, Schreibaufgaben für die Lernenden „überblickbar" zu machen, Wissen über Texte bzw. deren Teiltexte aufzubauen und den Schreibprozess bewusst moderieren zu lernen. Die Arbeit mit Portfolios zum Schreibenlernen und die Schreibberatung durch *peers* geben sprachlichen und textbezogenen Problemen beim Schreiben Raum, daneben gelangen die Lernenden über die (fragengeleitete) Reflexion des eigenen Textes auch zu anderen Qualitätskriterien und lernen aus den Erkenntnissen zum eigenen Text Konsequenzen für spätere Schreibprozesse zu ziehen (vgl. Bräuer 1998).

Personale und kreative Schreibformen haben in der fremd- wie in der zweitsprachlichen Schreibdidaktik ihren festen Platz. Ziel ist das Schreiben persönlich bedeutsamer und damit identitätsbildender Texte, die oft mit besonderer Motivation und dem Bemühen um sprachliche Klarheit entstehen (vgl. z. B. Schreiter 2002; in DaZ: Finke und Thums-Senft 2005). Es wären noch Vorschläge dazu wünschenswert, wie das Potenzial kreativer Schreibformen auch in stark analytisch-argumentativen Schreibaufgaben genutzt werden kann, die immer noch die Prüfungskontexte dominieren.

5. Impulse für die Vermittlung der Schreibfertigkeit

Das Schreiben in elektronischen Umgebungen erweitert die Möglichkeiten, Schreiben durch Lernprogramme sowie durch das Internet als Kommunikations- und Publikationsmedium (Email, Weblogs, Wikis u. a.) (vgl. Art. 138) zu üben. Elektronische Lernprogramme (z. B. deutsch-uni-online ab der Mittelstufe) geben Schreiblernmaterial und domänenspezifische Inhalte vor. Ihr Potenzial liegt in der Möglichkeit, selbstgesteuert auf fremdsprachliche Materialien und Kommunikationsangebote zuzugreifen, wie auch darin, mit anderen schreibend zu interagieren. Auf diese Weise haben Lernende an einer sich ständig verändernden medialen Schriftkultur teil (*electronic literacy approach*); das gewichtigere Argument für die Nutzung elektronischer Medien für das Schreiben lernen ist jedoch, dass diese die schriftsprachliche Alltagspraxis vieler Lernender maßgeblich prägen.

Impulse für das Schreiben lernen bewirken auch der fach- und sprachintegrierte Unterricht (vgl. Art. 116) und das Prinzip der Aufgabenorientierung beim Sprachenlernen. Schreib- und Sprechaufgaben zielen in diesen Kontexten neben der Erweiterung des sprach- und textbezogenen Wissens auch auf die rezeptive und produktive Erarbeitung von Sachwissen ab; letzteres intensiviert die Schreibprozesse und erhöht dadurch die Textqualität (vgl. auch Schmölzer-Eibinger 2008).

Überlegungen zu einem sprach- und fächerübergreifenden Schreibcurriculum mit dem Ziel, das Schreiben lernen zu koordinieren, die verschiedenen (Fremd-)Sprachen übergreifend sowie eingebettet in die thematischen Kontexte der Sprach- und Sachfächer zu fördern, existieren schon lange und sollten dringend vorangetrieben werden (vgl. Antos 1996). Für eine effektive Vermittlung der Schreibfertigkeit ist die Gesamtheit der Schreiblernziele und der Textfunktionen in der Erstsprache, Zweitsprache, Fremdsprache entscheidend (Portmann 1991: 486).

6. Literatur in Auswahl

Antos, Gerd
  1996   Textproduktion. Überlegungen zu einem fächerübergreifenden Schreibcurriculum. In: Helmuth Feilke und Paul R. Portmann (Hg.), *Schreiben im Umbruch. Schreibforschung und schulisches Schreiben*, 186−197. Stuttgart: Klett.

Balle, Ulrike und Verena Damm
  2008   Wenn's nicht sein muss, schreib ich noch nicht mal 'ne Postkarte … Schreiben als komplexe Fähigkeit und Anlass zur Reflexion. In: *Deutsch als Zweitsprache* (Sonderausgabe): 65−72.

Bereiter, Carl
  1980   Development in Writing. In: Lee W. Gregg, Erwin R. Steinberg (Hg.), *Cognitive Processes in Writing*, 73−93. Hillsdale N.J.: Lawrence Earlbaum.

Bohn, Rainer
  2001   Schriftliche Sprachproduktion. In: Gerhard Helbig, Lutz Götze, Gert Henrici, Hans-Jürgen Krumm (Hg.), *Deutsch als Fremdsprache. Ein internationales Handbuch*, 921−931. Bd. 2. (Handbücher zur Sprach- und Kommunikationswissenschaft 19.1−2). Berlin.

Börner, Wolfgang
  1987   Schreiben im Fremdsprachenunterricht. Überlegungen zu einem Modell. In: Wolfgang Lörscher und Werner Hüllen (Hg.), *Perspectives on language in performance*, 1336−1349. Tübingen: Narr.

Bräuer, Gerd
  1998   *Schreibend lernen. Grundlagen einer theoretischen und praktischen Schreibpädagogik*. Innsbruck: Studienverlag.

DUO. Deutsch Uni Online:
          http://www.deutsch-uni.com/duo_webshop/portal/index.jsp (5. 5. 2010).

Eßer, Ruth
  1997   *„Etwas ist mir geheim geblieben am deutschen Referat".* Kulturelle Geprägtheit wissenschaftlicher Textproduktion und ihre Konsequenzen für den universitären Unterricht von Deutsch als Fremdsprache. München: iudicium.

Feilke, Helmuth
  2005   Entwicklungsaspekte beim Schreiben. In: Ulf Abraham, Claudia Kupfer-Schreiner und
          Klaus Maiwald (Hg.), *Schreibförderung und Schreiberziehung. Eine Einführung für Schule
          und Hochschule*, 38−47. Donauwörth: Auer.
Finke, Eva/Thums-Senft, Barbara
  2008   *Begegnung in Texten. Kreativ-Biographisches Schreiben in der Interkulturellen Bildung und
          im Unterricht Deutsch als Fremdsprache oder Zweitsprache.* Stuttgart: Schmetterling.
Hufeisen, Britta
  2002   *Ein deutsches Referat ist kein englischsprachiges Essay: theoretische und praktische Überle-
          gungen zu einem verbesserten textsortenbezogenem Schreibunterricht in der Fremdsprache
          Deutsch an der Universität.* Innsbruck/Wien: Studienverlag.
Kast, Bernd
  1999   *Fertigkeit Schreiben* (= Fernstudieneinheit 12.) Berlin u. a.: Langenscheidt.
Lehrplan Pflichtgegenstand Deutsch:
          http://www.bmukk.gv.at/medienpool/886/hs22.pdf (31. 10. 2009)
Portmann-Tselikas, Paul R.
  2005   Schreiben und Überarbeiten von Texten. In: Ulf Abraham, Claudia Kupfer-Schreiner,
          Klaus Maiwald (Hrg.), *Schreibförderung und Schreiberziehung. Eine Einführung für Schule
          und Hochschule*, 174−186. Donauwörth: Auer.
Portmann, Paul R.
  1991   *Schreiben und Lernen. Grundlagen der fremdsprachlichen Schreibdidaktik.* Tübingen: Nie-
          meyer.
Rahmencurriculum für Integrationskurse Deutsch als Zweitsprache
  2007   Goethe-Institut (Hg.) im Auftrag des Bundesministeriums des Innern und des Bundes-
          amts für Migration und Flüchtlinge. München.
Schmölzer-Eibinger, Sabine
  2008   Lernen *in der Zweitsprache*. Tübingen: Gunter Narr.
Schreiter, Ina
  2002   *Schreibversuche. Kreatives Schreiben bei Lernern des Deutschen als Fremdsprache.* Mün-
          chen: iudicium.
Thonhauser, Ingo
  2008   Konzeptualisierungen von Textkompetenz im Fremdsprachenunterricht mit besonderer
          Berücksichtigung des GeR. In: Christian Fandrych und Ingo Thonhauser (Hg.), *Fertig-
          keiten − integriert oder separiert?* 87−106. Wien: Praesens.
Wolff, Dieter
  1990   Zur Bedeutung des prozeduralen Wissens bei Verstehens- und Lernprozessen im schuli-
          schen Fremdsprachenunterricht. In: *Die Neueren Sprachen* 89/6: 610−625.

Imke Mohr, München (Deutschland)

111. Ausspracheerwerb und Ausprachevermittlung

1. Einleitung

Während Aussprache lange als ein „Stiefkind" (Hirschfeld 2001: 872−873) der Fremd- und Zweitsprachendidaktik galt, hat sich das Teilgebiet in den letzten Jahren stark weiterentwickelt. Regelmäßige Tagungen (z. B. *New Sounds*, *Phonetics Teaching and Learning Conference*), Sonderausgaben von Zeitschriften (z. B. Zeitschrift für Interkulturellen Fremdsprachunterricht 12/2 2007), diverse Sammelbände (z. B. Hansen Edwards und Zampini [Hg.] 2008) und Ausprachezusatzmaterialien dokumentieren das wachsende wissenschaftliche Interesse am Thema.

2. Ausspracheerwerb

2.1. Sprachenbezogene Faktoren

Hinsichtlich des Ausspracheerwerbs sind zahlreiche Faktoren erforscht worden, die Erwerbsschwierigkeit, -reihenfolge, -geschwindigkeit und ultimativ erreichten Ausprachestand beeinflussen. Als spracheninhärente Faktoren sind insbesondere Interferenz, Markiertheit und Ähnlichkeit zu nennen. In Bezug auf die Interferenz sind Hörinterferenz, Ausprechinterferenz und Laut-Buchstaben-Interferenz zu unterscheiden. Während die Laut-Buchstaben-Interferenz eher ein Anfängerproblem darstellt und relativ leicht zu beheben ist, halten sich Hör- und Ausprechinterferenzen hartnäckig, da dem Ausspracheerwerb auch physische Barrieren entgegenstehen. Trubetzkoy (1971: 47) spricht in diesem Zusammenhang vom phonologischen „Sieb". Ausprechinterferenz auf der anderen Seite kommt dadurch zustande, dass sich die Mundmuskulatur neue Bewegungen aneignen muss, die sich von den stark automatisierten der Muttersprache unterscheiden. Dieser Einfluss der L1 und anderer bereits erworbener Sprachen lässt sich weiter spezifizieren. So postuliert Eckman (1977: 321) im Rahmen seiner *Markedness Differential Hypothesis* (MDH), dass in L1 und L2 unterschiedliche Phänomene dann schwieriger zu erwerben sind, wenn sie in der L2 markierter als in der L1 sind. Als markiert gelten dabei Elemente, die in einer Sprache nur dann vorkommen, wenn das entsprechende unmarkierte Element auch vorhanden ist (Eckman 1977: 320). Die MDH ist vielfach belegt worden (z. B. Carlisle 1990; Eckman und Iverson 1993). Allerdings gibt es auch Studien, die sie nicht bestätigen können oder nur schwache Evidenz liefern (vgl. Hammarberg 1988: 25−27 für einen Forschungsüberblick).

Wie die Markiertheitstheorie stellt auch das Konzept der phonetischen Ähnlichkeit (vgl. Flege 1995: 264) eine Ausarbeitung der Kontrastiv-Hypothese dar. Die ursprüngliche Annahme, ähnliche phonetische Kategorien seien besonders leicht zu erlernen, hat sich dabei in ihr Gegenteil verkehrt. Mittlerweile kann davon ausgegangen werden, dass gerade die ähnlichen Phänomene ultimativ am schwierigsten zu erlernen sind, selbst im Vergleich zu völlig neu zu etablierenden Kategorien, da die Unterschiede aufgrund mangelnder Salienz überhört werden (Major und Kim 1999: 154). Diesen Erwerbsunterschied zwischen ähnlichen und neuen phonetischen Phänomenen hat v. a. Flege (z. B. 1995) im Rahmen seiner *Equivalence Classification Hypothesis* empirisch belegt.

Eine Differenzierung hinsichtlich des ultimativ erreichten Sprachstands und der Erwerbsgeschwindigkeit bzw. des Sprachstands der Lernenden ist jedoch notwendig. So gilt für Anfänger nach wie vor, dass die völlig neuen Laute die verhältnismäßig „größte" Schwierigkeit darstellen, wohingegen diese Laute von Fortgeschrittenen in den meisten Fällen beherrscht werden und diese dann vielmehr mit der Perfektion von Nuancen bei ähnlichen Lauten zu kämpfen haben. Major und Kim haben in diesem Zusammenhang die *Similarity Differential Rate Hypothesis* (SDRH) aufgestellt, die besagt, dass ähnliche Phänomene zunächst schneller erworben werden als unähnliche (selbst wenn der ultimative Erwerb unterschiedlich ausfällt), wobei außerdem der Grad der Markiertheit der Zielstruktur eine Rolle spielt (Major und Kim 1999: 151−152). Damit stellt die Hypothese eine Synthese aus Ähnlichkeit und Markiertheit dar und hebt den prädiktiven Widerspruch zwischen beiden auf.

2.2. Individuelle Unterschiede

Über die sprachenbezogenen Faktoren hinaus führen individuelle Unterschiede zwischen den Lernenden zu unterschiedlichen Erwerbsverläufen. Neben den Faktoren Instruktions- und Immersionsalter, Länge des Aufenthalts im Zielland, Kontakt mit der Zielsprache und Geschlecht sind verschiedene kognitive und affektive individuelle Unterschiede untersucht worden. Ein viel diskutierter Faktor in Bezug auf den Spracherwerb allgemein, aber auch insbesondere in Bezug auf den Ausspracheerwerb, ist der Faktor Alter (vgl. Art. 96). Unterschieden werden können hier das Instruktionsalter und das Immersionsalter, also das Alter, in dem jemand begonnen hat, Unterricht in der Zielsprache zu nehmen, und das Alter, in dem er in das Zielland gezogen ist. In der Forschung spielt das Immersionsalter die weitaus größere Rolle, was damit zusammenhängt, dass ein sehr hoher Kompetenzgrad in der L2 ohnehin nur erwartet wird, wenn sich jemand längere Zeit im Zielland aufhält. Zusammenfassend zeigen die Studien zum Zusammenhang von Aussprache und Immersionsalter (vgl. Molnár und Schlak 2005; Richter 2008: 81−88 für einen Forschungsüberblick), dass das Immersionsalter einen großen Einfluss auf den ultimativ erreichten Aussprachestand hat. Im Durchschnitt trägt dieser Faktor in den angeführten Studien ca. 50 % zur Varianzaufklärung bei. Dabei lautet der Tenor der Studien, dass die L2 bis zu einem Immersionsalter von ca. sechs Jahren akzentfrei erlernt werden kann und dass dies ab einem Immersionsalter von ca. zwölf Jahren sehr unwahrscheinlich wird. Wie schon beim Faktor Ähnlichkeit, muss allerdings zwischen Erwerbsgeschwindigkeit und maximal erreichtem Sprachstand unterschieden werden. Generell zeigt sich in den Studien sogar die Tendenz, dass Erwachsene eine fremde Aussprache gesteuert, wohl vor allem aufgrund eines effektiveren kognitiven Zugangs, zunächst sogar schneller lernen als Kinder, Jugendliche allerdings wiederum schneller als Erwachsene, obwohl Kinder über eine bessere Imitationsfähigkeit zu verfügen scheinen. Jedoch stellt das Immersionsalter kein absolutes Ausschlusskriterium für die Erlangung einer akzentfreien Aussprache dar, wie lange angenommen wurde. Der veralteten Ansicht einer kritischen Periode gilt es daher − nicht zuletzt auch aus didaktischer Perspektive − entgegenzuwirken, da sie die Gefahr von negativen Selbstattributionen und selbsterfüllender Prophezeiungen in sich birgt (Grotjahn 2003: 32); eine besonders günstige Periode lässt sich allerdings auch nicht wegdiskutieren. Dabei ist der Faktor Alter auf einem Kontinuum angesiedelt. Je älter ein Lerner ist, desto unwahrscheinlicher wird der Erwerb einer akzentfreien Aussprache.

Für die Relevanz des Faktors Alter werden ganz unterschiedliche Begründungen herangezogen, wobei sich ein Trend von physiologischen Faktoren hin zu Faktoren der Erwerbssituation abzeichnet (vgl. z. B. Grotjahn 1998: 48−53, für einen Überblick 2003) und in neuerer Forschung die Frage gestellt wird, ob wirklich das physiologische Alter kausal für das Erreichen bestimmter Performanzstufen sei oder ob es sich vielmehr um eine Pseudo-Variable handle, hinter der sich eigentlich andere, konfundierte Variablen verbergen.

Die Länge des Aufenthalts im Zielland hat sich zwar als eine wesentlich schwächere Prädiktorvariable als das Immersionsalter erwiesen, besitzt aber dennoch eine gewisse Erklärungskraft (u. a. Asher und García 1969; Purcell und Suter 1980; Flege, Munro und MacKay 1995). Zusammenfassend sprechen die Ergebnisse dafür, dass die Dauer des Aufenthalts nur in den ersten zwei bis vielleicht vier oder fünf Jahren einen Einfluss auf das Ausprachniveau von L2-Sprechern hat und sich die Unterschiede danach verlieren, weil andere Variablen relevanter werden.

Auch die Variable Kontakt mit der Zielsprache hat einen Einfluss auf den Ausspracheerwerb. Zu unterscheiden sind hier Quantität und Qualität des Kontakts zu L2-Sprechern. Insgesamt lässt sich belegen, dass häufiger Gebrauch der L2 für die Aussprache förderlich (Flege, Munro und MacKay 1996), häufiger Gebrauch der L1 hingegen hinderlich ist (Piske, MacKay und Flege 2001).

Welche Rolle das Geschlecht beim Fremdsprachenerwerb spielt, ist relativ unklar. Wie bereits in Bezug auf den Faktor Alter in Erwägung gezogen, könnte dies daher rühren, dass es sich möglicherweise nur um eine Pseudo-Variable handelt, hinter der sich andere Faktoren verbergen. Während einige Studien einen, wenn auch relativ schwachen, Einfluss des Geschlechts auf den Ausspracheerwerb zugunsten des weiblichen Geschlechts zeigen (Asher und García 1969; Thompson 1991), lässt sich in anderen Studien kein Einfluss feststellen (Elliott 1995; Piske, MacKay und Flege 2001).

Im Bereich der kognitiven individuellen Unterschiede ist weiter ein Einfluss der Faktoren Imitationsfähigkeit (Purcell und Suter 1980; Thompson 1991), Feldunabhängigkeit (Elliott 1995) und präferierter auditiver Lernstil (Baran 2002) belegbar. Wider Erwarten scheint der Faktor Musikalität hingegen keinen Einfluss auf den Ausspracheerwerb zu haben (Thompson 1991).

Hinsichtlich Motivation und Einstellungen ist gut belegt, dass die Variable Relevanz einer guten Aussprache positiv mit dem Ausprachniveau korreliert (Purcell und Suter 1980; Elliott 1995). Auch integrative (Flege, Munro und MacKay 1996) und professionelle Motivation (Moyer 1999) scheinen zu korrelieren. Vielfach wird in der Literatur ferner die Ansicht vertreten, dass Identitätskonflikte dem Erwerb einer muttersprachenähnlichen L2-Aussprache entgegenstehen können (z. B. Grotjahn 1998: 59−61; Hirschfeld 2001: 874). Da die Aussprache ein wichtiger Teil der eigenen Identität sei, sperrten sich manche Lernenden gegen einen „Eingriff" in ihre Persönlichkeit. Diese Hypothese ist allerdings nur schwer empirisch zu belegen, da sie zum einen auf das Unterbewusste zielt und zum anderen zahlreiche Störvariablen auftreten.

3. Aussprachevermittlung

3.1. Effizienz

Im Bereich der Ausspracheschulung kann es mittlerweile als gesichert gelten, dass Instruktion zu einer Verbesserung der Aussprache beitragen kann (de Bot und Mailfert 1982; Champagne-Muzar, Schneiderman und Bourdages 1993; Derwing, Munro und Wiebe 1998). Allerdings hat sich gleichzeitig auch gezeigt, dass es die optimale Methode wohl nicht gibt (vgl. allgemein Art. 104). Vielmehr reagieren Lernende individuell sehr unterschiedlich auf verschiedene Angebote. Nichtsdestotrotz lassen sich einige Merkmale einer effektiven Ausspracheschulung aus didaktischen Schriften und ersten Lernerbefragungen (de Bot und Mailfert 1982; Frey 1993) ableiten:

- individueller Zuschnitt,
- Fokus sowohl auf Segmentalia als auch auf Suprasegmentalia,
- Berücksichtigung von Artikulationseinstellungen und Koartikulation,
- Förderung von Aussprache- und Ausprachelernbewusstheit,
- inhaltsbasierte, authentische Übungen,
- Visualisierung.

Lehrerbefragungen in Australien (Macdonald 2002) weisen andererseits darauf hin, dass die Befragten sich im Bereich der Ausspracheschulung unzureichend ausgebildet fühlen und daher nicht gern Aussprache unterrichten. Auch in Curricula und Lehrwerken werde zu wenig auf Aussprache eingegangen. Weiter fehlten klare Kriterien für das Testen und Prüfen von L2-Aussprache, und einige Lehrer gaben an, es sei ihnen unangenehm, Lernende auf Fehler in so einem sensiblen Bereich anzusprechen.

3.2. Lernziele und Inhalte

Hinsichtlich der Frage nach den Lernzielen und Inhalten von Ausspracheschulung steht fest, dass sie natürlich in erster Linie von den Bedürfnissen der Lernenden abhängen. Als allgemein gültige Ziele jeder Ausspracheschulung können jedoch Verständlichkeit und soziale Akzeptanz der L2-Aussprache gelten (vgl. Grotjahn 1998: 42−43; Hirschfeld 2001: 872; vgl. auch Art. 18). Hirschfeld (1995) weist empirisch nach, dass insbesondere der Wort- und Phrasenakzent sowie die Quantität der Akzentvokale, d. h. die rhythmischen Parameter, für die Perzeption nichtmuttersprachlicher Äußerungen durch deutsche Muttersprachler von Bedeutung sind. So führen Fehler im suprasegmentalen Bereich häufig zum Nichtverstehen einer segmental einwandfreien Äußerung, was deutlich für eine stärkere Berücksichtigung suprasegmentaler Aussprachemerkmale in der Ausspracheschulung spricht.

Der Aspekt der sozialen Akzeptanz hingegen ist noch relativ unerforscht. Auch wenn einige Studien nachweisen konnten, dass wir Menschen in der Tat (auch) nach ihrer Aussprache beurteilen (z. B. Cunningham-Andersson 1997), ist noch weitestgehend unklar, welche Akzentmerkmale, z. B. bei L2-Sprechern des Deutschen, positiv bzw. negativ bewertet werden.

Neben den Suprasegmentalia (Wort-, Phrasen-, Satzakzent; Rhythmus; Intonation) und den Segmentalia (Vokale, Konsonanten) sollten auch phonotaktische Partikularitäten der Zielsprache (Silbenstrukturen, Assimilation, Auslautverhärtung, Reduktionsformen usw.) in der Ausspracheschulung thematisiert werden. Diese phonetischen Kategorien werden für die Zwecke der Ausspracheschulung primär aus einer artikulatorischen Perspektive betrachtet. Akustische und auditive Phonetik spielen eine untergeordnete Rolle, wobei die akustische Phonetik in einigen Fällen, z. B. zur Visualisierung von Intonation, ergänzend herangezogen werden kann. Als Richtschnur für die Ausspracheschulung gilt dabei die Standardaussprache des Deutschen, die Krech (1999: 135) wie folgt definiert: „Unter Standardaussprache wird hier die gesprochene Form der deutschen Standardvarietät in der Bundesrepublik Deutschland verstanden. Sie hat sich überregional und übergruppal als funktionstüchtig und kommunikationsgünstig erwiesen und wird in weiten Bereichen vor allem des öffentlichen Lebens genutzt, akzeptiert und/oder erwartet. Sie besitzt somit als gesprochene Form der Hochsprache regional und sozial die weiteste Geltung." Die Definition erfolgt also aus einer pragmatischen Perspektive − die Standardaussprache als eine Varietät des Deutschen, die in bestimmten Kontexten des öffentlichen Lebens von Muttersprachlern verwendet wird (vgl. auch Rues 1995: 111−112). Als typisches Beispiel könnte man Nachrichtenlesungen in Radio oder Fernsehen nennen (zur Diskussion der pluriarealen Varietäten vgl. Art. 35−38). Von der Standardaussprache abzugrenzen sind nach oben die Bühnenaussprache und die Überlautung, auch Höchstlautung genannt, nach unten die Umgangslautung (Wissenschaftlicher Rat der Dudenredaktion [Hg.] 2000: 64−68; vgl. auch Krech, Stock, Hirschfeld und Anders 2009 zur Beschreibung der deutschen Standardaussprache).

3.3. Didaktische Grundelemente

Ausspracheschulung kann als Kombination folgender didaktischer Grundelemente beschrieben werden:

In Vorbereitung auf die eigentliche Ausspracheschulung muss der Lehrende zunächst die Ausspracheschwierigkeiten seiner Lernenden ergründen. In L1-homogenen Klassen kann hier bereits das Lesen einer Kontrastivanalyse als Grundlage ausreichen (vgl. Kap. VII, bes. Art. 52). Zu beachten ist allerdings, dass Kontrastive Analysen zumeist phonologisch angelegt sind und die Allophonebene, die die eigentliche Zielebene von Ausspracheschulung darstellt, nicht oder nicht ausreichend berücksichtigen. Hilfreich für Deutsch als Fremd- und Zweitsprache wären Kontrastive Analysen, die zum einen alle Allophone einbeziehen (z. B. lange und kurze Vokale, auch wenn die Quantität in der betreffenden Sprache nicht distinktiv ist) und zum anderen auch frequente nichtnative Phoneme, da beide Lautgruppen eine große Hilfe beim Anbilden (s. u.) darstellen können. In heterogenen Gruppen ist dagegen eher eine Fehleranalyse in Form einer Diagnoseaufnahme zu empfehlen. Die Lernenden lesen z. B. einen kurzen Text vor, der auf Band

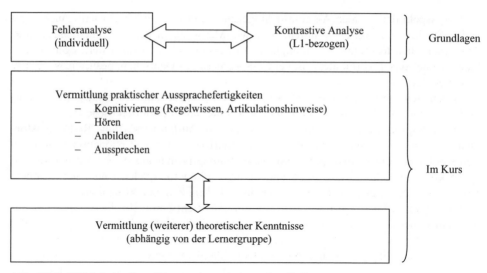

Abb. 111.1: Didaktische Grundelemente von Ausspracheschulung

aufgezeichnet und im Anschluss vom Lehrenden auf Grundlage eines Diagnosebogens (z. B. Dieling und Hirschfeld 2000: 198) ausgewertet wird.

Im Kurs selbst beginnt eine Ausspracheeinheit, zumindest bei erwachsenen Lernern, häufig mit einer Form der Kognitivierung. Es schließen sich Hörübungen an, auf die die Phase des Anbildens folgt. Unter *Anbilden* (Slembek 1995: 57) oder *Ableitung* (Rausch und Rausch 1995: 95) versteht man in der Ausspracheschulung verschiedene „Tricks“, die dabei helfen können, eine phonetische Zielkategorie ein erstes Mal richtig zu produzieren. Der für viele L2-Lerner schwierige ich-Laut des Deutschen kann z. B. angebildet werden, indem die Lernenden ein langes /i:/ produzieren, dann abrupt verstummen, die Artikulationseinstellungen aber exakt beibehalten und vorsichtig den Frikativ flüstern. Solche Hinweise zum Anbilden fehlen in den meisten Lehrwerken und Zusatzmaterialien nach wie vor, obwohl sie für den Lehrer absolut notwendiges Handwerkszeug darstellen (vgl. aber z. B. Rausch und Rausch 1995; Slembek 1995; Dieling und Hirschfeld 2000). Erst wenn das Anbilden gelungen ist, kann mit der Automatisierung begonnen, d. h. das Aussprechen im eigentlichen Sinne trainiert werden.

3.4. Problembereiche

Trotz der großen Fortschritte, die seit den 1990er Jahren im Bereich der Ausspracheschulung erzielt wurden, sind weiterhin auch einige problematische Aspekte zu benennen. Ein grundsätzliches Problem besteht darin, dass aufgrund der physischen Komponente der Ausspracheschulung eine sehr hohe Anzahl formfokussierter Wiederholungen zur Automatisierung vonnöten ist. Um Langeweile möglichst zu vermeiden, können motivierende Texte, abwechslungsreiche und auch spielerische Übungsformen eingesetzt werden. Letztere Strategie kann allerdings in einigen Lernergruppen wiederum ein anderes Problem hervorrufen, nämlich das der Infantilisierung. Viele erwachsene Lerner fühlen sich in der

Ausspracheschulung gehemmt, da ihnen − wie Kindern − auf den Mund geschaut wird und sie z. B. zu bedeutungslosen Wiederholungen einzelner Wörter aufgefordert werden.

Das Hauptproblem von Ausspracheschulung schließlich, das insbesondere in Lerner-gruppen mit heterogener L1 zum Tragen kommt, sind die großen individuellen Unter-schiede zwischen den Lernenden. So ist es in Gruppen mit zehn oder mehr Mutterspra-chen schwierig, eine Progression zu etablieren, da die Lernenden im Gegensatz zu Lexik oder Grammatik mit völlig unterschiedlichen Ausspracheschwierigkeiten kämpfen. Es ist aber dennoch möglich, und zwar auf Grundlage der Diagnoseaufnahmen: Die phoneti-schen Kategorien, mit denen die meisten Lernenden Schwierigkeiten haben, haben Priori-tät. Andere Kriterien sind, wie oben bereits erwähnt, Verständlichkeit und soziale Akzep-tabilität der Abweichungen sowie ihre Frequenz und schließlich die Wünsche der Lernen-den.

Eine andere Möglichkeit, auf die Individualität der Lernenden einzugehen, besteht natürlich darin, sie individuell zu fördern, z. B. im Rahmen von Aussprachelernberatung (Mehlhorn 2007), Aussprachetandems (Richter 2009) oder mit Hilfe von Lernsoftwares. Bei letzteren weisen die Feedbackfunktionen allerdings noch einige Schwächen auf, wäh-rend ein selbständiges Hörtraining bereits möglich ist (vgl. Richter 1999; Hirschfeld 2003: 210−211).

4. Desiderata

Es herrscht also weiterhin Bedarf an innovativen didaktischen Konzepten. Ferner sind die stärkere curriculare Verankerung von Phonetik und Ausspracheschulung in der Leh-rerausbildung sowie die Aufnahme klarer und ausführlicher didaktischer Hinweise zur Ausspracheschulung in Lehrmaterialien als Desiderata zu nennen. Zwar enthalten mitt-lerweile so gut wie alle Lehrwerke auch Ausspracheübungen. Jedoch handelt es sich dabei häufig um zu wenige Übungen, die sich darüber hinaus auf Hören und Imitieren beschränken. Auch Hinweise zum Anbilden fehlen in der Mehrzahl der Fälle.

Zu guter letzt ist anzumerken, dass der Großteil der Aussprachelehrmaterialien auf DaF-Lernende fokussiert. Das Angebot für DaZ-Lernende, insbesondere aus lernunge-wohnten Zielgruppen, die z. B. einen vergleichsweise weniger abstrakten Zugang, dafür aber mehr Übungen zur Förderung der phonologischen Bewusstheit benötigen, sollte weiter ausgebaut werden.

Im Bereich der Fremd- und Zweitsprachenerwerbsforschung schließlich wäre zu klä-ren, welche Abweichungen von der Norm Verständlichkeit und soziale Akzeptanz in welchem Maße einschränken, um hier Hinweise für eine Progression zu geben. Als weite-res Desiderat wären Studien zur Frage, was genau gute Ausspracheschulung auszeichnet, zu nennen. Insbesondere Lehrer- und Lernerbefragungen könnten hier Aufschluss geben.

5. Literatur in Auswahl

Asher, James J. und Ramiro García
    1969   The optimal age to learn a foreign language. *Modern Language Journal* 53: 334−341.

Baran, Małgorzata
   2002   The advantage of auditory perceivers and sharpeners in learning foreign language pro-
           nunciation. In: Ewa Waniek-Klimczak und Patrick James Melia (Hg.), *Accents and speech
           in teaching Englisch phonetics and phonology. EFL perspective*, 315−327. Frankfurt/
           Main: Lang.
Carlisle, Robert S.
   1990   The influence of syllable structure universals on the variability of interlanguage phonol-
           ogy. In: Angela Della Volpe (Hg.), *The Seventeenth LACUS Forum*, 135−145. The Lin-
           guistic Association of Canada and the United States.
Champagne-Muzar, C., E. I. Schneiderman und J. S. Bourdages
   1993   Second language accent. The role of the pedagogical environment. *IRAL* 16: 143−160.
Cunningham-Andersson, Una
   1997   Native speaker reactions to non-native speech. In: Allan James und Jonathan Leather
           (Hg.), *Second-language speech. Structure and process*, 133−144. Berlin/New York: de
           Gruyter.
de Bot, Kees und Kate Mailfert
   1982   The teaching of intonation. Fundamental research and classroom applications. *TESOL
           Quaterly* 16: 71−77.
Derwing, Tracey, Murray J. Munro und Grace Wiebe
   1998   Evidence in favor of a broad framework for pronunciation instruction. *Language Learn-
           ing* 48: 393−410.
Dieling, Helga und Ursula Hirschfeld
   2000   *Phonetik lehren und lernen*. Berlin: Langenscheidt.
Eckman, Fred R.
   1977   Markedness and the contrastive analysis hypothesis. *Language Learning* 27: 315−330.
Eckman, Fred R. und Gregory K. Iverson
   1993   Sonority and markedness among onset clusters in the interlanguage of ESL learners.
           Second Language Research 9: 234−252.
Elliott, Raymond A.
   1995   Field independence/dependence, hemispheric specialization, and attitude in relation to
           pronunciation accuracy in Spanish as a foreign language. *The Modern Language Journal*
           79: 356−371.
Flege, James Emil
   1995   Second language speech learning. Theory, findings, and problems. In: Winifred Strange
           (Hg.), *Speech perception and linguistic experience. Issues in cross-language research*, 233−
           277. Timonium, MD: York Press.
Flege, James Emil, Murray J. Munro und Ian R. A. MacKay
   1995   Factors affecting strength of perceived foreign accent in a second language. *Journal of
           the Acoustical Society of America* 97: 3125−3134.
Flege, James Emil, Murray J. Munro und Ian R. A. MacKay
   1996   Factors affecting the production of word-initial consonants in a second language. In:
           Robert Bayley und Dennis R. Preston (Hg.), *Second language acquisition and linguistic
           variation*, 47−73. Amsterdam/Philadelphia: John Benjamins.
Frey, Evelyn
   1993   Angewandte Phonetik im Unterricht Deutsch als Fremdsprache. Methoden und Erfah-
           rungen. *Zielsprache Deutsch* 24: 195−202.
Grotjahn, Rüdiger
   1998   Ausspracheunterricht. Ausgewählte Befunde aus der Grundlagenforschung und didak-
           tisch-methodische Implikationen. *Zeitschrift für Fremdsprachenforschung* 9: 35−83.
Grotjahn, Rüdiger
   2003   Der Faktor „Alter" beim Fremdsprachenlernen. Mythen, Fakten, didaktisch-methodische
           Implikationen. *Deutsch als Fremdsprache* 40: 32−41.

Hammarberg, Björn
   1988   Acquisition of phonology. *Annual Review of Applied Linguistics* 9: 23−41.
Hansen Edwards, Jette G. und Mary L. Zampini (Hg.)
   2008   *Phonology and Second Language Acquisition.* Amsterdam, Philadelphia: John Benjamins.
Hirschfeld, Ursula
   1995   Phonetische Merkmale in der Aussprache Deutschlernender und deren Relevanz für deut-
           sche Hörer. *Deutsch als Fremdsprache* 32: 177−183.
Hirschfeld, Ursula
   2001   Vermittlung der Phonetik. In: Gerhard Helbig, Lutz Götze, Gert Henrici und Hans-
           Jürgen Krumm (Hg.), *Deutsch als Fremdsprache. Ein internationales Handbuch*, 872−879.
           Bd. 2. (Handbücher zur Sprach- und Kommunikationswissenschaft 19.1−2). Berlin/New
           York: de Gruyter.
Hirschfeld, Ursula
   2003   Phonologie und Phonetik in Deutsch als Fremdsprache. In: Claus Altmayer und Roland
           Forster (Hg.), *Deutsch als Fremdsprache. Wissenschaftsanspruch − Teilbereiche − Bezugs-
           disziplinen*, 189−223. Frankfurt a. M.: Lang.
Krech, Eva-Maria
   1999   Standardaussprache im Spannungsfeld von Norm, Normierung und Realisation. *Deutsch
           als Fremdsprache* 36: 135−140.
Krech, Eva-Maria, Eberhard Stock, Ursula Hirschfeld und Lutz Christian Anders
   2009   *Deutsches Aussprachewörterbuch.* Berlin: de Gruyter.
Macdonald, Shem
   2002   Pronunciation − views and practices of reluctant teachers. *Prospect* 17: 3−18.
Major, Roy C. und Eunyi Kim
   1999   The Similarity Differential Rate Hypothesis. *Language Learning* 49: 151−184.
Mehlhorn, Grit
   2007   Individual pronunciation coaching and prosody. In: Ulrike Gut und Jürgen Trouvain
           (Hg.), *Non-native prosody. Phonetic description and teaching practice*, 211−236. Berlin:
           de Gruyter.
Molnár, Heike und Torsten Schlak
   2005   Zum Zusammenhang zwischen Alter und Aussprachekompetenz. Die kritische Periode
           des Ausspracheerwerbs im Lichte neuer Forschungsergebnisse. *Fremdsprachen und Hoch-
           schule* 73: 70−99.
Moyer, Alene
   1999   Ultimate attainment in L2 phonology. The critical factors of age, motivation, and instruc-
           tion. *Studies in Second Language Acquisition* 21: 81−108.
Piske, Torsten, Ian R. A. MacKay und James Emil Flege
   2001   Factors affecting degree of foreign accent in an L2. A review. *Journal of Phonetics* 29:
           191−215.
Purcell, Edward T. und Richard W. Suter
   1980   Predictors of pronunciation accuracy. A reexamination. *Language Learning* 30: 271−287.
Rausch, Rudolf und Ilka Rausch
   1995   *Deutsche Phonetik für Ausländer.* 4. Aufl. Leipzig: Langenscheidt.
Richter [jetzt Settinieri], Julia
   2008   *Phonetische Reduktion im Deutschen als L2.* Baltmannsweiler: Schneider Verlag Hohen-
           gehren.
Richter [jetzt Settinieri], Julia
   2009   „Das klingt irgendwie komisch." Ausspracheschulung für DaF-Studierende. In: Ag-
           nieszka Hunstiger und Uwe Koreik (Hg.), *Chance Deutsch. Schule − Studium − Arbeits-
           welt. Beiträge der 34. Jahrestagung DaF.* Göttingen: Universitätsverlag.
Richter, Regina
   1999   Computergestützte Ausspracheschulung. Software-Anforderungen und Programmange-
           bot. *Zeitschrift für Fremdsprachenforschung* 10: 257−276.

Rues, Beate
   1995   Standardaussprache im Gespräch und Phonetikunterricht. *Deutsch als Fremdsprache* 32: 111–118.
Slembek, Edith
   1995   *Lehrbuch der Fehleranalyse und Fehlertherapie. Deutsch hören, sprechen und schreiben. Für Lernende mit griechischer, italienischer, polnischer, russischer oder türkischer Muttersprache.* 2., erw. Aufl. Heinsberg: Agentur Dieck.
Thompson, Irene
   1991   Foreign accents revisited. The English pronunciation of Russian immigrants. *Language Learning* 41: 177–204.
Trubetzkoy, Nikolai Sergejewitsch
   1971   *Grundzüge der Phonologie.* 5. Aufl. Göttingen: Vandenhoeck & Ruprecht.
Wissenschaftlicher Rat der Dudenredaktion (Hg.)
   2000   *Duden. Das Aussprachewörterbuch. Wörterbuch zur deutschen Standardaussprache.* 4., neu bearb. und aktual. Aufl. Mannheim/Leipzig/Wien: Dudenverlag.

Julia Settinieri, Bielefeld (Deutschland)

112. Grammatikerwerb und Grammatikvermittlung

1. Grundfragen
2. Grammatikerwerb
3. Grammatikvermittlung
4. Fazit: Eine lernergerechte Grammatik
5. Literatur in Auswahl

1. Grundfragen

Wie erwerben Lernende des Deutschen als Fremd- und Zweitsprache grammatisches Wissen und Können? Wie soll Grammatik vernünftigerweise im Fremdsprachenunterricht vorkommen? Diese und verwandte Fragen sind „seit undenklichen Zeiten das beliebteste Streitobjekt der Praktiker, Didaktiker und Linguisten" (Rall 2001: 880), und es sind Fragen, die in den letzten 40 Jahren auch dadurch immer wieder sehr grundsätzlich ins Blickfeld gerückt sind, weil im Rahmen der Spracherwerbsforschung und der Sprachlehr- und -lernforschung, teils auf empirischer Basis, versucht wurde, fundiertere Antworten darauf zu finden (siehe Kapitel VIII sowie VanPatten und Williams 2006). Ob das wirklich gelungen ist, kann weder im Rahmen dieses Beitrags noch außerhalb dieses Beitrags bisher zufriedenstellend beantwortet werden – zu komplex ist am Ende das Bedingungsgefüge, zu vielfältig sind die verschiedenen Lernkontexte und Lern- bzw. Lehrvoraussetzungen, Lernmotivationen und Lernziele, als dass derartige Fragen einfach beantwortbar wären (für einen kleinen historischen Abriss zur Bewertung des expliziten Grammatikunterrichts vgl. Rall 2001: 880–881).

In den letzten Jahren haben sich zum einen durch verschiedene empirische Forschungen und die Weiterentwicklung von Beschreibungsmodellen in verschiedenen disziplinären Kontexten neue Perspektiven auf den Grammatikunterricht bzw. den Grammatikerwerb ergeben (vgl. die Themenschwerpunkte in Wolff und Riedner 2003, *Babylonia* 2003/2; die Beiträge in Hinkel und Fotos 2002 sowie Fotos und Hossein 2007). Dennoch scheinen sich − teilweise auch unabhängig vom theoretischen Ansatz − gewisse Konsensbereiche zu ergeben, was die Schlussfolgerungen für die Grammatikvermittlung im Fremd- und Zweitsprachenunterricht anbetrifft (vgl. Abschnitt 3).

Daneben haben Ergebnisse der Forschungen zum Grammatikerwerb und zu allgemeinen grammatische Fragestellungen in den letzten Jahren auch für viele andere DaF- und DaZ-Kontexte an Relevanz gewonnen (vgl. auch Art. 17): So ist die Frage der Beschreibung *sprachlicher Kompetenzen* bei der Formulierung von Richtlinien, Niveaubeschreibungen und Testformaten in den Blick gerückt, was teilweise auch zu einer kritischen Hinterfragung der zugrundeliegenden Vorstellungen von sprachlicher Kompetenz zur Folge gehabt hat (vgl. die Beiträge in Bausch et al. 2003 sowie Fandrych und Thonhauser 2008; zu Deutsch als Zweitsprache vgl. Grießhaber 2006). Vor allem im Bereich der Vermittlung des Deutschen in Bildungskontexten (Schul- und Hochschulkommunikation) ist in den letzten zehn Jahren die Erforschung der pragmatisch-textuellen, sprechwissenschaftlich-rhetorischen und fachlich-akademischen Dimensionen von Sprachkompetenz noch wesentlich deutlicher in den Blick geraten, als dies schon bei Rall (2001: 883−884) anklang (vgl. auch die Beiträge in Linke et al. 2003, kritisch dazu Helbig 2007; zur Frage der Bildungssprachlichkeit bzw. Textkompetenz vgl. insbesondere die Beiträge in Schmölzer-Eibinger und Weidacher 2007). Dadurch wurde die vormals häufig recht strikt gezogene Grenze zwischen *Sprachsystem* und *Sprachverwendung* auch aus der Lernerperspektive deutlich relativiert. Die Begriffe *Grammatikerwerb* und *Grammatikvermittlung* sind in dieser Hinsicht selbst teilweise unscharf, da sie − wie bei Rall (2001: 882) bereits dargelegt − einerseits häufig eine eher traditionelle, auf die satzbezogene Morphosyntax beschränkte Konzeption von Grammatik meinen. Gleichzeitig ist doch an vielen Stellen deutlich geworden, dass eine ganze Reihe von grammatischen Phänomenen ohne den Bezug auf den Text bzw. den (mündlichen) Diskurs nicht adäquat erklärt und auch erworben werden kann (Celce-Murcia 2002; Fandrych und Thurmair i. Vorb.). Die Reduktion von „Grammatikwissen" auf die Morphosyntax scheint daher zumindest problematisch und vorläufig.

Im Rahmen des vorliegenden Beitrags kann die Komplexität und Vielschichtigkeit der Forschungsfragen, -methoden, -ergebnisse zum Grammatikerwerb und ihre mögliche Relevanz für verschiedenste Lehr- und Lernkontexte nur kurz und in Auswahl dargestellt werden (vgl. Kap. VIII für eine ausführlichere Darstellung des Verhältnisses von Grammatikvermittlung und Spracherwerbstheorien).

2. Grammatikerwerb

Die Diskussion um den Grammatikerwerb hat in den letzten Jahren durch verschiedene Erwerbsstudien auch mit Bezug auf das Deutsche als Fremd- und Zweitsprache wieder Aufwind erhalten (zu DaZ vgl. hierzu den Überblick bei Ahrenholz 2008, wichtige Ansätze zu DaF finden sich in Börner und Vogel 2002). Einige grundlegende Fragen werden im Folgenden kurz skizziert.

2.1. Spezifika und Gemeinsamkeiten beim Grammatikerwerb DaZ und DaF

Neuere Untersuchungen auf empirischer Basis und Auswertungen von Forschungsergeb-nissen verschiedener Disziplinen scheinen darauf hinzudeuten, dass die Hypothese einer *critical period*, nach der ein erfolgreicher Erwerb nach einer bestimmten Entwicklungs-phase (etwa der frühen Pubertät) nicht mehr möglich ist bzw. der Zugang zu den für die Erstsprache(n) genutzten Spracherwerbsmechanismen danach nicht mehr besteht, we-sentlich differenzierter betrachtet werden muss (Grießhaber 2009). Es scheint so zu sein, dass bei früher Zweisprachigkeit morphologische und syntaktische Kompetenzen in bei-den Sprachen in ähnlicher Weise neuronal verankert sind, während für später gelernte Sprachen (meist) zusätzliche neuronale Verankerungen aufgebaut werden müssen, also andere neuronale Ressourcen genutzt werden (nach Grießhaber 2006: 6 scheint dies schon ab dem siebten Lebensjahr zuzutreffen). Frühe Mehrsprachigkeit scheint das Ler-nen weiterer Sprachen auch zu einem späteren Zeitpunkt zu fördern (vgl. Grießhaber 2009: 123−127), die unterschiedlichen Lernerfolge älterer Lerner könnten u. a. mit der individuell unterschiedlichen Fähigkeit zur kompensatorischen Nutzung anderer neuro-naler Ressourcen zusammenhängen. Dafür spricht auch, dass die Erstsprache(n) beim Sprachenlernen älterer Lerner eine wichtigere Rolle zu spielen scheinen als bei jüngeren Lernern (vgl. Ahrenholz 2008: 71). Als grundsätzliche Unterschiede zwischen dem Gram-matikerwerb im DaZ- und im DaF-Bereich nennt Ahrenholz (2008: 75) die folgenden Faktoren: DaZ-Lernende verfügen häufig noch über keine voll ausgebildete Erstsprache, v. a. im Bereich bildungsorientierter Sprachverwendung („Textkompetenz", vgl. Port-mann-Tselikas 2002); sie sind noch stark in ihrer kognitiven und psychischen Entwick-lung begriffen; für DaZ-Lernende stellt daneben das Deutsche die zentrale Umgebungs-und Institutionensprache dar. Obwohl diese Immersionssituation eine gute Erwerbsper-spektive bieten sollte, da zumindest prinzipiell vielfältiger *Input* vorhanden ist, führt dies nicht automatisch zum erfolgreichen Erwerb auch im Bereich der Morphosyntax (vgl. die „Schere" zwischen guten und weniger erfolgreichen Kindern, Grießhaber 2009: 121). Dies zeigt, dass für den erfolgreichen Grammatikerwerb weitere Faktoren von wesentli-cher Bedeutung sind. Hierzu gehören unter anderem emotionale Aspekte, sprachliche Handlungsmotive und -bedürfnisse (vgl. Multhaup 2002: 86), daneben spielt − sicherlich damit in Zusammenhang stehend − die Frequenz und Vielfalt der von den Lernenden verwendeten sprachlichen Mittel eine wichtige Rolle für den Erfolg des Grammatiker-werbs (vgl. Grießhaber 2007: 190−191). Letztlich weisen diese Ergebnisse wohl auch auf den Zusammenhang von erfolgreichem Grammatikerwerb und positiven sozialen und kommunikativen Beziehungen der Lernenden zur Gesellschaft der Umgebungssprache hin.

2.2. Lexikalisches Lernen und grammatisches Lernen

In den letzten Jahren ist noch deutlicher geworden, dass der Erwerb sprachlicher Mittel sehr viel stärker über *lexikalisches Lernen* (von Wörtern und größeren sprachlichen Ver-satzstücken, *chunks*) verläuft, als das etwa universalgrammatische Ansätze annahmen. Lexikalisches Lernen ist allein schon deswegen ein zentraler Motor des Grammatikerwerbs, als es uns erst eine genügend große Menge lexikalischer Einheiten erlaubt, grammatische Regelhaftigkeiten abzuleiten: „Wir lernen an Beispielen, nicht über die ‚Verinnerlichung' einer abstrakten Regel" (Multhaup 2002: 92). Neuere Ansätze nehmen an, dass Lernende (auch im Kontext des Deutschen als Zweitsprache) früh sowohl mehr oder weniger komplexe (noch unanalysierte) lexikalische Einheiten, als auch bestimmte morphologische Formen aufnehmen (vgl. Grießhaber 2006: 6–7 und 26–29). Konnektionistische und konstruktionsgrammatische Ansätze sehen den Spracherwerb und das Sprachwissen insgesamt als Erwerb von Konstruktionen unterschiedlicher Abstraktion (vgl. ausführlicher N. Ellis 2003). Die jüngere Forschung stimmt jedenfalls darin überein, dass beim Erwerb grammatischer Strukturen im DaZ- wie im DaF-Bereich die Rolle formelhafter, mehr oder weniger fester und zunächst lexikalisch und situativ gelernter sprachlicher Versatzstücke lange unterschätzt wurde (vgl. Aguado 2004).

2.3. Erwerbssequenzen im Bereich der Morphologie und Syntax

Verschiedene empirische Studien im Rahmen der Erforschung des (selbstgesteuerten) Spracherwerbs von Arbeitsmigranten haben schon in den 80er und 90er Jahren zur Annahme einer relativ festen Erwerbsreihenfolge bestimmter morphosyntaktischer Erscheinungen geführt (vgl. im Überblick Grießhaber 2006: 7–12; Pienemann 1998). Diese wurden in jüngerer Zeit von Grießhaber (2006) spezifisch für die Bedürfnisse des Deutschen als Zweitsprache zur *Profilanalyse* adaptiert und genutzt. Ziel ist es, mündliche Daten von Kindern anhand bestimmter vergleichsweise einfach zu bestimmender „Kenngrößen des Zweitsprachenerwerbs" (Grießhaber 2006: 7) bezüglich des allgemeinen Sprachstands einschätzen zu können. Zentrale Kenngröße ist danach die Wort- bzw. Satzgliedstellung. Die Erwerbsstufen, darauf deuten auch Unterrichtsversuche hin, scheinen – bei aller sonstigen individuellen Variation im Erwerbsverlauf – nicht wesentlich zu variieren und auch für den (gesteuerten) DaF-Erwerb zu gelten. In der Adaption durch Grießhaber stellen sich die Erwerbsstufen folgendermaßen dar:

4)   Nebensätze mit finitem Verb in Endstellung: *…, dass es so schwarz ist.*

3)   Subjekt nach finitem Verb nach vorangestellten Adverbialien: *Dann brennt die.*

2)   Separierung finiter/infiniter Verbteile: *Und ich habe dann geweint.*

1)   Finites Verb in einfachen Äußerungen: *Ich versteh.*

0)   Bruchstückhafte Äußerungen, ohne finites Verb: *anziehn Ge/*
                                                          (vgl. Grießhaber 2007: 186).

Inwieweit diese Erwerbsstufen wirklich unabhängig von der Ausgangssprache gelten, ist noch nicht abschließend geklärt. Anders als Grießhaber kommt Haberzettl (2005) in ihrer vergleichenden Untersuchung zu Kindern mit Türkisch und Russisch als Muttersprache zu dem Ergebnis, dass die Erstsprache doch auch die Erwerbsreihenfolge beeinflusst: Während Kinder mit Türkisch als Muttersprache (eine Verb-Letzt-Sprache) offenbar zunächst – wenn auch kurz – eine Verb-Letzt-Phase durchlaufen, dann zu einer Verb-Objekt-Stellung übergehen und weniger große Probleme bei der Bildung der Verbklammer haben, ist für Kinder mit Russisch als Muttersprache (einer Verb-Objekt-Sprache) der Erwerb der Verbklammer und der Verbletztstellung im Nebensatz deutlich schwieriger. Eine auf schriftlichen Texten frankophoner Schülerinnen und Schüler basierende Erwerbsstudie in der Schweiz bestätigte die Grundtendenz der Ergebnisse zum Wortstellungserwerb für den schulischen DaF-Kontext (vgl. zusammenfassend Diehl und Pistorius 2002) mit leichten Unterschieden (bei der Reihenfolge des Erwerbs der Nebensatzwortstellung und der „Inversion", vgl. Diehl und Pistorius 2002: 228). Für einige andere sprachliche Mittel fand die Schweizer Studie keine festen Erwerbsreihenfolgen, so etwa für Genus, Numerus und Adjektivflexion (vgl. Diehl und Pistorius 2002). Untersuchungen zum Numeruserwerb deuten darauf hin, dass „irreguläre" Numerusmorpheme (-*er* und -"(*e*)) offenbar aufgrund ihrer sehr hohen Frequenz lexikalisch gelernt werden, also keine Regel ausgebildet wird, während bei den restlichen Numerusmorphemen -*en* als einfachstes, weil salientestes und validestes Numerusmorphem vor den anderen Numerusmorphemen erworben wird (vgl. Wegener 2005).

Die sich an derartige Ergebnisse empirischer Studien anknüpfenden didaktischen Überlegungen sind durchaus heterogener Natur. Es versteht sich einerseits, dass die Sprachdidaktik nicht etwa versuchen sollte, für die sprachliche Prozessierung (Pienemann 1998) zentrale Schritte des Grammatikerwerbs zu überspringen. Gleichzeitig wird insgesamt deutlich, dass zumindest im produktiven Bereich die frühen Stufen des Spracherwerbs − im DaF- wie im DaZ-Bereich − wesentlich *lexikalisch* geprägt sind und dass daher die Förderung des *Chunk*- und Wortschatzerwerbs, das Lernen an *Beispielen* Voraussetzung für die Beförderung des Grammatikerwerbs ist. Andererseits kann aus der Erkenntnis über die Existenz einiger basaler *produktiver* Erwerbsstufen noch nichts über die Rolle und Relevanz *rezeptiver Kenntnisse* bzw. *früher Aufmerksamkeitsschulung* geschlossen werden, wie dies teils vorschnell erfolgte (so etwa bei Diehl und Pistorius 2002: 227, die aus ihren an Produktionsdaten gewonnenen Ergebnissen weitreichende Schlüsse auf Regelerschließungsprozeduren der Lernenden ziehen).

2.4. Rolle der Muttersprache

Inzwischen herrscht weitgehender Konsens darüber, dass die Muttersprache einen beträchtlichen Einfluss auf den Grammatikerwerb besitzt, wenn sie auch nur ein Faktor im Bedingungsgefüge ist. Empirische Untersuchungen in rein kommunikativen Lernumgebungen zeigen, dass bestimmte zielsprachige Strukturen nicht oder nicht angemessen erworben wurden, was darauf zurückzuführen ist, dass die Erstsprache verhindert, dass bestimmte, weniger saliente und frequente Phänomene der Zielsprache wahrgenommen und prozessiert wurden (N. Ellis 2007: 20, 24). Umgekehrt kann die Erstsprache auch den Lernweg abkürzen, so etwa im Bereich des Genuserwerbs (vgl. Wegener 2005), der Verbstellung (vgl. Haberzettl 2005) oder auch des Kasuserwerbs (vgl. Kwakernaak 2002, der aus diesem Grund vorschlägt, das deutsche Kasussytem anhand der Pronomina, nicht von Nominalphrasen, einzuführen, da im Pronominalbereich auch in vielen anderen Ausgangssprachen Subjekts- und Objektskasus morphologisch markiert sind). Zu pragmatischen und textuellen Aspekten liegen noch wenig empirische Daten vor, es ist aber davon auszugehen, dass auch hier die erstsprachliche Prägung eine wichtige Rolle spielt. Wichtig scheint nicht nur zu sein, die Lernenden mit genügend Input zu versorgen, so dass sie nicht auf der Grundlage der eigenen Muttersprache unzutreffende Hypothesen zu den Regelhaftigkeiten des Deutschen bilden (etwa die Verb-Objekt-Wortstellung übergeneralisieren). Darüber hinaus sollten Lernende auch gezielt auf die − von der Linguistik im Fach DaF und DaZ teils schon gut beschriebenen − Besonderheiten der deutschen Grammatik aufmerksam gemacht und für sie sensibilisiert werden (früh etwa für die Verbklammer des Deutschen und die im Deutschen mögliche Vorfeldbesetzung und die Mittelfeldstellung des Subjekts, vgl. die Beiträge in Fandrych 2005; zum Konzept der Sprachaufmerksamkeit im Überblick Luchtenberg 2008). Bisher ist noch nicht empirisch geklärt, wie die neben der produktiven Grammatikkompetenz schon parallel aufgebaute *rezeptive* Grammatikkompetenz (im Sinne von Wahrnehmung und Verarbeitung zentraler Strukturmerkmale des Deutschen) den produktiven Grammatikerwerb langfristig vorbereitet (vgl. das Konzept der Verstehensgrammatik bei Neuner 1995). Es spricht aber Vieles dafür, dass hier ein wesentlicher Zusammenhang besteht (vgl. auch Portmann-Tselikas 2003; N. Ellis 2007).

3. Grammatikvermittlung

3.1. Prinzipien und offene Fragen

Aus den in Abschnitt 2 skizzierten Forschungsergebnissen zum Grammatikerwerb lassen sich einige Prinzipien des Grammatikunterrichts ableiten, es bleiben aber immer noch viele offene Fragen. Unstrittig ist, dass der Erfolg der unterrichtlichen Grammatikvermittlung zu einem wesentlichen Teil von der Auswahl der sprachlichen Mittel und der sprachlichen Handlungen (des *Inputs*), der damit verbundenen sprachbezogenen Aufgaben und der Aufmerksamkeitssteuerung (des *Intake*) abhängt. Lernende müssen, um Hypothesen bilden und ausprobieren zu können, aber auch um typische Formulierungsroutinen und -muster ganzheitlich erwerben zu können, möglichst intensiv mit für sie relevanten sprachlichen Mitteln konfrontiert werden und mit ihnen rezeptiv wie produktiv arbeiten, möglichst so, dass sie damit kommunikative Ziele verbinden und eine enge Beziehung zwischen Formen und Bedeutungen herstellen (vgl. R. Ellis 2002a; Multhaup 2002). Einig ist man sich weitgehend darüber, dass für den Erwerb *Sprachaufmerksamkeit* (*language awareness*) von großer Bedeutung ist (vgl. Portmann-Tselikas 2003; Luchtenberg 2008), wobei der hier zentrale Begriff des *noticing* (Schmitt 1995) schwer exakt fassbar, noch schwerer messbar und operationalisierbar ist (vgl. Portmann-Tselikas 2002; ausführlich Schlak 2004). Wie insbesondere *gebrauchsorientierte* Spracherwerbstheorien betonen, spielt die *Häufigkeit* und die *Salienz* von grammatischen und lexikalischen Merkmalen eine wichtige Rolle für den Erwerb (vgl. Fandrych und Tschirner 2007; N. Ellis 2009; Tschirner 2010). Gerade dort, wo die Salienz gering ist (wie beispielsweise bei vielen Endungen in der deutschen Nominalphrase), muss bei der Grammatikvermittlung die Aufmerksamkeit der Lernenden auf die entsprechenden Phänomene gelenkt werden. Kontrovers wird nach wie vor diskutiert, inwieweit eine derartige Aufmerksamkeitssteuerung *explizit*, mit *formorientierten* Erklärungen oder Hinweisen oder eher *implizit* erfolgen soll und den Fortgang der kommunikativen Ziele und Bedeutungen nicht unterbrechen darf (vgl. für eine Diskussion verschiedener Ansätze Portmann-Tselikas 2002 und N. Ellis 2007). Es scheint sich aber doch ein Grundkonsens dahingehend eingestellt zu haben, dass deklaratives grammatisches Wissen und damit auch explizite Grammatikvermittlung durchaus einen positiven Effekt auf den Grammatikerwerb haben (vgl.

DeKeyser 2009: 124−127; Tschirner 2010: 15−16), wenn auch die genaue Form und der Ort der expliziten Grammatikunterweisung noch heftig debattiert werden. Insgesamt hat sich also mehrheitlich die Auffassung durchgesetzt, dass es ein *weak interface*, eine begrenzte, aber wichtige Verbindung zwischen bewusstem Lernen und deklarativem Wissen und sprachlicher Automatisierung und implizitem Können gibt.

Wichtige Formen der Aufmerksamkeitssteuerung sind signalgrammatische und visuelle Aufbereitungen von Sprachmaterial (in der englischsprachigen Literatur auch als *input enhancement* bezeichnet), Produktionsorientierung (*pushed output*), die bei den Lernenden zu tieferer Verarbeitung und zur Wahrnehmung noch bestehender sprachlicher Defizite führt (Swain 1995), Rückmeldungen verschiedener Art zu Lerneräußerungen (die dazu führen sollen, dass den Lernenden der Unterschied zwischen ihren eigenen Strukturen und der zielsprachlichen Struktur deutlich wird − *noticing the gap*, vgl. u. a. N. Ellis 2007), kooperative Erarbeitung von Aufgaben und kooperative Revisionen von Aufgabenbearbeitungen (vgl. für DaZ insbesondere Schmölzer-Eibinger 2007, zum Erzählen bei der Förderung des Grammatikerwerbs auch Schramm 2007). Im Folgenden sollen einige wichtige Erkenntnisse und Diskussionsfelder im Rahmen der Grammatikvermittlung kurz näher besprochen werden.

3.2. Lernerorientierung

Häufig wird die Diskussion um die Rolle von Grammatikvermittlung und die dabei relevanten Faktoren recht abstrakt geführt, ohne auf konkrete Lerner und ihre Lernbedingungen Bezug zu nehmen. Es liegt auf der Hand, dass für den schulischen Deutsch-als-Zweitsprache-Unterricht die Rolle von expliziter Grammatikunterweisung schon deswegen wesentlich anders gestaltet werden muss, als viele Lernende auch in der Muttersprache noch über kein oder wenig schulgrammatisches Wissen verfügen (vgl. Tschirner 2001: 107, der dieses Wissen als „kulturgrammatische Kompetenz" bezeichnet). Diese Bedingungen sind im DaZ-Unterricht, insbesondere mit Kindern, besonders zu berücksichtigen (vgl. Decker und Oomen-Welke 2008). Anders verhält sich die Situation beispielsweise beim DaF-Unterricht für Erwachsene im nicht-deutschen Sprachraum, wo aufgrund von Zeitbeschränkungen und geringem Kontakt zu authentischen zielsprachlichen Sprachverwendungssituationen viel zu wenige Möglichkeiten zum impliziten Regelaufbau bestehen. Bei erwachsenen Lernern besteht insgesamt ein vergleichsweise hoher Bedarf an expliziter grammatischer Unterweisung (vgl. etwa Fotos 2002; Schlak 2004: 65−74). Gerade für Lernende außerhalb des deutschen Sprachraums kommt noch ein weiterer, sehr wichtiger, häufig übersehener Aspekt hinzu: Nur über ein Mindestmaß an deklarativem grammatikbezogenem Wissen können sie in die Lage versetzt werden, auch selbstständig an der Verbesserung ihrer Sprachkompetenz zu arbeiten, nur so sind sie in der Lage, Hilfsmittel wie Wörterbücher und Lernergrammatiken zu verwenden oder aber auch sich in Tandem-Situationen über ihre sprachlichen Defizite und Bedürfnisse zu verständigen und sie zu bearbeiten (Fandrych 2000). Für viele erwachsene Lernende im nicht-deutschsprachigen Raum vermittelt explizite Grammatikvermittlung darüber hinaus auch eine gewisse Sicherheit, denn sie kann orientierend wirken und die Systematizität bestimmter sprachlicher Erscheinungen verdeutlichen (Fotos 2002). Auch hier gilt aber, dass Grammatikvermittlung und explizites Grammatiklernen eine „dienende Funktion für den Spracherwerb" innehaben sollten (Königs 2004: 46). Die Annahme einer direkten und umstandslosen Übertragung bewusst gelernter Wissensbestände in automatisiertes, prozedurales Wissen (wie sie eine *strong interface*-Hypothese annehmen würde) gilt als widerlegt. Das bedeutet, dass stärker als bisher die Lernenden und ihre Lernprozesse im Mittelpunkt der Überlegungen stehen müssen (Tönshoff 1995; Portmann-Tselikas 2001: 28).

3.3. Rezeptive und produktive Grammatikarbeit

Viele Ansätze der Grammatikvermittlung haben lange Zeit implizit oder explizit die Auffassung vertreten, einmal gelernte Regelkenntnisse (ob sie nun induktiv oder deduktiv erarbeitet wurden) könnten ziemlich umstandslos in Übungen produktiv angewendet werden, von eher stärker gesteuerten Übungen zu immer freieren Übungen. Wie dies in Abschnitt 2 schon angeklungen ist, übersieht ein solcher Ansatz aber, dass Grammatikerwerb gerade im produktiven Bereich nicht beliebig von außen steuerbar ist, sondern teils bestimmten Erwerbsabfolgen unterliegt, gleichzeitig die Sprachverarbeitungs- und Aufmerksamkeitskapazität der Lernenden begrenzt ist. Portmann-Tselikas (2001, 2003) plädiert zu Recht dafür, bei der Grammatikarbeit viel stärker als bisher die *rezeptive* Kompetenz und Bewusstmachung ernst zu nehmen, und nicht in jedem Fall und sofort zu Produktionsübungen überzugehen, die dann zu Automatisierung führen sollen.

Übungsmaterial, bei dem rezeptiv-sensibilisierende Arbeit im Vordergrund steht und das differenzierter zwischen rezeptiv wichtiger und produktiv möglicher Sprachkompetenz unterscheidet, gilt es erst noch zu entwickeln. In diesem Zusammenhang wäre auch die Erforschung des Zusammenhangs von Wahrnehmungsprozessen, rezeptiver grammatischer Kompetenz und einer gezielten Förderung von „gehörter" und „gelesener" Grammatik von großer Bedeutung (vgl. Lauterbach 2005 für einen Übungsvorschlag zur deutschen Wortstellung). Auch bei der Vermittlung rezeptiver Grammatikkenntnisse bzw. der Sensibilisierung für die Wahrnehmung von grammatischen Phänomenen gilt es, die Lernenden nicht zu überfordern. Allerdings scheint es durchaus sinnvoll zu sein, schon früh auf prägnante typologische Besonderheiten des Deutschen aufmerksam zu machen, um von vornherein falsche Hypothesenbildung zu vermeiden. Hier bestehen bei vielen Lehr- und Übungsmaterialien noch große Defizite, die nicht zuletzt aus dem Bemühen herrühren, die deutsche Grammatik „möglichst einfach" darzustellen.

3.4. Bewusste Kontrastivität

Zur Lernerorientierung gehört auch die *Kontrastivität*. Das implizite Wissen um die Regeln der eigenen Sprache (und natürlich auch von vorher gelernten Fremdsprachen) kann auf verschiedene Weise das Erlernen des Deutschen positiv beeinflussen, häufig aber auch zu Interferenzen führen. Die Reflexion über *Ähnlichkeiten* und *Parallelen* zwischen Muttersprache und dem Deutschen macht Prozesse bewusst, die bei Lernenden ohnehin ablaufen — der Abgleich zwischen Bedeutungen, Formen, Ausdrucksweisen in der Fremdsprache und der eigenen Sprache passiert unwillkürlich in jedem Sprachlernprozess. Kontrastives Arbeiten kann, muss aber nicht bewusst ablaufen — wichtig ist, dass bei der Auswahl der Lernmaterialien und bei der Gestaltung der Sprachcurricula nach

Möglichkeit die je spezifische Konstellation Ausgangssprache(n) – Deutsch mit reflektiert und die sich daraus ergebenden Lernerleichterungen wie auch möglichen besonderen Lernschwierigkeiten berücksichtigt werden. Wenn man etwa weiß, dass für Lerner mit romanischer, englischer oder auch russischer Ausgangssprache die Subjekt-Verb-Objekt-Abfolge die Normalstellung ist, dann ist es wichtig, dass recht früh schon die Sprachaufmerksamkeit dieser Lernenden auf die deutlich anderen Möglichkeiten des Deutschen gerichtet werden (vgl. Fandrych 2005).

3.5. Grammatische Regeln und Lernziele

Grammatische Regeln, wie sie in wissenschaftlichen oder beschreibenden Grammatiken des Deutschen gegeben werden, sind nicht auf den Spracherwerb hin orientiert, sondern stellen grammatische Phänomene zunächst aus analytisch-sprachwissenschaftlicher Sicht dar. Für die Sprachdidaktik sind sie häufig nicht ohne weiteres verwendbar, denn hier müssen die spezifischen Lernvoraussetzungen und der Sprachstand der Lernenden berücksichtigt werden. Für sie steht die Frage im Mittelpunkt, welche Faktoren etwa eine Regel „schwierig" oder „leicht" machen (vgl. Dietz 2003, der dies anhand der Aspekte *formale* und *funktionale Schwierigkeit*, *Kontextabhängigkeit*, *impliziertes Wissen* und *Regelkomplexität* diskutiert). Daneben stellt sich die Frage, ob nur „leichte" Regeln den Grammatikerwerb fördern oder auch „schwierigere" (vgl. Schlak 2003) – eine Frage, die wiederum in dieser Abstraktheit und für alle Lernenden nicht einfach beantwortet werden kann (vgl. Abschnitt 3.2 oben). Als wichtige Kriterien für die Auswahl von grammatischen Regeln werden auch häufig die Faktoren *Häufigkeit*, *Zuverlässigkeit* und *Reichweite* (das Phänomen tritt in dem vom Lerner anvisierten Sprachverwendungskontext häufig und in verschiedenen Kontexten auf) genannt (vgl. Schlak 2003). Hierfür ist es notwendig, wo dies möglich ist, die angestrebten Sprachverwendungskontexte zunächst einer empirischen sprachwissenschaftlichen Analyse zu unterziehen.

3.6. Grammatikdarstellungen in Lehrwerken und Übungsmaterialien

Es gibt heute kein einheitliches linguistisches Modell, an dem sich die Mehrzahl der Lehrwerke des Deutschen als Fremd- und Zweitsprache bei der Grammatikdarstellung orientiert. Immer noch übt die valenzgrammatische Schule einen mehr oder weniger offensichtlichen Einfluss auf die Darstellung der Satzbaupläne und der Ergänzungen aus (vgl. Rall 2001), allerdings knüpft die Terminologie doch häufiger wieder an die Schulgrammatik an, nicht zuletzt, um die Lernenden nicht mit zu vielen unbekannten und schwierigen Termini zu überfordern. Wichtige Einflüsse haben auch funktionale und textgrammatische Ansätze ausgeübt, zumindest in der didaktischen Diskussion: Viele grammatische Phänomene sind auf der Satzebene nur unzureichend beschreibbar, erst ihre handlungs- bzw. text- und diskursbezogene Beschreibung wird ihrer Funktion auch aus der Sprachverwendungsperspektive, die für Lernende ja im Vordergrund steht, gerecht. Dies gilt etwa für deiktische und phorische Elemente (vgl. Thurmair 2003; Graefen 2003), für Tempus (vgl. Willkop 2003), für die Negation (vgl. Adamzik 2004), für den Zusammenhang von Textsortenspezifik und grammatischen Mitteln allgemein (vgl. Fandrych und Thurmair i. Vorb.) und natürlich auch für die Wortstellung, die im Deutschen ja wesentlich auch für die Thema-Rhema-Strukturierung genutzt wird (vgl. Fandrych 2003, Art. 26).

4. Fazit: Eine lernergerechte Grammatik

Die Rolle der Grammatik wird sicher auch in Zukunft kontrovers diskutiert werden, es wird auch schwer sein, auf der Grundlage von empirischer Forschung wirklich verallgemeinerbare und belastbare Aussagen genereller Natur zu tätigen. Insgesamt ist der Tenor der gegenwärtigen Forschung, dass Grammatikvermittlung vor allem lernergerecht sein muss, was impliziert, dass Lernende unterschiedliche Bedürfnisse haben und kein Ansatz für alle in gleicher Weise gültig sein kann. Zentral ist, dass grammatische Erklärungen und Regelformulierungen für die Lerner *verständlich* und *praxisbezogen* sein müssen. Zudem sollten die Phänomene, die beschrieben werden, so einfach und anschaulich wie möglich dargestellt werden – und sich auch an neuen Erkenntnissen der pädagogischen Grammatik orientieren.

Viel zu wenig betont wird meistens die Wichtigkeit von *guten Beispielen* – solchen, die dem authentischen Sprachgebrauch nahe kommen und für die Lernenden kommunikativ sinnvoll sind, aber auch typische idiomatische Wendungen oder ungewöhnliche, mnemotechnisch „interessante", auffallende, prägnante Beispiele. Denn Grammatik wird wesentlich auch idiomatisch, beispielhaft gelernt. Gute Beispiele helfen auch, den Zusammenhang zwischen Form und Funktion deutlich zu machen. Lernende müssen die semantische und kommunikative Relevanz grammatischer Mittel deutlich und in adäquaten Kontexten kennen lernen – und auch realitätsnah einüben. Deutlich stärker als in der Vergangenheit muss zwischen einer rezeptiven, auf das Verstehen und die Aufmerksamkeit orientierten, und einer produktionsorientierten Grammatik unterschieden werden.

5. Literatur in Auswahl

Adamzik, Kirsten
    2004   Zur Behandlung der Negation in Übungsgrammatiken für Deutsch als Fremdsprache. In: Peter Kühn (Hg.), *Übungsgrammatiken Deutsch als Fremdsprache. Linguistische Analysen und didaktische Konzepte*, 345–401. Regensburg: FaDaF.
Aguado, Karin
    2002   Formelhafte Sequenzen und ihre Funktionen für den L2-Erwerb. *Zeitschrift für Angewandte Linguistik* 37: 27–49.
Ahrenholz, Bernt
    2008   Zweitspracherwerbsforschung. In: Bernt Ahrenholz und Ingelore Oomen-Welke (Hg.), *Deutsch als Zweitsprache*, 64–80. Baltmannsweiler: Schneider.
Ahrenholz, Bernt und Ingelore Oomen-Welke (Hg.)
    2008   *Deutsch als Zweitsprache*. Baltmannsweiler: Schneider.
Babylonia 2003(2)
    Themenschwerpunkt *Die Grammatikvermittlung im Fremdsprachenunterricht*.
Boerner, Wolfgang und Klaus Vogel
    2002   *Grammatik und Fremdsprachenerwerb*. Tübingen: Narr.
Celce-Murcia, Marianne
    2002   Why it Makes Sense to Teach Grammar in Context and Through Discourse. In: Eli Hinkel und Sandra Fotos (Hg.), 119–133.

Decker, Yvonne und Ingelore Oomen-Welke
　　2008　Methoden für Deutsch als Zweitsprache. In: Bernt Ahrenholz und Ingelore Oomen-Welke
　　　　　(Hg.), *Deutsch als Zweitsprache,* 324–342. Baltmannsweiler: Schneider.
DeKeyser, Robert M.
　　2009　Cognitive-Psychological Processes in Second Language Learning. In: Michael H. Long
　　　　　und Catherine J. Doughty (Hg.), *The Handbook of Language Teaching*, 119–138. Chi-
　　　　　chester: Wiley-Blackwell.
Diehl, Erika und Hannelore Pistorius
　　2002　Grammatik am Wendepunkt. Überlegungen zu einer Neubestimmung des Unterrichtsge-
　　　　　genstands „Grammatik". *Deutsch als Fremdsprache* 39(4): 226–231.
Dietz, Gunther
　　2003　Zur Unterscheidung von ‚leichten' und ‚schweren' Regeln. *Deutsch als Fremdsprache*
　　　　　40(3): 148–154.
Ellis, Nick C.
　　2003　Constructions, Chunking and Connectionism. The Emergence of Second Language
　　　　　Structure. In: Catherine J. Doughty und Michael H. Long (Hg.), *The Handbook of Second
　　　　　Language Acquisition,* 63–103. Malden, M.A.: Blackwell.
Ellis, Nick C.
　　2007　The weak interface, consciousness, and form-focused instruction: mind the doors. In:
　　　　　Fotos, Sandra und Nassaj Hossein (Hg.), *Form-focused instruction and Teacher Education*,
　　　　　17–34. Oxford: Oxford University Press.
Ellis, Nick C.
　　2009　Optimizing the Input: Frequency and Sampling in Usage-Based and Form-Focused
　　　　　Learning. In: Michael H. Long und Catherine J. Doughty (Hg.), *The Handbook of Lan-
　　　　　guage Teaching*, 139–158. Chichester: Wiley-Blackwell.
Ellis, Rod
　　2002a　The Place of Grammar Instruction in the Second/Foreign Language Curriculum. In: Eli
　　　　　Hinkel und Sandra Fotos (Hg.), 17–34.
Ellis, Rod
　　2002b　Methodological Options in Grammar Teaching Materials. In: Eli Hinkel und Sandra
　　　　　Fotos (Hg.), 155–180.
Fandrych, Christian
　　2000　*Ist der Kommunikative Ansatz im Fremdspracheunterricht an seine Grenze gekommen? Ger-
　　　　　man Studies at Aston. Newsletter for teachers of German in GB and Ireland* 1: 2–12.
Fandrych, Christian
　　2003　Zur Textlinguistik des Vorfelds. In: Maria Thurmair und Eva-Maria Willkop (Hg.),
　　　　　173–196.
Fandrych, Christian (Hg.)
　　2005　*Ordnung und Variation in Satz und Text. Fremdsprache Deutsch Heft 32.* Stuttgart: Klett.
Fandrych, Christian
　　2008　Sprachliche Kompetenz im „Referenzrahmen". In: Christian Fandrych und Ingo Thon-
　　　　　hauser (Hg.), *Fertigkeiten – separiert oder integriert? Zur Neubewertung der Fertigkeiten
　　　　　und Kompetenzen im Fremdsprachenunterricht,* 13–33. Wien: Praesens.
Fandrych, Christian und Erwin Tschirner
　　2007　Korpuslinguistik und Deutsch als Fremdsprache: Ein Perspektivenwechsel. *Deutsch als
　　　　　Fremdsprache* 44(4): 195–204.
Fandrych, Christian und Maria Thurmair
　　i. Vorb. *Textsorten: Linguistische und sprachdidaktische Untersuchungen.* Tübingen: Stauffenburg.
Fotos, Sandra
　　2002　Structure-Based Interactive Tasks for the EFL Grammar Learner. In: Eli Hinkel und
　　　　　Sandra Fotos (Hg.), 135–154.
Fremdsprache Deutsch Heft 9
　　　　　Lebendiges Grammatiklernen. Stuttgart: Klett 1993

Fremdsprache Deutsch Sondernummer 1995
　　Fremdsprachenlerntheorie. Stuttgart: Klett 1995

Graefen, Gabriele
　2003　Zur Debatte um den Grammatikunterricht. In: Armin Wolff und Ursula Renate Riedner
　　　　(Hg.), *Materialien Deutsch als Fremdsprache 70,* 181−201. (= Materialien Deutsch als
　　　　Fremdsprache 66). Regensburg: FaDaF.

Grießhaber, Wilhelm
　2006　*Sprachstandsdiagnose im kindlichen Zweitspracherwerb: Funktional-pragmatische Fundie-*
　　　　rung der Profilanalyse. Arbeiten zur Mehrsprachigkeit, Universität Hamburg 1, SFB 538.

Grießhaber, Wilhelm
　2007　Grammatik und Sprachstandsermittlung im Zweitsprachenerwerb. In: Klaus-Michael
　　　　Köpcke und Arne Ziegler (Hg.), *Grammatik in der Universität und für die Schule,* 185−
　　　　198. Tübingen: Niemeyer.

Grießhaber, Wilhelm
　2009　Kompensatorische Ressourcennutzung im L2-Erwerb. In: Karen Schramm und Chris-
　　　　toph Schröder (Hg.), *Empirische Zugänge zu Spracherwerb und Sprachförderung in*
　　　　Deutsch als Zweitsprache, 111−129.

Haberzettl, Stefanie
　2006　Konstruktionen im Zweitsprachenerwerb. In: Kerstin Fischer und Anatol Stefanowitsch
　　　　(Hg.), *Konstruktionsgrammatik. Von der Anwendung zur Theorie,* 55−77. Tübingen: Stauf-
　　　　fenburg.

Helbig, Gerhard
　2007　Gibt es eine „performative Wende" in der Linguistik? Anspruch, Möglichkeiten und
　　　　Grenzen. *Deutsch als Fremdsprache* 44(1): 6−10.

Hinkel, Eli und Sandra Fotos (Hg.)
　2002　*New Perspectives on Grammar Teaching in Second Language Classrooms.* Mahwah/NJ:
　　　　Lawrence Erlbaum.

Kaiser, Dorothee
　2002　*Wege zum wissenschaftlichen Schreiben: eine kontrastive Untersuchung zu studentischen*
　　　　Texten aus Venezuela und Deutschland. Tübingen: Stauffenburg.

Kühn, Peter (Hg.)
　2004　*Übungsgrammatiken Deutsch als Fremdsprache. Linguistische Analysen und didaktische*
　　　　Konzepte. (= Materialien Deutsch als Fremdsprache 66). Regensburg: FaDaF

Kwakernaak, Erik
　2002　Nicht alles für die Katz. Kasusmarkierung und Erwerbssequenzen im DaF-Unterricht.
　　　　Deutsch als Fremdsprache 39(3): 156−166.

Lauterbach, Stefan
　2005　Wortstellung hören! − Ja, kann man das? Zum Aufbau grammatischer Hörmuster. In:
　　　　Christian Fandrych (Hg.), *Ordnung und Variation in Satz und Text. Fremdsprache Deutsch*
　　　　32, 37−41. Stuttgart: Klett.

Linke, Angelika, Paul R. Portmann und Hanspeter Ortner　(Hg.)
　2003　*Sprache und mehr. Ansichten einer Linguistik der sprachlichen Praxis.* Tübingen: Niemeyer.

Luchtenberg, Sigrid
　2008　Language Awareness. In: Bernt Ahrenholz und Ingelore Oomen-Welke (Hg.), *Deutsch als*
　　　　Zweitsprache, 107−117. Baltmannsweiler: Schneider.

Multhaup, Uwe
　2002　Grammatikunterricht aus psycholinguistischer und informationsverarbeitender Sicht. In:
　　　　Wolfgang Börner und Klaus Vogel (Hg.), *Grammatik und Fremdsprachenunterricht,* 71−
　　　　97. Tübingen: Narr.

Neuner, Gerhard
　1995　Verstehensgrammatik − Mitteilungsgrammatik. In: Claus Gnutzmann und Frank G. Kö-
　　　　nigs (Hg.), *Perspektiven des Grammatikunterrichts,* 147−166. Tübingen: Narr.

Pienemann, Manfred
   1998   *Language Processing and Second Langauge Development: Processability Theory.* Amsterdam: Benjamins.
Portmann-Tselikas, Paul
   2001   Sprachaufmerksamkeit und Grammatiklernen. In: Paul Portmann-Tselikas und Sabine Schmölzer-Eibinger (Hg.), Grammatik und Sprachaufmerksamkeit, 9–48. Innsbruck: Studienverlag.
Portmann-Tselikas, Paul R.
   2002   Textkompetenz und unterrichtlicher Spracherwerb. In: Paul R. Portmann-Tselikas und Sabine Schmölzer-Eibinger (Hg.), *Textkompetenz. Neue Perspektiven für das Lernen und Lehren,* 13–44. Innsbruck etc.: Studienverlag.
Portmann-Tselikas, Paul
   2003   Aufmerksamkeit statt Automatisierung. Überlegungen zur Rolle des Wissens im Fremdsprachenunterricht. *German as a Foreign Language* 2: 29–58 (http://www.gfl-journal.de/2-2003/portmann-tselikas.pdf)
Rall, Marlene
   2001   Grammatikvermittlung. In: Gerhard Helbig, Lutz Götze, Gert Henrici und Hans-Jürgen Krumm (Hg.), *Deutsch als Fremdsprache. Ein internationales Handbuch*, Bd. 2. (Handbücher zur Sprach- und Kommunikationswissenschaft 19.1–2). 880–886. Berlin: de Gruyter.
Raupach, Manfred
   2002   "Explizit/implizit" in psycholinguistischen Beschreibungen – eine unendliche Geschichte? In: Wolfgang Börner und Klaus Vogel (Hg.), *Grammatik und Fremdsprachenerwerb. Kognitive, psycholinguistische und erwerbstheoretische Perspektiven*, 99–117. Tübingen: Narr.
Schlak, Torsten
   2003   Die Auswahl grammatischer Lernziele: Linguistische, psycholinguistische und didaktische Perspektiven. *Zeitschrift für Interkulturellen Fremdsprachenunterricht* (Online), 8(1), 14 Seiten. (http://www.ualberta.ca/~german/ejournal/schlak4.htm).
Schlak, Torsten
   2004   Zur Rolle expliziter Grammatikvermittlung im universitären DaF-Unterricht: Eine qualitativ-ethnographische Fallstudie. *German as a Foreign Language* 2: 40–80. (http://www.gfl-journal.de/2-2004/schlak.pdf).
Schmölzer-Eibinger, Sabine und Georg Weidacher (Hg.)
   2007   *Textkompetenz. Eine Schlüsselkompetenz und ihre Vermittlung.* Tübingen: Narr.
Schmölzer-Eibinger, Sabine
   2008   *Lernen in der Zweitsprache. Grundlagen und Verfahren der Förderung von Textkompetenz in mehrsprachigen Klassen.* Tübingen: Narr.
Schramm, Karen
   2007   Grammatikerwerb beim zweitsprachlichen Erzählen in der Grundschule. In: Klaus-Michael Köpcke und Arne Ziegler (Hg.), *Grammatik in der Universität und für die Schule*, 199–221. Tübingen: Niemeyer.
Swain, Merrill
   1995   Three functions of output in second language learning. In: Guy Cook und Barbara Seidlhofer (Hg.), *Principles and Practice in Applied Linguistics: Studies in Honour of H. G. Widdowson,* 125–144. Oxford: Oxford University Press.
Thurmair, Maria
   2003   Referenzketten im Text: Pronominalisierungen, Nicht-Pronominalisierungen und Renominalisierungen. In: Maria Thurmair und Eva-Maria Willkop (Hg.), 197–219.
Thurmair, Maria und Eva-Maria Willkop (Hg.)
   2003   *Am Anfang war der Text. 10 Jahre Textgrammatik der deutschen Sprache.* München: iudicium.

Tönshoff, Wolfgang
1995   Fremdsprachenlerntheorie. Ausgewählte Forschungsergebnisse und Denkanstöße für die Unterrichtspraxis. *Fremdsprachenlerntheorien. Fremdsprache Deutsch*, Sondernummer 1995: 4−15.
Tschirner, Erwin
2001   Kompetenz, Wissen, mentale Prozesse: Zur Rolle der Grammatik im Fremdsprachenunterricht. In: Hermann Funk und Michael Koenig (Hg.), *Kommunikative Fremdsprachendidaktik − Theorie und Praxis in Deutsch als Fremdsprache. Festschrift für Gerhard Neuner zum 60. Geburtstag*, 106−25. München: iudicium.
Tschirner, Erwin
2010   Grammatikerwerb. In: Makiko Hoshii, Goro Christoph Kimura, Tatsuya Ohta und Marco Raindl (Hg.), *Grammatik lehren und lernen im Deutschunterricht in Japan − empirische Zugänge,* 13−29. München: iudicium.
VanPatten, Bill und Jessica Williams (Hg.)
2006   *Theories in Second Language Acquisition*. London: Routledge.
Wegener, Heide
2005   Komplexität oder Kontrastivität der L2 − worin liegt das Problem für DaZ/DaF? *ODV-Zeitschrift*, Publikationen des Oraner Deutschlehrerverbands 12, 91−114 (Online verfügbar).
Willkop, Eva-Maria
2003   Anwendungsorientierte Textlinguistik. Am Beispiel von Textsorten, Isotopien, Tempora und Referenzformen. *German as a Foreign Language* 3: 83−110 [www.gfl-journal.de].
Wolff, Armin und Renate Riedner (Hg.)
2003   *Grammatikvermittlung, Literaturreflexion, Wissenschaftspropädeutik, Qualifizierung für eine transnationale Kommunikation. Materialien DaF 70.* Regensburg: FaDaF.

Christian Fandrych, Leipzig (Deutschland)

113. Wortschatzerwerb und Wortschatzvermittlung

1. Überblick und Desiderate

Empirische Forschung zum L2-Wortschatzerwerb des Deutschen hat, wie Eckerth, Schramm und Tschirner im Jahr 2009 rückblickend feststellen müssen, wenig Aufmerksamkeit gefunden. Man muss weiter konstatieren, dass vereinzelt vorliegende deutschsprachige Arbeiten wie die von Peleki (2008) zwar den Begriff im Titel tragen, aber andere Ziele verfolgen; Ott (1997) hingegen interessiert zwar die Veränderung des Lexikons jugendlicher DaZ-Lerner, kann jedoch keine gesicherten Aussagen über die Einflussfaktoren machen − der Forschung fehlt letztendlich ein „führendes Theoriemodell" (Schmidt 2002: 336), dem die vielen fragmentierten Einzelstudien zuarbeiten könnten.

Die besten Einführungen und Überblicksdarstellungen für unser Thema bleiben die englischsprachigen (Nation 2001; Schmitt 2000; Thornbury 2002; vgl. Bahns 2004; Bohn 1999), wichtige Reviews erscheinen in englischen und US-amerikanischen Zeitschriften (Schmitt 2008; Laufer 2009). Erst allmählich finden sich wieder kompakte Veröffentlichungen zu Fragen von Wortschatzerwerb und -vermittlung im deutschsprachigen Forschungskontext (Kühn 2000; Tschirner 2004). In diesem Beitrag sollen, ohne strikte Trennung in Erwerbs- und Vermittlungsperspektive, die in vielen der qualitativen und auch quantitativen Designs zusammenfallen, neuere Arbeiten vorgestellt werden, die Literaturüberblicke vermitteln und wichtige Bedingungen für erfolgreichen (gesteuerten) Wortschatzerwerb nennen.

Es fehlen (Longitudinal-)Studien zum Wortschatzerwerb, die empirisch Lernprozesse und Lernprodukte aufeinander beziehen; weder die Zweitspracherwerbsforschung noch die Forschung im gesteuerten Spracherwerbskontext kann bislang, von relativ wenigen Ausnahmen abgesehen, empirisch begründete Aussagen über subjektive Lernerfahrungen (von *Input* zu *Intake*: Verarbeitung, Speicherung, Verwendung lexikalischer Einheiten; *learnerbility*) vorlegen. Es mangelt − auch im anglo-amerikanischen Kontext − an diskursanalytischen Untersuchungen, die ein zutreffendes Bild der Unterrichtswirklichkeit vermitteln; das unterrichtsinduzierte Konzept der „Vokabel" könnte, dies ein beunruhigender Gedanke, „als ein wenig geeigneter Rahmen für eine Weiterentwicklung des fremdsprachlichen mentalen Lexikons" (Knapp-Potthoff 2000: 302, 296) interpretiert werden: „Ja, Wörter, die lernt man ja auch nicht. Wörter fliegen einem zu. Nur Vokabeln kann man lernen."

2. Mentales Lexikon

Wortschatz spielte in vielen älteren Unterrichtsmethoden keine Rolle (vgl. Zimmerman 1997). Das in den 1990er Jahren zunehmende Interesse an der Wortschatzarbeit gründet auf Forschungsergebnissen aus mehreren Bereichen: Die lexikalische Semantik und mit ihr eine korpusbasierte Lexikographie haben Erkenntnisse zur Struktur des Wortschatzes und ihrer Aufbereitung in Wörterbüchern (Konzept des Lernerwörterbuchs) bereitgestellt (vgl. Art. 140). Die kommunikativ-interkulturelle Didaktik und die Orientierung auf die Lernenden und ihr kulturspezifisches Vorwissen haben dazu beigetragen, die dominante Grammatikorientierung in der Fremdsprachendidaktik zu relativieren. Schließlich stellten die Kognitive Psychologie und die Psycholinguistik/Kognitive Linguistik (vgl. Boers und Lindstromberg 2008) den sprachverarbeitenden Lerner unter prozessualen Aspekten heraus.

Nach dem Paradigmawechsel in der Psychologie, einer der wichtigsten Referenzwissenschaften, hin zur Kognitionswissenschaft wird Gedächtnis dynamisch gefasst und als Struktur (funktional getrennte Speicher) und konstruktiver Prozess (Ordnungen erkennen und schaffen, interaktive Gehirnhemisphären) verstanden. Lexikalisches Wissen wird demnach im mentalen Lexikon gespeichert, das die lexikalischen Einheiten der Sprache, ihre Verstehens- und Verwendungsprinzipien enthält. Interlexematisch lassen sich Vernetzungen der lexikalischen Einheiten in unterschiedlichen Beziehungsnetzen wie Begriffs-, Wort-, syntagmatischen Netzen, Wortfamilien, Klang- und affektiven Netzen sowie Sachnetzen nachweisen (Kielhöfer 1994).

Intralexematisch sind die lexikalischen Einheiten als komplexe Datenstrukturen mit ihren getrennten, aber interdependenten Komponenten repräsentiert. Eine systematische Konzeption lexikalischer Kompetenz findet sich bei Nation (2001: 27), der, differenziert nach rezeptivem und produktivem Wissen, in Wissen über Form, Bedeutung und Gebrauch unterscheidet: gesprochene und geschriebene Form, Form und Bedeutung(en), Konzept und Referenten, Assoziationen/Konnotationen, grammatische Eigenschaften, Kombinierbarkeit mit anderen lexikalischen Einheiten, pragmatische Gebrauchsbedingungen.

Wortschatzerwerb ist, wie Kognitionspsychologie und Zweitspracherwerbsforschung nahelegen, ein rekursiver Prozess der Umordnung von Gedächtnisbesitz (McLaughlin 1990), und die Kenntnis einer lexikalischen Einheit ist beschreibbar als eine kontinuierliche Annäherung an eine vollständige Repräsentation im mentalen Lexikon. Wortschatzwissen kann nach Henriksen (1999) anhand der drei miteinander verbundenen Dimensionen partielles > präzises Verstehen, zunehmende intra-/interlexematische Wissensvernetzung sowie rezeptive > produktive Beherrschung operationalisiert werden. Eine vollständige Kenntnis aller Komponenten ist in der L2 − wie auch in der L1 − nicht erwartbar, sie kann als Kontinuum modelliert werden unter Einbezug von Fossilisierung, Restrukturierung des Wissensbestandes und auch Vergessen.

Das forschungsmethodologische Problem, eine solche „*depth of knowledge*" (284) longitudinal zu bestimmen, ist ausführlich bei Schmitt (1998) nachzulesen (vgl. Read 2004 aus testtheoretischer Sicht). In vielen Studien − und im Unterricht? − wird Wortschatzerwerb vorschnell mit Kenntnis der Bedeutung von Einzelwörtern, zusammen mit ihrer gesprochenen und geschriebenen Form, gleichgesetzt.

Bei der Modellierung des mentalen Lexikons wird heute davon ausgegangen, dass Mutter- und Fremdsprache(n) interagieren und in einem flexiblen und dynamischen Speichersystem repräsentiert sind (Taylor 2005). Neue Daten werden immer mit Rückgriff auf das vorhandene Welt- und Sprachwissen verarbeitet (Lutjeharms 2003). Aus den vorliegenden Erkenntnissen der Kognitiven Wissenschaft und der psycholinguistischen Forschung folgt, dass behaltensgerechte Operationen des Klassifizierens, Koordinierens, Assoziierens, die mehrkanalige, ganzheitliche kognitiv-affektive Semantisierung und die erste Sprache als Lernhilfe in die Wortschatzvermittlung einzubeziehen sind. Weitgehend selbständig Ordnungen im Wortschatz zu entdecken und zu schaffen, fördert den Ausbau des subjektiven mentalen Lexikons; und je vielfältiger eine lexikalische Einheit vernetzt ist, desto besser kann sie abgerufen werden. Selbst Wörter, die auf den ersten Blick dafür ungeeignet scheinen, lassen sich *merk-würdig* machen, indem sie mit Geschichten verknüpft und gedächtniswirksam aufgeladen werden.

3. Lexikalische Einheit

Wenn hier von lexikalischen Einheiten die Rede ist, verweist dies darauf, dass infolge der Erarbeitung großer Korpora der Wort-Begriff um die Konzeption von Mehrworteinheiten (*lexical units*, Bogaards 2001; formelhafte Sequenzen, Aguado 2002; *formulaic se-*

quences, Schmitt 2004) notwendig ergänzt werden muss. Entsprechend wird unter theoretischen und unterrichtspraktischen Perspektiven die strikte Trennung in die beiden Bereiche Grammatik und Lexik in letzter Zeit auf Basis von Prinzipien kognitiver Linguistik (vgl. Ellis 2008) zunehmend in Frage gestellt, disziplinäre Überschneidungen von grammatischer Theoriebildung, Lexikologie und Phraseologie werden unter Begriffen wie Konstruktionen (Siepmann 2007) und *Chunks* (Handwerker und Madlener 2009) diskutiert. Im Fremdsprachenunterricht sind solche Syntagmen aufgrund der traditionellen Orientierung auf das Wort ein verbreitetes Lernersprachenproblem (Lütge 2002). Lewis hat früh und radikal einen *lexical approach* (1993) postuliert, der auf „grammaticalised lexis, not lexicalised grammar" (vi) abzielt und explizite Grammatikvermittlung ablehnt − was seine Akzeptabilität sehr erschwert hat.

4. Semantisierung

Der Terminus Semantisierung (Bedeutungserklärung) bezeichnet in der fremdsprachendidaktischen Literatur die Erklärung lexikalischer Einheiten (Wort, Phrasem) durch den Lehrer, während die von der Kognitionspsychologie beeinflusste Zweitspracherwerbsforschung und Psycholinguistik unter dem Begriff der Semantisierung die Verarbeitung durch den Lernenden in den Mittelpunkt stellen. Spricht man von Semantisierungsprozess, so wendet man sich gegen unidirektional aufgefasste Konzepte von Bedeutungsvermittlungen, die eine Input=Output-Konzeption vertreten.

Die Erstsemantisierung bekommt durch die enge Beziehung zwischen Verstehen/ Behaltenseffekten und verarbeitungsgerechter Strukturierung des *Input* ihren besonderen Stellenwert in der Wortschatzvermittlung. Das Repertoire von Erklärungsverfahren umfasst nichtsprachliche und ein-/zweisprachige Verfahren (Bohn 1999). Auf Kulturspezifik und Herstellen landeskundlicher Bezüge ist dabei besonders Wert zu legen. Durch exemplarischen Verweis auf die kulturelle Markiertheit lexikalischer Einheiten soll eine kulturspezifische Begriffsbildung (Müller-Jacquier 1994) beim Lerner angeregt werden. Eigen- und fremdkulturelles Verstehen kann bewusst gemacht werden, indem landeskundlich relevante Bezüge berücksichtigt werden (Wollert 2002). Lerner sollen dazu befähigt werden, eigene Strategien zu entwickeln und Hypothesen über konventionalisierte und kontextuelle Gebundenheit von Begriffen aufzustellen (Luchtenberg 2000).

In die Empfehlungen für Erklärungsverfahren sind empirisch ermittelte Konstitutiva von Semantisierungsdiskursen in Alltags- und Unterrichtskommunikation (Kompensationsstrategien, Aushandlungen, Eigensemantisierungen) und Aussagen zu Einflüssen multimodaler Kodierung (Köster 1994: 2000) noch nicht systematisch aufgenommen worden. Zur Vorbereitung auf lexikalische Notsituationen in natürlichen Kontaktsituationen sollten Lerner in die Lage versetzt werden, Erklärungen anzufordern und durchzuführen. Umschreibungstechniken (Verwendung von unscharfen Hyperonymen), Erklärungsverfahren und Gesprächsstrategien als interaktive Verfahren der Verständnissicherung sind zu üben. Dies impliziert eine Beteiligung der Lerner an der Bedeutungsaushandlung in einsprachigen Semantisierungsphasen (vgl. *engagement*, Schmitt 2008).

Die Wahl eines oder mehrerer Verfahren hängt von den Eigenschaften der lexikalischen Einheit und den konkreten Lernervoraussetzungen ab; didaktische Reflexionen der Erklärungsverfahren, Begründungen für Auswahl, Frequenz und Zuordnung zu lexikalischen Einheiten fehlen noch. Von den Lehrern intuitiv eingesetzte Mehrfacherklärungen scheinen in der Praxis üblich und auch sinnvoll zu sein (Köster 1994; de Florio-Hansen 1994), sie machen den unterschiedlichen Lernern Angebote, aus denen sie entsprechend ihrer Dispositionen wählen können. Angesichts der Komplexität eines zu lernenden Wortschatzes und einer Forschungslage mit fragmentierten und nicht immer eindeutigen Ergebnissen empfiehlt Schmitt (2008) allgemein, bei der Wortschatzarbeit Faktoren wie hohe Kontaktfrequenz, gerichtete Aufmerksamkeit und intensive Beschäftigung mit den lexikalischen Einheiten zu berücksichtigen.

5. Systematische Wortschatzvermittlung

Systematische Wortschatzarbeit, schon früher ein „Stiefkind" (Neuner 1991: 77) der Forschung und Unterrichtspraxis und bis heute im Fremdsprachenunterricht stark vernachlässigt, soll inzidentellen (beiläufigen) und intentionalen Erwerb zusammenbringen, die als komplementäre Prozesse zu verstehen sind. Intentionaler Erwerb findet während der Bearbeitung kommunikativer Aufgaben statt, die kontextuell, situativ und in Sinnzusammenhängen eingebettet auf Textbasis erfolgt, wenn die Aufmerksamkeit auf lexikalische Probleme gerichtet ist. Neben solcher textgebundener Kontextualisierung stehen, in ihrer Wirksamkeit in letzter Zeit hervorgehoben (vgl. Laufer 2009), dekontextualisierte sog. formfokussierende Übungen (Laufer 2005), die zielgerichtete Erweiterungen (*rich instruction*) und Wiederholungen ermöglichen.

Inzidenteller Erwerb (Lesen, Hören) führt zu rezeptiver Verfügbarkeit der Bedeutung, nur produktive Aufgaben führen zum produktiven Erwerb, haben aber auch Effekte auf den rezeptiven Erwerb (Mondria und Wiersma 2004). Forschungsergebnisse belegen, dass der rezeptive Wortschatz immer größer als der produktive ist (Webb 2008) und auch stärker zunimmt (Laufer 1998). Der flexible Abstand zwischen rezeptivem und produktivem Wortschatz könnte allerdings − weitergedacht − von den Erwerbsbedingungen abhängig sein: in einem DaF-Kontext wird ein umfangreicherer produktiver Wortschatz erworben, in einem DaZ-Kontext ein umfangreicherer rezeptiver − eine interessante Forschungshypothese.

5.1. Übungen

Wortschatzübungen dienen dem Erkennen und Wiedererkennen − der rezeptive Wortschatz wurde gegenüber dem produktiven stark aufgewertet (Neuner 1991) −, der Bedeutungserschließung, dem Behalten und gezielten Abrufen, dem situations- und intentionsgerechten Verwenden von unbekannten oder bereits geübten und gelernten lexikalischen Einheiten. Der am meisten praktizierte Typ von Wortschatzübung ist das Memorieren ein- oder zweisprachiger, durch sprachliche Kontexte erweiterter Vokabelgleichungen. Die bekannten Nachteile dieses Listenlernens führten zu intelligenteren Übungstypen, denen sprachstrukturelle Ordnungsprinzipien zugrunde liegen oder bei denen kognitionspsychologische Prinzipien des vernetzten, mehrkanaligen und individuellen Lernprozesses berücksichtigt werden; entsprechende Übungen (Ordnen, Visualisieren und Assoziieren) ermöglichen bessere Behaltensleistungen. Bohn (1999) nimmt eine Klassifizierung in rezeptive, reproduktive und produktive Übungen vor, die auf die Unterscheidung in einen Mitteilungs- und einen Verstehenswortschatz Bezug nimmt. Durch Variieren der Übungsformen (Bsp. Zuordnungs-, Substitutions-, Transformationsübungen, Sprachlernspiele) kann die Wortschatzvermittlung interessant und motivierend gestaltet werden.

5.2. Übungsmaterialien

„Anscheinend ist es immer noch so, dass [in DaF-Lehrwerken, L.K.] eine systematische Darstellung und Vermittlung des WS nicht für so notwendig angesehen wird wie eine solche im Bereich Grammatik." (Bohn und Schreiter 2000: 91) Eine über das häufig unzureichende Angebot in Lehrwerken hinausgehende systematische Wortschatzarbeit ermöglichen nur wenige Übungsbücher. Das schmale Angebot reicht von sprachstrukturalistisch orientierten und stärker dem Pattern-Drill verpflichteten Übungsbüchern (Bsp. Buscha und Friedrich 1996) bis hin zu onomasiologisch/thematisch geordneten Materialien für den Grundwortschatz (GER-Niveaustufen A1 bis B1: Bsp. Fandrych und Tallowitz 2002) mit auch mehrkanaliger Verarbeitung, affektiver Auseinandersetzung und eigenständigen Semantisierungsleistungen (Häublein et al. 1995). Die Übungsmaterialien beziehen sich fast ausschließlich auf den Grundstufenbereich, da hier bei Erarbeitung, Wiederholung und Erweiterung des Wortschatzes auf mehr oder weniger definierte Wortschatzumfänge Bezug genommen werden kann.

Das traditionelle, listenförmig geführte Vokabelheft ist ein „Vokabelfriedhof" (Butzkamm 2002: 260); elf Prinzipien für Wörterhefte (*notebooks*) haben Schmitt und Schmitt bereits 1995 vorgelegt, die in der Folge auch empirisch überprüft und durch Empfehlungen stärker lehrerseitiger Steuerung adaptiert worden sind (McCrostie 2007). Themenbezogene Wörterhefte sind bereits auf der Anfängerstufe möglich, können auf Universitätsniveau beispielsweise als lernerautonome individuelle Wörterbücher geführt werden – mit dem zu berücksichtigenden Hinweis, dass nicht einmal Fremdsprachenstudierende in der Lage sind, ihre lexikalische Kompetenz selbstständig zu verbessern (de Florio-Hansen 2006).

5.3. Wiederholung und Kontrolle

In der methodischen Literatur und in den Lehrwerken wird der Aspekt der defizitären Behaltensleistungen sehr oft vernachlässigt, für die Bereiche der Systematisierung, Wiederholung und (Selbst-)Kontrolle können Bohn und Schreiter (2000) nur wenige Lehrwerke positiv herausstellen. Nach den Phasen der Präsentation und des Übens folgt gewöhnlich als Abschluss und in unmittelbarem Anschluss – wie, nach welcher Zeitspanne definiert man „Erwerb"? – die Lernerfolgskontrolle; die Wortschatzerhaltung kommt dabei oft zu kurz. Neben die Vermittlung von Lernstrategien für die aktive Gestaltung des individuellen Lernprozesses (s. u.) tritt zwangsläufig die lehrergesteuerte, variationsreich anzulegende und auf intralexematische Komponenten und Teilnetze des mentalen Lexikons zielende Wiederholung eingeführter Lexik. Die Gedächtnisleistung wird vom Typ der Wiederholung (Verarbeitungstiefe, rezeptiver – produktiver Erwerb), von den zeitlichen Intervallen (frühe, unmittelbare Wiederholungen sind behaltenswichtiger als spätere) und der Anzahl der Wiederholungen bestimmt, die Nation (2001) im Bereich von 5−20 sieht; solche experimentell gewonnenen Daten sind nicht unreflektiert in Empfehlungen umzusetzen, belegen aber, dass es mehrere Begegnungen mit lexikalischen Einheiten geben muss.

Eine umfassende Diskussion der Evaluation fremdsprachlicher Wortschatzkompetenz hat bislang nur im englischsprachigen Forschungskontext stattgefunden, die einzige DaF-Monographie von Bohn (1999) verzichtet auf die unterrichtliche Phase der Lernerfolgskontrolle (Testen und Prüfen). Aguado (2004) verdeutlicht, dass die Gründe hierfür in der Komplexität des Konstrukts Wortschatz und den damit einhergehenden testmethodischen Problemen (Bsp. *discrete-point* vs. *task-based*; Diskussion bei Read 2000) liegen. Sie plädiert für eine Kombination von Einzelverfahren unter Einschluss lernerorientierter Selbsteinschätzungs-Skalen.

6. Lernerorientierung

Unter Berücksichtigung der Tatsache, dass der gesteuerte Spracherwerbskontext beim lexikalischen Lernen nur eine eher unbedeutende Rolle spielt − relativ wenige lexikalische Einheiten werden pro Unterrichtseinheit präsentiert und geübt −, bekommt die Forderung nach Lernerorientierung des Fremdsprachenunterrichts, mit den Stichworten Maximierung des *Inputs*, selbstgesteuertes Lernen und eigenständiges Weiterlernen, ihre spezielle Berechtigung gerade im Bereich der Wortschatzvermittlung. Die Lehrenden haben die Aufgabe, zum autonomen Lernen hinzuführen; sprachliche Erscheinungen sind bewusst zu machen und Einsicht in Lernprozesse zu fördern, angemessene Lernstrategien sind anzubieten, um den Prozess des individuellen Sprachenlernens zu unterstützen.

6.1. Lernstrategien

Zum empirisch abgesicherten Repertoire der Mnemotechniken gehören die wieder ernstgenommenen Eselsbrücken, mentale Bilder und *Mindmaps* (Sperber 1989). Das Inferieren der Bedeutung lexikalischer Einheiten aus dem schriftlichen/mündlichen Kontext ist eine weitere effektive Strategie mit positiven Auswirkungen auf das Behalten, deren einzelne Schritte allerdings den Lernern vermittelt werden sollten (Schmitt 2008; vgl. Walters 2004). Die vielen damit einhergehenden Überlegungen − muss der Text zu 95 % bekannt sein, können nur Fortgeschrittene von dieser Strategie profitieren, wie viele Begegnungen sind notwendig, wie müssen Kontexte aufgebaut sein, wie steuert man wiederholte Begegnungen mit lexikalischen Einheiten? (Nation 2001, Kap. 7) − sind noch nicht abschließend beantwortet. Diese Form inzidentellen Erwerbs ist weiter, so Laufer (2005), immer um Verfahren aufmerksamkeitssteuernden intentionalen Lernens zu ergänzen − und sei es das Nachschlagen im Wörterbuch. Damit einher geht eine Strategie der Bedeutungserschließung aufgrund des potentiellen Wortschatzes. Darunter wird die Fähigkeit verstanden, über die gelernten lexikalischen Einheiten hinaus unbekannte Wörter unter Ausnutzung des Sprachwissens inferieren zu können. Der potentielle Wortschatz umfasst interlinguale Parallelen (Internationalismen, Kognate) und intralinguale morphologische und strukturelle Parallelen (Wortbildung).

Zu komplexeren Lernstrategien (Überblick bei Gu 2003) liegen mehrere empirische Studien vor, die ihre Effektivität nachweisen. Neveling (2004) kann zeigen, dass Wörternetze eine behaltenseffektive Lernstrategie darstellen. Stork (2003) untersucht die Wirksamkeit der „Vokabellernstrategien" Auswendiglernen, Visualisierung der Wortbedeutung, Ausführung von Bewegungen sowie Schlüsselwortmethode und empfiehlt, sprachlernerfahrenen Erwachsenen das letztgenannte Verfahren anzubieten; in seinem Forschungsüberblick konstatiert Ecke (2004) allerdings, dass nach „30 Jahren intensiver Forschung zum Potenzial der SW-Methode" (224) immer noch aussagekräftige Untersuchungen in unterrichtlichen Kontexten fehlen, was (auch) die Zurückhaltung der Praxis erklären könnte. Gemeinsam ist den Studien, dass sie auf Vermittlung und Training durch Lehrende drängen und Lernbewusstsein als Bedingung für Lernerautonomie (Neuner-Anfindsen 2005) formulieren.

6.2. Lernerwörterbücher und Minima

Wenn Lernerautonomie, die möglichst eigenständige Aneignung der Fremdsprache und unabhängige Informationsbeschaffung, ein zentrales Element und Ziel der L2-Didaktik ist, dann bekommt die Arbeit mit Lernerwörterbüchern einen besonderen Stellenwert. Das Nachschlagen wird als Lernstrategie in empirischen Studien und Praxisempfehlungen übereinstimmend positiv bewertet. Die empirische Wörterbuchbenutzungsforschung hat aber gezeigt, dass Lerner nicht in der Lage sind, das Wörterbuch als Hilfsmittel beim Lernen einer Fremdsprache effektiv zu nutzen (Tono 2001). Wörterbucharbeit sollte immer integraler Bestandteil der Wortschatzarbeit sein; einmal, um lexikalische Probleme bei Texterschließung und Textproduktion mit Hilfe eines einsprachigen Lernerwörterbuchs wie des zu seiner Zeit in Deutschland völlig neuartigen *Großwörterbuch Deutsch als Fremdsprache* (Götz, Haensch und Wellmann 1993; im Jahr 2010 befinden sich insgesamt 11 Lernerwörterbücher auf dem Markt) lösen zu können; Übungsanregungen stehen bereit (Bsp. Schaeder 2000). Zum anderen kann es auch als Lernwörterbuch eingesetzt werden, das aufgrund der internen Struktur der Einträge, der vielfachen Vernetzung und der onomasiologischen Anreicherung ein reiches Informationspotential bietet (Lü 2007) und systematische Wortschatzarbeit unterstützt.

Aufgrund lernerorientierter Überlegungen − Auswahlkriterien sind Brauchbarkeit, Verstehbarkeit und Lernbarkeit (Neuner 1991) − und angesichts veralteter und methodisch fragwürdiger Grundwortschatzsammlungen (Schnörch 2002) war ein allgemeinverbindlicher, traditionell frequenzdeterminierter Grundwortschatz nicht mehr zu rechtfertigen. Die Entwicklungen der Korpuslinguistik ermöglichen es aber jetzt, die Diskussion um Minima (Tschirner 2005) und um den systematischen Einsatz von Korpusdaten (Bsp. mündliche Sprache) in DaF/DaZ voranzutreiben.

7. Literatur in Auswahl

Aguado, Karin
   2002   Formelhafte Sequenzen und ihre Funktionen für den L2-Erwerb. *Zeitschrift für Angewandte Linguistik* 37: 27−49.

Aguado, Karin
 2004   Evaluation fremdsprachlicher Wortschatzkompetenz: Funktionen, Prinzipien, Charakte-
          ristika, Desiderate. *Fremdsprachen Lehren und Lernen* 33: 231−250.
Bahns, Jens
 2004   Was gibt's Neues in der Wortschatzdidaktik? *Fremdsprachen Lehren und Lernen* 33:
          192−212.
Boers, Frank und Seth Lindstromberg (Hg.)
 2008   *Cognitive Linguistic Approaches to Teaching Vocabulary and Phraseology.* Berlin: Mouton
          de Gruyter.
Bogaards, Paul
 2001   Lexical units and the learning of foreign language vocabulary. *Studies in Second Language
          Acquisition* 23: 321−343.
Bohn, Rainer
 1999   *Probleme der Wortschatzarbeit.* Berlin: Langenscheidt.
Bohn, Rainer und Ina Schreiter
 2000   Wortschatzarbeit in den Sprachlehrwerken Deutsch als Fremdsprache: Bestandsauf-
          nahme, Kritik, Perspektiven. *Germanistische Linguistik* 155−156: 57−98.
Buscha, Annerose und Kirsten Friedrich
 1996   *Deutsches Übungsbuch. Übungen zum Wortschatz der deutschen Sprache.* Berlin: Langen-
          scheidt.
Butzkamm, Wolfgang
 2002   *Psycholinguistik des Fremdsprachenunterrichts.* 3. Auflage. Tübingen: Francke.
de Florio-Hansen, Inez
 1994   *Vom Reden über Wörter. Vokabelerklärungen im Italienischunterricht mit Erwachsenen.*
          Tübingen: Narr.
de Florio-Hansen, Inez
 2006   Vom Umgang mit Wörtern. Ergebnisse einer schriftlichen Befragung von Fremdsprachen-
          studierenden. In: Dirk Siepmann (Hg.), *Wortschatz und Fremdsprachenlernen*, 145−191.
          Landau: Verlag Empirische Pädagogik.
Ecke, Peter
 2004   Die Schlüsselwort-Mnemonik für den fremdsprachigen Wortschatzerwerb: Zum Stand
          der Forschung. *Fremdsprachen Lehren und Lernen* 33: 213−230.
Eckerth, Johannes, Karen Schramm und Erwin Tschirner
 2009   Review of recent research (2002−2008) on applied linguistics and language teaching with
          specific reference to L2 German (part1). *Language Teaching* 42: 41−66.
Ellis, Nick C.
 2008   Phraseology. The periphery and the heart of language. In: Fanny Meunier und Sylviane
          Granger (Hg.), *Phraseology in Foreign Language Learning and Teaching,* 1−13. Amster-
          dam: John Benjamins.
Fandrych, Christian und Ulrike Tallowitz
 2002   *Sage und schreibe. Übungswortschatz Grundstufe Deutsch in 99 Kapiteln.* Stuttgart: Ernst
          Klett International.
Götz, Dieter, Günther Haensch und Hans Wellmann (Hg.)
 2003   *Langenscheidt Großwörterbuch Deutsch als Fremdsprache. Das einsprachige Wörterbuch
          für alle, die Deutsch lernen.* Neubearbeitung. Berlin: Langenscheidt (1993).
Gu, Peter Yongqi
 2003   Vocabulary Learning in a Second Language: Person, Task, Context and Strategies. *Teach-
          ing English as a Second or Foreign Language* 7(2): 1−25 (Online).
Handwerker, Brigitte und Karin Madlener
 2009   *Chunks für DaF. Theoretischer Hintergrund und Prototyp einer multimedialen Lernumge-
          bung (inklusive DVD).* Baltmannsweiler: Schneider Verlag Hohengehren.

Häublein, Gernot, Martin Müller, Paul Rusch und Lukas Wertenschlag
1995   Memo. Wortschatz- und Fertigkeitstraining zum Zertifikat Deutsch als Fremdsprache. Lehr-
        und Übungsbuch. Berlin: Langenscheidt.
Henriksen, Birgit
1999   Three dimensions of vocabulary development. Studies in Second Language Acquisition 21:
        303−317.
Kielhöfer, Bernd
1994   Wörter lernen, behalten und erinnern. Neusprachliche Mitteilungen 47: 211−220.
Knapp-Potthoff, Annelie
2000   Vokabeln im Kopf. In: Claudia Riemer (Hg.), Kognitive Aspekte des Lehrens und Lernens
        von Fremdsprachen. Cognitive Aspects of Foreign Language Learning and Teaching. Fest-
        schrift für Willis J. Edmondson zum 60. Geburtstag, 293−307. Tübingen: Narr.
Köster, Lutz
1994   Semantisierungsprozesse im Unterricht Deutsch als Fremdsprache. Eine Analyse von Bedeu-
        tungserklärungen im Unterricht mit fortgeschrittenen Lernern. Frankfurt a. M.: Lang.
Köster, Lutz
2000   Wort-Erklärungen und Semantisierungsprozesse. Germanistische Linguistik 155−156:
        195−208.
Kühn, Peter (Hg.)
2000   Wortschatzarbeit in der Diskussion. (Themenheft von Germanistische Linguistik 155−156).
Laufer, Batia
1998   The development of passive and active vocabulary in a second language: same or differ-
        ent? Applied Linguistics 19: 255−271.
Laufer, Batia
2005   Focus on Form in Second Language Vocabulary Learning. EUROSLA Yearbook 5:
        223−250.
Laufer, Batia
2009   Second language vocabulary acquisition from language input and form-focused activities.
        Language Teaching 42: 341−354.
Lewis, Michael
1993   The Lexical Approach. The State of ELT and a Way Forward. Hove: Language Teaching
        Publications.
Luchtenberg, Sigrid
2000   Interkulturelle Wortschatzarbeit. Germanistische Linguistik 155−156: 223−248.
Lü, Tianshu
2007   Pädagogische Lexikographie. Monolinguale und bilingualisierte Lernerwörterbücher zur
        Vermittlung des Deutschen als Fremdsprache. Göttingen: Cuvillier.
Lütge, Christiane
2002   Syntagmen und Fremdsprachenerwerb. Ein Lernersprachenproblem. Frankfurt a. M.: Lang.
Lutjeharms, Madeline
2003   Die Rolle der Übersetzung in die Ausgangssprache für den Wortschatzerwerb in der
        Fremdsprache. Zeitschrift für Interkulturellen Fremdsprachenunterricht 8(2/3): 1−12 (On-
        line).
McCrostie, James
2007   Examining learner vocabulary notebooks. ELT Journal 61: 246−255.
McLaughlin, Barry
1990   Restructuring. Applied Linguistics 11: 113−128.
Mondria, Jan-Arjen und Boukje Wiersma
2004   Receptive, productive, and receptive + productive L2 vocabulary learning: What differ-
        ence does it make? In: Paul Bogaards und Batia Laufer (Hg.), Vocabulary in a second
        language. Selection, acquisition, and testing, 79−100. Amsterdam: John Benjamins.

Nation, I.S.P.
2001   *Learning Vocabulary in Another Language.* Cambridge: Cambridge University Press.
Müller-Jacquier, Bernd-Dietrich
1994   *Wortschatzarbeit und Bedeutungsvermittlung.* Berlin: Langenscheidt.
Neuner, Gerhard
1991   Lernerorientierte Wortschatzauswahl und -vermittlung. *Deutsch als Fremdsprache* 28: 76−83.
Neuner-Anfindsen, Stefanie
2005   *Fremdsprachenlernen und Lernerautonomie. Sprachlernbewusstsein, Lernprozessorganisation und Lernstrategien zum Wortschatzlernen in DaF.* Baltmannsweiler: Schneider Verlag Hohengehren.
Neveling, Christiane
2004   *Wörterlernen mit Wörternetzen. Eine Untersuchung zu Wörternetzen als Lernstrategie und als Forschungsverfahren.* Tübingen: Narr.
Ott, Margarete
1997   *Deutsch als Zweitsprache. Aspekte des Wortschatzerwerbs. Eine empirische Längsschnittuntersuchung zum Zweitspracherwerb.* Frankfurt a. M.: Lang.
Peleki, Eleni
2008   *Migration, Integration und Sprachförderung. Eine empirische Untersuchung zum Wortschatzerwerb und zur schulischen Integration von Grundschulkindern.* München: Meidenbauer.
Read, John
2000   *Assessing Vocabulary.* Cambridge: Cambridge University Press
Read, John
2004   Plumbing the depths: How should the construct of vocabulary knowledge be defined? In: Paul Bogaards und Batia Laufer (Hg.), *Vocabulary in a second language. Selection, acquisition, and testing,* 209−227. Amsterdam: John Benjamins.
Schaeder, Burkhard
2000   Wörterbucharbeit im Unterricht Deutsch als Fremdsprache. *Germanistische Linguistik* 155−156: 249−280
Schmidt, Claudia
2002   Wörter lernen in der Fremdsprache. Das Lexikon im ungesteuerten und gesteuerten Zweitsprachenerwerb. In: Jürgen Dittmann und Claudia Schmidt (Hg.), *Über Wörter. Grundkurs Linguistik,* 335−357. Freiburg: Rombach.
Schmitt, Norbert
1998   Tracking the Incremental Acquisition of Second Language Vocabulary: A Longitudinal Study. *Language Learning* 48: 281−317.
Schmitt, Norbert
2000   *Vocabulary in Language Teaching.* Cambridge: Cambridge University Press.
Schmitt, Norbert (Hg.)
2004   *Formulaic sequences. Acquisition, processing and use.* Amsterdam: John Benjamins.
Schmitt, Norbert
2008   Instructed second language vocabulary learning. *Language Teaching Research* 12: 329−363.
Schmitt, Norbert und Diane Schmitt
1995   Vocabulary notebooks: theoretical underpinnings and practical suggestions. *ELT Journal* 49: 133−143.
Schnörch, Ulrich
2002   *Der zentrale Wortschatz des Deutschen. Strategien zu seiner Ermittlung, Analyse und lexikografischen Aufarbeitung.* Tübingen: Narr.
Siepmann, Dirk
2007   Wortschatz *und* Grammatik: zusammenbringen, was zusammengehört. *Beiträge zur Fremdsprachenvermittlung* 46: 59−80.

Sperber, Horst G.
    1989   *Mnemotechniken im Fremdsprachenerwerb mit Schwerpunkt „Deutsch als Fremdsprache".*
            München: iudicium.

Stork, Antje
    2003   *Vokabellernen. Eine Untersuchung zur Effizienz von Vokabellernstrategien.* Tübingen: Narr.

Taylor, Insup
    2005   The mental lexicon: The situation with regard to multilingualism. In: Alan D. Cruse,
            Franz Hundsnurscher, Michael Job und Peter Rolf Lutzeier (Hg.), *Lexikologie. Lexico-*
            logy. Ein internationales Handbuch zur Natur und Struktur von Wörtern und Wortschätzen.
            An international handbook on the nature and structure of words and vocabularies, 1773−
            1781. Bd. 2. (Handbücher zur Sprach- und Kommunikationswissenschaft 21.2). Berlin:
            Walter de Gruyter.

Thornbury, Scott
    2002   *How to Teach Vocabulary.* Harlow: Pearson Education.

Tono, Yukio
    2001   *Research on Dictionary Use in the Context of Foreign Language Learning.* Tübingen: Nie-
            meyer.

Tschirner, Erwin (Koord.)
    2004   *Wortschatz, Wortschatzerwerb, Wortschatzlernen.* (Themenband von *Fremdsprachen Leh-*
            ren und Lernen 33).

Tschirner, Erwin
    2005   Korpora, Häufigkeitslisten, Wortschatzerwerb. In: Antje Heine, Mathilde Hennig und
            Erwin Tschirner (Hg.), *Deutsch als Fremdsprache − Konturen und Perspektiven eines*
            Fachs. Festschrift für Barbara Wotjak zum 65. Geburtstag, 133−149. München: iudicium.

Walters, JoDee
    2004   Teaching the use of context to infer meaning: a longitudinal survey of L1 and L2 vocabu-
            lary research. *Language Teaching* 37: 243−252.

Webb, Stuart
    2008   Receptive and productive vocabulary sizes of L2 learners. *Studies in Second Language*
            Acquisition 30: 79−95.

Wollert, Mattheus
    2002   *Gleiche Wörter − andere Welten. Interkulturelle Vermittlungsprobleme im Grundwort-*
            schatzbereich. Empirisch basierte Untersuchungen zum Unterricht Deutsch als Fremdspra-
            che an Universitäten in Südkorea. München: iudicium.

Zimmerman, Cheryl Boyd
    1997   Historical trends in second language vocabulary instruction. In: James Coady and Tho-
            mas Huckin (Hg.), *Second Language Vocabulary Acquisition. A Rationale for Pedagogy,*
            5−19. Cambridge: Cambridge University Press.

Lutz Köster, Bielefeld (Deutschland)

114. Textarbeit

1. Textarbeit

Mit dem Begriff *Textarbeit* ist grundsätzlich die rezeptive und produktive Arbeit mit Texten im Lehr- und Lernkontext des Sprachunterrichts gemeint, wobei zumindest zwei verschiedene Verwendungsweisen des Begriffs zu unterscheiden sind. Die ursprünglich stark literaturdidaktische Prägung des Begriffs macht aktuell einem breiteren Verständnis Platz, das schon in Piephos Definition zu Anfang der 1990er Jahre anklingt: „Textarbeit (= Arbeit an, mit und nach Texten)" (Piepho 1990: 4). Diese Perspektive kommt auch im Gemeinsamen europäischen Referenzrahmen für Sprachen (GeR) zum Ausdruck, wenn die „Verarbeitung von gesprochenen oder geschriebenen Texten (durch Rezeption, Produktion, Interaktion und Sprachmittlung)" als zentraler Bestandteil kommunikativer Sprachaktivitäten schlechthin beschrieben wird (Europarat 2001: 26). Dieser weiten Definition, die Textarbeit auf allen Kompetenzniveaus situiert und Lehrbuchtexte, schriftliche Übungen ebenso wie die Arbeit mit Sachtexten und literarischen Texten umfasst, steht eine engere gegenüber, die sich vorwiegend auf den Umgang mit „komplexen längeren Texten insbesondere im Fortgeschrittenenbereich" (Krumm und Mummert 2001: 942) bezieht. Charakteristisch für diese Verwendungsweise ist, dass literarische Texte und Fragen des Leseverstehens eine zentrale Rolle spielen. Dieser Artikel legt die breite Perspektive auf Textarbeit zugrunde, die jede sprachdidaktisch begründete mündliche und schriftliche Arbeit mit Texten in sprachlicher wie inhaltlicher Hinsicht umfasst und daher in erster Linie den gesteuerten Spracherwerb im Blick hat.

Der Begriff *Text* umfasst im Sprachgebrauch der Fremdsprachendidaktik grundsätzlich schriftliche und mündliche Texte. Dieses Textverständnis gilt auch in diesem Artikel, wobei jedoch die Arbeit mit schriftlichen Texten im Vordergrund steht, was der Schwerpunktsetzung der Fachliteratur zu Textarbeit entspricht.

2. Texte im Fremdsprachenunterricht

Texte sind seit je Grundlage des Sprachenlernens. Im frühen Europa handelt es sich zunächst um Grammatiken, die eine von Donat und Priscian begründete Tradition für das Erlernen von Fremdsprachen fortschreiben und zusammen mit den *Hermeneumata*, beispielhaften Lehrer-Schüler Dialogen, das Erlernen des Lateinischen prägen. Für das Deutsche als Fremd- und Zweitsprache sind jedoch die oberitalienischen Sprachbücher im 15. Jahrhunderts (Glück 2002: 418−432) und die vielsprachigen Wortschatzsammlungen und Gesprächsbücher des 16. Jahrhunderts (vgl. Hüllen 2005: Kap. 4.2) bedeutender, die in ihrer Orientierung an Erfordernissen der Kommunikation in mehrsprachigen Alltagssituationen durchaus moderne Züge tragen (vgl. Art. 5 und 9). Mit der Institutionalisierung des schulischen Fremdsprachenunterrichts im neuhumanistischen Gymnasium des 19. Jahrhunderts erhält das Modell des Lateinunterrichts den Vorzug, in dem Texte in Form von speziell für den Sprachunterricht verfassten Lehrbuchtexten verwendet werden, die dem Ziel der Illustration und Anwendung grammatikalischen Wissens dienen (Hüllen 2005: Abschnitt III). Ziel des Sprachunterrichts ist sprachliches Wissen und eine auf einen Kanon literarischer Texte ausgerichtete Lesekompetenz (Weller 2003: 410−412). Die Reformbewegungen, für die Wilhelm Viëtors Schrift *Der Sprachunterricht muß umkehren!* beispielhaft steht (Viëtor 1882), zeigen, dass die Frage, wozu Sprachen gelernt werden, einen entscheidenden Einfluss auf die als relevant befundenen Texte hat.

Dies wird in der Umbruchszeit im Rahmen der kommunikativ-pragmatischen Wende der 60er Jahre des 20. Jahrhunderts im Bereich der Textarbeit besonders brisant. Die neu entstandene Textlinguistik (vgl. Art. 27) geht von einem breiten Textbegriff aus und beschreibt das Phänomen unter Einbezug des Verwendungskontextes (vgl. zusammenfassend: Adamzik 2004: 47−48). Die Textsortenlinguistik rückt die Vielfalt textueller Erscheinungsformen ins Zentrum wissenschaftlicher Aufmerksamkeit und hebt deren Bedeutung für den Fremdsprachenunterricht hervor (vgl. zur gegenwärtigen Situation: Adamzik und Krause 2009; vgl. auch Art. 28). Die Fremdsprachendidaktik vollzieht parallel dazu und teilweise im Dialog mit der Linguistik eine Neubewertung der Texte und Textsorten, die für die Textarbeit relevant sind. Im Zusammenhang mit dem Postulat, dass kommunikative Kompetenz das vorrangige Ziel des Sprachunterrichts darstellen solle (Piepho 1974), erhält dieses erweiterte Textverständnis eine sprachdidaktische Perspektivierung. Die Textauswahl wird bestimmt von den Unterrichtszielen, die sich an kommunikativen Sprachfunktionen und den Bedürfnissen der Lernenden orientieren. Stand hier zunächst die Arbeit mit mündlichen Texten im Vordergrund, ist seit den 1990er Jahren wieder ein verstärktes Interesse an schriftlichen Texten festzustellen (vgl. die Beiträge in Bausch, Christ und Krumm 1991).

Neben der Öffnung für eine breite Vielfalt an Texten ist die Problematisierung von speziell für den Unterricht erstellten Texten für diese Wende charakteristisch, die sich in der Forderung nach der *Authentizität* der verwendeten Texte niederschlägt: „Texte sollen authentisch sein, damit sich die Repräsentationen der Fremdsprache in der Schule der Fremdsprachenbegegnung und −anwendung im Leben möglichst annähern." (Edelhoff 1985: 7) Dieser Anspruch ist auch in aktuellen methodisch-didaktischen Zugängen von Bedeutung, z. B. wenn etwa „authentische Materialien" im Konstruktivismus eingefordert werden (Wolff 2002: 9) oder Neuner in der Mehrsprachigkeitsdidaktik authentische Texte als wesentliches Element einer neuen „Textorientierung" sieht, zu der aus seiner Sicht allerdings auch „synthetische" Texte, d. h. zu Unterrichtszwecken erstellte Paralleltexte in verschiedenen Sprachen, zählen (Neuner 2006: 144). Diese Abkehr von der ursprünglichen Forderung, dass ausschließlich authentische Texte im Unterricht zum Einsatz kommen sollten, entspricht der zunehmenden Orientierung der fremdsprachendidaktischen Texttheorie an der Sprachlehr- und lernforschung, die darin resultiert, dass „dem Umgang mit Texten das Hauptaugenmerk" geschenkt wird (Christ 2001: 84). Authentizität wird heute also stärker als Charakteristikum des unterrichtlichen Handlungszusammenhangs verstanden, der aus der Perspektive der Bedürfnisse der Lernenden lebensnah und damit authentisch sein soll.

Für die Auswahl von Texten für den Unterricht sind gegenwärtig die aus der Lerner- und Handlungsorientierung des Fremdsprachenunterrichts abgeleiteten Lernziele ausschlaggebend. Die Diskussion um Bildungsstandards zeigt, dass dies zu einer Infragestellung der dominanten Rolle literarischer Texte im höheren Schulwesen führt. Im GeR wird die „ästhetische Sprachverwendung" als ein „traditionell sehr wichtiger, ja oft dominanter Aspekt des modernen Sprachunterrichts im höheren Schulwesen und in der Universität" bezeichnet (Europarat 2001: 61−62), dessen Darstellung allerdings knapp ausfällt. Literarische Texte werden in Dokumenten zu Bildungsstandards als Teil „eines breiten Spektrums von Texttypen" gesehen, wie Christ (2006: 61) mit Verweis auf relevante Dokumente des Sekretariats der ständigen Konferenz der Kultusminister der Bundesrepublik Deutschland festhält. Diese Einschätzung zeigt sich auch in einem im Auftrag der Schweizerischen Konferenz der kantonalen Erziehungsdirektoren (EDK) erstellten Bericht *Koordination des Fremdsprachenunterrichts auf Sekundarstufe II*: Der Bereich „Literatur, Kultur und Landeskunde − Persönlichkeitsbildung, Auseinandersetzung mit kulturhistorischen, ästhetischen und emotionalen Dimensionen der fremdsprachigen Welt, kritischer Umgang mit literarischen Texten und der Spezifik der fiktionalen Genres" ist eine Schlüsselkompetenz unter anderen (EDK 2007: 16). Festzuhalten ist, dass die Rolle literarischer Texte „in der Wissenschaft umstrittener [ist] als in der Schulpraxis" (Christ 2006: 60), literarische Texte behaupten ihren Stellenwert im Fremdsprachenunterricht und finden schon im frühen Fremdsprachenunterricht in spielerischen Formen des Sprachenlernens Verwendung. Im fortgeschrittenen Bereich der Sekundarstufe II sind sie heute zusammen mit komplexen Sach- und Fachtexten Teil eines Textsortenspektrums, das ästhetische Sprachverwendung ebenso wie die Kommunikation in Beruf und Alltag repräsentiert.

3. Textarbeit im Fremdsprachenunterricht

3.1. Textarbeit und Textkompetenz

Textarbeit im Fremdsprachenunterricht erfolgt nicht voraussetzungslos; sie schließt an spezifische Lehr- und Lernkulturen an, die den Unterricht in der L1 oder der dominanten Bildungssprache kennzeichnen und Teil der Lernbiografie der Lernenden sind. Lernende bringen daher Wissen und Erfahrungen in den Fremdsprachenunterricht mit. Für die Textarbeit, in der schriftliche Texte im Mittelpunkt stehen, spielt daher *Textkompetenz* eine wichtige Rolle: Lernende müssen in der Lage sein zu lesen, zu schreiben und diese Aktivitäten gewinnbringend in ihren Lernprozess zu integrieren.

In der Leseforschung besteht Konsens darüber, dass bei hoher Lesekompetenz die automatisierte Verarbeitung im Erkennen von Wörtern und Satzstrukturen, im Zugriff auf das Sprach- und Weltwissen und in der Sinnherstellung vorwiegt; die bewusste Anwendung von Lesestrategien, etwa der Hypothesenbildung zu Wortbedeutungen, ist eher für beginnende Leser, für Leser mit geringer Sachkompetenz oder Leser in Fremdsprachen mit niedriger Sprachkompetenz charakteristisch. Dies bedeutet, dass auch Leser mit hoher Sprachkompetenz bewusst auf Lesestrategien zurückgreifen, wenn sie z. B. komplexe Texte in einem neuen Sachbereich lesen. Entscheidend ist hier jedoch, dass Lesen in der Fremdsprache eine literale Praxis darstellt, die auf die Lesesozialisation in der L1 zurückgreift, aber durchaus auch das Lesen in der L1 verändern kann (vgl. Ehlers 2006: 32−33; vgl. auch Art. 108).

Beim Lesen in der Schule geht es vorrangig um Wissenserwerb. Textkompetenz befähigt dazu, „Texte selbständig zu lesen, das Gelesene mit den eigenen Kenntnissen in

Beziehung zu setzen und die dabei gewonnenen Informationen und Erkenntnisse für das weitere Denken, Sprechen und Handeln zu nutzen. Textkompetenz schließt die Fähigkeit ein, Texte für andere herzustellen und damit Gedanken, Wertungen und Absichten verständlich und adäquat mitzuteilen" (Portmann-Tselikas 2005: 2). Textkompetenz ist daher zentral für das Lernen anhand von Texten, wobei die Textarbeit mit Sachtexten andere Schwerpunkte setzt als die Arbeit mit literarischen Texten. Die interaktive und produktive Verarbeitung von Texten dient dem Informationsgewinn oder eröffnet Wege zu persönlichen und (inter)kulturellen Erfahrungen (s. dazu bes. Art 124).

Schließlich ist Textkompetenz Teil einer kulturell geprägten *Sprachlern*kompetenz. Lernende müssen in der Lage sein, Texte im Rahmen kommunikativen Handelns als Sprachlerngelegenheiten zu nützen, d. h. diese sinnvoll in ihren Lernprozess zu integrieren. Der kompetente Umgang mit verschiedenen Formen des Lernens wird im GeR als Teil des *savoir apprendre* beschrieben. Es handelt sich um Lerntechniken, für die „die Fähigkeit, die im Unterricht geschaffenen Lerngelegenheiten effektiv zu nutzen" zentral ist (Europarat 2001: 109). Dieses *savoir apprendre* ist jedoch kulturell geprägt, wie die Forschung zur interkulturellen Dimension des Fremdsprachenunterrichts zeigt. Die im GeR beschriebenen Lerntechniken setzen eine Vertrautheit mit Verfahrensweisen des autonomem Lernens voraus, die in vielen Lernkulturen gar nicht existieren. Auch scheinbar einfache Arbeitsaufgaben wie das Ergänzen eines Lückentexts setzen voraus, dass Lernende den Sinn dieser schriftlichen Textarbeit sehen, was bei Lernenden, für die Lernen Imitieren und Memorisieren bedeutet, nicht selbstverständlich ist. Die Praxis der Textarbeit im Fremdsprachenunterricht erfordert daher eine Reflexion darüber, welches *savoir apprendre* als selbstverständlich vorausgesetzt und als erfolgreich angesehen wird.

3.2. Kontexte der Textarbeit im Fremdsprachenunterricht

3.2.1. Fokus: Fertigkeitenbezogene Textarbeit

Die vier Fertigkeiten, denen im GeR die *Interaktion* und der spezifische Kontext der *Sprachmittlung* hinzugefügt werden (Europarat 2001: 25–26), sind zunächst als solche Gegenstand der Textarbeit im Fremdsprachenunterricht (vgl. Art. 106). Für rezeptive wie produktive Fertigkeiten gilt, dass der Prozesscharakter dieser sprachlichen Aktivitäten für die Didaktik eine sequenzielle Anlage von Übungsformen nahelegt. Aktivitäten, die Textarbeit vorbereiten, diese während der Verarbeitung steuern und das Ergebnis sichern, sind didaktisch sinnvoll, wie die Darstellung im *Aufgaben-Handbuch Deutsch als Fremdsprache* an vielen Beispielen zeigt (Häussermann und Piepho 1996: Kap. 8–10). Dabei sind diese Übungsabfolgen keineswegs linear zu verstehen, wie die in Abschnitt 3.2.3 erwähnten integrierenden Formen der Textarbeit verdeutlichen, in denen der interaktive Charakter der Spracharbeit eindeutig im Vordergrund steht (vgl. für eine ausführlichere Darstellung der auf einzelne Fertigkeiten bezogenen Aufgabenstellungen und Übungsformen Art. 107–110).

3.2.2. Fokus: Textarbeit mit literarischen Texten

Eine besondere Stellung nehmen im Bereich der Textarbeit die literarischen Texte ein. In der Fachliteratur wird hier zunächst einmal auf die literaturspezifischen Bedingungen der Sinnkonstruktion verwiesen und im Sinne rezeptionsästhetischer Ansätze die Rolle des Lesers hervorgehoben (vgl. Art. 170). Für die Textarbeit sind Arbeitsformen relevant, die der Reflexion des Leseprozesses dienen und subjektives Verstehen mit der Mehrdeutigkeit literarischer Texte in Beziehung setzen. Das *Interpretationsgespräch* dient „als wichtigste Form der unterrichtlichen Vermittlung von Literatur" der aktiven und kooperativen Sinnerschließung, die wiederum „Anreize für selbstständige literarische Sprachproduktion" (Glaap und Rück 2003: 137) bieten kann.

Diese aktive und kreative Verarbeitung literarischer Texte ist ein zweiter Bereich der Textarbeit, der die Kontinuität zwischen rezeptiven und produktiven Sprachaktivitäten unterstreicht. Die subjektive Reaktion auf Texte, die um- oder weitergeschrieben oder als Modelle imitiert oder spielerisch verändert werden, bietet die Möglichkeit affektiven und emotionalen Faktoren im Fremdsprachenunterricht Raum zu schaffen (vgl. dazu Mummert 1989 und Art. 176).

Formen der Textarbeit, die interkulturelle und landeskundliche Dimensionen in den Mittelpunkt stellen, sind ein dritter Schwerpunkt in der Arbeit mit literarischen Texten (vgl. dazu Art. 173).

3.2.3. Fokus: Textarbeit als Integration von Fertigkeiten

„Textarbeit heißt immer, vom Verstehen zur eigenen Produktion überzugehen," schreibt Krumm (1990: 23) und betont damit, dass Fertigkeiten im Sprachunterricht häufig aufeinander bezogen sind. In der Fremdsprachendidaktik stehen gegenwärtig Ansätze im Mittelpunkt der Diskussion, die Textarbeit als Bestandteil eines übergeordneten methodisch-didaktischen Handlungszusammenhangs auffassen und sprachliche Fertigkeiten nicht isoliert, sondern integriert betrachten (vgl. dazu Fandrych und Thonhauser 2008).

Besonders deutlich wird dies im aufgabenorientierten Unterricht, der authentische kommunikative Aufgaben zum zentralen Steuerungselement des Unterrichtsgeschehens werden lässt. Lehrende und Lernende handeln mit einem gemeinsamen Ziel und treffen Entscheidungen darüber, welche Sprachaktivitäten nötig sind, um dieses Ziel zu erreichen. Die kooperative oder individuelle Verarbeitung von Texten legt in diesem Zusammenhang einen integrierten Umgang mit den sprachlichen Fertigkeiten nahe. Bei komplexen Aufgaben wie z. B. der Vorbereitung auf eine Debatte zu einem gesellschaftlichen Thema mit Hilfe verschiedenster Textsorten, die für den Einsatz in einer Diskussion aufbereitet, umgearbeitet und adaptiert werden, ist dies offensichtlich. Aber auch die Aufgabe, ein persönliches Lernjournal zu führen, bezieht Lesen und Schreiben aufeinander, indem Wörterbücher benutzt, vielleicht modellhafte Lösungen konsultiert und mit anderen diskutiert, eine Fernsehsendung kommentiert oder ein literarischer Text, der eine relevante Erfahrung thematisiert, verarbeitet wird.

Zu den zentralen Prinzipien der Mehrsprachigkeitsdidaktik gehört die Inhalts- und Textorientierung integrierter Curricula. Das Potential des lernerzentrierten autonomen Lernens anhand von Texten wird hervorgehoben, das auch in anderen Sprach- oder Sachfächern relevant ist. In der Tertiärsprachendidaktik (vgl. dazu auch Art. 91) ist die Lesefähigkeit der Ausgangspunkt des Lernens: „Textarbeit – vor allem aber die Arbeit mit Lesetexten – hat deshalb von Anfang an einen wichtigen Platz im Tertiärsprachenunterricht" (Neuner 2006: 143). Lernende kommen von der Rezeption zur Produktion und müssen in der Lage sein, Sprachverwandtschaft zu reflektieren und für den Lernprozess zu nutzen. Schließlich wird im bilingualen Sachfachunterricht, der vielfach der Mehrsprachigkeitsdidaktik zugeordnet wird, die „enge Verknüpfung von Sprach- und Textarbeit" (Krechel 1999: 3) hervorgehoben, wobei hier unter Textarbeit die für das jeweilige Fach spezifischen Formen der Textverarbeitung zu verstehen sind.

4. Literatur in Auswahl

Adamzik, Kirsten
    2004   *Textlinguistik. Eine einführende Darstellung.* Tübingen: Narr.
Adamzik, Kirsten und Wolf-Dieter Krause (Hg.)
    2009   *Text-Arbeiten. Textsorten im fremd- und muttersprachlichen Unterricht an Schule und Hochschule.* 2. überarb. u. erw. Aufl. Tübingen: Niemeyer.
Bausch, Karl-Richard, Herbert Christ und Hans-Jürgen Krumm (Hg.)
    1991   *Texte im Fremdsprachenunterricht als Forschungsgegenstand. Arbeitspapiere der 11. Frühjahrskonferenz zur Erforschung des Fremdsprachenunterrichts.* Bochum: Brockmeyer.
Christ, Herbert
    2001   Texte von innen und Texte von außen oder: was geschieht mit Texten im fremdsprachlichen Lehr- und Lernprozess? In: Georg Fehrmann und Erwein Klein (Hg.), *Literarischer Kanon und Fremdsprachenunterricht*, 69−88. Bonn: Romanistischer Verlag.
Edelhoff, Christoph (Hg.)
    1985   *Authentische Texte im Deutschunterricht.* Ismaning: Hueber.
EDK (Schweizerischen Konferenz der kantonalen Erziehungsdirektoren)
    2007   *Koordination des Fremdsprachenunterrichts auf der Sekundarstufe II. Bericht zuhanden der EDK (22. 8. 2007).* URL: http://www.edudoc.ch/static/web/arbeiten/sprach_unterr/bericht_d.pdf (4. 1. 2009).
Ehlers, Swantje
    2006   Entwicklung von Lesekompetenz in der Fremdsprache. *Babylonia* 3−4: 31−38.
Europarat
    2001   *Gemeinsamer europäischer Referenzrahmen für Sprachen: lernen, lehren, beurteilen. Übers. v. J. Quetz.* Berlin/München: Langenscheidt.
Fandrych, Christian und Ingo Thonhauser (Hg.)
    2008   *Fertigkeiten − integriert oder separiert? Zur Neubewertung der Fertigkeiten und Kompetenzen im Fremdsprachenunterricht.* Wien: Praesens.
Glaap, Albert-Reiner und Heribert Rück
    2003   Literarisches Curriculum. In: Karl-Richard Bausch, Herbert Christ und Hans-Jürgen Krumm (Hg.), *Handbuch Fremdsprachenunterricht*, 133−138. 4. Vollst. neu bearb. Aufl. Tübingen, Basel: Francke.
Glück, Helmut
    2002   *Deutsch als Fremdsprache in Europa vom Mittelalter bis zur Barockzeit.* Berlin/New York: de Gruyter.
Häussermann, Ulrich und Hans-Eberhard Piepho
    1996   *Aufgaben-Handbuch Deutsch als Fremdsprache. Abriß einer Aufgaben- und Übungstypologie.* München: iudicium.
Hüllen, Werner
    2005   *Kleine Geschichte des Fremdsprachenunterrichts.* Berlin: Schmidt.
Krechel, Hans-Ludwig.
    1999   Sprach- und Textarbeit im Rahmen von flexiblen bilingualen Modulen. *Zeitschrift für interkulturellen Fremdsprachenunterricht* 4(2). URL: http://zif.spz.tu-darmstadt.de/jg-04-2/beitrag/krechel1.htm (4. 1. 2009).

Krumm, Hans-Jürgen und Ingrid Mummert
2001   Textarbeit. In: Gerhard Helbig, Lutz Götze, Gert Henrici und Hans-Jürgen Krumm
        (Hg.), *Deutsch als Fremdsprache. Ein internationales Handbuch,* 942−955. Bd. 2. (Hand-
        bücher zur Sprach- und Kommunikationswissenschaft 19.1−2). Berlin/New York: de
        Gruyter.
Krumm, Hans-Jürgen
1990   Vom Lesen fremder Texte. Textarbeit zwischen Lesen und Schreiben. *Fremdsprache
        Deutsch* 2: 20−23.
Mummert, Ingrid
1989   *Nachwuchspoeten. Jugendliche schreiben literarische Texte im Fremdsprachenunterricht
        Deutsch.* München: Klett.
Neuner, Gerhard
2006   Mehrsprachigkeitskonzept und Tertiärsprachendidaktik. Beispiel: Englisch als erste und
        Deutsch als zweite Fremdsprache. In: Hans-Jürgen Krumm und Paul R. Portmann-Tseli-
        kas (Hg.), *Begegnungssprache Deutsch − Motivation, Herausforderung, Perspektiven.
        Schwerpunkt: Sprachenpolitik und fachbezogene Grundsatzfragen,* 135−146. Innsbruck/
        Wien/Bozen: Studienverlag.
Piepho, Hans-Eberhard
1974   *Kommunikative Kompetenz als übergeordnetes Lernziel im Englischunterricht.* Dornburg-
        Frickhofen: Frankonius.
Piepho, Hans-Eberhard
1990   Leseimpuls und Textaufgabe. Textarbeit im Deutschunterricht. *Fremdsprache Deutsch* 2:
        4−9.
Portmann-Tselikas, Paul R.
2005   Was ist Textkompetenz? URL: http://elbanet.ethz.ch/wikifarm/textkompetenz/uploads/
        Main/PortmannTextkompetenz.pdf (gesehen: 4. 1. 2009).
Viëtor, Wilhelm
1882   Der Sprachunterricht muß umkehren! Abgedruckt in: Werner Hüllen (Hg.),
1979   *Didaktik des Englischunterrichts,* 9−31. Darmstadt: Wissenschaftliche Buchgesellschaft.
Weller, Franz Rudolf
2003   Lesebücher, Lektüren, Textsammlungen. In: Karl-Richard Bausch, Herbert Christ und
        Hans-Jürgen Krumm (Hg.), *Handbuch Fremdsprachenunterricht* 409−412. *4., vollst. neu
        bearb. Aufl.* Tübingen, Basel: Francke.
Wolff, Dieter
2002   Fremdsprachenlernen als Konstruktion. *Babylonia* 2: 7−14.

Ingo Thonhauser, Genf (Schweiz)

115. Übersetzen und Sprachmitteln im Deutsch als Fremdsprache-Unterricht

1. Problemstellung

Die Rolle des Übersetzens und Sprachmittelns ist in der Fremdsprachendidaktik lange Zeit intensiv und kontrovers diskutiert worden. Für Deutsch als Fremdsprache spielt diese Diskussion eine deutlich geringere Rolle. Dies mag damit zusammenhängen, dass ein erheblicher Teil der Argumentation sprachenübergreifend angelegt war und ist; zwar steht die Zielsprache Deutsch fest, aber die Mutter- bzw. Umgebungssprachen weisen ein dermaßen breites Spektrum auf, dass es schwierig erscheint, sich dem Übersetzen und seinem möglichen Nutzen für den Deutscherwerb − zumindest aus deutscher Perspektive − zuzuwenden. Dies ist umso erstaunlicher, als ein erheblicher Teil des Deutschstudiums in nichtdeutschsprachigen Ländern übersetzungsbezogene Anteile enthält, die entweder explizit als solche ausgewiesen oder aber implizit in die sprachpraktische Ausbildung integriert werden. Im Folgenden wird deshalb ein Teil der Argumentation stärker auf die Bedürfnisse von Fremdsprachenunterricht und seinen Teilnehmern insgesamt zielen; erst gegen Ende rückt der Deutsch als Fremdsprache-Unterricht in seiner Spezifik stärker in den Mittelpunkt.

2. Begriffsklärung

In der fremdsprachendidaktischen Literatur wird Übersetzen bzw. Sprachmitteln nicht selten als fünfte Fertigkeit neben Sprechen, Schreiben, Hör- und Leseverstehen erwähnt; im Gegensatz zu den anderen Fertigkeiten existiert mit der Übersetzungswissenschaft allerdings eine eigene wissenschaftliche Disziplin, die sich dem Ziel verschrieben hat, Übersetzen und Übersetzungen sowie Dolmetschen zu erforschen, um damit dem professionellen Übersetzer bzw. Dolmetscher begründete Hilfestellungen für die Überführung eines Ausgangs- in einen adäquaten Zielsprachentext zu geben. Häufig wird in diesem Zusammenhang von der Translation als dem übergeordneten Begriff ausgegangen, der Übersetzen und Dolmetschen konzeptuell zusammenfasst, aber gleichzeitig bedeutet, dass diese beiden Realisierungsformen unterschiedlichen Kriterien und Abläufen folgen. In diesem Verständnis bezieht sich Übersetzen immer auf Texte. Damit setzt sich die Übersetzungswissenschaft deutlich von fremdsprachendidaktischen Auffassungen ab, wonach sich bereits die Übertragung von einzelnen, nicht selten isolierten und kontextlosen Sätzen als Übersetzen bezeichnen ließe. Nicht zuletzt mit diesem Argument wird seitens der Übersetzungswissenschaft vielfach die Auffassung vertreten, dass Übersetzen als Fertigkeit so komplex sei, dass es im Fremdsprachenunterricht gar nicht vorkommen könne. Trotz der bisweilen unterschiedlichen Auffassungen können Übersetzungswissenschaft und -didaktik von fremdsprachendidaktischen Erkenntnissen für die Ausbildung von Übersetzern profitieren (vgl. Königs 1994; Kautz 2000).

Bevor sich in der Übersetzungswissenschaft der Terminus *Translation* als Oberbegriff durchgesetzt hatte, fand sich auch der Begriff der *Sprachmittlung* als Oberbegriff mit eben diesen Bedeutungen. Im Gegensatz zu übersetzungswissenschaftlichen Arbeiten, die bisweilen noch mit diesem Begriff arbeiten, hat sich insbesondere in den letzten Jahren im Kontext der Fremdsprachendidaktik eine andere begriffliche Füllung für *Sprachmittlung* durchzusetzen begonnen: Damit wird nämlich die Übertragung von Inhalten von der Ausgangs- in die Zielsprache bezeichnet, wobei die Form keine konstitutive Rolle mehr innehat. Die Formbezogenheit, die in der Übersetzungswissenschaft mit guten Gründen ein wesentliches Kriterium für die Angemessenheit einer Übersetzung darstellt, entfällt im *Sprachmitteln* zugunsten der Inhaltskonstanz weitgehend. Man kann mit Fug und Recht bedauern, dass damit ein in der Übersetzungswissenschaft durchaus akzeptierter Begriff mit einer bestimmten allseits konnotierten Bedeutung mit neuem Inhalt gefüllt wird. Wo immer man also im fremdsprachendidaktischen Kontext auf den Begriff der Sprachmittlung stößt, ist grundsätzlich die Frage zu klären, was denn genau damit gemeint ist. In den Kontext dieser begrifflichen Ungereimtheiten gehört auch, dass mancherorts der Begriff *Mediation* für Sprachmittlung verwendet wird; dabei ist der Terminus bereits anderwärtig besetzt und bezeichnet die Konfliktbearbeitung. Vor diesem Hintergrund scheint es dringend geraten, den Terminus *Mediation* nicht im Kontext der Sprachmittlung zu benutzen.

Terminologisch gilt es zwischen der Herübersetzung (aus der Fremdsprache in die Muttersprache) und der Hinübersetzung (von der Mutter- in die Fremdsprache) zu unterscheiden, wobei die Hinübersetzung als die anspruchsvollere Form gilt. Gegenüber dem Übersetzen gilt das Dolmetschen als die wesentlich komplexere Tätigkeit. Hierbei wird nicht nur zwischen den Übertragungsrichtungen unterschieden, sondern auch zwischen den Zeitpunkten, an denen diese Übertragung stattfindet. Das Simultandolmetschen erfolgt beinahe gleichzeitig mit der mündlichen Sprachproduktion des Sprechers, die es unmittelbar zu übertragen gilt. Demgegenüber hat der Dolmetscher beim Konsekutivdolmetschen Zeit, sich mit Hilfe spezieller Notizentechniken (partielle) Mitschriften anzufertigen, die dann die Grundlage für seine Sprachmittlung darstellen, die in den Gesprächs- oder Redepausen erfolgt.

3. Die Rolle des Übersetzens und des Sprachmittelns im Fremdsprachenunterricht

Die im deutschsprachigen Raum z. T. lebhaft geführte Diskussion um das Für und Wider der Übersetzung im Fremdsprachenunterricht speist sich im Wesentlichen aus zwei Quellen: Zum einen geht sie auf die Unzufriedenheit mit der Praxis der Grammatik-Übersetzungsmethode zurück, die im Wesentlichen auf einer kognitiven Durchdringung der fremdsprachlichen Strukturen beruhte, wobei diese häufig durch den Vergleich mutter-

und fremdsprachlicher Texte bzw. Textelemente verdeutlicht wurden; auch die Einübung der neuen fremdsprachlichen Strukturen erfolgte überwiegend in Form von (zumeist text-gebundenen) Übersetzungen durch die Lernenden. Der Satz von Wilhelm Viëtor (1882), wonach das Übersetzen eine Kunst sei, die den Fremdsprachenunterricht nichts angehe, hat in diesem Zusammenhang zweifelsohne Geschichte gemacht, denn die in der Folge entwickelten fremdsprachlichen Vermittlungskonzepte hatten bei aller Unterschiedlich-keit gemeinsam, dass sie das Übersetzen − zumeist stillschweigend − übergingen und sich auf zielsprachige Übungsformen konzentrierten (vgl. Art. 106). Zum zweiten geht die Diskussion um das Übersetzen im Fremdsprachenunterricht auf eine engagierte Dis-kussion darüber zurück, ob und in welchem Umfang die Muttersprache im Fremdspra-chenunterricht überhaupt Verwendung finden solle. Hier ist vor allem Butzkamm (1973) zu nennen, der engagiert dafür eintrat, die Muttersprache lieber kontrolliert in das fremdsprachliche Klassenzimmer zu holen, als sie unkontrolliert vor dem Klassenzimmer wirken zu lassen. Damit wurde die Frage nach der Rolle des Übersetzens immer auch als Frage danach angesehen, ob die Muttersprache im Fremdsprachenunterricht ihren Platz haben sollte oder nicht.

Die Argumente gegen und für das Übersetzen im Fremdsprachenunterricht lassen sich pauschal so zusammen fassen (ausführlicher vgl. Königs 2000, 2003):

Contra-Argumente:

− Zu viel Muttersprache be- oder verhindert die fremdsprachliche Sprachproduktion und fördert überdies negativen Transfer
− Die Schulung anderer Fertigkeiten wird durch das Übersetzen behindert, das seiner-seits den Unterricht zeitlich und inhaltlich sowie auch den nicht hinreichend geschul-ten Lehrer überfordert
− Die Herübersetzung überlagert den Verstehensvorgang
− Übersetzen zur Semantisierung ist nicht hinreichend präzise
− Übersetzen verhindert die Automatisierung der fremdsprachlichen Sprachproduktion.

Pro-Argumente, die z. T. sogar unmittelbar aus den Gegenargumenten ableitbar sind:

− Übersetzen vermittelt einen notwendigen Einblick in die Strukturdivergenzen zwi-schen Mutter- und Fremdsprache und stärkt das diesbezügliche lernerseitige Bewusst-sein
− Negativer Transfer wird durch Übersetzen vermieden
− Übersetzen fördert Sprachenbewusstsein, und zwar muttersprachliches und fremd-sprachliches
− Übersetzen wirkt der realitätsfernen Isolierung einzelner sprachlicher Fertigkeiten durch seine Komplexität entgegen, ist außerhalb des Unterrichts selbstverständlicher Bestandteil kommunikativen Handelns in der Fremdsprache (gilt insbesondere für Deutsch als Zweitsprache) und ist *ein* unerlässliches Mittel zur Semantisierung
− Übersetzen fördert das Textverstehen und eignet sich zu seiner Kontrolle
− Übersetzen fördert den nuancierten Ausdruck in der Mutter- und in der Fremdspra-che
− Übersetzen erleichtert das Speichern lexikalischer Informationen
− Übersetzen ist im Spracherwerb angelegt
− Übersetzen hilft bei der Schulung des angemessenen Umgangs mit ein- und zweispra-chigen Wörterbüchern.

Zusammenfassend folgt aus diesen Argumentationslisten:

1. Aus der Trennung zwischen dem *Übersetzen als Fertigkeit* und dem *Übersetzen als Übungsform* (vgl. Bausch 1977) darf nicht der Schluss gezogen werden, dass satzweises, kontextisoliertes Übersetzen ein gutes Mittel zur Förderung der fremdsprachlichen Kompetenz darstellt.

2. *Übersetzen können* im Sinne der Übersetzungswissenschaft ist nicht das eigentliche Ziel von Fremdsprachenunterricht und kann daher nicht zum unterrichtlichen Lernziel erhoben werden. Dagegen sollten Lerner im Fremdsprachenunterricht in die Lage versetzt werden, Inhalte von einer Sprache in die andere zu *mitteln*, wobei die Übertragung von Bedeutung häufig Vorrang vor der Form genießt.

3. Fremdsprachliche und translatorische Kompetenz sind keinesfalls identisch. Übersetzungen zur Überprüfung fremdsprachlicher Kompetenz sind ungeeignet und testtheoretisch nicht valide, da sie allenfalls translatorische Kompetenz abtesten, die jedoch häufig weder Ausbildungsziel noch -gegenstand ist.

4. Entgegen früheren behavioristisch begründeten Vorstellungen vom fremdsprachlichen Lernen spielt das Bewusstsein über fremdsprachliche Strukturen <u>und</u> fremdsprachliche Lernvorgänge für erfolgreiche Fremdsprachenaneignung eine wichtige Rolle.

5. Die Aufgabenorientierung des Fremdsprachenunterrichts (vgl. Art. 130) geht von einem Handlungs- und Informationscharakter der fremdsprachlichen Kommunikation aus, die im Rahmen der Vermittlung und Aushandlung von ,Bedeutung' auch Sprachmittlungsaufgaben als genuinen Bestandteil von Kommunikation zwischen Angehörigen unterschiedlicher Sprachgemeinschaften vorsieht. Der Gemeinsame europäische Referenzrahmen (GeR) unterstreicht diesen Aspekt fremdsprachlicher Kommunikation dadurch, dass er Sprachmittlung als wichtigen Bestandteil bei der Entwicklung einer umfassenden, auf Mehrsprachigkeit angelegten fremdsprachlichen Kompetenz versteht.

6. Folgt man der Tertiärsprachendidaktik, so kommt diesem Bewusstsein eine besondere Rolle zu, zumal in ihrem Kontext mit situationsbezogenen Übersetzungsaufgaben − und z. T. auch mit der an der Struktur des Ausgangstextes orientierten Interlinearversion − argumentiert wird, die zur Durchdringung fremdsprachlicher Strukturen und Lernvorgänge ebenso angewendet werden wie zur Sicherung des Verständnisses und zur situationsbezogenen Bewältigung von Sprachmittlungsaufgaben (vgl. Art. 91).

7. Eine Variante des Übersetzens ist in der Diskussion überwiegend ausgespart worden: die Rückübersetzung. Diese besteht darin, dass ein ausgangssprachlicher Text zunächst in die Zielsprache übersetzt und später wieder in die Ausgangssprache rückübersetzt wird. Dieses Verfahren fand in den ersten Lehrwerkgenerationen häufig Berücksichtigung, wurde aber nicht zuletzt deshalb kritisiert, weil es zu stereotypen, an den jeweiligen Lehrwerktexten orientierten Sprachverwendungen führte; dadurch − so das Argument − werde einem natürlichen Gebrauch der Fremdsprache ein unnötiges und didaktisch zweifelhaftes Hindernis in den Weg gestellt. Dabei hatte bereits Weller (1981) darauf hingewiesen, dass diese Variante der Übersetzung dann ihre Berechtigung haben kann, wenn sie über die bloße Reproduktion des Lehrbuchtextes systematisch hinausgeführt wird. In Anlehnung an diese Form der Übersetzung hatte sich Butzkamm für eine variierende Rückübersetzung mit dem Argument ausgesprochen, dass sie dem Lerner bei der Durchdringung der fremdsprachlichen

Struktur und ihrer Verankerung im Gedächtnis von Nutzen sein könne. Für die mündliche Sprachproduktion hat er daraus die Sandwich-Technik abgeleitet: Dem Lerner wird neu zu lernendes lexikalisches Material zunächst in der Fremdsprache präsentiert, anschließend sofort in seine Muttersprache überführt, um die Bedeutung zu semantisieren, und anschließend wieder in der Fremdsprache präsentiert, u. U. mit leichten Variationen, um die Geläufigkeit in der Fremdsprache zu fördern.

8. Unter dem Gesichtspunkt der kulturgebundenen Lerntraditionen (vgl. Art. 105) konnte für asiatische Lerner gezeigt werden, dass der systematische Einsatz von Rückübersetzungen denjenigen Lerntraditionen besonders nahe kommt und sich als effektiv erweist, in denen die Reproduktion des vom Lehrer Präsentierten bereits als erfolgreiches Lernen gilt (vgl. Chen 2009).

9. Die Lehrmaterialien für die in Deutschland gelehrten Schulsprachen haben entsprechend der methodischen Diskussion übersetzungsbezogene Übungen und Aufgaben lange Zeit eher stiefmütterlich behandelt. Neuere Lehrwerke folgen der methodisch-didaktischen Entwicklung und integrieren diesbezügliche Übungsangebote wieder stärker. Dabei reicht die Palette von einzelsatzbezogenen Übersetzungen zur Verdeutlichung von syntaktischen oder lexikalischen Strukturen über die Systematisierung einer zweisprachigen Wortschatzarbeit bis hin zur Übersetzung von (zumeist kürzeren) Texten in einem spezifischen situationellen Rahmen. Für die in Deutschland entwickelten Lehrmaterialien für Deutsch als Fremdsprache gilt diese Feststellung nur mit großen Einschränkungen, da sich diese Lehrwerke zumeist an einen Adressatenkreis mit unterschiedlichen Muttersprachen wenden, so dass sich spezifische übersetzungsbezogene Aufgaben und Übungen zu verbieten scheinen.

10. Mit der Orientierung am GeR finden sprachmittlungsbezogene Aufgaben und Übungen stärkere Berücksichtigung in den staatlichen Richtlinien und Lehrplänen. Auch für den Deutsch als Fremdsprache-Unterricht zeigt sich durch die Orientierung am GeR ein Anstieg von Sprachmittlungsaufgaben.

4. Übungen zum Sprachmitteln in fremdsprachlichen Lehrwerken

Wie angedeutet, orientieren sich neuere Lehrmaterialien an der gestiegenen Bedeutung, die dem Sprachmitteln zur Erlangung einer fremdsprachlichen Kompetenz zukommt. Zum Ausdruck kommt dies in einer Vielzahl von Aufgaben und Übungen, bei denen Sprachmitteln entweder unmittelbarer Übungsgegenstand ist oder aber in denen auf das Sprachmitteln hin gearbeitet wird. Die folgende Aufzählung hat Beispielcharakter:

– Finden von lexikalischen Entsprechungen: Den Lernern werden muttersprachliche Bezeichnungen und bunt durcheinander gewürfelte zielsprachliche Entsprechungen vorgegeben. Aufgabe der Lernenden ist es, die richtigen zweisprachigen Vokabelpaare zu finden.

– Den Lernern werden fremdsprachliche Sätze oder kleine Satzgruppen vorgegeben; daneben findet sich eine ungeordnete Liste von muttersprachlich formulierten Redeabsichten. Aufgabe der Lernenden ist die Zuordnung der Redeabsichten zu den fremdsprachlichen Sätzen bzw. Satzgruppen. Derartige Übungen können auch in umgekehrter Richtung gemacht werden (Muttersprache → Fremdsprache).

- Den Lernern wird ein Text in einer bestimmten Varietät der Fremdsprache vorgegeben. Ihre Aufgabe besteht in der Umwandlung dieses Textes in eine andere fremdsprachliche Varietät (also z. B. von einem *österreichischen* Text in einen Text in deutscher Hochsprache).
- Zu einer Reihe von vorgegebenen Verben sollen die zugehörigen Substantive gebildet werden; gleichzeitig soll derselbe Vorgang für die Muttersprache durchgeführt werden, wobei die Regeln für die Substantivierung zu erschließen bzw. zu erarbeiten sind.
- Zur Einübung von Redewendungen werden typische fremdsprachliche Redewendungen mit der Aufforderung präsentiert, dafür die angemessenen äquivalenten muttersprachlichen Redewendungen zu finden.
- Zur Bewusstmachung syntaktischer Phänomene werden bedeutungsähnliche, aber nicht bedeutungsgleiche fremdsprachliche Sätze mit der Aufforderung präsentiert, die richtigen muttersprachlichen Äquivalente zu finden und auf dieser Grundlage die fremdsprachlichen Regularitäten abzuleiten.
- Es werden Situationen vorgegeben, in denen Sprachmitteln selbstverständlicher Bestandteil der Kommunikation ist: Z. B. die Sprachmittlung zwischen einem Austauschschüler und den Gasteltern. Vor allem aber ist hier an Kinder mit Migrationshintergrund zu denken, die für ihre Eltern bei Behörden o. ä. sprachmitteln müssen.
- Es werden Texte präsentiert, die von den Lernenden daraufhin untersucht werden sollen, wo sich bei einer Übersetzung – z. B. durch *falsche Freunde* – besondere Schwierigkeiten ergeben könnten.

Die einzelnen Übungen und Aufgaben lassen sich in der Richtung der Sprachmittlung nach Her- und Hinübersetzung variieren.

5. Deutschunterricht und Sprachmitteln

Auch für das Sprachmitteln und seine mögliche Funktion im Unterricht gilt es zunächst, die unterschiedlichen Bedingungen dieses Unterrichts zu berücksichtigen; der Unterricht in fremdsprachiger Umgebung folgt anderen Prinzipien und unterliegt anderen Einflüssen als in muttersprachlicher Umgebung. Für beide Fälle gilt aber grundsätzlich das Prinzip der *integrativen Übersetzungsübungen* (vgl. Königs 2000: 11): Übersetzen wird nicht von anderen Fertigkeiten isoliert vermittelt, geübt und praktiziert, sondern in möglichst realitätsnahen Kontexten, die es erforderlich machen, auch andere Fertigkeiten zu schulen und die unterschiedlichen Fertigkeiten einschließlich des Sprachmittelns funktional aufeinander zu beziehen. Sprachmitteln ist dabei unter Bezug auf den GeR eine anzustrebende Kompetenz, die – auf höheren Kompetenzstufen – eine rudimentäre Übersetzungskompetenz einschließen kann; professionelle translatorische Kompetenzen im Sinne der Übersetzungswissenschaft können dagegen nicht Aufgabe und Ziel des Deutschunterrichts sein. Ein konkretes Beispiel: Deutschlerner (im Ausland) wollen einer deutschen Partnerklasse ihre Heimatstadt vorstellen. Dazu wollen sie z. B. eine kleine Werbebroschüre erstellen. Diese Broschüre kann sowohl Elemente einer in der Muttersprache der Lernenden bereits vorhandenen Broschüre enthalten, die nun in den ausgewählten Teilen ins Deutsche übersetzt werden soll, sie soll aber auch spezifische Informationen und Texte für die anvisierte Adressatengruppe enthalten, z. B. persönliche Anschreiben etc. Bei der Erledigung dieser Aufgabe werden unterschiedliche Fertigkeiten miteinander kombiniert. Wichtig dabei ist, dass die dabei vollzogenen Arbeitsschritte in das Bewusstsein der Lernenden gehoben und damit in ihrer Bedeutung für die Erfüllung der Aufgaben, aber auch für den fremdsprachlichen Lernprozess insgesamt transparent gemacht werden. Wesentliches Element ist dabei die Kooperation, die Rösler (2000) auch für den das Sprachmitteln integrierenden DaF-Unterricht herausgestrichen hat (vgl. auch Brammerts und Kleppin 2000). Andere Verfahren, durch die man die lernerseitige Aufmerksamkeit auf die jeweiligen Sprachverarbeitungs- und -lernvorgänge lenken kann, sind die Variation der Rahmenbedingungen (vgl. dazu z. B. Königs 1994) oder Übungsformen wie die ‚Stille Post‘ (vgl. Rösler 2000), in denen die kooperative Arbeit beim Sprachmitteln Bestandteil der Aufgabe selbst ist. Gnutzmann (2000) hat darauf hingewiesen, dass man dies auch beim Umgang mit mehrsprachigen Texten erreichen kann, also Texten, deren einzelne Passagen in unterschiedlichen Sprachen geschrieben sind. Auch im Unterricht in Deutsch als Zweitsprache kann auf diese Verfahren mit Gewinn zurückgegriffen werden. Wichtig ist hierbei der Situationsbezug, z. B. durch Bewältigung von Sprachmittlungssituationen zwischen Sprechern einer anderen Sprache und Sprechern des Deutschen.

Im Deutschunterricht außerhalb des deutschen Sprachraums wird der Erwerb sprachmittlerischer Kompetenzen nicht selten zum expliziten Lernziel oder Teillernziel erhoben; mitunter geschieht dies in Ermangelung einer spezifischen Übersetzer- und Dolmetscherausbildung. Für einen so orientierten Unterricht bietet sich der Einsatz von selbstreflexiven Verfahren an, wie sie von der Übersetzungsdidaktik entwickelt und erfolgreich erprobt worden sind (vgl. Königs 1994; Kautz 2000) und zu deren Charakteristikum die Reflexion über das eigene (Lern-)Handeln gehört.

6. Literatur in Auswahl

Bausch, Karl-Richard
    1977   Zur Übertragbarkeit der ‚Übersetzung als Fertigkeit‘ auf die ‚Übersetzung als Übungsform‘. *Die Neueren Sprachen* 76: 517−535.
Brammerts, Helmut und Karin Kleppin
    2000   Übersetzen im Tandem und Kooperatives Dolmetschen in mehrsprachigen Lerngruppen. *Fremdsprache Deutsch* 23: 40−46.
Butzkamm, Wolfgang
    1973   *Aufgeklärte Einsprachigkeit. Zur Entdogmatisierung der Methode im Fremdsprachenunterricht.* Heidelberg: Quelle & Meyer.
Chen, Tzu-Chun
    2009   *Die Rückübersetzung: Einsichten in fremdsprachliches Problemlösungsverhalten und ihr didaktisches Potential am Beispiel des Sprachenpaars Deutsch-Chinesisch.* Hamburg: Kovač.
Gnutzmann, Claus
    2000   ‚Mensch, be careful!‘ Ein Plädoyer zur Arbeit mit mehrsprachigen Texten im Sprach(en)unterricht. *Fremdsprache Deutsch* 23: 33−37.
Kautz, Ulrich
    2000   *Handbuch Didaktik des Übersetzens und Dolmetschens.* München: iudicium und Goethe-Institut.
Königs, Frank G.
    1994   Psycholinguistische und didaktische Aspekte der Übersetzerausbildung. Neun Thesen zur Reflexion (und zur Provokation). In: Horst Breitung (Hg.), *Dolmetscher- und Übersetzerausbildung. Materialien eines Internationalen Produktionsseminars 17.−21. 12. 1993 München*, 116−136. München: Goethe-Institut und Sprachen- und Dolmetscher-Institut.

Königs, Frank G.
   2000   Übersetzen im Deutschunterricht? Ja, aber anders! *Fremdsprache Deutsch* 23: 6−13.
Königs, Frank G.
   2003   Übungen zum Sprachmitteln. In: Karl-Richard Bausch, Herbert Christ und Hans-Jürgen
           Krumm (Hg.), *Handbuch Fremdsprachenunterricht*, 315−317. 4. Aufl. Tübingen: Francke.
Rösler. Dietmar
   2000   Kooperativ statt lehrerzentriert! Ein Beispiel für kooperativen Übersetzungsunterricht.
           Fremdsprache Deutsch 23: 19−24.
Viëtor, Wilhelm
   1882/1982   Der Sprachunterricht muss umkehren! Ein Beitrag zur Überbürdungsfrage. *Die Neu-
               eren Sprachen* 81: 120−148. [Erstveröffentlichung 1882].
Weller, Franz-Rudolf
   1981   Formen und Funktionen der Übersetzen im Fremdsprachenunterricht − Beispiel Franzö-
           sisch. In: Karl-Richard Bausch und Franz-Rudolf Weller (Hg.), *Übersetzen und Fremd-
           sprachenunterricht*, 233−296. Frankfurt a. M.: Diesterweg.

Frank G. Königs, Marburg (Deutschland)

116. Fach- und sprachintegrierter Unterricht

1. Problemaufriss
2. Kontextualisierung des Themas
3. Bisherige Entwicklungen und terminologische Aspekte
4. *Content and Language Integrated Learning* (CLIL) und Deutsch als Fremd- und Zweitsprache
5. Sprach- und fachintegriertes Lernen auf Deutsch − eine Bestandsaufnahme
6. Ausblick
7. Literatur in Auswahl

1. Problemaufriss

Integrierte Vermittlung von (fremd-)sprachlichen Fertigkeiten und sog. nicht-linguisti-
schen Fachinhalten findet zunehmend Beachtung in Bildungskontexten weltweit. Der
Ansatz des fach- und sprachintegrierten Unterrichts bzw. des integrierten Sprachen- und
Fachlernens, der im Prinzip bereits auf eine über zweitausendjährige Geschichte zurückblicken kann, ist im Zuge der ständig steigenden internationalen Mobilität und der entsprechenden, teils vollkommen neuartigen Herausforderungen in der Bildungsgestaltung
zu einem transversalen Entwicklungsthema geworden. Im europäischen Raum ist der
Ansatz vor allem unter dem englischsprachigen Begriff *Content and Language Integrated
Learning (CLIL)* bekannt geworden. Aufbauend auf erfolgreichen Praxiserprobungen
hat dieser Ansatz auch in der europäischen Sprachpolitik Fuß fassen können. Für
das Deutsche als Fremd- und Bildungssprache sind diese Entwicklungen von zentraler
Relevanz, und zwar sowohl bzgl. der qualitativen Weiterentwicklung und der allgemei-

nen Stellung des Faches an Schulen und weiteren Bildungseinrichtungen als auch in beruflichen Kontexten und der Gesellschaft generell (vgl. auch Art. 126).

In diesem Beitrag sind nach einer einführenden Kontextualisierung des Themas die bisherigen Entwicklungen und die Terminologie um den CLIL-Ansatz zu besprechen. Danach ist der Blick auf den Kontext des integrierten Sprachen- und Fachlernens und Deutsch als Fremd- bzw. Zweitsprache zu richten, indem einige Ergebnisse aus der ersten internationalen Erhebungsstudie zu CLIL auf Deutsch vorgestellt und dabei deutlich gewordene Desiderata zur Erforschung und Weiterentwicklung des deutschsprachigen CLIL beleuchtet werden, und zwar mit Blick auf spezifische Bedürfnisse, aber auch Zusammenhänge zwischen CLIL im Kontext des Deutschen als Fremdsprache und des Deutschen als Zweit- bzw. Bildungssprache.

2. Kontextualisierung des Themas

Seit der Mitte der 1990er Jahre steigt in Bildungskontexten das Interesse an Sprachlern- und -lehrverfahren, die sich insbesondere für den Erwerb *kommunikativer* Sprachfertigkeiten eignen. Der Grund hierfür sind nicht nur allgemeine Entwicklungen in einer sich rasant globalisierenden Welt, sondern auch sprachenpolitische Programme und Zielformulierungen, die z. B. in Europa inzwischen allen Bürgerinnen und Bürgern eine kommunikative Beherrschung von mindestens zwei weiteren Sprachen neben der jeweiligen Erstsprache nahelegen (u. a. Europäische Kommission 1995). Infolge solcher Zielsetzungen findet auch im Kontext der schulisch-institutionellen (Fremd-)Sprachenerziehung ein Wandel statt: Neben formell-instruktiver Vermittlung *sprachlichen Wissens* gewinnt der mehr informell-konstruktive Erwerb *sprachlichen Könnens* an Gewicht. Seit geraumer Zeit gilt u. a. aus der Sicht der neuropsychologischen Fremdsprachenerwerbsforschung als nachgewiesen, dass „beide Seiten" wichtig sind; es werden dadurch unterschiedliche Erwerbssysteme im Gehirn angesprochen und aktiviert, die später die Abrufung von verschiedenen Arten des sprachlichen Wissens ermöglichen (vgl. Art. 89). Vor diesem Hintergrund ist auch gut nachvollziehbar, welche Vorteile mit dem fächerübergreifenden Fremdsprachenunterricht für den Erwerb von Sprachen verbunden sind: Eine durch kommunikative Arbeitsformen charakterisierte Lernumgebung, die ein synergetisches Zusammenspiel von formellen und informellen Erwerbsprozessen ermöglicht, stellt für die Aneignung von formal-struktureller (deklarativer) *und* inhaltlich-pragmatischer (prozeduraler) Sprachbeherrschung zumindest theoretisch ein optimales Umfeld dar. Da überdies feststeht, dass von fächerübergreifender Zusammenarbeit nicht nur der Erwerbs- bzw. Weitererwerbsprozess der jeweils eingesetzten Sprache(n) profitiert, sondern auch der des (Sach-)Fachwissens und vor allem sämtliche Mitgestaltende der jeweiligen Lernumgebung, zeigen mittlerweile auch Lehrende der Sachfächer ein immer größeres Interesse an Formen einer fächerübergreifenden Kooperation.

Der heutige Berufsalltag und das multikulturell-vielsprachige Miteinander unserer Wissensgesellschaft verlangen Kompetenzen, in denen sich unterschiedliche Fachkenntnisse und -fertigkeiten miteinander synergetisch verknüpfen. Dies ist eine Herausforderung, der sich u. a. die Schule stellen muss. Sie muss die oft noch fachlich isolierte Vermittlung von spezifischen Inhalten zu einem Ort für kompetenzorientierten Wissenserwerb weiterentwickeln. Es sind u. a. Lehr- und Lernarrangements zu fördern, die das informelle Lernen mit dem formellen verknüpfen und im Sinne des *blended learning* auch die Potentiale der Informations- und Kommunikationstechnologien sachgerecht und zeitgemäß an die Erwerbsprozesse heranziehen (vgl. genauer Art. 138). Gerade diese Entwicklungen der modernen Bildungsgestaltung sind es, die dem CLIL-Ansatz zur sprachen- und bildungspolitischen Anerkennung verholfen haben. Neben der bis heute vorliegenden Forschungsevidenz sowie der praxisnahen Etablierung des Ansatzes in vielen Ländern sind es just diese Entwicklungen, die für die Verbreitung und eine feste curriculare Verankerung von CLIL als dem geeigneten Ansatz zur Vermittlung von Sprachen, Kulturen und weiteren Fachinhalten sowie vor allem deren synergetischem und kompetenzorientiertem Zusammenspiel eine vielversprechende Zukunft verheißen.

3. Bisherige Entwicklungen und terminologische Aspekte

Bereits seit über zwei Jahrtausenden werden neben der jeweiligen Erstsprache auch andere Sprachen als Mittel zur Verständigung und Wissensvermittlung eingesetzt. In der Antike wurden nicht griechischsprachige Gebildete von Griechen in deren L1 unterrichtet, im Mittelalter galt Latein als die allgemeine Verkehrssprache an Schulen, Universitäten, sowie im kirchlichen Leben, und im 18. und 19. Jahrhundert wurde wiederum in Bildungszusammenhängen der höheren gesellschaftlichen Schichten Französisch eingesetzt. Diesen und weiteren ähnlichen Kontexten ist gemeinsam, dass hinter ihrer Planung und Gestaltung jeweils überaus starke Motive und Einflussfaktoren stehen − eine Zwangssituation, die Attraktivität und Prestigeträchtigkeit der jeweiligen Unterrichtssprache, oder aber die Erlangung eines synergetischen Mehrwerts für den Lernprozess. Entscheidend war und ist, warum Wissen in einer anderen Sprache als der L1 der Lernenden vermittelt werden soll und wozu dies erfolgt.

Ein weiteres, etwas jüngeres Beispiel sind die Verhältnisse in Kanada um die Mitte der 1960er Jahre: Eltern von anglophonen Schulkindern ergreifen dort Initiative, um den Stellenwert des Französischen in der Schulbildung zwecks Verbesserung der Sprachkenntnisse zu steigern. Sie schlagen vor, Französisch im Sachfachunterricht als Arbeitssprache einzusetzen und ihre Kinder damit von Beginn an in die Sprache „eintauchen" zu lassen. Aus dieser Initiative geht ein Verfahren hervor, welches später als Sprachimmersion weltweit bekannt und zu einem Fundament für die weitere Entwicklung und Etablierung des fach- und sprachintegrierten Unterrichts wird. Zum Gelingen der Elterninitiative tragen vor allem die persönliche Nähe und das entsprechende Engagement der Initiatoren bei, sowie der praktische Nutzen gefestigter Sprachfertigkeiten bei − in diesem Falle vor allem zur Verbesserung der künftigen Berufsaussichten bzw. für eine erfolgreiche Bewältigung der jeweiligen sprachlich-kommunikativen Erfordernissen.

Hintergründe, Motive und Zielsetzungen sowie die quantitativen und qualitativen Merkmale des jeweiligen Verfahrens bestimmen auch den terminologischen Umgang mit CLIL in entscheidender Weise mit. Hierauf ist auch die Vielfalt bzw. die teils noch immer vorhandene Intransparenz in der Fachterminologie zurückzuführen. In europäischem Raum ist in letzter Zeit eine definitorische Konsolidierung erfolgt, indem sich der englischsprachige Begriff CLIL zu einem „Dachterminus" für die gesamte Variationsbreite seiner verschiedenen Umsetzungsformen von nur teils zielsprachlich realisierten Kleinprojekten des fächerübergreifenden FSU bis hin zu L2-intensiven, der Vollimmersion ähnlichen Verfahren entwickelt hat. Aber nach wie vor sind in Europa unterschiedliche

Bezeichnungen anzutreffen: Im nordeuropäischen Raum spricht man in Anlehnung an die nordische Bezeichnung von Immersion *„språkbad'* von Sprachbad, in Deutschland haben sich wiederum Begriffe wie bilingualer Unterricht und bilingualer Sachfachunterricht eingebürgert. Im Kontext der Deutschen Auslandsschulen ist der Begriff Deutschsprachiger Fachunterricht (DFU) gängig (vgl. Leisen 1999) und in Österreich die Bezeichnung Fremdsprache als Arbeitssprache (FAA) (vgl. Abuja 1999), während in der Schweiz i. d. R. von Sprachimmersion gesprochen wird (vgl. Le Pape Racine 1999).

Für heutige Fachdiskussionen eignet sich der Oberbegriff CLIL insofern besonders gut, als er den Schwerpunkt des schulischen Wissenserwerbs auf die *Lern*perspektive setzt und den Lerner als einen aktiv Handelnden ansieht. Ferner drückt er den für CLIL bezeichnenden Dualfokus des Unterrichts (auf Sprache *und* Fachinhalt bzw. deren ‚Fusion') explizit aus. Ein flexibler Umgang mit dem Oberbegriff ist ratsam: Dieser verleiht der Fachdiskussion die dort nötige Transparenz, lässt aber zugleich weitere spezifischere Termini zu, mit denen nicht selten Charakteristika und für den jeweiligen Kontext bedeutsame Details der geschichtlichen Entwicklung und Etablierung des Verfahrens verbunden sind.

4. *Content and Language Integrated Learning* (CLIL) und Deutsch als Fremd- und Zweitsprache

Angesichts der Aufmerksamkeit, die dem CLIL-Ansatz in den letzten Jahren in der europäischen Sprachenpolitik zuteil geworden ist, stellt die Kombination von CLIL und Deutsch einen vergleichsweise jungen Entwicklungsgegenstand dar. Während im Bereich des englischsprachigen CLIL bereits zahlreiche, auch transnationale Entwicklungs- und Forschungsmaßnahmen stattgefunden haben, ist Deutsch bisher in diesem Rahmen nur vereinzelt berücksichtigt worden. Von einem fachlich-substantiellen Neuland muss aber nicht die Rede sein; ähnliche Sachverhalte des Deutschen als Bildungs- und Zielsprache in schulisch-institutionellen Kontexten werden ja schon seit Längerem diskutiert, etwa bzgl. der sprachlichen Bildung von SchülerInnen mit einer anderen L1 als Deutsch in den deutschsprachigen Bildungssystemen (vgl. Art. 124), oder aber im Kontext der Nachbarsprachenkonzepte zwischen Deutschland und Frankreich. Eine umfassendere Thematisierung des deutschsprachigen CLIL vor allem in einer gesamteuropäischen Perspektive wird jedoch für das Fach DaF generell nur von Vorteil sein, etwa im Sinne von Brückenschlägen zur Erforschung und Entwicklung des Ansatzes in sprachenübergreifenden Formen der Zusammenarbeit. Mit einer tatkräftigen Unterstützung des CLIL und einer gleichzeitigen Einführung von spezifischen Programmen zur Förderung der Mehrsprachigkeit stellt die europäische Sprachunterrichtspolitik hierfür momentan neuartige Möglichkeiten bereit.

5. Sprach- und fachintegriertes Lernen auf Deutsch – eine Bestandsaufnahme

2005 wurde unter dem englischen Titel *Content and Language Integrated Learning in German* (CLILiG) in 11 europäischen Ländern eine Erhebung zu Stand und Entwicklungspotential des fach- und sprachintegrierten Unterrichts auf Deutsch angestoßen (vgl. Haataja 2009). Trotz der starken DaF-Ausrichtung der Studie wurden Institutionen in Deutschland, Österreich und der Schweiz ebenfalls zur Mitarbeit eingeladen – mit der besonderen (Zusatz-)Aufgabe, auch über Möglichkeiten und Potentiale einer engeren Zusammenarbeit zwischen DaF und DaZ nachzudenken. Ein wichtiges Ziel der Studie bestand darin, eine *Bestandsaufnahme* des deutschsprachigen CLIL bzw. der Perspektiven zu dessen Einführung in den Partnerländern zu ermöglichen. Für die Erhebung und eine anschließende Vier-Felder-Analyse wurden vier Bereiche herangezogen: I) Bildungspolitische und institutionelle Rahmenbedingungen, II) Vorschulerziehung, Schule und Unterricht, III) Lehrerausbildung und IV) Lehrerfortbildung.

In *Bereich I* ließen sich als Stärken das grundsätzlich vorhandene Bewusstsein für die Vorteile von CLIL sowie die vereinzelt dokumentierten positiven Systemlösungen u. a. in der Gesetzgebung festhalten. Zur gleichen Zeit war jedoch zu erkennen, dass die allgemeine Öffentlichkeits- und Informationsarbeit zu CLIL immer noch große Lücken aufweist, und dass der (Fach-)Dialog zwischen bildungspolitischen Entscheidungsträgern und Bildungseinrichtungen bzw. -praxis oft sehr mangelhaft oder u. U. gar nicht vorhanden ist.

In *Bereich II* waren als Stärken gute Praxisbeispiele für schulische Kooperationen (z. B. im Rahmen der Lehrplanarbeit) sowie eine nachhaltige und engagierte Eltern- und Expertenarbeit im Kindergarten- und Vorschulbereich zu verzeichnen. Als Schwächen wurden hingegen die fehlende „Verzahnung" von Sprache und Fach sowie die für die Umsetzung von CLIL generell noch sehr entwicklungsbedürftigen curricularen Rahmenbedingungen festgehalten.

In den Bereichen *(III) Lehreraus-* und *(IV) Lehrerfortbildung* wurden als positive Entwicklungen die heute in Einzelfällen vorhandenen universitären Teil- und Zusatzstudiengänge für die Lehrerausbildung sowie die besonders in der Lehrerfortbildung auch international gegebenen Kooperationsstrukturen dokumentiert. Als eine große Chance für die Weiterentwicklung wurden ferner die bis heute nur begrenzt genutzten Möglichkeiten der Informations- und Kommunikationstechnologie etwa mit Blick auf transnationale Aus- und Fortbildungsmodelle des *blended learning* angesehen. Als eine Schwäche wurde hingegen festgestellt, dass in den meisten der beteiligten Länder nach wie vor keine Lehrerausbildung für die spezifischen Zwecke des (deutschsprachigen) CLIL vorhanden ist und dass auch im Bereich der Lehrerfortbildung noch in vielen Fällen Koordination und Systematik fehlen. Überdies ist deutlich geworden, dass die Kooperation zwischen der Lehrerbildung und der CLIL-Forschung heute noch fehlt. Ähnliche Lücken waren auch zwischen der Lehreraus- und -fortbildung an sich zu verzeichnen, sowie zwischen deren Weiterentwicklung und der Schulpraxis.

6. Ausblick

Für die Zukunft muss es als ein übergeordnetes Ziel gelten, eine sachgerechte Berücksichtigung der erkannten Entwicklungsbedürfnisse zu sichern und für eine zeitnahe Umsetzung sowie Systematisierung und Nachhaltigkeit entsprechender Begleit- und Fördermaßnahmen zu sorgen. Im Einzelnen gehen aus den in der CLILiG-Studie erzielten Erkenntnissen und Ergebnissen u. a. die folgenden Desiderata hervor: 1) Stärkung von

Öffentlichkeits- und Informationsarbeit zu CLIL, 2) systematische Entwicklung von Lehreraus- und -fortbildung einschließlich transnationaler Zusammenarbeit und Möglichkeiten der Informations- und Kommunikationstechnologie, 3) Aufbau und Festigung von Kooperationsstrukturen zwischen a) Bildungspolitik und Schul- und Forschungspraxis, b) Forschung und Schulpraxis, c) Vorschul- und Schulerziehung, sowie d) Sprache und Fach in der Schule und der Lehreraus- und -fortbildung, und 4) Berücksichtigung von und Zusammenarbeit mit CLIL-verwandten, multilingualen Lernkontexten in den deutschsprachigen Ländern. Einige der hier aufgelisteten Entwicklungsbedürfnisse finden bereits Umsetzung in Folgemaßnahmen der CLILiG-Studie. Dabei zeigen sich interessante Neuentwicklungen, so z. B. in der Lehrerbildung und Lernmaterialentwicklung für DaZ in Form von Kooperationen zwischen der fächerübergreifenden Sprachvermittlung im Ausland und einer gezielten Sprachförderung in Bildungskontexten der deutschsprachigen Länder, für DaF wiederum in regionalen (z. B. CLILiG-SCAN in Skandinavien und Finnland) und gesamteuropäischen (u. a. CLIL-LOTE-START am EFSZ des Europarates) Entwicklungsmaßnahmen. Besonders für DaF sind jedoch künftig noch engere Kooperationen mit DaZ zu wünschen: Über spezifische Fachzusammenhänge hinaus könnte hiermit auch zur Präsenz des Deutschen bzw. der deutschen Sprache und Kultur im Ausland beigetragen werden, nicht zuletzt durch Vervielfältigung und Intensivierung der auswärtigen Sprachen- und Kulturpolitik *auch* an innerdeutschen Institutionen.

7. Literatur in Auswahl

Abuja, Gunther
    1999   Die Verwendung einer Fremdsprache als Arbeitssprache: Charakteristika „bilingualen" Lernens in Österreich. In: *Zeitschrift für Interkulturellen Fremdsprachenunterricht.* 4(2): Online.
Europäische Kommission (Hg.)
    1995   *Weißbuch zur allgemeinen und beruflichen Bildung. Lehren und Lernen − Auf dem Weg zur Kognitionsgesellschaft.* Brüssel: Europäische Kommission.
Haataja, Kim
    2009   CLIL − Sprache als Vehikel oder „Zweiklang im Einklang?". In: *Fremdsprache Deutsch* 40: 5−12.
Leisen, Josef (Hg.)
    1999   *Methoden-Handbuch Deutschsprachiger Fachunterricht (DFU).* Bonn: Varus.
Le Pape Racine, Christine
    1999   Gedanken zu einer Didaktik des immersiven Unterrichts. In: *Babylonia* 4: 9−11.

Kim Haataja, Tampere (Finnland)

117. Fachsprachenvermittlung

1. Fachsprachen und Fachkommunikation
2. Didaktik und Methodik der Fachsprachenvermittlung
3. Vermittlung von Wissenschaftssprache
4. Literatur in Auswahl

1. Fachsprachen und Fachkommunikation

Komplexe Gesellschaften zeichnen sich dadurch aus, dass sie eine Fülle von Praxen aufweisen, an denen nicht alle Mitglieder der Gesellschaft beteiligt sind. Diese Praxen sind von der Elementarpraxis abgeleitet. Sie ruhen auf ihr auf, sind aber nicht von ihr unabhängig (Beispiel: Nicht jeder fährt Auto, aber die rote Ampel gilt für Autofahrer und Fußgänger gleichermaßen). Die abgeleiteten Praxen haben spezifische sprachliche Erfordernisse, so z. B. Begriffe von Gegenständen zu benennen, die nicht Teil der Elementarpraxis sind (Thielmann 2004). Der Terminus „Fachsprache" ist also eine Metapher: „Fachsprachen" sind Varietäten, die geeignet sind, die spezifischen sprachlichen Bedürfnisse abgeleiteter Praxen zu bedienen. Sie sind keine selbständigen Sprachsysteme (Fluck 1996; Buhlmann und Fearns 2000: 11−80). Fachkommunikation ereignet sich im Diskurs, wenn die Kommunizierenden kopräsent sind (z. B. Laborkommunikation, vgl. Chen 1995), oder durch Texte, wenn das sprachliche Handeln zur Überwindung einer zerdehnten Sprechsituation verdauert werden muss (Ehlich 1983); vgl. auch Kap. VI (Art. 45−51).

Diese Beobachtungen und Unterscheidungen sind für die Zielsetzungen und die Inhalte einer Fachsprachendidaktik und die Methodik der Fachsprachenvermittlung im Zusammenhang von Deutsch als Fremd- und Zweitsprache von grundlegender Bedeutung.

2. Didaktik und Methodik der Fachsprachenvermittlung

Eine Didaktik der Fachsprachenvermittlung im Zusammenhang von Deutsch als Fremd- und Zweitsprache ist nicht zielgruppenunabhängig zu entwerfen (2.1) und ist auf die kommunikativen Bedürfnisse der Lerner zu beziehen (2.2). Die Methodenwahl ist insbesondere davon abhängig, inwieweit spezifisch fachsprachliche Elemente in der Zielsprache bzw. in der Erstsprache der Lerner reflektiert werden können (2.3).

2.1. Zielgruppen

Für den fachsprachlichen Deutsch als Fremdsprache-Unterricht typische Situationen sind z. B. die Vermittlung des Deutschen in schulischen (z. B. im Rahmen des „Fach- und Sprachintegrierten Unterrichts" (CLIL)) und universitären Zusammenhängen, u. U.

auch mit fachlicher Ausrichtung (z. B. Wirtschaftsdeutsch), oder im Rahmen der Erwachsenenbildung. Unterricht in Kleingruppen oder Einzelunterricht erfolgt z. b. dann, wenn Angehörige bestimmter Institutionen auf einen zeitweiligen Aufenthalt in Deutschland und dessen spezifische sprachliche Erfordernisse (z. B. Diplomatie, Militär, Nachrichtendienst) vorzubereiten sind. Besondere Anforderungen entstehen im Zusammenhang der Vorbereitung ausländischer Studierender auf die deutsche Wissenschaftssprache (3).

Für Deutsch als Zweitsprache typische Situationen sind z. B. berufsvorbereitender sowie berufsbegleitender Deutschunterricht (vgl. Art. 126) für Migranten, wobei auch in den nicht fachspezifisch ausgerichteten Integrationskursen fachliche Anteile vorgesehen sind (z. B. Verwaltungssprache). Eine besondere Herausforderung für die Schulsituation ist die Tatsache, dass der deutschsprachige Fachunterricht für nicht deutschsprachige Kinder immer per se auch Sprachunterricht ist.

2.2. Didaktik der Fachsprachenvermittlung

Die Tatsache, dass Fachsprachen Varietäten sind, führt sofort zu der Einsicht, dass für eine Didaktik der Fachsprachenvermittlung keine allgemeine Zielstellung — und damit auch keine allgemein verbindlichen Inhalte — zu formulieren sind. Im Gegensatz zur gemeinsprachlichen Kompetenz, die darin zu sehen ist, dass Lerner die sprachlichen Anforderungen der gesellschaftlichen Elementarpraxis bewältigen können, führt jede auf solcher Kompetenz aufbauende Einführung in fachsprachliche Kommunikation in sprachliche Bereiche, die nur noch für bestimmte gesellschaftliche Gruppen relevant sind. So lässt sich allgemein nur folgendes sagen: Da Fachsprachen Varietäten sind, also bestimmte gemeinsprachliche Mittel auf besondere Weise und mit besonderer Häufigkeit nutzen, ist es wohl i. d. R. nicht sinnvoll, bereits auf eine fachkommunikative Kompetenz hinzuarbeiten, wenn die gemeinsprachliche Kompetenz noch nicht erreicht ist (s. hierzu auch Funk 2001: 964). Darüber hinaus gilt: „Die Formulierung konkreter Lernziele ist, wenn sie sinnvoll sein soll, das Ergebnis einer möglichst genauen Bedarfsanalyse" (Buhlmann und Fearns 2000: 88).

Worum es zielgruppenspezifisch gehen könnte, sei an einem kleinen Beispieltext demonstriert. Es handelt sich um einen Ausschnitt aus einem Text, der Bürgern die Ausfüllung ihres Einkommensteuerformulares erleichtern soll:

> In dieser Zeile sind solche Einkommensersatzleistungen anzugeben, die zwar steuerfrei sind, aber die Höhe der Steuer auf die steuerpflichtigen Einkünfte beeinflussen und nicht in den Zeilen 25 bis 27 der Anlage N einzutragen sind. Derartige Einkommensersatzleistungen sind z. B. das aus der gesetzlichen Krankenversicherung gezahlte Krankengeld, das Eltern- und das Mutterschaftsgeld, das Gewerbetreibende, Freiberufler oder Landwirte erhalten.
>
> (Anleitung zur Einkommensteuererklärung 2007)

Man erkennt in diesem — keineswegs gemeinsprachlichen — Textstück typisch fachsprachliche Nutzungen deutscher syntaktischer Mittel und Wortbildungsverfahren, so z. B. die mit den Konnektoren *zwar ... aber* sowie *und* gleichgeordneten Attributsätze, die häufig als Passiversatzform bezeichnete *ist zu*-Konstruktion, das Partizipialattribut (*aus der gesetzlichen Krankenversicherung gezahlte*), Komposition (*Mutterschaftsgeld*) und deverbale Ableitung (*Anlage*, *Leistung*). Wenn solche Strukturen auch häufiger in fachsprachlichen Texten anzutreffen sind, so sind sie dennoch auch in der Gemeinsprache üblich (vgl. *das Auto, das zwar alt, aber noch gut in Schuss war*; *dieses Auto ist nicht zu verkaufen*; *unser kürzlich renoviertes Haus*; *Wohnzimmer*; *Wohnung*). Bei Kurskonzeptionen, die auf die Möglichkeit späterer fachsprachlicher Qualifizierung abzielen, wären solche sprachlichen Mittel und Strukturen verstärkt zu berücksichtigen und − im Sinne der Konzeption des autonomen Lernens − als Instrumentarium der Sinnerschließung zu vermitteln.

Abgesehen von diesen Mitteln und Strukturen dürfte eine der Hauptschwierigkeiten dieses Textstücks für Lerner jedoch darin bestehen, sich das begriffliche Wissen anzueignen, das durch Termini wie *Einkommensersatzleistung* oder *Gewerbetreibender* benannt wird. Mit anderen Worten: Die didaktischen Entscheidungen bei der Fachsprachenvermittlung werden auch davon beeinflusst, ob im Wesentlichen „nur" sprachliche Strukturen oder auch Konzepte zu vermitteln sind. Bezogen auf die Zielgruppen gilt:

a) In der DaF-Situation erfolgt auf den höheren Stufen typischerweise eine Einführung in die Erfordernisse des sprachlichen Handelns in Institutionen, wo DaF-Lehrer auch (u. U. interkulturell sensibilisiert und landeskundlich hochinformiert) als Vermittler von Konzepten zu agieren haben. An Universitäten kann darüber hinaus auch eine Einführung in die Wissenschaftssprache notwendig werden (s. Abschnitt 3). Im fachspezifischen Kleingruppen- oder Einzelunterricht ist neben dem begrifflichen Wissen auch häufig eine sehr gute Kenntnis (und u. U. auch produktive Beherrschung) fachlicher Textarten zu vermitteln.

b) In der DaZ-Situation gilt für allgemeine Sprachkurse, dass ebenfalls vor allem institutionelle Konzepte, und zwar i. d. R. interkulturell, zu vermitteln sind. Dies gilt auch für berufsvorbereitende Sprachkurse, die vor allem eine berufsfeldübergreifende institutionelle sprachliche Handlungskompetenz herzustellen haben. Bei berufsbegleitenden Sprachkursen ist zu differenzieren zwischen einer Situation, in der eine einschlägige fachliche Vorqualifikation vorhanden ist (Schmidt 2000), und einer Vermittlungssituation, in der die konzeptuelle Kompetenz zusammen mit der fachsprachlichen aufzubauen ist. Zu den Lernzielen besonders im Rahmen der DaZ-Situation gehört darüber hinaus die Fähigkeit, die sprachlichen Anforderungen der arbeitsplatzbezogenen Kommunikation (z. B. mit Kollegen, mit Vorgesetzten, mit der Personalabteilung, mit dem Betriebsrat etc.) und der berufsbezogenen Kommunikation (z. B. Material anfordern, einen Auftrag erteilen, eine Reklamation bearbeiten) mündlich und schriftlich bewältigen zu können (s. IQ- Arbeitspapier „Berufsbezogener Deutschunterricht − Qualitätskriterien").

2.3. Methodik der Fachsprachenvermittlung

Da Fachsprachenvermittlung immer zugleich Sprachvermittlung ist, kann die Methodik der Fachsprachenvermittlung im Prinzip auf die Fülle der im Zusammenhang von DaF und DaZ ausgearbeiteten Verfahren zurückgreifen. Die starke Zielgruppenabhängigkeit der Inhalte hat schon vor einiger Zeit vor allem für DaZ-Zusammenhänge sehr spezifische Konzeptionen und Materialien entstehen lassen, so z. B. die „Handreichung Fachsprache in der Berufsausbildung ausländischer Jugendlicher" (Albers et al. 1987), das für ausländische Pflegekräfte konzipierte „Deutsch im Krankenhaus" (Firnhaber-Sensen und Schmidt 1994) oder das einen authentischen Geschäftsfall nachvollziehende, auf

Zertifikatsniveau aufbauende „Dialog Beruf 3" (Becker und Braunert 1998). Dennoch werden Lehrende gerade im Bereich der „berufsorientierten Deutschkurse" auch in Zukunft nicht umhinkommen, „einen Großteil der Materialien im und für den Unterricht zu erstellen" (IQ-Arbeitspapier „Berufsbezogener Deutschunterricht − Qualitätskriterien"), da die Anforderungen gerade im Bereich der beruflichen Weiterqualifikation sehr spezifisch sein können: Lerner, deren Ziel es ist, zunächst einmal eine berufsqualifizierende Prüfung zu bestehen, werden sich u. U. ausführlich mit der Textart Textaufgabe auseinandersetzen müssen, was für Lerner, deren Ziel die Beherrschung branchenüblicher Kommunikationsformen ist, Zeitverschwendung wäre.

Während die Funktionalität fachsprachlich relevanter Mittel und Strukturen in Texten bereits seit langem untersucht wird und recht gut verstanden ist, um methodisch vermittelt werden zu können, mangelt es immer noch an einschlägigen Untersuchungen zu sprachlichen Strukturen im fachlichen Diskurs. Hierzu ein Beispiel aus der Laborkommunikation:

F: [208] Jetzt hört man nichts mehr, [209] Jetzt ist die Vakuum-	
A:	
F: pumpe belüftet.	
A: [210]So, [211] jetzt stelle ich hier das Ölbad [212) dreht die]	
F:	
A: runter Hebebühne herunter	

Abb. 117.1: Das „Zustandspassiv" in der Laborkommunikation (aus Chen 1995: 67)

Nach der Analyse von Chen (1995: 67; vgl. dazu auch Redder 1995) wird durch die Struktur *ist ...belüftet* in Segment 209 der Abschluss einer Handlungsphase kommuniziert, der die Möglichkeit für Anschlusshandlungen eröffnet − eine Bestimmung, die, zunächst auf den Diskurs bezogen, weiter führt als die traditionelle Unterscheidung in Vorgangs- und Zustandspassiv (z. B. Buhlmann und Fearns 2000: 19). Hier müssen die empirischen Grundlagen der Methodik der Fachsprachenvermittlung noch weiter ausgebaut werden.

Der Konsens in der Fachsprachendidaktik, Lerner zum eigenständigen Umgang mit Fachkommunikation anzuleiten, hat zur Konsequenz, dass sprachliche Mittel und Strukturen sowie Wissen über fachspezifische Textarten und Kommunikationszusammenhänge nicht als Regeln, sondern als Instrumente der selbstgesteuerten Aneignung fachlichen Wissens und fachlicher Kommunikation vermittelt werden. Hierbei ist zu berücksichtigen, dass Lerner hinsichtlich des Umgangs mit Wissen verschieden sozialisiert sein können und an eine solche, auch zu den beruflichen Schlüsselqualifikationen zählende Selbständigkeit erst interkulturell sensibilisiert heranzuführen sind (Buhlmann und Fearns 2000: 103−114).

Die konzeptuellen Benennungserfordernisse fachlicher Praxen übersteigen bei weitem den Nennwortanteil gemeinsprachlicher Wortschätze. Neben den Grundstrategien der Entlehnung und der Wortbildung wird diesem Sachverhalt durch das Verfahren der Terminologisierung entsprochen, was dazu führt, dass ein gemeinsprachlicher Ausdruck in verschiedenen Fachsprachen verschiedene Fachbegriffe benennen kann (vgl. *Arbeit* in der

Physik und in der Volkswirtschaft oder *Gruppe* in der Soziologie und in der Mathematik). Diese Phänomene verstellen tendenziell den Blick auf die Komplexität der *begrifflichen* Seite von Fachterminologie: *Kraft* in der Physik ist ein mathematischer Zusammenhang zwischen Messgrößen; *Appendix* in der Medizin ein in allen nicht operierten Menschen gleichermaßen anzutreffender Organbestandteil; *Gesellschaft bürgerlichen Rechts* eine Organisationsform, die bestimmte rechtliche Handlungsmöglichkeiten eröffnet und andere ausschließt (Thielmann 2004). Sind bei den Lernern bereits fachbegriffliche Kenntnisse vorhanden, so kann das Hauptaugenmerk auf die terminologische Arbeit gerichtet werden. Sind aber die begrifflichen Voraussetzungen auch in der Erstsprache nicht da, müssen sie im fachsprachlichen Unterricht tendenziell mitgeliefert werden, was vor allem in der DaZ-Situation ein großes Problem darstellt, da hier komplexe Begriffe mit einfachsten Mitteln zu thematisieren sind. Hierzu wären einige der von Wierzbicka (1985) vorgestellten Strategien zur lexikalischen Vereinfachung der Explikationen komplexer Konzepte noch methodisch fruchtbar zu machen.

3. Vermittlung von Wissenschaftssprache

Ein erheblicher Teil der akademischen Sozialisation Studierender ist Sozialisation in Wissenschaftskommunikation. Wissenschaftskommunikation ist zwar auch Fachkommunikation, aber sie hat gegenüber reiner Fachkommunikation noch einige spezifische Züge, denen gerade bei der Vermittlung des Deutschen als fremder Wissenschaftssprache besonders Rechnung getragen werden muss (vgl. Art. 47−49). Die Autoren wissenschaftlicher Texte teilen i. d. R. nicht einfach ein Wissen zu Informationszwecken mit, sondern versuchen, über ihre Texte ein *neues* Wissen *gegen den vorhandenen Kenntnisstand durchzusetzen*. In der Wissenschaft ist Wissen grundsätzlich strittig, und dieses streitende Verhältnis zum Wissen ist in die Texte als *eristische Struktur* (Ehlich 1993) eingeschrieben. Diese eristischen Strukturen stellen für Lerner aus zwei Gründen besondere Schwierigkeiten dar: Eine interkulturelle, falls sie aus einer anderen Wissens- und Wissenschaftstradition kommen, und eine sprachliche, da gerade die eristischen Strukturen als solche nur schwer erkennbar sind (vgl. Thielmann 2006). Hierzu ein Beispiel: In einem Aufsatz zum Zweitspracherwerb schreibt Grießhaber:

> Schließlich ist ein Ansatz erforderlich, der sowohl die Ausgangssprache(n) wie auch die Zielsprache so analysiert, dass die Resultate vergleichbar sind.
>
> (Grießhaber 2001: 20)

Wer um die lange Tradition der Kontrastiven Linguistik weiß (s. Kapitel VII), kann nicht umhinkommen, diesen Satz so zu lesen, dass Grießhaber hier der kontrastiven Linguistik vorwirft, sie sei ihrem Geschäft nicht nachgekommen. Die illokutive Qualität des Vorwurfs erschließt sich dem Leser aber nicht aufgrund illokutiver Indikatoren, sondern daraus, dass Grießhaber ein komplexes Vorwissen unterstellt: Wenn trotz der Bemühungen der kontrastiven Linguistik immer noch „ein Ansatz erforderlich ist", der bei der Analyse verschiedener Sprachen zu vergleichbaren Resultaten führt, dann ist die kontrastive Linguistik ihrem Geschäft nicht nachgekommen, dann besteht ein Forschungsdesiderat. Die gemeinsprachliche Struktur *ist ... erforderlich* wird in Verbindung mit dem Redehintergrund einer strittigen Wissensentwicklung zu einer *eristischen*. Die Schwierigkeiten bei der Vermittlung des Deutschen als fremder Wissenschaftssprache rühren, wie einschlägige Untersuchungen z. B. zum wissenschaftlichen Protokoll (Moll 2001) und zur studentischen Seminararbeit (Stezano-Cotelo 2006) gezeigt haben, daher, dass ausländische Studierende in noch wesentlich stärkerem Maße als ihre muttersprachlichen Kommilitonen an diese eristische Qualität wissenschaftlicher Kommunikation herangeführt werden müssen, da sie sonst Gefahr laufen, wissenschaftliche Texte als informative Texte zu lesen und ihnen so der Dreh- und Angelpunkt wissenschaftlicher Kommunikation entgeht. Eine produktive Beherrschung dieser gemeinsprachlichen Ressourcen, der fachübergreifenden *alltäglichen Wissenschaftssprache* (Ehlich 1995), erfordert, wie das folgende Beispiel zeigt, neben einer komplexen semantischen auch eine nicht unerhebliche syntaktische Kompetenz:

> Während *sich* die deutschsprachige Heidegger-*Forschung* bislang vor allem *der Wissenschaftskritik zuwandte*, *wird* besonders *unter amerikanischen Philosophen* seit den 60er Jahren *eine intensive Debatte um* Heideggers ‚philosophy of science‘ als Konzept post-metaphysischer/-positivistischer Wissenschaftstheorie *geführt*.
>
> (Wolf 2003: 95; Hvg. d. Verf.)

Die Didaktik und Methodik der Wissenschaftssprachvermittlung bedarf demnach dringender Information durch weitere linguistische Untersuchungen, die sprachliche Mittel im Zusammenhang der Verfolgung genuin wissenschaftlicher Zwecke charakterisieren und unter dieser Fragestellung auch komparativ vorgehen (s. Ehlich 1993: 34).

4. Literatur in Auswahl

Albers, Hans-Georg, Hermann Funk, Reimer Grundmann, Gerhard Neuner und Andrea Zielke
    1987   *Handreichung Fachsprache in der Berufsausbildung ausländischer Jugendlicher*. Bonn: Bundesministerium für Bildung und Wissenschaft.
Anleitung zur Einkommensteuererklärung 2007.
        http://www.steuer.bayern.de/vordrucke/01_est/2007/print/anltg_est1a_07.pdf [16. 6. 2008].
Becker, Norbert und Jörg Braunert
    1998   *Dialog Beruf 3*. Ismaning: Hueber.
Berufsbezogener Deutschunterricht − Qualitätskriterien
        (formuliert im Zusammenhang des Themenschwerpunktes „Berufsbezogenes Deutsch" des IQ-Netzwerks): http://www.teil4.de/intqua/pdf/qualitaetskriterien_deutsch.pdf [12. 6. 08].
Buhlmann, Rosemarie und Anneliese Fearns
    2000   *Handbuch des Fachsprachenunterrichts*. 6. überarb. u. erw. Aufl. Tübingen: Narr.
Chen, Shing-Lung
    1995   *Pragmatik des Passivs in chemischer Fachkommunikation. Empirische Analyse von Labordiskursen, Versuchsanleitungen, Vorlesungen und Lehrwerken* (− Arbeiten zur Sprachanalyse 23). Frankfurt a. M.: Lang.
Ehlich, Konrad
    1983   Text und sprachliches Handeln. Die Entstehung von Texten aus dem Bedürfnis nach Überlieferung. In: Aleida Assmann, Jan Assmann und Christof Hardmeier (Hg.), *Schrift und Gedächtnis. Beiträge zur Archäologie der literarischen Kommunikation*, 24−43. München: Fink.
Ehlich, Konrad
    1993   Deutsch als fremde Wissenschaftssprache. In: *Jahrbuch Deutsch als Fremdsprache* Bd. 19, 13−42. München: iudicium.

Ehlich, Konrad
   1995   Die Lehre der deutschen Wissenschaftssprache: sprachliche Strukturen, didaktische Desi-
          derate. In: Heinz L. Kretzenbacher und Harald Weinrich (Hg.), *Linguistik der Wissen-
          schaftssprache*, 325−352 (= Akademie der Wissenschaften zu Berlin. Forschungsbericht
          10). Berlin: de Gruyter.
Firnhaber-Sensen, Ulrike und Gabriele Schmidt
   1994   *Deutsch im Krankenhaus: Berufssprache für ausländische Pflegekräfte*. Berlin/München:
          Langenscheidt.
Fluck, Hans-Rüdiger
   1996   *Fachsprachen*. Tübingen: Francke.
Funk, Hermann
   2001   Berufsbezogener Deutschunterricht. In: Gerhard Helbig, Lutz Götze, Gert Henrici und
          Hans-Jürgen Krumm (Hg.), *Deutsch als Fremdsprache: ein internationales Handbuch*,
          962−973. Bd. 2. (Handbücher zur Sprach- und Kommunikationswissenschaft 19.1−2).
          Berlin/New York: de Gruyter.
Grießhaber, Wilhelm
   2001   Erwerb und Vermittlung des Deutschen als Zweitsprache. In: *Deutsch in Armenien*. Teil
          1: 1/2001, 17−24; Teil 2: 2/2001, 5−15. Jerewan: Armenischer Deutschlehrerverband.
          Auch online: http://spzwww.uni-muenster.de/~griesha/pub/tdaz-eri.pdf [19. 6. 2008]
IQ-Arbeitspapier „Berufsbezogener Deutschunterricht − Qualitätskriterien"
          http://www.kumulus-plus.de/fileadmin/pdf/lesetipps/qualitatskriterien_deutschunterricht_
          passage.pdf [15. 9. 2009]
Kügelgen, Rainer v.
   1992   *Diskurs Mathematik. Kommunikationsanalysen zum reflektierenden Lernen* (= Arbeiten
          zur Sprachanalyse 17). Frankfurt a. M.: Lang.
Moll, Melanie
   2001   *Das wissenschaftliche Protokoll. Vom Seminardiskurs zur Textart: empirische Rekonstruk-
          tionen und Erfordernisse für die Praxis*. München: iudicium.
Redder, Angelika
   1995   Handlungstheoretische Grammatik für DaF − am Beispiel des sogenannten „Zustands-
          passivs". In: Norbert Dittmar und Martina Rost-Roth (Hg.), *Deutsch als Zweit-und
          Fremdsprache*, 53−74. Frankfurt a. M.: Lang.
Schmidt, Gabriele
   2000   Teaching culture and language for specific purposes. In: Anthony Liddicoat and Chantal
          Crozet (Hg.), *Teaching Languages, Teaching Cultures*, 131−140. Canberra: Applied Lin-
          guistics Association of Australia.
Stezano-Cotelo, Kristin
   2006   Die studentische Seminararbeit − studentische Wissensverarbeitung zwischen Alltagswis-
          sen und wissenschaftlichem Wissen. In: Konrad Ehlich und Dorothee Heller (Hg.), *Die
          Wissenschaft und ihre Sprachen*, 87−114 (=Linguistic insights 52). Frankfurt a. M.: Lang.
Thielmann, Winfried
   2004   Begriffe als Handlungspotentiale. *Linguistische Berichte* 199: 287−311.
Thielmann, Winfried
   2006   „... *it seems that light is propagated in time* ..." − zur Befreiung des wissenschaftlichen
          Erkenntnisprozesses durch die Vernakulärsprache Englisch. In: Konrad Ehlich und Do-
          rothee Heller (Hg.), *Die Wissenschaft und ihre Sprachen*, 297−320. Frankfurt a. M.: Lang.
Wierzbicka, Anna
   1985   *Lexicography and Conceptual Analysis*. Ann Arbor: Karoma.
Wolf, Tomas
   2003   Konstitution und Kritik der Wissenschaften bei Heidegger. *Zeitschrift für philosophische
          Forschung* 57(1): 95−110.

Winfried Thielmann, Chemnitz (Deutschland)

118. Fehleranalyse und Fehlerkorrektur

1. Forschungsgeschichtliche Positionen im Überblick
2. Beschreibung und Analyse von Fehlern
3. Die Erklärung von Fehlern
4. Die Fehlerkorrektur
5. Ein Blick auf die Fehlerbewertung
6. Literatur in Auswahl

1. Forschungsgeschichtliche Positionen im Überblick

Bis in die 1960er Jahre hinein wurde der Fehler als die „Sünde" des Fremdsprachenlerners gesehen, mit der man zwar stetig rechnen müsse, die es aber auszumerzen gelte. Die Einsicht, dass Fehler nicht nur beim Erstspracherwerb natürliche Etappen und Zwischenschritte auf dem Weg des Erwerbsprozesses darstellen, sondern darüber hinaus wichtige Erkenntnisse über diesen liefern, geht vor allem auf Arbeiten von Corder (1967) und Selinker (1972) zurück. Im Kontext dieses Einschätzungswandels veränderten auch die zahlreichen (empirischen) Forschungsarbeiten zum Fehler ihr Erkenntnisinteresse: Zunächst standen linguistisch orientierte Arbeiten im Vordergrund, in denen versucht wurde, Fehlertaxonomien zu erarbeiten, Fehler nach vorwiegend linguistischen Kriterien zu klassifizieren und Auftretenshäufigkeiten zu dokumentieren (vgl. u. a. Débyser, Houis und Rojas 1967; Kielhöfer 1975), Forschungsarbeiten zur genaueren Ursachenerklärung von Fehlern stellten sprachbedingte Gründe in den Vordergrund. Im Zusammenhang mit kontrastiven Sprachanalysen erhoffte man sich Aufschluss über Problembereiche des Lerners. Diese Analysen sollten zu einer begründeten Fehlertherapie und Fehlerprophylaxe führen (vgl. hierzu den Sammelband von Nickel 1972). Bei unterschiedlichen Elementen und Regeln in Ausgangs- und Zielsprache wurden Lernschwierigkeiten und häufig auftretende Fehler (Interferenzfehler) erwartet, die man − noch ganz in der Tradition der audio-lingualen Methode − durch eine starke Steuerung des Lerners über bestimmte Übungsanordnungen, über deren unmittelbare Korrektur und durch mehrmalige Wiederholung der korrekten Form zu therapieren gedachte.

Als Reaktion auf die einseitige Beschäftigung mit Interferenzfehlern und Fehlererklärungen nach der Kontrastivhypothese, die eine systematische Beeinflussung der Grundsprache auf den Erwerb der Zielsprache annahm, wurden verstärkt Analysen zu intralingualen Fehlerursachen (Übergeneralisierungen, Regularisierungen, Simplifizierungen) betrieben (vgl. z. B. Richards 1974; Wode 1978), die dann zur sogenannten Identitätshypothese führten (zur Darstellung einiger Erwerbshypothesen vgl. Kap. VIII in diesem Band). Hierbei ging man davon aus, dass prinzipiell gleiche Fehler beim Erst- und Zweitspracherwerb auftreten, da gleiche Entwicklungsverläufe und -stufen auf allen sprachlichen Ebenen anzunehmen seien. Die Ausschließlichkeitspositionen, die für den einen (Interferenzfehler) oder anderen (intralinguale Fehler) sprachlich orientierten Erklärungsmodus angenommen wurden, wurden abgelöst durch multikausale Erklärungen, die der Faktorenkomplexion beim fremdsprachlichen Lernen Rechnung tragen wollten. Mit der Annahme, dass Lerner in einem interaktiven Prozess (innerhalb und außerhalb des Unterrichts, mit Personen und/oder Texten) kreativ eine eigene Lernersprache aufbauen, die keinesfalls nur linguistischen Kriterien folgt, wurden Fehler als nützliche Hinweise für die Analyse eben dieser Lernersprache gesehen, als Indikatoren für Lernfort-, aber auch Lernstill- und Lernrückschritte (vgl. z. B. Bausch und Raabe 1978; Raabe 1980). In diesem Zusammenhang gerieten auch vermittlungsmethodische Konsequenzen und damit die Fehlerkorrektur stärker in das Blickfeld der Forschungsaktivitäten (vgl. z. B. Chaudron 1977; Hendrickson 1978). Parallel zu diesen Forschungsaktivitäten und in Reaktion auf die nunmehr positive Sichtweise des Fehlers kristallisierte sich in den − zu dieser Zeit häufig eingesetzten − kommunikativen Vermittlungsverfahren ein äußerst toleranter Umgang mit Fehlern heraus. Vorrangiges Ziel war die Befähigung zur Kommunikation, sprachliche Korrektheit war nachgeordnet. Im Kontext dieser Verfahren ging man davon aus, dass Fehler, die die Kommunikation nicht beeinflussten, weitgehend ignoriert werden könnten. In den 1980er Jahren waren daher Forschungsarbeiten zum fremdsprachlichen Korrigieren eher selten. Abgesehen von einigen praxisorientierten Arbeiten (vgl. z. B. Bleyl 1984; Koutiva und Storch 1989) fällt forschungsmethodisch die Arbeit von Henrici und Herlemann (1986) heraus, die Korrekturhandlungen klassifizieren und analysieren. In den 1990er Jahren stieg das Interesse vor allem auch an empirischen Forschungsaktivitäten im Bereich Fehler und Fehlerkorrektur wieder zunächst stark an; einige Arbeiten schlossen sich nach der Jahrhundertwende an (Edmondson 1993; Havranek 2002; Kleppin und Königs 1991; Lochtmann 2002). Von Bedeutung für die Forschung wurde vor allem der Versuch, das Phänomen Fehler und Fehlerkorrektur in der Unterrichtsrealität zu erforschen und begründete Handlungskonsequenzen aufzuzeigen. In der Lernersprachenforschung zu DaF begrenzt man sich nicht auf die auftretenden Fehler; vielmehr sollen Lernschwierigkeiten identifiziert werden, die sich in Fehlern äußern können, aber nicht müssen (Kordes 1993; Serra Borneto 2000).

2. Beschreibung und Analyse von Fehlern

Im Folgenden wird zunächst noch nicht zwischen schriftlichem und mündlichem Fehler unterschieden. Untersuchungen zum Fehler beziehen sich jedoch bisher weitgehend auf die schriftliche Repräsentation.

2.1. Die Identifizierung von Fehlern

Die Frage, was als Fehler zu gelten habe, beschäftigt − wenn auch zum Teil auf dem Hintergrund unterschiedlicher Erkenntnisinteressen − Fremdsprachenlerner und -lehrer, Linguisten, Sprachlehrforscher und Fremdsprachendidaktiker. Es gilt, Kriterien festzulegen, anhand derer eine begründete Entscheidung darüber gefällt werden kann, ob ein Fehler vorliegt. Die Auswahl der Kriterien orientiert sich dabei an dem jeweiligen Beschreibungsinteresse und ist beeinflusst vom Stellenwert, der dem Fehler im Erwerbsprozess beigemessen wird. Darüber hinaus ist entscheidend, ob und wie Fehler in die Bewertung von Lernerproduktionen eingehen.

2.1.1. Sprachliche Korrektheit als Kriterium

Als Fehler gilt hierbei eine Abweichung vom Sprachsystem, d. h. ein Verstoß gegen das Regelsystem einer Sprache (Beispiel 1: *Ich *arbeitet in Deutschland*) sowie gegen eine sprachliche Norm, wie sie in Grammatiken, Wörterbüchern oder Institutionen „festgelegt" wurde. Die von Coseriu eingeführte Unterscheidung von Norm- und Systemverstoß hat vor allem in den 1970er Jahren eine rege Diskussion über den Begriff des Fehlers nach sich gezogen (vgl. z. B. Nickel 1972; Cherubim 1980). Kritisiert wurde bei dem Begriffspaar Sprachsystem/Sprachnorm vor allem die sich dahinter verbergende Annahme, es gäbe so etwas wie ein formales, vom Individuum unabhängiges Regelsystem und eine allseits akzeptierte linguistische Norm einer Sprache.

Ebenso problematisch für die Fehleridentifizierung ist die Bezugsgröße des Sprachgebrauchs, der Sprachwirklichkeit, so wie „man" in deutschsprachigen Ländern spricht. Eine vollständige und „wertneutrale" Beschreibung von Sprache in unterschiedlichen Regionen und unterschiedlichen sozialen Schichten, anhand derer Lerneräußerungen zu überprüfen sind, ist für den Unterricht Deutsch als Fremd- und Zweitsprache weder handhabbar noch wünschenswert.

2.1.2. Verständlichkeit als Kriterium

Hierbei steht die Frage im Mittelpunkt, ob ein Fehler die Kommunikation behindert oder nicht. Im Extremfall hieße dies: Alles, was von einem möglichen Kommunikationspartner verstanden wird, gilt nicht als Fehler, selbst wenn Abweichungen von einer gelernten grammatischen Regel feststellbar sind.

2.1.3. (Kulturelle) Situationsangemessenheit als Kriterium

Thematisiert wird hierbei der verbale und nonverbale Verstoß gegen eine (sozio-kulturell) angenommene pragmatische Norm, der Verstoß gegen Verhaltenserwartungen in einer bestimmten Situation, z. B. gegen Regeln der Höflichkeit.

2.1.4. Unterrichtsabhängige Kriterien

Im Fremdsprachenunterricht kommt meist eine präskriptive Norm zur Geltung, wie sie z. B. dem Lehrwerk, der benutzten Grammatik zu Grunde liegt oder wie ein Lehrer sie vorschreibt. Ein Fehler ist demnach dann existent, wenn gegen diese Norm verstoßen wird und der Lehrer dies bemerkt.

2.1.5. Flexible (lernerbezogene) Kriterien

Je nach Situation wird entschieden, ob, bei wem und unter welchen Umständen ein Fehler zu ignorieren, zu tolerieren oder zu korrigieren, wie er zu gewichten und zu bewer-

ten ist. Es soll hierbei z. B. dem Lernstand entsprechend oder auch mit Blick auf individuelle Lernfortschritte korrigiert und/oder bewertet werden. Der Lerner und seine möglichen Lernschwierigkeiten werden in den Mittelpunkt gestellt. Es interessiert demnach
nicht mehr allein, ob ein Fehler objektiv feststellbar ist.

2.2. Die Klassifikation und Typisierung von Fehlern

Meist spricht man von Fehlertypen, wenn von typischen Fehlermanifestationen die Rede
ist. In fast allen Beiträgen zum Fehler bleibt die Aufteilung in Performanz- und Kompe-
tenzfehler (vgl. u. a. Nickel 1972; Rattunde 1977) nicht unerwähnt, die auf Corder (1967)
zurückgeht, wobei mit Kompetenzfehlern (*errors*) Verstöße bezeichnet werden, die außerhalb der Beurteilungskompetenz eines Lerners liegen, sei es, dass er z. B. die betreffende
Struktur noch nicht gelernt hat, sie falsch verstanden hat o. Ä. Unter Performanzfehler
(*mistakes*) hingegen werden neben reinen Flüchtigkeitsfehlern (*slips of the tongue* oder
auch *lapses*) Verstöße gerechnet, die durch noch unvollkommene Automatisierung von
z. B. Regeln und Strukturen bedingt sind. Sie können vom Lerner erkannt und eventuell
sogar selbst korrigiert werden. Eine Abwandlung der Aufteilung in Kompetenz- und
Performanzfehler findet sich z. B. bei Edge (1989). Er unterteilt Fehler nach ihrem Ort
im Lern- und Unterrichtsprozess in:

- Ausrutscher (*slips*), d. h. Fehler, die ein Lerner selbst korrigieren kann, wenn darauf
  aufmerksam gemacht wird, dass er einen (schriftlichen oder mündlichen) Fehler begangen hat.
- Irrtümer (*errors*), d. h. Fehler, die ein Lerner (nach Meinung des Lehrers) eigentlich
  nicht machen sollte, da das entsprechende sprachliche Phänomen im Unterricht schon
  behandelt wurde. Der Lerner hat es z. B. nicht verstanden oder vergessen. Diese Fehler kann der Lerner nicht selbst korrigieren, auch wenn er darauf hingewiesen wird.
- Versuche (*attempts*), d. h. Fehler in Bereichen, die der Lerner eigentlich noch nicht
  kennt und die deshalb auch kaum zu vermeiden sind.

Solche zunächst rein analytischen Unterteilungen beruhen meist auf Interpretationen
von Lernerprodukten; sie sollten möglichst über den Einbezug der Lerner (z. B. Lernerbefragungen) abgesichert werden.

In anderen Typisierungen wie z. B. den Begrifflichkeiten manifester versus latentem Fehler, sichtbarer versus unsichtbarem oder verdecktem Fehler, produktiver versus rezeptivem Fehler (vgl. zu unterschiedlichen Typisierungen z. B. Raabe 1980) wird der Tatsache
Rechnung getragen, dass Fehler nicht immer unmittelbar und offen in der (isoliert betrachteten) Lerneräußerung zu Tage treten müssen, dass z. B. die Kommunikationsab-
sicht des Lerners eine andere war als die in der betreffenden Äußerung realisierte, dass
er etwas falsch verstanden hat etc.

> Ein Beispiel für einen rezeptiven Fehler:
> Beispiel 2:
> Lehrer: *Wie lange bist du schon in Deutschland?*
> Lerner: **Ich bin hier bis Juni.*

Wenn Fehler bestimmten sprachlichen Ebenen zuzuordnen sind, wie z. B. phonetisch-phonologischer, morpho-syntaktischer, lexiko-semantischer Fehler, dann wird meist von Fehlerklassifikation gesprochen. Für die Unterrichtspraxis hatten solche Fehlerklassifikationen ihren besonderen Stellenwert bei der Korrektur und Bewertung schriftlicher Arbeiten. Es existierte zum Teil je nach institutionellem Kontext eine Reihe von Klassifikationsvorschlägen (vgl. für den wissenschaftlichen Kontext z. B. Débyser, Houis und Rojas 1967; für schulische Unterrichtskontexte (z. B. Ständige Konferenz der Kultusminister der Länder 2004). Wenn es um Klassifikationen geht, die für die Bewertung von Lernerproduktionen gedacht waren, so hat sich hier die in standardisierten Tests übliche kriteriale Bewertung spätestens seit dem Gemeinsamen europäischen Referenzrahmen für Sprachen (GeR) (Europarat 2001) durchgesetzt, nach der Fehler nicht mehr klassifiziert, gewichtet und (über einen Fehlerquotienten) quantifiziert werden (s. unter 5.) Fehlerklassifikationen haben also kaum noch einen Stellenwert für die Bewertung; für diagnostische Zwecke und als Rückmeldungsinstrument für Lernende können sie allerdings ihren Nutzen bewahren, solange sie für Lernende nachvollziehbar sind. Im Rahmen wissenschaftlicher Untersuchungen zur Lernersprache sind sie bedingt zu verwenden, da es sich bei der Einordnung in Klassifikationssysteme immer auch um Interpretationen von Lernerprodukten handelt.

3. Die Erklärung von Fehlern

Fehlererklärungen unterlagen eine Zeit lang theoretischen Konstrukten im Bereich des Fremd- und Zweitspracherwerbs (s. unter 1.). Erst mit der Diskussion der Interlanguage-Hypothese (vgl. zu einer theoretischen Verortung von Fehlerursachen Raabe 1980) wurden monokausale von multikausalen Erklärungen abgelöst.

Eine mögliche Zusammenstellung von Ursachen:

- Einfluss durch die Muttersprache oder durch andere Sprachen: Interferenz
  Beispiel 3 (eines französischen oder auch spanischen Muttersprachlers): *Ich *habe *zwanzig und zwei Jahre.*
- Einfluss durch Teile der Fremdsprache selbst: intralingualer Transfer wie Übergeneralisierung, Regularisierung, Simplifizierung
  Beispiel 4: *Er *möchtet wie ein Erwachsener behandelt werden. Schüler sind *gefühlsam. Frauen machen viele *Problemen.*
- Einfluss durch Strategien der Kommunikation
  Beispiel 5: Der Lerner übernimmt bewusst aus einer anderen Sprache einen Ausdruck, von dem er annimmt, dass sein Kommunikationspartner ihn verstehen kann. Es geht ihm vor allem darum, die Kommunikation aufrechtzuerhalten.
- Einfluss durch Lernstrategien
  Beispiel 6: Der Lerner versucht, in der Kommunikation eine Lücke in seiner zielsprachlichen Kompetenz dadurch zu schließen, dass er ein Wort neu zusammensetzt, wie z. B.*Zusammenraum* für Gemeinschaftsraum. Er kann dabei außerdem seinen Kommunikationspartner – verbal oder nonverbal – bitten, ihm den korrekten Ausdruck zu nennen. Er möchte also etwas dazulernen.
- Einfluss durch Elemente des Fremdsprachenunterrichts, z. B. Übungstransfer
  Beispiel 7: Ein gerade häufig geübtes grammatisches Phänomen (z. B. der Konjunktiv) wird auch dort verwendet, wo seine Verwendung falsch ist.

- Einfluss durch persönliche Störfaktoren
  Beispiel 8: Fehler aufgrund von Müdigkeit, Stress, Vergessen
- Einfluss durch sozio-kulturelle Faktoren
  Beispiel 9: pragmatische Fehler, die dadurch entstehen, dass ein verbales oder nonverbales Verhalten auf die zielsprachliche Situation übertragen wird, in der dieses Verhalten als unhöflich und/oder − wie im folgenden konkreten Beispiel − als anmaßend betrachtet wird. *Ich habe in Internet gelesen, dass Sie der Professor des DaF Instituts sind. Ich helfen viele Studenten aus China nach Deutschland zu studieren. Ich habe ein Ideen, dass wir zusammen arbeiten koennten!!*

4. Die Fehlerkorrektur

4.1. Die schriftliche Fehlerkorrektur

In der deutschsprachigen Fachliteratur zur schriftlichen Fehlerkorrektur galt das Interesse bis zur Umorientierung der Bewertung, die durch den GeR und durch die Bewertungspraxis in standardisierten Tests (vgl. z. B. Grotjahn und Kleppin 2008) angestoßen wurde, meist der Klassifikation und Quantifizierung von Fehlern, die auch in die Leistungsbewertung einging (vgl. u. a. Weller 1991). Zwar wird eine Bewertung nicht mehr allein auf der Fehleranzahl basieren können, dennoch werden Fehler auch weiterhin gekennzeichnet werden (vgl. zur Bewertung unter 5.); denn Lerner sollten nach einer Korrektur erkennen können, wo und welche Fehler in ihrer Produktion auftreten.

Folgende schriftliche Korrekturverfahren werden − kombiniert oder auch unabhängig voneinander − eingesetzt:

- die einfache Fehlermarkierung, d. h. das Anstreichen oder Unterstreichen des Fehlers,
- die Fehlermarkierung mit Korrekturzeichen, d. h. das Anstreichen des Fehlers mit der Angabe, um welchen Fehler es sich handelt, je nach Adressatengruppe z. B. auch unter durchdachter und adaptierter Zuhilfenahme von Klassifikationsversuchen (für den Unterricht Deutsch als Fremdsprache vgl. z. B. die Raster bei Schmidt 1994: 343; Kleppin 1998),
- die Berichtigung durch den Lehrer, d. h. der Versuch des Lehrers, die Äußerungsabsicht des Lerners sprachlich korrekt zu rekonstruieren.

Da (empirische) Befunde darauf hinweisen, dass ein bewusstes Umgehen mit Fehlern das Weiterlernen fördert und außerdem von Lernenden gewünscht wird (vgl. z. B. Gnutzmann 1992; Kleppin und Königs 1991: 292; Kordes 1993), muss auch der Besprechung der aufgetretenen Fehler erhöhte Aufmerksamkeit geschenkt werden. Dabei sollten Lernende dazu angeregt werden, selbstreflexiv und bewusst mit ihren Fehlern umzugehen, Korrekturen und auf Fehler ausgerichtete Aufgaben als Anlass zum Lernen aufzufassen (s. unter 4.3.).

4.2. Die mündliche Fehlerkorrektur

Untersuchungen zur Fehlerkorrektur und Ratschläge für das Lehrverhalten liegen insbesondere seit den 1990er Jahren vermehrt für den mündlichen Bereich vor (vgl. u. a. Henrici und Herlemann 1986; Kleppin und Königs 1991; Krumm 1990; Lochtmann 2002; zu einem Überblick s. Tönshoff 2005), was nicht verwundert, da beim mündlichen Fehler die sich anschließenden Lehrer- und Lernerreaktionen den Unterrichtsverlauf entscheidend beeinflussen können und deren Beobachtung somit nicht nur für die Unterrichtsforschung von Interesse ist, sondern daraus auch begründet didaktische Hinweise abgeleitet werden können.

Zum Teil werden in der Fachliteratur unterschiedliche Begrifflichkeiten verwendet; so wird z. B. Korrektur gegen Reparatur abgegrenzt (vgl. z. B. Rehbein 1984), wobei die Korrektur als eine Handlung gekennzeichnet wird, in deren Verlauf der Lernende seine Äußerungsabsicht aufgrund der Lehrerintervention aufgibt und dadurch in seiner Lerntätigkeit eher behindert wird. Hingegen passt sich bei der Reparatur der Lehrende dem Handlungsfokus des Lernenden an. Ein Beispiel, in dem dieser Terminologie gemäß zunächst eine Korrektur und im Anschluss daran eine Reparatur auftritt, soll den Unterschied verdeutlichen. Bei der Beobachtung und Analyse von Unterricht ist der Handlungsfokus des Lernenden allerdings nur in seltenen Fällen zu ermitteln:

Beispiel 10:
Lernerin: *Die Frauen werden *untergeschätzt.*
Lehrerin: *unterdrückt.*
Lernerin: *unterdrückt, nein, nicht unterdrückt,* untergeschätzt.*
Lehrerin: *unterschätzt.*

Wenn auch Unterschiede in der Terminologie insbesondere bei den Korrekturarten (z. B. explizite Lehrerkorrektur, direkte Lehrerkorrektur, fremdinitiierte Fremdkorrektur etc.) auftreten, so wird doch vor allem folgenden Fragen, die zum großen Teil auf Hendrickson (1978) zurückgehen und bei Raabe (1982) weiter expliziert wurden, nachgegangen:

- Sollen Lernerfehler korrigiert werden?
- Wer korrigiert wen? (Der Lehrer, ein Mitlerner, derjenige, der den Fehler gemacht hat? Achtet man dabei auf die Persönlichkeit des Lerners und darauf, ob sich dieser eventuell durch Korrekturen gehemmt fühlt? etc.)
- Was wird korrigiert? (Gibt es Fehler, die grundsätzlich zu korrigieren sind, wohingegen andere vernachlässigt werden (können)? Gibt es Fehler, die vom Lehrer schon fast automatisch korrigiert werden, z. B. weil sie wie morpho-syntaktische Fehler sehr einfach und schnell zu korrigieren sind? etc.)
- Wann wird korrigiert? (Direkt nach der fehlerhaften Äußerung, am Ende eines Lernerbeitrags, in einer besonderen Korrekturphase? etc.)
- Wie wird korrigiert? (Indem man zur Selbstkorrektur auffordert und dabei zunächst verbal oder nonverbal auf den Fehler hinweist; indem man eine verbale oder nonverbale zusätzliche Hilfe hinzufügt; indem man auf den Fehler direkt mit der korrigierten Äußerung reagiert; indem man Erklärungen an die korrigierte Äußerung anfügt? etc.)
- Welche affektive Qualität und welche Stimmführung benutzt man bei der Korrektur? (Stimmhebung, -senkung, freundlicher, tadelnder Ton? etc.)
- Was macht man nach der Korrektur? (Wird die korrigierte Äußerung noch einmal wiederholt? etc.)
- Wie reagieren Lernende auf Korrekturen? (Reagieren sie verunsichert, mit Angst? Wünschen Lernende Korrekturen? etc.)

– Welche Effekte haben Korrekturen überhaupt? (Verändern Korrekturen das sprachliche Verhalten von Lernern, Mitlernern? etc.)

Empirische Untersuchungen zur mündlichen Fehlerkorrektur erzielen durchaus widersprüchliche Ergebnisse, vor allem wenn es um Effekte von Lehrerkorrekturen geht (vgl.
Hecht und Green 1991: 618), was nicht verwundert, zieht man die begrenzten Möglichkeiten empirischer Unterrichtsforschung im Bereich der Wirkung von Unterrichtsmaß-
nahmen in Erwägung: (Langfristige) Effekte sind kaum beobachtbar, das Nichtauftreten
bestimmter vormals korrigierter Fehler muss nicht auf Korrekturmaßnahmen zurückgeführt werden, andere Faktoren können intervenieren etc. Dennoch stimmen Folgerungen
für den Unterrichtsprozess aus Befunden empirischer Untersuchungen sowie didaktische
Empfehlungen, die sich auf Beobachtungen und Erfahrungen in der Unterrichtspraxis
stützen, in wesentlichen Punkten überein:

– Die positive Einschätzung von Fehlern – wie sie im Titel eines Beitrags von Krumm
  (1990) „Ein Glück, daß Schüler Fehler machen" zum Ausdruck kommt, hat dazu
  geführt, dass eine aktive Auseinandersetzung mit Lernerfehlern im Unterricht gefordert wird. Im Übrigen scheinen auch die in der Praxis Betroffenen, und zwar nicht
  nur die Lehrenden, sondern auch die Lernenden Korrekturen eine positive Einstellung
  entgegenzubringen (vgl. u. a. Kleppin und Königs 1991: 272, 292).
– Einigkeit besteht vor allem darin, dass ermutigend, nicht sanktionierend und nicht
  bloßstellend (vgl. u. a. Krumm 1990: 102; Schmidt 1994: 338) korrigiert werden sollte.
  Diesem Wunsch geben auch – was nicht verwundert – Lerner mit den unterschiedlichsten kulturellen Hintergründen Vorrang vor allen anderen Wünschen. Wird ihm
  nicht nachgekommen, so sind gerade im Bereich der mündlichen Fehlerkorrektur
  Auswirkungen auf den gesamten Unterrichtsprozess und den Lernprozess des einzelnen Lerners zu befürchten (Kleppin und Königs 1993).
– Häufig werden Empfehlungen gegeben, das Korrekturverhalten dem jeweiligen Un-
  terrichtsfokus anzupassen und z. B. in einer schwächer gesteuerten – möglicherweise
  eher mitteilungsbezogenen – Unterrichtsphase weniger oder anders, nämlich eher mit
  einer korrigierten Wiederaufnahme der vormals fehlerhaften Äußerung (indirekte
  oder auch implizite Korrektur) zu reagieren, Fehler mitzunotieren und in einer anschließenden Korrekturphase zu behandeln o. Ä. (vgl. z. B. Schmidt 1994: 337). Kleppin und Königs (1991: 277) stellten diese – an sich sinnvolle Empfehlung – auch in
  subjektiven Theorien fest, die über persönliche Interviews mit Fremdsprachenlehrern
  elizitiert wurden. In der beobachteten Unterrichtspraxis allerdings lässt sich ein solch
  differenziertes Verhalten nicht immer durchhalten. Vielmehr scheinen Lehrer über bestimmte Korrekturtechniken zu verfügen, die sie grundsätzlich in allen Phasen anwenden und die damit teilweise zu Korrekturroutinen geraten. Häufig treten insbesondere
  direkte Korrekturen (explizite Korrektur des fehlerhaften Teils der Äußerung durch
  den Lehrer) und die Initiierung von Selbstkorrekturen auf. Für die Praxis empfehlen
  z. B. Kleppin und Königs (1991: 296−301) und Kleppin (1998), sich nicht nur mit
  unterschiedlichen Korrekturtechniken auseinanderzusetzen und diese auch mit der
  jeweiligen Lernergruppe zu besprechen, sondern Korrekturroutinen dadurch aufzu-
  brechen, dass z. B. bei der Planung einer Unterrichtsstunde die Entscheidung für
  eine – und eben auch für die nicht vom Lehrer bevorzugte – Korrekturtechnik im
  Voraus getroffen wird.
– Bewusstmachenden Korrekturmaßnahmen, die zur Reflexion über die eigenen Fehler
  anregen und zu Selbstkorrekturen führen sollen, wird in vielen Publikationen ein posi-

tiver Stellenwert zugesprochen, insbesondere auch im Kontext eines Entwicklungsprozesses zum autonomen selbstreflexiven Lerner (vgl. u. v. a. Hecht und Green 1991;
Gnutzmann 1992; Kleppin und Königs 1991: 291). Wie schon Raabe (1982) beobachtete, lassen sich nämlich Lehrende in vielen Fällen dazu verleiten, gerade die Fehler
direkt zu korrigieren, bei denen dies besonders leicht zu bewerkstelligen ist, wie z. B.
bei morpho-syntaktischen Fehlern. Allerdings könnten diese Fehler mit hoher Wahrscheinlichkeit auch von den Lernenden selbst erkannt und korrigiert werden, da sie
zu großen Teilen dem Bereich der sogenannten Performanzfehler zugerechnet werden
dürften.

Korrekturmaßnahmen, die Selbstkorrekturen initiieren sollen, können auf die unterschiedlichsten Arten realisiert werden, z. B. über einen Anakoluth, die verbale oder
auch nonverbale (z. B. Stirnrunzeln, zweifelnder Blick) Feststellung, dass in der vorliegenden Lerneräußerung ein Fehler aufgetreten ist. Solche Initiierungen von Selbstkorrekturen können außerdem mit nonverbalen Hilfen versehen werden:

Beispiel 11:
Lerner: *Gestern, *ich habe ...*
Lehrer: (überkreuzt beide Hände, um die Umstellung anzuzeigen)

Für die Praxis des DaF-Unterrichts empfiehlt z. B. Kleppin (2006) einen verstärkten
Einsatz von nonverbalen Hilfen bei der Initiierung von Selbstkorrekturen, da sie entscheidende Vorteile besitzen:

− Sie sind meist wesentlich kürzer als verbale Hilfen und damit zeitökonomischer.
− Sie sind einprägsam und als Aufmerksamkeitssignal hervorragend geeignet.
− Sie beeinflussen nicht so stark die Unterrichtsinteraktion wie verbale Eingriffe;
   sie können vielmehr parallel zu den Äußerungen des jeweiligen Lerners erfolgen.
− Sie sind daher flexibel und lernerorientiert einsetzbar (z. B. können nonverbale
   Signale in der Gruppe erfunden und abgesprochen werden) und können zu
   einer günstigen Gruppenatmosphäre beitragen (z. B. humorvolle nonverbale
   Hilfen).
− Im Großteil der neueren Fachliteratur zur mündlichen Fehlerkorrektur wird darauf
   verwiesen, dass Korrekturmaßnahmen mit den Lernenden besprochen werden sollten,
   dass sich Lehrende vor allem (mit Hilfe von Gesprächen, anonymen schriftlichen
   Befragungen und Fragebogen) über Wünsche und Bedürfnisse der Lernenden informieren und sie so weit wie möglich in ihr Verhaltensrepertoire integrieren sollten.

4.3. Fehleraufgaben und andere Maßnahmen zum bewussten Umgang mit Fehlern

Fehler und das „selbst"bewusste Umgehen mit ihnen bieten ein Repertoire für Übungs-
und Aufgabenanlässe und für − so weit wie möglich individualisierte − Rückmeldungen
und Beratungen. Vorgeschlagen werden u. a. (vgl. z. B. Kleppin und Raabe 2001; Kleppin
und Mehlhorn 2008):

– Lernende lernen, ihre Fehlerursachen zu erkennen. Z. B. wird beim Bearbeiten neuen Sprachmaterials darüber nachgedacht, wo möglicherweise bei der Sprachanwendung demnächst Fehler auftreten werden. Dabei kann es sich z. B. um mögliche Interferenzen handeln. Durch derartige Verfahren sollen Lernende dabei unterstützt werden, ihre eigenen Fehler vorauszusehen und beginnen, die Prozesse zu durchschauen, die sich in ihrem Kopf abspielen.

– Fehlerhafte Aussagen können von Lernern im Hinblick auf ihre Ursachen bearbeitet werden. „Interessante" Fehler können gesammelt werden, Ursachen können erraten werden und gleichzeitig kann gemeinsam überlegt werden, ob man diese Fehler selbst auch schon begangen hat. Da Fehler in der Leistungsbewertung nicht mehr den negativen Stellenwert haben (sollten) (s. unter 5.), kann im Unterricht ihre Behandlung selbstverständlicher und für Lernende angstfreier ansetzen. Hier ist allerdings ein längerer Prozess des Umdenkens vonnöten.

– Lerner entwickeln Sprachbewusstheit, indem durchgehend auf andere Sprachen rekurriert wird. Der Lehrer kann z. B. Fragen stellen, die Lerner dazu anregen, Bezüge zu ihrer/ihren Muttersprache/n herzustellen. Vergleiche können gezogen, Transfermöglichkeiten genutzt und Abgrenzungen geklärt werden.

– Lernende üben, Fehler oder auch fehleranfällige Bereiche selbst zu entdecken. Allerdings sollte die Entwicklung von Sprachbewusstheit Spaß machen, nicht zuletzt um das Umdenken im Hinblick auf Fehler zu erleichtern. Das Entdecken fehlerhafter Ausdrücke in spielerischer Form, die Belohnung für die meisten entdeckten Fehler in einem Text etc. soll Lernende überhaupt erst dazu anregen, sich mit fehlerhaften (nicht nur den eigenen) Texten zu beschäftigen. Darüber hinaus können sie z. B. auch darüber nachdenken, welche Lernschwierigkeiten die jeweilige Zielsprache bereithält und welche Fehler dabei auftreten könnten. Natürlich äußern sich Lernschwierigkeiten nicht grundsätzlich in Fehlern, etwa auf Grund von Vermeidung bestimmter sprachlicher Phänomene o. Ä.

– Lerner lernen, den eigenen Lernprozess zu überwachen, indem Selbstreflexionen über den Lernprozess angeregt werden, die nicht nur den jeweiligen Lernstand betreffen (z. B. bei der Nutzung von Sprachenportfolios), sondern die sich auch auf typische und häufig vorkommende Fehler zu einem bestimmten Zeitpunkt beziehen. Dazu können z. B. individuelle Fehlerprotokolle oder auch Fehlerstatistiken dienen, die nach Kategorien wie „Meine wichtigsten Fehler", „Will ich unbedingt abschaffen", „Vermeidung noch zu schwierig für mich" geordnet werden könnten; Korrekturen können von den Lernern selbst erarbeitet werden.

5. Ein Blick auf die Fehlerbewertung

Trotz des mittlerweile erkannten Stellenwertes von Fehlern im Lernprozess werden sie zum Teil immer noch als ein Indikator für mangelnde Leistung sowohl im schriftlichen als auch im mündlichen Ausdruck betrachtet. Die Fehleranzahl und -dichte scheint zunächst einmal ein „verlässlicher Zählwert" zu sein. Dies äußert sich zum Teil noch in der Berechnung eines Fehlerquotienten für schriftliche Arbeiten. Der Fehlerquotient (Fq) errechnet sich aus der Relation der Anzahl der Fehler (S F) und der Wörter (S W). Solche Quantifizierungen sind keinesfalls unproblematisch. Denn es muss z. B. entschieden werden, ob und welche Fehler nur einmal gezählt werden, weil sie Ausdruck des gleichen Defizits sind und wie die Fehler eventuell zu gewichten sind. Außerdem zeigt ein niedriger Fehlerquotient nicht unbedingt an, dass etwas „gekonnt" wird; vielmehr könnte ein Lerner taktisch vorgegangen sein und nur das äußern, wovon er sicher weiß, dass er es kann. Er hat also möglicherweise seine Äußerungsabsicht reduziert, Redundanzen zur Erhöhung der Wortanzahl genutzt o. Ä.

Die Empfehlungen des GeR (Europarat 2001) und die Hinwendung zur Kompetenzorientierung zwingen hier zum Umdenken. Das Kriterium Korrektheit muss in Zukunft den positiv formulierten Kann-Beschreibungen folgen; so heißt es z. B. in Tabelle 3 des GeR zum qualitativen Merkmal Korrektheit bei der mündlichen Sprachkompetenz für Niveau B2: „Zeigt eine recht gute Beherrschung der Grammatik, macht keine Fehler, die zu Missverständnissen führen und kann die meisten Fehler selbst korrigieren" (Europarat 2001: 37). Selbst für die schriftliche Produktion wird mittlerweile fast durchgängig bei standardisierten Tests (z. B. bei TestDaF), aber auch in den meisten Bewertungsanleitungen für die schulische Leistungsbewertung (s. z. B. bei Grotjahn und Kleppin 2008) dementsprechend vorgegangen. Zu beachten ist, dass kommunikativer Erfolg und gelungener sprachlicher Ausdruck je nach Adressatengruppe und deren Zielen (z. B. Schüler, Einwanderer, Fremdsprachenlehrer in der Ausbildung) mit dem Kriterium der sprachlichen Korrektheit abgeglichen werden sollten.

6. Literatur in Auswahl

Bausch, Karl-Richard und Horst Raabe
  1978   Zur Frage der Relevanz von Kontrastiver Analyse, Fehleranalyse und Interimsprachenanalyse für den Fremdsprachenunterricht. *Jahrbuch Deutsch als Fremdsprache* 4: 56−75.
Bleyl, Werner
  1984   Verbessern oder nicht verbessern? Das ewige Dilemma des Fremdsprachenlehrers. *Der fremdsprachliche Unterricht* 71: 171−183.
Chaudron, Craig
  1977   A Descriptive Model of Discourse in Corrective Treatment of Learner's Errors. *Language Learning* 27(1) 29−46.
Cherubim, Dieter (Hg.)
  1980   *Fehlerlinguistik. Beiträge zum Problem der sprachlichen Abweichung.* Tübingen: Niemeyer Max Verlag.
Corder, S. Pit
  1967   The Significance of Learner's Errors. *International Review of Applied Linguistics* 5(2): 161−170.
Débyser, Francis, Maurice Houis und Carlo Rojas
  1967   *Grille de classement typologique des fautes.* Paris: B. E. L. C.
Edge, Julian
  1989   *Mistakes and Correction.* London: Longman.
Edmondson, Willis J.
  1993   Warum haben Lehrerkorrekturen manchmal negative Auswirkungen? *Fremdsprachen Lehren und Lernen (FLUL)* 22: 57−75.
Europarat
  2001   *Gemeinsamer europäischer Referenzrahmen für Sprachen: lernen, lehren, beurteilen.* (Herausgegeben vom Goethe-Institut Inter Nationes, der Ständigen Konferenz der Kulturminister der Länder in der Bundesrepublik Deutschland (KMK), der Schweizerischen Kon-

ferenz der Kantonalen Erziehungsdirektoren (EDK) und dem österreichischen Bundesministerium für Bildung, Wissenschaft und Kultur (BMBWK)). Berlin: Langenscheidt.

Gnutzmann, Claus
    1992   Reflexion über „Fehler". Zur Förderung des Sprachbewußtseins im Fremdsprachenunter-
           richt. *Der fremdsprachliche Unterricht − Englisch* 26(8): 16−21.

Grotjahn, Rüdiger und Karin Kleppin
    2008   Bewertung produktiver sprachlicher Leistungen. In: Bernd Tesch, Eynar Leupold und
           Olaf Köller (Hg.), *Bildungsstandards Französisch: konkret. Sekundarstufe I: Grundlagen,
           Aufgabenbeispiele und Unterrichtsanregungen*, 187−204. Berlin: Cornelson Scriptor.

Havranek, Gertraud
    2002   *Die Rolle der Korrektur beim Fremdsprachenlernen.* Frankfurt a. M.: Peter Lang.

Hecht, Karlheinz und Peter S. Green
    1991   Schülerselbstkorrektur beim Einsatz des Englischen in mündlicher Kommunikation −
           eine empirische Untersuchung. *Die Neueren Sprachen* 90(6): 607−623.

Hendrickson, James M.
    1978   Error Correction in Foreign Language Teaching: Recent Theory, Research and Practice.
           The Modern Language Journal 62: 387−398.

Henrici, Gert und Brigitte Herlemann
    1986   *Mündliche Korrekturen im Fremdsprachenunterricht.* München: Goethe-Institut.

Kielhöfer, Bernd
    1975   *Fehlerlinguistik des Fremdsprachenerwerbs. Linguistische, lernpsychologische und didakti-
           sche Analyse von Französischfehlern.* Kronberg: Scriptor.

Kleppin, Karin
    1998   *Fehler und Fehlerkorrektur.* Berlin: Langenscheidt.

Kleppin, Karin
    2006   Zum Umgang mit Fehlern im Fremdsprachenunterricht. In: Udo Jung, O. H. (Hg.), *Prak-
           tische Handreichung für Fremdsprachenlehrer*, 64−70. 4., vollständig neu bearbeitete Auf-
           lage. Frankfurt a. M.

Kleppin, Karin und Frank G. Königs
    1993   Grundelemente der mündlichen Fehlerkorrektur − Lernerurteile im (interkulturellen)
           Vergleich. *Fremdsprachen Lehren und Lernen (FLuL)* 22: 76−90.

Kleppin, Karin und Frank G. Königs
    1991   *Der Korrektur auf der Spur − Untersuchungen zum mündlichen Korrekturverhalten von
           Fremdsprachenlehrern.* Bochum: Brockmeyer.

Kleppin, Karin und Grit Mehlhorn
    2008   Zum Stellenwert von Fehlern. Am Beispiel des Französischen und Russischen. *PRAXIS
           Fremdsprachenunterricht* 4: 17−20.

Kleppin, Karin und Horst Raabe
    2001   Fehler als Übungs- und Lernanlass. *Der Fremdsprachliche Unterricht − Französisch* 52:
           15−19.

Kordes, Hagen
    1993   Aus Fehlern lernen. *Fremdsprachen Lehren und Lernen (FLuL)* 22: 15−34.

Koutiva, Ioanna und Günther Storch
    1989   Korrigieren im Fremdsprachenunterricht. *Info DaF* 16(4): 410−430.

Krumm, Hans-Jürgen
    1990   Ein Glück, daß Schüler Fehler machen! In: Eynar Leupold und Yvonne Petter (Hg.),
           Interdisziplinäre Sprachforschung und Sprachlehre. Festschrift für Albert Raasch, 99−105.
           Tübingen: Narr.

Lochtmann, Katja
    2002   *Korrekturhandlungen im Fremdsprachenunterricht.* Bochum: AKS-Verlag.

Nickel, Gerhard (Hg.)
    1972   *Fehlerkunde, Beiträge zur Fehleranalyse, Fehlerbewertung, Fehlertherapie.* Berlin: Cornel-
           sen-Velhagen & Klasing.

Raabe, Horst
   1980   Der Fehler beim Fremdsprachenerwerb und Fremdsprachengebrauch. In: Cherubim, Dieter (Hg.), *Fehlerlinguistik*, 61−93. Tübingen: Niemeyer.

Raabe, Horst
   1982   Für eine Aufwertung der Korrektur mündlicher Fehler im Fremdsprachenunterricht. *Englisch Amerikanische Studien (EAST)* 4(4): 596−603.

Rattunde, Eckhard
   1977   Themenheft Fehleranalyse/Fehlerbewertung. *Die Neueren Sprachen* 1.

Rehbein, Jochen
   1984   *Reparative Handlungsmuster und ihre Verwendung im Fremdsprachenunterricht.* Roskilde: Rolig papir.

Richards, Jack C. (Hg.)
   1974   *Error analysis. Perspectives on second language acquisition.* London: Longman Group Limited.

Schmidt, Reiner
   1994   Fehler. In: Gert Henrici und Claudia Riemer (Hg.), *Einführung in die Didaktik des Unterrichts Deutsch als Fremdsprache*, 331−352. Baltmannsweiler: Schneider.

Selinker, Larry
   1972   Interlanguage [Interlanguage]. *International Review of Applied Linguistics* 10(3): 209−231.

Serra Borneto, Carlo
   2000   Überlegungen zum Begriff ‚Schwierigkeit' − die Lernerperspektive. In: Beate Helbig, Karin Kleppin und Frank G. Königs (Hg.), *Sprachlehrforschung im Wandel. Beiträge zur Erforschung des Lehrens und Lernens von Fremdsprachen*, 339−362. Tübingen: Stauffenburg.

Ständige Konferenz der Kultusminister der Länder
   2004   *Einheitliche Prüfungsanforderungen in der Abiturprüfung − Französisch.* Abrufbar unter http://www.kmk.org/fileadmin/veroeffentlichungen_beschluesse/1989/1989_12_01-EPA-Franzoesisch.pdf.

Tönshoff, Wolfgang
   2005   Mündliche Fehlerkorrektur im Fremdsprachenunterricht. Ein Blick auf neuere empirische Untersuchungen. *Zeitschrift für Fremdsprachenforschung* 16(1): 3−22.

Weller, Franz-Rudolf (Hg.)
   1991   Themenheft: Fehler im Fremdsprachenunterricht. *Die Neueren Sprachen* 90(6).

Wode, Henning
   1978   Fehler, Fehleranalyse und Fehlerbenotung im Lichte des natürlichen L2-Erwerbs. *Linguistik und Didaktik* 34/35: 233−245.

Karin Kleppin, Bochum (Deutschland)